十三經古註

上

【明】金蟠 葛鼒 編校
山東省圖書館 整理

齊魯書社

《十三經古註》編委會

出版說明

唐宋以來，自有《十三經》之稱，流行的《十三經》版本多為註疏合行。山東省圖書館藏明崇禎年間永懷堂本《十三經古註》一反傳統慣例，為方便讀者使用和檢索，删汰繁冗的唐宋註疏，衹保留漢晉古註。其删繁就簡之用心，誠如編訂者在凡例中所説：「夫經學今盛極矣。而不能家諄戶設者，疏之灝漭故也。慕者苦於辨，辨者苦於讀，讀者苦於竟，竟者苦於習，習者苦於傳。盍統夫註之要約也……」是以簡約成爲該書的一大特點，其也的確在一定程度上解決了註疏本卷帙浩繁所帶來的困擾。

永懷堂本《十三經古註》，共二百九十卷，由金蟠、葛鼒編訂，歷時三年，於崇禎十三年告竣。漢晉古註分别為：《周易》十卷（含略例一卷），王弼、韓康伯註；《尚書》二十卷，孔安國傳；《毛詩》二十卷，毛亨傳；《儀禮》十七卷，鄭玄註；《周禮》四十二卷，鄭玄註；《禮記》四十九卷，鄭玄註；《春秋左傳》三十卷，杜預集解；《春秋公羊傳》二十八卷，何休解詁；《春秋穀梁傳》二十卷，范甯集解；《爾雅》十一卷，郭璞註；《論語》二十卷，何晏集解；《孝經》九卷，鄭玄註；《孟子》十四卷，趙岐註。前九種保留了陸德明音義。

此次影印以山東省圖書館藏永懷堂本《十三經古註》為底本，並梳理出原刻本三處缺漏，分别為：《周禮》卷十三「以歲時徵野之賦貢」後缺「遺人」條（本書七五三頁）；《禮記》卷四十「投壺」末「取半以下為役壺禮盡用之為射禮」後缺文至卷末（本書一二八九頁）；《爾雅》卷一缺第十九頁（本書二〇六一頁）。缺漏部分，依據阮元《十三經註疏》本，以排印的形式補於全書之末。

齊魯書社

十三經古註總目録

周易

十三經古註總目録

尚書

十三經古註總目錄

詩經卷三

鄘第四

衛第五

詩經卷四

王第六

鄭第七

詩經卷五

齊第八

小雅

鹿鳴之什第十六

詩經卷十

南有嘉魚之什第十七

詩經卷十一

鴻鴈之什第十八

詩經卷十二

節南山之什第十九

詩經卷十三

谷風之什第二十

詩經卷十四

甫田之什第二十一

儀禮

周禮

禮記

春秋左傳

春秋公羊傳

春秋穀梁傳

爾雅

論語

孝經

孟子

十三經序

蓋自聖人陳嘗時夏制治人倫儀矩萬物而顯道彰焉道之所在日月以之明江河以之流冬夏以之寒暑鳥以之飛獸以之走土以之穀助兩儀

之化育掩鬼神之情變汾汾淪淪說者不可以口殫聽者不可以耳紀何其卲哉傳曰天垂象見吉凶聖紀訓示成敗故聖之所寶者道民之所繇者書道尊而性不惑

書成而物可遵君子履焉小人視焉此經之所繇作也夫經者天下國家之所以終

始也故王者臨雍問老則太史升堂而執經雖詔於天子無北面下逮布衣韋帶之

士莫不誦習三王五帝之典言故曰惟天地萬物父母惟人萬物之靈以有經故靈

也又曰聖有明訓明徵定保抑謂此哉凡使四海之內萬世而後言行有章愛敬有

度君臣父子有定禍
福死生憂喜有仗山
川城郭禾麥星雲有
慶三才五行有位然

序五

後乃嘆聖人之恩滄
海不足喻其深泰山
不足比其高天地不
誇其覆載陰陽不任

其摩盪也夫其持於
今古者如此然猶漢
魏以來立于學宮者
興廢繇於好惡盛衰

序六

聽之辯訥厥後道乃
益著矣而詩賦才技
士之所習或岐焉我
高皇帝執經而定天下

至於今三百年俎豆
莘莘士女文學乃至
泮水多於瀚渤之波
芹藻煩于菽粟之穗
序七
家有鳴琴里俱懸佩
教化洋溢蓋三代所
未有也然止以專經
課士耳令若曰易著

天地四時五行長于
變者治之禮經紀人
倫長于行者治之書
紀先王歷興廢長于
序八
政者治之詩道山川
谿谷禽獸草木牝牡
雌雄長于風者治之
春秋辨是非治則長

於治人人執一藝終始于茲此蓋天下之大不能皆賢則

王者必寬爲試以興材

序九

然一身之中不可有不能則儒者必博爲學以勵行試於一藝之外廣而全夫五經

又廣而全夫十三經焉迺能配天地友帝王而揖聖賢也是故儒不可不大書不可

序十

不全大儒者古今之間出全書者人間之至寶不佞既已濫跡金馬覽天地之禁闈

職蘭臺之秘蹟夙興
夜寐仰惟所以太平
斯世者曰今天下非
權計不足之是憂而
序十一
經術不足之可患夫
錢穀計於周官囚鹹
献于魯泮豈株守章
句劾跡尋蹤云爾哉

以立人道之謂經以
救時務之謂經方且
阜萬物豐財利揚神
武饗靈祇靖華夏而
序十二
晏海嶽也舍是而求
諸兵刑計數長短權
術家言譬猶棄雲門
大章而執一管以嘈

嘈矣會友人千仞金
氏靖調葛氏之彙刻
十三經也喜而嘆曰
是予之志也夫是予

之志也夫乃拜首而
爲之序
皇明崇禎歲在屠維單
閼翰林院編修崑山

朱天麟謹撰

十三經註題辭

慨夫帝道隆軌雍熙盛際見
泣之編俄爛馬負之字繼彰
遂乃列定乾坤宣闡猷命陰
陽四時五行之變化範在羑

書帝王征誅揖讓之光儀著
之壁冊天經地義玉室琬琰
賞善抑非儒宗梁棟至如負
扆握筆文章與經國俱垂按
義歌詩草莽共朝廷胥洽然

後舞之以朱干彈之以玉瑟
雍雍而拜颺穆穆而朝饗可
不謂盛哉可不謂盛哉然猶
寵訓民生垂象罔極篤生殊
聖主鐸人倫于是魯泗彙其

委而金玉之音振鄒嶧揚其
波而性命之旨清蓋至是休
嘉播乎荒裔惠澤訖乎永年
矣竊嘗徘徊族物俯仰古今
而見虎變而獸擾龍見而鳥

闡星祥而雷動草夭而木遂莫不稟合道本仰契自然況乎其人含五常之性達好惡之宜哉是故體備三才識通百類將使事父榮親事君興

國文德濟于緝熙武功崇而保定也然而不學無術自古貽譏雖有環瑰拔越之髦無所恃其山川之秀幽玄譎邈之言不可誇其金石之秘何

則道有定則學須入古故當歸之於經也滄海之流水非殊味而蛟龍之闕不驚鄧林之枝木非異本而宮殿之構必採信乎負鉅質者邈大任

挺殊觀者輕衆求是以帝者膺圖先隆庠序俎豆備禮必重傳經凡使教化之益收於上忠孝之俗成於下也豈非與日月俱懸鬼神爭輿乎道

誼之士茂俊之流既登聖籍咸願翼經腐毫之筆雲興揮談之塵飈湧問奇横閈考難連衡代有令人聿選其最顧目篤程朱安於所見而毀所

未聞不可以莫之廣也好奇不精專於所助而忘其所以助不可以或之濫也登乎宋以上中乎一家言子夏親受聖門毛公老而篤學鄭氏以

精覈稱安國以詳淹著王韓剖韋編之宗諦杜何范析紀事之異同景純博物而察理平叔集說以要歸巖巖氣象趙氏揚之皆起絕學爲前茅

期彬彬而克槩塈義擇衷舍斯奚淑爰偕葛子相與刷瀚渤之春流奮三千而旁擊振華岱之遐巔瞰九萬而迅征何必伯夷起而相禮后夔坐

而爲工乎若乃篇帙浩煩摹寫艱鉅至使班生惜而不惜名流手錄巾箱則與有微勞又何病焉要使尼筆衍於不絕莫怨麟來丹詔銜於伊邇

不須鳳至學盛自今端趨本昔用是爲之序志云爾

皇明崇禎歲在已卯九月望日東吳金蟠題

十三經總目

附考

周易　魏王弼　晉韓　伯註

按宓羲始畫八卦因而重之爲六十四卦及乎三代是爲三易夏曰連山殷曰歸藏周文王作卦辭謂之周易周公作爻辭孔子爲彖辭象辭繫辭文言序卦說卦雜卦謂之十翼班固曰孔子晩而好易讀之韋編三絶而爲之傳即十翼也自魯商瞿子木受易孔子以授魯橋庇子庸子庸授江東馯臂子弓子弓授燕周醜子家子家授東武孫虞子乘子乘授齊田何子裝及秦

焚書周易獨以卜筮得存唯失說卦三篇後河内女子得之漢初傳易者有田何丁寛田王孫施讎孟喜梁丘賀代相傳授又東郡京房自云受易於梁國焦延壽而東萊費直傳易本皆古字號古文易授琅邪王璜璜授沛人高相相授子康及蘭陵毋將永後漢陳元鄭衆皆傳之馬融爲傳以授鄭玄玄作註荀爽作傳魏王肅王弼竝爲之註自晉之後弼學獨行遂傳至今〇晁氏曰上下經王弼註并著略例繫辭說卦雜卦序卦弼之門人韓康伯註按弼字輔嗣爲尚書郎時何晏爲吏部尚書甚奇弼弼性和理樂遊晏解音律善投壺通辨能言註老子周易正

始中補臺郎十年、以公事免、壽卒年二十四、韓伯、字康伯、潁川
長社人、自司徒左西屬累轉丹陽尹吏部尚書領軍將軍、卒贈
太常、

尚書　漢孔安國註

正義曰、聖賢闡教、事顯於言、書而示法、因號曰書、後人見其久
遠自於上世、尚者上也、故曰尚書、孔序云、伏生以其上古之書、
謂之尚書、王肅曰、上所言、史所書、故曰尚書、按隋經籍志云、漢
初濟南伏生口傳二十八篇、又河內女子得泰誓一篇獻之、伏
生作尚書傳四十一篇、以授同郡張生、張生授千乘歐陽生、歐

陽生授兒寬、寬授歐陽之子、世世傳之、至曾孫歐陽高、謂之歐
陽尚書、又有夏侯都尉受業於張生、以授族子始昌、始昌傳族
子勝、為大夏侯之學、勝傳子建、別為小夏侯之學、故有歐陽大
小夏侯三家、竝立、漢武帝時、魯恭王壞孔子舊宅、得其所藏之
書、孔安國較之、合成五十八篇、乃為作傳、會巫蠱事起、不得奏
上、私傳其業、後漢杜林傳古文尚書、賈逵作訓、馬融作傳、鄭玄
為註、然非孔舊本、至東晉豫章內史梅賾始得安國之傳、時闕
舜典一篇、齊建武中吳姚興方於大航頭得其書奏上、於是始
列國學○安國、孔子十一世孫、為武帝博士、承詔作書傳、又作
古文孝經傳、論語訓解、

毛詩　卜子夏序　漢毛公傳　鄭玄箋

漢藝文志云、孔子取周詩、上采殷、下取魯、凡三百五篇、遭秦而
全者、以其諷誦、不獨在竹帛故也、隋經籍志曰、漢初有魯人申
公受詩於浮丘伯、作詁訓、是為魯詩、齊人轅固生亦傳詩、是謂
齊詩、燕人韓嬰亦傳詩、是為韓詩、三家竝列於學官、又有趙人
毛萇善詩、自云子夏所傳、作古訓傳、是為毛詩、河間獻王好之、
後漢有九江謝曼卿善毛詩、又為之訓、東衛敬仲受學於曼卿、
先儒相承謂之毛詩、序子夏所創、毛公及敬仲又加潤色、鄭衆

賈逵馬融竝作毛詩傳、鄭玄作毛詩箋、齊詩魏代已亡、魯詩亡
於西晉、韓詩雖存、無傳之者、唯毛詩鄭箋至今獨立○按漢儒
林傳稱毛公不言其名、後漢書云、趙人毛長傳詩、然則趙人毛
公名長也、譜云、魯人大毛公為訓詁、河間獻王得而獻之、以小
毛公為博士、則大毛公為其傳、繇小毛公而題毛也、鄭玄、字康
成、北海高密人、前漢僕射鄭崇八世孫、玄師事馬融、桓靈時遭
黨錮十有四年、黨赦、大將軍何進袁紹等皆辟不起、徵為大司
農、玄乃以病乞還、居家教授、學徒數百千人、註周易尚書三禮
論語孝經尚書大傳五經緯候箋毛詩、作毛詩譜、破許慎五經

與義鍼何休左氏膏肓發公羊墨守起穀梁廢疾爲一代大儒
卒年七十四自郡守以下縗絰赴會千餘人

儀禮　漢鄭　玄註

按韓文公讀儀禮曰余嘗苦儀禮難讀且又行於今者蓋寡然文王周公之法制具在孔子曰吾從周謂其文章之盛也於是掇其大要奇辭奥旨著於篇隋經籍志云漢初有高堂生傳十七篇河間獻王好古愛學得而獻之並威儀之事晁氏曰高堂生博士禮十七篇爲儀禮喪服一傳子夏所爲馬氏通考曰儀禮不是古人預作一書如此初間只是以義起漸漸相襲至於情文極細密極周緻處聖人見得此意思好故錄成書○鄭玄

詳見前三禮並同

周禮　漢鄭　玄註

晁氏曰漢武帝時河間獻王開獻書之路得周官有五篇失冬官一篇乃募以千金不得取考工記以補其闕孝成帝時劉歆較理秘書序列著於錄略按藝文志周官經六篇本註云王莽時劉歆置博士顏師古曰即今之周禮也鄭康成博覽以爲周公致太平之跡故其學行於世玄學出於扶風馬融而馬取杜子春鄭大夫鄭司農之說子春河南緱氏人生漢末至永平初尚在年九十餘鄭衆賈逵皆受業焉大夫者河南鄭興少贛也司農者鄭衆仲師興之子也

禮記　漢鄭　玄註

陸德明曰此記二禮之遺闕故名禮記正義曰禮記之作出自孔子孔子沒後七十二之徒共撰所聞以爲此記晁氏曰漢戴德纂亦河間獻王所獻劉向較定陳氏曰漢信都王太傅戴德延君九江太守戴聖次君皆受禮於后蒼謂大小戴禮漢初以來迄於劉向校定中書諸家所記殆數百篇戴德刪其煩重爲八十五篇聖又刪爲四十九篇六藝論云戴聖傳四十九篇則此禮記是也

春秋左傳　晉杜　預註

漢藝文志曰周室既微載籍殘缺仲尼以魯周公之國禮文備物史官有法故與左丘明觀其史記據行事仍人道有所褒諱貶損不可書見口授弟子弟子退而異言丘明恐弟子各安其意以失其真故論本事而作傳當世君臣事實皆形於傳是以隱其書而不宣所以免時難也隋經籍志曰遭秦滅學口說尚存故漢初有公羊穀梁鄒氏夾氏四家並行鄒氏無師夾氏亡而左氏漢初出於張蒼之家文帝時賈誼爲訓詁其後劉歆與

較經籍攷而正之諸儒傳者甚衆至魏遂行於世胥山李氏曰漢志有春秋古經十二篇經十一卷自杜預集解左氏合經傳爲一而仲尼遺經無復單行○杜預字元凱京兆杜陵人尚晉文帝妹高陵公主襲祖爵豐樂亭侯泰始中守河南尹受詔爲黜陟之課拜度支尚書奏立籍田建安邊論處軍國之要又作人排新器興常平倉定穀價較鹽運制課調上二元乾度歷建河橋於富平津創意造周廟欹器朝野號曰杜武庫帝密有滅吳之志羊祜卒拜預鎮南大將軍都督荆州諸軍事孫皓既平進爵當陽縣侯立功之後從容無事乃耽思經籍爲春秋左氏經傳集解又參攷衆家譜第謂之釋例又作盟會圖春秋長歷武帝謂預曰卿有何癖對曰臣有左傳癖卒年六十三贈征南大將軍開府儀同三司謚曰成

公羊傳　漢何　休註

按公羊子名高齊人受經於子夏故孝經說云春秋屬商是也爲經作傳故曰公羊傳戴宏序云子夏傳之公羊高高傳其子平平傳其子地地傳其子敢敢傳其子壽景帝時壽乃與弟子胡毋子都著以竹帛其後傳董仲舒又四傳至何休爲經傳集詁○何休字邵公本傳云爲人質朴訥口而雅有心思精研六

經世儒無及者太傅陳蕃辟之與參政事蕃敗休坐廢錮乃作春秋公羊解詁覃思不窺門十有七年又作公羊墨守左氏膏肓穀梁廢疾黨禁解拜議郎終諫議大夫

穀梁傳　晉范　甯註

晁氏曰應邵風俗通稱穀梁名赤子夏弟子糜信則以爲秦孝公同時人阮孝緒則以爲名俶字元始魯人自穀梁傳之孫卿孫卿傳魯人申公申公傳博士江翁其後魯人榮廣大善穀梁又傳蔡千秋漢宣帝好穀梁擢千秋爲郎繇是穀梁之傳大行於世○范甯字武子簡文帝時爲中書侍郎其甥王國寶憚之乃相驅扇因求外補豫章太守抵罪會赦免甯以爲春秋惟穀梁氏無善釋故爲之註解其序云升平之末先君稅駕於吳帥門生故吏兄弟子姪研講六籍三傳蓋甯父汪爲徐袞二州北伐失利屏居吳郡時也汪沒之後始成此書所集之說皆記姓名其稱何休曰及鄭君釋之卽所謂發墨守起廢疾也稱邵曰者甯從弟也稱泰曰雍曰凱曰者其長子中子小子也汪范晷之孫晷在良史自晷至泰五世皆顯於時甯父子祖孫同訓釋經傳行於後世泰之子曄亦著後漢書以不軌誅其家始亡

爾雅　晉郭　璞註

葛洪西京雜記曰茂陵郭威好讀書以爲爾雅周公所著而爾
雅有張仲孝友張仲宣王時人幷周公之制明矣余嘗以問揚
子雲子雲曰孔子門徒游夏之儔所記以解釋六藝者也家君
以爲外戚傳稱史佚教其子以爾雅又記言孔子教魯哀公學
爾雅爾雅之出遠矣舊傳學者皆云周公所記也張仲孝友之
類後人所足耳晁氏曰世傳釋詁周公書也餘篇仲尼子夏叔
孫通梁文增補陳氏曰按漢志爾雅不著撰人名氏璞序亦但
稱興於中古至陸氏釋文始謂釋詁爲周公所作其說蓋本於
魏張揖所上廣雅表今俗所傳或言仲尼所增或言子夏所益

或言叔孫通所補或言沛郡梁文所考皆解家所說先師口傳
疑莫能明舊有劉樊李孫之學今惟郭氏行於世○郭璞字景
純河東聞喜人好經術辭賦爲中興之冠有郭公者授以青囊
中書九卷遂洞五行天文卜筮之術璞門人趙載嘗竊青囊書
未及讀爲火所焚王導引璞叅巳軍深重之璞著江賦南郊賦
帝嘉之以爲著作佐郎明帝在東宮璞以才學見重埒於溫嶠
庾亮及王敦起使璞筮曰無成敦怒璞曰我命盡今日日中遂
遇害時年四十九王敦平追贈弘農太守璞撰前後筮驗名爲
洞林及新林卜韻等篇註爾雅別爲音義圖譜又註三蒼方言

穆天子傳山海經及楚辭子虛上林賦數十萬言皆傳於世

論語　魏何　晏註

正義曰按漢志論語者孔子應荅弟子時人及弟子相與言而
接聞於夫子之語也當時弟子各有所記夫子既卒弟子恐離
居巳後各生異見故相與論撰因采時賢及古明王之語合成
一法謂之論語鄭玄云論者綸也輪也理也次也撰也以此書
可以經綸世務故曰綸圖轉無窮故曰輪蘊含萬理故曰理篇
章有序故曰次群賢論定故曰撰也周禮註云荅述曰語此皆
仲尼應荅弟子及時人之辭故曰語而在論下者必經論撰然

後載之示非妄謬也以其口相傳授故經焚書而獨存○魏吏
部尚書何晏集孔安國包咸周氏馬融鄭玄陳群王肅周生烈
之說并下巳意爲集解正始中上之遂盛行於世孔鄭詳見前
晏及包周詳見本註考

孝經　漢鄭　氏註

隋經籍志曰孔子既敘六經題目不同指意差別恐斯道離散
故作孝經以總會之明其支離雖分本萌於孝者也遭秦焚書
爲河間人顏芝所藏漢初芝子貞出之凡十八章至劉向典較
經籍以顏本爲定○鄭氏註相傳或云鄭玄其立義與玄所註

餘書不同唐劉子玄証其非玄者十有二諸儒遵于玄之說故存其疑

孟子　漢趙　岐註

趙氏題辭曰孟子與弟子難疑荅問又自撰其法度之言著書七篇秦焚經籍其書號爲諸子得不泯絕○趙岐字邠卿京兆人初名嘉生於御史臺因字臺卿後避難自改名氏示不忘本土也娶扶風馬融兄女融外戚豪家岐鄙之不與融相見仕州郡以廉直疾惡見憚恥嫉宦官中常侍唐衡兄玹爲京兆收岐家屬宗親岐逃難四方諸唐滅因赦出三府聞之同時並辟會坐黨事免後徵拜議郎曹操爲司徒時舉以自代桓典孔融薦之於是就拜太常著孟子章句析爲十四篇

崇禎庚辰閏正望日東吳金　蟠錄

刻十三經全註凡例

章句

經籍既歷秦灰藏書者無從覿聖賢而質成矣漢劉氏創輯之功焉可誣哉宋儒因繹更定想見作者當日秉意云然執爲畫守不遷之說非通理也余於十三經尋章切句一遵漢魏本來豈伊開山而微言嗣爐不可謂非述者作也即章有前後錯簡句有參差別見取以互剖拘攣當益資夫開悟

音釋

諸經音義釋文莫備於唐德明陸氏矣旣有全註補音宜也留釋以贅顧音之複沓漫淹者不能概列列則蕪而音中之釋旁援曉暢者不可槩芟芟則漏是故音取詳而復不洗釋雖刪而留參解凡引氏存說爲昔賢表微總俾學者玩察時竊權衡弗敢辭也

篇卷

夫緗帙繁殺例難取於一律或目多而合一卷覽者意雜若數卷而完一目則意猶未既也茲隨經詮卷皆仍疏本而毛詩左傳戴記諸經則約篇卷而徑之匪獨便於繙閱緒貫者毋容截逗倫辨者不尚支離也

疏義

或曰註與疏合行唐宋於今未之或改也獨尊註可乎夫經學今盛極矣而不能家諄戶設者疏之灝漭故也慕者若於辨辨者若於讀讀者若於竟竟者若於習習者若於傳盍統夫註之要約也且士卽不皆三代間顧不願遊唐宋以上乎夫疏易書詩禮春秋五經者唐穎達孔氏也疏儀周二禮者唐公彥賈氏也疏論語孝經爾雅者宋邢氏昺也疏穀梁者唐楊氏士勛疏公羊者本不著撰名按馬氏通考或云徐彥大約唐開元天寶闌入而宋邢氏昺正之疏孟子者宋孫氏奭也或稱正義或稱疏總是註中之註實不出註爾余是統之全註云

目考

學者驟覽而全體盡得焉一經之編目爲力也領略而諸義源流可鏡焉各經之攷說爲要也目以曙一經之範攷以徹各經之委寧云縟節聊亦提綱用補俗本未逮爾

闕疑

經猶日月之經乎天無時或息有時或晦故經有疑聖則闕之晦也非息也註亦有然傳遠湮廢迄今兩雍較訂靡所加嘶況其下哉存其闕者乃無闕也是以禮註間留逸跡孝註不敢附實康成若表章可至討論必加如姓氏務及官爵職里而論語註有姓無

氏則別爲考註是也三閱寒暑刻始告竣敢述訂正苦心如右

皇明崇禎歲次庚辰清和月望東吳鹿城千仞沈雲翔識

本姓金一名嶓

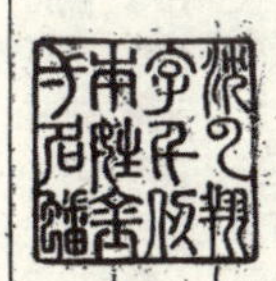

周易序

唐國子祭酒上護軍曲阜縣開國子孔穎達撰

夫易者象也爻者效也聖人有以仰觀俯察象天地而育羣品雲行雨施效四時以生萬物若用之以順則兩儀序而百物和若行之以逆則六位傾而五行亂故王者動必則天地之道不使一物失其性行必協陰陽之宜不使一物受其害故能彌綸宇宙酬酢神明宗社所以无窮風聲所以不朽非夫道極玄妙孰能與於此乎斯乃乾坤之大造生靈之所益也若夫龍出於河則八卦宣其象麟傷於澤則十翼彰其用業資凡聖時歷三古

及秦亡金鏡未墜斯文漢理珠囊重興儒雅其傳易者西都則有丁孟京田東都則有荀劉馬鄭大體更相祖述非有絕倫唯魏世王輔嗣之注獨冠古今所以江左諸儒並傳其學河北學者罕能及之其江南義疏十有餘家皆辭尚虛玄義多浮誕原夫易理難窮雖復玄之又玄至於垂範作則便是有而教有若論住內住外之空就能就所之說斯乃義涉於釋氏非爲教於孔門也既背其本又違於注至若復卦云七日來復並解云七日當爲七月謂陽氣從五月建午而消至十一月建子始復所歷七辰故云七月今案輔嗣注云陽氣始剝盡至來復時凡七日則是陽氣剝盡之後凡經七日始復但陽氣雖建午始消至建戌之月陽氣猶在何得稱七月來復故鄭康成引易緯之說建戌之月以陽氣既盡建亥之月純陰用事至建子之月陽氣始生隔此純陰一卦卦主六日七分舉其成數言之而云七日來復仲尼之緯分明輔嗣之注若此康成之說遺跡可尋輔嗣注之於前諸儒背之於後考其義理其可通乎又蠱卦云先甲三日後甲三日輔嗣注云甲者創制之令又若漢世之時甲令乙令也輔嗣又云令洽乃誅故後之三日又巽卦云先庚三日後庚三日輔嗣注云申命令謂之庚輔嗣又云甲庚皆申命之

謂也諸儒同於鄭氏之說以爲甲者宣令之日先之三日而用辛也欲取改新之義後之三日而用丁也取其丁寧之義王氏注意本不如此而又不顧其注妄作異端今既奉勑删定考察其事必以仲尼爲宗義理可詮先以輔嗣爲本去其華而取其實欲使信而有徵其文簡其理約寡而制衆變而能通仍恐鄙才短見意未周盡謹與朝散大夫行大學博士臣馬嘉運守大學助教臣趙乾叶等對共參議詳其可否至十六年又奉勑與前修疏人及給事郎守四門博士上騎都尉臣蘇德融等對勑使趙弘智覆更詳審爲之正義凡十有四卷庶望上裨聖道下

益將來故序其大略附之卷首爾

自此下分爲八段

第一論易之三名　第二論重卦之人

第三論三代易名　第四論卦辭爻辭誰作

第五論分上下二篇　第六論夫子十翼

第七論傳易之人　第八論誰加經字

第一論易之三名

正義曰夫易者變化之總名改換之殊稱自天地開闢陰陽運行寒暑迭來日月更出孚萌庶類亭毒羣品新新不停生生相續

莫非資變化之力換代之功然變化運行在陰陽二氣故聖人初畫八卦設剛柔兩畫象二氣也布以三位象三才也謂之爲易取變化之義既義總變化而獨以易爲名者易緯乾鑿度云易一名而含三義所謂易也變易也不易也又云易者其德也光明四通簡易立節天以爛明日月星辰布設張列通精無門藏神無穴不煩不擾澹泊不失此其易也變易者其氣也天地不變不能通氣五行迭終四時更廢君臣取象變節相移能消者息必專者敗此其變易也不易者其位也天在上地在下君南面臣北面父坐子伏此其不易也鄭玄依此義作易贊及易論云易一名而含三義易簡一也變易二也不易三也故繫辭云乾坤其易之蘊邪又云易之門戶邪又云夫乾確然示人易矣夫坤隤然示人簡矣易則易知簡則易從此言其易簡之法則也又云爲道也屢遷變動不居周流六虛上下無常剛柔相易不可爲典要唯變所適此言順時變易出入移動者也又云天尊地卑乾坤定矣卑高以陳貴賤位矣動靜有常剛柔斷矣此言其張設布列不易者也崔覲劉貞簡等並用此義云易者謂生生之德有易簡之義不易者言天地定位不可相易變易者謂生生之道變而相續皆以緯稱不煩不擾澹泊不失此明

是易簡之義無爲之道故易者易也作難易之音而周簡子云易者易也不易也變易也易者易代之名凡有无相代彼此相易皆是易義不易者常體之名有常有體无常无體是不易之義變易者相變改之名兩有相變此爲變易張氏何氏並用此義云易者換代之名待奪之義因於乾鑿度云易者其德也或沒而不論或云德者得也萬法相形皆得相易不顧緯文不煩不擾之言所謂用其文而背其義何不思之甚故今之所用同鄭康成等易者易也音爲難易之音義爲簡易之義得緯文之本實也蓋易之三義唯在於有然有從无出理則包无故乾鑿

度云夫有形者生於无形則乾坤安從而生故有太易有太初有太始有太素太易者未見氣也太初者氣之始也太始者形之始也太素者質之始也氣形質具而未相離謂之渾沌渾沌者言萬物相渾沌而未相離也視之不見聽之不聞循之不得故曰易也是知易理備包有无而易象唯在於有者盖以聖人作易本以垂教教之所備本備於有故繫辭云形而上者謂之道道即无也形而下者謂之器器即有也故以无言之存乎道體以有言之存乎器用以變化言之存乎其神以生成言之存乎其易以真言之存乎其性以邪言之存乎其情以氣言之存

乎陰陽以質言之存乎爻象以教言之存乎精義以人言之存乎景行此等是也且易者象也物无不可象也作易所以垂教者即乾鑿度云孔子曰上古之時人民無別羣物未殊未有衣食器用之利伏犧乃仰觀象於天俯觀法於地中觀萬物之宜於是始作八卦以通神明之德以類萬物之情故易者所以斷天地理人倫而明王道是以畫八卦建五氣以立五常之行象法乾坤順陰陽以正君臣父子夫婦之義度時制宜作為罔罟以佃以漁以贍民用於是人民乃治君親以尊臣子以順羣生和洽各安其性此其作易垂教之本義也

第二論重卦之人

繫辭云河出圖洛出書聖人則之又禮緯含文嘉曰伏犧德合上下天應以鳥獸文章地應以河圖洛書伏犧則而象之乃作八卦故孔安國馬融王肅姚信等並云伏犧得河圖而作易是則伏犧雖得河圖復須仰觀俯察以相參正然後畫卦伏犧初畫八卦萬物之象皆在其中故繫辭曰八卦成列象在其中矣是也雖有萬物之象其萬物變通之理猶自未備故因其八卦而更重之卦有六爻遂重為六十四卦也繫辭曰因而重之爻在其中矣是也然重卦之人諸儒不同凡有四說王輔嗣等以為

伏犧畫卦鄭玄之徒以為神農重卦孫盛以為夏禹重卦史遷等以為文王重卦其言夏禹及文王重卦者案繫辭神農之時已有盖取益與噬嗑以此論之不攻自破其言神農重卦亦未為得今以諸文驗之案說卦云昔者聖人之作易也幽贊於神明而生蓍凡言作者創造之謂也神農以後便是述修不可謂之作也則幽贊用蓍謂伏犧矣故乾鑿度云垂皇策者犧上繫論用蓍云四營而成易十有八變而成卦既言聖人作易十八變成卦明用蓍在六爻之後非三畫之時伏犧用蓍即伏犧已重卦矣說卦又云昔者聖人之作易也將以順性命之理是以

立天之道曰陰與陽立地之道曰柔與剛立人之道曰仁與義兼三才而兩之故易六畫而成卦旣言聖人作易兼三才而兩之又非神農始重卦矣又上繫云易有聖人之道四焉以言者尚其辭以動者尚其變以制器者尚其象以卜筮者尚其占此之四事皆在六爻之後何者三畫之時未有彖繇不得有尚其辭因而重之始有變動三畫不動不得有尚其變揲蓍布爻方用之卜筮蓍起六爻之後三畫不得有尚其占自然中間以制器者尚其象亦非三畫之時今伏犧結繩而爲罔罟則是制器明伏犧巳重卦矣又周禮小史掌三皇五帝之書明三皇巳有

書也下繫云上古結繩而治後世聖人易之以書契葢取諸夬旣象夬卦而造書契伏犧有書契則有夬卦矣故孔安國書序云古者伏犧氏之王天下也始畫八卦造書契以代結繩之政又曰伏犧神農黃帝之書謂之三墳是也又八卦小成爻象未備重三成六能事畢矣若言重卦起自神農其爲功也豈比繫辭而巳哉何因易緯等數所歷三聖但云伏犧文王孔子竟不及神農明神農但有葢取諸益不重卦矣故今依王輔嗣以伏犧旣畫八卦卽自重爲六十四卦爲得其實其重卦之意備在說卦此不具叙伏犧之時道尚質素畫卦重爻足以垂法後代澆訛德不如古爻象不足以爲教故作繫辭以明之

第三論三代易名

案周禮太卜三易云一曰連山二曰歸藏三曰周易杜子春云連山伏犧歸藏黃帝鄭玄易贊及易論云夏曰連山殷曰歸藏周曰周易鄭玄又釋云連山者象山之出雲連連不絕歸藏者萬物莫不歸藏於其中周易者言易道周普无所不備鄭玄雖有此釋更无所據之文先儒因此遂爲文質之義皆煩而无用今所不取案世譜等羣書神農一曰連山氏亦曰列山氏黃帝一曰歸藏氏旣連山歸藏並是代號則周易稱周取岐陽地名毛

詩云周原膴膴是也又文王作易之時正在羑里周德未興猶是殷世也故題周别於殷以此文王所演故謂之周易其猶周書周禮題周以别餘代故易緯云因代以題周是也先儒又兼取鄭說云旣指周代之名亦是普徧之義雖欲无所遐棄亦恐未可盡通其易題周因代以稱周是先儒更不别解唯皇甫謐云文王在羑里演六十四卦著七八九六之爻謂之周易以此文王安周字其繫辭之文連山歸藏无以言也

第四論卦辭爻辭誰作

其周易繫辭凡有三說一說所以卦辭爻辭並是文王所作知者

案繫辭云易之興也其於中古乎作易者其有憂患乎又曰易之興也其當殷之末世周之盛德邪當文王與紂之事邪又乾鑿度云垂皇策者犧卦道演德者文成命者孔通卦驗又云蒼牙通靈昌之成孔演命明道經準此諸文伏犧制卦文王繫辭孔子作十翼易歷三聖只謂此也故史遷云文王囚而演易即是作易者其有憂患乎鄭學之徒並依此說也二以爲驗爻辭多是文王後事案升卦六四王用亨于岐山武王克殷之後始追號文王爲王若爻辭是文王所制不應云王用亨于岐山又明夷六五箕子之明夷武王觀兵之後箕子始被囚奴文王不宜豫言箕子之明夷又旣濟九五東鄰殺牛不如西鄰之禴祭說者皆云西鄰謂文王東鄰謂紂文王之時紂尚南面豈容自言已德受福勝殷又欲抗君之國遂言東西相鄰而已又左傳韓宣子適魯見易象云吾乃知周公之德周公被流言之謗亦得爲憂患也驗此諸說以爲卦辭文王爻辭周公馬融陸績等並同此說今依而用之所以只言三聖不數周公者以父統子業故也案禮稽命徵曰文王見禮壞樂崩道孤無主故設禮經三百威儀三千其三百三千卽周公所制周官儀禮明文王本有此意周公述而成之故繫之文王然則易之爻辭蓋亦是文

王本意故易緯但言文王也

第五論分上下二篇

案乾鑿度云孔子曰陽三陰四位之正也故易卦六十四分爲上下而象陰陽也夫陽道純而奇故上篇三十所以象陽也陰道不純而偶故下篇三十四所以法陰也乾坤者陰陽之本始萬物之祖宗故爲上篇之始而尊之也離爲日坎爲月日月之道陰陽之經所以始終萬物故以坎離爲上篇之終也咸恒者男女之始夫婦之道也人道之興必由夫婦所以奉承祖宗爲天地之主故爲下篇之始而貴之也旣濟未濟爲最終者所以明戒愼而全王道也以此言之則上下二篇文王所定夫子作緯以釋其義也

第六論夫子十翼

其彖象等十翼之辭以爲孔子所作先儒更无異論但數十翼亦有多家旣文王易經本分爲上下二篇則區域各別彖象釋卦亦當隨經而分故一家數十翼云上彖一下彖二上象三下象四上繫五下繫六文言七說卦八序卦九雜卦十鄭學之徒並同此說故今亦依之

第七論傳易之人

孔子既作十翼易道大明自商瞿已後傳授不絶案儒林傳云商瞿子木本授易於孔子以授魯橋庇子庸子庸授江東馯臂子弓子弓授燕周醜子家子家授東武孫虞子乘子乘授齊田何子莊及秦燔書易爲卜筮之書獨得不禁故傳授者不絶漢興田何授東武王同子中及雒陽周王孫梁人丁寛齊服生皆著易傳數篇同授菑川楊何字叔元叔元傳京房京房傳梁丘賀賀授子臨臨授御史大夫王駿其後丁寛又別授田王孫孫授施讎讎授張禹禹授彭宣此前漢大略傳授之人也其後漢則有馬融荀爽鄭玄劉表虞翻陸績等及王輔嗣也

第八論誰加經字

但子夏傳云雖分爲上下二篇未有經字經字是後人所加不知起自誰始案前漢孟喜易本云分上下二經是孟喜之前已題經字其篇題經字雖起於後其稱經之理則久在於前故禮記經解云絜靜精微易教也既在經解之篇是易有稱經之理案經解之篇備論六藝則詩書禮樂並合稱經而孝經緯稱易建八卦序六十四卦轉成三百八十四爻運機布度其氣轉易故稱經也但緯文鄙僞不可全信其八卦方位之所六爻上下之次七八九六之數內外承乘之象入經別釋此未具論也

周易序終

易經目錄

易經目錄畢

周易卷一
魏尚書郎山陽王　弼註　明後學東吳金　蟠訂

上經

☰☰ 乾下乾上

乾。元亨利貞。

初九。潛龍勿用。文言備矣。

九二。見龍在田。利見大人。出潛離隱故曰見龍處於地上故曰在田德施周普居中不偏雖非君位君之德也初則不彰三則乾乾四則或躍上則過亢利見大人唯二五焉○見龍賢遍反下凡見龍皆同離隱力智反德施始豉反

九三。君子終日乾乾。夕惕若厲。无咎。處下體之極居上體之下在不中之位履重剛之險上不在天未可以安其尊也下不在田未可以寧其居也純脩下道則居上之德廢純脩上道則處下之禮曠故終日乾乾至于夕惕猶若厲也居上不驕在下不憂因時而惕不失其幾雖危而勞可以无咎處下卦之極愈於上九之亢故竭知力而後免於咎也乾三以處下卦之上故免亢龍之悔坤三以處下卦之上故免龍戰之災○重剛直龍反下同竭知音智

九四。或躍在淵。无咎。去下體之極居上體之下乾道革之時也上不在天下不在田中不在人履重剛之險而无定位所處斯誠進退无常之時也近乎尊位欲進其道迫乎在下非躍所及欲靜其居居非所安持疑猶豫未敢決志用心存公進不在私疑以為慮不謬於果

故无咎也

九五飛龍在天利見大人。

不行不躍而在乎天非飛而何故曰飛龍也龍德在天則大人之路亨也夫位以德興德以位叙以至德而處盛位萬物之覩不亦宜乎

上九亢龍有悔。

用九見群龍无首吉。

九天之德也能用天德乃見群龍之義焉夫以剛健而居人之首則物之所不與也以柔順而為不正則佞邪之道也故乾吉在无首坤利在永貞

彖曰大哉乾元萬物資始乃統天雲行雨施品物流形大明終始

六位時成時乘六龍以御天乾道變化各正性命。

天也者形之名也健也者用形者也夫形也者物之累也有天之形而能永保无虧為物之首統之者豈非至健哉大明乎終始之道故六位不失其時而成升降无常隨時而用處則乘潛龍出則乘飛龍故曰時乘六龍也乘變化而御大器靜專動直不失太和豈非正性命之情者邪○彖吐亂反雨施始豉反下內並同

保合大和乃利貞。

不和而剛暴

首出庶物萬國咸寧。

萬國所以寧各以有君也

象曰天行健君子以自强不息。

潛龍勿用陽在下也。

見龍在田德施普也。

終日乾乾反復道也。

以上言之則不驕以下言之則不憂反覆皆道也○復芳服反本亦作覆

或躍在淵進无咎也

飛龍在天大人造也。

亢龍有悔盈不可久也。

用九天德不可為首也。

文言曰元者善之長也亨者嘉之會也利者義之和也貞者事之

幹也君子體仁足以長人嘉會足以合禮利物足以和義貞固足以幹事君子行此四德者故曰乾元亨利貞。

○長丁丈反

初九曰潛龍勿用何謂也子曰龍德而隱者也不易乎世。

不為世俗所移易也

不成乎名遯世无悶不見是而无悶樂則行之憂則違之確乎其不可拔潛龍也。

○樂音洛

九二曰見龍在田利見大人何謂也子曰龍德而正中者也庸

言之信庸行之謹閑邪存其誠善世而不伐德博而化易曰見龍在田利見大人君德也○行下孟反

九三曰君子終日乾乾夕惕若厲无咎何謂也子曰君子進德脩業忠信所以進德也脩辭立其誠所以居業也知至至之可與幾也知終終之可與存義也處一體之極是至也居一卦之盡是終也處事之至而不犯咎知至者也故可與成務矣處終而能全其終知終者也夫進物之速者義不若利存物之終者利不及義故靡不有初鮮克有終夫可與存義者其唯知終者乎

是故居上位而不驕在下位而不憂居下體之上在上體之下明夫終敝故不驕也知夫至至故不憂也

故乾乾因其時而惕雖危无咎矣惕怵惕之謂也處事之極失時則廢懈怠則曠故因其時而惕雖危无咎

九四曰或躍在淵无咎何謂也子曰上下无常非爲邪也進退无恒非離群也君子進德脩業欲及時也故无咎○離力智反

九五曰飛龍在天利見大人何謂也子曰同聲相應同氣相求水流濕火就燥雲從龍風從虎聖人作而萬物覩本乎天者親上本乎地者親下則各從其類也

上九曰亢龍有悔何謂也子曰貴而无位高而无民下无陰也

賢人在下位而无輔賢人雖在下而當位不爲之助

是以動而有悔也處上卦之極而不當位故盡陳其闕也獨立而動物莫之與矣乾文言首不論乾而先說元下乃曰乾何也夫乾者統行四事者也君子以自強不息行此四者故首不論乾而下曰乾元亨利貞餘爻皆說龍至於九三獨以君子爲目何也夫易者象也象之所生生於義也有斯義然後明之以其物故以龍敘乾以馬明坤隨其事義而取象焉是故初九九二龍德皆應其義故可論龍以明之也至於九三乾乾夕惕非龍德也明以君子當其象矣統而舉之乾體皆龍別而敘之各隨其義○當都浪反易內皆同當其如字

潛龍勿用下也

見龍在田時舍也

終日乾乾行事也

或躍在淵自試也

飛龍在天上治也

亢龍有悔窮之災也

乾元用九天下治也此一章全以人事明之也九陽也陽剛直之物也夫能全用剛直放遠善柔非天下至理未之能也故乾元用九則天下治也

夫識物之動則其所以然之理皆可知也龍之為德不為妄者也潛而勿用何乎必窮處於下也見而在田必以時之通舍也以爻為人以位為時人不妄動則時皆可知也文王明夷則主可知矣仲尼旅人則國可知矣

潛龍勿用，陽氣潛藏。

見龍在田，天下文明。

終日乾乾，與時偕行。與天時俱不息

或躍在淵，乾道乃革。

飛龍在天，乃位乎天德。

亢龍有悔，與時偕極。與時運俱終極

乾元用九，乃見天則。此一章全說天氣以明之也九剛直之物唯乾體能用之用純剛以觀天天則可見矣

乾元者，始而亨者也。利貞者，性情也。不為乾元何能通物之始不性其情何能久行其正是故始而亨者必乾元也利而正者必性情也

乾始能以美利利天下，不言所利，大矣哉。大哉乾乎，剛健中正，純粹精也。六爻發揮，旁通情也。時乘六龍，以御天也。雲行雨施，天下平也。

君子以成德為行，日可見之行也。潛之為言也，隱而未見，行而未

成，是以君子弗用也。○行下孟反之行行而皆同未見賢遍反

君子學以聚之，問以辨之，寬以居之，仁以行之。易曰：見龍在田，利見大人，君德也。以君德而處下體資納於物者也

九三重剛而不中，上不在天，下不在田，故乾乾因其時而惕，雖危无咎矣。○重直龍反下同

九四重剛而不中，上不在天，下不在田，中不在人，故或之。或之者，疑之也，故无咎。

夫大人者，與天地合其德，與日月合其明，與四時合其序，與鬼神合其吉凶。先天而天弗違，後天而奉天時。天且弗違，而況於人乎？況於鬼神乎？○夫音符發端之字皆放此先悉薦反後胡豆反

亢之為言也，知進而不知退，知存而不知亡，知得而不知喪。其唯聖人乎！知進退存亡而不失其正者，其唯聖人乎！○喪息浪反

䷁ 坤下坤上

坤。元亨。利牝馬之貞。

坤貞之所利、利於牝馬也、馬、在下而行者也、而又牝焉、順之至也、至順而後乃亨、故唯利於牝馬之貞、○牝、頻忍反

君子有攸往。先迷後得。主利。西南得朋。東北喪朋。安貞吉。

西南致養之地、與坤同道者也、故曰得朋、東北反西南者也、故曰喪朋、陰之爲物、必離其黨之於反類、而後獲安貞吉、○喪、息浪反、註及下皆同

彖曰。至哉坤元。萬物資生。乃順承天。坤厚載物。德合无疆。含弘光大。品物咸亨。牝馬地類。行地无疆。

地之所以得无疆者、以卑順行之故也、乾以龍御天、坤以馬行地、○疆、居良反、注及下皆同

柔順利貞。君子攸行。先迷失道。後順得常。西南得朋。乃與類行。

東北喪朋。乃終有慶。安貞之吉。應地无疆。

地也者、形之名也、坤也者、用地者也、夫兩雄必爭、二主必危、有地之形、與剛健爲耦、而以永保无疆、用之者、不亦至順乎、若夫行之不以牝馬、利之不以永貞、方而又剛、柔而又圓、求安難矣、

象曰。地勢坤。

地形不順、其勢順、

君子以厚德載物。

初六。履霜。堅冰至。

始於履霜、至于堅冰、所謂至柔而動也剛、陰之爲道、本於卑弱而後積著者也、故取履霜以明其始、陽之爲物、非基於始以至於著者也、故以出處明之、則以初爲潛、

象曰。履霜堅冰。陰始凝也。馴致其道。至堅冰也。

○馴、似遵反

六二。直方大。不習无不利。

居中得正、極於地質、任其自然而物自生、不假脩營而功自成、故不習焉而无不利、

象曰。六二之動。直以方也。

動而直方、任其質也、

不習无不利。地道光也。

六三。含章可貞。或從王事。无成有終。

三處下卦之極、而不疑於陽、應斯義者也、不爲事始、須唱乃應、待命乃發、含美而可正者也、故曰含章可貞也、有事則從、不敢

爲首、故曰或從王事也、不爲事主、順命而終、故曰无成有終也、

象曰。含章可貞。以時發也。或從王事。知光大也。

○知、音智

六四。括囊。无咎无譽。

處陰之卦、以陰居陰、履非中位、无直方之質、不造陽事、无含章之美、括結否閉、賢人乃隱、施慎則可、非泰之道、○否、皮鄙反

象曰。括囊无咎。慎不害也。

六五。黃裳。元吉。

黃、中之色也、裳、下之飾也、坤爲臣道、美盡於下、夫體无剛健、而能極物之情、通理者也、以柔順之德、處於盛位、任夫文理者也、垂黃裳以獲元吉、非用武者也、極陰之盛、不至疑陽、以文在中、美之至也、

象曰黃裳元吉文在中也
用黃裳而獲元吉以文在中也
上六龍戰于野其血玄黃
陰之爲道卑順不盈乃全其美盛而不已固陽之地陽所不堪故戰于野
象曰龍戰于野其道窮也
用六利永貞
用六之利利永貞也
象曰用六永貞以大終也
能以永貞大終者也

文言曰坤至柔而動也剛至靜而德方
動之方直不爲邪也柔而又圓消之道也其德至靜德必方也
後得主而有常含萬物而化光坤道其順乎承天而時行
積善之家必有餘慶積不善之家必有餘殃臣弑其君子弑其父非一朝一夕之故其所由來者漸矣由辯之不早辯也易曰霜履堅冰至蓋言順也
直其正也方其義也君子敬以直內義以方外敬義立而德不孤直方大不習无不利則不疑其所行也
天地變化草木蕃天地閉賢人隱易曰括囊无咎无譽蓋言謹也
君子黃中通理正位居體美在其中而暢於四支發於事業美之至也
陰疑於陽必戰
辯之不早疑盛乃動故必戰
爲其嫌於无陽也
爲其嫌於非陽而戰○爲于僞反注同
故稱龍焉猶未離其類也
猶未失其陰類爲陽所滅○離力智反

故稱血焉
猶與陽戰而相傷故稱血
夫玄黃者天地之雜也天玄而地黃

䷂ 震下坎上
屯元亨利貞
剛柔始交是以屯也不交則否故屯乃大亨也大亨則无險故利貞○否備鄙反
勿用有攸往
往益屯也
利建侯

得主則定、

彖曰。屯、剛柔始交而難生。動乎險中。大亨貞。

始於險難、至於大亨而後全正、故曰屯元亨利貞。○難乃旦反、卦內除六三註難可餘並同

雷雨之動滿盈。

雷雨之動、乃待滿盈、皆剛柔始交之所爲、

天造草昧。宜建侯而不寧。

屯體不寧、故利建侯也、屯者、天地造始之時也、造物之始、始於冥昧、故曰草昧也、處造始之時、所宜之善、莫善建侯也、○造徂早反注同

象曰。雲雷屯。君子以經綸。

君子經綸之時、

初九。磐桓。利居貞。利建侯。

處屯之初、動則難生、不可以進、故磐桓也、處此時也、其利安在、不唯居貞建侯乎、夫息亂以靜、守靜以侯、安民在正、弘正在謙、屯難之世、陰求於陽、弱求於強、民思其主之時也、初處其首、而又下焉、爻備斯義、宜其得民也、○磐本亦作盤

象曰。雖磐桓。志行正也。

不可以進、故磐桓也、非爲宴安棄成務也、故雖磐桓志行正也、

以貴下賤。大得民也。

陽貴而陰賤也、○下遐嫁反

六二。屯如邅如。乘馬班如。匪寇婚媾。女子貞不字。十年乃字。

志在乎五、不從於初、屯難之時、正道未行、與初相近而不相得、困於侵害、故屯邅也、時方屯難、正道未通、涉遠而行、難可以進、故曰乘馬班如也、寇謂初也、无初之難、則與五婚矣、故曰匪寇婚媾也、志在於五、不從於初、故曰女子貞不字也、屯難之世、勢不過十年者也、十年則反常、反常則本志斯獲矣、故曰十年乃字、○邅張連反乘子夏傳音繩媾古后反

象曰。六二之難。乘剛也。十年乃字。反常也。

六三。即鹿无虞。惟入于林中。君子幾不如舍。往吝。

三既近五而無寇難、四雖比五、其志在初、不妨己路、可以進而无屯邅也、見路之易、不揆其志、五應在二、往必不納、何異无虞以從禽乎、雖見其禽而无其虞、徒入于林中、其可獲乎、幾辭也、夫君子之動、豈取恨辱哉、故不如舍、往吝窮也、○幾音機舍音捨易以豉反

象曰。即鹿无虞。以從禽也。君子舍之。往吝窮也。

六四。乘馬班如。求婚媾。往吉。无不利。

二雖比初、執貞不從、不害己志者也、求與合好、往必見納矣、故曰往吉无不利、○好呼報反下同

象曰。求而往。明也。

見彼之情狀也、

九五。屯其膏。小貞吉。大貞凶。

處屯難之時、居尊位之上、不能恢弘博施、无物不與、拯濟微滯、亨于羣小、而繫應在二、屯難其膏、非能光其施者也、固志同好、不容他間、小貞之吉、大貞之凶、○施式豉反下及文皆同間間側之間

象曰。屯其膏。施未光也。

上六。乘馬班如。泣血漣如。

處險難之極、下无應援、進无所適、雖比於五、五屯其膏、不與相得、居不獲安、行无所適、窮困闉厄、无所委仰、故泣血漣如、○漣音連闉音因

象曰。泣血漣如。何可長也。

䷃ 坎下艮上

蒙。亨。匪我求童蒙。童蒙求我。初筮告。再三瀆。瀆則不告。

筮者、決疑之物也、童蒙之來求我、欲決所惑也、決之不一、不知所從、則復惑也、故初筮則告、再三則瀆、瀆蒙也、能為初筮、其唯二乎、以剛處中、能斷夫疑者也、○筮市制反告古毒反復符又反斷丁亂反夫音扶下註六五註同

利貞。

蒙之所利、乃利正也、夫明莫若聖、昧莫若蒙、蒙以養正、乃聖功也、然則養正以明、失其道矣、

彖曰。蒙。山下有險。險而止。蒙。

退則困險、進則閡山、不知所適、蒙之義也、○閡五代反

蒙亨。以亨行。時中也。

時之所願、惟願亨也、以亨行之、得時中也、

匪我求童蒙。童蒙求我。志應也。

我、謂非童蒙者也、非童蒙者、即陽也、凡不識者求問識者、識者不求所告、闇者求明、明者不諮於闇、故蒙之為義、匪我求童蒙、童蒙求我也、童蒙之來求我、志應故也、○諮本亦作咨

初筮告。以剛中也。

謂二也、二為衆陰之主也、无剛失中、何由得初筮之告乎、

再三瀆。瀆則不告。瀆蒙也。蒙以養正。聖功也。

象曰。山下出泉。蒙。

山下出泉、未知所適、蒙之象也、

君子以果行育德。

果行者、初筮之義也、育德者、養正之功也、○行下孟反註及六三註象同

初六。發蒙。利用刑人。用說桎梏。以往吝。

處蒙之初、二照其上、故蒙發也、蒙發疑明、刑說當也、以往吝、刑不可長、○說吐活反注同桎音質梏古毒反

象曰。利用刑人。以正法也。

刑人之道、道所惡也、以正法制、故刑人也、○惡烏路反

九二。包蒙吉。納婦吉。子克家。

以剛居中、童蒙所歸、包而不距、則遠近咸至、故包蒙吉也、婦者配己而成德者也、體陽而能包蒙、以剛而能居中、以此納配、物莫不應、故納婦吉也、處于卦內、以剛接柔、親而得中、能幹其任、施之於子、克家之義、

象曰。子克家。剛柔接也。

六三。勿用取女。見金夫。不有躬。无攸利。

童蒙之時、陰求於陽、晦求於明、各求發其昧者也、六三在下卦之上、上九在上卦之上、男女之義也、上不求三、而三求上、女先求男者也、女之為體、正行以待命者也、見剛夫而求之、故曰不有躬也、施之於女、行在不順、故勿用取女、而无攸利、○取七住反本又作娶

象曰。勿用取女。行不順也。

六四困蒙吝。

獨遠於陽處兩陰之中闇莫之發故曰困蒙也困於蒙昧不能比賢以發其志亦以鄙矣故曰吝也○遠于萬反下文同比毗志反

象曰困蒙之吝獨遠實也。

陽稱實也

六五童蒙吉。

以夫陰質居於尊位不自任察而委於二付物以能不勞聰明功斯克矣故曰童蒙吉

象曰童蒙之吉順以巽也。

委物以能不先不為順以巽也

上九擊蒙不利為寇利禦寇。

處蒙之終以剛居上能擊去童蒙以發其昧者也故曰擊蒙也童蒙願發而已能擊去之合上下之願故莫不順也為之扞禦則物咸附之若欲取之則物咸叛矣故不利為寇利禦寇也○去起呂反扞胡旦反

象曰利用禦寇上下順也。

周易卷一　畢

周易卷二

魏尚書郎山陽王　弼註　明後學東吳葛　鼒訂

上經

☵☰ 乾下坎上

需有孚光亨貞吉利涉大川。

象曰需須也險在前也剛健而不陷其義不困窮矣需有孚光亨貞吉位乎天位以正中也

謂五也位乎天位用其中正以此待物需道畢矣故光亨貞吉

利涉大川往有功也。

乾德獲進往輒亨也

象曰雲上於天需君子以飲食宴樂。

童蒙已發盛德光亨飲食宴樂其在茲乎○上時掌反樂音洛

初九需于郊利用恒无咎。

居需之時最遠於難能抑其進以遠險待時雖不應幾可以保常也○遠袁萬反下同難乃旦反下註及交皆同

象曰需于郊不犯難行也利用恒无咎未失常也。

九二需于沙小有言終吉。

轉近於難故曰需于沙也不至致寇故曰小有言也近不逼難遠不後時履健居中以待其會雖小有言以吉終也

象曰需于沙衍在中也雖小有言以終吉也。

九三需于泥。致寇至。

以剛逼難、欲進其道、所以招寇而致敵也、猶有須焉、不陷其剛、寇之來也、自我所招、敬慎防備、可以不敗、

象曰需于泥。災在外也。自我致寇。敬慎不敗也。

六四需于血。出自穴。

凡稱血者、陰陽相傷者也、陰陽相近而不相得、陽欲進而陰塞之、則相害也、穴者、陰之路也、處坎之始、居穴者也、九三剛進、四不能距、見侵則辟、順以聽命者也、故曰需于血出自穴也、○辟音避下同

象曰需于血。順以聽也。

九五需于酒食。貞吉。

需之所須、以待達也、已得天位、暢其中正、无所復須、故酒食而已、獲貞吉也、○復扶又反

象曰酒食貞吉。以中正也。

上六入于穴。有不速之客三人來。敬之終吉。

六四所以出自穴者、以不與三相得而塞其路、不辟則害、故不得不出自穴而辟之也、至於上六、處卦之終、非塞路者也、與三爲應、三來之己、乃爲己援、故无畏害之辟、而乃有入穴之固也、三陽所以不敢進者、須難之終也、難終則至、不待召也、己居難終、故自來也、處无位之地、以一陰而爲三陽之主、故必敬之而後終吉、

象曰不速之客來。敬之終吉。雖不當位。未大失也。

處无位之地、不當位者也、敬之則得終吉、故雖不當位、未大失也、

䷅ 坎下乾上

訟有孚。窒惕中吉。

窒謂窒塞也、皆惕然後可以獲中吉、

終凶。利見大人。不利涉大川。

彖曰訟。上剛下險。險而健。訟。訟有孚窒惕中吉。剛來而得中也。終凶。訟不可成也。利見大人。尚中正也。不利涉大川。入于淵也。

夫不和而訟、无施而可、涉難特甚焉、唯有信而見塞懼者、乃可以得吉也、猶復不可終、中乃吉也、不閉其源、使訟不至、雖每不枉而訟至終竟、此亦凶矣、故雖復有信而見塞懼、猶不可以爲終也、故曰訟有孚窒惕中吉終凶也、无善聽者、雖有其實、何由得明、而令有信塞懼者得其中吉、必有善聽之主焉、其在二乎、以剛而來正夫群小、斷不失中、應斯任也、○難乃旦反復扶又反下同令力呈反夫音符下注同斷丁亂反

象曰天與水違行。訟。君子以作事謀始。

聽訟吾猶人也、必也使無訟乎、无訟在於謀始、謀始在於作制、契之不明、訟之所以生也、物有其分、起契之過、職不相濫、爭何由興、訟之所以起、契之過也、故有德司契而不責於人、○分符問反

初六不永所事。小有言。終吉。

處訟之始、訟不可終、故不永所事、然後乃吉、凡陽唱而陰和、陰非先唱者也、四召而應、見犯乃訟、處訟之始、不爲訟先、雖不能不訟、而了訟必辯明矣、○和胡臥反

象曰不永所事。訟不可長也。雖小有言。其辯明也。

九二不克訟。歸而逋。其邑人三百戶。无眚。

以剛處訟、不能下物、自下訟上、宜其不克、若能以懼歸竄其邑、乃可以免災、邑過三百、非爲竄也、竄而據強、災未免也、○逋補吳反下物遐嫁反

象曰不克訟歸逋竄也自下訟上患至掇也

○竄七亂反　掇都活反

六三食舊德貞厲終吉或從王事无成

體夫柔弱以順於上不爲九二自下訟上不見侵奪保全其有故得食其舊德而不失也居爭訟之時處兩剛之間而皆近不相得故曰貞厲柔體不爭繫應在上衆莫能傾故曰終吉上壯爭勝難可忤也故或從王事不敢成也

象曰食舊德從上吉也

九四不克訟

初辯明也

復即命渝安貞吉

處上訟下可以改變者也故其咎不大若能反從本理變前之命安貞不犯不失其道爲仁由己故吉從之○渝以朱反

象曰復即命渝安貞不失也

九五訟元吉

處得尊位爲訟之主用其中正以斷枉直中則不過正則不邪剛无所溺公无所偏故訟元吉○斷丁亂反

象曰訟元吉以中正也

上九或錫之鞶帶終朝三褫之

處訟之極以剛居上訟而得勝者也以訟受錫榮何可保故終朝之間褫帶者三也○鞶步干反褫敕紙反

象曰以訟受服亦不足敬也

䷆ 坎下坤上

師貞丈人吉无咎

丈人嚴莊之稱也爲師之正丈人乃吉也興役動衆无功罪也故吉乃无咎也

彖曰師衆也貞正也能以衆正可以王矣剛中而應行險而順以此毒天下而民從之吉又何咎矣

毒猶役也

象曰地中有水師君子以容民畜衆

○畜許六反

初六師出以律否臧凶

爲師之始齊師者也齊衆以律失律則散故師出以律律不可失失律而臧何異於否失令有功法所不赦故師出不以律否臧皆凶○否音鄙馬鄭王肅方有反註同

象曰師出以律失律凶也

九二在師中吉无咎王三錫命

以剛居中而應於上在師而得其中者也承上之寵爲師之主任大役重无功則凶故吉乃无咎也行師得吉莫善懷邦邦懷衆服錫莫重焉故乃得成命

象曰在師中吉承天寵也王三錫命懷萬邦也

六三師或輿尸凶

以陰處陽以柔乘剛進則无應退无所守以此用師宜獲輿尸之凶

象曰師或輿尸大无功也

六四師左次无咎。

得位而无應、无應不可以行、得位則可以處、故左次之而无咎也、行師之法、欲右背高、故左次之、○背音佩

象曰左次无咎未失常也。

雖不能有獲、足以不失其常也、

六五田有禽利執言无咎長子帥師弟子輿尸貞凶。

處師之時、柔得尊位、陰不先唱、柔不犯物、犯而後應、往必得直、故田有禽也、物先犯己、故可以執言而无咎也、柔非軍帥、陰非剛武、故不躬行、必以授也、授不得正、則衆不從、故長子帥師可也、弟子之凶、故其宜也、○長丁丈反注及下同軍帥色類反

象曰長子帥師以中行也弟子輿尸使不當也。

上六大君有命開國承家小人勿用。

處師之極、師之終也、大君之命、不失功也、開國承家、以寧邦也、小人勿用、非其道也、

象曰大君有命以正功也小人勿用必亂邦也。

䷇ 坤下坎上

比吉原筮元永貞无咎不寧方來後夫凶。

○比毗志反卦內並同

象曰比吉也比輔也下順從也原筮元永貞无咎以剛中也。

處比之時、將原筮以求无咎、其唯元永貞乎、夫群黨相比、而不以元永貞、則凶邪之道也、若不遇其主、則雖永貞而猶未足免於咎也、使永貞而无咎者、其唯九五乎、

不寧方來上下應也。

上下无陽以分其民、五獨處尊、莫不歸之、上下應之、既親且安、安則不安者託焉、故不寧方所以來、上下應故也、夫无者求有、有者不求所與、危者求安、安者不求所保、火有其炎、寒者附之、故已苟安焉、則不寧方來矣、

後夫凶其道窮也。

將合和親、而獨在後、親成則誅、是以凶也、

象曰地上有水比先王以建萬國親諸侯。

萬國以比建、諸侯以比親、

初六有孚比之无咎有孚盈缶終來有他吉。

處比之始、爲比之首者也、夫以不信爲比之首、則禍莫大焉、故必有孚盈缶、然後乃得免比之咎、故曰有孚比之无咎也、處比之首、應不在一、心无私吝、則莫不比之、著信立誠、盈溢乎質素之器、則物終來、无衰竭也、親乎天下、著信盈缶、應者豈一道而來、故必有他吉也、

象曰比之初六有他吉也。

六二比之自內貞吉。

處比之時、居中得位、而繫應在五、不能來他、故得其自內貞吉而已、

象曰比之自內不自失也。

六三比之匪人。

四自外比、二爲五應、近不相得、遠則无應、所與比者、皆非己親、故曰比之匪人、

象曰比之匪人不亦傷乎。

六四外比之貞吉。

外比於五履得其位比不失賢處不失位故貞吉也

象曰外比於賢以從上也

九五顯比王用三驅失前禽邑人不誡吉

爲比之主而有應在二顯比者也比而顯之則所親者狹矣夫无私於物唯賢是與則去之與來皆无失也夫三驅之禮禽逆來趣已則舍之背已而走則射之愛其來而惡於去也故其所施常失前禽也以顯比而居王位用三驅之道者也故曰王用三驅失前禽也用其中正征討有常伐不加邑動必討叛邑人无虞故不誡也雖不得乎大人之吉是顯比之吉也此可以爲上之使非爲上道也○舍音赦背音佩射食亦反惡烏路反

象曰顯比之吉位正中也舍逆取順失前禽也邑人不誡上使中也

○舍音捨

上六比之无首凶

无首後也處卦之終是後夫也親道已成无所與終爲時所棄宜其凶也

象曰比之无首无所終也

䷈ 乾下巽上

小畜亨

不能畜大止健剛志故行是以亨○畜敕六反卦內並同

密雲不雨自我東西

象曰小畜柔得位而上下應之曰小畜

謂六四也成卦之義在此爻也體无二陰以分其應故上下應之也既得其位而上下應之三不能陵小畜之義

健而巽剛中而志行乃亨密雲不雨尚往也自我西郊施未行也

小畜之勢足作密雲乃自我西郊未足以爲雨也何由知未能爲雨夫能爲雨者陽上薄陰陰能固之然後烝而爲雨今不能制初九之復道固九二之牽復九三更以不能復爲劣也下方尚往施豈得行故密雲而不能爲雨尚往故也何以明之夫陰能固之然後乃雨乎上九獨能固九三之路故九三不可以進而輿說輻也能固其路而安於上故得既雨既處若四五皆能若上九之善畜則能雨明矣故舉一卦而論之能爲小畜密雲而已陰苟不足以固陽則雖復至盛密雲自我西郊故不能雨也雨之未下即施之未行也象至論一卦之體故曰密雲不雨象各言一爻之德故曰既雨既處也○陽上時掌反說吐活反下文并註並同輻音福雖復扶又反上九註同

象曰風行天上小畜君子以懿文德

未能行其施者故可以懿文德而已

初九復自道何其咎吉

處乾之始以升巽初四爲已應不距者也以陽升陰復自其道順而无違何所犯咎得義之吉

象曰復自道其義吉也

九二牽復吉

處乾之中以升巽五五非畜極非固已者也雖不能若陰之不違可牽以獲復是以吉也

象曰牽復在中亦不自失也

九三輿說輻夫妻反目

上爲畜盛不可牽征以斯而進故必說輻也已爲陽極上爲陰長畜於陰長不能自復方之夫妻反目之義也○輻本亦作輹

音服長丁丈反

象曰。夫妻反目。不能正室也。

六四。有孚。血去。惕出。无咎。

夫言血者陽犯陰也、四乘於三、三逝不相得、三務於進而已隔之、將懼侵克者也、上亦惡三而能制焉、志與上合、共同斯誠、三雖逼已而不能犯、故得血去懼除、保无咎也、○去起呂反註同惡烏路反

象曰。有孚惕出。上合志也。

九五。有孚攣如。富以其鄰。

處得尊位、不疑於二、來而不距、二牽已攣、不爲專固、有孚攣如之謂也、以陽居陽處實者也、居盛處實而不專固、富以其鄰者也、○攣力專反子夏傳作戀

象曰。有孚攣如。不獨富也。

上九。既雨既處。尚德載。婦貞厲。月幾望。君子征凶。

處小畜之極、能畜者也、陽不獲亨、故既雨也、剛不能侵、故既處也、體巽處上、剛不敢犯、尚德者也、爲陰之長、能畜剛健、積德載者也、婦制其夫、臣制其君、雖貞近危、故曰婦貞厲也、陰之盈盛莫盛於此、故曰月幾望也、滿而又進、必失其道、陰疑於陽、必見戰伐、雖復君子、以征必凶、故曰君子征凶、○幾音機註同

象曰。既雨既處。德積載也。君子征凶。有所疑也。

夫處下可以征而无咎者、唯泰也則然、坤本體下、又順而弱、不能敵剛、故可以全其類、征而吉也、自此以往、則其進各有難矣、夫巽雖不能若艮之善畜、猶不肯爲坤之順從也、故可得少進、不可盡陵也、是以初九九二、其復則可、至於九三、則輿說輻也、夫大畜者畜之極也、畜而不已、畜極則通、是以其畜之盛在於四五、至于上九、道乃大行、小畜積極而後乃能畜、是以四五可以進、而上九說征之輻、○難乃旦反盡津忍反

䷉兌下乾上

履虎尾。不咥人。亨。

○咥直結反

彖曰。履柔履剛也。說而應乎乾。是以履虎尾不咥人亨。

凡彖者、言乎一卦之所以爲主也、成卦之體在六三也、履虎尾者、言其危也、三爲履主、以柔履剛、履危者也、履虎尾有不見咥者、以其說而應乎乾也、乾剛正之德者也、不以說行夫佞邪、而以說應乎乾、宜其履虎尾不見咥而亨、○說音悅註及後同夫音符

剛中正。履帝位而不疚。光明也。

言五之德

象曰。上天下澤履。君子以辯上下。定民志。

初九。素履往。无咎。

處履之初、爲履之始、履道惡華、故素乃无咎、處履以素、何往不從、必獨行其願、物无犯也、

象曰。素履之往。獨行願也。

九二。履道坦坦。幽人貞吉。

履道尚謙、不喜處盈、務在致誠、惡夫外飾者也、而二以陽處陰、履於謙也、居內履中、隱顯同也、履道之美、於斯爲盛、故履道坦坦、无險厄也、在幽而貞、宜其吉、

象曰。幽人貞吉。中不自亂也。

六三。眇能視。跛能履。履虎尾。咥人凶。武人爲于大君。

居履之時、以陽處陽、猶曰不謙、而況以陰居陽、以柔乘剛者乎、故以此爲明、眇目者也、以此爲行、跛足者也、以此履危、見咥者也、志在剛健、不修所履、欲以陵武於人、爲于大君、行未能免於凶、而志存于五、頑之甚也、○跛波我反行下孟反

象曰。眇能視。不足以有明也。跛能履。不足以與行也。咥人之凶。位不當也。武人爲于大君。志剛也。

九四。履虎尾。愬愬終吉。

逼近至尊、以陽承陽、處多懼之地、故曰履虎尾愬愬也、然以陽居陰、以謙爲本、雖處危懼、終獲其志、故終吉也、

象曰。愬愬終吉。志行也。

九五。夬履。貞厲。

得位處尊、以剛決正、故曰夬履貞厲也、履道惡盈、而五處尊、是以危、○夬古快反

象曰。夬履貞厲。位正當也。

上九。視履考祥。其旋元吉。

禍福之祥、生乎所履、處履之極、履道成矣、故可視履而考祥也、居極應說、高而不危、是其旋也、履道大成、故元吉也

象曰。元吉在上。大有慶也。

䷊ 乾下坤上

泰。小往大來。吉亨。

彖曰。泰小往大來吉亨。則是天地交而萬物通也。上下交而其志同也。內陽而外陰。內健而外順。內君子而外小人。君子道長。小人道消也。

○長丁丈反

象曰。天地交泰。后以財成天地之道。輔相天地之宜。以左右民。

泰者、物大通之時也、上下大通、則物失其節、故財成而輔相、以左右民也、○財荀作裁相息亮反左音佐右音佑注同

初九。拔茅茹。以其彙。征吉。

茅之爲物、拔其根而相牽引者也、茹、相牽引之貌也、三陽同志、俱志在外、初爲類首、已舉則從、若茅茹也、上順而應、不爲違距、進皆得志、故以其類征吉、○茹音如彙音胃否卦同

象曰。拔茅征吉。志在外也。

九二。包荒。用馮河。不遐遺。朋亡。得尚于中行。

體健居中、而用乎泰、能包含荒穢、受納馮河者也、用心弘大、无所遐棄、故曰不遐遺也、无私无偏、存乎光大、故曰朋亡也、如此乃可以得尚于中行、尚、猶配也、中行、謂五、○馮音憑

象曰。包荒得尚于中行。以光大也。

九三。无平不陂。无往不復。艱貞无咎。勿恤其孚。于食有福。

乾本上也、坤本下也、而得泰者、降與升也、而三處天地之際、將復其所處、復其所處、則上守其尊、下守其卑、是故无往而不復也、无平而不陂也、處天地之將閉、平路之將陂、時將大變、世將大革、而居不失其正、動不失其應、艱而能貞、不失其義、故无咎也、信義誠著、故不恤其孚而自明也、故曰勿恤其孚、于食有福也、○陂彼僞反又破何反

象曰。无往不復。天地際也。

天地將各分復之際、

六四。翩翩不富以其鄰。不戒以孚。

乾樂上復，坤樂下復，四處坤首，不固所居，見命則退，故曰翩翩也。坤爻皆樂下，已退則從，故不待富而用其鄰也。莫不與已同其志願，故不待戒而自孚也。

象曰。翩翩不富，皆失實也。不戒以孚。中心願也。

六五帝乙歸妹。以祉元吉

婦人謂嫁曰歸。泰者，陰陽交通之時也。女處尊位，履中居順，降身應二，感以相與，用中行願，不失其禮。帝乙歸妹，誠合斯義。履順居中，行願以祉，盡夫陰陽交配之宜，故元吉也。

象曰以祉元吉。中以行願也。

上六城復于隍。勿用師。自邑告命。貞吝。

居泰上極，各反所應，泰道將滅，上下不交，卑不上承，尊不下施，是故城復于隍，卑道崩也。勿用師，不煩攻也。自邑告命，貞吝，否道已成，命不行也。○隍音皇，子夏作堭，上承，時掌反，施，始豉反

象曰城復于隍。其命亂也。

䷋ 坤下乾上

否之匪人。不利君子貞。大往小來。

○否，備鄙反，卦內同

象曰。否之匪人。不利君子貞。大往小來。則是天地不交而萬物不通也。上下不交而天下无邦也。內陰而外陽。內柔而外剛。內小人而外君子。小人道長。君子道消也。

○長，丁丈反

象曰。天地不交否。君子以儉德辟難。不可榮以祿。

○辟音避，難乃旦反

初六。拔茅茹以其彙。貞吉亨。

居否之初，處順之始，為類之首者也。順非健也，何可以征。居否之時，動則入邪，三陰同道，皆不可進，故茅茹以類，貞而不諂則吉亨。

象曰。拔茅貞吉。志在君也。

志在於君，故不苟進。

六二。包承。小人吉。大人否亨。

居否之世而得其位，用其至順，包承於上，小人路通，內柔外剛，大人否之，其道乃亨。

象曰。大人否亨。不亂群也。

六三。包羞。

俱用小道以承其上，而位不當，所以包羞也。

象曰。包羞。位不當也。

九四。有命无咎。疇離祉。

夫處否而不可以有命者，以所應者小人也。有命於小人，則消君子之道者也。今初志在君，處乎窮下，故可以有命无咎，而疇麗福也。疇謂初也。

象曰。有命无咎。志行也。

九五休否大人吉其亡其亡繫于苞桑

居尊得位能休否道者也施否於小人否之休也唯大人而後能然故曰大人吉也處君子道消之時已居尊位何可以安故心存將危乃得固也

象曰大人之吉位正當也

上九傾否先否後喜

先傾後通故後喜也始以傾爲否後得通乃喜

象曰否終則傾何可長也

☰☲ 離下乾上

同人于野亨利涉大川利君子貞

彖曰同人柔得位得中而應乎乾曰同人

二爲同人之主

同人曰同人于野亨利涉大川乾行也

所以乃能同人于野亨利涉大川非二之所能也是乾之所行故特曰同人曰

文明以健中正而應君子正也

行健不以武而以文明用之相應不以邪而以中正應之君子正也故曰利君子貞

唯君子爲能通天下之志

君子以文明爲德

象曰天與火同人

天體在上而火炎上同人之義也○炎上時掌反

君子以類族辨物

君子小人各得所同

初九同人于門无咎

居同人之始爲同人之首者也无應於上心无係吝通夫大同出門皆同故曰同人于門也出門同人誰與爲咎

象曰出門同人又誰咎也

六二同人于宗吝

應在乎五唯同於主過主則否用心偏狹鄙吝之道○否方有反

象曰同人于宗吝道也

九三伏戎于莽升其高陵三歲不興

居同人之際履下卦之極不能包弘上下通夫大同物黨相分欲乖其道貪於所比據上之應其敵剛健非力所當故伏戎于莽不敢顯亢也升其高陵望不敢進量斯勢也三歲不能興者也三歲不能興則五道亦以成矣安所行焉○比毗志反

象曰伏戎于莽敵剛也三歲不興安行也

安辭也

九四乘其墉弗克攻吉

處上攻下力能乘墉者也履非其位以與人爭二自五應三非犯己攻三求二尤而效之違義傷理衆所不與故雖乘墉而不克也不克則反反則得吉也不克乃反其所以得吉困而反則者也○墉音容

象曰乘其墉義弗克也其吉則困而反則也

九五同人先號咷而後笑。大師克相遇。

彖曰柔得位得中而應乎乾曰同人、然則體柔居中、衆之所與、執剛用直、衆所未從、故近隔乎二剛、未獲厥志、是以先號咷也、居中處尊、戰必克勝、故後笑也、不能使物自歸而用其強、必須大師克之、然後相遇也、○號戶羔反咷道刀反

象曰。同人之先以中直也。大師相遇言相克也。

上九同人于郊。无悔。

郊者外之極也、處同人之時、最在於外、不獲同志、而遠於內爭、故雖无悔吝、亦未得其志、

象曰。同人于郊。志未得也。

凡處同人而不泰焉、則必用師矣、不能大通、則各私其黨而求利焉、楚人亡弓、不能亡楚、愛國愈甚、益爲它災、是以同人不弘、剛健之爻、皆至用師也、

䷍ 乾下離上

大有。元亨。

不大通、何由得大有乎、大有則必元亨矣、

彖曰。大有。柔得尊位大中而上下應之。曰大有。

處尊以柔、居中以大、體无二陰以分其應、上下應之、靡所不納、大有之義也、

其德剛健而文明。應乎天而時行。是以元亨。

德應於天、則行不失時矣、剛健不滯、文明不犯、應天則大、時行无違、是以元亨、

象曰。火在天上。大有。君子以遏惡揚善。順天休命。

大有、包容之象也、故遏惡揚善、成物之性、順天休命、順物之命、

初九。无交害。匪咎。艱則无咎。

以夫剛健爲大有之始、不能履中、滿而不溢、術斯以往、後害必至、其欲匪咎、艱則无咎也、

象曰。大有初九。无交害也。

九二。大車以載。

任重而不危、

有攸往。无咎。

健不違中、爲五所任、任重不危、致遠不泥、故可以往而无咎也、

象曰。大車以載。積中不敗也。

九三。公用亨于天子。小人弗克。

處大有之時、居下體之極、乘剛健之上、而履得其位、與五同功、威權之盛、莫此過焉、公用斯位、乃得通乎天子之道也、小人不克、害可待也、○亨許庚反、衆家並香兩反

象曰。公用亨于天子。小人害也。

九四。匪其彭。无咎。

既失其位、而上近至尊之威、下比分權之臣、其爲懼也可謂危矣、唯夫有聖知者、乃能免斯咎也、三雖至盛、五不可舍、能辯斯數、專心承五、常匪其旁、則无咎矣、旁、謂三也、○彭步郎反、子夏作旁、比毗志反、知音智

象曰。匪其彭无咎。明辯晢也。

明、猶才也、○晢章舌反、王廙作晰、同音

六五。厥孚交如。威如。吉。

居尊以柔，處大以中，无私於物，上下應之，信以發志，故其孚交如也。夫不私於物，物亦公焉；不疑於物，物亦誠焉。既公且信，何難何備？不言而教行，何爲而不威如？爲大有之主，而不以此道，吉可得乎？

象曰：厥孚交如，信以發志也。威如之吉，易而无備也。

○易以豉反

上九，自天祐之，吉无不利。

大有，豐富之世也。處大有之上而不累於位，志尚乎賢者也。餘爻皆乘剛，而已獨乘柔，順也。五爲信德，而已履焉，履信之謂也。雖不能體柔，而以剛乘柔，思順之義也。居豐有之世，而不以物累其心，高尚其志，尚賢者也。爻有三德，盡夫助道，故繫辭具焉。

象曰：大有上吉，自天祐也。

䷎ 艮下坤上

謙：亨，君子有終。

彖曰：謙亨，天道下濟而光明，地道卑而上行。天道虧盈而益謙，地道變盈而流謙，鬼神害盈而福謙，人道惡盈而好謙。謙尊而光，卑而不可踰，君子之終也。

○上時掌反　惡烏路反　好呼報反

象曰：地中有山，謙。君子以裒多益寡，稱物平施。

多者用謙以爲裒，少者用謙以爲益，隨物而與，施不失平也。○裒蒲侯反　稱尺證反　施始豉反

初六，謙謙君子，用涉大川，吉。

處謙之下，謙之謙者也。能體謙謙，其唯君子，用涉大難，物无害也。○難乃旦反

象曰：謙謙君子，卑以自牧也。

牧，養也。

六二，鳴謙，貞吉。

鳴者，聲名聞之謂也。得位居中，謙而正焉。○聞音問

象曰：鳴謙貞吉，中心得也。

九三，勞謙君子，有終，吉。

處下體之極，履得其位，上下无陽以分其民，衆陰所宗，尊莫先焉。居謙之世，何可安尊？上承下接，勞謙匪解，是以吉也。○解佳賣反

象曰：勞謙君子，萬民服也。

六四，无不利，撝謙。

處三之上而用謙焉，則是自上下下之義也。承五而用謙順，則是上行之道也。盡乎奉上下下之道，故无不利，指撝皆謙，不違則也。○撝與麾同

象曰：无不利撝謙，不違則也。

六五，不富以其鄰，利用侵伐，无不利。

居於尊位，用謙與順，故能不富而用其鄰也。以謙順而侵伐，所伐皆驕逆也。

象曰：利用侵伐，征不服也。

上六，鳴謙，利用行師，征邑國。

最處於外，不與內政，故有名而已，志功未得也。處外而履謙順，可以征邑國而已。○與音預

象曰。鳴謙。志未得也。可用行師。征邑國也。

夫吉凶悔吝、生乎動者也、動之所起、興於利者也、故飲食必有訟、訟必有衆起、未有居衆人之所惡而爲動者所害、處不競之地而爲爭者所奪、是以六爻雖有失位无應乘剛、而皆无凶咎悔吝者、以謙爲主也、謙尊而光、卑而不可踰、信矣哉、

䷏ 坤下震上

豫。利建侯行師。

彖曰。豫。剛應而志行。順以動。豫。豫順以動。故天地如之。而況建侯行師乎。天地以順動。故日月不過而四時不忒。聖人以順動。則刑罰清而民服。豫之時義大矣哉。

象曰。雷出地奮。豫。先王以作樂崇德。殷薦之上帝。以配祖考。

初六。鳴豫。凶。

處豫之初、而特得志於上、樂過則淫、志窮則凶、豫何可鳴、

象曰。初六鳴豫。志窮凶也。

六二。介于石。不終日。貞吉。

處豫之時、得位履中、安夫貞正、不求苟豫者也、順不苟從、豫不違中、是以上交不諂、下交不瀆、明禍福之所生、故不苟說、辨必然之理、故不改其操、介如石焉、不終日明矣、○說音悅

象曰。不終日貞吉。以中正也。

六三。盱豫。悔。遲有悔。

居下體之極、處兩卦之際、履非其位、承動豫之主、若其睢盱而豫、悔亦生焉、遲而不從、豫之所疾、位非所據、而以從豫、進退離悔、宜其然矣、○盱香于反、說文云張目也、睢香維反、說文云仰目也、

象曰。盱豫有悔。位不當也。

九四。由豫。大有得。勿疑。朋盍簪。

處豫之時、居動之始、獨體陽爻、衆陰所從、莫不由之以得其豫、故曰由豫大有得也、夫不信於物、物亦疑焉、故勿疑則朋合疾也、盍、合也、簪、疾也、

象曰。由豫大有得。志大行也。

六五。貞疾。恒不死。

四以剛動爲豫之主、專權執制、非己所乘、故不敢與四爭權、而又居中處尊、未可得亡、是以必常至于貞疾、恒不死而已、

象曰。六五貞疾。乘剛也。恒不死。中未亡也。

上六。冥豫。成有渝。无咎。

處動豫之極、極豫盡樂、故至于冥豫成也、過豫不已、何可長乎、故必渝變、然後无咎、○渝羊朱反、樂音洛

象曰。冥豫在上。何可長也。

周易卷二　畢

周易卷三

魏尚書郎山陽王　弼註　　明後學東吳金　蟠訂

上經

䷐ 震下兌上

隨。元亨。利貞。无咎。

彖曰。隨。剛來而下柔。動而說。隨。大亨貞无咎。而天下隨時。隨時之義大矣哉。

震剛而兌柔也、以剛下柔、動而之說、乃得隨也、爲隨而不大通、逆於時也、相隨而不爲利正、災之道也、故大通利貞、乃得无咎也、爲隨而令大通利貞、得於時也、得時則天下隨之矣、隨之所施、唯在於時也、時異而不隨、否之道也、故隨時之義大矣哉、○

下柔遐嫁反說音悅註下皆同令力呈反

象曰。澤中有雷。隨。君子以嚮晦入宴息。

澤中有雷、動說之象也、物皆說隨、可以无爲、不勞明鑒、故君子嚮晦入宴息也、

初九。官有渝。貞吉。出門交有功。

居隨之始、上无其應、无所偏係、動能隨時、意无所主者也、隨不以欲、以欲隨宜者也、故官有渝變、隨不失正也、出門无違、何所失哉、

象曰。官有渝。從正吉也。出門交有功。不失也。

六二。係小子。失丈夫。

陰之爲物、以處隨世、不能獨立、必有係也、居隨之時、體分柔弱、而以乘夫剛動、豈能秉志、違於所近、隨此失彼、弗能兼與、五處已上、初處已下、故曰係小子失丈夫也、

象曰。係小子。弗兼與也。

六三。係丈夫。失小子。隨有求得。利居貞。

陰之爲物、以處隨世、不能獨立、必有係也、雖體下卦、二已據初、將何所附、故舍初係四、志在丈夫、四俱无應、亦欲於已隨之、則得其所求矣、故曰隨有求得也、應非其正、以係於人、何可以妄、故利居貞也、初處已下、四處已上、故曰係丈夫失小子也、○舍音捨下同

象曰。係丈夫。志舍下也。

下謂初也、

九四。隨有獲。貞凶。有孚在道以明。何咎。

處說之初、下據二陰、三求係已、不距則獲、故曰隨有獲也、居於臣地、履非其位、以擅其民、失於臣道、違正者也、故曰貞凶、體剛居說而得民心、能幹其事而成其功者也、雖違常義、志在濟物、心存公誠、著信在道以明其功、何咎之有、

象曰。隨有獲。其義凶也。有孚在道。明功也。

九五。孚于嘉。吉。

履正居中、而處隨世、盡隨時之宜、得物之誠、故嘉吉也、

象曰。孚于嘉吉。位正中也。

上六。拘係之。乃從維之。王用亨于西山。

隨之爲體、陰順陽者也、最處上極、不從者也、隨道已成、而特不從、故拘繫之、乃從也、率土之濱、莫非王臣、而爲不從、王之所討也、故維之、王用亨于西山也、兌爲西方、山者、途之險隔也、處西方而爲不從、故王用通于西山、○亨許庚反陸香兩反

象曰。拘係之上。窮也。

處于上極、故窮也、

䷑ 巽下艮上

蠱。元亨。利涉大川。先甲三日。後甲三日。

○蠱音古先息薦反後胡豆反彖及註皆同

彖曰。蠱。剛上而柔下。

上剛可以斷制、下柔可以施令、

巽而止。蠱。

既巽又止、不競爭也、有事而无競爭之患、故可以有爲也、

蠱。元亨。而天下治也。

有爲而大亨、非天下治而何也、

利涉大川。往有事也。先甲三日。後甲三日。終則有始。天行也。

蠱者、有事而待能之時也、可以有爲、其在此時矣、物以説隨、則待夫作制以定其事也、進德脩業、往則亨矣、故元亨利涉大川也、甲者創制之令也、創制不可責之以舊、故先之三日、後之三日、使令治而後乃誅也、因事申令、終則復始、若天之行用四時也、○説音悦復扶又反

象曰。山下有風。蠱。君子以振民育德。

蠱者、有事而待能之時也、故君子以濟民養德也、

初六。幹父之蠱。有子。考无咎。厲。終吉。

處事之首、始見任者也、以柔巽之質幹父之事、能承先軌、堪其任者也、故曰有子也、任爲事首、能堪其事、考乃无咎也、故曰有子考无咎也、當事之首、是以危也、能堪其事、故終吉、

象曰。幹父之蠱。意承考也。

幹事之首、時有損益、不可盡承、故意承而已、

九二。幹母之蠱。不可貞。

居於内中、宜幹母事、故曰幹母之蠱也、婦人之性、難可全正、宜屈己剛、既幹且順、故曰不可貞也、幹不失中、得中道也、

象曰。幹母之蠱。得中道也。

九三。幹父之蠱。小有悔。无大咎。

以剛幹事而无其應、故有悔也、履得其位、以正幹父、雖小有悔、終无大咎、

象曰。幹父之蠱。終无咎也。

六四。裕父之蠱。往見吝。

體柔當位、幹不以剛而以柔和、能裕先事者也、然无其應、往必不合、故曰往見吝、

象曰。裕父之蠱。往未得也。

六五。幹父之蠱。用譽。

以柔處尊、用中而應、承先以斯、用譽之道也、

象曰。幹父用譽。承以德也。

以柔處中、不任威力也、

上九。不事王侯。高尚其事。

雖處事上而不累於位、不事王侯高尚其事也、

象曰不事王侯志可則也

䷒ 兌下坤上

臨元亨利貞至于八月有凶

彖曰臨剛浸而長說而順剛中而應大亨以正天之道也

陽轉進長、陰道日消、君子日長、小人日憂、大亨以正之義、○浸子鴆反長丁丈反除六三註并象咎不長餘皆同說音悅下同

至于八月有凶消不久也

八月陽衰而陰長、小人道長、君子道消也、故曰有凶、

象曰澤上有地臨君子以教思无窮容保民无疆

相臨之道、莫若說順也、不恃威制、得物之誠、故物无違也、是以君子教思无窮、容保民无疆也、○思息吏反疆居良反註並同

初九咸臨貞吉

咸、感也、感應也、有應於四、感以臨者也、四履正位、而已應焉、志行正者也、以剛感順志行其正、以斯臨物、正而獲吉也、

象曰咸臨貞吉志行正也

九二咸臨吉无不利

有應在五、感以臨者也、剛勝則柔危、而五體柔非能同斯志者也、若順於五、則剛德不長、何由得吉无不利乎、全與相違則失於感應、其得咸臨吉无不利、必未順命也、

象曰咸臨吉无不利未順命也

六三甘臨无攸利既憂之无咎

甘者佞邪說媚不正之名也、履非其位、居剛長之世、而以邪說臨物、宜其无攸利也、若能盡憂其危、改脩其道、剛不害正、故咎不長、

象曰甘臨位不當也既憂之咎不長也

六四至臨无咎

處順應陽、不忌剛長、而乃應之、履得其位、盡其至者也、剛勝則柔危、柔不失正、乃得无咎也、

象曰至臨无咎位當也

六五知臨大君之宜吉

處於尊位、履得其中、能納剛以禮、用建其正、不忌剛長而能任之、委物以能而不犯焉、則聰明者竭其視聽、知力者盡其謀能、不爲而成、不行而至矣、大君之宜、如此而已、故曰知臨大君之宜吉也、○知音智註同

象曰大君之宜行中之謂也

上六敦臨吉无咎

處坤之極、以敦而臨者也、志在助賢、以敦爲德、雖在剛長、剛不害厚、故无咎也、

象曰敦臨之吉志在內也

䷓ 坤下巽上

觀盥而不薦有孚顒若

王道之可觀者、莫盛乎宗廟、宗廟之可觀者、莫盛於盥也、至薦簡畧、不足復觀、故觀盥而不薦也、孔子曰、禘自既灌而往者、吾不欲觀之矣、盡夫觀盛、則下觀而化矣、故觀至盥則有孚顒若也、○觀官喚反下文大觀以觀觀盥風行地上觀及註觀盛觀至觀之爲道觀感處於觀時君子處大觀處大觀之時大觀廣鑒居觀爲觀之主觀之極並同餘皆音官盥音管顒魚恭反

復扶又反

彖曰。大觀在上。下賤而上貴也。順而巽。中正以觀天下。觀盥而不薦。有孚顒若。下觀而化也。觀天之神道而四時不忒。聖人以神道設教而天下服矣。統說觀之爲道、不以刑制使物、而以觀感化物者也。神則无形者也。不見天之使四時而四時不忒、不見聖人使百姓而百姓自服也。

象曰。風行地上。觀。先王以省方觀民設教。○省悉井反

初六。童觀。小人无咎。君子吝。處於觀時、而最遠朝美、體於陰柔、不能自進、无所鑒見、故曰童觀。趣順而已、无所能爲、小人之道也、故曰小人无咎。君子處大觀之時、而爲童觀、不亦鄙乎。○遠袁萬反、朝直遙反、趣促裕反

象曰。初六童觀。小人道也。

六二。闚觀。利女貞。處在於內、寡所鑒見、體於柔弱、從順而已、猶有應焉、不爲全蒙、所見者狹、故曰闚觀。居內得位、柔順寡見、故曰利女貞、婦人之道也。處大觀之時、居中得位、不能大觀、廣鑒闚觀而已、誠可醜也。○闚苦規反

象曰。闚觀女貞。亦可醜也。

六三。觀我生進退。居下體之極、處二卦之際、近不比尊、遠不童觀、觀風者也。居此時也、可以觀我生進退也。○比毗志反

象曰。觀我生進退。未失道也。

六四。觀國之光。利用賓于王。居觀之時、最近至五、觀國之光者也。居近得位、明習國儀者也、故曰利用賓于王也。

象曰。觀國之光。尚賓也。

九五。觀我生。君子无咎。居於尊位、爲觀之主、宣弘大化、光于四表、觀之極者也。上之化下、猶風之靡草、故觀民之俗、以察己之百姓、有罪在于一人、君子風著、己乃无咎。上爲化主、將欲自觀、乃觀民也。

象曰。觀我生。觀民也。

上九。觀其生。君子无咎。觀我生、自觀其道也。觀其生、爲民所觀者也。不在於位、最處上極、高尚其志、爲天下所觀者也。處天下所觀之地、可不愼乎。故君子德見、乃得无咎。生、猶動出也。

象曰。觀其生。志未平也。將處異地、爲衆觀、不爲平易、和光流通、志未平也。○易以豉反

䷔ 震下 離上

噬嗑。亨。利用獄。噬、齧也。嗑、合也。凡物之不親、由有間也。物之不齊、由有過也。有間與過、齧而合之、所以通也。刑克以通、獄之利也。○噬市利反、嗑胡臘反、齧研節反、間間廁之間、下同

象曰。頤中有物。曰噬嗑。
頤中有物齧而合之噬嗑之義也、

噬嗑而亨。
有物有間不齧不合无由亨也、

剛柔分。動而明。雷電合而章。
剛柔分動不溷乃明雷電並合不亂乃章皆利用獄之義、

柔得中而上行。雖不當位。利用獄也。
謂五也能爲齧合而通必有其主五則是也上行謂所之在進也凡言上行皆所之在貴也雖不當位不害用獄也○上時掌反註同

象曰。雷電噬嗑。先王以明罰勅法。
○勅字林作敕

初九。屨校滅趾。无咎。
居无位之地以處刑初受刑而非治刑者也凡過之所始必始於微而後至於著罰之所始必始於薄而後至於誅過輕戮薄故屨校滅趾桎其行也足懲而已故不重也過而不改乃謂之過小懲大誡乃得其福故无咎也校者以木絞校者也即械也校者取其通名也○校音教註及下同懲直冰反

象曰。屨校滅趾。不行也。
過止於此、

六二。噬膚滅鼻。无咎。
噬齧也齧者刑克之謂也處中得位所刑者當故曰噬膚也乘剛而刑未盡順道噬過其分故滅鼻也刑得所疾故雖滅鼻而无咎也膚者柔脆之物也、

象曰。噬膚滅鼻。乘剛也。

六三。噬腊肉。遇毒。小吝。无咎。
處下體之極而履非其位以斯食物其物必堅豈唯堅乎將遇其毒噬以喻刑人腊以喻不服毒以喻怨生然承於四而不乘剛雖失其正刑不侵順故雖遇毒小吝无咎○腊音昔

象曰。遇毒。位不當也。

九四。噬乾胏。得金矢。利艱貞吉。
雖體陽爻爲陰之主履不獲中而居其非位以斯噬物物亦不服故曰噬乾胏也金剛也矢直也噬乾胏而得剛直可以利於

艱貞之吉未足以盡通理之道也○乾音干下同胏緇美反

象曰。利艱貞吉。未光也。

六五。噬乾肉。得黃金。貞厲。无咎。
乾肉堅也黃中也金剛也以陰處陽以柔乘剛以噬於物物亦不服故曰噬乾肉也然處得尊位以柔乘剛而居於中能行其戮者也履不正而能行其戮剛勝者也噬雖不服得中而勝故曰噬乾肉得黃金也己雖不正而刑戮得當故雖貞厲而无咎也、

象曰。貞厲无咎。得當也。

上九。何校滅耳。凶。
處罰之極惡積不改者也罪非所懲故刑及其首至于滅耳及首非誡滅耳非懲凶莫甚焉○何何可反本亦作荷音同

象曰何校滅耳聰不明也

聰不明故不慮惡積至于不可解也

䷕ 離下艮上

賁亨小利有攸往

象曰賁亨柔來而文剛故亨分剛上而文柔故小利有攸往

剛柔不分文何由生故坤之上六來居二位柔來文剛之義也柔來文剛居位得中是以亨乾之九二分居上位分剛上而文柔之義也剛上文柔不得中位不若柔來文剛故小利有攸往○剛上時掌反註剛上同

天文也

剛柔交錯而成文焉天之文也

文明以止人文也

止物不以威武而以文明人之文也

觀乎天文以察時變觀乎人文以化成天下

觀天之文則時變可知也觀人之文則化成可為也

象曰山下有火賁君子以明庶政无敢折獄

處賁之時止物以文明不可以威刑故君子以明庶政而无敢折獄

初九賁其趾舍車而徒

在賁之始以剛處下居於无位棄於不義安夫徒步以從其志者也故飾其趾舍車而徒義弗乘之謂也○舍音捨註及下同車音居從漢時始有居音

象曰舍車而徒義弗乘也

六二賁其須

得其位而无應三亦无應俱无應而比焉近而相得者也須之為物上附者也循其所履以附於上故曰賁其須也○比毗志反上附時掌反

象曰賁其須與上興也

九三賁如濡如永貞吉

處下體之極居得其位與二相比俱履其正和合相潤以成其文者也既得其飾又得其潤故曰賁如濡如也永保其貞物莫之陵故曰永貞吉也○濡如更反

象曰永貞之吉終莫之陵也

六四賁如皤如白馬翰如匪寇婚媾

有應在初而閡於三為己寇難二志相感不獲通亨欲靜則疑初之應欲進則懼三之難故或飾或素內懷疑懼也鮮潔其馬翰如以待雖履正位未敢果其志也三為剛猛未可輕犯匪寇乃婚終无尤也○皤白波反閡五載反難乃旦反

象曰六四當位疑也匪寇婚媾終无尤也

六五賁于丘園束帛戔戔吝終吉

處得尊位為飾之主飾之盛者也施飾於物其道害也施飾丘園盛莫大焉故賁于束帛丘園乃落賁于丘園帛乃戔戔用莫過儉泰而能約故必吝焉乃得終吉也○戔音箋

象曰六五之吉有喜也

上九白賁无咎

處飾之終飾終反素故在其質素不勞文飾而无咎也以白爲飾而无患憂得志者也

象曰白賁无咎上得志也

䷖ 坤下艮上

剝不利有攸往

象曰剝剝也柔變剛也不利有攸往小人長也順而止之觀象也

坤順而艮止也所以順而止之不敢以剛止者以觀其形象也强亢激拂觸忤以隕身身既傾焉功又不就非君子之所尚也

○長丁丈反

君子尚消息盈虛天行也

象曰山附於地剝上以厚下安宅

厚下者牀不見剝也安宅者物不失處也厚下安宅治剝之道也

初六剝牀以足蔑貞凶

牀者人之所以安也剝牀以足猶云剝牀之足也蔑猶削也剝牀之足滅下之道也下道始滅剛隕柔長則正削而凶來也

象曰剝牀以足以滅下也

六二剝牀以辨蔑貞凶

蔑猶甚極之辭也辨者足之上也剝道浸長故剝其辨也稍近於牀轉欲滅物之所處長柔而削正以斯爲德物所棄也

象曰剝牀以辨未有與也

六三剝之无咎

與上爲應羣陰剝陽我獨協焉雖處於剝可以无咎

象曰剝之无咎失上下也

三上下各有二陰而三獨應於陽則失上下也

六四剝牀以膚凶

初二剝牀民所以安未剝其身也至四剝道浸長牀既剝盡以及人身小人遂盛物將失身豈唯削正靡所不凶

象曰剝牀以膚切近災也

六五貫魚以宮人寵无不利

處剝之時居得尊位爲剝之主者也剝之爲害小人得寵以消君子者也若能施寵小人於宮人而已不害於正則所寵雖衆終无尤也貫魚謂此衆陰也駢頭相次似貫魚也

象曰以宮人寵終无尤也

上九碩果不食君子得輿小人剝廬

處卦之終獨全不落故果至于碩而不見食也君子居之則爲民覆蔭小人用之則剝下所庇也○蔭於鴆反庇必利反

象曰君子得輿民所載也小人剝廬終不可用也

䷗ 震下坤上

復亨出入无疾朋來无咎反復其道七日來復利有攸往

○反復芳福反象及註反復皆反

象曰復亨剛反動而以順行是以出入无疾

入則爲反出則剛長故无疾疾猶病也○長丁丈反下爻註皆同

朋來无咎

朋，謂陽也、

反復其道七日來復。陽氣始剝盡至來復時，凡七日、

天行也。以天之行，反復不過七日，復之不可遠也、

利有攸往，剛長也。往則小人道消也、

復其見天地之心乎。復者，反本之謂也，天地以本爲心者也，凡動息則靜，靜非對動者也，語息則默，默非對語者也，然則天地雖大，富有萬物，雷動

風行，運化萬變，寂然至无，是其本矣，故動息地中，乃天地之心見也，若其以有爲心，則異類未獲具存矣。○心見，賢遍反

象曰。雷在地中，復，先王以至日閉關，商旅不行，后不省方。方，事也，冬至陰之復也，夏至陽之復也，故爲復則至於寂然大靜，先王則天地而行者也，動復則靜，行復則止，事復則无事也、

初九。不遠復，无祇悔，元吉。最處復初，始復者也，復之不速，遂至迷凶，不遠而復，幾悔而反，以此脩身，患難遠矣，錯之於事，其殆庶幾乎，故元吉也。○祇音支，幾音機，難乃旦反，遠袁萬反，錯七故反

象曰。不遠之復，以脩身也。

六二。休復，吉。得位處中，最比於初，上无陽爻以疑其親，陽爲仁行，在初之上而附順之，下仁之謂也，既處中位，親仁善鄰，復之休也。○比，毗志反，行下孟反，下仁，遐嫁反，象同

象曰。休復之吉，以下仁也。

六三。頻復，厲，无咎。頻，頻蹙之貌也，處下體之終，雖愈於上六之迷，已失復遠矣，是以蹙也，蹙而求復，未至於迷，故雖危无咎也，復道宜速，蹙而乃復，義雖无咎，它來難保、

象曰。頻復之厲，義无咎也。

六四。中行獨復。四上下各有二陰，而處厥中，履得其位，而應於初，獨得所復，順道而反，物莫之犯，故曰中行獨復也、

象曰。中行獨復，以從道也。

六五。敦復，无悔。居厚而履中，居厚則无怨，履中則可以自考，雖不足以及休復之吉，守厚以復，悔可免也、

象曰。敦復无悔，中以自考也。

上六。迷復，凶，有災眚，用行師，終有大敗，以其國君凶，至于十年不克征。最處復後，是迷者也，以迷求復，故曰迷復也，用之行師，難用有克也，終必大敗，用之於國，則反乎君道也，大敗乃復，量斯勢也，雖復十年脩之，猶未能征也。○量音良，雖復扶又反

象曰。迷復之凶，反君道也。

䷘ 震下乾上

无妄。元亨。利貞。其匪正有眚。不利有攸往。

彖曰。无妄。剛自外來而爲主於内。

謂震也、

動而健。

震動而乾健也、

剛中而應。

謂五也、

大亨以正。天之命也。

剛自外來而爲主於内、動而愈健、剛中而應、威剛方正、私欲不行、何可以妄、使有妄之道滅、无妄之道成、非大亨利貞而何、剛

自外來而爲主於内、則柔邪之道消矣、動而愈健、則剛直之道通矣、剛中而應、則齊明之德著矣、故大亨以正也、天之教命、何可犯乎、何可妄乎、是以匪正則有眚而不利有攸往也、

其匪正有眚。不利有攸往。无妄之往。何之矣。天命不祐。行矣哉。

匪正有眚、不求改以從正、而欲有所往、居不可以妄之時、而欲以不正有所往、將欲何之、天命之所不祐、竟以哉、

象曰。天下雷行。物與无妄。

與、辭也、猶皆也、天下雷行、物皆不可以妄也、

先王以茂對時育萬物。

茂、盛也、物皆不敢妄、然後萬物乃得各全其性、對時育物、莫盛於斯也、

初九。无妄往吉。

體剛處下、以貴下賤、行不犯妄、故往得其志、

象曰。无妄之往。得志也。

六二。不耕穫。不菑畬。則利有攸往。

不耕而穫、不菑而畬、代終已成而不造也、不擅其美、乃盡臣道、故利有攸往、○穫黄郭反、菑側其反、畬音餘

象曰。不耕穫。未富也。

六三。无妄之災。或繫之牛。行人之得。邑人之災。

以陰居陽、行違謙順、是无妄之所以爲災也、牛者稼穡之資也、二以不耕而穫、利有攸往、而三爲不順之行、故或繫之牛、是有司之所以爲穫、彼人之所以爲災也、故曰行人之得邑人之災也、○行下孟反、爲穫本作爲獲

象曰。行人得牛。邑人災也。

九四。可貞无咎。

處无妄之時、以陽居陰、以剛乘柔、履於謙順、比近至尊、故可以任正、固有所守、而无咎也、

象曰。可貞无咎。固有之也。

九五。无妄之疾。勿藥有喜。

居得尊位、爲无妄之主者也、下皆无妄、害非所致、而取藥焉、疾之甚也、非妄之災、勿治自復、非妄而藥之則凶、故曰勿藥有喜、

象曰。无妄之藥。不可試也。

藥攻有妄者也、而反攻无妄、故不可試也、

上九。无妄。行有眚。无攸利。

處不可妄之極、唯宜靜保其身而已、故不可以行也、

象曰。无妄之行。窮之災也。

䷙ 乾下艮上

大畜。利貞。不家食吉。利涉大川。

○畜又作蓄。勅六反

象曰。大畜。剛健篤實。輝光日新其德。

凡物既厭而退者弱也。既榮而隕者薄也。夫能輝光日新其德者。唯剛健篤實也。

剛上而尚賢

謂上九也。處上而大通。剛來而不距。尚賢之謂也。

能止健。大正也。

健莫過乾。而能止之。非夫大正。未之能也。

不家食吉。養賢也。利涉大川。應乎天也。

有大畜之實。以之養賢。令賢者不家食。乃吉也。尚賢制健。大正應天。不憂險難。故利涉大川也。○令力呈反。下同。難乃旦反。下遇難同

象曰。天在山中。大畜。君子以多識前言往行。以畜其德。

物之可畜於懷。令德不散。盡於此也。○識作志。行下孟反

初九。有厲。利已。

四方畜已。未可犯也。故進則有厲。已則利也。○已夷止反。下及註已則能已同

象曰。有厲利已。不犯災也。

處健之始。未果其健者。故能利已。

九二。輿說輹。

五處畜盛。未可犯也。遇斯而進。故輿說輹也。居得其中。能以其中。不為馮河。死而无悔。遇難能止。故无尤也。○說吐活反。輹音福。或作輻。馮皮冰反

象曰。輿說輹。中无尤也。

九三。良馬逐。利艱貞。曰閑輿衛。利有攸往。

凡物極則反。故畜極則通。初二之進。值於畜盛。故不可以升。至於九三。升于上九。而上九處天衢之亨。塗徑大通。進无違距。可以馳騁。故曰良馬逐也。履當其位。進得其時。在乎通路。不憂險厄。故利艱貞也。閑。閡也。衛。護也。進得其時。雖涉艱難而无患也。輿雖遇閑而故衛也。與上合志。故利有攸往也。○曰音越。鄭音人實反

象曰。利有攸往。上合志也。

六四。童牛之牿。元吉。

處艮之始。履得其位。能止健初。距不以角。柔以止剛。剛不敢犯。抑銳之始。以息強爭。豈唯獨利。乃將有喜也。○牿古毒反。强其良反

象曰。六四元吉。有喜也。

六五。豶豕之牙。吉。

豕牙橫猾。剛暴難制之物。謂二也。五處得尊位。為畜之主。二剛而進。能豶其牙。柔能制健。禁暴抑盛。豈唯能固其位。乃將有慶也。○豶符云反。禁音金

象曰。六五之吉。有慶也。

上九何天之衢亨。
處畜之極畜極則通大畜以至於大亨之時何辭也猶云何畜乃天之衢亨也

象曰何天之衢道大行也。

䷚震下艮上

頤貞吉觀頤自求口實

彖曰頤貞吉養正則吉也觀頤觀其所養也自求口食觀其自養也天地養萬物聖人養賢以及萬民頤之時大矣哉。

象曰山下有雷頤君子以慎言語節飲食。
言語飲食猶慎而節之而況其餘乎

初九舍爾靈龜觀我朵頤凶。
朵頤者嚼也以陽處下而為動始不能令物由己養動而求養者也夫安身莫若不競脩己莫若自保守道則福至求祿則辱來居養賢之世不能貞其所履以全其德而舍其靈龜之明兆羨我朵頤而躁求離其致養之至道闚我寵祿而競進凶莫甚焉○舍音捨註同嚼詳略反令力呈反離力智反闚苦規反

象曰觀我朵頤亦不足貴也。

六二顛頤拂經于丘頤征凶。
養下曰顛拂違也經猶義也丘所履之常也處下體之中无應於上反而養初居下不奉上而反養下故曰顛頤拂經于丘也以此而養未見其福也以此而行未見有與故曰頤征凶

象曰六二征凶行失類也。
類皆上養而二處下養初

六三拂頤貞凶十年勿用无攸利。
履夫不正以養於上納上以諂者也拂養正之義故曰拂頤貞凶也處頤而為此行十年見棄者也立行於斯无施而利○行下孟反下立行同

象曰十年勿用道大悖也。

六四顛頤吉虎視眈眈其欲逐逐无咎。
體屬上體居得其位而應於初以上養下得頤之義故曰顛頤吉也下交不可以瀆故虎視眈眈威而不猛不惡而嚴養德施賢何可有利故其欲逐逐尚敦實也脩此二者然後乃得全其吉而无咎觀其自養則履正察其所養則養陽頤爻之貴斯為盛矣

象曰顛頤之吉上施光也。
○施始豉反

六五拂經居貞吉不可涉大川。
以陰居陽拂頤之義也行則失類故宜居貞也无應於下而比於上故可守貞從上得頤之吉雖得居貞之吉處頤違謙難未可涉也○比毗志反難乃旦反

象曰居貞之吉順以從上也。

上九由頤厲吉利涉大川。
以陽處上而履四陰陰不能獨為主必宗於陽也故莫不由之以得其養故曰由頤為衆陰之主不可瀆也故厲乃吉有似家人悔厲之義貴而无位是以厲也高而有民是以吉也為養之主物莫之違故利涉大川也

象曰由頤厲吉大有慶也

☱☴ 巽下兌上

大過棟橈利有攸往亨

○橈乃教反下同

象曰大過大者過也

大者乃能過也

棟橈本末弱也

初爲本而上爲末也

剛過而中

謂二也居陰過也處二中也拯弱興衰不失其中也

巽而說行

巽而說行以此救難難乃濟也○說音悅難並乃旦反上六註同

利有攸往乃亨

危而弗持則將安用故往乃亨

大過之時大矣哉

是君子有爲之時也

象曰澤滅木大過君子以獨立不懼遯世无悶

此所以爲大過非凡所及也

初六藉用白茅无咎

以柔處下過而可以无咎其唯慎乎○藉在夜反下同

象曰藉用白茅柔在下也

九二枯楊生稊老夫得其女妻无不利

稊者楊之秀也以陽處陰能過其本而救其弱者也上无其應心无特吝處過以此无衰不濟也故能令枯楊更生稊老夫更得少妻拯弱興衰莫盛斯爻故无不利也老過則枯少過則稚以老分少則稚者長以稚分老則枯者榮過以相與之謂也大過至衰而已至壯以至壯輔至衰應斯義也○稊徒稽反令力呈反少詩照反並同長丁丈反

象曰老夫女妻過以相與也

九三棟橈凶

居大過之時處下體之極不能救危拯弱以隆其棟而以陽處陽自守所居又應於上係心在一宜其淹弱而凶衰也

象曰棟橈之凶不可以有輔也

九四棟隆吉有它吝

體屬上體以陽處陰能拯其弱不爲下所橈者也故棟隆吉也而應在初用心不弘故有它吝也

象曰棟隆之吉不橈乎下也

九五枯楊生華老婦得其士夫无咎无譽

處得尊位而以陽處陽未能拯危處得尊位亦未有橈故能生華不能生稊能得夫不能得妻處棟橈之世而爲无咎无譽何可長哉故生華不可久士夫誠可醜也○華音花

象曰枯楊生華何可久也老婦士夫亦可醜也

上六。過涉滅頂。凶。无咎。

處大過之極、過之甚也、涉難過甚、故至於滅頂凶、志在救時、故不可咎也、

象曰。過涉之凶。不可咎也。

雖凶无咎、不害義也、

䷜ 坎下坎上

習坎

坎、險陷之名也、習、謂便習之、〇便婢面反下同

有孚。維心亨。

剛正在內、有孚者也、陽不外發而在乎內、心亨者也、

行有尚。

內亨外闇、內剛外順、以此行險、行有尚也、

彖曰。習坎。重險也。

坎以險為用、故特名曰重險、言習坎者習重乎險也、〇重直龍反註下並同

水流而不盈。行險而不失其信。

險陗之極、故水流而不能盈也、處至險而不失剛中、行險而不失其信者、習坎之謂也、〇陗七妙反

維心亨。乃以剛中也。行有尚。往有功也。

便習於坎、而之坎地、盡坎之宜、故往必有功也、

天險不可升也、

不可得升、故得保其威尊、

地險山川丘陵也。

有山川丘陵、故物得以保全也、

王公設險以守其國。

國之為衛、恃於險也、言自天地以下、莫不須險也、

險之時用大矣哉。

非用之常、用有時也、

象曰。水洊至。習坎。

重險懸絕、故水洊至也、不以坎為隔絕、相仍而至、習乎坎也、〇洊在薦反

君子以常德行。習教事。

至險未夷、教不可廢、故以常德行而習教事也、習於坎、然後乃能不以險難為困、而德行不失常也、故則夫習坎以常德行而習教事也、〇行下孟反註同夫音符難乃旦反註並同

初六。習坎。入于坎窞。凶。

習坎者、習為險難之事也、最處坎底、入坎窞者也、處重險而復入坎底、其道凶也、行險而不能自濟、習坎而入坎窞、失道而窮在坎底、上无應援、可以自濟、是以凶也、〇窞徒坎反復扶又反下、難復同

象曰。習坎入坎。失道凶也。

九二。坎有險。求小得。

履失其位、故曰坎、上无應援、故曰有險、坎而有險、未能出險之中也、處中而與初三相得、故可以求小得也、初三未足以為援、

故曰小得也、

象曰。求小得。未出中也。

六三。來之坎坎。險且枕。入于坎窞。勿用。

既履非其位、而又處兩坎之間、出則之坎、居則亦坎、故曰來之坎坎也、枕者枝而不安之謂也、出則无之、處則无安、故曰險且枕也、來之皆坎、无所用之、徒勞而已、

象曰。來之坎坎。終无功也。

六四。樽酒簋貳。用缶。納約自牖。終无咎。

處重險而履正、以柔居柔、履得其位、以承於五、五亦得位、剛柔各得其所、不相犯位、皆无餘應、以相承比、明信顯著、不存外飾、處坎以斯、雖復一樽之酒、二簋之食、瓦缶之器、納此至約、自進於牖、乃可羞之於王公、薦之於宗廟、故終无咎也、〇簋音軌、比

毗志反、食音嗣

象曰。樽酒簋貳。剛柔際也。

剛柔相比而相親焉、際之謂也、

九五。坎不盈。祇既平。无咎。

為坎之主、而无應輔、可以自佐、未能盈坎者也、坎之不盈、則險不盡矣、祇、辭也、為坎之主、盡平乃无咎、故曰祇既平无咎也、說既平乃无咎、明九五未免於咎也、〇祇音支

象曰。坎不盈。中未大也。

上六。係用徽纆。寘于叢棘。三歲不得。凶。

險陗之極、不可升也、嚴法峻整、難可犯也、宜其囚執、寘于思過之地、三歲、險道之夷也、險終乃反、故三歲不得、自脩三歲、乃可以求復、故曰三歲不得凶也、〇徽許韋反、纆音墨、寘之豉反

象曰。上六失道。凶三歲也。

䷝ 離下 離上

離。利貞。亨。

離之為卦、以柔為正、故必貞而後乃亨、故曰利貞亨也、

畜牝牛吉。

柔處于內、而履正中、牝之善也、外彊而內順、牛之善也、離之為體、以柔順為主者也、故不可以畜剛猛之物、而吉於畜牝牛也、〇畜許六反、牝頻忍反、彊其良反

象曰。離。麗也。

麗、猶著也、各得所著之宜、〇著直略反、卦內同

日月麗乎天。百穀草木麗乎土。重明以麗乎正。乃化成天下。柔麗乎中正。故亨。是以畜牝牛吉也。

柔著于中正、乃得通也、柔通之吉、極於畜牝牛、不能及剛猛也、〇重直龍反

象曰。明兩作離。大人以繼明照于四方。

繼、謂不絕也、明照相繼、不絕曠也、

初九。履錯然。敬之。无咎。

錯然者、警慎之貌也、處離之始、將進而盛、未在既濟、故宜慎其所履、以敬為務、辟其咎也、〇錯七各反、辟音避、象同

象曰。履錯之敬。以辟咎也。

六二。黄離。元吉。

居中得位，以柔處柔，履文明之盛而得其中，故曰黄離元吉也。

象曰。黄離元吉，得中道也。

九三。日昃之離。不鼓缶而歌。則大耋之嗟。凶。

嗟，憂歎之辭也。處下離之終，明在將没，故曰日昃之離也。明在將終，若不委之於人，養志无爲，則至於耋老而有嗟，凶，故曰不鼓缶而歌，則大耋之嗟凶也。○耋田節反

象曰。日昃之離。何可久也。

九四。突如其來如。焚如。死如。棄如。

處於明道始變之際，昏而始曉，没而始出，故曰突如其來如。其明始進，其炎始盛，故曰焚如。逼近至尊，履非其位，欲進其盛，以炎其上，命必不終，故曰死如。違離之義，无應无承，衆所不容，故曰棄如也。

象曰。突如其來如。无所容也。

六五。出涕沱若。戚嗟若。吉。

履非其位，不勝所履，以柔乘剛，不能制下，下剛而進，將來害己，憂傷之深，至于沱嗟也。然所麗在尊，四爲逆首，憂傷至深，衆之所助，故乃沱嗟而獲吉也。○沱徒河反勝音升

象曰。六五之吉。離王公也。

○離音麗

上九。王用出征。有嘉折首。獲匪其醜。无咎。

離，麗也，各得安其所麗謂之離。處離之極，離道已成，則除其非類，以去民害，王用出征之時也。故必有嘉折首，獲匪其醜，乃得无咎也。○折之舌反去羌呂反

象曰。王用出征。以正邦也。

周易卷三畢

周易卷四

魏尚書郎山陽王　弼註　明後學東吳金　蟠訂

下經

䷞ 艮下兌上

咸亨利貞取女吉。○取七具反本亦作娶下同

彖曰咸感也柔上而剛下二氣感應以相與。是以亨也。止而說。是利貞也。○說音悅

男下女。取女吉也。○下遐嫁反下註必下同

是以亨利貞取女吉也天地感而萬物化生。二氣相與、乃化生也。

聖人感人心而天下和平。觀其所感而天地萬物之情可見矣。天地萬物之情見於所感也。凡感之爲道不能感非類者也。故引取女以明同類之義也。同類而不相感應以其各亢所處也。故女雖應男之物必下之而後取女乃吉也。○見於賢遍反

象曰山上有澤咸君子以虛受人。以虛受人、物乃感應。

初六咸其拇。處咸之初爲感之始、所感在末故有志而已。如其本實未至傷靜。○拇茂后反子夏作𧿹

象曰咸其拇志在外也。四屬外卦。

六二咸其腓凶居吉。咸道轉進離拇升腓、腓體動躁者也感物以躁凶之道也。由躁故凶居則吉矣處不乘剛故可以居而獲吉。○腓房非反離力智反

象曰雖凶居吉順不害也。陰而爲居順之道也。不躁而居順不害也。

九三咸其股執其隨往吝。股之爲物隨足者也進不能制動退不能靜處所感在股志在隨人者也志在隨人所執亦以賤矣用斯以往吝其宜也。

象曰咸其股亦不處也志在隨人所執下也。

九四貞吉悔亡憧憧往來朋從爾思。處上卦之初應下卦之始居體之中在股之上二體始相交感以通其志心神始感者也凡物始感而不以之於正則至於害故必貞然後乃吉吉然後乃得亾其悔也始在於感未盡感極不能至於无思以得其黨故有憧憧往來然後朋從其思也。○憧昌容反

象曰貞吉悔亡未感害也。

未感於害，故可正之，得悔亡也。

憧憧往來，未光大也。

九五，咸其脢，无悔。

脢者，心之上，口之下，進不能大感，退亦不爲无志，其志淺末，故无悔而已。○脢，武杯反。

象曰：咸其脢，志末也。

上六，咸其輔頰舌。

咸道轉末，故在口舌言語而已。○頰，兼叶反。

象曰：咸其輔頰舌，滕口說也。

輔頰舌者，所以爲語之具也。咸其輔頰舌，則滕口說也。憧憧往來，猶未光大，況在滕口，薄可知也。

䷟ 巽下震上

恒，亨，无咎，利貞。

恒而亨，以濟三事也。恒之爲道，亨乃无咎也。恒通无咎，乃利正也。

利有攸往。

各得所恒，脩其常道，終則有始，往而无違，故利有攸往也。

象曰：恒，久也。剛上而柔下。

剛尊柔卑，得其序也。

雷風相與。

長陽長陰，能相成也。○長，並丁丈反，象註同。

巽而動。

動无違也。

剛柔皆應。

不孤媲也。○媲，普計反。

恒。

皆可久之道。

恒亨无咎利貞，久於其道也。

道得所久，則常通无咎而利正也。

天地之道，恒久而不已也。

得其所久，故不已也。

利有攸往，終則有始也。

得其常道，故終則復始，往无窮也。○復，扶又反。

日月得天而能久照，四時變化而能久成，聖人久於其道而天下化成。

言各得其所恒，故皆能長久。

觀其所恒，而天地萬物之情可見矣。

天地萬物之情，見於所恒也。○見，賢遍反。

象曰：雷風恒。

長陽長陰，合而相與，可久之道也。

君子以立不易方。

得其所久，故不易也。

初六，浚恒，貞凶，无攸利。

處恒之初，最處卦底，始求深者也。求深窮底，令物无餘縕，漸以至此，物猶不堪，而況始求深者乎？以此爲恒，凶正害德，无施而利也。○浚，荀潤反。令，力呈反。

象曰：浚恒之凶，始求深也。

九二，悔亡。

雖失其位，恒位於中，可以消悔也。

象曰：九二悔亡，能久中也。

九三，不恒其德，或承之羞，貞吝。

處三陽之中，居下體之上，處上體之下，上不全尊，下不全卑，中不在體，體在乎恒，而分无所定，无恒者也。德行无恒，自相違錯，不可致詰，故或承之羞也。施德於斯，物莫之納，鄙賤甚矣，故曰貞吝也。○分，扶運反。行，下孟反。詰，去吉反。

象曰：不恒其德，无所容也。

九四，田无禽。

恒於非位，雖勞无獲也。

象曰：久非其位，安得禽也。

六五，恒其德，貞，婦人吉，夫子凶。

居得尊位，爲恒之主，不能制義，而係應在二，用心專貞，從唱而已，婦人之吉，夫子之凶也。

象曰：婦人貞吉，從一而終也。夫子制義，從婦凶也。

上六，振恒，凶。

夫靜爲躁君，安爲動主，故安者上之所處也，靜者可久之道也。處卦之上，居動之極，以此爲恒，无施而得也。○振，之刃反，張作震。夫，音扶。

象曰：振恒在上，大无功也。

䷠ 艮下乾上

遯，亨，小利貞。

象曰：遯亨，遯而亨也。

遯之爲義，遯乃通也。

剛當位而應，與時行也。

謂五也。剛當位而應，非否亢也。遯不否亢，能與時行也。○否，備鄙反。

小利貞，浸而長也。

陰道欲浸而長，正道亦未全滅，故小利貞也。○浸，子鴆反，註同。長，丁丈反，卦內同。

遯之時義大矣哉。

象曰：天下有山，遯。

天下有山，陰長之象。

君子以遠小人，不惡而嚴。

○遠袁萬反

初六。遯尾厲。勿用有攸往。

遯之爲義、辟內而之外者也、尾之爲物、最在體後者也、處遯之時、不往何災、而爲遯尾、禍所及也、危至而後求行、難可免乎、厲則勿用有攸往也、○辟音避、難乃旦反

象曰。遯尾之厲。不往何災也。

六二。執之用黃牛之革。莫之勝說。

居內處中、爲遯之主、物皆遯己、何以固之、若能執乎理中厚順之道以固之也、則莫之勝解、○勝音升、說吐活反、已音紀

象曰。執用黃牛。固志也。

九三。係遯。有疾厲。畜臣妾吉。

在內近二、以陽附陰、宜遯而係、故曰係遯、遯之爲義、宜遠小人、以陽附陰、係於其所、不能遠害、亦已憊矣、宜其屈辱而危厲也、繫於所在、畜臣妾可也、施於大事、凶之道也、

象曰。係遯之厲。有疾憊也。畜臣妾吉。不可大事也。

○憊蒲拜反

九四。好遯。君子吉。小人否。

處於外而有應於內、君子好遯、故能舍之、小人繫戀、是以否也、○好呼報反、註下同、否備鄙反、註下同、舍音捨

象曰。君子好遯。小人否也。

音臧否之否、

九五。嘉遯。貞吉。

遯而得正、反制於內、小人應命、率正其志、不惡而嚴、得正之吉、遯之嘉也、

象曰。嘉遯貞吉。以正志也。

上九。肥遯。无不利。

最處外極、无應於內、超然絕志、心无疑顧、憂患不能累、矰繳不能及、是以肥遯无不利也、○矰則能反、繳章畧反

象曰。肥遯无不利。无所疑也。

䷡ 乾下震上

大壯。利貞。

大者謂陽爻、小道將滅、大者獲正、故利貞也、

象曰。大壯。大者壯也。

剛以動。故壯。大壯利貞。大者正也。正大而天地之情可見矣。

天地之情、正大而已矣、弘正極大、則天地之情可見矣、

象曰。雷在天上。大壯。

剛以動也、

君子以非禮弗履。

壯而違禮則凶、凶則失壯也、故君子以大壯而順禮也、

初九。壯于趾。征凶。有孚。

夫得大壯者、必能自終成也、未有陵犯於物而得終其壯者、在下而壯、故曰壯于趾也、居下而用剛壯、以斯而進、窮凶可必也、故曰征凶有孚、

象曰。壯于趾。其孚窮也。

言其信窮、

九二。貞吉。

居得中位、以陽居陰、履謙不亢、是以貞吉、

象曰。九二貞吉。以中也。

九三。小人用壯。君子用罔。貞厲。羝羊觸藩。羸其角。

處健之極、以陽處陽、用其壯者也、故小人用之以爲壯、君子用之以爲羅己者也、貞厲以壯、雖復羝羊以之觸藩、能无羸乎、○羝音低、羸律悲反、復扶又反、

象曰。小人用壯。君子罔也。

九四。貞吉悔亡。藩決不羸。壯于大輿之輹。

下剛而進、將有憂虞、而以陽處陰、行不違謙、不失其壯、故得貞吉而悔亡也、己得其壯、而上陰不罔己路、故藩決不羸也、壯于大輿之輹、无有能說其輹者、可以往也、○輹音福、本又作輻、說吐活反、

象曰。藩決不羸。尚往也。

六五。喪羊于易。无悔。

居於大壯、以陽處陽、猶不免咎、而況以陰處陽、以柔乘剛者乎、羊、壯也、必喪其羊、失其所居也、能喪壯于易、不于險難、故得无悔、二履貞吉、能幹其任、而己委焉、則得无悔、委之則難不至、居之則敵寇來、故曰喪羊于易、○喪息浪反、注下同、易以豉反、注下同、難乃旦反、下同、

象曰。喪羊于易。位不當也。

上六。羝羊觸藩。不能退。不能遂。无攸利。艱則吉。

有應於三、故不能退、懼於剛長、故不能遂、持疑猶豫、志无所定、以斯決事、未見所利、雖處剛長、剛不害正、苟定其分、固志在三、以斯自處、則憂患消亡、故曰艱則吉也、○長丁丈反、下同、分扶問反、

象曰。不能退。不能遂。不詳也。艱則吉。咎不長也。

䷢ 坤下 離上

晉。康侯用錫馬蕃庶。晝日三接。

彖曰。晉。進也。明出地上。順而麗乎大明。柔進而上行。

凡言上行者、所以在貴也、○凡上行並時掌反、

是以康侯用錫馬蕃庶。晝日三接也。

康、美之名也、順以著明、臣之道也、柔進而上行、物所與也、故得錫馬而蕃庶、以訟受服、則終朝三褫、柔進受寵、則一晝三接也、○著直畧反、下著明同、褫勅紙反、

象曰。明出地上。晉。君子以自昭明德。

以顯著明、自顯之道、

初六。晉如摧如。貞吉。罔孚。裕无咎。

處順之初、應明之始、明順之德、於斯將隆、進明退順、不失其正、故曰晉如摧如貞吉也、處卦之始、功業未著、物未之信、故曰罔孚、方踐卦始、未至履位、以此爲足、自喪其長者也、故必裕之、然後无咎、○著張慮反、喪息浪反、

象曰。晉如摧如。獨行正也。裕无咎。未受命也。

未得履位、未受命也、

六二晉如愁如貞吉受茲介福于其王母

進而无應其德不昭故曰晉如愁如居中得位履順而正不以无應而回其志處晦能致其誠者也脩德以斯聞乎幽昧得正之吉也故曰貞吉母者處內而成德者也鳴鶴在陰則其子和之立誠於闇闇亦應之故其初愁如履貞不回則乃受茲大福于其王母也

○和胡卧反

象曰受茲介福以中正也

六三衆允悔亡

處非其位悔也志在上行與衆同信順而麗明故得悔亡也

象曰衆允之志上行也

九四晉如鼫鼠貞厲

履非其位上承於五下據三陰履非其位又負且乘无業可安志无所據以斯爲進正之危也進如鼫鼠无所守也○鼫音石子夏傳作碩鼠五技鼠也

象曰鼫鼠貞厲位不當也

六五悔亡失得勿恤往吉无不利

柔得尊位陰爲明主能不用察不代下任也故雖不當位能消其悔失得勿恤各有其司術斯以往无不利也

象曰失得勿恤往有慶也

上九晉其角維用伐邑厲吉无咎貞吝

處進之極過明之中明將夷焉已在乎角而猶進之非亢如何失夫道化无爲之事必須攻伐然後服邑危乃得吉吉乃无咎用斯爲正亦以賤矣○夫音符

象曰維用伐邑道未光也

䷣ 離下坤上

明夷利艱貞

彖曰明入地中明夷內文明而外柔順以蒙大難文王以之利艱貞晦其明也內難而能正其志箕子以之

○難乃旦反卦內同

象曰明入地中明夷君子以莅衆

莅衆顯明蔽僞百姓者也故以蒙養正以明夷莅衆

用晦而明

藏明於內乃得明也顯明於外巧所辟也

初九明夷于飛垂其翼君子于行三日不食有攸往主人有言

明夷之主在於上六上六爲至闇者也初處卦之始最遠於難也遠難過甚明夷遠遯絕跡匿形不由軌路故曰明夷于飛懷懼而行行不敢顯故曰垂其翼也尚義而行故曰君子于行也志急於行饑不遑食故曰三日不食也殊類過甚以斯適人人必疑之故曰有攸往主人有言

象曰君子于行義不食也

六二明夷夷于左股用拯馬壯吉

夷于左股是行不能壯也以柔居中用夷其明進不殊類退不近難不見疑憚順以則也故可用拯馬而壯吉也不垂其翼然後乃免也

象曰六二之吉順以則也

順之以則故不見疑

九三明夷于南狩得其大首不可疾貞

處下體之上居文明之極上爲至晦入地之物也故夷其明以獲南狩得大首也南狩者發其明也既誅其主將正其民民之迷也其日固已久矣化宜以漸不可速正故曰不可疾貞

象曰南狩之志乃大得也

去闇主也

六四入于左腹獲明夷之心于出門庭

左者取其順也入于左腹得其心意故雖近不危隨時辟難門庭而已能不逆忤也

象曰入于左腹獲心意也

六五箕子之明夷利貞

最近於晦與難爲比險莫如茲而在斯中猶闇不能沒明不可息正不憂危故利貞也○比毗志反

象曰箕子之貞明不可息也

上六不明晦初登于天後入于地

處明夷之極是至晦者也本其初也在乎光照轉至於晦遂入于地

象曰初登于天照四國也後入于地失則也

䷤ 離下巽上

家人利女貞

家人之義各自脩一家之道不能知家外他人之事也統而論之非元亨利君子之貞故利女貞其正在家內而已

彖曰家人女正位乎內

謂二也

男正位乎外

謂五也家人之義以內爲本故先說女也

男女正天地之大義也家人有嚴君焉父母之謂也父父子子兄兄弟弟夫夫婦婦而家道正正家而天下定矣

象曰風自火出家人

由內以相成熾也○熾尺志反

君子以言有物而行有恒

家人之道脩於近小而不妄也故君子以言必有物而口无擇言行必有恒而身无擇行○行下孟反註皆同

初九閑有家悔亡

凡教在初而法在始家瀆而後嚴之志變而後治之則悔矣處家人之初爲家人之始故宜必以閑有家然後悔亡也

象曰閑有家志未變也

六二无攸遂在中饋貞吉

居內處中履得其位以陰應陽盡婦人之正義无所必遂職乎中饋巽順而已是以貞吉也

象曰六二之吉順以巽也

九三家人嗃嗃悔厲吉婦子嘻嘻終吝

以陽處陽剛嚴者也處下體之極爲一家之長者也行與其慢
寧過乎恭家與其瀆寧過乎嚴是以家人雖嗃嗃悔厲猶得其
道婦子嘻嘻乃失其節也○嗃
呼落反嘻喜悲反長丁丈反

象曰家人嗃嗃未失也婦子嘻嘻失家節也

六四富家大吉

能以其富順而處位故大吉也若但能富其家何足爲大
吉體柔居巽履得其位明於家道以近至尊能富其家也

象曰富家大吉順在位也

九五王假有家勿恤吉

假至也履正而應處尊體巽以至斯道以有其家者也居於尊
位而明於家道則下莫不化矣父父子子兄兄弟弟夫夫婦婦
六親和睦交相愛樂而家道正正家而天下定矣故
王假有家則勿恤而吉○假更白反註同樂音洛

象曰王假有家交相愛也

上九有孚威如終吉

處家人之終居家道之成刑于寡妻以著于外者也故曰有孚
凡物以猛爲本者則患在寡恩以愛爲本者則患在寡威故家
人之道尚威嚴也家道可終唯信與威身得
威敬人亦如之反之於身則知施於人也

象曰威如之吉反身之謂也

☲☱　兌下離上

睽小事吉

彖曰睽火動而上澤動而下二女同居其志不同行說而麗乎明
柔進而上行得中而應乎剛是以小事吉

事皆相違害之道也何由得小事
吉以有此三德也○說而音悅

天地睽而其事同也男女睽而其志通也萬物睽而其事類也

睽之時用大矣哉

睽離之時非小
人之所能用也

象曰上火下澤睽君子以同而異

同於通理
異於職事

初九悔亡喪馬勿逐自復見惡人无咎

處睽之初居下體之下无應獨立悔也與人合志故得悔亡馬
者必顯之物處物之始乖而喪其馬物莫能同其私必相顯也
故勿逐而自復也時方乖離而位乎窮下上无應可援下无權
可恃顯德自異爲惡所害故見惡人乃得免咎也○喪息浪反

註同復音
服註同

象曰見惡人以辟咎也

○辟
音避

九二遇主于巷无咎

處睽失位將无所安然五亦失位俱求其黨出門同趣不
期而遇故曰遇主于巷也處睽得援雖失其位未失道也

象曰遇主于巷未失道也

六三見輿曳其牛掣其人天且劓无初有終

凡物近而不相得則凶處睽之時履非其位以陰居陽以柔乘
剛志在於上而不和於四二應於五則近而不相比故見輿曳
輿曳者履非其位失所載也其牛掣者滯隔所在不獲進也其
人天且劓者四從上取二從下取而應在上九執志不回初雖

受困終獲剛助、○曳以制反掣昌逝反劓魚器反比毗志反

象曰、見輿曳、位不當也。无初有終、遇剛也。

九四、睽孤、遇元夫、交孚、厲无咎。

无應獨處、五自應二、三與己睽、故曰睽孤也、初亦无應特立、處睽之時、俱在獨立、同處體下、同志者也、而己失位、比於三五、皆與己乖、處无所安、故求其疇類而自託焉、故曰遇元夫也、同志相得而无疑焉、故曰交孚也、雖在乖隔、志故得行、故雖危无咎、

○夫如字

象曰、交孚无咎、志行也。

六五、悔亡、厥宗噬膚、往何咎。

非位悔也、有應故亾、厥宗謂二也、噬膚者、齧柔也、三雖比二、二之所噬、非妨己應者也、以斯而往、何咎之有、往必合也、

象曰、厥宗噬膚、往有慶也。

上九、睽孤、見豕負塗、載鬼一車、先張之弧、後說之弧、匪寇婚媾、往遇雨則吉。

處睽之極、睽道未通、故曰睽孤、己居炎極、三居澤盛、睽之極也、以文明之極而觀至穢之物、睽之甚也、豕而負塗、穢莫過焉、至睽將合、至殊將通、恢詭譎怪、道將為一、未至於治、先見殊怪、故見豕負塗、甚可穢也、見鬼盈車、吁可怪也、先張之弧、將攻害也、後說之弧、睽怪通也、四剠其應、故為寇也、睽志將通、匪寇婚媾、往不失時、睽疑亾也、貴於遇雨、和陰陽也、陰陽既和、羣疑亾也、

○說吐活反註同剠其京反

象曰、遇雨之吉、群疑亡也。

䷦ 艮下坎上

蹇、利西南、不利東北。

西南、地也、東北、山也、以難之平則難解、以難之山則道窮、○蹇紀免反以難乃旦反卦內同解卦皆同解音蟹上六註同

利見大人。

往則濟也、

貞吉。

爻皆當位、各履其正、居難履正、正邦之道也、正道未否、難由正濟、故貞吉也、遇難失正、吉可得乎、○否備鄙反

彖曰、蹇、難也、險在前也、見險而能止、知矣哉、蹇利西南、往得中也、不利東北、其道窮也、利見大人、往有功也、當位貞吉、以正邦也、蹇之時用大矣哉。

蹇難之時、非小人之所能用也、○知音智初爻註同

象曰、山上有水、蹇。

山上有水、蹇難之象、

君子以反身脩德。

除難莫若反身脩德、

初六、往蹇來譽、

處難之始、居止之初、獨見前識、覩險而止、以待其時、知矣哉、故往則遇蹇、來則得譽、

象曰、往蹇來譽、宜待也。

六二、王臣蹇蹇、匪躬之故

處難之時、履當其位、居不失中、以應於五、不以五在難中、私身遠害、執心不回、志匡王室者也、故曰王臣蹇蹇、匪躬之故、履中行義以存其上、處蹇以此、未見其尤也、

象曰。王臣蹇蹇。終无尤也。

九三。往蹇來反。

進則入險、來則得位、故曰往蹇來反、爲下卦之主、是内之所恃也、

象曰。往蹇來反。内喜之也。

六四。往蹇來連。

往則无應、來則乘剛、往來皆難、故曰往蹇來連、得位履正、當其本實、雖遇於難、非妄所招也、

象曰。往蹇來連。當位實也。

九五。大蹇朋來。

處難之時、獨在險中、難之大者也、故曰大蹇、然居不失正、履不失中、執德之長、不改其節、如此則同志者集而至矣、故曰朋來也、○長直良反

象曰。大蹇朋來。以中節也。

上六。往蹇來碩。吉。利見大人。

往則長難、來則難終、難終則衆難皆濟、志大得矣、故曰往蹇來碩吉、險夷難解、大道可興、故曰利見大人也、○長丁丈反

象曰。往蹇來碩。志在内也。

有應在内、往則失之、來則志獲、志在内也、

利見大人。以從貴也。

䷧ 坎下震上

解。利西南。

西南衆也、解難濟險、利施於衆也、亦不困于東北、故不言不利東北也、○解音蟹

无所往。其來復吉。有攸往。夙吉。

未有善於解難而迷於處安也、解之爲義、解難而濟厄者也、无難可往、以解來復則不失中、有難而往、則以速爲吉者、无難則能復其中、有難則能濟其厄也、○解之以解並音蟹

彖曰。解。險以動。動而免乎險。解。

動乎險外、故謂之免、免險則解、故謂之解、○彖曰解自此盡初六註並音蟹

解利西南。往得衆也。其來復吉。乃得中也。有攸往夙吉。往有功也。天地解而雷雨作。雷雨作而百果草木皆甲拆。

天地否結、則雷雨不作、交通感散、雷雨乃作也、雷雨之作、則險厄者亨、否結者散、故百果草木皆甲拆也、○拆勅宅反、否並備鄙反

解之時大矣哉。

无所而不釋也、難解之時、非治難時、故不言用、體盡於解之名、无有幽隱、故不曰義、

象曰。雷雨作。解。君子以赦過宥罪。

初六。无咎。

解者解也、屯難盤結、於是乎解也、處蹇難始解之初、在剛柔始散之際、將赦罪厄、以夷其險、處此之時、不煩於位而无咎也、

象曰。剛柔之際。義无咎也。

或有過咎、非其理也、義猶理也、

九二。田獲三狐。得黃矢。貞吉。

狐者、隱伏之物也、剛中而應、爲五所任、處於險中、知險之情、以斯解物、能獲隱伏也、故曰田獲三狐也、黃、理中之稱也、矢、直也、田而獲三狐、得乎理中之道、不失枉直之實、能全其正者也、故曰田獲三狐得黃矢貞吉也、

象曰。九二貞吉。得中道也。

六三。負且乘。致寇至。貞吝。

處非其位、履非其正、以附於四、用夫柔邪以自媚者也、乘二負四、以容其身、寇之來也、自已所致、雖幸而免、正之所賤也、

象曰。負且乘。亦可醜也。自我致戎。又誰咎也。

九四。解而拇。朋至斯孚。

失位不正、而比於三、故三得附之、爲其拇也、三爲之拇、則失初之應、故解其拇、然後朋至而信矣、○解、佳買反、註同、拇、茂后反、比、毗志反

象曰。解而拇。未當位也。

六五。君子維有解。吉。有孚于小人。

居尊履中、而應乎剛、可以有解而獲吉矣、以君子之道解難釋險、小人雖闇、猶知服之而无怨矣、故曰有孚于小人也、○維有解、註有解及象并下註爲解之極、並音蟹、解難、佳買反

象曰。君子有解。小人退也。

上六。公用射隼于高墉之上。獲之。无不利。

初爲四應、二爲五應、三不應上、失位負乘、處下體之上、故曰高墉、墉非隼之所處、高非三之所履、上六居動之上、爲解之極、將解荒悖而除穢亂者也、故用射之、極則後動、成而後舉、故必獲之而无不利也、○射、食亦反、註下同、隼、荀尹反、墉音容、將解、佳買反

象曰。公用射隼。以解悖也。

○解、佳買反

☶☱ 兌下艮上

損。有孚。元吉。无咎。可貞。利有攸往。曷之用。二簋可用享。

○曷、何葛反、享、香兩反

象曰。損。損下益上。其道上行。

艮爲陽、兌爲陰、凡陰順於陽者也、陽止於上、陰說而順、損下益上、上行之義也、○上、時掌反、說音悅

損而有孚。元吉无咎可貞利有攸往。

損之爲道、損下益上、損剛益柔也、損下益上、非補不足也、損剛益柔、非長君子之道也、爲損而可以獲吉、其唯有孚乎、損而有孚、則元吉、无咎而可正、有攸往矣、損剛益柔、不以消剛、損下益上、不以盈上、損剛而不爲邪、益上而不爲諂、則何咎而可正、雖不能拯濟大難、以斯有往、物无距也、○長、丁丈反、難、乃旦反

曷之用。

曷、辭也、曷之用、言何用豐爲也、

二簋可用享。

二簋、質薄之器也、行損以信、雖二簋而可用享、

二簋應有時。

至約之道、不可常也、

損剛益柔有時。

下不敢剛貴於上行、損剛益柔之謂也、剛爲德長、損之不可以爲常也、〇長丁丈反

損益盈虛與時偕行。

自然之質各定其分、短者不爲不足、長者不爲有餘、損益將何加焉、非道之常、故必與時偕行也、〇分扶問反

象曰、山下有澤損。

山下有澤、損之象也、

君子以懲忿窒欲。

可損之善、莫善忿欲也、〇懲直升反

初九、已事遄往、无咎、酌損之。

損之爲道、損下益上、損剛益柔、以應其時者也、居於下極、損剛奉柔、則不可以逸、處損之始、則不可以盈、事已則往、不敢宴安、乃獲无咎也、剛以奉柔、雖免乎咎、猶未親也、故既獲无咎、復自酌損、乃得合志也、遄速也、〇已音以、遄市專反、復扶又反

象曰、已事遄往、尚合志也。

尚合於志、故速往也、

九二、利貞、征凶、弗損益之。

柔不可全益、剛不可全削、下不可以无正、初九已損剛以順柔、九二履中、而復損已以益柔、則剝道成焉、故不可遄往、而利貞也、進之於柔、則凶矣、故曰征凶也、故九二不損而務益、以中爲志也、

象曰、九二利貞、中以爲志也。

六三、三人行、則損一人、一人行、則得其友。

損之爲道、損下益上、其道上行、三人謂自六三已上三陰也、三陰並行、以承於上、則上失其友、內无其主、名之曰益、其實乃損、故天地相應、乃得化醇、男女匹配、乃得化生、陰陽不對、生可得乎、故六三獨行、乃得其友、三陰俱行、則必疑矣、

象曰、一人行、三則疑也。

六四、損其疾、使遄有喜、无咎。

履得其位、以柔納剛、能損其疾也、疾何可久、故遄乃有喜、損疾以離其咎、有喜乃免、故使速乃有喜、有喜乃无咎也、

象曰、損其疾、亦可喜也。

六五、或益之十朋之龜、弗克違、元吉。

以柔居尊、而爲損道、江海處下、百谷歸之、履尊以損、則或益之矣、朋黨也、龜者決疑之物也、陰非先唱、柔非自任、尊以自居、損以守之、故人用其力、事竭其功、智者慮能、明者慮策、弗能違也、則衆才之用盡矣、獲益而得十朋之龜、足以盡天人之助也、

象曰、六五元吉、自上祐也。

上九、弗損益之、无咎、貞吉、利有攸往、得臣无家。

處損之終、上无所奉、損終反益、剛德不損、乃反益之、而不憂於咎、用正而吉、不制於柔、剛德遂長、故曰弗損益之、无咎、貞吉、利有攸往也、居上乘柔、處損之極、尚夫剛德、爲物所歸、故曰得臣、得臣則天下爲一、故无家也、〇長丁丈反、夫音符

象曰、弗損益之、大得志也。

䷩ 震下 巽上

益、利有攸往、利涉大川。

象曰、益損上益下、民說无疆。

震陽也，巽陰也，巽非違震者也，處上而巽，不違於下，損上益下之謂也。○說音悅，彊居良反，下同

自上下下，其道大光。利有攸往，中正有慶。

五處中正，自上下下，故有慶也。以中正有慶之德，有攸往也，何適而不利哉。○下下，上遐嫁反，下如字，註同

利涉大川，木道乃行。

木者以涉大川爲常，而不溺者也。以益涉難，同乎木也。○難乃旦反

益動而巽，日進无疆。天施地生，其益无方。

損上益下，○施始豉反

凡益之道，與時偕行。

益之爲用，施未足也，滿而益之，害之道也。故凡益之道，與時偕行也。

象曰：風雷益，君子以見善則遷，有過則改。

遷善改過，益莫大焉。

初九，利用爲大作，元吉，无咎。

處益之初，居動之始，體夫剛德，以涖其事，而之乎巽，以斯大作，必獲大功。夫居下非厚事之地，在卑非任重之處，大作非小功所濟，故元吉乃得无咎也。○之處昌預反，下其處同

象曰：元吉无咎，下不厚事也。

時可以大作，而下不可以厚事，得其時而无其處，故元吉乃得无咎也。

六二，或益之十朋之龜，弗克違，永貞吉。王用享于帝，吉。

以柔居中，而得其位，處內履中，居益以中，益自外來，不召自至，不先不爲，則朋龜獻策，同於損卦六五之位，位不當尊，故吉在永貞也。帝者，生物之主，興益之宗，出震而齊巽者也。六二居益之中，體柔當位，而應於巽，享帝之美，在此時也。

象曰：或益之，自外來也。

六三，益之用凶事，无咎。有孚中行，告公用圭。

以陰居陽，求益者也，故曰益之。益不外來，已自爲之，物所不與，故在謙則戮，救凶則免。以陰居陽，處下卦之上，壯之甚也。用救衰危，物所恃也，故用凶事，乃得无咎也。若能益不爲私，志在救難，壯不至亢，不失中行，以此告公，國主所任也。用圭之禮，備此道矣，故曰有孚中行，告公用圭也。公者，臣之極也。凡事足以施天下，則稱王；次天下之大者，則稱公。六三之才，不足以告王，足以告公，而得用圭也，故曰中行告公用圭也。○不爲于僞反

象曰：益用凶事，固有之也。

用施凶事，乃得固有之也。

六四，中行，告公從，利用爲依遷國。

居益之時，處巽之始，體柔當位，在上應下，卑不窮下，高不處亢，位雖不中，用中行者也。以斯告公，何有不從；以斯依遷，誰有不納也。

象曰：告公從，以益志也。

志得益也。

九五，有孚惠心，勿問元吉，有孚惠我德。

得位履尊，爲益之主者也。爲益之大，莫大於信；爲惠之大，莫大於心。因民所利而利之焉，惠而不費，惠心者也。信以惠心，盡物之願，固不待問而元吉，有孚惠我德也。以誠惠物，物亦應之，故曰有孚惠我德也。○費芳味反

象曰：有孚惠心，勿問之矣。惠我德，大得志也。

上九莫益之或擊之立心勿恒凶

處益之極過盈者也求益无已心无恒者也无厭之求人弗與也獨唱莫和是偏辭也人道惡盈怨者非一故曰或擊之也○厭於鹽反和胡卧反惡烏路反

象曰莫益之偏辭也或擊之自外來也

周易卷四畢

周易卷五

魏尚書郎山陽王弼註　明後學東吳葛鼒訂

下經

䷪ 乾下兌上

夬揚于王庭孚號有厲告自邑不利即戎利有攸往

夬與剝反者也剝以柔變剛至於剛幾盡夬以剛決柔如剝之消剛剛隕則君子道消柔消則小人道隕君子道消則剛正之德不可得直道而用刑罰之威不可得坦然而行揚于王庭其道公也○夬古快反幾音祈

彖曰夬決也剛決柔也健而說決而和

健而說則決而和矣○說音悅註皆同

揚于王庭柔乘五剛也

剛德齊長一柔為逆衆所同誅而無忌者也故可揚于王庭○長丁丈反除上六象並同

孚號有厲其危乃光也

剛正明信以宣其令則柔邪者危故曰其危乃光也

告自邑不利即戎所尚乃窮也

以剛斷制告令可也告自邑謂行令於邑也用剛即戎尚力取勝也尚力取勝物所同疾也○斷丁亂反

利有攸往剛長乃終也

剛德愈長柔邪愈消故利有攸往道乃成也

象曰澤上於天夬君子以施祿及下居德則忌

澤上於天、夬之象也、澤上於天、必來下潤、施祿及下之義也、夬者、明法而決斷之象也、忌、禁也、法明斷嚴、不可以慢、故居德以明禁也、施而能嚴、嚴而能施、健而能説、決而能和、美之道也、○上、時掌反、註同、施、始豉反、註同

初九、壯于前趾、往不勝爲咎。

居健之初、爲決之始、宜審其策、以行其事、壯其前趾、往而不勝、宜其咎也、

象曰、不勝而往、咎也。

不勝之理、在往前也、

九二、惕號、莫夜有戎、勿恤。

居健履中、以斯決事、能審己度、而不疑者也、故雖有惕懼號呼、莫夜有戎、不憂不惑、故勿恤也、○號、戶羔反、註下同、莫、音暮、呼、火故反

象曰、有戎勿恤、得中道也。

九三、壯于頄、有凶、君子夬夬、獨行遇雨、若濡有愠、无咎。

頄、面權也、謂上六也、最處體上、故曰權也、剝之六三、以應陽爲善、夫剛長則君子道興、陰盛則小人道長、然則處陰長而助陽則善、處剛長而助柔則凶矣、夬爲剛長、而三獨應上六、助於小人、是以凶也、君子處之、必能棄夫情累、決之不疑、故曰夬夬也、若不與衆陽爲群、而獨行殊志、應於小人、則受其困焉、遇雨若濡、有恨而无所咎也、○頄、求龜反、權字書作顴

象曰、君子夬夬、終无咎也。

九四、臀无膚、其行次且、牽羊悔亡、聞言不信。

下剛而進、非己所據、必見侵傷、失其所安、故臀无膚、其行次且也、羊者、抵很難移之物、謂五也、五爲夬主、非下所侵、若牽於五、則可得悔亡而已、剛亢不能納言、自任所處、聞言不信、以斯而行、凶可知矣、○臀、徒敦反、次、本亦作趑、或作跌、同七私反、且、本亦作趄、或作跙、同七餘反、抵、本亦作牴、很、胡懇反、

象曰、其行次且、位不當也、聞言不信、聰不明也。

同於噬嗑、滅耳之凶、

九五、莧陸夬夬、中行无咎。

莧陸、草之柔脆者也、決之至易、故曰夬夬也、夬之爲義、以剛決柔、以君子除小人者也、而五處尊位、最比小人、躬自決者也、以至尊而敵至賤、雖其克勝、未足多也、處中而行、足以免咎而已、未足光也、○莧、閑辨反、易、以豉反、比、毗志反

象曰、中行无咎、中未光也。

上六、无號、終有凶。

處夬之極、小人在上、君子道長、衆所共棄、故非號咷所能延也、○咷、徒刀反

象曰、无號之凶、終不可長也。

䷫　巽下乾上

姤、女壯、勿用取女。

○姤、古豆反、取、七喻反、本亦作娶、註下同

象曰、姤、遇也、柔遇剛也。

施之於人、即女遇男也、一女而遇五男、爲壯至甚、故不可取也、

勿用取女、不可與長也、天地相遇、品物咸章也。

正乃功成也、

剛遇中正、天下大行也。

化乃大行也。

姤之時義大矣哉。

九言義者，不盡於所見，中有意謂者也。

象曰：天下有風，姤。后以施命告四方。

初六：繫于金柅，貞吉。有攸往，見凶。羸豕孚蹢躅。

金者堅剛之物，柅者制動之主，謂九四也。初六處遇之始，以一柔而承五剛，體夫躁質，得遇而通，散而无主，自縱者也。柔之為物，不可以不牽。臣妾之道，不可以不貞，故必繫于正應，乃得貞吉也。若不牽于一，而有攸往行，則唯凶是見矣。羸豕，謂牝豕也。群豕之中，豭強而牝弱，故謂之羸豕也。孚，猶務躁也。夫陰質而躁恣者，羸豕特甚焉，言以不貞之陰，失其所牽，其為淫醜，若羸豕之孚務蹢躅也。○柅，乃履反。羸，力追反。蹢，直戟反。躅，直錄反。牝，頻忍反。豭，音家。

象曰：繫于金柅，柔道牽也。

九二：包有魚，无咎，不利賓。

初陰而窮下，故稱魚。不正之陰，處遇之始，不能逆近者也。初自樂來應己之廚，非為犯奪，故无咎也。擅人之物，以為己惠，義所不為，故不利賓也。○包，本亦作庖，同，白交反，下同。

象曰：包有魚，義不及賓也。

九三：臀无膚，其行次且，厲，无大咎。

處下體之極，而二據於初，不為己乘，居不獲安，行失其應，不能牽據，以固所處，故曰臀无膚，其行次且也。然履得其位，非為妄處，不遇其時，故使危厲。災非己招，是以无大咎也。○臀，次且，音現前卦。

象曰：其行次且，行未牽也。

九四：包无魚，起凶。

二有其魚，故失之也。无民而動，失應而作，是以凶也。

象曰：无魚之凶，遠民也。

○遠，袁萬反。

九五：以杞包瓜，含章，有隕自天。

杞之為物，生於肥地者也。包瓜為物，繫而不食者也。九五履得尊位，而不遇其應，得地而不食，含章而未發，不遇其應，命未流行。然處得其所，體剛居中，志不舍命，不可傾隕，故曰有隕自天也。○包，白交反。子夏作苞。舍，音捨，下同。

象曰：九五含章，中正也。有隕自天，志不舍命也。

上九：姤其角，吝，无咎。

進之於極，无所復遇，遇角而已，故曰姤其角也。進而无遇，獨恨而已，不與物爭，其道不害，故无凶咎也。○復，扶又反。

象曰：姤其角，上窮吝也。

䷬ 坤下兌上

萃：亨。

聚乃通也。

王假有廟。

假，至也。王以聚至有廟也。○假，更白反。

利見大人，亨，利貞。

聚得大人，乃得通而利正也。

用大牲吉。全乎聚道、用大牲乃吉也、聚道不全而用大牲、神不福也、

利有攸往。

彖曰。萃聚也。順以說。剛中而應。故聚也。但順而說、則邪佞之道也、剛而違於中應、則彊亢之德也、何由得聚、順說而以剛為主、主剛而履中、履中以應、故得聚也○說音悅下註皆同

王假有廟。致孝享也。全聚乃得致孝之享也、

利見大人亨。聚以正也。大人體中正者也、通聚以正、聚乃得全也、

用大牲吉利有攸往順天命也。順以說而不損剛、順天命者也、天德剛而不違中、順天則說、而以剛為主也、

觀其所聚而天地萬物之情可見矣。方以類聚、物以群分、情同而後乃聚、氣合而後乃群

象曰。澤上於地萃。君子以除戎器。戒不虞。聚而无防、則眾心生○上時掌反

初六。有孚不終。乃亂乃萃。若號。一握為笑。勿恤。往无咎。有應在四、而三承之、心懷嫌疑、故有孚不終也、不能守道以結至好、迷務競爭、故乃亂乃萃也、一握者、小之貌也、為笑者、懦劣之貌也、已為正配、三以近寵、若安夫卑退、謙以自牧、則勿恤而往无咎也○號戶羔反好呼報反

象曰。乃亂乃萃。其志亂也。

六二。引吉。无咎。孚乃利用禴。居萃之時、體柔當位、處坤之中、已獨處正、與眾相殊、異操而聚、民之多僻、獨正者危、未能變體以遠於害、故必見引、然後乃吉而无咎也、禴殷春祭名也、四時祭之省者也、居聚之時、處於中正、而行以忠信、故可以省薄薦於鬼神也○禴羊略反省生領反下同

象曰。引吉无咎。中未變也。

六三。萃如嗟如。无攸利。往无咎。小吝。履非其位、以比於四、四亦失位、不正相聚、相聚不正、患所生也、干人之應、害所起也、故萃如嗟如、无攸利也、上六亦无應而獨

立處極而憂危、思援而求朋、巽以待物者也、與其萃於不正、不若之於同志、故可以往而无咎也、二陰相合、猶不若一陰一陽之應、故有小吝也○比毗志反

象曰。往无咎。上巽也。

九四。大吉。无咎。履非其位、而下據三陰、得其所據、失其所處、處聚之時、不正而據、故必大吉、立夫大功、然後无咎也、

象曰。大吉无咎。位不當也。

九五。萃有位。无咎。匪孚。元永貞。悔亡。處聚之時、最得盛位、故曰萃有位也、四專而據、已德不行、自守而已、故曰无咎匪孚、夫脩仁守正、久必悔消、故曰元永貞悔亡、

象曰。萃有位。志未光也。

上六。齎咨涕洟。无咎。

處聚之時，居於上極，五非所乘，內无應援，處上獨立，近遠無助，危莫甚焉。齎咨，嗟歎之辭也。若能知危之至，懼禍之深，憂病之甚，至于涕洟，不敢自安，亦衆所不害，故得无咎也。○齎將啼反，洟音夷

象曰。齎咨涕洟。未安上也。

䷭ 巽下坤上

升。元亨。用見大人。勿恤。

巽順可以升，陽爻不當尊位，无嚴剛之正，則未免於憂，故用見大人，乃勿恤也。

南征吉。

以柔之南，則麗乎大明也。

彖曰。柔以時升。

柔以其時，乃得升也。

巽而順。剛中而應。是以大亨。

純柔則不能自升，剛亢則物不從，既以時升，又巽而順，剛中而應，以此而升，故得大亨。

用見大人。勿恤。有慶也。南征吉。志行也。

巽順以升，至于大明，志行之謂也。

象曰。地中生木。升。君子以順德。積小以高大。

初六。允升。大吉。

允，當也。巽卦三爻，皆升者也。雖无其應，處升之初，與九二九三合志俱升，當升之時，升必大得，是以大吉也。○允當如字，下同

象曰。允升大吉。上合志也。

九二。孚乃利用禴。无咎。

與五爲應，往必見任，體夫剛德，進不求寵，閑邪存誠，志在大業，故乃利用納約于神明矣。

象曰。九二之孚。有喜也。

九三。升虛邑。

履得其位，以陽升陰，以斯而舉，莫之違距，故若升虛邑也。

象曰。升虛邑。无所疑也。

往必得邑。

六四。王用亨于岐山。吉无咎。

處升之際，下升而進，可納而不可距也。距下之進，攘來自專，則殃咎至焉。若能不距而納，順物之情，以通庶志，則得吉而无咎矣。岐山之會，順事之情，无不納也。○亨許兩反，下同

象曰。王用亨于岐山。順事也。

六五。貞吉。升階。

升得尊位，體柔而應，納而不距，任而不專，故得貞吉，升階而尊也。

象曰。貞吉升階。大得志也。

上六。冥升。利于不息之貞。

處貞之極，進而不息者也。進而不息，故雖冥猶升也。故施於不息之正則可，用於爲物之主則喪矣。終於不息，消之道也。○喪息浪反

象曰冥升在上消不富也。
勞不可久也、
坎下兌上
困亨。
窮必通也處窮而不能自通者小人也、
貞大人吉无咎。
處困而得无咎吉乃免也、
有言不信。
象曰困剛揜也。

剛則揜於柔也、
險以說困而不失其所亨。
處險而不改其說困而不失其所亨也、○說音悅卦內同
其唯君子乎貞大人吉以剛中也。
處困而用剛不失其中、履正而體大者也、能正而不能失博求能濟困者也、故曰貞大人吉也、
有言不信尚口乃窮也。
處困而言不見信之時也、非行言之時而欲用言以免必窮者也、其吉在於貞大人口何爲乎、
象曰澤无水困君子以致命遂志。
澤无水則水在澤下、水在澤下困之象也、處困而屈其志者小人也、君子固窮道可忘乎、

初六臀困于株木入于幽谷三歲不覿。
最處底下、沈滯卑困、居无所安故曰臀困于株木也、欲之其應二隔其路、居則困于株木、進不獲拯、必隱遯者也、故曰入于幽谷也、困之爲道不過數歲者也、以困而藏、困解乃出故曰三歲不覿也、
象曰入于幽谷幽不明也。
言幽者不明之辭也、入于不明以自藏也、
九二困于酒食朱紱方來利用亨祀征凶无咎。
以陽居陰尚謙者也、居困之時處得其中、體夫剛質而用中履謙、應不在一、心无所私、盛莫先焉、夫謙以待物、物之所歸、剛以處險、難之所濟、履中則不失其宜、无應則心无私恃、以斯處困、物莫不至、不勝豐衍、故曰困于酒食、美之至矣、坎北方之卦也、朱紱南方之物也、處困以斯能招異方者也、故曰朱紱方來也、豐衍盈盛、故利用享祀、盈而又進、傾之道也、以此而征、凶誰咎乎、故曰征凶无咎、○紱音弗下同

亨許兩反註同難乃旦反勝音升
象曰困于酒食中有慶也。
六三困于石據于蒺藜入于其宮不見其妻凶。
石之爲物、堅而不納者也、謂四也、三以陰居陽、志武者也、四自納初、不受己者、二非所據、剛非所乘、上比困石、下據蒺藜、无應而入、焉得配偶、在困處斯、凶其宜也、○蒺音疾藜音黎比毗志反焉於虔反
象曰據于蒺藜乘剛也入于其宮不見其妻不祥也。
九四來徐徐困于金車吝有終。
金車謂二也、二剛以載者也、故謂之金車、徐徐者疑懼之辭也、志在於初而隔於二、履不當位、威命不行、棄之則不能、欲往則畏二、故曰來徐徐困于金車也、有應而不能濟之、故曰吝也、然以陽居陰、履謙之道、量力而處、不與二爭、雖不當位、物終與之、

故曰有終也。

象曰：來徐徐，志在下也。雖不當位，有與也。下謂初也。

九五：劓刖，困于赤紱，乃徐有說，利用祭祀。以陽居陽，任其壯者也。不能以謙致物，物則不附，忿物不附而用其壯猛，行其威刑，異方愈乖，遐邇愈叛，刑之欲以得，乃益所以失也。故曰劓刖，困于赤紱也。二以謙得之，五以剛失之，體在中直，能不遂迷，困而後能用其道者也。致物之功，不在於暴，故曰徐也。困而後乃徐，徐則有說矣，故曰困于赤紱，乃徐有說也。祭祀所以受福也。履夫尊位，困而能改，不遂其迷，以斯祭祀，必得福焉，故曰利用祭祀也。○劓，魚器反。刖，音月。

象曰：劓刖，志未得也。乃徐有說，以中直也。利用祭祀，受福也。

上六：困于葛藟，于臲卼，曰動悔有悔，征吉。居困之極而乘於剛，下无其應，行則愈繞者也。行則纏繞，居不獲安，故曰困于葛藟，于臲卼也。下句无困，困於上也。處困之極，行无通路，居无所安，困之至也。凡物窮則思變，困則謀通，處至困之地，用謀之時也。曰者，思謀之辭也。謀之所行，有隙則獲。言將何以通至困乎？曰動悔。令生有悔，以征則濟矣，故曰動悔有悔，征吉也。○藟，力軌反。臲，五結反。卼，五骨反。令，力呈反。

象曰：困于葛藟，未當也。所處未當，故致此困也。

動悔有悔，吉行也。

䷯ 巽下坎上

井：改邑不改井。井以不變為德者也。

无喪无得。德有常也。○喪，息浪反。

往來井井。不渝變也。

汔至亦未繘井。已來至而未出井也。○汔，許訖反。繘，音橘。

羸其瓶，凶。井道以已出為功也。幾至而覆，與未汲同也。○羸，力追反。瓶，白經反。幾，音機。覆，方福反。

彖曰：巽乎水而上水，井。音舉上之上。○上，時掌反。注及下注上水皆同。

井養而不窮也。改邑不改井，乃以剛中也。以剛處中，故能定居其所而不變也。

汔至亦未繘井，未有功也。井以已成為功。

羸其瓶，是以凶也。

象曰：木上有水，井。君子以勞民勸相。木上有水，井之象也。上水以養，養而不窮者也。相，猶助也。可以勞民勸助，莫若養而不窮也。○勞，力報反，下同。相，息亮反，注同。

初六。井泥不食。舊井无禽。
最在井底、上又无應、沈滯滓穢、故曰井泥不食也、井泥而不可食、則是久井、不見渫治者也、久井不見渫治、禽所不嚮、而况人乎、一時所共棄舍也、井者、不變之物、居德之地、恒德至賤、物无取也、○泥乃計反註及下同
象曰。井泥不食。下也。舊井无禽。時舍也。
九二。井谷射鮒。甕敝漏。
谿谷出水、從上注下、水常射焉、井之為道、以下給上者也、而无應於上、反下與初、故曰井谷射鮒、鮒謂五也、失井之道、水不上出、而反下注、故曰甕敝漏也、夫處上宜下、處下宜上、井已下矣、而復下注、其道不交、則莫之與也、○射食亦反鮒音付甕屋送反復扶又反
象曰。井谷射鮒。无與也。

九三。井渫不食。為我心惻。可用汲。王明並受其福。
渫不停汚之謂也、處下卦之極、履得其位、而應於上、得井之義也、當井之義而不見食、脩巳全潔而不見用、故為我心惻也、為猶使也、不下注而應上、故可用汲也、王明則見照明、既嘉其行、又欽其用、故曰王明並受其福也、○渫息列反汲音急行下孟反
象曰。井渫不食。行惻也。
行感於誠、故曰惻也、
求王明。受福也。
六四。井甃。无咎。
得位而无應、自守而不能給上、可以修井之壞、補過而已、○甃側舊反

象曰。井甃无咎。脩井也。
九五。井冽。寒泉食。
冽、潔也、居中得正、體剛不撓、不食不義、中正高潔、故井冽寒泉、然後乃食也、○冽音列
象曰。寒泉之食。中正也。
上六。井收勿幕。有孚元吉。
處井上極、水已出井、井功大成、在此爻矣、故曰井收也、群下仰之以濟、淵泉由之以通者也、幕、猶覆也、不擅其有、不私其利、則物歸之、往无窮矣、故曰勿幕有孚元吉也、○收詩救反幕音莫
象曰。元吉在上。大成也。

䷰ 離下兌上

革。巳日乃孚。元亨利貞。悔亡。
夫民可與習常、難與適變、可與樂成、難與慮始、故革之為道、即日不孚、巳日乃孚也、孚然後乃得元亨利貞、悔亡也、巳日而不孚、革不當也、悔吝之所生、生乎變動者也、革而當、其悔乃亡也、○巳音以註及下同樂音洛上爻註同
象曰。革。水火相息。二女同居。其志不相得。曰革。
凡不合然後乃變生、變之所生、生於不合者也、故取不合之象以為革也、息者、生變之謂也、火欲上而澤欲下、水火相戰而後生變者也、二女同居、而有水火之性、近而不相得也、○上時掌反
巳日乃孚。革而信之。文明以說。大亨以正。革而當。其悔乃亡。
夫所以得革而信者、文明以說也、文明以說、履正而行、以斯為革、應天順民、大亨以正者也、革而大亨以正、非當如何、○說音悅註同

天地革而四時成。湯武革命。順乎天而應乎人。革之時大矣哉。

象曰。澤中有火。革。君子以治曆明時。

曆數時會、存乎變也、

初九。鞏用黃牛之革。

在革之始、革道未成、固夫常中、未能應變者也、此可以守成、不可以有為也、鞏、固也、黃、中也、牛之革、堅仞不可變也、固之所用、常中堅仞、不肯變也、○鞏、九勇反、

象曰。鞏用黃牛。不可以有為也。

六二。巳日乃革之。征吉。无咎。

陰之為物、不能先唱、順從者也、不能自革、革巳乃能從之、故曰巳日乃革之也、二與五雖有水火殊體之異、同處厥中、陰陽相

周易　卷五　下經革　十六　永懷堂

應、往必合志、不憂咎也、是以貞吉而无咎、

象曰。巳日革之。行有嘉也。

九三。征凶。貞厲。革言三就。有孚。

巳處火極、上卦三爻、雖體水性、皆從革者也、自四至上、從命而變、不敢有違、故曰革言三就、其言實誠、故曰有孚、革言三就、有孚而猶征之、凶其宜也、

象曰。革言三就。又何之矣。

九四。悔亡。有孚改命。吉。

初九處下卦之下、九四處上卦之下、故能變也、无應、悔也、與水火相比、能變者也、是以悔亡、處水火之際、居會變之始、能不固吝、不疑於下、信志改命、不失時願、是以吉也、有孚則見信矣、見信以改命、則物安而无違、故曰悔亡有孚改命吉也、處上體之下、始宣命也、○比、毗志反、

象曰。改命之吉。信志也。

信志而行、

九五。大人虎變。未占有孚。

未占而孚、合時心也、

象曰。大人虎變。其文炳也。

上六。君子豹變。小人革面。征凶。居貞吉。

居變之終、變道巳成、君子處之、能成其文、小人樂成、則變面以順上也、

周易　卷五　下經革　十七　永懷堂

改命創制、變道巳成、功成則事損、事損則无為、故居則得正而吉、征則躁擾而凶也、

象曰。君子豹變。其文蔚也。小人革面。順以從君也。

○蔚、音尉、

䷱ 巽下 離上

鼎。元吉。亨。

革去故而鼎取新、取新而當其人、易故而法制齊明、吉然後乃亨、故先元吉而後亨也、鼎者、成變之卦也、革既變矣、則制器立法以成之焉、變而无制、亂可待也、法制應時、然後乃吉、賢愚有別、尊卑有序、然後乃亨、故先元吉而後乃亨、○去、羌呂反、下皆同、別、彼列反、

象曰。鼎。象也。

法象也、

以木巽火亨飪也。亨飪鼎之用也○亨普庚反下及註聖人亨大亨飪亨者並同飪入甚反

聖人亨以享上帝而大亨以養聖賢。亨者鼎之所為也革去故而鼎成新故為亨飪調和之器也去故取新聖賢不可失也飪熟也天下莫不用之而聖人用之乃上以享上帝而下以大亨養聖賢也、

巽而耳目聰明。聖賢獲養則已不為而成矣故巽而耳目聰明也、

柔進而上行得中而應乎剛是以元亨。

周易　卷五　下經鼎　十八　永懷堂

謂五也有斯三德故能成新而獲大亨也○上時掌反

象曰木上有火鼎君子以正位凝命。凝者嚴整之貌也鼎者取新成變者也革去故而鼎成新正位者明尊卑之序也凝命者以成教命之嚴也、

初六鼎顛趾利出否得妾以其子无咎。凡陽為實而陰為虛鼎之為物下實而上虛而今陰在下則是為覆鼎也鼎覆則趾倒矣否謂不善之物也取妾以為室主亦顛趾之義也處鼎之初將在納新施顛以出穢得妾以為子故无咎也○否悲已反註及下同覆芳目反下皆同以為于僞反下體為同

象曰鼎顛趾未悖也。倒以寫否故未悖也、

利出否以從貴也。棄穢以納新也、

九二鼎有實我仇有疾不我能即吉。以陽之質處鼎之中有實者也有實之物不可復加益之則溢反傷其實我仇謂五也困於乘剛之疾不能就我則我不溢得全其吉也○仇音求復扶又反下同

象曰鼎有實慎所之也。有實之鼎不可復有所取才任已極不可復有所加

我仇有疾終无尤也。

九三鼎耳革其行塞雉膏不食方雨虧悔終吉。

周易　卷五　下經鼎　十九　永懷堂

鼎之為義虛中以待物者也而三處下體之上以陽居陽守實无應无所納受耳宜空以待鉉而反全其實塞故曰鼎耳革其行塞雖有雉膏而終不能食也雨者陰陽交和不偏亢者也雖體陽爻而統屬陰卦若不全任剛亢務在和通方雨則悔虧終則吉也○行下孟反註同

象曰鼎耳革失其義也。

九四鼎折足覆公餗其形渥凶。處上體之下而又應初既承且施非己所堪故曰鼎折足也初已出否至四所盛則已潔矣故曰覆公餗也渥沾濡之貌也既覆公餗體為渥沾知小謀大不堪其任受其至辱災及其身故曰其形渥凶也○折之舌反餗送鹿反渥鄭作剭音屋施始豉反盛音成知音智

象曰覆公餗信如何也。

不量其力、果致凶災、信之如何。

六五。鼎黃耳、金鉉、利貞。

居中以柔、能以通理納乎剛正、故曰黃耳金鉉利貞也。耳黃則能納剛正以自舉也。○鉉、玄典反

象曰。鼎黃耳、中以爲實也。

以中爲實、所受不妄也。

上九。鼎玉鉉、大吉、无不利。

處鼎之終、鼎道之成也。居鼎之成、體剛履柔、用勁施鉉、以斯處上、高不誠亢、得夫剛柔之節、能舉其任者也。應不在一、則靡所不舉、故曰大吉、无不利也。

象曰。玉鉉在上、剛柔節也。

䷲ 震下震上

震亨。

懼以成則、是以亨。

震來虩虩、笑言啞啞。

震之爲義、威至而後乃懼也。故曰震來虩虩、恐懼之貌也。震者、驚駭怠惰、以肅解慢者也。故震來虩虩、恐致福也。笑言啞啞、後有則也。○虩、許逆反。啞、烏客反。解、佳買反

震驚百里、不喪匕鬯。

威震驚乎百里、則是可以不喪匕鬯矣。匕、所以載鼎實。鬯、香酒、奉宗廟之盛也。○喪、息浪反。卦內並同。匕、必以反。鬯、勑亮反

彖曰。震亨。震來虩虩、恐致福也。笑言啞啞、後有則也。震驚百里、驚遠而懼邇也。

威震驚乎百里、則惰者懼於近也。

出可以守宗廟社稷、以爲祭主也。

明所以堪長子之義也。不喪匕鬯、則已出可以守宗廟。○長、丁丈反

象曰。洊雷震。君子以恐懼修省。

○洊、在薦反

初九。震來虩虩、後笑言啞啞、吉。

體夫剛德、爲卦之先、能以恐懼脩其德也。

象曰。震來虩虩、恐致福也。笑言啞啞、後有則也。

六二。震來厲、億喪貝、躋于九陵、勿逐、七日得。

震之爲義、威駭怠懈、肅整惰慢者也。初幹其任、而二乘之、震來則危、喪其資貨、亡其所處矣。故曰震來厲、億喪貝。億、辭也。貝、資貨糧用之屬也。犯逆受戮、无應而行、行无所舍、威嚴大行、物莫之納、无糧而走、雖復超越陵險、必困于窮匱、不過七日、故曰勿逐七日得也。○躋、子西反。復、扶又反

象曰。震來厲、乘剛也。

六三。震蘇蘇、震行无眚。

不當其位、位非所處、故懼蘇蘇也。而无乘剛之逆、故可以懼行而无眚也。

象曰。震蘇蘇、位不當也。

九四。震遂泥。

處四陰之中居恐懼之時爲衆陰之主宜勇其身以安於衆若其震也遂困難矣履夫不正不能除恐使物安已德未光也○難乃旦反

象曰震遂泥未光也

六五震往來厲億无喪有事

往則无應來則乘剛恐而往來不免於危夫處震之時而得尊位斯乃有事之機也而懼往來將喪其事故曰億无喪有事也

象曰震往來厲危行也其事在中大无喪也

大則无喪往來乃危也

上六震索索視矍矍征凶震不于其躬于其鄰无咎婚媾有言

處震之極極震者也居震之極求中未得故懼而索索視而矍矍无所安親也已處動極而復征焉凶其宜也若恐非已造彼動故懼懼鄰而戒合於備豫故无咎也極懼相疑故雖婚媾而有言也○矍俱縛反

象曰震索索中未得也雖凶无咎畏鄰戒也

䷳ 艮下艮上

艮其背

目无患也○背必內反下相背音佩

不獲其身

所止在後故不得其身也

行其庭不見其人

相背故也

无咎

凡物對面而不相通否之道也艮者止而不相交通之卦也各止而不相與何得无咎唯不相見乃可也施止於背不隔物欲得其所止也背者无見之物也无見則自然靜止靜止而无見則不獲其身矣相背者雖近而不相見故行其庭不見其人也夫施止不於无見令物自然而止而強止之則姦邪並興近而不相得則凶其得无咎艮其背不獲其身行其庭不見其人故也○否備鄙反令力呈反強其兩反

象曰艮止也時止則止時行則行動靜不失其時其道光明

止道不可常用必施於不可以行適於其時道乃光明也

艮其止止其所也

易背曰止以明背即止也施止不可於面施背乃可也施止於止不施止於行得其所矣故曰艮其止止其所也

上下敵應不相與也是以不獲其身行其庭不見其人无咎也

象曰兼山艮君子以思不出其位

各得其所不侵害也

初六艮其趾无咎利永貞

處止之初行无所之故止其趾乃得无咎至靜而定故利永貞

象曰艮其趾未失正也

六二艮其腓不拯其隨其心不快

隨謂趾也止其腓故其趾不拯也腓體躁而處止而不得拯其隨又不能退聽安靜故其心不快也○腓符非反

象曰不拯其隨未退聽也

九三。艮其限。列其夤。厲薰心。
限、身之中也。三當兩象之中、故曰艮其限。夤當中脊之肉也、止加其身、中體而分、故列其夤而憂危薰心也。艮之爲義、各止於其所、上下不相與、至中則列矣。列加其夤、危莫甚焉。危亾之憂、乃薰灼其心也。施止體中、其體分焉、體分兩主、大器喪矣。○夤引眞反、喪息浪反、

象曰。艮其限。危薰心也。

六四。艮其身。无咎。
中上稱身、履得其位、止求諸身、得其所處、故不陷於咎也、

象曰。艮其身。止諸躬也。
自止其躬、不分全體、

六五。艮其輔。言有序。悔亾。
施止於輔、以處於中、故口无擇言、能亾其悔也、

象曰。艮其輔。以中正也。
能用中正、故言有序也、

上九。敦艮。吉。
居止之極、極止者也。敦重在上、不陷非妄、宜其吉也、

象曰。敦艮之吉。以厚終也。

䷴ 艮下巽上

漸。女歸吉。利貞。

象曰。漸之進也。
漸者、漸進之卦也。止而巽、以斯適進、漸進者也。以止巽爲進、故女歸吉也。進而用正、故利貞也。

女歸吉也。進得位。往有功也。進以正。可以正邦也。其位。剛得中也。
之於進也、

止而巽。動不窮也。
以漸進得位也、

象曰。山上有木。漸。君子以居賢德善俗。
賢德以止巽則居、風俗以止巽乃善、

初六。鴻漸于干。小子厲。有言。无咎。
鴻、水鳥也。適進之義、始於下而升者也、故以鴻爲喻。六爻皆以進而履之爲義焉。始進而位乎窮下、又无其應、若履于干、危不可以安也。始進而未得其位、則困於小子、窮於謗言、故曰小子厲有言也。困於小子讒諛之言、未傷君子之義、故曰无咎也、

象曰。小子之厲。義无咎也。

六二。鴻漸于磐。飲食衎衎。吉。
磐、山石之安者也。進而得位、居中而應、本无祿養、進而得之、其爲歡樂、願莫先焉。○磐畔干反、衎苦旦反、養羊尚反、樂音洛

象曰。飲食衎衎。不素飽也。

九三。鴻漸于陸。夫征不復。婦孕不育。凶。利禦寇。
陸、高之頂也。進而之陸、與四相得、不能復反者也。夫征不復、樂於邪配、則婦亦不能執貞矣。非夫而孕、故不育也。三本艮體、而

棄乎群醜、與四相得、遂乃不反、至使婦孕不育、見利忘義、貪進忘舊、凶之道也、異體合好、順而相保、物莫能間、故利禦寇也、○復扶又反　好呼報反

象曰、夫征不復、離群醜也。婦孕不育、失其道也。利用禦寇、順相保也。

○離力智反

六四。鴻漸于木、或得其桷、无咎。

鳥而之木、得其宜也、或得其桷、遇安棲也、雖乘於剛、志相得也、○桷音角　棲音西

象曰、或得其桷、順以巽也。

九五。鴻漸于陵、婦三歲不孕、終莫之勝、吉。

陵次陸者也、進得中位、而隔乎三四、不得與其應合、故婦三歲不孕也、各履正而居中、三四不能久塞其塗者也、不過三歲、必得所願矣、進以正邦、三年有成、成則道濟、故不過三歲也、

象曰、終莫之勝吉、得所願也。

上九。鴻漸于陸、其羽可用爲儀、吉、

進處高潔、不累於位、无物可以屈其心而亂其志、峨峨清遠、儀可貴也、故曰其羽可用爲儀吉、○峨五何反

象曰、其羽可用爲儀吉、不可亂也。

兌下
震上

歸妹。征凶、无攸利、

妹者、少女之稱也、兌爲少陰、震爲長陽、少陰而乘長陽、說以動、嫁妹之象也、○少詩照反　長丁丈反　說音悅　後並同

象曰、歸妹、天地之大義也。天地不交而萬物不興。歸妹、人之終始也。

陰陽既合、長少又交、天地之大義、人倫之終始、

說以動、所歸妹也、

少女而與長男交、少女所不樂也、而今說以動、所歸必妹也、雖與長男交、嫁而係娣、是以說也、○樂音洛

征凶、位不當也。

履於不正、說動以進、妖邪之道也、

无攸利、柔乘剛也。

以征則有不正之凶、以處則有乘剛之逆、

象曰、澤上有雷、歸妹、君子以永終知敝。

歸妹、相終始之道也、故以永終知敝、

初九。歸妹以娣、跛能履、征吉。

少女而與長男爲耦、非敵之謂、是娣從之義也、妹、少女之稱也、少女之行、善莫若娣、夫承嗣以君之子、雖幼而不妄行、少女以娣、雖跛能履、斯乃恒久之義、吉而相承之道也、以斯而進、吉其宜也、○娣大計反　跛波我反　從才用反

象曰、歸妹以娣、以恒也。跛能履吉、相承也。

九二。眇能視、利幽人之貞。

雖失其位、而居內處中、眇猶能視、足以保常也、在內履中、而能守其常、故利幽人之貞也、

象曰、利幽人之貞、未變常也。

六三歸妹以須反歸以娣

室主猶存而求進焉進未值時故有須也不可以進故反歸待時以娣乃行也

象曰歸妹以須未當也

九四歸妹愆期遲歸有時

夫以不正无應而適人也必須彼道窮盡无所與交然後乃可以往故愆期遲歸以待時也

象曰愆期之志有待而行也

六五帝乙歸妹其君之袂不如其娣之袂良月幾望吉

歸妹之中獨處貴位故謂之帝乙歸妹也袂衣袖所以爲禮容者也其君之袂謂帝乙所寵也即五也爲帝乙所崇飾故謂之其君之袂也配在九二兌少震長以長從少不若以少從長之爲美也故曰不若其娣之袂良也位在乎中以貴而行極陰之

盛以斯適配雖不若少往亦必合故曰月幾望吉也○袂彌世反幾音機

象曰帝乙歸妹不如其娣之袂良也其位在中以貴行也

上六女承筐无實士刲羊无血无攸利

羊謂三也處卦之窮仰无所承下又无應爲女而承命則筐虛而莫之與爲士而下命則刲羊而无血刲羊而无血不應所命也進退莫與故曰无攸利也○刲苦圭反

象曰上六无實承虛筐也

周易卷五　畢

周易卷六

魏尚書郎山陽王　弼註　明後學東吳金　蟠訂

下經

䷶ 離下震上

豐亨王假之

大而亨者王之所至○假庚白反下同

勿憂宜日中

豐之爲義闡弘微細通夫隱滯者也爲天下之主而令微隱者不亨憂未已也故至豐亨乃得勿憂也用夫豐亨不憂之德宜處天中以偏照者也故曰宜日中也○令力呈反

彖曰豐大也

音闡大之大也

明以動故豐王假之尚大也

大者王之所尚故至之也

勿憂宜日中宜照天下也

以勿憂之德故宜照天下也

日中則昃月盈則食天地盈虛與時消息而况於人乎况於鬼神乎

豐之爲用困於昃食者也施於未足則尚豐施於已盈則方溢不可以爲常故具陳消息之道者也

象曰雷電皆至豐君子以折獄致刑

文明以動不失情理也

初九遇其配主雖旬无咎往有尚

處豐之初其配在四以陽適陽以明之動能相光大者也旬均也雖均无咎往有尚也初四俱陽爻故曰均也

象曰雖旬无咎過旬災也

過均則爭交斯叛也

六二豐其蔀日中見斗往得疑疾有孚發若吉

蔀覆曖鄣光明之物也處明動之時不能自豐以光大之德既處乎內而又以陰居陰所豐在蔀幽而无覩者也故曰豐其蔀日中見斗也日中者明之盛也斗見者闇之極也處盛明而豐其蔀故曰日中見斗不能自發故往得疑疾然履中當位處闇不邪有孚者也若辭也有孚可以發其志不困於闇故獲吉也○蔀音部曖音愛鄣音章同斗見賢遍反

象曰有孚發若信以發志也

九三豐其沛日中見沬折其右肱无咎

沛幡幔所以禦盛光也沬微昧之明也應在上六志在乎陰雖愈乎以陰處陰亦未足以免於闇也所豐在沛日中則見沬之謂也施明則見沬而已施用則折其右肱故可以自守而已未足用也○沛本或作旆沬亡對反幡方袁反幔末半反

象曰豐其沛不可大事也

明不足也

折其右肱終不可用也

雖有左在不足用也

九四豐其蔀日中見斗遇其夷主吉

以陽居陰豐其蔀也得初以發夷主吉也

象曰豐其蔀位不當也日中見斗幽不明也遇其夷主吉行也

六五來章有慶譽吉

以陰之質來適尊陽之位能自光大章顯其德獲慶譽也

象曰六五之吉有慶也

上六豐其屋蔀其家闚其戶闃其无人三歲不覿凶

屋藏蔭之物以陰處極而最在外不履於位深自幽隱絕跡深藏者也既豐其屋又蔀其家屋厚家覆闇之甚也雖闚其戶闃其无人棄其所處而自深藏也處於明動尚大之時而深自幽隱以高其行大道既濟而猶不見隱不為賢更為反道凶其宜也三年豐道之成治道未濟隱猶可也既濟而隱是以治為亂者也○闚苦規反闃苦馘反蔭於鴆反行下孟反

象曰豐其屋天際翔也

翳光最盛者也○翳烏細反

闚其戶闃其无人自藏也

可以出而不出自藏之謂也非有為而藏不出戶庭失時致凶況自藏乎凶其宜也○為于偽反

䷷ 艮下離上

旅小亨旅貞吉

不足全夫貞吉之道唯足以為旅之貞吉故特重曰旅貞吉也○重直用反

象曰旅小亨柔得中乎外而順乎剛止而麗乎明是以小亨旅貞

吉也。

夫物失其主則散，柔乘於剛則乖，既乖且散，物皆羈旅，何由得小亨而貞吉乎，夫陽爲物長，而陰皆順陽，唯六五乘剛，而復得中乎外，以承于上，陰各順陽，不爲乖逆，止而麗明，動不履妄，雖不及剛得尊位，恢弘大通，是以小亨，令附旅者不失其正，得其所安也，○長丁丈反　復扶又反　令力呈反

旅之時義大矣哉。

旅者大散，物皆失其所居之時也，咸失其居，物願所附，豈非知者有爲之時，○知音智

象曰。山上有火。旅。君子以明慎用刑而不留獄。

止以明之，刑獄詳也，

初六。旅瑣瑣。斯其所取災。

最處下極，寄旅不得所安，而爲斯賤之役，所取致災，志窮且困，○瑣悉果反

象曰。旅瑣瑣。志窮災也。

六二。旅即次。懷其資。得童僕貞。

次者可以安行旅之地也，懷來也，得位居中，體柔奉上，以此寄旅，必獲次舍，懷來資貨，得童僕之所正也，旅不可以處盛，故其美盡於童僕之正也，過斯以往，則見害矣，童僕之正，義足而已，

象曰。得童僕貞。終无尤也。

九三。旅焚其次。喪其童僕。貞厲。

居下體之上，與二相得，以寄旅之身，而爲施下之道，與萌侵權，主之所疑也，故次焚僕喪，而身危也，○喪息浪反，卦內并下卦同　施始豉反　與音預

象曰。旅焚其次。亦以傷矣。以旅與下。其義喪也。

九四。旅于處。得其資斧。我心不快。

斧所以斫除荆棘，以安其舍者也，雖處上體之下，不先於物，然而不得其位，不獲平坦之地，客于所處，不得其次，而得其資斧之地，故其心不快也，○斫諸若反

象曰。旅于處。未得位也。得其資斧。心未快也。

六五。射雉。一矢亡。終以譽命。

射雉以一矢，而復亡之，明雖有雉，終不可得矣，寄旅而進，雖處于文明之中，居于貴位，此位終不可有也，以其能知禍福之萌，不安其處，以乘其下，而上承於上，故終以譽而見命也，○射食亦反　上承時掌反

象曰。終以譽命。上逮也。

上九。鳥焚其巢。旅人先笑後號咷。喪牛于易。凶。

居高危而以爲宅，巢之謂也，客旅得上位，故先笑也，以旅而處于上極，衆之所嫉也，以不親之身，而當嫉害之地，必凶之道也，故曰後號咷，牛者，稼穡之資，以旅處上，衆所同嫉，故喪牛于易，不在於難，物莫之與，危而不扶，喪牛于易，終莫之聞，莫之聞，則傷之者至矣，○號戶羔反　咷道羔反　易以豉反，註下同

象曰。以旅在上。其義焚也。喪牛于易。終莫之聞也。

䷸ 巽下巽上

巽。小亨。

全以巽爲德，是以小亨也，上下皆巽，不違其令，命乃行也，故申命行事之時，上下不可以不巽也，

利有攸往。

巽悌以行、物无距也、

利見大人。

大人用之、道愈隆、

彖曰、重巽以申命。

命乃行也、未有不巽而命行也、○重直龍反

剛巽乎中正而志行。

以剛而能用巽、處乎中正、物所與也、

柔皆順乎剛。

明无違逆、故得小亨、

是以小亨利有攸往利見大人。

象曰、隨風巽、君子以申命行事。

初六、進退、利武人之貞、

處令之初、未能服令者也、故進退也、成命齊邪、莫善武人、故利武人之貞以整之、

象曰、進退志疑也。

巽順之志、進退疑懼、

利武人之貞志治也。

九二、巽在牀下、用史巫紛若、吉、无咎。

處巽之中、既在下位、而復以陽居陰、卑巽之甚、故曰巽在牀下也、卑甚失正、則入于咎過矣、能以居中、而施至卑於神祇而不用之於威勢、則乃至于紛若之吉而亡其過矣、故曰用史巫紛若吉无咎也、○復扶又反下同祇祁支反

象曰、紛若之吉、得中也。

九三、頻巽、吝。

頻頻蹙不樂而窮、不得已之謂也、以其剛正而爲四所乘、志窮而巽、是以吝也、○蹙子六反樂音洛

象曰、頻巽之吝、志窮也。

六四、悔亡、田獲三品。

乘剛悔也、然得位承五、卑得所奉、雖以柔御剛、而依尊履正、以斯行命、必能獲强暴遠不仁者也、獲而有益、莫善三品、故曰悔亡田獲三品、一曰乾豆、二曰賓客、三曰充君之庖、○遠表萬反

象曰、田獲三品、有功也。

九五、貞吉、悔亡、无不利、无初有終、先庚三日、後庚三日、吉。

以陽居陽、損於謙巽、然秉乎中正以宣其令、物莫之違、故曰貞吉悔亡无不利也、化不以漸、卒以剛直、用加於物、故初皆不說也、終於中正、邪道以消、故有終也、申命令謂之庚、夫以正齊物、不可卒也、民迷固久、直不可肆也、故先申三日、令著之後、復申三日、然後誅而无咎怨矣、甲庚皆申命之謂也、○先西薦反註同後胡豆反卒寸忽反下同說作悅

象曰、九五之吉、位正中也。

上九、巽在牀下、喪其資斧、貞凶。

處巽之極、極巽過甚、故曰巽在牀下也、斧所以斷者也、過巽失正、喪所以斷、故曰喪其資斧貞凶也、○斷丁亂反並同

象曰、巽在牀下、上窮也、喪其資斧、正乎凶也。

䷹ 兌下兌上

兌亨利貞

彖曰兌說也剛中而柔外說以利貞

說而違剛則諂剛而違說則暴剛中而柔外所以說以利貞也剛中故利貞柔外故說亨○說音悅卦內並同

是以順乎天而應乎人

天剛而不失說者也

說以先民民忘其勞說以犯難民忘其死說之大民勸矣哉

○先西薦反難乃旦反

象曰麗澤兌君子以朋友講習

麗猶連也施說之盛莫盛於此

初九和兌吉

居兌之初應不在一无所黨係和兌之謂也說不在諂履斯而行未見有疑之者吉其宜矣

象曰和兌之吉行未疑也

九二孚兌吉悔亡

說不失中有孚者也失位而說孚吉乃悔亡也

象曰孚兌之吉信志也

其志信也

六三來兌凶

以陰柔之質履非其位來求說者也非正而求說邪佞者也

象曰來兌之凶位不當也

九四商兌未寧介疾有喜

商商量裁制之謂也介隔也三爲佞說將近至尊故四以剛德裁而隔之匡內制外是以未寧也處於幾近閑邪介疾宜其有喜也

象曰九四之喜有慶也

九五孚于剝有厲

比於上六而與相得處尊正之位不說信乎陽而說信乎陰孚于剝之義也剝之爲義小人道長之謂○比毗志反長丁丈反

象曰孚于剝位正當也

以正當之位信於小人而疏君子故曰位正當也

上六引兌

以夫陰質最處說後靜退者也故必見引然後乃說也

象曰上六引兌未光也

䷺ 坎下巽上

渙亨王假有廟利涉大川利貞

○假庚白反下同

彖曰渙亨剛來而不窮柔得位乎外而上同

二以剛來居內而不窮於險四以柔得位乎外而與上同內剛而无險困之難外順而无違逆之乖是以亨利涉大川利貞也凡剛得暢而无忌回之累柔履正而同志乎剛則皆亨利涉大川利貞也○上如字又時掌反難乃旦反卦內同

王假有廟。王乃在中也。

王乃在乎渙然之中，故至有廟也。

利涉大川。乘木有功也。

乘木，即涉難也。木者專所以涉川也。涉難而常用渙道，必有功也。

象曰：風行水上，渙。先王以享于帝立廟。

初六。用拯馬壯，吉。

渙，散也。處散之初，乖散未甚，故可以遊行，得其志而違於難也。不在危劇而後乃逃竄，故曰用拯馬壯吉。

象曰：初六之吉，順也。

觀難而行，不與險爭，故曰順也。

九二。渙奔其杌，悔亾。

杌，承物者也，謂初也。二俱无應，與初相得，而初得散道，離散而奔，得其所安，故悔亾也。○杌音兀

象曰：渙奔其杌，得願也。

六三。渙其躬，无悔。

渙之為義，內險而外安者也。散躬志外，不固所守，與剛合志，故得无悔也。

象曰：渙其躬，志在外也。

六四。渙其群，元吉。渙有丘，匪夷所思。

踰乎險難，得位體巽，與五合志，內掌機密，外宣化[illegible]者也，故能散群之險，以光其道。然處於卑順，不可自專，而[illegible]任，猶有丘墟匪夷之慮，雖得元吉，所思不可忘也。

象曰：渙其群，元吉，光大也。

九五。渙汗其大號，渙王居，无咎。

處尊履正，居巽之中，散汗大號，以盪險阨者也。為渙之主，唯王居之，乃得无咎也。

象曰：王居无咎，正位也。

正位不可以假人。○假，古雅反

上九。渙其血去逖出，无咎。

逖，遠也。最遠於害，不近侵克，散其憂傷，遠出者也。散患於遠害之地，誰將咎之哉。○去，羌呂反。逖，湯歷反。遠，袁萬反。下象並同

象曰：渙其血，遠害也。

䷻ 兌下坎上

節。亨。苦節不可貞。

象曰：節亨，剛柔分而剛得中。

坎陽而兌陰也。陽上而陰下，剛柔分也。剛柔分而不亂，剛得中而為制，主節之義也。節之大者，莫若剛柔分、男女別也。○別，彼列反

苦節不可貞，其道窮也。

為節過苦，則物所不能堪也。物不能堪，則不可復正也。○復，扶又反

說以行險，當位以節，中正以通。

然後乃亨也。无說而行險，過中而為節，則道窮也。○說音悅，註同

天地節而四時成。節以制度，不傷財，不害民。

象曰。澤上有水。節。君子以制數度。議德行。（○行下孟反）

初九。不出戶庭。无咎。（爲節之初。將整離散而立制度者也。故明於通塞。慮於險僞。不出戶庭。慎密不失。然後事濟而无咎也。）

象曰。不出戶庭。知通塞也。

九二。不出門庭。凶。（初已造之。至二宜宣其制矣。而故匿之。失時之極。則遂廢矣。故不出門庭則凶也。）

象曰。不出門庭凶。失時極也。

六三。不節若。則嗟若。无咎。

（若。辭也。以陰處陽。以柔乘剛。違節之道。以至哀嗟。自已所致。无所怨咎。故曰无咎也。）

象曰。不節之嗟。又誰咎也。

六四。安節。亨。（得位而順。不改其節而能亨者也。承上以斯。得其道也。）

象曰。安節之亨。承上道也。

九五。甘節。吉。往有尚。（當位居中。爲節之主。不失其中。不傷財。不害民之謂也。爲節之不苦。非甘而何。術斯以往。往有尚也。）

象曰。甘節之吉。居位中也。

上六。苦節。貞凶。悔亡。（過節之中。以至亢極。苦節者也。以斯施人。物所不堪。正之凶也。以斯脩身。行在无妄。故得悔亡。）

象曰。苦節貞凶。其道窮也。

☴☱（兌下巽上）

中孚。豚魚吉。利涉大川。利貞。（○豚徒尊反）

象曰。中孚。柔在內而剛得中。說而巽。孚。（有上四德。然後乃孚。○說音悅。下註皆同）

乃化邦也。（信立而後邦乃化也。柔在內而剛得中。各當其所也。剛得中。則直而正。柔在內。則靜而順。說而以巽。則乖爭不作。如此。則物无

巧競。敦實之行著。而篤信發乎其中矣。○行下孟反）

豚魚吉。信及豚魚也。（魚者。蟲之隱者也。豚者。獸之微賤者也。爭競之道不興。中信之德淳著。則雖微隱之物。信皆及之。）

利涉大川。乘木舟虛也。（乘木於用舟之虛。則終已无溺也。用中孚以涉難。若乘木舟虛也。○難乃旦反）

中孚以利貞。乃應乎天也。（盛之至也。）

象曰。澤上有風。中孚。君子以議獄緩死。（信發於中。雖過可亮。）

初九。虞吉。有它不燕。

虞猶專也。爲信之始。而應在四。得乎專吉者也。志未能變。繫心於一。故有它不燕也。○它音他。燕音鷰

象曰。初九虞吉。志未變也。

九二。鳴鶴在陰。其子和之。我有好爵。吾與爾靡之。

處內而居重陰之下。而履不失中。不徇於外。任其眞者也。立誠篤至。雖在闇昧。物亦應焉。故曰鳴鶴在陰。其子和之也。不私權利。唯德是與。誠之至也。故曰我有好爵。與物散之。○和胡卧反。註下同。好如字。王肅呼報反。靡本作縻。重直龍反

象曰。其子和之。中心願也。

六三。得敵。或鼓或罷。或泣或歌。

三居少陰之上。四居長陰之下。對而不相比。敵之謂也。以陰居陽。欲進者也。欲進而閡敵。故或鼓也。四履正而承五。非己所克。

故或罷也。不勝而退。懼見侵陵。故或泣也。四履乎順。不與物校。退而不見害。故或歌也。不量其力。進退无恒。憊可知也。○少詩照反。長丁丈反。比毗志反。閡五代反。憊備拜反

象曰。或鼓或罷。位不當也。

六四。月幾望。馬匹亡。无咎。

居中孚之時。處巽之始。應說之初。居正履順。以承於五。內毗元首。外宣德化者也。充乎陰德之盛。故曰月幾望。馬匹亡者。棄群類也。若夫居盛德之位。而與物較其競爭。則失其所盛矣。故曰絕類而上。履正承尊。不與三爭。乃得无咎也。○幾音機。上時掌反

象曰。馬匹亡。絕類上也。

類謂三。俱陰爻。故曰類也。

九五。有孚攣如。无咎。

攣如者。繫其信之辭也。處中誠以相交之時。居尊位以爲群物之主。信何可舍。故有孚攣如。乃得无咎也。○攣力圓反。舍音捨

象曰。有孚攣如。位正當也。

上九。翰音登于天。貞凶。

翰。高飛也。飛音者。音飛而實不從之謂也。居卦之上。處信之終。信終則衰。忠篤內喪。華美外揚。故曰翰音登于天也。翰音登天。正亦滅矣。○喪息浪反

象曰。翰音登于天。何可長也。

䷽ 艮下震上

小過。亨。利貞。可小事。不可大事。飛鳥遺之音。不宜上宜下。大吉。

飛鳥遺其音。聲哀以求處。上愈无所適。下則得安。愈上則愈窮。莫若飛鳥也。○上時掌反。註同。下及文不宜上。上六註亦同

象曰。小過。小者過而亨也。

小者謂凡諸小事也。過於小事而通者也。

過以利貞。與時行也。

過而得以利貞。應時宜也。施過於恭儉。利貞者也。

柔得中。是以小事吉也。剛失位而不中。是以不可大事也。

成大事者。必在剛也。柔而浸大。剝之道也。○浸子鴆反

有飛鳥之象焉。

不宜上。宜下。即飛鳥之象。

飛鳥遺之音。不宜上宜下。大吉。上逆而下順也。

上則乘剛、逆也、下則承陽、順也、施過於不順、凶莫大焉、施過於順、過更變而爲吉也、

象曰。山上有雷。小過。君子以行過乎恭。喪過乎哀。用過乎儉。

○行、下孟反

初六。飛鳥以凶。

小過上逆下順、而應在上卦、進而之逆、无所錯足、飛鳥之凶也、○錯、七故反

象曰。飛鳥以凶。不可如何也。

六二。過其祖。遇其妣。不及其君。遇其臣。无咎。

過而得之謂之遇、在小過而當位、過而得之之謂也、祖、始也、謂初也、妣者、居內履中而正者也、過初而履二位、故曰過其祖而

遇其妣、過而不至於僭、盡於臣位而已、故曰不及其君、遇其臣、无咎、○妣、必履反

象曰。不及其君。臣不可過也。

九三。弗過防之。從或戕之。凶。

小過之時、大者不立、故令小者得過也、居下體之上、以陽當位、而不能先過防之、至令小者或過、而復應而從焉、其從之也、則戕之凶至矣、故曰弗過防之、從或戕之、凶也、○戕在良反、令力呈反、先西薦反、復扶又反、卦末同

象曰。從或戕之。凶如何也。

九四。无咎。弗過遇之。往厲必戒。勿用永貞。

雖體陽爻、而不居其位、不爲責主、故得无咎也、失位在下、不能過者也、以其不能過、故得合於免咎之宜、故曰弗過遇之、夫宴安酖毒、不可懷也、處於小過不寧之時、而以陽居陰、不能有所爲者也、以此自守、免咎可也、以斯攸往、危之道也、不交於物、物亦弗與、无援之助、故危則必戒而已、无所告咎也、沈没怯弱、自守而已、以斯而處於群小之中、未足任者也、故曰勿用永貞、言不足用之於永貞、○酖本作鴆、除蔭反

象曰。弗過遇之。位不當也。往厲必戒。終不可長也。

六五。密雲不雨。自我西郊。公弋取彼在穴。

小過、小者過於大也、六得五位、陰之盛也、故密雲不雨、至于西郊也、夫雨者、陰在於上、而陽薄之而不得通、則烝而爲雨、今艮止於下而不交焉、故不雨也、是故小畜尚往而亨、則不雨也、小過陽不上交、亦不雨也、雖陰盛于上、未能行其施也、公者、臣之極也、五極陰盛、故稱公也、弋、射也、在穴者、隱伏之物也、小過者、過小而難未大作、猶在隱伏者也、以陰質治小過、能獲小過者也、故曰公弋取彼在穴也、除過之道、不在取之、是乃密雲未能雨也、○施、始豉反、難、乃旦反

象曰。密雲不雨。已上也。

陽已上、故止也、

上六。弗遇過之。飛鳥離之。凶。是謂災眚。

小人之過、遂至上極、過而不知限、至於亢也、過至于亢、將何所遇、飛而不已、將何所託、災自己致、復何言哉、

象曰。弗遇過之。已亢也。

䷾ 離下坎上

既濟。亨小。利貞。初吉終亂。

既濟者、以皆濟爲義者也、小者不遺、乃爲皆濟、故舉小者以明既濟也、

象曰。既濟亨。小者亨也。

利貞。剛柔正而位當也。

剛柔正而位當，則邪不可以行矣，故唯正乃利貞也。

初吉。柔得中也。終止則亂。其道窮也。

柔得中，則小者亨也，柔不得中，則小者未亨，小者未亨，雖剛得正，則為未既濟也，故既濟之要，在柔得中也，以既濟為安者，道極无進，終唯有亂，故曰初吉終亂，終亂不為自亂，由止故亂，故曰終止則亂也。

象曰。水在火上。既濟。君子以思患而豫防之。

存不忘亡，既濟不忘未濟也。

初九。曳其輪。濡其尾。无咎。

最處既濟之初，始濟者也，始濟未涉於燥，故輪曳而尾濡也，雖未造易，心无顧戀，志棄難者也，其於義也，无所咎也。○曳以制反，濡音儒，造七報反，易以豉反，難乃旦反

象曰。曳其輪。義无咎也。

六二。婦喪其茀。勿逐。七日得。

居中履正，處文明之盛，而應乎五，陰之光盛者也，然居初三之間，而近不相得，上不承三，下不比初，夫以光盛之陰，處於二陽之間，近而不相得，能无見侵乎，故曰喪其茀也，稱婦者，以明自有夫，而它人侵之也，茀首飾也，夫以中道執乎貞正，而見侵者，衆之所助也，處既濟之時，不容邪道者也，時既明峻，衆又助之，竊之者逃竄，而莫之歸矣，量斯勢也，不過七日，不須己逐，而自得也。○喪息浪反，註同，茀方拂反，子夏作髴，比晛志反

象曰。七日得。以中道也。

九三。高宗伐鬼方。三年克之。小人勿用。

處既濟之時，居文明之終，履得其位，是居衰末而能濟者，高宗伐鬼方，三年乃克也，君子處之，故能興也，小人居之，遂喪邪也。

象曰。三年克之。憊也。

○憊備拜反

六四。繻有衣袽。終日戒。

繻宜曰濡，衣袽所以塞舟漏也，履得其正，而近不與三五相得，夫有隙之棄舟，而得濟者，有衣袽也，鄰於不親，而得全者，終日戒也。○繻而朱反，袽音如

象曰。終日戒。有所疑也。

九五。東鄰殺牛。不如西鄰之禴祭。實受其福。

牛，祭之盛者也，禴，祭之薄者也，居既濟之時，而處尊位，物皆濟矣，將何為焉，其所務者，祭祀而已，祭祀之盛，莫盛脩德，故沼沚之毛，蘋蘩之菜，可羞於鬼神，故黍稷非馨，明德惟馨，是以東鄰殺牛，不如西鄰之禴祭，實受其福也。○禴羊略反

象曰。東鄰殺牛。不如西鄰之時也。

實受其福。吉大來也。

在於合時，不在於豐也。

上六。濡其首。厲。

處既濟之極，既濟道窮，則之於未濟，之於未濟，則首先犯焉，過而不已，則遇於難，故濡其首也，將沒不久，危莫先焉。

象曰。濡其首厲。何可久也。

䷿ 坎下離上

未濟。亨。小狐汔濟。濡其尾。无攸利。

○汔許訖反

象曰：未濟亨，柔得中也。

以柔處中，不違剛也，能納剛健，故得亨也。

小狐汔濟，未出中也。

小狐不能涉大川，須汔然後乃能濟。處未濟之時，必剛健拔難，然後乃能濟。汔乃能濟，未能出險之中。

濡其尾，无攸利，不續終也。

小狐雖能渡而无餘力，將濟而濡其尾，力竭於斯，不能續終，險難猶未足以濟也。濟未濟者，必有餘力也。

雖不當位，剛柔應也。

位不當，故未濟，剛柔應，故可濟。

象曰：火在水上，未濟。君子以慎辨物居方。

辨物居方，令物各當其所也。○令，力呈反。

初六：濡其尾，吝。

處未濟之初，最居險下，不可以濟者也。而欲之其應，進則溺身，未濟之始，始於既濟之上六也。濡其首猶不反，至於濡其尾，不知紀極者也。然以陰處下，非為進亢，遂其志者也。困則能反，故不曰凶。事在已量，而必困乃反，頑亦甚矣，故曰吝也。

象曰：濡其尾，亦不知極也。

九二：曳其輪，貞吉。

體剛履中，而應於五，五體陰柔，應與而不自任者也。居未濟之時，處險難之中，體剛中之質，而見任與，拯救危難，經綸屯蹇者也。用健拯難，靖難在正，而不違中，故曳其輪，貞吉也。○難，乃旦反，下註並同。

象曰：九二貞吉，中以行正也。

位雖不正，中以行正也。

六三：未濟，征凶，利涉大川。

以陰之質，失位居險，不能自濟者也。以不正之身，力不能自濟，而求進焉，喪其身也，故曰征凶也。二能拯難，而已比之，棄己委二，載二而行，溺可得乎？何憂未濟，故曰利涉大川。○喪，息浪反。已音紀。比，毗志反。

象曰：未濟征凶，位不當也。

九四：貞吉，悔亡。震用伐鬼方，三年有賞于大國。

處未濟之時，而出險難之上，居文明之初，體乎剛質，以近至尊，雖履非其位，志在乎正，則吉而悔亡矣。其志得行，靡禁其威，故曰震用伐鬼方也。伐鬼方者，興衰之征也。故每至興衰而取義焉。處文明之初，始出於難，其德未盛，故曰三年也。五居尊以柔，體乎文明之盛，不奪物功者也，故以大國賞之也。

象曰：貞吉悔亡，志行也。

六五：貞吉，无悔，君子之光，有孚，吉。

以柔居尊，處文明之盛，為未濟之主，故必正然後乃吉，吉乃得无悔也。夫以柔順文明之質，居於尊位，付與於能，而不自役，使武以文，御剛以柔，斯誠君子之光也。付物以能而不疑也，物則竭力，功斯克矣，故曰有孚吉。

象曰：君子之光，其暉吉也。

○暉，許歸反，又作輝。

上九：有孚于飲酒，无咎。濡其首，有孚失是。

未濟之極，則反於既濟。既濟之道，所任者當也。所任者當，則可信之无疑，而已逸焉，故曰有孚于飲酒无咎也。以其能信於物，故得逸豫而不憂於事之廢。苟不憂於事之廢，而耽於樂之甚，則至於失節矣。由於有孚，失於是矣，故曰濡其首，有孚失是也。

〇耽丁南反樂音洛

象曰。飲酒濡首。亦不知節也。

周易卷六畢

周易卷七

晉　丹陽尹吏部尚書領軍將軍潁川韓康伯註并章句

明　後學　東吳金蟠訂

周易繫辭上

天尊地卑。乾坤定矣。乾坤其易之門戶、先明天尊地卑、以定乾坤之體、

卑高以陳。貴賤位矣。天尊地卑之義旣列、則涉乎萬物、貴賤之位明矣、

動靜有常。剛柔斷矣。剛動而柔止也、動止得其常體、則剛柔之分著矣、〇斷丁亂反分符問反

方以類聚。物以群分。吉凶生矣。方有類、物有群、則有同有異、有聚有分也、順其所同則吉、乖其所趣則凶、故吉凶生矣、

在天成象。在地成形。變化見矣。象況日月星辰、形況山川草木也、懸象運轉以成昏明、山澤通氣而雲行雨施、故變化見矣、〇見賢遍反註同施始豉反

是故。剛柔相摩。相切摩也、言陰陽之交感也、

八卦相盪。相推盪也、言運化之推移、

鼓之以雷霆。潤之以風雨。日月運行。一寒一暑。乾道成男。坤道成女。乾知大始。坤作成物。乾以易知。坤以簡能。

天地之道不爲而善始不勞而善成故曰易簡○大王肅作泰易以豉反訖章末並同

易則易知。簡則易從。易知則有親。易從則有功。

順萬物之情故曰有親通天下之志故曰有功

有親則可久。有功則可大。

有易簡之德則能成可久可大之德

可久則賢人之德。可大則賢人之業。

天地易簡萬物各載其形聖人不爲群方各遂其業德業既成則入於形器故以賢人目其德業

易簡而天下之理得矣。

天下之理莫不由於易簡而各得順其分位也○分符問反

天下之理得。而成位乎其中矣。

成位況立象也極易簡則能通天下之理通天下之理故能成象並乎天地言其中則並明天地也

聖人設卦觀象。

此總言也

繫辭焉而明吉凶。剛柔相推而生變化。

繫辭所以明吉凶剛柔相推所以明變化也吉凶者存乎人事也變化者存乎運行也

是故吉凶者。失得之象也。

由有失得故吉凶生

悔吝者。憂虞之象也。

失得之微者足以致憂虞而已故曰悔吝

變化者。進退之象也。

往復相推迭進退也

剛柔者。晝夜之象也。

晝則陽剛夜則陰柔始總言吉凶變化而下別明悔吝晝夜者悔吝則吉凶之類晝夜亦變化之道吉凶之類則同因繫辭而明變化之道俱由剛柔而著故始總言之下則明失得之輕重辯變化之小大故別序其義也

六爻之動。三極之道也。

三極三材也兼三材之道故能見吉凶成變化也○見賢遍反

是故君子所居而安者。易之序也。

序易象之次序

所樂而玩者。爻之辭也。是故君子居則觀其象而玩其辭。動則觀其變而玩其占。是以自天祐之。吉无不利。

○樂音洛

彖者。言乎象者也。

彖總一卦之義也

爻者。言乎變者也。

爻各言其變也。

吉凶者言乎其失得也。悔吝者言乎其小疵也。无咎者善補過也。是故列貴賤者存乎位。

爻之所處曰位。六位有貴賤也。

齊小大者存乎卦。

卦有小大也。齊猶言辨也。即象者言乎象也。

辯吉凶者存乎辭。

辭爻辭也。即爻者言乎變也。言象所以明小大，言變所以明吉凶，故小大之義存乎卦，吉凶之狀見乎爻，至於悔吝无咎，其例一也。吉凶悔吝小疵无咎，皆生乎變，事有小大，故下歷言五者之差也。○見賢遍反

憂悔吝者存乎介。

介纖介也。王弼曰：憂悔吝之時，其介不可慢也。即悔吝者言乎小疵也。

震无咎者存乎悔。

无咎者善補過也。震動也。故動而无咎存乎悔過也。

是故卦有小大，辭有險易。

其道光明曰大，君子道消曰小，之泰則其辭易，之否則其辭險。○易以豉反，註同。否備鄙反

辭也者，各指其所之。易與天地準。

作易以準天地。

故能彌綸天地之道。仰以觀於天文，俯以察於地理，是故知幽

明之故。原始反終，故知死生之說。

幽明者，有形无形之象。死生者，始終之數也。

精氣為物，遊魂為變。

精氣絪縕，聚而成物，聚極則散，而遊魂為變也。遊魂言其遊散也。○絪音因。縕紆云反

是故知鬼神之情狀。

盡聚散之理，則能知變化之道，无幽而不能也。

與天地相似，故不違。

德合天地，故曰相似。

知周乎萬物而道濟天下，故不過。

知周萬物，則能以道濟天下也。○知音智，註同

旁行而不流。

應變旁通而不流淫也。

樂天知命，故不憂。

順天之化，故曰樂也。○樂音洛，註同

安土敦乎仁，故能愛。

安土敦仁者，萬物之情也。物順其情，則仁功贍矣。

範圍天地之化而不過。

範圍者，擬範天地而周備其理也。

曲成萬物而不遺。

曲成者、乘變以應物、不係一方者也、則物宜得矣、

通乎晝夜之道而知。

通幽明之故、則无不知也、

故神无方而易无體。

自此以上、皆言神之所爲也、方體者、皆係於形器者也、神則陰陽不測、易則唯變所適、不可以一方一體明、○上時掌反

一陰一陽之謂道。

道者何、无之稱也、无不通也、无不由也、況之曰道、寂然无體、不可爲象、必有之用極而无之功顯、故至乎神无方而易无體、而道可見矣、故窮變以盡神、因神以明道、陰陽雖殊、无一以待之、在陰爲无陰、陰以之生、在陽爲无陽、陽以之成、故曰一陰一陽也、

繼之者善也。成之者性也。仁者見之謂之仁。知者見之謂之知。

仁者資道以見其仁、知者資道以見其知、各盡其分、○知者音智下之知註知者其知仁知並同分符問反

百姓日用而不知。故君子之道鮮矣。

君子體道以爲用也、仁知則滯於所見、百姓則日用而不知、體斯道者、不亦鮮矣、故常无欲以觀其妙、始可以語至而言極也、

○鮮悉淺反註同

顯諸仁。藏諸用。

衣被萬物、故曰顯諸仁、日用而不知、故曰藏諸用、○衣於旣反被皮寄反

鼓萬物而不與聖人同憂。

萬物由之以化、故曰鼓萬物也、聖人雖體道以爲用、未能至无以爲體、故順通天下、則有經營之跡也、

盛德大業至矣哉。

夫物之所以通、事之所以理、莫不由乎道也、聖人功用之母、體同乎道、盛德大業所以能至、

富有之謂大業。

廣大悉備、故曰富有、

日新之謂盛德。

體化合變、故曰日新、

生生之謂易。

陰陽轉易、以成化生、

成象之謂乾。

擬乾之象、

效法之謂坤。

效坤之法、

極數知來之謂占。通變之謂事。

物窮則變、變而通之、事之所由生也、

陰陽不測之謂神。

神也者、變化之極、妙萬物而爲言、不可以形詰者也、故曰陰陽不測、嘗試論之曰、原夫兩儀之運、萬物之動、豈有使之然哉、莫不獨化於大虛、欻爾而自造矣、造之非我、理自玄應、化之无主、數自冥運、故不知所以然而況之神、是以明兩儀以太極爲始、

言變化而稱極乎神也、夫唯知天之所爲者、窮理體化、坐忘遺照、至虛而善應、則以道爲稱、不思而玄覽、則以神爲名、蓋資道而同乎道、由神而冥於神者也、○大虛音泰下大極同歘況忽反造在早反

夫易廣矣大矣、以言乎遠則不禦。

窮幽極深、无所止也、

以言乎邇則靜而正。

則近而當、

以言乎天地之閒則備矣。夫乾其靜也專、其動也直、是以大生焉。

專專一也、直剛正也、

夫坤其靜也翕、其動也闢、是以廣生焉。

翕斂也、止則翕斂其氣、動則闢開以生物也、乾統天首物、爲變化之元、通乎形外者也、坤則順以承陽、功盡於已、用止乎形者也、故乾以專直言乎其材、坤以翕闢言乎其形、

廣大配天地、變通配四時、陰陽之義配日月、易簡之善配至德。

易之所載配此四義、○易簡以豉反

子曰、易其至矣乎、夫易聖人所以崇德而廣業也。

窮理入神、其德崇也、兼濟萬物、其業廣也、

知崇禮卑。

知以崇爲貴、禮以卑爲用、○知音智註皆同

崇效天、卑法地。

極知之崇、象天高而統物、備禮之用、象地廣而載物也、

天地設位、而易行乎其中矣。

天地者、易之門戶、而易之爲義、兼周萬物、故曰行乎其中矣、

成性存存、道義之門。

物之存成、由乎道義也、

聖人有以見天下之賾、而擬諸其形容、象其物宜。

乾剛坤柔、各有其體、故曰擬諸形容、○賾仕責反

是故謂之象。

聖人有以見天下之動、而觀其會通、以行其典禮。

典禮適時之所用、

繫辭焉以斷其吉凶、是故謂之爻、言天下之至賾而不可惡也。

言天下之至動而不可亂也。

易之爲書、不可遠也、惡之則逆於順、錯之則乖於理、○斷丁亂反惡烏路反註同遠袁萬反錯七各反

擬之而後言、議之而後動、擬議以成其變化。

擬議以動、則盡變化之道、

鳴鶴在陰、其子和之、我有好爵、吾與爾靡之。

鳴鶴則子和、脩誠則物應、我有好爵、與物散之、物亦以善應也、明擬議之道、繼以斯義者、誠以吉凶失得、存乎所動、同乎道者

道亦得之、同乎失者失亦違之、莫不以同相順、以類相應、動之斯來、綏之斯至、鶴鳴于陰、氣同則和、出言戶庭、千里或應、出言猶然、況其大者乎、千里或應、況其邇者乎、故夫憂悔吝者存乎纖介、定失得者慎於樞機、是以君子擬議以動、慎其微也、○和胡臥反註同　靡本作縻

子曰。君子居其室。出其言善。則千里之外應之。況其邇者乎。居其室。出其言不善。則千里之外違之。況其邇者乎。言出乎身。加乎民。行發乎邇。見乎遠。言行。君子之樞機。

樞機、制動之主、○行下孟反下註同見賢遍反

樞機之發。榮辱之主也。言行。君子之所以動天地也。可不慎乎。

同人先號咷而後笑。子曰。君子之道。或出或處。或默或語。二人

同心。其利斷金。

同人終獲後笑者、以有同心之應也、夫所況同者、豈係乎一方哉、君子出處默語、不違其中、則其跡雖異、道同則應、○號戶羔反　咷道羔反　斷丁亂反

同心之言。其臭如蘭。

初六。藉用白茅。无咎。子曰。苟錯諸地而可矣。藉之用茅。何咎之有。慎之至也。夫茅之為物薄。而用可重也。慎斯術也以往。其无所失矣。

○藉在夜反　錯七故反　重直勇反

勞謙君子有終吉。子曰。勞而不伐。有功而不德。厚之至也。語以其功下人者也。德言盛。禮言恭。謙也者。致恭以存其位者也。

○下遐嫁反

亢龍有悔。子曰。貴而无位。高而无民。賢人在下位而无輔。是以動而有悔也。

不出戶庭。无咎。子曰。亂之所生也。則言語以為階。君不密則失臣。臣不密則失身。幾事不密則害成。是以君子慎密而不出也。

子曰。作易者其知盜乎。

言盜亦乘釁而至也、

易曰。負且乘。致寇至。負也者。小人之事也。乘也者。君子之器也。

小人而乘君子之器。盜思奪之矣。上慢下暴。盜思伐之矣。慢藏誨盜。冶容誨淫。易曰。負且乘。致寇至。盜之招也。

○乘也者如字　一讀繩證反

大衍之數五十。其用四十有九。

王弼曰、演天地之數、所賴者五十也、其用四十有九、則其一不用也、不用而用以之通、非數而數以之成、斯易之太極也、四十有九、數之極也、夫无不可以无明、必因於有、故常於有物之極、而必明其所由之宗也、○衍延善反註演同

分而為二以象兩。掛一以象三。揲之以四以象四時。歸奇於扐以象閏。五歲再閏。故再扐而後掛。

奇况四揲之餘、不足復揲者也、分而為二、既揲之餘合掛於一、故曰再扐而後掛、凡閏、十九年七閏為一章、五歲再閏者二、故

其功。下人者也。德言盛。禮言恭。謙也者。致恭以存其位者也。
○下遐嫁反
亢龍有悔。子曰。貴而无位。高而无民。賢人在下位而无輔。是以動而有悔也。
不出戸庭。无咎。子曰。亂之所生也。則言語以爲階。君不密則失臣。臣不密則失身。幾事不密則害成。是以君子愼密而不出也。
子曰。作易者其知盜乎。
言盜亦乘釁而至也。
易曰。負且乘。致寇至。負也者。小人之事也。乘也者。君子之器也。

地數三十。
五耦合爲三十。
凡天地之數五十有五。此所以成變化而行鬼神也。
變化以此成。鬼神以此行。
乾之策二百一十有六。
陽爻六。一爻三十六策。六爻二百一十六策。
坤之策百四十有四。
陰爻六。一爻二十四策。六爻百四十四策。
凡三百有六十。當期之日。二篇之策萬有一千五百二十。當萬物之數也。
二篇三百八十四爻。陰陽各半。合萬一千五百二十策。
是故四營而成易。
分而爲二以象兩。一營也。掛一以象三。二營也。揲之以四。三營也。歸奇於扐。四營也。
十有八變而成卦。八卦而小成。引而伸之。
伸之六十四卦。
觸類而長之。天下之能事畢矣。
○長丁丈反
顯道。

顯明也。
神德行。
由神以成其用。
○行下孟反
是故可與酬酢。可與祐神矣。
可以應對萬物之求。助成神化之功也。酬酢猶應對也。○酢在洛反
子曰。知變化之道者。其知神之所爲乎。
夫變化之道不爲而自然。故知變化者則知神之所爲。
易有聖人之道四焉。以言者尚其辭。以動者尚其變。以制器者尚其象。以卜筮者尚其占。

此四者存乎器象可得而用也、

是以君子將有爲也。將有行也。問焉而以言。其受命也如嚮。无有遠近幽深。遂知來物。非天下之至精。其孰能與於此。

○嚮許兩反又作響與音預下及註同

參伍以變。錯綜其數。通其變。遂成天地之文。極其數。遂定天下之象。非天下之至變。其孰能與於此。

○參七南反錯七各反綜宗統反

易无思也。无爲也。寂然不動。感而遂通天下之故。非天下之至神。其孰能與於此。

夫非忘象者則无以制象非遺數者无以極數至精者无籌策而不可亂至變者體一而无不周至神者寂然而无不應斯蓋功用之母象數所由立故曰非至精至變至神則不得與於斯也、

夫易。聖人之所以極深而研幾也。唯深也。故能通天下之志。唯幾也。故能成天下之務。

極未形之理則曰深適動微之會則曰幾、

唯神也。故不疾而速。不行而至。子曰。易有聖人之道四焉者。此之謂也。

四者由聖道以成故曰聖人之道、

天一。地二。天三。地四。天五。地六。天七。地八。天九。地十。

易以極數通神明之德故明易之道先舉天地之數也、

子曰。夫易何爲者也。夫易開物成務。冒天下之道。如斯而已者也。

冒覆也言易通萬物之志成天下之務其道可以覆冒天下也○冒七報反

是故聖人以通天下之志。以定天下之業。以斷天下之疑。是故蓍之德圓而神。卦之德方以知。

圓者運而不窮方者止而有分言蓍以圓象神卦以方象知也唯變所適无數不周故曰圓卦列爻分各有其體故曰方也○斷丁亂反蓍音尸知音智註同下知以睿知註神知皆同

六爻之義易以貢。

貢告也六爻變易以告人吉凶、

聖人以此洗心。

洗濯萬物之心、

退藏於密。

言其道深微萬物日用而不能知其原故曰退藏於密猶藏諸用也、

吉凶與民同患。

表吉凶之象以同民所憂患之事故曰吉凶與民同患也、

神以知來。知以藏往。

明蓍卦之用同神知也蓍定數於始於卦爲來卦成象於終於蓍爲往往來之用相成猶神知也、

其孰能與於此哉。古之聰明睿知。神武而不殺者夫。

服萬物而不以威形也。○與音預夫音符下同

是以明於天之道。而察於民之故。是興神物以前民用。

定吉凶於始也。

聖人以此齊戒。

洗心曰齊防患曰戒。○齊側皆反註同

以神明其德夫。是故闔戶謂之坤。

坤道包物。○闔胡臘反

闢戶謂之乾。

乾道施生。○施始豉反

一闔一闢謂之變。往來不窮謂之通。見乃謂之象。

兆見曰象。○見賢遍反

形乃謂之器。

成形曰器。

制而用之謂之法。利用出入民咸用之謂之神。

是故易有太極。是生兩儀。

夫有必始於无。故太極生兩儀也。太極者。无稱之稱。不可得而名。取有之所極。况之太極者也。

兩儀生四象。四象生八卦。

卦以象之。

八卦定吉凶。

八卦既立。則吉凶定矣。

吉凶生大業。

既定吉凶。則廣大悉備。

是故法象莫大乎天地。變通莫大乎四時。縣象著明莫大乎日月。崇高莫大乎富貴。

位所以一天下之動而濟萬物。○縣音玄

備物致用。立成器以為天下利。莫大乎聖人。探賾索隱。鉤深致遠。以定天下之吉凶。成天下之亹亹者。莫大乎蓍龜。

○探吐南反亹亡偉反

是故天生神物。聖人則之。天地變化。聖人效之。天垂象。見吉凶。聖人象之。河出圖。洛出書。聖人則之。

○見賢遍反

易有四象。所以示也。繫辭焉。所以告也。定之以吉凶。所以斷也。

易曰。自天祐之。吉无不利。子曰。祐者助也。天之所助者順也。人之所助者信也。履信思乎順。又以尚賢也。是以自天祐之。吉无不利也。

子曰。書不盡言。言不盡意。然則聖人之意其不可見乎。子曰。聖人立象以盡意。設卦以盡情僞。繫辭焉以盡其言。變而通之以盡利。極變通之數則盡利也故曰易窮則變變則通通則久、

鼓之舞之以盡神。乾坤其易之緼邪。緼淵奧也○緼紆粉反

乾坤成列。而易立乎其中矣。乾坤毀。則无以見易。易不可見。則乾坤或幾乎息矣。

是故形而上者謂之道。形而下者謂之器。化而裁之謂之變。

因而制其會通變之道也。○上時掌反

推而行之謂之通。乘變而往者无不通也、

舉而錯之天下之民謂之事業。事業所以濟物故舉而錯之於民○錯七故反註同

是故夫象。聖人有以見天下之賾。而擬諸其形容。象其物宜。是故謂之象。聖人有以見天下之動。而觀其會通。以行其典禮。繫辭焉以斷其吉凶。是故謂之爻。

極天下之賾者存乎卦。鼓天下之動者存乎辭。辭、爻辭也、爻以鼓動效天下之動也、

化而裁之存乎變。推而行之存乎通。神而明之存乎其人。體神而明之不假於象故存乎其人、

默而成之。不言而信。存乎德行。德行賢人之德行也、順足於內故默而成之也、體與理會故不言而信也。○行下孟反

周易卷七畢

周易卷八

晉　丹陽尹吏部尚書領軍將軍潁川韓康伯註并章句

明　後　學　東吳葛　鼒訂

周易繫辭下

八卦成列。象在其中矣。備天下之象也、

因而重之。爻在其中矣。夫八卦備天下之理、而未極其變、故因而重之、以象其動、用擬諸形容、以明治亂之宜、觀其所應、以著適時之功、則爻卦之義所存各異、故爻在其中矣、○重直龍反註同

剛柔相推。變在其中矣。

繫辭焉而命之。動在其中矣。剛柔相推、況八卦相盪、或否或泰、繫辭焉而斷其吉凶、況之六爻、動以適時者也、立卦之義、則見於彖象、適時之功、見存之爻辭、王氏之例詳矣、○斷丁亂反則見賢遍反

吉凶悔吝者。生乎動者也。有變動而後有吉凶、

剛柔者。立本者也。變通者。趣時者也。立本況卦、趣時況爻、○趣七樹反

吉凶者。貞勝者也。貞者、正也、一也、夫有動則未免乎累、殉吉則未離乎凶、盡會通之變而不累於吉凶者、其唯貞者乎、老子曰、王侯得一以爲天下貞、萬變雖殊、可以執一御也、○離力智反

天地之道。貞觀者也。明夫天地萬物莫不保其貞以全其用也、○觀官換反

日月之道。貞明者也。天下之動。貞夫一者也。夫乾。確然示人易矣。夫坤。隤然示人簡矣。確、剛貌也、隤、柔貌也、乾坤皆恒一其德、物由以成、故簡易也、○夫音符確苦角反易以豉反下註同隤大回反

爻也者。效此者也。象也者。像此者也。爻象動乎內。兆數見於卦也、

吉凶見乎外。失得驗於事也、○見賢遍反下同

功業見乎變。功業由變以興、故見乎變也、

聖人之情見乎辭。辭也者、各指其所之、故曰情也、

天地之大德曰生。施生而不爲、故能常生、故曰大德也、○施始豉反

聖人之大寶曰位。

夫无用則无所寶有用則有所寶也无用而常用者莫妙乎道有用而弘道者莫大乎位、故曰聖人之大寶曰位、

何以守位曰仁。何以聚人曰財。

財所以資物生也、○仁本作人

理財正辭禁民爲非曰義。

古者包犧氏之王天下也。仰則觀象於天。俯則觀法於地。觀鳥獸之文。與地之宜。

聖人之作易无大不極、无微不究、大則取象天地、細則觀鳥獸之文與地之宜也、○包本又作庖王于況反

近取諸身。遠取諸物。於是始作八卦。以通神明之德。以類萬物之情。

作結繩而爲罔罟。以佃以漁。蓋取諸離。

離麗也罔罟之用、必審物之所麗也魚麗于水獸麗于山也、○罟音古佃音田漁音魚

包犧氏没。神農氏作。斲木爲耜。揉木爲耒。耒耨之利。以教天下。蓋取諸益。

○斲陟角反耜音似耒力對反耨胡豆反

日中爲市。致天下之民。聚天下之貨。交易而退。各得其所。蓋取諸噬嗑。

噬嗑、合也市人之所聚異方之所合設法以合物、噬嗑之義也、

神農氏没。黄帝堯舜氏作。通其變。使民不倦。

通其變、故樂其器用、不解倦也、○解佳買反

神而化之。使民宜之。易窮則變。變則通。通則久。

通變則无窮、故可久也、

是以自天祐之。吉无不利。黄帝堯舜。垂衣裳而天下治。蓋取諸乾坤。

垂衣裳以辨貴賤、乾尊坤卑之義也、

刳木爲舟。剡木爲楫。舟楫之利。以濟不通。致遠以利天下。蓋取諸渙。

渙者乘理以散通也、○刳口孤反剡以冉反

服牛乘馬。引重致遠。以利天下。蓋取諸隨。

隨隨宜也、服牛乘馬、隨物所之、各得其宜也、

重門擊柝。以待暴客。蓋取諸豫。

取其豫備、○重直龍反柝他洛反

斷木爲杵。掘地爲臼。臼杵之利。萬民以濟。蓋取諸小過。

以小用而濟物也、○斷丁緩反杵昌呂反掘其月反臼求酉反

弦木爲弧。剡木爲矢。弧矢之利。以威天下。蓋取諸睽。

睽乖也、物乖則争興、弧矢之用、所以威乖争也、

上古穴居而野處。後世聖人易之以宫室。上棟下宇。以待風雨、

葢取諸大壯。

宮室壯大於穴居、故制爲宮室、取諸大壯也、

古之葬者。厚衣之以薪。葬之中野。不封不樹。喪期无數。後世聖人易之以棺槨。葢取諸大過。

取其過厚、○衣於旣反、喪期並如字、槨音郭

上古結繩而治。後世聖人易之以書契。百官以治。萬民以察。葢取諸夬。

夬決也、書契所以決斷萬事也、○治直吏反、下同、斷都亂反

是故易者。象也。象也者。像也。彖者。材也。

材才德也、彖言成卦之材、以統卦義也、

爻也者。效天下之動者也。是故吉凶生而悔吝著也。陽卦多陰。陰卦多陽。其故何也。陽卦奇。陰卦耦。

夫少者多之所宗、一者衆之所歸、陽卦二陰、故奇爲之君、陰卦二陽、故耦爲之主、○奇紀宜反、註同

其德行何也。

辨陰陽二卦之德行也、○行下孟反

陽一君而二民。君子之道也。陰二君而一民。小人之道也。

陽君道也、陰臣道也、君以无爲統衆、无爲則一也、臣以有事代終、有事則二也、故陽爻畫奇、以明君道必一、陰爻畫兩、以明臣體必二、斯則陰陽之數、君臣之辨也、以一爲君、君之德也、二居君位、非其道也、故陽卦曰君子之道、陰卦曰小人之道也、

易曰。憧憧往來。朋從爾思。

天下之動必歸乎一、思以求朋、未能一也、一以感物、不思而至、○憧昌容反

子曰。天下何思何慮。天下同歸而殊塗。一致而百慮。天下何思何慮。

夫少則得、多則惑、塗雖殊、其歸則同、慮雖百、其致不二、苟識其要、不在博求、一以貫之、不慮而盡矣、

日往則月來。月往則日來。日月相推而明生焉。寒往則暑來。暑往則寒來。寒暑相推而歲成焉。往者。屈也。來者。信也。屈信相感而利生焉。

○信音申、下同

尺蠖之屈。以求信也。龍蛇之蟄。以存身也。精義入神。以致用也。

精義物理之微者也、神寂然不動、感而遂通、故能乘天下之微、會而通其用也、○蠖紆縛反

利用安身。以崇德也。

利用之道、由安其身而後動也、精義由於入神以致其用、利用由於安身以崇其德、理必由乎其宗、事各本乎其根、歸根則寧、天下之理得也、若役其思慮以求動用、忘其安身以殉功美、則僞彌多而理愈失、名彌美而累愈彰矣、

過此以往。未之或知也。窮神知化。德之盛也。

易曰。困于石。據于蒺藜。入于其宮。不見其妻。凶。子曰。非所困而困焉。名必辱。非所據而據焉。身必危。旣辱且危。死期將至。妻其可得見邪。

○蒺音疾藜音梨

易曰公用射隼于高墉之上獲之无不利子曰隼者禽也弓矢者器也射之者人也君子藏器於身待時而動何不利之有動而不括是以出而有獲語成器而動者也

括結也君子待時而動則无結閡之患也○射食亦反隼恤允反墉音容閡五代反

子曰小人不恥不仁不畏不義不見利不勸不威不懲小懲而大誡此小人之福也易曰屨校滅趾无咎此之謂也

○懲直升反校胡孝反下同

善不積不足以成名惡不積不足以滅身小人以小善爲无益

而弗爲也以小惡爲无傷而弗去也故惡積而不可揜罪大而不可解易曰何校滅耳凶

○去羌呂反何河可反

子曰危者安其位者也亡者保其存者也亂者有其治者也是故君子安而不忘危存而不忘亡治而不忘亂是以身安而國家可保也易曰其亡其亡繫于苞桑

○治直吏反下同

子曰德薄而位尊知小而謀大力小而任重鮮不及矣易曰鼎折足覆公餗其形渥凶言不勝其任也

○知音智鮮仙善反折之設反覆芳六反餗音速渥於角反勝音升

子曰知幾其神乎君子上交不諂下交不瀆其知幾乎

形而上者況之道形而下者況之器於道不冥而有求焉未離乎諂也於器不絕而有交焉未免乎瀆也能无諂瀆窮理者乎

○而上時掌反離力智反

幾者動之微吉之先見者也

幾者去无入有理而无形不可以名尋不可以形覩者也唯神也不疾而速感而遂通故能朗然玄照鑒於未形也合抱之木起於毫末吉凶之彰始於微兆故爲吉之先見也○見賢遍反

君子見幾而作不俟終日易曰介于石不終日貞吉介如石焉寧用終日斷可識矣

定之於始故不待終日也○斷丁亂反

君子知微知彰知柔知剛萬夫之望

此知幾其神乎

子曰顏氏之子其殆庶幾乎有不善未嘗不知知之未嘗復行也

在理則昧造形而悟顏子之分也失之於幾故有不善得之於二不遠而復故知之未嘗復行也○復行扶又反註復行同分符問反

易曰不遠復无祇悔元吉

吉凶者失得之象也得一者於理不盡未至成形故得不遠而復舍凶之吉免夫祇悔而終獲元吉祇大也○祇輔嗣音支舍

音捨

天地絪縕。萬物化醇。男女構精。萬物化生。

○絪本又作氤同音因緼本又作氲紆云反

易曰。三人行。則損一人。一人行。則得其友。言致一也。

致一而後化成也、

子曰。君子安其身而後動。易其心而後語。定其交而後求。君子脩此三者。故全也。危以動。則民不與也。懼以語。則民不應也。无交而求。則民不與也。莫之與。則傷之者至矣。易曰。莫益之。或擊之。立心勿恒。凶。

夫虛已存誠。則衆之所不距也。躁以有求。則物之所不欲也。○易其以豉反

子曰。乾坤其易之門邪。乾陽物也。坤陰物也。陰陽合德。而剛柔有體。以體天地之撰。

撰、數也、○撰仕勉反

以通神明之德。其稱名也。雜而不越。

備物極變、故其名雜也、各得其序、不相踰越、況爻繇之辭也、○繇直救反

於稽其類。其衰世之意邪。

有憂患而後作易、世衰則失得彌彰、爻繇之辭所以明失得、故知衰世之意邪、稽猶考也、

夫易。彰往而察來。而微顯闡幽。

易无往不彰、无來不察、而微以之顯、幽以之闡、闡明也、○闡昌善反、

開而當名。辨物正言。斷辭。則備矣。

開釋爻卦、使各當其名也、理類辨明、故曰斷辭也、○斷丁亂反

其稱名也小。其取類也大。

託象以明義、因小以喻大、

其旨遠。其辭文。其言曲而中。

變化无恒、不可爲典要、故其言曲而中也、○中丁仲反註同

其事肆而隱。

事顯而理微也、

因貳以濟民行。以明失得之報。

貳則失得也、因失得以通濟民行、故明失得之報也、失得之報者、得其會則吉、乖其理則凶、○行下孟反註同

易之興也。其於中古乎。作易者。其有憂患乎。

无憂患則不爲而足也、

是故履。德之基也。

其所路也、

謙。德之柄也。復。德之本也。

夫動本於靜、語始於默、復者、各反其所始、故爲德之本也、

恒。德之固也。

圓不傾移也。

損德之脩也。益德之裕也。

能益物者，其德寬大也。

困德之辨也。

困而益明。

井德之地也。

所處不移，象居得其所也。

巽德之制也。

巽所以申命明制也。

履和而至。

和而不至，從物者也。和而能至，故可履也。

謙尊而光，復小而辨於物。

微而辨之，不遠復也。

恒雜而不厭。

雜而不厭，是以能恒。

損先難而後易。

刻損以脩身，故先難也。身脩而无患，故後易也。○易以豉反，註同。

益長裕而不設。

有所興爲以益於物，故曰長裕。因物興務，不虛設也。○長丁丈反，註同。

困窮而通。

處窮而不屈其道也。

井居其所而遷。

改邑不改井，井所居不移，而能遷其施也。

巽稱而隱。

稱揚命令，而百姓不知其由也。○稱尺證反。

履以和行。謙以制禮。復以自知。

求諸己也。○行下孟反。

恒以一德。

以一爲德也。

損以遠害。

止於脩身，故可以遠害而已。○遠于萬反，註同。

益以興利。困以寡怨。

困而不濫，无怨於物。

井以辨義。

施而无私，義之方也。

巽以行權。

權反經而合道、必合乎巽順而可以行權也、

易之爲書也不可遠。

擬議而動、不可遠也、○遠袁萬反註同

爲道也屢遷。變動不居。周流六虛。

六虛、六位也、

上下无常。剛柔相易。不可爲典要。

不可立定準也、

唯變所適。

變動貴於適時、趣舍存乎會也、○舍音捨

其出入以度。外內使知懼。

明出入之度、使物知外內之戒也、出入猶行藏、外內猶隱顯、遯以遠時爲吉、豐以幽隱致凶、漸以高顯爲美、明夷以處昧利貞、此外內之戒也、○度待洛反

又明於憂患與故。

故、事故也、

无有師保。如臨父母。

安而不忘危、存而不忘亡、終日乾乾、不可以怠也、

初率其辭。而揆其方。既有典常。

能循其辭以度其義、原其初以要其終、則唯變所適、是其常典也、明其變者、存其要也、故曰苟非其人、道不虛行、○以要一遙反其要乎妙反

苟非其人。道不虛行。

易之爲書也。原始要終。以爲質也。

質、體也、卦兼終始之義也、○要一遙反

六爻相雜。唯其時物也。

爻各存乎其時物事也、

其初難知。其上易知。本末也。初辭擬之。卒成之終。

夫事始於微而後至於著、初者數之始、擬議其端、故難知也、上者卦之終、事皆成著、故易知也、○易以豉反

若夫雜物撰德。辨是與非。則非其中爻不備。噫。亦要存亡吉凶

則居可知矣。知者觀其彖辭。則思過半矣。

夫彖者舉立象之統、論中爻之義、約以存博、簡以兼衆、雜物撰德、而一以貫之、形之所宗者道、衆之所歸者一、其事彌繁、則愈滯乎形、其理彌約、則轉近乎道、彖之爲義、存乎一也、一之爲用、同乎道矣、形而上者、可以觀道、過半之益、不亦宜乎、○要一遙反知者音智彖吐貫反思息吏反而上時掌反

二與四。同功。

同陰功也、

而異位。

有內外也、

其善不同。二多譽。

二處中和、故多譽也、

四多懼。近也。

位逼於君、故多懼也、

柔之爲道。不利遠者。其要无咎。其用柔中也。

四之多懼、以近君也、柔之爲道、須援而濟、故有不利遠者、二之能无咎、柔而處中也、

三與五同功。

同陽功也、

而異位。

有貴賤也、

三多凶。五多功。貴賤之等也。其柔危。其剛勝邪。

三五陽位、柔非其位、處之則危、居以剛健、勝其任也、夫所貴剛者、閑邪存誠、動而不違其節者也、所貴柔者、含弘居中、順而不失其貞者也、若剛以犯物、則非剛之道、柔以卑佞、則非柔之義也、○勝音升註同

易之爲書也。廣大悉備。有天道焉。有人道焉。有地道焉。兼三才而兩之。故六。六者非它也。三才之道也。

說卦備矣、

道有變動。故曰爻。爻有等。故曰物。

等類也、乾陽物也、坤陰物也、爻有陰陽之類、而後有剛柔之用、故曰爻有等故曰物、

物相雜。故曰文。

剛柔交錯、玄黃錯雜、

文不當。故吉凶生焉。

易之興也。其當殷之末世。周之盛德邪。當文王與紂之事邪。

文王以盛德蒙難、而能亨其道、故稱文王之德、以明易之道也、○當如字下同

是故其辭危。

文王與紂之事、危其辭也、

危者使平。易者使傾。

易、漫易也、○易以豉反註同

其道甚大。百物不廢。懼以終始。其要无咎。此之謂易之道也

夫文不當而吉凶生、則保其存者亡、不忘亡者存、有其治者亂、不忘危者安、懼以終始、歸於无咎、安危之所由、爻象之大體也、○治直吏反

夫乾。天下之至健也。德行恒易以知險。夫坤。天下之至順也。德行恒簡以知阻。能說諸心。能研諸侯之慮。

諸侯、物主有爲者也、能說萬物之心、能精爲者之務、○行下孟反下同易以豉反說音悅註同

定天下之吉凶。成天下之亹亹者。是故變化云爲。吉事有祥。象事知器。占事知來。

夫變化云爲者、行其吉事、則獲嘉祥之應、觀其象事、則知制器之方、玩其占事、則覩方來之驗也、○亹亡偉反

天地設位。聖人成能。

聖人乘天地之正、萬物各成其能、

人謀鬼謀百姓與能、

人謀、凡議於衆以定得失也、鬼謀、凡寄卜筮以考吉凶也、不役思慮而失得自明、不勞探討而吉凶自著、類萬物之情、通幽深之故、故百姓與能、樂推而不厭也、○思息吏反

八卦以象告。

以象告人、

爻彖以情言。

情有險易、而各得其情也、

剛柔雜居。而吉凶可見矣。變動以利言。

變而通之以盡利也、

吉凶以情遷。

吉凶无定、唯人所動、情順乘理以之吉、情逆違道以陷凶、故曰吉凶以情遷也、

是故愛惡相攻而吉凶生。

泯然同順、何吉何凶、愛惡相攻、然后逆順者殊、故吉凶生、○惡烏路反、註同、泯忘忍反

遠近相取而悔吝生。

相取、猶相資也、遠近之爻、互相資取而后有悔吝也、

情偽相感而利害生。

情以感物、則得利、偽以感物、則致害生也、

凡易之情。近而不相得。則凶。

近、凡比爻也、易之情、剛柔相摩、變動相適者也、近而不相得、必有乖違之患、或有相違而无患者、得其應也、相順而皆凶者、乖於時也、存事以考之、則義可見矣、○比毗志反

或害之。悔且吝。

夫无對於物、而後盡全順之道、豈可有欲害之者乎、雖能免濟、必有悔吝也、或、欲害之辭也、

將叛者其辭慙。中心疑者其辭枝。吉人之辭寡。躁人之辭多。誣善之人其辭游。失其守者其辭屈。

周易卷八畢

周易卷九

晉　丹陽尹吏部尚書領軍將軍潁川韓康伯註并章句

明　後　學　東吳金　蟠訂

周易說卦

昔者聖人之作易也。幽贊於神明而生蓍。

幽、深也、贊、明也、蓍受命如嚮、不知所以然而然也、○蓍音尸嚮香兩反本又作響

參天兩地而倚數。

參、奇也、兩、耦也、七九陽數、六八陰數、○參七南反數色具反奇紀宜反

觀變於陰陽而立卦。

卦、象也、蓍、數也、卦則風雷相薄、山澤通氣、擬象陰陽變化之體、蓍則錯綜天地參兩之數、蓍極數以定象、卦備象以盡數、故蓍曰參天兩地而倚數、卦曰觀變於陰陽也、

發揮於剛柔而生爻。

剛柔發散、變動相和、

和順於道德而理於義。窮理盡性以至於命。

命者生之極、窮理則盡其極也、

昔者聖人之作易也。將以順性命之理。是以立天之道曰陰與陽。立地之道曰柔與剛。

在天成象、在地成形、陰陽者言其氣、剛柔者言其形、變化始於氣象而后成形、萬物資始乎天、成形乎地、故天曰陰陽、地曰柔剛也、或有在形而言陰陽者、本其始也、在氣而言柔剛者、要其終也、○要一遥反

立人之道曰仁與義。兼三才而兩之。故易六畫而成卦。分陰分陽。迭用柔剛。故易六位而成章。

設六爻以效三才之動、故六畫而成卦也、六位、爻所處之位也、二四爲陰、三五爲陽、故曰分陰分陽、六爻升降、或柔或剛、故曰迭用柔剛也、

天地定位。山澤通氣。雷風相薄。水火不相射。八卦相錯。數往者順。知來者逆。

易八卦相錯、變化理備、於往則順而知之、於來則逆而數之、○薄旁各反射食亦反數往色具反而數色主反

是故易逆數也。

作易以逆覩來事、以前民用、

雷以動之。風以散之。雨以潤之。日以烜之。艮以止之。兌以說之。乾以君之。坤以藏之。

○烜香元反說音悅後皆同

帝出乎震。齊乎巽。相見乎離。致役乎坤。說言乎兌。戰乎乾。勞乎坎。成言乎艮。

萬物出乎震。震東方也。齊乎巽。巽東南也。齊也者。言萬物之絜齊也。離也者。明也。萬物皆相見。南方之卦也。聖人南面而聽天下。嚮明而治。蓋取諸此也。坤也者。地也。萬物皆致養焉。故曰致

役乎坤兌正秋也萬物之所說也故曰說言乎兌戰乎乾乾西北之卦也言陰陽相薄也坎者水也正北方之卦也勞卦也萬物之所歸也故曰勞乎坎艮東北之卦也萬物之所成終而所成始也故曰成言乎艮

○嚮許亮反治直吏反

神也者妙萬物而爲言者也

於此言神者明八卦運動變化推移莫有使之然者神則无物妙萬物而爲言也則雷疾風行火炎水潤莫不自然相與爲變化故能萬物既成也

動萬物者莫疾乎雷橈萬物者莫疾乎風燥萬物者莫熯乎火說萬物者莫說乎澤潤萬物者莫潤乎水終萬物始萬物者莫

盛乎艮故水火相逮雷風不相悖山澤通氣然後能變化既成萬物也

○熯音漢盛是政反鄭音成云裹也

乾健也坤順也震動也巽入也坎陷也離麗也艮止也兌說也

乾爲馬坤爲牛震爲龍巽爲雞坎爲豕離爲雉艮爲狗兌爲羊

乾爲首坤爲腹震爲足巽爲股坎爲耳離爲目艮爲手兌爲口

乾天也故稱乎父坤地也故稱乎母震一索而得男故謂之長男巽一索而得女故謂之長女坎再索而得男故謂之中男離再索而得女故謂之中女艮三索而得男故謂之少男兌三索而得女故謂之少女

○長丁丈反中丁仲反少詩照反下皆同

乾爲天爲圜爲君爲父爲玉爲金爲寒爲冰爲大赤爲良馬爲老馬爲瘠馬爲駁馬爲木果

○圜音圓瘠在亦反駁邦角反

坤爲地爲母爲布爲釜爲吝嗇爲均爲子母牛爲大輿爲文爲衆爲柄其於地也爲黑

震爲雷爲龍爲玄黃爲旉爲大塗爲長子爲決躁爲蒼筤竹爲萑葦其於馬也爲善鳴爲馵足爲作足爲的顙其於稼也爲反生

其究爲健爲蕃鮮

○旉音孚筤音郎萑音丸馵主樹反的丁歷反顙桑黨反鮮息連反

巽爲木爲風爲長女爲繩直爲工爲白爲長爲高爲進退爲不果爲臭其於人也爲寡髮爲廣顙爲多白眼爲近利市三倍其究爲躁卦

○臭昌又反王肅作爲香臭

坎爲水爲溝瀆爲隱伏爲矯輮爲弓輪其於人也爲加憂爲心病爲耳痛爲血卦爲赤其於馬也爲美脊爲亟心爲下首爲薄蹄

爲曳。其於輿也爲多眚。爲通。爲月。爲盜。其於木也爲堅多心。○輮如九反眚精亦反

離爲火。爲日。爲電。爲中女。爲甲胄。爲戈兵。其於人也爲大腹。爲乾卦。爲鼈。爲蟹。爲蠃。爲蚌。爲龜。其於木也爲科上槁。○乾古兌反鄭云當爲幹蠃力禾反京作螺姚作蠡蚌步項反本亦作蜯同

艮爲山。爲徑路。爲小石。爲門闕。爲果蓏。爲閽寺。爲指。爲狗。爲鼠。爲黔喙之屬。其於木也爲堅多節。○蓏力火反閽音昏黔其廉反喙于穢反

兌爲澤。爲少女。爲巫。爲口舌。爲毀折。爲附決。其於地也爲剛鹵。爲妾。爲羊。○鹵力杜反

周易序卦

有天地然後萬物生焉。盈天地之間者唯萬物。故受之以屯。屯者盈也。屯者物之始生也。屯剛柔始交。故爲物之始交也。

物生必蒙。故受之以蒙。蒙者蒙也。物之穉也。物穉不可不養也。故受之以需。需者飲食之道也。飲食必有訟。故受之以訟。夫有生則有資。有資則爭興也。

訟必有衆起。故受之以師。師者衆也。衆必有所比。故受之以比。衆起而不比則爭无由息。必相親比而後得寧也。○比毗志反下註同

比者比也。比必有所畜。故受之以小畜。比非大通之道。則各有所畜以相濟也。由比而畜。故曰小畜而不能大也。○畜勅六反本亦作蓄下及雜卦同

物畜然後有禮。故受之以履。履者禮也。禮所以適用也。故既畜則宜用。有用則須禮也。

履而泰。然後安。故受之以泰。泰者通也。物不可以終通。故受之以否。物不可以終否。故受之以同人。否則思通。人人同志。故可出門同人。不謀而合。○否備鄙反下同

與人同者物必歸焉。故受之以大有。有大者不可以盈。故受之以謙。有大而能謙必豫。故受之以豫。豫必有隨。順以動者。衆之所隨。

故受之以隨。以喜隨人者必有事。故受之以蠱。蠱者事也。有事而後可大。可大之業。由事而生。

故受之以臨。臨者大也。物大然後可觀。故受之以觀。可觀而後有所合。故受之以噬嗑。可觀則異方合會也。

噬嗑者合也。物不可以苟合而已。故受之以賁。賁者飾也。
物相合則須飾以脩外也、
致飾然後亨則盡矣。故受之以剝。
極飾則實喪也、○喪息浪反
剝者剝也。物不可以終盡剝。窮上反下。故受之以復。復則不妄
矣。故受之以无妄。有无妄。然後可畜。故受之以大畜。物畜然後
可養。故受之以頤。頤者養也。不養則不可動。故受之以大過。
不養則不可動、養過則厚、
物不可以終過。故受之以坎。坎者陷也。
過而不已、則陷沒也、

陷必有所麗。故受之以離。離者麗也。
物窮則變、極陷則反所麗也、
有天地。然後有萬物。有萬物。然後有男女。有男女。然後有夫婦。有
夫婦。然後有父子。有父子。然後有君臣。有君臣。然後有上下。有
上下。然後禮義有所錯
言咸卦之義也、凡序卦所明非易之緼也、蓋因卦之次託以明
義、咸柔上而剛下、感應以相與、夫婦之象莫美乎斯、人倫之道
莫大乎夫婦、故夫子殷勤深述其義、以崇人倫之始、而不係之
於離也、先儒以乾至離爲上經天道也、咸至未濟爲下經人事
也、夫易六畫成卦、三材必備、錯綜天人以效變化、豈有天道人
事偏於上下哉、斯蓋守文而不求義、失之遠矣、○錯七各反又
七路反

夫婦之道。不可以不久也。故受之以恒。恒者久也。物不可以久
居其所。故受之以遯。遯者退也。
夫婦之道、以恒爲貴、而物之所居不可以恒、宜與世升降、有時而遯也、
物不可以終遯。
遯君子以遠小人、遯而後亨、何可終邪、則小人遂陵、君子日消也、
故受之以大壯。
陽盛陰消、君子道勝、
物不可以終壯。故受之以晉。

晉以柔而進也、
晉者進也。
雖以柔而進、要是進也、
進必有所傷。故受之以明夷。
日中則昃、月盈則食、
夷者傷也。傷於外者。必反其家。故受之以家人。
傷於外、必反脩諸內、
家道窮必乖。
室家至親、過在失節、故家人之義、唯嚴與敬、樂勝則流、禮勝則離、家人尚嚴、其敝必乖也、

故受之以睽。睽者。乖也。乖必有難。故受之以蹇。蹇者。難也。物不可以終難。故受之以解。解者。緩也。緩必有所失。故受之以損。損而不已必益。故受之以益。益而不已必決。

益而不已則盈、故必決也、○難乃旦反下同解音蟹下同

故受之以夬。夬者。決也。決必有所遇。

以正決邪、必有喜遇、

故受之以姤。姤者。遇也。物相遇而後聚。故受之以萃。萃者。聚也。聚而上者謂之升。故受之以升。升而不已必困。故受之以困。困乎上者必反下。故受之以井。井道不可不革。

井久則濁穢、宜革易其故、

故受之以革。革物者莫若鼎。故受之以鼎。

革去故、鼎取新、既以去故、則宜制器立法以治新也、鼎所以和齊生物、成新之器也、故取象焉、○去起呂反和胡卧反齊才細反

主器者莫若長子。故受之以震。震者。動也。物不可以終動。止之。故受之以艮。艮者。止也。物不可以終止。故受之以漸。漸者。進也。進必有所歸。故受之以歸妹。得其所歸者必大。故受之以豐。豐者大也。窮大者必失其居。故受之以旅。旅而无所容。故受之以巽。

旅而无所容、以巽則得出入也、○長丁丈反

巽者。入也。入而後說之。故受之以兌。兌者。說也。說而後散之。故受之以渙。

說不可偏係、故宜散也、○說音悅下註同

渙者。離也。

渙者、發暢而无所壅滯、則殊越各肆而不反、則遂乖離也、

物不可以終離。故受之以節。

夫事有其節、則物之所同守而不散越也、

節而信之。故受之以中孚。

孚、信也、既已有節、則宜信以守之、

有其信者必行之。故受之以小過。

守其信者、則失貞而不諒之道、而以信為過、故曰小過也、

有過物者必濟。

行過乎恭、禮過乎儉、可以矯世厲俗、有所濟也、○行下孟反

故受之以既濟。物不可窮也。故受之以未濟終焉。

有為而能濟者、以已窮物者也、物窮則乖、功極則亂、其可濟乎、故受之以未濟也、

周易雜卦

雜卦者、雜糅衆卦、錯綜其義、或以同相類、或以異相明也、

乾剛坤柔。比樂師憂。

親比則樂、動衆則憂、○比毗志反樂音洛

臨觀之義。或與或求。

以我臨物、故曰與、物來觀我、故曰求、○觀之古亂反

屯見而不失其居。

屯利建侯、君子經綸之時、雖見而磐桓利貞、不失其居也、○見賢遍反註及下皆同、

蒙雜而著。

雜而未知所定也、求發其蒙、則終得所定、著定也、

震起也。艮止也。損益盛衰之始也。

極損則益、極益則損、

大畜時也。

因時而畜、故能大也、

无妄災也。

无妄之世、妄則災也、

萃聚而升不來也。

來還也、方在上升、故不還也、

謙輕而豫怠也。

謙者不自重大、

噬嗑食也。賁无色也。

飾貴合衆、无定色也、

兌見而巽伏也。

兌貴顯說、巽貴卑退

隨无故也。蠱則飭也。

隨時之宜、不繫於故也、隨則有事、受之以蠱、飭整治也、蠱所以整治其事也、○飭音敕註同

剝爛也。

物熟則剝落也、

復反也。晉晝也。明夷誅也。

誅傷也、

井通而困相遇也。

井物所通用而不吝也、困安於所遇而不濫也、

咸速也。

物之相應、莫速乎咸、

恒久也。渙離也。節止也。解緩也。蹇難也。睽外也。

相疎外也、

家人內也。否泰反其類也。大壯則止。遯則退也。

大正則小人止、小人亨則君子退、

大有衆也。同人親也。革去故也。鼎取新也。小過過也。中孚信也。

豐多故也。

高者懼危，滿者戒盈，豐大者多憂故也，

親寡旅也。

親寡故寄旅也，

離上而坎下也。

火炎上，水潤下，

小畜寡也。

不足以兼濟也，

履不處也。

王弼云履卦陽爻皆以不處其位爲吉也，

需不進也。

畏險而止也，

訟不親也。大過顛也。

本末弱也，

姤遇也。柔遇剛也。漸女歸待男行也。

女從男也，

頤養正也。既濟定也。歸妹女之終也。

女終必出嫁也，

未濟男之窮也。

剛柔失位，其道未濟，故曰窮也，

夬決也。剛決柔也。君子道長，小人道憂也。

君子以決小人長其道，小人見決云爲深憂也，

周易卷九畢

周易畧例

魏尚書郎山陽輔嗣王　弼撰
明　後學東吳　金　蟠訂

明彖

夫彖者何也。
將釋其義故假設問端故曰何。按漢魏叢書此唐邢璹註

統論一卦之體明其所由之主者也。
統論一卦功用之體明辯卦體所由之主立主之義義在一爻明辯也、

夫衆不能治衆治衆者至寡者也。
萬物是衆一是寡衆不能理衆理衆者至少以理之也、

夫動不能制動制天下之動者貞夫一者也。
天下之動動則不能自制制其動者貞正之一者也老子曰王侯得一以爲天下貞然則一爲君體君體合道動是衆由一制也制衆歸一故靜爲躁君安爲動主、

故衆之所以得咸存者主必致一也。
致猶歸也衆皆所以得其存者必歸於一也、

動之所以得咸運者原必无二也。
動所以運運不已者謂无二動故无心於動而動不息也、

物无妄然必由其理。
物衆也妄虛妄也天下之衆皆无妄无妄之理必由君主統之也、

統之有宗會之有元。
統領之以宗主會合之以元首、

故繁而不亂衆而不惑。
統之以宗主雖繁而不亂會之以元首雖衆而不惑

故六爻相錯可舉一以明也。
錯雜也六爻或陰或陽雖雜交亂舉貞一之主以明其用、

剛柔相乘可立主以定也。
六爻有剛有柔或乘或據有逆有順可立主以定之、

是故雜物撰德
撰數也雜聚也聚其物體數其德行、

辯是與非。
辯明也得位而承之是也失位而據之非也、

則非其中爻莫之備矣。
然則非是中之一爻莫之能備訟彖云訟有孚窒惕中吉剛來而得中也困彖云貞大人吉以剛中也之例是也、

故自統而尋之物雖衆則知可以執一御也。
統而推尋萬物雖殊一之以神道百姓雖衆御之以君主也、

由本以觀之義雖博則知可以一名舉也。

博廣也本謂君也道也義雖廣舉之在一也

故處璇璣以觀大運則天地之動未足怪也據會要以觀方來則六合輻輳未足多也

天地雖大覩之以璇璣六合雖廣據之以要會天地大運不足怪其大六合輻輳不足稱其多

故舉卦之名義有主矣觀其彖辭則思過半矣

彖總卦義義主中爻簡易者道也君也道能化物君能御民智者觀之思過其半矣○思息吏反

夫古今雖殊軍國異容中之爲用故未可遠也

古今革變軍國殊別中正之用終无踈遠○遠于萬反

品制萬變宗主存焉彖之所尚斯爲盛矣

品變積萬存之在一

夫少者多之所貴也寡者衆之所宗也

自此已下明至少者多之所主豈直指其中爻而已

一卦五陽而一陰則一陰爲之主矣

同人履小畜大有之例是也

五陰而一陽則一陽爲之主矣

師比謙豫復剝之例是也

夫陰之所求者陽也陽之所求者陰也

王弼云夫陰陽相求之物以所求者貴也

陽苟一焉五陰何得不同而歸之陰苟隻焉五陽何得不同而從之故陰爻雖賤而爲一卦之主者處其至少之地也

王曰陽貴而陰賤以至少處至多之地爻雖賤衆亦從之小畜彖云柔得位而上下應之是也

或有遺爻而舉二體者卦體不由乎爻也

遺棄也棄此中之一爻而舉二體以明其義卦體之義不在一爻豐歸妹之類是也

繁而不憂亂變而不憂惑約以存博簡以濟衆其唯彖乎

簡易者道也君也萬物是衆道能生物君能養人物雖繁不憂錯亂爻雖變不憂迷惑

亂而不能惑變而不能渝非天下之至賾其孰能與於此

萬物雖雜不能惑其君六爻雖變不能渝其主非天下之至賾其誰能與於此言不能也○與音預

故觀彖以斯義可見矣

觀彖以斯其義可見

明爻通變

夫爻者何也

將釋其義假設問辭

言乎變者也

爻者效也物剛效剛物柔效柔遇物而變動有所之故云言乎變者也

變者何也情僞之所爲也

變之所生生於情僞情僞所適巧作多端故云情僞之所爲也

夫情僞之動、非數之所求也。

情欲僞動、數莫能求、

故合散屈伸、與體相乖。

物之爲體、或性同行乖、情貌相違、同歸殊塗、一致百慮、故萃卦六二引吉无咎、萃之爲體、貴相從就、六三志在靜退、不欲相就、人之多僻、已獨處正、其體雖合、志則不同、故曰合散、乾之初九、潛龍勿用、初九身雖潛屈、情无憂悶、其志則申、故曰屈伸、

形躁好靜、質柔愛剛、體與情反、質與願違。

至於風虎雲龍、嘯吟相感、物之體性、形願相從、此則情體乖違、質願相反、故歸妹九四、歸妹愆期、遲歸有時、四體是震、是形躁也、愆期待時、是好靜也、履卦六三、武人爲于大君、志剛也、兌體是陰、是質柔也、志懷剛武、爲于大君、是愛剛也、〇好呼報反

巧歷不能定其算數、聖明不能爲之典要。

萬物之情、動變多端、雖復巧歷聖明、不能定其算數、制典法、立要會也、

法制所不能齊、度量所不能均也。

雖復法制度量、不能均齊詐僞長短也、〇量音亮

爲之乎、豈在夫大哉。

情有巧僞、變動相乖、不在於大、而聖明巧歷、尚測不知、豈在乎大哉、

陵三軍者、或懼於朝廷之儀、暴威武者、或困於酒色之娛、

陵三軍、暴威武、視死如歸、若獻酬揖讓、汗成霡霂、此皆體質剛猛、懼在微小、故大畜初九、有厲利已、九二、輿說輹、雖復剛健、怯於柔弱也、〇朝直遙反、廷音定

近不必比、遠不必乖。

近爻不必親比、遠爻不必乖離、屯六二初九、爻雖相近、守貞不從、九五雖遠、十年乃字、此例是也、〇比毗志反

同聲相應、高下不必均也、同氣相求、體質不必齊也。

初四、二五、三上、同聲相應、不必限高下、同氣相求、不必齊形質、

召雲者龍、命呂者律。

雲、水氣、龍、水畜也、召水氣者水畜、此明有識感有識、命陰呂者陽律、此明无識感无識、

故二女相違、而剛柔合體。

二女俱是陰類、而相違、剛柔雖異、而合體、此明異類相應、

隆墀永歎、遠壑必盈。

隆、高也、墀、水中墀也、永、長也、處高墀而長歎、遠壑之中盈響而應、九五尊高、騎於隆墀、六二卑下、同於遠壑、唱和相應也、〇墀直其反

投戈散地、則六親不能相保。

投、置也、散、逃也、置兵戈於逃散之感、雖是至親、不能相保守也、遯卦九四、好遯君子吉、處身於外、難在於內、處外則超然遠遯、初六至親、不能相保守也、

同舟而濟、則胡越何患乎異心。

同在一舟、而俱濟彼岸、胡越雖殊、其心皆同、若漸卦三四、異體和好、物莫能間、順而相保、似若同在一舟、上下殊體、猶若胡越、利用禦寇、何患乎異心、

故苟識其情、不憂乖遠、苟明其趣、不煩強武。

苟識同志之情、何憂胡越也、苟知外散之趣、不勞用其威武也、

能說諸心能研諸慮。

諸物之心憂其凶患、爻變示之、則物心皆說、諸侯之慮在於育物、爻變告之、其慮益精、○說音悅

睽而知其類、異而知其通。

睽彖曰萬物睽而其事類也、男女睽而其志通也、

其唯明爻者乎。

知取舍、察安危、辯吉凶、知變化、其唯明爻者乎、

故有善邇而遠至、命宮而商應。

善脩治也、邇近也、近脩治言、千里遠應、若中孚九二、鳴鶴在陰、其子和之、鳴於此、和於彼、聲同則應、有若宮商也、

修下而高者降、與彼而取此者服矣、

處下修正、高必命之、否之初六、拔茅貞吉、九四有命疇離祉也、與謂上也、取謂下也、君之福祿不獨有之、下人服者、感君之德大有六五、厥孚交如、威如吉之例是也、

是故情僞相感、遠近相追。

正應相感、是實情、蹇之二五之例、不正相感、是僞情、頤之二上之例、有應雖遠利追、睽之三上之例、无應近則相取、賁之二三之例是也、

愛惡相攻、屈伸相推。

同人三四、有愛有惡、迭相攻伐、否泰二卦、一屈一伸、更相推謝、○惡烏路反

見情者獲、直往則違。

獲得也、見彼之情、往必得志、屯之六四、求婚媾、往吉无不利之例、不揆則往、彼必相違、六三、即鹿无虞、惟入于林中、君子幾、不如舍往吝之例是也、

故擬議以成其變化、語成器而後有格。

格作括、括結也、動則擬議、極於變化、語成器而後无結閡之患也、

不知其所以爲主、鼓舞而天下從、見乎其情者也。

鼓舞猶變化也、易道變化、應人如響、退藏於密、不知爲主也、其爲變化、萬物莫不從之而變、是顯見其情、繫辭曰聖人之情見乎辭、又曰鼓之舞之以盡神、

是故範圍天地之化而不過、曲成萬物而不遺。

範法也、圍周圍也、模範周圍天地變化之道而無過差、委曲成就萬物而不有遺失、

通乎晝夜之道而无體、一陰一陽而无窮。

陽通晝、陰通夜、晝夜猶變化也、極神妙之道而无體可窮、一者道也、道者虛也、在陰之時、不以生長而爲功、在陽之時、不以生長而爲力、是以生長无窮、若以生長爲功、各盡於有物之功、極豈得无窮乎、

非天下之至變、其孰能與於此哉。

非六爻至極通變以應萬物、則不能與於此也、○與音預

是故卦以存時、爻以示變。

卦以存時、爻以應變、

明卦適變通爻

夫卦者時也、爻者適時之變者也。

卦者統一時之大義、爻者適時中之通變、

夫時有否泰。故用有行藏。

泰時則行、否時則藏、

卦有小大。故辭有險易。

陰長則小、陽生則大、否卦辭險、泰卦辭易、○易以豉反章內同

一時之制。可反而用也。一時之吉。可反而凶也。

一時有大畜之制、反有天衢之用、一時有豐亨之用、反有覊旅之凶也、

故卦亦反對。而爻亦皆變。

諸卦之體兩相反、正反爻隨卦而變、泰之初九拔茅彙征、否初六拔茅彙貞、卦旣隨時、爻變亦准也、

是故用無常道。事无軌度。動靜屈伸。唯變所適。

卦旣推移、道用无常、爻逐時變、故事无軌度、動出靜入、屈往伸來、唯變所適也、

故名其卦。則吉凶從其類。存其時。則動靜應其用。

名其謙比則吉從其類、名其蹇剝則凶從其類、震時則動應其用、艮時則靜應其用、

尋名以觀其吉凶。舉時以觀其動靜。

尋謙比蹇剝則觀知吉凶也、舉艮震則觀知動靜也、

則一體之變。由斯見矣。夫應者。同志之象也。位者。爻所處之象也。

得應則志同相和、陰位小人所處、陽位君子所處、

承乘者。逆順之象也。遠近者。險易之象也。

陰承陽則順、陽承陰則逆、故小過六五乘剛逆也、六二承陽順也、遠難則易、近難則險、需卦九三近難險也、初九遠險易矣、

內外者。出處之象也。初上者。終始之象也。

內卦是處、外卦爲出、初爲始、上爲終也、

是故雖遠而可以動者。得其應也。雖險而可以處者。得其時也。

上下雖遠而動者有其應、萃六二去五雖遠、陰陽相應、往者无咎也、雖險可以處者得其時也、需上六居險之上、不憂入穴、得其時也、

弱而不懼於敵者。得所據也。憂而不懼於亂者。得所附也。

師之六五爲師之主、體是陰柔、禽來犯田、執言往討、處得尊位所以不懼也、遯九五嘉遯貞吉、處遯之時、小人浸長、君子道虞逃遯於外、附著尊位、率正小人、不敢爲亂也、

柔而不憂於斷者。得所御也。雖後而敢爲之先者。應其始也。

體雖柔弱、不憂斷制、良由柔御於陽、終得剛勝、則噬嗑六五噬乾肉得黃金之例、初爻處下、有應於四者、即是體後而敢爲之先、泰初九拔茅茹以其彙征吉之例是也、○斷丁亂反

物競而獨安靜者。要其終也。

物甚爭競、巳獨安靜、會其終也、大有上九、自天祐之、吉无不利、餘並乘剛、競其豐富、巳獨安靜、不處於位、由居上極、要其終也、○要一遙反

故觀變動者。存乎應。察安危者。存乎位。

爻有變動在中、應而動、動則不失、若謙之九三、勞謙君子有終吉之例、爻之安危在中位、得位則安、居節之六四、安節亨之例也、失位則危、晉之九四、晉如鼫鼠貞厲之事是也、

辯逆順者。存乎承乘。

陽承於陰逆也、師之六三、師或輿尸凶、陰承於陽順也、噬嗑六三、小吝无咎、承於九四、雖失其正、小吝无咎也、

明出處者存乎外內。

遯君子處外、臨君子處內、

遠近終始。各存其會。

適得其時則吉、失其要會則凶、

辟險尚遠。趣時貴近。

遯之上九、肥遯无不利、此尚遠也、觀之六四、觀國之光、利用賓於王、此貴近也、○辟音避、後章同

比復好先。乾壯惡首。

比初六、有孚无咎、上六、比之无首凶、復初九、不遠復、无祗悔元吉、上六、迷復凶、乾上九、亢龍有悔、大壯上六、羝羊觸藩、不能退

不能遂、无攸利是也、○比毗志反、好呼報反、惡烏路反、

明夷務闇。豐尚光大。

明夷彖云、利艱貞、晦其明也、豐彖云、勿憂宜日中、

吉凶有時。不可犯也。

時有吉凶、不可越分輕犯也、

動靜有適。不可過也。

動靜適時、不可過越而動、

犯時之忌。罪不在大。失其所適。過不在深。

若夬之九三、壯于頄有凶、得位有應、時方陽長、同決小人、三獨應之、犯時之忌、凶其宜也、大過九四、棟隆吉、有它吝、大過之時、

陽處陰位為美、九四陽處陰位、能隆其棟、良由應初、則有它吝、此所適違時也、

動天下。滅君主。而不可危也。

事之大者、震動宇宙、誅滅君主、逆於臣道、不可傾危、若離之九四、突如其來如、焚如死如棄如之例是也、

侮妻子。用顏色。而不可易也。

事之小者、侮慢妻子、用顏色、若家人尚嚴、不可慢易、家人九三、家人嗃嗃、悔厲吉、婦子嘻嘻、終吝、

故當其列貴賤之時。其位不可犯也。

位有貴賤、爻有尊卑、職分既定、不可觸犯、

遇其憂悔吝之時。其介不可慢也。

吉凶之始彰也、存乎微兆、悔吝纖介、雖細不可慢易而不慎也、

觀爻思變。變斯盡矣。

明象

夫象者。出意者也。言者。明象者也。

立象所以表出其意、作其言者顯明其象、若乾能變化、龍是變物、欲明乾象、假龍以明乾、欲明龍者、假言以象龍、龍則象意者也、

盡意莫若象。盡象莫若言。

象以表意、言以明象、

言生於象。故可尋言以觀象。

若言能生龍、尋言可以觀龍、

象主於意。故可尋象以觀意。（乾能明意尋乾以觀其意也、）

意以象盡。象以言著。（意之盡也象以盡之、象之著也言以著之、）

故言者所以明象。得象而忘言。象者所以存意。得意而忘象。（旣得龍象其言可忘、旣得乾象其龍可捨、）

猶蹄者所以在兔。得兔而忘蹄。（蹄以喩言兔以喩象、存蹄得兔得兔忘蹄、）

筌者所以在魚。得魚而忘筌也。（求魚在筌得魚棄筌、〇筌七全反）

然則言者。象之蹄也。象者。意之筌也。（蹄以喩言、筌以比象、）

是故存言者。非得象者也。存象者。非得意者也。（未得象者存言言有非象、未得意者存象象有非意、）

象生於意而存象焉。則所存者乃非其象也。（所存者在意也、）

言生於象而存言焉。則所存者乃非其言也。（所存者在象也、）

然則忘象者。乃得意者也。忘言者。乃得象者也。（忘象得意、忘言得象、）

得意在忘象。得象在忘言。（棄執而後得之、）

故立象以盡意。而象可忘也。重畫以盡情。而畫可忘也。（畫意可遺象盡情可遺畫、若盡私同之意忘其天火之象得同志之心捨茅之畫畫可棄也、〇重直龍反）

是故觸類可爲其象。合義可爲其徵。（徵驗也觸逢事類則爲象魚龍牛馬鹿狐鼠之類大人君子義同爲驗也、）

義苟在健。何必馬乎。類苟在順。何必牛乎。

（大壯九三有乾亦云羝羊、坤卦无乾彖亦云牝馬、）

爻苟合順。何必坤乃爲牛。義苟應健。何必乾乃爲馬。（遯无坤六二亦稱牛明夷无乾六二亦稱馬〇應音鷹）

而或者定馬於乾。（唯執乾爲馬、其象未弘也、）

案文責卦。有馬无乾。則僞說滋漫。難可紀矣。互體不足。遂及卦變。變又不足。推致五行。（廣推金木水火土爲象也、）

一失其原。巧愈彌甚。

一失聖人之原旨廣爲譬喻失之甚也

縱復或值而義无所取蓋存象忘意之由也

失魚兔則空守筌蹄也遺健順則空說龍馬也○復扶又反

忘象以求其意義斯見矣

辯位

案象无初上得位失位之文

陰陽居之不云得失

又繫辭但論三五二四同功異位亦不及初上何乎

同其意也

唯乾上九文言云貴而无位

陽居之也

需上六云雖不當位

陰居之也

若以上爲陰位邪則需上六不得云不當位也若以上爲陽位邪則乾上九不得云貴而无位也陰陽處之皆云非位而初亦不說當位失位也

不論當位失位凶吉之由

然則初上者是事之終始无陰陽定位也

初爲始上爲終施之於人爲終始非祿位之地也

故乾初謂之潛過五謂之无位未有處其位而云潛上有位而云无者也歷觀衆卦盡亦如之初上无陰陽定位亦以明矣夫位者列貴賤之地待才用之宅也

宅居也二四陰賤小人居之三五陽貴君子居之

爻者守位分之任應貴賤之序者也

各守其位應之以事○分扶問反下同

位有尊卑爻有陰陽尊者陽之所處卑者陰之所履也故以尊爲陽位卑爲陰位去初上而論位分則三五各在一卦之上亦何得

不謂之陽位二四各在一卦之下亦何得不謂之陰位初上者體之終始事之先後也故位无常分事无常所非可以陰陽定也尊卑有常序終始无常主

四爻有尊卑之序終始无陰陽之恒主也○去羌呂反

故繫辭但論四爻功位之通例而不及初上之定位也然事不可无終始卦不可无六爻初上雖无陰陽本位是終始之地也統而論之爻之所處則謂之位卦以六爻爲成則不得不謂之六位時成也

略例下

凡體具四德者。則轉以勝者爲先。故曰元亨利貞也。

元爲主、物之始、春也、亨爲會聚於物、夏也、利爲和諧品物、秋也、貞能幹濟於物、冬也、乾用此四德以成君子、大人之法也、

其有先貞而後亨者。由於貞也。

離卦云利貞也、

凡陰陽者。相求之物也。近而不相得者。志各有所存也。

既濟六二與初三、相近而不相得、是志各有所存也、

故凡陰陽二爻。率相比。而无應。則近而不相得。

比之六三、无應於上、二四皆非已親、是无應則近而不相得之例、○率音類、又音律、又所律反、比毗志反

有應則雖遠而相得。

同人六二、志在乎五、是有應則雖遠而相得之例、

然時有險易。卦有小大。

否險泰易、遯小臨大、○易以豉反

同救以相親。同辟以相疏。

睽之初九、九四、陰陽非應、俱是睽孤、同處體下、交孚相救而得悔亡、是同救相親、困之初六、有應於四、潛身幽谷、九四有應於初、來徐徐、志竟懷疑、同避金車、兩相疏遠也、

故或有違斯例者也。然存時以考之。義可得也。

或自情僞生、違此例者、存其時、考其驗、莫不得之、

凡彖者。統論一卦之體者也。象者。各辯一爻之義者也。

彖統論卦體、象各明一爻之義也、

故履卦六三。爲兌之主。以應於乾。成卦之體。在斯一爻。故彖叙其應。雖危而亨也。

彖云、柔履剛、說而應乎乾、是以履虎尾不咥人亨也、○說音悅、咥直結反

象則各言六爻之義。明其吉凶之行。去六三成卦之體。而指說一爻之德。故危不獲亨而見咥也。

六三、履虎尾、咥人凶、彖言不咥、象言見咥、明爻彖其義各異也、○去羌呂反

訟之九二。亦同斯義。

訟彖云、有孚窒惕中吉、剛來而得中、注云、其在二乎、以剛而來、正夫羣小、斷不失中、應則任矣、九二、不克訟、歸而逋其邑人三百戶、无眚、

凡彖者。通論一卦之體者也。一卦之體。必由一爻爲主。則指明一爻之美。以統一卦之義。大有之類是也。卦體不由乎一爻。則全以二體之義明之。豐卦之類是也。

凡言无咎者。本皆有咎者也。防得其道。故得无咎也。

乾之九三、君子終日乾乾、无咎、若防其失道、則有過咎也、

言无咎者。本亦有咎。由吉故得免也。

師貞丈人吉无咎、注云、興役動衆、无功罪也、故吉乃免咎、

无咎吉者。先免於咎而後吉從之也。

比初六、有孚、比之无咎、終來有它吉之例也、

或亦處得其時、吉不待功、不犯於咎、則獲吉也。

需之九二、需于沙、小有言、終吉、注云、近不逼難、遠不後時、履健居中、以待其會、雖小有言、以吉終也、

或有罪自已招、无所怨咎、亦曰无咎。故節六三曰、不節若、則嗟若、无咎。象曰、不節之嗟、又誰咎也。此之謂矣。

卦畧

䷂屯。此一卦、皆陰爻求陽也。屯難之世、弱者不能自濟、必依於彊、民思其主之時也。故陰爻皆先求陽、不召自往、馬雖班如、而猶不廢、不得其主、无所馮也。初體陽爻、處首居下、應民所求、合其所望、故大得民也。

江海處下、百川歸之、君能下物、萬人歸之、○難乃旦反、遯明夷卦同、馮皮冰反

䷃蒙。此一卦、陰爻亦先求陽。夫陰昧而陽明、陰困童蒙、陽能發之。凡不識者求問識者、識者不求所告、闇者求明、明者不諮於闇。故童蒙求我、匪我求童蒙也。故六三先唱、則犯於爲女、四遠於陽、則困蒙吝、初比於陽、則發蒙也。

○遠袁萬反、觀明夷卦同、比毗志反

䷉履。雜卦曰、履不處也。又曰、履者禮也。謙以制禮、陽處陰位、謙也。故此一卦、皆以陽處陰爲美也。

九五夬履貞厲、履道惡盈、而五處尊位、三居陽位、則見咥也、

䷒臨。此剛長之卦也。剛勝則柔危矣。柔有其德、乃得免咎。故此一卦、陰爻雖美、莫過无咎也。

○長丁丈反、遯卦同

䷓觀之爲義、以所見爲美者也。故以近尊爲尚、遠之爲吝。

遠爲童觀、近爲觀國。○觀古亂反

䷛大過者、棟橈之世也。本末皆弱、棟已橈矣。而守其常、則是危而弗扶、凶之道也。以陽居陰、拯弱之義也。故陽爻皆以居陰位爲美。濟衰救危、唯在同好、則所贍褊矣。故九四有應、則有它吝。九二无應、則无不利也。

大過之時、陽處陰位、心无係應、爲吉、陽得位有應則凶也。○好呼報反、贍常艷反、褊必淺反

䷠遯。小人浸長、難在於內、亨在於外、與臨卦相對者也。臨剛長則柔危、遯柔長故剛遯也。

遯以遠時爲吉、不係爲美、上則肥遯、初則有厲。○浸子鴆反

䷡大壯。未有違謙越禮能全其壯者也。故陽爻皆以處陰位爲美。用壯處謙、壯乃全也。用壯處壯、則觸藩矣。

䷣明夷。爲闇之主、在於上六。初最遠之、故曰君子于行。五最近之、而難不能溺、故謂之箕子之貞。明不可息也。三處明極而征至

闇。故曰南狩獲其大首也。

遠難藏明、明夷之義、

䷥睽者。睽而通也。於兩卦之極觀之。義最見矣。極睽而合。極異而通。故先見恠焉。洽乃疑亡也。

火動而上、澤動而下、睽義見矣○最見賢遍反豐卦同

䷶豐。此一卦。明以動之卦也。尚於光顯。宣陽發暢者也。故爻皆以居陽位。又不應陰為美。其統在於惡闇而已矣。小闇謂之沛。大闇謂之蔀。闇甚則明盡。未盡則明昧。明盡則斗星見。明微故見昧。无明則无與乎世。見昧則不可以大事。折其右肱。雖左肱在。豈足用乎。日中之盛而見昧而已。豈足任乎。

豐之為義、貴在光大、惡於闇昧也。○惡烏路反沛步貝反蔀步口反與音預折之舌反

周易略例終

尚書序

唐國子祭酒上護軍曲阜縣開國子孔穎達撰

夫書者人君辭誥之典右史記言之策古之王者事總萬機發號出令義非一揆或設教以馭下或展禮以事上或宣威以肅震曜或敷和而散風雨得之則百度惟貞失之則千里斯謬樞機之發榮辱之主絲綸之動不可不慎所以辭不苟出君舉必書欲其昭法誡慎言行也其泉源所漸基於出震之君黼藻斯彰郁乎如雲之后勳華揖讓而典謨起湯武革命而誓誥興先君宣父生於周末有至德而無至位修聖道以顯聖人芟煩亂而翦浮辭舉宏綱

而撮機要上斷唐虞下終秦魯時經五代書總百篇採翡翠之羽毛拔犀象之牙角罄荊山之石所得者連城窮漢水之濱所求者照乘巍巍蕩蕩無得而稱郁郁紛紛於斯為盛斯乃前言往行足以垂法將來者也暨乎七雄已戰五精未聚儒雅與深穽同埋經典共積薪俱燎漢氏大濟區宇廣求遺逸採古文於金石得今書於齊魯其文則歐陽夏侯二家之所說蔡邕碑石刻之古文則兩漢亦所不行安國註之寔遭巫蠱遂寢而不用歷及魏晉方始稍興故馬鄭諸儒莫覩其學所註經傳時或異同晉世皇甫謐獨得其書載於帝紀其後傳授乃可詳焉但古文經雖然早出晚始得

行其辭富而備其義弘而雅故復而不厭久而愈亮江左學者咸悉祖焉近至隋初始流河朔其為正義者蔡大寶巢猗費甝顧彪劉焯劉炫等其諸公旨趣多或因循怗釋註文義皆淺略惟劉焯劉炫最為詳雅然焯乃織綜經文穿鑿孔穴詭其新見異彼前儒非險而更為險無義而更生義竊以古人言誥惟在達情雖復時或取象不必辭皆有意若其言必託數經悉對文斯乃鼓怒浪於平流震驚飆於靜樹使教者煩而多惑學者勞而少功過猶不及良為此也炫嫌焯之煩雜就而刪焉雖復微稍省要又好改張前義義更太略辭又過華雖為文筆之善乃非開奬之路義既無義

文又非文欲使後生若為領袖此乃炫之所失未為得也今奉明勑考定是非謹罄庸愚竭所聞見覽古人之傳記質近代之異同存其是而去其非削其煩而增其簡此亦非敢臆說必據舊聞謹與朝散大夫行太學博士臣王德韶前四門助教臣李子雲等謹共銓敘至十六年又奉

勑與前修疏人及通直郎行四門博士驍騎尉臣朱長才給事郎守四門博士上騎都尉臣蘇德融登仕郎守太學助教雲騎尉臣隨德素儒林郎守四門助教雲騎尉臣王士雄等對勑使趙弘智覆更詳審為之正義凡二十卷庶對揚於聖範冀有

益於童稚略陳其事敘之云爾

尚書序終

書經目録

禹貢第一

卷七

夏書

甘誓第二

五子之歌第三

胤征第四　帝告　釐沃　湯征　汝鳩　汝方

卷八

商書

湯誓第一　夏社　疑至　臣扈　典寶

仲虺之誥第二　明居

湯誥第三　肆命　徂后

伊訓第四

太甲上第五

太甲中第六

太甲下第七

咸有一德第八　沃丁　咸乂　伊陟　原命　仲丁　河亶甲　祖乙

卷九

商書

盤庚上第九

盤庚中第十

盤庚下第十一

卷十

商書

說命上第十二

說命中第十三

說命下第十四

高宗肜日第十五

西伯戡黎第十六

微子第十七

卷十一

周書

泰誓上第一

泰誓中第二

泰誓下第三

牧誓第四

武成第五

正義曰其經亡者以序附於本篇次而爲之傳

書經目錄終

書經卷一

漢 諫大夫魯孔安國序 明 後學葛鼒訂

古者伏羲氏之王天下也始畫八卦造書契以代結繩之政由是文籍生焉伏羲神農黃帝之書謂之三墳言大道也少昊顓頊高辛唐虞之書謂之五典言常道也至于夏商周之書雖設教不倫雅誥奧義其歸一揆是故歷代寶之以爲大訓八卦之說謂之八索求其義也九州之志謂之九丘丘聚也言九州所有土地所生風氣所宜皆聚此書也春秋左氏傳曰楚左史倚相能讀三墳五典八索九丘即謂上世帝王遺書也先君孔子生於周末覩史籍

之煩文懼覽之者不一遂乃定禮樂明舊章刪詩爲三百篇約史記而修春秋讚易道以黜八索述職方以除九丘討論墳典斷自唐虞以下訖于周芟夷煩亂翦截浮辭舉其宏綱撮其機要足以垂世立教典謨訓誥誓命之文凡百篇所以恢弘至道示人主以軌範也帝王之制坦然明白可舉而行三千之徒並受其義及秦始皇滅先代典籍焚書坑儒學士逃難解散我先人用藏其家書于屋壁漢室龍興開設學校旁求儒雅以闡大猷濟南伏生年過九十失其本經口以傳授裁二十餘篇以其上古之書謂之尚書百篇之義世莫得聞至魯共王好治宮室壞孔子舊宅以廣其居

於壁中得先人所藏古文虞夏商周之書及傳論語孝經皆科斗文字王又升孔子堂聞金石絲竹之音乃不壞宅悉以書還孔氏科斗書廢已久時人無能知者以所聞伏生之書考論文義定其可知者爲隸古定更以竹簡寫之增多伏生二十五篇伏生又以舜典合於堯典益稷合於皐陶謨盤庚三篇合爲一康王之誥合於顧命復出此篇幷序凡五十九篇爲四十六卷其餘錯亂摩滅弗可復知悉上送官藏之書府以待能者承詔爲五十九篇作傳於是遂研精覃思博考經籍採摭羣言以立訓傳約文申義敷暢厥旨庶幾有補於將來書序序所以爲作者之意昭然義見宜相

附近故引之各冠其篇首定五十八篇既畢會國有巫蠱事經籍道息用不復以聞傳之子孫以貽後代若好古博雅君子與我同志亦所不隱也

書經卷一終

書經卷二　漢　諫大夫魯孔安國傳

虞書

堯典第一

昔在帝堯聰明文思光宅天下（言聖德之遠著）將遜于位讓于虞舜（遜遁也老使攝遂禪之）作堯典

堯典（傳 言堯可爲百代常行之道）

曰若稽古帝堯（傳 若順稽考也能順考古道而行之者帝堯）

曰放勳欽明文思安安（傳 勳功欽敬也言堯放上世之功化而以敬明文思之四德安天下之當安者○放方往反註同）

允恭克讓光被四表格于上下（傳 允信克能光充格至也既有四德又信恭能讓故其名聞充溢四外至于天地○聞音問）

克明俊德以親九族（傳 能明俊德之士任用之以睦高祖玄孫之親）

九族既睦平章百姓（傳 既已也百姓百官言化九族而平和章明）

百姓昭明協和萬邦黎民於變時雍

（傳）昭亦明也。協合。黎衆。時是。雍和也。言天下衆民皆變化化上。是以風俗大和。

乃命羲和。欽若昊天。曆象日月星辰。敬授人時。

（傳）重黎之後羲氏和氏。世掌天地四時之官。故堯命之。使敬順昊天。昊天言元氣廣大。星四方中星。辰日月所會。曆象其分節。敬記天時以授人也。此舉其目。下別序之。

分命羲仲。宅嵎夷。曰暘谷。

（傳）宅居也。東表之地稱嵎夷。暘明也。日出於谷而天下明。故稱暘谷。暘谷嵎夷一也。羲仲居治東方之官。〇嵎音隅

寅賓出日。平秩東作。

（傳）寅敬。賓導。秩序也。歲起於東而始就耕。謂之東作。東方之官敬導出日。平均次序東作之事。以務農也。

日中星鳥。以殷仲春。

（傳）日中謂春分之日。鳥南方朱鳥七宿。殷正也。春分之昬鳥星畢見。以正仲春之氣節。轉以推季孟則可知。

厥民析。鳥獸孳尾。

（傳）冬寒無事。竝入室處。春事既起。丁壯就功。厥其也。言其民老壯分析。乳化曰孳。交接曰尾。〇析星歷反。孳音字

申命羲叔。宅南交。

（傳）申重也。南交言夏與春交。舉一隅以見之。此居治南方之官。

平秩南訛。敬致。

（傳）訛化也。掌夏之官。平叙南方化育之事。敬行其教。以致其功。四時同之。亦舉一隅。〇訛五和反

日永星火。以正仲夏。

（傳）永長也。謂夏至之日。火蒼龍之中星。舉中則七星見可知。以正仲夏之氣節。季孟亦可知。

厥民因。鳥獸希革。

（傳）因謂老弱因就在田之丁壯以助農也。夏時鳥獸毛羽希少。改易。革改也。

分命和仲。宅西。曰昧谷。

（傳）昧冥也。日入於谷而天下冥。故曰昧谷。昧谷曰西。則嵎夷東可知。此居治西方之官。掌秋天之政也。

寅餞納日。平秩西成。

（傳）餞送也。日出言導。日入言送。因事之宜。秋西方萬物成。平序其政。助成物。〇餞賤衍反

宵中星虛。以殷仲秋。

（傳）宵夜也。春言日。秋言夜。互相備。虛玄武之中星。亦言七星。皆以秋分日見。以正三秋。

厥民夷。鳥獸毛毨。

（傳）夷平也。老壯在田與夏平也。毨理也。毛更生整理。〇毨先典反

申命和叔。宅朔方。曰幽都。平在朔易。

（傳）北稱朔。亦稱方。言一方則三方見矣。北稱幽。則南稱明。從可知也。都謂所聚也。易謂歲改易於北方。平均在察其政。以順天常。上總言羲和敬順昊天。此分別仲叔各有所掌。

日短星昴。以正仲冬。

（傳）日短冬至之日。昴白虎之中星。亦以七星並見。以正冬之三節。

厥民隩。鳥獸氄毛。

（傳）隩室也。民改歲入此室處。以辟風寒。鳥獸皆生耎毳細毛以自温焉。〇隩於六反

帝曰。咨汝羲暨和。朞三百有六旬有六日。以閏月定四時。成歲。

〔傳〕咨嗟暨與也匝四時曰朞一歲十二月月三十日正三百六十日除小月六爲六日是爲一歲有餘十二日未盈三歲是得一月則置閏焉以定四時之氣節成一歲之曆象

允釐百工庶績咸熙。

〔傳〕允信釐治工官績功咸皆熙廣也言定四時成歲曆以告時授事則能信治百官衆功皆廣歎其善○釐力之反

帝曰疇咨若時登庸。

〔傳〕疇誰庸用也誰能咸熙庶績順是事者將登用之

放齊曰胤子朱啓明帝曰吁嚚訟可乎。

〔傳〕放齊臣名胤國子爵朱名啓開也吁疑怪之辭言不忠信爲嚚又好爭訟可乎言不可

帝曰疇咨若予采。

〔傳〕采事也復求誰能順我事者

驩兜曰都共工方鳩僝功。

〔傳〕驩兜臣名都於歎美之辭共工官稱鳩聚僝見也歎共工能方方聚見其功○共音恭僝仕簡反於音烏

帝曰吁靜言庸違象恭滔天。

〔傳〕靜謀滔漫也言共工自爲謀言起用行事而違背之貌象恭敬而心傲很若漫天言不可用

帝曰咨四岳

〔傳〕四岳即上羲和之四子分掌四岳之諸侯故稱焉

湯湯洪水方割。

〔傳〕湯湯流貌洪大割害也言大水方方爲害○湯音傷

蕩蕩懷山襄陵浩浩滔天。

〔傳〕蕩蕩言水奔突有所滌除懷包襄上也包山上陵浩浩盛大若漫天

下民其咨有能俾乂。

〔傳〕俾使乂治也言民咨嗟憂愁病水困苦故問四岳有能治者將使之

僉曰於鯀哉。

〔傳〕僉皆也鯀崇伯之名朝臣舉之

帝曰吁咈哉方命圮族。

〔傳〕凡言吁者皆非帝意咈戾圮毀族類也言鯀性狠戾好此方名命而行事輒毀敗善類○咈扶弗反圮音皮美反

岳曰异哉試可乃已。

〔傳〕异已也退也言餘人盡已唯鯀可試無成乃退○异音異

帝曰往欽哉。

〔傳〕勑鯀往治水命使敬其事堯知其性狠戾圮族未明其所能而據衆言可試故遂用之

九載績用弗成。

〔傳〕載年也三考九年功用不成則放退之

帝曰咨四岳朕在位七十載。

〔傳〕堯年十六以唐侯升爲天子在位七十年則時年八十六老將求代

汝能庸命巽朕位。

〔傳〕巽順也言四岳能用帝命故欲使順行帝位之事

岳曰。否德忝帝位。

傳否不、忝辱也。辭不堪。○否方久反

曰。明明揚側陋。

傳堯知子不肖有禪位之志故明舉明人在側陋者廣求賢也、

師錫帝曰。有鰥在下曰虞舜。

傳師衆、錫與也、無妻曰鰥、虞氏舜名在下民之中、衆臣知舜聖賢恥己不若故不舉、乃不獲已而言之、

帝曰。俞。予聞。如何。

傳俞然也、然其所舉言我亦聞之其德行如何、

岳曰。瞽子。父頑母嚚。象傲。

傳無目曰瞽、舜父有目不能分別好惡故時人謂之瞽、配字曰瞍、瞍無目之稱、心不則德義之經爲頑、象舜弟之字、傲慢不友言並惡、

克諧以孝。烝烝乂。不格姦。

傳諧和、烝進也、言能以至孝和諧頑嚚昏傲使進進以善自治、不至於姦惡、

帝曰。我其試哉。

傳言欲試舜、觀其行迹、

女于時。觀厥刑于二女。

傳女妻、刑法也、堯於是以二女妻舜、觀其法度接二女以治家觀治國、

釐降二女于嬀汭。嬪于虞。

傳降下、嬪婦也、舜爲匹夫、能以義理下帝女之心於所居嬀水之汭、使行婦道於虞氏、○嬀居危反汭如銳反

帝曰。欽哉。

傳歎舜能修己行敬以安人則其所能者大矣、

書經卷二終

書經卷三　漢　諫大夫魯孔安國傳

虞書

舜典第二

虞舜側微，傳為庶人，故微賤。堯聞之聰明，將使嗣位，歷試諸難，傳嗣，繼也。試以治民之難事。作舜典。傳典之義與堯同。

曰若稽古帝舜，傳亦言其順考古道而行之。

曰重華協于帝。傳華謂文德，言其光文重合於堯，俱聖明。

濬哲文明，溫恭允塞。傳濬，深；哲，智也。舜有深智文明溫恭之德，信充塞上下。

玄德升聞，乃命以位。傳玄謂幽潛，潛行道德，升聞天朝，遂見徵用。

慎徽五典，五典克從。傳徽，美也。五典，五常之教：父義、母慈、兄友、弟恭、子孝。舜慎美篤行斯道，舉八元使布之於四方，五教能從，無違命。

納于百揆，百揆時敘。傳揆，度也。度百事，摠百官，納舜於此官。舜舉八凱，使揆度百事，百事時敘，無廢事業。

賓于四門，四門穆穆。傳穆穆，美也。四門，四方之門。舜流四凶族，四方諸侯來朝者，舜賓迎之，皆有美德，無凶人。

納于大麓，烈風雷雨弗迷。傳麓，錄也。納舜使大錄萬機之政，陰陽和，風雨時，各以其節，不有迷錯愆伏，明舜之德合於天。○麓音鹿

帝曰：格汝舜。詢事考言，乃言底可績，三載，汝陟帝位。傳格，來；詢，謀；乃，汝；底，致；陟，升也。堯呼舜曰：來，汝所謀事，我考汝言，汝言致可以立功，三年矣。三載考績，故命使升帝位，將禪之。○底之履反

舜讓于德，弗嗣。

傳辭讓於德不堪，不能嗣成帝位。

正月上日，受終于文祖。傳上日，朔日也。終，謂堯終帝位之事。文祖者，堯文德之祖廟。

在璿璣玉衡，以齊七政。傳在，察也。璿，美玉。璣、衡，王者正天文之器，可運轉者。七政，日月五星各異政。舜察天文，齊七政，以審己當天心與否。○璿音旋

肆類于上帝。傳堯不聽舜讓，使之攝位，舜察天文，考齊七政，而當天心，故行其事。肆，遂也。類，謂攝位事類。遂以攝告天及五帝。王云：上帝，天也。馬云：上帝，太一神，在紫微宮，天之最尊者。

禋于六宗。

傳精意以享謂之禋。宗、尊也。所尊祭者其祀有六、謂四時也、寒暑也、日也、月也、星也、水旱也。祭亦以攝告。

望于山川、徧于羣神。

傳九州名山大川、五岳四瀆之屬、皆一時望祭之。羣神謂丘陵墳衍、古之聖賢皆祭之。

輯五瑞。既月乃日、覲四岳羣牧。班瑞于羣后。

傳輯、斂。既、盡。覲、見。班、還。后、君也。舜斂公侯伯子男之瑞圭璧、盡以正月中、乃日日見四岳及九州牧監、還五瑞於諸侯、與之正始。○輯音集。

歲二月、東巡守、至于岱宗、柴。

傳諸侯為天子守土、故稱守。巡行之。既班瑞之明月、乃順春東巡。岱宗、泰山、為四岳所宗。燔柴祭天告至。

望秩于山川。

傳東岳諸侯竟内名山大川、如其秩次望祭之。謂五岳牲禮視三公、四瀆視諸侯、其餘視伯子男。

肆覲東后。

傳遂見東方之國君。

協時月正日、同律度量衡。

傳合四時之氣節、月之大小、日之甲乙、使齊一也。律法制及尺丈斛斗斤兩皆均同。

修五禮、五玉。

傳修吉凶賓軍嘉之禮、五等諸侯執其玉。

三帛、二生、一死、贄。

傳三帛、諸侯世子執纁、公之孤執玄、附庸之君執黄。二生、卿執羔、大夫執雁。一死、士執雉。玉帛生死所以為贄以見之。○贄音至。纁許云反。

如五器、卒乃復。

傳卒、終。復、還也。器謂圭璧。如五器、禮終則還之。三帛生死則否。

五月南巡守、至于南岳、如岱禮。

傳南岳、衡山。自東岳南巡、五月至。

八月西巡守、至于西岳、如初。

傳西岳、華山。初謂岱宗。

十有一月朔巡守、至于北岳、如西禮。

傳北岳、恒山。

歸格于藝祖、用特。

傳巡守四岳、然後歸告至文祖之廟。藝、文也。言祖則考著。特、一牛。

五載一巡守、羣后四朝。

傳各會朝于方岳之下、凡四處、故曰四朝。將說敷奏之事、故申言之。堯舜同道、舜攝則然、堯又可知。

敷奏以言、明試以功、車服以庸。

傳敷、陳。奏、進也。諸侯四朝、各使陳進治理之言、明試其言以要其功、功成則賜車服以表顯其能用。

肇十有二州。

傳肇、始也。禹治水之後、舜分冀州為幽州并州、分青州為營州、始置十二州。○肇音兆。

封十有二山、濬川。

傳封大也每州之名山殊大者以爲其州之鎮有流川則深之使通利○濬荀俊反

象以典刑。
傳象法也法用常刑用不越法

流宥五刑。
傳宥寛也以流放之法寛五刑○宥音又

鞭作官刑。
傳以作爲治官事之刑

扑作教刑。
傳扑榎楚也不勤道業則撻之

金作贖刑。
傳金黄金誤而入刑出金以贖罪

眚災肆赦怙終賊刑。
傳眚過災害肆緩賊殺也過而有害當緩赦之怙姦自終當刑殺之○眚所景反怙音戸

欽哉欽哉惟刑之恤哉。
傳舜陳典刑之義勑天下使敬之憂欲得中

流共工于幽洲。
傳象恭滔天足以惑世故流放之幽洲北裔水中可居者曰洲

放驩兜于崇山。
傳黨於共工罪惡同崇山南裔

竄三苗于三危。
傳三苗國名縉雲氏之後爲諸侯號饕餮三危西裔○竄七亂反

殛鯀于羽山。
傳方命圮族績用不成殛竄放流皆誅也異其文述作之體羽山東裔在海中

四罪而天下咸服。
傳皆服舜用刑當其罪故作者先叙典刑而連引四罪明皆徵用所行於此揔見之

二十有八載帝乃殂落。
傳殂落死也堯年十六卽位七十載求禪試舜三載自正月上日至崩二十八載堯死壽一百一十七歲

百姓如喪考妣。
傳考妣父母言百官感德思慕

三載四海遏密八音。
傳遏絶密靜也八音金石絲竹匏土革木四夷絶音三年則華夏可知言盛德恩化所及者遠

月正元日舜格于文祖。
傳月正正月元日上日也舜服堯喪三年畢將卽政故復至文祖廟告

詢于四岳闢四門。
傳詢謀也謀政治於四岳開闢四方之門未開者廣致衆賢

明四目達四聰。

傳廣視聽於四方、使天下無壅塞、

咨十有二牧。曰食哉惟時。

傳咨亦謀也、所重在於民食、惟當敬授民時、

柔遠能邇。惇德允元。

傳柔安、邇近、敦厚也、元善之長、言當安遠乃能安近、厚行德信使足長善○惇音敦長丁丈反下同

而難任人。蠻夷率服。

傳任佞、難拒也、佞人斥遠之、則忠信昭於四夷、皆相率而來服○難乃旦反任音壬

舜曰。咨四岳。有能奮庸熙帝之載。

傳奮起、庸功、載事也、訪羣臣有能起發其功、廣堯之事者、言舜曰以別堯、

使宅百揆。亮采惠疇。

傳亮信、惠順也、求其人使居百揆之官、信立其功、順其事者誰乎、

僉曰。伯禹作司空。

傳四岳同辭而對、禹代鯀為宗伯、入為天子司空、治洪水有成功、言可用之、

帝曰。俞。咨禹。汝平水土。惟時懋哉。

傳然其所舉、稱禹前功以懋勉也、惟居是百揆勉行

禹拜稽首。讓于稷契暨皋陶。

傳居稷官者、棄也、契皋陶、二臣名、稽首、首至地、

帝曰。俞。汝往哉。

傳然其所推之賢、不許其讓、敕使往宅百揆、

帝曰。棄。黎民阻飢。汝后稷播時百穀。

傳阻難、播布也、衆人之難在於飢、汝后稷布種是百穀以濟之、美其前功以勉之、

帝曰。契。百姓不親。五品不遜。

傳五品謂五常、遜順也、

汝作司徒。敬敷五教在寬。

傳布五常之教、務在寬、所以得人心、亦美其前功、

帝曰。皋陶。蠻夷猾夏。寇賊姦宄。

傳猾亂也、夏華夏、羣行攻劫曰寇、殺人曰賊、在外曰姦、在內曰宄、言無教所致、○宄音軌

汝作士。五刑有服。

傳士理官也、五刑墨劓剕宮大辟、服從也、言得輕重之中正、

五服三就。

傳既從五刑、謂服罪也、行刑當就三處、大罪於原野、大夫於朝、士於市、

五流有宅。五宅三居。

傳謂不忍加刑、則流放之、若四凶者、五刑之流、各有所居、五居之差、有三等之居、大罪四裔、次九州之外、次千里之外、

惟明克允。

傳言皋陶能明信五刑、施之遠近、蠻夷猾夏、使咸信服、無敢犯者、因禹讓三臣、故歷述之、

帝曰。疇若予工。僉曰。垂哉。

傳問誰能順我百工事者朝臣舉垂垂臣名

帝曰。俞。咨垂。汝共工。

傳共謂供其職事○共音恭

垂拜稽首。讓于殳斨暨伯與。

傳殳斨伯與二臣名○斨七良反

帝曰。俞。往哉。汝諧。

傳汝能諧和此官

帝曰。疇若予上下草木鳥獸。僉曰。益哉。

傳上謂山下謂澤順謂施其政教取之有時用之有節言伯益能之

帝曰。俞。咨益。汝作朕虞。

傳虞掌山澤之官

益拜稽首。讓于朱虎熊羆。帝曰。俞。往哉。汝諧。

傳朱虎熊羆二臣名垂益所讓四人皆在元凱之中

帝曰。咨四岳。有能典朕三禮。僉曰。伯夷。

傳三禮天地人之禮伯夷臣名姜姓

帝曰。俞。咨伯。汝作秩宗。

傳秩序宗尊也主郊廟之官

夙夜惟寅。直哉惟清。

傳夙早也言早夜敬思其職典禮施政教使正直而清明

伯拜稽首。讓于夔龍。

夔龍二臣名

帝曰。俞。往欽哉。

傳然其賢不許讓

帝曰。夔。命汝典樂。教冑子。

傳冑長也謂元子以下至卿大夫子弟以歌詩蹈之舞之教長國子中和祗庸孝友

直而溫。寬而栗。

傳教之正直而溫和寬弘而能莊栗

剛而無虐。簡而無傲。

傳剛失之虐簡失之傲教之以防其失

詩言志。歌永言。

傳謂詩言志以導之歌詠其義以長其言

聲依永。律和聲。

傳聲謂五聲宮商角徵羽律謂六律六呂十二月之音氣言當依聲律以和樂

八音克諧。無相奪倫。神人以和。

傳倫理也八音能諧理不錯奪則神人咸和命夔使勉之

夔曰。於。予擊石拊石。百獸率舞。

傳石磬也磬音之清者拊亦擊也舉清者和則其餘皆從矣樂感百獸使相率而舞則神人和可知

帝曰龍朕堲讒說殄行震驚朕師。傳堲疾殄絕震動也言我疾讒說絕君子之行而動驚我衆欲遏絕之。○堲在力反

命汝作納言夙夜出納朕命惟允。傳納言喉舌之官聽下言納於上受上言宣於下必以信

帝曰咨汝二十有二人。傳禹垂益伯夷夔龍六人新命有職四岳十二牧凡二十二人特勑命之

欽哉惟時亮天功。傳各敬其職惟是乃能信立天下之功

三載考績三考黜陟幽明。傳三年有成故以考功九歲則能否幽明有別黜退其幽者升進其明者

庶績咸熙分北三苗。傳考績法明衆功皆廣三苗幽闇君臣善否分北流之不令相從善惡明。○北音佩

舜生三十徵庸。傳言其始見試用

三十在位。傳歷試二年攝位二十八年

五十載陟方乃死。傳方道也舜卽位五十年升道南方巡守死於蒼梧之野而葬焉三十徵庸三十在位服喪三年其一在三十之數爲天子五十年凡壽百一十二歲

帝釐下土方設居方。傳言舜理四方諸侯各設其官居其方　別生分類傳生姓也別其姓族分其類使相從　作汩作傳汩治作典也言其治民之功典故爲汩作之篇亡　九共九篇槀飫傳槀勞也飫賜也凡十一篇皆亡

書經卷三終

書經卷四

漢　諫大夫魯孔安國傳

虞書

大禹謨第三

皐陶矢厥謨。矢陳也、禹成厥功。陳其成功、帝舜申之。申重也、重美二子之言、作大禹皐陶謨。大禹謀九功、皐陶謀九德、益稷。凡三篇、

大禹謨。禹稱大、大其功、謨謀也、

曰若稽古大禹。傳順考古道而言之、

曰文命敷于四海。祗承于帝。傳言其外布文德教命、內則敬承堯舜、

曰。后克艱厥后。臣克艱厥臣。政乃乂。黎民敏德。傳敏疾也、能知爲君難、爲臣不易、則其政治、而衆民皆疾修德、

帝曰。俞。允若茲。嘉言罔攸伏。野無遺賢。萬邦咸寧。傳攸所也、善言無所伏、言必用、如此則賢才在位、天下安寧、

稽于衆。舍己從人。不虐無告。不廢困窮。惟帝時克。傳帝謂堯也、舜因嘉言無所伏、遂稱堯德以成其義、考衆從人、矜孤愍窮、凡人所輕、聖人所重、

益曰。都。帝德廣運。乃聖乃神。乃武乃文。傳益因舜言又美堯也、廣謂所覆者大、運謂所及者遠、聖無所不通、神妙無方、文經天地、武定禍亂、

皇天眷命。奄有四海。爲天下君。傳眷視、奄同也、言堯有此德、故爲天所命、所以勉舜也、

禹曰。惠迪吉。從逆凶。惟影響。傳迪道也、順道吉、從逆凶、吉凶之報、若影之隨形、響之應聲、言不虛、

益曰。吁。戒哉。儆戒無虞。罔失法度。傳先吁後戒、欲使聽者精其言、虞度也、無億度謂無形、戒於無形、備愼深、秉法守度、言有恒、

罔遊于逸。罔淫于樂。傳淫過也、遊逸過樂、敗德之原、富貴所忽、故特以爲戒、

任賢勿貳。去邪勿疑。疑謀勿成。百志惟熙。傳一意任賢、果於去邪、疑則勿行、道義所存於心、日以廣矣、

罔違道以干百姓之譽。傳干求也、失道求名、古人賤之、

罔咈百姓以從己之欲。傳咈戾也、專欲難成、犯衆興禍、故戒之、○咈扶弗反

無怠無荒。四夷來王。傳言天子常戒愼、無怠惰荒廢、則四夷歸往之、

禹曰。於。帝念哉。德惟善政。政在養民。

傳歎而言念、重其言、爲政以德、則民懷之、

水火金木土穀惟修。

傳言養民之本、在先修六府、

正德利用厚生惟和。

傳正德以率下、利用以阜財、厚生以養民、三者和、所謂善政、

九功惟敘、九敘惟歌。

傳言六府三事之功有次敘、皆可歌樂、乃德政之致、

戒之用休、董之用威、勸之以九歌、俾勿壞。

傳休美、董督也、言善政之道、美以戒之、威以督之、歌以勸之、使政勿壞、在此三者而已、

帝曰、俞、地平天成、六府三事允治、萬世永賴、時乃功。

傳水土治曰平、五行敘曰成、因禹陳九功而歎美之、言是汝之功、明衆臣不及、

帝曰、格、汝禹、朕宅帝位三十有三載、耄期倦于勤、汝惟不怠、總朕師。

傳八十九十曰耄、百年曰期頤、言已年老、厭倦萬机、汝不懈怠於位、稱總我衆、欲使攝、○格庚白反、耄莫報反

禹曰、朕德罔克、民不依、皋陶邁種德、德乃降、黎民懷之。

傳邁行、種布、降下、懷歸也、言已無德、民所不能依、皋陶布行其德、下洽於民、民歸服之、○種章用反、降江巷反

帝念哉、念茲在茲、釋茲在茲、

傳茲此、釋廢也、念此人在此功、廢此人在此罪、言不可誣、

名言茲在茲、允出茲在茲、惟帝念功。

傳名言此事必在此、信出此心亦在此、言皋陶之德以爲主、所宜念茲、

帝曰、皋陶、惟茲臣庶、罔或干予正。

傳或有也、無有干我正、言順命、

汝作士、明于五刑、以弼五教、期于予治。

傳弼輔、期當也、歎其能以刑輔教、當於治體、

刑期于無刑、民協于中、時乃功、懋哉。

傳雖或行刑、以殺止殺、終無犯者、刑期於無所刑、民皆合於大中之道、是汝之功、勉之、

皋陶曰、帝德罔愆、臨下以簡、御衆以寬。

傳愆過也、善則歸君、人臣之義、○愆音牽

罰弗及嗣、賞延于世。

傳嗣亦世、俱謂子孫、延及也、父子罪不相及、而及其賞、道德之政、

宥過無大、刑故無小。

傳過誤所犯、雖大必宥、不忌故犯、雖小必刑、○宥音又

罪疑惟輕、功疑惟重。

傳刑疑附輕、賞疑從重、忠厚之至、

與其殺不辜、寧失不經、好生之德、洽于民心、茲用不犯于有司。

傳辜罪、經常、司主也、皋陶因帝勉已、遂稱帝之德、所以明民不犯上也、寧失不常之罪、不枉不辜之善、仁愛之道、

帝曰。俾予從欲以治。四方風動。惟乃之休。

〔傳〕使我從心所欲而政以治民動順上命若草應風是汝能明刑之美

帝曰。來禹。降水儆予。成允成功。惟汝賢。

〔傳〕水性流下故曰下水儆戒也能成聲敎之信成治水之功言禹最賢重美之○儆居領反

克勤于邦。克儉于家。不自滿假。惟汝賢。

〔傳〕滿謂盈實假大也言禹惡衣薄食卑其宮室而盡力爲民執心謙冲不自盈大○假工雅反

汝惟不矜。天下莫與汝爭能。汝惟不伐。天下莫與汝爭功。

〔傳〕自賢曰矜自功曰伐言禹推善讓人而不失其能不有其勞而不失其功所以能絕衆人

予懋乃德。嘉乃丕績。天之曆數在汝躬。汝終陟元后。

〔傳〕丕大也曆數謂天道元大也大君天子舜善禹有治水之大功言天道在汝身汝終當升爲天子

人心惟危。道心惟微。惟精惟一。允執厥中。

〔傳〕危則難安微則難明故戒以精一信執其中

無稽之言勿聽。弗詢之謀勿庸。

〔傳〕無考無信驗不詢專獨終必無成故戒勿聽用

可愛非君。可畏非民。衆非元后何戴。后非衆罔與守邦。

〔傳〕民以君爲命故可愛君失道民叛之故可畏言衆戴君以自存君恃衆以守國相須而立

欽哉。愼乃有位。敬修其可願。四海困窮。天祿永終。

〔傳〕有位天子位可願謂道德之美困窮謂天民之無告者言爲天子勤此三者則天之祿籍長終汝身

惟口出好興戎。朕言不再。

〔傳〕好謂賞善戎謂伐惡言口榮辱之主慮而宣之成於一也

禹曰。枚卜功臣。惟吉之從。

〔傳〕枚謂歷卜之而從其吉此禹讓之志○枚音梅

帝曰。禹。官占惟先蔽志。昆命于元龜。

〔傳〕帝王立卜占之官故曰官占蔽斷昆後也官占之法先斷人志後命於元龜言志定然後卜○蔽丁亂反

朕志先定。詢謀僉同。鬼神其依。龜筮協從。卜不習吉。

〔傳〕習因也言已謀之於心謀及卜筮四者合從卜不因吉無所枚卜

禹拜稽首固辭。

〔傳〕再辭曰固

帝曰。毋。惟汝諧。

〔傳〕言毋所以禁其辭禹有大功德故能諧和元后之任

正月朔旦。受命于神宗。

〔傳〕受舜終事之命神宗文祖之宗廟言神尊之○正音政

率百官若帝之初。

〔傳〕順帝初攝帝位故事奉行之

帝曰。咨禹。惟時有苗弗率。汝徂征。

〔傳〕三苗之民數干王誅率循徂往也不循帝道言亂逆命禹討之○數音朔

禹乃會羣后誓于師曰。濟濟有衆咸聽朕命。
傳會諸侯共伐有苗軍旅曰誓濟濟衆盛之貌

蠢茲有苗。昏迷不恭。
傳蠢動昏闇也言其所以宜討之

侮慢自賢反道敗德。
傳狎侮先王輕慢典教反正道敗德義○侮亡甫反

君子在野小人在位。
傳廢仁賢任姦佞

民棄不保天降之咎。
傳言民叛天災之

肆予以爾衆士。奉辭罰罪。
傳肆故也辭謂不恭罪謂侮慢以下事

爾尚一乃心力其克有勳。
傳尚庶幾一汝心力以從我命

三旬苗民逆命。
傳旬十日也以師臨之一月不服責舜不先有文誥之命威讓之辭而便憚之以威脅之以兵所以生辭○脅許業反

益贊于禹曰。惟德動天。無遠弗屆。
傳贊佐屆至也益以此義佐禹欲其修德致遠○屆音戒

滿招損謙受益時乃天道。
傳自滿者人損之自謙者人益之是天之常道

帝初于歷山。往于田日號泣于旻天于父母。
傳仁覆愍下謂之旻天言舜初耕于歷山之時為父母所疾日號泣于旻天及父母克己自責不責於人○號户高反

負罪引慝祗載見瞽瞍夔夔齋慄瞽亦允若。
傳慝惡載事也夔夔悚懼之貌言舜負罪引惡敬以事見于父悚懼齋莊父亦信順之言能以至誠感頑父○見賢遍反

至諴感神矧茲有苗。
傳諴和矧況也至和感神況有苗乎言易感○諴音咸易以豉反

禹拜昌言曰。俞。班師振旅。
傳昌當也以益言為當故拜受而然之遂還師兵入曰振旅言整衆○當丁浪反還音旋

帝乃誕敷文德。
傳遠人不服大布文德以來之

舞干羽于兩階。
傳干楯羽翳也皆舞者所執修闡文教舞文舞于賓主階間抑武事○階音皆楯食允反

七旬有苗格。
傳討而不服不討自來明御之者必有道三苗之國左洞庭右彭蠡在荒服之例去京師二千五百里也○蠡音禮

虞書

皐陶謨第四

皋陶謨 【傳】謨謀也皋陶爲帝舜謀○爲于僞反

曰若稽古皋陶。

【傳】亦順考古道以言之夫典謨聖帝所以立治之本皆師法古道以成不易之則、

曰允迪厥德謨明弼諧。

【傳】迪蹈厥其也其古人也言人君當信蹈行古人之德謀廣聰明以輔諧其政、

禹曰兪如何。

【傳】然其言問所以行

皋陶曰都愼厥身修思永。

【傳】歎美之重也愼修其身思爲長久之道、

惇敘九族庶明勵翼邇可遠在茲。

【傳】言愼修其身厚次敘九族則衆庶皆明其教而自勉勵翼戴上命近可推而遠者在此道、

禹拜昌言曰兪。

【傳】以皋陶言爲當故拜受而然之、

皋陶曰都在知人在安民。

【傳】歎修身親親之道在知人所信任在能安民、

禹曰吁咸若時惟帝其難之。

【傳】言帝堯亦以知人安民爲難故曰吁、

知人則哲能官人安民則惠黎民懷之。

【傳】哲智也無所不知故能官人惠愛也愛則民歸之、

能哲而惠何憂乎驩兜。

【傳】佞人亂眞堯憂其敗政故流放之、

何遷乎有苗何畏乎巧言令色孔壬。

【傳】孔甚也巧言靜言庸違令色象恭滔天禹言有苗驩兜之徒甚佞如此堯畏其亂政故遷放之、

皋陶曰都亦行有九德。

【傳】言人性行有九德以考察眞僞則可知

亦言其人有德乃言曰載采采。

【傳】載行采事也稱其人有德必言其所行某事某事以爲驗、

禹曰何。

【傳】問九德品例、

皋陶曰寛而栗。

【傳】性寛弘而能莊栗、

柔而立。

【傳】和柔而能立事、

愿而恭。

【傳】愨愿而恭恪、

亂而敬。

擾而毅。
〔傳〕亂治也有治而能謹敬、
〔傳〕擾順也致果為毅、○擾音饒毅五既反
直而溫。
〔傳〕行正直而氣溫和、
簡而廉。
〔傳〕性簡大而有廉隅、
剛而塞。
〔傳〕剛斷而實塞、

彊而義。
〔傳〕無所屈撓、動必合義、
彰厥有常吉哉。
〔傳〕彰明吉善也明九德之常、以擇人而官之則政之善、
日宣三德夙夜浚明有家。
〔傳〕三德九德之中有其三宣布夙早浚須也卿大夫稱家、言能日日布行三德早夜思之須明行之可以為卿大夫、
日嚴祗敬六德亮采有邦。
〔傳〕有國諸侯日日嚴敬其身敬行六德以信治政事則可以為諸侯、
翕受敷施九德咸事俊乂在官。
〔傳〕翕和也能合受三六之德而用之以布施政教使九德之人皆用事謂天子如此則俊德治能之士並在官、
百僚師師百工惟時。
〔傳〕僚工皆官也師師相師法百官皆是言政無非、
撫于五辰庶績其凝。
〔傳〕凝成也言百官皆撫順五行之時衆功皆成、
無教逸欲有邦。
〔傳〕不為逸豫貪欲之教是有國者之常、
兢兢業業一日二日萬幾。
〔傳〕兢兢戒慎業業危懼幾微也言當戒懼萬事之微、

無曠庶官天工人其代之。
〔傳〕曠空也位非其人為空官言人代天理官不可以天官私非其才、
天叙有典勑我五典五惇哉。
〔傳〕天次敘人之常性各有分義當勑正我五常之教使合於五厚厚天下、
天秩有禮自我五禮有庸哉。
〔傳〕庸常自用也天次秩有禮當用我公侯伯子男五等之禮以接之使有常、
同寅協恭和衷哉。
〔傳〕衷善也以五禮正諸侯使同敬合恭而和善、
天命有德五服五章哉。

天討有罪。五刑五用哉。

（傳）五服天子諸侯卿大夫士之服也。尊卑彩章各異。所以命有德。

（傳）言天以五刑討有罪。用五刑宜必當。

政事懋哉懋哉。

（傳）言敘典秩禮命德討罪。無非天意者。故人君居天官聽政治事。不可以不自勉。

天聰明自我民聰明。

（傳）言天因民而降之福。民所歸者天命之。天視聽人君之行用民爲聰明。

天明畏自我民明威。

（傳）天明可畏亦用民成其威。民所叛者天討之。是天明可畏之效。

達于上下。敬哉有土。

（傳）言天所賞罰。惟善惡所在。不避貴賤。有土之君不可不敬懼。

皋陶曰。朕言惠可底行。

（傳）其所陳九德以下之言。順於古道可致行。

禹曰。俞。乃言底可績。

（傳）然其所陳。從而美之曰。用汝言致可以立功。

皋陶曰。予未有知。思曰贊贊襄哉。

（傳）言我未有所知。未能思致於善。徒亦贊奏上古行事而言之。因禹美之。承以謙辭。言之序。

書經卷四　終

書經卷五

漢　諫大夫曾孔安國傳

虞書

益稷第五

益稷　禹稱其人。因以名篇。

帝曰。來禹。汝亦昌言。

（傳）因皋陶謨九德。故呼禹使亦陳當言。

禹拜曰。都。帝。予何言。予思日孜孜。

（傳）拜而歎。辭不言。欲使帝重皋陶所陳言。已思日孜孜不怠。奉承臣功而已。〇孜音茲

皋陶曰。吁。如何。

（傳）問所以孜孜之事。

禹曰。洪水滔天。浩浩懷山襄陵。下民昏墊。

（傳）言天下民昏瞀墊溺。皆困水災。〇墊丁念反。瞀音務

予乘四載。隨山刊木。

（傳）所載者四。謂水乘舟。陸乘車。泥乘輴。山乘樏。隨行九州之山林。刊槎其木。開通道路以治水也。〇輴丑倫反。漢書作橇。

暨益奏庶鮮食。

（傳）奏謂進於民。鳥獸新殺曰鮮。與益槎木獲鳥獸。民以進食。

予決九川。距四海。濬畎澮距川。

傳距、至也、決九州名川、通之至海、一畝之閒、廣尺深尺曰畎、方百里之閒、廣二尋深二仞曰澮、澮畎深之至川、亦入海、

暨稷播奏庶艱食鮮食。

傳艱、難也、衆難得食處、則與稷教民播種之、決川有魚鱉、使民鮮食之、

懋遷有無化居。

傳化易也、居謂所宜居積者、勉勸天下、徙有之無、魚鹽徙山林、木徙川澤、交易其所居積、

烝民乃粒。萬邦作乂。

傳米食曰粒、言天下由此爲治本、

皐陶曰。俞。師汝昌言。

傳言禹功甚當、可師法、

禹曰。都。帝慎乃在位。帝曰。俞。

傳然禹言、受其戒、

禹曰。安汝止。惟幾惟康。其弼直。

傳言慎在位、當先安好惡所止、念慮幾微以保其安、其輔臣必用直人、

惟動丕應徯志。

傳徯、待也、帝先安所止、動則天下大應之、順命以待帝志、

以昭受上帝。天其申命用休。

傳昭、明也、非但人應之、又乃明受天之報施、天又重命用美、

帝曰。吁。臣哉鄰哉。鄰哉臣哉。禹曰。俞。

傳鄰、近也、言君臣道近、相須而成、

帝曰。臣作朕股肱耳目。

傳言大體若身、

予欲左右有民。汝翼。

傳左右、助也、助我所有之民、富而教之、汝翼成我、

予欲宣力四方。汝爲。

傳布力立治之功、汝羣臣當爲之、

予欲觀古人之象。

傳欲觀示法象之服制、

日月星辰。山龍。華蟲。

傳日月星爲三辰、華象草、華蟲、雉也、畫三辰山龍華蟲於衣服旌旗、

作會。宗彝。

傳會、五采也、以五采成此畫焉、宗廟彝樽、亦以山龍華蟲爲飾、

藻。火。粉米。黼。黻。絺繡。

傳藻、水草有文者、火爲火字、粉若粟冰、米若聚米、黼若斧形、黻爲兩己相背、葛之精者曰絺、五色備曰繡、

以五采彰施于五色。作服。汝明。

傳天子服日月而下、諸侯自龍袞而下、至黼黻、士服藻火、大夫加粉米、上得兼下、下不得僭上、以五采明施于五色、作尊卑之服、汝明制之、

予欲聞六律五聲八音在治忽以出納五言汝聽

傳言欲以六律和聲音在察天下治理及忽怠者又以出納仁義禮智信五德之言施于民以成化汝當聽審之

予違汝弼汝無面從退有後言

傳我違道汝當以義輔正我無得面從我違而退後有言我不可弼

欽四鄰庶頑讒說若不在時

傳四近前後左右之臣勑使敬其職衆頑愚讒說之人若所行不在於是而爲非者當察之

侯以明之撻以記之

傳當行射侯之禮以明善惡之教笞撻不是者使記識其過○撻他末反笞勑疑反

書用識哉欲並生哉

傳書識其非欲使改悔與其並生

工以納言時而颺之

傳工樂官掌誦詩以納諫當是正其義而颺道之○颺音揚

格則承之庸之否則威之

傳天下人能至于道則承用之任以官不從教則以刑威之

禹曰俞哉帝光天之下至于海隅蒼生

傳光天之下至于海隅蒼蒼然生草木言所及廣遠

萬邦黎獻共惟帝臣惟帝時舉敷納以言明庶以功車服以庸

傳獻賢也萬國衆賢共爲帝臣帝舉是而用之使陳布其言明之皆以功大小爲差以車服旌其能用之

誰敢不讓敢不敬應

傳上惟賢是用則下皆敬應上命而讓善

帝不時敷同日奏罔功

傳帝用臣不是則遠近布同而日進於無功以賢愚並位優劣共流故

無若丹朱傲惟慢遊是好

傳丹朱堯子舉以戒之

傲虐是作罔晝夜頟頟

傳傲戲而爲虐無晝夜常頟頟肆惡無休息○頟五客反

罔水行舟朋淫于家用殄厥世

傳朋羣也丹朱習於無水陸地行舟言無度羣淫于家妻妾亂用是絕其世不得嗣

予創若時娶于塗山辛壬癸甲

傳創懲也塗山國名懲丹朱之惡辛日娶妻至于甲日復往治水不以私害公

啓呱呱而泣予弗子惟荒度土功

傳啓禹子也禹治水過門不入聞啓泣聲不暇子名之以大治度水土之功故○呱音孤

弼成五服至于五千州十有二師

傳五服侯甸綏要荒服也服五百里四方相距爲方五千里治洪水輔成之一州用三萬人功九州二十七萬庸

外薄四海咸建五長

傳薄迫也言至海諸侯五國立賢者一人爲方伯謂之五長以相統治以奬帝室○薄蒲各反

各迪有功。苗頑弗即工。帝其念哉。

傳 九州五長各蹈爲有功、惟三苗頑凶、不得就官、善惡分別、

帝曰。迪朕德。時乃功惟敘、

傳 言天下蹈行我德、是汝治水之功有次序、敢不念乎、

皋陶方祗厥敘。方施象刑惟明。

傳 方、四方。禹五服既成、故皋陶敬行其九德考績之次序於四方、又施其法刑、皆明白、史因禹功重美之、

夔曰。戛擊鳴球。搏拊琴瑟以詠。祖考來格。

傳 戛擊、柷敔、所以作止樂。搏拊、以韋爲之、實之以糠、所以節樂。球、玉磬。此舜廟堂之樂、民悅其化、神歆其祀、禮備樂和、故以祖考來至明之。○柷尺叔反。敔魚呂反

虞賓在位。羣后德讓。

傳 丹朱爲王者後、故稱賓、言與諸侯助祭、班爵同、推先有德、

下管鼗鼓。合止柷敔。

傳 堂下樂也、上下合止樂、各有柷敔、明球絃鍾籥各自互見、

笙鏞以閒。鳥獸蹌蹌。

傳 鏞、大鍾。閒、迭也。吹笙擊鍾、鳥獸化德、相率而舞、蹌蹌然。○蹌七羊反

簫韶九成。鳳皇來儀。

傳 韶、舜樂名。言簫、見細器之備。雄曰鳳、雌曰皇、靈鳥也。儀、有容儀。備樂九奏而致鳳皇、則餘鳥獸不待九而率舞、

夔曰。於予擊石拊石。百獸率舞。庶尹允諧。

傳 尹、正也。衆正官之長、信皆和諧、言神人治。始於任賢、立政以禮、治成以樂、所以太平。○於予並如字

帝庸作歌曰。勑天之命。惟時惟幾。

傳 用庶尹允諧之政、故作歌以戒、安不忘危。勑、正也。奉正天命以臨民、惟在順時、惟在慎微、

乃歌曰。股肱喜哉。元首起哉。百工熙哉。

傳 元首、君也。股肱之臣喜樂盡忠、君之治功乃起、百官之業乃廣。○樂音洛

皋陶拜手稽首颺言曰。念哉。

傳 大言而疾曰颺、承歌以戒帝、

率作興事。慎乃憲。欽哉。

傳 憲、法也。天子率臣下爲起治之事、當慎汝法度、敬其職、

屢省乃成。欽哉。

傳 屢、數也。當數顧省汝成功、敬終以善、無懈怠、

乃賡載歌曰。元首明哉。股肱良哉。庶事康哉。

傳 賡、續。載、成也。帝歌歸美股肱、義未足、故續歌先君後臣、衆事乃安、以成其義、

又歌曰。元首叢脞哉。股肱惰哉。萬事墮哉。

傳 叢脞、細碎無大略。君如此、則臣懈惰、萬事墮廢、其功不成、歌以申戒。○叢太公反。脞倉果反。墮許規反

帝拜曰。俞。往欽哉。

傳 拜受其歌、戒羣臣自今以往、敬其職事哉、

書經卷五 終

書經卷六

漢　諫大夫魯孔安國傳

夏書

禹貢第一

禹別九州。分其圻界。隨山濬川。刊其木，深其流。任土作貢。任其土地所有，定其貢賦之差。此堯時事而在夏書之首，禹之王以是功。

禹貢。傳禹制九州貢法。

禹敷土，隨山刊木。傳洪水汎溢，禹分布治九州之土，隨行山林，斬木通道。

奠高山大川。傳奠，定也。高山五岳，大川四瀆，定其差秩，祀禮所視。

冀州既載。傳堯所都也。先施貢賦役，載於書。

壺口。治梁及岐。傳壺口在冀州，梁岐在雍州，從東循山治水而西。○壺音胡

既修太原，至于岳陽。傳高平曰太原，今以為郡名。岳，太岳，在太原西南，山南曰陽。

覃懷厎績，至于衡漳。

傳覃懷近河地名。漳水橫流入河，從覃懷致功至橫漳。

厥土惟白壤。傳無塊曰壤，水去土復其性，色白而壤。

厥賦惟上上錯。傳賦謂土地所生以供天子。上上，第一。錯，雜，雜出第二之賦。

厥田惟中中。傳田之高下肥瘠，九州之中為第五。

恒衛既從，大陸既作。傳二水已治，從其故道。大陸之地已可耕作。

島夷皮服。傳海曲謂之島，居島之夷還服其皮，明水害除。○島當老反

夾右碣石入于河。傳碣石，海畔山。禹夾行此山之右而入河，逆上此州帝都，不說境界，以餘州所至則可知。先賦後田，亦殊於餘州。不言貢篚，亦差於餘州。○夾音協。註同。碣其列反

濟河惟兗州。傳東南據濟，西北距河。

九河既道。傳河水分為九道，在此州界平原以北是。

雷夏既澤。灉沮會同。
傳雷夏澤名、灉沮二水會同此澤、○灉音邕
桑土既蠶。是降丘宅土。
傳地高曰丘、大水去、民下丘居平土、就桑蠶、
厥土黑墳。
傳色黑而墳起、
厥草惟繇。厥木惟條。
傳繇茂、條長也、
厥田惟中下。
傳田第六、

厥賦貞。
傳貞正也、州第九賦、正與九相當、
作十有三載乃同。
傳治水十三年、乃有賦法、與他州同、
厥貢漆絲。厥篚織文。
傳地宜漆林、又宜桑蠶、織文錦綺之屬、盛之筐篚而貢焉、○盛音成
浮于濟漯。達于河。
傳順流曰浮、濟漯兩水名、因水入水曰達、

海岱惟青州。
傳東北據海、西南距岱、○岱音代
嵎夷既略。濰淄其道。
傳嵎夷地名、用功少曰略、濰淄二水、復其故道、○濰音惟
厥土白墳。海濱廣斥。
傳濱涯也、言復其斥鹵、
厥田惟上下。厥賦中上。
傳田第三、賦第四、
厥貢鹽絺。海物惟錯。
傳絺細葛、錯雜、非一種、

岱畎絲枲。鉛松怪石。
傳畎谷也、怪異好石似玉者、岱山之谷出此五物、皆貢之、○畎工犬反、枲思似反、鉛寅專反
萊夷作牧。
傳萊夷地名、可以放牧、
厥篚檿絲。
傳檿桑蠶絲、中琴瑟弦、○檿烏簟反
浮于汶。達于濟。
海岱及淮惟徐州。

傳東至海北至岱南及淮。

淮沂其乂蒙羽其藝。

傳二水已治二山已可種藝。

大野既豬東原底平。

傳大野澤名水所停曰豬東原致功而平言可耕○豬張魚反

厥土赤埴墳草木漸包。

傳土黏曰埴漸進長包叢生。

厥田惟上中厥賦中中。

傳田第二賦第五。

厥貢惟土五色。

傳王者封五色土爲社建諸侯則各割其方色土與之使立社燾以黃土苴以白茅茅取其潔黃取王者覆四方。

羽畎夏翟嶧陽孤桐。

傳夏翟翟雉名羽中旌旄羽山之谷有之孤特也嶧山之陽特生桐中琴瑟○夏行雅反嶧音亦

泗濱浮磬淮夷蠙珠暨魚。

傳泗水涯水中見石可以爲磬蠙珠珠名淮夷二水出蠙珠及美魚○蠙蒲邊反暨其器反

厥篚玄纖縞。

傳玄黑繒縞白繒纖細也纖在中明二物皆當細○纖息斂反縞古老反

浮于淮泗達于河。

淮海惟揚州。

傳北據淮南距海。

彭蠡既豬陽鳥攸居。

傳彭蠡澤名隨陽之鳥鴻鴈之屬冬月所居於此澤。

三江既入震澤底定。

傳震澤吳南大湖名言三江已入致定爲震澤。

篠簜既敷。

傳篠竹箭簜大竹水去已布生○篠西了反簜徒黨反

厥草惟夭厥木惟喬。

傳少長曰夭喬高也。

厥土惟塗泥。

傳地泉濕。

厥田惟下下厥賦下上上錯。

傳田第九賦第七雜出第六。

厥貢惟金三品。

傳金銀銅也。

瑤琨篠簜。

傳瑤琨皆美玉○瑤音遙琨音昆

齒革羽毛惟木。

傳 齒象牙、革犀皮、羽鳥羽、毛旄、牛尾、木、楩梓豫章。○楩音鞭

島夷卉服、

傳 南海島夷草服、葛越、○卉許貴反

厥篚織貝。

傳 織細紵、貝水物、

厥包橘柚錫貢。

傳 小曰橘、大曰柚、其所包裹而致者、錫命乃貢、言不常、○橘均必反柚由究反裹音果

沿于江海、達于淮泗。

傳 順流而下曰沿、沿江入海、自海入淮、自淮入泗、

荆及衡陽惟荆州。

傳 北據荆山、南及衡山之陽、

江漢朝宗于海。

傳 二水經此州而入海、有似於朝、百川以海爲宗、宗尊也、

九江孔殷。

傳 江於此州界分爲九道、甚得地勢之中、

沱潛既道。

傳 沱、江別名、潛、水名、皆復其故道、○沱徒河反

雲土夢作乂。

傳 雲夢之澤、在江南、其中有平土丘、水去可爲耕作畎畝之治、

厥土惟塗泥。厥田惟下中。厥賦上下。

傳 田第八、賦第三、人功修、

厥貢羽毛齒革惟金三品。

傳 土所出、與揚州同、

杶榦栝柏。

傳 榦柘也、柏葉松身曰栝、○杶勑倫反栝古活反

礪砥砮丹。

傳 砥細於礪、皆磨石也、砮石中矢鏃、丹朱類、○砮音奴

惟箘簵楛。三邦底貢厥名。

傳 箘簵美竹、楛中矢榦、三物皆出雲夢之澤、近澤三國常致貢之、其名天下稱善、○箘求隕反簵音路楛音戶

包。

傳 橘柚、

匭菁茅。

傳 匭匣也、菁以爲菹、茅以縮酒、○匭音軌菁音精

厥篚玄纁璣組。

傳 此州染玄纁色善、故貢之、璣珠類、生於水、組綬類、○纁許云反璣其依反

九江納錫大龜。

【傳】尺二寸曰大龜出於九江水中龜不常用錫命而納之、

浮于江沱潛漢逾于洛至于南河。

【傳】逾越也河在冀州南東流故越洛而至南河

荊河惟豫州。

【傳】西南至荊山北距河水

伊洛瀍澗既入于河。

【傳】伊出陸渾山洛出上洛山澗出沔池山瀍出河南北山四水合流而入河。○瀍直然反澗故晏反

滎波既豬。

【傳】滎澤波水已成遏豬。○滎戶扃反

導菏澤被孟豬。

【傳】菏澤在胡陵孟豬澤名在菏東北水流溢覆被之。○菏音柯

厥土惟壤下土墳壚。

【傳】高者壤下者墳壚

厥田惟中上厥賦錯上中。

【傳】田第四賦第二又雜出第一

厥貢漆枲絺紵厥篚纖纊。

【傳】纊細綿。○纊武延反

錫貢磬錯。

【傳】治玉石曰錯治磬錯、

浮于洛達于河。華陽黑水惟梁州。

【傳】東據華山之南西距黑水、

岷嶓既藝沱潛既道。

【傳】岷山嶓冢皆山名水去已可種藝沱潛發源此州入荊州。○岷武巾反嶓音波

蔡蒙旅平和夷厎績。

【傳】蔡蒙二山名祭山曰旅平言治功畢和夷之地致功可藝、

厥土青黎。

【傳】色青黑而沃壤、

厥田惟下上厥賦下中三錯。

【傳】田第七賦第八雜出第七第九三等、

厥貢璆鐵銀鏤砮磬。

【傳】璆玉名鏤剛鐵。○璆音虯鏤婁豆反

熊羆狐貍織皮。

【傳】貢四獸之皮織金罽。○罽紀例反

西傾因桓是來浮于潛逾于沔。

【傳】西傾山名桓水自西傾山南行因桓水是來浮于潛漢上曰沔、

入于渭。亂于河。

(傳)越沔而北入渭，浮東渡河，而還帝都白所治，正絕流曰亂。○渭音謂

黑水西河惟雍州。

(傳)西距黑水，東據河，龍門之河在冀州西。

弱水既西。

(傳)導之西流，至于合黎。

涇屬渭汭。

(傳)屬，逮也。水北曰汭。言治涇水入于渭。○涇音經

漆沮既從。灃水攸同。

(傳)漆沮之水，已從入渭。灃水所同，同之於渭。○灃芳弓反

荊岐既旅。

(傳)已旅祭，言治功畢。此荊在岐東，非荊州之荊。

終南。惇物。至于鳥鼠。

(傳)三山名，言相望。

原隰底績。至于豬野。

(傳)下濕曰隰。豬野，地名。言皆致功。

三危既宅。三苗丕敘。

(傳)西裔之山，已可居，三苗之族，大有次敘，美禹之功。

厥土惟黃壤。厥田惟上上。厥賦中下。

(傳)田第一，賦第六，人功少。

厥貢惟球。琳。琅玕。

(傳)球琳，皆玉名。琅玕，石而似玉。

浮于積石。至于龍門西河。

(傳)積石山在金城西南，河所經也。沿河順流而北，千里而東，千里而南。龍門山在河東之西界。

會于渭汭。

(傳)逆流曰會。自渭北涯逆水西上。

織皮崑崙。析支渠搜。西戎即敘。

(傳)織皮毛布，有此四國，在荒服之外，流沙之內，羌髳之屬，皆就次敘，美禹之功及戎狄也。○崙魯門反，髳音謀，又音毛。

導岍及岐。至于荊山。

(傳)更理說所治山川首尾所在，治山通水，故以山名之。三山皆在雍州。○岍音牽

逾于河。

(傳)此謂梁山龍門西河。

壺口。雷首。至于太岳。

(傳)三山在冀州，太岳上黨西。

厎柱。析城。至于王屋。

(傳)此三山在冀州，南河之北東行。

太行恒山至于碣石入于海。
傳此二山連延東北接碣石而入滄海百川經此衆山禹皆治之不可勝名故以山言之

西傾朱圉鳥鼠。
傳西傾朱圉在積石以東鳥鼠渭水所出在隴西之西三者雍州之南山

至于太華。
傳相首尾而東

熊耳外方桐柏至于陪尾。
傳四山相連東南在豫州界洛經熊耳伊經外方淮出桐柏經陪尾凡此皆先舉所施功之山於上而後條列所治水於下互相備

導嶓冢至于荆山。
傳漾水出嶓冢在梁州經荆山荆山在荆州

内方至于大別。
傳内方大別二山名在荆州漢所經

岷山之陽至于衡山。
傳岷山江所出在梁州衡山江所經在荆州

過九江至于敷淺原。
傳言衡山連延過九江接敷淺原言導從首起言陽從南敷淺原一名博陽山在揚州豫章界

導弱水至于合黎。
傳合黎水名在流沙東

餘波入于流沙。
傳弱水餘波西溢入流沙

導黑水至于三危入于南海。
傳黑水自北而南經三危過梁州入南海

導河積石至于龍門。
傳施功發于積石至于龍門或鑿山或穿地以通流

南至于華陰。
傳河自龍門南流至華山北而東行

東至于厎柱。
傳厎柱山名河水分流包山而過山見水中若柱然在西虢之界

又東至于孟津。
傳孟津地名在洛北都道所湊古今以爲津

東過洛汭至于大伾。
傳洛汭洛入河處山再成曰伾至于大伾而北行

北過降水至于大陸。
傳降水水名入河大陸澤名

又北播爲九河。

傳北分爲九河以殺其溢在兗州界。
同爲逆河入于海。
傳同合爲一大河名逆河而入于渤海皆禹所加功故叙之。
嶓冢導漾東流爲漢。
傳泉始出山爲漾水東南流爲沔水至漢中東流爲漢水。
又東爲滄浪之水。
傳別流在荊州。
過三澨至于大別。
傳三澨水名入漢大別山名。○澨市制反

南入于江。
傳觸山廻南入江。
東匯澤爲彭蠡。
傳匯廻也水東廻爲彭蠡大澤。○匯胡罪反
東爲北江入于海。
傳自彭蠡江分爲三入震澤遂爲北江而入海。
岷山導江東別爲沱。
傳江東南流沱東行。
又東至于澧。

傳澧水名。
過九江至于東陵。
傳江分爲九道在荊州東陵地名。
東迆北會于匯。
傳迆溢也東溢分流都其北會爲彭蠡。○迆以爾反
東爲中江入于海。
傳有北有中南可知。
導沇水東流爲濟。
傳泉源爲沇流去爲濟在溫西北平地。○沇音兗

入于河溢爲滎。
傳濟水入河並流十數里而南截河又並流數里溢爲滎澤在敖倉東南。
東出于陶丘北。
傳陶丘丘再成。
又東至于菏。
傳菏澤之水。
又東北會于汶。
傳濟與汶合。
又北東入于海。

【傳】北折而東、

導淮自桐柏。

【傳】桐柏山在南陽之東、

東會于泗沂。東入于海。

【傳】與四沂二水合入海、

導渭自鳥鼠同穴。

【傳】鳥鼠共爲雌雄、同穴處此山、遂名山曰鳥鼠渭水出焉、

東會于灃。又東會于涇。

【傳】灃水自南、涇水自北而合、

又東過漆沮。入于河。

【傳】漆沮、二水名亦曰洛水、出馮翊北、

導洛自熊耳。

【傳】在宜陽之西、

東北會于澗瀍。

【傳】會于河南城南、

又東。會于伊。

【傳】合於洛陽之南、

又東北。入于河。

【傳】合於鞏之東、

九州攸同。

【傳】所同事在下、

四隩既宅。

【傳】四方之宅已可居、○隩於六反

九山刊旅。九川滌源。九澤既陂。

【傳】九州名山、已槎木通道而旅祭矣、九州之川、已滌除泉源無壅塞矣、九州之澤、已陂障無決溢矣、

四海會同。六府孔修。

【傳】四海之內、會同于京師、九州同風、萬國共貫、水火金木土穀甚修治、言政化和、

庶土交正。厎慎財賦。

【傳】交、俱也、衆土俱得其正、謂壤墳壚、致所慎者、財貨貢賦、言取之有節、不過度、

咸則三壤成賦中邦。

【傳】皆法壤田上中下、大較三品、成九州之賦、明水害除、

錫土姓。祗台德先。不距朕行。

【傳】台、我也、天子建德、因生以賜姓、謂有德之人生此地、以此地名賜之姓以顯之、王者常自以敬我德爲先、則天下無距違我行者、

五百里甸服。

【傳】規方千里之內、謂之甸服、爲天子服治田、去王城面五百里、

百里賦納總。

傳甸服內之百里近王城者、禾藁曰總入之供飼國馬、

二百里納銍。

傳銍刈、謂禾穗、

三百里納秸服。

傳秸藁也服藁役、○秸本或作稭工八反

四百里粟五百里米。

傳所納精者少麤者多、

五百里侯服。

傳甸服外之五百里、侯候也斥候而事服、

百里采。

傳侯服內之百里供王事而已不主一、

二百里男邦。

傳男任也、任王者事、

三百里諸侯。

傳三百里同為王者斥候故合三為一名、

五百里綏服。

傳綏安也侯服外之五百里安服王者之政教、

三百里揆文教

傳揆度也度王者文教而行之三百里皆同、

二百里奮武衛。

傳文教外之二百里、奮武衛天子所以安、

五百里要服。

傳綏服外之五百里要束以文教、

三百里夷。

傳守平常之教、事王者而已、

二百里蔡。

傳蔡法也法三百里而差簡、

五百里荒服。

傳要服外之五百里言荒又簡略、

三百里蠻。

傳以文德蠻來之不制以法、

二百里流。

傳流移也言政教隨其俗凡五服相距為方五千里、

東漸于海西被于流沙朔南暨聲教、

傳漸入也被及也此言五服之外皆與王者聲教而朝見、

訖于四海。禹錫玄圭，告厥成功。（傳）玄，天色。禹功盡加於四海，故堯賜玄圭以彰顯之，言天功成。

書經卷六　終

書經卷七

漢　諫大夫魯孔安國傳

夏書

甘誓第二

啓與有扈戰于甘之野，作甘誓。（傳）夏啓嗣禹位，伐有扈之罪。

甘誓（傳）甘，有扈郊地名。將戰先誓。

大戰于甘，乃召六卿。（傳）天子六軍，其將皆命卿。○將，子匠反。

王曰：嗟！六事之人。（傳）各有軍士，故曰六事。

予誓告汝：有扈氏威侮五行，怠棄三正。（傳）五行之德，王者相承所取法。有扈與夏同姓，恃親而不恭，是則威虐侮慢五行，怠惰棄廢天地人之正道，言亂常。

天用勦絶其命。（傳）用其失道，故勦截也。截，絶，謂滅之。○勦，子六反。

今予惟恭行天之罰。（傳）恭，奉也。言欲截絶之。

左不攻于左，汝不恭命。（傳）左，車左。左方主射，絶之也，治其職。

右不攻于右。汝不恭命。傳右、車右、勇力之士、執戈矛以退敵、
御非其馬之正。汝不恭命。傳御以正馬爲政、三者有失、皆不奉我命、
用命賞于祖。傳天子親征、必載遷廟之祖主行、有功則賞祖主前、示不專、
弗用命戮于社。傳天子親征、又載社主、謂之社事、不用命奔北者、則戮之於社主前、社主陰、陰主殺、親祖嚴社之義、
予則孥戮汝。傳孥子也、非但止汝身、辱及汝子、言恥累也、

夏書

五子之歌第三

太康失邦。傳啓子也、盤于遊田、不恤民事、爲羿所逐、不得反國、昆弟五人須于洛汭。作五子之歌。傳太康五弟、與其母待太康、洛水之北、怨其不反、故作歌、
五子之歌傳啓之五子、因以名篇、
太康尸位以逸豫。傳尸主也、主以尊位、爲逸豫不勤、
滅厥德、黎民咸貳、

傳君喪其德、則衆民皆二心矣、
乃盤遊無度。傳盤樂遊逸、無法度、
畋于有洛之表。十旬弗反。傳洛水之表、水之南、十日曰旬、田獵過百日不還、○畋音田
有窮后羿。因民弗忍。距于河。傳有窮國名、羿諸侯名、距太康於河、不得入國、遂廢之、
厥弟五人。御其母以從。傳御侍也、言從畋、

徯于洛之汭。五子咸怨。傳待太康、怨其久畋失國、
述大禹之戒以作歌。傳述循也、歌以敘怨、
其一曰。皇祖有訓。民可近不可下。傳皇君也、君祖禹有訓、戒近謂親之、下謂失分、
民惟邦本。本固邦寧。傳言人君當固民以安國、
予視天下愚夫愚婦。一能勝予。

【傳】言能畏敬小民所以得衆心、

一人三失怨豈在明。不見是圖。

【傳】三失過非一也、不見是謀備其微、

予臨兆民懔乎若朽索之馭六馬。

【傳】十萬曰億十億曰兆言多懔危貌朽腐也腐索馭六馬言危懼甚

爲人上者奈何不敬。

【傳】能敬則不驕在上不驕則高而不危、

其二曰訓有之內作色荒外作禽荒。

【傳】作爲也迷亂曰荒色女色禽鳥獸

甘酒嗜音峻宇彫牆。

【傳】甘嗜無厭足、峻高大彫飾畫

有一于此未或不亡。

【傳】此六者棄德之君必有其一、有一必亡、況兼有乎、

其三曰惟彼陶唐有此冀方。

【傳】陶唐帝堯氏都冀州統天下四方、

今失厥道亂其紀綱乃底滅亡。

【傳】言失堯之道亂其法制自致滅亡、

其四曰明明我祖萬邦之君有典有則貽厥子孫。

【傳】君萬國爲天子典謂經籍則法貽遺也言仁及後世、

關石和鈞王府則有。荒墜厥緒覆宗絕祀。

【傳】金鐵曰石供民器用通之使和平則官民足言古制存而太康失其業以取亡、○覆芳服反

其五曰嗚呼曷歸予懷之悲。

【傳】曷何也、言思而悲、

萬姓仇予予將疇依。

【傳】仇怨也、言當依誰以復國乎、

鬱陶乎予心顏厚有忸怩。

【傳】鬱陶、言哀思也顏厚色愧忸怩心慚慚愧於仁人賢士、

弗慎厥德雖悔可追。

【傳】言人君行已不慎其德以速滅敗雖欲改悔其可追及乎言無益

夏書

胤征第四

羲和湎淫廢時亂日。【傳】羲氏和氏世掌天地四時之官自唐虞至三代世職不絕承太康之後沈湎於酒過差非度廢天時亂甲乙

胤往征之作胤征。【傳】胤國之君受王命往征之、

胤征 【傳】奉辭罰罪曰征、

惟仲康肇位四海。

【傳】羿廢太康而立其弟仲康爲天子、

胤侯命掌六師。

傳仲康命胤侯掌王六師爲大司馬、

羲和廢厥職、酒荒于厥邑。

傳舍其職官還其私邑、以酒迷亂不修其業、

胤后承王命。徂征。

傳徂往也、就其私邑往討之、

告于衆曰。嗟予有衆。

傳誓敕之、

聖有謨訓。明徵定保。

傳徵證保安也、聖人所謀之教訓爲世明證、所以定國安家、

先王克謹天戒。臣人克有常憲。

傳言君能愼戒、臣能奉有常法、

百官修輔。厥后惟明明。

傳修職輔君、君臣俱明、

每歲孟春。遒人以木鐸徇于路。

傳遒人宣令之官、木鐸金鈴木舌、所以振文教。○遒在由反鈴音令

官師相規。工執藝事以諫。

傳官衆、衆官更相規闕、百工各執其所治技藝以諫、諫失常、

其或不恭。邦有常刑。

傳言百官廢職服大刑、

惟時羲和。顛覆厥德。

傳顛覆言反倒、將陳羲和所犯、故先舉孟春之令、犯令之誅

沈亂于酒。畔官離次。

傳沈謂醉冥失次位也、

俶擾天紀。遐棄厥司。

傳俶始擾亂遐遠也、紀謂時日司所主也。○俶尺六反

乃季秋月朔。辰弗集于房。

傳辰日月所會、房所舍之次、集合也、不合卽日食可知

瞽奏鼓。嗇夫馳。庶人走。

傳凡日食天子伐鼓於社、責上公、瞽樂官、樂官進鼓則伐之、嗇夫主幣之官、馳取幣禮天神、衆人走供救日食之百役也。○嗇音色

羲和尸厥官。罔聞知。

傳主其官而無聞知於日食之變異、所以罪重、

昏迷于天象。以干先王之誅。

傳闇錯天象、言昏亂之甚、干犯也、

政典曰。先時者殺無赦。

傳 政典、夏后爲政之典籍、若周官六卿之治典、先時謂曆象之法、四時節氣、弦望晦朔、先天時則罪死無赦、○先、悉薦反

不及時者殺無赦。

傳 不及、謂曆象後天時、雖治其官、苟有先後之差、則無赦、況廢官乎

今予以爾有衆、奉將天罰。

傳 將、行也、奉王命、行王誅、謂殺湎淫之身、立其賢子弟

爾衆士同力王室、尚弼予欽承天子威命。

傳 以天子威命、督其士衆、使用命、

火炎崑岡、玉石俱焚。

傳 山脊曰岡、崑山出玉、言火逸而害玉、

天吏逸德、烈于猛火。

傳 逸、過也、天王之吏爲過惡之德、其傷害天下、甚於火之害玉、猛火烈矣、又烈於火、

殲厥渠魁、脅從罔治。

傳 殲、滅、渠、大、魁、帥也、指謂羲和罪人之身、其脅從距王師者皆無治、

舊染汙俗、咸與惟新。

傳 言其餘人久染汙俗、本無惡心、皆與更新、一無所問、

嗚呼、威克厥愛、允濟。

傳 歎能以威勝所愛、則必有成功、

愛克厥威、允罔功。

傳 以愛勝威、無以濟衆、信無功、

其爾衆士懋戒哉。

傳 言當勉以用命、戒以辟戮、

自契至于成湯八遷、傳 十四世、凡八徙國都、湯始居亳、從先王居。傳 契父帝嚳都亳、湯自商丘遷焉、故曰從先王居、作帝告、釐沃。傳 告來居、治沃土、二篇皆亡、

湯征諸侯、傳 爲夏方伯、得專征伐、葛伯不祀、湯始征之。傳 葛國、伯爵也、廢其土地山川及宗廟神祇、皆不祀、湯始伐之、伐始於葛、作湯征。傳 述始征之義也、亡、

伊尹去亳適夏。傳 伊尹字氏、湯進於桀、既醜有夏、復歸于亳。傳 醜其政、不能用賢、故退還、入自北門、乃遇汝鳩、汝方。傳 鳩方二人、湯之賢臣、不期而會曰遇、作汝鳩、汝方。

傳 言所以醜夏而還之意、二篇皆亡、

書經卷七　終

書經卷八　漢　諫大夫魯孔安國傳

商書

湯誓第一

伊尹相湯伐桀，升自陑。傳桀都安邑，湯升道從陑，出其不意，陑在河曲之南。遂與桀戰于鳴條之野。傳地在安邑之西，桀逆拒湯。作湯誓。

湯誓傳戒誓湯士衆、

王曰。格爾衆庶。悉聽朕言。傳契始封商，湯遂以爲天下號，湯稱王，則比桀於一夫、

非台小子敢行稱亂。有夏多罪。天命殛之。傳稱，舉也，舉亂以諸侯伐天子，非我小子敢行此事，桀有昏德，天命誅之，今順天。○台，以之反，下同

今爾有衆。汝曰我后不恤我衆。舍我穡事而割正夏。傳汝，汝有衆，我后，桀也，正，政也，言奪民農功而爲割剝之政、

予惟聞汝衆言。傳不憂我衆之言、

夏氏有罪。予畏上帝。不敢不正。傳不敢不正桀罪誅之、

今汝其曰夏罪其如台。傳今汝其復言桀惡，其亦如我所聞之言、

夏王率遏衆力。率割夏邑。傳言桀君臣相率爲勞役之事，以絕衆力，謂廢農功，相率割剝夏之邑居，謂征賦重、

有衆率怠弗協。曰時日曷喪。予及汝皆亡。傳衆下相率爲怠惰，不與上和合，比桀於日，曰是日何時喪，我與汝俱亡，欲殺身以喪桀、

夏德若茲。今朕必往。傳凶德如此，我必往誅之、

爾尚輔予一人。致天之罰。予其大賚汝。傳賚，與也，汝庶幾輔成我，我大與汝爵賞、

爾無不信。朕不食言。傳食盡其言，僞不實、

爾不從誓言。傳不用命、

予則孥戮汝。罔有攸赦。傳古之用刑，父子兄弟罪不相及，今云孥戮汝，無有所赦，權以脅之使勿犯、

湯既勝夏。欲遷其社。不可。傳湯承堯舜禪代之後，順天應人，逆取順守而有慙德，故革命創制，改正易服，變置社稷，而後世無及句龍者，故不可而止。作夏社。疑至臣扈。傳言夏社不可遷之義，疑至及臣扈三篇、皆亡、

夏師敗績。湯遂從之。【傳】太崩曰敗績、從謂遂討之、遂伐三朡。俘厥寶玉。【傳】三朡國名、桀走保之、今定陶也、桀自安邑東入山出太行東南涉河、湯緩追之、不迫遂奔南巢、俘取也、玉以禮神、使無水旱之災、故取而寶之。○朡子公反 誼伯仲伯作典寶。【傳】二臣作典寶一篇、言國之常寶也、亡、

商書

仲虺之誥第二

湯歸自夏。至于大坰。【傳】自三朡而還、大坰地名、仲虺作誥。【傳】爲湯左相、奚仲之後、

仲虺之誥【傳】仲虺臣名、以諸侯相天子、會同曰誥、

成湯放桀于南巢。惟有慙德。【傳】湯伐桀武功成、故以爲號、南巢地名、有慙德、慙德不及古、

曰。予恐來世以台爲口實。【傳】恐來世論道我放天子常不去口、

仲虺乃作誥。【傳】陳義誥湯、可無慙、

曰。嗚呼。惟天生民有欲。無主乃亂。【傳】民無君主則恣情欲、必致禍亂、

惟天生聰明時乂。【傳】言天生聰明是治民亂、

有夏昏德。民墜塗炭。【傳】夏桀昏亂、不恤下民、民之危險若陷泥墜火、無救之者、

天乃錫王勇智。表正萬邦。纘禹舊服。【傳】言天與王勇智、應爲民主、儀表天下、法正萬國、繼禹之功、統其故服、

茲率厥典。奉若天命。【傳】天意如此、但當循其典法、奉順天命而已、無所慙、

夏王有罪。矯誣上天。以布命于下。【傳】言託天以行虐於民、乃桀之大罪、

帝用不臧。式商受命。用爽厥師。【傳】天用桀無道故不善之、式用、爽明也、用商受王命、用明其衆、言爲主也、

簡賢附勢。寔繁有徒。【傳】簡略也、賢而無勢則略之、不賢有勢則附之、若是者繁多有徒衆、無道之世所常。○繁音煩

肇我邦于有夏。若苗之有莠。若粟之有秕。【傳】始我商家國於夏世、欲見翦除、若莠生苗、若秕在粟、恐被鋤治簸颺。○簸彼我反

小大戰戰。罔不懼于非辜。矧予之德言足聽聞。【傳】言商家小大憂危、恐其非罪見滅、矧況也、況我之道德善言足聽聞乎、無道之惡有道自然理、

惟王不邇聲色。不殖貨利。【傳】邇近也、不近聲樂、言清簡、不近女色、言貞固、殖生也、不生資貨財利、言不貪也、既有聖德、兼有此行、

德懋懋官。功懋懋賞。用人惟己。改過不吝。

傳勉於德者則勉之以官勉於功者則勉之以賞用人之言若自己出有過則改無所吝惜所以能成王業

克寬克仁彰信兆民。

傳言湯寬仁之德明信於天下

乃葛伯仇餉初征自葛東征西夷怨南征北狄怨。

傳葛伯遊行見農民之餉於田者殺其人奪其餉故謂之仇餉仇怨也湯爲是以不祀之罪伐之從此後遂征無道西夷北狄舉遠以言則近者著矣

曰奚獨後予。

傳怨者辭也

攸徂之民室家相慶曰徯予后后來其蘇。

傳湯所往之民皆喜曰待我君來其可蘇息

民之戴商厥惟舊哉。

傳舊謂初征自葛時

佑賢輔德顯忠遂良。

傳賢則助之德則輔之忠則顯之良則進之明王之道

兼弱攻昧取亂侮亡。

傳弱則兼之闇則攻之亂則取之有亡形則侮之言正義

推亡固存邦乃其昌。

傳有亡道則推而亡之有存道則輔而固之王者如此國乃昌盛○推土雷反

德日新萬邦惟懷志自滿九族乃離。

傳日新不懈怠自滿志盈溢

王懋昭大德建中于民以義制事以禮制心垂裕後昆。

傳欲王自勉明大德立大中之道於民率義奉禮垂優足之道示後世

予聞曰能自得師者王。

傳求賢聖而事之

謂人莫己若者亡。

傳自多足人莫之益亡之道

好問則裕自用則小。

傳問則有得所以足不問專固所以小

嗚呼愼厥終惟其始。

傳靡不有初鮮克有終故戒愼終如其始

殖有禮覆昏暴。

傳有禮者封殖之昏暴者覆亡之○暴蒲報反字或作虣

欽崇天道永保天命。

傳王者如此上事則敬天安命之道

商書

湯誥第三

湯既黜夏命。傳黜、退也。退其王命、復歸于亳。作湯誥。

湯誥傳以伐桀大義告天下、

王歸自克夏。至于亳。誕告萬方。傳誕、大也。以天命大義告萬方之衆人、○誕音但。告工毒反

王曰。嗟爾萬方有衆。明聽予一人誥。傳天子自稱曰予一人、古今同義、

惟皇上帝。降衷于下民。傳皇天上帝、天也。衷、善也、

若有恒性。克綏厥猷。惟后。傳順人有常之性、能安立其道教、則惟爲君之道、

夏王滅德作威。以敷虐于爾萬方百姓。傳夏桀滅道德、作威刑、以布行虐政於天下百官、言殘酷、

爾萬方百姓。罹其凶害。弗忍荼毒。傳罹、被。荼毒、苦也。不能堪忍、虐之甚。○罹力之反。荼音徒

並告無辜于上下神祇。傳言百姓兆民、並告無罪、稱冤訴天地、

天道福善禍淫。降災于夏。以彰厥罪。傳政善天福之、淫過天禍之、故下災異以明桀罪惡、譴寤之而桀不改、○譴遣戰反

肆台小子。將天命明威。不敢赦。傳行天威、謂誅之、○台音怡

敢用玄牡。敢昭告于上天神后。請罪有夏。傳明告天、問桀百姓有何罪而加虐乎、

聿求元聖。與之戮力。以與爾有衆請命。傳聿、遂也。大聖陳力、謂伊尹、放桀除民之穢、是請命、

上天孚佑下民。罪人黜伏。傳孚、信也。天信佑助下民、桀知其罪、退伏遠屏、

天命弗僭。賁若草木。兆民允殖。傳僭、差。賁、飾也。言福善禍淫之道不差、天下惡除、煥然咸飾、若草木同華、民信樂生、

俾予一人。輯寧爾邦家。傳言天使我輯安汝國家、國、諸侯、家、卿大夫、

茲朕未知獲戾于上下。傳此伐桀未知得罪於天地、謙以求衆心、

慄慄危懼。若將隕于深淵。傳慄慄、危心、若墜深淵、危懼之甚、○隕于敏反

凡我造邦。無從匪彝。無即慆淫。傳戒諸侯與之更始、彝、常。慆、慢也。無從非常、無就慢過、禁之、

各守爾典。以承天休。
傳 守其常法、承天美道、
爾有善。朕弗敢蔽。罪當朕躬。弗敢自赦。惟簡在上帝之心。
傳 所以不蔽善人、不赦己罪、以其簡在天心故也、
其爾萬方有罪。在予一人。
傳 自責化不至、
予一人有罪。無以爾萬方。
傳 無用爾萬方、言非所及、
嗚呼。尚克時忱。乃亦有終。
傳 忱誠也、庶幾能是誠道、乃亦有終世之美、

咎單作明居。傳 咎單、臣名、主土地之官、作明居民法一篇亡。○單音善

商書

伊訓第四

成湯既沒。太甲元年。傳 太甲、太丁子、湯孫也、太丁未立而卒、及湯沒而太甲立、稱元年、伊尹作伊訓。肆命。徂后。傳 凡三篇、其二亡、

伊訓 傳 作訓以教道太甲

惟元祀。十有二月乙丑。伊尹祠于先王。
傳 此湯崩踰月、太甲即位、奠殯而告、
奉嗣王祗見厥祖。
傳 居位主喪、
侯甸羣后咸在。
傳 在位次、
百官總己以聽冢宰。
傳 伊尹制百官、以三公攝冢宰、
伊尹乃明言烈祖之成德。以訓于王。
傳 湯有功烈之祖、故稱焉、
曰。嗚呼。古有夏先后。方懋厥德。罔有天災。

傳 先君謂禹以下、少康以上賢王、言能以德禳災、
山川鬼神。亦莫不寧。
傳 莫無也、言皆安之、
暨鳥獸魚鼈咸若。
傳 雖微物皆順之、明其餘無不順。○暨具器反
于其子孫弗率。皇天降災。假手于我有命。
傳 言桀不循其祖道、故天下禍災、借手於我有命商王誅討之、
造攻自鳴條。朕哉自亳。
傳 造哉皆始也、始攻桀伐無道、由我始修德于亳、

惟我商王布昭聖武，代虐以寬，兆民允懷。

傳言湯布明武德，以寬政代桀虐政，兆民以此皆信懷我商王之德、

今王嗣厥德，罔不在初。

傳言善惡之由無不在初，欲其慎始、

立愛惟親，立敬惟長，始于家邦，終于四海。

傳言立愛敬之道，始於親長，則家國並化，終治四海、

嗚呼！先王肇修人紀，從諫弗咈，先民時若。

傳言湯始修爲人綱紀，有過則改，從諫如流，必先民之言是順。○咈，扶弗反

居上克明，

傳言理恕、

爲下克忠，

傳事上竭誠、

與人不求備，檢身若不及，

傳使人，必器之，常如不及，恐有過、

以至于有萬邦，茲惟艱哉！

傳言湯操心常危懼，動而無過，以至爲天子，此自立之難、

敷求哲人，俾輔于爾後嗣，

傳布求賢智，使師輔於爾嗣王，言仁及後世。○哲，本又作喆，俾，必爾反

制官刑，儆于有位。

傳言湯制治官刑法，以儆戒百官、

曰：敢有恒舞于宮，酣歌于室，時謂巫風。

傳常舞則荒淫，樂酒曰酣，酣歌則廢德，事鬼神曰巫，言無政、

敢有殉于貨色，恒于遊畋，時謂淫風。

傳殉，求也，昧求財貨美色，常遊戲畋獵，是淫過之風俗、

敢有侮聖言，逆忠直，遠耆德，比頑童，時謂亂風。

傳狎侮聖人之言而不行，拒逆忠直之規而不納，耆年有德，疏遠之，童稚頑嚚，親比之，是荒亂之風俗、

惟茲三風十愆，卿士有一于身，家必喪；

傳有一過則德義廢，失位亡家之道、

邦君有一于身，國必亡。

傳諸侯犯此，國亡之道、

臣下不匡，其刑墨，具訓于蒙士。

傳邦君卿士則以爭臣自匡正，臣不正君，服墨刑，鑿其額，涅以墨，蒙士例謂下士，士以爭友僕隸自匡正、

嗚呼！嗣王祗厥身，念哉！

傳言當敬身，念祖德、

聖謨洋洋，嘉言孔彰。

傳洋洋美善，言甚明可法、

惟上帝不常。作善。降之百祥。作不善。降之百殃。

傳祥善也。天之禍福惟善惡所在。不常在一家。

爾惟德罔小。萬邦惟慶。

傳修德無小。則天下賚慶。

爾惟不德罔大。墜厥宗。

傳苟爲不德無大。言惡有類。以類相致。必隆失宗廟。此伊尹至忠之訓。

肆命 傳陳天命以戒太甲。亡。

徂后 傳陳往古明君以戒。亡。

商書

太甲上第五

太甲既立不明。傳不用伊尹之訓。不明居喪之禮。伊尹放諸桐。傳湯葬地也。不知朝政。故曰放。

三年。復歸于亳。思庸。傳念常道。伊尹作太甲三篇。

太甲 傳戒太甲。故以名篇。

惟嗣王不惠于阿衡。

傳阿倚。衡平。言不順伊尹之訓。

伊尹作書曰。先王顧諟天之明命。以承上下神祇。

傳顧謂常目在之。諟是也。言敬奉天命。以承順天地。

社稷宗廟罔不祇肅。

傳肅嚴也。言能嚴敬鬼神而遠之。

天監厥德。用集大命。撫綏萬方。

傳監視也。天視湯德。集王命於其身。撫安天下。

惟尹躬克左右厥辟宅師。

傳伊尹言能助其君居業天下之衆。

肆嗣王丕承基緒。

傳肆故也。言先祖勤德。致有天下。故子孫得大承基業。宜念祖修德。

惟尹躬先見于西邑夏。自周有終。相亦惟終。

傳周忠信也。言身先見夏君臣用忠信有終。夏都在亳西。

其後嗣王罔克有終。相亦罔終。

傳言桀君臣滅先人之道德。不能終其業。以取亡。

嗣王戒哉。祇爾厥辟。辟不辟。忝厥祖。

傳以不終爲戒。愼之至。敬其君道。則能終。忝辱也。爲君不君。則辱其祖。

王惟庸罔念聞。

傳言太甲守常不改。無念聞伊尹之戒。

伊尹乃言曰。先王昧爽丕顯。坐以待旦。

傳爽顯皆明也。言先王昧明思大明其德。坐以待旦而行之。

旁求俊彥。啓迪後人。

傳旁非一方，美士曰彥，開道後人言訓戒。

無越厥命以自覆。

傳越，墜失也，無失亡祖命而不勤德以自顛覆。

慎乃儉德，惟懷永圖。

傳言當以儉爲德，思長世之謀。

若虞機張，往省括于度則釋。

傳機，弩牙也，虞，度也，度機，機有度以準望，言修德夙夜思之，明旦行之，如射先省矢括于度，釋則中。

欽厥止，率乃祖攸行。

傳止謂行所安止，君止於仁，子止於孝。

惟朕以懌，萬世有辭。

傳言能循汝祖所行，則我喜悅，王亦見歎美無窮。

王未克變。

傳未能變，不用訓，太甲性輕脫，伊尹至忠，所以不已。

伊尹曰：茲乃不義，習與性成。

傳言習行不義，將成其性。○義本亦作誼。

予弗狎于弗順，營于桐宮，密邇先王其訓，無俾世迷。

傳狎，近也，經營桐墓立宮，令太甲居之，近先王則訓於義，無成其過，不使世人迷惑怪之。

王徂桐宮居憂。

傳往入桐宮，居憂位。

克終允德。

傳言能思念其祖，終其信德。

商書

太甲中第六

惟三祀十有二月朔。

傳湯以元年十一月崩，至此二十六月，三年服闋。

伊尹以冕服奉嗣王歸于亳。

傳冕，冠也，踰月即吉服。

作書曰：民非后，罔克胥匡以生。

傳無能相匡，故須君以生。

后非民，罔以辟四方。

傳須民以君四方。

皇天眷佑有商，俾嗣王克終厥德，實萬世無疆之休。

傳言王能終其德，乃天之顧佑商家，是商家萬世無窮之美。

王拜手稽首曰：予小子不明于德，自底不類。

傳君而稽首於臣，謝前過，類，善也，闇於德，故自致不善。

欲敗度，縱敗禮，以速戾于厥躬。

傳速召也言已放縱情欲毀敗禮儀法度以召罪於其身

天作孽猶可違自作孽不可逭

傳孽災逭逃也言天災可避自作災不可逃○逭胡亂反

既往背師保之訓弗克于厥初尚賴匡救之德圖惟厥終

傳言已往之前不能修德於其初今庶幾賴教訓之德謀終於善悔過之辭

伊尹拜手稽首

傳拜手首至手

曰修厥身允德協于下惟明后

傳言修其身使信德合於羣下惟乃明君

先王子惠困窮民服厥命罔有不悅

傳言湯子愛困窮之人使皆得其所故民心服其教令無有不忻喜

並其有邦厥鄰乃曰徯我后后來無罰

傳湯俱與鄰並有國鄰國人乃曰待我君來言忻戴君來無罰言仁惠

王懋乃德視乃厥祖無時豫怠

傳言當勉修其德法視其祖而行之無為是逸豫怠惰

奉先思孝接下思恭

傳以念祖德為孝以不驕慢為恭

視遠惟明聽德惟聰

傳言當以明視遠以聰聽德

朕承王之休無斁

傳王所行如此則我承王之美無斁

商書

太甲下第七

伊尹申誥于王曰嗚呼惟天無親克敬惟親

傳言天於人無有親踈惟親能敬身者

民罔常懷懷于有仁

傳民所歸無常以仁政為常

鬼神無常享享于克誠

傳言鬼神不係一人能誠信者則享其祀

天位艱哉

傳言居天子之位難以此三者

德惟治否德亂

傳為政以德則治不以德則亂

與治同道罔不興與亂同事罔不亡

傳言安危在所任治亂在所法

終始慎厥與惟明明后

傳明愼其所與治亂之機則爲明王明君。

先王惟時懋敬厥德克配上帝。

傳言湯惟是終始所與之難勉修其德能配天而行之。

今王嗣有令緒尚監茲哉。

傳令善也繼祖善業當夙夜庶幾視祖此配天之德而法之。

若升高必自下若涉遐必自邇。

傳言善政有漸如登高升遠必用下近爲始然後終致高遠。

無輕民事惟難。

傳無輕爲力役之事必重難之乃可。

無安厥位惟危。

傳言當常自危懼以保其位。

愼終于始。

傳於始慮終於終思始。

有言逆于汝心必求諸道。

傳人以言咈違汝心必以道義求其意勿拒逆之。

有言遜于汝志必求諸非道。

傳遜順也言順汝心必以非道察之勿以自臧。

嗚呼弗慮胡獲弗爲胡成一人元良萬邦以貞。

傳胡何貞正也言常念慮道德則得道德念爲善政則成善政一人天子天子有大善則天下得其正。

君罔以辯言亂舊政。

傳利口覆國家故特愼焉。

臣罔以寵利居成功。

傳成功不退其志無限故爲之極以安之。

邦其永孚于休。

傳言君臣各以其道則國長信保於美。

商書

咸有一德第八

伊尹作咸有一德。傳言君臣皆有純一之德以戒太甲。

咸有一德。傳卽政之後恐其不一故以戒之。

伊尹既復政厥辟。

傳還政太甲。

將告歸乃陳戒于德。

傳告老歸邑陳德以戒。

嗚呼天難諶命靡常。

傳以其無常故難信。○諶市林反

常厥德保厥位厥德匪常九有以亡。

傳人能常其德則安其位，九有諸侯桀不能常其德，湯伐而兼之。

夏王弗克庸德，慢神虐民。

傳言桀不能常其德，不敬神明，不恤下民。

皇天弗保，監于萬方，啓迪有命。

傳言天不安桀所爲，廣視萬方有天命者開道之。

眷求一德，俾作神主。

傳天求一德使伐桀，爲天地神祇之主。

惟尹躬暨湯咸有一德，克享天心，受天明命。

傳享當也。所征無敵謂之受天命。

以有九有之師，爰革夏正。

傳爰於也，於得九有之衆，遂伐夏勝之，改其正。

非天私我有商，惟天佑于一德。

傳非天私商而王之，佑助一德所以王。

非商求于下民，惟民歸于一德。

傳非商以力求民，民自歸于一德。

德惟一，動罔不吉；德二三，動罔不凶。

傳二三言不一。

惟吉凶不僭在人，惟天降災祥在德。

傳行善則吉，行惡則凶，是不差。德一天降之善，不一天降之災，是在德。

今嗣王新服厥命，惟新厥德。

傳其命王命，新其德戒勿怠。

終始惟一，時乃日新。

傳言德行終始不衰殺，是乃日新之義。

任官惟賢材，左右惟其人。

傳官賢才而任之，非賢才不可任。選左右必忠良，不忠良非其人。

臣爲上爲德，爲下爲民。

傳言臣奉上布德，順下訓民，不可官所私，任非其人。

其難其愼，惟和惟一。

傳其難無以爲易，其愼無以輕之，羣臣當和一心以事君，政乃善。

德無常師，主善爲師。

傳德非一方，以善爲主，乃可師。

善無常主，協于克一。

傳言以合於能一爲常德。

俾萬姓咸曰：大哉王言。

傳一德之言，故曰大。

又曰：一哉王心。

克綏先王之祿。永底烝民之生。傳能一德則一心、

傳言爲王而令萬姓如此則能保安先王之寵祿長致衆民所以自生之道是明王之事、

嗚呼。七世之廟。可以觀德。傳天子立七廟有德之王則爲祖宗其廟不毀故可觀德、

萬夫之長。可以觀政。傳能整齊萬夫其政可知、

后非民罔使。民非后罔事。傳君以使民自尊民以事君自生、

無自廣以狹人。匹夫匹婦。不獲自盡。民主罔與成厥功。傳上有狹人之心則下無所自盡矣言先盡其心然後乃能盡其力人君所以成功、

沃丁既葬伊尹于亳。傳沃丁太甲子伊尹既致仕老終以三公禮葬咎單遂訓伊尹事。傳訓暢其所行功德之事作沃丁。傳咎單忠臣名作此篇以戒也亡、

伊陟相太戊。傳伊陟伊尹子太戊沃丁弟之子、亳有祥桑穀。共生于朝。傳祥妖怪二木合生七日大拱不恭之罰伊陟贊于巫咸。作咸乂四篇。傳贊告也巫咸臣名皆亡、

大戊贊于伊陟。傳告以改過自新、作伊陟原命。傳原臣名原命伊陟三篇皆亡、

仲丁遷于囂。傳太戊子去亳囂地名、作仲丁。傳陳遷都之義亡、

河亶甲居相。傳仲丁弟相地名在河北作河亶甲。傳亡、

祖乙圮于耿。傳亶甲子圮於相遷於耿河水所毀曰圮作祖乙。傳亡、

書經卷八終

書經卷九

漢　諫大夫魯孔安國傳

商書

盤庚上第九

盤庚五遷。將治亳殷。傳自湯至盤庚凡五遷都、盤庚治亳殷、民咨胥怨。傳胥、相也、民不欲徙、乃咨嗟憂愁、相與怨上、作盤庚三篇。

盤庚傳盤庚、殷王名、殷質以名篇、

盤庚遷于殷。傳亳之別名、

民不適有居。傳適之也、不欲之殷有邑居、

率籲衆慼出矢言。傳籲、和也、率和衆憂之人、出正直之言、○籲音喻

曰我王來既爰宅于茲。傳我王祖乙居耿、爰於也、言祖乙已居於此、

重我民無盡劉。傳劉、殺也、所以遷此、重我民、無欲盡殺故、

不能胥匡以生、卜稽曰其如台。傳言民不能相匡以生、則當卜考於龜以從、曰其如我所行、

先王有服。恪謹天命。茲猶不常寧。傳先王有所服行、敬謹天命、如此尚不常安、有可遷輒遷、

不常厥邑。于今五邦。傳湯遷亳、仲丁遷囂、河亶甲居相、祖乙居耿、我往居亳、凡五徙國都、

今不承于古。罔知天之斷命。傳今不承古而徙、是無知天將斷絕汝命、

矧曰其克從先王之烈。傳天將絕命、尚無知之、況能從先王之業乎、

若顛木之有由蘖。傳言今往遷都、更求昌盛、如顛仆之木有用生蘖哉、○蘖五達反、仆音赴

天其永我命于茲新邑。傳言天其長我命於此新邑、不可不徙、

紹復先王之大業。厎綏四方。傳言我徙欲如此、

盤庚斅于民。由乃在位。以常舊服正法度。傳斅、教也、教人使用汝在位之命、用常故事、正其法度、○斅户教反

曰無或敢伏小人之攸箴。

傳言無有敢伏絕小人之所欲箴規上者、戒朝臣、

王命衆。悉至于庭。

傳衆羣臣以下、

王若曰。格汝衆。予告汝訓。

傳告汝以法教、

汝猷黜乃心。無傲從康。

傳謀退汝違上之心、無傲慢從心所安、

古我先王。亦惟圖任舊人共政。

傳先王謀任久老成人共治其政、

王播告之修。不匿厥指。

傳王布告人以所修之政、不匿其指、

王用丕欽。罔有逸言。民用丕變。

傳王用大敬其政教、無有逸豫之言、民用大變從化、

今汝聒聒。起信險膚。予弗知乃所訟。

傳聒聒無知之貌、起信險爲膚受之言、我不知汝所訟言何謂、○聒古活反

非予自荒茲德。惟汝含德。不惕予一人。予若觀火。

傳我之欲徙、非廢此德、汝不從我命、所含惡德、但不畏懼我耳、我視汝情如視火、

予亦拙謀。作乃逸。

傳逸過也、我不威脅汝徙、是我拙謀成汝過、

若網在綱。有條而不紊。若農服田力穡。乃亦有秋。

傳紊亂也、穡耕稼也、下之順上、當如網在綱、各有條理而不亂也、農勤穡則有秋、下承上則有福、

汝克黜乃心。施實德于民。至于婚友。丕乃敢大言。汝有積德。

傳汝羣臣能退汝違上之心、施實德于民、至于婚姻僚友、則我大乃敢言、汝有積德之臣、

乃不畏戎毒于遠邇。惰農自安。不昏作勞。不服田畝。越其罔有黍稷。

傳戎大、昏強、越於也、言不欲徙、則是不畏大毒於遠近、如怠惰之農、苟自安逸、不強作勞於田畝、則黍稷無所有、

汝不和吉言于百姓。惟汝自生毒。

傳責公卿不能和喻百官、是自生毒害、

乃敗禍姦宄。以自災于厥身。

傳言汝不相率共徙、是爲敗禍姦宄以自災之道、

乃既先惡于民。乃奉其恫。汝悔身何及。

傳羣臣不欲徙、是先惡於民、恫痛也、不徙則禍毒在汝身、徙奉持所痛而悔之、則於身無所及、

相時憸民。猶胥顧于箴言。其發有逸口。矧予制乃短長之命。

傳言憸利小民、尚相顧於箴誨、恐其發動有過口之患、況我制汝死生之命、而汝不相教從我、是不若小民、○憸息廉反

汝曷弗告朕。而胥動以浮言。恐沈于衆。

傳曷何也、責其不情告上、而相恐動以浮言、不徙、恐汝沈溺於衆、有禍害、

若火之燎于原。不可嚮邇。其猶可撲滅。

【傳】火炎不可嚮近、尚可撲滅、浮言不可信用、尚可刑戮絕之、○撲、普卜反、

則惟汝衆自作弗靖。非予有咎。

【傳】我刑戮汝、非我咎也、靖、謀也、是汝自爲非謀所致、

遲任有言曰。人惟求舊。器非求舊。惟新。

【傳】遲任、古賢、言人貴舊器貴新、汝不徙、是不貴舊、

古我先王。暨乃祖乃父。胥及逸勤。予敢動用非罰。

【傳】言古之君臣相與同勞逸、子孫所宜法之、我豈敢動用非常之罰脅汝乎、

世選爾勞。予不掩爾善。

【傳】選、數也、言我世世選汝功勤、不掩蔽汝善、是我忠於汝、

茲予大享于先王。爾祖其從與享之。

【傳】古者天子錄功臣、配食於廟、大享烝嘗也、所以不掩汝善、○與音預、

作福作災。予亦不敢動用非德。

【傳】善自作福、惡自作災、我不敢動用非罰加汝、非德賞汝乎、從汝善惡而報之、

予告汝于難。若射之有志。

【傳】告汝行事之難、當如射之有所準志、必中所志乃善、

汝無侮老成人。無弱孤有幼。

【傳】不用老成人之言、是侮老之、不徙則孤幼受害、是弱易之、

各長于厥居。勉出乃力。聽予一人之作猷。

【傳】盤庚勑臣下各思長於其居、勉盡心出力、聽從遷徙之謀、

無有遠邇。用罪伐厥死。用德彰厥善。

【傳】言遠近待之如一、罪以懲之、使勿犯、伐去其死道、德以明之、使勸慕競爲善、

邦之臧。惟汝衆。

【傳】有善則衆臣之功、

邦之不臧。惟予一人有佚罰。

【傳】佚、失也、是已失政之罰、罪已之義、

凡爾衆。其惟致告。

【傳】致我誡、告汝衆、

自今至于後日。各恭爾事。齊乃位。度乃口。

【傳】奉其職事、正齊其位、以法度居汝口、勿浮言、

罰及爾身。弗可悔。

【傳】不從我謀、罰及汝身、雖悔可及乎、

商書

盤庚中第十

盤庚作。惟涉河以民遷。

【傳】爲此南渡河之法、用民徙、

乃話民之弗率。誕告用亶其有衆。
【傳】話、善言、民不循教、發善言大告、用誠於衆、
咸造勿褻在王庭
【傳】造、至也、衆皆至王庭、無褻慢、
盤庚乃登進厥民。
【傳】升進、命使前、
曰。明聽朕言。無荒失朕命。
【傳】荒、廢、
嗚呼。古我前后。罔不惟民之承。

【傳】言我先世賢君、無不承安民而恤之、
保后胥感。鮮以不浮于天時。
【傳】民亦安君之政、相與憂行君令、浮、行也、少以不行於天時者、言皆行天時、
殷降大虐。先王不懷。
【傳】我殷家於天降大災、則先王不思故居而行徙、
厥攸作。視民利用遷。
【傳】其所為視民、有利則用徙、
汝曷弗念我古后之聞。
【傳】古后先王之聞、謂遷事、

承汝俾汝。惟喜康共。非汝有咎。比于罰。
【傳】今我法先王惟民之承、故承汝使汝徙、惟與汝共喜安、非謂汝有惡徙汝、令比近於殃罰、
予若籲懷茲新邑。亦惟汝故。以丕從厥志
【傳】言我順和懷此新邑、欲利汝衆、故大從其志而徙之、
今予將試以汝遷。安定厥邦。
【傳】試、用、
汝不憂朕心之攸困。
【傳】所困不順上命、
乃咸大不宣乃心。欽念以忱。動予一人。

【傳】汝皆大不布腹心、敬念以誠感動我、是汝不盡忠、
爾惟自鞠自苦。
【傳】鞠、窮也、言汝為臣不忠、自取窮苦、
若乘舟。汝弗濟。臭厥載、
【傳】言不徙之害、如舟在水中流不渡、臭敗其所載物、
爾忱不屬。惟胥以沈。不其或稽。自怒曷瘳。
【傳】汝忠誠不屬逮古、苟不欲徙、相與沈溺、不考之先王、禍至自怒、何瘳差乎、○屬音燭、注同、
汝不謀長。以思乃災。汝誕勸憂。
【傳】汝不謀長久之計、思汝不徙之災、苟不欲徙、是大勸憂之道、

今共有今罔後。汝何生在上。

〔傳〕言不徙、無後計、汝何得久生在人上、禍將及汝、

今予命汝一。無起穢以自臭。

〔傳〕我一心命汝、汝違我、是自臭敗、○穢、於廢反

恐人倚乃身迂乃心。

〔傳〕言汝既不欲徙、又爲他人所誤、倚曲迂僻、

予迓續乃命于天。予豈汝威。用奉畜汝衆。

〔傳〕迓、迎也、言我徙、欲迎續汝命于天、豈以威脅汝乎、用奉畜養汝衆、

予念我先神后之勞爾先。予丕克羞爾。用懷爾然。

〔傳〕言我亦法湯、大能進勞汝、以義懷汝心、而汝違我、是汝反先人、

失于政陳于茲。高后丕乃崇降罪疾。曰曷虐朕民。

〔傳〕崇、重也、今既失政、而陳久於此而不徙、湯必大重下罪疾於我、曰、何爲虐我民而不徙乎、

汝萬民乃不生生。暨予一人猷同心。

〔傳〕不進進謀同心徙、

先后丕降與汝罪疾。曰曷不暨朕幼孫有比。

〔傳〕言非但罪我、亦將罪汝、幼孫、盤庚自謂、比、同心、

故有爽德。自上其罰汝。汝罔能迪。

〔傳〕湯有明德在天、見汝情、下罰汝、汝無能道、言無辭、

古我先后既勞乃祖乃父。

〔傳〕勞之共治人、

汝共作我畜民。汝有戕則在乃心。

〔傳〕戕、殘也、汝共我治民、有殘人之心、而不欲徙、是反父祖之行、

我先后綏乃祖乃父。乃祖乃父。乃斷棄汝。不救乃死。

〔傳〕言我先王安汝父祖之忠、今汝不忠、汝父祖必斷絕棄汝命、不救汝死、

茲予有亂政同位。具乃貝玉。

〔傳〕亂、治也、此我有治政之臣、同位於父祖、不念盡忠、但念貝玉而已、言其貪、

乃祖乃父丕乃告我高后曰。作丕刑于朕孫。

〔傳〕言汝父祖見汝貪而不忠、必大乃告湯曰、作大刑於我子孫、求討不忠之罪、

迪高后。丕乃崇降弗祥。

〔傳〕言汝父祖開道湯大重下不善、以罰汝、陳忠孝之義以督之、

嗚呼。今予告汝不易。

〔傳〕凡所言皆不易之事、○易、以豉反

永敬大恤。無胥絕遠。

〔傳〕長敬我言、大憂行之、無相與絕遠棄廢之、

汝分猷念以相從。各設中于乃心。

〔傳〕羣臣當分明相與、謀念和以相從、各設中正於汝心、

乃有不吉不迪。

傳不善不道謂凶人、

顛越不恭。暫遇姦宄。

傳顛隕越墜也、不恭、不奉上命、暫遇人而劫奪之、為姦於外、為宄於內、

我乃劓。殄滅之無遺育。無俾易種于茲新邑。

傳劓割、育長也、言不吉之人、當割絕滅之、無遺長其類、無使易種於此新邑、

往哉生生。今予將試以汝遷。永建乃家。

傳自今以往、進進於善、我乃以汝徙、長立汝家、卿大夫稱家、

商書

盤庚下第十一

盤庚既遷。奠厥攸居。乃正厥位。

傳定其所居、正郊廟朝社之位、

綏爰有眾曰。無戲怠。懋建大命。

傳安於有眾、戒無戲怠、勉立大教、

今予其敷心腹腎腸。歷告爾百姓于朕志。

傳布心腹、言輸誠於百官以告志、○腎時忍反

罔罪爾眾。爾無共怒。協比讒言予一人。

傳群臣前有此過、故禁其後、令我不罪汝、汝勿共怒我、合比凶人而妄言、

古我先王。將多于前功。

傳言以遷徙多大前人之功美、

適于山。用降我凶德。嘉績于朕邦。

傳徙必依山之險、無城郭之勞、下去凶惡之德、立善功於我國、

今我民用蕩析離居。罔有定極。

傳水泉沉溺、故蕩析離居、無安定之極、徙以為之極、

爾謂朕曷震動萬民以遷。

傳言皆不明己本心、

肆上帝將復我高祖之德。亂越我家。

傳以徙故、天將復湯德、治理於我家、

朕及篤敬。恭承民命。用永地于新邑。

傳言我當與厚敬之臣、奉承民命、用長居新邑、

肆予沖人。非廢厥謀。弔由靈。

傳沖、童、童人、謙也、弔、至、靈、善也、非廢、謂動謀於眾、至用其善、○弔音的

各非敢違卜。用宏茲賁。

傳宏、賁、皆大也、君臣用謀、不敢違卜、用大此遷都大業、

嗚呼。邦伯師長百執事之人。尚皆隱哉。

傳國伯、二伯及州牧也、眾長、公卿也、言當庶幾相隱括、共為善政、

予其懋簡相爾。念敬我衆。
【傳】簡大，相，助也。勉大助汝念敬我衆民。

朕不肩好貨。敢恭生生。鞠人謀人之保居。敘欽。
【傳】肩，任也。我不任貪貨之人，敢奉用進進於善者。人之窮困能謀安其居者，則我式序而敬之。

今我既羞告爾于朕志若否。罔有弗欽。
【傳】已進告汝之後，順於汝心與否，當以情告我，無敢有不敬。

無總于貨寶。生生自庸。
【傳】無總貨寶以己位，當進進皆自用功德。

式敷民德。永肩一心。
【傳】用布示民，必以德義，長任一心以事君。

書經卷九終

書經卷十

漢 諫大夫魯孔安國傳

商書

說命上第十二

高宗夢得說。【傳】盤庚弟小乙子，名武丁，德高可尊，故號高宗。夢得賢相，其名曰說。使百工營求諸野，得諸傅巖。【傳】使百官以所夢之形象經求之於野，得之於傅巖之谿。作說命三篇。【傳】命說爲相，使攝政。

說命【傳】始求得而命之。

王宅憂亮陰三祀。
【傳】陰，默也。居憂信默，三年不言。○亮本又作諒。

既免喪。其惟弗言。
【傳】除喪猶不言政。

羣臣咸諫于王曰。嗚呼。知之曰明哲。明哲實作則。
【傳】知事則爲明智，明智則能制作法則。○哲本又作喆。

天子惟君萬邦。百官承式。
【傳】天下待令，百官仰法。

王言惟作命。不言。臣下罔攸稟令。
【傳】稟，受。令，亦命也。

王庸作書以誥曰。以台正于四方。惟恐德弗類。茲故弗言。

傳用臣下怪之故作誥。類善也。我正四方。恐德不善。此故不言。○台音怡

恭默思道。夢帝賚予良弼。其代予言。

傳夢天與我輔弼良佐。將代我言政教。

乃審厥象。俾以形旁求于天下。

傳審所夢之人。刻其形象。以四方旁求之於民間。

說築傅巖之野。惟肖。

傳傅氏之巖在虞虢之界。通道所經有澗水壞道。常使胥靡刑人築護此道。說賢而隱。代胥靡築之以供食。肖似。似所夢之形。

爰立作相。王置諸其左右。

傳於是禮命。立以爲相。使在左右。

命之曰。朝夕納誨。以輔台德。

傳言當納諫誨直辭。以輔我德。

若金。用汝作礪。

傳鐵須礪以成利器。

若濟巨川。用汝作舟楫。

傳渡大水待舟楫。

若歲大旱。用汝作霖雨。

傳霖三日雨。霖以救旱。

啓乃心。沃朕心。若藥弗瞑眩。厥疾弗瘳。

傳開汝心以沃我心。如服藥必瞑眩極。其病乃除。欲其出切言以自警。

若跣弗視地。厥足用傷。

傳跣必視地。足乃無害。言欲使爲已視聽。

惟暨乃僚。罔不同心。以匡乃辟。

傳與汝並官。皆當倡率。無不同心以匡正汝君。

俾率先王。迪我高后。以康兆民。

傳言匡正汝君。使循先王之道。蹈成湯之蹤。以安天下。

嗚呼。欽予時命。其惟有終。

傳敬我是命。修其職。使有終。

說復于王曰。惟木從繩則正。后從諫則聖。

傳言木以繩直。君以諫明。

后克聖。臣不命其承。

傳君能受諫。則臣不待命。其承意而諫之。

疇敢不祗若王之休命。

傳言王如此。誰敢不敬順王之美命而諫者乎。

商書

說命中第十三

惟說命總百官。

傳在冢宰之任。

乃進于王曰：嗚呼！明王奉若天道，建邦設都。

傳天有日月北斗五星二十八宿皆有尊卑相正之法言明王奉順此道以立國設都

樹后王君公，承以大夫師長。

傳言立君臣上下將陳爲治之本故先舉其始

不惟逸豫，惟以亂民。

傳不使有位者逸豫民上言立之主使治民

惟天聰明，惟聖時憲，惟臣欽若，惟民從乂。

傳憲法也言聖王法天以立教於下無不聞見除其所惡納之於善雖復運有推移道有升降其所施爲未嘗不法天也臣敬順而奉之奉即上文承也奉承君命而布之於民民以從上爲治不從上命則亂故從乂也

惟口起羞，惟甲冑起戎。

傳甲鎧冑兜鍪也言不可輕教令易用兵○鎧苦代反兜丁侯反鍪莫侯反易以豉反

惟衣裳在笥，惟干戈省厥躬。

傳言服不可加非其人兵不可任非其才○笥息嗣反

王惟戒茲，允茲克明，乃罔不休。

傳言王戒慎此四惟之事信能明政乃無不美

惟治亂在庶官。

傳言所官得人則治失人則亂

官不及私昵，惟其能。

傳不加私昵惟能是官

爵罔及惡德，惟其賢。

傳言非賢不爵

慮善以動，動惟厥時。

傳非善非時不可動

有其善，喪厥善；矜其能，喪厥功。

傳雖天子亦必讓以得之

惟事事，乃其有備，有備無患。

傳事事非一事

無啓寵納侮。

傳開寵非其人則納侮之道

無恥過作非。

傳恥過誤而文之遂成大非

惟厥攸居，政事惟醇。

傳其所居行皆如此言則王之政事醇粹

黷于祭祀，時謂弗欽。禮煩則亂，事神則難。

（傳）祭不欲數、數則黷、黷則不敬。事神禮煩則亂而難行、高宗之祀特豐數近廟、故說因以戒之。○黷徒木反

王曰、旨哉說。乃言惟服。

（傳）旨美也、美其所言皆可服行。

乃不良于言、予罔聞于行。

（傳）汝若不善於所言、則我無聞於所行之事。

說拜稽首曰、非知之艱、行之惟艱。

（傳）言知之易、行之難、以勉高宗。

王忱不艱、允協于先王成德。

（傳）王心誠不以行之為難、則信合於先王成德。

惟說不言、有厥咎。

（傳）王能行善而說不言、則有其咎罪。

商書

說命下第十四

王曰、來汝說。台小子舊學于甘盤。

（傳）學先王之道。甘盤、殷賢臣有道德者。○台音怡

既乃遯于荒野、入宅于河。

（傳）既學而中廢業、遯居田野。河洲也。其父欲使高宗知民之艱苦、故使居民間。

自河徂亳、暨厥終罔顯。

（傳）自河往居亳、與今其終、故遂無顯明之德。

爾惟訓于朕志。

（傳）言汝當教訓於我、使我志通達。

若作酒醴、爾惟麴糵。

（傳）酒醴須麴糵以成、亦言我須汝以成。

若作和羹、爾惟鹽梅。

（傳）鹽鹹梅醋、羹須鹹醋以和之。

爾交脩予、罔予棄、予惟克邁乃訓。

（傳）交非一之義。邁、行也。言我能行汝教。

說曰、王、人求多聞、時惟建事。學于古訓、乃有獲。

（傳）王者求多聞以立事、學於古訓乃有所得。

事不師古、以克永世、匪說攸聞。

（傳）事不法古訓、而以能長世、非說所聞、言無是道。

惟學遜志、務時敏、厥脩乃來。

（傳）學以順志、務是敏疾、其德之脩乃來。

允懷于茲、道積于厥躬。

（傳）信懷此學志、則道積於其身。

惟斆學半、念終始典于學、厥德脩罔覺。

【傳】斆，教也。教然後知所困，是學之半。終始常念學，則其德之脩無能自覺。

監于先王成憲，其永無愆。【傳】愆，過也。視先王成法，其長無過，其惟學乎。

惟說式克欽承，旁招俊乂，列于庶位。【傳】言王能志學，說亦用能敬承王志，廣招俊乂，使列衆官。

王曰：嗚呼！說，四海之內，咸仰朕德，時乃風。【傳】風，教也。使天下皆仰我德，是汝教。

股肱惟人，良臣惟聖。【傳】手足具乃成人，有良臣乃成聖。

昔先正保衡作我先王，【傳】保衡，伊尹也。作，起。正，長也。言先世長官之臣。

乃曰：予弗克俾厥后惟堯舜，其心愧恥，若撻于市。【傳】言伊尹不能使其君如堯舜，則恥之，若見撻于市，故成其能。

一夫不獲，則曰時予之辜。【傳】伊尹見一夫不得其所，則以爲己罪。

佑我烈祖，格于皇天。【傳】言以此道左右成湯，功至大天，無能及者。

爾尚明保予，罔俾阿衡專美有商。

【傳】汝庶幾明安我事，則與伊尹同美。

惟后非賢不乂，惟賢非后不食。【傳】言君須賢治，賢須君食。

其爾克紹乃辟于先王，永綏民。【傳】能繼汝君於先王，長安民，則汝亦有保衡之功。○辟，必亦反。

說拜稽首曰：敢對揚天子之休命。【傳】對，答也。答受美命而稱揚之。

商書

高宗肜日第十五

高宗祭成湯，有飛雉升鼎耳而雊。【傳】耳不聰之異。雊，鳴。○雊，工豆反。祖己訓諸王。【傳】賢臣也。以訓道諫王。作高宗肜日、高宗之訓。【傳】所以訓也，亡。○肜音融。

高宗肜日。【傳】祭之明日又祭，殷曰肜，周曰繹。

高宗肜日，越有雊雉。【傳】於肜日有雊雉異。

祖己曰：惟先格王，正厥事。【傳】言至道之王遭變異，正其事而異自消。

乃訓于王曰：惟天監下民，典厥義。【傳】祖己既言，遂以道訓諫王，言天視下民以義爲常。

降年有永有不永。非天夭民。民中絕命。
傳言天之下年與民、有義者長、無義者不長、非天欲夭民、民自不脩義以致絕命。
民有不若德、不聽罪、天既孚命正厥德。
傳不順德、言無義、不服罪、不改脩、天已信命正其德、謂有永有不永。
乃曰其如台。
傳祖己恐王未受其言、故乃復曰天道其如其所言。○台音怡
嗚呼。王司敬民、罔非天胤、典祀無豐于昵。
傳胤嗣、昵近也、歎以感王入其言、王者主民當敬民事、民事無非天所嗣常也、祭祀有常、不當特豐於近廟、欲王因異服罪改脩之。

商書

西伯戡黎第十六

殷始咎周。傳咎惡。周人乘黎。傳乘勝也、所以見惡。祖伊恐。傳祖己後賢臣。奔告于受。
傳受紂也、音相亂、帝乙之子、嗣立暴虐無道。作西伯戡黎。傳戡亦勝也。○戡音堪

西伯戡黎

西伯既戡黎。
傳近王圻之諸侯在上黨東北。
祖伊恐、奔告于王曰。天子。天既訖我殷命。
傳文王率諸侯以事紂、內秉王心、紂不能制、今又克有黎國、迫近王圻、故知天已畢訖殷之王命、言將化爲周。
格人元龜、罔敢知吉。
傳至人以人事觀殷、大龜以神靈考之、皆無知吉。
非先王不相我後人、惟王淫戲用自絕。
傳非先祖不助子孫、以王淫過戲逸、用自絕於先王。
故天棄我、不有康食、不虞天性、不迪率典。
傳以紂自絕於先王、故天亦棄之、宗廟不有安食於天下、而王不度知天性命所在、而所行不蹈循常法、言多罪。
今我民罔弗欲喪、曰天曷不降威、大命不摯、今王其如台。
傳摯至也、民無不欲王之亡、言天何不下罪誅之、有大命宜王者、何以不至、王之凶害其如我所言。
王曰。嗚呼。我生不有命在天。
傳言我生有壽命在天、民之所言、豈能害我、遂惡之辭。

祖伊反曰。嗚呼。乃罪多參在上、乃能責命于天。
傳反報紂也、言汝罪惡衆多、參列於上天、天誅罰汝、汝能責命於天、拒天誅乎。
殷之即喪、指乃功、不無戮于爾邦。
傳言殷之就亡、指汝功事所致、汝不得無死戮於殷國、必將滅亡立可待。

商書

微子第十七

殷既錯天命。傳錯亂也。微子作誥父師少師。傳告二師而去紂。

微子

傳微圻內國名、子爵、爲紂卿士、去無道。

微子若曰。父師。少師。
【傳】父師、太師、三公、箕子也。少師、孤卿、比干。微子以紂距諫、知其必亡、順其事而言之、

殷其弗或亂正四方。
【傳】或有也。言殷其不有治正四方之事、將必亡、

我祖底遂陳于上。
【傳】言湯致遂其功、陳列於上世、

我用沈酗于酒。用亂敗厥德于下。
【傳】我紂也。沈湎酗醟、敗亂湯德於後世、

殷罔不小大。好草竊姦宄。

【傳】草野竊盜、又爲姦宄於內外。○宄音軌

卿士師師非度。凡有辜罪。乃罔恒獲。
【傳】六卿典士、相師效爲非法度、皆有辜罪、無秉常得中者、

小民方興。相爲敵讎。
【傳】卿士既亂、而小人各起一方、共爲敵讎、言不和同、

今殷其淪喪。若涉大水。其無津涯。
【傳】淪沒也。言殷將沒亡、如涉大水、無涯際、無所依就、

殷遂喪。越至于今。
【傳】言遂喪亡於是、至於今到、不待久、

曰。父師。少師。我其發出狂。吾家耄遜于荒。
【傳】我念殷亡、發疾生狂、在家耄亂、故欲遯出於荒野、言愁悶、

今爾無指告予顛隮。若之何其。
【傳】汝無指意告我殷邦顛隕隮墜、如之何其救之。○隮子細反

父師若曰。王子。
【傳】比干不見、明心同、省文、微子、帝乙元子、故曰王子、

天毒降災荒殷邦。方興沈酗于酒。
【傳】天生紂爲亂、是天毒下災、四方化紂沈湎、不可如何、

乃罔畏畏。咈其耇長舊有位人。

【傳】言起沈湎、上不畏天災、下不畏賢人、違戾耇老之長、致仕之賢、不用其教、法紂故。○耇工口反

今殷民乃攘竊神祇之犧牷牲。用以容。將食無災。
【傳】自來而取曰攘、色純曰犧、體完曰牷、牛羊豕曰牲、器實曰用、盜天地宗廟牲、用相容行食之、無災罪之者、言政亂。○牷音全

降監殷民。用乂讎斂。召敵讎不怠。
【傳】下視殷民所用治者、皆重賦傷民斂聚怨讎之道、而又亟行暴虐、自召敵讎不懈怠、

罪合于一。多瘠罔詔。
【傳】言殷民上下有罪、皆合於一法、紂故使民多瘠病、而無詔救之者。○瘠在益反

商今其有災。我興受其敗。
【傳】災滅在近、我起受其敗、言宗室大臣義不忍去、

商其淪喪、我罔爲臣僕。詔王子出迪。
傳 商其沒亡、我二人無所爲臣僕、欲以死諫紂、我教王子出合於道、
我舊云刻子。王子弗出、我乃顚隮。
傳 刻病也、我久知子賢、言於帝乙、欲立子、帝乙不肯、病子不得立、則宜爲殷後者子、今若不出逃難、我殷家宗廟乃隕墜無主、
自靖。人自獻于先王。
傳 各自謀行其志、人人自獻達于先王、以不失道、
我不顧行遯。
傳 言將與紂俱死、所執各異、皆歸於仁、明君子之道、出處語默非一途、

書經卷十一　漢　諫大夫魯孔安國傳

周書

泰誓上第一

惟十有一年。武王伐殷。傳 周自虞芮質厥成、諸侯並附、以爲受命之年、至九年而文王卒、武王三年服畢、觀兵孟津、以卜諸侯伐紂之心、諸侯僉同、乃退以示弱、一月戊午。師渡孟津。傳 十三年正月二十八日、更與諸侯期而共伐紂、作泰誓三篇。傳 渡津乃作、

泰誓 傳 大會以誓衆、

惟十有三年。春。大會于孟津。傳 三分二諸侯及諸戎狄、此周之孟春、

王曰。嗟我友邦冢君。越我御事庶士。明聽誓。傳 冢大、御治也、友諸侯、親之、稱大君、尊之、下及我治事衆士大小、無不皆明聽誓、

惟天地萬物父母。惟人萬物之靈。傳 生之謂父母、靈神也、天地所生、惟人爲貴、

亶聰明。作元后。元后作民父母。傳 人誠聰明、則爲大君、而爲衆民父母、○亶丁但反

今商王受弗敬上天。降災下民。沈湎冒色。敢行暴虐。傳 沈湎嗜酒、冒亂女色、敢行酷暴、虐殺無辜、○湎面善反

罪人以族，官人以世。
（傳）一人有罪，刑及父母兄弟妻子，言淫濫。官人不以賢才而以父兄，所以政亂。

惟宮室臺榭陂池侈服，以殘害于爾萬姓。
（傳）土高曰臺，有木曰榭，澤障曰陂，停水曰池。侈，謂服飾過制，言匱民財力為奢麗。

焚炙忠良，刳剔孕婦。
（傳）忠良無罪，焚炙之。懷子之婦，刳剔視之，言暴虐。○刳，口胡反。剔，地歷反。孕，以證反。

皇天震怒，命我文考，肅將天威，大勳未集。
（傳）言天怒紂之惡，命文王敬行天罰，功業未成而崩。

肆予小子發，以爾友邦冢君，觀政于商。

（傳）父業未就之故，故我與諸侯觀紂政之善惡，謂十一年自孟津還時。

惟受罔有悛心，乃夷居，弗事上帝神祇，遺厥先宗廟弗祀。
（傳）悛，改也。言紂縱惡無改心，平居無故廢天地百神宗廟之祀，慢之甚。○悛，七全反。

犧牲粢盛，既于凶盜。
（傳）凶人盡盜食之，而紂不罪。

乃曰：吾有民有命，罔懲其侮。
（傳）紂言吾所以有兆民，有天命，故羣臣畏罪不爭，無能止其慢心。

天佑下民，作之君，作之師。
（傳）言天佑助下民，為立君以政之，為立師以教之。

惟其克相上帝，寵綏四方。
（傳）當能助天寵安天下。

有罪無罪，予曷敢有越厥志。
（傳）越，遠也。言已志欲為民除惡，是與否不敢遠其志。

同力度德，同德度義。
（傳）力鈞則有德者勝，德鈞則秉義者強。揆度優劣，勝負可見。

受有臣億萬，惟億萬心。
（傳）人執異心，不和諧。

予有臣三千，惟一心。

（傳）三千一心，言同欲。

商罪貫盈，天命誅之。予弗順天，厥罪惟鈞。
（傳）紂之為惡，一以貫之，惡貫已滿，天畢其命。今不誅紂，則為逆天，與紂同罪。

予小子夙夜祗懼，受命文考，類于上帝，宜于冢土，以爾有眾，底天之罰。
（傳）祭社曰宜。冢土，社也。言我畏天之威，告文王廟，以事類告天，祭社，用汝眾致天罰於紂。

天矜于民，民之所欲，天必從之。
（傳）矜，憐也。言天除惡樹善，與民同。

爾尚弼予一人，永清四海。

傳 穢惡除、則四海長清、

時哉弗可失。

傳 言今我伐紂、正是天人合同之時、不可違失、

周書

泰誓中第二

惟戊午。王次于河朔。

傳 次、止也、戊午、渡河而誓、既誓而止於河之北、

羣后以師畢會。

傳 諸侯盡會次也、

王乃徇師而誓曰。嗚呼。西土有衆。咸聽朕言。

傳 徇、循也、武王在西、故稱西土、

我聞吉人爲善。惟日不足。凶人爲不善。亦惟日不足。

傳 言吉人竭日以爲善、凶人亦竭日以行惡、

今商王受力行無度、

傳 行無法度、竭日不足、故曰力行、

播棄犂老。昵比罪人。

傳 鮐背之耇稱犂老、布棄不禮敬、昵近罪人、謂天下逋逃之小人、○犂力私反、昵女乙反、鮐他來反、又音怡、逋布吳反

淫酗肆虐。臣下化之。

傳 過酗縱虐、以酒成惡、臣下化之、言罪同、○酗況付反

朋家作仇。脅權相滅。無辜籲天。穢德彰聞。

傳 臣下朋黨、自爲仇怨、脅上權命、以相誅滅、籲呼也、民皆呼天告冤無辜、紂之穢德彰聞天地、言罪惡深、

惟天惠民。惟辟奉天。

傳 言君天下者、當奉天以愛民、

有夏桀弗克若天。流毒下國。

傳 桀不能順天、流毒虐於下國萬民、言凶害、

天乃佑命成湯。降黜夏命。

傳 言天助湯命、使下退桀命、

惟受罪浮于桀。

傳 浮、過、

剝喪元良。賊虐諫輔。

傳 剝、傷害也、賊、殺也、元、善之長、良、善、以諫輔紂、紂反殺之、

謂已有天命。謂敬不足行。謂祭無益。謂暴無傷。

傳 言紂所以罪過於桀、

厥監惟不遠。在彼夏王。

傳 其視紂罪與桀同辜、言必誅之、

天其以予乂民。

〔傳〕用我治民當除惡、

朕夢協朕卜。襲于休祥。戎商必克。

〔傳〕言我夢與卜俱合於美善、以兵誅紂必克之占、

受有億兆夷人。離心離德。

〔傳〕平人、凡人也、雖多、而執心用德不同、

予有亂臣十人。同心同德。

〔傳〕我治理之臣雖少、而心德同、

雖有周親。不如仁人。

〔傳〕周、至也、言紂至親雖多、不如周家之少仁人、

天視自我民視。天聽自我民聽。

〔傳〕言天因民以視聽、民所惡者天誅之、

百姓有過。在予一人。

〔傳〕已能無惡于民、民之有過、在我教不至、

今朕必往。我武惟揚。侵于之疆。

〔傳〕揚、舉也、言我舉武事、侵入紂郊疆伐之、

取彼凶殘。我伐用張。于湯有光。

〔傳〕桀流毒天下、湯黜其命、紂行凶殘之德、我以兵取之、伐惡之道張設、比於湯又有光明、

勗哉夫子。罔或無畏。寧執非敵。

〔傳〕勗、勉也、夫子、謂將士、無敢有無畏之心、寧執非敵之志、伐之則克矣、

百姓懍懍。若崩厥角。

〔傳〕言民畏紂之虐、危懼不安、若崩摧其角、無所容頭、○懍力甚反

嗚呼。乃一德一心。立定厥功。惟克永世。

〔傳〕汝同心立功、則能長世以安民、

周書、

泰誓下第三

時厥明。王乃大巡六師。明誓衆士。

〔傳〕是其戊午明日、師出以律、三申令之、重難之義、衆士、百夫長已上、

王曰。嗚呼。我西土君子。天有顯道。厥類惟彰。

〔傳〕言天有明道、其義類惟明、言王所宜法則、

今商王受狎侮五常。荒怠弗敬。

〔傳〕輕狎五常之教、侮慢不行、大爲怠惰、不敬天地神明、

自絕于天。結怨于民。

〔傳〕不敬天、自絕之、酷虐民、結怨之、

斮朝涉之脛。剖賢人之心。

〔傳〕冬月見朝涉水者、謂其脛耐寒、斬而視之、比干忠諫、謂其心異於人、剖而觀之、酷虐之甚、○斮側畧反

作威殺戮。毒痛四海。

傳痡病也、言善所及遠、○痡音敷

崇信姦回。放黜師保。

傳回邪也、姦邪之人、反尊信之、可法以安者、反放退之、

屏棄典刑。囚奴正士。

傳屏棄常法而不顧、箕子正諫而以爲囚奴、

郊社不修。宗廟不享。作奇技淫巧。以悅婦人。

傳言紂廢至尊之敬、營卑褻惡事、作過制技巧、以恣耳目之欲、

上帝弗順。祝降時喪。

傳祝斷也、天惡紂逆道、斷絕其命、故下是喪亡之誅、

爾其孜孜奉予一人。恭行天罰。

傳孜孜勤勉不怠、

古人有言曰。撫我則后。虐我則讎。

傳武王述古言以明義、言非惟今惡紂、

獨夫受洪惟作威。乃汝世讎。

傳言獨夫失君道也、大作威殺無辜、乃是汝累世之讎、明不可不誅、

樹德務滋。除惡務本。

傳立德務滋長、去惡務除本、言紂爲天下惡本、

肆予小子誕以爾眾士。殄殲乃讎。

傳言欲行除惡之義、絕盡紂、

爾眾士。其尚迪果毅。以登乃辟。

傳迪進也、殺敵爲果、致果爲毅、登成也、成汝君之功、

功多有厚賞。不迪有顯戮。

傳賞以勸之、戮以威之、

嗚呼。惟我文考。若日月之照臨。光于四方。顯于西土。

傳稱父以感眾也、言其明德充塞四方、明著岐周、

惟我有周。誕受多方。

傳言文王德大、故受眾方之國、三分天下而有其二、

予克受。非予武。惟朕文考無罪。

傳推功於父、言文王無罪於天下、故天佑之、人盡其用、

受克予。非朕文考有罪。惟予小子無良。

傳若紂克我、非我父罪、我之無善之致、

周書

牧誓第四

武王戎車三百兩。傳兵車、百夫長所載、車稱兩、一車步卒七十二人、凡二萬一千人、舉全數、虎賁三百人。傳勇士稱也、若虎賁獸、言其猛也、皆百夫長、與受戰于牧野。作牧誓。

牧誓傳至牧地而誓眾、

時甲子昧爽。

傳 是克紂之月甲子之日、二月四日、昧冥、爽明、早旦、

王朝至于商郊。牧野乃誓。

傳 紂近郊三十里地名牧、癸亥夜陳、甲子朝誓、將與紂戰、

王左杖黃鉞、右秉白旄以麾、曰。逖矣西土之人。

傳 鉞以黃金飾斧、左手杖鉞、示無事於誅、右手把旄、示有事於教、逖遠也、遠矣西土之人、勞苦之、○逖他歷反

王曰。嗟我友邦冢君。

傳 同志為友、言志同滅紂、

御事司徒。司馬。司空。

傳 治事三卿、司徒主民、司馬主兵、司空主土、指誓戰者、

亞旅。師氏。

傳 亞次、旅衆也、衆大夫其位次卿、師氏大夫官、以兵守門者、

千夫長。百夫長。

傳 師帥、卒帥、

及庸。蜀。羌。髳。微。盧。彭。濮人。

傳 八國皆蠻夷戎狄屬文王者國名、羌在西蜀叟、髳微在巴蜀、盧彭在西北、庸濮在江漢之南、

稱爾戈。比爾干。立爾矛。予其誓。

傳 稱舉也、戈戟、干楯也、

王曰。古人有言曰。牝雞無晨。

傳 言無晨鳴之道、

牝雞之晨。惟家之索。

傳 索盡也、喻婦人知外事、雌代雄鳴則家盡、婦奪夫政則國亡、

今商王受惟婦言是用。

傳 妲己惑紂、紂信用之、

昏棄厥肆祀弗答。

傳 昏亂、肆陳、答當也、亂棄其所陳祭祀、不復當享鬼神、

昏棄厥遺王父母弟不迪。

傳 王父祖之昆弟、母弟同母弟、言棄其骨肉、不接之以道、

乃惟四方之多罪逋逃。是崇是長。

傳 言紂棄其賢臣、而尊長逃亡罪人、信用之、

是信是使。是以為大夫卿士。

傳 士事也、用為卿大夫、典政事、

俾暴虐于百姓。以姦宄于商邑。

傳 使四方罪人暴虐姦宄於都邑、

今予發惟恭行天之罰。今日之事。不愆于六步七步。乃止齊焉。

傳 今日戰事、就敵不過六步七步、乃止相齊、言當旅進一心、

夫子勗哉。不愆于四伐五伐六伐七伐。乃止齊焉。
傳 夫子、謂將士。勉勵之。伐、謂擊刺。少則四五。多則六七。以爲例。

勗哉夫子。尚桓桓。
傳 桓桓。武貌。

如虎如貔。如熊如羆。于商郊。
傳 貔。執夷。虎屬也。四獸皆猛健。欲使士衆法之。奮擊於牧野。○貔。彼皮反

弗迓克奔。以役西土。
傳 商衆能奔來降者。不迎擊之。如此則所以役我西土之義。

勗哉夫子。爾所弗勗。其于爾躬有戮。
傳 臨敵所安。汝不勉。則於汝身有戮矣。

周書

武成第五

武王伐殷。往伐歸獸。傳 往誅紂克定。偃武修文。歸馬牛於華山桃林之牧地。識其政事。傳 記識殷家政教善事。以爲法。作武成。傳 武功成。文事修。

武成 傳 文王受命。有此武功。成於克商。

惟一月壬辰。旁死魄。
傳 此本說始伐紂時。一月。周之正月。旁。近也。月二日死魄。

越翼日癸巳。王朝步自周。于征伐商。
傳 翼。明。步。行也。武王以正月三日行自周。往征伐商。二十八日渡孟津。

厥四月。哉生明。王來自商。至于豐。
傳 其四月。哉。始也。始生明。月三日。與死魄互言。

乃偃武修文。
傳 倒載干戈。包以虎皮。示不用。行禮射。設庠序。修文教。

歸馬于華山之陽。放牛于桃林之野。示天下弗服。
傳 山南曰陽。桃林在華山東。皆非長養牛馬之地。欲使自生自死。示天下不復乘用。

丁未。祀于周廟。邦甸侯衛。駿奔走。執豆籩。
傳 四月丁未。祭告后稷以下。文考文王以上。七世之祖。駿。大也。邦國甸侯衛服諸侯。皆大奔走於廟執事。

越三日庚戌。柴望。大告武成。
傳 燔柴郊天。望祀山川。先祖後郊。自近始。

既生魄。庶邦冢君暨百工受命于周。
傳 魄生明死。十五日之後。諸侯與百官受政命於周。明一統。

王若曰。嗚呼。羣后。
傳 順其祖業。歎美之。以告諸侯。

惟先王建邦啓土。
傳 謂后稷也。尊祖。故稱先王。

公劉克篤前烈。

傳后稷曾孫、公爵劉、名能厚先人之業、

至于大王。肇基王迹。王季其勤王家。

傳大王修德以翦齊商人、始王業之肇迹、王季纘統其業、乃勤立王家。○肇音兆。

我文考文王。克成厥勳。誕膺天命。以撫方夏。

傳言我文德之父、能成其王功、大當天命、以撫綏四方中夏、

大邦畏其力。小邦懷其德。

傳言天下諸侯、大者畏威、小者懷德、是文王威德之大、

惟九年。大統未集。

傳言諸侯歸之、九年而卒、故大統未就、

予小子其承厥志。

傳言承文王本意、

底商之罪。告于皇天后土。所過名山大川。

傳致商之罪、謂伐紂之時、后土、社也、名山、華岳、大川、河、

曰。惟有道曾孫周王發。將有大正于商。

傳告天社山川之辭、大正、以兵征之也、

今商王受無道。

傳無道德、

暴殄天物。害虐烝民。

傳暴絕天物、言逆天也、逆天害民、所以爲無道、

爲天下逋逃主。萃淵藪。

傳逋、亡也、天下罪人逃亡者、而紂爲魁主、窟聚淵府藪澤、言大姦。○藪素口反、窟口忽反

予小子既獲仁人。敢祗承上帝。以遏亂略。

傳仁人、謂太公周召之徒、略、路也、言誅紂、敬承天意、以絕亂路、

華夏蠻貊。罔不率俾。恭天成命。

傳冕服采章曰華、大國曰夏、及四夷皆相率、而使奉天成命、

肆予東征。綏厥士女。

傳此謂十一年會孟津還時、

惟其士女。篚厥玄黃。昭我周王。

傳言東國士女、篚盛其絲帛、奉迎道次、明我周王爲之除害、

天休震動。用附我大邑周。

傳天之美應、震動民心、故用依附我、

惟爾有神。尚克相予。以濟兆民。無作神羞。

傳神庶幾助我渡民危害、無爲神羞辱、

既戊午。師逾孟津。癸亥。陳于商郊。俟天休命。

傳自河至朝歌、出四百里、五日而至、赴敵宜速、待天休命、謂夜雨止畢陳、

甲子昧爽。受率其旅若林。會于牧野。

傳旅衆也如林言盛多會逆距戰

罔有敵于我師前徒倒戈攻于後以北血流漂杵。

傳紂衆服周仁政無有戰心前徒倒戈自攻于後以北走血流漂舂杵甚之言○漂匹妙反杵昌呂反

一戎衣天下大定。

傳衣服也一著戎服而滅紂言與衆同心動有成功

乃反商政政由舊。

傳反紂惡政用商先王善政

釋箕子囚封比干墓式商容閭。

傳皆武王反紂政囚奴徒隸封益其土商容賢人紂所貶退式其閭巷以禮賢

散鹿臺之財發鉅橋之粟。

傳紂所積之府倉皆散發以賑貧民

大賚于四海而萬姓悅服。

傳施舍已責救乏賙無所謂周有大賚天下皆悅仁服德

列爵惟五。

傳即所識政事而法之爵五等公侯伯子男

分土惟三。

傳列地封國公侯方百里伯七十里子男五十里爲三品

建官惟賢。

傳立官以官賢才

位事惟能。

傳居位理事必任能事

重民五教。

傳所重在民及五常之教

惟食喪祭。

傳民以食爲命喪禮篤親愛祭祀崇孝養皆聖王所重

惇信明義。

傳使天下厚行信顯忠義

崇德報功。

傳有德尊以爵有功報以祿

垂拱而天下治。

傳言武王所修皆是所任得人欲垂拱而天下治

書經卷十一　終

書經卷十二

漢　諫大夫魯孔安國傳

周書

洪範第六

武王勝殷殺受。立武庚。傳不放而殺紂自焚也、武庚、紂子、以爲王者後、一名祿父、以箕子歸。

作洪範。傳歸鎬京、箕子作之、

洪範。傳洪、大、範、法也、言天地之大法、

惟十有三祀。王訪于箕子。傳商曰祀、箕子稱祀、不忘本、此年四月、歸宗周、先告武成、次問天道、

王乃言曰。嗚呼箕子。惟天陰騭下民。相協厥居。傳騭、定也、天不言而默定下民、是助合其居、使有長生之資、○騭之逸反

我不知其彝倫攸敘。傳言我不知天所以定民之常道理次敘、問何由、

箕子乃言曰。我聞在昔。鯀陻洪水。汨陳其五行。傳陻、塞、汨、亂也、治水失道、亂陳其五行、

帝乃震怒。不畀洪範九疇。彝倫攸斁。傳畀、與、斁、敗也、天動怒鯀、不與大法九疇、疇、類也、故常道所以敗、

鯀則殛死。禹乃嗣興。傳放鯀至死不赦、嗣、繼也、廢父興子、堯舜之道、

天乃錫禹洪範九疇。彝倫攸敘。傳天與禹、洛出書、神龜負文而出、列於背、有數至于九、禹遂因而第之、以成九類、常道所以次敘、

初一曰五行。傳九類、類一章、以五行爲始、

次二曰敬用五事。傳五事在身、用之必敬乃善、

次三曰農用八政。傳農、厚也、厚用之、政乃成、

次四曰協用五紀。傳協、和也、和天時、使得正用五紀、

次五曰建用皇極。傳皇、大、極、中也、凡立事、當用大中之道、

次六曰乂用三德。傳治民必用剛柔正直之三德、

次七曰明用稽疑。傳明用卜筮考疑之事、

次八曰念用庶徵。次九曰嚮用五福。威用六極。

傳言天所以嚮勸人用五福，所以威沮人用六極，此已上禹所第敘。

一五行。一曰水。二曰火。三曰木。四曰金。五曰土。

傳皆其生數。

水曰潤下。火曰炎上。

傳言其自然之常性。

木曰曲直。金曰從革。

傳木可以揉曲直，金可以改更。

土爰稼穡。

傳種曰稼，斂曰穡，土可以種可以斂。

潤下作鹹。

傳水鹵所生。

炎上作苦。

傳焦氣之味。

曲直作酸。

傳木實之性。

從革作辛。

傳金之氣。

稼穡作甘。

傳甘味生於百穀，五行以下箕子所陳。

二五事。一曰貌。

傳容儀。

二曰言。

傳詞章。

三曰視。

傳觀正。

四曰聽。

傳察是非。

五曰思。

傳心慮所行。

貌曰恭。

傳儼恪。

言曰從。

傳是則可從。

視曰明。

傳必清審。

聽曰聰。

傳必微諦、○諦音帝
思曰睿。傳必通於微、
恭作肅。傳心敬、
從作乂。傳可以治、
明作哲。傳照了、

聰作謀。傳所謀必成當、
睿作聖。傳於事無不通謂之聖、
三八政。一曰食。傳勤農業、
二曰貨。傳寶用物、
三曰祀。

傳敬鬼神以成教、
四曰司空。傳主空土以居民、
五曰司徒。傳主徒衆教以禮義、
六曰司寇。傳主姦盜使無縱、
七曰賓。傳禮賓客無不敬、

八曰師。傳簡師所任必良士卒必練、
四五紀。一曰歲。傳所以紀四時、
二曰月。傳所以紀一月、
三曰日。傳紀一日、
四曰星辰。

傳二十八宿迭見以敍氣節、十二辰以紀日月所會、

五曰曆數。

傳曆數節氣之度、以爲曆、敬授民時、

五皇極。皇建其有極。

傳大中之道、大立其有中、謂行九疇之義、

斂時五福。用敷錫厥庶民。

傳斂是五福之道以爲教、用布與衆民使慕之、

惟時厥庶民于汝極。錫汝保極。

傳君上有五福之教、衆民於君取中、與君以安中之善、言從化、

凡厥庶民。無有淫朋。人無有比德。惟皇作極。

傳民有安中之善、則無淫過朋黨之惡比周之德、惟天下皆大爲中正、

凡厥庶民。有猷有爲有守。汝則念之。

傳民戢有道、有所爲、有所執守、汝則念錄敍之、

不協于極。不罹于咎。皇則受之。

傳凡民之行、雖不合於中、而不罹于咎惡、皆可進用、大法受之、

而康而色。曰予攸好德。汝則錫之福。

傳汝當安汝顏色、以謙下人、人曰我所好者德、汝則與之爵祿、

時人斯其惟皇之極。

傳不合於中之人、汝與之福、則是人此其惟大之中、言可勉進、

無虐煢獨。而畏高明。

傳煢單、無兄弟也、無子曰獨、單獨者不侵虐之、寵貴者不枉法畏之、

人之有能有爲。使羞其行。而邦其昌。

傳功能有爲之士、使進其所行、汝國其昌盛、

凡厥正人。既富方穀。

傳凡其正直之人、既當以爵祿富之、又當以善道接之、

汝弗能使有好于而家。時人斯其辜。

傳不能使正直之人有好於國家、則是人斯其詐取罪而去、

于其無好德。汝雖錫之福。其作汝用咎。

傳於其無好德之人、汝雖與之爵祿、其爲汝用惡道以敗汝善、

無偏無陂。遵王之義。

傳偏不平、陂不正、言當循先王之正義以治民、○陂音祕

無有作好。遵王之道。無有作惡。遵王之路。

傳言無有亂爲私好惡、動必循先王之道路、

無偏無黨。王道蕩蕩。

傳言開闢、

無黨無偏。王道平平。

傳言辯治。

無反無側。王道正直。

傳言所行無反道不正。則王道平直。

會其有極。歸其有極。

傳言會其有中而行之。則天下皆歸其有中矣。

曰皇極之敷言。是彝是訓。于帝其訓。

傳曰者大其義。言以大中之道布陳言教不失其常。則人皆是順矣。天且其順。而況于人乎。

凡厥庶民。極之敷言。是訓是行。以近天子之光。

傳凡其衆民中心之所陳言。凡順是行之。則可以近益天子之光明。

曰天子作民父母。以爲天下王。

傳言天子布德惠之教。爲兆民之父母。是爲天下所歸往。不可不務。

六三德。一曰正直。

傳能正人之曲直。

二曰剛克。

傳剛能立事。

三曰柔克。

傳和柔能治。三者皆德。

平康正直。

傳世平安用正直治之。

彊弗友剛克。

傳友順也。世強禦不順。以剛能治之。

燮友柔克。

傳燮和也。世和順。以柔能治之。

沈潛剛克。

傳沈潛謂地。雖柔亦有剛。能出金石。

高明柔克。

傳高明謂天。言天爲剛德。亦有柔克。不干四時。喻臣當執剛以正君。君亦當執柔以納臣。

惟辟作福。惟辟作威。惟辟玉食。

傳言惟君得專威福。爲美食。

臣無有作福作威玉食。臣之有作福作威玉食。其害于而家。凶于而國。人用側頗僻。民用僭忒。

傳在位不敦平。則下民僭差。

七稽疑。擇建立卜筮人。

傳龜曰卜。蓍曰筮。考正疑事。當選擇知卜筮人而建立之。

乃命卜筮。

傳建立其人。命以其職。

曰雨。曰霽。

傳　龜兆形有似雨者。有似雨止者。

曰蒙。

傳　蒙陰闇。

曰驛。

傳　氣落驛不連屬。

曰克。

傳　兆相交錯。五者卜筮之常法。

曰貞。曰悔。

傳　内卦曰貞。外卦曰悔。

凡七。

傳　卜筮之數。

卜五。占用二。衍忒。立時人作卜筮。三人占。則從二人之言。

傳　立是知卜筮人。使爲卜筮之事。夏殷周卜筮各異。三法並卜。從二人之言。善鈞從衆。卜筮各三人。

汝則有大疑。謀及乃心。謀及卿士。謀及庶人。謀及卜筮。

傳　將舉事而汝則有大疑。先盡汝心以謀慮之。次及卿士衆民。然後卜筮以決之。

汝則從。龜從。筮從。卿士從。庶民從。是之謂大同。

傳　人心和順。龜筮從之。是謂大同於吉。

身其康彊。子孫其逢吉。

傳　動不違衆。故後世遇吉。

汝則從。龜從。筮從。卿士逆。庶民逆。吉。

傳　三從二逆。中吉。亦可舉事。

卿士從。龜從。筮從。汝則逆。庶民逆。吉。

傳　君臣不同。決之卜筮。亦中吉。

庶民從。龜從。筮從。汝則逆。卿士逆。吉。

傳　民與上異心。亦卜筮以決之。

汝則從。龜從。筮逆。卿士逆。庶民逆。作内吉。作外凶。

傳　二從三逆。龜筮相違。故可以祭祀冠婚。不可以出師征伐。

龜筮共違于人。

傳　皆逆。

用靜吉。用作凶。

傳　安以守常則吉。動則凶。

八庶徵。

曰雨。曰暘。曰燠。曰寒。曰風。曰時。

傳　雨以潤物。暘以乾物。煖以長物。寒以成物。風以動物。五者各以其時。所以爲衆驗。

五者來備。各以其敘。庶草蕃廡。

傳言五者備至、各以次序、則衆草蕃滋廡豐也。○廡無甫反

一極備凶。一極無凶。

傳一者備極過甚則凶、一者極無不至亦凶、謂不時失叙、

曰休徵。

傳敘美行之驗、

曰肅時雨若。

傳君行敬、則時雨順之、

曰乂時暘若。

傳君行政治、則時暘順之、

曰哲時燠若。

傳君能照哲、則時燠順之、

曰謀時寒若。

傳君能謀、則時寒順之、

曰聖時風若。

傳君能通理、則時風順之、

曰咎徵。

傳敘惡行之驗、

曰狂恒雨若。

傳君行狂疾、則常雨順之、

曰僭恒暘若。

傳君行僭差、則常暘順之、

曰豫恒燠若。

傳君行逸豫、則常燠順之、

曰急恒寒若。

傳君行急、則常寒順之、

曰蒙恒風若。

傳君行蒙闇、則常風順之、

曰王省惟歲。

傳王所省職、兼所總羣吏、如歲兼四時、

卿士惟月。

傳卿士各有所掌、如月之有別、

師尹惟日。

傳衆正官之吏、分治其職、如日之有歲月、

歲月日時無易。

傳各順常、

百穀用成。乂用明。

傳歲月日時無易則百穀成君臣無易則政治明

俊民用章。家用平康。

傳賢臣顯用國家平寧

日月歲時既易。

傳是三者已易喻君臣易職

百穀用不成。乂用昏不明。俊民用微。家用不寧。

傳君失其柄權臣擅命治闇賢隱國家亂

庶民惟星。星有好風。星有好雨。

傳星民象故衆民惟若星箕星好風畢星好雨亦民所好

日月之行。則有冬有夏。

傳日月之行冬夏各有常度君臣政治小大各有常法

月之從星。則以風雨。

傳月經於箕則多風離於畢則多雨政教失常以從民欲亦所以亂

九五福。一曰壽。

傳百二十年

二曰富。

傳財豐備

三曰康寧。

傳無疾病

四曰攸好德。

傳所好者德福之道

五曰考終命。

傳各成其短長之命以自終不橫夭

六極。一曰凶短折。

傳動不遇吉短未六十折未三十言辛苦

二曰疾。

傳常抱疾苦

三曰憂。

傳多所憂

四曰貧。

傳困於財

五曰惡。

傳醜陋

六曰弱。

傳尫劣。尫烏黃反

武王既勝殷邦。諸侯。班宗彝。傳賦宗廟彝器酒罇賜諸侯　作分器。傳言諸侯尊卑各有

分也。十六

書經卷十二終

書經卷十三

漢　諫大夫魯孔安國傳

周書

旅獒第七

西旅獻獒。傳西戎遠國貢大犬。○獒五羔反　大保作旅獒。傳召公陳戒。

旅獒。傳因獒而陳道義。

惟克商。遂通道于九夷八蠻。傳四夷慕化貢其方賄。九八言非一。皆通道路。無遠不服。

西旅厎貢厥獒。

傳西旅之長致貢其獒。犬高四尺曰獒。以大爲異。○厎之履反。長丁丈反

大保乃作旅獒。用訓于王。傳陳貢獒之義。以訓諫王。

曰。嗚呼。明王愼德。四夷咸賓。傳言明王愼德以懷遠。故四夷皆賓服。

無有遠邇。畢獻方物。惟服食器用。傳天下萬國無有遠近。盡貢其方土所生之物。惟可以供服食器用者。言不爲耳目華侈。

王乃昭德之致于異姓之邦。無替厥服。傳德之所致。謂遠夷之貢。以分賜異姓諸侯。使無廢其職。

分寶玉于伯叔之國。時庸展親。

傳以寶玉分同姓之國是用誠信其親親之道、

人不易物。惟德其物。

傳言物貴由人有德則物貴無德則物賤所貴在於德、

德盛不狎侮。

傳盛德必自敬何狎易侮慢之有、

狎侮君子。罔以盡人心。

傳以虛受人則人盡其心矣、

狎侮小人。罔以盡其力。

傳以悅使民民忘其勞則力盡矣、

不役耳目。百度惟貞。

傳言不以聲色自役則百度正、

玩人喪德。玩物喪志。

傳以人爲戲弄則喪其德以器物爲戲弄則喪其志、

志以道寧。言以道接。

傳在心爲志發氣爲言皆以道爲本故君子勤道、

不作無益害有益。功乃成。不貴異物賤用物。民乃足。

傳遊觀爲無益奇巧爲異物言明王之道以德義爲益器用爲貴所以化治生民、

犬馬非其土性不畜。

傳非此土所生不畜以不習其用、

珍禽奇獸。不育于國。

傳皆非所用有損害故、

不寶遠物。則遠人格。

傳不侵奪其利則來服矣、

所寶惟賢。則邇人安。

傳寶賢任能則近人安、近人安則遠人安矣、

嗚呼。夙夜罔或不勤。

傳言當早起夜寐常勤於德、

不矜細行。終累大德。

傳輕忽小物積害毀大故君子慎其微、

爲山九仞。功虧一簣。

傳八尺曰仞喻向成也未成一簣猶不爲山故曰功虧一簣是以聖人乾乾日昃慎終如始、

允迪茲。生民保厥居。惟乃世王。

傳言其能信蹈行此誡則生人安其居天子乃世世王天下武王雖聖猶設此誡況非聖人可以無誡乎其不免於過則亦宜矣○世王如字又于況反

巢伯來朝。傳殷之諸侯伯爵也南方遠國武王克商慕義來朝芮伯作旅巢命。傳芮伯周同姓圻內

之國爲卿大夫陳威德以命巢亡○芮如鋭反

周書

金縢第八

武王有疾周公作金縢。（傳）爲請命之書藏之於匱緘之以金不欲人開之○縢徒登反

金縢（傳）遂以所藏爲篇名

既克商二年。王有疾弗豫。（傳）伐紂明年武王有疾不悦豫

二公曰我其爲王穆卜。周公曰未可以戚我先王。（傳）穆敬戚近也召公太公言王疾當敬卜吉凶周公言未可以死近我先王相順之辭

公乃自以爲功。（傳）周公乃自以請命爲己事

爲三壇同墠。（傳）因大王王季文王請命於天故爲三壇壇築土墠除地大除地於中爲三壇○墠音善

爲壇於南方北面周公立焉。（傳）立壇上對三王

植璧秉珪乃告大王王季文王。（傳）璧以禮神植置也置於三王之坐周公秉桓珪以爲贄告謂祝辭

史乃册祝曰惟爾元孫某遘厲虐疾。（傳）史爲册書祝辭也元孫武王某名臣諱君故曰某厲危虐暴也○遘工豆反

若爾三王是有丕子之責于天以旦代某之身。（傳）大子之責謂疾不可救於天則當以旦代之死生有命不可請代聖人叙臣子之心以垂世教

予仁若考能多材多藝能事鬼神。（傳）我周公仁能順父又多材多藝能事鬼神言可以代武王之意

乃元孫不若旦多材多藝不能事鬼神乃命于帝庭敷佑四方。（傳）汝元孫受命于天庭爲天子布其德教以佑助四方言不可以死

用能定爾子孫于下地四方之民罔不祗畏。（傳）言武王用受命帝庭之故能定先人子孫於天下四方之民無不敬畏

嗚呼無墜天之降寶命我先王亦永有依歸。（傳）歎惜武王言不救則墜天之寶命救之則先王長有依歸

今我卽命于元龜。（傳）就受三王之命於大龜卜知吉凶

爾之許我我其以璧與珪歸俟爾命。（傳）許謂疾瘳待命當以事神

爾不許我我乃屏璧與珪。（傳）不許謂不愈也屏藏也言不得事神

乃卜三龜一習吉。

傳習、因也、以三王之龜卜、一相因而吉、

啓籥見書。乃并是吉。

傳三兆既同吉、開籥見占兆書、乃亦并是吉、

公曰。體王其罔害。

傳公視兆曰、如此兆體、王其無害、言必愈、

予小子新命于三王。惟永終是圖。

傳周公言我小子新受三王之命、武王惟長終是謀周之道、

茲攸俟。能念予一人。

傳言武王愈、此所以待、能念我天子事、成周道、

公歸。乃納冊于金縢之匱中。王翼日乃瘳。

傳從壇歸、翼、明、瘳、差也、

武王既喪。管叔及其羣弟。乃流言於國。

傳武王死、周公攝政、其弟管叔、及蔡叔、霍叔、乃放言於國、以誣周公、以惑成王、

曰。公將不利於孺子。

傳三叔以周公大聖、有次立之勢、遂生流言、孺稚也、稚子成王、

周公乃告二公曰。我之弗辟。我無以告我先王。

傳辟、法也、告召公太公、言我不以法法三叔、則我無以成周道告我先王、

周公居東二年。則罪人斯得。

傳周公既告二公、遂東征之、二年之中、罪人此得、

于後。公乃為詩以貽王。名之曰鴟鴞。王亦未敢誚公。

傳成王信流言而疑周公、故周公既誅三監、而作詩解所以宜誅之意以遺王、王猶未悟、故欲讓公而未敢、

秋。大熟。未穫。天大雷電以風。

傳二年秋也、蒙恒風若雷以威之、故有風雷之意、

禾盡偃。大木斯拔。邦人大恐。

傳風災所及、邦人皆大恐、

王與大夫盡弁。以啓金縢之書。

傳皮弁質服以應天、

乃得周公所自以為功。代武王之說。

傳所藏請命冊書本、

二公及王。乃問諸史與百執事。

傳二公倡王啓之、故先見書、史百執事者、從周公請命、

對曰。信。噫。公命我勿敢言。

傳史百執事言信有此事、周公使我勿道、今言之則負周公、噫恨辭、

王執書以泣曰。其勿穆卜。

傳本欲敬卜吉凶、今天意可知、故止之、

昔公勤勞王家。惟予沖人弗及知。

傳言已童幼不及知周公昔日忠勤、

今天動威以彰周公之德。

傳發雷風之威以明周公之聖德、

惟朕小子其新逆我國家禮亦宜之。

傳周公以成王未寤故留東未還改過自新遣使者迎之亦國家禮有德之宜、

王出郊天乃雨反風禾則盡起。

傳郊以玉幣謝天天即反風起禾明郊之是、

二公命邦人凡大木所偃盡起而築之歲則大熟。

傳木有偃拔起而立之築有其根禾木無虧百穀豐熟、周公之德此已上大誥後因武王喪并見之。○築音竹

周書

大誥第九

武王崩三監及淮夷叛。傳三監管蔡商淮夷徐奄之屬皆叛周、周公相成王將黜殷作大誥。傳相謂攝政、黜絕也、將以誅叛者之義大誥天下、

大誥 傳陳大道以誥天下遂以名篇。○誥本亦作𢍄

王若曰。猷大誥爾多邦越爾御事。

傳周公稱成王命、順大道以誥天下衆國及於御治事者盡及之、

弗弔。天降割于我家不少。

傳言周道不至、故天下凶害於我家、不少、謂三監淮夷並作難、

延洪惟我幼沖人。

傳凶害延大惟累我幼童人、成王言其不可不誅之意、

嗣無疆大歷服。弗造哲。迪民康。

傳言子孫承繼祖考無窮大數服行其政而不能爲智道以安人故使叛先自責

矧曰其有能格知天命。

傳安人且猶不能況其有能至知天命者乎、

已。予惟小子若涉淵水。予惟往求朕攸濟。

傳已發端歎辭也我惟小子承先人之業若涉淵水往求我所以濟渡言祗懼、

敷賁。敷前人受命。茲不忘大功。

傳前人文武也我求濟渡在布行大道在布陳文武受命在此不忘大功言任重、

予不敢閉于天降威用。

傳天下威用謂誅惡也言我不敢閉絕天所下威用而不行將欲伐四國、

寧王遺我大寶龜。紹天明卽命。

傳安天下之王謂文王也遺我大寶龜疑則卜之以繼天明就其命而言之言卜不可違、

曰有大艱于西土。西土人亦不靜。越茲蠢。

傳曰語更端也四國作大難於京師西土人亦不安於此蠢動、

殷小腆誕敢紀其叙。

傳言殷後小腆腆之祿父大敢紀其王業欲復之、

天降威，知我國有疵。
傳：天下威，謂三叔流言，故祿父知我周國有疵病。

民不康，曰：予復，反鄙我周邦。
傳：祿父言我殷當復，欺惑東國人，令不安，反鄙易我周家，道其罪無狀。

今蠢，今翼日，民獻有十夫予翼，以于敉寧武圖功。
傳：今天下蠢動，今之明日，四國人賢者有十夫來翼佐我周，用撫安武事，謀立其功，言人事先應。○敉，亡婢反。

我有大事，休，朕卜并吉。
傳：大事，戎事也。人謀既從，卜又并吉，所以爲美。

肆予告我友邦君，越尹氏、庶士、御事。
傳：以美故告我友國諸侯，及於正官尹氏、卿大夫、衆士、御治事者，言謀及之。

曰：予得吉卜，予惟以爾庶邦于伐殷逋播臣。
傳：用汝衆國往伐殷逋亡之臣，謂祿父。

爾庶邦君越庶士、御事，罔不反曰：艱大。
傳：汝衆國上下，無不反曰征伐四國爲大難，敘其情以戒之。

民不靜，亦惟在王宮邦君室。
傳：言四國不安，亦在天子諸侯教化之過，自責不能綏近以及遠。

越予小子考翼，不可征，王害不違卜。
傳：於我小子，先卜敬成周道，若謂今四國不可征，則王室有害，故宜從卜。

肆予冲人永思艱，曰：嗚呼！允蠢鰥寡，哀哉。
傳：故我童人成王，長思此難而歎曰：信蠢動天下，使無妻無夫者受其害，可哀哉。

予造天役，遺大投艱于朕身。
傳：我周家爲天下役事，遺我甚大，投此艱難於我身，言不得已。

越予冲人，不卬自恤，義爾邦君，越爾多士、尹氏、御事。
傳：言征四國，於我童人，不惟自憂而已，乃欲施義與汝衆國君臣上下至御治事者。

綏予曰：無毖于恤，不可不成乃寧考圖功。
傳：汝衆國君臣當安勉我曰：無勞於憂，不可不成汝寧祖聖考文武所謀之功，責其以善言之助。

已！予惟小子，不敢替上帝命。
傳：不敢廢天命，言卜吉當必征之。

天休于寧王，興我小邦周，寧王惟卜用，克綏受茲命。
傳：言天美文王，興周者以文王惟卜之用，故能安受此天命，明卜宜用。

今天其相民，矧亦惟卜用。
傳：人獻十夫，是天助民，況亦用卜乎？吉可知矣，亦亦文王。

嗚呼！天明畏，弼我丕丕基。
傳：歎天之明德可畏，輔成我大大之基業，言卜不可違也。

王曰：爾惟舊人，爾丕克遠省，爾知寧王若勤哉。
傳：特命久老之人知文王故事者，大能遠省識古事，汝知文王若彼之勤勞哉，目所親見，法之又明。

天閟毖我成功所。予不敢不極卒寧王圖事。

傳閟愼也。言天愼勞我周家成功所在、我不敢不極盡文王所謀之事、謂致太平。○閟音秘

肆予大化誘我友邦君。

傳我欲極盡文王所謀、故大化天下、道我友國諸侯、

天棐忱辭。其考我民。

傳言我周家有大化誠辭、爲天所輔、其成我民矣。○棐音匪

予曷其不于前寧人圖功攸終。

傳我何其不於前文王安人之道謀立其功所終乎、

天亦惟用勤毖我民。若有疾。

傳天亦勞愼我民欲安之、如人有疾、欲已去之、

予曷敢不于前寧人攸受休畢。

傳天欲安民、我何敢不於前文王所受美命終畢之、

王曰。若昔朕其逝。朕言艱日思。

傳順古道、我其往東征矣。我所言國家之難備矣、日思念之、

若考作室。旣厎法。厥子乃弗肯堂。矧肯構。

傳以作室喻治政也。父已致法、子乃不肯爲堂基、況肯構立屋乎。不爲其易、則難者可知、

厥父菑。厥子乃弗肯播。矧肯穫。

傳又以農喻、其父已菑耕其田、子乃不肯播種、況肯收穫之乎、

厥考翼。其肯曰予有後弗棄基。

傳其父敬事創業、而子不能繼成其功、其肯言我有後不棄我基業乎、今不征、是棄之、

肆予曷敢不越卬敉寧王大命。

傳作室農人猶惡棄基、故我何敢不於今日撫循文王大命以征逆乎、

若兄考。乃有友伐厥子。民養其勸弗救。

傳若兄弟父子之家、乃有朋友來伐其子、民養其勸不救者、以子惡故、以此四國將誅而無救者、罪大故、

王曰。嗚呼。肆哉爾庶邦君。越爾御事。

傳歎今伐四國必克之故、以告諸侯及臣下御治事者、

爽邦由哲。亦惟十人迪知上帝命。

傳言其故有明國事用智道十人、蹈知天命、謂人獻十夫來佐周、

越天棐忱。爾時罔敢易法。矧今天降戾于周邦。

傳於天輔誠、汝天下是知無敢易天法、況今天下罪於周、使四國叛乎、

惟大艱人。誕鄰胥伐于厥室。爾亦不知天命不易。

傳惟大爲難之人、謂三叔也、大近相伐於其室家、謂叛逆也。若不早誅、汝天下亦不知天命之不易也、

予永念曰。天惟喪殷。若穡夫。予曷敢不終朕畝。

傳稼穡之夫除草養苗、我長念天亡殷、惡主亦猶是矣、我何敢不順天、終竟我壟畝乎、言當滅殷、

天亦惟休于前寧人。予曷其極卜。敢弗于從。

傳天亦惟美于文王受命、我何其極卜法、敢不於從、言必從也、

率寧人有指疆土。矧今卜幷吉。

(傳)循文王所有指意，以安疆土，則善矣。況今卜幷吉乎。言不可不從。

肆朕誕以爾東征。天命不僭。卜陳惟若茲。

(傳)以卜吉之故，大以汝衆東征四國。天命不僭差，卜兆陳列惟若此吉，必克之，不可不勉。

周書

微子之命第十

成王既黜殷命，殺武庚，(傳)一名祿父。命微子啓代殷後。(傳)啓知紂必亡而奔周，命爲宋公，爲湯後。作微子之命。(傳)封命之書。

微子之命(傳)稱其本爵以名篇。

王若曰。猷。殷王元子。

(傳)微子，帝乙元子。故順道本而稱之。

惟稽古崇德象賢。

(傳)惟考古典，有尊德象賢之義，言今法之。

統承先王修其禮物。

(傳)言二王之後，各修其典禮，正朔服色，與時王並通三統。

作賓于王家。與國咸休。永世無窮。

(傳)爲時王賓客，與時皆美，長世無竟。

嗚呼。乃祖成湯克齊聖廣淵。

(傳)言汝祖成湯能齊德聖達，廣大深遠，澤流後世。

皇天眷佑。誕受厥命。

(傳)大天眷顧，湯佑助之，大受其命，謂天命。

撫民以寬。除其邪虐。

(傳)撫民以寬政，拔桀邪淫虐之德。

功加于時。德垂後裔。

(傳)言湯立功加當時，德澤垂及後世。裔，末也。

爾惟踐修厥猷。舊有令聞。

(傳)汝微子言能踐湯德，久有善譽，昭聞遠近。

恪愼克孝。肅恭神人。予嘉乃德。曰篤不忘。

(傳)言微子敬愼能孝，嚴恭神人，故我善汝德，謂厚不可忘。○竺東苔反。

上帝時歆。下民祗協。庸建爾于上公。尹茲東夏。

(傳)孝恭之人，祭祀則神歆享，施令則人敬和，用是封立汝於上公之位，正此東方華夏之國。宋在京師東。

欽哉。往敷乃訓。愼乃服命。率由典常。以蕃王室。

(傳)敬哉，敬其爲君之德，往臨人，布汝教訓，愼汝祖服命，數循用舊典，無失其常，以蕃屏周室，戒之。

弘乃烈祖。律乃有民。永綏厥位。毗予一人。

(傳)大汝烈祖成湯之道，以法度齊汝所有之人，則長安其位，以輔我一人。言上下同榮慶。

世世享德。萬邦作式。

傳言微子累世享德不忝厥祖雖同公侯而特爲萬國法式、

俾我有周無斁。傳汝世世享德則使我有周好汝無厭

嗚呼往哉惟休無替朕命。傳歎其德遣往之國言當惟爲美政無廢我命

唐叔得禾異畝同穎。傳唐叔成王母弟食邑內得異禾也畝壟穎穗也禾各生一壟而合爲一穗 獻諸天子。傳拔而貢之 王命唐叔歸周公于東。傳異畝同穎天下和同之象周公之德所致周公東征未還故命唐叔以禾歸周公唐叔後封晉 作歸禾。傳亡

周公既得命禾旅天子之命。傳已得唐叔之禾遂陳成王歸禾之命而推美成王善則稱君 作嘉禾。傳天下和同政之善者故周公作書以善禾名篇告天下亡

書經卷十三 終

書經卷十四

漢 諫大夫魯孔安國傳

周書

康誥第十一

成王既伐管叔蔡叔。傳滅三監 以殷餘民封康叔。傳以三監之民國康叔爲衛侯周公懲其數叛故使賢母弟主之 作康誥酒誥梓材。

康誥 傳命康叔之誥康圻內國名叔封字

惟三月哉生魄。傳周公攝政七年三月始生魄月十六日明消而魄生

周公初基作新大邑于東國洛四方民大和會。傳初造基建作王城大都邑於東國洛汭居天下土中四方之民大和悅而集會○汭如銳反

侯甸男邦采衛百工播民和見士于周。傳此五服諸侯服五百里侯服去王城千里甸服千五百里男服去王城二千里采服二千五百里衛服三千里與禹貢異制五服之百官播率其民和悅並見即事於周

周公咸勤乃洪大誥治。傳周公皆勞勉五服之人遂乃因大封命大誥以治道

王若曰孟侯朕其弟小子封。傳周公稱成王命順康叔之德命爲孟侯孟長也五侯之長謂方伯使康叔爲之言王使我命其弟封封康叔名稱小子明當

受教訓。

惟乃丕顯考文王。克明德。慎罰。

傳惟汝大明父文王。能顯用俊德。慎去刑罰。以爲教首。

不敢侮鰥寡。庸庸。祗祗。威威。顯民。

傳惠恤窮民。不慢鰥夫寡婦。用可用。敬可敬。刑可刑。明此道以示民。

用肇造我區夏。越我一二邦以修。

傳用此明德慎罰之道。始爲政於我區域諸夏。故於一二邦皆以修治。

我西土惟時怙冒聞于上帝。帝休。

傳我西土岐周。惟是怙恃文王之道。故其政教冒被四表。上聞于天。天美其治。

天乃大命文王。殪戎殷。誕受厥命。

傳天美文王。乃大命之。殺兵殷。大受其王命。謂三分天下有其二。以授武王。

越厥邦厥民。惟時敘。

傳於其國。於其民。惟是次序。皆文王教。

乃寡兄勗。肆汝小子封在茲東土。

傳汝寡有之兄武王。勉行文王之道。故汝小子封得在此東土。爲諸侯。○勗許玉反

王曰。嗚呼。封。汝念哉。

傳念我所以告汝之言。

今民將在祗遹乃文考。紹聞衣德言。

傳今治民將在敬循汝文德之父。繼其所聞。服行其德言。以爲政教。○遹音聿。又音述

往敷求于殷先哲王。用保乂民。

傳汝往之國。當布求殷先智王之道。用安治民。

汝丕遠惟商耇成人。宅心知訓。

傳汝當大遠求商家耇老成人之道。常以居心。則知訓民。

別求聞由古先哲王。用康保民。

傳又當別求所聞父兄用古先智王之道。用其安者以安民。

弘于天。若德裕乃身。不廢在王命。

傳大于天。爲順德。則不見廢。常在王命。

王曰。嗚呼。小子封。恫瘝乃身。敬哉。

傳恫。痛。瘝。病。治民務除惡政。當如痛病在汝身。欲去之。敬行我言。

天畏棐忱。民情大可見。小人難保。

傳天德可畏。以其輔誠。人情大可見。以小人難安。

往盡乃心。無康好逸豫。乃其乂民。

傳往當盡汝心爲政。無自安好逸豫。寬身。其乃治民。

我聞曰。怨不在大。亦不在小。惠不惠。懋不懋。

傳不在大。起於小。不在小。小至於大。言怨不可爲。故當使不順者順。不勉者勉。

已。汝惟小子。乃服惟弘王。應保殷民。

傳已乎、汝惟小子、乃當服行德政、惟弘大王道、上以應天、下以安我所受殷之民衆

亦惟助王宅天命。作新民。

傳弘王道、安殷民、亦所以惟助王者、居順天命、爲民日新之教、

王曰。嗚呼。封。敬明乃罰。

傳歎而勑之、凡行刑罰、汝必敬明之、欲其重愼、

人有小罪非眚。乃惟終自作不典式爾。

傳小罪非過失、乃惟終自行之、自爲不常、用犯汝、

有厥罪小。乃不可不殺。乃有大罪非終。乃惟眚災適爾。既道極厥辜。時乃不可殺。

傳汝盡聽訟之理、以極其罪、是人所犯、亦不可殺、當以罰宥論之、

王曰。嗚呼。封。有敘時。乃大明服。

傳歎政教有次敘、是乃治理大明、則民服、

惟民其勑懋和。

傳民既服化、乃其自勑正、勉爲和、

若有疾。惟民其畢棄咎。

傳化惡爲善、如欲去疾、治之以理、則惟民其盡棄惡修善、

若保赤子。惟民其康乂。

傳愛養人、如安孩兒赤子、不失其欲、惟民其皆安治、

非汝封刑人殺人。

傳言得刑殺罪人、

無或刑人殺人。

傳無以得刑殺人、而有妄刑殺非辜者、

非汝封又曰劓刵人。

傳劓截鼻、刵截耳、刑之輕者、亦言所得行、○刵如志反

無或劓刵人。

傳所以舉輕以戒爲人輕行之、

王曰。外事。汝陳時臬。司師茲殷罰有倫。

傳言外土諸侯奉王事、汝當布陳是法、司牧其衆、及此殷家刑罰有倫理者、兼用之、○臬魚列反

又曰。要囚。服念五六日。至于旬時。丕蔽要囚。

傳要囚、謂察其要辭以斷獄、既得其辭、服膺思念五六日、至於十日、至於三月、乃大斷之、言必反覆思念重刑之至也、

王曰。汝陳時臬事。罰蔽殷彝。

傳陳是法事、其刑罰斷獄、用殷家常法、謂典刑故事、

用其義刑義殺。勿庸以次汝封。

傳義宜也、用舊法典刑、宜於時世者、以刑殺、勿用以就汝封之心所安、

乃汝盡遜曰時敘。惟曰未有遜事。

傳乃使汝所行盡順、曰是有次敘、惟當自謂未有順事、君子將興、自以爲不足、

已。汝惟小子。未其有若汝封之心。朕心朕德惟乃知。

（傳）已乎、他人未其有若汝封之心、言汝心最善、我心我心惟汝所知、欲其明成王所以命已之款心、

凡民自得罪。寇攘姦宄。殺越人于貨。

（傳）凡民用得罪、為寇盜攘竊姦宄、殺人顛越人、於是以取貨利、

暋不畏死。罔弗憝。

（傳）暋、強也、自強為惡而不畏死、人無不惡之者、言當消絕之。○暋音敏。

王曰。封。元惡大憝。矧惟不孝不友。

（傳）大惡之人、猶為人所大惡、況不善父母不友兄弟者乎、言人之罪惡莫大於不孝不友、

子弗祗服厥父事。大傷厥考心。

（傳）為人子不能敬身服行父道、而怠忽其業、大傷其父心、是不孝、

于父不能字厥子。乃疾厥子。

（傳）於為人父不能字愛其子、乃疾惡其子、是不慈、

于弟弗念天顯。乃弗克恭厥兄。

（傳）於為人弟不念天之明道、乃不能恭事其兄、是不恭、

兄亦不念鞠子哀。大不友于弟。

（傳）為人兄亦不念稚子之可哀、大不篤友于弟、是不友、

惟弔茲。不于我政人得罪。

（傳）惟人至此不孝不慈弗友不恭、不於我執政之人得罪乎、道教不至所致、

天惟與我民彝大泯亂。

（傳）天與我民五常、使父義母慈兄友弟恭子孝、而廢棄不行、是大滅亂天道、

曰。乃其速由文王作罰。刑茲無赦。

（傳）言當速用文王所作違教之罰、刑此亂五常者無得赦、

不率大戛。矧惟外庶子訓人。

（傳）戛、常也、凡民不循大常之教、猶刑之無赦、況在外掌眾子之官主訓民者、而親犯乎、

惟厥正人。越小臣諸節。

（傳）惟其正官之人、於小臣諸有符節之吏、及外庶子、其有不循大常者、則亦在無赦之科、

乃別播敷。造民大譽。弗念弗庸。瘝厥君。時乃引惡。惟朕憝。

（傳）汝今往之國、當分別播布德教、以立民大善之譽、若不念我言、不用我法者、病其君道、是汝長惡、惟我亦惡汝、

已。汝乃其速由茲義率殺。亦惟君惟長。

（傳）汝乃其速用此典刑、宜於時世者、循理以刑殺、則亦惟君長之正道、

不能厥家人。越厥小臣外正。惟威惟虐。大放王命。乃非德用乂。

（傳）為人君長而不能治其家人之道、則於其小臣外正官之吏、並為威虐、大放棄王命、乃由非德用治之故、

汝亦罔不克敬典。乃由裕民。惟文王之敬忌。

（傳）常事人之所輕、故戒以無不能敬常、汝用寬民之道、當惟念文王之所敬忌而法之、

乃裕民曰。我惟有及。則予一人以懌。

（傳）汝行寬民之政、曰我惟有及於古、則我一人以此悅懌汝德。○懌音亦、

王曰封。爽惟民迪吉康。
傳明惟治民之道而善安之。
我時其惟殷先哲王德。用康乂民作求。
傳我是其惟殷先智王之德、用安治民爲求等、
矧今民罔迪不適。不迪則罔政在厥邦。
傳治民乃欲求等殷先智王、况今民無道不之言從敎也、不以道訓之則無善政在其國、
王曰封。予惟不可不監。告汝德之說。于罰之行。
傳我惟不可不監視古義告汝施德之說於罰之所行、欲其勤德愼刑、
今惟民不靜。未戾厥心。迪屢未同。

傳假令今天下民不安、未定其心於周、敎道屢數而未和同、設事之言、
爽惟天其罰殛我。我其不怨。
傳明惟天其以民不安罰誅我、我其不怨天、汝不治我罰汝、汝亦不可怨我、
惟厥罪無在大。亦無在多。矧曰其尚顯聞于天。
傳民之不安、雖小邑少民猶有罰誅、不在多大、况曰不愼罰明聞於天者乎、言罪大、
王曰嗚呼。封敬哉。無作怨。勿用非謀非彝。
傳言當修己以敬、無爲可怨之事、勿用非善謀非常法、
蔽時忱。丕則敏德。
傳斷行是誠道、大法敏德、信則人任焉、敏則有功、

用康乃心。顧乃德。遠乃猷。
傳用是誠道安汝心、顧省汝德、無令有非、遠汝謀思爲長久、
裕乃以民寧。不汝瑕殄。
傳行寬政乃以民安、則我不汝罪過、不絕亡汝、
王曰嗚呼。肆汝小子封。惟命不于常。
傳以民安則不絕亡汝、故當念天命之不於常、汝行善則德之、行惡則失之、
汝念哉。無我殄。
傳無絕棄我言而不念、
享明乃服命。

傳享有國土、當明汝所服行之命令、使可則、
高乃聽。用康乂民。
傳高汝聽、聽先王道德之言、以安治民、
王若曰。往哉封。勿替敬典。
傳汝往之國、勿廢所宜敬之常法、
聽朕告汝。乃以殷民世享。
傳順從我所告之言、卽汝乃以殷民世世享國、福流後世、

周書

酒誥第十二

酒誥〔傳〕康叔監殷民、殷民化紂嗜酒、故以戒酒誥、

王若曰。明大命于妹邦。

〔傳〕周公以成王命誥康叔、順其事而言之、欲令明施大教命於妹國、妹地名、紂所都朝歌以北是、

乃穆考文王肇國在西土。

〔傳〕父昭子穆、文王弟稱穆、將言始國在西土、西土、岐周之政、

厥誥毖庶邦庶士。越少正御事。朝夕曰。祀茲酒。

〔傳〕文王其所告慎眾國眾士、於少正官御治事吏、朝夕勑之、惟祭祀而用此酒、不常飲、○毖音祕

惟天降命肇我民。惟元祀。

〔傳〕惟天下教命、始令我民知作酒者、惟為祭祀、○為于偽反下同

天降威。我民用大亂喪德。亦罔非酒惟行。

〔傳〕天下威罰、使民亂德、亦無非以酒為行者、言酒本為祭祀、亦為亂行、

越小大邦用喪。亦罔非酒惟辜。

〔傳〕於小大之國、所用喪亡、亦無不以酒為罪也、

文王誥教小子。有正有事。無彝酒。

〔傳〕小子民之子孫也、正官治事、謂下群吏、教之皆無常飲酒、

越庶國。飲惟祀。德將無醉。

〔傳〕於所治眾國、飲酒惟當因祭祀、以德自將、無令至醉、

惟曰我民迪小子。惟土物愛。厥心臧。

〔傳〕文王化我民、教道子孫、惟土地所生之物、皆愛惜之、則其心善、

聰聽祖考之彝訓。越小大德。小子惟一。

〔傳〕言子孫皆聰聽父祖之常教、於小大之人皆念德、則子孫惟專一、

妹土。嗣爾股肱。純其藝黍稷。奔走事厥考厥長。

〔傳〕今往使妹土之人、繼汝股肱之教、為純一之行、其當勤種黍稷、奔走事其父兄、○長丁丈反

肇牽車牛遠服賈。用孝養厥父母。

〔傳〕農功既畢、始牽車牛、載其所有、求易所無、遠行賈賣、用其所得珍異、孝養其父母、○賈音古

厥父母慶。自洗腆致用酒。

〔傳〕其父母善子之行、子乃自絜厚、致用酒養也、

庶士有正。越庶伯君子。其爾典聽朕教。

〔傳〕眾伯君子、長官大夫、統庶士有正者、其汝常聽我教、勿違犯、

爾大克羞耇惟君。爾乃飲食醉飽。

〔傳〕汝大能進老成人之道、則為君矣、如此汝乃飲食醉飽之道、先戒群吏以聽教、次戒康叔以君義、

丕惟曰。爾克永觀省。作稽中德。

〔傳〕我大惟教汝曰、汝能長觀省古道、為考中正之德、則君道成矣、○省悉井反

爾尚克羞饋祀。爾乃自介用逸。

〔傳〕能考中德、則汝庶幾能進饋祀於祖考矣、能進饋祀、則汝乃能自大用逸之道、

茲乃允惟王正事之臣。

傳汝能以進老成人爲醉飽考中德爲用逸、則此乃信任王者正事之大臣。○任音壬

茲亦惟天若元德。永不忘在王家。

傳言此非但正事之臣亦惟天順其大德而佑之長不見忘在王家

王曰。封。我西土棐徂邦君御事小子。尚克用文王教。不腆于酒。

傳我文王在西土輔訓往日國君及御治事者下民子孫皆庶幾能用上教不厚於酒言不常飲、

故我至于今。克受殷之命。

傳以不厚於酒故我周家至于今能受殷王之命、

王曰。封。我聞惟曰。在昔殷先哲王。迪畏天顯小民。

傳聞之於古殷先智王謂湯蹈道畏天明著小民、

經德秉哲。自成湯咸至于帝乙。成王畏相。

傳能常德持智從湯至帝乙中間之王猶保成其王道畏敬輔相之臣不敢爲非。○相息亮反

惟御事厥棐有恭。不敢自暇自逸。

傳惟殷御治事之臣其輔佐畏相之君有恭敬之德不敢自寬暇自逸豫。○暇遐嫁反

矧曰其敢崇飲。

傳崇聚也自暇自逸猶不敢況敢聚會飲酒乎明無也、

越在外服。侯甸男衛邦伯。

傳於在外國侯服甸服男服衛服國伯諸侯之長言皆化湯畏相之德、

越在內服。百僚庶尹。惟亞惟服宗工。

傳於在內服治事百官衆正及次大夫服事尊官亦不自逸、

越百姓里居。

傳於百官族姓及卿大夫致仕居田里者、

罔敢湎于酒。不惟不敢。亦不暇。

傳自外服至里居皆無敢沈湎於酒非徒不敢志在助君敬法亦不暇飲酒。○湎面善反

惟助成王德顯。越尹人祗辟。

傳所以不暇飲酒惟助其君成王道明其德於正人之道必正身敬法其身正不令而行。○辟扶亦反

我聞亦惟曰。在今後嗣王酣身。

傳嗣王紂也酣樂其身、不憂政事。○樂音洛、

厥命罔顯于民。祗保越怨不易。

傳言紂暴虐施其政令於民無顯明之德所敬所安皆在於怨不可變易

誕惟厥縱淫泆于非彝。用燕喪威儀。民罔不衋傷心。

傳紂大惟其縱淫泆于非常用燕安喪其威儀民無不衋然痛傷其心。○衋許力反

惟荒腆于酒。不惟自息乃逸。

傳言紂大厚於酒晝夜不念自息乃過差、

厥心疾很。不克畏死。

傳紂疾很其心不能畏死言無忌憚、

辜在商邑。越殷國滅無罹。

【傳】紂聚罪人在都邑而任之、於殷國滅亡無憂懼、

弗惟德馨香祀。登聞于天。誕惟民怨。

【傳】紂不念發聞其德使祀見享升聞於天、大行淫虐、惟爲民所怨咎、

庶羣自酒。腥聞在上。故天降喪于殷。罔愛于殷。惟逸。

【傳】紂衆羣臣用酒沈荒、腥穢聞在上天、故天下喪亡於殷、無愛於殷、惟以紂奢逸故、○聞音問

天非虐。惟民自速辜。

【傳】言凡爲天所亡、天非虐民、惟民行惡自召罪、

王曰。封。予不惟若茲多誥。

【傳】我不惟若此多誥汝、我親行之、

古人有言曰。人無於水監。當於民監。

【傳】古賢聖有言、人無於水監、當於民監、視水見己形、視民行事見吉凶、

今惟殷墜厥命。我其可不大監撫于時。

【傳】今惟殷紂無道、墜失天命、我其可不大視此爲戒、撫安天下於是、

予惟曰。汝劼毖殷獻臣。

【傳】劼、固也、我惟告汝曰、汝當固慎殷之善臣信用之、○劼苦八反

侯甸。男衛。矧太史友。內史友。

【傳】侯甸男衛之國當慎接之、況太史內史掌國典法所賓友乎、

越獻臣百宗工。矧惟爾事。服休服采。

【傳】於善臣百尊官、不可不慎、況汝身事、服行美道、服事治民乎、

矧惟若疇圻父。薄違農父。

【傳】圻父司馬、農父司徒、身事且宜敬慎、況所慎疇咨之司馬乎、況能迫迴萬民之司徒乎、言任大、○圻巨依反、父音甫

若保宏父。定辟。矧汝剛制于酒。

【傳】宏、大也、宏父司空、當順安之、司馬司徒司空、列國諸侯三卿、慎擇其人而任之、則君道定、況汝剛斷於酒乎、○斷丁亂反

厥或誥曰。羣飲。汝勿佚。

【傳】其有誥汝曰、民羣聚飲酒、不用上命、則汝收捕之、勿令失也、

盡執拘以歸于周。予其殺。

【傳】盡執拘羣飲酒者以歸于京師、我其擇罪重者而殺之、

又惟殷之迪諸臣惟工。乃湎于酒。勿庸殺之。

【傳】又惟殷家蹈惡俗、諸臣惟衆官、化紂日久、乃沈湎於酒、勿用法殺之、○惡烏各反

姑惟教之。有斯明享。

【傳】以其漸染惡俗、故必三申法令、且惟教之、則汝有此明訓以享國、

乃不用我教辭。惟我一人弗恤。弗蠲乃事。時同于殺。

【傳】汝若忽怠不用我教辭、惟我一人不憂汝、乃不絜汝政事、是汝同於見殺之罪、

王曰。封。汝典聽朕毖。

【傳】汝當常聽念我所慎而篤行之、

勿辯乃司民湎于酒。

傳乃使也勿使汝主民之吏湎於酒言當正身以帥民、

周書

梓材第十三

梓材傳告康叔以爲政之道亦如梓人治材、

王曰。封。以厥庶民暨厥臣。達大家。

傳言當用其衆人之賢者、與其小臣之良者、以通達卿大夫及都家之政於國、

以厥臣達王惟邦君。

傳汝當信用其臣、以通王教於民、言通民事於國通王教於民惟乃國君之道、

汝若恒越曰我有師師。

傳汝惟君道使順常、於是曰我有典常之師可師法、

司徒。司馬。司空。尹旅。曰予罔厲殺人。

傳言國之三卿正官衆大夫、皆順典常、而曰我無厲虐殺人之事、如此則善矣、

亦厥君先敬勞。肆徂厥敬勞。

傳亦其爲君之道當先敬勞民、故汝往治民、必敬勞來之、

肆往姦宄殺人歷人宥。

傳以民當敬勞之故汝往之國、又當詳察姦宄之人、及殺人賊所過歷之人、有所寬宥、亦所以敬勞之。○宄音軌

肆亦見厥君事。戕敗人宥。

傳聽訟折獄、當務從寬恕、故往治民、亦當見其爲君之事、察民以過誤殘敗人者當寬宥之。

王啓監。厥亂爲民。

傳言王者開置監官、其治爲民不可不勉、

曰。無胥戕。無胥虐。至于敬寡。至于屬婦。合由以容。

傳當教民無得相殘傷、相虐殺、至于敬養寡弱、至于存恤妾婦、和合其教用大道以容之、無令見寃枉、

王其效邦君越御事。厥命曷以。

傳王者其效實國君、及於御治事者、知其教命所施何用、不可不勤、

引養引恬自古王若兹。監罔攸辟。

傳能長養民長安民、用古王道如此監無所復罪當務之、

惟曰若稽田既勤敷菑惟其陳修爲厥疆畎。

傳言爲君監民、惟若農夫之考田、已勞力布發之、惟其陳列修治爲其疆畔畎壟、然後功成、以喻教化。○菑側其反

若作室家。既勤垣墉。惟其塗塈茨。

傳如人爲室家、已勤立垣牆、惟其當塗塈茨蓋之。○垣音袁茨在私反

若作梓材。既勤樸斲。惟其塗丹雘。

傳爲政之術、如梓人治材爲器、已勞力樸治斲削、惟其當塗以漆丹以朱、而後成、以言教化亦須禮義然後治。○雘枉略反

今王惟曰。先王既勤用明德。懷爲夾。

傳言文武已勤用明德懷遠爲近、汝治國當法之。○夾音協

庶邦享。作兄弟方來。亦既用明德。

傳衆國朝享於王、又親仁善鄰、爲兄弟之國、萬方皆來賓服、亦已奉用先王之明德、

后式典集。庶邦丕享。

傳君天下能用常法則和集衆國大來朝享。

皇天既付中國民越厥疆土于先王肆

傳大天已付周家治中國民矣能遠拓其界壤則於先王之道遂大。○拓音託

王惟德用。和懌先後迷民用懌先王受命。

傳今王惟用德和悅先後天下迷愚之民先後謂教訓所以悅先王受命之義。

已若茲監。惟曰欲至于萬年惟王。

傳為監所行已如此所陳法則我周家惟欲使至於萬年承奉王室。

子子孫孫永保民。

傳又欲令其子孫累世長居國以安民。

書經卷十四終

書經卷十五

漢　諫大夫魯孔安國傳

周書

召誥第十四

成王在豐欲宅洛邑傳武王克商遷九鼎於洛邑欲以為都故成王居焉使召公先相宅

傳相所居而卜之遂以陳戒。作召誥。

召誥傳召公以成王新即政因相宅以作誥

惟二月既望。

傳周公攝政七年二月十五日日月相望因紀之。

越六日乙未王朝步自周則至于豐。

傳於已望後六日二十一日成王朝行從鎬京則至于豐以遷都之事告文王廟告文王則告武王可知以祖見考。

惟太保先周公相宅。

傳太保三公官名召公也召公於周公前相視洛居周公後往。

越若來三月惟丙午朏越三日戊申。太保朝至于洛卜宅。

傳朏明也月三日明生之名於順來三月丙午朏於朏三日三月五日召公早朝至于洛邑相卜所居。○朏芳尾反

厥既得卜則經營。

傳其已得吉卜則經營規度城郭郊廟朝市之位處。

越三日庚戌太保乃以庶殷攻位于洛汭越五日甲寅位成。

【傳】於戊申三日庚戌、以衆殷之民治都邑之位於洛水北、今河南城也、於庚戌五日、所治之位皆成、言衆殷本其所由來、

若翼日乙卯。周公朝至于洛。

【傳】周公順位成之明日、而朝至於洛汭、

則達觀于新邑營。

【傳】周公通達觀新邑所營、言周徧、

越三日丁巳。用牲于郊。牛二。

【傳】於乙卯三日用牲告立郊位於天、以后稷配、故二牛、后稷貶於天、有羊豕、羊豕不見可知、

越翼日戊午。乃社于新邑。牛一。羊一。豕一。

【傳】告立社稷之位、用太牢也、共工氏子曰句龍、能平水土、祀以為社、周祀后稷、能殖百穀、祀以為稷、社稷共牢、○共音恭

越七日甲子。周公乃朝用書。命庶殷侯甸男邦伯。

【傳】於戊午七日甲子、是時諸侯皆會、故周公乃昧爽以賦功屬役書、命衆殷侯甸男服之邦伯、使就功、邦伯、方伯、即州牧也、

厥既命殷庶。庶殷丕作。

【傳】其已命殷衆、衆殷之民大作、言勸事、

太保乃以庶邦冢君出取幣。乃復入。

【傳】諸侯公卿並覲於王、王與周公俱至、文不見、王無事、召公與諸侯出取幣、欲因大會顯周公、

錫周公曰。拜手稽首。旅王若公。

【傳】召公以幣入、稱成王命賜周公、曰、敢拜手稽首、陳王所宜順周公之事、

誥告庶殷。越自乃御事。

【傳】召公指戒成王、而以衆殷諸侯於自乃御治事、為辭謙也、諸侯在、故託焉、

嗚呼。皇天上帝。改厥元子。茲大國殷之命。

【傳】歎皇天改其天子、此大國殷之命、言紂雖為天所大子、無道猶改之、言不可不慎、

惟王受命。無疆惟休。亦無疆惟恤。

【傳】所以戒成王、天改殷命、惟王受之、乃無窮惟美、亦無窮惟當憂之、

嗚呼。曷其奈何弗敬。

【傳】何其奈何不憂敬之、欲其行敬、

天既遐終大邦殷之命。茲殷多先哲王在天。

【傳】言天已遠終殷命、此殷多先智王精神在天、不能救者、以紂不行敬故、

越厥後王後民。茲服厥命。

【傳】於其後王後民、謂先智王之後、繼世君臣、此服其命、言不忝、

厥終智藏瘝在。

【傳】其終後王之終、謂紂也、賢智隱藏、瘝病者在位、言無良臣、

夫知保抱攜持厥婦子。以哀籲天。徂厥亡。出執。

【傳】言困於虐政、夫知保抱其子、攜持其妻、以哀號呼天、告冤無辜、往其逃亡、出見執殺、無地自容、所以窮、○籲音喻、號戶高反

嗚呼。天亦哀于四方民。其眷命用懋。

【傳】民哀呼天、天亦哀之、其顧視天下有德者、命用勉敬者為民主、

王其疾敬德。相古先民有夏。

傳言王當疾行敬德視古先民有夏之王以爲法戒之、

天迪從子保面稽天若。今時既墜厥命。

傳夏禹能敬德、天道從而子安之、禹亦面考天心而順之、今是桀棄禹之道、天已墜其王命、

今相有殷。

傳次復觀有殷、

天迪格保面稽天若。

傳言天道所以至於保安湯者、亦如禹、

今時既墜厥命。

傳墜其王命、

今冲子嗣則無遺壽耇。

傳童子、言成王少嗣位治政、無遺棄老成人之言、欲其法之、

曰。其稽我古人之德矧曰其有能稽謀自天。

傳冲子戒王、其考行古人之德則善矣、況曰其有能考謀從天道乎、言至善、

嗚呼。有王雖小。元子哉其丕能諴于小民。今休。

傳召公歎曰、有成王雖少而大爲天所子、其大能和於小民成今之美、勉之、○諴音咸

王不敢後。用顧畏于民碞。

傳王爲政當不敢後能用之士、必任之爲先、碞僭也、又當顧畏於下民僭差禮義能此二者、則德化立美道成也、○碞音吟

王來紹上帝自服于土中。

傳言王今來居洛邑繼天爲治、躬自服行敎化於地勢正中、

旦曰。其作大邑。其自時配皇天。

傳稱周公言其爲大邑於土中、其用是大邑配上天而爲治、

毖祀于上下。其自時中乂。

傳爲治當慎祀于天地、則其用是土中大致治、

王厥有成命。治民今休。

傳用是土中致治、則王其有天之成命治民今獲太平之美、

王先服殷御事。比介于我有周御事。

傳召公既述周公所言、又自陳己意以終其戒、言當先服治殷家御事之臣、使比近於我有周治事之臣、必和恊乃可一、

節性惟日其邁。

傳和比殷周之臣、時節其性、令不失中、則道化惟日其行、○令力呈反

王敬作所。不可不敬德。

傳敬爲所不可不敬之德、則下敬奉其命矣、

我不可不監于有夏。亦不可不監于有殷。

傳言王當視夏殷法其歷年、戒其不長、

我不敢知曰。有夏服天命。惟有歷年。

傳以能敬德、故多歷年數、我不敢獨知、亦王所知、

我不敢知曰。不其延。惟不敬厥德。乃早墜厥命。

傳言桀不謀長久、惟以不敬其德、故乃早墜失其王命、亦王所知、

我不敢知曰。有殷受天命。惟有歷年。

傳夏言服、殷言受、明受而服行之、互相兼也、殷之賢王、猶夏之賢王、所以歷年、亦王所知、

我不敢知曰。不其延。惟不敬厥德。乃早墜厥命。

傳紂早墜其命、猶桀不敬其德、亦王所知、

今王嗣受厥命。我亦惟兹二國命。嗣若功。

傳其夏殷也、繼受其王命、亦惟當以此夏殷長短之命爲監戒、繼順其功德者而法則之、

王乃初服。嗚呼。若生子。罔不在厥初生。自貽哲命。

傳言王新即政、始服行教化、當如子之初生、習爲善則善矣、自遺智命、無不在其初生、爲政之道亦猶是也、

今天其命哲。命吉凶。命歷年。

傳今天制此三命、惟人所修、修敬德則有智、則常吉、則歷年、爲不敬德則愚、凶、不長、雖說之、其實在人、

知今我初服。宅新邑。肆惟王其疾敬德。

傳天已知我王今初服政、居新邑洛都、故惟王其當疾行敬德、

王其德之用。祈天永命。

傳言王當其德之用、求天常命以歷年、

其惟王勿以小民淫用非彝。

傳勿用小民過用非常、欲其重民秉常、

亦敢殄戮用乂民。

傳亦當果敢絕刑戮之道、用治民、戒以慎罰、

若有功。其惟王位在德元。

傳順行禹湯所以成功、則其惟王居位在德之首、

小民乃惟刑用于天下。越王顯。

傳王在德元、則小民乃惟用法於天下、言治政於王、亦有光明、

上下勤恤。其曰我受天命。丕若有夏歷年。式勿替有殷歷年。

傳言當君臣勤憂敬德、曰我受天命、大順有夏之多歷年、勿用廢有殷歷年、庶幾兼之、

欲王以小民受天永命。

傳我欲王用小民受天長命、言常有民、

拜手稽首曰。予小臣敢以王之讎民百君子。

傳拜手、首至手、稽首、首至地、盡禮致敬、以入其言、言我小臣謙辭、敢以王之匹民百君子、治民者非一人、言民在下、自上匹之、

越友民。保受王威命明德。

傳言與匹民百君子、於友愛民者、共安受王之威命明德、奉行之、

王末有成命。王亦顯。

傳臣下安受王命、則王終有天成命、於王亦昭著、

我非敢勤。惟恭奉幣。用供王能祈天永命。

傳言我非敢獨勤而已、惟恭敬奉其幣帛、用供待王、能求天長命、將以慶王多福、必上下勤恤、乃與小民受天永命、

周書

洛誥第十五

召公既相宅。周公往營成周。使來告卜。傳召公先相宅卜之。周公自後至經營作之。遣使以所卜吉兆逆告成王。作洛誥。

洛誥傳既成洛邑。將致政成王。告以居洛之義

周公拜手稽首曰。朕復子明辟。傳周公盡禮致敬。言我復還明君之政於子。子成王。年二十成人。故必歸政而退老。○辟必亦反

王如弗敢及天基命定命。傳如往也。言王往日幼少。不敢及知天始命周家安定天下之命。故已攝。

予乃胤保大相東土。其基作民明辟。傳我乃繼文武安天下之道。大相洛邑。其始爲民明君之治。

予惟乙卯朝至于洛師。傳致政在冬。本其春來至洛衆。說始卜定都之意。

我卜河朔黎水。我乃卜澗水東。瀍水西。惟洛食。傳我使人卜河北黎水上。不吉。又卜澗瀍之間。南近洛。吉。今河南城也。卜必先墨畫龜。然後灼之。兆順食墨。

我又卜瀍水東。亦惟洛食。伻來以圖及獻卜。傳今洛陽也。將定下都。遷殷頑民。故幷卜之。遣使以所卜地圖及獻所卜吉兆。來告成王。

王拜手稽首曰。公不敢不敬天之休。來相宅。其作周匹休。傳成王尊敬周公。荅其拜手稽首而受其言。述而美之。言公不敢不敬天之美。來相宅。其作周以配天之美。

公既定宅。伻來。來視予卜休恒吉。我二人共貞。傳言公前已定宅。遣使來。來視我以所卜之美常吉之居。我與公共正其美。

公其以予萬億年敬天之休。傳公其當用我萬億年敬天之美。十千爲萬。十萬爲億。言久遠。

拜手稽首誨言。傳成王盡禮致敬於周公。來教誨之言。

周公曰。王肇稱殷禮。祀于新邑。咸秩無文。傳言王當始舉殷家祭祀。以禮典祀於新邑。皆次秩不在禮文者而祀之。

予齊百工。伻從王于周。予惟曰庶有事。傳我整齊百官。使從王於周行其禮典。我惟曰庶幾有善政事。

今王即命曰。記功宗以功作元祀。傳今王就行王命於洛邑。曰當記人之功。尊人亦當用功大小爲序。有大功則列大祀。謂功施於民者。

惟命曰。汝受命篤弼。丕視功載。乃汝其悉自教工。傳惟天命我周邦。汝受天命厚矣。當輔大天命。視羣臣有功者記載之。乃汝新即政。其當盡自教衆官。躬化之。

孺子其朋。孺子其朋。其往。傳少子愼其朋黨。少子愼朋黨。戒其自今已往。

無若火始燄燄。厥攸灼。敘弗其絕。傳言朋黨敗俗。所宜禁絕。無令若火始然燄燄尚微。其所及灼然有次序。不其絕事。從微至著。防之宜以初。○燄音鹽

厥若彝。及撫事。如予。惟以在周工。

【傳】其順常道，及撫國事，如我所爲，惟用在周之百官。

往新邑。伻嚮卽有僚。明作有功。惇大成裕。汝永有辭。

【傳】往行政化於新邑，當使臣下各嚮就有官，明爲有功，厚大成寬裕之德，則汝長有歎譽之辭於後世。

公曰。已。汝惟冲子惟終。

【傳】已乎，汝惟童子，嗣父祖之位，惟當終其美業。

汝其敬識百辟享。亦識其有不享。享多儀。儀不及物。惟曰不享。

【傳】奉上謂之享，言汝爲王，其當敬識百君諸侯之奉上者，亦識其有違上者。奉上之道多威儀，威儀不及禮物，惟曰不奉上。

惟不役志于享。凡民惟曰不享。惟事其爽侮。

【傳】言人君惟不役志於奉上，則凡人化之，惟曰不奉上矣。如此則惟政事其差錯侮慢，不可治理。

乃惟孺子。頒朕不暇。聽朕敎汝于棐民彝。

【傳】我爲政常若不暇，汝惟小子，當分取我之不暇而行之，聽我敎汝於輔民之常而用之。○棐音匪

汝乃是不蘉。乃時惟不永哉。

【傳】汝乃是不勉爲政，汝是惟不可長哉。欲其必勉爲可長。○蘉莫剛反

篤敘乃正父。罔不若予。不敢廢乃命。

【傳】厚次敘汝正父之道而行之，無不順我所爲，則天下不敢棄汝命，常奉之。

汝往敬哉。兹予其明農哉。彼裕我民。無遠用戾。

【傳】汝往居新邑，敬行敎化哉。如此我其退老，明敎農人以義哉。彼天下被寬裕之政，則我民無遠用來，言皆來。

王若曰。公明保予冲子。

【傳】成王順周公意，請留之自輔。言公當明安我童子，不可去之。

公稱丕顯德。以予小子揚文武烈。

【傳】言公當留舉大明德，用我小子褒揚文武之業，而奉順天。

奉答天命。和恒四方民居師。

【傳】又當奉當天命，以和常四方之民，居處其衆。

惇宗將禮。稱秩元祀。咸秩無文。

【傳】厚尊大禮，舉秩大祀，皆次秩無禮文而宜在祀典者，凡此待公而行。

惟公德明光于上下。勤施于四方。

【傳】言公明德光於天地，勤政施於四海，萬邦四夷服仰公德而化之。

旁作穆穆迓衡。不迷文武勤敎。

【傳】四方旁來爲敬敬之道，以迎太平之政，不迷惑於文武所勤之敎，言化洽。

予冲子夙夜毖祀。

【傳】言政化由公而立，我童子徒早起夜寐，愼其祭祀而已，無所能。

王曰。公功棐迪篤。罔不若時。

【傳】公之功輔道我已厚矣，天下無不順而是公之功。

王曰。公。予小子其退卽辟于周。命公後。

【傳】我小子退坐之後，便就君於周，命立公後，公當留佑我。

四方迪亂。未定于宗禮。亦未克敉公功。

傳言四方雖道治、猶未定於尊禮、禮未彰、是亦未能撫順公之大功、明不可以去、○敉亡婢反

迪將其後。監我士師工。

傳公留教道、將助我其今已後之政、監篤我政事衆官委任之言、

誕保文武受民。亂爲四輔。

傳大安文武所受之民、治之爲我四維之輔、明當依倚公、

王曰。公定。予往已。公功肅將祗歡。

傳公留以安定我、我從公言、往至洛邑已矣、公功以進大、天下咸敬樂公功、○樂音洛

公無困哉。我惟無斁其康事。公勿替刑。四方其世享。

傳公必留、無去以困我哉、我惟無厭其安天下事、公勿去以廢法、則四方其世世享公之德、○斁音亦、厭於豔反

周公拜手稽首曰。王命予來。承保乃文祖受命民。

傳拜而後言、許成王留、言王命我來、承安汝文德之祖文王所受命之民、是所以不得去、

越乃光烈考武王弘朕恭。

傳於汝大業之父武王、大使我恭奉其道、敘成王留己意、

孺子來相宅。其大惇典殷獻民。

傳少子今所以來相宅於洛邑、其大厚行典常於殷賢人、

亂爲四方新辟。作周恭先。

傳言當治理天下、新其政化、爲四方之新君、爲周家見恭敬之王、後世所推先也、

曰其自時中乂。萬邦咸休。惟王有成績。

傳曰其當用是土中爲治、使萬國皆被美德、如此惟王乃有成功、

予旦以多子越御事。篤前人成烈。荅其師。作周孚先。

傳我旦以衆卿大夫於御治事之臣、厚率行先王成業、當其衆心、爲周家立信者之所推先、

考朕昭子刑。乃單文祖德。伻來毖殷。乃命寧。

傳我所成明子法、乃盡文祖之德、謂典禮也、所以君土中、是文武使己來慎教殷民、乃見命而安之、○單音丹

予以秬鬯二卣。曰明禋。拜手稽首休享。

傳周公攝政七年、致太平、以黑黍酒二器、明潔致敬、告文武以美享、既告而致政成王、留之本說之、○卣音由、禋音因

予不敢宿。則禋于文王武王。

傳言我見天下太平、則潔告文武、不經宿、

惠篤敘。無有遘自疾。萬年厭于乃德。殷乃引考。

傳汝爲政當順典常、厚行之、使有次序、無有遇用患疾之道者、則天下萬年厭於汝德、殷乃長成爲周、○遘工豆反

王伻殷乃承敘萬年。其永觀朕子懷德。

傳王使殷民上下相承有次序、則萬年之道、民其長觀我子孫而歸其德矣、勉使終之、

戊辰。王在新邑。

傳成王既受周公誥、遂就居洛邑、以十二月戊辰晦到、

烝祭歲。文王騂牛一。武王騂牛一。王命作冊。逸祝冊。惟告周公其後。

〔傳〕明月，夏之仲冬，始於新邑烝祭，故曰烝祭歲。古者褒德賞功必於祭日，示不專也。特加文武各一牛，告曰尊周公，立其後爲魯侯。○騂音辛

王賓殺禋咸格。王入太室祼。

〔傳〕王賓異周公，殺牲精意以享文武，皆至其廟親告也。太室，淸廟。祼鬯告神。○祼官喚反

王命周公後，作册逸誥。

〔傳〕王爲册書，使史逸誥伯禽封命之書，皆同在烝祭日。周公拜前，魯公拜後。

在十有二月。惟周公誕保文武受命，惟七年。

〔傳〕言周公攝政盡此十二月，大安文武受命之事，惟七年，天下太平。自戊辰已下，史所終述。

書經卷十六　漢　諫大夫魯孔安國傳

周書

多士第十六

成周既成，〔傳〕洛陽下都。遷殷頑民。〔傳〕殷大夫士心不則德義之經，故徙近王都，教誨之。周公以王命誥。〔傳〕稱成王命告令之。作多士。

多士〔傳〕所告者即衆士，故以名篇。

惟三月，周公初于新邑洛，用告商王士。

〔傳〕周公致政明年三月，始於新邑洛，用王命告商王之衆士。

王若曰：爾殷遺多士，

〔傳〕順其事稱以告殷遺餘衆士，所順在下。

弗弔旻天大降喪于殷。

〔傳〕稱天以愍下，言愍道至者殷道不至，故旻天下喪亡于殷。○弔音的

我有周佑命，將天明威，

〔傳〕言我有周受天佑助之命，故得奉天明威，

致王罰，勅殷命終于帝。

〔傳〕天命周致王者之誅罰，正黜殷命，終周於帝王。

肆爾多士，非我小國敢弋殷命。

【傳】天佑我、故汝衆士臣服我、弋、取也、非我敢取殷王命、乃天命、

惟天不畀允罔固亂。弼我。我其敢求位。

【傳】惟天不與信無堅固治者、故輔佑我、我其敢求天位乎、

惟帝不畀。惟我下民秉爲。惟天明畏。

【傳】惟天不與紂、惟我周家下民秉心爲我、皆是天明德可畏之效、

我聞曰。上帝引逸。有夏不適逸。則惟帝降格。

【傳】言上天欲民長逸樂、有夏桀爲政、不之逸樂、故天下至戒以譴告之、

嚮于時夏。弗克庸帝。大淫泆有辭。

【傳】天下至戒、是嚮於時夏、不背棄桀、不能用天戒、大爲過逸之行、有惡辭聞於世、○泆音逸背音佩

惟時天罔念聞。厥惟廢元命。降致罰。

【傳】惟是桀惡有辭、故天無所念聞、言不佑、其惟廢其大命、下致天罰、

乃命爾先祖成湯革夏。俊民甸四方。

【傳】天命湯更代夏、用其賢人治四方、

自成湯至于帝乙。罔不明德恤祀。

【傳】自帝乙以上、無不顯用有德、憂念齊敬、奉其祭祀、言能保宗廟社稷、

亦惟天丕建保乂有殷。殷王亦罔敢失帝。罔不配天其澤。

【傳】湯既革夏、亦惟天大立安治於殷、殷家諸王、皆能憂念祭祀、無敢失天道者、故無不配天布其德澤、

在今後嗣王。誕罔顯于天。矧曰其有聽念于先王勤家。

【傳】後嗣王、紂、大無明於天道、行昏虐、天且忽之、況曰其有聽念先祖勤勞國家之事乎、

誕淫厥泆。罔顧于天顯民祗。

【傳】言紂大過其過、無顧於天、無能明人爲敬、暴亂甚、

惟時上帝不保。降若茲大喪。

【傳】惟是紂惡、天不安之、故下若此大喪亡之誅、

惟天不畀不明厥德。凡四方小大邦喪。罔非有辭于罰。

【傳】惟天不與不明其德者、故凡四方小大國喪滅、無非有辭於天所罰、言皆有闇亂之辭、

王若曰。爾殷多士。今惟我周王丕靈承帝事。

【傳】周王、文武也、大神奉天事、言明德恤祀、

有命曰割殷。告勅于帝。

【傳】天有命、命周割絕殷命、告正於天、謂既克紂、柴於牧野、告天不頓兵傷士、

惟我事不貳適。惟爾王家我適。

【傳】言天下事已之我周矣、不貳之他、惟汝殷王家已之我、不復有變、

予其曰。惟爾洪無度。我不爾動。自乃邑。

【傳】我其曰、惟汝大無法度、謂紂無道、我不先動誅汝、亂從汝邑起、言自召禍、

予亦念天卽于殷大戾。肆不正。

【傳】我亦念天就於殷大罪而加誅者、故以紂不能正身念法、

王曰。猷告爾多士。予惟時其遷居西爾。

非我一人奉德不康寧。時惟天命。
傳以道告汝衆士、我惟汝未達德義、是以徙居西汝於洛邑、教誨汝。
傳我徙汝非我天子奉德不能使民安之、是惟天命宜然。
無違朕不敢有後。無我怨。
傳汝無違命、我亦不敢有後誅、汝無怨我。
惟爾知惟殷先人有册有典。殷革夏命。
傳言汝所親知殷先世有册書典籍、說殷改夏王命之意。
今爾又曰夏迪簡在王庭有服在百僚。
傳簡大也、今汝又曰夏之衆士蹈道者、大在殷王庭有服職在百官、言見任用。

予一人惟聽用德。肆予敢求爾于天邑商。
傳言我周亦法殷家、惟聽用有德、故我敢求汝於天邑商、將任用之。
予惟率肆矜爾。非予罪。時惟天命。
傳惟我循殷故事、憐愍汝、故徙教汝、非我罪咎、是惟天命。
王曰、多士。昔朕來自奄。予大降爾四國民命。
傳昔我來從奄、謂先誅三監、後伐奄淮夷、民命、謂君也、大下汝民命、謂誅四國君。
我乃明致天罰。移爾遐逖。比事臣我宗多遜。
傳四國君叛逆、我下其命、乃所以明致天罰、今移徙汝於洛邑、使汝遠於惡俗、比近臣我宗周、多爲順道。○比毗志反、下同。
王曰、告爾殷多士。今予惟不爾殺。予惟時命有申。
傳所以徙汝、是我不欲殺汝、故惟是教命申戒之。
今朕作大邑于茲洛。予惟四方罔攸賓。
傳今我作此洛邑、以待四方、無有遠近、無所賓外。
亦惟爾多士攸服奔走臣我多遜。
傳非但待四方、亦惟如衆士所當順行、奔走臣我、多爲順事。
爾乃尚有爾土。爾乃尚寧幹止。
傳汝多爲順事、乃庶幾還有汝本土、乃庶幾安汝故事止居、以反所生誘之。
爾克敬。天惟畀矜爾。
傳汝能敬行順事、則爲天所與、爲天所憐。

爾不克敬。爾不啻不有爾土。予亦致天之罰于爾躬。
傳汝不能敬順、其罰深重、不但不得還本土而已、我亦致天罰於汝身、言刑殺。
今爾惟時宅爾邑。繼爾居。爾厥有幹有年于茲洛。
傳今汝惟是敬順居汝邑、繼汝所當居爲、則汝其有安事有豐年於此洛邑、言由洛修善得還本土、有幹有年。
爾小子乃興從爾遷。
傳汝能敬、則子孫乃起從汝化而遷善。
王曰、又曰時予乃或言爾攸居。
傳言汝衆士、當是我勿非我也、我乃有教誨之言、則汝所當居行。
周書

無逸第十七

周公作無逸。〔傳〕中人之性好逸豫，故戒以無逸。

無逸。〔傳〕成王卽位，恐其逸豫，故以所戒名篇。

周公曰：嗚呼。君子所其無逸。〔傳〕歎美君子之道，所在念德，其無逸豫，君子且猶然，況王者乎。

先知稼穡之艱難，乃逸，則知小人之依。〔傳〕稼穡，農夫之艱難事，先知之，乃謀逸豫，則知小人之所依怙。

相小人，厥父母勤勞稼穡，厥子乃不知稼之艱難。〔傳〕視小人不孝者，其父母躬勤艱難，而子乃不知其勞。

乃逸乃諺。既誕，否則侮厥父母曰：昔之人無聞知。〔傳〕小人之子，既不知父母之勞，乃爲逸豫遊戲，乃叛諺不恭已，欺誕父母，不欺則輕侮其父母曰：古老之人，無所聞知。

周公曰：嗚呼。我聞曰：昔在殷王中宗。〔傳〕太戊也，殷家中世尊其德，故稱宗。

嚴恭寅畏天命，自度。〔傳〕言太戊嚴恪恭敬，畏天命，用法度。

治民祗懼，不敢荒寧。〔傳〕爲政敬身畏懼，不敢荒怠自安。

肆中宗之享國，七十有五年。

〔傳〕以敬畏之故，得壽考之福。

其在高宗時，舊勞于外，爰暨小人。〔傳〕武丁，其父小乙使之久居民間，勞是稼穡，與小人出入同事。

作其卽位，乃或亮陰，三年不言。〔傳〕武丁起其卽王位，則小乙死，乃有信默，三年不言，言孝行者。

其惟不言，言乃雍，不敢荒寧。〔傳〕在喪則其惟不言，喪畢發言，則天下和，亦法中宗，不敢荒怠自安。

嘉靖殷邦，至于小大，無時或怨。〔傳〕善謀殷國，至于小大之政，人無是有怨者，言無非。

肆高宗之享國，五十有九年。〔傳〕高宗爲政，小大無怨，故亦享國永年。

其在祖甲，不義惟王，舊爲小人。〔傳〕湯孫太甲，爲王不義，久爲小人之行，伊尹放之桐。

作其卽位，爰知小人之依，能保惠于庶民，不敢侮鰥寡。〔傳〕在桐三年，思集用光，起就王位，於是知小人之所依，依仁政，故能安順於衆民，不敢侮慢惸獨。○惸，求營反，字亦作煢。

肆祖甲之享國，三十有三年。〔傳〕太甲亦以知小人之依，故得久年，此以德優劣立年多少爲先後，故祖甲在下，殷家亦祖其功，故稱祖。

自時厥後立王，生則逸。

傳從是三王各承其後而立者、生則逸豫無度、

生則逸。不知稼穡之艱難。

傳言與小人之子同其敝、

不聞小人之勞。惟耽樂之從。

傳過樂謂之耽、惟樂之從、言荒淫、

自時厥後。亦罔或克壽。

傳以耽樂之故、從是其後亦無有能壽考、

或十年。或七八年。或五六年。或四三年。

傳高者十年、下者三年、言逸樂之損壽、

周公曰。嗚呼。厥亦惟我周太王王季。克自抑畏、

傳太王、周公曾祖、王季卽祖、言皆能以義自抑畏敬天命、將說文王、故本其父祖、

文王卑服。卽康功田功。

傳文王節儉、卑其衣服、以就其安人之功、以就田功、以知稼穡之艱難、

徽柔懿恭。懷保小民。惠鮮鰥寡。

傳以美道和民、故民懷之、以美政恭民、故民安之、又加惠鮮乏鰥寡之人、

自朝至于日中昃。不遑暇食。用咸和萬民。

傳從朝至日昳、不暇食、思慮政事、用皆和萬民、○昳田節反

文王不敢盤于遊田。以庶邦惟正之供。

傳文王不敢樂於遊逸田獵、以衆國所取法則、當以正道供待之故、

文王受命惟中身。厥享國五十年。

傳文王九十七而終、中身卽位、時年四十七、言中身、舉全數、

周公曰。嗚呼。繼自今嗣王。

傳繼從今已往嗣世之王、皆戒之、

則其無淫于觀。于逸。于遊。于田。以萬民惟正之供。

傳所以無敢過於觀遊逸豫田獵者、用萬民當惟正身以供待之故、

無皇曰。今日耽樂。乃非民攸訓。非天攸若。時人丕則有愆。

傳無敢自暇曰、惟今日樂、後日止、夫耽樂者、乃非所以敎民、非所以順天、是人則大有過矣、○夫音扶

無若殷王受之迷亂。酗于酒德哉。

傳以酒爲凶謂之酗、言紂心迷政亂、以酗酒爲德、戒嗣王無如之、○酗况付反

周公曰。嗚呼。我聞曰。古之人猶胥訓告。胥保惠。胥敎誨。

傳歎古之君臣、雖君明臣良、猶相道告、相安順、相敎誨以義方、

民無或胥譸張爲幻。

傳譸張、誑也、君臣以道相正、故下民無有相欺誑幻惑也、○幻音患

此厥不聽。人乃訓之。乃變亂先王之正刑。至于小大。

傳此其不聽中正之君、人乃敎之以非法、乃變亂先王之正法、至于小大、無不變亂、言已有以致之、

民否則厥心違怨。否則厥口詛祝。

〔傳〕以君變亂正法，故民否則其心違怨，否則其口詛祝，言皆患其上。

周公曰。嗚呼。自殷王中宗。及高宗。及祖甲。及我周文王。茲四人迪哲。

〔傳〕言此四人皆蹈智明德以臨下。

厥或告之曰。小人怨汝詈汝。則皇自敬德。

〔傳〕其有告之言小人怨詈汝者，則大自敬德，增修善政。

厥愆曰。朕之愆。允若時。不啻不敢含怒。

〔傳〕其人有過，則曰我過，百姓有過，在予一人，信如是怨詈，則四王不啻不敢含怒，以罪之，言常和悅。

此厥不聽人乃或譸張爲幻。曰。小人怨汝詈汝。則信之。

〔傳〕此其不聽中正之君，有人誑惑之，言小人怨憾詛詈汝，則信受之。

則若時。不永念厥辟。不寬綽厥心。

〔傳〕則如是信讒者，不長念其爲君之道，不寬緩其心，言含怒。

亂罰無罪。殺無辜。怨有同。是叢于厥身。

〔傳〕信讒含怒，罰殺無罪，則天下同怨讎之，叢聚於其身。

周公曰。嗚呼。嗣王其監于茲。

〔傳〕視此亂罰之禍以爲戒。

周書

君奭第十八

召公爲保。周公爲師。相成王爲左右。召公不說。周公作君奭。

君奭〔傳〕尊之曰君，奭名，同姓也，陳古以告之，故以名篇。

周公若曰。君奭。

〔傳〕順古道呼其名而告之。

弗弔。天降喪于殷。殷既墜厥命。我有周既受。

〔傳〕言殷道不至，故天下喪亡于殷，殷已墜失其王命，我有周道至，已受之。○弔音的。

我不敢知曰。厥基永孚于休。若天棐忱。

〔傳〕廢興之跡，亦君所知，言殷家其始長信於美道，順天輔誠，所以國也。○忱市林反。

我亦不敢知曰。其終出于不祥。

〔傳〕言殷紂其終墜厥命，以出於不善之故，亦君所知。

嗚呼。君已曰時我。我亦不敢寧于上帝命。

〔傳〕歎而言曰，君也當是我之留，我亦不敢安于上天之命，故不敢不留。

弗永遠念天威。越我民罔尤違。

〔傳〕言君不長遠念天之威，而勸化於我民，使無過違之闕。

惟人在我後嗣子孫。大弗克恭上下。遏佚前人光在家不知。

〔傳〕惟衆人共存在我後嗣子孫，若大不能恭承天地，絕失先王光大之道，我老在家，則不得知。

天命不易。天難諶。乃其墜命。弗克經歷。

〔傳〕天命不易，天難信，無德者，乃其墜失王命，不能經久歷遠，不可不慎。○諶氏壬反。

嗣前人恭明德。在今予小子旦。

【傳】繼先王之大業、恭奉其明德、正在我今小子旦、言異於餘臣、

非克有正。迪惟前人光。施于我沖子。

【傳】我留非能有改正、但欲蹈行先王光大之道、施政於我童子、童子、成王、

又曰。天不可信。我道惟寧王德延。

【傳】無德去之、是天不可信、故我以道惟安寧王之德、謀欲延久、

天不庸釋于文王受命。

【傳】言天不用令釋廢於文王所受命、故我留佐成王、

公曰。君奭。我聞在昔成湯既受命。

【傳】已放桀受命爲天子、

時則有若伊尹。格于皇天。

【傳】伊摯佐湯、功至大天、謂致太平、○摯音至

在太甲時。則有若保衡。

【傳】太甲繼湯時、則有如此伊尹爲保衡、言天下所取安所取平、

在太戊。

【傳】太甲之孫、

時則有若伊陟臣扈。格于上帝。巫咸乂王家。

【傳】伊陟臣扈率伊尹之職、使其君不隕祖業、故至天之功不隕、巫咸治王家、言不及二臣、

在祖乙時。則有若巫賢。

【傳】祖乙、殷家亦祖其功、時賢臣有如此巫賢、賢、咸子、巫氏、

在武丁時。則有若甘盤。

【傳】高宗卽位、甘盤佐之、後有傅說、○說音悅

率惟茲有陳。保乂有殷。故殷禮陟配天。多歷年所。

【傳】言伊尹至甘盤六臣、佐其君、循惟此道、有陳列之功、以安治有殷、故殷禮能升配天、享國久長、多歷年所、

天惟純佑命。則商實百姓。

【傳】殷禮配天、惟天大佑助其王命、使商家百姓豐實、皆知禮節、

王人罔不秉德明恤。小臣屏侯甸。

【傳】自湯至武丁、其王人無不持德立業、明憂其小臣、使得其人、以爲蕃屏侯甸之服、小臣且憂得人、則大臣可知、

矧咸奔走。惟茲惟德稱。用乂厥辟。

【傳】王猶秉德憂臣、況臣下得不皆奔走、惟王此事、惟有德者舉、用治其君事、

故一人有事于四方。若卜筮。罔不是孚。

【傳】一人、天子也、君臣務德、故有事于四方、而天下化服、如卜筮、無不是而信之、

公曰。君奭。天壽平格。保乂有殷。有殷嗣天滅威。

【傳】言天壽有平至之君、故安治有殷、有殷嗣子紂、不能平至、天滅亡加之以威、

今汝永念。則有固命。厥亂明我新造邦。

【傳】今汝長念平至者安治、反是者滅亡、以爲法戒、則有堅固王命、其治理足以明我新成國矣、

公曰。君奭。在昔上帝割。申勸寧王之德。其集大命于厥躬。

傳在昔上天割制其義、重勸文王之德、故能成其大命於其身、謂勤德以受命、

惟文王尚克修和我有夏。亦惟有若虢叔。有若閎夭。

傳文王庶幾能修政化、以和我所有諸夏、亦惟賢臣之助、爲治有如此虢閎、閎氏、虢國、叔字、文王弟、夭名、

有若散宜生。有若泰顛。有若南宮括。

傳散、泰、南宮、皆氏、宜生、顛、括、皆名、凡五臣佐文王爲胥附奔走先後禦侮之任、

又曰。無能往來茲。迪彝教。文王蔑德降于國人。

傳有五賢臣、猶曰其少、無所能往來、而五人以此道法教文王、以精微之德下政令、於國人言雖聖人亦須良佐、

亦惟純佑秉德迪知天威。乃惟時昭文王。

傳文王亦如殷家惟天所大佑、文王亦秉德蹈知天威、乃惟是五人明文王之德、

迪見冒。聞于上帝。惟時受有殷命哉。

傳言能明文王德、蹈行顯見、覆冒下民、彰聞上天、惟是故受有殷之王命、

武王惟茲四人。尚迪有祿。

傳文王沒、武王立、惟此四人庶幾輔相武王、蹈有天祿、虢叔先死、故曰四人、

後暨武王。誕將天威。咸劉厥敵。

傳言此四人後與武王皆殺其敵、謂誅紂、

惟茲四人昭武王。惟冒。丕單稱德。

傳惟此四人明武王之德、使布冒天下、大盡舉行其德、

今在予小子旦。若游大川。予往暨汝奭其濟。小子同未在位。誕無我責。

傳我新還政、今任重在我小子旦、不能同於四人、若游大川、我往與汝奭其共濟渡成王、同於未在位卽政時、汝大無非責我留、○重去聲

收罔勗不及。耇造德不降。我則鳴鳥不聞。矧曰其有能格。

傳今與汝留輔成王、欲收敎無自勉不及道義者、立此化而老成德不降意爲之、我周則鳴鳳不得聞、況曰其有能格于皇天乎、○耇音茍

公曰。嗚呼。君肆其監于茲。我受命無疆惟休。亦大惟艱。

傳以朝臣無能立功至天、故其當視於此、我周受命無窮惟美、亦大惟艱難、不可輕忽、謂之易治、

告君乃猷裕。我不以後人迷。

傳告君汝謀寬饒之道、我留與汝輔王、不用後人迷惑、故欲敎之、

公曰。前人敷乃心。乃悉命汝。作汝民極。

傳前人、文武、布其乃心、爲法度、乃悉以命汝矣、爲汝民立中正矣、

曰汝明勗偶王。在亶乘茲大命。

傳汝以前人法度、明勉配王、在於誠信、行此大命而已、

惟文王德。丕承無疆之恤。

傳惟文王聖德、爲之子孫、無忝厥祖、大承無窮之憂、

公曰。君告汝朕允。

[傳]告汝以我之誠信，

保奭其汝克敬以予監于殷喪大否。

[傳]呼其官而名之，勑使能敬，以我言視於殷喪亡大否，言其大不可不戒。

肆念我天威。予不允惟若茲誥。予惟曰襄我二人。

[傳]以殷喪大故，當念我天德可畏，言命無常，我不信惟若此誥，我惟曰當因我文武之道而行之。

汝有合哉言曰。在時二人。天休滋至。惟時二人弗戡。

[傳]言汝行事，動當有所合哉，發言常在是文武，則天美周家，日益至矣，惟是文武不勝受言多福。

其汝克敬德。明我俊民。在讓後人于丕時。

[傳]其汝能敬行德，明我賢人在禮讓，則後代將於此道大且是。

嗚呼。篤棐時二人。我式克至于今日休。

[傳]言我厚輔是文武之道而行之，我用能至于今日其政美。

我咸成文王功于不怠。丕冒。海隅出日。罔不率俾。

[傳]今我周家皆成文王功于不懈怠，則德教大覆冒，海隅日所出之地，無不循化而使之。

公曰。君。予不惠若茲多誥。予惟用閔于天越民。

[傳]我不順若此多誥而已，欲使汝念躬行之，閔勉也，我惟用勉於天道加於民。

公曰。嗚呼。君。惟乃知民德。亦罔不能厥初。惟其終。

[傳]惟汝所知民德，亦無不能其初，鮮能有終，惟其終則惟君子，戒召公以慎終。

祗若茲。往敬用治。

[傳]當敬順我此言，自今以往，敬用治民職事。

書經卷十六終

書經卷十七

漢　諫大夫魯孔安國傳

周書

蔡仲之命第十九

蔡叔既沒。傳以罪放而卒。王命蔡仲踐諸侯位。傳成王也。父卒命子。罪不相及。作蔡仲之命。傳冊書命之。

蔡仲之命。傳蔡國名。仲字。因以名篇。

惟周公位冢宰。正百工。傳百官總己以聽冢宰。謂武王崩時。

羣叔流言。乃致辟管叔于商。囚蔡叔于郭鄰。以車七乘。傳致法謂誅殺。囚謂制其出入。郭鄰中國之外地名。從車七乘。言少。管蔡國名。

降霍叔于庶人。三年不齒。傳罪輕故退爲庶人。三年之後乃齒錄。封爲霍侯。子孫爲晉所滅。

蔡仲克庸祗德。周公以爲卿士。傳蔡仲能用敬德。稱其賢也。明王之法誅父用子。言至公。周公圻內諸侯二卿治事。

叔卒。乃命諸王邦之蔡。傳叔之所封圻內之蔡。仲之所封淮汝之間。圻內之蔡名已滅。故取其名以名新國。欲其戒之。

王若曰。小子胡。

傳言小子。明當受教訓。胡仲名。順其事而告之。

惟爾率德改行。克慎厥猷。傳言汝循祖之德。改父之行。能慎其道。歎其賢。

肆予命爾侯于東土。往即乃封。敬哉。傳以汝率德改行之故。故我命汝爲諸侯於東土。往就汝所封之國。當脩已以敬哉。

爾尚蓋前人之愆。惟忠惟孝。傳汝當庶幾修德。掩蓋前人之過。予能蓋父所以爲惟忠惟孝。

爾乃邁迹自身。克勤無怠。以垂憲乃後。傳汝乃行善迹。用汝身使可蹤跡而法循之。能勤無懈怠。以垂法子孫。世世稱頌。乃當我意。

率乃祖文王之彝訓。無若爾考之違王命。傳言當循文武之常教。以父違命爲世戒。

皇天無親。惟德是輔。民心無常。惟惠之懷。傳天之於人無有親疏。惟有德者則輔佑之。民心於上無有常主。惟愛己者則歸之。

爲善不同。同歸于治。爲惡不同。同歸于亂。傳言人爲善爲惡各有百端。未必正同。而治亂所歸不殊。宜慎其微。

爾其戒哉。慎厥初。惟厥終。終以不困。不惟厥終。終以困窮。傳汝其戒治亂之機哉。作事云爲必慎其初。念其終。則終用不困窮。

懋乃攸績。睦乃四鄰。以蕃王室。以和兄弟。

傳勉汝所立之功，親汝四鄰之國，以蕃屛王室，以和協同姓之邦，諸侯之道。

康濟小民，率自中，無作聰明亂舊章。傳汝爲政當安小民之居，成小民之業，循用大中之道，無敢爲小聰明作異辯以變亂舊典文章。

詳乃視聽，罔以側言改厥度，則予一人汝嘉。傳詳審汝視聽，非禮義勿視聽，無以邪巧之言易其常度，必斷之以義，則我一人善汝矣。

王曰：嗚呼！小子胡，汝往哉！無荒棄朕命。傳歎而勑之，欲其念戒。小子胡，汝往之國哉，無廢棄我命，欲其終身奉行，後世遵則。

成王東伐淮夷，遂踐奄，傳成王即政，淮夷奄國又叛，王親征之，遂滅奄而徙之，以其數反覆。作成王政。傳爲平淮夷徙奄之政令，亡。

成王既踐奄，將遷其君於蒲姑，傳已滅奄而徙其君及人臣之惡者於蒲姑。蒲姑，齊地，近中國教化之。周公告召公，作將蒲姑。傳言將徙奄新立之君於蒲姑，告召公使作冊書告令之，亡。

周書

多方第二十

成王歸自奄，傳伐奄歸。在宗周，誥庶邦，傳誥以禍福。作多方。

多方　傳衆方天下諸侯。

惟五月丁亥，王來自奄，至于宗周。傳周公歸政之明年，淮夷奄又叛，魯征淮夷作費誓，王親征奄，滅其國，五月還至鎬京。○費音秘

周公曰：王若曰：猷告爾四國多方。傳周公以王命順大道告四方，稱周公以別王自告。

惟爾殷侯尹民，我惟大降爾命，爾罔不知。傳殷之諸侯正民者，我大降汝命，謂誅紂也。言天下無不知紂暴虐以取亡。

洪惟圖天之命，弗永寅念于祀，惟帝降格于夏。傳大惟爲王謀天之命，不長敬念于祭祀，謂夏桀。惟天下至戒於夏，以譴告之，謂災異。○譴弃淺反

有夏誕厥逸，不肯感言于民。傳有夏桀不畏天戒，而大其逸豫，不肯憂言於民，無憂民之言。

乃大淫昏，不克終日勸于帝之迪。傳言桀乃大爲過昏之行，不能終日勸於天之道。

乃爾攸聞。傳言桀之惡，乃汝所聞。

厥圖帝之命，不克開于民之麗。傳桀其謀天之命，不能開於民所施政教。麗，施也。言昏昧。

乃大降罰，崇亂有夏，因甲于內亂。傳桀乃大下罰於民，重亂有夏，言殘虐。外不憂民，內不勤德，因甲於二亂之內，言昏甚。

不克靈承于旅，罔丕惟進之恭，洪舒于民。傳言桀不能善奉於人衆，無大惟進恭德，而大舒惰於治民。

亦惟有夏之民叨懫日欽，劓割夏邑。

〔傳〕桀洪舒於民、故亦惟有夏之民貪叨忿懫而逆命、於是桀日尊敬其能、劓割夏邑者、謂殘賊臣、

天惟時求民主。乃大降顯休命于成湯。

〔傳〕天惟是桀惡、故更求民主以代之、大下明美之命於成湯、使王天下、

刑殄有夏。惟天不畀純。

〔傳〕命湯刑絶有夏、惟天不與桀亦已大、

乃惟以爾多方之義民。不克永于多享。

〔傳〕天所以不與桀、以其乃惟用汝多方之義民爲臣、而不能長久多享國故、

惟夏之恭多士。大不克明保享于民。

〔傳〕惟桀之所謂恭人衆士、大不能明安享于民、言亂主所任、任同己者、

乃胥惟虐于民。至于百爲。大不克開。

〔傳〕桀之衆士、乃相與惟暴虐於民、至於百端所爲、言虐非一、大不能開民以善、言與桀合志、

乃惟成湯克以爾多方簡。代夏作民主。

〔傳〕乃惟成湯、能用汝衆方之賢、大代夏政、爲天下民主、

愼厥麗。乃勸。厥民刑用勸。

〔傳〕湯愼其施政於民、民乃勸善、其人雖刑、亦用勸善、言政刑清、

以至于帝乙。罔不明德愼罰。亦克用勸。

〔傳〕言自湯至于帝乙、皆能成其王道、長愼輔相、無不明有德、愼去刑罰、亦能用勸善、

要囚。殄戮多罪。亦克用勸。開釋無辜。亦克用勸。

〔傳〕帝乙已上、安察囚情、絶戮衆罪、亦能用勸善、開放無罪之人、必無枉縱、亦能用勸善、

今至于爾辟。弗克以爾多方享天之命。

〔傳〕今至于汝君、謂紂、不能用汝衆方享天之命、故誅滅之、

嗚呼。王若曰。誥告爾多方。非天庸釋有夏。

〔傳〕歎而順其事、以告汝衆方、非天用釋棄桀、桀縱惡自棄、故誅放、

非天庸釋有殷。乃惟爾辟。以爾多方。大淫圖天之命。屑有辭。

〔傳〕非天用棄有殷、乃惟汝君紂、用汝衆方大爲過惡者、共謀天之命、惡事盡有辭說、布在天下、故見誅滅也、

乃惟有夏。圖厥政不集于享。天降時喪。有邦閒之。

〔傳〕更說桀也、言桀謀其政、不成于享、故天下是喪亡、以禍之、使天下有國聖人代之、言有國、明皇天無親、佑有德、

乃惟爾商後王。逸厥逸。

〔傳〕後王紂、逸豫其過逸、言縱恣無度、

圖厥政。不蠲烝。天惟降時喪。

〔傳〕紂謀其政、不絜進于善、故天惟下其喪亡、謂誅滅、○蠲吉玄反

惟聖罔念作狂。惟狂克念作聖。

〔傳〕惟聖人無念於善、則爲狂人、惟狂人能念於善、則爲聖人、言桀紂非實狂愚、以不念善、故滅亡、

天惟五年須暇之子孫。誕作民主。罔可念聽。

〔傳〕天以湯故、五年須暇湯之子孫、冀其改悔、而紂大爲民主、肆行無道、事無可念、言無可聽、武王服喪三年、還師二年、

天惟求爾多方。大動以威。開厥顧天。

傳天惟求汝衆方之賢者，大動紂以威，開其能顧天可以代者。

惟爾多方。罔堪顧之。惟我周王靈承于旅。

傳惟汝衆方之中，無堪顧天之道者，惟我周王善奉於衆，言以仁政得人心。

克堪用德。惟典神天。

傳言周文武能堪用德，惟可以主神天之祀，任天王。

天惟式教我用休。簡畀殷命。尹爾多方。

傳天以我用德之故，惟用敎我用美道，伐殷大與我殷之王命，以正汝衆方之諸侯。

今我曷敢多誥。我惟大降爾四國民命。

傳今我何敢多誥汝而已，我惟大下汝四國民命，謂誅管蔡商奄之君。

爾曷不忱裕之于爾多方。

傳汝何不以誠信行寬裕之道於汝衆方，欲其戒四國崇和協。

爾曷不夾介乂我周王享天之命。

傳夾近也，汝何不近大見治於我周王，以享天之命，而爲不安乎。

今爾尚宅爾宅。畋爾田。爾曷不惠王熙天之命。

傳今汝殷之諸侯，皆尚得居汝常居，臣民皆尚得畋汝故田，汝何不順從王政，廣天之命，而自懷疑乎。

爾乃迪屢不靜。爾心未愛。

傳汝所蹈行數爲不安，汝心未愛我周故。

爾乃不大宅天命。爾乃屑播天命。

傳汝乃不大居安天命，是汝乃盡播棄天命。

爾乃自作不典。圖忱于正。

傳汝未愛我周，播棄天命，是汝乃自爲不常，謀信于正道。

我惟時其敎告之。我惟時其戰要囚之。

傳我惟汝如是不謀信于正道，故其敎告之，謂訊以文誥，其戰要囚之，謂討其倡亂，執其朋黨。

至于再。至于三。

傳再，謂三監、淮夷叛時；三，謂成王卽政，又叛，言迪屢不靜之事。

乃有不用我降爾命。我乃其大罰殛之。

傳我敎告戰要囚汝已至再三，汝其不用我命，我乃大下誅汝君，乃其大罰誅之。

非我有周秉德不康寧。乃惟爾自速辜。

傳非我有周執德不安寧，自誅汝，乃惟汝自召罪以取誅。

王曰。嗚呼。猷告爾有方多士。暨殷多士。

傳王歎而以道告汝衆方與衆多士。

今爾奔走臣我監五祀。

傳監，謂成周之監，此指謂所遷頑民殷衆士，今汝奔走來徙臣我，我監五年無過，則是還本土。

越惟有胥伯小大多正。爾罔不克臬。

傳於惟有相長事小大衆正官之人，汝無不能用法，欲其皆用法。

自作不和。爾惟和哉。爾室不睦。爾惟和哉。爾邑克明。爾惟克勤乃事。

【傳】小大多正自爲不和，汝有方多士，當和之哉，汝親近室家不睦，汝亦當和之哉，汝邑中能明，是汝惟能勤汝職事，

爾尚不忌于凶德，亦則以穆穆在乃位。

【傳】汝庶幾不自忌入於凶德，亦則用敬敬常在汝位，

克閱于乃邑，謀介，爾乃自時洛邑，尚永力畋爾田。

【傳】汝能使我閱具于汝邑，而以汝所謀爲大，則汝乃用是洛邑，庶幾長力畋汝田矣，言雖遷徙，而以修善得反邑里，

天惟畀矜爾，我有周惟其大介賚爾。

【傳】汝能修善，天惟與，汝憐汝，我有周惟其大大賜汝，言受多福之作，

迪簡在王庭，尚爾事，有服在大僚。

【傳】非但受憐賜，又乃蹈大道在王庭，庶幾修汝事，有所服行在大官，

王曰，嗚呼，多士，爾不克勸忱我命，爾亦則惟不克享，凡民惟曰不享。

【傳】王歎而言曰，衆士，汝不能勸信我命，汝亦則惟不能享天祚矣，凡民亦惟曰不享於汝祚矣，

爾乃惟逸惟頗，大遠王命，則惟爾多方探天之威，我則致天之罰，離逖爾土。

【傳】若爾乃爲逸豫頗僻，大棄王命，則惟汝衆方取天之威，我則致行天罰，離遠汝土，將遠徙之，

王曰，我不惟多誥，我惟祗告爾命。

【傳】我不惟多誥汝而巳，我惟敬告汝吉凶之命，

又曰，時惟爾初，不克敬于和，則無我怨。

【傳】又誥汝，是惟汝初不能敬于和道，故誅汝，汝無怨我，解所以再三加誅之意，

周書

立政第二十一

周公作立政，【傳】周公既致政成王，恐其怠忽，故以君臣立政爲戒，

立政【傳】言用臣當共立政，故以名篇，

周公若曰，拜手稽首，告嗣天子王矣。

【傳】順古道，盡禮致敬，告成王，言嗣天子，今巳爲王矣，不可不慎，

用咸戒于王曰，王左右常伯，常任，準人，綴衣，虎賁。

【傳】周公用王所立政之事，皆戒於王曰，常所長事，常所委任，謂三公六卿，準人，平法，謂士官，綴衣，掌衣服，虎賁以武力事王，皆左右近臣，宜得其人，

周公曰，嗚呼，休茲，知恤鮮哉。

【傳】歎此五者，立政之本，知憂得其人者少，

古之人迪，惟有夏，乃有室大競，籲俊尊上帝。

【傳】古之人，道惟有夏禹之時，乃有卿大夫室家大強，猶乃招呼賢俊，與共尊事上天，

迪知忱恂于九德之行。

【傳】禹之臣，蹈知誠信於九德之行，謂賢智大臣，九德皋陶所謀，

乃敢告教厥后曰，拜手稽首后矣，曰宅乃事，宅乃牧，宅乃準，茲惟

后矣

傳知九德之臣、乃敢告教其君以立政、君矣亦猶王矣、宅居也、居汝事、六卿掌事者、牧牧民九州之伯、居內外之官及平法者、皆得其人、前此惟君矣、

謀面用丕訓德。則乃宅人。茲乃三宅無義民。

傳謀所面見之事無疑、則能用大順德、乃能居賢人于衆官、若此則乃能三居無義民、大罪宥之四裔、次九州之外、次中國之外、○宥音又

桀德。惟乃弗作往任。是惟暴德罔後。

傳桀之爲德、惟乃不爲其先王之法往所委任、是惟暴德之人、故絕世無後、

亦越成湯。陟丕釐上帝之耿命。

傳桀之昏亂、亦於成湯之道得升大賜上天之光命王天下、

乃用三有宅克卽宅。曰三有俊克卽俊

傳湯乃用三有居惡人之法、能使就其居、言服罪、又曰能用剛柔正直三德之俊、能就其俊事、言明德、

嚴惟丕式克用三宅三俊、

傳言湯所以能嚴威、惟可大法象者、以能用三居三德之法、

其在商邑用協于厥邑。其在四方。用丕式見德、

傳湯在商邑、用三宅三俊之道、和其邑、其在四方、用是大法見其聖德、言遠近化、

嗚呼。其在受德暋。惟羞刑暴德之人。同于厥邦。

傳受德、紂字、帝乙愛焉、爲作善字、而反大惡、自強惟進用刑、與暴德之人同于其國、並爲威虐、

乃惟庶習逸德之人。同于厥政、

傳乃惟衆習爲過德之人、同于其政、言不任賢、

帝欽罰之。乃伻我有夏。式商受命。奄甸萬姓。

傳天以紂惡、故敬罰之、乃使我周家王有華夏、得用商所受天命、同治萬姓、言皇天無親、佑有德、○伻普耕反

亦越文王武王。克知三有宅心。灼見三有俊心。

傳紂之不善、亦於文武之道大行、以能知三有居惡人之心、灼然見三有賢俊之心

以敬事上帝。立民長伯。

傳言文武知三宅三俊、故能以敬事上天、立民正長、謂郊祀天、建諸侯、

立政任人。準夫牧。作三事。

傳文武亦法禹湯以立政、常任、準人、及牧、治爲天地人之三事、

虎賁綴衣。趣馬小尹。

傳趣馬、掌馬之官、言此三者雖小官長、必愼擇其人、

左右攜僕百司庶府。

傳雖左右攜持器物之僕、及百官有司主券契藏吏、亦皆擇人、○券音勸

大都小伯藝人表臣百司

傳小臣猶皆愼擇其人、況大都邑之小長、以道藝爲表幹之臣、及百官有司之職、可以非其任乎、

太史尹伯庶常吉士。

傳太史下大夫、掌邦六典之貳、尹伯、長官大夫、及衆掌常事之善士、皆得其人、

司徒。司馬。司空。亞旅。

傳此有三卿、及次卿衆大夫、則是文武未伐紂、特舉文武之初以爲法則。

夷微盧烝。三亳。阪尹。

傳蠻夷微盧之衆師、及亳人之歸文王者三所爲之立監、及阪地之尹長、皆用賢。○阪音反

文王惟克厥宅心。乃克立茲常事司牧人、以克俊有德。

傳文王惟其能居心遠惡舉善、乃能立此常事司牧人、用能俊有德者。

文王罔攸兼于庶言。庶獄庶愼。惟有司之牧夫。

傳文王無所兼知於毀譽衆言、及衆刑獄衆當所愼之事、惟愼擇有司牧夫而已、勞于求才、逸於任賢。

是訓用違。庶獄庶愼。文王罔敢知于茲。

傳是萬民順法用違法衆獄衆愼之事、文王一無敢自知於此、委任賢能而已。

亦越武王。率惟敉功。不敢替厥義德。

傳亦於武王、循惟文王撫安天下之功、不敢廢其義德、奉遵父道。

率惟謀從容德。以並受此丕丕基。

傳武王循惟謀從文王寬容之德、故君臣並受此大大之基業、傳之子孫。

嗚呼。孺子王矣。

傳歎稚子今已爲王矣、不可不勤法祖考之德。

繼自今。我其立政。立事。準人。牧夫。我其克灼知厥若。丕乃俾亂。

傳繼用今已往、我其立政大臣、立事小臣、及準人牧夫、我其能灼然知其順者、則大乃使治之、言知臣下之勤勞、然後莫不盡

其力。

相我受民。和我庶獄庶愼。時則勿有間之。

傳能治我所受天民、和平我衆獄衆愼之事、如是則勿有以代之、言不可復變。

自一話一言。我則末惟成德之彥。以乂我受民。

傳言政當用一善、善在一言而已、欲其口無擇言、如此、我則終惟有成德之美、以治我所受之民。

嗚呼。予旦已受人之徽言。咸告孺子王矣。

傳歎所受賢聖說禹湯之美言、皆以告稚子王矣。

繼自今文子文孫。其勿誤于庶獄庶愼。惟正是乂之。

傳文子文孫、文王之子孫、從今已往、惟以正是之道治衆獄衆愼、其勿誤。

自古商人。亦越我周文王。立政。立事。牧夫。準人。則克宅之。克由繹之。茲乃俾乂。

傳言用古商湯、亦於我周文王立政立事用賢人之法、能居之於心、能用陳之、此乃使天下治。

國則罔有立政用憸人。不訓于德。是罔顯在厥世。

傳商周賢聖之國、則無有立政用憸利之人者、憸人不順於德、是使其君無顯名在其世。

繼自今立政。其勿以憸人。其惟吉士。用勱相我國家。

傳立政之臣、惟其吉士、用勉治我國家。○勱音邁

今文子文孫。孺子王矣。

傳告文王之子孫、言稚子已即政爲王矣、所以厚戒。

其勿誤于庶獄。惟有司之牧夫。
傳 獨言衆獄有司、欲其重刑慎官人。

其克詰爾戎兵。以陟禹之迹。
傳 其當能治汝戎服兵器、威懷並設、以升禹治水之舊迹。

方行天下。至于海表。罔有不服。
傳 方、四方、海表、蠻夷戎狄、無不服化者。

以覲文王之耿光。以揚武王之大烈。
傳 能使四夷賓服、所以見祖之光明、揚父之大業。

嗚呼。繼自今後王立政。其惟克用常人。
傳 其惟能用賢才爲常人、不可以天官有所私。

周公若曰。太史。
傳 順其事、幷告太史。

司寇蘇公式敬爾由獄。以長我王國。
傳 忿生爲武王司寇、封蘇國、能用法、敬汝所用之獄、以長施行於我王國、言主獄當求蘇公之比。

茲式有慎。以列用中罰。
傳 此法有所慎行、必以其列用中罰、不輕不重、蘇公所行、太史掌六典、有廢置官人之制、故告之。

書經卷十七終

書經卷十八

漢　諫大夫魯孔安國傳

周書

周官第二十二

成王既黜殷命。滅淮夷。還歸在豐。作周官。
傳 黜殷在周公東征時、滅淮夷在成王即政後、事相因、故連言之。
傳 成王雖作洛邑、猶還西周。

周官
傳 言周家設官分職用人之法。

惟周王撫萬邦。巡侯甸。
傳 即政撫萬國、巡行天下侯服甸服。

四征弗庭。綏厥兆民。
傳 四面征討諸侯之不直者、所以安其兆民、十億曰兆、言多。

六服羣辟。罔不承德。歸于宗周。董正治官。
傳 六服諸侯、奉承周德、言協服、還歸於豐、督正治理職司之百官。

王曰。若昔大猷。制治于未亂。保邦于未危。
傳 言當順古大道、制治安國、必于未亂未危之前、思患預防之。

曰唐虞稽古。建官惟百。內有百揆四岳。外有州牧侯伯。
傳 道堯舜考古以建百官、內置百揆四岳、象天之有五行、外置州牧十二、及五國之長、上下相維、外內咸治、言有治。

庶政惟和。萬國咸寧。

傳官職有序、故衆政惟和、萬國皆安、所以爲正治、

夏商官倍。亦克用乂。

傳禹湯建官二百、亦能用治、言不及唐虞之清要、

明王立政。不惟其官。惟其人。

傳言聖帝明王、立政修教、不惟多其官、惟在得其人、

今予小子。祗勤于德。夙夜不逮。

傳今我小子敬勤於德、雖夙夜匪懈、不能及古人、言自有極、

仰惟前代時若。訓迪厥官。

傳言仰惟先代之法是順、訓蹈其所建官而則之、不敢自同堯舜之官、準擬夏殷而蹈之、

立太師。太傅。太保。茲惟三公。論道經邦。爕理陰陽。

傳師、天子所師法、傅、傅相天子、保、保安天子於德義者、此惟三公之任、佐王論道、以經緯國事、和理陰陽、言有德乃堪之、○爕素協反

官不必備。惟其人。

傳三公之官不必備員、惟其人有德乃處之、

少師。少傅。少保。曰三孤。

傳此三官、名曰三孤、孤、特也、言卑於公、尊於卿、特置此三者、

貳公弘化。寅亮天地。弼予一人。

傳副貳三公、弘大道化、敬信天地之教、以輔我一人之治、

冢宰掌邦治。統百官。均四海。

傳天官卿、稱太宰、主國政治、統理百官、均平四海之內邦國、言任大、

司徒掌邦教。敷五典。擾兆民。

傳地官卿司徒、主國教化、布五常之教、以安和天下衆民、使小大皆協睦、

宗伯掌邦禮。治神人。和上下。

傳春官卿、宗廟官長、主國禮、治天地神祇人鬼之事、及國之吉凶賓軍嘉五禮、以和上下、尊卑等列、

司馬掌邦政。統六師。平邦國。

傳夏官卿、主戎馬之事、掌國征伐、統正六軍、平治王邦四方國之亂者、

司寇掌邦禁。詰姦慝。刑暴亂。

傳秋官卿、主寇賊法、禁治姦惡、刑強暴作亂者、夏司馬討惡助長物、秋司寇刑姦順時殺、

司空掌邦土。居四民。時地利。

傳冬官卿、主國空土、以居民士農工商四人、使順天時、分地利、授之土、能吐生百穀、故曰土、

六卿分職。各率其屬。以倡九牧。阜成兆民。

傳六卿各率其屬官大夫士、治其所分之職、以倡道九州牧伯爲政、大成兆民之性命、皆能其官、則政治、○阜音負

六年。五服一朝。

傳五服侯、甸、男、采、衛、六年一朝會京師、

又六年。王乃時巡。考制度于四岳。

傳周制十二年一巡守、春東、夏南、秋西、冬北、故曰時巡、考正制度禮法于四岳之下、如虞帝巡守然、

諸侯各朝于方岳。大明黜陟。

傳覲四方諸侯各朝于方岳之下、大明考績黜陟之法、

王曰。嗚呼。凡我有官君子。欽乃攸司。愼乃出令。令出惟行。弗惟反。

傳有官君子、大夫以上、歎而戒之、使敬汝所司、愼汝出令、從政之本、令出必惟行之、不惟反改、若二三其令、亂之道、

以公滅私。民其允懷。

傳從政以公平滅私情、則民其信歸之、

學古入官。議事以制。政乃不迷。

傳言當先學古訓、然後入官治政、凡制事、必以古義議度終始、政乃不迷錯、

其爾典常作之師。無以利口亂厥官。

傳其汝爲政、當以儀典常故事爲師法、無以利口辯佞亂其官、

蓄疑敗謀。怠忽荒政。不學牆面。莅事惟煩。

傳積疑不決、必敗其謀、怠惰忽略、必亂其政、人而不學、其猶正牆面而立、臨政事必煩、

戒爾卿士。功崇惟志。業廣惟勤。惟克果斷。乃罔後艱。

傳此戒凡有官位、但言卿士、舉其掌事者、功高由志、業廣由勤、惟能果斷行事、乃無後難、言多疑必致患、

位不期驕。祿不期侈。

傳貴不與驕期而驕自至、富不與侈期而侈自來、驕侈以行己、所以速亡、

恭儉惟德。無載爾僞。

傳言當恭儉、惟以立德、無行姦僞、

作德心逸日休。作僞心勞日拙。

傳爲德直道而行、於心逸豫、而名且美、爲僞飾巧百端、於心勞苦、而事日拙不可爲、

居寵思危。罔不惟畏。弗畏入畏。

傳言雖居貴寵、當思危懼、無所不畏、若乃不畏、則入可畏之刑、

推賢讓能。庶官乃和。不和政厖。

傳賢能相讓、俊乂在官、所以和諸厖亂也、

舉能其官。惟爾之能。稱匪其人。惟爾不任。

傳所舉能修其官、惟亦汝之功能、舉非其人、亦惟汝之不勝其任、

王曰。嗚呼。三事暨大夫。敬爾有官。亂爾有政。

傳歎而勑之、公卿已下、各敬居汝所有之官、治汝所有之職、

以佑乃辟。永康兆民。萬邦惟無斁。

傳言當敬治官政、以助汝君長安天下兆民、則天下萬國惟乃無厭我周德、

成王既伐東夷。肅愼來賀。傳海東諸夷、駒麗扶餘馯貊之屬、武王克商、皆通道焉、成王即政而叛、王伐而服之、故肅愼氏來賀、王俾榮伯作賄肅愼之命。傳榮國名、同姓諸侯、爲卿大夫、王使之爲命書、以幣賄賜肅愼之來賀、

周公在豐。傳致政老歸、將沒欲葬成周。傳已所營作、示終始念之、公薨成王葬于畢。傳不敢臣周公、故使近文武之墓、告周公作亳姑。傳周公徙奄君於亳姑、因告柩以葬畢之義、斥及奄君已定亳姑、言所遷之功成亡、○柩其久反

周書

君陳第二十三

周公既沒。命君陳分正東郊成周。傳成王重周公所營、故命君陳分居正東郊成周之邑里官司、作君陳。傳作書命之、

君陳。傳臣名也、因以名篇、

王若曰。君陳。惟爾令德孝恭。傳言其有令德、善事父母、行已以恭、

惟孝友于兄弟。克施有政。傳言善父母者必友于兄弟、能施有政令、

命汝尹茲東郊。敬哉。傳正此東郊、監殷頑民、教訓之、

昔周公師保萬民。民懷其德。往慎乃司。茲率厥常。傳言周公師安天下之民、民歸其德、今往承其業、當慎汝所主、此循其常法而教訓之、

懋昭周公之訓。惟民其乂。傳勉明周公之教、惟民其治、

我聞曰。至治馨香。感于神明。黍稷非馨。明德惟馨。傳所聞之古聖賢之言、政治之至者、芬芳馨氣動於神明、所謂芬芳非黍稷之氣、乃明德之馨、勵之以德、

爾尚式時周公之猷訓。惟日孜孜。無敢逸豫。傳汝庶幾用是周公之道教殷民、惟當日孜孜勤行之、無敢自寬暇逸豫、○孜音茲

凡人未見聖。若不克見。既見聖。亦不克由聖。傳此言凡人有初無終、未見聖道、如不能得見、已見聖道而不能用之、所以無成、

爾其戒哉。爾惟風。下民惟草。傳汝戒勿為凡人之行、民從上教而變、猶草應風而偃、不可不慎、

圖厥政。莫或不艱。有廢有興。出入自爾師虞。庶言同則繹。傳謀其政、無有不先慮其難、有所廢、有所起、出納之事、當用汝眾言度之、眾言同、則陳而布之、禁其專、

爾有嘉謀嘉猷。則入告爾后于內。爾乃順之于外。傳汝有善謀善道、則入告汝君於內、汝乃順行之於外、

曰。斯謀斯猷。惟我后之德。傳此善謀此善道、惟我君之德、善則稱君、人臣之義、

嗚呼。臣人咸若時。惟良顯哉。傳歎而美之曰、臣於人者、皆順此道、是惟良臣、則君顯明於世、

王曰。君陳。爾惟弘周公丕訓。無依勢作威。無倚法以削。傳汝為政、當闡大周公之大訓、無乘勢位作威、人上無倚法制以行刻削之政、

寬而有制。從容以和。傳寬不失制、動不失和、德教之治、

殷民在辟。予曰辟。爾惟勿辟。予曰宥。爾惟勿宥。惟厥中。

〔傳〕殷人有罪在刑法者、我曰刑之、汝勿刑、我曰赦宥、汝勿宥、惟其當以中正平理斷之、

有弗若于汝政。弗化于汝訓。辟以止辟。乃辟。

〔傳〕有不順於汝政、不變於汝教、刑之而懲止、犯刑者乃刑之、

狃于姦宄。敗常亂俗。三細不宥。

〔傳〕習於姦宄凶惡、毀敗五常之道、以亂風俗之教、罪雖小、三犯不赦、所以絕惡源、○狃女九反

爾無忿疾于頑。無求備于一夫。

〔傳〕人有頑嚚不喻、汝當訓之、無忿怒疾之、使人當器之、無責備于一夫、

必有忍。其乃有濟。有容德乃大。

〔傳〕爲人君長、必有所含忍、其乃有所成、有所包容、德乃爲大、欲其忍恥藏垢、

簡厥修。亦簡其或不修。

〔傳〕簡別其德行修者、亦別其有不修者、善以勸能、惡以沮否、

進厥良。以率其或不良。

〔傳〕進顯其賢良者、以率勉其有不良者、使爲善、

惟民生厚。因物有遷。

〔傳〕言人自然之性敦厚、因所見所習之物、有遷變之道、故必慎所以示之、

違上所命。從厥攸好。

〔傳〕人之於上、不從其令、從其所好、故人主不可不慎所好、

爾克敬典在德。時乃罔不變。允升于大猷。

〔傳〕汝治人能敬常在道德、是乃無不變化其政教、則信升于大道、

惟予一人膺受多福。

〔傳〕汝能升大道、則惟我一人、亦當受其多福、無凶危、

其爾之休。終有辭於永世。

〔傳〕非但我受多福而已、其汝之美名、亦終見稱誦於長世、言沒而不朽、

周書

顧命第二十四

成王將崩。命召公畢公。〔傳〕二公爲二伯、中分天下而治之、率諸侯相康王。作顧命。〔傳〕臨終之命曰顧命、

顧命〔傳〕實命羣臣、敘以要言、

惟四月。哉生魄。王不懌。

〔傳〕成王崩年之四月、始生魄、月十六日、王有疾、故不悅懌、

甲子。王乃洮頮水。相被冕服。憑玉几。

〔傳〕王大發大命、臨羣臣、必齋戒沐浴、今疾病、故但洮盥頮面、扶相者被以冠冕、加朝服、憑玉几以出命、○頮音悔、說文作沬

乃同召太保奭。芮伯。彤伯。畢公。衛侯。毛公。

〔傳〕同召六卿、下至御治事、太保畢毛稱公、則三公矣、此先後六卿次第、冢宰第一、召公領之、司徒第二、芮伯爲之、宗伯第三、彤伯爲之、司馬第四、畢公領之、司寇第五、衛侯爲之、司空第六、毛公領之、召芮彤畢衛毛、皆國名、入爲天子公卿、

師氏。虎臣。百尹。御事。

〔傳〕師氏大夫官虎臣虎賁氏百尹百官之長及諸御治事者

王曰嗚呼疾大漸惟幾。

〔傳〕自嘆其疾大進篤惟危殆

病日臻既彌留恐不獲誓言嗣茲予審訓命汝。

〔傳〕病日至言困甚已久留言無瘳恐不得結信出言嗣續我志以此故我詳審敎命汝

昔君文王武王宣重光奠麗陳教則肄。

〔傳〕言昔先君文武布其重光累聖之德定天命施陳教則勤勞

肄不違用克達殷集大命。

〔傳〕文武定命陳教雖勞而不違道故能通殷爲周成其大命

在後之侗敬迓天威嗣守文武大訓無敢昏逾。

〔傳〕在文武後之侗稚成王自斥敬迎天之威命言奉順繼守文武大教無敢昏亂逾越言戰慄畏懼

今天降疾殆弗興弗悟爾尚明時朕言。

〔傳〕今天下疾我身甚危殆不起不悟言必死汝當庶幾明是我言勿忽略

用敬保元子釗弘濟于艱難。

〔傳〕用奉我言敬安太子釗釗康王名大度於艱難勤德政

柔遠能邇安勸小大庶邦。

〔傳〕言當和遠又能和近安小大衆國勸使爲善

思夫人自亂于威儀爾無以釗冒貢于非幾。

〔傳〕羣臣皆宜思夫人夫人自治正於威儀有威可畏有儀可象然後足以率人汝無以釗冒進于非危之事

茲既受命還。

〔傳〕此羣臣已受賜命各還本位

出綴衣于庭越翼日乙丑王崩。

〔傳〕綴衣幄帳羣臣既退徹出幄帳於庭王寢於北牖下東首反初生於其明日王崩

太保命仲桓南宮毛。

〔傳〕冢宰攝政故命二臣桓毛名

俾爰齊侯呂伋以二干戈虎賁百人逆子釗於南門之外。

〔傳〕臣子皆侍左右將正太子之尊故出於路寢門外使桓毛二臣各執干戈於齊侯呂伋索虎賁百人更新逆門外所以殊之

伋爲天子虎賁氏

延入翼室恤宅宗。

〔傳〕明室路寢延之使居憂爲天下宗主

丁卯命作冊度。

〔傳〕三日命史爲冊書法度傳顧命於康王

越七日癸酉伯相命士須材。

〔傳〕邦伯爲相則召公於丁卯七日癸酉召公命士致材木須待以供喪用

狄設黼扆綴衣。

〔傳〕狄下士扆屏風畫爲斧文置戶牖間復設幄帳象平生所爲

牖間南嚮。敷重篾席。黼純。華玉仍几。
【傳】篾、桃枝竹、白黑雜繒緣之、華、彩色、華玉以飾憑几、仍、因也、因生時几不改作、此見羣臣覲諸侯之坐、

西序東嚮。敷重底席。綴純。文貝仍几。
【傳】東西廂謂之序、底、蒻苹、綴、雜彩、有文之貝飾几、此旦夕聽事之坐、○蒻音弱、苹音平

東序西嚮。敷重豐席。畫純。雕玉仍几。
【傳】豐、莞、彩色爲畫、雕、刻鏤、此養國老饗羣臣之坐、○鏤來豆反

西夾南嚮。敷重筍席。玄紛純。漆仍几。
【傳】西廂夾室之前、筍、蒻竹、玄紛、黑綬、此親屬私宴之坐、故席几質飾、

越玉五重。陳寶。
【傳】於東西序坐北、列玉五重、又陳先王所寶之器物、

赤刀大訓弘璧琬琰在西序。
【傳】寶刀、赤刀削、大訓、虞書典謨、大璧、琬琰之圭爲二重、

大玉夷玉天球河圖在東序。
【傳】三玉爲三重、夷、常也、球、雍州所貢、河圖、八卦、伏羲王天下、龍馬出河、遂則其文以畫八卦、謂之河圖、及典謨皆歷代傳寶之、

胤之舞衣大貝鼖鼓在西房。
【傳】胤國所爲舞者之衣、皆中法、大貝、如車渠、鼖鼓長八尺、商周傳寶之、西房、西夾坐東、

兌之戈和之弓垂之竹矢在東房。
【傳】兌、和、古之巧人、垂、舜共工、所爲皆中法、故亦傳寶之、東房、東廂夾室、

大輅在賓階面。綴輅在阼階面。
【傳】大輅、玉、綴輅、金、面前皆南向、

先輅在左塾之前。次輅在右塾之前。
【傳】先輅、象、次輅、木、金玉象皆以飾車、木則無飾、皆在路寢門內、左右塾前北面、凡所陳列、皆象成王生時華國之事、所以重顧命、○塾音孰

二人雀弁執惠。立于畢門之內。
【傳】士衛殯與在廟同、故雀韋弁、惠、三隅矛、路寢門、一名畢門、

四人綦弁執戈上刃。夾兩階戺。
【傳】綦文鹿子皮弁、亦士、堂廉曰戺、士所立處、

一人冕執劉。立于東堂。一人冕執鉞。立于西堂。
【傳】冕皆大夫也、劉、鉞屬、立於東西廂之前堂、

一人冕執戣。立于東垂。一人冕執瞿。立于西垂。
【傳】戣、瞿皆戟屬、立于東西下之階上、○戣音逵

一人冕執銳。立于側階。
【傳】銳、矛屬也、側階、北下立階上、

王麻冕黼裳。由賓階隮。
【傳】王及羣臣皆吉服、用西階升、不敢當主、

卿士邦君麻冕蟻裳。入即位。

傳公卿大夫及諸侯皆同服、亦廟中之禮、蟻裳名、色玄、

太保太史太宗皆麻冕彤裳。

傳執事各異裳、彤纁也、太宗上宗、即宗伯也、

太保承介圭、上宗奉同瑁、由阼階隮。

傳大圭尺二寸、天子守之、故奉以奠康王所位、同、爵名、瑁、所以冒諸侯圭以齊瑞信、方四寸、邪刻之、用阼階升、由便不嫌、

太史秉書、由賓階隮、御王冊命。

傳太史持冊書顧命、進康王、故同階、

曰皇后憑玉几、道揚末命、命汝嗣訓。

傳冊命之辭、大君成王、言憑玉几所道、稱揚終命、所以感動康王、命汝繼嗣其道、言任重、因以託戒、

臨君周邦、率循大卞。

傳用是道臨君周國、率羣臣循大法、

燮和天下、用答揚文武之光訓。

傳言用和道和天下、用對揚聖祖文武之大教、敘成王意、

王再拜、興、答曰、眇眇予末小子、其能而亂四方、以敬忌天威。

傳言微微我淺末小子、其能如父祖治四方、以敬忌天威德乎、謙辭託不能、○眇、彌小反、

乃受同瑁、王三宿、三祭、三咤。

傳王受瑁爲主、受同以祭、禮成於三、故酌者實三爵於王、王三進爵、三祭酒、三奠爵、告已受羣臣所傳顧命、○咤、陟嫁反、又音妬、徐又音託、

上宗曰、饗。

傳祭必受福、讚王曰、饗福酒、

太保受同、降。

傳受王所饗同、下堂反於篚、

盥、以異同秉璋以酢。

傳太保以盥手、先異同實酒、秉璋以酢祭、半圭曰璋、臣所奉、王已祭、太保又祭、報祭曰酢、

授宗人同、拜、王答拜。

傳宗人、小宗伯、佐太宗者、太宗供王、宗人供太保、拜白已傳顧命、故授宗人同、拜、王答拜、尊所受命、

太保受同、祭、嚌。

傳太保既拜而祭、既祭受福、嚌至齒、則王亦至齒、王言饗、太保言嚌、互相備、○嚌、才細反、

宅、授宗人同、拜、王答拜。

傳太保居其所、授宗人同、拜白成王以事畢、王答拜、敬所白、

太保降、收。

傳太保下堂、則王亦可知、有司於此盡收徹、

諸侯出廟門俟。

傳言諸侯、則卿士已下亦可知、殯之所處、故曰廟、待王後命、

書經卷十八　終

書經卷十九　漢　諫大夫魯孔安國傳

周書

康王之誥第二十五

康王既尸天子。傳尸主也主天子之正號遂誥諸侯作康王之誥。傳既受顧命羣臣陳戒遂報誥之因事曰遂

康王之誥傳求諸侯之見匡弼

王出在應門之內傳出畢門立應門內之中庭南面

太保率西方諸侯入應門左畢公率東方諸侯入應門右。傳二公爲二伯各率其所掌諸侯隨其方爲位皆北面

皆布乘黃朱。傳諸侯皆陳四黃馬朱鬣以爲庭實

賓稱奉圭兼幣曰一二臣衛敢執壤奠。傳賓諸侯也舉奉圭兼幣之辭言一二見非一也爲蕃衛故曰臣衛來朝而遇國喪遂因見新王敢執壤地所出而奠贄也

皆再拜稽首王義嗣德答拜。傳諸侯拜送幣而首至地盡禮也康王以義繼先人明德答其拜受其幣

太保暨芮伯咸進相揖皆再拜稽首。傳冢宰與司徒皆共羣臣諸侯並進陳戒不言諸侯以內見外

曰敢敬告天子皇天改大邦殷之命。傳大天改大國殷之王命謂誅紂也

惟周文武誕受羑若克恤西土。傳言文武大受天道而順之能憂我西土之民本其所起○羑羊久反

惟新陟王畢協賞罰戡定厥功用敷遺後人休。傳惟周家新升王位當盡和天下賞罰能定其功用布遺後人之美言施及子孫無窮○戡音堪遺唯季反註同施以豉反

今王敬之哉。傳敬天道務崇先人之美

張皇六師無壞我高祖寡命。傳言當張大六師之衆無壞我高德之祖寡有之教命

王若曰庶邦侯甸男衛。傳順其戒而告之不言羣臣以外見內

惟予一人釗報誥。傳報其戒

昔君文武丕平富不務咎。傳言先君文武道大政化平美不務咎惡

底至齊信用昭明于天下。

（傳）致行至中信之道、用顯明于天下、言聖德洽、

則亦有熊羆之士。不二心之臣。保乂王家。

（傳）言文武既聖、則亦有勇猛如熊羆之士、忠一不二心之臣、共安治王家、

用端命于上帝。皇天用訓厥道。付畀四方。

（傳）君聖臣良、用受端直之命於上天、天用順其道、付與四方之國、王天下、

乃命建侯樹屏。在我後之人。

（傳）言文武乃施政令、立諸侯、樹以爲藩屏、傳王業在我後之人、謂子孫、

今予一二伯父。尚胥暨顧。綏爾先公之臣服于先王、

（傳）天子稱同姓諸侯曰伯父、言今我一二伯父、庶幾相與顧念文武之道、安汝先公之臣服於先王而法循之、

雖爾身在外。乃心罔不在王室。

（傳）言雖汝身在外、爲諸侯、汝心常當忠篤、無不在王室、熊羆之士、厲朝臣比督諸侯、

用奉恤厥若。無遺鞠子羞。

（傳）當各用心奉憂其所行順道、無自荒怠、遺我稚子之羞辱、稚子、康王自謂也、

羣公既皆聽命。相揖趨出。

（傳）已聽誥命、趨出罷退、諸侯歸國、朝臣就次、

王釋冕。反喪服。

（傳）脫去黼冕、反服喪服、居倚廬、

周書

畢命第二十六

康王命作冊畢。（傳）命爲冊書、以命畢公、分居里。成周郊。（傳）分別民之居里、異其善惡、成定東周郊境、使有保護、作畢命。

畢命、（傳）言畢公見命之書、

惟十有二年。六月庚午朏。

（傳）康王即位十二年六月三日庚午、

越三日壬申。王朝步自宗周。至于豐。

（傳）於朏三日壬申、王朝行自宗周、至于豐、宗周、鎬京、豐、文王所都、

以成周之衆。命畢公保釐東郊。

（傳）用成周之民衆、命畢公使安理治正成周東郊、令得所、

王若曰。嗚呼。父師。惟文王武王。敷大德于天下。用克受殷命。

（傳）王順其事、歎告畢公、代周公爲太師、爲東伯、命之代君陳、言文武布大德於天下、故天佑之、用能受殷王之命、

惟周公左右先王。綏定厥家。

（傳）言周公助先王、安定其家、

毖殷頑民。遷于洛邑。密邇王室。式化厥訓。

（傳）惟殷頑民、恐其叛亂、故徙於洛邑、密近王室、用化其教、

既歷三紀。世變風移。四方無虞。予一人以寧。

（傳）言殷民遷周、已經三紀、世代民易、頑者漸化、四方無可度之事、我天子用安矣、十二年曰紀、父子曰世、

道有升降。政由俗革。不臧厥臧。民罔攸勸。
【傳】天道有上下交接之義。政教有用俗改更之理。民之俗善。以善養之。俗有不善。以法御之。若乃不善其善。則民無所勸慕。
惟公懋德。克勤小物。弼亮四世。正色率下。罔不祗師言。
【傳】言公勉行德。能勤小物。輔佐文武成康四世。爲公卿。正色率下。下人無不敬仰師法。
嘉績多于先王。予小子垂拱仰成。
【傳】公之善功多大先人之美。我小子爲王。垂拱仰公成理。言其上顯父兄。下施子孫。
王曰。嗚呼。父師。今予祗命公以周公之事。往哉。
【傳】今我敬命公以周公所爲之事。往爲之哉。言非周公所爲不敢枉公往治。
旌別淑慝。表厥宅里。彰善癉惡。樹之風聲。
【傳】言當識別頑民之善惡。表異其居里。明其爲善。病其爲惡。立其善風。揚其善聲。
弗率訓典。殊厥井疆。俾克畏慕。
【傳】其不循教道之常。則殊其井居田界。使能畏爲惡之禍。慕爲善之福。所以沮勸。
申畫郊圻。愼固封守。以康四海。
【傳】郊圻雖舊所規畫。當重分明之。又當謹愼堅固封疆之守備。以安四海。京圻安則四海安矣。
政貴有恆。辭尚體要。不惟好異。
【傳】政以仁義爲常。辭以理實爲要。故貴尚之。若異於先王。君子所不好。
商俗靡靡。利口惟賢。餘風未殄。公其念哉。
【傳】紂以靡靡利口惟賢。覆亡國家。今殷民利口餘風未絶。公其念絶之。

我聞曰。世祿之家。鮮克由禮。以蕩陵德。實悖天道。
【傳】特言我聞。自古有之。世有祿位而無禮教。少不以放蕩陵邈有德者。如此。實亂天道。
敝化奢麗。萬世同流。
【傳】言敝俗相化。車服奢麗。雖相去萬世。若同一流。
茲殷庶士。席寵惟舊。怙侈滅義。服美于人。
【傳】此殷眾士居寵日久。怙恃奢侈。以滅德義。服飾過制。美於其民。言僭上。
驕淫矜侉。將由惡終。雖收放心。閑之惟艱。
【傳】言殷眾士驕恣過制。矜其所能。以自侉大。如此不變。將用惡自終。雖今順從周制。心未厭服。以禮閑御其心惟難。○侉音若瓜反

資富能訓。惟以永年。惟德惟義。時乃大訓。不由古訓。于何其訓。
【傳】以富資而能順義。則惟可以長年命矣。惟有德義。是乃大順。若不用古訓典籍。於何其能順乎。
王曰。嗚呼。父師。邦之安危。惟茲殷士。不剛不柔。厥德允修。
【傳】言邦國所以安危。惟在和此殷士而已。治之不剛不柔。寬猛相濟。則其德政信修立。
惟周公克愼厥始。惟君陳克和厥中。惟公克成厥終。
【傳】周公遷殷頑民以消亂階。能愼其始。君陳弘周公之訓。能和其中。畢公闡二公之烈。能成其終。
三后協心。同底于道。道洽政治。澤潤生民。
【傳】三君合心爲一。終始相成。同致于道。道至普洽。政化治理。其德澤惠施。乃浸潤生民。言三君之功。不可不尚。
四夷左衽。罔不咸賴。予小子永膺多福。

傳言東夷、西戎、南蠻、北狄、被髮左衽之人、無不皆恃賴三君之德、我小子亦長受其多福、

公其惟時成周建無窮之基。亦有無窮之聞。

傳公其惟以是成周之治、爲周家立無窮之基業、於公亦有無窮之名以聞於後世、

子孫訓其成式惟乂。

傳言後世子孫順公之成法、惟以治、

嗚呼。罔曰弗克。惟既厥心。

傳人之爲政無曰不能、惟在盡其心而已、

罔曰民寡。惟愼厥事。

傳無曰人少不足治也、惟在愼其政事、無敢輕之、

欽若先王成烈。以休于前政。

傳敬順文武成業、以美於前人之政、所以勉畢公、

周書

君牙第二十七

穆王命君牙爲周大司徒。傳穆王、康王孫、昭王子、作君牙。傳君牙、臣名、

君牙傳命以其名、遂以名篇、

王若曰。嗚呼。君牙。

傳順其事而歎、稱其名而命之、

惟乃祖乃父。世篤忠貞。服勞王家。厥有成績。紀于太常。

傳言汝父祖世厚忠貞、服事勤勞王家、其有成功、見紀錄書于王之太常、以表顯之、王之旌旗畫日月曰太常、

惟予小子。嗣守文武成康遺緒。亦惟先正之臣。克左右亂四方。

傳惟我小子繼守先王遺業、亦惟父祖之臣、能佐助我治四方、言已無所能、

心之憂危。若蹈虎尾。涉于春冰。

傳言祖業之大、已才之弱、故心懷危懼、虎尾畏噬、春冰畏陷、危懼之甚、

今命爾予翼。作股肱心膂。

傳今命汝爲我輔翼、股肱心體之臣、言委任、○膂音旅

纘乃舊服。無忝祖考。弘敷五典。式和民則。

傳繼汝先祖故所服、忠勤無辱累祖考之道、大布五常之教、用和民、令有法則、

爾身克正。罔敢弗正。民心罔中。惟爾之中。

傳言汝身能正、則下無敢不正、民心無中、從汝取中、必當正身示民以中正、

夏暑雨。小民惟曰怨咨。

傳夏月暑雨、天之常道、小人惟曰怨歎咨嗟、言心無中也、

冬祁寒。小民亦惟曰怨咨。

傳冬大寒、亦天之常道、民猶怨咨、

厥惟艱哉。思其艱以圖其易。民乃寧。

傳天不可怨、民猶怨嗟、治民其惟難哉、當思慮其難以謀其易、民乃寧、

嗚呼。丕顯哉文王謨。

(傳)歎文王所謀大顯明、

丕承哉武王烈。(傳)言武王業美大可承奉。

啓佑我後人咸以正罔缺。(傳)文武之謀業大明可承奉、開助我後嗣皆以正道無邪缺、

爾惟敬明乃訓用奉若于先王。(傳)汝惟當敬明汝五教、用奉順於先王之道、

對揚文武之光命追配于前人。(傳)言當答揚文武光明之命、君臣各追配於前令名之人、

王若曰。君牙。乃惟由先王舊典時式。民之治亂在茲。(傳)汝惟當奉用先王之臣所行故事舊典文籍、是法民之治亂在此而已、用之則民治、廢之則民亂、

率乃祖考之攸行。昭乃辟之有乂。(傳)言當循汝父祖之所行、明汝君之有治功、

周書

冏命第二十八

穆王命伯冏爲周太僕正(傳)伯冏臣名也、太僕長太御中大夫、○冏九永反、字亦作臩　作冏命。

冏命(傳)以冏見命名篇、

王若曰。伯冏。惟予弗克于德。嗣先人宅丕后。(傳)順其事以命伯冏、言我不能於道德、繼先人居大君之位、人輕任重、

怵惕惟厲。中夜以興。思免厥愆。(傳)言常悚懼惟危、夜半以起、思所以免其過悔。

昔在文武聰明齊聖。小大之臣。咸懷忠良。(傳)聰明視聽遠、齊通無滯礙、臣雖官有尊卑、無不忠良、○礙五代反

其侍御僕從。罔匪正人。(傳)雖給侍進御僕役從官、官雖微、無不用中正之人、

以旦夕承弼厥辟。出入起居。罔有不欽。(傳)小臣皆良、僕役皆正、以旦夕承輔其君、故君出入起居無有不敬、

發號施令。罔有不臧。下民祗若。萬邦咸休。(傳)言文武發號施令無有不善、下民敬順其命、萬國皆美其化、

惟予一人無良。實賴左右前後有位之士。匡其不及。(傳)惟我一人無善、實恃左右前後有職位之士、匡正其不及、言此責羣臣正已、

繩愆糾謬。格其非心。俾克紹先烈。(傳)言侍左右之臣彈正過誤、檢其非妄之心、使能繼先王之功業、

今予命汝作大正。正于羣僕侍御之臣。(傳)欲其教正羣僕、無敢佞僞、

懋乃后德。交修不逮。

傳言侍御之臣無小大親疏皆當勉汝君爲德更代修進其所不及、

愼簡乃僚。無以巧言令色便辟側媚。其惟吉士。

傳當謹愼簡選汝僚屬侍臣無得用巧言無實令色無質便辟足恭側媚諂諛之人其惟皆吉良正士、

僕臣正。厥后克正。僕臣諛。厥后自聖。

傳言僕臣皆正則其君乃能正僕臣諂諛則其君乃自謂聖、

后德惟臣。不德惟臣。

傳君之有德惟臣成之君之無德惟臣誤之言君所行善惡專在左右、

爾無昵于憸人。充耳目之官。迪上以非先王之典。

傳汝無親近於憸利小子之人充備侍從在視聽之官道君上以非先王之法。○昵女乙反憸息廉反

非人其吉。惟貨其吉。

傳若非人其實吉良惟以貨財配其吉良以求入於僕侍之臣汝當清審、

若時瘝厥官。

傳若用是行貨之人則病其官職、

惟爾大弗克祗厥辟。惟予汝辜。

傳用行貨之人則惟汝大不能敬其君惟我則亦以此罪汝言不忠也、

王曰。嗚呼。欽哉。永弼乃后于彝憲。

傳歎而勑之使敬用所言當長輔汝君於常法此穆王庶幾欲蹈行常法、

周書

呂刑第二十九

呂命。傳呂侯見命爲天子司寇。穆王訓夏贖刑。傳呂侯以穆王命作書訓暢夏禹贖刑之法更從輕以布告天下。作呂刑。

呂刑傳後爲甫侯故稱甫刑、

惟呂命。王享國百年。耄荒。

傳言呂侯見命爲卿時穆王以享國百年耄亂荒忽穆王即位過四十矣言百年大期雖老而能用賢以揚名、

度作刑以詰四方。

傳度時世所宜訓作贖刑以治天下四方之民、

王曰。若古有訓。蚩尤惟始作亂。延及于平民。

傳順古有遺訓言蚩尤造始作亂惡化相易延及於平善之人九黎之君號曰蚩尤、

罔不寇賊。鴟義姦宄。奪攘矯虔。

傳平民化之無不相寇賊爲鴟梟之義以相奪攘矯稱上命若固有之亂之甚。○鴟尺之反

苗民弗用靈。制以刑。惟作五虐之刑曰法。

傳三苗之君習蚩尤之惡不用善化民而制以重刑惟爲五虐之刑自謂得法蚩尤黃帝所滅三苗帝堯所誅言異世而同惡

殺戮無辜。爰始淫爲劓刵椓黥。

傳三苗之主頑凶若民敢行虐刑以殺戮無罪於是始大爲截人耳鼻椓陰黥面以加無辜故曰五虐。○椓竹角反黥其京反

越茲麗刑并制。罔差有辭。

〔傳〕苗民於此施刑、并制無罪、無差有直辭者、言淫濫、

民興胥漸。泯泯棼棼。罔中于信。以覆詛盟。

〔傳〕三苗之民瀆於亂政、起相漸化、泯泯爲亂、棼棼同惡、皆無中于信義、以反背詛盟之約、○泯面忍反

虐威庶戮。方告無辜于上。上帝監民。罔有馨香。德刑發聞惟腥。

〔傳〕三苗虐政作威、衆被戮者、方方各告無罪於天、天視苗民無有馨香之行、其所以爲德刑、發聞惟乃腥臭、

皇帝哀矜庶戮之不辜。報虐以威。遏絕苗民。無世在下。

〔傳〕皇帝、帝堯也、哀矜衆被戮者之不辜、乃報爲虐者以威、誅遏絕苗民、使無世位在下國也、

乃命重黎。絕地天通。罔有降格。

〔傳〕重即羲、黎即和、堯命羲和世掌天地四時之官、使人神不擾、各得其序、是謂絕地天通、言天神無有降地、地祇不至於天、明不相干、

羣后之逮在下。明明棐常。鰥寡無蓋。

〔傳〕羣后諸侯之逮在下國、皆以明明大道輔行常法、故使鰥寡得所、無有掩蓋、

皇帝清問下民。鰥寡有辭于苗。

〔傳〕帝堯詳問民患、皆有辭怨於苗民、

德威惟畏。德明惟明。

〔傳〕言堯監苗民之見怨、則又增修其德、行威則民畏服、明賢則德明人、所以無能名焉、

乃命三后。恤功于民。伯夷降典。折民惟刑。禹平水土。主名山川。稷降播種。農殖嘉穀。

〔傳〕伯夷下典禮、教民而斷以法、禹治洪水、山川無名者主名之、后稷下教民播種、農畝生善穀、所謂堯命三君憂功於民、

三后成功。惟殷于民。

〔傳〕各成其功、惟所以殷盛於民、言禮教備衣食足、

士制百姓于刑之中。以教祗德。

〔傳〕言伯夷道民典禮、斷之以法、皋陶作士、制百官於刑之中、助成道化、以教民爲敬德、

穆穆在上。明明在下。灼于四方。罔不惟德之勤。

〔傳〕堯躬行敬敬在上、三后之徒秉明德明君道於下、灼然彰著四方、故天下之士無不惟德之勤、

故乃明于刑之中。率乂于民棐彝。

〔傳〕天下皆勤立德、故乃能明于用刑之中正、循道以治於民、輔成常教、

典獄非訖于威。惟訖于富。

〔傳〕言堯時主獄、有威有德有恕、非絕於威、惟絕於富、世治貨賂不行、○賂來故反

敬忌。罔有擇言在身。

〔傳〕堯時典獄、皆能敬其職、忌其過、故無有可擇之言在其身、

惟克天德。自作元命。配享在下。

〔傳〕凡明於刑之中、無擇言在身、必是惟能天德、自爲大命、配享天意、在於天下、

王曰。嗟。四方司政典獄。非爾惟作天牧。

〔傳〕主政典獄、謂諸侯也、非汝惟爲天牧民乎、言任重是汝、

今爾何監。非時伯夷播刑之迪。

【傳】言當視是伯夷布刑之道而法之、

其今爾何懲。惟時苗民匪察于獄之麗。

【傳】其今汝何懲戒乎、所懲戒惟是苗民非察於獄之施刑以取滅亡、

罔擇吉人。觀于五刑之中。惟時庶威奪貨。

【傳】言苗民無肯選擇善人使觀視五刑之中正、惟是衆爲威虐者任之以奪取人貨所以爲亂、

斷制五刑。以亂無辜。上帝不蠲。降咎于苗。

【傳】苗民任奪貨姦人斷制五刑以亂加無罪、天不潔其所爲故下咎罪謂誅之、

苗民無辭于罰。乃絶厥世。

【傳】言罪重無以辭於天罰故堯絶其世中言之爲至戒、

王曰。嗚呼。念之哉。

【傳】念以伯夷爲法苗民爲戒、

伯父伯兄。仲叔季弟。幼子。童孫。皆聽朕言。庶有格命。

【傳】皆王同姓有父兄弟子孫列者伯仲叔季順少長也舉同姓包異姓言不殊也聽從我言庶幾有至命、

今爾罔不由慰日勤。爾罔或戒不勤。

【傳】今汝無不用安自居日當勤之汝無有徒念戒而不勤、

天齊于民。俾我一日。非終。惟終。在人。

【傳】天整齊於下民使我爲之一日所行、非爲天所終惟爲天所終在人所行、

爾尚敬逆天命。以奉我一人。雖畏勿畏。雖休勿休。

【傳】汝當庶幾敬逆天命以奉我一人之戒行事、雖見畏勿自謂可敬畏雖見美勿自謂有德美、

惟敬五刑。以成三德。一人有慶。兆民賴之。其寧惟永。

【傳】先戒以勞謙之德次教以惟敬五刑所以成剛柔正直之三德也天子有善則兆民賴之其乃安寧長久之道、

王曰。吁。來。有邦有土。告爾祥刑。

【傳】吁歎也有國土諸侯告汝以善用刑之道、

在今爾安百姓。何擇非人。何敬非刑。何度非及。

【傳】在今爾安百姓兆民之道當何所擇非惟吉人乎當何所敬非惟五刑乎當何所度非惟及世輕重所宜乎○度待洛反

兩造具備。師聽五辭。

【傳】兩謂囚證造至也兩至具備則衆獄官共聽其入五刑之辭、

五辭簡孚。正于五刑。

【傳】五辭簡核信有罪驗則正之於五刑、

五刑不簡。正于五罰。

【傳】不簡核謂不應五刑當正五罰出金贖罪、

五罰不服。正于五過。

【傳】不服不應罰也正於五過從赦免、

五過之疵。惟官。惟反。惟內。惟貨。惟來。

【傳】五過之所病或嘗同官位或詐反囚辭或內親用事或行貨枉法或舊相往來皆病所在○疵才斯反

其罪惟均。其審克之。

傳以病所在出入人罪、使在五過、罪與犯法者同、其當清察能使之不行、

五刑之疑有赦、五罰之疑有赦、其審克之。

傳刑疑赦從罰、罰疑赦從免、其當清察能得其理、

簡孚有衆、惟貌有稽。

傳簡核誠信、有合衆心、惟察其貌、有所考合、重刑之至、

無簡不聽、具嚴天威。

傳無簡核誠信、不聽理其獄、皆當嚴敬天威、無輕用刑、

墨辟疑赦、其罰百鍰、閱實其罪、

傳刻其顙而涅之曰墨刑、疑則赦從罰、六兩曰鍰、鍰黄鐵也、閱實其罪、使與罰各相當、

劓辟疑赦、其罰惟倍、閱實其罪。

傳截鼻曰劓刑、倍百爲二百鍰、

剕辟疑赦、其罰倍差、閱實其罪。

傳刖足曰剕、倍差、謂倍之又半、爲五百鍰、

宮辟疑赦、其罰六百鍰、閱實其罪。

傳宮、淫刑也、男子割勢、婦人幽閉、次死之刑、序五刑先輕轉至重者、事之宜、

大辟疑赦、其罰千鍰、閱實其罪。

傳死刑也、五刑疑各入罰、不降相因、古之制也、

墨罰之屬千、劓罰之屬千、剕罰之屬五百、宮罰之屬三百、大辟之

罰、其屬二百、五刑之屬三千。

傳別言罰屬、合言刑屬、明刑罰同屬、互見其義以相備、

上下比罪、無僭亂辭、勿用不行。

傳上下比方其罪、無聽僭亂之辭以自疑、勿用折獄、不可行、

惟察惟法、其審克之

傳惟當清察罪人之辭、附以法理、其當詳審能之、

上刑適輕下服、

傳重刑有可以虧減、則之輕服下罪、

下刑適重上服、輕重諸罰有權。

傳一人有二罪、則之重而輕、并數、輕重諸刑罰、各有權宜、

刑罰世輕世重、惟齊非齊、有倫有要。

傳言刑罰隨世輕重也、刑新國用輕典、刑亂國用重典、刑平國用中典、凡刑所以齊非齊、各有倫理、有要善、

罰懲非死、人極于病。

傳刑罰所以懲過、非殺人、欲使惡人極于病苦、莫敢犯者、

非佞折獄、惟良折獄、罔非在中。

傳非口才可以斷獄、惟平良可以斷獄、無不在中正、

察辭于差、非從惟從、

傳察囚辭、其難在於差錯、非從其僞辭、惟從其本情、

哀敬折獄明啓刑書胥占咸庶中正

傳當憐下人之犯法敬斷獄之害人明開刑書相與占之使刑當其罪皆庶幾必得中正之道

其刑其罰其審克之

傳其所刑其所罰其當詳審能之無失中正

獄成而孚輸而孚

傳斷獄成辭而信當輸汝信於王謂上其鞫劾文辭

其刑上備有并兩刑

傳其斷刑文書上王府皆當備具有并兩刑亦具上之

王曰嗚呼敬之哉官伯族姓朕言多懼

傳敬之哉告使敬刑官長諸侯族同族姓異姓也我言多可戒懼以儆之○儆音景

朕敬于刑有德惟刑

傳我敬於刑當使有德者惟典刑

今天相民作配在下明清于單辭

傳今天治民人君爲配天在下當承天意聽訟當清審單辭單辭特難聽故言之

民之亂罔不中聽獄之兩辭

傳民之所以治由典獄之無不以中正聽獄之兩辭兩辭棄虛從實刑獄清則民治

無或私家于獄之兩辭

傳典獄無敢有受貨聽詐成私家於獄之兩辭

獄貨非寶惟府辜功報以庶尤

傳受獄貨非家寶也惟聚罪之事其報則以衆人見罪

永畏惟罰非天不中惟人在命

傳當長畏懼惟爲天所罰非天道不中惟人在教命使不中不中則天罰之

天罰不極庶民罔有令政在于天下

傳天道罰不中令衆民無有善政在於天下由人主不中將亦罰之

王曰嗚呼嗣孫今往何監非德于民之中尚明德之哉

傳嗣孫諸侯嗣世子孫非一世自今已往當何監視非當立德於民爲之中正乎庶幾明聽我言而行之哉

哲人惟刑無疆之辭屬于五極咸中有慶

傳言智人惟用刑乃有無窮之善辭名聞於後世以其折獄屬五常之中正皆中有善所以然也○屬音燭

受王嘉師監于茲祥刑

傳有邦有土受王之善衆而治之者視於此善刑欲其勤而法之爲無疆之辭

書經卷十九終

書經卷二十　漢　諫大夫會孔安國傳

周書

文侯之命第三十

平王錫晉文侯秬鬯圭瓚。傳以圭爲杓柄、謂之圭瓚。作文侯之命。傳所以名篇、幽王爲犬戎所殺、平王立而東遷洛邑、晉文侯迎送安定之、故錫命焉、

文侯之命　傳平王命爲侯伯、

王若曰、父義和。傳順其功而命之、文侯同姓、故稱曰父、義和、字也、稱父者非一人、故以字別之、

丕顯文武。克慎明德。傳大明乎文王武王之道、能詳慎顯用有德、

昭升于上、敷聞在下。惟時上帝集厥命于文王。傳更述文王所以王也、言文王聖德明升于天、而布聞在下居、惟以是故上天集成其王命、德流子孫、○聞音問

亦惟先正克左右昭事厥辟。傳言君既聖明、亦惟先正官賢臣、能左右明事其君所以然、

越小大謀猷罔不率從。肆先祖懷在位。傳文王君聖臣良、於小大所謀道德、天下無不循從其化、故我後世、先祖歸在王位、

嗚呼。閔予小子嗣。造天丕愆。傳歎而自痛傷也、言我小子而遭天大罪過、父死國敗、祖業隤隕、

殄資澤于下民。侵戎我國家純。傳言周邦喪亂、絕其資用惠澤於下民、侵兵傷我國、及卿大夫之家、禍甚大、

即我御事。罔或耆壽俊在厥服。予則罔克。傳所以遇禍、即我治事之臣、無有耆宿壽考俊德在其服位、我則枺劣無能之致、

曰惟祖惟父。其伊恤朕躬。嗚呼。有績予一人永綏在位。傳王曰同姓諸侯在我惟祖惟父列者、其惟當憂念我身、嗚呼、能有成功、則我一人長安在王位、言恃諸侯、

父義和。汝克紹乃顯祖。傳重稱字、親之、不稱名、尊之、言汝能明汝顯祖唐叔之道、獎之、

汝肇刑文武。用會紹乃辟。追孝于前文人。傳言汝今始法文武之道矣、當用是道合會繼汝君以善、使追孝於前文德之人、汝君、平王自謂也、繼先祖之志爲孝、

汝多修。扞我于艱。若汝予嘉。傳戰功曰多、言汝之功多、甚修矣、乃扞我於艱難、謂救周誅犬戎、汝功我所善之、

王曰。父義和。其歸視爾師。寧爾邦。傳遣令還晉國、其歸視汝衆、安汝國內上下、

用賚爾秬鬯一卣。傳黑黍曰秬、釀以鬯草、不言圭瓚、可知、卣、中罇也、當以錫命告其始祖、故賜鬯、

彤弓一。彤矢百。盧弓一。盧矢百。

傳彤赤、盧黑也、諸侯有大功、賜弓矢、然後專征伐、彤弓以講德習射、藏示子孫、

馬四匹。

傳馬供武用、四匹曰乘、侯伯之賜無常、以功大小為度、

父往哉。柔遠能邇。惠康小民。無荒寧。

傳父往歸國哉、懷柔遠人、必以文德、能柔近然後國安、安小人之道、必以順、無荒廢人事而自安、

簡恤爾都。用成爾顯德。

傳當簡核汝所任、憂治汝都鄙之人、人和政治、則汝顯用有德之功成矣、不言鄙、由近以及遠、

周書

費誓第三十一

魯侯伯禽宅曲阜。傳始封之國居曲阜、徐夷並興。東郊不開。傳徐戎淮夷並起為寇於魯、故東郊不開、作費誓。傳魯侯征之於費地而誓衆也、諸侯之事而連帝王、孔子序書以魯有治戎征討之備、秦有悔過自誓之戒、足為世法、故錄以備王事、猶詩錄商魯之頌、○費音祕

費誓傳費、魯東郊之地名、

公曰。嗟。人無譁。聽命。

傳伯禽為方伯、監七百里內之諸侯、帥之以征、歎而敕之、使無諠譁、欲其靜聽誓命、○譁户瓜反

徂茲淮夷徐戎並興。

傳今往征此淮浦之夷、徐州之戎、並起為寇、此戎夷帝王所羈縻統敘、故錯居九州之內、秦始皇逐出之、

善敹乃甲胄。敿乃干。無敢不弔。

傳言當善簡汝甲鎧胄兜鍪、施汝楯紛、無敢不令至攻堅、使可用、

備乃弓矢。鍛乃戈矛。礪乃鋒刃。無敢不善。

傳備汝弓矢、弓調矢利、鍛鍊戈矛、磨礪鋒刃、皆使無敢不功善、○鍛丁亂反

今惟淫舍牿牛馬。

傳今軍人惟大放舍牿牢之牛馬、言軍所在必放牧也、

杜乃擭。敜乃穽。無敢傷牿。牿之傷。汝則有常刑。

傳擭捕獸機檻、當杜塞之、穽穿地陷獸、當以土窒敜之、無敢令傷所牿牢之牛馬、牛馬之傷、汝則有殘人畜之常刑、○敜乃協反

馬牛其風。臣妾逋逃。勿敢越逐。

傳馬牛其有風佚、臣妾逋亡、勿敢棄越壘伍而求逐之、役人賤者男曰臣、女曰妾、

祗復之。我商賚汝

傳衆人其有得佚馬牛、逃臣妾、皆敬還復之、我則商度汝功、賜與汝、

乃越逐不復。汝則有常刑。

傳越逐為失伍、不還為攘盜、汝則有此常刑、

無敢寇攘。踰垣牆。

傳軍人無敢暴劫人、踰越人垣牆、物有自來者、無敢取之、○垣音袁

竊馬牛。誘臣妾。汝則有常刑。

傳軍人盜竊馬牛、誘偷奴婢、汝則有犯軍令之常刑、

甲戌。我惟征徐戎。
〔傳〕誓後甲戌之日、我惟征之、
峙乃糗糧、無敢不逮。汝則有大刑。
〔傳〕皆當儲峙汝糗糒之糧、使足食、無敢不相逮及、汝則有乏軍興之死刑。○峙直里反、糒音備
魯人三郊三遂。峙乃楨榦。甲戌我惟築。
〔傳〕總諸侯之兵、而但稱魯人、峙具楨榦、道近也、題曰楨、旁曰榦、言三郊三遂、明東郊距守不峙、甲戌日當築攻敵壘距堙之屬、
無敢不供。汝則有無餘刑、非殺。
〔傳〕峙具楨榦、無敢不供、不供汝則有無餘之刑、刑者非一也、然亦非殺汝、
魯人三郊三遂。峙乃芻茭、無敢不多。汝則有大刑。
〔傳〕郊遂多積芻茭、供軍牛馬、不多汝則亦有乏軍興之大刑、○茭音交

周書

秦誓第三十二

秦穆公伐鄭、〔傳〕遣三帥帥師往伐之、晉襄公帥師敗諸崤。〔傳〕崤、晉要塞也、以其不假道伐而敗之、囚其三帥、還歸作秦誓。〔傳〕晉舍三帥還歸、秦穆公悔過作誓、

秦誓〔傳〕貪鄭取敗、悔而自誓、

公曰。嗟。我士。聽無譁。
〔傳〕誓其羣臣、通稱士也、
予誓告汝羣言之首。
〔傳〕衆言之本要、
古人有言曰。民訖自若是多盤。
〔傳〕言民之行、已盡用順道、是多樂、稱古人言、悔前不順忠臣、○樂音洛
責人斯無難。惟受責俾如流。是惟艱哉。
〔傳〕人之有非、以義責之、此無難也、若已有非、惟受人責、即改之如水流下、是惟艱哉、
我心之憂。日月逾邁。若弗云來。
〔傳〕言我心之憂、欲改過自新、如日月並行、過如不復云來、雖欲改悔、恐死及之、無所益、
惟古之謀人。則曰未就予忌。
〔傳〕惟爲我執古義之謀人、謂忠賢蹇叔等也、則曰未成我所欲、反忌之耳、

惟今之謀人。姑將以爲親。
〔傳〕惟指今事爲我所謀之人、我且將以爲親而用之、悔前違古從今以取破敗、
雖則云然。尚猷詢茲黃髮。則罔所愆。
〔傳〕言前雖則有云然之過、今我庶幾以道謀此黃髮賢老、則行事無所過矣、
番番良士。旅力既愆。我尚有之。
〔傳〕勇武番番之良士、雖衆力已過老、我今庶幾欲有此人而用之、○番音波
仡仡勇夫。射御不違。我尚不欲。
〔傳〕仡仡壯勇之夫、雖射御不違、我庶幾不欲用、自悔之至、○仡許乞反
惟截截善諞言。俾君子易辭。我皇多有之。昧昧我思之。

【傳】惟察察便巧善爲辯佞之言使君子迴心易辭我前多有之以我昧昧思之不明故也、

如有一介臣斷斷猗無他技其心休休焉其如有容。

【傳】如有束修一介臣斷斷猗然專一之臣雖無他伎藝其心休休焉樂善其如是則能有所容言將任之○介音界

人之有技若己有之人之彥聖其心好之不啻如自其口出是能容之。

【傳】人之有技若己有之樂善之至也人之美聖其心好之不啻如自其口出好之至也是人必能容之、

以保我子孫黎民亦職有利哉。

【傳】用此好技聖之人安我子孫衆人亦主有利哉言能興國、

人之有技冒疾以惡之人之彥聖而違之俾不達。

【傳】見人之有技藝蔽冒疾害以惡之人之美聖而違背壅塞之使不得上通、

是不能容以不能保我子孫黎民亦曰殆哉。

【傳】冒疾之人是不能容人用之不能安我子孫衆人亦曰危殆哉、

邦之杌隉曰由一人。

【傳】杌隉不安言危也一人所任用國之傾危曰由所任不容賢○杌五骨反隉五結反

邦之榮懷亦尚一人之慶。

【傳】國之光榮爲民所歸亦庶幾其所任用賢之善也穆公陳戒背賢則危用賢則榮自誓改前過之意、

書經卷二十終

毛詩序

唐國子祭酒上護軍曲阜縣開國子孔穎達撰

夫詩者論功頌德之歌止僻防邪之訓雖無爲而自發乃有益於
生靈六情靜於中百物盪於外情緣物動物感情遷若政遇醇和
則歡娛被於朝野時當慘黷亦怨刺形於詠歌作之者所以暢懷
舒憤聞之者足以塞違從正發諸情性諧於律呂故曰感天地動
鬼神莫近於詩此乃詩之爲用其利大矣若夫哀樂之起冥於自
然喜怒之端非由人事故燕雀表啁噍之感鸞鳳有歌舞之容然
則詩理之先同夫開闢詩迹所用隨運而移上皇道質故諷諭之

情寡中古政繁亦謳歌之理切唐虞乃見其初犧軒莫測其始於
後時經五代篇有三千成康沒而頌聲寢陳靈興而變風息先君
宣父釐正遺文緝其精華褫其煩重上從周始下暨魯僖四百年
間六詩備矣卜商闡其業雅頌與金石同和秦正燎其書簡牘與
煙塵共盡漢氏之初詩分爲四申公騰芳於鄢郢毛氏光價於河
間貫長卿傳之於前鄭康成箋之於後晉宋二蕭之世其道大行
齊魏兩河之間茲風不墜其近代爲義疏者有全緩何胤舒瑗劉
軌思劉醜劉焯劉炫等然焯炫並聰穎特達文而又儒擢秀幹於
一時騁絕轡於千里固諸儒之所揖讓日下之無雙於其所作疏
內特爲殊絕今奉
敕刪定故據以爲本然焯炫等負恃才氣輕鄙先達同其所異異
其所同或應略而反詳或宜詳而更略準其繩墨差忒未免勘其
會同時有顛躓今則削其所煩增其所簡唯意存於曲直非有心
於愛憎謹與朝散大夫行太學博士臣王德韶徵事郎守四門博
士臣齊威等對共討論辯詳得失至十六年又奉
敕與前修疏人及給事郎守太學助教雲騎尉臣趙乾叶登仕郎
守四門助教雲騎尉臣賈普曜等對
敕使趙弘智覆更詳正凡爲四十卷庶以對揚聖範垂訓幼蒙故
序其所見載之於卷首云爾

詩譜序

詩之興也諒不於上皇之世大庭軒轅逮於高辛其時有亡載籍亦蔑云焉虞書曰詩言志歌永言聲依永律和聲然則詩之道放於此乎有夏承之篇章泯棄靡有孑遺邇及商王不風不雅何者論功頌德所以將順其美刺過譏失所以匡救其惡各於其黨則爲法者彰顯爲戒者著明周自后稷播種百穀黎民阻飢茲昔乃粒自傳於此名也陶唐之末中葉公劉亦世修其業以明民共財至於太王王季克堪顧天文武之德光熙前緒以集大命於厥身遂爲天下父母使民有政有居其時詩風有周南召南雅有鹿鳴

文王之屬及成王周公致太平制禮作樂而有頌聲興焉盛之至也本之由此風雅而來故皆錄之謂之詩之正經後王稍更陵遲懿王始受譖亨齊哀公夷身失禮之後邶不尊賢自是而下厲也幽也政教尤衰周室大壞十月之交民勞板蕩勃爾俱作衆國紛然刺怨相尋五霸之末上無天子下無方伯善者誰賞惡者誰罰紀綱絕矣故孔子錄懿王夷王時詩訖於陳靈公淫亂之事謂之變風變雅以爲勤民恤功昭事上帝則受頌聲弘福如彼若違而弗用則被劫殺大禍如此吉凶之所由憂娛之萌漸昭昭在斯足作後王之鑒於是止矣夷厲已上歲數不明太史年表自共和始歷宣幽平王而得春秋次第以立斯譜欲知源流清濁之所處則循其上下而省之欲知風化芳臭氣澤之所及則傍行而觀之此詩之大綱也舉一綱而萬目張解一卷而衆篇明於力則鮮於思則寡其諸君子亦有樂於是與

詩經目錄

詩譜

周南召南

漢　鄭氏撰

周召者禹貢雍州岐山之陽地名今屬右扶風美陽縣地形險阻而原田肥美周之先公曰大王者避狄難自豳始遷焉而修德建王業商王帝乙之初命其子王季爲西伯至紂又命文王典治南國江漢汝旁之諸侯於時三分天下有其二以服事殷故雍梁荆豫徐揚之人咸被其德而從之文王受命作邑於豐乃分岐邦周召之地爲周公旦召公奭之采地施先公之教於己所職之國武王伐紂定天下巡守述職陳誦諸國之詩以觀民風俗六州者得二公之德教尤純故獨錄之屬之大師分而國之其得聖人之化者謂之周南得賢人之化者謂之召南言二公之德教自岐而行於南國也乃棄其餘謂此爲風之正經初古公亶父聿來胥宇爰及姜女其後大任思媚周姜太姒嗣徽音歷世有賢妃之助以致其治文王刑于寡妻至于兄弟以御于家邦是故二國之詩以后妃夫人之德爲首終以麟趾騶虞言后妃夫人有斯德興助其君子皆可以成功至于獲嘉瑞風之始所以風化天下

而正夫婦焉故周公作樂用之鄉人焉用之邦國焉或謂之房中之樂者后妃夫人侍御於其君子女史歌之以節義序故耳射禮天子以騶虞諸侯以貍首大夫以采蘋士以采蘩爲節今無貍首周衰諸侯竝僭而去之孔子錄詩不得也爲禮樂之記者從後存之遂不得其次序周公封魯死謚曰文公召公封燕死謚曰康公元子世之其次子亦世守采地在王官春秋時周公召公是也問者曰周南召南之詩爲風之正經則然矣自此之後南國諸侯政之興衰何以無變風答曰陳諸國之詩者將以知其缺失省方設教爲黜陟時徐及吳楚僭號稱王不承天子之風今棄其詩夷狄之也其餘江黄六蓼之屬旣驅陷於彼俗又亦小國猶邾滕紀莒之等夷其詩蔑而不得列於此

邶鄘衛

邶鄘衛者商紂畿內方千里之地其封域在禹貢冀州大行之東北踰衡漳東及兗州桑土之野周武王伐紂以其京師封紂子武庚爲殷後庶殷頑民被紂化日久未可以建諸侯乃三分其地置三監使管叔蔡叔霍叔尹而教之自紂城而北謂之邶南謂之鄘東謂之衛武王旣喪管叔及其羣弟見周公將攝政乃流言於國曰公將不利於孺子周公避之居東都二年秋大熟未穫有雷電疾風之異乃後成王悅而迎之反而遂居攝三監導武庚叛成王旣黜殷命殺武庚復伐三監更於此三國建諸侯以殷餘民封康叔於衛使爲之長後世子孫稍幷彼二國混而名之七世至頃侯當周夷王時衛國政衰變風始作故作者各有所傷從其國本而異之爲邶鄘衛之詩焉

王城

王城者周東都王城畿內方六百里之地其封域在禹貢豫州太華外方之間北得河陽漸冀州之南始武王作邑於鎬京謂之宗周是爲西都周公攝政五年成王在豐欲宅洛邑使召公先相宅旣成謂之王城是爲東都今河南是也召公旣相宅周公往營成周今洛陽是也成王居洛邑遷殷頑民於成周復還歸處西都至於夷厲政教尤衰十一世幽王嬖褒姒生伯服廢申后太子宜咎奔申申侯與犬戎攻宗周殺幽王於戲晉文侯鄭武公迎宜咎于申而立之是爲平王以亂故徙居東都王城於是王室之尊與諸侯無異其詩不能復雅故貶之謂之王國之變風

鄭

初宣王封母弟友於宗周畿內咸林之地是爲鄭桓公今京兆鄭縣是其都也桓公爲幽王大司徒甚得周衆與東土之人問於史伯曰王室多故余懼及焉其何所可以逃死史伯曰其濟洛河潁之閒乎是其子男之國虢鄶爲大虢叔恃勢鄶仲恃險皆有驕侈怠慢之心加之以貪冒君若以周難之故寄帑與賄不敢不許是驕而貪必將背君君以成周之衆奉辭罰罪無不克矣若克二邑鄔蔽補丹依疇歷華君之土也修典刑以守之惟是可以少固桓公從之言然之後三年

幽王爲犬戎所殺桓公死之其子武公與晉文侯定平王於東都王城卒取史伯所云十邑之地右洛左濟前華後河食溱洧焉今河南新鄭是也武公又作卿士國人宜之鄭之變風又作

齊

齊者古少皞之世爽鳩氏之墟周武王伐紂封太師呂望於齊是謂齊太公地方百里都營丘周公致太平敷定九畿復夏禹之舊制成王用周公之法制廣大邦國之境而齊受上公之地更方五百里其封域東至于海西至于河南至于穆陵北至于無棣在禹貢青州岱山之陰濰淄之野其子丁公嗣位於王官後五世哀公政衰荒淫怠慢紀侯譖之於周懿王使烹焉齊人變風始作

魏

魏者虞舜夏禹所都之地在禹貢冀州雷首之北析城之西周以封同姓焉其封域南枕河曲北涉汾水昔舜耕於歷山陶於河濱禹菲飲食而致孝乎鬼神惡衣服而致美乎黻冕卑宮室而盡力乎溝洫此一帝一王儉約之化於時猶有及今魏君嗇且褊急不務廣修德於民教以義方其與秦晉鄰

國日見侵削國人憂之當周平桓之世魏之變風始作至春秋魯閔公元年晉獻公竟滅之以其地賜大夫畢萬自爾而後晉有魏氏

唐

唐者帝堯舊都之地今曰太原晉陽是堯始居此後乃遷河東平陽成王封母弟叔虞於堯之故墟曰唐侯南有晉水至子燮改爲晉侯其封域在禹貢冀州太行恒山之西太原太岳之野至曾孫成侯南徙居曲沃近平陽焉昔堯之末洪水九年下民其咨萬國不粒於時殺禮以救艱厄其流乃被於

今當周公召公共和之時成侯曾孫僖侯甚嗇愛物儉不中禮國人閔之唐之變風始作其孫穆侯又徙於絳云

秦

秦者隴西谷名於禹貢近雍州鳥鼠之山堯時有伯翳者實皋陶之子佐禹治水水土既平舜命作虞官掌上下草木鳥獸賜姓曰嬴歷夏商興衰亦世有人焉周孝王使其末孫非子養馬於汧渭之間孝王爲伯翳能知禽獸之言子孫不絕故封非子爲附庸邑之於秦谷至曾孫秦仲宣王又命作大夫始有車馬禮樂侍御之好國人美之翳之變風始作秦仲之孫襄公平王之初興兵討西戎以救周平王東遷王城乃以岐豐之地賜之始列爲諸侯遂横有周西都宗周畿內八百里之地其封域東至迆山在荊岐終南惇物之野至玄孫德公又徙於雍云

陳

陳者大皞虙戲氏之墟帝舜之胄有虞閼父者爲周武王陶正武王賴其利器用與其神明之後封其子嬀滿於陳都於宛丘之側是曰陳胡公以備三恪妻以元女大姬其封域在禹貢豫州之東其地廣平無名山大澤西望外方東不及明

豬大姬無子好巫覡禱祈鬼神歌舞之樂民俗化而爲之五世至幽公當厲王時政衰大夫淫荒所爲無度國人傷而刺之陳之變風作矣

檜

檜者古高辛氏火正祝融之墟檜國在禹貢豫州外方之北滎波之南居溱洧之間祝融氏名黎其後八姓唯妘姓檜者處其地焉周夷王厲王之時檜公不務政事而好絜衣服大夫去之於是檜之變風始作其國北鄰於虢

曹

曹者禹貢兗州陶丘之北地名周武王既定天下封弟叔振鐸於曹今曰濟陰定陶是也其封域在雷夏菏澤之野昔堯嘗遊成陽死而葬焉舜漁於雷澤民俗始化其遺風重厚多君子務稼穡薄衣食以致畜積夾於魯衛之間又寡於患難末時富而無教乃更驕侈曹之後世雖爲宋所滅宋亦不數伐曹故得寡於患難十一世當周惠王時政衰昭公好奢而任小人曹之變風始作

豳

豳者后稷之曾孫也公劉者自部而出所徙戎狄之地名今

屬右扶風栒邑公劉以夏后大康時失其官守竄於此地猶修后稷之業勤恤愛民民咸歸之而國成焉其封域在禹貢雍州岐山之北原隰之野至商之末世太王又避戎狄之難而入處於岐陽民又歸之公劉之出太王之入雖有其異由有事難之故皆能守后稷之教不失其德成王之時周公避流言之難出居東都二年思公劉太王居豳之職憂念民事至苦之功以比序己志後成王迎之反之攝政致太平其出入也一德不回純似於公劉太王之所爲太師大述其志主意於豳公之事故別其詩以爲豳國變風焉

小大雅

小雅大雅者周室居西都豐鎬之時詩也始祖后稷由神氣而生有播種之功於民公劉至于太王王季歷及千載越異代而別世載其功業爲天下所歸文王受命武王遂定天下盛德之隆大雅之初起自文王至于文王有聲據盛隆而推原天命上述祖考之美小雅自鹿鳴至於魚麗先其文所以治內後其武所以治外此二雅逆順之次要於極賢聖之情著天道之助如此而已矣又大雅生民及卷阿小雅南有嘉魚下及菁菁者莪周公成王之時詩也傳曰文王基之武王鑿之周公內之謂其道同終始相成比而合之故大雅十八篇小雅十六篇爲正經其用於樂國君以小雅天子以大雅然而饗賓或上取燕或下就何者天子饗元侯歌肆夏合文王諸侯歌文王合鹿鳴諸侯於鄰國之君與天子於諸侯同天子諸侯燕羣臣及聘問之賓皆歌鹿鳴合鄉樂此其著略大校見在書籍禮樂崩壞不可得詳大雅民勞小雅六月之後皆謂之變雅美惡各以其時亦顯善懲過正之次也問者曰常棣閔管蔡之失道何故列於文王之詩曰閔之閔之者閔其失兄弟相承順之道至於被誅若在成王周公之詩則是彰其罪非閔之故爲隱推而上之因文王有親兄弟之義又問曰小雅之臣何也獨無刺厲王曰有焉十月之交雨無正小旻小宛之詩是也漢興之初師移其第耳亂甚焉旣移文改其目義順上下刺幽王亦過矣

周頌

周頌者周室成功致太平德洽之詩其作在周公攝政成王卽位之初頌之言容天子之德光被四表格于上下無不覆燾無不持載此之謂容於是和樂興焉頌聲乃作禮運曰政也者君之所以藏身也是故夫政必本於天殽以降命命降

於社之謂殽地降於祖廟之謂仁義降於山川之謂興作降
於五祀之謂制度又曰祭帝於郊所以定天位祀社於國所
以列地利祖廟所以本仁山川所以儐鬼神五祀所以本事
又曰禮行于郊而百神受職焉禮行於社而百貨可極焉禮
行於祖廟而孝慈服焉禮行於五祀而正法則焉故自郊社
祖廟山川五祀義之修禮之藏也功大如此可不美報乎故
人君必潔其牛羊馨其黍稷齊明而薦之歌之舞之所以顯
神明昭至德也

魯頌

魯者少昊摯之墟也國中有大庭氏之庫則大庭氏亦居茲
乎在周公歸政成王封其元子伯禽於魯其封域在禹貢徐
州大野蒙羽之野自後政衰國事多廢十九世至僖公當周
惠王襄王時而遵伯禽之法養四種之馬牧於坰野尊賢祿
士修泮宮守禮教僖十六年冬會諸侯于淮上謀東略公遂
伐淮夷僖二十年新作南門又修姜嫄之廟至於復魯舊制
未徧而薨國人美其功季孫行父請命於周而作其頌文公
十三年太室屋壞初成王以周公有太平制典法之勳命魯
郊祭天三望如天子之禮故孔子錄其詩之頌同於王者之
後問者曰列國作詩未有請於周者行父請之何也曰周尊
魯巡守述職不陳其詩至於臣頌君功樂周室之聞是以行
父請焉周之不陳其詩者為憂耳其有大罪侯伯監之行人
書之亦示覺焉

商頌

商者契所封之地有娀氏之女名簡狄者吞鳦卵而生契堯
之末年舜舉為司徒有五教之功乃賜姓而封之世有官守
十四世至湯則受命代夏桀定天下後世有中宗者嚴恭寅
畏天命自度治民祗懼不敢荒寧後有高宗者舊勞於外爰
洎小人作其即位乃或諒闇三年不言言乃雍不敢荒寧嘉
靖殷邦至於大小無時或怨此三王有受命中興之功時有
作詩頌之者商德之壞武王伐紂乃以陶唐氏火正閼伯之
墟封紂兄微子啓為宋公代武庚為商後其封域在禹貢徐
州泗濱西及豫州盟豬之野自從政衰散亡商之禮樂七世
至戴公時當宣王大夫正考父者校商之名頌十二篇於周
太師以那為首歸以祀其先王孔子錄詩之時則得五篇而
已乃列之以備三頌著為後王之義監三代之成功法莫大
於是矣問者曰列國政衰則變風作宋何獨無乎曰有焉乃

不錄之王者之後時王所客也巡守述職不陳其詩亦示無貶黜客之義也又問曰周太師何由得商頌曰周用六代之樂故有之

詩經卷一

周　卜子夏序　漢　毛公傳　鄭氏箋　明　金蟠訂

國風

周南第一

關雎后妃之德也箋關雎舊解云三百一十一篇詩並是作者自爲名○后妃芳非反風之始也所以風天下而正夫婦也故用之鄉人焉用之邦國焉箋風之始此風謂十五國風風是諸侯政教也下云所以風天下論語云君子之德風並是此義風風也教也風以動之教以化之○風也福鳳反詩者志之所之也在心爲志發言爲詩情動於中而形於言言之不足故嗟歎之嗟歎之不足故永歌之永歌之不足不知手之舞之足之蹈之也情發於聲聲成文謂之音箋發猶見也聲謂宮商角徵羽也聲成文者宮商上下相應治世之音安以樂其政和亂世之音怨以怒其政乖亡國之音哀以思其民困○樂音洛思息吏反故正得失動天地感鬼神莫近於詩先王以是經夫婦成孝敬厚人倫美教化移風俗故詩有六義焉一曰風二曰賦三曰比四曰興五曰雅六曰頌○比必履反興虛應反上以風化下下以風刺上主文而譎諫言之者無罪聞之者足以戒故曰風箋風化風刺皆謂譬喻不斥言也主文主與樂之宮商相應也譎諫詠歌依違不直諫○下以風福鳳反至于王道衰禮義廢政

教大國異政家殊俗而變風變雅作矣國史明乎得失之迹傷
人倫之廢哀刑政之苛吟咏情性以風其上達於事變而懷其
舊俗者也故變風發乎情止乎禮義發乎情民之性也止乎禮
義先王之澤也是以一國之事繫一人之本謂之風言天下之
事形四方之風謂之雅雅者正也言王政之所由廢興也政有
小大故有小雅焉有大雅焉頌者美盛德之形容以其成功告
於神明者也是謂四始詩之至也〔箋〕始者王道興衰之所由然則關雎麟趾
之化王者之風故繫之周公南言化自北而南也鵲巢騶虞之
德諸侯之風也先王之所以教故繫之召公〔箋〕自從也從北而南謂其化從岐周

詩經　卷一　國風周南　二　永懷堂

被江漢之域也先王大王王季周南召南正始之道王化之基是以關雎樂
得淑女以配君子憂在進賢不淫其色哀窈窕思賢才而無傷
善之心焉是關雎之義也〔箋〕哀蓋字之誤也當爲衷衷謂中心恕之無傷善之心謂好逑也
關關雎鳩在河之洲〔傳〕興也關關和聲也雎鳩王雎也鳥摯而有別水中可居者曰洲后妃說樂君子之德無
不和諧又不淫其色愼固幽深若關雎之有別焉然後可以風化天下夫婦有別則父子親父子親則君臣敬君臣敬則朝廷
正朝廷正則王化成〔箋〕云摯之言至也謂王雎之鳥雌雄情意至然而有別○興虛應反他皆倣此別彼竭反下同說音悅樂
音洛朝直遙反窈窕淑女君子好逑〔傳〕窈窕幽閒也淑善逑匹也言后妃有關雎之德是幽閒貞專之善
女宜爲君子之好匹〔箋〕云怨耦曰仇言后妃之德和諧則幽閒處深宮貞專之善女能爲君子和好衆妾之怨者言皆化后妃
之德不嫉妬謂三夫人以下○逑音求能爲于僞反

參差荇菜左右流之〔傳〕荇接余也流求也后妃有關雎之德乃能共荇菜備庶物以事宗廟也〔箋〕云左右助也
言后妃將共荇菜之葅必有助而求之者言三夫人九嬪以下皆樂后妃之事○參初金反差初宜反荇衡猛反本亦作莕共
音恭下共同樂音洛窈窕淑女寤寐求之〔傳〕寤覺寐寢也〔箋〕云言后妃覺寐則常求此賢女欲與之共己
職也○覺音教
求之不得寤寐思服〔傳〕服思之也〔箋〕云服事也求賢女而不得覺寐則思己職事當誰與共之乎悠哉
悠哉輾轉反側〔傳〕悠思也〔箋〕云思之哉思之哉言己誠思之臥而不周曰輾○輾本亦作展哲善反
參差荇菜左右采之〔箋〕云言后妃既得荇菜必有助而采之者窈窕淑女琴瑟友之〔傳〕宜
以琴瑟友樂之〔箋〕云同志爲友言賢女之助后妃共荇菜其情意乃與琴瑟之志同共荇菜之時樂必作
參差荇菜左右芼之〔傳〕芼擇也〔箋〕云后妃既得荇菜必有助而擇之者○芼毛報反窈窕淑女鍾

詩經　卷一　國風周南　三　永懷堂

鼓樂之〔傳〕德盛者宜有鍾鼓之樂〔箋〕云琴瑟在堂鍾鼓在庭言共荇菜之時上下之樂皆作盛其禮也○樂之音洛
關雎五章章四句故言三章一章章四句二章章八句○五
章是鄭所分故言以下是毛公本意後放此
葛覃后妃之本也后妃在父母家則志在於女功之事躬儉節
用服澣濯之衣尊敬師傅則可以歸安父母化天下以婦道也
〔箋〕躬儉節用由於師傅之教而後言尊敬師傅者欲見其性亦自然可以歸安父母言嫁而得意猶不忘孝○覃徒南反
葛之覃兮施于中谷維葉萋萋〔傳〕興也覃延也葛所以爲絺綌女功之事煩辱者施移也中谷谷中
也萋萋茂盛貌〔箋〕云葛者婦人之所有事也此因葛之性以興焉興者葛延蔓于谷中喻女在父母之家形體浸浸日長大也
葉萋萋然喻其容色美盛也○施以豉反長丁丈反黃鳥于飛集于灌木其鳴喈喈〔傳〕黃鳥摶

黍也。灌木，叢木也。喈喈，和聲之遠聞也。箋云：葛延蔓之時，則搏黍飛鳴，亦因以興焉。飛集叢木，興女有嫁于君子之道。和聲之遠聞，興女有才美之稱，達於遠方。○灌古亂反。喈音皆。搏徒端反。稱尺證反。

葛之覃兮，施于中谷，維葉莫莫。傳莫莫，成就之貌。箋云：成就者，其可采用之時。○莫美博反。是刈是濩，為絺為綌，服之無斁。傳濩，煑之也。精曰絺，麤曰綌。斁，厭也。古者王后織玄紞，公侯夫人紘綖，卿之內子大帶，大夫命婦成祭服，士妻朝服，庶士以下各衣其夫。箋云：服，整也。女在父母之家，未知將所適，故習之以絺綌煩辱之事，乃能整治之無厭倦，是其性貞專。○刈魚廢反。濩胡郭反。絺恥知反。綌去逆反。紞都覽反。紘獲耕反。綖音延。朝直遙反，下同。衣於既反。

言告師氏，言告言歸。傳言，我也。師，女師也。古者女師教以婦德、婦言、婦容、婦功。祖廟未毀，教于公宮三月；祖廟既毀，教于宗室。婦人謂嫁曰歸。箋云：我告師氏者，我見教告于女師也。教告我以適人之道。重言我者，尊重師教也。公宮、宗室，

於族人皆為貴。薄汙我私，薄澣我衣。傳汙，煩也。私，燕服也。婦人有副褘盛飾，以朝事舅姑，接見于宗廟，進見于君子，其餘則私也。箋云：煩，煩撋之用功深。澣，謂濯之耳。衣，謂褘衣以下至褖衣。○見賢遍反。撋而純反。褖吐亂反。害澣害否，歸寧父母。傳害，何也。私服宜澣，公服宜否。寧，安也。父母在，則有時歸寧耳。箋云：我之衣服，今者何所當見澣乎？何所當否乎？言常自潔清以事君子。○害戶葛反，下同。否方九反。

葛覃三章，章六句

卷耳，后妃之志也。又當輔佐君子，求賢審官，知臣下之勤勞。內有進賢之志，而無險詖私謁之心，朝夕思念，至於憂勤也。箋謁，請也。○卷卷勉反。詖彼寄反。苓音零。

采采卷耳，不盈頃筐。傳憂者之興也。采采，事采之也。卷耳，苓耳也。頃筐，畚屬，易盈之器也。箋云：器之易盈而不盈者，志在輔佐君子，憂思深也。○畚音本。易以豉反。思息吏反，下憂思同。嗟我懷人，寘彼周行。傳懷，思。寘，置。行，列也。思君子官賢人，置周之列位。箋云：周之列位，謂朝廷臣也。○寘之豉反。行戶康反，註下同。朝直遙反。

陟彼崔嵬，我馬虺隤。傳陟，升也。崔嵬，土山之戴石者。虺隤，病也。箋云：我，我使臣也。臣以兵役之事行，出離其列位，身勤勞於山險，而馬又病，君子宜知其然。○嵬五回反。虺呼回反。隤徒回反。我姑酌彼金罍，維以不永懷。傳姑，且也。人君黃金罍。永，長也。箋云：我，我君也。臣出使功成而反，君且當設饗燕之禮，與之飲酒以勞之，我則以是不復長憂思也。言且者，君賞功臣，或多於此。○勞力到反。

陟彼高岡，我馬玄黃。我姑酌彼兕觥，維以不永傷。傳山脊曰岡。玄馬病則黃。兕觥，角爵也。傷，思也。箋云：此章為意不盡，申殷勤也。觥，罰爵也。饗燕所以有之者，禮自立司正之後，旅醻必有醉而失禮者，罰之亦所以為樂。○樂音洛。

陟彼砠矣，我馬瘏矣，我僕痡矣，云何吁矣。傳石山戴土曰砠。瘏，病也。痡，亦病也。吁，憂也。箋云：此章言臣既勤勞於外，僕馬皆病，而今云何吁，其亦憂矣，深閔之辭。○砠七餘反。瘏音塗。痡音敷。

卷耳四章，章四句

樛木，后妃逮下也。言能逮下而無嫉妬之心焉。箋后妃能和諧眾妾，不嫉妬其容貌，恒以善言逮下而安之。○樛居虯反。

南有樛木，葛藟纍之。傳興也。南，南土也。木下曲曰樛。南土之葛藟茂盛。箋云：木枝以下垂之故，故葛也、藟也得纍而蔓之，而上下俱盛。興者，喻后妃能以意下逮眾妾，使得其次序，則眾妾上附事之，而禮義亦俱盛。南土，謂荊揚之域。○藟力軌反。上附時掌反。樂只君子，福履綏之。傳履，祿。綏，安也。箋云：妃妾以禮義相與和，又能以禮樂樂其君子，使為福祿所安。○只之氏反。樂樂，下音洛。

南有樛木。葛藟荒之。樂只君子。福履將之。傳荒、奄。將、大也。箋云、此章申殷勤之意。將、猶扶助也。

南有樛木。葛藟縈之。樂只君子。福履成之。傳縈、旋也。成、就也。

樛木三章章四句

螽斯。后妃子孫衆多也。言若螽斯不妬忌。則子孫衆多也。箋忌、有所諱惡於人。○螽音終。惡、烏路反。

螽斯羽。詵詵兮。傳螽斯、蚣蝑也。詵詵、衆多也。箋云、凡物有陰陽情慾者。無不妬忌。維蚣蝑不耳。各得受氣而生子。故能詵詵然衆多。后妃之德能如是。則宜然。○詵、所巾反。蚣、粟容反。蝑、粟居反。宜爾子孫。振振兮。傳振振、仁厚也。箋云、后妃之德寬容不嫉妬。則宜女之子孫。使其無不仁厚。○振音眞。女音汝。

螽斯羽。薨薨兮。宜爾子孫。繩繩兮。傳薨薨、衆多也。繩繩、戒慎也。○薨、呼弘反。

螽斯羽。揖揖兮。宜爾子孫。蟄蟄兮。傳揖揖、會聚也。蟄蟄、和集也。○揖、子入、測立二反。蟄、尺十反。

螽斯三章章四句

桃夭。后妃之所致也。不妬忌。則男女以正。婚姻以時。國無鰥民也。箋老而無妻曰鰥。

桃之夭夭。灼灼其華。興也。桃有華之盛者。夭夭、其少壯也。灼灼、華之盛也。箋云、興者、喻時婦人皆得以年盛時行也。○少、詩照反。之子于歸。宜其室家。傳之子、嫁子也。于、往也。宜以有室家無踰時者。箋云、宜者、謂男女年時俱當。○當、丁浪反。

桃之夭夭。有蕡其實。傳蕡、實貌。非但有華色、又有婦德。○蕡、浮雲反。之子于歸。宜其家室。傳家室、猶室家也。

桃之夭夭。其葉蓁蓁。傳蓁蓁、至盛貌。有色有德、形體至盛也。之子于歸。宜其家人。傳一家之人、盡以爲宜。箋云、家人、猶室家也。

桃夭三章章四句

兔罝。后妃之化也。關雎之化行。則莫不好德。賢人衆多也。○罝、子斜反。好、呼報反。

肅肅兔罝。椓之丁丁。傳肅肅、敬也。兔罝、兔罟也。丁丁、椓杙聲也。箋云、罝兔之人、鄙賤之事、猶能恭敬、則是賢者衆多也。○椓、陟角反。丁、陟耕反。杙本又作弋、羊職反。赳赳武夫。公侯干城。傳赳赳、武貌。干、扞也。箋云、干也、城也、皆以禦難也。此罝兔之人、賢者也。有武力、可任爲將帥之德。諸侯可任以國守、扞城其民、折衝禦難於未然。○難、乃旦反、下同。將、子匠反。帥、色類反。

肅肅兔罝。施于中逵。傳逵、九達之道。○施如字。逵、求龜反。赳赳武夫。公侯好仇。箋云、怨耦曰仇。此兔罝之人、敵國有來侵伐者、可使和好之、亦言賢也。

肅肅兔罝。施于中林。傳中林、林中。赳赳武夫。公侯腹心。傳可以制斷、公侯之腹心。箋云、此兔罝之人、於行攻伐、可用爲策謀之臣、使之慮事、亦言賢也。○斷、丁亂反。

兔罝三章章四句

芣苢。后妃之美也。和平則婦人樂有子矣。箋天下和、政教平也。○芣音浮。苢音以。

采采芣苢。薄言采之。傳采采、非一辭也。芣苢、馬舄。馬舄、車前也。宜懷妊焉。薄、辭也。采、取也。箋云、薄言、我薄也。

采采芣苢。薄言有之。傳有、藏之也。

采采芣苢。薄言掇之。傳掇、拾也。○掇都奪反　采采芣苢。薄言捋之。傳捋、取也。○捋力活反

采采芣苢。薄言袺之。傳袺、執衽也。○袺音結、衽入錦反　采采芣苢。薄言襭之。傳扱衽曰襭。○襭戶結反、扱初治反

芣苢三章章四句

漢廣。德廣所及也。文王之道被于南國。美化行乎江漢之域。無思犯禮。求而不可得也。箋紂時淫風徧於天下、維江漢之域先受文王之教化、

南有喬木。不可休息。漢有游女。不可求思。傳興也、南方之木美、喬上竦也、思、辭也、漢上游女、無求思者、箋云、不可者、本有可道也、木以高其枝葉之故、故人不得就而止息也、興者、喻賢女雖出游流水之上、人無欲求犯禮者、亦由貞潔使之然、○流水本作漢水　漢之廣矣。不可泳思。江之永矣。不可方思。傳潛行爲泳、永、長、方、泭也、箋云、漢也江也、其欲渡之者、必有潛行乘泭之道、今以廣長之故、故不可也、又喻女之貞潔、犯禮而往、將不至也、○泭芳于反、或作柎、並同

翹翹錯薪。言刈其楚。傳翹翹、薪貌、錯、雜也、箋云、楚雜薪之中、尤翹翹者、我欲刈取之、以喻衆女皆貞潔、我又欲取其尤高潔者、之子于歸。言秣其馬。傳秣、養也、六尺以上曰馬、箋云、之子、是子也、謙不敢斥其適己、於是子之嫁、我願秣其馬、致禮餼、示有意焉、○秣莫葛反、上時掌反　漢之廣矣。不可泳思。江之永矣。不可方思。

翹翹錯薪。言刈其蔞。傳蔞、草中之翹翹然、○蔞力侯反　之子于歸。言秣其駒。傳五尺以上曰駒、　漢之廣矣。不可泳思。江之永矣。不可方思、

漢廣三章章八句

汝墳。道化行也。文王之化行乎汝墳之國。婦人能閔其君子。猶勉之以正也。箋言此婦人被文王之化、厚事其君子、

遵彼汝墳。伐其條枚。傳遵、循也、汝、水名也、墳、大防也、枝曰條、榦曰枚、箋云、伐薪於汝水之側、非婦人之事、以言己之君子賢者、而處勤勞之職、亦非其事、○枚妹迴反　未見君子。惄如調飢。傳惄、飢意也、調、朝也、箋云、惄、思也、未見君子之時、如朝飢之思食、○惄乃歷反、韓詩作溺、音同、調張留反、又作輖、音同

遵彼汝墳。伐其條肄。傳肄、餘也、斬而復生曰肄、○肄以自反　既見君子。不我遐棄。傳既、已、遐、遠也、箋云、已見君子、君子反也、于已反得見之、知其不遠棄我而死亡、於思則愈、故下章而勉之、

魴魚赬尾。王室如燬。傳赬、赤也、魚勞則尾赤、燬、火也、箋云、君子仕於亂世、其顏色瘦病、如魚勞則尾赤、所以然者、畏王室之酷烈、是時紂存、○魴符方反、赬敕貞反、燬音毀　雖則如燬。父母孔邇。傳孔、甚、邇、近也、箋云、辟此勤勞之處、或時得罪、父母甚近、當念之以免於害、不能爲疏遠者計也、○爲疏于僞反

汝墳三章章四句

麟之趾。關雎之應也。關雎之化行。則天下無犯非禮。雖衰世之公子。皆信厚如麟趾之時也。箋關雎之時、以麟爲應、後世雖衰、猶存關雎之化者、君之宗族猶尚振振然、有似麟應之時、無以過也、

麟之趾。振振公子。傳興也、趾、足也、麟信而應禮、以足至者也、振振、信厚也、箋云、興者、喻今公子亦信厚、與禮相應、有似於麟、○振音真、相應音鷹　于嗟麟兮。傳于嗟、歎辭、

麟之定。振振公姓。傳定、題也、公姓、公同姓、○定都佞反　于嗟麟兮。

麟之角。振振公族。〔傳〕麟角所以表其德也。公族，公同祖也。〔箋〕云麟角之末有肉，示有武而不用。于嗟麟兮。

麟之趾三章章三句

周南之國十一篇三十六章百五十九句

召南第二

鵲巢夫人之德也。國君積行累功以致爵位。夫人起家而居有之。德如鳲鳩乃可以配焉。〔箋〕起家而居有之，謂嫁於諸侯也。夫人有均壹之德，如鳲鳩然，而後可配國君。○鵲七略反。行下孟反

維鵲有巢。維鳩居之。〔傳〕興也。鳩，鳲鳩，秸鞠也。鳲鳩不自爲巢，居鵲之成巢。〔箋〕云鵲之作巢，冬至架之，至春乃成，猶國君積行累功，故以興焉。興者，鳲鳩因鵲成巢而居有之，而有均壹之德，猶國君夫人來嫁，居君子之室，德亦然。室，燕寢也。○秸古八反

之子于歸。百兩御之。〔傳〕百兩，百乘也。諸侯之子嫁於諸侯，送御皆百乘。〔箋〕云之子，是子也。御，迎也。是如鳲鳩之子，其往嫁也，家人送之，良人迎之，車皆百乘，象有百官之盛。○御五嫁反，本亦作訝，又作迓。乘繩證反

維鵲有巢。維鳩方之。〔傳〕方，有之也。之子于歸。百兩將之。〔傳〕將，送也。

維鵲有巢。維鳩盈之。〔傳〕盈，滿也。〔箋〕云滿者，言衆媵姪娣之多。○媵音孕 之子于歸。百兩成之。〔傳〕能成百兩之禮也。〔箋〕云是子有鳲鳩之德，宜配國君，故以百兩之禮送迎成之。

鵲巢三章章四句

采蘩。夫人不失職也。夫人可以奉祭祀，則不失職矣。〔箋〕奉祭祀者，采蘩之事也。不失職者，夙夜在公也。

于以采蘩。于沼于沚。〔傳〕蘩，皤蒿也。于，於。沼，池。沚，渚也。公侯夫人執蘩菜以助祭，神饗德與信，不求備焉。沼沚谿澗之草，猶可以薦王后，則荇菜也。〔箋〕云于以，猶言往以也。執蘩菜者，以豆薦蘩菹。○皤薄波反。蒿好羔反 于以用之。公侯之事。〔傳〕之事，祭事也。〔箋〕云言夫人於君祭祀而薦此豆也。

于以采蘩。于澗之中。〔傳〕山夾水曰澗。于以用之。公侯之宮。〔傳〕宮，廟也。

被之僮僮。夙夜在公。〔傳〕被，首飾也。僮僮，竦敬也。夙，早也。〔箋〕云公，事也。早夜在事，謂視濯溉饎爨之事。禮記主婦髲鬄。○溉古愛反。饎昌志反。爨七亂反。髲皮寄反。鬄徒帝反 被之祁祁。薄言還歸。〔傳〕祁祁，舒遲也。去事有儀也。〔箋〕云言，我也。祭事畢，夫人釋祭服而去髲鬄，其威儀祁祁然，而安舒無罷倦之失。我還歸者，自廟反其燕寢。○罷音皮

采蘩三章章四句

草蟲。大夫妻能以禮自防也。

喓喓草蟲。趯趯阜螽。〔傳〕興也。喓喓，聲也。草蟲，常羊也。趯趯，躍也。阜螽，蠜也。卿大夫之妻待禮而行，隨從君子。〔箋〕云草蟲鳴，阜螽躍而從之，異種同類，猶男女嘉時以禮相求呼。○喓於遙反。趯託歷反。阜音婦。螽音終。蠜音煩 未見君子。憂心忡忡。〔傳〕忡忡，猶衝衝也。婦人雖適人，有歸宗之義。〔箋〕云未見君子者，謂在塗時也。在塗而憂，憂不當君子，無以寧父母，故心衝衝然。是其不自絕於其族之情。○忡敕中反。當丁浪反，下同 亦既見止。亦既覯止。我心則降。〔傳〕止，辭也。覯，遇。降，下也。〔箋〕云既見，謂已同牢而食也。既覯，謂已昏也。始者憂於不當，今君子待已以禮，庶自此可以寧父母，故心下也。易曰男女覯精，萬物化生。○覯古豆反。降戶江反

陟彼南山。言采其蕨。〔傳〕南山，周南山也。蕨，鼈也。〔箋〕云言，我也。我采者在塗而見采鼈，采者得其所欲得，猶已今之行者欲得禮以自喻也。未見君子。憂心惙惙。〔傳〕惙惙，憂也。亦既見止。亦既覯止。我心則說。〔傳〕說，服也。

陟彼南山，言采其薇。傳薇，菜也。未見君子，我心傷悲。傳嫁女之家不息火三日，思相離也。箋云維父母思己，故己亦傷悲。○離力智反 亦既見止，亦既覯止，我心則夷。傳夷，平也。

草蟲三章章七句

采蘋，大夫妻能循法度也。能循法度則可以承先祖共祭祀矣。

箋女子十年不出，姆教婉娩聽從，執麻枲，治絲繭，織紝組紃，學女事以共衣服，觀於祭祀，納酒漿籩豆葅醢，禮相助奠。十有五而笄，二十而嫁。此言能循法度者，今既嫁為大夫妻，能循其為女之時所學所觀之事以為法度。○共音恭，姆莫豆反，婉音晚，枲絲似反，紝女金反，紃音旬，相息亮反，笄古兮反

于以采蘋，南澗之濱。于以采藻，于彼行潦。傳蘋，大蓱也。濱，厓也。藻，聚藻也。行潦，流潦也。箋云古者婦人先嫁三月，祖廟未毀，教于公宮，祖廟既毀，教于宗室。教以婦德、婦言、婦容、婦功。教成之祭，牲用魚，芼用蘋藻，所以

成婦順也。此祭女所出祖也。法度莫大於四教，是又祭以成之，故舉以言焉。蘋之言賓也，藻之言澡也。婦人之行尚柔順，自潔清，故取名以為戒。○草本又作萍，蓱薄經反，先蘇遍反，芼莫起反，行下孟反

于以盛之，維筐及筥。于以湘之，維錡及釜。傳方曰筐，圓曰筥。湘，亨也。錡，釜屬，有足曰錡，無足曰釜。箋云亨蘋藻者，於魚湆之中，是鉶羹之芼。○盛音成，錡其綺反，亨本又作烹，湆去急反，鉶音形

于以奠之，宗室牖下。傳奠，置也。宗室，大宗之廟也。大夫士祭於宗廟，奠於牖下。箋云牖下，戶牖間之前。祭不於室中者，凡昏事，於女禮設几筵於戶外，此其義也與？宗子主此祭，維君使有司為之。誰其尸之，有齊季女。傳尸，主。齊，敬。季，少也。蘋藻，薄物也。澗潦，至質也。筐筥錡釜，陋器也。少女，微主也。古之將嫁女者，必先禮之於宗室，牲用魚，芼之以蘋藻。箋云主設羹者季女，則非禮也。女將行，父禮之而俟迎者，蓋母薦之，無祭事也。祭事，主婦設羹，教成之祭，更使季女者，成其婦禮也。季女不主魚，魚俎實，男子設之，其粢盛，蓋以黍稷。○齊本亦作齋，同，側皆反。少，詩照反，下同。迎，宜徵反。齍音資

采蘋三章章四句

甘棠，美召伯也。召伯之教明於南國。箋召伯，姬姓，名奭，食采於召，作上公，為二伯，後封于燕。此美其為伯之功，故言伯云。○召時照反，奭音釋，燕烏賢反

蔽芾甘棠，勿翦勿伐，召伯所茇。傳蔽芾，小貌。甘棠，杜也。翦，去；伐，擊也。箋云茇，草舍也。召伯聽男女之訟，不重煩勞百姓，止舍小棠之下而聽斷焉。國人被其德，說其化，思其人，敬其樹。○蔽必袂反，芾非貴反，茇蒲曷反，去羌呂反，斷丁亂反，說音悅

蔽芾甘棠，勿翦勿敗，召伯所憩。傳憩，息也。○憩起例反

蔽芾甘棠，勿翦勿拜，召伯所說。傳說，舍也。箋云拜之言拔也。○說始銳反

甘棠三章章三句

行露，召伯聽訟也。衰亂之俗微，貞信之教興，彊暴之男不能侵

陵貞女也。箋衰亂之俗微，貞信之教興者，此殷之末世，周之盛德，當文王與紂之時。

厭浥行露，豈不夙夜，謂行多露。傳興也。厭浥，濕意也。行，道也。豈不，言有是也。箋云夙，早也。厭浥然濕，道中始有露，謂二月中嫁取時也。言我豈不知當早夜成昏禮與？謂道中之露大多，故不行耳。今彊暴之男，以此多露之時，禮不足而彊來，不度時之可否，故云然。周禮：仲春之月，令會男女之無夫家者。行事必以昏昕。○厭於葉反，浥於及反，大音泰，彊其丈反，下强委同，度待洛反，昕許巾反

誰謂雀無角，何以穿我屋。誰謂女無家，何以速我獄。傳不思物變而推其類，雀之穿屋似有角者。速，召；獄，埆也。箋云女，女彊暴之男。變異也。人皆謂雀之穿屋似有角，彊暴之男召我而獄，似有室家之道於我也。物有似而不同，雀之穿屋不以角，乃以咮；今彊暴之男召我而獄，不以室家之道於我，乃以侵陵。物與事有似而非者，士

師所當審也。○女音汝，下皆同。㳅音角，咮本亦作噣，郭張救反。**雖速我獄，室家不足。**傳：昏禮純帛不過五兩。箋云：幣可備也。室家不足，謂媒妁之言不和，六禮之來彊委之。○純側基反，妁時酌反，又音酌。

誰謂鼠無牙，何以穿我墉。誰謂女無家，何以速我訟。傳：墉，牆也。視牆之穿，推其類，可謂鼠有牙。○墉音容。**雖速我訟，亦不女從。**傳：不從，終不棄禮而隨此彊暴之男。

行露三章，一章三句，二章章六句。

羔羊，鵲巢之功致也。召南之國化文王之政，在位皆節儉正直，德如羔羊也。箋：鵲巢之君積行累功，以致此羔羊之化，在位卿大夫競相切化，皆如此羔羊之人。

羔羊之皮，素絲五紽。傳：小曰羔，大曰羊。素，白也。紽，數也。古者素絲以英裘，不失其制。大夫羔裘以居。○它徒何反，數所具反，後不音者同。**退食自公，委蛇委蛇。**傳：公，公門也。委蛇，行可從迹也。箋云：退食，謂減膳也。自，從也。從於公，謂正直順於事也。委蛇，委曲自得之貌。節儉而順，心志定，故可自得也。○委於危反，蛇本又作虵，同音移，行下孟反，從迹足容反，字亦作蹤，迹又作跡。

羔羊之革，素絲五緎。傳：革，猶皮也。緎，縫也。○緎音域，又于域反。**委蛇委蛇，自公退食。**箋云：自公退食，猶退食自公。

羔羊之縫，素絲五總。傳：縫，言縫殺之大小得其制。總，數也。○總子公反，殺所界反。**委蛇委蛇，退食自公。**

羔羊三章，章四句。

殷其靁，勸以義也。召南之大夫遠行從政，不遑寧處，其室家能閔其勤勞，勸以義也。箋：召南大夫，召伯之屬。遠行，謂使出邦畿。○殷音隱，下同。靁亦作雷。使所吏反。

殷其靁，在南山之陽。傳：殷，靁聲也。山南曰陽。靁出地奮，震驚百里。山出雲雨以潤天下。箋云：靁以喻號令。於南山之陽，又喻其在外也。召南大夫以王命施號令於四方，猶靁殷殷然發聲於山之陽。**何斯違斯，莫敢或遑。**傳：何此君子也。斯，此。違，去。遑，暇也。箋云：何乎此君子，適居此，復去此，轉行遠，從事於王所命之方，無敢或閒暇時，閔其勤勞。**振振君子，歸哉歸哉。**傳：振振，信厚也。箋云：大夫信厚之君子，為君使，功未成，歸哉歸哉，勸以為臣之義，未得歸也。○振音真。為君于偽反，使所吏反。

殷其靁，在南山之側。傳：亦在其陰與左右也。**何斯違斯，莫敢遑息。**傳：息，止也。**振振君子，歸哉歸哉。**

殷其靁，在南山之下。傳：或在其下。箋云：下，謂山足。**何斯違斯，莫或遑處。**傳：處，居也。○處尺煑反。**振振君子，歸哉歸哉。**

殷其靁三章，章六句。

摽有梅，男女及時也。召南之國被文王之化，男女得以及時也。○摽，婢小反。

摽有梅，其實七兮。傳：興也。摽，落也。盛極則隋落者梅也。尚在樹者七。箋云：興者，梅實尚餘七未落，喻始衰也。謂女二十，春盛而不嫁，至夏則衰。○隋，追果反。**求我庶士，迨其吉兮。**傳：吉，善也。箋云：我，我當嫁者。庶，衆。迨，及也。求女之當嫁者之衆士，宜及其善時。善時，謂年二十，雖夏未大衰。

摽有梅，其實三兮。傳：在者三也。箋云：此夏鄉晚，梅之隋落差多，在者餘三耳。○鄉許亮反，差初賣反。**求我庶士，迨其今兮。**傳：今，急辭也。

摽有梅，頃筐塈之。傳：塈，取也。箋云：頃筐取之，謂夏已晚，頃筐取之於地。○頃音傾，塈許器反。**求我庶士，**

迨其謂之。【傳】不待備禮也、三十之男、二十之女、禮未備則不待禮會而行之者、所以蕃育人民也。【箋】云、謂勤也、女年二十而無嫁端、則有勤望之憂、不待禮會而行之者、謂明年仲春、不待以禮會之也、時禮雖不備、相奔不禁。○禁居鴆反

摽有梅三章章四句

小星、惠及下也。夫人無妬忌之行、惠及賤妾、進御於君、知其命有貴賤、能盡其心矣。【箋】以色曰妬、以行曰忌、命謂禮命貴賤。○行下孟反、註同

嘒彼小星、三五在東。【傳】嘒、微貌、小星、衆無名者、三心五噣、四時更見。【箋】云、衆無名之星、隨心噣在天、猶諸妾隨夫人以次序進御於君也、心在東方、三月時也、噣在東方、正月時也、如是終歲列宿更見。○嘒呼惠反、噣張救反、見賢遍反、下同、宿音秀

肅肅宵征、夙夜在公、寔命不同。【傳】肅肅、疾貌、宵、夜、征、行、寔、是也、命不得同於列位也。【箋】云、夙、早也、謂諸妾肅肅然夜行、或早或夜在於君所、以次序進御者、是其禮命之數不同也、凡妾御於君不當夕、

嘒彼小星、維參與昴。【傳】參、伐也、昴、留也。【箋】云、此言衆無名之星、亦隨伐留在天。○參所林反、昴音卯、一名留、二星皆西方宿

肅肅宵征、抱衾與裯、寔命不猶。【傳】衾、被也、裯、襌被也、猶、若也。【箋】云、裯、牀帳也、諸妾夜行、抱衾與牀帳、待進御之次序、不若亦言尊卑異也。○裯直留反

小星二章章五句

江有汜、美媵也。勤而無怨、嫡能悔過也。文王之時、江沱之閒、有嫡不以其媵備數、媵遇勞而無怨、嫡亦自悔也。【箋】勤者、以己宜媵而不得、心望之。○汜音祀、江水名、媵音孕、沱徒何反

江有汜、【傳】興也、決復入為汜。【箋】云、興者、喻江水大、汜水小、然得並流、似嫡媵宜俱行。之子歸、不我以。不我以、其後也悔。【傳】嫡能自悔也。【箋】云、之子、是子也、是子謂嫡也、婦人謂嫁曰歸、以、猶與也、

江有渚。【傳】渚、小洲也、水岐成渚。【箋】云、江水流而渚留、是嫡與己異心、使己獨留不行。之子歸、不我與。不我與、其後也處。【傳】處、止也。【箋】云、嫡悔過自止、

江有沱。【傳】沱、江之別者。【箋】云、岷山道江、東別為沱。○岷武巾反。之子歸、不我過。不我過、其嘯也歌。【箋】云、嘯、蹙口而出聲、嫡有所思而為之、既覺自悔而歌、歌者、言其悔過以自解說也。○過音戈

江有汜三章章五句

野有死麕、惡無禮也。天下大亂、彊暴相陵、遂成淫風、被文王之化、雖當亂世、猶惡無禮也。【箋】無禮者、為不由媒妁、鴈幣不至、劫脅以成昏、謂紂之世。○麕本亦作麏、俱倫反、惡烏路反、下同

野有死麕、白茅包之。【傳】郊外曰野、包、裹也、凶荒則殺禮、猶有以將之、野有死麕、羣田之獲而分其肉、白茅、取潔清也。【箋】云、亂世之民貧、而彊暴之男多行無禮、故貞女之情欲令人以白茅裹束野中田者所分麕肉為禮而來。○裹音果、殺所戒反、令力呈反

有女懷春、吉士誘之。【傳】懷、思也、春不暇待秋也、誘、道也。【箋】云、有貞女思仲春以禮與男會、吉士使媒人道成之、疾時無禮而言然、

林有樸樕、野有死鹿、白茅純束。【傳】樸樕、小木也、野有死鹿、廣物也、純束、猶包之也。【箋】云、樸樕之中、及野有死鹿、皆可以白茅包裹束以為禮、廣可用之物、非獨麕也、純讀如屯。○樸蒲木反、樕音速、純徒本反、屯徒尊反。有女如玉。【傳】德如玉也。【箋】云、如玉者、取其堅而潔白、

舒而脫脫兮。【傳】舒、徐也、脫脫、舒遲也。【箋】云、貞女欲吉士以禮來、脫脫然舒也、又疾時無禮、彊暴之男相劫脅。○脫勑外反。無感我帨兮。【傳】感、動也、帨、佩巾也。【箋】云、奔走失節、動其佩巾。○帨始銳反。無使尨也吠。【傳】尨、狗也、非禮相陵則狗吠、○尨美邦反、吠符廢反

野有死麕三章二章章四句一章三句

何彼襛矣美王姬也雖則王姬亦下嫁於諸侯車服不繫其夫下王后一等猶執婦道以成肅雝之德也。箋下王后一等謂車乘厭翟勒面繢總服則褕翟○襛如容反車音居他皆放此厭於葉反褕音遥

何彼襛矣唐棣之華。傳興也襛猶戎戎也唐棣移也箋云何乎彼戎戎者乃移之華興者喻王姬顏色之美盛○移音移曷不肅雝王姬之車。傳肅敬雝和箋云曷何之往也何不敬和乎王姬往乘車也言其嫁時始乘車則已敬和○車協韻尺奢反又音居

何彼襛矣華如桃李平王之孫齊侯之子。傳平正也武王女文王孫適齊侯之子箋云華如桃李者興王姬與齊侯之子顏色俱盛正王者德能正天下之王

其釣維何維絲伊緡齊侯之子平王之孫。傳伊維緡綸也箋云釣者以此有求於彼何以爲之乎以絲之爲綸則是善釣也以言王姬與齊侯之子以善道相求○緡亡貧反

何彼襛矣三章章四句

騶虞鵲巢之應也鵲巢之化行人倫既正朝廷既治天下純被文王之化則庶類蕃殖蒐田以時仁如騶虞則王道成也。箋應者應德自遠而至○騶側留反

彼茁者葭。傳茁出也葭蘆也箋云記蘆始出者著春田之早晚○茁側劣側二反葭音加著張慮反後不音者倣此壹發五豝。傳豕牝曰豝虞人翼五豝以待公之發箋云君射一發而翼五豝者戰禽獸之命必戰之者仁心之至○豝百加反射食亦反于嗟乎騶虞。傳騶虞義獸也白虎黑文不食生物有至信之德則應之箋云于嗟者美之也

彼茁者蓬。傳蓬草名也壹發五豵。傳一歲曰豵箋云豕生三曰豵○豵子公反于嗟乎騶虞

騶虞二章章三句

召南之國十四篇四十章百七十七句

詩經卷一終

詩經卷二

周　卜子夏序

漢　毛公傳　鄭氏箋

國風

邶第三

柏舟。言仁而不遇也。衛頃公之時。仁人不遇。小人在側。箋不遇者君不受巳之志也君近小人則賢者見侵害

汎彼柏舟。亦汎其流。傳興也汎汎流貌柏木所以宜為舟也亦汎汎其流不以濟渡也箋云舟載渡物者今不用而與衆物汎汎然俱流水中興者喻仁人之不見用而與羣小人並列亦猶是也○汎敷劒反耿耿不寐。如有隱憂。傳耿耿猶儆儆也隱痛也箋云仁人既不遇憂在見侵害微我無酒。以敖以遊。傳非我無酒可以敖遊忘憂也○敖本亦作遨五羔反

我心匪鑒。不可以茹。傳鑒所以察形也茹度也箋云鑒之察形但知方圓白黑不能度其眞偽我心非如是鑒我於衆人之善惡外內心度知之○茹如預反度待洛反亦有兄弟。不可以據。傳據依也箋云兄弟至親當相據依言亦有不相據依以為是者希耳責之以兄弟之道謂同姓臣也薄言往愬。逢彼之怒。傳彼彼兄弟○愬蘇路反

我心匪石。不可轉也。我心匪席。不可卷也。傳石雖堅尚可轉席雖平尚可卷箋云言巳心志堅平過於石席威儀棣棣。不可選也。傳君子望之儼然可畏禮容俯仰各有威儀耳棣棣富而閑習也物有其容不可數也箋云稱巳威儀如此者言巳德備而不遇所以慍也

憂心悄悄。慍于羣小。傳慍怒也悄悄憂貌箋云羣小衆小人在君側者覯閔既多。受侮不少。傳閔病也○覯古豆反靜言思之。寤辟有摽。傳靜安也辟拊心也摽拊心貌箋云言我也○辟避亦反摽符小反拊音撫

日居月諸。胡迭而微。箋云日君象也月臣象也微謂虧傷也君道當常明如日而月有虧盈今君失道而任小人大臣專恣則日如月然心之憂矣。如匪澣衣。傳如衣之不澣矣箋云衣之不澣則憒辱無照察○澣戶管反靜言思之。不能奮飛。傳不能如鳥奮翼而飛箋云臣不遇於君猶不忍去厚之至也

柏舟五章章六句

綠衣。衛莊姜傷巳也。妾上僭。夫人失位。而作是詩也。箋綠當為褖故作褖轉作綠字之誤也莊姜莊公夫人齊女姓姜氏妾上僭者謂公子州吁之母母嬖而州吁驕○褖吐亂反上時掌反

綠兮衣兮。綠衣黃裏。傳興也綠間色黃正色箋云褖兮衣兮者言褖衣自有禮制也諸侯夫人祭服之下鞠衣為上展衣次之褖衣次之次之者衆妾亦以貴賤之等服之鞠衣黃展衣白褖衣黑皆以素紗為裏今褖衣反以黃為裏非其禮制也故以喻妾上僭心之憂矣。曷維其已。傳憂雖欲自止何時能止也

綠兮衣兮。綠衣黃裳。傳上曰衣下曰裳箋云婦人之服不殊衣裳上下同色今衣黑而裳黃喻亂嫡妾之禮心之憂矣。曷維其亡。箋云亡之言忘也

綠兮絲兮。女所治兮。傳綠末也絲本也箋云女女妾上僭者先染絲後製衣皆女之所治為也而女反亂之亦喻亂嫡妾之禮責以本末之行禮大夫以上衣織故本於絲也○女音汝行下孟反下同以上時掌反衣織於旣反下音志我思古人。俾無訧兮。傳俾使訧過也箋云古人謂制禮者我思此人定尊卑使人無過差之行心善之也○俾畀爾反訧音尤差初賣反

絺兮綌兮。淒其以風。【傳】淒，寒風也。【箋】云，絺綌所以當暑，今以待寒，喻其失所也。我思古人。實獲我心。【傳】古之君子，實得我之心也。【箋】云，古之聖人制禮者，使夫婦有道，妻妾貴賤，各有次序。

綠衣四章章四句

燕燕。衛莊姜送歸妾也。【箋】莊姜無子，陳女戴嬀生子名完，莊姜以爲己子。莊公薨，完立，而州吁殺之，戴嬀於是大歸，莊姜遠送之于野，作詩見己志。○燕於見反。嬀居危反。殺如字，又申志反。見賢遍反

燕燕于飛。差池其羽。【傳】燕燕，鳦也。燕之于飛，必差池其羽。【箋】云，差池其羽，謂張舒其尾翼，興戴嬀將歸，顧視其衣服。○差楚佳反。鳦音乙。之子于歸。遠送于野。【傳】之子，去者也。歸，歸宗也。遠送過禮。于，於也。郊外曰野。【箋】云，婦人之禮，送迎不出門，今我送是子，乃至于野者，舒己憤，盡己情。○野韻羊汝反。瞻望弗及。涕泣如雨。【傳】瞻，視也。

燕燕于飛。頡之頏之。【傳】飛而上曰頡，飛而下曰頏。【箋】云，頡頏，興戴嬀將歸，出入前卻。○頡戶結反。頏戶郎反。上時掌反。之子于歸。遠于將之。【傳】將，行也。【箋】云，將亦送也。瞻望弗及。佇立以泣。【傳】佇立，久立也。

燕燕于飛。下上其音。【傳】飛而上曰上音，飛而下曰下音。【箋】云，下上其音，興戴嬀將歸，言語感激，聲有大小。之子于歸。遠送于南。【傳】陳在衛南。瞻望弗及。實勞我心。

仲氏任只。其心塞淵。【傳】仲，戴嬀字也。任，大。塞，瘞。淵，深也。【箋】云，任者以恩相親信也。周禮六行，孝友睦婣任恤。○瘞於例反。行下孟反。終溫且惠。淑慎其身。【傳】惠，順也。【箋】云，溫謂顏色和也。淑，善也。先君之思。以勗寡人。【傳】勗，勉也。【箋】云，戴嬀思先君莊公之故，故將歸猶勸勉寡人以禮義。寡人，莊姜自謂也。○勗凶玉反

燕燕四章章六句

日月。衛莊姜傷己也。遭州吁之難。傷己不見答於先君。以至困窮之詩也。○難乃旦反

日居月諸。照臨下土。【傳】日乎月乎，照臨之也。【箋】云，日月喻國君與夫人也，當同德齊意以治國者，常道也。乃如之人兮。逝不古處。【傳】逝，逮。古，故也。【箋】云，之人，是人也，謂莊公也。其所以接及我者，不以故處，甚違其初時。○處昌慮反，又昌呂反。胡能有定。寧不我顧。【傳】胡，何。定，止也。【箋】云，寧猶曾也。君之行如是，何能有所定乎，曾不顧念我之言，是其所以不能定完也。

日居月諸。下土是冒。【傳】冒，覆也。【箋】云，覆猶照臨也。乃如之人兮。逝不相好。【傳】不及我以相好。【箋】云，其所以接及我者，不以相好之恩情，甚於己薄也。○好呼報反。胡能有定。寧不我報。【傳】盡婦道而不得報。

日居月諸。出自東方。【傳】日始月盛，皆出東方。【箋】云，自，從也。言夫人當盛之時，與君同位。乃如之人兮。德音無良。【傳】音，聲。良，善也。【箋】云，無善恩意之聲語於我也。胡能有定。俾也可忘。【箋】云，俾，使也。君之行如此，何能有所定，使是無良可忘也。

日居月諸。東方自出。父兮母兮。畜我不卒。【箋】云，畜，養。卒，終也。父兮母兮者，言己尊之如父，又親之如母，乃反養遇我不終也。胡能有定。報我不述。【傳】述，循也。【箋】云，不述，不循禮也。

日月四章章六句

終風。衛莊姜傷己也。遭州吁之暴。見侮慢不能正也。【箋】正猶止也。

終風且暴。顧我則笑。【傳】興也。終日風爲終風。暴，疾也。笑，侮之也。【箋】云，既竟日風矣，而又暴疾，興者，喻州吁之爲不善，如終風之無休止，而其間又有甚惡，其在莊姜之旁，視莊姜則反笑之，是無敬心之甚。謔浪笑敖。【傳】言戲謔

不敬中心是悼。【箋】云，悼者，傷其如是，然而已不能得而止之。

終風且霾。【傳】霾，雨土也。○霾，亡皆反。雨，于傅反。惠然肯來。【傳】言時有順心也。【箋】云，肯，可也。有順心然後可以來至我旁，不欲見其戲謔。○來，古協思韻，多音黎。他皆放此。莫往莫來，悠悠我思。【傳】人無子道以來事已，已亦不得以母道往加之。【箋】云，我思其如是，心悠悠然。

終風且曀，不日有曀。【傳】陰而風曰曀。【箋】云，有，又也。旣竟日風，且復曀不見日矣，而又曀者，喻州吁闇亂甚也。○曀，於計反。寤言不寐，願言則嚏。【傳】嚏，跲也。【箋】云，言我願思也。嚏，讀當爲不敢嚏咳之嚏。我其憂悼而不能寐，汝思我心如是，我則嚏也。今俗人嚏，云人道我，此古之遺語也。○嚏，竹利反。跲，渠業反。

曀曀其陰，【傳】如常陰曀曀然。虺虺其靁。【傳】暴若震靁之聲虺虺然。寤言不寐，願言則懷。【傳】懷，傷也。【箋】云，懷，安也。女思我心如是，我則安也。○女音汝，下同。後可以意求之。

終風四章，章四句

擊鼓，怨州吁也。衛州吁用兵暴亂，使公孫文仲將而平陳與宋，國人怨其勇而無禮也。【箋】將者，將兵以伐鄭也。平，成也。將伐鄭，先告陳與宋，以成其伐事。春秋傳曰，宋殤公之卽位也，公子馮出奔鄭，鄭人欲納之。及衛州吁立，將修先君之怨於鄭，而求寵於諸侯，以和其民，使告於宋曰，君若伐鄭，以除君害，君爲主，敝邑以賦與陳蔡從，則衛國之願也。宋人許之。於是陳蔡方睦於衛，故宋公陳侯蔡人衛人伐鄭，是也。伐鄭在魯隱四年。○將，子亮反。

擊鼓其鏜，踊躍用兵。【傳】鏜然，擊鼓聲也。使衆皆踊躍用兵也。【箋】云，此用兵，謂治兵時。○鏜，吐當反。土國城漕，我獨南行。【傳】漕，衛邑也。【箋】云，此言衆民皆勞苦也。或役土功於國，或脩理漕城，而我獨見使從軍南行伐鄭，是尤勞苦之甚。

從孫子仲，平陳與宋。【傳】孫子仲謂公孫文仲也。平陳於宋。【箋】云，子仲，字也。平陳於宋，謂使告宋曰，君爲主，敝邑以賦與陳蔡從。不我以歸，憂心有忡。【傳】憂心忡忡然。【箋】云，以，猶與也。與我南行，不與我歸期。兵凶事，懼不得歸，豫憂之。

爰居爰處，爰喪其馬。【傳】有不還者，有亡其馬者。【箋】云，爰，於也。不還，謂死也，傷也，病也。今於何居乎，於何處乎，於何喪其馬乎。于以求之，于林之下。【傳】山木曰林。【箋】云，于，於也。求不還者及亡其馬者，當於山林之下。軍行必依山林，求其故處，近得之。

死生契闊，與子成說。【傳】契闊，勤苦也。說，數也。【箋】云，從軍之士，與其伍約，死也，生也，相與處勤苦之中，我與子成相說愛之恩，志在相存救也。○契，本亦作挈，同，苦結反。說音悅，數，色主反。執子之手，與子偕老。【傳】偕，俱也。【箋】云，執其手，與之約誓，示信也。言俱老者，庶幾俱免於難。○難，乃旦反。

于嗟闊兮，不我活兮。【傳】不與我生活也。【箋】云，州吁阻兵安忍，阻兵無衆，安忍無親，衆叛親離，軍士棄其約，離散相遠，故吁嗟歎之。闊兮，女不與我相救活，傷之。于嗟洵兮，不我信兮。【傳】洵，遠。信，極也。【箋】云，歎其棄約，不與我相親信，亦傷之。○洵，呼縣反。信，毛音申。

擊鼓五章，章四句

凱風，美孝子也。衛之淫風流行，雖有七子之母，猶不能安其室，故美七子能盡其孝道，以慰其母心，而成其志爾。【傳】不安其室，欲去嫁也。成其志者，成言孝子自責之意。

凱風自南，吹彼棘心。【傳】興也。南風謂之凱風。樂夏之長養。棘，難長養者。【箋】云，興者，以凱風喻寬仁之母，棘猶七子也。○樂音洛。長，丁丈反，下同。棘心夭夭，母氏劬勞。【傳】夭夭，盛貌。劬勞，病苦也。【箋】云，夭夭以喻七子少長

母養之病苦也。○夭於驕反。劬其俱反。少詩照反

凱風自南，吹彼棘薪。【傳】棘薪，其成就者。母氏聖善，我無令人。【傳】聖，叡也。【箋】云：叡作聖，令，善也。母乃有叡知之善德，我七子無善人能報之者，故母不安我室，欲去嫁也。○知音智

爰有寒泉，在浚之下。【傳】浚，衛邑也。在浚之下，言有益於浚。【箋】云：爰，曰也。曰有寒泉者，在浚之下，浸潤之，使浚之民逸樂，以興七子不能如也。○浚音峻。樂音洛 有子七人，母氏勞苦。

睍睆黃鳥，載好其音。【傳】睍睆，好貌。【箋】云：睍睆以興顏色說也。好其音者，興其辭令順也。以言七子不能如也。○睍胡顯反。睆華板反。說音悅。下篇註同 有子七人，莫慰母心。【傳】慰，安也。

凱風四章，章四句

雄雉，刺衛宣公也。淫亂不恤國事，軍旅數起，大夫久役，男女怨曠，國人患之而作是詩。【箋】淫亂者，荒放於妻妾，烝於夷姜之等。國人久處軍役之事，故男多曠，女多怨也。男曠而苦其事，女怨而望其君子。○數色角反

雄雉于飛，泄泄其羽。【傳】興也。雄雉見雌雉，飛而鼓其翼泄泄然。【箋】云：興者，喻宣公整其衣服而起，奮訊其形貌，志在婦人而已，不恤國之政事。○泄移世反 我之懷矣，自詒伊阻。【傳】詒，遺。伊，維。阻，難也。【箋】云：懷，安也。伊當作繄，繄猶是也。君之行如是，我安其朝而不去，今從軍旅，久役不得歸，此自遺以是患難。○貽本亦作詒，遺維季反。難乃旦反。下同。繄烏兮反。行下孟反。下君之行同。朝直遥反

雄雉于飛，下上其音。【箋】云：下上其音，興宣公小大其聲，怡悅婦人。○上時掌反 展矣君子，實勞我心。【傳】展，誠也。【箋】云：誠矣君子，愬於君子也。君之行如是，實使我心勞矣。君若不然，則我無軍役之事。

瞻彼日月，悠悠我思。【傳】瞻，視也。【箋】云：日月之行，迭往迭來。今君子獨久行役而不來，使我心悠悠然思之。女怨之辭。

道之云遠，曷云能來。【箋】云：曷，何也。何時能來，望之也。

百爾君子，不知德行。【箋】云：爾，女也。女眾君子，我不知人之德行何如者，可謂為德行，事君或有所留，女怨故問此焉。○行下孟反。下注皆同 不忮不求，何用不臧。【傳】忮，害。臧，善也。【箋】云：我君子之行，不疾害，不求備於一人，其行何用為不善，而君獨遠使之在外，不得來歸，亦女怨之辭。○忮之豉反

雄雉四章，章四句

匏有苦葉，刺衛宣公也。公與夫人並為淫亂。【箋】夫人，謂夷姜。

匏有苦葉，濟有深涉。【傳】興也。匏謂之瓠，瓠葉苦不可食也。濟，渡也。由膝以上為涉。【箋】云：瓠葉苦而渡處深，謂八月之時，陰陽交會，始可以為昏禮納采問名。深則厲，淺則揭。【傳】以衣涉水為厲，謂由帶以上也。揭，褰衣也。遭時制宜，如遇水深則厲，淺則揭矣。男女之際，安可以無禮義？將無以自濟也。【箋】云：既以深淺記時，因以水深淺喻男女之才性，賢與不肖及長幼也。各順其人之宜，為之求妃耦。○揭苦例反。長張丈反。為之于偽反。求妃音配，本亦作配

有瀰濟盈，有鷕雉鳴。【傳】瀰，深水也。盈，滿也。深水，人之所難也。鷕，雌雉聲也。衛夫人有淫泆之志，授人以色，假人以辭，不顧禮義之難，至使宣公有淫昏之行。【箋】云：有瀰濟盈，謂過於厲，喻犯禮深也。○瀰彌爾反。鷕以小反。沈雉皎反。難乃旦反。行下孟反

濟盈不濡軌，雉鳴求其牡。【傳】濡，漬也。由輈以上為軌。違禮義不由其道，猶雉鳴而求其牡矣。飛曰雌雄，走曰牝牡。【箋】云：渡深水者必濡其軌，言不濡者，喻夫人犯禮而不自知。雉鳴反求其牡，喻夫人所求非所求。○牡茂后反。輈竹留反

雝雝鳴鴈，旭日始旦。【傳】雝雝，鴈聲和也。納采用鴈。旭日始出，謂大昕之時。【箋】云：鴈者隨陽而處，似婦人從夫，故昏禮用焉。自納采至請期用昕，親迎用昏。○昕許巾反。迎魚敬反 士如歸妻，迨冰未泮。【傳】迨，及。泮，散也。【箋】云：歸妻，使之來歸於己，謂請期也。冰未散，正月中以前也，二月可以昏矣。○迨音殆。泮普半反

招招舟子，人涉卬否。傳招招，號召之貌。舟子，舟人，主濟渡者。卬，我也。箋云：舟人之子，號召當渡者，猶媒人之會男女無夫家者，使之為妃匹。人皆從之而渡，我獨否。人涉卬否。○招照遥反。卬五郎反，本或作仰，音同。號戶羔反

卬須我友。傳人皆涉，我友未至，我獨待之而不涉，以言室家之道，非得所適，貞女不行；非得禮義，昏姻不成。

匏有苦葉四章，章四句

谷風，刺夫婦失道也。衛人化其上，淫於新昏而棄其舊室，夫婦離絕，國俗傷敗焉。箋新昏者，新所與為昏禮。

習習谷風，以陰以雨。傳興也。習習，和舒貌。東風謂之谷風。陰陽和而谷風至，夫婦和則室家成，室家成而繼嗣生。黽勉同心，不宜有怒。傳言黽勉者，思與君子同心也。箋云：所以黽勉者，以為見譴怒者，非夫婦之宜。○譴遣戰反

采葑采菲，無以下體。傳葑，須也。菲，芴也。下體，根莖也。箋云：此二菜者，蔓菁與葍之類也，皆上下可食，然而其根有美時，有惡時，采之者不可以根惡時并棄其葉，喻夫婦以禮義合，顏色相親，亦不可以顏色衰棄其相與之禮。○葑孚容反。芴音勿。菁音精。葍音福，本又作蕾，音富。

德音莫違，及爾同死。箋云：莫，無。及，與也。夫婦之言無相違者，則可與女長相與處至死。顏色斯須之有。

行道遲遲，中心有違。傳遲遲，舒行貌。違，離也。箋云：徘徊也。行於道路之人，至將離別，尚舒行，其心徘徊然。喻君子於己不能如也。

不遠伊邇，薄送我畿。傳畿，門內也。箋云：邇，近也。言君子與己訣別，不能遠，維近耳，送我裁於門內，無恩之甚。○畿音祈。

誰謂荼苦，其甘如薺。傳荼，苦菜也。箋云：荼誠苦矣，而君子於己之苦毒又甚於荼，比方之，荼則甘如薺。○荼音徒。薺音齊禮反。

宴爾新昏，如兄如弟。傳宴，安也。

涇以渭濁，湜湜其沚。傳涇渭相入而清濁異。箋云：小渚曰沚。涇水以有渭，故見渭濁。湜湜，持正貌。喻君子得新昏，故謂己惡也。己之持正守初，如沚然不動搖。此絕去所經見，因取以自喻焉。○湜音殖。沚音止。

宴爾新昏，不我屑以。傳屑，潔也。箋云：以，用也。言君子不復潔用我當室家。毋逝我梁，毋發我笱。傳逝，之也。梁，魚梁。笱，所以捕魚也。箋云：毋者，諭禁新昏也。女毋之我家，取我為室家之道。○笱古口反。

我躬不閱，遑恤我後。傳閱，容也。箋云：躬，身。遑，暇。恤，憂也。我身尚不能自容，何暇憂我後所生子孫也。

就其深矣，方之舟之。就其淺矣，泳之游之。傳舟，船也。箋云：方，泭也。潛行為泳。言深淺者，喻君子之家事無難易，吾皆為之。○泳音詠。泭音孚。易夷豉反，下同。

何有何亡，黽勉求之。傳有，謂富也。亡，謂貧也。箋云：君子何所有乎？何所亡乎？吾其黽勉勤力為求之，有求多，亡求有。○為于偽反。

凡民有喪，匍匐救之。箋云：匍匐，言盡力也。凡於民有凶禍之事，鄰里尚盡力往救之，況我於君子家之事難易乎，固當黽勉。以疏喻親也。○匍音蒲。匐蒲北反。

不我能慉，反以我為讎。傳慉，養也。箋云：慉，驕也。君子不能以恩驕樂我，反憎惡我。○慉許六反。樂音洛。惡烏路反，下皆同。

既阻我德，賈用不售。傳阻，難也。箋云：既難卻我，隱蔽我之善，我修婦道而事之，覬其察己，猶見疏外，如賣物之不售。○賈音古。售市救反。難乃旦反。覬音冀。

昔育恐育鞫，及爾顛覆。傳育，長。鞫，窮也。箋云：昔，幼稚也。及，與也。昔幼稚之時，恐至長老窮匱，故與女顛覆盡力於眾事，難易無所辟。○鞫本亦作𩋾。長張丈反，下皆同。辟音避。

既生既育，比予于毒。箋云：生，謂財業也。育，謂長老也。于，於也。既有財業矣，又既長老矣，其視我如毒螫，言惡己甚也。○螫失石反。惡烏路反。

我有旨蓄，亦以御冬。傳旨，美。御，禦也。箋云：蓄，聚美菜者，以禦冬月乏無時也。

宴爾新昏，以我御窮。箋云：君子亦但以我御窮苦之時，至於富貴，則棄我如旨蓄。

有洸有潰，既詒我肄。傳洸洸，武也。潰潰，怒也。肄，勞也。箋云：詒，遺也。君子洸洸然潰潰然，無溫潤之色，而盡遺我以勞苦之事，欲窮困我。○洸音光。肄以世反。遺唯季反。

不念昔者，伊余來塈。傳塈，息也。箋云：君子忘舊，不念往昔年稚我始來之時安息我。○塈許器反

反

谷風六章章八句

式微，黎侯寓于衛，其臣勸以歸也。箋寓，寄也。黎侯為狄人所逐，棄其國而寄於衛。衛處之以二邑，因安之。可以歸而不歸，故其臣勸之。

式微式微，胡不歸。傳式，用也。箋云：式微式微者，微乎微者也。君何不歸乎？禁君留止於此之辭。式，發聲也。微君之故，胡為乎中露。傳微，無也。中露，衛邑也。箋云：我若無君，何為處此乎？臣又極諫之辭。

式微式微，胡不歸。微君之躬，胡為乎泥中。傳泥中，衛邑也。

式微二章章四句

旄丘，責衛伯也。狄人迫逐黎侯，黎侯寓于衛，衛不能修方伯連率之職，黎之臣子以責於衛也。箋衛康叔之封爵稱侯，今曰伯者，時為州伯也。周之制，使伯佐牧。春秋傳曰：五侯九伯，侯為牧也。○旄音毛。

旄丘之葛兮，何誕之節兮。傳興也。前高後下曰旄丘。諸侯以國相連屬，憂患相及，如葛之蔓延相連及也。誕，闊也。箋云：土氣緩則葛生闊節。興者，喻此時衛伯不恤其職，故其臣於君事亦疏廢也。○延以戰反。叔兮伯兮，何多日也。傳日月以逝而不我憂。箋云：叔伯，字也。呼衛之諸臣叔與伯與，女期迎我君而復之，可來而不來，女日數何其多也。先叔後伯，臣之命不以齒。

何其處也，必有與也。傳言與仁義也。箋云：我君何以處於此乎？必以衛有仁義之道故也。責衛今不行仁義。何其久也，必有以也。傳必以有功德。箋云：我君何以久留於此乎？必以衛有功德故也。又責衛今不務功德也。

狐裘蒙戎，匪車不東。傳大夫狐蒼裘。蒙戎，以言亂也。不東，言不來東也。箋云：刺衛諸臣形貌蒙戎然，但為昏亂之行。女非有戎車乎？何不來東迎我君而復之？黎國在衛西，今所寓在衛東。○行下孟反。叔兮伯兮，靡所與同。傳無救患恤同也。箋云：衛之諸臣行如是，不與諸伯之臣同，言其非之特甚。

瑣兮尾兮，流離之子。傳瑣尾，少好之貌。流離，鳥也。少好長醜，始而愉樂，終以微弱。箋云：衛之諸臣初有小善，終無成功，似流離也。○璅依字作瑣，少詩照反，長張丈反，樂音洛。叔兮伯兮，褎如充耳。傳褎，盛服也。充耳，盛飾也。大夫褎然有尊盛之服，而不能稱也。箋云：充耳，塞耳也。言衛之諸臣顏色褎然，如見塞耳無聞知也。人之耳聾，恒多笑而已。○褎本亦作褎，稱尺證反。

旄丘四章章四句

簡兮，刺不用賢也。衛之賢者仕於伶官，皆可以承事王者也。箋伶

官，樂官也。伶氏世掌樂官而善焉，故後世多號樂官為伶官。

簡兮簡兮，方將萬舞。傳簡，大也。方，四方也。將，行也。以干羽為萬舞，用之宗廟山川，故言於四方。箋云：簡，擇。將，且也。擇兮擇兮者，為且祭祀當為舞也。萬舞，干羽也。○為于偽反。日之方中，在前上處。傳教國子弟，以日中為期。箋云：在前上處者，在前列上頭也。周禮，大胥掌學士之版，以待致諸子，春入學舍采合舞。○舍音釋，下篇舍較同。采音菜。

碩人俁俁，公庭萬舞。傳碩人，大德也。俁俁，容貌大也。萬舞，非但在四方，親在宗廟公庭。○俁疑矩反。

有力如虎，執轡如組。傳組，織組也。武力比於虎，可以御亂。御眾有文章，言能治眾，動於近，成於遠也。箋云：碩人有御亂御眾之德，可任為王臣。○轡悲位反。組音祖。任音壬。左手執籥，右手秉翟。傳籥六孔。翟，翟羽也。箋云：碩人多才多藝，又能籥舞，言文武道備。○籥餘若反。翟停歷反。赫如渥赭，公言錫爵。傳赫，赤貌。渥，厚漬也。祭有畀煇胞翟閽寺者，惠下之道，見惠不過一散。箋云：碩人容色赫然，如厚傅丹，君徒賜其一爵而已，不知其賢而進用

之散受五升

山有榛，隰有苓。傳榛，木名。下濕曰隰。苓，大苦。箋云榛也、苓也，生各得其所，以言碩人處非其位。○榛，側巾反。苓，音零。

云誰之思，西方美人。箋云我誰思乎，思周室之賢者，以其宜薦碩人，與在王位。彼美人兮，西方之人兮。傳乃宜在王室。箋云彼美人，謂碩人也。

簡兮三章，章六句。

泉水，衛女思歸也。嫁於諸侯，父母終，思歸寧而不得，故作是詩以自見也。箋以自見者，見己志也。國君夫人，父母在則歸寧，沒則使大夫寧於兄弟。衛女之思歸，雖非禮，思之至也。○見，賢遍反。

毖彼泉水，亦流于淇。傳興也。泉水始出，毖然流也。淇，水名也。箋云泉水流而入淇，猶婦人出嫁於異國。○毖，悲

位反。韓詩作秘。有懷于衛，靡日不思。箋云懷，至。靡，無也。以言我有所至念於衛，我無日不思也。所至念者，謂諸姬、諸姑、伯姊。孌彼諸姬，聊與之謀。傳孌，好貌。諸姬，同姓之女。聊，願也。箋云聊，且略之辭。諸姬者，未嫁之女，我且欲略與之謀婦人之禮，觀其志意，親親之恩也。○孌，力轉反，下篇同。

出宿于泲，飲餞于禰。傳泲，地名。祖而舍軷，飲酒於其側曰餞，重始有事於道也。禰，地名。箋云泲、禰者，所嫁國適衛之道所經，故思宿餞。○泲，子禮反。餞，才箭反。禰，乃禮反。軷，蒲末反。女子有行，遠父母兄弟。箋云行，道也。婦人有出嫁之道，遠於親親，故禮緣人情，使得歸寧。○遠，于萬反。問我諸姑，遂及伯姊。傳父之姊妹稱姑，先生曰姊。箋云寧則又問姑及姊，親其類也。先姑後姊，尊姑也。

出宿于干，飲餞于言。傳干、言，所適國郊也。箋云干、言，猶泲、禰，未聞遠近同異。載脂載舝，還車言邁。傳脂舝其車，以還我行也。箋云言還車者，嫁時乘來，今思乘以歸。○舝，胡瞎反。還音旋，此字例同，更不重出。遄

臻于衛，不瑕有害。傳遄，疾。臻，至。瑕，遠也。箋云瑕，猶過也。害，何也。我還車疾至於衛而返，於行無過差，有何不可而止我。○遄，市專反。

我思肥泉，茲之永歎。傳所出同，所歸異，為肥泉。箋云茲，此也。自衛而來所渡水，故思此而長歎。思須與漕，我心悠悠。傳須、漕，衛邑也。箋云自衛而來所經邑，故又思之。駕言出遊，以寫我憂。傳寫，除也。箋云既不得歸寧，且欲乘車出遊，以除我憂。

泉水四章，章六句。

北門，刺仕不得志也。言衛之忠臣不得其志爾。箋不得其志者，君不知己志而遇困苦。

出自北門，憂心殷殷。傳興也。北門背明鄉陰。箋云自，從也。興者，喻己仕於闇君，猶行而出北門，心為之憂殷殷

然。終窶且貧，莫知我艱。傳窶者，無禮也。貧者，困於財。箋云艱，難也。君於己祿薄，終不足以為禮，又近困於財，無知己以此為難者。言君既然矣，諸臣亦如之。○窶，其矩反。已焉哉，天實為之，謂之何哉。箋云謂，勤也。詩人事君無二志，故自決歸之於天。我勤身以事君，何哉，忠之至。

王事適我，政事一埤益我。傳適，之。埤，厚也。箋云國有王命役使之事，則不以之彼，必以之我。我有賦稅之事，則減彼一而以益我。言君政偏，己兼其苦。○埤，避支反。我入自外，室人交徧讁我。傳讁，責也。箋云我從外而入，在室之人更迭徧來責我，使己去也。言室人亦不知己志。○更音庚。已焉哉，天實為之，謂之何哉。

王事敦我，政事一埤遺我。傳敦，厚。遺，加也。箋云敦，猶投擿也。○遺，唯季反。我入自外，室人交徧摧我。傳摧，沮也。箋云摧者，刺譏之言。已焉哉，天實為之，謂之何哉。

北門三章章七句

北風刺虐也衞國並爲威虐百姓不親莫不相攜持而去焉○攜穴圭反

北風其涼雨雪其雱傳興也北風寒涼之風雱盛貌箋云寒涼之風病害萬物興者喻君政教酷暴使民散亂○雱普康反　惠而好我攜手同行傳惠愛行道也箋云性仁愛而又好我者與我相攜持同道而去疾時政也○好呼報反行音衡　其虛其邪既亟只且傳虛虛也亟急也箋云邪讀如徐言今在位之人其故威儀虛徐寬仁者今皆以爲急刻之行矣所以當去以此也

北風其喈雨雪其霏傳喈疾貌霏甚貌○喈音皆霏芳菲反　惠而好我攜手同歸傳歸有德也　其虛其邪既亟只且

莫赤匪狐莫黑匪烏傳狐赤烏黑莫能別也箋云赤則狐也黑則烏也猶今君臣相承爲惡如一○別彼列反　惠而好我攜手同車傳攜手就車　其虛其邪既亟只且

北風三章章六句

靜女刺時也衞君無道夫人無德箋以君及夫人無道德故陳靜女遺我以彤管之灋德如是可以易之爲人君之配○遺唯季反

靜女其姝俟我於城隅傳靜貞靜也女德貞靜而有灋度乃可說也姝美色也俟待也城隅以言高而不可踰箋云女德貞靜然後可畜美色然後可安又能服從待禮而動自防如城隅故可愛也○姝赤朱反說音悅　愛而不見搔首踟躕傳言志往而行正箋云志往謂踟躕行正謂愛之而不往見○搔蘇刀反踟直知反躕直誅反

靜女其孌貽我彤管傳既有靜德又有美色又能遺我以古人之法可以配人君也古者后夫人必有女史彤管之灋史不記過其罪殺之后妃羣妾以禮御於君所女史書其日月授之以環以進退之生子月辰則以金環退之當御者以銀環進之著于左手既御著于右手事無大小記以成灋箋云彤管筆赤管也○彤徒冬反著知略反　彤管有煒說懌女美傳煒赤貌彤管以赤心正人也箋云說懌當作說釋赤管煒煒然女史以之說釋妃妾之德美之○煒于鬼反說本又作悅

自牧歸荑洵美且異傳牧田官也荑茅之始生也本之於荑取其有始有終箋云洵信也茅潔白之物也自牧田歸荑其信美而異者可以供祭祀猶貞女在窈窕之處媒氏達之可以配人君○荑徒兮反洵本亦作詢音荀共音恭　匪女之爲美美人之貽傳非爲其徒說美色而已美其人能遺我法則箋云遺我者遺我以賢妃也○爲于僞反

靜女三章章四句

新臺刺衞宣公也納伋之妻作新臺于河上而要之國人惡之而作是詩也箋伋宣公之世子

新臺有泚河水瀰瀰傳泚鮮明貌瀰瀰盛貌水所以潔汙穢反于河上而爲淫昏之行○泚音此瀰莫爾反行下孟反　燕婉之求籧篨不鮮傳燕安婉順也籧篨不能俯者箋云鮮善也伋之妻齊女來嫁於衞其心本求燕婉之人謂伋也反得籧篨不善謂宣公也籧篨口柔常觀人顏色而爲之辭故不能俯者也○燕於典反籧音渠篨音儲

新臺有洒河水浼浼傳洒高峻也浼浼平地也○洒七罪反浼每罪反　燕婉之求籧篨不殄傳殄絕也箋云殄當作腆腆善也○殄徒典反鄭作腆吐典反

魚網之設鴻則離之傳言所得非所求也箋云設魚網者宜得魚鴻乃鳥也反離焉猶齊女以禮來求世子而

得宣公。燕婉之求，得此戚施。【傳】戚施，不能仰者。【箋】云：戚施，面柔，下人以色，故不能仰也。○下，遐嫁反。

新臺三章章四句

二子乘舟，思伋壽也。衛宣公之二子爭相為死，國人傷而思之，作是詩也。○為，于偽反。

二子乘舟，汎汎其景。【傳】二子，伋、壽也。宣公為伋取於齊女而美，公奪之，生壽及朔。朔與其母愬伋於公，公令伋之齊，使賊先待於隘而殺之。壽知之，以告伋，使去之。伋曰：君命也，不可以逃。壽竊其節而先往，賊殺之。伋至，曰：君命殺我，壽有何罪？賊又殺之。國人傷其涉危遂往，如乘舟而無所薄，汎汎然迅疾而不礙也。○令，力征反。願言思子，中心養養。【傳】願，每也。養養然憂不知所定。【箋】云：願，念也。念我思此二子，心為之憂養養然。

二子乘舟，汎汎其逝。【傳】逝，往也。願言思子，不瑕有害。【傳】言二子之不遠害。【箋】云：瑕猶過也。我思念此二子之事，於行無過差，有何不可而不去也。

二子乘舟二章章四句

邶國十九篇七十一章三百六十三句

詩經卷二終

詩經卷三

周　卜子夏序

漢　毛公傳

　　鄭氏箋

國風

鄘第四

柏舟，共姜自誓也。衛世子共伯蚤死，其妻守義，父母欲奪而嫁之，誓而弗許，故作是詩以絕之。【箋】共伯，僖侯之世子。○共音恭，下同。

汎彼柏舟，在彼中河。【傳】興也。中河，河中。【箋】云：舟在河中，猶婦人之在夫家，是其常處。髧彼兩髦，實維我儀。【傳】髧，兩髦之貌。髦者，髮至眉，子事父母之飾。儀，匹也。【箋】云：兩髦之人，謂共伯也，實是我之匹，故我不嫁也。禮，世子昧爽而朝，亦櫛纚笄總拂髦冠緌纓。○髧，徒坎反。髦音毛。朝，直遙反。纚，色蟹反。緌，汝誰反。

之死矢靡它。【傳】矢，誓。靡，無。之，至也。至己之死，信無它心。○它音他。母也天只，不諒人只。【傳】諒，信也。母也天也，尚不信我。天謂父也。○只音紙。

汎彼柏舟，在彼河側。髧彼兩髦，實維我特。【傳】特，匹也。之死矢靡慝。【傳】慝，邪也。母也天只，不諒人只。

柏舟二章章七句

牆有茨，衛人刺其上也。公子頑通乎君母，國人疾之而不可道也。【箋】宣公卒，惠公幼，其庶兄頑烝於惠公之母，生子五人：齊子、戴公、文公、宋桓夫人、許穆夫人。○茨，徐資反。

牆有茨，不可埽也。【傳】興也。牆所以防非常。茨，蒺藜也。欲埽去之，反傷牆也。【箋】云：國君以禮防制一國，今其宮內有淫昏之行者猶牆之生蒺藜○行下孟反中冓之言不可道也傳中冓內冓也箋云內冓之言謂宮中所冓成頑與夫人淫昏之語○冓古候反所可道也言之醜也傳於君醜也

牆有茨不可襄也傳襄除也中冓之言不可詳也傳詳審也所可詳也言之長也傳長惡長也

牆有茨不可束也傳束而去之中冓之言不可讀也傳讀抽也箋云抽猶出也所可讀也言之辱也傳辱辱君也

牆有茨三章章六句

君子偕老刺衛夫人也夫人淫亂失事君子之道故陳人君之德服飾之盛宜與君子偕老也箋夫人宣公夫人惠公之母也人君小君也或者小字誤作人耳○偕音皆

君子偕老副笄六珈傳能與君子俱老乃宜居尊位服盛服也副者后夫人之首飾編髮為之笄衡笄也珈笄飾之最盛者所以別尊卑箋云珈之言加也副既笄而加飾如今步搖上飾古之制所有未聞○珈音加別彼列反委委佗佗如山如河傳委委者行可委曲縱迹也佗佗者德平易也山無不容河無不潤○佗待河反行下孟反易以豉反象服是宜傳象服尊者所以為飾箋云象服者謂褕翟闕翟也人君之象服則舜所云予欲觀古人之象日月星辰之屬○褕音遙子之不淑云如之何傳有子若是何謂不善乎箋云子乃服飾如是而為不善之行於禮當如之何深疾之○行下孟反

玼兮玼兮其之翟也傳玼鮮盛貌褕翟闕翟羽飾衣也箋云侯伯夫人之服自褕翟而下如王后焉○玼音此鬒髮如雲不屑髢也傳鬒黑髮也如雲言美長也屑潔也箋云髢髲也不潔者不用髲為善○鬒真忍反玉之瑱也象之揥也傳瑱塞耳也揥所以摘髮也○瑱吐殿反揥勑帝反揚且之皙也傳揚眉上廣皙白皙○且七也反徐子羽反下同胡然而天也胡然而帝也傳尊之如天審諦如帝箋云胡何也帝五帝也何由然女見尊敬如天帝乎非由衣服之盛顏色之莊與反為淫昏之行○諦音帝

瑳兮瑳兮其之展也蒙彼縐絺是紲袢也傳禮有展衣者以丹縠為衣蒙覆也絺之靡者為縐是當暑袢延之服也箋云后妃六服之次展衣宜白縐絺絺之蹙蹙者展衣夏則裏衣縐絺此以禮見於君及賓客之盛服也展衣字誤禮記作襢衣○瑳七我反縐側救反絺勑之反紲息列反袢符袁反縠戶木反衣於既反見賢遍反襢陟戰反子之清揚揚且之顏也傳清視清明也揚廣揚而顏角豐滿展如之人兮邦之媛也傳展誠也美女為媛箋云媛者邦人所依倚以為媛助也疾宣姜有此盛服而以淫昏亂國故云然

君子偕老三章一章七句一章九句一章八句

桑中刺奔也衛之公室淫亂男女相奔至于世族在位相竊妻妾期於幽遠政散民流而不可止箋衛之公室淫亂謂宣惠之世男女相奔不待媒氏以禮會之也世族在位取姜氏弋氏庸氏者也竊盜也幽遠謂桑中之野

爰采唐矣沬之鄉矣傳爰於也唐蒙菜名沬衛邑箋云於何采唐必沬之鄉猶言欲為淫亂者必之衛之都惡衛為淫亂之主○沬音妹惡烏路反云誰之思美孟姜矣傳姜姓也言世族在位有是惡行箋云淫亂之人誰思乎乃思美孟姜孟姜列國之長女而思與淫亂疾世族在位有是惡行也○行下孟反長丁丈反期我乎桑中要我乎上宮送我乎淇之上矣傳桑中上宮所期之地淇水名也箋云此思孟姜之愛厚已也與我期於桑中而要見我於上宮其送我則於淇水之上○要於遙反

爰采麥矣沬之北矣云誰之思美孟弋矣傳弋姓也期我乎桑中要我

乎上宮，送我乎淇之上矣。

爰采葑矣？沬之東矣。〔箋〕云：葑，蔓菁。云誰之思？美孟庸矣。〔傳〕庸，姓也。期我乎桑中，要我乎上宮，送我乎淇之上矣。

桑中三章，章七句。

鶉之奔奔，刺衛宣姜也。衛人以爲宣姜鶉鵲之不若也。〔箋〕刺宣姜者，刺其與公子頑爲淫亂，行不如禽鳥。○鶉音純。行，下孟反。

鶉之奔奔，鵲之彊彊。〔傳〕鶉則奔奔，鵲則彊彊然。〔箋〕云：奔奔、彊彊，言其居有常匹，飛則相隨之貌。刺宣姜與頑非匹耦。人之無良，我以爲兄。〔傳〕良，善也。兄，謂君之兄。〔箋〕云：人之行無一善者，我君反以爲兄。君謂惠公。

鵲之彊彊，鶉之奔奔。人之無良，我以爲君。〔傳〕君，國小君。〔箋〕云：小君，謂宣姜。

鶉之奔奔二章，章四句。

定之方中，美衛文公也。衛爲狄所滅，東徙渡河，野處漕邑。齊桓公攘戎狄而封之。文公徙居楚丘，始建城市而營宮室。得其時制，百姓說之，國家殷富焉。〔箋〕春秋閔公二年冬，狄人入衛，衛懿公及狄人戰于熒澤而敗。宋桓公迎衛之遺民渡河，立戴公以廬於漕。戴公立一年而卒。魯僖公二年，齊桓公城楚丘而封衛，於是文公立而建國焉。○說音悅。

定之方中，作于楚宮。〔傳〕定，營室也。方中，昏正四方。楚宮，楚丘之宮也。仲梁子曰：初立楚宮也。〔箋〕云：楚宮，謂宗廟也。定星昏中而正，於是可以營制宮室，故謂之營室。定昏中而正，謂小雪時，其體與東壁連正四方。揆之以日，作于楚室。〔傳〕揆，度也。度日出日入以知東西，南視定，北準極，以正南北。室，猶宮也。〔箋〕云：楚室，居室也。君子將營宮室，宗廟爲先，廄庫爲次，居室爲後。樹之榛栗，椅桐梓漆，爰伐琴瑟。〔傳〕椅，梓屬。〔箋〕云：爰，曰也。樹此六木於宮者，曰其長大可伐以爲琴瑟。言預備也。○椅，於宜反。長，丁丈反。

升彼虛矣，以望楚矣。望楚與堂，景山與京。〔傳〕虛，漕虛也。楚丘有堂邑者。景山，大山。京，高丘也。〔箋〕云：自河以東，夾於濟水，文公將徙，登漕之虛以望楚丘，觀其旁邑，及其丘山，審其高下所依倚，乃後建國焉，慎之至也。○虛，本或作墟。降觀于桑，〔傳〕地勢宜蠶，可以居民。卜云其吉，終然允臧。〔傳〕龜曰卜。允，信。臧，善也。建國必卜之，故建邦能命龜，田能施命，作器能銘，使能造命，升高能賦，師旅能誓，山川能說，喪紀能誄，祭祀能語，君子能此九者，可謂有德音，可以爲大夫。○使，所吏反。

靈雨既零，命彼倌人，星言夙駕，說于桑田。〔傳〕零，落也。倌人，主駕者。〔箋〕云：靈，善也。星，雨止星見。夙，早也。文公於雨下，命主駕者：雨止，爲我晨早駕，欲往爲辭說於桑田，教民稼穡，務農急也。○倌音官。說，毛始銳反。見，賢遍反。爲，于僞反。匪直也人，〔傳〕非徒庸君。秉心塞淵。〔傳〕秉，操也。〔箋〕云：塞，充實也。淵，深也。騋牝三

千。〔傳〕馬七尺以上曰騋。騋馬與牝馬也。〔箋〕云：國馬之制，天子十有二閑，馬六種，三千四百五十六匹。邦國六閑，馬四種，千二百九十六匹。衛之先君兼邶鄘而有之，而馬數過禮制。今文公滅而復興，徙而能富，馬有三千，雖非禮制，國人美之。○上，時掌反。種，章勇反。

定之方中三章，章七句。

蝃蝀，止奔也。衛文公能以道化其民，淫奔之恥，國人不齒也。〔箋〕不齒者，不與相長稚。○蝃，丁計反，下同。蝀，都動反。長，丁丈反。

蝃蝀在東，莫之敢指。〔傳〕蝃蝀，虹也。夫婦過禮則虹氣盛，君子見戒而懼諱之，莫之敢指。〔箋〕云：虹，天氣之戒，尚無敢指者，況淫奔之女，誰敢視之。女子有行，遠父母兄弟。〔箋〕云：行，道也。婦人生而有適人之道，何憂於不嫁，而爲淫奔之過乎？惡之甚。○惡，烏路反，下皆同。

朝隮于西崇朝其雨（傳）隮升崇終也從旦至食時爲終朝（箋）云朝有升氣於西方終其朝則雨氣應自然以言婦人生而有適人之道亦性自然○隮子細反女子有行遠兄弟父母

乃如之人也懷婚姻也（傳）乃如是淫奔之人也（箋）云懷思也乃如是之人思婚姻之事乎言其淫奔之過惡之大大無信也不知命也（傳）不待命也（箋）云淫奔之女大無貞潔之信又不知婚姻當待父母之命惡之也○大音泰註同

蝃蝀三章章四句

相鼠刺無禮也衛文公能正其羣臣而刺在位承先君之化無禮儀也○相息亮反篇內同

相鼠有皮人而無儀（傳）相視也無禮儀者雖居尊位猶爲闇昧之行（箋）云儀威儀也視鼠有皮雖處高顯之處偷食苟得不知廉恥亦與人無威儀者同○行下孟反人而無儀不死何爲（箋）云人以有威儀爲貴今反無之傷化敗俗不如其死無所害也

相鼠有齒人而無止（傳）止所止息也（箋）云止容止孝經曰容止可觀無止韓詩止節無禮節也人而無止不死何俟（傳）俟待也

相鼠有體（傳）體支體也人而無禮人而無禮胡不遄死（傳）遄速也○遄市專反

相鼠三章章四句

干旄美好善也衛文公臣子多好善賢者樂告以善道也（箋）賢者時處士也○旄音毛好呼報反篇內同

孑孑干旄在浚之郊（傳）孑孑干旄之貌注旄於干首大夫之旃也浚衛邑古者臣有大功世其官邑郊外曰野（箋）云周禮孤卿建旃大夫建物首皆注旄焉時有建此旄來至浚之郊卿大夫好善也素絲紕之良馬四之（傳）紕所以織組也總紕於此成文於彼願以素絲紕組之法御四馬也（箋）云素絲者以爲縷以縫紕旌旗之旒縿或以維持之浚郊之賢者既識卿大夫建旄而來又識其乘善馬四之者見之數也○紕鄭毗移反縿所銜反彼姝者子何以畀之（傳）姝順貌畀予也（箋）云時賢者既說此卿大夫有忠順之德又欲以善道與之心誠愛厚之至○說音悅

孑孑干旟在浚之都（傳）鳥隼曰旟下邑曰都（箋）云周禮州里建旟謂州長之屬○旟音餘隼荀尹反長張丈反素絲組之良馬五之（傳）總以素絲而成組也驂馬五轡（箋）云以素絲縷縫組於旌旗以縿之飾五之者亦謂五見之也彼姝者子何以予之

孑孑干旌在浚之城（傳）析羽爲旌城都城也素絲祝之良馬六之（傳）祝織也四馬六轡（箋）云祝當作屬屬著也六之者亦謂六見之也○著直略反彼姝者子何以告之

干旄三章章六句

載馳許穆夫人作也閔其宗國顛覆自傷不能救也衛懿公爲狄人所滅國人分散露於漕邑許穆夫人閔衛之亡傷許之小力不能救思歸唁其兄又義不得故賦是詩也（箋）滅者懿公死也君死於位曰滅露於漕邑者謂戴公也懿公死國人分散宋桓公迎衛之遺民渡河處之於漕邑而立戴公焉戴公與許穆夫人俱公子頑烝於宣姜所生也男子先生曰兄○唁音彥

載馳載驅歸唁衛侯（傳）載辭也弔失國曰唁（箋）云載之言則也衛侯戴公也○驅協韻音丘驅馬悠悠言至于漕（傳）悠悠遠貌漕衛東邑（箋）云夫人願御者驅馬悠悠乎我欲至于漕大夫跋涉我心則憂（傳）草行曰跋水行曰涉（箋）云跋涉者衛大夫來告難於許時○難乃旦反

旣不我嘉不能旋反傳不能旋反我思也箋云旣盡嘉善也言許人盡不善我欲歸唁兄視爾不臧我思不遠傳不能遠衛也箋云爾女女許人也臧善也視女不施善道救衛

旣不我嘉不能旋濟傳濟止也視爾不臧我思不閟傳閟閉也○閟方冀反

陟彼阿丘言采其蝱傳偏高曰阿丘蝱貝母也升至偏高之丘采其蝱者將以療疾箋云升丘采貝母猶婦人之適異國欲得力助安宗國也女子善懷亦各有行傳行道也箋云善猶多也懷思也女子之多思者有道猶升丘采其蝱也許人尤之衆穉且狂傳尤過也是乃衆幼穉且狂進取一槩之義箋云許人許大夫也過之者過夫人之欲歸唁其兄

我行其野芃芃其麥傳願行衛之野麥芃芃然方盛長箋云麥芃芃者言未收刈民將困也○芃薄紅反長張丈反控于大邦誰因誰極傳控引極至也箋云今衛侯之欲求援引之力助於大國之諸侯亦誰因乎由誰至乎閔之故欲歸問之○控苦貢反大夫君子無我有尤箋云君子國中賢者無我有尤無過我也百爾所思不如我所之傳不如我所思之篤厚也箋云爾女女衆大夫君子也

載馳五章一章六句二章四句一章六句一章八句

鄘國十篇三十章百七十六句

衛第五

淇奧美武公之德也有文章又能聽其規諫以禮自防故能入相于周美而作是詩也○奧於六反相息亮反

瞻彼淇奧綠竹猗猗傳興也奧隈也綠王芻也竹萹竹也猗猗美盛貌武公質美德盛有康叔之餘烈○猗於宜反隈烏廻反有匪君子如切如磋如琢如磨傳匪文章貌治骨曰切象曰磋玉曰琢石曰磨道其學而成也聽其規諫以自修如玉石之見琢磨也瑟兮僩兮赫兮咺兮傳瑟矜莊貌僩寬大也赫有明德赫赫然咺威儀容止宣著也○僩遐板反有匪君子終不可諼兮傳諼忘也○諼況遠反

瞻彼淇奧綠竹青青傳青青茂盛貌有匪君子充耳琇瑩會弁如星傳充耳謂之瑱琇瑩美石也天子玉瑱諸侯以石弁皮弁所以會髮箋云會謂弁之縫中飾之以玉皪皪而處狀似星也天子之朝服皮弁以日視朝○琇音秀皪音歷朝直遥反瑟兮僩兮赫兮咺兮有匪君子終不可諼兮

瞻彼淇奧綠竹如簀傳簀積也○簀音責有匪君子如金如錫如圭如璧傳金錫鍊而精圭璧性有質箋云圭璧亦琢磨四者亦道其學而成也寬兮綽兮猗重較兮傳寬能容衆綽緩也重較卿士之車箋云綽兮謂仁於施舍○猗於綺反重直恭反註同較古岳反善戲謔兮不爲虐兮傳寬緩弘大雖則戲謔不爲虐矣箋云君子之德有張有弛故不常矜莊而時戲謔○謔香略反弛式氏反

淇奧三章章九句

考槃刺莊公也不能繼先公之業使賢者退而窮處箋窮猶終也

考槃在澗碩人之寬傳考成槃樂也山夾水曰澗箋云碩大也有窮處成樂在於此澗者形貌大人而寬然有虛乏之色獨寐寤言永矢弗諼箋云寤覺永長矢誓諼忘也在澗獨寐覺而獨言長自誓不忘君之惡志在窮處故云然○樂音洛

考槃在阿碩人之薖傳曲陵曰阿薖寬大貌箋云薖飢意○薖苦禾反獨寐寤歌永矢弗過箋云弗過者不復入君之朝也○過古禾反復扶又反

考槃在陸碩人之軸傳軸進也箋云軸病也獨寐寤宿永矢弗告傳無所告語也箋云

不復告君以善道、

考槃三章章四句

碩人閔莊姜也。莊公惑於嬖妾。使驕上僭。莊姜賢而不荅。終以無子。國人閔而憂之。○上時掌反

碩人其頎。衣錦褧衣。傳頎長貌。錦文衣也。夫人德盛而尊。嫁則錦衣加褧襜。箋云、頎大也。言莊姜儀表長麗俊好頎頎然。褧禪也。國君夫人翟衣而嫁。今衣錦者、在塗之所服也。尚之以禪衣、爲其文之大著。○頎其機反。衣錦於旣反。注夫人衣翟今衣錦同。褧苦迥反。襜昌占反。禪音丹。爲于僞反。大音泰。下大子同

齊侯之子。衞侯之妻。東宮之妹。邢侯之姨。譚公維私。傳東宮、齊大子也。女子後生曰妹。妻之姊妹曰姨。姊妹之夫曰私。箋云、陳此者、言莊姜容貌旣美、兄弟皆正大、

手如柔荑。傳如荑之新生。○荑徒兮反 膚如凝脂。傳如脂之凝。領如蝤蠐。傳領頸也。蝤蠐蝎蟲也。○蝤似修反。蠐音齊。蝎音曷。或音葛。齒如瓠犀。傳瓠犀瓠瓣。○瓠戶故反。瓣補遍反。螓首蛾眉。傳螓首顙廣而方。箋云、螓謂蜻蜻也。○螓音秦 巧笑倩兮。傳倩好口輔。美目盼兮。傳盼白黑分。箋云、此章說莊姜容貌之美、所宜親幸。

碩人敖敖。說于農郊。傳敖敖長貌。農郊近郊。箋云、敖敖猶頎頎也。說當作襚。禮春秋之襚、讀皆宜同。衣服曰襚。今俗語然。此言莊姜始來、更正衣服于衞近郊。○敖五刀反。說本或作稅、毛始銳反。襚音遂 四牡有驕。朱幩鑣鑣。翟茀以朝。傳驕壯貌。幩飾也。人君以朱纏鑣扇汗、且以爲飾。鑣鑣盛貌。翟翟車也。夫人以翟羽飾車。茀蔽也。箋云、此又言莊姜自近郊旣正衣服、乘是車馬以入君之朝。皆用嫡夫人之正禮。今而不荅。○幩孚云反。鑣表驕反。茀音弗。朝直遥反。註皆同。適丁歷反 大夫夙退。無使君勞。傳大夫未退、君聽朝於路寢。夫人聽內事於正寢。大夫退然後罷。箋云、莊姜始來時、衞諸大夫朝夕者皆早退、無使君之勞倦者、以君夫人新爲妃耦、宜親親之故也、

河水洋洋。北流活活。施罛濊濊。鱣鮪發發。葭菼揭揭。庶姜孽孽。庶士有朅。傳洋洋盛大也。活活流也。罛魚罟。濊濊施之水中。鱣鯉也。鮪鮥也。發發盛貌。葭蘆。菼薍也。揭揭長也。孽孽盛飾。庶士、齊大夫送女者。朅武壯貌。箋云、庶姜謂姪娣。此章言齊地廣饒、士女佼好、禮儀之備、而君何爲不荅夫人。○罛音孤。濊呼活反。鱣陟連反。鮪于軌反。發補末反。葭音加。菼他覽反。揭其謁反。朅欺列反。鮥音洛。薍五患反

碩人四章章七句

氓刺時也。宣公之時、禮義消亡。淫風大行。男女無別。遂相奔誘。華落色衰。復相棄背。或乃困而自悔。喪其妃耦。故序其事以風焉。美反正、刺淫泆也。○氓莫耕反。復扶又反。喪息浪反。妃音配。風福鳳反

氓之蚩蚩。抱布貿絲。傳氓民也。蚩蚩者、敦厚之貌。布幣也。箋云、幣者、所以貿買物也。季春始蠶、孟夏賣絲。○蚩尺之反。貿莫豆反 匪來貿絲。來即我謀。箋云、匪非。即就也。此民非來買絲、但來就我、欲與我謀爲室家也。送子涉淇。至于頓丘。傳丘一成爲頓丘。箋云、子者、男子之通稱。言民誘己、己乃送之涉淇水、至此頓丘、定室家之謀、且爲會期。○稱尺證反 匪我愆期。子無良媒。傳愆過也。箋云、良善也。非我以欲過子之期、子無善媒來告期時。將子無怒。秋以爲期。傳將願也。箋云、將請也。民欲爲近期、故語之曰、請子無怒、秋以與子爲期。

乘彼垝垣。以望復關。傳垝毀也。復關君子所近也。箋云、前旣與民以秋爲期、期至、故登毀垣、鄉其所近而望之、猶有廉恥之心、故因復關以託號民。云此時始秋也。○垝俱毀反。垣音袁。鄉許亮反 不見復關。泣涕漣漣。既見復關。載笑載言。傳言其有一心乎君子、故能自悔。箋云、用心專者怨必深。箋云、則笑則言、喜之甚。

爾卜爾筮。體無咎言。傳龜曰卜，蓍曰筮。體，兆卦之體。箋云爾，女也。復關既見此婦人，告之曰，我卜女筮女，宜爲室家矣。兆卦之繇無凶咎之辭，言其皆吉，又誘定之。以爾車來，以我賄遷。傳賄，財。遷，徙也。箋云女，女復關也。信其卜筮皆吉，故答之曰，徑以女車來迎我，我以所有財遷徙就女也。

桑之未落。其葉沃若。于嗟鳩兮。無食桑葚。于嗟女兮。無與士耽。傳桑，女功之所起。沃若，猶沃沃然。鳩，鶻鳩也。食桑葚過則醉而傷其性。耽，樂也。女與士耽，則傷禮義。箋云桑之未落，謂其時仲秋也。於是時國之賢者刺此婦人見誘，故于嗟而戒之。鳩以非時食葚，猶女子嫁不以禮。耽，非禮之樂。○葚音甚。鶻音骨。樂音洛。

士之耽兮。猶可說也。女之耽兮。不可說也。箋云說，解也。士有百行，可以功過相除。至於婦人無外事，維以貞信爲節。○行，下孟反。

桑之落矣。其黃而隕。自我徂爾。三歲食貧。淇水湯湯。漸車帷裳。傳隕，

隋也。湯湯，水盛貌。帷裳，婦人之車也。箋云桑之落矣，謂其時季秋也。復關以此時車來迎已。徂，往也。我自是往之女家，女家乏穀食已三歲，貧矣。言此者，明已之悔，不以女今貧故也。帷裳，童容也。我乃渡深水，至漸車童容，猶冒此難而往，又明已專心於女。○湯音傷。漸，子廉反，註同。隋，唐果反。冒音墨。難，乃旦反。女也不爽。士貳其行。傳爽，差也。箋云我心於女，故無差貳，而復關之行有二意。○行，下孟反。士也罔極。二三其德。傳極，中也。

三歲爲婦。靡室勞矣。箋云靡，無也。無居室之勞，言不以婦事見困苦。有舅姑曰婦。夙興夜寐。靡有朝矣。箋云無有朝者，常早起夜臥，非一朝然。言已亦不解惰。○解音懈。言既遂矣。至于暴矣。箋云言，我也。遂，猶久也。我既久矣，謂三歲之後，見遇浸薄，乃至見酷暴。○浸，子鴆反。兄弟不知。咥其笑矣。傳咥咥然笑。箋云兄弟在家，不知我之見酷暴，若其知之，則咥咥然笑我。○咥，許意反，又許熙反，又之結反。靜言思之。躬自悼矣。傳悼，傷也。箋云靜，安。躬，身也。我安思君子之遇已無終，則身自哀傷。

及爾偕老。老使我怨。箋云及，與也。我欲與女俱至於老，老乎汝反薄我，使我怨也。淇則有岸。隰則有泮。傳泮，坡也。箋云泮讀爲畔。畔，涯也。言淇與隰皆有厓岸以自拱持，今君子放恣心意，曾無所拘制。○泮音判。本亦作陂，非皮反。總角之宴。言笑晏晏。信誓旦旦。傳總角，結髮也。晏晏，和柔也。信誓旦旦然。箋云我爲童女未笄結髮晏晏然之時，女與我言笑晏晏然而和柔，我其以信相誓旦旦耳。言其懇惻款誠。○宴本或作丱者非。不思其反。箋云反，復也。今老而使我怨，曾不念復其前言。反是不思。亦已焉哉。箋云已焉哉，謂此不可奈何，死生自決之辭。

氓六章章十句

竹竿。衛女思歸也。適異國而不見答。思而能以禮者也。

籊籊竹竿。以釣于淇。傳興也。籊籊，長而殺也。釣以得魚，如婦人待禮以成爲室家。○籊，他歷反。殺，色界反。豈

不爾思。遠莫致之。箋云我豈不思與君子爲室家乎。君子疏遠已，已無由致此道。

泉源在左。淇水在右。傳泉源，小水之源。淇水，大水也。箋云小水有流入大水之道，猶婦人有嫁於君子之禮。今水相與爲左右而已，亦以喻已不見答。女子有行。遠兄弟父母。箋云行，道也。女子有道當嫁耳，不以不答而違婦禮。

淇水在右。泉源在左。巧笑之瑳。佩玉之儺。傳瑳，巧笑貌。儺，行有節度。箋云已雖不見答，猶不惡君子，美其容貌與禮儀也。○瑳，七可反。儺，乃旦反。惡，烏路反。

淇水滺滺。檜楫松舟。傳滺滺，流貌。檜，柏葉松身。楫，所以櫂舟也。舟楫相配，得水而行。男女相配，得禮而備。箋云此傷已今不得夫婦之禮。○滺音由。檜，古會反。櫂，直教反。駕言出遊。以寫我憂。傳出遊，思鄉衛之道。箋云適異國而不見答，其除此憂，維有歸耳。○鄉，許亮反。

竹竿四章章四句

芄蘭，刺惠公也。驕而無禮，大夫刺之。箋惠公以幼童即位，自謂有才能而驕慢於大臣，但習威儀，不知為政以禮。○芄音丸

芄蘭之支。傳興也。芄蘭，草也。君子之德當柔潤溫良。箋云：芄蘭柔弱，恒蔓延於地，有所依緣則起。興者，喻幼穉之君任用大臣乃能成其政。童子佩觽。傳觽所以解結，成人之佩也。人君治成人之事，雖童子猶佩觽，早成其德。○觽許規反

雖則佩觽，能不我知。傳不自謂無知以驕慢人也。箋云：此幼穉之君，雖佩觽與，其才能實不如我眾臣之所知為也。惠公自謂有才能而驕慢，所以見刺。容兮遂兮，垂帶悸兮。傳容儀可觀，佩玉遂遂然垂其紳帶，悸悸然有節度。箋云：容，容刀也。遂，瑞也。言惠公佩容刀與瑞及垂紳帶三尺，則悸悸然行止有節度，然其德不稱服。○悸其季反。稱尺證反

芄蘭之葉。箋云：葉猶支也。童子佩韘。傳韘，玦也。能射御則佩韘。箋云：韘之言沓也，所以彄沓手指。○韘失涉反。玦本又作決，音同。彄苦侯反。雖則佩韘，能不我甲。傳甲，狎也。箋云：此君雖佩韘，與其才能實不如我眾臣之所狎習。容兮遂兮，垂帶悸兮。

芄蘭二章章六句

河廣，宋襄公母歸于衛，思而不止，故作是詩也。箋宋桓公夫人，衛文公之妹，生襄公而出。襄公即位，夫人思宋，義不可往，故作詩以自止。

誰謂河廣，一葦杭之。傳杭，渡也。箋云：誰謂河水廣與，一葦加之則可以渡之，喻狹也。今我之不渡，直自不往耳，非為其廣。○為于偽反。誰謂宋遠，跂予望之。箋云：予，我也。誰謂宋國遠與，我跂足則可以望見之，亦喻近也。今我之不往，直以義不往耳，非為其遠。○跂丘豉反

誰謂河廣，曾不容刀。箋云：不容刀，亦喻狹。小船曰舠。誰謂宋遠，曾不崇朝。箋云：崇，終也。行不終朝，亦喻近。

河廣二章章四句

伯兮，刺時也。言君子行役，為王前驅，過時而不反焉。箋衛宣公之時，蔡人、衛人、陳人從王伐鄭，伯也為王前驅久，故家人思之。○為于偽反

伯兮朅兮，邦之桀兮。傳伯，州伯也。朅，武貌。桀，特立也。箋云：伯，君子字也。桀，英桀，言賢也。○朅丘列反。伯也執殳，為王前驅。傳殳長丈二而無刃。箋云：兵車六等，軫也，戈也，人也，殳也，車戟也，酋矛也，皆以四尺為差。○殳市大朱反。酋在由反

自伯之東，首如飛蓬。傳婦人夫不在，無容飾。豈無膏沐，誰適為容。傳適，主也。○適都歷

反。註同

其雨其雨，杲杲出日。傳杲杲然日復出矣。箋云：人言其雨其雨而杲杲然日復出，猶我言伯且來，伯且來，則復不來。○杲古老反。復扶又反。願言思伯，甘心首疾。傳甘，厭也。箋云：願，念也。我念思伯，心不能已，如人心嗜欲所貪口味，不能絕也。我憂思以生首疾。○憂思息嗣反

焉得諼草，言樹之背。傳諼草令人忘憂。背，北堂也。箋云：憂以生疾，恐將危身，欲忘之。○焉於虔反。諼本又作萱。令力呈反。願言思伯，使我心痗。傳痗，病也。○痗音每

伯兮四章章四句

有狐，刺時也。衛之男女失時，喪其妃耦焉。古者國有凶荒，則殺禮而多昏，會男女之無夫家者，所以育人民也。箋育，生長也。

有狐綏綏，在彼淇梁。【傳】興也。綏綏，匹行貌。石絕水曰梁。心之憂矣，之子無裳。【傳】之子，無室家者。在下曰裳，所以配衣也。【箋】云之子，是子也。時婦人喪其妃耦，寡而憂是子無裳，無為作裳者，欲與為室家。

有狐綏綏，在彼淇厲。【傳】厲，深可厲之旁。心之憂矣，之子無帶。【傳】帶所以申束衣。

有狐綏綏，在彼淇側。心之憂矣，之子無服。【傳】言無室家，若人無衣服。

有狐三章，章四句

木瓜，美齊桓公也。衛國有狄人之敗，出處于漕，齊桓公救而封之，遺之車馬器服焉。衛人思之，欲厚報之，而作是詩也。○瓜，古花反。遺，唯季反。

投我以木瓜，報之以瓊琚。【傳】木瓜，楙木也，可食之木。瓊，玉之美者。琚，佩玉名。○琚音居。楙音茂。匪報也，永以為好也。【箋】云匪，非也。我非敢以瓊琚為報木瓜之惠，欲令齊長以為玩好，結己國之恩也。○為好，呼報反，篇內同。

投我以木桃，報之以瓊瑤。【傳】瓊瑤，美玉。匪報也，永以為好也。

投我以木李，報之以瓊玖。【傳】瓊玖，玉名。匪報也，永以為好也。【傳】孔子曰：吾於木瓜見苞苴之禮行。【箋】云以果實相遺者，必苞苴之。尚書曰：厥苞橘柚。○苴，子餘反。柚，餘救反。

木瓜三章，章四句

衛國十篇，三十四章，二百四句

詩經卷三終

詩經卷四

周　卜子夏序

漢　毛公傳　鄭氏箋

國風

王第六

黍離，閔宗周也。周大夫行役至於宗周，過故宗廟宮室，盡為禾黍，閔周室之顛覆，彷徨不忍去，而作是詩也。【箋】宗周，鎬京也，謂之西周。周，王城也，謂之東周。幽王之亂而宗周滅，平王東遷，政遂微弱，下列於諸侯，其詩不能復雅，而同於國風焉。○過，古禾反。覆，芳服反。鎬，胡老反。復，扶又反。

彼黍離離，彼稷之苗。【傳】彼，彼宗廟宮室。【箋】宗廟宮室毀壞，而其地盡為禾黍。我以黍離離時至，稷則尚苗。行邁靡靡，中心搖搖。【傳】邁，行也。靡靡，猶遲遲也。搖搖，憂無所愬。【箋】云行，道也。道行，猶行道也。知我者謂我心憂，【箋】云知我者，知我之情。不知我者謂我何求。【箋】云謂我何求，怪我久留不去。悠悠蒼天，此何人哉。【傳】悠悠，遠意。蒼天，以體言之。尊而君之則稱皇天，元氣廣大則稱昊天，仁覆閔下則稱旻天，自上降鑒則稱上天，據遠視之蒼蒼然則稱蒼天。【箋】云遠乎蒼天，仰愬欲其察己言也。此亡國之君，何等人哉，疾之甚。

彼黍離離，彼稷之穗。【傳】穗，秀也。詩人自黍離離見稷之穗，故歷道其所更見。○穗音遂。更音庚。行邁靡靡，中心如醉。【傳】醉於憂也。知我者謂我心憂，不知我者謂我何求。悠悠蒼天，此何人哉。

彼黍離離，彼稷之實。【傳】自黍離離見稷之實。行邁靡靡，中心如噎。【傳】噎，憂不能息也。

知我者謂我心憂。不知我者謂我何求。悠悠蒼天。此何人哉。

黍離三章章十句

君子于役。刺平王也。君子行役無期度。大夫思其危難以風焉。○難乃旦反　風福鳳反

君子于役。不知其期。曷至哉。【箋】云曷何也。君子于往行役。我不知其反期。何時當來至哉。思之甚。○曷音寒末反　雞棲于塒。日之夕矣。羊牛下來。【傳】鑿牆而棲曰塒。【箋】云雞之將棲日則夕矣。羊牛從下牧地而來。言畜產出入。尚使有期節。至于行役者。乃反不也。○時塒音同　畜許又反　君子于役。如之何勿思。【箋】云行役多危難。我誠思之。

君子于役。不日不月。曷其有佸。【傳】佸會也。【箋】云行役反無日月。何時而有來會期。○佸戶括反　雞棲于桀。日之夕矣。羊牛下括。【傳】雞棲于杙爲桀。括至也。○杙羊職反　君子于役。苟無饑渴。【箋】云苟且也。且得無饑渴。憂其饑渴也。

君子于役二章章八句

君子陽陽。閔周也。君子遭亂。相招爲祿仕。全身遠害而已。【箋】祿仕者苟得祿而已。不求道行。

君子陽陽。左執簧。右招我由房。【傳】陽陽無所用其心也。簧笙也。由用也。國君有房中之樂。【箋】云由從也。君子祿仕在樂官。左手持笙。右手招我。欲使我從之於房中。俱在樂官也。我者君子之友自謂也。時在位有官職也。其樂只且。【箋】云君子遭亂。道不行。其且樂此而已。○樂音洛　且子徐反

君子陶陶。左執翿。右招我由敖。【傳】陶陶和樂貌。翿纛也。翳也。【箋】云翳舞者所持。謂羽舞也。君子左手持羽。右手招我。欲使我從之於燕舞之位。亦俱在樂官也。○陶音遙　翿徒刀反　敖五刀反　纛徒報反　燕本又作宴　其樂只且。

君子陽陽二章章四句

揚之水。刺平王也。不撫其民。而遠屯戍于母家。周人怨思焉。【箋】怨平王恩澤不行於民。而久令屯戍。不得歸。思其鄉里之處者。言周人者。時諸侯亦有使人戍焉。平王母家申國。在陳鄭之南。迫近彊楚。王室微弱。而數見侵伐。王是以戍之。○屯徒門反　戍東遇反　令力呈反　數音朔

揚之水。不流束薪。【傳】興也。揚激揚也。【箋】云激揚之水至湍迅。而不能流移束薪。興者。喻平王政教煩急。而恩澤之令不行于下民。彼其之子。不與我戍申。【傳】戍守也。申姜姓之國。平王之舅。【箋】云之子是子也。彼其是子獨處鄉里。不與我來守申。是思之言也。其或作記。或作已。讀聲相似。○其音記　詩內皆放此　或作已　懷哉懷哉。曷

月予還歸哉。【箋】云懷安也。思鄉里處者。故曰今亦安不哉安不哉。何月我得歸還見之哉。思之甚。

揚之水。不流束楚。【傳】楚木也。彼其之子。不與我戍甫。【傳】甫諸姜也。懷哉懷哉。曷月予還歸哉。

揚之水。不流束蒲。【傳】蒲草也。【箋】云蒲蒲柳。彼其之子。不與我戍許。【傳】許諸姜也。懷哉懷哉。曷月予還歸哉。

揚之水三章章六句

中谷有蓷。閔周也。夫婦日以衰薄。凶年饑饉。室家相棄爾。○蓷吐雷反

中谷有蓷。暵其乾矣。【傳】興也。蓷鵻也。暵菸貌。陸草生于谷中。傷于水。【箋】云興者。喻人居平安之世。猶鵻之生于

陸自然也遇衰亂凶年猶鵻之生谷中得水則病將死○暵音漢鵻音隹菸於據反**有女仳離嘅其嘆矣**傳仳別也箋云有女遇凶年而見棄與其君子別離嘅然而嘆傷己見棄其恩薄○仳徐符鄙反**嘅其嘆矣遇人之艱難矣**傳艱亦難也箋云所以嘅然而嘆者自傷遇君子之窮厄

中谷有蓷暵其修矣傳修且乾也○修如字本或作脩**有女仳離條其歗矣**傳條條然歗也○歗籀文嘯字本又作嘯**條其歗矣遇人之不淑矣**箋云淑善也君子於己不善也

中谷有蓷暵其濕矣傳鵻遇水則濕箋云鵻之傷于水始則濕中而脩久而乾有似君子于己之恩徒用凶年深淺為厚薄**有女仳離啜其泣矣**傳啜泣貌○啜張劣反**啜其泣矣何嗟及矣**箋云及與也泣者傷其君子棄己嗟乎將復何與為室家乎此其有餘厚于君子也○復扶又反

中谷有蓷三章章六句

兔爰閔周也桓王失信諸侯背叛構怨連禍王師傷敗君子不樂其生焉箋不樂其生者寐不欲覺之謂也○樂音洛

有兔爰爰雉離于羅傳興也爰爰緩意鳥網為羅言為政有緩有急用心之不均箋云有緩者有所聽縱也有急者有所躁蹙也**我生之初尚無為**傳尚無成人為也箋云尚庶幾也言我幼稚之時庶幾于無所為謂軍役之事也**我生之後逢此百罹尚寐無吪**傳罹憂吪動也箋云我長大之後乃遇此軍役之多憂今但庶幾于寐不欲見動無所樂生之甚○罹本又作離力知反吪本亦作訛五戈反長張丈反大音代賀反

有兔爰爰雉離于罦傳罦覆車也○罦音浮覆芳服反車赤奢反**我生之初尚無造**傳造偽也**我生之後逢此百憂尚寐無覺**

有兔爰爰雉離于罿傳罿罬也○罿昌鍾反罬張劣反**我生之初尚無庸**傳庸用也箋云庸勞也**我生之後逢此百凶尚寐無聰**傳聰聞也箋云百凶者王構怨連禍之凶

兔爰三章章七句

葛藟王族刺平王也周室道衰棄其九族焉傳九族者據己上至高祖下及玄孫之親○藟力軌反

緜緜葛藟在河之滸傳興也緜緜長不絕之貌水厓曰滸箋云葛藟也生于河之厓得其潤澤以長大而不絕興者喻王之同姓得王之恩施以生長其子孫○滸呼五反長張丈反施始豉反**終遠兄弟謂他人父**傳兄弟之道已相遠矣箋云兄弟猶言族親也王寡于恩施今已遠棄族親矣是我謂他人為己父族人尚親親之辭**謂他人父亦莫我顧**箋云謂他人為己父無恩于我亦無顧眷我之意

緜緜葛藟在河之涘傳涘厓也○涘音俟**終遠兄弟謂他人母**傳王又無母恩**謂他**

人母亦莫我有箋云有識有也

緜緜葛藟在河之漘傳漘水隒也○漘順春反隒魚檢反**終遠兄弟謂他人昆**傳昆兄也**謂他人昆亦莫我聞**箋云不與我相聞命也

葛藟三章章六句

采葛懼讒也箋桓王之時政事不明臣無大小使出者則為讒人所毀故懼之○使所吏反下並同

彼采葛兮一日不見如三月兮傳興也葛所以為絺綌也事雖小一日不見于君憂懼于讒矣箋云興者以采葛喻臣以小事使出

彼采蕭兮一日不見如三秋兮傳蕭所以共祭祀箋云彼采蕭者喻臣以大事使出○共音恭

彼采艾兮一日不見如三歲兮傳艾所以療疾箋云彼采艾者喻臣以急事使出

采葛三章章三句

大車刺周大夫也禮義陵遲男女淫奔故陳古以刺今大夫不能聽男女之訟焉

大車檻檻毳衣如菼傳大車大夫之車檻檻車行聲也毳衣大夫之服菼鵻也蘆之初生者也天子大夫四命其出封五命如子男之服乘其大車檻檻然服毳冕以決訟箋云菼鵻也古者天子大夫服毳冕以巡行邦國而決男女之訟則是子男入為大夫者毳衣之屬衣繢而裳繡皆有五色焉其青者如鵻○檻胡覽反毳尺銳反菼吐敢反鵻本亦作騅音隹亂五患反行下孟反繢胡妹反豈不爾思畏子不敢傳畏子大夫之政終不敢箋云此二句者古之欲淫奔者之辭我豈不思與女以為無禮與畏子大夫來聽訟將罪我故不敢也子者稱所尊敬之辭

大車啍啍毳衣如璊傳啍啍重遲之貌璊赬也○啍他敦反璊音門赬勑貞反豈不爾思畏子不奔

穀則異室死則同穴謂予不信有如皦日傳穀生皦白也生在于室則外內異死則神合同為一也箋云穴謂冢壙中也此章言古之大夫聽訟之政非但不敢淫奔乃使夫婦之禮有別今之大夫不能然反謂我言不信我言之信如白日也刺其闇于古禮○皦古了反壙苦晃反別彼列反

大車三章章四句

丘中有麻思賢也莊王不明賢人放逐國人思之而作是詩也箋思之者思其來已得見之

丘中有麻彼留子嗟傳留大夫氏子嗟字也丘中墝埆之處盡有麻麥草木乃彼子嗟之所治箋云子嗟放逐於朝去治卑賤之職而有功所在則治理所以為賢○墝苦交反埆苦角反彼留子嗟將其來施施傳施施難進之意箋云施施舒行伺閒獨來見己之貌○將鄭七良反下同伺音司

丘中有麥彼留子國傳子國子嗟父箋云言子國使丘中有麥著其世賢彼留子國將其來食傳子國復來我乃得食箋云言其將來食庶其親己己得厚待之○復扶又反

丘中有李彼留之子箋云丘中而有李又留氏之子所治彼留之子貽我佩玖傳玖石次玉者言能遺我美寶箋云留氏之子於思者則朋友之子庶其敬己而遺己也○遺唯季反

丘中有麻三章章四句

王國十篇二十八章百六十二句

鄭第七

緇衣美武公也父子並為周司徒善於其職國人宜之故美其德以明有國善善之功焉箋父謂武公父桓公也司徒之職掌十二教善善者治之有功也鄭國之人皆謂桓公武公居司徒之官正得其宜

緇衣之宜兮敝予又改為兮傳緇黑色卿士聽朝之正服也改更也有德君子宜世居卿士之位焉箋云緇衣者居私朝之服也天子之朝服皮弁服也○朝直遙反下同適子之館兮還予授子之粲兮傳適之館舍粲餐也諸侯入為天子卿士受采祿箋云卿士所之之館在天子之宮如今之諸廬也自館還在采地之都我則設餐以授之愛之欲飲食之○飧蘇尊反飲於鴆反食音嗣

緇衣之好兮敝予又改造兮傳好猶宜也箋云造為也適子之館兮還予授子之粲兮

緇衣之蓆兮敝予又改作兮傳蓆大也箋云作為也○蓆音席適子之館兮還予

授子之粲兮。

緇衣三章章四句

將仲子。刺莊公也。不勝其母以害其弟。弟叔失道而公弗制。祭仲諫而公弗聽。小不忍以致大亂焉。〔箋〕莊公之母、謂武姜、生莊公及弟叔段、段好勇而無禮、公不早爲之所而使驕慢。○將七羊反下及注皆同勝音升祭側界反後放此聽吐丁反好呼報反

將仲子兮。無踰我里。無折我樹杞。〔傳〕將、請也。仲子、祭仲也。踰、越。里、居也。二十五家爲里。杞、木名也。折言傷害也。〔箋〕云、祭仲驟諫、莊公不能用其言、故言請固距之、無踰我里、喻言無干我親戚也、無折我樹杞、喻言無傷害我兄弟也。仲初諫曰、君將與之、臣請事之、君若不與、臣請除之。豈敢愛之。畏我父母。〔箋〕云、段將爲害、我豈敢愛之而不誅與、以父母之故、故不爲也。○段將此一將字如字。仲可懷也。父母之言。亦可畏也。

〔箋〕云、懷私曰懷、言仲子之言可私懷也、我迫于父母、有言不得從也。

將仲子兮。無踰我牆。無折我樹桑。〔傳〕牆、垣也。桑、木之衆也。豈敢愛之。畏我諸兄。〔傳〕諸兄、公族。仲可懷也。諸兄之言。亦可畏也。

將仲子兮。無踰我園。無折我樹檀。〔傳〕園、所以樹木也。檀、彊韌之木。○彊其良反忍本亦作刃同而慎反豈敢愛之。畏人之多言。仲可懷也。人之多言。亦可畏也。

將仲子三章章八句

叔于田。刺莊公也。叔處于京。繕甲治兵。以出于田。國人說而歸之。〔箋〕繕之言善也。甲、鎧也。○說音悅鎧苦愛反

叔于田。巷無居人。〔傳〕叔、大叔段也。田、取禽也。巷、里塗也。〔箋〕云、叔往田、國人注心于叔、似如無人處。○巷學絳反大音泰後大叔皆放此豈無居人。不如叔也。洵美且仁。〔箋〕云、洵、信也。言叔信美好而又仁。○洵蘇遵反

叔于狩。巷無飲酒。〔傳〕冬獵曰狩。〔箋〕云、飲酒、謂燕飲也。豈無飲酒。不如叔也。洵美且好。

叔適野。巷無服馬。〔箋〕云、適、之也。郊外曰野。服馬、猶乘馬也。豈無服馬。不如叔也。洵美且武。〔箋〕云、武、有武節。

叔于田三章章五句

大叔于田。刺莊公也。叔多才而好勇。不義而得衆也。○而勇本或作而好勇好衍字

大叔于田。乘乘馬。〔傳〕叔之從公田也。○叔于田本或作大叔于田者誤乘乘上如字下繩證反執轡如組。兩驂如舞。〔傳〕驂之與服、和諧中節。〔箋〕云、如組者、如織組之爲也、在旁曰驂。○中竹仲反叔在藪。火烈具舉。〔傳〕藪、澤禽之府也。烈、列。具、俱也。〔箋〕云、列人持火俱舉、言衆同心。襢裼暴虎。獻于公所。〔傳〕襢裼、肉袒也。暴虎、空手以搏之。〔箋〕云、獻于公所、進于君也。○襢音但裼素歷反將叔無狃。戒其傷女。〔傳〕狃、習也。〔箋〕云、狃、復也。請叔無復者、愛也。○將七羊反毋音無本亦作無復符又反

叔于田。乘乘黃。〔傳〕四馬皆黃。兩服上襄。兩驂鴈行。〔箋〕云、兩服、中央夾轅者。襄、駕也。上駕者、言爲衆馬之最良也。鴈行者、言與中服相次序。○行戶郎反叔在藪。火烈具揚。〔傳〕揚、揚光也。叔善射忌。又良御忌。〔傳〕忌、辭也。〔箋〕云、良亦善也。忌讀如彼已之子之已。○忌注作已同音記下皆同抑磬控忌。抑縱送忌。〔傳〕騁馬曰磬。止馬曰控。發矢曰縱。從禽曰送。○控口貢反

叔于田。乘乘鴇。傳 驪白雜毛曰鴇。○鴇音保 兩服齊首。傳 馬首齊也。兩驂如手。傳 進止如御者之手。箋云，如人左右手之相佐助也。叔在藪。火烈具阜。傳 阜，盛也。叔馬慢忌。叔發罕忌。傳 慢，遲；罕，希也。箋云，田事且畢，則其馬行遲，發矢希。抑釋掤忌。抑鬯弓忌。傳 掤所以覆矢，鬯弓，弢弓。箋云，射者蓋矢弢弓，言田事畢。○掤音冰

大叔于田三章章十句

清人，刺文公也。高克好利而不顧其君，文公惡而欲遠之不能，使高克將兵而禦狄于竟，陳其師旅，翱翔河上，久而不召，衆散而歸，高克奔陳。公子素惡高克進之不以禮，文公退之不以道，危國亡師之本，故作是詩也。箋 好利不顧其君，注心於利也。禦狄于竟，時狄侵衛。○好呼報反，惡烏路反，將子亮反

清人在彭。駟介旁旁。傳 清，邑也。彭，衛之河上，鄭之郊也。介，甲也。箋云，清者，高克所帥衆之邑也。駟，四馬也。○旁補彭反 二矛重英。河上乎翱翔。傳 重英，矛有英飾也。箋云，二矛，酋矛、夷矛也，各有畫飾。○矛莫侯反，酋在由反

清人在消。駟介麃麃。傳 消，河上地也。麃麃，武貌。○麃表驕反 二矛重喬。河上乎逍遙。傳 重喬，累荷也。箋云，喬，矛矜近上及室題，所以縣毛羽。○荷舊音何，沈胡可反，縣音玄

清人在軸。駟介陶陶。傳 軸，河上地也。陶陶，驅馳之貌。○陶徒報反 左旋右抽。中軍作好。傳 左旋講兵，右抽抽矢以射，居軍中為容好。箋云，左，左人，謂御者。右，車右也。中軍，為將也。高克之為將，久不得歸，日使其御者習旋車，車右抽刃，自居中央，為軍之容好而已。兵車之法，將居鼓下，故御者在左。○好呼報反，將子亮反

清人三章章四句

羔裘，刺朝也。言古之君子，以風其朝焉。箋 言，猶道也。鄭自莊公而賢者陵遲，朝無忠正之臣，故刺之。○朝直遙反，風福鳳反

羔裘如濡。洵直且侯。傳 如濡，潤澤也。洵，均；侯，君也。箋云，緇衣羔裘，諸侯之朝服也。言古朝廷之臣皆忠直且君也。君者，言正其衣冠，尊其瞻視，儼然人望而畏之。○濡音儒，洵徐音荀 彼其之子。舍命不渝。傳 渝，變也。箋云，舍，猶處也。之子，是子也。是子處命不變，謂守死善道，見危授命之等。○舍沈書者反，渝以朱反

羔裘豹飾。孔武有力。傳 豹飾，緣以豹皮也。孔，甚也。○緣悅絹反 彼其之子。邦之司直。傳 司，主也。

羔裘晏兮。三英粲兮。傳 晏，鮮盛貌。三英，三德也。箋云，三德，剛克、柔克、正直也。粲，衆意。彼其之子。邦之彥兮。傳 彥，士之美稱。○稱尺證反

羔裘三章章四句

遵大路，思君子也。莊公失道，君子去之，國人思望焉。

遵大路兮。摻執子之袪兮。傳 遵，循；路，道；摻，擥；袪，袂也。箋云，思望君子，于道中見之，則欲擥持其袂而留之。○摻所覽反，袪起居反，袂面世反 無我惡兮。不寁故也。傳 寁，速也。箋云，子無惡我擥持子之袂，我乃以莊公不速于先君之道使我然。○惡烏路反，注同，寁市坎反

遵大路兮。摻執子之手兮。箋云，言執手者，思望之甚。無我魗兮。不寁好也。傳 魗，棄也。箋云，魗，亦惡也。好，猶善也。子無惡我，我乃以莊公不速于善道使我然。○魗市由反，鄭音醜

遵大路二章章四句

女曰雞鳴刺不說德也陳古義以刺今不說德而好色也（箋）德謂士大夫賓客有德者○說音悅下同好呼報反

女曰雞鳴士曰昧旦（箋）云此夫婦相警覺以夙興言不留色也子興視夜明星有爛（傳）言小星已不見也（箋）云明星尚爛爛然早于别色時○見賢遍反别彼列反將翺將翔弋鳧與鴈（傳）閒于政事則翺翔習射（箋）云弋繳射也言無事則往弋射鳧鴈以待賓客爲燕具○閒音閑繳音灼

弋言加之與子宜之（傳）宜肴也（箋）云言我也子謂賓客也所弋之鳧鴈我以爲加豆之實與君子共肴也宜言飲酒與子偕老（箋）云宜乎我燕樂賓客而飲酒與之俱至老親愛之言也○樂音洛下同琴瑟在御莫不靜好（傳）君子無故不徹琴瑟賓主和樂無不安好

知子之來之雜佩以贈之（傳）雜佩者珩璜琚瑀衝牙之類（箋）云贈送也我若知子之必來我則豫儲雜佩

去則以送子也與異國賓客燕時雖無此物猶言之以致其厚意其若有之固將行之士大夫以君命出使主國之臣必以燕禮樂之助君之歡○珩音衡琚音居瑀音禹使所吏反知子之順之雜佩以問之（傳）問遺也（箋）云順謂與已和順○遺尹季反知子之好之雜佩以報之（箋）云好謂與已同好○好呼報反

女曰雞鳴三章章六句

有女同車刺忽也鄭人刺忽之不昬于齊太子忽嘗有功于齊齊侯請妻之齊女賢而不取卒以無大國之助至於見逐故國人刺之（箋）忽鄭莊公世子祭仲逐之而立突○妻七計反

有女同車顏如舜華（傳）親迎同車也舜木槿也（箋）云鄭人刺忽不取齊女親迎與之同車故稱同車之禮齊女之美○迎魚敬反槿音謹將翺將翔佩玉瓊琚（傳）佩有琚瑀所以納閒彼美孟姜洵美且都（傳）孟姜齊之長女都閑也（箋）云洵信也言孟姜信美好且閑習婦禮○洵恤旬反

有女同行顏如舜英（傳）行行道也英猶華也（箋）云女始乘車壻御輪三周御者代壻將翺將翔佩玉將將（傳）將將鳴玉而後行○將將七羊反彼美孟姜德音不忘（箋）云不忘者後世傳其道德

有女同車二章章六句

山有扶蘇刺忽也所美非美然（箋）言忽所美之人實非美人

山有扶蘇隰有荷華（傳）興也扶蘇扶胥小木也荷華扶渠也其華菡萏言高下大小各得其宜也（箋）云興者扶胥之木生于山喻忽置不正之人于上位也荷華生于隰喻忽置有美德者于下位此言其用臣顛倒失其所也○菡戶感反萏度感反不見子都乃見狂且（傳）子都世之美好者也狂狂人也且辭也（箋）云人之好美色不往覩子都乃反往覩狂醜之人以興忽好善不任用賢者反任用小人其意同○且子餘反好美色呼報反

山有橋松隰有游龍（傳）松木也龍紅草也（箋）云游龍猶放縱也橋松在山上喻忽無恩澤于大臣也紅草放縱枝葉于隰中喻忽聽恣小臣此又言養臣顛倒失其所也不見子充乃見狡童（傳）子充良人也狡童昭公也（箋）云人之好忠良之人不往覩子充乃反往覩狡童狡童有貌而無實○狡古卯反

山有扶蘇二章章四句

蘀兮刺忽也君弱臣強不倡而和也（箋）不倡而和君臣各失其禮不相倡和

蘀兮蘀兮風其吹女（傳）興也蘀槁也人臣待君倡而後和（箋）云槁謂木葉也木葉槁待風乃落興者風喻號令也喻君有政教臣乃行之言此者刺令不然叔兮伯兮倡予和女（傳）叔伯言羣臣長幼也君倡臣和也（箋）云叔伯羣臣相謂也羣臣無其君而行自以強弱相服女倡矣我則將和之言此者刺其自專也叔伯兄弟之稱○長張丈反稱尺證反

蘀兮蘀兮。風其漂女。傳漂，猶吹也。叔兮伯兮。倡予要女。傳要，成也。○要於遙反

蘀兮二章章四句

狡童。刺忽也。不能與賢人圖事。權臣擅命也。箋權臣擅命，祭仲專也。

彼狡童兮。不與我言兮。傳昭公有壯狡之志。箋云，不與我言者，賢者欲與忽圖國之政事，而忽不能受之，故云然。維子之故。使我不能餐兮。傳憂懼不遑餐也。

彼狡童兮。不與我食兮。傳不與賢人共食祿。維子之故。使我不能息兮。傳憂不能息也。

狡童二章章四句

褰裳。思見正也。狂童恣行。國人思大國之正己也。箋狂童恣行，謂突與忽爭國，更出更入，而無大國正之。○褰起連反，行下孟反，更音庚

子惠思我。褰裳涉溱。傳惠，愛也。溱，水名也。箋云，子者，斥大國之正卿。子若愛而思我，我國有突簒國之事，而可征而正之，我則揭衣渡溱水往告難也。○揭欺例反，難乃旦反。子不我思。豈無他人。箋云，言他人者，先鄉齊晉宋衛，後之荊楚。狂童之狂也且。傳狂行童昏所化也。箋云，狂童之人，日為狂行，故使我言此也。○且子餘反，下同

子惠思我。褰裳涉洧。傳洧，水名也。○洧于軌反。子不我思。豈無他士。傳士，事也。箋云，他士，猶他人也。大國之卿，當天子之上士。狂童之狂也且。

褰裳二章章五句

丰。刺亂也。昏姻之道缺。陽倡而陰不和。男行而女不隨。箋昏姻之道，謂嫁娶之禮。○和胡臥反

子之丰兮。俟我乎巷兮。傳丰，豐滿也。巷，門外也。箋云，子，謂親迎者。我，我將嫁者。有親迎我者，面貌丰丰然豐滿，善人也，出門而待我于巷中。○迎魚敬反，下親迎同。悔予不送兮。傳時有違而不至者。箋云，悔乎我不送是子而去也。時不送，則為異人之色，後不得耦而思之。○為于偽反

子之昌兮。俟我乎堂兮。傳昌，盛壯貌。箋云，堂當為棖。棖，門梱上木近邊者。悔予不將兮。傳將，行也。箋云，將亦送也。

衣錦褧衣。裳錦褧裳。傳衣錦褧裳，嫁者之服。箋云，褧，襌也。蓋以襌縠為之中衣，裳用錦而上加襌縠焉，為其文之大著也。庶人之妻嫁服也。士妻紂衣纁袡。叔兮伯兮。駕予與行。傳叔伯，迎己者。箋云，言此者，以前之悔，今則叔也伯也來迎己者，從之，志又易也。○易以豉反

裳錦褧裳。衣錦褧衣。叔兮伯兮。駕予與歸。

丰四章二章章三句二章章四句

東門之墠。刺亂也。男女有不待禮而相奔者也。○墠音善

東門之墠。茹藘在阪。傳東門，城東門也。墠，除地町町者。茹藘，茅蒐也。男女之際，近而易則如東門之墠，遠而難則茹藘在阪。箋云，城東門之外有墠，墠邊有阪，茅蒐生焉。茅蒐之為難淺矣，易越而出，此女欲奔男之辭。○茹音如，藘力於反，阪符板反。其室則邇。其人甚遠。傳邇，近也。得禮則近，不得禮則遠。箋云，其室則近，謂所欲奔男之家，望其來迎己而不來，則為遠。

東門之栗。有踐家室。傳栗，行上栗也。踐，淺也。箋云，栗而在淺家室之內，言易竊取。栗人所啗食而甘耆，故女以自喻也。豈不爾思。子不我即。傳即，就也。箋云，我豈不思望女乎，女不就迎我而俱去耳。

東門之墠二章章四句

風雨，思君子也。亂世則思君子不改其度焉。

風雨淒淒，雞鳴喈喈。傳興也。風且雨淒淒然，雞猶守時而鳴喈喈然。箋云：興者，喻君子雖居亂世，不變改其節度。○喈音皆

既見君子，云胡不夷。傳胡，何。夷，說也。箋云：思而見之，云何而心不說。○說音悅，下同

風雨瀟瀟，雞鳴膠膠。傳瀟瀟，暴疾也。膠膠，猶喈喈也。

既見君子，云胡不瘳。傳瘳，愈也。○瘳勑留反

風雨如晦，雞鳴不已。傳晦，昏也。箋云：已，止也。雞不爲如晦而止不鳴。○爲于僞反

既見君子，云胡不喜。

風雨三章章四句

子衿，刺學校廢也。亂世則學校不修焉。箋鄭國謂學爲校，言可以校正道藝。○衿音金，校力孝反

青青子衿，悠悠我心。傳青衿，青領也。學子之所服。箋云：學子而俱在學校之中，已留彼去，故隨而思之耳。禮，父母在，衣純以青。○純章允反

縱我不往，子寧不嗣音。傳嗣，習也。古者教以詩樂，誦之歌之，絃之舞之。箋云：嗣，續也。女曾不傳聲問我，以恩責其忘己。

青青子佩，悠悠我思。傳佩，佩玉也。士佩瓀珉而青組綬。○瓀如兗反，珉亡巾反

縱我不往，子寧不來。傳不來者，言不一來也。

挑兮達兮，在城闕兮。傳挑達，往來相見貌。乘城而見闕。箋云：國亂，人廢學業，但好登高見於城闕，以候望爲樂。○達他末反，好呼報反，樂音洛

一日不見，如三月兮。傳言禮樂不可一日而廢。箋云：君子之學以文會友，以友輔仁。獨學而無友，則孤陋而寡聞，故思之甚。

子衿三章章四句

揚之水，閔無臣也。君子閔忽之無忠臣良士，終以死亡，而作是詩也。

揚之水，不流束楚。傳揚，激揚也。激揚之水，可謂不能流漂束楚乎。箋云：激揚之水，喻忽政教亂促，不流束楚，言其政不行於臣下。○漂匹妙反

終鮮兄弟，維予與女。箋云：鮮，寡也。忽兄弟爭國，親戚相疑，後竟寡於兄弟之恩，獨我與女有耳。作此詩者，同姓臣也。○鮮息淺反，下同

無信人之言，人實迋女。傳迋，誑也。○迋求往反

揚之水，不流束薪。終鮮兄弟，維予二人。傳二人同心也。箋云：二人者，我身與女忽。無信人之言，人實不信。

揚之水二章章六句

出其東門，閔亂也。公子五爭，兵革不息，男女相棄，民人思保其室家焉。箋公子五爭者，謂突再也，忽、子亹、子儀各一也。

出其東門，有女如雲。傳如雲，衆多也。箋云：有女，謂諸見棄者也。如雲者，如其從風，東西南北，心無有定。

雖則如雲，匪我思存。傳思不存乎相救急。箋云：匪，非也。此如雲者，皆非我思所存也。

縞衣綦巾，聊樂我員。傳縞衣，白色，男服也。綦巾，蒼艾色，女服也。願室家得相樂也。箋云：縞衣綦巾，所爲作者之妻服也。時亦棄之，迫兵革之難，不能相畜，心不忍絕，故言且留樂我員。此思保其室家，窮困不得有其妻，而以衣巾言之，恩不忍斥之。綦，綦文也。○樂音洛，爲于僞反，難乃旦反

出其闉闍。有女如荼。【傳】闉，曲城也。闍，城臺也。荼，英荼也。言皆喪服也。【箋】云：闉讀當如彼都人士之都，謂國外曲城之中，市里也。荼，茅秀，物之輕者，飛行無常。○闉音因，闍鄭郭音都，徐止奢反，秀本或作莠。雖則如荼。匪我思且。【箋】云：匪我思且，猶非我思存也。○且音徂。縞衣茹藘。聊可與娛。【傳】茹藘，茅蒐之染女服也。娛，樂也。【箋】云：茅蒐染巾也。聊可與娛，且可留與我為樂，心欲留之言也。

出其東門二章章六句

野有蔓草。思遇時也。君之澤不下流。民窮於兵革。男女失時。思不期而會焉。【箋】不期而會，謂不相與期而自俱會。

野有蔓草。零露漙兮。【傳】興也。野，四郊之外。蔓，延也。漙漙然盛多也。【箋】云：零，落也。蔓草而有露，謂仲春之時，草始生，霜為露也。周禮仲春之月，令會男女之無夫家者。有美一人。清揚婉兮。邂逅相遇。適我願兮。【傳】清揚，眉目之間婉然美也。邂逅，不期而會，適其時願。

野有蔓草。零露瀼瀼。【傳】瀼瀼，盛貌。有美一人。婉如清揚。邂逅相遇。與子偕臧。【傳】臧，善也。

野有蔓草二章章六句

溱洧。刺亂也。兵革不息。男女相棄。淫風大行。莫之能救焉。【箋】救猶止也。亂者，士與女合會溱洧之上。

溱與洧。方渙渙兮。【傳】溱洧，鄭兩水名。渙渙，盛也。【箋】云：仲春之時，水以釋，來則渙渙然。○渙韓詩作洹，音丸。士與女。方秉蕑兮。【傳】蕑，蘭也。【箋】云：男女相棄，各無匹偶，感春氣並出，託采芬香之草，而為淫泆之行。○蕑古顏反，行下孟反。女曰觀乎。士曰既且。【箋】云：女曰觀乎，欲與士觀於寬閒之處。既，已也。士曰已觀矣，未從之也。○且音徂，閒音閑。且往觀乎。洧之外。洵訏且樂。【傳】訏，大也。【箋】云：洵，信也。女情急，故勸男使往觀於洧之外，言其土地信寬大又樂也。于是男則往也。○洵息旬反，訏況于反，樂音洛。維士與女。伊其相謔。贈之以勺藥。【傳】勺藥，香草。【箋】云：伊，因也。士與女往觀，因相與戲謔，行夫婦之事。其別，則送女以勺藥，結恩情也。

溱與洧。瀏其清矣。【傳】瀏，深貌。○瀏音留。士與女。殷其盈矣。【傳】殷，衆也。女曰觀乎。士曰既且。且往觀乎。洧之外。洵訏且樂。維士與女。伊其將謔。贈之以勺藥。【箋】云：將，大也。

溱洧二章章十二句

鄭國二十一篇五十三章二百八十三句

詩經卷四終

詩經卷五

周　卜子夏序

漢　毛公傳
　　鄭氏箋

國風

齊第八

雞鳴思賢妃也哀公荒淫怠慢故陳賢妃貞女夙夜警戒相成之道焉

雞既鳴矣朝既盈矣傳雞鳴而夫人作朝盈而君作箋云雞鳴朝盈夫人也君也可以起之常禮○朝直遙反匪雞則鳴蒼蠅之聲傳蒼蠅之聲有似遠雞之鳴箋云夫人以蠅聲爲雞鳴則起早于常禮敬也

東方明矣朝既昌矣傳東方明則夫人纚笄而朝朝已昌盛則君聽朝箋云東方明朝既昌亦夫人也君也可以朝之常禮君日出而視朝○纚色蟹反笄古兮反何霜綺反匪東方則明月出之光傳見月出之光以爲東方明箋云夫人以月光爲東方明則朝亦敬也

蟲飛薨薨甘與子同夢傳古之夫人配其君子亦不忘其敬箋云蟲飛薨薨東方早明之時我猶樂與子臥而同夢言親愛之無已○夢呼弘反妃音配本亦作配樂音岳會且歸矣無庶予子憎傳會會于朝也卿大夫朝會于君朝聽政夕歸治其家事無庶予子憎無見惡于夫人箋云庶眾也蟲飛薨薨所以當起者卿大夫朝者且罷歸故也無使眾臣以我故憎惡于子戒之也○且七也反朝會如字惡烏路反夫音符

雞鳴三章章四句

還刺荒也哀公好田獵從禽獸而無厭國人化之遂成風俗習於田獵謂之賢閑於馳逐謂之好焉傳荒謂政事廢亂○還音旋好呼報反厭於豔反又於占反本或作饜

子之還兮遭我乎峱之閒兮傳還便捷之貌峱山名箋云子也我也皆士大夫也俱出田獵而相遭也○峱乃刀反並驅從兩肩兮揖我謂我儇兮傳從逐也獸三歲曰肩儇利也箋云並併也子也我也併驅而逐禽獸子則揖耦我謂我儇譽之也譽之者以報前言還也○儇許全反

子之茂兮遭我乎峱之道兮傳茂美也並驅從兩牡兮揖我謂我好兮箋云譽之言好者以報前言茂也

子之昌兮遭我乎峱之陽兮傳昌盛也箋云昌佼好貌○佼古卯反本又作姣並驅從兩狼兮揖我謂我臧兮傳狼獸名臧善也

還三章章四句

著刺時也時不親迎也傳時不親迎故陳親迎之禮以刺之○著直居反又直據反迎魚敬反

俟我於著乎而充耳以素乎而傳俟待也門屏之間曰著素象瑱箋云我嫁者自謂也待我于著謂從君子而出至于著君子揖之時也我視君子則以素爲充耳謂所以懸瑱者或名爲紞織之人君五色臣則三色而已此言素者目所先見而云尚之以瓊華乎而傳瓊華美石士之服也箋云尚猶飾也飾之以瓊華者謂懸紞之末所謂瑱也人君以玉爲瓊華石色似瓊也

俟我於庭乎而充耳以青乎而傳青青玉箋云待我于庭謂揖我於庭時青紞之青尚之以瓊瑩乎而傳瓊瑩石似玉卿大夫之服也箋云石色似瓊似瑩也

俟我於堂乎而充耳以黃乎而傳黃黃玉箋云黃紞之黃尚之以瓊英乎而傳瓊

英美石似玉者人君之服也箋云瓊英猶瓊華也

著三章章三句

東方之日刺衰也君臣失道男女淫奔不能以禮化也○刺衰色追反

東方之日兮彼姝者子在我室兮傳興也日出東方人君明盛無不照察也姝者初昏之貌箋云言東方之日者愬之乎耳有姝然美好之子來在我室欲與我爲室家我無如之何也日在東方其明未融興者喻君不明

在我室兮履我即兮傳履禮也箋云即就也在我室者以禮來我則就之與之去也言今者之子不以禮來也

東方之月兮彼姝者子在我闥兮傳月盛于東方君明于上若日也臣察于下若月也闥門內也箋云月以興臣月在東方亦言不明在我闥兮履我發兮傳發行也箋云以禮來則我行而與之去

東方之日二章章五句

東方未明刺無節也朝廷興居無節號令不時挈壺氏不能掌其職焉傳號令猶召呼也挈壺氏掌漏刻者○朝直遙反

東方未明顛倒衣裳傳上曰衣下曰裳箋云挈壺氏失漏刻之節東方未明而以爲明故羣臣促遽顛倒衣裳羣臣之朝別色始入○別彼列反

顛之倒之自公召之箋云自從也羣臣顛倒衣裳而朝人又從君所來而召之漏刻失節君又早興

東方未晞顛倒裳衣傳晞明之始升

倒之顛之自公令之傳令告也

折柳樊圃狂夫瞿瞿傳柳柔脆之木樊藩也圃菜園也折柳以爲藩園無益于禁矣瞿瞿無守之貌古者有挈壺氏以水火分日夜以告時于朝箋云柳木之不可以爲藩猶是狂夫不任挈壺氏之事○脆七歲反藩方元反

不能辰夜不夙則莫傳辰時夙早莫晚也箋云此言不任其事者恒失節數也○莫音暮

東方未明三章章四句

南山刺襄公也鳥獸之行淫乎其妹大夫遇是惡作詩而去之箋襄公之妹魯桓公夫人文姜也襄公素與淫通及嫁公謫之公與夫人如齊夫人愬之襄公襄公使公子彭生乘公而搤殺之夫人久留于齊莊公即位後乃來猶復會齊侯于禚于祝丘又如齊師齊大夫見襄公行惡如是作詩以刺之又非魯桓公不能禁制夫人而去之○之行下孟反搤於革反拉郎答反復扶又反禚音灼狩下孟反

南山崔崔雄狐綏綏傳興也南山齊南山也崔崔高大也國君尊嚴如南山崔崔然雄狐相隨綏綏然無別失陰陽之匹箋云雄狐行求匹耦于南山之上形貌綏綏然興者喻襄公居人君之尊而爲淫泆之行其威儀可恥惡如狐○別彼列反惡烏路反

魯道有蕩齊子由歸傳蕩平易也齊子文姜也箋云婦人謂嫁曰歸言文姜既以禮從此道嫁于魯侯也○易夷豉反

既曰歸止曷又懷止傳懷思也箋云懷來也言文姜既曰嫁于魯侯矣何復來爲乎非其來也

葛屨五兩冠緌雙止傳葛屨服之賤者冠緌服之尊者箋云葛屨五兩喻文姜與姪娣及傅姆同處冠緌喻襄公也五人爲奇而襄公往從而雙之冠屨不宜同處猶襄公文姜不宜爲夫婦之道○兩王肅如字沈音亮緌如誰反姆音茂奇居宜反

魯道有蕩齊子庸止傳庸用也

既曰庸止曷又從止箋云此言文姜既用此道嫁于魯侯襄公何復逆而從之爲淫泆之行

蓺麻如之何衡從其畝傳蓺樹也衡獵之從獵之種之然後得麻箋云樹麻者必先耕治其田然後樹之以言人君取妻必先議於父母○衡音橫

取妻如之何必告父母傳必告父母廟箋云取妻之禮議於生者卜於死者此之謂告○取七喻反

既曰告止曷又鞠止傳鞠窮也箋云鞠盈也魯侯女既告父母

而取何復盭從令至于齊乎、又非魯恒。○令力呈反

析薪如之何。匪斧不克。傳克、能也。箋云、此言析薪必待斧乃能也。取妻如之何。匪媒不得。箋云、此言取妻必待媒乃得也。既曰得止。曷又極止。傳極、至也。箋云、女既以媒得之矣、何不禁制、而恣極其邪意、令至齊乎、又非魯桓。

南山四章章六句

甫田、大夫刺襄公也。無禮義而求大功。不修德而求諸侯。志大心勞。所以求者非其道也。

無田甫田。維莠驕驕。傳興也。甫、大也。大田過度、而無人功、終不能獲。箋云、興者喻人君欲立功致治、必勤身修德積小以成高大。○甫音佃。無思遠人。勞心忉忉。傳忉忉、憂勞也。箋云、無德而求諸侯、徒勞其心忉忉耳。○忉音刀

無田甫田。維莠桀桀。傳桀桀、猶驕驕也。無思遠人。勞心怛怛。傳怛怛、猶忉忉也。

婉兮孌兮。總角丱兮。未幾見兮。突而弁兮。傳婉孌、少好貌。總角、聚兩髦也。丱、幼穉也。弁、冠也。箋云、人君內善其身、外修其德、居無幾何、可以立功、猶是婉孌之童子、少自修飾、丱然而穉、見之無幾何、突耳加冠爲成人也。○孌力轉反。丱古患反。弁皮卷反。髦音毛。少詩照反

甫田三章章四句

盧令、刺荒也。襄公好田獵畢弋、而不修民事、百姓苦之。故陳古以風焉。箋云、畢、噣也。弋、繳射也。○令音零、下同。好呼報反。風福鳳反。噣直角反。繳音灼

盧令令。其人美且仁。傳盧、田犬。令令、纓環聲。言人君能有美德、盡其仁愛、百姓欣而奉之、愛而樂之、順時遊田、與百姓共其樂、同其獲、故百姓聞而說之、其聲令令然。○樂音洛。說音悅

盧重環。傳重環、子母環也。○重直龍反。其人美且鬈。傳鬈、好貌。箋云、鬈讀當爲權、權、勇壯也。○鬈音權

盧重鋂。傳鋂、一環貫二也。○鋂音梅。其人美且偲。傳偲、才也。箋云、才、多才也。○偲七才反

盧令三章章二句

敝笱、刺文姜也。齊人惡魯桓公微弱、不能防閑文姜、使至淫亂、爲二國患焉。○敝本又作弊。笱古口反。惡烏路反

敝笱在梁。其魚魴鰥。傳興也。鰥、大魚。箋云、鰥、魚子也。魴也鰥也、魚之易制者、然而敝敗之笱不能制。興者喻魯桓微弱、不能防閑文姜、終其初時之婉順。○魴音房。易夷豉反。齊子歸止。其從如雲。傳如雲、言盛也。箋云、其從、姪娣之屬。言文姜初嫁于魯桓之時、其從者之心意如雲然、雲之行、順風耳、後知魯桓微弱、文姜遂淫恣、從者亦隨之爲

惡。○從才用反

敝笱在梁。其魚魴鱮。傳魴鱮、大魚。箋云、鱮似魴而弱鱗。齊子歸止。其從如雨。傳如雨、言多也。箋云、如雨、言無常、天下之則下、天不下則止、以言姪娣之善惡、亦文姜所使止。

敝笱在梁。其魚唯唯。傳唯唯、出入不制。箋云、唯唯、行相隨順之貌。齊子歸止。其從如水。傳水、喻衆也。箋云、水之性、可停可行、亦言姪娣之善惡在文姜也。

敝笱三章章四句

載驅、齊人刺襄公也。無禮義、故盛其車服、疾驅於通道大都、與文姜淫播其惡於萬民焉。箋云、故、猶端也。

載驅薄薄。簟茀朱鞹。傳薄薄、疾驅聲也。簟、方文席也。車之蔽曰茀。諸侯之路車、有朱革之質而羽飾。箋云、此車

襄公乃乘焉而來與文姜會。薄普各反、茀音弗、鞹苦郭反、魯道有蕩。齊子發夕。〔傳〕發夕、自夕發至旦、〔箋〕云、襄公既無禮義、乃疾驅其乘車以入魯境、魯之道路平易、文姜發夕由之往會焉、會無慙恥之色、○乘繩證反、境音竟、易夷鼓反

四驪濟濟。垂轡濔濔。〔傳〕四驪、言物色盛也、濟濟、美貌、垂轡、轡之垂者、濔濔、衆也、〔箋〕云、此又刺襄公乘是四驪而來、徒爲淫亂之行、○濟子禮反、濔本亦作瀰、同乃禮反、行下孟反、魯道有蕩。齊子豈弟。〔傳〕言文姜于是樂易然、〔箋〕云、此豈弟猶言發夕也、豈讀當爲闓、弟古文尚書以弟爲圛、圛明也、○豈開改反、樂音洛、闓音開、圛音亦、

汶水湯湯。行人彭彭。〔傳〕湯湯、大貌、彭彭、多貌、〔箋〕云、汶水之上、蓋有都焉、襄公與文姜時所會、○汶音問、彭必旁反、魯道有蕩。齊子翺翔。〔傳〕翺翔、猶彷徉也、

汶水滔滔。行人儦儦。〔傳〕滔滔、流貌、儦儦、衆貌、○儦表驕反、魯道有蕩。齊子遊敖。

載驅四章章四句

猗嗟。刺魯莊公也。齊人傷魯莊公有威儀技藝。然而不能以禮防閑其母。失子之道。人以爲齊侯之子焉。

猗嗟昌兮。頎而長兮。〔傳〕猗嗟、歎辭、昌、盛也、頎、長貌、〔箋〕云、昌、佼好貌、○頎音祈、抑若揚兮。〔傳〕抑、美色、揚、廣揚、美目揚兮。〔傳〕好目揚眉、巧趨蹌兮。射則臧兮。〔傳〕蹌、巧趨貌、〔箋〕云、臧、善也、

猗嗟名兮。美目清兮。〔傳〕目上爲名、目下爲清、儀既成兮。終日射侯。不出正兮。展我甥兮。〔傳〕二尺曰正、外孫曰甥、〔箋〕云、成猶備也、正所以射于侯中者、天子五正、諸侯三正、大夫二正、士一正、外皆居其侯中參分之一焉、展、誠也、姊妹之子曰甥、容貌技藝如此、誠我齊之甥、言誠者、拒時人言齊侯之子、○射食亦反、正音征、參七南反、又音三、

猗嗟孌兮。〔傳〕孌、壯好貌、清揚婉兮。〔傳〕婉、好眉目也、舞則選兮。射則貫兮。〔傳〕選、齊、貫、中也、〔箋〕云、選者、謂于倫等最上、貫、習也、○選雪戀反、貫毛古亂反、鄭古患反、中張仲反、四矢反兮。以禦亂兮。〔傳〕四矢、乘矢、〔箋〕云、反、復也、禮射三而止、每射四矢皆得其故處、此之謂復、射必四矢者、象其能禦四方之亂也、○乘繩證反、

猗嗟三章章六句

齊國十一篇二十四章百四十三句

魏第九

葛屨。刺褊也。魏地陿隘。其民機巧趨利。其君儉嗇褊急。而無德以將之。〔箋〕儉嗇而無德、是其所以見侵削、

糾糾葛屨。可以履霜。〔傳〕糾糾、猶繚繚也、夏葛屨、冬皮屨、葛屨非所以履霜、〔箋〕云、葛屨賤、皮屨貴、魏俗至冬猶謂葛屨可以履霜、利其賤也、摻摻女手。可以縫裳。〔傳〕摻摻、猶纖纖也、婦人三月廟見、然後執婦功、〔箋〕云、言女手者、未三月、未成爲婦、裳、男子之下服、賤、又未可使縫、魏俗使未三月婦縫裳者、利其事也、○摻所銜反、說文作攕、山廉反、見賢遍反、要之襋之。好人服之。〔傳〕要、褸也、襋、領也、好人、好女手之人、〔箋〕云、服、整也、褸也、領也、在上、好人尚可使整治之、謂屬著之、○要於遙反、襋紀力反、屬音燭、著直略反

好人提提。宛然左辟。佩其象揥。〔傳〕提提、安諦也、宛辟貌、婦至門、夫揖而入、不敢當尊、宛然而左辟、象揥所以爲飾、〔箋〕云、婦新至、愼於威儀如是、使之非禮、○辟音避、揥勑帝反、維是褊心。是以爲刺。〔箋〕云、魏俗所以然者、是君心褊急、無德教使之耳、我是以刺之、

葛屨二章一章六句一章五句

汾沮洳。刺儉也。其君儉以能勤。刺不得禮也。○汾扶云反、洳如預反、

彼汾沮洳。言采其莫。〔傳〕汾水也。沮洳其漸洳者。莫菜也。〔箋〕云言我也。下彼汾水漸洳之中。我采其莫以爲菜。是儉以能勤。○莫音暮。漸接廉反。彼其之子。美無度。〔箋〕云之子是子也。是子之德美無有度。言不可尺寸。美無度。殊異乎公路。〔傳〕路車也。〔箋〕云是子之德美信無度矣。雖然其采莫之事。則非公路之禮也。公路主君之軞車。庶子爲之。晉趙盾爲軞車之族是也。○軞本作旄音毛

彼汾一方。言采其桑。〔箋〕云采桑親蠶事也。彼其之子。美如英。〔傳〕萬人爲英。美如英。殊異乎公行。〔傳〕公行從公之行也。〔箋〕云從公之行者。主君兵車之行列。○行戶郎反

彼汾一曲。言采其藚。〔傳〕藚水舄也。○藚音續。舄音昔。彼其之子。美如玉。美如玉。殊異乎公族。〔傳〕公族公屬。〔箋〕云公族主君同姓昭穆也

汾沮洳三章章六句

園有桃。刺時也。大夫憂其君國小而迫。而儉以嗇。不能用其民。而無德教。日以侵削。故作是詩也。

園有桃。其實之殽。〔傳〕興也。園有桃其實之殽。國有民得其力。〔箋〕云魏君薄公稅。省國用。不取于民。食國桃而已。不施德教。民無以戰。其侵削之由由是也。○肴色顏反。心之憂矣。我歌且謠。〔傳〕曲合樂曰歌。徒歌曰謠。〔箋〕云我心憂君之行如此。故歌謠以寫我憂矣。○行下孟反。不知我者。謂我士也驕。〔箋〕云士事也。不知我所爲歌謠之意者。反謂我于君事驕逸故。○爲于僞反。下所爲皆同。彼人是哉。子曰何其。〔傳〕夫人謂我欲何爲乎。〔箋〕云彼人謂君也。曰于也。不知我所爲憂者。既非責我。又曰君儉而嗇。所行是其道哉。子于此憂之何乎。○何其音基。下章同。夫人音符。心之憂矣。其誰知之。〔箋〕云知是則衆臣無知我憂所爲也。其誰知之。蓋亦勿思。〔箋〕云無知我憂所爲者。則宜無復思念之以自正也。衆不信我。或時謂我謗君。使我得罪也。

園有棘。其實之食。〔傳〕棘棗也。心之憂矣。聊以行國。〔箋〕云聊且略之辭也。聊出行于國中。觀民事以寫憂。不知我者。謂我士也罔極。〔傳〕極中也。〔箋〕云見我聊出行于國中。謂我于君事無中正。彼人是哉。子曰何其。心之憂矣。其誰知之。其誰知之。蓋亦勿思。

園有桃二章章十二句

陟岵。孝子行役。思念父母也。國迫而數侵削。役乎大國。父母兄弟離散。而作是詩也。〔箋〕云役乎大國者。爲大國所徵發。○岵音戶。數音朔

陟彼岵兮。瞻望父兮。〔傳〕山無草木曰岵。〔箋〕云孝子行役。思其父之戒。乃登彼岵山。以遙瞻望其父所在之處。父曰嗟予子。行役夙夜無已。〔箋〕云予我。夙早。夜莫也。無已無解倦。○莫音暮。解音介。上慎旃哉。猶來無止。〔傳〕旃之。猶可也。父尚義。〔箋〕云止者。謂在軍事作部列時。

陟彼屺兮。瞻望母兮。〔傳〕山有草木曰屺。〔箋〕云此又思母之戒。而登屺山而望之也。母曰嗟予季。行役夙夜無寐。〔傳〕季少子也。無寐無耆寐也。○少詩照反。耆常志反。上慎旃哉。猶來無棄。〔傳〕母尚恩也。

陟彼岡兮。瞻望兄兮。兄曰嗟予弟。行役夙夜必偕。〔傳〕偕俱也。上慎旃哉。猶來無死。〔傳〕兄尚親也。

陟岵三章章六句

十畝之間。刺時也。言其國削小。民無所居焉。

十畝之間兮。桑者閑閑兮。〔傳〕閑閑然男女無別往來之貌。〔箋〕云古者一夫百畝。今十畝之間。往來者閑閑然。削小之甚。○別彼列反。行與子還兮。〔傳〕或行來者。或來還者。○還本亦作旋

十畝之外兮。桑者泄泄兮。傳泄泄，多人之貌。行與子逝兮。箋云，逝，逮也。

十畝之間二章章三句

伐檀刺貪也。在位貪鄙，無功而受祿，君子不得進仕爾。

坎坎伐檀兮，寘之河之干兮，河水清且漣猗。傳坎坎，伐檀聲。寘，置也。干，厓也。風行水成文曰漣。伐檀以俟世用，若俟河水清且漣。箋云，是謂君子之人，不得進仕也。○猗亦作漪。不稼不穡，胡取禾三百廛兮。不狩不獵，胡瞻爾庭有縣貆兮。傳種之曰稼，斂之曰穡。一夫之居曰廛。貆，獸名。箋云，是謂在位貪鄙，無功而受祿也。冬獵曰狩，宵田曰獵。胡，何也。貉子曰貆。○縣音玄，下皆同。貆本亦作狟，音桓。貉，户各反。彼君子兮，不素餐兮。傳素，空也。箋云，彼君子者，斥伐檀之人，仕有功乃肯受祿。○餐，七丹反。

坎坎伐輻兮，寘之河之側兮，河水清且直猗。傳輻，檀輻也。側，猶厓也。直，直波也。○輻音福。不稼不穡，胡取禾三百億兮。不狩不獵，胡瞻爾庭有縣特兮。傳萬萬曰億。獸三歲曰特。箋云，十萬曰億。三百億，禾秉之數。彼君子兮，不素食兮。

坎坎伐輪兮，寘之河之漘兮，河水清且淪猗。傳檀可以為輪。漘，厓也。小風水成文，轉如輪也。○漘，順倫反。不稼不穡，胡取禾三百囷兮。不狩不獵，胡瞻爾庭有縣鶉兮。傳圓者為囷。鶉，鳥也。○囷，丘倫反。鶉音純。彼君子兮，不素飧兮。傳熟食曰飧。箋云，飧讀如魚飧之飧。○飧，素門反。

伐檀三章章九句

碩鼠刺重斂也。國人刺其君重斂，蠶食於民，不修其政，貪而畏人，若大鼠也。

碩鼠碩鼠，無食我黍。三歲貫女，莫我肯顧。傳貫，事也。箋云，碩，大也。大鼠大鼠者，斥其君也。女無復食我黍，疾其稅斂之多也。我事女三歲矣，曾無教令恩德來顧眷我，又疾其不修政也。古者三年大比，民或于是徙。○貫，古亂反。復，扶又反。比，毗志反。逝將去女，適彼樂土。箋云，逝，往也。往矣將去女，與之訣別之辭。樂土，有德之國。○樂音洛。樂土樂土，爰得我所。箋云，爰，曰也。

碩鼠碩鼠，無食我麥。三歲貫女，莫我肯德。箋云，不肯施德于我。逝將去女，適彼樂國。樂國樂國，爰得我直。傳直，得其直道。箋云，直，猶正也。

碩鼠碩鼠，無食我苗。傳苗，嘉穀也。三歲貫女，莫我肯勞。箋云，不肯勞來我。逝將去女，適彼樂郊。箋云，郭外曰郊。樂郊樂郊，誰之永號。傳號，呼也。箋云，之，往也。永，歌也。樂郊之地，誰獨當往而歌號者，言皆喜說無憂苦。○號，户毛反。註同。呼，火故反。說音悅。

碩鼠三章章八句

魏國七篇十八章百二十八句

詩經卷六

周　卜子夏序

漢　毛公傳　鄭氏箋

國風

唐第十

蟋蟀。刺晉僖公也。儉不中禮。故作是詩以閔之。欲其及時以禮自虞樂也。此晉也而謂之唐。本其風俗憂深思遠。儉而用禮。乃有堯之遺風焉。箋憂深思遠。謂宛其死矣百歲之後之類也。○蟋蟀上音悉下所律反中丁仲反樂音洛下皆同思息嗣反

蟋蟀在堂。歲聿其莫。今我不樂。日月其除。傳蟋蟀。蛬也。九月在堂。聿。遂。除。去也。箋云。我。我僖公也。蛬在堂。歲時之候。是時農功畢。君可以自樂矣。今不自樂。日月且過去。不復暇爲之。謂十二月當復命農計耦耕事。○聿允橘反莫音暮除直慮反蛬俱勇反復扶又反　無已大康。職思其居。傳已。甚。康。樂。職。主也。箋云。君雖當自樂。亦無甚大樂。欲其用禮爲節也。又當主思于所居之事。謂國中政令。○大音泰居協韻音據　好樂無荒。良士瞿瞿。傳荒。大也。瞿瞿然顧禮義也。箋云。荒。廢亂也。良。善也。君之好樂。不當至于廢亂政事。當如善士瞿瞿然顧禮義也。○好呼報反瞿俱具反

蟋蟀在堂。歲聿其逝。今我不樂。日月其邁。傳邁。行也。無已大康。職思其外。傳外。禮樂之外。箋云。外。謂國外至四境。○禮樂音岳　好樂無荒。良士蹶蹶。傳蹶蹶。動而敏于事。

蟋蟀在堂。役車其休。箋云。庶人乘役車。役車休。農功畢。無事也。今我不樂。日月其慆。傳慆。慆過也。無已大康。職思其憂。傳憂。可憂也。箋云。憂者。謂鄰國侵伐之憂。好樂無荒。良士休休。傳休休。樂道之心。

蟋蟀三章章八句

山有樞。刺晉昭公也。不能修道以正其國。有財不能用。有鍾鼓不能以自樂。有朝廷不能洒埽。政荒民散。將以危亡。四鄰謀取其國家而不知。國人作詩以刺之也。○樞本或作蓲烏侯反樂音洛朝直遥反洒所懈反埽蘇報反本作掃

山有樞。隰有榆。傳興也。樞。荎也。國君有財貨而不能用。如山隰不能自用其財。○荎田節反　子有衣裳。弗曳弗婁。子有車馬。弗馳弗驅。傳婁亦曳也。○曳以世反　宛其死矣。他人是愉。傳宛。死貌。愉。樂也。箋云。愉讀曰偷。偷。取也。○愉毛以朱反鄭作偷

山有栲。隰有杻。傳栲。山樗。杻。檍也。○栲音考杻女九反樗勅書反檍於力反　子有廷内。弗洒弗埽。子有鍾鼓。弗鼓弗考。傳洒。灑也。考。擊也。宛其死矣。他人是保。傳保。安也。箋云。保。居也。

山有漆。隰有栗。子有酒食。何不日鼓瑟。傳君子無故。琴瑟不離於側。○離力智反　且以喜樂。且以永日。傳永。引也。宛其死矣。他人入室。

山有樞三章章八句

揚之水。刺晉昭公也。昭公分國以封沃。沃盛彊。昭公微弱。國人將叛而歸沃焉。箋封沃者。封叔父桓叔于沃也。沃。曲沃。晉之邑也。

揚之水。白石鑿鑿。【傳】興也。鑿鑿然鮮明貌。【箋】云、激揚之水、激流湍疾、洗去垢濁、使白石鑿鑿然、興者喻桓叔盛強、除民所惡、民得以有禮義也。○惡烏路反 素衣朱襮。從子于沃。【傳】襮領也。諸侯繡黼、丹朱中衣。沃、曲沃也。【箋】云、繡當爲綃、綃黼丹朱中衣、中衣以綃黼爲領、丹朱爲純也。國人欲進此服、去從桓叔。○襮音博純章允反 既見君子。云何不樂。【箋】云、君子、謂桓叔。○樂音洛

揚之水。白石皓皓。【傳】皓皓、潔白也。素衣朱繡。從子于鵠。【傳】繡黼也。鵠、曲沃邑也。既見君子。云何其憂。【傳】言無憂也。

揚之水。白石粼粼。【傳】粼粼、清澈也。○粼本又作磷同激直列反 我聞有命。不敢以告人。【傳】聞曲沃有善政命、不敢以告人。【箋】云、不敢以告人而去者、畏昭公謂已動民心。

揚之水三章二章章六句一章四句

詩經　卷六　國風唐　三　永懷堂

椒聊。刺晉昭公也。君子見沃之盛彊。能修其政。知其蕃衍盛大。子孫將有晉國焉。

椒聊之實。蕃衍盈升。【傳】興也。椒聊、椒也。【箋】云、椒之性芬香而少實、今一捄之實、蕃衍滿升、非其常也。興者、喻桓叔、晉君之支別耳、今其子孫衆多、將日以盛也。○捄音求何音掬 彼其之子。碩大無朋。【傳】朋、比也。【箋】云、之子、是子也、謂桓叔也。碩謂壯貌、佼好也。大、謂德美廣博也。無朋、平均不朋黨。○比必履反申毛作毗至反 椒聊且。遠條且。【傳】條、長也。【箋】云、椒之氣日益遠長、似桓叔之德彌廣博。○且子餘反

椒聊之實。蕃衍盈匊。【傳】兩手曰匊。○匊本又作掬 彼其之子。碩大且篤。【傳】篤、厚也。椒聊且。遠條且。【傳】言聲之遠聞也。

椒聊二章章六句

綢繆。刺晉亂也。國亂則婚姻不得其時焉。【箋】不得其時、謂不及仲春之月、

綢繆束薪。三星在天。【傳】興也。綢繆猶纏綿也。三星、參也。在天、謂始見東方也。男女待禮而成、若薪芻待人事而後束也。三星在天、可以嫁娶矣。【箋】云、三星謂心星也。心有尊卑、夫婦父子之象、又爲二月之合宿、故嫁娶者以爲候焉。昏而火星不見、嫁娶之時也。今我束薪于野、乃見其在天、則三月之末、四月之中、見于東方矣、故云不得其時。○參所金反見賢遍反宿音秀 今夕何夕。見此良人。【傳】良人、美室也。【箋】云、今夕何夕者、言此夕何月之夕乎、而女以見良人、言非其時。子兮子兮。如此良人何。【傳】子兮者、嗟茲也。【箋】云、子兮子兮者、斥嫁取者、子取後陰陽交會之月、當如此良人何。

綢繆束芻。三星在隅。【傳】隅、東南隅也。【箋】云、心星在隅、謂四月之末、五月之中。今夕何夕。見此邂逅。【傳】邂逅、解說之貌。○邂本亦作解戶懈反逅本亦作覯同胡豆反解音蟹說音悅 子兮子兮。如此邂逅何。

詩經　卷六　國風唐　四　永懷堂

綢繆束楚。三星在戶。【傳】參星正月中直戶也。【箋】云、心星在戶、謂之五月之末、六月之中。今夕何夕。見此粲者。【傳】三女爲粲。大夫一妻二妾。○粲采旦反 子兮子兮。如此粲者何。

綢繆三章章六句

杕杜。刺時也。君不能親其宗族。骨肉離散。獨居而無兄弟。將爲沃所并爾。○杕徒細反

有杕之杜。其葉湑湑。【傳】興也。杕、特貌。杜、赤棠也。湑湑、枝葉不相比也。○湑私敘反比毗志反 獨行踽踽。豈無他人。不如我同父。【傳】踽踽、無所親也。【箋】云、他人、謂異姓也。言昭公遠其宗族、獨行於國中、踽踽然、此豈無異姓之臣乎、顧恩不如同姓親親也。嗟行之人。胡不比焉。【箋】云、君所與行之人、謂異姓卿

大夫也、比輔也、此人、女何不輔君爲政令、人無兄弟。胡不佽焉。傳佽助也、箋云、異姓卿大夫、女見君無兄弟之親親者、何不相推佽而助之、○佽七利反

有杕之杜。其葉菁菁。傳菁菁葉盛也、箋云、菁菁稀少之貌、獨行睘睘。豈無他人。不如我同姓。傳睘睘無所依也、同姓同祖也、○睘本亦作煢、又作焭、求營反 嗟行之人。胡不比焉。人無兄弟。胡不佽焉。

杕杜二章章九句

羔裘。刺時也。晉人刺其在位不恤其民也。箋恤憂也、

羔裘豹袪。自我人居居。傳袪袂也、本末不同、在位與民異心自用也、居居懷惡不相親比之貌、箋云、羔裘豹袪、在位卿大夫之服也、其役使我之民人、其意居居然有悖惡之心、不恤我之困苦、○袪起居反、居如字、又音據、比毗志反

豈無他人。維子之故。箋云、此民、卿大夫采邑之民也、故云豈無他人可歸往者乎、我不去者、乃念子故舊之人、

羔裘豹褎。自我人究究。傳褎猶袪也、究究猶居居也、○褎徐究反 豈無他人。維子之好。箋云、我不去而歸往他人者、乃念子而愛好之也、民之厚如此、亦唐之遺風、○好呼報反

羔裘二章章四句

鴇羽。刺時也。昭公之後。大亂五世。君子下從征役。不得養其父母。而作是詩也。箋大亂五世者、昭公、孝侯、鄂侯、哀侯、小子侯、○鴇音保、養羊亮反

肅肅鴇羽。集于苞栩。傳興也、肅肅鴇羽聲也、集止、苞稹、栩杼也、鴇之性不樹止、箋云、興者喻君子當居安平之處、今下從征役、其爲危苦、如鴇之樹止然、稹者根相迫迮梱致也、○苞補交反、栩況羽反、稹本又作縝、之忍反、迮側百反、梱苦

本反 王事靡盬。不能蓺稷黍。父母何怙。傳盬不攻緻也、怙恃也、箋云、蓺樹也、我迫王事、無不攻緻、故盡力焉、既則罷倦、不能播種五穀、今我父母將何怙乎、○盬音古、怙音戶、罷音皮 悠悠蒼天。曷其有所。箋云、曷何也、何時我得其所哉、

肅肅鴇翼。集于苞棘。王事靡盬。不能蓺黍稷。父母何食。悠悠蒼天。曷其有極。箋云、極已也、

肅肅鴇行。集于苞桑。傳行翮也、○行戶郎反 王事靡盬。不能蓺稻粱。父母何嘗。悠悠蒼天。曷其有常。

鴇羽三章章七句

無衣。刺晉武公也。武公始并晉國。其大夫爲之請命乎天子之

使。而作是詩也。箋天子之使、是時使來者、○爲于僞反、使所吏反

豈曰無衣七兮。傳侯伯之禮七命、冕服七章、箋云、我豈無是七章之衣乎、晉舊有之、非新命之服、不如子之衣。安且吉兮。傳諸侯不命于天子、則不成爲君、箋云、武公初并晉國、心未自安、故以得命服爲安、

豈曰無衣六兮。傳天子之卿六命、車旗衣服以六爲節、箋云、變七言六者、謙也、不敢必當侯伯、得受六命之服、列于天子之卿、猶愈乎不、不如子之衣。安且燠兮。傳燠煖也、○燠於六反

無衣二章章三句

有杕之杜。刺晉武公也。武公寡特。兼其宗族。而不求賢以自輔焉。

有杕之杜。生于道左。傳興也、道左之陽、人所宜休息也、箋云、道左道東也、日之熱、恒在日中之後、道東之杜、人

所宜休息也、今人不休息者、以其特生陰寡也、與者喻武公初兼其宗族、不求賢者與之在位、君子不歸、似乎特生之杜然、○陰本亦作蔭　彼君子兮。噬肯適我。傳噬、逮也。箋云、肯、可、適、之也。彼君子之人、至于此國、皆可求之我君所。君子之人、義之與比、其不來者、君不求之、○比毗志反　中心好之。曷飲食之。箋云、曷、何也。言中心誠好之、何但飲食之、當盡禮極歡以待之、○好呼報反、飲於鴆反、食音嗣、

有杕之杜。生于道周。傳周、曲也。彼君子兮。噬肯來遊。傳遊、觀也。○觀古亂反　中心好之。曷飲食之。

有杕之杜二章、章六句

葛生、刺晉獻公也。好攻戰、則國人多喪矣。箋喪、棄亡也。夫從征役、棄亡不反、則其妻居家而怨思。○好呼報反、喪息浪反、思息嗣反

葛生蒙楚。蘞蔓于野。傳興也。葛生延而蒙楚、蘞生蔓于野、喻婦人外成于他家。○蘞音廉、又力儉反　予美亡此。誰與獨處。箋云、予美、我、亡、無也。言我所美之人無于此。謂其君子也。吾誰與居乎、獨處家耳。從軍未還、未知死生、其今無于此。

葛生蒙棘。蘞蔓于域。傳域、營域也。　予美亡此。誰與獨息。傳息、止也。

角枕粲兮。錦衾爛兮。傳齊則角枕錦衾。禮、夫不在、斂枕篋衾席、韣而藏之。箋云、夫雖不在、不失其祭也。攝主、主婦猶自齊而行事。○齊側皆反、韣本亦作獨　予美亡此。誰與獨旦。箋云、旦、明也。我君子無于此、吾誰與齊乎、獨自潔明。

夏之日。冬之夜。傳言長也。箋云、思者于晝夜之長時尤甚、故極言之以盡情。　百歲之後。歸于其居。箋云、居、墳墓也。言此者、婦人專一、義之至、情之盡。○墳扶云反

冬之夜。夏之日。百歲之後。歸于其室。傳室、猶居也。箋云、室、猶冢壙。○壙音曠

葛生五章、章四句

采苓、刺晉獻公也。獻公好聽讒焉。○好呼報反

采苓采苓。首陽之巔。傳興也。苓、大苦也。首陽、山名也。采苓、細事也。首陽、幽辟也。細事、喻小行也。幽辟、喻無徵也。箋云、采苓采苓者、言采苓之人眾多非一也。皆云采此苓于首陽山之上。首陽山之上信有苓矣。然而今之采者、未必于此山、然而人必信之。興者、喻事有似而非。○辟匹亦反、下同、行下孟反　人之為言。苟亦無信。舍旃舍旃。苟亦無然。傳苟、誠也。箋云、苟、且也。為言、謂為人為善言以稱薦之、欲使見進用也。旃之言焉也。舍之焉、舍之焉、謂謗訕人、欲使見貶退也。此二者且無信受之、且無答然。○為言于偽反、舍音捨、為言謂為人並于偽反　人之為言。胡得焉。箋云、人以此言來、不信受之、不答然之、從後察之、或時見罪、何所得。

采苦采苦。首陽之下。傳苦、苦菜也。人之為言。苟亦無與。舍旃舍旃。苟亦無然。傳無與、勿用也。人之為言。胡得焉。

采葑采葑。首陽之東。傳葑、菜名也。人之為言。苟亦無從。舍旃舍旃。苟亦無然。人之為言。胡得焉。

采苓三章、章八句

唐國十二篇、三十三章、二百三句

秦第十一

車鄰、美秦仲也。秦仲始大、有車馬禮樂侍御之好焉。

有車鄰鄰。有馬白顛。傳鄰鄰、眾車聲也。白顛、的顙也。○的丁歷反　未見君子。寺人之令。

傳寺人內小臣也。箋云：欲見國君者，必先令寺人使傳告之，時秦仲又始有此臣。○令，力呈反。

阪有漆，隰有栗。傳：興也。陂者曰阪，下濕曰隰。箋云：興者，喻秦仲之君臣所有各得其宜。既見君子，並坐鼓瑟。傳：又見其禮樂焉。箋云：既見，既見秦仲也。並坐鼓瑟，君臣以閒暇燕飲相安樂也。○樂音洛，下文並同。今者不樂，逝者其耋。傳：耋，老也。八十曰耋。箋云：今者不于此君之朝自樂，謂仕焉而去仕他國，其徒自使老，言將後寵祿也。○耋，田結反。朝，直遙反。

阪有桑，隰有楊。既見君子，並坐鼓簧。傳：簧，笙也。今者不樂，逝者其亡。傳：亡，喪棄也。

車鄰三章，一章四句，二章章六句

駟驖，美襄公也。始命有田狩之事，園囿之樂焉。箋：始命，命為諸侯也。秦始附庸也。○驖，田結反。樂音洛。

駟驖孔阜，六轡在手。傳：驖，驪。阜，大也。箋云：四馬六轡。六轡在手，言馬之良也。公之媚子，從公于狩。傳：能以道媚于上下者。冬獵曰狩。箋云：媚于上下，謂使君臣和合也。此人從公往狩，言襄公親賢也。

奉時辰牡，辰牡孔碩。傳：時，是。辰，時也。冬獻狼，夏獻麋，春秋獻鹿豕羣獸。箋云：奉是時牡者，謂虞人也。時牡甚肥大，言禽獸得其所。○麋，亡悲反。公曰左之，舍拔則獲。傳：拔，矢末也。箋云：左之者，從禽之左射之也。拔，括也。舍括則獲，言公善射。○舍音捨。拔，蒲末反。射，食亦反。善射，音社。

遊于北園，四馬既閑。傳：閑，習也。箋云：公所以田則克獲者，乃遊于北園之時，時則已習其四種之馬。輶車鸞鑣，載獫歇驕。傳：輶，輕也。獫、歇驕，田犬也。長喙曰獫，短喙曰歇驕。箋云：輕車，驅逆之車也。置鸞于鑣，異于乘車也。載，始也。始田犬者，謂達其摶噬，始成之也。此皆遊于北園時所為也。○輶音由。鑣，彼驕反。獫，力驗反。歇，本亦作猲，許謁反。驕，本又作獢，同，許喬反。喙，況廢反。乘，繩證反。摶音博。猲音付。

駟驖三章，章四句

小戎，美襄公也。備其兵甲以討西戎。西戎方彊而征伐不休，國人則矜其車甲，婦人能閔其君子焉。箋：矜，夸大也。國人夸大其車甲之盛，有樂之意也。婦人閔其君子，恩義之至也。作者敘內外之志，所以美君政教之功。○樂音洛。

小戎俴收，五楘梁輈。傳：小戎，兵車也。俴，淺。收，軫也。五，五束也。楘，歷錄也。梁輈，輈上句衡也。一輈五束，束有歷錄。箋云：此羣臣之兵車，故曰小戎。○俴，錢淺反。楘音木。輈，陟留反。句，古侯反。游環脅驅，陰靷鋈續。傳：游環，靷環也。游在背上，所以禦出也。脅驅，慎駕具，所以止入也。陰，揜軌也。靷，所以引也。鋈，白金也。續，續靷也。箋云：游環在背上，無常處，貫驂之外轡，以禁其出。脅驅者，著服馬之外脅，以止驂之入。揜軌在軾前，垂輈上。鋈續，白金飾續靷之環。○靷音胤。鋈音沃。靷環，丹覲反，本又作靳。著，直略反。文茵暢轂，駕我騏馵。傳：文茵，虎皮也。暢轂，長轂也。騏，騏文也。左足白曰馵。箋云：此上六句者，國人所矜。○茵音因。馵，之樹反。言念君子，溫其如玉。箋云：言，我也。念君子之性溫然如玉，玉有五德。在其板屋，亂我心曲。傳：西戎板屋。箋云：心曲，心之委曲也。憂則心亂也。此上四句者，婦人所用閔其君子。

四牡孔阜，六轡在手。騏駵是中，騧驪是驂。傳：黃馬黑喙曰騧。箋云：赤身黑鬣曰駵。中，中服也。驂，兩騑也。○駵音留。騧，古花反。鬣，本又作鬛，力輒反。龍盾之合，鋈以觼軜。傳：龍盾，畫龍其盾也。合，合而載之。軜，驂內轡也。箋云：鋈以觼軜，軜之觼以白金為飾也。軜繫于軾前。○盾，順允反。觼，古穴反。軜音納。言念君子，溫其在邑。傳：在敵邑也。方何為期，胡然我念之。箋云：方今以何時為還期乎？何以然了不來，言望之也。

俴駟孔羣。厹矛鋈錞。蒙伐有苑。傳俴駟，四介馬也。孔，甚也。厹，三隅矛也。錞，鐏也。蒙，討羽也。伐，中干也。苑，文貌。箋云：俴，淺也，謂以薄金爲介之札。介，甲也。甚羣者，言和調也。蒙，厖也。討，雜也。畫雜羽之文於伐，故曰厖伐。○厹音求。錞徒對反。伐如字，本或作瞂，音同。鐏徂寸反。厖莫江反。虎韔鏤膺。交韔二弓。竹閉緄縢。傳虎，虎皮也。韔，弓室也。膺，馬帶也。交韔，交二弓于韔中也。閉，紲。緄，繩。縢，約也。箋云：鏤膺，有刻金飾也。○鏤勑究反，下同。閉悲位反。緄古本反。縢直登反。紲息列反。言念君子。載寢載興。厭厭良人。秩秩德音。傳厭厭，安靜也。秩秩，有知也。箋云：此既閔其君子寢起之勞，又思其性與德。○厭於鹽反。知音智。

小戎三章章十句

蒹葭刺襄公也。未能用周禮，將無以固其國焉。箋秦處周之舊土，其人被周之德教日久矣，今襄公新爲諸侯，未習周之禮法，故國人未服焉。○蒹葭上古恬反，下音加。

蒹葭蒼蒼。白露爲霜。傳興也。蒹，薕。葭，蘆也。蒼蒼，盛也。白露凝戾爲霜，然後歲事成，興國家待禮然後興。箋云：蒹葭在衆草之中，蒼蒼然彊盛，至白露凝戾爲霜則成而黃。興者，喻衆民之不從襄公政令者，得周禮以教之則服。○蒹音廉。所謂伊人。在水一方。傳伊，維也。一方，難至矣。箋云：伊當作緊，緊猶是也。所謂是知周禮之賢人，乃在大水之一邊。假喻以言遠。○緊於奚反。遡洄從之。道阻且長。傳逆流而上曰遡洄。逆禮則莫能以至也。箋云：此言不以敬順往求之，則不能得見。○遡蘇路反。洄音回。上時掌反。遡游從之。宛在水中央。傳順流而涉曰遡游。順禮求濟，道來迎之。箋云：宛，坐見貌。以敬順求之則近耳，易得見也。○易以豉反。

蒹葭萋萋。白露未晞。傳萋萋，猶蒼蒼也。晞，乾也。箋云：未晞，未爲霜。○晞音希。所謂伊人。在水之湄。傳湄，水隒也。○湄音眉。隒魚檢反，又音檢。遡洄從之。道阻且躋。傳躋，升也。箋云：升者，言其難至如升阪。○躋本又作隮，子西反。遡游從之。宛在水中坻。傳坻，小渚也。○坻直尸反。

蒹葭采采。白露未已。傳采采，猶萋萋也。未已，猶未止也。所謂伊人。在水之涘。傳涘，厓也。○涘音俟。遡洄從之。道阻且右。傳右，出其右也。箋云：右者，言其迂迴也。遡游從之。宛在水中沚。傳小渚曰沚。

蒹葭三章章八句

終南戒襄公也。能取周地，始爲諸侯，受顯服，大夫美之，故作是詩以戒勸之。

終南何有。有條有梅。傳興也。終南，周之名山中南也。條，槄。梅，柟也。宜以戒不宜也。箋云：問何有者，意以爲名山高大，宜有茂木也。興者，喻人君有盛德，乃宜有顯服，猶山之木有大小也。此之謂戒勸。○槄吐刀反。柟如鹽反。君子至止。錦衣狐裘。傳錦衣，采色也。狐裘，朝廷之服。箋云：至止者，受命服于天子而來也。諸侯狐裘，錦衣以裼之。○裼星

歷反。顏如渥丹。其君也哉。箋云：渥，厚漬也。顏色如厚漬之丹，言赤而澤也。其君也哉，儀貌尊嚴也。○渥於角反。漬辭賜反。

終南何有。有紀有堂。傳紀，基也。堂，畢道平如堂也。箋云：畢也，堂也，亦高大之山所宜有也。畢，終南山之道名，邊如堂之牆然。○紀本亦作屺，音起。君子至止。黻衣繡裳。傳黑與青謂之黻，五色備謂之繡。佩玉將將。壽考不忘。

終南二章章六句

黃鳥哀三良也。國人刺穆公以人從死，而作是詩也。箋三良，三善臣也，謂奄息、仲行、鍼虎也。從死，自殺以從死。○行戶郎反，下皆同。鍼其廉反，徐又音針。從死上才容反。

交交黃鳥。止于棘。傳興也。交交，小貌。黃鳥以時往來得所，人以壽命終，亦得其所。箋云：黃鳥止于棘，以求安已也。

此棘若不安則移，興者喻臣之事君亦然。今穆公使臣從死，刺其不得黃鳥止于棘之本意。誰從穆公？子車奄息。傳子車氏，奄息名。箋云：言誰從穆公者，傷之。維此奄息，百夫之特。傳乃特百夫之德。箋云：百夫之中最雄俊也。臨其穴，惴惴其慄。傳慄慄，懼也。箋云：穴謂塚壙中也。秦人哀傷此奄息之死，臨視其壙，皆為之悼慄。○惴之瑞反，壙苦晃反。彼蒼者天，殲我良人。傳殲，盡；良，善也。箋云：言彼蒼者天，愬之。○殲子廉反。如可贖兮，人百其身。箋云：如此奄息之死，可以他人贖之者，人皆百其身。謂一身百死猶為之，惜善人之甚。○贖食燭反。

交交黃鳥，止于桑。誰從穆公？子車仲行。箋云：仲行，字也。維此仲行，百夫之防。傳防，比也。箋云：防猶當也，言此一人當百夫。○防毛音方，鄭音房。臨其穴，惴惴其慄。彼蒼者天，殲我良人。如可贖兮，人百其身。

交交黃鳥，止于楚。誰從穆公？子車鍼虎。維此鍼虎，百夫之禦。傳禦，當也。臨其穴，惴惴其慄。彼蒼者天，殲我良人。如可贖兮，人百其身。

黃鳥三章，章十二句。

晨風，刺康公也。忘穆公之業，始棄其賢臣焉。

鴥彼晨風，鬱彼北林。傳興也。鴥，疾飛貌。晨風，鸇也。鬱，積也。北林，林名也。先君招賢人，賢人往之，駛疾如晨風之飛入北林。箋云：先君謂穆公。○鴥說文作鴪，尹橘反。駛所吏反。未見君子，憂心欽欽。傳思望之，心中欽欽然。箋云：言穆公始未見賢者之時，思望而憂之。如何如何？忘我實多。傳今則忘之矣。箋云：此以穆公之意責康公，如何如何乎，女忘我之事實多。

山有苞櫟，隰有六駮。傳櫟，木也。駮如馬，倨牙，食虎豹。箋云：山之櫟，隰之駮，皆其所宜有也。以言賢者亦國家所宜有之。○櫟盧狄反，駮邦角反，倨音居。未見君子，憂心靡樂。如何如何？忘我實多。

山有苞棣，隰有樹檖。傳棣，唐棣也。檖，赤羅也。○棣音悌，檖音遂。未見君子，憂心如醉。如何如何？忘我實多。

晨風三章，章六句。

無衣，刺用兵也。秦人刺其君好攻戰，亟用兵，而不與民同欲焉。○好呼報反，亟欺冀反。

豈曰無衣？與子同袍。傳興也。袍，襺也。上與百姓同欲，則百姓樂致其死。箋云：此責康公之言也。君豈嘗曰女無衣，我與女共袍乎？言不與民同欲。○袍抱毛反，襺古顯反，本亦作繭。王于興師，修我戈矛，與子同仇。傳戈長六尺六寸，矛長二丈。天下有道，則禮樂征伐自天子出。仇，匹也。箋云：于，於也。怨耦曰仇。君不與我同欲，而于王興

師，則云修我戈矛，與子同仇往伐之，刺其好攻戰。○仇音求。

豈曰無衣？與子同澤。傳澤，潤澤也。箋云：襗，褻衣，近污垢。○澤如字，說文作襗。王于興師，修我矛戟，與子偕作。傳作，起也。箋云：戟，車戟常也。

豈曰無衣？與子同裳。王于興師，修我甲兵，與子偕行。傳行，往也。

無衣三章，章五句。

渭陽，康公念母也。康公之母，晉獻公之女。文公遭麗姬之難，未反，而秦姬卒。穆公納文公。康公時為大子，贈送文公于渭之陽，念母之不見也。我見舅氏，如母存焉。及其即位，思而作是詩也。○麗本亦作驪，同力馳反。難乃旦反。大音泰。

我送舅氏，曰至渭陽。傳母之昆弟曰舅。箋云渭水名也。秦是時都雍，至渭陽者，蓋東行送舅氏于咸陽之地。○雍于用反

何以贈之，路車乘黃。傳贈送也。乘黃，四馬也。○乘繩證反

我送舅氏，悠悠我思。何以贈之，瓊瑰玉佩。傳瓊瑰，石而次玉。○思息嗣反。瑰古回反

渭陽二章章四句

權輿，刺康公也。忘先君之舊臣與賢者，有始而無終也。

於我乎，夏屋渠渠。傳夏大也。箋云屋具也。渠渠猶勤勤也。言君始於我厚設禮食大具以食我，其意勤勤然。○夏胡雅反。食我音嗣，注篇內同

今也每食無餘。箋云此言君今遇我薄，其食我纔足耳。

于嗟乎，不承權輿。傳承繼也。權輿，始也。

於我乎，每食四簋。傳四簋，黍稷稻粱。今也每食不飽。于嗟乎，不承權輿。

權輿二章章五句

秦國十篇二十七章百八十一句

詩經卷七

周　卜子夏序

漢　毛公傳　鄭氏箋

國風

陳第十二

宛丘，刺幽公也。淫荒昏亂，游蕩無度焉。

子之湯兮，宛丘之上兮。傳子，大夫也。湯，蕩也。四方高中央下曰宛丘。箋云子者斥幽公也。游蕩無所不為。

洵有情兮，而無望兮。傳洵，信也。箋云此君信有淫荒之情，其威儀無可觀望而則傚。○洵音荀

坎其擊鼓，宛丘之下。傳坎坎，擊鼓聲。無冬無夏，值其鷺羽。傳值，持也。鷺鳥之羽可以為翳。箋云翳，舞者所持以指麾。

坎其擊缶，宛丘之道。傳盎謂之缶。無冬無夏，值其鷺翿。傳翿，翳也。

宛丘三章章四句

東門之枌，疾亂也。幽公淫荒，風化之所行，男女棄其舊業，亟會於道路，歌舞於市井爾。○枌符云反。亟欺冀反

東門之枌，宛丘之栩。傳枌，白榆也。栩，杼也。國之交會，男女之所聚。○栩況浦反

子仲之子，婆娑其下。傳子仲，陳大夫氏。婆娑，舞也。箋云之子，男子也。○婆步波反。娑素何反

穀旦于差，南方之原。傳穀，善也。原，大夫氏。箋云旦，明。于，曰。差，擇也。朝日善明，曰相擇矣，以南方原氏之女可以為上處。○差鄭初佳反

不績其麻，市也婆娑。箋云績麻者，婦人之事也。疾其今不為。

穀旦于逝越以鬷邁傳逝往鬷數邁行也箋云越于鬷總也朝旦善明日往矣謂之所會處也于是以總行欲男女合行○鬷子公反視爾如荍貽我握椒傳荍芘芣也椒芬香也箋云男子交會而相說曰我視女之顏色美如芘芣之華然女乃遺我一握之椒交情好也此本淫亂之所由○荍祁饒反芘音毗芣音浮說音悅遺唯季反好呼報反

東門之枌三章章四句

衡門誘僖公也愿而無立志故作是詩以誘掖其君也箋誘進也掖扶持也

衡門之下可以棲遲傳衡門橫木為門言淺陋也棲遲遊息也箋云賢者不以衡門之淺陋則不遊息于其下以喻人君不可以國小則不興治致政化泌之洋洋可以樂飢傳泌泉水也洋洋廣大也樂飢可以樂道忘飢箋云飢者不足于食也泌水之流洋洋然飢者見之可飲以瘵飢以喻人君愨願任用賢臣則政教成亦猶是也○泌悲位反樂毛音洛

豈其食魚必河之魴豈其取妻必齊之姜箋云此言何必河之魴然後可食取其口美而已何必大國之女然後可妻亦取貞順而已以喻君任臣何必至人亦取忠孝而已齊姜姓○魴音房取音娶下文同音

豈其食魚必河之鯉豈其取妻必宋之子箋云宋子姓

衡門三章章四句

東門之池刺時也疾其君之淫昏而思賢女以配君子也停水曰池

東門之池可以漚麻傳興也池城池也漚柔也箋云于池中柔麻使可緝績作衣服興者喻賢女能柔順君子成其德教○漚烏豆反彼美淑姬可與晤歌傳晤遇也箋云晤猶對也言淑姬賢女君子宜與對歌相切化也○淑音叔

東門之池可以漚紵彼美淑姬可與晤語○紵直呂反

東門之池可以漚菅彼美淑姬可與晤言傳言道也○菅古顏反

東門之池三章章四句

東門之楊刺時也昏姻失時男女多違親迎女猶有不至者也○迎魚敬反

東門之楊其葉牂牂傳興也牂牂然盛貌言男女失時不逮秋冬箋云楊葉牂牂三月中也興者喻時晚也失仲春之月○牂子桑反昏以為期明星煌煌傳期而不至也箋云親迎之禮以昏時女留他色不肯時行乃至太星煌煌然

東門之楊其葉肺肺傳肺肺猶牂牂也○肺普貝反昏以為期明星晢晢傳晢晢猶煌煌也○晢之世反

東門之楊二章章四句

墓門刺陳佗也陳佗無良師傅以至於不義惡加於萬民焉箋不義者謂弒君而自立○佗徒多反

墓門有棘斧以斯之傳興也墓門墓道之門斯析也幽間希行用生此棘薪維斧可以開析之箋云興者喻陳佗由不覩賢師良傅之訓道至陷于誅絕之罪○斯所宜反又音梳夫也不良國人知之傳夫傅相也箋云良善也陳佗之師傅不善羣臣皆知之言其罪惡著也知而不已誰昔然矣傳昔久也箋云已猶去也誰昔昔也國人皆知其有罪惡而不誅退終致禍難自古昔之時常然○去羌呂反難乃旦反

墓門有梅。有鴞萃止。【傳】梅、柟也。鴞、惡聲之鳥也。萃、集也。【箋】云、梅之樹善惡自有、徒以鴞集其上而鳴、人則惡之、性因惡矣、以喻陳佗之性、本未必惡、師傅惡而陳佗從之而惡。○鴞戶驕反、柟冉鹽反、則惡烏路反、夫也不良。歌以訊之。【傳】訊、告也。【箋】云、歌、謂作此詩也、既作又使工歌之、是謂之告、訊予不顧。顛倒思予。【箋】云、予、我也、歌以告之、汝不顧念我言、至于破滅顛倒之急、乃思我之言、言其晚也、

墓門二章、章六句

防有鵲巢、憂讒賊也。宣公多信讒、君子憂懼焉。

防有鵲巢。邛有旨苕。【傳】興也。防、邑也。邛、丘也。苕、草也。【箋】云、防之有鵲巢、邛之有美苕、處勢自然、興者、喻宣公信多言之人、故致此讒人、○邛其恭反、苕徒彫反、誰侜予美。心焉忉忉。【傳】侜、張誑也。【箋】云、誰、誰讒人也、女衆讒人、誰侜張誑欺我所美之人乎、使我心忉忉然、所美、謂宣公也。○侜陟留反、忉都勞反、誑九況反、

中唐有甓。邛有旨鷊。【傳】中、中庭也。唐、堂塗也。甓、瓴甋也。鷊、綬草也、○甓薄歷反、鷊五歷反、令音零、字書作瓴、適都歷反、誰侜予美。心焉惕惕。【傳】惕惕、猶忉忉也、

防有鵲巢二章、章四句

月出、刺好色也。在位不好德、而說美色焉。○好呼報反、序同、說音悅、澤陂詩同、

月出皎兮。【傳】興也。皎、月光也。【箋】云、興者、喻婦人有美色之白皙、佼人僚兮。舒窈糾兮。【傳】僚、好貌、舒、遲也、窈糾、舒之姿也、○佼古卯反、窈烏了反、糾其趙反、勞心悄兮。【傳】悄、憂也。【箋】云、思而不見則憂、○悄七小反、

月出皓兮。佼人懰兮。舒懮受兮。勞心慅兮。○懰本又作劉、力久反、懮於久反、慅七老反、

月出照兮。佼人燎兮。舒夭紹兮。勞心慘兮。

月出三章、章四句

株林、刺靈公也。淫乎夏姬、驅馳而往、朝夕不休息焉。【箋】夏姬、陳大夫妻、夏徵舒之母、鄭女也、徵舒字子南、夫宇御叔、○夏戶雅反、下同、

胡為乎株林。從夏南。【傳】株林、夏氏邑也。夏南、夏徵舒也。【箋】云、陳人責靈公、君何為之株林、從夏氏子南之母、為淫泆之行、○行下孟反、匪適株林。從夏南。【箋】云、匪、非也、言我非之株林、從夏氏子南之母、為淫泆之行、自之他耳、觝拒之辭、○觝都禮反、

駕我乘馬。說于株野。乘我乘駒。朝食于株。【傳】大夫乘駒。【箋】云、我國人、我君也、君親乘君乘馬、乘君乘駒、變易車乘、以至株林、或說舍焉、或朝食焉、又責之也、馬六尺以下曰駒、

株林二章、章四句

澤陂、刺時也。言靈公君臣淫於其國、男女相說、憂思感傷焉。【箋】君

臣淫於國、謂與孔寧儀行父也、感傷、謂涕泗滂沱、○陂彼皮反、思息嗣反、父音甫、滂普光反、沱徒何反、

彼澤之陂。有蒲與荷。【傳】興也。陂、澤障也。荷、芙蕖也。【箋】云、蒲、柔滑之物、芙蕖之莖曰荷、生而佼大、興者、蒲以喻所說男之姓、荷以喻所說女之容體也、正以陂中二物興者、喻淫風由同姓生、○荷音何、障章亮反、芙音符、佼古卯反、有美一人。傷如之何。【傳】傷、無禮也。【箋】云、傷、思也、我思此美人、當如之何而得見之、寤寐無為。涕泗滂沱。【傳】自目曰涕、自鼻曰泗、【箋】云、寤、覺也、

彼澤之陂。有蒲與蕑。【傳】蕑、蘭也。【箋】云、蕑當作蓮、蓮、芙蕖實也、蓮以喻女之言信、○蕑古顏反、鄭練田反、有美一人。碩大且卷。【傳】卷、好貌、寤寐無為。中心悁悁。【傳】悁悁、猶悒悒也、○悁烏玄反、

彼澤之陂。有蒲菡萏。【傳】菡萏、荷華也。【箋】云、華以喻女之顏色、○菡戶感反、萏大感反、有美一人。碩大且儼。【傳】儼、矜莊貌、寤寐無為。輾轉伏枕。

澤陂三章章六句

陳國十篇二十六章百二十四句

檜第十三

羔裘大夫以道去其君也國小而迫君不用道好絜其衣服逍遙遊燕而不能自強於政治故作是詩也箋以道去其君者三諫不從待放於郊得玦乃去○好呼報反

羔裘逍遙狐裘以朝傳羔裘以遊燕狐裘以適朝箋云諸侯之朝服緇衣羔裘大蜡而息民則有黃衣狐裘今以朝服燕祭服朝是其好絜衣服也先言燕後言朝見君之志不能自強於政治○朝直遙反注同下篇注亦同蜡仕詐反見賢遍反豈不爾思勞心忉忉傳國無政令使我心勞箋云爾女也三諫不從待放而去思君如是心忉忉然○忉音刀

羔裘翱翔狐裘在堂傳堂公堂也箋云翱翔猶逍遙也豈不爾思我心憂傷

羔裘如膏日出有曜傳日出照曜然後見其如膏豈不爾思中心是悼傳悼動也箋云悼猶哀傷也

羔裘三章章四句

素冠刺不能三年也箋喪禮子為父父卒為母皆三年時人恩薄禮廢不能行也○為于偽反

庶見素冠兮棘人欒欒兮傳庶幸也素冠練冠也棘急也欒欒瘠皃箋云喪禮既祥祭而縞冠素紕時人皆解緩無三年之恩於其父母而廢其喪禮故覬幸一見素冠急於哀慼之人形貌欒欒然膄瘠也○欒力端反紕婢移反解佳賣反覬音冀膄本亦作瘦所救反勞心慱慱兮傳慱慱憂勞也箋云勞心者憂不得見○慱徒端反

庶見素衣兮傳素冠故素衣也箋云除成喪者其祭也朝服縞冠朝服緇衣素裳然則此言素衣者謂素裳也我心傷悲兮聊與子同歸兮傳願見有禮之人與之同歸箋云聊猶且也且與子同歸欲之其家觀其居處

庶見素韠兮箋云祥祭朝服素韠者韠從裳色○韠音畢我心蘊結兮聊與子如一兮傳子夏三年之喪畢見於夫子援琴而絃衎衎而樂作而曰先王制禮不敢不及夫子曰君子也閔子騫三年之喪畢見於夫子援琴而絃切切而哀作而曰先王制禮不敢過也夫子曰君子也子路曰敢問何謂也夫子曰子夏哀已盡能引而致之於禮故曰君子也閔子騫哀未盡能自割以禮故曰君子也夫三年之喪賢者之所輕不肖者之所勉箋云聊與子如一且欲與之居處觀其行也○夏戶雅反見賢遍反樂音洛夫音符行下孟反

素冠三章章三句

隰有萇楚疾恣也國人疾其君之淫恣而思無情慾者也箋恣謂狡猾淫戲不以禮也○萇丈羊反狡古卯反猾古快反本亦作獪古外反

隰有萇楚猗儺其枝傳興也萇楚銚弋也猗儺柔順也箋云銚弋之性始生正直及其長大則其枝猗儺而柔順不妄尋蔓草木興者喻人少而端慤則長大無情慾○猗於可反儺乃可反銚音遙長張丈反下同少詩照反下同夭之沃沃樂子之無知傳夭少也沃沃壯佼也箋云知匹也疾君之恣故於人年少沃沃之時樂其無妃匹之意○樂音洛妃音配

隰有萇楚猗儺其華夭之沃沃樂子之無家箋云無家謂無夫婦室家之道

隰有萇楚猗儺其實夭之沃沃樂子之無室

隰有萇楚三章章四句

匪風，思周道也。國小政亂，憂及禍難，而思周道焉。

匪風發兮，匪車偈兮。【傳】發發飄風，非有道之風。偈偈疾驅，非有道之車。○偈，起竭反。顧瞻周道，中心怛兮。【傳】怛，傷也。下國之亂，周道滅也。【箋】云：周道，周之政令也。迴首曰顧。

匪風飄兮，匪車嘌兮。【傳】迴風為飄。嘌嘌，無節度也。○嘌，匹遙反。顧瞻周道，中心弔兮。【傳】弔，傷也。

誰能亨魚，溉之釜鬵。【傳】溉，滌也。鬵，釜屬。亨魚煩則碎，治民煩則散，知亨魚則知治民矣。【箋】云：誰能者，言人偶能割亨者。○亨，普耕反。溉本又作摡，古愛反。鬵音尋。誰將西歸，懷之好音。【傳】周道在乎西。懷，歸也。【箋】云：誰將者，亦言人偶能輔周道治民者也。檜在周之東，故言西歸。有能西仕于周者，我則懷之以好音，謂周之舊政令。

匪風三章，章四句

檜國四篇，十二章，四十五句

曹第十四

蜉蝣，刺奢也。昭公國小而迫，無法以自守，好奢而任小人，將無所依焉。○蜉蝣上音浮，下音由。

蜉蝣之羽，衣裳楚楚。【傳】興也。蜉蝣，渠略也，朝生夕死，猶有羽翼以自脩飾。楚楚，鮮明貌。【箋】云：興者，喻昭公之朝，其羣臣皆小人也，徒整飾其衣裳，不知國之將迫脅，君臣死亡無日，如渠略然。○渠本或作蟝，音同。略本或作螺，音同。心之憂矣，於我歸處。【箋】云：歸，依歸。君當于何依歸乎？言有危亡之難，將無所就往。○難，乃旦反。

蜉蝣之翼，采采衣服。【傳】采采，眾多也。心之憂矣，於我歸息。【傳】息，止也。

蜉蝣掘閱，麻衣如雪。【傳】掘閱，容閱也。如雪，言鮮絜。【箋】云：掘閱，掘地解閱，謂其始生時也。以解閱喻君臣朝夕變易衣服也。麻衣，深衣。諸侯之朝朝服，朝夕則深衣也。○解音蟹，下同。心之憂矣，於我歸說。【箋】云：說猶舍息也。○說音悅。

蜉蝣三章，章四句

候人，刺近小人也。共公遠君子而好近小人焉。○共音恭。好，呼報反。

彼候人兮，何戈與祋。【傳】候人，道路送迎賓客者。何，揭。祋，殳也。言賢者之官不過候人。【箋】云：是謂遠君子也。○何，何可反。祋，都外反。揭音竭。殳，市朱反。彼其之子，三百赤芾。【傳】彼，彼曹朝也。芾，韠也。一命縕芾黝珩，再命赤芾黝珩，三命赤芾蔥珩。大夫以上赤芾乘軒。【箋】云：之子，是子也。佩赤芾者三百人。○其音記，下皆同。芾方味反。朝直遙反，下同。縕音溫。珩音衡。上時掌反。

維鵜在梁，不濡其翼。【傳】鵜，洿澤鳥也。梁，水中之梁。鵜在梁，可謂不濡其翼乎。【箋】云：鵜在梁，當濡其翼而不濡者，

非其常也。以喻小人在朝，亦非其常。○鵜，徒低反。洿音烏。彼其之子，不稱其服。【箋】云：不稱者，言德薄而服尊。○稱，尺證反。

維鵜在梁，不濡其咮。【傳】咮，喙也。○咮，陟救反。喙，虛穢反。彼其之子，不遂其媾。【傳】媾，厚也。【箋】云：遂，猶久也。不久其厚，言終將薄于君也。

薈兮蔚兮，南山朝隮。【傳】薈蔚，雲興貌。南山，曹南山也。隮，升雲也。【箋】云：薈蔚之小雲，朝升于南山，不能為大雨，以喻小人雖見任于君，終不能成其德教。婉兮孌兮，季女斯飢。【傳】婉，少貌。孌，好貌。季，人之少子也。女，[illegible]弱者。【箋】云：天無大雨，則歲不熟，而幼弱者飢，猶國之無政令，則下民困病矣。

候人四章，章四句

鳲鳩，刺不壹也。在位無君子，用心之不壹也。○鳲音尸。

鳲鳩在桑、其子七兮。〔傳〕興也。鳲鳩、秸鞠也。鳲鳩之養其子、朝從上下、莫從下上、平均如一。〔箋〕云、興者喻人君之德當均一于下也。以刺今在位之人不如鳲鳩。○秸音吉。莫音暮。下上時掌反。淑人君子、其儀一兮。〔箋〕云、淑、善。儀、義也。善人君子、其執義當如一也。其儀一兮、心如結兮。〔傳〕言執義一則用心固。

鳲鳩在桑、其子在梅。〔傳〕飛在梅也。淑人君子、其帶伊絲。其帶伊絲、其弁伊騏。〔傳〕騏、騏文也。弁、皮弁也。〔箋〕云、其帶伊絲、謂大帶也。大帶用素絲、有雜色飾焉。騏當作璂、以玉爲之。言此帶弁者、刺不稱其服。○弁皮彥反

鳲鳩在桑、其子在棘。淑人君子、其儀不忒。〔傳〕忒、疑也。其儀不忒、正是四國。〔傳〕正、是也。〔箋〕云、執義不疑、則可爲四國之長。言任爲侯伯。○長張丈反、下同

鳲鳩在桑、其子在榛。淑人君子、正是國人。正是國人、胡不萬年。〔箋〕云、正、長也。能長人、則人欲其壽考。

鳲鳩四章章六句

下泉、思治也。曹人疾共公侵刻下民、不得其所、憂而思明王賢伯也。

冽彼下泉、浸彼苞稂。〔傳〕興也。冽、寒也。下泉、泉下流也。苞、本也。稂、童粱、非溉草、得水而病也。〔箋〕云、興者、喻其公之施政教、徒困病其民。稂當作涼、涼草、蕭蓍之屬。○冽音列。浸本亦作寖。稂音郎。溉古愛反。愾我寤嘆、念彼周京。〔箋〕云、愾、嘆息之意。寤、覺也。念周京者、思其先王之明者。○愾苦愛反。覺音教

冽彼下泉、浸彼苞蕭。〔傳〕蕭、蒿也。愾我寤嘆、念彼京周。

冽彼下泉、浸彼苞蓍。〔傳〕蓍、草也。愾我寤嘆、念彼京師。

芃芃黍苗、陰雨膏之。〔傳〕芃芃、美貌。○芃薄工反、又薄雄反。四國有王、郇伯勞之。〔傳〕郇伯
侯也。諸侯有事、二伯述職。〔箋〕云、有王、謂朝聘于天子也。郇侯、文王之子、爲州伯、有治諸侯之功。

下泉四章章四句

曹國四篇十五章六十八句

詩經卷七終

詩經卷八

周　卜子夏序

漢　毛公傳
　　鄭氏箋

國風

豳第十五

七月陳王業也周公遭變故陳后稷先公風化之所由致王業之艱難也 箋 周公遭變者管蔡流言辟居東都

七月流火九月授衣 傳 火大火也流下也九月霜始降婦功成可以授冬衣矣 箋 云大火者寒暑之候也火星中而寒暑退故將言寒先著火所在 一之日觱發二之日栗烈無衣無褐何以卒歲 傳 一之日十之餘也一之日周正月也觱發風寒也二之日殷正月也栗烈寒氣也 箋 云褐毛布也卒終也此二正之月人之貴者無衣賤者無褐將何以終歲乎是故八月則當績也○觱音必褐音曷 三之日于耜四之日舉趾同我婦子饁彼南畝田畯至喜 傳 三之日夏正月也豳土晚寒于耜始修耒耜也四之日周四月也民無不舉足而耕矣饁饋也田畯田大夫也 箋 云同猶俱也喜讀爲饎饎酒食也耕者之婦子俱以饟來至于南畝之中其見田大夫又爲設酒食焉言勤其事又愛其吏也此章陳人以衣食爲急餘章廣而成之○饁炎輒反畯音俊夏戶雅反饟武亮反又爲于僞反

七月流火九月授衣 箋 云將言女功之始故又本作此 春日載陽有鳴倉庚女執懿筐遵彼微行爰求柔桑 傳 倉庚離黃也懿筐深筐也微行牆下徑也五畝之宅樹之以桑 箋 云載之言則也陽溫也溫而倉庚又鳴可蠶之候也柔桑稺桑也蠶始生宜稺桑 春日遲遲采蘩祁祁女心傷悲殆及公子同歸 傳 遲遲舒緩也蘩白蒿也所以生蠶祁祁衆多也傷悲感事苦也春女悲秋士悲感其物化也殆始及與也豳公子躬率其民同時出同時歸也 箋 云春女感陽氣而思男秋士感陰氣而思女是其物化所以悲也悲則始有與公子同歸之志欲嫁焉女感事苦而生此志是謂豳風

七月流火八月萑葦 傳 薍爲萑葭爲葦豫畜萑葦可以爲曲也 箋 云將言女功自始至成故亦又本于此○萑戶官反葦韋鬼反薍王患反葭音加畜本又作蓄 蠶月條桑取彼斧斨以伐遠揚猗彼女桑 傳 斨方銎也遠枝遠也揚條揚也角而束之曰猗女桑荑桑也 箋 云條桑枝落采其葉也女桑少枝長條不枝落者束而采之○斨七羊反猗於綺反銎曲容反荑徒兮反 七月鳴鵙八月載績載玄載黃我朱孔陽爲公子裳 傳 鵙伯勞也載績絲事畢而麻事起矣玄黑而有赤也朱深纁也陽明也祭服玄衣纁裳 箋 云伯勞鳴將寒之候也五月則鳴豳地晚寒鳥物之候從其氣焉凡染者春暴練夏纁玄秋染夏爲公子裳厚于其所貴者說也○鵙圭覓反暴蒲卜反

四月秀葽五月鳴蜩八月其穫十月隕蘀 傳 不榮而實曰秀葽葽草也蜩螗也穫禾可穫也隕墜蘀落也 箋 云夏小正四月王萯秀葽其是乎秀葽也鳴蜩也穫禾也隕蘀也四者皆物成而將寒之候物成自秀葽始○葽於遙反蜩徒彫反穫戶郭反蘀音託螗音唐墜直類反萯音婦 一之日于貉取彼狐貍爲公子裘 傳 于貉謂取狐貍皮也狐貉之厚以居孟冬天子始裘 箋 云于貉往搏貉以自爲裘也狐貍以共尊者言此者時寒宜助女功○貉戶各反貍力之反自爲于僞反 二之日其同載纘武功言私其豵獻豜于公 傳 纘繼功事也豕一歲曰豵三歲曰豜大獸公之小獸私之 箋 云其同者君臣及民因習兵俱出田也不用仲冬亦豳地晚寒也豕生三日豵○豵子公反豜音牽

五月斯螽動股六月莎雞振羽七月在野八月在宇九月在戶十

月蟋蟀入我牀下。傳斯螽蜙蝑也，莎雞羽成而振訊之。箋云：自七月在野，至十月入我牀下，皆謂蟋蟀也。言此三物之如此，著將寒有漸，非卒來也。○螽音終，莎素和反，蜙相容反，蝑相魚反，卒寸忽反。穹窒熏鼠，塞向墐戶。傳穹，窮。窒，塞也。向，北出牖也。墐，塗也。庶人蓽戶。箋云：為此四者以備寒。○穹起弓反，墐音覲，蓽音必。嗟我婦子，曰為改歲，入此室處。箋云：曰為改歲者，歲終而一之日觱發，二之日栗烈，當避寒氣而入所穹窒墐戶之室而居之。至此而女功止。○曰為于偽反。

六月食鬱及薁，七月亨葵及菽，八月剝棗，十月穫稻，為此春酒，以介眉壽。傳鬱，棣屬。薁，蘡薁也。剝，擊也。春酒，凍醪也。眉壽，豪眉也。箋云：介，助也。既以鬱薁及棗助男功，又穫稻而釀酒以助其養老之具，是謂豳雅。○薁於六反，亨普庚反，菽音叔，蘡於盈反，醪老刀反，釀女亮反。七月食瓜，八月斷壺，九月叔苴，采荼薪樗，食我農夫。傳壺，瓠也。叔，拾也。苴，麻子也。樗，惡木也。箋云：瓜瓠之畜，麻

實之糝，乾荼之菜，惡木之薪，亦所以助男養農夫之具。○荼音徒，樗勑書反，食音嗣，瓠戶故反，糝素感反。

九月築場圃，傳春夏為圃，秋冬為場。箋云：場圃同地，自物生之時，耕治之以種菜茹，至物盡成熟，築堅以為場。十月納禾稼，黍稷重穋，禾麻菽麥。傳後熟曰重，先熟曰穋。箋云：納，內也。治于場而內之囷倉也。○重直容反，穋音六，本又作稑，音同。嗟我農夫，我稼既同，上入執宮功。傳入為上，出為下。箋云：既同，言已聚也，可以上入都邑之宅，治宮中之事矣。于是時，男之野功畢。○上時掌反，注同。晝爾于茅，宵爾索綯。傳宵，夜。綯，絞也。箋云：爾，女也。女當晝日往取茅，歸夜作絞索，以待時用。○綯徒刀反，絞古卯反。亟其乘屋，其始播百穀。傳乘，升也。箋云：亟，急。乘，治也。七月定星將中，急當治野廬之屋。其始播百穀，謂祈來年百穀于公社。○亟紀力反。

二之日鑿冰沖沖，三之日納于凌陰，四之日其蚤，獻羔祭韭。傳冰盛水腹，則命取冰于山林。沖沖，鑿冰之意。凌陰，冰室也。箋云：古者日在北陸而藏冰，西陸朝覿而出之。祭司寒而藏之，獻羔而啓之。其出之也，朝之祿位，賓食喪祭，於是乎用之。月令仲春，天子乃獻羔開冰，先薦寢廟。周禮凌人之職，夏頒冰掌事，秋刷。上章備寒，故此章備暑。后稷先公禮教備也。○韭音九，朝直遙反，刷所劣反。九月肅霜，十月滌場。朋酒斯饗，曰殺羔羊。傳肅，縮也。霜降而收縮萬物。滌，埽也。場功畢入也。兩樽曰朋。饗者，鄉人以狗，大夫加以羔羊。箋云：十月民事男女俱畢，無飢寒之憂，國君閒于政事而饗群臣。○閒音閑。躋彼公堂，稱彼兕觥，萬壽無疆。傳公堂，學校也。觥，所以誓眾也。疆，竟也。箋云：于饗而正齒位，故因時而誓焉。飲酒既樂，欲大壽無竟，是謂豳頌。○躋子兮反，兕徐履反，觥虢彭反，樂音洛。

七月八章，章十一句

鴟鴞，周公救亂也。成王未知周公之志，公乃為詩以遺王，名之

曰鴟鴞焉。箋未知周公之志者，未知其欲攝政之意。○鴟鴞上尺之反，下吁驕反，遺唯季反。

鴟鴞鴟鴞，既取我子，無毀我室。傳興也。鴟鴞，鸋鴂也。無能毀我室者，攻堅之故也。寧亡二子，不可以毀我周室。箋云：重言鴟鴞者，將述其意之所欲言，丁寧之也。室猶巢也。鴟鴞言已取我子者，幸無毀我巢。我巢積日累功，作之甚苦，故愛惜之也。時周公竟武王之喪，欲攝政成周道，致太平之功。管叔、蔡叔等流言云公將不利于孺子，成王不知其意，而多罪其屬黨。興者，喻此諸臣乃世臣之子孫，其父祖以勤勞有此官位土地，今若誅殺之，無絕其官位，奪其土地。王意欲誚公此之由然。○鸋乃丁反，鴂音決，重直用反，太平音泰，誚在笑反。恩斯勤斯，鬻子之閔斯。傳恩，愛。鬻，稚。閔，病也。稚子，成王也。箋云：鴟鴞之意，殷勤于此，稚子當哀閔之。此取鴟鴞子者，言稚子也，以喻諸臣之先臣，亦殷勤于此，成王亦宜哀閔之。

迨天之未陰雨，徹彼桑土，綢繆牖戶。傳迨，及。徹，剝也。桑土，桑根也。箋云：綢繆猶纏綿也。此鴟鴞

自說作巢至苦如是以喻諸臣之先臣亦及文武未定天下積日累功以固定此官位與土地○土音杜 **今女下民。或敢侮予。** 箋云我至苦矣今女我巢下之民寧有敢侮慢欲毀之者乎意欲恚怒之以喻諸臣之先臣固定此官位土地亦不欲見其絕奪○恚於季反

予手拮据。予所捋荼。予所蓄租。予口卒瘏。 傳拮据撠挶也荼萑苕也租爲也瘏病也手病口病故能免乎大鳥之難箋云此言作之至苦故能攻堅人不得取其子○拮音結据音居捋力活反荼音徒租子胡反瘏音徒撠京劇反挶俱局反萑音丸苕音條難乃旦反 **曰予未有室家。** 傳謂我未有室家箋云我作之至苦如是者曰我未有室家之故

予羽譙譙。予尾翛翛。 傳譙譙殺也翛翛敝也箋云手口既病羽尾又殺敝言已勞苦甚○譙字或作燋同在消反翛素彫反殺色界反 **予室翹翹。風雨所漂搖。予維音嘵嘵。** 傳翹翹危也嘵嘵懼也箋

云巢之翹翹而危以其所託枝條弱也以喻今我子孫不肖故使我家道危也風雨喻成王也音嘵嘵然恐懼告愬之意○漂匹遙反嘵呼堯反

鴟鴞四章章五句

東山周公東征也周公東征三年而歸勞歸士大夫美之故作是詩也一章言其完也二章言其思也三章言其室家之望女也四章樂男女之得及時也君子之於人序其情而閔其勞所以說也說以使民民忘其死其唯東山乎 箋云成王既得金縢之書親迎周公周公歸攝政三監及淮夷叛周公乃東伐之三年而後歸耳分別章意者周公於是志伸美而詳之○歸勞力報反思息嗣反女音汝樂音洛說音悅縢徒登反別彼列反

我徂東山。慆慆不歸。我來自東。零雨其濛。 傳慆慆言久也濛雨貌箋云此四句者序歸士之情也我往之東山既久勞矣歸又道遇雨濛濛然是尤苦也 **我東曰歸。我心西悲。** 傳公族有辟公親素服不舉樂爲之變如其倫之喪箋云我在東山常曰歸也我心則念西而悲○爲于僞反 **制彼裳衣。勿士行枚。** 傳士事枚微也箋云勿猶無也女制彼裳衣而來謂兵服也亦初無行陳銜枚之事言前定也春秋傳曰善用兵者不陳○士行毛音衡鄭音銜王戶剛反陳直震反 **蜎蜎者蠋。烝在桑野。** 傳蜎蜎蠋貌桑蟲也烝寘也箋云蠋蜎蜎然特行久處桑野有似勞苦者古者聲寘塡塵同也○蠋音蜀寘音田又音珍 **敦彼獨宿。亦在車下。** 箋云敦敦然獨宿于車下此誠有勞苦之心○敦都回反

我徂東山。慆慆不歸。我來自東。零雨其濛。果臝之實。亦施于宇。伊威在室。蠨蛸在戶。町畽鹿場。熠燿宵行。 傳果臝括樓也伊威委黍也蠨蛸長踦也町畽

鹿迹也熠燿燐也燐螢火也箋云此五物者家無人則然令人感思○臝力果反施羊豉反蠨音蕭蛸所交反町他典反或他頂反畽本又作疃他短反熠以執反燿以照反踦起宜反令力呈反思息嗣反 **不可畏也。伊可懷也。** 箋云伊當作繄繄猶是也懷思也室中久無人故有此五物是不足可畏乃可爲憂思○繄於奚反

我徂東山。慆慆不歸。我來自東。零雨其濛。鸛鳴于垤。婦歎于室。洒埽穹窒。我征聿至。 傳垤螘冢也將陰雨則穴處先知之矣鸛好水長鳴而喜也箋云鸛水鳥也將陰雨則鳴行者於陰雨尤苦婦念之則歎於室也穹窮窒塞洒灑埽拚也穹窒鼠穴也而我君子行役述其日月今且至矣言婦望也○鸛古玩反洒所懈反埽素報反螘本亦蟻魚綺反好呼報反拚甫問反 **有敦瓜苦。烝在栗薪。** 傳敦猶專專也烝衆也言我心苦事又苦也箋云此又言婦人思其君子之居處專專如瓜之繫綴焉瓜之辦有苦者以喻其心苦也烝塵栗析也言君子又久見使析薪於事尤苦也古者聲栗裂同也○敦徒丹反專徒端反綴張衛反 **自我不見。于**

今三年。

我徂東山。慆慆不歸。我來自東。零雨其濛。〔箋〕云凡先著此四句者皆爲序歸士之情。倉庚于飛。熠燿其羽。〔箋〕云倉庚仲春而鳴嫁取之候也熠燿其羽羽鮮明也歸士始行之時新合昏禮今還故極序其情以樂之○樂音洛下同之子于歸。皇駁其馬。〔傳〕黃白曰皇駵白曰駁〔箋〕云之子于歸謂始嫁時也皇駁其馬車服盛也親結其縭。九十其儀。〔傳〕縭婦人之褘也母戒女施衿結帨九十其儀言多儀也〔箋〕云女嫁父母既戒之庶母又申之九十其儀喻丁寧之多○帨始鋭反其新孔嘉。其舊如之何。〔傳〕言久長之道也〔箋〕云嘉善也其新來時甚善至今則久矣不知其如何也又極序其情樂而戲之

東山四章章十二句

破斧。美周公也。周大夫以惡四國焉。〔箋〕惡四國者惡其流言毀周公也○惡烏路反

既破我斧。又缺我斨。〔傳〕隋銎曰斧斧斨民之用也禮義國家之用也〔箋〕云四國流言既破毀我周公又損傷我成王以此二者爲大罪○斨七羊反隋徒禾反銎曲容反周公東征。四國是皇。〔傳〕四國管蔡商奄也皇匡也〔箋〕云周公既反攝政東伐此四國誅其君罪正其民人而已哀我人斯。亦孔之將。〔傳〕將大也〔箋〕云此言周公之哀我民人其德亦甚大也

既破我斧。又缺我錡。〔傳〕鑿屬曰錡○錡或作奇音同周公東征。四國是吪。〔傳〕吪化也○吪五戈反又作訛哀我人斯。亦孔之嘉。〔箋〕云嘉善也

既破我斧。又缺我銶。〔傳〕木屬曰銶○銶音求周公東征。四國是遒。〔傳〕遒固也〔箋〕云遒斂也○遒在羞反哀我人斯。亦孔之休。〔傳〕休美也

破斧三章章六句

伐柯。美周公也。周大夫刺朝廷之不知也。〔箋〕成王既得雷雨大風之變欲迎周公而朝廷羣臣猶惑於管蔡之言不知周公之聖德疑於王迎之禮是以刺之○朝直遙反

伐柯如何。匪斧不克。〔傳〕柯斧柄也禮義者亦治國之柄〔箋〕云克能也伐柯之道唯斧乃能之此以類求其類也以喻成王欲迎周公當使賢者先往取妻如何。匪媒不得。〔傳〕媒所以用禮也治國不能用禮則不安〔箋〕云媒者能通二姓之言定人室家之道以喻王欲迎周公當先使曉王與周公之意者又先往○取七喻反本亦作娶

伐柯伐柯。其則不遠。〔傳〕以其所願乎上交乎下以其所願乎下事乎上不遠求也〔箋〕云則法也伐柯者必用柯其大小長短近取法于柯所謂不遠求也王欲迎周公使還其道亦不遠人心足以知之我覯之子。籩豆有踐。〔傳〕踐行列貌〔箋〕云覯見也之子是子也斥周公也王欲迎周公當以饗燕之饌行至則歡樂以說之○覯古豆反行戶郎反樂音洛說音悅

伐柯二章章四句

九罭。美周公也。周大夫刺朝廷之不知也。○罭于逼反

九罭之魚。鱒魴。〔傳〕興也九罭緵罟小魚之網也鱒魴大魚也〔箋〕云設九罭之罟乃後得鱒魴之魚言取物各有器也興者喻王欲迎周公之來當有其禮○鱒才損反魴音房緵子弄反我覯之子。袞衣繡裳。〔傳〕所以見周公也袞衣卷龍也〔箋〕云王迎周公當以上公之服往見之○卷卷冕反

鴻飛遵渚。〔傳〕鴻不宜循渚也〔箋〕云鴻大鳥也不宜與鳧鷖之屬飛而循渚以喻周公今與凡人處東都之邑失其所也○鳧音符鷖烏兮反公歸無所。於女信處。〔傳〕周公未得禮也再宿曰信〔箋〕云信誠也時東都之人欲周公留不去故曉之云公西歸而無所居則可就女誠處是東都也今公當歸復其位不得留也

鴻飛遵陸。〔傳〕陸非鴻所宜止公歸不復。於女信宿。〔傳〕宿猶處也

是以有衮衣兮。無以我公歸兮。傳 無與公歸之道也、箋云、是以東都也、東都之人、欲周公留之爲君、故云、是以有衮衣、謂成王所齎來衮衣、願其封周公于此、以衮衣命留之、無以公西歸、無使我心悲兮。箋云、周公西歸、而東都之人心悲、恩德之愛至深也、

九罭四章、一章四句、三章章三句

狼跋、美周公也。周公攝政。遠則四國流言。近則王不知。周大夫美其不失其聖也。箋 不失其聖者、聞流言不惑、王不知不怨、終立其志、成周之王功、致大平、復成王之位、又爲之大師、終始無愆、聖德著焉、○跋卜末反、王功于況反、大平音泰、下大師同

狼跋其胡。載疐其尾。傳 跋、躐、疐、跲也、老狼有胡、進則躐其胡、退則跲其尾、進退有難、然而不失其猛、箋云、興者、喻周公進則躐其胡、猶始欲攝政、四國流言、辟之而居東都也、退則跲其尾、謂後復成王之位、而老成王又留之、其如是、聖德無玷缺、○疐丁四反、跲其劫反、難乃旦反、公孫碩膚。赤舄几几。傳 公孫、成王也、豳公之孫也、碩、大、膚、美也、赤舄、人君之盛屨也、几几、絇貌、箋云、公、周公也、孫讀當如公孫于齊之孫、孫之言孫遁也、周公攝政七年、致太平、復成王之位、孫遁辟此成公之大美、欲老、成王又留之以爲太師、履赤舄几几然、○孫鄭音遜、舄音昔、絇其俱反

狼疐其尾。載跋其胡。公孫碩膚。德音不瑕。傳 瑕、過也、箋云、不瑕、言不可疵瑕也、

狼跋二章章四句

豳國七篇二十七章二百三句

詩經卷八終

詩經卷九

周　卜子夏序

漢　毛公傳

鄭氏箋

小雅

鹿鳴之什第十六

鹿鳴、燕羣臣嘉賓也。既飲食之。又實幣帛筐篚。以將其厚意。然後忠臣嘉賓得盡其心矣。飲之而有幣、酬幣也、食之而有幣、侑幣也、○飲于鴆反、食音嗣

呦呦鹿鳴。食野之苹。傳 興也、苹、蓱也、鹿得蓱、呦呦然鳴而相呼、懇誠發乎中、以興嘉樂賓客、當有懇誠相招呼以成禮也、箋云、苹、藾蕭也、○呦音幽、苹音平、蓱本又作萍、薄丁反、樂音洛、藾音賴、我有嘉賓。鼓瑟吹笙。

吹笙鼓簧。承筐是將。傳 簧、笙也、吹笙而鼓簧矣、筐、篚屬、所以行幣帛也、箋云、承、猶奉也、書曰、篚厥玄黃、人之好我。示我周行。傳 周、至、行、道也、箋云、示當作寘、寘、置也、周行、周之列位也、好、猶善也、人有以德善我者、我則置之於周之列位、言已維賢是用、○好呼報反、行胡郎反

呦呦鹿鳴。食野之蒿。傳 蒿、菣也、○蒿呼毛反、菣去刃反、我有嘉賓。德音孔昭。視民不恌。君子是則是傚。傳 恌、愉也、是則是傚、言可法傚也、箋云、德音、先王道德之教也、孔、甚、昭、明也、視、古示字也、飲酒之禮、於旅也語、嘉賓之語、先王德教甚明、可以示天下之民、使之不愉於禮義、是乃君子所法傚、言其賢也、○恌他彫反、我有旨酒。嘉賓式燕以敖。傳 敖、遊也、

呦呦鹿鳴。食野之芩。傳 芩、草也、○芩其今反、我有嘉賓。鼓瑟鼓琴。鼓瑟鼓琴。和樂且湛。傳 湛、樂之久、○樂音洛、注下皆同、湛都南反、又作耽、我有旨酒。以燕樂嘉賓之

心。【傳】燕安也、夫不能致其樂、則不能得其志、不能得其志、則嘉賓不能竭其力、○夫音符

鹿鳴三章章八句

四牡、勞使臣之來也、有功而見知、則說矣。【箋】文王爲西伯之時、三分天下有其二、以服事殷、使臣以王事往來於其職、於其來也、陳其功苦、以歌樂之、○勞力報反、使所吏反、注皆同、樂音洛

四牡騑騑、周道倭遲。【傳】騑騑、行不止之貌、周道、岐周之道也、倭遲、歷遠之貌、文王率諸侯、撫叛國、而朝聘乎紂、故周公作樂以歌文王之道、爲後世法、○倭本又作委、于危反、朝直遙反

豈不懷歸、王事靡盬、我心傷悲。【傳】盬、不堅固也、思歸者、私恩也、靡盬者、公義也、傷悲者、情思也、【箋】云、無私恩、非孝子也、無公義、非忠臣也、君子不以私害公、不以家事辭王事、○盬音古、思息嗣反

四牡騑騑、嘽嘽駱馬。【傳】嘽嘽、喘息之貌、馬勞則喘息、白馬黑鬣曰駱、○嘽他丹反、鬣力輒反

豈不懷歸、王事靡盬、不遑啓處。【傳】遑、暇、啓、跪、處、居也、臣受命、舍幣于禰乃行、○舍音釋、禰乃禮反

翩翩者鵻、載飛載下、集于苞栩。【傳】鵻、夫不也、【箋】云、夫不、鳥之愨謹者、人皆愛之、可以不勞、猶則飛則下、止於栩木、喻人雖無事、其可獲安乎、感厲之、○鵻音隹、栩況甫反、夫方于反、字又作鳺、不方浮反、字又作鴀

王事靡盬、不遑將父。【傳】將、養也、

翩翩者鵻、載飛載止、集于苞杞。【傳】杞、枸檵也、○枸音苟、檵音計

王事靡盬、不遑將母。

駕彼四駱、載驟駸駸。【傳】駸駸、驟貌、

豈不懷歸、是用作歌、將母來諗。【傳】諗、念也、父兼尊親之道、母至親而尊不至、【箋】云、諗、告也、君勞使臣、述叙其情、女曰、我豈不思歸乎、誠思歸也、故作此詩之歌、以養父母之志、來告于君也、人之思、恒思親者、再言將母、亦其情也、○諗音審

四牡五章章五句

皇皇者華、君遣使臣也。送之以禮樂、言遠而有光華也。【箋】言臣出使、能揚君之美、延其譽于四方、則爲不辱命也、○使所吏反

皇皇者華、于彼原隰。【傳】皇皇、猶煌煌也、高平曰原、下濕曰隰、忠臣奉使、能光君命、無遠無近、如華不以高下易其色、【箋】云、無遠無近、維所之則然、

駪駪征夫、每懷靡及。【傳】駪駪、衆多之貌、征夫、行人也、每、雖、懷、和也、【箋】云、春秋外傳曰、懷私爲每懷也、和當爲私、衆行夫既受君命、當速行、每人懷其私、相稽留、則於事將無所及、○駪所巾反

我馬維駒、六轡如濡。【箋】云、如濡、言鮮澤也、

載馳載驅、周爰咨諏。【傳】忠信爲周、訪問于善爲咨、咨事爲諏、【箋】云、爰、於也、大夫出使、馳驅而行、見忠信之賢人、則於是訪問、求善道也、○諏子須反

我馬維騏、六轡如絲。【傳】言調忍也、○騏音其

載馳載驅、周爰咨謀。【傳】咨事之難易爲謀、

○易以豉反

我馬維駱、六轡沃若。載馳載驅、周爰咨度。【傳】咨禮義所宜爲度、○度待洛反

我馬維駰、六轡既均。【傳】陰白雜毛曰駰、均、調也、○駰音因

載馳載驅、周爰咨詢。【傳】親戚之謀爲詢、兼此五者、雖有中和、當自謂無所及、成于六德也、【箋】云、中和、謂忠信也、五者、咨也、諏也、謀也、度也、詢也、雖得此于忠信之賢人、猶當云已將無所及于事、則成六德、言慎其事、○詢音荀

皇皇者華五章章四句

常棣、燕兄弟也。閔管蔡之失道、故作常棣焉。【傳】周公弔二叔之不咸、而使兄弟之恩疏、召公爲作此詩而歌之以親之、○召上照反、爲于僞反

常棣之華、鄂不韡韡。【傳】興也、常棣、棣也、鄂猶鄂鄂然、言外發也、韡韡、光明也、【箋】云、承華者曰鄂、不當作柎、柎鄂

足也，鄂足得華之光明，則韡韡然盛興者，猶弟以敬事兄，兄以榮覆弟，恩義之顯，亦韡韡然。古聲不怗同。○韡韋鬼反

凡今之人，莫如兄弟。傳聞常棣之言為今也。箋云：聞常棣之言，始聞常棣華鄂之說也，如此則人之恩親無如兄弟之最厚。

死喪之威，兄弟孔懷。傳威畏，懷思也。箋云：死喪可畏怖之事，維兄弟之親甚相思念。○怖普布反

原隰裒矣，兄弟求矣。傳裒聚也。求矣，言求兄弟也。箋云：原也，隰也，以相與聚居之故，故能定高下之名，猶兄弟相求，故能立榮顯之名。

脊令在原，兄弟急難。傳脊令，雝渠也，飛則鳴，行則搖，不能自舍耳。急難，言兄弟之相救於急難。箋云：雝渠，水鳥，而今在原，失其常處，則飛則鳴，求其類，天性也。猶兄弟之於急難。○脊亦作鶺，令亦作鴒，雝乃旦反

每有良朋，況也永歎。傳況茲，永長也。箋云：每有，雖也。良，善也。當急難之時，雖有善同門來，茲對之長歎而已。

兄弟鬩于牆，外禦其務。傳鬩很也。箋云：禦禁，務侮也。兄弟雖內鬩而外禦侮也。○鬩許歷反

每有良朋，烝也無戎。傳烝塡，戎相也。箋云：當急難之時，雖有善同門來，久也猶無相助己者。古聲塡寘塵同。○塡音田，與寘同。相息亮反

喪亂既平，既安且寧。雖有兄弟，不如友生。傳兄弟尚恩，怡怡然；朋友以義，切切然。箋云：平猶正也。安寧之時，以禮義相琢磨，則友生急。

儐爾籩豆，飲酒之飫。傳儐陳，飫私也。不脫屨升堂謂之飫。箋云：私者，圖非常之事，若議大疑于堂，則有飫禮焉。聽朝為公。○儐賓胤反，朝直遙反

兄弟既具，和樂且孺。傳九族會曰和。孺，屬也。王與親戚燕則尚毛。箋云：九族，從己上至高祖，下及玄孫之親也。屬者，以昭穆相次序。○樂音洛

妻子好合，如鼓瑟琴。箋云：好合，至意合也。合者，如鼓瑟琴之聲相應和也。王與族人燕，則宗婦內宗之屬亦從后于房中。○好呼報反

兄弟既翕，和樂且湛。傳翕合也。○湛答南反，又作耽

宜爾室家，樂爾妻帑。傳帑子也。箋云：族人和則得保樂其家中之大小。○帑讀音拏

是究是圖，亶其然乎。傳究深，圖謀，亶信也。箋云：女深謀之，信其如是。○亶都但反

常棣八章，章四句

伐木，燕朋友故舊也。自天子至于庶人，未有不須友以成者。親親以睦，友賢不棄，不遺故舊，則民德歸厚矣。

伐木丁丁，鳥鳴嚶嚶。傳興也。丁丁，伐木聲也。嚶嚶，驚懼也。箋云：丁丁、嚶嚶，相切直也。言昔日未居位，在農之時，與友生於山巖伐木，為勤苦之事，猶以道德相切正也。嚶嚶，兩鳥聲也。其鳴之志，似于有友道然，故連言之。○丁陟耕反

出自幽谷，遷于喬木。傳幽深，喬高也。箋云：遷，徙也。謂鄉時之鳥，出從深谷，今移處高木。○鄉本作曏，同許亮反

嚶其鳴矣，求其友聲。傳君子雖遷于高位，不可以忘其朋友。箋云：嚶其鳴矣，遷處高木者，求其友聲，求其尚在深谷者。其相得則復鳴嚶嚶然。

相彼鳥矣，猶求友聲。矧伊人矣，不求友生。傳矧況也。箋云：相，視也。鳥尚知居高木呼其友，況是人乎，可不求之。○相息亮反

神之聽之，終和且平。箋云：以可否相增減曰和。平，齊等也。此言心誠求之，神若聽之，使得如志，則友終相與和而齊功也。

伐木許許，釃酒有藇。傳許許，柹貌。以筐曰釃，以藪曰湑。藇，美貌。箋云：此言許者，伐木許許之人，今則有酒而釃之，本其故也。○許呼古反，釃所宜反，藇音序，柹孚廢反，湑思叙反

既有肥羜，以速諸父。傳羜，未成羊也。天子謂同姓諸侯，諸侯謂同姓大夫，皆曰父。異姓則稱舅。國君友其賢臣，大夫士友其宗族之仁者。箋云：速，召也。有酒有羜，今以召族之飲酒。○羜直呂反

寧適不來，微我弗顧。傳微，無也。箋云：寧召之適自不來，無使言我不顧念也。

於粲洒埽，陳饋八簋。傳粲，鮮明貌。圓曰簋。天子八簋。箋云：粲然已灑埽矣，陳其黍稷矣，謂為食禮。○於如

宁舊音烏䅌采且反灑所懈反埽素報反擈本又作拚甫問反食音嗣旣有肥牡以速諸舅寧適不來微我有咎傳咎過也

伐木于阪釃酒有衍傳衍美貌箋云此言伐木于阪亦本之也籩豆有踐兄弟無遠箋云踐陳列貌兄弟父之黨母之黨民之失德乾餱以愆傳餱食也箋云失德謂見謗訕也民尚以乾餱之食獲愆過於人況天子之饌反可以恨兄弟乎故不當遠之○餱音侯

有酒湑我無酒酤我傳湑茜之也酤一宿酒也箋云酤買也此族人陳王之恩也王有酒則泲茜之王無酒酤買之要欲厚於族人○湑本又作醑酤毛音戶茜所六反與左傳縮酒同義泲子禮反坎坎鼓我蹲蹲舞我傳蹲蹲舞貌箋云爲我擊鼓坎坎然爲我興舞蹲蹲然謂以樂樂已○爲于僞反樂樂上音岳下音洛迨我暇矣飲此湑矣箋云迨及也此又述王意也王曰及我今之閒暇共飲此湑酒欲其無不醉之意○閒音閑

伐木六章章六句

天保下報上也君能下下以成其政臣能歸美以報其上焉箋下下謂鹿鳴至伐木皆君所以下臣也臣亦宜歸美於王以崇君之尊而福祿之以答其歌○下下俱戶嫁反

天保定爾亦孔之固傳固堅也箋云保安爾女也女王也天之安定女亦甚堅固俾爾單厚何福不除傳俾使單信也或曰單厚也除開也箋云單盡也天使女盡厚天下之民何福而不開皆開出以予之○俾必以反鄭音丹除治慮反俾爾多益以莫不庶傳庶衆也箋云莫無也使汝每物益多以是故無不衆也

天保定爾俾爾戩穀罄無不宜受天百祿傳戩福穀祿罄盡也箋云天使女所福祿之人謂羣臣也其舉事盡得其宜受天之多祿○戩子淺反降爾遐福維日不足箋云遐遠也天又下予女以廣遠之福使天下溥蒙之汲汲然如日且不足也

天保定爾以莫不興箋云興盛也無不盛者使萬物皆盛草木暢茂禽獸碩大如山如阜如岡如陵傳言廣厚也高平曰陸大陸曰阜大阜曰陵箋云此言其福祿委積高大也如川之方至以莫不增箋云川之方至謂其水縱長之時也萬物之收皆增多也○長張丈反

吉蠲爲饎是用孝享傳吉善蠲絜也饎酒食也享獻也箋云謂將祭祀也○蠲古玄反饎尺志反禴祠烝嘗于公先王傳春曰祠夏曰禴秋曰嘗冬曰烝公事也箋云公先公謂后稷至諸盩○盩直留反周大王父名君曰卜爾萬壽無疆傳君先君也尸所以象神卜予也箋云君曰卜爾者尸嘏主人傳神辭也○嘏古雅反傳直專反

神之弔矣詒爾多福傳弔至詒遺也箋云神至者宗廟致敬鬼神著矣此之謂也○弔都歷反詒以之反遺唯季反民之質矣日用飲食傳質成也箋云成平也民事平以禮飲食相燕樂而已○燕樂音洛羣黎

百姓徧爲爾德傳百姓百官族姓也箋云黎衆也羣衆百姓徧爲女之德言則而象之如月之恒如日之升傳恒弦升出也言俱進也箋云月上弦而就盈日始出而就明○恒本亦作緪同古鄧反如南山之壽不騫不崩傳騫虧也○騫起虔反如松柏之茂無不爾或承箋云或之言有也如松柏之枝葉常茂盛青青相承無衰落也

天保六章章六句

采薇遣戍役也文王之時西有昆夷之患北有玁狁之難以天子之命命將率遣戍役以守衛中國故歌采薇以遣之出車以勞還杕杜以勤歸也箋文王爲西伯服事殷之時也昆夷西戎也天子殷王也戍守也西伯以殷王之命命其屬爲將率將戍役禦西戎及北狄之難歌采薇以遣之杕杜勤歸者以其勤勞之故於其歸歌杕杜以休息之○玁本或

作獫音險狁音允難乃旦反將率子亮反下所類反後篇將率皆同勞力報反後篇勞還皆同杕大計反

采薇采薇薇亦作止傳薇菜作生也箋云西伯將遣戍役先輿之期以采薇之時今薇生矣先輩可以行也重言采薇者丁寧行期也○重直用反曰歸曰歸歲亦莫止箋云莫晚也曰女何時歸乎亦歲晚之時乃得歸也又丁寧歸期定其心也○莫音暮本或作暮協韻武博反靡室靡家玁狁之故不遑啓居玁狁之故傳玁狁北狄也箋云北狄今匈奴也靡無遑暇啓跪也古者師出不踰時今薇菜生而行歲晚乃得歸使女無室家夫婦之道不暇跪居者有玁狁之難故曉之也

采薇采薇薇亦柔止傳柔始生也箋云柔謂脆脕之時○脕音問曰歸曰歸心亦憂止箋云憂止者憂其歸期將晚憂心烈烈載飢載渴箋云烈烈憂貌則飢則渴言其苦也我戍未定靡使歸聘傳聘問也箋云定止也我方守於北狄未得止息無所使歸問言所以憂○靡使本又作靡使

采薇采薇薇亦剛止傳少而剛也箋云剛謂少堅忍時曰歸曰歸歲亦陽止傳陽歷陽月也箋云十月為陽時坤用事嫌於無陽故以名此月為陽王事靡盬不遑啓處箋云盬不堅固也處猶居也憂心孔疚我行不來傳疚病來至也箋云我戍役自我也來猶反也據家曰來

彼爾維何維常之華傳爾華盛貌常常棣也箋云此言彼爾者乃常棣之華以興將率車馬服飾之盛○爾乃禮反彼路斯何君子之車箋云斯此也君子謂將率戎車既駕四牡業業傳業業然壯也豈敢定居一月三捷傳捷勝也箋云定止也將率之志往至所征之地不敢止而居處自安也往則庶乎一月之中三有勝功謂侵也伐也戰也

駕彼四牡四牡騤騤君子所依小人所腓傳騤騤彊也腓辟也箋云腓當作芘此言戎車者將率之所依乘戍役之所芘倚○騤求龜反腓符非反四牡翼翼象弭魚服傳翼翼閑也象弭弓反末也所以解紒也魚服魚皮也箋云弭弓反末彆者以象骨為之以助御者解轡紒宜骨也服矢服也○弭彌氏反紒音計彆說文方血反又邊之入聲埤蒼云弓末反豈不日戒玁狁孔棘箋云戒警勅軍事也孔甚棘急也言君子小人豈不日相警戒乎誠日相警戒也玁狁之難甚急豫述其苦以勸之○曰戒音越又人栗反

昔我往矣楊柳依依今我來思雨雪霏霏傳楊柳蒲柳也霏霏甚也箋云我來戍止而謂始反時也上三章言戍役次二章言將率之行故此章重序其往反之時極言其苦以說之○說音悅行道遲遲載渴載飢傳遲遲長遠也箋云行反在於道路猶飢渴言至苦也我心傷悲莫知我哀傳君子能盡人之情故人忘其死

采薇六章章八句

出車勞還率也箋遣將率及戍役同歌同時欲其同心也反而勞之異歌異日殊尊卑也禮記曰賜君子小人

不同日此其義也

我出我車于彼牧矣傳出車就馬于牧地箋云上我我殷王也下我將率自謂也西伯以天子之命出我戎車於所牧之地將使我出征伐自天子所謂我來矣箋云自從也有人從王所來謂我來矣謂以王命召已將使為將率也先出戎車乃召將率將率尊也召彼僕夫謂之載矣王事多難維其棘矣傳僕夫御夫也箋云棘急也王命召已已即召御夫使裝載物而往王之事多難其召我必急欲疾趨之此序其忠敬也○難乃旦反裝本又作莊

我出我車于彼郊矣設此旐矣建彼旄矣傳龜蛇曰旐旄干旄箋云設旐者屬之於干旄而建之戎車將帥既受命行乃乘馬牧地在遠郊○旐音兆旄音毛屬音燭彼旟旐斯胡不旆旆傳鳥隼曰旟旆旆旒垂貌○旟音餘旆蒲貝反隼息允反憂心悄悄僕夫況瘁箋云況茲也將率既受命行而

憂，臨事而懼也。御夫則兹益憔悴，憂其馬之不正。

王命南仲，往城于方。出車彭彭，旂旐央央。【傳】王，殷王也。南仲，文王之屬。方，朔方，近玁狁之國也。彭彭，四馬貌。交龍爲旂。央央，鮮明也。【箋】云：王使南仲爲將率，往築城于朔方，爲軍壘以禦北狄之難。○央，於良反。天子命我，城彼朔方。赫赫南仲，玁狁于襄。【傳】朔方，北方也。赫赫，盛貌。襄，除也。【箋】云：此我我戍役也。戍役築壘而美其將率自此出征也。

昔我往矣，黍稷方華。今我來思，雨雪載塗。王事多難，不遑啓居。【傳】塗，凍釋也。【箋】云：黍稷方華，朔方之地六月時也。以此時始出壘，征伐玁狁，因伐西戎，至春凍始釋而來反，其間非有休息。豈不懷歸？畏此簡書。【傳】簡書，戒命也。鄰國有急，以簡書相告，則奔命救之。

喓喓草蟲，趯趯阜螽。【箋】云：草蟲鳴，阜螽躍而從之，天性也。喻近西戎之諸侯，聞南仲既征玁狁，將伐西戎之命，則跳躍而鄉望之，如阜螽之聞草蟲鳴焉。草蟲鳴，晚秋之時也。此以其時所見而興之。○喓，於遥反。趯，吐歷反。螽音終。躍音藥。

未見君子，憂心忡忡。既見君子，我心則降。【箋】云：君子，斥南仲也。降，下也。赫赫南仲，薄伐西戎。

春日遲遲，卉木萋萋。倉庚喈喈，采蘩祁祁。執訊獲醜，薄言還歸。【傳】卉，草也。訊，辭也。【箋】云：訊言，醜衆也。伐西戎以凍釋時反，朔方之壘息戎役，至此時而歸京師，稱美時物以及其事，喜而詳之也。執其可言問所獲之衆以歸者，當獻之也。赫赫南仲，玁狁于夷。【傳】夷，平也。【箋】云：平者，平之於王也。此時亦伐西戎，獨言平玁狁者，玁狁大，故以爲始以爲終。

出車六章，章八句。

杕杜，勞還役也。【箋】役，戍役也。

有杕之杜，有睆其實。【傳】興也。睆，實貌。杕杜猶得其時蕃滋，役夫勞苦，不得盡其天性。王事靡盬，繼嗣我日。【箋】云：嗣，續也。王事無不堅固，我行役續嗣其日，言常勞苦，無休息。日月陽止，汝心傷止，征夫遑止。【箋】云：十月爲陽。遑，暇也。婦人思望其君子，陽月之時已憂傷矣，征夫如今已閒暇，且歸也，而尚不得歸，故序其男女之情以説之。陽月而思望之者，以初時云歲亦莫止。○閒音閑。説音悦。莫音暮。

有杕之杜，其葉萋萋。王事靡盬，我心傷悲。【箋】云：傷悲者，念其君子於今勞苦。卉木萋止，女心悲止，征夫歸止。【傳】室家踰時則思。

陟彼北山，言采其杞。王事靡盬，憂我父母。【箋】云：杞非常菜也，而升北山采之，託有事以望君子。檀車幝幝，四牡痯痯，征夫不遠。【傳】檀車，役車也。幝幝，敝貌。痯痯，罷貌。【箋】云：不遠者，言其來喻路近。○幝，尺善反，又救丹反。痯，古人反。罷音皮。

匪載匪來，憂心孔疚。【箋】云：匪，非。疚，病也。君子至期不裝載，意不爲來，我念之，憂心甚病。期逝不至，而多爲恤。【傳】逝，往。恤，憂也。遠行不必如期，室家之情以期望之。卜筮偕止，會言近止，征夫邇止。【傳】卜之筮之，會人占之。邇，近也。【箋】云：偕，俱。會，合也。或卜之或筮之，俱占之，合言於繇爲近，征夫如今近耳。

杕杜四章，章七句。

魚麗，美萬物盛多，能備禮也。文武以天保以上治内，采薇以下治外，始於憂勤，終於逸樂，故美萬物盛多，可以告於神明矣。【箋】内謂諸夏也，外謂夷狄也。告於神明者，於祭祀而歌之。○麗，力馳反。樂音落。

魚麗于罶，鱨鯊。【傳】麗，歷也。罶，曲梁也，寡婦之笱也。鱨，楊也。鯊，鮀也。太平而後微物衆多，取之有時，用之有道，則物莫不多矣。古者不風不暴，不行火；草木不折，不操斧斤，不入山林；豺祭獸然後殺，獺祭魚然後漁，鷹隼擊然後罻羅設。是以天子不合圍，諸侯不掩羣，大夫不麛不卵，士不隱塞，庶人不數罟，罟必四寸，然後入澤梁，故山不童，澤不竭，鳥獸魚鼈皆得其所然。○罶音柳，鱨音常，鯊音沙，暴蒲卜反，罻音尉，麛亡兮反，卵魯短反，塞蘇代反，又新勒反，數所角反

君子有酒，旨且多。箋云：酒美而此魚又多也。

魚麗于罶，魴鱧。傳：鱧，鮦也。○鱧音禮，鮦直冢反。君子有酒，多且旨。箋云：酒多而此魚又美也。

魚麗于罶，鰋鯉。傳：鰋，鮎也。○鰋音偃，鮎乃兼反。君子有酒，旨且有。箋云：酒美而此魚又有。

物其多矣，維其嘉矣。箋云：魚既多，又善。

物其旨矣，維其偕矣。箋云：魚既美，又齊等。

物其有矣，維其時矣。箋云：魚既有，又得其時。

魚麗六章，三章章四句，三章章二句

南陔，孝子相戒以養也。○陔古哀反，養餘尚反

白華，孝子之絜白也。

華黍，時和歲豐，宜黍稷也。有其義而亡其辭。箋：此三篇者，鄉飲酒、燕禮用焉，曰笙入立于縣中，奏南陔、白華、華黍是也。孔子論詩，雅頌各得其所，時俱在耳。篇第當在於此，遭戰國及秦之世而亡之。其義則與衆篇之義合編，故在。至毛公為詁訓傳，乃分衆篇之義，各置於其篇端，云又闕其亡者，以見存為數，故推改什首，遂通耳。而下非孔子之舊。○此三篇，蓋武王之時，周公制禮，用為樂章，吹笙以播其曲。孔子刪定，有三百一十一篇，內遭戰國及秦而亡，子夏序詩，篇義合編，故詩雖亡而義猶在也。毛氏訓傳，各引序冠其篇首，故序存而詩亡。○縣音玄，見賢遍反

鹿鳴之什十篇，五十五章，三百一十五句

詩經卷九終

詩經卷十

周　卜子夏序

漢　毛公傳　鄭氏箋

小雅

南有嘉魚之什第十七

南有嘉魚，樂與賢也。太平君子至誠，樂與賢者共之也。箋：樂得賢者與共立於朝，相燕樂也。○樂音洛

南有嘉魚，烝然罩罩。傳：江漢之間，魚所產也。罩罩，篧也。箋云：烝，塵也。塵然，猶言久如也。言南方水中有善魚，人將久如而俱罩之，遲之也。喻天下有賢者，在位之人將久如而並求致之於朝，亦遲之也。遲之者，謂至誠也。○罩張敎反，字林竹卓反，篧助角反，沈音籗，遲直冀反

君子有酒，嘉賓式燕以樂。箋云：君子，斥時在位者也。式，用也。用酒與賢者燕飲而樂也。○樂音洛，協句五敎反

南有嘉魚，烝然汕汕。傳：汕汕，樔也。箋云：樔者，今之撩罟也。○汕所諫反，樔側交反

君子有酒，嘉賓式燕以衎。傳：衎，樂也。○衎苦旦反

南有樛木，甘瓠纍之。傳：興也。纍，蔓也。箋云：君子下其臣，故賢者歸往也。○樛居虯反，瓠音護，下遐嫁反

君子有酒，嘉賓式燕綏之。箋云：綏，安也。與嘉賓燕飲而安之。鄉飲酒曰：賓以我安。

翩翩者鵻，烝然來思。傳：鵻，壹宿之鳥。箋云：壹宿者，壹意於其所宿之木也。喻賢者有專壹之意於我，我將久如而來，遲之也。○鵻音隹

君子有酒，嘉賓式燕又思。箋云：又，復也。以其壹意，欲復與燕，加厚之。○復扶又反

南有嘉魚四章章四句

南山有臺，樂得賢也。得賢則能爲邦家立太平之基矣。箋人君得賢則其德廣大堅固，如南山之有基趾。

南山有臺，北山有萊。傳興也。臺，夫須也。萊，草也。箋云：興者，山之有草木以自覆蓋，成其高大，喻人君有賢臣以自尊顯。○夫音符。樂只君子，邦家之基。樂只君子，萬壽無期。傳基，本也。箋云：只之言是也。人君既得賢者，置之於位，又尊敬以禮樂樂之，則能爲國家之本，得壽考之福。○樂樂，上音岳，下音洛。

南山有桑，北山有楊。樂只君子，邦家之光。樂只君子，萬壽無疆。箋云：光，明也。政教明，有榮曜。

南山有杞，北山有李。樂只君子，民之父母。樂只君子，德音不已。箋云：已，止也。不止者，言長見稱頌也。

詩經　卷十　小雅南有嘉魚之什　二　禾懷堂

南山有栲，北山有杻。傳栲，山樗。杻，檍也。○栲音考。杻，女九反。樗，勑居反。檍音憶。樂只君子，遐不眉壽。樂只君子，德音是茂。傳眉壽，秀眉也。箋云：遐，遠也。遠不眉壽者，言其近眉壽也。茂，盛也。

南山有枸，北山有楰。傳枸，枳枸。楰，鼠梓。○楰音庾。枳，諸氏反。樂只君子，遐不黃耇。樂只君子，保艾爾後。傳黃，黃髮也。耇，老。艾，養。保，安也。○耇音苟。

南山有臺五章章六句

由庚，萬物得由其道也。

崇丘，萬物得極其高大也。

由儀，萬物之生各得其宜也。有其義而亡其辭。箋此三篇者，鄉飲酒、燕禮亦用焉。曰乃間歌魚麗，笙由庚；歌南有嘉魚，笙崇丘；歌南山有臺，笙由儀。亦遭世亂而亡之。燕禮又有升歌鹿鳴，下管新宮。新宮亦詩篇名也。辭義皆亡，無以知其篇第之處。○此三篇義與南陔等同。依六月序，由庚在南有嘉魚前，崇丘在南山有臺前，今同在此者，以其俱亡，使相從耳。○間，古莧反。

蓼蕭，澤及四海也。箋九夷、八狄、七戎、六蠻謂之四海。國在九州之外，雖有大者，爵不過子。虞書曰：州十有二師，外薄四海，咸建五長。○蓼音六。薄音博。長，張丈反。

蓼彼蕭斯，零露湑兮。傳興也。蓼，長大貌。蕭，蒿也。湑湑然，蕭上露貌。箋云：興者，蕭，香物之微者，喻四海之諸侯亦國君之賤者。露者，天所以潤萬物，喻王者恩澤不爲遠國則不及也。○湑，息敘反。爲，于僞反。既見君子，我心寫兮。傳輸寫其心也。箋云：既見君子者，遠國之君朝見於天子也。我心寫者，輸其情意無留恨也。燕笑語兮，是以有譽處兮。箋云：天子與之燕而笑語，則遠國之君各得其所，是以稱揚德美，使聲譽常處天子。

詩經　卷十　小雅南有嘉魚之什　三　禾懷堂

蓼彼蕭斯，零露瀼瀼。傳瀼瀼，露蕃貌。○瀼，如羊反。既見君子，爲龍爲光。傳龍，寵也。箋云：爲寵爲光，言天子恩澤光耀被及已也。其德不爽，壽考不忘。傳爽，差也。

蓼彼蕭斯，零露泥泥。傳泥泥，霑濡也。既見君子，孔燕豈弟。傳豈，樂。弟，易也。箋云：孔，甚。燕，安也。○豈，開在反，本亦作愷，後豈弟放此。樂音洛。易，夷豉反。宜兄宜弟，令德壽豈。傳爲兄亦宜，爲弟亦宜。

蓼彼蕭斯，零露濃濃。傳濃濃，厚貌。既見君子，鞗革沖沖。和鸞雝雝，萬福攸同。傳鞗，轡也。革，轡首也。沖沖，垂飾貌。在軾曰和，在鑣曰鸞。箋云：此說天子之車飾者，諸侯燕見天子，天子必乘車迎于門，是以云然。攸，所也。○鞗，徒彫反。鑣，彼苗反。

蓼蕭四章章六句

湛露，天子燕諸侯也。箋燕，謂與之燕飲酒也。諸侯朝覲會同，天子與之燕，所以示慈惠。

湛湛露斯。匪陽不晞。傳興也。湛湛，露茂盛貌。陽，日也。晞，乾也。露雖湛湛然，見陽則乾。箋云：興者，露之在物，湛湛然，使物柯葉低垂，喻諸侯受燕爵，其儀有似醉之貌。諸侯旅酬之，則猶然。雖天子賜爵，則貌變肅敬，承命有似露見日而晞也。○晞音希

厭厭夜飲。不醉無歸。傳厭厭，安也。夜飲，私燕也。宗子將有事，則族人皆侍。不醉而出，是不親也。醉而不出，是渫宗也。箋云：天子燕諸侯之禮亡，此假宗子與族人燕為說爾。族人猶羣臣也，其醉不出，不醉出，猶諸侯之儀也。飲酒至夜，猶云不醉無歸，此天子於諸侯之儀，燕飲之禮，宵則兩階及庭門皆設大燭焉。○厭於鹽反

湛湛露斯。在彼豐草。厭厭夜飲。在宗載考。傳豐，茂也。夜飲必於宗室。箋云：豐草，喻同姓諸侯也。載之言則也。考，成也。夜飲之禮，在宗室同姓諸侯則成之，於庶姓其讓之則止。昔者陳敬仲飲桓公酒而樂，桓公命以火繼之，敬仲曰：臣卜其晝，未卜其夜，於是乃止，此之謂不成也。○飲桓於鴆反

湛湛露斯。在彼杞棘。顯允君子。莫不令德。箋云：杞也，棘也，異類，喻庶姓諸侯也。令，善也。無不善其德，言飲酒不至於醉。

其桐其椅。其實離離。豈弟君子。莫不令儀。傳離離，垂也。箋云：桐也，椅也，同類而異名，喻二王之後也。其實離離，喻其薦俎禮物多於諸侯也。飲酒不至於醉，徒善其威儀而已，謂陔節也。○椅於宜反。陔古哀反

湛露四章章四句

彤弓天子錫有功諸侯也。箋諸侯敵王所愾而獻其功，王饗禮之，於是賜彤弓一、彤矢百、玈弓矢千。凡諸侯賜弓矢，然後專征伐。○彤徒冬反。愾苦愛反。玈音盧，本或作旅字，誤。

彤弓弨兮。受言藏之。傳彤弓，朱弓也，以講德習射。弨，弛貌。言，我也。箋云：言者，謂王策命也。王賜朱弓，必策其功以命之，受出藏之，乃反入也。○弨尺昭反

我有嘉賓。中心貺之。傳貺，賜也。箋云：貺者，欲加恩惠也。王意殷勤於賓，故歌序之。

鐘鼓既設。一朝饗之。箋云：大飲賓曰饗。一朝，猶早朝。○飲於鴆反

彤弓弨兮。受言載之。傳載以歸也。箋云：出載之車也。

我有嘉賓。中心喜之。傳喜，樂也。○樂音洛

鐘鼓既設。一朝右之。傳右，勸也。箋云：右之者，主人獻之，賓受爵，奠于薦右，既祭俎，乃席末坐卒爵之謂也。○卒遵律反

彤弓弨兮。受言櫜之。傳櫜，韜也。○櫜古刀反

我有嘉賓。中心好之。傳好，說也。○好呼報反。說音悅

鐘鼓既設。一朝醻之。傳醻，報也。箋云：飲酒之禮，主人獻賓，賓酢主人，主人又飲而酌賓，謂之醻。醻猶厚也，勸也。○醻本又作酬，市由反

彤弓三章章六句

菁菁者莪。樂育材也。君子能長育人材，則天下喜樂之矣。箋樂育材者，歌樂人君教學國人，秀士、選士、俊士、造士、進士，養之以漸，至於官之。○菁子丁反。長張丈反。樂音洛。選雪戀反

菁菁者莪。在彼中阿。傳興也。菁菁，盛貌。莪，蘿蒿也。中阿，阿中也。大陵曰阿。君子能長育人材，如阿之長莪菁菁然。箋云：長育之者，既教學之，又不征役也。

既見君子。樂且有儀。箋云：既見君子者，官爵之而得見也。見則心既喜樂，又以禮儀見接。

菁菁者莪。在彼中沚。傳中沚，沚中也。

既見君子。我心則喜。傳喜，樂也。

菁菁者莪。在彼中陵。傳中陵，陵中也。

既見君子。錫我百朋。箋云：古者貨貝，五貝為朋。賜我百朋，得祿多，言得意也。

汎汎楊舟。載沉載浮。傳楊木為舟，載沉亦沉，載浮亦浮。箋云：舟者，沉物亦載，浮物亦載，喻人君用人，文亦用，武亦用，於人之才無所廢。

既見君子。我心則休。箋云：休者，休休然。

菁菁者莪四章章四句

六月宣王北伐也(箋)從此至無羊十四篇是宣王之變小雅鹿鳴廢則和樂缺矣樂音
洛四牡廢則君臣缺矣皇皇者華廢則忠信缺矣常棣廢則兄
弟缺矣伐木廢則朋友缺矣天保廢則福祿缺矣采薇廢則征
伐缺矣出車廢則功力缺矣杕杜廢則師衆缺矣魚麗廢則法
度缺矣南陔廢則孝友缺矣白華廢則廉恥缺矣華黍廢則蓄
積缺矣由庚廢則陰陽失其道理矣南有嘉魚廢則賢者不安
下不得其所矣崇丘廢則萬物不遂矣南山有臺廢則為國之
基隊矣隊直類反由儀廢則萬物失其道理矣蓼蕭廢則恩澤乖矣
湛露廢則萬國離矣彤弓廢則諸夏衰矣菁菁者莪廢則無禮

儀矣小雅盡廢則四夷交侵中國微矣(箋)六月言周室微而復興美宣王之北伐也
六月棲棲戎車既飭四牡騤騤載是常服(傳)棲棲簡閱貌飭正也日月為常服戎服也(箋)
云記六月者盛夏出兵明其急也戎車革輅之等也其等有五戎車之常服韋弁服也○棲音西飭音敕騤求龜反玁狁
孔熾我是用急(傳)熾盛也(箋)云此序吉甫之意也北狄來侵甚熾故王以是急遣我○熾尺志反王于
出征以匡王國(箋)云于曰匡正也王曰今女出征玁狁以正王國之封畿
比物四驪閑之維則(傳)物毛物也則法也言先教戰然後用師○比毗志反維此六月既成
我服我服既成于三十里(傳)師行三十里(箋)云王既成我戎服將遣之戒之曰日行三十里可以舍
息王于出征以佐天子(傳)出征以佐其為天子也(箋)云王曰今女出征伐以佐助我天子之事禦北狄
也

四牡脩廣其大有顒(傳)脩長廣大也顒大貌薄伐玁狁以奏膚公(傳)奏為膚大公功也
有嚴有翼共武之服(傳)嚴威嚴也翼敬也(箋)云服事也言今師之羣帥有威嚴者有恭敬者而共典是兵
事言文武之人備○帥所類反共武之服以定王國(箋)云定安也
玁狁匪茹整居焦穫侵鎬及方至于涇陽(傳)焦穫周地接于玁狁者(箋)云匪非茹度也鎬
也方也皆北方地名言玁狁之來侵非其所當度為也乃自整齊而處周之焦穫來侵至涇水之北言其大恣也○度徒洛反
織文鳥章白旆央央(傳)鳥章錯革鳥為章也白旆繼旐者也央央鮮明貌(箋)云織徽織也鳥章鳥隼之文
章將帥以下衣皆著焉○織音志徽音輝將子亮反後篇將帥放此著知略反元戎十乘以先啓行(傳)元
大也夏后氏曰鉤車先正也殷曰寅車先疾也周曰元戎先良也(箋)云鉤鞶行曲直有正也寅進也二者及元戎皆可以先前
啓突敵陳之前行其制之同異未聞○乘繩證反行戶郎反先蘇薦反陳直覲反

戎車既安如輊如軒四牡既佶既佶且閑(傳)輊摯佶正也(箋)云戎車之安從後視之如摯
從前視之如軒然後適調也佶壯健之貌○輊竹二反佶其乙反薄伐玁狁至于大原(傳)言逐出之而
已大音泰文武吉甫萬邦為憲(傳)吉甫尹吉甫也有文有武憲法也(箋)云吉甫此時大將也
吉甫燕喜既多受祉(傳)祉福也(箋)云吉甫既伐玁狁而歸天子以燕禮樂之則歡喜矣又多受賞賜也來
歸自鎬我行永久飲御諸友炰鼈膾鯉(傳)御進也(箋)云御侍也王以吉甫遠從鎬地來
又日月長久今飲之酒使其諸友恩舊者侍之又加其珍美之饌所以極勸也○飲於鴆反侯誰在矣張仲
孝友(傳)侯維也張仲賢臣也善父母為孝善兄弟為友使文武之臣征伐與孝友之臣處內(箋)云張仲吉甫之友其性孝
友

六月六章章八句

采芑宣王南征也。○芑音起

薄言采芑，于彼新田，于此菑畝。傳興也。芑，菜也。田一歲曰菑，二歲曰新田，三歲曰畬。宣王能新美天子之士，然後用之。箋云：興者，新美之喻，和治其家，養育其身也。士，軍士也。○菑側其反，畬音餘。方叔涖止，其車三千，師干之試。傳方叔，卿士也，受命而為將也。涖，臨。師，衆。干，扞。試，用也。箋云：方叔臨視此戎車三千乘，其士卒皆有佐師扞敵之用爾。司馬法：兵車一乘，甲士三人，步卒七十二人。宣王承亂，羨卒盡起。○乘繩證反，卒子忽反。方叔率止，乘其四騏，四騏翼翼。箋云：率者，率此戎車士卒而行也。翼翼，壯健貌。路車有奭，簟茀魚服，鉤膺鞗革。傳奭，赤貌。鉤膺，樊纓也。箋云：茀之言蔽也，車之蔽飾，象席文也。魚服，矢服也。鞗革，轡首垂也。○奭許力反，茀音弗，鞗音萆。

薄言采芑，于彼新田，于此中鄉。傳鄉，所也。箋云：中鄉，美地名。方叔涖止，其車三千，旂旐央央。箋云：交龍為旂，龜蛇為旐。此言軍衆將帥之車皆備。方叔率止，約軧錯衡，八鸞瑲瑲。傳軧，長轂之軧也，朱而約之。錯衡，文衡也。瑲瑲，聲也。○軧祁支反，瑲本亦作鎗，七羊反。服其命服，朱芾斯皇，有瑲葱珩。傳朱芾，黄朱芾也。皇，猶煌煌也。瑲，珩聲也。葱，蒼也。三命葱珩。言周室之強，車服之美也。言其強美斯劣矣。箋云：命服者，命為將受王命之服也。天子之服，韋弁服，朱衣裳也。○芾音弗，下篇赤芾同。瑲亦作鎗，同。珩音衡。

鴥彼飛隼，其飛戾天，亦集爰止。傳戾，至也。箋云：隼，急疾之鳥也，飛乃至天，喻士卒勁勇，能深攻入敵也。爰，於也。亦集於其所止，喻士卒須命乃行也。○鴥唯必反。方叔涖止，其車三千，師干之試。箋云：三稱此者，重師也。方叔率止，鉦人伐鼓，陳師鞠旅。傳伐，擊也。鉦以靜之，鼓以動之。鞠，告也。箋云：鉦也，鼓也，各有人焉。言鉦人伐鼓，互言爾。二千五百人為師，五百人為旅。此言將戰之日，陳列其師旅，誓告之也。陳師告旅，亦互言之。○鉦音征。顯允方叔，伐鼓淵淵，振旅闐闐。傳淵淵，鼓聲也。入曰振旅，復長幼也。箋云：伐鼓淵淵，謂戰時進士衆也。至戰止將歸，又振旅伐鼓闐闐然。振猶止也。旅，衆也。春秋傳曰：出曰治兵，入曰振旅，其禮一也。

蠢爾蠻荊，大邦為讎。傳蠢，動也。蠻荊，荊州之蠻也。箋云：大邦，列國之大也。方叔元老，克壯其猶。傳元，大也。五官之長，出於諸侯，曰天子之老。壯，大。猶，道也。箋云：猶，謀也。謀，兵謀也。方叔率止，執訊獲醜。箋云：方叔率其士衆，執其可言問所獲敵人之衆，以還歸也。戎車嘽嘽，嘽嘽焞焞，如霆如雷。傳嘽嘽，衆也。焞焞，盛也。箋云：言戎車既衆盛，其威又如雷霆，言雖久在外，無罷勞也。○嘽吐丹反，焞吐雷反，本又作啍，同。罷音皮。顯允方叔，征伐玁狁，蠻荊來威。箋云：方叔先與吉甫征伐玁狁，今特往伐蠻荊，皆使來服於宣王之威，美其功之多也。

采芑四章，章十二句。

車攻宣王復古也。宣王能內脩政事，外攘夷狄，復文武之竟土，脩車馬，備器械，復會諸侯於東都，因田獵而選車徒焉。箋東都，王城也。○竟音境，選宣兖反。

我車既攻，我馬既同。傳攻，堅。同，齊也。宗廟齊豪，尚純也。戎事齊力，尚強也。田獵齊足，尚疾也。○豪依字作毫。四牡龐龐，駕言徂東。傳龐龐，充實也。東，洛邑也。○龐鹿同反。

田車既好，四牡孔阜。東有甫草，駕言行狩。傳甫，大也。田者，大芟草以為防，或舍其中，褐纏旃以為門，裘纏質以為槸，閒容握，驅而入，擊則不得入。左者之左，右者之右，然後焚而射焉。天子發，然後諸侯發；諸侯發，然後大夫士發。天子發抗大綏，諸侯發抗小綏，獻禽於其下，故戰不出頃，田不出防，不逐奔走，古之道也。箋云：甫草者，甫田之草也。鄭布甫田。○旻魚潦反，褐音曷，樧魚列反，韇音計，本又作擊，占歷反，射食弋反，綏而佳反，頃苦潁反，甫田舊音浦。

之子于苗，選徒囂囂。【傳】維數車徒者爲有聲也。【箋】云：于，曰也。建旐設旄搏獸于敖。【傳】敖，地名。【箋】云：獸，田獵搏獸也。敖，鄭地，今近滎陽。

駕彼四牡，四牡奕奕。【傳】言諸侯來會也。赤芾金舄，會同有繹。【傳】諸侯赤芾金舄。舄，達屨也。時見曰會，殷見曰同。繹，陳也。【箋】云：金舄，黃朱色也。○見賢遍反。

決拾既佽，弓矢既調。【傳】決，鉤弦也。拾，遂也。佽，利也。【箋】云：佽謂手指相佽比也。調謂弓強弱與矢輕重相得。○決或作抉，同，古穴反。佽音次，比毗志反。射夫既同，助我舉柴。【傳】柴，積也。【箋】云：既同，已射同復將射之位也。雖不中，必助中者舉積禽也。○柴，子智反，中丁仲反。

四黃既駕，兩驂不猗。【傳】言御者之良也。不失其馳，舍矢如破。【傳】言習於射，御法也。【箋】云：

御者之良，得舒疾之中；射者之工，矢發則中，如椎破物也。○舍音捨。

蕭蕭馬鳴，悠悠旆旌。【傳】言不讙譁也。○讙音歡，譁音花。徒御不驚，大庖不盈。【傳】徒，輦也。御，御馬也。不驚，驚也。不盈，盈也。一曰乾豆，二曰賓客，三曰充君之庖。故自左膘而射之，達于右腢，爲上殺；射右耳本，次之；射左髀，達于右腢，爲下殺。面傷不獻，踐毛不獻，不成禽不獻。禽雖多，擇取三十焉，其餘以與大夫、士，以習射於澤宮。田雖得禽，射不中不得取禽；田雖不得禽，射中則得取禽。古者以辭讓取，不以勇力取。【箋】云：不驚，驚也；不盈，盈也。反其言，美之也。射右耳本，射當爲達。三十者，每禽三十也。○膘，頻小反，本亦作髀。蕭禮反。射食亦反。腢音愚，又五厚反。髀本文作髀。腢餘繞反。

之子于征，有聞無聲。有善聞而無讙譁之聲。【箋】云：晉人伐鄭，陳成子救之，舍於柳舒之上，去穀七里，穀人不知，可謂有聞無聲。○聞音問。允矣君子，展也大成。【箋】云：允，信；展，誠也。大成，謂致太平也。

車攻八章，章四句

吉日，美宣王田也。能慎微接下，無不自盡以奉其上焉。

吉日維戊，既伯既禱。【傳】維戊，順類乘牡也。伯，馬祖也。重物慎微，將用馬力，必先爲之禱其祖。禱，獲也。【箋】云：戊，剛日也，故乘牡爲順類也。田車既好，四牡孔阜。升彼大阜，從其羣醜。【箋】云：醜，衆也。田而升大阜，從禽獸之羣衆也。

吉日庚午，既差我馬。【傳】外事以剛日。差，擇也。獸之所同，麀鹿麌麌。【傳】鹿牝曰麀。麌麌，衆多也。【箋】云：同，猶聚也。麕牡曰麌。麌復麌，言多也。○麀音憂，麌愚甫反，麕本又作麇，俱倫反，復扶又反。漆沮之從，天子之所。【傳】漆沮之水，麀鹿所生也。從漆沮驅禽而致天子之所。

瞻彼中原，其祁孔有。【傳】祁，大也。【箋】云：祁當作麎。麎，麋牝也。中原之野甚有之。儦儦俟俟，或羣或友。【傳】趨則儦儦，行則俟俟。獸三曰羣，二曰友。○儦本作麃，又作爊，表嬌反。俟音士，徐音矣。悉率左右，以

燕天子。【傳】驅禽之左右，以安待天子。【箋】云：率，循也。悉驅禽順其左右之宜，以安待王之射也。○射食亦反。

既張我弓，既挾我矢。發彼小豝，殪此大兕。【傳】殪，壹發而死。言能中微而制大也。【箋】云：豕牝曰豝。○豝音巴，殪於計反，兕徐履反，中張仲反。以御賓客，且以酌醴。【傳】饗醴，天子之飲酒也。【箋】云：御賓客者，給賓客之御也。賓客謂諸侯也。酌醴，酌而飲羣臣，以爲俎實也。

吉日四章，章六句

南有嘉魚之什十篇，四十六章，二百七十二句

詩經卷十終

詩經卷十一

周　卜子夏序

漢　毛公傳

　　鄭氏箋

小雅

鴻鴈之什第十八

鴻鴈、美宣王也。萬民離散、不安其居、而能勞來還定安集之、至于矜寡、無不得其所焉。箋宣王承厲王衰亂之敝、而起興復先王之道、以安集衆民爲始也。書曰、天將有立父母、民之有政有居、宣王之爲是務。○勞力報反、來力代反、矜本又作鰥、同古頑反

鴻鴈于飛、肅肅其羽。傳興也。大曰鴻、小曰鴈。肅肅、羽聲也。箋云、鴻鴈知辟陰陽寒暑、興者、喻民知去無道、就有道。之子于征、劬勞于野。傳之子、侯伯卿士也。劬勞、病苦也。箋云、侯伯卿士、謂諸侯之伯與天子卿士也。是時民既離散、邦國有壞滅者、侯伯久不述職、王使廢於存省諸侯、於是始復之、故美焉。爰及矜人、哀此鰥寡。傳矜、憐也。老無妻曰鰥、偏喪曰寡。箋云、爰、曰也。王之意不徒使此爲諸侯之事、與安集萬民而已、王曰當及此可憐之人、謂貧窮者、欲令賙餼之、鰥寡則哀之、其孤獨者收斂之、使有所依附。○矜棘冰反、喪息浪反、令力呈反、賙音周

鴻鴈于飛、集于中澤。傳中澤、澤中也。箋云、鴻鴈之性、安居澤中、今飛又集于澤中、猶民去其居而離散、今見還定安集。之子于垣、百堵皆作。傳一丈爲板、五板爲堵。箋云、侯伯卿士、又於壞滅之國、徵民起屋舍、築牆壁、百堵同時而起、言趨事也。春秋傳曰、五板爲堵、五堵爲雉、雉長三丈、則板六尺。雖則劬勞、其究安宅。傳究、窮也。箋云、此勸萬民之辭、女今雖病勞、終有安居。

鴻鴈于飛、哀鳴嗸嗸。傳未得所安集、則嗸嗸然。箋云、此之子所未至者。○嗸五刀反 維此哲人、謂我劬勞。箋云、此哲人、謂知王之意及之子之事者、我之子自我也。維彼愚人、謂我宣驕。傳宣、示也。箋云、謂我役作衆民爲驕奢。

鴻鴈三章、章六句

庭燎、美宣王也。因以箴之。箋諸侯將朝、宣王以夜未央之時問夜早晚。美者、美其能自勤以政事。因以箴者、王有雞人之官、凡國事爲期、則告之以時。王不正其官而問夜早晚。○燎力照反、朝直遙反、下皆同

夜如何其。箋云、此宣王以諸侯將朝、夜起曰、夜如何其、問早晚之辭。○其音基 夜未央、庭燎之光。君子至止、鸞聲將將。傳央、旦也。庭燎、大燭。君子、謂諸侯也。將將、鸞鑣聲。箋云、夜未央、猶言夜未渠央也。而於庭設大燭、使諸侯早來朝、聞鸞聲將將然。

夜如何其、夜未艾、庭燎晣晣。君子至止、鸞聲噦噦。傳艾、久也。晣晣、明也。噦噦、徐行有節也。箋云、芟末曰艾、以言夜先雞鳴時。

夜如何其、夜鄉晨、庭燎有煇。君子至止、言觀其旂。傳煇、光也。箋云、晨明也。上二章聞鸞聲爾、今夜鄉明、我見其旂、是朝之時也。朝禮別色始入。○鄉許亮反、別彼列反

庭燎三章、章五句

沔水、規宣王也。箋規者、正圓之器也。規主仁恩也。以恩親正君曰規。春秋傳曰、近臣盡規。○沔緜善反

沔彼流水、朝宗于海。傳興也。沔、水流滿也。水猶有所朝宗。箋云、興者、水流而入海、小就大也。喻諸侯朝天子亦猶是也。諸侯春見天子曰朝、夏見曰宗。○朝直遙反、注皆同、見賢遍反 鴥彼飛隼、載飛載止。箋云、載之言則也。言隼欲飛則飛、欲止則止、喻諸侯之自驕恣、欲朝不朝、自由無所懼心也。○鴥惟必反、隼息尹反 嗟我兄弟、邦人諸友、莫肯念亂、誰無父母。傳邦人諸友、謂諸侯也。兄弟、同姓臣也。京師者、諸侯之父母也。

箋云、我我王也、莫無也、我同姓異姓之諸侯、女自恣聽不朝、無肯念此、於禮法爲亂者、女誰無父母乎、言皆生於父母也、臣之道資於事父以事君、

沔彼流水、其流湯湯。傳 言放縱無所入也、箋云、湯湯波流盛貌、喻諸侯奢僭、既不朝天子、復不事侯伯、○湯失羊反、復扶又反、鴥彼飛隼、載飛載揚。傳 言無所定止也、箋云、則飛則揚、喻諸侯出兵妄相侵伐、念彼不蹟、載起載行、心之憂矣、不可弭忘。傳 不蹟、不循道也、弭、止也、箋云、彼、彼諸侯也、諸侯不循法度、妄興師出兵、我念之、憂不能忘也、○弭彌氏反

鴥彼飛隼、率彼中陵。箋云、率、循也、隼之性待鳥雀而食、飛循陵阜者、是其常也、喻諸侯之守職順法度者、亦是其常也、民之訛言、寧莫之懲。傳 懲、止也、箋云、訛、僞也、言時不令、小人好詐僞、爲交易之言、使見怨咎、安然無禁止、○好呼報反、我友敬矣、讒言其興。傳 疾王不能察讒也、箋云、我我天子也、友謂諸侯也、言諸

詩經　卷十一　小雅鴻鴈之什　三　永懷堂

侯有敬其職順法度者、讒人猶興其言以毀惡之、王與侯伯不當察之、○惡烏路反

沔水三章、二章章八句、一章六句、

鶴鳴、誨宣王也。箋 誨、教也、教宣王求賢人之未仕者、

鶴鳴于九皋、聲聞于野。傳 興也、皐澤也、言身隱而名著也、箋云、皐澤中水溢出所爲坎、自外數至九、喻深遠也、鶴在中鳴焉、而野聞其鳴聲、興者喻賢者雖隱居、人咸知之、○聞音問、魚潛在淵、或在于渚。傳 良魚在淵、小魚在渚、箋云、此言魚之性、寒則逃於淵、溫則見於渚、喻賢者世亂則隱、治平則出在時君也、○見賢遍反、樂彼之園、爰有樹檀、其下維蘀。傳 何樂於彼園之觀乎、蘀落也、尚有樹檀而下其蘀、箋云、之往、爰曰也、言所以之彼園而觀者、人曰有樹檀、檀下有蘀、此猶朝廷之尚賢者而下小人、是以往也、○樂音洛、蘀音託、觀古亂反、朝直遥反、他山之石、可以爲錯。傳 錯、石也、可以琢玉、舉賢用滯、則可以治國、箋云、他山喻異國、○錯七落反

鶴鳴于九皋、聲聞于天。箋云、天、高遠也、魚在于渚、或潛在淵。箋云、時寒則魚去渚逃于淵、樂彼之園、爰有樹檀、其下維穀。傳 穀、惡木也、他山之石、可以攻玉。傳 攻、錯也、

鶴鳴二章章九句

祈父、刺宣王也。箋 刺其用祈父不得其人也、官非其人則職廢、祈父之職掌六軍之事、有九伐之法、祈圻畿同、○父音甫、下同

祈父。傳 祈父、司馬也、職掌封圻之兵甲、箋云、此司馬也、時人以其職號之、故曰祈父、書曰若疇圻父、謂司馬也、司馬掌祿士、故司士屬焉、又有司右主勇力之士、予王之爪牙、胡轉予于恤、靡所止居。傳 恤、憂也、宣王之末、司馬職廢、羌戎爲敗、箋云、予、我、轉、移也、此勇力之士責司馬之辭也、我乃王之爪牙、爪牙之士當爲王閑守之衛、女何移

詩經　卷十一　小雅鴻鴈之什　四　永懷堂

我於憂、使我無所止居乎、謂見使從軍與羌戎戰於千畝而敗之時也、六軍之士出自六鄉、法不取於王之爪牙之士、○爲于僞反

祈父、予王之爪士、胡轉予于恤、靡所底止。傳 士、事也、底、至也、

祈父、亶不聰。傳 亶、誠也、○亶都旦反、胡轉予于恤、有母之尸饔。傳 尸、陳也、熟食曰饔、箋云、己從軍而母爲父陳饌飲食之具、自傷不得供養也、○供九用反、養羊亮反

祈父三章章四句

白駒、大夫刺宣王也。箋 刺其不能留賢也、

皎皎白駒、食我場苗、縶之維之、以永今朝。傳 宣王之末、不能用賢、賢者有乘白駒而去者、縶絆、維繫也、箋云、永、久也、願此去者乘其白駒而來、使食我場中之苗、我則絆之繫之、以永今朝、愛之欲留之、○縶陟立反、絆

音半所謂伊人於焉逍遙。箋云伊當作緊緊猶是也所謂是乘白駒而去之賢人今於何遊息乎思之甚也○焉於虔反

皎皎白駒食我場藿縶之維之以永今夕。傳藿猶苗也夕猶朝也○藿火郭反所謂伊人於焉嘉客

皎皎白駒賁然來思。傳賁飾也箋云願其來而得見之易卦曰山下有火賁賁黃白色也爾公爾侯。逸豫無期。傳爾公爾侯邪何爲逸樂無期以反也○樂音洛慎爾優游勉爾遁思。傳慎誠也箋云誠女優游使待時也勉女遁思度已終不得見自決之辭○度待洛反

皎皎白駒在彼空谷。傳空大也生芻一束其人如玉。箋云此戒之也女行所舍主人之餼雖薄要就賢人其德如玉然毋金玉爾音而有遐心。箋云毋愛女聲音而有遠我之心以恩責之也○毋音無

白駒四章章六句

黃鳥刺宣王也。箋刺其以陰禮教親而不至聯兄弟之不固

黃鳥黃鳥無集于穀無啄我粟。傳興也黃鳥宜集木啄粟者喻天下室家不以其道而相去是失其性此邦之人不我肯穀。傳穀善也箋云不肯以善道與我言旋言歸復我邦族。傳宣王之末天下室家離散妃匹相去有不以禮者箋云言我復反也○妃音配

黃鳥黃鳥無集于桑無啄我粱此邦之人不可與明。傳不可與明夫婦之道箋云明當爲盟盟信也言旋言歸復我諸兄。傳婦人有歸宗之義箋云宗謂宗子也

黃鳥黃鳥無集于栩無啄我黍此邦之人不可與處。傳處居也○栩況甫反言旋言歸復我諸父。傳諸父猶諸兄也

黃鳥三章章七句

我行其野刺宣王也。箋刺其不正嫁娶之數而有荒政多淫昏之俗

我行其野蔽芾其樗。昏姻之故言就爾居。傳樗惡木也箋云樗之蔽芾始生謂仲春之時嫁娶之月婦之父壻之父相謂昏姻言我也我乃以此二父之命故我就女居我豈其無禮來乎責之也○蔽必制反芾方味反樗勑書反爾不我畜復我邦家。傳畜養也箋云宣王之末男女失道以求外昏棄其舊姻而相怨

我行其野言采其蓫。昏姻之故言就爾宿。傳蓫惡菜也箋云蓫牛蘈也亦仲春時生可采也○蓫勑六反本又作蓄蘈本又作蘈徒雷反爾不我畜言歸斯復。傳復反也

我行其野言采其葍不思舊姻求爾新特。傳葍惡菜也新特外昏也箋云葍當也亦仲春時生可采也壻之父曰姻我采葍之時以禮來嫁女女不思女老父之命而棄我而求女新外昏特來之女責之也不以禮嫁必無肯媵之成不以富亦祇以異。傳祇適也箋云女不以禮爲室家成事不足以得富也亦適以此自異於人道當可惡也○祇音支惡烏路反

我行其野三章章六句

斯干宣王考室也。箋考成也德行國富人民殷衆而皆佼好骨肉和親宣王於是築宮廟羣寢既成而釁之歌斯干之詩以落之此之謂成室宗廟成則又祭祀先祖

秩秩斯干幽幽南山。傳興也秩秩流行也干澗也幽幽深遠也箋云興者喻宣王之德如澗水之源秩秩流出無極已也國以饒富民取足焉如於深山如竹苞矣如松茂矣。傳苞本也箋云言時民殷衆如竹之本生矣其佼好又如松柏之暢茂矣兄及弟矣式相好矣無相猶矣。傳猶道也箋云猶當作瘉瘉病

也言時人骨肉用是相愛好無相訴病也○好呼報反訴呼豆反

似續妣祖傳似嗣也箋云似讀如巳午之巳巳續妣祖者謂巳成其宮廟也妣先妣姜源也祖先祖也築室百堵西南其戶傳西鄉戶南鄉戶也箋云此築室者謂築燕寢也百堵百堵一時起也天子之寢有左右房西其戶者異於一房者之室戶也又云南其戶者宗廟及路寢制如明堂每室四戶是室一南戶爾○鄉許亮反爰居爰處爰笑爰語箋云爰於也於是居於是處於是笑於是語言諸寢之中皆可安樂○樂音洛

約之閣閣椓之橐橐傳云約束也閣閣猶歷歷也橐橐用力也箋云約謂縮板也椓謂擣土也○椓陟角反橐音託擣丈牛反說文勑周反風雨攸除鳥鼠攸去君子攸芋傳芋大也箋云芋當作幠幠覆也寢廟既成其牆屋弘殺則風雨之所除也其堅致則鳥鼠之所去也其堂室相稱則君子之所覆蓋○除直慮反殺所界反稱尺證反

如跂斯翼傳如人之跂竦翼爾○跂音企竦粟勇反如矢斯棘如鳥斯革傳棘稜廉也革翼也箋云棘戟也如人挾弓矢戟其肘如鳥夏暑希革張其翼時○肘張九反如翬斯飛君子攸躋傳躋升也箋云伊洛而南素質五色皆備成章曰翬此章四如者皆謂廉隅之正形貌之顯也翬者鳥之奇異者也故以成之焉此章主於宗廟君子所升祭祀之時○翬音揮

殖殖其庭有覺其楹傳殖殖言平正也有覺言高大也箋云覺直也噲噲其正噦噦其冥傳正長也冥幼也箋云噲噲猶快快也正晝也噦噦猶煟煟也冥夜也言居之晝日則快快然夜則煟煟然皆寬明之貌○噦呼會反冥毛莫形反長下丈反幼崔音杳煟音謂君子攸寧箋云此章主於寢君子所安燕息之時

下莞上簟乃安斯寢箋云莞小蒲之席也竹葦曰簟寢既成乃鋪席與羣臣安燕為歡以落之○莞音官樂音洛乃寢乃興乃占我夢傳言善之應人也箋云興夙興也有善夢則占之吉夢維何維熊維羆維虺維蛇箋云熊羆之獸虺蛇之蟲此四者夢之吉祥也

大人占之維熊維羆男子之祥維虺維蛇女子之祥箋云大人占之謂以聖人占夢之法占之也熊羆在山陽之祥也故為生男虺蛇穴處陰之祥也故為生女○大音泰

乃生男子載寢之牀載衣之裳載弄之璋傳半珪曰璋裳下之飾也璋臣之職也箋云男子生而臥於牀尊之也裳晝日衣也衣以裳者明當主於外事也玩以璋者欲其比德焉正以璋者明成之有漸○衣於既反其泣喤喤朱芾斯皇室家君王箋云皇猶煌煌也芾者天子純朱諸侯黃朱室家一家之內宣王將生之子或且為諸侯或且為天子皆將佩朱芾煌煌然○喤音橫華彭反芾音弗

乃生女子載寢之地載衣之裼載弄之瓦傳裼褓也瓦紡塼也箋云臥於地卑之也褓夜衣也明當主於內事紡塼習其一有所事也○裼他計反韓詩作禘音同褓音保塼音專無非無儀唯酒食

是議無父母詒罹傳婦人質無威儀也罹憂也箋云儀善也婦人無所專於家事有非非婦人也有善亦非婦人也婦人之事惟議酒食爾無遺父母之憂○罹本又作離力馳反遺唯季反

斯干九章四章章七句五章章五句

無羊宣王考牧也箋云厲王之時牧人之職廢宣王始興而復之至此而成謂復先王牛羊之數

誰謂爾無羊三百維羣誰謂爾無牛九十其犉傳黃牛黑脣曰犉箋云爾女也女宣王也宣王復古之牧法汲汲於其數故歌此詩以解之也誰謂女無羊今乃三百頭為一羣誰謂女無牛今乃犉者九十頭言其多矣足如古也○犉而純反爾羊來思其角濈濈傳聚其角而息濈濈然箋云言此者美畜產得其所○濈亦作戢莊立反畜許六反爾牛來思其耳濕濕傳呞而動其耳濕濕然○呞丑之反

或降于阿或飲于池或寢或訛傳訛動也箋云言此者美其無所驚畏也爾牧來思何

蓑何笠或負其餱。傳何揭也、蓑所以備雨笠所以禦暑、箋云、言此者美牧人寒暑飲食有備、○何何可反揭音竭三十維物、爾牲則具。傳黑毛色者三十也、箋云、牛羊之色異者三十、則女之祭祀索則有之、爾牧來思、以薪以蒸。以雌以雄。箋云、此言牧人有餘力則取薪蒸搏禽獸以來歸也、麤曰薪細曰蒸爾羊來思、矜矜兢兢。不騫不崩。傳矜矜兢兢以言堅彊也、騫虧也、崩羣疾也、麾之以肱。畢來既升。傳肱臂也、升升入牢也、箋云、此言擾馴從人意也、○馴常遵反牧人乃夢。衆維魚矣。旐維旟矣。箋云、牧人乃夢見人衆相與捕魚、又夢見旐與旟、占夢之官得而獻之於宣王、將以占國事也、○旐音兆旟音餘大人占之。衆維魚矣。實維豐年。傳陰陽和則魚衆多矣、箋云、魚者庶人之所以養也、今人衆相與捕魚、則是歲熟相供養之祥也、易中孚卦曰豚魚吉、○養羊亮反供九用反旐維旟矣。室家溱溱。傳溱溱衆也、旐旟所以聚衆也、箋云、溱溱子孫衆多也、

無羊四章章八句

鴻鴈之什十篇三十二章二百三十句

詩經卷十二、

周　卜子夏序

漢　毛公傳　鄭氏箋

小雅

節南山之什第十九

節南山。家父刺幽王也。箋家父、字周大夫也、○節音截父音甫

節彼南山。維石巖巖。傳節、高峻貌、巖巖積石貌、箋云、興者喻三公之位人所尊嚴、○巖本或作嚴赫赫師尹。民具爾瞻。憂心如惔。不敢戲談。傳赫赫、顯盛貌、師大師、周之三公也、尹尹氏爲大師、具俱、瞻視、惔燔也、箋云、此言尹氏女居三公之位、天下之民俱視女之所爲、皆憂心如火灼爛之矣、又畏女之威、不敢相戲而言語、疾其貪暴脅下以刑辟也、○惔徒藍反又音炎大音泰國既卒斬。何用不監。傳卒、盡、斬、斷、監、視也、箋云、天下之諸侯日相侵伐、其國已盡絕滅、女何用爲職不監察之、○卒子律反監古銜反斷都緩反

節彼南山。有實其猗。傳實滿、猗長也、箋云、猗倚也、言南山既能高峻、又以草木平滿其旁倚之畎谷使之齊均也、赫赫師尹。不平謂何。箋云、責三公之不均平、不如山之爲也、謂何猶云何也、天方薦瘥。喪亂弘多。傳薦重、瘥病、弘大也、箋云、天氣方今又重以疫病、長幼相亂而死喪甚大多也、○瘥才何反長張丈反民言無嘉。憯莫懲嗟。傳憯曾也、箋云、懲止也、天下之民皆以疑咎相弔唁、無一嘉慶之言、曾無以恩德止之者、嗟乎奈何、○憯七感反唁音彥尹氏大師。維周之氐。秉國之均。四方是維。天子是毗。俾民不迷。傳氐、本、均、平、毗、厚也、箋云、氐當作桎鎋之桎、毗輔也、言尹氏作大師之官、爲周之桎鎋、持國政之平、維制四方、上輔天子、下教化天

下使民無迷惑之憂言任至重○桎之實反鎋又作轄胡瞎反**不弔昊天不宜空我師**傳弔至空窮也
箋云至猶善也不善乎昊天愬之也不宜使此人居尊官困窮我之衆民也○弔如字又丁歷反空苦貢反
弗躬弗親庶民弗信弗問弗仕勿罔君子傳庶民之言不可信勿罔上而行也箋云仕察
也勿當作未此言王之政不躬而親之則恩澤不信於衆民矣不問而察之則下民未罔其上矣**式夷式已無
小人殆**傳式用夷平也用平則已無以小人之言至於危殆也箋云殆近也爲政當用平正之人用能紀理其事也無
小人近○已毛音以鄭音紀**瑣瑣姻亞則無膴仕**傳瑣瑣小貌兩壻相謂曰亞膴厚也箋云壻之父曰
姻瑣瑣昏姻妻黨之小人無厚任用之置之大位重其祿也
昊天不傭降此鞠訩昊天不惠降此大戾傳傭均鞠盈訩訟也箋云鞠猶多也戾乖也昊
天乎師氏爲政不均乃下此多訟之俗又爲不和順之行乃下此乖爭之化疾時民傚爲之愬之於天○訩音凶戾音麗行下

孟反**君子如屆俾民心闋君子如夷惡怒是違**傳屆極闋息夷易違去也箋云屆至
也君子在位者如行至誠之道則民鞫訩之心息如行平易之政則民乖爭之情去言民之失由於上可反復也○屆音戒
闋苦穴反易以豉反
不弔昊天亂靡有定式月斯生俾民不寧憂心如酲誰秉國成傳病
酒曰酲成平也箋云弔至也至猶善也定止式用也不善乎昊天天下之亂無有止之者用月此生言月月益甚也使民不得
安我今憂之如病酒之酲矣觀此君臣誰能持國之平乎言無有也○酲音呈**不自爲政卒勞百姓**箋云
卒終也昊天不自出政教則終窮苦百姓欲使昊天出圖書有所授命民乃得安
駕彼四牡四牡項領傳項大也箋云四牡者人君所乘駕今但養大其領不肯爲用喻大臣自恣王不能使也
我瞻四方蹙蹙靡所騁傳騁極也箋云蹙蹙縮小之貌我視四方土地日見侵削於夷狄蹙蹙然雖欲

馳騁無所之也
方茂爾惡相爾矛矣傳茂勉也箋云相視也方爭訟自勉於惡之時則視女矛矣言欲戰鬬相殺傷矣○相息
亮反**既夷既懌如相醻矣**傳懌服也箋云夷說也言大臣之乖爭本無大讎其已相和順而說懌則如賓
主飲酒相醻酢也○懌音亦醻作酬說音悅已音以
昊天不平我王不寧不懲其心覆怨其正傳正長也箋云昊天乎師尹爲政不平使我王
不得安寧女不懲止女之邪心而反怨憎其正也○長張丈反
家父作誦以究王訩傳家父大夫也箋云究窮也大夫家父作此詩而爲王誦之以窮極王之政所以致多訟
之本意○爲于僞反父音甫**式訛爾心以畜萬邦**箋云訛化畜養也○訛五戈反畜許六反

節南山十章章八句四章章四句

正月大夫刺幽王也○正音政
正月繁霜我心憂傷傳正月夏之四月繁多也箋云夏之四月建巳之月純陽用事而霜多急恒寒若之異傷
害萬物故心爲之憂傷○爲于僞反**民之訛言亦孔之將**傳將大也箋云訛僞也人以僞言相陷入使王
行酷暴之刑致此災異故言亦甚大也**念我獨兮憂心京京哀我小心癙憂以痒**
傳京京憂不去也癙痒皆病也箋云念我獨兮者言我獨憂此政也○癙音鼠
父母生我胡俾我瘉不自我先不自我後傳父母謂文武也我我天下瘉病也箋云自從
也天使父母生我何故不長遂我而使我遭此暴虐之政而病此何不出我之前居我之後窮苦之情苟欲免身○瘉音庾長
張丈反**好言自口莠言自口**傳莠醜也箋云自從也此疾訛言之人善言從女口出惡言亦從女口出
女口一爾善也惡也同出其中謂其可賤**憂心愈愈是以有侮**傳愈愈憂懼也箋云我心憂政如是是與

訛言者殊塗故用是見侵侮也

憂心惸惸念我無祿傳惸惸憂意也箋云無祿者言不得天祿自傷値今生也○惸本又作煢其營反民之無辜幷其臣僕傳古者有罪不入於刑則役之圜土以爲臣僕箋云辜罪也人之尊卑有十等僕第九臺第十言王既刑殺無罪幷及其家之賤者不止於所罪而已書曰越茲麗刑幷制哀我人斯于何從祿箋云斯此于於也哀乎今我民人見遇如此當於何從得天祿免於是難瞻烏爰止于誰之屋傳富人之屋烏所集也箋云視烏集於富人之室以言今民亦當求明君而歸之

瞻彼中林侯薪侯蒸傳中林林中也薪蒸言似而非箋云侯維也林中大木之處而維有薪蒸爾喻朝廷宜有賢者而但聚小人民今方殆視天夢夢傳王者爲亂夢夢然箋云方且也民今且危亡視王者所爲反夢夢然而亂無統理安人之意○夢莫紅反既克有定靡人弗勝傳勝乘也箋云王既能有所定尚復

事之小者爾無人而不勝言凡人所定皆勝王也○勝毛音升復扶又反有皇上帝伊誰云憎傳皇君也箋云伊讀當爲繄繄猶是也有君上帝者以情告天也使王暴虐如是是憎惡誰乎欲天指害其所憎而已○惡烏路反

謂山蓋卑爲岡爲陵傳在位非君子乃小人也箋云此喻爲君子賢者之道人尚謂之卑况爲凡庸小人之行民之訛言寧莫之懲箋云小人在位曾無欲止衆民之爲僞言相陷害也召彼故老訊之占夢傳故老元老訊問也箋云君臣在朝侮慢元老召之不問政事但問占夢不尚道德而信徵祥之甚具曰予聖誰知烏之雌雄傳君臣俱自謂聖也箋云時君臣賢愚適同如烏雌雄相似誰能別異之乎○別彼列反

謂天蓋高不敢不局謂地蓋厚不敢不蹐維號斯言有倫有脊傳局曲也蹐累足也倫道脊理也箋云局蹐者天高而有雷霆地厚而有陷淪也此民疾苦王政上下皆可畏怖之言也維民號呼而發此言皆有道理所以至然者非徒苟妄爲誣辭○號音豪呼好路反哀今之人胡爲虺蜴傳蜴螈也箋云虺蜴之性見人則走哀哉今之人何爲如是傷時政也○蜴星歷反螈音元

瞻彼阪田有菀其特傳言朝廷曾無傑臣箋云阪田崎嶇墝埆之處而有菀然茂特之苗喻賢者在閒辟隱居之時○菀音鬱墝苦交反埆戶角反閒音閑辟婢亦反天之扤我如不我克傳扤動也箋云我我特苗也天以風雨動搖我如將不勝我謂其迅疾也○扤五忽反彼求我則如不我得箋云彼彼王也王之始徵求我如恐不得我言其禮命之繁多執我仇仇亦不我力傳仇仇猶謷謷也箋云王既得我執留我其禮待我謷謷然亦不問我在位之功力言其有貪賢之名無用賢之實○謷本又作嗸五報反

心之憂矣如或結之今茲之正胡然厲矣傳厲惡也箋云茲此正長也心憂如有結之者憂今此之君臣何一然爲惡如是燎之方揚寧或滅之傳滅之以水也箋云火田爲燎燎之方盛之時炎熾熛怒寧有能滅息之者言無有也以無有喻有之者爲甚也○熛必遙反赫赫宗周褒姒威之傳宗

周鎬京也褒國也姒姓也威滅也有褒國之女幽王惑焉而以爲后詩人知其必滅周也○褒補毛反姒音似

終其永懷又窘陰雨傳窘困也箋云窘仍也終王之所行其長可憂傷矣又將仍憂於陰雨陰雨喻君有泥陷之難○泥乃計反其車既載乃棄爾輔傳大車重載又棄其輔箋云以車之載物喻王之任國事也棄輔喻遠賢也載輸爾載將伯助予傳將請伯長也箋云輸墮也棄女車輔則墮女之載乃請長者見助以言國危而求賢者已晚矣○墮許規反將七羊反

無棄爾輔員于爾輻傳員益也屢顧爾僕不輸爾載箋云屢數也僕將車者也顧猶視也念也○數音朔終踰絕險曾是不意箋云女不棄車之輔數顧女僕終是用踰度陷絕之險女不曾以是爲意乎以商事喻治國也

魚在于沼亦匪克樂潛雖伏矣亦孔之炤傳沼池也箋云池魚之所樂而非能樂其潛伏

於淵，又不足以逃，甚炤炤易見，以喻時賢者在朝廷，道不行，無所樂，退而窮處，又無所止也。○樂音洛，炤音灼，易，夷豉反。憂心慘慘，念國之為虐。傳慘慘猶戚戚也。

彼有旨酒，又有嘉殽。傳言禮物備也。箋云，彼彼尹氏大師也。洽比其鄰，昏姻孔云。傳洽合，鄰近，云旋也。是言王者不能親親以及遠。箋云，云猶友也，言尹氏富，與兄弟相親友為朋黨也。○比，毗志反。念我獨兮，憂心慇慇。傳慇慇然痛也。箋云，此賢者孤特自傷也。○慇，於謹反。

佌佌彼有屋，蔌蔌方有穀。傳佌佌小也，蔌蔌陋也。箋云，穀，祿也。此言小人富而窶陋將貴也。○佌音此，蔌音速。民今之無祿，天夭是椓。傳君夭之，在位椓之。箋云，民於今而無祿者，天以薦瘥夭殺之，是王者之咎，又復椓破之，言遇害甚也。○椓，陟角反。哿矣富人，哀此惸獨。傳哿，可。獨，單也。箋云，此言王政如是，富人猶可，惸獨將困也。○哿，哥我反。

正月十三章，八章章八句，五章章六句。

十月之交，大夫刺幽王也。箋當為刺厲王，作詁訓傳時移其篇第，因改之耳。節彼刺師尹不平，亂靡有定；此篇譏皇父擅恣，日月告凶。正月惡褒姒滅周；此篇疾艷妻煽方處。又幽王時司徒乃鄭桓公友，非此篇之所云番也，是以知然。○節在結反，父音甫，後皇父同。惡，烏路反。番，方袁反。

十月之交，朔月辛卯。日有食之，亦孔之醜。傳之交，日月之交會。醜，惡也。箋云，周之十月，夏之八月也。八月朔日，日月交會而日食，陰侵陽，臣侵君之象。日辰之義，日為君，辰為臣。辛，金也；卯，木也。又以卯侵辛，故甚惡也。

彼月而微，此日而微。傳月，臣道；日，君道。箋云，微謂不明也。彼月則有微，今此日反微，非其常，為異尤大也。

今此下民，亦孔之哀。箋云，君臣失道，災害將起，故下民亦甚可哀。

日月告凶，不用其行。四國無政，不用其良。箋云，告凶，告天下以凶亡之徵也。行，道度也。不用之者，謂相干犯也。四方之國無政治者，由天子不用善人也。彼月而食，則維其常；此日而食，于何不臧。箋云，臧，善也。

爗爗震電，不寧不令。傳爗爗，震電貌。震，雷也。箋云，雷電過常，天下不安，政教不善之徵。○爗，于輒反。百川沸騰，山冢崒崩。傳沸，出；騰，乘也。山頂曰冢。箋云，崒者崔嵬。百川沸出，相乘陵者，由貴小人也。山頂崔嵬者崩，君道壞也。○沸，甫味反。崒，子恤反。高岸為谷，深谷為陵。傳言易位也。箋云，易位者，君子居下，小人處上之謂也。哀今之人，胡憯莫懲。箋云，憯，曾；懲，止也。變異如此，禍亂方至，哀哉今在位之人，何曾無以道德止之。○憯，七感反。

皇父卿士，番維司徒。家伯冢宰，仲允膳夫。棸子內史，蹶維趣馬。楀維師氏，豔妻煽方處。傳豔妻，褒姒，美色曰豔。煽，熾也。箋云，皇父、家伯、仲允皆字，番、棸、蹶、楀皆氏。厲王淫於色，七子皆用后嬖寵方熾之時，並處位。言妻黨盛，女謁行之甚也。敵夫曰妻。司徒之職，掌天下土地之圖，人民之數。冢宰掌建邦之六典，皆卿也。膳夫，上士也，掌王之飲食膳羞。內史，中大夫也，掌爵祿廢置殺生予奪之法。趣馬，中士也，掌王馬之政。師氏亦中大夫也，掌司朝得失之事。六人之中，雖官有尊卑，權寵相連，朋黨於朝，是以疾焉。皇父則為之端首，兼擅群職，故但目以卿士云。○棸，側留反。趣，七步反。楀音矩。蹶，俱衛反。

抑此皇父，豈曰不時。胡為我作，不卽我謀。徹我牆屋，田卒汙萊。傳時，是也。下則汙，高則萊。箋云，抑之言噫。噫，是皇父疾而呼之。女豈曰我所為不是乎？言其不自知惡也。女何為役作我，不先就與我謀，使我得遷徙，乃反徹毀我牆屋，令我不得趨農田，卒為汙萊乎？此皇父所築邑人之怨辭。○令，力呈反。趣，本又作趨。曰予不戕，禮則然矣。箋云，戕，殘也。言皇父既不自知不是，反云我不殘敗女田業，禮，下供上役，其道當然。言文過也。○戕，在良反。共音恭。

皇父孔聖。作都于向。擇三有事。亶侯多藏。【傳】皇父甚自謂聖。向、邑也。擇三有事、有司國之三卿。信維貪淫多藏之人也。【箋】云專權足己、自比聖人。作都立三卿、皆取聚歛之臣、言不知厭也。禮畿內諸侯二卿。○亶都但反。藏才浪反。厭於鹽反。不慭遺一老。俾守我王。【箋】云慭者、心不欲自彊之辭也。言盡將舊在位之人與之皆去、無留衞王。○慭魚覲反。彊其丈反。擇有車馬。以居徂向。【箋】云又擇民之富有車馬者、以往居于向也。

黽勉從事。不敢告勞。【箋】云詩人賢者見時如是、自勉以從王事、雖勞不敢自謂勞、畏刑罰也。○黽民允反。無罪無辜。讒口囂囂。【箋】云囂囂、衆多貌。時人非有辜罪、其被讒口見椓譖囂囂然。下民之孽。匪降自天。噂沓背憎。職競由人。【傳】噂猶噂噂、沓猶沓沓。職、主也。【箋】云孽、妖孽、謂相爲災害也。下民有此言、非從天墮也。噂噂沓沓、相對談語、背則相憎。逐爲此者、由主人也。○噂子損反。墮徒火反。

悠悠我里。亦孔之痗。【傳】悠悠、憂也。里、居也。痗、病也。【箋】云里、居也。悠悠乎我居今之世、亦甚困病。○痗莫背反。四方有羨。我獨居憂。【傳】羨、餘也。【箋】云四方之人、盡有饒餘、我獨居此而憂。民莫不逸。我獨不敢休。【箋】云逸、逸豫也。天命不徹。我不敢傚我友自逸。【傳】徹、道也。親屬之臣、心不能已。【箋】云不道者、言王不循天之政教。

十月八章章八句

雨無正。大夫刺幽王也。雨、自上下者也。衆多如雨、而非所以爲政也。【箋】亦當爲刺厲王。王之所下教令、甚多而無正也。○正音政。

浩浩昊天。不駿其德。降喪饑饉。斬伐四國。【傳】駿、長也。穀不熟曰饑、蔬不熟曰饉。【箋】云此言王不能繼長昊天之德、至使昊天下此死喪饑饉之災、而天下諸侯於是更相侵伐。○更古衡反。旻天疾威。弗慮弗圖。【箋】云慮、圖皆謀也。王既不駿昊天之德、今旻天又疾其政、以刑罰威恐天下、而不慮不圖。○旻密巾反。舍彼有罪。既伏其辜。若此無罪。淪胥以鋪。【傳】舍、除。淪、率也。【箋】云胥、相。鋪、徧也。言王使此無罪者、見牽率相引而徧得罪也。○舍音赦。

周宗既滅。靡所止戾。【傳】戾、定也。【箋】云周宗、鎬京也。是時諸侯不朝王、民不堪命、王流于彘、無所安定也。正大夫離居。莫知我勩。【傳】勩、勞也。【箋】云正、長也。長官之大夫、於王流于彘而皆散處、無復知我民之見罷勞也。○勩夷世反、又音曳。長張丈反。罷音皮。三事大夫。莫肯夙夜。邦君諸侯。莫肯朝夕。【箋】云王流在外、三公及諸侯隨王而行者、皆無君臣之禮、不肯晨夜朝暮省王也。○朝直遥反。舊張遥反。庶曰式臧。覆出爲惡。【傳】覆、反也。【箋】云人見王之失所、庶幾其自改悔而用善、人反出教令、復爲惡也。○覆芳服反。

如何昊天。辟言不信。如彼行邁。則靡所臻。【傳】辟、法也。【箋】云如何乎昊天、痛而愬之也。爲陳

法度之言不信之也。我之言不見信、如行而無所至也。凡百君子。各敬爾身。胡不相畏。不畏于天。【箋】云凡百君子、謂衆在位者、各敬愼女之身、正君臣之禮、何爲上下不相畏乎。上下不相畏、是不畏于天。

戎成不退。飢成不遂。曾我暬御。憯憯日瘁。【傳】戎、兵。遂、安也。暬御、侍御也。瘁、病也。【箋】云兵成而不退、謂王見流于彘、無御止之者。飢成而不安、謂王在彘、乏於飲食之蓄、無輸粟歸餼者。此二者、曾但侍御左右小臣憯憯憂之、大臣無念之者。○暬思列反。憯子感反。曾在登反。凡百君子。莫肯用訊。聽言則答。譖言則退。【傳】以言進退人也。【箋】云訊、告也。衆在位者、無肯用此相告語、言不憂王之事也。答猶距也。有可聽用之言、則共以辭距而違之。有譖毀之言、則共爲排退之。羣臣並爲不忠、惡直醜正。○惡烏路反。

哀哉不能言。匪舌是出。維躬是瘁。【傳】哀賢人不得言、不得出是舌也。【箋】云瘁、病也。不能言、言之拙也。言非可出於舌、其身旋見困病。○出音黜。哿矣能言。巧言如流。俾躬處休。【傳】哿、可矣、可矣、

世所謂能言也巧言從俗如水轉流箋云巧猶善也謂以事類風切劌微之言如水之流忽然而過故不悖逆使身舌安休休然亂世之言順說爲上○風福鳳反劌古愛反逆五故反說音悅

維曰予仕。孔棘且殆。云不可使。得罪于天子。亦云可使。怨及朋友。傳于往也箋云棘急也不可使者不正不從也可使者雖不正從也居今衰亂之世云往仕乎甚急迮且危急迮且危以此二者也○迮側格反

謂爾遷于王都。曰予未有室家。傳賢者不肯遷于王都也箋云王流于彘正大夫離居同姓之臣從王思其友而呼之謂曰女今可遷居王都謂彘也其友辭之云我未有室家於王都可居也　鼠思泣血。無言不疾。傳無聲曰泣血無所言而不見疾也箋云鼠憂也既辭之以無室家爲其意恨又患不能距止之故云我憂思泣血欲遷王都見女今我無一言而不道疾者言已方困於病故未能也○思息嗣反注同爲于僞反　昔爾出居。誰從作爾室。傳遭亂世義不得去思其友而不肯反者也箋云往始離居之時誰隨爲女作室女猶自作之爾今反以無室家距我恨之辭

雨無正七章二章章十句二章章八句三章章六句

小旻。大夫刺幽王也。箋所刺列於十月之交雨無正爲小故曰小旻亦當爲刺厲王○旻武巾反

旻天疾威。敷于下土。傳敷布也箋云旻天之德疾王者以刑罰威恐萬民其政教乃布於下土言天下徧知

謀猶回遹。何日斯沮。傳回邪遹辟沮壞也箋云猶道沮止也今王謀爲政之道回辟不循旻天之德已甚矣心猶不悛何日此惡將止○遹音聿韓詩作鴥邪似嗟反辟匹亦反悛七全反　謀臧不從。不臧覆用。

我視謀猶。亦孔之邛。傳邛病也箋云臧善也謀之善者不從其不善者反用之我視王謀爲政之道亦甚病天下○覆芳服反邛其凶反

潝潝訿訿。亦孔之哀。傳潝潝然患其上訿訿然思不稱其上箋云臣不事君亂之階也甚可哀也○潝許急反訿音紫　謀之其臧。則具是違。謀之不臧。則具是依。我視謀猶。伊于胡底。箋云于往底至也謀之善者俱背違之其不善者依就之我視今君臣之謀道往行之將何所至乎言必至於亂

我龜既厭。不我告猶。傳猶道也箋云猶圖也卜筮數而瀆龜龜靈厭之不復告其所圖之吉凶言雖得兆占繇不中○數音朔復扶又反繇音胄中丁仲反　謀夫孔多。是用不集。傳集就也箋云謀事者衆而非賢者是非相奪莫適可從故所爲不成　發言盈庭。誰敢執其咎。傳謀人之國國危則死之古之道也箋云謀事者衆訩訩滿庭而無敢決當是非事若不成誰云已當其咎責者言小人爭知而讓過　如匪行邁謀。是用不得于道。箋云匪非也君臣之謀事如此與不行而坐圖遠近是於道路無進於跬步何以異乎○跬缺氏反

哀哉爲猶。匪先民是程。匪大猶是經。維邇言是聽。維邇言是爭。傳古曰在昔昔曰先民程法經常猶道邇近也爭爲近言箋云哀哉今之君臣謀事不用古人之法不循大道之常而徒聽順近言之同者爭言之異者言見動軔則泥陷不至於遠也○軔音刃泥乃麗反　如彼築室于道謀。是用不潰于成。傳潰遂也箋云如當路築室得人而與之謀所爲路人之意不同故不得遂成也

國雖靡止。或聖或否。民雖靡膴。或哲或謀。或肅或艾。傳靡止言小也人有通聖者有不能者亦有明哲者有聰謀者艾治也有恭肅者有治理者箋云靡無止禮膴法也言天下諸侯今雖無禮其心性猶有通聖者有賢者民雖無法其心性猶有知者有謀者有肅者有艾者王何不擇焉置之於位而任之爲治乎書曰睿作聖明作哲聰作謀恭作肅從作乂詩人之意欲王敬用五事以明天道故云然○否方九反徐音鄙艾音刈有知音智　如彼泉流。無淪胥以敗。箋云淪率也王之爲政者如原泉之流行則清無相牽率爲惡以自濁敗

不敢暴虎。不敢馮河。人知其一。莫知其他。傳馮陵也徒涉曰馮河徒搏曰暴虎一非也他

不敬、小人之危殆也、【箋】云、人皆知暴虎馮河立至之害、而無知當畏愼小人能危亡也、○馮符冰反 戰戰兢兢。【傳】戰戰恐也、兢兢戒也、如臨深淵。【傳】恐墜也、如履薄冰。【傳】恐陷也、

小旻六章三章章八句三章章七句

小宛。大夫刺宣王也。【箋】亦當為刺厲王、

宛彼鳴鳩。翰飛戾天。【傳】興也、宛、小貌、鳴鳩、鶻鵰、翰、高、戾、至也、行小人之道、責高明之功、終不可得、○鶻音骨 我心憂傷。念昔先人。【傳】先人、文武也、明發不寐。有懷二人。【傳】明發、發夕至明、

人之齊聖。飲酒溫克。【傳】齊、正、克、勝也、【箋】云、中正通知之人、飲酒雖醉、猶能溫藉自持以勝、○藉在夜反 彼昏不知。壹醉日富。【傳】醉而日富矣、【箋】云、童昏無知之人、飲酒一醉、自謂日益富、夸淫自恣、以財驕人、各敬爾儀。天命不又。【傳】又、復也、【箋】云、今女君臣各敬愼威儀、天命所去、不復來也、○復扶又反

中原有菽。庶民采之。【傳】中原、原中也、菽、藿也、力采者則得之、【箋】云、藿生原中、非有主也、以喻王位無常家也、勤於德者則得之、○菽音叔、藿火郭反 螟蛉有子。蜾蠃負之。【傳】螟蛉、桑蟲也、蜾蠃、蒲盧也、負、持也、【箋】云、蒲盧取桑蟲之子負持而去、煦嫗養之以成其子、喻有萬民不能治、則能治者將得之、○螟亡丁反、蛉音零、蜾音果、蠃力果反、煦況具反、嫗紆具反 教誨爾子。式穀似之。【箋】云、式、用、穀、善也、今有教誨女之萬民用善道者、亦似蒲盧、言將得而子也、

題彼脊令。載飛載鳴。【傳】題、視也、脊令不能自舍、君子有取節爾、【箋】云、題之為言視睇也、載之言則也、則飛則鳴、翼也、口也、不有止息、○題大計反、令音零、本亦作鴒、舍音捨、睇大計反 我日斯邁。而月斯征。【箋】云、我、我王也、邁、征、皆行也、王日此行、謂日視朝也、而月此行、謂月視朝也、先王制此禮、使君與羣臣議政事、日有所決、月有所行、亦無時止息、○朝直遙反 夙興夜寐。毋忝爾所生。【傳】忝、辱也、○毋音無

交交桑扈。率場啄粟。【傳】交交、小貌、桑扈、竊脂也、言上為亂政而求下之治、終不可得也、【箋】云、竊脂肉食、今無肉而循場啄粟、失其天性、不能以自活、哀我塡寡。宜岸宜獄。握粟出卜。自何能穀。【傳】塡、盡、岸、訟也、【箋】云、仍得曰宜、自、從、穀、生也、可哀哉我窮盡寡財之人、仍有獄訟之事、無可以自救、但持粟行卜、求其勝負、從何能得生、○岸韓詩作犴、音同

溫溫恭人。【傳】溫溫、和柔貌、如集于木。【箋】恐隊也、惴惴小心。如臨于谷。【傳】恐隕也、戰戰兢兢。如履薄冰。【傳】衰亂之世、賢人君子雖無罪、猶恐懼、

小宛六章章六句

小弁。刺幽王也。太子之傅作焉。

弁彼鸒斯。歸飛提提。【傳】興也、弁、樂也、鸒、卑居、卑居、雅烏也、提提、羣貌、【箋】云、樂乎彼雅烏、出食在野甚飽、羣飛而歸、提提然、興者、喻凡人之父子兄弟、出入宮庭、相與飲食、亦提提然樂、傷今太子獨不、○鸒音豫、樂音洛 民莫不穀。我獨于罹。【傳】幽王取申女、生大子宜咎、又說褒姒、生子伯服、立以為后、而放宜咎、將殺之、【箋】云、穀、養、于、曰、罹、憂也、天下之人、無不父子相養者、我太子獨不、然曰以憂也、○罹力知反、取七住反、太音泰、說音悅 何辜于天。我罪伊何。【傳】舜之怨慕、日號泣于旻天于父母、○號戶刀反 心之憂矣。云如之何。

踧踧周道。鞫為茂草。【傳】踧踧、平易也、周道、周室之通道、鞫、窮也、【箋】云、此喻幽王信褒姒之讒、亂其德政、使不通於四方、○踧徒歷反、易夷豉反 我心憂傷。惄焉如擣。假寐永歎。維憂用老。心之憂矣。疢如疾首。【傳】惄、思也、擣、心疾也、【箋】云、不脫冠衣而寐曰假寐、疢、猶病也、○惄乃歷反、擣丁老反

維桑與梓。必恭敬止。【傳】父之所樹、已尚不敢不恭敬、靡瞻匪父。靡依匪母。不屬于毛。不罹于裏。【傳】毛在外、陽以言父、裏在內、陰以言母、【箋】云、此言人無不瞻仰其父取法則者、無不依恃其母以長

大者今我獨不得父皮膚之氣乎獨不處母之胞胎乎何曾無恩於我○屬音燭長丁丈反 天之生我我辰安在。傳辰時也箋云此言我生所值之辰安所在乎謂六物之吉凶

菀彼柳斯鳴蜩嘒嘒有漼者淵萑葦淠淠。傳蜩蟬也嘒嘒聲也漼深貌淠淠衆也箋云柳木茂盛則多蟬淵深而旁生萑葦言大者之旁無所不容○菀音鬱嘒呼惠反淠孚計反 譬彼舟流不知所屆。箋云屆至也言今太子不爲王及后所容而見放逐狀如舟之流行無制之者不知終所至也 心之憂矣不遑假寐。箋云遑暇也

鹿斯之奔維足伎伎雉之朝雊尚求其雌。傳伎伎舒貌謂鹿之奔走其足伎伎然舒也箋云雊雉鳴也尚猶也鹿之奔走其勢宜疾而足伎伎然舒留其羣也雉之鳴猶知求其雌今太子之放棄其妃匹不得與之去又鳥獸之不如○伎其宜反雊古豆反妃音配 譬彼壞木疾用無枝。傳壞瘣也謂傷病也箋云太子

放逐而不得生子猶內傷病之木內有疾故無枝也○瘣胡罪反 心之憂矣寧莫之知。箋云寧猶曾也

相彼投兔尚或先之行有死人尚或墐之。傳墐路冢也箋云相視投掩行道也視彼人將掩兔尚有先驅走之者道中有死人尚有覆掩之成其墐者言此所不知其心不忍○相息亮反先蘇薦反墐音覲說文作殣

君子秉心維其忍之。箋云君子斥幽王也秉執也言王之執心不如彼二人 心之憂矣涕既隕之。傳隕隊也

君子信讒如或醻之。箋云醻旅醻也如醻之者謂受而行之○醻市由反 君子不惠不舒究之。箋云惠愛究謀也王不愛太子故聞讒言則放之不舒謀也 伐木掎矣析薪杝矣。傳伐木者掎其巔析薪者隨其理箋云掎其巔者不欲妄踣之杝謂觀其理也必隨其理者不欲妄挫折之以言今王之遇太子不如伐木析薪也○掎寄彼反杝勑氏反踣蒲北反 舍彼有罪予之佗矣。傳佗加也箋云予我也舍褒姒讒言之罪而妄加我太子○舍音捨佗吐賀反

莫高匪山莫浚匪泉。傳浚深也箋云山高矣人登其巔泉深矣人入其淵以言人無所不至雖逃避之猶有默存者焉 君子無易由言耳屬于垣。箋云由用也王無輕用讒人之言人將有屬耳于壁而聽之者知王有所受之知王心不正也○易夷豉反屬音燭垣音袁 無逝我梁無發我笱。箋云逝之也之人梁發人笱此必有盜魚之罪以言褒姒淫色來嬖於王盜我太子母子之寵 我躬不閱遑恤我後。傳念父孝也高子曰小弁小人之詩也孟子曰何以言之曰怨乎孟子曰固哉夫高叟之爲詩也有越人於此關弓而射之我則談笑而道之無他疏之也兄弟關弓而射我我則垂涕泣而道之無他戚之也然則小弁之怨親親也親親仁也固哉夫高叟之爲詩曰凱風何以不怨曰凱風親之過小者也小弁親之過大者也親之過大而不怨是愈疏也親之過小而怨是不可磯也愈疏不孝也不可磯亦不孝也孔子曰舜其至孝矣五十而慕箋云念父孝也太子念王將受讒言不止我死之後懼復有被讒者

亦無如之何故自決云我身尚不能自容何暇乃憂我死之後也○關烏環反射食亦反夫音符復扶又反

小弁八章章八句

巧言刺幽王也大夫傷於讒故作是詩也。

悠悠昊天曰父母且無罪無辜亂如此憮。傳憮大也箋云悠悠思也憮敖也我憂思乎昊天愬王也始者言其且爲民之父母今乃刑殺無罪無辜之人爲亂如此甚敖慢無法度也○且七餘反憮火吳反思息嗣反

昊天已威予慎無罪昊天大憮予慎無辜。傳威畏慎誠也箋云已泰皆言甚也昊天乎王甚可畏王甚敖慢我誠無罪而罪我○大音泰

亂之初生僭始既涵。傳僭數涵容也箋云僭不信也既盡涵同也王之初生亂萌羣臣之言不信與信盡同之不別也○僭毛側蔭反涵毛音含數音朔別彼列反 亂之又生君子信讒。箋云君子斥在位者也在位者

信讒人之言是復亂之所生。君子如怒，亂庶遄沮。傳遄疾，沮止也。箋云君子見讒人如怒責之，則此亂庶幾可疾止也。君子如祉，亂庶遄已。傳祉，福也。箋云福者，福賢者，謂爵祿之也。如此則亂亦庶幾可疾止也。○已音以

君子屢盟，亂是用長。傳凡國有疑，會同則用盟而相要也。箋云屢，數也。盟之所以數者，由世衰亂，多相背違。時見曰會，殷見曰同，非此時而盟謂之數。○長丁丈反，又直良反，要於遙反，數音朔，見賢遍反

君子信盜，亂是用暴。傳盜，逃也。箋云盜謂小人也。春秋傳曰賤者窮諸盜。盜言孔甘，亂是用餤。傳餤，進也。○餤沈音談，徐音鹽。匪其止共，維王之邛。箋云邛，病也。小人好爲讒佞，既不共其職事，又爲王作病。○共音恭，邛其斤反，好呼報反，爲于僞反

奕奕寢廟，君子作之。秩秩大猷，聖人莫之。他人有心，予忖度之。躍躍毚兔，遇犬獲之。傳奕奕，大貌。秩秩，進知也。莫，謀也。毚兔，狡兔也。箋云此四事者，言各有所能也。因己能忖度讒人之心，故列道之爾。猷，道也。大道，治國之禮法。遇犬，犬之馴者，謂田犬也。○度待洛反，毚士咸反，知音智，馴音脣

荏染柔木，君子樹之。往來行言，心焉數之。傳荏染，柔意也。柔木，椅桐梓漆也。箋云此言君子樹善木，如人心思數善言而出之。善言者，往亦可行，來亦可行，於彼亦可，於己亦可，是之謂行也。○荏而甚反，染音冉，數所主反，椅於宜反

蛇蛇碩言，出自口矣。傳蛇蛇，淺意也。箋云碩，大也。大言者，言不顧其行，徒從口出，非由心也。○蛇以支反，行下孟反。巧言如簧，顏之厚矣。箋云顏之厚者，出言虛僞而不知慙於人。

彼何人斯，居河之麋。傳水草交謂之麋。箋云何人者，斥讒人也。賤而惡之，故曰何人。○麋本又作湄，音眉，惡烏路反。無拳無勇，職爲亂階。傳拳，力也。箋云言力勇者，謂易誅除也。職，主也。此人主爲亂作階，言亂由之來也。○易以豉反。既微且尰，爾勇伊何。傳骭瘍爲微，腫足爲尰。箋云此人居下濕之地，故生微腫之疾，人憎惡之，故言女勇伊何，何所能也。○尰市勇反，骭戶諫反。爲猶將多，爾居徒幾何。箋云猶，謀。將，大也。女作讒佞之謀大多，女所與居之衆幾何人，素能然乎。○幾居豈反，大音泰，又如字

巧言六章，章八句

何人斯，蘇公刺暴公也。暴公爲卿士而譖蘇公焉，故蘇公作是詩以絕之。傳暴也，蘇也，皆畿內國名。

彼何人斯，其心孔艱。胡逝我梁，不入我門。箋云孔，甚。艱，難。逝，之也。梁，魚梁也，在蘇國之門外。彼何人乎，謂與暴公俱見於王者也。其持心甚難知，言其性堅固似不妄也。暴公譖己之時，女與之乎。今過我國，何故近之我梁而不入見我乎。疑其與之而未察，斥其姓名爲大切，故言何人。○與音豫，大音泰。伊誰云從，誰暴之云。傳云，言也。箋云譖我者，是言從誰生乎，乃暴公之所言也。由己情而本之，以解何人意。○已音紀

二人從行，誰爲此禍。胡逝我梁，不入唁我。箋云二人者，謂暴公與其侶也。女相隨而行見王，誰作我是禍乎。時蘇公以得譴讓也。女即不爲，何故近之我梁而不入弔唁我乎。○唁音彥，見賢遍反，女音汝。始者不如今，云不我可。箋云女始者於我甚厚，不如今日也。今日云我所行有何不可者乎，何更於己薄也。○已音紀

彼何人斯，胡逝我陳。我聞其聲，不見其身。傳陳，堂塗也。箋云堂塗者，公館之堂塗也。女即不爲，何故近之我館庭，使我得聞女之音聲，不得覩女之身乎。不愧于人，不畏于天。箋云女今不入唁我，何所愧畏乎，皆疑之未察之辭。

彼何人斯，其爲飄風。胡不自北，胡不自南。胡逝我梁，祇攪我心。傳飄風，暴起之風。攪，亂也。箋云祇，適也。何人乎，女行來而去，疾如飄風，不欲入見我，何不爲從我國之南，不則乃從我國之北，何近

之我梁。適亂我之心。使我疑女。○祇音支　攪交卯反

爾之安行。亦不遑舍。爾之亟行。遑脂爾車。壹者之來。云何其盱。箋云遑、暇。亟、疾。盱、病也。女可安行乎、則何不暇舍息乎。女當疾行乎、則又何暇脂女車乎。極其情、求其意、終不得一者之來見我。於女亦何病乎。○亟紀力反　盱況于反

爾還而入。我心易也。還而不入。否難知也。壹者之來。俾我祇也。傳易、說。祇、病也。箋云還、行反也。否、不通也。祇、安也。女行反入見我、我則解說也。反又不入見我、則我與女情不通。女與於譖我與否、復難知也。一者之來見我、我則知之、是使我心安也。○易夷豉反　否方九反　祇祁支反　說音悅　解音蟹　與音豫　復扶又反

伯氏吹壎。仲氏吹篪。傳土曰壎。竹曰篪。箋云伯仲、喻兄弟也。我與女恩如兄弟、其相應和如壎篪、以言俱為王臣、宜相親愛。○壎況袁反　篪音池　和胡卧反

及爾如貫。諒不我知。出此三物。以詛爾斯。傳三物、豕犬雞也。民不相信、則盟詛之。君以豕、臣以犬、民以雞。箋云及、與。諒、信也。我與女俱為王臣、其相比次、如物之在繩索之貫也。今女心誠信、而我不知、且共出此三物、以詛女之此事。為其情之難知、已又不欲長怨、故設之以此言。○貫古亂反　比毗志反　為其于偽反　長如字又張丈反

為鬼為蜮。則不可得。有靦面目。視人罔極。傳蜮、短狐也。靦、姡也。箋云使女為鬼為蜮也、則女誠不可得見也。姡然有面目、女乃人也。人相視無有極時、終必與女相見。○蜮音域　靦土典反　姡戶刮反

作此好歌。以極反側。傳反側、不正直也。箋云好、猶善也。反側、輾轉也。作八章之歌、求女之情、女之情反側極於是也。

何人斯八章章六句

巷伯。刺幽王也。寺人傷於讒。故作是詩也。箋巷伯、奄官。寺人、內小臣也。奄官上士四人、掌王后之命、於宮中為近、故謂之巷伯、與寺人之官相近。讒人譖寺人、寺人又傷其將及巷伯、故以名篇。

萋兮斐兮。成是貝錦。傳興也。萋斐、文章相錯也。貝錦、錦文也。箋云錦文者、文如餘泉餘蚳之貝文也。興者、喻讒人集作己過以成於罪、猶女工之集采色以成錦文。彼譖人者。亦已大甚。箋云大甚者、謂使己得重罪也。○大音泰

哆兮侈兮。成是南箕。傳哆、大貌。南箕、箕星也。侈之言是必有因也。斯人自謂辟嫌之不審也。昔者顏叔子獨處于室、鄰之釐婦又獨處于室、夜暴風雨至而室壞、婦人趨而至、顏叔子納之而使執燭。放乎旦而蒸盡、縮屋而繼之、自以為辟嫌之不審矣。若其審者、宜若魯人然。魯人有男子獨處于室、鄰之釐婦又獨處于室、夜暴風雨至而室壞、婦人趨而託之、男子閉戶而不納。婦人自牖與之言曰、子何為不納我乎。男子曰、吾聞之也、男子不六十不閒居。今子幼、吾亦幼、不可以納子。婦人曰、子何不若柳下惠然、嫗不逮門之女、國人不稱其亂。男子曰、柳下惠固可、吾固不可。吾將以吾不可、學柳下惠之可。孔子曰、欲學柳下惠者、未有似於是也。箋云箕星哆然、踵狹而舌廣。今讒人之因寺人之近嫌而成言其罪、猶因箕星之哆而侈大之。

○哆昌者反　辟音避　釐力之反、依字作嫠　放甫往反　閒閒厠之閒、又音閑　嫗紆具反　彼譖人者。誰適與謀。箋云適、往也。誰往就女謀乎。怪其言多且巧。

緝緝翩翩。謀欲譖人。傳緝緝、口舌聲。翩翩、往來貌。慎爾言也。謂爾不信。箋云慎、誠也。女誠心而後言、王將謂女不信而不受。欲其誠者、惡其不誠也。○惡烏路反

捷捷幡幡。謀欲譖言。傳捷捷、猶緝緝也。幡幡、猶翩翩也。○幡芳煩反　豈不爾受。既其女遷。傳遷、去也。箋云遷之言訕也。王倉卒豈將不受女言乎。已則亦將復訕誹女。○訕所諫反　卒寸忽反

驕人好好。勞人草草。傳好好、喜也。草草、勞心也。箋云好好者、喜讒言之人也。草草者、憂將妄得罪也。蒼天蒼天。視彼驕人。矜此勞人。

彼譖人者。誰適與謀。取彼譖人。投畀豺虎。傳投、棄也。○畀必二反　豺虎不食。

投畀有北。〔傳〕北方寒涼而不毛。有北不受，投畀有昊。〔傳〕昊，昊天也。〔箋〕云：付與昊天，制其罪也。

楊園之道，猗于畝丘。〔傳〕楊園，園名。猗，加也。畝丘，丘名。〔箋〕云：欲之楊園之道，當先歷畝丘。以言此讒人欲譖大臣，故從近小者始。

寺人孟子，作為此詩。凡百君子，敬而聽之。〔傳〕寺人而曰孟子者，罪已定矣，而將踐刑，作此詩也。〔箋〕云：寺人，王之正內五人。作，起也。孟子起而為此詩，欲使衆在位者慎而知之。既言寺人，復自著孟子者，自傷將去此官也。

巷伯七章，四章章四句，一章五句，一章八句，一章六句。

節南山之什十篇，七十九章，五百五十二句。

詩經卷十三

周　卜子夏序

漢　毛公傳

鄭氏箋

小雅

谷風之什第二十

谷風，刺幽王也。天下俗薄，朋友道絕焉。

習習谷風，維風及雨。〔傳〕興也。風雨相感，朋友相須。〔箋〕云：習習，和調之貌。東風謂之谷風。興者，風而有雨則潤澤行，喻朋友同志則恩愛成。

將恐將懼，維予與女。〔箋〕云：將，且也。恐懼，喻遭厄難勤苦之事也。當此之時，獨我與女爾，謂同其憂務。○女音汝。難，乃旦反。

將安將樂，女轉棄予。〔傳〕言朋友趨利，窮達相棄。〔箋〕云：朋友無大故，則不相遺棄。今女以志達而安樂，棄恩忘舊，薄之甚。○樂音洛。

習習谷風，維風及頹。〔傳〕頹，風之焚輪者也。風薄相扶而上，喻朋友相須而成。○上，時掌反。

將恐將懼，寘予于懷。〔箋〕云：寘，置也。置我於懷，言至親已也。

將安將樂，棄予如遺。〔箋〕云：如遺者，如人行道遺忘物，忽然不省存也。

習習谷風，維山崔嵬。無草不死，無木不萎。〔傳〕崔嵬，山巔也。雖盛夏萬物茂壯，草木無有不死葉萎枝者。〔箋〕云：此言東風生長之風也，山巔之上，草木猶及之，然而盛夏養萬物之時，草木枝葉猶有萎槁者，以喻朋友雖以恩相養，亦安能不時有小訟乎。○長，張丈反。

忘我大德，思我小怨。〔箋〕云：大德，切磋以道相成之謂也。

谷風三章，章六句。

蓼莪，刺幽王也。民人勞苦，孝子不得終養爾。〔箋〕云：不得終養者，二親病亡之時，時在

役所不得見也○蓼音六

蓼蓼者莪匪莪伊蒿〔傳〕興也蓼蓼長大貌〔箋〕云莪已蓼蓼長大貌視之以爲非莪故謂之蒿興者喻憂思雖在役中心不精識其事○蒿呼毛反長張丈反思息嗣反　哀哀父母生我劬勞〔箋〕云哀哀者恨不得終養父母報其生長已之苦、

蓼蓼者莪匪莪伊蔚〔傳〕蔚牡菣也○菣去刃反　哀哀父母生我勞瘁〔箋〕云瘁病也、

缾之罄矣維罍之恥〔傳〕缾小而罍大罄盡也〔箋〕云缾小而盡罍大而盈言爲罍恥者刺王不使富分貧衆恤寡○缾蒲丁反罄苦定反罍音雷　鮮民之生不如死之久矣〔傳〕鮮寡也〔箋〕云此言供養日寡矣而我尚不得終養恨之言也○鮮息淺反供九用反　無父何怙無母何恃出則銜恤入則靡至〔箋〕云恤憂靡無也孝子之心怙恃父母依依然以爲不可斯須無也出門則思之而憂旋入門又不見如入無所至、

詩經　卷十三　小雅谷風之什　二　永懷堂

父兮生我母兮鞠我拊我畜我長我育我顧我復我出入腹我〔傳〕鞠養腹厚也〔箋〕云父兮生我者本其氣也畜起也育覆育也顧旋視也復反覆也腹懷抱也○畜喜郁反覆芳福反　欲報之德昊天罔極〔箋〕云之猶是也我欲報父母是德昊天乎我心無極、

南山烈烈飄風發發〔傳〕烈烈然至難也發發疾貌〔箋〕云民人自苦見役視南山則烈烈然飄風發發然寒且疾也　民莫不穀我獨何害〔箋〕云穀養也言民皆得養其父母我獨何故覩此寒苦之害、

南山律律飄風弗弗〔傳〕律律猶烈烈也弗弗猶發發也、　民莫不穀我獨不卒〔箋〕云卒終也我獨不得終養父母重自哀傷也、

蓼莪六章四章章四句二章章八句

大東刺亂也東國困於役而傷於財譚大夫作是詩以告病焉〔箋〕譚國在東故其大夫尤苦征役之事也魯莊公十年齊師滅譚、

有饛簋飧有捄棘匕〔傳〕興也饛滿簋貌飧熟食謂黍稷也捄長貌匕所以載鼎實棘赤心也〔箋〕云飧者客始至主人所致之禮也凡飧饔餼以其爵等爲之牢禮之數陳興者喻古者天子施予之恩於天下厚○饛音蒙捄音虯匕必履反施始豉反　周道如砥其直如矢〔傳〕如砥貢賦平均也如矢賞罰不偏也、　君子所履小人所視〔箋〕云此言古者天子之恩厚也君子皆法效而履行之其如砥矢之平小人又皆視之共之無怨、　睠言顧之潸焉出涕〔傳〕睠反顧也潸涕下貌〔箋〕云言我也此二事者在乎前世過而去矣我從今顧視之爲之出涕傷今不如古○潸所姦反爲于僞反

小東大東杼柚其空〔傳〕空盡也〔箋〕云小也大也謂賦斂之多少也小亦於東大亦於東言其政偏失砥矢之道也譚無他貨維絲麻爾今盡杼柚不作也○柚音逐　糾糾葛屨可以履霜佻佻公子行彼

詩經　卷十三　小雅谷風之什　三　永懷堂

周行〔傳〕佻佻獨行貌公子譚公子也〔箋〕云葛屨夏屨也周行周之列位也言時財貨盡雖公子衣屨不能順時乃夏之葛屨今以屨霜送轉餫因見使行周之列位者而發幣焉言雖困乏猶不得止○佻徒彫反行戶郎反餫音運　既往既來使我心疚〔箋〕云既盡疚病也言譚人自虛竭餫送而往周人則空盡受之曾無反幣復禮之惠是使我心傷病也○疚音救、

有洌氿泉無浸穫薪契契寤歎哀我憚人〔傳〕洌寒意也側出曰氿泉穫艾也契契憂苦也憚勞也〔箋〕云穫落木名也既伐而析之以爲薪不欲使氿泉浸之浸之則將濕腐不中用也今譚大夫契契憂苦而寤歎哀其民人之勞苦者亦不欲使周之賦斂小東大東極盡之極盡之則將困病亦猶是也○氿音軌穫戶郭反契徐苦結反憚徐又音但下同字亦作癉　薪是穫薪尚可載也哀我憚人亦可息也〔傳〕載載乎意也〔箋〕云薪是穫薪者析是穫薪也尚庶幾也庶幾析是穫薪可載而歸蓄之以爲家用哀我勞人亦可休息養之以待國事、

東人之子。職勞不來。西人之子。粲粲衣服。傳東人譚人也。來勤也。西人京師人也。粲粲鮮盛貌。箋云。職主也。東人勞苦而不見謂勤。京師人衣服鮮潔而逸豫。言王政偏甚也。自此章以下。言周道衰。其不言政偏。則言衆官廢職如是而已。○來音賚。舟人之子。熊羆是裘。傳舟人。舟楫之人。熊羆是裘。言富也。箋云。舟當作周。裘當作求。聲相近故也。周人之子。謂周世臣之子孫。退在賤官。使搏熊羆。在冥氏穴氏之職。○羆彼皮反。檝音接。冥莫歷反。

私人之子。百僚是試。傳私人。私家人也。是試。用於百官也。箋云。此言周衰。羣小得志。

或以其酒。不以其漿。傳或醉於酒。或不得漿。鞙鞙佩璲。不以其長。傳鞙鞙。玉貌。璲。瑞也。箋云。佩璲者。以瑞玉爲佩。佩之鞙鞙然。居其官職。非其才之所長也。徒美其佩。而無其德。刺其素餐。○鞙胡犬反。璲音遂。維天有漢。監亦有光。傳漢。天河也。有光而無所明。箋云。監。視也。喻王闓置官司。而無督察之實。跂彼織女。終日七襄。傳跂。隅貌。襄。反也。箋云。襄。駕也。駕謂更其肆也。從旦莫七辰一移。因謂之七襄。○跂丘婢反。更音庚。

雖則七襄。不成報章。傳不能反報成章也。箋云。織女有織名爾。駕則有西無東。不如人織。相反報成文章。睆彼牽牛。不以服箱。傳睆。明星貌。何鼓謂之牽牛。服。牝服也。箱。大車之箱也。箋云。以。用也。牽牛不可用於牝服之箱。○睆華板反。東有啓明。西有長庚。傳日旦出。謂明星爲啓明。日既入。謂明星爲長庚。庚。續也。箋云。啓明長庚。皆有助日之名。而無實光也。有捄天畢。載施之行。傳捄。畢貌。畢所以掩兎也。何嘗見其可用乎。箋云。祭器有畢者。所以助載鼎實。今天畢則施於行列而已。

維南有箕。不可以簸揚。維北有斗。不可以挹酒漿。傳挹。㪺也。○簸彼我反。維南有箕。載翕其舌。維北有斗。西柄之揭。傳翕。如也。箋云。翕猶引也。引舌者。謂上星相近。○揭居竭反。徐起謁反。

大東七章章八句

四月。大夫刺幽王也。在位貪殘。下國構禍。怨亂並興焉。

四月維夏。六月徂暑。傳徂。往也。六月火星中。暑盛而往矣。箋云。徂猶始也。四月立夏矣。至六月乃始盛暑。興人爲惡亦有漸。非一朝一夕。先祖匪人。胡寧忍予。箋云。匪。非也。寧猶曾也。我先祖非人乎。人則當知患難。何爲曾使我當此難世乎。○難乃旦反。

秋日淒淒。百卉具腓。傳淒淒。涼風也。卉。草也。腓。病也。箋云。具猶皆也。涼風用事。而衆草皆病。興貪殘之政行。而萬民困病。亂離瘼矣。爰其適歸。傳離。憂。瘼。病。適。之也。箋云。爰。曰也。今政亂。國將有憂病者矣。曰此禍其所之歸乎。言憂病之禍。必自之歸爲亂。○瘼音莫。

冬日烈烈。飄風發發。箋云。烈烈猶栗烈也。發發。疾貌。言王爲酷虐慘毒之政。如冬日之烈烈矣。其亟急行於天下。如飄風之疾也。○亟紀力反。民莫不穀。我獨何害。箋云。穀。養也。民莫不得養其父母者。我獨何故覩此寒苦之害。○養其餘亮反。

山有嘉卉。侯栗侯梅。箋云。嘉。善。侯。維也。山有美善之草。生於梅栗之下。人取其實。蹂踐而害之。令不得蕃茂。喻上多賦斂。富人財盡。而弱民與受困窮。○蹂如久反。與音預。廢爲殘賊。莫知其尤。傳廢。伏也。箋云。尤。過也。言在位者貪殘。爲民之害。無自知其行之過者。言大於惡。○伏時世反。行下孟反。

相彼泉水。載清載濁。箋云。相。視也。我視彼泉水之流。一則清。一則濁。刺諸侯並爲惡。曾無一善。○相息亮反。我日構禍。曷云能穀。傳構。成。曷。逮也。箋云。構猶合集也。曷之言何也。穀。善也。言諸侯日作禍亂之行。何者可謂能善。

滔滔江漢。南國之紀。傳滔滔。大水貌。其神足以綱紀一方。箋云。江也。漢也。南國之大水。紀理衆川。使不壅滯。喻吳楚之君能長理旁側小國。使得其所。○長張丈反。盡瘁以仕。寧莫我有。箋云。瘁。病。仕。事也。今王盡病其

封畿之內以兵役之事使羣臣有土地曾無自保有者皆懼於危亡也吳楚舊名貪殘今周之政乃反不如

匪鶉匪鳶翰飛戾天匪鱣匪鮪潛逃于淵〔傳〕鶉鵰也鵰鳶貪殘之鳥也大魚能逃處淵〔箋〕云翰高戾至鱣鯉也言鵰鳶之高飛鯉鮪之處淵性自然也非鵰鳶能高飛非鯉鮪能處淵皆驚駭辟害爾喻民性安土重遷今而逃走亦畏亂政故○鶉徒丸反鱣張連反鮪于軌反

山有蕨薇隰有杞桋〔傳〕杞枸檵也桋赤楝也〔箋〕云此言草木尚各得其所人反不得其所傷之也○桋亦作荑音夷枸音苟檵音計楝所革反 君子作歌維以告哀〔箋〕云告哀言勞病而愬之

四月八章章四句

北山大夫刺幽王也役使不均已勞於從事而不得養其父母焉

陟彼北山言采其杞〔箋〕云言我也登山而采杞非可食之物喻已行役不得其事 偕偕士子朝夕從事〔傳〕偕偕强壯貌士子有王事者也〔箋〕云朝夕從事言不得休止 王事靡盬憂我父母〔箋〕云靡無也盬不堅固也王事無不堅固故我當盡力勤勞於役久不得歸父母思已而憂○盬音古

溥天之下莫非王土率土之濱莫非王臣〔傳〕溥大率循濱涯也〔箋〕云此言王之土地廣矣王之臣又衆矣何求而不得何使而不行 大夫不均我從事獨賢〔傳〕賢勞也〔箋〕云王不均大夫之使而專以我有賢才之故獨使我從事於役自苦之辭

四牡彭彭王事傍傍〔傳〕彭彭然不得息傍傍然不得已○傍布彭反已音以 嘉我未老鮮我方將〔傳〕將壯也〔箋〕云嘉鮮皆善也王善我年未老乎善我方壯乎何獨久使我也 旅力方剛經營四方〔傳〕旅衆也〔箋〕云王謂此事衆之氣力方盛乎何乃勞苦使之經營四方

或燕燕居息〔傳〕燕燕安息貌 或盡瘁事國〔傳〕盡力勞病以從國事 或息偃在牀或不已于行〔箋〕云不已猶不止也

或不知叫號或慘慘劬勞〔傳〕叫呼號召也○叫古弔反號戶報反 或棲遲偃仰或王事鞅掌〔傳〕鞅掌失容也〔箋〕云鞅猶何也掌謂捧之也負何捧持以趨走言促遽也

或湛樂飲酒或慘慘畏咎〔箋〕云咎猶罪過也○湛都南反樂音洛 或出入風議或靡事不爲〔箋〕云風猶放也○風音諷

北山六章三章章六句三章章四句

無將大車大夫悔將小人也〔箋〕周大夫悔將小人幽王之時小人衆多賢者與之從事反見譖害自悔與小人並

無將大車祇自塵兮〔傳〕大車小人之所將也〔箋〕云將猶扶進也祇適也鄙事者賤者之所爲也君子爲之不堪其勞以喻大夫而進舉小人適自作憂累故悔之○祇音支 無思百憂祇自疧兮〔傳〕疧病也〔箋〕云百憂者衆小事之憂也進舉小人使得居位不任其職愆負及已故以衆小事爲憂適自病也

無將大車維塵冥冥〔箋〕云冥冥者蔽人目明令無所見也猶進舉小人蔽傷已之功德也○令力呈反 無思百憂不出于熲〔傳〕熲光也〔箋〕云思衆小事以爲憂使人蔽闇不得出於光明之道○熲沈古頃反

無將大車維塵雝兮〔箋〕云雝猶蔽也 無思百憂祇自重兮〔箋〕云重猶累也○重直龍反

無將大車三章章四句

小明大夫悔仕于亂世也〔箋〕名篇曰小明者言幽王日小其明損其政事以至於亂

明明上天照臨下土〔箋〕云明明上天喻王者當光明如日之中也照臨下土喻王者當察理天下之事也據時

幽王不能然、故舉以刺之、我征徂西、至于艽野。二月初吉、載離寒暑。傳艽野、遠荒之地、初吉、朔日也、箋云、征、行、徂、往也、我行往之西方、至於遠荒之地、乃以二月朔日始行、至今則更夏暑冬寒矣、尚未得歸、詩人、牧伯之大夫、使述其方之事、遭亂世勞苦而悔仕、○艽音求、更音庚心之憂矣、其毒大苦。箋云、憂之甚、心中如有藥毒也、○大音泰念彼共人、涕零如雨。箋云、共人、靖共爾位以待賢者之君、○共音恭豈不懷歸、畏此罪罟。傳罟、網也、箋云、懷、思也、我誠思歸、畏此刑罪羅網我、故不敢歸爾、

昔我往矣、日月方除。曷云其還、歲聿云莫。傳除、除陳生新也、箋云、四月為除、昔我往至於艽野、以四月、自謂其時將卽歸、何言其還、乃至歲晚、尚不得歸、○除直慮反、依爾雅則宜餘舒二音、莫音暮念我獨兮、我事孔庶。心之憂矣、憚我不暇。傳憚、勞也、箋云、孔、甚、庶、衆也、我事獨甚衆、勞我不暇、皆言王政不均、臣事不同也、念彼共人、睠睠懷顧。箋云、睠睠、有往仕之志也、豈不懷歸、畏此

詩經　卷十三　小雅谷風之什　八　禾懷堂

譴怒。

昔我往矣、日月方奧。傳奧、煖也、○奧於六反曷云其還、政事愈蹙。歲聿云莫、采蕭穫菽。傳蹙、促也、箋云、愈、猶益也、何言其還、乃至於政事更益促急、歲晚乃至采蕭穫菽、尚不得歸、○穫戶郭反心之憂矣、自詒伊戚。傳戚、憂也、箋云、詒、遺也、我冒亂世而仕、自遺此憂、悔仕之辭、○遺唯季反念彼共人、興言出宿。箋云、興、起也、夜臥起宿於外、憂不能宿於內也、豈不懷歸、畏此反覆。箋云、反覆、謂不以正罪見罪、○覆芳福反

嗟爾君子、無恆安處。箋云、恆、常也、嗟女君子、謂其友未仕者也、人之居無常安之處、謂當安安而能遷、孔子曰、鳥則擇木、○處昌慮反靖共爾位、正直是與。神之聽之、式穀以女。傳靖、謀也、正直為正、能正人之曲曰直、箋云、共、具、式、用、穀、善也、有明君謀具女之爵位、其志在於與正直之人為治、神明若祐而聽之、其用善人、則必用女、是使聽天乎命、不汲汲求仕之辭、言女位者、位無常主、賢人則是、

嗟爾君子、無恆安息。傳息、猶處也、靖共爾位、好是正直。神之聽之、介爾景福。傳介、景、皆大也、箋云、好、猶與也、介、助也、神明聽之、則將助女以大福、謂遭是明君、道施行也、

小明五章、三章章十二句、二章章六句

鼓鍾、刺幽王也。

鼓鍾將將、淮水湯湯、憂心且傷。傳幽王用樂、不與德比、會諸侯于淮上、鼓其淫樂以示諸侯、賢者為之憂傷、箋云、為之憂傷者、嘉樂不野合、犧象不出門、今乃於淮水之上作先王之樂、失禮尤甚、淑人君子、懷允不忘。箋云、淑、善、懷、至也、古者善人君子、其用禮樂、各得其宜、至信不可忘、

鼓鍾喈喈、淮水湝湝、憂心且悲。傳喈喈、猶將將、湝湝、猶湯湯、悲、猶傷也、○喈音皆、湝戶皆反、淑

詩經　卷十三　小雅谷風之什　九　禾懷堂

人君子、其德不回。傳回、邪也、

鼓鍾伐鼛、淮有三洲、憂心且妯。傳鼛、大鼓也、三洲、淮上地、妯、動也、箋云、妯之言悼也、○鼛古毛反、妯勑留反、又音迪淑人君子、其德不猶。傳猶、若也、箋云、猶當作瘉、瘉、病也、

鼓鍾欽欽、鼓瑟鼓琴、笙磬同音。傳欽欽、言使人樂進也、笙磬、東方之樂也、同音、四縣皆同也、箋云、同音者、謂堂上堂下、八音克諧、○樂音岳、縣音玄以雅以南、以籥不僭。傳為雅為南也、舞四夷之樂、大德廣所及也、東夷之樂曰昧、南夷之樂曰南、西夷之樂曰朱離、北夷之樂曰禁、以為籥舞、若是為和而不僭矣、箋云、雅、萬舞也、萬也、南也、籥也、三舞不僭、言進退之旅也、周樂尚武、故謂萬舞為雅、雅、正也、籥舞、文樂也、○昧本又作韎、音妹、禁居蔭反

鼓鍾四章、章五句

楚茨、刺幽王也。政煩賦重、田萊多荒、饑饉降喪、民卒流亡、祭祀

不饗。故君子思古焉。箋田萊多荒，茨棘不除也。饑饉，倉庾不盈也。降喪，神不與福助也。

楚楚者茨，言抽其棘。自昔何爲，我蓺黍稷。傳楚楚，茨棘貌。抽，除也。箋云：茨，蒺藜也。伐除蒺藜與棘，自古之人何乃勤苦爲此事乎？我將得黍稷焉。言古者先王之政以農爲本。茨言楚楚，棘言抽，互辭也。我黍與與，我稷翼翼。我倉既盈，我庾維億。傳露積曰庾。萬萬曰億。箋云：黍與與、稷翼翼，蕃廡貌。陰陽和，風雨時，則萬物成。萬物成，則倉庾充滿矣。倉言盈，庾言億，亦互辭，喻多也。十萬曰億。○廡音無，又音武。以爲酒食，以享以祀。以妥以侑，以介景福。傳妥，安坐也。侑，勸也。箋云：享，獻之以祀先祖。既又迎尸使處神坐而食之，爲其嫌不飽，祝以主人之辭勸之，所以助孝子受大福也。○爲其，于僞反。

濟濟蹌蹌，絜爾牛羊，以往烝嘗。或剝或亨，或肆或將。傳濟濟蹌蹌，言有容也。亨，飪之也。肆，陳。將，齊也。或陳于互，或齊于肉。箋云：有容，言威儀敬慎也。冬祭曰烝，秋祭曰嘗。祭祀之禮，各有其事，有解剝其皮者，

有煑熟之者，有肆其骨體於俎者，或奉持而進之者。○濟，子禮反。亨，普庚反。飪，而甚反。肆，他歷反。祝祭于祊，祀事孔明。傳祊，門內也。箋云：孔，甚也。明，猶備也，絜也。孝子不知神之所在，故使祝博求之平生門內之旁，待賓客之處。祀禮於是甚明。○祊，補彭反。先祖是皇，神保是饗。傳皇，大。保，安也。箋云：皇，暀也。先祖以孝子祀禮甚明之故，精氣歸暀之，其鬼神又安而享其祭祀。○暀，于況反。孝孫有慶，報以介福，萬壽無疆。箋云：慶，賜也。疆，竟界也。○竟音境。

執爨踖踖，爲俎孔碩，或燔或炙。傳爨，饔爨、廩爨也。踖踖，言爨竈有容也。燔，取膟膋。炙，炙肉也。箋云：燔，燔肉也。炙，肝炙也。皆從獻之俎也。其爲之於爨，必取肉也、肝也，肥碩美者。○爨，七亂反。注饔爨一字七端反，餘並同。踖，七夕反。膟音律。膋音遼。炙，之夜反。君婦莫莫，爲豆孔庶，爲賓爲客。傳莫莫，言清靜而敬至也。豆，謂內羞、庶羞也。繹而賓尸及賓客。箋云：君婦，謂后也。凡適妻稱君婦，事舅姑之稱也。庶，侈也。祭祀之禮，后夫人主共籩豆，必取肉物肥腯美者也。○莫音麥。適音的。稱，尺證反。腯又作脂，旨紙反。共，亦作供。獻醻交錯，禮儀卒度，笑語卒獲。傳東西爲交，邪行爲錯。度，法度也。獲，得時也。箋云：始主人酌賓爲獻，賓既酌主人，主人又自飲酌賓曰醻。至旅而爵交錯以徧。卒，盡也。古者於旅也語。○醻，市由反，又作酬。度如字，又徒洛反。神保是格，報以介福，萬壽攸酢。傳格，來。酢，報也。

我孔熯矣，式禮莫愆。工祝致告，徂賚孝孫。傳熯，敬也。善其事曰工。賚，予也。箋云：我，我孝孫也。式，法。莫，無。愆，過。徂，往也。孝孫甚敬矣，於禮法無過者，祝以此故致神意，造主人使受嘏。既而以嘏之物往予主人。○熯，而善反。嘏，古雅反。苾芬孝祀，神嗜飲食。卜爾百福，如幾如式。傳幾，期。式，法也。箋云：卜，予也。苾苾芬芬，有馨香矣。女之以孝敬享祀也，神乃歆嗜女之飲食，今予女之百福，其來如有期矣，多少如有法矣。此皆嘏辭之意。○苾，蒲蔑反。嗜，市志反。幾音機。予，羊汝反。女音汝。下同。既齊既稷，既匡既敕。永錫爾極，

時萬時億。傳稷，疾。敕，固也。箋云：齊，減取也。稷之言即也。永，長。極，中也。嘏之禮，祝徧取黍稷牢肉魚，擩于醢以授尸，孝孫前就尸受之。天子使宰夫受之以筐。祝則釋嘏辭以敕之。又曰：長賜女以中和之福，是萬是億，言多無數。○齊如字，鄭音資。

禮儀既備，鍾鼓既戒。孝孫徂位，工祝致告。傳致告，告利成也。箋云：鍾鼓既戒，戒諸在廟中者以祭禮畢。孝孫往位堂下西面位也。祝於是致孝孫之意，告尸以利成。神具醉止，皇尸載起。鼓鍾送尸，神保聿歸。傳皇，大也。箋云：具，皆也。皇，君也。載之言則也。尸，節神者也。神醉而尸謖，送尸而神歸。尸出入奏肆夏。尸稱君，尊之也。神安歸者，歸於天也。○謖，所六反。諸宰君婦，廢徹不遲。箋云：廢，去也。尸出而可徹。諸宰徹去諸饌，君婦籩豆而已。不遲，以疾爲敬也。○去，起呂反。諸父兄弟，備言燕私。傳燕而盡其私恩。箋云：祭祀畢，歸賓客豆俎。同姓則留與之燕，所以尊賓客、親骨肉也。

樂具入奏，以綏後祿。爾殽既將，莫怨具慶。傳綏，安也。安然後受福祿也。將，行也。箋云：燕而

祭時之樂復皆入奏以安後日之福祿骨肉歡而君之福祿安女之徹羞已行同姓之臣無有怨者而皆慶君是其歡也○復扶又反

既醉既飽小大稽首神嗜飲食使君壽考箋云小大猶長幼也同姓之臣燕已醉飽皆再拜稽首曰神乃歆嗜君之飲食使君壽且考此其慶辭

孔惠孔時維其盡之子子孫孫勿替引之傳替廢引長也箋云惠順也甚順於禮甚得其時維君德能盡之願子孫勿廢而長行之

楚茨六章章十二句

信南山刺幽王也不能修成王之業疆理天下以奉禹功故君子思古焉

信彼南山維禹甸之畇畇原隰曾孫田之傳甸治也畇畇墾辟貌曾孫成王也箋云信乎彼南山之野禹治而丘甸之今原隰墾辟則又成王之所佃言成王乃遠脩禹之功今王反不脩其業乎六十四井爲甸甸方八里居一成之中成方十里出兵車一乘以爲賦法○甸田見反畇音匀辟婢亦反乘繩證反

我疆我理傳疆畫經界也理分地理也南東其畝傳或南或東

上天同雲雨雪雰雰傳雰雰雪貌豐年之冬必有積雪○雰芳云反益之以霡霂既優既渥傳小雨曰霡霂箋云成王之時陰陽和風雨時冬有積雪春而益之以小雨潤澤則饒洽○霡土華反霂音木既霑既足生我百穀

疆埸翼翼黍稷彧彧傳埸畔也翼翼讓畔也彧彧茂盛貌○埸音亦下同彧於六反曾孫之穡以爲酒食畀我尸賓壽考萬年箋云斂稅曰穡畀予也成王以黍稷之稅爲酒食至祭祀齊戒則以賜尸與賓尊尸與賓所以敬神也敬神則得壽考萬年○畀必寐反齊側皆反

中田有廬疆埸有瓜是剝是菹傳剝瓜爲菹也箋云中田田中也農人作廬焉以便其田事於畔上種瓜瓜成又入其稅天子剝削淹漬以爲菹貴四時之異物獻之皇祖曾孫壽考受天之祜箋云皇君祜福也獻瓜菹於先祖者順孝子之心也孝子則獲福

祭以清酒從以騂牡享于祖考傳周尚赤也箋云清謂玄酒也酒鬱鬯五齊三酒也祭之禮先以鬱鬯降神然後迎牲享于祖考納亨時○齊才細反享普庚反執其鸞刀以啓其毛取其血膋傳鸞刀刀有鸞者言割中節也箋云毛以告純也膋脂膏也血以告殺膋以升臭合之黍稷實之於蕭合馨香也○膋音聊中丁仲反

是烝是享苾苾芬芬祀事孔明傳烝進也箋云既有牲物而進獻之苾苾芬芬然香祀禮於是則甚明也先祖是皇報以介福萬壽無疆箋云皇之言暀也先祖之靈歸暀是孝孫而報之以福

信南山六章章六句

谷風之什十篇五十四章三百五十六句

詩經卷十四

周　卜子夏序

漢　毛公傳

鄭氏箋

小雅

甫田之什第二十一

甫田。刺幽王也。君子傷今而思古焉。〔箋〕刺者、刺其倉廩空虛、政煩賦重、農人失職、

倬彼甫田。歲取十千。〔傳〕倬、明貌、甫田、謂天下田也、十千、言多也、〔箋〕云、甫之言丈夫也、明乎彼太古之時、以丈夫稅田也、歲取十千、於井田之法、則一成之數也、九夫為井、井稅一夫、其田百畝、井十為通、通稅十夫、其田千畝、通十為成、成方十里、成稅百夫、其田萬畝、欲見其數、從井通起、故言十千、上地穀畝一鍾、○倬陟角反

我取其陳。食我農

人。自古有年。〔傳〕尊者食新、農夫食陳、〔箋〕云、倉廩有餘、民得賒貰取食之、所以紓官之蓄滯、亦使民愛存新穀、自古者豐年之法如此、○食音嗣、貰音世

今適南畝。或耘或耔。黍稷薿薿。〔傳〕耘、除草也、耔、雝本也、〔箋〕云、今者、今成王之法也、使農人之南畝、治其禾稼、功至力盡、則薿薿然而茂盛、于古言稅法、今言治田、互辭、○耔音子、薿魚起反

攸介攸止。烝我髦士。〔傳〕烝、進、髦、俊也、治田得穀、俊士以進、〔箋〕云、介、舍也、禮使民鋤作耘耔、閒暇則於廬舍、及所止息之處、以道藝相講肄、以進其為俊士之行、○閒音閑、肄以四反、行下孟反

以我齊明。與我犧羊。以社以方。〔傳〕器實曰齊、在器曰盛、社、后土也、方、迎四方氣于郊也、〔箋〕云、絜齊豐盛、與我純色之羊、秋祭社與四方、為五穀成熟、報其功也、○齊音資、為于偽反

我田既臧。農夫之慶。〔箋〕云、臧、善也、我田事已善、則慶賜農夫、謂大蜡之時、勞農以休息之也、年不順成、則八蜡不通、○蜡市詐反、勞力報反

琴瑟擊鼓。以御田祖。以祈甘雨。以介我稷黍。以穀我士女。〔傳〕田祖、先嗇也、穀、善也、〔箋〕云、御、迎、介、助、穀、養也、設樂以迎祭先嗇、謂郊後始耕也、以求甘雨、佑助我禾稼、我當以養士女也、周禮曰、凡國祈年于田祖、吹豳雅、擊土鼓、以樂田畯、○樂音洛

曾孫來止。以其婦子。饁彼南畝。田畯至喜。攘其左右。嘗其旨否。〔箋〕云、曾孫、謂成王也、攘讀當為饟、饁饟、饋也、田畯、司嗇、今之嗇夫也、喜讀為饎、饎、酒食也、成王來止、謂出觀農事也、親與后世子行、使知稼穡之艱難也、為農人之在南畝者設饋以勸之、司嗇至、則又加之以酒食、饟其左右從行者、成王親為嘗其饋之美否、示親之也、

禾易長畝。終善且有。〔傳〕易、治也、長畝、竟畝也、○易以豉反

曾孫不怒。農夫克敏。〔傳〕敏、疾也、〔箋〕云、禾治而竟畝、成王則無所恚怒、謂此農夫能且敏也

曾孫之稼。如茨如梁。曾孫之庾。如坻如京。〔傳〕茨、積也、梁、車梁也、京、高丘也、〔箋〕云、稼、禾也、謂有藁者也、茨、屋蓋也、上古之稅法、近者納總、遠者納粟米、庾、露積穀也、坻、水中之高地也、○茨徐私反、庾羊主反、坻直基反

乃求千斯倉。乃求萬斯箱。〔箋〕云、成王見禾穀之稅委積之多、於是求千倉以處之、萬車以載之、是言年豐收入踰前也、

黍稷稻粱。農夫之慶。報以介福。萬壽無疆。〔箋〕云、慶、賜也、年豐則勞賜農夫益厚、既有黍稷、加以稻粱、報者、為之求福助于八蜡之神、萬壽無疆竟也、

甫田四章章十句

大田。刺幽王也。言矜寡不能自存焉。〔箋〕幽王之時、政煩賦重、而不務農事、蟲災害穀、風雨不時、萬民饑饉、矜寡無所取活、故時臣思古以刺之、○矜古頑反、或作鰥

大田多稼。既種既戒。既備乃事。〔箋〕云、大田、謂地肥美可墾耕、多為稼、可以授民者也、將稼者、必先相地之宜、而擇其種、季冬命民出五種、計耦耕事、修耒耜、具田器、此之謂戒、是既備矣、至孟春土長冒橛、陳根可拔而事之、○種章勇反、相息亮反、長張丈反、冒莫報反、橛其月反

以我覃耜。俶載南畝。〔傳〕覃、利也、〔箋〕云、俶讀為熾、載讀

爲菑栗之菑時至民以其利耜熾菑發所受之地趨農急也田一歲曰菑○覃以廉反俶天叔反鄭爲熾播厥百穀既庭且碩曾孫是若傳庭直也箋云碩大若順也民既熾菑則種其衆穀衆穀生盡條直茂大成王於是則止力役以順民事不奪其時

既方既皁既堅既好不稂不莠傳實未堅者曰皁稂童梁也莠似苗也箋云方房也謂孚甲始生而未合時也盡生房矣盡成實矣盡堅熟矣盡齊好矣而無稂莠擇種之善民力之專時氣之和所致之○稂音郎去其螟螣及其蟊賊無害我田穉傳食心曰螟食葉曰螣食根曰蟊食節曰賊箋云此四蟲者恒害我田中之穉禾故明君以正已而去之○螟莫庭反螣字亦作蟘徒得反田祖有神秉畀炎火傳炎火盛陽也箋云螟螣之屬盛陽氣蠃則生之今明君爲政田祖之神不受此害持之付與炎火使自消亡○畀必二反

有渰萋萋興雨祁祁雨我公田遂及我私傳渰雲興貌萋萋雲行貌祁祁徐也箋云古者

陰陽和風雨時其來祁祁然而不暴疾其民之心先公後私今天主雨于公田因及私田爾此言民怙君德蒙其餘惠彼有不穫穉此有不斂穧彼有遺秉此有滯穗伊寡婦之利傳秉把也箋云成王之時百穀既多種同齊熟收刈促遽力皆不足而有不穫不斂遺秉滯穗故聽矜寡取之以爲利○穧才計反穗音遂矜音鰥

曾孫來止以其婦子饁彼南畝田畯至喜箋云喜讀爲饎饎酒食也成王出觀農事饋食耕者以勸之也司嗇至則又加之以酒食餽勞倦之爾○饋食音嗣勞力報反來方禋祀以其騂黑與其黍稷以享以祀以介景福傳騂牛也黑羊豕也箋云成王之來則又禋祀四方之神祈報焉陽祀用騂牲陰祀用黝牲○禋音因

大田四章二章章八句二章章九句

瞻彼洛矣刺幽王也思古明王能爵命諸侯賞善罰惡焉

瞻彼洛矣維水泱泱傳興也洛宗周溉浸水也泱泱深廣貌箋云瞻視也我視彼洛水灌溉以時其澤浸潤以成嘉穀興者喻古明王恩澤加於天下爵命賞賜以成賢者○溉古愛反君子至止福祿如茨箋云君子至止者謂來受爵命者也爵命爲福賞賜爲祿茨屋蓋也如屋蓋喻多也韎韐有奭以作六師傳韎韐者茅蒐染草也一曰韎韐所以代韠也天子六軍箋云此諸侯世子也除三年之喪服士服而來未遇爵命之時時有征伐之事天子以其賢任爲軍將使代卿士將六軍而出韎韐者茅蒐染也茅蒐韎韐聲也韎韐祭服之韠合韋爲之其服爵弁服紂衣纁裳也○韎音昧又亡界反韐音閤又古洽反韠音畢將子匠反

瞻彼洛矣維水泱泱君子至止鞞琫有珌傳鞞容刀鞞也琫上飾珌下飾也天子玉琫而珧珌諸侯璗琫而璆珌大夫鐐琫而鏐珌士珕琫而珕珌箋云此人世子之賢者也既受爵命賞賜而加賜容刀有飾顯其能

制斷○鞞補頂反琫必孔反珌賓一反珧音遙璗徒黨反又作瑒璆音虯鐐音遼鏐力幽反珕力計反斷丁亂反君子萬年保其家室箋云德如是則能長安其家室親家室親安之尤難安則無篡殺之禍也○殺音弑

瞻彼洛矣維水泱泱君子至止福祿既同箋云此人世子之能繼世位者也其爵命賞賜盡與其先君受命者同而已無所加也君子萬年保其家邦

瞻彼洛矣三章章六句

裳裳者華刺幽王也古之仕者世祿小人在位則讒諂並進棄賢者之類絕功臣之世焉箋云古者古昔明王時也小人斥今幽王也

裳裳者華其葉湑兮傳興也裳裳猶堂堂也湑盛貌箋云興者華堂堂於上喻君也葉湑然於下喻臣也明王賢臣以德相承而治道興則讒諂遠矣○湑思敘反我覯之子我心寫兮我心寫兮是以

有譽處兮。箋云、覯、見也、之子、是子也、謂古之明王也、言我得見古之明王、則我心所憂寫而去矣、我心所憂既寫、是則君臣相與聲譽常處也、憂者憂讒諂並進、

裳裳者華。芸其黃矣。傳芸、黃盛也、箋云華芸然而黃、興明王德之盛也、不言葉、微見無賢臣也、我覯之子。維其有章矣。維其有章矣。是以有慶矣。箋云章、禮文也、言我得見古之明王、雖無賢臣、猶能使其政有禮文法度、政有禮文法度、是則我有慶賜之榮也、

裳裳者華。或黃或白。箋云華或有黃者、或有白者、興明王之德時有駁而不純、我覯之子。乘其四駱。乘其四駱。六轡沃若。傳言世祿也、箋云、我得見明王德之駁者、雖無慶譽、猶能免於讒諂之害、守我先人之祿位、乘其四駱之馬、六轡沃若然、

左之左之。君子宜之。右之右之。君子有之。傳左、陽道、朝祀之事、右、陰道、喪戎之事、箋云君子斥其先人也、多才多藝、有禮于朝、有功于國、○朝直遙反、維其有之。是以似之。傳似、嗣也、箋云、維我先人、有是二德、故先王使之世祿、子孫嗣之、今遇讒諂並進、而見絕也、

裳裳者華四章章六句

桑扈。刺幽王也。君臣上下。動無禮文焉。箋動無禮文、舉事而不用先王禮法威儀也、○扈音戶

交交桑扈。有鶯其羽。傳興也、鶯然有文章、箋云、交交猶佼佼、飛往來貌、桑扈、竊脂也、興者、竊脂飛而往來有文章、人觀視而愛之、喻君臣以禮法威儀升降於朝廷、則天下亦觀視而仰樂之、○佼交卯反、君子樂胥。受天之祜。傳胥、皆也、箋云、胥、有才知之名也、祜、福也、王者樂臣下有才知文章、則賢人在位、庶官不曠、政和而民安、天子之以福祿、○知音智

交交桑扈。有鶯其領。傳領、頸也、君子樂胥。萬邦之屏。傳屏、蔽也、箋云、王者之德、樂賢知在位、則能為天下蔽扞四表患難矣、蔽扞之者、謂蕃夷率服不侵畔、○屏卑郢反、為于偽反、難乃旦反

之屏之翰。百辟為憲。傳翰、幹、憲、法也、箋云、辟、君也、王者之德、外能扞蔽四表之患難、內能立功立事、為之楨幹、則百辟卿士、莫不修職而法象之、不戢不難。受福不那。傳戢、聚也、不戢、戢也、不難、難也、那、多也、不多、多也、箋云、王者位至尊、天所子也、然而不自斂以先王之法、不自難以亡國之戒、則其受福祿亦不多也、

兕觥其觩。旨酒思柔。箋云、兕觥、罰爵也、古之王者與羣臣燕飲、上下無失禮者、其罰爵徒觩然陳設而已、其飲美酒、思得柔順中和、與共其樂、言不憮敖自淫恣也、○兕徐履反、觥古橫反、觩音虯、樂音洛、憮火吳反、敖五報反、彼交匪敖。萬福來求。箋云、彼、彼賢者也、賢者居處恭、執事敬、與人交必以禮、則萬福之祿、就而求之、謂登用爵命、加以慶賜、

桑扈四章章四句

鴛鴦。刺幽王也。思古明王。交于萬物有道。自奉養有節焉。箋交于萬物有道、謂順其性、取之以時、不暴夭也、

鴛鴦于飛。畢之羅之。傳興也、鴛鴦、匹鳥、太平之時、交于萬物有道、取之以時、于其飛、乃畢掩而羅之、箋云、匹鳥、言其止則相耦、飛則為雙、性馴耦也、此交萬物之實也、而言興者、廣其義也、獺祭魚而後漁、豺祭獸而後田、此亦皆其將縱散時也、○馴音巡、獺勑轄反、君子萬年。福祿宜之。箋云、君子、謂明王也、交于萬物、其德如是、則宜壽考受福祿也、

鴛鴦在梁。戢其左翼。傳言休息也、箋云、梁、石絕水之梁、戢、斂也、鴛鴦休息于梁、明王之時、人不驚駭、斂其左翼、以右翼掩之、自若無恐懼、君子萬年。宜其遐福。箋云、遐、遠也、遠猶久也、

乘馬在廐。摧之秣之。【傳】摧、莝也、秣、粟也、【箋】云、摧今莝字也、古者明王所乘之馬繫於廐、無事則委之以莝、有事乃予之穀、言愛國用也、以興於其身亦猶然、齊而後三舉設盛饌、恒日則減焉、此之謂有節也、○乘、繩證反、鄭如字、秣音末、莝、采臥反、與音豫、齊、側皆反、饌、代戀反、君子萬年。福祿艾之。【傳】艾、養也、【箋】云、明王愛國用自奉養之節如此、故宜久為福祿所養也、

乘馬在廐。秣之摧之。君子萬年。福祿綏之。【箋】云、綏、安也、

鴛鴦四章章四句

頍弁。諸公刺幽王也。暴戾無親。不能宴樂同姓。親睦九族。孤危將亡。故作是詩也。【箋】戾、虐也、暴虐謂其政教如雨雪也、○頍、欽婢反、樂音洛

有頍者弁。實維伊何。【傳】興也、頍、弁貌、弁、皮弁也、【箋】云、實、猶是也、言幽王服是皮弁之冠、是維何為乎、言其宜以宴而弗為也、禮、天子諸侯朝服以宴、天子之朝、皮弁以日視朝、○朝、直遙反、爾酒既旨。爾殽既嘉。【箋】云、旨嘉、皆美也、女酒已美矣、女殽已美矣、何以不用與族人宴也、言其知具其禮而弗為也、豈伊異人。兄弟匪他。【箋】云、此言王當所與宴者、豈有異人疏遠者乎、皆兄弟與王無他、言至親、又刺其弗為也、蔦與女蘿。施于松柏。【傳】蔦、寄生也、女蘿、菟絲松蘿也、喻諸公非自有尊、託王之尊、【箋】云、託王之尊者、王明則榮、王衰則微、刺王不親九族、孤特自恃、不知已之將危亡也、○蔦音鳥、蘿、力多反、施、以豉反、未見君子。憂心奕奕。既見君子。庶幾說懌。【傳】奕奕然無所薄也、【箋】云、君子、斥幽王也、幽王久不與諸公宴、諸公未得見幽王之時、懼其將危亡、已無所依怙、故憂而心奕奕然、故言我若已得見幽王、諫正之、則庶幾其變改、意解懌也、○奕音亦、說音悅、解音蟹

有頍者弁。實維何期。【箋】云、何期、猶伊何也、期、辭也、爾酒既旨。爾殽既時。【傳】時、善也、豈伊異人。兄弟具來。【箋】云、具、猶來也、蔦與女蘿。施于松上。未見君子。憂心怲怲。既見君子。庶幾有臧。【傳】怲怲、憂盛滿也、臧、善也、○怲、兵命反

有頍者弁。實維在首。爾酒既旨。爾殽既阜。豈伊異人。兄弟甥舅。【箋】云、阜、猶多也、謂吾舅者、吾謂之甥、如彼雨雪。先集維霰。【傳】霰、暴雪也、【箋】云、將大雨雪、始必微溫、雪自上下、遇溫氣而摶、謂之霰、久而寒、勝、則大雪矣、喻幽王之不親九族、亦有漸、自微至甚、如先霰後大雪、○霰、蘇薦反、摶、徒端反、死喪無日。無幾相見。樂酒今夕。君子維宴。【箋】云、王政既衰、我無所依怙、死亡無有日數、能復幾何、與王相見也、且今夕喜樂此酒、此乃王之宴禮也、刺幽王將喪亡、哀之也、○喪、息浪反、幾、居豈反、樂音洛、復、扶又反、

頍弁三章章十二句

車舝。大夫刺幽王也。褒姒嫉妒。無道並進。讒巧敗國。德澤不加於民。周人思得賢女以配君子。故作是詩也。○舝、胡瞎反、

間關車之舝兮。思孌季女逝兮。【傳】興也、間關、設舝也、孌、美貌、季女、謂有齊季女也、【箋】云、逝、往也、大夫嫉褒姒之為惡、故嚴車設其舝、思得孌然美好之少女有齊莊之德者往迎之、配幽王、代褒姒也、既迎而美、又齊莊、庶其當王意、○孌、力兗反、齊、側皆反、下同、少、詩照反、匪飢匪渴。德音來括。【傳】括、會也、【箋】云、時讒巧敗國、下民離散、故大夫汲汲欲迎季女、行道雖飢不飢、雖渴不渴、覬得之而來、使我王更修德教、合會離散之人、○覬、音冀、雖無好友。式燕且喜。【箋】云、式、用也、我得德音而來、雖無同好之賢友、我猶用是燕飲相慶且喜、○好、呼報反

依彼平林。有集維鷮。辰彼碩女。令德來教。【傳】依、茂木貌、平林、林木之在平地者也、鷮、雉也、辰、時也、【箋】云、平林之木茂、則耿介之鳥往集焉、喻王若有茂美之德、則其時賢女來配之、與相訓告、改修德教、○鷮音驕、式燕且譽。好爾無射。【箋】云、爾、女、女王也、射、厭也、我於碩女來教、則用是燕飲酒、且稱王之聲譽、我愛好王、無有厭也、○射音亦

雖無旨酒。式飲庶幾。雖無嘉殽。式食庶幾。雖無德與女。式歌且舞。箋云、諸大夫覲得賢女以配王、於是酒雖不美猶用之、此燕飲殽雖不美猶食之、必皆庶幾於王之變改、得輔佐之、雖無其德我與女用是歌舞相樂、喜之至也。○樂音洛

陟彼高岡。析其柞薪。析其柞薪。其葉湑兮。箋云、陟登也、登高岡者必析其木以為薪、析其木以為薪者、為其葉茂盛、蔽岡之高也、此喻賢女得在王后之位、則必辟除嫉妬之女、亦為其蔽君之明。○柞子洛反、湑思敘反、為于偽反、辟婢亦反、鮮我覯爾。我心寫兮。箋云、鮮善、覯見也、善乎我得見女、如是則我心中之憂除去也。○鮮息淺反、女音汝

高山仰止。景行行止。四牡騑騑。六轡如琴。傳景大也、箋云、景明也、諸大夫以為賢女既進、則王亦庶幾古人、有高德者則慕仰之、有明行者則而行之、其御羣臣使之有禮、如御四馬騑騑然、持其教令、使之調均、亦如

六轡緩急有和也。○景行下孟反、註明行同、和胡臥反、覯爾新昏。以慰我心。傳慰安也、箋云、我得見女之新昏、如是則以慰除我心之憂也、新昏、謂季女也、

車舝五章章六句

青蠅。大夫刺幽王也。

營營青蠅。止于樊。傳興也、營營往來貌、樊藩也、箋云、興者蠅之為蟲、汙白使黑、汙黑使白、喻佞人變亂善惡也、言止于藩、欲外之、令遠物也、○汙烏路反、令力成反、遠于萬反、豈弟君子。無信讒言。箋云、豈弟樂易也、○愷開在反、樂音洛、易以豉反

營營青蠅。止于棘。讒人罔極。交亂四國。箋云、極猶已也、

營營青蠅。止于榛。傳榛所以為藩也、讒人罔極。構我二人。箋云、構合也、合猶交亂也、

青蠅三章章四句

賓之初筵。衛武公刺時也。幽王荒廢。媟近小人。飲酒無度。天下化之。君臣上下。沈湎淫液。武公既入而作是詩也。箋淫液者、飲酒時情態也武公入者、入為王卿士、

賓之初筵。左右秩秩。傳秩秩然肅敬也、箋云、筵席也、左右、謂折旋揖讓也、秩秩、知也、先王將祭、必射以擇士、大射之禮、賓初入門、登堂即席、其趨翔威儀甚審知、言不失禮也、射禮有三、有大射、有賓射、有燕射、○知音智、下同、籩豆有楚。殽核維旅。傳楚列貌、殽豆實也、核加籩也、旅陳也、箋云、豆實菹醢也、籩實有桃梅之屬、凡非殽而食之曰殽、酒既和旨。飲酒孔偕。箋云、和旨[illegible]也、孔甚也、王之酒已調美、衆賓之歡[illegible]亦威儀齊一、言主人敬其事而衆賓肅慎、鐘鼓既設。舉醻逸逸。傳逸逸往來次序也、箋云、鐘鼓于是言既設者、將射改縣也、○

醻市由反、縣音玄、大侯既抗。弓矢斯張。傳大侯、君侯也、抗舉也、有燕射之禮、箋云、舉者、舉鵠而棲之於侯也、周禮梓人張皮侯而棲鵠、天子諸侯之射、皆張三侯、故君侯謂之大侯、大侯張而弓矢亦張、節也、將祭而射、謂之大射、下章言烝衎烈祖、其非祭與、射夫既同。獻爾發功。箋云、射夫衆射者也、獻猶奏也、既比衆耦、乃誘射、射者乃登射、各奏其發矢中的之功、○發如字、徐音廢、中丁仲反、發彼有的。以祈爾爵。傳的質也、祈求也、箋云、發發矢也、射者與其耦拾發、發矢之時、各心競、云我以此求爵女、爵射爵也、射之禮、勝者飲不勝、所以養病也、故論語曰、下而飲其爭也君子、○於音勺、飲于鴆反

籥舞笙鼓。樂既和奏。烝衎烈祖。以洽百禮。傳秉籥而舞、與笙鼓相應、箋云、籥管也、殷人先求諸陽、故祭祀先奏樂、滌蕩其聲也、烝進、衎樂、烈美、洽合也、奏樂和、必進樂其先祖、于是又合見天下諸侯所獻之禮、○樂音洛、下樂其湛樂喜樂下文曰樂並同、百禮既至。有壬有林。傳壬大、林君也、箋云、壬任也、謂卿大夫也、諸侯

所獻之禮既陳于庭有卿大夫又有國君言天下徧至得萬國之歡心。錫爾純嘏。子孫其湛。[illegible]大也【箋】云純大也報謂尸與主人以福也湛樂也王受神之福於尸則王之子孫皆喜樂也○湛答南反其湛曰樂。各奏爾能。賓載手仇。室人入又。【傳】手取也室人主人也主人請射於賓賓許諾自取其匹而射主人亦入於次又射以耦賓也【箋】云子孫各奏爾能者謂既湛之後各酌獻尸尸酢而卒爵也士之祭禮上嗣舉奠因而酌尸天子則有子孫獻尸之禮文王世子曰其登餕獻受爵則以上嗣是也仇讀曰㪺室人有室中之事者謂佐食也又復也賓手挹酒室人復酌為加爵○仇毛音求餕子峻反復扶又反酌彼康爵。以奏爾時。【傳】酒所以安體也時中者也【箋】云康虛也時謂心所尊者也加爵之間賓與兄弟交錯相疇卒爵者酌之以其所尊亦交錯而已又無次也○中張仲反

賓之初筵。溫溫其恭。【箋】云此復言初筵者既祭王與族人燕之筵也王與族人燕以異姓為賓溫溫柔和也其未醉止。威儀反反。曰既醉止。威儀幡幡。舍其坐遷。屢舞僊僊。

【傳】反反言重慎也幡幡失威儀也遷徙屢數也僊僊然【箋】云此言賓初即筵之時能自敕戒以禮至于旅酬而小人之態出言王既不得君子以為賓又不得有恒之人所以敗亂天下率如此也○反如字韓詩作昄蒲板反幡孚袁反舍音捨數音朔率音類又所律反其未醉止。威儀抑抑。曰既醉止。威儀怭怭。是曰既醉。不知其秩。【傳】抑抑慎密也怭怭媟嫚也秩常也○怭毗必反又符筆反

賓既醉止。載號載呶。亂我籩豆。屢舞僛僛。是曰既醉。不知其郵。側弁之俄。屢舞傞傞。【傳】號呶號呼讙呶也僛僛舞不能自正也傞傞不止也【箋】云郵過側傾也俄傾貌此更言賓既醉而異章者著為無算爵以後也○號胡毛反注同呶女交反僛起其反郵音尤傞素多反一音倉呼火故反既醉而出。並受其福。醉而不出。是謂伐德。飲酒孔嘉。維其令儀。【箋】云出猶去也孔甚令善也賓醉則出與主人俱有美譽醉至若此是誅伐其德也飲酒而誠得嘉賓則於禮有善威儀武公既王之失禮故以此言箴之

凡此飲酒。或醉或否。既立之監。或佐之史。彼醉不臧。不醉反恥。【傳】立酒之監佐酒之史【箋】云凡此者凡此時天下之人也飲酒於有醉者有不醉者則立監使視之又助以史使督酒欲令皆醉也彼醉則已不善人所非惡反復取未醉者恥罰之言此者疾之也○令力呈反惡烏路反式勿從謂。無俾大怠。匪言勿言。匪由勿語。【箋】云式讀曰慝勿猶無也俾使由從也武公見時人多說醉者之狀或以取怨致讎故為設禁醉者有過惡女無就而謂之也當防護之無使顛仆至於怠慢也其所陳說非所當說無為人說之也亦無從而行之也亦無以語人也皆為其聞之將恚怒也○大音泰故為于偽反恚一瑞反由醉之言。俾出童羖。【傳】羖羊不童也【箋】云女從行醉者之言使女出無角之羖羊脅以無然之物使戒深也羖羊之性牝牡有角○羖音古三爵不識。矧敢多又。【箋】云矧況又復也當言我於此醉者飲三爵之不知況能知其多復飲乎三爵者獻也酬也酢也

賓之初筵五章章十四句

甫田之什[illegible]三十九章二百九十六句

詩經卷十四

詩經卷十五

周　卜子夏序

漢　毛公傳
　　鄭氏箋

小雅

魚藻之什第二十二

魚藻刺幽王也言萬物失其性王居鎬京將不能以自樂故君子思古之武王焉【箋】萬物失其性者王政教衰陰陽不和羣生不得其所也將不能以自樂言必自是有危亡之禍○樂音洛

魚在在藻有頒其首【傳】頒大首貌魚以依蒲藻為得其性【箋】云藻水草也魚之依水草猶人之依明王也明王

之時魚何所處乎處于藻既得其性則肥充其首頒然此時人物皆得其所正言魚者以潛逃之類信其著見王在在鎬豈樂飲酒【箋】云豈亦樂也天下平安萬物得其性武王何所處乎處于鎬京樂八音之樂與羣臣飲酒而已今幽王惑于褒姒萬物失其性方有危亡之禍而亦豈樂飲酒于鎬京而無悛心故以此刺焉○豈本亦作愷同苦在反

魚在在藻有莘其尾【傳】莘長貌王在在鎬飲酒樂豈

魚在在藻依于其蒲王在在鎬有那其居【箋】云那安貌天下平安王無四方之虞故其居處那然安也○那乃多反

魚藻三章章四句

采菽刺幽王也侮慢諸侯諸侯來朝不能錫命以禮數徵會之而無信義君子見微而思古焉【箋】幽王徵會諸侯為合義兵征討有罪既往而無之是於義事不信也君子見其如此知其後必見攻伐將無救也○朝直遙反數色角反為于偽反

采菽采菽筐之筥之【傳】興也菽所以芼太牢而待君子也羊則苦豕則薇【箋】云菽大豆也采之者采其葉以為藿三牲牛羊豕芼以藿王饗賓客有牲俎乃用鉶羹故使采之○芼亡報反藿火郭反鉶音刑君子來朝何錫予之雖無予之路車乘馬【傳】君子謂諸侯也【箋】云賜諸侯以車馬言雖無予之尚以為薄○乘繩證反又何予之玄袞及黼【傳】玄袞卷龍也白與黑謂之黼【箋】云及與也玄袞玄衣而畫以卷龍也黼黼黻謂黼衣也諸公之服自袞冕而下侯伯自鷩冕而下子男自毳冕而下王之賜維用有文章者○鷩必滅反毳尺銳反

觱沸檻泉言采其芹【傳】觱沸泉出貌檻泉正出也【箋】云言我也芹菜也可以為菹亦所用待君子也我使采其水中芹者尚絜清也周禮芹菹鴈醢君子來朝言觀其旂其旂淠淠鸞聲嘒嘒載驂載駟君子所屆【傳】淠淠動也嘒嘒中節也【箋】云屆極也諸侯來朝王使人迎之因觀其衣服車乘之威儀

所以為敬且省禍福也諸侯將朝于王則驂乘乘四馬而往此之服飾君子法制之極也言其尊而王今不尊也○淠匹弊反嘒呼惠反屆音界中丁仲反乘乘上音承證反下音繩

赤芾在股邪幅在下彼交匪紓天子所予【傳】諸侯赤芾邪幅幅偪也所以自偪束也紓緩也【箋】云芾大古蔽膝之象也冕服謂之芾其他服謂之韠以韋為之其制上廣一尺下廣二尺長三尺其頸五寸肩革帶博二寸脛本曰股邪幅如今行縢也偪束其脛自足至膝故曰在下彼與人交接自偪束如此則非有解怠紓緩之心天子以是故賜予之○芾音弗大音泰韠音必長直亮反解古賣反樂只君子天子命之樂只君子福祿申之【傳】申重也【箋】云只之言是也古者天子賜諸侯也以禮樂樂之乃後命予之也天子賜之神則以福祿申重之所謂人謀鬼謀也刺今王不然○樂只上音洛下音止

維柞之枝其葉蓬蓬【傳】蓬蓬盛貌【箋】云此興也柞之幹猶先祖也枝猶子孫也其葉蓬蓬喻賢才也正以柞為

興者柞之葉新將生故乃落于地以喻繼世以德相承者明也○柞子洛反蓬步公反樂只君子殿天子之邦樂只君子萬福攸同傳殿鎮也○殿多見反平平左右亦是率從傳平平辯治也箋云率循也諸侯之有賢才之德能辯治其連屬之國使得其所則連屬之國亦循順之○平韓詩作便汎汎楊舟紼纚維之傳紼繂也纚綏也明王能維持諸侯也箋云楊木之舟浮于水上汎汎然東西無所定舟人以紼繫其綏以制行之猶諸侯之治民御之以禮法○紼音弗繂音律纚力馳反綏如誰反樂只君子天子葵之樂只君子福祿膍之傳葵揆也膍厚也○膍頻尸反優哉游哉亦是戾矣傳戾至也箋云戾止也諸侯有盛德者亦優游自安止于是言思不出其位

采菽五章章八句

角弓父兄刺幽王也不親九族而好讒佞骨肉相怨故作是詩

也

騂騂角弓翩其反矣傳興也騂騂調和也不善紲檠巧用則翩然而反箋云興者喻王與九族不以恩禮御待之則使之多怨也○騂息營反紲息列反檠音景兄弟昏姻無胥遠矣箋云胥相也骨肉之親當相親信無相疏遠相疏遠則以親親之望易以成怨爾之遠矣民胥然矣爾之教矣民胥傚矣箋云爾女女幽王也胥皆也言王女不親骨肉則天下之人皆知之見女之教令無善無惡所尚者天下之人皆學之言上之化下不可不慎此令兄弟綽綽有裕不令兄弟交相為瘉傳綽綽寬也裕饒瘉病也箋云令善也○瘉羊主反民之無良相怨一方箋云良善也民之意不獲當反責之于身思彼所以然者而恕之無善心之人則徙居一處怨恚之○恚一瑞反受爵不讓至于已斯亡傳爵祿不以相讓故怨禍及之比周而黨愈少鄙爭而名愈辱求安而身愈危箋云斯此也老馬反為駒不顧其後傳已老矣而孩童慢之箋云此喻幽王見老人反侮慢之遇之如幼稚不自顧念後至年老人之遇已亦將然如食宜饇如酌孔取傳饇飽也箋云王如食老者則宜令之飽如飲老者則當孔取孔取謂度其所勝多少凡器之孔其量大小不同老者氣力弱故取義焉王有族食族燕之禮○食音嗣饇於據反取如字沈音娶令力呈反飲於鴆反度待洛反勝音升毋教猱升木如塗塗附傳猱猨屬塗泥附著也箋云毋禁辭猱之性善登木若教使其為之必也附木桴也塗之性善著若以塗附其著亦必也以喻人之心皆有仁義教之則進君子有徽猷小人與屬傳徽美也箋云猷道也君子有美道以得聲譽則小人亦樂與之而自連屬焉今無良之人相怨王不教之

雨雪瀌瀌見晛曰消傳晛日氣也箋云雨雪之盛瀌瀌然至日將出其氣始見人則皆稱曰雪今消釋矣喻小人雖多王若欲興善政則天下聞之莫不曰小人今誅滅矣其所以然者人心皆樂善王不啓教之○瀌符嬌反晛乃見反莫肯下遺式居婁驕箋云莫無也遺讀曰隨式用也婁斂也今王不以善政啓小人之心則無肯謙虛以禮相卑下先人而後已用此自居處斂其驕慢之過者○下遐嫁反婁力住反鄭音樓雨雪浮浮見晛曰流傳浮浮猶瀌瀌也流流而去也如蠻如髦我是用憂傳蠻南蠻也髦夷髦也箋云今小人之行如夷狄而王不能變化之我用是為大憂也髦西夷別名武王伐紂其等有八國從焉○髦莫侯反行下孟反

角弓八章章四句

菀柳刺幽王也暴虐無親而刑罰不中諸侯皆不欲朝言王者

之不可朝事也。○菀音鬱徐於阮反中丁仲反朝直遥反
有菀者柳不尚息焉。傳菀茂木也箋云尚庶幾也有菀然枝葉茂盛之柳行路之人豈有不庶幾欲就之
止息乎興者喻王有盛德則天下皆庶幾願往朝焉憂今不然上帝甚蹈無自暱焉。傳蹈動暱近也箋云
蹈讀曰悼上帝乎者愬之也今幽王暴虐不可以朝事甚使我心中悼病是以不從而近之釋己所以不朝之意俾予
靖之後予極焉。傳靖治極至也箋云靖謀俾使極誅也假使我朝王王留我使我謀政事王信讒不察功考績
後反誅放我是言王刑罰不中不可朝事也○俾本作畀極鄭音棘
有菀者柳不尚愒焉。傳愒息也上帝甚蹈無自瘵焉。傳瘵病也箋云瘵接也○瘵側界反
鄭音際俾予靖之後予邁焉。箋云邁行也行亦放也春秋傳曰予將行之
有鳥高飛亦傅于天彼人之心于何其臻。箋云傅臻皆至也彼人斥幽王也鳥之高飛極

至于天耳幽王之心于何所至乎言其轉側無常人不知其所屆○傅音附曷予靖之居以凶矜。傳曷
害矜危也箋云王何為使我謀之隨而罪我居我以凶危之地謂四裔也

菀柳三章章六句

都人士周人刺衣服無常也古者長民衣服不貳從容有常以
齊其民則民德歸壹傷今不復見古人也。箋服謂冠弁衣裳也古者明王時也長民
謂凡在民上倡率者也變易無常謂之貳從容謂休燕也休燕猶有常則朝夕明矣壹者專也同也○長張丈反從七容反復
扶又反朝直遥反
彼都人士狐裘黃黃其容不改出言有章。傳彼彼明王也箋云城郭之域曰都古明王時
都人之有士行者冬則衣狐裘黃黃然取溫裕而已其動作容貌既有常吐口言語又有法度文章疾今奢淫不自責以過差

○士行下孟反衣於既反行歸于周萬民所望。傳周忠信也箋云于於也都人之士所行要歸於忠信其
餘萬民寡識者咸瞻望而法傚之又疾今不然○望韻音亡
彼都人士臺笠緇撮。傳臺所以禦暑笠所以禦雨也緇撮緇布冠也箋云臺夫須也都人之士以臺皮為笠緇
布為冠古明王之時儉且節也○撮七活反夫音符彼君子女綢直如髮。傳密直如髮也箋云彼君子女
者謂都人之家女也其情性密緻操行正直如髮之本末無隆殺也○殺所界反我不見兮我心不說。
箋云疾時皆奢淫我不復見今士女之然者心思之而憂也○說音悅
彼都人士充耳琇實。傳琇美石也箋云言以美石為瑱瑱塞耳○琇音秀瑱他見反彼君子女謂
之尹吉。傳尹正也箋云吉讀為姞尹氏姞氏周室昏姻之舊姓也人見都人之家女咸謂之尹氏姞氏之女言有禮法
○姞其吉反我不見兮我心苑結。箋云苑猶屈也積也○苑徐音鬱

彼都人士垂帶而厲彼君子女卷髮如蠆。傳厲帶之垂者箋云而亦如也而厲如鞶厲也
鞶必垂厲以為飾厲字當作裂蠆螫蟲也尾末揵然似婦人髮末曲上卷然○厲毛如字鄭當作裂卷音權蠆勑邁反鞶薄寒
反螫音釋揵其言反上時掌反我不見兮言從之邁。箋云言亦我也邁行也我今不見士女此飾心思之
欲從之行言己憂悶欲自殺求從古人
匪伊垂之帶則有餘匪伊卷之髮則有旟。傳旟揚也箋云伊辭也此言士非故垂此帶也
帶于禮自當有餘也女非故卷此髮也髮于禮自當有旟也旟枝旟揚起也○旟音餘我不見兮云何盱
矣。箋云盱病也思之甚云何乎我今已病也

都人士五章章六句

采綠刺怨曠也幽王之時多怨曠者也。箋怨曠者君子行役過時之所由也而刺之者

譏其不但憂思而已、欲從君子於外、非禮也、○思息嗣反、下皆同

終朝采綠。不盈一匊。傳興也、自旦及食時為終朝、兩手曰匊、箋云、綠、王芻也、易得之菜也、終朝采之而不滿手、怨曠之深、憂思不專于事、○匊弓六反、易以豉反

予髮曲局。薄言歸沐。傳局卷也、婦人夫不在則不容飾、箋云、言我也、禮、婦人在夫家笄象笄、今曲卷其髮、憂思之甚也、有云君子將歸者、我則沐以待之、○卷音權

終朝采藍。不盈一襜。傳衣蔽前謂之襜、箋云、藍、染草也、○藍盧談反、襜尺占反

五日為期。六日不詹。傳詹至也、婦人五日一御、箋云、婦人過于時乃怨曠、五日六日者、五月之日六月之日也、期至五月而歸、今六月猶不至、是以憂思、

之子于狩。言韔其弓。之子于釣。言綸之繩。箋云、之子、是子也、謂其君子也、于、往也、綸、釣繳也、君子往狩與、我當從之、為之韔弓、其往釣與、我當從之、為之繩繳、今怨曠自恨初行時不然、○韔敕亮反、繳音灼、為于偽反

其釣維何。維魴及鱮。維魴及鱮。薄言觀者。箋云、觀、多也、此美其君子之有技藝也、釣必得魴鱮、魴鱮是云其多者耳、其眾雜魚乃眾多矣、○魴音防、鱮音敘、觀古玩反

采綠四章章四句

黍苗。刺幽王也。不能膏潤天下。卿士不能行召伯之職焉。箋陳宣王之德、召伯之功、以刺幽王及其羣臣廢此恩澤事業也、

芃芃黍苗。陰雨膏之。傳興也、芃芃長大貌、箋云、興者、喻天下之民如黍苗然、宣王能以恩澤育養之、亦如天之有陰雨之潤、○芃浦東反、長張丈反

悠悠南行。召伯勞之。傳悠悠行貌、箋云、宣王之時、使召伯營謝邑、以定申伯之國、將徒役南行、眾多悠悠然、召伯則能勞來勸說以先之、○勞力報反、來音賚、說音悅

我任我輦。我車我牛。我行既集。蓋云歸哉。傳任者、輦者、車者、牛者、箋云、集猶成也、蓋猶皆也、營謝轉餫之役、有負任者、有輓輦者、有將車者、有牽傍牛者、其所為南行之事既成、召伯則皆告之云可歸哉、刺今王使民行役、曾無休止時、○餫音運、輓音晚、為于偽反

我徒我御。我師我旅。我行既集。蓋云歸處。傳徒行者、御車者、師者旅者、箋云、步行曰徒、召伯營謝邑、以兵眾行、其士卒有步行者、有御兵車者、五百人為旅、五旅為師、春秋傳曰、諸侯之制、君行師從、卿行旅從、○從才用反

肅肅謝功。召伯營之。烈烈征師。召伯成之。傳謝邑也、箋云、肅肅、嚴正之貌、營、治也、烈烈、威武貌、征、行也、美召伯治謝邑則使之嚴正、將師旅行則有威武也、

原隰既平。泉流既清。召伯有成。王心則寧。傳土治曰平、水治曰清、箋云、召伯營謝邑、相其原隰之宜、通其水泉之利、此功既成、宣王之心則安也、又刺今王臣無成功而亦心安、○相息亮反

黍苗五章章四句

隰桑。刺幽王也。小人在位。君子在野。思見君子。盡心以事之。

隰桑有阿。其葉有難。傳興也、阿然美貌、難然盛貌、有以利人也、箋云、隰中之桑、枝條阿阿然長美、其葉又茂盛、可以庇廕人、興者、喻時賢人君子不用而野處、有覆養之德也、正以隰桑興者、反求此義、則原上之桑枝葉不能然、以刺時小人在位、無德于民、○難乃多反

既見君子。其樂如何。傳云、思在野之君子而得見其在位、喜樂無度、○樂音洛

隰桑有阿。其葉有沃。傳沃柔也、既見君子。云何不樂。

隰桑有阿。其葉有幽。傳幽黑色也、既見君子。德音孔膠。傳膠固也、箋云、君子在位、民附仰之、其教令之行甚堅固也、○膠音交

心乎愛矣遐不謂矣中心藏之何日忘之〔箋〕云遐遠謂勤藏善也我心愛此君子君子雖遠在野豈能不勤思之乎宜思之也我心善此君子又誠不能忘也孔子曰愛之能勿勞乎忠焉能勿誨乎

隰桑四章章四句

白華周人刺幽后也幽王取申女以爲后又得褒姒而黜申后故下國化之以妾爲妻以孽代宗而王弗能治周人爲之作是詩也〔箋〕申姜姓之國也褒姒褒人所入之女姒其字也是謂幽后孽支庶也宗適子也王不能治已不正故也○華音花取七與反爲于僞反適音的

白華菅兮白茅束兮〔傳〕興也白華野菅也已漚爲菅〔箋〕云白華于野已漚名之爲菅菅柔忍中用矣而更取白茅收束之茅比于白華爲脆興者喻王取于申申后禮儀備任妃后之事而更納褒姒褒姒爲孽將至滅國○菅音奸

之子之遠俾我獨兮〔箋〕云之子斥幽王也俾使也王之遠外我不復荅耦我意欲使我獨也老而無子曰獨後褒姒譖申后之子宜咎宜咎奔申○俾必爾反復扶又反

英英白雲露彼菅茅〔傳〕英英白雲貌露亦有雲言天地之氣無微不著無不覆養〔箋〕云白雲下露養彼可以爲菅之茅使與白華之菅相亂易猶天下妖氣生褒姒使申后見黜

天步艱難之子不猶〔傳〕步行猶可也〔箋〕云猶圖也天行此艱難之妖久矣王不圖其變之所由爾昔夏之衰有二龍之妖卜藏其漦周厲王發而觀之化爲玄黿童女遇之當宣王時而生女懼而棄之後褒人有獄而入之幽王幽王嬖之是謂褒姒○漦士其反

滮池北流浸彼稻田〔傳〕滮流貌〔箋〕云池水之澤浸潤稻田使之生殖喻王無恩意于申后滮池之不如也豐鎬之間水北流○滮皮休反

嘯歌傷懷念彼碩人〔箋〕云碩大也妖大之人謂褒姒也申后見黜褒姒之所爲故憂傷而念之

樵彼桑薪卬烘于煁〔傳〕卬我烘燎也煁烓竈也桑薪宜以養人者也〔箋〕云人之樵取彼桑薪宜以炊饔饎之爨以養食人桑薪薪之善者也我反以燎于烓竈用照事物而已喻王始以禮取申后禮儀備今反黜之使爲卑賤之事亦猶是○卬五綱反煁市林反烓音恚炊昌垂反饎尺志反爨七亂反食音嗣

維彼碩人實勞我心

鼓鍾于宮聲聞于外〔傳〕有諸宮中必形見于外〔箋〕云王失禮于內而下國聞知而化之王弗能治如鳴鼓鐘于宮中而欲外人不聞亦不可止○聞音問見賢遍反

念子懆懆視我邁邁〔傳〕邁邁不說也〔箋〕云此言申后之忠于王也念之懆懆然欲諫正之王反不說于其所言○懆七感反說音悅

有鶖在梁有鶴在林〔傳〕鶖禿鶖也〔箋〕云鶖也鶴也皆以魚爲美食者也鶖之性貪惡而今在梁鶴絜白而反在林興王養褒姒而餧申后近惡而遠善○鶖音秋禿吐木反絜音結

維彼碩人實勞我心

鴛鴦在梁戢其左翼〔箋〕云戢斂也斂左翼者謂右掩左也鳥之雌雄不可別者以翼右掩左雄左掩右雌陰陽

相下之義也夫婦之道亦以禮義相下以成家道○別彼列反

之子無良二三其德〔箋〕云良善也王無荅耦已之善意而變移其心志令我怨曠○令力成反

有扁斯石履之卑兮〔傳〕扁扁乘石貌王乘車履石〔箋〕云王后出入之禮與王同其行登車亦履石申后始時亦然今也黜而卑賤○扁邊顯反

之子之遠俾我疧兮〔傳〕疧病也〔箋〕云王之遠外我欲使我困病○疧都禮反又祁支反

白華八章章四句

緜蠻微臣刺亂也大臣不用仁心遺忘微賤不肯飲食教載之故作是詩也〔箋〕微臣謂士也古者卿大夫出行士爲末介士之祿薄或困乏於資財則當賙贍之幽王之時國亂禮廢恩薄大不念小尊不恤賤故本其亂而刺之○飲食上於鴆反下音嗣篇內皆同賙音周

緜蠻黃鳥。止于丘阿。〔傳〕興也。緜蠻小鳥貌。丘阿曲阿也。鳥止于阿。人止于仁。〔箋〕云。止謂飛行所止託也。興者小鳥知止于丘之曲阿靜安之處而託息焉。喻小臣擇卿大夫有仁厚之德者而依屬焉。道之云遠。我勞如何。飲之食之。教之誨之。命彼後車。謂之載之。〔箋〕云。在國依屬于卿大夫之仁者。至于爲末介從而行道路遠矣。我罷勞則卿大夫之恩宜如何乎。渴則予之飲食則予之食事未至則豫教之臨事則誨之車敗則命後車載之。後車倅車也。○罷音皮。倅七對反

緜蠻黃鳥。止于丘隅。〔箋〕云。丘隅丘角也。豈敢憚行。畏不能趨。〔箋〕云。憚難也。我罷勞車又敗。豈敢難徒行乎。畏不能及時疾至也。○難乃旦反　飲之食之。教之誨之。命彼後車。謂之載之。

緜蠻黃鳥。止于丘側。〔箋〕云。丘側丘旁也。豈敢憚行。畏不能極。〔箋〕云。極至也。飲之食之。教之誨之。命彼後車。謂之載之。

緜蠻三章章八句

瓠葉。大夫刺幽王也。上棄禮而不能行。雖有牲牢饔餼。不肯用也。故思古之人。不以微薄廢禮焉。〔箋〕牛羊豕爲牲。繫養者曰牢。孰曰饔。腥曰餼。生曰牽。不肯用者。自養厚而薄於賓客。○瓠戶故反。饔於恭反

幡幡瓠葉。采之亨之。君子有酒。酌言嘗之。〔傳〕幡幡。瓠葉貌。庶人之菜也。〔箋〕云。亨熟也。熟瓠葉者。以爲飲酒之菹也。此君子謂庶人之有賢行者也。其農功畢。乃爲酒漿以合朋友習禮講道藝也。酒既成。先與父兄室人亨瓠葉而飲之。所以急和親親也。飲食而曰嘗者。以其[illegible]王于賓客。賓客則加之以羞。易兌象曰。君子以朋友講習。○[illegible]煩反。亨普庚反。行下孟反

有兔斯首。炮之燔之。君子有酒。酌言獻之。〔傳〕毛曰炮。加火曰燔。獻奏也。〔箋〕云。斯白也。今俗語斯白之字作鮮。齊魯之間聲近斯。有兔白首者。兔之小者也。炮之燔之者。將以爲飲酒之羞也。飲酒之禮。既奏酒于賓。乃薦羞。每酌言言者。禮不下庶人。庶人依士禮。立賓主爲酌名。○斯鄭作鮮。下遐嫁反

有兔斯首。燔之炙之。君子有酒。酌言酢之。〔傳〕炕火曰炙。酢報也。〔箋〕云。報者賓既卒爵洗而酌主人也。凡治兔之宜。鮮者毛炮之。柔者炙之。乾者燔之。○炙音隻。炕苦浪反

有兔斯首。燔之炮之。君子有酒。酌言醻之。〔傳〕醻道飲也。〔箋〕云。主人既卒酢爵。又酌自飲卒爵。復酌進賓。猶今俗之勸酒。○醻市周反

瓠葉四章章四句

漸漸之石。下國刺幽王也。戎狄叛之。荊舒不至。乃命將率東征。

役久病在外。故作是詩也。〔傳〕荊謂楚也。舒舒鳩舒鄝舒庸之屬。役謂士卒也。○漸士銜反。將率上子亮反。下所類反。鄝音了

漸漸之石。維其高矣。山川悠遠。維其勞矣。〔傳〕漸漸山石高峻。〔箋〕云。山石漸漸然高峻。不可登而上。喻戎狄衆彊而無禮義。不可得而伐也。山川者。荊舒之國所處也。其道里長遠。邦域又勞勞廣闊。言不可卒服。武人東征。不皇朝矣。〔箋〕云。武人謂將率也。皇王也。將率受王命。東行而征伐役人罷病。必不能正荊舒使之朝于王。

漸漸之石。維其卒矣。山川悠遠。曷其沒矣。〔傳〕卒竟。沒盡也。〔箋〕云。卒者崔嵬也。謂山巔之末也。曷何也。廣闊之處何時其可盡服。○卒毛子恤反。鄭在律反　武人東征。不皇出矣。〔箋〕云。不能正之令出使聘問于王。

有豕白蹢。烝涉波矣。【傳】豕、豬也。蹢、蹄也。將久雨、則豕進涉水波。【箋】云、烝、衆也。豕之性能水、又唐突難禁制。四蹄皆白曰駭、則白蹄其尤躁疾者。今離其繒牧之處、與衆豕涉入水之波漣矣。喻荆舒之人、勇悍捷敏、其君猶白蹄之豕也、乃率民去禮義之安、而居亂亡之危、賤之、故比方于豕。○蹢、都歷反。能、奴代反。離、力智反。繒、在陵反。月離于畢。俾滂沱矣。【傳】畢、噣也。月離陰星則雨。【箋】云、將有大雨、徵氣先見于天、以言荆舒之叛、萌漸亦由王出也。豕既涉波、今又雨使之滂沱、疾王甚也。○噣、直角反。見、賢遍反。武人東征。不皇他矣。【箋】云、不能正之、令其守職不干王命。○他音沱。

漸漸之石三章章六句

苕之華。大夫閔時也。幽王之時、西戎東夷交侵中國。師旅並起。因之以饑饉。君子閔周室之將亡、傷己逢之、故作是詩也。【箋】師旅並起者、諸侯或出師、或出旅、以助王距戎與夷也。大夫將師出見戎夷之侵周而閔之。今當其難、自傷近危亡。○苕音條。華音花。難乃旦反。

苕之華。芸其黃矣。【傳】興也。苕、陵苕也。將落則黃。【箋】云、陵苕之華紫赤而繁。興者、陵苕之幹、喻如京師也。其華、猶諸夏也。故或謂諸夏爲諸華。華衰則黃、猶諸侯之師旅罷病將敗、則京師孤弱。○芸音云。罷音皮。心之憂矣。維其傷矣。【箋】云、傷者、謂國日見侵削。

苕之華。其葉青青。【傳】華落、葉青青然。【箋】云、京師以諸夏爲障蔽。今陵苕之華衰而葉見青青然、喻諸侯微弱、而王之臣當出見也。知我如此。不如無生。【箋】云、我、我王也。知王之爲政如此、則己之生、不如不生也。自傷逢今世之難、憂悶之甚。

牂羊墳首。三星在罶。【傳】牂羊、牝羊也。墳、大也。罶、曲梁也、寡婦之笱也。牂羊墳首、言無是道也。三星在罶、言不可久也。【箋】云、無是道者、喻周已衰、求其復興不可得也。不可久者、喻周將亡、如心星之光耀見于魚笱之中、其去須臾也。○牂、子桑反。墳、扶云反。罶音柳。笱音苟。復、扶又反。人可以食。鮮可以飽。【傳】治日少而亂日多。【箋】云、今者士卒人人于晏早皆可以食矣。時饑饉、軍興乏少、無可以飽之者。○鮮、息淺反。

苕之華三章章四句

何草不黃。下國刺幽王也。四夷交侵、中國背叛、用兵不息、視民如禽獸。君子憂之、故作是詩也。

何草不黃。何日不行。【箋】云、用兵不息、軍旅自歲始草生而出、至歲晚矣、何草而不黃乎。言草皆黃也。于是之間、將率何日不行乎。言常行勞苦之甚。何人不將。經營四方。【傳】言萬民無不從役。

何草不玄。何人不矜。【箋】云、玄、赤黑色。始春之時、草牙孽者將生、必玄、于此時也。兵猶復行、無妻曰矜。從役者皆

過時不得歸、故謂之矜。○矜、古頑反。復、扶又反。哀我征夫。獨爲匪民。【箋】云、征夫、從役者也。古者師出不踰時、所以厚民之性也。今則草玄至于黃、黃至于玄、此豈非民乎。

匪兕匪虎。率彼曠野。【傳】兕虎、野獸也。曠、空也。【箋】云、兕虎、比戰士也。哀我征夫。朝夕不暇。

有芃者狐。率彼幽草。有棧之車。行彼周道。【傳】芃、小獸貌。棧車、役車也。【箋】云、狐、草行草止、故以比棧車輦者。○芃、薄紅反。

何草不黃四章章四句

魚藻之什十四篇六十二章三百二句

詩經卷十五終

詩經卷十六

周　卜子夏序

漢　毛公傳
　　鄭氏箋

大雅

文王之什第二十三

文王，文王受命作周也。【箋】受命，受天命而王天下，制立周邦。○而王于況反

文王在上，於昭于天。【傳】在上，在民上也。於，歎辭。昭，見也。【箋】云：文王初為西伯，有功于民，其德著見于天，故天命之以為王，使君天下也。崩謚曰文。○於音烏，見賢遍反　周雖舊邦，其命維新。【傳】乃新在文王也。【箋】云：大王聿來胥宇而國于周，王迹起矣，而未有天命，至文王而受命，言新者，美之也。○大音泰，後大王皆同

有周不顯，帝命不時。【傳】有周，周也。不顯，顯也。顯，光也。不時，時也。時，是也。【箋】云：周之德不光明乎？光明矣。天命之不是乎？又是矣。　文王陟降，在帝左右。【傳】言文王升接天，下接人也。【箋】云：在，察也。文王能觀知天意，順其所為，從而行之。

亹亹文王，令聞不已。陳錫哉周，侯文王孫子。文王孫子，本支百世。【傳】亹亹，勉也。哉，載。侯，維也。本，本宗也。支，支子也。【箋】云：令，善。哉，始。侯，君也。勉勉乎不倦，文王之勤用明德也。其善聲聞日見稱歌，無止時也。乃由能敷恩惠之施，以受命造始周國，故天下君之。其子孫適為天子，庶為諸侯，皆百世。○聞音問，哉本又作載，施始豉反　凡周之士，不顯亦世。【傳】不世顯德乎？世者，世祿也。【箋】云：凡周之士，謂其臣有光明之德者，亦得世世在位，重其功也。

世之不顯，厥猶翼翼。思皇多士，生此王國。王國克生，維周之楨。【傳】翼翼，恭敬。思，辭也。皇，天。楨，幹也。【箋】云：猶，謀。思，願也。周之臣既世世光明，其為君之謀事忠敬翼翼然。又願天多生賢人於此邦，此邦能生之，則是我周家幹事之臣。○為于偽反　濟濟多士，文王以寧。【傳】濟濟，多威儀也。○濟子禮反

穆穆文王，於緝熙敬止。假哉天命，有商孫子。【傳】穆穆，美也。緝熙，光明也。假，固也。【箋】云：穆穆乎文王，有天子之容，於美乎又能敬其光明之德，堅固哉，天為此命之，使臣有殷之子孫。○假古雅反　商之孫子，其麗不億。上帝既命，侯于周服。【傳】麗，數也。盛德不可為眾也。【箋】云：于，於也。商之孫子，其數不徒億，多言之也。至天已命文王之後，乃為君於周之九服之中，言眾之不如德也。

侯服于周，天命靡常。【傳】則見天命之無常也。【箋】云：無常者，善則就之，惡則去之。　殷士膚敏，祼將于京。厥作祼將，常服黼冔。【傳】殷士，殷侯也。膚，美。敏，疾也。祼，灌鬯也。周人尚臭。將，行。京，大也。黼，白與黑也。冔，殷冠也。夏后氏曰收，周曰冕。【箋】云：殷之臣壯美而敏，來助周祭，其助祭自服殷之服，明文王以德不以彊。○祼古亂反，冔況甫反　王之藎臣，無念爾祖。【傳】藎，進也。無念，念也。【箋】云：今王之進用臣，當念女祖為之法。王，斥成王。

無念爾祖，聿修厥德。永言配命，自求多福。【傳】聿，述。永，長。言，我也。我長配天命而行，爾庶國亦當自求多福。【箋】云：長，猶常也。王既述修祖德，常言當配天命而行，則福祿自來。　殷之未喪師，克配上帝。【傳】帝，乙以上也。【箋】云：師，眾也。殷自紂父之前，未喪天下之時，皆能配天而行，故不忘也。　宜鑒于殷，駿命不易。【傳】駿，大也。【箋】云：宜以殷王賢愚為鏡。天之大命不可改易。○易以豉反

命之不易，無遏爾躬。宣昭義問，有虞殷自天。【傳】遏，止。義，善。虞，度也。【箋】云：宣，徧。有，又也。天之大命已不可改易矣，當使子孫長行之，無終女身則止。徧明以禮義問老成人，又度殷所以順天之事而施行之。○度待洛反

上天之載，無聲無臭。儀刑文王，萬邦作孚。【傳】載，事。刑，法。孚，信也。【箋】云：天之道難知也，耳不聞聲音，鼻不聞香臭。儀法文王之事，則天下咸信而順之。

文王七章，章八句

大明，文王有明德，故天復命武王也。〔箋〕二聖相承，其明德日以廣大，故曰大明。○復，扶又反。

明明在下，赫赫在上。〔傳〕明明，察也。文王之德明明於下，故赫赫然著見于天。〔箋〕云：明明者，文王、武王施明德于天下，其徵應炤皙見于天，謂三辰效驗。○炤，章遙反。見，賢遍反。

天難忱斯，不易維王。天位殷適，使不挾四方。〔傳〕忱，信也。紂居天位，而殷之正適也。挾，達也。〔箋〕云：天之意難信矣，不可改易者天子也。今紂居天位，而又殷之正適，以其為惡，乃棄絕之，使教令不行於四方，四方共叛之。是天命無常，維德是予耳。言此者，厚美周也。○適，音的。

摯仲氏任，自彼殷商，來嫁于周，曰嬪于京。乃及王季，維德之行。〔傳〕摯國任姓之中女也。嬪，婦。京，大也。王季，大王之子，文王之父也。〔箋〕云：京，周國之地小別名也。及，與也。摯國中女曰大任，從殷周之畿內嫁為婦於周之京，配王季而與之共行仁義之德，同志意也。○任，音壬，下大任皆放此。中，丁仲反。大任，音泰，後大任、大姒、大姜皆同。

大任有身，生此文王。〔傳〕大任，仲任也。身，重也。〔箋〕云：重謂懷孕也。○重，直龍反。

維此文王，小心翼翼。昭事上帝，聿懷多福。厥德不回，以受方國。〔傳〕回，違也。〔箋〕云：小心翼翼，恭慎貌。昭，明。聿，述。懷，思也。方國，四方來附者。此言文王之有德，亦由父母也。

天監在下，有命既集。文王初載，天作之合。在洽之陽，在渭之涘。〔傳〕集，就。載，識。合，配也。洽，水也。渭，水也。涘，厓也。〔箋〕云：天監視善惡于下，其命將有所依就，則豫福助之。於文王生適有所識，則為之生配於氣勢之處，使必有賢才，謂生大姒。○洽，戶夾反。涘，音士。妃，音配。為，于偽反。

文王嘉止，大邦有子。〔傳〕嘉，美也。〔箋〕云：文王聞大姒之賢則美之，曰大邦有子女，可以為妃，乃求昏。

大邦有子，俔天之妹。〔傳〕俔，磬也。〔箋〕云：既使問名，還則卜之，又知大姒之賢，尊之如天之有女弟。○俔，牽遍反。

文定厥祥，〔傳〕言大姒之有文德也。祥，善也。〔箋〕云：問名之後，卜而得吉，則文王以禮定其吉祥，謂使納幣也。親迎于渭。〔傳〕言賢聖之配也。〔箋〕云：賢女配聖人，得其宜，故備禮也。○迎，魚敬反。造舟為梁，不顯其光。〔傳〕言受命之宜，王基乃始于是也。天子造舟，諸侯維舟，大夫方舟，士特舟。造舟然後可以顯其光輝。〔箋〕云：迎大姒而更為梁者，欲其昭著，示後世敬昏禮也。不明乎其禮之有光輝，美之也。天子造舟，周制也，殷時未有等制。○造，七報反。

有命自天，命此文王。于周于京，纘女維莘。長子維行，〔傳〕纘，繼也。莘，大姒國也。長子，長女也。維行大任之德焉。〔箋〕云：天為將命文王君天下于周京之地，故亦為作合，使繼大任之女事于莘國，莘國之長女大姒則配文王，維德之行。○長，張丈反。篤生武王。保右命爾，燮伐大商。〔傳〕篤，厚。右，助。燮，和也。〔箋〕云：天降氣于大姒，厚生聖子武王，安而助之，又遂命之，爾使協和伐殷之事。協和伐殷之事，謂合位三五也。

殷商之旅，其會如林。矢于牧野，維予侯興。〔傳〕旅，眾也。如林，言眾而不為用也。矢，陳。興，起也。

言天下之望周也。〔箋〕云：殷盛合其兵眾，陳于商郊之牧野，而天乃予諸侯有德者當起為天子。言天去紂，周師勝也。

上帝臨女，無貳爾心。〔傳〕言無敢懷貳心也。〔箋〕云：臨，視也。女，女武王也。天護視女，伐紂必克，無有疑心。

牧野洋洋，檀車煌煌，駟騵彭彭。〔傳〕洋洋，廣也。煌煌，明也。騵馬白腹曰騵。言上周下殷也。〔箋〕云：言其戰地寬廣，明不用權詐也。兵車鮮明，馬又強，則暇且整。○騵，音原。駵，音留。

維師尚父，時維鷹揚。涼彼武王，〔傳〕師，大師也。尚父，可尚可父。鷹揚，如鷹之飛揚也。涼，佐也。〔箋〕云：尚父，呂望也，尊稱焉。鷹，鷙鳥也。佐武王者，為之上將。○涼，力尚反。大，音泰。將，子匠反。肆伐大商，會朝清明。〔傳〕肆，疾也。會，甲也。不崇朝而天下清明。〔箋〕云：肆，故今也。會，合也。以天期已至，兵甲之強，師率之武，故今伐殷，合兵以清明。書牧誓曰：時甲子昧爽，武王朝至于商郊牧野，乃誓。○師，所類反。

大明八章，四章章六句，四章章八句。

緜文王之興本由大王也

緜緜瓜瓞民之初生自土沮漆〔傳〕興也緜緜不絕貌瓜紹也瓞瓝也民周民也自用土居也沮水漆水也〔箋〕云瓜之本實繼先歲之瓜必小狀似瓝故謂之瓞緜緜然若將無長大時興者喻后稷乃帝嚳之冑封于邰其後公劉失職遷于豳居沮漆之地歷世亦緜緜然至大王而德益盛得其民心而生王業故本周之興云于沮漆也○瓞田節反冑直又反邰他來反

古公亶父陶復陶穴未有家室〔傳〕古公豳公也古言久也亶父字或殷以名言質也古公處豳狄人侵之事之以皮幣不得免焉事之以犬馬不得免焉事之以珠玉不得免焉乃屬其耆老而告之曰狄人之所欲吾土地吾聞之君子不以其所養人而害人二三子何患無君去之踰梁山邑乎岐山之下豳人曰仁人之君不可失也從之如歸市陶其土而復之陶其壤而穴之室內曰家未有寢廟亦未敢有家室〔箋〕云古公據文王本其祖也諸侯之臣稱君曰公復者復于土上鑿地曰穴皆如陶然本其在豳時也傳自古公處豳而下爲二章發○亶都但反父音甫復音福屬音燭爲二于僞反

古公亶父來朝走馬率西水滸至于岐下爰及姜女聿來胥宇〔傳〕率循也滸水厓也姜女大姜也胥相宇居也〔箋〕云來朝走馬言其辟惡早且疾也循西水厓沮漆水側也爰於及與聿自也於是與其妃大姜自來相可居者著大姜之賢知也○朝直遙反滸呼五反辟音避相息亮反知音智

周原膴膴堇荼如飴爰始爰謀爰契我龜〔傳〕周原沮漆之閒也膴膴美也堇菜也荼苦菜也契開也〔箋〕云廣平曰原周之原地在岐山之南膴膴然肥美其所生菜雖有性苦者甘如飴也此地將可居故于是始與豳人之從已者謀謀從又於是契灼其龜而卜之卜之則又從矣○膴音武堇音謹荼音徒飴音移

曰止曰時築室于茲〔箋〕云時是茲此也卜從則曰可止居於是可作室家丁此定民心也

迺慰迺止迺左迺右迺疆迺理迺宣迺畝自西徂東周爰執事〔傳〕慰安爰於也〔箋〕云時耕曰宣徂往也民心定乃安隱其居乃左右而處之乃疆理其經界乃時耕其田畝於是從西方而往東之人皆於周執事競出力也豳與周原不能爲西東據至時從水滸言也○疆居良反

乃召司空乃召司徒俾立室家〔箋〕云俾使也司空司徒卿官也司空掌營國邑司徒掌徒役之事故召之使立室家之位處

其繩則直縮版以載作廟翼翼〔傳〕言不失繩直也乘謂之縮君子將營宮室宗廟爲先廐庫爲次居室爲後〔箋〕云繩者營其廣輪方制之正也既正則以索縮其築版上下相承而起廟成則嚴顯翼翼然乘聲之誤當爲繩也

捄之陾陾度之薨薨築之登登削屢馮馮〔傳〕捄虆也陾陾衆也度居也言百姓之勸勉也登登用力也削牆鍛屢之聲馮馮然〔箋〕云捄捊也度猶投也築牆者捊聚壤土盛之以虆而投諸版中○捄音俱陾音而度待洛反薨呼弘反馮扶氷反鍛丁亂反捊薄侯反

百堵皆興鼛鼓弗勝〔傳〕皆俱也鼛大鼓也長一丈二尺或

鼛或鼓言勸事樂功也〔箋〕云五版爲堵興起也百堵同時起鼛鼓不能止之使休息也凡大鼓之側有小鼓謂之應鼙朔鼙周禮曰以鼛鼓鼓役事○鼛音羔勝音升鼙薄卑反

迺立皐門皐門有伉迺立應門應門將將〔傳〕王之郭門曰皐門伉高貌王之正門曰應門將將嚴正也美大王作郭門以致皐門作正門以致應門焉〔箋〕云諸侯之宮外門曰皐門朝門曰應門內有路門天子之宮加以庫雉○伉苦浪反將七羊反朝直遙反

迺立冢土戎醜攸行〔傳〕冢大戎大醜衆也冢土大社也起大事動大衆必先有事乎社而後出謂之宜美大王之社遂爲大社也〔箋〕云大社者出大衆將所告而行也春秋傳曰蜃宜社之肉

肆不殄厥慍亦不隕厥問柞棫拔矣行道兌矣〔傳〕肆故今也慍恚隕墜也兌成蹊也〔箋〕云小聘曰問柞櫟也棫白桵也文王見太王立冢土有用大衆之義故不絕去其恚惡惡人之心亦不廢其聘問鄰國之禮今以柞棫生柯葉之時使大夫將師旅出聘問其行道士衆兌然不有征伐之意○殄田典反柞子洛反棫音域拔蒲蓋反兌

吐外反隊直類反蹊音兮棫音歷棫加誰反去羌呂反混夷駾矣維其喙矣傳駾突喙困也箋云混夷夷狄國也見文王之使者將士衆過己國則惶怖驚走奔突入此柞棫之中而逃甚困劇也是之謂一年伐混夷太王辟狄文王伐混夷成道興國其志一也○混音昆駾徒對反喙許穢反使所吏反

虞芮質厥成文王蹶厥生傳質成也成平也蹶動也虞芮之君相與爭田久而不平乃相謂曰西伯仁人也盍往質焉相乃與朝周入其竟則耕者讓畔行者讓路入其邑男女異路斑白不提挈入其朝士讓爲大夫大夫讓爲卿二國之君感而相謂曰我等小人不可以履君子之庭乃相讓以其所爭田爲閒田而退天下聞之而歸者四十餘國箋云虞芮之質平而文王動其緜緜民初生之道謂廣其德而王業大○芮如銳反蹶俱衞反閒音閑

予曰有疏附予曰有先後予曰有奔奏予曰有禦侮傳率下親上曰疏附相道前後曰先後喻德宣譽曰奔奏武臣折衝曰禦侮箋云予我也詩人自我也文王之德所以至然者我念之曰此亦由有疏附先後奔奏禦侮之臣力也

疏附使疏者親也奔奏使人歸趨之○先蘇薦反後胡豆反奏本亦作走音同相息亮反

緜九章章六句

棫樸文王能官人也

芃芃棫樸薪之槱之傳興也芃芃木盛貌棫白桵也樸枹木也槱積也山木茂盛萬民得而薪之賢人衆多國家得用蕃興箋云白桵相樸屬而生者枝條芃芃然豫斫以爲薪至祭皇天上帝及三辰則聚積以燎之○芃薄紅反槱音酉枹音芣反

濟濟辟王左右趣之傳趣趨也箋云辟君也君王謂文王也文王臨祭祀其容濟濟然敬左右之諸臣皆促疾於事謂相助積薪○辟音壁趣七喻反

濟濟辟王左右奉璋傳半圭曰璋箋云璋璋瓚也祭祀之禮王祼以圭瓚諸臣助之亞祼以璋瓚○祼古亂反

奉璋峩峩髦士攸宜傳峩峩盛壯也髦俊也○箋云士卿士也奉璋之儀峩峩然故今俊士之所宜○峩五歌反髦音毛

淠彼涇舟烝徒楫之傳淠舟行貌楫櫂也箋云烝衆也淠淠然涇水中之舟順流而行者乃衆徒船人以楫櫂之故也興衆臣之賢者行君政令

周王于邁六師及之傳天子六軍箋云于往邁行也及與周王往行謂出兵征伐也二千五百人爲師今王興師行者殷末之制未有周禮五師爲軍軍萬二千五百人

倬彼雲漢爲章于天傳倬大也雲漢天河也箋云雲漢之在天其爲文章譬猶天子爲法度於天下

周王壽考遐不作人傳遐遠也遠不作人也箋云周王文王也文王是時九十餘矣故云壽考遠不作人者其政變化紂之惡俗近如新作人也

追琢其章金玉其相傳追彫也金曰彫玉曰琢相質也箋云周禮追師掌追衡笄則追亦治玉也相視也猶觀視也追琢玉使成文章喻文王爲政先以心研精合于禮義然後施之萬民視而觀之其好而樂之如覩金玉然言其政可樂

也

勉勉我王綱紀四方箋云我王謂文王也以網罟喻爲政張之爲綱理之爲紀

棫樸五章章四句

旱麓受祖也周之先祖世修后稷公劉之業大王王季申以百福干祿焉

瞻彼旱麓榛楛濟濟傳旱山名也麓山足也濟濟衆多也箋云旱山之足林木茂盛者得山雲雨之潤澤也喻周邦之民獨豐樂者被其君德教○楛音戶樂音洛

豈弟君子干祿豈弟傳干求也言陰陽和山藪殖故君子得以干祿樂易箋云君子謂大王王季以有樂易之德施於民故其求祿亦得樂易○豈本亦作愷易以豉反

瑟彼玉瓚黃流在中傳玉瓚圭瓚也黃金所以飾流鬯也九命然後錫以秬鬯圭瓚箋云瑟絜鮮貌黃流秬鬯也圭瓚之狀以圭爲柄黃金爲勺青金爲外朱中央矣殷王帝乙之時王季爲西伯以功德受此賜○秬音巨豈弟君

子。福祿攸降。〔箋〕云、攸、所。降、下也。○降如字、又戶江反

鳶飛戾天。魚躍于淵。〔傳〕言上下察也。〔箋〕云、鳶、鴟之類、鳥之貪惡者也。飛而至天、喻惡人遠去、不爲民害也。魚跳躍于淵中、喻民喜得所。豈弟君子。遐不作人。〔箋〕云、遐、遠也。言大王王季之德、近於變化、使如新作人。

清酒既載。騂牡既備。〔傳〕言年豐畜碩也。〔箋〕云、既載、謂已在尊中也。祭祀之事、先爲清酒、其次擇牲、故舉二者。○畜香叔反

以享以祀。以介景福。〔傳〕言祀所以得福也。〔箋〕云、介、助。景、大也。

瑟彼柞棫。民所燎矣。〔傳〕瑟、衆貌。〔箋〕云、柞棫之所以茂盛者、乃人熂燎除其旁草、養治之、使無害也。豈弟君子。神所勞矣。〔箋〕云、勞、勞來、猶言佑助。○勞力報反、來力代反

莫莫葛藟。施于條枚。〔傳〕莫莫、施貌。〔箋〕云、葛也、藟也、延蔓於木之枝本而茂盛、喻子孫依緣先人之功而起。○藟力軌反、施以豉反

豈弟君子。求福不回。〔箋〕云、不回者、不違先祖之道。

旱麓六章章四句

思齊。文王所以聖也。〔箋〕言非但天性、德有所由成。○齊側皆反、本作齋

思齊大任。文王之母。思媚周姜。京室之婦。〔傳〕齊、莊。媚、愛也。周姜、大姜也。京室、王室也。〔箋〕云、京、周地名也。常思莊敬者、大任也。乃爲文王之母、又常思愛大姜之配大王之禮、故能爲京室之婦。言其德行純備、故生聖子也。大姜言周、大任言京、見其謙恭、自卑小也。○行下孟反、見賢遍反

大姒嗣徽音。則百斯男。〔傳〕大姒、文王之妃也。大姒十子、衆妾則宜百子也。〔箋〕云、徽、美也。嗣大任之美音、謂續行其善教令。

惠于宗公。神罔時怨。神罔時恫。〔傳〕宗公、宗神也。恫、痛也。〔箋〕云、惠、順也。宗公、大臣也。文王爲政、咨於大臣、順而行之、故能當於神明、神明無是怨恚、其所行者無是痛傷、其將無有凶禍。○恫音通、凶音凶

刑于寡妻。至于兄弟。以御于家邦。〔傳〕刑、法也。寡妻、適妻也。御、迎也。〔箋〕云、寡妻、寡有之妻、言賢也。御、治也。文王以禮法接待其妻、至于宗族。以此又能爲政、治于家邦也。書曰、乃寡兄勗。又曰、越乃御事。○適丁歷反、勗許玉反

雝雝在宮。肅肅在廟。〔傳〕雝雝、和也。肅肅、敬也。〔箋〕云、宮、謂辟廱宮也。羣臣助文王養老則尚和、助祭於廟則尚敬。言得禮之宜。○辟必亦反、廱於容反

不顯亦臨。無射亦保。〔傳〕以顯臨之、保安無厭也。〔箋〕云、臨、視也。保、猶居也。文王之在辟廱也、有賢才之質而不明者、亦得觀於禮。於六藝無射才者、亦得居於位。言養善使之積小致高大。○射音亦

肆戎疾不殄。烈假不瑕。〔傳〕肆、故今也。戎、大也。故今大疾害人者、不絕之而自絕也。烈、業。假、大也。〔箋〕云、厲假皆病也。瑕、已也。文王於辟廱、德如此、故大疾害人者、不絕之而自絕、爲厲假之行者、不已之而自已。言化之深也。○假古雅反、瑕音遐、行下孟反

不聞亦式。不諫亦入。〔傳〕言性與天合也。〔箋〕云、式、用也。文王之祀於宗廟、有仁義之行而不聞達者、亦用之助祭。有孝悌之行而不能諫爭者、亦得入。言其使人器之、不求備也。

肆成人有德。小子有造。〔傳〕造、爲也。〔箋〕云、

成人、謂大夫士也。小子、其弟子也。文王在於宗廟、德如此、故大夫士皆有德、子弟皆有所造成。古之人無斁。譽髦斯士。〔傳〕古之人無厭於有名譽之俊士。〔箋〕云、古之人、謂聖王明君也。口無擇言、身無擇行、以身化其臣下、故令此士皆有名譽於天下、成其俊乂之美也。○令力成反、乂音刈

思齊四章章六句、故言五章、二章章六句、三章章四句

皇矣。美周也。天監代殷、莫若周。周世世修德、莫若文王。〔箋〕監、視也。天視四方、可以代殷王天下者、維有周爾。世世脩行道德、維有文王盛爾。○王天下、往況反

皇矣上帝。臨下有赫。監觀四方。求民之莫。〔傳〕皇、大。莫、定也。〔箋〕云、臨、視也。大矣天之視天下、赫然甚明。殷紂之暴亂、乃監察天下之衆國、求民之定、謂所歸就也。

維此二國。其政不獲。維彼四國。爰究爰度。〔傳〕二國、殷夏也。彼、彼有道也。四國、四方也。究、謀。度、居也。〔箋〕云、二國、謂今殷紂及崇侯也。正、長。獲、得也。

四國謂密也阮也徂也共也度亦謀也殷崇之君其行暴亂不得於天心密阮徂共之君於是又助之謀言同於惡也○度待洛反長張丈反共音恭行下孟反

上帝耆之憎其式廓乃眷西顧此維與宅【傳】耆老也廓大也憎其用大位行大政顧顧西土也宅居也【箋】云耆老也天須假此二國養之至老猶不變改憎其所用為惡者浸大也乃眷然運視西顧見文王之德而與之居言天意常在文王所○耆巨夷反

作之屏之其菑其翳修之平之其灌其栵啓之辟之其檉其椐攘之剔之其檿其柘【傳】木立死曰菑自斃為翳灌叢生也栵栭也檉河柳也椐樻也檿山桑也【箋】云天既顧文王四方之民則大歸往之岐周之地險隘多樹木乃競刊除而自居處言樂就有德之甚○屏必領反翳音繄於計反栵音例又音列辟婢亦反檉勑丁反椐羌居反檿烏簟反栭音而樻去媿反

帝遷明德串夷載路【傳】徙就文王之德也串習夷常路大也【箋】云串夷即混夷西戎國名也路應也天意去殷之惡就周之德文王則侵伐混夷以應之○混音昆

天立厥配受命既固【傳】配媲也【箋】云天既顧文王又為之生賢妃謂大姒也其受命之道已堅固也

帝省其山柞棫斯拔松柏斯兌【傳】兌易直也【箋】云省善也天既顧文王乃和其國之風雨使其山樹木茂盛言非徒養其民人而已○省昔井反拔蒲貝反兌徒外反易以豉反

帝作邦作對自大伯王季【傳】對配也從大伯之見王季也【箋】云作為也天為邦謂興周國也作配謂為生明君也是乃自大伯王季時則然矣大伯讓於王季而文王起○大音泰注大伯皆同

維此王季因心則友則友其兄則篤其慶載錫之光【傳】因親也善兄弟曰友慶善光大也【箋】云篤厚載始也王季之心親親而又善於宗族又尤善於兄大伯乃厚明其功美始使之顯著也大伯以讓為功美王季乃能厚明之使傳世稱之亦其德也

受祿無喪奄有四方【傳】喪亡奄大也【箋】云王季以有因心則友之德故世世受福祿至於覆有天下

此王季帝度其心貊其德音其德克明克明克類克長克君【傳】心能制義曰度貊靜也【箋】云德正應和曰貊照臨四方曰明類善也勤施無私曰類教誨不倦曰長慶賞刑威曰君○貊本作貊左傳作莫注同

王此大邦克順克比【傳】慈和徧服曰順擇善而從曰比【箋】云王君也王季稱王追王也○王如字徐于況反

比于文王其德靡悔【傳】經緯天地曰文【箋】云靡無也王季之德比于文王無有所悔也必比于文王盛德以聖人為匹

既受帝祉施于孫子【箋】云帝天也祉福也施猶易也延也○祉音恥

帝謂文王無然畔援無然歆羨誕先登于岸【傳】無是畔道無是援取無是貪羨岸高位也【箋】云畔援猶跋扈也誕大登成岸訟也天語文王曰女無如是跋扈者妄出兵也無如是貪羨者侵人土地也欲廣大德美者當先平獄訟正曲直也○援音袁

密人不恭敢距大邦侵阮徂共【傳】國有密須氏侵阮遂往侵共【箋】云阮也徂也共也三國犯周而文王伐之密須之人乃敢距其義兵違正道是不直也○共音恭

王赫斯怒爰整其旅以按徂旅以篤于周祜以對于天下【傳】旅師按止也旅地名也對遂也【箋】云赫怒意斯盡也五百人為旅對荅也文王赫然與其群臣盡怒曰整其軍旅而出以却止徂國之兵衆以厚周當王之福以荅天下鄉周之望○祜音戶鄉許亮反

依其在京侵自阮疆陟我高岡無矢我陵我陵我阿無飲我泉我泉我池【傳】京大阜也矢陳也【箋】云京周地名陟登也矢猶當也大陵曰阿文王但發其依居京地之衆以往侵阮國之疆登其山脊而望阮之兵兵無敢當其陵及阿者又無敢飲食於其泉及池水者小出兵而令驚怖如此此以德攻不以衆也陵泉重言者美之也每言我者據後得而有之而言○彊居良反令力成反

度其鮮原居岐之陽在渭之將萬邦之方下民之王【傳】小山別大山曰鮮將側也方則也【箋】云度謀鮮善也方猶鄉也文王見侵阮而兵不見敵知己德盛而威行可以遷居定天下之心乃始謀居善原廣平之地亦在岐山之南居渭水之側為萬國之所鄉作下民之君後竟徙都於豐○鮮息淺反別彼列反

帝謂文王予懷明德不大聲以色不長夏以革不識不知順帝之則。〔傳〕懷歸也不大聲見於色革更也不以長大有所更〔箋〕云夏諸夏也天之言云我謂人君有光明之德而不虛廣言語以外作容貌不長諸夏以變更王法者其為人不識古不知今順天之法而行之者此言天之道尚誠實貴性自然○見賢遍反

帝謂文王詢爾仇方同爾兄弟以爾鉤援與爾臨衝以伐崇墉。〔傳〕仇匹也鉤鉤梯也所以鉤引上城者臨臨車也衝衝車也墉城也〔箋〕云詢謀也怨耦曰仇仇方謂旁國諸侯為暴亂大惡者女當謀征討之以和協女兄弟之國率與之往親親則萬志齊心一也當此之時崇侯虎倡紂為無道罪尤大也○詢音荀鉤古候反 墉音容

臨衝閑閑崇墉言言執訊連連攸馘安安是類是禡是致是附四方以無侮。〔傳〕閑閑動搖也言言高大也連連徐也攸所也馘獲也不服者殺而獻其左耳曰馘於內曰類於野曰禡致致其社稷羣神附附其先祖為之立後尊其尊而親其親〔箋〕云言言猶孽孽將壞貌訊言也執所生得者而言問之及獻所馘皆徐徐以禮為之不尚促速也類也禡也師祭也無侮者文王伐崇而無復敢侮慢周者○馘古獲反字又作聝禡馬嫁反

臨衝茀茀崇墉仡仡是伐是肆是絕是忽四方以無拂。〔傳〕茀茀彊盛也仡仡猶言言也肆疾也忽滅也〔箋〕云伐謂擊刺之肆犯突也春秋傳曰使勇而無剛者肆之拂猶佹也言無復佹戾文王者○茀音弗仡魚乙反刺七亦反佹九委反復扶又反

皇矣八章章十二句

靈臺民始附也文王受命而民樂其有靈德以及鳥獸昆蟲焉。〔箋〕云民者冥也其見仁道遲故於是乃附也天子有靈臺者所以觀祲象察氣之妖祥也文王受命而作邑于豐立靈臺春秋傳曰公既視朔遂登觀臺以望而書雲物為備故也

經始靈臺經之營之庶民攻之不日成之。〔傳〕神之精明者稱靈四方而高曰臺經度之也攻作也不日有成也〔箋〕云文王應天命度始靈臺之基趾營表其位眾民則築作不設期日而成之言說文王之德勸其事忘已勞也觀臺而曰靈者文王化行似神之精明故以名焉○度待洛反說音悅

經始勿亟庶民子來。〔箋〕云亟急也度始靈臺之基趾非有急成之意眾民各以子成父事而來攻之

王在靈囿麀鹿攸伏。〔傳〕囿所以域養禽獸也天子百里諸侯四十里靈囿言靈道行於囿也麀牝也〔箋〕云攸所也文王親至靈囿視牝鹿所游伏之處言愛物也○麀音憂

麀鹿濯濯白鳥翯翯。〔傳〕濯濯娛遊也翯翯肥澤也〔箋〕云鳥獸肥盛喜樂言得其所○翯戶角反樂音洛

王在靈沼於牣魚躍。〔傳〕沼池也靈沼言靈道行於沼也牣滿也〔箋〕云靈沼之水魚盈滿其中皆跳躍亦言得其所○牣音刃

虡業維樅賁鼓維鏞於論鼓鐘於樂辟廱。〔傳〕植者曰虡橫者曰栒業大版也樅崇牙也賁大鼓也鏞大鐘也論思也水旋丘如璧曰辟廱以節觀者〔箋〕云論之言倫也虡也栒也所以懸鐘鼓也設大版於上刻畫以為飾文王立靈臺而知民之歸附作靈囿靈沼而知鳥獸之得其所以為音聲之道與政通故合樂以詳之於得其倫理乎鼓與鐘也於喜樂乎諸在辟廱中者言感於中和之至○虡音巨於音烏下於樂於論皆同論音倫下同辟音壁栒荀尹反縣音玄

於論鼓鐘於樂辟廱鼉鼓逢逢矇瞍奏公。〔傳〕鼉魚屬逢逢和也有眸子而無見曰矇無眸子曰瞍公事也〔箋〕云凡聲使瞽矇為之○逢薄紅反

靈臺五章章四句

下武繼文也武王有聖德復受天命能昭先人之功焉。〔箋〕繼文者繼文王之王業而成之昭明也○復扶又反王業于況反

下武維周。世有哲王。傳武繼也。箋云下猶後也。哲知也。後人能繼先祖者。維有周家最大。世世益有明知之王。謂太王王季文王。稍就盛也。○知音智

三后在天。王配于京。傳三后太王王季文王也。王武王也。箋云此三后既没登假。精氣在天矣。武王又能配行其道于京。謂鎬京也。○假音遐。本或作遐

王配于京。世德作求。箋云作爲。求終也。武王配行三后之道於鎬京者。以其世世積德。庶爲終成其大功。

永言配命。成王之孚。箋云永長。言我也。命猶教令也。孚信也。此爲武王言也。今長我之配行三后之教令者。欲成我周家王道之信也。王德之道成於信。論語曰民無信不立。

成王之孚。下土之式。傳式法也。箋云王道尚信。則天下以爲法勤行之。

永言孝思。孝思維則。傳則其先人也。箋云長我孝心之所思。所思者其維則三后之所行。子孫以順祖考爲孝。

媚茲一人。應侯順德。傳一人天子也。應當。侯維也。箋云媚愛。茲此也。可愛乎武王。能當此順德。謂能成其祖考之功也。易曰君子以順德積小以高大。

永言孝思。昭哉嗣服。箋云服事也。明哉武王之嗣行祖考之事。謂伐紂定天下。

昭茲來許。繩其祖武。傳許進。繩戒。武迹也。箋云茲此。來勤也。武王能明此勤行進於善道。戒愼其祖考所履踐之迹。美其終成之。

於萬斯年。受天之祜。箋云祜福也。天下樂仰武王之德。欲其壽考之言也。

受天之祜。四方來賀。於萬斯年。不遐有佐。傳遠夷來佐也。箋云武王受此萬年之壽。不遠有佐。言其輔佐之臣。亦宜蒙其餘福也。書曰公其以予萬億年。亦君臣同福祿也。

下武六章章四句

文王有聲。繼伐也。武王能廣文王之聲。卒其伐功也。箋繼伐者。文王伐崇。而武王伐紂。

文王有聲。遹駿有聲。遹求厥寧。遹觀厥成。箋云遹述。駿大。求終。觀多也。文王有令聞之聲者。乃述行有令聞之聲之道所致也。所述者謂太王王季也。又述行終其安民之道。又述行多其成民之德。言周德之世益盛。○遹尹橘反。觀古亂反。聞音問

文王烝哉。傳烝君也。箋云君哉者。言其誠得人君之道。

文王受命。有此武功。既伐于崇。作邑于豐。箋云武功謂伐四國及崇之功也。作邑者徙都于豐。以應天命。

文王烝哉。

築城伊淢。作豐伊匹。匪棘其欲。遹追來孝。傳淢城溝也。匹配也。箋云方十里曰成。淢其溝也。廣深各八尺。棘急。來勤也。文王受命而猶不自足。築豐邑之城。大小適與城偶。大於諸侯。小於天子之制。此非以急成從己之欲。欲廣都邑。乃述追王季勤孝之行。進其業也。○淢況域反。亟居力反。下亟同。行下孟反

王后烝哉。傳后君也。箋云變諡言王后者。非其盛事。不以義諡。

王公伊濯。維豐之垣。四方攸同。王后維翰。傳濯大。翰幹也。箋云公事也。文王述行大王王季之王業。其事益大。作邑於豐。城之既成。又垣之。立宮室。乃爲天下所同心而歸之。王后爲之幹者。正其政教。定其法度。○翰戶旦反。徐音寒

王后烝哉。

豐水東注。維禹之績。四方攸同。皇王維辟。傳績業。皇大也。箋云績功。辟君也。昔堯時洪水。而豐水亦汎濫爲害。禹治之。使入渭。東注于河。禹之功也。文王武王今得作邑於其旁地。爲天下所同心而歸。大王爲之君。乃由禹之功。故引美之。豐邑在豐水之西。鎬京在豐水之東。○辟音璧。下皆同。大王此及下言大者竝如字

皇王烝哉。箋云變王后言大王者。武王之事又益大。

鎬京辟廱。自西自東。自南自北。無思不服。傳武王作邑於鎬京。箋云自由也。武王於鎬京行辟廱之禮。自四方來觀者。皆感化其德。心無不歸服者。

皇王烝哉。

考卜維王宅是鎬京。維龜正之武王成之。箋云考猶稽也宅居也稽疑之法必契灼龜而卜之武王卜居是鎬京之地龜則正之謂得吉兆武王遂居之修三后之德以伐紂定天下成龜兆之占功莫大於此武王烝哉。

豐水有芑。武王豈不仕。詒厥孫謀。以燕翼子。傳芑草也仕事燕安翼敬也箋云詒猶傳也孫順也豐水猶以其潤澤生草武王豈不以其功業爲事乎以之爲事故傳其所以順天下之謀以安其敬事之子孫謂使行之也書曰厥考翼其肯曰我有後弗棄基○芑音起 武王烝哉。傳上言皇王而變言武王者皇大也始大其業至武王伐紂成之故言武王也

文王有聲八章章五句

文王之什十篇六十六章四百一十四句

詩經卷十六終

詩經卷十七

周　卜子夏序

漢　毛公傳　鄭氏箋

大雅

生民之什第二十四

生民尊祖也。后稷生於姜嫄。文武之功起於后稷。故推以配天焉。○嫄音原

厥初生民。時維姜嫄。傳生民本后稷也姜姓也后稷之母配高辛氏帝焉箋云厥其初始時是也言周之始祖其生之者是姜嫄也姜姓者炎帝之後有女名嫄當堯之時爲高辛氏之世妃本后稷之初生故謂之生民 生民如何。克禋克祀。以弗無子。傳禋敬弗去也去無子求有子古者必立郊禖焉玄鳥至之日以大牢祠于郊禖天子親往后妃率九嬪御乃禮天子所御帶以弓韣授以弓矢于郊禖之前箋云克能也弗之言祓也姜嫄之生后稷如何乎乃禋祀上帝於郊禖以祓除其無子之疾而得其福也能者言齊肅當神明意也二王之後得用天子之禮○禋音因韣音獨祓音弗齊側皆反 履帝武敏歆。攸介攸止。載震載夙。載生載育。時維后稷。傳履踐也帝高辛氏之帝也武迹敏疾也從於帝而見于天將事齊敏也歆饗介大攸止福祿所止也震動夙早育長也后稷播百穀以利民箋云帝上帝也敏拇也介左右也夙之言肅也祀郊禖之時時則有大神之迹姜嫄履之足不能滿履其拇指之處心體歆歆然其左右所止住如有人道感己者也於是遂有身而肅戒不復御後則生子而養長名之曰棄舜臣堯而舉之是爲后稷○見賢遍反

誕彌厥月。先生如達。傳誕大彌終達生也姜嫄之子先生者也箋云達羊子也大矣后稷之在其母終人道十

月而生生如達之生言易也○彌面支反達他末反易以豉反不拆不副無菑無害傳言易也凡人在母
母則病生則拆副菑害其母橫逆人道○拆勑宅反副匹亦反以赫厥靈上帝不寧不康禋祀
居然生子。傳赫顯也不寧寧也不康康也箋云康寧皆安也姜嫄以赫然顯著之徵其有神靈審矣此乃天帝之氣
也心猶不安之又不安徒以禋祀而無人道居默然自生子懼時人不信也
誕寘之隘巷。牛羊腓字之。傳誕大寘置腓辟字愛也天生后稷異之於人欲以顯其靈也帝不順天是不
明也故承天意而異之於天下箋云天異之故姜嫄置后稷於牛羊之徑亦所以異之○腓符非反誕寘之平林。
會伐平林。傳牛羊而辟人者理也置之平林又為人所收取之誕寘之寒冰。鳥覆翼之。傳大
鳥來一翼覆之一翼藉之人而收取之又其理也故置之於寒冰○藉在夜反鳥乃去矣。后稷呱矣。傳於
是知有天異往取之矣后稷呱呱然而泣○呱音孤實覃實訏。厥聲載路。

誕實匍匐。克岐克嶷。以就口食。傳覃長訏大路大也岐知意也嶷識也箋云實之言適也覃謂始能
坐也訏謂張口嗚呼也是時聲音則已大矣能匍匐則岐岐然意有所知也其貌嶷嶷然有所識別也以此至于能就衆人口
自食謂六七歲時○覃徒南反訏況于反匍音蒲匐蒲北反嶷魚極反長張丈反或如字別彼列反蓺之荏菽。荏
菽旆旆。禾役穟穟。麻麥幪幪。瓜瓞唪唪。傳荏菽戎菽也旆旆然長也役列也穟穟苗好美
也幪幪然盛茂也唪唪然多實也箋云蓺樹也戎菽大豆也就口食之時則有種殖之志言天性也○旆蒲貝反穟音遂瓞田
節反唪布孔反長如字又長丈反
誕后稷之穡。有相之道。傳相助也箋云大矣后稷之掌稼穡有見助之道謂若神助之力也○相息亮反
茀厥豐草。種之黃茂。實方實苞。實種實褎。實發實秀。實堅實好。
實穎實栗。即有邰家室。傳茀治也黃嘉穀也茂美也方極畝也苞本也種雜種也褎長也發盡發也不

榮而實曰秀穎垂穎也栗其實栗栗然邰姜嫄之國也堯見天因邰而生后稷故國后稷於邰命使事天以顯神順天命耳箋
云豐苞亦茂也方齊等也種生不雜也褎枝葉長也發發管時也栗成就也后稷救民除治茂草使種黍稷黍稷生則茂好熟
則大成以此成功堯改封於邰就其成國之家室無變更也○茀音拂褎余秀反邰他來反
誕降嘉種。維秬維秠。維穈維芑。傳天降嘉種秬黑黍也秠一稃二米也穈赤苗也芑白苗也箋云天
應堯之顯后稷故爲之下嘉種○秬音巨秠孚鄙反穈音門稃芳于反爲于僞反恒之秬秠。是穫是畝。
恒之穈芑。是任是負。以歸肇祀。傳恒徧肇始也始歸郊祀也箋云任猶抱也肇郊之神位也后
稷以天爲已下此四穀之故則徧種之成熟則穫而畝計之抱負以歸於郊祀天得祀天者二王之後也
誕我祀如何。或舂或揄。或簸或蹂。釋之叟叟。烝之浮浮。傳揄抒臼也或簸糠
者或蹂黍者釋淅米也叟叟聲也浮浮氣也箋云蹂之言潤也大矣我后稷之祀天如何乎美而將說其事也舂而抒出之簸

之又潤濕之將復舂之趣於鑿也釋之烝之以爲酒及簠簋之實○舂傷容反揄音由又以朱反簸波我反蹂音柔叟所留反
字又作溲糠音康淅星歷反復扶又反載謀載惟。取蕭祭脂。取羝以軷。載燔載烈。
傳嘗之日涖卜來歲之芟獮之日涖卜來歲之戒社之日涖卜來歲之稼所以興來而繼往也穀熟而謀陳祭而卜矣取蕭合
黍稷臭達牆屋先奠而後爇蕭合馨香也羝羊牡羊也軷道祭也傳火曰燔貫之加于火曰烈箋云惟思也烈之言爛也后稷
既爲郊祀之酒及其米則諏謀其日思念其禮至其時取蕭草與祭牲之脂爇之於行神之位馨香既聞取羝羊之體以祭神
又燔烈其肉爲尸羞焉自此而往郊○羝亦作抵軷蒲末反芟所銜反爇如悅反傅音附諏足須反以興嗣歲。傳興
來歲繼往歲也箋云嗣歲今新歲也以先歲之物齊敬祀軷而祀天者將求新歲之豐年也孟春之月令曰乃擇元日祈穀于
上帝
卬盛于豆。于豆于登。其香始升。上帝居歆。胡臭亶時。傳卬我也木曰豆瓦曰登

豆薦葅醢也登大羹也箋云胡之言何也亶誠也我后稷盛葅醢之屬當于豆者于登者其馨香始上行上帝則安而歆饗之何芳臭之誠得其時乎美之也祀天用瓦豆陶器質也○卬五郎反盛音成上時掌反 后稷肇祀庶無罪悔以迄于今傳迄至也箋云庶衆也后稷肇祀上帝於郊而天下衆民咸得其所無有罪過也子孫蒙其福以至於今故推以配天焉

生民八章四章章十句四章章八句

行葦忠厚也周家忠厚仁及草木故能內睦九族外尊事黃耈養老乞言以成其福祿焉箋九族自已上至高祖下至玄孫之親也黃黃髮也耈凍梨也乞言從求善言可以爲政者敦史受之○耈音苟

敦彼行葦牛羊勿踐履方苞方體維葉泥泥傳敦聚貌行道也葉初生泥泥箋云苞茂也體成形也敦敦然道傍之葦牧牛羊者毋使躐履折傷之草物方茂盛以其終將爲人用故周之先王爲此愛之況於人乎

戚戚兄弟莫遠具爾或肆之筵或授之几傳戚戚內相親也肆陳也或陳言筵者或授几者箋云莫無也具猶俱也爾謂進之也王與族人燕兄弟之親無遠無近俱揖而進之年稚者爲設筵而已老者加之以几

肆筵設席授几有緝御傳設席重席也緝御踧踖之容也箋云緝猶續也御侍也兄弟之老者既爲設重席授几又有相續代而侍者謂敦史也○重直龍反踧子六反踖子亦反

或獻或酢洗爵奠斝傳斝爵也夏曰醆殷曰斝周曰爵箋云進酒於客曰獻客答之曰酢主人又洗爵醻客客受而奠之不舉也周殷爵者尊兄弟也○斝古雅反醆則簡反

醓醢以薦或燔或炙嘉殽脾臄或歌或咢傳以肉曰醓醢臄函也歌者比於琴瑟也徒擊鼓曰咢箋云薦之禮非葅則醓醢也燔用肉炙用肝以脾函爲加故謂之嘉○醓他感反臄渠略反咢五洛反比毗志反

敦弓既堅四鍭既鈞舍矢既均傳敦弓畫弓也天子敦弓鍭矢參亭已均中蓺箋云舍之言釋也蓺質也周之先王將養老先與羣臣行射禮以擇其可與者以爲賓○敦音彫鍭音侯舍音捨參七南反中丁仲反可與音預下同

序賓以賢傳言賓客次第皆賢孔子射於矍相之圃觀者如堵牆射至於司馬使子路執弓矢出延射曰奔軍之將亡國之大夫與爲人後者不入其餘皆入蓋去者半入者半又使公罔之裘序點揚觶而語曰幼壯孝弟耆耋好禮不從流俗脩身以俟死者不在此位蓋去者半處者半序點又揚觶而語曰好學不倦好禮不變耄勤稱道不亂者不在此位也蓋僅有存焉箋云序賓以賢謂以射中多少爲次第○矍俱縛反相息亮反奔音奮將子匠反點都簟反觶之豉反耋徒節反好呼報反者不弗武反下同耄莫報反勤音其

敦弓既句既挾四鍭傳天子之弓合九而成規箋云射禮搢三挾一个言已挾四鍭則已徧釋之○句古豆反

四鍭如樹序賓以不侮傳言皆中也傳言其皆有賢才也箋云不侮者敬也其人敬於禮則射多中

曾孫維主酒醴維醹酌以大斗以祈黃耈傳曾孫成王也醹厚也大斗長三尺也祈報也箋云祈告也今我成王承先王之法度爲主人亦既序賓矣有醇厚之酒醴以大斗酌而嘗之而美故以告黃耈之人徵而養之也飲酒之禮曰告於先生君子可也○醹如主反

黃耈台背以引以翼傳台背大老也引長翼敬也箋云台之言鮐也大老則背有鮐文既告老人及其來也以禮引之以禮翼之在前曰引在旁曰翼○鮐湯來反一音夷

壽考維祺以介景福傳祺吉也箋云介助也養老人而得吉所以助大福也

行葦八章章四句故言七章二章章六句五章章四句

既醉太平也醉酒飽德人有士君子之行焉箋成王祭宗廟旅醻下徧羣臣至于無筭爵故云醉焉乃見十倫之義在意云滿是謂之飽德○見賢遍反

既醉以酒。既飽以德。〔傳〕既者盡其禮終其事。〔箋〕云禮謂旅酬之屬。事謂施惠先後及歸俎之類。○施式豉反

君子萬年。介爾景福。〔箋〕云君子斥成王也。介助。景大也。成王女有萬年之壽。天又助女以大德。謂五福也。

既醉以酒。爾殽既將。〔傳〕將行也。〔箋〕云爾女也。殽謂牲體也。成王之爲羣臣俎實以尊卑差次行之。

君子萬年。介爾昭明。〔箋〕云昭光也。

昭明有融。高朗令終。〔傳〕融長朗明也。始於饗燕。終於享祀。〔箋〕云有又令善也。天既與女以光明之道。又使之長有高明之譽。而以善名終。是其長也。

令終有俶。公尸嘉告。〔傳〕俶始也。公尸天子以卿言諸侯也。〔箋〕云俶猶厚也。既始有善。令終又厚之。公尸以善言告之。謂嘏辭也。諸侯有功德者。入爲天子卿大夫。故云公尸。公君也。○俶尺叔反。嘏古雅反

其告維何。籩豆靜嘉。〔傳〕恒豆之葅。水草之和也。其醢。陸產之物也。加豆陸產也。其醢水物也。籩豆之薦。水土之

品也。不敢用常褻味而貴多品。所以交於神明者。言道之徧至也。〔箋〕云公尸所以善言告之。是何故乎。乃用籩豆之物。絜清而美。成平氣和所致故也。

朋友攸攝。攝以威儀。〔傳〕言相攝佐者以威儀也。〔箋〕云朋友謂羣臣同志好者也。言成王之臣皆有仁孝士君子之行。其所以相攝佐威儀之事。○好呼報反

威儀孔時。君子有孝子。〔箋〕云孔甚也。言成王之臣威儀甚得其宜。皆君子之人。有孝子之行。

孝子不匱。永錫爾類。〔傳〕匱竭。類善也。〔箋〕云永長也。孝子之行非有竭極之時。長以與女之族類。謂廣之以教道天下也。春秋傳曰。潁考叔純孝也。施及莊公。○施以豉反

其類維何。室家之壼。〔傳〕壼廣也。〔箋〕云壼之言捆也。其與女之族類云何乎。室家先以相捆緻。已乃及於天下。○壼苦本反。捆苦本反

君子萬年。永錫祚胤。〔傳〕胤嗣也。〔箋〕云永長也。成王女有萬年之壽。天又長予女福祚。至于子孫。

其胤維何。天被爾祿。〔傳〕祿福也。〔箋〕云天予女福祚至于子孫。云何乎。天覆被女以祿位。使祿福天下。

君子萬年。景命有僕。〔傳〕僕附也。〔箋〕云成王女既有萬年之壽。天之大命又附著於女。謂使爲政教也。○著直略反

其僕維何。釐爾女士。〔傳〕釐予也。〔箋〕云天之大命附著於女云何乎。予女以女而有士行者。謂生淑媛使爲之妃。○釐力之反。媛于眷反。妃音配

釐爾女士。從以孫子。〔箋〕云從隨也。天既予女以女而有士行者。又使生賢知之子孫以隨之。謂傳世也。○知音智

既醉八章章四句

鳧鷖。守成也。太平之君子。能持盈守成。神祇祖考安樂之也。〔箋〕君子斥成王也。言君子者。太平之時則皆然。非獨成王也。○鷖於雞反

鳧鷖在涇。公尸來燕來寧。〔傳〕鳧水鳥也。鷖鳧屬。太平則萬物衆多。〔箋〕云涇水名也。水鳥而居水中。猶人爲

公尸之在宗廟也。故以喻焉。祭祀既畢。明日又設禮而與尸燕。成王之時。尸來燕也。其心安。不以已實臣之故自嫌。言此者。美成王事尸之禮備。

爾酒既清。爾殽既馨。公尸燕飲。福祿來成。〔傳〕馨香之遠聞也。〔箋〕云爾者女成王也。女酒殽清美。以與公尸燕樂飲酒之故。祖考以福祿來成女。

鳧鷖在沙。公尸來燕來宜。〔傳〕沙水旁也。宜安其事也。〔箋〕云水鳥以居水中爲常。今出在水旁。喻祭四方萬物之尸也。其來燕也。心自以爲宜。亦不以已實臣自嫌也。

爾酒既多。爾殽既嘉。〔傳〕言酒品齊多而殽備矣。○齊才細反

公尸燕飲。福祿來爲。〔傳〕厚爲孝子也。〔箋〕云爲猶助也。助成王也。○爲于爲反

鳧鷖在渚。公尸來燕來處。〔傳〕渚沚也。處止也。〔箋〕云水中之有渚。猶平地之有丘也。喻祭天地之尸也。以配至尊之故。其來燕似若止得其處。

爾酒既湑。爾殽伊脯。公尸燕飲。福祿來下。〔箋〕云湑酒之泲者也。天地之尸尊。事尊不以褻味。泲酒脯而已。○湑息禮反。泲子禮反

鳧鷖在潨。公尸來燕來宗。（傳）潨水會也宗尊也（箋）云潨水外之高者也有瘞埋之象喻祭社稷山川之尸其來燕也有尊主人之意既燕于宗。福祿攸降。公尸燕飲。福祿來崇。（傳）崇重也（箋）云既盡也宗社宗也羣臣下及民盡有祭社之禮而燕飲焉為福祿所下也今王祭社又以尸燕福祿之來乃重厚也天子以下其社神同故云然○降戶江反重直龍反○潨在公反瘞於例反

鳧鷖在亹。公尸來止熏熏。（傳）亹山絕水也熏熏和說也（箋）云亹之言門也燕七祀之尸於門戶之外故以喻其來也不敢當王之燕禮故變言來止熏熏坐不安之意○亹音門說音悅旨酒欣欣。燔炙芬芬。公尸燕飲。無有後艱。（傳）欣欣然樂也芬芬香也無有後艱言不敢多祈也（箋）云艱難也小神之尸卑用美酒有燔炙可用褻味也又不能致福祿但令王自今無有後艱而已○令力呈反

鳧鷖五章章六句

假樂嘉成王也。

假樂君子。顯顯令德。宜民宜人。受祿于天。（傳）假嘉也宜民宜人宜安民宜官人也（箋）云顯光也天嘉樂成王有光光之善德安民官人皆得其宜以受福祿於天保右命之。自天申之。（傳）申重也（箋）云成王之官人也羣臣保右而舉之乃後命用之又用天意申勑之如舜之勑伯禹伯夷之屬

干祿百福。子孫千億。穆穆皇皇。宜君宜王。（傳）宜君王天下也（箋）云干求也十萬曰億天子穆穆諸侯皇皇成王行顯顯之令德求祿得百福其子孫亦勤行而求之得祿千億故或為諸侯或為天子言皆相勗以道不愆不忘。率由舊章。（箋）云愆過率循也成王之令德不過誤不遺失循用舊典之文章謂周公之禮法

威儀抑抑。德音秩秩。無怨無惡。率由羣匹。（傳）抑抑美也秩秩有常也（箋）云抑抑密也秩秩清也成王立朝之威儀致密無所失教令又清明天下皆樂仰之無有怨惡循用羣臣之賢者其行能匹耦己之心○惡烏路反朝直遙反行下孟反受福無疆。四方之綱。之綱之紀。燕及朋友。（傳）朋友羣臣也（箋）云成王能為天下之綱紀謂立法度以理治之也其燕飲常與羣臣非徒樂族人而已○樂音洛百辟卿士。媚于天子。不解于位。民之攸塈。（傳）塈息也（箋）云百辟畿內諸侯也卿士卿之有事也媚愛也成王以恩意及群臣群臣故皆愛之不解於其職位民之所以休息由此也○辟音壁解佳賣反塈許器反

假樂四章章六句

公劉召康公戒成王也成王將涖政戒以民事美公劉之厚於民而獻是詩也（箋）云公劉者后稷之曾孫也夏之始衰見迫逐遷於豳而有居民之道成王始幼少周王居攝政反歸之成王將涖政召公與周公相成王為左右召公懼成王尚幼稚不留意於治民之事故作詩美公劉以深戒之也

篤公劉。匪居匪康。迺場迺疆。迺積迺倉。迺裹餱糧。于橐于囊。思輯用光。（傳）篤厚也公劉居於邰而遭夏人亂迫逐公劉公劉乃辟中國之難遂平西戎而遷其民邑於豳焉迺場迺疆言脩其疆場也迺積迺倉言民事時和國有積倉也小曰橐大曰囊思輯用光言民相與和睦以顯於時也（箋）云厚乎公劉之為君也不以所居為居不以所安為安邰國乃有疆場也乃有積委及倉也安安而能遷積而能散為夏人迫逐己之故不忍鬭其民乃裹糧食於橐囊之中棄其餘而去思在和其民人用光大其道為今子孫之基○場音亦裹音果餱音侯難乃旦反輯子智反弓矢斯張。干戈戚揚。爰方啟行。（傳）戚斧也揚鉞也張其弓矢秉其干戈戚揚以方開道路去之豳蓋諸侯之從者十有八國焉（箋）云干盾也戈句孑戟也爰曰也公劉之去邰整其師旅設其兵器告其士卒曰為女方開道而行明己之遷非為迫逐之故乃欲全民也○句音鉤為于僞反

篤公劉。于胥斯原。既庶既繁。既順迺宣。而無永嘆。（傳）胥相宣徧也民無長嘆猶文

王之無悔也。箋云于於也。廣平曰原。厚乎公劉之於相此原地以居民。民既衆矣。既多矣。既順其事矣。又乃使之時耕。民皆安今之居。而無長歎思其舊時也。○陟則在巘。復降在原。何以舟歎他安反。字或作嘆。相息亮反之。維玉及瑤。鞞琫容刀。傳巘小山。別於大山也。舟帶也。瑤言有美德也。下曰鞞。上曰琫。言德有度數也。容刀。言有武事也。箋云陟升。降下也。公劉之相此原地也。由原而升巘。復下在原。言反覆之重居民也。民亦愛公劉之如是。故進玉瑤容刀之佩。○巘本又作甗。魚輦反。鞞必頂反。琫必孔反。別彼列反

篤公劉。逝彼百泉。瞻彼溥原。迺陟南岡。乃覯于京。傳溥大。覯見也。箋云逝往。瞻視。溥廣也。山脊曰岡。絕高爲之京。厚乎公劉之相此原地也。往之彼百泉之間。視其廣原可居之處。乃升其南山之脊。乃見其可居者於京。謂可營立都邑之處。京師之野。于時處處。于時廬旅。于時言言。于時語語。傳是京乃大衆所宜居之也。廬寄也。直言曰言。論難曰語。箋云于於。時是也。京地乃衆民所宜居之野也。於是處其所當處者。廬舍其賓旅。言其所當言。語其所當語。謂安民館客施教令也。○難乃旦反

篤公劉。于京斯依。蹌蹌濟濟。俾筵俾几。箋云蹌蹌濟濟。士大夫之威儀也。俾使也。厚乎公劉之居於此京。依而築宮室。其既成也。與羣臣士大夫飲酒以樂之。羣臣則相使爲公劉設几筵。使之升坐。既登乃依。乃造其曹。執豕于牢。酌之用匏。傳賓已登席坐矣。乃依几矣。曹羣也。執豕于牢。新國則殺禮也。酌之用匏。儉以質也。箋云公劉既登堂負扆而立。羣臣適其牧羣。搏豕於牢中。以爲飲酒之殽。酌酒以匏爲爵。言忠敬也。○依鄭於豈反。或扆字。殺所戒反食之飲之。君之宗之。傳爲之君。爲之大宗也。箋云宗尊也。公劉雖去邰國來遷。羣臣從而君之尊之。猶在邰也。

篤公劉。既溥既長。既景迺岡。相其陰陽。觀其流泉。傳既景乃岡。考於日景。參之高岡。箋云原乎公劉之居豳也。既廣其地之東西。又長其南北。既以日景定其經界。於山之脊。觀相其陰陽寒煖所宜。流泉浸潤所及。皆爲利民富國。○相息亮反其軍三單。度其隰原。徹田爲糧。傳三單相襲也。徹治也。箋云。邰后稷上公之封。大國之制三軍。以其餘卒爲羨。今公劉遷於豳。民始從之。丁夫適滿三軍之數。單者。無羨卒也。度其隰與原田之多少。徹之使出稅以爲國用。什一而稅謂之徹。魯哀公曰。二吾猶不足。如之何其徹也。○單音丹。度待落反度其夕陽。豳居允荒。傳山西曰夕陽。荒大也。箋云允信也。夕陽者豳之所處也。度其廣輪。豳之所處。信寬大也。

篤公劉。于豳斯館。涉渭爲亂。取厲取鍛。傳館舍也。正絕流曰亂。鍛石也。箋云鍛石所以爲鍛質也。厚乎公劉於豳地作此宮室。乃使人渡渭水爲舟絕流而南。取鍛厲斧斤之石。可以利器用。伐取材木給築事也。止基迺理。爰衆爰有。夾其皇澗。遡其過澗。傳皇澗名也。遡鄉也。過澗名也。箋云爰曰也。止基作宮室之功也。而後疆理其田野。校其夫家人數。日益多矣。器物有足矣。皆布居澗水之旁。○遡音素。過古禾反。鄉許亮反。校音教止旅乃密。芮鞫之即。傳密安也。芮水厓也。鞫究也。箋云芮之言內也。水之內曰隩。水之外曰鞫。

公劉居豳既安。軍旅之役止。士卒乃安。亦就澗水之內外而居。脩田事也。○芮本又作汭。如銳反。鞫居六反。隩於六反

公劉六章章十句

泂酌。召康公戒成王也。言皇天親有德。饗有道也。

泂酌彼行潦。挹彼注茲。可以餴饎。傳泂遠也。行潦流潦也。餴餾也。饎酒食也。箋云流潦水之薄者也。遠酌取之。投大器之中。又挹之注之於此小器而可以沃酒食之餴者。以有忠信之德齊絜之誠。以薦之故也。春秋傳曰。人不易物。唯德繄物。○潦音老。餴甫云反。饎尺志反。餾音霤。齊則皆反豈弟君子。民之父母。傳樂以強教之。易以說安之。民皆有父之尊。有母之親。○樂音洛。易羊豉反。說音悅

泂酌彼行潦。挹彼注茲。可以濯罍。傳濯滌也。罍祭器。○罍音雷豈弟君子。民之攸歸。

泂酌彼行潦，挹彼注茲，可以濯溉。〔傳〕溉，清也。○溉古愛反 豈弟君子，民之攸塈。〔箋〕云，塈，息也。

泂酌三章章五句

卷阿，召康公戒成王也。言求賢用吉士也。〔箋〕吉，猶善也。○卷音權

有卷者阿，飄風自南。〔傳〕興也。卷，曲也。飄風，迴風也。惡人被德化而消，猶飄風之入曲阿也。〔箋〕云，大陵曰阿。有大陵卷然而曲，迴風從長養之方來入之。興者，喻王當屈體以待賢者，賢者則猥來就之，如飄風之入曲阿然。其來也爲長養民。○長張丈反 猥烏罪反 爲于僞反 豈弟君子，來游來歌，以矢其音。〔傳〕矢，陳也。〔箋〕云，王能待賢者如是，則樂易之君子來就王游而歌，以陳出其聲音。言其將以樂王也，感王之善心也。○樂音洛，下同 易以豉反，後樂易皆放此

伴奐爾游矣，優游爾休矣。〔傳〕伴奐，廣大有文章也。〔箋〕云，伴奐，自縱弛之意也。賢者既來，王以才官秩之，各任其職，女則得伴奐而優自休息也。孔子曰，無爲而治者其舜也與，恭己正南面而已。言任賢故逸也。○伴音判 弛書氏反 共音恭 豈弟君子，俾爾彌爾性，似先公酋矣。〔傳〕彌，終也。似，嗣也。酋，終也。〔箋〕云，俾，使也。樂易之君子來在位，乃使女終女之性命，無困病之憂，嗣先君之功而終成之。

爾土宇昄章，亦孔之厚矣。〔傳〕昄，大也。〔箋〕云，土，宅，謂居民以土地屋宅也。孔，甚也。女得賢者與之爲治，使居宅民大得其法，則王恩惠亦甚厚矣，勸之使然。○昄符版反 豈弟君子，俾爾彌爾性，百神爾主矣。〔箋〕云，使女爲百神主，謂羣神受饗而佐之。

爾受命長矣，茀祿爾康矣。〔傳〕茀，小也。〔箋〕云，茀，福，康，安也。女得賢者與之承順天地，則受久長之命，福祿又安女。○茀音弗 豈弟君子，俾爾彌爾性，純嘏爾常矣。〔傳〕嘏，大也。〔箋〕云，純，予福曰嘏，使女大受神之福以爲常。

有馮有翼，有孝有德，以引以翼。〔傳〕有馮有翼，道可馮依以爲輔翼也。引，長，翼，敬也。〔箋〕云，馮，馮几也。翼，助也。有孝，斥成王也。有德，謂羣臣也。王之祭祀，擇賢者以爲尸，尊之，豫撰几，擇佐食，廟中有孝子，有羣臣。尸之入也，使祝贊道之，扶翼之。尸至，設几，佐食入助之。尸者神象，故事之如祖考。○馮符冰反 饌士戀反 道本亦作導 豈弟君子，四方爲則。〔箋〕云，則，法也。王之臣有是樂易之君子，則天下莫不放倣以爲法。○放方往反

顒顒卬卬，如圭如璋，令聞令望。〔傳〕顒顒，溫貌。卬卬，盛貌。〔箋〕云，令，善也。王有賢臣，與之以禮義相切瑳，體貌則顒顒然敬順，志氣則卬卬然高朗，如玉之圭璋也。人聞之則有善聲譽，人望之則有善威儀，德行相副。○卬五綱反 聞音問 望韻音亡 行下孟反 豈弟君子，四方爲綱。〔箋〕云，綱者，能張衆目。

鳳皇于飛，翽翽其羽，亦集爰止。〔傳〕鳳皇，靈鳥，仁瑞也。雄曰鳳，雌曰皇。翽翽，衆多也。〔箋〕云，翽翽，羽聲也。

亦與衆鳥也。爰，于也。鳳皇往飛翽翽然，亦與衆鳥集於所止。衆鳥慕鳳皇而來，喻賢者所在，羣士皆慕而往仕也。因時鳳皇至，因以喻焉。○翽呼會反 藹藹王多吉士，維君子使，媚于天子。〔傳〕藹藹，猶濟濟也。〔箋〕云，媚，愛也。王之朝多善士藹藹然，君子在上位者率化之，使之親愛天子，奉職盡力。

鳳皇于飛，翽翽其羽，亦傅于天。〔箋〕云，傅，猶戾也。○傅音附 藹藹王多吉人，維君子命，媚于庶人。〔箋〕云，命，猶使也。善士親愛庶人，謂無擾之，令不失職。○令力呈反

鳳皇鳴矣，于彼高岡。梧桐生矣，于彼朝陽。〔傳〕梧桐，柔木也。山東曰朝陽。梧桐不生山岡，太平而後生朝陽。〔箋〕云，鳳皇鳴于山脊之上者，居高視下，觀可集止，喻賢者待禮乃行，翔而後集。梧桐生者，猶明君出也。生於朝陽者，被溫仁之氣，亦君德也。鳳皇之性，非梧桐不棲，非竹實不食。 菶菶萋萋，雝雝喈喈。〔傳〕梧桐盛也。鳳凰鳴也。臣竭其力，則地極其化。天下和洽，則鳳皇樂德。〔箋〕云，菶菶萋萋，喻君德盛也。雝雝喈喈，喻民臣和協。○菶布孔反 喈音

皆

君子之車，既庶且多。君子之馬，既閑且馳。傳上能錫以車馬，行中節，馳中法也。箋云：庶，衆；閑，習也。今賢者在位，王錫其車衆多矣，其馬又閑習於威儀能馳矣。大夫有乘馬，有貳車。○中丁仲反，乘承證反

矢詩不多，維以遂歌。傳不多，多也。明王使公卿獻詩以陳其志，遂爲工師之歌焉。箋云：矢，陳也。我陳作此詩，不復多也，欲令遂爲樂歌，王日聽之，則不損今之成功也。○復扶又反

卷阿十章，六章章五句，四章章六句

民勞，召穆公刺厲王也。箋云：厲王，成王七世孫也。時賦斂重數，繇役煩多，人民勞苦，輕爲姦宄，彊陵弱，衆暴寡，作寇害，故穆公以刺之。○數音朔，繇本亦作徭，音遥，宄音軌

民亦勞止，汔可小康。惠此中國，以綏四方。傳汔，危也。中國，京師也。四方，諸夏也。箋云：汔，幾也。康、綏皆安也。惠，愛也。今周民罷勞矣，王幾可以小安之乎。愛京師之人以安天下，京師者，諸夏之根本。○幾音祈，罷音皮

無縱詭隨，以謹無良。式遏寇虐，憯不畏明。傳詭隨，詭人之善，隨人之惡者。以謹無良，慎小以懲大也。憯，曾也。箋云：謹，猶慎也。良，善。式，用。遏，止也。王爲政，無聽於詭人之善不肯行，而隨人之惡者，以此敕慎無善之人。又用此止爲寇虐、曾不畏敬明白之刑罪者，疾時有之。○憯七感反，本亦作僣

柔遠能邇，以定我王。傳柔，安也。箋云：能，猶伽也。邇，近也。安遠方之國，順伽其近者，當以此定我國家，爲王之功。言我者，同姓親也。

民亦勞止，汔可小休。惠此中國，以爲民逑。傳休，定也。逑，合也。箋云：休，止息也。合，聚也。

無縱詭隨，以謹惛怓。式遏寇虐，無俾民憂。傳惛怓，大亂也。箋云：惛怓，讙譁也，謂好爭者也。俾，使也。○怓女交反

無棄爾勞，以爲王休。傳休，美也。箋云：勞，猶功也。無廢女始時勤政事之功，以爲女王之美。述其始時者，誘掖之也。

民亦勞止，汔可小息。惠此京師，以綏四國。傳息，止也。

無縱詭隨，以謹罔極。式遏寇虐，無俾作慝。傳慝，惡也。箋云：罔，無。極，中也。無中，所行不得中正。

敬慎威儀，以近有德。傳求近德也。

民亦勞止，汔可小愒。惠此中國，俾民憂泄。傳愒，息。泄，去也。箋云：泄，猶出也，發也。○愒起例反，泄以世反

無縱詭隨，以謹醜厲。式遏寇虐，無俾正敗。傳醜，衆。厲，危也。箋云：厲，惡也。春秋傳曰：其父爲厲。厲，壞也。無使先王之正道壞。

戎雖小子，而式弘大。傳戎，大也。箋云：戎，猶女也。式，用也。弘，猶廣也。今王女雖小子自遇，而女用事於天下甚廣大也。易曰：君子出其言善，則千里之外應之，況其邇者乎。出其言不善，則千里之外違之，況其邇者乎。是以此戒之。

民亦勞止，汔可小安。惠此中國，國無有殘。傳賊義曰殘。箋云：王愛此京師之人，則天下邦國之君不爲殘酷。

無縱詭隨，以謹繾綣。式遏寇虐，無俾正反。傳繾綣，反覆也。○繾綣上音遣，下起阮反

王欲玉女，是用大諫。箋云：王者，君子比德焉。王乎，我欲令女如玉然，故作是詩，用大諫正女。此穆公至忠之言。○令力呈反

民勞五章，章十句

板，凡伯刺厲王也。箋云：凡伯，周同姓，周公之胤也，入爲王卿士。

上帝板板，下民卒癉。出話不然，爲猶不遠。傳板板，反也。上帝以稱王者也。癉，病也。話，善言也。猶，道也。箋云：猶，謀也。王爲政，反先王與天之道，天下之民盡病。其出善言而不行之也，然爲謀不能遠圖，不知禍之將至。○卒子恤反

靡聖管管，不實于亶。傳管管，無所依繫。亶，誠也。箋云：王無聖人之法度，管管然以心自恣，不能用實於誠信之言，言行相違也。○亶丁旦反，行下孟反

猶之未遠，是用大諫。傳猶，圖也。箋云：王之謀不

能圖遠用是故我大諫王也

天之方難無然憲憲天之方蹶無然泄泄〔傳〕憲憲猶欣欣也蹶動也泄泄猶沓沓也〔箋〕云天斥王也王方欲艱難天下之民又方變更先王之道臣乎女無憲憲然無沓沓然爲之制法度達其意以成其惡○蹶俱衞反泄以世反爲于僞反

辭之輯矣民之洽矣辭之懌矣民之莫矣〔傳〕輯和洽合懌說莫定也〔箋〕云辭辭氣謂政敎也王者政敎和說順於民則民心合定此戒語時之大臣○說音悅

我雖異事及爾同僚我卽爾謀聽我囂囂〔傳〕僚官也囂囂猶謷謷也〔箋〕云及與卽就也我雖與爾職事異者乃與女同官俱爲卿士我就女而謀及忠告以善道女反聽我言謷謷然不肯受○謷五報反道音導

我言維服勿以爲笑先民有言詢于芻蕘〔傳〕芻蕘薪采者〔箋〕云服事也我所言乃今之急事女無笑之古之賢者有言有疑事當與薪采者謀之匹夫匹婦或知及之況於我乎○知音智

天之方虐無然謔謔老夫灌灌小子蹻蹻〔傳〕謔謔然喜樂灌灌猶款款也蹻蹻驕貌〔箋〕云今王方爲酷虐之政女無謔謔然以讒慝助之老夫諫女款款然自謂也女反蹻蹻然如小子不聽我言○謔虛虐反蹻其略反樂音洛

匪我言耄爾用憂謔多將熇熇不可救藥〔傳〕八十曰耄熇熇然熾盛也〔箋〕云將行也今我言非老耄有失誤乃告女用可憂之事而女反如戲謔多行熇熇慘毒之惡誰能止其禍○熇許各反

天之方懠無爲夸毗威儀卒迷善人載尸〔傳〕懠怒也夸毗體柔人也〔箋〕云王方行酷虐之威怒女無夸毗以形體順從之君臣之威儀盡迷亂賢人君子則如尸矣不復言語時厲王虐而弭謗○懠才細反復扶又反弭彌耳反

民之方殿屎則莫我敢葵喪亂蔑資曾莫惠我師〔傳〕殿屎呻吟也蔑無資財也〔箋〕云葵揆也民方愁苦而呻吟則忽然有揆度知其然者其遭喪禍又素以賦斂空虛無財貨以共其事窮困如此又曾不肯施施以賙贍衆民言無恩也○殿都練反屎許伊反度待洛反共音恭施式豉反賙音周

天之牖民如壎如篪如璋如圭如取如攜〔傳〕牖道也如壎如篪言相和也如璋如圭言相合也如取如攜言必從也〔箋〕云王之道民以禮義則民和合而從之如此○壎許元反篪音池攜下圭反

攜無曰益牖民孔易民之多辟無自立辟〔傳〕辟法也〔箋〕云易易也女攜掣民東與西與民皆從女所爲無曰是何益爲道民在已甚易也民之行多爲邪僻者乃汝君臣之過無自謂所建爲法也○孔易鄭音亦注易易也上字同又以豉反多辟匹亦反注同立辟婢亦反注同掣行下孟反邪似嗟反

价人維藩大師維垣大邦維屏大宗維翰〔傳〕价善也藩屏也垣牆也王者天下之大宗翰榦也〔箋〕云价甲也被甲之人謂卿士掌軍事者大師三公也大邦成國諸侯也大宗王之同姓之適子也王當用公卿諸侯及宗室之貴者爲藩屏垣榦爲輔弼無疏遠之○价音界大師音泰垣音袁榦音寒適丁歷反

懷德維寧宗子維城無俾城壞無獨斯畏〔傳〕懷和也〔箋〕云斯離也和女德無行酷虐之政以安女國以是爲宗子之

城使免於難遂行酷虐則禍及宗子是謂城壞城壞則乖離而女獨居而畏矣宗子謂王之適子○難乃旦反

敬天之怒無敢戲豫敬天之渝無敢馳驅〔傳〕戲豫逸豫也馳驅自恣也〔箋〕云渝變也

昊天曰明及爾出王昊天曰旦及爾游衍〔傳〕王往旦明游行衍溢也〔箋〕云及與也昊天在上人仰之皆謂之明常與汝出入往來游溢相從視女所行善惡可不愼乎

板八章章八句

生民之什十篇六十五章四百三十三句

詩經卷十七終

詩經卷十八

周　卜子夏序

漢　毛公傳　鄭氏箋

大雅

蕩之什第二十五

蕩。召穆公傷周室大壞也。厲王無道。天下蕩蕩。無綱紀文章。故作是詩也。

蕩蕩上帝。下民之辟。傳上帝以託君王也辟君也箋云蕩蕩法度廢壞之貌厲王乃以此居人上為天下之君言其無可則象之甚○之辟必亦反注同疾威上帝。其命多辟。傳疾病人矣威罪人矣箋云疾病人者重

賦斂也威罪人者峻刑法也其政教又多邪辟不由舊章○辟匹亦反本又作僻注同天生烝民。其命匪諶。靡不有初。鮮克有終。傳諶誠也箋云烝衆鮮寡克能也天之生此衆民其教道之非當以誠信使之忠厚乎今則不然民始皆庶幾於善道後更化於惡俗○諶市林反鮮息淺反道音導

文王曰咨。咨汝殷商。曾是彊禦。曾是掊克。曾是在位。曾是在服。傳咨嗟也彊禦彊梁禦善也掊克自伐而好勝人也服服政事也箋云厲王弭謗穆公朝廷之臣不敢斥言王之惡故上陳文王咨嗟殷紂以切刺之女曾任用是惡人使之處位執職事也○好呼報反天降滔德。女興是力。傳天君滔慢也箋云厲王施倨慢之化女羣臣又相與而力為之言競於惡

文王曰咨。咨女殷商。而秉義類。彊禦多懟。流言以對。寇攘式內。傳對遂也箋云義之言宜也類善式用也女執事之臣宜用善人反任彊禦衆懟為惡者皆流言謗毀賢者王若問之則又以對寇盜攘竊為姦宄者而王信之使用事於內○懟直類反攘如羊反侯作侯祝。靡屆靡究。傳作祝詛也屆極究窮也箋云侯維也王與羣臣乖爭而相疑且祝詛求其凶咎無極已○作則慮反注同

文王曰咨。咨女殷商。女炰烋于中國。斂怨以為德。傳炰烋猶彭亨也箋云炰烋自矜氣健之貌斂聚羣不逞作怨之人謂之有德而任用之○炰白交反烋火交反亨許庚反不明爾德。時無背無側。傳背無臣側無人也箋云無臣無人謂賢者不用爾德不明。以無陪無卿。傳無陪貳也無卿士也

文王曰咨。咨女殷商。天不湎爾以酒。不義從式。傳義宜也箋云式法也天不同女顏色以酒有沈湎於酒者是乃過也不宜從而法行之○湎面善反既愆爾止。靡明靡晦。式號式呼。俾晝作夜。傳俾晝為夜也箋云愆過也女既過沈湎矣又不為明晦無有止息也醉則號呼相傚用晝日作夜

不視政事○號戶刀反俾本亦作卑不為于偽反

文王曰咨。咨女殷商。如蜩如螗。如沸如羹。傳蜩蟬也螗蝘也箋云飲酒號呼之聲如蜩螗之鳴其笑語沓沓又如湯之沸羹之方熟○蜩音條螗音唐沸方味反小大近喪。人尚乎由行。傳言居人上欲用行是道也箋云殷紂之時君臣失道如此且喪亡矣時人化之甚尚欲從而行之不知其非內奰于中國。覃及鬼方。傳奰怒也不醉而怒曰奰鬼方遠方也箋云此言時人忕於惡雖不有醉猶好怒也○奰皮器反覃音備覃徒南反忕市制反又時設反

文王曰咨。咨女殷商。匪上帝不時。殷不用舊。箋云此言紂之亂非其生不得其時乃不用先王之故法之所致雖無老成人。尚有典刑。箋云老成人謂若伊尹伊陟臣扈之屬雖無此臣猶有常事故法可案用也曾是莫聽。大命以傾。箋云莫無也朝廷君臣皆任喜怒曾無用典刑治事者以

至誅滅、

文王曰咨咨女殷商人亦有言顛沛之揭枝葉未有害本實先撥傳顛仆沛拔也揭見根貌箋云揭蹶貌撥猶絕也言大本揭然將蹶枝葉未有折傷其根本實先絕乃相隨俱顛拔喻紂之官職雖俱存紂誅亦皆死○見賢遍反殷鑒不遠在夏后之世箋云此言殷之明鏡不遠也近在夏后之世謂湯誅桀也後武王誅紂今之王者何以不用爲戒、

蕩八章章八句

抑衛武公刺厲王亦以自警也箋云自警者如彼泉流無淪胥以亡

抑抑威儀維德之隅人亦有言靡哲不愚傳抑抑密也隅廉也靡哲不愚國有道則知國無道則愚箋云人密審於威儀抑抑然是其德必嚴正也古之賢者道行心平可外占而知內如宮室之制內有繩直則外有

廉隅今王政暴虐賢者皆佯愚不爲容貌如不肖然○知音智庶人之愚亦職維疾哲人之愚亦維斯戾傳職主戾罪也箋云庶衆也衆人性無知以愚爲主言是其常也賢者而爲愚畏懼於罪也、

無競維人四方其訓之有覺德行四國順之傳無競競也訓教覺直也箋云競彊也人君爲政無彊於得賢人得賢人則天下教化於其俗有大德行則天下順從其政言在上所以倡道○行下孟反訏謨定命遠猶辰告傳訏大謨謀猶道辰時也箋云猶圖也大謀定命謂正月始和布政于邦國都鄙也爲天下遠圖庶事而以歲時告施之○爲于僞反敬慎威儀維民之則箋云則法也、

其在于今興迷亂于政顛覆厥德荒湛于酒箋云于今謂今厲王也興猶尊尚也王尊尚小人迷亂於政事者以傾敗其功德荒廢其政事又湛樂于酒言愛小人之甚○覆芳服反湛都南反樂音洛女雖湛樂從弗念厥紹罔敷求先王克共明刑傳紹繼共執刑法也箋云罔無也女君臣

雖好樂嗜酒而相從不當念繼女之後人將傚女所爲無廣索先王之道與能執法度之人乎切責之也○共九勇反好呼報反嗜市志反

肆皇天弗尚如彼泉流無淪胥以亡傳淪率也箋云肆故今也胥皆也王爲政如是故今皇天不高尚之所謂仍下災異也王自絕於天如泉水之流稍就虛竭無自率引爲惡皆與之以亡戒羣臣不中行者將并誅之、

夙興夜寐洒埽廷內維民之章傳洒灑章表也箋云章文章法度也厲王之時不涖政事故戒羣臣掌事者以此也○洒色解反埽素報反灑色解反修爾車馬弓矢戎兵用戒戎作用逷蠻方傳逷遠也箋云逷當作剔剔治也蠻方蠻畿之外也此時中國微弱故復戒將率之臣以治軍實女當用此備兵事之起用此治九州之外不服者○逷他歷反復扶又反將子匠反帥所類反、

質爾人民謹爾侯度用戒不虞傳質成也不虞非度也箋云侯君也此時萬民失職亦不肯趨公事

故又戒鄉邑之大夫及邦國之君平安萬民之事慎女爲君之法度用備不億度而至之事○非度待洛反下不億度同慎爾出話敬爾威儀無不柔嘉傳話善言也箋云言謂教令也柔安嘉善也、白圭之玷尚可磨也斯言之玷不可爲也傳玷缺也箋云斯此也玉之缺尚可磨鑢而平人君政教一失誰能反覆之○鑢音慮覆音服

無易由言無曰苟矣莫捫朕舌言不可逝矣傳莫無捫持也箋云由於逝往也女無輕易於教令無曰苟且如是今人無持我舌者而自聽恣也教令一往行於下其過誤可得而已之乎○易以豉反捫音門無言不讐無德不報惠于朋友庶民小子傳讐用也箋云惠順也教令之出如賣物物善則其售賈貴物惡則其售賈賤德加於民民則以義報之王又當施順道於諸侯下及庶民之子弟子孫繩繩萬民靡不承箋云繩繩戒也王之子孫敬戒行王之教令天下之民不承順之乎言承順也、

視爾友君子。輯柔爾顏。不遐有愆。〔傳〕輯和也〔箋〕云柔安遐遠也今視女諸侯及卿大夫皆脅肩諂笑以和安女顏色是於正道不遠有罪過乎言其近也相在爾室。尚不愧于屋漏。無曰不顯。莫予云覯。〔傳〕西北隅謂之屋漏覯見也〔箋〕云相助顯明也諸侯卿大夫助祭在女宗廟之室尚無肅敬之心不慙媿於屋漏有神見人之爲也女無謂是幽昧不明無見我者神見女矣屋小帳也漏隱也禮祭於奧既畢改設饌於西北隅而厞隱之處此祭之末也○相息亮反神之格思。不可度思。矧可射思。〔傳〕格至也〔箋〕云矧況射厭也神之來至去止不可度知況可於祭末而有厭倦乎○度待洛反射音亦

辟爾爲德。俾臧俾嘉。淑慎爾止。不愆于儀。不僭不賊。鮮不爲則。〔傳〕女爲善則民爲善矣止至也爲人君止於仁爲人臣止於敬爲人子止於孝爲人父止於慈與國人交止於信僭差也〔箋〕云辟法也止容止也當審法度女之施德使之爲民臣所善所美又當善慎女之容止不可過差於威儀女所行不僭不殘賊者少矣其不爲人所法○鮮息淺反投我以桃。報之以李。〔箋〕云此言善往則善來人無行而不得其報也投猶擲也彼童而角。實虹小子。〔傳〕童羊之無角者也而角自用也虹潰也〔箋〕云童羊譬皇后也而角者喻與政事有所害也此人實潰亂小子之政禮天子未除喪稱小子

荏染柔木。言緡之絲。溫溫恭人。維德之基。〔傳〕緡被也溫溫寬柔也〔箋〕云柔忍之木荏染然人則被之弦以爲弓寬柔之人溫溫然則能爲德之基止言內有其性乃可以有爲德也其維哲人。告之話言。順德之行。其維愚人。覆謂我僭。民各有心。〔傳〕話言古之善言也〔箋〕云覆猶反也僭不信也語賢智之人以善言則順行之告愚人反謂我不信民各有心二者竟不同○知音智

於乎小子。未知臧否。匪手攜之。言示之事。匪面命之。言提其耳。〔箋〕云臧善也於乎傷王不知善否我非但以手攜掣之親示以其事之是非我非但對面語之親提撕其耳此言以教道之熟不可啟覺○於乎上音烏下音呼凡此二字相連皆放此否音鄙撕音西借曰未知。亦既抱子。〔傳〕借假也〔箋〕云假令人云王尚幼少未有所知亦已抱子長大矣不幼小也○少詩照反長丁丈反民之靡盈。誰夙知而莫成。〔傳〕莫晚也〔箋〕云萬民之意皆持不滿於王誰早有所知而反晚成與言王之無成本無知故也○莫音暮

昊天孔昭。我生靡樂。視爾夢夢。我心慘慘。〔傳〕夢夢亂也慘慘憂不樂也〔箋〕云孔甚昭明也昊天乎乃甚明察我生無可樂也視王之意夢夢然我心之憂悶慘慘然愬其自恣不用忠臣○樂音洛夢莫空反誨爾諄諄。聽我藐藐。匪用爲教。覆用爲虐。〔傳〕藐藐然不入也〔箋〕云我教告王口語諄諄然王聽聆之藐藐然忽略不用我所言爲政令反謂之有妨害於事不受忠言○藐美角反借曰未知。亦聿既耄。〔傳〕耄老也

於乎小子。告爾舊止。聽用我謀。庶無大悔。〔箋〕云舊久也止辭也庶幸悔恨也天方艱難。曰喪厥國。〔箋〕云天以王爲惡如是故出艱難之事謂下災異生兵寇將以滅王○喪息浪反取譬不遠。昊天不忒。回遹其德。俾民大棘。〔箋〕云今我爲王取譬喻不及遠也維近耳王當如昊天之德有常不差忒也王反爲無常維邪其行爲貪暴使民之財匱盡而大困急○遹于橘反行下孟反

抑十二章三章章八句九章章十句

桑柔。芮伯刺厲王也。〔箋〕云芮伯畿內諸侯王卿士也字良夫○芮如銳反

菀彼桑柔。其下侯旬。捋采其劉。瘼此下民。〔傳〕興也菀茂貌旬言陰均也劉爆爍而希也瘼病也〔箋〕云桑之柔濡其葉菀然茂盛謂蠶始生時也人庇陰其下者均得其所及已捋采之則葉爆爍而疏人息其下則病於爆爍興者喻民當被王之恩惠羣臣恣放損王之德○菀音鬱又於阮反捋力活反瘼音莫陰於鴆反爆本又作㬥同音剝

不殄心憂。倉兄填兮。〔傳〕倉喪也兄滋也填久也〔箋〕云殄絕也民心之憂無絕已喪亡之道滋久長○倉初

亮反兄音况本亦作況塡音塵倬彼昊天。寧不我矜。傳昊天斥王者也箋云倬明大貌昊天乃倬然明大而不矜哀下民怨懟之言○倬陟角反

四牡騤騤。旟旐有翩。亂生不夷。靡國不泯。傳騤騤不息也鳥隼曰旟龜蛇曰旐翩翩在路不息也夷平泯滅也箋云軍旅久出征伐而亂日生不平無國而不見殘滅也言王之用兵不得其所適長寇虐○騤求龜反旟音與旐音兆適長上丁歷反下丁丈反民靡有黎。具禍以燼。傳黎齊也箋云黎不齊也具猶俱也災餘曰燼言時民無有不齊被兵寇之害者俱遇此禍以爲燼者言害所及廣於乎有哀。國步斯頻。傳步行頻急也箋云頻猶比也哀哉國家之政行此禍害比比然

國步蔑資。天不我將。靡所止疑。云徂何往。傳疑定也箋云蔑猶輕也將猶養也徂行也國家爲政行此輕蔑民之資用是天不養我也我從兵役無有止息時今復云行當何之往也○疑魚陟反復扶又反君子

實維秉心。無競。誰生厲階。至今爲梗。傳競彊厲惡梗病也箋云君子謂諸侯及卿大夫也其執心不彊於善而好以力爭誰始生此禍者乃至今日相梗不止

憂心慇慇。念我土宇。我生不辰。逢天僤怒。自西徂東。靡所定處。傳宇居僤厚也箋云辰時也此士卒從軍久勞苦自傷之言○僤都但反多我覯痻。孔棘我圉。傳圉垂也箋云痻病也圉當作禦多矣我之遇困病甚急矣我之禦寇之事○痻音昬

爲謀爲毖。亂況斯削。傳毖愼也箋云女爲軍旅之謀爲重愼兵事也而亂滋甚於此日見侵削言其所任非賢○毖音祕告爾憂恤。誨爾序爵。誰能執熱。逝不以濯。傳濯所以救熱也禮亦所以救亂也箋云恤亦憂也逝猶去也我語女以憂天下之憂教女以次序賢能之爵其爲之當如手持熱物之用濯謂治國之道當用賢者其何能淑。載胥及溺。箋云淑善胥相及與也女若云此於政事何能善乎則女君臣皆相與陷溺於禍難○難乃旦反

如彼遡風。亦孔之僾。民有肅心。荓云不逮。好是稼穡。力民代食。傳遡鄉僾唈荓使也力民代食代無功者食天祿也箋云肅進逮及也今王之爲政見之使人唈然如鄉疾風不能息也王爲政民有進於善道之心當任用之反却退之使不及門但好任用是居家吝嗇於聚斂作力之人令代賢者處位食祿明王之法能治人者食於人不能治人者食於人禮記曰與其有聚斂之臣寧有盜臣聚斂之臣害民盜臣害財○遡音素僾音愛荓又作迸普耕反好呼報反鄉許亮反唈烏合反令力呈反食不能治人者食於人音嗣稼穡維寶。代食維好。箋云此言王不尚賢但貴吝嗇之人與愛代食者而已

天降喪亂。滅我立王。降此蟊賊。稼穡卒痒。箋云滅盡也蟲食苗根曰蟊食節曰賊耕種曰稼收斂曰穡卒盡痒病也天下喪亂國家之災以窮盡我王所恃而立者謂蟲孽爲害五穀盡病○蟊音矛痒音羊哀恫

中國。具贅卒荒。靡有旅力。以念穹蒼。傳贅屬荒虛也穹蒼蒼天箋云恫痛也哀痛乎中國之人皆見係屬於兵役家家空虛朝廷曾無有同力諫諍念天所爲下此災

維此惠君。民人所瞻。秉心宣猶。考愼其相。傳相質也箋云惠順宣徧猶謀愼戒相助也維至德順民之君爲百姓所瞻仰者乃執正心舉事徧謀於衆又考誠其輔相之行然後用之言擇賢之審○相息亮反行下孟反維彼不順。自獨俾臧。自有肺腸。俾民卒狂。箋云臧善也彼不施順道之君自多足獨謂賢言其所任之臣皆善人也不復考愼自有肺腸行其心中之所欲乃使民盡迷惑如狂是又不宣猶

瞻彼中林。甡甡其鹿。朋友已譖。不胥以穀。傳甡甡衆多也箋云譖不信也胥相也以猶與也穀善也視彼林中其鹿相輩耦行甡甡然衆多今朝廷羣臣皆相欺背不相與以善道言其鹿之不如○甡所巾反人亦有言。進退維谷。傳谷窮也箋云前無明君却迫罪役故窮也

維此聖人瞻言百里維彼愚人覆狂以喜傳瞻言百里遠慮也箋云聖人所視而言者百里言見事遠而王不用有愚闇之人爲王言其事淺且近耳王反迷惑信用之而喜○爲于僞反匪言不能胡斯畏忌箋云胡之言何也賢者見此事之是非非不能分別皁白言之於王也然不言之何也此畏懼犯顏得罪罰○別彼列反皁在早反

維此良人弗求弗迪維彼忍心是顧是復傳迪進也箋云良善也國有善人王不求索不進用之有忍爲惡之心者王反顧念而重復之言其忽賢者而愛小人民之貪亂寧爲荼毒箋云貪猶欲也天下之民苦王之政欲其亂亡故安爲苦毒之行相侵暴慍恚使之然

大風有隧有空大谷傳隧道也箋云西風謂之大風大風之行有所從而來必從大空谷之中喻賢愚之所行各由其性○大鄭音泰維此良人作爲式穀維彼不順征以中垢傳中垢言闇冥

也箋云作起式用征行也賢者在朝則用其善道不順之人則行闇冥受性於天不可變也

大風有隧貪人敗類聽言則對誦言如醉傳類善也箋云類等夷也對荅也貪惡之人見道聽之言則應荅之見誦詩書之言則冥臥如醉居上位而行此人或效之匪用其良覆俾我悖傳覆反也箋云居上位而不用善反使我爲悖逆之行是形其敗類之驗

嗟爾朋友予豈不知而作如彼飛蟲時亦弋獲箋云嗟爾朋友者親而切瑳之也而猶與也我豈不知女所行者惡與直知之女所行如是猶鳥飛行自恣東西南北時亦爲弋射者所得言放縱久無所拘制則將遇伺女之間者得誅女也既之陰女反予來赫傳赫炙也箋云之往也口距人謂之赫我恐女見弋獲既往覆陰女謂啓告之以患難也女反赫我出言悖怒不受忠告○陰鄭音蔭難乃旦反

民之罔極職涼善背傳涼薄也箋云職主諒信也民之行失其中者主由爲政者信用小人互相欺違爲民不利如云不克箋云克勝也爲政者害民如恐不得其勝言至酷也民之回遹職競用力箋云競逐也言民之行維邪者主由爲政者遂用彊力相尚故也言民愁困用生多端○

民之未戾職盜爲寇傳戾定也箋云爲政者主作盜賊爲寇害令民心動搖不安定也涼曰不可覆背善詈箋云善猶大也我諫止之以信言女所行者不可反背我而大詈言距已諫之甚雖曰匪予既作爾歌箋云予我也女雖牴距已言此政非我所爲我已作女所行之歌女當受之而改悔○牴都禮反

桑柔十六章八章章八句八章章六句

雲漢仍叔美宣王也宣王承厲王之烈內有撥亂之志遇烖而懼側身修行欲銷去之天下喜於王化復行百姓見憂故作是詩也箋云仍叔周大夫也春秋魯桓公五年夏天王使仍叔之子來聘烈餘也雲漢天河也自此至常武六篇宣王之變

大雅○行下孟反銷音霄去起呂反復扶又反

倬彼雲漢昭回于天傳回轉也箋云雲漢謂天河也昭光也倬然天河水氣也精光轉運於天時旱渴雨故宣王夜仰視天河望其候焉○倬陟角反王曰於乎何辜今之人天降喪亂饑饉薦臻傳薦重臻至也箋云辜罪也王憂旱而嗟歎云何罪與今時天下之人天仍下旱災亡亂之道饑饉之害復重至也靡神不舉靡愛斯牲圭璧既卒寧莫我聽箋云靡莫皆無也言王爲旱之故求於羣神無不祭也無所愛於三牲禮神之圭璧又已盡矣曾無聽聆我之精神而興雲雨○聽協句吐丁反爲于僞反

旱既大甚蘊隆蟲蟲傳蘊蘊而暑隆隆而雷蟲蟲而熱箋云隆隆而雷非雨雷也雷聲尚殷殷然○大音泰、不殄禋祀自郊徂宮上下奠瘞靡神不宗傳上祭天下祭地奠其禮瘞其物宗尊也國有凶荒則索鬼神而祭之箋云宮宗廟也爲旱故絜祀不絕從郊而至宗廟奠瘞天地之神無不齊肅而敬之言徧至也

○瘞於例反齊側皆反　后稷不克。上帝不臨。耗斁下土。寧丁我躬。傳丁當也。箋云克當作刻。刻，識也。斁，敗也。奠瘞羣神而不得雨，是我先祖后稷不識知我之所困與？天不視我之精誠與？猶以旱耗敗天下，爲害曾使當我之身有此乎？先后稷，後上帝，亦從宮之郊。○斁丁故反

旱既大甚。則不可推。兢兢業業。如霆如雷。周餘黎民。靡有孑遺。傳推，去也。兢兢，恐也。業業，危也。孑然，遺失也。箋云黎，衆也。旱既不可移去，天下困於飢饉，皆心勤意懼，兢兢然，業業然，狀有如雷霆近發於上。周之衆民多有死亡者矣，幸其餘無有孑遺者，言又餓病也。○推叶雷反，去起呂反　昊天上帝。則不我遺。胡不相畏。先祖于摧。傳摧，至也。箋云摧當作嗺。嗺，嗟也。天將遂旱餓殺我與先祖，何不助我恐懼使天雨也。先祖之神于嗺乎，告困之辭。

旱既大甚。則不可沮。赫赫炎炎。云我無所。大命近止。靡瞻靡顧。傳沮

止也。赫赫，旱氣也。炎炎，熱氣也。大命近止，民近死亡也。箋云旱既不可却止，熱氣大盛，人皆不堪，言我無所庇陰處。衆民之命近將死亡矣，曾無所視，無所顧於此國中而哀閔之。○芘音秘，陰於鴆反，本亦作廕　羣公先正。則不我助。父母先祖。胡寧忍予。傳先正，百辟卿士也。箋云百辟卿士，雩祀所及者，今曾無肯助我憂旱。先祖文武又何爲施忍於我，不使天雨。○辟音壁，雩音于

旱既大甚。滌滌山川。旱魃爲虐。如惔如焚。我心憚暑。憂心如熏。傳滌滌，旱氣也。山無木，川無水。魃，旱神也。惔，燎之也。憚，勞。熏，灼也。箋云憚猶畏也。旱既害於山川矣，其氣生魃而害益甚，草木燋枯，如見焚燎然。王心又畏難此熱氣，如灼爛於火，言熱氣至極。○　羣公先正。則不我聞。昊天上帝。寧俾我遯。箋云不我聞者，忽然不聽我之所言也。天曾將使我心遯遯，慚愧於天下，以無德也。

旱既大甚。黽勉畏去。胡寧瘨我以旱。憯不知其故。箋云瘨，病也。黽勉，急禱請也。欲使所尤畏者去，所尤畏者魃也。天何曾病我以旱，曾不知爲政所失而致此害。○黽彌忍反，瘨都田反，憯七感反　•祈年孔夙。方社不莫。昊天上帝。則不我虞。敬恭明神。宜無悔怒。傳悔，恨也。箋云虞，度也。我祈豐年甚早，祭四方與社又不晚，天曾不度知我心，肅事明神如是，明神宜不恨怒於我，我何由當遭此旱也。○莫音暮，怒協韻乃路反，度待洛反

旱既大甚。散無友紀。鞫哉庶正。疚哉冢宰。趣馬師氏。膳夫左右。傳歲凶年穀不登，則趣馬不秣，師氏弛其兵，馳道不除，祭祀不縣，膳夫徹膳，左右布而不修，大夫不食粱，士飲酒不樂。箋云人君以羣臣爲友，散無其紀者，凶年祿饟不足，人無賞賜也。鞫，窮也。庶正，衆官之長也。疚，病也。窮哉病哉者，念此諸臣勤於事而困於食，以此言勞倦也。○鞫居六反，秣音末，弛式氏反，縣音玄，長丁丈反，勞力報反　靡人不周。無不能止。傳周，救也。無不能止，言無止不能也。箋云周當作賙。王以諸臣困於食，人人賙給之，權救其急，後日乃無不能豫止。　瞻卬昊

天。云如何里。箋云里，憂也。王愁悶於不雨，但仰天曰當如我之憂何。○卬音仰，里本亦作㾖

瞻卬昊天。有嘒其星。大夫君子。昭假無贏。大命近止。無棄爾成。傳嘒嘒，衆星貌。假，至也。箋云假，升也。王仰天見衆星順天而行，嘒嘒然，意感，故謂其卿大夫曰：天之光耀升行不休，無自贏緩之時。今衆民之命近將死亡，勉之助我，無棄女之成功者，若其在職，復無幾何，以勸之也。○嘒呼惠反，假音格，贏音盈　何求爲我。以戾庶正。傳戾，定也。箋云使女無棄成功者，何但求爲我身乎，乃欲以安定衆官之長，憂其職事。○爲于僞反　瞻卬昊天。曷惠其寧。箋云曷，何也。王仰天曰：當何時順我之求，令我心安乎？渴雨之時也，得雨則心安。○令力呈反

雲漢八章章十句

崧高。尹吉甫美宣王也。天下復平。能建[illegible]諸侯。褒賞申伯焉。

〔箋〕尹吉甫申伯皆周之卿士也尹官氏申國名

崧高維嶽駿極于天維嶽降神生甫及申〔傳〕崧高貌山大而高曰崧嶽四嶽也東嶽岱南嶽衡西嶽華北嶽恆堯之時姜氏爲四伯掌四嶽之祀述諸侯之職於周則有甫有申有齊有許也駿大極至也嶽降神靈和氣以生申甫之大功〔箋〕云降下也四嶽卿士之官掌四時者也因主方嶽巡守之事在堯時姜姓爲之德當嶽神之意而福興其子孫歷虞夏商世有國土周之甫也申也齊也許也皆其苗胄

維申及甫維周之翰四國于蕃四方于宣〔傳〕翰幹也〔箋〕云申申伯也甫甫侯也皆以賢知入爲周之楨幹之臣四國有難則往扞禦之爲之蕃屏四方恩澤不至則往宣暢之甫侯相穆王訓夏贖刑美此俱出四嶽故連言之○翰戶旦反又音寒知音智相息亮反

亹亹申伯王纘之事于邑于謝南國是式〔傳〕謝周之南國也〔箋〕云亹亹勉也纘繼于往于於式法也亹亹然勉於德不倦之臣有申伯以賢入爲周之卿士佐王有功王又欲使繼其故諸侯之事往作邑於謝南方之

國皆統理施其法度時改大其邑使爲侯伯故云然

王命召伯定申伯之宅登是南邦世執其功〔傳〕召伯召公也登成也功事也〔箋〕云之往也申伯忠臣不欲離王室故王使召公定其宅令往居謝成法度於南邦世世持其政事傳子孫也○離力智反令力呈反

王命申伯式是南邦因是謝人以作爾庸〔傳〕庸城也〔箋〕云庸功也召公既定申伯之居王乃親命之使爲法度於南邦今因是故謝邑之人而爲國以起女之功勞言尤章顯也

王命召伯徹申伯土田〔傳〕徹治也〔箋〕云治者正其井牧定其賦稅

王命傅御遷其私人〔傳〕御治事之官也私人家臣也〔箋〕云傅御者貳王治事謂冢宰也

申伯之功召伯是營有俶其城寢廟既成〔傳〕俶作也〔箋〕云申伯居謝之事召公營其位而作城郭及寢廟定其人神所處○俶尺叔反

既成藐藐王錫申伯四牡蹻蹻鉤膺濯濯〔傳〕藐藐美貌蹻蹻壯貌鉤膺樊纓也濯濯光明也〔箋〕云召公營位築之已成以形貌告於王王乃賜申伯爲將遣之○藐亡角反蹻渠略反爲于僞反

王遣申伯路車乘馬我圖爾居莫如南土〔傳〕乘馬四馬也〔箋〕云王以正禮遣申伯之國故復有車馬之賜因告之曰我謀女之所處無如南土之最善○乘繩證反復扶又反

錫爾介圭以作爾寶〔傳〕寶瑞也〔箋〕云圭長尺二寸謂之介非諸侯之圭故以爲寶諸侯之瑞圭自九寸而下

往近王舅南土是保〔傳〕近已也申伯宣王之舅也〔箋〕云近辭也聲如彼記之子之記保守也安也○近音記

申伯信邁王餞于郿〔傳〕郿地名〔箋〕云邁行也申伯之意不欲離王室王告語之復重於是意解而信行餞送行飲酒也時王蓋省岐周故于郿云○餞賤淺反郿亡悲反解音蟹

申伯還南謝于誠歸〔箋〕云還南者北就王命于岐周而還反也謝于誠歸誠歸于謝

王命召伯徹申伯土疆以峙其粻式遄

其行〔箋〕云粻糧式用遄速也王使召公治申伯土界之所至峙其糧者令廬市有止宿之委積用是速申伯之行○粻音張積子賜反

申伯番番既入于謝徒御嘽嘽〔傳〕番番勇武貌諸侯有大功則賜虎賁徒御嘽嘽喜樂也〔箋〕云申伯之貌有威武番番然其入謝國車徒之行嘽嘽安舒言得禮也禮入國不馳○番音波嘽吐丹反賁音奔樂音洛

周邦咸喜戎有良翰〔箋〕云周徧也戎猶女也翰幹也申伯入謝徧邦內皆喜曰女乎有善君也相慶之言○翰協句音寒

不顯申伯王之元舅文武是憲〔傳〕不顯申伯顯矣申伯也文武是憲言有文有武也〔箋〕云憲表也言爲文武之表式

申伯之德柔惠且直揉此萬邦聞于四國〔箋〕云揉順也四國猶言四方也

吉甫作誦其詩孔碩其風肆好以贈申伯〔傳〕吉甫尹吉甫也作是工師之誦也肆長也贈增也〔箋〕云

碩大也吉甫爲此誦也言其詩之意甚美大風切申伯又使之長行善道以此贈申伯者送之令以爲樂○風福鳳反

崧高八章章八句

烝民尹吉甫美宣王也任賢使能周室中興焉

天生烝民有物有則民之秉彝好是懿德【傳】烝衆物事則法彝常懿美也【箋】云秉執也天之生衆民其性有物象謂五行仁義禮智信也其情有所法謂喜怒哀樂好惡也然而民所執持有常道莫不好有美德之人○好呼報反知音智天監有周昭假于下保茲天子生仲山甫【傳】仲山甫樊侯也【箋】云監視假至也天視周王之政教其光明乃至于下謂及衆民也天安愛此天子宣王故生樊侯仲山甫使佐之言天亦好是懿德也書曰天聰明自我民聰明○假音格

仲山甫之德柔嘉維則令儀令色小心翼翼【箋】云嘉美令善也善威儀善顏色容貌翼翼

然恭敬古訓是式威儀是力天子是若明命使賦【傳】古故訓道若順賦布也【箋】云故訓先王之遺典也式法也力猶勤也勤威儀者恪居官次不解于位也是順從行其所爲也顯明王之政教使羣臣施布之○道音導解佳買反

王命仲山甫式是百辟纘戎祖考王躬是保【傳】戎大也【箋】云戎猶女也躬身也王曰女施行法度於是百君繼女先祖先父始見命者之功德王身是安使盡心力於王室○辟音璧出納王命王之喉舌賦政于外四方爰發【傳】喉舌冢宰也【箋】云出王命者王口所自言承而施之也納王命者時之所宜復於王也其行之也皆奉順其意如王口喉舌親所言也以布政於畿外天下諸侯於是莫不發應

肅肅王命仲山甫將之邦國若否仲山甫明之【傳】將行也【箋】云肅肅敬也言王之政教甚嚴敬也仲山甫則能奉行之若順也順否猶臧否謂善惡也○否音鄙既明且哲以保其身夙夜匪解以事一人【箋】云夙早夜莫匪非也一人斥天子○莫音暮

人亦有言柔則茹之剛則吐之【箋】云柔猶濡毳也剛堅彊也剛柔之在口或茹之或吐之喻人之於敵彊弱○毳尺銳反維仲山甫柔亦不茹剛亦不吐不侮矜寡不畏彊禦○矜古頑反

人亦有言德輶如毛民鮮克舉之我儀圖之【傳】儀宜也【箋】云輶輕儀匹也人之言云德甚輕然而衆人寡能獨舉之以行者言政事易耳而人不能行者無其志也我與倫匹圖之而未能爲也我吉甫自我也○輶音由鮮息淺反維仲山甫舉之愛莫助之【傳】愛隱也【箋】云愛惜也仲山甫能獨舉此德而行之惜乎莫能助之者多仲山甫之德歸功言耳衮職有闕維仲山甫補之【傳】有衮冕者君之上服也仲山甫補之善補過也【箋】云衮職者不敢斥王之言也王之職有闕輒能補之者仲山甫也

仲山甫出祖四牡業業征夫捷捷每懷靡及【傳】言述職也業業言高大也捷捷言樂事也【箋】云祖者將行犯軷之祭也懷私爲每懷仲山甫犯軷而將行車馬業業然動衆征夫捷捷然至仲山甫則戒之曰既受君命當速行每人懷其私而相稽留將無所及於事○軷步葛反四牡彭彭八鸞鏘鏘王命仲山甫城彼東方【傳】東方齊也古者諸侯之居逼隘則王者遷其邑而定其居蓋去薄姑而遷於臨菑也【箋】云彭彭行貌鏘鏘鳴聲以此車馬命仲山甫使行言其盛也

四牡騤騤八鸞喈喈仲山甫徂齊式遄其歸【傳】騤騤猶彭彭也喈喈猶鏘鏘也遄疾也言周之望仲山甫也【箋】云望之故欲其用是疾歸○騤求龜反喈音皆吉甫作誦穆如清風仲山甫永懷以慰其心【傳】清微之風化養萬物者也【箋】云穆和也吉甫作此工歌之誦其調和人之性如清風長養萬物然仲山甫述職多所思而勞故述其美以慰安其心

烝民八章章八句

韓奕尹吉甫美宣王也能錫命諸侯【箋】云梁山於韓國之山最高大爲國之鎮所望祀焉故美大其貌奕奕然謂之韓奕也梁山今左馮翊夏陽西北韓姬姓之國也後爲晉所滅故大夫韓氏以爲邑名焉幽王九年王室始騷鄭桓公問於史伯曰周衰其孰興乎對曰武實昭文之功文之祚盡武其嗣乎武王之子應韓不在其晉乎

奕奕梁山維禹甸之有倬其道韓侯受命【傳】奕奕大也甸治也禹治梁山除水災宣王平大亂命諸侯有倬其道有倬然之道者也受命受命爲侯伯也【箋】云梁山之野堯時俱遭洪水禹甸之者決除其災使成平田定貢賦於天子周有厲王之亂天下失職今有倬然著明復禹之功者韓侯受王命爲諸侯○甸徒遍反倬陟角反王親命之纘戎祖考無廢朕命夙夜匪解虔共爾位【傳】戎大虔固共執也【箋】云戎猶女也朕我也古之恭字或作共○解音懈共音恭朕命不易榦不庭方以佐戎辟【傳】庭直也

【箋】云我之所命者勿廢易不行當爲不直違失法度之方作楨榦而正之以佐助女君女君王自謂也○辟音璧爲于僞反

四牡奕奕孔修且張韓侯入覲以其介圭入覲于王【傳】修長張大覲見也【箋】云諸侯秋見天子曰覲韓侯乘長大之四牡奕奕然以時覲於宣王覲於宣王而奉享禮貢國所出之寶善其尊宣王以常職來也書曰黑水西河其貢璆琳琅玕此覲乃受命先言受命者顯其美也○見賢遍反璆其樛反琳音林王錫韓侯淑旂綏章簟茀錯衡玄袞赤舄鉤膺鏤鍚鞹鞃淺幭鞗革金厄【傳】淑善也交龍爲旂綏大綏也錯衡文衡也鏤鍚有金鏤其鍚也鞹革也鞃軾中也淺虎皮淺毛也幭覆式也厄烏蠋也【箋】云王爲韓侯以常職來朝享之故故多錫以厚之善旂旂之善色者也綏所引以登車有采章也簟茀漆簟以爲車蔽今之藩也鉤膺樊纓也眉上曰鍚刻金飾之今當盧也鞗革謂轡也以金爲小環往往纏搤之○綏本亦作緌鄭音雖簟徒點反茀音弗錯七各反舄音昔鍚音羊鞹苦郭反鞃苦弘反幭音蔑鞗音條蠋音蜀爲于僞反朝直遙反搤於革反

韓侯出祖出宿于屠顯父餞之清酒百壺【傳】屠地名也顯父有顯德者也【箋】云祖將去而祀軷也既覲而反國必祖者尊其所往去則如始行焉祖於國外畢乃出宿示行不留於是也顯父周之公卿也餞送之故有酒○父音甫其殽維何炰鱉鮮魚其蔌維何維筍及蒲其贈維何乘馬路車【傳】蔌菜殽也筍竹也蒲蒲蒻也【箋】云炰鱉以火孰之也鮮魚中膾者也筍竹萌也蒲深蒲也贈送也王既使顯父餞之又使送以車馬所以贈厚意也人君之車曰路車所駕之馬曰乘馬○炰鄭薄交反蔌音速筍恤尹反乘繩證反蒻音弱籩豆有且侯氏燕胥【箋】云且多貌胥皆也諸侯在京師未去者於顯父餞之時皆來相與燕其籩豆且然榮其多也○且子餘反胥思徐反

韓侯取妻汾王之甥蹶父之子【傳】汾大也蹶父卿士也【箋】云汾王厲王也厲王流于彘彘在汾水之上故時人因以號之猶言莒郊公黎比公也姊妹之子爲甥王之甥卿士之子言尊貴也○取七喻反汾符云反比音毗韓

侯迎止于蹶之里百兩彭彭八鸞鏘鏘不顯其光【傳】里邑也【箋】云于蹶之里蹶父之里百兩百乘不顯顯也光猶榮也氣有榮光也○將七羊反諸娣從之祁祁如雲韓侯顧之爛其盈門【傳】祁祁徐靚也如雲言衆多也諸侯一取九女二國媵之諸娣衆妾也顧之曲顧道義也【箋】云媵者必娣姪從之獨言娣者舉其貴者爛爛粲然鮮明且衆多之貌○靚音靜媵音孕

蹶父孔武靡國不到爲韓姞相攸莫如韓樂【傳】姞蹶父姓也【箋】云相視攸所也蹶父甚武健爲王使於天下國國皆至爲其女韓侯夫人姞氏視其所居韓國最樂○爲韓于僞反姞其一反相息亮反樂音洛使所吏反孔樂韓土川澤訏訏魴鱮甫甫麀鹿噳噳有熊有羆有貓有虎【傳】訏訏大也甫甫然大也噳噳然衆也貓似虎淺毛者也【箋】云甚樂矣韓之國土也川澤寬大衆魚禽獸備有言饒富也○魴音房鱮音序麀音憂噳愚甫反本亦作麌貓武交反慶既令居韓姞燕譽【箋】云慶善也蹶父既善韓

之國土，使韓姞嫁焉而居之，韓姞則安之，盡其婦道，有顯譽。○令，力呈反。譽，協句音餘。

溥彼韓城，燕師所完。傳 師，衆也。箋云：溥，大。燕，安也。大矣彼韓國之城，乃古平安時衆民之所築完。○燕，於見反。以先祖受命，因時百蠻。王錫韓侯，其追其貊。奄受北國，因以其伯。傳 韓侯之先祖，武王之子也。因時百蠻，長是蠻服之百國也。追、貊，戎狄國也。奄，撫也。箋云：韓侯先祖有功德者，受先王之命，封爲韓侯，居韓城，爲侯伯，其州界外接蠻服，因見使時節百蠻貢獻之往來。後君微弱，用失其業。今王以韓侯先祖之事如是，而韓侯賢，故於入覲，使復其先祖之舊職，賜之蠻服追貊之戎狄，令撫柔其所受王畿北面之國，因以其先祖侯伯之事盡予之，皆美其爲人子孫，能興復先祖之功。其後追也、貊也，爲玁狁所逼，稍稍東遷。○追，如字，又都回反。貊，武百反。長，張丈反。令，力呈反。獫，本亦作玁。實墉實壑，實畝實籍。傳 實墉實壑，言高其城，深其壑也。箋云：實當作寔，趙魏之東，實、寔同聲。寔，是也。籍，稅也。韓侯之先祖微弱，所受之國多滅絕，今復舊職，興滅國，繼絕世，故築治是城，濬修是壑，井牧是田畝，收斂是賦稅，使如故常。獻其貔皮，赤豹黃羆。傳 貔，猛獸也。追貊之國來貢，而侯伯摠領之。

韓奕六章，章十二句。

江漢，尹吉甫美宣王也。能興衰撥亂，命召公平淮夷。箋云：召公，召穆公也，名虎。

江漢浮浮，武夫滔滔。匪安匪遊，淮夷來求。傳 浮浮，衆彊貌。滔滔，廣大貌。淮夷，東國，在淮浦而夷行也。箋云：匪，非也。江漢之水，合而東流，浮浮然。宣王於是水上命將率，遣士衆，使循流而下，滔滔然，其順王命而行，非敢斯須自安也，非敢斯須遊止也，主爲來求淮夷所處，據至其境，故言來。○夷行，下孟反。將，子匠反。帥，所類反。爲，于僞反。既出我車，既設我旟。匪安匪舒，淮夷來鋪。傳 鋪，病也。箋云：車，戎車也。鳥隼曰旟。兵至竟而期戰地，其日出戎車，建旟，又不自安，不舒行者，主爲來伐討淮夷也。據至戰地，故又言來。○鋪，徐音孚。

江漢湯湯，武夫洸洸。經營四方，告成于王。傳 洸洸，武貌。箋云：召公既受命伐淮夷，服之，復經營四方之叛國，從而伐之，克勝，則使傳遽告功於王。○湯，書羊反。洸，音洋。復，扶又反。傳，張戀反。遽，其據反。四方既平，王國庶定。時靡有爭，王心載寧。箋云：庶，幸。時，是也。載之言則也。召公忠臣，順於王命，此述其志也。

江漢之滸，王命召虎。式辟四方，徹我疆土。匪疚匪棘，王國來極。傳 召虎，召穆公也。箋云：滸，水涯也。式，法。疚，病。棘，急。極，中也。王於江漢之水上命召公，使以王法征伐，開辟四方，治我疆界於天下，非可以兵病害之也，非可以兵急躁切之也，使來於王國，受政教之中正而已。齊桓公經陳鄭之閒，及伐北戎，則違此言者。○滸，音虎。于疆于理，至于南海。箋云：于，往也。于，於也。召公於有叛戾之國，則往正其境界，修其分理，周行四方，至於南海，而功大成，事終也。○分，符問反。

王命召虎，來旬來宣。文武受命，召公維翰。傳 旬，徧也。召公，召康公也。箋云：來，勤也。旬當作營。宣，徧也。召康公名奭，召虎之始祖也。王命召虎，女勤勞於經營四方，勤勞於徧疆理衆國。昔文王武王受命，召康公爲之楨榦之臣，以正天下。爲虎之勤勞，故述其祖之功以勸之。○翰，戶旦反，又音寒。奭，音釋。爲，于僞反，下爲虎、爲其同。無曰予小子，召公是似。肇敏戎公，用錫爾祉。傳 似，嗣。肇，謀。敏，疾。戎，大。公，事也。箋云：戎，猶女也。女無自減損，曰我小子耳。女之所爲，乃嗣女先祖召康公之功。今謀女之事，乃有敏德，我用是故將賜女福慶也。王爲虎之志大謙，故進之云爾。○大謙，音泰。

釐爾圭瓚，秬鬯一卣。告于文人。傳 釐，賜也。秬，黑黍也。鬯，香草也。築煮合而鬱之曰鬯。卣，器也。九命錫圭瓚秬鬯。文人，文德之人也。箋云：秬鬯，黑黍酒也。謂之鬯者，芬香條鬯也。王賜召虎以鬯酒一罇，使以祭其宗廟，告其先祖諸有德美見記者。○秬卣，音巨酉。錫山土田。于周受命，自召祖命。傳 諸侯有大功德，賜之名山土田附庸箋云周岐周也自用也宣王欲尊顯召虎故如岐周使虎受山川土田之賜命用其祖召康公受封之禮岐周周之所起爲其先祖之靈故就之虎拜稽首天子萬年箋云拜稽首者受王命策書也臣受恩無可以報謝者稱言使君壽考而已

虎拜稽首對揚王休作召公考天子萬壽明明天子令聞不已矢其文德洽此四國傳對遂考成矢施也箋云對答休美作爲也虎既拜而答王策命之時稱揚王之德美君臣之言宜相成也王命召虎用召祖命故虎對王亦爲召康公受王命之時對成王命之辭謂如其所言也如其所言者天子萬壽以下是也○聞音問

江漢六章章八句

常武召穆公美宣王也有常德以立武事因以爲戒然箋云戒者王舒

保作匪紹匪遊徐方繹騷

赫赫明明王命卿士南仲大祖大師皇父整我六師以修我戎傳赫赫然盛也明明然察也王命南仲於大祖皇甫爲大師箋云南仲文王時武臣也顯者乎昭察乎宣王之命卿士爲大將也乃用其以南仲爲大祖者今大師皇父是也使之整齊六軍之衆治其兵甲之事命將必本其祖者因有世功於是尤顯大師者公兼官也○大祖音泰下大師大祖皆同將子匠反既敬既戒惠此南國箋云敬之言警也警戒六軍之衆以惠淮浦之旁國謂勑以無暴掠爲之害也每軍各有將中軍之將尊也

王謂尹氏命程伯休父左右陳行戒我師旅率彼淮浦省此徐土傳尹氏掌命卿士程伯休父始命爲大司馬浦涯也箋云尹氏天子世大夫也率循也王使大夫尹氏策命程伯休父於軍將行治兵之時使其士衆左右陳列而勑戒之使循彼淮浦之旁省視徐國之土地叛逆者軍禮司馬掌其誓戒不留不處三事就緒傳誅其君弔其民爲之立三有事之臣箋云緒業也王又使軍將豫告淮浦徐土之民云不久處於是也女三農之事皆就其業爲其驚怖先以言安之

赫赫業業有嚴天子王舒保作匪紹匪遊徐方繹騷傳赫赫然盛也業業然動也嚴然而威舒徐也保安也匪紹匪遊不敢繼以敖遊也繹陳騷動也箋云作行也紹緩也繹當作驛王之軍行其貌赫赫業業然有尊嚴於天子之威謂聞見者莫不憚之王舒安謂軍行三十里亦非解緩也亦非敖遊也徐國傳遽之驛見之知王兵必克馳走以相恐動○解音懈傳張戀反震驚徐方如雷如霆徐方震驚箋云震動也驛馳走相恐懼以震動徐國如雷霆之恐怖人然徐國則驚動而將服罪

王奮厥武如震如怒進厥虎臣闞如虓虎鋪敦淮濆仍執醜虜傳虎之自怒虓然濆涯仍就虜服也箋云進前也敦當作屯醜衆也王奮揚其威武而震雷其聲而勃怒其色前其虎臣之將闞然

如虎之怒陳屯其兵于淮水大防之上以臨敵就執其衆之降服者也○闞一音噉虓火交反鋪徐音孚濆符云反降戶江反

截彼淮浦王師之所傳截治也箋云治淮之旁國有罪者就王師而斷之○斷端亂反

王旅嘽嘽如飛如翰如江如漢如山之苞如川之流傳嘽嘽然盛也疾如飛摯如翰苞本也箋云嘽嘽閑暇有餘力之貌其行疾自發舉如鳥之飛也翰其中豪俊也江漢以喻盛大也山本以喻不可驚動也川流以喻不可禦也○嘽土丹反緜緜翼翼不測不克濯征徐國傳緜緜靚也翼翼敬也濯大也箋云王兵安靚且皆敬其勢不可測度不可攻勝既服淮浦矣今又以大征徐國言必勝也○度待洛反

王猶允塞徐方既來傳猶謀也箋云猶尚允信也王重兵兵雖臨之尚守信自實滿兵未陳而徐國已來告服○所謂善戰者不陳○陳直刃反徐方既同天子之功四方既平徐方來庭傳來王庭也徐方不回王曰還歸箋云回猶違也還歸振旅也

常武六章章八句

瞻卬。凡伯刺幽王大壞也。【箋】云，凡伯，天子大夫也。春秋魯隱公七年冬，天王使凡伯來聘。○卬音仰

瞻卬昊天，則不我惠。孔塡不寧，降此大厲。【傳】昊天，斥王也。塡，久。厲，惡也。【箋】云，惠，愛也。仰視幽王爲政，則不愛我下民甚久矣。天下不安，王乃下此大惡以敗亂之。○塡音塵　邦靡有定，士民其瘵。蟊賊蟊疾，靡有夷屆。罪罟不收，靡有夷瘳。【傳】瘵，病。夷，常也。罪罟，設罪以爲罟。瘳，愈也。【箋】云，屆，極也。天下騷擾，邦國無有安定者，士卒與民皆勞病。其爲殘酷痛病於民，如蟊賊之害禾稼然，爲之無常，亦無止息時。施刑罪以羅網天下，而不收斂，爲之亦無常，無止息時。此自王所下大惡。○瘵，側界反。蟊音牟。屆音界。瘳，勑留反

人有土田，女反有之。人有民人，女覆奪之。【箋】云，此言王削黜諸侯及卿大夫無罪者。覆猶也。此宜無罪，女反收之。彼宜有罪，女覆說之。【傳】收，拘收也。說，赦也。○說音稅

哲夫成城，哲婦傾城。【傳】哲，知也。【箋】云，哲謂多謀慮也。城猶國也。丈夫陽也，陽動，故多謀慮則成國。婦人陰也，陰靜，故多謀慮乃亂國。○知音智　懿厥哲婦，爲梟爲鴟。【箋】云，懿，有所痛傷之聲也。厥，其也。其，幽王也。梟鴟，惡聲之鳥，喩褒姒之言無善。○姒音似　婦有長舌，維厲之階。亂匪降自天，生自婦人。匪教匪誨，時維婦寺。【傳】寺，近也。【箋】云，長舌，喩多言語。是王降大厲之階，階所由上下也。今王之有此亂政，非從天而下，但從婦人出耳。又非有人教王爲亂，語王爲惡者，是惟近愛婦人，用其言故也。○上，時掌反

鞫人忮忒，譖始竟背。豈曰不極，伊胡爲慝。【傳】忮，害。忒，變也。【箋】云，鞫，窮也。譖，不信也。竟，猶終也。胡，何。慝，惡也。婦人之長舌者多謀慮，好窮屈人之語，忮害轉化，其言無常，始於不信，終於背違。人豈謂其是不得中乎，反云雖我言何用爲惡不信也。○鞫，居六反。忮，之豉反。好，呼報反。　如賈三倍，君子是識。婦無公事，休其蠶織。【傳】休，息也。婦人無與外政，雖王后猶以蠶織爲事。古者天子爲藉千畝，冕而朱紘，躬秉耒。諸侯爲藉百畝，冕而靑紘，躬秉耒，以事天地山川社稷先古，敬之至也。天子諸侯必有公桑蠶室，近川而爲之。築宮仞有三尺，棘牆而外閉之。及大昕之朝，君皮弁素積，卜三宮之夫人世婦之吉者，使入蠶于蠶室，奉種浴于川，桑于公桑，風戾以食之。歲既單矣，世婦卒蠶，奉繭以示于君，遂獻繭于夫人。夫人曰，此所以爲君服與。遂副褘而受之，少牢以禮之。及良日，后夫人繅，三盆手，遂布于三宮夫人世婦之吉者使繅，遂朱綠之，玄黃之，以爲黼黻文章。服既成矣，君服之以祀先王先公，敬之至也。【箋】云，識，知也。賈物而有三倍之利者，小人所宜知也。君子反知之，非其宜也。今婦人休其蠶桑織紝之職，而與朝廷之事，其爲非宜亦猶是也。孔子曰，君子喩於義，小人喩於利。○賈音古。無與音預。奉，芳勇反。下同。種，章勇反。食音嗣。單音丹。少，詩照反。繅，素刀反。紝，女金反。而與音預。朝，直遙反

天何以刺，何神不富。舍爾介狄，維予胥忌。【傳】刺，責。富，福。狄，遠。忌，怨也。【箋】云，介，甲也。王之爲政既無過惡，天何以責王見變異乎。神何以不福王而有災害也。王不念此而改修德，乃舍女被甲夷狄來侵犯中國者，反與我相怨。謂其疾怨羣臣叛違也。○舍音捨。見，賢遍反　不弔不祥，威儀不類。人之云亡，邦國殄瘁。【傳】類，善。殄，盡。瘁，病也。【箋】云，弔，至也。王之爲政，德不至於天矣，不能致徵祥於神矣，威儀又不善於朝廷矣。賢人皆言奔亡，則天下邦國將盡困窮。

天之降罔，維其優矣。人之云亡，心之憂矣。【傳】優，渥也。【箋】云，優，寬也。天下羅罔以取有罪，亦甚寬。謂但以災異譴告之，不指加罰於其身，疾王爲惡之甚。賢者奔亡，則人心無不憂。　天之降罔，維其幾矣。人之云亡，心之悲矣。【傳】幾，危也。【箋】云，幾，近也。言災異譴告，離人身近，愚者不能覺。○離，力智反

觱沸檻泉，維其深矣。心之憂矣，寧自今矣。不自我先，不自我後。【箋】云，檻泉正出，涌出也。觱沸，出貌。涌泉之源，所由者深，喩己憂所從來久也。惡政不先己，不後己，怪何故正當之。○觱音必。沸音弗

藐藐昊天，無不克鞏。【傳】藐藐，大貌。鞏，固也。【箋】云，藐藐，美也。王者有美德藐藐然，無不能自堅固於其位者。

黴黴之也、○藐亡角反　無忝皇祖、式救爾後。【箋】云、式、用也。後、謂子孫也。

瞻卬七章、三章章十句、四章章八句

召旻、凡伯刺幽王大壞也。旻、閔也。閔天下無如召公之臣也。【箋】云、閔、病也。

旻天疾威、天篤降喪。瘨我饑饉、民卒流亡。【箋】云、天、斥王也。疾、猶急也。瘨、病也。病乎幽王之為政也。急行暴虐之法、厚下喪亂之教、謂重賦稅也。病國中以饑饉、令民盡流移。○旻音民　我居圉卒荒。【傳】圉、垂也。【箋】云、荒、虛也。國中至邊竟、以此故盡空虛。

天降罪罟、蟊賊內訌。【傳】訌、潰也。【箋】云、訌、爭訟相陷入之言也。王施刑罪以羅網天下、衆為殘酷之人、雖外以害人、又自內爭相讒惡。昏椓靡共、潰潰回遹、實靖夷我邦。【傳】椓、夭椓也。潰潰、亂也。靖、謀。夷、平也。【箋】云、昏椓、皆奄人也。昏、其官名也。椓、椓毀陰者也。王遠賢者、而近任刑奄之人、無肯共其職事者、皆潰潰然維邪是行、皆謀夷滅王之國。

皋皋訿訿、曾不知其玷。【傳】皋皋、頑不知道也。訿訿、窳不供事也。【箋】云、玷、缺也。王政已大壞、小人在位、曾不知大道之缺。○訿音紫、窳音庾　兢兢業業、孔填不寧、我位孔貶。【傳】兢兢、戒也。業業、危也。【箋】云、填、久也。天下之人、戒懼危怖甚久矣。其不安也、我王之位、又甚隊矣。言見侵侮、政教不行、後犬戎伐之、而周與諸侯無異。○隊直類反

如彼歲旱、草不潰茂、如彼棲苴。【傳】潰、遂也。苴、水中浮草也。【箋】云、潰、茂之潰、當作彙。彙、茂貌。王無恩惠於天下、天下之人、如旱歲之草、皆枯槁無潤澤、如樹上之棲苴。我相此邦、無不潰止。【箋】云、潰、亂也。無不亂者、言皆亂也。春秋傳曰、國亂曰潰、邑亂曰叛。○相息亮反

維昔之富不如時。【傳】往者富仁賢、今也富讒佞。【箋】云、富、福也。時、今時也。維今之疚不如茲。【傳】今則病賢也。【箋】云、茲、此也。此者、此古昔明王。彼疏斯粺、胡不自替、職兄斯引。【傳】彼宜食疏、今反食精粺。替、廢。兄、茲也。引、長也。【箋】云、疏、麤也、謂糲米也。職、主也。彼賢者祿薄食麤、而此昏椓之黨反食精粺。女小人耳、何不自廢退、使賢者得進、乃茲復主長此為亂之事乎。責之也。米之率、糲十、粺九、鑿八、侍御七。○粺皮賣反、兄音況、糲音厲、復扶又反、率字又作䢦音類、又音律

池之竭矣、不云自頻。【傳】頻、厓也。【箋】云、頻當作濱。厓、猶外也。自、由也。池水之溢、由外灌焉。今池竭、人不言由外無益者與。言由之也。喻王猶池也。政之亂、由外無賢臣益之。泉之竭矣、不云自中。【傳】泉水從中以益者也。【箋】云、泉者中水生、則益深、水不生則竭。喻王猶泉也。政之亂、又由內無賢妃益之。溥斯害矣、職兄斯弘、不烖我躬。【箋】云、溥、猶徧也。今時徧有此內外之害矣、乃茲復主大此為亂之事、是不烖王之身乎。責王也。烖謂見誅伐。○烖音災

昔先王受命、有如召公、日辟國百里、今也日蹙國百里。【傳】辟、開。蹙、促也。【箋】云、先王受命、謂文王武王時也。召公、召康公也。言有如者、時賢臣多、非獨召公也。今、今幽王臣。○辟音闢　於乎哀哉、維今之人、不尚有舊。【箋】云、哀哉、哀其不高尚賢者、尊任有舊德之臣、將以喪亡其國。○喪息浪反

召旻七章、四章章五句、三章章七句

蕩之什十一篇、九十二章、七百六十九句

詩經卷十八　終

詩經卷十九

周　卜子夏序

漢　毛公傳　鄭氏箋

周頌

清廟之什第二十六

清廟。祀文王也。周公既成洛邑。朝諸侯。率以祀文王焉。箋云、清廟者、祭有清明之德者之宮也、謂祭文王也、天德清明、文王象焉、故祭之而歌此詩也、廟之言貌也、死者精神不可得而見、但以生時之居立宮室象貌爲之耳、成洛邑、居攝五年時、

於穆清廟。肅雝顯相。傳於、歎辭也、穆、美、肅、敬、雝、和、相、助也、箋云、顯光也、見也、於乎美哉周公之祭清廟也、其禮

儀敬且和、又諸侯有光明著見之德者來助祭、〇於音烏、注同、後發句皆放此、相息亮反、見賢遍反、濟濟多士。秉文之德。對越在天。傳執文德之人也、箋云、對、配、越、於也、濟濟之衆士、皆執行文王之德、文王精神已在天矣、猶配順其素、如在生存、駿奔走在廟。不顯不承。無射於人斯。傳駿、長也、顯於天矣、見承於人矣、不見厭於人矣、箋云、駿、大也、諸侯與衆士、於周公祭文王、俱奔走而來在廟中助祭、是不光明文王之德與、言其光明之也、是不承順文王志意與、言其承順之也、此文王之德、人無厭之、〇射音亦

清廟一章八句

維天之命。太平告文王也。箋云、告太平者、居攝五年之末也、文王受命不卒而崩、今天下太平、故承〇其意而告之、明六年制禮作樂

維天之命。於穆不已。傳孟仲子曰、大哉天命之無極、而美周之禮也、箋云、命、猶道也、天之道於乎美哉、動而不止、行而不已、於乎不顯。文王之德之純。假以溢我。我其收之。駿惠我文王。傳純、大、假、嘉、溢、慎、收、聚也、箋云、純亦不已也、溢、盈溢之言也、於乎不光明與、文王之施德教之無倦已、美其與天同功也、以嘉美之道、饒衍與我、我其聚斂之、以制法度、以大順我文王之意、謂爲周禮六官之職也、書曰、考朕昭子刑、乃單文祖德、〇假音暇、曾孫篤之。傳成王能厚行之也、箋云、曾、猶重也、自孫之子而下、事先祖皆稱曾孫、是言曾孫欲使後王皆厚行之、非維今也、〇重直龍反

維天之命一章八句

維清。奏象舞也。箋云、象舞、象用兵時刺伐之舞、武王制焉、〇刺七亦反

維清緝熙。文王之典。傳典、法也、箋云、緝熙、光明也、天下之所以無敗亂之政而清明者、乃文王有征伐之法故也、文王受命、七年五伐也、肇禋。傳肇、始、禋、祀也、箋云、文王受命、始祭天而枝伐也、周禮以禋祀祀昊天上帝、迄用

有成。維周之禎。傳迄、至、禎、祥也、箋云、文王造此征伐之法、至今用之而有成功、謂伐紂克勝也、征伐之法、乃周家得天下之吉祥

維清一章五句

烈文。成王即政。諸侯助祭也。箋云、新王即政、必以朝享之禮祭於祖考、告嗣位也、〇朝直遙反

烈文辟公。錫茲祉福。惠我無疆。子孫保之。傳烈、光也、文王錫之、箋云、惠、愛也、光文百辟卿士及天下諸侯者、天錫之以此祉福也、又長愛之、無有期竟、子孫得傳世安而居之、謂文王武王以純德受命定天位、〇辟音壁、祉音恥、無封靡于爾邦。維王其崇之。念茲戎功。繼序其皇之。傳封、大也、靡、累也、崇、立也、戎、大、皇、美也、箋云、崇、厚也、皇、君也、無大累於汝國、謂諸侯治國無罪惡也、王其厚之、增其爵土也、念此大功、勤事不廢、謂卿大夫能守其職、得繼世在位、以其次序其君之者、謂有大功、王則出而封之、無競維人。四方其

訓之。不顯維德。百辟其刑之。於乎前王不忘。傳競彊訓道也前王武王也箋云無彊乎維得賢人也得賢人則國家彊矣故天下諸侯順其所爲也不勤明其德乎勤明之也故卿大夫法其所爲也於乎先王文王武王其於此道人稱頌之不忘

烈文一章十三句

天作。祀先王先公也。箋云先王謂大王已下先公諸盩至不窋○大音泰大王大祖皆同盩直留反窋陟律反

天作高山。大王荒之。傳作生荒大也天生萬物於高山大王行道能安天之所作也箋云高山謂岐山也書曰道岍及岐至于荊山天生此高山使興雲雨以利萬物大王自豳遷焉則能尊大之廣其德澤居之一年成邑二年成都三年五倍其初○岍口田反彼作矣。文王康之。彼徂矣。岐有夷之行。傳夷易也箋云彼彼

萬民也徂往行道也彼萬民居岐邦者皆築作宮室以爲常居文王則能安之後之往者又以岐邦之君有佼易之道故也易曰乾以易知坤以簡能易則易知簡則易從易知則有親易從則有功有親則可久有功則可大可久則賢人之德可大則賢人之業以此訂大王文王之道卓爾與天地合其德○行王徐並下孟反易羊豉反佼古卯反子孫保之。

天作一章七句

昊天有成命。郊祀天地也。

昊天有成命。二后受之。成王不敢康。夙夜基命宥密。傳二后文武也基始命信宥寬密寧也箋云昊天天大號也有成命者言周自后稷之生而已有王命也文王武王受其業施行道德成此王功不敢自安逸早夜始順天命不敢解倦行寬仁安靜之政以定天下寬仁所以止苛刻也安靜所以息暴亂也○王功于況反解音懈苛音河於緝熙。單厥心。肆其靖之。傳緝明熙廣單厚肆固靖和也箋云廣當爲光固當爲故字之

誤也於美乎此成王之德也既光明矣又能厚其心矣爲之不解倦故於其功終能和安之謂夙夜自勤至于天下太平○單都但反

昊天有成命一章七句

我將。祀文王于明堂也。

我將我享。維羊維牛。維天其右之。傳將大享獻也箋云將猶奉也我奉養我享祭之羊牛皆充盛肥腯有天氣之力助言神饗其德而右助之儀式刑文王之典。日靖四方。伊嘏文王。既右饗之。傳儀善刑法典常靖謀也箋云靖治也受福曰嘏我儀則式象法行文王之常道以日施政于天下維受福于文王文王既右而饗之言受而福之○嘏古雅反我其夙夜。畏天之威。于時保之。箋云于於時是也早夜敬天於是得安文王之道

我將一章十句

時邁。巡守告祭柴望也。箋巡守告祭者天子巡行邦國至于方岳之下而封禪也書曰歲二月東巡守至于岱宗柴望秩于山川徧于羣神遠行也

時邁其邦。昊天其子之。實右序有周。薄言震之。莫不震疊。懷柔百神。及河喬嶽。允王維后。傳邁行震動疊懼懷來柔安喬高也高岳岱宗也箋云薄猶甫也甫始也允信也武王既定天下時出行其邦國謂巡守也天其子愛之右助次序其事謂多生賢知使爲之臣也其兵所征伐甫動之以威則莫不動懼而服者言其威武又見畏也王行巡狩其至方岳之下來安羣神望于山川皆以尊卑祭之信哉武王之宜爲君美之也○知音智明昭有周。式序在位。傳明矣知未然也昭然不疑也箋云昭見也王巡守而明見天之子有周家也以其有俊乂用次第處位言此者著天其子愛之右序之效也載戢干戈。載櫜弓矢。傳戢

聚橐韜也箋云載之言則也王巡守而天下咸服兵不復用此又著震疊之效也○橐音羔復扶又反我求懿德
肆于時夏傳夏大也箋云懿美肆陳也我武王求有美德之士而任用之故陳其功於是夏而歌之樂歌大者稱夏
允王保之傳云允信也信哉武王之德能長保此時夏之美

時邁一章十五句

執競祀武王也箋云執競其敬反執持也韓詩云執服也
執競武王無競維烈不顯成康上帝是皇傳無競競也烈業也不顯乎其成大功而安之也顯光也皇美也箋云競彊也能持彊道者維有武王耳不彊乎其克商之功業言其彊也不顯乎其成安祖考之道言其又顯也天以是故美之予之福祿
自彼成康奄有四方斤斤其明傳自彼成康用彼成安之道也奄同也斤斤明察也箋云四方謂天下也武王用成安祖考之道故受命伐紂定天下爲周明察之君斤斤如也○斤紀覲反

鐘鼓喤喤磬筦將將降福穰穰降福簡簡威儀反反既醉既飽
福祿來反傳喤喤和也將將集也穰穰衆也簡簡大也反反難也反復也箋云反反順習之貌武王既定天下祭祖考之廟奏樂而八音克諧神與之福又衆大謂如嘏辭也群臣醉飽禮無違者以重得福祿也○喤華彭反將七羊反

執競一章十四句

思文后稷配天也
思文后稷克配彼天立我烝民莫匪爾極傳極中也箋云克能也立當作粒烝衆也周公思先祖有文德者后稷之功能配天昔堯遭洪水黎民阻饑后稷播殖百穀烝民乃粒萬邦作乂天下之人無不於女時得其中者言反其性
貽我來牟帝命率育無此疆爾界陳于時夏傳牟麥率用也箋云貽遺率循育養也武王渡孟津白魚躍入于舟出涘以燎後五日火流爲烏五至以穀俱來此謂遺我來牟天命以是循存后稷養天下之功而廣大其子孫之國無此封竟於女今之經界乃大有天下也用是故陳其久常之功於是夏而歌之夏之屬有九書說烏以穀俱來云穀紀○后稷之德○遺唯季反竟作境

思文一章八句

清廟之什十篇十章九十五句

臣工之什第二十七

臣工諸侯助祭遣於廟也
嗟嗟臣工敬爾在公王釐爾成來咨來茹傳嗟嗟敕之也工官也公君也箋云臣謂諸侯也釐理也咨謀茹度也諸侯來朝天子有不純臣之義於其將歸故於廟中正君臣之禮敕其諸官卿大夫云敬女在君之事王乃平理女之成功女有事當來謀之來度之於王之朝無自專○度待洛反朝直遙反
嗟嗟保介維莫之

春亦又何求如何新畬傳田二歲曰新三歲曰畬箋云保介車右也月令孟春天子親載耒耜措之於參保介之御間莫晚也周之季春於夏爲孟春諸侯朝周之春故晚春遣之勑其車右以時事時歸當何求於民將如新田畬田何急其教農趨時也介甲也車右勇力之士被甲執兵也○莫音暮畬音餘
於皇來牟將受厥明明
昭上帝迄用康年傳康樂也箋云將大迄至也於美乎赤烏以牟麥俱來故我周家大受其光明謂爲珍瑞天下所休慶也此瑞乃明見于天至今用之有樂歲五穀豐熟○於音烏樂音洛見賢遍反
命我衆人庤乃錢鎛奄觀銍艾傳庤具錢銚鎛鎒銍穫也箋云奄久觀多也教我庶民具女田器終久必多銍艾勸之也○庤持恥反錢子踐反鎛音博銍珍栗反艾音刈銚七遙反鎒乃豆反

臣工一章十五句

噫嘻春夏祈穀于上帝也箋云祈猶禱也求也月令孟春祈穀于上帝夏則龍見而雩是與○見賢

遍反雩音于

噫嘻成王，既昭假爾。率時農夫，播厥百穀。〔傳〕噫，歎也。嘻，和也。成王，成是王事也。〔箋〕云：噫嘻，有所多大之聲也。假，至也。播，猶種也。噫嘻乎能成周公之功，其德已著至矣，謂光被四表，格于上下也。又能率是主田之吏農夫，使民耕田而種百穀也。駿發爾私，終三十里。亦服爾耕，十千維耦。〔傳〕私，民田也。言上欲富其民而讓於下，欲民之大發其私田耳。終三十里，言各極其望也。〔箋〕云：駿，疾也。發，伐也。亦，大服事也。使民疾耕，發其私田，萬耦同時舉也。周禮曰：凡治野田，夫間有遂，遂上有徑；十夫有溝，溝上有畛；百夫有洫，洫上有塗；千夫有澮，澮上有道；萬夫有川，川上有路。計此萬夫之地，方三十三里少半里也。耜廣五寸，三耜為耦。一川之間萬夫，故有萬耦耕。言三十里者，舉其成數。

噫嘻一章八句

振鷺，二王之後來助祭也。〔箋〕云：二王，夏、殷也。其後，杞也，宋也。

振鷺于飛，于彼西雝。我客戾止，亦有斯容。〔傳〕興也。振振，羣飛貌。鷺，白鳥也。雝，澤也。客，二王之後。〔箋〕云：白鳥集于西雝之澤，言所集得其處也。興者，喻杞、宋之君有絜白之德，來助祭于周之廟，得禮之宜也。其至止亦有此容，言威儀之善如鷺然。○處，昌慮反。在彼無惡，在此無斁。庶幾夙夜，以永終譽。〔箋〕云：在彼，謂居其國無怨惡之者；在此，謂其來朝，人皆愛敬之，無厭之者。永，長也。譽，聲美也。

振鷺一章八句

豐年，秋冬報也。〔箋〕云：報者，謂嘗也，烝也。

豐年多黍多稌，亦有高廩，萬億及秭。〔傳〕豐，大。稌，稻也。廩，所以藏齍盛之穗也。數萬至萬曰億，數億至億曰秭。〔箋〕云：豐年，大有年也。亦，大也。萬億及秭，以言穀數多。○稌音杜。秭，咨履反。齍盛，上音咨，下音成。穗音遂。為酒為醴，烝畀祖妣，以洽百禮，降福孔皆。〔傳〕皆，徧也。〔箋〕云：烝，進。畀，予也。○醴音禮。畀，必寐反。

豐年一章七句

有瞽，始作樂而合乎祖也。〔箋〕云：王者治定制禮，功成作樂。合者，大合諸樂而奏之。

有瞽有瞽，在周之庭。設業設虡，崇牙樹羽。應田縣鼓，鞉磬柷圉。〔傳〕瞽，樂官也。業，大板也，所以飾栒為縣也。捷業如鋸齒，或曰畫之。植者為虡，衡者為栒。崇牙，上飾卷然，可以縣也。樹羽，置羽也。應，小鞞也。田，大鼓也。縣鼓，周鼓也。鞉，小鼓也。柷，木椌也。圉，楬也。〔箋〕云：瞽，矇也。以為樂官者，目無所見，於音聲審也。周禮：上瞽四十人，中瞽百人，下瞽百六十人，有視瞭者相之。又設縣鼓。田當作朄。朄，小鼓，在大鼓旁，應鞞之屬也。聲轉字誤，變而作田。○虡音巨。朄音胤。縣音玄。鞉亦作鼗，音桃。柷，尺叔反。栒，荀允反。卷，卷音權。鞞，步兮反。椌，苦江反。楬，苦瞎反。瞭音了。相，息亮反。既備乃奏，簫管備舉。喤喤厥聲，肅雝和鳴，先祖是聽。〔箋〕云：既備者，懸也，朄也，皆畢已也。乃奏，謂樂作也。簫，編小竹管，如今賣餳者所吹也。管如篴，併而吹之。○喤，華盲反。餳，夕清反，又音唐。篴作笛，同。

我客戾止，永觀厥成。〔箋〕云：我客，二王之後也。長多其成功，謂深感於和樂，遂入善道，終無愆過。○樂音洛。

有瞽一章十三句

潛，季冬薦魚，春獻鮪也。〔箋〕云：冬魚之性定，春鮪新來，薦獻之者，謂於宗廟也。

猗與漆沮，潛有多魚。有鱣有鮪，鰷鱨鰋鯉。〔傳〕漆、沮，岐周之二水也。潛，糝也。〔箋〕云：猗與，歎美之言也。鱣，大鯉也。鮪，鮥也。鰷，白鰷也。鰋，鮎也。○鱣，張連反。鰷音條。鱨音常。鰋音偃。糝，素感反。鮥音洛。以享以祀，以介景福。〔箋〕云：介，助。景，大也。

潛一章六句

雝，禘大祖也。〔箋〕云：禘，大祭也，大于四時而小于祫。大祖，謂文王。○大音泰。祫，戶夾反。

有來雝雝。至止肅肅。相維辟公。天子穆穆。於薦廣牡。相予肆祀。傳相助、廣、大也、箋云、雝雝、和也、肅肅、敬也、有是來時雝雝然、既至止○而肅肅然者、乃助王禘祭百辟與諸侯也、天子是時則穆穆然於進、大牡之牲、百辟與諸侯、又助我陳祭祀之饌、言得天下之歡心、○相息亮反辟音璧於鄭如字王音烏假哉皇考。綏予孝子。宣哲維人。文武維后。傳假、嘉也、箋云、宣、徧也、嘉哉皇考、斥文王也、文王之德、乃安我孝子、謂受命定其基業也、又徧使天下之人有才知、以文德武功爲之君故、○假古雅反知音知燕及皇天。克昌厥后。綏我眉壽。介以繁祉。傳燕、安也、箋云、繁、多也、文王之德、安及皇天、謂降瑞應無變異也、又能昌大其子孫、安助之以考壽與福祿既右烈考。亦右文母。傳烈考、武王也、文母、大姒也、箋云、烈、光也、子孫所以得考壽與多福者、乃以見右助於光明之考與文德之母、歸美焉、○大姒音泰

雝一章十六句

載見諸侯始見乎武王廟也。○見賢遍反下同

載見辟王。曰求厥章。龍旂陽陽。和鈴央央。鞗革有鶬。休有烈光。傳載、始也、龍旂陽陽、言有文章也、和在軾前、鈴在旂上、鞗革有鶬、言有法度也、箋云、諸侯始見君王、謂見成王也、曰求其章者、求車服禮儀之文章制度也、交龍爲旂、鞗革、轡首也、鶬、金飾貌、休者、休然盛壯、○辟音璧鞗音條鶬七羊反率見昭考。以孝以享。以介眉壽。永言保之。思皇多祜。傳昭考、武王也、享、獻也、箋云、言我皇君也、諸侯既以朝禮見於成王、至祭時、伯又率之見於武王廟、使助祭也、以致孝子之事、以獻祭祀之禮、以助壽考之福、長我安行此道、思成王之多福、○朝直遙反烈文辟公。綏以多福。俾緝熙于純嘏。箋云、俾、使、純、大、也、祭有十倫之義、成王乃光文百辟與諸侯、安之以多福、使光明於大嘏之意、天子受福曰大嘏、辭有福祚之言、○俾必爾反嘏古雅反

載見一章十四句

有客微子來見祖廟也。箋云、成王既黜殷命、殺武庚、命微子代殷後、既受命、來朝而見也、○見賢遍反

有客有客。亦白其馬。有萋有且。敦琢其旅。傳殷尚白也、亦、亦周也、萋且、敬慎貌、箋云、有客有客、重言之者、異之也、亦、亦武庚也、武庚爲二王後、乘殷之馬乃叛而誅、不肖之甚也、今微子代之、亦乘殷之馬、獨賢而見尊異、故言亦駿而美之、其來威儀萋萋且且、盡心力於其事、又選擇衆臣卿大夫之賢者與之朝王、言敦琢者、以賢美之、故玉言之、○且七序反敦都回反駿邦角反有客宿宿。有客信信。言授之縶。以縶其馬。傳一宿曰宿、再宿曰信、欲縶其馬而留之、箋云、縶、絆也、周之君臣、皆愛微子、其所館宿、可以去矣、而言絆其馬、意各殷勤、○縶陟立反絆音半薄言追之。左右綏之。箋云、追、送也、於微子去、王始言餞送之、左右之臣、又欲從而安樂之、厚之無已、○餞音賤樂音洛既有淫威。降福孔夷。傳淫、大、威、則、夷、易也、箋云、既有大則、謂用殷正朔、行其禮

樂如天子也、神與之福、又甚易也、言動作而有度、○易以豉反

有客一章十二句

武奏大武也。箋云、大武、周公作樂、所爲舞也、

於皇武王。無競維烈。允文文王。克開厥後。傳烈、業也、箋云、皇、君也、於乎君哉、武王也、無彊乎其克商之功業、言其彊也、信有文德哉文王也、能開其子孫之基緒、○於音烏嗣武受之。勝殷遏劉。耆定爾功。傳武、迹、劉、殺、耆、致也、箋云、遏、止、耆、老也、嗣子武王、受文王之業、舉兵伐殷而勝之、以止天下之暴虐而殺人者、年老乃定女之此功、言不汲汲於誅紂、須暇五年、

武一章七句

臣工之什十篇十章一百六句

閔予小子之什第二十八

閔予小子。嗣王朝於廟也。箋云、嗣王者、謂成王也。除武王之喪、將始即政、朝於廟也。○朝直遥反

閔予小子。遭家不造。嬛嬛在疚。傳閔、病。造、爲。疚、病也。箋云、閔、悼傷之言也。造、猶成也。可悼傷乎我小子耳、遭武王崩、家道未成、嬛嬛然孤特在憂病之中。○嬛其傾反、崔本作煢　於乎皇考。永世克孝。念茲皇祖。陟降庭止。傳庭、直也。箋云、茲、此也。陟降、上下也。於乎我君考武王、長世能孝、謂能以孝行爲子孫法度、使長見行也。念此君祖文王、上以直道事天、下以直道治民、信無私枉。○孝行下孟反　維予小子。夙夜敬止。於乎皇王。繼序思不忘。傳序、緒也。箋云、夙、早。敬、慎也。我小子早夜慎行祖考之道、言不敢懈倦也。於乎君王、歎文王武王也。我繼其緒、思其所行不忘也。

閔予小子一章十一句

訪落。嗣王謀於廟也。箋云、謀者、謀政事也。

訪予落止。率時昭考。於乎悠哉。朕未有艾。將予就之。繼猶判渙。傳訪、謀。落、始。時、是。率、循。悠、遠。猶、道。判、分。渙、散也。箋云、昭、明。艾、數。猶、圖也。成王始即政、自以承聖父之業、懼不能遵其道德、故於廟中與羣臣謀我始即政之事。羣臣曰、當循是明德之考所施行。故答之以謙曰、於乎遠哉、我於是未有數、言遠不可及也。女扶將我就其曲法而行之、繼續其業、圖我所失分散者收斂之。○艾五蓋反　維予小子。未堪家多難。箋云、多、衆也。我小子耳、未任統理國家衆難成之事、必有任賢待年長大之志、難成之事、謂諸政有業未平者。○難協韻乃旦反　長張丈反　紹庭上下。陟降厥家。休矣皇考。以保明其身。箋云、紹、繼也。厥家、謂羣臣也。繼文王陟降庭止之道、上下羣臣之職、以次序者、美矣我君考武王、能以此道尊安其身、謂定天下、居天子之位。

訪落一章十二句

敬之。羣臣進戒嗣王也。

敬之敬之。天維顯思。命不易哉。無曰高高在上。陟降厥士。日監在茲。傳顯、見。士、事也。箋云、顯、光。監、視也。羣臣見王謀即政之事、故因時戒之曰、敬之哉、敬之哉、天乃光明、去惡與善、其命吉凶不變易也。無謂天高又高在上、遠人而不畏也。天上下其事、謂轉運日月、施其所行、日月瞻視、近在此也。○易以豉反　見賢遍反　維予小子。不聰敬止。日就月將。學有緝熙于光明。佛時仔肩。示我顯德行。傳小子、嗣王也。將、行也。光、廣也。佛、大也。仔肩、克也。箋云、緝熙、光明也。佛、輔也。時、是也。仔肩、任也。羣臣戒成王以敬之敬之、故承之以謙云、我小子耳、不聰達於敬之之意、日就月行、言當習之以積漸也。且欲學於有光明之光明者、謂賢中之賢也。輔佛是任、示道我以顯明之德行。是時自知未能成文武之功、周公始有居攝之志。○佛毛符弗反、鄭音弼　仔音茲　德行下孟反

敬之一章十二句

小毖。嗣王求助也。箋云、毖、慎也。天下之事、當慎其小、小時而不慎、後爲禍大、故成王求忠臣早輔助己爲政、以救患難。○毖音秘　難乃旦反

予其懲而毖後患。莫予荓蜂。自求辛螫。傳毖、慎。荓蜂、摩曳也。箋云、懲、艾也。始者、管叔及其羣弟流言於國、成王信之而疑周公。至後三監叛而作亂、周公以王命舉兵誅之、歷年乃已。故今周公歸政、成王受之、而求賢臣以自輔助也。曰、我其創艾於往時矣、畏慎後復有禍難。羣臣小人、無敢我摩曳、謂爲譎詐誑欺、不可信也。女如是、徒自求辛苦毒螫之害耳、謂將有刑誅。○荓普經反　螫音釋　摩尺制反、本又作掣　艾音刈　創初亮反　復扶又反　肇允彼桃蟲。拚飛維鳥。傳桃蟲、鷦也。鳥之始小終大者。箋云、肇、始。允、信也。始者信以彼管蔡之屬、雖有流言之罪、如鷦鳥之小、不登誅之、後反叛而作亂、猶鷦之翻飛爲大鳥也。鷦之所爲鳥、題肩也。或曰鴞、皆惡聲之鳥。○拚芳煩反　鷦子消反　未堪

家多難。予又集于蓼。傳 堪任，予我也，我又集于蓼，言辛苦也。箋 云集會也，未任統理我國家衆難成之事，謂使周公居攝時也，我又會于辛苦，遇三監及淮夷之難也。○蓼音了

小毖一章八句

載芟。春籍田而祈社稷也。箋 云籍田，甸師氏所掌，王載耒耜所耕之田，天子千畝，諸侯百畝，籍之言借也，借民力治之，故謂之籍田。○芟所銜反，甸田見反

載芟載柞。其耕澤澤。千耦其耘。徂隰徂畛。侯主侯伯。侯亞侯旅。侯彊侯以。傳 除草曰芟，除木曰柞，畛埸也，主家長也，伯長子也，亞仲叔也，旅子弟也，彊強力也，以用也。箋 云載始也，隰謂新發田也，畛謂舊田有徑路者，強有餘力者，周禮曰以強予任民，以謂閒民，今時傭賃也，春秋之義，能東西之曰以，成王之時，萬民樂治田業，將耕，先始芟柞其草木，土氣烝達而和，耕之則澤澤然解散，於是耘除其根株，輩作者千耦，言趨時也，或往之隰，或往之畛，父子餘夫俱行，強有餘力者相助，又取傭賃，務疾畢已當種也。○柞側伯反，澤澤音釋，畛之忍反，強其良反，長張丈反，閒音閑，傭音容，賃女鴆反，烝音證，解音蟹

有嗿其饁。思媚其婦。有依其士。傳 嗿衆貌，士子弟也。箋 云饁饋饟也，依之言愛也，婦子來饋饟其農人于田野，乃逆而媚愛之，言勸其事勞不自苦。○嗿勑感反，饁于輒反，饟式亮反

有略其耜。俶載南畝。播厥百穀。實函斯活。傳 略利也。箋 云俶載當作熾菑，播猶種也，實種子也，函含也，活生也，農夫既耘除草木根株，乃更以利耜熾菑之，而後種其種，皆成好合生氣。○俶載毛並如字，鄭作熾菑

驛驛其達。有厭其傑。厭厭其苗。綿綿其麃。傳 達射也，有厭其傑，言傑苗厭然特美也，麃耘也。箋 云達出地也，傑先長者，厭厭其苗，衆齊等也。○麃表嬌反，射食亦反，長張丈反

載穫濟濟。有實其積。萬億及秭。傳 濟濟難也。箋 云難者，穗衆難進也，有實，實成也，其積之乃萬億及秭，言得多也。○積子賜反，秭音姊

爲酒爲醴。烝畀祖妣。以洽百禮。箋 云烝進，畀予，洽合也，進予祖妣，謂祭先

祖先妣也，以洽百禮，謂饗燕之屬。

有飶其香。邦家之光。傳 飶芬香也。箋 云芬香之酒醴饗燕賓客，則多得其歡心，於國家有榮譽。○飶蒲即反

有椒其馨。胡考之寧。傳 椒猶飶也，胡壽也，考成也。箋 云寧安也，以芬香之酒醴祭於祖妣，則多得其福右。

匪且有且。匪今斯今。振古如茲。傳 且此也，振自也。箋 云匪非也，振亦古也，饗燕祭祀，心非云且而有且，謂將有嘉慶禎祥先來見也，心非云今而有此今，謂嘉慶之事不聞而至也，言修德行禮，莫不獲報，乃古古而如此，所由來者久，非適今時。○且子餘反，見賢遍反

載芟一章三十一句

良耜。秋報社稷也。

畟畟良耜。俶載南畝。播厥百穀。實函斯活。傳 畟畟猶測測也。箋 云良善也，農人測測以利善之耜熾菑是南畝也，種此百穀，其種皆成好含生氣，言得其時。○畟楚側反

或來瞻女。載筐及筥。其饟伊黍。其笠伊糾。其鎛斯趙。以薅荼蓼。傳 笠所以禦暑雨也，趙刺也，蓼水草也。箋 云瞻視也，有來視女，謂婦子來饁者也，筐筥所以盛黍也，豐年之時，雖賤者猶食黍，饁者見載糾然之笠，以田器刺地，薅去荼蓼之事，言閔其勤苦。○饟式亮反，鎛音博，薅呼毛反，荼音徒，蓼上音徒，下音了，刺七亦反，盛音成，去起呂反

荼蓼朽止。黍稷茂止。穫之挃挃。積之栗栗。其崇如墉。其比如櫛。以開百室。傳 挃挃穫聲也，栗栗衆多也，墉城也。箋 云百室一族也，草穢既除而禾稼茂，禾稼茂而穀成熟，穀成熟而積聚多，如墉也，如櫛也，以言積之高大，且相比迫也，其已治之，則百家開戶納之，千耦其耘，輩作尚衆也，一族同時納穀，親親也，百室者，出必共洫間而耕，入必共族中而居，又有祭酺合醵之歡。○挃珍栗反，積子賜反，比毗志反，酺音步，醵其略反

百室盈止。婦子寧止。殺時犉牡。有捄其角。以似以續。續古之人。傳 黃牛黑脣曰犉，社稷之牛角尺，以似以續，嗣前歲，續往事也。箋 云捄角貌，五穀畢入，婦子則安，無行饁之事，於是殺牲報祭社稷，嗣前歲者，後求有豐年也。

續往事者、復以養人也。續古之人、求有良司穡也。○犉如純反、捄音虯、複扶又反、

良耜一章二十三句

絲衣。繹賓尸也。高子曰。靈星之尸也。箋云、繹、又祭也。天子諸侯也繹、以祭之明日。卿大夫曰賓尸、與祭同日。周曰繹、商謂之肜。○肜音同

絲衣其紑。載弁俅俅。自堂徂基。自羊徂牛。鼐鼎及鼒。傳絲衣、祭服也。紑、絜鮮貌。俅俅、恭順貌。基、門塾之基。自羊徂牛、言先小後大也。大鼎謂之鼐、小鼎謂之鼒。箋云、載、猶戴也。弁、爵弁也。爵弁而祭於王、士服也。繹禮輕、使士升門堂、視壺濯及籩豆之屬、降往於基、告濯具。又視牲、從羊之牛、反告充。已、乃舉鼎冪告絜、禮之次也。鼎圜弇上謂之鼒。○紑、孚浮反、又音培。俅音求。鼒音茲。鼏音覓、冪亡歷反

兕觥其觩。旨酒思柔。不吳不敖。胡考之休。傳吳、譁也。考、成也。箋云、柔、安也。繹之旅、士用兕觥、變於祭也。飲美酒者、皆思自安、不讙譁、不敖慢也。此得壽考之休徵。○觥古橫反、觩音虯

絲衣一章九句

酌。告成大武也。言能酌先祖之道。以養天下也。箋周公居攝六年、制禮作樂、歸政成王、乃後祭於廟而奏之、其始成告之而已、

於鑠王師。遵養時晦。時純熙矣。是用大介。傳鑠、美。遵、率。養、取。晦、昧也。箋云、純、大。熙、興。介、助也。於美乎文王之用師、率殷之叛國以事紂、養是闇昧之君、以老其惡、是周道大興、而天下歸往矣、故有致死之士助之。○於音烏。鑠舒灼反

我龍受之。蹻蹻王之造。載用有嗣。傳龍、和也。蹻蹻、武貌。造、爲也。箋云、龍、寵也。來助我者、我寵而受用之。蹻蹻之士、皆爭來造王、王則用之、有嗣傳相致。○蹻居表反。造毛才老反、鄭七報反

實維爾公允師。傳公、事也。箋云、允、信也。王之事所以舉兵克勝者、實維女之事信得用師之道、

酌一章八句

桓。講武類禡也。桓。武志也。箋云、類也、禡也、皆師祭也。○禡馬嫁反

綏萬邦。婁豐年。箋云、綏、安也。婁、亟也。誅無道、安天下、則亟有豐熟之年、陰陽和也。○亟欺冀反

天命匪解。

桓桓武王。保有厥士。于以四方。克定厥家。傳士、事也。箋云、天命爲善不解倦者、以爲天子。我桓桓有威武之武王、則能安有天下之事。此言其當天意也。於是用武事于四方、能定其家、先王之業、遂有天下。○解音懈

於昭于天。皇以閒之。傳閒、代也。箋云、于、曰也。皇、君也。於明乎曰天也、紂爲天下之君、但由爲惡、天以武王代之、○於音烏

桓一章九句

賚。大封於廟也。賚。予也。言所以錫予善人也。箋云、大封、武王伐紂時、封諸臣有功者、

文王既勤止。我應受之。敷時繹思。我徂維求定。傳勤、勞。應、當。繹、陳也。箋云、敷、猶徧也。文王既勞心於政事、以有天下之業、我當而受之、敷是文王之勞心、能陳繹而行之、今我往以此求定、謂安天下也、

時周之命。於繹思。箋云、勞心者、是周之所以受天命而王之所由也。於女諸臣受封者、陳繹而思行之、以文王之功業勑勸之、

賚一章六句

般。巡守而祀四嶽河海也。箋云、般、樂也。○般薄寒反、樂音洛

於皇時周。陟其高山。嶞山喬嶽。允猶翕河。傳高山、四嶽也。嶞山、山之嶞嶞小者也。翕、合也。箋云、皇、君。喬、高。猶、圖也。於乎美哉、君是周邦而巡守、其所至則登其高山而祭之、望秩於山川、小山及高嶽、皆信案山川之圖

而次序祭之、河言合者、河自大陸之北、敷為九、祭者合為一、○𢿱音烏、敷天之下、裒時之對、時周之命、〔傳〕裒、聚也、〔箋〕云、裒、衆、對、配也、徧天之下、衆山川之神、皆如是配而祭之、是周之所以受天命而王也、

般一章七句

閔予小子之什十一篇十一章百三十七句

詩經卷十九終

詩經卷二十

周　卜子夏序

漢　毛公傳

鄭氏箋

魯頌

駉之什第二十九

駉、頌僖公也、僖公能遵伯禽之法、儉以足用、寬以愛民、務農重穀、牧于坰野、魯人尊之、於是季孫行父請命于周、而史克作是頌、〔箋〕云、季孫行父、季文子也、史克、魯史也、○駉古熒反、坰若熒反、父音甫、

駉駉牡馬、在坰之野、〔傳〕駉駉、良馬腹幹肥張也、坰、遠野也、邑外曰郊、郊外曰野、野外曰林、林外曰坰、〔箋〕云、必牧于坰野者、避民居與良田也、周禮曰、以官田牛田賞田牧田、任遠郊之地、薄言駉者、有驈有皇、有驪有黃、以車彭彭、〔傳〕牧之坰野、則駉駉然、驪馬白跨曰驈、黃白曰皇、純黑曰驪、黃騂曰黃、諸侯六閑、馬四種、有良馬、有戎馬、有田馬、有駑馬、彭彭、有力有容也、〔箋〕云、坰之牧地、水草既美、牧人又良、飲食得其時、則自肥健耳、○驈戶橘反、思無疆、思馬斯臧、〔箋〕云、臧、善也、僖公之思遵伯禽之法、反覆思之、無有竟已、乃至于思馬斯善、多其所及廣博、○疆居良反

駉駉牡馬、在坰之野、薄言駉者、有騅有駓、有騂有騏、以車伾伾、〔傳〕蒼白雜毛曰騅、黃白雜毛曰駓、赤黃曰騂、蒼祺曰騏、伾伾、有力也、○騅音隹、駓符悲反、騂音巫、騏音其、伾敷悲反、思無期、思馬斯才、〔傳〕才、多材也、

駉駉牡馬、在坰之野、薄言駉者、有驒有駱、有駵有雒、以車繹繹、〔傳〕青

驪驎曰驒、白馬黑鬣曰駱、赤身黑鬣曰駵、黑身白鬣曰雒、繹繹善走也、○驒徒河反駵音留驎良忍反鬣力輒反 思無斁。思馬斯作。傳作始也。箋云、斁厭也、思遵伯禽之法、無厭倦也、作謂牧之使可乘駕也、

駉駉牡馬、在坰之野。薄言駉者、有駰有騢、有驔有魚、以車祛祛。傳陰白雜毛曰駰、彤白雜毛曰騢、豪骭曰驔、二目白曰魚、祛祛彊健也、○駰音因騢音遐驔徒點反祛起居反彤徒冬反骭戶晏反

思無邪、思馬斯徂。箋云、徂猶行也、思遵伯禽之法、專心無復邪意也、牧馬使可走行、○復扶又反

駉四章章八句

有駜、頌僖公君臣之有道也。箋云、有道者以禮義相與之謂也、○駜備筆反

有駜有駜、駜彼乘黃。傳駜馬肥彊貌、馬肥彊則能升高進遠、臣彊力則能安國。箋云、此喻僖公之用臣必先致其祿食、祿食足而臣莫不盡其忠、○乘繩證反 夙夜在公、在公明明。箋云、夙早也、言時臣憂念君事、早起夜寐、在于公之所、在于公之所、但明義明德也、禮記曰、大學之道在明明德、○大學音泰 振振鷺、鷺于下。鼓咽咽、醉言舞。于胥樂兮。傳振振羣飛貌、鷺白鳥也、以興絜白之士、咽咽鼓節也。箋云、于於、胥皆也、僖公之時、君臣無事則相與明義明德而已、絜白之士、羣集于君之朝、君以禮樂與之飲酒、以鼓節之、咽咽然、至于無筭爵、則又舞燕樂以盡其歡、君臣于是則皆喜樂也、○咽于巾反樂音洛朝直遙反

有駜有駜、駜彼乘牡。夙夜在公、在公飲酒。傳言臣有餘敬、而君有餘惠、 振振鷺、鷺于飛。鼓咽咽、醉言歸。于胥樂兮。箋云、飛喻羣臣飲酒醉欲退也、

有駜有駜、駜彼乘駽。傳青驪曰駽、○駽呼縣反 夙夜在公、在公載燕。箋云、載之言則也、 自今以始、歲其有。君子有穀、詒孫子。于胥樂兮。傳歲其有豐年也。箋云、穀善、詒遺也、君臣安樂則陰陽和而有豐年、其善道則可以遺子孫也、○遺唯季反

有駜三章章九句

泮水、頌僖公能脩泮宮也。○泮普半反

思樂泮水、薄采其芹。傳泮水、泮宮之水也、天子辟廱、諸侯泮宮、言水則采取其芹、宮則采取其化。箋云、芹水菜也、言已思樂僖公之修泮宮之水、復伯禽之法、而往觀之、采其芹也、辟廱者築土雝水之外、圓如璧、四方來觀者均也、泮之言半也、半水者蓋東西門以南通水、北無也、天子諸侯宮異制、因形然、○頖音判辟音璧 魯侯戾止、言觀其旂。其旂茷茷、鸞聲噦噦。無小無大、從公于邁。傳戾來、止至也、言觀其旂、言法則其文章也、茷茷言有法度也、噦噦言其聲也。箋云、于行、邁行也、我采水之芹、見僖公來至于泮宮、我則觀其旂茷茷然、鸞和之聲噦噦然、臣無尊卑、皆從君行而來、稱言此者、僖公賢君、人樂見之、○茷蒲害反噦呼會反

思樂泮水、薄采其藻。魯侯戾止、其馬蹻蹻。其馬蹻蹻、其音昭昭。傳其馬蹻蹻言彊盛也。箋云、其音昭昭、僖公之德音、○蹻居表反 載色載笑、匪怒伊教。傳色溫潤也。箋云、僖公之至泮宮、和顏色而笑語、非有所怒、于是有所教化也、

思樂泮水、薄采其茆。傳茆鳧葵也。○茆音卯 魯侯戾止、在泮飲酒。既飲旨酒、永錫難老。箋云、在泮飲酒者、徵先生君子與之行飲酒之禮、而因以謀事也、已飲美酒而長賜其難使老、難使老者最壽考也、長賜之者如王制所云、八十月告存、九十日有秩者與、 順彼長道、屈此羣醜。傳屈收、醜衆也。箋云、順從、長遠、屈治、醜惡也、是時淮夷叛逆、既謀之于泮宮、則從彼遠道往伐之、治此羣爲惡之人、

穆穆魯侯、敬明其德。敬慎威儀、維民之則。允文允武、昭假烈祖。傳假至也。箋云、則法也、僖公之行、民之所法傚也、僖公信文矣、爲脩泮宮也、信武矣、爲伐淮夷也、其聰明乃至于美祖之德、謂遵伯禽之法、○假古百反 靡有不孝、自求伊祜。箋云、祜福也、國人無不法傚之者、皆庶幾力行、自求福祿、

明明魯侯。克明其德。既作泮宮。淮夷攸服。箋云、克能攸所也、言僖公能明其德、脩泮宮而德化行、于是伐淮夷、所以能服也、矯矯虎臣。在泮獻馘。淑問如皐陶。在泮獻囚。傳囚拘也。箋云、矯矯武貌、馘所格者之左耳、淑善也、囚所虜獲者、僖公既伐淮夷、而反在泮宮、使武臣獻馘、又使善聽獄之吏如皐陶者獻囚、言伐有功、所任得其人、○馘古獲反、陶音遙

濟濟多士。克廣德心。桓桓于征。狄彼東南。傳桓桓威武貌。箋云、多士謂虎臣及如皐陶之屬、征征伐也、狄當作剔、剔治也、東南斥淮夷、烝烝皇皇。不吳不揚。不告于訩。在泮獻功。傳烝烝厚也、皇皇美也、揚傷也。箋云、烝烝猶進進也、皇皇當作暀暀、暀暀猶往往也、吳譁也、訩訟也、言多士之于伐淮夷、皆勸之有進進往往之心、不讙譁不大聲、僖公還在泮宮、又無以爭訟之事告于治訟之官者、皆自獻其功、○皇皇、如字、鄭作暀、于況反、揚余章反、訩音凶

角弓其觩。束矢其搜。戎車孔博。徒御無斁。既克淮夷。孔淑不逆。傳觩弛貌、五十矢爲束、搜衆意也。箋云、角弓觩然、言持弦急也、束矢搜然、言勁疾也、博當作傅、甚傅緻者、言安利也、徒行者、御車者、皆敬其事、又無厭倦也、僖公以此兵衆伐淮夷而勝之、其士卒甚順軍法而善、無有爲逆者、謂壇井刊木之類、○觩音虯、搜色留反、博毛如字、鄭作傅音附、施式氏反、壇音因、式固爾猶。淮夷卒獲。箋云、式用猶謀、用堅固女軍謀之故、故淮夷盡可獲服也、謀爲度已之德慮彼之罪、以出兵也、○度待洛反

翩彼飛鴞。集于泮林。食我桑黮。懷我好音。傳翩飛貌、鴞惡聲之鳥也、黮桑實也。箋云、懷歸也、言鴞恒惡鳴、今來止于泮水之木上、食其桑黮、爲此之故、故改其鳴、歸就我以善音、喻人感于恩則化也、○黮時審反、爲于僞反、憬彼淮夷。來獻其琛。元龜象齒。大賂南金。傳憬遠行貌、琛寶也、元龜尺二寸、賂遺也、南謂荊揚也。箋云、大猶廣也、廣賂者、賂君及卿大夫也、荊揚之州貢金三品、○憬九永反、琛勑金反、遺唯季反

泮水八章章八句

閟宮。頌僖公能復周公之宇也。箋云、宇居也、○閟音祕

閟宮有侐。實實枚枚。傳閟閉也、先妣姜嫄之廟在周、常閉而無事、孟仲子曰、是禖宮也、侐清淨也、實實廣大也、枚枚礱密也。箋云、閟神也、姜嫄神所依、故廟曰神宮、○侐況域反、嫄音元、禖莫回反、礱路東反、赫赫姜嫄。其德不回。上帝是依。無災無害。彌月不遲。傳上帝是依、依其子孫也。箋云、依依其身也、彌終也、赫赫乎顯著姜嫄也、其德貞正不回邪、天用是馮依而降精氣、其任之又無災害、不坼不副、終人道十月而生子、不遲晚、○馮皮陵反、坼勑宅反、副孚逼反、是生后稷。降之百福。黍稷重穋。稙穉菽麥。奄有下國。俾民稼穡。傳先種曰稙、後種曰穉。箋云、奄猶覆也、姜嫄用是而生子后稷、天神多與之福、以五穀終覆蓋天下、使民知稼穡之道、言其不空生也、后稷生而名棄、長大堯登用之、使居稷官、民賴其功、後雖作司馬、天下猶以后稷稱焉、

○重直容反、穋音六、本又作稑音同、稙徵力反、俾必爾反、長張丈反、有稷有黍。有稻有秬。奄有下土。纘禹之緒。傳緒業也。箋云、秬黑黍也、緒事也、堯時洪水爲災、民不粒食、天神多予后稷以五穀、禹平水土、乃教民播種之、于是天下大有、故云繼禹之事也、美之故申說以明之、○秬音巨

后稷之孫。實維大王。居岐之陽。實始翦商。傳翦齊也。箋云、翦斷也、大王自豳徙居岐陽、四方之民咸歸往之、于時而有王迹、故云是始斷商、○大音泰、後大王大平皆同、斷音短、王于況反、至于文武。纘大王之緒。致天之屆。于牧之野。無貳無虞。上帝臨女。傳虞誤也。箋云、屆極、虞度也、文王武王繼大王之事、至受命致大平、天所以罰極紂于商郊牧野、其時之民皆樂武王之如是、故戒之云、無有二心也、無復計度也、天視護女、至則克勝、○屆音戒、度待洛反、復扶又反、敦商之旅。克咸厥功。箋云、敦洽、旅衆、咸同也、武王克殷、而治商之臣民、使得其所、能同其功于先祖也、后稷大王文王、亦周公之祖考也、伐紂周公又與焉、故述之、

以美大魯○與音預王曰叔父建爾元子俾侯于魯大啓爾宇爲周室輔傳王成王也元首宰居也箋云叔父謂周公也成王告周公曰叔父我立女首子使爲君于魯謂欲封伯禽也封魯公以爲周公後故云大開女居以爲我周家之輔謂封以方七百里欲其彊于衆國

乃命魯公俾侯于東錫之山川土田附庸箋云東東藩魯國也既告周公以封伯禽之意乃策命伯禽使爲君于東加賜之以山川土田及附庸令專統之王制曰名山大川不以封諸侯附庸則不得專臣也○令力呈反周公之孫莊公之子龍旂承祀六轡耳耳春秋匪解享祀不忒傳周公之孫莊公之子謂僖公也耳耳然至盛也箋云交龍爲旂承祀謂視祭事也四馬故六轡春秋猶言四時也忒變也○解音懈皇皇后帝皇祖后稷享以騂犧是饗是宜降福既多傳騂赤犧純也箋云皇皇后帝謂天也成王以周公功大命魯郊祭天亦配之以君祖后稷其牲用赤牛純色與天子同也天亦饗之宜之多予之福周公皇祖亦其福女

秋而載嘗夏而楅衡白牡騂剛犧尊將將毛炰胾羹籩豆大房萬舞洋洋孝孫有慶傳諸侯夏禘則不礿秋祫則不嘗唯天子兼之楅衡設牛角以楅之也白牡周公牲也騂剛魯公牲也犧尊有沙飾也毛炰豚也胾肉也羹大羹鉶羹也大房半體之俎也洋洋衆多也箋云此皇祖謂伯禽也載始也秋將嘗祭于夏則養牲楅衡其牛角爲其觸觝人也秋嘗而言始者秋物新成尚之也大房玉飾俎也其制足間有橫下有柎似乎堂後有房然萬舞干舞也○楅音福將七羊反炰蒲包反胾側吏反祫咸夾反楅音逼有沙蘇河反爲其于僞反觝都禮反橫古曠反柎方于反俾爾熾而昌俾爾壽而臧保彼東方魯邦是常不虧不崩不震不騰三壽作朋如岡如陵傳震動也騰乘也壽考也箋云此皆慶孝孫之辭也俾使臧善保安常守也虧崩皆謂毀壞也震騰皆謂僭踰相侵犯也三壽三卿也岡陵取堅固也

公車千乘朱英綠縢二矛重弓傳大國之賦千乘朱英矛飾也縢繩也重弓重于鬯中也箋云二矛重弓備折壞也兵車之法左人持弓右人持矛中人御○乘繩證反縢徒登反重直龍反公徒三萬貝冑朱綅烝徒增增傳貝冑貝飾也朱綅以朱綅綴之增增衆也箋云萬二千五百人爲軍大國三軍合三萬七千五百人言三萬者舉成數也烝進也徒進行增增然○綅息廉反綴知稅反又張劣反戎狄是膺荊舒是懲則莫我敢承傳膺當承止也箋云懲艾也僖公與齊桓舉義兵北當戎與狄南艾荊及羣舒天下無敢禦也○艾音刈俾爾昌而熾俾爾壽而富黃髮台背壽胥與試箋云此慶僖公勇于用兵討有罪也黃髮台背皆壽徵也胥相也壽而相與試謂講氣力不衰倦俾爾昌而大俾爾耆而艾萬有千歲眉壽無有害箋云此又慶僖公勇于用兵討有罪也中時魯微弱爲鄰國所侵削今乃復其故故喜而重慶之俾爾猶使女也眉壽秀眉亦壽徵○艾五蓋反中張仲反

泰山巖巖魯邦所詹奄有龜蒙遂荒大東至于海邦淮夷來同莫不率從魯侯之功傳詹至也龜山也蒙山也荒有也箋云奄覆荒奄也大東極東海邦近海之國也來同爲同盟也率從相率從于中國也魯侯謂僖公保有鳧繹遂荒徐宅至于海邦淮夷蠻貊及彼南夷莫不率從莫敢不諾魯侯是若傳鳧山也繹山也宅居也淮夷蠻貊而夷行也南夷荊楚也若順也箋云諾應辭也是若者是僖公所謂順也○行下孟反天錫公純嘏眉壽保魯居常與許復周公之宇傳常許魯南鄙西鄙箋云純大也受福曰嘏許許田也魯朝宿之邑也常或作嘗在薛之旁春秋魯莊公三十一年築臺于薛是與周公有常邑許田未聞也六國時齊有孟嘗君食邑於薛○嘏古雅反朝直遙反魯侯燕喜令妻壽母宜大夫庶士邦

國是有。既多受祉。黃髮兒齒。【箋】云燕燕飲也令善也僖公燕飲于內寢則善其妻壽其母謂爲之祝慶也與羣臣燕則欲與之相宜亦祝慶也是有猶常有也兒齒亦壽徵○兒五兮反爲于僞反

徂來之松。新甫之柏。是斷是度。是尋是尺。【傳】徂徠山也新甫山也八尺曰尋○斷音短度待洛反

松桷有舄。路寢孔碩。新廟奕奕。奚斯所作。【傳】桷榱也舄大貌路寢正寢也新廟閔公廟也有大夫公子奚斯者作是廟也【箋】云孔甚碩大也奕奕姣美也修舊曰新新者姜嫄廟也僖公承衰亂之政脩周公伯禽之教故治正寢上新姜嫄之廟姜嫄之廟廟之先也奚斯作者教護屬功課章程也至文公之時大室屋壞○桷音角姣古卯反屬音燭

孔曼且碩。萬民是若。【傳】曼長也【箋】云曼脩也廣也且然也國人謂之順也

閟宮九章五章章十七句內第四章脫一句二章章八句二章章十句　舊說八章二章章十七句一章十二句一章三十八句二章章八句二章章十句多寡不均雜亂無次蓋不知第四章有脫句而然今正其誤

駉四篇二十三章二百四十三句

商頌

那之什第三十

那。祀成湯也。微子至于戴公。其間禮樂廢壞。有正考甫者。得商頌十二篇於周之太師。以那爲首。【箋】云禮樂廢壞者君怠慢於爲政不脩祭祀朝聘養賢待賓之事有司忘其禮之儀制樂師失其聲之曲折由是散亡也自正考甫至孔子之時又無七篇矣正考甫孔子之先也其祖弗甫何以有宋而授厲公○那乃河反大音泰後大甲大古大戊大祖皆放此朝直遙反折之設反

猗與那與。置我鞉鼓。【傳】猗歎辭那多也鞉鼓樂之所成也夏后氏足鼓殷人置鼓周人縣鼓【箋】云置讀曰植植鞉鼓者爲楹貫而樹之美湯受命伐桀定天下而作濩樂故歎之多其改夏之制乃始植我殷家之樂鞉與鼓也鞉雖不植貫而搖之亦植之類○鞉音桃縣音玄楹音盈

奏鼓簡簡。衎我烈祖。湯孫奏假。綏我思成。【傳】衎樂也烈祖湯有功烈之祖也假大也【箋】云奏鼓奏堂下之樂也烈祖湯也湯孫太甲也假升綏安也以金奏堂下諸縣其聲和大簡簡然以樂我功烈之祖成湯湯孫太甲又奏升堂之樂弦歌之乃安我心所思而成之謂神明來格也禮記曰齊之日思其居處思其笑語思其志意思其所樂思其所嗜齊三日乃見其所爲齊者祭之日入室僾然必有見乎其位周旋出戶肅然必有聞乎其容聲出戶而聽愾然必有聞乎其歎息之聲此之謂思成○衎苦旦反假毛古雅反鄭作格樂音洛齊側皆反嗜市志反爲于僞反僾音愛愾苦代反

鞉鼓淵淵。嘒嘒管聲。既和且平。依我磬聲。【傳】嘒嘒然和也平正平也依倚也磬聲之清者也以象萬物之成周尚臭殷尚聲【箋】云磬玉磬也堂下諸縣與諸管聲皆和平不相奪倫又與玉磬之聲相依亦謂和平也玉磬尊故異言之○嘒呼惠反

於赫湯孫。穆穆厥聲。

庸鼓有斁。萬舞有奕。【傳】於赫湯孫盛矣湯爲人子孫也大鐘曰庸斁斁然盛也奕奕然閑也【箋】云穆穆美也於盛矣湯孫呼太甲也此樂之美其聲鍾鼓則斁斁然有次序其于舞又閑習○於音烏

我有嘉客。亦不夷懌。自古在昔。先民有作。溫恭朝夕。執事有恪。【傳】夷說也先王稱之曰自古古曰在昔昔曰先民有作有所作也恪敬也【箋】云嘉客謂二王後及諸侯來助祭者我客之來助祭者亦不說懌乎言說懌也乃大古而有此助祭之禮非專於今也其禮儀溫溫然恭敬執事薦饌則又敬也○說音悅薦箋練反本又作薦同饌反

顧予烝嘗。湯孫之將。【箋】云顧猶念也將猶扶助也嘉客念我殷家有時祭之事而來者乃太甲之扶助也序助者之來意也

那一章二十二句

烈祖。祀中宗也。【箋】云中宗殷王太戊湯之玄孫也有桑穀之異懼而脩德殷道復興故表顯之號爲中宗○復

扶又反

嗟嗟烈祖。有秩斯祜。申錫無疆。及爾斯所。既載清酤。賚我思成。【傳】秩，常。申，重。酤，酒。賚，賜也。【箋】云，祜，福也。賚讀如往來之來。嗟嗟乎我功烈之祖成湯，既有此王天下之常福，天又重賜之以無竟界之期，其福乃及女之此所。女，女中宗也。言承湯之業能興之也。既載清酒于尊，酌以祼獻，而神靈來至，我致齊之所思則用成。重言嗟嗟，美歎之深。○酤音戶。賚毛如字，鄭音來。重直容反。王，天于況反。竟作境。祼古亂反。齊側皆反。

亦有和羹。既戒既平。鬷假無言。時靡有爭。綏我眉壽。黃耇無疆。【傳】戒，至。鬷，總。假，大也。總大，無言無爭也。【箋】云，和羹者，五味調，腥熟得節，食之於人性安和，喻諸侯有和順之德也。我既祼獻，神靈來至，亦復由有和順之諸侯來助祭也。其在廟中，既恭肅敬戒矣，既齊立乎列矣，至于設薦進俎，又總升堂而齊一，皆服其職，勸其事，寂然無言語者，無爭訟者，此由其心平性和，神靈用之，故安我以壽考之福，歸美焉。○鬷子東反。假毛古雅反，鄭音格。綏音妥。耇音苟。祼音灌。

約軧錯衡。八鸞鶬鶬。以假以享。我受命溥將。自天降康。豐年穰穰。【傳】八鸞鶬鶬，言文德之有聲也。假，大也。【箋】云，約軧，轂飾也。鸞在鑣，四馬則八鸞。假，大也。享，獻也。將，猶助也。諸侯來助祭者，乘篆轂金飾錯衡之車，駕四馬，其鸞鶬鶬然聲和，言車服之得其正也。以此來朝，升堂獻其國之所有，于我受政教，至祭祀又溥助我，言得萬國之懽心也。天于是下平安之福，使年豐。○軧祁支反。錯如字。鶬七羊反。穰如羊反。鑣彼苗反。篆直轉反。朝直遙反。

來假來享。降福無疆。【箋】云，享，謂獻酒使神享之也。諸侯助祭者來升堂，來獻酒，神靈又下，與我久長之福也。

顧予烝嘗。湯孫之將。【箋】云，此祭中宗，諸侯來助之，所言湯孫之將者，中宗之享此祭，由湯之功，故本言之。○假音格

烈祖一章二十二句

玄鳥，祀高宗也。【箋】云，祀當爲祫。祫，合也。高宗，殷王武丁，中宗玄孫之孫也。有雊雉之異，又懼而脩德，殷道復興，故亦表顯之，號爲高宗云。崩而始合祭於契之廟，歌是詩焉。古者君喪三年既畢，禘於其廟，而後祫祭於太祖。明年春，禘于羣廟。自此之後，五年而載殷祭，一禘一祫，春秋謂之大事。○雊古豆反。復扶又反。契息列反，又作卨，古字也。

天命玄鳥。降而生商。宅殷土芒芒。【傳】玄鳥，鳦也。春分玄鳥降。湯之先祖有娀氏女簡狄配高辛氏帝，帝率與之祈于郊禖而生契，故本其爲天所命，以玄鳥至而生焉。芒芒，大貌。【箋】云，降，下也。天使鳦下而生商者，謂鳦遺卵，娀氏之女簡狄吞之而生契，爲堯司徒，有功封商。堯知其後將興，又錫其姓焉。自契至湯八遷，始居亳之殷地而受命，國日以廣大芒芒然。湯之受命，由契之功，故本其天意。○娀夙忠反。禖音梅。卵力管反。

古帝命武湯。正域彼四方。方命厥后。奄有九有。【傳】正，長。域，有也。九有，九州也。【箋】云，古帝，天也。天帝命有威武之德者成湯，使之長有邦域，爲政于天下。方命其君，謂徧告諸侯也。湯有是德，故覆有九州，爲之王也。○長張丈反

商之先后。受命不殆。在武丁孫子。【傳】武丁，高宗也。【箋】云，后，君也。商之先君受天命而行之不解殆者，在高宗之孫子。言

高宗，與湯之功法度明也。○解音懈。

武丁孫子。武王靡不勝。龍旂十乘。大糦是承。【傳】勝，任也。【箋】云，交龍爲旂。糦，黍稷也。高宗之孫子，有武功，有王德於天下者，無所不勝服，乃有諸侯建龍旂者十乘，奉承黍稷而進之者，亦言得諸侯之歡心。十乘者，二王後，八州之大國。○勝毛音升，鄭式證反。乘繩證反。糦尺志反。

邦畿千里。維民所止。肇域彼四海。【傳】畿，疆也。【箋】云，止猶居也。肇當作兆。王畿千里之內，其民居安，乃後兆域正天下之經界，言其爲政自內及外。

四海來假。來假祁祁。景員維河。殷受命咸宜。百祿是何。【傳】景，大。員，均。何，任也。【箋】云，假，至也。祁祁，衆多也。員古文作云。河之言何也。天下既蒙王之政令，皆得其所，而來朝覲貢獻。其至也，祁祁然衆多。其所貢于殷大至，所云維言何乎，言殷王之受命，皆其宜也。百祿是何，謂當擔負天之多福。○假音格。何音河。朝直遙反

玄鳥一章二十二句

長發，大禘也。箋云：大禘，郊祭天也。禮記曰：王者禘其祖之所自出，以其祖配之，是謂也。

濬哲維商，長發其祥。洪水芒芒，禹敷下土方。外大國是疆，幅隕既長。傳：濬，深。洪，大也。諸夏為外。幅，廣也。隕，均也。箋云：長猶久也。隕當作圓。圓謂周也。深知乎維商家之德也，久發見其禎祥矣。乃用洪水，禹敷下土，正四方，定諸夏廣大其竟界之時，始有王天下之萌兆，歷虞夏之世，故為久也。○疆，居良反。隕，音圓，見贊遍反。竟，音境。王天于況反。王之王德皆同。

有娀方將，帝立子生商。傳：有娀，契母也。將，大也。契生商也。箋云：帝，黑帝也。禹敷下土之時，有娀氏之國亦始廣大，有女簡狄吞鳦卵而生契，堯封之於商，後湯王因以為天下號，故云帝立子生商。

玄王桓撥，受小國是達，受大國是達。率履不越，遂視既發。傳：玄王，契也。桓，大。撥，治。履，禮也。箋云：承黑帝而立子，故謂契為玄王。遂猶徧也。發，行也。玄王廣大其政治，始堯封之商，為小國，舜之末年，乃益其土地為大國，皆能達其教令，使其民循禮，不得踰越，乃徧省視之，教令則盡行也。

相土烈烈，海外有截。傳：相土，契孫也。烈烈，威也。箋云：截，整齊也。相土居夏后之世，承契之業，入為王官之伯，出長諸侯，其威武之盛烈烈然，四海之外率服，截爾整齊。○相，息亮反。長，張丈反。

帝命不違，至于湯齊。傳：至湯與天心齊。箋云：帝命不違者，天之所以命契之事，世世行之，其德浸大，至于湯而當天心。○齊，如字。

湯降不遲，聖敬日躋。昭假遲遲，上帝是祗。帝命式于九圍。傳：不遲，言疾也。躋，升也。九圍，九州也。箋云：降，下。假，暇。祗，敬。式，用也。湯之下士尊賢甚疾，其聖敬之德日進，然而以其德聰明，寬暇天下之人遲遲然，言急于己而緩于人，天命是故愛敬之也。天于是又命之，使用事于天下，言王之也。○躋，子兮反。假，毛音格。祗，諸時反。下士，遐嫁反。

受小球大球，為下國綴旒，何天之休。傳：球，玉。綴，表。旒，章也。箋云：綴猶結也。旒，旌旗之垂者也。休，美也。湯既為天所命，則受小玉，謂尺二寸圭也；受大玉，謂珽也，長三尺。執圭搢珽，以與諸侯會同，結定其心，如旌旗之旒縿著焉，擔負天之美譽，為眾所歸鄉。○綴，陟劣反。長，直亮反。縿，所御反。著，直畧反。鄉，許亮反。

不競不絿，不剛不柔。敷政優優，百祿是遒。傳：絿，急也。優優，和也。遒，聚也。箋云：競，逐也。不逐，不與人爭前後。○遒，子由反。

受小共大共，為下國駿厖，何天之龍。傳：共，法。駿，大。厖，厚。龍，和也。箋云：共，執也。小共大共，猶所執搢小球大球也。駿之言俊也。龍當作寵。寵，榮名之謂。○共，毛音恭，鄭音拱。厖，莫邦反。龍，毛如字，鄭作寵。

敷奏其勇，不震不動，不戁不竦，百祿是總。傳：戁，恐。竦，懼也。箋云：不震不動，不可驚憚也。○戁，奴版反。

武王載旆，有虔秉鉞。如火烈烈，則莫我敢曷。傳：武王，湯也。旆，旗也。虔，固。曷，害也。箋云：有之言又也。上既美其剛柔得中，勇敢不懼，于是有武功，有王德，及建旆興師出伐，又固持其鉞，志在誅有罪也。其威勢如猛火之炎熾，誰敢禦害我。○旆，蒲貝反。中，張仲反。

苞有三蘖，莫遂莫達，九有有截。傳：苞，本。蘖，餘也。

箋云：苞，豐也。天豐大先三正之後世，謂居以大國，行天子之禮樂，然而無有能以德自遂達于天者，故天下歸鄉湯，九州齊一截然。○蘖，五葛反。

韋顧既伐，昆吾夏桀。傳：有韋國者，有顧國者，有昆吾國者。箋云：韋，豕韋，彭姓也。顧、昆吾，皆己姓也。三國黨于桀惡，湯先伐韋、顧，克之，昆吾、夏桀則同時誅也。○己，音紀。

昔在中葉，有震且業。允也天子，降予卿士。傳：葉，世也。業，危也。箋云：中世謂相土也。震猶威也。相土始有征伐之威，以為子孫討惡之業，湯遵而興之，信也天命而子之，下予之卿士，謂生賢佐也。春秋傳曰：畏吾之震，師徒橈敗。

實維阿衡，實左右商王。傳：阿衡，伊尹也。左右，助也。箋云：阿，倚。衡，平也。伊尹，湯所依倚而取平，故以為官名。商王，湯也。

長發七章，一章八句，四章章七句，一章九句，一章六句。

殷武，祀高宗也。

撻彼殷武奮伐荊楚罙入其阻裒荊之旅[傳]撻疾意也殷武殷王武丁也荊楚荊州之楚國也罙深裒聚也[箋]云有鍾鼓曰伐罙冐也殷道衰而楚人叛高宗撻然奮揚威武出兵伐之冐入其險阻謂踰方城之隘克其軍率而俘虜其士衆○罙面規反俘音孚有截其所湯孫之緒[箋]云緒業也所猶處也高宗所伐之處國邑皆服其罪更自勑整截然齊壹是乃湯孫太甲之等功業

維女荊楚居國南鄉昔有成湯自彼氐羌莫敢不來享莫敢不來王曰商是常[傳]鄉所也[箋]云氐羌夷狄國在西方者也享獻也世見曰王維女楚國近在荊州之域居中國之南方而背叛乎成湯之時乃氐羌遠夷之國來獻來見曰商王是吾常君也此所用責楚之義女乃遠夷之不如○氐都啼反世見賢遍反

天命多辟設都于禹之績歲事來辟勿予禍適稼穡匪解[傳]辟君適過也[箋]云多衆也來辟猶來王也天命乃令天下衆君諸侯立都于禹所治之功以歲時來朝覲于我殷王者勿罪過與之禍適徒勑以勸民稼穡非可懈倦時楚不脩諸侯之職此所用告曉楚之義也禹平水土弼成五服而諸侯之國定是以云然○多辟音璧下同適直革反解音懈注同朝直遥反

天命降監下民有嚴不僭不濫不敢怠遑命于下國封建厥福[傳]嚴敬也不僭不濫賞不僭刑不濫也封大也[箋]云降下遑暇也天命乃下視下民有嚴明之君能明德慎罰不敢怠惰自暇于政事者則命之于小國以爲天子大立其福謂命湯使由七十里王天下也時楚僭號王位此又所用告曉楚之義○王天下于況反

商邑翼翼四方之極赫赫厥聲濯濯厥靈壽考且寧以保我後生[傳]商邑京師也[箋]云極中也商邑之禮俗翼翼然可則傚乃四方之中正也赫赫乎其出政教也濯濯乎其見尊敬也王乃壽考且安以此全守我子孫此又用商德重告曉楚之義

陟彼景山松栢丸丸是斷是遷方斲是虔松桷有梴旅楹有閑寢成孔安[傳]丸丸易直也遷徙虔敬也梴長貌旅陳也寢路寢也[箋]云椹謂之虔升景山揄材木取松栢易直者斷而遷之正斲于椹上以爲桷與衆楹路寢既成王居之甚安謂施政教得其所也高宗之前王有廢政教不脩寢廟者高宗復成湯之道故新路寢焉○斷音短

殷武六章三章章六句二章章七句一章五句

那五篇十六章百五十四句

詩經卷二十　終

儀禮序

唐朝散大夫行太學博士弘文館學士賈公彥撰

竊聞道本冲虛非言無以表其疏言有微妙非釋無能悟其理是知聖人言曲事資注釋而成至於周禮儀禮發源是一理有終始分為二部並是周公攝政太平之書周禮為末儀禮為本本則難明末便易曉是以周禮注者則有多門儀禮所注後鄭而已其為章疏則有二家信都黃慶者齊之盛德李孟悊者隋曰碩儒慶則舉大略小經注疏漏猶登山遠望而近不知悊則舉小略大經注稍周似入室近觀而遠不察二家之疏互有修短時之所尚李則

為先案士冠三加有緇布冠皮弁爵弁既冠又著玄冠見於君有此四種之冠故記人下陳緇布冠委貌周弁以釋經之四種經之與記都無天子冠法而李云委貌與弁皆天子始冠之冠李之謬也喪服一篇凶禮之要是以南北二家章疏甚多時之所以皆資黃氏案鄭注喪服引禮記檀弓云經之言實也明孝子有忠實之心故為制此服焉則經之所作表心明矣而黃氏妄云衰以表心經以表首以黃氏公違鄭注黃之謬也黃李之訓略言其一餘足見矣今以先儒失路後宜易塗故悉鄙情聊裁此疏未敢專欲以諸家為本擇善而從兼增己義仍取四門助教李玄植詳論可否僉謀已定庶可施矣函丈之儒青衿之俊幸以去瑕取玖得無譏焉

儀禮目錄

卷一

士冠禮

鄭目錄云童子任職居士位年二十而冠主人玄冠朝服則是仕於諸侯天子之士朝服皮弁素積古者四民世事士之子恒爲士冠禮於五禮屬嘉禮大小戴及別錄此皆第一

卷二

士昏禮

鄭目錄云士娶妻之禮以昏爲期因而名焉必以昏者陽往而陰來日入三商爲昏昏禮於五禮屬嘉禮大小戴及別錄此皆第二

卷三

士相見禮

鄭目錄云士以職位相親始承摯相見之禮雜記會葬禮曰相見也反哭而退朋友虞祔而退士相見於五禮屬賓禮大小戴及別錄皆第三

卷四

鄉飲酒禮

鄭目錄云諸侯之鄉大夫三年大比獻賢者能者於其君以禮賓之與之飲酒於五禮屬嘉禮大戴此乃第十小戴及別錄此皆第四

卷五

鄉射禮

鄭目錄云州長春秋以禮會民而射於州序之禮謂之鄉者州鄉之屬鄉大夫或在焉不改其禮射禮於五禮屬嘉禮大戴十一小戴及別錄皆第五

卷六

燕禮

鄭目錄云諸侯無事若卿大夫有勤勞之功與羣臣燕飲以樂之燕禮於五禮屬嘉禮大戴第十二小戴及別錄皆第六

卷七

大射

鄭目錄云名曰大射者諸侯將有祭祀之事與其羣臣射以觀其禮數中者得與於祭不數中者不得與於祭射義

於五禮屬嘉禮大戴此第十三小戴及別錄皆第七

卷八

聘禮

鄭目錄云大問曰聘諸侯相於久無事使卿相問之禮小聘使大夫周禮曰凡諸侯之邦交歲相問也殷相聘也世相朝也於五禮屬賓禮大戴第十四小戴第十五別錄第八

卷九

公食大夫禮

鄭目錄云主國君以禮食小聘大夫之禮於五禮屬嘉禮大戴第十五小戴第十六別錄第九

卷十

覲禮

鄭目錄云覲見也諸侯秋見天子之禮春見曰朝夏見曰宗秋見曰覲冬見曰遇朝宗禮備覲遇禮省是以享獻不見焉三時禮亡唯此存爾覲禮於五禮屬賓大戴第十六小戴十七別錄第十

卷十一

喪服

鄭目錄云天子以下死而相喪衣服年月親疏隆殺之禮不忍言死而言喪喪者棄亡之辭若全存居於彼焉已亡之耳大戴第十七小戴第九劉向別錄第十一

卷十二

士喪禮

鄭目錄云士喪其父母自始死至於既殯之禮喪於五禮屬凶大戴第四小戴第八別錄第十二

卷十三

既夕

鄭目錄云士喪禮之下篇也既已也謂先葬二日已夕哭時與葬間一日凡朝廟日請啓期必容焉此諸侯之下士一廟其上士二廟則既夕哭先葬前三日大戴第五冊小戴第十四別錄名士喪禮下篇第十三

卷十四

士虞禮

鄭目錄云虞安也士既葬其父母迎精而反日中而祭之於殯宮以安之虞於五禮屬凶大戴第六小戴第十五別

錄第十四

卷十五

特牲饋食禮

鄭目錄云特牲饋食之禮謂諸侯之士祭祖禰非天子之士而於五禮屬吉禮

卷十六

少牢饋食禮

鄭目錄云諸侯之卿大夫祭其祖禰於廟之禮羊豕曰少牢少牢於五禮屬吉禮大戴第八小戴第十一別錄第十

卷十七

有司徹

釋曰鄭目錄云少牢之下篇也上大夫既祭儐尸於堂之禮若下大夫祭畢禮尸於室中無別行儐尸於堂之事天子諸侯之祭明日而繹有司徹於五禮屬吉大戴第九小戴第十二別錄少牢下篇第十七

儀禮目錄畢

儀禮卷一

漢大司農北海鄭　玄註

皇明　後學東吳金　蟠訂

士冠禮第一

士冠禮。

筮于廟門。

筮者、以蓍問日吉凶於易也、冠必筮日於廟門者、重以成人之禮、成子孫也、廟、謂禰廟、不於堂者、嫌蓍之靈由廟神、○筮市制反廟古廟字禰乃禮反

主人玄冠朝服緇帶素韠。即位于門東西面。

主人、將冠者之父兄也、玄冠、委貌也、朝服者、十五升布衣而素裳也、衣不言色者、衣與冠同也、筮必朝服、尊蓍龜之道也、緇帶黑繒帶也、士帶博二寸、再繚四寸、屈垂三尺、素韠、白韋韠也、長三尺、上廣一尺、下廣二尺、其頸五寸、肩革帶博三寸、天子與其臣玄冕以視朔、皮弁以日視朝、諸侯與其臣皮弁以視朔、朝服以日視朝、凡染黑、五入爲緅、七入爲緇、玄則六入與、

有司如主人服。即位于西方。東面北上。

有司、羣吏有事者、謂主人之吏、所自辟除府史以下也、今時卒吏及假吏皆是也、

筮與席所卦者。具饌于西塾。

筮、所以問吉凶、謂蓍也、所卦者、所以畫地記爻、易曰六畫而成卦、饌、陳也、具、俱也、西塾、門外西堂也、○塾音孰

布席于門中。闑西閾外。西面。

闑、門橛也、閾、閫也、古文闑爲槷、閾爲蹙、○闑魚列反閾音域橛其月反閫苦本反槷魚列反

筮人執筴，抽上韇，兼執之，進受命於主人。

筮人，有司主三易者也。韇，藏筴之器也，今時藏弓矢者謂之韇丸也。兼，并也。進，前也。自西方而前受命者，當知所筮也。○韇音獨

宰自右少退，贊命。

宰，有司主政教者也。自，由也。贊，佐也。命，告也。佐主人告所以筮也。少儀曰：贊幣自左，詔辭自右。

筮人許諾，右還，即席坐，西面。卦者在左。

即，就也。東面受命，右還北行就席。卦者，有司主畫地識爻者也。○還音旋，後倣此。識音志

卒筮，書卦，執以示主人。

卒，已也。書卦者，筮人以方寫所得之卦也。

主人受眡，反之。

反，還也。○還音環

筮人還，東面旅占，卒，進告吉。

旅，衆也。還與其屬共占之。古文旅作臚。

若不吉，則筮遠日，如初儀。

遠日，旬之外。

徹筮席。

徹，去也，斂也。

宗人告事畢。

宗人，有司主禮者也。

主人戒賓，賓禮辭，許。

戒，警也，告也。賓，主人之僚友。古者有吉事則樂與賢者歡成之，有凶事則欲與賢者哀戚之。今將冠子，故就告僚友使來。禮辭，一辭而許也。再辭而許曰固辭，三辭曰終辭，不許也。

主人再拜，賓答拜。主人退，賓拜送。

退，去也，歸也。

前期三日，筮賓，如求日之儀。

前期三日，空二日也。筮賓，筮其可使冠子者。賢者恒吉。冠義曰：古者冠禮筮日筮賓，所以敬冠事；敬冠事，所以重禮；重禮，所以為國本。

乃宿賓。賓如主人服，出門左，西面再拜。主人東面答拜。

宿，進也。宿者必先戒，戒不必宿。其不宿者為衆賓，或悉來或否。主人朝服。

乃宿賓，賓許，主人再拜，賓答拜。主人退，賓拜送。

乃宿賓者，親相見致其辭。

宿贊冠者一人，亦如之。

贊冠者，佐賓為冠事者，謂賓若他官之屬，中士若下士也。宿之以筮賓之明日。

厥明夕，為期于廟門之外。主人立于門東，兄弟在其南，少退，西面北上。有司皆如宿服，立于西方，東面北上。

厥，其也。宿服，朝服。

擯者請期。宰告曰質明行事。

擯者，有司佐禮者，在主人曰擯，在客曰介。質，正也。宰告曰：旦日正明行冠事。

告兄弟及有司。

擯者告也。

告事畢。

宗人告也。

擯者告期于賓之家。夙興。設洗直于東榮。南北以堂深。水在洗東。

夙，早也。興，起也。洗，承盥洗者棄水器也。士用鐵。榮，屋翼也。周制自卿大夫以下，其室爲夏屋。水器尊卑皆用金罍，及大小異。○深，申鴆反。

陳服于房中西墉下。東領北上。

墉，牆。

爵弁服纁裳。純衣。緇帶。韎韐。

此與君祭之服。雜記曰：士弁而祭于公。爵弁者，冕之次，其色赤而微黑，如爵頭然，或謂之緅。其布三十升。纁裳，淺絳裳。凡染絳，一入謂之縓，再入謂之赬，三入謂之纁，朱則四入與。純衣，絲衣也。餘衣皆用布，唯冕與爵弁服用絲耳。先裳後衣者，欲令下近緇，明衣與帶同色。韎韐，縕韍也。士縕韍而幽衡，合韋爲之。士染以茅蒐，因以名焉。今齊人名蒨爲韎韐。韍之制似韠。冠弁者不與衣陳，而言於上，以冠名服耳。今文纁皆作熏。○韎，爲妹。韐音閤。縓，七絹反。赬，丑貞反。韍音弗。蒨，七見反。

皮弁服。素積。緇帶。素韠。

此與君視朔之服也。皮弁者，以白鹿皮爲冠，象上古也。積猶辟也，以素爲裳，辟蹙其要中。皮弁之衣用布，亦十五升，其色象焉。

○辟，必亦反，下同。要，一遙反。

玄端。玄裳。黃裳。雜裳可也。緇帶。爵韠。

此莫夕於朝之服。玄端，即朝服之衣，易其裳耳。上士玄裳，中士黃裳，下士雜裳。雜裳者，前玄後黃。易曰：夫玄黃者，天地之雜也，天玄而地黃。士皆爵韋爲韠，其爵同。不以玄冠名服者，是爲緇布冠陳之。玉藻曰：韠，君朱，大夫素，士爵韋。○莫音暮。

緇布冠缺項。青組纓屬于缺。緇纚廣終幅。長六尺。皮弁笄。爵弁笄。

緇組紘纁邊。同篋。

缺讀如有頍者弁之頍。緇布冠無笄者，著頍，圍髮際，結項中，隅爲四綴，以固冠也。項中有緶，亦由固頍爲之耳。今未冠笄者著卷幘，頍象之所生也。滕薛名蔮爲頍。屬猶著。纚，今之幘梁也。終，充也。纚一幅長六尺，足以韜髮而結之矣。笄，今之簪。有笄者屈組爲紘，垂爲飾；無笄者纓而結其絛。纁邊，組側赤也。同篋，謂此以上凡六物。隋方曰篋。○缺依注音頍，去蘂反。屬，章玉反。纚，山綺反。著頍、著卷之著，陟略反。緶，紀屈反。卷，去圓反。蔮，古內反。猶著之著，直略反。隋，他果反。

櫛實于簞。

簞，笥也。○簞音丹，笥音嗣。

蒲筵二在南。

筵，席也。

側尊一甒醴在服北。有篚實勺觶角柶。脯醢南上。

側猶特也。無偶曰側，置酒曰尊。側者，無玄酒。服北者，纁裳北也。篚，竹器如笭者。勺，尊升，所以𣪠酒也。爵三升曰觶。柶狀如匕，以角爲之者，欲滑也。南上者，篚次尊，籩豆次篚。古文甒作廡。○甒，云甫反。觶，之豉反。柶音四。醢音海。笭，力呈反。𣪠，九于反，又音拘。廡音武。

爵弁、皮弁、緇布冠各一匴、執以待于西坫南、南面東上、賓升則東面。

爵弁者制如冕、黑色、但無繅耳、周禮、王之皮弁、會五采、玉璂、象邸、玉笄、諸侯及孤卿大夫之冕、皮弁、各以其等爲之、則士之皮弁又無玉象邸飾、緇布冠、今小吏冠其遺象也、匴、竹器名、今之冠箱也、執之者有司也、坫在堂角、古文匴爲篹、坫爲襜、○繅音早、璂音其、邸丁禮反、篹素管反又音篹

主人玄端爵韠、立于阼階下、直東序西面。

玄端士入廟之服也、阼猶酢也、東階所以答酢賓客也、堂東西牆謂之序、○阼才故反

兄弟畢袗玄、立于洗東、西面北上。

兄弟主人親戚也、畢猶盡也、袗同也、玄者玄衣玄裳也、緇帶韠、位在洗東、退於主人、不爵韠者、降於主人也、古文袗爲均也、

擯者玄端、負東塾。

東塾、門內東堂、負之北面、

將冠者采衣紒、在房中南面。

采衣、未冠者所服、玉藻曰、童子之飾也、緇布衣、錦緣、錦紳、并紐、錦束髮、皆朱錦也、紒、結髮、古文紒爲結、○紒音界

賓如主人服、贊者玄端從之、立于外門之外。

外門、大門外、

擯者告。

告者、出請入告、

主人迎、出門左、西面再拜、賓答拜。

左、東也、出以東爲左、入以東爲右、

主人揖贊者、與賓揖、先入。

贊者賤、揖之而已、又與賓揖、先入道之、贊者隨賓、

每曲揖。

周左宗廟、入外門、將東曲、揖、直廟、將北曲、又揖、

至于廟門、揖入、三揖至于階、三讓。

入門、將右曲、揖、將北曲、揖、當碑、揖、

主人升、立于序端、西面、賓西序、東面。

主人賓俱升、立相鄉、○鄉許亮反、又作嚮

贊者盥于洗西、升、立于房中、西面南上。

盥于洗西、由賓階升也、立于房中、近其事也、南上、尊于主人之贊者、古文盥皆作浣、

主人之贊者筵于東序、少北、西面。

主人之贊者、其屬中士若下士、筵、布席也、東序、主人位也、適子冠於阼、少北、辟主人、○適丁歷反、辟音避

將冠者出房、南面

南面、立於房外之西、待賓命、

贊者奠纚、笄、櫛于筵南端。

贊者、賓之贊冠者也、奠、停也、古文櫛爲節、

賓揖將冠者、將冠者即筵坐、贊者坐、櫛、設纚。

即就、設施、

賓降。主人降。賓辭。主人對。

主人降、爲賓將盥、不敢安位也、辭對之辭未聞。○爲于僞反

賓盥。卒壹揖壹讓升。主人升。復初位。

揖讓皆壹者、降於初、古文壹皆作一、

賓筵前坐。正纚。興。降西階一等。執冠者升一等。東面授賓。

正纚者、將加冠、宜親之、興、起也、降、下也、下一等、升一等、則中等相授、冠、緇布冠也、

賓右手執項。左手執前。進容。乃祝。坐如初。乃冠。興。復位。贊者卒。

進容者、行翔而前鶬焉、至則立、祝、坐如初、坐筵前、興、起也、復位、西序東面、卒、謂設缺項結纓也、

冠者興。賓揖之。適房。服玄端爵韠。出房南面。

復出房南面者、一加禮成、觀衆以容體、

賓揖之。卽筵坐。櫛設笄。賓盥。正纚如初。降二等。受皮弁。右執項。左執前。進祝。加之如初。復位。贊者卒紘。

如初、爲不見者言也、卒紘、謂繫屬之、

興。賓揖之。適房。服素積素韠。容。出房南面。

容者、再加彌成、其儀益繁、

賓降三等。受爵弁。加之。服纁裳韎韐。其他如加皮弁之儀。

降三等、下至地、他、謂卒紘容出、

徹皮弁冠櫛筵。入于房。

徹者、贊冠者主人之贊者爲之、

筵于戶西南面。

筵、主人之贊者、戶西、室戶西、

贊者洗于房中。側酌醴。加柶覆之面葉。

洗、盥而洗爵者、昏禮曰、房中之洗在北堂、直室東隅、篚在洗東、北面盥、側酌者、言無爲之薦者、面、前也、葉、柶大端、贊酌者、賓尊不入房、古文葉爲擖、

賓揖冠者就筵。筵西南面。賓受醴于戶東。加柶面枋。筵前北面。

戶東、室戶東、今文枋爲柄、○枋彼命反

冠者筵西拜受觶。賓東面答拜。

筵西拜、南面拜也、賓答拜於西序之位、東面者、明成人與爲禮、異於答主人、

薦脯醢。

贊冠者也、

冠者卽筵坐。左執觶。右祭脯醢。以柶祭醴三。興。筵末坐。啐醴。捷柶興。降筵。坐奠觶。拜。執觶興。賓答拜。

捷柶、扱柶於醴中、其拜皆如初、古文啐爲呼、○啐七內反

冠者奠觶于薦東。降筵。北面坐取脯。降自西階。適東壁。北面見于母。

薦東薦左凡奠爵將舉者於右不舉者於左適東壁者出闈門也時母在闈門之外婦人入廟由闈門

母拜受子拜送母又拜。

婦人於丈夫雖其子猶俠拜

賓降直西序東面主人降復初位。

初位初至階讓升之位

冠者立于西階東南面賓字之冠者對。

對應也其辭未聞

賓出主人送于廟門外。

不出外門將醴之

請醴賓賓禮辭許賓就次。

此醴當作禮次門外更衣處也必帷幕簟席爲之

冠者見於兄弟兄弟再拜冠者答拜見贊者西面拜亦如之。

見贊者西面拜則見兄弟東面拜贊者後賓出

入見姑姊如見母。

入入寢門也廟在寢門外如見母者亦北面姑與姊亦俠拜也不見妹妹卑

乃易服服玄冠玄端爵韠奠摯見於君遂以摯見於鄉大夫鄉先生。

易服不朝服者非朝事也摯雉也鄉先生鄉中老人爲卿大夫致仕者○摯亦作贄音至

乃醴賓以壹獻之禮。

壹獻者主人獻賓而已卽燕無亞獻者獻酢酬賓主人各兩爵而禮成特牲少牢饋食之禮獻只此其類也士禮一獻卿大夫三獻賓醴不用柶者泲其醴內則曰飲重醴清糟凡醴事質者用糟文者用清○泲子禮反

主人酬賓束帛儷皮。

飲賓客而從之以財貨曰酬所以申暢厚意也束帛十端也儷皮兩鹿皮也古文儷爲離

贊者皆與贊冠者爲介。

贊者衆賓也皆與亦飲酒爲衆賓介賓之輔以贊爲之尊之飲酒之禮賢者爲賓其次爲介○與音預

賓出主人送于外門外再拜歸賓俎。

一獻之禮有薦有俎其牲未聞使人歸諸賓家也

若不醴則醮用酒。

若不醴謂國有舊俗可行聖人用焉不改者也曲禮曰君子行禮不求變俗祭祀之禮居喪之服哭泣之位皆如其國之故謹脩其法而審行之是也酌而無酬酢曰醮醴亦當爲禮

尊于房戶之間兩甒有禁玄酒在西加勺南枋。

房戶間者房西室戶東也禁承尊之器也名之爲禁者因爲酒戒也玄酒新水也雖今不用猶設之不忘古也

洗有篚在西南順。

洗庭洗當東榮南北以堂深篚亦以盛勺觶陳於洗西南順北爲上也○盛音成

始加醮用脯醢賓降取爵于篚辭降如初卒洗升酌。

始加者言一加一醮也加冠於東序醮之於戶西同耳始醮亦薦脯醢賓降者爵在庭酒在堂將自酌也辭降如初如將冠時

降盥辭主人降也、凡薦出自東房、

冠者拜受賓答拜如初。

贊者筵于戶西賓升揖冠者就筵乃醮冠者南面拜受、賓授爵東面答拜如醴禮也於賓答拜贊者則亦薦之、

冠者升筵坐左執爵右祭脯醢、祭酒、興筵末坐啐酒、降筵拜賓答拜。冠者奠爵于薦東立于筵西。

冠者立俟賓命賓揖之、則就東序之筵、

徹薦爵筵尊不徹。

徹薦與爵者辟後加也、不徹筵尊、三加可相因由便也、

加皮弁如初儀再醮攝酒其他皆如初。

攝猶整也、整酒謂撓之、今文攝爲聶、○撓奴高反

加爵弁如初儀三醮有乾肉折俎嚌之其他如初。北面取脯見于母。

乾肉、牲體之脯也、折其體以爲俎、嚌嘗之、○嚌才計反

若殺則特豚載合升。離肺實于鼎設扃鼏。

特豚、一豚也、凡牲皆用左胖、煮於鑊曰亨、在鼎曰升、在俎曰載、載合升者、明亨與載皆合左右胖、離、割也、割肺者使可祭也、可嚌也、今文扃爲鉉、古文鼏爲密、○扃古螢反鼏亡歷反鑊戶郭反亨普庚反

始醮如初。

亦薦脯醢、徹薦爵、筵尊不徹矣、

再醮兩豆葵菹蠃醢兩籩栗脯。

蠃醢、螔蝓醢、今文蠃爲蝸、○蠃力禾反螔音移蝓音俞一音由蝸力禾反又古華反

三醮攝酒如再醮。加俎嚌之皆如初嚌肺。

攝酒如再醮、則再醮亦攝之矣、加俎嚌之、嚌當爲祭、字之誤也、祭俎如初、如祭脯醢、

卒醮取籩脯以降。如初若孤子則父兄戒宿。

父兄、諸父諸兄、

冠之日主人紒而迎賓拜揖讓立于序端皆如冠主禮於阼。

冠主、冠者親父若宗兄也、古文紒爲結、今文禮作醴、

凡拜北面於阼階上賓亦北面于西階上答拜若殺則舉鼎陳於

門外直東塾北面

孤子得申禮盛之、父在有鼎不陳於門外、

若庶子。則冠於房外南面遂醮焉

房外、謂尊東也、不於阼階非代也、不醮於客位、成而不尊、

冠者母不在則使人受脯于西階下。戒賓曰。某有子某將加布於其首願吾子之教之也。

吾子、相親之辭、吾、我也、子、男子之美稱、古文某爲謀、

賓對曰某不敏恐不能共事以病吾子敢辭。

病猶辱也、古文病爲秉、○共音恭

主人曰某猶願吾子之終教之也賓對曰吾子重有命某敢不從

敢不從許之辭

宿曰某將加布於其之首吾子將莅之敢宿賓對曰某敢不夙興

莅臨也今文無對

始加祝曰令月吉日始加元服

令吉皆善也元首也○服叶蒲北反

棄爾幼志順爾成德壽考惟祺介爾景福

爾女也既冠爲成德祺祥也介景皆大也因冠而戒且勸之女如是則有壽考之祥大女之大福也○福叶筆勒反女音汝下同

再加曰吉月令辰乃申爾服

辰子丑也申重也○服叶蒲北反

敬爾威儀淑慎爾德眉壽萬年永受胡福

胡猶遐也遠也遠無窮古文眉作麋○福叶筆勒反

三加曰以歲之正以月之令咸加爾服

正猶善也咸皆也皆加女之三服謂緇布冠皮弁爵弁也

兄弟具在以成厥德黃耇無疆受天之慶

黃黃髮也耇凍梨也皆壽徵也疆竟○耇音苟慶叶音羌

醴辭曰甘醴惟厚嘉薦令芳

嘉善也善薦謂脯醢芳香也

拜受祭之以定爾祥承天之休壽考不忘

不忘長有令名

醮辭曰旨酒既清嘉薦亶時

亶誠也古文亶爲癉○癉丁但反

始加元服兄弟具來孝友時格永乃保之

善父母爲孝善兄弟爲友時是也格至也永長也保安也行此乃能保之今文格爲嘏凡醮者不祝○來叶力之反嘏古雅反

再醮曰旨酒既湑嘉薦伊脯

湑清也伊惟也○湑思呂反

乃申爾服禮儀有序祭此嘉爵承天之祜

祜福也

三醮曰旨酒令芳籩豆有楚

旨美也楚陳列之貌

咸加爾服肴升折俎

肴升折俎亦謂豚

承天之慶受福無疆

○慶叶音羌

字辭曰禮儀既備令月吉日

○備叶筆力反

昭告爾字。爰字孔嘉。

昭明也。爰於也。孔甚也。○字叶音滋嘉叶居之反

髦士攸宜。宜之于假。

髦俊也。攸所也。于猶爲也。假大也。宜之是爲大矣。○假古雅反叶音古

永受保之。曰伯某甫。仲叔季。唯其所當。

伯仲叔季。長幼之稱。甫是丈夫之美稱。孔子爲尼甫。周大夫有嘉甫。宋大夫有孔甫。是其類。甫字或作父。

屨。夏用葛。玄端黑屨。青絇繶純。純博寸。

屨者順裳色。玄端黑屨。以玄裳爲正也。絇之言拘也。以爲行戒。狀如刀衣鼻。在屨頭。繶縫中紃也。純緣也。三者皆青。博廣也。○

絇其于反繶於力反純章允反縫扶用反紃音旬

素積白屨。以魁柎之。緇絇繶純。純博寸。

魁蜃蛤。柎注也。○柎方于反蜃上忍反蛤音閤

爵弁纁屨。黑絇繶純。純博寸。

爵弁屨以黑爲飾。爵弁尊。其屨飾以績次。

冬。皮屨可也。不屨繐屨。

繐屨。喪屨也。縷不灰治曰繐。○繐音歲

記。冠義。始冠。緇布之冠也。太古冠布。齊則緇之。其緌也。孔子曰。吾未之聞也。冠而敝之可也。

太古唐虞以上。緌纓飾。未之聞。太古質無飾。重古始冠。冠其齊冠。白布冠。今之喪冠是也。

適子冠於阼。以著代也。醮於客位。加有成也。三加彌尊。諭其志也。

冠而字之。敬其名也。

名者質。所受於父母。冠成人。益文。故敬之。

委貌。周道也。章甫。殷道也。毋追。夏后氏之道也。

或謂委貌爲玄冠。委猶安也。言所以安正容貌。章明也。殷質。言以表明丈夫也。甫或謂父。今文爲斧。毋發聲也。追猶堆也。夏后氏質。以其形名之。三冠皆所常服以行道也。其制之異同。未之聞。

周弁。殷冔。夏收。

弁名出於槃。槃大也。言所以自光大也。冔名出於幠。幠覆也。言所以自覆飾也。收言所以收斂髮也。齊所服而祭也。其制之異

未聞。○冔況甫反

三王共皮弁素積。

質不變。

無大夫冠禮。而有其昏禮。古者五十而后爵。何大夫冠禮之有。

據時有未冠而命爲大夫者。周之初禮。年未五十而有賢才者。試以大夫之事。猶服士服。行士禮。二十而冠。急成人也。五十乃爵。重官人也。大夫或時改娶。有昏禮是也。

公侯之有冠禮也。夏之末造也。

造作也。自夏初以上。諸侯雖父死子繼。年未滿五十者。亦服士服。行士禮。五十乃命也。至其衰末。上下相亂。篡弑所由生。故作公侯冠禮。以正君臣也。坊記曰。君不與同姓同車。與異姓同車不同服。示民不嫌也。以此坊民。民猶得同姓以弑其君者。

天子之元子猶士也天下無生而貴者也。元子世子也無生而貴皆由下升。

繼世以立諸侯象賢也。象法也爲子孫能法先祖之賢故使之繼世也。

以官爵人德之殺也。殺猶衰也德大者爵以大官德小者爵以小官

死而謚今也古者生無爵死無謚。今謂周衰記之時也古謂殷殷士生不爲爵死不爲謚周制以士爲爵死猶不爲謚耳下大夫也今記之時士死則謚之非也謚之由魯莊公始也。

儀禮卷一　終

儀禮卷二

漢大司農北海鄭　玄註
皇明　後學東吳葛　鼒訂

士昏禮第二

昏禮。下達納采用鴈。達通達也將欲與彼合昏姻必先使媒氏下通其言女氏許之乃後使人納其采擇之禮詩云取妻如之何匪媒不得昏必由媒交接設紹介皆所以養廉恥納采而用鴈爲摯者取其順陰陽往來○采七在反

主人筵于戶西西上右几。主人女父也筵爲神布席也戶西者尊處將以先祖之遺體許人故受其禮於禰廟席西上右設几神不統於人席有首尾○爲于僞反

使者玄端至。使者夫家之屬若羣吏使往來者玄端士莫夕之服又服以事其廟有司緇裳○使所吏反莫音暮

擯者出請事入告。擯者有司佐禮者請猶問也禮不必事雖知猶問之重愼也

主人如賓服迎于門外再拜賓不答拜揖入。門外大門外不答拜者奉使不敢當其盛禮

至于廟門揖入三揖至于階三讓。

入三揖者，至內霤將曲揖，既曲北面揖，當碑揖。

主人以賓升，西面。賓升西階，當阿，東面致命。主人阼階上北面再拜。

阿，棟也。入堂深，示親親。今文阿爲庪。○庪，君委反

授于楹閒，南面。

授于楹閒，明爲合好，其節同也。南面，並授也。

賓降，出。主人降，授老鴈。

老，羣吏之尊者。

擯者出請。

不必賓之事有無。

賓執鴈，請問名。主人許。賓入，授，如初禮。

問名者，將歸卜其吉凶。古文禮爲醴。

擯者出請。賓告事畢。入告，出請醴賓。

此醴亦當爲禮。禮賓者，欲厚之。

賓禮辭，許。

禮辭，一辭。

主人徹几改筵，東上。側尊甒醴于房中。

徹几改筵者，鄉爲神，今爲人。側尊，亦言無玄酒。側尊於房中，亦有篚有籩豆，如冠禮之設。○甒，云甫反；鄉，許亮反；爲，于僞反

主人迎賓于廟門外，揖讓如初，升。主人北面再拜。賓西階上北面答拜。主人拂几授校，拜送。賓以几辟，北面設于坐，左之，西階上答拜。

拂，拭也。拭几者，尊賓新之也。校，几足。辟，逡遁。古文校爲技。○辟，房益反

贊者酌醴，加角柶，面葉，出于房。

贊，佐也。佐主人酌事也。贊者亦洗酌，加角柶，覆之，如冠禮矣。出房南面，待主人迎受。古文葉作擖。○柶音四

主人受醴，面枋，筵前西北面。賓拜受醴，復位。主人阼階上拜送。

主人西北面，疑立，待賓卽筵也。賓復位於西階上北面，明相尊敬。此筵不主爲飲食起。○枋，彼命反；疑，魚乙反；爲，于僞反

贊者薦脯醢。

薦，進。

賓卽筵坐，左執觶，祭脯醢，以柶祭醴三，西階上北面坐，啐醴，建柶，興，坐，奠觶，遂拜。主人答拜。

卽，就也。左執觶，則祭以右手也。凡祭於脯醢之豆閒，必所爲祭者謙敬，示有所先也。啐，嘗也。嘗之者，成主人意。建，猶扱也。興，起也。奠，停也。○觶，之豉反；啐，七內反；扱，初洽反

賓卽筵，奠于薦左，降筵，北面坐取脯。主人辭。

薦左，籩豆之東。降，下也。自取脯者，尊主人之賜，將歸執以反命。辭者，辭其親徹。

賓降，授人脯，出。主人送于門外，再拜。

人，謂使者從者。授於階下西面，然後出去。○從，才用反；後從者皆同

納吉用鴈，如納采禮。

歸卜於廟，得吉兆，復使使者往告，婚姻之事於是定。

納徵，玄纁束帛儷皮，如納吉禮。

徵，成也。使使者納幣以成昏禮。用玄纁者，象陰陽備也。束帛，十端也。周禮曰，凡嫁子娶妻，入幣純帛無過五兩。儷，兩也。執束帛以致命，兩皮為庭實。皮，鹿皮。今文纁皆作熏。○儷音麗。純側其反

請期用鴈。主人辭，賓許，告期，如納徵禮。

主人辭者，陽倡陰和，期日宜由夫家來也。夫家必先卜之，得吉日，乃使使者往辭，即告之。

期，初昏陳三鼎于寢門外東方，北面北上。其實特豚合升，去蹄，舉肺脊二，祭肺二，魚十有四，腊一肫，髀不升，皆飪。設扃鼏。

期，取妻之日。鼎三者，升豚魚腊也。寢，壻之室也。北面，鄉內也。特猶一也。合升，合左右胖升於鼎也。去蹄，蹄甲不用也。舉肺脊者，食時所先舉也。肺者，氣之主也，周人尚焉。脊者，體之正也，食時則祭之，飯必舉之，貴之也。每皆二者，夫婦各一耳。凡魚之正十五，而鼎減一為十四者，欲其敵偶也。腊，兔腊也。肫或作純，純，全也，凡腊用全。髀不升者，近竅，賤也。飪，孰也。扃所以扛鼎，鼏覆之。古文純為鈞，髀為脾，今文扃作鉉，鼏皆作密。○鄉許亮反

設洗于阼階東南。

洗所以承盥洗之器棄水者。

饌于房中：醯醬二豆，菹醢四豆，兼巾之，黍稷四敦，皆蓋。

醯醬者，以醯和醬，生人尚褻味。兼巾之者，六豆共巾也。巾為禦塵，蓋為尚溫。周禮曰，食齊視春時。○敦音對，食音嗣，齊才計反，下同

大羹湆在爨。

大羹湆，煮肉汁也。大古之羹無鹽菜。爨，火上。周禮曰，羹齊視夏時。今文湆皆作汁。○大如字，又音太。湆去急反。爨七亂反

尊于室中北墉下，有禁，玄酒在西，綌冪，加勺，皆南枋。

墉，牆也。禁所以庪甒者。玄酒，不忘古也。綌，粗葛。今文枋作柄。

尊于房戶之東，無玄酒，篚在南，實四爵合巹。

無玄酒者，略之也。夫婦酳於內尊，其餘酳于外尊。合巹，破匏也。四爵兩巹凡六，為夫婦各三酳。一升曰爵。○巹音謹，酳以仞反

主人爵弁，纁裳緇袘，從者畢玄端。乘墨車，從車二乘，執燭前馬。

主人，壻也。壻為婦主。爵弁而纁裳，玄冕之次。大夫以上親迎冕服。冕服迎者，鬼神之。鬼神之者，所以重之親之。纁裳者，衣緇衣。不言衣與帶而言袘者，空其文，明其與袘俱用緇。袘謂緣。袘之言施，以緇緣裳，象陽氣下施。從者，有司也。乘二車，從行者也。畢

猶皆也。墨車，漆車。士而乘墨車，攝盛也。執燭前馬，使從役持炬火居前炤道。○袘以豉反，又音移。從才用反。乘繩證反。迎魚正反。緣以絹反

婦車亦如之，有裧。

亦如之者，車同等。士妻之車，夫家共之。大夫以上嫁女，則自以車送之。裧，車裳幃，周禮謂之容。車有容則固有蓋。○裧昌占反。共音恭

至于門外。

婦家大門之外。

主人筵于戶西，西上，右几。

主人，女父也。筵為神布席。

女次純衣纁袡。立于房中南面。

次首飾也、今時髲也、周禮追師掌爲副編次、純衣絲衣、女從者畢袗玄、則此衣亦玄矣、袡亦緣也、袡之言任也、以纁緣其衣、象陰氣上任也、凡婦人不常施袡之衣、盛昏禮、爲此服、喪大記曰、復衣不以袡、明非常、○袡如占反髲皮義反追丁回反

姆纚笄宵衣在其右。

姆、婦人年五十無子出而不復嫁、能以婦道教人者、若今時乳母、纚、紹髮、笄、今時簪也、纚亦廣充幅長六尺、宵讀爲詩素衣朱綃之綃、魯詩以綃爲綺屬也、姆亦玄衣、以綃爲領、因以爲名、且相別耳、姆在女右、當詔以婦禮、○姆亡侯反又音茂纚山買反紹他刀反

女從者畢袗玄。纚笄被穎黼。在其後。

女從者、謂姪娣也、詩云、諸娣從之、祁祁如雲、袗同也、同玄者上下皆玄也、穎禪也、詩云、素衣朱襮、爾雅云、黼領謂之襮、周禮曰、白與黑謂之黼、天子諸侯后夫人狄衣、卿大夫之妻刺黼以爲領、如今偃領矣、士妻始嫁、施禪黼於領上、假盛飾耳、言被、明非常服、○穎苦迥反禪音丹襮音博刺七亦反

主人玄端迎于門外。西面再拜。賓東面答拜。

賓、壻、

主人揖入。賓執鴈從。至于廟門。揖入。三揖。至于階。三讓。主人升西面。賓升北面奠鴈。再拜稽首。降出。婦從降自西階。主人不降送。

賓升奠鴈拜、主人不答、明主爲授女耳、主人不降送、禮不參、○爲于僞反

壻御婦車授綏。姆辭不受。

壻御者、親而下之、綏所以引升車者、曲禮曰、僕人之禮、必授人綏、

婦乘以几。姆加景。乃驅。御者代。

乘以几者、尚安舒也、景之制、蓋如明衣、加之以爲行道禦塵、令衣鮮明也、景亦明也、驅行也、行車輪三周、御者乃代壻、今文景作憬、○令力呈反

壻乘其車先。俟于門外。

壻車在大門外、乘之先者、道之也、男率女、女從男、夫婦剛柔之義、自此始也、俟、待也、門外、壻家大門外、

婦至。主人揖婦以入。及寢門。揖入。升自西階。媵布席于奧。夫入于室。即席。婦尊西南面。媵御沃盥交。

升自西階、道婦入也、媵送也、謂女從者也、御當爲訝、訝迎也、謂壻從者也、媵沃壻盥於南洗、御沃婦盥於北洗、夫婦始接、情有廉恥、媵御交道其志、○媵以證反御依注音訝

贊者徹尊冪。舉者盥出。除鼏。舉鼎入。陳于阼階南。西面北上。匕俎從設。

執匕者、執俎者、從鼎而入、設之、匕所以別出牲體也、俎所以載也、○別彼列反、

北面載。執而俟。

執俎而立、俟豆先設、

匕者逆退。復位于門東。北面西上。

執匕者事畢、逆退由便、至此乃著其位、略賤也、

贊者設醬于席前。菹醢在其北。俎入設于豆東。魚次。腊特于俎北。

豆東、菹醢之東、

贊設黍于醬東、稷在其東、設湆于醬南。

饌要方也、

設對醬于東。

對醬、婦醬也、設之當特俎、

菹醢在其南、北上。設黍于腊北。其西稷。設湆于醬北。御布對席。贊啓會、卻于敦南。對敦于北。

啓、發也、今文啓作開、古文卻爲綌、

贊告具。揖婦、即對筵。皆坐。皆祭。祭薦、黍、稷、肺。

贊者西面告饌具也、贊揖婦使即席、薦菹醢、

贊爾黍、授肺脊、皆食、以湆醬、皆祭舉、食舉也。

爾、移也、移置席上、便其食也、皆食、食黍也、以、用也、用者謂用口啜湆、用指咂醬、古文黍作稷、○啜昌悅反、咂子闔反、

三飯、卒食。

卒、已也、同牢示親、不主爲食、起三飯而成禮也、○飯扶晚反、下同、

贊洗爵、酌酳主人。主人拜受。贊戶內北面答拜。酳婦亦如之。皆祭。

酳、漱也、酳之言演也、安也、漱所以潔口、且演安其所食、酳酌內尊、

贊以肝從。皆振祭。嚌肝、皆實于菹豆。

肝、肝炙也、飲酒宜有肴以安之、○嚌才計反、炙之夜反、

卒爵、皆拜。

婦拜見上篇見母章、此篇婦見奠菜一章、及內則女拜尚右手、

贊答拜、受爵。再酳如初、無從。三酳用巹、亦如之。

亦無從也、

贊洗爵、酌于戶外尊。入戶西北面奠爵、拜。皆答拜。坐祭、卒爵、拜。皆答拜、興。

贊酌者、自酢也、

主人出、婦復位。

復尊西南面之位、

乃徹于房中。如設于室、尊否。

徹室中之饌、設于房中、爲媵御餕之、徹尊不設、有外尊也、○爲于僞反、

主人說服于房。媵受。婦說服于室。御受。姆授巾。

巾所以自潔清、今文說作稅、○說吐活反、

御衽于奧。媵衽良席在東。皆有枕、北止。

衽、臥席也、婦人稱夫曰良、孟子曰、將闚良人之所之、止、足也、古文止作趾、

主人入、親說婦之纓。

入者、從房還入室也、婦人十五許嫁、笄而禮之、因著纓、明有繫也、蓋以五采爲之、其制未聞、○說吐活反、著昭略反、

燭出。

昏禮畢、將臥息、

媵餕主人之餘。御餕婦餘。贊酌外尊酳之。

外尊房戶外之東尊。

媵侍于戶外。呼則聞。

爲尊者有所徵求。今文侍作待。

夙興。婦沐浴。纚笄宵衣以俟見。

夙早也。昏明日之晨。興起也。俟待也。待見於舅姑寢門之外。古者命士以上年十五父子異宮。

質明。贊見婦于舅姑。席于阼。舅卽席。席于房外南面。姑卽席。

質平也。房外房戶外之西。古文舅皆作咎。

婦執笲棗栗。自門入。升自西階。進拜。奠于席。

笲竹器而衣者。其形蓋如今之筥𥫱籚矣。進拜者進東面乃拜。奠之者舅尊不敢授也。○笲音煩。衣於旣反。𥫱羌居反。籚音盧

舅坐撫之。興答拜。婦還又拜。

還又拜者還於先拜處拜。婦人與丈夫爲禮則俠拜。○俠古治反

降階受笲腶脩。升進。北面拜。奠于席。姑坐舉以興。拜授人。

人有司。姑執笲以起。答婦拜。授有司徹之。舅則宰徹之。○腶丁亂反

贊醴婦。

醴當爲禮。贊禮婦者。以其婦道新成。親厚之。

席于戶牖間。

室戶西牖東南面位。

側尊甒醴于房中。婦疑立于席西。

疑正立自定之貌。

贊者酌醴。加柶面枋。出房席前北面。婦東面拜受。贊西階上北面拜送。婦又拜。薦脯醢。

婦東面拜。贊北面答之。變于丈夫始冠成人之禮。

婦升席。左執觶。右祭脯醢。以柶祭醴三。降席東面坐。啐醴。建柶。興拜。贊答拜。婦又拜。奠于薦東。北面坐取脯。降出。授人于門外。

奠于薦東。升席奠之。取脯降出。授人。親徹。且榮得禮。人謂婦氏人。

舅姑入于室。婦盥饋。

饋者婦道既成。成以孝養。

特豚合升側載。無魚腊。無稷。並南上。其他如取女禮。

側載者右胖載之舅俎。左胖載之姑俎。異尊卑。並南上者舅姑共席于奧。其饌各以南爲上。其他謂醬湆菹醢。女謂婦也。如取婦禮同牢時。並當作併。○取七住反

婦贊成祭。卒食一酳。無從。

贊成祭者授處之。今文無成也。

席于北墉下。

室中北墻下。

婦徹。設席前如初。西上。婦餕。舅辭易醬。

婦餕姑之饌。御贊祭豆黍肺。舉肺脊。乃食卒。姑酳之。婦拜受。姑拜送。坐祭卒爵。姑受奠之。

婦餕者、即席將餕也、辭易醬者、嫌淬汙、○淬七內反本或作染

奠于篚、

婦徹于房中。媵御餕。姑酳之。雖無娣。媵先。於是與始飯之錯。

古者嫁女必娣姪從之、謂之媵、姪兄之子、娣女弟也、娣尊姪卑、若或無娣、猶先媵客之也、始飯謂舅姑、錯者、媵餕舅餘、御餕姑餘也、古文始爲姑、

舅姑共饗婦以一獻之禮。舅洗于南洗。姑洗于北洗。奠酬。

以酒食勞人曰饗、南洗在庭、北洗在北堂、設兩洗者、獻酬酢以潔清爲敬、奠酬者、明正禮成不復舉、凡酬酒皆奠于薦左、不舉、其燕則更使人舉爵、

舅姑先降自西階。婦降自阼階。

授之室、使爲主、明代己、

歸婦俎于婦氏人。

言俎則饗禮有牲矣、婦氏人丈夫送婦者、使有司歸以婦俎、當以反命於女之父母、明其得禮、

舅饗送者以一獻之禮。酬以束錦。

送者女家有司也、爵至酬賓、又從之以束錦、所以相厚、古文錦皆作帛、

姑饗婦人送者。酬以束錦。

婦人送者、隸子弟之妻妾、凡饗速之、

若異邦。則贈丈夫送者以束錦。

贈送也、就賓館、

若舅姑既沒。則婦入三月。乃奠菜。

沒終也、奠菜者以篚祭菜也、蓋用菫、○菫音謹

席于廟奧東面。右几。席于北方南面。

廟考妣之廟、北方墉下、

祝盥。婦盥于門外。婦執笲菜。祝帥婦以入。祝告稱婦之姓曰。某氏來婦。敢奠嘉菜于皇舅某子。

帥道也、入入室也、某氏者齊女則曰姜氏、魯女則曰姬氏、來婦言來爲婦、嘉美也、皇君也、

婦拜扱地。坐奠菜于几東席上。還又拜如初。

扱地、手至地也、婦人扱地、猶男子稽首、○扱初洽反

婦降堂。取笲菜入。祝曰某氏來婦。敢告于皇姑某氏。奠菜于席。如初禮。

降堂階上也、室事交乎戶、今降堂者敬也、於姑言敢告、舅尊於姑、

婦出。祝闔牖戶。

凡廟無事則閉之、

老醴婦于房中南面。如舅姑醴婦之禮。

因於廟見禮之、

壻饗婦送者丈夫婦人、如舅姑饗禮。

記士昏禮、凡行事必用昏昕、受諸禰廟、辭無不腆、無辱。

用昕使者、用昏壻也、壻悉計反、從士從胥、俗作婿、女之夫、腆善也、賓不稱幣不善、主人不謝來辱、

摯不用死、皮帛必可制。

摯鴈也、皮帛、儷皮束帛也、

腊必用鮮、魚用鮒、必殽全。

殽全者、不餒敗、不剝傷、○鮒音附

女子許嫁、笄而醴之、稱字。

許嫁、已受納徵禮也、笄女之禮、猶冠男也、使主婦女賓執其禮、

祖廟未毀、教于公宮三月、若祖廟已毀、則教于宗室。

祖廟、女高祖爲君者之廟也、以有緦麻之親、就尊者之宮、教以婦德、婦言、婦容、婦功、宗室、大宗之家、

問名、主人受鴈、還西面對、賓受命、乃降。

受鴈于兩楹間、南面還于阼階上、對賓以女名、

祭醴始扱一祭、又扱再祭、賓右取脯、左奉之、乃歸執以反命。

反命、謂使者問名、納吉、納徵、請期、還報于壻父、○奉芳勇反

納徵執皮、攝之、內文、兼執足、左首、隨入、西上、參分庭、一在南。

攝猶辟也、兼執足者、左手執前兩足、右手執後兩足、左首象生、曲禮曰、執禽者左首、隨入、爲門中阨狹、西上、中庭位併、○辟必亦反、爲于僞反、阨于賣反

賓致命、釋外足見文、主人受幣、士受皮者、自東出于後、自左受、遂坐、攝皮、逆退、適東壁。

賓致命、主人受幣、庭實所用爲節、士、謂若中士下士不命者、以主人爲官長、自由也、○長丁丈反

父醴女而俟迎者、母南面于房外。

女既次純衣、父醴之于房中、南面、蓋母薦焉、重婚禮也、女奠爵于薦東、立于位而俟壻、壻至、父出使擯者請事、母出南面房外、示親授壻、且當戒女也、

女出于母左、父西面戒之、必有正焉、若衣若笄、母戒諸西階上、不降。

必有正焉者、以託戒之、使不忘、

婦乘以几、從者二人坐持几相對。

持几者、重慎之、

婦入寢門、贊者徹尊冪、酌玄酒、三屬于尊、棄餘水于堂下階間、加勺。

屬注也、玄酒涗水、貴新、昏禮又貴新、故事至乃取之、三注于尊中、○屬音燭、涗舒銳反

笄、緇被纁裏、加于橋、舅答拜、宰徹笄。

被、表也、笄有衣者、婦見舅姑、以飾爲敬、橋所以庪笄、其制未聞、今文橋爲鐈、

婦席薦饌于房。

醴婦饗婦之席薦也、

饗婦。姑薦焉。

舅姑共饗婦舅獻爵姑薦脯醢、

婦洗在北堂。直室東隅。篚在東北面盥。

洗在北堂所謂北洗北堂房中半以北洗南北直室東隅東西直房戸與隅間、

婦酢舅。更爵自薦。

更爵男女不相因也、

不敢辭洗。舅降。則辟于房。不敢拜洗。

不敢與尊者爲禮○辟音避

凡婦人相饗。無降。

姑饗婦人送者于房無降者以北洗篚在上、

婦入三月。然後祭行。

入夫之室三月之後於祭乃行謂助祭也、

庶婦。則使人醮之。婦不饋。

庶婦庶子之婦也使人醮之不饗也酒不酬酢曰醮亦有脯醢適婦酌之以醴尊之庶婦酌之以酒卑之其儀則同不饋者共養統於適也○醮子召反適丁狄反

昏辭曰。吾子有惠。貺室某也。

昏辭擯者請事告之辭吾子謂女父也稱有惠明下達貺賜也室猶妻也某壻名○妻七計反

某有先人之禮。使某也請納采。

某壻父名也某也使名也

對曰。某之子惷愚。又弗能教。吾子命之。某不敢辭。

對曰者擯出納賓之辭某女父名也吾子謂使者古文弗爲不無能字○惷失容反

致命曰。敢納采。問名。曰。某既受命。將加諸卜。敢請女爲誰氏。

某使者名也誰氏者謙也不必其主人之女、

對曰。吾子有命。且以備數而擇之。某不敢辭。

卒曰某氏不記之者明爲主人之女、

醴曰。子爲事故。至於某之室。某有先人之禮。請醴從者。

言從者謙不敢斥也今文於爲于○爲于僞反

對曰。某既得將事矣。敢辭。

將行、

先人之禮。敢固以請。

主人辭固如故、

某辭不得命。敢不從也。

賓辭也不得命者不得辭已之命、

納吉。曰。吾子有貺命。某加諸卜。占曰吉。使某也敢告。

貺賜也賜命謂許以女名也某壻父名、

對曰。某之子不教。唯恐弗堪。子有吉。我與在。某不敢辭。

與、猶兼也、古文與為豫、○與音預

納徵曰、吾子有嘉命、貺室某也、某有先人之禮、儷皮束帛、使某也請納徵、致命曰、某敢納徵、對曰、吾子順先典、貺某重禮、某不敢辭、敢不承命。

典、常也、法也、

請期曰、吾子有賜命、某既申受命矣、惟是三族之不虞、使某也請吉日。

三族、謂父昆弟、己昆弟、子昆弟、虞、度也、不億度、謂卒有死喪、此三族者、已及子皆為服期、期服則踰年、欲及今之吉也、雜記曰、大功之末、可以冠子嫁子、○度大各反、期音朞

對曰、某既前受命矣、唯命是聽。

前受命者、申前事也、

曰、某命某聽命于吾子。

曰某、壻父名也、

對曰、某固惟命是聽、使者曰、某使某受命、吾子不許、某敢不告期、曰某日。

某、吉日之甲乙、

對曰、某敢不敬須。

須、待也、

凡使者歸、反命曰、某既得將事矣、敢以禮告。

告禮所執脯、

主人曰、聞命矣。

父醮子。

子、壻也、

命之辭曰、往迎爾相、承我宗事。

相、助也、宗事、宗廟之事、○相息亮反

勗帥以敬先妣之嗣、若則有常。

勗、勉也、若、猶女也、勉帥婦道、以敬其為先妣之嗣、女之行則當有常、深戒之、詩云、大姒嗣徽音、○勗許玉反、女音汝、下同、大音泰

子曰、諾、唯恐弗堪、不敢忘命。

賓至、擯者請、對曰、吾子命某、以茲初昏、使某將、請承命。

賓、壻也、命某、某、壻父名、茲、此也、將、行也、使某行昏禮來迎、

對曰、某固敬具以須。

父送女、命之曰、戒之敬之、夙夜毋違命。

夙、早也、早起夜臥、命、舅姑之教命、古文毋為無、

母施衿結帨、曰、勉之敬之、夙夜無違宮事。

帨、佩巾、

庶母及門內施鞶。申之以父母之命。命之曰敬恭聽宗爾父母之言。夙夜無愆。視諸衿鞶。

庶母、父之妾也、鞶、鞶囊也、男鞶革、女鞶絲、所以盛帨巾之屬、爲謹敬申、重也、宗、尊也、愆、過也、諸之也、示之以衿鞶者、皆託戒使識之也、不示之以衣笄者、尊者之戒、不嫌忘之、視乃正字、今文作示、俗誤行之、○鞶步干反盛音成識申志反

宗子無父母命之親皆沒。已躬命之。

宗子者、適長子也、命之、命使者、母命之、在春秋紀裂繻來逆女是也、躬、猶親也、親命之、則宋公使公孫壽來納幣是也、言宗子無父、是有有父者、禮、七十老而傳、八十齊喪之事不及、若是者、子代其父爲宗子、其取也、父命之、

支子則稱其宗。

支子、庶昆弟也、稱其宗子、命使者、

弟則稱其兄。

弟、宗子母弟、

若不親迎。則婦入三月。然後壻見。曰。某以得爲外昏姻。請覿。

女氏稱昏、壻氏稱姻、覿、見也、

主人對曰。某以得爲外婚姻之數。某之子未得濯溉於祭祀。是以未敢見。今吾子辱請吾子之就宮。某將走見。

主人、女父也、以白造緇曰辱、○溉古代反造七報反

對曰。某以非他故。不足以辱命。請終賜見。

非他故、彌親之辭、命、謂將走見之言、今文無終賜、

對曰。某以得爲昏姻之故。不敢固辭。敢不從。

不言外、亦彌親之辭、

主人出門左。西面。壻入門。東面奠摯。再拜出。

出門、出內門、入門、入大門、出內門不出大門者、異於賓客也、壻見於寢、奠摯者、壻有子道、不敢授也、摯、雉也、

擯者以摯出。請受。

欲使以賓客禮相見、

壻禮辭許。受摯入。主人再拜受。壻再拜送出。

出已見女父、

見主婦。主婦闔扉。立于其內。

主婦、主人之婦也、見主婦者、兄弟之道宜相親也、闔扉者、婦人無外事、扉、左扉、

壻立于門外。東面。主婦一拜。壻荅再拜。主婦又拜。壻出。

必先一拜者、婦人於丈夫必俠拜、

主人請醴。及揖讓入。醴以一獻之禮。主婦薦。奠酬無幣。

及、與也、無幣、異於賓客、

壻出。主人送再拜。

儀禮卷二終

儀禮卷三

漢大司農北海鄭　玄註
皇明　後學東吳金　蟠訂

士相見禮第三

士相見之禮。贄冬用雉夏用腒。左頭奉之。曰某也願見。無由達。某子以命命某見。

贄所執以至者君子見於所尊敬必執贄以將其厚意也士贄用雉者取其耿介交有時別有倫也雉必用死者為其不可生服也夏用腒備腐臭也左頭頭陽也無由達言久無因緣以自達也某子今所因緣之姓名也以命者稱述主人之意今文頭為脰○腒其居反奉芳勇反下同見賢遍反凡卑於尊曰見敵而曰見謙敬之辭也下以意求之他皆倣此

主人對曰某子命某見吾子有辱。請吾子之就家也。某將走見。

有又也某子命某往見今吾子又自辱來序其意也走猶往也今文無走

賓對曰某不足以辱命。請終賜見。

命請吾子謂之就家

主人對曰某不敢為儀固請吾子之就家也某將走見。

不敢為儀言不敢外貌為威儀忠誠欲往也固如故也今文不為非古文云固以請

賓對曰某不敢為儀固以請。

言如固請終賜見也今文不為非

主人對曰某也固辭不得命。將走見。聞吾子稱贄。敢辭贄。

不得命者不得見許之命也走猶出也稱舉也辭其贄為其大崇也古文曰某將走見○大音泰下同

賓對曰某不以贄不敢見。

見於所尊敬而無贄嫌大簡

主人對曰某不足以習禮敢固辭。

言不足習禮者不敢當其崇禮來見己

賓對曰某也不依於贄不敢見固以請。

言依於贄謙自卑也

主人對曰某也固辭不得命。敢不敬從。出迎于門外。再拜。賓荅再

拜。主人揖入門右。賓奉贄入門左。主人再拜受。賓再拜送贄出。

右就右也左就左也受贄於庭既拜受送則出矣不受贄於堂下人君也今文無也

主人請見賓反見退主人送于門外再拜。

請見者為賓崇禮來相接以矜莊歡心未交也賓反見則燕矣下云凡燕見於君至凡侍坐於君子博記反見之燕義臣初見於君再拜奠贄而出

主人復見之以其贄曰嚮者吾子辱使某見請還贄於將命者。

復見之者禮尚往來也以其贄謂嚮時所執來者也嚮曩也將猶傳也傳命者謂擯相也○嚮許亮反還音旋

主人對曰某也既得見矣敢辭。

讓其來荅已也

賓對曰。某也非敢求見。請還贄於將命者、

言不敢求見、嫌褻主人、不敢當也、

主人對曰。某也既得見矣。敢固辭。

固如故也、

賓對曰。某不敢以聞。固以請於將命者。

言不敢以聞、又益不敢當、

主人對曰。某也固辭。不得命。敢不從。

許受之也、異日則出迎、同日則否、

賓奉贄入。主人再拜受。賓再拜送贄。出。主人送于門外。再拜。

士見於大夫。終辭其贄。於其入也。一拜其辱也。賓退送再拜。

終辭其贄、以將不親答也、凡不答而受其贄、唯君於臣耳、大夫於士、不出迎、入一拜、正禮也、送再拜、尊賓、

若常爲臣者。則禮辭其贄曰。某也辭不得命。不敢固辭。

禮辭、一辭其贄而許也、將不答而聽其以贄入、有臣道也、

賓入奠贄。再拜。主人答壹拜。

奠贄、尊卑異、不親授也、古文壹爲一、

賓出。使擯者還其贄于門外。曰。某也使某還贄。

還其贄者、辟正君也、○辟音避

賓對曰。某也既得見矣。敢辭。

辭君還其贄也、今文無也、

擯者對曰。某也命某。某非敢爲儀也。敢以請。

還贄者請使受之、

賓對曰。某也夫子之賤私。不足以踐禮。敢固辭。

家臣稱私、踐、行也、言某臣也、不足以行賓客禮、賓客所不答者不受贄、

擯者對曰。某也使某不敢爲儀也。固以請。

言使某、尊君也、或言命某、傳言耳、

賓對曰。某固辭不得命。敢不從。再拜受。

受其贄而去之、

下大夫相見以鴈。飾之以布。維之以索。如執雉。

鴈取知時飛翔有行列也、飾之以布、謂裁縫衣其身也、維、謂繫聯其足、○行戶郎反、衣於既反

上大夫相見以羔。飾之以布。四維之結于面。左頭。如麛執之。

上大夫、卿也、羔取其從帥羣而不黨也、面、前也、繫聯四足、交出背上、於胷前結之也、如麛執之者、秋獻麛、有成禮、如之、或曰麛孤之摯也、其禮蓋謂左執前足、右執後足、今文頭爲脰、○麛莫兮反

如士相見之禮。

大夫雖摯異、其儀猶如士、

始見于君。執摯至下。容彌蹙。

下、謂君所也、蹙猶促也、促、恭慤貌也、其爲恭、士大夫一也、

庶人見於君。不爲容。進退走。容謂趨翔、

士大夫則奠摯。再拜稽首。君答壹拜。言君答士大夫一拜、則於庶人不答之、庶人之摯鶩、古文壹作一、○稽音啓下同

若他邦之人。則使擯者還其摯。曰。寡君使某還摯。賓對曰。君不有其外臣。臣不敢辭。再拜稽首受。

凡燕見于君。必辯君之南面。若不得。則正方。不疑君。辯猶正也、君南面則臣見正北面、君或時不然、當正東面若正西面、不得疑君所處、邪鄉之、此謂特見圖事、非立賓主之燕也、疑度之、

君在堂。升見無方階。辯君所在。升見、升堂見於君也、君近東、則升東階、君近西、則升西階、

凡言非對也。妥而後傳言。凡言爲已爲君言事也、妥安坐也、傳言猶出言也、若君問可對則對、不待安坐也、古文妥爲綏、○妥他果反

與君言。言使臣。與大人言。言事君。與老者言。言使弟子。與幼者言。言孝弟於父兄。與衆言。言忠信慈祥。與居官者言。言忠信。博陳燕見言語之儀也、言使臣者、使臣之禮也、大人、卿大夫也、言事君者、臣事君以忠也、祥、善也、居官謂士以下、

凡與大人言。始視面。中視抱。卒視面。毋改。衆皆若是。始視面、謂觀其顏色可傳言未也、中視抱、容其思之、且爲敬也、卒視面、察其納已言否也、毋改、謂傳言見答應之閒、當正容體以待之、毋自變動、爲嫌解惰不虛心也、衆、謂諸卿大夫同在此者、皆若是、其視之儀無異也、古文毋作無、今文衆爲終、○解古賣反

若父則遊目。毋上於面。毋下於帶。子於父、主孝不主敬、所視廣也、因觀安否何如也、今文父爲甫、古文毋爲無、

若不言。立則視足。坐則視膝。不言則伺其行起而已、

凡侍坐於君子。君子欠伸。問日之早晏。以食具告。改居。則請退可也。君子、謂卿大夫及國中賢者也、志倦則欠、體倦則伸、問日早晏、近於久也、具、猶辦也、改居謂自變動也、古文伸作信、早作蚤、

夜侍坐。問夜。膳葷。請退可也。問夜、問其時數也、膳葷、謂食之葷辛物、葱薤之屬、食之以止臥、古文葷作薰、○葷香云反、薤戶界反

若君賜之食。則君祭先飯。徧嘗膳。飲而俟。君命之食。然後食。君祭先飯、食其祭食、臣先飯、示爲君嘗食也、此謂君與之禮食、膳謂進庶羞、既嘗庶羞、則飲、俟君之徧嘗也、今云呫嘗膳、○飯扶晚反、呫音貼

若有將食者。則俟君之食。然後食。將食、猶進食、謂膳宰也、膳宰進食、則臣不嘗食、周禮膳夫授祭品嘗食、王乃食、

若君賜之爵。則下席再拜稽首。受爵升席祭。卒爵而俟。君卒爵。然後授虛爵。

受爵者於尊所至於授爵坐授人耳必俟君卒爵者若欲其釂然也今文曰若賜之爵無君也

退坐取屨隱辟而后屨君為之興則曰君無為興臣不敢辭君若降送之則不敢顧辭遂出

謂君若食之飲之而退也隱辟俛而逡巡興起也辭君興而不敢辭其降於已太崇不敢當也○為于僞反

大夫則辭退下比及門三辭

下亦降也

若先生異爵者請見之則辭辭不得命則曰某無以見辭不得命將走見先見之

先生致仕者也異爵謂卿大夫也辭辭其自降而來走猶出也先見之者出先拜也曲禮曰主人敬賓則先拜賓

非以君命使則不稱寡大夫士則曰寡君之老

謂擯贊者辭也不稱寡君不言寡君之某言姓名而已大夫卿士其使則皆曰寡君之某擅弓曰仕而未有祿者君有饋焉曰獻使焉曰寡君之老

凡執幣者不趨容彌蹙以為儀

不趨主慎也以進而益恭為威儀耳今文無容

執玉者則唯舒武舉前曳踵

唯舒者重玉器尤慎也武迹也舉前曳踵備蹪跲也今文無者古文曳作枻○蹪音致跲其業反

凡自稱於君士大夫則曰下臣宅者在邦則曰市井之臣在野則曰草茅之臣庶人則曰刺草之臣他國之人則曰外臣

宅者謂致仕者去官而居宅或在國中或在野周禮載師之職以宅田任近郊之地今文宅或為託古文茅作苗刺猶剗除也○刺七亦反剗初限反

儀禮卷三終

儀禮卷四

漢大司農北海鄭　玄　註
皇明　後學東吳葛　鼒訂

鄉飲酒禮第四

鄉飲酒之禮。

主人就先生而謀賓介。

主人、謂諸侯之鄉大夫也、先生、鄉中致仕者、賓介、處士賢者、周禮大司徒之職、以鄉三物教萬民而賓興之、一曰六德、知、仁、聖、義、忠、和、二曰六行、孝、友、睦、婣、任、恤、三曰六藝、禮、樂、射、御、書、數、鄉大夫以正月之吉、受法于司徒、退而頒之于其鄉吏、使各以教其所治、以考其德行、察其道藝、及三年大比、而興賢者能者、鄉老及鄉大夫帥其吏與其衆寡、以禮禮賓之、厥明、獻賢能之書

於王、是禮乃三年正月而一行也、諸侯之鄉大夫、貢士於其君、蓋如此云、古者年七十而致仕、老於鄉里、大夫名曰父師、士名曰少師、而教學焉、恒知鄉人之賢者、是以大夫就而謀之、賢者爲賓、其次爲介、又其次爲衆賓、而與之飲酒、是亦將獻之以禮禮賓之也、今郡國十月行此飲酒禮、以黨正每歲邦索鬼神而祭祀、則以禮屬民而飲酒于序、以正齒位之說、然此篇無正齒位之事焉、凡鄉黨飲酒、必於民聚之時、欲其見化、知尚賢尊長也、孟子曰、天下有達尊三、爵也、德也、齒也、○知音智屬音燭

主人戒賓、賓拜辱、主人答拜。乃請賓、賓禮辭許。主人再拜、賓答拜。

戒、警也、告也、拜辱、出拜其自屈辱至己門也、請、告以其所爲來之事、不固辭者、素所有志、○爲于僞反

主人退、賓拜辱。

退、猶去也、去又拜辱者、以送謝之、

介亦如之。

如戒賓也、

乃席賓、主人、介。

席、敷席也、夙興往戒、歸而敷席、賓席牖前南面、主人席阼階上西面、介席西階上東面、

衆賓之席、皆不屬焉。

席衆賓於賓席之西、不屬者、不相續也、皆獨坐、明其德各特、

尊兩壺于房戶間、斯禁、有玄酒在西。設篚于禁南、東肆。加二勺于兩壺。

斯禁、禁切地無足者、玄酒在西、上也、肆、陳也、

設洗于阼階東南、南北以堂深、東西當東榮。水在洗東、篚在洗西、南肆。

榮、屋翼、

羹定。

肉謂之羹、定猶孰也、

主人速賓、賓拜辱。主人答拜、還、賓拜辱。

速、召也、還、猶退、

介亦如之。

如速賓也、

賓及衆賓皆從之。

從猶隨也言及衆賓介亦在其中矣

主人一相迎于門外再拜賓賓答拜拜介介答拜

相主人之吏擯贊傳命者○相息亮反

揖衆賓

差益卑也拜介揖衆賓皆西南面

主人揖先入

揖揖賓也先入門而西面

賓厭介入門左介厭衆賓入衆賓皆入門左北上

皆入門西東面賓之屬相厭變於主人也推手曰揖引手曰厭今文皆作揖又曰衆賓皆入左無門○厭一涉反

主人與賓三揖至于階三讓主人升賓升主人阼階上當楣北面再拜賓西階上當楣北面答拜

三揖者將進揖當陳揖當碑揖楣前梁也復拜拜賓至此堂尊之○楣亡悲反

主人坐取爵于篚降洗

將獻賓也

賓降

從主人也

主人坐奠爵于階前辭

重以己事煩賓也事同曰讓事異曰辭

賓對

對答也賓主之辭未聞

主人坐取爵興適洗南面坐奠爵于篚下盥洗

已盥乃洗爵致潔敬也今文無奠

賓進東北面辭洗

必進東行示情

主人坐奠爵于篚興對賓復位當西序東面

言復位者明始降時位在此

主人坐取爵沃洗者西北面

沃洗者主人之羣吏

卒洗主人壹揖壹讓升

俱升古文壹作一

賓拜洗主人坐奠爵遂拜降盥

復盥爲手坋汙○坋步困反

賓降主人辭賓對復位當西序卒盥揖讓升賓西階上疑立

疑讀爲仡然從於趙盾之疑疑正立自定之貌○疑魚乙反後疑立皆放此

主人坐取爵實之賓之席前西北面獻賓

獻進也進酒於賓

賓西階上拜。主人少退。
少退、少辟、○辟音避

賓進受爵以復位。主人阼階上拜送爵。賓少退、
復位、復西階上位、

薦脯醢。
薦、進也、進之者主人有司、

賓升席自西方。
升由下也、升必中席、

乃設折俎。
牲體枝解、節折在俎、

主人阼階東疑立。賓坐。左執爵。祭脯醢。
坐、坐於席、祭脯醢者以右手、

奠爵于薦西。興。右手取肺。卻。左手執本。坐。弗繚。右絕末以祭。尚左手。嚌之。興。加于俎。
興、起也、肺離之本端厚大者、繚猶紾也、大夫以上威儀多、紾絕之、尚左手者明垂紾之、乃絕其末、嚌嘗也、○嚌才計反

坐捝手。遂祭酒。
捝、拭也、古文捝作說、○捝始芮反

興。席末坐啐酒。
啐亦嘗也、○啐七內反

降席坐奠爵。拜。告旨。執爵興。主人阼階上答拜。
降席、席西也、旨美也、

賓西階上。北面坐卒爵。興。坐奠爵。遂拜。執爵興。主人阼階上答拜。
卒盡也、於此盡酒者、明此席非專為飲酒起、○為于偽反

賓降洗。
將酢主人、

主人降。
亦從賓也、降、降立阼階東西面、

賓坐奠爵。興辭。
西階前也、

主人對。賓坐取爵。適洗南北面。主人阼階東南面辭洗。賓坐奠爵于篚。興對。主人復阼階東西面。賓東北面盥。坐取爵。卒洗。揖讓如初升。主人拜洗。賓答拜興降盥。如主人禮。賓實爵主人之席前。東南面酢主人。主人阼階上拜。賓少退。主人進受爵。復位。賓西階上拜送爵。薦脯醢。主人升席自北方。設折俎。祭如賓禮。
祭者、祭薦俎及酒、亦嚌啐、

不告旨。

酒已物也、

自席前適阼階上北面坐卒爵。興。坐奠爵。遂拜。執爵興。賓西階上答拜。

自席前者。啐酒席末。因從北方降。由便也、

主人坐奠爵于序端。阼階上北面再拜。崇酒。賓西階上答拜。

東西墻謂之序。崇充也。言酒惡相充實、

主人坐取觶于篚。降洗。賓降。主人辭降。賓不辭洗。立當西序東面。

不辭洗者。以其將自飲、○觶之豉反

卒洗。揖讓升。賓西階上疑立。主人實觶酬賓。阼階上北面坐奠觶。

遂拜。執觶興。賓西階上答拜。

酬勸酒也。酬之言周。忠信爲周、

坐祭。遂飲。卒觶。興。坐奠觶。遂拜。執觶興。賓西階上答拜。主人降洗。

賓降辭。如獻禮。升。不拜洗。

不拜洗。殺於獻、○殺所界反

賓西階上立。主人實觶賓之席前。北面。賓西階上拜。主人少退。卒拜。進坐奠觶于薦西。

賓已拜。主人奠其觶、

賓辭。坐取觶。復位。主人阼階上拜送。賓北面坐奠觶于薦東。復位

酬酒不舉。君子不盡人之歡。不竭人之忠。以全交也、

主人揖降。賓降立于階西。當序東面。

主人將與介爲禮。賓謙不敢居堂上、

主人以介揖讓升。拜如賓禮。主人坐取爵于東序端。降洗。介降。主人辭降。介辭洗。如賓禮。升不拜洗。

介禮殺也、

介西階上立。

不言疑者。省文、

主人實爵介之席前。西南面獻介。介西階上北面拜。主人少退。介

進北面受爵。復位。主人介右北面拜送爵。介少退。

主人拜于介右。降尊以就卑也。今文無北面、

主人立于西階東。薦脯醢。介升席自北方。設折俎。祭如賓禮。不嚌肺。不啐酒。不告旨。自南方降席。北面坐卒爵。興。坐奠爵。遂拜。執爵興。主人介右答拜。

不嚌啐。下賓、

介降洗。主人復阼階。降辭如初。

如賓酢之時、

卒洗。主人盥。

盥者當為介酌。

介揖讓升，授主人爵于兩楹之間。

就尊南授之。介不自酌，下賓。酒者，賓主共之。

介西階上立。主人實爵，酢于西階上，介右。坐奠爵，遂拜，執爵興。介答拜。主人坐祭，遂飲，卒爵，興。坐奠爵，遂拜，執爵興。介答拜。主人坐奠爵于西楹南。介右再拜崇酒。介答拜。

奠爵西楹南，以當獻衆賓。

主人復阼階，揖降。介降立于賓南。主人西南面三拜衆賓。衆賓皆答壹拜。

三拜一拜，示徧，不備禮也。不升拜，賤也。

主人揖升，坐取爵于西楹下。降洗，升實爵，于西階上獻衆賓。衆賓之長升拜受者三人。

長其老者，言三人，則衆賓多矣。○長，丁丈反。

主人拜送。

於衆賓右。

坐祭，立飲，不拜。既爵，授主人爵，降復位。

既，卒也。卒爵不拜，立飲立授，賤者禮簡。

衆賓獻則不拜受爵，坐祭立飲。

次三人以下也。不拜，禮彌簡。

每一人獻，則薦諸其席。

謂三人也。

衆賓辯有脯醢。

亦每獻薦於其位，位在下。今文辯皆作徧。

主人以爵降，奠于篚。

不復用也。

揖讓升，賓厭介升，介厭衆賓升，衆賓序升，即席。

序，次也。即，就也。今文厭皆為揖。

一人洗，升，舉觶于賓。

一人，主人之吏。發酒端曰舉。

實觶，西階上坐奠觶，遂拜，執觶興。賓席末答拜。坐祭，遂飲，卒觶，興。坐奠觶，遂拜，執觶興。賓答拜。降洗，升實觶，立于西階上。賓拜。

賓拜，拜將受觶。

進坐奠觶于薦西。賓辭，坐受以興。

舉觶不授，下主人也。言坐受者，明行事相接，若親受，謙也。

舉觶者西階上拜送。賓坐奠觶于其所。

所，薦西也。

舉觶者降

事已、

設席于堂廉東上。

為工布席也、側邊曰廉、燕禮曰、席工於西階上少東、樂正先升北面、此言樂正先升立于西階東、則工席在階東、

工四人。二瑟。瑟先。相者二人。皆左何瑟。後首。挎越。內弦。右手相。

四人大夫制也、二瑟二人鼓瑟、則二人歌也、瑟先者將入序在前也、相扶工也、衆賓之少者為之、每工一人、鄉射禮曰、弟子相工如初入、天子相工使視瞭者、凡工瞽矇也、故有扶之者、師冕見、及階、子曰階也、及席、子曰席也、固相師之道、後首者、變于君、也挎、持也、相瑟者則為之持瑟、其相歌者、徒相也、越、瑟下孔也、內弦、側擔之者、○相息亮反、何戶可反、挎口孤反、少申召反、見賢遍反、擔丁甘反

樂正先升。立于西階東。

正、長也、

工入。升自西階。北面坐。相者東面坐。遂授瑟。乃降。

降立于西方、近其事、

工歌鹿鳴。四牡。皇皇者華。

三者皆小雅篇也、鹿鳴君與臣下及四方之賓燕、講道修政之樂歌也、此采其已有旨酒、以召嘉賓、嘉賓既來、示我以善道、又樂嘉賓有孔昭之明德、可則傚也、四牡君勞使臣之來樂歌也、此采其勤苦王事、念將父母、懷歸傷悲、忠孝之至、以勞賓也、皇皇者華、君遣使臣之樂歌也、此采其更是勞苦、自以為不及、欲諮謀于賢知、而以自光明也、○勞力報反、使所吏反、更音庚、知音智

卒歌。主人獻工。工左瑟。一人拜。不興受爵。主人阼階上拜送爵。

一人、工之長也、凡工賤、不為之洗、

薦脯醢。使人相祭。

使人相者、相其祭酒祭薦、

工飲。不拜既爵。授主人爵。

坐授之、

衆工則不拜。受爵。祭飲。辯有脯醢。不祭。

祭飲、獻酒重、無不祭也、今文辯為徧、

大師則為之洗。賓介降。主人辭降。工不辭洗。

大夫若君賜之樂、謂之大師、則為之洗、尊之也、賓介降、從主人也、工、大師也、上既言獻工矣、乃言大師者、大師或瑟或歌也、其獻之、瑟則先、歌則後、○大音泰

笙入堂下。磬南北面立。樂南陔。白華。華黍。

笙、吹笙者也、以笙吹此詩以為樂也、南陔白華華黍、小雅篇也、今亡、其義未聞、昔周之興也、周公制禮作樂、采時世之詩以為樂歌、所以通情相風切也、其有此篇明矣、後世衰微、幽厲尤甚、禮樂之書、稍稍廢棄、孔子曰、吾自衛反魯、然後樂正、雅頌各得其所、謂當時在者、而復重雜亂者也、惡能存其亡者乎、且正考父校商之名頌十二篇于周太師、歸以祀其先王、至孔子二百年之間、五篇而已、此其信也、○陔古才反、風方鳳反、父音甫

主人獻之于西階上。一人拜。盡階。不升堂受爵。主人拜送爵。階前坐祭。立飲。不拜既爵。升授主人爵。

一人笙之長者也、笙三人和一人、凡四人、鄉射禮曰、笙一人拜于下、○和胡臥反

衆笙則不拜受爵。坐祭。立飲。辯有脯醢。不祭。

亦受爵于西階上、薦之皆於其位、磬南、今文辯爲徧、

乃間歌魚麗。笙由庚。歌南有嘉魚。笙崇丘。歌南山有臺。笙由儀。

閒代也、謂一歌則一吹、六者皆小雅篇也、魚麗言太平年豐物多也、此采其物多酒旨、所以優賓也、南有嘉魚言太平君子有酒、樂與賢者共之也、此采其能以禮下賢者、賢者纍蔓而歸之、與之燕樂也、南山有臺言太平之治、以賢者爲本、此采其愛友賢者、爲邦家之基、民之父母、既欲其身之壽考、又欲其名德之長也、由庚、崇丘、由儀、今亡、其義未聞、○間間厠之間、樂音洛

乃合樂周南關雎葛覃卷耳。召南鵲巢采蘩采蘋。

合樂謂歌樂與衆聲俱作、周南召南國風篇也、王后國君夫人房中之樂歌也、關雎言后妃之德、葛覃言后妃之職、卷耳言后妃之志、鵲巢言國君夫人之德、采蘩言國君夫人不失職、采蘋言卿大夫之妻能循其法度、昔大王王季居于岐山之陽、躬行召南之教、以興王業、及文王而行周南之教、以受命、大雅云、刑于寡妻、至于兄弟、以御于家邦、謂此也、其始一國耳、文王作邑于豐、以故地爲卿士之采地、乃分爲二國、周、周公所食、召、召公所食、於時文王三分天下有其二、德化被于南土、是以其詩有仁賢之風者、屬之召南焉、有聖人之風者、屬之周南焉、夫婦之道、生民之本、王政之端、此六篇者、其教之原也、故國君與其臣下及四方之賓燕、用之合樂也、鄉樂者風也、小雅爲諸侯之樂、大雅頌爲天子之樂、鄉飲酒升歌小雅、禮盛者可以進取也、燕合鄉樂、禮輕者可以逮下也、春秋傳曰、肆夏繁遏渠、天子所以享元侯也、文王大明緜、兩君相見之樂也、然則諸侯相與燕、升歌大雅、合小雅、天子與次國小國之君燕亦如之、與大國之君燕、升歌頌、合大雅、其笙間之篇未聞、○雎七徐反、覃大南反、卷九轉反

工告于樂正曰。正歌備。樂正告于賓。乃降。

樂正降者、以正歌備無事也、降立西階東北面、

主人降席自南方。

不由北方、由便、

側降。

賓介不從、

作相爲司正。司正禮辭許諾。主人拜。司正答拜。

作使也、禮樂之正既成、將留賓、爲有懈惰、立司正以監之、拜、拜其許、○相息亮反

主人升復席。司正洗觶。升自西階。阼階上北面受命于主人。主人曰。請安于賓。司正告于賓。賓禮辭許。

爲賓欲去、留之、告賓于西階、

司正告于主人。主人阼階上再拜。賓西階上答拜。司正立于楹間以相拜。皆揖復席。

再拜、拜賓許也、司正既以賓許告主人、遂立楹間以相拜、賓主人既拜、揖就席、

司正實觶。降自西階。階間北面坐奠觶。退共。少立。

階間北面、東西節也、其南北當中庭、共、拱手也、少立、自正慎其位也、已帥而正、孰敢不正、燕禮曰、右還北面、○共九勇反

坐取觶。不祭。遂飲。卒觶。興。坐奠觶。遂拜。執觶興。洗。北面坐奠觶于其所。退立于觶南。

洗觶奠之、示潔敬、立於其南以察衆、

賓北面坐取俎西之觶阼階上北面酬主人主人降席立于賓東

初起旅酬也凡旅酬者少長以齒終於沃盥者皆弟長而無遺矣

賓坐奠觶遂拜執觶興主人答拜不祭立飲不拜卒觶不洗實觶東南面授主人

賓立飲卒觶因更酌以鄉主人將授○鄉許亮反

主人阼階上拜賓少退主人受觶賓拜送于主人之西

旅酬同階禮殺

賓揖復席

酬主人訖

主人西階上酬介介降席自南方立于主人之西如賓酬主人之禮主人揖復席

其酌實觶西南面授介自此以下旅酬酌者亦如之

司正升相旅曰某子受酬受酬者降席

旅序也於是介酬衆賓衆賓又以次序相酬某者衆賓姓也同姓則以伯仲別之又同則以其序別之

司正退立于序端東面

辟受酬者又便其贊上贊下也始升相西階西北面○辟音避

受酬者自介右

由介東也尊介使不失故位

衆受酬者受自左

後將受酬者皆由西變於介也今文無衆酬也

拜興飲皆如賓酬主人之禮

嫌賓以下異也

辯卒受者以觶降坐奠于篚

辯辯衆賓之在下者鄉射禮曰辯遂酬在下者皆升受酬于西階上

司正降復位

觶南之位

使二人舉觶于賓介洗升實觶于西階上皆坐奠觶遂拜執觶興

賓介席末答拜皆坐祭遂飲卒觶興坐奠觶遂拜執觶興賓介席末答拜

二人亦主人之吏若有大夫則舉觶于賓與大夫燕禮曰媵爵者立于洗南西面北上序進盥洗

逆降洗升實觶皆立于西階上賓介皆拜

於席末拜

皆進薦西奠之賓辭坐取觶以興介則薦南奠之介坐受以興退皆拜送降賓介奠于其所

賓言取介言受尊卑異文今文曰賓受

司正升自西階受命于主人主人曰請坐于賓賓辭以俎

至此盛禮俱成、酒清肴乾、賓主百拜、强有力猶倦焉、張而不弛、弛而不張、非文武之道、請坐者、將以賓燕也、俎者、肴之貴者、辭之者、不敢以禮殺當貴者、○弛、式氏反

主人請徹俎。賓許。 亦司正傳請告之、

司正降階前。命弟子俟徹俎。 西階前也、弟子、賓之少者、俎者、主人之吏設之、使弟子俟徹者、明徹俎賓之義

司正升立于席端。 待事、

賓降席北面。主人降席阼階上北面。介降席西階上北面。遵者降席東南面。 皆立、相須徹俎也、遵者、謂此鄉之人仕至大夫者也、今來助主人樂賓、主人所榮而遵法者也、因以爲名、或有無來、不來用時事耳、今文遵爲僎、或爲全、

賓取俎。還授司正。司正以降。賓從之。主人取俎。還授弟子。弟子以降自西階。主人降自阼階。介取俎。還授弟子。弟子以降。介從之。若有諸公大夫。則使人受俎。如賓禮。衆賓皆降。 取俎者皆鄉其席、既授弟子、皆降復初入之位、

說屨。揖讓如初。升坐。 說屨者、爲安燕當坐也、必說於下者、屨賤、不空居堂、說屨、主人先左、賓先右、今文說爲稅、○說、吐活反

乃羞。 羞、進也、所進者、狗胾醢也、鄉設骨體、所以致敬也、今進羞、所以盡愛也、敬之愛之、所以厚賢也、○胾、壯吏反、鄉、許亮反

無筭爵。 筭、數也、賓主燕飲、爵行無數、醉而止也、鄉射禮曰、使二人舉觶于賓與大夫、又曰、執觶者洗、升實觶、反奠於賓與大夫、皆是、

無筭樂。 燕樂亦無數、或間或合、盡歡而止也、春秋襄二十九年、吳公子札來聘、請觀于周樂、此國君之無筭、

賓出。奏陔。 陔、陔夏也、陔之言戒也、終日燕飲、酒罷、以陔爲節、明無失禮也、周禮、鍾師以鍾鼓奏九夏、是奏陔夏則有鍾鼓矣、鍾鼓者、天子諸侯備用之、大夫士鼓而已、蓋建於阼階之西南、鼓、鄉射禮曰、賓興、樂正命奏陔、賓降及階、陔作、賓出、衆賓皆出、

主人送於門外。再拜。 門東西面拜也、賓介不答拜、禮有終也、

賓若有遵者。諸公大夫。則既一人舉觶。乃入。 不干主人正禮也、遵者、諸公大夫也、謂之賓者、同從外來耳、大國有孤、四命謂之公、

席于賓東。公三重。大夫再重。 席此二者於賓東、尊之、不與鄉人齒也、天子之國、三命者不齒、於諸侯之國、爵爲大夫則不齒矣、不言遵者、遵者亦卿大夫、○重、直龍反

公如大夫入。主人降。賓介降。衆賓皆降。復初位。主人迎。揖讓升。公升如賓禮。辭一席。使一人去之。

如讀若今之若主人迎之於門內也辭一席謙自同於大夫○去起呂反

大夫則如介禮有諸公則辭加席委于席端主人不徹無諸公則大夫辭加席主人對不去加席。

加席上席也大夫席再重

明日賓服鄉服以拜賜。

拜賜謝恩惠鄉服昨日與鄉大夫飲酒之朝服也不言朝服未服以朝也今文曰賓服鄉服○朝直遥反

主人如賓服以拜辱。

拜賓復自屈辱也鄉射禮曰賓朝服以拜賜于門外主人不見如賓服遂從之拜辱於門外乃退

主人釋服。

釋朝服更服玄端也古文釋作舍

乃息司正。

息勞也勞賜昨日贊執事者獨云司正司正庭長也○勞力報反長丁丈反

無介。

勞禮略也司正為賓

不殺。

市買若因所有可也不殺則無俎

薦脯醢。

羞同也

羞唯所有。

在有何物

徵唯所欲。

徵召也

以告于先生君子可也。

告請也先生不以筋力為禮於是可以來君子國中有盛德者可者召不召唯所欲

賓介不與。

禮瀆則褻古文與為預○與音預

鄉樂唯欲。

鄉樂周南召南六篇之中唯所欲作不從次也不歌鹿鳴魚麗者辟國君也

記鄉朝服而謀賓介皆使能不宿戒。

鄉鄉人謂鄉大夫也朝服冠玄端緇帶素韠白屨今郡國行鄉飲酒之禮玄冠而衣皮弁服與禮異再戒為宿戒禮將有事先戒而復宿戒○韠音畢衣於旣反

蒲筵緇布純。

筵席也純緣也○純之閏反或章允反

尊綌冪賓至徹之。

綌葛也冪覆尊巾

其牲狗也。

狗取擇人。

亨于堂東北。祖陽氣之所始也。陽氣主養，易曰，天地養萬物，聖人養賢以及萬民。○亨普賢反

獻用爵，其他用觶。爵尊，不褻用之。○觶之豉反

薦脯五挺，横祭于其上，出自左房。挺猶膱也。鄉射禮曰，祭半膱，膱長尺有二寸。在東，陽也，陽主養。房，饌陳處也。冠禮之饌，脯醢南上。曲禮曰，以脯修置者，左朐右末。○膱音職　朐于其反

俎由東壁，自西階升。亨狗既孰，載之俎，饌於東方。

賓俎脊脅肩肺，主人俎脊脅臂肺，介俎脊脅胳肺，肺皆離，皆右體進腠。凡牲前脛骨三，肩臂臑也，後脛骨二，膊胳也。尊者俎尊骨，卑者俎卑骨。祭統曰，凡爲俎者，以骨爲上，骨有貴賤，凡前貴後賤。離猶捀也。腠理也。進理謂前其本也。今文胳作骼。○胳音格，一音各

以爵拜者不徒作。作，起也。言拜既爵者不徒起，起必酢主人。

坐卒爵者拜既爵，立卒爵者不拜既爵。降殺各從其宜，不使相錯，唯工不從此禮。○殺所界反

凡奠者於左。不飲者不欲其妨。

將舉於右。便也

衆賓之長一人辭洗，如賓禮。於三人之中，復差有尊者，餘二人雖爲之洗，不敢辭，其下不洗。

立者東面北上，若有北面者，則東上。賢者衆寡無常也，或統於堂，或統於門。

樂正與立者皆薦以齒。謂其飲之次也。尊樂正同於賓黨，不言飲而言薦，以明飲也。既飲皆薦於其位，樂正位西階東北面。○與音預

凡舉爵，三作而不徒爵。謂獻賓、獻大夫、獻工，皆有薦。

樂作，大夫不入。後樂賢者。

獻工與笙，取爵于上篚；既獻，奠于下篚。明其異器，敬也。如是則獻大夫亦然，上篚三爵。

其笙，則獻諸西階上。謂主人拜送爵也。於工拜于阼階上者，以其坐於西階東也。古文無上。

磬階閒縮霤北面鼓之。縮從也霤以東西為從鼓猶擊也大夫而特縣方賓鄉人之賢者從士禮也射則磬在東古文縮為蹙○霤力又反縣音玄

主人介凡升席自北方降自南方。席南上升由下降由上由便

司正既舉觶而薦諸其位。司正主人之屬也無獻因其舉觶而薦之

凡旅不洗。敬禮殺也

不洗者不祭。

既旅士不入。不甚絜也後正禮也既旅則將燕矣

徹俎賓介遵者之俎受者以降遂出授從者。送之○從才用反

主人之俎以東。藏於東方

樂正命奏陔賓出至于階陔作若有諸公則大夫於主人之北西面。其西面者北上統於公

主人之贊者西面北上不與。贊佐也謂主人之屬佐助主人禮事徹鼏沃盥設薦俎者西面北上統於堂也與及也不及謂不獻酒○與音預

無算爵然後與。燕乃及之

儀禮卷四終

儀禮卷五

漢大司農北海鄭　玄註

皇明　後學東吳金　蟠訂

鄉射禮第五

鄉射之禮。

主人戒賓。賓出迎再拜。主人答再拜。乃請。

主人，州長也。鄉大夫若在焉，則稱鄉大夫也。戒，猶警也，語也。出迎，出門也。請，告也。告賓以射事，不言拜辱，此爲習民以禮樂，不主爲賓已也。不謀賓者，時不獻賢能，事輕也。今郡國行此禮以季春，周禮鄉老及鄉大夫三年正月，獻賢能之書於王，退而以鄉射之禮五物詢衆庶。諸侯之鄉大夫，既貢士於其君，亦用此禮射而詢衆庶乎。○長丁丈反，爲于僞反

賓禮辭許。主人再拜。賓答再拜。主人退。賓送再拜。

退，還射宮省錄射事。

無介。

雖先飲酒，主於射也，其序賓之禮略。

乃席賓南面東上。

不言於戶牖之間者，此射於庠。

衆賓之席繼而西。

言繼者，甫欲習衆庶，未有所殊別。

席主人於阼階上西面。

阼階，東階。

尊於賓席之東兩壺斯禁。左玄酒。皆加勺。篚在其南東肆。

斯禁，禁切地無足者也。設尊者北面，西曰左，尚之也。肆，陳也。○斯如字，劉音賜

設洗於阼階東南。南北以堂深。東西當東榮。水在洗東。篚在洗西南肆。

榮，屋翼也。○深申鴆反

縣于洗東北西面。

此縣謂磬也。縣於東方，辟射位也。但縣磬者，半天子之士，無鐘。○縣音玄，辟音避

乃張侯下綱。不及地武。

侯謂所射布也。綱，持舌繩也。武，迹也。中人之迹尺二寸。侯象人，綱即其足也，是以取數焉。

不繫左下綱。中掩束之。

事未至也。○中丁仲反

之參侯道居侯黨之一。西五步。

容謂之乏，所以爲獲者御矢也。侯道五十步，此乏去侯北十丈，西三丈。○爲于僞反

羹定。

肉謂之羹。定，猶熟也，謂狗熟可食。

主人朝服乃速賓。賓朝服出迎再拜。主人答再拜。退。賓送再拜。

速，召也。射賓輕也。戒時玄端，今郡國行此鄉射禮皮弁服，與禮爲異。○朝直遥反

賓及衆賓遂從之。

及門，主人一相出迎于門外，再拜，賓答再拜。

相，主人家臣擯贊傳命者。○相，息亮反。

揖衆賓。

差卑，禮宜異。

主人以賓揖先入。

以，猶與也。先入，入門右西面。

賓厭衆賓，衆賓皆入門左，東面北上。賓少進。

引手曰厭。少進，差在前也。今文皆曰揖衆賓。○厭，一涉反，下賓厭同。

主人以賓三揖，皆行，及階，三讓，主人升一等，賓升。

三讓而主人先升者，是主人先讓於賓。不俱升者，賓客之道，進宜難也。

主人阼階上當楣北面再拜，賓西階上當楣北面答再拜。

主人拜賓至此堂。○楣，亡悲反。

主人坐取爵于上篚以降。

將獻賓也。

賓降。

從主人也。

主人阼階前西面坐奠爵，興，辭降。

重以主人事煩賓也。今文無阼階。

賓對。

對，答。

主人坐取爵，興，適洗，南面坐奠爵于篚下，盥洗。

盥手又洗爵，飲潔敬也。古文盥皆作浣。

賓進東北面辭洗。

必進者，方辭洗，宜違位也。言東北面，則位南於洗矣。

主人坐奠爵于篚，興，對。賓反位。

反從降之位也。鄉飲酒曰當西序東西。

主人卒洗，壹揖壹讓，以賓升。賓西階上北面拜洗。主人阼階上北面奠爵，遂答拜，乃降。

乃降，將更盥也。古文壹皆作一。

賓降。主人辭降，賓對。主人卒盥，壹揖壹讓升。賓升西階上疑立。

疑，止也，有矜莊之色。○疑，魚乙反。

主人坐取爵，實之賓席之前，西北面獻賓。

進於賓也。凡進物曰獻。

賓西階上北面拜，主人少退。

少退，猶少辟也。○辟，婢亦反，一音避。

賓進受爵于席前復位。（復位西階上位、）

主人阼階上拜送爵。賓少退。薦脯醢（薦進、）

賓升席自西方。（賓升降由下也、）

乃設折俎。（牲體枝解節折以實俎也、○折之設反後皆放此）

主人阼階東疑立。賓坐左執爵。右祭脯醢。奠爵于薦西。興取肺坐

絕祭。（卻左手執本右手絕末以祭也、肺離上爲本下爲末、）

尚左手嚌之（嚌嘗也、右手在下絕以授口嘗之○嚌才計反）

興加于俎。坐挩手執爵遂祭酒。興席末坐啐酒。（挩拭也、啐嘗也、古文挩作說。○挩始銳反啐七內反）

降席。坐奠爵。拜告旨。（降席席西也、旨美也、）

執爵興。主人阼階上答拜。賓西階上北面坐卒爵。興。坐奠爵。遂拜。

執爵興。（卒、盡、）

主人阼階上答拜。

賓以虛爵降。（將洗以酢主人、）

主人降（從賓也、降立阼階東西面當東序、）

賓西階前東面坐奠爵。興辭降。主人對。賓坐取爵適洗。北面坐奠爵于篚下。興盥洗。

主人阼階之東南面辭洗。賓坐奠爵于篚。興對。主人反位。（賓北面盥洗、自外來、反位、從降之位也、主人辭洗進也、）

賓卒洗揖讓如初升。

主人拜洗。賓答拜。興。降盥如主人之禮。賓升實爵主人之席前。東南面酢主人。（酢報、）

主人阼階上拜。賓少退。主人進受爵復位。賓西階上拜送爵。薦脯醢。主人升席自北方。乃設折俎。祭如賓禮。

祭薦俎及酒亦齊卒不告旨

酒已物。

自席前適阼階上北面坐卒爵興坐奠爵遂拜執爵興賓西階上北面答拜

自由也卒酒於席末由前降便也

主人坐奠爵于序端阼階上再拜崇酒賓西階上答再拜

序端東序頭也崇充也謝酒惡相充滿也

主人坐取觶于篚以降

將酬賓。觶之豉反下同

賓降主人奠觶辭降賓對東面立主人坐取觶洗賓不辭洗

不辭洗以其將自飲

卒洗揖讓升賓西階上疑立主人實觶酬之阼階上北面坐奠觶遂拜執觶興

酬勸酒

賓西階上北面答拜主人坐祭遂飲卒觶興坐奠觶遂拜執觶興

賓西階上北面答拜主人降洗賓降辭如獻禮

以將酌已

升不拜洗

酬禮殺也。殺所界反

賓西階上立主人實觶賓之席前北面

酬賓

賓西階上拜主人坐奠觶于薦西賓辭坐取觶以興反位

賓辭辭主人復親酌已

主人阼階上拜送賓北面坐奠觶于薦東反位

酬酒不舉

主人揖降賓降東面立于西階西當西序

主人將與衆賓為禮賓謙不敢獨居堂

主人西南面三拜衆賓衆賓皆答一拜

三拜示徧也壹拜不備禮也獻賓畢乃與衆賓拜敬不能並

主人揖升坐取爵于序端降洗升實爵西階上獻衆賓衆賓之長升拜受者三人

長其老者言三人則衆賓多矣國以多德行道藝為榮何常數之有乎○長丁丈反行下孟反

主人拜送

拜送爵於衆賓右

坐祭立飲不拜既爵授主人爵降復位

既盡。

衆賓皆不拜受爵坐祭立飲。

自第四以下，又不拜受爵，禮彌略。

每一人獻則薦諸其席。

諸，於。

衆賓辯有脯醢。

薦於其位。○辯音遍。

主人以虛爵降奠于篚。

不復用。

揖讓升。賓厭衆賓升，衆賓皆升就席。一人洗，舉觶於賓。

一人，主人之吏。

升實觶，西階上坐奠觶，拜，執觶興。賓席末答拜。舉觶者坐祭，遂飲，卒觶興，坐奠觶，拜，執觶興。賓答拜。降洗，升實之，西階上北面。

將進奠觶。

賓拜。

拜受觶。

舉觶者進，坐奠觶于薦西。

不授，賤不敢也。

賓辭，坐取以興。

若親受然。

舉觶者西階上拜送，賓反奠于其所。舉觶者降。大夫若有遵者，則入門左。

謂此鄉之人為大夫者也。謂之遵者，方以禮樂化民，欲其遵法之也。其士也，於旅乃入。鄉大夫士非鄉人，禮亦然，主於鄉人耳。今文遵為僎。○僎音遵。

主人降。

迎大夫於門內也。不出門，別於賓。○別，彼列反。

賓及衆賓皆降，復初位。

主人揖讓以大夫升，拜至，大夫答拜。主人以爵降，大夫降，主人辭降。大夫辭洗，如賓禮，席於尊東。

不敢居堂，俟大夫入也。初位，門內東面。

尊東，明與賓夾尊也。不言東上，統於尊也。

升，不拜洗。主人實爵，席前獻于大夫。大夫西階上拜，進受爵，反位。主人大夫之右拜送。大夫辭加席，主人對，不去加席。

辭之者，謙，不以已尊加賢者也。不去者，大夫再重席，正也。賓一重席。○去，起呂反。重，直容反，下同。

乃薦脯醢。大夫升席，設折俎，祭如賓禮，不嚌肺，不啐酒，不告旨，西階上卒爵，拜，主人答拜。

凡所不者，殺於賓也。大夫升席由東方。

大夫降洗。

將酢主人也。大夫若衆，則辯獻長乃酢。

主人復阼階，降辭如初。卒洗，主人盥。

盥者，雖將酌自飲，尊大夫，不敢褻。

揖讓升。大夫授主人爵于兩楹閒，復位。主人實爵以酢于西階上，坐奠爵拜。大夫答拜。坐祭，卒爵拜。大夫答拜。主人坐奠爵于西楹南，再拜崇酒。大夫答拜。主人復阼階，揖降。

將升賓。

大夫降，立于賓南。

雖尊，不奪人之正禮。

主人揖讓以賓升。大夫及衆賓皆升，就席。席工于西階上，少東。樂正先升，北面立于其西。

言少東者，明樂正西側階，不欲大東辟射位。○大音泰

工四人，二瑟，瑟先。相者皆左何瑟，面鼓，執越，內弦，右手相。入，升自西階，北面東上。工坐。相者坐授瑟，乃降。

瑟先，賤者先就事也。相，扶工也。面，前也。鼓在前，變於君也。執越，內弦，右手，相由便也。越，瑟下孔，所以發越其聲也。前越，言執者，內有弦結，手入之淺也。相者降，立西方。○相，息亮反。何，胡可反

笙入，立于縣中，西面。

堂下樂相從也。縣中，磬東立西面。○縣音玄

乃合樂：周南關雎、葛覃、卷耳，召南鵲巢、采蘩、采蘋。

不歌、不笙、不閒，志在射，略於樂也。不略合樂者，周南召南之風，鄉樂也，不可略其正也。昔大王、王季、文王始居岐山之陽，躬行以成王業，至三分天下，乃宜周南召南之化，本其德之初，刑於寡妻，至于兄弟，以御于家邦，故謂之鄉樂。用之房中，以及朝廷饗燕鄉射飲酒。此六篇其風化之原也。是以合金石絲竹而歌之。○閒，閒厠之閒。大音泰

工不興，告于樂正曰：正歌備。

不興者，瞽矇禮略也。

樂正告于賓，乃降。

樂正降者，堂上正樂畢也。降立西階東，北面。

主人取爵于上篚，獻工。大師則爲之洗。

尊之也。君賜大夫樂，又從之以其人，謂之大師也。○爲，于僞反

賓降，主人辭降。

大夫不降，尊也。

工不辭洗，卒洗，升實爵。工不興，左瑟，一人拜受爵。

左瑟，辭主人授爵也。一人，無大師，則工之長者。

主人阼階上拜送爵，薦脯醢，使人相祭。

人，相者。○相，息亮反

工飲不拜既爵授主人爵衆工不拜受爵祭飲辯有脯醢不祭
祭飲不與受爵坐祭坐飲
不洗遂獻笙于西階上
不洗者賤也衆工而不洗矣而衆笙不洗者笙賤於衆工正君賜之猶不洗也
笙一人拜于下盡階不升堂受爵主人拜送爵階前坐祭立飲不拜既爵升授主人爵衆笙不拜受爵坐祭立飲辯有脯醢不祭主人以爵降奠于篚反升就席
亦揖讓以賓升衆賓皆升
主人降席自南方

禮殺由便
側降
賓不從降
作相爲司正司正禮辭許諾主人再拜司正答拜
爵備樂畢將留賓以事爲有懈倦失禮立司正以監之察儀法也詩云既立之監或佐之史○監古咸反
主人升就席
司正洗觶升自西階由楹內適阼階上北面受命于主人
洗觶者當酬以表其位顯其事也楹內楹北
西階上北面請安于賓
傳主人之命
賓禮辭許司正告于主人遂立于楹間以相拜
相謂贊主人及賓相拜之辭
主人阼階上再拜賓西階上答再拜皆揖就席
爲已安也今文揖爲升
司正實觶降自西階中庭北面坐奠觶興退少立
奠觶表其位也少立自修正愼其位也古文曰少退立
進坐取觶興反坐不祭遂卒觶興坐奠觶拜執觶興洗北面坐奠于其所

今文坐取觶無進又曰坐奠之拜
興少退北面立于觶南
立觶南亦其故擯位
未旅
旅序也未以次序相酬以將射也旅則禮終也
三耦俟于堂西南面東上
司正既立司射選弟子之中德行道藝之高者以爲三耦使俟事於此
司射適堂西袒決遂取弓于階西兼挾乘矢升自西階階上北面告于賓曰弓矢既具有司請射

司射、主人之吏也、於堂西袒決遂者、主人無次、隱蔽而已、袒、左免衣也、決猶闓也、以象骨爲之、著右大擘指、以鉤弦闓體也、遂、射韝也、以韋爲之、所以遂弦者也、其非射時則謂之拾、拾、斂也、所以蔽膚斂衣也、方持弦矢曰挾、乘矢、四矢也、大射曰挾乘矢於弓外、見鏃於弣、南巨指鉤弦、古文挾皆作接、○闓音開、著丁略反、又直略反、韝古侯反、弣芳甫反

賓對曰、其不能、爲二三子許諾。

言其不能、謙也、二三子、謂衆賓已下、○爲于僞反

司射適阼階上、東北面告于主人曰、請射于賓、賓許、司射降自西階、階前西面、命弟子納射器。

弟子、賓黨之年少者也、納、內也、射器、弓矢決拾旌中籌楅豐也、賓黨東面、主人之吏西面、○楅音福

乃納射器、皆在堂西、賓與大夫之弓倚于西序、矢在弓下、北括、衆

弓倚于堂西、矢在其上。

上堂西廉、矢亦北括、

主人之弓矢在東序東。

亦倚于東序也、矢在其下北括、

司射不釋弓矢、遂以比三耦於堂西、三耦之南、北面命上射曰、某御於子、命下射曰、子與某子射。

比、選次其才相近者也、古文曰某從於子、

司正爲司馬。

兼官、由便也、立司正、爲涖酒爾、今射、司正無事、

司馬命張侯、弟子說束、遂繫左下綱。

事至也、今文說皆作稅、○說吐活反、又始銳反

司馬又命獲者倚旌于侯中。

爲當負侯也、獲者亦弟子也、謂之獲者、以事名之、

獲者由西方坐取旌、倚于侯中、乃退、樂正適西方、命弟子贊工、遷樂于下。

當辟射也、贊、佐也、遷、徙也、○辟音避

弟子相工、如初入、降自西階、阼階下之東南、堂前三笴、西面北上坐。

笴、矢幹也、今文無南、○相息亮反、笴古可反

樂正北面立于其南。

北面、鄉堂、不與工序也、○鄉許亮反

司射猶挾乘矢、以命三耦各與其耦讓取弓矢拾。

猶有故之辭、拾、更也、○拾其劫反、除決拾之外皆同

三耦皆袒決遂、有司左執弣、右執弦而授弓。

有司、弟子納射器者也、凡納射器者皆執以俟事、

遂授矢。

受於納矢而授之、

三耦皆執弓，搢三而挾一个。

未違侯處也。搢，插也。插於帶右。

司射先立于所設中之西南，東面。三耦皆進，由司射之西，立于其西南，東面北上而俟。司射東面立于三耦之北，搢三而挾一个。

爲當誘射也。固東面矣，復言之者，嫌郤時還。

揖進，當階北面揖，及階揖，升堂揖，豫則鉤楹內，堂則由楹外，當左物，北面揖。

鉤楹，繞楹而東也。序無室，可以深也。周立四代之學於國，而又以有虞氏之序爲鄉學。鄉飲酒義曰主人迎賓于庠門外是也。庠之制有堂有室也。今言豫者，謂州學也，讀如成周宣榭災之榭。周禮作序。凡屋無室曰榭，宜從榭。州立榭者，下鄉也。左物，下物也。今文豫爲序。序乃夏后氏之學，亦非也。○豫音榭。

及物揖，左足履物，不方足，還視侯中，俯正足。

方，猶併也。志在於射，左足至，右足還，併足，則是立也。南面視侯之中，乃俯視併正其足。

不去旌。

以其不獲。○去，起呂反。

誘射。

誘，猶教也。

將乘矢。

將，行也。行四矢，象有事於四方。

執弓不挾，右執弦。

不挾，矢盡。

南面揖，揖如升射。降，出于其位南，適堂西，改作一个挾之。

改，更也。不射而挾之，示有事也。今文曰適序西。

遂適階西，取扑搢之以反位。

扑，所以撻犯教者。書云扑作教刑。

司馬命獲者執旌以負侯。

欲令射者見侯與旌，深有志於中。○中，丁仲反。

獲者適侯，執旌負侯而俟。

俟，待也。今文俟爲立。

司射還，當上耦西面，作上耦射。

還，左還也。作，使也。

司射反位。上耦揖進，上射在左，竝行。當階北面揖，及階揖。上射先升三等，下射從之中等。

中，猶間也。

上射升堂少左，下射升，上射揖，竝行。

竝，併也，併東行。

皆當其物，北面揖，及物揖，皆左足履物，還視侯中，合足而俟。

司馬適堂西。不決遂。袒執弓。

不決遂因不射。不備。

出于司射之南。升自西階。鉤楹。由上射之後。西南面立于物間。右執簫。南揚弓。命去侯。

鉤楹以當由上射者之後也。簫弓末也。大射曰左執弣。揚猶舉也。

獲者執旌許諾。聲不絕。以至于乏。坐東面偃旌。興而俟。

聲不絕。不以宮商。不絕而已。鄉射威儀省。偃猶仆也。

司馬出于下射之南。還其後。降自西階。反由司射之南。適堂西。釋弓。襲。反位。立于司射之南。

爲下射者。明爲二人命去侯。

司射進。與司馬交于階前。相左。由堂下西階之東。北面視上射。命曰。無射獲。無獵獲。上射揖。司射退。反位。

射獲謂矢中人也。獵矢從傍。○無射之射食亦反

乃射。上射既發。挾弓矢。而后下射射。拾發以將乘矢。

后後也。當從后

獲者坐而獲。

射者中。則大言獲。獲得也。射講武田之類。是以中爲獲也。

舉旌以宮。偃旌以商。

宮爲君。商爲臣。聲和律呂相生。

獲而未釋獲。

但大言獲。未釋其算。

卒射。皆執弓不挾。南面揖。揖如升射。

不挾亦右執弦如司射。

上射降三等。下射少右。從之中等。並行。上射於左。

降下。

與升射者相左。交于階前。相揖。由司馬之南。適堂西。釋弓。說決拾。襲而俟于堂西。南面東上。三耦卒射亦如之。司射去扑。倚于西階之西。升堂北面告于賓曰。三耦卒射。

去扑乃升。不敢佩刑器即尊者之側。○說吐活反又始銳反

賓揖。

以揖然之。

司射降。搢扑。反位。司馬適堂西。袒執弓。由其位南。進。與司射交于階前。相左。升自西階。鉤楹。自右物之後。立于物間。西南面。揖弓。命取矢。

揖推之也。

獲者執旌許諾。聲不絕。以旌負侯而俟。

俟弟子取矢、以旌指教之、

司馬出于左物之南還其後。降自西階。遂適堂前北面。立于所設楅之南。命弟子設楅。

楅猶幅也、所以承笴齊矢者、

乃設楅于中庭南當洗東肆。

東肆統於賓、

司馬由司射之南。退釋弓于堂西。襲反位。弟子取矢北面坐委于楅北括。乃退。司馬襲進當楅南北面坐。左右撫矢而乘之。

撫拊之也、就委矢左右手、撫而四四數分之也、上既言襲矣復言之者、嫌有事卽袒也、凡事升堂乃袒、○乘成證反

若矢不備。則司馬又袒執弓如初升命曰。取矢不索。

索猶盡也、

弟子自西方應曰諾。乃復求矢加于楅。

增故曰加、鼏獲者許諾、至此弟子曰諾、事同互相明、

司射倚扑于階西升。請射于賓如初。賓許諾。賓主人大夫若皆與射。則遂告于賓。適阼階上告于主人。主人與賓爲耦。

言若者、或射或否、在時欲耳、射者繹己之志、君子務焉、大夫、遵者也、告賓曰、主人御于子、告主人曰子與賓射、○與音預

遂告于大夫。大夫雖衆。皆與士爲耦。告于大夫曰。某御于子。

大夫皆與士爲耦、謙也、來觀禮同爵自相與耦、則嫌自尊別也、大夫爲下射而云御于子、尊大夫也、士、謂衆賓之在下者、及羣士來觀禮者也、禮、一命已下、齒於鄉里、

西階上北面作衆賓射。

作、使、

司射降搢扑。由司馬之南。適堂西立。比衆耦。

衆耦、大夫耦及衆賓也、命大夫之耦曰子與某子射、其命衆耦如三耦、

衆賓將與射者皆降。由司馬之南。適堂西。繼三耦而立東上。大夫之耦爲上。若有東面者。則北上。

言若有者、大夫士來觀禮、及衆賓多無數也、

賓主人與大夫皆未降。

言未降者、見其志在射、

司射乃比衆耦辯。

衆賓射者降比之、耦乃徧、

遂命三耦拾取矢。司射反位。

反位者、俟其袒決遂來、

三耦拾取矢。皆袒決遂。執弓進立于司馬之西南。

必袒決遂者、明將有射事、

司射作上耦取矢。

作之者、還當上耦如作射、

司射反位。上耦揖進。當福北面揖。及福揖。

當福、福正南之東西、

上射東面。下射西面。上射揖進。坐橫弓。卻手。自弓下取一个。兼諸弣。順羽。且興。執弦而左還。退反位。東面揖。

橫弓者南踣弓也。卻手由弓下取矢者以左手在弓表右手從裏取之便也。兼并矢於弣。當順羽。既又當執弦也。順羽者手放而下、備不整理也、不言毋周、在阼非君周可也、○踣蒲北反、毋亦作無同

下射進。坐橫弓。覆手。自弓上取一个。興。其他如上射。

覆手、由弓上取矢者以左手在弓裏、右手從表取之、亦便、○覆芳伏反、

既拾取乘矢。揖。皆左還。南面揖。皆少進。當福南。皆左還。北面。搢三

挾一个。

福南、鄉當福之位、

揖。皆左還。上射於右。

上射轉居右、便其反位也、下射左還、少南行、乃西面、

與進者相左。相揖。反位。

相左、皆由進者之北、

三耦拾取矢。亦如之。後者遂取誘射之矢。兼乘矢而取之。以授有司于西方。而后反位。

取誘射之矢、挾五个、弟子逆受於東面位之後

眾賓未拾取矢。皆袒決遂。執弓。搢三挾一个。由堂西進。繼三耦之南而立。東面北上。大夫之耦為上。

未、猶不也、眾賓不拾者、未射無福上矢也、言此者嫌眾賓三耦同倫、初時有射者、後乃射有拾取矢禮也、

司射作射如初。一耦揖升如初。司馬命去侯。獲者許諾。司馬降。釋弓反位。司射猶挾一个。去扑。與司馬交于階前。升。請釋獲于賓。

猶有故之辭、司射既誘射、恒執弓挾矢以掌射事、備尚未知、當教之也、今三耦卒射、眾足以知之、侯猶挾之者、君子不必也、

賓許。降。搢扑。西面立于所設中之東。北面命釋獲者設中。遂視之。

視之、當教之、

釋獲者執鹿中。一人執算以從之。

鹿中、謂射於榭也、於庠當兕中、

釋獲者坐設中。南當福。西當西序。東面。興受算。坐實八算于中。橫委其餘于中西。南末。興。共而俟。

興、還北面受算、反東面實之、○共九勇反、

司射遂進。由堂下北面命曰。不貫不釋。

貫猶中也、不中正、不釋算也、古文貫作關、○貫古亂反、中丁仲反、正音征

上射揖。司射退反位。釋獲者坐取中之八算。改實八算于中。興。執而俟。

執所取算、

乃射若中則釋獲者坐而釋獲每一个釋一算上射於右下射於左若有餘算則反委之。

委餘算、禮尚異也、委之合於中西、○中丁仲反

又取中之八算改實八算于中興執而俟三耦卒射賓主人大夫揖皆由其階降揖主人堂東袒決遂執弓搢三挾一个賓於堂西亦如之皆由其階階下揖升堂揖主人爲下射皆當其物北面揖及物揖乃射卒南面揖皆由其階階上揖降階揖賓序西主人序東皆釋弓說決拾襲反位升及階揖升堂揖皆就席。

或言堂、或言序、亦爲庠榭互言也、賓主人射、大夫止於堂西、

大夫袒決遂執弓搢三挾一个由堂西出于司射之西就其耦大夫爲下射揖進耦少退揖如三耦及階耦先升卒射揖如升射耦先降降階耦少退皆釋弓于堂西襲耦遂止于堂西大夫升就席。

耦於庭下、不並行、尊大夫也、在堂如上射之儀、近其事得申、

衆賓繼射釋獲皆如初司射所作唯上耦。

於是言唯上耦者、嫌賓主人射亦作之、大射、三耦卒射、司射請于公及賓、

卒射釋獲者遂以所執餘獲升自西階盡階不升堂告于賓曰左右卒射降反位坐委餘獲于中西興共而俟。

司射不告卒射者、釋獲者於是有事、宜終之也、餘獲、餘算也、無餘算則空手耳、俟、俟數也、

司馬袒決執弓升命取矢如初獲者許諾以旌負侯如初司馬降釋弓反位弟子委矢如初大夫之矢則兼束之以茅上握焉

兼束、大夫矢優之、是以不拾也、束於握上、則兼取之順羽便也、握謂中央也、不束主人矢、不可以殊於賓也、言大夫之矢、則矢有題識也、肅慎氏貢楛矢、銘其括、今文上作尚、○楛音戶、字又作栝

司馬乘矢如初司射遂適西階西釋弓去扑襲進由中東立于中南北面視算。

釋弓去扑、射事已、

釋獲者東面于中西坐先數右獲。

固東面矣、復言之者、爲其少南就右獲、

二算爲純。

純、猶全也、耦陰陽、

一純以取實于左手十純則縮而委之。

縮、從也、於數者東西爲從、古文縮皆爲蹙、○從子容反

每委異之。

易校數、

有餘純則橫於下。

又異之也、自近爲下、

一算爲奇奇則又縮諸純下。

奇猶虧也、又從之、

興。自前適左東面。

起由中東就左獲、少北於故東面鄉之、

坐兼斂算實于左手。一純以委。十則異之。

變於右、

其餘如右獲。

謂所縮所橫、

司射復位。釋獲者遂進取賢獲執以升自西階。盡階。不升堂。告于賓。

賢獲勝黨之算也、齊之而取其餘、

若右勝。則曰右賢於左。若左勝。則曰左賢於右。以純數告。若有奇者亦曰奇。

賢猶勝也、言賢者射之以中爲雋也、假如右勝、告曰右賢於左、若干純、若干奇、○中丁仲反

若左右鈞。則左右皆執一算以告曰左右鈞。降復位。坐兼斂算實八算于中。委其餘于中西。興共而俟。司射適堂西。命弟子設豐。

將飮不勝者設豐所以承其爵也、豐形蓋似豆而卑

弟子奉豐升設于西楹之西。乃降。勝者之弟子。洗觶升酌。南面坐奠于豐上。降袒執弓反位。

勝者之弟子、其少者也、耦不酌下、無能也、酌者不授爵、略之也、執弓反射位、不俟其黨、已酌有事、

司射遂袒執弓。挾一个。搢扑。北面于三耦之南。命三耦及衆賓勝者皆袒決遂執張弓。

執張弓、言能用之也、右手執弦如卒射、

不勝者。皆襲說決拾。卻左手。右加弛弓于其上。遂以執弣。

固襲說決拾矣、復言之者、起勝者也、執弛弓、言不能用之也、兩手執弣、又不得執弦、○弛尸紙反弣芳甫反

司射先反位。

居前俟所命來、

三耦及衆射者皆與其耦進立于射位北上。司射作升飮者如作

射。一耦進揖。如升射。及階。勝者先升堂少右。

先升、尊賢也、少右、辟飲者也、亦相飲之位、○辟音避

不勝者進北面坐取豐上之觶。興。少退立。卒觶。進坐奠于豐下。興揖。

立卒觶、不祭不拜、受罰爵、不備禮也、右手執觶左手執弓、

不勝者先降。

後升先降、略之不由次、

與升飮者相左。交于階前相揖。出于司馬之南。遂適堂西。釋弓襲而俟。

侯復射、

有執爵者。

主人使贊者代弟子酌也、於既升飲而升自西階立于序端、一

執爵者坐取觶實之。反奠于豐上。升。飲者如初。

每者輒酌以至於徧、

三耦卒飲。賓主人大夫不勝。則不執弓。執爵者取觶降洗。升實之以授于席前。

優尊也、

受觶以適西階上。北面立飲。

受罰爵者不宜自尊別、

卒觶。授執爵者。反就席。大夫飲則耦不升。

以賓主人飲耦在上、嫌其升、

若大夫之耦不勝。則亦執弛弓特升飲。

尊者可以孤、無能對、

衆賓繼飲射爵者辯。乃徹豐與觶。

徹猶除也、設豐者反豐於堂西、執爵者反觶於篚、

司馬洗爵升實之以降。獻獲者于侯。

鄉人獲者賤、明其主以侯為功、得獻也、

薦脯醢。設折俎。俎與薦皆三祭。

皆三祭、爲其將祭侯也、祭侯三處也、

獲者負侯北面拜受爵。司馬西面拜送爵。

負侯、負侯中也、拜送爵不同面者、辟正主也、其設薦俎西面錯、以南爲上、爲受爵于侯、薦之於位、古文曰再拜受爵、

獲者執爵。使人執其薦與俎從之。適右个。設薦俎

獲者以侯爲功、是以獻焉、人謂主人贊者、上設薦俎者也、爲設籩在東、豆在西、俎當其北也、言使設、新之、○个音幹

獲者南面坐左執爵。祭脯醢。執爵興。取肺坐祭。遂祭酒。

爲侯祭也、亦二手祭酒、反注如大射、

興適左个。中亦如之。

先祭左个、後中者、以外即之至中、若神在中也、

左个之西北三步東面設薦俎。獲者薦右東面立飲。不拜。既爵。

不就乏者、明其享侯之餘也、立飲薦右、近司馬、於是司馬北面、

司馬受爵奠于篚。復位。獲者執其薦。使人執俎從之。辟設于乏南。

遷設薦俎就乏、明已所得禮也、言辟之者、不使當位、辟舉旌偃旌也、設于南右之也、凡他薦俎皆當其位之前、○辟扶益反

獲者負侯而俟。司射適階西。釋弓矢。去扑。說決拾。襲。適洗。洗爵。升。實之以降。獻釋獲者于其位。少南。薦脯醢。折俎。有祭。

不當其位、辟中、

釋獲者薦右。東面拜受爵。司射北面拜送爵。釋獲者就其薦坐。左

執爵。祭脯醢。興取肺。坐祭。遂祭酒。興。司射之西北面立飲。不拜。既爵。司射受爵。奠于篚。釋獲者少西辟薦。反位。

辟薦少西之者。爲復射妨司射視算也。亦辟俎。

司射適堂西。袒決遂。取弓于階西。挾一个。搢扑以反位。

爲將復射。

司射去扑。倚于階西。升。請射于賓如初。賓許。司射降搢扑。由司馬之南適堂西。命三耦及衆賓皆袒決遂執弓就位。

位。射位也。不言射者。以當序取矢。

司射先反位。

言先三耦及衆賓也。既命之。即反位。不俟之也。三耦不言先。三耦未有拾取矢位。無所先。○先。悉薦反。

三耦及衆賓皆袒決遂執弓。各以其耦進。反于射位。

以。猶與也。今文以爲與。

司射作拾取矢。三耦拾取矢如初。反位。賓主人大夫降揖如初。主人堂東。賓堂西。皆袒決遂執弓。皆進階前揖。

南面相俟而揖行也。

及楅揖。拾取矢如三耦。

及楅。當楅東西也。主人西面。賓東面。相揖。拾取矢。不北面揖。由便也。

卒北面搢三挾一个。

亦於三耦爲之位。

揖退。

皆已揖。左還。各由其塗反位。

賓堂西。主人堂東。皆釋弓矢襲。及階揖。升堂揖。就席。

將袒。先言主人。將襲。先言賓。尊賓也。

大夫袒決遂執弓。就其耦。

降袒決遂於堂西。就其耦於射位。與之拾取矢。

揖皆進如三耦。耦東面。大夫西面。大夫進坐說矢束。

說矢束者。下耦以將拾取。○說。吐活反。又始銳反。

興反位。而后耦揖進坐。兼取乘矢。順羽而興。反位揖。

兼取乘矢者。尊大夫。不敢與之拾也。相下相尊。君子之所以相接也。

大夫進坐。亦兼取乘矢。如其耦。北面搢三挾一个。

亦於三耦爲之位。

揖退。耦反位。大夫遂適序西。釋弓矢襲。升即席。

大夫不序。於下。尊也。

衆賓繼拾取矢。皆如三耦。以反位。

司射猶挾一个以進。作上射如初。一耦揖升如初。

進。前也。鄉言還當上耦西面。是言進。終始互相明也。今文或言作升射。

司馬升。命去侯。獲者許諾。司馬降。釋弓反位。司射與司馬交于階前。去扑襲升。請以樂樂于賓。賓許諾。司射降。搢扑東面。命樂正曰。請以樂樂于賓。賓許。

東面於西階之前也。不就樂正命之者。傳尊者之命於賤者。遥號命之可也。樂正亦許諾。猶北面不還。以賓在堂。

司射遂適階間堂下北面。命曰。不鼓不釋。

不與鼓節相應。不釋算也。鄉射之鼓五節。歌五終。所以將八矢。一節之間當拾發。四節四拾。其一節先以聽也。

上射揖。司射退反位。樂正東面命大師曰。奏騶虞。間若一。

東面者。進還鄉大師也。騶虞。國風召南之詩篇也。射義曰。騶虞者。樂官備也。其詩有一發五豝五豵于嗟騶虞之言。樂得賢者衆多。嘆思至仁之人以充其官。此天子之射節也。而用之者。方有樂賢之志。取其宜也。其他賓客鄉大夫則歌采蘋。間若一者

重節。○豝音巴。豵子工反

大師不興。許諾。樂正退反位。乃奏騶虞以射。三耦卒射。賓主人大夫衆賓繼射。釋獲如初。卒射降。

皆應鼓與歌之節。乃釋算。降者衆賓。

釋獲者執餘獲。升告左右卒射。如初。

卒。已也。今文曰告于賓。

司馬升。命取矢。獲者許諾。司馬降。釋弓反位。弟子委矢。司馬乘之。皆如初。司射釋弓視算。如初。

算。獲算也。今文曰視數也。

釋獲者以賢獲與鈞告。如初。降復位。

司射命設豐。設豐實觶如初。遂命勝者執張弓。不勝者執弛弓。升飲如初。

司射猶袒決遂。左執弓。右執一个。兼諸弦面鏃。適堂西。以命拾取矢如初。

側持弦矢曰執。面猶尚也。并矢於弦。尚其鏃。將止變於射也。

司射反位。三耦及賓主人大夫衆賓皆袒決遂。拾取矢如初。矢不挾。兼諸弦弣以退。不反位。遂授有司于堂西。

不挾。亦謂執之如司射也。不以反射位。授有司者。射禮畢。

辯拾取矢。揖。皆升就席。

謂賓大夫及衆賓也。相俟堂西。進立于西階之前。主人以賓揖升。大夫及衆賓從升。立時少退于大夫。三耦及弟子自若留下。

司射乃適堂西。釋弓去扑。說決拾。襲反位。司馬命弟子說侯之左下綱而釋之。

說。解也。釋之。不復射。奄東之。○說。吐活反

命獲者以旌退。命弟子退福。司射命釋獲者退中與算而俟。

諸所退。皆俟堂西。備復射也。旌言以者。旌恒執也。獲者釋獲者亦退其薦俎。

司馬反爲司正。退復觶南而立。

當監旅酬。

樂正命弟子贊工卽位弟子相工如其降也升自西階反坐
贊工遷樂也降時如初入樂正反自西階東北面
賓北面坐取俎西之觶興阼階上北面酬主人主人降席立于賓東賓坐奠觶拜執觶興主人答拜賓不祭卒觶不拜不洗實之進東南面
所不者酬而禮殺也賓立飲○殺所界反
主人阼階上北面拜賓少退
少退少逡遁也○遁音旬
主人進受觶賓主人之西北面拜送
旅酬而同階禮殺也

賓揖就席主人以觶適西階上酬大夫大夫降席立于主人之西如賓酬主人之禮
其既實觶進西南面立繇所酬
主人揖就席若無大夫則長受酬亦如之
長謂以長幼之次酬衆賓○長丁丈反
司正升自西階相旅作受酬者曰某酬某子
某者字也某子者氏也稱酬者之字受酬者曰某子旅酬下爲上尊之也春秋傳曰字不若子化言某酬某子者射禮略於飲酒飲酒言某子受酬以飲酒爲主

受酬者降席司正退立于西序端東面
退立俟後酬者也始升相立階西北面
衆受酬者拜興飲皆如賓酬主人之禮辯遂酬在下者皆升受酬于西階上
在下謂賓黨也鄉飲酒記曰主人之贊者西面北上不與無算爵然後與此異於賓○與音預
卒受者以觶降奠于篚司正降復位使二人舉觶于賓與大夫
二人主人之贊者
舉觶者皆洗觶升實之西階上北面皆坐奠觶拜執觶興賓與大夫皆席末答拜舉觶者皆坐祭遂飲卒觶興坐奠觶拜執觶興賓

與大夫皆答拜舉觶者逆降洗升實觶皆立于西階上北面東上
賓與大夫拜舉觶者皆進坐奠于薦右
坐奠之不敢授
賓與大夫辭坐受觶以興
辭辭其坐奠觶
舉觶者退反位皆拜送乃降賓與大夫反奠于其所興
不舉者盛禮已崇古文曰反坐
若無大夫則唯賓
長一人舉觶如燕禮媵爵之爲

司正升自西階阼階上受命于主人適西階上北面請坐于賓。

請坐欲與賓燕盡殷勤也至此盛禮已成酒清肴乾强有力者猶倦焉

賓辭以俎。

俎者肴之貴者也辭之者不敢以燕坐褻貴肴

反命于主人主人曰請徹俎賓許司正降自西階階前命弟子俟徹俎。

弟子賓黨也俎者主人贊者設之今賓辭之使其黨俟徹順賓意也上言請坐于賓此言主人曰互相備耳

司正升立于序端賓降席北面主人降席自南方阼階上北面大夫降席席東南面。

俟弟子升受俎

賓取俎還授司正司正以降自西階賓從之降遂立于階西東面

司正以俎出授從者。

授賓家從來者也古者與人飲食必歸其盛者所以厚禮之○從才用反

主人取俎還授弟子弟子受俎降自西階以東主人降自阼階西面立。

以東授主人侍者

大夫取俎還授弟子弟子以降自西階遂出授從者大夫從之降立于賓南。

凡言還者明取俎各自鄉其席

衆賓皆降立于大夫之南少退北上。

從降亦為將燕○為于僞反

主人以賓揖讓說屨乃升大夫及衆賓皆說屨升坐。

說屨者將坐空屨褻賤不宜在堂也說屨則摳衣為其被地○說吐活反

乃羞。

羞進也所進者狗胾醢也燕設啗具所以案酒○胾壯吏反

無算爵使二人舉觶賓與大夫不興取奠觶飲卒觶不拜。

二人謂媵者二人也使之升立于西階上賓與大夫將旅當執觶也卒觶者固不拜矣著之者嫌坐卒爵者拜既爵此坐于燕

禮既殺不復崇

執觶者受觶遂實之賓觶以之主人大夫之觶長受。

長衆賓長

而錯皆不拜。

錯者實主人之觶以之次賓也實賓長之觶以之次大夫其或多者迭飲於坐而已皆不拜受禮又殺也

辯卒受者與以旅在下者于西階上。

衆賓之末飲而酬主人之贊者犬夫之末飲而酬賓黨亦錯焉不使執觶者酌以其將旅酬不以己尊孤人也其末若皆衆賓則先酬主人之贊者若皆大夫則先酬賓黨而已執觶者酌在上辯降復位

長受酬酬者不拜乃飲卒觶以實之。

言酬者不拜者，嫌酬堂下異位當拜也。古文曰：酬者不拜。

受酬者不拜受。

禮殺，雖受尊者之酬，猶不拜。

辯旅皆不拜。

主人之贊者於此始旅，嫌有拜。

執觶者皆與旅。

嫌已飲不復飲也。上使之勸人耳，非逮下之惠也，亦自以齒與於旅也。○與音預

卒受者以虛觶降，奠于篚。執觶者洗，升實觶，反奠于賓與大夫。

復奠之者，燕以飲酒爲歡，醉乃止，主人之意也。今文無執觶及賓觶大夫之觶，皆爲爵，實觶，觶爲之。

無算樂。

合鄉樂，無次數。

賓興，樂正命奏陔。

陔，陔夏，其詩亡。周禮賓醉而出，奏陔夏。陔夏者，天子諸侯以鍾鼓，大夫士鼓而已。○陔古才反

賓降及階，陔作。賓出，衆賓皆出。主人送于門外，再拜。

拜送賓于門東西面，賓不答拜，禮有終。

明日賓朝服以拜賜于門外。

拜賜，謝恩惠也。

主人不見。如賓服，遂從之，拜辱于門外，乃退。

不見，不褻禮也。拜辱，謝其自屈辱。

主人釋服，乃息司正。

釋服，說朝服，服玄端也。息猶勞也。勞司正，謂賓之與之飲酒，以其昨日尤勞倦也。月令曰：勞農以休息之。

無介。

勞禮略，貶於飲酒也。此已下皆記禮之異者。

不殺。

無俎故也。

使人速。

速，召賓。

迎于門外，不拜。入，升，不拜至，不拜洗。薦脯醢，無俎。賓酢主人，主人不崇酒，不拜衆賓。既獻衆賓，一人舉觶，遂無算爵。

言遂者，明其閒闕也。賓坐奠觶于其所，擯者遂受命于主人，請坐于賓，賓降說屨升坐矣。不言遂請坐者，請坐主於無算爵。

無司正。

使擯者而已，不立之。

賓不與。

昨日至尊，不可褻也。古文與作豫。

徵唯所欲。

徵，召也。謂所欲請呼。

以告於鄉先生君子可也。告請也鄉先生鄉大夫致仕者也君子有大德行不仕者○行下孟反

羞唯所有。用時見物。

鄉樂唯欲。不歌雅頌取周召之詩在所好。

記大夫與則公士爲賓。不敢使鄉人加尊於大夫也公士在官之士鄉賓主用處士○與音預

使能不宿戒。能者敏於事不待宿戒而習之。

其牲狗也。狗取擇人。

亨于堂東北。鄉飲酒義曰祖陽氣之所發也○亨普庚反

尊綌冪賓至徹之。以綌爲冪取其堅潔。

蒲筵緇布純。筵席也純緣。

西序之席北上。衆賓統於賓。

獻用爵其他用觶。爵尊不可褻也。

以爵拜者不徒作。以爵拜謂拜既爵徒猶空也作起也不空起言起必酢主人。

薦脯用籩五膱祭半膱橫于上醢以豆出自東房膱長尺二寸。脯用籩籩宜乾物也醢以豆豆宜濡物也膱猶脡也爲記者異耳祭橫于上殊之也於人爲縮膱廣狹未聞也古文膱爲胾今文或作植○膱音職

俎由東壁自西階升。狗既亨載于東方。

賓俎脊脅肩肺主人俎脊脅臂肺肺皆離皆右體也進腠。以骨名肉貴骨也賓俎用肩主人用臂尊賓也離猶捽也腠膚理也進理謂前其本右體周所貴也若有尊者則俎其餘體也○捽苦圭反

凡舉爵三作而不徒爵。謂獻賓獻大夫獻工皆有薦。

凡奠者於左。不飲不欲其妨。

將舉者於右。
便其舉也、

衆賓之長一人辭洗、如賓禮。
尊之於其黨、○長丁丈反

若有諸公、則如賓禮、大夫如介禮、無諸公、則大夫如賓禮。
尊卑之差、諸公、大國之孤也、

樂作、大夫不入。
後樂賢也、

樂正與立者齒。
謂其飲之次也、尊樂正同於賓黨、鄉飲酒記曰、與立者皆薦以齒、○與音預、

三笙一和而成聲。
三人吹笙、一人吹和、凡四人也、爾雅曰、笙小者謂之和、○和戶卧反

獻工與笙、取爵于上篚、既獻、奠于下篚、其笙則獻諸西階上。
奠爵于下篚、不復用也、今文無與笙、

立者東面北上。
賓黨、

司正既舉觶而薦諸其位。
薦於觶南、

三耦者使弟子司射前戒之。
弟子、賓黨之少者也、前戒、謂先射請戒之、

司射之弓矢與扑、倚于西階之西。
便其事也、

司射既袒決遂而升、司馬階前命張侯、遂命倚旌、
著並行也、古文曰、遂命獲者倚旌、

凡侯、天子熊侯、白質、諸侯麋侯、赤質、大夫布侯、畫以虎豹、士布侯、畫以鹿豕。
此所謂獸侯也、燕射則張之、鄉射及賓射當張采侯二正、而記此者、天子諸侯之燕射、各以其鄉射之禮、而張此侯、則經獸侯是也、由是云焉、白質赤質、皆謂采其地、其地不采者白布也、熊麋虎豹鹿豕、皆正面畫其頭、象於正鵠之處耳、君畫一、臣畫二、陽奇陰耦之數也、燕射射熊虎豹、不忘上下相犯、射麋鹿豕、志在君臣相養、其畫之皆毛物之、

凡畫者丹質。
賓射之侯、燕射之侯、皆畫雲氣於側以爲飾、必先以丹采其地、丹淺於赤、

射自楹間。物長如笴。其間容弓。距隨長武。
自楹間者、謂射於庠也、楹間、中央東西之節也、物、謂射時所立處也、謂之物者、物猶事也、君子所有事也、長如笴者、謂從畫之長短也、笴、矢幹也、長三尺、與跬相應、射者進退之節也、間容弓者、上下射相去六尺也、距隨者、物橫畫也、始前足至東頭爲距、後足來合而南面爲隨、武、跡也、尺二寸、

序則物當棟。堂則物當楣。

是制五架之屋也、正中曰棟、次曰楣、前曰庪。○庪九僞反又九爲反

命負侯者由其位。

於賤者禮略、

凡適堂西皆出入于司馬之南。唯賓與大夫降階。遂西取弓矢。

尊者宜逸、由便也、

旌各以其物。

旌總名也、雜帛爲物、大夫士之所建也、言各者、鄉射或於庠或於榭、

無物則以白羽與朱羽糅杠長三仞以鴻脰韜上二尋。

無物者、謂小國之州長也、其鄉大夫一命、其州長士不命、不命者無物、此翿旌也、翿亦所以進退衆者、糅者雜也、杠橦也、七尺

曰仞、鴻鳥之長脰者也、八尺曰尋、今文糅爲縚、韜爲翿、○糅女又反、杠音江、翿徒刀反、橦直江反

凡挾矢於二指之間橫之。

二指謂左右手之第二指、此以食指將指挾之、○將子匠反

司射在司馬之北。司馬無事。不執弓。

以不主射故也、

始射獲而未釋獲。復釋獲。復用樂行之。

君子取人以漸、

上射於右。

於右物射、

福長如笴。博三寸。厚寸有半。龍首。其中。蛇交。韋當。

博廣也、兩端爲龍首、中央爲蛇身相交也、蛇龍、君子之類也、交者象君子取矢於福上也、直心背之衣曰當、以丹韋爲之、司馬左右撫矢而乘之、分委於當、○乘繩證反

福髤橫而奉之。南面坐而奠之。南北當洗。

髤赤黑漆也、○髤虛求切

射者有過則撻之。

過謂矢揚中人、凡射時矢中人、當刑之、今鄉會衆賢以禮樂勸民而射者中人、本意在侯、去傷害之心遠、是以輕之、以扑撻於中庭而已、書曰、扑作教刑、

衆賓不與射者不降。

不以無事亂有事、古文與爲豫、○與音預

取誘射之矢者。既拾取矢。而后兼誘射之乘矢而取之。

謂反位已、禮成乃更進取之、不相因也、

賓主人射則司射擯升降。卒射。即席而反位卒事。

擯賓主人升降者、皆尊之也、不使司馬擯其升降、主於射、

鹿中。髤。前足跪。鑿背容八算。釋獲者奉之先首。

前足跪者象教擾之獸受負也、

大夫降立于堂西以俟射。

尊大夫不使久列於射位、

大夫與士射、袒纁襦。

不肉袒、殊於耦、

耦少退于物。

下大夫也、既發則然、

司射釋弓矢視算、與獻釋獲者釋弓矢。

惟此二事、休武主文、釋弓矢耳、然則擯升降不釋、

禮射不主皮、主皮之射者、勝者又射、不勝者降。

禮射謂以禮樂射也、大射賓射燕射是矣、不主皮者、貴其容體比於禮、其節比於樂、不待中為儁也、言不勝者降、則不復升射也、主皮者無侯、張獸皮而射之、主於獲也、尚書傳曰、戰鬬不可不習、故於蒐狩以閑之也、閑之者貫之也、貫之者習之也、凡祭

取餘獲陳於澤、然後卿大夫相與射也、中者雖不中也取、不中者雖中也不取、何以然、所以貴揖讓之取也、而賤勇力之取、嚮之取也於囿中、勇力之取、今之取也於澤宮、揖讓之取也、澤習禮之處、非所於行禮、其射又主中、此主皮之射與天子大射張皮侯、賓射張五采之侯、燕射張獸侯、

主人亦飲于西階上。

就射爵而飲也、已無俊才、不可以辭罰、

獲者之俎、折脊脅肺臑。

臑若膊胳觳之折、以大夫之餘體、○臑如報反、膊音純、胳音格、又音各、觳若角反

東方謂之右个。

侯以鄉堂為面也、

釋獲者之俎、折脊脅肺、皆有祭。

皆、皆獲者也、祭、祭肺也、以言肺、謂刌肺不離、嫌無祭肺、○刌寸本反

大夫說矢束、坐說之。

明不自尊別也、○說吐活反、又始銳反

歌騶虞若采蘋、皆五終、射、無算。

謂衆賓繼射者、衆賓無數也、每一耦射歌五終也、

古者於旅也語。

禮成樂備、乃可以言語、先王禮樂之道也、疾今人慢於禮樂之盛、言語無節、故追道古也、

凡旅不洗。

敬殺、

不洗者不祭。

不盛、

既旅、士不入。

從正禮也、既旅則將燕矣、士入齒於鄉人、

大夫後出。

下鄉人、不干其賓主之禮、

主人送于門外、再拜。

拜送大夫、尊之也、主人送賓還入門、揖大夫、大夫乃出、送拜之、

鄉侯上个五尋。上个、謂最上幅也、八尺曰尋、上幅用布四丈、

中十尺。方者也、用布五丈、今官布幅廣二尺二寸、旁削一寸、考工記曰、梓人爲侯、廣與崇方、謂中也、

侯道五十弓、弓二寸以爲侯中。言侯中所取數也、量侯道以貍步、而云弓者、侯之所取數、宜用射器也、正二寸、骹中之博也、今文改弓爲肱也、○骹若交反

倍中以爲躬。躬身也、謂中之上下幅也、用布各二丈、

倍躬以爲左右舌。謂上个也、居兩旁謂之个、左右出謂之舌、

下舌半上舌。半者、半其出於躬者也、用布三丈、所以半上舌者、侯人之形類也、上个象臂、下个象足、中人張臂八尺、張足六尺、五八四十、五六三十、以此爲衰也、凡鄉侯用布十六丈、數起侯道五十弓以計、道七十弓之侯用布二十五丈二尺、道九十弓之侯用布三十六丈、

箭籌八十。箭篠也、籌算也、籌八十者、略以十耦爲正、貴全數、其時衆賓從賓、○篠息丁反

長尺有握、握素。握、本所持處也、素謂刊之也、刊本一作膚

楚扑長如笴。刊本尺。刊其可持處、

君射則爲下射、上射退于物一笴、既發則答君而俟。答對也、此以下雜記也、今文君射則爲下、

君樂作而后就物、君袒朱襦以射。君尊、

小臣以巾執矢以授。君尊不揷矢、不挾矢、授之稍屬、

若飲君如燕則夾爵。謂君在不勝之黨也、賓飲君如燕賓媵觚于公之禮、則夾爵、夾爵者、君既卒爵、復自酌、

君國中射則皮樹中、以翿旌獲、白羽與朱羽糅。國中、城中也、謂燕射也、皮樹、獸名、以翿旌獲、尚文德也、今文皮樹爲繁豎、糅爲紐、古文無以、

於郊則閭中、以旌獲。於郊、謂大射也、大射於大學、王制曰、小學在公宮之左、大學在郊、閭、獸名、如驢一角、或曰如驢歧蹄、周書曰、北唐以閭、析羽爲旌、

於竟則虎中、龍旜。於竟、謂與鄰國君射也、書龍於旜、尚文章也、通帛爲旜、

大夫兕中、各以其物獲。

兕獸名似牛一角。

唯君有射于國中。其餘否。

臣不習武事於君側也古文有作乂今文無其餘否

君在大夫射則肉袒。

不袒纁襦厭於君也今文無射

儀禮卷五終

儀禮卷六

漢大司農北海鄭 玄註
皇明 後學東吳葛 鼒訂

燕禮第六

燕禮。小臣戒與者。

小臣相君燕飲之法戒與者謂留羣臣也君以燕禮勞使臣若臣有功故與羣臣樂之小臣則警戒告請焉飲酒以合會為歡也○與音預相息亮反勞力報反使所吏反樂音洛

膳宰具官饌于寢東。

膳宰天子曰膳夫掌君飲食膳羞者也具官饌具其官之所饌謂酒也牲也脯醢也寢路寢

樂人縣。

縣鍾磬也國君無故不徹縣宮縣者為燕新之○縣音玄為于僞反

設洗篚于阼階東南當東霤罍水在東篚在洗西南肆。設膳篚在其北西面。

設此不言其官賤也當東霤者人君為殿屋也亦南北以堂深肆陳也膳篚者君象觚所饌也亦南陳言西面尊之異其文○霤力又反觚音孤

司宮尊于東楹之西兩方壺左玄酒南上。公尊瓦大兩有豐冪用綌若錫在尊南南上。尊士旅食于門西兩圜壺。

司宮天子曰小宰聽酒人之成要者也尊方壺爲卿大夫士也臣道直方於東楹之西予君專此酒也王藻曰唯君面尊玄酒在南順君之面也瓦大有虞氏之尊也禮器曰君尊瓦甒豐形似豆卑而大冪用綌若錫冬夏異也在尊南在方壺之南也尊士旅食者用圜壺變於卿大夫也旅衆也士衆食謂未得正祿所謂庶人在官者也今文錫爲緆○大音泰圜音圓甒亡甫反緆悉歷反

司宮筵賓于戶西東上無加席也。

筵席也席用蒲筵緇布純無加席燕私禮臣屈也諸侯之官無司几筵也○純之閏反文章允反

射人告具。

告事具於君射人主此禮以其或射也

小臣設公席于阼階上。西鄉。設加席。公升即位于席。西鄉。

周禮諸侯酢席莞筵紛純加繅席畫純後設公席者凡禮卑者先即事尊者後也○鄉許亮反本又作嚮莞音官繅音早

小臣納卿大夫卿大夫皆入門右北面東上。士立于西方。東面北上。祝史立于門東北面東上。小臣師一人在東堂下南面。士旅食者立于門西東上。

納者以公命引而入也自士以下從而入即位耳師長也小臣之長一人猶天子大僕正君之服位者也凡入門而右由闑東左則由闑西○長丁丈反大音泰闑魚列反

公降立于阼階之東南。南鄉爾卿。卿西面北上。爾大夫。大夫皆少進。

爾近也移也揖而移之近之也大夫猶北面少前

射人請賓。

命當由君出也

公曰。命某爲賓。

某大夫也

射人命賓。賓少進。禮辭。

命賓者東面南顧禮辭辭不敏也

反命。

射人以賓之辭告於君

又命之。賓再拜稽首許諾。

又復

射人反命。

告賓許

賓出立于門外東面。

當更以賓禮入

公揖卿大夫。乃升就席。

揖之入之也

小臣自阼階下北面。請執冪者與羞膳者。

執冪者執瓦大之冪也方圜壺無冪羞膳羞於公謂庶羞

乃命執冪者。執冪者升自西階。立于尊南北面東上。

以公命於西階前命之也。東上、玄酒之冪為上也。羞膳者從而東由堂東升自北階房中西面南上。不言之者、不升堂、略之也。

膳宰請羞于諸公卿者。

小臣不請而使膳宰於卑者彌略也、禮以異為敬。

射人納賓。

射人為擯者也、今文曰擯者。

賓入及庭。公降一等揖之。

及至也、至庭謂既入而左北面時。

公升就席。

以其將與主人為禮、不參之也。

賓升自西階。主人亦升自西階賓右北面。至再拜。賓答再拜。

主人、宰夫也。宰夫、大宰之屬、掌賓客之獻飲食者也。其位在洗北西面。君於其臣雖為賓不親獻、以其尊莫敢伉禮也。至再拜者、拜賓來至也。天子膳夫為獻主。

主人降洗。洗南西北面。

賓將從降、鄉之。

賓降階西東面。主人辭降。賓對。

對、答。

主人北面盥。坐取觚洗。賓少進。辭洗。主人坐奠觚于篚。興對。賓反位。

賓少進者、又辭宜違其位也。獻不以爵、辟正主也。古文觚皆為觶。○辟音避、觶章豉反。

主人卒洗。賓揖乃升。

賓每先升、尊也。

主人升。賓拜洗。主人賓右奠觚答拜。降盥。

主人復盥、為拜手坋塵也。○坋步困反。

賓降。主人辭。賓對。卒盥。賓揖升。主人升。坐取觚。

取觚將就瓦大酌膳。

執冪者舉冪。主人酌膳。執冪者反冪。

君物曰膳、膳之言善也。酌君尊者、尊賓也。

主人筵前獻賓。賓西階上拜。筵前受爵。反位。主人賓右拜送爵。

賓既拜前受觚、退復位。

膳宰薦脯醢。賓升筵。膳宰設折俎。

折俎、牲體骨也。鄉飲酒記曰、賓俎脊脅肩肺。

賓坐。左執爵。右祭脯醢。奠爵于薦右。興。取肺。坐絕祭。嚌之。興。加于俎。坐挩手。執爵。遂祭酒。興。席末坐。啐酒。降席。坐奠爵。拜。告旨。執爵興。主人答拜。

降席、席西也。旨、美也。○嚌才計反、挩始銳反、啐七內反。

賓西階上北面坐卒爵。興坐奠爵。遂拜。主人答拜。

遂拜、拜既爵也、

賓以虛爵降。

將酢主人、

主人降。賓洗南坐奠觚。少進辭降。主人東面對。

上既言爵矣、復言觚者、嫌易之也、大射禮曰、主人西階西東面少進對、今文從此以下、觚皆爲爵、

賓坐取觚。奠于篚下。盥洗。

篚下、篚南、

主人辭洗。

謙也、今文無洗、

賓坐奠觚于篚。興對。卒洗。及階揖升。主人升拜洗如賓禮。賓降盥。主人降。賓辭降。卒盥。揖升。酌膳。執冪如初。以酢主人于西階上。主人北面拜受爵。賓主人之左拜送爵。

賓既南面授爵、乃之左、

主人坐祭不啐酒。

辟正主也、來薦者臣也、

不拜酒。不告旨。

主人之義、

遂卒爵。興坐奠爵拜。執爵興。賓答拜。主人不崇酒。以虛爵降奠于篚。

崇充也、不以酒惡謝賓、甘美君物也、

賓降立于西階西。

既受獻矣、不敢安盛、

射人升賓。賓升立于序內東面。

東西牆謂之序、大射禮曰、擯者以命升賓、

主人盥洗象觚。升實之。東北面獻于公。

象觚、觚有象骨飾也、取象觚者東面、

公拜受爵。主人降自西階。阼階下北面拜送爵。士薦脯醢。膳宰設折俎。升自西階。

薦進也、大射禮曰、宰胥薦脯醢、由左房、

公祭如賓禮。膳宰贊授肺。不拜酒。立卒爵。坐奠爵。拜。執爵興。

凡異者、君尊變於賓也、

主人答拜。升受爵以降。奠于膳篚。

更爵洗。升酌膳酒以降。酢于阼階下北面。坐奠爵。再拜稽首。公答再拜。

更爵者、不敢襲至尊也、古文更爲受、

主人坐祭。遂卒爵。再拜稽首。公答再拜。主人奠爵于篚。
主人盥洗升。媵觚于賓。酌散西階上。坐奠爵拜賓。賓降筵北面答
拜。
媵送也、讀或爲揚、揚舉也、酌散者酌方壺酒也、於膳爲散、今文媵皆作騰、○媵以證反
主人坐祭。遂飲。賓辭。卒爵拜。賓答拜。
辭者辭其代君行酒、不立飲也、此降於正主酬也、
主人降洗。賓降。主人辭降。賓辭洗。卒洗。揖升。不拜洗。
不拜洗、酬而禮殺、○殺所界反
主人酌膳。賓西階上拜。

拜者拜其酌也、
受爵于筵前。反位。主人拜送爵。賓升席。坐祭酒。遂奠于薦東。
遂者因坐而奠、不北面也、奠之者酬不舉也、
主人降復位。賓降筵西。東南面立。
賓不立於序內、位彌尊也、位彌尊者其禮彌卑、記所謂一張一弛者、是之類與、
小臣自阼階下請媵爵者。公命長。
命長使選卿大夫之中長幼可使者、○長丁丈反
小臣作下大夫二人媵爵。
作使也、卿爲上大夫、不使之者爲其尊、

媵爵者阼階下皆北面再拜稽首。公答再拜。
再拜稽首、拜君命也、
媵爵者立于洗南。西面北上。序進盥洗角觶。升自西階。序進酌散。
交于楹北。降阼階下。皆奠觶再拜稽首。執觶興。公答再拜。
序、次第也、猶代也、楹北、西楹之北也、交而相待於西階上、既酌右還而反、往來以右爲上、
媵爵者皆坐祭。遂卒觶興。坐奠觶。再拜稽首。執觶興。公答再拜。媵
爵者執觶待于洗南。
待君命也、
小臣請致者。

請使一人與、二人與、優君也、
若君命皆致。則序進奠觶于篚。阼階下皆再拜稽首。公答再拜。媵
爵者洗象觶。升實之。序進坐奠于薦南。北上。降阼階下。皆再拜稽
首送觶。公答再拜。
序進往來由尊北、交于東楹之北、奠于薦南、不敢必君舉也、大射禮曰、媵爵者皆退反位、
公坐取大夫所媵觶。興以酬賓。賓降西階下再拜稽首。公命小臣
辭。賓升成拜。
興以酬賓、就其階而酬之也、升成拜、復再拜稽首也、先時君辭之、於禮若未成然、
公坐奠觶。答再拜。執觶興。立卒觶。賓下拜。小臣辭。賓升再拜稽首。

不言成拜者、為拜故下、實未拜也、下不輒拜、禮殺也、此賓拜于君之左、不言之者、不敢敵偶於君、

公坐奠觶。答再拜。執觶興。賓進受虛爵。降奠于篚。易觶洗。

君尊不酌故也、凡爵不相襲者也、於尊者言更、自敵以下言易、更作新、易有故之辭、進受虛爵、尊君也、不言公酬賓於西階上、及公反位者、亦尊君空其文也、

公有命、則不易不洗。反升酌膳觶下拜。小臣辭。賓升再拜稽首。

下拜、下亦未拜、凡下未拜有二、或禮殺、或君親辭、君親辭則聞命即升、升乃拜、是以不言成拜、

公答再拜。

拜於阼階上也、於是賓請旅侍臣、

賓以旅酬於西階上。

旅、序也、以次序勸卿大夫飲酒、

射人作大夫長升受旅。

言作大夫、則卿存矣、長者、尊先而卑後、

賓大夫之右坐奠觶拜。執觶興。大夫答拜。

賓在右者、相飲之位、

賓坐祭立飲卒觶。不拜。

酬而禮殺、

若膳觶也。則降更觶。洗升實散。大夫拜受。賓拜送。

言更觶、卿尊也、

大夫辯受酬。如受賓酬之禮。不祭。卒受者以虛觶降奠于篚、

卒、猶後也、大射禮曰、奠于篚復位、今文辯皆作徧、

主人洗升實散。獻卿于西階上。

酬而後獻卿、別尊卑也、飲酒成於酬也、

司宮兼卷重席。設于賓左東上。

言兼卷、則每卿異席也、重席、重蒲筵、緇布純也、卿坐東上、統於君也、席自房來、○重、直容反

卿升拜受觚。主人拜送觚。卿辭重席。司宮徹之。

徹、猶去也、重席雖非加、猶為其重累去之、辟君也、

乃薦脯醢。卿升席坐。左執爵。右祭脯醢。遂祭酒。不啐酒。降席西階上北面。坐卒爵興。坐奠爵拜。執爵興。主人答拜。受爵。卿降復位。

不酢、辟君也、卿無俎者、燕主於羞、

辯獻卿。主人以虛爵降奠于篚。

今文無奠于篚、

射人乃升卿。卿皆升就席。若有諸公。則先卿獻之。如獻卿之禮。

諸公者、謂大國之孤也、孤一人、言諸者、容牧有三監、○先、悉薦反

席于阼階西。北面東上。無加席。

席孤北面、為其大尊屈之也、亦因阼階西位近君、近君則屈、親寵苟敬私昵之坐、○大、音泰

小臣又請媵爵者。二大夫媵爵如初。

又，復。

請致者。若命長致，則媵爵者奠觶于篚。一人待于洗南。長致，致者阼階下再拜稽首。公答再拜。

命長致者，公或時未能舉，自優暇也。

洗象觶，升實之，坐奠于薦南，降，與立于洗南者二人皆再拜稽首送觶。公答再拜。

奠于薦南者，於公所用酬賓觶之處。二人俱拜，以其共勸君。

公又行一爵，若賓若長，唯公所酬。

一爵，先媵者之下觶也。若賓若長，則賓禮殺矣。長，公卿之尊者也。賓則以酬長，長則以酬賓。

以旅于西階上，如初。大夫卒受者以虛觶降，奠于篚。主人洗，升，獻大夫于西階上。大夫升，拜受觚。主人拜送觚。大夫坐祭，立卒爵，不拜。既爵，主人受爵。大夫降復位。

既，盡也。不拜之者，禮又殺。

胥薦主人于洗北，西面。脯醢，無脀。

胥，膳宰之吏也。主人，大夫之下，先大夫薦之，尊之也。不於上者，上無其位也。脀，俎實。○脀，之承反

辯獻大夫，遂薦之，繼賓以西，東上。

徧獻之，乃薦，略賤也。亦獻而后布席也。

卒，射人乃升大夫，大夫皆就席。

席工于西階上少東。樂正先升，北面立于其西。

工，瞽矇歌諷誦詩者也。凡執技藝者稱工。少牢饋食禮曰：皇尸命工祝。樂記師乙曰：乙賤工也。樂正于天子，樂師也。凡樂掌其序事，樂成則告備。

小臣納工，工四人，二瑟。小臣左何瑟，面鼓，執越，内弦，右手相。入，升自西階，北面東上坐。小臣坐授瑟，乃降。

工四人者，燕禮輕，從大夫制也。面鼓者，燕尚樂，可鼓者在前也。越，瑟下孔也。内弦，弦爲主也。相，扶工也。後二人徒相，天子大僕二人也。小臣四人，祭僕六人，御僕十二人，皆同官。○何，胡我反。相，息亮反

工歌鹿鳴、四牡、皇皇者華。

三者皆小雅篇也。鹿鳴，君與臣下及四方之賓宴，講道修政之樂歌也。此采其已有旨酒，以召嘉賓，嘉賓既來，示我以善道。又樂嘉賓有孔昭之明德，可則效也。四牡，君勞使臣之來樂歌也。此采其勤苦王事，念將父母，懷歸傷悲，忠孝之至，以勞賓也。皇皇者華，君遣使臣之樂歌也。此采其更是勞苦，自以爲不及，欲諮謀於賢知，而以自光明也。○知音智

卒歌，主人洗，升獻工。工不興，左瑟。一人拜受爵。主人西階上拜送爵。

工歌乃獻之，賤者先就事也。左瑟，便其右。一人，工之長者也。工拜於席。○便，婢面反

薦脯醢。

輒薦之，變於大夫也。

使人相祭。

使扶工者相其祭薦祭酒、

卒爵不拜。賤不備禮、

主人受爵。將復獻衆工也、

衆工不拜受爵。坐祭。遂卒爵。辯有脯醢。不祭。主人受爵。降。奠于篚。遂猶不也、古文曰卒祭不拜、

公又舉奠觶。唯公所賜。以旅于西階上。如初。言賜者、君又彌尊、賓長彌卑、

卒。旅畢也、

笙入。立于縣中。奏南陔。白華。華黍。以笙播此三篇之詩、縣中、縣中央也、鄉飲酒禮曰、磬南北面奏、南陔白華華黍、皆小雅篇也、今亡、其義未聞、昔周之興也、周公制禮作樂、采時世之詩、以爲樂歌、所以通情相風切也、其有此篇明矣、後世衰微、幽厲尤甚、禮樂之書、稍稍廢棄、孔子曰、吾自衛反魯、然後樂正、雅頌各得其所、謂當時在者而復重雜亂者也、惡能存其亡者乎、且正考父校商之名頌十二篇于周大師、歸以祀其先王、至孔子二百年之間、五篇而已、此其信也、○風方鳳反、惡音烏、父音甫、陔下才反、

主人洗。升。獻笙于西階上。一人拜。盡階不升堂。受爵。降。主人拜送爵。階前坐祭。立卒爵。不拜。既爵。升授主人。

一人、笙之長者也、鄉射禮曰、笙一人拜于下、

衆笙不拜受爵。降。坐祭。立卒爵。辯有脯醢。不祭。乃間歌魚麗。笙由庚。歌南有嘉魚。笙崇丘。歌南山有臺。笙由儀。間、代也、謂一歌則一吹也、六者皆小雅篇也、魚麗言太平年豐物多也、此采其物多酒旨、所以優賓也、南有嘉魚言太平君子有酒、樂與賢者共之也、此采其能以禮下賢者、賢者纍蔓而歸之、與之宴樂也、南山有臺言太平之治、以賢者爲本也、此采其愛友賢者、爲邦家之基、民之父母、既欲其身之壽考、又欲其名德之長也、由庚崇丘由儀、今亡、其義未聞、

遂歌鄉樂。周南關雎。葛覃。卷耳。召南鵲巢。采蘩。采蘋。周南召南、國風篇也、王后國君夫人房中之樂歌也、關雎言后妃之德、葛覃言后妃之職、卷耳言后妃之志、鵲巢言國君夫人之德、采蘩言國君夫人不失職也、采蘋言卿大夫之妻能脩其法度也、昔大王王季居於岐山之陽、躬行召南之教、以興王業、

及文王而行周南之教、以受命、大雅云、刑于寡妻、至于兄弟、以御于家邦、謂此也、其始一國爾、文王作邑于豐、以故地爲卿士之采地、乃分爲二國、周、周公所食也、召、召公所食也、於時文王三分天下有其二、德化被于西土、是以其詩有仁賢之風者、屬之召南焉、有聖人之風者、屬之周南焉、夫婦之道者、生民之本、王政之端、此六篇者、其教之原也、故國君與其臣下及四方之賓燕、用之合樂也、鄉樂者、風也、小雅爲諸侯之樂、大雅頌爲天子之樂、鄉飲酒升歌小雅、禮盛者可以進取、燕合鄉樂者、禮輕者可以逮下也、春秋傳曰、肆夏繁遏渠、天子所以享元侯也、文王大明緜、兩君相見之樂也、然則諸侯之相與燕、升歌大雅、合小雅也、天子與次國小國之君燕、亦如之、與大國之君燕、升歌頌、合大雅、其笙間之篇未聞、

大師告樂正曰。正歌備。大師、上工也、掌合陰陽之聲、教六師、以六律爲之音者也、子貢問師乙曰、吾聞聲歌各有宜也、如賜者宜何歌也、是明其掌而知之也、正歌者、升歌及笙各三終、間歌三終、合樂三終、爲一備、備亦成也、

樂正由楹內東楹之東告于公乃降復位。
言由楹內者以其立於堂廉也復位位在東縣之北、

射人自阼階下請立司正公許射人遂爲司正
君許其請因命用爲司正君三舉爵樂備作矣將留賓飲酒更立司正以監之察儀法也射人俱相禮其事同○監古銜反相息亮反

司正洗角觶南面坐奠于中庭升東楹之東受命西階上北面命卿大夫君曰以我安卿大夫皆對曰諾敢不安
洗奠角觶于中庭明其事以自表威儀多也君意殷勤欲留賓飲酒命卿大夫以我故安或亦其實不主意於賓也、

司正降自西階南面坐取觶升酌散降南面坐奠觶右還北面少

立坐取觶興坐不祭卒觶奠之興再拜稽首
右還將適觶南先西面也必從觶西爲君之在東也少立者自嚴正慎其位也○爲于僞反

左還南面坐取觶洗南面反奠于其所
反奠虛觶不空位也、

升自西階東楹之東請徹俎降公許告于賓賓北面取俎以出膳宰徹公俎降自阼階以東
膳宰降自阼階以賓親徹若君親徹然、

卿大夫皆降東面北上
以將坐降待賓反也、

賓反入及卿大夫皆說屨升就席公以賓及卿大夫皆坐乃安
凡燕坐必說屨屨賤不在堂也禮者尚敬敬多則不親燕安坐相親之心也、

羞庶羞
謂膷肝膋狗胾醢也骨體所以致敬也庶羞所以盡愛也敬之愛之厚賢之道○膷士戀反膋音遼胾壯吏反

大夫祭薦
燕乃祭薦不敢於盛成禮也、

司正升受命皆命君曰無不醉賓及卿大夫皆興對曰諾敢不醉皆反坐
皆命者命賓命卿大夫也起對必降席司正退立西序端、

主人洗升獻士于西階上士長升拜受觶主人拜受觶
獻士用觶士賤也今文觶作觚、

士坐祭立飲不拜既爵其他不拜坐祭立飲
他謂衆士也亦升受爵不拜

乃薦司正與射人一人司士一人執冪二人立于觶南東上
天子射人司士皆下大夫二人諸侯則上士其人數亦如之司正爲上、

辯獻士士既獻者立于東方西面北上乃薦士
每已獻而即位于東方蓋尊之畢獻薦于其位、

祝史小臣師亦就其位而薦之

次士獻之已不變位，位自在東方。

主人就旅食之尊而獻之。旅食不拜，受爵，坐祭，立飲。

北面酌南鄉獻之於尊南，不洗者，以其賤略之也。亦畢獻乃薦之，主人執虛爵奠于篚，復位。○鄉，許亮反。

若射，則大射正爲司射，如鄉射之禮。

大射正，射人之長者也。如鄉射之禮者，燕爲樂卿大夫，宜從其禮也。如者，如其告弓矢既具至退中與算也。納射罷而張侯，其告請先于君，乃以命賓及卿大夫，其爲司正者亦爲司馬，君與賓爲耦。鄉射記曰：自君射至龍旜，亦其異者也。薦旅食乃射者，是燕射主於飲酒。

賓降洗，升媵觚于公，酌散，下拜。公降一等，小臣辭。賓升，再拜稽首。公答再拜。

此當言媵觶。酬之禮皆用觶，言觚者，字之誤也。古者觶字或作角旁氏，由此誤爾。○觚，依注音觶。

賓坐祭，卒爵，再拜稽首。公答再拜。賓降洗象觶，升酌膳，坐奠于薦南，降拜。小臣辭。賓升成拜，公答再拜。賓反位。

反位，反席也。今文曰洗象觚。

公坐取賓所媵觶，興。唯公所賜。

至此又言興者，明公崇禮不倦也。今文觶又爲觚。

受者如初受酬之禮，降更爵洗，升酌膳，下拜。小臣辭。升成拜，公答拜。乃就席，坐行之。

坐行之，若今坐相勸酒。

有執爵者。

士有盥升主酌授之者。

唯受于公者拜。

公所賜者也，其餘則否。

司正命執爵者爵辯，卒受者興以酬士。

欲令惠均。○令，力呈反。

大夫卒受者以爵興，西階上酬士。士升，大夫奠爵拜，士答拜。

與酬士者，士立堂下，無坐儀。

大夫立卒爵，不拜，實之。士拜受，大夫拜送。士旅于西階上，辯。

祝史、小臣、旅食皆及焉。

士旅酌。

旅，序也。士以次序自酌相酬，無執爵者。

卒。

主人洗，升自西階，獻庶子于阼階上，如獻士之禮。辯，降洗，遂獻左右正與內小臣，皆於阼階上，如獻庶子之禮。

庶子掌正六牲之體及舞位，使國子修德學道，世子之官也，而與膳宰、樂正聯事。樂正亦學國子以舞。左右正，謂樂正、僕人正也。小樂正立于西縣之北，僕人正、僕人師、僕人士立于其北，北上。大樂正立于東縣之北。若射，則僕人正、僕人士陪于工後。內小臣，奄人，掌君陰事陰令，后夫人之官也。皆獻于阼階上，別於外內臣也。獻正下及內小臣，則磬人、鐘人、鑮人、鼓人、僕人之屬

盡獻可知也、凡獻者薦也

無算爵。算數也、爵行無次無數、唯意所勸、醉而止、

士也。有執膳爵者、有執散爵者。執膳爵者、酌以進公、公不拜受。執散爵者、酌以之公命所賜。所賜者興受爵、降席下、奠爵再拜稽首。

公答拜。席下、席西也。古文曰公答再拜、

受賜爵者、以爵就席坐、公卒爵、然後飲。不敢先虛爵、明此勸惠從尊者來也、

執膳爵者、受公爵、酌反奠之。宴歡在於飲酒、成其意、

受賜爵者、興授執散爵、執散爵者乃酌行之。予其所勸者、

唯受爵於公者拜。卒受爵者、興以酬士于西階上。士升、大夫不拜。

乃飲實爵。乃猶而也、

士不拜受爵、大夫就席、士旅酌亦如之。公有命徹冪、則卿大夫皆降西階下、北面東上、再拜稽首、公命小臣辭、公答再拜、大夫皆辟。

命徹冪者、公意殷勤、必盡酒也。小臣辭、不升成拜、明雖醉、正臣禮也。不言賓、賓彌臣也。君答拜於上、示不虛受也。○辟音避、

遂升反坐。士終旅於上如初。卿大夫降而爵止、於其反席卒之、

無算樂。升歌間合無數也、取歡而已、其樂章亦然、

宵則庶子執燭於阼階上、司宮執燭於西階上、甸人執大燭於庭、閽人爲大燭於門外。宵夜也、燭燋也、甸人掌共薪蒸者、庭大燭爲位廣也、閽人門人也、爲作也、作大燭以俟賓客出。○甸大練反、燋哉約反、劉哉妙反、共音恭、

賓醉、北面坐、取其薦脯以降。取脯重得君賜、

奏陔。陔、陔夏、樂章也。賓出奏陔夏、以爲行節也。凡夏以鐘鼓奏之、

賓所執脯、以賜鐘人於門內霤、遂出。必賜鐘人、鐘人掌以鐘鼓奏九夏、今奏陔以節己、用賜脯以報之、明雖醉不忘禮。古文賜作錫、

卿大夫皆出。隨賓出也、

公不送。

賓禮訖、是臣也、

公與客燕。謂四方之使者、

曰寡君有不腆之酒以請吾子之與寡君須臾焉使某也以請。君使人戒客辭也、禮使人各以其爵、寡鮮也、猶言少德謙也、腆、善也、上介出請入告、古文腆皆作殄、今文皆曰不腆酒無之。○鮮息淺反

對曰寡君君之私也君無所辱賜于使臣臣敢辭。上介出荅主國使者辭也、私謂獨受恩厚也、君無所爲辱賜於使臣、謙不敢當也、敢者怖懼用勢決之辭

寡君固曰不腆使某固以請寡君君之私也君無所辱賜于使臣

臣敢固辭。重傳命、固如故、

寡君固曰不腆使某固以請某固辭不得命敢不從。許之也、於是出見主國使者辭以見許爲得命、今文無使某、

致命曰寡君使某有不腆之酒以請吾子之與寡君須臾焉。親相見、致君命辭也、

君貺寡君多矣又辱賜于使臣臣敢拜賜命。貺、賜也、猶愛也、敢拜賜命、從使者拜君之賜命、猶謙、不必辭也、

記燕朝服於寢。朝服者諸侯與其羣臣日視朝之服也、謂冠玄端緇帶素韠白屨也、燕於路寢相親昵也、今辟雍十月行此燕禮、玄冠而衣皮弁服、與禮異也。○朝直遥反、韠音畢、辟音璧、衣於旣反

亨于門外東方。亨於門外、臣所掌也。○亨普庚反、

若與四方之賓燕則公迎之于大門內揖讓升。四方之賓謂來聘者也、自戒至於拜至、皆如公食、亦告饌具而後公即席、小臣請執冪請羞者、乃迎賓也。○食音嗣

賓爲苟敬席于阼階之西北面有脀不嚌肺不啐酒其介爲賓。苟且也、假也、主國君饗時親進醴于賓、今燕又且獻焉、人臣不敢褻煩尊者、至此升堂而辭讓、欲以臣禮燕爲恭敬也、於是席之如獻諸公之位、言苟敬者、賓實主國所宜敬也、脀折俎也、不嚌啐似若尊者然也、介門西北面西上、公降迎上介以爲賓、揖

讓升如初禮、主人獻賓、獻公旣獻、苟敬乃媵觚、羣臣即位如燕也、

無膳尊無膳爵。降尊以就卑也、

與卿燕則大夫爲賓與大夫燕亦大夫爲賓。不以所與燕者爲賓者、燕爲序歡心、賓主敬也、公父文伯飲南宮敬叔酒、以路堵父爲客、此之謂也、君但以大夫爲賓者、大夫卑、雖尊之猶遠于君、今文無則下無燕。○爲于僞反、父音甫、飲於鴆反、堵音者

羞膳者與執冪者皆士也。尊君也、膳宰卑於士、

羞卿者小膳宰也。

膳宰之佐也、

若以樂納賓、則賓及庭奏肆夏。賓拜酒。主人答拜而樂闋。公拜受爵而奏肆夏。公卒爵。主人升受爵以下而樂闋。

肆夏樂章也、今亡、以鐘鎛播之、鼓磬應之、所爲金奏也、記曰、入門而縣興示易以敬也、卿大夫有王事之勞、則奏此樂焉、○闋苦穴反易以豉反

升歌鹿鳴。下管新宮。笙入三成。

新宮小雅逸篇也、管之入三成、謂三終也、

遂合鄉樂。

鄉樂周南召南六篇、言遂者、不間也、

若舞則勺。

勺頌篇、告成大武之樂歌也、其詩曰、於鑠王師、遵養時晦、又曰、實維爾公允師、既合鄉樂、萬舞而奏之、所以美王侯、勸有功也、○勺音灼於鑠上音烏下舒若反

惟公與賓有俎。

主於燕、其餘可以無俎、

獻公曰。臣敢奏爵以聽命。

授公釋此辭、不敢必受之、

凡公所辭皆栗階。

栗、蹙也、謂越等、急趨君命也、

凡栗階。不過二等。

其始升猶聚足連步、越二等、左右足各一發而升堂、

凡公所酬。既拜。請旅侍臣。

既拜、謂自酌升拜時也、擯者阼階下告于公、還西階下告公許旅行也、請行酒于羣臣、必請者、不專惠也、

凡薦與羞者小膳宰也。

謂於卿大夫以下也、上特言羞卿者、小膳宰、欲絕於賓、羞賓者亦士、

有內羞。

謂羞豆之實酏食糝食、羞籩之實糗餌粉餈、○酏以支反食音嗣糝素感反糗去久反餌音二餈才私反

君與射。則爲下射。袒朱襦。樂作而后就物。

君尊、

小臣以巾授矢稍屬。

君尊不搢矢、○屬章欲反

不以樂志。

辟不敏也、○辟音避

既發。則小臣受弓以授弓人。

俟復發也、不使大射正、燕射輕、

上射退于物一笴。既發則答君而俟。

○笴工但反又工老反

若飲君燕則夾爵。

謂君在不勝之黨賓飲之如燕媵觚則又夾爵。

君在大夫射則肉袒。

不纏襦厭於君。○厭一涉反

若與四方之賓燕媵爵曰臣受賜矣臣請贊執爵者。

受賜謂公卿者酌之至燕主人事賓之禮殺賓降洗升媵觶于公答恩惠也。○卿許亮反

相者對曰吾子無自辱焉。

辭之也對答也亦告公以公命答之也。

有房中之樂。

弦歌周南召南之詩而不用鍾磬之節也謂之房中者后夫人之所諷誦以事其君子。

儀禮卷六終

儀禮卷七

漢大司農北海鄭　玄註
皇明　後學東吳金　蟠訂

大射第七

大射之儀。

君有命戒射。

將有祭祀之事當射宰告於君君乃命之言君有命政教宜由尊者。

宰戒百官有事於射者。

宰於天子冢宰治官卿也作大事則掌以君命戒於百官。

射人戒諸公卿大夫射司士戒士射與贊者。

射人掌以射法治射儀司士掌國中之士治凡其戒令皆司馬之屬也殊戒公卿大夫與士辨貴賤也贊佐也謂士佐執事不射者。

前射三日宰夫戒宰及司馬射人宿視滌。

宰夫冢宰之屬掌百官之徵令者司馬於天子政官之卿凡大射則合其六耦滌謂溉器埽除射宮。

司馬命量人量侯道與所設乏以貍步大侯九十參七十干五十。

量人司馬之屬掌量道巷塗數者侯謂所射布也尊者射之以威不寧侯卑者射之以求爲侯量侯道謂去堂遠近也容謂之乏所以爲獲者之禦矢貍之伺物每舉足者止視遠近爲發必中也是以量侯道取象焉鄉射記曰侯道五十弓考工記曰弓

設乏各去其侯西十北十。

之下制六尺則此貍步六尺明矣大侯熊侯謂之大者與天子熊侯同參讀爲糝糝雜也雜侯者豹鵠而麋飾下天子大夫也干讀爲豻豻侯者豻鵠豻飾也大夫將祭於己射麋侯士無臣祭不射○參依註音糝素感反干依註音豻五旦反

遂命量人巾車張三侯。大侯之崇見鵠於參。參見鵠於干。干不及地武。不繫左下綱。設乏西十北十。凡乏用革。

巾車於天子宗伯之屬掌裝衣車者亦使張侯侯巾類崇高也高必見鵠鵠所射之主射義曰爲人君者以爲君鵠爲人臣者以爲臣鵠爲人父者以爲父鵠爲人子者以爲子鵠言射中此乃能任己位也鵠之言較較直也射者所以直己志或曰鵠鳥名射之難中中之爲俊是以所射於侯取名也淮南子曰鳱鵠知來然則所云正者正也亦鳥名齊魯之閒名題肩爲正正鵠皆鳥之捷黠者考工記曰梓人爲侯廣與崇方參分其廣而鵠居一焉則大侯之鵠方六尺糝侯之鵠方四尺六寸大半寸豻侯之鵠方三尺三寸少半寸及至也武迹也中人之足長尺二寸以豻侯計之糝侯去地一丈五寸少半寸大侯去地二丈二

尺五寸少半寸凡侯北面西方謂之左前射三日張侯設乏欲使有事者豫志焉○見賢遍反

樂人宿縣于阼階東。笙磬西面。其南笙鐘。其南鑮。皆南陳。

笙猶生也東爲陽中萬物以生春秋傳曰太蔟所以金奏贊陽出滯姑洗所以修絜百物考神納賓是以東方鐘磬謂之笙皆編而縣之周禮曰凡縣鐘磬半爲堵全爲肆有鐘有磬爲全鑮如鐘而大奏樂以鼓鑮爲節

建鼓在阼階西。南鼓。應鼙在其東。南鼓。

建猶樹也以木貫而載之樹之跗也南鼓謂所伐面也應鼙應朔鼙也先擊朔鼙應鼙應之鼙小鼓也在東便其先擊小後擊大也鼓不在東縣南爲君也

西階之西。頌磬東面。其南鐘。其南鑮。皆南陳。一建鼓在其南。東鼓。朔鼙在其北。

言成功曰頌西爲陰中萬物之所成春秋傳曰六則所以詠歌九則平民無忒無射所以宣布哲人之令德示民軌義是以西方鐘磬謂之頌朔始也奏樂先擊西鼙樂爲賓所由來也鐘不言頌鼙不言東鼓義同省文也古文頌爲庸

一建鼓在西階之東南面

言面者國君於其羣臣備三面爾無鐘磬有鼓而已其爲諸侯則軒縣

簜在建鼓之閒

簜竹也謂笙簫之屬倚于堂

鼗倚于頌磬西紘

鼗如鼓而小有柄賓至搖之以奏樂也紘編磬繩也設鼗於磬西倚于紘也王制曰天子賜諸侯樂則以柷將之賜伯子男樂則以鼗將之

厥明司宮尊于東楹之西。兩方壺。膳尊兩甒在南。有豐。冪用錫若絺。綴諸箭。蓋冪加勺。又反之。皆玄尊。酒在北。

膳尊君尊也後陳之尊之也豐以承尊也說者以爲若井鹿盧其爲字從豆曲聲近似豆大而卑矣冪覆尊巾也錫細布也絺細葛也箭篠也爲冪蓋卷辟綴於篠橫之也又反之爲覆勺也皆玄尊二者皆有玄酒之尊重本也酒在北尊統於君南爲上也唯君面尊言專惠也今文錫或作緆絺或作綌古文箭作晉

尊士旅食于西鑮之南。北面。兩圜壺。

旅衆也士衆食未得正祿謂庶人在官者圜壺變於方也賤無玄酒

又尊于大侯之乏東北。兩壺獻酒。

爲隷僕人巾車糝侯豻侯之獲者獻讀爲沙沙酒濁特泲之必摩沙者也兩壺皆沙酒郊特牲曰汁獻涚于醆酒服不之尊侯

時而陳於南統於侯皆東面。○泲子禮反洗始銑反

設洗于阼階東南。罍水在東，篚在洗西，南陳。設膳篚在其北，西面。

或言南陳，或言西面，異其文也。

又設洗于獲者之尊西北，水在洗北，篚在南，東陳。

亦統於侯也。無爵，因服不也。有篚，爲奠虛爵也。服不之洗，亦侯時而陳於其南。

小臣設公席于阼階上，西鄉。司宮設賓席于戶西，南面，有加席。卿席賓東，東上。小卿賓西，東上。大夫繼而東上，若有東面者，則北上。席工于西階之東，東上。諸公阼階西，北面，東上。

唯賓及公席布之也，其餘樹之於位後耳。小卿，命於其君者也。席於賓西，射禮辨貴賤也。諸公，大國有孤卿一人，與君論道，亦不典職，如公矣。

官饌。

百官各饌其所當共之物。

羹定。

亨肉熟也。射義曰：諸侯之射也，必先行燕禮。燕禮牲用狗。

射入告具于公，公升，即位于席，西鄉。小臣師納諸公卿大夫，諸公卿大夫皆入門右，北面東上。士西方，東面北上。大夫在干侯之東北，北面東上。士旅食者在士南，北面東上。小臣師從者在東堂下，南面西上。

大夫在干侯東北，士旅食者在士南，爲有侯，故入庭深也。小臣師，正之佐也。正相君，出入君之大命。

公降立于阼階之東南，南鄉。小臣師詔揖諸公卿大夫，諸公卿大夫西面北上。揖大夫，大夫皆少進。

詔，告也。變爾言揖，亦以其入庭深也。上言大夫，誤衍耳。

大射正擯。

大射正，射人之長。

擯者請賓，公曰：命某爲賓。

某，大夫名。

擯者命賓，賓少進，禮辭。

命賓者，東面南顧。辭，辭以不敏。

反命。

以賓之辭告於君。

又命之，賓再拜稽首，受命。

又，復。

擯者反命。賓出立于門外，北面。公揖卿大夫，升就席。小臣自阼階下北面請執冪者與羞膳者。

請士可使執君兩甒之冪及羞膳醢庶羞於君者，方圜壺獻無冪。

乃命執冪者，執冪者升自西階，立于尊南，北面東上。

命者於西階前以公命命之東上、執玄尊之冪爲上羞膳者從而東由堂東升自北階立于房中、西面南上、不言命者、不升堂略之、

膳宰請羞于諸公卿者。

膳宰請者、異於君也、

擯者納賓。賓及庭。公降一等揖賓。賓辟。

及至也、辟逡遁不敢當盛、

公升卽席。

以賓將與主人爲禮、不參之、

奏肆夏。

肆夏、樂章名、今亡、呂叔玉云、肆夏時邁也、時邁者、太平巡狩祭山川之樂歌、其詩曰、明昭有周、式序在位、又曰、我求懿德、肆于時夏、奏此以延賓、其著宣王德、勸賢與、周禮曰、賓出入、奏肆夏、

賓升自西階。主人從之。賓右北面至再拜。賓荅再拜。

主人、宰夫也、又掌賓客之獻飲食、君於臣雖爲賓、不親獻、以其莫敢亢禮、

主人降洗。洗南西北面。

賓將從降鄉之、不於洗北、辟正主、

賓降階西東面。主人辭降。賓對。

對、荅、

主人北面盥。坐取觚洗。賓少進辭洗。主人坐奠觚于篚。興對。賓反位。

賓少進者、所辭異、宜違其位也、獻不用爵、辟正主、

主人卒洗。賓揖乃升。

賓每先升揖之、

主人升。賓拜洗。主人賓右奠觚荅拜。降盥。賓降。主人辭降。賓對。卒盥。賓揖升。主人升。坐取觚。

取觚將就瓦甒酌膳、

執冪者舉冪。主人酌膳。執冪者蓋冪。酌者加勺。又反之。

反之、覆勺、

筵前獻賓。賓西階上拜。受爵于筵前。反位。主人賓右拜送爵。

賓旣拜於筵前、受爵退復位、

宰胥薦脯醢。

宰胥、宰官之吏也、不使膳宰薦、不主於飲酒、變於燕、

賓升筵。庶子設折俎。

庶子、司馬之屬、掌正六牲之體者也、鄉射記曰、賓俎脊脅肩肺、不使膳宰設俎、爲射變於燕、

賓坐。左執觚。右祭脯醢。奠爵于薦右。興取肺。坐絕祭。嚌之。興加于俎。坐挩手。執爵遂祭酒。興席末坐啐酒。降席坐奠爵。拜告旨。執爵興。主人荅拜。

降席、席西也、旨、美也、

樂闋。

闋、止也、樂止者、尊賓之禮盛於上也、

賓西階上北面坐卒爵、興、坐奠爵、拜、執爵興、主人答拜。

賓以虛爵降。

既卒爵、將酢也、

主人降、賓洗南西北面坐奠觚、少進、辭降、主人西階西東面少進對。賓坐取觚、奠于篚下、盥洗。

篚下、篚南、

主人辭洗。賓坐奠觚于篚、興對。卒洗、及階揖升。主人升、拜洗、如賓禮。賓降盥。主人降。賓辭降。卒盥、揖升。酌膳、執冪如初。以酢主人于西階上。主人北面拜受爵。賓主人之左拜送爵。

賓南面授爵、乃於左拜、凡授爵、鄉所受者、

主人坐祭、不啐酒。

辟正主也、未薦者、臣也、

不拜酒。

主人之義、燕禮曰、不拜酒、不告旨、

遂卒爵、興、坐奠爵、拜、執爵興。賓答拜。主人不崇酒、以虛爵降、奠于篚。

不崇酒、辟正君也、崇、充也、謂謝酒、惡相充實、

賓降、立于西階西、東面。

既受獻矣、不敢安盛、

擯者以命升賓。賓升、立于西序、東面。

命、公命也、東西牆謂之序、

主人盥洗象觚、升酌膳、東北面獻于公。

象觚、觚有象骨飾也、取象觚東面、不言實之、變於燕、

公拜受爵。乃奏肆夏。

言乃者、其節異於賓、

主人降自西階、阼階下北面拜送爵。宰胥薦脯醢、由左房。庶子設折俎、升自西階。

自由也、左房、東房也、人君左右房、鄉射記曰、主人俎脊脅臂肺也、

公祭如賓禮。庶子贊授肺。不拜酒。立卒爵、坐奠爵、拜、執爵興。

凡異者、君尊、變於賓、

主人答拜。樂闋。升受爵、降奠于篚。

更爵、洗、升酌散以降。酢于阼階下、北面坐奠爵、再拜稽首。公答拜。

更、易也、易爵、不敢襲至尊、古文更爲受、

主人坐祭。遂卒爵。興。坐奠爵。再拜稽首。公答拜。主人奠爵于篚。

主人盥洗。升。滕觚于賓。酌散。西階上坐奠爵。拜。賓西階上北面答拜。

滕、送也。散、方壺之酒也。古文滕皆作騰、

主人坐祭。遂飲。賓辭。卒爵。興。坐奠爵。拜。執爵興。賓答拜。

辭者、辭其代君行酒、不立飲也、比於正主酬也、

主人降洗。賓降。主人辭降。賓辭洗。卒洗。賓揖升。不拜洗。

不拜洗、酬而禮殺也、

主人酌膳。賓西階上拜。受爵于筵前。反位。主人拜送爵。賓升席。坐

祭酒。遂奠于薦東。

遂者、因坐而奠之、不北面也、奠之者、酬不舉也、

主人降復位。賓降筵西。東南面立。

賓不立於序內、位彌尊、

小臣自阼階下請滕爵者。公命長。

命之使選於長幼之中也、卿則尊、士則卑、

小臣作下大夫二人滕爵。

作、使、

滕爵者阼階下。皆北面再拜稽首。公答拜。

再拜稽首、拜君命、

滕爵者立于洗南。西面北上。序進。盥洗角觶。升自西階。序進。酌散。交于楹北。降適阼階下。皆奠觶。再拜稽首。執觶興。公答拜。

序、次第也、猶代也、先者既酌、右還而反、與後酌者交與西楹北、相左、俟於西階上、乃降、往來以右爲上、古文曰降造阼階下、

滕爵者皆坐祭。遂卒觶。興。坐奠觶。再拜稽首。執觶興。公答再拜。滕爵者執觶待于洗南。

待、待君命、

小臣請致者。

請君使一人與、二人與、不必君命、

若命皆致。則序進。奠觶于篚。阼階下。皆北面再拜稽首。公答拜。滕爵者洗象觶。升實之。序進。坐奠于薦南。北上。降適阼階下。皆再拜稽首送觶。公答拜。

既酌而代進、往來由尊北、交於東楹北、亦相左、奠於薦南、不敢必君舉、

滕爵者皆退反位。

反門右北面位、

公坐取大夫所滕觶。興以酬賓。賓降西階下再拜稽首。小臣正辭。賓升成拜。

公起酬賓於西階、降尊以就卑也、正、長也、小臣長辭、變於燕、升成拜、復再拜稽首、先時君辭之、於禮若未成然、

公坐奠觶答拜。執觶興。公卒觶。賓下拜。小臣正辭。賓升再拜稽首。

不言成拜者、爲拜故下、實未拜也。下不就拜、禮也。下亦降也。發端言降拜、因上事言下拜、

公坐奠觶答拜。執觶興。賓進受虛觶。降奠于篚。易觶興洗。

賓進以臣道君、受虛爵、君不親酌。凡爵不相襲者、於尊者言更、自敵以下言易。更作新、易有故之辭也。不言公酬賓於西階上及公反位者、尊君、空其文也、

公有命。則不易。不洗。反升酌膳。下拜。小臣正辭。賓升再拜稽首。公答拜。

不易、君義也、不洗、臣禮也、

賓告于擯者請旅。諸臣擯者告于公。公許。

旅序也、賓欲以次序勸諸臣酒、

賓以旅大夫于西階上。擯者作大夫長升受旅。

作、使也、使之以長幼之次先孤、

賓大夫之右坐奠觶拜。執觶興。大夫答拜。賓坐祭。立卒觶不拜。若膳觶也。則降更觶洗。升實散。大夫拜受。賓拜送。遂就席。大夫辯受酬。如受賓酬之禮。不祭酒。卒受者以虛觶降奠于篚。復位。主人洗觚。升實散。獻卿於西階上。司宮兼卷重席。設於賓左東上。卿升拜受觚。主人拜送觚。卿辭重席。司宮徹之。

徹、猶去也、重席雖非加、猶爲其重累辟之、辟君、

乃薦脯醢。卿升席。庶子設折俎。

卿折俎未聞、蓋用脊脅臑折肺、卿有俎者、射禮尊、

卿坐左執爵。右祭脯醢。奠爵于薦右。興取肺。坐絕祭。不嚌肺。興加于俎。坐捝手取爵。遂祭酒。執爵興。降席西階上。北面坐卒爵。興。坐奠爵拜。執爵興。

陳酒肴、君之惠也、不嚌肺、亦自貶於君、

主人答拜受爵。卿降復位。

復西面位、不酢、辟君、

辯獻卿。主人以虛爵降奠于篚。擯者升卿。卿皆升就席。若有諸公。

則先卿獻之。如獻卿之禮。席于阼階西。北面東上。無加席。

公、孤也、席之北面、爲大尊屈之也、亦因阼階上近君、近君則親寵苟敬私昵之坐、

小臣又請媵爵者。二大夫媵爵如初。請致者。若命長致。則媵爵者奠觶于篚。

命長致者、使長者一人致也、公或時未能舉、自優暇、

一人待于洗南。

不致者、

長致者阼階下再拜稽首。公答拜。

再拜稽首、拜君命、

洗象觶升實之坐奠于薦南降與立于洗南者二人皆再拜稽首送觶公答拜

奠於薦南先媵者上觶之處也二人皆拜如初共勸君飲之

公又行一爵若賓若長唯公所賜

一爵先媵者之下觶也若賓若長禮殺也長孤卿之尊者也於是言賜射禮明尊卑

以旅于西階上如初

賜賓則以酬長賜長則以酬賓大夫長升受旅以辯

大夫卒受者以虛觶降奠于篚

主人洗觚升獻大夫于西階上大夫升拜受觚主人拜送觚大夫

坐祭立卒爵不拜既爵主人受爵大夫降復位

既盡也大夫卒爵不拜賤不備禮

胥薦主人于洗北西面脯醢無脀

胥宰官之吏主人下大夫也先大夫薦之尊之也不薦於上辟正主胥俎實

辯獻大夫遂薦之繼賓以西東上若有東面者則北上卒擯者升大夫大夫皆升就席

辯獻乃薦略賤也亦獻後布席也

乃席工于西階上少東小臣納工工六人四瑟

工謂瞽矇善歌諷誦詩者也六人太師少師各一人上工四人四瑟者禮大樂衆也

僕人正徒相太師僕人師相少師僕人士相上工

徒空手也僕人正僕人之長師其佐也士其吏也天子視瞭相工諸侯兼官是以僕人掌之太師少師工之長也凡國之瞽矇正焉杜蒯曰曠也大師也於是分別工及相者射禮明貴賤

相者皆左何瑟後首內弦挎越右手相

謂相上工者後首主於射略於此樂也內弦挎越以右手相工由便也越瑟下孔所以發越其聲者也古文後首為後手

後者徒相入

謂相太師少師者也上列官之尊卑此言先後之位亦所以明貴賤凡相者以工出入

小樂正從之

從太師也後升者變於燕也小樂正於天子樂師也

升自西階北面東上

工六人

坐授瑟乃降

相者也降立于西縣之北

小樂正立于西階東

不統於工明工雖衆位猶在此

乃歌鹿鳴三終

鹿鳴小雅篇也人君與臣下及四方之賓燕講道修政之樂歌也言已有旨酒以召嘉賓與之飲者樂嘉賓之來示我以善道又樂嘉賓有孔昭之明德可則傚也歌鹿鳴三終而不歌四牡皇皇者華主於講道略於勞苦與諮事

主人洗升實爵獻工。工不興。左瑟、

工歌而獻之、以事報之也、洗爵獻工、辟正主也、獻不用觚、工賤、異之也、工不興、不能備禮、左瑟、便其右、大師無瑟、於是言左瑟者節也、

一人拜受爵。

謂大師也、言一人者、工賤同之也、工拜於席、

主人西階上拜送爵。薦脯醢。

輒薦之、變於大夫、

使人相祭。

使人相者、相其祭薦祭酒、

卒爵不拜。主人受虛爵。衆工不拜。受爵坐祭。遂卒爵。辯有脯醢。不祭。

相者、相其祭酒而已、

主人受爵。降奠于篚。復位。大師及少師上工皆降立于鼓北。羣工陪于後。

鼓北、西縣之北也、言鼓北者、與鼓齊面、餘長在後也、羣工陪于後、三人爲列也、於是時小樂正亦降立于其南北面、工立、僕人立於其側、坐則在後、考工記曰、鼓人爲皐陶、長六尺有六寸、

乃管新宮三終。

管謂吹簜以播新宮之樂、其篇亡、其義未聞、笙從工而入、既管不獻、略下樂也、立于東縣之中、

卒管。大師及少師上工皆東坫之東南。西面北上坐。

不言縣北、統於堂也、於是時大樂正還北面立于其南、

擯者自阼階下。請立司正。

三爵既備、上下樂作、君將留羣臣而射、宜更立司正以監之、察儀法也、

公許。擯者遂爲司正。

君許其請、因命用之、不易之者、俱相禮、其事同也、

司正適洗。洗角觶。南面坐奠于中庭。

奠觶者、著其位以顯其事、威儀多也、

升東楹之東受命于公。西階上北面命賓諸公卿大夫。公曰。以我安。賓諸公卿大夫皆對曰。諾。敢不安。

以我安者、君意殷勤、欲留之、以我故安也、

司正降自西階。南面坐取觶。升酌散。降。南面坐奠觶。

奠於中庭故也、

興。右還。北面少立。坐取觶。興。坐。不祭。卒觶。奠之。興。再拜稽首。左還。南面坐取觶。洗。南面反奠于其所。北面立。

皆所以自昭明於衆也、將於觶南北面、則右還於觶北、南面則左還、如是得從觶西往來也、必從觶西往來者、爲君在阼、不背之也、

司射適次。袒決遂。執弓。挾乘矢於弓外。見鏃於弣。右巨指鉤弦。

司射，射人也。次，若今時更衣處，帳幃席爲之。耦次在洗東南。袒，左免衣也。決，猶闓也，以象骨爲之，著右巨指，所以鉤弦而闓之。遂，射韝也，以朱韋爲之，著左臂，所以遂弦也。方持弦矢曰挾。乘矢，四矢。弣，弓把也。見鏃焉，順其射也。右巨指，右手大擘，以鉤弦，弦在旁，挾由便也。古文挾皆作接。

自阼階前曰爲政請射。

爲政，謂司馬也。司馬政官，主射禮。

遂告曰：大夫與大夫，士御於大夫。

因告選三耦於君，御由侍也。大夫與大夫爲耦，不足則士侍於大夫，與爲耦也。今文於爲于。

遂適西階前，東面右顧，命有司納射器。

納，內也。

射器皆入。君之弓矢適東堂，賓之弓矢與中、籌、豐，皆止于西堂下。衆弓矢不挾，總衆弓矢、楅，皆適次而俟。

中，閭中，算器也。籌，算也。豐，可奠射爵者。衆弓矢，三耦及卿大夫以下弓矢也。司射矢亦止西堂下。衆弓矢不挾，則納公與賓弓矢者挾之。楅，承矢器。今文俟作待。

工人士與梓人升自北階，兩楹之間，疏數容弓，若丹若墨，度尺而午，射正涖之。

工人士、梓人，皆司空之屬，能正方圜者。一從一橫曰午，謂畫物也。射正，司射之長。

卒畫，自北階下。司宮埽所畫物，自北階下。

埽物，重射事也。工人士、梓人、司宮，位在北堂下。

太史俟于所設中之西，東面以聽政。

中未設也，太史俟焉，將有事也。鄉射禮曰：設中南當楅，西當西序，東面。

司射西面誓之曰：公射大侯，大夫射參，士射干。射者非其侯，中之不獲。卑者與尊者爲耦，不異侯。太史許諾。

誓，猶告也。古文異作辭。

遂比三耦。

比，選次之也。不言面者，大夫在門右，北面；士西方，東面。

三耦俟于次北，西面北上。

未知其耦，今文俟爲立。

司射命上射曰：某御於子。命下射曰：子與某子射。卒，遂命三耦取弓矢于次。

取弓矢不拾者，次中隱蔽處。

司射入于次，搢三挾一个，出于次，西面揖，當階北面揖，及階揖，升堂揖，當物北面揖，及物揖，由下物少退，誘射。

搢，扱也。挾一个，挾於弦也。个，猶枚也。由下物而少退，謙也。誘，猶教也。夫子循循然善誘人。

射三侯，將乘矢，始射干，又射參，大侯再發。

將，行也。行四矢，象有事於四方。詩云：四矢反兮，以御亂兮。

卒射，北面揖。

揖於當物之處不南面者爲不背卿

及階揖降如升射之儀遂適堂西改取一个挾之

改更也不射而挾矢示有事也

遂取扑搢之以立于所設中之西南東面

扑所以撻犯教者也於是言立著其位也鄉射記曰司射之弓矢與扑倚于西階之西○扑普卜反

司馬師命負侯者執旌以負侯

司馬師正之佐也欲令射者見侯與旌深志與侯中也負侯獲者也天子服不氏下士一人徒四人掌以旌居乏待獲析羽爲旌

負侯者皆適侯執旌負侯而俟司射適次作上耦射

作使

也

司射反位上耦出次西面揖進上射在左並行當階北面揖及階揖上射先升三等下射從之中等

上射在左便射位也中猶間也

上射升堂少左下射升上射揖並行

並併也併東行

皆當其物北面揖及物揖皆左足履物還視侯中合足而俟

視侯中各視其侯之中大夫耦則視參中參中十四尺士耦則視干中干中十尺

司馬正適次袒決遂執弓右挾之出升自西階適下物立于物間

左執弣右執簫南揚弓命去侯

司馬正政官之屬簫弓末揚弓者執下末揚猶舉也適下物由上射後東過也命去侯者將射當獲也鄉射禮曰西南面立於物間

負侯皆許諾以宮趨直西及乏南又諾以商至乏聲止

宮爲君商爲臣其聲和相生也鄉射禮曰獲者執旌許諾古文聲爲磬

授獲者退立于西方獲者興共而俟

大侯服不氏負侯徒一人居乏之相代而獲參侯干侯徒負侯居乏不相代鄉射禮曰獲者執旌許諾聲不絕以至於乏坐東面偃旌興而俟古文獲皆作護非也

司馬正出于下射之南還其後降自西階遂適次釋弓說決拾襲

反位

拾遂也鄉射禮曰司馬反位立于司射之南

司射進與司馬正交于階前相左由堂下西階之東北面視上射

命曰毋射獲毋獵獲上射揖司射退反位

射獲矢中乏也從旁爲獵

乃射上射既發挾矢而后下射射拾發以將乘矢

拾更也將行也

獲者坐而獲

坐言獲也

舉旌以宮偃旌以商。等言獲也、

獲而未釋獲。但言獲未釋算、古文釋爲舍、

卒射右挾之北面揖揖如升射。右挾之右手挾弦、

上射降三等下射少右從之中等並行上射與左與升射者相左交于階前相揖適次釋弓說決拾襲反位。上射於左由下射階上少右、乃降待之言襲者凡射皆袒

三耦卒射亦如之。

司射去扑倚于階西適阼階下北面告于公曰三耦卒射反搢扑反位司馬正袒決遂執弓右挾之出與司射交于階前相左。

升自西階自右物之後立于物間西南面揖弓命取矢。出出於次也、袒時亦適次、

負侯許諾如初去侯皆執旌以負其侯而俟。揖推之、侯小臣取矢、以旌指教之、

司馬正降自西階北面命設楅。

此出于下射之南、還其後而降之、

小臣師設楅司馬正東面以弓爲畢。畢所以教助執事者、鄉射記曰、乃設楅于中庭南當洗東肆、

既設楅司馬正適次釋弓說決拾襲反位小臣坐委矢于楅北括

司馬師坐乘之。乘四四數之、

若矢不備則司馬正又袒執弓升命取矢如初曰取矢不索乃復求矢加于楅卒司馬正進坐左右撫之興反位。左右撫分上下射也坐皆北面、

司射適西階西倚扑升自西階東面請射于公。倚扑者將即君前不敢佩刑器也、升堂者欲諸公卿大夫辯聞也、

公許遂適西階上命賓御于公諸公卿則以耦告于上大夫則降即位而后告。告諸公卿於堂上尊之也、

司射自西階上北面告于大夫曰請降司射先降搢扑反位大夫從之降適次立于三耦之南西面北上。適次出次前而北西面立、

司射東面于大夫之西比耦大夫與大夫命上射曰某御於子命

下射曰子與某子射卒遂比衆耦

衆耦士也

衆耦立于大夫之南西面北上若有士與大夫爲耦則以大夫之耦爲上

爲上居羣士之上

命大夫之耦曰子與某子射告於大夫曰某御於子

士雖爲上射其辭猶尊大夫

命衆耦如命三耦之辭諸公卿皆未降

言未降者見其志在射

遂命三耦各與其耦拾取矢皆袒決遂執弓右挾之

此命入次之事也司射既命而反位不言之者上射出當作取矢事未訖

一耦出西面揖當楅北面揖及楅揖

三耦同入次其出也一上射出西面立司射作之乃揖行也當楅楅正南之東西

上射東面下射西面上射揖進坐橫弓卻手自弓下取一个兼諸弣興順羽且左還毋周反面揖

橫弓者南踣弓也卻手自弓下取矢者以左手在弓表右手從裏取之便也兼并也并矢於弣當順羽既又當執弦順羽者手放而下備不整理也左還反其位毋周右還而反東面也君在阼還周則下射將背之古文且爲阻

下射進坐橫弓覆手自弓上取一个兼諸弣興順羽且左還毋周反面揖

橫弓亦南踣弓也人東西鄉以南北爲橫覆手自弓上取矢以左手在弓裏右手從表取之便也

既拾取矢梱之

梱齊等之也古文梱作魁

兼挾乘矢皆內還南面揖

內還者上射左下射右不皆右還亦以君在阼嫌下射故左還而背之也上以陽爲內下以陰爲內因其宜可也

適楅南皆左還北面揖搢三挾一个

楅南鄉當楅之位也

揖以耦左還上射於左

退者與進者相左相揖還退釋弓矢于次說決拾襲反位二耦拾取矢亦如之後者遂取誘射之矢兼乘矢而取之以授有司于次中皆襲反位

以猶與也言以者耦之事成於此意相人耦也上射轉居左便其反位也上射少北乃東面

有司納射器因留主授受之

司射作揖如初一耦揖升如初司馬命去侯負侯許諾如初司馬降釋弓反位

司射猶挾一个去扑與司馬交于階前適阼階下北面請釋獲于公

猶守故之辭、於此言之者、司射既誘射、恒執弓挾矢以掌射事、備尚未知當教之也、今三耦卒射、衆以知之矣、猶挾之者、君子不必也、

公許。反搢扑。遂命釋獲者設中。以弓爲畢。北面。

北面立于所設中之南、當視之也、鄉射禮曰、設中南當楅、西當西序、

大史釋獲。小臣師執中。先首坐設之。東面退。大史實八算于中。橫委其餘于中西。興。共而俟。

先、猶前也、命大史而小臣師設之、國君官多也、小臣師退、反東堂下位、鄉射禮曰、橫委其餘于中西南末、

司射西面命曰。中離維綱。揚觸梱復。公則釋獲。衆則不與。

離、猶過也、獵也、侯有上下綱、其邪制躬舌之角者爲維、或曰維當爲絹、絹綱耳、揚觸者、謂矢中他物揚而觸侯也、梱復爲矢至

侯不著而還復、復反也、公則釋獲、優君也、衆當中鵠而著、古文梱作魁、○中丁仲反

唯公所中。中三侯皆獲。

值中一侯、則釋獲、

釋獲者命小史。小史命獲者。

傳告服、不使知、此司射所命、

司射遂進由堂下。北面視上射。命曰。不貫不釋。上射揖。司射退反位。

貫猶中也、射不中鵠、不釋算、古文貫作關、

釋獲者坐取中之八算。改實八算。興。執而俟。

執所取算、

乃射。若中。則釋獲者每一个釋一算。上射於右。下射於左。若有餘算。則反委之。

委餘算、禮貴異、

又取中之八算。改實八算于中。興。執而俟。三耦卒射。

賓降。取弓矢于堂西。

不敢與君並俟告、取之以升、俟君事畢、

諸公卿則適次。繼三耦以南。

言繼三耦、明在大夫北、

公將射。則司馬師命負侯。皆執其旌以負其侯而俟。

君尊若始爲、

司馬師反位。隸僕人埽侯道。

新之、

司射去扑。適阼階下。告射于公。公許。適西階東告于賓。

告當射也、今文曰阼階下、無適、

遂搢扑反位。小射正一人取公之決拾於東坫上。一小射正授弓拂弓。皆以俟于東堂。

授弓、當授大射正、拂弓、去塵、

公將射。則賓降適堂西。袒決遂。執弓搢三挾一个。升自西階。先待于物北。北一笴。東面立。

不敢與君並。笴矢榦。東面立。鄉君也。

司馬升命去侯如初。還右。乃降。釋弓反位。

還右。還君之右也。猶出下射之南。還其後也。今文曰右還。

公就物。小射正奉決拾以笥。大射正執弓。皆以從於物。

笥。萑葦器。大射正。僉司正。親其職。

小射正坐奠笥于物南。遂拂以巾。取決。興。贊設決朱極三。

極猶放也。所以韜指利放弦也。以朱韋爲之。三者食指將指無名指。無極放弦契於此指多則痛。小指短不用。

小臣正贊袒。公袒朱襦。卒袒。小臣正退俟于東堂。小射正又坐取拾。興。贊設拾。以笥退奠于坫上。復位。

既袒乃設拾。拾當以韝襦上。

大射正執弓。以袂順左右隈。上再下壹。左執弣。右執簫。以授公。公親揉之。

順放之也。隈弓淵也。揉宛之。觀其安危也。今文順爲循。古文揉爲紐。○隈烏回反。揉而九反

小臣師以巾內拂矢。而授矢于公。稍屬。

內拂。恐塵及君也。稍屬不搢矢。

大射正立于公後。以矢行告于公。下曰留。上曰揚。左右曰方。

若不中使君當知而改其度。

留不至也。揚過去也。方出旁也。

公既發。大射正受弓而俟。拾發以將乘矢。

公下射也。而先發。不留尊也。

公卒射。小臣師以巾退反位。大射正受弓。

受弓以授有司於東堂。

小射正以笥受決拾。退奠于坫上。復位。大射正退反司正之位。小臣正贊襲。公還而后賓降。釋弓于堂西。反位于階西東面。

階西東面。賓降位。

公即席。司正以命升賓。賓升復筵。而后卿大夫繼射。諸公卿取弓矢于次中。袒決遂。執弓搢三挾一个。出西面揖。揖如三耦。升射。卒射。降如三耦。適次釋弓說決拾。襲反位。衆皆繼射。釋獲皆如初。

諸公卿言取弓矢。衆言釋獲。互言也。

卒射。釋獲者遂以所執餘獲適阼階下。北面告于公。曰。左右卒射。

司射不言告者。釋獲者於是有事。宜終之也。餘獲餘算也。無餘算則無所執。古文曰餘算。

反位。坐委餘獲于中西。興共而俟。司馬袒執弓。升命取矢如初。負侯許諾。以旌負侯如初。司馬降釋弓如初。小臣委矢于楅如初。

司馬，司馬正，於是司馬師亦坐乘矢，

賓諸公卿大夫之矢，皆異束之以茅，卒，正坐左右撫之，進束反位。

異束大夫矢，尊殊之也。正，司馬正也。進，前也。又言束，整結之，示親也。

賓之矢則以授矢人于西堂下。

是言矢人，則納射器之有司，各以其器名官職。不言君矢，小臣以授矢人于東堂下可知。

司馬釋弓反位，而后卿大夫升就席。

此言其升，前小臣委矢於楅。

司射適階西，釋弓去扑，襲，進由中東，立于中南，北面視算。

釋弓去扑，射事已也。

釋獲者東面于中西坐，先數右獲。

固東面矣，復言之者，少南就右獲。

二算為純。

純猶全也，耦陰陽也。

一純以取，實于左手，十純則縮而委之。

縮，從也。於數者東西為從。古文縮皆作蹙。

每委異之。

易校數。

有餘純，則橫諸下。

又異之也。自近為下。

一算為奇，奇則又縮諸純下。

又從之。

興，自前適左。

從中前北也。更端故起。

東面坐，

少北於故。

坐，兼斂算，實于左手，一純以委，十則異之。

變於右也。

其餘如右獲。

謂所縮所橫者。

司射復位。釋獲者遂進取賢獲，執之，由阼階下，北面告于公。

賢獲，勝黨之算也。執之者，齊而取其餘。

若右勝，則曰右賢於左；若左勝，則曰左賢於右，以純數告，若有奇者，亦曰奇。

告曰某賢於某若干純若干奇。

若左右鈞，則左右各執一算以告，曰左右鈞。還復位，坐，兼斂算，實八算于中，委其餘于中西，興，共而俟。

司射命設豐。

當飲不勝者射爵、

司宮士奉豐。由西階升。北面坐設于西楹西。降復位。勝者之弟子。洗觶升酌散。南面坐奠于豐上。降反位。

弟子、其少者也、不授者、射爵猶罰爵、略之、

司射袒。執弓挾一个。搢扑東面于三耦之西。命三耦及衆射者。勝者皆袒決遂。執張弓。

執張弓、言能用之也、右手挾弦、

不勝者皆襲說決拾。卻左手。右加弛弓于其上。遂以執弣。

固襲說決拾矣、復言之者、起勝者也、不勝者執弛弓、言不能用之也、兩手執弣、無所挾也、

司射先反位。

居前俟所命入次而來飲、

三耦及衆射者皆升。飲射爵于西階上。

不勝之黨無不飲、

小射正作升飲射爵者如作射。一耦出揖如升射。及階。勝者先升。升堂少右。

先升尊賢也、少右、辟飲者、亦因相飲之禮然、

不勝者進北面坐取豐上之觶。興。少退立卒觶。進坐奠于豐下。興

揖。

立卒觶、不祭不拜、受罰爵不備禮也、右手執觶、左手執弓、

不勝者先降。

後升先降、略之、不由次也、降而少右、復並行、

與升飲者相左。交于階前。相揖。適次釋弓。襲反位。僕人師繼酌射爵。取觶實之。反奠于豐上。退俟于序端。

僕人師酌者、君使之代弟子也、自此以下辯爲之酌、

升飲者如初。三耦卒飲。

若賓諸公卿大夫不勝。則不降。不執弓。耦不升。

此耦謂士也、諸公卿或闕、士爲之耦者不升、其諸公卿大夫相爲耦者、不降席、重恥尊也、

僕人師洗升實觶。以授賓諸公卿大夫。受觶于席以降。適西階上。北面立飲。卒觶。授執爵者。反就席。

雖尊亦西階上立飲、不可以己尊枉正罰也、授爵而不奠豐、尊大夫也、

若飲公。則侍射者降洗角觶。升酌散。降拜。

侍射賓也、飲君則不敢以爲罰、從致爵之禮也、

公降一等。小臣正辭。賓升再拜稽首。公答再拜。賓坐祭卒爵。再拜稽首。公答再拜。賓降洗象觶。升酌膳以致。下拜。小臣正辭。升再拜稽首。公答再拜。公卒觶。賓進受觶。降洗散觶。升實散。下拜。小臣正

辭。升再拜稽首。公答再拜。

賓復酌自飲者，夾爵也。但如致爵，則無以異於燕也。夾爵亦所以耻公也。所謂若飲君燕則夾爵。

賓坐不祭。卒觶。降奠于篚。階西東面立。

不祭，象射爵。

擯者以命升賓。賓升就席。

擯者，司正也。今文席爲筵。

若諸公卿大夫之耦不勝。則亦執弛弓。特升飲。

此耦亦謂士也。特，猶獨也。以尊爲耦而文不勝，使之獨飲，若無倫匹，孤賤也。

衆皆繼飲射爵。如三耦。射爵辯。乃徹豐與觶。

徹，除也。

司宮尊侯于服不之東北。兩獻酒。東面南上。皆加勺。設洗于尊西北。篚在南。東肆。實一散于篚。

爲大侯獲者設尊也。言尊侯者，獲者之功由侯也。不於初設之者，不敢必君射也。君不射則不獻大侯之獲者。散，爵名，容五升。

司馬正洗散。遂實爵。獻服不。

言服不者，著其官，尊大侯也。服不，司馬之屬，掌養猛獸而教擾之者。洗酌皆西面。

服不侯西北三步。北面拜受爵。

近其所爲獻。

司馬正西面拜送爵。反位。

不侯卒爵，略賤也。此終言之。獻服不之徒，乃反位。

宰夫有司薦庶子設折俎。

宰夫有司，宰夫之吏也。鄉射記曰：獲者之俎，折脊脅肺。

卒錯。獲者適右个。薦俎從之。

不言服不，言獲者，國君大侯服不負侯，其徒居乏待獲，變其文，容二人也。司馬正皆獻之，薦俎已錯，乃適右个，明此獻已，已歸功於侯也。適右个，由侯內。鄉射記曰：東方謂之右个。

獲者左執爵。右祭薦俎。二手祭酒。

祭俎不奠爵，不備禮也。二手祭酒者，獲者南面於俎北，當爲侯祭於豆間，爵反注，爲一手不能正也。此薦俎之設，如於北面人。爲天子祝侯曰：唯若寧侯，無或若女不寧侯，不屬於王所，故抗而射女。彊飲彊食，貽女曾孫諸侯百福。諸侯以下祝辭未聞。

適左个。祭如右个。中亦如之。

先祭个後中者，以外即之至中。若神在中。鄉射禮曰：獻獲者，俎與薦皆三祭。

卒祭。左个之西北三步東面。

此鄉受獻之位也。不北面者，嫌爲侯卒爵。

設薦俎。立卒爵。

不言不拜旣爵，司馬正已反位，不拜可知也。鄉射禮曰：獲者薦右東面立飲。

司馬師受虛爵。洗獻隷僕人與巾車獲者。皆如大侯之禮。

隷僕人埽侯道，巾車張大侯及參侯干侯之獲者。其受獻之禮如服不也。隷僕人、巾車於服不之位受之，功成於大侯也。不言量人者，此自後以及先可知。

卒司馬受虛爵奠于篚。獲者之篚。

獲者皆執其薦。庶子執俎從之。設于乏少南。少南爲復射妨旌也。隸僕人巾車量人、自服不而南。

服不復負侯而俟。

司射適階西。去扑。適堂西。釋弓說決拾襲。適洗洗觚。升實之。降獻釋獲者于其位少南。獻釋獲者與獲者異文武不同也。去扑者扑不升堂也。少南辟中。

薦脯醢折俎。皆有祭。

俎與服不同。唯祭一爲異。

釋獲者薦右東面拜受爵。司射北面拜送爵。釋獲者就其薦坐。左執爵。右祭脯醢。興取肺。坐祭。遂祭酒。祭俎不奠爵。亦賤不備禮。

興。司射之西北面立。卒爵不拜。既爵。司射受虛爵奠于篚。釋獲者少西辟薦反位。辟薦少西之者。爲復射妨司射視算。亦辟俎也。

司射適堂西。袒決遂。取弓挾一个。適階西。搢扑以反位。爲將復射。

司射倚扑于階西。適阼階下北面請射于公。如初。不升堂。賓諸公卿大夫既射矣。闡之可知。

反搢扑。適次。命三耦皆袒決遂。執弓序出取矢。纔言拾。是言序。互言耳。

司射先反位。言先。先三耦也。司射既命三耦以入次之事。即反位。三耦入次袒決遂。執弓挾矢乃出。反次外西面位。纔不言司射先反位。三耦未有次外位。無所先也。

三耦拾取矢如初。小射正作取矢如初。小射正。司射之佐。作取矢禮殺代之。

三耦既拾取矢。諸公卿大夫皆降。如初位。與耦入于次。皆袒決遂。執弓。皆進當楅。進坐說矢束。上射東面。下射西面。拾取矢如三耦。皆進當楅。進三耦揖之位也。凡繼射。命耦而已。不作射。不作取矢。從初。

若士與大夫爲耦。士東面。大夫西面。大夫進坐。說矢束。退反位。說矢束自同於三耦。謙也。

耦揖進坐。兼取乘矢。興。順羽且左還。毋周。反面揖。兼取乘矢。不敢與大夫拾。

大夫進坐。亦兼取乘矢。如其耦。北面搢三挾一个。揖進。大夫與其耦皆適次。釋弓說決拾襲。反位。諸公卿升就席。

大夫反位、諸公卿乃升就席、大夫與己上下位、

衆射者繼拾取矢、皆如三耦。遂入于次、釋弓矢、說決拾、襲、反位。司射猶挾一个以作射如初。一耦揖升如初。司馬升命去侯、負侯許諾。司馬降、釋弓反位。

司射與司馬交于階前、倚扑于階西、適阼階下、北面請以樂于公。公許。

請奏樂以爲節也、始射獲而未釋獲、復釋獲、復用樂行之、君子之於事、始取苟能中、課有功、終用成法、敎化之漸也、射用應樂爲難、孔子曰、射者何以聽、循聲而發、發而不失正鵠者、其唯賢者乎、

司射反、搢扑、東面命樂正曰、命用樂。

言君有命用樂射也、樂正在工南北面、

樂正曰諾。司射遂適堂下、北面眡上射、命曰、不鼓不釋。

不與鼓節相應、不釋算也、鼓亦樂之節、學記曰、鼓無當於五聲、不得不和、凡射之鼓節、投壺其存者也、周禮射節、天子九、諸侯七、卿大夫以下五、

上射揖。司射退反位。樂正命大師曰、奏貍首、間若一。

樂正西面受命、左還東面命大師、以大射之樂章使奏之也、貍首、逸詩、曾孫也、貍之言不來也、其詩有射諸侯首不朝者之言、因以名篇、後世失之、謂之曾孫、曾孫者、其章頭也、射義所載詩曰、曾孫侯氏、是也、以爲諸侯射節者、采其既有弧矢之威、又言小大莫處、御於君所、以燕以射、則燕則譽、有樂以時會君事之志也、間若一者、調其聲之疏數重節、

大師不興、許諾。樂正反位。奏貍首以射。三耦卒射。賓待于物如初。

公樂作而后就物、稍屬、不以樂志。其他如初儀。

不以樂志、君之射儀遲速從心、其發不必應樂、辟不敏、志意所擬度也、春秋傳曰、吾志其目、

卒射如初。賓就席。諸公卿大夫衆射者皆繼射、釋獲如初。卒射、降反位。釋獲者執餘獲、進告左右卒射如初。

司馬升命取矢、負侯許諾。司馬降、釋弓反位。小臣委矢、司馬師乘之、皆如初。司射釋弓視算如初。釋獲者以賢獲與鈞告如初。復位。

司射命設豐、實觶如初。遂命勝者執張弓、不勝者執弛弓、升飲如初。卒退豐與觶如初。司射猶袒決遂、左執弓、右執一个、兼諸弦面鏃、適次、命拾取矢如初。

側持弦矢曰執、面猶尚也、兼矢於弦、尚鏃、將止變於射也、

司射反位。三耦及諸公卿大夫衆射者皆袒決遂、以拾取矢如初。矢不挾、兼諸弦面鏃、退適次、皆授有司弓矢、襲、反位。

不挾、亦謂執之如司射、

卿大夫升就席。司射適次、釋弓、說決拾、去扑、襲、反位。司馬正命退楅、解綱。小臣師退楅、巾車量人解左下綱。司馬師命獲者以旌與薦俎退。

解猶釋也、今文司馬師無司馬、

司射命釋獲者退中與算而俟。

諸所退射器皆俟備君復射釋獲者亦退其薦俎、

公又舉奠觶。唯公所賜。若賓若長以旅于西階上。如初。大夫卒受者。以虛觶降奠于篚。反位。司馬正升自西階東楹之東。北面告于公。請徹俎。公許。

射事既畢禮殺人倦宜徹俎燕坐、

遂適西階上。北面告于賓。賓北面取俎以出。諸公卿取俎如賓禮。遂出授從者于門外。

自其從者、

大夫降復位。

門東北面位、

庶子正徹公俎。降自阼階以東。

降自阼階若親徹也、以東去藏、

賓諸公卿皆入門東面北上。

諸公卿不入門而右以將燕、亦因從賓、

司正升賓。賓諸公卿大夫皆說屨升就席。公以賓及卿大夫皆坐乃安。

鄉命以我安、卿於君尚猶踧踖至此乃敢安、

羞庶羞。

羞進也、庶衆也、所進衆羞、謂膷肝膋狗胾醢也、或有炮鱉膾鯉雉兔鶉鴽、

大夫祭薦。

燕乃祭薦、不敢於盛成禮、

司正升受命。皆命。公曰。衆無不醉。賓及諸公卿大夫皆興。對曰。諾。敢不醉。皆反位坐。

皆命者命賓命諸公命卿大夫皆鄉其位也、興對必降席、敬也、司正退立西序端、

主人洗酌獻士于西階上。士長升拜受觶。主人拜送。

獻士用觶、士賤也、今文觶作觚、

士坐祭立飲。不拜既爵。其他不拜。坐祭立飲。

其他謂衆士也、升不拜受爵、

乃薦司正與射人于觶南。北面東上。司正為上。

司正射人士也、以齒受獻、既乃薦之也、司正大射正也、射人小射正、略其佐、

辯獻士。士既獻者。立于東方西面北上。乃薦士。

士既獻易位者、以卿大夫在堂、臣位尊東也、畢獻薦之、略賤、

祝史小臣師亦就其位而薦之。

亦者亦士也、辯獻乃薦也、祝史門東北面東上、

主人就士旅食之尊而獻之。旅食不拜。受爵。坐祭立飲。

主人既酌西面、士旅食北面受之、不洗者於賤略之也、

主人執虛爵奠于篚復位。

賓降洗升媵觶于公。酌散下拜。公降一等。小臣正辭。賓升再拜稽首。公答再拜。

賓受公賜多矣。禮將終。宜勸公序厚意也。今文觶爲觚。公答拜無再拜。

賓坐祭卒爵。再拜稽首。公答再拜。賓降洗象觚。升酌膳坐奠于薦南。降拜。小臣正辭。賓升成拜。公答拜。反位。

反位。反席也。此觚當爲觶。

公坐取賓所媵觚。興唯公所賜。受者如初受酬之禮。降更爵洗升酌膳。下再拜稽首。小臣正辭升成拜。公答拜。乃就席坐行之。

坐行之。若今坐相勸酒。

有執爵者。

士有盥升。主酌授之。

唯受于公者拜。

公所賜者拜。其餘則否。

司正命執爵者爵辯。卒受者興以酬士。

欲令惠均。

大夫卒受者以爵興。西階上酬士。士升。大夫奠爵拜。士答拜。

興酬士者士立堂下。與上坐者異。

大夫立卒爵。不拜實之。士拜受。大夫拜送。士旅于西階上辯。

祝史小臣師。旅食皆及焉。

士旅酌。

旅序也。士以次自酌相酬。無執爵者。

若命曰復射。則不獻庶子。

獻庶子則正禮畢後無事。

司射命射唯欲。

司射命賓及諸公卿大夫射。欲者則射。不欲者則止。可否之事從人心也。

卿大夫皆降再拜稽首。公答拜。

拜君樂與臣下執事無已。不言賓。賓從羣臣禮在上。

壹發中三侯皆獲。

其功一也。而和者亦多尚歡樂也。矢揚觸或有參中者。

主人洗升自西階。獻庶子于阼階上。如獻士之禮。辯。獻降洗。遂獻左右正與內小臣。皆於阼階上。如獻庶子之禮。

庶子既掌正六牲之體。又正舞位。授舞器。與膳宰樂正聯事。又掌國子戒令。教治世子之官也。左右正。謂樂正僕人正也。位在中庭之左右。小樂正在頌磬之北。右也。工在西則北面。工遷於東則東面。大樂正在笙磬之北。左也。工在西則西面。工遷於東則北面。僕人正相大師。工升堂。與其師士。降立于小樂正之北。北上。工遷於東則倍其工。後國君無故不釋縣。二正。君之近官也。內小臣奄人。掌君陰事陰令。后夫人之官也。獻三官於阼階別內外臣也。同獻更洗。以時事不聯也。獻正下及內小臣。則磬

人鍾人鎛人鼓人僕人匠僕人士盡獻可知也庶子内小臣位在小臣師之東少退西上

無筭爵筭數也爵行無次數唯意所勸醉而止

士也有執膳爵者有執散爵者執膳爵者酌以進公公不拜受執散爵者酌以之公命所賜所賜者興受爵降席下奠爵再拜稽首公答再拜席下席西

受賜爵者以爵就席坐公卒爵然後飲酬之禮爵代舉今爵並行嫌不代也並行猶代者明勸惠從尊者來

執膳爵者受公爵酌反奠之燕之歡在飲酒成其意也

受賜者興授執散爵者執散爵者乃酌行之與其所歡者

唯受于公者拜卒爵者興以酬士于西階上士升大夫不拜乃飲實爵乃猶而也

士不拜受爵大夫就席士旅酌亦如之公有命徹冪則賓及諸公卿大夫皆降西階下北面東上再拜稽首命徹冪者公意殷勤欲盡酒

公命小臣正辭公答拜大夫皆辟升反位升不成拜於將醉正臣禮

士終旅於上如初卿大夫降而爵止於其反席卒之

無筭樂升歌間合無次數唯意所樂

宵則庶子執燭於阼階上司宮執燭於西階上甸人執大燭於庭閽人爲燭於門外

宵夜也燭燋也甸人掌共薪蒸者庭大燭爲其位廣也爲作也作燭候賓出

賓醉北面坐取其薦脯以降取脯重得君之賜

奏陔陔夏樂章也其歌頌類也以鍾鼓奏之其篇今亡

賓所執脯以賜鍾人于門内霤遂出必賜鍾人鍾人以鍾鼓奏陔夏賜之脯明雖醉志禮不忘樂

卿大夫皆出從賓出

公不送。臣也，與之安燕交歡，嫌亢禮也。

公入驁。驁夏亦樂章也。以鐘鼓奏之，其詩今亡。此公出而言入者，射宮在郊，以將還爲入，燕不驁者，於路寢無出入也。

儀禮卷七終

儀禮卷八

漢大司農北海鄭　玄注

皇明　後學東吳葛　鼒訂

聘禮第八

聘禮。

君與卿圖事。圖，謀也。謀聘故及可使者。謀事者必因朝，其位，君南面，卿西面，大夫北面，士東面。

遂命使者。遂，猶因也。既謀其人，因命之也。聘使卿。○使，所吏反，下以意推之。

使者再拜稽首辭。辭以不敏。

君不許，乃退。退，反位也。受命者必進。

既圖事，戒上介亦如之。既，已也。戒，猶命也。已謀事，乃命上介。難於使者，易於介。

宰命司馬戒衆介，衆介皆逆命不辭。宰，上卿，貳君事者也。諸侯謂司徒爲宰。衆介者，士也。士屬司馬。周禮，司馬之屬司士，掌作士，適四方使爲介。逆，猶受也。

宰書幣。

書聘所用幣多少也、宰又掌制國之用、

命宰夫官具。

宰夫、宰之屬也、命之使衆官具幣及所宜齎、

及期夕幣。

及、猶至也、夕幣先行之日、夕陳幣而視之、重聘也、

使者朝服、帥衆介夕。

視其事也、古文帥皆作率、

管人布幕于寢門外。

管猶館也、館人謂掌次舍帷幕者也、布幕以承幣、寢門外朝也、古文管作官、今文布作敷、

官陳幣、皮北首西上。加其奉于左皮上。馬則北面、奠幣于其前。

奉、所奉以致命、謂束帛及玄纁也、馬言則者、此享主用皮、或時用馬、馬入則在幕南、皮馬皆乘、古文奉爲卷、今文無則、○乘繩證反

使者北面。衆介立于其左。東上。

既受行同位也、位在幕南、

卿大夫在幕東西面北上。

大夫西面、辟使者、○辟音避

宰入告具于君。君朝服出門左。南鄉。

入告、入路門而告、○鄉許亮反、下以意求之

史讀書展幣

展、猶校錄也、史幕東西面讀書、賈人坐撫其幣、每者曰在、必西面者、欲君與使者俱見之也、○賈音嫁、後同、掌物價之官

宰執書告備具于君。授使者。使者受書授上介。

史展幣畢、以書還授宰、宰既告備、以授使者、其受授皆北面、

公揖入。

揖禮羣臣、

官載其幣舍于朝、

待旦行也、

上介視載者。

監其安處之畢乃出、○監古銜反

所受書以行。

爲當復展、○爲于僞反、復扶又反、下以意求之

厥明。賓朝服釋幣于禰

告爲君使也、賓使者、謂之賓、尊之也、天子諸侯將出、告羣庿、大夫告禰而已、凡釋幣設洗盥如祭、○庿古廟字

有司筵几于室中。祝先入。主人從入。主人在右。再拜。祝告。又再拜。

更云主人者、庿中之稱也、祝告、告以主人將行也、

釋幣制玄纁束。奠于几下。出。

祝釋之也、凡物十曰束、玄纁之率、玄居三、纁居二、朝貢禮云、純四只、制丈八尺、○率音律、只音紙

主人立于戸東。祝立于牖西。少頃之間示有俟於神、

又入取幣降。卷幣實于笲。埋于西階東。又入者祝也、埋幣必盛以器、若藏之然、〇笲音煩器名盛音成

又釋幣于行。告將行也、行者之先、其古人之名未聞、天子諸侯有常祀在冬、大夫三祀、曰門曰行曰厲、喪禮有毀宗躐行出于大門、則行神之位在廟門外西方、不言埋幣可知也、今時民春秋祭祀有行神、古之遺禮乎、

遂受命。賓須介來、乃受命也、言遂者、明自是出不復入、

上介釋幣亦如之。如其於禰與行、

上介及衆介俟于使者之門外。俟、待也、待於門外東面北上、

使者載旜。帥以受命于朝。旜、旌旗屬也、載之者、所以表識其事也、周禮曰、通帛爲旜、又曰、孤卿建旜至於朝門、使者北面東上、古文旜皆爲膳、〇旜之然反

君朝服南鄉。卿大夫西面北上。君使卿進使者。進之者、使者謙不敢必君之終使已、

使者入。及衆介隨入。北面東上。君揖使者進之。上介立于其左接聞命。進之者、有命宜相近也、接、猶續也、

賈人西面坐啓櫝。取圭垂繅。不起而授宰。賈人、在官知物賈者、繅、所以藉圭也、其或拜則奠于其上、今文繅作璪、

宰執圭屈繅。自公左授使者。屈繅者、斂之、禮以相變爲敬也、自公左、贊幣之義、

使者受圭。同面垂繅以受命。同面者、宰就使者北面竝授之、既授之而君出命矣、凡授受者、授由其右、受由其左、

既述命。同面授上介。述命者、循君之言、重失誤、

上介受圭屈繅。出授賈人。衆介不從。賈人將行者、在門外北面、

受享束帛加璧。受夫人之聘璋享玄纁束帛加琮。皆如初。享、獻也、既聘又獻、所以厚恩惠也、帛、今之璧色繒也、夫人亦有聘享者、以其與已同體、爲國小君也、其聘用璋、取其半圭也、君享用璧、夫人用琮、天地配合之象也、圭璋特達、瑞也、璧琮有加、往德也、周禮曰、瑑圭璋璧琮以頫聘、〇繒自陵反瑑大轉反

遂行舍于郊。於此脫舍衣服、乃即道也、曲禮曰、凡爲君使、已受命、君言不宿於家、

斂旜。
此行道耳、未有事也、斂、藏也、

若過邦至于竟、使次介假道、束帛將命于朝、曰、請帥、奠幣。
至竟而假道、諸侯以國爲家、不敢直徑也、將、猶奉也、帥、猶道也、請道已道路所當由、○請道之道音導

下大夫取以入告、出許、遂受幣。
言遂者、明受其幣、非爲許故也、容其辭讓不得命也、○爲于僞反

餼之以其禮、上賓大牢、積唯芻禾、介皆有餼。
凡賜人以牲、生曰餼、餼、猶稟也、給也、以其禮者、尊卑有常差也、常差者、上賓上介牲用大牢、羣介用少牢、米皆百筥、牲陳于門內之西、北面、米設于中庭、上賓上介致之以束帛、羣介則牽羊焉、上賓有禾十車、芻二十車、禾以秣馬、○積子賜反

秣音末

士帥、沒其竟。
沒、盡、

誓于其竟、賓南面、上介西面、衆介北面、東上、史讀書、司馬執策立于其後。
此使次介假道、止而誓也、賓南面、專威信也、使於衆介之前、北面讀書、以勑告士衆、爲其犯禮暴掠也、禮、君行師從、卿行旅從、司馬、主軍法者、執策示罰、

未入竟、壹肄。
謂於所聘之國竟也、肄、習也、習聘之威儀、重失誤、

爲壝壇、畫階、帷其北、無宮。
壝土象壇也、帷其北、宜有所鄉依也、無宮、不壝土、畫外垣也、○壝以垂反、一以癸反

朝服、無主、無執也。
不立主人、主人尊也、不執玉、不敢褻也、徒習其威儀而已、

介皆與、北面、西上。
入門左之位也、古文與作豫、

習享、士執庭實。
士、士介也、庭實必執之者、皮則有攝張之節、

習夫人之聘享亦如之、習公事、不習私事。
公事、致命者也、

及竟、張旜、誓。
及、至也、張旜、明事在此國也、張旜、謂使人維之、

乃謁關人。
謁、告也、古者竟上爲關、以譏異服、識異言、

關人問從者幾人。
欲知聘問且爲有司當共委積之具、○從才用反、積子賜反

以介對。
以所與受命者對、謙也、聘禮、上公之使者七介、侯伯之使者五介、子男之使者三介、以其代君交於列國、是以貴之、周禮曰、凡

諸侯之卿、其禮各下其君二等、

君使士請事。遂以入竟。

請猶問也、問所爲來之故也、遂以入、因道之、

入竟。斂旜乃展。

復校錄幣、重其事、斂旜變於始入、

布幕。賓朝服立于幕東西面。介皆北面東上。賈人北面坐拭圭。

拭淸也、側幕而坐、乃開櫝、

遂執展之。

持之而立告在、

上介北面視之退復位。

言退復位、則視圭進違位、

退圭。

圭璋尊、不陳之、

陳皮北首西上。又拭璧展之。會諸其幣。加于左皮上。上介視之。退。

會合也、諸於也、古文曰陳幣北首、

馬則幕南。北面奠幣于其前。

前當前幕上、

展夫人之聘享亦如之。賈人告于上介。上介告于賓。

展夫人聘享、上介不視、貶於君也、賈人旣拭璋琮、南面告於上介、上介於是乃東面以告賓、亦所謂放而文之類、○放方往反

有司展羣幣以告。

羣幣、私覿及大夫者、有司載幣者自展自告、

及郊。又展如初。

郊、遠郊也、周制天子畿內千里、遠郊百里、以此差之、遠郊上公五十里、侯伯三十里、子男十里也、近郊各半之、

及館。展幣於賈人之館如初。

館、舍也、遠郊之內有候館、可以小休止沐浴、展幣不于賓館者、爲主國之人有勞問已者、就焉便疾也、○勞力到反

賓至於近郊。張旜。君使下大夫請行。反。君使卿朝服用束帛勞。

請行、問所之也、雖知之、謙不必也、士請事、大夫請行、卿勞、彌尊賓也、其服皆朝服、

上介出請入告。賓禮辭。迎於舍門之外再拜。

出請、出門西面請所以來事也、入告、入北面告賓也、每所及至、皆有舍、其有來者與、皆出請入告、于此言之者、賓彌尊事彌錄、

勞者不答拜。

凡爲人使、不當其禮、

賓揖先入受於舍門內。

不受于堂、此主於侯伯之臣也、公之臣受勞於堂、

勞者奉幣入東面致命。

東面、鄉賓、

賓北面聽命。還少退。再拜稽首受幣。勞者出。

北面聽命若君南面然、少退象降拜、

授老幣。

老賓之臣、

出迎勞者。

欲儐之、

勞者禮辭。賓揖先入。勞者從之。乘皮設。

設於門內也、物四曰乘、皮麋鹿皮也、○乘繩證反後此類皆同

賓用束錦儐勞者。

言儐者賓在公館、如家之義、亦以來者爲賓、

勞者再拜稽首受。

稽首尊國賓也、

賓再拜稽首送幣。

受送拜皆北面象階上、

勞者揖皮出。乃退。賓送再拜。

揖皮出東面揖執皮者而出、

夫人使下大夫勞以二竹簋方。玄被纁裏有蓋。

竹簋方者、器名也、以竹爲之、狀如簋而方、如今寒具筥、筥者圜此方耳、

其實棗蒸栗擇。兼執之以進。

兼猶兩也、右手執棗、左手執栗、

賓受棗。大夫二手授栗。

受授不游手、愼之也、

賓之受如初禮。

如卿勞之儀、

儐之如初。下大夫勞者遂以賓入。

出以束錦授從者、因東面釋辭請導之以入、然則賓送不拜、

至于朝。主人曰。不腆先君之祧。既拚以俟矣。

賓至外門、下大夫入告出釋此辭、主人者公也、不言公而言主人、主人接賓之辭、明至欲受之、不敢稽賓也、腆猶善也、遷主所在曰祧、周禮、天子七廟、文武爲祧、諸侯五廟、則祧始祖也、是亦廟也、言祧者、祧尊而廟親、待賓客者上尊者、○腆他典反拚方問反

賓曰。俟閒。

賓之意、不欲奄卒主人也、且以道路悠遠、欲沐浴齋戒、俟閒、未敢聞命、○卒寸忽反

大夫帥至于館。卿致館。

致至也、賓至此館、主人以上卿禮致之、所以安之也、

賓迎再拜。卿致命。賓再拜稽首。卿退。賓送再拜。

卿不俟設飧之畢、以不用束帛致故也、不用束帛致之者、明爲新至、非大禮也、○飧音孫

宰夫朝服設飧。

食不備禮曰飧、詩云、不素飧兮、春秋傳曰、方食魚飧、皆謂是、

飪一牢。在西鼎九。羞鼎三。腥一牢。在東鼎七。

中庭之饌也、飪、熟也、熟在西、腥在東、象春秋也、鼎西九東七、凡其鼎實與其陳、如陳饔餼、羞鼎則陪鼎也、以其實言之則曰羞、以其陳言之則曰陪。○飪而審反

堂上之饌八。西夾六。

八六者、豆數也、凡饌以豆爲本、堂上八豆、八簋、六鉶、兩簠、八壺、西夾六豆、六簋、四鉶、兩簠、六壺、其實與其陳、亦如饔餼。○鉶音刑

門外米禾皆二十車。

禾、稾實并刈者也、諸侯之禮、車米視生牢、禾視死牢、牢十車、大夫之禮、皆視死牢而已、雖有生牢、不取數焉、米陳門東、禾陳門

西。○刈魚廢反

薪芻倍禾。

各四十車、凡此之陳、亦如饔餼、

上介飪一牢。在西鼎七。羞鼎三。堂上之饌六。門外米禾皆十車。薪芻倍禾。

西鼎七、無鮮魚鮮腊、

衆介皆少牢。

亦飪在西鼎五、羊豕腸胃魚腊、新至尚熟、堂上之饌四豆四簋兩鉶四壺、無簠、

厥明。訝賓于館。

此訝、下大夫也、以君命迎賓謂之訝、訝、迎也、亦皮弁、

賓皮弁聘。至于朝。賓入于次。

服皮弁者、朝聘主相尊敬也、諸侯視朔皮弁服、入于次者、俟辦也、次在大門外之西、以帷爲之。○辦蒲莧反辦具之辦

乃陳幣。

有司入于主國廟門外、以布幕陳幣、如展幣焉、圭璋賈人執櫝而俟、

卿爲上擯。大夫爲承擯。士爲紹擯。擯者出請事。

擯、爲主國之君所使出接賓者也、紹、繼也、其位相承繼而出也、主君公也、則擯者五人、侯伯也、則擯者四人、子男也、則擯者三人、聘義曰、介紹而傳命、君子於其所尊不敢質、敬之至也、既知其所爲來之事、復請之者、賓來當與主君爲禮、爲其謙不敢斥尊者、啓發以進之、於是時賓出次、直闑西北面、上擯在闑東閾外、西面、其相去也、公之使者七十步、侯伯之使者五十步、子男

之使者三十步、此旅擯耳、不傳命、上介在賓西北、東面、承擯在上擯東南、西面、各自次序而下、末介末擯旁相去三丈六尺、上擯之請事進、南面揖賓、俱前、賓至末介、上擯至末擯、亦相去三丈六尺、止揖而請事、還入告于公、天子諸侯朝覲、乃命介紹傳命耳、其儀各鄉本受命、反面傳而下、及末則鄉受之、反面傳而上、又受命傳而下、亦如之、此二丈六尺者、門容二徹參个、旁加各一步也、今文無擯。○所爲于僞反、下爲其皆同、闑魚列反、閾音域

公皮弁。迎賓于大門內。大夫納賓。

公不出大門、降于待其君也、大夫、上擯也、謂之大夫者、上序可知、從大夫總無所別也、於是賓主人皆裼。○裼西歷反

賓入門左。

內賓位也、衆介隨入、北面西上、少退、擯者亦入門而右、北面東上、上擯進相君。○相息亮反

公再拜。

南面拜迎、

賓辟不答拜。辟位逡遁不敢當其禮、○辟音避下以意推之

公揖入每門每曲揖。每門輒揖者以相人偶爲敬也、凡君與賓入門賓必後君、介及擯者隨之並而鴈行、旣入、則或左或右相去如初、玉藻曰、君入門介拂闑大夫中棖與闑之間士介拂棖賓入不中門不履閾、此賓謂聘卿大夫也、門中門之正也、不敢與君並由之敬也、介與擯者鴈行卑不踰尊者之迹亦敬也、賓之介猶主人之擯○行戶郎反棖直庚反

及廟門公揖入立于中庭。公揖先入省內事也、旣則立於中庭以俟賓不復出、如此得君行一臣行二、於禮可矣、公迎賓大門內卿大夫以下入廟門即位而俟之、

賓立接西塾。接猶近也、門側之堂謂之塾、立近塾者已與主君交禮將有出命俟之於此、介在幣南北面西上、上擯亦隨公入門東東上少進於士、○塾音熟

几筵旣設擯者出請命。有几筵者以其廟受宜依神也、賓至廟門司宮乃于依前設之、神尊不豫事也、席西上、上擯待而出請受賓所以來之命、重停賓也、至此言命事彌至言彌信也、周禮諸侯祭祀席蒲筵繢純右彫几、○依前之依於豈反本又作扆純章允反

賈人東面坐啓櫝取圭垂繅不起而授上介。賈人鄉入陳幣東面俟、於此言之、就有事也、授圭不起賤不與爲禮也、不言裼襲者賤不裼也、繅有組繫也、○鄉音向下同

上介不襲執圭屈繅授賓。上介北面受圭、進西面授賓、不襲者以盛禮不在於己也、屈繅并持之也、曲禮曰、執玉其有藉者則裼、無藉者則襲、

賓襲執圭。執圭盛禮、而又盡飾爲其相蔽敬也、玉藻曰、服之襲也、充美也、是故尸襲執玉龜襲也、

擯者入告出辭玉。擯者、上擯也、入告公以賓執圭將致其聘、命圭贄之重者辭之亦所以致尊讓也、

納賓賓入門左。公事自闑西、

介皆入門左北面西上。隨賓入也、介無事、止於此、今文無門、

三揖。君與賓也、入門將曲揖、旣曲北面又揖、當碑揖、

至于階三讓。讓升、

公升二等。先賓升二等、亦欲君行一、臣行二、

賓升西楹西東面。與主君相鄉、

擯者退中庭。（鄉公所立處、退者以公宜親受賓命、不用擯相也、）

賓致命。（致其君之命也、）

公左還北鄉。（當拜、）

擯者進。（進阼階西、釋辭於賓、相公拜也、）

公當楣再拜。（拜貺也、貺惠賜也、楣謂之梁、○楣亡悲反）

賓三退負序。（三退、三逡遁也、不言辟者、以執圭將進授之、）

公側襲受玉于中堂與東楹之閒。（側、猶獨也、言獨、見其尊賓也、他日公有事、必有贊爲之者、凡襲于隱者、公序坫之閒可知也、中堂、南北之中也、入堂深、尊賓事也、東楹之閒、亦以君行一、臣行二、○見賢遍反、下以意求之）

擯者退負東塾而立。（反其等位、無事、）

賓降。介逆出。（逆出、由便、）

賓出。（聘事畢、）

公側授宰玉。（使藏之、授於序端、）

裼降立。（裼者、免上衣、見裼衣、凡當盛禮者、以充美爲敬、非盛禮者、以見美爲敬、禮尚相變也、玉藻曰、裘之裼也、見美也、又曰、麛裘青豻褎、絞衣以裼之、論語曰、素衣麛裘、皮弁時或素衣、其裘同、可知也、裘者爲溫、表之爲其褻也、寒暑之服、冬則裘、夏則葛、凡襢裼者左、降立、俟享也、亦於中庭、古文裼皆作賜、○麛音迷、或作麑、同、豻伍旦反、褎本又作袖、詳又反、爲溫爲其皆去聲、襢音旦）

擯者出請。（不必賓事之有無、）

賓裼。奉束帛加璧享。擯者入告。出許。（許受之、）

庭實。皮則攝之。毛在內。內攝之。入設也。（皮、虎豹之皮、攝之者、右手并執前足、左手并執後足、毛在內、不欲文之豫見也、內攝之者、兩手相鄉也、入設、亦參分庭、一在南、言則者、或以馬、凡君於臣、臣於君、麋鹿皮可也、）

賓入門左。揖讓如初。升致命。張皮。（張者、釋外足、見文也、）

公再拜受幣。士受皮者自後右客。（自由也從東方來由客後西居其左受皮也執皮者旣授亦自前西而出）

賓出當之坐攝之。（象受于賓）

公側授宰幣皮。如入右首而東。（如入左在前皮右首者變于生也）

聘于夫人用璋享用琮如初禮。（如公立于中庭以下）

若有言則以束帛如享禮。（有言有所告請若有所問也記曰有故則束帛加書以將命春秋臧孫辰告糴于齊公子遂如楚乞師晉侯使韓穿來言汶陽之田皆是也無庭實也）

擯者出請事賓告事畢。（公事畢）

賓奉束錦以請覿。（覿見也鄉將公事是欲交其歡敬也不用羔因使而見非特來）

擯者入告出辭。（客有大禮未有以待之）

請禮賓賓禮辭聽命擯者入告（告賓許也）

宰夫徹几改筵。（宰夫又主酒食者也將禮賓徹神几改神席更布也賓席東上公食大夫禮曰蒲筵常緇布純加萑席尋玄帛純此筵上下大夫也周禮曰筵國賓于牖前莞筵紛純加繅席畫純左彤几者則是筵孤也孤彤几卿大夫其漆几與○莞音完）

公出迎賓以入揖讓如初。（公出迎者已之禮更端也）

公升側受几于序端。（漆几也今文無升）

宰夫內拂几三奉兩端以進。（內拂几不欲塵坋尊者以進自東箱來授君○坋蒲悶反）

公東南鄉外拂几三卒振袂中攝之進西鄉。（進就賓也）

擯者告。（告賓以公授几）

賓進訝受几于筵前東面俟。（未設也今文訝爲梧○梧五故反）

公壹拜送。（公尊也古文壹作一）

賓以几辟。辟位逡遁。

北面設几不降。階上荅再拜稽首。不降以主人禮未成也。几賓左几。

宰夫實觶以醴。加柶于觶面枋。酌以授君也。君不自酌尊也。宰夫亦洗升實觶以醴自東箱來不面擸不訝授也。○擸以涉反

公側受醴。將以飲賓。

賓不降壹拜。進筵前受醴復位。公拜送醴。

賓壹拜者醴質以少爲貴。

宰夫薦籩豆脯醢。賓升筵。擯者退負東塾。事未畢擯者不退中庭以有宰夫也。

賓祭脯醢以柶祭醴三。庭實設。庭實乘馬。

降筵北面以柶兼諸觶尚擸坐啐醴。降筵就階上。○啐七內反尚與上通

公用束帛。致幣也。言用尊于下也。亦受之于序端。

建柶北面奠于薦東。糟醴不啐。

擯者進相幣。贊以辭。

賓降辭幣。不敢當公禮也。

公降一等辭。辭賓降也。

栗階升聽命。

栗階趨君命尚疾不連步。

降拜。拜受。

公辭。不降一等殺也。○殺所界反

升再拜稽首受幣。當東楹北面。亦訝受。而北面者禮主於己。己臣也。

退東面俟。俟君拜也。不北面者謙若不敢當階然。

公壹拜。賓降也。公再拜。
不俟公再拜者、不敢當公之盛也、公再拜者、事畢成禮也、
賓執左馬以出。
受尊者禮、宜親之也、效馬者并左右靮授之、餘三馬主人牽者從出也。○靮下歷反
上介受賓幣。從者訝受馬。
從者、士介、
賓覿。奉束錦。總乘馬。二人贊入門右。北面奠幣。再拜稽首。
不請不辭、鄉時已請也、覿用束錦、辟享幣也、總者總八轡牽之、贊者居馬間扣馬也、入門而右、私事自闑右、奠幣再拜、以臣禮見也、贊者、賈人之屬、介特覿也、○辟音避

擯者辭。
辭其臣、
賓出。
事畢、
擯者坐取幣出。有司二人牽馬以從出門。西面于東塾南。
將還之也、贊者有司受馬、乃出、凡取幣于庭北面、
擯者請受。
請以客禮受之、
賓禮辭。聽命

賓受其幣、贊者受馬、
牽馬右之入設。
庭實先設、客禮也、右之、欲人居馬左、任右手便也、於是牽馬者四人、事得申也、曲禮曰、效馬效羊者右牽之、
賓奉幣入門左。介皆入門左西上。
以客禮入、可從介、
公揖讓如初。升。公北面再拜。
公再拜者、以其初以臣禮見、新之也、
賓三退反還負序。
反還者、不敢與授圭同、

振幣進授。當東楹北面。
不言君受、略之也、
士受馬者自前還。牽者後。適其右受。
自由也、適牽者之右而受之也、此亦並授者、不自前左、由便也、便其已授而去也、受馬自前、變於受皮、
牽馬者自前西乃出。
自由也、
賓降階東拜送。君辭。
拜送幣于階東、以君在堂、辟之、
拜也。君降一等辭。

君乃辭之、而賓由拜、敬也、

擯者曰寡君從子。雖將拜。起也。

此禮固多有辭矣、未有著之者、是其志而煥乎、未敢明說、

栗階升。公西鄉。賓階上再拜稽首。

成拜、

公少退。

為敬、

賓降出。公側授宰幣。馬出。

廟中宜清、

公降立。擯者出請。上介奉束錦。士介四人皆奉玉錦束。請覿。

玉錦、錦之文纖縟者也、禮有以少文為貴者、後言束、辭之便也、

擯者入告。出許。上介奉幣儷皮。二人贊。

儷猶兩也、上介用皮、變於賓也、皮、麋鹿皮、○儷音麗

皆入門右。東上。奠幣。皆再拜稽首。

皆者、皆衆介也、贊者奠皮出、

擯者辭。

亦辭其臣、

介逆出。

亦事畢也、

擯者執上幣。士執衆幣。有司二人舉皮。從其幣出請受。

此請受、請于上介也、擯者先即西面位請之、釋辭之時、衆執幣者隨立門中而俟、

委皮南面。

擯者既釋辭、執衆幣者進即位、有司乃得委之南面、便其復入也、委皮當門、○復扶又反

執幣者西面北上。擯者請受。

請于上介也、上言其次、此言其位、互約文也、

介禮辭。聽命。皆進訝受其幣。

此言皆訝受者、嫌擯者一一授之、

上介奉幣皮先。入門左。奠皮。

先皮者、介隨執皮者而入也、入門左、介至揖位而立、執皮者奠皮、以有不敢授之義、古文重入、

公再拜。

拜中庭也、不受于堂、介賤也、

介振幣。自皮西進。北面授幣。退復位。再拜稽首送幣。

進者、北行參分庭一而東行、當君乃復北行也、

介出。宰自公左受幣。

不側受、介禮輕、

有司二人坐舉皮以東。擯者又納士介。

納者出道入也。○道音導

士介入門右，奠幣，再拜稽首。終不敢以客禮見。

擯者辭。介逆出。擯者執上幣以出。禮請受。賓固辭。禮請受者，一請受而聽之也。賓爲之辭，士介賤，不敢以言通於主君。固衍字，當如面大夫也。

公答再拜。擯者出立于門中以相拜。擯者以賓辭入告，還立門中閾外西面，公乃遙荅拜也。相者贊告之。

士介皆辟。辟於其東面位，逡遁也。

士三人東上，坐取幣立。俟擯者執上幣來也。

擯者進。就公所也。

宰夫受幣于中庭以東。使宰夫受于士，士介幣輕也。受之于公左，賓幣公側授宰，上介幣宰受于公左，士介幣宰夫受于士，敬之差。

執幣者序從之。序從者，以宰夫當一一受之。

擯者出請。賓告事畢。

賓既告事畢，衆介逆道賓而出也。

擯者入告。公出送賓。公出，衆擯亦逆道。紹擯及賓並行，閒亦六步。

及大門內，公問君。鄉以公禮將事，無由問也。賓至始入門之位，北面將揖而出，衆介亦在其右，少退西上。於此可以問君居處何如，序殷勤也。時承擯紹擯亦於門東北面東上，上擯往來傳君命，南面。蘧伯玉使人於孔子，孔子問曰：夫子何爲？此公問君之類也。

賓對，公再拜。拜其無恙。公拜，賓亦辟。

公問大夫，賓對。公勞賓，賓再拜稽首，公答拜。

○勞，力到反，注及下同。

公勞介，介皆再拜稽首，公答拜。賓出，公再拜送，賓不顧。公既拜，客趨辟，君命上擯送賓出，反告賓不顧於此，君可以反路寢矣。論語說孔子之行曰：君召使擯，色勃如也，足躩如也。賓退，必復命曰：賓不顧矣。○行，下孟反。躩，屈縛反，又驅碧反。

賓請有事於大夫。請問，問卿也。不言問聘，聘亦問也，嫌近君也。上擯送賓出，賓東面而請之，擯者反命，因告之。

公禮辭，許。禮辭，一辭。

賓即館。

少休息也、館就也、

卿大夫勞賓。賓不見。

以已公事未行、上介以賓辭辭之、

大夫奠鴈再拜。上介受。

不言卿、卿與大夫同執鴈、下見于國君、周禮、凡諸侯之卿見朝君皆執羔、

勞上介亦如之。

君使卿韋弁。歸饔餼五牢。

變皮弁服韋弁、敬也、韋弁、韎韋之弁、兵服也、而服之者、皮韋同類、取相近耳、其服蓋韎布以為衣而素裳、牲殺曰饔、生曰餼、今文歸或為饋、○韎音昧又亡拜反

上介請事。賓朝服禮辭。

朝服、示不受也、受之當以尊服、

有司入陳。

入賓所館之廟陳其積、

饔。

謂飪與腥、

飪一牢。鼎九。設于西階前。陪鼎當內廉。東面北上。上當碑。南陳。牛羊豕魚腊腸胃同鼎。膚鮮魚鮮腊。設扃鼏。膷臐膮蓋陪牛羊豕。

陪鼎、三牲臛膷臐膮陪之、庶羞加也、當內廉、辟堂塗也、腸胃次腊、以其出牛羊也、膚豕肉也、唯燖者有膚、此饌先陳其位、後言其次重大禮、詳其事也、宮必有碑、所以識日景、引陰陽也、凡碑引物者、宗廟則麗牲焉、以取毛血、其材、宮廟以石、窆用木、○腊音昔、扃古熒反、鼏亡狄反、膷音香、膮許堯反、臛火各反、字林火郭反、燖劉音尋、一本作爓音潛、窆彼驗反

腥二牢。鼎二七。無鮮魚鮮腊。設于阼階前。西面。南陳。如飪鼎。二列。

有腥者、所以優賓也、

堂上八豆。設于戶西。西陳。皆二以並。東上。韭菹。其南醓醢。屈。

戶、室戶也、東上、變于親食賓也、醓醢、汁也、屈、猶錯也、今文並皆為併、○韭音九、菹莊居反、醓他感反

八簋繼之。黍其南稷。錯。

黍在北、

六鉶繼之。牛以西羊豕。豕南牛。以東羊豕。

鉶、羹器也、

兩簠繼之。粱在北。

簠不次簋者、粱稻加也、凡饌屈錯要相變、

八壺設于西序。北上。二以並。南陳。

壺、酒尊也、酒蓋稻酒粱酒、不錯者、酒不以雜錯為味、

西夾六豆。設于西墉下。北上。韭菹。其東醓醢。屈。六簋繼之。黍其東稷。錯。四鉶繼之。牛以南羊。羊東豕。豕以北牛。兩簠繼之。粱在西。皆二以並。南陳。六壺西上。二以並。東陳。

東陳、在北墉下、統於豆、

饌于東方。亦如之。東方，東夾室。

西北上。亦韭菹其東醯醢也。

壺東上西陳。亦在北墉下，統於豆。

醯醢百甕。夾碑十以爲列。醯在東。夾碑在鼎之中央也。醯在東，醯穀陽也。醢肉陰也。○甕烏弄反

餼二牢陳于門西。北面東上。牛以西羊豕。豕西牛羊豕。

餼，生也。牛羊右手牽之，豕束之寢右，亦居其左。

米百筥。筥半斛。設于中庭。十以爲列。北上。黍粱稻皆二行。稷四行。庭實固當庭中，言當中庭者，南北之中也。東西爲列，列當醯醢南，亦相變也。此言中庭，則設碑近如堂深也。○行戶郎反下同

門外米三十車。車秉有五籔。設于門東。爲三列。東陳。大夫之禮，米禾皆視死牢，秉、籔，數名也。秉有伍籔，二十四斛也。籔讀若不數之數，今文籔或爲逾。○籔色縷反一音速注不數之數同卷末放此　逾劉音余後同

禾三十車。車三秅。設于門西。西陳。秅，數名也。三秅，千二百秉。○秅丁故反

薪芻倍禾。倍禾者，以其用多也。薪從米，芻從禾，四者之車，皆陳北輈。凡此所以厚重禮也。聘義曰，古之用財不能均如此，然而用財如此其厚者，言盡之於禮也。盡之於禮，則內君臣不相陵，而外不相侵，故天子制之，而諸侯務焉爾。○輈丁留反

賓皮弁。迎大夫于外門外。再拜。大夫不答拜。大夫使者，卿也。

揖入。及廟門。賓揖入。賓與使者揖而入，使者止，執幣，賓俟之于門內，謙也。古者天子適諸侯，必舍於大祖廟，諸侯行舍于諸公廟，大夫行舍于大夫廟。○大祖音泰

大夫奉束帛。執其所以將命。

入。三揖皆行。皆，猶並也。使者尊，不後主人。

至于階。讓。大夫先升一等。讓不言三，不成三也。凡升者，主人讓于客三，敵者則客三辭，主人乃許升，亦道賓之義也。使者尊，主人三讓則許升矣。今使者三讓，則是主人四讓也。公雖尊，亦三讓，乃許升，不可以不下主人也。古文曰三讓。

賓從升堂。北面聽命。北面于階上也。

大夫東面致命。賓降階西。再拜稽首。拜餼亦如之。大夫以束帛同致饔餼也。賓殊拜之，敬也，重君之禮也。

大夫辭升成拜。
尊賓、

受幣堂中西北面。
趨主君命也、堂中西、中央之西、

大夫降出。賓降授老幣。出迎大夫。
老、家臣也、賓出迎、欲儐之、

大夫禮辭。許。入。揖讓如初。賓升一等。大夫從升堂。
賓先升、敵也、皆北面、

庭實設馬乘。
乘、四馬也、

賓降堂。受老束錦。大夫止。
止、不降、使之餘尊、

賓奉幣西面。大夫東面賓致幣。
不言致命、非君命也、

大夫對北面當楣再拜稽首。
稽首、尊君客也、致對有辭也、

受幣于楹閒南面退東面俟。
賓北面授、尊君之使、

賓再拜稽首送幣。大夫降。執左馬以出。
出廟門、從者亦訝受之、

賓送于外門外。再拜。明日賓拜于朝拜饔與餼。皆再拜稽首。
拜謝主君之恩惠於大門外、周禮曰、凡賓客之治令訝聽之、此拜亦皮弁服、

上介饔餼三牢。飪一牢。在西鼎七。羞鼎三、
飪鼎七、無鮮魚鮮腊也、賓介皆異館、

腥一牢在東。鼎七。堂上之饌六、
六者賓西夾之數、

西夾亦如之。筥及甕如上賓。

餼一牢。門外米禾視死牢。牢十車。薪芻倍禾。凡其實與陳。如上賓。
凡所不貶者、尊介也、言如上賓者、明此賓客介也

下大夫韋弁。用束帛致之。上介韋弁以受。如賓禮
凡、凡飪以下、

介不皮弁者、以其受大禮似賓、不敢純如賓也、

儐之兩馬束錦。士介四人。皆餼大牢。米百筥。設于門外。
牢米不入門、略之也、米設當門、亦十爲列北上、牢在其南西上、

宰夫朝服。牽牛以致之
執紖牽之、東面致命、朝服無束帛、略之、士介西面拜迎、○紖直軫反

士介朝服。北面再拜稽首受。

受於牢東拜自牢後適宰夫右受、由前東面授從者、

無擯。

既受拜送之矣、明日衆介亦各如其受之服、從賓拜於朝、

賓朝服問卿。

不皮弁、別於主君、卿每國三人、

卿受于祖廟。

重賓禮也、祖王父也、

下大夫擯。

擯者出請事。大夫朝服迎于外門外。再拜。賓不答拜。揖大夫先入。

無士擯者、既接於君所、急見之、

每門每曲揖。及廟門。大夫揖入。

入者省內事也、既而俟于宁也、

擯者請命。

亦從入而出請、不几筵、辟君也、

庭實設四皮。

麋鹿皮也、

賓奉束帛入。三揖皆行。至于階讓。

皆猶並也、古文曰三讓、

賓升一等。大夫從升堂。北面聽命。

賓先升、使者尊、

賓東面致命。

致其君命、

大夫降階西。再拜稽首。賓辭。升成拜。受幣堂中西北面。

於堂中央之西受幣、趨聘君之命、

賓降出。大夫降授老幣。無擯。

不擯賓、辟君也、

擯者出請事。賓面如覿幣。

面亦見也、其謂之面、威儀質也、

賓奉幣。庭實從。

庭實、四馬、

入門右。大夫辭。

大夫於賓入、自階下辭迎之、

賓遂左。

見私事也、雖敵、賓猶謙入門右、為若降等然、曲禮曰、客若降等則就主人之階、主人固辭於客、然後客復就西階、

庭實設揖讓如初。

大夫至庭中、旋逆行、

大夫升一等。賓從之。

大夫先升道賓、

大夫西面。賓稱面。

稱舉也、舉相見之辭以相接、

大夫對北面當楣再拜。受幣于楹間。南面退西面立。

受幣楹間敵也、賓亦振幣進北面授、

賓當楣再拜送幣。降出。大夫降授老幣。

擯者出請事。上介特面幣如覿。介奉幣

特面者、異於主君、士介不從而入也、君尊、衆介始覿不自別也、上賓則衆介皆從之、

皮二人贊。

亦儷皮也、

入門右奠幣再拜。

降等也、

大夫辭。

於辭上介則出、

擯者反幣。

出還于上介也、

庭實設。介奉幣入。大夫揖讓如初。

大夫亦先升一等、今文曰入設、

介升大夫再拜受。

亦於楹閒、南面而受、

介降拜。大夫降辭。介升再拜送幣。

介旣送幣降出也、大夫亦授老幣、

擯者出請衆介面如覿幣。入門右奠幣皆再拜。大夫辭。介逆出。擯者執上幣出。禮請受。賓辭。

賓亦爲士介辭、○爲于僞反

大夫答再拜。擯者執上幣立於門中以相拜。士介皆辟。老受擯者幣于中庭。士三人坐取羣幣以從之。擯者出請事。賓出。大夫送于外門外再拜。賓不顧。

不顧言去、○相息亮反

擯者退。大夫拜辱。

拜送也、

下大夫嘗使至者幣及之。

嘗使至己國則以幣問之也、君子不忘舊、

上介朝服三介問下大夫。下大夫如卿受幣之禮。

上介，三介，下大夫使之禮也。

其面如賓面于卿之禮。

大夫若不見。有故也。

君使大夫各以其爵為之受，如主人受幣禮，不拜。各以其爵，主人卿也，則使卿；大夫也，則使大夫。不拜，代受之耳，不當主人禮也。

夕，夫人使下大夫韋弁歸禮。夕，問卿之夕也。使下大夫，下君也。君使之云夫人者，以致辭當稱寡小君。○今文歸作饋，下及記同。

堂上籩豆六，設于戶東，西上，二以並，東陳。

籩豆六者，下君禮也。臣設于戶東，又辟饌位也。其設脯其南醢，屈，六籩六豆。

壺設于東序，北上，二以並，南陳。醙、黍、清，皆兩壺。醙，白酒也。凡酒稻為上，黍次之，粱次之，皆有清白。以黍間清白者，互相備，明三酒六壺也。先言醙，白酒尊，先設之。○醙所九反，間，間廁之間。

大夫以束帛致之。致夫人命也。此禮無牢，下朝君也。

賓如受饔之禮，儐之乘馬束錦。上介四豆、四籩、四壺，受之如賓禮。四壺，無稻酒也。不致牢，下於君也。

儐之兩馬束錦。明日，賓拜禮于朝。

於是乃言賓拜，明介從拜也。今文禮為醴。

大夫餼賓大牢，米八筐。其陳於門外，黍粱各二筐，稷四筐，二以並，南陳，無稻。牲陳於後，東上，不饌於堂庭，辟君也。

賓迎，再拜。老牽牛以致之，賓再拜稽首受。老退，賓再拜送。老，室老，大夫之貴臣。

上介亦如之。眾介皆少牢，米六筐，皆士牽羊以致之。米六筐者，又無粱也。士亦大夫之貴臣。

公于賓壹食再饗。饗謂亨大牢以飲賓也。公食大夫禮曰：設洗如饗，則饗與食互相先後也。古文壹皆為一。今文饗皆為鄉。○食音嗣，注及下同。

亨普庚反。飲於鴆反。

燕與羞，俶獻無常數。羞謂禽羞，雁鶩之屬，成熟煎和也。俶，始也。始獻，四時新物，聘義所謂時賜無常數，由恩意也。古文俶作淑。○俶昌淑反，鶩音木。

賓介皆明日拜于朝。上介壹食壹饗。饗食賓介為介從饗獻矣，復特饗之，客之也。

若不親食，使大夫各以其爵朝服致之以侑幣，如致饔，無儐。君不親食，謂有疾及他故也。必致之，不廢其禮也。致之必使同班，敵者易以相親敬也。致禮於卿使卿，致禮於大夫使大夫，非必命數也。無儐，以己本宜往。古文侑皆作宥。○侑音又。

致饗以酬幣，亦如之。

酬幣、饗禮酬賓勸酒之幣也、所用未聞也、禮幣、束帛乘馬、亦不是過也、禮器曰、琥璜爵、蓋天子酬諸侯、○琥音虎、

大夫於賓壹饗壹食。上介若食若饗。若不親饗。則公作大夫致之以酬幣。致食以侑幣。

作使也、大夫有故、君必使其同爵者爲之致之、列國之賓來、榮辱之事、君臣同之、

君使卿皮弁還玉于館。

玉、圭也、君子于玉比德焉、以之聘、重禮也、還之者、德不可取於人、相切厲之義也、皮弁者、始以此服受之、不敢不終也、

賓皮弁襲。迎于外門外。不拜。帥大夫以入。

迎之不拜、示將去、不純爲主也、帥道也、今文曰迎于門外、古文帥爲率、

大夫升自西階鉤楹。

鉤楹、由楹內將南面致命、致命不東面、以賓在下也、必言鉤楹者、賓在下、嫌楹外也、

賓自碑內聽命。升自西階。自左南面受圭。退負右房而立。

聽命於下、敬也、自左南面、右大夫、且並受也、必並受者、若鄉君前耳、退、爲大夫降逡遁、今文或曰由自西階、無南面、

大夫降中庭。賓降自碑內東面。授上介于阼階東。

大夫降出、言中庭者、爲賓降節也、授于阼階東者、欲親見賈人藏之也、賓還阼階下西面立、

上介出請。賓迎大夫還璋。如初入。

出請、請事于外、以入告也、賓雖將去、出入猶東、唯升堂由西階、凡介之位未有改也、

賓裼迎大夫賄用束紡。

賄予人財之言也、紡、紡絲爲之、今之縳也、所以遺聘君、可以爲衣服、相厚之至也、○賄呼罪反、紡敷罔反、縳息絹反、一作系、

禮玉束帛乘皮。皆如還玉禮。

禮、禮聘君也、所以報享也、亦言玉、璧可知也、今文禮皆作醴、

大夫出。賓送不拜。

公館賓。

爲賓將去、親存送之、厚殷勤、且謝聘君之意也、公朝服、

賓辟。

不敢受國君見已於此館也、此亦不見言辟者、君在廟門、敬也、凡君有事於諸臣之家、車造廟門乃下、○造七到反

上介聽命。

聽命於廟門中西面、如相拜然也、擯者每贊君辭、則曰敢不承命、告于寡君之老、

聘享夫人之聘享。問大夫。送賓。公皆再拜。

拜此四事、公東面拜、擯者北面、

公退。賓從請命於朝。

賓從者、實爲拜主君之館已也、言請命者、以已不見、不敢斥尊者之意、○爲于僞反

公辭。賓退。

辭其拜也、退、還館裝駕、爲旦將發也、周禮曰、賓從拜辱於朝、明日客拜禮賜、遂行、

賓三拜乘禽于朝。訝聽之。

發去乃拜乘禽、明已受賜大小無不識、

遂行。舍于郊。

始發且宿近郊，自展軨。○軨力丁反

公使卿贈，如覿幣。

贈，送也，所以好送之也。言如覿幣，見爲反報也。今文公爲君。○好呼報反

受于舍門外，如受勞禮，無儐。

不入，無儐，明去而宜有已也。如受勞禮，以贈勞同節。○勞力到反

使下大夫贈上介，亦如之。使士贈衆介，如其覿幣。大夫親贈，如其面幣，無儐。贈上介亦如之。使人贈衆介，如其面幣。士送至于竟。

使者歸，及郊，請反命。

郊，近郊也。告郊人使言反命於君也。必請之者，以已久在外，嫌有罪惡不可以入。春秋時鄭伯惡其大夫高克，使之將兵，逐而不納，此蓋請而不得入。○惡烏路反

朝服，載旜。

行時稅舍于此郊，今還至此，正其故行服，以俟君命，敬也。古文旜作膳。

禳，乃入。

禳，祭名也。爲行道累歷不祥，禳之以除災凶。○禳如羊反

乃入陳幣于朝，西上。上賓之公幣、私幣皆陳，上介公幣陳，他介皆否。

皆否者，公幣私幣皆不陳。此幣，使者及介所得於彼國君卿大夫之贈賜也。其或陳或不陳，詳尊而略卑也。其陳之及卿大夫處者，待之如夕幣。其禮於君者不陳。上賓，使者。公幣，君之賜也。私幣，卿大夫之幣也。他介，士介也。言他，容衆從者。

束帛各加其庭實，皮左。

不加於其皮上，榮其多也。

公南鄉。

亦宰告于君，君乃朝服出門左，南鄉。

卿進使者。使者執圭垂繅，北面。上介執璋屈繅，立于其左。

此主於反命，士介亦隨入，並立東上。

反命，曰："以君命聘于某君，某君受幣于某宮，某君再拜。以享某君，某君再拜。"

君亦揖使者進之，乃進反命也。某君，某國名也。某宮，若言桓宮、僖宮也。某君再拜，受也。必言此者，明彼君敬己君，不辱命。

宰自公左受玉。

亦於使者之東，同面並受也。不右使者，由便也。

受上介璋，致命亦如之。

變反言致者，若云非君命也。致命曰：以君命聘於某君夫人，某君再拜，以享于某君夫人，某君再拜。不言受幣于某宮，可知，略之。

執賄幣以告，曰："某君使某子賄。"授宰。

某子，若言高子、國子。凡使者所當以告君者，上介取以授之。賄幣在外也。

禮玉亦如之。

亦執束帛加璧也。告曰："某君使某子禮。"宰受之。士隨自後左，士介受乘皮，如初。上介出取玉、束帛，士介後取皮也。

執禮幣以盡言賜禮。

禮幣主國君初禮賓之幣也。以盡言賜禮謂自此至於贈。

公曰然而不善乎。

善其能使於四方而猶女也。

授上介幣再拜稽首。公答再拜。

授上介幣當拜公言也。不授宰者當復陳之。

私幣不告。

亦略卑也。

君勞之再拜稽首君答再拜。

勞之以道路勤苦。

若有獻則曰某君之賜也。

言此物某君之所賜予爲惠者也。其所獻雖珍異不言某爲彼君服御物謙也。其大夫出反必獻忠孝也。

君其以賜乎。

不必其當君也。獻不拜者爲君之荅己也。

上介徒以公賜告如上賓之禮。

徒謂空手不執其幣。

君勞之再拜稽首君答拜勞士介亦如之。

士介四人旅拜又賤也。

君使宰賜使者幣使者再拜稽首。

以所陳幣賜之也。禮臣子人賜之而必獻之君父不敢自私服也。君父因以予之則拜受之如更受賜也。既拜宰以上幣授之。

賜介介皆再拜稽首。

士介之幣皆載以造朝不陳之耳。與上介同受賜命俱拜既拜宰亦以上幣授上介。

乃退。

君揖入皆出去。

介皆送至于使者之門。

將行俟于門反又送于門與尊長出入之禮也。○長丁丈反

乃退揖。

揖别也。

使者拜其辱。

謝之也。再拜上介三拜士介。

釋幣于門。

門大門也。士于闑布席于闑西閾外東面設洗于門外東方其餘如初于禰時出于行入于門不兩告告所先見也。

乃至于禰筵几于室薦脯醢。

告反也。薦進也。

觴酒陳。

主人酌進奠一獻也。言陳者將復有次也先薦後酌祭禮也行釋幣反釋奠略出謹入也。

席于阼。為酢主人也。酢主人者，祝取爵酌，不酢於室，異於祭。

薦脯醢。成酢禮也。

三獻。宰老亞獻，士三獻也。每獻奠，輒取爵酌主人，自酢也。

一人舉爵。三獻禮成，更起酒也。主人奠之，未舉也。

獻從者。從者，家臣從行者也。主人獻之，勞之也。皆升飲酒於西階上，不使人獻之，辟國君也。

行酬乃出。主人舉奠酬從者，下辯，宰老亦與焉也。○辯音遍。

上介至亦如之。

聘遭喪入竟則遂也。遭喪，主國君薨也。入竟則遂，國君以國爲體，士既請事，已入竟矣。關人未告則反。

不郊勞。子未君也。

不筵几。

致命不於廟，就尸柩於殯宮，又不神之。

不禮賓。喪降事也。

主人畢歸禮。賓所飲食不可廢也。禮，謂饔餼饗食。○食音嗣。

賓唯饔餼之受。受正不受加也。

不賄不禮玉不贈。喪殺禮，爲之不備。○殺色界反。

遭夫人世子之喪，君不受，使大夫受于廟。其他如遭君喪。夫人世子死，君爲喪主，使大夫受聘禮，不以凶接吉也。其他，謂禮所降。

遭喪將命于大夫，主人長衣練冠以受。遭喪，謂主國君薨，夫人世子死也。此三者，皆大夫攝主人。長衣，素純布衣也。去衰易冠，不以純凶接純吉也。吉時在裏爲中衣。中衣長衣繼皆揜尺，表之曰深衣，純袂寸半耳。君喪不言使大夫受，子未君，無使臣義也。○純諸允反，又之閏反。去起呂反。衰七回反。

聘君若薨于後，入竟則遂。既接於主國君也。

赴者未至，則哭于巷，衰于館。

未至，謂赴告主國君者也。哭于巷者，哭于巷門，未可為位也。衰于館，未可以凶服出見人，其聘享之事自若吉也。今文赴作訃。

受禮。受饔餼也。

不受饗食。亦不受加。

赴者至，則衰而出。禮為鄰國闕，於是可以凶服將事也。

唯稍受之。稍，稟食也。

歸，執圭復命于殯，升自西階，不升堂。復命于殯者，臣子之於君父，存亡同。

子即位，不哭。將有告請之事，宜清淨也。不言世子者，君薨也。諸臣待之，亦皆如朝夕哭位。

辯復命，如聘。自陳幣至于上介，以公賜告，無勞。

子臣皆哭。使者既復命，子與羣臣皆哭。

與介入，北鄉哭。北鄉哭，新至，別於朝夕。○別，彼列反。

出，袒括髮。悲哀變於外臣也。○括，古活反。

入門右，即位踊。從臣位自哭至踊，如奔喪禮。

若有私喪，則哭于館，衰而居，不饗食。私喪，謂其父母。哭于館衰而居，不敢以私喪自聞于主國，凶服于君之吉使。春秋傳曰：大夫以君命出，聞喪，徐行而不反。

歸，使衆介先，衰而從之。已有齊斬之服，不忍顯然趨於往來，其在道路，使介居前，歸又請反命，己猶徐行隨之。君納之，乃朝服，既反命，出公門，釋服哭而歸，其他如奔喪之禮。吉時道路深衣。

賓入竟而死，遂也。主人為之具而殯。具，謂始死至殯所當用。

介攝其命。為致聘享之禮也。初時上介接聞命。

君弔，介為主人。雖有臣子親姻，猶不為主人，以介與賓並命於君，尊也。

主人歸禮幣，必以用。當中莫贈諸喪具之用，不必如賓禮。

介受賓禮。無辭也。介受主國賓己之禮，無所辭也，以其當陳之以反命也，有賓喪，嫌其辭之。

不饗食。歸，介復命，柩止于門外。門外，大門外也。必以柩造朝，達其忠心。

介卒復命，出，奉柩送之。君弔，卒殯。卒殯，成節乃去。

若大夫介卒，亦如之。不言上介者，小聘上介士也。

士介死，爲之棺斂之。不具他衣物也，自以時服也。

君不弔焉。主國君使人弔，不親往。

若賓死，未將命，則既斂于棺，造于朝，介將命。未將命，謂俟閒之後也。以柩造朝，以已至朝，志在達君命。

若介死，歸復命，唯上介造于朝。若介死，雖士介，賓既復命，往，卒殯乃歸。往，謂送柩。

小聘曰問。不享，有獻，不及夫人，主人不筵几，不禮，面不升，不郊勞。

其禮如爲介，三介。記貶於聘，所以爲小也。獻，私獻也。面，猶覿也。如爲介，如爲大聘上介。

記久無事則聘焉。事，謂盟會之屬。

若有故，則卒聘，束帛加書將命。百名以上書於策，不及百名書于方。故，謂災患及時事相告請也。將，猶致也。名，書文也，今謂之字。策，簡也。方，板也。

主人使人與客讀諸門外。受其意，既聘享，賓出而讀之，不於內者，人稠處嚴，不得審悉。主人，主國君也。人，內史也。書必璽之。○稠，直由反。璽，音徙。

客將歸，使大夫以其束帛反命于館。爲書報也。

明日，君館之。既報館之書，問尚疾也。

既受行，出，遂見宰，問幾月之資。資，行用也。古者君臣謀密草創，未知所之遠近，問行用當知多少而已。古文資作齎。○齎，子兮反。

使者既受行日，朝同位。謂前夕幣之閒。同位者，使者北面，介立于左，少退，別於其處臣也。

出祖釋軷。祭酒脯。乃飲酒于其側。祖、始也。既受聘享之禮、行出國門、止陳車騎、釋酒脯之奠於軷、爲行始也。詩傳曰、軷、道祭也。謂祭道路之神。春秋傳曰、軷涉山川。然則軷、山行之名也。道路以險阻爲難。是以委土爲山、伏牲其上、使者爲軷、祭酒脯、祈告也。卿大夫處者、於是餞之、飲酒於其側。禮畢、乘車轢之而遂行、舍於近郊矣。其牲、犬羊可也。古文軷作祓。○軷蒲末反。騎其義反。難乃旦反。餞在淺反。轢力狄反。祓芳弗反。

所以朝天子。圭與繅皆九寸。剡上寸半。厚半寸。博三寸。繅三采六等。朱白蒼。圭、所執以爲瑞節也。剡上、象天圜地方也。雜采曰繅。以韋衣木版、飾以三色再就。所以薦玉、重愼也。九寸、上公之圭也。古文繅或作藻、今文作璪。

問諸侯。朱綠繅八寸。二采再就、降於天子也。於天子曰朝、於諸侯曰問。記之於聘、文互相備。

皆玄纁。繫長尺。絢組。采成文曰絢。繫、無事則以繫玉、因以爲飾。皆用五采組、上以玄、下以絳爲地。今文絢作約。○繫音計、又胡帝反。長直亮反。絢呼縣反、又胥倫反、又音巡。約音巡。

問大夫之幣。俟于郊。爲肆。又齎皮馬。肆猶陳列也。齎猶付也。使者旣受命、宰夫載問大夫之禮、待於郊、陳之爲行列、至則以付之也。使者初行、舍于近郊。幣云肆、馬云齎、因其宜、亦互文也。不於朝付之者、辟君禮也。必陳列之者、不夕也。古文肆爲肄。○齎子兮反。行戶郎反。肄以一反。

辭無常。孫而說。孫、順也。大夫使、受命不受辭。辭必順且說。○孫音遜。說音悅。

辭多則史。少則不達。史、謂策祝。

辭苟足以達。義之至也。至、極也。今文至爲砥。

辭曰。非禮也敢。對曰。非禮也敢。辭、辭不受也。對、答問也。二者皆卒曰敢、言不敢。

卿館于大夫。大夫館于士。士館于工商。館者必於廟。不館於敵者之廟、爲大尊也。自官師以上、有廟有寢。工商則寢而已。

管人爲客。三日具沐。五日具浴。管人、掌客館者也。客、謂使者、下及士介也。

飱不致。不以束帛致命、草次饌、飱具輕。

賓不拜。以不致命。

沐浴而食之。自潔清、尊主國君賜也。記此、重者沐浴可知。

卿大夫訝大夫。士訝士。皆有訝。

卿使者大夫上介也士衆介也訝主國君所使迎待賓者如今使者護客

賓卽館訝將公命使已迎待之命

又見之以其摯又復也復以私禮見者訝將舍於賓館之外宜相親也大夫訝者執鴈士訝者執雉

賓旣將公事復見訝以其摯旣已也公事聘享問大夫復報也使者及上介執鴈群介執雉各以見其訝

凡四器者唯其所寶以聘可也言國獨以此為寶也四器謂圭璋璧琮

宗人授次次以帷少退于君之次主國之門外諸侯及卿大夫之所使者次位皆有常處

上介執圭如重授賓慎之也曲禮曰凡執主器執輕如不克

賓入門皇升堂讓將授志趨皇自莊盛也讓謂舉手平衡也志猶念也念趨謂審行步也孔子之執圭鞠躬如也如不勝上如揖下如授勃如戰色足蹜蹜如有循古文皇皆作王○勝音升

授如爭承下如送君還而后退爭爭鬭之爭重失隊也而后猶然後也○隊直類反

下階發氣怡焉再三舉足又趨發氣舍息也再三舉足自安定乃復趨也至此云舉足則志趨卷豚而行也孔子之升堂鞠躬如也屏氣似不息者出降一等逞顏色怡怡如也沒階趨進翼如也○卷去阮反豚大本反

及門正焉容色復故此皆心變見於威儀

執圭入門鞠躬焉如恐失之記異說也

及享發氣焉盈容發氣舍氣也孔子之於享禮有容色

衆介北面蹌焉容貌舒揚

私覿愉愉焉容貌和敬

出如舒鴈威儀自然而有行列舒鴈鵞也

皇且行入門主敬升堂主慎復記執玉異說

凡庭實隨入左先皮馬相間可也

𨗈入、不並行也、間、猶代也、土物有宜、君子不以所無爲禮、畜獸同類、可以相代、古文間作干、○間廁之間

賓之幣唯馬出。其餘皆東。

馬出、當從廐也、餘物皆東、藏之內府、

多貨則傷于德。

貨、天地所化生、謂玉也、君子於玉比德焉、朝聘之禮以爲瑞節、重禮也、多之、則是主於貨、傷敗其爲德、

幣美則沒禮。

幣、人所造成以自覆幣、謂束帛也、愛之斯欲衣食之、君子之情也、是以享用幣、所以副忠信、美之、則是主於幣、而禮之本意不見也、

賄在聘于賄。

賄、財也、于讀曰爲、言主國禮賓當視賓之聘禮而爲之財也、賓客者、主人所欲豐也、若苟豐之、是又傷財也、周禮曰、凡諸侯之交、各稱其邦而爲之幣、以其幣爲之禮、古文賄皆作悔、

凡執玉無藉者襲。

藉、謂繅也、繅所以縕藉玉、

禮不拜至。

以賓不於是始至、今文禮爲醴、

醴尊于東廂。瓦大一。有豐。

瓦大、瓦尊、豐、承尊器、如豆而卑、○大音太

薦脯五膱。祭半膱橫之。

膱、脯如版然者、或謂之脡、皆取直貌焉、○膱音職、脡大頂反

祭醴再扱。始扱一祭。卒再祭。

卒、謂後扱、

主人之庭實。則主人遂以出。賓之士訝受之。

此謂餘三馬也、左馬賓執以出矣、士、士介從者、

既覿。賓若私獻。奉獻將命。

時有珍異之物、或賓奉之、所以自序尊敬也、猶以君命致之、

擯者入告。出禮辭。

辭其獻也、

賓東面坐奠獻。再拜稽首。

送獻不入者、奉物禮輕、

擯者東面坐取獻。舉以入告。出禮請受。

東面坐取獻者、以宜並受也、其取之由賓南而自後右客也、

賓固辭。公答再拜。

拜受於賓也、固亦衍字、

擯者立于閾外以相拜。賓辟。

相、贊也、古文閾爲蹙、

擯者授宰夫于中庭。

東藏之既乃介覲

若兄弟之國則問夫人。兄弟謂同姓若婚姻甥舅有親者問猶遺也謂獻也不言獻者變於君也非兄弟獻不及夫人

若君不見。君有病若他故不見使者

使大夫受。受聘享也大夫上卿也

自下聽命自西階升受負右房而立賓降亦降。此儀如還圭然而賓大夫易處耳今文無而

不禮。辟正主也

幣之所及皆勞不釋服。以與賓接於君所賓又請有事于已不可以不速也所不及者下大夫未嘗使者也不勞者以先是賓請有事於已同類既聞彼爲禮所及則已往有嫌也所以知及不及者賓請有事固曰某子某子

賜饔唯羹飪筮一尸若昭若穆。羹飪謂飪一牢也肉謂之羹唯是祭其先大禮之盛者也筮尸若昭若穆容父在父在則祭祖父卒則祭禰腥饋不祭則士介不祭也士之初行不釋幣于禰不祭可也古文羹爲羔飪作腍○腍而甚反劉音審

僕爲祝祝曰孝孫某孝子某薦嘉禮于皇祖某甫皇考某子。僕爲祝者大夫之臣攝官也○祝祝上之六反下之又反

如饋食之禮。如少牢饋食之禮不言少牢今以大牢也今文無之

假器于大夫。不敢以君之器爲祭器

肦肉及廋車。肦猶賦也廋廋人也車巾車也二人掌視車馬之官也賦及之明辯也古文肦作紛

聘日致饔明日問大夫。不以殘日問人崇敬也古文曰問夫人也

夕夫人歸禮。與君異日下之也今文歸作饋

既致饔旬而稍宰夫始歸乘禽日如其饔餼之數。稍稟食也乘謂乘行之禽也謂鴈鶩之屬其歸之以雙爲數其賓與上介也古文既爲餼○稍所教反

士中日則二雙。中猶間也不一日一雙大寡不敬也

凡獻執一雙委其餘于面。執一雙以將命也面前也其受之也上介受以入告之士舉其餘從之賓不辭拜受于庭上介執之以相拜于門中乃入授人上介受亦如之士介拜受于門外

禽羞俶獻比。比、放也、其致之禮、如乘禽也、禽羞、謂成熟有齊和者、俶獻、四時珍美新物也、俶、始也、言其始可獻也、聘義謂之時賜、

歸大禮之日、既受饔餼、請觀。聘於是國、欲見其宗廟之好、百官之富、若尤尊大之焉、

訝帥之、自下門入。帥猶道也、從下門外入、游觀非正也、

各以其爵朝服。此句宜在凡致禮下、

士無饔、無饔者無擯。

謂歸饔餼也、

大夫不敢辭、君初爲之辭矣。此句宜在明日問大夫之下、

凡致禮、皆用其饗之加籩豆。凡致禮、謂君不親饗賓及上介、以酬幣致其禮也、其、其賓與上介也、加籩豆、謂其實也、亦實於甕筐、饗禮今亡、

無饔者無饗禮。士介無享禮、

凡餼大夫黍粱稷筐五斛。謂大夫餼賓上介也、器寡而大略、

既將公事、賓請歸。謂已問大夫事畢、請歸、不敢自專、謙也、主國留之、饗食燕獻無日數、盡殷勤也、

凡賓拜于朝、訝聽之。拜拜賜也、唯稍不拜、

燕則上介爲賓、賓爲苟敬。饗食、君親爲主、尊賓也、燕、私樂之禮、崇恩殺敬也、賓不欲主君復舉禮事、禮已、于是辭爲賓、君聽之、從諸公之席、命爲苟敬、苟敬者、主人所以小敬也、更降迎其介以爲賓、介、大夫也、雖爲賓猶卑於君、君則不與亢禮也、主人所以致敬者、自敵以上、

宰夫獻。爲主人代公獻、

無行則重賄反幣。無行、謂獨來、復無所之也、必重其賄與反幣者、使者歸以得禮多爲樂、所以盈聘君之意也、反幣、謂禮玉、束帛、乘皮、所以報聘君之享禮也、昔秦康公使西乞術聘于魯、辭孫而說、襄仲曰、不有君子、其能國乎、厚賄之、此謂重賄反幣者也、今文曰賄反幣、

曰、子以君命在寡君、寡君拜君命之辱。此贊君拜聘享辭也、在、存也、

君以社稷故、在寡小君拜。此贊拜夫人聘享辭也、言君以社稷故者、夫人與君體敵、不敢當其惠也、其卒亦曰寡君拜命之辱、

又拜送。拜送賓也、其辭蓋云、子將有行、寡君敢拜送、此宜承上君館之下、

君既寡君。延及二三老拜。

此贊拜問大夫之辭。貺賜也。大夫曰老。

賓于館堂楹閒釋四皮束帛。賓不致。主人不拜。

賓將遂去是館。留禮以禮主人。所以謝之。不致不拜。不以將別崇新敬也。

大夫來使無罪饗之

樂與嘉賓爲禮。

過則餼之。

餼之生致其牢禮也。其致之辭不云君之有故耳。聘義曰使者聘而誤。主君不親饗食。所以愧厲之也。不言罪者。罪將執之。

其介爲介。

饗賓有介者。賓尊行敵禮也。

有大客後至則先客不饗食。致之。

畢不與尊齊禮。

唯大聘有几筵。

謂受聘享時也。小聘輕。雖受于廟不爲神位。

十斗曰斛。十六斗曰籔。十籔曰秉。

秉十六斛。今江淮之閒量名有爲籔者。今文籔爲逾。○量音亮

二百四十斗。

謂一車之米。秉有五籔。

四秉曰筥

此秉謂刈禾盈手之秉也。筥穧名也。若今萊陽之閒刈稻聚把有名爲筥者。詩云彼有遺秉。又云此有不斂穧。○穧才詣反

十筥曰稯。十稯曰秅。四百秉爲一秅。

一車之禾三秅爲千二百秉。三百筥。三十稯也。古文稯作緵。○稯宰孔反。字林子工反。緵音總

儀禮卷八終

儀禮卷九

公食大夫禮第九

漢大司農北海鄭　玄註

皇明　後學東吳金　蟠訂

公食大夫之禮。使大夫戒各以其爵。

戒猶告也告之必使同班敵者易以相親敬○易以豉反

上介出請入告。

問所以為來事○為于僞反下為既為從為公為賓同

三辭。

為既先受賜不敢當

賓出拜辱。

拜使者屈辱來迎己

大夫不答拜將命。

不答拜為人使也將猶致也

賓再拜稽首。

受命

大夫還。

復於君

賓不拜送遂從之。

不拜送者為從之不終事

賓朝服即位于大門外如聘。

於是朝服則初時玄端如聘亦入于次俟

即位具。

主人也擯者俟君於大門外卿大夫士序及宰夫具其饌物皆於廟門之外

羹定。

肉謂之羹定猶熟也著之者下以為節○定多佞反

甸人陳鼎七當門南面西上設扃鼏鼏若束若編。

七鼎一大牢也甸人冢宰之屬兼亨人者南面西上以其為賓統於外也扃鼎扛所以舉之者也凡鼎鼏蓋以茅為之長則束本短則編其中央今文扃作鉉古文鼏皆作密

設洗如饗。

必如饗者先饗後食如其近者也饗禮亡燕禮則設洗於阼階東南古文饗或作鄉

小臣具槃匜在東堂下。

為公盥也公尊不就洗小臣於小賓客饗食掌正君服位

宰夫設筵加席几。

設筵於戶西南面而左几公不賓至授几者親設湆醬可以略此

無尊。主於食、不獻酬、

飲酒漿飲俟于東房。飲酒清酒也、漿飲截漿也、其俟奠於豐上也、飲酒先言飲、明非獻酬之酒也、漿飲先言漿、別於六飲也、

凡宰夫之具饌于東房。凡非一也、飲食之具、宰夫所掌也、酒漿不在凡中者、雖無尊、猶嫌在堂、

公如賓服迎賓于大門內。不出大門、降於國君、

大夫納賓。大夫謂上擯也、納賓以公命、

賓入門左。公再拜。賓辟。再拜稽首。左、西方、賓位也、辟、逡遁不敢當君拜也、

公揖入。賓從。揖入、道之、

及廟門。公揖入。廟、禰廟也、

賓入三揖。每曲揖、及當碑揖、相人偶、

至于階三讓。讓先升、

公升二等。賓升。遠下人君、

大夫立于東夾南。西面北上。東夾南、東西節也、取節于夾、明東于堂、

士立于門東。北面西上。統于門者、非其正位、辟賓在此、

小臣東堂下。南面西上。宰東夾北。西面南上。

宰、宰夫之屬也、古文無南上、

內官之士在宰東北。西面南上。夫人之官內宰之屬也、自卿大夫至此不先即位、從君而入者、明助君饗食賓自無事、

介門西。北面西上。西上、自統於賓也、然則承擯以下、立於士西、少進東上、

公當楣北鄉。至再拜。賓降也。公再拜。楣謂之梁、至再拜者、興禮俟賓嘉其來也、公再拜、賓降矣、

賓西階東北面答拜。西階東、少就主君敬也、

擯者辭。

辭拜於下。

拜也。公降一等。辭曰。寡君從子。雖將拜興也。

賓降再拜。公降擯者釋辭矣。賓猶降。終其再拜稽首。興起也。

賓栗階升不拜。

自以已拜也。栗實栗也。不拾級連步趨主國君之命。不拾級而下曰辵。○辵勑略反

命之成拜。階上北面再拜稽首。

賓降拜。主君辭之。賓雖終拜。於主君之意猶為不成。

士舉鼎去鼏於外。次入陳鼎于碑南。南面西上。右人抽扃。坐奠于

鼎西南順。出自鼎西。左人待載。

入由東。出由西。明為賓也。今文奠為委。古文待為持。

雍人以俎入陳于鼎南。旅人南面加匕于鼎。退。

旅人雍人之屬。旅食者也。雍人言入。旅人言退。文互相備也。出入之由。亦如舉鼎者。匕俎每器一人。諸侯官多也。

大夫長盥。洗東南。西面北上。序進盥。退者與進者交于前。卒盥。序

進南面匕。

長以長幼也。序猶更也。前洗南。

載者西面。

載者左人也。亦序自鼎東西面於其前。大夫匕則載之。

魚腊飪。

飪熟也。食禮宜孰。饗有腥者。

載體進奏。

體謂牲與腊也。奏謂皮膚之理也。進其理。本在前。下大夫體七个。

魚七。縮俎寢右。

右首也。寢右進鬐也。乾魚進腴。多骨鯁。

腸胃七。同俎。

以其同類也。不異其牛羊。腴賤也。此俎實凡二十八。

倫膚七。

倫理也。謂精理滑脆者。今文倫或作論。

腸胃膚皆橫諸俎。垂之。

順其在牲之性也。腸胃垂及俎拒。

大夫既匕。匕奠于鼎。逆退復位。

事畢宜由便也。士匕載者又待設俎。

公降盥。

將設醬。

賓降。公辭。

辭其從己。

宰盥。公壹揖壹讓。公升。賓升。

揖讓皆一、殺于初、古文壹皆作一、

宰夫自東房授醯醬。

授、授公也、醯醬、以醯和醬、

公設之。

以其爲饌本、

賓辭。北面坐遷而東遷所。

東遷所、奠之東側其故處、

公立于序內西鄉。

不立阼階上、示親饌、

賓立于階西疑立。

不立階上、以主君離阼也、疑、正立也、自定之貌、今文曰西階、

宰夫自東房薦豆六。設于醬東西上。韭菹以東醓醢。昌本。昌本南麋臡。以西菁菹鹿臡。

醓醢、醢有醓、昌本、昌蒲本、菹也、醢有骨謂之臡、菁、蔓菁也、今文臡皆作麋、

士設俎于豆南西上。牛羊豕魚在牛南。腊腸胃亞之。

亞、次也、不言綼錯、俎尊也、○綼、側耕反

膚以爲特。

豕與腸胃東也、揵膚者出下牲賤、

旅人取匕。甸人舉鼎順。出奠于其所。

以其空也、其所謂當門、

宰夫設黍稷六簋于俎西。二以並東北上。黍當牛俎。其西稷。錯以終南陳。

並、併也、今文曰併、古文簋皆作軌、

大羹湆不和。實于鐙。宰右執鐙。左執蓋。由門入。升自阼階。盡階不升堂。授公以蓋。降出入反位。

大羹湆、煮肉汁也、大古之羹不和、無鹽菜、瓦豆謂之鐙、宰謂大宰、宰夫之長也、有蓋者、饌自外入、爲風塵、今文湆爲汁、又曰入

門自阼階、無升、

公設之于醬西。賓辭。坐遷之。

亦東遷所、

宰夫設鉶四于豆西東上。牛以西羊。羊南豕。豕以東牛。

鉶、菜和羹之器、

飲酒實于觶。加于豐。

豐、所以承觶者也、如豆而卑、

宰夫右執觶。左執豐。進設于豆東。

食有酒者、優賓也、設于豆東、不舉也、燕禮記曰、凡奠者於左、

宰夫東面坐啓簋會。各郤于其西。

會簋蓋也。亦一一合郤之、各當其簋之西、

贊者負東房。南面告具于公。

負東房、負房戶而立也。南面者、欲得鄉公與賓也、

公再拜。揖食。

再拜、拜賓饌具、

賓降拜。

荅公拜、

公辭。賓升再拜稽首。

不言成拜、降未拜、

賓升席。坐。取韭菹以辯。擩于醢上豆之間祭。

擩、猶染也、今文無于、

贊者東面坐取黍實于左手。辯。又取稷辯。反于右手。興以授賓。賓祭之。

取授以右手便也。賓亦興受、坐祭之、於豆祭也。獨云贊興、優賓也。少儀曰、受立授立不坐、

三牲之肺不離。贊者辯取之。壹以授賓。

肺不離者、刌之也。不言刌、刌則祭肺也。此舉肺不離而刌之、便賓祭也。祭離肺者、絕肺祭也。壹、猶稍也、○古文壹作一

賓興受。坐祭。

於是云賓興受坐祭、重牲也、賓亦每肺興受、祭於豆祭、

捝手扱上鉶以柶。辯擩之上鉶之間祭。

扱以柶、扱其鉶菜也。捝、拭也。拭以巾、

祭飲酒於上豆之閒。魚腊醬湆不祭。

不祭者、非食物之盛者、

宰夫授公飯粱。公設之于湆西。賓北面辭。坐遷之。

既告具矣、而又設此、殷勤之加也。遷之、遷而西之、以其東上也、

公與賓皆復初位。

位序內西階、

宰夫膳稻于粱西。

膳、猶進也。進稻粱者以簠、

士羞庶羞。皆有大。蓋執豆如宰。

羞、進也。庶、衆也。進衆珍味可進者也。大、以肥美者特為臠、所以祭也。魚或謂之膴、膴、大也。唯醢醬無大、如宰、如其進大羹湆、右執豆、左執蓋、

先者反之。

釋曰、反之者、以其庶羞十六豆、羞人不足、故先至者反取之。下文云、先者一人升設於稻南、其人不反、則此云先者反之、謂第二已下為先者也、

由門入。升自西階。

庶羞多，羞人不足，則相授于階上，復出取也。

先者一人升設于稻南簋西，閒容人。

簋西，黍稷西也。必言稻南者，明庶羞加，不與正豆併也。閒容人者，賓當從閒往來也。

旁四列，西北上。

不統于正饌者，雖加，自是一禮，是所謂羨胾中別。

膷以東臐膮牛炙。

膷臐膮，今時臛也。牛曰膷，羊曰臐，豕曰膮，皆香美之名也。古文膷作香，臐作薰。

炙南醢，以西牛胾醢牛鮨。

先設醢，辟之以次也。内則謂鮨為膾，然則膾用鮨，今文鮨作鰭。

鮨南羊炙，以東羊胾醢豕炙，炙南醢，以西豕胾芥醬魚膾。

芥醬，芥實醬也。内則曰：膾，春用葱，秋用芥。

衆人騰羞者盡階，不升堂，授以蓋降出。

騰當作媵，媵，送也。授，授先者一人。

贊者負東房，告備于公。

復告庶羞具者，以其異饌。

贊升賓。

以公命命賓升席。

賓坐席末，取粱，即稻，祭于醬湆閒。

即，就也。祭稻粱不以豆，祭，祭加，空於加。

贊者北面坐，辯取庶羞之大，興，一以授賓，賓受兼壹祭之。

壹壹受之，而兼一祭之，庶羞輕也。自祭之於膷臐之間，以異饌也。

賓降拜。

拜庶羞。

公辭，賓升再拜稽首，公答再拜。

賓北面自閒坐，左擁簠粱，右執湆，以降。

自閒坐，由兩饌之間也。擁，抱也。必取粱者，公所設也。以之降者，堂尊處，欲食於階下然也。

公辭，賓西面坐奠于階西，東面對，西面坐取之，栗階升，北面反奠

于其所，降辭公。

奠而後對，成其意也。降辭公，敬也。必辭公者，為其尊而親臨已食，侍食贊者之事。

公許，賓升，公揖退于箱。

箱，東夾之前，俟事之處。

擯者退，負東塾而立。

無事。

賓坐，遂卷加席，公不辭。

贊者以告公，公聽之，重來優賓。

賓三飯以湆醬。

每飯歠湆以殽擩醬、食正饌也、三飯而止、君子食不求飽、不言其肴優賓、

宰夫執觶漿飲。與其豐以進。

此進漱也、非爲卒食、爲將有事、緣賓意欲自潔清、

賓捝手興受。

受觶、

宰夫設其豐于稻西。

酒在東、漿在西、是所謂左酒右漿、

庭實設。

乘皮、

賓坐祭。遂飲奠於豐上。

飲漱、

公受宰夫束帛以侑。西鄉立。

束帛、十端帛也、侑猶勸也、主國君以爲食賓殷勤之意未至、復發幣以勸之、欲用深安賓也、西鄉立、序內位也、受束帛于序端、

賓降筵北面。

以君將有命也、北面於西階上、

擯者進相幣

爲君釋幣辭於賓、

賓降辭幣升聽命。

降辭幣、主國君又命之升、聽命、釋許辭、

降拜。

當拜受幣、

公辭賓升再拜稽首受幣。當東楹北面。

主國君南面授之、當東楹者、欲得君行一臣行二也、

退西楹西。東面立。

俟主國君送幣也、退不負序、以將降、

公壹拜賓降也。公再拜。

賓不敢俟成拜、

介逆出。

以賓事畢、

賓北面揖。執庭實以出。

揖執者、示親受、

公降立。

俟賓反、

上介受賓幣。從者訝受皮。

從者、府史之屬、訝、迎也、今文凡梧受、

賓入門左。沒霤。北面再拜稽首。

便退則食禮未卒不退則嫌更入行拜若欲從此退、

公辭。止其拜使之卒食、

揖讓如初。如初入也、

升賓再拜稽首。公答再拜。賓拜拜主國君之厚意賓揖介入復位、

賓降辭公如初。將復食、

賓升。公揖退于箱。賓卒食會飯三飲。卒已也已食會飯三漱漿也會飯謂黍稷也此食黍稷則初時食稻粱、

不以醬湆。不復用正饌也初時食加飯用正饌此食正飯用庶羞互相成也後言湆或肝從用、

挩手興北面坐取粱與醬以降。西面坐奠于階西。示親徹也不以出者非所當得又以已得侑幣、

東面再拜稽首。卒食拜也不北面者異於辭、

公降再拜。荅之也不辭之使升堂明禮有終、

介逆出。賓出。公送于大門內。再拜。賓不顧。初來揖讓而退不顧退禮略也示難進易退之義擯者以賓不顧告公公乃還也。

有司卷三牲之俎。歸于賓館。卷猶收也無遺之辭也三牲之俎正饌尤尊盡以歸賓尊之至也歸俎者實于篚他時有所釋故、

魚腊不與。以三牲之俎無所釋故也禮之有餘爲施惠不言腸胃膚者在魚腊下不與可知也古文與作豫、

明日賓朝服拜賜于朝。拜食與侑幣皆再拜稽首。朝謂大門外、

訝聽之。受其言入告出報也此下大夫有士訝、

上大夫八豆八簋六鉶九俎。魚腊皆二俎。記公食上大夫異於下大夫之數豆加葵菹蝸醢四四爲列俎加鮮魚鮮腊三三爲列無特、

魚腸胃倫膚若九若十有一。下大夫則若七若九。此以命數爲差也九謂再命者也十一謂三命者也七謂一命者也九或上或下者再命謂小國之卿次國之大夫也卿則曰上大夫則曰下大國之孤視子男、

庶羞西東毋過四列。謂上下大夫也古文毋爲無、

上大夫庶羞二十。加於下大夫以雉兎鶉鴽。

鴽無母、

若不親食。

謂主國君有疾病若他故、

使大夫各以其爵朝服以侑幣致之。

執幣以將命、

豆實實于罋。陳于楹外二以竝北陳。簋實實于筐陳于楹內兩楹閒二以竝南陳。

陳罋筐於楹閒者象授受於堂中也南北相當以食饌同列耳、罋北陳者變於食罋數如豆醢芥醬從焉筐米四今文竝作併、

庶羞陳于碑內。

生魚也魚腊從焉上大夫加鮮魚鮮腊雉兎鶉鴽不陳于堂辟正饌、

庭實陳于碑外。

執乘皮者也不參分庭一在南者以言歸宜近內、

牛羊豕陳于門內西方東上。

爲其踐汙館庭使近外、

賓朝服以受如受饗禮。

朝服食禮輕也、

無儐

以已本宜往、

明日賓朝服以拜賜于朝。訝聽命。

賜亦謂食侑幣、

大夫相食親戒速。

記異於君者也速召也先就告之歸具旣具復自召之、

迎賓于門外拜至皆如饗拜。

饗大夫相饗之禮也、今文古文饗或作鄉、

降盥受醬湆侑幣束錦也皆自阼階降堂受授者升一等。

皆者謂受醬受湆受幣也侑用束錦大夫文也降堂謂止階上今文無束、

賓止也。

主人三降賓不從、

賓執粱與湆之西序端。

不敢食於尊處、

主人辭賓反之卷加席主人辭賓反之辭幣降一等主人從。

從辭賓降、

受侑幣再拜稽首主人送幣亦然。

敵也、

辭於主人降一等主人從。

辭謂辭其臨已食、

卒食、徹于西序端。

亦親徹、

東面再拜降出。

拜亦拜卒食、

其他皆如公食大夫之禮。

釋曰、云其他謂豆數俎體陳設皆不異上陳但禮異者謂親戒速、君則不親、迎賓公不出、此大夫出大門、公受醬湆幣不降、此大夫則降也、公食大夫、大夫降食於階下、此言西序端上、公食卷加席、公不辭、此則辭之、皆是異也、

若不親食、則公作大夫朝服以侑幣致之。

作使也、大夫有故君必使其同爵者爲之致禮、列國之賓來、榮辱之事、君臣同、

賓受于堂無儐。

與受君禮同、

記不宿戒。

食禮輕也、此所以不宿戒者、謂前期三日之戒、申戒爲宿、謂前期一日、

戒不速。

食賓之朝夙興戒之、賓則從戒者而來、不復召、

不授几。

異於醴也、

無作席。

公不坐、

亨于門外東方。

必於門外者、大夫之事也、東方者主陽、

司宮具几與蒲筵常、緇布純、加萑席尋、玄帛純、皆卷自末。

司宮、大宰之屬、掌宮廟者也、丈六尺曰常、半常曰尋、純、緣也、萑、細葦也、末、經所終、有以識之、必長筵者、以有左右饌也、今文萑皆爲莞、

宰夫筵出自東房。

筵本在房、宰夫敷之也、天子諸侯左右房、

賓之乘車、在大門外西方北面立。

賓車不入門、廣敬也、凡賓即朝、中道而往、將至下行、而後車還立于西方、賓及位而止、北面卿大夫之位當車前、凡朝位賓主之間各以命數爲遠近之節也、

鉶芼牛藿羊苦豕薇、皆有滑。

藿、豆葉也、苦、苦荼也、滑、堇荁之屬、今文苦爲芐、

贊者盥從俎升。

俎其所有事、

簠有蓋冪。

稻粱將食乃設、去會於房、蓋以冪、冪巾也、今文或作幕、

凡炙無醬。

已有鹹和。

上大夫蒲筵加萑席。其純皆如下大夫純。

謂三命大夫也。孤爲賓則莞筵紛純加繅席畫純也。

卿擯由下。

不升堂也。

上贊下大夫也。

上謂堂上擯贊者。事相近以佐上下爲名。

上大夫庶羞酒飲漿飲庶羞可也。

於食庶羞宰夫又設酒漿以之食庶羞可也。以優賓。

拜食與侑幣皆再拜稽首。

嫌上大夫不稽首。

儀禮卷九終

儀禮卷十

漢大司農北海鄭　玄註
皇明　後學東吳葛　鼒訂

覲禮第十

覲禮。

至于郊。王使人皮弁用璧勞。侯氏亦皮弁迎于帷門之外。再拜。

郊謂近郊。去王城五十里。小行人職曰。凡諸侯入王則逆勞于畿。則郊勞者大行人也。皮弁者天子之朝朝服也。璧無束帛者。天子之玉尊也。不言諸侯言侯氏者。明國殊舍異禮不凡之也。郊舍狹寡爲帷宮以受勞。掌舍職曰。爲帷宮設旌門。

使者不答拜。遂執玉。三揖至于階。使者不讓先升。侯氏升聽命。降。

再拜稽首。遂升受玉。

不答拜者爲人使不當其禮也。不讓先升奉王命尊也。升者升壇。使者東面致命。侯氏東階上西面聽之。

使者左還而立。侯氏還璧。使者受。侯氏降再拜稽首。使者乃出。

左還還南面。示將去也。立者見侯氏將有事於己。俟之也。還玉重禮。

侯氏乃止使者。使者乃入。侯氏與之讓升。侯氏先升授几。侯氏拜送几。使者設几答拜。

侯氏先升賓禮統焉。几者安賓所以崇優厚也。上介出止使者則已布席也。

侯氏用束帛乘馬儐使者。使者再拜受。侯氏再拜送幣。

儐使者所以致尊敬也。拜者各於其階。

使者降、以左驂出。侯氏送於門外、再拜。侯氏遂從之。

騑馬曰驂、左驂設在西者、其餘二馬、侯氏之士遂以出授使者之從者于外、從之者遂隨使者以至朝、

天子賜舍。

以其新至、道路勞苦、未受其禮、且使卽安也、賜舍猶致館也、所使者司空與小行人爲承擯、今文賜作錫、

曰、伯父、女順命于王所、賜伯父舍。

此使者致館辭、○女音汝

侯氏再拜稽首。

受館、

儐之束帛乘馬。

王使人以命致館、無禮猶儐之者、尊王使也、侯氏受館於外、既則儐使者於內、

天子使大夫戒曰、某日、伯父帥乃初事。

大夫者、卿爲訝者也、掌訝職曰、凡訝者賓客至而往詔相其事、戒猶告也、其爲告使順循其事也、初猶故也、今文帥作率、

侯氏再拜稽首。

受覲日也、

諸侯前朝、皆受舍于朝。同姓西面北上、異姓東面北上。

言諸侯者、明來朝者衆矣、顧其入覲不得並耳、受舍于朝、受次于文王廟門之外、聘禮記曰、宗人授次、次以帷、少退于君之次、則是次也、言舍者、尊舍也、天子使掌次爲之、諸侯上介先朝受焉、此觀也、言朝者、覲遇之禮雖簡、其來之心猶若朝也、分別同姓、異姓、受之將有先後也、春秋傳曰、寡人若朝于薛、不敢與諸任齒、則周禮先同姓、

侯氏裨冕、釋幣于禰。

將覲質明時也、裨冕者、衣裨衣而冠冕也、裨之爲言埤也、天子六服、大裘爲上、其餘爲裨、以事尊卑服之、而諸侯亦服焉、上公袞、無升龍、侯伯鷩、子男毳、孤絺、卿大夫玄、此差司服所掌也、禰謂行主、遷主矣、而云禰、親之也、釋幣者、告將覲也、其釋幣如聘、大夫將受命釋幣于禰之禮、既則祝藏其幣、歸乃埋之於祧西階之東、○禰乃禮反、裨婢支反、下同

乘墨車、載龍旂、弧韣、乃朝、以瑞玉有繅。

墨車、大夫制也、乘之者、入天子之國、車服不可盡同也、交龍爲旂、諸侯之所建、弧、所以張縿之弓也、弓衣曰韣、瑞玉、謂公桓圭、侯信圭、伯躬圭、子穀璧、男蒲璧、繅所以藉玉、以韋衣木、廣袤各如其玉之大小、以朱白蒼爲六色、今文玉爲璧、繅或爲璪、○韣音獨、繅音早

天子設斧依於戶牖之間、左右几。

依如今綈素屏風也、有屏斧文、所以示威也、斧謂之黼、几、玉几也、左右者優至尊也、其席莞席紛純、加繅席畫純、加次席黼純、○依於豈反

天子袞冕、負斧依。

袞衣者、裨之上也、繢之繡之爲九章、其龍天子有升龍、有降龍、衣此衣而冠冕、南鄉而立、以俟諸侯見、

嗇夫承命、告于天子。

嗇夫、蓋司空之屬也、爲末擯、承命於侯氏下介、傳而上、上擯以告天子、天子見公、擯者五人、見侯伯、擯者四人、見子男、擯者三人、皆宗伯爲上擯、春秋傳曰、嗇夫馳、

天子曰、非他、伯父實來、予一人嘉之。伯父其入、予一人將受之。

言非他者、親之辭、嘉之者、美之辭也、上擯又傳此而下、至嗇夫、侯氏之下介受之、傳而上、上介以告其君、君乃許入、今文實作

寔嘉作賀、

侯氏入門右。坐奠圭。再拜稽首。

入門右、執臣道、不敢由賓客位也、卑者見尊、奠摯而不授、

擯者謁。

謁猶告也、上擯告以天子前辭欲親受之、如賓客也、其辭所易者曰伯父其升、

侯氏坐取圭。升致命。王受之玉。侯氏降階。東北面再拜稽首。擯者延之曰升。升成拜。乃出。

擯者請之、侯氏坐取圭、則遂左降拜稽首、送玉也、從後詔禮曰延、延、進也、

四享皆束帛加璧。庭實唯國所有。

四當為三、古書作三四、或皆積畫、此篇又多四字、字相似、由此誤也、大行人職曰、諸侯廟中將幣皆三享、其禮差、又無取於四也、初享或用馬、或用虎豹之皮、其次享三牲魚腊籩豆之實、龜也、金也、丹漆絲纊竹箭也、其餘無常貨、此地物、非一國所能有、唯所有分為三享、皆以璧帛致之、

奉束帛匹馬。卓上九馬隨之。中庭西上奠幣。再拜稽首。

卓讀如卓王孫之卓、卓猶的也、以素的一馬以為上、書其國名、後當識其何產也、馬必十匹者、不敢斥王之乘、用成數敬也、

擯者曰予一人將受之。

亦言王欲親受之、

侯氏升致命。王撫玉。侯氏降自西階。東面授宰幣。西階前再拜稽首。以馬出授人。九馬隨之。

王不受玉、撫之而已、輕財也、以馬出隨侯氏出授王人於外也、王不使人受馬者、至于享、王之尊益君、侯氏之卑益臣、

事畢。

三享訖、

乃右肉袒于廟門之東。乃入門右。北面立。告聽事。

右肉袒者、刑宜施於右也、凡以禮事者左袒、入更從右者臣益純也、告聽事者、告王以國所用為罪之事也、易曰、折其右肱、无咎、

擯者謁諸天子。天子辭於侯氏曰。伯父無事。歸寧乃拜。

謁告、寧安也、乃猶汝也、

侯氏再拜稽首。出自屏南。適門西。

遂入門左。北面立。王勞之。再拜稽首。擯者延之曰升。升成拜。降出。

王辭之、不即左者、當出隱於屏而襲之也、天子外屏、勞之、勞其道勞也、○勞力報反

天子賜侯氏以車服。迎于外門外。再拜。

賜車者、同姓以金路、異姓以象路、服則袞也、鷩也、毳也、古文曰迎于門外也、

路先設西上。路下四。亞之。重賜無數。在車南。

路、謂車也、凡君所乘車曰路、路下四、謂乘馬也、亞之、次車而東也、詩云、君子來朝、何錫予之、雖無予之、路車乘馬、又何與之、玄袞及黼、重、猶善也、所加賜善物多少由恩也、春秋傳曰、重錦三十兩、

諸公奉篋服。加命書于其上。升自西階。東面。大史是右。

言諸公者、王同時分命之、而使賜侯氏也、右讀如周公右王之右、是右者、始隨入於升東面乃居其右、古文是為氏也、○大音

来

侯氏升西面立。大史述命。

讀王命書也、

侯氏降兩階之間。北面再拜稽首。

受命、

升成拜。

大史辭之降也、春秋傳曰、且有後命、以伯舅耋老、毋下拜、此辭之類、

大史加書于服上。侯氏受。

受篋服、

使者出。侯氏送再拜。儐使者。諸公賜服者。束帛四馬。儐大史亦如之。

既云拜送、乃言儐使者、以勞有成禮略而遂言、

同姓大國則曰伯父。其異姓則曰伯舅。同姓小邦則曰叔父。其異姓小邦則曰叔舅。

據此禮云伯父、同姓大邦而言、

饗禮乃歸。

禮謂食燕也、王或不親、以其禮幣致之、略言饗禮、互文也、掌客職曰、上公三饗三食三燕、侯伯再饗再食再燕、子男一饗一食一燕、

諸侯覲于天子。為宮方三百步。四門。壇十有二尋。深四尺。加方明于其上。

四時朝覲受之於廟、此謂時會殷同也、宮謂壝土為埒、以象牆壁也、為宮者於國外、春會同則於東方、夏會同則於南方、秋會同則於西方、冬會同則於北方、八尺曰尋、十有二尋則方九十六尺也、深謂高也、從上曰深、司儀職曰、為壇三成、成猶重也、三重者、自下差之為三等、而上有堂焉、堂上方二丈四尺、上等中等下等每面十二尺、方明者、上下四方神明之象也、上下四方之神者、所謂神明也、會同而盟、明神監之、則謂之天之司盟、有象者、猶宗廟之有主乎、王巡守至于方嶽之下、諸侯會之、亦為此宮以見之、司儀職曰、將會諸侯、則命為壇三成、宮旁一門、詔王儀南鄉見諸侯也、壝以垂反、埒音劣

方明者。木也。方四尺。設六色。東方青。南方赤。西方白。北方黑。上玄下黃。設六玉。上圭下璧。南方璋。西方琥。北方璜。東方圭。

六色象其神、六玉以禮之、上宜以蒼璧、下宜以黃琮、而不以者、則上下之神、非天地之至貴者也、設玉者、刻其木而著之、

上介皆奉其君之旂。置于宮。尚左。公侯伯子男皆就其旂而立。

置於宮者、建之、豫為其君見王之位也、諸公中階之前、北面東上、諸侯東階之東、西面北上、諸伯西階之西、東面北上、諸子門東、北面東上、諸男門西、北面東上、尚左者、建旂、公東上、侯先伯、伯先子、子先男、而位皆上東方也、諸侯入壝門、或左或右、各就其旂而立、王降階南鄉見之、三揖、土揖庶姓、時揖異姓、天揖同姓、見揖位乃定、古文尚作上、

四傳擯。

王既揖五者升壇、設擯升諸侯以會同之禮、其奠瑞玉及享幣、公拜於上等、侯伯於中等、子男於下等、擯者每延之升堂致命、王受玉撫玉、降拜於下等、及請事勞者、如覲禮、是以記之、覲云四傳擯者、每一位畢、擯者以告、乃更陳列而升其次、公也、侯也、伯也、各一位、子男俠門而俱東上、亦一位也、至庭乃設擯、則諸侯初入門、王官之伯帥之耳、古文傳作傳、

天子乘龍載大旂象日月升龍降龍出拜日於東門之外反祀方明。

此謂會同以春者也馬八尺以上爲龍大旂大常也王建大常縿首畫日月其下及旒交畫升龍降龍朝事儀曰天子冕而執鎭圭尺有二寸繅藉尺有二寸搢大圭乘大路建大常十有二旒樊纓十有二就貳車十有二乘帥諸侯而朝日於東郊所以教尊尊也退而朝諸侯由此二者言之已祀方明乃以會同之禮見諸侯也凡會同者不協而盟司盟職曰凡邦國有疑會同則掌其盟約之載書及其禮儀北面詔明神既盟則藏之言北面詔明神則明神有象也象者其方明乎及盟時又加於壇上乃以載辭告焉詛祝掌其祝號

禮日於南門外禮月與四瀆於北門外禮山川丘陵於西門外。

此謂會同以夏冬秋者也變拜言禮者容祀也禮月於北郊者月大陰之精以爲地神也盟神必云日月山川焉者尚著明也

詩曰謂予不信有如皦日春秋傳曰縱子忘之山川神祇其忘諸乎此皆用明神爲信也

祭天燔柴祭山丘陵升祭川沈祭地瘞。

升沈必就祭者也就祭則是謂王巡守及諸侯之盟祭也其盟揭其著明者燔柴升沈瘞祭禮終矣備矣郊特牲曰郊之祭也迎長日之至也大報天而主日也宗伯職曰以實柴祀日月星辰則燔柴祭天謂祭日也柴爲祭日則祭地瘞者祭月也日月而云天地靈之也王制曰王巡守至于岱宗柴是王巡守之盟其神主日也春秋傳曰晉文公爲踐土之盟而傳云山川之神是諸侯之盟其神主山川也月者太陰之精上爲天使臣道莫貴焉是王官之伯會諸侯而盟其神主月與古文瘞作殪〇揭苦蓋反

記几俟于東箱。

工祝席乃設之也東箱東夾之前相翔待事之處

偏駕不入王門。

左旁與己同曰偏同姓金輅異姓象輅四衞革輅蕃國木輅駕之與王同謂之偏駕不入王門乘墨車以朝是也偏駕之車舍之於館與

奠圭于繅上。

謂釋於地也

儀禮卷十一

漢大司農北海鄭　玄註

皇明　後學東吳金　蟠訂

喪服第十一　子夏傳

喪服

斬衰裳苴絰杖絞帶冠繩纓菅屨者

者者明為下出也凡服上曰衰下曰裳麻在首在要皆曰絰絰之言實也明孝子有忠實之心首絰象緇布冠之缺項要絰象大帶又有絞帶象革帶齊衰以下用布○衰七回反絞戶交反一如字菅古顏反

傳曰斬者何不緝也苴絰者麻之有蕡者也苴絰大搹左本在下

去五分一以為帶齊衰之絰斬衰之帶也去五分一以為帶大功之絰齊衰之帶也去五分一以為帶小功之絰大功之帶也去五分一以為帶緦麻之絰小功之帶也去五分一以為帶苴杖竹也削杖桐也杖各齊其心皆下本杖者何爵也無爵而杖者何擔主也非主而杖者何輔病也童子何以不杖不能病也婦人何以不杖亦不能病也

盈手曰搹搹扼也中人之扼圍九寸以五分一為殺者象五服之數也爵謂天子諸侯卿大夫士也無爵謂庶人也擔猶假也無爵者假之以杖尊其為主也非主謂衆子也○蕡扶云反搹音革去起呂反擔市艷反

絞帶者繩帶也冠繩纓條屬右縫冠六升外畢鍛而勿灰衰三升

菅屨者菅菲也外納

屬猶著也通屈一條繩為武垂下為纓著之冠也布八十縷為升升字當為登登成也今之禮皆以登為升俗誤已行久矣雜記曰喪冠條屬以別吉凶三年之練冠亦條屬右縫小功以下左縫外畢者冠前後屈而出縫於武也○屬音燭衆並如字升音登鍛丁亂反

居倚廬寢苫枕塊哭晝夜無時歠粥朝一溢米夕一溢米寢不脫絰帶既虞翦屏柱楣寢有席疏食水飲朝一哭夕一哭而已既練舍外寢始食菜果飯素食哭無時

二十兩曰溢為米一升二十四分升之一楣謂之梁柱楣所謂梁闇疏猶麤也舍外寢於中門之外屋下壘墼為之不塗塈所謂堊室也素猶故也謂復平生時食也斬衰不書受月者天子諸侯卿大夫士虞卒哭異數○苫失占反歠昌悅反楣亡悲反

疏食音嗣闇烏南反墼古狄反

父傳曰為父何以斬衰也父至尊也

諸侯為天子傳曰天子至尊也

君傳曰君至尊也

天子諸侯及卿大夫有地者皆曰君

父為長子

不言嫡子通上下也亦言立嫡以長○長丁丈反

傳曰何以三年也正體於上又乃將所傳重也庶子不得為長子三年不繼祖也

此言爲父後者，然後爲長子三年，重其當先祖之正體，又以其將代已爲宗廟主也。庶子者，爲父後者之弟也。言庶者，遠別之也。小記曰：不繼祖與禰。此但言祖不言禰，容祖禰共廟。

爲人後者。傳曰：何以三年也。受重者必以尊服服之。何如而可爲之後。同宗則可爲之後。何如而可以爲人後。支子可也。爲所後者之祖父母、妻、妻之父母、昆弟、昆弟之子若子。

若子者，爲所爲後之親如親子。

妻爲夫。傳曰：夫至尊也。

妾爲君。傳曰：君至尊也。

妾謂夫爲君者，不得體之，加尊之也。雖士亦然。

女子子在室爲父。

女子子者，女也，別於男子也。言在室者，關已許嫁。

布總、箭笄、髽、衰，三年。

此妻妾女子子喪服之異於男子者。總，束髮，謂之總者，旣束其本，又總其末。箭笄，篠也。髽，露紒也，猶男子之括髮。斬衰括髮以麻，則髽亦用麻也。蓋以麻自項而前，交於額上，卻繞紒，如著幓頭焉。小記曰：男子冠而婦人笄，男子免而婦人髽。凡服，上曰衰，下曰裳。此但言衰不言裳，婦人不殊裳，衰如男子衰，下如深衣，深衣則衰無帶，下又無衽。○總，子孔反。笄音雞。髽，側瓜反。篠，素了反。紒音計。著，丁略反。幓，七消反。冠，古亂反。

傳曰：總六升，長六寸。箭笄長尺，吉笄尺二寸。

總六升者，首飾象冠數。長六寸，謂出紒後所垂爲飾也。

子嫁，反在父之室，爲父三年。

謂遭喪後而出者，始服齊衰期，出而虞，則受以三年之喪；受旣虞而出，則小祥亦如之；旣除喪而出，則已。凡女行於大夫以上曰嫁，行於士庶人曰適人。

公士大夫之衆臣，爲其君布帶、繩屨。

士，卿士也。公卿大夫厭於天子諸侯，故降其衆臣，布帶繩屨。貴臣得伸，不奪其正。○厭，一葉反。

傳曰：公卿大夫室老、士，貴臣。其餘皆衆臣也。君，謂有地者也。衆臣杖，不以卽位。近臣，君服斯服矣。繩屨者，繩菲也。

室老，家相也。士，邑宰也。近臣，閽寺之屬。君，嗣君也。斯，此也。近臣從君，喪服無所降也。繩菲，今時不借也。

疏衰裳齊、牡麻絰、冠布纓、削杖、布帶、疏屨，三年者。

疏猶麤也。

傳曰：齊者何？緝也。牡麻者，枲麻也。牡麻絰，右本在上。冠者，沽功也。疏屨者，藨蒯之菲也。

沽，猶麤也。冠尊，加其麤。麤功，大功也。齊衰不書受月者，亦天子諸侯卿大夫士虞卒哭異數。○枲，思似反。沽音古，後同。藨，皮表反。

父卒則爲母。

尊得伸也。

繼母如母。傳曰：繼母何以如母？繼母之配父與因母同，故孝子不敢殊也。

因猶親也、

慈母如母。傳曰。慈母者何也。傳曰。妾之無子者。妾子之無母者。父命妾曰。女以為子。命子曰。女以為母。若是則生養之終其身。慈母死則喪之三年如母。貴父之命也。

此謂大夫之妾也、不命則亦服庶母慈己之服可也、大夫之妾子、父在為母大功、則士之妾子為母期矣、父卒則皆得伸也、

母為長子。傳曰。何以三年也。父之所不降。母亦不敢降也。

不敢降者、不敢以己尊降祖禰之正體、

疏衰裳齊、牡麻絰、冠布纓、削杖、布帶、疏屨、期者。傳曰。問者曰。何冠也。曰。齊衰大功。冠其受也。緦麻小功。冠其衰也。帶緣各視其冠。

問之者、斬衰有二、其冠同、今齊衰有四章、不知其冠之異同爾、緣如深衣之緣、今文無冠布纓、○緣以絹反

父在為母。傳曰。何以期也。屈也。至尊在。不敢伸其私尊也。父必三年然後娶。達子之志也。

妻。傳曰。為妻何以期也。妻至親也。

適子父在則為妻不杖、以父為之主也、服問曰、君所主夫人妻大子適婦、父在子為妻以杖即位、謂庶子、

出妻之子為母。

出猶去也、

傳曰。出妻之子為母期。則為外祖父母無服。傳曰。絕族無施服。親者屬。出妻之子為父後者。則為出母無服。傳曰。與尊者為一體。不敢服其私親也。

在旁而及曰施、親者屬、母子至親、無絕道、○施以被反

父卒。繼母嫁。從。為之服。報。傳曰。何以期也。貴終也。

嘗為母子、貴終其恩、

不杖麻屨者。

此亦齊衰、言其異於上、

祖父母。傳曰。何以期也。至尊也。

世父母。叔父母。傳曰。世父叔父何以期也。與尊者一體也。然則昆弟之子何以亦期也。旁尊也。不足以加尊焉。故報之也。父子一體

也。夫妻一體也。昆弟一體也。故父子首足也。夫妻牉合也。昆弟四體也。故昆弟之義無分。然而有分者。則辟子之私也。子不私其父。則不成為子。故有東宮。有西宮。有南宮。有北宮。異居而同財。有餘則歸之宗。不足則資之宗。世母叔母何以亦期也。以名服也。

宗者、世父為小宗典宗事者也、資、取也、為姑在室亦如之、

大夫之適子為妻。

○適丁狄反　本又作嫡

傳曰。何以期也。父之所不降。子亦不敢降也。何以不杖也。父在則為妻不杖。

大夫不以尊降適婦者，重適也。凡不降者，謂如其親服服之。降有四品：君、大夫以尊降，公子、大夫之子以厭降，公之昆弟以旁尊降，爲人後者、女子子嫁者以出降。

昆弟。

昆，兄也。爲姊妹在室亦如之。

爲衆子。

衆子者，長子之弟及妾子，女子在室亦如之。士謂之衆子，未能遠別也。大夫則謂之庶子，降之爲大功。天子國君不服之。內則曰：冢子未食而見，必執其右手；適子庶子已食而見，必循其首。

昆弟之子。傳曰。何以期也。報之也。

檀弓曰：喪服兄弟之子猶子也，蓋引而進之。

大夫之庶子爲適昆弟。

兩言之者，適子或爲兄，或爲弟。

傳曰。何以期也。父之所不降。子亦不敢降也。

大夫雖尊，不敢降其適，重之也。適子爲庶昆弟，庶昆弟相爲，亦如大夫爲之。

適孫。傳曰。何以期也。不敢降其適也。有適子者無適孫。孫婦亦如之。

周之道，適子死，則立適孫，是適孫將上爲祖後者也。長子在，則皆爲庶孫耳。孫婦亦如之，適婦在，亦爲庶孫之婦。凡父於將爲後者，非長子，皆期也。

爲人後者。爲其父母報。傳曰。何以期也。不貳斬也。何以不貳斬也。持重於大宗者。降其小宗也。爲人後者孰後。後大宗也。曷爲後大宗。大宗者。尊之統也。禽獸知母而不知父。野人曰。父母何算焉。都邑之士則知尊禰矣。大夫及學士。則知尊祖矣。諸侯及其大祖。天子及其始祖之所自出。尊者尊統上。卑者尊統下。大宗者尊之統也。大宗者收族者也。不可以絕。故族人以支子後大宗也。適子不得後大宗。

都邑之士則知尊禰，近政化也。大祖，始封之君。始祖者，感神靈而生，若稷契也。自，由也。及始祖之所由出，謂祭天也。上猶遠也，下猶近也。收族者，謂別親疎，序昭穆。大傳曰：繫之以姓而弗別，綴之以食而弗殊，雖百世婚姻不通者，周道然也。○大祖音泰。

女子子適人者。爲其父母昆弟之爲父後者。傳曰。爲父何以期也。

婦人不貳斬也。婦人不貳斬者何也。婦人有三從之義。無專用之道。故未嫁從父。既嫁從夫。夫死從子。故父者子之天也。夫者妻之天也。婦人不貳斬者。猶曰不貳天也。婦人不能二尊也。爲昆弟之爲父後者何以亦期也。婦人雖在外。必有歸宗。曰小宗。故服期也。

從者，從其教令。歸宗者，父雖卒，猶自歸宗，其爲父後服重者，不自絕於其族類也。曰小宗者，言是乃小宗也。小宗明非一也，小宗有四，丈夫婦人之爲小宗，各如其親之服，避大宗。

繼父同居者。傳曰。何以期也。傳曰。夫死妻穉子幼。子無大功之親。與之適人。而所適者亦無大功之親。所適者以其貨財爲之築宮廟。歲時使之祀焉。妻不敢與焉。若是則繼父之道也。同居則服齊衰期。異居則服齊衰三月。必嘗同居。然後爲異居。未嘗同居。則不爲異居。

妻穉、謂年未滿五十、子幼、謂年十五以下、子無大功之親、謂同財者也、爲之築宮廟於家門之外、神不歆非族、妻不敢與焉、恩雖至親族已絕矣、夫不可二、此以恩服爾、未嘗同居則不服之、○適人施隻反

爲夫之君。傳曰。何以期也。從服也。

姑姊妹女子子適人無主者。姑姊妹報。傳曰。無主者。謂其無祭主者也。何以期也。爲其無祭主故也。

無主後者、人之所哀憐、不忍降之、

爲君之父母妻長子祖父母。傳曰。何以期也。從服也。父母長子君

服斬。妻則小君也。父卒然後爲祖後者服斬。

此爲君矣而有父若祖之喪者、謂始封之君也、若是繼體則其父若有廢疾不立、父卒者、父爲君之孫宜嗣位而早卒、今君受國於曾祖、

妾爲女君。傳曰。何以期也。妾之事女君。與婦之事舅姑等。

女君、君適妻也、女君於妾無服、報之則重、降之則嫌、

婦爲舅姑。傳曰。何以期也。從服也。

夫之昆弟之子。

男女皆是、

傳曰。何以期也。報之也。

公妾大夫之妾爲其子。傳曰。何以期也。妾不得體君。爲其子得遂也。

此言二妾不得從於女君尊降其子也、女君與君一體、唯爲長子三年、其餘以尊降之、與妾子同也、

女子子爲祖父母。傳曰。何以期也。不敢降其祖也。

經似在室、傳似已嫁、明雖有出道、猶不降、

大夫之子。爲世父母叔父母子昆弟昆弟之子。姑姊妹女子子無主者。爲大夫命婦者。唯子不報。

命者加爵服之名、自士至上公凡九等、君命其夫則后夫人亦命其妻矣、此所爲者凡六命夫六命婦、

傳曰。大夫者。其男子之爲大夫者也。命婦者。其婦人之爲大夫妻

者也。無主者。命婦之無祭主者也。何以言唯子不報也。女子子適人者爲其父母期。故言不報也。言其餘皆報也。何以期也。父之所不降。子亦不敢降也。大夫曷爲不降命婦也。夫尊於朝。妻貴於室矣。

無主者、命婦之無祭主、謂姑姊妹女子子也、其有祭主者如衆人、唯子不報、男女同不報爾、傳唯據女子子、似失之矣、大夫曷爲不降命婦、據大夫於姑姊妹女子子、既已出降大功、其適士者又以尊降在小功也、夫尊於朝與已同、婦貴於室從夫爵也、

大夫爲祖父母適孫爲士者。傳曰。何以期也。大夫不敢降其祖與適也。

不敢降其祖與適、則可降其旁親也、

公妾以及士妾爲其父母。傳曰。何以期也。妾不得體君。得爲其父母遂也。

然則女君有以尊降其父母者與、春秋之義、雖爲天王后、猶曰吾季姜、是言子尊不加於父母、此傳似誤矣、禮妾從女君而服其黨服、是嫌不自服其父母、故以明之、

疏衰裳齊。牡麻絰。無受者。

無受者、服是服而除、不以輕服受之、不著月數者、天子諸侯葬異月也、小記曰、齊衰三月與大功同者繩屨、

寄公爲所寓。

寓亦寄也、爲所寄之國君服、

傳曰。寄公者何也。失地之君也。何以爲所寓服齊衰三月也。言與民同也。

諸侯五月而葬、而服齊衰三月者、三月而藏其服、至葬又更服之、既葬而除之、

丈夫婦人爲宗子宗子之母妻。

婦人、女子子在室、及嫁歸宗者也、宗子、繼別之後、百世不遷、所謂大宗也、

傳曰。何以服齊衰三月也。尊祖也。尊祖故敬宗。敬宗者。尊祖之義也。宗子之母在則不爲宗子之妻服也。

爲舊君。君之母妻。傳曰。爲舊君者孰謂也。仕焉而已者也。何以服齊衰三月也。言與民同也。君之母妻則小君也。

仕焉而已者、謂老若有廢疾而致仕者也、爲小君服者、恩深於民、

庶人爲國君。

不言民而言庶人、庶人或有在官者、天子畿內之民服天子、亦如之、

大夫在外。其妻長子爲舊國君。

在外、待放已去者、

傳曰。何以服齊衰三月也。妻言與民同也。長子言未去也。

妻雖從夫而出、古者大夫不外娶、婦人歸宗、往來猶民也、春秋傳曰、大夫越境逆女非禮、君臣有合離之義、長子去、可以無服、

繼父不同居者。

嘗同居、今不同、

曾祖父母。傳曰。何以齊衰三月也。小功者。兄弟之服也。不敢以兄弟之服服至尊也。

正言小功者、服之數盡於五、則高祖宜緦麻、曾祖宜小功也、據祖期、則曾祖大功、高祖宜小功也、高祖曾祖皆有小功之差、則曾孫玄孫爲之服同也、重其衰麻、尊尊也、減其日月、恩殺也、

大夫爲宗子。傳曰。何以服齊衰三月也。大夫不敢降其宗也。

舊君。

大夫待放未去者、

傳曰。大夫爲舊君。何以服齊衰三月也。大夫去君歸其宗廟。故服齊衰三月也。言與民同也。何大夫之謂乎。言其以道去君而猶未絕也。

以道去君謂三諫不從待放於郊未絕者言爵祿尚有列於朝出入有詔於國妻子自若民也、

曾祖父母為士者如衆人。傳曰。何以齊衰三月也。大夫不敢降其祖也。

女子子嫁者未嫁者為曾祖父母。傳曰。嫁者。其嫁於大夫者也。未嫁者。其成人而未嫁者也。何以服齊衰三月。不敢降其祖也。

言嫁于大夫者明雖尊猶不降也、成人謂年二十已笄醴者也、此者不降明有所降、

大功布衰裳。牡麻絰無受者。

大功布者其鍛治之功、麤沽之、

子女子子之長殤中殤。

殤者男女未冠笄而死可殤者女子子許嫁不為殤也、

傳曰。何以大功也。未成人也。何以無受也。喪成人者其文縟。喪未成人者其文不縟。故殤之絰不樛垂。蓋未成人也。年十九至十六為長殤。十五至十二為中殤。十一至八歲為下殤。不滿八歲以下為無服之殤。無服之殤以日易月。以日易月之殤。殤而無服。故子生三月。則父名之。死則哭之。未名則不哭也。

縟猶數也、其文數者謂變除之節也、不樛垂者不絞其帶之垂者、雜記曰大功以上散帶、以日易月、謂生一月者哭之一日也、殤而無服者哭之而已、為昆弟之子女子子亦如之、凡言子者可以兼男女、又云女子子者殊之以子關適庶也、○樛居虯反

叔父之長殤中殤。姑姊妹之長殤中殤。昆弟之長殤中殤。夫之昆弟之子女子子之長殤中殤。適孫之長殤中殤。大夫之庶子為適昆弟之長殤中殤。公為適子之長殤中殤。大夫為適子之長殤中殤。

公君也、諸侯大夫不降適殤者重適也、天子亦如之、

其長殤皆九月。纓絰。其中殤七月。不纓絰。

絰有纓者為其重也、自大功以上絰有纓以一條繩為之、小功已下絰無纓也、

大功布衰裳。牡麻絰纓。布帶。三月。受以小功衰。即葛。九月者。

受猶承也、凡天子諸侯卿大夫既虞士卒哭而受服、正言三月者天子諸侯無大功、主於大夫士也、此雖有君為姑姊妹女子子嫁於國君者、非內喪也、

傳曰。大功布九升。小功布十一升。

此受之下也、以發傳者明受盡於此也、又受麻絰以葛絰、間傳曰大功之葛與小功之麻同、

姑姊妹女子子適人者。傳曰。何以大功也。出也。

出必降之者、蓋有受我而厚之者、

從父昆弟。

世父叔父之子也、其姊妹在室亦如之、

為人後者為其昆弟。傳曰。何以大功也。為人後者降其昆弟也。

庶孫。

男女皆是、下殤小功章曰為姪庶孫丈夫婦人同、

適婦。

適婦適子之妻、

傳曰何以大功也。不降其適也。

婦言適者、從夫名、

女子子適人者。爲衆昆弟。

父在則同父沒乃爲父後者服期也、

姪丈夫婦人報。

爲姪男女服同、

傳曰。姪者何也。謂吾姑者吾謂之姪。

夫之祖父母。世父母。叔父母。傳曰。何以大功也。從服也。夫之昆弟何以無服也。其夫屬乎父道者。妻皆母道也。其夫屬乎子道者。妻皆婦道也。謂弟之妻婦者。是嫂亦可謂之母乎。故名者。人治之大者也可無愼乎。

道猶行也、謂弟之妻爲婦者卑遠之故謂之婦、嫂者尊嚴之稱嫂猶叟也、叟老人稱也、是爲序男女之別爾若已以母婦之服服兄弟之妻兄弟之妻以舅子之服服已則是亂昭穆之序也、治猶理也、父母兄弟夫婦之理、人倫之大者可不愼乎、大傳曰、同姓從宗合族屬異姓主名治際會名著而男女有別、

大夫爲世父母。叔父母子昆弟。昆弟之子爲士者。

子謂庶子、

傳曰何以大功也。尊不同也。尊同則得服其親服。

尊同謂亦爲大夫者親服期、

公之庶昆弟。大夫之庶子。爲母妻昆弟。

公之庶昆弟、則父卒也、大夫之庶子、則父在也、其或爲母、謂妾子也、

傳曰。何以大功也。先君餘尊之所厭。不得過大功也。大夫之庶子則從乎大夫而降也。父之所不降。子亦不敢降也。

言從乎大夫而降、則於父卒如國人也、昆弟、庶昆弟也、舊讀昆弟在下、其於厭降之義宜蒙此傳也、是以上而同之父所不降謂適也、

皆爲其從父昆弟之爲大夫者。

皆者、言其互相爲服、尊同則不相降、其爲士者降在小功、適子爲之亦如之、

爲夫之昆弟之婦人子適人者。

婦人者、女子子也、不言女子子者因出見恩疏、

大夫之妾。爲君之庶子。

下傳曰、何以大功也、妾爲君之黨服得與女君同指爲此也、妾爲君之長子亦三等自爲其子期異於女君也、士之妾爲君之衆子亦期、

女子子嫁者未嫁者。爲世父母叔父母姑姊妹。

舊讀合大夫之妾爲君之庶子女子子嫁者未嫁者、言大夫之妾爲此三人之服也、

傳曰。嫁者其嫁於大夫者也。未嫁者成人而未嫁者也何以大功

也。妾爲君之黨服得與女君同。下言爲世父母叔父母姑姊妹者。

謂妾自服其私親也。

此不辭即實爲妾遂自服其私親當言其以見之齊衰三月章
曰女子子嫁者未嫁者爲曾祖父母經與此同足以見之矣傳
所云何以大功也妾爲君之黨服得與女君同文爛在下
爾女子子成人者有出道降旁親及將出者明當及時也

大夫大夫之妻大夫之子公之昆弟爲姑姊妹女子子嫁於大夫者。

君爲姑姊妹女子子嫁於國君者。傳曰何以大功也。尊同也。尊同則得服其親服。諸侯之子稱公子。公子不得禰先君。公子之子稱公孫。公孫不得祖諸侯。此自卑別於尊者也。若公子之子孫有封

爲國君者。則世世祖是人也。不祖公子。此自尊別於卑者也。是故始封之君不臣諸父昆弟。封君之子不臣諸父而臣昆弟。封君之孫盡臣諸父昆弟。故君之所爲服子亦不敢不服也。君之所不服子亦不敢服也。

不得禰不得祖者不得立其廟而祭之也卿大夫已下祭其祖
禰則世世祖是人不得祖公子者後世爲君者祖此受封之君
不得祀別子也公子若在高祖以下則如其親服後世
遷之乃毀其廟爾因國君以尊降其親故終說此義云

繐衰裳牡麻絰既葬除之者。

○繐音歲

傳曰繐衰者何以小功之繐也。

治其縷如小功而成布四升半細其縷者以恩輕也升數
少者以服至尊也凡布細而疏者謂之繐今南陽有鄧繐

諸侯之大夫爲天子。傳曰何以繐衰也。諸侯之大夫以時接見乎天子。

接猶會也諸侯之大夫以時會見於
天子而服之則其士庶民不服可知

小功布衰裳澡麻帶絰五月者。

澡者治去莩垢不絕其本也小記曰下殤小功帶澡麻
不絕其本屈而反以報之○澡音早去起呂反莩音敷

叔父之下殤。

適孫之下殤。

昆弟之下殤。

大夫庶子爲適昆弟之下殤。

爲姑姊妹女子子之下殤。

爲人後者爲其昆弟從父昆弟之長殤。傳曰問者曰中殤何以不見也。大功之殤中從上。小功之殤中從下。

問者據從父昆弟之下殤在緦麻也大功小功皆謂服其成人
也大功之殤中從上則齊衰之殤亦中從上也此主謂丈夫之
爲殤者服也凡不
見者以此求之也

爲夫之叔父之長殤。

不見中殤者
中從下也

昆弟之子。女子子。夫之昆弟之子。女子子之下殤。爲姪庶孫丈夫

婦人之長殤。

大夫公之昆弟大夫之子。爲其昆弟庶子姑姊妹女子子之長殤。

大夫爲昆弟之長殤小功、謂爲士者若不仕者也、以此知爲大夫無殤服也、公之昆弟不言庶者此無服無所見也、大夫之子不言庶者關適子亦服此殤也、云公之昆弟爲庶子之長殤則知公之昆弟猶大夫、

大夫之妾。爲庶子之長殤。

君之庶子、

小功布衰裳牡麻絰。即葛五月。

即就也、小功輕三月變麻因故衰以就葛絰帶而五月也、間傳曰小功之葛與緦之麻同、舊說小功以下吉屨無絇也、

從祖祖父母。從祖父母報。

祖父之昆弟之親、

從祖昆弟。

父之從父昆弟之子、

從父姊妹。

父之昆弟之女、

孫適人者。

孫者子之子、女孫在室亦大功也、

爲人後者爲其姊妹適人者。

不言姑者舉其親者、而恩輕者降可知、

爲外祖父母。傳曰。何以小功也。以尊加也。

從母丈夫婦人報。

從母母之姊妹、

傳曰。何以小功也。以名加也。外親之服皆緦也。

外親異姓、正服不過緦、丈夫婦人姊妹之子男女同、

夫之姑姊妹娣姒婦報。

夫之姑姊妹不殊在室及嫁者因恩輕略從降、

傳曰。娣姒婦者弟長也。何以小功也。以爲相與居室中。則生小功之親焉。

娣姒婦者兄弟之妻相名也、長婦謂穉婦爲娣婦、娣婦謂長婦爲姒婦、

大夫大夫之子公之昆弟。爲從父昆弟庶孫姑姊妹女子子適士者。

從父昆弟及庶孫亦謂爲士者、

大夫之妾爲庶子適人者。

君之庶子女子子也、庶女子子在室大功、其嫁於大夫亦大功、

庶婦。

夫將不受重者、

君母之父母從母。

君母父之適妻也、從母君母之姊妹、

傳曰。何以小功也。君母在則不敢不從服。君母不在則不服。

不敢不服者恩實輕也、凡庶子爲君母如適子、

君子子爲庶母慈己者

君子子者大夫及公子之適妻子、

傳曰。君子子者貴人之子也。爲庶母何以小功也。以慈己加也、

云君子子者則父在也、父沒則不服之矣、以慈己加、則君子子亦以士禮爲庶母緦也、內則曰、異爲孺子室於宮中、擇於諸母與可者、必求其寬裕慈惠溫良恭敬愼而寡言者、使爲子師、其次爲慈母、其次爲保母、皆居子室、他人無事不往、又曰、大夫之子有食母、庶母慈己者、此之謂也、其不慈己、則緦可矣、不言師保、慈母居中、服之可知也、國君世子生、卜士之妻、大夫之妾、使食子、三年而出、見於公宮則劬、非慈母也、士之妻自養其子、

緦麻三月者

緦麻布衰裳而麻絰帶也、不言衰絰、略輕服省文、

傳曰。緦者十五升抽其半。有事其縷無事其布曰緦。

謂之緦者、治其縷細如絲也、或曰有絲、朝服用布、何衰用絲乎、抽猶去也、雜記曰、緦冠繰纓。○朝直遙反、後放此

族曾祖父母。

族祖父母。

族父母。

族昆弟。

族曾祖父者曾祖昆弟之親也、族祖父者亦高祖之孫、則高祖有服明矣、

庶孫之婦。庶孫之中殤。

庶孫者成人大功、其殤中從上、此當爲下殤、言中殤者字之誤爾、又諸言中者皆連上下也、

從祖姑姊妹適人者報。從祖父從祖昆弟之長殤。

不見中殤、中從下、

外孫。

女子子之子、

從父昆弟姪之下殤。夫之叔父之中殤下殤。

言中殤者、中從下、

從母之長殤報。

庶子爲父後者爲其母。傳曰。何以緦也。傳曰。與尊者爲一體。不敢服其私親也。然則何以服緦也。有死於宮中者。則爲之三月不舉祭。因是以服緦也。

君卒、庶子爲母大功、大夫卒、庶子爲母三年、士雖在、庶子爲母皆如衆人、

士爲庶母。傳曰。何以緦也。以名服也。大夫以上。爲庶母無服。

貴臣貴妾

此謂公士大夫之君也、殊其臣妾貴賤而爲之服、貴臣室老士也、貴妾姪娣也、天子諸侯降其臣妾無服、士卑無臣、則士妾又賤、不足殊、有子則爲之緦、無子則已、

傳曰何以緦也以其貴也。

乳母。謂養子者有他故、賤者代之慈己、

傳曰何以緦也以名服也。

從祖昆弟之子。族父母爲之服、

曾孫。孫之子、

父之姑。歸孫爲祖父之姊妹、

從母昆弟。傳曰何以緦也以名服也。

甥。姊妹之子、

傳曰甥者何也謂吾舅者吾謂之甥何以緦也報之也。

壻。女子子之夫也、

傳曰何以緦也報之也。

妻之父母。傳曰何以緦從服也。從于妻而服之、

姑之子。外兄弟也、

傳曰何以緦報之也。

舅。母之兄弟、

傳曰何以緦從服也。從於母而服之、

舅之子。內兄弟也、

傳曰何以緦從服也。

夫之姑姊妹之長殤。

夫之諸祖父母。諸祖父母者夫之所爲小功從祖祖父母外祖父母或曰曾祖父母曾祖於曾孫之婦無服而云報乎曾祖父母正服小功妻從服緦、

君母之昆弟。傳曰何以緦從服也。從於君母而服緦也君母在則不敢不從服君母卒則不服也、

從父昆弟之子之長殤昆弟之孫之長殤爲夫之從父昆弟之妻。

傳曰。何以緦也。以爲相與同室。則生緦之親焉。長殤中殤降一等。下殤降二等。齊衰之殤中從上。大功之殤中從下。

同室者。不如居室之親也。齊衰大功。皆服其成人也。大功之殤中從下。則小功之殤亦中從下也。此主謂妻爲夫之親服也。凡不見者。以此求之。

記。

公子爲其母練冠。麻。麻衣縓緣。爲其妻縓冠。葛絰帶。麻衣縓緣。皆既葬除之。

公子。君之庶子也。其或爲母。謂妾子也。麻者。緦麻之絰帶也。此麻衣者。如小功布深衣。爲不制衰裳變也。詩云。麻衣如雪。縓。淺絳也。一染謂之縓。練冠而麻衣縓緣。三年練之受飾也。檀弓曰。練。練衣黃裏縓緣。諸侯之妾子厭於父。爲母不得伸。權爲制此

服。不奪其恩也。爲妻縓冠葛絰帶。妻輕。

傳曰。何以不在五服之中也。君之所不服。子亦不敢服也。君之所爲服。子亦不敢不服也。

君之所不服。謂妾與庶婦也。君之所爲服。謂夫人與適婦也。諸侯之妾貴者視卿。賤者視大夫。皆三月而葬。

大夫公之昆弟大夫之子。於兄弟降一等。

兄弟。猶言族親也。凡不見者。以此求之也。

爲人後者於兄弟降一等。報。於所爲後之兄弟之子若子。

言報者。嫌其爲宗子不降。

兄弟皆在他邦。加一等。不及知父母。與兄弟居。加一等。

皆在他邦。謂行仕出遊若辟仇。不及知父母。父母早卒。

傳曰。何如則可謂之兄弟。傳曰。小功以下爲兄弟。

於此發兄弟傳者。嫌大功已上又加也。大功以上若皆在他國。則親自親矣。若不及知父母。則固同財矣。

朋友皆在他邦。袒免。歸則已。

謂服無親者。當爲之主。每至袒時則袒。袒則去冠。代之以免。舊說云。以爲免象冠。廣一寸。已。猶止也。歸有主則止也。主若幼少。則未止。小記曰。大功者主人之喪。有三年者。則必爲之再祭。朋友虞祔而已。

朋友麻。

朋友雖無親。有同道之恩。相爲服緦之絰帶。檀弓曰。群居則絰。出則否。其服。弔服也。周禮曰。凡弔。當事則弁絰。其服有三。錫衰也。緦衰也。疑衰也。王爲三公六卿錫衰。爲諸侯緦衰。爲大夫士疑衰。諸侯及卿大夫亦以緦衰爲弔服。當事則弁絰。否則皮弁。

辟天子也。士以緦衰爲喪服。其弔服則疑衰也。舊說以爲士弔服布上素下。或曰素委貌。加朝服。論語曰。羔裘玄冠不以弔。何朝服之有乎。然則二者皆有似也。此實疑衰也。其弁絰。皮弁之時則如卿大夫。然又改其裳以素。辟諸侯也。朋友之相爲服。即士弔服。疑衰素裳。庶人不爵弁。則其冠素委貌。

君之所爲兄弟服。室老降一等。

公士大夫之君。

夫之所爲兄弟服。妻降一等。

庶子爲後者。爲其外祖父母從母舅無服。不爲後。如邦人。

宗子孤爲殤。大功衰。小功衰。皆三月。親則月算如邦人。

言孤。有不孤者。不孤則族人不爲殤服服之也。不孤。謂父有廢疾。若年七十而老。子代主宗事者也。孤爲殤。長殤中殤大功衰。

下殤小功衰皆如殤服而三月謂與宗子絕屬者也親謂在五屬之內算數也月數如邦人者與宗子有期之親者成人服之齊衰期長殤大功衰九月中殤大功衰七月下殤小功衰五月有大功之親者成人服之齊衰三月卒哭受以大功衰九月其長殤中殤大功衰五月下殤小功衰三月有小功之親者成人服之齊衰三月卒哭受以小功衰五月其殤與絕屬者同有緦麻之親者成人及殤皆與絕屬者同

改葬緦。

謂墳墓以他故崩壞將亡失尸柩者也改葬者明棺物毀敗改設之如葬時也其奠如大斂從廟之廟從墓之墓禮宜同也服緦者臣爲君也子爲父也妻爲夫也必服緦者親見尸柩不可以無服緦三月而除之

童子唯當室緦。

童子未冠之稱也當室者爲父後承家事者爲家主與族人爲禮於有親者雖恩不至不可以無服也

傳曰。不當室則無緦服也。

凡妾爲私兄弟如邦人。

嫌厭降之也私兄弟目其族親也女君有以尊降其兄弟者謂士之女爲大夫妻與大夫之女爲諸侯夫人諸侯之女爲天王后者父卒昆弟之爲父後者宗子亦不敢降也

大夫弔於命婦錫衰。命婦弔於大夫亦錫衰。

弔於命婦命婦死也弔於大夫大夫死也小記曰諸侯弔必皮弁錫衰服問曰公爲卿大夫錫衰以居出亦如之當事則弁絰大夫相爲亦然爲其妻往則服之出則否

傳曰。錫者何也。麻之有錫者也。錫者十五升。抽其半。無事其縷。有事其布曰錫。

謂之錫者治其布使之滑易也錫者不治其縷衰在內也緦者不治其布衰在外也君及卿大夫弔士唯當事皮弁錫衰而已士之相弔則如朋友服疑衰素裳凡婦人相弔吉笄無首素總

女子子適人者爲其父母。婦爲舅姑。惡笄有首以髽。卒哭子折笄首以笄布總。

言以髽則髽有著笄者明矣○折之設反著丁略反

傳曰。笄有首者。惡笄之有首也。惡笄者。櫛笄也。折笄首者。折吉笄之首也。吉笄者。象笄也。何以言子折笄首而不言婦。終之也。

櫛笄者以櫛之木爲笄或曰榛笄有首者若今時刻鏤摘頭矣卒哭而笄之大事畢女子子可以歸於夫家而著吉笄折其首者爲其大飾也吉笄尊變其尊者婦人之義也據在夫家宜言婦終之者終子道於父母之恩○櫛莊乙反榛莊巾反大音泰

妾爲女君君之長子惡笄有首布總。

凡衰外削幅裳內削幅幅三袧。

削猶殺也大古冠布衣布先知爲上外殺其幅以便體也後知爲下內殺其幅稍有飾也後世聖人易之以此爲喪服袧者謂辟兩側空中央也祭服朝服辟積無數凡裳前三幅後四幅也○袧音鉤又恪憂反殺色界反大音泰便婢面反辟音壁

若齊裳內衰外。

齊緝也凡五服之衰一斬四緝緝裳者內展之緝衰者外展之

負廣出於適寸。

負在背上者也適辟領也負出於辟領外旁一寸

適博四寸出於衰。

博、廣也。辟領廣四寸，則與闊中八寸也。兩之爲尺六寸也。出於衰者，旁出衰，不著寸數者，可知也。

衰長六寸，博四寸。

廣袤當心也。前有衰，後有負板，左右有辟領，孝子哀戚無所不在。

衣帶下尺。

衣帶下尺者，要也。廣尺，足以掩裳上際也。

衽二尺有五寸。

衽，所以掩裳際也。二尺五寸，與有司紳齊也。上正一尺，燕尾二尺五寸，凡用布三尺五寸。

袂屬幅。

屬猶連也。連幅，謂不削。

衣二尺有二寸。

此謂袂中也。言衣者，明與身參齊。二尺二寸，其袖足以容中人之肱也。衣自領至要二尺二寸，倍之四尺四寸，加闊中八寸，而又倍之，凡衰用布一丈四寸。

袪尺二寸。

袪，袖口也。尺二寸，足以容中人之併兩手也。吉時拱尚左手，喪時拱尚右手。○袪，魚起反

衰三升，三升有半。其冠六升。以其冠爲受，受冠七升。

衰，斬衰也。或曰三升半者，義服也。其冠六升，齊衰之下也。斬衰正服，變而受之此服也。三升、三升半，其受冠皆同，以服至尊，宜少差也。

齊衰四升，其冠七升。以其冠爲受，受冠八升。

言受以大功之上也。此謂爲母服也。齊衰正服五升，其冠八升；義服六升，其冠九升。亦以其冠爲受。凡不著之者，服之首主於父母。

繐衰四升有半，其冠八升。

此諸侯之大夫爲天子繐衰也。服在小功之上者，欲著其縷之精麤也。升數在齊衰之中者，不敢以兄弟之服服至尊也。

大功八升若九升，小功十升若十一升。

此以小功受大功之差也。不言七升者，主於受服，欲其文相值。言服降而在大功者，衰七升，正服衰八升，其冠皆十升；義服九升，其冠十一升。亦皆以其冠爲受也。斬衰受之以下，大功受之以正者，重者輕之，輕者從禮，聖人之意然也。其降而在小功者，衰十升，正服衰十一升，義服衰十二升，皆以即葛及緦麻無受也。此大功不言受者，其章既著之。

儀禮卷十一終

儀禮卷十二

士喪禮第十二

漢大司農北海鄭　玄
皇明　後學東吳葛　鼒訂

士喪禮。

死于適室。幠用斂衾。

適室、正寢之室也、疾者齊、故于正寢焉、疾時處北牖下、死而遷之南牖下、有牀衽、幠、覆也、斂衾、大斂所并用之衾、衾、被也、小斂之衾當陳、喪大記曰、始死、遷尸于牀、幠用斂衾、去死衣、○適丁狄反、幠火吳反

復者一人。以爵弁服。簪裳于衣。左何之。扱領于帶。

復者、有司招魂復魄也、天子則夏采祭僕之屬、諸侯則小臣爲之、爵弁服、純衣纁裳也、禮以冠名服、簪、連也、○何戶我反、又音河、扱初洽反、純側其反

升自前東榮中屋。北面招以衣。曰皋某復。三。降衣于前。

北面招、求諸幽之義也、皋、長聲也、某、死者之名也、復、反也、降衣、下之也、喪大記曰、凡復、男子稱名、婦人稱字、

受用篚。升自阼階。以衣尸。

受者、受之於庭也、復者其一人招、則受衣亦一人也、人君則司服受之、衣尸者、覆之、若得魂反之、○篚方鬼反、本或作匪

復者降自後西榮。

不由前降、不以虛反也、降因徹西北厞、若云此室凶、不可居然也、自是行死事、○厞扶味反、本或作扉、音非

楔齒用角柶。

爲將含、恐其口閉急也、○楔息結反、含户暗反、本亦作唅

綴足用燕几。

綴、猶拘也、爲將屨、恐其辟戾也、今文綴爲對、○綴丁劣反、劉張歲反

奠脯醢醴酒。升自阼階。奠于尸東。

鬼神無象、設奠以憑依之、

帷堂。

事小訖也、

乃赴于君。主人西階東。南面命赴者。拜送。

赴、告也、臣、君之股肱耳目、死當有恩、

有賓則拜之

賓、僚友羣士也、其位猶朝夕哭矣、

入坐于牀東。衆主人在其後西面。婦人俠牀東面。

衆主人、庶昆弟也、婦人、謂妻妾子姓也、亦適妻在前、

親者在室。

謂大功以上父兄姑姊妹子姓在此者、

衆婦人戶外北面。衆兄弟堂下北面。

衆婦人、衆兄弟、小功以下、

君使人弔。徹帷。主人迎于寢門外。見賓不哭。先入門右。北面。

使人，士也。禮使人必以其爵，使者至，使人入將命，乃出迎之。寢門，內門也。徹帷，居之，事畢則下之。○居，羌據反

弔者入，升自西階，東面。主人進中庭，弔者致命。

主人不升，賤也。致命曰：君聞子之喪，使某如何不淑。

主人哭，拜稽顙，成踊。

稽顙，頭觸地。成踊，三者三。

賓出，主人拜送于外門外。

君使人襚，徹帷。主人如初。襚者左執領，右執要，入，升致命。

襚之言遺也。衣被曰襚。致命曰：君使某襚。○襚音遂，要一遙反，後放此，遺唯季反

主人拜如初。襚者入衣尸，出。主人拜送如初。唯君命出，升降自西

階。遂拜賓，有大夫則特拜之，即位，如西階下，東面，不踊。大夫雖不辭，入也。

唯君命出，以明大夫以下時來弔襚不出也。始喪之日，哀戚甚，在室，故不出拜賓也。大夫則特拜，別於士旅拜也。即位西階下，未忍在主人位也。不踊，但哭拜而已。不辭而主人升入，明本不為賓出，不成禮也。

親者襚，不將命，以即陳。

大功以上，有同財之義也。不將命，不使人將之致於主人也。即陳，陳在房中。

庶兄弟襚，使人以將命于室，主人拜于位，委衣于尸東牀上。

庶兄弟，即眾兄弟也。變眾言庶，容同姓耳。將命曰：某使某襚。拜于位，室中位也。

朋友襚，親以進，主人拜，委衣如初，退，哭，不踊。

親以進，親之恩也。退，下堂反賓位也。主人徒哭不踊，別於君襚也。

徹衣者執衣如襚，以適房。

凡於襚者出，有司徹衣。

為銘，各以其物。亡則以緇長半幅，赬末長終幅，廣三寸。書銘于末，曰：某氏某之柩。

銘，明旌也。雜帛為物，大夫之所建也。以死者為不可別，故以其旗識識之，愛之斯錄之矣。亡，無也。無旗，不命之士也。半幅一尺，終幅二尺。在棺為柩。今文銘為旆也。○識識，上音試，下音志

竹杠長三尺，置于宇西階上。

杠，銘橦也。宇，梠也。○杠音江

甸人掘坎于階間少西，為垼于西牆下，東鄉。

甸人，有司主田野者。垼，塊竈。西牆，中庭之西。今文鄉為面。○甸，大練反；垼音役；鄉，許亮反

新盆、槃、瓶、廢敦、重鬲，皆濯，造于西階下。

新，此瓦器五種者，重死事。盆以盛水，槃承渜濯，瓶以汲水也。廢敦，敦無足者，所以盛米也。重鬲，鬲將縣於重者也。濯，滌溉也。造，至也，猶饌也。以造言之，喪事遽。○敦音對，又都愛反；重，直容反；鬲音歷；濯，丈角反；造，七報反；渜，奴亂反；縣音玄

陳襲事于房中，西領，南上，不綪。

襲事，謂衣服也。綪讀為絣。絣，屈也。襲事少，上陳而下不屈。江沔之間謂縈收繩索為絣。古文綪皆為精。○綪，注作絣，側庚反

明衣裳用布。

所以親身，為圭潔也。

鬠笄用桑。長四寸。纋中。

桑之爲言喪也、用爲笄取其名也、長四寸、不冠故也、纋笄之中央以安髮、○鬠劉音膾又戶膾反纋音憂一音何侯反

布巾環幅不鑿。

環幅廣袤等也、不鑿者士之子親含、反其巾而已、大夫以上賓爲之含、當口鑿之、嫌有惡、古文環作還、○袤音茂爲于僞反下同惡烏路反

掩練帛廣終幅。長伍尺。析其末。

掩裹首也、析其末、爲將結於頤下、又還結於項中、

瑱用白纊。

瑱充耳、纊新綿、○瑱他見反

幎目用緇。方尺二寸。䞓裏著組繫。

幎目覆面者也、幎讀若詩曰葛藟縈之之縈、䞓赤也、著充之以絮也、組繫爲可結也、○幎音縈䞓丑貞反

握手用玄纁裏。長尺二寸。廣五寸。牢中旁寸。著組繫。

牢讀爲樓、樓謂削約握之中央以安手也、今文樓爲纋旁爲方、○牢音樓

決用正王棘若檡棘。組繫纊極二。

決猶闓也、挾弓以橫執弦、詩云、決拾旣佽、正善也、王棘與檡棘善理堅刃者皆可以爲決、極猶放弦也、以沓指放弦令不挈指也、生者以朱韋爲之而三、死用纊又二、明不用也、古文王爲三、今文檡爲澤、世俗謂王棘矺鼠、○檡音澤矺音託

冒緇質。長與手齊。䞓殺掩足。

冒韜尸者、制如直囊、上曰質、下曰殺、質正也、其用之先以殺韜足而上、後以質韜首而下齊手、上玄下纁、象天地也、喪大記曰、君錦冒黼殺綴旁七、大夫玄冒黼殺綴旁五、士緇冒䞓殺綴旁三、凡冒質長與手齊殺三尺、○冒亡報反殺所界反

爵弁服純衣。

謂生時爵弁所衣之服也、純衣者纁裳、古者以冠名服、死者不冠、○純莊其反所衣於旣反

皮弁服。

皮弁所衣之服也、其服白布衣素裳也、

褖衣。

黑衣裳赤緣之謂褖、褖之言緣也、所以表袍者也、喪大記曰、衣必有裳、袍必有表、不禪、謂之一稱、古文褖爲緣、○褖他亂反禪音丹

緇帶。

黑繒之帶、

韎韐。

一命縕韍、○韎音妹韐古荅反縕音溫韍音弗

竹笏。

笏所以書思對命者、玉藻曰、笏天子以球玉、諸侯以象、大夫以魚須文竹、士以竹本象可也、又曰、笏度二尺有六寸、其中博三寸、其殺六分而去一、又曰、天子搢珽、方正於天下也、諸侯荼前詘後直、讓於天子也、大夫前詘後詘、無所不讓、今文笏作忽、

夏葛屨。冬白屨。皆繶緇絇純。組綦繫于踵。

冬皮屨、變言白者、明夏時用葛亦白也、此皮弁之屨、士冠禮曰、素積白屨以魁柎之、緇絇繶純、純博寸、綦屨係也、所以拘止屨也、綦讀如馬絆綦之綦、○繶於力反純諸允反

庶襚繼陳不用。

庶衆也不用不用襲也多陳之爲榮少納之爲貴

貝三實于笲。

貝水物古者以二貨江水出焉笲竹器名○笲音煩

稻米一豆實於筐。

豆四升

沐巾一浴巾二皆用綌於笲。

巾所以拭汙垢浴巾二者上體下體異也綌麤葛

櫛於簞。

簞葦笥○櫛莊乙反簞音丹

浴衣於篋。

浴衣已浴所衣之衣以布爲之其制如今通裁

皆饌于西序下南上。

皆者皆貝以下東西牆謂之序中以南謂之堂

管人汲不說繘屈之。

管人有司主館舍者不說繘將以就祝濯米屈縈也○繘均必反

祝淅米于堂南面用盆。

○淅西歷反

管人盡階不升堂受潘煑于垼用重鬲。

盡階三等之上喪大記曰管人受沐乃煑之甸人取所徹廟之西北厞薪爨之○重直龍反

祝盛米于敦奠于貝北。

復於筐處也○盛音成

士有氷用夷槃可也。

謂夏月而君加賜氷也夷槃承尸之槃喪大記曰君設大槃造氷焉大夫設夷槃造氷焉士併瓦槃無氷設牀襢笫有枕○造七到反襢之善反笫壯矣反

外御受沐入。

外御小臣侍從者沐管人所煑潘也

主人皆出戶外北面。

象平生沐浴裸裎子孫不在旁主人出而禮策○裸力果反裎直貞反

乃沐櫛挋用巾。

挋晞也清也古文挋皆作振○挋之愼反劉居吝反

浴用巾挋用浴衣。

用巾用拭之也喪大記曰御者二人浴浴水用盆沃水用枓○枓音主

渜濯棄于坎。

沐浴餘潘水巾櫛浴衣亦并棄之古文渜作緣荊沔之間語

蚤揃如他日。

蚤讀爲爪、斷爪揃鬚也、人君則小臣爲之、他日平生時、○蚤依注音爪、下鬊蚤同、揃子前反、

鬠用組、乃笄。設明衣裳。

用組、組束髮也、古文鬠皆爲括、

主人入、卽位。

已設明衣、可以入也、

商祝襲祭服、祿衣次。

商祝、祝習商禮者、商人敎之以敬、於接神宜、襲布衣牀上、祭服、爵弁服、皮弁服、皆從君助祭之服、大蜡有皮弁素服而祭、送終之禮也、襲衣於牀、牀次含牀之東、衽如初也、喪大記曰、含一牀、襲一牀、遷尸於堂又一牀、

主人出、南面左袒。扱諸面之右。盥于盆上。洗貝、執以入。宰洗柶。建

于米、執以從。

俱入戶、西鄉也、今文宰不言執、○扱初洽反、

商祝執巾從入。當牖北面、徹枕、設巾。徹楔、受貝。奠于尸西。

當牖北面、值尸南也、設巾、覆面、爲飯之遺落米也、如商祝之事位、則尸南首明矣、○爲飯、上于僞反、下扶晩反、

主人由足西、牀上坐、東面。

不敢從首前也、祝受貝、米奠之、口實不由足也、

祝又受米、奠于貝北。宰從立于牀西、在右。

米在貝北、便扱者也、宰立牀西、在主人之右、當佐飯事、

主人左扱米、實于右、三實一貝、左中、亦如之、又實米、唯盈。

于右、尸口之右、唯盈、取滿而已、

主人襲、反位、

襲、復衣也、位在尸東、

商祝掩、瑱、設幎目、乃屨、綦結于跗、連絇。

掩者、先結頤下、既瑱幎目、乃還結項也、跗、足上也、絇、屨飾、如刀衣鼻、在屨頭上、以餘組連之、止足坼也、○跗方于反、絇其于反、坼恥格反、

乃襲三稱。

遷尸於襲上而衣之、凡衣死者左衽、不紐、襲不言設牀、又不言遷尸於襲上、以其俱當牖、無大異、○稱尺證反、衣於旣反、

明衣不在算、

算、數也、不在數、明衣禪衣不成稱也、

設韐帶、搢笏、

韐帶、韎韐緇帶、不言韎緇者、省文、亦欲見韐自有帶、韐帶用革、搢、插也、插於帶之右旁、古文韐爲合也、

設決、麗于掔、自飯持之。設握、乃連掔。

麗、施也、掔、手後節中也、飯、大擘指本也、決、以韋爲之、藉有彄、彄內端爲紐、外端有橫帶、設之、以紐擐大擘本也、因沓其彄、以橫帶貫紐、結於掔之表也、設握者、以綦繫鉤中指、由手表與決帶之餘連結之、此謂右手也、古文麗亦爲連、掔作捥、○掔烏亂反、爲于僞反、彄苦侯反、擐音患、捥烏亂反、

設冒、櫜之、幠用衾、

櫜、韜盛物者、取事名焉、衾者、始死時斂衾、今文櫜爲橐、○櫜古刀反、橐音托、

巾柶鬊蚤埋于坎。

坎至此築之也、將襲辟奠、旣則反之、○鬊音舜、蚤音爪、辟婢亦反、又音避

重木刊鑿之。甸人置重于中庭。三分庭一在南。

木也、縣物焉曰重、刊斵治、鑿之爲縣簪孔也、士重木長三尺、○重直容反

夏祝鬻餘飯、用二鬲于西牆下。

夏祝、祝習夏禮者也、夏人教以忠、其於養宜、鬻餘飯、以飯尸餘米爲鬻也、重主道也、士二鬲、則大夫四、諸侯六、天子八、與簋同差、○鬻本又作粥之六反、飯扶晚反

冪用疏布。久之。繫用靲。縣于重。冪用葦席。北面左衽。帶用靲賀之。結于後。

久讀爲灸、謂以蓋塞鬲口也、靲竹𥱼也、以席覆重、辟屈而反、兩端交於後、左衽、西端在上、賀加也、古文冪皆作密、○𥱼音蔑

祝取銘置于重。

祝習周禮者也、

厥明。陳衣于房、南領西上。綪絞橫三縮一。廣終幅。析其末。

綪屈也、絞所以收束衣服爲堅急者也、以布爲之、縮從也、橫者三幅、從者一幅、析其末者、令可結也、喪大記曰、絞一幅爲三、

緇衾赬裏無紞。

紞被識也、斂衣或倒、被無別於前後也、凡衾制同、皆五幅也、○赬丑貞反、紞丁敢反、識申志反

祭服次。

爵弁服、皮弁服、

散衣次。

褖衣以下、袍繭之屬、

凡十有九稱。

祭服與散衣、

陳衣繼之。

庶襚、

不必盡用。

取稱而已、不務多、

饌于東堂下。脯醢醴酒。冪奠用功布。實于簞。在饌東。

功布鍛濯灰治之布也、凡在東西堂下者、南齊坫、古文奠爲尊、

設盆盥于饌東。有巾。

爲奠設盥也、喪事略、故無洗也、

苴絰大鬲。下本在左。要絰小焉。散帶垂長三尺。牡麻絰右本在上。

苴絰、斬衰之絰也、苴麻者、其貌苴以爲絰、服重者尚麤惡、絰之言實也、鬲搤也、中人之手、搤圍九寸、絰帶之差自此出焉、下本在左、重服統於內而本陽也、要絰小焉、五分去一、牡麻絰者、齊衰以下之絰也、牡麻絰者、其貌易服、輕者宜差好也、右本在上、服輕本於陰而統於外、散帶之垂者、男子之道、文多變也、饌于東方東坫之南、苴絰爲上、○鬲音革、又作搹、同、差初賣反

亦散帶垂。皆饌于東方。

婦人之帶牡麻結本。在房。

婦人亦有苴絰、但言帶者、記其異、此齊衰婦人斬衰婦人亦苴絰也、

牀笫夷衾、饌于西坫南。

笫、簀也、夷衾覆尸之衾、喪大記曰、自小斂以往用夷衾、夷衾質殺之裁猶冒也、○殺色界反

西方盥如東方。

為舉者設盥也、如東方者、亦用盆布巾、饌於西堂下、

陳一鼎于寢門外、當東塾、少南西面。其實特豚、四鬄去蹄。兩胉脊肺。設扃鼏、鼏西末。素俎在鼎西、西順、覆匕東柄。

鬄解也、四解之、殊肩髀而已、喪事略、去蹄、去其甲、為不潔清也、胉脅也、素俎、喪尚質、既饌、將小斂、則辟襲奠、今文鬄為剔、胉為迫、古文鼏為密、○鬄託歷反胉音博、髀步啓反、辟婢亦反

士盥、二人以並、東面立于西階下。

立、俟舉尸也、今文並為併、

布席于戶內、下莞上簟。

有司布斂席也、

商祝布絞衾散衣祭服。祭服不倒。美者在中。

斂者趨方、或傎倒衣裳、祭服尊、不倒之也、美、善也、善衣後布、於斂、則在中也、既後布祭服、而又言善者在中、明每服非一稱也、○傎本又作顛

士舉遷尸。反位。

遷尸於服上、

設牀笫于兩楹之間。衽如初、有枕。

衽、寢臥之席也、亦下莞上簟、

卒斂徹帷。

尸已飾、

主人西面馮尸、踊無算。主婦東面馮、亦如之。

馮、服膺之、○馮音憑、後皆同

主人髺髮袒。眾主人免于房。

始死、將斬衰者雞斯、將齊衰者素冠、今至小斂變、又將初喪服也、髺髮者、去笄纚而紒、眾主人免者、齊衰將袒、以免代冠、冠服之尤尊、不以袒也、免之制未聞、舊說以為如冠狀、廣一寸、喪服小記曰、斬衰髺髮以麻、免而以布、此用麻布為之、狀如今之著

幓頭矣、自項中而前、交於額上、卻繞紒也、于房于室、釋髺髮宜於隱者、今文免皆作絻、古文髺作括、○髺音括、劉音活、免音問後放此、雞斯所買反、劉霜綺反、下作纚同、紒音計、著丁略反、幓七消反、絻音問

婦人髽于室。

始死、婦人將斬衰者去笄而纚、將齊衰者骨笄而纚、今言髽者、亦去笄纚而紒也、齊衰以上至笄猶髽、髽之異於髺髮者、既去纚而以髮為大紒、如今婦人露紒、其象也、檀弓曰、南宮縚之妻之姑之喪、夫子誨之髽、曰爾毋縱縱爾、毋扈扈爾、其用麻布亦如著幓頭然、○髽側瓜反、縚他刀反、毋音無、縱范音總、劉又在紅反、扈扈並音戶

士舉男女奉尸、侇于堂。幠用夷衾。男女如室位。踊無算。

侇之言尸也、夷衾、覆尸柩之衾也、堂謂楹間牀笫上也、今文侇作夷、○侇音夷

主人出于足。降自西階。眾主人東即位。婦人阼階上西面。主人拜

賓。大夫特拜。士旅之。卽位踊。襲絰于序東。復位。

拜賓、鄉賓位拜之也、卽位踊、東方位、襲絰于序東、東夾前、○鄉許亮反

乃奠。

祝與執事爲之、

舉者盥。右執匕。郤之。左執俎。橫攝之。入阼階前。西面錯。錯俎北面。

舉者盥、出門舉鼎者、右人以右手執匕、左人以左手執俎、因其便也、攝、持也、西面錯、錯鼎於此、宜西面、錯俎、北面、俎宜西順之、○錯七故反　下及注同

右人左執匕。抽扃予左手。兼執之。取鼏。委于鼎北。加扃。不坐。

抽扃取鼏、加扃於鼏上、皆右手、今文扃爲鉉、古文予爲于、鼏爲密、

乃朼。載。載兩髀于兩端。兩肩亞。兩胉亞。脊肺在於中。皆覆。進柢。執而俟。

乃朼、以朼次出牲體、右人也、載、受而載於俎、左人也、亞、次也、凡七體皆覆、爲塵、柢、本也、進本者、未異於生也、骨有本末、古文朼爲匕、髀爲脾、今文胉爲迫、柢皆爲胝、○朼必李反　柢丁計反　胝劉音帝

夏祝及執事盥。執醴先。酒脯醢俎從。升自阼階。丈夫踊。甸人徹鼎。巾待于阼階下。

執事者、諸執奠事者、巾、功布也、執者不升、已不設、祝既錯醴、將受之、

奠于尸東。執醴酒北面西上。

執醴酒者先升、尊也、立而俟、後錯、要成也、

豆錯。俎錯于豆東。立于俎北西上。醴酒錯于豆南。祝受巾。巾之。由足降自西階。婦人踊。奠者由重南東。丈夫踊。

巾之、爲塵也、東其位、○重直龍反

賓出。主人拜送于門外。

廟門外也、

乃代哭。不以官。

代、更也、孝子始有親喪、悲哀憔悴、禮防其以死傷生、使之更哭、不絕聲而已、人君以官尊卑、士賤、以親疏爲之、三日之後、哭無時、周禮、挈壺氏、凡喪縣壺以代哭、○縣音玄

有襚者。則將命。擯者出請。入告。主人待于位。

喪禮略於威儀、既小斂、擯者乃用辭、出請之辭曰、孤某使某請事、

擯者出告須。以賓入。

須亦待也、出告之辭曰、孤某須矣、

賓入中庭。北面致命。主人拜稽顙。賓升自西階。出于足。西面委衣。如於室禮。降出。主人出拜送。朋友親襚。如初儀。西階東。北面哭踊。三。降。主人不踊。

朋友既委衣、又還哭於西階上、不背主人、

襚者以褶。則必有裳。執衣如初。徹衣者亦如之。升降自西階。以東。

帛爲褶、無絮、雖複、與禪同、有裳乃成稱、不用表也、以東、藏以待事也、古文褶爲襲、○褶音牒　複方服反　禪音丹

宵爲燎于中庭。

宵夜也燎火燋○燋一本作燭

厥明滅燎。陳衣于房南領西上。綪絞紟衾二。君襚祭服散衣庶襚凡三十稱。紟不在算。不必盡用。

紟單被也衾二者始死斂衾今又復制也小斂衣數自天子達大斂則異矣喪大記曰大斂布絞縮者三横者三○紟其鴆反　復扶又反

東方之饌兩瓦甒。其實醴酒。角觶木柶。毼豆兩。其實葵菹芋蠃醢。兩籩無縢。布巾。其實栗不擇。脯四脡。

此饌但言東方則亦在東堂下也毼白也齊人或名全菹爲芋縢緣也詩云竹柲緄縢布巾籩巾也籩豆其而有巾盛之也特牲饋食禮有籩巾今文蠃爲蝸古文縢爲甸○甒亡甫反毼若䐔反蠃力禾反縢大登反脡大頂反緣悅面反

奠席在饌北。斂席在其東。

大斂奠而有席彌神之

掘肂見衽。

肂埋棺之坎也掘之於西階上衽小要也喪大記曰君殯用輴欑至于上畢塗屋大夫殯以幬欑置于西序塗不暨于棺士殯見衽塗上帷之又曰君蓋用漆三衽三束大夫蓋用漆二衽二束士蓋不用漆二衽二束○肂以二反劉音四要一遙反輴敕倫反

棺入。主人不哭。升棺用軸。蓋在下。

軸輁軸也輁狀如牀軸其輪輓而行○輁九勇反輓音晚本又作挽

熬黍稷各二筐。有魚腊。饌于西坫南。

熬所以惑蚍蜉令不至棺旁也爲舉者設盆盥於西○蚍音毗蜉音浮

陳三鼎于門外。北上。豚合升。魚鱄鮒九。腊左胖。髀不升。其他皆如初。

合升合左右體升於鼎其他皆如初謂豚體及匕俎之陳如小斂時合升四鬄亦相互耳○鱄市轉反劉市專反鮒音附胖音判

燭俟于饌東。

燭燋也饌東方之饌有燭者堂雖明室猶闇火在地曰燎執之曰燭

祝徹盥于門外。入升自阼階。丈夫踊。

祝徹祝與有司當徹小斂之奠者小斂設盥于饌東有巾大斂設盥于門外彌有威儀

祝徹巾。授執事者以待。

授執巾者於尸東使先待於阼階下爲大斂奠又將巾之祝還徹醴也

徹饌。先取醴酒。北面。

北面立相待俱降

其餘取先設者。出于足。降自西階。婦人踊。設于序西南。當西榮。如設于堂。

爲求神於庭孝子不忍使其親須臾無所馮依也堂謂尸東也凡奠設于序西南者畢事而去之

醴酒位如初。執事豆北。南面東上。

如初者、如其醴酒北面西上也、執醴尊不爲便事變位、

乃適饌。東方之新饌、

帷堂。徹事畢、

婦人尸西東面。主人及親者升自西階。出于足西面袒。袒、大斂變也、不言髽免髺髮、小斂以來自若矣、

士盥位如初。亦既盥並立西階下、

布席如初。亦下莞上簟、鋪於阼階上、於楹間爲少南、

商祝布絞紟衾衣。美者在外。君襚不倒。至此乃用君襚、主人先自盡、

有大夫則告。後來者則告以方斂、非斂時、則當降拜之、

士舉遷尸復位。主人踊無算。卒斂徹帷。主人馮如初。主婦亦如之。

主人奉尸斂于棺。踊如初。乃蓋。棺在肂中、斂尸焉、所謂殯也、檀弓曰、殯於客位、

主人降拜大夫之後至者。北面視肂。北面於西階東、

衆主人復位。婦人東復位。阼階上下之位、

設熬旁一筐。乃塗。踊無算。以木覆棺上而塗之、爲火備、

卒塗。祝取銘置于肂。主人復位踊襲。爲銘設柎樹之肂東。○爲于僞反柎方于反

乃奠燭升自阼階。祝執巾席從設于奧東面。

執燭者先升堂照室、自是不復奠於尸、祝執巾與執席者從入、爲安神位、室中西南隅謂之奧、執燭南面、巾委於席右、

祝反降及執事執饌。東方之饌、

士盥舉鼎入西面北上如初。載魚左首進鬐三列。腊進柢。如初、如小斂舉鼎執匕俎扃鼏朼載之儀、魚左首設而在南、鬐脊也、左首進鬐、亦未異於生也、凡未異於生者不致死也、古文首爲手、鬐爲耆、○鬐巨之反

祝執醴如初。酒豆籩俎從。升自阼階。丈夫踊。甸人徹鼎。如初祝先升、

奠由楹內入于室。醴酒北面。

亦如初、

設豆右菹、菹南栗。栗東脯。豚當豆、魚次、腊特于俎北。醴酒在籩南。巾如初。

右菹、菹在醢南也、此左右異於魚者、載者統於執、設者統於席、醴當栗南、酒當脯南、

既錯者出。立于戶西西上。祝後闔戶。先由楹西降自西階。婦人踊。奠者由重南東。丈夫踊。

為神馮依之也、

賓出。婦人踊。主人拜送于門外。入。及兄弟北面哭殯。兄弟出。主人拜送于門外。

小功以下至此可以歸、異門大功亦存焉、

衆主人出門。哭止。皆西面于東方。闔門。

主人揖就次。

次、謂斬衰倚廬、齊衰堊室也、大功有帷帳、小功緦麻有牀笫可也、○堊音於各反

君若有賜焉。則視斂。既布衣。君至。

賜、恩惠也、斂、大斂、君視大斂、皮弁服襲裘、主人成服之後往則錫衰、

主人出迎于外門外。見馬首不哭。還入門右北面。及衆主人袒。

不哭、厭於君不敢伸其私恩、

巫止于廟門外。祝代之。小臣二人執戈先。二人後。

巫掌招彌以除疾病、小臣、掌正君之法儀者、周禮男巫、王弔則與祝前、喪祝、王弔則與巫前、檀弓曰、君臨臣喪以巫祝桃茢執戈以惡之、所以異於生也、皆天子之禮、諸侯臨臣之喪則使祝代巫執茢居前、下天子也、小臣君行則在前後、君升則俠阼階北面、凡宮有鬼神曰廟、○茢音列又音例

君釋采入門。主人辟。

釋采者、祝為君禮門神也、必禮門神者、明君無故不來也、禮運曰、諸侯非問疾弔喪而入諸臣之家、是謂君臣為謔、

君升自阼階西鄉。祝負墉南面。主人中庭。

祝南面房中東鄉君、牆謂之墉、主人中庭進益北、

君哭。主人哭拜稽顙成踊出。

出不敢必君之卒斂事、

君命反行事。主人復位。

大斂事、

君升主人。主人西楹東北面。

命主人使之升、

升公卿大夫。繼主人東上。乃斂。

公、大國之孤、四命也、春秋傳曰、吾公在壑谷、

卒公卿大夫逆降復位。主人降出。

逆降者、後升者先降、位、如朝夕哭弔之位、

君反主人。主人中庭。君坐撫當心。主人拜稽顙成踊出。

撫手案之、凡馮尸興必踊、今文無成、

君反之、復初位。衆主人辟于東壁南面。

以君將降也、南面則當坫之東、

君降西鄉。命主人馮尸。主人升自西階。由足西面馮尸。不當君所。踊。主婦東面馮。亦如之。

君必降者、欲孝子盡其情、

奉尸斂于棺。乃蓋。主人降出。君反之。入門左。視塗。

肂在西階上、入門左、由便趨疾、不敢久留君、

君升卽位。衆主人復位。卒塗。主人出。君命之反奠。入門右。

亦復中庭立、

乃奠。升自西階。

以君在阼、

君要節而踊。主人從踊。

節、謂執奠始升階及既奠由重南東時也、

卒奠。主人出。哭者止。

以君將出、不敢讙囂聒尊者也、○讙火官反、又許元反

君出門。廟中哭。主人不哭。辟。君式之。

辟、逡遁辟位也、古者立乘、式、謂小俛以禮主人也、曲禮曰、立視五巂、式視馬尾、○辟婢亦反、遁音旬、辟音避、乘繩證反、俛音免、

貳車畢乘。主人哭拜送。

貳車、副車也、其數各視其命之等、君出使異姓之士乘之、在後、君弔蓋乘象輅、曲禮曰、乘君之乘車、不敢曠左、左必式、

襲入卽位。衆主人襲拜。大夫之後至者成踊。

後至、布衣而後來者、

賓出。主人拜送。

自賓出以下、如君不在之儀、

三日成服。杖。拜君命及衆賓。不拜棺中之賜。

既殯之明日、全三日始歠粥矣、禮尊者加惠、明日必往拜謝之、棺中之賜、不施已也、曲禮曰、生與來日、

朝夕哭。不辟子卯。

既殯之後、朝夕及哀至乃哭、不代哭也、子卯、桀紂亡日、凶事不辟、吉事闕焉、

婦人卽位于堂。南上。哭。丈夫卽位于門外。西面北上。外兄弟在其南。南上。賓繼之。北上。門東北面西上。門西北面東上。西方東面北上。主人卽位。辟門。

外兄弟、異姓有服者也、辟、開也、凡廟門、有事則開、無事則閉、○辟婢亦反、

婦人拊心不哭。

方有事、止讙囂、

主人拜賓。旁三。右還。入門哭。婦人踊。

先西面拜、乃南面拜、東面拜也、

主人堂下直東序西面，兄弟皆即位如外位。卿大夫在主人之南。諸公門東少進。他國之異爵者門西少進。敵則先拜他國之賓。凡異爵者拜諸其位。賓皆即此位乃哭，盡哀止，主人乃右還拜之如外位矣，兄弟齊衰大功者，主人哭則哭，小功緦麻亦即位乃哭，上言賓，此言卿大夫，明其亦賓爾，少進，前於列，異爵，卿大夫也，他國卿大夫亦前於列，尊之，拜諸其位，就其位特拜，

徹者盥于門外。燭先入。升自阼階。丈夫踊。徹者，徹大斂之宿奠，

祝取醴北面，取酒立于其東，取豆籩俎南面西上。祝先出，酒豆籩俎序從。降自西階。婦人踊。

序，次也，

設于序西南，直西榮。醴酒北面西上。豆西面錯。立于豆北南面。籩俎既錯，立于執豆之西東上。酒錯復位。醴錯于西。遂先由主人之北適饌。遂先者，明祝不復位也，適饌，適新饌，將復奠，

乃奠醴酒脯醢。升丈夫踊。入如初設，不巾。入，入於室也，如初設者，豆先，次籩，次酒，次醴也，不巾，無菹無栗也，菹栗具則有俎，有俎乃巾之，

錯者出立于戶西西上。滅燭出。祝闔戶，先降自西階。婦人踊。奠者由重南東。丈夫踊。賓出，婦人踊。主人拜送。

哭止乃奠，奠則禮畢矣，今文無拜，

衆主人出。婦人踊。出門哭止。皆復位。闔門。主人卒拜送賓。揖衆主人乃就次。

朔月奠用特豚魚腊。陳三鼎如初。東方之饌亦如之。朔月，月朔日也，自大夫以上，月半又奠，如初者，謂大斂時，

無籩，有黍稷，用瓦敦，有蓋，當籩位。黍稷併於籩北也，於是始有黍稷，死者之於朔月月半，猶平常之朝夕，大祥之後，則四時祭焉，

主人拜賓，如朝夕哭，卒徹。徹宿奠也，

舉鼎入升，皆如初奠之儀。卒朼，釋匕于鼎。俎行。朼者逆出。甸人徹鼎。其序醴酒菹醢黍稷俎。俎行者，俎後執，執俎者行，鼎可以出，其序，升入之次，

其設于室，豆錯，俎錯，腊特，黍稷當籩位。敦啟會，卻諸其南。醴酒位如初。當籩位，俎南黍，黍東稷，會，蓋也，今文無敦，

祝與執豆者巾乃出。共爲之也，

主人要節而踊，皆如朝夕哭之儀。月半不殷奠。

有薦新，如朔奠。殷，盛也。士月半不復如朔盛奠，下尊者。

薦五穀若時果物新出者。

徹朔奠，先取醴酒，其餘取先設者，敦啓會，面足，序出，如入。啓會，徹時不復蓋也。面足，執之令足間鄉前也。敦有足，則敦之形如今酒敦。

其設于外，如于室。外序西南。

筮宅，冢人營之。宅，葬居也。冢人，有司掌墓地兆域者。營猶度也。詩云：經之營之。

掘四隅，外其壤，掘中，南其壤。爲葬將北首故也。

既朝哭，主人皆往，兆南北面，免絰。兆，域也，新營之處。免絰者，求吉不敢純凶。

命筮者在主人之右。命尊者宜由右出也。少儀曰：贊幣自左，詔辭自右。

筮者東面，抽上韇，兼執之，南面受命。韇，藏筴之器也。兼與筴執之。今文無兼。○韇音獨。

命曰：哀子某，爲其父某甫筮宅。度茲幽宅兆基，無有後艱。某甫，其字也。若言山甫、孔甫矣。宅，居也。度，謀也。茲，此也。基，始也。言爲其父筮葬居，今謀此以爲幽冥居兆域之始，得無後將有艱難乎。艱難，謂有非常，若崩壞也。孝經曰：卜其宅兆而安厝之。古文無兆，基作期。○爲，于僞反

筮人許諾，不述命，右還，北面，指中封而筮，卦者在左。述，循也。既受命而申言之曰述。不述者，士禮略。凡筮，因會命筮爲述命。中封，中央壤也。卦者，識爻卦畫地者。古文述皆作術。

卒筮，執卦以示命筮者。命筮者受視，反之。東面旅占，卒，進告于命筮者與主人：占之曰從。卒筮，卦者寫卦示主人，乃受而執之。旅，衆也。反與其屬共占之，謂掌連山、歸藏、周易者。從猶吉也。

主人絰，哭不踊。若不從，筮擇如初儀。更擇地而筮之。

歸殯前北面哭，不踊。易位而哭，明非常。

既井椁，主人西面拜工，左還椁，反位，哭，不踊。婦人哭于堂。既，已也。匠人爲椁，刊治其材，以井構於殯門外也。反位，拜位也。既哭之，則往施之竁中矣。主人還椁，亦以既朝哭矣。○竁，昌絹反

獻材于殯門外，西面北上，綪。主人徧視之，如哭椁。獻素、獻成亦如之。材，明器之材。視之，亦拜工，左還。形法定爲素，飾治畢爲成。

卜日，既朝哭，皆復外位。卜人先奠龜于西塾上，南首，有席。楚焞置

于燋在龜東。

楚、荆也、荆焞、所以鑽灼龜者、燋、炬也、所以燃火者也、周禮菙氏掌共燋契以待卜事、凡以明火爇燋、遂灼其焌契、以授卜師、遂以役之、○焞存悶反劉吐敦反又徒敦反又音純燋劉哉約反又祖堯反一作哉益反菙時髓反掌共音恭爇之悅反焌劉音俊又存悶反又子悶反

族長涖卜。及宗人吉服立于門西東面南上。占者三人在其南北上。卜人及執燋席者在塾西。

族長、有司掌族人親疏者也、涖、臨也、吉服、服玄端也、占者三人、掌玉兆瓦兆原兆者也、在塾西者、南面東上、

闔東扉。主婦立于其內。

扉、門扉也、

席于闑西閾外。

爲卜者也、古文闑作槷、閾作蹙、

宗人告事具。主人北面免經。左擁之。涖卜。即位于門東西面。

涖卜族長也、更西面當代主人命卜、

卜人抱龜燋。先奠龜西首。燋在北。

既奠燋、又執龜以待之、

宗人受卜人龜示高。

以龜腹甲高起、所當灼處、示涖卜也、

涖卜受視反之。宗人還少退受命。

受涖卜命、授龜宜近、受命宜郤也、

命曰哀子某來日卜葬其父某甫考降。無有近悔。

考、登也、降、下也、言卜此日葬、魂神上下、得無近於咎悔者乎、

許諾不述命。還即席西面坐命龜。興授卜人龜。負東扉。

宗人不述命、亦士禮略、凡卜述命命龜異、龜重、威儀多也、負東扉、俟龜之兆也、

卜人坐作龜興。

作、猶灼也、周禮、卜人凡卜事、示高揚火以作龜、致其墨、興、起也、

宗人受龜示涖卜。涖卜受視反之。宗人退東面乃旅占。卒不釋龜。

告于涖卜與主人占曰某日從。

不釋龜、復執之也、古文曰爲日、

授卜人龜告于主婦。主婦哭。

不執龜者、下主人也、

告于異爵者。使人告于衆賓。

衆賓、僚友不來者也、

卜人徹龜。宗人告事畢。主人經入哭。如筮宅。賓出拜送。若不從卜擇如初儀。

儀禮卷十二終

儀禮卷十三

漢大司農北海鄭　玄註
皇明　後學東吳金　蟠訂

既夕第十三

既夕哭。既已也。謂出門哭止復外位時。

請啓期告于賓。將葬當遷柩于祖。有司於是乃請啓肂之期於主人以告賓。賓宜知其時也。今文啓爲開。○肂以二反劉音四

夙興設盥于祖廟門外。祖王父也。下士祖禰共廟。

陳鼎皆如殯東方之饌亦如之。皆皆三鼎也。如殯如大斂既殯之奠。

侇牀饌于階間。侇之言尸也。朝正柩用此牀。○侇音夷　饌士轉反　朝直遙反

二燭俟于殯門外。早闇以爲明也。燭用蒸。

丈夫髽散帶垂即位如初。爲將啓變也。此互文以相見耳。髽婦人之變。喪服小記曰男子免而婦人髽。男子冠而婦人笄。如初朝夕哭門外位。○髽側瓜反　免音問　冠古亂反

婦人不哭主人拜賓入即位袒。此不蒙如初者以男子入門不哭也。不哭者將有事止讙囂也。○袒音但　讙火官反

商祝免袒執功布入升自西階盡階不升堂聲三啓三命哭。功布灰治之布也。執之以接神爲有所拂仿也。聲三三有聲存神也。啓三三言啓告神也。舊說以爲聲噫興也。今文免作絻。○三息暫反

燭入。炤徹與啓肂者。

祝降與夏祝交于階下取銘置于重。祝降者祝徹宿奠降也。與夏祝交事相接也。夏祝取銘置于重爲啓肂遷之。吉事交相左凶事交相右。今文銘皆作名。○重直龍反　後放此

踊無筭。主人也。

商祝拂柩用功布幠用夷衾。拂去塵也。幠覆之爲其形露。○幠火吾反

遷于祖用軸。遷徙也。徙於祖朝祖廟也。檀弓曰殷朝而殯於祖周朝而遂葬。蓋象平生時將出必辭尊者。軸輁軸也。軸狀如轉轔。刻兩頭爲軹。輁狀如長牀穿程前後著金而關軸焉。大夫諸侯以上有四周謂之輴。天子畫之以龍。○輁九勇反　軹音紙　著丁略反　輴勑

倫反

重先奠從燭從柩從燭從主人從。行之序也主人從者丈夫由右婦人由左以服之親疏為先後各從其昭穆男賓在前女賓在後○從才用反

升自西階。柩也猶用子道不由阼也

奠俟于下東面北上。俟正柩也

主人從升婦人升東面衆人東卽位。東方之位

正柩于兩楹閒用夷牀。兩楹閒象鄉戶牖也是時柩北首○鄉許亮反

主人柩東西面置重如初。如殯宮時也

席升設于柩西奠設如初巾之升降自西階。席設于柩之西直柩之西當西階也從奠設如初東面也不統於柩神不西面也不設柩東東非神位也巾之者為禦當風塵

主人踊無筭降拜賓卽位踊襲主婦及親者由足西面。設奠時婦人皆室戶西南面奠畢乃得東也親者西面堂上迫疏者可以居房中

薦車直東榮北輈。薦進也進車者象生時將行陳駕也今時謂之魂車輈轅也車當東榮東陳西上於中庭○輈竹求反

質明滅燭。質正也

徹者升自阼階降自西階。徹者辟新奠不設序西南已再設為褻

乃奠如初升降自西階。為遷祖奠也奠升不由阼階柩北首辟其足

主人要節而踊。節升降

薦馬纓三就入門北面交轡圉人夾牽之。駕車之馬每車二疋纓今馬鞅也就成也諸侯之臣飾纓以三色而三成此三色者蓋絛絲也其著之如罽然天子之臣如其命數王之革路絛纓圉人養馬者在左右曰夾既奠乃薦馬者為其踐汙廟中也凡入門參分庭一在南

御者執策立于馬後哭成踊右還出。主人於是乃哭踊者薦車之禮成於薦馬

賓出主人送于門外。

有司請祖期。亦因在外位請之當以告賓每事畢輒出將行而飲酒曰祖祖始也

曰日側。

側昳也、謂將過中之時、

主人入袒乃載踊無算卒束襲。

袒爲載變也、舉柩卻下而載之、束束棺於柩車、賓出遂匠納車于階間、謂此車、

降奠當前束。

下遷祖之奠也、當前束、猶當尸腢也、亦在柩車西、束有前後也、

商祝飾柩一池紐前䞓後緇齊三采無貝。

飾柩、爲設牆柳也、巾奠乃牆、謂此也、牆有布帷、柳有布荒、池者、象宮室之承霤、以竹爲之、狀如小車笭、衣以青布、一池縣於柳前、士不揄絞、紐所以聯帷荒、前赤後黑、因以爲飾、左右面各有前後、齊居柳之中央、若今小車蓋上甤矣、以三采繒爲之、上朱中白下蒼、著以絮、元士以上有貝、○紐女九反䞓丑貞反霤力又反笭力丁反縣音玄揄音進

設披。

披、輅柳棺上、貫結於戴、人君旁牽之、以備傾衺大記曰、士戴前纁後緇、二披用纁、今文披皆爲藩、○披彼義反

屬引。

屬猶著也、引所以引柩車、在軸輴曰紼、古者人引柩、春秋傳曰、坐引而哭之三、

陳明器于乘車之西。

明器藏器也、檀弓曰、其曰明器、神明之也、言神明者、異於生器、竹不成用、瓦不成味、木不成斲、琴瑟張而不平、竽笙備而不和、有鐘磬而無筍簴、陳器於乘車之西、則重之北也、○乘繩證反味武葛反劉音妹

折橫覆之。

折猶庪也、方鑿連木爲之、蓋如牀、而縮者三、橫者五、無簀、窆事畢、加之壙上、以承抗席、橫陳之者、爲苞筲以下紼於其北、便也、覆之、見善面也、○折之設反庪九委反窆彼驗反綪側耕反賢遍遍反

抗木橫三縮二。

抗、禦也、所以禦止土者、其橫與縮、各足掩壙、

加抗席三。

席所以禦塵、○抗古良反劉音剛後皆同

加茵用疏布緇翦有幅亦縮二橫三。

茵所以藉棺者、翦淺也、幅緣之、亦者亦抗木也、及其用之、木三在上、茵二在下、象天三合地二、人藏其中焉、今文翦作淺、

器西南上綪。

器目言之也、陳明器以西行南端爲上、綪屈也、不容則屈而反之、○綪側耕反

茵。

茵在抗木上、陳器次而北也、

苞二。

所以裹奠羊豕之肉、

筲三黍稷麥。

筲畚種類也、其容蓋與簋同一㪷也、○畚音本㪷音斛

甕三醯醢屑冪用疏布。

甕瓦器、其容亦蓋一㪷、屑薑桂之屑也、內則曰、屑桂與薑、冪覆也、今文冪皆作密、○甕烏弄反冪亡狄反

甒二醴酒冪用功布。

甒亦瓦器。古文甒皆作廡。○甒亡甫反，及注廡音同

皆木桁久之。

桁所以庪苞筲罋甒也。久當爲灸，灸謂以蓋案塞其口。每器異桁。○桁戶庚反

用器，弓矢耒耜兩敦兩杅槃匜。匜實于槃中南流。

此皆常用之器也。杅盛湯漿，槃匜盥器也。流匜口也。今文杅爲桙。○敦音對，劉又都愛反。杅音于，本又作竿。匜音移。盛音成

無祭器。

士禮略也。大夫以上兼用鬼器人器也。

有燕樂器可也。

與賓客燕飲用樂之器也。

役器，甲冑干笮。

此皆師役之器。甲，鎧。冑，兜鍪。干，楯。笮，矢箙。○笮則白反。鍪音矛。楯當允反，又音允

燕器，杖笠翣。

燕居安體之器也。笠，竹簦蓋也。翣，扇。○笠音立，翣所甲反

徹奠，巾席俟于西方。主人要節而踊。

巾席俟於西方，祖奠將用焉。要節者，來象升，丈夫踊；去象降，婦人踊。徹者由明器北，西面。既徹，由重南東。不設於序西南者，非宿奠也。宿奠必設者，爲神馮依之久也。

袒。

爲將祖變。

商祝御柩。

亦執功布，居前爲還柩車爲節。○還劉音患

乃祖。

還柩鄉外，爲行始。

踊，襲，少南，當前束。

主人也。柩還則當前束南。

婦人降，即位于階間。

爲柩將去有時也。位東上。

祖，還車不還器。

祖有行漸，車亦宜鄉外也。器之陳自已南上。

祝取銘置于茵。

重不藏，故於此移銘加於茵上。

二人還重，左還。

重與車馬還相反，由便也。

布席，乃奠如初。主人要節而踊。

車已祖，可以爲之奠也。是之謂祖奠。

薦馬如初。

柩動車還，宜新之也。

賓出。主人送。

有司請葬期。

亦因在外位時、

入復位。

主人也、自死至於殯、自啓至於葬、主人及兄弟恒在內位、

公賵玄纁束馬兩。

公、國君也、賵所以助主人送葬也、兩馬、士制也、春秋傳曰宋景曹卒、魯季康子使冉求賵之以馬、曰其可以稱旌繁乎、

擯者出請。入告。主人釋杖。迎于廟門外。不哭。先入門右。北面。及衆主人袒。

尊君命也、衆主人自若西面、

馬入設。

設於庭、在重南、

賓奉幣。由馬西。當前輅。北面致命。

賓、使者、幣、玄纁也、輅、轅縛、所以屬引、由馬西、則亦當前輅之西、於是北面致命、得鄉柩與奠、柩車在階閒少前、三分庭之北、輅有前後、

主人哭拜稽顙。成踊。賓奠幣于棧。左服出。

棧謂柩車也、凡士車制無漆飾、左服象授人、授其右也、服、車箱、今文棧作轏、○棧、士板反、轏、才產反、注轏同

宰由主人之北。舉幣以東。

柩東、主人位、以東藏之、

士受馬以出。

此士謂胥徒之長也、有勇力者受馬、聘禮曰、皮馬相間可也、

主人送于外門外。拜襲。入復位。杖。賓賵者將命。

賓、卿大夫士也、

擯者請。入告。出告須。

不迎、告曰孤某須、

馬入設。賓奉幣。擯者先入。賓從。致命如初。

初、公使者、

主人拜于位。不踊。

柩車東位也、既啓之後、與在室同、

賓奠幣如初。舉幣受馬如初。擯者出請。

賓出在外、請之、為其復有事、

若奠。

賓致可以奠也、

入告。出。以賓入。將命如初。士受羊。如受馬。又請。

士、亦謂胥徒之長、又、復也、

若賻。

賻之言補也、助也、貨財曰賻、○賻音附

入告。主人出門左西面。賓東面將命。

主人出者、賻主施於主人、

主人拜。賓坐委之。宰由主人之北東面舉之。反位。

坐委之、明主人哀戚、志不在受人物、反位、反主人之後位、

若無器。則捂受之。

謂對相授、不委地、○捂五故反

又請。賓告事畢。拜送。入。贈者將命。

贈送、

擯者出請。納賓如初。

如其入告、出告須、

賓奠幣如初。

亦於棧左服、

若就器。則坐奠于陳。

就猶善也、贈無常、惟玩好所有、陳、明器之陳、○陳如字、劉直吝反、下同

凡將禮。必請而后拜送。

雖知事畢、猶請、君子不必人意、

兄弟賵奠可也。

兄弟有服親者、可且賵且奠、許其厚也、賵奠於死生兩施、

所知。則賵而不奠。

所知、通問相知也、降於兄弟、奠施於死者爲多、故不奠、

知死者贈。知生者賻。

各主於所知、

書賵於方。若九若七若五。

方、板也、書賵、奠賻贈之人名與其物於板、每板若九行、若七行、若五行、○行並戶郎反

書遣於策。

策、簡也、遣猶送也、謂所當藏物茵以下、

乃代哭如初。

棺柩有時將去、不忍絕聲也、初、謂既小斂時、

宵爲燎于門内之右。

爲哭者爲明、

厥明。陳鼎五于門外如初。

鼎五、羊豕魚腊鮮獸、各一鼎也、士禮特牲三鼎、盛葬奠加一等、用少牢也、如初、如大斂奠時、

其實羊左胖。

反吉祭也、言左胖者、禮不殊骨也、○胖音判

髀不升。

周貴肩䏶髀、古文髀作脾、

腸五胃五。

亦盛之也、

離肺。

離、捧、○捧苦圭反

豕亦如之。豚解無腸胃。

如之、如羊左胖、髀不升、離肺也、豚解、解之如解豚、亦前肩後肫脊脅而已、無腸胃者、君子不食溷腴、

魚腊鮮獸皆如初。

鮮、新殺者、士腊用兔、加鮮獸而無膚者、豕既豚解、略之、

東方之饌。四豆脾析蜱醢葵菹蠃醢。

脾讀爲雞脾肶之脾、脾析、百葉也、蜱、蜯也、今文蠃爲蝸、○蜱皮佳反蠃力禾反肶尺之反蜯步講反蝸力禾反又古華反

四籩棗糗栗脯。

糗、以豆糗粉餌、○糗去九反餌而志反

醴酒。

此東方之饌、與祖奠同在主人之南、當前輅北上、巾之、

陳器。

明器也、夜斂藏之、

滅燎執燭。俠輅北面。

照徹與葬奠也、

賓入者拜之。

明自啓至此、主人無出禮、

徹者入。丈夫踊。設于西北。婦人踊。

猶阼階升時也、亦既盥乃入、入由重東而主人踊、猶其升也、自重北西面而徹、設於柩車西北、亦猶序西南、

徹者東。

由柩車北東、適葬奠之饌、

鼎入。

舉入、陳之也、陳之蓋於重東北西面北上如初、

乃奠豆南上綪。籩蠃醢南北上綪。

籩蠃醢南、辟醴酒也、○辟音避

俎二以成南上。不綪。特鮮獸。

成、猶併也、不綪者、魚在羊東、腊在豕東、古文特爲俎、

醴酒在籩西北上。

統於豆也、

奠者出。主人要節而踊。

亦以往來爲節、奠由重北西、既奠由重南東、

甸人抗重出自道。道左倚之。

還重不言、甸人抗重言之者、重既虞將埋之、言其官使守視之、抗舉也、出自道、出從門中央也、不由闑東西者、重不反、變於恒出入、道左、主人位、今時有死者鑿木置食其中、樹於道側由此、○闑魚列反

薦馬、馬出自道、車各從其馬、駕於門外、西面而俟、南上。

南上、便其行也、行者乘車在前道、稾序從、○稾古老反

徹者入、踊如初、徹巾、苞牲、取下體。

苞者象既饗而歸賓俎者也、取下體者、脛骨象行、又俎實之終始也、士苞三个、前脛折取臂臑、後脛折取骼、亦得俎釋三个、雜記曰、父母而賓客之、所以為哀、○个古賀反、臑乃到反、骼劉音格、一音各

不以魚腊。

非正牲也、

行器。

目葬行明器在道之次、

茵苞器序從。

如其陳之先後、

車從。

次器、

徹者出、踊如初。

於是廟中當行者唯柩車、

主人之史請讀賵、執筭從、柩東、當前束、西面、不命毋哭、哭者相止也、唯主人主婦哭、燭在右、南面。

史北面請、既而與執筭西面於主人之前、讀書釋筭、燭在右南面、照書便也、古文筭皆為筴、○毋音無

讀書、釋筭則坐。

必釋筭者、榮其多、

卒命哭、滅燭、書與筭執之以逆出。

卒、已也、

公史自西方東面、命毋哭、主人主婦皆不哭、讀遣、卒命哭、滅燭出。

公史、君之典禮書者、遣者入壙之物、君使史來讀之、成其得禮之正以終也、燭俠輅、

商祝執功布以御柩、執披。

居柩車之前、若道有低仰傾虧、則以布為抑揚左右之節、使引者執披者知之、士執披八人、今文無以、○仰五郎反

主人袒、乃行、踊無筭。

袒為行變也、乃行、謂柩車行也、凡從柩者、先後左右如遷于祖之序、

出宮、踊、襲。

哀次、

至于邦門、公使宰夫贈玄纁束。

邦門、城門也、贈、送也、

主人去杖、不哭、由左聽命、賓由右致命。

柩車前輅之左右也、當時止柩車、○去起呂反

主人哭拜稽顙、賓升、實幣于蓋、降、主人拜送、復位、杖、乃行、

升柩車之前、實其幣於棺蓋之柳中、若親授之然、復位、反柩車後、

至于壙、陳器于道東西北上、

統於壙、

茵先入、

當藉柩也、元士則葬用輁軸、加茵焉、

屬引、

於是說載除飾、更屬引於緘耳、古文屬為燭、

主人袒、衆主人西面北上、婦人東面、皆不哭、

俠羨道為位、

乃窆、主人哭踊無算、

窆、下棺也、今文窆為封、

襲、贈用制幣、玄纁束、拜稽顙、踊如初、

丈八尺曰制、二制合之、束十制五合、

卒、袒、拜賓、主婦亦拜賓、即位、拾踊三、襲、

主婦拜賓、拜女賓也、即位、反位也、

賓出、則拜送、

相問之賓也、凡弔賓有五、去皆拜之、此舉中焉、

藏器於旁、加見、

器、用器役器也、見、棺飾也、更謂之見者、加此則棺柩不復見矣、先言藏器、乃云加見者、器在見內也、內之者、明君子之於事終不自逸也、檀弓曰、周人牆置翣、○見、賢遍反

藏苞筲於旁、

於旁者、在見外也、不言甕甒、饌相次可知、四者兩兩而居、喪大記曰、棺椁之間、君容柷、大夫容壺、士容甒、○柷、尺六反

加折、卻之、加抗席、覆之、加抗木、

宜次也、

實土三、主人拜鄉人、

謝其勤勞、

即位、踊、襲、如初、

哀親之在斯、

乃反哭、入、升自西階、東面、衆主人堂下、東面北上、

西階東面、反諸其所作也、反哭者、於其祖廟、不於阼階西面、西方神位、

婦人入、丈夫踊、升自阼階、

辟主人也、

主婦入于室、踊、出、即位、及丈夫拾踊三、

入于室、反諸其所養也、出即位、堂上西面也、拾、更也、○更音庚

賓弔者升自西階、曰、如之何、主人拜稽顙、

賓弔者，衆賓之長也。反而亡焉，失之矣，於是爲甚，故弔之。弔者北面，主人拜于位，不北面拜，賓東者，以其亦主人位也。古文無曰字。

賓降出。主人送於門外，拜稽顙。遂適殯宮，皆如啓位，拾踊三。

啓位，婦人入升堂，丈夫即中庭之位。

兄弟出。主人拜送。

兄弟，小功以下也。異門大功亦可以歸。

衆主人出門，哭止，闔門。主人揖衆主人，乃就次。

次，倚廬也。

猶朝夕哭，不奠。

是日也，以虞易奠。

三虞。

虞，喪祭名。虞，安也。骨肉歸於土，精氣無所不之，孝子爲其彷徨，三祭以安之。朝葬，日中而虞，不忍一日離。

卒哭。

卒哭，三虞之後祭名。始朝夕之間哀至則哭，至此祭止也。朝夕哭而已。

明日以其班祔。

班，次也。祔，卒哭之明日祭名。祔猶屬也。祭昭穆之次而屬之。

記。士處適寢，寢東首于北墉下。

將有疾，乃寢於適室。今文處爲居，于爲於。

有疾，疾者齊。

正情性也。適寢者不齊，不居其室。○齊，側皆反

養者皆齊。

憂也。○養，于亮反

徹琴瑟。

去樂。○去，起呂反

疾病，外內皆埽。

爲有賓客來問也。疾甚曰病。

徹褻衣，加新衣。

故衣垢汙，爲來人穢惡之。

御者四人，皆坐持體。

爲不能自轉側。御者，今時侍從之人。

男女改服。

爲賓客來問病，亦朝服，主人深衣。

屬纊以俟絕氣。

爲其氣微難節也。纊，新絮。○屬，音燭

男子不絕于婦人之手，婦人不絕于男子之手。

備褻。

乃行禱于五祀。盡孝子之情、五祀博言之、士二祀、曰門曰行、

乃卒。卒、終也、

主人啼。兄弟哭。哀有甚有否、於是始去冠而笄纚、服深衣、檀弓曰、始死、羔裘玄冠者易之、

設牀第。當牖衽。下莞上簟。設枕。病卒之間廢牀、至是設之、事相變、衽、臥席、古文第爲茨、

遷尸。徙於牖下也、於是幠用斂衾、

復者朝服左執領。右執要。招而左。衣朝服、服未可以變、○朝直遙反、要一遙反、衣於既反

楔貌如軛上兩末。事便也、今文軛作厄、○軛於革反

綴足用燕几。校在南。御者坐持之。校、脛也、尸南首、几脛在南以拘足、則不得辟戾矣、古文校爲枝、○辟必亦反

即牀而奠。當腢用吉器。若醴若酒。無巾柶。腢、肩頭也、用吉器、器未變也、或卒無醴、用新酒、○腢吾口反、劉五候反、卒七忽反

赴曰。君之臣某死。赴母妻長子。則曰君之臣某之某死。赴、走告也、今文赴作訃、○長丁丈反

室中唯主人主婦坐。兄弟有命夫命婦在焉亦坐。別尊卑也、

尸在室。有君命。衆主人不出。不二主、

襚者委衣于牀。不坐。牀高、由便、

其襚于室。戶西北面致命。

始死時也、

夏祝淅米。差盛之。差、擇之、

御者四人。抗衾而浴襢第。抗衾、爲其裸裎、蔽之也、襢、袒也、袒簀去席、盝水便、○盝音祿、襢之善反

其母之喪。則內御者浴。鬠無笄。內御、女御也、無笄、猶丈夫之不冠也、○鬠古外反

設明衣。婦人則設中帶。中帶、若今之褌襂、○褌音昆、襂音衫

卒洗。貝反于笄。實貝柱。右齻左齻。

象齒堅、○笄音煩、齻丁千反

夏祝徹餘飯。

徹去齎、

瑱塞耳。

塞、充窒。○瑱他殿反

掘坎南順。廣尺。輪二尺。深三尺。南其壤。

南順、統於堂。輪、從也、今文掘爲坅、

垼用塊。

塊、堛也。古文垼爲役、

明衣裳用幕布。袂屬幅。長下膝。

幕布、帷幕之布。升數未聞也。屬幅、不削幅也。長下膝、又有裳於蔽下體深也、

有前後裳。不辟。長及轂。

不辟、積也。轂、足跗也。凡他服短無見膚。長無被土。○辟必亦反轂苦角反

縓綼緆。

一染謂之縓。今紅也。飾裳在幅曰綼。在下曰緆。○縓七絹反綼毗皮反劉音卑緆他計反劉羊豉反

緇純。

七入爲緇。緇、黑色也。飾衣曰純。謂領與袂、衣以緇。裳以縓。象天地也。○純諸允反

設握裏親膚。繫鉤中指結于掔。

掔、掌後節中也。手無決者。以握繫一端繞掔。還從上自貫反。與其一端結之。○掔烏亂反

甸人築坅坎。

築實土。其中堅之。穿坎之名、一曰坅、

隸人涅廁。

隸人、罪人也。今之徒役作者也。涅、塞也。爲人復往褻之。又亦鬼神不用。○涅乃結反

既襲宵爲燎于中庭。

宵、夜、

厥明滅燎陳衣。

記節、

凡絞紟用布。倫如朝服。

凡、凡小斂大斂也。倫、比也。今文無紟。古文倫爲輪、

設棜於東堂下。南順。齊於坫。饌於其上。兩甒。醴酒。酒在南。篚在東。南順。實角觶四。木柶二。素勺二。豆在甒北。二以並。籩亦如之。

棜、今之轝也。角觶四。木柶二。素勺二。爲夕進醴酒兼饌之也。勺二。醴酒各一也。豆籩二以併。則是大斂饌也。記於此者。明其他與小斂同陳。古文角觶爲角柶、○棜於庶反齊如字劉才計反

凡籩豆實具。設皆巾之。

籩豆偶而爲具。具則於饌巾之。巾之、加飾也。明小斂一豆一籩不巾、

䩣俟時而酌，栖覆加之，面枋及錯建之。

時，朝夕也。檀弓曰：朝奠日出，夕奠逮日。○枋彼面反，錯七故反

小斂辟奠不出室。

未忍神遠之也。辟襲奠以辟斂，既斂則不出於室，設于序西南，畢事而去之。○辟婢亦反，注辟襲同，辟斂音避

無踊節。

其哀未可節也。

既馮尸，主人袒髺髮，絞帶。衆主人布帶。

衆主人齊衰以下。○髺音括

大斂於阼。

未忍便離主人位也。主人奉尸斂于棺，則西階上賓之。

大夫升自西階，階東北面東上。

既馮尸，大夫逆降復位。

親斂。

巾奠，執燭者滅燭，出降自阼階，由主人之北東。

中庭西面位。

既殯，主人說髦。

巾奠而室事已。

既殯，置銘于肂，復位時也。今文說皆作稅。兒生三月，鬋髮爲鬌，男角女羈，否則男左女右，長大猶爲飾存之，謂之髦，所以順父母幼小之心。至此尸柩不見，喪無飾，可以去之。髦之形象未聞。○說土活反，劉時悅反，髦音毛，鬌丁果反，又徒禍反

三日絞垂。

成服日。絞，要絰之散垂者。

冠六升，外縪，纓條屬，厭。

縪謂縫著於武也。外之者，外其餘也。纓條屬者，通屈一條繩爲武，垂下爲纓，屬之冠。厭，伏也。○縪音必，屬音燭，厭一涉反，著直略反

衰三升。

衣與裳也。

屨外納。

納，收餘也。

杖下本，竹桐一也。

順其性也。

居倚廬。

倚木爲廬，在中門外東方，北戶。

寢苫枕塊。

苫，編藁。塊，堛也。

不說絰帶。

哀戚不在於安。

哭晝夜無時。哀至則哭、非必朝夕、

非喪事不言。不忘所以爲親、

歠粥。朝一溢米。夕一溢米。不食菜果。不在於飽與滋味、粥糜也、二十兩曰溢、爲米一升、二十四分升之一、實在木曰果、在地曰蓏、

主人乘惡車。拜君命、拜衆賓、及有故行所乘也、雜記曰、端衰喪車皆無等、然則此惡車、王喪之木車也、古文惡作堊、

白狗幦。未成豪狗、幦覆笭也、以狗皮爲之、取其臑也、白於喪飾宜、古文幦爲幂、○幦亡狄反笭力丁反本或作軨臑乃管反

蒲蔽。蔽藩、

御以蒲菆。不在於驅馳、蒲菆牡蒲莖也、古文菆作騶、○菆則留反

犬服。笭閒兵服、以犬皮爲之、取堅也、亦白、

木館。取少聲、今文館爲錧、○館音管

約綏約轡。約繩、綏所以引升車、

木鑣。亦取少聲、古文鑣爲苞、○鑣彼苗反

馬不齊髦。齊翦也、今文髦爲毛、主人之惡車、如王之木車、則齊衰以下、其乘素車繅車駹車漆車與、○繅音早駹步江反

主婦之車亦如之。疏布裧。裧者車裳幃、於蓋弓垂之、○裧尺占反

貳車白狗攝服。貳副也、攝猶緣也、狗皮緣服差飾、○緣悅絹反差初賣反

其他皆如乘車。如所乘惡車、

朔月。童子執帚卻之。左手奉之。童子、隸子弟、若內豎寺人之屬、執用左手、卻之示未用、

從徹者而入。童子不專禮事、

比奠。舉席埽室聚諸䆶。布席如初。卒奠。埽者執帚垂末內鬛。從執燭者而東。

比猶先也室東南隅謂之窔○比必二反窔一弔反鬣音獵先悉見反

燕養饋羞湯沐之饌如他日。

燕養、平常所用供養也饋、朝夕食也羞、四時之珍異湯沐、所以洗去汙垢、內則曰、三日具沐、五日具浴、孝子不忍一日廢其事親之禮、於下室日設之、如生存也、進徹之時如其頃

朔月若薦新。則不饋于下室。

以其殷奠有黍稷也、下室、如今之內堂、正寢聽朝事、○朝直遙反

筮宅。冢人物土。

物猶相也、相其地可葬者乃營之、○相悉亮反

卜日吉。告從于主婦。主婦哭。婦人皆哭。主婦升堂。哭者皆止。

事畢、

啓之昕。外內不哭。

將有事、為其讙囂、既啓命哭、古文啓為開、○昕音欣

夷牀輁軸。饌于西階東。

明階間者、位近西也、夷牀饌於祖廟、輁軸饌於殯宮、其二廟者於禰亦饌輁軸焉、古文輁或作拱、

其二廟。則饌于禰廟。如小斂奠。乃啓。

祖尊禰卑也、士事祖禰、上士異廟、下士共廟、

朝于禰廟。重止于門外之西東面。柩入升自西階。正柩于兩楹間。奠止于西階之下。東面北上。主人升柩東西面。眾主人東即位。婦人從升東面。奠升設于柩西。升降自西階。主人要節而踊。

重不入者、主於朝祖而行、若過之矣、門西東面、待之便也、

燭先入者。升堂東楹之南西面。後入者。西階東北面在下。

照正柩者、先、先柩者、後、後柩者、適祖時燭亦然、互記於此、

主人降即位。徹。乃奠。升自西階。主人踊如初。

如其降拜賓至於要節而踊、不薦車、不從此行、

祝及執事舉奠。巾席從而降。柩從。序從。如初適祖。

此謂朝禰明日舉奠適祖之序也、此祝執醴先、酒脯醢俎從之、巾席為後、既正柩、席升設、設奠如初、祝受巾巾之、凡喪自卒至殯、自啓至葬、主人之禮其變同、則此日數亦同矣、序從、主人以下、今文無從、

薦乘車。鹿淺幦。干笮革靾。載旜。載皮弁服。纓轡貝勒。縣于衡。

士乘棧車、鹿淺、鹿夏毛也、幦、覆笭、玉藻曰、士齊車鹿幦豹犆、干、盾也、笮、矢箙也、靾、韁也、旜、旌旗之屬、通帛為旜、孤卿之所建、亦攝焉、皮弁服者、視朔之服、貝勒、貝飾勒、有干無兵、有箙無弓矢、明不用、古文靾為殺、旜為膳、○乘繩證反後皆同靾息列反旜之然反縣音玄夏毛戶嫁反齊側皆反犆音直輴居艮反劉本作繶

道車載朝服。

道車、朝夕及燕出入之車、朝服、日視朝之服也、玄衣素裳、

槀車載蓑笠。

槀猶散也、散車、以田以鄙之車、蓑笠、備雨服、今文槀為潦、凡道車槀車之纓轡及勒、亦縣于衡也、○槀古老反蓑素禾反

將載。祝及執事舉奠。戶西南面東上。卒束前而降。奠席于柩西。

將於柩西當前束設之

巾奠乃牆。

牆飾柩也。

抗木刊。

剝削之古文刊爲竿。

茵著用荼實綏澤焉。

荼茅秀也綏廉薑也澤澤蘭也皆取其香且御濕。○荼大奴反御劉本作衙音御

葦苞長三尺一編。

用便易也。

菅筲三其實皆瀹。

米麥皆湛之湯未知神之所享不用食道所以爲敬。○湛子廉反又子鴆反

祖還車不易位。

爲鄉外耳未行。

執披者旁四人。

前後左右各二人。

凡贈幣無常。

賓之贈也玩好曰贈在所有。

凡糗不煎。

以膏煎之則褻非敬。

唯君命止柩于堩其餘則否。

不敢留神也堩道也曾子問曰葬既引至於堩。○堩古鄧反

車至道左北面立東上。

道左墓道東先至者在東。

柩至于壙斂服載之。

柩車至壙祝說載除飾乃斂乘車道車稾車之服載之不空之以歸送形而往迎精而反亦禮之宜。○說土活反

卒窆而歸不驅。

孝子往如慕反如疑爲親之在彼。

君視斂若不待奠加蓋而出不視斂則加蓋而至卒事。

爲有他故及辟忌也。

既正柩賓出遂匠納車于階間。

遂匠遂人匠人也遂人主引徒役匠人主載柩窆職相左右也車載柩車周禮謂之蜃車雜記謂之團或作輇或作槫聲讀皆相附耳未聞孰正其車之轝狀如牀中央有轅前後出設前後輅轝上有四周下則前後有軸以輇爲輪許叔重說有輻曰輪無輻曰輇。○團輇槫並音市專反

祝饌祖奠于主人之南當前輅北上巾之。

言饌於主人之南當前輅則既祖祝乃饌。

弓矢之新沽功。

設之宜新沽示不用令文沽作古

有弭飾焉。弓無緣者謂之弭弭以骨角爲飾○弭回爾反緣以絹反

亦可張也。亦使可張

有柲。柲弓檠弛則縛之於弓裏備損傷以竹爲之詩云竹柲緄縢古文柲作柴○檠音景弛式氏反緄古本反

設依撻焉。依纏絃也撻弣側矢道也皆以韋爲之今文撻爲銛

有韣。韣弓衣也以緇布爲之○韣音獨

猴矢一乘。骨鏃短衛。猴猶候也候物而射之矢也四矢曰乘骨鏃短衛亦云不用也生時猴矢金鏃凡爲矢五分笴長而羽其一○猴音侯射食亦反笴古老反

志矢一乘。軒輖中亦短衛。志猶擬也習射之矢書云若射之有志輖蟄也無鏃短衛亦示不用生時志矢骨鏃凡爲矢前重後輕也○輖音周蟄肴至

儀禮卷十三終

儀禮卷十四

漢大司農北海鄭玄註
皇明後學東吳葛鼒訂

士虞禮第十四

士虞禮。

特豕饋食。饋猶歸也

側亨于廟門外之右東面。側亨亨一胖也亨於爨用鑊不於門東未可以吉也是日也以虞易奠祔而以吉祭易喪祭鬼神所在則曰廟尊言之○亨普

庚反劉虛兩反胖音判鑊戶郭反

魚腊爨亞之北上。爨竈

饎爨在東壁西面。炊黍稷曰饎饎北上上齊于屋宇於虞有亨饎之爨彌吉○饎尺志反

設洗于西階西南水在洗西篚在東。反吉也亦當西榮南北以堂深

尊于室中北墉下當戶兩甒醴酒酒在東無禁冪用絺布加勺南枋。

酒在東上、醴也、絺布、葛屬、○冪亡狄反

素几葦席在西序下。

有几、始鬼神也、

苴刌茅長五寸束之。實于篚。饌于西坫上。

苴、猶藉也、○刌七本反

饌兩豆菹醢于西楹之東。醢在西。一鉶亞之。

醢在西、南面取之、得左取菹、右取醢、便其設之、

從獻豆兩亞之。四籩亞之。北上。

豆從主人獻祝、籩從主婦獻尸祝、北上、菹與棗不東陳、別於正、

饌黍稷二敦于階間。西上。藉用葦席。

藉猶薦也、古文藉爲席、○敦音對、劉又都愛反、後放此

匜水錯于槃中。南流。在西階之南。簞巾在其東。

流、匜吐水口也、○錯七故反、簞音丹

陳三鼎于門外之右。北面北上。設扃鼏。

門外之右、門西也、今文扃爲鉉、

匕俎在西塾之西。

不饌於塾上、統於鼎也、塾有西者、是室南鄉、

羞燔俎在內西塾上。南順。

南順於南面取縮執之便也、肵俎在燔東、

主人及兄弟如葬服。賓執事者如弔服。皆即位于門外。如朝夕臨位。婦人及內兄弟服。即位于堂。亦如之。

葬服者、既夕曰丈夫髽散帶垂也、賓執事者、賓客來執事也、○臨力蔭反、下同、髽側瓜反

祝免澡葛絰帶。左席于室中。東面右几。降出。及宗人即位于門西。東面南上。

祝亦執事、免者、祭祀之禮、祝所親也、澡、治也、治葛以爲首絰及帶、接神宜變也、然則士之屬官、爲其長弔服加麻矣、至於既卒哭、士人變服、則除右几於席、近南也、○免音問

宗人告有司具。遂請拜賓。如臨。入門哭。婦人哭。

臨朝夕哭、

主人即位于堂。衆主人及兄弟賓即位于西方。如反哭位。

既夕曰、乃反哭、入則升自西階東面、衆主人堂下東面北上、異於朝夕、

祝入門左北面。

不與執事同位、接神尊也、

宗人西階前北面。

當詔主人及賓之事、

祝盥升。取苴降洗之。升入設于几東席上。東縮。降洗觶。升。止哭。

縮、從也、古文縮爲蹙、○從子容反

主人倚杖入。祝從在左西面。

主人北旋倚杖西序乃入、喪服小記曰虞杖不入於室、祔杖不升於堂、然則練杖不入於門明矣、

贊薦菹醢。醢在北。

主婦不薦、齊斬之服不執事也、曾子問曰士祭不足、則取於兄弟大功以下者、

佐食及執事盥出舉。長在左。

舉舉鼎也、長在左、在西方位也、凡事宗人詔之、

鼎入設于西階前東面北上。匕俎從設。左人抽扃鼏匕。佐食及右人載。

載載於俎、佐食載則亦在右矣、今文扃爲鉉、古文鼏爲密、

卒杝者逆退復位。

復賓位也、

俎入設于豆東。魚亞之。腊特。

亞次也、今文無之、

贊設二敦于俎南。黍其東稷。

簋實尊黍也、

設一鉶于豆南。

鉶菜羹也、

佐食出立于戶西。

饌已也、今文無于戶西、

贊者徹鼎。

反于門外、

祝酌醴。命佐食啓會。佐食許諾。啓會卻于敦南。復位。

會合也、謂敦蓋也、復位出立于戶西、今文啓爲開、

祝奠觶于鉶南。復位。

復位復主人之左、

主人再拜稽首。祝饗。命佐食祭。

饗告神饗也、此祭祭於苴也、饗神辭記所謂哀子某哀顯相夙興夜處不寧、下至適爾皇祖某甫饗是也、○相息亮反

佐食許諾。鉤袒。取黍稷祭于苴三。取膚祭。祭如初。祝取奠觶祭亦如之。不盡益反奠之。主人再拜稽首。

鉤袒如今擐衣也、苴所以藉祭也、孝子始將納尸以事其親、爲神疑於其位、設苴以定之耳、或曰苴主道也、則特牲少牢當有主象而無可乎、○擐音患

祝祝卒。主人拜如初。哭出復位。

祝祝者、釋孝子祭辭

祝迎尸。一人衰絰奉篚哭從尸。

尸主也、孝子之祭不見親之形象、心無所繫、立尸而主意焉、一人主人兄弟、檀弓曰、既封主人贈而祝宿虞尸、○奉芳勇反

尸入門。丈夫踊。婦人踊。

踊不同文者有先後也尸入主人不降者喪事主哀不主敬

淳尸盥。宗人授巾。

淳沃也沃尸盥者賓執事者也

尸及階。祝延尸。

延進也告之以升

尸升。宗人詔踊如初。

言詔踊如初則凡踊宗人詔之

尸入戶。踊如初。哭止。

哭止尊尸

婦人入于房。

辟執事者○辟音避

主人及祝拜妥尸。尸拜遂坐。

妥安坐也

從者錯篚于尸左席上。立于其北。

北席北也

尸取奠左執之。取菹擩于醢。祭于豆間。祝命佐食墮祭。

下祭曰墮墮之猶言墮下也周禮曰既祭則藏其墮謂此也今文墮爲綏特牲少牢或爲羞失古正矣齊魯之閒謂祭爲墮○擩人悅反墮許恚反又相恚反

佐食取黍稷肺祭授尸。尸祭之。祭奠。祝祝。主人拜如初。尸嘗醴奠之。

如初亦祝祝卒乃再拜稽首

佐食舉肺脊授尸。尸受振祭嚌之。左手執之。

右手將有事也尸食之時亦奠肺脊于豆○嚌才計反

祝命佐食邇敦。佐食舉黍錯于席上。

邇近也

尸祭鉶。嘗鉶。

右手也少牢曰以柶祭羊鉶遂以祭豕鉶嘗羊鉶

泰羹湆自門入。設于鉶南。胾四豆設于左。

博異味也湆肉汁也胾切肉也○湆去及反胾側吏反

尸飯播餘于篚。

不反餘也古者飯用手吉時播餘于會古文播爲半○飯扶晚反

三飯。佐食舉幹。尸受振祭嚌之。實于篚。

飯間啗肉安食氣○啗大敢反

又三飯。舉胳祭如初。佐食舉魚腊實于篚。

尸不受魚腊以喪不備味○胳音格一音各

又三飯。舉肩祭如初。

後舉肩者、貴要成也、

舉魚腊俎。俎釋三个。

釋猶遺也、遺之者、君子不盡人之歡、不竭人之忠、个猶枚也、今俗或名枚曰個、音相近、此腊亦七體、如其牲也、

尸卒食。佐食受肺脊。實于篚。反黍如初設。

九飯而已、士禮也、篚猶吉祭之有肵俎、○肵音祈

主人洗廢爵。酌酒酳尸。尸拜受爵。主人北面答拜。尸祭酒嘗之。

爵無足曰廢爵、酳安食也、主人北面以酳酢、變吉也、凡異者皆變吉、古文酳作酌、○酳以刃反

賓長以肝從。實于俎。縮右鹽。

縮從也、從實肝炙於俎也、衷祭進柢、右鹽於俎近北、便尸取之也、縮執俎、言右鹽、則肝鹽併也、○炙之夜反、柢丁計反

尸左執爵。右取肝。擩鹽。振祭。嚌之。加于俎。賓降。反俎于西塾。復位。

取肝右手也、加于俎、從其牲體也、以衷不志於味、

尸卒爵。祝受。不相爵。主人拜。尸答拜。

不相爵、衷祭於禮略、相爵者、特牲曰、送爵皇尸卒爵、

祝酌授尸。尸以醋主人。主人拜受爵。尸答拜。

醋、報、○醋才各反、本亦作酢

主人坐祭。卒爵拜。尸答拜。筵祝南面。

祝接神尊也、筵用萑席、

主人獻祝。祝拜坐受爵。主人答拜。

獻祝因反西南位、

薦菹醢。設俎。祝左執爵。祭薦。奠爵。興。取肺。坐祭。嚌之。興。加于俎。祭酒。嘗之。肝從。祝取肝。擩鹽。振祭。嚌之。加于俎。卒爵拜。主人答拜。祝坐授主人。

今文無擩鹽、

主人酌獻佐食。佐食北面拜。坐受爵。主人答拜。佐食祭酒。卒爵拜。主人答拜。受爵出。實于篚。升堂復位。

篚在庭、不復入、事已也、亦因取杖乃東面立、

主婦洗足爵于房中。酌亞獻尸。如主人儀。

爵有足輕者飾也、昏禮曰、內洗在北堂直室東隅、

自反兩籩棗栗。設于會南。棗在西。

尚棗、棗美、

尸祭籩。祭酒如初。賓以燔從如初。尸祭燔。卒爵如初。

酌獻祝。籩燔從。獻佐食。皆如初。以虛爵入于房。

初主人儀、

賓長洗繶爵。三獻。燔從如初儀。

繶爵、口足之間有篆、又彌飾、○繶於力反、篆大轉反

婦人復位。

復堂上西面位，事已，尸將出，當哭踊。

祝出戶，西面告利成，主人哭。

西面告，告主人也。利，猶養也。成，畢也。言養禮畢也。不言養禮畢，於尸間嫌。

皆哭。

丈夫婦人於主人哭斯哭矣。

祝入，尸謖。

祝入而無事，尸則知起矣。不告尸者，無遣尊者之道也。古文謖或為休。○謖，所六反。

從者奉篚，哭如初。

初哭從尸。

祝前尸，出戶，踊如初；降堂，踊如初；出門亦如之。

前，道也。如初者，出如入，降如升，三者之節悲哀同。○道音導。

祝反，入徹，設于西北隅，如其設也。几在南，厞用席。

改設饌者，不知鬼神之節，改設之，庶幾歆饗，所以為厭飫也。几在南，變古文。明東面不南面，漸也。厞，隱也。于厞隱之處，從其幽闇。○厞，扶未反，劉音非。

祝薦席徹入于房，祝自執其俎出。

徹薦席者，執事者。祝薦席，則初自房來。

贊闔牖戶。

鬼神尚居幽闇，或者遠人乎。贊，佐食者。

主人降，賓出。

宗人詔主人降。賓則出廟門。

主人出門，哭止，皆復位。

門外未入位。

宗人告事畢，賓出，主人送，拜稽顙。

送拜者，明于大門外也。賓執事者皆去，即徹室中之饌者，兄弟也。

記：虞，沐浴，不櫛。

沐浴者，將祭自潔清。不櫛，未在於飾也。唯三年之喪不櫛，期以下櫛可也。今文曰沐浴。

陳牲于廟門外，北首，西上，寢右。

言牲，腊在其中。西上，變吉。寢右者，當升左胖也。腊用棜。檀弓曰：既反哭，主人與有司視虞牲。

日中而行事。

朝葬，日中而虞，君子舉事必用辰正也。再虞、三虞皆質明。

殺于廟門西，主人不視豚解。

主人視牲，不視殺。凡為喪事略也。豚解，解前後脛脊脅而已。孰乃體解，升於鼎也。今文無廟。

羹飪，升左肩、臂、臑、肫、骼、脊、脅，離肺。膚祭三，取諸左膉上。肺祭一，實于上鼎。

肉謂之羹。飪，孰也。脊，正脊也。脅，正脅也。喪祭略，七體耳。離肺，舉肺也。少牢饋食禮曰：舉肺一，長終；肺祭三，皆切。膉，脰肉也。古文曰左股上。字從肉從殳，殳矛之殳聲。○臑乃報反，肫音純，膉音益，殳音殊。

升魚鱄鮒九實于中鼎。
差減之、○鱄市專反、鮒音附

升腊左胖。髀不升。實于下鼎。
腊亦七體、牲之類、○髀步禮反、又方爾反

皆設扃鼏陳之。
嫌既陳乃設扃鼏也、今文扃作鉉、古文鼏作密、

載猶進柢。魚進鬐。
猶猶士喪既夕、言未可以吉也、柢、本也、鬐、脊也、今文柢爲胝、古文鬐爲耆、○鬐渠之反、柢音帝

祝俎髀脰脊脅離肺。陳于階間敦東。

不升於鼎、賤也、統於敦、明神惠也、祭以離肺、下尸、

淳尸盥。執槃西面。執匜東面。執巾在其北東面。宗人授巾南面。
槃以盛棄水、爲淺汙人也、執巾不授巾、卑也、

主人在室。則宗人升戶外北面。
當詔主人室事、

佐食無事。則出戶負依南面。
室中尊、不空立、戶牖之間謂之依、○依於豈反

鉶芼用苦若薇。有滑。夏用葵。冬用荁。有柶。
苦、苦荼也、荁、堇類也、乾則滑、夏秋用生葵、冬春用乾荁、古文苦爲枯、今文或作芐、○薇音微、荁音九、荼音徒、堇音謹

豆實葵菹。菹以西。蠃醢。籩棗烝栗擇。
棗烝栗擇、則菹刌也、棗烝栗擇、則豆不楬、籩有縢也、○蠃力禾反、楬苦瞎反、又苦割反

尸入。祝從尸。
祝在主人前也、嫌如初時主人倚杖入、祝從之、初時主人之心尚若親存、宜自親之、今既接神、祝當詔侑尸也、

尸坐不說屨。
侍神不敢燕惰、○今文說爲稅

尸謖。祝前鄉尸。
前、道也、祝道尸、必先鄉之、爲之節、○鄉許亮反

還出戶。又鄉尸。還過主人。又鄉尸。還降階。又鄉尸。

過主人則西階上、不言及階、明主人見尸有踧踖之敬、○踧子六反、踖子亦反

降階還及門。如出戶。
及、至也、言還至門、明其間無節也、降階如升時、將出門如出戶時、皆還向尸也、每將還必有辟退之容、凡前尸之禮儀在此、○辟音避

尸出。祝反。入門左。北面復位。然後宗人詔降。尸服卒者之上服。
上服者、如特牲士玄端也、不以爵弁服爲上者、祭於君之服、非所以自配鬼神、士之妻則宵衣耳、

男。男尸。女。女尸。必使異姓。不使賤者。
異姓、婦也、賤者、謂庶孫之妾也、尸配尊者、必使適也、○適丁狄反

無尸。則禮及薦饌皆如初。

無尸、謂無孫列可使者也、殤亦是也、禮、謂衣服即位升降、

既饗祭于苴祝祝卒。

記異者之節、

不綏祭無泰羹湇胾從獻。

不綏、言獻、記終始也、事尸之禮、始於綏祭、終於從獻、綏當爲墮、

主人哭出復位。

於祝祝卒、

祝闔牖戶降復位于門西。

門西北面位也、

男女拾踊三。

拾、更也、三更踊、○更音庚

如食閒。

隱之、如尸一食九飯之項也、

祝升止哭聲三啓戶。

聲者、噫歆也、將啓戶、警覺神也、今文啓爲開、

主人入。

親之、

祝從啓牖鄉如初。

牖先闔後啓、扇在左也、鄉牖一名也、如初者、主人入、祝從在左、○鄉許亮反

主人哭出復位。

堂上位也、

卒徹祝佐食降位。

祝復門西北面位、佐食復西方位、不復設西北隅者、重閉牖戶、褻也、

宗人詔降如初。

初、贊闔牖戶、宗人詔主人降之、

始虞用柔日。

葬之日、日中虞、欲安之、柔日陰、取其靜、

曰哀子某哀顯相夙興夜處不寧。

曰、辭也、祝祝之辭也、喪祭稱哀、顯相、助祭者也、顯、明也、相、助也、詩云、於穆清廟、肅雍顯相、不寧、悲思不安、○相息亮反思息似反

敢用絜牲剛鬣。

敢、昧冒之辭、豕曰剛鬣、○昧冒上云比反下亡報反

香合。

黍也、大夫士於黍稷之號、合言普淖而已、此言香合、蓋記者誤爾、辭次黍、又不得在薦上、○香本又作薌

嘉薦普淖。

嘉薦、菹醢也、普淖、黍稷也、普、大也、淖、和也、德能大和、乃有黍稷、故以爲號云、○淖如孝反

明齊溲酒。

明齊、新水也、言以新水溲釀此酒也、郊特牲曰、明水涚齊、貴新也、或曰、當爲明視、謂兎腊也、今文曰明粢、粢、稷也、皆非其次、今文溲爲醙。○齊才計反　溲所求反

哀薦祫事。

始虞謂之祫事者、主欲祫先祖也、以與先祖合爲安、今文曰古事。○祫音合

適爾皇祖某甫。

爾、女也、女、死者、告之以適皇祖、所以安之也、皇、君也、某甫、皇祖字也、若言尼甫。○女音汝

饗。

勸彊之也、

再虞皆如初、曰哀薦虞事。

丁日葬、則己日再虞、其祝辭異者一言耳、

三虞卒哭他用剛日、亦如初、曰哀薦成事。

當祔於祖廟、爲神安於此、後虞改用剛日、剛日、陽也、陽取其動也、士則庚日三虞、壬日卒哭、其祝辭異者亦一言耳、他謂不及時而葬者、喪服小記曰、報葬者報虞、三月而後卒哭、然則虞卒哭之間有祭事者亦用剛日、其祭無名、謂之他者、假設言之、文不在卒哭上者、以其非常也、令正者自相亞也、檀弓曰、葬日中而虞、弗忍一日離也、是日也、以虞易奠、卒哭曰成事、是日也、以吉祭易喪祭、明日祔於祖父、如是虞爲喪祭、卒哭爲吉祭、今文他爲宅。○報葬禮記音芳付反　下同　令力呈反　離力智反

獻畢未徹乃餞。

卒哭之祭、既三獻也、餞、送行者之酒、詩云、出宿于泲、飲餞于禰、尸旦將始祔于皇祖、是以餞送之、古文餞爲踐、

尊兩甒于廟門外之右、少南、水尊在酒西、勺北枋。

少南、將有事於北、有玄酒、即吉也、此在西、尚凶也、言水者、喪質、無鼏、不久陳、古文甒爲廡也、

洗在尊東南、水在洗東、篚在西。

在門之左、又少南、

饌籩豆脯四脡。

酒宜脯也、古文脡爲挺、

有乾肉折俎、二尹縮、祭半尹、在西塾。

乾肉、牲體之脯也、如今涼州烏翅矣、折以爲俎實、優尸也、尹、正也、雖其折之、必使正、縮、從也、古文縮爲蹙、

尸出、執几從、席從。

祝入亦告利成、入前尸、尸乃出、几席素几葦席也、以几席從、執事也、

尸出門右、南面。

俟設席也、

席設于尊西北、東面、几在南、賓出復位。

將入臨之位、士喪禮、賓繼兄弟北上、門東北面西上、門西北面東上、西方東面北上、

主人出、即位于門東、少南、婦人出、即位于主人之北、皆西面哭、不止。

婦人出者、重餞尸、

尸即席坐、惟主人不哭、洗廢爵、酌獻尸、尸拜受、主人拜送、哭復位。

薦脯醢。設俎于薦東。胊在南。

胊、脯及乾肉之屈也、屈者在南、變於吉、○胊其俱反

尸左執爵。取脯擩醢祭之。佐食授嚌。

授乾肉之祭、

尸受振祭嚌反之。祭酒卒爵。奠于南方。

反之、反於佐食、佐食反之於俎、尸奠爵禮有終、

主人及兄弟踊。婦人亦如之。主婦洗足爵亞獻。如主人儀。無從。踊如初。賓長洗繶爵三獻。如亞獻。踊如初。佐食取俎實于篚。尸謖。從者奉篚。哭從之。祝前。哭者皆從。及大門內。踊如初。

男女從尸、男由左、女由右、及、至也、從尸不出大門者、由廟門外無事尸之禮也、古文謖作休、

尸出門。哭者止。

以餞於外、大門猶廟門、

賓出。主人送。拜稽顙。

送賓拜於大門外、

主婦亦拜賓。

女賓也、不言出、不言送、拜之於闈門之內、闈門、如今東西掖門、

丈夫說絰帶于廟門外。

既卒哭、當變麻、受之以葛也、夕日則服葛者、為祔期、今文說為稅、

入徹。主人不與。

入徹者、兄弟大功以下、言主人不與、則知丈夫婦人在其中、古文與為豫、

婦人說首絰。不說帶。

不說帶、齊斬婦人帶不說也、婦人少變而重帶、帶、下體之上也、大功小功者葛帶、時亦不說者、未可以輕文、變於主婦之質、至祔、葛帶以即位、檀弓曰、婦人不葛帶、

無尸則不餞。猶出几席。設如初。拾踊三。

以餞尸者本為送神也、丈夫婦人亦從几席而出、古文席為筵、

死三日而殯。三月而葬。遂卒哭。

謂士也、雜記曰、大夫三月而葬、五月而卒哭、諸侯五月而葬、七月而卒哭、此記更從死起、異人之間、其義或殊、

將旦而祔。則薦。

薦、謂卒哭之祭、

卒辭曰。哀子某。來日某隮祔爾于爾皇祖某甫。尚饗。

卒辭、卒哭之祝辭、隮、升也、尚、庶幾也、不稱饌、明主為告祔也、今文隮為齊、

女子曰。皇祖妣某氏。

女孫祔於祖母、

婦曰。孫婦于皇祖姑某氏。

不言爾、曰孫婦、差疏也、

其他辭一也。

來日某隮祔尚饗、

饗辭曰、哀子某圭爲而哀薦之饗。

饗辭勸強尸之辭也、圭絜也、詩曰、吉圭爲饎、凡吉祭饗尸曰孝子、

明日以其班祔。

卒哭之明日也、班次也、喪服小記曰、祔必以其昭穆、亡則中一以上、凡祔已復于寢、如既祫、主反其廟、練而後遷廟、古文班或爲辨、辨氏姓或然、今文爲胖、

沐浴櫛搔翦。

彌自飾也、搔當音爪、今文曰沐浴搔翦、或爲蚤揃、揃或爲鬋、

用專膚爲折俎、取諸脰膉。

專猶厚也、折俎謂主婦以下俎也、體盡人多、折骨以爲之、今以脰膉、貶於純吉、今文字爲折俎、而說以爲肵俎、亦甚誣矣、古文脰膉爲頭益也、○膉音益

其他如饋食。

如特牲饋食之事、或云以左胖虞、右胖祔、今此如饋食、則尸俎肵俎皆有肩臂、豈復用虞臂乎、其不然明矣、

用嗣尸。

虞祔尚質、未暇筮尸、

曰、孝子某孝顯相、夙興夜處、小心畏忌、不惰其身、不寧。

稱孝者、吉祭、

用尹祭。

尹祭脯也、大夫士祭、無云脯者、今不言牲號、而云尹祭、亦記者誤矣、

嘉薦普淖、普薦溲酒。

普薦鉶羹、不稱牲、記其異者、今文溲爲醙、

適爾皇祖某甫、以隮祔爾孫某甫、尚饗。

欲其祔合、兩告之、曾子問曰、天子崩、國君薨、則祝取羣廟之主、而藏諸祖廟、禮也、卒哭成事、而後主各反其廟、然則士之皇祖、於卒哭亦反其廟、無主則反廟之禮、未聞、以其幣告之乎、

朞而小祥。

小祥、祭名、祥、吉也、檀弓曰、歸祥肉、古文朞皆作基、

曰、薦此常事。

祝辭之異者、言常者、朞而祭、禮也、古文常爲祥、

又朞而大祥、曰、薦此祥事。

又復也、

中月而禫。

中猶間也、禫、祭名也、與大祥間一月、自喪至此、凡二十七月、禫之言澹、澹然平安意也、古文禫或爲導、○禫大感反、間並音間側之間

是月也、吉祭猶未配。

是月、是禫月也、當四時之祭月則祭、猶未以某妃配某氏、哀未忘也、少牢饋食禮、祝祝曰、孝孫某、敢用柔毛剛鬣、嘉薦普淖、用薦歲事于皇祖伯某、以某妃配某氏、尚饗、

卷十四終

儀禮卷十五

漢大司農北海鄭　玄註
皇明　後學東吳金　蟠訂

特牲饋食禮第十五

特牲饋食之禮。不諏日。

祭祀自孰始曰饋食饋食者食道也諏謀也士賤職褻時至事暇可以祭則筮其日矣不如少牢大夫先與有司於廟門諏丁巳之日○諏子須反

及筮日主人冠端玄即位于門外西面。

冠端玄玄冠玄端下言玄者玄冠有不玄端者門謂廟門

子姓兄弟如主人之服立于主人之南西面北上。

所祭者之子孫言子姓者子之所生小宗祭而兄弟皆來與焉宗子祭則族人皆侍

有司羣執事如兄弟服東面北上。

士之屬吏也

席于門中闑西閾外。

爲筮人設之也古文闑作槷閾作蹙○闑魚列反閾不逼反又況逼反爲于僞反

筮人取筮于西塾執之東面受命于主人。

筮人官名也筮問也取其所用問神明者謂蓍也

宰自主人之左贊命命曰孝孫某筮來日某諏此某事適其皇祖某子尚饗。

宰羣吏之長自由也贊佐也達也贊命由左者爲神求變也士祭曰歲事此言某事又不言妃者容大祥之後禫月之吉祭皇君也言君祖者尊之也某子者祖字也伯子仲子也尚庶幾也○妃音配又芳非反

筮者許諾還即席西面坐卦者在左卒筮寫卦筮者執以示主人。

士之筮者坐蓍短由便卦者主畫地識爻爻備以方寫之

主人受視反之。

反還

筮者還東面長占卒告于主人占曰吉。

長占以其年之長幼旅占之

若不吉則筮遠日如初儀。

遠日旬之外日

宗人告事畢。

前期三日之朝筮尸如求日之儀命筮曰孝孫某諏此某事適其皇祖某子筮某之某爲尸尚饗。

三日者容宿賓視濯也某之某者字尸父而名尸連言其親庶幾其馮依之也大夫士以孫之倫爲尸○馮音憑

乃宿尸。

宿讀爲肅肅進也進之者使知祭日當來凡宿或作速記作肅周禮亦作宿

主人立于尸外門外子姓兄弟立于主人之後北面東上。

不東面者、來不爲賓客、子姓立于主人之後、上當其後、

尸如主人服。出門左。西面。

不敢南面當尊、

主人辟。皆東面北上。

順尸、○辟芳益反一音避

主人再拜。尸答拜。

主人先拜、尊尸、

宗人擯辭如初。卒曰。筮子爲某尸。占曰吉。敢宿。

宗人擯者釋主人之辭、如初者如宰贊命筮尸之辭、卒曰者著其辭所易也、

祝許諾。致命。

受宗人辭許之傳命於尸、始宗人祝北面至於傳命皆西面受命、東面釋之、

尸許諾。主人再拜稽首。

其許亦宗人受於祝而告主人、

尸入。主人退。

相揖而去、尸不拜送、尸尊、

宿賓。賓如主人服。出門左。西面再拜。主人東面答再拜。宗人擯曰。某薦歲事。吾子將涖之。敢宿。

薦進也、涖臨也、言吾子將臨之、知賓在有司中、今特肅之、尊賓耳、

賓曰。某敢不敬從。主人再拜。賓答拜。主人退。賓拜送。

厥明夕。陳鼎于門外。北面北上。有鼏。

厥其也、宿賓之明日夕、門外北面當門也、古文鼏爲密、○鼏亡狄反

棜在其南。南順。實獸于其上。東首。

順猶從也、棜之制如今大木轝矣、上有四周、下無足、獸腊也、○棜於廉反、轝音預

牲在其西。北首東足。

其西棜西也、東足者尚右也、牲不用棜、以其生、

設洗于阼階東南。壺禁在東序。豆籩鉶在東房。南上。几席兩敦在西堂。

東房房中之東、當夾北、西堂西夾室之前近南耳、

主人及子姓兄弟卽位于門東。如初。

初筮位也、

賓及衆賓卽位于門西。東面北上。

不象如初者、以賓在而宗人祝不在、

宗人祝立于賓西北。東面南上。

事彌至位彌異、宗人祝於祭宜近廟、

主人再拜。賓答再拜。三拜衆賓。衆賓答再拜。

衆賓再拜者、士賤旅之、得備禮也、

主人揖入。兄弟從。賓及衆賓從。即位于堂下如外位。

為視濯也、

宗人升自西階。視壺濯及豆籩。反降東北面。告濯具。

濯溉也、不言敦鉶者省文也、東北面告、緣賓意欲聞也、言濯具不言絜、以有几席、

賓出。主人出。皆復外位。

為視牲也、

宗人視牲告充。雍正作豕。

充、猶肥也、雍正、官名也、北面以策動作豕、視聲氣、

宗人舉獸尾告備。舉鼎鼏告絜。

備、具、

請期曰羹飪。

肉謂之羹、飪熟也、謂明日質明時、而曰肉熟、重豫勞賓、宗人既得期、西北面告賓有司、

告事畢。賓出。主人拜送。

夙興。主人服如初。立于門外東房南面。視側殺。

夙、早也、興、起也、主人服如初、則其餘有不玄端者、側殺、殺一牲也、

主婦視饎爨于西堂下。

炊黍稷曰饎、宗婦為之、爨、竈也、西堂下者、堂之西下也、近西壁、南齊于坫、古文饎作糦、周禮作饎、○饎尺志反

亨于門外東方。西面北上。

亨、煮也、煮豕魚腊以鑊、各一爨、詩云、誰能亨魚、溉之釜鬵、○鬵音尋

羹飪實鼎。陳于門外如初。

初、視濯也、

尊于戶東。玄酒在西。

戶東、室戶東、玄酒在西、尚之、凡尊酌者在左、

實豆籩鉶。陳于房中如初。

如初者、取而實之、既而反之、

執事之俎。陳于階間。二列北上。

執事、謂有司及兄弟、二列者、因其位在東西、祝主人主婦之俎、亦存焉、不升鼎者、異於神、

盛兩敦。陳于西堂。藉用萑。几席陳于西堂如初。

盛黍稷者、宗婦也、萑、細葦、古文用為于、○萑音完

尸盥匜水實于槃中。簞巾在門內之右。

設盥水及巾、尸尊不就洗、又不揮、門內之右、象洗在東、統于門東西上、凡鄉內以入為左右、鄉外以出為左右、

祝筵几于室中東面。

為神敷席也、至此使祝接神、

主婦纚笄宵衣。立于房中南面。

主婦、主人之妻、雖姑存、猶使之主祭祀、纚笄、首服、宵、綺屬也、此衣染之以黑、其繒本名曰宵、詩有素衣朱宵、記有玄宵衣、凡婦人助祭者同服也、內則曰、舅沒則姑老、冢婦所祭祀賓客、每事必請於姑、○纚所綺反

主人及賓兄弟羣執事即位于門外如初宗人告有司具

具猶辨也

主人拜賓如初揖入即位如初

初視濯也

佐食北面立於中庭

佐食賓佐尸食者立于宗人之西

主人及祝升祝先入主人從西面于戶內

祝先入接神宜在前也少牢饋食禮曰祝盥于洗升自西階主人盥升自阼階祝先入南面

主婦盥于房中薦兩豆葵菹蝸醢醢在北

主婦盥盥於內洗昏禮婦洗在北堂直室東隅○蝸力禾反

宗人遣佐食及執事盥出

命之盥出當助主人及賓舉鼎

主人降及賓盥出主人在右及佐食舉牲鼎賓長在右及執事舉魚腊鼎除鼏

及與也主人在右統與東主人與佐食者賓尊不載少牢饋食禮魚用鮒腊用麋士腊用兎

宗人執畢先入當阼階南面

畢狀如叉蓋為其似畢星取名焉主人親舉宗人則執畢導之既錯又以畢臨匕載備失脫也雜記曰枇用桑長三尺畢用桑長三尺刊其本與末枇畢同材明矣今此枇用棘心則畢亦用棘心舊說云畢以御他神物神物惡桑叉則少牢饋食及虞無

叉何哉此無叉者乃主人不親舉耳少牢大夫祭不親舉虞喪祭也主人未執事祔練祥執事用桑叉自此純吉用棘心叉

鼎西面錯右人抽扃委于鼎北

右人謂主人及二賓既錯皆西面俟也

贊者錯俎加匕

贊者執俎及匕從鼎入者其錯俎東縮加匕東柄既則退而左人北面也

乃朼

右人也尊者於事指使可也左人載之

佐食升肵俎鼏之設于阼階西

肵謂心舌之俎也郊特牲曰肵之為言敬也言主人之所以敬尸之俎古文鼏皆作密○肵音祈

卒載加匕于鼎

卒已也已載畢亦加焉

主人升入復位俎入設于豆東魚次腊特于俎北

入設俎載者腊特饌要方也凡饌必方者明食味人之性所以正

主婦設兩敦黍稷于俎南西上及兩鉶芼設于豆南南陳

宗婦不贊敦鉶者以其少可親之芼菜也○芼亡報反

祝洗酌奠奠于鉶南遂命佐食啓會佐食啓會卻于敦南出立于西南面

酌奠奠其爵觶少牢饋食禮啓會乃奠之

主人再拜稽首。祝在左。稽首服之甚者。祝在左當爲主人釋辭於神也。祝祝曰。孝孫某敢用剛鬣嘉薦普淖。用薦某事於皇祖某子。尚饗。○祝曰州又反。淖女孝反。

卒祝。主人再拜稽首。

祝迎尸于門外。尸自外來。代主人接之。就其次而請。不拜。不敢與尊者爲禮。周禮掌次。凡祭祀張尸次。

主人降立于阼階東。主人不迎尸。成尸尊。尸所祭者之孫也。祖之尸。則主人乃宗子。禰之尸。則主人乃父道。事神之禮。廟中而已。出迎則爲厭。○厭一葉反。

尸入門左。北面盥。宗人授巾。侍盥者執其器就之。執簞者不授巾。賤也。宗人授巾。庭長尊。少牢饋食禮曰。祝先入門右。尸入門左。

尸至于階。祝延尸。尸升入。祝先。主人從。延進。在後詔侑曰延。禮器所謂詔侑武方者也。少牢饋食禮曰。尸升自西階入。祝從。主人升自阼階。祝先入。主人從。

尸卽席坐。主人拜妥尸。妥安坐也。

尸答拜。執奠。祝饗。主人拜如初。饗勸彊之也。其辭取于士虞記。則宜云孝孫某圭爲孝薦之饗。舊說云明薦之。

祝命挼祭。尸左執觶。右取菹擩于醢。祭于豆間。

命詔尸也。挼祭祭神食也。古虞禮古文曰。祝命佐食墮祭。周禮曰。既祭則藏其墮。墮與挼讀同耳。擩醢者。染於醢。○挼依注音墮許恚反。擩如悅反。

佐食取黍稷肺祭授尸。尸祭之。祭酒。啐酒。告旨。主人拜。尸奠觶答拜。肺祭。刌肺也。旨。美也。祭酒。穀味之芬芬者。齊敬共之。惟恐不美。告之美。達其心。明神享之。○啐七内反。刌寸本反。齊側皆反。共音恭。

祭鉶嘗之。告旨。主人拜。尸答拜。鉶肉味之有菜和者[illegible]容絜羹。主人辭不能享。○和[illegible]反。

祝命爾敦。佐食爾黍[illegible]

爾。近也。近之。便尸之食也。

設大羹湆于醢北。大羹湆。煮肉汁也。不和。貴其質。設之所以敬尸也。不祭。不嚌。大羹不爲神。非盛者也。士虞禮曰。大羹湆自門入。今文湆皆爲汁。○湆去及反。

擧肺脊以授尸。尸受。振祭。嚌之。左執之。肺氣之主也。脊正體之貴者。先食啗之。所以導食通氣。

乃食食擧。擧言食者。明凡解體皆連肉。

主人羞肵俎于腊北。

肵俎主於尸主人親羞敬也神俎不親設者貴得賓客以神事其先

尸三飯告飽祝侑主人拜

三飯告飽禮一成也侑勸也或曰又勸之使又食少牢饋食禮侑辭曰皇尸未實侑也

佐食舉幹尸受振祭嚌之佐食受加于肵俎舉獸幹魚一亦如之

幹長脅也獸腊其體數與牲同

尸實舉于菹豆

為將食庶羞舉謂肺脊

佐食羞庶羞四豆設于左南上有醢

庶衆也衆羞以豕肉所以為異味四豆者膮炙胾醢南上者以膮炙為上以有醢不得綼也○膮許堯反

尸又三飯告飽祝侑之如初

禮再成也

舉骼及獸魚如初尸又三飯告飽祝侑之如初

禮三成獸魚如初者獸骼魚一也○骼音格又音各

舉肩及獸魚如初

不復飯者三三者士之禮大成也舉先正脊後肩自上而卻下綼而前終始之次也

佐食盛肵俎俎釋三个

佐食取牲魚腊之餘盛於肵俎將以歸尸俎釋三个為改饌於西北隅遺之所釋者牲腊則正脊一骨長脅一骨及臑也魚則三頭而已个猶枚也今俗言物數有若干個者此讀然○盛音成臑乃報反

舉肺脊加于肵俎反黍稷于其所

尸授佐食佐食受而加之反之也肺脊初在菹豆

主人洗角升酌酳尸

酳猶衍也是獻尸也云酳者尸既卒食又欲頤衍養樂之不用爵者下大夫也因父子之道質而用角角加人事畧者今文酳皆為酌○酳以淺反又士刃反

尸拜受主人拜送尸祭酒啐酒賓長以肝從

肝肝炙也古文無長

尸左執角右取肝擩于鹽振祭嚌之加于菹豆卒角祝受尸角曰送爵皇尸卒爵主人拜尸答拜

曰送爵者節主人拜

祝酌授尸尸以醋主人

醋報也祝酌不洗尸不親酌尊尸也古文醋作酢○醋才各反

主人拜受角尸拜送主人退佐食授挼祭

退者進受爵反位尸將嘏主人佐食授之挼祭亦使祭尸食也其授祭亦取黍稷肺祭古文挼作綏

主人坐左執角受祭祭之祭酒啐酒進聽嘏

聽猶待也受福曰嘏嘏長也大也待尸授之以長大之福也○嘏古雅反

佐食摶黍授祝祝授尸尸受以菹豆執以親嘏主人

獨用黍者食之主其辭則少牢饋食禮有焉○摶大官反

主人左執角。再拜稽首受。復位。詩懷之。實于左袂。挂于季指。卒角拜。尸答拜。

詩猶承也。謂奉納之懷中。季小也。實于左袂、挂袪以小指者、便卒角也。少牢饋食禮曰、興受黍、坐振祭嚌之。○挂俱賣反一音卦奉芳勇反

主人出寫嗇于房。祝以籩受。

變黍言嗇、因事託戒、欲其重稼嗇。嗇者農力之成功。

筵祝南面。

主人自房還時。

主人酌獻祝。祝拜受角。主人拜送。設菹醢俎。

行神惠也。先獻祝以接神尊之。菹醢皆主婦設之。佐食設俎。

祝左執角祭豆。興取肺。坐祭嚌之。興加于俎。坐祭酒啐酒。以肝從。

祝左執角。右取肝擩于鹽。振祭嚌之。加于俎。卒角拜。主人答拜受角酌獻佐食。佐食北面拜受角。主人拜送。佐食坐祭。卒角拜。主人答拜受角。降反于篚。升入復位。主婦洗爵于房。酌亞獻尸。

亞次也。次猶貳。主婦貳獻、不夾拜者、士妻儀簡耳。

尸拜受。主婦北面拜送。

北面拜者、辟內子也。大夫之妻拜於主人北西面。

宗婦執兩籩戶外。坐。主婦受。設于敦南。

兩籩棗栗、棗在西。

祝贊籩祭。尸受祭之。祭酒啐酒。

籩祭棗栗之祭。其祭之亦於豆祭。

兄弟長以燔從。尸受振祭嚌之。反之。

燔炙肉也。

羞燔者受加于所出。

出者俟後事也。

尸卒爵。祝受爵。命送如初。

送者送卒爵。

酢如主人儀。

尸酢主婦、如主人儀者、自祝酌至尸拜送、如酢主人也。不易爵、辟內子。

主婦適房南面。佐食挼祭。主婦左執爵。右撫祭。祭酒啐酒。入卒爵如主人儀。

撫挼祭、示親祭。佐食不授而祭於地、亦儀簡也。入室卒爵於尊者前成禮、明受惠也。

獻祝籩燔從。如初儀。及佐食如初。卒以爵入于房。

及佐食如初、如其獻佐食、則拜主人之北西面也。

賓三獻如初。燔從如初。爵止。

初亞獻也。尸止爵者、三獻禮成、欲神惠之均於室中、是以奠而待之。

席于戶內。
為主人鋪之、西面席自房來、
主婦洗爵酌致爵于主人。主人拜受爵。主婦拜送爵。
主婦拜、拜於北面也、今文曰主婦洗酌爵、
宗婦贊豆如初。主婦受設兩豆兩籩。
初贊亞獻也、主婦薦兩豆籩東面也、
俎入設。
佐食設之、
主人左執爵祭薦。宗人贊祭。奠爵興。取肺坐絶祭嚌之。興。加于俎。

坐挩手。祭酒啐酒。
絶肺祭之者、以離肺長也、少儀曰、牛羊之肺離而不提心、豕亦然、挩拭也、挩手者為絶肺染汙也、刌肺不挩手、古文挩皆作說、
肝從。左執爵。取肝擩于鹽。坐振祭嚌之。宗人受加于俎。燔亦如之。
興。席末坐卒爵拜。
於席末坐卒爵、敬也、一酌而備、再從而次之、亦均、
主婦答拜。受爵酌醋。左執爵拜。主人答拜。坐祭立飲。卒爵拜。主人答拜。
主婦出反于房。主人降洗酌致爵于主婦。席于房中南面。主婦拜受爵。主人西面答拜。宗婦薦豆俎從獻皆如主人。主人更爵酌醋。

卒爵降實爵于篚。入復位。
主人更爵自酢、男子不承婦人爵也、祭統曰、夫婦相授受不相襲處、酢必易爵、明夫婦之別、今文授為受、
三獻作止爵。
賓也、謂三獻者、以事命之、作起也、舊說云、賓入戶北面曰皇尸請舉爵、
尸卒爵酢酌獻祝及佐食。洗爵酌致于主人。主婦。燔從皆如初。更爵酢于主人。卒復位。
洗乃致爵、為異事新之、燔從皆如初者、如亞獻及主人主婦致爵也、凡獻佐食皆無從、其薦俎獻兄弟以齒設之、賓更爵自酢、亦不承婦人爵、
主人降阼階。西面拜賓如初洗。

拜賓而洗爵、為將獻之、如初、視濯時主人再拜賓答拜、三拜衆賓、衆賓答再拜者、
賓辭洗。卒洗。揖讓升酌。西階上獻賓。賓北面拜受爵。主人在右答拜。
就賓拜者此禮不主於尊也、賓卑則不專階、主人在右、統於其位、
薦脯醢。設折俎。
凡節解者皆曰折俎、不言其體、略云折俎、非貴體也、上賓骼、衆賓儀、公有司設之、
賓左執爵祭豆。奠爵興。取肺坐絶祭嚌之。興。加于俎。坐挩手祭酒。卒爵拜。主人答拜。受爵酌酢。奠爵拜。賓答拜。
主人酌自酢者、賓不敢敵主人、主人達其意、

主人坐祭卒爵拜。賓答拜。揖執祭以降。西面奠于其位。位如初。薦俎從設。

位如初、復其位東面少牢饋食禮宰夫執薦以從設于祭東司士執俎以從設于薦東是則皆公有司爲之與、

衆賓升拜受爵。坐祭立飲。薦俎設于其位。辯。主人備答拜焉。降實爵于篚。

衆賓立飲賤不備禮鄉飲酒記曰立卒爵者不拜旣爵備盡盡人之答拜、○辯音遍後皆同

尊兩壺于阼階東。加勺南枋。西方亦如之。

爲酬賓及兄弟行神惠不酌上尊卑異之、就其位尊之、兩壺皆酒優之、先尊東方示惠由近禮運曰、澄酒在下、

主人洗觶。酌于西方之尊。西階前北面酬賓。賓在左。

先酌西方者、尊賓之義、

主人奠觶拜。賓答拜。主人坐祭卒觶拜。賓答拜。主人洗觶。賓辭主人對。卒洗酌西面。賓北面拜。

西面者鄉賓位立於西階之前賓所答拜之東北、

主人奠觶于薦北。

奠酬於薦左非爲其不舉行神惠不可同於飲酒、

賓坐取觶。還東面拜。主人答拜。賓奠觶于薦南。揖復位。

還東面就其位薦西、奠觶薦南明將舉、

主人洗爵。獻長兄弟于阼階上。如賓儀。

酬賓乃獻長兄弟者獻之禮成於酬先成賓禮、此主人之義亦有薦脅設于位私人爲之與、

洗獻衆兄弟。如衆賓儀。

獻卑而必爲之洗者顯神惠此言如衆賓獻則如獻衆賓洗明矣、

洗獻內兄弟于房中。如獻衆兄弟之儀。

內兄弟內賓宗婦也如衆兄弟如其拜受坐祭立飲設薦俎於其位而立內賓位在房中之尊北不殊其長略婦人也有司徹曰主人洗獻內賓於房中南面拜受爵、

主人西面答拜。更爵酢。卒爵降實爵于篚。入復位。

爵辯乃自酢以初不殊其長也內賓之長亦南面答拜、

長兄弟洗觚爲加爵。如初儀。不及佐食。洗致如初。無從。

大夫士三獻而禮成多之爲加也不及佐食無從殺也致致於主人主婦○殺所界反下皆同

衆賓長爲加爵。如初。爵止。

尸爵止者欲神惠之均於在庭、

嗣舉奠。盥入。北面再拜稽首。

嗣主人將爲後者舉猶飲也使嗣子飲奠者將傳重累之者大夫之嗣子不舉奠辟諸侯、

尸執奠。進受。復位。祭酒。啐酒。尸舉肝。舉奠左執觶。再拜稽首。進受肝。復位。坐食肝。卒觶拜。尸備答拜焉。

食肝受尊者賜不敢餘也備猶盡也每拜答之、以尊者與卑者爲禮畧其文耳古文備爲復、

舉奠洗酌入。尸拜受。舉奠答拜。祭酒啐酒。奠之。舉奠出復位。

啐之者、答其欲酢已也、奠之者、復神之奠觶、嗣齒於子姓、凡非主人、升降自西階、

兄弟弟子洗酌于東方之尊。阼階前。北面舉觶于長兄弟。如主人酬賓儀。

弟子、後生也、

宗人告祭脀。

脀、俎也、所告者衆賓兄弟內賓也、獻時設薦俎于其位、至此禮又殺、告之祭、使成禮也、其祭皆離肺、不言祭豆可知、

乃羞。

羞、庶羞也、下尸胾醢豆而已、此所羞者、自祝主人至於內賓、無內羞、

賓坐取觶。阼階前。北面酬長兄弟。長兄弟在右。

薦南奠觶、

賓奠觶拜。長兄弟答拜。賓立卒觶。酌于其尊。東面立。長兄弟拜受觶。賓北面答拜。揖復位。

其尊、長兄弟尊也、此受酬者拜亦北面、

長兄弟西階前北面。衆賓長自左受旅如初。

旅、行也、受行酬也、初、賓酬長兄弟、

長兄弟卒觶。酌于其尊。西面立。受旅者拜受。長兄弟北面答拜。揖復位。衆賓及衆兄弟交錯以辯。皆如初儀。

交錯、猶言東西、

爲加爵者作止爵。如長兄弟之儀。

於旅酬之間言作止爵、明禮殺並作、

長兄弟酬賓。如賓酬兄弟之儀。以辯。卒受者實觶于篚。

長兄弟酬賓、亦坐取其奠觶、此不言交錯以辯、賓之酬不言卒受者實觶于篚、明其相報、禮終於此、其文省、

賓弟子及兄弟弟子。洗各酌于其尊。中庭北面西上。舉觶於其長。奠觶拜。長皆答拜。舉觶者洗。各酌于其尊。復初位。長皆拜。舉觶者皆奠觶于薦右。

奠觶進奠之于薦右、非神惠也、今文曰奠于薦右、

長皆執以興。舉觶者皆復位答拜。長皆奠觶于其所。皆揖其弟子。

弟子皆復其位。

復其位者、東西面位、弟子舉觶於其長、所以序長幼、教孝弟、凡堂下拜、亦皆北面、

爵皆無筭。

筭、數也、賓取觶酬兄弟之黨、長兄弟取觶酬賓之黨、唯己所欲、亦交錯以辯、無次第之數、因今接會、使之交恩定好、優勸之、

利。洗散。獻于尸。酢及祝。如初儀。降實散于篚。

利、佐食也、言利以今進酒也、更言獻者、以利待尸禮將終、宜一進酒、嫌於加酒亦當三也、不致爵、禮又殺也、

主人出立于戶外西南。

事尸禮畢、

祝東面告利成。

利猶養也供養之禮成不言禮畢於尸閑之嫌

尸謖祝前主人降

謖起也前猶導也少牢饋食禮曰祝入尸謖主人降立于阼階東西面祝先尸從遂出于廟門前尸之義士虞禮備矣○謖所六反

祝反及主人入復位命佐食徹尸俎俎出于廟門

俎所以載肵俎少牢饋食禮曰有司受歸之

徹庶羞設于西序下

爲將餕去之庶羞主爲尸非神饌也尚書傳曰宗室有事族人皆侍終日大宗已侍於賓奠然後燕私燕私者何也已而與族人飲也此徹庶羞置西序下者爲將以燕飲與然則自尸祝至於兄弟之庶羞宗子以與族人燕飲於堂內賓宗婦之庶羞主婦以燕飲於房○去起呂反

筵對席佐食分簋鉶

爲將餕分之也分簋者分敦黍於會爲有對也敦有虞氏之器也周制士用虞變敦言簋容同姓之士得從周制耳祭統曰餕者祭之末也不可不知也是故古之人有言曰善終者如始餕其是已是故古之君子曰尸亦餕鬼神之餘也惠術也可以觀政矣

宗人遣舉奠及長兄弟盥立于西階下東面北上祝命嘗食餕者舉奠許諾升入東面長兄弟對之皆坐佐食授舉各一膚

命告也士使嗣子及兄弟餕其惠不過族親古文餕皆作餕○餕子峻反與餕同

主人西面再拜祝曰餕有以也兩餕奠舉于俎許諾皆答拜

以讀如何其久也必有以也之以祝告餕釋辭以戒之言女餕此當有所以也以先祖有德而享于此祭其坐餕其餘亦當以之也少牢饋食不戒者非親昵也舊說曰主人拜下餕席南○女音汝下同

若是者三

丁寧戒之

皆取舉祭食祭舉乃食祭鉶食舉

食乃祭鉶禮殺

卒食主人降洗爵宰贊一爵主人升酌酳上餕上餕拜受爵主人答拜酳下餕亦如之

少牢饋食禮曰贊者洗三爵主人受于戶內以授次餕舊說云主人北面授下餕爵

主人拜祝曰酳有與也如初儀

主人復拜爲戒也與讀如諸侯以禮相與之與言女酳此當有所與也與者與兄弟也既知似先祖之德亦當與女兄弟謂教化之

兩餕執爵拜

答主人也

祭酒卒爵拜主人答拜兩餕皆降實爵于篚上餕洗爵升酌酢主人主人拜受爵

下餕復兄弟位不復升也

上餕即位坐答拜

既授爵戶內乃就坐

主人坐祭卒爵拜。上賓答拜。受爵降實于篚。主人出立于戶內西面。

事餕者禮畢

祝命徹阼俎豆籩設于東序下。

命命佐食阼俎主人之俎宗婦不徹豆籩徹禮畧各有爲而已設于東序下亦將燕也

祝執其俎以出東面于戶西。

俟告利成少牢下篇曰祝告利成乃執俎以出

宗婦徹祝豆籩入于房徹主婦薦俎。

宗婦既並徹徹其卑者士虞禮曰祝薦席徹入于房

佐食徹尸薦俎敦設于西北隅。凡在南扉。用筵納一尊。佐食闔牖戶降。

厞隱也不知神之所在或諸遠人乎尸謖而改饌爲幽闇庶其饗之所以爲厭飫少牢饋食禮曰南面如饋之設此所謂當室之白陽厭也則尸未入之前爲陰厭矣曾子問曰殤不備祭何謂陰厭陽厭也○厞扶未反

祝告利成。降出主人降即位。宗人告事畢。賓出。主人送于門外。再拜。

答送賓也凡去者不答拜

佐食徹阼俎堂下俎畢出。

記俎出節兄弟及衆賓自徹而出唯賓俎有司徹歸之尊賓者

記。特牲饋食其服皆朝服玄冠緇帶緇韠。

於祭服此也皆者謂賓及兄弟筮日筮尸視濯亦玄端至祭而朝服朝服者諸侯之臣與其君日視朝之服大夫以祭今賓兄弟緣孝子欲得嘉賓尊客以事其祖禰故服之緇韠者下大夫之臣夙興主人服如初則固玄端

唯尸祝佐食玄端玄裳。黃裳雜裳可也皆爵韠。

與主人同服周禮士之齊服有玄端素端然則玄裳上士也黃裳中士雜裳下士

設洗南北以堂深。東西當東榮。

榮屋翼也

水在洗東。

祖天地之右海

篚在洗西南順。實二爵二觚四觶一角一散。

順從也言南從統於堂也二爵者爲賓獻爵止主婦當致也二觚長兄弟酌衆賓長爲加爵二人班同迎接並也四觶一酌奠其三長兄弟酬賓卒受者與賓弟子兄弟弟子舉觶於其長禮殺事相接禮器曰貴者獻以爵賤者獻以散尊者舉觶卑者舉角舊說云爵一升觚二升觶三升角四升散五升

壺棜禁饌于東序。南順。覆兩壺焉。蓋在南。明日卒奠。冪用綌。即位而徹之。加勺。

覆壺者盝瀝水且爲其不宜塵冪用綌以其堅潔禁言棜者祭尚厭飫得與大夫同器不爲神戒也

籩巾以綌也。纁裏棗烝栗擇。

籩有巾者果實之皮物多核、優尊者可烝裹之也、烝擇互文、舊說云、纁裹者皆玄被、

鉶芼用苦若薇。皆有滑。夏葵冬荁。苦、苦荼也、荁、菫屬乾之、冬滑於葵、詩云周原膴膴、菫荼如飴、云今文苦爲芐、芐乃地黃非也、○荁音桓

棘心匕刻。刻若今龍頭、

牲爨在廟門外東南。魚腊爨在其南。皆西面。饎爨在西壁。饎炊也、西壁堂之西牆下、舊說云南北直屋梠、稷在南、

肵俎心舌皆去本末。午割之。實于牲鼎。載心立舌縮俎。午割從橫割之、亦勿沒立縮順其牲心舌知食味者欲尸之饗此祭、是以進之、

賓與長兄弟之薦自東房。其餘在東堂。東堂東夾之前近南、

沃尸盥者一人。奉槃者東面。執匜者西面淳沃。執巾者在匜北。匜北、執匜之北、亦西面、每事各一人、淳沃、稍注之、今文淳作激、

宗人東面取巾振之三南面授尸。卒執巾者受。宗人代授巾、庭長尊、

尸入主人及賓皆辟位。出亦如之。辟位、逡遁、

嗣舉奠。佐食設豆鹽。

肵宜鹽也、

佐食當事。則戶外南面。無事則中庭北面。當事將有事而未至、

凡祝呼佐食許諾。呼猶命也、

宗人獻與旅齒於衆賓。尊庭長齒從其長幼之次、

佐食於旅齒於兄弟。

尊兩壺于房中西墉下南上。爲婦人旅也、其尊之節亞西方、

内賓立于其北。東面南上。宗婦北堂東面北上。二者所謂内兄弟、内賓姑姊妹也、宗婦族人之婦、其夫屬于所祭爲子孫、或南上、或北上、宗婦宜統於主婦、主婦南面北堂中房而北、

主婦及内賓宗婦亦旅西面。西面者異於獻也、男子獻於堂上、旅於堂下、婦人獻於南面、旅於西面、内賓象衆賓、宗婦象兄弟、其節與其儀依男子也、主婦酬内賓之長、酌奠于薦左、内賓之長坐取奠於右、宗婦之娣婦舉觶於其姒婦亦如之、内賓之長坐取奠觶、酬宗婦之姒、交錯以辯、宗婦之姒亦取奠觶酬内賓之長、交錯以辯、内賓之少者宗婦之娣婦、各舉奠於其長並行交錯無筭、其拜及飲者皆西面、主婦之東南、

宗婦贊薦者執以坐于戶外授主婦。

尸卒食而祭饎爨雍爨。

雍，孰肉，以尸享祭，竈有功也。舊說云：宗婦祭饎爨，亨者祭雍爨，用黍肉而已，無籩豆俎。禮器曰：燔燎於爨。夫爨者，老婦之祭，盛於盆，尊於瓶。

賓從尸俎出廟門乃反位。

賓從尸，送尸也。士之助祭，終其事也。俎，尸俎也。賓既送尸，復入反位者，宜與主人爲禮，乃去之。

尸俎右肩臂臑肫胳正脊二骨橫脊長脅二骨短脅。

尸俎，神俎也。士之正祭禮九體，貶於大夫，有并骨二，亦得十一之名，合少牢之體數，此所謂放而不致者。凡俎食之數奇，脊無中，脅無前，貶於尊者。不貶正脊，不奪正也。正脊二骨、長脅二骨者，將舉於尸，尸食未飽，不欲空神俎。

膚三。

爲養用二，厭飫一也。○養與餕同。

離肺一。

離，猶挃也。小而長，午割之，亦不提心，謂之舉肺。

刌肺三。

爲尸、主人、主婦祭。今文刌爲切。

魚十有五。

魚，水物，以頭枚數，陰中之物，取數於月十有五日而盈。少牢饋食禮亦云十有五，而俎尊卑同，此所謂經而等也。

腊如牲骨。

不但言體，以有一骨二骨者。

祝俎髀脡脊二骨脅二骨。

凡接於神及尸者，俎不過牲三體，以特牲約加其可并者二，亦得奇名。少牢饋食禮羊豕各三體。

膚一離肺一。

阼俎臂正脊二骨橫脊長脅二骨短脅。

主人尊，欲其體得祝之加數，五體。又於其可并者二，亦得奇名。臂，左體臂。

膚一離肺一。

主婦俎觳折。

觳，後足。折，分後右足以爲佐食俎，不分左臑折，辟大夫妻。

其餘如阼俎。

餘謂脊、脅、膚、肺。

佐食俎觳折脊脅。

三體卑者從正。

膚一離肺一。

賓骼長兄弟及宗人折其餘如佐食俎。

骼，左骼也。賓俎全體，尊賓。不用尊體，爲其已甚。卑而全之，其宜可也。長兄弟及宗人折，不言所分，略之。

衆賓及衆兄弟內賓宗婦若有公有司私臣皆殽脀。

又略。此所折骨，直破折餘體可殽者升之俎，一而已，不備三者，賤。祭禮接神者貴，凡貴有肉，凡殽，祭統曰：凡爲俎者，以骨爲主。

貴者取貴骨、賤者取賤骨、貴者不重、賤者不虛、示均也、俎者、所以惠之、必均也、善為政者如此、故曰見政事之均焉、公有司、亦士之屬、命於君者也、私臣、自己所辟除者、

膚一、離肺一。

公有司門西、北面東上、獻次衆賓。私臣門東、北面西上、獻次兄弟。升受降飲。

獻在後者賤也、祭祀有上事者、貴之、亦皆與旅、○與音預

儀禮卷十五終

儀禮卷十六

漢大司農北海鄭　玄註

皇明　後學東吳葛　鼒訂

少牢饋食禮第十六

少牢饋食之禮。

禮、將祭祀、必先擇牲、繫于牢而芻之、羊豕曰少牢、諸侯之卿大夫祭宗廟之牲、

日用丁巳。

內事用柔日、必丁巳者、取其令名自丁寧自變改、皆為謹敬、必先諏此日、明日乃筮、

筮旬有一日。

旬、十日也、以先月下旬之巳、筮來月上旬之巳、

筮於廟門之外。主人朝服西面于門東。史朝服左執筮、右抽上韇、兼與筮執之、東面受命于主人。

史家臣主筮事者、○韇徒木反

主人曰、孝孫某、來日丁亥、用薦歲事于皇祖伯某。以某妃配某氏尚饗。

丁未必亥也、直舉一日以言之耳、禘于太廟禮曰、日用丁亥、不得丁亥、則己亥辛亥亦用之、無則苟有亥焉可也、薦進也、進歲時之祭事也、皇君也、伯某且字也、大夫或因字為謚、春秋傳曰、魯無駭卒、請謚與族、公命之以字為展氏是也、某仲叔季亦曰仲某叔某季某、某妃、某妻也、合食曰配、某氏若言姜氏子氏也、尚庶幾、饗歆也、

史曰諾西面于門西抽下韇左執筮右兼執韇以擊筮
將問吉凶焉故擊之以動其神易曰著之德圓而神
遂述命曰假爾大筮有常孝孫某來日丁亥用薦歲事于皇祖伯某以某妃配某氏尚饗
述循也重以主人辭告筮也假借也言因著之靈以問之常吉凶之占繇
乃釋韇立筮
卿大夫之著長五尺立筮由便
卦者在左坐卦以木卒筮乃書卦于木示主人乃退占
卦者史之屬也卦以木者每一爻畫地以識之六爻備書於板史受以示主人退占東面旅占之

吉則史韇筮史兼執筮與卦以告于主人占曰從
從者求吉得吉之言
乃官戒宗人命滌宰命爲酒乃退
官戒戒諸官也當共祭祀事者使之具其物且齊也滌溉濯祭器埽除宗廟
若不吉則及遠日又筮日如初
及至也遠日後丁若後已
宿
宿讀爲肅肅進也大夫尊儀益多筮日既戒諸官以齊戒矣至前祭一日又戒以進之使知祭日當來古文宿皆作羞
前宿一日宿戒尸

皆肅諸官之日又先肅尸者重所用爲尸者又爲將筮
明日朝筮尸如筮日之儀命曰孝孫某來日丁亥用爲歲事于皇祖伯某以某妃配某氏以某之某爲尸尚饗筮卦占如初
某之某者字尸父而名尸也字尸父尊鬼神也不前期三日筮尸者大夫下人君祭之朝乃視濯與士異
吉則乃遂宿尸祝擯
筮吉又遂肅尸重尸也既肅尸乃肅諸官及執事者祝爲擯者尸神象
主人再拜稽首祝告曰孝孫某來日丁亥用薦歲事于皇祖伯某以某妃配某氏敢宿
告尸以主人爲此事來

尸拜許諾主人又再拜稽首主人退尸送揖不拜
尸不拜者尸尊
若不吉則遂改筮尸
即改筮之不及遠日
既宿尸反爲期于廟門之外
爲期肅諸官而皆至定祭早晏之期爲期亦夕時也言既肅尸反爲期明大夫尊肅尸而已其爲賓及執事者使人肅之
主人門東南面宗人朝服北面曰請祭期主人曰比於子
比次早晏在於子也主人不西面者大夫尊於諸官有君道也爲期亦唯尸不來也○比毗志反
宗人曰旦明行事主人曰諾乃退

旦明、旦日質明、

明日主人朝服、即位于廟門之外。東方南面。宰宗人西面北上。牲北首東上。司馬刲羊。司士擊豕。宗人告備。乃退。

刲擊皆謂殺之、此實既省告備乃殺之、文互者、省文也、尚書傳、羊屬火、豕屬水、

雍人摡鼎七俎于雍爨。雍爨在門東南北上。

雍人、掌割亨之事者、爨竈也、在門東南、統於主人、北上、羊豕魚腊皆有竈、竈西有鑊、凡摡者皆陳之而後告絜、○摡古愛反

廩人摡甑甗七與敦于廩爨。廩爨在雍爨之北。

廩人、掌米入之藏者、甗如甑、一孔、匕、所以匕黍稷者也、古文甑爲烝、○甑子孕反、甗魚展反又音言、劉音彥、敦音對、劉都愛反後皆放此

司宮摡豆籩勺爵觚觶几洗篚于東堂下。勺爵觚觶實于篚。卒摡。饌豆籩與篚于房中。放于西方。設洗于阼階東南。當東榮。

放、猶依也、大夫攝官、司宮兼掌祭器也、○放方往反

羹定。雍人陳鼎五。三鼎在羊鑊之西。二鼎在豕鑊之西。

魚腊從羊、膚從豕、統於牲、

司馬升羊右胖。髀不升。肩臂臑膊骼。正脊一。脡脊一。橫脊一。短脅一。正脅一。代脅一。皆二骨以並。腸三。胃三。舉肺一。祭肺三。實于一鼎。

升、猶上也、上右胖、周所貴也、髀不升、近竅賤也、肩臂臑、肱骨、膊骼、股骨、脊從前爲正、脅旁中爲正、脊先前、脅先後、居而反、猶器之綼也、並、併也、脊脅骨多、六體各取二骨併之、以多爲貴、舉肺一、尸食所先舉也、祭肺三、爲尸主人主婦、古文胖皆作辯、髀皆作脾、今文並皆爲併、○胖音判、臑奴到反、膊劉音純、說文之允反、骼音格又音各、脡他頂反、綼側耕反、辯音遍

司士升豕右胖。髀不升。肩臂臑膊骼。正脊一。脡脊一。橫脊一。短脅一。正脅一。代脅一。皆二骨以並。舉肺一。祭肺三。實于一鼎。

豕無腸胃、君子不食溷腴、

雍人倫膚九。實于一鼎。

倫、擇也、膚、脅革肉、擇之、取美者、

司士又升魚腊。魚十有五而鼎。腊一純而鼎。腊用麋。

司士又升、副倅者、合升左右胖曰純、純猶全也、

卒脀。皆設扃鼏。乃舉。陳鼎于廟門之外。東方北面北上。

北面北上、鄉內相隨、古文鼏皆爲密、○脀之承反

司宮尊兩甒于房戶之閒。同棜。皆有冪。甒有玄酒。

房戶之閒、房西室戶東也、棜無足禁者、酒戒也、大夫去足改名、優尊者、若不爲之戒然、古文甒皆作廡、今文冪作鼏、○甒亡甫反、棜於遽反

司宮設罍水于洗東。有枓。設篚于洗西。南肆。

枓、𣂏水器也、凡設水用罍、沃盥用枓、禮在此也、○枓音主、𣂏九于反、劉苦侯反

改饌豆籩于房中。南面。如饋之設。實豆籩之實。

改、更也、爲實之更之、威儀多也、如饋之設、如其陳之左右也、饋設東面、

小祝設槃匜與簞巾于西階東。

爲尸將盥。○匜以支反簞音丹

主人朝服即位于阼階東西面。

爲將祭也、

司宮筵于奥。祝設几于筵上右之。

布陳神坐也、室中西南隅謂之奥、席東西近南爲右、

主人出迎鼎。除鼏。士盥。舉鼎。主人先入。

道之也、主人不盥、不舉、

司宮取二勺于篚。洗之。兼執以升。乃啓二尊之蓋冪。奠于棜上。加

二勺于二尊。覆之南柄。

二尊兩甒也、今文柄爲枋、

鼎序入。雍正執一匕以從。雍府執四匕以從。司士合執二俎以從。司士贊者二人。皆合執二俎以相從入。

相助。○相息亮反

陳鼎于東方。當序南于洗西。皆西面北上。膚爲下。匕皆加于鼎東枋。

膚爲下、以其加也、南于洗西、陳於洗西南。○枋彼命反

俎皆設于鼎西。西肆。肵俎在羊俎之北。亦西肆。

肵俎在北、將先載也、異其設文不當鼎。○肵音祈

宗人遣賓就主人。皆盥于洗。長朼。

長朼者長賓先、次賓後也、主人不朼、言就主人者、明親臨之、古文朼作七。○長丁丈反

佐食上利升牢心舌。載于肵俎。心皆安下切上。午割勿沒。其載于肵俎。末在上。舌皆切本末。亦午割勿沒。其載于肵。橫之。皆如初爲之于爨也。

牢羊豕也、安平也、平割其下、於載便也、凡割本末、食必正也、午割使可絕、勿沒爲其分散也、肵之爲言敬也、所以敬尸也、周禮祭尚肺、事尸尚心舌、心舌知滋味、今文切皆爲刌、

佐食遷肵俎于阼階西。西縮。乃反。佐食二人。上利升羊。載右胖。髀

不升。肩臂臑膊骼。正脊一。脡脊一。橫脊一。短脅一。正脅一。代脅一。皆二骨以並。腸三。胃三。長皆及俎拒。舉肺一。長終。祭肺三。皆切。肩臂臑膊骼在兩端。脊脅肺肩在上。

升之以尊卑、載之以體次、各有宜也、拒讀爲介距之距、俎距、脛中當橫節也、凡牲體之數及載備於此、

下利升豕。其載如羊。無腸胃。體其載于俎。皆進下。

進下、變於食生也、所以交於神明、不敢以食道、敬之至也、鄉飲酒禮進腠、羊次其體、豕言進下、互相見、

司士三人升魚腊膚。魚用鮒。十有五而俎。縮載。右首。進腴。

右首進腴、亦變於食生也、有司載魚橫之、少儀曰、羞濡魚者進尾、

腊一純而俎。亦進下。肩在上。

如羊豕、凡腊之體、載禮在此、

膚九而俎、亦橫載、革順。

列載於俎、令其皮相順、亦者、亦其骨體、

卒脀。祝盥于洗、升自西階。主人盥、升自阼階。祝先入、南面。主人從戶內西面。

將納祭也、

主婦被錫衣侈袂。薦自東房、韭菹醓醢、坐奠于筵前。主婦贊者一人、亦被錫衣侈袂。執葵菹蠃醢、以授主婦。主婦不興、遂受。陪設于東。韭菹在南、葵菹在北。主婦興、入于房。

被錫讀爲髲鬄、古者或剔賤者刑者之髮、以被婦人之紒爲飾、因名髲鬄焉、此周禮所謂次也、不纚笄者、大夫妻尊、亦衣綃衣而侈其袂耳、侈者蓋半士妻之袂、以益之、衣二尺三寸、袪尺八寸、韭菹醓醢、朝事之豆也、而饋食用之、豐大夫禮、今文葵菹在緷、蠃爲蝸、

佐食上利執羊俎、下利執豕俎、司士三人執魚腊膚俎。序升自西階、相從入。設俎、羊在豆東。豕亞其北。魚在羊東。腊在豕東。特膚當俎北端。

相、助也、

主婦自東房。執一金敦黍。有蓋。坐設于羊俎之南。婦贊者執敦稷以授主婦。主婦興受。坐設于魚俎南。又興受贊者敦黍。坐設于稷南。又興受贊者敦稷。坐設于黍南。敦皆南首。主婦興入于房。

敦有首者、尊者器飾也、飾蓋象龜、周之禮、飾器各以其類、龜有上下甲、今文曰主婦入于房、

祝酌奠。遂命佐食啓會。佐食啓會蓋。二以重。設于敦南。

酌奠、酌酒爲神奠之、後酌者、酒尊要成也、特牲饋食禮曰、祝洗酌奠、奠于鉶南、重、累之、○重直容反

主人西面。祝在左。主人再拜稽首。祝祝曰。孝孫某。敢用柔毛剛鬣。嘉薦普淖。用薦歲事于皇祖伯某。以某妃配某氏。尚饗。主人又再拜稽首。

羊曰柔毛、豕曰剛鬣、嘉薦、菹醢也、普淖、黍稷也、普、大也、淖、和也、德能大和、乃有黍稷、春秋傳曰、奉粢以告曰、潔粢豐盛、謂其三時不害、而民和年豐也、

祝出、迎尸于廟門之外。主人降立于阼階東、西面。祝先入門右。尸入門左。

主人不出迎尸、伸尊也、特牲饋食禮曰、尸入、主人及賓皆辟位、出亦如之、祝入門右者、辟尸盥也、既則後尸、

宗人奉槃、東面于庭南。一宗人奉匜水、西面于槃東。一宗人奉簞巾、南面于槃北。乃沃尸。盥于槃上。卒盥。坐奠簞。取巾。興。振之三。以受尸巾。

庭南、沒霤、

祝延尸。尸升自西階入。祝從。

由後詔相之曰延、延、進也、周禮曰、大祝相尸禮、祝從、從尸升自西階、

主人升自阼階。祝先入。主人從。

祝接神、先入宜也、

尸升筵。祝主人西面立于戶內。祝在左。

主人由祝後而居右、尊也、祝從尸、尸即席、乃卻居主人左、

祝主人皆拜妥尸。尸不言。尸答拜。遂坐。

拜妥尸、拜之使安坐也、尸自此答拜、遂坐而卒食、其間有不啐奠不嘗鉶不告旨、大夫之禮、尸彌尊也、不告旨者、爲初亦不饗、所謂曲而殺、

祝反南面。

未有事也、墮祭爾敦、官各肅其職、不命、○墮許規反、

尸取韭菹辯擩于三豆。祭于豆間。上佐食取黍稷于四敦。下佐食取牢一切肺于俎。以授上佐食。上佐食兼與黍以授尸。尸同受祭于豆祭。

牢、羊豕也、同、合也、合祭於俎豆之祭也、黍稷之祭爲墮祭、將食神餘、尊之而祭之、今文辯爲徧、○辯音遍、擩如悅反、劉而誰反、

上佐食舉尸牢肺正脊以授尸。上佐食爾上敦黍于筵上右之。

爾、近也、或曰移也、右之、便尸食也、重言上佐食、明更起、不相因、

主人羞肵俎。升自阼階。置于膚北。

羞、進也、肵、敬也、親進之、主人敬尸之加、

上佐食羞兩鉶。取一羊鉶于房中。坐設于韭菹之南。下佐食又取一豕鉶于房中。以從。上佐食受。坐設于羊鉶之南。皆芼。皆有柶。尸扱以柶祭羊鉶。遂以祭豕鉶。嘗羊鉶。

芼、菜也、羊用苦、豕用薇、皆有滑、○芼亡報反、柶音四、扱初洽反、

食舉。

舉、牢肺正脊也、先飲啗之、以爲道也、

三飯。

食以黍、

上佐食舉尸牢幹。尸受振祭嚌之。佐食受加于肵。

幹、正脅也、古文幹爲肝、○嚌才計反、

上佐食羞胾兩瓦豆。有醢。亦用瓦豆。設于薦豆之北。

設于薦豆之北、以其加也、四豆亦綪、羊胾在南、豕胾在北、無臐膮者、尚牲不尚味、○臐許云反、膮許堯反、

尸又食食胾。上佐食舉尸一魚。尸受振祭嚌之。佐食受加于肵。橫之。

又、復也、或言食、或言飯、食、大名、小數曰飯、魚橫之者、異於肉、○數所角反、

又食。上佐食舉尸腊肩。尸受振祭嚌之。上佐食受加于肵。

腊魚皆一舉者、少牢二牲、略之、腊必舉肩、以肩爲終也、別舉魚腊、崇威儀、

又食。上佐食舉尸牢骼。如初。

如舉幹也、

又食。

不舉者，卿大夫之禮，不過五舉，須侑尸。

尸告飽。祝西面于主人之南。獨侑不拜。侑曰：皇尸未實，侑。

侑，勸也。祝獨勸者，更則尸飽，實猶飽也。祝既侑，復反南面。

尸又食。上佐食舉尸牢肩。尸受，振祭，嚌之。佐食受，加于肵。

四舉牢體，始於正脊，終於肩，尊於終始。

尸不飯，告飽。祝西面于主人之南。

祝當贊主人辭。

主人不言，拜侑。

祝言而不拜，主人不言而拜，親疏之宜。

尸又三飯。

為祝一飯，為主人三飯，尊卑之差。凡十一飯，下人君也。

上佐食受尸牢肺、正脊，加于肵。

言受者，尸授之也。尸授牢幹而實舉于俎豆，食畢，操以授佐食焉。

主人降洗爵，升，北面酌酒，乃酳尸。尸拜受，主人拜送。

酳猶羨也，既食之而又飲之，所以樂之。古文酳作酌。○酳音胤，食音寺，樂音洛

尸祭酒，啐酒。賓長羞牢肝，用俎，縮執俎，肝亦縮，進末，鹽在右。

羞，進也。縮，從也。鹽在肝右，便尸擩之。古文縮為蹙。

尸左執爵，右兼取肝，擩于俎鹽，振祭，嚌之，加于菹豆，卒爵。主人拜，祝受尸爵。尸答拜。

兼兼羊豕。

祝酌受尸，尸醋主人。主人拜受爵，尸答拜。主人西面奠爵，又拜。

主人受酢酒，俠爵拜，彌尊尸。○醋才各反

上佐食取四敦黍稷，下佐食取牢一切肺，以授上佐食。上佐食以綏祭。

綏或作挼，挼讀為墮。將受嘏，亦尊尸餘而祭之。古文墮為肵。○綏許規反，注挼及墮亦放此

主人左執爵，右受佐食，坐祭之，又祭酒，不興，遂啐酒。

右受佐食，右手受墮於佐食也。至此言坐祭之者，明尸與主人為禮也。尸恒坐，有事則起；主人恒立，有事則坐。

祝與二佐食皆出，盥于洗，入。二佐食各取黍于一敦。上佐食兼受摶之，以授尸。尸執以命祝。

命祝以嘏辭。○摶大官反

卒命祝，祝受以東，北面于戶西，以嘏于主人曰：皇尸命工祝，承致多福無疆于女孝孫，來女孝孫，使女受祿于天，宜稼于田，眉壽萬年，勿替引之。

嘏，大也，予主人以大福。工，官也。承，猶傳也。來讀曰釐，釐，賜也。耕種曰稼。勿，猶無也。替，廢也。引，長也。言無廢止時，長如是也。古文嘏為格，祿為福，眉為微，替為袂，袂或為臷，臷替聲相近。○袂音决，臷大結反

主人坐奠爵。興。再拜稽首。興。受黍。坐振祭。嚌之。詩懷之。實于左袂。挂于季指。執爵以興。坐卒爵。執爵以興。坐奠爵拜。尸答拜。執爵以興。出。宰夫以籩受嗇黍。主人嘗之。納諸內。

詩猶承也。實於左袂。便右手也。季猶小也。出。出戶也。宰夫。掌飲食之事者。收斂曰嗇。明豐年乃有黍稷也。復嘗之者。重之至也。納猶入也。古文挂作卦。

主人獻祝。設席南面。祝拜于席上。坐受。

室中迫狹。

主人西面答拜。

不言拜送。下尸。

薦兩豆菹醢。

葵菹。蠃醢。

佐食設俎。牢髀。橫脊一。短脅一。腸一。胃一。膚三。魚一。橫之。腊兩髀屬于尻。

皆升下體。祝賤也。魚橫者。四物共俎。殊之也。腊兩髀屬于尻。尤賤。不殊。○屬音燭。尻苦刀反。

祝取菹。擩于醢。祭于豆間。祝祭俎。

大夫祝俎無肺。祭用膚。遠下尸。不嚌之。膚不盛。

祭酒。啐酒。肝牢從。祝取肝。擩于鹽。振祭。嚌之。不興。加于俎。卒爵。興。

亦如佐食授爵乃興。不拜既爵。大夫祝賤也。

主人酌獻上佐食。上佐食戶內牖東北面拜。坐受爵。主人西面答拜。佐食祭酒。卒爵。拜。坐授爵。興。

不啐而卒爵者。大夫之佐食賤。禮略。

俎設于兩階之間。其俎折一膚。

佐食不得成禮於室中。折者。擇取牢正體餘骨。折分用之。有脅而無薦。亦遠下尸。

主人又獻下佐食。亦如之。其脅亦設于階間。西上。亦折一膚。

上佐食既獻。則出就其俎。特牲記曰。佐食無事。則中庭北面。謂此時。

有司贊者取爵于篚以升。授主婦贊者于房戶。

男女不相因。特牲饋食禮曰。佐食卒角。主人受角。降反于篚。

婦贊者受。以授主婦。主婦洗于房中。出酌。入戶。西面拜。獻尸。

入戶西面拜。由便也。不北面者。辟人君夫人也。拜而後獻者。當俠拜也。昏禮曰。婦洗在北堂。直室東隅。

尸拜受。主婦主人之北西面拜送爵。

拜於主之北西面。婦人位在內。此拜於北。則上拜於南。由便也。

尸祭酒。卒爵。主婦拜。祝受尸爵。尸答拜。易爵。洗。酌。授尸。

祝出易爵。男女不同爵。

主婦拜受爵。尸答拜。上佐食綏祭。主婦西面于主人之北受祭。祭之。其綏祭如主人之禮。不嘏。卒爵。拜。尸答拜。

不嘏。夫婦一體。綏亦當作挼。古文為肵。

主婦以爵出。贊者受易爵于篚。以授主婦于房中。
贊者、有司贊者也、易爵亦以授婦贊者、婦贊者受房戶外、入授主婦、
主婦洗酌獻祝。祝拜坐受爵。主婦答拜于主人之北。卒爵不興。坐授主婦。
主婦受酌獻上佐食于戶內。佐食北面拜。坐受爵。主婦西面答拜。
不俠拜、下尸也、今文曰祝拜受、
祭酒。卒爵。坐授主婦。主婦獻下佐食亦如之。主婦受爵以入于房。
不言拜於主人之北、可知也、爵奠於內篚、
賓長洗爵獻于尸。尸拜受爵。賓戶西北面拜送爵。尸祭酒。卒爵。賓

拜。祝受尸爵。尸答拜。祝酌授尸。賓拜受爵。尸拜送爵。賓坐奠爵。遂
拜。執爵以興。坐祭。遂飲。卒爵。執爵以興。坐奠爵。拜。尸答拜。賓酌獻
祝。祝拜。坐受爵。賓北面答拜。祝祭酒。啐酒。奠爵于其筵前。
啐酒而不卒爵、祭事畢、示醉也、不獻佐食、將儐尸、禮殺、
主人出。立于阼階上。西面。祝出。立于西階上。東面。祝告曰利成。
利猶養也、成、畢也、孝子之養禮畢、
祝入。尸謖。主人降。立于阼階東。西面。
謖、起也、謖或作休、○謖、所六反、
祝先。尸從。遂出于廟門。

事尸之禮訖於廟門外、
祝反。復位于室中。主人亦入于室。復位。祝命佐食徹肵俎。降設于
堂下阼階南。
徹肵俎不出門、將儐尸也、肵俎而以儐尸者、其本為不反魚肉耳、不云尸俎、未歸尸、
司宮設對席。乃四人餕。
大夫禮、四人餕、明惠大也、○餕音俊、
上佐食盥升。下佐食對之。賓長二人備。
備四人餕也、三餕亦盥升、
司士進一敦黍于上佐食。又進一敦黍于下佐食。皆右之于席上。
右之者、東面在南、西面在北、

資黍于羊俎兩端。兩下是餕。
資猶減也、減置於羊俎兩端、則一賓長在上佐食之北、一賓長在下佐食之南、今文資作齎、
司士乃辯舉。餕者皆祭黍。祭舉。
舉、舉膚、今文辯為徧、○辯音遍、下同、
主人西面三拜餕者。餕者奠舉于俎。皆答拜。皆反取舉。
三拜、旅之、示徧也、言反者、拜時或去其席、在東面席者東面拜、在西面席者皆南面拜、
司士進一鉶于上餕。又進一鉶于次餕。又進二豆湆于兩下。乃皆
食。食舉。

湆肉汁也。○湆去及反

卒食。主人洗一爵，升酌以授上㬜。贊者洗三爵酌。主人受于戶內，以授次㬜。若是以辯。皆不拜受爵。主人西面三拜㬜者。㬜者奠爵，皆荅拜。皆祭酒。卒爵，奠爵，皆拜。主人荅一拜。

不拜受爵者，大夫餕者賤也。荅一拜，略也。古文壹為一也。

㬜者三人興出。

出降實爵于篚，反賓位。

上㬜止。主人受上㬜爵，酌以醋于戶內，西面坐奠爵拜。上㬜荅拜。坐祭酒，卒酒。

主人自酢者，上㬜獨止，當尸位，尊不酌也。

上㬜親嘏曰：主人受祭之福，胡壽保建家室。

親嘏不使祝授之，亦以黍。

主人興，坐奠爵拜。執爵以興。坐卒爵拜。上㬜荅拜。上㬜興出。主人送乃退。

送佐食不拜，賤。

儀禮卷十六終

儀禮卷十七

漢大司農北海鄭　玄註

皇明　後學東吳金　蟠訂

有司徹第十七

有司徹。

徹室中之饋及祝佐食之俎。卿大夫既祭而賓尸，禮崇也。賓尸則不設饌西北隅，以此薦俎之陳有祭象，而亦足以厭飫神。天子諸侯明日祭於祊而繹。春秋傳曰：辛巳有事于大廟，仲遂卒于垂，壬午猶繹，是也。爾雅曰：繹，又祭也。○祊百庚反

埽堂。

為賓尸新之。少儀曰：汛埽曰埽，埽席前曰拚。○為于偽反，汛芳劒反，埽索到反，拚方問反

司宮攝酒。

更洗益整頓之。今文攝為聶。

乃爇尸俎。

爇，溫也。溫尸俎於爨，脀亦溫焉，獨言溫尸俎，則祝與佐食不與賓尸之禮。古文爇皆作尋，記或作燖。春秋傳曰：若可燖也，亦可寒也。○爇音尋，劉徐鹽反，注燖同，與音預

卒爇，乃升羊豕魚三鼎，無腊與膚，乃設扃鼏，陳鼎于門外如初。

腊為庶羞，膚從豕，去其鼎者，賓尸之禮殺於初。如初者，如廟門之外東方北面北上。今文扃為鉉，古文鼏為密。○扃古熒反，鼏亡狄反

乃議侑于賓以異姓。

議猶擇也擇賓之賢者可以侑尸必用異姓廣敬也是時主人及賓有司已復內位古文侑皆作宥

宗人戒侑。

戒猶告也南面告於其位戒曰請子爲侑

侑出俟于廟門之外。

俟待也待於外當與尸更入主人興禮事尸極敬心也

司宮筵于戶西南面。

爲尸席也

又筵于西序東面。

爲侑席也

尸與侑北面于廟門之外西上。

言與殊尊卑北面者賓尸而尸益卑西上統於賓客

主人出迎尸宗人擯。

賓客尸而迎之主人益尊擯贊

主人拜尸答拜主人又拜侑侑答拜主人揖先入門右。

道尸

尸入門左侑從亦左揖乃讓。

沒霤相揖至階又讓

主人先升自阼階尸侑升自西階西楹西北面東上。

東上統於其席

主人東楹東北面拜至尸答拜主人又拜侑侑答拜。

拜至喜之

乃舉。

舉舉鼎也舉者不盥殺也

司馬舉羊鼎司士舉豕鼎舉魚鼎以入陳鼎如初。

如初如阼階下西面北上

雍正執一匕以從雍府執二匕以從司士合執二俎以從司士贊者亦合執二俎以從匕皆加于鼎東枋二俎設于羊鼎西西縮二

俎皆設于二鼎西亦西縮。

雍正群吏掌辨體名肉物者府其屬凡三匕鼎一匕西俎爲尸侑主人主婦其二俎設于豕鼎魚鼎之西陳之宜異也古文縮皆爲蹙

雍人合執二俎陳于羊俎西並皆西縮覆二疏匕于其上皆縮俎西枋。

並并也其南俎司馬以羞羊匕湆羊肉湆其北俎司士以羞豕匕湆豕肉湆豕脀湆魚疏匕匕柄有刻飾者古文並皆作併○湆去及反

主人降受宰几尸侑降主人辭尸對。

几所以坐安體周禮大宰掌贊玉几玉爵

宰授几。主人受。二手横執几。揖尸。

獨揖尸几、禮主於尸、

主人升。尸侑升。復位。

位、阼階賓階上位、

主人西面。左手執几。縮之。以右袂推拂几三。二手横執几。進授尸于筵前。

衣袖謂之袂、推拂、去塵示新、

尸進。二手受于手間。

受從手間、謙也、

主人退。尸還几。縮之。右手執外廉。北面奠于筵上。左之。南縮。不坐。

左之者、異於鬼神、生人陽、長左、鬼神陰、長右、不坐奠之者、几輕、○長丁丈反

主人東楹東北面拜。

拜送几也、

尸復位。尸與侑皆北面答拜。

侑拜者從於尸、

主人降洗。尸侑降。尸辭洗。主人對。卒洗。揖。主人升。尸侑升。尸西楹西北面拜洗。主人東楹東北面奠爵答拜。降盥。尸侑降。主人辭。尸對。卒盥。主人揖。升。尸侑升。主人坐取爵。酌獻尸。尸北面拜受爵。主人東楹東北面拜送爵。

降盥者、爲士汚手不可酌、

主婦自東房薦韭菹醓。坐奠于筵前。菹在西方。婦贊者執昌菹醓以授主婦。主婦不興受。陪設于南。昌在東方。興取籩于房。麷蕡坐設于豆西。當外列。麷在東方。婦贊者執白黑以授主婦。主婦不興受。設于初籩之南。白在西方。興退。

昌、昌本也、韭菹醓醢、昌本麋臡、麷熬麥也、蕡熬枲實也、白熬稻、黑熬黍、此皆朝事之豆籩、大夫無朝事而用之儐尸、亦豐大夫之禮、主婦取籩興者、以饌異親之、當外列、辟鉶也、退、退入房也、○麷芳中反、蕡扶云反、醓他感反、臡乃兮反、又人兮反、枲思治反、辟音避

乃升。

升牲體於俎也、

司馬朼羊。亦司馬載。載右體。肩臂肫骼臑。正脊一。脡脊一。横脊一。短脅一。正脅一。代脅一。腸一。胃一。祭肺一。載于一俎。

言燅尸俎、復序體者、明所舉肩骼存焉、亦著脊脅皆一骨也、臑在下者、折分之以爲肉湆俎也、一俎、謂司士所設羊鼎西第一俎、○肫音純

羊肉湆。臑折。正脊一。正脅一。腸一。胃一。嚌肺一。載于南俎。

肉湆、肉在汁中者、以增俎實、爲尸加也、必爲臑折、上所折分者、嚌肺、離肺也、南俎、雍人所設在南者、此以下十一俎、俟時而載、於此歷說之爾、今文湆爲汁、○嚌才計反

司士朼豕，亦司士載，亦右體，肩、臂、肫、骼、臑，正脊一，脡脊一，橫脊一，短脅一，正脅一，代脅一，膚五，嚌肺一，載于一俎。

臑在下者，順羊也。俎，謂雍人所設在北者。

侑俎：羊左肩、左肫、正脊一、脅一、腸一、胃一、切肺一，載于一俎。侑俎：豕左肩折、正脊一、脅一、膚三、切肺一，載于一俎。

侑俎用左體，侑賤。其羊俎過三體，有肫，尊之加也。豕左肩折，折分爲長兄弟俎也。切肺亦祭肺，互言之爾。無羊湆，下尸也。豕又祭肺、不嚌肺，不備禮。俎，司士所設羊鼎西之北俎也。豕俎與尸同。

阼俎：羊肺一，祭肺一，載于一俎。羊肉湆：臂一，脊一，脅一，腸一，胃一，嚌肺一，載于一俎。豕脅：臂一，脊一，脅一，膚三，嚌肺一，載于一俎。

阼俎，主人俎。無體，遠下尸也。以肺代之，肺尊也。加羊肉湆而有體，崇尸惠，亦尊主人。臂，左臂也。侑用肩，主人用臂，下之也。不言左臂者，大夫尊，空其文也。降於侑羊體一而增豕膚三，有所屈，有所申，亦所謂順而摭也。阼俎，司士所設豕鼎西俎也。其湆俎與尸俎同，豕俎又與尸豕俎同。○摭，之石反。

主婦俎：羊左臑，脊一，脅一，腸一，胃一，膚一，嚌羊肺一，載于一俎。

無豕體而有膚，以主人無羊體，不敢備也。無祭肺有嚌肺，亦下侑也。祭肺尊。言嚌羊肺者，文承膚下，嫌也。膚在羊肺上，則羊豕之體名同相亞也。其俎，司士所設在魚鼎西者。

司士朼魚，亦司士載。尸俎五魚，橫載之。侑、主人皆一魚，亦橫載之。皆加膴祭于其上。

橫載之者，異於牲體，彌變於神。膴，讀如殷冔之冔。刳魚時割其腹以爲大臠也，可用祭也。其俎又與尸豕俎同。○膴，火吳反，依注音冔；刳，空吳反，又口侯反；臠，力轉反。

卒升。

卒，已也。已載尸羊俎。

賓長設羊俎于豆南，賓降。尸升筵自西方，坐，左執爵，右取韭菹，㨎于三豆，祭于豆間。尸取麷蕡，宰夫贊者取白黑以授尸，尸受，兼祭于豆祭。

賓長，上賓。

雍人授次賓疏匕與俎，受于鼎西，左手執俎左廉，縮之，郤右手執匕枋，縮于俎上，以東面受于羊鼎之西。司馬在羊鼎之東，二手執挑匕枋以挹湆，注于疏匕，若是者三。

挑謂之歃，讀如或舂或抭之抭，字或作挑者，秦人語也。此二匕者，皆有淺升，狀如飯橾。挑，長枋，可以抒物於器中者。注，猶瀉也。今文挑作抭，挹皆爲扱。○扱，初洽反，劉初輒反。

尸興，左執爵，右取肺，坐祭之，祭酒，興，左執爵。

肺，羊祭肺。

次賓縮執匕俎以升，若是以授尸。尸郤手授匕枋，坐祭，嚌之，興，覆手以授賓。賓亦覆手以授，縮匕于俎上，以降。

嚌湆者，明湆肉加耳。嘗之，以其汁尚味。

尸席末坐啐酒，興，坐奠爵，拜，告旨，執爵以興。主人北面于東楹東答拜。
旨、美也、拜告酒美、答主人意、古文曰東楹之東、○啐七内反
司馬羞羊肉湆。縮執俎。尸坐奠爵。興。取肺。坐絕祭。嚌之。興。反加于俎。司馬縮奠俎于羊湆俎南。乃載于羊俎。卒載俎。縮執俎以降。
絕祭、絕肺末以祭、周禮曰、絕祭、湆使次賓、肉使司馬、大夫、禮多崇敬也、
尸坐執爵以興。次賓羞羊燔。縮執俎。縮一燔于俎上。鹽在右。尸左執爵。受燔。換于鹽。坐振祭。嚌之。興。加于羊俎。賓縮執俎以降。
燔、炙、
尸降筵。北面于西楹西。坐卒爵。執爵以興。坐奠爵。拜。執爵以興。主

人北面于東楹東答拜。主人受爵。尸升筵。立于筵末。
主人酌獻侑。侑西楹西北面拜受爵。主人在其右。北面答拜。
不洗者、俱獻間無事也、主人就右者、賤不專階、
主婦薦韭菹醢。坐奠于筵前。醢在南方。婦贊者執二籩麷蕡以授主婦。主婦不興。受之。奠麷于醢南。蕡在麷東。主婦入于房。
醢在南方者、立侑為尸、使正饌統焉、
侑升筵自北方。司馬橫執羊俎以升。設于豆東。侑坐。左執爵。右取菹。換于醢。祭于豆間。又取麷蕡同祭于豆祭。興。左執爵。右取肺。坐祭之。祭酒。興。左執爵。次賓羞羊燔。如尸禮。侑降筵。自北方北面于

西楹西。坐卒爵。執爵以興。坐奠爵。拜。主人答拜。
答拜、拜於侑之右、
尸受侑爵。降洗。侑降。立于西階西。東面。主人降自阼階。辭洗。尸坐奠爵于篚。興對。卒洗。主人升。尸升自西階。主人拜洗。尸北面于西楹西。坐奠爵。答拜。降盥。主人降。尸辭。主人對。卒盥。主人升。尸升。坐取爵酌。
酌者、將酢主人、
司宮設席于東序。西面。主人東楹東北面拜受爵。尸西楹西北面答拜。主婦薦韭菹醢。坐奠于筵前。菹在北方。婦贊者執二籩麷蕡。

主婦不興。受。設麷于菹西北。蕡在麷西。主人升筵自北方。主婦入于房。
設籩于菹西北、亦辟鉶、
長賓設羊俎于豆西。主人坐。左執爵。祭豆籩。如侑之祭。興。左執爵。右取肺。坐祭之。祭酒。興。次賓羞匕湆。如尸禮。席末坐啐酒。執爵以興。司馬羞羊肉湆。縮執俎。主人坐奠爵于左。興。受肺。坐絕祭。嚌之。興。反加于湆俎。司馬縮奠湆俎于羊俎西。乃載之。卒載。縮執虛俎以降。
奠爵于左者、神惠變於常也、言受肺者、明有授、言虛俎者、羊湆俎訖於此、虛不復用、

主人坐取爵以興次賓羞燔主人受如尸禮主人降筵自北方北面于阼階上坐卒爵執爵以興坐奠爵拜執爵以興尸西楹西答拜主人坐奠爵于東序南

不降奠爵於篚急崇酒

侑升尸侑皆北面于西楹西

見主人不反位知將與已爲禮

主人北面于東楹東再拜崇酒

崇充也拜謝尸侑以酒薄充滿

尸侑皆答再拜主人及尸侑皆升就筵

司宮取爵于篚以授婦贊者于房東以授主婦

房東房戶外之東

主婦洗爵於房中出實爵尊南西面拜獻尸尸拜于筵上受

尊南西面拜由便也

主婦西面于主人之席北拜送爵入于房取一羊鉶坐奠于韭菹西主婦贊者執豕鉶以從主婦不興受設于羊鉶之西興入于房取糗與腶脩執以出坐設之糗在蕡西脩在白西興立于主人席北西面

飲酒而有鉶者祭之餘鉶無黍稷殺也糗糗餌也腶脩擣肉之脯今文腶爲斷○糗去九反腶丁亂反本又作段餌音二擣丁老反斷丁亂反

尸坐左執爵祭糗脩同祭于豆祭以羊鉶之柶挹羊鉶遂以挹豕鉶祭于豆祭祭酒次賓羞豕匕湆如羊匕湆之禮尸坐啐酒左執爵嘗上鉶執爵以興坐奠爵拜主婦答拜執爵以興司士羞豕脀尸坐奠爵興受如羊肉湆之禮坐取爵興次賓羞豕燔尸左執爵受燔如羊燔之禮坐卒爵拜主婦答拜受爵酌獻侑侑拜受爵主婦主人之北西面答拜

酌獻者主婦今文無西面

主婦羞糗脩坐奠糗于麷南脩在蕡南侑坐左執爵取糗脩兼祭于豆祭司士縮執豕脀以升侑興取肺坐祭之司士縮奠豕脀于羊俎之東載于羊俎卒乃縮執俎以降侑興

豕脀無湆於侑禮殺

次賓羞豕燔侑受如尸禮坐卒爵拜主婦答拜

受爵酌以致于主人主人筵上拜受爵主婦北面于阼階上答拜

主婦易位拜于阼階上辟併敬

主婦設二鉶與糗脩如尸禮主人共祭糗脩祭鉶祭酒受豕匕湆拜啐酒皆如尸禮嘗鉶不拜

主人如尸禮尊也其異者不告旨

其受豕脀受豕燔亦如尸禮坐卒爵拜主婦北面答拜受爵

尸降筵受主婦爵以降

將酢主婦

主人降侑降主婦入于房主人立于洗東北西面侑東面于西階西南

俟尸洗

尸易爵于篚盥洗爵

易爵者男女不相襲爵

主人揖尸侑

將升

主人升尸升自西階侑從主人北面立于東楹東侑西楹西北面立

俟尸酌

尸酌主婦出于房西面拜受爵尸北面于侑東答拜主婦入于房

司宮設席于房中南面主婦立于席西

設席者主婦尊今文曰南面尸於席西

婦贊者薦韭菹醢坐奠于筵前菹在西方婦人贊者執𩞁蕡以授婦贊者婦贊者不興受設𩞁于菹西蕡在𩞁南

婦人贊者宗婦之少者

主婦升筵司馬設羊俎于豆南主婦坐左執爵右取菹抨于醢祭于豆間又取𩞁蕡兼祭于豆祭主婦奠爵興取肺坐絕祭嚌之興加于俎坐挩手祭酒啐酒

挩手者于帨帨佩巾内則曰婦人亦左佩紛帨古文帨作說○挩由鋭反注紛帨音同

次賓羞羊燔主婦興受燔如主人之禮主婦執爵以出于房西面于主人席北立卒爵執爵拜尸西楹西北面答拜主婦入立于房

尸主人及侑皆就筵

出房立卒爵宜鄉尊不坐者變於主人也執爵拜變於男子也○鄉許亮反

上賓洗爵以升酌獻尸尸拜受爵賓西楹西北面拜送爵尸奠爵于薦左賓降

上賓賓長也謂之上賓以將獻異之或謂之長賓奠爵爵止也

主人降洗爵尸侑降主人奠爵于篚辭尸對卒洗揖尸升侑不升

侑不升尸禮益殺不從

主人實爵酬尸東楹東北面坐奠爵拜尸西楹西北面答拜坐祭遂飲卒爵拜尸答拜降洗尸降辭主人奠爵于篚對卒洗主人升尸升主人實爵尸拜受爵主人反位答拜尸北面坐奠爵于薦左

降洗者主人

尸侑主人皆升筵。乃羞。宰夫羞房中之羞于尸侑主人主婦皆右之。司士羞庶羞于尸侑主人主婦皆左之。

二羞所以盡歡心。房中之羞其籩則糗餌粉餈。其豆則酏食糝食。庶羞羊臐豕膮皆有胾醢。房中之羞內羞也。內羞在右陰也。庶羞在左陽也。○餈在私反。酏以支反。劉書支反。食音寺。糝素感反

主人降南面拜眾賓于門東。三拜。眾賓門東北面皆荅壹拜。

拜于門東。明少南就之也。言三拜者。眾賓賤。旅之也。眾賓一拜。賤也。卿大夫尊。賓賤。純臣也。位在門東。今文壹為一。

主人洗爵。長賓辭。主人奠爵于篚興。對。卒洗。升酌。獻賓于西階上。長賓升拜受爵。主人在其右北面答拜。宰夫自東房薦脯醢。醢在西。司士設俎于豆北。羊骼一。腸一。胃一。切肺一。膚一。

羊骼。羊左骼。上賓一體。賤也。薦與設俎者既。則俟于西序端。古文骼為胳。

賓坐。左執爵。右取肺。擩于醢。祭之。執爵興。取肺。坐祭之。祭酒。遂飲。卒爵。執以興。坐奠爵。拜。執爵以興。主人答拜。受爵。賓坐取祭以降。西面坐委于西階西南。

成祭於上。尊賓也。取祭以降。反下位也。反下位而在西階西南。已獻尊之。祭。脯肺。

宰夫執爵以從。設于祭東。司士執俎以從。設于薦東。

眾賓長升拜受爵。主人答拜。坐祭立飲。卒爵不拜。既爵。

既。盡也。長賓升者以次第升受獻。言眾賓長拜。則其餘不拜。

宰夫贊主人酌。若是以辯。

主人每獻一人。奠空爵于棜。宰夫酌。授於尊南。今文若為如。辯皆作徧。

辯受爵。其薦脯醢與脀。設于其位。其位繼上賓而南。皆東面。其脀體儀也。

徧獻乃薦。略之。亦宰夫薦。司士脀。儀者尊體盡。儀度餘骨可用而用之。尊者用尊體。卑者用卑體而已。亦有切肺膚。今文儀皆為蟻。或為議。○度大各反。蟻劉音儀

乃升長賓。主人酌酢于長賓西階上。北面。賓在左。

主人酌自酢。序賓意。賓卑不敢酢。

主人坐奠爵拜。執爵以興。賓答拜。坐祭。遂飲。卒爵。執爵以興。坐奠爵拜。賓答拜。賓降。

降反位。

宰夫洗觶以升。主人受酌。降。酬長賓于西階南。北面。賓在左。主人坐奠爵拜。賓答拜。坐祭。遂飲。卒爵拜。賓答拜。

宰夫授主人觶。則受其虛爵奠于篚。

主人洗。賓辭。主人坐奠爵于篚。對。卒洗。升酌。降復位。賓拜受爵。主人拜送爵。賓西面坐奠爵于薦左。

主人洗。升酌。獻兄弟于阼階上。兄弟之長升拜受爵。主人在其右答拜。坐祭立飲。不拜既爵。皆若是以辯。

兄弟長幼立飲。賤不別。大夫之賓尊於兄弟。宰夫不贊酌者。兄弟以親暱來。不以官待之。

辯受爵。其位在洗東西面北上。升受爵。其薦脀設于其位。

亦辯獻乃薦。既云辯矣。復言升受爵者。爲衆兄弟言也。衆兄弟升不拜受爵。先著其位於上。乃後云薦脀設於其位。明位初在是也。位不繼於主人而云洗東。卑不統於尊。此薦脀皆使私人、

先生之脀。折脅一。膚一。

先生、長兄弟。折、豕左肩之折、

其衆儀也。

主人洗獻內賓于房中。南面拜受爵。主人南面于其右答拜。

內賓、姑姊妹及宗婦。獻于主婦之席東。主人不西面、尊不與爲賓主禮也。南面於其右。主人之位恒左人、

坐祭立飮。不拜既爵。若是以辯。亦有薦脀。

亦設薦脀於其位。特牲饋食禮記曰。內賓立于房中西墉下。東面南上。宗婦北堂東面北上、

主人降洗。升獻私人于阼階上。拜于下。升受。主人答其長拜。乃降。坐祭立飮。不拜既爵。若是以辯。宰夫贊主人酌。主人於其群私人不答拜。其位繼兄弟之南。亦北上。亦有薦脀。

私人、家臣。已所自謁除也。大夫言私人。明不純臣也。士言私臣。明有君之道。北上。不敢專其位。亦有薦脀。初亦北面在衆賓之後。爾言繼者。以爵既獻爲文。凡獻位定、

主人就筵。

古文曰。升就筵、

尸作三獻之爵。

上賓所獻爵。不言三獻作之者。賓尸而尸益卑。可以自舉、

司士羞湆魚。縮執俎以升。尸取膴祭祭之。祭酒卒爵。

司士縮奠俎于羊俎南。橫載于羊俎。卒乃縮執俎以降。尸奠爵拜。

不羞魚七湆。略小味也。羊有正俎。羞七湆肉湆。豕無正俎。魚無七湆。隆汚之殺、

三獻北面答拜。受爵。酌獻侑。侑拜受。三獻北面答拜。受爵。酌獻侑。侑拜受。三獻北面答拜。司馬羞湆魚一。如尸禮。卒爵拜。三獻答拜。受爵。

司馬羞湆魚。變於尸、

酌致主人。主人拜受爵。三獻東楹東北面答拜。

賓拜於東楹東。以主人拜受於席。就之、

司士羞一湆魚。如尸禮。卒爵拜。三獻答拜。受爵。尸降筵。受三獻爵。酌以酢之。

既致主人。尸乃酢之。遂賓意、

三獻西楹西北面拜受爵。尸在其右以授之。尸升筵。南面答拜。坐祭。遂飮。卒爵拜。尸答拜。執爵以降。實于篚。

二人洗觶。升實爵。西楹西北面東上。坐奠爵拜。執爵以興。尸侑答拜。坐祭。遂飮。卒爵。執爵以興。坐奠爵拜。尸侑答拜。皆降。

三獻而禮小成。使二人舉爵。序殷勤於尸侑、

洗升酌。反位。尸侑皆拜受爵。舉觶者皆拜送。侑奠觶于右。

奠于右者不舉也、神惠右不舉、變於飲酒、

尸遂執觶以興。北面于阼階上酬主人。主人在右。

尸拜於阼階上、酬禮殺、

坐奠爵拜。主人答拜。不祭立飲。卒爵不拜。既爵。酌就于阼階上酬主人。

言就者、主人立待之、

主人拜受爵。尸拜送。

酬不奠者、急酬侑也、

尸就筵。主人以酬侑于西楹西。侑在左。坐奠爵拜。執爵興。侑答拜。不祭立飲。卒爵不拜。既爵。酌復位。侑拜。受主人拜送。

言酌復位、明授於西階上、

主人復筵。乃升長賓。侑酬之。如主人之禮。

遂旅也、言升長賓、則有贊呼之、

至于衆賓。遂及兄弟。亦如之。皆飲于上。

上、西階上、

遂及私人。拜受者。升受下飲。

私人之長拜於下、升受兄弟之爵下飲之

卒爵。升酌。以之其位。相酬辯。

其位、兄弟南位、亦拜受拜送、升酌、由西階、

卒飲者實爵于篚。

未受酬者、雖無所旅、猶飲、

乃羞庶羞于賓兄弟內賓及私人。

無房中之羞、賤也、此羞同時羞、則酌房中亦旅、其始主婦舉觶於內賓、遂及宗婦、

兄弟之後生者舉觶于其長。

後生、年少也、古文觶皆爲爵、延景中詔校書定作觶、

洗升酌降。北面立于阼階南。長在左。坐奠爵拜。執爵以興。長答拜。

長在左、辟主人、

坐祭。遂飲。卒爵。執爵以興。坐奠爵拜。執爵以興。長答拜。洗升酌降。長拜受于其位。舉爵者東面答拜。爵止。

拜受答拜不北面者、儐尸禮殺、長賓言奠、兄弟言止、互相發明相待也、

賓長獻于尸。如初。無湆。爵不止。

賓長者、賓之長、次上賓者、非即上賓也、如初、如其獻侑酌致主人受尸酢也、無湆爵不止、別不如初者、不使兄弟、不稱加爵、大夫尊也、不用觚、大夫尊者也、

賓一人舉爵于尸。如初。無湆。亦遂之於下。

一人、次賓長者、如初、如二人洗觶之爲也、遂之於下者、遂及賓兄弟、下至于私人、故言亦遂之于下也、上言無湆爵不止、互相

發明、

賓及兄弟交錯其酬。皆遂及私人。爵無算。算數也、長賓取觶酬兄弟之黨、長兄弟取觶酬賓之黨、唯已所欲、無有次第之數也、

尸出。侑從。主人送于廟門之外拜。尸不顧。拜送之、

拜侑與長賓。亦如之。衆賓從。從者不拜送也、

司士歸尸侑之俎。尸侑尊、送其家、

主人退。反於寢也、

有司徹。徹堂上下之薦俎也、外賓尸雖堂上婦人不徹、

若不賓尸。不賓尸、謂下大夫也、其牲物則同、不得備其禮耳、舊說云、謂大夫有疾病攝昆弟祭、曾子問曰、攝主不厭祭、不旅、不假、不綏祭、不配、布奠于賓、賓奠而不舉、而此備有似失之矣、○綏許恚反本亦作隋音同後皆放此

則祝侑亦如之。謂尸七飯時、○飯扶晚反後皆同

尸食。八飯、

乃盛俎臑臂。肫脡脊。横脊。短脅。代脅。皆牢。盛者、盛於肵俎也、此士禮羊豕、其脊脅皆取一骨也、與所舉正脊幹骼、凡十矣、肩未舉、既舉而俎、猶有六體焉、○盛音成、

魚七。盛半也、魚十有五、而俎、其一已舉、必盛半者、魚無足翼、於牲象脊脅而已、

腊辯無髀。亦盛半也、所盛者右體也、脊屬焉、言無髀者、云一純而俎、嫌有之、古文髀作脾、

卒盛。乃舉牢肩。尸受振祭嚌之。佐食受加于肵。

舉七、

佐食取一俎于堂下。以入奠于羊俎東。不言魚俎東、主於尊、

乃摭于魚腊俎。俎釋三个。其餘皆取之。實于一俎以出。个、猶枚也、魚摭四枚、腊摭五枚、其所釋者腊則短脅正脅代脅、魚三枚而已、今文摭爲摭、

祝主人之魚腊取于是。祝主人主婦俎之魚腊取于此者、大夫之禮文、待神餘也、三者各取一魚、其腊主人臂、主婦臑、祝則骼也、與此皆於鼎側更載焉、不言主婦未聞、

尸不飯告飽。主人拜。侑不言。尸又三飯。

凡十三飯、士九飯、大夫十一飯、其餘有十三飯、十五飯、

佐食受牢舉。如儐。

舉肺脊、

主人洗酌、酳尸。賓羞肝。皆如儐禮。卒爵。主人拜。祝受尸爵。尸答拜。祝酌授尸。尸以醋主人。亦如儐。其綏祭其嘏亦如儐。

肝、牢肝也、綏皆當作挼、挼讀爲藏其惰之惰、古文爲挼、

其獻祝與二佐食。其位其薦脀。皆如儐。主婦其洗獻于尸。亦如儐。

自尸侑不飯告飽至此、與儐同者在上篇、

主婦反取籩于房中。執棗糗。坐設之。棗在稷南。糗在棗南。婦贊者

執栗脯。主婦不興。受設之。栗在糗東。脯在棗東。主婦興反位。

棗饋食之籩、糗羞籩之實、雜用之、下賓尸也、栗脯加籩之實也、反位、反主人之北拜還爵位、

尸左執爵。取棗糗。祝取栗脯。以授尸。尸兼祭于豆祭。祭酒啐酒。次賓羞牢燔。用俎鹽在右。尸兼取燔擩于鹽。振祭嚌之。祝受加于肵。卒爵。主婦拜。祝受尸爵。尸答拜。

自主婦反籩至祝受加于肵、此異于儐、

祝易爵洗酌。受尸。尸以醋主婦。主婦主人之北拜受爵。尸答拜。主婦反位又拜。上佐食綏祭如儐。卒爵拜。尸答拜。

主婦夾爵拜、爲不賓尸、降崇敬、今文酌曰酌、

主婦獻祝。其酌如儐。拜坐受爵。主婦主人之北答拜。

自尸卒爵至此亦與儐同者、亦在上篇、

宰夫薦棗糗。坐設棗于菹西。糗在棗南。祝左執爵。取棗糗祭于豆祭。祭酒啐酒。次賓羞燔。如尸禮。卒爵。

內子不薦籩祝、賤、使宮可也、自宰夫薦至賓羞燔、亦異于儐、

主婦受爵。酌獻二佐食。亦如儐。主婦受爵以入于房。

賓長洗爵獻于尸。尸拜受。賓戶西北面答拜。爵止。

尸止爵者、以三獻禮成、欲神惠之均於室中、是以奠而待之、

主婦洗于房中。酌致于主人。主人拜受。主婦戶西北面拜送爵。司

宮設席。

拜受乃設席、變於士也、

主婦薦韭菹醢。坐設于席前。菹在北方。婦贊者執棗糗以從。主婦不興。受設棗于菹北。糗在棗西。佐食設俎臂。脊脅肺皆牢。膚三。魚一。腊臂。

臂左臂也、特牲五體、此三者、以其牢與腊脊而七、牢腊俱臂、亦所謂腊如牲體、

主人左執爵。右取菹擩于醢。祭于豆閒。遂祭籩。奠爵興取牢肺。坐絕祭。嚌之。興加于俎。坐挩手。祭酒。執爵以興。坐卒爵拜。

無從者、變於士也、亦所謂順而摭也、

主婦答拜。受爵。酌以醋。戶內北面拜。
自酢不更爵、殺、
主人答拜。卒爵拜。主人答拜。主婦以爵入于房。尸作止爵。祭酒。卒爵。賓拜。祝受爵。尸答拜。
作止爵乃祭酒、亦變於士、自爵止至作止爵、亦異於賓、
祝酌授尸。賓拜受爵。尸拜送。坐祭。遂飲。卒爵拜。尸答拜。
獻祝及二佐食。
洗致爵于主人。
洗致爵者、以承佐食賤新之、

主人席上拜受爵。賓北面答拜。坐祭。遂飲。卒爵拜。賓答拜。受爵。
酌致爵于主婦。主婦北堂。司宮設席東面。
北堂、中房以北、東面者、變於士妻、賓尸不變者、賓尸禮異矣、內子東面、則宗婦南面西上、內賓自若東面南上、
主婦席北東面拜受爵。賓西面答拜。
席北東面者、北爲下、
婦贊者薦韭菹醢。菹在南方。婦人贊者執棗糗。授婦贊者。婦贊者不興。受。設棗于菹南。糗在棗東。
婦人贊者、宗婦之弟婦也、○弟音娣
佐食設俎于豆東。羊臑。豕折。羊脊脅。祭肺一。膚一。魚一。腊臑。

豕折、豕折骨也、不言所折、略之、特牲主婦觳折、豕無脊脅、下主人、羊豕四體、與腊臑而五、
主婦升筵。坐。左執爵。右取菹揳于醢。祭之。祭籩。奠爵。興。取肺。坐絕祭。嚌之。興。加于俎。坐。挩手。祭酒。執爵興。筵北東面立。卒爵拜。
立飲拜既爵者、變於大夫、
賓答拜。賓受爵。
易爵于篚。洗酌醋于主人。戶西北面拜。主人答拜。卒爵拜。主人答拜。賓以爵降。奠于篚。
自賓獻及二佐食至此、亦異於賓、
乃羞。宰夫羞房中之羞。司士羞庶羞于尸祝主人主婦。內羞在右。

庶羞在左。
主人降拜衆賓。洗獻衆賓。其薦脀。其位。其酬醋。皆如儐禮。
主人洗獻兄弟與內賓與私人。皆如儐禮。其位其薦脀。皆如儐禮。
卒。乃羞于賓兄弟內賓及私人。辯。
自乃羞至私人之薦脀、此亦與儐同者、在此篇不儐尸、則祝猶侑耳、卒、已也、乃羞者、羞庶羞、
賓長獻于尸。尸醋。獻祝。致醋。賓以爵降。實于篚。
致、謂致爵于主人主婦、不言如初者、爵不止、又不及佐食、
賓兄弟交錯其酬。無算爵。
此亦與儐同者、在此篇、

利洗爵獻于尸。尸酢獻祝。祝受祭酒啐酒奠之。利獻不及主人、殺也、此亦異於賓、

主人出立于阼階上西面。祝出立于西階上東面。祝告于主人曰。利成。祝入。主人降立于阼階東西面。尸謖。祝前。尸從。遂出于廟門。祝反復位于室中。祝命佐食徹尸俎。佐食乃出尸俎于廟門外。有司受歸之。徹阼薦俎。自主人出至此、與賓雜者也、先暮徹主人薦俎者、變于士、特牲饋食禮曰、徹阼俎豆籩設于東序下、

乃養如儐。謂上篇自司宮設對席至此餕、與出也、古文養作餕、

卒養有司官徹饋。饌于室中西北隅南面。如饋之設。右几厞用席。官徹饋者司馬司士舉俎、宰夫取敦及豆、此於尸謖改饌當室之白、孝子不知神之所在、庶其饗之於此、所以為厭飫、不令婦人改徹饌敦豆變於始也、尚使官也、佐食不舉羊豕俎、親餕尊也、厞隱也、古文右作侑、厞作茀、

納一尊于室中。陽厭殺、無玄酒、

司宮埽祭。埽豆閒之祭、舊說云、埋之西階東、

主人出。立于阼階上西面。祝執其俎以出。立于西階上東面。司宮闔牖戶。閉牖與戶為鬼神或者欲幽闇、

祝告利成。乃執俎以出于廟門外。有司受歸之。衆賓出。主人拜送于廟門外。乃反。拜送賓也者、亦拜送其長、不言長賓者、下大夫無尊賓也、

婦人乃徹。徹祝之薦及房中薦俎、不使有司者、下上大夫之禮、

徹室中之饌。有司饌之、婦人徹之、外內相兼禮殺、

儀禮卷十七終

十三經古註

中

【明】金蟠 葛鼒 編校
山東省圖書館 整理

齊魯書社

周禮序

唐朝散大夫行太學博士弘文館學士賈公彦撰

夫天育蒸民無主則亂立君治亂事資賢輔但天皇地皇之日無事安民降自燧皇方有臣矣是以易通卦驗云天地成位君臣道生君有五期輔有三名註云三名公卿大夫又云燧皇始出握機矩表計寘其刻日蒼牙通靈昌之成孔演命明道經註云拒燧皇謂人皇在伏羲前風姓始王天下者斗機云所謂人皇九頭兄弟九人別長九州者也是政教君臣起自人皇之世至伏羲因之故文耀鉤云伏羲作易名官者也又案論語撰考云黃帝受地形象天文以制官伏羲已前雖有三名未必具立官位至黃帝名位乃具是以春秋緯命曆序云有九頭紀時有臣無官位尊卑之別燧皇伏羲既有官則其間九皇六十四民有官明矣但無文字以知其官號也案左傳昭十七年云秋郯子來朝公與之宴昭子問焉曰少皞氏鳥名官何故也杜氏註云少皞金天氏黃帝之子己姓之祖也郯子曰吾祖也我知之昔者黃帝氏以雲紀故爲雲師而雲名註云黃帝軒轅氏姬姓之祖也黃帝受命有雲瑞故以雲紀事百官師長皆以雲爲名號縉雲氏蓋其一官也炎帝氏以火紀故爲火師而火名註云炎帝神農氏姜姓之祖也亦有火瑞以火

紀事名百官也共工氏以水紀故爲水師而水名註云共工以諸侯霸有九州者在神農前大皞後亦受水瑞以水名官也大皞氏以龍紀故爲龍師而龍名註云大皞伏羲氏風姓之祖也有龍瑞故以龍命官也我高祖少皞摯之立也鳳鳥適至故紀於鳥故爲鳥師而鳥名又云鳳鳥氏歷正之類又以五鳥五鳩九扈五雉並爲官長亦皆有屬官但無文以言之若然則自上以來所云官者皆是官長故昔云師以目之又云自顓頊以來不能紀遠乃紀於近是以少皞以前天下之號象其德百官之號象其徵顓頊以來天下之號因其地百官之號因其事事卽司徒司馬之類是也若然前少皞氏言祝鳩氏爲司徒者本名祝鳩言司徒者以後代官況之自少皞以上官數略如上說顓頊及堯官數雖無明說可略而言之矣案昭二十九年魏獻子曰社稷五祀誰氏之五官蔡墨對曰少皞氏有四叔曰重曰該曰修曰熙實能金木及水使重爲句芒該爲蓐收修及熙爲玄冥世不失職遂濟窮桑此其三祀也註云窮桑帝少皞之號也顓頊氏有子曰犂爲祝融共工氏有子曰句龍爲后土此其二祀也后土爲社稷田正也有烈山氏之子曰柱爲稷自夏以上祀之周棄亦爲稷自商以來祀之故外傳犂爲高辛氏之火正此皆顓頊時之官也案鄭語云重犂爲高辛氏

火正故堯典註高辛氏之世命重爲南正司天黎爲火正司地以
高辛與顓頊相繼無閒𢾾重黎事顓頊又事高辛若稷契與禹事
堯又事舜是以昭十七年服註顓頊之下云春官爲木正夏官爲
火正秋官爲金正冬官爲水正中官爲土正高辛氏因之故傳云
遂濟窮桑窮桑顓頊所居是度顓頊至高辛也若然高辛時之官
唯有重黎及春之木正之等不見更有餘官也至於堯舜官號稍
改楚語云堯復育重黎之後重黎之後即義和也是以堯典云乃
命義和註云高辛之世命重爲南正司天黎爲火正司地堯育重
黎之後義氏和氏之子賢者使掌舊職天地之官亦紀於近命以

民事其時官名蓋曰稷司徒是天官稷也地官司徒也又云分命
義仲申命義叔分命和仲申命和叔使分主四方註仲叔亦義和
之子堯既分陰陽四時又命四子爲之官掌四時者字曰仲叔則
掌天地者其曰伯乎是有六官案下驩兜曰共工註共工水官也
至下舜求百揆禹讓稷契暨咎繇帝曰棄黎民阻饑汝后稷播時
百穀註稷棄也初堯天官爲稷又云帝曰契百姓不親汝作司徒
又云帝曰咎繇汝作士此三官是堯時事舜因禹讓述其前功下
文云舜命伯夷爲秩宗舜時官也以先後參之唯無夏官之名以
餘官約之夏傳云司馬在前又後代況之則義叔爲夏官是司馬

也故分命仲叔註云官名蓋春爲秩宗夏爲司馬秋爲士冬爲共
工通稷與司徒是六官之名見也鄭玄分陰陽爲四時者非謂時
無四時官始分陰陽爲四時但分高辛時重黎之天地官使兼主
四時耳而云仲叔故云掌天地者其曰伯乎若然堯典云伯禹作
司空四時官不數之者鄭云初堯冬官爲共工舜舉禹治水堯知
其有聖德必成功故改命司空以官名寵異之非常官也至禹登
百揆之任捨司空之職爲共工與虞故曰垂作共工益作朕虞是
也案堯典又云帝曰疇咨若時登庸鄭註云堯末時義和之子皆
死庶績多闕而官廢當此之時驩兜共工更相薦舉下又云帝曰

四岳湯湯洪水有能俾乂鄭云四岳四時之官主四岳之事始義
和之時主四岳者謂之四伯至其死分岳事置八伯皆王官其八
伯唯驩兜共工放齊鯀四人而已其餘四人無文可知案周官云
唐虞稽古建官惟百內有百揆四岳則四岳之外更有百揆之官
者但堯初天官爲稷至堯試舜天官之任謂之百揆舜即眞之後
命禹爲之即天官也案尚書傳云惟元祀巡狩四岳八伯註云舜
格文祖之年堯始以義和爲六卿春夏秋冬者幷掌方岳之事是
爲四岳出則爲伯其後稍死驩兜共工求代乃置八伯元祀者除
堯喪舜即眞之年九州言八伯者據畿外八州鄭云畿內不置伯

鄉遂之吏主之案明堂位云有虞氏官五十夏后氏官百殷二百周三百鄭註云有虞氏官蓋六十夏百二十殷二百四十周三百六十不得如此記也昏義云三公九卿二十七大夫八十一元士鄭云蓋夏制依此差限故不從記文但虞官六十唐則未聞堯舜道同或皆六十并屬官言之則皆有百故成王周官云唐虞建官惟百也若然自高陽已前官名略言於上至於帝嚳官號略依高陽不可具悉其唐虞之官惟四岳百揆與六卿又堯典有典樂納言之職至於餘官未聞其號夏官百有二十公卿大夫元士具列其數殷官二百四十雖未具顯案下曲禮云六大五官六府六工

之等鄭皆云殷法至於屬官之號亦蔑云焉案昏義云三公九卿者六卿并三孤而言九其三公又下兼六卿故書傳云司徒公司馬公司空公各兼二卿案顧命太保領冢宰畢公領司馬毛公領司空別有芮伯爲司徒彤伯爲宗伯衛侯爲司寇則周時三公各兼一卿之職與古異矣但周監二代郁郁乎文所以象天立官而官益備此即官號沿革粗而言也

序周禮廢興

周公制禮之日禮教興行後至幽王禮儀紛亂故孔子云諸侯專行征伐十世希不失鄭註云亦謂幽王之後也故晉侯趙簡子見儀皆謂之禮孟僖子又不識其儀也至於孔子更修而定之時已不具故儀禮註云後世衰微幽厲尤甚禮樂之書稍稍廢棄孔子曰吾自衛反於魯然後樂正雅頌各得其所謂當時在者而復重雜亂者也惡能存其亡者乎至孔子卒後復更散亂故藝文志云昔仲尼沒微言絶七十二弟子喪而大義乖諸子之書紛然散亂至秦患之乃燔滅文章以愚黔首又云禮經三百威儀三千及周

之衰諸侯將踰法度惡其周亡滅去其籍自孔子時而不具至秦大壞漢興至高堂生博士傳十七篇孝宣世后倉最明禮戴德戴聖慶普皆其弟子三家立于學官案儒林傳漢興高堂生傳禮十七篇而魯徐生善爲容孝文時徐生以容爲禮官大夫而瑕丘蕭奮以禮至淮揚太守孟卿東海人也事蕭奮以授后倉后倉說禮數萬言號曰后氏曲臺記授戴德戴聖鄭云五傳弟子則高堂生蕭奮孟卿后倉戴德戴聖是爲五也此所傳者謂十七篇即儀禮也周官孝武之時始出秘而不傳周禮後出者以其始皇特惡之故也是以馬融傳云秦自孝公已下用商君之法其政酷烈與周

官相反故始皇禁挾書特疾惡欲絕滅之搜求焚燒之獨悉是以隱藏百年孝武帝始除挾書之律開獻書之路既出於山巖屋壁復入于秘府五家之儒莫得見焉至孝成皇帝達才通人劉向子歆校理秘書始得列序著于錄略然亡其冬官一篇以考工記足之時衆儒並出共排以爲非是唯歆獨識其年尚幼務在廣覽博觀又多銳精于春秋末年乃知其周公致太平之迹迹具在斯奈遭天下倉卒兵革並起疾疫喪荒弟子死喪徒有里人河南緱氏杜子春尚在永平之初年且九十家于南山能通其讀頗識其說鄭衆賈逵往受業焉衆逵洪雅博聞又以經書記轉相證明爲解

逵解行於世衆解不行兼攬二家爲備多所遺闕然衆時所解說近得其實獨以書序言成王既黜殷命還歸在豐作周官則此周官也失之矣逵以爲六鄉大夫則冢宰以下及六遂爲十五萬家絙千里之地甚謬焉此比多多吾甚閔之久矣六鄉之人實居四同地故云絙千里之地者誤矣又六鄉大夫冢宰以下所非者不著又云多多者如此解不著者多又云至六十爲武都守郡小少事乃述平生之志著易尚書詩禮傳皆訖惟念前業未畢者唯周官年六十有六目瞑意倦自力補之謂之周官傳也案藝文志云成帝時以書頗散亡使謁者陳農求遺書于天下詔光祿大夫劉

向校書經傳諸子詩賦向輒條其篇目撮其指意錄而奏之會向卒哀帝復使向子歆卒父業歆於是總羣書奏其七略故有六藝七略之屬歆之錄在於哀帝之時不審馬融何云至孝成皇帝命劉向子歆考理秘書始得列序著於錄略者成帝之時蓋劉向父子並被帝命至向卒哀帝命歆卒父所修者故今文乖理則是也故鄭玄序云世祖以來通人達士大中大夫鄭少贛名興及子大司農仲師名衆故議郎衛次仲侍中賈君景伯南郡太守馬季長皆作周禮解詁又云玄竊觀二三君子之文章顧省竹帛之浮辭其所變易灼然如晦之見明其所彌縫奄然如合符復析斯可謂

雅達廣攬者也然猶有參錯同事相違則就其原文字之聲類考訓詁捃秘逸謂二鄭者同宗之大儒明理于典籍觕識皇祖大經周官之義存古字發疑正讀亦信多善徒寡且約用不顯傳于世今讚而辨之庶成此家世所訓也○其名周禮爲尚書周官者周天子之官也書序曰成王既黜殷命滅淮夷還歸在豐作周官是言蓋失之矣案尚書盤庚康誥說命泰誓之屬三篇序皆云其作若干篇今多者不過三千言又書之所作據時事爲辭君臣相誥命之語作周官之時周公又作立政上下之別正有一篇序謂之六篇文異數萬終始辭句非書之類難以屬之時有若茲焉得從

諸又云斯道也文武所以綱紀周國君臨天下周公定之致隆平龍鳳之瑞然則周禮起於成帝劉歆而成于鄭玄附離之者大半故林孝存以爲武帝知周官末世瀆亂不驗之書故作十論七難以排棄之何休亦以爲六國陰謀之書唯有鄭玄偏覽羣經知周禮者乃周公致太平之迹故能答林碩之論難使周禮義得條通故鄭氏傳曰玄以爲括囊大典網羅衆家是以周禮大行後王之法易曰神而化之存乎其人此之謂也

周禮目録

司士　諸子　司右
虎賁氏　旅賁氏　節服氏
方相氏　大僕　小臣
祭僕　御僕　隸僕

卷三十二
司馬政官之職
弁師　司甲　司兵
司戈盾　司弓矢　繕人
稾人　戎右　齊右
道右　大馭　戎僕
齊僕　道僕　田僕
馭夫

卷三十三
司馬政官之職
挍人　趣馬　巫馬
牧師　廋人　圉師
圉人　職方氏　土方氏
懷方氏　合方氏　訓方氏

形方氏　山師　川師
邍師　匡人　撢人
都司馬　家司馬

卷三十四
秋官司寇第五
經一條
司寇刑官之屬大司寇至家士凡六十六
司寇刑官之職
大司寇

卷三十五
司寇刑官之職
小司寇　士師　鄉士
遂士　縣士　方士
訝士　朝士　司民

卷三十六
司寇刑官之職
司刑　司刺　司約
司盟　職金　司厲

犬入　司圜　掌囚
掌戮　司隸　罪隸
蠻隸　閩隸　夷隸
貉隸　布憲　禁殺戮
禁暴氏　野廬氏　蜡氏
雍氏　萍氏　司寤氏
司烜氏
卷三十七
司寇刑官之職

條狼氏　修閭氏　冥氏
庶氏　穴氏　翨氏
柞氏　薙氏　硩蔟氏
翦氏　赤犮氏　蟈氏
壺涿氏　庭氏　銜枚氏
伊耆氏　大行人　小行人
卷三十八
司寇刑官之職
司儀　行夫　環人

象胥　掌客　掌訝
掌交　掌察　掌貨賄
朝大夫　都則　都士
家士
卷三十九
冬官考工記第六
經一條
考工記之職輪人至弓人凡三十
輪人　輿人

卷四十
考工記之職
輈人　築氏　冶氏
桃氏　鳧氏　㮚氏
段氏　函人　鮑人
韗人　韋氏　裘氏
畫繢　鍾氏　筐人
㡛氏
卷四十一

考工記之職

玉人　楖人　雕人

磬氏　矢人　陶人

旊人　梓人　廬人

匠人

卷四十二

考工記之職

匠人　車人　弓人

周禮目錄畢

周禮卷一

漢大司農北海鄭　玄註
皇明　後學東吳金　蟠訂

天官冢宰第一

惟王建國。辨方正位。體國經野。設官分職。以爲民極。

建立也。周公居攝而作六典之職。謂之周禮。營邑於土中。七年致政成王。以此禮授之。使居雒邑。治天下。司徒職曰。日至之景尺有五寸。謂之地中。天地之所合也。四時之所交也。風雨之所會也。陰陽之所和也。然則百物阜安。乃建王國焉。辨別也。鄭司農云。別四方。正君臣之位。君南面。臣北面之屬。玄謂考工匠人建國水地以縣。置槷以縣。視以景。爲規識日出之景與日入之景。晝參諸日中之景。夜考之極星。以正朝夕。是別四方。召誥曰。越三日戊申。太保朝至於雒。卜宅。厥既得卜。則經營。越三日庚

戌。太保乃以庶殷攻位於雒汭。越五日甲寅。位成。正位。謂此定宮廟。體猶分也。經謂爲之里數。鄭司農云。營國方九里。國中九經九緯。左祖右社。面朝後市。野則九夫爲井。四井爲邑之屬是也。鄭司農云。置冢宰司徒宗伯司馬司寇司空。各有所職。而百事舉。極中也。令天下之人各得其中。不失其所。○縣音玄。槷魚列反

乃立天官冢宰。使帥其屬。而掌邦治。以佐王均邦國。

掌主也。邦治。王所以治邦國也。佐猶助也。鄭司農云。邦治。謂總六官之職也。故大宰職曰。掌建邦之六典。以佐王治邦國。六官皆總屬於冢宰。故論語曰。君薨。百官總已以聽於冢宰。言冢宰於百官無所不主。爾雅曰。冢大也。冢宰。大宰也。鄭云。宰主也。于云。齊其清濁。和其剛柔。而納之中和曰宰。○大宰音泰。注及後放此

治官之屬。大宰卿一人。小宰中大夫二人。宰夫下大夫四人。上士八人。中士十有六人。旅下士三十有二人。

變冢言大，進退異名也。百官總焉則謂之冢，列職於王則稱大。冢，大之上也。山頂曰冢。旅，衆也。下士，治衆事者。自大宰至旅下士，轉相副貳，皆王臣也。王之卿六命，其大夫四命，士以三命而下爲差。

府六人，史十有二人。

府治藏，史掌書者。凡府史皆其官長所自辟除。

胥十有二人，徒百有二十人。

此民給傜役者，若今衛士矣。胥讀如諝，謂其有才知爲什長。○傜音遥。諝思敘反

宮正上士二人，中士四人，下士八人，府二人，史四人，胥四人，徒四十人。

正，長也。宮正，主宮中官之長。曰宮正，此以下鄭總列六十職，序于註，則各於其職前列之。

宮伯中士二人，下士四人，府一人，史二人，胥二人，徒二十人。

伯，長也。

膳夫上士二人，中士四人，下士八人，府二人，史四人，胥十有二人，徒百有二十人。

膳之言善也。今時美物曰珍膳。膳夫，食官之長也。鄭司農以詩說之曰：仲允膳夫。

庖人中士四人，下士八人，府二人，史四人，賈八人，胥四人，徒四十人。

庖之言苞也。裹肉曰苞苴。賈主市買，知物賈。○賈八人音古，劉音嫁，下放此。裹音果。苴子餘反。物賈音嫁

內饔中士四人，下士八人，府二人，史四人，胥十人，徒百人。

饔，割亨煎和之稱。內饔所主在內。○亨普庚反。稱尺證反

外饔中士四人，下士八人，府二人，史四人，胥十人，徒百人。

外饔所主在外。

亨人下士四人，府一人，史二人，胥五人，徒五十人。

主爲外內饔煑肉者。○亨普庚反。爲于僞反

甸師下士二人，府一人，史二人，胥三十人，徒三百人。

郊外曰甸。師猶長也。甸師主共野物官之長。○甸田遍反。共音恭，下皆同

獸人中士四人，下士八人，府二人，史四人，胥四人，徒四十人。

𩾲人中士二人，下士四人，府二人，史四人，胥三十人，徒三百人。

○𩾲音魚，本又作魚，亦作𩾲，同。又音御

鼈人下士四人，府二人，史二人，徒十有六人。

○鼈必列反

腊人下士四人，府二人，史二人，徒二十人。

腊之言夕也。○腊音昔

醫師上士二人，下士四人，府二人，史二人，徒二十人。

醫師，衆醫之長。

食醫中士二人。

食，有和齊藥之類。○和胡臥反。齊才計反

疾醫中士八人。

瘍醫下士八人。

瘍、創癰也。○瘍音羊、創初良反

獸醫下士四人。

獸、牛馬之類。

酒正中士四人、下士八人、府二人、史八人、胥八人、徒八十人。

酒正、酒官之長。

酒人奄十人、女酒三十人、奚三百人。

奄、精氣閉藏者、今謂之宦人。月令仲冬、其器閎以奄。女酒、女奴曉酒者。古者從坐男女沒入縣官爲奴、其少才知以爲奚、今之侍史官婢。或曰、奚宦女。

漿人奄五人、女漿十有五人、奚百有五十人。

女漿、女奴曉漿者。

凌人下士二人、府二人、史二人、胥八人、徒八十人。

凌、冰室也。詩云、二之日鑿冰沖沖、三之日納于凌陰。

籩人奄一人、女籩十人、奚二十人。

竹曰籩。女籩、女奴之曉籩者。

醢人奄一人、女醢二十人、奚四十人。

醢、豆實也、不謂之豆、此主醢、豆不盡于醢也。女醢、女奴曉醢者。○醢呼在反、盡津忍反

醯人奄二人、女醯二十人、奚四十人。

女醯、女奴曉醯者。○醯呼西反

鹽人奄二人、女鹽二十人、奚四十人。

女鹽、女奴曉鹽者。

冪人奄一人、女冪十人、奚二十人。

以巾覆物曰冪。女冪、女奴曉冪者。○冪莫歷反

宮人中士四人、下士八人、府二人、史四人、胥八人、徒八十人。

掌舍下士四人、府二人、史四人、徒四十人。

舍、行所解止之處。○解佳賣反

幕人下士一人、府二人、史二人、徒四十人。

幕、帷覆上者。○幕武博反

掌次下士四人、府四人、史二人、徒八十人。

次、自修止之處。

大府下大夫二人、上士四人、下士八人、府四人、史八人、賈十有六人、胥八人、徒八十人。

大府、爲王治藏之長、若今司農矣。

玉府上士二人、中士四人、府二人、史二人、工八人、賈八人、胥四人、徒四十有八人。

工能攻玉者。

內府中士二人，府一人，史二人，徒十人。

內府主良貨賄藏在內者。○賄，呼罪反

外府中士二人，府一人，史二人，徒十人。

外府主泉藏在外者。

司會中大夫二人，下大夫四人，上士八人，中士十有六人，府四人，史八人，胥五人，徒五十人。

會大計也。司會主天下之大計，計官之長，若今尚書。○會，古外反，注同。尚，音常

司書上士二人，中士四人，府二人，史四人，徒八人。

司書主計會之簿書。

職內上士二人，中士四人，府四人，史四人，徒二十人。

職內主入也，若今之泉所入謂之少內。○少，詩照反

職歲上士四人，中士八人，府四人，史八人，徒二十人。

職歲主歲計以歲斷。○斷，丁亂反

職幣上士二人，中士四人，府二人，史四人，賈四人，胥二人，徒二十人。

司裘中士二人，下士四人，府二人，史四人，徒四十人。

掌皮下士四人，府二人，史四人，徒四十人。

內宰下大夫二人，上士四人，中士八人，府四人，史八人，胥八人，徒八十人。

內宰宮中官之長。

內小臣奄上士四人，史二人，徒八人。

奄稱士者，異其賢。

閽人王宮每門四人，囿游亦如之。

閽人司昏晨以啓閉者。刑人墨者使守門，囿御苑也，游離宮也。

寺人王之正內五人。

寺之言侍也。詩云寺人孟子。正內，路寢。

內豎倍寺人之數。

豎未冠者之官名。○冠，古亂反

九嬪

嬪，婦也。昏義曰：古者天子后立六宮、三夫人、九嬪、二十七世婦、八十一御妻，以聽天下之內治，以明章婦順，故天下內和而家理也。不列夫人于此官者，夫人之于后猶三公之於王，坐而論婦禮，無官職。

世婦

不言數者，君子不苟於色，有婦德者充之，無則闕。

女御

昏義所謂御妻。御，猶進也，侍也。

女祝四人奚八人
女祝女奴曉祝事者
女史八人奚十有六人
女史女奴曉書者
典婦功中士二人下士四人府二人史四人工四人賈四人徒二十人
典主也典婦功者主婦人絲枲功官之長
典絲下士二人府二人史二人賈四人徒十有二人
典枲下士二人府二人史二人徒二十人

○枲絲里反
内司服奄一人女御二人奚八人
内司服主宮中裁縫官之長有女御者以衣服進或當於王廣其禮使無色過○縫戚奉容反徐扶用反
縫人奄二人女御八人女工八十人奚三十人
女工女奴曉裁縫者
染人下士二人府二人史二人徒二十人
追師下士二人府一人史二人工二人徒四人
追治玉石之名○追丁回反一曰雕
屨人下士二人府一人史一人工八人徒四人

夏采下士四人史一人徒四人
夏采夏翟羽色禹貢徐州貢夏翟之羽有虞氏以爲緌後世或無故染鳥羽象而用之謂之夏采○夏戶雅反注同緌如誰反

周禮卷一終

周禮卷二

漢大司農北海鄭　玄註
皇明　後學東吳葛　鼒訂

冡宰治官之職

大宰之職。掌建邦之六典。以佐王治邦國。一曰治典。以經邦國。以治官府。以紀萬民。二曰教典。以安邦國。以教官府。以擾萬民。三曰禮典。以和邦國。以統百官。以諧萬民。四曰政典。以平邦國。以正百官。以均萬民。五曰刑典。以詰邦國。以刑百官。以糾萬民。六曰事典。以富邦國。以任百官。以生萬民。

大曰邦、小曰國、邦之所居亦曰國、典、常也、經也、灋也、王謂之禮經、常所秉以治天下也、邦國官府謂之禮灋、常所守以爲灋式也、常者、其上下通名、擾、猶馴也、統、猶合也、詰、猶禁也、書曰度作詳刑、以詰四方、任、猶倳也、生、猶養也、鄭司農云、治典、冡宰之職、故立其官曰、使帥其屬而掌邦治、以佐王均邦國、教典、司徒之職、故立其官曰、使帥其屬而掌邦教、以佐王安擾邦國、禮典、宗伯之職、故立其官曰、使帥其屬而掌邦禮、以佐王和邦國、政典、司馬之職、故立其官曰、使帥其屬而掌邦政、以佐王平邦國、刑典、司寇之職、故立其官曰、使帥其屬而掌邦禁、以佐王刑邦國、此三時皆有官、唯冬無官、又無司空、以三隅反之、則事典、司空之職也、司空之篇亡、小宰職曰、六曰冬官、其屬六十、掌邦事、○度、待洛反、倳、側吏反

以八灋治官府。一曰官屬。以舉邦治。二曰官職。以辨邦治。三曰官聯。以會官治。四曰官常。以聽官治。五曰官成。以經邦治。六曰官灋。以正邦治。七曰官刑。以糾邦治。八曰官計。以弊邦治。

百官所居曰府、弊、斷也、鄭司農云、官屬、謂六官、其屬各六十、若今博士大史大宰大祝大樂屬大常也、小宰職曰、以官府之六屬舉邦治、一曰天官、其屬六十、是也、官職、謂六官之職、小宰職曰、以官府之六職辨邦治、一曰治職、二曰教職、三曰禮職、四曰政職、五曰刑職、六曰事職、官聯、謂國有大事、一官不能獨共、則六官共舉之、聯讀爲連、古書連作聯、聯、謂連事通職相佐助也、小宰職曰、以官府之六聯合邦治、一曰祭祀之聯事、二曰賓客之聯事、三曰喪紀之聯事、四曰軍旅之聯事、五曰田役之聯事、六曰斂弛之聯事、官常、謂各自領其官之常職、非連事通職所共也、官成、謂官府之成事品式也、小宰職曰、以官府之八成經邦治、一曰聽政役以比居、二曰聽師田以簡稽、三曰聽閭里以版圖、四曰聽稱責以傅別、五曰聽祿位以禮命、六曰聽取予以書契、七曰聽賣買以質劑、八曰聽出入以要會、官灋、謂職所主之灋度、官職主祭祀朝覲會同賓客者、則皆自有其灋度、小宰職曰、以灋掌祭祀朝覲會同賓客之戒具、官刑、謂司刑所掌墨辠劓辠宮辠刖辠殺辠也、官計、謂三年則大計羣吏之治而誅賞之、玄謂官刑、司寇之職五刑、其四曰官刑、上能糾職、官計、謂小宰之六計、所以斷羣吏之治、○灋、古法字、斷、丁亂反、比、毗志反、傅、別、音附、下彼列反、劑、子隨反、要、於妙反、朝、直遥反、凡朝覲皆同、辠、古罪字、劓、魚冀反、刖、音月

以八則治都鄙。一曰祭祀。以馭其神。二曰灋則。以馭其官。三曰廢置。以馭其吏。四曰祿位。以馭其士。五曰賦貢。以馭其用。六曰禮俗。以馭其民。七曰刑賞。以馭其威。八曰田役。以馭其衆。

都之所居曰鄙、則、亦灋也、典灋則所用異、異其名也、都鄙、公卿大夫之采邑、王子弟所食邑、周召毛聃畢原之屬在畿內者、祭祀其先君社稷五祀、灋則、其官之制度、廢、猶退也、退其不能者、舉賢而置之、祿、若今月奉也、位、爵次也、賦、口率出泉也、貢、功也、九職之功所稅也、禮俗、昏姻喪紀舊所行也、鄭司農云、士、謂學士、○聃、乃甘反、奉、符用反、率、徐劉音類、戚音律、一音所律反

以八柄詔王馭羣臣。一曰爵。以馭其貴。二曰祿。以馭其富。三曰予。以馭其幸。四曰置。以馭其行。五曰生。以馭其福。六曰奪。以馭其貧。

七曰廢以馭其罪八曰誅以馭其過

柄所秉執以起事者也詔告也助也爵謂公侯伯子男卿大夫士也詩云誨爾序爵言教王以賢否之第次也班祿所以富臣下書曰凡厥正人既富方穀幸謂言行偶合於善則有以賜予之以勸後也生猶養也賢臣之老者王有以養之成王封伯禽於魯曰生以養周公死以爲周公後是也五福一曰壽奪謂臣有大罪沒入家財者六極四曰貧廢猶放也舜殛鯀于羽山是也誅責讓也曲禮曰齒路馬有誅凡言馭者所以敺之內之於善○行下孟反注同殛紀力反鯀古本反敺起俱反

以八統詔王馭萬民一曰親親二曰敬故三曰進賢四曰使能五曰保庸六曰尊貴七曰達吏八曰禮賓

統所以合率以等物也親親若堯親九族也敬故不慢舊也晏平仲久而敬之賢有善行也能多才藝者保庸安有功者尊貴尊天下之貴者孟子曰天下之達尊者三曰爵也德也齒也祭義曰先王之所以治天下者五貴有德貴貴貴老敬長慈幼達

吏察舉勤勞之小吏也禮賓賓客諸侯所以示民親仁善鄰

以九職任萬民一曰三農生九穀二曰園圃毓草木三曰虞衡作山澤之材四曰藪牧養蕃鳥獸五曰百工飭化八材六曰商賈阜通貨賄七曰嬪婦化治絲枲八曰臣妾聚斂疏材九曰閒民無常職轉移執事

任猶倳也鄭司農云三農平地山澤也九穀黍稷秫稻麻大小豆大小麥八材珠曰切象曰磋玉曰琢石曰磨木曰刻金曰鏤革曰剝羽曰析閒民謂無事業者轉移爲人執事若今傭賃也玄謂三農原隰及平地九穀無秫大麥而有粱苽樹果蓏曰圃園其樊也虞衡掌山澤之官主山澤之民者澤無水曰藪牧牧田在遠郊皆畜牧之地行曰商處曰賈阜盛也金玉曰貨布帛曰賄嬪婦人之美稱也堯典曰釐降二女嬪于虞臣妾男女貧賤之稱晉惠公卜懷公之生曰將生一男一女男爲人臣女爲入妾生而名其男曰圉女曰妾及懷公質於秦妾爲宦女焉疏材百草根實可食者疏不熟曰饉○毓古育字飭音勑賈音古閒音閑秫音述爲人于僞反傭音容賃女鴆反苽音瓜蓏力果反質猪二反

以九賦斂財賄一曰邦中之賦二曰四郊之賦三曰邦甸之賦四曰家削之賦五曰邦縣之賦六曰邦都之賦七曰關市之賦八曰山澤之賦九曰幣餘之賦

財泉穀也鄭司農云邦中之賦二十而稅一各有差也幣餘百工之餘玄謂賦口率出泉也今之筭泉民或謂之賦此其舊名與鄉大夫以歲時登其夫家之衆寡辨其可任者國中自七尺以及六十野自六尺以及六十有五皆征之遂師之職亦云以徵其財征皆謂此賦也邦中在城郭者四郊去國百里邦甸二百里家削三百里邦縣四百里邦都五百里此平民也關市山澤謂占會百物幣餘謂占賣國中之斥幣皆末作當增賦者若今賈人倍筭矣自邦中以至幣餘各入其所有穀物以當賦泉

之數每處爲一書所待異也○削本亦作稍又作鄁所教反

以九式均節財用一曰祭祀之式二曰賓客之式三曰喪荒之式四曰羞服之式五曰工事之式六曰幣帛之式七曰芻秣之式八曰匪頒之式九曰好用之式

式謂用財之節度荒凶年也羞飲食之物也工作器物者幣帛所以贈勞賓客者芻秣養牛馬禾穀也鄭司農云匪分也頒讀爲班布之班謂班賜也玄謂王所分賜羣臣也好用燕好所賜予○好呼報反勞力報反

以九貢致邦國之用一曰祀貢二曰嬪貢三曰器貢四曰幣貢五曰材貢六曰貨貢七曰服貢八曰斿貢九曰物貢

嬪故書作賓鄭司農云祀貢犧牲包茅之屬賓貢皮帛之屬器貢宗廟之器幣貢繡帛材貢木材也貨貢珠貝自然之物也服

貢祭服，斿貢羽毛，物貢九州之外，各以其所貴爲摯，肅慎氏貢
楛矢之屬是也。玄謂嬪貢絲枲，器貢銀鐵石磬丹漆也，幣貢玉
馬皮帛也，材貢櫄榦栝柏篠簜也，貨貢金玉龜貝也，服貢絺紵
也，斿讀如圄游之游，斿貢燕好珠璣琅玕也，物貢雜物魚鹽橘
柚。嬪音賓，楛音户，櫄勑倫反，榦古旦反，篠西了反，
簜大黨反，琅音郎，玕音干，柚羊九反，一音羊受反

以九兩繫邦國之民。一曰牧，以地得民。二曰長，以貴得民。三曰師，以賢得民。四曰儒，以道得民。五曰宗，以族得民。六曰主，以利得民。七曰吏，以治得民。八曰友，以任得民。九曰藪，以富得民。

兩猶耦也，所以協耦萬民。繫，聯綴也。牧，州長也。九州各有封域
以居民也。長，諸侯也。一邦之貴，民所仰也。師，諸侯師氏，有德行
以教民者。儒，諸侯保氏，有六藝以教民者。宗，繼別爲大宗，收族
者。鄭司農云：主，謂公卿大夫，世世食采不絶，民稅薄，利之。玄謂
利讀如上思利民之利，謂以政教利之。吏，小吏在鄉邑者。友，謂
同井相合耦耡作者。孟子曰：鄉田同井，出入相友，守望相助，疾

周禮　卷二　冢宰治官之職　五　秉懷堂

病相扶持，則百姓親睦。藪亦有虞，掌其政令，爲之厲禁，使其地
之民守其材物，以時入于王府，頒其餘於萬民。富，謂藪中材物。
○行，下孟
反。耡音助

正月之吉，始和，布治于邦國都鄙。乃縣治象之灋于象魏，使萬民觀治象，挾日而斂之。

正月，周之正月。吉，謂朔日。大宰以正月朔日布王治之事於天
下，至正歲，又書而縣于象魏，振木鐸以徇之，使萬民觀焉。小宰
亦帥其屬而往，皆所以重治法，新王事也。凡治有故，言始和者，
若改造云爾。鄭司農云：象魏，闕也。故魯災，季桓子御公立于象
魏之外，命藏象魏，曰：舊章不可忘。從
甲至甲，謂之挾日，凡十日。○縣音玄

乃施典于邦國，而建其牧，立其監，設其參，傅其伍，陳其殷，置其輔。

乃者，更申勑之。以侯伯有功德者，加命作州長，謂之牧，所謂八
命作牧者。監，謂公侯伯子男各監一國。書曰：王啓監，厥亂爲民。

參，謂卿三人。伍，謂大夫五人。鄭司農云：殷，治律。輔，爲民之平也。
玄謂殷，衆也，謂衆士也。王制，諸侯上士二十七人，其中士、下士
各居其上之三分。輔，府史，庶人在官者。○
參，七南反。傅，戚音附。監，古銜反。爲，于僞反

乃施則于都鄙，而建其長，立其兩，設其伍，陳其殷，置其輔。

長，謂公卿大夫、王子弟食采邑者。兩，謂兩卿。不
言三卿者，不足于諸侯。鄭司農云：兩，謂兩丞。

乃施法于官府，而建其正，立其貳，設其攷，陳其殷，置其輔。

正，謂冢宰、司徒、宗伯、司馬、司寇、司空也。貳，謂小宰、小司徒、小宗
伯、小司馬、小司寇、小司空也。考，成也，佐成事者，謂宰夫、鄉師、肆
師、軍司馬、士師也。
司空亡，未聞其考。

凡治，以典待邦國之治，以則待都鄙之治，以灋待官府之治，以官成待萬民之治，以禮待賓客之治。

成，八成。
賓，禮也。

周禮　卷二　冢宰治官之職　六　秉懷堂

祀五帝，則掌百官之誓戒，與其具脩。

祀五帝，謂四郊及明堂。誓戒，要之以刑，重失禮也。明堂位所謂
各揚其職，百官廢職服大刑，是其辭之略也。具，所當共。修，埽除
糞洒。○要，一遥
反。洒，色賣反

前期十日，帥執事而卜日，遂戒。

前期，前所諏之日也。十日，容散齊七日，致齊三日。執事，宗伯、大
卜之屬。既卜，又戒百官以始齊。○諏，子須反。散齊，西但反。下側
皆
反

及執事，眡滌濯。

執事，初爲祭事，前祭日之夕。滌濯，謂溉祭器及甑甗之屬。○眡
音視，本又作視，後皆同。溉，古愛反。甗，魚善反，徐音彦，一音言。本

又作甑音歷

及納亨。贊王牲事。納亨納牲將告殺謂嚮祭之晨既殺以授亨人凡大祭祀君親牽牲大夫贊之○亨普庚反鄉許亮反

及祀之日。贊玉幣爵之事。日旦明也玉幣所以禮神玉與幣各如其方之色爵所以獻齊酒不用玉爵尚質也三者執以從王至而授之○齊才計反

祀大神示。亦如之。大神祇謂天地○示本又作祇音祇

享先王亦如之。贊玉几玉爵。玉几所以依神天子左右玉几宗廟獻用玉爵

大朝覲會同。贊玉幣玉獻玉几玉爵。助王受此四者時見曰會殷見曰同大會同或於春朝或於秋覲舉春秋則冬夏可知玉幣諸侯享幣也其合亦如小行人所合六幣云玉獻獻國珍異亦執玉以致之玉几王所依也立而設几優尊者玉爵王禮諸侯之酢爵王朝諸侯立依前南面其禮之於阼階上○見賢遍反下同朝直遥反下文同依於豈反本亦作扆

大喪贊贈玉含玉。助王爲之也贈玉既窆所以送先王含玉死者口實天子以玉雜記曰含者執璧將命曰寡君使某含則諸侯含以璧鄭司農云含玉璧琮○含本又作琀戶暗反後同窆波驗反琮才宗反

作大事。則戒于百官。贊王命。助王爲教令春秋傳曰國之大事在祀與戎

王眡治朝。則贊聽治。治朝在路門外群臣治事之朝王視之則助王平斷

眡四方之聽朝。亦如之。謂王巡守在外時○守音狩後巡狩皆放此

凡邦之小治。則冢宰聽之。待四方之賓客之小治。大事決於王小事冢宰專平

歲終。則令百官府各正其治。受其會。正正處也會大計也

聽其致事。而詔王廢置。

平其事來至者之功狀而奏白王

三歲則大計群吏之治而誅賞之。事夕則聽之大無功不徒廢必罪之大有功不徒置必賞之鄭司農云三載考績

周禮卷二終

周禮卷三

漢大司農北海鄭　玄註

皇明　後學東吳金　蟠訂

冢宰治官之職

小宰之職掌建邦之宮刑以治王宮之政令凡宮之糾禁

杜子春云宮皆當爲官玄謂宮刑在王宮中者之刑建明布告之糾猶割也察也若今御史中丞

掌邦之六典八灋八則之貳以逆邦國都鄙官府之治

逆迎受之鄭司農云貳副也

執邦之九貢九賦九式之貳以均財節邦用

以官府之六敘正羣吏一曰以敘正其位二曰以敘進其治三曰以敘作其事四曰以敘制其食五曰以敘受其會六曰以敘聽其情

敘秩次也謂先尊後卑也治功狀也食祿之多少情爭訟之辭

以官府之六屬舉邦治一曰天官其屬六十掌邦治大事則從其長小事則專達二曰地官其屬六十掌邦教大事則從其長小事則專達三曰春官其屬六十掌邦禮大事則從其長小事則專達四曰夏官其屬六十掌邦政大事則從其長小事則專達五曰秋官其屬六十掌邦刑大事則從其長小事則專達六曰冬官其屬六十掌邦事大事則從其長小事則專達

大事從其長若庖人內外饔與膳夫共王之食小事專達若宮人掌舍各爲一官六官之屬三百六十象天地四時日月星辰之度數天道備焉前此者成王作周官其志有述天授位之義故周公設官分職以灋之

以官府之六職辨邦治一曰治職以平邦國以均萬民以節財用二曰教職以安邦國以寧萬民以懷賓客三曰禮職以和邦國以諧萬民以事鬼神四曰政職以服邦國以正萬民以聚百物五曰刑職以詰邦國以糾萬民以除盜賊六曰事職以富邦國以養萬民以生百物

懷亦安也賓客來共其委積所以安之𧶘百物者司馬主九畿職方制其貢各以其所有○積子賜反

以官府之六聯合邦治一曰祭祀之聯事二曰賓客之聯事三曰喪荒之聯事四曰軍旅之聯事五曰田役之聯事六曰斂弛之聯事凡小事皆有聯

鄭司農云大祭祀大宰贊玉幣司徒奉牛牲宗伯視滌濯涖玉鬯省牲鑊奉玉齍司馬羞魚牲奉馬牲司寇奉明水火大喪大宰贊贈玉含玉司徒帥六鄉之衆庶屬其六引宗伯爲上相司馬平士大夫司寇前王此所謂官職杜子春弛讀爲施玄謂荒政弛力役及國中貴者賢者服公事者老者疾者皆舍不以力役之事奉牲者其司空奉豕與○鑊戶郭反齍音咨屬音燭紖音引相息亮反

以官府之八成經邦治一曰聽政役以比居二曰聽師田以簡稽三曰聽閭里以版圖四曰聽稱責以傅別五曰聽祿位以禮命六

曰聽取予以書契。七曰聽賣買以質劑。八曰聽出入以要會。

鄭司農云：政謂軍政也，役謂發兵起徒役也，比居謂伍籍也，比地為伍，因內政寄軍令，以伍籍發軍起役者，平而無遺脫也。簡稽士卒兵器簿書，簡猶閱也，稽猶計也，合也，合計其士之卒伍，閱其兵器，為之要簿也。故遂人職曰：稽其人民，簡其兵器。國語曰：黃池之會，吳陳其兵，皆官師擁鐸拱稽。版，戶籍。圖，地圖也。聽人訟地者，以版圖決之。司書職曰：邦中之版，土地之圖。稱責，謂貸予。傳別，謂券書也。聽訟責者，以券書決之。傳，傳著約束於文書。別，別為兩，兩家各得一也。禮命，謂九賜也。書契，符書也。質劑，謂市中平賈，今時月平是也。要會，謂計最之簿書，月計曰要，歲計曰會。故宰夫職曰：歲終則令群吏正歲會，月終則令正月要。傳別，故書作傅辨，鄭大夫讀為符別，杜子春讀為傳別。玄謂政謂賦也，凡其字或作政，或作正，或作征，以多言之，宜從征，如孟子交征利云。傳別，謂為大手書于一札，中字別之。書契，謂出予受入之凡要。凡簿書之最目，獄訟之要辭，皆曰契。春秋傳曰：王叔氏不能舉其契。質劑，謂兩書一札，同而別之，長曰質，短曰劑。傳別質劑，皆今之券書也，事異，異其名耳。禮命，禮之九命之差等。○比，毗志反。傳音附。別，彼列反。要會，古外反。著，直略反。賈音嫁。月平，劉音病。

以聽官府之六計，弊群吏之治。一曰廉善，二曰廉能，三曰廉敬，四曰廉正，五曰廉灋，六曰廉辨。

聽，平治也。平治官府之計有六事。弊，斷也。既斷以六事，又以廉為本。善，善其事，有辭譽也。能，政令行也。敬，不解于位也。正，行無傾邪也。灋，守灋不失也。辨，辨然不疑惑也。杜子春云：廉辨或為廉端。○斷，丁亂反。

以灋掌祭祀、朝覲、會同、賓客之戒具，軍旅、田役、喪荒亦如之。

灋謂其禮灋也。戒具，戒官有事者所當共。

七事者，令百官府共其財用，治其施舍，聽其治訟。

七事，謂先四，如之者三也。施舍，不給役者。七事，故書為小事，杜子春云當為七事。○共音恭，禮本供事皆作共。

凡祭祀，贊王幣爵之事，祼將之事。

又從大宰助王也。將，送也。祼送，送祼，謂贊王酌鬱鬯以獻尸，謂之祼。祼之言灌也，明不為飲，主以祭祀。唯人道宗廟有祼，天地大神至尊不祼，莫稱焉。凡鬱鬯受祭之，啐之，奠之。○祼，古亂反。為，于偽反。啐，寸對反。

凡賓客，贊祼，凡受爵之事，凡受幣之事。

唯祼助宗伯，其餘皆助大宰。王不酌賓客而有乂酢，大宗伯職曰：大賓客則攝而載果。

喪荒，受其含襚幣玉之事。

春秋傳曰：口實曰含，衣服曰襚。凶荒有幣玉者，賓客所賙委之禮。○襚音遂。賙音周。

月終，則以官府之敘，受群吏之要。

主每月之小計。

贊冢宰受歲會。歲終，則令群吏致事。

使齎歲盡文書來至，若今上計。○齎，子兮反。上，時掌反。

正歲，帥治官之屬而觀治象之灋，徇以木鐸，曰：不用灋者，國有常刑。

正歲，謂夏之正月，得四時之正，以出教令者，審也。古者將有新令，必奮木鐸以警眾，使明聽也。木鐸，木舌也。文事奮木鐸，武事奮金鐸。

乃退，以宮刑憲禁于王宮。

憲謂表縣之，若今新有灋令云。

令于百官府曰：各修乃職，考乃灋，待乃事，以聽王命。其有不共，則國有大刑。

　乃猶女也、

宰夫之職掌治朝之灋以正王及三公六卿大夫羣吏之位掌其禁令。

　治朝在路門之外其位司士掌焉、宰夫察其不如儀○朝直遥反

敘羣吏之治以待賓客之令諸臣之復萬民之逆。

　恒次敘諸吏之職事、三者之來、則應使辨理之、鄭司農云、復請也、逆迎受王命者、宰夫主諸臣萬民之復逆、故詩人重之曰家伯維宰、玄謂復之言報也、反也、反報於王、謂於朝廷奏事、自下而上曰逆、逆謂上書

掌百官府之徵令辨其八職一曰正掌官灋以治要二曰師掌官

成以治凡三曰司掌官灋以治目四曰旅掌官常以治數五曰府掌官契以治藏六曰史掌官書以贊治七曰胥掌官敘以治敘八曰徒掌官令以徵令。

　別異諸官之八職以備王之徵召所為、正辟於治官、則冢宰也、治要若歲計也、師辟小宰宰夫也、治凡若月計也、司辟上士中士、治目若今日計也、旅辟下士也、治數每事多少異也、治藏藏文書及器物、贊治若今起文書草也、治敘次序官中、如今侍曹伍伯傳吏朝也、徵令趨走給召呼○藏才浪反注治藏同別彼列反辟音譬

掌治灋以攷百官府羣都縣鄙之治乘其財用之出入凡失財用物辟名者以官刑詔冢宰而誅之其足用長財善物者賞之。

　羣都諸采邑也、六遂五百家為鄙、五鄙為縣、言縣鄙而六鄉州黨亦存焉、乘猶計也、財泉穀也、用貨賄也、物畜獸也、辟名詐為書以空作見文書與實不相應也、官刑在司寇五刑第四者○辟名徐芳石反劉芳益反見賢遍反

以式灋掌祭祀之戒具與其薦羞從大宰而眂滌濯。

　薦脯醢也、羞庶羞內羞、

凡禮事贊小宰比官府之具。

　比校次之、

凡朝覲會同賓客以牢禮之灋掌其牢禮委積膳獻飲食賓賜之飧牽與其陳數。

　牢禮之灋多少之差、及其時也、三牲牛羊豕具為一牢、委積謂牢米薪芻給賓客道用也、膳獻禽羞俶獻也、飲食燕饗也、鄭司農云、飧夕食也、春秋傳曰、飧有陪鼎、牽牲牢可牽而行者、春秋傳曰、餼牽竭矣、玄謂飧客始至所致禮、凡此禮陳數存可見者

唯有行人掌客、及聘禮公食大夫、○委積子賜反食音嗣俶昌六反

凡邦之弔事掌其戒令與其幣器財用凡所共者。

　弔事弔諸侯諸臣、幣所用賻也、器所致明器也、凡喪始死弔而含襚葬而賵贈、其間加恩厚、則有賻焉、春秋譏武氏子來求賻○賻音附

大喪小喪掌小官之戒令帥執事而治之。

　大喪王后世子也、小喪夫人以下、小官士也、其大官則冢宰掌其戒令、治謂共辦、

三公六卿之喪與職喪帥官有司而治之凡諸大夫之喪使其旅帥有司而治之。

　旅冢宰下士、

歲終。則令羣吏正歲會。月終。則令正月要。旬終。則令正日成。而以攷其治。治不以時舉者。以告而誅之。

歲終、自周季冬、正、猶定也、旬、十日也、治不時舉者、謂違時令、失期會、

正歲。則以灋警戒羣吏。令修宮中之職事。

警、勑戒之言、鄭司農云、正歲之正月以灋戒勑羣吏

書其能者與其良者。而以告于上。

良、尤善也、上、謂小宰大宰也、鄭司農云、若今時舉孝廉、賢良方正、茂才、異等、

宮正。掌王宮之戒令糾禁。

糾、猶割也、察也、

以時比宮中之官府。次舍之衆寡。

時、四時、比、校次其人之在否、官府之在宮中者、若膳夫玉府內宰內史之屬、次、諸吏直宿、若今部署諸廬者、舍、其所居寺、

爲之版以待。

鄭司農云、爲官府次舍之版圖也、待、待比也、玄謂版、其人之名籍、待、待戒令及比、

夕。擊柝而比之。

夕、莫也、莫、行夜以比直宿者、爲其有解惰離部署、鄭司農云、柝、戒守者所擊也、易曰、重門擊柝、以待暴客、春秋傳曰、魯擊柝聞於邾、○柝吐各反莫音暮行下孟反爲于僞反解佳賣反重直龍反

國有故。則令宿。其比亦如之。

鄭司農云、故、謂凶災、令宿、宿衞王宮、春秋傳曰、忘守必危、況有災乎、玄謂故、凡非常也、文王世子曰、公有出疆之政、庶子以公族之無事者守於公宮、正室守太廟、諸父守貴宮貴室、諸子諸孫守下宮下室、此謂諸侯也、王之庶子職掌國子之倅、國有大事、則帥國子而致於太子、唯所用之者、令宿之事、蓋亦存焉、○倅七內反

辨外內而時禁。

鄭司農云、分別外入內入、禁其非時出入、○別彼列反

稽其功緒。糾其德行。

稽、尤考也、計也、功、吏職也、緒、其志業、○行下孟反

幾其出入。均其稍食。

鄭司農云、幾其出入、若今時宮中有罪禁止、不能出、亦不得入、及無引籍不得入宮司馬殿門也、玄謂幾、呵其衣服持操及疏數者、稍食、祿稟、○數音朔稟彼錦反

去其淫怠與其奇衺之民。

民、宮中吏之家人也、淫、放濫也、怠、解慢也、奇衺、譎觚非常、○去起呂反奇音羈衺似嗟反亦作邪

會其什伍而教之道藝。

五人爲伍、二伍爲什、會之者、使之輩作輩學、相勸帥、且寄宿衞之令、鄭司農云、道、謂先王所以教道民者、藝、謂禮樂射御書數

月終。則會其稍食。歲終。則會其行事。

行事、吏職也、

凡邦之大事。令于王宮之官府次舍。無去守而聽政令。

使居其處、待所爲、

春秋以木鐸修火禁。

火星以春出以秋入因天時而以戒、

凡邦之事蹕宮中廟中則執燭、

鄭司農讀火絕之云禁凡邦之事蹕、國有事王當出則宮正主禁絕行者若今時衛士塡街蹕也宮中廟中則執燭宮正主爲王於宮中廟中執燭玄謂事祭事也邦之祭社稷七祀於宮中祭先公先王於廟中隷僕掌蹕止行者宮正則執燭以爲明春秋傳曰有火事於大廟又曰有事於武宮○蹕音畢塡音田

大喪則授廬舍辨其親疏貴賤之居

廬倚廬也舍堊室也親者貴者居倚廬疏者賤者居堊室雜記曰大夫居廬士居堊室、

宮伯掌王宮之士庶子凡在版者

鄭司農云庶子宿衛之官版名籍也以版爲之今時鄉戶籍謂之戶版玄謂王宮之士謂王宮中諸吏之適子也庶子其支庶

也○適丁歷反

掌其政令行其秩敘作其徒役之事

秩祿稟也敘才等也作徒役之事大子所用、

授八次八舍之職事

衛王宮者必居四角四中於徼候便也鄭司農云庶子衛王宮在内爲次在外爲舍玄謂次其宿衛所在舍其休休之處○徼古弔反

若邦有大事作宮衆則令之

謂王宮之士庶子於邦有大事或選當行、

月終則均秩歲終則均敘以時頒其衣裘掌其誅賞

頒讀爲班班布也衣裘若今賦冬夏衣、

周禮卷三終

周禮卷四

漢大司農北海鄭　玄註

皇明　後學東吳葛　鼒訂

冢宰治官之職

膳夫掌王之食飲膳羞，以養王及后世子。

食，飯也。飲，酒漿也。膳，牲肉也。羞，有滋味者。凡養之具大略有四。○食音嗣，飯八萬反

凡王之饋，食用六穀，膳用六牲，飲用六清，羞用百二十品，珍用八物，醬用百有二十罋。

進物於尊者曰饋。此饋之盛者，王舉之饌也。六牲，馬牛羊豕犬雞也。羞出於牲及禽獸，以備滋味，謂之庶羞。公食大夫禮、內則下大夫十六，上大夫二十，其物數備焉。天子諸侯有其數，而物未得盡聞。珍，謂淳熬、淳母、炮豚、炮牂、擣珍、漬、熬、肝膋也。醬，謂醯醢也。王舉則醢人共醢六十罋，以五齊、七醢、七菹、三臡實之。醯人共齊菹醯物六十罋。鄭司農云：羞，進也。六穀，稌黍稷粱麥苽。苽，彫胡也。六清，水漿醴醇醫酏。○罋屋貢反，饌仕眷反，淳之純反，熬五刀反，母莫胡反，牂作郎反，齊作西反，臡奴今反，稌他古反，苽古吳反，醇本又作涼，酏以支反

王日一舉，鼎十有二，物皆有俎。

殺牲盛饌曰舉。王日一舉，以朝食也。后與王同庖。鼎十有二，牢鼎九，陪鼎三。物，謂牢鼎之實，亦九俎。○朝如字

以樂侑食，膳夫授祭，品嘗食，王乃食。

侑，猶勸也。祭，謂刌肺脊也。禮，飲食必祭，示有所先。品者，每物皆嘗之，道尊者也。○刌寸本反

卒食，以樂徹于造。

造，作也。鄭司農云：造，謂食之故所居處也。已食徹置故處。

王齊日三舉。

鄭司農云：齊必變食。

大喪則不舉。大荒則不舉。大札則不舉。天地有烖則不舉。邦有大故則不舉。

大荒，凶年。大札，疫癘也。天烖，日月晦食。地烖，崩動也。大故，寇戎之事。鄭司農云：大故，刑殺也。春秋傳曰：司寇行戮，君為之不舉。○烖音災，疫音役，癘音厲，為于偽反

王燕食，則奉膳贊祭。

燕食，謂日中與夕食。奉膳，奉朝之餘膳。所祭者牢肉。

凡王祭祀賓客食，則徹王之胙俎。

膳夫親徹胙俎，胙俎最尊也。其餘則其屬徹之。賓客食而王有胙俎，王與賓客禮食，主人飲食之俎，皆為胙俎，見於此矣。

凡王之稍事，設薦脯醢。

鄭司農云：稍事，為非日中大舉時而間食，謂之稍事。膳夫主設薦脯醢。玄謂稍事，有小事而飲酒。○間劉古莧反

王燕飲酒，則為獻主。

鄭司農云：主人當獻賓，則膳夫代王為主，君不敵臣也。燕義曰：使宰夫為獻主，臣莫敢與君亢禮。

掌后及世子之膳羞。

亦主其饌之數，不饋之耳

凡肉脩之頒賜，皆掌之。

鄭司農云、修、脯也、

凡祭祀之致福者、受而膳之。致福、謂諸臣祭祀進其餘肉歸胙于王、鄭司農云、膳夫受之以給王膳、

以摯見者、亦如之。鄭司農云、以羔鴈雉爲摯見者、亦受以給王膳、

歲終則會、唯王及后世子之膳不會。不會計多少、優尊者、其頒賜諸臣則計之、

庖人掌共六畜六獸六禽、辨其名物。六畜、六牲也、始養之曰畜、將用之曰牲、春秋傳曰、卜日曰牲、鄭司農云、六獸、麋鹿熊麕野豕兔、六禽、鴈鶉鷃雉鳩鴿、玄謂獸人

冬獻狼、夏獻麋、又內則無熊、則六獸當有狼、而熊不屬、六禽於禽獸及六摯宜爲羔豚犢麛雉鴈、凡鳥獸未孕曰禽、司馬職曰、大獸公之、小禽私之、○麕亦作麏、居倫反、鶉音純、鷃於諫反、鴿古合反、麛音迷、

凡其死生鱻薧之物、以共王之膳、與其薦羞之物及后世子之膳羞。凡、計數之、薦、亦進也、備品物曰薦、致滋味乃爲羞、王言薦者、味以不褻爲尊、鄭司農云、鮮、謂生肉、薧、謂乾肉、○鱻、悉然反、薧、古老反、數色柱反、

共祭祀之好羞。謂四時所爲膳食、若荊州之䱷魚、青州之蟹胥、雖非常物、進之孝也、○好、呼報反、䱷、側雅反、

共喪紀之庶羞、賓客之禽獻。喪紀、喪事之祭、謂虞祔也、禽獻、獻禽於賓客、獻古文爲獸、杜子春云、當爲獻、

凡令禽獻、以灋授之、其出入亦如之。令、令獸人也、禽獻不可久處、賓客至、將獻之、庖人乃令獸人取之、必書所當獻之數與之、及其來致禽、亦以此書挍數之、至于獻賓客、又以此書付使者展而行之、掌客乘禽於諸侯、各如其命之數、聘禮、乘禽於客、日如其饔餼之數、士中日則二雙、○令、力呈反、使、所吏反、乘、繩證反、

凡用禽獻、春行羔豚、膳膏香、夏行腒鱐、膳膏臊、秋行犢麛、膳膏腥、冬行鱻羽、膳膏羶。用禽獻、謂煎和之以獻王、鄭司農云、膏香、牛脂也、以牛脂和之、腒、乾雉、鱐、乾魚、膏臊、豕膏也、以豚膏和之、杜子春云、膏臊、犬膏、膏腥、豕膏也、鮮、魚也、羽、鴈也、膏羶、羊脂也、玄謂膏腥、雞膏也、羔豚、物生而肥、犢與麛、物成而充、腒鱐、熱而乾、魚鴈、水涸而性

定、此八物者、得四時之氣尤盛、爲人食之弗勝、是以用休廢之脂膏煎和膳之、牛屬司徒、土也、雞屬宗伯、木也、犬屬司寇、金也、羊屬司馬、火也、○腒、其居反、鱐、所留反、臊、素刀反、羶、書然反、和、胡臥反、膜、呼旱也、爲、于僞反、

歲終則會、唯王及后之膳禽不會。膳禽、四時所膳禽獻、加世子可以會之、

內饔掌王及后世子膳羞之割亨煎和之事、辨體名肉物、辨百品味之物。割、肆解肉也、亨、煮也、煎和、齊以五味、體名、脊脅肩臂臑之屬、肉物、胾膰之屬、百品味、庶羞之屬、言百、舉成數、○亨、普庚反、注同、肆、託歷反、齊、才細反、胾、側吏反、膰、音燔、

王舉、則陳其鼎俎、以牲體實之。

取於鑊以實鼎取於鼎以實俎實鼎曰脀實俎曰載○脀職升反

選百羞醬物珍物以俟饋。

先進食之時恒選擇其中御者

共后及世子之膳羞。

膳夫掌之是乃共之

辨腥臊羶香之不可食者。牛夜鳴則庮。羊泠毛而毳羶。犬赤股而躁臊。鳥皫色而沙鳴貍。豕盲眡而交睫腥。馬黑脊而般臂螻。

腥臊羶香可食者是別其不可食者則所謂若皆臭味也泠毛毛長總結也皫失色不澤美也沙澌也交睫腥腥當爲星聲之誤也肉有如米者似星般臂臂毛有文鄭司農云庮朽木臭也螻螻蛄臭也杜子春云盲眡當爲望視○庮音由泠音零皫本又作爊芳表反貍音鬱盲亡亮反眡音視睫音接般音班螻音樓別彼列反澌音西蛄音姑

凡宗廟之祭祀。掌割亨之事。凡燕飲食亦如之。凡掌共羞修刑膴。

胖骨鱐以待共膳。

掌共共當爲具羞庶羞也修鍛脯也胖如脯而腥者鄭司農云刑膴謂夾脊肉或曰膺肉也骨鱐謂骨有肉者玄謂刑鉶羹也膴牒肉大臠所以祭者骨牲體也鱐乾魚○共羞共依注音具膴火吳反胖普半反鍛丁亂反牒直輒反臠力轉反

凡王之好賜肉修。則饔人共之。

好賜王所善而賜也○好呼報反注同

外饔掌外祭祀之割亨。共其脯修刑膴。陳其鼎俎實之牲體魚腊。

凡賓客之飧饔饗食之事。亦如之。

飧客始至之禮饔旣將幣之禮致禮於客莫盛於饔○食音嗣

邦饗耆老孤子。則掌其割亨之事。饗士庶子。亦如之。

孤子者死王事者之子也士庶子衛王宮者若今時之饗衛士矣王制曰周人養國老於東膠養庶老於虞庠

師役。則掌共其獻賜脯肉之事。

獻謂酌其長帥○帥色類反

凡小喪紀陳其鼎俎而實之。

謂喪事之奠祭

亨人掌共鼎鑊。以給水火之齊。

鑊所以煑肉及魚腊之器旣孰乃脀于鼎齊多少之量○齊才細反注同

職外內饔之爨亨煮。辨膳羞之物。

職主也爨今之竈主於其竈煑物○爨七亂反

祭祀。共大羹鉶羹。賓客亦如之。

大羹肉湆鄭司農云大羹不致五味也鉶羹加鹽菜矣○羹音庚湆去及反

甸師掌帥其屬而耕耨王藉。以時入之。以共齍盛。

其屬府史胥徒也耨芸芓也王以孟春躬耕帝藉天子三推三公五推卿諸侯九推庶人終於千畝庶人謂徒三百人藉之言借也王一耕之而使庶人芸芓終之齍盛祭祀所用穀也粢稷也穀者稷爲長是以名云在器曰盛○齍音資芓音子推出誰反又他回反

祭祀共蕭茅。

鄭大夫云蕭字或爲莤莤讀爲縮束茅立之祭前沃酒其上酒滲下去若神飲之故謂之縮縮浚也故齊桓公責楚不貢苞茅王祭不共無以縮酒杜子春讀爲蕭蕭香蒿也玄謂詩所云取蕭祭脂郊特牲云蕭合黍稷臭陽達於牆屋故既薦然後焫蕭合馨香合馨香者是蕭之謂也茅以共祭之苴亦以縮酒苴以藉祭縮酒泲酒也醴齊縮酌○莤所六反滲所鴆反浚荀閏反焫如悅反苴音租泲子禮反齊才細反

共野果蓏之薦。

甸在遠郊之外郊外曰野果桃李之屬蓏瓜瓞之屬○蓏力果反瓞大結反

喪事代王受眚烖。

粢盛者祭祀之主也今國遭大喪若云此黍稷不馨使鬼神不逞于王既殯大祝作禱辭授甸人使以禱藉田之神受眚烖弭後殃

王之同姓有辠則死刑焉。

鄭司農云王同姓有罪當刑者斷其獄於甸師之官也文王世子曰公族有死罪則磬於甸人又曰公族無宮刑獄成致刑于甸人又曰公族無宮刑不踐其類也刑于隱者不與國人慮兄弟

帥其徒以薪蒸役外內饔之事。

役爲給役也木大曰薪小曰蒸

獸人掌罟田獸辨其名物。

罟罔也以罔搏所當田之獸

冬獻狼夏獻麋春秋獻獸物。

狼膏聚麋膏散聚則溫散則涼以救時之苦也獸物凡獸皆可獻也及狐狸

時田則守罟。

備獸觸攫○攫俱縛反又俱碧反

及弊田令禽注於虞中。

弊仆也仆而田止鄭司農云弊田謂春火弊夏車弊秋羅弊冬徒弊虞中謂虞人釐所田之野及弊田植虞旗於其中致禽而珥焉獸人主令田衆得禽者置虞人所立虞旗之中當以給四時社廟之祭故曰春獻禽以祭社夏獻禽以享礿秋獻禽以祀祊冬獻禽以享烝又曰大獸公之小禽私之公之謂輸之於虞中珥焉者取左耳以效功若斬首折馘故春秋傳曰以數軍實○仆普卜反又音赴釐音來本亦作萊珥如志反礿音方馘古獲反

凡祭祀喪紀賓客共其死獸生獸。

共其完者

凡獸入于腊人。

當乾之

皮毛筋角入于玉府。

給作器物

凡田獸者掌其政令。

䲜人掌以時䲜爲梁。

月令季冬命漁師爲梁鄭司農云梁水偃也偃水爲關空以笱承其空詩曰敝笱在梁○䲜音漁空音孔

春獻王鮪。

王鮪鮪之大者月令季春薦鮪于寢廟○鮪立軌反

辨魚物爲鱻薨。以共王膳羞。鮮生也，薨乾也。○鱻音鮮，薨本又作槁

凡祭祀賓客喪紀。共其魚之鱻薨。凡戲者掌其政令。凡戲征入于玉府。鄭司農云，漁征，漁者之租稅，漁人主收之，入于玉府，

鼈人掌取互物。鄭司農云，互物，謂有甲萮胡龜鼈之屬。○萮莫于反

以時簎魚鼈龜蜃。凡貍物。蜃，大蛤，鄭司農云，簎謂以杈刺泥中搏取之，貍物，龜鼈之屬，自貍藏伏於泥中者，玄謂貍物亦謂鱴刀含漿之屬，○簎勑角反貍莫皆反杈音乂

春獻鼈蜃。秋獻龜魚。此其出在淺處可得之時，魚亦謂自貍藏，

祭祀。共蠯蠃蚔。以授醢人。蠃螔蝓，鄭司農云，蠯，蛤也，杜子春云，蠯，蜯也，蚔，蛾子，國語曰，蟲舍蚔蝝，○蠯薄佳反，蠃郎戈反，蚔直其反，螔音夷，蝓音由，蜯字又作蚌，蒲項反，蛾宜綺反，舍音捨，蝝悅全反

掌凡邦之簎事。

腊人掌乾肉。凡田獸之脯腊膴胖之事。大物解肆乾之，謂之乾肉，若今涼州烏翅矣，薄析曰脯，棰之而施薑桂曰鍛修，腊，小物全乾，○肆勑力反，棰之蘂反

凡祭祀。共豆脯。薦脯膴胖。凡腊物。脯非豆實，豆當爲羞，聲之誤也，鄭司農云，膴，膺肉，鄭大夫云，胖讀爲判，杜子春讀胖爲版，又云膴胖，皆謂夾脊肉，又云，禮家以胖爲半體，玄謂公食大夫禮曰，庶羞皆有大者，此據肉之所擬祭者也，又引有司曰，主人亦一魚，加膴祭于其上，此據主人擬祭者，膴與大，亦一也，內則曰，麋鹿田豕麕皆有胖，足相參正也，大者胾之大臠，膴者魚之反覆，膴又詁曰大，二者同矣，則是膴亦膴肉，大臠，胖宜爲脯而腥，胖之言片也，析肉意也，禮固有腥腍爓，雖其有爲孰之，皆先制乃亨，○豆音羞，胖普半反，食音嗣，麕京倫反，覆芳服反，腍而甚反，爓徐廉反，亨普庚反

賓客喪紀。共其脯腊。凡乾肉之事。

周禮卷四終

周禮　卷四　冢宰治官之職　十　秉懷堂

周禮卷五

漢大司農北海鄭　玄註

皇明　後學東吳金　蟠訂

天官冢宰下

醫師掌醫之政令，聚毒藥以共醫事。

（毒藥，藥之辛苦者。藥之物恒多毒。孟子曰：若藥不瞑眩，厥疾不瘳。○瞑，眠見反。瘳，勑留反）

凡邦之有疾病者、疕瘍者造焉，則使醫分而治之。

（疕，頭瘍，亦謂禿也。身傷曰瘍。分之者，醫各有能。○疕，咸匹婢反，徐芳鄙反。瘍音羊。造，七報反）

歲終則稽其醫事，以制其食。十全爲上，十失一次之，十失二次之，

十失三次之，十失四爲下。

（食，祿也。全，猶愈也。以失四爲下者，五則半矣，或不治自愈）

食醫掌和王之六食、六飲、六膳、百羞、百醬、八珍之齊。

（和，調也。○食音嗣。齊，才細反，下皆同）

凡食齊眡春時，

（飯宜溫。○眡音視）

羹齊眡夏時，

（羹宜熱）

醬齊眡秋時，

（醬宜涼）

飲齊眡冬時。

（飲宜寒）

凡和，春多酸，夏多苦，秋多辛，冬多鹹，調以滑甘。

（各尚其時味，而甘以成之，猶水火金木之載於土。內則曰：棗栗飴蜜以甘之，堇荁枌榆娩薧滫瀡以滑之。○和，胡臥反。飴以之反。堇音謹。荁音桓。枌，符云反。娩音問。滫，思酒反。瀡，相藥反）

凡會膳食之宜，牛宜稌，羊宜黍，豕宜稷，犬宜粱，鴈宜麥，魚宜苽。

（會，成也，謂其味相成。鄭司農云：稌，稉也。爾雅曰：稌，稻。苽，彫胡也。○稌音杜。苽音孤。稷木亦作秔，音庚）

凡君子之食恒放焉。

（放，猶依也。○放，甫往反）

疾醫掌養萬民之疾病。四時皆有癘疾：春時有痟首疾，夏時有痒疥疾，秋時有瘧寒疾，冬時有嗽上氣疾。

（癘疾，氣不和之疾。痟，酸削也。首疾，頭痛也。嗽，欬也。上氣，逆喘也。五行傳曰：六癘作見。○痟音消。疥音介。嗽，西豆反。上，時掌反，注同。欬，苦代反。喘，川兗反。見，賢遍反）

以五味、五穀、五藥養其病，

（養，猶治也。病由氣勝負而生，攻其贏，養其不足者。五味，醯酒飴蜜薑鹽之屬。五穀，麻黍稷麥豆也。五藥，草木蟲石穀也。其治合之齊，則存乎神農、子儀之術云。○贏音盈，後不音者同。合如字，又音閤）

以五氣、五聲、五色眡其死生。

三者劇易之徵見於外者、五氣、五藏所出氣也、肺氣熱、心氣次之、肝氣涼、脾氣溫、腎氣寒、五聲、言語宮商角徵羽也、五色、面貌青赤黃白黑也、察其盈虛休王、吉凶可知、審用此者莫若扁鵲倉公、○易以豉反、藏才浪反、下同、徵張里反、王往況反

兩之以九竅之變。參之以九藏之動。

兩參之者、以觀其死生之驗、竅之變、謂開閉非常、陽竅七、陰竅二、藏之動、謂脈至與不至、正藏五、又有胃膀胱大腸小腸、脈之大候、要在陽明寸口、能專是者、其唯秦和乎、岐伯榆柎則兼彼數術者、○岐其宜反、榆羊朱反、本亦作俞、柎劉音附

凡民之有疾病者。分而治之。死終則各書其所以而入于醫師。

少者曰死、老者曰終、所以、謂治之不愈之狀也、醫師得以制其祿、且爲後治之戒、○少詩照反

瘍醫掌腫瘍、潰瘍、金瘍、折瘍之祝藥劀殺之齊。

腫瘍、癰而上生創者、潰瘍、癰而含膿血者、金瘍、刃創也、折瘍、踠跌者、祝當爲注、讀如注病之注、聲之誤也、注、謂附著藥、劀、刮去膿血、殺、謂以藥食其惡肉、○折時設反、祝之樹反、劀音刮、齊才細反、創初良反、踠於阮反、跌待結反、著音豬略反、去羌呂反

凡療瘍、以五毒攻之。

止病曰療、攻、治也、五毒、五藥之有毒者、今醫方有五毒之藥、作之、合黃堥、置石膽丹砂雄黃礜石慈石其中、燒之三日三夜、其煙上著、以雞羽掃取之、以注創、惡肉破骨則盡出、○堥本又作鍪、徐音毋、又音務、礜音豫、著直略反

以五氣養之。以五藥療之。以五味節之。

旣刮殺而攻盡其宿肉、乃養之也、五氣、當爲五穀、字之誤也、節、節成其藥之力、○五氣、氣音穀、出注

凡藥。以酸養骨。以辛養筋。以鹹養脈。以苦養氣。以甘養肉。以滑養竅。

以類相養也、酸、木味、木根立地中、似骨、辛、金味、金之纏合異物、似筋、鹹、水味、水之流行地中、似脈、苦、火味、火出入無形、似氣、甘、土味、土含載四者、似肉、滑、滑石也、凡諸滑物、通利往來、似竅、

凡有瘍者。受其藥焉。

獸醫掌療獸病。療獸瘍。

畜獸之疾病、及瘍療同醫、○畜許又反

凡療獸病。灌而行之。以節之。以動其氣。觀其所發而養之。

療畜獸、必灌行之者、爲其病狀難知、灌以緩之、且强其氣也、節、趨聚之節也、氣、謂脈氣、旣行之、乃以脈視之、以知所病、○爲于僞反、聚本亦作驟、同仕救反

凡療獸瘍。灌而劀之。以發其惡。然後藥之。養之。食之。

亦先攻之而後養之、○食音嗣

凡獸之有病者。有瘍者。使療之。死則計其數以進退之。

酒正掌酒之政令。以式灋授酒材。

式法、作酒之法式、作酒旣有米麴之數、又有功沽之巧、月令曰、乃命大酋、秫稻必齊、麴蘖必時、湛饎必絜、水泉必香、陶器必良、火齊必得、鄭司農云、授酒人以其材、○酋將由反、下同、秫音述、齊才細反、蘖魚列反、湛接廉反、饎昌志反

凡爲公酒者。亦如之。

謂鄉射飲酒、以公事作酒者、亦以式法及酒材授之、使自釀之、○釀女亮反

辨五齊之名。一曰泛齊。二曰醴齊。三曰盎齊。四曰緹齊。五曰沈齊。

泛者、成而滓浮泛泛然、如今宜成醪矣、醴、猶體也、成而汁滓相將、如今恬酒矣、盎、猶翁也、成而翁翁然、蔥白色、如今酇白矣、緹者、成而紅赤、如今下酒矣、沈者、成而滓沈、如今造清矣、自醴以上尤濁、縮酌者、盎以下差清、其象類則然、古之法式、未可盡聞、

杜子春讀齊皆爲粢，又禮器曰，緹酒之用，玄酒之尚，玄謂齊者，每有祭祀，以度量節作之。○緹音體，醪曾刀反，翁烏動反，下同，鄭宜作醍，在何反，差初賣反

辨三酒之物，一曰事酒，二曰昔酒，三曰清酒。

鄭司農云，事酒，有事而飲也，昔酒，無事而飲也，清酒，祭祀之酒，玄謂事酒，酌有事者之酒，其酒則今之醳酒也，昔酒，今之酋久白酒，所謂舊醳者也，清酒，今中山冬釀接夏而成。○醳音亦

辨四飲之物，一曰清，二曰醫，三曰漿，四曰酏。

清謂醴之泲者，醫內則所謂或以酏爲醴，凡醴濁釀酏爲之，則少清矣，醫之字從殹從酉省也，漿，今之酨漿也，酏，今之粥，內則有黍酏，酏飲粥稀者之清也，鄭司農說以內則曰，飲重醴稻醴清糟，黍醴清糟，粱醴清糟，或以酏爲醴，漿水，臆，后致飲于賓客之禮，有醫酏糟，糟音聲與蒲相似，醫與臆亦相似，文字不同，記之者各異耳，此皆一物。○醫於巳反，酏以支反，泲子禮反，下同

殹烏兮反，酨昨再反，蒲音，糟臆本又作醷，於紀反

掌其厚薄之齊，以共王之四飲三酒之饌，及后世子之飲與其酒。

后世子不言饌，其饋食不必具設之，五齊正用醴爲飲者，取醴恬，與酒味異也，其餘四齊，味皆似酒，

凡祭祀，以灋共五齊三酒，以實八尊，大祭三貳，中祭再貳，小祭壹貳，皆有酌數，唯齊酒不貳，皆有器量。

酌器所用注尊中者，數量之多少未聞，鄭司農云，三貳，三益副之也，大祭天地，中祭宗廟，小祭五祀，齊酒不貳，爲尊者質，不敢副益也，杜子春云，齊酒不貳，謂五齊以祭，不益也，其三酒，人所飲者，益也，弟子職曰，周旋而貳，唯嗛之視，玄謂大祭者，王服大裘袞冕所祭也，中祭者，王服鷩冕毳冕所祭也，小祭者，王服希冕玄冕所祭也，三貳，再貳，一貳者，謂就三酒之尊而益之也，禮運曰，玄酒在室，醴醆在戶，粢醍在堂，澄酒在下，澄酒是三酒也，益之者以飲諸臣，若今常滿尊也，祭祀必用五齊者，至敬不尚

朱而貴多品。○爲于僞反，嗛苦簟反，鷩必列反，毳充芮反，希本又作絺，同張里反，醆側產反，粢才許反，醍音體，本亦作緹，飲於鴆反

共賓客之禮酒，共后之致飲于賓客之禮，醫酏糟，皆使其士奉之。

禮酒，王所致酒也，王致酒，后致飲，夫婦之義，糟醫酏不泲者，泲曰清，不泲曰糟，后致飲無醴，醫酏不清者，與王同體，屈也，亦因以少爲貴，士謂酒人漿人奄士，

凡王之燕飲酒，共其計，酒正奉之。

共其計者，獻酬多少，度當足也，故書酒正無酒字，鄭司農云，正奉之，酒正奉之也。○度徒洛反

凡饗士庶子，饗耆老孤子，皆共其酒，無酌數。

要以醉爲度，

掌酒之賜頒，皆有灋以行之。

灋，尊卑之差，

凡有秩酒者，以書契授之。

鄭司農云，有秩酒者，給事中予之酒，秩，常也，常受酒者，國語曰，至于今秩之，玄謂所秩者，謂老臣，王制曰，七十不俟朝，八十月告存，九十日有秩。○朝直遙反

酒正之出，日入其成，月入其要，小宰聽之。

出謂授酒材，及用酒之多少也，受用酒者日言其計於酒正，酒正月盡言於小宰，

歲終則會，唯王及后之飲酒不會，以酒式誅賞。

誅賞，作酒之善惡者，

酒人掌爲五齊三酒。祭祀則共奉之，以役世婦。

世婦謂宮卿之官，掌女宮之宿戒，及祭祀比其具。酒人共酒，因留與其奚爲世婦役，亦官聯。○比，必履反，又毗志反

共賓客之禮酒，飲酒而奉之。

酒正使之也。禮酒，饗燕之酒。飲酒，食之酒。此謂給賓客之稍，王不親饗燕，不親食，而使人各以其爵，以酬幣侑幣致之，則從而以酒往。○親食音嗣

凡事共酒，而入于酒府。

入于酒正之府者，是王燕飲之酒，酒正當奉之

凡祭祀共酒以往。

不言奉，小祭祀

賓客之陳酒亦如之。

謂若歸饔餼之酒，亦自有奉之者，以酒從往

漿人掌共王之六飲，水、漿、醴、涼、醫、酏，入于酒府。

王之六飲，亦酒正當奉之。醴，醴清也。鄭司農云：涼，以水和酒也。玄謂涼，今寒粥，若糗飯雜水也。酒正不辨水涼者，無厚薄之齊。○糗，丘酉反

共賓客之稍禮。

稍禮，非饔餼之禮，留閒，王稍所給賓客者。漿人所給，亦六飲而已。○閒，如字，徐音澗

共夫人致飲于賓客之禮，清醴醫酏糟而奉之。

亦酒正使之。三物有清有糟，夫人不體，王得備之。禮飲醴用柶者，糟也；不用柶者，清也。○柶音四

凡飲共之。

謂非食時。

凌人掌冰。正歲十有二月，令斬冰，三其凌。

正歲季冬，火星中，大寒，冰方盛之時。春秋傳曰：火星中而寒暑退。凌，冰室也。三之者，爲消釋度也。故書正爲政。鄭司農云：掌冰政，主藏冰之政也。杜子春讀掌冰爲主冰也，政當爲正，正謂夏正。三其凌，三倍其冰。

春始治鑑。

鑑如甄，大口，以盛冰，置食物于中，以禦溫氣。春而始治之，爲二月將獻羔而啓冰。○甄，直僞反。盛音成。爲，于僞反

凡外內饔之膳羞，鑑焉。凡酒漿之酒醴，亦如之。

酒醴見溫氣亦失味。酒漿，酒人、漿人也。

祭祀共冰鑑。賓客共冰。

不以鑑往，嫌使停膳羞。

大喪共夷槃冰。

夷之言尸也。實冰于夷槃中，置之尸牀之下，所以寒尸。尸之槃曰夷槃，牀曰夷牀，衾曰夷衾，移尸曰夷于堂，皆依尸而爲言者也。漢禮器制度，大槃廣八尺，長丈二尺，深三尺，漆赤中。

夏頒冰掌事。

暑氣盛，王以冰頒賜，則主爲之。春秋傳曰：古者日在北陸而藏冰，西陸朝覿而出之。

秋刷。

刷，清也。鄭司農云：刷除冰室，當更內新冰。玄謂秋涼，冰不用，可以清除其室。○刷，所劣反。清，如字，又才政反

籩人掌四籩之實。

籩，竹器如豆者，其容實皆四升。

朝事之籩，其實麷、蕡、白、黑、形鹽、膴、鮑魚、鱐。

蕡，枲實也。鄭司農云：朝事，謂清朝未食，先進寒具口實之籩。熬麥曰麷，麻曰蕡，稻曰白，黍曰黑。築鹽以爲虎形，謂之形鹽，故春秋傳曰鹽虎形。玄謂以司尊彝之職參之，朝事，謂祭宗廟薦血腥之事。形鹽，鹽之似虎者。膴，膴生魚爲大臠。鮑者，於楅室中糗乾之，出於江淮也。鱐者，析乾之，出東海。王者備物，近者腥之，遠者乾之，因其宜也。今河間以北，煮穜麥賣之，名曰逢。燕人膾魚方寸切其腴以啗所貴。○麷，芳弓反。蕡，符文反。膴，火吳反。鱐，所求反。枲，思里反。臊，直輒反。楅，皮逼反。穜，直龍反。啗，徒覽反。

饋食之籩，其實棗、㮚、桃、乾藤、榛實。

饋食，薦孰也。今吉禮存者，特牲、少牢，諸侯之大夫士祭禮也。不祼，不薦血腥，而自薦孰始，是以皆云饋食之禮。乾藤，乾梅也。有桃諸、梅諸，是其乾者。榛，似栗而小。○藤音老。少，詩詔反。祼，古亂反。

加籩之實，蔆、芡、㮚脯、蔆、芡、㮚脯。

加籩，謂尸既食，后亞獻尸所加之籩。重言之者，以四物爲八籩。蔆，芰也。芡，雞頭也。㮚與饋食同。鄭司農云：蔆、芡、脯、脩。○蔆音陵。芡音儉。㮚，古栗字。重，直用反。芰，其寄反。

羞籩之實，糗餌、粉餈。

羞籩，謂若少牢主人酬尸，宰夫羞房中之羞于尸、侑、主人、主婦，皆右之者。故書餈作茨。鄭司農云：糗，熬大豆與米也。粉，豆屑也。茨字或作餈，謂乾餌餅之也。玄謂此二物皆粉稻米黍米所爲也。合蒸曰餌，餅之曰餈。糗者，擣粉熬大豆，爲餌餈之黏著，以粉之耳。餌言糗，餈言粉，互相足。○餌，而志反。餈，疾咨反。爲，于僞反。著，直略反。

凡祭祀，共其籩薦羞之實。

薦羞皆進也。未食未飲曰薦，既食既飲曰羞。

喪事及賓客之事，共其薦籩羞籩。

喪事之籩，謂殷奠時。

爲王及后世子共其內羞。

於其飲食以共房中之羞。

凡籩事掌之。

周禮卷五終

周禮卷六

漢大司農北海鄭　玄註
皇明　後學東吳葛　鼒訂

冢宰治官之職

醢人掌四豆之實。朝事之豆。其實韭菹醓醢昌本麋臡菁菹鹿臡茆菹麇臡。

醓肉汁也。昌本昌蒲根切之四寸爲菹。三臡亦醢也。作醢及臡者必先膊乾其肉。乃後莝之。雜以粱麴及鹽。漬以美酒。塗置甀中百日則成矣。鄭司農云。麋臡麋骬髓醢。或曰麋臡醬也。有骨爲臡。無骨爲醢。菁菹韭菹。鄭大夫讀茆爲茅。茅菹茅初生。或曰茆水草。杜子春讀茆爲卯。玄謂菁蔓菁也。茆鳧葵也。凡菹醢皆以氣味相成。其狀未聞。○韭音久。菹莊魚反。醓吐感反。臡乃兮

反。菁作寧反。茆音卯。北人音柳。麇京倫反。膊普博反。莝倉臥反。骬戶諫反

饋食之豆。其實葵菹蠃醢脾析蠯醢蜃蚳醢豚拍魚醢。

蠃螔蝓。蜃大蛤。蚳蛾子。鄭司農云。脾析牛百葉也。蠯蛤也。鄭大夫杜子春皆以拍爲膊。謂脅也。或曰豚拍肩也。今河間名豚脅聲如鍛鎛。○蠃力禾反。脾婢支反。蠯蒲佳反。蜃市軫反。拍音博。蚳音遲。蝓音揄。蛾魚綺反。膊音搏

加豆之實。芹菹兔醢深蒲醓醢。箈菹鴈醢筍菹魚醢。

芹楚葵也。鄭司農云。深蒲蒲蒻入水深。故曰深蒲。或曰深蒲桑耳。醓醢肉醬也。箈水中魚衣。故書鴈或爲鶉。杜子春云。當爲鴈。玄謂深蒲蒲始生水中子。箈箭萌。筍竹萌。○箈音迨。筍息尹反。蒻音弱

羞豆之實。酏食糝食。

鄭司農云。酏食以酒酏爲餅。糝食菜餗蒸。玄謂酏餰也。內則曰。取稻米舉糔溲之。小切狼臅膏。以與稻米爲餰。又曰。糝取牛羊豕之肉。三如一。小切之。與稻米。稻米二肉一。合以爲餌煎之。○酏食音嗣。糝素感反。餰之然反。糔思柳反。溲所柳反。臅昌蜀反。一音粟

凡祭祀。共薦羞之豆實。賓客喪紀。亦如之。爲王及后世子共其內羞。王舉則共醢六十甕。以五齊七醢七菹三臡實之。

齊當爲齏。五齏昌本脾析蜃豚拍深蒲也。七醢醓蠃蠯蚳魚兔鴈醢。七菹韭菁茆葵芹箈筍菹。三臡麋鹿麇臡也。凡醯醬所和。細切爲齏。全物若牒爲菹。少儀曰。麋鹿爲菹。野豕爲軒。皆牒而不切。麇爲辟雞。兔爲宛脾。皆牒而切之。切葱若薤實之。醯以柔之。由此言之。則齏菹之稱。菜肉通。○爲王于僞反。齊子西反。下同。牒直輒反。少儀詩照反。軒音獻。辟必亦反

賓客之禮。共醢五十甕。

致饔餼時。

凡事共醢。

醯人掌共五齊七菹。凡醯物。以共祭祀之齊菹。凡醯醬之物。賓客亦如之。

齊菹醬屬醯人者。皆須醯成味。○齊子兮反。下皆同

王舉。則共齊菹醯物六十甕。共后及世子之醬齊菹。賓客之禮。共醯五十甕。凡事。共醯。

鹽人掌鹽之政令。以共百事之鹽。

政令謂受入斂所處置。求者所當得。

祭祀。共其苦鹽散鹽。

賓客共其形鹽散鹽、

杜子春讀苦爲盬、謂出鹽直用、不湅治、鄭司農云、散鹽、湅治者、玄謂散鹽、鬻水爲鹽、○散悉但反湅音練鬻音煑盬音古

形鹽、鹽之似虎形、

王之膳羞共飴鹽。后及世子亦如之。

飴鹽、鹽之恬者、今戎鹽有焉、

凡齊事。鬻鹽以待戒令。

齊事、和五味之事、鬻鹽、湅治之、○齊才細反

冪人掌共巾冪。

共巾、可以覆物、○冪莫歷反

祭祀。以疏布巾冪八尊。

以疏布者天地之神尚質、

以畫布巾冪六彝。

宗廟可以文畫者、畫其雲氣與、

凡王巾皆黼。

四飲、三酒皆畫黼、周尚武、其用文德則黻可、

宮人掌王之六寢之脩。

六寢者、路寢一、小寢五、玉藻曰、朝辨色始入、君日出而視朝、退適路寢聽政、使人視大夫、大夫退、然後適小寢釋服、是路寢以治事、小寢以時燕息焉、春秋書魯莊公薨于路寢、僖公薨于小寢、是則人君非一寢明矣、○朝直遥反

爲其井匽。除其不蠲。去其惡臭。

井、漏井、所以受水潦、蠲、猶潔也、詩云、吉蠲爲饎、鄭司農云、匽、路厠也、玄謂匽、豬、謂霤下之池、受畜水而流之者、○匽於建反蠲古玄反去起呂反饎尺志反霤力救反畜敕六反

共王之沐浴。

沐浴、所以自潔清、

凡寢中之事。埽除。執燭。共鑪炭。凡勞事。

勞事、勞褻之事、

四方之舍事。亦如之。

從王適四方、及會同所舍、

掌舍掌王之會同之舍。設梐枑再重。

故書枑爲拒、鄭司農云、梐、榱梐也、拒、受居溜水涑櫜者也、杜子春讀爲梐枑、梐枑、謂行馬、玄謂行馬再重者、以周衞有外內列、○梐步禮反枑戶故反重直龍反拒音矩溜力救反涑色遘反

設車宮轅門。

謂王行止宿阻險之處、備非常、次車以爲藩、則仰車以其轅表門、

爲壇壝宮棘門。

謂王行止宿平地、築壇、又委壝土起堳埒以爲宮、鄭司農云、棘門、以戟爲門、杜子春云、棘門或爲材門、○壝唯季反埒音劣

爲帷宮設旌門。

謂王行晝止、有所展肆、若食息、張帷爲宮、則樹旌以表門、

無宮。則共人門。

謂王行有所逢遇、若住遊觀、陳列周衛、則立長大之人以表門。○觀工喚反

凡舍事則掌之。

王行所舍止、

幕人掌帷幕幄帟綬之事。

王出宮、則有是事、在旁曰帷、在上曰幕、幕或在地、展陳于上、帷幕皆以布爲之、四合象宮室曰幄、王所居之帳也、鄭司農云、帟、平帳也、綬、組綬、所以繫帷也、玄謂帟主在幕若幄中坐上承塵、幄帟皆以繒爲之、凡四物者以綬連繫焉。○帟音亦

凡朝覲會同軍旅田役祭祀、共其帷幕幄帟綬。

共之者、掌次當以張、

大喪。共帷幕帟綬。

爲賓客飾也、帷以帷堂、或與幕張之於庭、帟在柩上、

三公及卿大夫之喪。共其帟。

唯士無帟、王有惠則賜之、檀弓曰、君於士有賜帟、

掌次掌王次之灋。以待張事。

灋、大小丈尺、

王大旅上帝。則張氈案。設皇邸。

大旅上帝、祭天於圓丘、國有故而祭亦曰旅、此以旅見祀也、張氈案、以氈爲牀於幄中、鄭司農云、皇、羽覆上、邸、後版也、玄謂後版、屏風與、染羽象鳳皇羽色以爲之。○邸當禮反

朝日。祀五帝。則張大次小次。設重帟重案。合諸侯。亦如之。

朝日、春分拜日於東門之外、祀五帝於四郊、次、謂幄也、大幄、初往所止居也、小幄、謂接祭退俟之處、祭義曰、周人祭日以朝及闇、雖有強力、孰能支之、是以退俟與諸臣代有事焉、合諸侯於壇、王亦以時休息、重帟、複帟、重案、牀重席也、鄭司農云、五帝、五色之帝。○朝直遙反注朝日同重直龍反注同

師田。則張幕。設重帟重案。

不張幄者、於是臨誓衆、王或回顧占察、

諸侯朝覲會同。則張大次小次。

大次、亦初往所止居、小次、即宮待事之處、

師田則張幕設案。

鄭司農云、師田、謂諸侯相與師田、玄謂此掌次張之、諸侯從王而師田者、

孤卿有邦事。則張幕設案。

有邦事、謂以事從王、若以王命出也、孤、王之孤三人、副三公論道者、不言公、公如諸侯、禮從王祭祀合諸侯、張大次小次、師田亦張幕設案、

凡喪。王則張帟三重。諸侯再重。孤卿大夫不重。

張帟柩上承塵、

凡祭祀。張其旅幕。張尸次。

旅、衆也、公卿以下、即位所祭祀之門外以待事、爲之張大幕、尸則有幄、鄭司農云、尸次、祭祀之尸所居更衣帳。○爲于僞反

射。則張耦次。

耦，俱升射者次在洗東。大射曰：遂命三耦取弓矢于次。

掌凡邦之張事。

大府掌九貢九賦九功之貳，以受其貨賄之入，頒其貨于受藏之府，頒其賄于受用之府。

九功謂九職也。受藏之府，若內府也。受用之府，若職內也。凡貨賄皆藏以給用耳，良者以給王之用，其餘以給國之用。或言受藏，或言受用，又雜言貨賄，皆互文。○藏，才浪反，注受藏同。

凡官府都鄙之吏及執事者受財用焉。

凡頒財，以式灋授之。關市之賦以待王之膳服，邦中之賦以待賓客，四郊之賦以待稍秣，家削之賦以待匪頒，邦甸之賦以待工事，

邦縣之賦以待幣帛，邦都之賦以待祭祀，山澤之賦以待喪紀，幣餘之賦以待賜予。

待猶給也。此九賦之財給九式者，膳服即羞服也，稍秣即芻秣也，謂之稍稍用之物也，喪紀即喪荒也，賜予即好用也。鄭司農云：幣餘，使者有餘來還也。玄謂幣餘，占賣國之斥幣。○秣音末，好呼報反，下同，使色吏反。

凡邦國之貢以待弔用。

此九貢之財所給也。給弔用，給凶禮之五事。

凡萬民之貢以充府庫。

此九職之財，充猶足。

凡式貢之餘財以共玩好之用。

謂先給九式及弔用，足府庫而有餘財，乃可以共玩好。明玩好非治國之用。言式言貢，互文。

凡邦之賦用取具焉。

賦用，用賦。

歲終則以貨賄之入出會之。

玉府掌王之金玉、玩好、兵器，凡良貨賄之藏。

良，善也。此物皆式貢之餘財所作，其不良，又有受而藏之者。○好呼報反，藏才浪反，注同。

共王之服玉、佩玉、珠玉。

佩玉者，王之所帶者。玉藻曰：君子於玉比德焉。天子佩白玉而玄組綬。詩傳曰：佩玉，上有葱衡，下有雙璜衝牙，蠙珠以納其間。鄭司農云：服玉，冠飾十二玉。○蠙音頻。

王齊則共食玉。

玉是陽精之純者，食之以禦水氣。鄭司農云：王齊當食玉屑。

大喪共含玉、復衣裳、角枕、角柶。

角枕，以枕尸。鄭司農云：復，招魂也。衣裳，生時服。招魂復魄於太廟至四郊。角柶，角匕也，以楔齒。士喪禮曰：楔齒用角柶。楔齒者，令可飯含。玄謂復於四郊以綏。○含，戶暗反；楔，先結反；令，力呈反；飯，扶晚反。

掌王之燕衣服、衽席、牀笫，凡褻器。

燕衣服者，巾絮、寢衣、袍襗之屬，皆良貨賄所成。笫，簀也。鄭司農云：衽席，單席也。褻器，清器，虎子之屬。○衽，而甚反；笫，側美反；襗，劉音澤；簀，音責。

若合諸侯則共珠槃、玉敦。

敦，槃類，珠玉以爲飾。古者以槃盛血，以敦盛食。合諸侯者，必割牛耳，取其血歃之以盟。珠槃以盛牛耳，尸盟者執之。故書珠爲夷。鄭司農云：夷槃或爲珠槃。玉敦，歃血玉器。○敦音對，徐丁雷反。盛音成。歃色洽反。

凡王之獻金玉、兵器、文織、良貨賄之物，受而藏之。

謂百工爲王所作，可以獻遺諸侯。古者致物於人，尊之則曰獻，通行曰饋。春秋曰：齊侯來獻戎捷，尊魯也。文織，畫及繡錦。○織音志，爲于僞反，遺唯季反。

凡王之好賜，共其貨賄。

內府掌受九貢九賦九功之貨賄、良兵、良器，以待邦之大用。

大用，朝覲之須賜。

凡四方之幣獻之金玉、齒革、兵器，凡良貨賄入焉。

諸侯朝聘所獻國珍。

凡適四方使者，共其所受之物而奉之。

王所以遺諸侯者。○使所吏反。

凡王及冢宰之好賜予，則共之。

冢宰待四方賓客之小治，或有所善，亦賜予之。

外府掌邦布之入出，以共百物，而待邦之用，凡有灋者。

布，泉也。布讀爲宣布之布。其藏曰泉，其行曰布。取名於水泉，其流行無不徧。入出，謂受之復出之。共百物者，或作之，或買之。待，猶給也。有灋，百官之公用也。泉始蓋一品，周景王鑄大泉而有二品。後數變易，不復識本制。至漢，惟有五銖久行。王莽改貨而異作，泉布多至十品，今存於民間多者，有貨布、大泉、貨泉。貨布長二尺五寸，廣寸，首長八分有奇，廣八分，其圜好徑二分半，足枝長八分，其右文曰貨，左文曰布，重二十五銖，直貨泉二十五。大泉徑一寸二分，重十二銖，文曰大泉，直十五貨泉。貨泉徑一寸，重五銖，右文曰貨，左文曰泉，直一也。○數音朔。奇紀宜反。

共王及后、世子之衣服之用，凡祭祀、賓客、喪紀、會同、軍旅，共其財用之幣齎，賜予之財用。

齎，行道之財用也。聘禮曰：問幾月之齎。鄭司農云：齎或爲資，今禮家定齎作資。玄謂齎、資同耳。其字以齊次爲聲，從貝變易。古字亦多或。○齎音咨。

凡邦之小用皆受焉。

皆來受。

歲終則會，唯王及后之服不會。

司會掌邦之六典、八灋、八則之貳，以逆邦國、都鄙、官府之治。

逆，受而鉤考之。

以九貢之灋致邦國之財用，以九賦之灋令田野之財用，以九功之灋令民職之財用，以九式之灋均節邦之財用。掌國之官府、郊野、縣都之百物財用。凡在書契版圖者之貳，以逆群吏之治，而聽其會計。

郊，四郊，去國百里。野，甸稍也，甸去國二百里，稍三百里。縣，四百里。都，五百里。書，謂簿書。契，其最凡也。版，戶籍也。圖，土地形象、田地廣狹。

以參互攷日成，以月要攷月成，以歲會攷歲成。

參互謂司書之要貳與職內之入職歲之出。故書互爲巨。杜子春讀爲參互。○攷音考
以周知四國之治。以詔王及冢宰廢置。
周猶徧也。言四國者，本逆邦國之治，亦鉤考以告。

周禮卷六 終

周禮　卷六　冢宰治官之職　十一　承懷堂

周禮卷七

漢大司農北海鄭　玄註

皇明　後學東吳金　蟠訂

冢宰治官之職

司書掌邦之六典。八灋。八則。九職。九正。九事。邦中之版。土地之圖。以周知入出百物。以敘其財。受其幣。使入于職幣。
九正，謂九賦九貢。正，稅也。九事，謂九式。變言之者，重其職，明本而掌之，非徒相副貳也。敘猶比次也，謂鉤考其財幣所給及其餘見爲之簿書。故書受爲授。鄭司農云：授當爲受，謂受財幣之簿書也。玄謂亦受錄其餘幣，而爲之簿書，使之入于職幣。幣物當以時用之，久藏將朽蠹。○正音征，注同。比毗志反。見賢遍反。

周禮　卷七　冢宰治官之職　一　承懷堂

凡上之用財用。必攷于司會。
上謂王與冢宰。王雖不會，亦當知多少而闕之。司會以九式均節邦之財用。
三歲則大計羣吏之治。以知民之財。器械之數。以知田野。夫家。六畜之數。以知山林川澤之數。以逆羣吏之徵令。
械猶兵也。逆，受而鉤考之。山林川澤童枯則不稅。○畜許又反。
凡稅斂。掌事者受灋焉。及事成。則入要貳焉。
灋猶數也。應當稅者之數。成猶畢也。
凡邦治攷焉。
考其灋於司書。

職內掌邦之賦入。辨其財用之物。而執其總。以貳官府都鄙之財入之數。以逆邦國之賦用。

辨財用之物處之使種類相從。總謂簿書之種別與大凡。官府之有財入若關市之屬。

凡受財者。受其貳令而書之。

受財受於職內以給公用者。貳令者。謂若今御史所寫下本奏。王所可者書之。若言某月某日某甲詔書出某物若干。給某官某事。○寫戶嫁反

及會。以逆職歲與官府財用之出。

亦參互鉤考之。

而敘其財以待邦之移用。

亦鉤考今藏中餘見爲之簿。移用謂轉運給他。○藏才浪反

周禮　卷七　冢宰治官之職　二　禾懷堂

職歲掌邦之賦出。以貳官府都鄙之財出賜之數。以待會計而攷之。

以貳者亦如職內書其貳令而稱存之。

凡官府都鄙羣吏之出財用。受式灋于職歲。

百官之公用式灋多少。職歲掌出之。舊用事存焉。

凡上之賜予。以敘與職幣授之。

敘受賜者之尊卑。

及會。以式灋贊逆會。

助司會鉤考羣吏之計。

職幣掌式灋。以斂官府都鄙與凡用邦財者之幣。

幣謂給公用之餘。凡用邦財者謂軍旅。

振掌事者之餘財。

振猶抍也。撿也。掌事謂以王命有所作爲。先言斂幣。後言振財。互之。○抍音拯

皆辨其物而奠其錄。以書楬之。以詔上之小用賜予。

奠定也。故書錄爲祿。杜子春云祿當爲錄。定其錄籍。鄭司農云楬之若今時爲書以著其幣。○楬其列反。著直略反

歲終則會其出。

凡邦之會事。以式灋贊之。

周禮　卷七　冢宰治官之職　三　禾懷堂

司裘掌爲大裘。以共王祀天之服。

鄭司農云大裘黑羔裘。服以祀天示質。

中秋獻良裘。王乃行羽物。

良善也。中秋鳥獸毴毨。因其良時而用之。鄭司農云良裘王所服也。行羽物。以羽物飛鳥賜羣吏。玄謂良裘。玉藻所謂黼裘與。此羽物小鳥鶉雀之屬。鷹所擊者。中秋鳩化爲鷹。中春鷹化爲鳩。順其始殺與其將止而大班羽物。○中音仲。注同。毴音毛。毨先典反。鶉音淳

季秋獻功裘。以待頒賜。

功裘人功微麤。謂狐青麛裘之屬。鄭司農云功裘卿大夫所服。○麛音迷

王大射則共虎侯熊侯豹侯。設其鵠。諸侯則共熊侯豹侯。卿大夫

則共麋侯。皆設其鵠。

大射者爲祭祀射。王將有郊廟之事。以射擇諸侯及羣臣與邦
國所貢之士。可以與祭者。射者可以觀德行。其容體比於禮。其
節比於樂。而中多者得與於祭。諸侯謂三公及王子弟封於畿
內者。卿大夫亦皆有采地焉。其將祀其先祖。亦與羣臣射以擇
之。凡大射各於其射宮。侯者其所射也。以虎熊豹麋之皮飾其
側。又方制之以爲𩊙。謂之鵠。著于侯中。所謂皮侯。王之大射虎
侯。王所自射也。熊侯。諸侯所射。豹侯。卿大夫以下所射。諸侯之
大射熊侯。諸侯所自射。豹侯。羣臣所射。卿大夫之大射麋侯。君
臣共射焉。凡此侯道。虎九十弓。熊七十弓。豹麋五十弓。列國之
諸侯大射。大侯亦九十。參七十。干五十。遠尊得伸。可同耳。所射
正謂之侯者。天子中之則能服諸侯。諸侯以下中之則得爲諸
侯。鄭司農云。鵠鵠毛也。方十尺曰侯。四尺曰鵠。二尺曰正。四寸
曰質。玄謂侯中之大小取數於侯道。鄉射記曰。弓二寸以爲侯
中。則九十弓者侯中廣丈八尺。七十弓者侯中廣丈四尺。五十
弓者侯中廣一丈。尊卑異等。此數明矣。考工記曰。梓人爲侯。廣
與崇方。參分其廣。而鵠居一焉。然則侯中丈八尺者。鵠方六尺。

侯中丈四尺者。鵠方四尺六寸大半寸。侯中一丈者。鵠方三尺
三寸少半寸。謂之鵠者。取名於鳱鵠。鳱鵠小鳥而難中。是以中
之爲儁。亦取鵠之言較。較者直也。射所以直己志。用虎熊豹麋
之皮。示服猛討迷惑者。射者大禮。故取義衆也。士不大射。士無
臣。祭無所擇。故書諸侯則共熊侯虎侯。杜子春云。虎當爲豹。○
爲祭于僞反。以與音預。下得與同。行下孟反。比毗志反。而中丁
仲反。下天子中之以下中之而難中以中皆同。所射食亦反。下
自射所射共射皆同。𩊙諸允反。本亦作準。著直略反。參素感反
干五旦反。本又作犴。
正音征。下同。鳱音干

大喪。廞裘。飾皮車。

皮車遣車之革路。故書廞爲淫。鄭司農云。淫裘陳裘也。玄謂廞
興也。若詩之興。謂象似而作之。凡爲神之偶衣物。必沽而小耳。
○廞許金反。遣棄
戰反。興虛膺反

凡邦之皮事掌之。歲終則會。唯王之裘與其皮事不會。

掌皮掌秋斂皮。冬斂革。春獻之。

皮革踰歲乾久乃可用。獻之獻
其良者於王。以入司裘給王用。

遂以式灋頒皮革于百工。

式灋作物所
用多少故事

共其毳毛爲氈。以待邦事。

當用氈則共之。毳毛毛細
縟者。○毳尺稅反。縟音辱

歲終則會其財齎。

財斂財本數。及餘見者。齎所給予人以物曰齎。今時
詔書或曰齎計吏。鄭司農云。齎或爲資。○見賢遍反

內宰掌書版圖之灋。以治王內之政令。均其稍食。分其人民以居之。

版謂宮中閽寺之屬。及其子弟錄籍也。圖王及后世子之宮中
吏官府之形象也。政令謂施閽寺者。稍食吏祿稟也。人民吏子
弟。分之。使衆者
就寡。均宿衛。

以陰禮教六宮。

鄭司農云。陰禮婦人之禮。六宮後五前一。王之妃百二十人。后
一人。夫人三人。嬪九人。世婦二十七人。女御八十一人。玄謂六
宮謂后也。婦人稱寢曰宮。宮隱蔽之言。后象王立六宮而居之。
亦正寢一。燕寢五。教者不敢斥言之。謂之六宮。若今稱皇后爲
中宮矣。昏禮毋戒女
曰夙夜毋違宮事。

以陰禮教九嬪。

教以婦人之禮。不言教
夫人世婦者。舉中省文。

以婦職之灋教九御。使各有屬以作二事。正其服。禁其奇衺。展其功緒。

婦職謂織紝組紃縫線之事、九御、女御也、九九而御于王、因以號焉、使之九九爲屬、同時御、又同事也、正其服、止踰侈、奇衺若今媚道、展猶錄也、緒、業也、故書二爲三、杜子春云當爲二、二事謂絲枲之事、○衺似嗟反本亦作邪紝女金反紃似倫反

大祭祀后祼獻則贊瑤爵亦如之。

謂祭宗廟、王既祼而出迎牲、后乃從後祼也、祭統曰、君執圭瓚祼尸、大宗執璋瓚亞祼、此大宗亞祼、謂夫人不與而攝耳、獻謂王薦腥薦孰、后亦從後獻也、瑤爵謂尸卒食、王既酳尸、后亞獻之、其爵以瑤爲飾、○祼古亂反與音預酳士新反

正后之服位。而詔其禮樂之儀。

薦徹之禮、當與樂相應、位、謂房中、戶內及作所立處、

贊九嬪之禮事。

助九嬪贊后之事、九嬪者、贊后薦玉齍、薦徹豆籩、○齍音咨

凡賓客之祼獻瑤爵皆贊。

謂王同姓及二王之後來朝覲爲賓客者、祼之禮、亞王而禮賓、獻謂王饗燕、亞王獻賓也、瑤爵所以亞王酬賓也、坊記曰、陽侯殺繆侯而竊其夫人、故大饗廢夫人之禮、

致后之賓客之禮。

謂諸侯來朝覲、及女賓之賓客、

凡喪事。佐后使治外內命婦。正其服位。

使、使其屬之上士、內命婦、謂九嬪世婦女御、鄭司農云、外命婦、卿大夫之妻、王命其夫、后命其婦、玄謂士妻亦爲命婦、

凡建國。佐后立市。設其次。置其敘。正其肆。陳其貨賄。出其度量淳制。祭之以陰禮。

市朝者、君所以建國也、建國者必面朝後市、王立朝而后立市、陰陽相承之義、次、司次也、敘、介次也、陳猶處也、度、丈尺也、量、豆區之屬、鄭司農云、佐后立市者、始立市、后立之也、祭之以陰禮者、市中之社、先后所立社也、故書淳爲敦、杜子春讀敦爲純、純謂幅廣也、制謂匹長、玄謂純制、天子巡守禮所云制幣丈八尺、純四衹與、陰禮、婦人之祭禮、○朝直遙反純諸允反衹音紙

中春。詔后帥外內命婦始蠶于北郊。以爲祭服。

蠶于北郊、婦人以純陰爲尊、郊必有公桑蠶室焉、○中音仲

歲終。則會內人之稍食。稽其功事。

內人、主謂九御、

佐后而受獻功者。比其小大。與其麤良。而賞罰之。

獻功者、九御之屬、鄭司農云、烝而獻功、玄謂典婦功曰及秋獻功、

會內宮之財用。

計夫人以下所用財、

正歲。均其稍食。施其功事。憲禁令于王之北宮。而糾其守。

均猶調度也、施猶賦也、北宮、后之六宮、謂之北宮者、繫于王言之、明用王之禁令、令之守宿衛者、○調徒弔反度待洛反

上春。詔王后帥六宮之人而生穜稑之種。而獻之于王。

六宮之人、夫人以下分居后之六宮者、古者使后宮藏種、以其有傳類蕃孳之祥、必生而獻之、示能育之、使不傷敗、且以佐王耕事、共禘郊也、鄭司農云、先種後孰謂之穜、後種先孰謂之稑、王當以耕種于藉田、玄謂詩云黍稷穜稑是也、夫人以下分居

后之六宮者每宮九嬪一人世婦三人女御九人其餘九嬪三人世婦九人女御二十七人從后唯其所燕息焉從后者五日而沐浴其次又上十五日而徧云夫人如三公從容論婦禮○種直龍反稑音六穜章勇反

內小臣掌王后之命正其服位。

命謂使令所爲或言王后或言后通耳○令力呈反

后出入則前驅

道之

若有祭祀賓客喪紀則擯詔后之禮事相九嬪之禮事正內人之禮事徹后之俎。

擯爲后傳辭有所求爲詔相正者異尊卑也俎謂后受尸之爵飲于房中之俎○相息亮反注同爲后于僞反

后有好事于四方則使往有好令於卿大夫則亦如之。

后於其族親所善者使往問遺之○好呼報反遺唯季反

掌王之陰事陰令。

陰事羣妃御見之事若今掖庭令晝漏不盡八刻白錄所記推當御見者陰令王所求爲於北宮○見賢遍反

閽人掌守王宮之中門之禁

中門於外內爲中若今宮闕門鄭司農云王有五門外曰皐門二曰雉門三曰庫門四曰應門五曰路門一曰畢門玄謂雉門三門也春秋傳曰雉門災及兩觀○觀古亂反

喪服凶器不入宮潛服賊器不入宮奇服怪民不入宮

喪服衰絰也凶器明器也潛服若衷甲者賊器盜賊之任器兵物皆有刻識奇服衣非常春秋傳曰尨奇無常怪民狂易○衰徐音崔識式志反尨士江反易以豉反

凡內人公器賓客無帥則幾其出入。

三者之出入當須使者符節乃行鄭司農云公器將持公家器出入者幾謂無將帥引之者則苛其出入○帥色類反注同使色吏反將帥子匠反

以時啓閉

時漏盡

凡外內命夫命婦出入則爲之闢

辟行人使無干也內命夫卿大夫士之在宮中者○爲于僞反闢本又作辟

掌埽門庭

門庭門相當之地○埽素報反

大祭祀喪紀之事設門燎蹕宮門廟門

燎地燭也蹕止行者廟在中門之外

凡賓客亦如之

寺人掌王之內人及女宮之戒令相道其出入之事而糾之

內人女御也女宮刑女之在宮中者糾猶割察也○相息亮反道徒報反後同

若有喪紀賓客祭祀之事則帥女宮而致于有司。

有司謂宮卿世婦

佐世婦治禮事。

世婦二十七世婦、

掌內人之禁令。凡內人弔臨于外。則帥而往。立于其前。而詔相之。

從世婦所弔若哭其族親立其前者賤也賤而必詔相之者出入於王宮不可以關於禮、

內豎掌內外之通令。凡小事。

內后六宮外卿大夫也使童豎通王內外之命給小事者以其無與爲禮出入便疾內外以大事聞王則俟朝而自復○朝直遙反

若有祭祀賓客喪紀之事。則爲內人蹕。

內人從世婦有事於廟者內豎爲六宮蹕者以其掌內小事○爲于僞反

王后之喪遷于宮中。則前蹕。及葬。執褻器以從遣車。

喪遷者將葬朝于廟褻器振飾類沐之器○遣棄戰反類呼內反

九嬪掌婦學之灋。以教九御婦德。婦言。婦容。婦功。各帥其屬。而以時御叙于王所。

婦德謂貞順婦言謂辭令婦容謂婉娩婦功謂絲枲自九嬪以下九九而御於王所九嬪者旣習於四事又備於從人之道是以教女御也叙各帥其屬者使亦九九相與從於王所息之燕寢御猶進也勸也進勸王息亦相次叙凡羣妃御見之法月與后妃其象也卑者宜先尊者宜後女御八十一人當九夕世婦二十七人當三夕九嬪九人當一夕三夫人當一夕后當一夕亦十五日而徧云自望後反之孔子云日者天之明月者地之理陰契制故月上屬爲天使婦從夫放月紀○娩音晩見賢遍反上時掌反放方往反

凡祭祀贊玉齍。贊后薦徹豆籩。

玉齍玉敦受黍稷器后進之而不徹故書玉爲王杜子春讀爲玉○齍音咨敦音對

若有賓客。則從后。

當贊后事、

大喪帥叙哭者亦如之。

亦從后帥猶道也后哭之衆次叙者乃哭、

周禮卷七　終

周禮卷八

漢大司農北海鄭　玄註

皇明　後學東吳葛　鼒訂

冢宰治官之職

世婦掌祭祀賓客喪紀之事。帥女宮而濯摡。爲齍盛。摡拭也爲獝差擇○摡古愛反拭音式

及祭之日涖陳女宮之具。凡內羞之物。涖者臨也內羞謂房中之羞

掌弔臨于卿大夫之喪。王使往弔

女御掌御敘于王之燕寢。言掌御敘防上之專妬者于王之燕寢則王不就后宮息

以歲時獻功事。絲枲成功之事

凡祭祀贊世婦。助其帥涖女宮

大喪掌沐浴。王及后之喪

后之喪持翣。翣棺飾也持而從柩車○翣所甲反

從世婦而弔于卿大夫之喪。從之數蓋如使者之介云○使所吏反

女祝掌王后之內祭祀。凡內禱祠之事。內祭祀六宮之中竈門戶禱疾病求瘳也祠報福

掌以時招梗禬禳之事。以除疾殃。鄭大夫讀梗爲亢謂招善而亢惡去之杜子春讀梗爲更玄謂梗禦未至也除災害曰禬禬猶刮去也御變異曰禳禳攘也四禮唯禳其遺象今存○禬古外反禳如羊反去起呂反

女史掌王后之禮職。掌內治之貳。以詔后治內政。內治之法本在內宰書而貳之

逆內宮。鉤考六宮之計

書內令。后之令

凡后之事。以禮從。亦如大史之從於王

典婦功掌婦式之灋。以授嬪婦。及內人女功之事齎。

婦式婦人事之模範灋其用財舊數嬪婦、九嬪世婦言及以殊
之者容國中婦人賢善工於事若車齎謂以女功之事來取絲
枲故書齎爲資杜子春讀爲資鄭司農云內人、
謂女御女功事資謂女功絲枲之事、○齎音咨

凡授嬪婦功。及秋獻功。辨其苦良。比其小大而賈之。物書而楬之。

授當爲受聲之誤也國中嬪婦所作成即送之不須獻功時賈
之者物不正齊當以泉計通功鄭司農苦讀爲盬謂分別其縑
帛與布紵之麤細皆比方其大小書
其賈數而著其物若今時題署物、

以共王及后之用。頒之于內府。

典絲 掌絲入而辨其物。以其賈楬之。

絲入謂九職之
嬪婦所貢絲、

掌其藏與其出。以待興功之時。

絲之貢少藏之出之可同官也時
者若溫煖宜縑帛清涼宜文繡、

頒絲于外內工。皆以物授之。

外工外嬪婦
也內工女御

凡上之賜予亦如之。

王以絲
物賜人、

及獻功。則受良功而藏之。辨其物而書其數。以待有司之政令上之賜予。

良當爲苦字之誤受其麤盬之功以給有司之公用其良功者
典婦功受之以共王及后之用鄭司農云良功絲功縑帛○良
音苦
出注

凡祭祀。共黼畫組就之物。

以給衣服冕旒及依盥巾之屬白與黑
謂之黼采色一成曰就○依於豈反

喪紀。共其絲纊組文之物。

以給線縷著盱口綦握之屬青與赤謂
之文○纊音曠著直略反盱香于反

凡飾邦器者。受文織絲組焉。

謂茵席屏風之屬
○織音志茵音因

歲終。則各以其物會之。

典枲 掌布緦縷紵之麻草之物。以待時頒功而授齎。

種別爲計鄭司農云各以其所
飾之物計會傳著之○傳音附

緦十五升布抽其半者白而細疏曰紵雜言此數物者以著
其類衆多草葛蘔之屬故書齎作資○蘔若迥反劉枯熒反

及獻功。受苦功。以其賈楬而藏之。以待時頒。

其良功亦入於典婦功以共王及后之用、
鄭司農云苦功謂麻功布紵○苦音古

頒衣服授之。賜予亦如之。

授之授受班者帛言待有司
之政令布言班衣服互文、

歲終。則各以其物會之。

內司服 掌王后之六服。褘衣。揄狄。闕狄。鞠衣。展衣。緣衣。素沙。

鄭司農云褘衣畫衣也祭統曰君卷冕立于阼夫人副褘立于
東房揄狄闕狄畫羽飾展衣白衣也喪大記曰復者朝服君以
卷夫人以屈狄世婦以襢衣屈者音聲與闕相似襢與展相似
皆婦人之服鞠衣黃衣也素沙赤衣也玄謂狄當爲翟翟雉名

伊雒而南素質五色皆備成章曰翬江淮而南青質五色皆備
成章曰搖王后之服刻繒爲之形而采畫之綴於衣以爲文章
褘衣畫翬者揄翟畫搖者闕翟刻而不畫此三者皆祭服從王
祭先王則服褘衣祭先公則服揄翟祭羣小祀則服闕翟今世
有圭衣者葢三翟之遺俗鞠衣黃桑服也色如鞠塵象桑葉始
生月令三月薦鞠衣于先帝告桑事展衣以禮見王及賓客之
服字當爲襢襢之言亶亶誠也詩國風曰玼兮玼兮其之翟也
下云胡然而天也胡然而帝也言其德當神明又曰瑳兮瑳兮
其之展也下云展如之人兮邦之媛也言其行配君子二者之
義與禮合矣雜記曰夫人服稅衣揄狄又喪大記曰士妻以禒
衣言禒者甚衆字或作稅此緣衣者實作禒衣也禒衣御于王
之服亦以燕居男子之禒衣黑則是亦黑也六服備於此矣褘
揄狄展聲相近緣字之誤也以下推次其色則闕狄赤揄狄青
褘衣玄婦人尚專一德無所兼連衣裳不異其色素沙者今之
白縳也六服皆袍制以白縳爲裏使之張顯今世有沙縠者名
出于此○褘音暉揄音遙緣吐亂反卷古本反朝直遙反襢張
彥反翬音暉見玉賢遍反亶丁但反玼音此本
亦作瑳倉我反行下孟反稅他亂反縳劉音絹

辨外內命婦之服鞠衣展衣緣衣素沙。
內命婦之服鞠衣九嬪也展衣世婦也緣衣女御也外命婦者
其夫孤也則服鞠衣其夫卿大夫也則服展衣其夫士也則服
緣衣三夫人及公之妻其闕狄以下乎侯伯之
夫人揄狄子男之夫人亦闕狄唯二王後褘衣

凡祭祀賓客共后之衣服及九嬪世婦凡命婦共其衣服共喪衰亦如之。
凡者凡女御與外命婦也言及言凡殊貴賤也春秋之義王人
雖微者猶序乎諸侯之上所以尊尊也臣之命者再命以上受
服則下士之妻不共也外命婦唯王祭祀賓客以禮佐后
得服此上服自於其家則降焉○衰七雷反上時掌反

后之喪共其衣服凡內具之物。
內具紛帨線纊鞶袠之屬○帨如
銳反徐音歲鞶步干反袠陳乙反

縫人掌王宮之縫線之事以役女御以縫王及后之衣服。
女御裁縫王及后之衣服則爲役助之宮
中餘裁縫事則專爲焉鄭司農云線縷也

喪縫棺飾焉。
孝子既啓見棺猶見親之身既載飾而以行遂以葬若存時居
于帷幕而加文繡喪大記曰飾棺君龍帷三池振容黼荒火三
列黻三列素錦褚加僞荒纁紐六齊五采五貝黼翣二黻翣二
畫翣二皆戴圭魚躍拂池君纁戴六纁披六此諸侯禮也禮器
曰天子八翣諸侯六翣大夫四翣漢禮器制度飾棺天子龍火
黼黻皆五列又有龍翣二其戴皆加璧故書焉爲馬杜子春云
當爲焉○翣本又作
篓所甲反披彼僞反

衣翣柳之材。
必先纏衣其木乃以張飾也柳之言聚諸飾之所聚書曰分命
和仲度西曰柳穀故書翣柳作接橮鄭司農云接讀爲歰橮讀

爲柳皆棺飾檀弓曰周人牆置翣春秋傳曰四歰不蹕○衣於
既反注同度西音宅古文宅與度字相似接橮上所甲反下音
柳歰所
甲反

掌凡內之縫事。

染人掌染絲帛。凡染春暴練夏纁玄秋染夏冬獻功。
暴練練其素而暴之故書纁作𦃃鄭司農云𦃃讀當爲纁纁謂
絳也夏大也秋乃大染玄謂纁玄者謂始可以染此色者玄纁
者天地之色以爲祭服石染當及盛暑熱潤始湛研之三月而
後可用考工記鍾氏則染纁術也染玄則史傳闕矣染夏者染
五色謂之夏者其色以夏狄爲飾禹貢曰羽畎夏狄是其總名
其類有六曰翬曰搖曰鷂曰甾曰希曰蹲其毛羽五色皆備成
章染者擬以爲深淺之度是以放而取名焉○暴步卜反夏戶
雅反後除春夏之字皆同可以意求𦃃音勳湛子廉反畎古犬
反鷂直劉反劉
音壽放方往反

掌凡染事。

追師掌王后之首服。爲副編次。追衡笄。爲九嬪及外內命婦之首服。以待祭祀賓客。

鄭司農云、追、冠名、士冠禮記曰、委貌、周道也、章甫、殷道也、牟追、夏后氏之道也、追師掌冠冕之官、故并主王后之首服、副者、婦人之首服、祭統曰、君卷冕立于阼、夫人副褘立於東房、衡、維持冠者、春秋傳曰、衡紞紘綖、玄謂副之言覆、所以覆首爲之飾、其遺象若今步繇矣、服之以從王祭祀、編、編列髮爲之、其遺象若今假紒矣、服之以桑也、次、次第髮長短爲之、所謂髲髢、服之以見王、王后之燕居、亦纚笄總而已、追、猶治也、詩云、追琢其章、王后之衡笄、皆以玉爲之、唯祭服有衡、垂于副之兩旁當耳、其下以紞縣瑱、詩云、玼兮玼兮、其之翟也、鬒髮如雲、不屑髢也、玉之瑱也、是之謂也、笄、卷髮者、外內命婦衣鞠衣、襢衣者服編、衣褖衣者服次、外內命婦非王祭祀賓客佐后之禮、自於其家、則亦降焉、少牢饋食禮曰、主婦髲鬄、衣移袂、特牲饋食禮曰、主婦纚

笄宵衣、是也、昏禮、女次純衣、攝盛服耳、主人爵弁以迎、移袂、褖衣之袂、凡諸侯夫人於其國、衣服與王后同、○追、丁回反、冠禮、古亂反、卷、古本反、紞、丁敢反、紘、音宏、綖、以然反、繇、以招反、紒、音計、髲、皮寄反、髢、本又作鬄、大計反、以見、賢遍反、纚、所買反、又所綺反、縣、音玄、瑱、它見反、鬒、之忍反、鬄、大計反、卷髮、眷免反、衣鞠、於既反、下衣褖同

喪紀共笄絰。亦如之。

屨人掌王及后之服屨。爲赤舄。黑舄。赤繶。黃繶。青句。素屨。葛屨。

屨自明矣、必連言服者、著服各有屨也、複下曰舄、禪下曰屨、古人言屨以通於複、今世言屨以通於禪、俗易語反與、舄屨有絇、有繶、有純者、飾也、鄭司農云、赤繶黃繶、以赤黃之絲爲下緣、士喪禮曰、夏葛屨、冬皮屨、皆繶緇純、禮家說繶亦謂以采絲礫其下、玄謂凡屨舄各象其裳之色、士冠禮曰、玄端黑屨、青絇繶純、素積白屨、緇絇繶純、爵弁纁屨、黑絇繶純、是也、王吉服有九、舄有三等、赤舄爲上、冕服之舄、詩云、王錫韓侯、玄袞赤舄、則諸侯與王同、下有白舄黑舄、王后吉服六、唯祭服有舄、玄舄爲上、褘衣之舄也、下有青舄赤舄、鞠衣以下皆屨耳、句當爲絇、聲之誤也、絇繶純者同色、今云赤繶黃繶青絇、雜互言之、明舄屨衆多、反覆以見之、凡舄之飾、如繢之次、赤繶者、王黑舄之飾、黃繶者、王后玄舄之飾、青絇者、王白舄之飾、言繶必有絇純、言絇亦有繶純、三者相將、王及后之赤舄皆黑飾、后之青舄白飾、凡屨之飾、如繡次也、黃屨白飾、白屨黑飾、黑屨青飾、絇謂之拘、著舄屨之頭、以爲行戒、繶、縫中紃、純、緣也、天子諸侯吉事皆舄、其餘唯服冕衣翟著舄耳、士爵弁纁屨、黑絇繶純、尊祭服之屨飾從繢也、素屨者、非純吉、有凶去飾者、言葛屨、明有用皮時、○繶、於力反、句、音劬、著服、知略反、絇、音劬、有純、章允反、緣、悅面反、礫、音歷、覆、芳服反、以見、賢遍反、著舄、知略反、紃、音巡、衣翟、於既反

辨外內命夫命婦之命屨。功屨。散屨。

命夫之命屨、纁屨、命婦之命屨、黃屨以下、功屨、次命屨、於孤卿大夫則白屨黑屨、九嬪內子亦然、世婦命婦以黑屨爲功屨、女御士妻命屨而已、士及士妻謂再命受服者、散屨亦謂去飾、○散、素但反

凡四時之祭祀。以宜服之。

祭祀而有素屨散屨者、唯大祥時、

夏采掌大喪。以冕服復于大祖。以乘車建綏復于四郊。

求之王平生常所有事之處、乘車、玉路、於大廟以冕服、不出宮也、四郊以綏、出國門、此行道也、鄭司農云、復謂始死招魂復魄、士喪禮曰、士死于適室、復者一人、以爵弁服、升自東榮、中屋北面、招以衣、曰、臯某復、三降衣于前、受用篋、升自阼階、以衣尸、喪大記曰、復、男子稱名、婦人稱字、唯哭先復、言死而哭、哭而復、冀其復反、故檀弓曰、復、盡愛之道也、望反諸幽、求諸鬼神之道也、北面、求諸幽之義也、檀弓又曰、君復於小寢大寢小祖大祖庫門四郊、喪大記又曰、復者朝服、君以卷、夫人以屈狄、大夫以玄赬、世婦以襢衣、士以爵弁、士妻以稅衣、雜記曰、諸侯行而死於館、則其復如於其國、如於道、則升其乘車之左轂、以其綏復、大夫死於館、則其復如於家、死於道、則升其乘車之左轂、以其綏復、喪大記又曰、爲賓則公館復、私館不復、夏采、天子之官、故以

冕服復于大祖以乘車建綏復于四郊天子之禮也大祖始祖
廟也故書綏爲禮杜子春云當爲綏禮非是也玄謂明堂位曰
凡四代之服器魯兼用之有虞氏之旂夏后氏之綏則旌旂有
是綏者當作緌字之誤也緌以旄牛尾爲之綴於橦上所謂注
旄於干首者王祀四郊乘玉路建大常今以之復去其旒異之
於生亦因先王有徒緌者士冠禮及玉藻冠緌之字故書亦多
作綏者今禮家定作蕤○乘繩證反注乘車皆同綏作緌誤作
綏耳適丁歷反衣尸於旣反復扶又反朝直遥反卷古本反赬
勑貞反禮音
稚橦直江反

周禮卷八終

周禮卷九

漢大司農北海鄭　玄註
皇明　後學東吳金　蟠訂

地官司徒第二

惟王建國辨方正位體國經野設官分職以爲民極乃立地官司徒使帥其屬而掌邦教以佐王安擾邦國

教所以親百姓訓五品有虞氏五而周十有二焉擾亦安也言饒衍之

教官之屬大司徒卿一人小司徒中大夫二人鄉師下大夫四人上士八人中士十有六人旅下士三十有二人府六人史十有二

人胥十有二人徒百有二十人

師長也司徒掌六鄉鄉師分而治之二人者共一鄉之事相左右也○長丁丈反

鄉老二鄉則公一人鄉大夫每鄉卿一人州長每州中大夫一人黨正每黨下大夫一人族師每族上士一人閭胥每閭中士一人比長五家下士一人

老尊稱也王置六鄉則公有三人也三公者內與王論道中參六官之事外與六鄉之教其要爲民是以屬之鄉焉州黨族閭比鄉之屬別正師胥皆長也正之言政也師之言帥也胥有才知之稱載師職曰以官田牛田賞田牧田任遠郊之地司勳職曰掌六鄉之賞地六鄉地在遠郊之內則居四同鄭司農云百里內爲六鄉外爲六遂○比毗志反爲民于僞反帥所類反

封人中士四人下士八人府二人史四人胥六人徒六十人

聚土曰封謂壝埒及小封疆也○壝音維埒音劣疆居良反

鼓人中士六人府二人史二人徒二十人

舞師下士二人胥四人舞徒四十人舞徒給繇役能舞者以為之○繇音遙

牧人下士六人府一人史二人徒六十人牧人養牲於野田者詩云爾牧來思何蓑何笠或負其餱○何胡可反蓑素禾反笠音立餱音侯

牛人中士二人下士四人府二人史四人胥二十人徒二百人主牧公家之牛者詩云誰謂爾無牛九十其犉○犉而純反

充人下士二人史二人胥四人徒四十人充猶肥也養繫牲而肥之

周禮　卷九　司徒教官之屬　二　永懷堂

載師上士二人中士四人府二人史四人胥六人徒六十人載之言事也事民而稅之載師者閭師縣師遺人均人官之長

閭師中士二人史二人徒二十人主徵六鄉賦貢之稅者

縣師上士二人中士四人府二人史四人胥八人徒八十人主天下土地人民已下之數徵野賦貢也名曰縣師者自六鄉以至邦國縣居中焉鄭司農云四百里曰縣

遺人中士二人下士四人府二人史四人胥四人徒四十人鄭司農云遺讀如詩曰棄予如遺之遺玄謂以物有所饋遺○遺維季反注同

均人中士二人下士四人府二人史四人胥四人徒四十人均猶平也主平土地之力政者

師氏中大夫一人上士二人府二人史二人胥十有二人徒百有二十人師教人以道者之稱也師氏保氏司諫司救官之長○稱尺證反

保氏下大夫一人中士二人府二人史二人胥六人徒六十人保安也以道安人者也書敘曰周公為師召公為保相成王為左右聖賢兼此官也○相息亮反

司諫中士二人史二人徒二十人諫猶正也以道正人行○行下孟反

周禮　卷九　司徒教官之屬　三　永懷堂

司救中士二人史二人徒二十人救猶禁也以禮禁人之過者也

調人下士二人史二人徒十人調猶和合也

媒氏下士二人史二人徒十人媒之言謀也謀合異類使和成者今齊人名麴䴷曰媒○麴起六反䴷魚列反

司市下大夫二人上士四人中士八人下士十有六人府四人史八人胥十有二人徒百有二十人司市市官之長

質人中士二人下士四人府二人史四人胥二人徒二十人

質平也主平定物賈者○賈音嫁下物賈及賈八人同

廛人中士二人下士四人府二人史四人胥二人徒二十人

故書廛爲壇杜子春讀壇爲廛說云市中空地玄謂廛民居區域之稱

胥師二十肆則一人皆二史賈師二十肆則一人皆二史司虣十肆則一人司稽五肆則一人胥二肆則一人肆長每肆則一人

自胥師以及司稽皆司市所自辟除也胥及肆長市中給繇役者胥師領羣胥賈師定物賈司暴禁暴亂司稽察留連不時去者○賈音古辟必亦反

泉府上士四人中士八人下士十有六人府四人史八人賈八人

徒八十人

鄭司農云故書泉或作錢

司門下大夫二人上士四人中士八人下士十有六人府二人史四人胥四人徒四十人每門下士二人府一人史二人徒四人

司門若今城門校尉主王城十二門

司關上士二人中士四人府二人史四人胥八人徒八十人每關下士二人府一人史二人徒四人

關界上之門

掌節上士二人中士四人府二人史四人胥二人徒二十人

節猶信也行者所執之信

遂人中大夫二人遂師下大夫四人上士八人中士十有六人旅下士三十有二人府四人史十有二人胥十有二人徒百有二十人

遂人主六遂若司徒之於六鄉也六遂之地自遠郊以達于畿中有公邑家邑小都大都焉鄭司農云遂謂王國百里外

遂大夫每遂中大夫一人縣正每縣下大夫一人鄙師每鄙上士一人酇長每酇中士一人里宰每里下士一人鄰長五家則一人

縣鄙酇里鄰遂之屬別也○酇作管反

旅師中士四人下士八人府二人史四人胥八人徒八十人

主斂縣師所徵野之賦粟者也旅猶處也六遂之官里宰之師也正用里宰者亦斂民之稅宜督其親民

稍人下士四人史二人徒十有二人

主爲縣師令都鄙丘甸之政也距王城三百里曰稍家邑小都大都自稍以出焉○爲于僞反

委人中士二人下士四人府二人史四人徒四十人

主斂甸稍芻薪之賦以共委積者也

土均上士二人中士四人下士八人府二人史四人胥四人徒四十人

均猶平也主平土地之政令者也

草人下士四人史二人徒十有二人

草、除草、

稻人上士二人中士四人下士八人府二人史四人胥十人徒百人。

土訓中士二人下士四人史二人徒八人。鄭司農云、訓讀爲馴、謂以遠方土地所生異物告道王也、爾雅云、訓道也、玄謂能訓說土地善惡之勢、

誦訓中士二人下士四人史二人徒八人。能訓說四方所誦習及人所作爲久時事、

山虞每大山中士四人下士八人府二人史四人胥八人徒八十人。中山下士六人史二人胥六人徒六十人。小山下士二人史一

人徒二十人。虞度也、度知山之大小及所生者、○度徒洛反

林衡每大林麓下士十有二人史四人胥十有二人徒百有二十人。中林麓如中山之虞。小林麓如小山之虞。衡平也、平林麓之大小及所生者、竹木生平地曰林、山足曰麓、○麓音祿

川衡每大川下士十有二人史四人胥十有二人徒百有二十人。中川下士六人史二人胥六人徒六十人。小川下士二人史一人徒二十人。川流水也、禹貢曰、九川滌源、

澤虞每大澤大藪中士四人下士八人府二人史四人胥八人徒八十人。中澤中藪如中川之衡。小澤小藪如小川之衡。澤水所鍾也、水希曰藪、禹貢曰、九澤既陂、爾雅有八藪、○陂彼宜反

迹人中士四人下士八人史二人徒四十人。迹之言跡、知禽獸處、

丱人中士二人下士四人府二人史二人胥四人徒四十人。丱之言礦也、金玉未成器曰礦、○丱徐音礦虢猛反

角人下士二人府一人徒八人。

羽人下士二人府一人徒八人。

掌葛下士二人府一人史一人胥二人徒二十人。

掌染草下士二人府一人史二人徒八人。染草、藍蒨象斗之屬、○蒨千見反象本或作橡音同

掌炭下士二人史二人徒二十人。

掌荼下士二人府一人史一人徒二十人。荼、茅莠、○荼音徒

掌蜃下士二人府一人史一人徒八人。蜃、大蛤、月令、孟冬、雉入大水爲蜃、○蜃上忍反蛤古荅反

囿人中士四人下士八人府二人胥八人徒八十人。

囿之今苑

場人掌場。下士二人，府一人，史一人，徒二十人。場築地為墠，季秋除圃中為之。詩云：九月築場圃，十月納禾稼。○墠音善

廩人下大夫二人，上士四人，中士八人，下士十有六人，府八人，史十有六人，胥三十人，徒三百人。藏米曰廩。廩人，舍人、倉人、司祿官之長。

舍人上士二人，中士四人，府二人，史四人，胥四人，徒四十人。舍猶宮也，主平宮中用穀者也。

倉人中士四人，下士八人，府二人，史四人，胥四人，徒四十人。

司祿中士四人，下士八人，府二人，史四人，徒四十人。祿，主班

司稼下士八人，史四人，徒四十人。種穀曰稼，如嫁女以有所生。

舂人奄二人，女舂抌二人，奚五人。女舂抌，女奴能舂與抌者。抌，抒臼也。詩云：或舂或抌。○抌音由，又音揄。抒，時女反

饎人奄二人，女饎八人，奚四十人。鄭司農云：饎人，主炊官也。特牲饋食禮曰：主婦視饎爨。故書饎作糦。○饎，尺志反，注同。爨，七亂反

槀人奄八人，女槀每奄二人，奚五人。鄭司農云：槀讀為犒師之犒，主冗食者，故謂之犒。○冗，如勇反

周禮卷九　終

周禮卷十

漢大司農北海鄭　玄註

皇明　後學東吳葛　鼒訂

司徒教官之職

大司徒之職，掌建邦之土地之圖，與其人民之數，以佐王安擾邦國。

土地之圖，若今司空郡國輿地圖。

以天下土地之圖，周知九州之地域廣輪之數，辨其山林川澤丘陵墳衍原隰之名物。

周猶徧也。九州，揚荊豫青兗雍幽冀并也。輪，從也。積石曰山，竹木曰林，注瀆曰川，水鍾曰澤，土高曰丘，大阜曰陵，水崖曰墳，下平曰衍，高平曰原，下濕曰隰。名物者，十等之名與所生之物。○雍，於用反。從，子容反。

而辨其邦國都鄙之數，制其畿疆而溝封之，設其社稷之壝而樹之田主，各以其野之所宜木，遂以名其社與其野。

千里曰畿。疆猶界也。春秋傳曰：吾子疆理天下。溝，穿地為阻固也。封，起土界也。社稷，后土及田正之神。壝，壇與堳埒也。田主，田神，后土、田正之所依也，詩人謂之田祖。所宜木，謂若松柏栗也。若以松為社者，則名松社之野，以別方面。○壝，維癸反。別，彼列反。

以土會之灋，辨五地之物生。一曰山林，其動物宜毛物，其植物宜皁物，其民毛而方。二曰川澤，其動物宜鱗物，其植物宜膏物，其民黑而津。三曰丘陵，其動物宜羽物，其植物宜覈物，其民專而長。四曰墳衍，其動物宜介物，其植物宜莢物，其民皙而瘠。五曰原隰，其動物宜贏物，其植物宜叢物，其民豐肉而庳。

會，計也。以土計貢稅之法，因別此五者也。毛物，貂狐貒貉之屬，縟毛者也。鱗物，魚龍之屬。津，潤也。羽物，翟雉之屬。核物，李梅之屬。專，圜也。介物，龜鼈之屬，水居陸生者。莢物，薺莢王棘之屬。皙，白也。瘠，臞也。贏物，虎豹貔貙之屬，淺毛者。叢物，萑葦之屬。豐猶厚也。庳猶短也。杜子春讀生為性。鄭司農云：植物，根生之屬。皁物，柞栗之屬，今時閒謂柞實為皁斗。膏物，謂楊柳之屬，理致且白如膏。玄謂膏當為櫜，字之誤也，蓮芡之實有櫜韜。○皁，本作皂。專，徒丸反，注同。莢，古協反。贏，力果反。庳，音婢。貂，音彫。貒，吐官反。貉，胡洛反。臞，其俱反。貔，音毗。貙，勑宜反。萑，音丸。柞，子洛反。致，直記反。櫜，古毛反。芡，音儉。

因此五物者民之常，而施十有二教焉。一曰以祀禮教敬，則民不苟。二曰以陽禮教讓，則民不爭。三曰以陰禮教親，則民不怨。四曰以樂禮教和，則民不乖。五曰以儀辨等，則民不越。六曰以俗教安，則民不偷。七曰以刑教中，則民不虣。八曰以誓教恤，則民不怠。九曰以度教節，則民知足。十曰以世事教能，則民不失職。十有一曰以賢制爵，則民慎德。十有二曰以庸制祿，則民興功。

陽禮，謂鄉射飲酒之禮也。陰禮，謂男女之禮，昏姻以時，則男不曠，女不怨。儀，謂君南面，臣北面，父坐子伏之屬。俗，謂土地所生習也。偷，謂朝不謀夕。恤，謂災危相憂，民有凶患，憂之則民不解怠。度，謂宮室車服之制。世事，謂士農工商之事，少而習焉，其心安焉，因教以能，不易其業。慎德，謂矜其善德，勸為善也。庸，功也。爵以顯賢，祿以賞功。故書儀或為義，杜子春讀為儀，謂九儀。○虣，薄報反。解，佳賣反。少，詩照反。

以土宜之灋辨十有二土之名物。以相民宅。而知其利害。以阜人民。以蕃鳥獸。以毓草木。以任土事。

十二土分野十二邦上繫十二次各有所宜也相占視也阜猶盛也蕃蕃息也育生也任謂就地所生因民所能○相息亮反分扶問反

辨十有二壤之物。而知其種。以教稼穡樹蓺。

壤亦土也變言耳以萬物自生焉則言土土猶吐也以人所耕而樹蓺焉則言壤壤和緩之貌詩云樹之榛栗又曰我蓺黍稷蓺猶蒔也○種章勇反蒔時至反

以土均之灋辨五物九等。制天下之地征。以作民職。以令地貢。以斂財賦。以均齊天下之政。

均平也五物五地之物也九等騂剛赤緹之屬征稅也民職民九職也地貢貢地所生謂九穀財謂泉穀賦謂九賦及軍賦○騂雖營反緹音低

以土圭之灋測土深。正日景。以求地中。日南則景短多暑。日北則景長多寒。日東則景夕多風。日西則景朝多陰。

土圭所以制四時日月之景也測猶度也不知廣深故曰測故書求爲救杜子春云爲求鄭司農云測土深謂南北東西之深也日南謂立表處大南近日也日北謂立表處大北遠日也景夕謂日昳景乃中立表之處大東近日也景朝謂日未中而景中立表處大西遠日也玄謂晝漏半而置土圭表陰陽審其南北景短于土圭謂之日南是地于日爲近南也景長于土圭謂之日北是地于日爲近北也東于土圭謂之日東是地於日爲近東也西于土圭謂之日西是地于日爲近西也如是則寒暑陰風偏而不和是未得其所求凡日景于地千里而差一寸○深尸鴆反度待洛反昳待結反

日至之景。尺有五寸。謂之地中。天地之所合也。四時之所交也。風雨之所會也。陰陽之所和也。然則百物阜安。乃建王國焉。制其畿方千里而封樹之。

景尺有五寸者南戴日下萬五千里地與星辰四遊升降於三萬里之中是以半之得地之中也畿方千里取象於日一寸爲正樹樹木溝上所以表助阻固也鄭司農云土圭之長尺有五寸以夏至之日立八尺之表其景適與土圭等謂之地中今潁川陽城地爲然

凡建邦國。以土圭土其地而制其域。諸公之地。封疆方五百里。其食者半。諸侯之地。封疆方四百里。其食者參之一。諸伯之地。封疆方三百里。其食者參之一。諸子之地。封疆方二百里。其食者四之一。諸男之地。封疆方百里。其食者四之一。

土其地猶言度其地鄭司農云土其地但爲正四方耳其食者半公所食租稅得其半耳其半皆附庸小國也屬天子參之一者亦然故魯頌曰錫之山川土地附庸奄有龜蒙遂荒大東至于海邦論語曰季氏將伐顓臾孔子曰先王以爲東蒙主且在邦域之中是社稷之臣此非七十里所能容然則方五百里四百里合于魯頌論語之言諸男食者四之一適方五十里獨此與今五經家說合耳玄謂其食者半參之一四之一者土均掌邦國地貢輕重之等其率之也公之地以一易侯伯之地以再易子男之地以三易必足其國禮俗喪紀祭祀之用乃貢其餘若今度支經用餘爲司農穀矣大國貢重正之也小國貢輕字之也凡諸侯爲牧正帥長及有德者乃有附庸爲其有祿者當取焉公無附庸侯附庸九同伯附庸七同子附庸五同男附庸三同進則取焉退則歸焉魯于周法不得有附庸故言錫之也地方七百里者包附庸以大言之也附庸二十四言得兼此四等矣○疆居良反率音律又音類正之音征爲其于僞反

凡造都鄙，制其地域而封溝之，以其室數制之。不易之地家百畮。一易之地家二百畮。再易之地家三百畮。

都鄙，王子弟公卿大夫采地，其界曰都，鄙所居也。王制曰，天子之縣內，方百里之國九，七十里之國二十有一，五十里之國六十有三。此蓋夏時采地之數，周未聞焉。春秋傳曰，遷鄭焉而鄙留。城郭之宅曰室。詩云，嗟我婦子，曰爲改歲，入此室處。以其室數制之，謂制丘甸之屬。王制曰，凡居民，量地以制邑，度地以居民，地邑民居，必參相得。鄭司農云，不易之地，歲種之地，美，故家百畮。一易之地，休一歲乃復種，地薄，故家二百畮。再易之地，休二歲乃復種，故家三百畮。○畮本亦作古畮字，復扶又反

乃分地職，奠地守，制地貢，而頒職事焉，以爲地灋，而待政令。

分地職，分其九職所宜也。定地守，謂衡麓虞候之屬。制地貢，謂九職所稅也。頒職事者，分命使各爲其所職之事。○奠，劉音定

以荒政十有二聚萬民。一曰散利。二曰薄征。三曰緩刑。四曰弛力。五曰舍禁。六曰去幾。七曰眚禮。八曰殺哀。九曰蕃樂。十曰多昏。十有一曰索鬼神。十有二曰除盜賊。

荒，凶年也。鄭司農云，救飢之政十有二品。散利，貸種食也。薄征，輕租稅也。弛力，息繇役也。去幾，關市不幾也。眚禮，掌客職所謂凶荒殺禮者也。多昏，不備禮而娶，昏者多也。索鬼神，求廢祀而脩之，雲漢之詩所謂靡神不舉，靡愛斯牲者也。除盜賊，急其刑以除之，飢饉則盜賊多，不可不除也。杜子春讀蕃樂爲藩樂，謂閉藏樂器而不作。玄謂去幾，去其稅耳。舍禁，若公無禁利。眚禮，謂殺吉禮也。殺哀，謂省凶禮。○弛，式氏反，舍音捨，殺所界反，蕃方袁反

以保息六養萬民。一曰慈幼。二曰養老。三曰振窮。四曰恤貧。五曰寬疾。六曰安富。

保息，謂安之使蕃息也。慈幼，謂愛幼少也，產子三人與之母，二人與之餼，十四以下不從征。養老，七十養於鄉，五十異粻之屬。

振窮，拼捄天民之窮者也。窮者有四，曰矜，曰寡，曰孤，曰獨。恤貧，貧無財業，稟貸之。寬疾，若今癃不可事，不筭卒，可事者半之也。安富，平其繇役，不專取。○少，詩照反，拼音拯，捄音救，矜古頑反，癃音隆，卒子忽反

以本俗六安萬民。一曰媺宮室。二曰族墳墓。三曰聯兄弟。四曰聯師儒。五曰聯朋友。六曰同衣服。

本，猶舊也。美，善也，謂約椓攻堅，風雨攸除，各有攸宇。族，猶類也，同宗者生相近，死相迫。連，猶合也。兄弟，昏姻嫁娶也。師儒，鄉里教以道藝者。同師曰朋，同志曰友。同，猶齊也，民雖有富者，衣服不得獨異。○媺音美，椓陟角反

正月之吉，始和布敎于邦國都鄙，乃縣敎象之灋于象魏，使萬民觀敎象，挾日而斂之。乃施敎灋于邦國都鄙，使之各以敎其所治民。

正月之吉，周正月朔日也。司徒以布五敎，至正歲，又書敎法而縣焉。○縣音玄

令五家爲比，使之相保。五比爲閭，使之相受。四閭爲族，使之相葬。五族爲黨，使之相救。五黨爲州，使之相賙。五州爲鄉，使之相賓。

此所以勸民者也。使之者，皆謂立其長而教令使之。保，猶任也。救，救凶災也。賓，賓客其賢者。故書受爲授。杜子春云，當爲受，謂民移徙所到，則受之，所去則出之。又云，賙當爲糾，謂糾其惡。玄謂受者，宅舍有故，相受寄託也。賙者，謂禮物不備，相給足也。閭二十五家，族百家，黨五百家，州二千五百家，鄉萬二千五百家。○比，毗志反，賙音周，足，劉子喻反

頒職事十有二于邦國都鄙，使以登萬民。一曰稼穡。二曰樹蓺。三曰作材。四曰阜蕃。五曰飭材。六曰通財。七曰化材。八曰斂材。九曰生材。十曰學藝。十有一曰世事。十有二曰服事。

鄭司農云、稼穡、謂三農生九穀也、樹蓺、謂園圃毓草木、作材、謂虞衡作山澤之材、阜蕃、謂藪牧養蕃鳥獸、飭材、謂百工飭化八材、通財、謂商賈阜通貨賄、化材、謂嬪婦化治絲枲、斂財、謂臣妾聚斂疏材、生材、謂閒民無常職轉移執事、學藝、謂學道藝、世事、謂以世事教能、則民不失職、服事、謂爲公家服事者、玄謂生材、養竹木者、○賈音古、閒音閑

以鄉三物教萬民、而賓興之。一曰六德、知、仁、聖、義、忠、和。二曰六行、孝、友、睦、婣、任、恤。三曰六藝、禮、樂、射、御、書、數。

物猶事也、興猶舉也、民三事教成、鄉大夫舉其賢者能者、以飲酒之禮、賓客之、旣則獻其書於王矣、知、明於事、仁、愛人以及物、聖、通而先識、義、能斷時宜、忠、言以中心、和、不剛不柔、善於父母爲孝、善於兄弟爲友、睦、親於九族、婣、親於外親、任、信於友道、恤、振憂貧者、禮、五禮之義、樂、六樂之歌舞、射、五射之法、御、五御之節、書、六書之品、數、九數之計、

以鄉八刑糾萬民、一曰不孝之刑。二曰不睦之刑。三曰不婣之刑。四曰不弟之刑。五曰不任之刑。六曰不恤之刑。七曰造言之刑。八曰亂民之刑。

糾猶割察也、不弟、不敬師長、造言、訛言惑衆、亂民、亂名改作、執左道以亂政也、鄭司農云、任、謂朋友相任、恤、謂相憂、

以五禮防萬民之僞、而教之中。

禮所以節止民之侈僞、使其行得中、鄭司農云、五禮、謂吉凶賓軍嘉

以六樂防萬民之情、而教之和。

樂所以蕩正民之情思、使其心應和也、鄭司農云、六樂、謂雲門、咸池、大韶、大夏、大濩、大武、○思悉吏反、濩音護

凡萬民之不服教、而有獄訟者、與有地治者、聽而斷之、其附于刑者、歸于士。

不服教、不厭服於十二教、貪冒者也、爭罪曰獄、爭財曰訟、有地治者、謂鄉州及治都鄙者也、附、麗也、士、司寇士師之屬、鄭司農云、與有地治者聽而斷之、與其地部界所屬吏共聽斷之、謂主斷刑之官、春秋傳曰、士榮爲大士、或謂歸于圜土、圜土謂獄也、獄城圜、○斷丁亂反、厭於涉反

祀五帝。奉牛牲。羞其肆。

牛能任載、地類也、奉猶進也、鄭司農云、羞進也、肆、陳骨體也、玄謂進所肆解骨體、士喪禮曰、肆、去蹄、○肆託歷反、注肆解肆去同、司農音四、注肆陳同

享先王亦如之。

大賓客。令野脩道委積。

令令遺人使爲之也、少曰委、多曰積、皆所以給賓客、

大喪、帥六鄉之衆庶、屬其六引、而治其政令。

衆庶、所致役也、鄭司農云、六引、謂引喪車索也、六鄉主六引、六遂主六紼、○引如字、又音胤、紼音弗

大軍旅、大田役、以旗致萬民、而治其徒庶之政令。

旗畫熊虎者也、徵衆、刻日樹旗、期於其下、

若國有大故、則致萬民於王門、令無節者不行於天下。

大故、謂王崩及寇兵也、節、六節、有節乃得行、防姦私、

大荒、大札、則令邦國移民、通財、舍禁、弛力、薄征、緩刑。

大荒、大凶年也、大札、大疫病也、移民、辟災就賤、其有守不可移者、則輸之穀、春秋定五年夏、歸粟於蔡、是也、○札側八反

歲終、則令教官正治而致事。

歲終、自周季冬也、教官其屬六十、正治、明處其文書、致𥸤上其計簿。○上時掌反

正歲令于教官曰。各共爾職。修乃事。以聽王命。其有不正。則國有常刑。

正歲夏正月朔日、

周禮卷十終

周禮卷十一

漢大司農北海鄭　玄註

皇明　後學東吳金　蟠訂

司徒敎官之職

小司徒之職。掌建邦之敎灋。以稽國中。及四郊都鄙之夫家九比之數。以辨其貴賤老幼癈疾。凡征役之施舍。與其祭祀飲食喪紀之禁令。

稽猶考也、夫家猶言男女也、鄭司農云、九比、謂九夫爲井、玄謂九比者、冢宰職出九賦者之人數也、貴謂爲卿大夫、賤謂占會販賣者、癈疾、謂癃病也、施讀爲弛、○比毗志反注下同施式氏反

乃頒比灋於六鄉之大夫。使各登其鄉之衆寡六畜車輦。辨其物。以歲時入其數。以施政敎。行徵令。

登成也、成猶定也、衆寡民之多少、物家中之財、歲時入其數、若今四時言事、○畜許又反役六畜皆同

及三年則大比。大比則受邦國之比要。

大比、謂使天下更簡閱民數、及其財物也、受邦國之比要、則亦受鄉遂矣、鄭司農云、五家爲比、故以比爲名、今時八月案比是也、要、謂其簿、

乃會萬民之卒伍而用之。五人爲伍。五伍爲兩。四兩爲卒。五卒爲旅。五旅爲師。五師爲軍。以起軍旅。以作田役。以比追胥。以令貢賦。

用謂使民事之、伍兩卒旅師軍、皆衆之名、兩二十五人、卒百人、旅五百人、師二千五百人、軍萬二千五百人、此皆先王所因農

事而定軍令者也欲其恩足相恤義足相救服容相別音聲相識作爲也役功力之事追逐寇也春秋莊十八年夏公追戎于濟西胥伺捕盜賊也貢嬪婦百工之物賦九賦也鄉之田制與遂同○別彼列反

乃均土地以稽其人民而周知其數。上地家七人可任也者家三人。中地家六人可任也者二家五人。下地家五人可任也者家二人。

均平也周猶徧也一家男女七人以上則授之以上地所養者衆也男女五人以下則授之以下地所養者寡也正以七人六人五人爲率者有夫有婦然後爲家自二人以至於十爲九等七六五者爲其中可任謂丁強任力役之事者出老者一人其餘男女強弱相半其大數○以上時掌反

凡起徒役毋過家一人。以其餘爲羨。唯田與追胥竭作。

鄭司農云羨饒也田謂獵也追追寇賊也竭作盡行○毋音無

凡用衆庶。則掌其政教與其戒禁。聽其辭訟。施其賞罰。誅其犯命者。

命所以誓告之

凡國之大事。致民大故。致餘子。

大事謂戎事也大故謂災寇也鄭司農云國有大事當徵召會聚百姓則小司徒召聚之餘子謂羨也玄謂餘子卿大夫之子當守於王宮者也

乃經土地而井牧其田野。九夫爲井。四井爲邑。四邑爲丘。四丘爲甸。四甸爲縣。四縣爲都。以任地事而令貢賦凡稅斂之事。

此謂造都鄙也采地制井田異於鄉遂重立國小司徒爲經之立其五溝五塗之界其制似井之字因取名焉孟子曰夫仁政必自經界始經界不正井地不均穀祿不平是故暴君姦吏必慢其經界經界既正分田制祿可坐而定也鄭司農云井牧者春秋傳所謂井衍沃牧隰皐者也玄謂隰皐之地九夫爲牧二牧而當一井今造都鄙授民田有不易有一易有再易通率二而當一是之謂井牧昔夏少康在虞思有田一成有衆一旅一旅之衆而田一成則井牧之法先古然矣九夫爲井者方一里九夫所治之田也此制小司徒經之匠人爲之溝洫相包乃成耳邑丘之屬相連比以出田稅溝洫爲除水害四井爲邑方二里四邑爲丘方四里四丘爲甸甸之言乘也讀如衷甸之甸甸方八里旁加一里則方十里爲一成積百井九百夫其中六十四井五百七十六夫出田稅三十六井三百二十四夫治洫四甸爲縣方二十里四縣爲都方四十里四都方八十里旁加十里乃得方百里爲一同也積萬井九萬夫其四千九十六井三萬六千八百六十四夫出田稅二千三百四井二萬七百三十六夫治洫三千六百井三萬二千四百夫治澮井田之法備於一同今止於都者采地食者皆四之一其制三等百里之國凡

四都一都之田稅入於王五十里之國凡四縣一縣之田稅入於王二十五里之國凡四甸一甸之田稅入於王地事謂農牧衡虞也貢謂九穀山澤之材也賦謂出車徒給繇役也司馬法曰六尺爲步步百爲畮畮百爲夫夫三爲屋屋三爲井井十爲通通爲匹馬三十家士一人徒二人通十爲成成百井三百家革車一乘士十人徒二十人十成爲終終千井三千家革車十乘士百人徒二百人十終爲同同方百里萬井三萬家革車百乘士千人徒二千人○甸繩證反出注注同夫仁音扶少康詩照反洫況逼反爲除于僞反乘繩證反下同澮古外反

乃分地域而辨其守。施其職而平其政。

分地域謂建邦國造都鄙制鄉遂也辨其守謂衡虞之屬職謂九職也政稅也政當作征故書域爲邦杜子春云當爲域○政音征

凡小祭祀。奉牛牲。羞其肆。

小祭祀，王玄冕所祭。○肆，託歷反

小賓客。令野修道委積。

小賓客，諸侯之使臣。○使，所吏反

大軍旅。帥其衆庶。

帥師而致於大司徒。

小軍旅。巡役。治其政令。

巡役，小力役之事，則巡行之。行，下孟反

大喪。帥邦役。治其政教。

喪役，正柩、引、窆、復土。○窆，波驗反

凡建邦國。立其社稷。正其畿疆之封。

畿，九畿。

凡民訟。以地比正之。

鄭司農云：以田畔所與比，正斷其訟。○斷，丁亂反

地訟。以圖正之。

地訟，爭疆界者。圖，謂邦國本圖。

歲終。則攷其屬官之治成而誅賞。

治成，治事之計。

令羣吏正要會而致事。正歲。則帥其屬而觀教灋之象。徇以木鐸曰。不用灋者。國有常刑。令羣吏憲禁令。修灋糾職。以待邦治。

憲，表縣之。

及大比六鄉四郊之吏。平教治。正政事。攷夫屋及其衆寡六畜兵器。以待政令。

四郊之吏，吏在四郊之內主民事者。夫三爲屋，屋三爲井，出地貢者三三相任。

鄉師之職。各掌其所治鄉之教。而聽其治。

聽，謂平察之。

以國比之灋。以時稽其夫家衆寡。辨其老幼貴賤廢疾馬牛之物。辨其可任者與其施舍者。掌其戒令糾禁。聽其獄訟。

施舍，謂應復免不給繇役。○復，音福

大役。則帥民徒而至。治其政令。既役。則受州里之役要。以攷司空之辟。以逆其役事。

而至，至作部曲也。既，已也。役要，所遣民徒之數。辟，功作章程。逆，猶鉤考也。鄭司農云：辟，法也。○辟，婢亦反

凡邦事。令作秩敘。

事，功力之事。秩，常也。敘，猶次也。事有常次，則不偏匱。○偏，鄙力反

大祭祀。羞牛牲。共茅蒩。

杜子春云：蒩當爲菹，以茅爲菹，若葵菹也。鄭大夫讀蒩爲藉，所祭前藉也。易曰：藉用白茅，无咎。玄謂蒩，士虞禮所謂苴刌茅，長五寸，束之者是也。祝設于几東席上，命佐食取黍稷祭于苴三，取膚祭如初。此所以承祭，既祭，蓋束而去之。守祧職云：既祭

藏其隋、是與。○菹子餘反、藉如字、下皆慈夜反、刌音忖、而夫羌呂反、洮他彫反、隋吁恚反、

大軍旅、會同、正治其徒役與其輂輦、戮其犯命者。

輂、駕馬、輦、人輓、行所以載任器也、止以爲蕃營、司馬法曰、夏后氏謂輦曰余車、殷曰胡奴車、周曰輜輦、輦一斧、一斤、一鑿、一梩、一鋤、周輦加二版二築、又曰、夏后氏二十人而輦、殷十八人而輦、周十五人而輦、故書輦作連、鄭司農云、連讀爲輦、○輂九玉反、輓音晚、梩里其反、

大喪用役、則帥其民而至、遂治之。

治、爲監督其事、

及葬、執纛以與匠師御匶而治役。

匠師、事官之屬、其於司空、若鄉師之於司徒也、鄉師主役、匠師主衆匠、共主葬引、雜記曰、升正柩、諸侯執綍五百人、四綍皆銜

枚、司馬執鐸、左八人、右八人、匠人執翿以御柩、天子六引、禮依此云、鄭司農云、翿、羽葆幢也、爾雅曰、纛、翳也、以指麾輓柩之役、正其行列進退、○纛音毒、匶音舊、綍音弗、翿音桃、幢直江反、行戶剛反、下同、

及窆、執斧以涖匠師。

匠師主豐碑之事、執斧以涖之、使戒其事、故書涖作立、鄭司農云、窆謂葬下棺也、春秋傳曰、日中而堋、禮記所謂封者、立讀爲涖、涖謂臨視也、○堋補鄧反、封彼驗反、

凡四時之田、前期、出田灋于州里、簡其鼓鐸、旗物、兵器、修其卒伍。

田法、人徒及所當有、

及期、以司徒之大旗致衆庶、而陳之以旗物、辨鄉邑而治其政令、刑禁、巡其前後之屯而戮其犯命者、斷其爭禽之訟。

司徒致衆庶者、以熊虎之旗、此又以之、明爲司徒致之、大夫致衆、當以鳥隼之旟、陳之以旗物、以表正其行列、辨別異也、故書巡作述、屯或爲臀、鄭大夫讀屯爲課殿、杜子春讀爲在後曰殿、謂前後屯兵也、玄謂前後屯、車徒異部也、今書多爲屯、從屯、○斷丁亂反、旟音餘、別彼列反、殿都遍反、

凡四時之徵令有常者、以木鐸徇於市朝。

徵令有常者、謂田狩及正月命修封疆、二月命雷且發聲、○朝直遙反、

以歲時巡國及野、而賙萬民之囏阨、以王命施惠。

歲時者、隨其事之時、不必四時也、囏阨、飢乏也、鄭司農云、賙讀爲周急之周、○囏古艱反、

歲終、則攷六鄉之治、以詔廢置。

正歲、稽其鄉器、比共吉凶二服、閭共祭器、族共喪器、黨共射器、州

共賓器、鄉共吉凶禮樂之器。

吉服者、祭服也、凶服者、弔服也、比長主集爲之、祭器者、簠簋鼎俎之屬、閭胥主集爲之、喪器者、夷槃素俎楬豆輁軸之屬、族師主集爲之、此三者、民所以相共也、射器者、弓矢楅中之屬、黨正主集爲之、賓器者、尊俎笙瑟之屬、州長主集爲之、爲鄉大夫或時賓賢能於此州也、吉器若閭祭器者也、凶器若族喪器者也、禮樂之器、若州黨賓射之器者、鄉大夫備集此四者、爲州黨族閭有故而不共也、此鄉器者、旁使相共、則民無廢事、上下相補、則禮行而教成、○楬苦瞎反、輁九勇反、軸音逐、楅音福、又音逼、

若國大比、則考教、察辭、稽器、展事、以詔誅賞。

考教、視賢能以知道藝與不、察辭、視吏言事、知其情實不、展猶整具、

周禮卷十一　終

周禮卷十二

漢大司農北海鄭　玄註

皇明　後學東吳葛　鼒訂

司徒教官之職

鄉大夫之職各掌其鄉之政教禁令。

鄉司農云萬二千五百家爲鄉

正月之吉受教灋于司徒退而頒之于其鄉吏使各以教其所治。以攷其德行察其道藝。

其鄉吏州長以下。○行下孟反

以歲時登其夫家之衆寡辨其可任者。國中自七尺以及六十野自六尺以及六十有五皆征之其舍者國中貴者賢者能者服公事者老者疾者皆舍。以歲時入其書。

登成也定也國中城郭中也晚賦稅而早免之以其所居復多役少野早賦稅而晚免之以其復少役多鄭司農云征之者給公上事也舍者謂有復除舍不收役事也貴者謂若今宗室及關內侯皆復也服公事者謂若今吏有復除也老者謂若今八十九十復羨卒也疾者謂若今癃不可事者復之玄謂入其書者言於大司徒。○復音福下同

三年則大比攷其德行道藝而興賢者能者鄉老及鄉大夫帥其吏與其衆寡以禮禮賓之。

賢者有德行者能者有道藝者衆寡謂鄉人之善者無多少也鄭司農云興賢者謂若今舉孝廉興能者謂若今舉茂才賓敬也敬所舉賢者能者玄謂變舉言興者謂合衆而尊寵之以鄉飲酒之禮禮而賓之

厥明鄉老及鄉大夫羣吏獻賢能之書于王王再拜受之登于天府內史貳之

厥其也其賓之明日也獻猶進也王拜受之重得賢者王上其書于天府天府掌祖廟之寶藏者內史副寫其書者當詔王爵祿之時○上其時掌反藏才浪反

退而以鄉射之禮五物詢衆庶一曰和二曰容三曰主皮四曰和容五曰興舞

以鄉也行鄉射之禮而以五物詢于衆民鄭司農云詢謀也問于衆庶寧復有賢能者和謂閨門之內行也容謂容貌也主皮謂善射射所以觀士也故書舞爲無杜子春讀和容爲和頌謂能爲樂也無讀爲舞謂能爲六舞玄謂和載六德容包六行也

庶民無射禮因田獵分禽則有主皮主皮者張皮射之無侯也主皮和容興舞則六藝之射與禮樂與當射之時民必觀焉因詢之也孔子射於矍相之圃蓋觀者如堵牆射至于司馬使子路執弓矢出誓射者又使公罔之裘序點揚觶而語詢衆庶之儀若是乎○寧復扶又反皮射食亦反矍俱縛反相息亮反觶支豉反

此謂使民興賢出使長之使民興能入使治之

言是乃所謂使民自舉賢者因出之而使之長民教以德行道藝於外也使民自舉能者因入之而使之治民之貢賦田役之事於內也言爲政以順民爲本也書曰天聰明自我民聰明天明威自我民明威老子曰聖人無常心以百姓心爲心如是則古今未有遺民而可爲治

歲終則令六鄉之吏皆會政致事。

會計也致事言其歲盡文書

正歲令羣吏攷灋于司徒以退各憲之于其所治之國。

大詢于衆庶則各帥其鄉之衆寡而致于朝。

大詢者詢國危詢國遷詢立君鄭司農云大詢于衆庶洪範所謂謀及庶民

國有大故則令民各守其閭以待政令。

使民皆聚於閭胥所治處

以旌節輔令則達之。

民雖以徵令行其將之者無節則不得通

州長各掌其州之教治政令之灋。

鄭司農云二千五百家爲州論語曰雖州里行乎哉春秋傳曰鄉取一人焉以歸謂之夏州

正月之吉各屬其州之民而讀灋以攷其德行道藝而勸之以糾其過惡而戒之

屬猶合也聚也因聚衆而勸戒之者欲其善○屬音燭

若以歲時祭祀州社則屬其民而讀灋亦如之春秋以禮會民而射于州序。

序州黨之學也會民而射所以正其志也射儀曰射之爲言繹也繹者各繹己之志

凡州之大祭祀大喪皆涖其事。

大祭祀謂州社稷也大喪鄉老鄉大夫于是卒者也涖臨也

若國作民而師田行役之事則帥而致之掌其戒令與其賞罰。

致之致之于司徒也掌其戒令賞罰則是於軍因爲師帥

歲終則會其州之政令正歲則讀教灋如初。

雖以正月讀之至正歲猶復讀之因此四時之正重申之

三年大比則大攷州里以贊鄉大夫廢興。

廢興所廢退所興進也鄭司農云贊助也

黨正各掌其黨之政令教治。

鄭司農云五百家爲黨論語曰孔子于鄉黨又曰闕黨童子

及四時之孟月吉日則屬民而讀邦灋以糾戒之。

以四孟之月朔日讀灋者彌親民者於教亦彌數○數所角反

春秋祭禜亦如之

禜謂雩禜水旱之神蓋亦爲壇位如祭社稷云○禜榮敬反

國索鬼神而祭祀則以禮屬民而飲酒于序以正齒位一命齒于鄉里再命齒于父族三命而不齒。

國索鬼神而祭祀謂歲十二月大蜡之時建亥之月也正齒位者鄉飲酒義所謂六十者坐五十者立侍六十者三豆七十者四豆八十者五豆九十者六豆是也必正之者爲民三時務農將闕於禮至此農隙而教之尊長養老見孝悌之道也黨正飲酒禮亡以此事屬於鄉飲酒之義微失少矣凡射飲酒比鄉民雖爲卿大夫必來觀禮鄉飲酒鄉射記大夫樂作不入凡既旅不入是也齒于鄉里者以年與衆賓相次也齒于父族者父族有爲賓者以年與之相次異姓雖有老者居于其上不齒者席于尊東所謂遵○蜡仕詐反依字作䄍爲于僞反

凡其黨之祭祀、喪紀、昏冠、飲酒，教其禮事，掌其戒禁。

其黨之民。○冠古亂反

凡作民而師田行役，則以其灋治其政事。

亦於軍因為旅帥。

歲終，則會其黨政，帥其吏而致事。

正歲，屬民讀灋，而書其德行道藝。

書記之。

以歲時涖校比。

涖臨也。鄭司農云：校比，族師職所謂以時屬民而校登其族之夫家衆寡，辨其貴賤老幼廢疾可任者，及其六畜車輦，如今小案比。

及大比，亦如之。

族師各掌其族之戒令政事。

政事，邦政之事。鄭司農云：百家為族。

月吉，則屬民而讀邦灋，書其孝弟睦婣有學者。

月吉，每月朔日也。故書上句或無事字，杜子春云：當為正月吉。書亦或為戒令政事。月吉則屬民而讀邦灋。

春秋祭酺，亦如之。

酺者，為人物烖害之神也。故書酺或為步，杜子春云：當為酺。玄謂校人職又有冬祭馬步，則未知此世所云蝝螟之酺與，人鬼之步與？蓋亦為壇位，如雩禜云。族長無飲酒之禮，因祭酺而與其民以長幼相獻酬焉。○酺音步，校戶教反，蝝悅全反，螟覓經反，禜榮敬反

以邦比之灋，帥四閭之吏，以時屬民，而校登其族之夫家衆寡，辨其貴賤老幼廢疾可任者，及其六畜車輦，

登成也，定也。

五家為比，十家為聯；五人為伍，十人為聯；四閭為族，八閭為聯；使之相保相受，刑罰慶賞相及相共，以受邦職，以役國事，以相葬埋。

相共，猶相救相賙。

若作民而師田行役，則合其卒伍，簡其兵器，以鼓鐸旗物帥而至，掌其治令戒禁刑罰。

亦於軍因為卒長。

歲終，則會政致事。

閭胥各掌其閭之徵令。

鄭司農云：二十五家為閭。

以歲時各數其閭之衆寡，辨其施舍。凡春秋之祭祀、役政、喪紀之數，聚衆庶。既比，則讀灋，書其敬敏任恤者。

祭祀，謂州社、黨禜、族酺也。役，田役也。政，若州射、黨飲酒也。喪紀，大喪之事也。四者及比，皆會聚衆民，因以讀灋，以勅戒之。故書既為暨，杜子春讀政為征，暨為既。○數色主反，政役如字，杜音征

凡事，掌其比觵撻罰之事。

鱕撻者失禮之罰也鱕刑凾其爵兕角爲之撻扑也故書或言鱕撻之罰事杜子春云當言鱕撻罰之事○鱕古横反扑普卜反

比長各掌其比之治五家相受相和親有辠奇衺則相及

衺猶惡也○辠本亦作罪衺似嗟反

徙于國中及郊則從而授之

徙謂不便其居也或國中之民出徙郊或郊民入徙國中皆從而付所處之吏明無罪惡

若徙于他則爲之旌節而行之

徙于他謂出居異鄉也授之者有節乃達

若無授無節則唯圜土內之

鄉中無授出鄉無節過所則呵問繫之圜土考辟之也圜土者獄城也獄必圜者規主仁以仁心求其情古之治獄閔于出之

封人掌設王之社壝爲畿封而樹之

壝謂壇及埒埓也畿上有封若今時界矣不言稷者稷社之細也

凡封國設其社稷之壝封其四疆

封國建諸侯立其國之封

造都邑之封域者亦如之

令社稷之職

將祭之時令諸有職事於社稷者也郊特牲曰唯爲社事單出里唯爲社田國人畢作唯爲社丘乘共粢盛所以報本反始也○爲于僞反下同單音丹乘繩證反

凡祭祀飾其牛牲設其楅衡置其絼共其水稾

飾謂刷治潔清之也鄭司農云楅衡所以楅持牛也絼著牛鼻繩所以牽牛者今時謂之雉與古者名同皆謂夕牲時也杜子春云楅衡所以持牛令不得抵觸人玄謂楅設于角衡設于鼻如椵狀也水稾給殺時洗薦牲也絼字當以豸爲聲○楅音逼絼本又作紖持忍反稾古老反著直略反令力呈反椵音加豸直抵反

歌舞牲及毛炮之豚

謂君牽牲入時隨歌舞之言其肥香以歆神也毛炮豚者爓去其毛而炮之以備八珍鄭司農云封人主歌舞其牲云博碩肥腯○炮薄交反爓似鹽反去起呂反腯徒忍反

凡喪紀賓客軍旅大盟則飾其牛牲

大盟會同之盟

鼓人掌敎六鼓四金之音聲以節聲樂以和軍旅以正田役

音聲五聲合和者

敎爲鼓而辨其聲用

敎爲鼓敎擊鼓者大小之數又別其聲所用之事○別彼列反

以雷鼓鼓神祀

雷鼓八面鼓也神祀祀天神也

以靈鼓鼓社祭

靈鼓六面鼓也社祭祭地祇也

以路鼓鼓鬼享

路鼓，四面鼓也。鬼享，享宗廟也。

以鼖鼓鼓軍事。大鼓謂之鼖，鼖鼓長八尺。○鼖扶云反

以鼛鼓鼓役事。鼛鼓長丈二尺。○鼛音羔

以晉鼓鼓金奏。晉鼓長六尺六寸。金奏謂樂作擊編鐘。

以金錞和鼓。錞，錞于也。圜如碓頭，大上小下，樂作鳴之，與鼓相和。○錞音淳，碓音對

以金鐲節鼓。鐲，鉦也。形如小鍾，軍行鳴之，以爲鼓節。司馬職曰：軍行鳴鐲。○鐲直角反，鉦音征

以金鐃止鼓。鐃如鈴，無舌，有秉，執而鳴之，以止擊鼓。司馬職曰：鳴鐃且卻。○鐃女交反，卻起略反

以金鐸通鼓。鐸，大鈴也。振之以通鼓。司馬職曰：司馬振鐸。○鈴音零

凡祭祀百物之神，鼓兵舞帗舞者。兵謂干戚也。帗，列五采繒爲之，有秉，皆舞者所執。○帗音佛，劉音弗

凡軍旅，夜鼓鼜。鼜，夜戒守鼓也。司馬灋曰：昏鼓四通爲大鼜，夜半三通爲晨戒，旦明五通爲發昫。○鼜千歷反，昫本又作呴，亦作煦，休具反

軍動則鼓其衆。動且行。

田役亦如之。

救日月則詔王鼓。救日月食，王必親擊鼓者，聲大異。春秋傳曰：非日月之眚不鼓。

大喪則詔大僕鼓。始崩及窆時也。

舞師掌教兵舞，帥而舞山川之祭祀；教帗舞，帥而舞社稷之祭祀；教羽舞，帥而舞四方之祭祀；教皇舞，帥而舞旱暵之事。羽，析白羽爲之，形如帗也。四方之祭祀，謂四望也。旱暵之事，謂雩也。暵，熱氣也。鄭司農云：皇舞，蒙羽舞，書或爲䍿，或爲義。玄謂皇，析五采羽爲之，亦如帗。○暵呼但反，䍿音皇

凡野舞，則皆教之。野舞謂野人欲學舞者。

凡小祭祀，則不興舞。小祭祀，王玄冕所祭者。興，猶作也。

周禮卷十二終

周禮卷十三

漢大司農北海鄭　玄註

皇明　後學東吳金　蟠訂

司徒教官之職

牧人掌牧六牲而阜蕃其物以共祭祀之牲牷。六牲謂牛馬羊豕犬雞鄭司農云牷純也玄謂牷體完具○牷音全

凡陽祀用騂牲毛之陰祀用黝牲毛之望祀各以其方之色牲毛之騂牲色赤毛之取純毛也陰祀祭地北郊及社稷也望祀五嶽四鎮四瀆也鄭司農云陽祀春夏也黝讀爲幽幽黑也玄謂陽祀祭天於南郊及宗廟○黝于糾反

凡時祀之牲必用牷物。時祀四時所常祀謂山川以下至四方百物

凡外祭毀事用尨可也。外祭謂表貉及王行所過山川用事者故書毀爲甈尨作龐杜子春云甈當爲毀龐當爲尨尨謂雜色不純毀謂副辜侯禳毀除殃咎之屬○尨亡江反貉莫霸反甈丘例反副普逼反辜音孤禳如羊反

凡祭祀共其犧牲以授充人繫之犧牲毛羽完具也授充人者當殊養之周景王時賓起見雄雞自斷其尾曰雞憚其爲犧

凡牲不繫者共奉之謂非時而祭祀者

牛人掌養國之公牛以待國之政令公猶官也

凡祭祀共其享牛求牛以授職人而芻之。鄭司農云享牛前祭一日之牛也求牛禱於鬼神祈求福之牛也玄謂享獻也獻神之牛謂所以祭者也求終也終事之牛謂所以繹者也宗廟有繹者孝子求神非一處職讀爲樴樴謂之杙可以繫牛樴人者謂牧人充人與芻牲之芻牛人擇於公牛之中而以授養之○職之式反注樴同杙餘式反

凡賓客之事共其牢禮積膳之牛。牢禮飧饔也積所以給賓客之用若司儀職曰主國五積者也膳所以問禮賓客若嘗客云殷膳太牢○積子賜反飧音孫

饗食賓射共其膳羞之牛。羞進也所進賓之膳燕禮小臣請執冪者與羞膳者至獻賓而膳宰設折俎王之膳羞亦猶此○食音嗣下文同冪民狄反

軍事共其犒牛。鄭司農云犒師之牛○犒苦報反

喪事共其奠牛。謂殷奠遣奠也喪所薦饋曰奠

凡會同軍旅行役共其兵車之牛與其牽徬以載公任器。牽徬在轅外輓牛也人御之居其前曰牽居其旁曰徬任猶用也○徬薄浪反

凡祭祀共其牛牲之互與其盆簝以待事。

鄭司農云、互謂楅衡之屬、盆簝皆器名、盆所以盛血、簝受肉籠也、玄謂互若今屠家縣肉格、○互劉音護徐音牙簝音寮盛音成縣音玄

充人掌繫祭祀之牲牷。祀五帝。則繫于牢。芻之三月。

牢閑也、必有閑者防禽獸觸齧、養牛羊曰芻、三月、一時節氣成、

享先王亦如之。

凡散祭祀之牲。繫于國門。使養之。

散祭祀謂司中司命山川之屬、國門謂城門司門之官、鄭司農云、使養之使守門者養之、○散素但反

展牲則告牷。

鄭司農云、展具也、具牲若今時選牲也、充人主以牲牷告展牲者也、玄謂展牲若今夕牲也、特牲饋食之禮曰宗人視牲告充、舉獸尾告備近之、

碩牲則贊。

贊助也、若率牲入、將致之、助持之也、春秋傳曰故奉牲以告曰博碩肥腯、

地官司徒下

載師掌任土之灋。以物地事授地職。而待其政令。

任土者任其力勢所能生育、且以制貢賦也、物物色之以知其所宜之事而授農牧衡虞使職之、

以廛里任國中之地。以場圃任園地。以宅田士田賈田任近郊之地。以官田牛田賞田牧田任遠郊之地。以公邑之田任甸地。以家邑之田任稍地。以小都之田任縣地。以大都之田任畺地。

故書廛或作壇、郊或爲蒿、稍或作削、鄭司農云、禮讀爲廛、廛市中空地、未有肆、城中空地未有宅者、民宅曰宅、宅田者以備益多也、士田者士大夫之子得而耕之田也、賈田者吏爲縣官賣財與之田、官田者公家之所耕田、牛田者以養公家之牛、賞田者賞賜之田、牧田者牧六畜之田、司馬法曰王國百里爲郊、二百里爲州、三百里爲野、四百里爲縣、五百里爲都、杜子春云、蒿讀爲郊、五十里爲近郊、百里爲遠郊、玄謂廛里者若今云邑里居矣、廛民居之區域也、里居也、圃樹果蓏之屬、季秋於中爲場樊圃謂之園、宅田致仕者之家所受田也、士相見禮曰宅者在邦則曰市井之臣、在野則曰草茅之臣、士讀爲仕、仕者亦受田、所謂圭田也、孟子曰自卿以下必有圭田、圭田五十畮、賈田在市賈人其家所受田也、官田庶人在官者其家所受田也、牛田牧田畜牧者之家所受田也、公邑謂六遂餘地、天子使大夫治之、自此以外皆然、二百里三百里其上大夫如州長、四百里五百里其下大夫如縣正、是以或謂二百里爲州、四百里爲縣云、遂人亦監焉、家邑大夫之采地、小都卿之采地、大都公之采地、王子弟所食邑也、畺五百里王畿界也、皆言任者、地之形實不方平如圖、受田邑者遠近不得盡如制、其所生育賦貢取正於

是爾、以廛里任國中、而遂人職授民田、夫一廛、田百畮、是廛里不謂民之邑居在都城者與、凡王畿內方千里、積百同、九百萬夫之地也、有山陵林麓川澤溝瀆城郭宮室涂巷三分去一、餘六百萬夫、又以田不易一易再易、上中下相通、定受田者三百萬家也、遠郊之內地居四同、三十六萬夫之地也、三分去一、其餘二十四萬夫、六鄉之民七萬五千家、通不易一易再易、一家受二夫、則十五萬夫之地、其餘九萬夫廛里也、場圃也、宅田也、士田也、賈田也、官田也、牛田也、賞田也、牧田也、九者亦通受一夫焉、則半農人也、定受田十二萬家也、食貨志云、農民戶一人已受田、其家衆男爲餘夫、亦以口受田如此、士工商家受田五口乃當農夫一人、今餘夫在遂地之中、如此則士工商以事入在官、而餘夫以力出耕公邑甸稍縣都、合居九十六同、八百六十四萬夫之地、城郭宮室差少、涂巷又狹、于三分所去六而存一焉、以十八分之十三率之、則其餘六百二十四萬夫之地、通上中下六家而受十三夫、定受田二百八十八萬家也、其在甸十萬五千家爲六遂、餘則公邑、○場直良反、賈音古、註同、畺居良反、吏爲于僞反、蓏力果反、州長丁丈反、後皆同、監古衘反、麓音鹿、涂音徒、去起呂反、下同、率音律、又音類

凡任地。國宅無征。園廛二十而一。近郊十一。遠郊二十而三。甸稍縣都。皆無過十二。唯其漆林之征。二十而五。

征稅也言征者以共國政也鄭司農云任地謂任土地以起稅賦也國宅城中宅也無征無稅也故書漆林為桼林杜子春云當為漆林玄謂國宅凡官所有宮室吏所治者也周稅輕近而重遠近者多役也園廛亦輕之者廛無穀園少利也古之宅必有樹而畺場有瓜○桼本又作漆

凡宅不毛者有里布。凡田不耕者出屋粟。凡民無職事者。出夫家之征。

鄭司農云宅不毛者謂不樹桑麻也里布者布參印書廣二寸長二尺以為幣貿易物詩云抱布貿絲抱此布也或曰布泉也春秋傳曰買之百兩一布又廛人職掌斂市之次布儳布質布罰布廛布孟子曰廛無夫里之布則天下之民皆說而願為其

周禮　卷十三　司徒教官之職　五　永懷堂

民矣故曰宅不毛者有里布民無職事者出夫家之征欲令宅樹桑麻民就四業則無稅賦以勸之也故孟子曰五畝之宅樹之以桑則五十者可以衣帛不知言布參印書者何見舊時說也玄謂宅不毛者罰以一里二十五家之泉空田者罰以三家之稅粟以共吉凶二服及喪器也民雖有閒無職事者猶出夫稅家稅也夫稅者百畝之稅家稅者出士徒車輦給繇役○儳音讒說音悅令力呈反衣於既反閒音閑

閭師掌國中及四郊之人民六畜之數。以任其力。以待其政令。以時徵其賦。

國中及四郊是所主數六鄉之中自廛里至遠郊也掌六畜數者農事之本也賦謂九賦及九貢

凡任民。任農以耕事貢九穀。任圃以樹事貢草木。任工以飭材事貢器物。任商以市事貢貨賄。任牧以畜事貢鳥獸。任嬪以女事貢布帛。任衡以山事貢其物。任虞以澤事貢其物。

貢草木謂葵韭果蓏之屬○畜許六反

凡無職者出夫布。

獨言無職者掌其九賦

凡庶民不畜者祭無牲。不耕者祭無盛。不樹者無椁。不蠶者不帛。不績者不衰。

掌罰其家事也盛黍稷也椁周棺也不帛不得衣帛也不衰喪不得衣衰也皆所以恥不勉○衰七回反

縣師掌邦國都鄙稍甸郊里之地域。而辨其夫家人民田萊之數。

周禮　卷十三　司徒教官之職　六　永懷堂

及其六畜車輦之稽。三年大比。則以攷群吏。而以詔廢置。

郊里郊所居也自邦國以及四郊之內是所主數周天下也萊休不耕者郊內謂之易郊外謂之萊善言近○比毗志反

若將有軍旅會同田役之戒。則受灋于司馬。以作其眾庶及馬牛車輦。會其車人之卒伍。使皆備旗鼓兵器。以帥而至。

受灋於司馬者知所當徵發眾寡

凡造都邑。量其地。辨其物。而制其域。

物謂地所有也名山大澤不以封○量音良

以歲時徵野之賦貢。

野謂甸稍縣都也所徵賦貢與閭師同

周禮卷十四

漢大司農北海鄭　玄註

皇明　後學東吳葛　鼒訂

司徒教官之職

均人掌均地政。均地守。均地職。均人民牛馬車輦之力政。

政讀爲征。地征，謂地守地職之稅也。地守，衡虞之屬。地職，農圃之屬。力征，人民則治城郭涂巷溝渠，牛馬車輦則轉委積之屬。○政音征，下同

凡均力政，以歲上下。豐年則公旬用三日焉。中年則公旬用二日焉。無年則公旬用一日焉。

豐年，人食四鬴之歲也。人食三鬴爲中歲。人食二鬴爲無歲。歲無嬴儲也。公，事也。旬，均也。讀如𥳑𥳑原隰之𥳑。《易》坤爲均，今書亦有作旬者。○上時掌反，鬴亡甫反，𥳑音均，又音旬

凶札則無力政，無財賦。

無力政，恤其勞也。無財賦，恤其乏困也。財賦，九賦也。

不收地守地職，不均地政。

不收山澤及地稅，亦不平計地稅也。非凶札之歲當收稅，乃均之耳。

三年大比則大均。

有年無年，大平計之，若久不修，則數或闕。

師氏掌以媺詔王。

告王以善道也。文王世子曰：師也者，教之以事而諭諸德者也。○媺音美

以三德教國子。一曰至德，以爲道本。二曰敏德，以爲行本。三曰孝德，以知逆惡。教三行。一曰孝行，以親父母。二曰友行，以尊賢良。三曰順行，以事師長。

德行，內外之稱，在心爲德，施之爲行。至德，中和之德，覆燾持載含容者也。孔子曰：中庸之爲德，其至矣乎。敏德，仁義順時者也。說命曰：敬孫務時敏，厥修乃來。孝德，尊祖愛親，守其所以生者也。孔子曰：武王周公，其達孝矣乎。夫孝者，善繼人之志，善述人之事者也。孝在三德之下，三行之上，德有廣於孝，而行莫尊焉。國子，公卿大夫之子弟，師氏教之，而世子亦齒焉，學君臣父子長幼之道。○行下孟反，下及注同，知音智，燾徒報反，說音悅，孫音遜，夫音扶

居虎門之左，司王朝。

虎門，路寢門也。王日視朝於路寢，門外畫虎焉，以明勇猛於守宜也。司，猶察也。察王之視朝，若有善道可行者，則當前以詔王。○朝直遙反，下皆同

掌國中失之事，以教國子弟。

教之者，使識舊事也。中，中禮者也。失，失禮者也。故書中爲得。杜子春云：當爲得，記君得失，若春秋是也。○中丁仲反，注同

凡國之貴遊子弟學焉。

貴遊子弟，王公之子弟。遊，無官司者。杜子春云：遊當爲猶，言雖貴猶學。

凡祭祀，賓客，會同，喪紀，軍旅，王舉則從。

舉猶行也。故書舉爲與。杜子春云：當爲與，謂王與會同喪紀之事。○從才用反，與音預

聽治亦如之。

謂王舉於野外以聽朝。

使其屬帥四夷之隸各以其兵服守王之門外且蹕。

兵服旃布弓劍不同也門外中門之外蹕止行人不得迫王宮也故書隸或作肆鄭司農云讀爲隸○蹕音畢

朝在野外則守內列。

內列蕃營之在內者也其屬亦帥四夷之隸守之如守王宮

保氏掌諫王惡。

諫者以禮義正之文王世子曰保也者慎其身以輔翼之而歸諸道者也

而養國子以道乃敎之六藝一曰五禮二曰六樂三曰五射四曰五馭五曰六書六曰九數乃敎之六儀一曰祭祀之容二曰賓客之容三曰朝廷之容四曰喪紀之容五曰軍旅之容六曰車馬之容。

養國子以道者以師氏之德行審諭之而後敎之以藝儀也五禮吉凶賓軍嘉也六樂雲門大咸大韶大夏大濩大武也鄭司農云五射白矢參連剡注襄尺井儀也五馭鳴和鸞逐水曲過君表舞交衢逐禽左六書象形會意轉注處事假借諧聲也九數方田粟米差分少廣商功均輸方程贏不足旁要今有重差夕桀句股也祭祀之容穆穆皇皇賓客之容嚴恪矜莊朝廷之容濟濟蹌蹌喪紀之容涕涕翔翔軍旅之容闞闞仰仰車馬之容顚顚堂堂玄謂祭祀之容齊齊皇皇賓客之容穆穆皇皇朝廷之容濟濟翔翔喪紀之容纍纍顚顚軍旅之容暨暨詻詻車馬之容匪匪翼翼○剡羊甚反襄音讓本作讓重直龍反夕桀音的沈祥易反此二字非鄭注濟子禮反蹌七良反闞呼檻反仰本又作卬五剛反纍顚上律悲反下音田詻五格反

凡祭祀賓客會同喪紀軍旅王舉則從聽治亦如之使其屬守王闈。

闈宮中之巷門

司諫掌糾萬民之德而勸之朋友正其行而強之道藝巡問而觀察之以時書其德行道藝辨其能而可任於國事者。

朋友相切磋以善道也強猶勸也學記曰強而弗抑則易巡問行問民間也可任於國事任吏職○強其丈反易以豉反

以攷鄉里之治以詔廢置以行赦宥。

因巡問勸強萬民而考鄉里吏民罪過以告王所當罪不○行下孟反

司救掌萬民之衺惡過失而誅讓之以禮防禁而救之。

衺惡謂侮慢長老語言無忌而未麗於罪者過失亦由衺惡酗醟好訟若抽拔兵器誤以行傷害人麗於罪者誅誅責也古者

重刑且責怒之未即罪也○衺似嗟反注作邪同酗況付反醟音詠好訟呼報反

凡民之有衺惡者三讓而罰三罰而士加明刑恥諸嘉石役諸司空。

罰謂撻擊之也加明刑者去其冠飾而書其衺惡之狀著之背也嘉石朝士所掌在外朝之門左使坐焉以恥辱之既而役諸司空使事官之作也坐役之數存於司寇○去起呂反著直略反

其有過失者三讓而罰三罰而歸於圜土。

圜土獄城也過失近罪晝日任之以事而收之夜藏於獄亦加明刑以恥之不使坐嘉石其罪已著未忍刑之

凡歲時有天患民病則以節巡國中及郊野而以王命施惠。

天患謂烖害也節旌節也施惠賙恤之

調人掌司萬民之難而諧和之
難相與爲仇讎諧猶調也
凡過而殺傷人者以民成之
過無本意也成平也鄭司農云以民成之謂立證佐成其罪也一說以鄉里之民共和解之春秋傳曰惠伯成之之屬
鳥獸亦如之
過失殺傷人之畜産者○畜許又反
凡和難父之讎辟諸海外兄弟之讎辟諸千里之外從父兄弟之讎不同國君之讎眂父師長之讎眂兄弟主友之讎眂從父兄弟
和之使辟於此不得就而仇之九夷八蠻六戎五狄謂之四海主大夫君也春秋傳曰晉荀偃卒而視不可含宣子盥而撫之

曰事吳敢不如事主○辟音避從才用反眂音視
弗辟則與之瑞節而以執之
瑞節玉節之剡圭也和之而不肯辟者是不從王命也王以剡圭使調人執之治其罪
凡殺人有反殺者使邦國交讎之
反復也復殺之者此欲除害弱敵也邦國交讎之明不和諸侯得者卽誅之鄭司農云有反殺者謂重殺也
凡殺人而義者不同國令勿讎讎之則死
義宜也謂父母兄弟師長嘗辱焉而殺之者如是爲得其宜雖所殺者人之父兄不得讎也使之不同國而已
凡有鬭怒者成之不可成者則書之先動者誅之
鬭怒辨訟者也不可成不可平也書之記其姓名辨本也鄭司農云成之謂和之也和之猶今二千石以令解仇怨後復相報

移徙之此其類也玄謂上言立證佐成其罪似非
媒氏掌萬民之判
判半也得耦爲合主合其半成夫婦也喪服傳曰夫妻判合鄭司農云主萬民之判合
凡男女自成名以上皆書年月日名焉
鄭司農云成名謂子生三月父名之
令男三十而娶女二十而嫁
二三者天地相承覆之數也易曰參天兩地而奇數焉○奇本或作倚音同
凡娶判妻入子者皆書之
書之者以別未成昏禮者鄭司農云入子者謂嫁女者也玄謂言入子者容媵姪娣不聘之者

中春之月令會男女
中春陰陽交以成昏禮順天時也
於是時也奔者不禁
重天時權許之也
若無故而不用令者罰之
無故謂無喪禍之變也有喪禍者娶得用非仲春之月雜記曰已雖小功旣卒哭可以冠子娶妻○冠古亂反
司男女之無夫家者而會之
司猶察也無夫家謂男女之鰥寡者
凡嫁子娶妻入幣純帛無過五兩

純實緇字也古緇以才爲聲納幣用緇婦人陰也凡於娶禮必用其類五兩十端也必言兩者欲得其配合之名十者象五行十日相成也士大夫乃以玄纁束帛天子加以穀圭諸侯加以大璋雜記曰納幣一束束五兩兩五尋然則每端二丈○純側其反

禁遷葬者與嫁殤者。

遷葬謂生時非夫婦死既葬遷之使相從也殤十九以下未嫁而死者生不以禮相接死而合之是亦亂人倫者也鄭司農云嫁殤者謂嫁死人也今時娶會是也

凡男女之陰訟聽之于勝國之社其附于刑者歸之于士。

陰訟爭中冓之事以觸法者勝國亡國也亡國之社奄其上而棧其下使無所通就之以聽陰訟之情明不當宣露其罪不在赦宥者直歸士而刑之不復以聽士司寇之屬詩云牆有茨不可掃也中冓之言不可道也所可道也言之醜也○冓古侯反

棧士版反 茨疾私反

司市掌市之治教政刑量度禁令。

量豆區斗斛之屬度丈尺也○區烏侯反

以次敘分地而經市。

次謂吏所治舍思次介次也若今市亭然敘肆行列也經界也○行戶剛反

以陳肆辨物而平市。

陳猶列也辨物物異肆也肆異則市平

以政令禁物靡而均市。

物靡者易售而無用禁之則市均鄭司農云靡謂侈靡也○易以鼓反

以商賈阜貨而行布。

通物曰商居賣物曰賈阜猶盛也鄭司農云布謂泉也○賈音古

以量度成賈而徵價。

徵召也價買也物有定賈則買者來也○成賈音嫁注下不音者皆同價劉音育

以質劑結信而止訟。

質劑謂兩書一札而別之也若今下手書言保物要還矣鄭司農云質劑月平○劑子隨反平皮命反

以賈民禁僞而除詐。

賈民胥師賈師之屬必以賈民爲之者知物之情僞與實詐○賈民音嫁

以刑罰禁虣而去盜。

刑罰憲徇扑○虣薄報反去起呂反扑普卜反

以泉府同貨而斂賖。

同共也同者謂民貨不售則爲斂而買之民無貨則賖貰而予之○賖傷蛇反爲于僞反貰音世

大市日昃而市百族爲主朝市朝時而市商賈爲主夕市夕時而市販夫販婦爲主。

日昃昳中也市雜聚之處言主者謂其多者也百族必容來去商賈家於市城販夫販婦朝資夕賣因其便而分爲三時之市所以了物極衆鄭司農云百族百姓也○昃音側本又作昊

凡市入則胥執鞭度守門市之羣吏平肆展成奠賈上旌于思次以令市市師涖焉而聽大治大訟胥師賈師涖于介次而聽小治

小訟。

凡市入、謂三時之市市者入也、胥守門察僞詐也、必執鞭度以威正人衆也、度謂殳也、因刻丈尺耳、羣吏胥師以下也、平肆、平賣物者之行列使之正也、展之言整也、成、平也、會平成市物者也、奠讀爲定、整勑會者、使定物賈防誑豫也、上旌者以爲衆望也、見旌則知當市也、思次若今市亭也、市師、司市也、介次、市亭之屬別小者也、故書泣作立、杜子春云、奠當爲定、鄭司農云、思辭也、次、市中候樓也、立當爲泣、泣、視也、玄謂思當爲司字、聲之誤也、○奠音定、上時掌反、殳音殊

凡萬民之期于市者、辟布者、量度者、刑戮者、各於其地之敘。

期、謂欲賣買、期法于市也、量度者、若今處斗斛及丈尺也、故書辟爲辭、鄭司農云、辭布、辭訟泉物者也、玄謂辟布、市之羣吏考實諸泉入、及有遺忘、

凡得貨賄六畜者、亦如之、三日而舉之。

得遺物者亦使置其地、貨於貨之肆、馬於馬之肆、則主求之易也、三日而無識認者、舉之沒入官、

凡治市之貨賄六畜珍異、亡者使有、利者使阜、害者使亡、靡者使微。

利、利於民、謂物實厚者、害、害於民、謂物行苦者、使有、使阜、起其賈以徵之也、使亡、使微、抑其賈以卻之也、侈靡細好、使富民好奢、微之而已、鄭司農云、亡者使有、無此物則開利其道使之有、○苦音古、好呼報反

凡通貨賄、以璽節出入之。

璽節、印章、如今斗檢封矣、使人執之以通商、以出貨賄者、王之司市也、以內貨賄者、邦國之司市也、

國凶荒札喪、則市無征而作布。

有災害、物貴、市不稅、爲民乏困也、金銅無凶年、因物貴大鑄泉以饒民、

凡市僞飾之禁、在民者十有二、在商者十有二、在賈者十有二、在工者十有二。

鄭司農云、所以俱十有二者、工不得作、賈不得粥、商不得資、民不得畜、玄謂王制曰、用器不中度、不粥於市、兵車不中度、不粥於市、布帛精麤不中數、幅廣狹不中量、不粥於市、姦色亂正色、不粥於市、五穀不時、果實未熟、不粥於市、木不中伐、不粥於市、禽獸魚鼈不中殺、不粥於市、亦其類也、於四十八、則未聞數十二焉、○賈音古、注同、粥音育、中丁仲反、下同

市刑、小刑憲罰、中刑徇罰、大刑扑罰、其附于刑者、歸于士。

徇、舉以示其地之衆也、扑、撻也、鄭司農云、憲罰、播其肆也、故書附爲柎、杜子春云、當爲附、○柎方符反

國君過市、則刑人赦、夫人過市、罰一幕、世子過市、罰一帟、命夫過市、罰一蓋、命婦過市、罰一帷。

謂諸侯及夫人世子過其國之市、大夫內子過其都之市也、市者人之所交利而行刑之處、君子無故不遊觀焉、若遊觀、則施惠以爲說也、國君則赦其刑人、夫人世子、命夫命婦、則使之出罰、異尊卑也、所罰謂憲徇扑也、必罰幕帟蓋帷、市者衆也、此四物者、在衆之用也、此王國之市、而說國君以下過市者、諸侯之於其國、與王同、以其足以互明之、○幕劉音莫、帟音亦、觀古亂反、下同

凡會同師役、市司帥賈師而從、治其市政、掌其賣價之事。

市司、司市也、價、買也、會同師役、必有市者、大衆所在、來物以備之、

周禮卷十四終

周禮卷十五

漢大司農北海鄭　玄註

皇明　後學東吳金　蟠訂

司徒教官之職

質人掌成市之貨賄人民牛馬兵器珍異。成平也會者平物賈而來主成其平也人民奴婢也珍異四時食物

凡賣儥者質劑焉大市以質小市以劑。鄭司農云質劑月平賈也質大賈劑小賈玄謂質劑者爲之券藏之也大市人民馬牛之屬用長券小市兵器珍異之物用短券○長如字

掌稽市之書契同其度量壹其淳制巡而攷之犯禁者舉而罰之。稽猶考也治也書契取予市物之券也其券之象書兩札刻其側杜子春云淳當爲純純謂幅廣制謂匹長也皆當中度量玄謂淳讀如淳尸盥之淳○其淳音準長直亮反中丁仲反淳尸劉章純反

凡治質劑者國中一旬郊二旬野三旬都三月邦國朞期內聽期外不聽。謂齎券契者來訟也以期內來則治之後期則不治所以絕民之好訟且息文書也郊遠郊也野甸稍也都小都大都

廛人掌斂市絘布緫布質布罰布廛布而入于泉府。布泉也鄭司農云絘布列肆之稅布杜子春云緫當爲儳謂無肆立持者之稅也玄謂緫讀如租穟之穟穟布謂守斗斛銓衡者之稅也質布者質人之所罰犯質劑者之泉也罰布者犯市令者之泉也廛布者貨賄諸物邸舍之稅○絘音次儳音讒穟音摠

凡屠者斂其皮角筋骨入于玉府。以當稅給作器物也其無皮角及筋骨不中用亦稅之

凡珍異之有滯者斂而入于膳府。故書滯或作廛鄭司農云謂滯貨不售者官爲居之貨物沉滯於廛中不決民待其直以給喪疾而不可售買賤者也廛謂市中之地未有肆而可居以畜藏貨物者也孟子曰市廛而不征法而不廛則天下之商皆說而願藏於其市矣謂貨物儲藏於市中而不租稅也故曰廛而不征其有貨物久滯於廛而不售者官以法爲居取之故曰法而不廛玄謂滯讀如沉滯之滯珍異四時食物也不售而在廛久則將瘦臞腐敗爲買之入膳夫之府所以紓民事而官不失實○官爲于僞反下同畜勅六反說音悅儲知呂反本或作貯瘦本又作膄所又反臞其俱反

胥師各掌其次之政令而平其貨賄憲刑禁焉。憲表縣之○縣音玄

察其詐僞飾行儥慝者而誅罰之。鄭司農云儥賣也慝惡也謂行且賣姦僞惡物者玄謂飾行儥慝謂使人行賣惡物於市巧飾之令欺誑買者○行下孟反令力呈反

聽其小治小訟而斷之。○斷丁亂反

賈師各掌其次之貨賄之治辨其物而均平之展其成而奠其賈然後令市。

辨別也、

凡天患。禁貴儥者。使有恒賈。

恒、常也、謂若𥝧米穀棺木、而睹久雨疫病者貴賣之、因天災害阸民使之重困、

四時之珍異。亦如之。

薦宗廟之物、

凡國之賣儥。各帥其屬而嗣掌其月。

儥、買也、故書賣爲買、鄭司農云、謂官有所斥令賣買、帥師其屬而更相代直月爲官賣之、均勞逸、○爲官于僞反

凡師役會同。亦如之。

司虣掌憲市之禁令。禁其鬭囂者。與其虣亂者。出入相陵犯者。以

屬遊飲食于市者。

屬遊、讙也、鄭司農云、以屬遊飲食羣飲食者、○屬五羔反讙音歡

若不可禁。則搏而戮之。

司稽掌巡市。而察其犯禁者。與其不物者。而搏之

不物、衣服視占不與衆同、及所操物不如品式、

掌執市之盜賊以徇。且刑之。

胥各掌其所治之政。執鞭度而巡其前。掌其坐作出入之禁令。襲其不正者。

作、起也、坐起禁令、當市、而不得空守之屬、故書襲爲習、杜子春云、當爲襲、謂掩捕其不正者、

凡有罪者。撻戮而罰之。

罰之、使出布、

肆長各掌其肆之政令。陳其貨賄。名相近者相遠也。實相近者相爾也。而平正之。

爾、亦近也、俱是物也、使惡者遠善、善自相近、鄭司農云、謂若珠玉之屬、俱名爲珠、俱名爲玉、而賈或百萬或數萬、恐農夫愚民見欺、故別異令相遠、使賈人不得雜亂以欺人、

斂其總布。掌其戒令。

杜子春云、總當爲儳、

泉府掌以市之征布。斂市之不售。貨之滯於民用者。以其賈買之。

物楬而書之。以待不時而買者。買者各從其抵。都鄙從其主。國人郊人從其有司。然後予之。

故書滯爲癉、杜子春云、癉當爲滯、鄭司農云、物、楬而書之、物物爲揃、書書其賈、楬著其物也、不時買者、謂急求者也、抵、故賈也、主者、別治大夫也、然後予之、爲封符信、然後予之、玄謂抵實柢字、柢、木也、本、謂所屬吏主有司是也、○楬音竭癉音旦揃音戩著直畧反

凡賒者。祭祀無過旬日。喪紀無過三月。

鄭司農云、賒、貰也、以祭祀喪紀故、從官貰買物、

凡民之貸者。與其有司辨而授之。以國服爲之息。

有司、其所屬吏也、與之、別其貸民之物、定其賈以與之、鄭司農云、貸者、謂從官借本賈也、故有息使民弗利、以其所賈之國所

出爲息也。假令其國出絲絮，則以絲絮償。其國出絺葛，則以絺葛償。玄謂以國服爲之息，以其於國服事之稅爲息也。於國事受園廛之田，而貸萬泉者，則朞出息五百。王莽時民貸以治產業者，但計贏所得受息，無過歲什一。○本賈音嫁，所賈音古

凡國之財用取具焉。歲終則會其出入而納其餘。

會，計也。納，入也。入餘於職幣。

司門掌授管鍵以啓閉國門。

鄭司農云：鍵讀爲蹇。管謂籥也，鍵謂牡。○鍵其展反

幾出入不物者，正其貨賄。凡財物犯禁者舉之。

不物，衣服視瞻不與衆同，及所操物不如品式者。正讀爲征，征，稅也。犯禁，謂商所不資者，舉之沒入官。

以其財養死政之老與其孤。

財，所謂門關之委積也。死政之老，死國事者之父母也。孤，其子。

祭祀之牛牲繫焉，監門養之。

監門，門徒。○監古銜反

凡歲時之門受其餘。

鄭司農云：受祭門之餘。

凡四方之賓客造焉，則以告。

造猶至也。告，告於王，而止客以俟逆。

司關掌國貨之節，以聯門市。

貨節謂商本所發司市之璽節也。自外來者，則案其節而書其貨之多少，通之國門，國門通之司市。自內出者，司市爲之璽節，通之國門，國門通之關門，參相聯以檢猾商。○猾音滑

司貨賄之出入者，掌其治禁與其征廛。

征廛者，貨賄之稅與所止邸舍也。關下亦有邸舍，其出布如市之廛。

凡貨不出於關者，舉其貨，罰其人。

不出於關，謂從私道出辟稅者，則沒其財而撻其人。○辟音避

凡所達貨賄者，則以節傳出之。

商或取貨於民間，無璽節者，至關，關爲之璽節及傳出之。其有璽節，亦爲之傳。傳，如今移過所文書。○傳張戀反，注下皆同

國凶札，則無關門之征，猶幾。

鄭司農云：凶謂凶年饑荒也。札謂疾疫死亡也。越人謂死爲札。春秋傳曰：札瘥夭昏。無關門之征者，出入關門無租稅。猶幾，謂

無租稅猶苛察，不得令姦人出入。孟子曰：關幾而不征，則天下之行旅皆說而願出於其塗。○瘥才何反，說音悅

凡四方之賓客敂關，則爲之告。

謂朝聘者也。敂關，猶謁關人也。鄭司農說以國語曰：周之秩官有之曰：敵國賓至，關尹以告，行理以節逆之。○敂音叩，爲于僞反，朝直遙反

有外內之送令，則以節傳出內之。

有送令，謂奉貢獻及文書以常事往來。環人之職所送逆，通賓客，來至關，則爲之節與傳以通之。

掌節掌守邦節而辨其用，以輔王命。

邦節者，珍圭、牙璋、穀圭、琬圭、琰圭也。王有命，則別其節之用，以授使者，輔王命者，執以行爲信。○別彼列反，使所吏反

守邦國者用玉節，守都鄙者用角節。

謂諸侯於其國中、公卿大夫王子弟於其采邑、有命者、亦自有節以輔之、玉節之制、如王爲之、以命數爲小大、角用犀角、其制未聞、

凡邦國之使節。山國用虎節。土國用人節。澤國用龍節。皆金也。以英蕩輔之。

使節、使卿大夫聘於天子諸侯、行道所執之信也、土、平地也、山多虎、平地多人、澤多龍、以金爲節、鑄象焉、必自以其國所多者、於以相別爲信明也、今漢有銅虎符、杜子春云、蕩當爲帑、謂以函器盛此節、或曰、英蕩、畫函、○帑、吐黨反、盛音成、

門關用符節。貨賄用璽節。道路用旌節。皆有期以反節。

門關、司門司關也、貨賄者、主通貨賄之官、謂司市也、道路者、主治五涂之官、謂鄉遂大夫也、凡民遠出至於邦國、邦國之民若來入、由門者、司門爲之節、由關者、司關爲之節、其商、則司市爲之節、其以徵令及家徙、則鄉遂大夫爲之節、唯時事而行、不出關、不用節也、變司市言貨賄者、璽節主以通貨賄、貨賄非必由市、或資於民家焉、變鄉遂言道路者、容公邑及小都大都之吏、皆主治五涂、亦有民也、符節者、如今宮中諸官詔符也、璽節者、今之印章也、旌節、今使者所擁節是也、將送者、執此節以送行者、皆以道里日時課、如今郵行有程矣、以防容姦、擅有所通也、凡節有法式、藏於掌節、○

凡通達於天下者。必有節。以傳輔之。

必有節、言遠行無有不得節而出者也、輔之以傳者、節爲信耳、傳說所齎操及所適、

無節者有幾。則不達。

遂人掌邦之野、

郊外曰野、此野謂甸稍縣都、

周禮　卷十五　司徒教官之職　七　承懷堂

以土地之圖經田野。造縣鄙形體之灋。五家爲鄰。五鄰爲里。四里爲酇。五酇爲鄙。五鄙爲縣。五縣爲遂。皆有地域溝樹之。使各掌其政令刑禁。以歲時稽其人民。而授之田野。簡其兵器。教之稼穡。

經形體、皆爲制分界也、鄰里酇鄙縣遂、猶郊內比閭族黨州鄉也、鄭司農云、田野之居、其比伍之名、與國中異制、故五家爲鄰、玄謂異其名者、示相變耳、遂之軍法、追胥起徒役、如六鄉、○酇、作管反、比、毗志反、

凡治野。以下劑致甿。以田里安甿。以樂昏擾甿。以土宜教甿稼穡。以興耡利甿。以時器勸甿。以彊予任甿。以土均平政。

變民言甿、異外內也、甿、猶懵懵、無知貌也、致、猶會也、民雖受上田中田下田、及會之、以下劑爲率、謂可任者家二人、樂昏、勸其昏姻、如媒氏會男女也、擾、順也、時器、鑄作耒耜錢鎛之屬、彊予、謂民有餘力、復予之田、若餘夫然、政、讀爲征、土均、掌均平其稅、

周禮　卷十五　司徒教官之職　八　承懷堂

鄭大夫讀耡爲藉、杜子春讀耡爲助、謂起民人、令相佐助、○甿、亡耕反、彊、其良反、懵、莫耕反、率音律、又音類、鎛音博、

辨其野之土。上地。中地。下地。以頒田里。上地夫一廛。田百晦。萊五十晦。餘夫亦如之。中地夫一廛。田百晦。萊百晦。餘夫亦如之。下地夫一廛。田百晦。萊二百晦。餘夫亦如之。

萊、謂休不耕者、鄭司農云、戶計一夫一婦而賦之田、其一戶有數口者、餘夫亦受此田也、廛、居也、揚子雲有田一廛、謂百晦之居也、玄謂廛、城邑之居、孟子所云、五畝之宅、樹之以桑麻者也、六遂之民、奇受一廛、雖上地猶有萊、皆所以饒遠也、王莽時、城郭中宅不樹者爲不毛、出三夫之布、○令、力呈反、晦音畝、萊音來、奇、居宜反、

凡治野。夫間有遂。遂上有徑。十夫有溝。溝上有畛。百夫有洫。洫上有涂。千夫有澮。澮上有道。萬夫有川。川上有路。以達于畿。

十夫二鄰之田，百夫一酇之田，千夫二鄙之田，萬夫四縣之田。遂溝洫澮皆所以通水於川也。遂廣深各二尺，溝倍之，洫倍溝，澮廣二尋深二仞。徑畛涂道路皆所以通車徒於國都也。徑容牛馬，畛容大車，涂容乘車一軌，道容二軌，路容三軌。都之野涂與環涂同可也。萬夫者，方三十三里少半里，九而方一同，以南畝圖之，則遂從溝橫，洫從澮橫，九澮而川周其外焉。去山陵林麓川澤溝瀆城郭宮室涂巷三分之制，其餘如此，以至于畿，則中雖有都鄙，遂人盡主其地。○洫況域反，澮古外反，乘繩證反，從子容反，去起呂反。

以歲時登其夫家之衆寡，及其六畜車輦，辨其老幼廢疾與其施舍者，以頒職作事，以令貢賦，以令師田，以起政役。

登，成也，猶定也。夫家，猶言男女也。施讀爲弛。職，謂民九職也。分其農牧衡虞之職，使民爲其事也。載師職云以物地事授地職，互言矣。貢，九貢也。賦，九賦也。政役，出士徒役。○施式氏反，政音征

周禮　卷十五　司徒教官之職　九　永懷堂

若起野役，則令各師其所治之民而至，以遂之大旗致之，其不用命者誅之。

役，謂師田若有功作也。遂之大旗熊虎。

凡國祭祀，共野牲，令野職。

共野牲，入於牧人以待事也。野職，薪炭之屬。

凡賓客，令修野道而委積。

委積於廬宿市。

大喪，帥六遂之役而致之，掌其政令。及葬，帥而屬六綍。及窆，陳役。

致役，致於司徒，給墓上事及窆也。綍，舉棺索也。葬舉棺者，謂載與說時也。用綍旁六執之者，天子其千人。與陳役者，主陳列之耳，匠師帥監之，鄉師以斧涖焉。大喪之正棺殯啓朝，及引，六鄉役之。載及窆，六遂役之，亦即遠相終始也。鄭司農云：窆謂下棺時，遂人主陳役也。禮記謂之封，春秋謂之塴，皆葬下棺也，聲相似。○屬音燭，綍音弗，竁昌絹反，與說始銳反，朝直遙反，之封彼驗反，塴補鄧反

凡事致野役，而師田作野民，帥而至，掌其政治禁令。

（遂師）各掌其遂之政令戒禁，以時登其夫家之衆寡、六畜車輦，辨其施舍與其可任者，經牧其田野，辨其可食者，周知其數而任之，以徵財征作役事，則聽其治訟。

施讀亦弛也。經牧，制田界與井也。可食，謂今年所當耕者也。財征，賦稅之事。

巡其稼穡，而移用其民，以救其時事。

周禮　卷十五　司徒教官之職　十　永懷堂

移用其民，使轉相助，救時急事也。四時耕耨斂艾芟地之宜，晚早不同，而有天期地澤風雨之急。○艾音刈

凡國祭祀，審其誓戒，共其野牲。

審，亦聽也。

入野職野賦于玉府。

民所入貨賄，以當九職九賦中玉府之用者。

賓客，則巡其道修，庀其委積。

巡其道，修行治道路也。故書庀爲比，鄭司農云：比讀爲庀。庀，具也。○庀又作庀，匹爾反，行下孟反

大喪，使帥其屬以幄帟先道野役，及窆，抱磨，共丘籠及蜃車之役。

使以幄帟先者，大宰也。其餘司徒也。幄帟先，所以爲葬窆之閒先張神坐也。道野役，帥以至墓也。丘籠之役，竁復土也。其器曰

籠、蜃車、柩路也、柩路載柳四輪迫地而行、有似於蜃、因取名焉、行至壙乃說、更復載以龍輴、蜃禮記或作槫或作輇、役謂執綍者、鄭司農云、抱磨、磨下車也、玄謂磨者適歷、執綍者名也、遂入主陳之、而遂師以名行挍之○磨音歷龍力董反乃說如銳反或吐活反輴勑倫反槫市專反輇市專反適音的

軍旅田獵、平野民、掌其禁令、比叙其事而賞罰。平、謂正其行列部伍也、鄭司農云、比讀爲庀、

遂大夫各掌其遂之政令、以歲時稽其夫家之衆寡六畜田野、辨其可任者、與其可施舍者、以教稼穡、以稽功事、掌其政令戒禁、聽其治訟。施讀亦爲弛、功事、九職之事、民所以爲功業、

令爲邑者、歲終則會政致事、不言其遂之吏而言爲邑者、容公邑及鄉大夫王子弟之采邑、政令戒禁、遂大夫亦施焉、

正歲簡稼器、修稼政。簡猶閱也、稼器、耒耜鎡基之屬、稼政、孟春之月令所云、皆修封疆、審端徑術、善相丘陵阪險原隰、土地所宜、五穀所殖、以教道民、必躬親之、○術音遂、相息亮反、道音導

三歲大比、則帥其吏而興甿、明其有功者、屬其地治者。興甿、舉民賢者能者、如六鄉之爲也、興猶舉也、屬猶聚也、又因舉吏治有功者、而聚勑其餘以職事、○比毗志反、屬音燭

凡爲邑者、以四達戒其功事、而誅賞廢興之。四達者、治民之事大通者有四、夫家衆寡也、六畜車輦也、稼穡耕耨也、旗鼓兵革也、

縣正各掌其縣之政令徵比、以頒田里、以分職事、掌其治訟、趨其稼事、而賞罰之。徵、徵召也、比、案比、○趨本又作趣、音促

若將用野民、師田行役、移執事、則帥而至、治其政令。移執事、移用其民、鄭司農云、謂轉相佐助、

鄙師各掌其鄙之政令祭祀。祭祀、祭禜也、○禜音詠

凡作民、則掌其戒令。

作民、謂起役也、

以時數其衆庶、而察其媺惡而誅賞。時、四時也、○媺音美

歲終、則會其鄙之政而致事。

酇長各掌其酇之政令、以時校登其夫家、比其衆寡、以治其喪紀祭祀之事。校猶數也、

若作其民而用之、則以旗鼓兵革帥而至、若歲時簡器、與有司數之。

簡器簡稼器也兵器亦存焉有司遂大夫

凡歲時之戒令皆聽之趨其耕耨稽其女功

聽之受而行之也女功絲枲之事

里宰掌比其邑之衆寡與其六畜兵器治其政令

邑猶里也

以歲時合耦于耡以治稼穡趨其耕耨行其秩敘以待有司之政令而徵斂其財賦

考工記曰耜廣五寸二耜爲耦此言兩人相助耦而耕也鄭司農云耡讀爲藉杜子春云耡讀爲助謂相佐助也玄謂耡者里宰治處也若今街彈之室於此合耦使相佐助因放而爲名季冬之月令命農師計耦耕事修耒耜具田器是其歲時與合人耦則牛耦亦可知也秩敘受耦相佐助之次第○放方往反

鄰長掌相糾相受

相糾相舉察

凡邑中之政相贊

長短使相補助

徙于他邑則從而授之

從猶隨也授猶付也

周禮卷十五終

周禮卷十六

漢大司農北海鄭　玄註

皇明　後學東吳葛　鼒訂

司徒教官之職

旅師掌聚野之耡粟屋粟間粟

野謂遠郊之外也耡粟民相助作一井之中所出九夫之稅粟也屋粟民有田不耕所罰三夫之稅粟間粟間民無職事者所出一夫之征粟

而用之以質劑致民平頒其興積施其惠散其利而均其政令

而讀爲若聲之誤也若用之謂恤民之艱阨委積於野如遺人於鄉里也以質劑致民案人稅者名會而貸之興積所興之積謂三者之粟也平頒之不得偏頗有多少縣官徵聚物曰興今云軍興是也是粟縣師徵之旅師斂之而用之以賙衣食曰惠以作事業曰利均其政令者皆以國服爲之息○積子賜反

凡用粟春頒而秋斂之

困時施之饒時收之

凡新甿之治皆聽之使無征役以地之媺惡爲之等

新甿新徙來者也治謂有所求乞也使無征役復之也王制曰自諸侯來徙家期不從政以地美惡爲之等七人以上授以上地六口授以中地五口以下授以下地與舊民同族師掌斂地稅而又惠施散利是以屬用新民焉○復音福

稍人掌令丘乘之政令

丘乘四丘爲甸甸讀與維禹敶之之敶同其訓曰乘由是改云是掌令都鄙修治井邑丘甸縣都之溝涂云丘甸者舉中言之

溝涂之人名，井別邑異，則民之家數存焉。

若有會同師田行役之事，則以縣師之灋作其同徒輂輦，帥而以至，治其政令，以聽於司馬。

有軍旅會同田役之戒，縣師受灋於司馬，邦國都鄙稍甸郊里，唯司馬所調，以其灋作其衆庶及馬牛車輦，會其車人之卒伍，使皆備旗鼓兵器以帥而至，是以書令之耳，其所調若在家邑小都大都，則稍人用縣師所受司馬之灋作之，帥之以致於司馬也，同徒，司馬所調之同，凡用役者不必一時皆徧，以人數調之，使勞逸遞焉。○輂，居錄反，調，徒弔反，遞，徒禮反

大喪，帥蜃車與其役以至，掌其政令，以聽於司徒。

蜃車及役，遂人共之，稍人者野監，是以帥而致之，既夕禮曰：既正柩，賓出，遂匠納車于階間，則天子以至于大柩路者從遂來。

委人掌斂野之賦，斂薪芻，凡疏材木材，凡畜聚之物。

野謂遠郊以外也，所斂野之賦，謂野之園圃山澤之賦也，凡疏材，草木有實者也，凡畜聚之物，瓜瓠葵芋，禦冬之具也，野之農賦，旅師斂之，工商嬪婦，遂師以入玉府，其牧，則遂師又以共野牲。○畜，勑六反，芋，于附反

以稍聚待賓客，以甸聚待羇旅。

聚，凡畜聚之物也，故書羇作奇，杜子春云：當為羇。

凡其余聚以待頒賜。

余當為餘，聲之誤也，餘謂縣都畜聚之物。

以式灋共祭祀之薪蒸木材，賓客共其芻薪，喪紀共其薪蒸木材，軍旅共其委積薪芻，凡疏材共野委兵器，與其野囿財用。

式法，故事之多少也，薪蒸，給炊及燎，麤者曰薪，細者曰蒸，木材，給張事，委積薪芻者，委積之薪芻也，軍旅又有疏材，以助禾粟，野委謂廬宿止之薪芻也，其兵器謂守衛陳兵之器也，野囿之財用者，苑囿藩蘿之材。○蘿音羅

凡軍旅之賓客館焉。

館，舍也，必舍此者，就牛馬之用。

土均掌平土地之政，以均地守，以均地事，以均地貢。

政讀為征，所平之稅，邦國都鄙也，地守，虞衡之屬，地事，農圃之職，地貢，諸侯之九貢。

以和邦國都鄙之政令刑禁，與其施舍，禮俗喪紀祭祀，皆以地媺惡為輕重之灋而行之，掌其禁令。

施讀為弛也，禮俗，邦國都鄙民之所行，先王舊禮也，君子行禮不求變俗，隨其土地厚薄為之制豐省之節耳，禮器曰：禮也者，合於天時，設於地財，順於鬼神，合於人心，理於萬物。

草人掌土化之灋，以物地，相其宜而為之種。

土化之灋，化之使美，若氾勝之術也，以物地，占其形色，為之種，黃白宜以種禾之屬。○相，息亮反，氾音凡

凡糞種，騂剛用牛，赤緹用羊，墳壤用麋，渴澤用鹿，鹹潟用貆，勃壤用狐，埴壚用豕，彊㯺用蕡，輕爂用犬。

凡所以糞種者，皆謂煮取汁也，赤緹，縓色也，渴澤，故水處也，潟，鹵也，貆，貒也，勃壤，粉解者，埴壚，黏疏者，彊㯺，彊堅者，輕爂，輕脆者，故書騂為挈，墳作盆，杜子春挈讀為騂，謂地色赤而土剛強也，鄭司農云：用牛，以牛骨汁漬其種也，謂之糞種，墳壤，多蚡鼠也，壤，白色，蕡，麻也，玄謂墳壤，潤解。○緹音抵，麋音眉，潟音昔，貆呼九反，埴時力反，壚音盧，㯺呼覽反，蕡扶云反，爂孚照反，縓七絹反，貒宅官反，蚡符蚡反

稻人掌稼下地。

以水澤之地種穀也謂之稼者有似嫁女相生

以瀦畜水以防止水以溝蕩水以遂均水以列舍水以澮寫水以涉揚其芟作田

鄭司農說瀦防以春秋傳曰町原防規偃瀦以列舍水列者非一道以去水也以涉揚其芟以其水寫故得行其田中舉其芟鉤也杜子春讀蕩爲和蕩謂以溝行水也玄謂偃瀦者畜流水之陂也防瀦旁隄也遂田首受水小溝也列田之畦畤也澮田尾去水大溝作猶治也開遂舍水於列中因涉之揚去前年所芟之草而治田種稻○列祿計反芟所銜反町徒頂反去起呂反畦劉音圭畤音豸

凡稼澤夏以水殄草而芟荑之

殄病也絕也鄭司農說芟荑以春秋傳曰芟夷蘊崇之今時謂禾下麥爲荑下麥言芟刈其禾於下種麥也玄謂將以澤地爲

周禮　卷十六　司徒教官之職　四　永懷堂

稼者必於夏六月之時大雨時行以水病絕草之後生者至秋水涸芟之明年乃稼○荑音薀紆粉反

澤草所生種之芒種

鄭司農云澤草之所生其地可種芒種芒種稻麥也○芒種章勇反注同

旱暵共其雩斂

稻人共雩斂稻急水者也鄭司農云雩事所發斂○暵呼旦反

喪紀共其葦事

葦以闉壙禦濕之物○闉音因

土訓掌道地圖以詔地事

道說也說地圖九州形勢山川所宜告王以施其事也若云荊揚地宜稻幽并地宜麻

道地慝以辨地物而原其生以詔地求

地慝若瘴蠱然也辨其物者別其所有所無原其生生有時也以此二者告王之求也地所無及物未生則不求也鄭司農云地慝地所生惡物害人者若虺蝮之屬○蝮孚目反

王巡守則夾王車

巡守行視所守也天子以四海爲守○守下孟反

誦訓掌道方志以詔觀事

說四方所識久遠之事以告王觀博古所識若魯有大庭氏之庫殽之二陵

掌道方慝以詔辟忌以知地俗

方慝四方言語所惡也不辟其忌則其方以爲苟於言語也知地俗博事也鄭司農云以詔辟忌不違其俗也曲禮曰君子行

周禮　卷十六　司徒教官之職　五　永懷堂

禮不求變俗○辟音避注同惡烏路反

王巡守則夾王車

山虞掌山林之政令物爲之厲而爲之守禁

物爲之厲每物有蕃界也爲之守禁爲守者設禁令也守者謂其地之民占伐林木者也鄭司農云厲遮列守之○爲守者丁僞反

仲冬斬陽木仲夏斬陰木

鄭司農云陽木春夏生者陰木秋冬生者若松柏之屬玄謂陽木生山南者陰木生山北者冬斬陽夏斬陰堅濡調○濡戚如兗反又音柔

凡服耜斬季材以時入之

季猶穉也服與耜宜用穉材尚柔忍也服牝服車之材

令萬民時斬材有期日。

時斬材斬材之時也有期日入出有日數為久盡物

凡邦工入山林而掄材不禁。

掄猶擇也不禁者山林國之有不拘日也

春秋之斬木不入禁。

非冬夏之時不得入所禁之中斬木也斬四野之木可

凡竊木者有刑罰。

竊盜也

若祭山林則為主而修除且蹕。

為主主辦護之也脩除治道路場壇

若大田獵則萊山田之野及弊田植虞旗于中致禽而珥焉。

萊除其草萊也弊田田者止也植猶樹也田上樹旗令獲者皆致其禽而校其耳以知獲數也山虞有旗以其主山得畫熊虎其仞數則短也鄭司農云珥者取禽左耳以效功也大司馬職曰獲者取左耳○珥如志反又音耳

林衡掌巡林麓之禁令而平其守。

平其守者平其地之民守林麓之部分○麓音鹿分扶問反

以時計林麓而賞罰之。

計林麓者計其守之功也林麓蕃茂民不竊盜則有賞不則罰之

若斬木材則受灋于山虞而掌其政令。

灋萬民入出時日之期

川衡掌巡川澤之禁令而平其守以時舍其守犯禁者執而誅罰之。

舍其守者時案視守者於其舍申戒之

祭祀賓客共川奠。

川奠籩豆之實魚鱐蜃蛤之屬○奠音奠鱐所留反

澤虞掌國澤之政令為之厲禁使其地之人守其財物以時入之于玉府頒其餘于萬民。

其地之人占取澤物者因以部分使守之以時入之于玉府謂皮角珠貝也入之以當邦賦然後得取其餘以自為也入尉亦有時日之期○當丁浪反為于僞反

凡祭祀賓客共澤物之奠。

澤物之奠亦籩豆之實芹茆蔆芡之屬○茆音卯蔆音陵芡音儉

喪紀共其葦蒲之事。

葦以闉壙蒲以為席

若大田獵則萊澤野及弊田植虞旌以屬禽。

屬禽者致禽而珥焉澤虞有旌以其主澤澤鳥所集故得注析羽

迹人掌邦田之地政為之厲禁而守之。

田之地若今苑也
令謂時與處也
凡田獵者受令焉。
禁麛卵者與其毒矢射者。
爲其夭物且害心多也。麛麑麑子。○麛音迷卵力管反
𠦃人掌金玉錫石之地而爲之厲禁以守之。
錫鈏也。○𠦃華猛反又虢猛反鈏以忍反
若以時取之則物其地圖而授之。
物地占其形色知鹹淡也授之教取者之處

巡其禁令。
行其禁明其令
角人掌以時徵齒角凡骨物於山澤之農以當邦賦之政令。
山澤出齒角骨物大者犀象其小者麋鹿
以度量受之以共財用。
骨入漆浣者受之以量其餘以度度所中。○浣戶翫反度度上如字下待洛反
羽人掌以時徵羽翮之政于山澤之農以當邦賦之政令。
翮羽本。○翮戶華反
凡受羽十羽爲審百羽爲摶十摶爲縛。
審摶縛羽數束名也爾雅曰一羽謂之箴十羽謂之縛百羽謂之緷其名音相近也一羽有名蓋失之矣
掌葛掌以時徵絺綌之材于山農凡葛征徵草貢之材于澤農以當邦賦之政令。
草貢出澤苘紵之屬可緝績者。○苘苦迥反
以權度受之。
以知輕重長短也故書受或爲授杜子春云當爲受
掌染草掌以春秋斂染草之物。
染草茅蒐橐蘆豕首紫莂之屬。○莂音列
以權量受之以待時而頒之。
權量以知輕重多少時染夏之時

掌炭掌灰物炭物之徵令以時入之。
灰炭皆山澤之農所出也灰給澣練炭之所共多
以權量受之以共邦之用凡炭灰之事。
掌荼掌以時聚荼以共喪事。
共喪事者以著物也既夕禮曰茵著用荼
徵野疏材之物以待邦事凡畜聚之物。
荼茅莠疏材之類也因使掌焉徵者徵於山澤入於委人。○畜勑六反
掌蜃掌斂互物蜃物以共闉壙之蜃。

互物蚌蛤之屬。闉猶塞也。將井椁，先塞下，以蜃禦溼也。鄭司農說以春秋傳曰：始用蜃炭，言僭天子也。○蚌蒲項反

祭祀，共蜃器之蜃。

飾祭器之屬也。鬯人職曰：凡四方山川用蜃器。春秋定十四年秋，天王使石尚來歸蜃。蜃之器以蜃飾，因名焉。鄭司農云：蜃可以白器，令色白。

共白盛之蜃。

盛猶成也。謂飾牆使白之蜃也。今東萊用蛤，謂之叉灰云。

囿人掌囿游之獸禁，

囿游，囿之離宮小苑觀處也。養獸以宴樂視之。禁者，其蕃衛也。鄭司農云：囿游之獸，游牧之獸。○觀古亂反，樂音洛

牧百獸。

祭祀、喪紀、賓客，共其生獸、死獸之物。

備養衆物也。今掖庭有鳥獸，自熊虎孔雀至於狐狸鳧鶴備焉。

場人掌國之場圃，而樹之果蓏、珍異之物，以時斂而藏之。

果，棗李之屬。蓏，瓜瓠之屬。珍異，蒲萄、枇杷之屬。○枇蒲梨反，杷白加反

凡祭祀、賓客，共其果蓏。享亦如之。

享，納牲。

廩人掌九穀之數，以待國之匪頒、賙賜、稍食。

匪讀爲分。分頒，謂委人之職諸委積也。賙賜，謂王所賜予，給好用之式也。稍食，祿稟。○食音嗣，注同，好呼報反

以歲之上下數邦用，以知足否，以詔穀用，以治年之凶豐。

數猶計也。○上時掌反

凡萬民之食食者，人四鬴，上也；人三鬴，中也；人二鬴，下也。

此皆謂一月食米也。六斗四升曰鬴。

若食不能人二鬴，則令邦移民就穀，詔王殺邦用。

就穀，就都鄙之有者。殺猶減也。○殺所界反

凡邦有會同師役之事，則治其糧與其食。

行道曰糧，謂糒也。止居曰食，謂米也。○糒音備

大祭祀，則共其接盛。

接讀爲一扱再祭之扱。扱以授舂人舂之。大祭祀之穀，藉田之收藏於神倉者也，不以給小用。○扱初洽反

舍人掌平宮中之政，分其財守，以灋掌其出入。

政謂用穀之政也。分其財守者，計其用穀之數，分送宮正、內宰，使守而頒之也。而行出於廩人，其有空缺則計之還入。

凡祭祀，共簠簋，實之，陳之。

方曰簠，圓曰簋，盛黍稷稻粱器。

賓客亦如之，共其禮車米、筥米、芻禾。

禮，致饔餼之禮。

喪紀，共飯米、熬穀。

飯所以實口，不忍虛也。君用粱，大夫用稷，士用粱，皆四升。實者，唯盈。熬穀者，錯于棺旁，所以惑蚍蜉也。喪大記曰：熬，君四種八筐，大夫三種六筐，士二種四筐，加魚腊焉。○飯扶晚反，錯七故反，蚍鼻夷反，蜉音浮，種章勇反，下同

以歲時縣穜稑之種，以共王后之春獻種。縣之者，欲其風氣燥達也。鄭司農云：春，王當耕于藉，則后獻其種也。后獻其種，見內宰職。○縣音玄。穜稑，直龍反，下音稑。

掌米粟之出入，辨其物。九穀六米，別爲書。

歲終，則會計其政。政用穀之多少。

倉人掌粟入之藏。九穀盡藏焉，以粟爲主。

辨九穀之物，以待邦用。若穀不足，則止餘灋用；有餘，則藏之，以待

凶而頒之。主，猶殺也。殺餘灋用，謂道路之委積，所以豐優賓客之屬。

凡國之大事，共道路之穀積、食飲之具。大事，謂喪戎。

司祿　闕。

司稼掌巡邦野之稼，而辨穜稑之種，周知其名與其所宜地，以爲灋而縣于邑閭。周，猶徧也。徧知種所宜之地，縣以示民，後年種穀用爲灋也。○種，章勇反。

巡野觀稼，以年之上下出斂灋。斂灋者，豐年從正，凶荒則損，若今十傷二三，實除減半。

掌均萬民之食，而賙其急，而平其興。均，謂度其多少。賙，稟其艱阨。興，所徵賦。

舂人掌共米物。米物，言非一米。

祭祀共其齍盛之米。齍盛，謂黍稷稻粱之屬，可盛以爲簠簋實。

賓客共其牢禮之米。謂可以實筐筥。

凡饗食共其食米。饗有食米，則饗禮兼燕與食。

掌凡米事。

饎人掌凡祭祀共盛。炊而共之。

共王及后之六食。六食，六穀之飯。

凡賓客共其簠簋之實。謂致饔餼。

饗食亦如之。

槀人掌共外內朝宂食者之食。

外朝、司寇斷獄弊訟之朝也、今司徒府中、有百官朝會之殿、云天子與丞相舊決大事焉、是外朝之存者與、內朝、路門外之朝也、宂食者、謂留治文書、若今尚書之屬諸直上者、

若饗耆老孤子士庶子、共其食。

士庶子、卿大夫士之子弟宿衛王宮者、

掌豢祭祀之犬。

養犬豕曰豢、不於餼人、言其共至尊、雖其潘瀾戔餘、不可褻也、

周禮卷十六終

周禮卷十七

漢大司農北海鄭　玄註
皇明　後學東吳金　蟠訂

春官宗伯第三

惟王建國、辨方正位、體國經野、設官分職、以爲民極、乃立春官宗伯、使帥其屬而掌邦禮、以佐王和邦國。

禮、謂曲禮五、吉凶賓軍嘉、其別三十有六、鄭司農云、宗伯、主禮之官、故書堯典曰、帝曰、咨四岳、有能典朕三禮、僉曰、伯夷、帝曰、俞、咨伯、汝作秩宗、宗官又主鬼神、故國語曰、使名姓之後、能知四時之生、犧牲之物、玉帛之類、采服之宜、彝器之量、次主之度、屏攝之位、壇場之所、上下之神祇、氏姓之所出、而率舊典者、爲之宗、春秋禘于大廟、躋僖公、而傳曰、夏父弗忌爲宗人、又曰、使宗人釁夏獻其禮、禮特牲曰、宗人升自西階、視壺濯及豆籩、然則唐虞歷三代、以宗官典國之禮與其祭祀、漢之大常是也、○大廟音泰、釁虛覲反

禮官之屬、大宗伯卿一人、小宗伯中大夫二人、肆師下大夫四人、上士八人、中士十有六人、旅下士三十有二人、府六人、史十有二人、胥十有二人、徒百有二十人。

肆、猶陳也、肆師佐宗伯陳列祭祀之位、及牲器粢盛、

鬱人下士二人、府二人、史一人、徒八人。

鬱、鬱金香草、宜以和鬯、

鬯人下士二人、府一人、史一人、徒八人。

鬯、釀秬爲酒、芬香條暢於上下也。秬如黑黍、一稃二米。○秬其許反、稃音孚

雞人下士一人、史一人、徒四人。

司尊彝下士二人、府四人、史二人、胥二人、徒二十人。

彝亦尊也。鬱鬯曰彝。彝、灋也。言爲尊之灋也。

司几筵下士二人、府二人、史一人、徒八人。

筵亦席也。鋪陳曰筵、藉之曰席。然其言之、筵席通矣。

天府上士一人、中士二人、府四人、史二人、胥二人、徒二十人。

府、物所藏。言天者、尊此所藏若天物然。

典瑞中士二人、府二人、史二人、胥一人、徒十人。

瑞、節信也。典瑞、若今符璽郎。

典命中士二人、府二人、史二人、胥一人、徒十人。

命、謂王遷秩羣臣之書。

司服中士二人、府二人、史一人、胥一人、徒十人。

典祀中士二人、下士四人、府二人、史二人、胥四人、徒四十人。

守祧奄八人、女祧每廟二人、奚四人。

遠廟曰祧。周爲文王武王廟、遷主藏焉。奄、如今之宦者。女祧、女奴有才知者。天子七廟、三昭三穆。奚、女奴也。○爲于僞反、知音智

世婦每宮卿二人、下大夫四人、中士八人、女府二人、女史二人、奚十有六人。

世婦、后宮官也。王后六宮。漢始大長秋、詹事、中少府、大僕亦用士人。女府、女史、女奴有才智者。○少詩照反

內宗凡內女之有爵者。

內女、王同姓之女、謂之內宗。有爵、其嫁於大夫及士者。凡、無常數之言。

外宗凡外女之有爵者。

外女、王諸姑姊妹之女、謂之外宗。

冢人下大夫二人、中士四人、府二人、史四人、胥十有二人、徒百有二十人。

冢、封土爲丘壟、象冢而爲之。

墓大夫下大夫二人、中士八人、府二人、史四人、胥二十人、徒二百人。

墓、冢塋之地、孝子所思慕之處。○塋音營

職喪上士二人、中士四人、下士八人、府二人、史四人、胥四人、徒四十人。

職、主也。

大司樂中大夫二人、樂師下大夫四人、上士八人、下士十有六人、府四人、史八人、胥八人、徒八十人。

大司樂、樂官之長。○長丁丈反、後皆放此

大胥中士四人。小胥下士八人。府二人。史四人。徒四十人。

胥有才知之稱。禮記文王世子曰：小樂正學干，大胥佐之。

大師下大夫二人。小師上士四人。瞽矇上瞽四十人。中瞽百人。下瞽百有六十人。眡瞭三百人。府四人。史八人。胥十有二人。徒百有二十人。

凡樂之歌，必使瞽矇爲焉。命其賢知者以爲大師、小師。晉杜蒯云：曠也，大師也。眡讀爲虎眡之眡。瞭，目明者。鄭司農云：無目眹謂之瞽，有目眹而無見謂之矇，有目無眸子謂之瞍。○眡音視

典同中士二人。府一人。史一人。胥二人。徒二十人。

同，陰律也。不以陽律名官者，因其先言耳。書曰：協時月正日，同律度量衡。大師職曰：執同律以聽軍聲。

周禮　卷七　宗伯禮官之屬　四　永懷堂

磬師中士四人。下士八人。府四人。史二人。胥四人。徒四十人。

鐘師中士四人。下士八人。府二人。史二人。胥六人。徒六十人。

笙師中士二人。下士四人。府二人。史二人。胥一人。徒十人。

鎛師中士二人。下士四人。府二人。史二人。胥二人。徒二十人。

鎛如鍾而大。○鎛音博

韎師下士二人。府一人。史一人。舞者十有六人。徒四十人。

鄭司農說以明堂位曰：韎，東夷之樂。讀如味飲食之味。杜子春讀韎爲菋荎著之菋。玄謂讀如韎韐之韎。○韎莫拜反，菋莫戒反，又音味，荎直基反，著直居反，韐古洽反

旄人下士四人。舞者衆寡無數。府二人。史二人。胥二人。徒二十人。

旄，旄牛尾，舞者所持以指麾。

籥師中士四人。府二人。史二人。胥二人。徒二十人。

籥，舞者所吹。春秋宣八年壬午，猶繹，萬入去籥。傳曰：去其有聲者，廢其無聲者。詩云：左手執籥，右手秉翟。○去起呂反

籥章中士二人。下士四人。府一人。史一人。胥二人。徒二十人。

籥章，吹籥以爲詩章。

鞮鞻氏下士四人。府一人。史一人。胥二人。徒二十人。

鞻讀如屨也。鞮屨，四夷舞者所屝也。今時倡蹋鼓沓，行者自有屝。○鞮丁兮反，鞻九具反，蹋徒臘反

典庸器下士四人。府四人。史二人。胥八人。徒八十人。

庸，功也。鄭司農云：庸器，有功者鑄器銘其功。春秋傳曰：以所得於齊之兵作林鍾，而銘魯功焉。

周禮　卷七　宗伯禮官之屬　五　永懷堂

司干下士二人。府二人。史二人。徒二十人。

干，舞者所持，謂楯也。春秋傳曰：萬者何？干舞也。○楯食允反

大卜下大夫二人。卜師上士四人。卜人中士八人。下士十有六人。府二人。史二人。胥四人。徒四十人。

問龜曰卜。大卜，卜筮官之長。

龜人中士二人。府二人。史二人。工四人。胥四人。徒四十人。

工，取龜、攻龜。

菙氏下士二人。史一人。徒八人。

燋焌用荆菙之類。○菙時髓反，燋哉約反，焌音俊

占人下士八人。府一人。史二人。徒八人。

占著龜之卦兆吉凶

簭人中士二人。府一人。史二人。徒四人。

問蓍曰簭。其占易

占夢中士二人。史二人。徒四人。

眡祲中士二人。史二人。徒四人。

祲陰陽氣相侵漸成祥者。魯史梓慎云吾見赤黑之祲。○祲子鴆反

大祝下大夫二人。上士四人。小祝中士八人。下士十有六人。府二人。史四人。胥四人。徒四十人。

大祝祝官之長

喪祝上士二人。中士四人。下士八人。府二人。史二人。胥四人。徒四十人。

甸祝下士二人。府一人。史一人。徒四人。

甸之言田也。田狩之祝。○甸音電

詛祝下士二人。府一人。史一人。徒四人。

詛謂祝之使沮敗也。○詛側慮反。祝之又反

司巫中士二人。府一人。史一人。胥一人。徒十人。

司巫巫官之長

男巫無數。女巫無數。其師中士四人。府二人。史四人。胥四人。徒四十人。

巫能制神之處位次主者

大史下大夫二人。上士四人。小史中士八人。下士十有六人。府四人。史八人。胥四人。徒四十人。

大史史官之長

馮相氏中士二人。下士四人。府二人。史四人。徒八人。

馮乘也。相視也。世登高臺以視天文之次序。天文屬大史。月令曰乃命大史守典奉灋。司天日月星辰之行。宿離不貸。○馮音憑。相息亮反

保章氏中士二人。下士四人。府二人。史四人。徒八人。

保守也。世守天文之變

內史中大夫一人。下大夫二人。上士四人。中士八人。下士十有六人。府四人。史八人。胥四人。徒四十人。

外史上士四人。中士八人。下士十有六人。胥二人。徒二十人。

御史中士八人。下士十有六人。其史百有二十人。府四人。胥四人。徒四十人。

御猶侍也、進也。其史百有二十人以掌贊書人多也。

巾車下大夫二人。上士四人。中士八人。下士十有六人。府四人。史

八人、工百人、胥五人、徒五十人。

典路中士二人、下士四人、府二人、史二人、胥二人、徒二十人。

巾猶衣也、巾車車官之長。○衣於旣反

車僕中士二人、下士四人、府二人、史二人、胥二人、徒二十人。

路王之所乘車

司常中士二人、下士四人、府二人、史二人、胥四人、徒四十人。

司常主王旌旗

都宗人上士二人、中士四人、府二人、史四人、胥四人、徒四十人。

都謂王子弟所封及公卿所食邑、

家宗人如都宗人之數。

家謂大夫所食采邑、

凡以神士者無數、以其藝爲之貴賤之等。

以神士者男巫之俊有學問才知者、藝謂禮樂射御書數、高者爲上士、次之爲中士、又次之爲下士、

周禮卷十七終

周禮卷十八

漢大司農北海鄭　玄註

皇明　後學東吳葛　鼒訂

宗伯禮官之職

大宗伯之職、掌建邦之天神人鬼地示之禮、以佐王建保邦國。

建立也、立天神地祇人鬼之禮者、謂祀之祭之享之、禮吉禮是也、保安也、所以佐王立安邦國者、主謂凶禮賓禮軍禮嘉禮也、目吉禮於上、承以立安邦國者、互以相成、明尊鬼神重人事。○示音祇、本或作祇、下神示地示皆倣此

以吉禮事邦國之鬼神示。

事謂祀之祭之享之、故書吉或爲告、杜子春云、書爲告禮者非是、當爲吉禮、書亦多爲吉禮、吉禮之別十有二、

以禋祀祀昊天上帝、以實柴祀日月星辰、以槱燎祀司中司命飌師雨師。

禋之言煙、周人尚臭、煙氣之臭聞者、槱積也、詩曰、芃芃棫樸、薪之槱之、三祀皆積柴實牲體焉、或有玉帛、燔燎而升煙、所以報陽也、鄭司農云、昊天、天也、上帝、玄天也、昊天上帝、樂以雲門、實柴實牛柴上也、故書實柴或爲賓柴、司中、三能三階也、司命、文昌宮星、風師、箕也、雨師、畢也、玄謂昊天上帝、冬至於圜丘所祀天皇大帝、星謂五緯、辰謂日月所會、司中司命、文昌第五第四星、或曰、中能上能也、祀五帝亦用實柴之禮云。○槱羊九反、飌音風、芃薄工反、棫音域、樸音卜、能他來反

以血祭祭社稷五祀五嶽、以貍沈祭山林川澤、以疈辜祭四方百物。

不言祭地、此皆地祇、祭地可知也、陰祀自血起、貴氣臭也、社稷土穀之神、有德者配食焉、共工氏之子曰句龍、食於社、有厲山

氏之子曰柱，食於稷。湯遷之而祀棄。故書祀作禩，罷為罷。鄭司農云：禩當為祀，書亦或作祀。五祀，五色之帝於王者宮中曰五祀。罷辜，披磔牲以祭，若今時磔狗祭以止風。玄謂此五祀者，五官之神，在四郊，四時迎五行之氣於四郊，而祭五德之帝，亦食此神焉。少昊氏之子曰重，為句芒，食於木；該為蓐收，食於金；脩及熙為玄冥，食於水；顓頊氏之子曰黎，為祝融、后土，食於火、土。五嶽，東曰岱宗，南曰衡山，西曰華山，北曰恒山，中曰嵩高山。不見四竇者，四竇，五嶽之匹，或省文。祭山林曰埋，川澤曰沈，順其性之含藏。疈，疈牲胷也，疈而磔之，謂磔攘及蜡祭。郊特牲曰：八蜡以祀四方。四方年不順成，八蜡不通，以謹民財也。又曰：蜡之祭也，主先嗇而祭司嗇也，祭百種以報嗇也，饗農及郵表畷、禽獸，仁之至，義之盡也。○貍亡皆反，疈孚逼反，共音恭，句古侯反，禩音祀，罷芳皮反，磔張格反，食此音嗣，重直龍反，磔攘如羊反，蜡七詐反，種章勇反，畷音綴

以肆獻祼享先王，以饋食享先王，以祠春享先王，以禴夏享先王，以嘗秋享先王，以烝冬享先王。

宗廟之祭，有此六享。肆獻祼、饋食在四時之上，則是祫也、禘也。肆者，進所解牲體，謂薦熟時也。獻，獻醴，謂薦血腥也。祼之言灌，灌以鬱鬯，謂始獻尸求神時也。郊特牲曰：魂氣歸于天，形魄歸于地，故祭所以求諸陰陽之義也。殷人先求諸陽，周人先求諸陰，灌是也。祭必先灌，乃後薦腥薦熟。於祫逆言之者，與下共文，明六享俱然。祫言肆獻祼，禘言饋食者，著有黍稷，互相備也。魯禮，三年喪畢而祫於大祖，明年春禘於羣廟，自爾以後，率五年而再殷祭，一祫一禘。○肆他歷反，解骨體；祼古亂反；率五音律

以凶禮哀邦國之憂。

哀謂救患分裁。凶禮之別有五。

以喪禮哀死亡。

哀謂親者服焉，疏者含襚。○含戶暗反，襚音遂

以荒禮哀凶札。

荒，人物有害也。曲禮曰：歲凶，年穀不登，君膳不祭肺，馬不食穀，馳道不除，祭事不縣，大夫不食粱，士飲酒不樂。札讀為截，謂疫厲。○縣音玄

以弔禮哀禍烖。

禍烖，謂遭水火。宋大水，魯莊公使人弔焉，曰：天作淫雨，害於粢盛，如何不弔。廄焚，孔子拜鄉人為火來者，拜之，士一，大夫再，亦相弔之道。○為火于僞反

以禬禮哀圍敗。

同盟者會合財貨，以更其所喪。春秋襄三十年冬，會于澶淵，宋烖故，是其類。○禬古外反，更音庚，喪息浪反，澶善然反

以恤禮哀寇亂。

恤，憂也。鄰國相憂。兵作於外為寇，作於內為亂。

以賓禮親邦國。

親謂使之相親附。賓禮之別有八。

春見曰朝，夏見曰宗，秋見曰覲，冬見曰遇，時見曰會，殷見曰同。

此六禮者，以諸侯見王為文。六服之內，四方以時分來，或朝春，或宗夏，或覲秋，或遇冬，名殊禮異，更遞而徧。朝猶朝也，欲其來之早；宗，尊也，欲其尊王；覲之言勤也，欲其勤王之事；遇，偶也，欲其若不期而偶至。時見者，言無常期，諸侯有不順服者，王將有征討之事，則既朝覲，王為壇於國外，合諸侯而命事焉。春秋傳曰：有事而會，不協而盟，是也。殷猶衆也，十二歲王如不巡守，則六服盡朝，朝禮既畢，王亦為壇合諸侯以命政焉，所命之政，如王巡守。殷見，四方四時分來，終歲則徧。○曰朝直遙反，遞音弟，猶朝張遙反

時聘曰問，殷覜曰視。

特聘者亦無常期天子有事乃聘之焉竟外之臣既非朝歲不敢瀆爲小禮殷覜謂一服朝之歲以朝者少諸侯乃使卿以大禮衆聘焉一服朝在元年七年十一年○覜他弔反竟音境

以軍禮同邦國。同謂威其不協僭差者軍禮之別有五

大師之禮用衆也。用其義勇

大均之禮恤衆也。均其地政地守地職之賦所以憂民

大田之禮簡衆也。

古者因田習兵閱其車徒之數

大役之禮任衆也。築宮邑所以事民力彊弱

大封之禮合衆也。正封疆溝塗之固所以合聚其民

以嘉禮親萬民。嘉善也所以因人心所善者而爲之制嘉禮之別有六

以飲食之禮親宗族兄弟。親者使之相親人君有食宗族飲酒之禮所以親之也文王世子曰族食世降一等大傳曰繫之以姓而弗別綴之以食而弗

殊百世而昏姻不通者周道然也○別彼列反

以昏冠之禮親成男女。親其恩成其性○冠古亂反

以賓射之禮親故舊朋友。射禮雖王亦立賓主也王之故舊朋友爲世子時共在學者天子亦有友諸侯之義武王誓曰我友邦冢君是也司寇職有議故之辟議賓之辟

以饗燕之禮親四方之賓客。賓客謂朝聘者

以脤膰之禮親兄弟之國。

脤膰社稷宗廟之肉以賜同姓之國同福祿也兄弟有共先王者魯定公十四年天王使石尚來歸脤○脤上忍反膰音煩

以賀慶之禮親異姓之國。異姓王昏姻甥舅

以九儀之命正邦國之位。每命異儀貴賤之位乃正春秋傳曰名位不同禮亦異數

壹命受職。始見命爲正吏謂列國之士於子男爲大夫王之下士亦一命鄭司農云受職治職事

再命受服。鄭司農云受服受祭衣服爲上士玄謂此受玄冕之服列國之大夫再命於子男爲卿卿大夫自玄冕而下如孤之服王之中

士非再命、則爵弁服、

三命受位。鄭司農云、受下大夫之位、玄謂此列國之卿、始有列位於王、爲王之臣也、王之上士亦三命、

四命受器。鄭司農云、受祭器爲上大夫、玄謂此公之孤始得有祭器者也、禮運曰、大夫具官、祭器不假、聲樂皆具、非禮也、王之下大夫亦四命、

五命賜則。鄭司農云、則者、法也、出爲子男、玄謂則、地未成國之名、王之下大夫四命、出封加一等、五命賜之以方百里、二百里之地者、方三百里以上爲成國、王莽時以二十五成爲則、方五十里、合今俗說子男之地、獨劉子駿等識古有此制焉、

六命賜官。鄭司農云、子男入爲卿、治一官也、玄謂此王六命之卿賜官者、使得自置其臣、治家邑如諸侯、春秋襄十八年冬、晉侯以諸侯圍齊、荀偃爲君禱河、既陳齊侯之罪、而曰曾臣彪將率諸侯以討焉、其官臣偃實先後之、○先、悉薦反、後、胡豆反、

七命賜國。王之卿六命、出封加一等者、鄭司農云、出就侯伯之國、

八命作牧。謂侯伯有功德者、加命得專征伐於諸侯、鄭司農云、一州之牧、王之三公亦八命、

九命作伯。上公有功德者、加命爲二伯、得征五侯九伯者、鄭司農云、長諸侯爲方伯、

以玉作六瑞。以等邦國。等、猶齊等也、

王執鎮圭。鎮、安也、所以安四方、鎮圭者、蓋以四鎮之山爲瑑飾、圭長尺有二寸、

公執桓圭。公、二王之後、及王之上公、雙植謂之桓、桓、宮室之象、所以安其上也、桓圭、蓋亦以桓爲瑑飾、圭長九寸、

侯執信圭。伯執躬圭。信當爲身、聲之誤也、身圭躬圭、蓋皆象以人形爲瑑飾、文有麤縟耳、欲其慎行以保身、圭皆長七寸、○信音身、行、下孟反、

子執穀璧。男執蒲璧。穀所以養人、蒲爲席、所以安人、二玉蓋或以穀爲飾、或以蒲爲瑑飾、璧皆徑五寸、不執圭者、未成國也、

以禽作六摯。以等諸臣。摯之言至、所執以自致、○摯本或作贄、

孤執皮帛。卿執羔。大夫執鴈。士執雉。庶人執鶩。工商執雞。皮帛者、束帛而表以皮爲之飾、皮、虎豹皮、帛、如今璧色繒也、羔、小羊、取其羣而不失其類、鴈、取其候時而行、雉、取其守介而死、不失其節、鶩、取其不飛遷、雞、取其守時而動、曲禮曰、飾羔鴈者以繢、謂衣之以布、而又畫之者、自雉以下、執之無飾、士相見之禮、卿大夫飾摯以布、不言繢、此諸侯之臣與天子之臣異也、然則天子之孤、飾摯以虎皮、公之孤、飾摯以豹皮與、此孤卿大夫士之摯、皆以爵、不以命數、凡摯無庭實、○衣、於既反、

以玉作六器。以禮天地四方。

禮，謂始告神時，薦於神坐。書曰：周公植璧秉圭，是也。

以蒼璧禮天，以黃琮禮地，以青圭禮東方，以赤璋禮南方，以白琥禮西方，以玄璜禮北方。

此禮天以冬至，謂天皇大帝在北極者也。禮地以夏至，謂神在崑崙者也。禮東方以立春，謂蒼精之帝，而太昊句芒食焉。禮南方以立夏，謂赤精之帝，而炎帝祝融食焉。禮西方以立秋，謂白精之帝，而少昊蓐收食焉。禮北方以立冬，謂黑精之帝，而顓頊玄冥食焉。禮神者必象其類。璧圜象天，琮八方象地，圭銳象春物初生，半圭曰璋，象夏物半死，琥猛象秋嚴，半璧曰璜，象冬閉藏，地上無物，唯天半見。○崙音倫

皆有牲幣，各放其器之色。

幣以從爵，若人飲酒有酬幣。○放方往反

以天產作陰德，以中禮防之；以地產作陽德，以和樂防之。

鄭司農云：陰德謂男女之情，天性生而自然者，過時則奔隨，先時則血氣未定，聖人為制其中，令民三十而娶，女二十而嫁，以防其淫泆，令無失德。情性隱而不露，故謂之陰德。陽德謂分地科以致富，富者之失，不驕奢則吝嗇，故以和樂防之，樂所以滌蕩邪穢，道人之正性者也。一說地產謂土地之性各異，若齊性舒緩，楚性急悍，則以和樂防其失，令無失德，樂所以移風易俗者也。此皆露見於外，故謂之陽德。陽德陰德不失其正，則民和而物各得其理，故曰以諧萬民，以致百物。玄謂天產者動物，謂六牲之屬；地產者植物，謂九穀之屬。陰德，陰氣在人者。陰氣虛，純之則劣，故食動物，作之使動，過則傷性，制中禮以節之。陽德，陽氣在人者。陽氣盈，純之則躁，故食植物，作之使靜，過則傷性，制和樂以節之。如是，然後陰陽平，情性和，而能育其類。○為制于偽反，令力呈反

以禮樂合天地之化、百物之產，以事鬼神，以諧萬民，以致百物。

禮，濟虛，樂損盈，並行則四者乃得其和。能生非類曰化，生其種曰產。

凡祀大神、享大鬼、祭大示，帥執事而卜日，宿，眡滌濯，涖玉鬯，省牲鑊，奉玉齍，詔大號，治其大禮，詔相王之大禮。

執事，諸有事於祭者。宿，申戒也。滌濯，溉祭器也。玉，禮神之玉也。始涖之，祭又奉之。鑊，亨牲器也。大號，六號之大者，以詔大祝以為祝辭。治，猶簡習也。豫簡習大禮，至祭當以詔相王。羣臣禮為小禮。故書涖作立，鄭司農讀為涖。涖，視也。○鑊戶郭反，齍音咨，詔相息亮反，後詔相皆放此，溉古愛反，亨普庚反

若王不與祭祀，則攝位。

王有故，代行其祭事。○與音預

凡大祭祀，王后不與，則攝而薦豆籩徹。

薦徹豆籩，王后之事。

大賓客，則攝而載果。

載，為也。果讀為祼。代王祼賓客以鬯，君無酌臣之禮，言為者，攝酌獻耳。拜送則王也。鄭司農云：王不親為主。

朝覲會同，則為上相。大喪亦如之。王哭諸侯亦如之。

相，詔王禮也。出接賓曰擯，入詔禮曰相。相者五人，卿為上擯。大喪，王后及世子也。哭諸侯者，謂薨於國，為位而哭之。檀弓曰：天子之哭諸侯也，爵弁、絰、紂衣。○紂側其反

王命諸侯，則儐。

儐，進之也。王將出命，假祖廟，立依前，南鄉。儐者進，當命者延之，命使登。內史由王右以策命之。降，再拜稽首，登受策以出。此其略也。諸侯爵祿其臣，則於祭焉。○假音格，依於豈反，鄉許亮反

國有大故，則旅上帝及四望。
故謂凶裁，旅陳也，陳其祭事以祈焉，禮不如祀之備也。上帝，五帝也。鄭司農云：四望，日月星海。玄謂四望，五嶽四鎭四瀆。
王大封，則先告后土。
后土，土神也。黎所食者。
乃頒祀于邦國都家鄉邑。
頒讀爲班，班其所當祀及其禮。都家之鄉邑，謂王子弟及公卿大夫所食采地。

周禮卷十八終

周禮卷十九

漢大司農北海鄭　玄註
皇明　後學東吳金　蟠訂

宗伯禮官之職

小宗伯之職，掌建國之神位，右社稷，左宗廟。
庫門內雉門外之左右。故書位作立。鄭司農云：立讀爲位，古者立位同字。古文春秋經公卽位爲公卽立。
兆五帝於四郊，四望四類亦如之。
兆爲壇之營域。五帝：蒼曰靈威仰，大昊食焉；赤曰赤熛怒，炎帝食焉；黃曰含樞紐，黃帝食焉；白曰白招拒，少昊食焉；黑曰汁光紀，顓頊食焉。黃帝亦於南郊。鄭司農云：四望，道氣出入。四類，三皇五帝九皇六十四民咸祀之。玄謂四望，五嶽四鎭四瀆。四類，

日月星辰，運行無常，以氣類爲之位。兆日於東郊，兆月與風師於西郊，兆司中司命於南郊，兆雨師於北郊。○汁，子集反
兆山川丘陵墳衍，各因其方。
順其所在。
掌五禮之禁令，與其等用。
用等，牲器尊卑之差。鄭司農云：五禮，吉凶軍賓嘉。
辨廟祧之昭穆。
祧，遷主所藏之廟。自始祖之後，父曰昭，子曰穆。
辨吉凶之五服、車旗、宮室之禁。
五服，王及公卿大夫士之服。

掌三族之別，以辨親疏。其正室皆謂之門子。掌其政令。

三族謂父子孫，人道之正名。喪服小記曰，親親以三爲五，以五爲九。正室適子也，將代父當門者也。政令謂役守之事。○適丁歷反

毛六牲，辨其名物，而頒之于五官，使共奉之。

毛擇毛也。鄭司農云，司徒主牛，宗伯主雞，司馬主馬及羊，司寇主犬，司空主豕。

辨六齍之名物與其用，使六宮之人共奉之。

齍讀爲粢。六粢謂六穀，黍、稷、稻、粱、麥、苽。○苽音孤

辨六彝之名物，以待果將。

六彝，雞彝、鳥彝、斝彝、黃彝、虎彝、蜼彝。果讀爲祼。○斝音假，又音嫁。蜼音誄

辨六尊之名物，以待祭祀賓客。

待者有事則給之。鄭司農云，六尊，獻尊、象尊、壺尊、著尊、大尊、山尊。○獻素何反。著直畧反。大音泰

掌衣服車旗宮室之賞賜。

王以賞賜有功者。書曰，車服以庸。

掌四時祭祀之序事與其禮。

序事，卜日、省牲、視滌濯、饔爨之事，次序之時。

若國大貞，則奉玉帛以詔號。

號，神號、幣號。鄭司農云，大貞謂卜立君、卜大封。

大祭祀，省牲，眡滌濯。祭之日，逆齍，省鑊，告時于王，告備于王。

逆齍，受饎人之盛以入。省鑊，視亨腥孰。時，薦陳之晚早。備，謂饌具。○饎昌志反。亨普庚反

凡祭祀賓客，以時將瓚果。

將，送也，猶奉也。祭祀以時奉而授王，賓客以時奉而授宗伯。天子圭瓚，諸侯璋瓚。

詔相祭祀之小禮。凡大禮，佐大宗伯。

小禮，羣臣之禮。

賜卿大夫士爵，則儐。

賜猶命也。儐之，如命諸侯之儀。春秋文元年，天王使毛伯來錫公命。傳曰，錫者何，賜也。命者何，加我服也。

小祭祀，掌事，如大宗伯之禮。大賓客，受其將幣之齎。

謂所齎來貢獻之財物。○齎子兮反

若大師，則帥有司而立軍社，奉主車。

有司，大祝也。王出軍，必先有事於社及遷廟，而以其主行。社主曰軍社，遷主曰祖。春秋傳曰，軍行祓社釁鼓，祝奉以從。曾子問曰，天子巡守，以遷廟主行，載于齊車，言必有尊也。書曰，用命賞于祖，不用命戮于社。社之主蓋用石爲之。奉謂將行。○祓孚物反。從才用反。齊側皆反

若軍將有事，則與祭有司將事于四望。

軍將有事，將與敵合戰也。鄭司農云，則與祭，謂軍祭表禡軍社之屬。小宗伯與其祭事。玄謂與祭有司，謂大祝之屬。蓋司馬之官實典焉。○與音預

若大甸，則帥有司而饁獸于郊，遂頒禽。

甸讀曰田。有司，大司馬之屬。饁，饋也，以禽饋四方之神於郊。郊有群臣之兆。頒禽，謂以予羣臣。詩傳曰，禽雖多，擇取三十焉，其

餘以予大夫士，以習射於澤宮而分之。○䭀于輒反

大烖及執事禱祠于上下神示。

執事，大祝及男巫女巫也。求福曰禱，得求曰祠。讄曰禱爾于上下神祇。鄭司農云小宗伯與執事共禱祠。○讄音誄

王崩，大肆以秬鬯渳。

鄭司農云，大肆，大浴也。杜子春讀渳爲泯，以秬鬯浴尸。玄謂大肆，始陳尸，伸之。○渳亡婢反

及執事涖大斂小斂，帥異族而佐。

執事，大祝之屬。涖，臨也。親斂者，及事官之屬爲之。喪大記曰，小斂衣十九稱，君大夫士一也。大斂，君百稱，大夫五十稱，士三十稱。異族佐斂，疏者可以相助。

縣衰冠之式于路門之外。

周禮　卷十九　宗伯禮官之職　四　永懷堂

制色宜齊同。○縣音玄，衰七雷反

及執事眡葬獻器，遂哭之。

執事，蓋梓匠之屬。至將葬，獻明器之材，又獻素，獻成，皆於殯門外，王不親哭，有官代之。

卜葬兆，甫竁，亦如之。

兆，墓塋域。甫，始也。鄭大夫讀竁皆爲穿，杜子春讀竁爲毳，皆謂葬穿壙也。今南陽名穿地爲竁，聲如腐脃之脃。○竁昌絹反，杜昌銳反，脃七歲反，脺音卒

既葬，詔相喪祭之禮。

喪祭，虞祔也。檀弓曰，葬日虞，弗忍一日離也。是日也，以虞易奠。卒哭曰成事，是日也，以吉祭易喪祭，明日祔于祖父。

成葬而祭墓爲位。

成葬，丘已封也。天子之冢，蓋不一日而畢。位，壇位也。先祖形體託於此地，祀其神以安之。冢人職曰，大喪既有日，請度甫竁，遂爲之尸。

凡王之會同軍旅甸役之禱祠，肄儀爲位。

肄，習也。故書肄爲肆，儀爲義。杜子春讀肆當爲肄，義爲儀。若今時肄司徒府也。小宗伯主其位。○肄以志反，李似二反

國有禍烖，則亦如之。

謂有所禱祈。

凡天地之大烖，類社稷宗廟，則爲位。

禱祈禮輕，類者依其正禮而爲之。

凡國之大禮，佐大宗伯。凡小禮，掌事如大宗伯之儀。

周禮　卷十九　宗伯禮官之職　五　永懷堂

肆師之職，掌立國祀之禮，以佐大宗伯。

佐，助也。

立大祀，用玉帛牲牷。立次祀，用牲幣。立小祀，用牲。

鄭司農云，大祀，天地。次祀，日月星辰。小祀，司命已下。玄謂大祀又有宗廟，次祀又有社稷五祀五嶽，小祀又有司中風師雨師山川百物。○牷音全

以歲時序其祭祀，及其祈珥。

序，第，次其先後大小。故書祈爲幾。杜子春讀幾當爲祈，珥當爲餌。玄謂祈當爲進禨之禨，珥當爲衈。禨衈者，釁禮之事。雜記曰，成廟則釁之，雍人舉羊升屋自中，中屋南面，刲羊血流于前，乃降。門夾室皆用雞，其衈皆於屋下，割雞門當門，夾室中室。然則是禨謂羊血也。小子職曰，掌珥于社稷，祈于五祀，是也。亦謂其宮兆始成時也。春秋僖十九年夏，邾人執鄫子用之，傳曰，用之

者何蓋叩其鼻以衈社也○珥而志反注衈同刲苦圭反

大祭祀，展犧牲，繫于牢，頒于職人。展省閱也職讀爲樴樴可以繫牲者此職人謂充人及監門人○職劉之弋反戚音弋注樴同監古銜反

凡祭祀之卜日，宿爲期，詔相其禮，眡滌濯亦如之。宿先卜祭之夕

祭之日，表齍盛，告絜，展器陳，告備，及果築鬻，相治小禮，誅其慢怠者。粢六穀也在器曰盛陳陳列也果築鬻者所築鬻以祼也故書表爲剽剽表皆謂徽識也鄭司農云築煑築香草煑以爲鬯○相息亮反識式志反果古亂反下同鬻音煑

掌兆中廟中之禁令。兆壇塋域

凡祭祀禮成，則告事畢。大賓客，涖筵几，築鬻。此王所以禮賓客

贊果將。酌鬱鬯授大宗伯載祼

大朝覲，佐儐。爲承儐

共設匪罋之禮。

設於賓客之館公食大夫禮曰若不親食使大夫以侑幣致之豆實實于罋簋實實于筐匪其筐字之誤與禮不親饗則以酬幣致之或者匪以致饗○食音嗣

饗食，授祭。授賓祭肺

與祝侯禳于畺及郊。侯禳小祝職也畺五百里遠郊百里近郊五十里

大喪，大渳以鬯，則築鬻。築香草煑以爲鬯以浴尸香草鬱也

令外內命婦序哭。

序使相次秩

禁外內命男女之衰不中法者，且授之杖。外命男六鄉以出也內命男朝廷卿大夫上也其妻爲外命女喪服爲夫之君齊衰不杖內命女王之三夫人以下不中法違升數與裁制者鄭司農云三月授子杖五日授大夫杖七日授士杖此舊說也喪大記曰君之喪三日子夫人杖五日既殯授大夫世婦杖無七日授上杖文玄謂授杖日數王喪依諸侯與七月授士杖四制云○衰七雷反中丁仲反爲夫于僞反下爲取同

凡師甸，用牲于社宗，則爲位。社軍社也宗遷主也尚書傳曰王升舟入水鼓鐘亞觀臺亞將舟亞宗廟亞故書位爲涖杜子春云涖當爲位書亦或爲位宗謂宗廟○甸音田

類造上帝。封于大神。祭兵于山川。亦如之。

造猶卽也。爲兆以類禮卽祭上帝也。類禮依郊祀而爲之者。封，謂壇也。大神社及方嶽也。山川蓋軍之所依止。大傳曰。牧之野，武王之大事也。旣事而退。柴於上帝，祈于社。設奠於牧室。○造七報反

凡師不功。則助牽主車。

助，助大司馬也。故書功爲王。鄭司農。工讀爲功。古者工與功同字。謂師無功。肆師助牽之。恐爲敵所得。

凡四時之大甸獵。祭表貉。則爲位。

貉，師祭也。貉讀爲十百之百。於所立表之處爲師祭。造軍法者。禱氣勢之增倍也。其神蓋蚩蚘。或曰黃帝。○貉音陌。蚘音尤

嘗之日。涖卜來歲之芟。

芟，芟草除田也。古之始耕者除田種穀。嘗者嘗新穀。此芟之功也。卜者問後歲宜芟不。詩云。載芟載柞。其耕澤澤。○芟色銜反。柞側百反

獮之日。涖卜來歲之戒。

秋田爲獮。始習兵。戒不虞也。卜者問後歲兵寇之備。○獮思淺反

社之日。涖卜來歲之稼。

社祭土。爲取財焉。卜者問後歲稼所宜。

若國有大故。則令國人祭。

大故，謂水旱凶荒。所令祭者。社及禜酺。○禜音詠。酺音蒲。又音步

歲時之祭祀。亦如之。

月令。仲春命民社。此其一隅。

凡卿大夫之喪。相其禮。

相其適子。

凡國之大事。治其禮儀。以佐宗伯。

治，謂如今每事者更奏白王禮也。故書儀爲義。鄭司農云。義讀爲儀。古者書儀但爲義。今時所謂義爲誼。

凡國之小事。治其禮儀而掌其事。如宗伯之禮。

鬱人掌祼器。

祼器，謂彝及舟與瓚。

凡祭祀賓客之祼事。和鬱鬯以實彝而陳之。

築鬱金煮之以和鬯酒。鄭司農云。鬱，草名。十葉爲貫。百二十貫爲築。以煮之鐎中。停於祭前。鬱爲草若蘭。○鐎子遙反

凡祼玉。濯之陳之。以贊祼事。

祼玉，謂圭瓚璋瓚。

詔祼將之儀與其節。

節，謂王奉玉送祼，早晏之時。

凡祼事沃盥。

大喪之渳。共其肆器。

肆器，陳尸之器。喪大記曰。君設大盤，造冰焉。大夫設夷盤，造冰焉。士併瓦盤，無冰。設牀襢第，有枕。此之謂肆器。天子亦用夷盤。○造七報反。併薄冷反。襢章善反。第側几反

及葬。共其祼器。遂貍之。

遣奠之彝與瓚也。貍之於祖廟階間，明奠終於此。○貍亡皆反

大祭祀，與量人受舉斝之卒爵而飲之。

斝，受福之嘏，聲之誤也。王酳尸，尸嘏王，此其卒爵也。小宰饋食禮，主人受嘏，詩懷之，卒爵，執爵以興，出，宰夫以籩受嗇黍，主人嘗之，乃還獻祝。此鬱人受王之卒爵，亦王出房時也。必與量人者，鬱人贊祼尸，量人制從獻之脯燔，事相成。○斝古雅反，嘏古雅反，酳侯吝反，又音胤，燔音煩

鬯人掌共秬鬯而飾之。

秬鬯，不和鬱者。飾之，謂設巾。

凡祭祀社壝用大罍。

壝，謂委土爲墠壇，所以祭也。大罍，瓦罍。○墠音善

周禮　卷十九　宗伯禮官之職　十　禾懷堂

禜門用瓢齎。

禜，謂營酇所祭。門，國門也。春秋傳曰：日月星辰之神，則雪霜風雨之不時，於是乎禜之；山川之神，則水旱疫癘之不時，於是乎禜之。魯莊二十五年秋，大水，鼓用牲于門。故書瓢作剽。鄭司農讀剽爲瓢。杜子春讀齎爲粢。瓢，謂瓠蠡也。粢，盛也。玄謂齎讀爲齊，取甘瓠割去柢，以齊爲尊。○禜音詠，齎在兮反，鄭作管反，蠡力兮反，去起呂反，柢音帝

廟用脩。凡山川四方用蜃。凡祼事用概。凡疈事用散。

祼當爲埋字之誤也。故書蜃或爲謨。杜子春云：謨當爲蜃，書亦或爲蜃。蜃，水中蜃也。鄭司農云：脩、謨、概、散皆器名。玄謂廟用脩者，謂始禘時自饋食始。脩、蜃、概、散皆漆尊也。脩讀曰卣，卣，中尊，謂獻象之屬。尊者彝爲上，罍爲下。蜃畫爲蜃形，蚌曰合漿，尊之象。概，尊以朱帶者。無飾曰散。○脩音卣，羊久反，又音由，中鋪也。疈孚逼反，散素旱反，獻素何反，蚌步項反，曰合音含

大喪之大渳，設斗，共其釁鬯。

斗所以沃尸也。釁尸以鬯酒，使之香美者。鄭司農云：釁讀爲徽。

凡王之齊事，共其秬鬯。

給淬浴。○淬七內反

凡王弔臨，共介鬯。

以尊適卑曰臨。春秋傳曰：照臨幣邑。鄭司農云：鬯，香草。王行弔喪被之，故曰介。玄謂曲禮曰：摯，天子鬯，王至尊，介爲執致之以禮於鬼神與？檀弓曰：臨諸侯，畛於鬼神，曰有天王某父。此王適四方，舍諸侯祖廟，祝告其神之辭。介於是進鬯。○爲執于僞反，與音餘，父音甫

周禮卷十九終

周禮　卷十九　宗伯禮官之職　十一　禾懷堂

周禮卷二十

漢大司農北海鄭　玄註
皇明　後學東吳葛　鼒訂

宗伯禮官之職

雞人掌共雞牲。辨其物。

物謂毛色也辨之者陽祀用騂陰祀用黝

大祭祀。夜嘑旦以䚯百官。

夜夜漏未盡雞鳴時也呼旦以警起百官使夙興○嘑火吳反䚯古弔反

凡國之大賓客。會同軍旅喪紀亦如之。凡國事為期。則告之時。

象雞知時也告其有司主事者少牢曰宗人朝服北面曰請祭期主人曰比於子宗人曰旦明行事告時者至此旦明而告之○朝直遙反比毗志反

凡祭祀面禳釁。共其雞牲。

釁釁廟之屬釁廟以羊門夾室皆用雞鄭司農云面禳四面禳也釁讀為徽

司尊彝掌六尊六彝之位。詔其酌。辨其用與其實。

位所陳之處酌泲之使可酌各異也用四時祭祀所用亦不同實鬱及醴齊之屬○泲子里反齊才計反

春祠夏禴。祼用雞彝鳥彝。皆有舟。其朝踐用兩獻尊。其再獻用兩象尊。皆有罍。諸臣之所昨也。秋嘗冬烝。祼用斝彝黃彝。皆有舟。其朝獻用兩著尊。其饋獻用兩壺尊。皆有罍。諸臣之所昨也。凡四時之間祀。追享朝享。祼用虎彝蜼彝。皆有舟。其朝踐用兩大尊。其再獻用兩山尊。皆有罍。諸臣之所昨也。

祼謂以圭瓚酌鬱鬯始獻尸也后於是以璋瓚酌亞祼郊特牲曰周人尚臭灌用鬯臭鬱合鬯臭陰達於淵泉灌以圭璋用玉氣也既灌然後迎牲致陰氣也朝踐謂薦血腥酌醴始行祭事后於是薦朝事之豆籩既又酌獻其變朝踐為朝獻者尊相因也朝獻謂尸卒食王酳之再獻者王酳尸之後后酌亞獻諸臣為賓又次后酌盎齊備卒食三獻也於后亞獻內宗薦加豆籩其變再獻為饋獻者亦尊相因饋獻謂薦孰時后於是薦饋食之豆籩此凡九酌王及后各四諸臣一祭之正也以今祭禮特牲少牢言之二祼為奠而尸飲七矣王可以獻諸臣祭統曰尸飲五君洗玉爵獻卿是其差也明堂位曰灌用玉瓚大圭爵用玉琖加用璧角璧散又鬱人職曰受舉斝之卒爵而飲之則王酳尸以玉爵也王酳尸用玉爵而再獻者用璧角璧散可知也雞彝鳥彝謂刻而畫之為雞鳳凰之形皆有舟皆有罍言春夏秋冬及追享朝享有之同昨讀為酢字之誤也諸臣獻者酌罍

以自酢不敢與王之神靈共尊鄭司農云舟尊下臺若今時承槃獻讀為犧犧尊飾以翡翠象尊以象鳳皇或曰以象骨飾尊明堂位曰犧象周尊也春秋傳曰犧象不出門尊以祼神罍神之所飲也詩曰缾之罄矣維罍之恥斝讀為稼稼彝畫禾稼也黃彝黃目尊也明堂位曰夏后氏以雞彝殷以斝周以黃目爾雅曰彝卣罍器也著尊者著略尊也或曰著尊著地無足明堂位曰著殷尊也壺者以壺為尊春秋傳曰尊以魯壺追享朝享謂禘祫也在四時之間故曰間祀蜼讀為蛇虺之虺或讀為公用射隼之隼大尊太古之瓦尊山尊山罍也明堂位曰泰有虞氏之尊也山罍夏后氏之尊故書踐作餞杜子春云餞當為踐玄謂黃目以黃金為目郊特牲曰黃目鬱氣之上尊也黃者中也目者氣之清明者也言酌於中而清明於外追享謂追祭遷廟之主以事有所請禱朝享謂朝受政於廟春秋傳曰閏月不告朔猶朝于廟蜼禺屬卬鼻而長尾山罍亦刻而畫之謂山雲之形○兩獻本或作戲注作犧同素何反注及下注汁獻同斝音稼著直略反朝享直遙反朝受政猶朝及下文朝用同蜼音誄兩大音泰注同琖莊產反射隼食亦反下荀尹反禺音遇卬魚丈反又五剛反

凡六彝六尊之酌。鬱齊獻酌。醴齊縮酌。盎齊涗酌。凡酒修酌。

故書縮爲數齊爲盞鄭司農云獻讀爲儀儀酌有威儀多也涗酌者梲拭勺而酌也修酌者以水洗勺而酌也盞讀皆爲齊和之齊杜子春云數當爲縮齊讀皆爲粢玄謂禮運曰玄酒在室醴醆在戶粢醍在堂澄酒在下以五齊次之則醆酒盎齊也郊特牲曰縮酌用茅明酌也醆酒涗于清汁獻涗于醆酒猶明清與醆酒于舊醳之酒也此言轉相泲成也獻讀爲摩莎之莎齊語聲之誤也煮鬱和和鬯以醆酒摩莎泲之出其香汁也醴齊尤濁和以明酌泲之以茅縮去滓也盎齊差清和以清酒泲之而已其餘三齊泛從醴緹沈從盎凡酒謂三酒也修讀如滌濯之滌滌酌以水和而泲之今齊人命浩酒曰滌明酌酌取事酒之上也澤讀曰醳明酌清酒醆酒泲之皆以舊醳之酒凡此四者祼用鬱齊朝用醴齊饋用盎齊諸臣自酢用凡酒唯大事于大廟備五齊三酒○獻酌素何反司農音儀涗舒銳反修酌直歷反注同數音朔下同爲盞子今反梲飾舒銳反齊和胡臥反醆莊產反緹音體舊澤音亦下曰醳音同莎素何反去滓起呂反

大喪存奠彝。

存省也謂大遣時奠者朝夕乃徹也

大旅亦如之。

旅者國有大故之祭也亦有其奠彝則陳之不即徹

司几筵掌五几五席之名物辨其用與其位。

五几左右玉彫彤漆素五席莞藻次蒲熊用位所設之席及其處○彫徒冬反莞音官又音丸藻本又作繅音早

凡大朝覲大享射凡封國命諸侯王位設黼依依前南鄉設莞筵紛純加繅席畫純加次席黼純左右玉几。

斧謂之黼其繡白黑文以絳帛爲質依其制如屏風然於依前爲王設席左右有几優至尊也鄭司農云紛讀爲豳又讀爲和粉之粉謂白繡也純讀爲均服之均純緣也繅讀爲藻率之藻次席虎皮爲席書顧命曰成王將崩命太保芮伯畢公等被冕服憑玉几玄謂紛如綬有文而狹者繅席削蒲蒻展之編以五采若今合歡矣畫謂雲氣也次席桃枝席有次列成文○依於豈反鄉許亮反純章允反爲王于僞反率音律蒻音弱

祀先王昨席亦如之。

鄭司農云昨席於主階設席王所坐也玄謂昨讀曰酢謂祭祀及王受酢之席尸卒食王醑之卒爵祝受之又酌授尸尸酢王於是席王於戶內后諸臣致爵乃設席

諸侯祭祀席蒲筵繢純加莞席紛純右彫几。

繢畫文也不莞席加繅者繅柔𦟛不如莞清堅又於鬼神宜○𦟛如兗反

昨席莞筵紛純加繅席畫純筵國賓于牖前亦如之左彤几。

昨讀亦曰酢鄭司農云禮記國賓老臣也爲布筵席於牖前玄謂國賓諸侯來朝孤卿大夫來聘後言几者使不蒙如也朝者彫几聘者彤几

甸役則設熊席右漆几。

謂王甸有司祭表貉所設席○甸音田

凡喪事設葦席右素几其柏席用萑黼純諸侯則紛純每敦一几。

喪事謂凡奠也萑如葦而細者鄭司農云柏席迫地之席葦居其上或曰柏席載黍稷之席玄謂柏椁字磨滅之餘椁席藏中神坐之席也敦讀曰燾燾覆也棺在殯則椁燾既窆則加見皆謂覆之周禮雖合葬及同時在殯皆異几體實不同祭於廟同几精氣合○柏音迫萑音丸敦音道藏才浪反燾音導

凡吉事變几凶事仍几。

故書仍爲乃鄭司農云變凡變更其質謂有飾也乃讀爲仍仍
因也因其質謂無飾也爾雅曰僎仍因也書顧命曰翌日乙丑
成王崩癸酉牖間南鄉西序東嚮東序西嚮皆仍几玄謂吉事
王祭宗廟祼於室饋食於堂繹於祊每事易几神事文示新之
也凶事謂凡奠几朝夕相因
喪禮略○翌音翼祊補耕反

天府掌祖廟之守藏與其禁令。

祖廟始祖后稷之廟其寶物世傳守之若魯
寶玉大弓者○守藏上手又反下才浪反

凡國之玉鎮大寶器藏焉。若有大祭大喪。則出而陳之。既事。藏之。

玉鎮大寶器玉瑞玉器之美者禘祫及大喪陳之以華國也故
書鎮作瑱鄭司農云瑱讀爲鎮書顧命曰翌日乙丑王崩丁卯
命作册度越七日癸酉陳寶赤刀大訓弘璧琬琰在西序大玉
夷玉天球河圖在東序胤之舞衣大貝鼖鼓在西房兌之戈和
之弓垂之竹矢在東房此其行事見於經○瑱他
見反琰以冉反鼖扶云反兌徒外反見賢遍反

凡官府鄉州及都鄙之治中。受而藏之。以詔王察羣吏之治。

察察其當黜陟者鄭司農云治中
謂其治職簿書之要○中丁仲反

上春。釁寶鎮及寶器。

上春孟春也釁謂殺牲以血血之鄭
司農云釁讀爲徽或曰釁鼓之釁

凡吉凶之事。祖廟之中。沃盥執燭。

吉事四時祭也凶事后王喪
朝于祖廟之奠○朝直遥反

季冬。陳玉。以貞來歲之媺惡。

問事之正曰貞問歲之美惡謂問於龜大卜職大貞之屬陳玉
陳禮神之玉凡卜筮實問於鬼神龜筮能出其卦兆之占耳龜
有天地四方則玉有六器者與言陳者既事藏之不必埋之也
鄭司農云貞問也易曰師貞丈人吉問於丈人國語曰貞於陽

卜○與
音餘

若遷寶。則奉之。

奉猶
送也

若祭天之司民司祿。而獻民數穀數。則受而藏之。

司民軒轅角也司祿文昌第六星或曰下能也祿之言穀也年
穀登乃後制祿祭此二星者以孟冬既祭之而上民穀之數於
天府○能他來
反上時掌反

典瑞掌玉瑞玉器之藏。辨其名物與其用事。設其服飾。

人執以見曰瑞禮神曰器瑞符信也服飾服玉
之飾謂繅藉○藏才浪反見賢遍反藉在夜反

王晉大圭。執鎮圭。繅藉五采五就。以朝日。

繅有五采文所以薦玉木爲中榦用韋衣而畫之就成也王朝
日者示有所尊訓民事君也天子常春分朝日秋分夕月覲禮
曰拜日於東門之外故書鎮作瑱鄭司農云晉讀爲搢紳之搢
謂搢於紳帶之間若帶劒也瑱讀爲鎮玉人職曰大圭長三尺
杼上終葵首天子服之鎮圭尺有二寸天子守之繅讀爲藻
率之藻五就五帀也一帀爲一就○朝直遥反韋衣於既反

公執桓圭。侯執信圭。伯執躬圭。繅皆三采三就。子執穀璧。男執蒲璧。繅皆二采再就。以朝覲宗遇會同于王。

三采朱白蒼二采朱綠也鄭司農云以圭璧見於王覲禮曰侯
氏入門右坐奠圭再拜稽首侯氏見於天子春曰朝夏曰宗秋
曰覲冬曰遇時見曰會
殷見曰同○信圭音身

諸侯相見。亦如之。

鄭司農云亦執圭璧以相見故邾隱公
朝於魯春秋傳曰邾子執玉高其容仰

瑑圭璋璧琮繅皆二采一就以頫聘。

璋以聘后夫人以琮享之也大夫衆來曰頫寡來曰聘鄭司農云瑑有圻鄂瑑起○瑑直轉反頫他弔反圻魚斤反

四圭有邸以祀天旅上帝。

鄭司農云於中央爲璧圭著其四面一玉俱成爾雅曰邸本也圭本著於璧故四圭有邸圭末四出故也或說四圭有邸有四角也邸讀爲抵欺之抵上帝玄天玄謂祀天夏正郊天也上帝五帝所郊亦猶五帝殊言天者尊異之也大宗伯職曰國有大故則旅上帝及四望○著直略反

兩圭有邸以祀地旅四望。

兩圭者以象地數二也僢而同邸祀地謂所祀於北郊神州之神○僢昌絹反邸音帝

祼圭有瓚以肆先王以祼賓客。

鄭司農云於圭頭爲器可以挹鬯祼祭謂之瓚故書曰卹彼玉瓚黃流在中國語謂之鬯圭以肆先王祼先王祭也玄謂肆解牲體以祭因以爲名爵行曰祼漢禮瓚槃大五升口徑八寸下有槃口徑一尺

圭璧以祀日月星辰。

圭其邸爲璧取殺於上帝○殺色界反

璋邸射以祀山川以造贈賓客。

璋有邸而射取殺於四望鄭司農云射剡也○射食亦反

土圭以致四時日月封國則以土地。

以致四時日月者度其景至不至以知其行得失也冬夏以致日春秋以致月土地猶度地也封諸侯以土圭度日景觀分寸長短以制其域所封也鄭司農說以玉人職曰土圭尺有五寸以致日以土地以求地中故謂之土圭○度待洛反下度地度

同日

珍圭以徵守以恤凶荒。

杜子春云珍當爲鎮書亦或爲鎮以徵守者以徵召守國諸侯若今時徵郡守以竹使符也鎮者國之鎮諸侯亦一國之鎮故以鎮圭徵之也凶荒則民有遠志不安其土故以鎮圭鎮安之玄謂珍圭王使之瑞節制大小當與琬琰相依王使人徵諸侯憂凶荒之國則授之執以往致王命焉如今時使者持節矣恤者闓府庫振救之凡瑞節歸又執以反命○守劉守反使所吏反闓音開

牙璋以起軍旅以治兵守。

鄭司農云牙璋瑑以爲牙牙齒兵象故以牙璋發兵若今時以銅虎符發兵玄謂牙璋亦王使之瑞節兵守用兵所守若齊人戍遂諸侯戍周

璧羨以起度。

鄭司農云羨長也此璧徑長尺以起度量玉人職曰璧羨度尺以爲度玄謂羨不圜之貌蓋廣徑八寸袤一尺○袤音茂

駔圭璋璧琮琥璜之渠眉疏璧琮以斂尸。

鄭司農云駔外有捷盧也駔讀爲駔疾之駔疏讀爲沙謂圭璋璧琮琥璜皆爲開渠爲眉瑑沙除以斂尸令汁得流去也玄謂以斂尸者於大斂焉加之也駔讀爲組與組馬同聲之誤也渠眉玉飾之溝瑑也以組穿聯六玉溝瑑之中以斂尸圭在左璋在首琥在右璜在足璧在背琮在腹蓋取象方明神之也疏璧琮者通於天地○駔音祖

穀圭以和難以聘女。

穀圭亦王使之瑞節穀善也其飾若粟文然難仇讐和之者若春秋宣公及齊侯平莒及郯晉侯使瑕嘉平戎于王其聘女則以納徵焉○難乃旦反郯音談

琬圭以治德以結好。

琬圭亦王使之瑞節。諸侯有德，王命賜之，及諸侯使大夫來聘，既而爲壇會之，使大夫執以命事焉。大行人職曰：時聘以結諸侯之好。鄭司農云：琬圭無鋒芒，故治德以結好。○好，呼報反

琰圭以易行以除慝。

琰圭亦王使之瑞節。鄭司農云：琰圭有鋒芒，傷害征伐誅討之象，故以易行除慝。易惡行，令爲善者，以此圭責讓喻告之也。玄謂除慝亦於諸侯使大夫來頫，既而使大夫執而命事於壇。大行人職曰：殷頫以除邦國之慝。○易，行下孟反

大祭祀、大旅，凡賓客之事，共其玉器而奉之。

玉器，謂四圭、祼圭之屬。

大喪，共飯玉、含玉、贈玉。

飯玉，碎玉以雜米也。含玉，柱左右䪼及在口中者。雜記曰：含者執璧將命，則是璧形而小耳。贈玉，蓋璧也。贈有束帛，六幣璧以帛。飯，扶晚反。含，戶暗反

凡玉器出，則共奉之。

玉器出，謂王所好賜也。奉之，送以往。遠則送於使者。

周禮卷二十終

周禮卷二十一

漢大司農北海鄭　玄註

皇明　後學東吳金　蟠訂

宗伯禮官之職

典命掌諸侯之五儀、諸臣之五等之命。

五儀，公、侯、伯、子、男之儀。五等，謂孤以下四命、三命、再命、一命、不命也。或言儀，或言命，互文也。故書儀作義，鄭司農義讀爲儀。

上公九命爲伯，其國家、宮室、車旗、衣服、禮儀皆以九爲節。侯伯七命，其國家、宮室、車旗、衣服、禮儀皆以七爲節。子男五命，其國家、宮室、車旗、衣服、禮儀皆以五爲節。

上公，謂王之三公有德者，加命爲二伯。二王之後亦爲上公。國家，國之所居，謂城方也。公之城蓋方九里，宮方九百步；侯伯之城蓋方七里，宮方七百步；子男之城蓋方五里，宮方五百步。大行人職則有諸侯圭藉、冕服、建常、樊纓、貳車、介、牢禮、朝位之數焉。○樊，步干反

王之三公八命，其卿六命，其大夫四命。及其出封，皆加一等。其國家、宮室、車旗、衣服、禮儀亦如之。

四命，中下大夫也。出封，出畿內封於八州之中。加一等，褒有德也。大夫爲子男，卿爲侯伯。其在朝廷，則亦如命數耳。王之上士三命，中士再命，下士一命。

凡諸侯之適子，誓於天子，攝其君，則下其君之禮一等；未誓，則以皮帛繼子男。

誓猶命也言誓者明天子既命以爲之嗣樹子不易也春秋桓九年曹伯使其世子射姑來朝行國君之禮是也公之子如侯伯而執圭侯伯之子如子男而執璧子男之子與未誓者皆次小國之君執皮帛而朝會焉其賓之皆以上卿之禮焉○適子丁歷反射姑音亦

公之孤四命以皮帛眡小國之君其卿三命其大夫再命其士一命其宮室車旗衣服禮儀各眡其命之數侯伯之卿大夫士亦如之子男之卿再命其大夫一命其士不命其宮室車旗衣服禮儀各眡其命之數

眡小國之君者列於卿大夫之位而禮如子男也鄭司農云九命上公得置孤卿一人春秋傳曰列國之卿當小國之君固周制也玄謂王制曰大國三卿皆命於天子下大夫五人上士二十七人次國三卿二卿命於天子一卿命於其君下大夫五人

上士二十七人小國二卿皆命於其君下大夫五人上士二十七人

司服掌王之吉凶衣服辨其名物與其用事

用事祭祀視朝甸凶弔之事衣服各有所用

王之吉服祀昊天上帝則服大裘而冕祀五帝亦如之享先王則袞冕享先公饗射則鷩冕祀四望山川則毳冕祭社稷五祀則希冕祭羣小祀則玄冕

六服同冕者首飾尊也先公謂后稷之後大王之前不窋至諸盩饗射饗食賓客與諸侯射也羣小祀林澤墳衍四方百物之屬鄭司農云大裘羔裘也衮卷龍衣也鷩裨衣也毳罽衣也玄謂書曰予欲觀古人之象日月星辰山龍華蟲作繢宗彝藻火粉米黼黻希繡此古天子冕服十二章舜欲觀焉華蟲五色之蟲繢人職曰雜四時五色之位以章之謂是也希讀爲絺或作黹字之誤也王者相變至周而以日月星辰畫於旌旗所謂三辰旂旗昭其明也而冕服九章登龍於山登火於宗彝尊其神明也九章初一曰龍次二曰山次三曰華蟲次四曰火次五曰宗彝皆畫以爲繢次六曰藻次七曰粉米次八曰黼次九曰黻皆希以爲繡則袞之衣五章裳四章凡九也鷩畫以雉謂華蟲也其衣三章裳四章凡七也毳畫虎蜼謂宗彝也其衣三章裳二章凡五也希刺粉米無畫也其衣一章裳二章凡三也玄者衣無文裳刺黻而已是以謂玄焉凡冕服皆玄衣纁裳○鷩必滅反毳昌銳反[illegible]張律反蜼直留反罽居例反黹張里反刺七亦反

凡兵事韋弁服

韋弁以韎韋爲弁又以爲衣裳春秋傳曰晉郤至衣韎韋之跗注是也今時伍伯緹衣古兵服之遺色○韎劉音妹又莫拜反跗方符反緹音體

眡朝則皮弁服

眡朝眡內外朝之事皮弁之服十五升白布衣積素以爲裳王受諸侯朝覲於廟則袞冕

凡甸冠弁服

甸田獵也冠弁委貌其服緇布衣亦積素以爲裳諸侯以爲視朝之服詩國風曰緇衣之宜兮謂王服此以田王卒食而居則玄端○甸音田

凡凶事服弁服

服弁喪冠也其服斬衰齊衰○衰七雷反下皆同齊音咨

凡弔事弁絰服

弁絰者如爵弁而素加環絰論語曰羔裘玄冠不以弔絰大如緦之絰其服錫衰緦衰疑衰諸侯及卿大夫亦以錫衰爲弔服喪服小記曰諸侯弔必皮弁錫衰則變其冠耳喪服舊說以爲士弔服素委貌冠朝服此近庶人弔服而衣猶非也士當事弁

經疑衰變其裳以素耳國君於其臣弁經他國之臣則皮弁大夫士有朋友之恩亦弁經故書弁作紼鄭司農紼讀爲弁而加環經環經即弁經服○紼音弁

凡喪爲天王斬衰爲王后齊衰

王后小君也諸侯爲之不杖期○爲于僞反

王爲三公六卿錫衰爲諸侯緦衰爲大夫士疑衰其首服皆弁經

君爲臣服弔服也鄭司農云錫麻之滑易者十五升去其半有事其布無事其縷緦亦十五升去其半有事其縷無事其布疑衰十四升衰玄謂無事其縷哀在內無事其布哀在外疑之言擬也擬於吉○易以豉曰去起呂反

大札大荒大裁素服

大札疫病也大荒飢饉也大裁水火爲害君臣素服縞冠若晉伯宗哭梁山之崩

公之服自衮冕而下如王之服侯伯之服自鷩冕而下如公之服子男之服自毳冕而下如侯伯之服孤之服自希冕而下如子男之服卿大夫之服自玄冕而下如孤之服其凶服加以大功小功士之服自皮弁而下如大夫之服其凶服亦如之其齊服有玄端素端

自公之衮冕至卿大夫之玄冕皆其朝聘天子及助祭之服諸侯非二王後其餘皆玄冕而祭於己雜記曰大夫冕而祭於公弁而祭於己士弁而祭於公冠而祭於己大夫爵弁自祭家廟唯孤爾其餘皆玄冠與士同玄冠自祭其廟者其服朝服玄端諸侯之自相朝聘皆皮弁服此天子日視朝之服喪服天子諸侯齊斬而已卿大夫皆以大功小功士亦如之又加緦焉士齊有素端者亦爲札荒有所禱請變素服言素端者明異制鄭司農云衣有襦裳者爲端玄謂端者取其正也士之衣袂皆二尺

二寸而屬幅是廣袤等也其袪尺二寸大夫已上侈之侈之者蓋半而益一焉半而益一則其袂三尺三寸袪尺八寸○其齊側皆反注士齊同有襦音儒屬音燭袪起呂反上時掌反

凡大祭祀大賓客共其衣服而奉之

奉猶送也送之於王所

大喪共其復衣服斂衣服奠衣服廞衣服皆掌其陳序

奠衣服今坐上魂衣也故書廞爲淫鄭司農云淫讀爲廞廞陳也玄謂廞衣服所藏於椁中○廞虛今反

典祀掌外祀之兆守皆有域掌其政令

外祀謂所祀於四郊者域兆表之塋域

若以時祭祀則帥其屬而修除徵役于司隸而役之

屬其屬胥徒也修除芟埽之徵召也役之作使之

及祭帥其屬而守其厲禁而蹕之

鄭司農云遮列禁人不得令入○蹕音畢令力呈反

守祧掌守先王先公之廟祧其遺衣服藏焉

廟謂大祖之廟及三昭三穆遷主所藏曰祧先公之遷主藏于后稷之廟先王之遷主藏于文武之廟遺衣服大斂之餘也故書祧作濯鄭司農濯讀爲祧此王者之宮而有先公謂大王以前爲諸侯

若將祭祀則各以其服授尸

尸當服卒者之上服以象生時

其廟則有司修除之其祧則守祧黝堊之

廟祭此廟也祧祭遷主有司宗伯也修除黝堊互言之有司恒主修除守祧恒主黝堊鄭司農云黝讀爲幽幽黑也堊白也爾雅曰地謂之黝牆謂之堊○黝於糾反堊烏路反或烏洛反

既祭則藏其隋與其服

鄭司農云隋謂神前所沃灌器名玄謂隋尸所祭肺脊黍稷之屬藏之以依神○隋許恚反劉相恚反

世婦掌女宮之宿戒及祭祀比其具

女宮刑女給宮中事者宿戒當給事豫告之齊戒也比次也具所濯溉及粢盛之爨鄭司農比讀爲庀庀具也○比本亦作庀

詔王后之禮事

薦徹之節

帥六宮之人共齍盛

帥世婦女御○齍音咨

相外內宗之禮事

同姓異姓之女有爵佐后者○相息亮反

大賓客之饗食亦如之

大喪比外內命婦之朝莫哭不敬者而苛罰之

苛譴也

凡王后有拜事於婦人則詔相

鄭司農云謂爵婦人玄謂拜拜謝之也喪大記曰夫人亦拜寄公夫人於堂上

凡內事有達於外官者世婦掌之

主通之使相共授

內宗掌宗廟之祭祀薦加豆籩

加爵之豆籩故書爲籩豆鄭司農云謂婦人所薦杜子春云當爲豆籩

及以樂徹則佐傳豆籩

佐傳佐外宗○傳直專反

賓客之饗食亦如之王后有事則從大喪序哭者

次序外內宗及命婦哭王○從才用反

哭諸侯亦如之凡卿大夫之喪掌其弔臨

王后弔臨諸侯而已是以言掌卿大夫云

外宗掌宗廟之祭祀佐王后薦玉豆眡豆籩及以樂徹亦如之

眡視其實

王后以樂羞齍則贊

贊猶佐也○齍音咨

凡王后之獻亦如之

獻獻酒於尸

王后不與則贊宗伯

后有故不與祭宗伯攝其事○與音預

小祭祀掌事賓客之事亦如之。
小祭祀謂在宮中、
大喪則叙外內朝莫哭者哭諸侯亦如之
內內外宗及外命婦、

周禮卷二十一 終

周禮卷二十二

漢大司農北海鄭　玄註
皇明　後學東吳葛　鼒訂

宗伯禮官之職

冢人掌公墓之地辨其兆域而爲之圖。先王之葬居中。以昭穆爲左右。
公君也。圖謂畫其地形及丘壠所處而藏之。先王造塋者。昭居左。穆居右。夾處東西。
凡諸侯居左右以前。卿大夫士居後。各以其族。
子孫各就其所出王。以尊卑處。其前後而亦併昭穆。

凡死於兵者不入兆域。
戰敗無勇。投諸塋外以罰之。
凡有功者居前。
居王墓之前處昭穆之中央。
以爵等爲丘封之度。與其樹數。
別尊卑也。王公曰丘。諸臣曰封。漢律曰。列侯墳高四丈。關內侯以下至庶人各有差。
大喪既有日。請度甫竁。遂爲之尸。
甫始也。請量度所始竁之處地。爲尸者成葬爲祭墓地之尸也。鄭司農云。既有日。既有葬日也。始竁時祭以告后土。冢人爲之尸。○度待洛反。

及窆以度爲丘隧。共喪之窆器。
隧羨道也度丘與羨道廣袤所至窆器下棺豐碑之屬喪大記
曰凡封用綍去碑負引君封以衡大夫以咸○窆彼驗反去起
呂反
及葬。言鸞車象人。
鸞車巾車所飾遣車也亦設鸞旗鄭司農云象人謂以芻爲人
言言問其不如法度者玄謂言猶語也語之者告當行若于生
存者於是巾車行之孔子謂爲芻靈者善謂爲俑者
不仁非作象人者不殆於用生乎○俑音勇
及窆。執斧以涖。
蒞臨下
莅也
遂入藏凶器。
凶器
明器

正墓位。蹕墓域。守墓禁。
位謂丘封所居前
後也禁所爲塋限
凡祭墓爲尸。
祭墓爲尸或禱祈焉鄭
司農云爲尸冢人爲尸
凡諸侯及諸臣葬於墓者。授之兆。爲之蹕。均其禁。
墓大夫掌凡邦墓之地域。爲之圖。
凡邦中之墓地
萬民所葬地
令國民族葬。而掌其禁令。
族葬各
從其親
正其位。掌其度數。
位謂昭穆也度
數爵等之大小
使皆有私地域。
古者萬民墓地同處分其地使
各有區域得以族葬後相容
凡爭墓地者。聽其獄訟。
爭墓地相
侵區域
帥其屬而巡墓厲。居其中之室以守之。
厲塋限遮列處鄭司農云居
其中之室有官寺在墓中

職喪掌諸侯之喪。及卿大夫士凡有爵者之喪。以國之喪禮。涖其禁令。序其事。
國之喪禮喪服士喪既夕士虞今存
者其餘則亡事謂小斂大斂葬也
凡國有司以王命有事焉。則詔贊主人。
有事謂含襚贈賵之屬詔贊者以告主人佐其受之鄭司農云
凡國謂諸侯國有司謂王有司也以王命有事職喪主詔贊主
人玄謂凡國有司有司從王
國以王命往○賵芳鳳反
凡其喪祭。詔其號。治其禮。
鄭司農云號謂諡號玄謂告以牲
號齍號之屬當以祝之○齍音咨
凡公有司之所共。職喪令之。趣其事。

令令其當供物者給事之期也有司或言公或言國言國者由其君所來居其官曰公謂王遣使奉命有贈之物各從其官出職喪當儺督也

春官宗伯下

大司樂掌成均之灋以治建國之學政而合國之子弟焉

鄭司農云均調也樂師主調其音大司樂主受此成事已調之樂玄謂董仲舒云成均五帝之學成均之灋者其遺禮可灋者國之子弟公卿大夫之子弟當學者謂之國子文王世子曰於成均以及取爵於上尊焉則周人立此學之宮

凡有道者有德者使教焉死則以爲樂祖祭於瞽宗

道多才藝者德能躬行者若舜命夔典樂教冑子是也死則以爲樂之祖神而祭之鄭司農云瞽樂人樂人所共宗也或曰祭於瞽宗祭於廟中明堂位曰瞽宗殷學也泮宮周學也以此觀之祭於學宮中

以樂德教國子中和祗庸孝友

中猶忠也和剛柔適也祗敬庸有常也善父母曰孝善兄弟曰友

以樂語教國子興道諷誦言語

興者以善物喻善事道讀曰導導者言古以剴今也倍文曰諷以聲節之曰誦發端曰言答述曰語○興許應反

以樂舞教國子舞雲門大卷大咸大磬大夏大濩大武

此周所存六代之樂黃帝曰雲門大卷黃帝能成名萬物以明民共財言其德如雲之所出民得以有族類大咸咸池堯樂也堯能殫均刑灋以儀民言其德無所不施大磬舜樂也言其德能紹堯之道也大夏禹樂也禹治水傅土言其德能大中國也大濩湯樂也湯以寬治民而除其邪言其德能使天下得其所也大武武王樂也武王伐紂以除其害言其德能成武功○卷音權磬上昭反濩戶故反共音恭殫時戰反傅音孚

以六律六同五聲八音六舞大合樂以致鬼神示以和邦國以諧萬民以安賓客以說遠人以作動物

六律合陽聲者也六同合陰聲者也此十二者以銅爲管轉而相生黃鍾爲首其長九寸各因而三分之上生者益一分下生者去一焉國語曰律所以立均出度也古之神瞽考中聲而量之以制度律均鍾言以中聲定律以律立鍾之均大合樂者謂徧作六代之樂以冬日至作之致天神人鬼以夏日至作之致地祇物彪動物羽贏之屬虞書云夔曰戛擊鳴球搏拊琴瑟以詠祖考來格虞賓在位羣后德讓下管鼗鼓合止柷敔笙鏞以閒鳥獸蹌蹌簫韶九成鳳皇來儀夔又曰於予擊石拊石百獸率舞庶尹允諧此其於宗廟九奏效應○說音悅上生時掌反去一起呂反度待洛反彪甫與反贏力果反戛居八反鼗徒刀反敔本又作梧魚呂反閒閒厠之閒蹌七羊反

乃分樂而祀之以祭以享以祀

分謂各用一代之樂

乃奏黃鍾歌大呂舞雲門以祀天神

以黃鍾之鍾大呂之聲爲均者黃鍾陽聲之首大呂爲之合奏之以祀天神尊之也天神謂五帝及日月星辰也王者又各以夏正月祀其所受命之帝於南郊尊之也孝經說曰祭天南郊就陽位是也○正音征

乃奏大蔟歌應鍾舞咸池以祭地示

大蔟陽聲第二應鍾爲之合咸池大咸也地祇所祭於北郊謂神州之神及社稷○大蔟音太下七豆反

乃奏姑洗歌南呂舞大磬以祀四望

姑洗陽聲第三南呂爲之合四望五嶽四鎮四瀆此言祀者司中司命風師雨師或亦用此樂與

乃奏蕤賓歌函鍾舞大夏以祭山川

蕤賓陽聲第四、函鍾爲之合、函鍾一名林鍾。○蕤人誰反

乃奏夷則歌小呂舞大濩以享先妣。

夷則陽聲第五小呂爲之合小呂一名中呂先妣姜嫄也姜嫄履大人跡感神靈而生后稷是周之先母也周立廟自后稷爲始祖姜嫄無所妃是以特立廟而祭之謂之閟宮閟神之。○妃音配

乃奏無射歌夾鍾舞大武以享先祖。

無射陽聲之下也夾鍾爲之合夾鍾一名圜鍾先祖謂先王先公。○射音亦

凡六樂者文之以五聲播之以八音。

六者言其均皆待五聲八音乃成也播之言被也故書播爲藩杜子春云藩當爲播讀如后稷播百穀之播

凡六樂者一變而致羽物及川澤之示再變而致臝物及山林之示三變而致鱗物及丘陵之示四變而致毛物及墳衍之示五變而致介物及土示六變而致象物及天神。

變猶更也樂成則更奏也此謂大蜡索鬼神而致百物六奏樂而禮畢東方之祭則用大蔟姑洗南方之祭則用蕤賓西方之祭則用夷則無射北方之祭則用黃鍾爲均焉每奏有所感致和以來之凡動物敏疾者地祇高下之甚者易致羽物既飛又走川澤有孔竅者蛤蟹走則遲墳衍孔竅則小矣是其所以舒疾之分土祇原隰及平地之神也象物有象在天所謂四靈者天地之神四靈之知非德至和則不至禮運曰何謂四靈麟鳳龜龍謂之四靈龍以爲畜故魚鮪不淰鳳以爲畜故鳥不獝麟以爲畜故獸不狘龜以爲畜故人情不失○蜡士嫁反易以豉反分扶問反知音智畜許六反鮪于軌反淰音審獝休律反狘休越反

凡樂圜鍾爲宮黃鍾爲角大蔟爲徵姑洗爲羽靁鼓靁鼗孤竹之管雲和之琴瑟雲門之舞冬日至於地上之圜丘奏之若樂六變則天神皆降可得而禮矣凡樂函鍾爲宮大蔟爲角姑洗爲徵南呂爲羽靈鼓靈鼗孫竹之管空桑之琴瑟咸池之舞夏日至於澤中之方丘奏之若樂八變則地示皆出可得而禮矣凡樂黃鍾爲宮大呂爲角大蔟爲徵應鍾爲羽路鼓路鼗陰竹之管龍門之琴瑟九德之歌九磬之舞於宗廟之中奏之若樂九變則人鬼可得而禮矣。

此三者皆禘大祭也天神則主北辰地祇則主崑崙人鬼則主后稷先奏是樂以致其神禮之以玉而祼焉乃後合樂而祭之大傳曰王者必禘其祖之所自出祭法曰周人禘嚳而郊稷謂此祭天圜丘以嚳配之圜鍾夾鍾也夾鍾生於房心之氣房心

爲大辰天帝之明堂函鍾林鍾也林鍾生於未之氣未坤之位或曰天社在東井輿鬼之外天社地神也黃鍾生於虛危之氣虛危爲宗廟以此三者爲宮用聲類求之天宮夾鍾陰聲其相生從陽數其陽無射無射上生中呂中呂與地宮同位不用也中呂上生黃鍾黃鍾下生林鍾林鍾地宮又不用林鍾上生大蔟大蔟下生南呂南呂與無射同位又不用南呂上生姑洗地宮林鍾林鍾上生大蔟大蔟下生南呂南呂上生姑洗人宮黃鍾黃鍾下生林鍾林鍾地宮又辟之林鍾上生大蔟大蔟下生南呂南呂與天宮之陽同位又辟之南呂上生姑洗姑洗南呂之合又辟之姑洗下生應鍾應鍾上生蕤賓蕤賓地宮林鍾之陽也又辟之蕤賓上生大呂凡五聲宮之所生濁者爲角清者爲徵羽此樂無商者祭尚柔商堅剛也鄭司農云雷鼓雷鼗皆謂六面有革可擊者也雲和地名也靈鼓靈鼗四面路鼓路鼗兩面九德之歌春秋傳所謂水火金木土穀謂之六府正德利用厚生謂之三事六府三事謂之九功九功之德皆可歌也謂之九歌也玄謂雷鼓雷鼗八面靈鼓靈鼗六面路鼓路鼗四面孤竹竹特生者孫竹竹枝根之末生者陰竹生於山北者雲和空桑龍門皆山名九磬讀當爲大韶字之誤也○角如字古音

麃徵張里反靁音雷謷若篤反辟音避

凡樂事。大祭祀宿縣。遂以聲展之。叩聽其聲具陳次之以知完不。○縣音玄下樂縣之類皆放此

王出入。則令奏王夏。尸出入。則令奏肆夏。牲出入。則令奏昭夏。三夏皆樂章名○尸音尸

帥國子而舞。當用舞者帥以往

大饗不入牲。其他皆如祭祀。大饗饗賓客也不入牲牲不入亦不奏昭夏也其他謂王出入賓客出入亦奏王夏肆夏

大射。王出入。令奏王夏。及射。令奏騶虞。騶虞樂章名在召南之卒章王射以騶虞爲節○騶側留反

詔諸侯以弓矢舞。舞謂執弓挾矢揖讓進退之儀

王大食。三侑。皆令奏鍾鼓。大食朔月月半以樂侑食時也侑猶勸也○侑音又

王師大獻。則令奏愷樂。大獻獻捷於祖愷樂獻功之樂鄭司農說以春秋晉文公敗楚於城濮傳曰振旅愷以入于晉

凡日月食。四鎮五嶽崩。大傀異烖。諸侯薨。令去樂。四鎮山之重大者謂揚州之會稽青州之沂山幽州之醫無閭冀州之霍山五嶽岱在兖州衡在荆州華在豫州嵩在雍州恒在并州傀猶怪也大怪異烖謂天地奇變若星辰奔霣及震裂爲害者去樂藏之也春秋傳曰壬午猶繹萬入去籥萬言入則去者不入藏之可知○傀音怪會古外反雍於用反霣于敏反

大札。大凶。大烖。大臣死。凡國之大憂。令弛縣。札疫癘也凶凶年也烖水火也弛釋下之若今休兵鼓之爲○弛式氏反

凡建國。禁其淫聲。過聲。凶聲。慢聲。淫聲若鄭衛也過聲失哀樂之節凶聲亡國之聲若桑間濮上慢聲惰慢不恭○樂音洛

大喪。涖廞樂器。涖臨也廞興也臨笙師鎛師之屬興樂器也興謂作之也○廞許金反興許應反後皆放此鎛音博

及葬。藏樂器。亦如之。

周禮卷二十二終

周禮卷二十三

漢大司農北海鄭　玄註
皇明　後學東吳金　蟠訂

宗伯禮官之職

樂師掌國學之政。以教國子小舞。

謂以年幼少時教之舞内則曰十三舞勺成童舞象二十舞大夏

凡舞有帗舞有羽舞有皇舞有旄舞有干舞有人舞。

故書皇作翌鄭司農云帗舞者全羽羽舞者析羽皇舞者以羽冒覆頭上衣飾翡翠之羽旄舞者氂牛之尾干舞者兵舞人舞者手舞社稷以帗宗廟以羽四方以皇辟廱以旄兵事以干星辰以人舞翌讀爲皇書亦或爲皇玄謂帗析五采繒今靈星舞

子持之是也皇雜五采羽如鳳皇色持以舞人舞無所執以手袖爲威儀四方以羽宗廟以人山川以干旱暵以皇○帗音拂翌音皇氂劉音來沈音狸暵呼旦反

教樂儀。行以肆夏。趨以采薺。車亦如之。環拜以鍾鼓爲節。

教樂儀教王以樂出入於大寢朝廷之儀故書趨作跢鄭司農云跢當爲趨書亦或爲趨肆夏采薺皆樂名或曰皆逸詩謂人君行步以肆夏爲節趨疾於步則以采薺爲節若今時行禮於大學罷出以鼓陔爲節環謂旋也拜直拜也玄謂行者謂於大寢之中趨謂於朝廷爾雅曰堂上謂之行門外謂之趨然則王出既服至堂而肆夏作出路門而采薺作其反入至應門路門亦如之此謂步迎賓客王如有車出之事登車於大寢西階之前反降於阼階之前尚書傳曰天子將出撞黃鍾之鍾右五鍾皆應入則撞蕤賓之鍾左五鍾皆應大師於是奏樂○薺徐私反朝直遙反跢倉注反陔改才反撞直江反

凡射。王以騶虞爲節。諸侯以貍首爲節。大夫以采蘋爲節。士以采蘩爲節。

騶虞采蘋采蘩皆樂章名在國風召南惟貍首在樂記射義曰騶虞者樂官備也貍首者樂會時也采蘋者樂循灋也采蘩者樂不失職也是故天子以備官爲節諸侯以時會爲節卿大夫以循灋爲節士以不失職爲節鄭司農說以大射禮曰樂正命大師曰奏貍首間若一大師不興許諾樂正反位奏貍首以射貍首曾孫○蘋音頻蘩音煩

凡樂掌其序事。治其樂政。

序事次序用樂之事

凡國之小事用樂者。令奏鍾鼓。

小事小祭祀之事

凡樂成則告備。

成謂所奏一竟書曰簫韶九成燕禮曰大師告于樂正曰正歌備

詔來瞽臯舞。

鄭司農云瞽當爲鼓臯當爲告呼擊鼓者又告當舞者持鼓與舞俱來也鼓字或作瞽詔來瞽或曰來勑也勑爾瞽率爾衆工奏爾悲誦肅肅雍雍毋怠毋凶玄謂詔來瞽詔眡瞭扶瞽者來入也臯之言號告國子當舞者舞○毋音無

及徹。帥學士而歌徹。

學士國子也鄭司農云謂將徹之時自有樂故帥學士而歌徹玄謂徹者歌雍雍在周頌臣工之什

令相。

令視瞭扶工鄭司農云告當相瞽師者言當罷也瞽師盲者皆有相道之者故師冕見及階曰階也及席曰席也皆坐曰某在斯某在斯曰相師之道與○相息亮反見賢遍反

饗食諸侯，序其樂事，令奏鍾鼓，令相，如祭之儀。燕射，帥射夫以弓矢舞。

射夫，衆耦也。故書燕爲舞，帥爲率，射夫爲射矢。鄭司農云：舞當爲燕，率當爲帥，射矢書亦或爲射夫。

樂出入，令奏鍾鼓。

樂出入，謂笙歌舞者及其器。

凡軍大獻，教愷歌，遂倡之。

故書倡爲昌。鄭司農云：樂師主倡也。昌當爲倡，書亦或爲倡。

凡喪，陳樂器，則帥樂官。

帥樂官，往陳之。

及序哭，亦如之。

哭此樂器，亦帥之。

凡樂官掌其政令，聽其治訟。

大胥掌學士之版，以待致諸子。

鄭司農云：學士，謂卿大夫諸子學舞者。版，籍也。今時鄉戶籍，世謂之戶版。大胥主此籍，以待當召聚學舞者卿大夫之諸子，則按此籍以召之。漢大樂律曰：卑者之子不得舞宗廟之酎，除吏二千石到六百石，及關內侯到五大夫子，先取適子高七尺已上，年十二到年三十，顏色和順，身體修治者，以爲舞人。與古用卿大夫子同義。○酎，直救反。適，丁歷反。

春，入學，舍采，合舞。

春始以學士入學宮而學之。合舞，等其進退，使應節奏。鄭司農云：舍采，謂舞者皆持芬香之采。或曰：古者士見於君，以雉爲贄，見於師，以菜爲摯。菜，直謂疏食菜羹之菜。或曰：學者皆人君卿大夫之子，衣服采飾，舍采者，減損解釋盛服以下其師也。月令：仲春之月上丁，命樂正習舞，釋采；仲丁，又命樂正入學習樂。玄謂舍卽釋也，采讀爲菜。始入學必釋菜，禮先師也。菜，蘋蘩之屬。○舍音釋，下戶嫁反。

秋，頒學合聲。

春使之學，秋頒其才藝所爲。合聲，亦等其曲折，使應節奏。○折，之設反。

以六樂之會正舞位。

大司樂六樂之節奏，正其位，使相應也。言爲大合樂習之。○爲，于僞反。

以序出入舞者。

以長幼次之，使出入不紕錯。○紕，匹毗反。

比樂官。

比，猶校也。杜子春云：次比樂官也。鄭大夫讀比爲庀。庀，具也，錄具樂官。○庀，匹婢反。

展樂器。

展謂陳數之。

凡祭祀之用樂者，以鼓徵學士。

擊鼓以召之。文王世子曰：大昕鼓徵，所以警衆。○昕音欣。

序宮中之事。

小胥掌學士之徵令而比之，觵其不敬者。

比，猶校也。不敬，謂慢期不時至也。觵，罰爵也。詩云：兕觵其觩。○觵，古橫反。觩，巨樛反。

巡舞列而撻其怠慢者。

撻猶抶也抶以荆扑○抶勑乙反

正樂縣之位王宮縣諸侯軒縣卿大夫判縣士特縣辨其聲

樂縣謂鍾磬之屬縣於筍虡者鄭司農云宮縣四面縣軒縣去其一面判縣又去其一面特縣又去其一面四面象宮室四面有牆故謂之宮縣軒縣三面其形曲故春秋傳曰請曲縣繁纓以朝諸侯禮也故曰惟器與名不可以假人玄謂軒縣去南面辟王也判縣左右之合又空北面特縣縣於東方或於階間而已○虡音巨去起呂反朝直遙反辟音避

凡縣鍾磬半爲堵全爲肆

鍾磬者編縣之二八十六枚而在一虡謂之堵鍾一堵磬一堵謂之肆半之者謂諸侯之卿大夫士也諸侯之卿大夫半天子之卿大夫西縣鍾東縣磬士亦半天子之士縣磬而已鄭司農云以春秋傳曰歌鍾二肆

大師掌六律六同以合陰陽之聲陽聲黃鍾大簇姑洗蕤賓夷則無射陰聲大呂應鍾南呂函鍾小呂夾鍾皆文之以五聲宮商角徵羽皆播之以八音金石土革絲木匏竹

以合陰陽之聲者聲之陰陽各有合黃鍾子之氣也十一月建焉而辰在星紀大呂丑之氣也十二月建焉而辰在玄枵大簇寅之氣也正月建焉而辰在娵訾應鍾亥之氣也十月建焉而辰在析木姑洗辰之氣也三月建焉而辰在大梁南呂酉之氣也八月建焉而辰在壽星蕤賓午之氣也五月建焉而辰在鶉首林鍾未之氣也六月建焉而辰在鶉火夷則申之氣也七月建焉而辰在鶉尾中呂巳之氣也四月建焉而辰在實沈無射戌之氣也九月建焉而辰在大火夾鍾卯之氣也二月建焉而辰在降婁辰與建交錯貿處如表裏然是其合也其相生則以陰陽六體爲之黃鍾初九也下生林鍾之初六林鍾又上生大簇之九二大簇又下生南呂之六二南呂又上生姑洗之九三姑洗又下生應鍾之六三應鍾又上生蕤賓之九四蕤賓又下生大呂之六四大呂又上生夷則之九五夷則又下生夾鍾之六五夾鍾又上生無射之上九無射又上生中呂之上六同位者象夫妻異位者象子母所謂律取妻而呂生子也黃鍾長九寸其實一籥下生者三分去一上生者三分益一五下六上乃一終矣大呂長八寸二百四十三分寸之一百四大簇長八寸夾鍾長七寸二千一百八十七分寸之千七十五姑洗長七寸九分寸之一中呂長六寸萬九千六百八十三分寸之萬二千九百七十四蕤賓長六寸八十一分寸之二十六林鍾長六寸夷則長五寸七百二十九分寸之四百五十一南呂長五寸三分寸之一無射長四寸六千五百六十一分寸之六千五百二十四應鍾長四寸二十七分寸之二十文之者以調五聲使之相次如錦繡之有文章播猶揚也揚之以八音乃可得而觀之矣金鍾鎛也石磬也土塤也革鼓鼗也絲琴瑟也木柷敔也匏笙也竹管簫也○枵虛驕反娵子榆反訾子斯反降戶江反貿音茂取七踰反塤虛袁反

教六詩曰風曰賦曰比曰興曰雅曰頌

教教瞽矇也風言賢聖治道之遺化也賦之言鋪直鋪陳今之政教善惡比見今之失不敢斥言取比類以言之興見今之美嫌於媚諛取善事以喻勸之雅正也言今之正者以爲後世灋頌之言誦也容也誦今之德廣以美之鄭司農云古而自有風雅頌之名故延陵季子觀樂於魯時孔子尚幼未定詩書而因爲之歌邶鄘衛曰是其衛風乎又爲之歌小雅大雅又爲之歌頌論語曰吾自衛反魯然後樂正雅頌各得其所時禮樂自諸侯出頗有謬亂不正孔子正之曰比曰興比者比方於物也興者託事於物○興虛應反爲之于僞反邶步內反

以六德爲之本

所教詩必有知仁聖義忠和之道然後可教以樂歌○知音智

以六律爲之音

以律視其人爲之音知其宜何歌子貢見師乙而問曰賜也聞樂歌各有宜若賜者宜何歌此問人性也本人之性莫善於律

大祭祀。帥瞽登歌。令奏擊拊。

擊拊，瞽乃歌也。故書拊為付，鄭司農云：登歌，歌者在堂也。付字當為拊，書亦或為拊。樂或當擊，或當拊。登歌下管，貴人聲也。玄謂拊形如鼓，以韋為之，著之以穅。○拊音撫

下管。播樂器。令奏鼓朄。

鼓朄，管乃作也。特言管者，貴人氣也。鄭司農云：下管，吹管者在堂下。朄，小鼓也。先擊小鼓，乃擊大鼓。小鼓為大鼓先引，故曰朄。朄讀為道引之引。玄謂鼓朄，猶言擊朄。詩云：應朄縣鼓。○朄音胤，道音導，引並音胤

大饗亦如之。大射。帥瞽而歌射節。

射節，王歌騶虞。

大師。執同律以聽軍聲。而詔吉凶。

大師，大起軍師。兵書曰：王者行師出軍之日，授將弓矢，士卒振旅，將張弓大呼，大師吹律合音。商則戰勝，軍士強；角則軍擾多變，失士心；宮則軍和，士卒同心；徵則將急數怒，軍士勞；羽則兵弱少威明。鄭司農云：以師曠曰：吾驟歌北風，又歌南風，南風不競，多死聲，楚必無功。○將，子匠反。呼，火故反。數，所角反。

大喪。帥瞽而廞。作匶謚。

廞，興也，興言王之行，謂諷誦其治功之詩。故書廞為淫，鄭司農云：淫，陳也，陳其生時行迹，為作謚。○行，下孟反

凡國之瞽矇正焉。

小師。掌教鼓鼗。柷。敔。塤。簫。管。弦。歌。

從大師之政教。

教，教瞽矇也。出音曰鼓。鼗如鼓而小，持其柄搖之，旁耳還自擊。塤，燒土為之，大如鴈卵。簫，編小竹管，如今賣飴餳所吹者。弦謂琴瑟也。歌，依詠詩也。鄭司農云：柷如漆筩，中有椎。敔，木虎也。塤，六孔。管如篪，六孔。玄謂管如篴而小，併兩而吹之。今大予樂官有焉。○飴以之反，餳辭盈反，李音唐。筩音動。椎直追反。空音孔。篪音馳。篴音狄

大祭祀。登歌擊拊。

亦自有拊擊之，佐太師令奏。鄭司農云：拊者擊石。○令力呈反

下管。擊應鼓。

應，鼙也。應與朄及朔，皆小鼓也。其所用別未聞。○鼙薄西反

徹歌。

於有司徹而歌雍。

大饗亦如之。大喪與廞。

從大師。○與音預

凡小祭祀。小樂事。鼓朄。

如大師。鄭司農云：朄，小鼓名。

掌六樂聲音之節與其和。

和，錞于。○和戶臥反，錞音淳

瞽矇。掌播鼗。柷。敔。塤。簫。管。弦。歌。

播謂發揚其音。

諷誦詩。世奠繫。鼓琴瑟。

諷誦詩，謂闇讀之，不依詠也。故書奠或為帝，鄭司農云：諷誦詩，主誦詩以刺君過。故國語曰：瞍賦矇誦，謂詩也。杜子春曰：帝讀

爲定其字爲奠書亦或爲奠世奠繫謂帝繫諸侯卿大夫世本之屬是也小史主次序先王之世昭穆之繫述其德行瞽矇主誦詩幷誦世繫以戒勸人君也故國語曰敎之世而爲之昭明德而廢幽昏焉以怵懼其動玄謂諷誦詩主謂廞作柩謚時也諷誦王治功之詩以爲謚世之而定其繫謂書於世本也雖不歌猶鼓琴瑟以播其音美之○奠音定行下孟反怵丑律反本作休

掌九德六詩之歌以役大師。

役爲之使

眡瞭掌凡樂事播鼗擊頌磬笙磬。

視瞭播鼗又擊磬磬在東方曰笙笙生也在西方曰頌頌或作庸庸功也大射禮曰樂人宿縣于阼階東笙磬西面其南笙鐘其南鎛皆南陳又曰西階之西頌磬東面其南鍾其南鎛皆南陳○頌音容

掌大師之縣。

大師當縣則爲之

凡樂事相瞽。

相謂扶工○相息亮反

大喪廞樂器大旅亦如之。

旅非常祭於時乃興造其樂器

賓射皆奏其鍾鼓。

鼜愷以奏之其登歌大師自奏之

鼜愷獻亦如之。

愷獻獻功愷樂也杜子春云讀鼜爲憂戚之戚謂戒守鼓也擊鼓聲疾數故曰戚

典同掌六律六同之和以辨天地四方陰陽之聲以爲樂器。

陽聲屬天陰聲屬地天地之聲布於四方爲作也故書同作銅鄭司農云陽律以竹爲管陰律以銅爲管竹陽也銅陰也各順其性凡十二律故大師職曰執同律以聽軍聲玄謂律述氣者也同助陽宣氣與之同皆以銅爲之

凡聲高聲䃥正聲緩下聲肆陂聲散險聲斂達聲贏微聲韽回聲衍侈聲筰弇聲鬱薄聲甄厚聲石。

故書䃥或作硍杜子春讀硍爲鏗鎗之鏗高謂鍾形容高也韽讀爲闇不明之闇筰讀爲行扈唶唶之唶石如磬石之聲鄭大夫讀䃥爲衮冕之衮陂讀爲人短罷之罷韽讀爲鵯鵪之鵪鄭司農云鍾形下當䃥正者不高不下鍾形上下正倸玄謂高鍾形大上上大也高則聲上藏衮然旋如裏正謂上下直正則聲緩無所動下謂鍾形大下下大也下則聲出去放肆陂讀爲險陂之陂陂謂偏侈陂則聲離散也險謂偏弇也險則聲斂不越也達謂其形微大也達則聲有餘若大放也微謂其形微小也

韽讀爲飛鉆涅韽之韽韽聲小不成也回謂其形微圜也回則其聲淫衍無鴻殺也侈謂中央約也侈則聲迫筰出去疾也弇謂中央寬也弇則聲鬱勃不出也甄讀爲甄濯之甄甄猶掉也鍾微薄則聲掉鍾大厚則如石叩之無聲○䃥古本反陂彼義反韽音闇筰側百反硍音艱又若耕反唶側百反罷皮買反鵪烏南反鵯音婢傭勅龍反形大上大音泰下形大下大厚同鉆其廉反殺色界反

凡爲樂器以十有二律爲之數度以十有二聲爲之齊量。

數度廣長也齊量侈弇之所容○齊才計反

凡和樂亦如之。

和謂調其故器也

周禮卷二十三終

周禮卷二十四

漢大司農北海鄭　玄註

皇明　後學東吳葛　鼒訂

宗伯禮官之職

磬師掌教擊磬。擊編鐘。

教、教視瞭也、磬亦編、於鍾言之者、鍾有不編、不編者鍾師擊之、杜子春讀編爲編書之編、

教縵樂燕樂之鍾磬。

杜子春讀縵爲怠慢之慢、玄謂縵讀爲縵錦之縵、謂雜聲之和樂者也、學記曰、不學操縵、不能安弦、燕樂、房中之樂、所謂陰聲也、二樂皆教其鍾磬、

及祭祀奏縵樂。

鍾師掌金奏。

金奏、擊金以爲奏樂之節、金謂鍾及鎛、

凡樂事以鍾鼓奏九夏。王夏。肆夏。昭夏。納夏。章夏。齊夏。族夏。祴夏。驁夏。

以鍾鼓者、先擊鍾、次擊鼓、以奏九夏、夏、大也、樂之大歌有九、故書納作內、杜子春云、內當爲納、祴讀爲陔鼓之陔、王出入奏王夏、尸出入奏肆夏、牲出入奏昭夏、四方賓來奏納夏、臣有功奏章夏、夫人祭奏齊夏、族人侍奏族夏、客醉而出奏陔夏、公出入奏驁夏、肆夏、詩也、春秋傳曰、穆叔如晉、晉侯享之、金奏肆夏之三、不拜、工歌文王之三、又不拜、歌鹿鳴之三、三拜、曰、三夏天子所以享元侯也、使臣不敢與聞、肆夏與文王鹿鳴俱稱三、謂其三章也、以此知肆夏詩也、國語曰、金奏肆夏繁遏渠、天子所以享元侯、肆夏繁遏渠、所謂三夏矣、呂叔玉云、肆夏繁遏渠皆周頌也、肆夏、時邁也、繁遏、執傹也、渠、思文、肆、遂也、夏、大也、言遂於大位、謂王位也、故時邁曰、肆于時夏、允王保之、繁、多也、遏、止也、言福祿止於周之多也、故執傹曰、降福穰穰、降福簡簡、福祿來反、渠、大也、言以后稷配天、王道之大也、故思文曰、思文后稷、克配彼天、故國語謂之曰、皆昭令德以合好也、玄謂以文王鹿鳴言之、則九夏皆詩篇名、頌之族類也、此歌之大者、載在樂章、樂崩亦從而亡、是以頌不能具、○納齊側皆反、本作齋、祴音陔、古哀反、驁五羔反、使色吏反、與音預、傹音競、穰如羊反、好呼報反、

凡祭祀饗食。奏燕樂。

以鍾鼓奏之、

凡射。王奏騶虞。諸侯奏貍首。卿大夫奏采蘋。士奏采蘩。

鄭司農云、騶虞聖獸、

掌鼙鼓縵樂

鼓讀如莊王鼓之鼓、玄謂作縵樂擊鼙以和之、○和胡臥反、

笙師掌教歈竽。笙。塤。籥。簫。篪。篴。管。舂牘。應。雅。以教祴樂。

教、教視瞭也、鄭司農云、竽三十六簧、笙十三簧、篪七空、舂牘以竹大五六寸、長七尺、短者一二尺、其端有兩空、髤畫、以兩手築地、應長六尺五寸、其中有椎、雅狀如漆筩而弇口、大二圍、長五尺六寸、以羊韋鞔之、有兩紐疏畫、杜子春讀篴爲蕩滌之滌、今時所吹五空竹篴、玄謂籥如篴、三空、祴樂、祴夏之樂、牘應雅教其舂者、謂以築地、笙師教之、則三器在庭可知矣、賓醉而出奏祴夏、以此三器築地、爲之行節、明不失禮、○歈昌垂反、竽音于、空音孔、下同、髤香牛反、鞔莫干反

凡祭祀饗射。共其鍾笙之樂。

鍾笙、與鍾聲相應之笙、

燕樂亦如之。

大喪廞其樂器。及葬奉而藏之。廞興也。興謂作之。奉猶送。

大旅則陳之。陳於饌處而已。不涖其縣。

鎛師掌金奏之鼓。謂主擊晉鼓。以奏其鍾鎛也。然則擊鎛者亦視瞭。

凡祭祀。鼓其金奏之樂。饗食賓射亦如之。軍大獻則鼓其愷樂。凡軍之夜三鼜。皆鼓之。守鼜亦如之。守鼜備守鼓也。鼓之以鼖鼓。杜子春云。一夜三擊。備守鼜也。春秋傳所謂賓將趨者。音聲相似。○鼜扶云反。趨左傳作掫。莊九反

大喪廞其樂器。奉而藏之。

韎師掌教韎樂。祭祀則帥其屬而舞之。

大饗亦如之。舞之以東夷之舞。

旄人掌教舞散樂。舞夷樂。散樂野人爲樂之善者。若今黃門倡矣。自有舞。夷樂四夷之樂。亦皆有聲歌及舞。

凡四方之以舞仕者屬焉。

凡祭祀賓客。舞其燕樂。

籥師掌教國子舞羽龡籥。文舞有持羽吹籥者。所謂籥舞也。文王世子曰。秋冬學羽籥。詩云。左手執籥。右手秉翟。

祭祀則鼓羽籥之舞。鼓之者恒爲之節。

賓客饗食則亦如之。

大喪廞其樂器。奉而藏之。

籥章掌土鼓豳籥。杜子春云。土鼓以瓦爲匡。以革爲兩面。可擊也。鄭司農云。豳籥豳國之地竹。豳詩亦如之。玄謂豳籥。豳人吹籥之聲章。明堂位

曰。土鼓蕢桴葦籥。伊耆氏之樂。

中春晝擊土鼓。龡豳詩。以逆暑。豳詩豳風七月也。吹之者以籥爲之聲。七月言寒暑之事。迎氣歌其類也。此風也而言詩。詩總名也。迎暑以晝。求諸陽。○中音仲

中秋夜迎寒亦如之。迎寒以夜。求諸陰。

凡國祈年于田祖。龡豳雅。擊土鼓。以樂田畯。祈年。祈豐年也。田祖始耕田者。謂神農也。豳雅亦七月也。七月又有于耜舉趾饁彼南畝之事。是亦歌其類。謂之雅者。以其言男女之正。鄭司農云。田畯古之先教田者。爾雅曰。畯農夫也。○樂音洛。畯音俊。饁于輒反

國祭蜡則龡豳頌。擊土鼓。以息老物。

故書蜡爲䵼。杜子春云䵼當爲蜡。郊特牲曰天子大蜡八。伊耆氏始爲蜡。蜡歲十二月而合聚萬物而索饗之也。蜡之祭也主先嗇而祭司嗇也。黃衣黃冠而祭息田夫也。既蜡而收民息已。玄謂十二月建亥之月也。求萬物而祭之者萬物助天成歲事。至此爲其老而勞乃祀而老息之。於是國亦養老焉。月令孟冬勞農以休息之是也。豳頌亦七月也。七月又有穫稻作酒躋彼公堂稱彼兕觥萬壽無疆之事。是亦歌其類也。謂之頌者以其言歲終人功之成。○爲于僞反勞力報反穫戶郭反躋子兮反

鞮鞻氏掌四夷之樂與其聲歌。

四夷之樂東方曰韎南方曰任西方曰株離北方曰禁。詩云以雅以南是也。王者必作四夷之樂一天下也。言與其聲歌則云樂者主於舞

祭祀則龡而歌之。燕亦如之。

吹之以管籥爲之聲

典庸器掌藏樂器庸器。

庸器伐國所獲之器若崇鼎貫鼎及以其兵物所鑄銘也

及祭祀帥其屬而設筍虡陳庸器。

設筍虡視瞭當以縣樂器焉。陳功器以華國也。杜子春云筍讀爲博選之選。橫者爲筍從者爲鐻。○從子容反鐻音距

饗食賓射亦如之。大喪廞筍虡。

廞興也。興謂作之

司干掌舞器。

舞器羽籥之屬

祭祀舞者既陳則授舞器。既舞則受之。

既已也。受取藏之

賓饗亦如之。大喪廞舞器。及葬奉而藏之。

大卜掌三兆之灋。一曰玉兆。二曰瓦兆。三曰原兆。

兆者灼龜發於火其形可占者。其象似玉瓦原之璺罅。是用名之焉。上古以來作其法可用者有三。原原田也。杜子春云玉兆帝顓頊之兆。瓦兆帝堯之兆。原兆有周之兆。○璺舊許靳反沈依聶氏音問。云依字作璺。璺玉之坼也。龜兆文似之。占人注同罅劉火嫁反

其經兆之體皆百有二十。其頌皆千有二百。

頌謂繇也。三法體繇之數同。其名占異耳。百二十每體十繇。體有五色。又重之以墨坼也。五色者洪範所謂曰雨曰濟曰圛曰蟊曰尅。○繇直又反坼勑白反圛音亦蟊音謀

掌三易之灋。一曰連山。二曰歸藏。三曰周易。

易者揲蓍變易之數可占者也。名曰連山似山出內氣變也。歸藏者萬物莫不歸而藏於其中。杜子春云連山宓戲。歸藏黃帝○揲時設反宓音伏戲音羲

其經卦皆八。其別皆六十有四。

三易卦別之數亦同。其名占異也。每卦八別者重之數。○重直龍反

掌三夢之灋。一曰致夢。二曰觭夢。三曰咸夢。

夢者人精神所寤可占者。致夢言夢之所至。夏后氏作焉。咸皆也。陟之言得也。讀如王德翟人之德。言夢之皆得。周人作焉。杜子春云觭讀爲奇偉之奇。其字直當爲奇。玄謂觭讀如諸戎掎之掎。掎亦得也。亦言夢之所得。殷人作焉。○夢本多作寤。音夢觭居綺反

其經運十，其別九十。

運或爲緷，當爲煇，是視祲所掌十煇也。王者於天，日也，夜有夢，則晝視日旁之氣，以占其吉凶。凡所占者十煇，每煇九變，此術今亡。○緷，胡本反。輝音徽。煇音運。祲，子鴆反。

以邦事作龜之八命：一曰征，二曰象，三曰與，四曰謀，五曰果，六曰至，七曰雨，八曰瘳。

國之大事待蓍龜而決者有八，定作其辭於將卜以命龜也。鄭司農云：征謂征伐人也；象謂災變雲物，如衆赤鳥之屬有所象似。易曰：天垂象，見吉凶。春秋傳曰：天事恒象，皆是也。與謂予人物也。謀謂謀議也。果謂事成與不也。至謂至不也。雨謂雨不也。瘳謂疾瘳不也。玄謂征亦云行巡守也。象謂有所造立也。易曰：以制器者尚其象。與謂所與共事也。果謂以勇決爲之，若吳伐楚，楚司馬子魚卜戰，令龜曰：鮒也以其屬死之，楚師繼之，尚大克之，吉是也。○瘳，勑留反。鮒，音附。

以八命者贊三兆、三易、三夢之占，以觀國家之吉凶，以詔救政。

鄭司農云：以此八事命卜筮蓍龜，參之以夢，故云以八命者贊三兆、三易、三夢之占。春秋傳曰：筮襲於夢，武王所用。玄謂贊，佐也。詔，告也。非徒占其事，吉則爲，否則止，又佐明其繇之占，演其意，以視國家餘事之吉凶，凶則告王救其政。

凡國大貞，卜立君，卜大封，則眡高作龜。

卜立君，君無冢適，卜可立者。卜大封，謂竟界侵削，卜以兵征之，若魯昭元年秋，叔弓帥師疆鄆田是也。視高，以龜骨高者可灼處示宗伯也。大事宗伯涖卜，卜因龜之腹骨，骨近足者其部高。鄭司農云：貞，問也。國有大疑，問於蓍龜。作龜，謂鑿龜令可爇也。玄謂貞之爲問，問於正者，必先正之，乃從問焉。易曰：師貞，丈人吉。作龜，謂以火灼之，以作其兆也。春灼後左，夏灼前左，秋灼前右，冬灼後右。士喪禮曰：宗人受卜人龜，示高，涖卜受視，反之。又曰：卜人坐作龜。○適，丁歷反。竟音境。疆，居良反。鄆音運。令，力呈反。爇，人悅反。

大祭祀，則眡高命龜。

命龜，告龜以所卜之事。不親作龜者，大祭祀輕於大貞也。士喪禮曰：宗人卽席西面坐命龜。

凡小事，涖卜。

代宗伯。

國大遷、大師，則貞龜。

正龜於卜位也。士喪禮曰：卜人抱龜燋，先奠龜西面是也。又不親命龜，亦大遷、大師輕於大祭祀也。○燋，哉約反。

凡旅，陳龜。

陳龜於饌處也。士喪禮曰：卜人先奠龜于西塾上，南首是也。不親貞龜，亦以卜旅祭非常，輕於大遷、大師也。○塾音孰。

凡喪事，命龜。

重喪禮，次大祭祀也。士喪禮則筮宅卜日，天子卜葬兆。凡大事，大卜陳龜、貞龜、命龜、視高，其他以差降焉。

卜師掌開龜之四兆：一曰方兆，二曰功兆，三曰義兆，四曰弓兆。

開，開出其占書也。經兆百二十體，今言四兆者，分之爲四部，若易之二篇。書金縢曰：開籥見書，是謂與？其云方、功、義、弓之名，未聞。

凡卜事，眡高。

示涖卜也。

揚火以作龜，致其墨。

揚猶熾也。致其墨者，孰灼之，明其兆。

凡卜，辨龜之上下左右陰陽，以授命龜者而詔相之。

所卜者當各用其龜也大祭祀喪事大卜命龜則大貞小宗伯命龜其他卜師命龜卜人作龜卜人作龜則亦辨龜以授卜師上仰者也下俯者也左左倪也右右倪也陰後弇也陽前弇也詔相告以其辭及威儀○倪五計反弇於檢反

龜人掌六龜之屬各有名物天龜曰靈屬地龜曰繹屬東龜曰果屬西龜曰靁屬南龜曰獵屬北龜曰若屬各以其方之色與其體辨之

屬言非一也色謂天龜玄地龜黃東龜青西龜白南龜赤北龜黑龜俯者靈仰者繹前弇果後弇獵左倪靁右倪若是其體也東龜南龜長前後在陽象經也西龜北龜長左右在陰象緯也天龜俯地龜仰東龜前南龜郤西龜左北龜右各從其耦也杜子春讀果爲蠃○果魯火反注蠃同靁力回反

凡取龜用秋時攻龜用春時各以其物入于龜室

六龜各異室也秋取龜及萬物成也攻治也治龜骨以春是時乾解不發傷也○解音蟹

周禮　卷二十四　宗伯禮官之職　九　永懷堂

上春釁龜祭祀先卜

釁者殺牲以血之神之也鄭司農云祭祀先卜者卜其日與其牲玄謂先卜始用卜筮者言祭言祀尊焉天地之也世本作曰巫咸作筮卜未聞其人也是上春者夏正建寅之月月令孟冬云釁祠龜策相互矣秦以十月建亥爲歲首則月令秦世之書亦或欲以歲首釁龜耳

若有祭事則奉龜以往

奉猶送也送之所當於卜

旅亦如之喪亦如之

菙氏掌共燋契以待卜事

杜子春云燋讀爲細目燋之燋或曰如薪樵之樵謂所爇灼龜之木也故謂之樵契謂契龜之鑿也詩云爰始爰謀爰契我龜玄謂士喪禮曰楚焞置于燋在龜東楚焞即契所用灼龜也燋謂炬其存火○菙氏本又作垂同時髓反燋哉約反李又祖堯反契苦計反劉苦絜反焌吐敦反炬具呂反

凡卜以明火爇燋遂龡其焌契以授卜師遂役之

杜子春云明火以陽燧取火於日焌讀爲英俊之俊書亦或爲俊玄謂焌讀如戈鐏之鐏謂以契柱燋火而吹之也契既然以授卜師用作龜也役之使助之○焌音俊鐏存悶反

占人掌占龜以八簭占八頌以八卦占簭之八故以眡吉凶

占人亦占筮言掌占龜者筮短龜長主於長者以八筮占八頌謂將卜八事先以筮筮之言頌者同於龜占也以八卦占筮之八故謂八事不卜而徒筮之也其非八事則用九筮占人亦占焉○簭音筮

周禮　卷二十四　宗伯禮官之職　十　永懷堂

凡卜簭君占體大夫占色史占墨卜人占坼

體兆象也色兆氣也墨兆廣也坼兆亹也體有吉凶色有善惡墨有大小坼有微明尊者視兆象而已卑者以次詳其餘也周公卜武王占之曰體王其無害凡卜象吉色善墨大坼明則逢吉

凡卜簭既事則繫幣以比其命歲終則計其占之中否

杜子春云繫幣者以帛書其占繫之於龜也云謂既卜筮史必書其命龜之事及兆於策繫其禮神之幣而合藏焉書曰王與大夫盡弁開金縢之書乃得周公所自以爲功代武王之說是命龜書○比毗志反中丁仲反

簭人掌三易以辨九簭之名一曰連山二曰歸藏三曰周易九簭之名一曰巫更二曰巫咸三曰巫式四曰巫目五曰巫易六曰巫比七曰巫祠八曰巫參九曰巫環以辨吉凶

此九巫讀皆當爲筮字之誤也更謂筮遷都邑也咸猶僉也謂筮衆心歡不也式謂筮制作法式也目謂事衆筮其要所當也易謂民衆不說筮所改易也比謂筮與民和比也祠謂筮牲與日也參謂筮御與右也環謂筮可致師不也○巫音筮比毗志反說音悅

凡國之大事先簭而後卜。

當用卜者先筮之卽事有漸也於筮之凶則止不卜

上春相簭。

相謂更選擇其著也蓍龜歲易者與○相息亮反

凡國事共簭。

周禮卷二十四終

周禮卷二十五

漢大司農北海鄭　玄註
皇明　後學東吳金　蟠訂

宗伯禮官之職

占夢掌其歲時觀天地之會辨陰陽之氣。

其歲時今歲四時也天地之會建厭所處之日辰陰陽之氣休王前後○厭本又作𠩺音同厭於琰反王于況反

以日月星辰占六夢之吉凶。

日月星辰謂日月之行及合辰所在春秋昭三十一年十二月辛亥朔日有食之是夜也晉趙簡子夢童子倮而轉以歌旦而日食占諸史墨對曰六年及此月也吳其入郢乎終亦弗克入郢必以庚辰日月在辰尾庚午之日日始有謫火勝金故弗克此以日月星辰占夢者其術則今八會其遺象也用占夢則亡○倮魯火反適直革反

一曰正夢。

無所感動平安自夢

二曰噩夢。

杜子春云噩當爲驚愕之愕謂驚愕而夢○噩愕同

三曰覺夢。

覺時所思念之而夢

四曰寤夢。

覺時道之而夢

五曰喜夢。
喜悅而夢。

六曰懼夢。
恐懼而夢。

季冬聘王夢，獻吉夢于王，王拜而受之。
聘，問也。夢者事之祥，吉凶之占在日月星辰。季冬日窮于次，月窮于紀，星廻于天，數將幾終，於是發幣而問焉，若休慶之云爾。因獻群臣之吉夢於王，歸美焉。詩云：牧人乃夢，衆維魚矣，旐維旟矣。此所獻吉夢。

乃舍萌于四方，以贈惡夢。
杜子春讀萌為明，或云其字當為明，明謂歐疫也。謂歲竟逐疫置四方。書亦或為明。玄謂舍讀為釋，舍萌猶釋采也。古書釋菜釋奠多作舍字。萌，菜始生也。贈，送也。欲以新善去故惡。○舍音釋，註舍萌同。萌亡耕反。去起呂反

遂令始難歐疫。
令，令方相氏也。難謂執兵以有難卻也。方相氏掌蒙熊皮，黃金四目，玄衣朱裳，執戈揚盾，帥百隸為之歐疫厲鬼也。故書難或為儺。杜子春難讀為難問之難，其字當作難。月令季春之月，命國難，九門磔禳，以畢春氣。仲秋之月，天子乃難，以達秋氣。季冬之月，命有司大難，旁磔，出土牛，以送寒氣。○難乃多反，劉依杜乃旦反，注以意求之。儺字亦同。磔涉百反

眡祲掌十煇之灋，以觀妖祥，辨吉凶。
妖祥，善惡之徵。鄭司農云：煇謂日光炁也。○煇音運。炁音氣

一曰祲，二曰象，三曰鑴，四曰監，五曰闇，六曰瞢，七曰彌，八曰敘，九曰隮，十曰想。
故書彌作迷，隮作資。鄭司農云：祲，陰陽氣相侵也。象者，如赤烏也。鑴謂日旁氣四面反鄉，如煇狀也。監，雲氣臨日也。闇，日月食也。瞢，日月瞢瞢無光也。彌者，白虹彌天也。敘者，雲有次序，如山在日上也。隮者，升氣也。想者，煇光也。玄謂鑴讀如童子佩鑴之鑴，謂日旁氣刺日也。監，冠珥也。彌，氣貫日也。隮，虹也。詩云：朝隮于西。想，雜氣有似可形想。○鑴許規反。瞢七鄧反。隮子兮反。鄉許亮反。煇音運，本亦作暈，音同

掌安宅敘降。
宅，居也。降，下也。人見妖祥則不安，主安其居處也。次序其凶禍所下，謂禳移之。

正歲則行事。
占夢以季冬贈惡夢，此正月而行安宅之事，所以順民。

歲終則弊其事。
弊，斷也。謂計其吉凶然否多少。

大祝掌六祝之辭，以事鬼神示，祈福祥，求永貞。一曰順祝，二曰年祝，三曰吉祝，四曰化祝，五曰瑞祝，六曰筴祝。
永，長也。貞，正也。求多福，歷年得正命也。鄭司農云：順祝，順豐年也。年祝，求永貞也。吉祝，祈福祥也。化祝，弭災兵也。瑞祝，逆時雨，寧風旱也。筴祝，遠罪疾。○祝之秀反。後除大祝、宗祝，諸官皆同，以意求之

掌六祈，以同鬼神示。一曰類，二曰造，三曰禬，四曰禜，五曰攻，六曰說。
祈，𠻳也，謂為有災變，號呼告于神以求福。天神、人鬼、地祇不和，則六癘作見，故以祈禮同之。故書造作竈。杜子春讀竈為造次之造，書亦或為造，造祭於祖也。鄭司農云：類、造、禬、禜、攻、說，皆祭名也。類，祭于上帝。詩曰：是類是禡。爾雅曰：是類是禡，師祭也。又

曰乃立冢土戎醜攸行爾雅曰起大事動大衆必先有事乎社而後出謂之宜故曰大師宜于社造于祖設軍社類上帝司馬灋曰將用師乃告于皇天上帝日月星辰以禱于后土四海神祇山川冢社乃造于先王然後冢宰徵師于諸侯曰某國爲不道征之以某年某月某日師至某國禜日月星辰山川之祭也春秋傳曰日月星辰之神則雪霜風雨之不時於是乎禜之山川之神則水旱癘疫之災於是乎禜之玄謂類造加誠肅求如志禬禜告之以時有災變也攻說則以辭責之禜如日食以朱絲禜社攻如其鳴鼓然董仲舒救日食祝曰炤炤大明瀸滅無光奈何以陰侵陽以卑侵尊是之謂說也禬未聞焉造類禬禜皆有牲攻說用幣而已○造七報反禬戚古外反劉音會禜音詠㠯音叶劉音禱爲于僞反號尸羔反呼火故反見賢遍反厲莫駕反

作六辭以通上下親疏遠近。一曰祠。二曰命。三曰誥。四曰會。五曰禱。六曰誄。

鄭司農云祠當爲辭謂辭令也命論語所謂爲命裨諶草創之誥謂康誥盤庚之誥之屬也盤庚將遷于殷誥其世臣卿大夫道其先祖之善功故曰以通上下親疏遠近會謂王官之伯命事於會胥命于蒲主爲其命也禱謂禱於天地社稷宗廟主爲其辭也春秋傳曰鐵之戰衞太子禱曰曾孫蒯聵敢昭告皇祖文王烈祖康叔文祖襄公鄭勝亂從晉午在難不能治亂使鞅討之蒯聵不敢自佚備持矛焉敢告無絕筋無破骨無面夷無作三祖羞大命不敢請佩玉不敢愛若此之屬誄謂積累生時德行以錫之命主爲其辭也春秋傳曰孔子卒哀公誄之曰閔天不淑不憖遺一老俾屏余一人以在位嬛嬛予在疚嗚呼哀哉尼父無自律此皆有文雅辭令難爲者也故大祝官主作六辭或曰誄論語所謂誄曰禱爾于上下神祇杜子春曰誥當爲告書亦或爲告玄謂一曰祠者交接之辭春秋傳曰古者諸侯相見號辭必稱先君以相接辭之辭也會謂會同盟誓之辭禱賀慶言福祚之辭晉趙文子成室晉大夫發焉張老曰美哉輪焉美哉奐焉歌於斯哭於斯聚國族於斯文子曰武也得歌於斯哭於斯聚國族於斯是全要領以從先大夫於九京也北面再拜稽首君子謂之善頌善禱禱是禱之辭○裨婢支反諶市林反行下孟反憖魚覲反嬛求營反父音甫京音原

辨六號。一曰神號。二曰鬼號。三曰示號。四曰牲號。五曰齍號。六曰幣號。

號謂尊其名更爲美稱焉神號若云皇天上帝鬼號若云皇祖伯某祇號若云后土地祇幣號若云玉云嘉玉幣云量幣鄭司農云牲號爲犧牲皆有名號曲禮曰牛曰一元大武豕曰剛鬣羊曰柔毛雞曰翰音齍號爲黍稷皆有名號也曲禮曰黍曰薌合粱曰薌萁稻曰嘉蔬少牢饋食禮曰敢用柔毛剛鬣士虞禮曰敢用絜牲剛鬣香合○齍音咨鬣力輒反

辨九祭。一曰命祭。二曰衍祭。三曰炮祭。四曰周祭。五曰振祭。六曰擩祭。七曰絕祭。八曰繚祭。九曰共祭。

杜子春云命祭祭有所主命也振祭振讀爲慎禮家讀振爲振旅之振擩祭擩讀爲虞芮之芮鄭司農云衍祭羨之道中如今

祭殤無所主命周祭四面爲坐也炮祭燔柴也爾雅曰祭天曰燔柴擩祭以肝肺菹擩鹽醢中以祭也繚祭以手從肺本循之至于末乃絕以祭也絕祭不循其本直絕肺以祭也重肺賤肝故初祭絕肺以祭謂之絕祭至祭之末禮殺之後但擩肝鹽中振之擬之若祭狀弗祭謂之振祭特牲饋食禮曰取菹擩于醢祭于豆閒鄉射禮曰取肺坐絕祭鄉飲酒禮曰右取肺左卻手執本坐弗繚右絕末以祭少牢曰取肝擩于鹽振祭玄謂九祭皆謂祭食者命祭者玉藻曰君若賜之食而君客之則命之祭然後祭是也衍字當爲延炮字當爲包聲之誤也延祭者曲禮曰客若降等執食興辭主人興辭於客然後客坐主人延客祭是也包猶兼也兼祭者有司曰宰夫贊者取白黑以授尸尸受兼祭于豆祭是也周猶徧也徧祭者曲禮曰殽之序徧祭之是也振祭擩祭本同不食者擩則祭之將食者既擩必振乃祭也絕祭繚祭亦本同禮多者繚之禮略者絕則祭之共猶授也主祭食宰夫授祭孝經說曰共綏執授○擩而泉反一音而誰反共音恭芮人劣反又而歲反殺色界反執食思四反

辨九𢷎。一曰稽首。二曰頓首。三曰空首。四曰振動。五曰吉𢷎。六曰

凶拜。七曰奇拜。八曰褒拜。九曰肅拜。以享右祭祀。

稽首拜頭至地也。頓首拜頭叩地也。空首拜頭至手，所謂拜手也。吉拜，拜而后稽顙，謂齊衰不杖以下者。言吉者，此殷之凶拜，周以其拜與頓首相近，故謂之吉拜云。凶拜，稽顙而后拜，謂三年服者。杜子春云，振讀爲振鐸之振，動讀爲哀慟之慟，奇讀爲奇偶之奇，謂先屈一膝，今雅拜是也。或云奇讀曰倚，倚拜謂持節持戟拜，身倚之以拜。鄭大夫云，動讀爲董，書亦或爲董，振董以兩手相擊也。奇拜謂一拜也。褒讀爲報，報拜再拜是也。鄭司農云，褒拜，今時持節拜是也。肅拜但俯下手，今時撎是也。介者不拜，故曰爲事故敢肅使者。玄謂振動，戰栗變動之拜。書曰，王動色變。一拜答臣下拜。再拜拜神與尸。享，獻也，謂朝獻饋獻也。右讀爲侑，侑勸尸食而拜。○拜音拜，稽音啓，奇紀宜反，註同。褒音報，撎於至反，爲于僞反，使所吏反，朝直遥反

凡大禋祀肆享祭示。則執明水火而號祝。

明水火，司烜所共日月之氣，以給烝享。執之，如以六號祝明此圭潔也。禋祀，祭天神也。肆享，祭宗廟也。故書祇爲祊，杜子春云，祊當爲祇。○禋音因，烜况晚反，祊必庚反

隋釁逆牲逆尸。令鐘鼓右亦如之。

隋釁謂薦血也。凡血祭曰釁。既隋釁後言逆牲，容逆鼎。右讀亦當爲侑。○隋許規反

來瞽令臯舞。

臯讀爲卒嗥呼之嗥。來嗥者，皆謂呼之入。

相尸禮。

延其出入，詔其坐作。○相息亮反

既祭令徹。

大喪始崩以肆鬯渳尸。相飯贊歛徹奠。

肆鬯所爲陳尸設鬯也。鄭司農云，渳尸以鬯浴尸。○渳彌爾反，飯扶晚反

言甸人讀禱。付練祥。掌國事。

鄭司農云，甸人主設復梯。大祝主言，問其具梯物。玄謂言猶語也。禱，六辭之屬禱也。甸人，喪事代王受眚災。大祝爲禱辭語之，使以禱於藉田之神也。付當爲祔，祭於先王以祔後死者。掌國事，辨護之。○梯他兮反

國有大故天烖彌祀社稷禱祠。

大故，兵寇也。天烖，疫癘水旱也。彌猶徧也。徧祀社稷及諸所禱，既則祠之以報焉。

大師宜于社。造于祖。設軍社。類上帝。國將有事于四望。及軍歸獻于社。則前祝。

鄭司農說設軍社，以春秋傳曰，所謂君以師行，祓社釁鼓，祝奉以從者也。則前祝，大祝自前祝也。玄謂前祝者，王出也，歸也，將有事於此神，大祝居前，先以祝辭告之。○祓芳弗反，劉音廢

大會同造于廟。宜于社。過大山川。則用事焉。反行舍奠。

用事，亦用祭事告行也。玉人職有宗祝以黃金勺前馬之禮，是謂過大山川與。曾子問曰，凡告必用牲幣，反亦如之。○舍音釋，一音赦

建邦國。先告后土。用牲幣。

后土，社神也。

禁督逆祀命者。

督，正也。正王之所命，諸侯之所祀，有逆者則刑罰焉。

頒祭號于邦國都鄙。

祭號。六號。

小祝掌小祭祀。將事侯禳禱祠之祝號。以祈福祥。順豐年。逆時雨。寧風旱。彌烖兵。遠辠疾。

侯之言候也。候嘉慶祈福祥之屬。禳禳卻凶咎寧風旱之屬。順豐年而順爲之祝辭。逆迎也。彌讀曰敉。敉安也。○敉亡爾反

大祭祀。逆齍盛。送逆尸。沃尸盥。贊隋。贊徹。贊奠。

隋尸之祭也。奠奠爵也。祭祀奠先徹後反言之者。明所佐大祝非一。

凡事佐大祝。

唯大祝所有事。

大喪贊渳。

故書渳爲攝。杜子春云當爲渳。渳謂浴尸。

設熬置銘。

銘今書或作名。鄭司農云。銘書死者名於旌。今謂之柩。士喪禮曰。爲銘各以其物。亡則以緇長半幅。䞓末長終幅。廣三寸。書名于末。曰某氏某之柩。竹杠長三尺。置于西階上。重木置于中庭。參分庭一在南。粥餘飯盛以二鬲。縣于重。冪用葦席。取銘置于重。杜子春云。熬謂重也。檀弓曰。銘明旌也。以死者爲不可別。故以其旗識之。愛之斯錄之矣。敬之斯盡其道焉爾。重主道也。殷主綴重焉。周主徹重焉。奠以素器。以主人有哀素之心也。玄謂熬者。棺既蓋。設於其旁。所以惑蚍蜉也。喪大記曰。熬君四種八筐。大夫三種六筐。士二種四筐。加魚腊焉。士喪禮曰。熬黍稷各二筐。有魚腊。饌于西坫南。又曰。設熬旁一筐。乃塗。○熬五羔反䞓勅貞反杠音江重直龍反粥之六反盛音成鬲音歷別彼列反識志反蚍音毗蜉音浮種章勇反

及葬。設道齎之奠。分禱五祀。

杜子春云。齎當爲粢。道中祭也。漢儀每街路輒祭。玄謂齎猶送也。送道之奠。謂遣奠也。分其牲體以祭五祀。告王去此宮中不復反。故興祭祀也。王七祀。五者司命大厲平生出入不以告。○齎音咨

大師。掌釁祈號祝。

鄭司農云。釁謂釁鼓也。春秋傳曰。君以軍行。祓社釁鼓。祝奉以從。

有寇戎之事。則保郊祀于社。

故書祀或作禩。鄭司農云。謂保守郊祭諸祀及社。無令寇侵犯之。杜子春讀禩爲祀。書亦或爲祀。玄謂保祀互文。郊社皆守而祀之。彌烖兵。○禩音祀令力呈反

凡外內小祭祀。小喪紀。小會同。小軍旅。掌事焉。

周禮卷二十五終

周禮卷二十六

漢大司農北海鄭　玄註

皇明　後學東吳葛　鼒訂

宗伯禮官之職

喪祝掌大喪勸防之事。

鄭司農云勸防引柩也杜子春云防當爲披玄謂勸猶倡帥前引者防謂執披備傾戲○戲音虧

及辟令啓。

鄭司農云辟謂除菆塗椁也令啓謂喪祝主命役人開之也檀弓曰天子之殯也菆塗龍輴以椁加斧于椁上畢塗屋天子之禮也○菆才官反 輴敕倫反

及朝御匶乃奠。

鄭司農云朝謂將葬朝於祖考之廟而後行則喪祝爲御柩也檀弓曰喪之朝也順死者之孝心也其哀離其室也故至於祖考之廟而後行殷朝而殯於祖周朝而遂葬故春秋傳曰凡夫人不殯于廟不祔于姑則弗致也晉文公卒將殯於曲沃就宗廟晉宗廟在曲沃故曰曲沃君之宗也又曰丙午入于曲沃丁未朝于武宮玄謂乃奠朝廟奠○朝直遥反 匶音舊 離力智反 下注俱同

及祖飾棺乃載遂御。

鄭司農云祖謂將葬祖於庭象生時出則祖也故曰事死如事生禮也檀弓曰飯於牖下小斂於戶内大斂於阼殯於客位祖於庭葬於墓所以即遠也祖時喪祝主飾棺乃載遂御之喪祝爲柩車御也或謂及祖至祖廟也玄謂祖爲行始飾棺設柳池紐之屬其序載而後飾既飾當還車鄉外喪祝御之御之者執翿居前卻行爲節度○飯扶晚反 還音旋 鄉許亮反 翿音道

及葬御匶出宮乃代。

喪祝二人相與更也

及壙說載除飾。

鄭司農云壙謂穿中也說載下棺也除飾去棺飾也四歰之屬令可舉移安錯之玄謂除飾便其窆爾周人之葬牆置歰○說吐活反注同 去起呂反 歰所甲反本亦作翣 錯七故反 窆彼驗反 劉補鄧反

小喪亦如之。

掌喪祭祝號。

喪祭虞也檀弓曰葬日虞不忍一日離也是日也以虞易奠卒哭曰成事是日也以吉祭易喪祭

王弔則與巫前。

鄭司農云喪祝與巫以桃厲執戈在王前檀弓曰君臨臣喪以巫祝桃茢執戈惡之也所以異於生也春秋傳曰楚人使公親襚公使巫以桃茢先祓殯楚人弗禁既而悔之君臨臣喪之禮故悔之○厲音列 記作茢

掌勝國邑之社稷之祝號以祭祀禱祠焉。

勝國邑所誅討者社稷者若亳社是矣存之者重神也蓋奄其上而棧其下爲北牖○棧才產反

凡卿大夫之喪掌事而斂飾棺焉。

甸祝掌四時之田表貉之祝號。

杜子春讀貉爲百爾所思之百書亦或爲貉貉兵祭也甸以講武治兵故有兵祭詩曰是類是禡爾雅曰是類是禡師祭也玄謂田者習兵之禮故亦禡祭禱氣勢之十百而多獲○貉莫駕反注禡同 甸音田

舍奠于祖廟禰亦如之。

舍讀爲釋，釋奠者，告將時田，若時征伐。鄭司農云：禰，父廟。

師甸，致禽于虞中，乃屬禽。及郊，饁獸，舍奠于祖禰，乃斂禽。禂牲，禂馬，皆掌其祝號。

師田，謂起大衆以田也。致禽於虞中，使獲者各以其禽來致于所表之處。屬禽，別其種類。饁，饋也。以所獲獸饋於郊，薦于四方羣兆，入又以奠于祖禰，薦且告反也。斂禽，謂取三十入腊人焉。杜子春云：禂，禱也。爲馬禱無疾，爲田禱多獲禽牲。詩云：既伯既禱。爾雅曰：既伯既禱，馬祭也。玄謂禂讀如伏誅之誅，今侏大字也。爲牲祭求肥充，爲馬祭求肥健。○屬音燭。饁于輒反。禂音誅，一音禱。別彼列反。爲于僞反。

詛祝掌盟、詛、類、造、攻、說、禬、禜之祝號。

八者之辭，皆所以告神明也。盟詛主於要誓，大事曰盟，小事曰詛。

作盟詛之載辭，以敘國之信用，以質邦國之劑信。

載辭，爲辭而載之於策，坎用牲，加書于其上也。國，謂王之國。邦國，諸侯國也。質，正也，成也。文王修德而虞芮質厥成。鄭司農云：載辭，以春秋傳曰：使祝爲載書。

司巫掌羣巫之政令。若國大旱，則帥巫而舞雩。

雩，旱祭也。天子於上帝，諸侯於上公之神。鄭司農云：魯僖公欲焚巫尫，以其舞雩不得雨。○尫音汪。

國有大烖，則帥巫而造巫恒。

杜子春云：司巫帥巫官之屬，會聚常處以待命也。玄謂恒，久也。巫久者，先巫之故事。造之，當按視所施爲。

祭祀，則共匰主及道布及蒩館。

杜子春云：蒩讀爲鉏。匰，器名。主，謂木主也。道布，新布三尺也。鉏，藉也。館，神所館止也。書或爲蒩館，或爲蒩飽，或曰：布者以爲席也。租飽，茅裹肉也。玄謂道布者，爲神所設巾，中霤禮曰：以功布爲道布，屬于几也。蒩之言藉也，祭食有當藉者。館，所以承蒩，謂若今筐也。主先匰，蒩後館，玄言之者，明共主以匰，共蒩以筐。大祝取其主、蒩，陳之器則退也。士虞禮曰：苴刌茅長五寸，實于筐，饌于西坫上。又曰：祝盥，取苴降洗之，升入設于几東席上，東縮。○匰音丹。蒩子都反。鉏子都反。藉慈夜反。租，劉音緅。裹音果。爲于僞反。刌音寸。

凡祭事，守瘞。

瘞，謂若祭地祇有埋牲玉者也。守之者，以祭禮未畢，若有事然。祭禮畢則去之。○瘞於例反。

凡喪事，掌巫降之禮。

降，下也。巫下神之禮，今世或死既斂，就巫下禓，其遺禮。○禓音傷。

男巫掌望祀、望衍授號，旁招以茅。

杜子春云：望衍，謂衍祭也。授號，以所祭之名號授之。旁招以茅，招四方之所望祭者。玄謂衍讀爲延，聲之誤也。望祀，謂有牲粢盛者。延，進也，謂但用幣致其神。二者詛祝所授類、造、攻、說、禬、禜之神號，男巫爲之招。○爲于僞反。

冬，堂贈，無方無算。

故書贈爲矰。杜子春云：矰當爲贈。堂贈，謂逐疫也。無方，四方爲可也。無算，道里無數，遠益善也。玄謂冬歲終，以禮送不祥及惡夢，皆是也。其行必由堂始，巫與神通，言當東則東，當西則西，可近則近，可遠則遠，無常數。○矰音曾。

春，招弭，以除疾病。

招，招福也。杜子春讀弭如彌兵之彌。玄謂弭讀爲敉，字之誤也。敉，安也，安凶禍也。招、敉皆有祀衍之禮。○弭與彌同。

王弔，則與祝前。

巫祝前王也。故書前爲先，鄭司農云：爲先，非是也。

女巫掌歲時祓除釁浴。
歲時祓除，如今三月上巳如水上之類。釁浴，謂以香薰草藥沐浴。
旱暵，則舞雩。
使女巫舞旱祭，崇陰也。鄭司農云：求雨以女巫。故檀弓曰：歲旱，繆公召縣子而問焉，曰：吾欲暴巫而奚若？曰：天則不雨，而望之愚婦人，無乃已疏乎。○暵，呼旱反。繆音穆。縣音玄。暴，蒲卜反。
若王后弔，則與祝前。
女巫與祝前后，如王禮。
凡邦之大烖，歌哭而請。
有歌者，有哭者，冀以悲哀感神靈也。

大史掌建邦之六典，以逆邦國之治。掌灋以逆官府之治。掌則以逆都鄙之治。
典則亦灋也。逆，迎也。六典、八灋、八則，冢宰所建，以治百官，大史又建焉，以為王迎受其治也。大史，日官也。春秋傳曰：天子有日官，諸侯有日御。日官居卿以底日，禮也。日御不失日，以授百官于朝。居猶處也。言建六典以處六卿之職。○為，于偽反。底音旨。朝，直遥反。
凡辨灋者攷焉，不信者刑之。
謂邦國官府都鄙以灋爭訟來正之者。○攷音考。
凡邦國都鄙及萬民之有約劑者藏焉，以貳六官。六官之所登。
約劑，要盟之載辭及券書也。貳猶副也。藏灋與約劑之書，以為六官之副。其有後事，六官又登焉。
若約劑亂，則辟灋，不信者刑之。
謂抵冒盟誓者。辟灋者，考按讀其然否。○辟，婢亦反。
正歲年以序事，頒之于官府及都鄙。
中數曰歲，朔數曰年。中朔大小不齊，正之以閏，若今時作曆日矣。定四時以次序授民時之事。春秋傳曰：閏以正時，時以作事，事以厚生，生民之本於是乎在。○數，所主反。
頒告朔于邦國。
天子頒朔于諸侯，諸侯藏之祖廟，至朔，朝于廟，告而受行之。鄭司農云：頒讀為班。班，布也。以十二月朔布告天下諸侯。故春秋傳曰：不書日，官失之也。
閏月，詔王居門終月。

門謂路寢門也。鄭司農云：月令十二月分在青陽、明堂、總章、玄堂左右之位，惟閏月無所居，居于門，故於文王在門謂之閏。
大祭祀，與執事卜日。
執事，大卜之屬。與之者，當視墨。
戒及宿之日，與羣執事讀禮書而協事。
協，合也。合謂習錄所當共之事也。故書協作叶，杜子春云：叶，協也。書亦或為協，或為汁。○叶音協。汁音執。
祭之日，執書以次位常。
謂校呼之，教其所當居之處。
辨事者攷焉，不信者誅之。
謂抵冒其職事。

大會同朝覲。以書協禮事。
亦先習錄之也、

及將幣之日。執書以詔王。
將、送也、詔王、告王以禮事、

大師抱天時與大師同車。
鄭司農云、大出師、則大史主抱式以知天時、處吉凶、史官主知天道、故國語曰、吾非瞽史、焉知天道、春秋傳曰、楚有雲如衆赤鳥夾日以飛、楚子使問諸周大史、大史主天道、玄謂瞽即大師、大師、瞽官之長、○大音泰注同焉於虔反

大遷國抱灋以前。
灋司空營國之灋也、抱之以前、當先王至知諸位處、○先悉薦反

大喪執灋以涖勸防。
鄭司農云、勸防、引大紼、

遣之日。讀誄。
遣謂祖廟之庭、大奠將行時也、人之道終於此、累其行而讀之、大師又帥瞽廞之而作謚、瞽史知天道、使共其事、言王之誄謚成於天道、○遣弃戰反下同行下孟反

凡喪事攷焉。
爲有得失、

小喪賜謚。
小喪、卿大夫也、

凡射事。飾中。舍筭。執其禮事。
舍讀曰釋、鄭司農云、中、所以盛筭也、玄謂設筭於中、以待射時而取之、中則釋之、鄉射禮曰、君國中射則皮豎中、於郊則閭中、於竟則虎中、大夫兕中、士鹿中、天子之中未聞、○舍音釋盛音成中丁仲反竟音境

小史掌邦國之志。奠繫世。辨昭穆。若有事。則詔王之忌諱。
鄭司農云、志謂記也、春秋傳所謂周志、國語所謂鄭書之屬是也、史官主書、故韓宣子聘于魯、觀書太史氏、繫世謂帝繫世本之屬是也、小史主定之、瞽矇諷誦之、先王死日爲忌、名爲諱、故書奠爲帝、杜子春云、帝當爲奠、奠讀爲定、書帝亦或爲奠、玄謂王有事所祭於其廟、○奠音定

大祭祀。讀禮灋。史以書敘昭穆之俎簋。
讀禮灋者、太史與羣執事、史、此小史也、言讀禮灋者、小史敘俎簋以爲節、故書簋或爲几、鄭司農云、几讀爲軌、書亦或爲簋、古文也、大祭祀、小史主敘其昭穆、以其主定繫世、祭祀、史主敘其昭穆、次其俎簋、故齊景公疾欲誄於祝史、玄謂俎簋牲與黍稷以書次之校比之、○比毗志反

大喪。大賓客。大會同。大軍旅。佐大史。凡國事之用禮灋者。掌其小事。

卿大夫之喪。賜謚。讀誄。
其讀誄、亦以大史賜謚爲節、事相成也、

馮相氏掌十有二歲。十有二月。十有二辰。十日。二十有八星之位。

辨其敘事。以會天位。
歲謂大歲、歲星與日同次之月、斗所建之辰、樂說說歲星與日常應大歲月建以見、然則今曆太歲非此也、歲日月辰星宿之

位、謂方面所在、辨其敘事、謂若仲春辨秩東作、仲夏辨秩南訛、仲秋辨秩西成、仲冬辨其朔易、會天位者、合此歲日月辰星宿五者、以爲時事之候、若今曆日太歲在某月某日某甲朔日直某也、國語曰、王合位于三五、孝經說曰、故勑以天期四時節有晚早、趣勉趣時、無失天位、皆由此術云、○馮音憑、相息亮反、譌五和反

冬夏致日。春秋致月。以辨四時之敘。

冬至日在牽牛、景丈三尺、夏至日在東井、景尺五寸、此長短之極、極則氣至、冬無愆陽、夏無伏陰、春分日在婁、秋分日在角、而月弦於牽牛東井、亦以其景知氣至不、春秋冬夏氣皆至、則是四時之敘正矣

保章氏掌天星。以志星辰日月之變動。以觀天下之遷。辨其吉凶。

志、古文識、識記也、星謂五星、辰、日月所會、五星有贏縮圜角、日有薄食暈珥、月有盈虧朓側匿之變、七者右行列舍、天下禍福變移所在皆見焉、○識、音志、暈本又作煇、亦作運、朓、他了反、晦而月見西方曰朓、匿女力反、朔而月見東方曰側匿、亦名朒、朒、女六反

周禮　卷二十六　宗伯禮官之職　九　秉懷堂

以星土辨九州之地所封。封域皆有分星。以觀妖祥。

星土、星所主土也、封、猶界也、鄭司農說星土、以春秋傳曰、參爲晉星、商主大火、國語曰、歲之所在、則我有周之分野之屬是也、玄謂大界則曰九州、州中諸國中之封域、於星亦有分焉、其書亡矣、堪輿雖有郡國所入度、非古數也、今其存可言者十二次之分也、星紀、吳越也、玄枵、齊也、娵訾、衛也、降婁、魯也、大梁、趙也、實沈、晉也、鶉首、秦也、鶉火、周也、鶉尾、楚也、壽星、鄭也、大火、宋也、析木、燕也、此分野之妖祥、主用客星彗孛之氣爲象、○分、扶問反、注同、參、所林反、娵、子須反、訾、子斯反、降、戶江反、彗、以歲反、孛音佩

以十有二歲之相。觀天下之妖祥。

歲謂太歲、歲星與日同次之月、斗所建之辰也、歲星爲陽、右行於天、太歲爲陰、左行於地、十二歲而小周、其妖祥之占、甘氏歲星經、其遺象也、鄭司農云、太歲所在、歲星所居、春秋傳曰、越得歲而吳伐之、必受其凶之屬是也、○相、息亮反

以五雲之物。辨吉凶水旱降豐荒之祲象。

物、色也、視日旁雲氣之色、降、下也、知水旱所下之國、鄭司農云、以二至二分觀雲色、青爲蟲、白爲喪、赤爲兵荒、黑爲水、黃爲豐、故春秋傳曰、凡分至啓閉、必書雲物、爲備故也、故曰、凡此五物、以詔救政、

以十有二風。察天地之和。命乖別之妖祥。

十有二辰皆有風、吹其律以知和不、其道亡矣、春秋襄十八年、楚師伐鄭、師曠曰、吾驟歌北風、又歌南風、南風不競、多死聲、楚必無功、是時楚師多凍、其命乖別審矣、

凡此五物者。以詔救政。訪序事。

訪、謀也、見其象、則當預爲之備、以詔王救其政、且謀今年天時占相所宜、次序其事

周禮　卷二十六　宗伯禮官之職　十　秉懷堂

內史掌王之八枋之灋。以詔王治。一曰爵。二曰祿。三曰廢。四曰置。五曰殺。六曰生。七曰予。八曰奪。

太宰既以詔王、內史又居中貳之、○枋本又作柄、兵病反

執國灋及國令之貳。以考政事。以逆會計。

國灋、六典、八灋八則、

掌敘事之灋。受納訪。以詔王聽治。

敘、六敘也、納訪、納謀於王也、六敘、六曰以敘聽其情、

凡命諸侯及孤卿大夫。則策命之。

鄭司農說以春秋傳曰、王命內史興父策命晉侯爲侯伯、策、謂以簡策書王命、其文曰、王謂叔父、敬服王命、以綏四國、糾逖王

愿晉侯三辭從命受策以出。○父音甫

凡四方之事書。內史讀之

若令尚書入省事。

王制祿則贊爲之。以方出之。

贊爲之，爲之辭也。鄭司農云，以方出之，以方版書而出之。上農夫食九人，其次食八人，其次食七人，其次食六人，下農夫食五人。庶人在官者，其祿以是爲差。諸侯之下士視上農夫，祿足以代其耕也。中士倍下士，上士倍中士，下大夫倍上士，卿四大夫祿，君十卿祿。杜子春云，方，直謂今時牘也。玄謂王制曰，王之三公視公侯，卿視伯，大夫視子男，元士視附庸。○食音似

賞賜亦如之

內史掌書王命。遂貳之。

副寫藏之。

外史掌書外令。

王令下畿外。○下戶嫁反

掌四方之志。

志，記也。謂若魯之春秋，晉之乘，楚之檮杌。○檮徒刀反。杌五忽反

掌三皇五帝之書。

楚靈王所謂三墳五典。○墳扶云反

掌達書名于四方。

謂若堯典禹貢，達此名使知之。或曰，古曰名，今曰字。使四方知書之文字，得能讀之。

若以書使于四方。則書其令。

書王令以授使者。○使所吏反

周禮卷二十六　終

周禮卷二十七　漢大司農北海鄭　玄註

皇明　後學東吳金　蟠訂

宗伯禮官之職

御史掌邦國都鄙及萬民之治令以贊冢宰。

王所以治之令冢宰掌王治

凡治者受灋令焉

為書寫其治之法令來受則授之

掌贊書

王有命當以書致之則贊為辭若今尚書作詔文

凡數從政者。

自公卿以下至胥徒凡數及其見在空缺者鄭司農讀言掌贊書數書數者經禮三百曲禮三千法度皆在玄以為不辭故改之云○數所主反見賢遍反

市車掌公車之政令辨其用與其旗物而等叙之以治其出入。

公猶官也用謂祀賓之屬旗物大常以下等叙之以封同姓異姓之次序

王之五路一曰玉路鍚樊纓十有再就建大常十有二斿以祀。

王在焉曰路玉路以玉飾諸末鍚馬面當盧刻金為之所謂鏤鍚也樊讀如鞶帶之鞶謂今馬大帶也鄭司農云纓謂當胷士喪禮下篇曰馬纓三就禮家說曰纓當胷以削革為之三就三重三匝也玄謂纓今馬鞅王路之樊及纓皆以五采罽飾之十

二就就成也大常九旗之畫日月者正幅為縿斿則屬焉○鍚音陽斿音留鞶步干反重直龍反罽居例反縿所銜反又所廉反屬音燭

金路鉤樊纓九就建大旂以賓同姓以封。

金路以金飾諸末鉤婁頷之鉤也金路無鍚有鉤亦以金為之其樊及纓以五采罽飾之而九成大旂九旗之畫交龍者以賓以會賓客同姓以封謂王子母弟率以功德出封雖為侯伯其畫服猶如上公若魯衛之屬其無功德各以親疏食采畿內而已故書鉤為拘杜子春讀為鉤○頷戶感反率音律又音類

象路朱樊纓七就建大赤以朝異姓以封。

象路以象飾諸末象路無鉤以朱飾勒而已其樊及纓以五采罽飾之而七成大赤九旗之通帛以朝以日視朝異姓王甥舅○朝直遙反

革路龍勒條纓五就建大白以即戎以封四衛。

革路鞔之以革而漆之無他飾龍駹也以白黑飾韋雜色為勒條讀為絛其樊及纓以絛絲飾之而五成不言樊字蓋脫爾以此言絛知玉路金路象路飾樊纓皆不用金玉象矣大白殷之旗猶周大赤蓋象正色也即戎謂兵事四衛四方諸侯守衛者蠻服以內○駹音尨絛他刀反鞔莫干反

木路前樊鵠纓建大麾以田以封蕃國。

木路不鞔以革漆之而已前讀為緇翦之翦翦淺黑也木路無龍勒以淺黑飾韋為樊鵠色飾韋為纓不言就數飾與革路同大麾不在九旗中以正色言之則黑夏后氏所建田四時田獵蕃國謂九州之外夷服鎮服蕃服杜子春云鵠或為結

王后之五路重翟鍚面朱總厭翟勒面繢總安車彫面鷖總皆有容蓋

重翟重翟雉之羽也厭翟次其羽使相迫也勒面謂以如玉龍勒之韋爲當面飾也彫者畫之不龍其韋安車坐乘車凡婦人車皆坐乘故書朱總爲緄鷖或作緊鄭司農云鍚馬面鍚緄當爲總書亦或爲總鷖讀爲鳧鷖之鷖鷖總者青黑色以繒爲之總著馬勒直兩耳與兩鑣容謂幨車山東謂之裳幃或曰幢容玄謂朱總繢總其施之如鷖總車衡輨亦宜有焉繢畫文也蓋如今小車蓋也皆有容有蓋則重翟厭翟謂蔽也重翟后從王祭祀所乘厭翟后從王賓饗諸侯所乘安車無蔽后朝見於王所乘謂去飾也詩國風碩人曰翟蔽以朝謂諸侯夫人始來乘翟蔽之車以朝見於君盛之也此翟蔽蓋厭翟也然則王后始來乘重翟乎○重直龍反厭於涉反注同鷖烏兮反緄戚云檢字林蒼推反著直略反鑣表驕反幨昌廉反潼音同輨音管見賢遍反去

起呂反

翟車貝面組總有握。

翟車不重不厭以翟飾車之側爾貝面貝飾勒之當面也有握則此無蓋矣如今軿車是也后所乘以出桑○軿薄經反

輦車組輓有翣羽蓋。

輦車不言飾后居宮中從容所乘但漆之而已爲輇輪人輓之以行有翣所以禦風塵以羽作小蓋爲翳日也故書翣爲髦杜子春云當爲翣書亦或爲髦○輓音晚翣所甲反從七容反輇市專反翳烏帝反髦髦並音獵髦或音毛

王之喪車五乘木車蒲蔽犬𧜟尾櫜疏飾小服皆疏。

木路不漆者鄭司農云蒲蔽謂臝蘭車以蒲爲蔽天子喪服之車漢儀亦然犬𧜟以犬皮爲覆笭故書疏爲揟杜子春讀揟爲沙玄謂蔽車旁禦風塵者犬白犬皮既以皮爲覆笭又以其尾爲戈戟之弢麤布飾二物之側爲之緣若攝服云服讀爲箙小箙刀劍短兵之衣此始遭喪所乘爲君之道尚微備姦臣也書曰以虎賁百人逆子釗亦爲備焉○五乘繩證反𧜟莫歷反櫜沈音羔劉姑道反臝魯火反笭力丁反

揟思如反弢吐刀反箙音服賁音奔

素車棼蔽犬𧜟素飾小服皆素。

素車以白土堊車也棼讀爲䔍䔍麻以爲蔽其𧜟服以素繒爲緣此卒哭所乘爲君之道益著在車可以去戈戟○堊烏路反又烏洛反

䔍扶文反

藻車藻蔽鹿淺𧜟革飾。

故書藻作䡛杜子春䡛讀爲華藻之藻直謂華藻也玄謂藻水草蒼色以蒼土堊車以蒼繒爲蔽也鹿淺𧜟以鹿夏皮爲覆笭又以所治去毛者緣之此既練所乘○䡛音總又音藻

駹車萑蔽然𧜟髤飾。

故書駹作龍髤爲軟杜子春云龍讀爲駹軟讀爲桼垸之桼直謂髤桼也玄謂駹車邊側有漆飾也萑細葦席也以爲蔽者漆則成藩卽吉也然果然也髤赤多黑少之色韋也此大祥所乘○萑音丸髤香求反軟音次桼音七垸胡翫反

漆車藩蔽豻𧜟雀飾。

漆車黑車也藩今時小車藩漆席以爲之豻胡犬雀黑多赤少之色韋也此禫所乘○豻五旦反禫直感反

服車五乘孤乘夏篆卿乘夏縵大夫乘墨車士乘棧車庶人乘役車。

服車服事者之車故書夏篆爲夏緣鄭司農云夏赤也緣緣色或曰夏篆篆讀爲圭瑑之瑑夏篆轂有約也玄謂夏篆五采畫轂約也夏縵亦五采畫無瑑爾墨車不畫也棧車不革鞔而漆之役車方箱可載任器以共役○篆音瑑直轉反箱息羊反

凡良車散車不在等者其用無常。

給遊燕及恩惠之賜不在等者謂若今輜車後戶之屬作之有功有沽○散素旱反輜側其反

凡車之出入歲終則會之。

計其完敗多少

凡賜闕之。完敗不計

毀折，入齎于職幣。計所傷敗，入其直。杜子春云：齎讀爲資，資謂財也。乘官車毀折者，入財以償繕治之直。○齎音咨

大喪，飾遣車，遂廞之，行之。廞，興也，謂陳駕之。行之，使人以次舉之以如墓也。遣車一曰鸞車。○遣，棄戰反

及葬，執蓋從車持旌。從車，隨柩路。持蓋與旌者，王平生時車建旌，雨則有蓋。今蜃無蓋，執而隨之，象生時有也。所執者銘旌。○從，才用反

及墓，嘑啓關陳車。關，墓門也。車，貳車也。士喪禮下篇曰：車至道左，北面立，東上。

小喪，共匶路與其飾。匶路，載柩車也。飾，棺飾也。

歲時更續，共其弊車。故書更續爲受讀。杜子春云：受當爲更，讀當爲續。更續，更受新共其弊車，歸其故弊車也。玄謂俱受新耳。更，易其舊；續，續其不任用。共其弊車，巾車既更續之，取其弊車共於車人，材或有中用之。

大祭祀，鳴鈴以應雞人。雞人主呼旦，鳴鈴以和之，聲且警衆，必使鳴鈴者，車有和鸞，相應和之象。故書鈴或作軨。杜子春云：當爲鈴。○和，胡卧反。軨音零

典路掌王及后之五路，辨其名物與其用說。用謂將有朝祀之事而駕之。鄭司農云：說謂舍車也。春秋傳曰：雞鳴而駕，日中而說。用謂所宜用。○說，書銳反，注及下駕說并注同。朝，直遥反

若有大祭祀，則出路，贊駕說。出路，王當乘之。贊駕說，贊僕與趣馬也。○趣，倉口反

大喪、大賓客亦如之。亦出路當陳之。鄭司農說以書顧命曰：成王崩，康王既陳先王寶器，又曰：大路在賓階面，贅路在阼階面，先路在左塾之前，次路在右塾之前。漢朝上計律，陳屬車於庭。故曰：大喪、大賓客亦如之。○塾音孰。上，時掌反。屬音燭

凡會同、軍旅、弔于四方，以路從。王出於事無常，王乘一路，典路以其餘路從行，亦以華國。○從，才用反，注及下注同

車僕掌戎路之萃，廣車之萃，闕車之萃，苹車之萃，輕車之萃。萃猶副也。此五者皆兵車，所謂五戎也。戎路，王在軍所乘也。廣車，橫陳之車也。闕車，所用補闕之車也。苹猶屏也，所用對敵自蔽隱之車也。輕車，所用馳敵致師之車也。春秋傳曰：公喪戎路。又曰：其君之戎分爲二廣，則諸侯戎路廣車也。又曰：帥斿闕四十乘。孫子八陳有苹車之陳。又曰：馳車千乘。五者之制及萃數未盡聞也。書曰：武王戎車三百兩。故書苹作平。杜子春云：苹車當爲軿車，其字當爲萃，書亦或爲苹。○苹，薄經反。輕，遣政反。屏，并領反，又薄經反。喪，息浪反。千乘，繩證反。軿，薄經反

凡師，共革車，各以其萃。五戎者共其一，以爲王優尊者所乘也，而萃各從其元焉。

會同亦如之。

巡守及兵車之會，則王乘戎路；乘車之會，王雖乘金路，猶共以從，不失備也。

大喪，廞革車。

言興革車，則遣車不徒戎路、廣闕苹輕皆有焉。

大射，共三乏。

鄭司農云：乏讀爲匱乏之乏。

司常掌九旗之物名，各有屬，以待國事。日月爲常，交龍爲旂，通帛爲旜，雜帛爲物，熊虎爲旗，鳥隼爲旟，龜蛇爲旐，全羽爲旞，析羽爲旌。

物名者，所畫異物則異名也。屬，謂徽識也，大傳謂之徽號，今城門僕射所被及亭長著絳衣，皆其舊象。通帛謂大赤，從周正色，無飾。雜帛者，以帛素飾其側，白，殷之正色。全羽、析羽皆五采，繫之於旞旌之上，所謂注旄於干首也。凡九旗之帛皆用絳。○旜，之然反。隼，息允反。旟，音餘。旐，音兆。旞，音遂。識，式志反，又音志。著，丁略反，又直略反。

及國之大閱，贊司馬頒旗物。王建大常，諸侯建旂，孤卿建旜，大夫士建物，師都建旗，州里建旟，縣鄙建旐，道車載旞，斿車載旌。

仲冬教大閱，司馬主其禮。自王以下治民者，旗畫成物之象。王畫日月，象天明也。諸侯畫交龍，一象其升朝，一象其下復也。孤卿不畫，言奉王之政教而已。大夫士雜帛，言以先王正道佐職也。師都，六鄉六遂大夫也，謂之師都，都，民所聚也。畫熊虎者，鄉遂出軍賦，象其守猛，莫敢犯也。州里、縣鄙，鄉遂之官，互約言之。鳥隼，象其勇捷也。龜蛇，象其扞難辟害也。道車，象路也，王以朝夕燕出入。斿車，木路也，王以田以鄙。全羽、析羽五色，象其文德也。大閱，王乘戎路，建大常焉，玉路、金路不出。○朝，直遙反。難，乃旦反。辟，音避。

皆畫其象焉。官府各象其事，州里各象其名，家各象其號。

事、名、號者，徽識所以題別衆臣，樹之於位，朝各就焉。覲禮曰：公侯伯子男皆就其旂而立。此其類也。或謂之事，或謂之名，或謂之號，異外內也。三者旌旗之細也。士喪禮曰：爲銘各以其物，亡則以緇長半幅，赬末長終幅，廣三寸，書名於末。此蓋其制也。徽識之書，則云某某之事、某某之名、某某之號。今大閱禮象而爲之，兵凶事，若有死事者，亦當以相別也。杜子春云：畫當爲書。玄謂書畫雲氣也，異於在國軍事之飾。○別，彼列反。亡，音無。

凡祭祀，各建其旗。

王祭祀之車，則玉路。

會同賓客，亦如之，置旌門。

賓客朝覲宗遇，王乘金路；巡守兵車之會，王乘戎路；皆建其大常。掌舍職曰：爲帷宮，設旌門。

大喪，共銘旌。

銘旌，王則太常也。士喪禮曰：爲銘各以其物。

建廞車之旌，及葬，亦如之。

葬云建之，則行廞車解說之。○說，吐活反。

凡軍事，建旌旗；及致民，置旗，弊之。

始置旗以致民，民至，仆之，誅後至者。○仆，薄北反，一音赴。

甸亦如之。

凡射，共獲旌。

獲旌，獲者所持旌。

歲時共更旌。取舊予新。

都宗人掌都宗祀之禮。凡都祭祀，致福于國。都或有山川及因國無主九皇六十四民之祀，王子弟則立其祖王之廟，其祭祀，王皆賜禽焉，主其禮者，警戒之，糾其戒具。其來致福，則帥而以造祭僕。

正都禮與其服。禁督其違失者。服謂衣服及宮室車旗。

若有寇戎之事，則保羣神之壝。守山川丘陵墳衍之壇域。○壝，推癸反。

國有大故，則令禱祠，既祭，反命于國。令，令都之有司也。祭謂報塞也。反命，還白王。○塞，西代反。

家宗人掌家祭祀之禮，凡祭祀致福。大夫采地之所祀，與都同，若先王之子孫亦有祖廟。

國有大故，則令禱祠，反命，祭亦如之。以王命令禱祠，歸白王於獲福，又以王命令祭之，還又反命。

掌家禮與其衣服宮室車旗之禁令。掌亦正也。不言寇戎保羣神之壝，則都家自保之，都宗人所保者謂王所祀明矣。

凡以神仕者，掌三辰之灋，以猶鬼神示之居，辨其名物。猶，圖也。居謂坐也。天者羣神之精，日月星辰，其著位也。以此圖天神人鬼地祇之坐者，謂布祭衆寡與其居句。孝經說郊祀之禮曰：燔燎掃地，祭牲繭栗，或象天，酒旗坐星，厨倉具黍稷，布席極敬心也。言郊之布席象五帝座，禮祭宗廟，序昭穆，亦又有似虛危，則祭天圜丘象北極，祭地方澤象后妃，及社稷之席，皆有明法焉。國語曰：古者民之精爽不攜二者，而又能齊肅中正，其知能上下比義，其聖能光遠宣朗，其明能光照之，其聰能聽徹之，如是則神明降之，在男曰覡，在女曰巫，是之使制神之處位次主，而爲之牲器時服。巫既知神如此，又能居以天法，是以聖人祭之。今之巫祝既闇其義，何明之見，何法之行，正神不降，或於淫厲，苟貪貨食，遂誣人神，令此道滅，痛矣。○居，紀慮反。句，紀具反。繭，工典反。齊，側皆反。知音智。覡，胡歷反。令，力呈反。

以冬日至，致天神人鬼；以夏日至，致地示物鬽，以禬國之凶荒、民之札喪。天人，陽也；地物，陰也。陽氣升而祭鬼神，陰氣升而祭地祇物鬽，所以順其爲人與物也。致人鬼於祖廟，致物鬽於墠壇，蓋用祭

天地之明日。百物之神曰鬽。春秋傳曰：螭鬽魍魎。杜子春云：禬，除也。玄謂此禬讀如潰癰之潰。○鬽，眉秘反。禬，胡對反。墠音善。螭，勑知反。

周禮卷二十七終

周禮卷二十八

漢大司農北海鄭　玄註
皇明　後學東吳葛　鼒評

司馬政官之屬

惟王建國，辨方正位，體國經野，設官分職，以爲民極。乃立夏官司馬，使帥其屬而掌邦政，以佐王平邦國。

政，正也。政所以正不正者也。孝經說曰：政者，正也。正德名以行道。

政官之屬：大司馬，卿一人；小司馬，中大夫二人；軍司馬，下大夫四人；輿司馬，上士八人；行司馬，中士十有六人；旅下士三十有二人；府六人；史十有六人；胥三十有二人；徒三百有二十人。

輿，衆也。行，謂軍行列。晉作六軍而有三行，取名於此。○行，戶剛反。

凡制軍，萬有二千五百人爲軍。王六軍，大國三軍，次國二軍，小國一軍，軍將皆命卿。二千有五百人爲師，師帥皆中大夫。五百人爲旅，旅帥皆下大夫。百人爲卒，卒長皆上士。二十五人爲兩，兩司馬皆中士。五人爲伍，伍皆有長。

軍、師、旅、卒、兩、伍，皆衆名也。伍一比，兩一閭，卒一旅，旅一黨，師一州，軍一鄉，家所出一人。將、帥、長、司馬者，其師吏也。言軍將皆命卿，則凡軍帥不特置，選於六官六鄉之吏，自卿以下，德任者使兼官焉。鄭司農云：王六軍，大國三軍，次國二軍，小國一軍，故春秋傳有大國、次國、小國。又曰：成國不過半天子之軍，周爲六軍，諸侯之大者三軍可也。詩大雅常武曰：赫赫明明，王命卿士，南仲大祖，大師皇父，整我六師，以修我戎，既敬既戒，惠此南國。大雅文王曰：周王于邁，六師及之。此周爲六軍之見于經也。春秋傳曰：王使虢公命曲沃伯以一軍爲晉侯。此小國一軍之見于傳也。百人爲卒，二十五人爲兩，故春秋傳曰：廣有一卒，卒偏之兩。○將，子匠反，凡軍將、將帥之類放此。帥，所類反。長，丁丈反。比，毗志反。大祖，音泰，下大師、大僕同。父，音甫。

一軍則二府、六史、胥十人、徒百人。

司勳，上士二人，下士四人，府二人，史四人，胥二人，徒二十人。

故書勳作勛。鄭司農云：勛讀爲勳。勳，功也。此官主功賞，故曰掌六鄉賞地之法，以等其功。

馬質，中士二人，府一人，史二人，賈四人，徒八人。

質，平也。主買馬，平其大小之賈直。

量人，下士二人，府一人，史四人，徒八人。

量猶度也，謂以丈尺度地。○量，音亮。度，待洛反。

小子，下士二人，史一人，徒八人。

小子主祭祀之小事。

羊人，下士二人，史一人，賈二人，徒八人。

司爟，下士二人，徒六人。

故書爟爲燋。杜子春云：燋當爲爟，書亦或爲爟。爟爲私火。玄謂爟讀如予若觀火之觀，今燕俗名湯熱爲觀，則爟火謂熱火與。○爟，古喚反。燋，哉約反。李又音灼。觀，古喚反，下同。

掌固，上士二人，下士八人，府二人，史四人，胥四人，徒四十人。

固，國所依阻者也。國曰固，野曰險。易曰：王公設險以守其國。

司險中士二人下士四人史二人徒四十人。
掌疆中士八人史四人胥十有六人徒百有六十人。
疆界也。○疆居良反
候人上士六人下士十有二人史六人徒百有二十人。
候候迎賓客之來者。
環人下士六人史二人徒十有二人。
環猶卻也以勇力卻敵。○卻起略反
挈壺氏下士六人史二人徒十有二人。
挈讀如絜髮之絜壺盛水器也世主挈壺水以爲漏。○盛音成

射人下大夫二人上士四人下士八人府二人史四人胥二人徒二十人。
服不氏下士一人徒四人。
服不服不服之獸者。
射鳥氏下士一人徒四人。
○射食亦反
羅氏下士一人徒八人。
能以羅罔搏鳥者。郊特牲曰大羅氏天子之掌鳥獸者。○搏音博本又作捕
掌畜下士二人史二人胥二人徒二十人。
畜謂斂而養之。○畜許六反
司士下大夫二人中士六人下士十有二人府二人史四人胥四人徒四十人。
諸子下大夫二人中士四人府二人史二人胥二人徒二十人。
諸子主公卿大夫士之子者或曰庶子。
司右上士二人下士四人府四人史四人胥八人徒八十人。
右謂有勇力之士充王車右。
虎賁氏下大夫二人中士十有二人府二人史八人胥八十人虎士八百人。

不言徒曰虎士則虎士徒之選有勇力者。○賁音奔
旅賁氏中士二人下士十有六人史二人徒八人。
節服氏下士八人徒四人。
世爲王節所衣服。○爲于僞反
方相氏狂夫四人。
方相猶言放想可畏怖之貌。○放想方丈反
太僕下大夫二人小臣上士四人祭僕中士六人御僕下士十有二人府二人史四人胥二人徒二十人。
僕侍御於尊者之名大僕其長也。

隸僕下士二人、府一人、史二人、胥四人、徒四十人。此吏而曰隸、以共事褻、

弁師下士二人、工四人、史二人、徒四人。弁者古冠之大稱、委貌緇布曰冠、

司甲下大夫二人、中士八人、府四人、史八人、胥八人、徒八十人。甲今之鎧也、司甲、兵戈盾官之長、○鎧苦愛反盾常允反又音允

司兵中士四人、府二人、史四人、胥二人、徒二十人。

司戈盾下士二人、府一人、史二人、徒四人。戈今時句孑戟、○句孑古侯反下音結

司弓矢下大夫二人、中士八人、府四人、史八人、胥八人、徒八十人。司弓矢、弓弩矢箙官之長、○箙音服

繕人上士二人、下士四人、府一人、史二人、胥二人、徒二十人。繕之言勁也、善也、

槀人中士四人、府二人、史四人、胥二人、徒二十人。鄭司農云、槀讀爲芻槀之槀、箭幹謂之槀、此官主弓弩箭矢、故謂之槀人、○槀古老反

戎右中大夫二人、上士二人。右者參乘、此充戎路之右、田獵亦爲之右焉、○乘繩證反

齊右下大夫二人。

充玉路金路之右、○齊側皆反下齊僕同

道右上士二人。充象路之右、

大馭中大夫二人。馭之最尊、

戎僕中大夫二人。馭言僕者、此亦侍御於車、

齊僕下大夫二人。古者王將朝覲會同必齊、所以敬宗廟及神明、○朝直遥反

道僕上士十有二人。王朝朝莫久、主御王以與諸臣行先王之道、○朝朝上如字下直遥反莫音暮

田僕上士十有二人。

馭夫中士二十人、下士四十人。

校人中大夫二人、上士四人、下士十有六人、府四人、史八人、胥八人、徒八十人。校之爲言校也、主馬者必仍校視之、以人、馬官之長、○校戶教反

趣馬下士皁一人、徒四人。趣馬、趣養馬者也、鄭司農說以詩曰、蹶維趣馬、○趣七口反皁才早反

巫馬下士二人、醫四人、府一人、史二人、賈二人、徒二十人。

巫馬、知馬祖先牧馬社馬步之神者、馬疾若有犯焉、則知之、是以使與醫同職、

牧師下士四人、胥四人、徒四十人。

王牧放馬而養之、

廋人下士閑二人、史二人、徒二十人。

廋之言數、

圉師乘一人、徒二人。圉人良馬匹一人、駑馬麗一人。

養馬曰圉、四馬爲乘、良善也、麗耦也、

職方氏中大夫四人、下大夫八人、中士十有六人、府四人、史十有

六人、胥十有六人、徒百有六十人。

職主也、主四方之職貢者、職方氏主四方官之長、

土方氏上士五人、下士十人、府二人、史五人、胥五人、徒五十人。

土方氏主四方邦國之土地、

懷方氏中士八人、府四人、史四人、胥四人、徒四十人。

懷來也、主來四方之民及其物、

合方氏中士八人、府四人、史四人、胥四人、徒四十人。

合方氏主合同四方之事、

訓方氏中士四人、府四人、史四人、胥四人、徒四十人。

訓道也、主教道四方之民、

形方氏中士四人、府四人、史四人、胥四人、徒四十人。

形方氏主制四方邦國之形體、

山師中士二人、下士四人、府二人、史四人、胥四人、徒四十人。

川師中士二人、下士四人、府二人、史四人、胥四人、徒四十人。

邍師中士四人、下士八人、府四人、史八人、胥八人、徒八十人。

邍地之廣平者○邍音原

匡人中士四人、史四人、徒八人。

匡正也、主正諸侯以法則、

撢人中士四人、史四人、徒八人。

撢人主撢序王意以語天下○撢他南反

都司馬每都上士二人、中士四人、下士八人、府二人、史八人、胥八人、徒八十人。

都王子弟所封及三公采地也、司馬主其軍賦、

家司馬各使其臣以正於公司馬。

家卿大夫采地、正猶聽也、公司馬國司馬也、卿大夫之采地、王不特置司馬、各自使其家臣爲司馬、主其地之軍賦、往聽政於王之司馬、王之司馬其以王命來有事、則曰國司馬、

周禮卷二十八終

周禮卷二十九

漢大司農北海鄭　玄註

皇明　後學東吳金　蟠訂

司馬政官之職

大司馬之職，掌建邦國之九灋，以佐王平邦國。平，成也，正也。

制畿封國，以正邦國。封謂立封於疆為界。○畿音祈

設儀辨位，以等邦國。儀謂諸侯及諸臣之儀。辨，別也。別尊卑之位。

進賢興功，以作邦國。興猶舉也。作，起也。起其勸善樂業之心，使不惰廢。

建牧立監，以維邦國。牧，州牧也。監，監一國，謂君也。維猶連結也。

制軍詰禁，以糾邦國。詰猶窮治也。糾猶正也。

施貢分職，以任邦國。職謂職稅也。任猶事也。事以其力之所堪。

簡稽鄉民，以用邦國。簡謂比數之。稽猶計也。○鄉許亮反

均守平則，以安邦國。諸侯有土地者均之，尊者守大，卑者守小。則，法也。

比小事大，以和邦國。比猶親，使大國親小國，小國事大國，相合和也。易比象曰：先王以建萬國，親諸侯。○比毗志反

以九伐之灋正邦國。諸侯有違王命，則出兵以征伐之，所以正之也。諸侯之于國，如樹木之有根本，是以言伐云。

馮弱犯寡則眚之。馮猶乘陵也。言不字小而侵侮之。眚猶人眚瘦也。王霸記曰：四面削其地。○馮皮冰反

賊賢害民則伐之。春秋傳曰：粗者曰侵，精者曰伐。又曰：有鐘鼓曰伐。則伐者兵入其竟，鳴鐘鼓以往，所以聲其罪。○竟音境

暴內陵外則壇之。內謂其國，外謂諸侯。壇讀如同墠之墠。王霸記曰：置之空墠之地。鄭司農云：壇讀從憚之以威之憚，書亦或為墠。玄謂置之空墠，以出其君，更立其次賢者。○墠音善

野荒民散則削之。荒，蕪也。田不治，民不附，削其地，明其不能有。

負固不服則侵之。

負猶恃也固險可依以固者也不服不事大也侵之者兵加其竟而已用兵淺者詩曰密人不恭敢距大邦

賊殺其親則正之。

正之者執而治其罪王霸記曰正殺之也春秋僖二十八年冬晉人執衛侯歸之于京師坐殺其弟叔武

放弑其君則殘之。

放逐也殘殺也王霸記曰殘滅其爲惡

犯令陵政則杜之。

令猶命也王霸記曰犯令者違命也陵政者輕政灋不循也杜之者杜塞使不得與鄰國交通

外內亂鳥獸行則滅之。

王霸記曰悖人倫外內無以異于禽獸不可親百姓則誅滅去之也曲禮曰夫唯禽獸無禮故父子聚麀○行下孟反去起呂反夫音符麀于牛反

正月之吉始和布政于邦國都鄙乃縣政象之灋于象魏使萬民觀政象挾日而斂之

以正月朔日布王政于天下至正歲又縣政灋之書挾日十日也○縣音玄

乃以九畿之籍施邦國之政職方千里曰國畿其外方五百里曰侯畿又其外方五百里曰甸畿又其外方五百里曰男畿又其外方五百里曰采畿又其外方五百里曰衛畿又其外方五百里曰蠻畿又其外方五百里曰夷畿又其外方五百里曰鎮畿又其外方五百里曰蕃畿。

畿猶限也自王城以外五千里爲界有分限者九籍其禮差之書也政職所共王政之職謂賦稅也故書畿爲近鄭司農云近當言畿春秋傳曰天子一畿列國一同詩殷頌曰邦畿千里維民所止○分符問反共音恭凡供字皆作共後倣此

凡令賦以地與民制之上地食者參之二其民可用者家三人中地食者半其民可用者二家五人下地食者參之一其民可用者家二人。

賦給軍用者也令邦國之賦亦以地之美惡民之衆寡爲制如六遂矣鄭司農云上地謂肥美田也食者參之二假令一家有三頃歲種二頃休其一頃下地食者參之一田薄惡者所休多○令力呈反

中春教振旅司馬以旗致民平列陳如戰之陳。

以旗者立旗期民于其下也兵者守國之備孔子曰以不教民戰是謂棄之兵者凶事不可空設因蒐狩而習之凡師出曰治兵入曰振旅皆習戰也四時各教民以其一焉春習振旅兵入收衆專於農平猶正也○中音仲陳直覲反

辨鼓鐸鐲鐃之用王執路鼓諸侯執賁鼓軍將執晉鼓師帥執提旅帥執鼙卒長執鐃兩司馬執鐸公司馬執鐲。

鼓人職曰以路鼓鼓鬼享以賁鼓鼓軍事以晉鼓鼓金奏以金鐃止鼓以金鐸通鼓以金鐲節鼓鄭司農云辨鼓鐸鐲鐃之用謂鉦鐸之屬鐲讀如濁其源之濁鐃讀如讙嘵之嘵提讀如攝提之提謂馬上鼓有曲木提持鼓立馬髦上者故謂之提杜子春云公司馬謂五人爲伍伍之司馬也玄謂王不執賁鼓尚之於諸侯也伍長謂之公司馬者雖卑同其號○鐲直角反鐃女交反賁扶云反鼙薄兮反鉦音征讙火官反嘵女交反

以教坐作進退疾徐疏數之節

習戰法○數音朔

遂以蒐田，有司表貉，誓民，鼓，遂圍禁，火弊，獻禽以祭社。

春田爲蒐。有司，大司徒也，掌大田役治徒庶之政令。表貉，立表而貉祭也。誓民，誓以犯田灋之罰也。誓曰：無干車，無自後射。立旌遂圍禁，旌弊爭禽而不審者罰以假馬。禁者，虞衡守禽之厲禁也。既誓，令鼓而圍之，遂蒐田。火弊，火止也。春田主用火，因焚萊除陳草，皆殺而火止。獻，猶致也，屬也。田止，虞人植旌，衆皆獻其所獲禽焉。詩云：言私其豵，獻肩于公。春田主祭社者，土方施生也。鄭司農云：貉讀爲禡。禡謂師祭也。書亦或爲禡。○貉莫駕反。豵子工反。肩詩作豜，音同。施式豉反。禡莫駕反

中夏教茇舍，如振旅之陳。羣吏撰車徒，讀書契，辨號名之用。帥以門名，縣鄙各以其名，家以號名，鄉以州名，野以邑名，百官各象其事，以辨軍之夜事。其他皆如振旅。

茇讀如萊沛之沛。茇舍，草止之也。軍有草止之灋。撰，讀曰算。算車徒謂數擇之也。讀書契，以簿書校錄軍實之凡要。號名者，徽識所以相別也。鄉遂之屬謂之名，家之屬謂之號，百官之屬謂之事。在國以表朝位，在軍又象其制而爲之被之，以備𢦏事。帥謂軍將及師帥、旅帥至伍長也。以門名者，所被徽識如其在門所樹者也。凡此言以也、象也，皆謂其制同耳。軍將皆命卿，古者軍將蓋爲營治於國門，魯有東門襄仲，宋有桐門右師，皆上卿爲軍將者也。縣鄙謂縣正、鄙師至鄰長也。家謂食采地者之臣也。鄉以州名，亦謂州長至比長也。野謂公邑大夫。百官以其職從王者。此六者皆書其官與名氏焉。門則襄仲、右師明矣。鄉則南鄉甄、東鄉爲人是也。其他象此，云某某之名，某某之號，某某之事而已。未盡聞也。鄉遂大夫文錯不見，以其素信于民，不爲軍將，或爲諸帥，是以闕焉。夜事，戒夜守之事。草止者慎于夜，于是主別其部職。○茇蒲末反。撰息轉反。識音志。甄直僞反

遂以苗田，如蒐之灋，車弊，獻禽以享礿。

夏田爲苗，擇取不孕任者，若治苗去不秀實者云。車弊，驅獸之車止也。夏田主用車，示所取物希，皆殺而車止。王制曰：天子殺則下大綏，諸侯殺則下小綏，大夫殺則止佐車，佐車止，則百姓田獵。礿，宗廟之夏祭也。冬夏田主于祭宗廟者，陰陽始起，象神之在內。○礿餘若反

中秋教治兵，如振旅之陳。辨旗物之用：王載大常，諸侯載旂，軍吏載旗，師都載旜，鄉遂載物，郊野載旐，百官載旟，各書其事與其號焉。其他皆如振旅。

軍吏，諸軍帥也。師都，遂大夫也。鄉遂，鄉大夫也。或載旜，或載物，衆屬軍吏無所將也。郊，謂鄉遂之州長、縣正以下也。野，謂公邑大夫。載旐者，以其將羨卒也。百官，卿大夫也。載旟者，以其屬衛王也。凡旌旗，有軍旅者畫異物，無者帛而已。書當爲畫，事也，號也，皆畫以雲氣。○書音畫

遂以獮田，如蒐田之灋，羅弊，致禽以祀祊。

秋田爲獮。獮，殺也。羅弊，罔止也。秋田主用罔，中殺者多也。皆殺而罔止。祊當爲方，聲之誤也。秋田主祭四方，報成萬物。詩曰：以社以方。○獮息淺反。祊音方

中冬教大閱。

春辨鼓鐸，夏辨號名，秋辨旗物，至冬大閱，簡軍實。凡頒旗物以出軍之旗則如秋，以尊卑之常則如冬。司常左司馬時也。大閱備軍禮，而旌旗不如出軍之時，空辟實。○辟音避

前期，羣吏戒衆庶，脩戰灋。

羣吏，鄉師以下。

虞人萊所田之野爲表，百步則一，爲三表，又五十步爲一表。田之日，司馬建旗于後表之中，羣吏以旗物鼓鐸鐲鐃各帥其民而致。質明，弊旗，誅後至者，乃陳車徒，如戰之陳，皆坐。

鄭司農云虞人萊所田之野芟除其草萊令車得驅馳詩曰田卒汚萊玄謂萊芟除可陳之處後表之中五十步表之中央表所以識正行列也四表積二百五十步左右之廣當容三軍步數未聞致致之司馬質正也弊仆也皆坐當聽誓○芟所銜反令力呈反行戶剛反

羣吏聽誓于陳前斬牲以左右徇陳曰不用命者斬之。

羣吏諸軍帥也陳前南面鄉表也月令季秋天子教于田獵以習五戎司徒搢扑北面以誓之此大閱禮實正歲之中冬而說季秋之政於周爲中冬爲月令者失之矣斬牲者小子也凡誓之大略甘誓湯誓之屬是也○鄉許亮反搢劉如字又音箭

中軍以鼙令鼓鼓人皆三鼓司馬振鐸羣吏作旗車徒皆作鼓行。鳴鐲車徒皆行及表乃止三鼓摝鐸羣吏弊旗車徒皆坐

中軍中軍之將也天子六軍三三而居一偏羣吏既聽誓各復其部曲中軍之將令鼓鼓以作其士衆之氣也鼓人者中軍之

將師帥旅帥也司馬兩司馬也振鐸以作衆作起也既起鼓人擊鼓以行之伍長鳴鐲以節之伍長一曰公司馬及表自後表前至第二表也三鼓者鼓人也鄭司農云摝讀如弄玄謂如豩鹿之鹿掩上振之爲摝摝者止行息氣也司馬法曰鼓聲不過閶鼙聲不過闒鐸聲不過琅○摝音鹿李扶表反沈音濁

又三鼓振鐸作旗車徒皆作鼓進鳴鐲車驟徒趨及表乃止坐作如初。

趨者赴敵尚疾之漸也春秋傳曰先人有奪人之心及表自第二前至第三○先悉薦反

乃鼓車馳徒走及表乃止。

及表自第三前至前表

鼓戒三闋車三發徒三刺。

鼓戒戒攻敵鼓壹闋車壹轉徒壹刺三而止象服敵○闋苦穴反

乃鼓退鳴鐃且卻及表乃止坐作如初。

鐃所以止鼓軍退卒長鳴鐃以和衆鼓人爲止之也退自前表至後表鼓鐸則同習戰之禮出入一也異者廢鐲而鳴鐃○和胡臥反爲于僞反

遂以狩田以旌爲左右和之門羣吏各帥其車徒以叙和出左右陳車徒有司平之旗居卒閒以分地前後有屯百步有司巡其前後險野人爲主易野車爲主。

各田爲狩言守取之無所擇也軍門曰和今謂之壘門立兩旌以爲之叙和出用次第出和門也左右或出而左或出而右有司平之鄉師居門正其出入之行列也旗軍吏所載分地調其部曲疏數前後有屯百步車徒異羣相去之數也車徒畢出和

門鄉師又巡其行陳鄭司農云險野人爲主人居前易野車爲主車居前○易以豉反注同

既陳乃設驅逆之車有司表貉于陳前。

驅驅出禽獸使趨田者也逆逆要不得令走設此車者田僕也○要於遙反

中軍以鼙令鼓鼓人皆三鼓羣司馬振鐸車徒皆作遂鼓行徒銜枚而進大獸公之小禽私之獲者取左耳。

羣司馬謂兩司馬也枚如箸銜之有繣結項中軍法止語爲相疑惑也進行也鄭司農云大獸公之輸之於公小禽私之以自畀也詩云言私其豵獻豜于公一歲爲豵二歲爲豝三歲爲特四歲爲肩五歲爲慎此明其獻大者於公自取其小者玄謂慎讀爲麋爾雅曰豕生三曰豵豕牝曰豝麋牝曰麎獲得也得禽獸者取左耳當以計功○繣戶卦反又胡麥反豝音巴麎音辰豵本亦作豵子工反

及所弊。鼓皆驟。車徒皆譟。

鄭司農云、及所弊、至所弊之處、玄謂至所弊之處田所當於止也、天子諸侯蒐狩有常、至其常處、吏士鼓譟、象攻敵剋勝而喜也、疾雷擊鼓曰驟、譟、讙也、書曰、前師乃鼓𡁓譟、亦謂喜也、○驟本亦作驟胡楷反𡁓音符

徒乃弊。致禽饁獸于郊。入獻禽以享烝。

徒乃弊、徒止也、冬田主用衆物多故得取也、致禽饁獸于郊、聚所獲禽、因以祭四方神于郊、月令季秋天子既田命主祠祭禽四方是也、入又以禽祭宗廟、○饁于輒反

及師大合軍。以行禁令。以救無辜。伐有罪。

師所謂王巡守、若會同、司馬起師合軍以從、所以威天下行其政也、不言大者、未有敵、不尚武、○從才用反

若大師。則掌其戒令。涖大卜。帥執事涖釁主及軍器。

大師、王出征伐也、涖、臨也、臨大卜、卜出兵吉凶也、司馬法曰、上卜下謀、是謂參之、主、謂遷廟之主及社主在軍者也、軍器、鼓鐸之屬、凡師既受甲、迎主于廟及社主、祝奉以從、殺牲、以血塗主及軍器、皆神之、

及致。建大常。比軍衆。誅後至者。

比或作庀、鄭司農云、致、謂聚衆也、庀、具也、玄謂致鄉師致民於司馬、比、挍次之也、○比必履反

及戰。巡陳。眡事而賞罰。

事、謂戰功也、○眡音視

若師有功。則左執律。右秉鉞。以先愷樂。獻于社。

功勝也、律所以聽軍聲、鉞所以爲將威也、先猶道也、兵樂曰愷、獻于社、獻功于社也、司馬法曰、得意則愷樂愷歌、示喜也、鄭司農云、故城濮之戰、春秋傳曰、振旅愷以入于晉、○道音導

若師不功。則厭而奉主車。

鄭司農云、厭、謂厭冠、喪服也、軍敗則以喪禮、故秦伯之敗於殽也、春秋傳曰、秦伯素服郊次、鄉師而哭、玄謂厭、伏冠也、奉、猶送也、送主歸于廟與社、○厭于涉反、鄉許亮反

王弔勞士庶子。則相。

師敗、王親弔士庶子之死者、勞其傷者、則相王之禮、庶子、卿大夫之子從軍者、或謂之庶士、○勞力報反、相息亮反

大役。與慮事。屬其植。受其要。以待攷而賞誅。

大役、築城邑也、鄭司農云、國有大役、大司馬與謀慮其事也、植、謂部曲將吏、故宋城、春秋傳曰、華元爲植、巡功、屬、謂聚會之也、要者、簿書也、攷、謂考挍其功、玄謂慮事者、封人也、於有役、司馬與之、植、築城楨也、屬、賦丈尺與其用人數、○與慮音預、注與謀同、屬音燭、植直吏反、華化戶反、楨音貞

大會同。則帥士庶子而掌其政令。

帥師以從王、

若大射。則合諸侯之六耦。

大射、王將祭、射於射宮、以選賢也、王射三侯、以諸侯爲六耦、

大祭祀饗食。羞牲魚。授其祭。

牲魚、魚牲也、祭、謂尸賓所以祭也、鄭司農云、大司馬主祭魚牲、○食音嗣、後饗食皆放此

大喪。平士大夫。

鄭司農云、平、一其服也、玄謂平者、正其職與其位、

喪祭。奉詔馬牲。

王喪之以馬祭者，蓋遣奠也。奉，猶送也。送之至墓，告而藏之。

周禮卷二十九終

周禮卷三十

漢大司農北海鄭　玄註

皇明　後學東吳葛　鼒訂

司馬政官之職

小司馬之職掌。此下字脫滅，禮𤖸文闕，漢興求之不得，遂無識其數者。

凡小祭祀、會同、饗射、師田、喪紀，掌其事，如大司馬之灋。

軍司馬闕

輿司馬闕

行司馬闕

司勳掌六鄉賞地之灋，以等其功。賞地，賞田也，在遠郊之內，屬六鄉焉。等，猶差也，以功大小爲差。

王功曰勳，輔成王業，若周公。

國功曰功，保全國家，若伊尹。

民功曰庸，法施於民，若后稷。

事功曰勞。以勞定國若禹

治功曰力。制法成治若咎繇○咎音羔繇音遙

戰功曰多。克敵出奇若韓信陳平司馬法曰上多前虜

凡有功者。銘書于王之太常。祭于大烝。司勳詔之。銘之言名也生則書于王旌以識其人與其功也死則於烝先王祭之詔謂告其神以辭也盤庚告其卿大夫曰茲予大享于先王爾祖其從與享之是也今漢祭功臣於廟庭○識音志與音預

大功。司勳藏其貳。貳猶副也功書藏于天府又副於此者以其主賞

掌賞地之政令。政令謂役賦

凡賞無常。輕重眡功。無常者功之大小不可豫

凡頒賞地。參之一食。鄭司農云不以美田爲采邑玄謂賞地之稅參分計稅王食其一也二全入於臣

惟加田無國正。加田既賞之又加賜以田所以厚恩也鄭司農云正謂稅也祿田亦有給公家之賦貢若今時侯國有司農少府錢穀矣獨加賞之田無正耳○正音征少詩照反

馬質掌質馬。馬量三物。一曰戎馬。二曰田馬。三曰駑馬。皆有物賈。此三馬買以給官府之使無種也鄭司農曰皆有物賈皆有物色及賈直○賈音稼

綱惡馬。鄭司農云綱讀爲以亢其讎之亢書亦或爲亢亢御也禁也禁去惡馬不畜也玄謂綱以縻索維綱狎習之○去起呂反

凡受馬于有司者。書其齒毛與其賈。馬死。則旬之內更。旬之外入馬耳。以其物更。其外否。鄭司農云更謂償也玄謂旬之內死者償以齒毛與賈受之日淺養之惡也旬之外死入馬耳償以毛色不以齒賈任之過其任也其外否者旬之外踰二十日而死不任用非用者罪○更音庚

馬及行。則以任齊其行。識其所載輕重及道里齊其勞逸乃復用之

若有馬訟。則聽之。訟謂賣買之言相負

禁原蠶者。原再也天文辰爲馬蠶書蠶爲龍精月直大火則浴其種是蠶與馬同氣物莫能兩大禁再蠶者爲傷馬與○爲傷于僞反

量人掌建國之灋。以分國爲九州。營國城郭。營后宮。量市朝道巷門渠。造都邑亦如之。

建立也立國有舊法式若匠人職云分國定天下之國分也后君也言君容王與諸侯○朝直遙反國分扶問反

營軍之壘舍量其市朝州涂軍社之所里。

軍壁曰壘鄭司農云量其市朝州涂還市朝而爲道也玄謂州一州之衆二千五百人爲師每師一處市也朝也州也皆有道以相之軍社社主在軍者里居也○涂本又作塗

邦國之地與天下之涂數皆書而藏之。

書地謂方圜山川之廣狹書涂謂支湊之遠近

凡祭祀饗賓制其從獻脯燔之數量

鄭司農云從獻者肉殽從酒也玄謂燔從于獻酒之肉炙也數多少也量長短也○炙章夜反

掌喪祭奠竁之俎實。

竁亦有俎實謂所包遣奠士喪禮下篇曰藏苞筲於旁○竁昌絹反筲所交反

凡宰祭與鬱人受斝歷而皆飲之

言宰祭者冢宰佐王祭亦容攝祭鄭司農云斝讀如嫁娶之嫁斝器名明堂位曰爵夏后氏以琖殷以斝周以爵玄謂斝讀如嘏尸之嘏宰冢宰○斝古雅反琖側産反嘏古雅反

小子掌祭祀羞羊肆羊殽肉豆。

鄭司農云羞進也羊肆體薦全烝也羊殽體解節折也肉豆者切肉也玄謂肆讀爲鬄羊鬄者所謂豚解也○鬄他歷反一音餘四反

而掌珥于社稷祈于五祀。

故書祈作禨鄭司農云禨讀爲祈書亦或爲祈珥社稷以牲頭祭也玄謂珥讀爲衈祈或爲刉刉衈者釁禮之事也用毛牲曰刉羽牲曰衈衈刉社稷五祀謂始成其宮兆時也春官肆師職祈或作畿秋官士師職曰凡刉衈則奉犬牲此刉衈正字與○禨音祈刉音機衈而志反祈音機

凡沈辜侯禳飾其牲。

鄭司農云沈謂祭川爾雅曰祭川曰浮沈辜謂磔牲以祭也月令曰九門磔禳以畢春氣侯禳者候四時惡氣禳去之也○禳如羊反磔陟格反

釁邦器及軍器。

邦器謂禮樂之器及祭器之屬雜記曰凡宗廟之器其名者成則釁之以豭豚○豭音家

凡師田斬牲以左右徇陳。

示犯誓必殺之

祭祀贊羞受徹焉。

羊人掌羊牲凡祭祀飾羔。

羔小羊也詩曰四之日其蚤獻羔祭韭

祭祀割羊牲登其首。

登升也升首報陽也升首于室

凡祈珥共其羊牲。

共猶給也

賓客共其灋羊。

灋羊饔餼積膳之羊○餼本又作食饗音食

凡沈辜侯禳釁積。共其羊牲。積故書爲眦鄭司農云眦讀爲漬謂釁國寶漬軍器也玄謂積積柴禋祀楢燎實柴○眦徐賜反與漬同楢羊久反

若牧人無牲。則受布于司馬。使其賈買牲而共之。布泉○賈音古

司爟掌行火之政令。四時變國火。以救時疾。行猶用也變猶易也鄭司農說以鄹子曰春取榆柳之火夏取棗杏之火季夏取桑柘之火秋取柞楢之火冬取槐檀之火○楢羊久反

季春出火。民咸從之。季秋內火。民亦如之。火所以用陶冶民隨國而爲之鄭人鑄刑書火星未出而出火後有災鄭司農云以三月本時昏心星見于辰上使民出火九月本黃昏心星伏在戌上使民內火故春秋傳曰以出內火○見賢遍反

時則施火令。焚萊之時

凡祭祀則祭爟。報其爲明之功禮如祭爨

凡國失火。野焚萊。則有刑罰焉。野焚萊民擅放火

掌固掌脩城郭溝池樹渠之固。頒其士庶子及其衆庶之守。樹謂枳棘之屬有刺者也衆庶民遞守固者也鄭司農說樹以國語曰城守之木於是乎用之○枳居氏反遞待禮反

設其飾器。兵甲之屬今城郭門之器亦然

分其財用。均其稍食。財用國以財所給守吏之用也稍食祿廩

任其萬民。用其材器。任謂以其任使之也民之材器其所用塹築及爲藩落○塹七豔反

凡守者受灋焉。以通守政。有移甲與其役財用。唯是得通與國有司帥之。以贊其不足者。凡守者士庶子及他要害之守吏通守政者兵甲役財難易多少轉移相給也其他非是不得妄離部署國有司掌固也其移之者又與掌固帥致之贊佐也○凡守收又反下有守者同易以豉反離力智反

晝三巡之。夜亦如之。巡行也行守者爲衆庶之解惰○行下孟反下皆同爲于僞反解佳賣反

夜三鼜以號戒。杜子春云讀鼜爲造次之造謂擊鼓行夜戒守也春秋傳所謂賓將趨者與趨與造音相近故曰終夕與燎玄謂鼜擊鼜警守鼓也三巡之間又三擊鼜○鼜音戚造七報反趨莊久反與燎音預

若造都邑。則治其固與其守灋。都邑亦爲城郭

凡國都之竟有溝樹之固。郊亦如之。

竟界也。○竟音境。

民皆有職焉。職謂守與任。

若有山川，則因之。山川若殽、阜河漢。

司險掌九州之圖，以周知其山林川澤之阻，而達其道路。周猶徧也。達道路者，山林之阻則開鑿之，川澤之阻則橋梁之。

設國之五溝五涂，而樹之林以爲阻固，皆有守禁，而達其道路。五溝，遂溝洫澮川也。五涂，徑畛涂道路也。樹之林，作藩落也。○洫況域反，澮古外反。

國有故，則藩塞阻路而止行者，以其屬守之，唯有節者達之。有故，喪災及兵也。閉絕要害之道，備姦寇也。

掌疆　闕

候人各掌其方之道治，與其禁令，以設候人。道治，治道也。國語曰：候不在竟。譏不居其方也。禁令，備姦寇也。以設候人者，選士卒以爲之。詩云：彼候人兮，何戈與祋。○何胡我反，祋都外反。

若有方治，則帥而致于朝，及歸，送之于竟。方治，其方來治國事者也。春秋傳曰：晉欒盈過周，王使候人出諸轘轅。是其送之。○朝直遙反，轘戶關反。

環人掌致師。致師者，致其必戰之志。古者將戰，先使勇力之士犯敵焉。春秋傳曰：楚許伯御樂伯，攝叔爲右，以致晉師。許伯曰：吾聞致師者，御靡旌摩壘而還。樂伯曰：吾聞致師者，左射以菆，代御執轡，御下㨉馬，掉鞅而還。攝叔曰：吾聞致師者，右入壘，折馘執俘而還。皆行其所聞而復之。○菆側留反，㨉音兩，馘古獲反，俘音孚。

察軍慝。慝，陰姦也。視軍中有爲慝者則執之。

環四方之故。卻其以事謀來侵伐者，所謂折衝禦侮。

巡邦國，搏諜賊。諜賊，反間爲國賊。○間間廁之間。

訟敵國。敵國兵來則往之，與訟曲直，若齊國佐如師。

揚軍旅。爲之威武以觀敵。詩云：維師尚父，時維鷹揚。

降圍邑。圍邑欲降者，受而降之。春秋傳曰：齊人降鄣。○降戶江反，鄣音章。

挈壺氏掌挈壺以令軍井，挈轡以令舍，挈畚以令糧。鄭司農云：挈壺以令軍井，謂爲軍穿井，井成，挈壺縣其上，令軍中士衆皆望見，知此下有井。壺所以盛飲，故以壺表井。挈轡以令舍，亦縣轡于所當舍止之處，使軍望見，知當舍止于此。轡所以駕舍，故以轡表舍。挈畚以令糧，亦縣畚于所當稟假之處，令軍壘見知當禀假于此下也。畚所以盛糧之器，故以畚表禀軍中人多，車騎雜會，讙囂號令不能相聞，故各以其物爲表，省煩趨疾于事便也。○畚音本。爲于僞反，下爲沃同。縣音玄，下皆同。令力呈反。盛音成，下同。禀彼錦反

凡軍事縣壺以序聚㯃，凡喪縣壺以代哭者，皆以水火守之，分以日夜。

鄭司農云：縣壺以爲漏，以序聚㯃，以次更聚擊㯃備守也。玄謂擊㯃，兩木相敲，行夜時也。代亦更也。禮未大斂代哭，以水守壺者，爲沃漏也。以火守壺者，夜則火視刻數也。分以日夜者，異晝夜漏也。漏之箭晝夜共百刻，冬夏之間有長短焉。大史立成法有四十八箭。○㯃音託。更音庚。行下孟反。共如字

及冬，則以火爨鼎水而沸之，而沃之。

鄭司農云：冬水凍，漏不下，故以火炊水沸以沃之，謂沃漏也。○爨七亂反

射人掌國之三公、孤、卿、大夫之位。三公北面，孤東面，卿、大夫西面。其摯，三公執璧，孤執皮帛，卿執羔，大夫鴈。

位，將射始入見君之位。不言士者，此與諸侯之賓射，士不與也。燕禮曰：公升即位于席，西鄉。小臣納卿大夫，卿大夫皆入門右，北面東上。士位于西方，東面北上。大射亦云，則凡朝燕及射，臣見于君之禮同。○見賢遍反。不與音預。鄉許亮反。朝直遙反

諸侯在朝，則皆北面，詔相其灋。

謂諸侯來朝而未歸，王與之射于朝者，皆北面從三公位。灋，其禮儀。○相息亮反

若有國事，則掌其戒令，詔相其事，

謂下有祭祀之事，諸侯當助其薦獻者也。戒令，告以齊與期。○齊側皆反

掌其治達。

謂諸侯因與王射及助祭而有所治，受而達之于王。王有命，又受而下之。

以射灋治射儀。王以六耦射三侯，三獲三容，樂以騶虞，九節五正。諸侯以四耦射二侯，二獲二容，樂以貍首，七節三正。孤卿大夫以三耦射一侯，一獲一容，樂以采蘋，五節二正。士以三耦射豻侯，一獲一容，樂以采蘩，五節二正。

射法，王射之禮。治射儀，謂肄之也。鄭司農云：三侯，虎熊豹也。容者，乏也，待獲者所蔽也。九節，析羽九重，設于長杠也。正，所射也。詩云：終日射侯，不出正兮。二侯，熊豹也。豻侯，豻者獸名也。獸有貙豻能虎。玄謂三侯者，五正、三正、二正之侯也。二侯者，三正、二正之侯也。一侯者，二正而已。此皆與賓射於朝之禮也。考工梓人職曰：張五采之侯，則遠國屬。遠國謂諸侯來朝者也。五采之侯，即五正之侯也。正之言正也，射者內志正，則能中焉。畫五正之侯，中朱，次白，次蒼，次黃，玄居外。三正損玄黃，二正去白蒼，而

畫以朱綠。其外之廣，皆居侯中參分之一，中二尺。今儒家云：四尺曰正，二尺曰鵠，鵠乃用皮，其大如正。此說失之矣。大射禮：豻作干。讀如宜豻宜獄之豻。豻，胡犬也。士與士射，則以豻皮飾侯，下大夫也。大夫以上與賓射，飾侯以雲氣，用采各如其正。九節、七節、五節者，奏樂以爲射節之差。言節者，容侯道之數也。樂記曰：明乎其節之志，不失其事，則功成而德行立。○正音征，下及注同。豻五旦反，劉音犴。重直龍反。杠音江。貙勑朱反。言正音政，下志正、大射正同。能中丁仲反。去，起呂反。行下孟反

若王大射，則貍步張三侯。

鄭司農云：貍步，謂一舉足爲一步，於今爲半步。玄謂貍，善搏者也，行則止而擬度焉，其發必獲，是以量侯道法之也。侯道者，各以弓爲度。九節者九十弓，七節者七十弓，五節者五十弓。弓之下制長六尺。大射禮曰：大侯九十，參七十，干五十，是也。三侯者，司裘所共虎侯、熊侯、豹侯也。列國之君大射亦張三侯，數與天子同。大侯，熊侯也。參讀爲糝，糝，雜也。雜者，豹鵠而麋飾，下天子大夫。○度待洛反。參七南反。糝素感反。干與豻同，五旦反

王射、則令去侯立于後、以矢行告、卒令取矢。

鄭司農云、射人主令人去侯所而立于後也。以矢行告、射人主以矢行高下左右告于王也。大射禮曰、大射正立于公後、以矢行告于公。下曰留、上曰揚、左右曰方。杜子春讀以矢行告、告白射事于王、王則軓矢也。杜子春說不與禮經合、疑非是也。令卒取矢、謂射卒、射人令當取矢者使取矢也。玄謂令去侯者、命負侯者去侯也。鄉射曰、司馬命獲者執旌以負侯。

祭侯、則爲位。

祭侯、獻服不以祭侯。爲位、爲服不受獻之位也。大射曰、服不侯西北三步、北面拜受爵。

與大史數射中。

射中、數射者中侯之算也。大射曰、司射適階西、釋弓去扑、襲進由中、東立于中南、北面視算。

佐司馬治射正。

射正、射之法儀也。

祭祀、則贊射牲、相孤卿大夫之灋儀。

烝嘗之禮有射豕者。國語曰、禘郊之事、天子必自射其牲。今立秋有貙劉云。○貙、力朱反

會同朝覲、作大夫介。凡有爵者、

作讀如作止爵之作。諸侯來至、王使公卿有事焉、則作大夫使之介也。有爵者、命士以上、不使賤者。

大師、令有爵者乘王之倅車。

倅車、戎車之副。○倅、七內反

有大賓客、則作卿大夫從。

作者、選使從王見諸侯。○從、才用反

戒大史及大夫介。

戒、戒其當行者。覲禮曰、諸公奉篋服、加命書于其上、升自西階東面、大史氏右。

大喪、與僕人遷尸。作卿大夫掌事、比其廬、不敬者苛罰之。

僕人、大僕也。僕人與射人俱掌王之朝位也。王崩、小斂大斂、遷尸于室堂、朝之象也。檀弓曰、扶君、卜人師扶右、射人扶左。君薨以是舉。苛謂詰問之。○比、毗志反。苛、呼何反。朝、直遙反

服不氏、掌養猛獸而敎擾之。

猛獸、虎豹熊羆之屬。擾、馴也。敎習使之馴服、王者之敎無不服。

凡祭祀、共猛獸。

謂中膳羞者、獸人冬獻狼、春秋傳曰、熊蹯不熟。○蹯、音煩

賓客之事、則抗皮。

鄭司農云、謂賓客來朝聘、布皮帛者、服不氏主舉藏之。抗讀爲亢、其讎之亢。玄謂抗者、若聘禮曰有司二人舉皮以東。

射、則贊張侯、以旌居乏而待獲。

贊、佐也。大射禮曰、命量人巾車張三侯。杜子春云、待當爲持、書亦或爲持。乏讀爲匱乏之乏。持獲者所蔽。玄謂待獲、待射者中、舉旌以獲。○中、丁仲反

射鳥氏、掌射鳥。

鳥謂中膳羞者、鳧鴈鴇鶂之屬。○射、食亦反。鳧音扶。鴇音保。鶂、于苗反

祭祀、以弓矢敺烏鳶。凡賓客、會同、軍旅、亦如之。

烏鳶善鈔盜便汙人。○敺、起俱反。鈔、初敎反

射則取矢。矢在侯高。則以并夾取之。
鄭司農云、主射、射鳥氏主取其矢、矢在侯高者、矢著侯高人手不能及、則以并夾取之、并夾鍼箭具、夾讀爲甲、故司弓矢職曰、大射燕射共弓矢并夾、○著直略反鍼其炎反

羅氏掌羅烏鳥。
烏謂卑居鵲之屬、○卑音匹

蜡則作羅襦。
作、猶用也、鄭司農云、蜡謂十二月大祭萬物也、郊特牲曰天子大蜡八、蜡、謂歲十二月、合聚萬物而索饗之、襦、細密之羅、襦讀爲繻有衣袽之繻、玄謂、蜡建亥之月、此時火伏蟄者畢矣、豺既祭獸、可以羅網圍取禽也、王制曰、豺祭獸然後田、又曰、昆蟲已蟄、可以火田、今俗放火張羅、其遺教、○襦注繻同袽女居反

中春羅春鳥。獻鳩以養國老。行羽物。
春鳥蟄而始出者、若今南郡黃雀之屬、是時鷹化爲鳩、鳩與春鳥變舊爲新、宜以養老助生氣、行、謂賦賜、○中音仲

掌畜掌養鳥。而阜蕃教擾之。
阜猶盛也、蕃蕃息也、鳥之可養使盛大蕃息者、謂鵞鶩之屬、○鶩音木

祭祀共卵鳥。
其卵可薦之鳥、

歲時貢鳥物。
鳧鴈之屬、以四時來、

共膳獻之鳥。
雉及鶉鴽之屬、○鶉音純鴽音如

周禮卷三十終

周禮卷三十一

漢大司農北海鄭　玄註
皇明　後學東吳金　蟠訂

夏官司馬下

司士掌羣臣之版以治其政令歲登下其損益之數辨其年歲與其貴賤周知邦國都家縣鄙之數卿大夫士庶子之數。

損益謂用功過黜陟者縣鄙鄉遂之屬故書版爲班鄭司農云班書或爲版版名籍

以詔王治。

告王所當進退

以德詔爵以功詔祿以能詔事以久奠食。

德謂賢者食稍食也賢者既爵乃祿之能者事成乃食之王制曰司馬辨論官材論進士之賢者以告于王而定其論論定然後官之任官然後爵之位定然後祿之○奠音定乃食音嗣

惟賜無常。

賜多少由王不如祿食有常品

正朝儀之位辨其貴賤之等王南鄉三公北面東上孤東面北上卿大夫西面北上王族故士虎士在路門之右南面東上大僕大右大僕從者在路門之左南面西上

此王日視朝事於路門外之位王族故士故爲士晚退留宿衛者未嘗仕雖同族不得在王宮大右司右也大僕從者小臣祭

僕御僕隸僕○朝直遥反鄉許亮反大音泰下倣此

司士擯。

詔王出揖公卿大夫以下朝者

孤卿特揖大夫以其等旅揖士旁三揖王還揖門左揖門右

特揖一一揖之旅衆也大夫爵同者衆揖之公及孤卿大夫始入門右皆北面東上王揖之乃就位羣士及故士大僕之屬發在其位羣士位東面王西南鄉而揖之三揖者士有上中下王揖之皆逡遁既復位鄭司農云卿大夫士皆君之所揖禮春秋傳所謂三揖在下○逡音巡

大僕前。

前正王視朝之位

王入內朝皆退。

王入入路門也王入路門內朝朝者皆退反其官府治處也王之外朝則朝士掌焉玉藻曰朝服以日視朝於內朝朝辨色始入君日出而視之退適路寢聽政使人視大夫大夫退然後適小寢謂諸侯也王日視朝皮弁服其禮則同

掌國中之士治凡其戒令。

國中城中

掌擯士者膳其摯。

擯士告見初爲士者於王也鄭司農云膳其摯者王食其所執羔鴈之摯玄謂膳者入於王之膳人○見賢遍反食音嗣

凡祭祀掌士之戒令詔相其灋事及賜爵呼昭穆而進之

賜爵神惠及下也此所賜王之子姓兄弟祭統曰凡賜爵昭爲一穆爲一昭與昭齒穆與穆齒凡羣有司皆以齒此之謂長幼

有序○相息亮反長丁丈反

帥其屬而割牲羞俎豆。

割牲制體也羞進也

凡會同作士從賓客亦如之。

作士從謂可使從於王者○從才用反

作士適四方使爲介。

士使謂自以王命使也介大夫之介也春秋傳曰天王使石尚來歸脤○脤上軫反

大喪作士掌事。

事謂奠斂之屬

作六軍之士執披。

作謂使之也披柩車行所以披持棺者有紐以結之謂之戴鄭司農云披者扶持棺險者也天子旁十二諸侯旁八大夫六士四玄謂結披必當棺束於束繫紐天子諸侯載柩三束大夫士二束喪大記曰君纁披六大夫披四前纁後玄士二披用纁人君禮文欲其數多圍數兩旁言六耳其實旁三○披方寄反

凡士之有守者令哭無去守。

守官不可空也○守守又反下皆同

國有故則致士而頒其守。

故非喪則兵災

凡邦國三歲則稽士任而進退其爵祿。

任其所掌治

諸子掌國子之倅掌其戒令與其教治辨其等正其位。

故書倅爲卒鄭司農云卒讀如物有副倅之倅國子謂諸侯卿大夫士之子也燕義曰古者周天子之官有庶子官與周官諸子職同文玄謂四民之業而士者亦世焉國子者是公卿大夫士之副貳戒令致於大子之事教治脩德學道也位朝位○倅七內反大子音泰

國有大事則帥國子而致於大子惟所用之若有兵甲之事則授之車甲合其卒伍置其有司以軍法治之司馬弗正。

軍灋百人爲卒五人爲伍弗不也國子屬大子司馬雖有軍事不賦之○正音征下國正同

凡國正弗及。

大祭祀正六牲之體。

正謂禮載之

凡樂事正舞位授舞器。

位佾處

大喪正羣子之服位會同賓客作羣子從。

從于王

凡國之政事國子存遊倅使之脩德學道春合諸學秋合諸射以攷其藝而進退之。

遊倅倅之未仕者學大學也射射宮也王制曰春秋教以禮樂冬夏教以詩書王大子王子羣后之大子卿大夫元士之適子

國之俊選皆造焉。○適丁歷反

司右掌羣右之政令。羣右，戎右、齊右、道右。○齊側皆反

凡軍旅會同，合其車之卒伍，而比其乘，屬其右。合、比、屬，謂次第相安習也。車亦有卒伍。○比毗志反，乘繩證反，屬音燭

凡國之勇力之士能用五兵者屬焉，掌其政令。勇力之士屬焉者，選右當於中。司馬法曰：弓矢圍，殳矛守，戈戟助。凡五兵長以衛短，短以救長。○殳音殊

虎賁氏掌先後王而趨以卒伍。王出將虎賁士居前後，雖羣行亦有局分。○賁音奔，先悉薦反，後戶豆反，將子匠反，分扶問反

軍旅會同亦如之。舍則守王閑。舍，王出所止宿處。閑，梐枑。○梐薄禮反，枑戶故反

王在國則守王宮。為周衛。

國有大故則守王門，大喪亦如之。非常之難，要在門。○難乃旦反

及葬，從遣車而哭。遣車，王之魂魄所馮依。○從才用反，馮皮冰反

適四方使，則從士大夫。

虎士從使者。

若道路不通有徵事，則奉書以使于四方。不通，逢兵寇若泥水。奉書，徵師役也。春秋隱公七年冬，戎伐凡伯于楚丘以歸。

旅賁氏掌執戈盾，夾王車而趨，左八人，右八人，車止則持輪。夾王車者，其下士也。下士十有六人，中士為之帥焉。○盾常準反

凡祭祀、會同、賓客，則服而趨。服而趨，夾王車趨也。會同、賓客，王亦齊服，服袞冕，則此士之齊服服玄端。

喪紀則衰葛執戈盾。葛，葛絰，武士尚輕。○衰七雷反

軍旅則介而趨。介，被甲。

節服氏掌祭祀朝覲，袞冕六人，維王之太常。服袞冕者，從王服也。維，維之以縷。王旌十二旒，兩兩以縷綴連，旁三人持之。禮，天子旌曳地。鄭司農云：維，持之。

諸侯則四人，其服亦如之。郊祀裘冕二人，執戈送逆尸從車。裘冕者，亦從尸服也。裘，大裘也。凡尸服卒者之上服。從車，送逆之往來。春秋傳曰：晉祀夏郊，董伯為尸。

方相氏掌蒙熊皮，黃金四目，玄衣朱裳，執戈揚盾，帥百隸而時難，以索室毆疫。蒙，冒也。冒熊皮者，以驚毆疫癘之鬼，如今魌頭也。時難，四時作方相氏以難卻凶惡也。月令季冬命國難，索，廋也。○難乃多反

註同毆起俱反魌音欺

大喪先匶。葬使之道。○先匶悉薦反下音柩道音導

及墓入壙以戈擊四隅毆方良。壙穿地中也方良罔兩也天子之椁柏黃腸爲裏而表以石焉國語曰木石之怪夔罔兩○壙苦晃反方良上音罔下音兩注同夔求龜反

大僕掌正王之服位出入王之大命。服王舉動所當衣也位立處也出大命王之教也入大命羣臣所奏行

掌諸侯之復逆。鄭司農云復謂奏事也逆謂受下奏

王眂朝則前正位而退入亦如之。前正位而退道王王旣立退居路門左待朝畢

建路鼓于大寢之門外而掌其政。大寢路寢也其門外則內朝之中如今宮殿端門下矣政鼓節與早晏

以待達窮者與遽令聞鼓聲則速逆御僕與御庶子。鄭司農云窮謂窮冤失職則來擊此鼓以達於王若今時上變事擊鼓矣遽傳也若今時驛馬軍書當急聞者亦擊此鼓令聞此鼓聲則速逆御僕與御庶子也大僕主令此二官使速逆窮遽者玄謂窮達者謂司寇之屬朝士掌以肺石達窮民聽其辭以告于王遽令郵驛上下程品御僕御庶子直事鼓所者大僕聞鼓聲則速逆此二官當受其事以聞○傳張戀反令力呈反

郵音尤

祭祀賓客喪紀正王之服位詔灋儀贊王牲事。詔告也牲事殺割匕載之屬

王出入則自左馭而前驅。前驅如今道引也道而居左自馭不參乘辟王也亦有車右焉○乘繩證反辟音避

凡軍旅田役贊王鼓。王通鼓佐擊其餘面

救日月亦如之。日月食時春秋傳曰非日月之眚不鼓

大喪始崩戒鼓傳達于四方窆亦如之。戒鼓擊鼓以警衆也故書戒爲駭鄭司農云窆謂葬下棺也春秋傳所謂日中而塴禮記謂之封皆葬下棺也音相似窆讀如慶封氾祭之氾○窆彼驗反註之封音同劉皆遖鄧反塴補鄧反氾芳劍反

縣喪首服之灋于宮門。首服之灋謂免髽笄總廣狹長短之數縣其書于宮門示四方○縣音玄免音問髽莊瓜反

掌三公孤卿之弔勞。王使往○勞力報反

王燕飲則相其灋。相左右○相息亮反

王射則贊弓矢。贊謂授之受之

王眡燕朝則正位掌擯相。燕朝朝于路寢之庭王圖宗人之嘉事則燕朝

王不眡朝則辭于三公及孤卿辭謂以王不視朝之意告之春秋傳曰公有疾不視朔

小臣掌王之小命詔相王之小灋儀。小命時事所勑問也小灋儀趨行拱揖之容

掌三公及孤卿之復逆正王之燕服位

謂燕若時也玉藻曰王卒食玄端而居

王之燕出入則前驅。燕出入若今游于諸觀苑○觀古喚反

大祭祀朝覲沃王盥。

小祭祀賓客饗食賓射掌事如大僕之灋。賓射與諸侯來朝者射○盥音管

掌士大夫之弔勞。

凡大事佐大僕。

祭僕掌受命于王以眡祭祀而警戒祭祀有司糾百官之戒具。謂王有故不親祭也祭祀有司有事於祭祀者糾謂按錄所當共之牲物

旣祭帥羣有司而反命以王命勞之誅其不敬者。大喪復于小廟小廟高祖以下也始祖曰太廟春秋僖八年秋七月禘於太廟

凡祭祀王之所不與則賜之禽都家亦如之。鄭司農云王之所不與謂非郊廟尊祭祀則王不與也則賜之禽公卿自祭其先祖則賜之禽也玄謂王所不與同姓有先王之廟○與音預注同

凡祭祀致福者展而受之。臣有祭事必致祭肉於君所謂歸胙也展謂錄視其牲體數體數者大牢則以牛左肩臂臑折九个少牢則以羊左肩七个特牲則以豕左肩五个○胙存故反臑奴報反折之舌反个古賀反

御僕掌羣吏之逆及庶民之復與其弔勞。羣吏府史以下

大祭祀相盥而登。相盥者謂奉槃授巾與登謂爲王登牲體於俎特牲饋食禮主人降盥出舉入乃匕載○奉芳勇反爲于僞反

大喪持翣。翣棺飾也持之者夾蜃車○翣所甲反

掌王之燕令。燕居時之令

以序守路鼓。

帍，更。○更音庚。

隸僕掌五寢之埽除糞洒之事。五寢，五廟之寢也。周天子七廟，惟祧無寢。詩云，寢廟繹繹，相連貌也。前曰廟，後曰寢。汜埽曰埽，埽席前曰拚。洒，灑也。鄭司農云，洒當爲灑。玄謂論語曰，子夏之門人當洒埽應對。○埽素報反，糞方問反，洒所賣反，祧勑彫反，拚方問反，灑所買反

祭祀脩寢。於廟祭，寢或有事焉。月令凡新物先薦寢廟。

王行洗乘石。鄭司農云，乘石，王所登上車之石也。詩云，有扁斯石，履之卑兮。謂上車所登之石。○乘如字，上時掌反，下同，扁邊典反

掌蹕宮中之事。宮中在事則蹕。鄭司農云，蹕，謂止行者，淸道，若今時儆蹕。

大喪復於小寢大寢。小寢，高祖以下廟之寢也。始祖曰大寢。

周禮卷三十一終

周禮卷三十二

漢大司農北海鄭　玄註

皇明　後學東吳葛　鼒訂

司馬政官之職

弁師掌王之五冕，皆玄冕朱裏延紐。冕服有六，而言五冕者，大裘之冕蓋無旒，不聯數也。延，冕之覆在上，是以名焉。紐，小鼻，在武上，笄所貫也。今時冠卷當簪者，廣袤以冠縰，其舊象與。○數所主反，卷起全反，袤音茂，縰所買反

五采繅十有二就，皆五采玉十有二，玉笄朱紘。繅，雜文之名也。合五采絲爲之繩，垂於延之前後，各十二，所謂邃延也。就，成也。繩之每一帀而貫五采玉，十二斿則十二玉也。每就間蓋一寸。朱紘，以朱組爲紘也。紘一條，屬兩端於武。繅不言皆，有不皆者，此爲袞衣之冕。十二斿則用玉二百八十八。鷩衣之冕繅九斿，用玉二百一十六。毳衣之冕七斿，用玉百六十八。希衣之冕五斿，用玉百二十。玄衣之冕三斿，用玉七十二。○繅音早，邃息遂反，斿音留，下同，屬音燭，鷩必滅反，希張里反

諸侯之繅斿九就，瑉玉三采，其餘如王之事。繅斿皆就，玉瑱玉笄。侯當爲公字之誤也。三采，朱白蒼也。其餘，謂延紐皆玄覆朱裏，與王同也。出此則異。繅斿皆就，皆三采也。每繅九成，則九旒也。公之冕用玉百六十二。玉瑱，塞耳者。故書瑉作玩。鄭司農云，繅當爲藻。繅，古字也，藻，今字也，同物同音。玩，惡玉名。○侯依注音公，瑉本又作珉，貧反，瑱吐練反

王之皮弁，會五采玉璂，象邸玉笄。故書會作膾。鄭司農云，讀如馬會之會，謂以五采束髮也。士喪禮曰，檜用組，乃笄。檜讀與膾同，書之異耳。說曰，以組束髮乃著

笄謂之檜沛國人謂反紒爲膾璂讀如綦車轂之綦玄謂會讀如大會之會會縫中也璂讀如薄借綦之綦綦結也皮弁之縫中每貫結五采玉十二以爲飾謂之綦詩云會弁如星又曰其弁伊綦是也邸下柢也以象骨爲之○會劉古外反注同并膾檜二字亦同璂亦其著張略反紒音計柢丁禮反劉音帝

王之弁經弁而加環經。

弁經王弔所服也其弁如爵弁而素所謂素冠也而加環經環經者大如緦之麻經纏而不糾司服職曰凡弔事弁經服

諸侯及孤卿大夫之冕韋弁皮弁弁經各以其等爲之而掌其禁令。

各以其等繅斿玉璂如其命數也冕則侯伯繅七就用玉九十八子男繅五就用玉五十繅玉皆三采孤繅四就用玉三十二三命之卿繅三就用玉十八再命之大夫藻再就用玉八藻玉皆朱綠韋弁皮弁則侯伯璂飾七子男璂飾五玉亦三采孤則璂飾四三命之卿璂飾三再命之大夫璂飾二玉亦二采弁經之弁其辟積如冕繅之就然庶人弔者素委貌一命之大夫冕而無旒士變冕爲爵弁其韋弁皮弁之會無結飾弁經之弁不辟積禁令者不得相僭踰也玉藻曰君未有命不敢即乘服不言冠弁冠弁兼於韋弁皮弁矣不言服弁服弁自天子以下無飾無等○辟積必亦反

司甲闕

司兵掌五兵五盾各辨其物與其等以待軍事。

五盾干櫓之屬其名未盡聞也等謂功沽上下鄭司農云五兵者戈殳戟酋矛夷矛○櫓音魯

及授兵從司馬之灋以頒之及其受兵輸亦如之及其用兵亦如之。

從司馬之法令師旅卒兩人數所用多少也兵輸謂師還有司還兵也用兵謂出給衛守○卒子忽反

祭祀授舞者兵。

授以朱干玉戚之屬

大喪廞五兵。

故書廞爲淫鄭司農云淫陳也淫讀爲廞玄謂廞興也興作明器之役器五兵也士喪禮下篇有甲冑干笮○廞虛金反興虛應反下同笮字又作筰側白反

軍事建車之五兵會同亦如之。

車之五兵鄭司農所云者是也步卒之五兵則無夷矛而有弓矢

司戈盾掌戈盾之物而頒之

分與授用

祭祀授旅賁殳故士戈盾授舞者兵亦如之。

亦頒之也故士王族故士也與旅賁當事則衛王也殳如杖長尋有四尺

軍旅會同授貳車戈盾建乘車之戈盾授旅賁及虎士戈盾。

乘車王所乘車也軍旅則革路會同則金路○乘繩證反後乘馬陪乘參乘皆準此注倣字

及舍設藩盾行則斂之。

舍止也藩盾盾可以衛者如今之扶蘇與

司弓矢掌六弓四弩八矢之灋辨其名物而掌其守藏與其出入。

法曲直長短之數

中春獻弓弩中秋獻矢箙。

弓弩成於和，矢箙成於堅。箙，盛矢器也，以獸皮爲之。○中音仲，箙音服，盛音成

及其頒之，王弓、弧弓以授射甲革、椹質者，夾弓、庾弓以授射豻侯、鳥獸者，唐弓、大弓以授學射者、使者、勞者。

王弧夾庾唐大六者，弓異體之名也。往體寡來體多曰王弧，往體多來體寡曰夾庾，往體來體若一曰唐大。甲革，革甲也。春秋傳曰："蹲甲而射之"。質，正也。樹椹以爲射正。射甲與椹，試弓習武也。豻侯五十步，及射鳥獸，皆近射也。近射用弱弓，則射大侯者用王弧，射參侯者用唐大矣。學射者弓用中，後習強弱則易也。使者、勞者，弓亦用中，遠近可也。勞者，勤勞王事，若晉文侯文公受王弓矢之賜者。故書椹爲鞎。鄭司農云："椹字或作鞎，非是也。"圉師職曰："射則充椹質"，又此司弓矢職曰："澤共射椹質之弓矢"，言射椹質自有弓，謂王弧弓也。以此觀之，言鞎質者非。○射甲食亦反，下以意求之。椹張林反。豻音岸。使者所吏反，注同。蹲音存。易以鼓反。

其矢箙皆從其弓。

從弓數也。每弓者一箙百矢。

凡弩，夾、庾利攻守，唐、大利車戰、野戰。

攻城壘者與其自守者相迫近，弱弩發疾也。車戰野戰，進退非強則不及。弩無王弧，王弧恒服弦，往體少者使矢不疾。

凡矢，枉矢、絜矢利火射，用諸守城、車戰；殺矢、鍭矢用諸近射、田獵；矰矢、茀矢用諸弋射；恒矢、庳矢用諸散射。

此八矢者，弓弩各有四焉。枉矢、殺矢、矰矢、恒矢，弓所用也；絜矢、鍭矢、茀矢、庳矢，弩所用也。枉矢者，取名變星，飛行有光，今之飛矛是也，或謂之兵矢。絜矢象焉。二者皆可結火以射敵守城車戰。前於重，後最輕，行疾也。殺矢，言中則死。鍭矢象焉。鍭之言候也。二者皆可以司候射敵之近者及禽獸，前尤重，中深而不可遠也。結繳於矢謂之矰。矰，高也。茀矢象焉。茀之言刜也。二者皆可以弋飛鳥，刜羅之也。前於重，又微輕，行不低也。詩云："弋鳧與鴈"。恒矢，安居之矢也。庳矢象焉。二者皆可以散射也，謂禮射及習射也。前後訂，其行平也。凡矢之制，枉矢之屬，五分，二在前，三在後；殺矢之屬，參分，一在前，二在後；矰矢之屬，七分，三在前，四在後；恒矢之屬，軒輖中。所謂志也。鄭司農云："庳矢讀爲人罷短之罷。"玄謂庳讀如痺病之痺，痺之言倫比。○鍭音候，矰音增，茀扶弗反，中丁仲反，下中深、射中同。繳章藥反。刜孚物反。輖定周反。痺方二反。比毗志反。

天子之弓合九而成規，諸侯合七而成規，大夫合五而成規，士合三而成規。句者謂之弊弓。

體往來之衺也。往體寡來體多則合多，往體多來體寡則合少而圜。弊猶惡也。句者惡，則直者善矣。○弊婢世反。衺初危反。

凡祭祀，共射牲之弓矢。

射牲，示親殺也。殺牲非尊者所親，惟射爲可。國語曰："禘郊之事，天子必自射其牲。"

澤，共射椹質之弓矢。

鄭司農云："澤，澤宮也，所以習射選士之處也。"射義曰："天子將祭，必先習射於澤。澤者所以擇士也。已射於澤，而后射於射宮，射中者得與於祭。"○與音預

大射、燕射，共弓矢如數并夾。

如數，如當射者之數也。每人一弓乘矢。并夾，矢籋也。○乘繩證反。籋劉奴輒反，又女十反。

大喪，共明弓矢。

弓矢，明器之用器也。士喪禮下篇曰："用器弓矢。"

凡師役、會同，頒弓弩各以其物，從授兵至之儀。

物，弓弩矢箙之屬。○從才用反

田弋充籠箙矢。共矰矢。籠竹箙也。矰矢不在箙者，爲其相繞相將用乃共之。○爲于僞反

凡亡矢者，弗用則更。更，償也。用而棄之，則不償。

繕人掌王之用弓弩矢箙矰弋抉拾。鄭司農云：抉者所以縱弦也，拾者所以引弦也。詩云：抉拾既次。詩家說或謂抉謂引弦彄也，拾謂韝扞也。玄謂抉，挾矢時所以持弦飾也，著右手巨指。士喪禮曰：抉用正王棘若擇棘，則天子用象骨與？韝扞著左臂裹，以韋爲之。○彄苦侯反。韝古侯反。扞胡旦反。著丁略反

掌詔王射。告王當射之節。

贊王弓矢之事。授之受之。

凡乘車充其籠箙，載其弓弩。充籠箙以盛矢。

既射則斂之。斂藏之也。詩云：彤弓弨兮，受言藏之。○弨昌遙反

無會計。亡敗多少不計。○會古外反。下大會同後放此

槀人掌受財于職金，以齎其工。齎其工者，給市財用之直。○齎音咨，後皆同

弓六物爲三等，弩四物亦如之。三等者，上中下，人各有所宜。弓人職曰：弓長六尺六寸，謂之上制，上士服之；弓長六尺三寸，謂之中制，中士服之；弓長六尺，謂之下制，下士服之。弩及矢箙長短之制未聞。

矢八物皆三等，箙亦如之。春獻素，秋獻成。矢箙春作，秋成。

書其等以饗工。鄭司農云：書工攻拙高下之等，以制其饗食也。玄謂饗酒肴勞之也。上工作上等，其饗厚；下工作下等，其饗薄。○勞洛報反

乘其事，試其弓弩，以下上其食而誅賞。鄭司農云：乘，計也。計其事之成功也。故書試爲考。玄謂考之而善，則上其食，尤善又賞之；否者反此。○下上，時掌反。注同

乃入功于司弓矢及繕人。功，成。

凡齎財與其出入，皆在槀人，以待會而攷之。亡者闕之。皆在槀人者，所齎工之財，及弓弩矢箙出入其薄書，槀人藏之。闕猶除也。弓弩矢箙棄亡者除之，計今見在者。○見賢遍反

戎右掌戎車之兵革使。使謂王使以兵有所誅斬也。春秋傳曰：戰於殽，晉梁弘御戎，萊駒爲右。戰之明日，襄公縛秦囚，使萊駒以戈斬之。○使色吏反。注使謂同

詔贊王鼓。
既告王當鼓之節、又助擊之、

傳王命于陳中。
為王大言之也、○陳直慎反、為于偽反

會同、充革車。
會同、王雖乘金路、猶以革路從行也、充之者、謂居左也、曲禮曰、乘君之乘車、不敢曠左、

盟、則以玉敦辟盟、遂役之。
鄭司農云、敦、器名也、辟、法也、玄謂將歃血者、先執其器、為衆陳其載辭、使心皆開辟也、役之者、傳敦血、授當歃者、○敦音對

贊牛耳桃茢。

鄭司農云、贊牛耳、春秋傳所謂執牛耳者、故書茢為滅、杜子春云、滅當為厲、玄謂尸盟者割牛耳、取血助為之、及血在敦中、以桃茢拂之、又助之也、耳者盛以珠盤、尸盟者執之、桃、鬼所畏也、茢、苕帚所以掃不祥、○茢音列、盛音成、苕音條、帚之受反

齊右掌祭祀、會同、賓客、前齊車、王乘則持馬、行則陪乘。
齊車、金路、王自整齊之車也、前之者、已駕、王未乘之時、陪乘、參乘、謂居右也、齊右與齊僕同車、而有祭祀之事、則兼玉路之右、然則戎右兼田右與、○齊側皆反、下齊車、齊僕皆同

凡有牲事則前馬。
王見牲、則拱而式、居馬前、卻行備驚奔也、曲禮曰、國君下宗廟、式齊牛、

道右掌前道車、王出入則持馬陪乘、如齊車之儀。
道車、象路也、王行道德之車、

自車上諭命于從車。
自、由、○從才用反

詔王之車儀。
顧式之屬、

王式則下前馬、王下則以蓋從。
以蓋從、表尊、

大馭掌馭王路以祀、及犯軷、王自左馭、馭下祝、登受轡、犯軷、遂驅之。
行山曰軷、犯之者、封土為山象、以菩芻棘柏為神主、既祭之、以車轢之而去、喻無險難也、春秋傳曰、跋涉山川、自、由也、王由左

馭禁制馬使不行也、故書軷作罰、杜子春云、罰當為軷、軷讀為別異之別、謂祖道轢軷磔犬也、詩云、載謀載惟、取蕭祭脂、取羝以軷、詩家說曰、將出祖道、犯軷之祭也、聘禮曰、乃舍軷飲酒于其側、禮家說亦謂道祭、○軷蒲末反、注跋涉同、菩音倍、轢音歷、難乃旦反、別彼列反、磔陟格反、羝丁兮反、舍音釋

及祭、酌僕、僕左執轡、右祭兩軹、祭軓、乃飲。
故書軹為䡅、軓為範、杜子春云、文當如此、左不當重、亦非是、書亦或如子春言、又云、䡅當作軹、軹謂兩轊也、其或言軷、亦非是、又云、軓當為範、範謂車前軾也、或讀軓為簪笄之笄、○軹音止、軓音犯、注軓同、䡅劉音雜、重直龍反、轊音衛、軌當媿美反、又音犯、

凡馭路、行以肆夏、趨以采薺。
凡馭路、謂五路也、肆夏、采薺、樂章也、行謂大寢至路門、趨謂路門至應門、○薺才私反

凡馭路儀以鸞和爲節。舒疾之法也鸞在衡和在軾皆以金爲鈴

戎僕掌馭戎車。戎車革路也師出王乘以自將○將子匠反

掌王倅車之政正其服。倅副也服謂衆乘戎車者之衣服○倅七内反

犯軷如玉路之儀凡巡守及兵車之會亦如之。如在軍

掌凡戎車之儀。凡戎車衆之兵車也書序曰武王戎車三百兩

齊僕掌馭金路以賓。以待賓客

朝覲宗遇饗食皆乘金路其灋儀各以其等爲車送逆之節。節謂王乘車迎賓客及送相去遠近之數上公九十步侯伯七十步子男五十步司儀職曰車逆拜辱又曰及出車送

道僕掌馭象路以朝夕燕出入其灋儀如齊車。朝夕朝朝莫夕○朝夕直遙反朝朝上如字莫夕音暮

掌貳車之政令。貳亦副

田僕掌馭田路以田以鄙。田路木路也田田獵也鄙巡行縣鄙○行下孟反

掌佐車之政。佐亦副

設驅逆之車。驅驅禽使前趨獲逆衙還之使不出圍○衙本又作御同五嫁反

令獲者植旌。以告獲也植樹也

及獻比禽。

田弊獲者各獻其禽比種物相從次數之○比毗志反

凡田王提馬而走諸侯晉大夫馳。提猶舉也晉猶抑也使人叩而舉之抑之皆止奔也馳放不扣

馭夫掌馭貳車從車使車。貳車象路之副也從車戎路田路之副也使車驅逆之車

分公馬而駕治之。乘調六種之馬

周禮三十二 終

周禮卷三十三

漢大司農北海鄭　玄註

皇明　後學東吳金　蟠訂

司馬政官之職

校人掌王馬之政。政、謂差擇養乘之數也、月令曰、班馬政、

辨六馬之屬。種馬一物。戎馬一物。齊馬一物。道馬一物。田馬一物。駑馬一物。種、謂上善似母者、以次差之、玉路駕種馬、戎路駕戎馬、金路駕齊馬、象路駕道馬、田路駕田馬、駑馬給宮中之役、

凡頒良馬而養乘之。乘馬一師四圉。三乘為皁。皁一趣馬。三皁為繫。繫一馭夫。六繫為廄。廄一僕夫。六廄成校。校有左右。駑馬三良馬之數。麗馬一圉。八麗一師。八師一趣馬。八趣馬一馭夫。良、善也、善馬、五路之馬、鄭司農云、四匹為乘、養馬為圉、故春秋傳曰、馬有圉、牛有牧、玄謂二耦為乘、師、趣馬、馭夫、僕夫、師之名也、趣馬下士、馭夫中士、則僕夫上士也、自乘至廄、其數三百一十六匹、易乾為馬、此應乾之策也、至校變為言成者、明六馬為一廄、而王馬小備也、校有左右、則良馬一種者四百三十二匹、五種合二千一百六十匹、駑馬三之、則為千二百九十六匹、五良一駑、凡三千四百五十六匹、然後王馬大備、詩云、騋牝三千、此謂王馬之大數與、麗、耦也、駑馬自圉至馭夫、凡馬千二十四匹、與三良馬之數不相應、八皆宜為六、字之誤也、師十二匹、趣馬七十二匹、則馭夫四百三十二匹矣、然後而三之、既三之、無僕夫者、不駕於五路、卑之也、○乘、繩證反、注同、皁、才早反、趣、倉走反、繫、音計、廄、九又反

天子十有二閑。馬六種。邦國六閑。馬四種。家四閑。馬二種。降殺之差、每廄為一閑、諸侯有齊馬、道馬、田馬、大夫有田馬、各一閑、其駑馬則皆分為三焉、○殺、所界反

凡馬特居四之一。欲其乘之性相似也、物同氣、則心一、鄭司農云、四之一者、三牝一牡、

春祭馬祖。執駒。馬祖、天駟也、孝經說曰、房為龍馬、鄭司農云、執駒無令近母、猶攻駒也、二歲曰駒、三歲曰駣、玄謂執、猶拘也、春通淫之時、駒弱血氣未定、為其乘匹傷之、○令、力呈反、下令皆同、駣、音肇、為、于偽反

夏祭先牧。頒馬攻特。先牧、始養馬者、其人未聞、夏通淫之後、攻其特、為其蹄齧不可乘用、鄭司農云、攻特謂騬之、○騬、音繩

秋祭馬社。臧僕。馬社、始乘馬者、世本作[redacted]相[redacted]作乘馬、鄭司農云、臧僕、謂簡練馭者、令皆善也、玄謂僕、馭五路之僕、○相、息亮反

冬祭馬步。獻馬。講馭夫。馬步、神為災害馬者、獻馬、見成馬於王也、馭夫、馭貳車、從車、使車者、講猶簡習、○見、賢遍反、從、才用反

凡大祭祀。朝覲。會同。毛馬而頒之。毛馬、齊其色也、頒授當乘之、

飾幣馬。執扑而從之。鄭司農云、校人主飾之也、幣馬、以馬遺人、當幣處者也、聘禮曰、馬則北面、奠幣于其前、上喪禮下篇曰、薦馬纓三就、入門北面、交轡、圉人夾牽之、馭者執策立于馬後、○遺、惟季反

凡軍事，物馬而頒之。物馬，齊其力。

等馭夫之祿。馭夫於趣馬、僕夫為中，舉中見上下。

宮中之稍食。師圉府史以下也。鄭司農云：稍食，日廩。

趣馬掌贊正良馬，而齊其飲食，簡其六節。贊，佐也。佐正者，謂校人、臧僕、講馭夫之時。簡，差也。節，猶量也。差擇王馬以為六等。

掌駕說之頒。

用馬之第次。○說始銳反

辨四時之居治，以聽馭夫。居謂牧庌所處，治為執駒、攻特之屬。○庌音雅

巫馬掌養疾馬而乘治之，相醫而藥攻馬疾，受財于校人。乘謂驅步以發其疾，知所疾處，乃治之。相，助也。○相息亮反

馬死，則使其賈粥之，入其布于校人。布，泉也。鄭司農云：賈謂其屬官小史賈一人。粥，賣也。○粥音育

牧師掌牧地，皆有厲禁而頒之。頒馬授圉者所牧處。

孟春焚牧。焚牧地，以除陳生新草也。

中春通淫。中春，陰陽交，萬物生之時，可以合馬之牝牡也。月令季春乃合累牛騰馬，遊牝于牧，秦時書也。秦地寒涼，萬物後動。○中音仲　累力追反

掌其政令。凡田事，贊焚萊。焚萊者，山澤之虞。

廋人掌十有二閑之政教，以阜馬、佚特，教駣，攻駒，及祭馬祖、祭閑之先牧，及執駒、散馬耳、圉馬。

九者皆有政教。阜，盛壯也。詩云：四牡孔阜。杜子春云：佚當為逸。鄭司農云：馬三歲曰駣，二歲曰駒。散讀為中散大夫之散，謂聒馬耳，毋令善驚也。玄謂逸者，用之不使甚勞，安其血氣也。駣，始乘習之也。攻駒，制其蹄齧者。閑之先牧，先牧制閑者。散馬耳，以竹括押其耳，頭動搖則括中物，後遂串習，不復驚。○聒古活反　毋音無　令力呈反　中丁仲反　復扶又反

正校人員選。校人謂師圉也。正員選者，選擇可備員者平之。

馬八尺以上為龍，七尺以上為騋，六尺以上為馬。大小異名。爾雅曰：騋牝驪牡，玄駒褭驂。鄭司農云：以月令曰駕蒼龍。○褭奴了反

圉師掌教圉人養馬，春除蓐、釁廄、始牧，夏庌馬，冬獻馬，射則充椹質，茨牆則翦闔。

蕃馬兹也馬既出而除之新嘼焉神之也春秋傳曰凡馬日中而出日中而入故字㢑爲訝鄭司農云當爲㢑玄謂㢑廡也廡所以庇馬凉也充猶居也芙蓋也闔苫也椹質蓢闔圉人所習也杜子春讀椹爲齊人言鈇椹之椹椹質所射者習射處○蕃音屠芙在私反廡亡甫反射食亦反

圉人掌養馬芻牧之事以役圉師。

役者圉師使令焉

凡賓客喪紀牽馬而入陳。

賓客之馬王所以賜之者詩云雖無予之路車乘馬喪紀之馬啓後所薦馬

廞馬亦如之。

廞馬遣車之馬人捧之亦牽而入陳○捧扶恭反

職方氏掌天下之圖以掌天下之地辨其邦國都鄙四夷八蠻七閩九貉五戎六狄之人民與其財用九穀六畜之數要周知其利害。

天下之圖如今司空輿地圖也鄭司農云東方曰夷南方曰蠻西方曰戎北方曰貉狄玄謂閩蠻之別也國語曰閩芊蠻矣四八七九五六周之所服國數也財用泉穀貨賄也利金錫竹箭之屬害神姦鑄鼎所象百物也爾雅曰九夷八蠻六戎五狄謂之四海○閩亡巾反貉孟白反畜許六反劉音如

乃辨九州之國使同貫利。

貫事也

東南曰楊州其山鎮曰會稽其澤藪曰具區其川三江其浸五湖。

其利金錫竹箭其民二男五女其畜宜鳥獸其穀宜稻。

鎮名山安地德者也會稽在山陰大澤曰藪具區五湖在吳南浸可以爲陂灌溉者錫鑞也箭篠也鳥獸孔雀鵁鶄鸕鶿犀象之屬故書箭爲晉杜子春云晉當爲箭書亦或爲箭○陂彼宜反溉古愛反鑞音臘篠素了反鵁音交鶄音精

正南曰荊州其山鎮曰衡山其澤藪曰雲瞢其川江漢其浸潁湛。

其利丹銀齒革其民一男二女其畜宜鳥獸其穀宜稻。

衡山在湖南雲瞢在華容潁出陽城宜屬豫州在此非也湛未聞齒象齒也革犀兕革也杜子春云湛讀當爲人名湛之湛湛或爲淮○瞢亡貢反

河南曰豫州其山鎮曰華山其澤藪曰圃田其川熒雒其浸波溠。

其利林漆絲枲其民二男三女其畜宜六擾其穀宜五種。

華山在華陰圃田在中牟熒兖水也出東垣入于河泆爲熒熒在滎陽波讀爲播禹貢曰滎播既都春秋傳曰楚子除道梁溠營軍臨隨則溠宜屬荊州在此非也林竹木也六擾馬牛羊豕犬雞五種黍稷菽麥稻○溠音詐都本或作豬

正東曰青州其山鎮曰沂山其澤藪曰望諸其川淮泗其浸沂沭。

其利蒲魚其民二男二女其畜宜雞狗其穀宜稻麥。

沂山沂水所出也在蓋望諸明都也在睢陽沭出東莞二男二女數等似誤也蓋當與兖州同二男三女鄭司農云淮或爲睢沭或爲洙○沭音述

河東曰兖州其山鎮曰岱山其澤藪曰大野其川河泲其浸盧維。

其利蒲魚其民二男三女其畜宜六擾其穀宜四種。

岱山在博大野在鉅野盧維當爲雷雍字之誤也禹貢曰雷夏既澤雍沮會同雷夏在城陽四種黍稷稻麥○泲子禮反

正西曰雍州。其山鎮曰嶽山。其澤藪曰弦蒲。其川涇汭。其浸渭洛。其利玉石。其民三男二女。其畜宜牛馬。其穀宜黍稷。

嶽，吳嶽也。及弦蒲在汧。涇出涇陽。汭在豳地。詩大雅公劉曰：汭泦之即。洛出懷德。鄭司農云：弦或為汧，蒲或為浦。○雍，於用反。汭，如銳反。汧，口千反。泦，弓六反，詩作鞫。

東北曰幽州。其山鎮曰醫無閭。其澤藪曰貕養。其川河泲。其浸菑時。其利魚鹽。其民一男三女。其畜宜四擾。其穀宜三種。

醫無閭在遼東。貕養在長廣。菑出萊蕪。時出般陽。四擾，馬牛羊豕。三種，黍稷稻。杜子春讀貕為奚。○貕音兮。般，步干反。

河內曰冀州。其山鎮曰霍山。其澤藪曰楊紆。其川漳。其浸汾潞。其利松柏。其民五男三女。其畜宜牛羊。其穀宜黍稷。

霍山在彘。楊紆所在未聞。漳出長子。汾出汾陽。潞出歸德。○汾，扶文反。長子，丁丈反。

正北曰并州。其山鎮曰恆山。其澤藪曰昭餘祁。其川虖池嘔夷。其浸淶易。其利布帛。其民二男三女。其畜宜五擾。其穀宜五種。

恆山在上曲陽。昭餘祁在鄔。虖池出鹵城。嘔夷、祁夷與，出平舒。淶出廣昌。易出故安。五擾，馬牛羊犬豕。五種，黍稷菽麥稻也。凡九州及山鎮澤藪言曰者，以其非一，曰其大者耳。此州界揚荊豫兗雍冀與禹貢略同。青州則徐州地也。幽并則青冀之北也。無徐梁。○虖，嘑胡反。池，徒多反。嘔，烏侯反。

乃辨九服之邦國。方千里曰王畿。其外方五百里曰侯服。又其外方五百里曰甸服。又其外方五百里曰男服。又其外方五百里曰采服。又其外方五百里曰衛服。又其外方五百里曰蠻服。又其外方五百里曰夷服。又其外方五百里曰鎮服。又其外方五百里曰藩服。

服，服事天子也。詩云：侯服于周。

凡邦國。千里封公。以方五百里則四公。方四百里則六侯。方三百里則七伯。方二百里則二十五子。方百里則百男。以周知天下。

以此率徧知四海九州邦國多少之數也。方千里者，為方百里者百。以方三百里之積，以九約之，得十一有奇。云七百者，字之誤也。周九州之界方七千里，七七四十九，方千里者四十九。其一為畿內，餘四十八。八州各有方千里者六。周公變殷湯之制，雖小國地皆方百里。是每事言則者，設法也。設法者，以待有功而大其封。一州之中，以其千里封公則可四，又以其千里封侯則可六，又以其千里封伯則可十一，又以其千里封子則可二十五，又以其千里封男則可百。公侯伯子男亦不是過也。州二

百一十國，以男備其數焉。其餘以為附庸。四海之國，數涉之功，亦如之。雖有大國，爵稱子而已。鄭司農云：此制亦見大司徒職，曰諸公之地方五百里，諸侯之地方四百里，諸伯之地方三百里，諸子之地方二百里，諸男之地方百里。○率音律。奇，紀宜反。見，賢遍反。

凡邦國小大相維。

大國比小國，小國事大國，各有屬，相維聯也。○比，毗志反。

王設其牧。

選諸侯之賢者為牧，使牧理之。

制其職各以其所能。

牧監參伍之屬，用能所任秩次。

制其貢。各以其所有。

國之地物所有。

王將巡守。則戒于四方。曰各脩平乃守。攷乃職事。無敢不敬戒。國有大刑。

乃猶女也。守謂國竟之內。職事所當共具。○女音汝。竟音境。共音恭

及王之所行。先道。帥其屬而巡戒令。

先道先由王所從道。君前行其前日所戒之令。

王殷國亦如之。

殷猶衆也。十二歲王若不巡守。則六服盡朝。謂之殷國。其戒四方諸侯與巡守同。○朝直遙反

土方氏掌土圭之灋。以致日景。

致日景者。夏至景尺有五寸。冬至景丈三尺。其間則日有長短。

以土地相宅。而建邦國都鄙。

土地猶度地。知東西南北之深。而相其可居者。宅居也。○相息亮反。度待洛反。深尸鴆反

以辨土宜土化之灋。而授任地者。

土宜謂九穀稙穉所宜也。土化地之輕重糞種所宜用也。任地者載師之屬。

王巡守。則樹王宮。

爲之藩羅。

懷方氏掌來遠方之民。致方貢。致遠物。而送逆之。達之以節。

遠方之民四夷之民也。諭德延譽以來之。遠物九州之外無貢灋而至者。達民以旌節。達貢物以璽節。

治其委積館舍飲食。

續食其往來。○續食音嗣

合方氏掌達天下之道路。

津梁相奏。不得陷絶。

通其財利。

茂遷其有無。

同其數器。

權衡不得有輕重。

壹其度量。

尺丈釜鍾不得有大小。

除其怨惡。

怨惡邦國相侵虐。

同其好善。

所好所善。謂風俗所高尚。○好呼報反

訓方氏掌道四方之政事。與其上下之志。

道猶言也。爲王說之。四方諸侯也。上下君臣也。○爲于僞反

誦四方之傳道。

傳道、世世所傳説往古之事也。爲王誦之、若今論聖德堯舜之道矣。故書傳爲傳、杜子春云、傳當作傳、書亦或爲傳。○傳直專反、注同

正歲則布而訓四方。

布告以敎天下、使知世所善惡。

而觀新物。

四時於新物出、則觀之以知民志所好惡、志淫行辟、則當以政敎化正之。○惡烏路反、行辟下孟反、下匹亦反

形方氏掌制邦國之地域、而正其封疆、無有華離之地。

杜子春云、離當爲雜、書亦或爲雜。玄謂華讀爲狐哨之狐、正之使不狐邪離絶。

使小國事大國、大國比小國。

比猶親也。易比象曰、先王以建萬國、親諸侯。

山師掌山林之名、辨其物與其利害、而頒之于邦國、使致其珍異之物。

山林之名與物、若岱畎絲枲、嶧陽孤桐矣。利、其中人用者、害、毒物及螫噬之蟲獸。○畎古犬反、螫音釋

川師掌川澤之名、辨其物與其利害、而頒之于邦國、使致其珍異之物。

川澤之民與物、若泗濱浮磬、淮夷蠙珠暨魚、澤之萑蒲。○蠙薄田反

遵師掌四方之地名、辨其丘陵墳衍違隰之名。

地名謂東原大陸之屬。○違音原

物之可以封邑者。

物之謂相其土地可以居民立邑。○相息亮反

匡人掌達灋則、匡邦國而觀其慝、使無敢反側、以聽王命。

灋則、八灋八則也。邦國之官府都鄙亦用焉。慝、姦僞之惡也。反側猶背違灋度也。書曰、無反無側、王道正直。

撢人掌誦王志道國之政事、以巡天下之邦國而語之。

道猶言也。以王之志與政事諭説諸侯、使不迷惑。

使萬民和説而正王面。

面猶鄉也。使民之心曉而正鄉王。○説音悦、鄉許亮反

都司馬掌都之士庶子及其衆庶車馬兵甲之戒令。

庶子、卿大夫士之子。車馬兵甲、備軍發卒。

以國灋掌其政學。

政謂賦稅也。學、修德學道。○政音征

以聽國司馬。

聽者、受行其所徵爲也。國司馬、大司馬之屬皆是。

家司馬亦如之。

大夫家臣爲司馬者。春秋傳曰、叔孫氏之司馬鬷戾。○鬷子公反

周禮卷三十三終

周禮卷三十四

漢大司農北海鄭　玄註
皇明　後學東吳葛　鼒訂

秋官司寇第五

惟王建國辨方正位體國經野設官分職以爲民極乃立秋官司寇使帥其屬而掌邦禁以佐王刑邦國

禁所以防姦者也刑正人之法孝經說曰刑者侀也過出罪施

刑官之屬大司寇卿一人小司寇中大夫二人士師下大夫四人

鄉士上士八人中士十有六人旅下士三十有二人

士察也主察獄訟之事者鄭司農說以論語曰柳下惠爲士師鄉士主六鄉之獄

府六人史十有二人胥十有二人徒百有二十人

遂士中士十有二人府六人史十有二人胥十有二人徒百有二十人

遂士主六遂之獄者

縣士中士三十有二人府八人史十有六人胥十有六人徒百有六十人

距王城三百里至四百里曰縣縣士主縣之獄者

方士中士十有六人府八人史十有六人胥十有六人徒百有六十人

方士主四方都家之獄者

訝士中士八人府四人史八人胥八人徒八十人

訝迎也士官之迎四方賓客○訝五嫁反

朝士中士六人府三人史六人胥六人徒六十人

朝士主外朝之法○朝直遙反卷內同

司民中士六人府三人史六人胥三人徒三十人

司民主民數

司刑中士二人府一人史二人胥二人徒二十人

司刺下士二人府一人史二人徒四人

刺殺也三訊罪定則殺之

司約下士二人府一人史二人徒四人

約言語之約束

司盟下士二人府一人史二人徒四人

盟以約辭告神殺牲歃血明著其信也曲禮曰涖牲曰盟

職金上士二人下士四人府二人史四人胥八人徒八十人

職主也

司厲下士二人史一人徒十有二人

犯政爲惡曰厲，厲士主盜賊之兵器及其奴者。

犬人下士二人府一人史二人賈四人徒十六人。

○賈音嫁 又音古

司圜中士六人下士十有二人府三人史六人胥十有六人徒百有六十人。

鄭司農云：圜謂圜土也。圜土謂獄城也。今獄城曰圜。司圜職中言凡圜土之刑人也，以此知圜謂圜土也。又大司寇職曰：以圜土聚教罷民。故司圜職曰：掌收教罷民。○罷音皮

掌囚下士十有二人府六人史十有二人徒百有二十人。

囚，拘也，主拘繫當刑殺之者。

掌戮下士二人史一人徒十有二人。

戮猶辱也。既斬殺又辱之。

司隸中士二人下士十有二人府五人史十人胥二十人徒二百人。

隸，給勞辱之役者。漢始置司隸，亦使將徒治道溝渠之役，後稍奪之，使主官府及近郡。

罪隸百有二十人。

盜賊之家爲奴者。

蠻隸百有二十人。

征南夷所獲。

閩隸百有二十人。

閩，南蠻之別。

夷隸百有二十人。

征東夷所獲。

貉隸百有二十人。

征東北夷所獲。凡隸衆矣，此其選以爲役員，其餘謂之隸。○貉音陌

布憲中士二人下士四人府二人史四人胥四人徒四十人。

憲，表也，主表刑禁者。

禁殺戮下士二人史一人徒十有二人。

禁殺戮者，禁民不得相殺戮。

禁暴氏下士六人史三人胥六人徒六十人。

野廬氏下士六人胥十有二人徒百有二十人。

廬，賓客行道所舍。

蜡氏下士四人徒四十人。

蜡，骨肉腐臭，蠅蟲所蜡也。月令曰：掩骼埋胔。此官之職也。蜡讀如狙司之狙。

雍氏下士二人徒八人。

雍謂隄防止水者也。

萍氏下士二人徒八人。

鄭司農云萍讀爲蛢或爲萍號起雨之萍玄謂今天問萍號作
萍爾雅曰萍蓱其大者蘋讀如小子言平之平萍氏主水禁萍
之草無根而浮取名於
其不沉溺○蛢蒲丁反

司寤氏下士二人徒八人
寤覺也主夜覺
者○覺音教

司烜氏下士六人徒十有六人
烜火也讀如衛侯燬之燬故書燬爲垣鄭
司農云當爲烜○烜音毀注燬同垣音袁

條狼氏下士六人胥六人徒六十人
杜子春云條當爲滌器之滌玄謂滌
除也狼狼扈道上○條音滌注同

修閭氏下士二人史一人徒十有二人
閭謂
里門

冥氏下士二人徒八人
鄭司農云冥讀爲冥氏春秋之冥玄
謂冥方之冥以繩罔取禽獸之名

庶氏下士一人徒四人
庶讀如藥煑之煑驅除毒蠱之言
書不作蠱者字從聲庶音煑

穴氏下士一人徒四人
穴搏蟄獸
所藏者

翨氏下士二人徒八人
翨鳥翮也鄭司農云翨讀
爲翅翼之翅○翨音翅

柞氏下士八人徒二十人
柞除木之名除木者必先刊剝之鄭司農云柞讀爲
音聲唶唶之唶屋笮之笮○柞側百反注笮皆同

薙氏下士二人徒二十人
書薙或作夷鄭司農云掌殺草故春秋傳曰如農夫之務去草
芟夷蘊崇之又今俗間謂麥下爲夷下言芟夷其麥以其下種
禾豆也玄謂薙讀如鬀小兒頭之鬀書或作夷此皆翦草也字
從類耳月令曰燒薙行水謂燒所芟草乃水之○薙或作雉同
它計反去起呂反芟
所銜反鬀它計反

硩蔟氏下士一人徒二人
鄭司農云硩讀爲擿蔟讀爲爵蔟之蔟謂
巢也玄謂硩古字從石折聲○硩音摘

翦氏下士一人徒二人
翦斷滅之言也主除蠹
蠹者詩云實始翦商

赤犮氏下士一人徒二人
赤犮猶言捇拔也主除虫
豸自埋者○捇采昔反

蟈氏下士二人徒二人
鄭司農云蟈讀爲蜮蜮蝦蟇也月令曰螻蟈鳴故曰掌去鼃黽
鼃黽蝦蟇屬書或爲掌去蝦蟇玄謂蟈今御所食蛙也字從虫
國聲也蜮乃短狐與○蟈古獲反蜮音或蝦
音遐蟇音麻鼃戶蝸反黽莫辛反蛙戶蝸反

壺涿氏下士一人徒二人
壺謂瓦鼓涿擊之也故書涿爲獨鄭司農云獨
讀爲濁其源之濁音與涿相近書亦或爲濁

庭氏下士一人徒二人

庭氏主射妖鳥令國中絜清如庭者也○射食亦反

銜枚氏下士二人徒八人

銜枚止言語囂讙也枚狀如箸橫銜之爲之繣結於項○囂五高反繣戶卦反又胡麥反

伊耆氏下士一人徒二人

伊耆古王者號始爲蜡以息老物此主王者之齒杖後王識伊耆氏之舊德而以名官與今姓有伊耆氏○耆巨之反蜡仕詐反

大行人中大夫二人小行人下大夫四人司儀上士八人中士十有六人行夫下士三十有二人府四人史八人胥八人徒八十人

行夫主國使之禮○使所吏反

環人中士四人史四人胥四人徒四十人

環猶圍也主圍賓客任器爲之守衛

象胥每翟上士一人中士二人下士八人徒二十人

通夷狄之言者曰象胥其有才知者也此類之本名東方曰寄南方曰象西方曰狄鞮北方曰譯今總名曰象者周之德先致南方也○知音智鞮丁兮反譯音亦

掌客上士二人下士四人府一人史二人胥二人徒三十人

掌訝中士八人府二人史四人胥四人徒四十人

訝迎也賓客來主迎之鄭司農云訝讀爲跛者訝跛者之訝○跛波可反

掌交中士八人府二人史四人徒三十有二人

主交通結諸侯之好

掌察四方中士八人史四人徒十有六人

掌貨賄下士十有六人史四人徒三十有二人

朝大夫每國上士二人下士四人府一人史二人庶子八人徒二十人

此王之士也使主都家之國治而令之朝大夫云

都則中士一人下士二人府一人史二人庶子四人徒八十人

都則主都家之八則者也當言每都如朝大夫及都司馬云

都士中士二人下士四人府二人史四人胥四人徒四十人家士亦如之

都家之士主治都家吏民之獄訟以告方士者也亦當言每都

大司寇之職掌建邦之三典以佐王刑邦國詰四方

典法也詰謹也書曰王耄荒度作詳刑以詰四方○度待洛反

一曰刑新國用輕典

新國者新辟地立君之國用輕法者爲其民未習於教○爲于僞反

二曰刑平國用中典

平國承平守成之國也用中典者常行之法

三曰刑亂國用重典

亂國、簒弑叛逆之國、用重典者、以其化惡伐滅之、

以五刑糾萬民。

刑、亦法也、糾、猶察異之、

一曰野刑、上功糾力。

功、農功、力、勤力、

二曰軍刑、上命糾守。

命、將命也、守、不失部伍、○守音狩將子匠反

三曰鄉刑、上德糾孝。

德、六德也、善父母爲孝、

四曰官刑、上能糾職。

能、能其事也、職、職事修理、

五曰國刑、上愿糾暴。

愿、慤愼也、暴、當爲恭字之誤也、

以圜土聚教罷民。

圜土、獄城也、聚罷民其中、困苦以教之爲善也、民不愍作勞有似於罷、○罷音皮愍音敏

凡害人者、寘之圜土而施職事焉、以明刑恥之。

害人、謂爲邪惡已有過失、麗於法者、以其無故犯法、寘之圜土繫教之、庶其困悔而能改也、寘、置也、施職事、以所能役使之、明刑、書其罪惡於大方版著其背、○著丁略反

其能改者、反于中國、不齒三年。

反于中國、謂舍之還於故鄉里也、司圜職曰、上罪三年而舍、中罪二年而舍、下罪一年而舍、不齒者、不得以年次列於平民、

其不能改而出圜土者殺。

出謂逬亡、

以兩造禁民訟、入束矢於朝、然後聽之。

訟、謂以財貨相告者、造、至也、使訟者兩至、旣兩至、使入束矢、乃治之也、不至不入束矢、則是自服不直者也、必入矢者、取其直也、詩曰、其直如矢、古者一弓百矢、束矢其百箇與、○造七報反

以兩劑禁民獄、入鈞金三日、乃致于朝、然後聽之。

獄、謂相告以罪名者、劑、今券書也、使獄者各齎券書、旣兩券書、使入鈞金、又三日乃治之、重刑也、不券書、不入金、則是亦自服

不直者也、必入金者、取其堅也、三十斤曰鈞、○劑子隨反

以嘉石平罷民。

嘉石、文石也、樹之外朝門左、平、成也、成之使善、

凡萬民之有罪過而未麗於灋、而害於州里者、桎梏而坐諸嘉石、役諸司空、重罪旬有三日坐、朞役、其次九日坐、九月役、其次七日坐、七月役、其次五日坐、五月役、其次下罪三日坐、三月役、使州里任之、則宥而舍之。

有罪過、謂邪惡之人所罪過者也、麗、附也、未附於灋、未著於灋也、木在足曰桎、在手曰梏、役諸司空、坐日訖、使給百工之役也、役月訖、使其州里之人任之、乃赦之、宥、寬也、○著直略反

以肺石遠窮民。
肺石赤石也。窮民天民之窮而無告者。
凡遠近惸獨老幼之欲有復於上而其長弗達者。立於肺石三日。
無兄弟曰惸無子孫曰獨復猶報也上謂王與六卿也報之者若上書詣公府言事矣長謂諸侯若鄉遂大夫。○惸其營反長丁丈反上時掌反
士聽其辭以告於上而罪其長。
正月之吉始和布刑于邦國都鄙乃縣刑象之灋于象魏使萬民觀刑象挾日而斂之。
正月朔日布五刑於天下正歲又縣其書重之。○縣音玄

凡邦之大盟約涖其盟書而登之于天府。
涖臨也天府祖廟之藏。○藏才浪反
大史內史司會及六官皆受其貳而藏之。
六官六卿之官也貳副也
凡諸侯之獄訟以邦典定之。
邦典六典也以六典待邦國之治
凡卿大夫之獄訟以邦灋斷之。
邦灋八灋也以八灋待官府之治○斷丁亂反
凡庶民之獄訟以邦成弊之。
邦成八成也以官成待萬民之治故書弊爲憋鄭司農云憋當爲弊邦成謂若今時決事比也弊之斷其獄訟也故春秋傳曰弊獄邢侯○弊必世反
大祭祀奉犬牲。
奉猶進也
若禋祀五帝則戒之日涖誓百官戒于百族。
戒之日卜之日也百族謂府史以下也郊特牲曰卜之日王立于澤親聽誓命受敎諫之義也獻命庫門之內戒百官也大廟之內戒百姓也
及納亨前王祭之日亦如之。
納亨致牲○亨普庚反

奉其明水火。
明水火所取於日月者
凡朝覲會同前王大喪亦如之。
大喪所前或嗣王
大軍旅涖戮于社。
社謂社主在軍者也鄭司農說以書曰用命賞于祖不用命戮于社
凡邦之大事使其屬蹕。
屬士師以下也故書蹕作避杜子春云避當爲辟謂辟除姦人也玄謂蹕止行也○蹕本亦作趕音畢
周禮卷三十四終

周禮卷三十五

漢大司農北海鄭　玄註

皇明　後學東吳金　蟠訂

司寇刑官之職

小司寇之職掌外朝之政以致萬民而詢焉。一曰詢國危。二曰詢國遷。三曰詢立君。外朝朝在雉門之外者也國危謂有兵寇之難國遷謂徙都改邑也立君謂無冢適選於庶也鄭司農云致萬民聚萬民也詢謀也詩曰詢于芻蕘書曰謀及庶人○難乃旦反適丁歷反

其位王南鄉。三公及州長百姓北面。羣臣西面。羣吏東面。羣臣卿大夫士也羣吏府史也其孤不見者孤從羣臣卿大夫在公後○鄉許亮反長丁丈反見賢遍反

小司寇擯以敘進而問焉以衆輔志而弊謀。擯謂揖之使前也敘更也輔志者尊王賢明也○更音庚

以五刑聽萬民之獄訟。附于刑用情訊之。至于旬乃弊之。讀書則用灋。附猶著也故書附作付訊言也用情理言之冀有可以出之者十日乃斷之王制曰刑者侀也侀者成也一成而不可變故君子盡心焉鄭司農云讀書則用灋如今時讀鞫已乃論之○鞫九六反

凡命夫命婦不躬坐獄訟。為治獄吏褻尊者也躬身也不身坐者必使其屬若子弟也喪服傳曰命夫者其男子之為大夫者命婦者其婦人之為大夫之妻者春秋傳曰衛侯與元咺訟甯武子為輔鍼嚴子為坐士榮為大理○為治于僞反咺況阮反鍼其廉反嚴左傳作莊案漢書明帝名莊改為嚴

凡王之同族有罪不即市。鄭司農云刑諸甸師氏禮記曰刑于隱者不與國人慮兄弟

以五聲聽獄訟求民情

一曰辭聽。觀其出言不直則煩

二曰色聽。觀其顏色不直則赧然○赧女板反

三曰氣聽。觀其氣息不直則喘○喘昌兗反

四曰耳聽。觀其聽聆不直則惑

五曰目聽。觀其眸子視不直則眊然○眊莫報反

以八辟麗邦灋附刑罰。辟灋也杜子春讀麗為羅玄謂麗附也易曰日月麗乎天故書附作付附猶著也

一曰議親之辟。

鄭司農云若今時宗室有罪先請是也

二曰議故之辟。故謂舊知也鄭司農云故舊不遺則民不偷

三曰議賢之辟。鄭司農云若今時廉吏有罪先請是也玄謂賢有德行者○行下孟反

四曰議能之辟。能謂有道藝者春秋傳曰夫謀而鮮過惠訓不倦者叔向有焉社稷之固也猶將十世宥之以勸能者今壹不免其身以棄社稷不亦惑乎○夫音扶鮮息淺反向許亮反

五曰議功之辟。謂有大勳勞立功者

六曰議貴之辟。鄭司農云若今時吏墨綬有罪先請是也

七曰議勤之辟。謂憔悴以事國

八曰議賓之辟。謂所不臣者三恪二代之後與

以三刺斷庶民獄訟之中。中謂罪正所定○斷丁亂反後同

一曰訊羣臣二曰訊羣吏三曰訊萬民。刺殺也三訊罪定則殺之訊言也

聽民之所刺宥以施上服下服之刑。宥寬也民言殺殺之言寬寬之上服劓墨也下服宮刖也○劓魚器反刖音月

及大比登民數自生齒以上登于天府。大比三年大數民之衆寡也人生齒而體備男八月而生齒女七月而生齒○比毗志反上時掌反

內史司會冢宰貳之以制國用。人數定而九賦可知國用乃可制耳

小祭祀奉犬牲。奉猶進也

凡禋祀五帝實鑊水納亨亦如之。納亨致牲也其時鑊水當以洗解牲體肉○鑊戶郭反

大賓客前王而辟。鄭司農云小司寇為王道辟除姦人也若今時執金吾下至令尉奉引矣○辟婢亦反後而辟皆放此道音導

后世子之喪亦如之。

小師涖戮。小師王不自出之師

凡國之大事使其屬蹕。

屬士師以下。

孟冬祀司民。獻民數於王。王拜受之。以圖國用而進退之。

司民星名。謂軒轅角也。小司寇於祀司民而獻民數於王重民也。進退猶損益也。國用民衆則益。民寡則損。

歲終。則令羣士計獄弊訟。登中于天府。

上其所斷獄訟之數。

正歲。帥其屬而觀刑象。令以木鐸。曰不用灋者。國有常刑。令羣士。

羣士遂士以下。

乃宣布于四方。憲刑禁。

宣徧也。憲表也。謂縣之也。刑禁。士師之五禁。

乃命其屬入會。乃致事。

得其屬之計。乃令致之於王。○會古外反。後要會皆放此。

士師之職。掌國之五禁之灋。以左右刑罰。一曰宮禁。二曰官禁。三曰國禁。四曰野禁。五曰軍禁。皆以木鐸徇之于朝。書而縣于門閭。

左右助也。助刑罰者。助其禁民爲非也。宮王宮也。官官府也。國城中也。古之禁書亡矣。今宮門有籍。官府有無故擅入。城門有離載下帷。野有田律。軍有囂讙夜行之禁。其粫可言者。○縣音玄。粫音粗

以五戒先後刑罰。毋使罪麗于民。一曰誓。用之于軍旅。二曰誥。用之于會同。三曰禁。用諸田役。四曰糾。用諸國中。五曰憲。用諸都鄙。

先後猶左右也。誓誥於書則甘誓湯誓大誥康誥之屬。禁則軍禮曰無干車。無自後射。此其類也。糾憲未有聞焉。○射食亦反

掌鄉合州黨族閭比之聯。與其民人之什伍。使之相安相受。以比追胥之事。以施刑罰慶賞。

鄉合鄉所合也。追追寇也。胥讀如宿偦之偦。偦謂司搏盜賊也。○比毗志反。比追如字

掌官中之政令。

大司寇之官府中也

察獄訟之辭。以詔司寇斷獄弊訟。致邦令。

詔司寇若今白聽正灋解也。致邦令者。以灋報之。

掌士之八成。

鄭司農云。八成者。行事有八篇。若今時決事比。○比必利反

一曰邦汋。

鄭司農云。汋讀如酌酒尊中之酌。國汋者。斟酌盜取國家密事。若今時刺探尚書事。○汋土灼反。刺七亦反

二曰邦賊。

爲逆亂者。

三曰邦諜。

爲異國反間。○間間廁之間

四曰犯邦令。

干冒王教令者。○冒音墨

五曰撟邦令。

稱許以有爲者。○撟音矯

六曰爲邦盜。竊取國之寶藏者。○藏才浪反

七曰爲邦朋。朋黨相阿使政不平者。故書朋作傰。鄭司農云，朋讀如朋友之朋。○傰蒲鄧反

八曰爲邦誣。誣罔君臣使事失實。

若邦凶荒，則以荒辯之灋治之。鄭司農云，辯讀爲風別之別。救荒之政十有二，而士師別受其教條，是爲荒別之灋。玄謂辯當爲貶，聲之誤也。遭飢荒，則刑罰國事有所貶損，作權時灋也。朝士職曰，若邦凶荒札喪寇戎之故，則令邦國都家縣鄙慮刑貶。○風別之別，皆彼列反

令移民通財，糾守緩刑。移民就賤，救困也。通財，備不足也。糾守，備盜賊也。緩刑，紓民心也。

凡以財獄訟者，正之以傅別約劑。傅別，中別手書也。約劑，各所持券也。故書別爲辨，鄭司農云，傅或爲付。辨讀爲風別之別，若今時市買爲券書以別之，各得其一，訟則案券以正之。

若祭勝國之社稷，則爲之尸。以刑官爲尸，略之也。周謂亡殷之社爲亳社。

王燕出入，則前驅而辟。道王，且辟行人。○道音導

祀五帝，則沃尸及王盥，洎鑊水。洎謂增其沃汁。○洎音臮

凡刉珥，則奉犬牲。珥讀爲衈。刉衈，釁禮之事。用牲毛者曰刉，羽者曰衈。○刉音機，珥而志反，注衈同

諸侯爲賓，則帥其屬而蹕于王宮。謂諸侯來朝，若燕饗時。

大喪亦如之。

大師，帥其屬而禁逆軍旅者與犯師禁者而戮之。逆軍旅，反將命也。犯師禁，干行陳也。○將子匠反，行戶剛反，陳直忍反

歲終，則令正要會。定計簿。

正歲，帥其屬而憲禁令于國及郊野。去國百里爲郊，郊外謂之野。

鄉士掌國中。鄭司農云，謂國中至百里郊也。玄謂其地則距王城百里內也。言掌國中，此主國中獄也。六鄉之獄在國中。

各掌其鄉之民數而糾戒之。鄉士八人，言各者，四人而分主三鄉。

聽其獄訟。察其辭。察審也。

辯其獄訟。異其死刑之罪。而要之。旬而職聽于朝。辯異謂殊其文書也。要之爲其罪灋之要辭。如今劾矣。十日乃以職事治之於外朝。容其自反覆。○劾戶代反。覆芳服反

司寇聽之。斷其獄。弊其訟于朝。羣士司刑皆在。各麗其灋以議獄訟。麗附也。各附致其灋以成議也。

獄訟成。士師受中。協日刑殺。肆之三日。受中謂受獄訟之成也。鄭司農云士師受中若今二千石受其獄也。中者刑罰之中也。故論語曰刑罰不中則民無所措手足。

協日刑殺協合也和也。和合支幹善日。若今時望後利日也。肆之三日。故春秋傳曰三日棄疾請尸。論語曰肆諸市朝。玄謂士師既受獄訟之成。鄉士則擇可刑殺之日。至其時而往涖之。尸之三日乃反也。○中丁仲反

若欲免之。則王會其期。免猶赦也。期謂鄉士職聽于朝司寇聽之日。王欲赦之。則用此時親往議之。

大祭祀大喪紀大軍旅大賓客。則各掌其鄉之禁令。帥其屬夾道而蹕。屬中士以下。

三公若有邦事。則爲之前驅而辟。其喪亦如之。鄭司農云鄉上爲三公道也。若今時三公出城。郡督郵盜賊道也。○爲于僞反

凡國有大事。則戮其犯命者。

遂士掌四郊。鄭司農云謂百里外至三百里也。玄謂其地則距王城百里以外至二百里。言掌四郊者。此主四郊獄也。六遂之獄在四郊。

各掌其遂之民數。而糾其戒令。遂士十二人。言各者。二人而分主一遂。

聽其獄訟。察其辭。辨其獄訟。異其死刑之罪而要之。二旬而職聽于朝。司寇聽之。斷其獄。弊其訟于朝。羣士司刑皆在。各麗其灋以議獄訟。獄訟成。士師受中。協日就郊而刑殺。各於其遂。肆之三日。就郊而刑殺者。遂士也。遂士擇刑殺日。至其時往涖之。如鄉士爲之矣。言各於其遂者。四郊六遂。遂處不同。

若欲免之。則王令三公會其期。令猶命也。王欲赦之。則用遂士職聽之時。命三公往議之。

若邦有大事聚衆庶。則各掌其遂之禁令。帥其屬而蹕。大事王所親也。

六卿若有邦事。則爲之前驅而辟。其喪亦如之。凡郊有大事。則戮其犯命者。

縣士掌野。鄭司農云掌三百里至四百里。大夫所食。晉韓須爲公族大夫食縣。玄謂地距王城二百里以外至三百里曰野。三百里以外至四百里曰縣。四百里以外至五百里曰都。都縣野之地。其邑非王子弟公卿大夫之采地。則皆公邑也。謂之縣。縣士掌其獄

焉言掌野者郊外曰野大揔言之也獄居近野之縣獄在二百里上縣之縣獄在三百里上都之縣獄在四百里上

各掌其縣之民數糾其戒令而聽其獄訟察其辭辨其獄訟異其死刑之罪而要之三旬而職聽于朝司寇聽之斷其獄弊其訟于朝羣士司刑皆在各麗其灋以議獄訟獄訟成士師受中協日刑殺各就其縣肆之三日

刑殺各就其縣者亦謂縣士也

若欲免之則王命六卿會其期

期亦謂縣士職聽之時

若邦有大役聚衆庶則各掌其縣之禁令若大夫有邦事則爲之

前驅而辟其喪亦如之凡野有大事則戮其犯命者

野距王城二百里以外及縣都

方士掌都家

鄭司農云掌四百里至五百里公所食曾季氏食於都玄謂都王子弟及公卿之采地家大夫之采地大都在畺地小都在縣地家邑在稍地不言掌其民數民不純屬王○畺居良反

聽其獄訟之辭辨其死刑之罪而要之三月而上獄訟于國

三月乃上要者又變朝言國以其自有君異之○上時掌反

司寇聽其成于朝羣士司刑皆在各麗其灋以議獄訟

成平也鄭司農說以春秋傳曰晉邢侯與雍子爭鄐田久而無成○鄐許六反

獄訟成士師受中書其刑殺之成與其聽獄訟者

都家之吏自協日刑殺但書其成與治獄之吏姓名備反覆有失實者

凡都家之大事聚衆庶則各掌其方之禁令

方士十六人言各掌其方者四人而主一方也其方以王之事動衆則爲班禁令焉

以時修其縣灋若歲終則省之而誅賞焉

縣灋縣師之職也其職掌邦國都鄙稍甸郊野之地域而辨其夫家人民田萊之數及其六畜車輦之稽方士以四時修此灋歲終又省之則與掌民數亦相近

凡都家之士所上治則主之

都家之士都士家士也所上治者謂獄訟之小事不附罪者也主之告於司寇聽平之

訝士掌四方之獄訟

鄭司農云四方諸侯之獄訟

諭罪刑于邦國

告曉以麗罪及制刑之本意

凡四方之有治於士者造焉

謂讞疑辨事先來詣乃通之於士也士主謂士師也如今郡國亦時遣主者吏詣廷尉議者○造七報反讞魚竭反

四方有亂獄則往而成之

亂獄謂若君臣宜淫上下相虐者也往而成之猶呂步舒使治淮南獄

邦有賓客則與行人送逆之入於國則爲之前驅而辟野亦如之

居館。則帥其屬而爲之蹕。誅戮暴客者。客出入則道之。有治則贊之。

遻逆，謂始來及去也。出入，謂朝覲於王時也。春秋傳曰：晉侯受策以出，出入三覲。入國入野，自以時事。

凡邦之大事聚衆庶。則讀其誓禁。

朝士掌建邦外朝之灋。左九棘。孤卿大夫位焉。羣士在其後。右九棘。公侯伯子男位焉。羣吏在其後。面三槐。三公位焉。州長衆庶在其後。左嘉石。平罷民焉。右肺石。達窮民焉。

樹棘以爲位者，取其赤心而外刺，象以赤心三刺也。槐之言懷也，懷來人於此，欲與之謀。羣吏，謂府史也。州長，鄉遂之官。鄭司農云：王有五門，外曰皐門，二曰雉門，三曰庫門，四曰應門，五曰路門。路門一曰畢門。外朝在路門外，內朝在路門內。左九棘右

九棘，故易曰：係用徽纆，寘于叢棘。玄謂明堂位說魯公宮曰庫門，天子皐門；雉門，天子應門。言魯用天子之禮，所名曰庫門者，如天子皐門；所名曰雉門者，如天子應門。此名制二兼四，則魯無皐門應門矣。檀弓曰：魯莊公之喪，既葬而絰不入庫門。言其除喪而反，由外來，是庫門在雉門外必矣。如是，王五門，雉門爲中門。雉門設兩觀，與今之宮門同。閽人幾出入者，窮民蓋不得入也。郊特牲譏繹於庫門內，言遠當于廟門。廟在庫門之內，見於此矣。小宗伯職曰：建國之神位，右社稷，左宗廟。然則外朝在庫門之外，皐門之內與？今司徒府有天子以下大會殿，亦古之外朝哉。周天子諸侯皆有三朝，外朝一，內朝二。內朝之在路門內者，或謂之燕朝。○長，丁丈反。罷音皮。纆，亡北反。寘，于之豉反。觀，古亂反。見，賢遍反。

帥其屬而以鞭呼趨且辟。

趨朝辟行人，執鞭以威之。

禁慢朝錯立族談者。

慢朝，謂臨朝不肅敬也。錯立族談，違其位傳語也。○傳，徐丁撰反。

凡得獲貨賄人民六畜者。委于朝。告于士。旬而舉之。大者公之。小者庶民私之。

俘而取之曰獲。委於朝十日，待來識之者。人民，謂刑人奴隸逃亡者。司隸職曰：帥其民而搏盜賊。鄭司農云：若今時得遺物及放失六畜，持詣鄉亭縣廷。大者公之，大物沒入公家也。小者私之，小物自畀也。玄謂人民之小者，未齔七歲以下。○俘音孚。齔，初謹反。

凡士之治有期日。國中一旬。郊二旬。野三旬。都三月。邦國朞。期內之治聽。期外不聽。

鄭司農云：謂在期內者聽，期外者不聽，若今時徒論決滿三月，不得乞鞫。○期居其反。鞫，九六反。

凡有責者。有判書以治則聽。

判，半分而合者，故書判爲辨。鄭司農云：謂若今時辭訟，有券書者爲治之。辨，讀爲別，謂別券也。玄謂古者出責之息，亦如其國服與。○爲治，于僞反。別，彼列反。

凡民同貨財者。令以國灋行之。犯令者刑罰之。

鄭司農云：同貨財者，謂合錢共賈者也。以國灋行之，司市爲節以遺之。玄謂同貨財者，富人蓄積者多，時收斂之之時，以國服之灋出之。雖有騰躍，其贏不得過此。以利出者與取者，過此則罰之，若今時加貴取息坐臧。

凡屬責者。以其地傅而聽其辭。

鄭司農云：謂訟地畔界者，田地町畔相比屬，故謂之屬責。以地傅而聽其辭，以其比畔爲證也。玄謂屬責，轉責使人歸之，而本主死亡，歸後之數相抵冒者也。以其地之人相比近，能爲證者來，乃受其辭爲治之。○比，毗志反。

凡盜賊軍鄉邑。及家人。殺之無罪。
鄭司農云謂盜賊羣輩若軍共攻盜鄉邑及家人者殺之無罪若今時無故入人室宅廬舍上人車船牽引人欲犯法者其時格殺之無罪○上時掌反

凡報仇讐者。書於士。殺之無罪。
謂同國不相辟者將殺之必先言之於士○辟音避

若邦凶荒札喪寇戎之故。則令邦國都家縣鄙慮刑貶。
故書慮爲憲貶爲窆杜子春云窆當爲禁憲當爲慮書亦或爲慮玄謂慮謀也貶猶減也謂當圖謀緩刑且減國用爲民困也所貶視時爲多少之濾○窆波驗反

司民掌登萬民之數。自生齒以上。皆書於版。辨其國中。與其都鄙。及其郊野。異其男女。歲登下其死生。
登上也男八月女七月而生齒版今戶籍也下猶去也每歲更著生去死○去起呂反著丁丈反

及三年大比。以萬民之數詔司寇。司寇及孟冬。祀司民之日。獻其數于王。王拜受之。登于天府。內史司會冢宰貳之。以贊王治。
鄭司農云文昌宮三能屬軒轅角相與爲體近文昌宮司命次司祿次司民玄謂司民軒轅角也天府主祖廟之藏者贊佐也三官以貳佐王治者當以民多少黜陟主民之吏○能吐才反

周禮卷三十五終

周禮卷三十六

漢大司農北海鄭　玄註
皇明　後學東吳葛　鼒訂

司寇刑官之職

司刑掌五刑之灋。以麗萬民之罪。墨罪五百。劓罪五百。宮罪五百。刖罪五百。殺罪五百。
墨黥也先刻其面以墨窒之劓截其鼻也今東西夷或以墨劓爲俗古刑人亡逃者之世類與宮者丈夫則割其勢女子閉於宮中若今宦男女也刖斷足也周改臏作刖殺死刑也書傳曰決關梁踰城郭而略盜者其刑臏男女不以義交者其刑宮觸易君命革輿服制度姦軌盜攘傷人者其刑劓非事而事之出入不以道義而誦不詳之辭者其刑墨降畔寇賊劫略奪攘撟虔者其刑死此二千五百罪之目略也其刑書則亡夏刑大辟二百臏辟三百宮辟五百劓墨各千周則變焉所謂刑罰世輕世重者也鄭司農云漢孝文帝十三年除肉刑○劓魚器反室本又作窒同乃結反斷丁管反降戶江反撟居兆反

若司寇斷獄弊訟。則以五刑之灋。詔刑罰。而以辨罪之輕重。
詔刑罰者處其所應不如今律家所署灋矣

司刺掌三刺三宥三赦之灋。以贊司寇聽獄訟。
刺殺也訊而有罪則殺之宥寬也赦舍也

壹刺曰。訊羣臣。再刺曰。訊羣吏。三刺曰。訊萬民。
訊言

壹宥曰。不識。再宥曰。過失。三宥曰。遺忘。

鄭司農云，不識，謂愚民無所識則宥之。過失，若今律過失殺人不坐死。玄謂識，審也。不審，若今仇讎當報甲，見乙，誠以爲甲而殺之者。過失，若舉刃欲斫伐而軼中人者。遺忘，若間帷薄，忘有在焉，而以兵矢投射之。○忘音妄，中丁仲反，間間廁之間，射亦食反

壹赦曰幼弱，再赦曰老旄，三赦曰惷愚。

惷愚，生而癡騃童昏者。鄭司農云，幼弱老旄，若今律令年未滿八歲、八十以上，非手殺人，他皆不坐。○耄本又作旄，惷勑江反，騃五駭反，上時掌反

以此三灋者求民情，斷民中，而施上服下服之罪，然後刑殺。

上服，殺與墨劓；下服，宮刖也。司約職曰，其不信者服墨刑。凡行刑，必先規識所刑之處，乃後行之。

司約掌邦國及萬民之約劑，治神之約爲上，治民之約次之，治地之約次之，治功之約次之，治器之約次之，治摯之約次之。

此六約者，諸侯以下至於民皆有焉。劑，謂券書也。治者，理其相抵冒上下之差也。神約，謂命祀、郊社、羣望及所祖宗也。夔子不祀祝融，楚人伐之。民約，謂征稅遷移，仇讎既和，若懷宗九姓在晉，殷民六族七族在魯衛，皆是也。地約，謂經界所至，田萊之比也。功約，謂王功國功之屬，賞爵所及也。器約，謂禮樂吉凶車服所得用也。摯約，謂玉帛禽鳥相與往來也。○約於妙反，比毗志反

凡大約劑書於宗彝，小約劑書於丹圖。

大約劑，邦國約也。書於宗廟之六彝，欲神監焉。小約劑，萬民約也。丹圖未聞。或有彫器簠簋之屬，有圖象者與。春秋傳曰，斐豹隸也，著於丹書。今俗語有鐵券丹書，豈此舊典之遺言。

若有訟者，則珥而辟藏，其不信者服墨刑。

鄭司農云，謂有爭訟罪罰刑書謬誤不正者，爲之開藏取本刑書以正之。當開時，先祭之。玄謂訟，訟約，若宋仲幾、薛宰者也。辟藏，開府視約書。不信，不如約也。珥讀曰衈，謂殺雞取血釁其戶。○藏才浪反，爲于僞反

若大亂，則六官辟藏，其不信者殺。

大亂，謂僭約若吳楚之君、晉文公請隧以葬者。六官辟藏，明罪大也。六官初受盟約之貳。

司盟掌盟載之灋。

載，盟辭也。盟者書其辭於策，殺牲取血，坎其牲，加書於上而埋之，謂之載書。春秋傳曰，宋寺人惠牆伊戾坎用牲，加書爲世子痤與楚客盟。○痤才戈反

凡邦國有疑會同，則掌其盟約之載，及其禮儀，北面詔明神。既盟，則貳之。

有疑，不協也。明神，神之明察者，謂日月山川也。覲禮加方明于壇上，所以依之也。詔之者，讀其載書以告之也。貳之者，寫副當以授六官。

盟萬民之犯命者，詛其不信者，亦如之。

盟詛者，欲相與共惡之也。犯命，犯君教令也。不信，違約者也。春秋傳曰，臧紇犯門斬關以出，乃盟臧氏。又曰，鄭伯使卒出豭，行出犬雞，以詛射潁考叔者。○詛側慮反，惡烏路反，紇恨發反，行戶剛反，射食亦反

凡民之有約劑者，其貳在司盟。

貳之者，檢其自相違約。

有獄訟者，則使之盟詛。

不信則不敢聽此，盟詛所以省獄訟。

凡盟詛各以其地域之衆庶共其牲而致焉既盟則爲司盟共祈酒脯。

使其邑閭出牲而來盟既又使出酒脯司盟爲之祈明神使不信者必凶○爲于僞反

職金掌凡金玉錫石丹青之戒令。

青空青也

受其入征者辨其物之媺惡與其數量楬而璽之入其金錫于爲兵器之府入其玉石丹青于守藏之府。

爲兵器者攻金之工六也守藏者玉府內府也鄭司農云受其入征者謂主受采金玉錫石丹青者之租稅也楬而璽之者楬書其數量以著其物也璽者印也既楬書揃其數量又以印封之今時之書有所表識謂之楬櫫○楬音竭守音狩著直略反

揃音牋識申志反

入其要。

要凡數也入之於大府

掌受士之金罰貨罰入于司兵。

給治兵及工直也貨泉貝也罰罰贖也書曰金作贖刑○贖音蜀

旅于上帝則共其金版饗諸侯亦如之。

鉼金謂之版此版所施未聞○鉼必領反

凡國有大故而用金石則掌其令。

主其取之令也用金石者作槍雷椎椁之屬○槍七羊反雷當爲礌郎對反椁宅耕反

司厲掌盜賊之任器貨賄辨其物皆有數量賈而楬之入于司兵

鄭司農云任器貨賄謂盜賊所用傷人兵器及所盜財物也入于司兵若今時傷殺人所用兵器盜賊贓加責沒入縣官○賈音嫁

其奴男子入于罪隸女子入于舂槀。

鄭司農云謂坐爲盜賊而爲奴者輸於罪隸舂人槀人之官也由是觀之今之爲奴婢古之罪人也故書曰予則奴戮汝論語曰箕子爲之奴罪隸之奴也故春秋傳曰斐豹隸也著於丹書請焚丹書我殺督戎恥爲奴欲焚其籍也玄謂奴從坐而沒入縣官者男女同名○女音汝

凡有爵者與七十者與未齔者皆不爲奴。

有爵謂命士以上也齔毀齒也男八歲女七歲而毀齒○上時掌反

犬人掌犬牲。凡祭祀共犬牲用牷物伏瘞亦如之。

鄭司農云牷純也物色也伏謂伏犬以王車轢之瘞謂埋祭也爾雅曰祭地曰瘞埋○牷音全瘞於例反轢音歷

凡幾珥沈辜用駹可也。

故書駹作龍鄭司農云幾讀爲庪爾雅曰祭山曰庪縣祭川曰浮沈大宗伯職曰以埋沈祭山川林澤以罷辜祭四方百物龍讀爲駹謂不純色也玄謂幾讀爲刉珥當爲衈刉衈者釁禮之事○駹亡江反庪九委反縣音玄罷劉孚逼反

凡相犬牽犬者屬焉掌其政治。

相謂視擇知其善惡○相息亮反

司圜掌收教罷民凡害人者弗使冠飾而加明刑焉任之以事而收教之能改者上罪三年而舍中罪二年而舍下罪一年而舍其

不能改而出圜土者殺雖出三年不齒
弗使冠飾者著墨幪若古之象刑與舍釋之也鄭司農云罷民謂惡人不從化爲百姓所患苦而未入五刑者也故曰凡害人者不使冠飾任之以事若今時罰作矣○著丁略反幪莫公反

凡圜土之刑人也不虧體其罰人也不虧財
言其刑人但加以明刑罰人但任之以事耳鄭司農云以此知其爲民所苦而未入刑者也故大司寇職曰凡萬民之有罪過而未麗於法而害於州里者桎梏而坐諸嘉石役諸司空又曰以嘉石平罷民國語曰罷士無伍罷女無家言爲惡無所容入也玄謂圜土所收教者過失害人已麗於法者

掌囚掌守盜賊凡囚者上罪梏拲而桎中罪桎梏下罪梏王之同族拲有爵者桎以待弊罪

凡囚者謂非盜賊自以他罪拘者也鄭司農云拲者兩手共一木也桎梏者兩手各一木也玄謂在手曰梏在足曰桎中罪不拲手足各一木耳下罪又去桎王同族及命士以上雖有上罪或拲或桎而已弊猶斷也○梏古毒反拲漢書音義韋昭音拱云兩手共一木曰拲兩手各一木曰梏桎之實反

及刑殺告刑于王奉而適朝士加明梏以適市而刑殺之
告刑于王告王以今日當行刑及所刑姓名也某死罪則曰某之罪在大辟某刑罪則曰某之罪在小辟奉而適朝者重刑爲王欲有所赦且當以付士士鄉士也郊士加明梏者謂書其姓名及其罪於梏而著之也囚時雖有無梏者至於刑殺皆設之以適市就衆也庶姓無爵者皆刑殺於市○爲于僞反著丁略反

凡有爵者與王之同族奉而適甸師氏以待刑殺
適甸師氏亦由朝乃往也待刑殺者掌戮將自市來也文王世子曰雖親不以犯有司正術也所以體異姓也刑于隱者不與國人慮兄弟也

掌戮掌斬殺賊諜而搏之
斬以鈇鉞若今要斬也殺以刀刃若今棄市也諜謂奸寇反間者賊與諜罪大者斬之小者殺之搏當爲膊諸城上之膊字之誤也膊謂去衣磔之○要一遥反間間廁之間去起呂反

凡殺其親者焚之殺王之親者辜之
親緦服以內也焚燒也易曰焚如死如棄如辜之言枯也謂磔之

凡殺人者踣諸市肆之三日刑盜于市
踣僵尸也肆猶申也陳也凡言刑盜罪惡莫大焉○踣皮北反僵居良反

凡罪之麗於灋者亦如之唯王之同族與有爵者殺之于甸師氏

罪二千五百條上附下附刑五而已於刑同科者其刑殺之一也

凡軍旅田役斬殺刑戮亦如之
戮謂膊焚辜肆

墨者使守門
黥者無妨於禁御

劓者使守關
截鼻亦無妨以貌醜遠之

宮者使守內
以其人道絕也今世或然

刖者使守囿斷足驅衛禽獸無急行

髡者使守積鄭司農云髡當為完謂但居作三年不虧體者也玄謂此出五刑之中而髡者必王之同族不宮者宮之為翦其類髡頭而已守積積在隱者宜也○積子賜反

司隸掌五隸之灋辨其物而掌其政令五隸謂罪隸四翟之隸也物衣服兵器之屬

帥其民而搏盜賊役國中之辱事為百官積任器凡囚執人之事民五隸之民也鄭司農云百官所當任持之器物此官主為積聚之也玄謂任猶用也○為百于為反

周禮 卷三十六 司寇刑官之職 八 永懷堂

邦有祭祀賓客喪紀之事則役其煩辱之事煩猶劇也士喪禮下篇曰隸人涅廁○涅乃結反

掌帥四翟之隸使之皆服其邦之服執其邦之兵守王宮與野舍之厲禁野舍王者所止舍也厲遮例也○遮章奢反例音烈

罪隸掌役百官府與凡有守者掌使令之小事役給其小役○令力呈反

凡封國若家牛助為牽徬鄭司農云凡封國若家謂建諸侯立大夫家也牛助為牽徬此官主為送致之也玄謂牛助國以牛助轉徙也罪隸牽徬之在前曰牽在旁曰徬○徬步浪反

其守王宮與其厲禁者如蠻隸之事

蠻隸掌役校人養馬其在王宮者執其國之兵以守王宮在野外則守厲禁

閩隸掌役畜養鳥而阜蕃教擾之掌子則取隸焉杜子春云子當為祀玄謂掌子者王立世子置臣使掌其家事而以閩隸役之

夷隸掌役牧人養牛馬與鳥言鄭司農云夷狄之人或曉鳥獸之言故春秋傳曰介葛盧聞牛鳴曰是生三犧皆用矣是以貉隸職掌與獸言

其守王宮者與其守厲禁者如蠻隸之事

周禮 卷三十六 司寇刑官之職 九 永懷堂

貉隸掌役服不氏而養獸而教擾之掌與獸言不言阜蕃者猛獸不可服又不生乳於圈檻也○圈求阮反

其守王宮者與其守厲禁者如蠻隸之事

秋官司寇下

布憲掌憲邦之刑禁正月之吉執旌節以宣布于四方而憲邦之刑禁以詰四方邦國及其都鄙達于四海憲表也謂縣之也刑禁者國之五禁所以左右刑罰者司寇正月布刑于天下正歲又縣其書于象魏布憲於司寇布刑則以旌節出宣令之於司寇縣書則亦縣之于門閭及都鄙邦國刑者王政所重故屢丁寧焉詰謹也使四方謹行之爾雅曰九夷八蠻六戎五狄謂之四海○詰音吉

凡邦之大事合衆庶。則以刑禁號令。

禁殺戮掌司斬殺戮者。凡傷人見血而不以告者。攘獄者。遏訟者。以告而誅之。

司猶察也、察此四者告於司寇罪之也、斬殺戮謂吏民相斬相殺相戮者、傷人見血、見血乃為傷人耳、鄭司農云攘獄者距當獄者也、遏訟者遏止欲訟者也、玄謂攘猶郤也、郤獄者言不受也、

禁暴氏掌禁庶民之亂暴力正者。撟誣犯禁者。作言語而不信者。以告而誅之。

民之好為侵陵稱詐謾誕此三者亦刑所禁也、力正以力強得正也、○撟居表反好呼報反誕音但

凡國聚衆庶。則戮其犯禁者以徇。凡奚隸聚而出入者。則司牧人

戮其犯禁者、

奚隸、女奴男奴也、其聚出入有所使、

野廬氏掌達國道路至于四畿。

達謂巡行通之使不陷絕也、去王城五百里曰畿、○行下孟反

比國郊及野之道路。宿息。井樹。

比、猶校也、宿息、廬之屬賓客所宿及晝止者也、井共飲食樹為蕃蔽、

若有賓客。則令守涂地之人聚欜之有相翔者誅之。

守涂地之人道所生廬宿旁民也、相翔猶昌翔觀伺者也、鄭司農云聚欜之聚擊欜以宿衞之也、有姦人相翔於賓客之側則誅之、不得令寇盜賓客、○欜音託令力呈反

凡道路之舟車轚互者。敘而行之。

舟車轚互、謂於迫隘處也、車有轘轅坻閣舟有砥柱之屬其過之者、使以次敘之、○轚音計坻都禮反砥音旨

凡有節者。及有爵者至則為之辟。

辟、辟行人亦使守涂地者、

禁野之橫行徑踰者。

皆為防姦也、橫行、妄由田中、徑踰、射邪趨疾越隄渠也、○射食亦反

凡國之大事。比修除道路者。

比校治道者名、若令文金叙大功、

掌凡道禁。

禁謂若今絕蒙布巾持兵杖之屬、

邦之大師。則令埽道路。且以幾禁行作不時者。不物者。

不時、謂不夙則莫者也、不物謂衣服操持非此常人也、幾禁之者、備姦人內賊及反間、○莫音暮間間廁之反

蜡氏掌除骴。

曲禮、四足死者曰漬、故書骴作脊、鄭司農云、脊讀為漬、謂死人骨也、月令曰掩骼埋胔骨之尚有肉者也、及禽獸之骨皆是、○蜡清預反骴似賜反注漬胔皆同殨又作潰脊子亦反骼古百反

凡國之大祭祀。令州里除不蠲。禁刑者。任人及凶服者。以及郊野。

蠲讀如吉圭惟饎之圭、圭、潔也、刑者、黥劓之屬、任人司圜所收教罷民也、凶服、服衰絰也、此所禁除者皆為不欲見人所薉惡

大師大賓客亦如之。

也。○讕古玄反，傳昌志反，罷音皮，衰七雷反，爲于僞反，蕨蒲蘇反，今本多作蕨，惡息路反。

若有死於道路者，則令埋而置楬焉，書其日月焉，縣其衣服任器，于有地之官，以待其人。

有地之官，主此地之吏也。其人，其家人也。鄭司農云：楬欲令其識取之，今時楬櫫是也。有地之官，有郡界之吏，今時鄉亭是也。○楬音竭，縣音玄

掌凡國之骴禁。

禁，謂孟春掩骼埋胔之屬。

雍氏掌溝瀆澮池之禁。凡害於國稼者，春令爲阱擭溝瀆之利於民者，秋令塞阱杜擭。

溝瀆澮，田間通水者也。池，謂陂障之水道也。害於國稼，謂水潦及禽獸也。阱，穿地爲塹，所以禦禽獸，其或超踰則陷焉，世謂之陷阱。擭，柞鄂也。堅地阱淺，則設柞鄂於其中。秋而杜塞阱擭，收刈之時，爲其陷害人也。書粊誓曰：敜乃擭，敜乃阱。時秋也，伯禽以出師征徐戎。○擭胡化反，塹七豔反，本又作壍，柞才伯反，粊音祕，敜音杜，敜乃協反，又乃結反，徐劉本作郤，音徐

禁山之爲苑澤之沈者。

爲其就禽獸魚鱉自然之居而害之。鄭司農云：不得擅爲苑囿於山也。澤之沈者，謂毒魚及水蟲之屬。

萍氏掌國之水禁。

水禁，謂水中害人之處，及入水捕魚鱉不時。

幾酒。

苛察沽買過多及非時者。

謹酒，

使民節用酒也。書酒誥曰：有政有事，無彝酒。

禁川游者。

備波洋卒至沈溺也。○卒寸忽反

司寤氏掌夜時。

夜時，謂夜晚早，若今甲乙至戊。

以星分夜，以詔夜士夜禁。

夜士，主行夜徼候者，如今都候之屬。○行下孟反，徼古弔反

禦晨行者，禁宵行者、夜遊者。

備其遭寇害，及誅非公事。禦亦禁也，謂遏止之，無刑法也。晨，先明也。宵，定昏也。書曰：宵中星虛。春秋傳曰：夜中星隕如雨。○先悉薦反

司烜氏掌以夫遂取明火於日，以鑒取明水於月，以共祭祀之明齍明燭，共明水。

夫遂，陽遂也。鑒，鏡屬，取水者，世謂之方諸。取日之火，月之水，欲得陰陽之潔氣也。明燭以照饌陳，明水以爲玄酒。鄭司農云：夫，發聲。明齍，謂以明水脩滌粢盛黍稷。○夫方符反，司農音符，齍音資，注作粢

凡邦之大事，共墳燭庭燎。

故書墳爲蕡。鄭司農云：蕡燭，麻燭也。玄謂墳，大也。樹於門外曰大燭，於門內曰庭燎，皆所以照衆爲明。○蕡扶于反

中春以木鐸修火禁于國中。

爲季春將出火也火禁謂用火之處及備風燥○中音冲

軍旅修火禁邦若屋誅則爲明竁焉

鄭司農云屋誅謂夷三族無親屬收葬者故爲葬之也三夫爲屋一家田爲一夫以此知三家也玄謂屋讀如其刑剭之剭剭誅謂所殺不於市而以適甸師氏者也明竁若今揭頭明書其罪法也司恒掌明竁則罪人夜葬與○竁昌銳反剭音握

周禮卷三十六 終

周禮卷三十七

漢大司農北海鄭 玄註

皇明 後學東吳金 蟠訂

司寇刑官之職

條狼氏掌執鞭以趨辟王出入則八人夾道公則六人侯伯則四人子男則二人

趨辟趨而辟行人若今卒辟車之爲也孔子曰富而可求雖執鞭之士吾亦爲之言士之賤也○趨辟七須反下婢亦反又音避卒子忽反

凡誓執鞭以趨於前且命之誓僕右曰殺誓馭曰車轘誓大夫曰敢不關鞭五百誓師曰三百誓邦之大史曰殺誓小史曰墨

前謂所誓衆之行前也有司讀誓辭則大言其刑以警所誓也誓者謂出軍及將祭祀時也出軍之誓誓左右及馭則書之甘誓備矣郊特牲說祭祀之誓曰卜之日王立于澤親聽誓命受教諫之義也車轘謂車裂也師樂師也大史小史主禮事者鄭司農云誓大夫曰敢不關謂不關於君也玄謂大夫自受命以出則其餘事莫不復請○轘戶串反一音環大音泰注同行戶剛反警京領反復請上音服下音情

修閭氏掌比國中宿互㭬者與其國粥而比其追胥者而賞罰之

國中城中也粥養也國所游養謂羨卒也追逐寇也胥讀爲偦故書互爲巨鄭司農云宿謂宿衛也巨當爲互謂行馬所以障互禁止人也㭬謂行夜擊㭬○比毗志反宿如字劉息就反粥音育偦音胥又息呂反

禁徑踰者與以兵革趨行者與馳騁於國中者

皆爲其惑衆、

邦有故、則令守其閭互。唯執節者不幾。

令者、令其閭內之閭胥里宰之屬、

冥氏掌設弧張。

弧張、罿罦之屬所以扃絹禽獸、○冥音覓罿昌容反罦音浮扃古熒反絹古犬反

爲阱擭以攻猛獸、以靈鼓敺之。

靈鼓、六面鼓、敺之使驚趨阱擭、○敺丘于反後同

若得其獸、則獻其皮革齒須備。

鄭司農云、須、直謂頤下須、備、謂搔也、

庶氏掌除毒蠱、以攻說禬之、嘉草攻之。

毒蠱、毒物而病害人者、賊律曰敢蠱人及敎令者棄市、攻說祈名、祈其神求去之也、嘉草、藥物、其狀未聞、攻之謂燻之、鄭司農云、禬除也、玄謂此禬讀如潰癰之潰、○庶章預反毒蠱音古禬音潰戶內反去起呂反燻許云反

凡敺蠱、則令之比之。

使爲之、又捄次之、

穴氏掌攻蟄獸、各以其物火之。

蟄獸、熊羆之屬冬藏者也、將攻之、必先燒其所食之物於穴外、以誘出之、乃可得之、

以時獻其珍異皮革。

翨氏掌攻猛鳥、各以其物爲媒而掎之。

猛鳥、鷹隼之屬、置其所食之物於絹中、鳥來下、則掎其腳、○掎居綺反隼息允反

以時獻其羽翮。

柞氏掌攻草木及林麓。

林人所養者、山足曰麓、○柞側百反麓音鹿

夏日至、令刊陽木而火之、冬日至、令剝陰木而水之。

刊剝、互言耳、皆謂斫去次地之皮、生山南爲陽木、生山北爲陰木、火之水之、則使其肄不生、○刊苦干反去起呂反肄以四反

若欲其化也、則春秋變其水火。

化猶生也、謂時以種穀也、變其水火者、乃所火則水之、所水則火之、則其土和美、

凡攻木者、掌其政令。

除木、有時、

薙氏掌殺草、春始生而萌之、夏日至而夷之、秋繩而芟之、冬日至而耜之。

故書萌作甍、杜子春云、甍當爲萌、謂耕反其萌牙、書亦或爲萌、玄謂萌之者、以茲其斫其生者、夷之、以鉤鎌迫地芟之也、若今取茭矣、含實曰繩、芟其繩則實不成熟、耜之、以耜側凍土剗之、○繩音孕以證反芟所銜反甍音萌茲其音基鎌音兼茭音交

剗初產反劉則展反

若欲其化也、則以水火變之。

謂以火燒其所芟萌之草、已而水之、則其土亦和美矣、月令季夏燒薙行水、利以殺草、加以熱湯、是其一時著之、

掌凡殺草之政令。

硩蔟氏掌覆夭鳥之巢。
覆猶毀也。夭鳥，惡鳴之鳥，若鴞鵩。○覆芳復反，夭音妖，鴞于嬌反，鵩音服

以方書十日之號，十有二辰之號，十有二月之號，十有二歲之號，二十有八星之號，縣其巢上，則去之。
方，版也。日謂從甲至癸，辰謂從子至亥，月謂從娵至荼，歲謂從攝提格至赤奮若，星謂從角至軫。夭鳥見此五者而去，其詳未聞。○縣音玄，娵徐劉並子須反，荼音餘，又音徒

翦氏掌除蠹物，以攻禜攻之，以莽草熏之。
蠹物，穿食人器物者，蟲魚亦是也。攻禜，祈名。莽草，藥物，殺蟲者，以熏之則死，故書蠹為橐，杜子春云橐當為蠹。○蠹丁故反，劉音貢，禜音詠，莽亡蕩反，橐古毛反，本或作橐，他各反

周禮　卷三十七　司寇刑官之職　四　永懷堂

凡庶蠱之事。
庶，除毒蠱者，蠱，蠹之類，或熏以莽草則去。○庶章預反

赤犮氏掌除牆屋，以蜃炭攻之，以灰洒毒之。
洒，灑也。除牆屋者，除蟲豸藏逃其中者。蜃，大蛤也。擣其炭以坋之，則走，淳之以灑之，則死。故書蜃為晨，鄭司農云晨當為蜃，書亦或為蜃。○蜃市軫反，洒色買反，豸直氏反，坋蒲悶反，淳之純反

凡隙屋，除其貍蟲。
貍蟲，䗪、肌蛷之屬。○貍莫皆反，䗪草夜反，肌居其反，求本或作蛷，音求

蟈氏掌去鼃黽，焚牡蘜，以灰洒之則死。
牡蘜，蘜不華者。齊魯之間謂鼃為蟈。黽，耿黽也。蟈與耿黽尤怒鳴，為聒人耳，去之。○去起呂反，鼃戶媧反，黽莫辛反，蘜弓六反，為聒于嬀反，下古活反

以其煙被之，則凡水蟲無聲。
杜子春云：假令風從東方來，則於水東面為煙，令煙西行，被之水上。○被皮義反，令力呈反

壺涿氏掌除水蟲，以炮土之鼓敺之，以焚石投之。
水蟲，狐蜮之屬。故書炮作泡，杜子春讀炮為苞，有苦葉之苞。玄謂燔之炮之炮，炮土之鼓，瓦鼓也。焚石投之，使驚去。○炮步交反，注泡苞同，蜮音或，燔音煩

若欲殺其神，則以牡橭午貫象齒而沈之，則其神死，淵為陵。
神謂水神，龍罔象。故書橭為梓，午為五。杜子春云：梓當為橭，橭讀為枯，枯，榆木名。書或為樗。又云：五貫當為午貫。○橭音沽，杜讀為枯，梓音子，本或作樗，樗丑居反

周禮　卷三十七　司寇刑官之職　五　永懷堂

庭氏掌射國中之夭鳥。若不見其鳥獸，則以救日之弓與救月之矢射之。
不見鳥獸，謂夜來鳴呼為怪者。獸，狐狼之屬。鄭司農云：救日之弓，救月之矢，謂日月食所作弓矢。玄謂日月之食，陰陽相勝之變也。於日食則射大陰，月食則射大陽與。○射食亦反，大音泰

若神也，則以大陰之弓與枉矢射之。
神謂非鳥獸之聲，若或叫于宋大廟譆譆出出者。太陰之弓，救月之弓。枉矢，救日之矢與。不言救月之弓與救日之矢者，互言之。救日用枉矢，則救月以恒矢可知也。○譆許其反，出音出，本亦作出

銜枚氏掌司囂。
察囂讙者，為其聒亂在朝者之言語。○囂五羔反，讙呼遠反

國之大祭祀，令禁無囂。令，令主祭祀者。

軍旅田役，令銜枚。爲其言語以相誤。

禁嘂呼歎嗚於國中者，行歌哭於國中之道者。爲其惑衆相感動。嗚，吟也。○嘂音叫　吟魚今反

伊耆氏掌國之大祭祀，共其杖咸。咸讀爲函。老臣雖杖於朝，事鬼神尚敬，去之，有司以此函藏之，旣事乃授之。○函音咸　去起呂反

軍旅授有爵者杖。

別吏卒，且以扶尊者。將軍杖鉞。○別彼列反　卒子忽反　杖直亮反　又音丈　鉞音越

共王之齒杖。王之所以賜老者之杖。鄭司農云：謂年七十當以王命受杖者，今時亦命之爲王杖。玄謂王制曰：五十杖於家，六十杖於鄉，七十杖於國，八十杖於朝。

大行人掌大賓之禮及大客之儀，以親諸侯。大賓，要服以內諸侯。大客，謂其孤卿。○要於遥反

春朝諸侯而圖天下之事，秋覲以比邦國之功，夏宗以陳天下之謨，冬遇以協諸侯之慮，時會以發四方之禁，殷同以施天下之政。此六事者，以王見諸侯爲文。圖、比、陳、協，皆考績之言。王者春見諸侯則圖其事之可否，秋見諸侯則比其功之高下，夏見諸侯則陳其謀之是非，冬見諸侯則合其慮之異同。六服以其朝歲四時分來，更迭如此而徧。時會即時見也，無常期。諸侯有不順服者，王將有征討之事，則旣朝，王命爲壇於國外，合諸侯而發禁命事焉。禁，謂九伐之法。殷同即殷見也。王十二歲一巡守，若不巡守，則殷同。殷同者，六服盡朝。旣朝，王亦命爲壇於國外，合諸侯而命其政。政，謂邦國之九法。殷同四方四時分來，歲終則徧矣。九伐、九法，皆在司馬職。司馬法曰：春以禮朝諸侯，圖同事；夏以禮宗諸侯，陳同謀；秋以禮覲諸侯，比同功；冬以禮遇諸侯，圖同慮；時以禮會諸侯，施同政；殷以禮宗諸侯，發同禁。○朝直遥反　比毗志反　戒如字　更音庚　迭直結反　徧音遍　見賢徧反　下殷見同

時聘以結諸侯之好，殷覜以除邦國之慝。此二事者，亦以王見諸侯之臣使來者爲文也。時聘者亦無常期，天子有事，諸侯使大夫來聘，親以禮見之，禮而遣之，所以結其恩好也。天子無事則已。殷覜，謂一服朝之歲也。慝，猶惡也。一服朝之歲，五服諸侯皆使卿以聘禮來覜天子，天子以禮見之，

命以政禁之事，所以除其惡行。○好呼報反　覜通弔反　慝吐得反　使色吏反　行下孟反

間問以諭諸侯之志，歸脤以交諸侯之福，賀慶以贊諸侯之喜，致禬以補諸侯之災。此四者，王使臣於諸侯之禮也。間問者，間歲一問諸侯，謂存省之屬。諭諸侯之志者，諭言語、諭書名其類也。交，或往或來者也。贊，助也。致禬，凶禮之弔禮、禬禮也。補諸侯災者，若春秋澶淵之會，謀歸宋財。○脤上忍反　禬音會　澶市然反

以九儀辨諸侯之命，等諸臣之爵，以同邦國之禮，而待其賓客。九儀，謂命者五，公侯伯子男也；爵者四，孤卿大夫士也。

上公之禮，執桓圭九寸，繅藉九寸，冕服九章，建常九斿，樊纓九就，貳車九乘，介九人，禮九牢，其朝位賓主之間九十步，立當車軹，擯

者五入廟中將幣三享王禮再祼而酢饗禮九獻食禮九舉出入五積三問三勞諸侯之禮執信圭七寸繅藉七寸冕服七章建常七斿樊纓七就貳車七乘介七人禮七牢朝位賓主之間七十步立當前疾擯者四人廟中將幣三享王禮壹祼而酢饗禮七獻食禮七舉出入四積再問再勞諸伯執躬圭其他皆如諸侯之禮諸子執穀璧五寸繅藉五寸冕服五章建常五斿樊纓五就貳車五乘介五人禮五牢朝位賓主之間五十步立當車衡擯者三人廟中將幣三享王禮壹祼不酢饗禮五獻食禮五舉出入三積壹問壹勞諸男執蒲璧其他皆如諸子之禮

繅藉以五采韋衣板若奠玉則以藉之冕服著冕所服之衣也九章者自山龍以下七章者自華蟲以下五章者自宗彝以下也常旌旗也斿其屬幓垂者也樊纓馬飾也以屬飾之每一處五采備為一就就成也貳副也介輔已行禮者也禮大禮饔餼也三牲備為一牢朝位謂大門外賓下車及王車出迎所立處也王始立大門內交擯三辭乃乘車而迎之齊僕為之節上公立當軹侯伯立當疾子男立當衡王立當軫與廟受命祖之廟也饗設盛禮以飲賓也問問不恙也勞謂苦倦之也皆有禮以幣致之故書祼作果鄭司農云車軹軹也三享三獻也祼讀為灌再灌再飲公也而酢報飲王也舉舉樂也出入五積謂饋之芻米也前疾謂駟馬車轅前胡下垂拄地者玄謂三享皆束帛加璧庭實惟國所有朝士儀曰奉國地所出重物而獻之明臣職也朝先享不言朝者朝正禮不嫌有等也王禮王以鬱鬯禮賓也鬱人職曰凡祭祀賓客之祼事和鬱鬯以實彝而陳之禮者使宗伯攝酌圭瓚而祼王既拜送爵又攝酌璋瓚而祼后又拜送爵是謂再祼再祼賓乃酢王也禮侯伯一祼而酢者祼賓賓酢王而已后不祼也禮子男一祼不酢者祼賓而已不酢王也不酢之禮聘禮禮賓是與九舉舉牲體九飯也出入謂從來

訖去也每積有牢禮米禾芻薪凡數不同者皆降殺○繅音藻藉在夜反斿音留乘繩證反介音界軹之氏反擯必刃反祼古亂反酢才洛反食音嗣積子賜反勞老報反信音申板於旣反著丁略反屬章玉反幓音衫旃居例反齊側皆反與音餘飲於鴆反恙羊尚反拄張矩反飯扶晚反殺色界反

凡大國之孤執皮帛以繼小國之君出入三積不問壹勞朝位當車前不交擯廟中無相以酒禮之其他皆眡小國之君

此以君命來聘者也孤尊既聘享更自以其贄見執束帛而已豹皮表之為飾繼小國之君言次之也朝聘之禮每一國畢乃前不交擯者不使介傳辭交於王之擯親自對擯者也廟中無相介皆入門西上而立不前相禮者聘之介是與以酒禮之酒謂齊酒也和之不用鬱鬯耳其他謂貳車及介牢禮賓主之間擯者將幣祼酢饗食之數○相息亮反李息丈反摯本又作贄音至見賢遍反傳直專反齊才計反

凡諸侯之卿其禮各下其君二等以下及其大夫士皆如之

此亦以君命來聘者也所下其君者介與朝位賓主之間也其餘則自以其爵聘義曰上公七介侯伯五介子男三介是謂使卿之聘之數也朝位則上公七十步侯伯五十步子男三十步與

邦畿方千里其外方五百里謂之侯服歲壹見其貢祀物又其外方五百里謂之甸服二歲壹見其貢嬪物又其外方五百里謂之男服三歲壹見其貢器物又其外方五百里謂之采服四歲壹見其貢服物又其外方五百里謂之衞服五歲壹見其貢材物又其外方五百里謂之要服六歲壹見其貢貨物

要服蠻服也此六服去王城三千五百里相距方七千里公侯伯子男封焉其朝貢之歲四方各四分趨四時而來或朝春或

宗夏或覲秋或遇冬祀貢者犧牲之屬故書嬪作頻鄭司農云嬪物婦人所爲物也爾雅曰嬪婦也玄謂嬪物絲枲也器物尊彝之屬服物玄纁絺纊也材物八材也貨物龜貝也○嬪婢人反絺勑之反纊音曠

九州之外謂之蕃國世壹見各以其所貴寶爲摯

九州之外夷服鎮服蕃服也曲禮曰其在東夷北狄西戎南蠻雖大曰子春秋傳曰杞伯也以夷禮故曰子然則九州之外其君皆子男也無朝貢之歲父死子立及嗣王即位乃一來耳各以其所貴寶爲贄則蕃國之君無執玉瑞者是以謂其君爲小賓臣爲小客所貴寶見傳者若犬戎獻白狼白鹿是也其餘則周書王會備焉○見傳上賢遍反下直戀反

王之所以撫邦國諸侯者歲徧存三歲徧頫五歲徧省七歲屬象胥諭言語協辭命九歲屬瞽史諭書名聽聲音十有一歲達瑞節同度量成牢禮同數器修灋則十有二歲王巡守殷國

撫猶安也存頫省者王使臣於諸侯之禮所謂閒問也歲者巡守之明歲以爲始也屬猶聚也自五歲之後遂閒歲徧省也七歲省而召其象胥九歲省而召其瞽史皆聚於天子之宮教習之也故書協辭命作叶詞命鄭司農云象胥譯官也叶當爲汁詞當爲辭書或爲叶辭命玄謂胥讀爲諝王制曰五方之民言語不通嗜欲不同達其志通其欲東方曰寄南方曰象西方曰狄鞮北方曰譯此官正爲象者周始有越重譯而來獻是因通言語之官爲象胥云諝謂象之有才知者也辭命六辭之命也瞽樂師也史太史小史也書名書之字也古曰名聘禮曰百名以上至十一歲又徧省焉度丈尺也量豆區釜也數器銓衡也灋八灋也則八則也達同成修皆謂齎其灋式行至則齊等之也成平也平其僭踰者也王巡守諸侯會者各以其時之方書曰遂覲東后是也其殷國則四方四時分來如平時○屬章東反叶音協詞音辭譯音亦汁之十反又音協諝思敘反嗜市志反慾音欲鞮丁兮反重直龍反知音智齎子兮反

凡諸侯之王事辨其位正其等協其禮賓而見之

王事以王之事來也詩云莫敢不來王孟子曰諸侯有王

若有大喪則詔相諸侯之禮

詔相左右教告之也○相息亮反

若有四方之大事則受其幣聽其辭

四方之大事謂國有兵寇諸侯來告急者禮動不虛皆有贄幣以崇敬也受之以其事入告王也聘禮曰若有言則以束帛如享禮

凡諸侯之邦交歲相問也殷相聘也世相朝也

小聘曰問殷中也久無事又於殷朝者及而相聘也父死子立曰世凡君即位大國朝焉小國聘焉此皆所以習禮考與正刑一德以尊天子也必擇有道之國而就修之鄭司農說殷聘以春秋傳曰孟僖子如齊殷聘是也

小行人掌邦國賓客之禮籍以待四方之使者

禮籍名位尊卑之書使者諸侯之臣使來者也○使色吏反

令諸侯春入貢秋獻功王親受之各以其國之籍禮之

貢六服所貢也功考績之功也秋獻之若今計文書斷於九月其舊法

凡諸侯入王則逆勞于畿

鄭司農云入王朝於王也故春秋傳曰宋公不王又曰諸侯有王王有巡守

及郊勞眡館將幣爲承而擯

眡館致館也承猶丞也王使勞賓於郊致館於賓至將幣使宗伯爲上擯皆爲之丞而擯之

凡四方之使者大客則擯小客則受其幣而聽其辭

擯者擯而見之王使得親言也受其幣者受之以入告其所爲來之事

使適四方協九儀賓客之禮朝覲宗遇會同君之禮也存覜省聘問臣之禮也

適之也協合也

達天下之六節山國用虎節土國用人節澤國用龍節皆以金爲之道路用旌節門關用符節都鄙用管節皆以竹爲之

此謂邦國之節也達之者使之四方亦皆齎法式以齊等之也諸侯使臣行覜聘則以金節授之以爲行道之信也虎人龍者自其國象也道路謂鄉遂大夫也都鄙者公之子弟及卿大夫之采地之吏也凡邦國之民遠出至他邦他邦之民若來入由國門者門人爲之節由關者關人爲之節其以徵令及家徙鄉遂大夫及采地吏爲之節皆使人執節將之以達之亦有期以

反節管節如今之竹使符也其有商者通之以符節如門關門關者與市聯事節可同也亦所以異於畿內也凡節有天子法式存於國

成六瑞王用瑱圭公用桓圭侯用信圭伯用躬圭子用穀璧男用蒲璧

成平也瑞信也皆朝見所執以爲信○瑱吐電反

合六幣圭以馬璋以皮璧以帛琮以錦琥以繡璜以黼此六物者以和諸侯之好故

合同也六幣所以享也五等諸侯享天子用璧享后用琮其大各如其瑞皆有庭實以馬若皮皮虎豹皮也用圭璋者二王之後也二王後尊故享用圭璋而特之禮器曰圭璋特義亦通於此其於諸侯亦用璧琮耳子男於諸侯則享用琥璜下其瑞也凡二王後諸侯相享之玉大小各降其瑞一等及使卿大夫覜聘亦如之○琮才宗反琥音虎璜音黄好呼報反

若國札喪則令賻補之若國凶荒則令賙委之若國師役則令槁禬之若國有福事則令慶賀之若國有旤烖則令哀弔之凡此五物者治其事故

故書賻作傅槁爲槀鄭司農云賻補之謂賻喪家補助其不足也若今時一室二尸則官與之棺也槀當爲槁謂槁師也玄謂師役者國有兵寇以匱病者也使鄰國合會財貨以與之春秋定五年夏歸粟於蔡是也宗伯職曰以禬禮哀圍敗旤烖水火

○槁苦報反禬音會槀古老反

及其萬民之利害爲一書其禮俗政事敎治刑禁之逆順爲一書其悖逆暴亂作慝猶犯令者爲一書其札喪凶荒厄貧爲一書其

康樂和親安平爲一書凡此物者每國辨異之以反命于王以周知天下之故

慝惡也猶圖也○治直吏反樂音洛

周禮卷三十七終

周禮卷三十八

漢大司農北海鄭　玄註

皇明　後學東吳葛　鼒訂

司寇刑官之職

司儀掌九儀之賓客擯相之禮，以詔儀容辭令揖讓之節。

出接賓曰擯，入贊禮曰相，以詔者以禮告王。

將合諸侯，則令爲壇三成，宮旁一門。

合諸侯，謂有事而會也。爲壇於國外，以命事。宮謂壝土以爲牆處，所謂爲壇壝宮也。天子春帥諸侯拜日於東郊，則爲壇於國東；夏禮日於南郊，則爲壇於國南；秋禮山川丘陵於西郊，則爲壇於國西；冬禮月四瀆於北郊，則爲壇於國北。既拜禮而還，加

方明於壇上而祀焉，所以教尊尊也。覲禮曰：諸侯覲於天子，爲宮方三百步，四門，壇十有二尋，深四尺，是也。王巡守殷國而同，則其爲宮亦如此。與鄭司農云：三成，三重也。爾雅曰：丘一成爲敦丘，再成爲陶丘，三成爲昆侖丘，謂三重。○壝惟癸反，重直龍反

詔王儀，南鄉見諸侯，土揖庶姓，時揖異姓，天揖同姓。

謂王既祀方明，諸侯上介皆奉其君之旂置于宮，乃詔王升壇，諸侯皆就其旂而立。諸公中階之前，北面東上；諸侯東階之東，西面北上；諸伯西階之西，東面北上；諸子門東，北面東上；諸男門西，北面東上。王揖之者，定其位也。庶姓，無親者也。土揖，推手小下之也。異姓，婚姻也。時揖，平推手也。衛將軍文子曰：獨居思仁，公善言義，其聞詩也，一日三復白圭之玷，是南宮縚之行也。夫子信其仁，以爲異姓，故妻之也。天揖，推手小舉之。○縚吐刀反，行下孟反

及其擯之，各以其禮，公於上等，侯於中等，子男於下等。

謂執玉而前見於王也。擯之各以其禮者，謂擯公者五人，侯伯四人，子男三人也。上等、中等、下等者，謂所奠玉處也。壇三成，深四尺，則一等一尺也。壇十有二尋，方九十六尺，則堂上二丈四尺，每等丈二尺，與諸侯各於其等奠玉，降拜，升成拜，明臣禮也。既乃升堂受王玉。

其將幣亦如之，其禮亦如之。

將幣，享也。禮，謂以鬱鬯祼之也。皆於其等之上。

王燕，則諸侯毛。

謂以須髮坐也。朝事尊尊上爵，燕則親親上齒。鄭司農云：謂老者在上也。老者二毛，故曰毛。

凡諸公相爲賓，

謂相朝也。

主國五積，三問，皆三辭拜受，皆旅擯，再勞，三辭，三揖，登，拜受，拜送。

賓所停止則積，閒闕則問，行道則勞，其禮皆使卿大夫致之。從來至去，數如此也。三辭，辭其以禮來於外也。積問不言登，受之於庭也。鄭司農云：旅讀爲旅於泰山之旅，謂九人傳辭，相授於上下。竟問賓從末上，行介還受上傳之。玄謂旅讀爲鴻臚之臚，臚陳之也。賓之介九人，使者七人，皆陳擯位，不傳辭也。賓之上介出請使者，則前對位，皆當其末擯焉。三揖，謂庭中時也。拜送，送使者。○末上時掌反，下上傳上車同

主君郊勞，交擯，三辭，車逆，拜辱，三揖，三辭，拜受，車送，三還，再拜。

主君郊勞，備三勞而親之也。鄭司農云：交擯三辭，謂賓主之擯者俱三辭也。車逆，主人以車迎賓於館也。拜辱，賓拜謝辱也。玄謂交擯者，各陳九介，使傳辭也。車迎拜辱者，賓以上君親來，乘車出舍門而迎之，若欲遠就之，然後見之，則下拜，迎謝其自屈辱來也。至去，又乘車，若欲遠送，然主君三還辭之，乃再拜送之也。車送迎之節，各以其等，則諸公九十步，立當車軹也。三辭重

者先辭辭其以禮來於外後辭辭升堂

致館亦如之。館舍也使大夫授之君又以禮親致焉

致飧如致積之禮。俱使大夫禮同也飧食也小禮曰飧大禮曰饔餼

及將幣交擯三辭車逆拜辱賓車進答拜三揖三讓每門止一相及廟唯上相入賓三揖三讓登再拜授幣賓拜送幣每事如初賓亦如之及出車送三請三進再拜賓三還三辭告辟。鄭司農云交擯擯者交也賓車進答拜賓上車進主人乃答其拜也及出車送三請主人三請留賓也三進進隨賓也賓三還

三辭告辟賓三還辭謝言已辟去也玄謂既三辭主君則乘車出大門而迎賓見之而下拜其辱賓車乃前下答拜也三揖者相去九十步揖之使前也至而三讓讓入門也相謂主君擯者及賓之介也謂之相者於外傳辭耳入門當以禮詔侑也介紹而傳命者君子於其所尊不敢質敬之至也每門止一相彌相親也君入門介拂闑大夫中棖與闑之間士介拂棖此為介雁行相隨也止之者絕行在後耳賓三揖三讓讓升也登再拜授幣授當為受主人拜至且受玉也每事如初謂享及有言也賓當為儐謂以鬱鬯禮賓也上於下曰禮敵者曰儐禮器曰諸侯相朝灌用鬱鬯無籩豆之薦謂此朝禮畢儐賓也三請三進請賓就車也主君每一請車一進欲遠送之也三還三辭主君一請者賓亦一還一辭○賓拜音擯下賓使者同辟劉薄歷反辟音避闑魚列反棖直庚反行戶剛反

致饔餼還圭饗食致贈郊送皆如將幣之儀。此六禮者惟饗食速賓耳其餘主君親往親往者賓為主人主人為賓君如有故不親饗食則使大夫以酬幣侑幣致之鄭司農云還圭歸其玉也故公子重耳受飧反璧玄謂聘以圭璋禮也享以璧琮財也已聘而還圭璋輕財而重禮贈送以財既贈又送至于郊○還音環食音嗣

賓之拜禮拜饔餼拜饗食。鄭司農云賓之拜禮者因言賓所當拜者之禮也所當拜者拜饔餼拜饗食玄謂賓將去就朝拜謝此三禮三禮禮之重者也賓既拜主君乃至館贈之去又送之于郊

賓繼主君皆如主國之禮。鄭司農云賓繼主君若復主人之禮費也故曰皆如主國之禮玄謂繼主君者儐主君也儐之者主君郊勞致館饔餼還圭贈郊送之時也如其禮者謂玉帛皮馬也有饌陳之積者不如也若饗食主君及期亦速焉○費芳味反

諸侯諸伯諸子諸男之相為賓也各以其禮相待也如諸公之儀。

賓主相待之儀與諸公同也饔餼饗食之禮則有降殺○殺色界反

諸公之臣相為國客。謂相聘也

則三積皆三辭拜受。受者受之於庭也侯伯之臣不致積

及大夫郊勞旅擯三辭拜辱三讓登聽命下拜登受賓使者如初之儀及退拜送。登聽命賓登堂也賓當為擯勞用束帛擯用束錦侯伯之臣受勞於庭

致館如初之儀。

如郊勞也不儐耳侯伯之臣致館于庭不言致飱者君於聘大夫不致飱也聘禮曰飱不致賓不拜

及將幣旅擯三辭拜逆客辟三揖每門止一相及廟唯君相入三讓客登拜客三辟授幣下出每事如初之儀

客辟逡巡不答拜也惟君相入客臣也相不入矣拜主君拜客至也客三辟三退負序也每事享及有言

及禮私面私獻皆再拜稽首君答拜

禮以醴禮客私面私覿也既覿則或有私獻者鄭司農云說私面以春秋傳曰楚公子棄疾見鄭伯以其乘馬八匹私面

出及中門之外問君客再拜對君拜客辟而對君問大夫客對君勞客客再拜稽首君答拜客趨辟

中門之外即大門之內也問君曰君不恙乎對曰使臣之來寡君命臣于庭問大夫曰二三子不恙乎對曰寡君命使臣于庭二三子皆在勞客曰道路悠遠客甚勞勞介則曰二三子甚勞問君客再拜對者爲敬愼也

致饔餼如勞之禮饗食還圭如將幣之儀

饗食亦謂君不親而使大夫以幣致之

君館客客辟介受命遂送客從拜辱于朝

君館客者客將去就省之盡殷勤也遂送君拜以送客○從才用反

明日客拜禮賜遂行如入之積

禮賜謂乘禽君之加惠也如入之積則三積從來至去○乘繩證反

凡侯伯子男之臣以其國之爵相爲客而相禮其儀亦如之

爵卿也大夫也士也

凡四方之賓客禮儀辭命餼牢賜獻以二等從其爵而上下之

上下猶豐殺也

凡賓客送逆同禮

謂郊勞郊送之屬

凡諸侯之交各稱其邦而爲之幣以其幣爲之禮

幣享幣也於大國則豐於小國則殺主國禮之如其豐殺謂賄用束紡禮用玉帛乘皮及贈之屬○稱尺證反

凡行人之儀不朝不夕不正其主面亦不背客

謂擯相傳辭時也不正東鄉不正西鄉常視賓主之前却得兩鄉之而已

行夫掌邦國傳遽之小事媺惡而禮者凡其使也必以旌節雖道

有難而不時必達

傳遽若今時乘傳騎驛而使者也美福慶也惡喪荒也此事之小者無禮行夫主使之道有難謂遭疾病他故不以時至也必達王命不可廢也其大者有禮大小行人使之有故則介傳命不嫌不達○傳張戀反遽其庶反使色吏反難乃旦反傳直宣反

居於其國則掌行人之勞辱事焉使則介之

使謂大小行人也故書曰夷使鄭司農云夷使使於四夷則行夫主爲之介玄謂夷發聲○焉劉音夷

環人掌送逆邦國之通賓客以路節達諸四方

通賓客以常事往來者也路節旌節也四方圻上

舍則授館令聚㰅有任器則令環之

令，令野廬氏也。鄭司農云：四方人有任器者，則環人主令宿環守之。○宿，徐音衛。
凡門關無幾，送逆及疆。
鄭司農云：門關不得苛留環人也。玄謂環人送逆之，則賓客出入不見幾。○疆，居良反。
象胥掌蠻夷閩貉戎狄之國使，掌傳王之言而諭說焉，以和親之。
謂蕃國之臣來覜聘者。○閩，亡巾反。貉，亡百反。使，所吏反。
若以時入賓，則協其禮與其辭，言傳之。
以時入賓，謂其君以世一見來朝爲賓者。○見，賢遍反。
凡其出入送逆之禮節幣帛辭令，而賓相之。
從來至去，皆爲擯而相佑其禮儀。○賓，音儐，下同。相，息亮反。

凡國之大喪，詔相國客之禮儀而正其位。
客謂諸侯使臣來弔者。
凡軍旅會同，受國客幣而賓禮之。
謂諸侯以王有軍旅之事，使臣奉幣來問。
凡作事，王之大事諸侯，次事卿，次事大夫，次事上士，下事庶子。
作，使也。鄭司農云：王之大事諸侯，使諸侯執大事也。次事卿，使卿執其次事也。次事使大夫，次事使上士，下事使庶子。
掌客掌四方賓客之牢禮、餼獻、飲食之等數，與其政治。
政治，邪新殺禮之屬。
王合諸侯而饗禮，則具十有二牢，庶具百物備，諸侯長十有再獻。
饗諸侯而用王禮之數者，以公侯伯子男盡在，是兼享之，莫敵用也。諸侯長，九命作伯者也。獻公侯以下如其命數。○長，知丈反。敵，丁歷反。
王巡守殷國，則國君膳以牲犢，令百官百牲皆具，從者三公眂上公之禮，卿眂侯伯之禮，大夫眂子男之禮，士眂諸侯之卿禮，庶子壹眂其大夫之禮。
國君者，王所過之國君也。犢，繭栗之犢也，以時天子，貴誠也。牲，孕天子不食也，祭帝不用也。凡賓客則皆角尺，令者掌客令主國也。百牲皆具，言無有不具備。○從，才用反。
凡諸侯之禮：上公五積，皆眂飧牽，三問皆脩，羣介、行人、宰、史皆有牢。飧五牢，食四十，簠十，豆四十，鉶四十有二，壺四十，鼎簋十有二，

牲三十有六，皆陳。饔餼九牢，其死牢如飧之陳，牽四牢，米百有二十筥，醯醢百有二十甕，車皆陳。車米眂生牢，牢十車，車秉有五籔，車禾眂死牢，牢十車，車三秅，芻薪倍禾，皆陳。乘禽日九十雙，殷膳大牢，以及歸，三饗，三食，三燕，若弗酌則以幣致之。凡介、行人、宰、史皆有飧饔餼，以其爵等爲之牢禮之陳數，唯上介有禽獻。夫人致禮，八壺，八豆，八籩，膳大牢，致饗大牢，食大牢。卿皆見以羔，膳大牢。侯伯四積，皆眂飧牽，再問皆脩，飧四牢，食三十有二，簠八，豆三十有二，鉶二十有八，壺三十有二，鼎簋十有二，腥二十有七，皆陳。饔餼七牢，其死牢如飧之陳，牽三牢，米百筥，醯醢百甕，皆陳，米三十

車禾四十車芻薪倍禾皆陳乘禽日七十雙殷膳大牢三饗再食再燕凡介行人宰史皆有飧饔餼以其爵等為之禮唯上介有禽獻夫人致禮八壺八豆八籩膳大牢致饔大牢卿皆見以羔膳特牛子男三積皆眡飧牽壹問以修飧三牢食二十有四簠六豆二十有四鉶十有八壺二十有四鼎簋十有二牲十有八皆陳饔餼五牢其死牢如飧之陳牽二牢米八十筥醯醢八十罋皆陳米二十車禾三十車芻薪倍禾皆陳乘禽日五十雙壹饗壹食壹燕凡介行人宰史皆有飧饔餼以其爵等為之禮唯上介有禽獻夫人致禮六壺六豆六籩膳眡致饗親見卿皆膳特牛

積皆是飧牽謂所共如飧而牽牲以往不殺也不殺則無鉶鼎簠簋之實其米實于筐豆實實于罋其設筐陳于楹內罋陳于楹外牢陳于門西車米禾芻薪陳于門外壺之有無未聞三問皆修修脯也上公三問皆修下句云羣介行人宰史皆有牢君用修而臣有牢非禮也盖著脫字失處且誤耳飧客始至致小禮也公侯伯子男飧皆餼一牢其餘牢則腥食者其廉羞美可食者也其設盖陳于楹外東西不過四列簠稻粱器也公十簠堂上六西夾東夾各二也侯伯八簠堂上四西夾東夾各二子男六簠堂上二西夾東夾各二豆菹醢器也公四十豆堂上十六西夾東夾各十二侯伯三十二豆堂上十二西夾東夾各十子男二十四豆堂上十二西夾東夾各六禮器曰天子之豆二十有六諸公十有六諸侯十有二上大夫八下大夫六以聘禮差之則堂上之數與此同鉶羹器也公鉶四十二侯伯二十八子男十八非衰差也二十八書或為二十四亦非也其於衰公又當二十於言又為無施禮之人數鉶少於豆推其衰公鉶四十二宜為二十八蓋近之矣則公鉶堂上十八西夾東夾各十侯伯堂上十二西夾東夾各八子男堂上十西夾東夾各四壺酒器也其設於堂夾如豆之數鼎牲器也簋黍稷器也鼎十有

二者餼一牢正鼎九與倍鼎三皆設于西階前簋十二者堂上八西夾東夾各二合言鼎簋者牲與黍稷俱食之主也牲當為腥聲之誤也腥謂腥鼎也於侯伯云腥二十有七其故腥字也諸侯禮盛腥鼎有鮮魚鮮腊每牢皆九為列設于阼階前公腥鼎三十六腥四牢也侯伯腥鼎二十七腥三牢也子男腥鼎十八腥二牢也皆陳陳列也飧門內之實備于是矣亦有車米禾芻薪公飧五牢米二十車禾三十車侯伯四牢米禾皆二十車子男三牢米十車禾二十車芻薪皆倍其禾饔餼既相見致大禮也大者既兼飧積有生有腥有孰餘又多也死牢如飧之陳亦餼一牢在西餘腥在東也牽生牢也陳于門西如積也米横陳于中庭十為列每筥半斛公侯伯子男黍粱稻皆二行公稷六行侯伯稷四行子男二行醯醢夾碑從陳亦十為列醯在碑東醢在碑西皆陳於門內者於公門內之陳也言車者衍字耳車米載米之車也聘禮曰十斗曰斛十六斗曰籔十籔曰秉每車秉有五籔則二十四斛也禾槀實并刈者也聘禮曰四秉曰筥十筥曰稯十稯曰秅每車三秅則三十稯也稯猶束也禾秉之秉筥字同數異禾之秉手把耳筥讀為棟梠之梠謂一稯也皆陳積陳門外者也米在門東禾在門西芻薪雖取數于禾薪從米芻從禾也乘禽乘行羣處之禽謂雉雁之屬於禮以雙為數殷中也中又致膳示念賓也若勿酌謂君有故不親饗食燕也不饗則以酬幣致之不食則以侑幣致之凡介行人宰史衆臣從賓者也行人主禮宰主具史主書皆有飧饔餼尊其君以及臣也以其爵等為之牢禮之數陳爵卿也則飧二牢饔餼五牢大夫也則飧大牢饔餼三牢士也則飧少牢饔餼大牢也此降小禮豐大禮也以命數則參差難等略於臣用爵而已夫人致禮助君養賓也籩豆陳于戶東壺陳于東序凡夫人之禮皆使下大夫致之於子男云膳眡致饗言夫人致膳於小國君以致饗之禮則是不復饗也饗有壺酒卿皆見者見於賓也既見之又膳之亦所以助君養賓也卿見又膳此聘禮卿大夫勞賓餼賓之類與於子男云親見卿皆膳特牛見讀如卿皆見之見言卿於小國之君有不敵造館見者故造館見者乃致膳鄭司農說牽云牲可牽行者也故春秋傳曰餼牽竭矣秅讀為秅秭麻荅之秅○秅丁故反乘繩證反食音嗣下食大牢再食壹食注不食同見賢遍反注下除相見見讀皆同餼而甚反夾古洽反劉古協反下同衰初危反倍鼎音裴行戶剛反下文六行四行二行皆同從子容反梠音呂稯才計反參初林反差初宜反

復扶又反勞老報反造七報反秭徐音姊

凡諸侯之卿大夫士爲國客。則如其介之禮以待之。言其特來爲問行之禮，如其爲介時也。然則聘禮所以禮賓，是亦禮介。

凡禮賓客國新殺禮。凶荒殺禮。札喪殺禮。禍烖殺禮。在野在外殺禮。皆爲國省用愛費也。國新，新建國也。凶荒，無年也。禍烖，新有兵寇水火也。○爲于僞反，費芳味反

凡賓客死。致禮以喪用。汝則主人爲之具而殯矣，喪用者，饋奠之物。

賓客有喪。惟芻稍之受。不受饗食，饗食加也。喪，謂父母喪也。客則又有君焉，芻給牛馬，稍人稟也。其正禮飧饔餼，主人致之則受。○稍所教反

遭王國之喪。不受饗食。受牲禮。牲亦當爲腥，聲之誤也。有喪不忍煎烹，正禮飧饔餼常致者，腥致之也。

掌訝。掌邦國之等籍以待賓客。等，九儀之差數。

若將有國賓客至。則戒官修委積與士逆賓于疆。爲前驅而入。官，謂牛人、羊人、舍人、委人之屬。士，訝士也。既戒乃出迎賓。

及宿。則令聚欜。令，令野廬氏。

及委。則致積。以王命致于賓。

至于國賓入館。次于舍門外。待事于客。次，如今官府門外更衣處，待事于客，通其所求索。

及將幣。爲前驅。道之以如朝。

至于朝詔其位。入復及退亦如之。鄭司農云：詔其位，告客以其位次也。入復，客入，則掌訝出復其故位也。客退復入迎，爲之前驅至于館也。玄謂入復者，入告王以客至也。退亦如之，如其爲前驅。

凡賓客之治令訝訝治之。賓客之治，謂欲正其貢賦，理國事也。以告訝，訝爲如朝而理之。○爲于僞反

凡從者出則使人道之。從者，凡介以下也。人，其屬胥徒也。使道賓客之從者督護之。○從才用反

及歸送亦如之。如之者，送至于竟，如其前驅聚欜待事之屬。○竟音境

凡賓客諸侯有卿訝。卿有大夫訝。大夫有士訝。士皆有訝。此謂朝覲聘問之日，王所使迎賓客于館之訝。

凡訝者。賓客至而往詔相其事而掌其治令。

○相息亮反

掌交掌以節與幣巡邦國之諸侯。及其萬民之所聚者。道王之德意志慮。使咸知王之好惡。辟行之。節以爲行信幣以見諸侯也咸皆也辟讀如辟忌之辟使皆知王之所好者而行之知王所惡者辟而不爲○好呼報反惡烏路反辟音避

使和諸侯之好。有欲相與修好者則爲和合之、

達萬民之說說所喜也達猶達之于王若其國君、

掌邦國之通事而結其交好。通事謂朝覲聘問也、

以諭九稅之利。九禮之親。九牧之維。九禁之難。九戎之威。諭告曉也九稅所稅民九職也九禮九儀之禮九牧九州之牧九禁九瀍之禁九戎九伐之戎○難乃旦反

掌察闕

掌貨賄闕

朝大夫掌都家之國治。都家王子弟公卿及大夫之采地也主其國治者平理其來文書於朝者、

日朝以聽國事故以告其君長。國事故天子之事當施於都家者也告其君長使知而行之也君謂其國君長其卿大夫也○長丁丈反

國有政令。則令其朝大夫。使以告其都家之吏、

凡都家之治於國者。必因其朝大夫。然後聽之。唯大事弗因。謂以小事文書來者朝大夫先平理之乃以告有司也大事者非朝大夫所能平理、

凡都家之治有不及者。則誅其朝大夫。不及謂有稽殿之○殿都練反

在軍旅則誅其有司。有司都司馬家司馬、

都則闕

都士闕

家士闕

周禮卷三十八終

周禮卷三十九

漢大司農北海鄭　玄註

皇明　後學東吳金　蟠訂

冬官考工記第六陸曰鄭云此篇司空之官也司空篇亡漢興購千金不得此前世識其事者記錄以備大數爾

國有六職百工與居一焉。百工司空事官之屬於天地四時之職亦處其一也司空掌營城郭建都邑立社稷宗廟造宮室車服器械監百工者唐虞已上曰共工○與音預監古銜反上時掌反共音恭

或坐而論道或作而行之或審曲面埶以飭五材以辨民器或通

四方之珍異以資之或飭力以長地財或治絲麻以成之。言人德能事業之不同者也論道謂謀慮治國之政令也作起也辨猶具也資取也搮也鄭司農云審曲面埶審察五材曲直方面形埶之宜以治之及陰陽之面皆是也春秋傳曰天生五材民竝用之謂金木水火土也故書資作齊杜子春云齊當爲資讀如冬資絺綌之資玄謂此五材金木皮玉土○埶音勢飭音勑長丁丈反

坐而論道謂之王公。天子諸侯

作而行之謂之士大夫。親受其職居其官也

審曲面埶以飭五材以辨民器謂之百工五材各有工言百衆言之也

通四方之珍異以資之謂之商旅。商旅販賣之客也易曰至日商旅不行○販甫萬反

飭力以長地財謂之農夫。三農受夫田也

治絲麻以成之謂之婦功。布帛婦官之事

粵無鎛燕無函秦無廬胡無弓車。此四國者不置是工也鎛田器詩云庤乃錢鎛又曰其鎛斯擱鄭司農云函讀如國君含垢之含函鎧也孟子曰矢人豈不仁

於函哉矢人唯恐不傷人函人唯恐傷人廬讀爲纑謂矛戟柄竹欑柲或曰摩鐧之器胡今匈奴○粵音越鎛音博燕音煙廬魯吳反庤直里反錢子淺反擱音雉鎧若大反纑音盧欑才官反柲音祕鐧力底反

粵之無鎛也非無鎛也夫人而能爲鎛也燕之無函也非無函也夫人而能爲函也秦之無廬也非無廬也夫人而能爲廬也胡之無弓車也非無弓車也夫人而能爲弓車也。言其丈夫人人皆能作是器不須國工粵地塗泥多草薉而山出金錫鑄冶之業田器尤多燕近強胡習作甲冑秦多細木善作矜柲匈奴無屋宅田獵畜牧逐水草而居皆知爲弓車○夫音扶薉音穢

知者創物。謂始閧端造器物若世本作者是也○知音智

巧者述之守之世謂之工。

父子世以相教、

百工之事皆聖人之作也、

事無非聖人所爲也、

爍金以爲刃、凝土以爲器、作車以行陸、作舟以行水、此皆聖人之所作也。

凝堅也、故書舟作周、鄭司農云、周當爲舟、

天有時、地有氣、材有美、工有巧。合此四者、然後可以爲良。

時寒溫也、氣剛柔也、良善也、

材美工巧、然而不良、則不時、不得地氣也。

不時不得天時、

橘踰淮而北爲枳、鸜鵒不踰濟、貉踰汶則死、此地氣然也、

鸜鵒鳥也、春秋昭二十五年、有鸜鵒來巢、傳曰、書所無也、鄭司農云、不踰濟無妨於中國有之、貉或爲獲、謂善緣木之獲也、汶水在魯北。○枳吉氏反、鸜音權、公羊傳同、本又作鸛、左傳同、其俱反、鵒音欲、濟子禮反、貉戶各反、汶音問、獲音貴

鄭之刀、宋之斤、魯之削、吳粵之劍、遷乎其地而弗能爲良、地氣然也。

去此地而作之、則不能使良也、○削思約思詔二反、

燕之角、荊之幹、妢胡之笴、吳粵之金錫、此材之美者也、

荊荊州也、幹柘也、可以爲弓弩之幹、妢胡胡子之國、在楚旁、笴矢幹也、禹貢荊州貢櫄幹栝柏及箘簬楛、故書笴爲筍、杜子春云、妢讀爲焚咸丘之焚、書或爲邠、妢胡地名也、筍當爲笴、笴讀爲槀、謂箭槀、○妢扶云反、笴古老反、櫄勑倫反、箘其隕反、簬音路、楛音怙、邠彼貧反

天有時以生、有時以殺、草木有時以生、有時以死、石有時以泐、水有時以凝、有時以澤、此天時也。

言百工之事、當審其時也、鄭司農云、泐讀如再扐而後卦之扐、泐謂石解散也、夏時盛暑大熱則然、○泐音勒、澤音亦、扐音勒、卦俱賣反、解音蟹

凡攻木之工七、攻金之工六、攻皮之工五、設色之工五、刮摩之工五、摶埴之工二。

攻猶治也、摶之言拍也、埴黏土也、故書七爲十、刮作捖、鄭司農云、十當爲七、捖摩之工、謂玉工也、捖讀爲刮、其事亦是也、○刮古八反、摶音團、拍普百反、黏女廉反、捖音完、

攻木之工、輪輿弓廬匠車梓、攻金之工、築冶鳧㮚段桃、攻皮之工、函鮑韗韋裘、設色之工、畫繢鍾筐㡛、刮摩之工、玉楖雕矢磬、摶埴之工、陶旊、

事官之屬六十、此職其五材三十工、略記其事耳、其曰某人者、以其事名官也、其曰某氏者、官有世功、若族有世業、以氏名官者也、廬矛戟矜柲也、國語曰、侏儒扶廬、梓榎屬也、故書雕或爲舟、鄭司農云、輪輿弓廬匠車梓、此七者攻木之工、官別名也、孟子曰、梓匠輪輿、鮑讀爲鮑魚之鮑、書或爲鞄、蒼頡篇有鞄甕、韗讀爲歷運之運、㡛讀爲芒芒禹迹之芒、楖讀如巾櫛之櫛、旊讀爲甫始之甫、埴、書或爲植、杜子春云、雕或爲舟者非也、玄謂旊讀如放於此乎之放、○㮚古㮚字、韗況萬反、劉音運、繢口對反

糠莫黃反榔側筆反琥甫罔反侏音朱榎古馬反字或作櫝鞄匹學反劉音僕甕加究反芒莫黃反故甫罔反

有虞氏上陶。夏后氏上匠。殷人上梓。周人上輿。

官各有所尊，王者相變也。舜至質，貴陶器，甒大瓦棺是也。禹治洪水，民降丘宅土，卑宮室，盡力乎溝洫，而尊匠。湯放桀，疾禮樂之壞而尊梓。武王誅紂，疾上下失其服飾而尊輿。

故一器而工聚焉者車爲多。

由所上也。

車有六等之數。

車軫四尺，謂之一等。戈柲六尺有六寸，既建而迆，崇於軫四尺，謂之二等。人長八尺，崇於戈四尺，謂之三等。殳長尋有四尺，崇於人四尺，謂之四等。車戟常，崇於殳四尺，謂之五等。酋矛常有四尺，崇於戟四尺，謂之六等。

車有天地之象，人在其中焉。六等之數，灋易之三材六畫。

此所謂兵車也。軫，輿後橫木。崇，高也。八尺曰尋，倍尋曰常。殳長丈二。戈、殳、戟、矛皆插車輢。鄭司農云：迆讀爲倚移從風之移，謂著戈於車邪倚也。酋、發聲。直，謂矛。○迆，以氏反，後同。殳音殊。長，直亮反。酋在由反。插，初輙反。輢，於綺反。倚，於綺反。移，於綺反，下以氏反。

車謂之六等之數。

下放此。著，丁略反。

凡察車之道，必自載於地者始也。是故察車自輪始。

由言轂也。

先視輪也。自，從也。

凡察車之道，欲其樸屬而微至。不樸屬，無以爲完久也。不微至，無以爲戚速也。

樸屬，猶附著堅固貌也。齊人有名疾爲戚者。春秋傳曰：蓋以操之爲已蹙矣。速，疾也。書或作數，鄭司農云：樸讀如予剝樸之樸。微至，謂輪至地者少，言其圜甚，著地者微耳。著地者微，則易轉，故不微至，無以爲戚數。○樸，普剝反。屬，章欲反。著，直略反。數，色角反。蹙，子六反。易，以豉反。

輪已崇，則人不能登也；輪已庳，則於馬終古登阤也。

已，大也，甚也。崇，高也。齊人之言終古，猶言常也。阤，阪也。輪庳則難引也。○庳音婢。阤，直氏反，又大何反。阪音反。

故兵車之輪六尺有六寸，田車之輪六尺有三寸，乘車之輪六尺有六寸。

此以馬大小爲節也。兵車，革路也；田車，木路也；乘車，玉路、金路、象路也。兵車、乘車駕國馬，田車駕田馬。○乘，繩證反。後乘車皆放此。

六尺有六寸之輪，軹崇三尺有三寸也，加軫與轐焉，四尺也。人長八尺，登下以爲節。

此車之高者也。軫，輿也。鄭司農云：軹，轂也。轐讀爲旃僕之僕，謂伏兔也。玄謂軹，轂末也。此軫與轐并七寸，田車又宜減焉。乘車之軹廣，取數於此。軹廣八尺，多出輿亦七寸也。○軹音只。轐音卜，又音僕。旃，之然反。

輪人爲輪，斬三材，必以其時。

三材，所以爲轂、輻、牙也。斬之以時，材在陽則中冬斬之，在陰則中夏斬之。今世轂用雜榆，輻以檀，牙以橿也。○牙音訝。中，音仲。

橿居良反

三材既具巧者和之。

調其鑿内而合之。○内如鋭反依字作枘

轂也者以爲利轉也。輻也者以爲直指也。牙也者以爲固抱也。

利轉者轂以無有爲用也。鄭司農云牙讀如跛者訝跛者之訝謂輪輮也世間或謂之罔書或作輮○輮而久反

輪敝三材不失職謂之完

敝盡而轂輻牙不動○敝婢世反

望而眡其輪欲其幎爾而下迆也。進而眡之欲其微至也。無所取之取諸圜也

輪謂牙也。幎均致貌也。進猶行也。微至至地者少也。非有他也。圜使之然也。鄭司農云微至書或作危至故書圜或作員當爲圜○幎莫歷反

周禮　卷三十九　考工記　七　永懷堂

望其輻欲其揱爾而纖也。進而眡之欲其肉稱也。無所取之取諸易直也

揱纖殺小貌也。肉稱弘殺好也。鄭司農云揱讀爲紛容揱參之揱玄謂如桑螵蛸之蛸○揱音蕭稱尺證反易以豉反殺色界反蛸音蕭

望其轂欲其眼也。進而眡之欲其幬之廉也。無所取之取諸急也。

眼出大貌也。幬幔轂之革也。革急則裹木廉隅見鄭司農云眼讀如限切之限○眼魚懇反幬音疇幔莫干反裹音果見賢遍反

眡其綆欲其蚤之正也。

蚤當爲爪謂輻入牙中者也。鄭司農云綆讀爲關東言餅之餅謂輪箄也。玄謂輪雖箄爪牙必正也。○綆依注音餅鄭衆音補管反蚤音爪箄薄歷反

察其菑蚤不齵則輪雖敝不匡

菑謂輻入轂中者也。菑與爪不相佹乃後輪敝盡不匡刺也。鄭司農云菑讀如雜厠之厠謂建輻也。泰山平原所樹立物爲菑聲如胾博立梟棊亦爲菑匡枉也。○菑側吏反齵五溝反佹九委反刺洛葛反胾側吏反梟古堯反

凡斬轂之道必矩其陰陽

矩謂刻識之也。故書矩爲距鄭司農云當作矩謂規矩也。

陽也者稹理而堅陰也者疏理而柔是故以火養其陰而齊諸其陽則轂雖敝不藃

周禮　卷三十九　考工記　八　永懷堂

稹致也。火養其陰炙堅之也。鄭司農云稹讀爲莫祭之莫藃當作耗玄謂藃藃暴陰柔後必橈減幬革暴起○稹之忍反藃呼報反暴步莫反橈乃孝反

轂小而長則柞大而短則摯

鄭司農云柞讀爲迫唶之唶謂輻間柞狹也。摯讀爲槷謂輻危槷也。玄謂小而長則菑中弱大而短則轂末不堅○摯魚列反唶莊百反

是故六分其輪崇以其一爲之牙圍。

六尺六寸之輪牙圍尺一寸

參分其牙圍而漆其二

不漆其踐地者也漆者七寸三分寸之一不漆者三寸三分寸之二令牙厚一寸三分寸之二則內外面不漆者各一寸也○令力呈反卷內皆同

椁其漆內而中詘之以爲之轂長以其長爲之圍。

六尺六寸之輪漆內六尺四寸是爲轂長三尺二寸圍徑一尺三分寸之二也鄭司農云椁者度兩漆之內相距之尺寸也○中丁仲反詘丘勿反度待洛反

以其圍之阞捎其藪。

捎除也阞三分之一也鄭司農云捎讀爲桑螵蛸之蛸藪讀爲蜂藪之藪謂轂空壺中也玄謂此藪徑三寸九分寸之五壺中當輻菑者也蜂藪者猶言趨也藪者衆輻之所趨也○阞音勒捎音簫空音孔

五分其轂之長去一以爲賢去三以爲軹。

鄭司農云賢大穿也軹小穿也玄謂此大穿徑八寸十五分寸之八小穿徑四寸十五分寸之四大穿甚大似誤矣大穿實五分轂長去二也去二則得六寸五分寸之二凡大小穿皆謂金也今大小穿金厚一寸則大穿穿內徑四寸五分寸之二小穿穿內徑二寸十五分寸之四如是乃與藪相稱也○去起呂反稱尺證反

容轂必直陳篆必正施膠必厚施筋必數幬必負幹。

鄭司農云讀容上屬曰軹容玄謂容者治轂爲之形容也篆轂約也幬負幹者革轂相應無贏不足○篆直轉反數色角反

既摩革色青白謂之轂之善。

謂丸漆之乾而以石摩平之革色青白善之徵也

參分其轂長二在外一在內以置其輻。

轂長三尺二寸者令輻廣三寸半則輻內九寸半輻外一尺九寸

凡輻量其鑿深以爲輻廣。

廣深相應則固足相任也○量音良鑿曹報反深尸鴆反下放此

輻廣而鑿淺則是以大扤雖有良工莫之能固。

扤摇動貌○扤五骨反

鑿深而輻小則是固有餘而強不足也

言輻弱不勝轂之所任也○強其良反勝音升

故竑其輻廣以爲之弱則雖有重任轂不折。

言力相稱也弱菑也今人謂蒲本在水中者爲弱是其類也鄭司農云竑讀如紘綖之紘謂度之○竑獲耕反

參分其輻之長而殺其一則雖有深泥亦弗之溓也

殺衰小之也鄭司農云溓讀爲黏謂泥不黏著輻也

參分其股圍去一以爲骹圍。

謂殺輻之數也鄭司農云股謂近轂者也骹謂近牙者也方言股以喻其豐故言骹以喻其細人脛近足者細於股謂之骹羊脛細者亦謂骹○骹切飽反

揉輻必齊平沈必均。

揉謂以火槁之衆輻之直齊如一也平沈平漸也鄭司農云平沈謂浮之水上無輕重○揉而九反漸子廉反

直以指牙牙得則無槷而固。

得謂倨句鑿內相應也鄭司農云槷摋也蜀人言摋曰槷玄謂槷讀如涅從木熱省聲○槷魚列反倨句音據內如銳反摋桑結反

不得，則有槷，必足見也。必足見，言槷大也。然則雖得，猶有槷，但小耳。○見，賢遍反

六尺有六寸之輪，綆參分寸之二，謂之輪之固。輪箄，則車行不掉也。參分寸之二者，出於輻股鑿之數也。○綆，參方韻反，下七南反，又音三

凡爲輪，行澤者欲杼，行山者欲侔。杼，謂削薄其踐地者。侔，上下等。

杼以行澤，則是刀以割塗也，是故塗不附。附，著也。

侔以行山，則是搏以行石也，是故輪雖敝，不甐於鑿。

搏，圜厚也。鄭司農云：不甐於鑿，謂不動於鑿中也。玄謂甐亦敝也，以輪之厚，石雖齧之，不能敝其鑿旁使之動。○搏，徒丸反。甐，本又作鄰，音吝

凡揉牙，外不廉而內不挫，旁不腫，謂之用火之善。廉，絕也。挫，折也。腫，瘣也。○瘣，胡罪反

是故規之以眡其圜也，輪中規，則圜矣。○中，丁仲反

萬之以眡其匡也，等爲萬蔞，以運輪上，輪中萬蔞，則不匡刺也。故書萬作禹，鄭司農云：讀爲萬，書或作矩。○萬，姜禹反。蔞，良主反，劉音流

縣之以眡其輻之直也，輪輻三十，上下相直，從旁以繩縣之，中繩則鑿正輻直矣。○縣，音玄，後皆同

水之以眡其平沈之均也，平漸其輪，無輕重，則斲材均矣。

量其藪以黍，以眡其同也，黍滑而齊，以量兩壺，無贏不足，則同。

權之以眡其輕重之侔也，侔，等也。稱兩輪，鈞石同，則等矣。輪有輕重，則引之有難易。○易，以豉反

故可規、可萬、可水、可縣、可量、可權也，謂之國工。國之名工。

輪人爲蓋，達常圍三寸，圍三寸，徑一寸也。鄭司農云：達常，蓋斗柄，下入杠中也。○杠，音江

桯圍倍之，六寸。圍六寸，徑二寸，足以含達常。鄭司農云：桯，蓋杠也，讀如丹桓宮楹之楹。○桯，音盈

信其桯圍以爲部廣，部廣六寸。廣，謂徑也。鄭司農云：部，蓋斗也。○信，音申

部長二尺。

桯長倍之，四尺者二。謂斗柄達常也。

杠長八尺，謂達常以下也，加達常二尺，則蓋高一丈立乘也，

十分寸之一謂之枚。

為下起數也，枚一分，故書十與上二合為二十字，杜子春云當為四尺者二十分寸之一。○為于僞反

部尊一枚。

尊，高也，蓋斗上隆高高一分也，

弓鑿廣四枚，鑿上二枚，鑿下四枚。

弓，蓋橑也，廣，大也，是為部厚一寸。○鑿才報反，橑音老

鑿深二寸有半，下直二枚，鑿端一枚。

鑿深對為五寸，是以不傷達常也，下直二枚者，鑿空下正而上低二分也，其弓菑則撓之，平剡其下二分而內之，欲令蓋之尊

終平不蒙撓也，端內題也。○空音孔，剡以冉反

弓長六尺謂之庇軹，五尺謂之庇輪，四尺謂之庇軫。

庇，覆也，故書庇作秘，杜子春云秘當為庇，謂覆幹也，玄謂軹，轂末也，輿廣六尺六寸，兩轂并六尺四寸，旁減軹內七寸，則兩軹之廣凡丈一尺六寸也，六尺之弓倍之，加部廣凡丈二尺六寸，有宇曲之減，可覆軹，不及幹。○幹音管

參分弓長而揉其一。

參分之，持長撓短，短者近部而平，長者為宇曲也，六尺之弓，近部二尺，四尺為宇曲，

參分其股圍，去一以為蚤圍。

蚤當為爪，以弓鑿之廣為股圍，則寸六分也，爪圍一寸十五分寸之一，

參分弓長，以其一為之尊。

尊，高也，六尺之弓，上近部平者二尺，爪末下於部二尺，二尺為句，四尺為弦，求其股，股十二，除之面三尺幾半也，

上欲尊而宇欲卑。

上，近部平者也，隤下曰宇。○卑音婢，下同，隤大回反

上尊而宇卑，則吐水疾而霤遠。

蓋者，主為雨設也，乘車無蓋，禮所謂潦車，謂蓋車與。○霤力又反

蓋已崇則難為門也，蓋已卑是蔽目也，是故蓋崇十尺。

十尺，其中正也，蓋十尺，宇二尺，而人長八尺，卑於此，蔽人目，

良蓋弗冒弗紘，殷畝而馳，不隊，謂之國工。

隊，落也，善蓋者，以橫馳於壟上，無衣若無紘，而弓不落也。○殷音隱，不隊直類反

輿人為車。輪崇、車廣、衡長，參如一，謂之參稱。

稱猶等也，車，輿也，衡亦長容兩服。○稱尺證反，注同

參分車廣，去一以為隧。

兵車之隧四尺四寸，鄭司農云隧謂車輿深也，讀如鑽燧改火之燧，玄謂讀如遂宇之遂

參分其隧，一在前，二在後，以揉其式。

兵車之式，深尺四寸三分寸之一，

以其廣之半為之式崇。

兵車之式高三尺三寸，

以其隧之半為之較崇。

輢上出式者兵車自軾而下凡五尺五寸故書較作軫杜子春云當爲較○較古學反輢於綺反榷音角

六分其廣以一爲之軫圍。

軫輿後横者也兵車之軫圍尺一寸

參分軫圍去一以爲式圍。

兵車之式圍七寸三分寸之一

參分式圍去一以爲較圍。

兵車之較圍四寸九分寸之八

參分較圍去一以爲軹圍。

兵車之軹圍三寸二十七分寸之七軹輢之植者衡者也與轂末同名○植直吏反

參分軹圍去一以爲轛圍。

兵車之轛圍二寸八十一分寸之十四轛式之植者衡者也鄭司農云轛讀如繫綴之綴謂車輿軨立者也立者爲轛横者爲軹書轛或作軨玄謂轛者以其鄉人爲名○轛音對綴張歲反軨音領鄉許亮反

圜者中規方者中矩立者中縣衡者中水直者如生焉繼者如附焉。

治材居材如此乃善也如生如木從地生如附如附枝之弘殺也○中丁仲反殺色界反

凡居材大與小無并大倚小則摧引之則絶。

并偏邪相就也用力之時其大并於小者小者强不堪則摧也其小并於大者小者力不堪則絶也

棧車欲弇。

爲其無革鞔不堅易坼壊也士乘棧車○棧才產反弇於驗反爲于僞反鞔莫瓚反易以豉反坼勑白反

飾車欲侈。

飾車謂革鞔輿也大夫以上革鞔輿故書侈作移杜子春云當爲侈

周禮卷三十九終

周禮卷四十

漢大司農北海鄭　玄註
皇明　後學東吳葛　鼒訂

冬官考工記

輈人爲輈。
輈車轅也。詩云五楘梁輈。○輈張留反楘音木本又作鞪同

輈有三度。軸有三理。
目下車度深淺之數

國馬之輈。深四尺有七寸。
國馬謂種馬戎馬齊馬道馬高八尺。兵車乘車軹崇三尺有三寸。加軫與轐七寸。又弁此輈深。則衡高八尺七寸也。除馬之高則餘七寸。爲衡頸之間也。鄭司農云深四尺七寸。謂轅曲中。○齊側皆反轐音卜

田馬之輈。深四尺。
田車軹崇三尺一寸半。弁此輈深而七尺一寸半。今田馬七尺。衡頸之間亦七寸。則軫與轐五寸半。則衡高七尺七寸。

駑馬之輈。深三尺有三寸。
輪軹與軫轐大小之減率寸半也。則駑馬之車。軹崇三尺。加軫與轐四寸。又弁此輈深。則衡高六尺七寸也。今駑馬六尺。除馬之高則衡頸之間亦七寸。○咸本又作減。率音類又音律

軸有三理。一者以爲媺也。
無節目也。

二者以爲久也。
堅刃也。

三者以爲利也。
滑密

軓前十尺。而策半之。
謂輈軓以前之長也。策御者之策也。十或作七。合七爲弦。四尺七寸爲鉤。以求其股。股則短矣。七非也。鄭司農云軓謂式前也。書或作靶。玄謂軓是。軓法也。謂輿下三面之材。輢式之所尌。持車正也。○軓劉音犯靶音犯尌音樹

凡任木。
自車持任之材。

任正者。十分其輈之長。以其一爲之圍。衡任者。五分其長。以其一爲之圍。小於度。謂之無任。
任正者。謂輿下三面材。持車正者也。輈軓前十尺。與隧四尺四寸。凡丈四尺四寸。則任正之圍尺四寸五分寸之二。衡任者謂兩軛之間也。兵車乘車衡圍一尺三寸五分寸之一。無任言其不勝任。○勝音升

五分其軫間。以其一爲之軸圍。
軸圍亦一尺三寸五分寸之一。與衡任相應。

十分其輈之長。以其一爲之當兔之圍。
輈當伏兔者也。亦圍尺四寸五分寸之二。與任正者相應。

參分其兔圍。去一以爲頸圍。

頸前持衡者圍九寸十五分寸之九

五分其頸圍去一以爲踵圍

踵後承軫者也圍七寸七十五分寸之五十一

凡揉輈欲其孫而無弧深

孫順理也杜子春云弧讀爲淨而不汙之汙玄謂弧木弓也凡弓引之中參中參深之極也揉輈之倨句如二可也如三則深傷其力○孫音遜

今夫大車之轅摯其登又難既克其登其覆車也必易此無故唯轅直且無橈也

大車牛車也摯輖也登上阪也克能也○夫音符摯竹二反覆芳服反易以豉反輖音周上時掌反

是故大車平地既節軒摯之任及其登阤不伏其轅必縊其牛此無故唯轅直且無橈也

阤阪也故書伏作偪杜子春云偪當作伏○縊於計反偪音逼

故登阤者倍任者也猶能以登及其下阤也不援其邸必緧其牛後此無故唯轅直且無橈也

倍任用力倍也故書緧作鰌鄭司農云鰌讀爲緧關東謂紂爲緧鰌魚字○援音袁緧音秋鰌音秋

是故輈欲頎典

頎典堅刃貌鄭司農云頎讀爲懇典讀爲殄駟車之轅率尺所一縛懇典似謂此也○頎若狠反

輈深則折淺則負

揉之大深傷其力馬倚之則折也揉之淺則馬善負之

輈注則利準利準則久和則安

故書準作水鄭司農云注則利水謂轅脊上雨注令水去利也玄謂利水重讀似非也注則利謂輈之揉者形如注星則利也準則久謂輈之在輿下者平如準則能久也和則安注與準者和人乘之則安

輈欲弧而無折經而無絕

揉輈大深則折也經亦謂順理也

進則與馬謀退則與人謀

言進退之易與人馬之意相應馬行主於進人則有當退時

終日馳騁左不楗

杜子春云楗讀爲蹇左而不便馬若蹇輈調善則馬不蹇也書楗或作券玄謂券今倦字也輈和則久馳騁載在左者不罷倦尊者在左○楗音倦罷音皮

行數千里馬不契需

鄭司農云契讀爲爰契我龜之契需讀爲畏需之需謂不傷蹄不需道里○契苦結反需音須又乃亂反

終歲御衣衽不敝

衽謂裳也○衽而甚反

此唯輈之和也

和則安是以然也謂進則與馬謀而下

勸登馬力

登、上也。軾和、勸馬用力。

馬力既竭。輈猶能一取焉。

馬止、輈尚能一前、取道喻易進。

良輈環灂。自伏兔不至軓七寸。軓中有灂。謂之國輈。

伏兔至軓蓋如式深。兵車乘車式深尺四寸、三分寸之二。灂下至軓七寸、則是半有灂也。輈有筋膠之被、用力均者則灂遠。鄭司農云、灂讀爲灂酒之灂。環灂謂漆沂鄂如環。○灂子肖反。沂魚巾反

軫之方也。以象地也。蓋之圜也。以象天也。輪輻三十。以象日月也。

蓋弓二十有八。以象星也。

輪象日月者、以其運行也。日月三十日而合宿。

龍旂九斿。以象大火也。

交龍爲旂、諸侯之所建也。大火、蒼龍宿之心。其屬有尾、尾九星。○斿音留。宿音秀

鳥旟七斿。以象鶉火也。

鳥隼爲旟、州里之所建。鶉火、朱鳥宿之柳、其屬有星、星七星。

熊旗六斿。以象伐也。

熊虎爲旗、師都之所建。伐屬白虎宿、與參連體而六星。○伐扶廢反。參色林反

龜蛇四斿。以象營室也。

龜蛇爲旐、縣鄙之所建。營室玄武宿、與東壁連體而四星。

弧旌枉矢。以象弧也。

覲禮曰、侯氏載龍旂弧韣。則旌旗之屬皆有弧也。弧以張縿之幅、有衣謂之韣。又爲設矢、象弧星有矢也。妖星有枉矢者、蛇行有尾。因此云枉矢、蓋畫之。○韣音獨。縿所銜反。本又作縿。同爲于僞反

攻金之工。築氏執下齊。冶氏執上齊。鳧氏爲聲。㮚氏爲量。段氏爲鎛器。桃氏爲刃。

多錫爲下齊、大刃削殺矢鑒燧也。少錫爲上齊、鍾鼎斧斤戈戟也。聲、鍾錞于之屬。量、豆區鬴也。鎛器、田器錢鎛之屬。刃、大刃刀劍之屬。○齊才細反。段丁亂反。削音笑。錞音淳。區烏侯反。鬴音輔。錢子淺反

金有六齊。

目和金之品數。

六分其金而錫居一。謂之鍾鼎之齊。五分其金而錫居一。謂之斧斤之齊。四分其金而錫居一。謂之戈戟之齊。參分其金而錫居一。謂之大刃之齊。五分其金而錫居二。謂之削殺矢之齊。金錫半。謂之鑒燧之齊。

鑒燧、取水火於日月之器也。鑒亦鏡也。凡金多錫、則忍白且明也。

築氏爲削。長尺博寸。合六而成規。

今之書刃。

欲新而無窮。

謂其利也。鄭司農云、常如新、無窮已。

敝盡而無惡。

鄭司農云、謂鋒鍔俱盡、不偏索也、玄謂刃也、脊也、其金如一、雖至敝盡、無瑕惡也、

冶氏爲殺矢。刃長寸。圍寸。鋌十之。重三垸。

殺矢與戈戟異齊而同其工、似補脫誤在此也、殺矢用諸田獵之矢也、鋌讀如麥秀鋌之鋌、鄭司農云、鋌、箭足入稾中者也、垸、量名、讀爲丸、○鋌徒頂反垸音丸齊才細反

戈廣二寸。内倍之。胡三之。援四之。

戈、今句孑戟也、或謂之雞鳴、或謂之擁頸、内謂胡以内接柲者也、長四寸、胡六寸、援八寸、鄭司農云、援、直刃也、胡其孑、○句古侯反柲音秘

已倨則不入。已句則不決。長内則折前。短内則不疾、

戈、句兵也、主於胡也、已倨謂胡微直而邪多也、以啄人則不入、已句謂胡曲多也、以啄人則創不決、胡之曲直鋒本必横而取

圍於磬折、前謂援也、内長則援短、援短則曲於磬折、曲於磬折則引之與胡並鉤、内短則援長、援長則倨於磬折、倨於磬折則引之不疾、

是故倨句外博。

博、廣也、倨之外、胡之裏也、句之外、胡之表也、廣其本、以除四病而便用也、俗謂之曼胡似此、○曼莫干反

重三鋝。

鄭司農云、鋝、量名也、讀爲刷、玄謂許叔重說文解字云、鋝、鍰也、今東萊稱或以大半兩爲鈞、十鈞爲環、環重六兩大半兩、鍰鋝似同矣、則三鋝爲一斤四兩、○鋝色劣反鍰戶關反稱尺證反

戟廣寸有半寸。内三之。胡四之。援五之。倨句中矩。與刺重三鋝。

戟、今三鋒戟也、内長四寸半、胡長六寸、援長七寸半、三鋒者、胡直中矩、言正方也、鄭司農云、刺、謂援也、玄謂刺者著柲直前如鐏者也、戟胡横貫之、胡中矩、則援之外句磬折與、○中丁仲反著直略反鐏徂悶反

桃氏爲劍。臘廣二寸有半寸。

臘謂兩刃、○臘力闔反

兩從半之。

鄭司農云、謂劍脊兩面殺趨鍔、

以其臘廣爲之莖圍。長倍之。

鄭司農云、莖謂劍夾、人所握鐔以上也、玄謂莖在夾中者、莖長五寸、○鐔徒南反

中其莖。設其後。

鄭司農云、中謂穿之也、玄謂從中以卻稍大之也、後大則於把易制、○把劉音霸易以豉反

參分其臘廣。去一以爲首廣而圍之。

首圍其徑一寸三分寸之二、

身長五其莖長。重九鋝。謂之上制。上士服之。身長四其莖長。重七鋝。謂之中制。中士服之。身長三其莖長。重五鋝。謂之下制。下士服之。

上制長三尺、重三斤十二兩、中制長一尺五寸、重二斤十四兩三分兩之二、下制長二尺、重二斤一兩三分兩之一、此今之七首也、人各以其形貌大小帶之、此士、謂國勇力之士能用五兵者也、樂記曰、武王克商、裨冕搢笏、而虎賁之士說劍、○裨劉音卑賁音奔說吐活反

鳧氏爲鍾。兩欒謂之銑。

故書欒作樂杜子春云當爲欒書亦或爲欒銑鍾口兩角○欒本又作鸞銑先典反

銑閒謂之于。于上謂之鼓。鼓上謂之鉦。鉦上謂之舞。

此四名者鍾體也鄭司農云于鍾脣之上袪也鼓所擊處○鉦音征袪丘書反

舞上謂之甬。甬上謂之衡。

此二名者鍾柄○甬音勇

鍾縣謂之旋。旋蟲謂之幹。

旋屬鍾柄所以縣之也鄭司農云旋蟲者旋以蟲爲飾也玄謂今時旋有蹲熊盤龍辟邪

鍾帶謂之篆。篆閒謂之枚。枚謂之景。

帶所以介其名也介在于鼓鉦舞甬衡之閒凡四鄭司農云枚鍾乳也玄謂今時鍾乳俠鼓與舞每處有九面三十六

于上之攠謂之隧。

攠所擊之處攠弊也隧在鼓中窐而生光有似夫隧○攠音靡窐於蛙反又於圭反夫音符

十分其銑。去二以爲鉦。以其鉦爲之銑閒。去二分以爲之鼓閒。以其鼓閒爲之舞修。去二分以爲舞廣。

此言鉦之徑居銑徑之八而銑閒與鉦之徑相應鼓閒又居銑徑之六與舞修相應舞修舞徑也舞上下促以橫爲修從爲廣舞廣四分今亦去徑之二分以爲之閒則舞閒之方恒居銑之四也舞閒方四則鼓閒六亦其方也鼓六鉦六舞四此鍾口十者其長十六也鍾之大數以律爲度廣長與圜徑假設之耳其鑄之則各隨鍾之制爲長短大小也凡言閒者亦爲從篆以介之鉦閒亦當六今時鍾或無鉦閒○從子容反

以其鉦之長爲之甬長。

并衡數也

以其甬長爲之圜。參分其圜。去一以爲衡圜。

衡居甬上又小

參分其甬長。二在上。一在下。以設其旋。

令衡居一分則參分旋亦二在上一在下以旋當甬之中央是其正

薄厚之所震動。清濁之所由出。侈弇之所由興。有說。

說猶意也故書侈作移鄭司農云當爲侈○說徐始銳反

鍾已厚則石。

大厚則聲不發○大音泰下同

已薄則播。

大薄則聲散

侈則柞。

柞讀爲咋咋然之咋聲大外也○柞側百反注咋同

弇則鬱。

聲不舒揚

長甬則震。

鍾掉則聲不正

是故大鍾十分其鼓閒。以其一爲之厚。小鍾十分其鉦閒。以其一為之厚。
言若此則不石不播也。鼓鉦之間同方六，而今宜異，又十分之一，猶大厚，皆非也。若言鼓外鉦外，則近之。鼓外二，鉦外一。
鍾大而短，則其聲疾而短聞。
淺則躁，躁易竭也。○聞音問，下同。易以豉反
鍾小而長，則其聲舒而遠聞。
深則安，安難息。
為遂六分其厚，以其一為之深而圜之。
厚，鍾厚。深謂窐之也。其窐圜，故書圜或作圍。杜子春云當為圜。
㮚氏為量，改煎金錫則不耗。
消湅之精，不復減也。㮚古文或作歷。玄謂量當與鍾鼎同齊，工異者，大槩。○湅音練。齊才計反

不耗然後權之。
權謂稱分之也。雖異法，用金必齊。
權之然後準之。
準故書或作水。杜子春云當為水。金器有孔者，水入孔中，則當重也。玄謂準，擊平正之，又當齊大小。
準之然後量之。
鑄之於法中也。量，讀如量人之量。
量之以為鬴，深尺，內方尺而圜其外，其實一鬴。
以其容為之名也。四升曰豆，四豆曰區，四區曰鬴，鬴六斗四升也。鬴十則鍾。方尺積千寸，於今粟米法少二升八十一分升之

二十二。其數必容鬴，此言內方尺而圜其外者，謂之脣。
其臀一寸，其實一豆。
故書臀作脣。杜子春云當為臀，謂覆之，其底深一寸也。○臀徒門反。覆方服反
其耳三寸，其實一升。
耳在旁，可舉也。
重一鈞。
重三十斤。
其聲中黃鍾之宮。
應律之首。

槩而不稅。
鄭司農云：令百姓得以量而不租稅。
其銘曰：時文思索，允臻其極。
銘，刻之也。時，是也。允，信也。臻，至也。極，中也。言是文德之君，思求可以為民立法者而作此量，信至於道之中。
嘉量既成，以觀四國。
以觀示四方，使放象之。○觀古亂反。放方往反
永啓厥後，茲器維則。
永，長也。厥，其也。茲，此也。又長啓道其子孫，使法則此器長用之。
凡鑄金之狀，

故書狀作壯，杜子春云：當爲狀，謂鑄金之形狀。

金與錫，黑濁之氣竭，黃白次之；黃白之氣竭，青白次之；青白之氣竭，青氣次之，然後可鑄也。

消鍊金錫精麤之候。

段氏　闕

函人爲甲，犀甲七屬，兕甲六屬，合甲五屬。

屬讀如灌注之注，謂上旅下旅札續之數也。革堅者札長。鄭司農云：合甲，削革裏肉，但取其表，合以爲甲。○屬，之樹反

犀甲壽百年，兕甲壽二百年，合甲壽三百年。

革堅者又支久。

周禮　卷四十　考工記　圭　釆懷堂

凡爲甲，必先爲容，

服者之形容也。鄭司農云：容謂象式。

然後制革。

裁制札之廣袤。

權其上旅與其下旅，而重若一。

鄭司農云：上旅謂要以上，下旅謂要以下。○要，於遥反，下同

以其長爲之圍。

圍謂札要廣厚。

凡甲，鍛不摯則不堅，已敝則橈。

鄭司農云：鍛，鍛革也。摯謂質也。鍛革大孰則革敝，無强曲橈也。玄謂摯之言致。○鍛，丁亂反，大音泰

凡察革之道，眡其鑽空，欲其惌也。

鄭司農云：惌，小孔貌。惌讀爲宛彼北林之宛。○惌，於阮反

眡其裏，欲其易也。

無敗歲也。○易，以豉反，歲音穢

眡其朕，欲其直也。

鄭司農云：朕謂革制。

櫜之，欲其約也。

鄭司農云：謂卷櫜中也。春秋傳曰：櫜甲而見子南。○櫜音羔

舉而眡之，欲其豐也。

豐，大。

周禮　卷四十　考工記　古　釆懷堂

衣之，欲其無齘也。

鄭司農云：齘謂如齒齘。○衣，於既反，齘，戶界反

眡其鑽空而惌，則革堅也；眡其裏而易，則材更也；眡其朕而直，則制善也；櫜之而約，則周也；舉之而豐，則明也；衣之無齘，則變也。

周，密致也。明，有光耀。鄭司農云：更，善也。變，隨人身便利。○更音庚

鮑人之事，

鮑，故書或作鞄。鄭司農云：蒼頡篇有鞄莞。○鞄，匹學反，莞，人兖反

望而眡之，欲其荼白也。
韋革遠視之，當如茅莠之色。○荼音徒，莠音酉

進而握之，欲其柔而滑也。
謂親手煩擱之。○擱人專反

卷而摶之，欲其無迆也。
鄭司農云：卷讀爲可卷而懷之之卷，摶讀爲縳一如瑱之縳，謂卷縳韋革也。迆讀爲旣建而迆之之迆。無迆，謂革不韗。○摶直轉反，縳直轉反，瑱他見反，本或作顛，音同，韗音鶴

眡其著，欲其淺也。
鄭司農云：謂鄭韋革之札，入韋革淺，緣其邊也。玄謂韋革調善者，鋪著之，雖厚如薄然。○著直略反

察其線，欲其藏也。
故書線或作綜，杜子春云：綜當爲系旁泉，讀爲絤，謂縫革之縷。○線思賤反，注絤同

革欲其荼白，而疾澣之，則堅。
鄭司農云：韋革不欲久居水中。○澣戶管反

欲其柔滑，而腥脂之，則需。
故書需作割，鄭司農云：腥讀如沾渥之渥，割讀爲柔需之需，謂厚脂之韋革柔需。○腥於角反，需人兗反，割而髓反，又人兗反，渥於角反

引而信之，欲其直也。信之而直，則取材正也。信之而枉，則是一方緩一方急也。若苟一方緩一方急，則及其用之也，必自其急者先

裂。若苟自急者先裂，則是以博爲帴也。
鄭司農云：帴讀爲翦，謂以廣爲狹也。玄謂翦者，如俴淺之淺，或者讀爲羊豬戔之戔。○信音申，帴音踐，俴音踐，戔劉音普見反

卷而摶之而不迆，則厚薄序也。
序，舒也，謂其革均也。

眡其著而淺，則革信也。
信，無縮緩。

察其線而藏，則雖敝不甐。
甐，故書或作鄰，鄭司農云：鄰讀爲磨而不磷之磷，謂韋革縫縷沒藏於韋革中，則雖敝，縷不傷也。○甐音吝

韗人爲皋陶。
鄭司農云：韗書或爲鞠。皋陶，鼓木也。玄謂鞠者，以皋陶名官也。鞠則陶字從革。○韗況方反，衆家並音運，鞠音陶

長六尺有六寸，左右端廣六寸，中尺，厚三寸。
版中廣頭狹，爲穹隆也。鄭司農云：謂鼓木一判者，其兩端廣六寸，而其中央廣尺也，如此乃得有腹。○穹起弓反

穹者三之一，
鄭司農云：穹讀爲志無空邪之空，謂鼓木腹穹隆者居鼓三之一也。玄謂穹讀如穹蒼之穹，穹隆者居鼓面三分之一，則其鼓四尺者，版穹一尺三寸三分寸之一也，倍之爲二尺六寸三分寸之二，加鼓四尺，穹之徑六尺六寸三分寸之二也。此鼓合二十版。

上三正。
鄭司農云：謂兩頭一平，中央一平也。玄謂三讀當爲參。正，直也。參直者，穹上一直，兩端又直，各居二尺二寸，不弧曲也。此鼓兩

面以六鼓差之。賈侍中云、晉鼓大而短、近晉鼓也、以晉鼓鼓金奏。○三音參七南反

鼓長八尺、鼓四尺、中圍加三之一、謂之鼖鼓。

中圍加三之一者、加於面之圍以三分之一也、面四尺、其圍十二尺、加以三分一四尺、則中圍十六尺、徑五尺三寸、三分寸之一也、今亦合二十版、則版穹六寸、三分寸之二耳、大鼓謂之鼖、以鼖鼓鼓軍事、鄭司農云鼓四尺、謂革所蒙者廣四尺。○鼖扶云反、本或作𪔂、又作鼖皆同

爲皋鼓、長尋有四尺、鼓四尺、倨句磬折。

以皋鼓鼓役事、磬折中曲之不參正也、中圍與鼖鼓同、以磬折爲異、

凡冒鼓必以啓蟄之日。

啓蟄孟春之中也、蟄蟲始聞雷聲而動、鼓所取象也、冒蒙鼓以革、

良鼓瑕如積環。

革調急也、

鼓大而短、則其聲疾而短聞。

○聞音問、下同

鼓小而長、則其聲舒而遠聞。

韋氏 闕

裘氏 闕

畫繢之事、雜五色、東方謂之青、南方謂之赤、西方謂之白、北方謂之黑、天謂之玄、地謂之黃、青與白相次也、赤與黑相次也、玄與黃相次也。

此言畫繢六色所象及布采之第次、繢以爲衣、

青與赤謂之文、赤與白謂之章、白與黑謂之黼、黑與青謂之黻、五采備謂之繡。

此言刺繡采所用、繡以爲裳、

土以黃、其象方、天時變。

古人之象無天地也、爲此記者見時有之耳、子家駒曰、天子僭天意亦是也、鄭司農云、天時變、謂畫天隨四時色、

火以圜。

鄭司農云、爲圜形似火也、玄謂形如半環然、在裳。○圜音環

山以章。

章讀爲獐、獐山物也、在衣、齊人謂麇爲獐。○獐音章、麇俱倫反

水以龍。

龍水物、在衣、

鳥獸蛇。

所謂華蟲也、在衣、蟲之毛鱗有文采者、

雜四時五色之位以章之、謂之巧。

章明也、繢繡皆用五采鮮明之、是爲巧、

凡畫繢之事後素功。

素白采也後布之爲其易漬汙也不言纁纁以緅也鄭司農說以論語曰繢事後素○爲于僞反

鍾氏染羽以朱湛丹秫三月而熾之。

鄭司農云湛漬也丹秫赤粟玄謂湛讀如漸車帷裳之漸熾炊也羽所以飾旌旗及王后之車○湛子潛反又音鴆秫音述漸子潛反

淳而漬之。

淳沃也以炊下湯沃其熾烝之以漬羽漬猶染也

三入爲纁五入爲緅七入爲緇。

染纁者三入而成又再染以黑則爲緅緅今禮俗文作爵言如爵頭色也又復再染以黑乃成緇矣鄭司農云以論語曰君子不以紺緅飾又曰緇衣羔裘爾雅曰一染謂之縓再染謂之窺三染謂之纁詩云緇衣之宜兮玄謂此同色耳染布帛者染人

掌之凡玄色者在緅緇之間其六入者與○緅側留反復扶又反紺古闇反縓倉絹反窺敕貞反本又作赬亦作䞓

㡛人　闕

㡛氏湅絲以涚水漚其絲七日去地尺暴之。

故書涚作湄鄭司農云湄水溫水也玄謂涚水以灰所泲水也漚漸也楚人曰漚齊人曰湊○㡛音芒湅音練涚書銳反暴步卜反湄音眉泲子禮反湊烏禾反

晝暴諸日夜宿諸井七日七夜是謂水湅。

宿諸井縣井中○縣音玄

湅帛以欄爲灰渥淳其帛實諸澤器淫之以蜃。

渥讀如繒人渥菅之渥以欄木之灰漸釋其帛也杜子春云渥當爲泥書亦或爲湛鄭司農云澤器謂滑澤之器蜃謂灰也士冠禮曰素積白屨以魁柎之說曰魁蛤也周官亦有白盛之蜃蜃蛤也玄謂淫薄粉之令帛白蛤今海旁有焉○欄音練或音蘭渥烏豆反與漚同注渥菅同練以陵反菅古顏反湛子潛反冠古亂反柎方于反蛤古盍反

清其灰而盝之而揮之。

清澄也於灰澄而出盝晞之晞而揮去其蜃○盝音鹿

而沃之而盝之而塗之而宿之。

更渥淳之

明日沃而盝之

朝更沃至夕盝之又更沃至旦盝之亦七日如漚絲也○朝張遥反

晝暴諸日夜宿諸井七日七夜是謂水湅。

周禮卷四十終

周禮卷四十一

漢大司農北[illegible]玄註

皇明　後學東吳金　蟠訂

冬官考工記

玉人之事。鎮圭尺有二寸。天子守之。命圭九寸。謂之桓圭。公守之。命圭七寸。謂之信圭。侯守之。命圭七寸。謂之躬圭。伯守之。

命圭者王所命之圭也朝覲執焉居則守之子守穀璧男守蒲璧不言之者闕耳故書或云命圭五寸謂之躬圭杜子春云當爲七寸玄謂五寸者璧文之闕亂存焉○信音身躬直逢反

天子執冒四寸。以朝諸侯。

名玉曰冒者言德能覆蓋天下也四寸者方以尊接卑以小爲貴

天子用全。上公用龍。侯用瓚。伯用將。

鄭司農云全純色也龍當爲尨尨謂雜色玄謂全純玉也瓚讀爲餐餍之餍龍瓚將皆雜名也卑者下尊以輕重爲差玉多則重石多則輕公侯四玉一石伯子男三玉二石○龍莫江反餐之然反餍作旦反

繼子男執皮帛。

謂公之孤也見禮次子男贄用束帛而以豹皮表之爲飾天子之孤表帛以虎皮此說玉及皮帛者遂言見天子之用贄○見賢遍反

天子圭中必。

必讀如鹿車縪之縪謂以組約其中央爲執之以備失隊○縪音畢爲于僞反隊直類反

四圭尺有二寸。以祀天。

郊天所以禮其神也典瑞職曰四圭有邸以祀天旅上帝

大圭長三尺。杼上終葵首。天子服之。

王所搢大圭也或謂之珽終葵椎也爲椎於其杼上明無所屈也杼閷也相玉書曰珽玉六寸明自炤○珽他頂反閷色界反殺字之異者本或作殺相息亮反

土圭尺有五寸。以致日。以土地。

致日度景至不夏日至之景尺有五寸冬日至之景丈有三尺土猶度也建邦國以度其地而制其域○度待洛反

祼圭尺有二寸。有瓚。以祀廟。

祼之言灌也或作淉或作果祼謂始獻酌奠也瓚如盤其柄用圭有流前注○祼古亂反

琬圭九寸而繅。以象德。

琬猶圜也王使之瑞節也諸侯有德王命賜之使者執琬圭以致命焉繅藉也○繅音早使所吏反藉慈夜反

琰圭九寸。判規。以除慝。以易行。

凡圭琰上寸半琰圭琰半以上又半爲瑑飾諸侯有爲不義使者征之執以爲瑞節也除慝誅惡逆也易行去煩苛○易以豉反行下孟反瑑直轉反去起呂反苛音何

璧羨度尺。好三寸。以爲度。

鄭司農云羨徑也好璧孔也爾雅曰肉倍好謂之璧好倍肉謂之瑗肉好若一謂之環玄謂羨猶延其袤一尺而廣狹焉○袤音茂

圭璧五寸。以祀日月星辰。

禮其神也圭其邸為璧取殺於上帝

璧琮九寸，諸侯以享天子。享獻也聘禮享君以璧享夫人以琮

穀圭七寸，天子以聘女。納徵加於束帛

大璋中璋九寸，邊璋七寸，射四寸，厚寸，黃金勺，青金外，朱中，鼻寸，衡四寸，有繅，天子以巡守，宗祝以前馬。射琰出者也勺故書或作約杜子春云當為勺謂酒尊中勺也鄭司農云鼻謂勺龍頭鼻也衡謂勺柄龍頭也玄謂鼻勺流也凡流皆為龍口也衡古文橫假借字也衡謂勺徑也三璋之勺形如圭瓚天子巡守有事山川則用灌焉於大山川則用大璋

加文飾也於中山川用中璋殺文飾也於小山川用邊璋半文飾也其祈沈以馬宗祝亦執勺以先之禮王過大山川則大祝用事焉將有事於四海山川則校人飾黃駒○射食亦反衡音橫大祝音泰校戶教反

大璋亦如之，諸侯以聘女。亦納徵加於束帛也大璋者以大璋之文飾之也亦如之者如邊璋七寸射四寸

瑑圭璋八寸，璧琮八寸，以覜聘。瑑文飾也覜視也聘問也衆來曰覜特來曰聘聘禮曰凡四器者惟其所寶以聘可也

牙璋中璋七寸，射二寸，厚寸，以起軍旅，以治兵守。二璋皆有鉏牙之飾於琰側先言牙璋有文飾也○鉏側魚反

駔琮五寸，宗后以為權。駔讀為組以組繫之因名焉鄭司農云以為稱錘以起量○駔音祖稱尺證反錘直僞反

大琮十有二寸，射四寸，厚寸，是謂內鎮，宗后守之。如王之鎮圭也射其外鉏牙

駔琮七寸，鼻寸有半寸，天子以為權。鄭司農云以為權故有鼻也

兩圭五寸有邸，以祀地，以旅四望。邸謂之柢有邸僢共本也○柢音帝僢昌絹反

瑑琮八寸，諸侯以享夫人。獻於所朝聘君之夫人也

案十有二寸，棗㮚十有二列，諸侯純九，大夫純五，夫人以勞諸侯。純猶皆也鄭司農云案玉案也夫人天子夫人玄謂案玉飾案也夫人王后也記時諸侯僭稱王而夫人之號不別是以同王后於夫人也玉案十二以為列王后勞朝諸侯皆九列聘大夫皆五列則十有二列者勞二王之後也棗㮚實於器乃加於案聘禮曰夫人使下大夫勞以二竹簋方玄被纁裏有蓋其實棗蒸㮚擇兼執之以進○勞力報反

璋邸射，素功，以祀山川，以致稍餼。邸射剡而出也致稍餼造賓客納稟食也鄭司農云素功無瑑飾也餼或作氣杜子春云當為餼○造七報反

楖人 闕 ○楖莊密反本或作櫛

雕人 闕

○雕音彫，本亦作彫

磬氏為磬，倨句一矩有半。必先度一矩為句，一矩為股，而求其弦，既而以一矩有半觸其弦，則磬之倨句也。磬之制有大小，此假矩以定倨句，非用其度耳。○居音據，句沈音鉤，度待洛反

其博為一。博謂股博也，博廣也。

股為二，鼓為三。參分其股博，去一以為鼓博。參分其鼓博，以其一為之厚。鄭司農云：股，磬之上大者；鼓，其下小者，所當擊者也。玄謂股外面，鼓內面也。假令磬股廣四寸半者，股長九寸也，鼓廣三寸，長尺三寸半，厚一寸。○去起呂反，令力呈反

周禮　卷四十一　考工記　五　承懷堂

已上則摩其旁。鄭司農云：磬聲大上，則摩鑢其旁。玄謂大上，聲清也，薄而廣則濁。○已上，時掌反，注同，大音泰，鑢音慮

已下則摩其耑。大下，聲濁也，短而厚則清。○耑音端

矢人為矢。鍭矢參分，茀矢參分，一在前，二在後。參訂之而平者，前有鐵，重也。司弓矢職茀當為殺。鄭司農云：一在前，謂箭稾中鐵莖居參分殺一以前。○鍭音侯，茀音殺，色黠反，令音拂，訂音亭

兵矢、田矢五分，二在前，三在後。

殺矢七分，三在前，四在後。鐵差短小也。兵矢謂枉矢、絜矢也。此二矢亦可以田。田矢謂矰矢。○矰音增

鐵又差短小也。司弓矢職殺當為茀。○茀音拂

參分其長而殺其一，矢稾長三尺，殺其前一尺，令趣鏃也。○殺本又作閷，色界反，趣七喻反，一音促

五分其長而羽其一，羽者六寸。

以其笴厚為之羽深。笴讀為稾，謂矢幹，古文假借字。厚之數未聞。○笴古老反

周禮　卷四十一　考工記　六　承懷堂

水之以辨其陰陽。辨猶正也。陰沉而陽浮。

夾其陰陽以設其比，夾其比以設其羽。夾其陰陽者，弓矢比在稾兩旁，弩矢比在上下。設羽於四角。鄭司農云：比謂括也。○比毗志反

參分其羽以設其刃。刃二寸。

則雖有疾風，亦弗之能憚矣。故書憚或作但。鄭司農云：讀當為憚之以威之憚，謂風不能驚憚箭也。

刃長寸，圍寸，鋌十之，重三垸。

刃長寸脫二字鋋一尺、

前弱則俛。後弱則翔。中弱則紆。中強則揚。羽豐則遲。羽殺則趮。

言幹羽之病使矢行不正、俛低也、翔廻顧也、紆曲也、揚飛也、豐大也、趮旁掉也、○趮音躁

是故夾而搖之以眡其豐殺之節也。

今人以指夾矢𢬵衞是也、

橈之以眡其鴻殺之稱也。

橈撓其幹、

凡相笴。欲生而搏。同搏欲重。同重節欲疏。同疏欲㮚。

相猶擇也、生謂無瑕蠹也、搏讀如搏黍之搏、謂圜也、鄭司農云、欲㮚欲其色如㮚也、○相息亮反、注同、搏徒丸反

周禮　卷四十一　考工記　七　永懷堂

陶人爲甗。實二鬴。厚半寸。脣寸。盆實二鬴。厚半寸。脣寸。甑實二鬴。厚半寸。脣寸。七穿。

量六斗四升曰鬴、鄭司農云、甗無底甑、○甗魚輦反、一音彥、鬴音輔

鬲實五觳。厚半寸。脣寸。庾實二觳。厚半寸。脣寸。

鄭司農云、觳讀爲斛、觳受三斗、聘禮記有斛、玄謂豆實三而成觳、則觳受斗二升、庾讀如請益與之庾之庾、○鬲音歷

旊人爲簋。實一觳。崇尺。厚半寸。脣寸。豆實三而成觳。崇尺。

崇高也、豆實四升、○旊方往反

凡陶旊之事。髻墾薜暴不入市。

爲其不任用也、鄭司農云、髻讀爲刮、薜讀爲藥黃蘖之蘖、暴讀爲剝、玄謂髻讀爲刖、墾頓傷也、薜破裂也、暴墳起不堅致也、○髻音刮、暴音剝、爲于僞反、任音壬、刖劉音月

器中膊。豆中縣。

膊讀如車輇之輇、既拊泥而轉其均尌膊其側以儗度端其器也、縣縣繩正豆之柄、○中丁仲反、膊市專反、注輇同、縣音玄、後皆放此、尌音樹、儗疑紀反、度待洛反

膊崇四尺。方四寸。

凡器高於此、則埒不能相勝、厚於此、則火氣不交、因取式焉、○埒芳符反、勝音升

梓人爲筍虡。

樂器所縣、橫曰筍、植曰虡、鄭司農云、筍讀爲竹筍之筍、○筍息允反、虡音巨

天下之大獸五。脂者。膏者。臝者。羽者。鱗者。

脂牛羊屬、膏豕屬、臝者謂虎豹貔貙、爲獸淺毛者之屬、羽鳥屬、鱗龍蛇之屬、○臝力果反、貙來如反

周禮　卷四十一　考工記　八　永懷堂

宗廟之事。脂者膏者以爲牲。

致美味也、

臝者羽者鱗者以爲筍虡。

貴野聲也、

外骨內骨。卻行。仄行。連行。紆行。以脰鳴者。以注鳴者。以旁鳴者。以翼鳴者。以股鳴者。以胷鳴者。謂之小蟲之屬以爲雕琢。

刻畫祭器、博庶物也、外骨龜屬、內骨鼈屬、卻行螾衍之屬、仄行蟹屬、連行魚屬、紆行蛇屬、脰鳴鼃黽屬、注鳴精列屬、旁鳴蜩蜺屬、翼鳴發皇屬、股鳴蚣蝑動股屬、胷鳴榮原屬、○脰音豆、胷鳴本亦作骨、又作胷、鼈必滅反、螾羊忍反、鼃戶媧反、黽其幸反、蜩

音條蜺五今反蚣思容反蝑思餘反

厚脣弇口出目短耳大胷燿後大體短脰若是者謂之贏屬恒有力而不能走其聲大而宏有力而不能走則於任重宜大聲而宏則於鍾宜若是者以爲鍾虡是故擊其所縣而由其虡鳴

燿讀爲哨頎小也鄭司農云宏讀爲紘綖之紘謂聲音大也由若也○燿所教反哨音稍與燿同頎音傾一音懇

銳喙決吻數目顅脰小體騫腹若是者謂之羽屬恒無力而輕其聲清陽而遠聞無力而輕則於任輕宜其聲清陽而遠聞於磬宜若是者以爲磬虡故擊其所縣而由其虡鳴

吻口腄也顅長脰貌故書顅或作牼鄭司農云牼讀爲鬜頭無髮之鬜○喙況廢反一音昌銳反吻無憤反數色角反顅苦顏

反聞音問下同腄音權牼客田反一音工定反鬜劉苦顏反

小首而長摶身而鴻若是者謂之鱗屬以爲筍

摶圜也鴻傭也○摶徒丸反傭勑龍反

凡攫閷援簭之類必深其爪出其目作其鱗之而

謂筍虡之獸也深猶藏也作猶起也之而頰頟也○攫俱縛反閷色界反援音袁簭音筮頟口忽反又其懇反

深其爪出其目作其鱗之而則於眡必撥爾而怒苟撥爾而怒則於任重宜且其匪色必似鳴矣

匪采貌也故書撥作廢匪作飛鄭司農云廢讀爲撥飛讀爲匪以似爲發

爪不深目不出鱗之而不作則必穨爾如委矣苟穨爾如委則加任焉則必如將廢措其匪色必似不鳴矣

措猶頓也故書措作厝杜子春云當爲措

梓人爲飲器勺一升爵一升觚三升獻以爵而酬以觚一獻而三酬則一豆矣

勺尊升也觚豆字聲之誤觚當爲觶豆當爲斗○觶之豉反

食一豆肉飲一豆酒中人之食也

一豆酒又聲之誤當爲斗

凡試梓飲器鄉衡而實不盡梓師罪之

鄭司農云梓師罪也衡謂麋衡也曲禮執君器齊衡玄謂衡平也平爵鄉口酒不盡則梓人之長罪於梓人焉○鄉許亮反長丁丈反

梓人爲侯廣與崇方參分其廣而鵠居一焉

崇高也方猶等也高廣等者謂侯中也天子射禮以九爲節侯道九十弓弓二寸以爲侯中高廣等則天子侯中丈八尺諸侯於其國亦然鵠所射也以皮爲之各如其侯也若侯中參分之一則此鵠方六尺唯大射以皮飾侯大射者將祭之射也其餘有賓射燕射

上兩个與其身三下兩个半之

鄭司農云兩个謂布可以維持侯者也上方兩枚與身三設身廣一丈兩个各一丈凡爲三丈下兩个半之傅躬故短也玄謂个讀若齊人搚幹之幹上个下个皆謂舌也身躬也鄉射禮記曰倍中以爲躬倍躬以爲左右舌下舌半上舌然則九節之侯身三丈六尺上个七丈二尺下个五丈四尺其制身夾中个夾身在上下各一幅此侯凡用布三十六丈言上个與其身三者

明身居一分上个倍之耳亦爲下个半上个出也个或謂之舌者取其出而左右也侯制上廣下狹蓋取象於人也張臂八尺張足六尺是取象率焉○个讀爲幹古旦反傅音附憎力苔反亦爲于僞反率音類又音律

上綱與下綱出舌尋縜寸焉

綱所以繫侯於植者也上下皆出舌一尋者亦人張手之節也鄭司農云綱連侯繩也縜籠綱者縜讀爲竹中皮之縜舌維持侯者○縜于貧反

張皮侯而棲鵠則春以功

皮侯以皮所飾之侯司裘職曰王大射則共虎侯熊侯豹侯設其鵠謂此侯也春讀爲蠢蠢作也出也天子將祭必與諸侯羣臣射以作其容體出其合於禮樂者與之事鬼神焉

張五采之侯則遠國屬

五采之侯謂以五采畫正之侯也射人職曰以射法治射儀王以六耦射三侯三獲三容樂以騶虞九節五正下曰若王大射則以貍步張三侯明此五正之侯非大射之侯明矣其職又曰諸侯在朝則皆北面遠國屬者若諸侯朝會王張此侯與之射所謂賓射也正之方外如鵠內二尺五采者內朱白次之蒼次之黃次之黑次之其侯之飾又以五采畫雲氣焉○正音征

張獸侯則王以息燕

獸侯畫獸之侯也鄉射記曰凡侯天子熊侯白質諸侯麋侯赤質大夫布侯畫以虎豹士布侯畫以鹿豕凡畫者丹質是獸侯之差也息者休農息老物也燕謂勞使臣若與羣臣閒暇飲酒而射○勞力報反使色吏反

祭侯之禮以酒脯醢

謂司馬實爵而獻獲者于侯薦脯醢折俎獲者執以祭侯

其辭曰惟若寧侯

若猶女也寧安也謂先有功德其鬼有神○女音汝下文并注同

毋或若女不寧侯不屬於王所故抗而射女

或有也若如也屬猶朝會也抗舉也張也○毋音無

強飲強食詒女曾孫諸侯百福

詒遺也曾孫諸侯謂女後世爲諸侯者○強其丈反遺唯季反

廬人爲廬器戈柲六尺有六寸殳長尋有四尺車戟常酋矛常有四尺夷矛三尋

柲猶柄也八尺曰尋倍尋曰常酋夷長短名酋之言遒也酋近夷長矣○廬力吳反柲音秘殳音殊酋在由反遒在由反

凡兵無過三其身過三其身弗能用也而無已又以害人

人長八尺與尋齊進退之度三尋用兵力之極也而無已不徒止耳

故攻國之兵欲短守國之兵欲長攻國之人衆行地遠食飲饑且涉山林之阻是故兵欲短守國之人寡食飲飽行地不遠且不涉山林之阻是故兵欲長

言罷羸宜短兵壯健宜長兵○罷音皮

凡兵句兵欲無彈刺兵欲無蜎是故句兵椑刺兵摶

句兵戈戟屬刺兵矛屬故書彈或作但蜎或作絹鄭司農云但讀爲彈丸之彈彈謂掉也蜎讀爲悁邑之悁悁謂橈也椑讀爲鼓鼙之鼙玄謂蜎亦掉也謂若井中蟲蜎之蜎齊人謂柯斧柄爲椑則椑隋圜也摶圜也○句沈音鉤蜎於全反椑薄兮反注鼙同摶徒丸反隋他果反

轂兵同強，舉圍欲細，細則校。刺兵同強，舉圍欲重，重欲傳人，傳人則密，是故侵之。

改句言轂，容殳無刃，同強，上下同也。舉，謂手所操。鄭司農云：挍讀爲絞而婉之絞。重欲傳人，謂矛柄之大者在人手中者。侵之，能敵也。玄謂挍，疾也。傳，近也。密，審也，正也。人手操細以轂則疾，操重以刺則正。然則爲矜句兵堅者在後，刺兵堅者在前。○校古飽反，傳音附

凡爲殳，五分其長，以其一爲之被而圍之。參分其圍，去一以爲晉圍。五分其晉圍，去一以爲首圍。凡爲酋矛，參分其長，二在前，一在後而圍之。五分其圍，去一以爲晉圍。參分其晉圍，去一以爲刺圍。

被，把中也。圍之，圜之也。大小未聞。凡矜八觚。鄭司農云：晉謂矛戟下銅鐏也。刺，謂矛刃胷也。玄謂晉讀如王搢大圭之搢，矜所捷也。首，殳上鐏也。爲戈戟之矜，所圍如殳。夷矛如酋矛。○被皮義反，去起呂反，把音霸，鐏存悶反

凡試廬事，置而搖之，以眡其蜎也。灸諸牆，以眡其橈之均也。橫而搖之，以眡其勁也。

置猶樹也。灸猶柱也。以柱兩牆之間，輓而內之，本末勝負可知也。正於牆，牆跫。○灸音救，尌音樹，輓音挽，跫所立反，本又作澀

六建既備，車不反覆，謂之國工。

六建，五兵與人也。反覆猶軒輖。○覆芳服反，輖音周

匠人建國。

立王國若邦國者。

水地以縣，

於四角立植而縣，以水望其高下，高下既定，乃爲位而平地。

置槷以縣，眡以景。

故書槷或作弋。杜子春云：槷當爲弋，讀爲杙。玄謂槷，古文臬，假借字。於所平之地中央樹八尺之臬，以縣正之，眡之以其景，將以正四方也。爾雅曰：在牆者謂之杙，在地者謂之臬。○槷魚列反，注臬同，弋以職反，下杙同

爲規，識日出之景與日入之景。

日出日入之景，其端則東西正也。又爲規以識之者，爲其難審也。自日出而畫其景端，以至日入既，則爲規測景兩端之內規之，規之交乃審也。度兩交之間，中屈之以指臬，則南北正。○爲其于僞反，度待洛反

晝參諸日中之景，夜考之極星，以正朝夕。

日中之景，最短者也。極星，謂北辰。

匠人營國，方九里，旁三門。

營謂丈尺其大小。天子十二門，通十二子。

國中九經九緯，經涂九軌。

國中，城內也。經緯，謂涂也。經緯之涂，皆容方九軌。軌謂轍廣，乘車六尺六寸，旁加七寸，凡八尺，是謂轍廣。九軌積七十二尺，則此涂十二步也。旁加七寸者，輻內二寸半，輻廣三寸半，綆三分寸之二，金轄之間三分寸之一。○涂音塗，綆方頴反，轄胡瞎反

左祖右社，面朝後市。

王宮所居也。祖，宗廟。面猶鄉也。王宮當中經之涂也。○鄉許亮反

市朝一夫。

方各百步。

夏后氏世室。堂脩二七。廣四脩一。

世室者，宗廟也。魯廟有世室，牲有白牡，此用先王之禮。脩南北之深也。夏度以步，令堂脩十四步，其廣益以四分脩之一，則堂廣十七步半。

五室，三四步，四三尺。

堂上為五室，象五行也。三四步，室方也。四三尺，以益廣也。木室於東北，火室於東南，金室於西南，水室於西北，其方皆三步，其廣益之以三尺。土室於中央，方四步，其廣益之以四尺。此五室居堂南北六丈，東西七丈。

九階。

南面三，三面各二。

四旁兩夾窻。

窻，助戶為明。每室四戶八窻。

白盛。

蜃灰也。盛之言成也。以蜃灰堊牆，所以飾成宮室。○堊，烏路反，又烏洛反。

門堂三之二。

門堂，門側之堂，取數於正堂，令堂如上制，則門堂南北九步二尺，東西十一步四尺。爾雅曰：門側之堂謂之塾。○塾音孰。

室三之一。

兩室與門各居一分。

殷人重屋，堂脩七尋，堂崇三尺，四阿重屋。

重屋者，王宮正堂若大寢也。其脩七尋，五丈六尺，放夏周，則其廣九尋，七丈二尺也。五室各二尋。崇，高也。四阿，若今四注屋。重屋，複笮也。○重，直龍反。放，方往反。複音福。笮，側白反。

周人明堂，度九尺之筵，東西九筵，南北七筵，堂崇一筵。五室，凡室二筵。

明堂者，明政教之堂。周度以筵，亦王者相改。周堂高九尺，殷三尺，則夏一尺矣，相參之數。禹卑宮室，謂此一尺之堂與？此三者或舉宗廟，或舉王寢，或舉明堂，互言之，以明其同制。○度，待洛反。

室中度以几，堂上度以筵，宮中度以尋，野度以步，涂度以軌。

周文者各因物宜為之數。室中舉謂四壁之內。

廟門容大扃七个。

大扃，牛鼎之扃，長三尺，每扃為一个，七个，二丈一尺。○扃，古熒反。

闈門容小扃參个。

廟中之門曰闈。小扃，膷鼎之扃，長二尺，參个，六尺。○膷音香。

路門不容乘車之五个。

路門者，大寢之門。乘車廣六尺六寸，五个，三丈三尺。言不容者，是兩門乃容之。兩門乃容之，則此門半之，丈六尺五寸。

應門二徹參个。

正門謂之應門，謂朝門也。二徹之內八尺，三个，二丈四尺。

內有九室，九嬪居之。外有九室，九卿朝焉。

內，路寢之裏也。外，路門之表也。九室，如今朝堂諸曹治事處。九嬪掌婦學之法，以教九御。六卿三孤為九卿。

九分其國以為九分，九卿治之。

九分其國之職也，三孤佐三公論道，六卿治六官之屬。

王宮門阿之制五雉，宮隅之制七雉，城隅之制九雉。

阿棟也，宮隅城隅謂角浮思也。雉長三丈，高一丈。度高以高，度廣以廣。○浮思本或作罘罳，同。度，待洛反。

經涂九軌，環涂七軌，野涂五軌。

廣狹之差也。故書環或作轘，杜子春云：當爲環。環涂謂環城之道。○轘，戶關反。

門阿之制，以爲都城之制。

都四百里外距五百里，王子弟所封。其城隅高五丈，宮隅門阿皆三丈。

宮隅之制，以爲諸侯之城制。

諸侯畿以外也。其城隅制高七丈，宮隅門阿皆五丈。禮器曰：天子諸侯臺門。

周禮　卷四十一　考工記　[illegible]　秉懷堂

環涂以爲諸侯經涂，野涂以爲都經涂。

經亦謂城中道。諸侯環涂五軌，其野涂及都環涂野涂皆三軌。

周禮卷四十一　終

周禮卷四十二

漢大司農北海鄭　玄註
皇明　後學東吳葛　鼒訂

冬官考工記

匠人爲溝洫。

主通利田間之水道。

耜廣五寸，二耜爲耦，一耦之伐，廣尺深尺謂之甽，田首倍之，廣二尺深二尺謂之遂。

古者耜一金，兩人併發之，其壟中曰甽，甽上曰伐，伐之言發也。甽，畎也。今之耜，岐頭兩金，象古之耦也。田一夫之所佃百畝，方

周禮　卷四十二　考工記　一　秉懷堂

百步地。遂者，夫間小溝，遂上亦有徑。○甽，古犬反。隧音遂。畎與甽同，古今字也。

九夫爲井，井間廣四尺深四尺謂之溝，方十里爲成，成間廣八尺深八尺謂之洫，方百里爲同，同間廣二尋深二仞謂之澮。

此畿內采地之制。九夫爲井，井者方一里，九夫所治之田也。采地制井田異於鄉遂及公邑。三夫爲屋，屋，具也，一井之中，三屋九夫，三三相具，以出賦稅，共治溝也。方十里爲成，成中容一甸，甸方八里，出田稅，緣邊一里治洫。方八里爲同，同中容四都，六十四成，方八十里出田稅，緣邊十里治澮。采地者在三百里、四百里、五百里之中。載師職曰：園廛二十而一，近郊什一，遠郊二十而三，甸稍縣都皆無過十二。謂田稅也。皆就夫稅之輕近重遠耳。滕文公問爲國於孟子，孟子曰：夏后氏五十而貢，殷人七十而助，周人百畝而徹，其實皆什一。徹者，徹也；助者，藉也。龍子曰：治地莫善於助，莫不善於貢。貢者校數歲之中以爲常。文公又問井田，孟子曰：請野九一而助，國中什一使自賦，卿以下必有圭田，圭田五十畝，餘夫二十五畝，死徙無出鄉，鄉田同井，出

人相友守望相助疾病相扶持則百姓親睦方里而井井九百畝其中爲公田八家皆私百畝同養公田公事畢然後治私事所以別野人也又曰詩云雨我公田遂及我私惟助爲有公田由此觀之雖周亦助也魯哀公問於有若曰年饑用不足如之何有若對曰盍徹與曰二吾猶不足如之何其徹也春秋宣十五年秋初稅畝傳曰非禮也穀出不過藉以豐財也此數者世人謂之錯而疑焉以載師職及司馬法論之周制畿內用夏之貢法稅夫無公田以詩春秋論語孟子論之周制邦國用殷之助法制公田不稅夫貢者自治其所受田貢其稅穀助者借民之力以治公田又使收斂焉畿內用貢法者鄉遂及公邑之吏旦夕從民事爲其促之以公使不得恤其私邦國用助法者諸侯專一國之政爲其貪暴稅民無藝周之畿內稅有輕重諸侯謂之徹者通其率以什一爲正孟子云野九夫而稅一國中什一是邦國亦異外內之法耳圭之言珪絜也周謂之士田鄭司農說以春秋傳曰有田一成又曰列國一同○莇音助校音教别彼列反雨于付反爲其于僞反率音律

專達於川。各載其名。

周禮　卷四十二　考工記　二　承懷堂

達猶至也謂澮直至於川復無所注入載其名者識水所從出

凡天下之地埶。兩山之閒。必有川焉。大川之上。必有涂焉。

凡溝逆地防。謂之不行。水屬不理孫。謂之不行。

溝謂造溝防謂脉理屬讀爲注孫順也不行謂决溢也禹鑿龍門播九河爲此逆防與不理孫也○防音勒孫音遜

通其壅塞

梢溝三十里而廣倍。

謂不墾地之溝也鄭司農云梢讀爲桑螵蛸之蛸蛸謂水漱齧之溝故三十里而廣倍○梢音蕭蛸色交反螵婢遥反

凡行奠水。磬折以參伍。

坎爲弓輪水行欲紆曲也鄭司農云奠讀爲停謂行停水溝形當如磬直行三折行五以引水者疾焉○奠音亭

欲爲淵。則句於矩。

大曲則流轉流轉則其下成淵

凡溝必因水埶。防必因地埶。善溝者水漱之。善防者水淫之。

漱猶齧也鄭司農云淫讀爲廞謂水淤泥土留著助之爲厚玄謂淫讀爲淫液之淫○廞許金反淤於據反著直略反

凡爲防。廣與崇方。其閷參分去一。

崇高也方猶等也閷者薄其上○閷色界反

大防外閷。

又薄其上厚其下

凡溝防。必一日先深之以爲式。

程人功也溝防爲溝爲防也

周禮　卷四十二　考工記　三　承懷堂

里爲式。然後可以傳衆力。

里讀爲已聲之誤也○里音以傳音附

凡任索約。大汲其版。謂之無任。

故書汲作汲杜子春云當爲汲玄謂約縮也汲引也築防若牆者以繩縮其版大引之言版橈也版橈築之則鼓土不堅矣詩云其繩則直縮版以載又曰約之格格椓之橐橐○格音各椓丁角反

葺屋參分。瓦屋四分。

各分其修以其一爲峻○葺七入反

囷窌倉城。逆牆六分。

逆猶郤也。築此四者六分其高郤一分以爲䋣。困圖倉穿地曰窌。○困丘貧反窌古孝反依字當爲窖作窌假借也

堂涂十有二分。謂階前若今令甓裓也。分其督旁之修以二分爲峻也。爾雅曰堂涂謂之陳。○令音零甓蒲歷反裓音陛

竇其崇三尺。宮中水道。

牆厚三尺。崇三之高厚以是爲率足以相勝。○勝音升

車人之事半矩謂之宣。矩法也。所法者人也。人長八尺而大節三頭也腹也脛也以三通率之則矩二尺六寸三分寸之二。頭髮皓落曰宣半矩尺三

寸三分寸之一。人頭之長也。柯欘之木頭取名焉。易巽爲寡髮

一宣有半謂之欘。欘斲木柄長二尺。爾雅曰句欘謂之定。○欘張玉反句音劬

一欘有半謂之柯。伐木之柯柄長三尺。詩云伐柯伐柯其則不遠。鄭司農云蒼頡篇有柯欘。

一柯有半謂之磬折。人帶以下四尺五寸。磬折立則上俛。玉藻曰三分帶下紳居二焉。紳長三尺。○俛音免

車人爲耒庛長尺有一寸。中直者三尺有三寸。上句者二尺有二寸。鄭司農云耒謂耕耒庛讀爲其顙有疵之疵。謂耒下岐。玄謂庛讀爲棘刺之刺。刺耒下前曲接耜。○疵音刺七賜反顙庛似斯反

自其庛緣其外以至於首以弦其內六尺有六寸。與步相中也。緣外六尺有六寸。內弦六尺。應一步之尺數。耕者以田器爲度宜。耜異材不在數中。○緣悅戰反中丁仲反

堅地欲直庛柔地欲句庛直庛則利推句庛則利發倨句磬折謂之中地。中地之耒其庛與直者如磬折則調矣。調則弦六尺。○推湯雷反

車人爲車柯長三尺博三寸厚一寸有半。五分其長以其一爲之首。首六寸。謂今剛關頭斧柯其柄也。鄭司農云柯長三尺。謂斧柯因以爲度。

轂長半柯其圍一柯有半大車轂徑尺五寸。

輻長一柯有半其博三寸。厚三之一。輻厚一寸也。故書博或爲搏。杜子春云當爲博。○搏徒丸反

渠三柯者三渠二丈七尺。謂罔也。其徑九尺。鄭司農云渠謂車輮所謂牙。○牙五嫁反本或作迓

行澤者欲短轂行山者欲長轂短轂則利長轂則安。澤泥苦其大安山險苦其大動。○大音泰

行澤者反輮，行山者仄輮。反輮則易，仄輮則完。

故書仄爲側。鄭司農云：反輮謂輪輮反其木裏，需者在外。澤地多泥，柔也。側當爲仄，山地剛，多沙石。玄謂反輮爲泥之黏，欲得心在外滑。仄輮爲沙石破碎之，欲得表裏相依堅刃。○輮人九反，劉音柔。仄音側。易以豉反。需者人兗反。爲泥于僞反，下同

六分其輪崇，以其一爲之牙圍，

輪，高輪徑也，牙圍尺五寸。

柏車轂長一柯，其圍二柯，其輻一柯，其渠二柯者三。五分其輪崇，以其一爲之牙圍。

柏車，山車，輪高六尺，牙圍尺二寸。

大車崇三柯，綆寸。牝服二柯有參分柯之二。

大車，平地載任之車，轂長半柯者也。綆，輪箄。牝服長八尺，謂較也。鄭司農云：牝服謂車箱，服讀爲負。○綆方穎反。服音負，詩音如字。箄薄歷反。較音角

羊車二柯有參分柯之一。

鄭司農云：羊車謂車羊門也。玄謂羊，善也，善車，若今定張車。較長七尺。

柏車二柯。

較六尺也。柏車輪崇六尺，其綆大半寸。

凡爲轅，三其輪崇，參分其長，二在前，一在後，以鑿其鉤，徹廣六尺，鬲長六尺。

鄭司農云：鉤，鉤心。鬲謂轅端厭牛領者。○鬲於革反，劉音隔。厭於甲反

弓人爲弓，取六材必以其時。

取幹以冬，取角以秋，絲漆以夏，筋膠未聞。

六材既聚，巧者和之。

聚，猶具也。

幹也者，以爲遠也；角也者，以爲疾也；筋也者，以爲深也；膠也者，以爲和也；絲也者，以爲固也；漆也者，以爲受霜露也。

六材之力，相得而足。

凡取幹之道七：柘爲上，檍次之，檿桑次之，橘次之，木瓜次之，荊次之，竹爲下。

鄭司農云：檍讀爲億萬之億。爾雅曰：杻，檍。又曰：檿桑，山桑。國語曰：檿弧箕服。○檍於力反，一音意。檿烏簟反。杻女丑反。箙音服

凡相幹，欲赤黑而陽聲，赤黑則鄉心，陽聲則遠根。

陽猶清也。木之類，近根者奴。○相息亮反。鄉許亮反

凡析幹，射遠者用埶，射深者用直。

鄭司農云：埶謂形埶。假令木性自曲，則當反其曲以爲弓，故曰審曲面埶。玄謂曲埶則宜薄，薄則力少；直則可厚，厚則力多。

居幹之道，菑栗不迆，則弓不發。

鄭司農云：菑讀爲不菑而畬之菑，栗讀爲榛栗之栗，謂以鋸副析幹。迆讀爲倚移從風之移，謂邪行絕理者，弓發之所從起。玄謂栗讀爲裂繻之裂。○菑側其反。栗音烈。迆羊氏反。畬音餘。鋸音據。副普逼反。移羊氏反。繻音需

凡相角，秋𦊓者厚，春𦊓者薄。穉牛之角直而澤，老牛之角紾而昔。

鄭司農云紾讀爲抮縛之抮昔讀爲交錯之錯謂牛角觕理錯也玄謂昔讀履錯然之錯○紾䋏色界反紾徒展反與注抮縛之抮同昔七各反觕七奴反

疢疾險中。牛有久病則角裏傷

瘠牛之角無澤。少潤氣

角欲青白而豐末。豐大也

夫角之本蹙於𦚧而休於氣是故柔柔故欲其埶也白也者埶之

徵也。蹙近也休讀爲煦鄭司農云欲其形之自曲反以爲弓玄謂色白則埶○夫音扶下皆同蹙子六反𦚧乃老反柔又作腝煦况付反劉音休

夫角之中恒當弓之畏畏也者必橈橈故欲其堅也青也者堅之徵也。故書畏作威杜子春云當爲威威謂弓淵角之中央與淵相當玄謂畏讀如秦師入隈之隈○畏烏回反

夫角之末遠於𦚧而不休於氣是故脃脃故欲其柔也豐末也者柔之徵也。末之大者𦚧氣及煦之○脃七歲反

角長二尺有五寸三色不失理謂之牛戴牛。三色本白中青末豐鄭司農云牛戴牛角直一牛

凡相膠欲朱色而昔昔也者深瑕而澤紾而摶廉。摶圜也廉瑕嚴利也○摶徒丸反

鹿膠青白馬膠赤白牛膠火赤鼠膠黑魚膠餌犀膠黃。皆謂煮用其皮或用角餌色如餌

凡昵之類不能方。鄭司農云謂膠善戾故書昵或作樴杜子春云樴讀爲不義不昵之昵或爲䵒䵒黏也玄謂樴脂膏膱敗之膱膱亦黏也○昵女乙反樴音職䵒女乙反膱音職

凡相筋欲小簡而長大結而澤小簡而長大結而澤則其爲獸必剽以爲弓則豈異於其獸。剽疾也鄭司農云簡讀爲撊然登陴之撊玄謂讀如簡札之簡謂筋條也○剽芳妙反撊胡簡反陴房卑反

筋欲敝之敝。鄭司農云嚼之當孰○敝婢世反嚼才略反

漆欲測。鄭司農云測讀爲惻隱之惻玄謂測讀如測度之測測猶清也○度徒洛反

絲欲沈。如在水中時色

得此六材之全，然後可以爲良。全無瑕病，良善也。

凡爲弓，冬析幹而春液角，夏治筋，秋合三材。三材，膠絲漆。鄭司農云：液讀爲醳。○醳音亦

寒奠體，奠讀爲定。至冬膠堅，內之檠中，定往來體。○檠音景

冰析灂。大寒中下於檠中，復內之。○灂子召反，復扶又反

冬析幹則易。理滑致。○易以豉反

春液角則合。合讀爲洽。

夏治筋則不煩。煩，亂。

秋合三材則合。合，堅密也。

寒奠體則張不流。流猶移也。

冰析灂則審環。審猶定也。

春被弦則一年之事。期歲乃可用。

析幹必倫。順其理也。

析角無邪。亦正之。

斲目必荼。

鄭司農云：荼讀爲舒。舒，徐也。目，幹節目。○荼音舒

斲目不荼，則及其大脩也，筋代之受病。脩猶久也。

夫目也者必強，強者在內而摩其筋，夫筋之所由幨，恒由此作。摩猶隱也。故書筋或作薊。鄭司農云：當爲筋。幨讀爲車幨之幨。玄謂幨，絕起也。○幨昌廉反

故角三液而幹再液。重醳治之使相稱。○重直龍反，稱尺證反，下各稱同

厚其帤則木堅，薄其帤則需。需謂不充滿。鄭司農云：帤讀爲襦有衣袽之袽。帤謂弓中裨。○帤女居反，需人兗反，襦音儒，袽，周易作袽，裨音卑

是故厚其液而節其帤。

厚猶多也。節猶適也。

約之不皆約，疏數必侔。

不皆約，纏之𢿱不相次也。皆約則弓帤。侔猶均也。○數音朔，𢿱音灼

斲摯必中，膠之必均。

摯之言致也。中猶均也。

斲摯不中，膠之不均，則及其大修也，角代之受病。夫懷膠於內而摩其角，夫角之所由挫，恒由此作。

幹不均則角蹴折也。○挫子臥反

凡居角，長者以次需。

當弓之隈也。長短各稱其幹，短者居簫。○隈烏路反

恒角而短，是謂逆撓，引之則縱，釋之則不校。

鄭司農云：恒讀為裻縆之縆。玄謂恒讀為㮓，㮓，竟也。竟其角而短于淵幹，引之角縱不用力，若欲反撓然。校，疾也。既不用力，放之又不疾。○恒古鄧反，校古卯反，裻音督，縆古鄧反，㮓古鄧反

恒角而達，譬如終紲，非弓之利也。

達謂長於淵幹，若達於簫頭。紲，弓鞁。角過淵接，則送矢太疾，若見紲於𩋍矣。弓有鞁者，為發弦時備頓傷。詩云：竹閉緄縢。○紲息列反，鞁音祕，為于偽反，緄古本反，縢本又作縢，徒登反

今夫茭解中有變焉，故校。

鄭司農云：茭讀為激發之激。茭，謂弓檠也。校讀為絞而婉之絞。玄謂茭讀如齊人名手足掔為骹之骹。茭解謂接中也。變謂簫臂用力異。校，疾也。○茭古歷反，解戶賣反，掔烏喚反，骹戶交反

於挺臂中有柎焉，故剽。

挺，直也。柎，側骨。剽亦疾也。鄭司農云：剽讀為湖漂絮之漂。○挺勑頂反，柎方輔反

恒角而達，引如終紲，非弓之利。

重明達角之不利。變譬言引，字之誤。○引音譬，重直用反

撟幹欲孰於火而無贏，撟角欲孰於火而無燂，引筋欲盡而無傷其力，鬻膠欲孰而水火相得，然則居旱亦不動，居濕亦不動。

贏，過孰也。燂，炙爛也。不動者，謂弓也。故書燂或作朕。鄭司農云：字從燂。○撟居兆反，燂音尋，鬻章呂反

苟有賤工，必因角幹之濕以為之柔。善者在外，動者在內，雖善於外，必動於內，雖善亦弗可以為良矣。

苟，偷也。濕猶生也。○偷吐豆反

凡為弓，方其峻而高其柎，長其畏而薄其敝，宛之無已應。

宛謂引之也。引之不休止，常應弦，言不罷需也。峻謂簫也。鄭司農云：敝讀為蔽塞之蔽，謂弓人所握持者。○畏烏路反，敝讀為蔽，必世反，罷音皮

下柎之弓，末應將興。

末猶簫也。興猶動也，發也。弓柎卑，簫應弦，則柎將動。○卑劉音婢

為柎而發，必動於閷。

閷接中○閷色界反

弓而羽閷末應將發。

羽讀為扈扈緩也接中動則緩簫應弦則角幹將發○羽音戶

弓有六材焉維幹強之張如流水。

無難易也○易以豉反

維體防之引之中參。

體謂內之於檠中定其體防深淺所止謂體定張之弦居一尺引之又二尺

維角定之欲宛而無負弦引之如環釋之無失體如環。

負弦辟戾也負弦則不如環如環亦謂無難易鄭司農云定讀如掌距之掌車掌之掌○掌直庚反辟匹亦反

材美工巧為之時謂之參均角不勝幹幹不勝筋謂之參均量其力有三均均者三謂之九和。

有三讀為又參量其力又參均者謂若幹勝一石加角而勝二石被筋而勝三石引之中三尺假令弓力勝三石引之中三尺弛其弦以繩緩擐之每加物一石則張一尺故書勝或作稱鄭司農云當言稱謂之不參均玄謂不勝無負也○勝音升擐戶串反

九和之弓角與幹權筋三侔膠三鋝絲三邸漆三斞上工以有餘下工以不足。

權平也侔猶等也角幹既平筋三而又與角幹等也鋝鍰也邸斞輕重未聞○鋝音劣斞羊主反

為天子之弓合九而成規為諸侯之弓合七而成規大夫之弓合五而成規士之弓合三而成規。

材良則句少也

弓長六尺有六寸謂之上制上士服之弓長六尺有三寸謂之中制中士服之弓長六尺謂之下制下士服之。

人各以其形貌大小服此弓

凡為弓各因其君之躬志慮血氣。

又隨其人之情性

豐肉而短寬緩以荼若是者為之危弓危弓為之安矢骨直以立忿埶以奔若是者為之安弓安弓為之危矢。

言損贏濟不足危奔猶疾也骨直謂強毅荼古文舒假借字鄭司農云荼讀為舒○肉而樹反埶音勢

其人安其弓安其矢安則莫能以速中且不深。

故書速或作數鄭司農云字從速速疾也三舒不能疾而中言矢行短也中又不能深○中丁仲反數音朔

其人危其弓危其矢危則莫能以愿中。

愿愨也三疾不能愨而中言矢行長也長謂過去

往體多來體寡謂之夾臾之屬利射侯與弋。

射遠者用埶夾臾之弓合五而成規侯非必遠顧埶弓者材必薄薄則弱弱則矢不深中侯不落大夫士射侯矢落不獲弋繳射也故書與作其杜子春云當為與○獲胡麥反繳諸若反

往體寡來體多謂之王弓之屬利射革與質。

射深者用直，此又直焉，於射堅宜也。王弓合九而成規，弧弓亦然。革謂干盾，質，木椹。天子射侯亦用此弓。大射曰：中離維綱。○椹，張林反。樸，普木反。

往體來體若一，謂之唐弓之屬，利射深。射深用直，此又直焉。唐弓合七而成規，大弓亦然。

大和無灂，其次筋角皆有灂而深，其次有灂而疏，其次角無灂。大和，尤良者也。深，謂灂在中央，兩邊無也。角無灂，謂脈在中表。

合灂若背手文。弓表裏灂合處相應，鄭司農云：若人合手背文。

角環灂，牛筋蕡灂，麋筋斥蠖灂。○蕡，扶云反，又扶文反。斥蠖，屈蟲也。

周禮　卷四十二　考工記

和弓毄摩。和，猶調也。將用弓，必先調之，拂之摩之。大射禮曰：小射正授弓，大射正以袂順左右隈，上再下一。

覆之而角至，謂之句弓。覆，猶察也，謂用射而察之。至，猶善也。但角善，則矢雖疾而不能遠。○覆，芳服反。句，音鉤。

覆之而幹至，謂之侯弓。射侯之弓也，幹又善則矢疾而遠。

覆之而筋至，謂之深弓。射深之弓也，筋又善則矢既疾而遠又深。

周禮卷四十二終

禮記序

唐國子祭酒上護軍曲阜縣開國子孔穎達撰

夫禮者經天地理人倫本其所起在天地未分之前故禮運云夫禮必本於大一是天地未分之前已有禮也禮者理也其用以治則與天地俱興故昭二十六年左傳稱晏子云禮之可以爲國也久矣與天地並但于時質略物生則自然而有尊卑若羊羔跪乳鴻雁飛有行列豈由教之者哉是三才既判尊卑自然而有但天地初分之後卽應有君臣治國但年代緜遠無文以言案易緯通卦驗云天皇之先與乾曜合元君有五期輔有三名註云君之用

事五行王亦有五期輔有三名公卿大夫也又云遂皇始出握機矩註云遂皇謂遂人在伏犧前始王天下也矩法也言遂皇持斗機運轉之法指天以施政教既云始王天下是尊卑之禮起於遂皇也持斗星以施政教者卽禮緯斗威儀云宮主君商主臣角主父徵主子羽主夫少宮主婦少商主政是法北斗而爲七政七政之立是禮迹所興也鄭康成六藝論云易者陰陽之象天地之所變化政教之所生自人皇初起人皇卽遂皇也既政教所生初起於遂皇則七政是也六藝論又云遂皇之後歷六紀九十一代至伏犧始作十二言之教然則伏犧之時易道既彰則禮事彌著案

譙周古史考云有聖人以火德王造作鑽燧出火教民熟食人民大悅號曰遂人次有三姓乃至伏犧制嫁娶以儷皮爲禮作琴瑟以爲樂又帝王世紀云燧人氏沒包羲氏代之以此言之則嫁娶嘉禮始於伏犧也但古史考遂皇至于伏犧唯經三姓六藝論云歷六紀九十一代其文不同未知孰是或於三姓而爲九十一代也案廣雅云一紀二十七萬六千年方叔機註六藝論云六紀者九頭紀五龍紀攝提紀合洛紀連通紀序命紀凡六紀也九十一代者九頭一五龍五攝提七十二合洛三連通六序命四凡九十一代也但伏犧之前及伏犧之後年代參差所說不一緯候紛紜

各相乖背且復煩而無用今並略之唯據六藝論之文及帝王世紀以爲說也案易繫辭云包犧氏沒神農氏作案帝王世紀云伏犧之後女媧氏亦風姓也女媧氏沒次有大庭氏柏皇氏中央氏栗陸氏驪連氏赫胥氏尊盧氏渾沌氏昊英氏有巢氏朱襄氏葛天氏陰康氏無懷氏凡十五代皆襲伏犧之號然鄭玄以大庭氏是神農之別號案封禪書無懷氏在伏犧之前今在伏犧之後則世紀之文未可信用世紀又云神農始教天下種穀故人號曰神農案禮運云夫禮之初始諸飲食燔黍捭豚蕢桴而土鼓又明堂位云土鼓葦籥伊耆氏之樂又郊特牲云伊耆氏始爲蜡蜡卽田

祭與種穀相協土鼓葦籥又與蕢桴土鼓相當故熊氏云伊耆氏即神農也既云始諸飲食致敬鬼神則祭祀吉禮起於神農也又史記云黃帝與蚩尤戰於涿鹿則有軍禮也易繫辭黃帝九事章云古者葬諸中野則有凶禮也又論語撰考云軒知地利九牧倡教既有九州之牧當有朝聘是賓禮也若然自伏犧以後至黃帝吉凶賓軍嘉五禮始具皇氏云禮有三起禮理起於太一禮事起於遂皇禮名起於黃帝其禮理起於大一其義通也其禮事起於遂皇禮名起於黃帝其義乖也且遂皇在伏犧之前禮運燔黍捭豚在伏犧之後何得以祭祀在遂皇之時其唐堯則舜典云修五

禮鄭康成以爲公侯伯子男之禮又云命伯夷典朕三禮五禮其文亦見經也案舜典云類于上帝則吉禮也百姓如喪考妣則凶禮也羣后四朝則賓禮也舜征有苗則軍禮也嬪于虞則嘉禮也是舜時五禮具備直云典朕三禮者據事天地與人爲三禮其實事天地唯吉禮也其餘四禮竝人事兼之也案論語云殷因於夏禮周因於殷禮則禮記總陳虞夏商周則是虞夏商周各有當代之禮則夏商亦有五禮鄭康成註大宗伯唯云唐虞有三禮至周分爲五禮不言夏商者但書篇散亡夏商之禮絕滅無文以言故據周禮有文者而言耳武王沒後成王幼弱周公代之攝政六年

致大平述文武之德而制禮也故洛誥云考朕昭子刑乃單文祖德又禮記明堂位云周公攝政六年制禮作樂頒度量於天下但所制之禮則周官儀禮也鄭作序云禮者體也履也統之於心曰體踐而行之曰履鄭知然者禮器云禮者體也祭義云禮者履此者也禮記既有此釋故鄭依而用之禮雖合訓體履則周官爲體儀禮爲履故鄭序又云然則三百三千雖混同爲禮至於竝立俱陳則曰此經禮也此曲禮也或云此經文也此威儀也是周禮儀禮有體履之別也所以周禮爲體者周禮是立治之本統之心體以齊正於物故爲禮賀瑒云其體有二一是物體言萬物貴賤高

下小大文質各有其體二曰禮體言聖人制法體此萬物使高下貴賤各得其宜也其儀禮但明體之所行踐履之事物雖萬體皆同一履履無兩義也于周之禮其文大備故論語云周監於二代郁郁乎文哉吾從周也然周既禮道大用何以老子云失道而後德失德而後仁失仁而後義失義而後禮禮者忠信之薄道德之華爭愚之始故先師準緯候之文以爲三皇行道五帝行德三王行仁五霸行義若失義而後禮豈周之成康在五霸之後所以不同者老子盛言道德質素之事無爲靜默之教故云此也禮爲浮薄而施所以抑浮薄故云忠信之薄且聖人之王天下道德仁義

及禮並蘊于心但量時設教道德仁義及禮須用則行豈可三皇五帝之時全無仁義禮也殷周之時全無道德也老子意有所主不可據之以難經也既周禮爲體其周禮見於經籍其名異者見有七處案孝經說云禮經三百一也禮器云經禮三百二也中庸云禮儀三百三也春秋說云禮經三百四也禮說云有正經三百五也周官外題謂爲周禮六也漢書藝文志云周官經六篇七也七者皆云三百故知俱是周官周官三百六十舉其大數而云三百也其儀禮之別亦有七處而有五名一則孝經說春秋及中庸並云威儀三千二則禮器云曲禮三千三則禮說云動儀三千四

則謂爲儀禮五則漢書藝文志謂儀禮爲古禮經凡此七處五名稱謂並承三百之下故知即儀禮也所以三千者其履行周官五禮之別其事委曲條數繁廣故有三千也非謂篇有三千但事之殊別有三千條耳或一篇一卷則有數條之事今行於世者唯十七篇而已故漢書藝文志云漢初高堂生傳禮十七篇是也至武帝時河間獻王得古禮五十六篇獻王獻之又六藝論云後得孔子壁中古文禮凡五十六篇其十七篇與高堂生所傳同而字多異其十七篇外則逸禮是也周禮爲本則聖人體之儀禮爲末賢人履之故鄭序云體之謂聖履之爲賢是也既周禮爲本則重者

在前故宗伯序五禮以吉禮爲上儀禮爲末故輕者在前故儀禮先冠昏後喪祭故鄭序云二者或施而上或循而下其周禮六藝論云周官壁中所得六篇漢書說河間獻王開獻書之路得周官有五篇失其冬官一篇乃購千金不得取考工記以補其闕漢書云得五篇六藝論云得其六篇其文不同未知孰是其禮記之作出自孔氏但正禮殘缺無復能明故范武子不識殽烝趙鞅及魯君謂儀爲禮至孔子沒後七十二之徒共撰所聞以爲此記或錄舊禮之義或錄變禮所由或兼記體履或雜序得失故編而錄之以爲記也中庸是子思伋所作緇衣公孫尼子所撰鄭康成云月

令呂不韋所修盧植云王制謂漢文時博士所錄其餘衆篇皆如此例但未能盡知所記之人也其周禮儀禮是禮記之書自漢以後各有傳授鄭君六藝論云案漢書藝文志儒林傳云傳禮者十三家唯高堂生及五傳弟子戴德戴聖名在也又案儒林傳云漢興高堂生傳禮十七篇而魯徐生善爲容孝文時徐生以容爲禮官大夫瑕丘蕭奮以禮至淮陽太守孟卿東海人事蕭奮以授戴德戴聖六藝論云五傳弟子者熊氏云則高堂生蕭奮孟卿后倉及戴德戴聖爲五也此所傳皆儀禮也六藝論云今禮行於世者戴德戴聖之學也又云戴德傳記八十五篇則大戴禮是也戴聖

傳禮四十九篇則此禮記是也儒林傳云大戴授琅邪徐氏小戴授梁人橋仁字季卿楊榮字子孫仁爲大鴻臚家世傳業其周官者始皇深惡之至孝武帝時始開獻書之路既出於山巖屋壁復入祕府五家之儒莫得見焉至孝成時通人劉歆校理祕書始得列序著于錄略爲衆儒排棄歆獨識之知是周公致太平之道河南緱氏杜子春永平時初能通其讀鄭衆賈逵往授業焉其後馬融鄭玄之等各有傳授不復繁言也

禮記目錄

卷一

曲禮上

鄭目錄云名曰曲禮者以其篇記五禮之事祭記之説吉禮也喪荒去國之説凶禮也致貢朝會之説賓禮也兵車旌鴻之説軍旅也事長敬老執贄納女之説嘉禮也此於別錄屬制度

卷二

曲禮下

鄭目錄云義與前篇同簡策重多分爲上下

卷三

檀弓上

鄭目錄云名曰檀弓者以其記人善於禮故著姓名以顯之姓檀名弓今山陽有檀氏此於別錄屬通論

卷四

檀弓下

鄭目錄云義同前篇以簡策繁多故分爲上下二卷

卷五

王制
鄭目錄云名曰王制者以其記先王班爵授祿祭祀養老之法度此於別錄屬制度

卷六
月令
鄭目錄云名曰月令者以其紀十二月政之所行也本呂氏春秋十二月紀之首章也以家禮好事抄合之後人因題之名曰禮記言周公所作其中官名時事多不合周法此於別錄屬明堂陰陽

卷七
曾子問
鄭目錄云名爲曾子問者以其記所問多明於禮故著姓名以顯之曾子孔子弟子曾參此於別錄屬喪服

卷八
文王世子
鄭目錄云名曰文王世子者以其記文王爲世子時之法此於別錄屬世子法

卷九
禮運
鄭目錄云名曰禮運者以其記五帝三王相變易陰陽轉旋之道此於別錄屬通論

卷十
禮器
鄭目錄云名爲禮器者以其記禮使人成器之義也故孔子謂子貢汝器也曰何器也曰瑚璉也此於別錄屬制度

卷十一
郊特牲
鄭目錄云名郊特牲者以其記郊天用騂犢之義此於別錄屬祭祀

卷十二
内則
鄭目錄云名曰内則者以其記男女居室事父母舅姑之法此於別錄屬子法

卷十三
玉藻
鄭目錄云名曰玉藻者以其記天子服冕之事也冕之旒

以藻綳爲之貫玉爲飾此於別錄屬通論

卷十四

明堂位

鄭目錄云名明堂者以其記諸侯朝周公於明堂之時所成列之位也在國之陽其制東西九筵南北七筵堂崇一筵五室凡室二筵此於別錄屬明堂陰陽

卷十五

喪服小記

鄭目錄云喪服小記者以其記喪服之小義也此於別錄屬喪服

卷十六

大傳

鄭目錄云名曰大傳者以其記祖宗人親之大義此於別錄屬通論

卷十七

少儀

鄭目錄云名曰少儀者以其記相見及薦羞之少威儀少猶小也此於別錄屬制度

卷十八

學記

鄭目錄云名曰學記者以其記人學教之義此於別錄屬通論

卷十九

樂記

鄭目錄云名曰樂記者以其記樂之義此於別錄屬樂記

卷二十

雜記上

鄭目錄云名曰雜記者以其雜記諸侯以下至士之喪事於此別錄屬喪服

卷二十一

雜記下

卷二十二

喪大記

鄭目錄云名曰喪大記者以其記人君以下始死小斂大斂殯葬之事此於別錄屬喪服

卷二十三

祭法

鄭目錄云名曰祭法者以其記有虞氏至周天子以下所祭祀羣神之數此於別錄屬祭祀

卷二十四

祭義

鄭目錄云名曰祭義者以其記祭祀齊戒薦羞之義也此於別錄屬祭祀

卷二十五

祭統

鄭目錄云名曰祭統者以其記祭祀之本也統猶本也此於別錄屬祭祀

卷二十六

經解

鄭目錄云名曰經解者以其記六藝政教之得失也此於別錄屬通論

卷二十七

哀公問

鄭目錄云名曰哀公問者善其問禮著謚顯之也此於別錄屬通論

卷二十八

仲尼燕居

鄭目錄云名曰仲尼燕居者善其不倦燕居猶使三子侍之言及於禮著其字言事可法退朝而處曰燕居此於別錄屬通論

卷二十九

孔子閒居

鄭目錄云名曰孔子閒居者善其無倦而不褻猶使一弟子侍爲之說詩著其氏言可法也退燕避人曰閒居此於別錄屬通論

卷三十

坊記

鄭目錄云名曰坊記者以其記六藝之義所以坊人之失者也此於別錄屬通論

卷三十一

中庸

鄭目錄云名曰中庸者以其記中和之爲用也庸用也孔

子之孫子思伋作之以昭明聖祖之德此於別錄屬通論

卷三十二

表記

鄭目錄云名曰表記者以其記君子之德見於儀表此於別錄屬通論

卷三十三

緇衣

鄭目錄云名曰緇衣者善其好賢者厚也緇衣鄭詩也其詩曰緇衣之宜兮敝予又改爲兮適子之館兮還予授子

之粲兮粲餐也故餐以授之愛之欲飲食之言緇衣之賢者居朝廷宜其服也我欲就爲改制其衣反欲與之新兮厚之而無已此於別錄屬通論

卷三十四

奔喪

鄭目錄云名曰奔喪者以其居他國聞喪奔赴之禮此於別錄屬喪服之禮

卷三十五

問喪

鄭目錄云名曰問喪者以其記善問居喪之禮所由也此於別錄屬喪服

卷三十六

服問

鄭目錄云名曰服問者以其善問以知有服而遭喪所變易之節此於別錄屬喪服

卷三十七

間傳

鄭目錄云名曰間傳者以其記喪服之間輕重所宜此於

別錄屬喪服

卷三十八

三年問

鄭目錄云名曰三年問者善其問以知喪服年月所由此於別錄屬喪服

卷三十九

深衣

鄭目錄云名曰深衣者以其記深衣之制也深衣連衣裳而純之以采者素純曰長衣有表則謂之中衣大夫以上

祭服之中衣用素詩云素衣朱襮玉藻曰以帛裏布非禮也士祭以朝服中衣以布明矣此於別錄屬制度

卷四十

投壺

鄭目錄云名曰投壺者以其記主人與客燕飲講論才藝之禮此於別錄屬吉禮亦實曲禮之正篇是投壺與射爲類此於五禮宜屬嘉禮也或云宜屬賓禮

卷四十一

儒行

鄭目錄云名曰儒行者以其記有道德者所行也儒之言優也柔也能安人能服人又儒者儒也以先王之道能儒其身此於別錄屬通論

卷四十二

大學

鄭目錄云名曰大學者以其記博學可以爲政也此於別錄屬通論

卷四十三

冠義

鄭目錄云名曰冠義者以其記冠禮成人之義此於別錄屬吉事

卷四十四

昏義

鄭目錄云名曰昏義者以其記娶妻之義內教之所由成也此於別錄屬吉事

卷四十五

鄉飲酒義

鄭目錄云名曰鄉飲酒義者以其記鄉大夫飲賓于庠序之禮尊賢養老之義此於別錄屬吉事

卷四十六

射義

鄭目錄云名曰射義者以其記燕射大射之禮觀德行取於士之義此於別錄屬吉事

卷四十七

燕義

鄭目錄云名曰燕義者以其記君臣燕飲之禮上下相尊之義此於別錄屬吉事

卷四十八

聘義

鄭目錄云名曰聘義者以其記諸侯之國交相聘問之禮重禮輕財之義也此於別錄屬吉事

卷四十九

喪服四制

鄭目錄云名曰喪服四制者以其記喪服之制取於仁義禮知也此於別錄舊說屬喪服

禮記目錄終

禮記卷一

漢大司農北海鄭　玄註
皇明　後學東吳金　蟠較

曲禮上第一

曲禮曰。毋不敬。

禮主於敬。○毋音無說文云止之詞其字從女內有一畫象有姦之形禁止之勿令姦古人云毋猶今人言莫也案毋字與父毋字不同俗本多亂讀者皆朱點毋字以作無音非也後放此疑者特復音之

儼若思。

儼矜莊貌人之坐思貌必儼然○儼魚檢反本亦作儼同矜莊貌思如字徐息嗣反矜君氷反

安定辭。

審言語也易曰言語者君子之樞機○樞昌朱反

安民哉。

此上三句可以安民說曲禮者美之云耳

敖不可長。欲不可從。志不可滿。樂不可極。

四者慢遊之道桀紂所以自禍○敖五報反長丁丈反從足用反樂音洛

賢者狎而敬之。

狎習也近也謂附而近之習其所行也月令曰雖有貴戚近習○狎戶甲反

長而愛之。

心服曰畏曾子曰
吾先子之所畏。
愛而知其惡憎而知其善。
謂凡與人交不可以己
心之愛憎誣人之善惡。
積而能散。
謂己有蓄積見貧窮者則當能散以賙救之、
若宋樂氏。○賙音周樂音岳謂宋司城樂喜
安安而能遷。
謂己今安此之安圖後有害則當能遷晋咎
犯與姜氏醉重耳而行近之。○重直龍反
臨財毋苟得。
為傷廉也。○為
于僞反下皆同

臨難毋苟免。
為傷義也。○
難乃旦反
很毋求勝分毋求多。
為傷平也很鬩也謂爭訟也詩云兄弟鬩
於牆。○很胡懇反分扶問反鬩呼歷反
疑事毋質。
質成也彼己俱疑而己成言
之終不然則傷知。○知音智
直而勿有。
直正也己若不疑則當
稱師友而正之謙也。
若夫。

言若欲為丈夫也春秋傳曰
是謂我非夫。○夫方于反。
坐如尸。
視貌
正。
立如齊。
磬且聽也齊謂祭
祀時。○齊側皆反
禮從宜。
事不可常也晋士匄帥師侵齊聞齊侯卒
乃還春秋善之。○匄音蓋還音旋後放此
使從俗。
亦事不可常也牲幣之屬則當從俗所出禮器曰天
不生地不養君子不以為禮鬼神不饗。○使色吏反

夫禮者所以定親疏決嫌疑別同異明是非也。禮不妄說人。
為近佞媚也君子說之不以其道則不說也。○夫音扶凡發語
辭之端皆然後放此疏所居反或作踈別彼列反下注下文同
說音悅佞乃定反口才曰
佞媚眉忌反意向曰媚
不辭費。
為傷信君子先行其言
而後從之。○費芳味反
禮不踰節不侵侮不好狎。
為傷敬也人則習近為
好狎。○好呼報反注同
修身踐言謂之善行。
踐履也言履而行之。○
行下孟反下行修同

行修言道，禮之質也。

言道，言合於道。質猶本也。禮爲之文飾耳。

禮聞取於人，不聞取人。

謂君人者。取於人，謂高尚其道。取人，謂制服其身。

禮聞來學，不聞往教。

尊道藝。

道德仁義，非禮不成。教訓正俗，非禮不備。分爭辨訟，非禮不決。君臣上下，父子兄弟，非禮不定。宦學事師，非禮不親。班朝治軍，涖官行法，非禮威嚴不行。禱祠祭祀，供給鬼神，非禮不誠不莊。

分、辨皆別也。宦，仕也。班，次也。涖，臨也。莊，敬也。學或爲御。○朝，直遥反。祠音詞。

是以君子恭敬撙節退讓以明禮。

撙猶趨也。○撙，祖本反。

鸚鵡能言，不離飛鳥。猩猩能言，不離禽獸。今人而無禮，雖能言，不亦禽獸之心乎？夫唯禽獸無禮，故父子聚麀。

聚猶共也。鹿牝曰麀。○離，力智反，下同。麀音憂。牝，頻忍反。

是故聖人作，爲禮以教人，使人以有禮，知自別於禽獸。

太上貴德。

太上，帝皇之世，其民施而不惟報。○施，始豉反。

其次務施報。

三王之世，禮始興焉。

禮尚往來。往而不來，非禮也；來而不往，亦非禮也。人有禮則安，無禮則危。故曰：禮者不可不學也。夫禮者，自卑而尊人。雖負販者，必有尊也，而況富貴乎？

負販者尤輕挑志利，宜若無禮然。○販，方萬反。挑，吐彫反。

富貴而知好禮，則不驕不淫；貧賤而知好禮，則志不懾。

懾猶怯惑。○好，呼報反，下同。懾，之涉反。

人生十年曰幼，學。

名曰幼，時始可學也。內則曰：十年出就外傅，居宿於外，學書計。

二十曰弱，冠。三十曰壯，有室。

有室，有妻也，妻稱室。○冠，古亂反。

四十曰强，而仕。五十曰艾，服官政。

艾，老也。○艾，五蓋反，謂蒼艾色也。一音刈，治也。

六十曰耆，指使。

指事使人也。六十不與服戎，不親學。○耆，渠夷反。與音預。

七十曰老，而傳。

傳家事，任子孫，是謂宗子之父。○傳，直專反。

八十九十曰耄。耄惛忘也春秋傳曰謂老將知耄又及之。○耄忘報反注同本或作八十曰耋九十曰旄後人妄加之知音智

七年曰悼。悼憐愛也。○悼徒報反

悼與耄雖有罪不加刑焉。愛幼而尊老。

百年曰期頤。期猶要也頤養也不知衣服食味孝子要盡養道而已。○頤羊時反要於遥反

大夫七十而致事。致其所掌之事於君而告老。

若不得謝。謝猶聽也君必有命勞苦辭謝之其有德尚壯則不聽耳。○聽吐丁反後可以意求皆不音勞如字又力報反

則必賜之几杖。行役以婦人。適四方。乘安車。自稱曰老夫。几杖婦人安車所以養其身體也安車坐乘若今小車也老夫老人稱也亦明君貪賢春秋傳曰老夫耄矣、

於其國則稱名。君雖尊異之、自稱猶若臣。

越國而問焉。必告之以其制。鄰國來問必問於老者以荅之制法度、

謀於長者。必操几杖以從之。從猶就也。○長丁丈反下皆同

長者問。不辭讓而對。非禮也。當謝不敏若曾子之爲、

凡爲人子之禮。冬温而夏凊。昏定而晨省。安定其牀衽也省問其安否何如。○凊七性反字從冫冰冷也衽而審反

在醜夷不爭。醜衆也夷猶儕也四皓曰陛下之等夷。○儕仕皆反

夫爲人子者。三賜不及車馬。三賜三命也凡仕者一命而受爵再命而受衣服三命而受車馬車馬而身所以尊者備矣卿大夫士之子不受不敢以成尊比踰於父天子諸侯之子不受自卑遠於君。

故州閭鄉黨稱其孝也。兄弟親戚稱其慈也。僚友稱其弟也。執友稱其仁也。交遊稱其信也。不敢重受賜者心也如此而五者備有焉周禮二十五家爲閭四閭爲族五族爲黨五黨爲州五州爲鄉僚友官同者執友志同者、

見父之執。不謂之進不敢進。不謂之退不敢退。不問不敢對。敬父同志、如事父、

此孝子之行也。

夫爲人子者出必告反必面。告面同耳反言面者從外來宜知親之顔色安否○行下孟反告古毒反

所遊必有常所習必有業。緣親之意欲知之

恒言不稱老。廣敬

年長以倍則父事之。謂年二十於四十者人年二十弱冠成人有爲人父之端今四十於二十者有子道内則曰年二十惇行孝弟○冠工亂反惇都溫反

十年以長則兄事之五年以長則肩隨之。肩隨者與之並行差退○差初佳反

羣居五人則長者必異席。席以四人爲節因宜有所尊

爲人子者居不奥坐不中席行不中道立不中門。謂與父同宮者也不敢當其尊處室中西南隅謂之奥道有左右中門謂棖闑之中央内則曰由命士以上父子皆異宮○闑魚列反上時掌反凡言以上皆放此

食饗不爲槩。槩量也不制待賓客饌具之所有○食音嗣

祭祀不爲尸。尊者之處爲其失子之道然則尸卜筮無父者○爲其于僞反下注同

聽於無聲視於無形。恒若親之將有教使然

不登高不臨深不苟訾不苟笑。爲其近危辱也人之性不欲見毁訾不欲見笑君子樂然後笑○訾音紫樂音洛

孝子不服闇不登危懼辱親也。服事也闇冥也不於闇冥之中從事爲卒有非常且嫌失禮也男女夜行以燭

父母存不許友以死。爲忘親也爲報仇讎

不有私財。

爲人子者父母存冠衣不純素。爲其有喪象也純緣也玉藻曰縞冠玄武子姓之冠也縞冠素紕既祥之冠也深衣曰具父母衣純以青○純諸允反又之閏反下及注同緣悦絹反紕婢支反

孤子當室冠衣不純采。早喪親雖除喪不忘哀也謂年未三十者三十壯有室有代親之端不爲孤也當室適子也深衣曰孤子衣純以素○早喪息浪反適丁歷反

幼子常視毋誑。

視今之示字小未有所知常示以正物以正教之無誑欺

童子不衣裘裳。

裘大溫消陰氣使不堪苦不衣裘裳便易○衣於既反下同大音泰易以豉反

立必正方。不傾聽。

習其自端正

長者與之提攜。則兩手奉長者之手。

習其扶持尊者提攜謂牽將行○攜戶圭反奉芳勇反

負劍辟咡詔之。

負謂置之於背劍謂挾之於旁辟咡詔之謂傾頭與語口旁曰咡○辟匹亦反側也咡如志反口耳之間曰咡

則掩口而對。

習其鄉尊者屏氣也○鄉許亮反屏必領反

從於先生。不越路而與人言。

尊不二也先生老人教學者○從才用反下皆同

遭先生於道。趨而進。正立拱手。

爲有教使

先生與之言則對。不與之言則趨而退。

爲其不欲與己並行

從長者而上丘陵。則必鄉長者所視。

爲遠視不察有所問

登城不指。城上不呼。

爲惑人○呼火故反

將適舍。求毋固。

謂行而就人館固猶常也求主人物不可以舊常致時之無周禮土訓辨地物原其生以詔地求其類

將上堂。聲必揚。

警內人也

戶外有二屨。言聞則入。言不聞則不入。將入戶。視必下。入戶奉扃。

視瞻毋回。

不干掩人之私也奉扃敬也○屨紀具反扃古螢反關也一云門扇上鐶鈕

戶開亦開。戶闔亦闔。

不以後來變先○闔胡臘反

有後入者。闔而勿遂。

示不拒人

毋踐屨。毋踖席。摳衣趨隅。必慎唯諾。

趨隅升席必由下也慎唯諾者不先舉見問乃應○踖在亦反一音席躐也摳苦侯反趨七俱反唯于癸反

大夫士出入君門。由闑右。

臣統於君闑門橛○闑魚列反橛求月反

不踐閾。閾門限也。○閾于逼反

凡與客入者，每門讓於客。下賓也。敵者迎於大門外。聘禮曰：君迎賓於大門內。○下，遐嫁反

客至於寢門，則主人請入爲席。爲猶敷也。雖君亦然。

然後出迎客。客固辭。又讓先入。

主人肅客而入。肅進也。進客謂道之。○道音導

主人入門而右，客入門而左。右就其右，左就其左。

主人就東階，客就西階。客若降等，則就主人之階。降下也。謂大夫於君，士於大夫也。不敢輒由其階，卑統於尊，不敢自專。

主人固辭，然後客復就西階。復其正。○復音服，後此音更不重出

主人與客讓登，主人先登，客從之，拾級聚足，拾當爲涉，聲之誤也。級等也。涉等聚足，謂前足躡一等，後足從之併。○拾依注音涉，躡女攝反

連步以上。重蹉跌也。連步謂足相隨不相過也。○上時掌反，下皆同。蹉七何反，跌大結反

上於東階則先右足，上於西階則先左足。近於相鄉敬。

帷薄之外不趨。不見尊者，行自由，不爲容也。入則容，行而張足曰趨。

堂上不趨。爲其迫也。堂下則趨。○爲，于僞反，下並同

執玉不趨。

志重玉也。聘禮曰：上介授賓玉於廟門外。

堂上接武。武迹也。迹相接，謂每移足半躡之，中人之迹尺二寸。

堂下布武。武謂每移足各自成迹，不相躡。

室中不翔。又爲其迫也。行而張拱曰翔。

並坐不橫肱。爲害旁人。

授立不跪授坐不立。為煩尊者俛仰受之

凡為長者糞之禮必加帚於箕上。如是得兩手奉箕恭也謂初執而在時也弟子職曰執箕膺擖厥中有帚○糞本作攢掃前席曰攢帚之手反擖音葉箕舌

以袂拘而退其塵不及長者。謂掃時也以袂擁帚之前埽而郤行之○袂武世反拘古侯反

以箕自鄉而扱之。扱讀曰吸謂收糞時也箕去弃物以鄉尊者則不恭○扱依注音吸許急反

奉席如橋衡。横奉之令左昂右低如有首尾然橋井上㮤槔衡上低昂○橋居廟反令力呈反㮤本又作挈又作絜同音結槔古毫反

請席何鄉請衽何趾。順尊者所安也衽臥席也坐問鄉臥問趾因於陰陽○衽而審反

席南鄉北鄉以西方為上東鄉西鄉以南方為上。布席無常此其順之也上謂席端也坐在陽則上左坐在陰則上右

若非飲食之客則布席席間函丈。謂講問之客也函猶容也講問宜相對容丈足以指畫也飲食之客布席於牖前丈或為杖

主人跪正席。雖來講問猶以客禮待之異於弟子

客跪撫席而辭。撫之者荅主人之親正

客徹重席主人固辭。徹去也去重席謙也再辭曰固○重直龍反注同

客踐席乃坐。客安主人乃敢安也講問宜坐

主人不問客不先舉。客自外來宜問其安否無恙及所為來故

將即席容毋怍。怍顔色變也

兩手摳衣去齊尺。齊謂裳下緝也○齊音咨

衣毋撥。撥發揚貌○撥半末反

足毋蹶。蹶行遽貌

先生書策琴瑟在前坐而遷之戒勿越。廣敬也在前謂當行之前

虛坐盡後。謙也。○盡津忍反，後放此

食坐盡前。為汙席。

坐必安，執爾顏。執猶守也。

長者不及，毋儳言。儳猶暫也，非類雜。○儳仕鑒反

正爾容，聽必恭。

聽先生之言，既說又敬。○說音悅

毋勦說，勦猶擥也，謂取人之說以為己說。○勦初交反，一音初教反

毋雷同。雷之發聲，物無不同時應者，人之言當各由己，不當然也。孟子曰：人無是非之心，非人也。

必則古昔，稱先王。言必有依據。

侍坐於先生，先生問焉，終則對。不敢錯亂尊者之言。

請業則起，請益則起。尊師重道也。起若今摳衣前請也。業謂篇卷也。益謂受說不了，欲師更明說之。子路問政，子曰：先之勞之。請益，曰：無倦。

父召無諾，先生召無諾，唯而起。應辭，唯恭於諾。○唯于癸反

侍坐於所尊敬，毋餘席。必盡其所，近尊者之端，為有後來者。○為于偽反

見同等不起。不為私敬。

燭至起。異晝夜。

食至起。為饌變。

上客起。敬尊者。

燭不見跋。跋本也。燭盡則去之，嫌若燼多有厭倦。○跋半末反，去起呂反，下風去、免去同。燼才信反

尊客之前不叱狗。上人於尊客之前不敢倦，嫌若風去之。○叱尺質反，風芳鳳反

讓食不唾。
嫌有穢惡。○唾吐臥反

侍坐於君子。君子欠伸。撰杖屨。視日蚤莫。侍坐者請出矣。
以君子有倦意也。撰猶持也。○撰仕轉反

侍坐於君子。君子問更端。則起而對。
離席對。敬異事也。君子必令復坐。○令力呈反

侍坐於君子。若有告者曰。少閒。願有復也。則左右屏而待。
復白也。言欲須少空閒。有所白也。屏猶退也。隱也。

毋側聽。
嫌探人之私也。側聽耳屬於垣。○探音貪。屬之玉反

毋噭應。毋淫視。毋怠荒。遊毋倨。立毋跛。坐毋箕。寢毋伏。斂髮毋髢。冠毋免。勞毋袒。暑毋褰裳。
皆為其不敬。噭號呼之聲也。淫視睇眄也。怠荒放散身體也。跛偏任也。伏覆也。髢髲也。毋垂餘如髲也。免去也。褰袪也。髢或為肆。○噭古弔反。跛彼義反。髢徒細反。髲垂如髲。袒徒旱反。褰起連反。為于偽反。髲皮義反。袪丘魚反。肆以二反

侍坐於長者。屨不上於堂。
屨賤。空則不陳於尊者之側。

解屨不敢當階。
為妨後升者。

就屨。跪而舉之。屏於側。
謂獨退也。就猶著也。屏亦不當階。○著丁略反

鄉長者而屨。跪而遷屨。俯而納屨。
謂長者送之也。不得屏。遷之而已。俯俛也。納內也。遷或為還。

離坐離立。毋往參焉。離立者不出中間。
為干人私也。離兩也。

男女不雜坐。不同椸枷。不同巾櫛。不親授。嫂叔不通問。諸母不漱裳。外言不入於梱。內言不出於梱。女子許嫁。纓。非有大故。不入其門。姑姊妹女子子。已嫁而反。兄弟弗與同席而坐。弗與同器而食。
皆為重別防淫亂。不雜坐。謂男子在堂。女子在房也。椸可以枷衣者。通問。謂相稱謝也。諸母。庶母也。漱澣也。庶母賤。可使漱衣。不可使漱裳。裳賤。尊之者。亦所以遠別。外言內言。男女之職也。不出入者。不以相問也。梱門限也。女子許嫁。系纓。有從人之端也。大故。宮中有災變若疾病。乃後入也。女子有宮者。亦謂由命士以上也。春秋傳曰。羣公子之舍。則已卑矣。女子十年而不出。嫁及成人。可以出矣。猶不與男子共席而坐。亦遠別也。○椸羊支反。枷本又作架。音嫁。櫛側乙反。漱悉候反。梱本又作閫。苦本反。別彼列反。下及注同。澣戶管反

父子不同席。
異尊卑也。

男女非有行媒。不相知名。
見媒往來傳昏姻之言。乃相知姓名。○媒音梅

非受幣。不交不親。
重別有禮乃相纏固。

故日月以告君。
周禮凡取判妻入子者媒氏書之以告君謂此也。

齊戒以告鬼神。
昏禮凡受女之禮皆於廟爲神席以告鬼神謂此也。○齊側皆反

為酒食以召鄉黨僚友。
會賓客也。

以厚其別也。
厚重慎也。

取妻不取同姓。故買妾不知其姓。則卜之。
爲其近禽獸也妾賤或時非媵取之於賤者世無本繫。○取本亦作娶下賀取妻同媵羊證反

寡婦之子。非有見焉。弗與為友。
辟嫌也有見謂有奇才卓然衆人所知。○見賢遍反辟音避餘皆放此

賀取妻者曰。某子使某聞子有客。使某羞。
謂不在賓客之中使人往者羞進也言進於客古者謂候為進其禮蓋壺酒束修若犬也不斥主人昏禮不賀

貧者不以貨財為禮。老者不以筋力為禮。
禮許儉不非無也年五十始杖八十拜君命一坐再至○筋音斤

名子者。不以國。不以日月。不以隱疾。不以山川。
此在常語之中爲後難諱也春秋傳曰名終將諱之隱疾衣中之疾也謂若黑臀黑肱矣疾在外者雖不得言尚可指擿此則無時可辟俗語云隱疾難爲醫○臀徒孫反擿吐歷反

男女異長。
各自爲伯季也。

男子二十冠而字。
成人矣敬其名。

父前子名。君前臣名。
對至尊無大小皆相名。

女子許嫁。笄而字。
以許嫁爲成人。○笄古兮反

凡進食之禮。左殽右胾。食居人之左。羹居人之右。
皆便食也殽骨體也胾切肉也食飯屬也居人左右明其近也殽在俎胾在豆。○胾側吏反食音嗣

膾炙處外。醯醬處內。
殽胾之外內也近醯醬者食之主膾炙皆在豆。

葱渫處末。
渫烝葱也處醯醬之左言末者殊加也渫在豆。○渫以制反

酒漿處右。

處羹之右此言若酒若漿耳兩有之則左酒右漿此大夫士與賓客燕食之禮其禮食則宜放公食大夫禮云○放方兩反

以脯脩置者左朐右末。亦便食也屈中曰朐○朐其俱反

客若降等執食興辭。辭者辭主人之臨己食若欲食於堂下然

主人興辭於客然後客坐。復坐。

主人延客祭。延道也祭祭先也君子有事不忘本也客若降等則先祭○道音導

祭食祭所先進。主人所先進先祭之所後進後祭之如其次。

殽之序徧祭之。謂殽炙膾也以其本出於牲體也公食大夫禮魚腊湆醬不祭也○腊音昔湆音泣

三飯主人延客食胾然後辯殽。先食胾後食殽殽尊凡食殽辨於肩食肩則飽也○辨音遍下同

主人未辯客不虛口。俟主人也虛口謂酳也客自敵以上其酳不待主人飽主人不先飽也○酳音胤

侍食於長者主人親饋則拜而食。勸長者食耳雖賤不得執食興辭拜而已示敬也

主人不親饋則不拜而食。以其禮於己不隆

共食不飽。謙也謂共羹飯之大器也

共飯不澤手。為汙手不潔也澤謂挼莎也禮飯以手澤或為擇○為于僞反挼乃禾反莎息禾反

毋摶飯。為欲致飽不謙○摶徒端反為于僞反下皆同

毋放飯。去手餘飯於器中人所穢○去起呂反

毋流歠。大歠嫌欲疾○歠川悅反

毋咤食。嫌薄之○咤陟嫁反

毋齧骨。為有聲響不敬○齧五結反

毋反魚肉。

爲已歷口人所穢、

毋投於狗骨。

爲其賤飲食之物、

毋固獲。

爲其不廉也欲專之曰固爭取曰獲、

毋揚飯飯黍毋以箸毋嚃羹。

亦嫌欲疾也嚃爲不嚼菜○飯扶晚反箸直慮反嚃他荅反

毋絮羹。

爲其詳於味也絮猶調也○絮勑慮反

毋刺齒。

爲其弄口也口容止

毋歠醢。

亦嫌詳於味也歠者爲其淡故、

客絮羹主人辭不能亨。客歠醢主人辭以窶、

優賓○亨普彭反窶其禹反貧也

濡肉齒決。

決猶斷也、

乾肉不齒決。

堅宜用手、

毋嘬炙。

爲其貪食甚也嘬謂一舉盡臠特牲少牢嚌之加于俎○嘬初怪反炙章夜反臠力轉反少式照反凡少牢皆同嚌才細反

卒食客自前跪徹飯齊以授相者。

謙也自從也齊醬屬也相者主人贊饌者公食大夫禮賓卒食北面取粱與醬以降也○卒子恤反後更不音者同齊將兮反相息亮反注同

主人興辭於客然後客坐。

不聽親徹、

侍飲於長者酒進則起拜受於尊所。

起而拜受敬也燕飲之禮鄉尊○鄉音嚮

長者辭少者反席而飲長者舉未釂少者不敢飲。

不敢先尊者盡爵曰釂燕禮曰公卒爵而後飲也○釂子妙反

長者賜少者賤者不敢辭。

不敢亢禮也賤者僮僕之屬

賜果於君前其有核者懷其核。

嫌棄尊者物也木實曰果、

御食於君君賜餘器之溉者不寫其餘皆寫。

重汙辱君之器也溉謂陶梓之器不溉謂萑竹之器也寫者傳已器中乃食之也勸侑曰御○溉古愛反重直勇反萑音丸葦

也傳直專
反俏音又
餕餘不祭。父不祭子。夫不祭妻。
食人之餘曰餕。餕而不祭唯此類也。
食尊者之餘則祭盛之。○餕子閏反
御同於長者。雖貳不辭。
謂侍食於長者饌宜與之同也。貳謂重
殽膳也。辭之爲長者嫌。○重直龍反
偶坐不辭。
盛饌不
爲巳。
羹之有菜者用梜。其無菜者不用梜。
梜猶箸也。今人或謂箸爲
梜提。○梜古協反又音甲

爲天子削瓜者副之。巾以絺。
副析也。既削又四析之乃横斷之而巾覆焉。○爲
于僞反下同副普逼反絺勑宜反斷音短下同
爲國君者華之。巾以綌。
華中裂之不四析也。○
華胡瓜反綌去逆反
爲大夫累之。
累倮也謂不巾覆也。○
累力果反倮力果反
士疐之。
不中裂横斷去疐而巳。
○疐音帝去丘呂反
庶人齕之。

不横斷。○
齕恨沒反
父母有疾。冠者不櫛。行不翔。
憂不爲
容也。
言不惰。
憂不在私好惰不正
之言。○好呼報反
琴瑟不御。
憂不
在樂。
食肉不至變味。飲酒不至變貌。
憂不
在味。

笑不至矧。怒不至詈。
憂在心難變也齒本曰矧大笑則見。
○矧本又作哂失忍反見賢遍反
疾止復故。
自若
常也。
有憂者側席而坐。
側猶特也憂不在
接人不布他面席。
有喪者專席而坐。
降居處也。
專猶單也。
水潦降。不獻魚鼈。

不饒多也、

獻鳥者佛其首。

為其喙害人也佛害戾也蓋為小竹籠以冒之○拂本又作佛扶弗反喙吁廢反又知胄反又丁角反

畜鳥者則勿佛也。

畜養也養則馴、○畜許六反

獻車馬者執策綏。獻甲者執冑。獻杖者執末。獻民虜者操右袂。獻粟者執右契。獻米者操量鼓。獻孰食者操醬齊。獻田宅者操書致。

凡操執者謂手所舉以告者也設其大者舉其小者便也甲鎧也冑兜鍪也民虜軍所獲也操其右袂制之契券要也右為尊、量鼓量器名○冑直又反量音亮又音良升斛鼓隱義云樂浪人呼容十二石者為鼓齊本又作韲同子兮反鎧苦愛反兜丁

侯反鍪莫侯反券音勸

凡遺人弓者張弓尚筋。弛弓尚角。

弓有往來體皆欲令其下曲隤然順也遺人無時已定體則張之未定體則弛之○遺于季反隤徒回反

右手執簫。左手承弣。

簫弭頭也謂之簫簫邪也弣把中○弣音撫徐音甫下同弭亡婢反弓末也邪似嗟反

尊卑垂帨。

帨佩巾也磬折則佩垂授受之儀尊卑一○帨始銳反

若主人拜。

拜受也、

則客還辟。辟拜。

辟拜謙不敢當○辟辟上扶亦反下辟音避注同

主人自受。由客之左。接下承弣。

由從也從客之左右客尊之接下接客手下也承弣卻手則簫覆手與○覆芳服反

鄉與客並然後受。

於堂上則俱南面禮敵者並授、

進劍者左首。

左首尊也、

進戈者前其鐏。後其刃。進矛戟者前其鐓。

後刃敬也三兵鐏鐓雖在下猶為首銳底曰鐏取其鐏也平

底曰鐓取其鐓也○鐏在困反矛音謀鐓本又作錞徒對反

進几杖者拂之。

尊者所馮依、拂去塵敬、

效馬效羊者右牽之。

用右手便效猶呈見○見賢遍反

效犬者左牽之。

犬齧齧人右手當禁備之、○齧本亦作噬常世反

執禽者左首。

左首尊、

飾羔鴈者以繢。繢畫也。諸侯大夫以布，天子大夫以畫。

受珠玉者以掬。慎也。掬，手中。○掬九六反

受弓劒者以袂。敬也。

飲玉爵者弗揮。為其寶而脆。○脆七歲反

凡以弓劒苞苴簞笥問人者，問猶遺也。苞苴裹魚肉，或以葦，或以茅。簞笥盛飯食者，圜曰簞，方曰笥。○苴子餘反，簞音單，笥思嗣反，裹音果，盛音成

操以受命，如使之容。謂使者。○使色吏反

凡為君使者，已受命，君言不宿於家。急君使也。言，謂有故所問也。聘禮曰：君有言，則以束帛，如饗禮。

君言至，則主人出拜君言之辱。使者歸，則必拜送于門外。敬君命也。此謂國君問事於其臣。

若使人於君所，則必朝服而命之。使者反，則必下堂而受命。此臣有所告請於其君。○朝直遙反

博聞強識而讓，敦善行而不怠，謂之君子。敦，厚。

君子不盡人之歡，不竭人之忠，以全交也。歡謂飲食，忠謂衣服之物。

禮曰：君子抱孫不抱子。此言孫可以為王父尸，子不可以為父尸。以孫與祖昭穆同。

為君尸者，大夫士見之則下之。君知所以為尸者，則自下之。尊尸也。下，下車也。國君或時幼少，不能盡識羣臣，有以告者乃下之。

尸必式。

禮之。

乘必以几。尊者慎也。○乘繩證反

齊者不樂不弔。為哀樂則失正，散其思也。

居喪之禮，毀瘠不形，視聽不衰。為其廢喪事。形謂骨見。

升降不由阼階，出入不當門隧。常若親存。隧，道也。○阼才故反，隧音遂

居喪之禮。頭有創則沐。身有瘍則浴。有疾則飲酒食肉。疾止復初。不勝喪。乃比於不慈不孝。

勝任也。○創初良反又初亮反瘍音羊本或作痒勝音升

五十不致毀。六十不毀。七十唯衰麻在身。飲酒食肉處於內。

所以養衰老。八五十始衰也。○衰七雷反

生與來日。死與往日。

與猶數也。生數來日。謂成服杖以死明日數也。死數往日。謂殯斂以死日數也。此士禮貶於大夫者。大夫以上皆以來日數。士喪禮曰。死日而襲。厥明而小斂。又厥明大斂而殯。則死三日而更言三日。成服杖。似異日矣。喪大記曰。士之喪。二日而殯。三日之朝主人杖。二者相推。其然明矣。與或爲予。

知生者弔。知死者傷。知生而不知死。弔而不傷。知死而不知生。傷而不弔。

人恩各施於所知也。弔傷皆謂致命辭也。雜記曰。諸侯使人弔辭曰。寡君聞君之喪。寡君使某。如何不淑。此施於生者。傷辭未聞也。說者有弔辭云。皇天降災。子遭罹之。如何不淑。此施於死者。蓋本傷辭。辭畢退皆哭。

弔喪弗能賻。不問其所費。問疾弗能遺。不問其所欲。見人弗能館。不問其所舍。賜人者不曰來取。與人者不問其所欲。

皆謂傷恩也。見人。見行人。館。舍也。與人不問其所欲。己物或時非其所欲。將不與也。○賻音附。費芳味反。遺于季反。與也。皆爲于僞反。下爲其皆同

適墓不登壟。

爲其不敬。壟。冢也。墓。塋域。○壟力勇反。塋音營

助葬必執紼。

葬喪之大事。紼。引車索。○紼音弗

臨喪不笑。

臨喪宜有哀色。

揖人必違其位。

禮以變爲敬。

望柩不歌。入臨不翔。

哀傷之無容樂。○柩求又反

當食不歎。

食或以樂。非歎所。

鄰有喪。舂不相。里有殯。不巷歌。

助哀也。相謂送杵聲。○舂東容反。相息亮反

適墓不歌。

非樂所。

哭日不歌。

哀未忘也。

送喪不由徑。送葬不辟塗潦。

所哀在此。○辟音避

臨喪則必有哀色。執紼不笑。臨樂不歎。介冑則有不可犯之色。

貌與事宜相配。介，甲也。

故君子戒慎，不失色於人。

色厲而內荏，貌恭心狠，非情者也。○荏而審反

國君撫式，大夫下之。大夫撫式，士下之。

撫猶據也。據式，小俛，崇敬也。乘車必正立。○俛音免

禮不下庶人。

為其遽於事，且不能備物。

禮記 卷一 曲禮上 函 承懷堂

刑不上大夫。

不與賢者犯法。其犯法，則在八議輕重，不在刑書。

刑人不在君側。

為怨恨為害也。春秋傳曰：近刑人則輕死之道。

兵車不式。

尚威武，不崇敬。

武車綏旌。

盡飾也。綏，謂垂舒之也。武車亦兵車。

德車結旌。

不盡飾也。結，謂收斂之也。德車，乘車。

史載筆，士載言。

謂從於會同，各持其職以待事也。筆，謂書具之屬。言，謂會同盟要之辭。

前有水則載青旌。前有塵埃則載鳴鳶。前有車騎則載飛鴻。前有士師則載虎皮。前有摯獸則載貔貅。

載謂舉於旌首以警衆也。禮，君行師從，卿行旅從。前驅舉此，則士衆知所有所舉，各以其類象。青，青雀，水鳥。鳶鳴則將風。鴻取飛有行列也。士師謂兵衆。虎取其有威勇也。貔貅亦摯獸也。書曰：如虎如貔。士或爲仕。○載音戴。貔婢支反。貅許求反。從才用反。行戶剛反。

行，前朱鳥而後玄武，左青龍而右白虎。招搖在上，急繕其怒。

禮記 卷一 曲禮上 丟 承懷堂

以此四獸爲軍陳，象天也。急猶堅也。繕讀曰勁。又畫招搖星於旌旗上，以起居堅勁，軍之威怒象天帝也。招搖星在北斗杓端，主指者。○陳直覲反。繕依註音勁。杓必遙反

進退有度。

度謂伐與步數。

左右有局，各司其局。

局，部分也。○分扶問反

父之讎弗與共戴天。

父者子之天，殺己之天，與共戴天，非孝子也。行求殺之，乃止。

兄弟之讎不反兵。

恒執殺之備。

交遊之讎不同國。

讎不吾辟則殺之。交遊或爲朋友。

四郊多壘此卿大夫之辱也。

辱其謀人之國不能安也。壘，軍壁也。數見侵伐則多壘。

地廣大荒而不治此亦士之辱也。

辱其親民不能安荒穢也。

臨祭不惰。

爲無神也。○爲于僞反　下爲不爲其爲有皆同

祭服敝則焚之祭器敝則埋之龜筴敝則埋之牲死則埋之。

此皆不欲人褻之也。焚之必已不用埋之不知鬼神之所爲。

凡祭於公者必自徹其俎。

臣不敢煩君使也。大夫以下或使人歸之。祭於公助祭於君也。○使色吏反

卒哭乃諱。

敬鬼神之名也。諱辟也。生者不相辟名。衛侯名惡大夫有名惡君臣同名春秋不非。○辟音避下皆同

禮不諱嫌名二名不偏諱。

爲其難辟也。嫌名謂音聲相近若禹與雨丘與區也。偏謂二名不一一諱也。孔子之母名徵在言在不稱徵言徵不稱在。

逮事父母則諱王父母不逮事父母則不諱王父母。

逮及也。謂幼孤不及識父母恩不至於祖名孝子聞名心瞿諱之由心此謂庶人適士以上廟事祖雖不逮事父母猶諱祖。○瞿本又作懼　適丁歷反

君所無私諱。

謂臣言於君前不辟家諱尊無二也。

大夫之所有公諱。

辟君諱也。

詩書不諱臨文不諱。

爲其失事正。

廟中不諱。

爲有事於高祖則不諱曾祖以下尊無二也。於下則諱上。

夫人之諱雖質君之前臣不諱也。

臣於夫人之家恩遠也。質猶對也。

婦諱不出門。

婦親遠於宮中言辟之。

大功小功不諱。入竟而問禁入國而問俗入門而問諱。

皆爲敬主人也。禁謂政教。俗謂常所行與所惡也。國城中也。○竟音境惡烏路反

外事以剛日。

順其出爲陽也。出郊爲外事。春秋傳曰甲午祠兵。

內事以柔日。
順其居內爲陰、
凡卜筮日。旬之外曰遠某日。旬之內曰近某日。
旬十日也、
喪事先遠日。吉事先近日。
孝子之心喪事葬與練祥也吉事祭祀冠取之屬也、
曰爲日。假爾泰龜有常。假爾泰筮有常。
命龜筮辭龜筮於吉凶有常大事卜小事筮、
卜筮不過三。
求吉不過三魯四卜郊春秋譏之、

卜筮不相襲。
卜不吉則又筮筮不吉則又卜是瀆龜筴也晉獻公卜取驪姬不吉公曰筮之是也○驪力知反
龜爲卜。筴爲筮。卜筮者。先聖王之所以使民信時日。敬鬼神。畏法令也。所以使民決嫌疑定猶與也。故曰疑而筮之。則弗非也日而行事。則必踐之。
弗非無非之者日所卜筮之吉日也踐讀曰善聲之誤也筴或爲蓍○與音預本亦作豫踐依注音善著音尸
君車將駕。則僕執策立於馬前。
監駕且爲馬行○監古銜反爲于僞反

已駕僕展軨。
展軨具視○軨歷丁反
效駕。
白已駕、
奮衣由右上。取貳綏。
奮振去塵也貳副也○上時掌反
跪乘。
未敢立敬也○乘繩證反下除乘君不乘騎車乘路馬皆同
執策分轡驅之。五步而立。
調試之、

君出就車。則僕并轡授綏。
車上僕所主、
左右攘辟。
謂羣臣陪位侍駕者攘郤也或者攘古讓字○辟音避
車驅而騶。至于大門。君撫僕之手而顧命。車右就車。門閭溝渠必步。
車右勇力之士備制非常者君行則陪乘君式則下步行○騶仕救反又七須反
凡僕人之禮。必授人綏。若僕者降等則受。不然則否。若僕者降等

則撫僕之手。不然則自下拘之。撫小止之謙也，自下拘之，由僕手下取之也。僕與已同爵則不受。○拘古侯反，又音俱

客車不入大門。謙也。

婦人不立乘。異於男子。

犬馬不上於堂。非摯幣也。○贄本亦作摯。

故君子式黃髮。敬老也。發句言故，明此衆篇雜辭也。

下卿位。尊賢也。卿位，卿之朝位也。君出過之而上車，入未至而下車。○朝直遥反

入國不馳。愛人也。馳善躪人也。○躪力刃反

入里必式。不誣十室。

君命召，雖賤人，大夫士必自御之。御當為迓，迓，迎也。君雖使賤人來，必自出迎之，尊君命也。春秋傳曰，跛者御跛者，眇者御眇者，皆迓也。世人亂之。○御依注音迓五嫁反，跛波我反

介者不拜，為其拜而蓌拜。蓌則失容節。蓌猶詐也。○為于僞反，下注為惑為掩同。蓌子臥反，挫也

祥車曠左。空神位也。祥車，葬之乘車。

乘君之乘車，不敢曠左，左必式。君存，惡空其位。○惡烏路反

僕御婦人，則進左手，後右手。遠嫌。

御國君，則進右手，後左手而俯。敬也。

國君不乘奇車。出入必正也。奇車，獵衣之屬。○奇居宜反，奇邪不正之車

車上不廣欬。為若自矜。廣猶弘也。○欬開代反

不妄指。為惑衆。

立視五巂。

式視馬尾。立平視也。巂猶規也，謂輪轉之度。巂或爲繠。○巂惠圭反，繠如捶反

小俛，

顧不過轂。爲揜在後。

國中以策彗卹勿驅，塵不出軌。入國不馳。彗，竹帚。卹，勿搔摩也。○彗音遂，又囚歲反。勿音沒，注同

國君下齊牛，式宗廟。大夫士下公門，式路馬。乘路馬，必朝服，載鞭策，不敢授綏，左必式。步路馬，必中道。以足蹙路馬芻，有誅。齒路馬

禮記　卷一　曲禮上　四十　永懷堂

有誅。皆廣敬也。路馬，君之馬。載鞭策，不敢執也。齒，欲年也。誅，罰也。○齊，側皆反

禮記卷一終

禮記卷二

漢大司農北海鄭　玄註
皇明　後學東吳金　蟠較

曲禮下第二

凡奉者當心，提者當帶。高下之節。○奉，本亦作捧，同，芳勇反

執天子之器則上衡，謂高於心，彌敬也。此衡謂與心平。○上，時掌反

國君則平衡，大夫則綏之，士則提之。

禮記　卷二　曲禮下　一　永懷堂

綏讀曰妥，妥之謂下於心。○綏依注音湯果反

凡執主器，執輕如不克。重慎之也。主，君也。克，勝也。○勝音升

執主器，操幣圭璧，則尚左手，行不舉足，車輪曳踵。重慎也。尚左手，尊左也。車輪，謂行不絕也。

立則磬折垂佩。主佩倚，則臣佩垂；主佩垂，則臣佩委。君臣俛仰之節。倚謂附於身。小俛則垂，大俛則委於地。

執玉，其有藉者則裼，無藉者則襲。藉，藻也。裼、襲，文質相變耳。有藻爲文，裼見美亦文；無藻爲質，襲充美亦質。圭璋特而襲，璧琮加束帛而裼，亦是也。○藉，在夜反

下同褐星曆反

國君不名卿老世婦。大夫不名世臣姪娣。士不名家相長妾。

雖貴於其國家猶有所尊也卿老上卿也世臣父時老臣○娣大計反相息亮反長丁丈反下注長老同

君大夫之子不敢自稱曰余小子。

辟天子之子未除喪之名君大夫天子大夫有土地者○辟音避又作避下同

大夫士之子不敢自稱曰嗣子某。

亦辟其君之子未除喪之名

不敢與世子同名。

辟僭傚也其先之生則亦不改世或爲太

禮記　【卷二　曲禮下】　二　禾懷堂

君使士射不能則辭以疾言曰某有負薪之憂。

射者所以觀德唯有疾可以辭也使士射謂以備耦也憂或爲疾○射市夜反

侍於君子。不顧望而對非禮也。

禮尚謙也不顧望若子路率爾而對

君子行禮不求變俗。

求猶務也不務變其故俗重本也謂去先祖之國居他國

祭祀之禮居喪之服。哭泣之位皆如其國之故謹修其法而審行之。

其法謂其先祖之制度若夏殷

去國三世。爵祿有列於朝出入有詔於國。

三世自祖至孫踰久可以忘故俗而猶不變者爵祿有列於朝謂君不絕其祖祀復立其族若臧紇奔邾立臧爲矣詔告也謂與卿大夫吉凶往來相赴告○朝直遥反下皆同復扶又反下復還同

若兄弟宗族猶存。則反告於宗後。

謂無列無詔者反告亦謂吉凶也宗後宗子也

去國三世爵祿無列於朝出入無詔於國。唯興之日。從新國之法。

以故國與已無恩興謂起爲卿大夫

君子已孤不更名。

亦重本

禮記　【卷二　曲禮下】　三　禾懷堂

已孤暴貴。不爲父作謚。

子事父無貴賤○爲于僞反

居喪未葬讀喪禮。既葬讀祭禮。喪復常。讀樂章。

爲禮各於其時

居喪不言樂。祭事不言凶。公庭不言婦女。

非其時也

振書端書於君前有誅。倒筴側龜於君前有誅。

臣不豫事不敬也振去塵也端正也倒顛倒也側反側也皆謂甫省視之○去羌呂反下徹猶去去琴瑟同

龜筴几杖席蓋。重素袗絺綌不入公門。

龜筴嫌問國家吉凶几杖嫌自長老席蓋載喪車也雜記曰士輤葦席以爲屋蒲席以爲裳帷重素衣裳皆素喪服也袗單也孔子曰當暑袗絺綌必表而出之爲其形褻○重直龍反輤千見反爲其于僞反

苞屨扱衽厭冠。不入公門。

此皆凶服也苞藨也齊衰藨蒯之菲也問喪曰親始死扱上衽厭猶伏也喪冠厭伏苞或爲菲○扱初洽反厭於涉反藨白表反齊衰音咨下七雷反下文同

書方衰。凶器。不以告。不入公門。

此謂喪在內不得不入當先告君耳方板也士喪禮下篇曰書賵於方若九若七若五凶器明器也○賵芳仲反車馬曰賵

公事不私議。

嫌若姦也

君子將營宮室。宗廟爲先。廄庫爲次。居室爲後。

重先祖及國之用

凡家造。祭器爲先。犧賦爲次。養器爲後。

大夫稱家謂家始造事犧賦以稅出牲

無田祿者。不設祭器。有田祿者。先爲祭服。

祭器可假祭服宜自有

君子雖貧。不粥祭器。雖寒不衣祭服。爲宮室不斬於丘木。

廣敬鬼神也粥賣也丘壟也○粥音育衣於旣反

大夫士去國。祭器不踰竟。

此用君祿所作取以出竟恐辱親也○竟音境注及下同

大夫寓祭器於大夫。士寓祭器於士。

寓寄也與得用者言寄覬已後還○覬音冀

大夫士去國。踰竟。爲壇位。鄉國而哭。素衣素裳素冠。徹緣。鞮屨素簚。乘髦馬。不蚤鬋。不祭食。不說人以無罪。婦人不當御。三月而復服。

言以喪禮自處也臣無君猶無天也壇位除地爲位也徹猶去也鞮屨無絇之菲也簚覆笭也髦馬不鬄落也蚤讀爲爪鬋鬋鬢也不自說於人以無罪嫌惡其君也御接見也三月一時天氣變可以遂去也簚或爲幕○壇音善注同鄉許亮反鞮都兮反簚本又作幭莫曆反注同白狗皮覆笭髦音毛蚤依注音爪謂除爪也鬋子淺反絇求俱反笭力丁反車闌鬄吐曆反又他計反惡烏路反見賢遍反下文見國君注謂見同幕音莫

大夫士見於國君。君若勞之。則還辟。再拜稽首。

謂見君既拜矣而後見勞也聘禮曰君勞使者及介君皆答拜○勞力報反注及下君勞同辟婢亦反下同還辟逡巡也使色吏反

君若迎拜。則還辟。不敢答拜。

嫌與君亢賓主之禮迎拜謂君迎而先拜之聘禮曰大夫入門再拜君拜其辱

大夫士相見。雖貴賤不敵。主人敬客。則先拜客。客敬主人。則先拜主人。

尊賢

凡非弔喪非見國君無不答拜者。禮尚往來喪賓不答拜不自賓客也國君見士不答其拜士賤○非見賢遍反下大夫見士見下注拜見同

大夫見於國君國君拜其辱士見於大夫大夫拜其辱同國始相見主人拜其辱。自外來而拜拜見也自內來而拜拜辱也

君於士不答拜也非其臣則答拜之。不臣人之臣

大夫於其臣雖賤必答拜之。辟正君○辟音避

男女相答拜也。嫌遠別不相答拜以明之○相答拜一本作不相答拜別彼列反

國君春田不圍澤大夫不掩羣士不取麛卵。生乳之時重傷其類○麛音迷卵力管反

歲凶年穀不登。登成也

君膳不祭肺馬不食穀馳道不除祭事不縣大夫不食粱士飲酒不樂。皆自為貶損憂民也禮食殺牲則祭先有虞氏以首夏后氏以心殷人以肝周人以肺不祭肺則不殺也天子食日少牢朔月大牢諸侯食日特牲朔月少牢除治也不治道為妨民取蔬食也縣樂器鍾磬之屬也粱加食也不樂去琴瑟○縣音玄下同

君無故玉不去身大夫無故不徹縣士無故不徹琴瑟。憂樂不相干也故謂災患喪病○樂音洛

士有獻於國君他日君問之曰安取彼再拜稽首而后對。起敬也

大夫私行出疆必請反必有獻士私行出疆必請反必告。臣不敢自專也私行謂以己事也士言告者不必有其獻也告反而已○疆居良反下同

君勞之則拜問其行拜而后對。亦起敬也問行謂道中無恙及所經過

國君去其國止之曰奈何去社稷也大夫曰奈何去宗廟也士曰奈何去墳墓也。皆民臣殷勤之言

君國死社稷。死其所受於天子也謂見侵伐也春秋傳曰國滅君死之正也

大夫死衆士死制。死其所受於君衆謂君師制謂君教令所使為之

君天下曰天子朝諸侯分職授政任功曰予一人。皆擯者辭也天下謂外及四海也今漢於蠻夷稱天子於王侯稱皇帝覲禮曰伯父寔來余一人嘉之余予古今字

踐阼臨祭祀。內事曰孝王某。外事曰嗣王某。

皆祝辭也。唯宗廟稱孝。天地社稷、祭之郊內。而曰嗣王。不敢同外內。

臨諸侯。畛於鬼神。曰有天王某甫。

畛、致也。祝告致於鬼神辭也。曰有天王某甫。某甫、且字也。不名者、不親往也。周禮大會同過山川、則大祝用事焉。鬼神謂不辟卿士也。畛或爲祗。○畛之忍反。父音甫。注同。大祝音泰。下文皆同。

崩曰天王崩。

史書策辭。

復曰天子復矣。

始死時呼魄辭也。不呼名、臣不名君也。諸侯呼字。

告喪曰天王登假。

告、赴也。登、上也。假、已也。上已者、若仙去云耳。○假音遐。注同。登上時掌反。下同。

措之廟。立之主曰帝。

同之天神。春秋傳曰、凡君卒、哭而祔。祔而作主。○祔音附。

天子未除喪曰予小子。

謙未敢稱一人。春秋傳曰、以諸侯之踰年卽位、亦知天子之踰年卽位。以天子三年然後稱王、亦知諸侯於其封內三年稱子。

生名之。死亦名之。

生名之曰小子王。死亦曰小子王也。晉有小子侯。是僭取於天子號也。

天子有后。有夫人。有世婦。有嬪。有妻。有妾。

妻八十一御妻。周禮謂之女御。以其御序於王之燕寢。妾、賤者。

天子建天官。先六大。曰大宰。大宗。大史。大祝。大士。大卜。典司六典。

典、法也。此蓋殷時制也。周則大宰爲天官。大宗曰宗伯。宗伯春官。大史以下屬焉。大士以神仕者。

天子之五官。曰司徒。司馬。司空。司士。司寇。典司五衆。

衆謂羣臣也。此亦殷時制也。周則司士屬司馬。大宰、司徒、宗伯、司馬、司寇、司空爲六官。

天子之六府。曰司土。司木。司水。司草。司器。司貨。典司六職。

府、主藏六物之稅者。此亦殷時制也。周則皆屬司徒。司土、土均也。司木、山虞也。司水、川衡也。司草、稻人也。司器、角人也。司貨、丱人也。○丱虢猛反。丱人掌金玉錫石未成器者。

天子之六工。曰土工。金工。石工。木工。獸工。草工。典制六材。

此亦殷時制也。周則皆屬司空。土工、陶旊也。金工、築冶鳧㮚段桃也。石工、玉人磬人也。木工、輪輿弓廬匠車梓也。獸工、函鮑韗韋裘也。唯草工職亡。蓋謂作萑葦之器。○旊方往反。旊人爲簋。㮚之屬。段本又作鍛。多亂反。段氏爲鎛。韗況萬反。一音運。韗人爲鼓。萑音九。

五官致貢曰享。

貢、功也。享、獻也。致其歲終之功於王謂之獻也。周禮大宰歲終、則令百官府各正其治、受其會、聽其致事、而詔王廢置。

五官之長曰伯。

謂爲三公者。周禮九命作伯。

是職方。

職、主也。是伯分主東西者。春秋傳曰、自陝以東、周公主之。自陝以西、召公主之。二相處乎內。是或爲氏。○陝式冉反。相息亮反。

其擯於天子也，曰天子之吏。

擯者，辭也。春秋傳曰：王命委之三吏，謂三公也。

天子同姓謂之伯父，異姓謂之伯舅。自稱於諸侯曰天子之老，於外曰公，於其國曰君。

稱之以父與舅，親之辭也。外，自其私土之外，天子畿內。

九州之長入天子之國曰牧。

每一州之中，天子選諸侯之賢者以爲之牧也。周禮曰：乃施典於邦國而建其牧。

天子同姓謂之叔父，異姓謂之叔舅，於外曰侯，於其國曰君。

牧尊於大國之君，而謂之叔父，辟二伯也。亦以此爲尊，禮或損之而益，謂此類也。外，自其國之外，九州之中，曰侯者，本爵也。二王之後不爲牧。○辟音避，下同。

其在東夷、北狄、西戎、南蠻，雖大曰子。

謂九州之外長也。天子亦選其諸侯之賢者以爲之子，子猶牧也。入天子之國曰子，天子亦謂之子，雖有侯伯之地，本爵亦無過子，是以同名曰子。

於內自稱曰不穀。

與民言之稱。穀，善也。

於外自稱曰王老。

威遠國也。外亦其戎狄之中。

庶方小侯入天子之國曰某人，於外曰小子，自稱曰孤。

謂戎狄子男君也。男者於外亦曰男，舉尊言之。

天子當依而立，諸侯北面而見天子曰覲。天子當宁而立，諸公東面，諸侯西面曰朝。

諸侯春見曰朝，受摯於朝，受享於廟，生氣文也。秋見曰覲，一受之於廟，殺氣質也。朝者位於內朝而序進，覲者位於廟門外而序入。王南面立於依宁而受焉。夏宗依春，冬遇依秋。春秋時齊侯唁魯昭公，以遇禮相見，取易略也。覲禮今存，朝宗遇禮今亡。○依本又作扆，同於豈反，注同。見賢遍反，下文注除相見皆同。唁音彥。易以豉反。

諸侯未及期相見曰遇，相見於郤地曰會，諸侯使大夫問於諸侯曰聘，約信曰誓，涖牲曰盟。

及，至也。郤，間也。涖，臨也。坎用牲，臨而讀其盟書。聘禮今存，遇會誓盟禮亡。誓之辭，尚書見有六篇。○郤丘逆反。

諸侯見天子曰臣某侯某。

謂嗇夫承命告天子辭也。其爲州牧，則曰天子之老臣某侯某奉珪請覲。

其與民言自稱曰寡人。

謙也，於臣亦然。

其在凶服曰適子孤。

凶服亦謂未除喪。○適音的。

臨祭祀，內事曰孝子某侯某，外事曰曾孫某侯某。

稱國者遠辟天子。

死曰薨。

亦史書策辭、

復曰某甫復矣。某甫、且字、

既葬見天子曰類見。代父受國類猶象也執皮帛象諸侯之禮見也其禮亡、

言謚曰類、使大夫行象聘問之禮也言謚者序其行及謚所宜其禮亡、○其行下孟反

諸侯使人使於諸侯使者自稱曰寡君之老。繫於君以為尊也此謂諸侯之卿上大夫○使於色吏反下同

天子穆穆諸侯皇皇大夫濟濟士蹌蹌庶人僬僬。皆行容止之貌也聘禮曰賓入門皇又曰皇且行者曰衆介北面鏘鏘焉凡行容尊者體盤卑者體蹙○濟子禮反僬子妙反

天子之妃曰后。后之言後也、

諸侯曰夫人。夫之言扶、

大夫曰孺人。孺之言屬、

士曰婦人、婦之言服、

庶人曰妻。妻之言齊、

公侯有夫人有世婦有妻有妾。貶於天子也無后與嬪去上中

夫人自稱於天子曰老婦。自稱於天子謂畿內諸侯之夫人助祭若時事見

自稱於諸侯曰寡小君。謂饗來朝諸侯之時、

自稱於其君曰小童自世婦以下自稱曰婢子。小童若云未成人也婢之言卑也、於□□□此以接見禮敵□□□

子於父母則自名也。名父母所為也、□□□□□□

列國之大夫入天子之國曰某士。亦謂諸侯□□□三命以下於天子為士曰某士者如晉韓起聘於周擯者曰晉士起、

自稱曰陪臣某。□□□□

於外曰子。

子，有德之稱。魯春秋曰齊高子來盟、

於其國曰寡君之老。使者自稱曰某。

使謂使人於諸侯也。某，名也、

天子不言出。諸侯不生名。君子不親惡。

天子之言出、諸侯之生名，皆有大惡，君子所遠，出名以絕之。春秋傳曰天王出居於鄭、衛侯朔入於衛是也、

諸侯失地名。滅同姓名。

絕之、

為人臣之禮不顯諫。

為奪美也。顯，明也，謂明言其君惡，不幾微。○為，奪于僞反

三諫而不聽則逃之。

逃去也。君臣有義則合，無義則離、

子之事親也，三諫而不聽則號泣而隨之。

至親無去，志在感動之。○號，戶刀反

君有疾飲藥，臣先嘗之。親有疾飲藥，子先嘗之。

嘗，度其所堪。○度，待各反

醫不三世，不服其藥。

慎物齊也。○齊，才細反

儗人必於其倫。

儗猶比也。倫猶類也。比大夫當於大夫，比士當於士。不以其類，則有所褻。○儗，魚起反

問天子之年，對曰：聞之，始服衣若干尺矣。

既不敢言年，又不敢斥至尊所能、

問國君之年，長曰能從宗廟社稷之事矣，幼曰未能從宗廟社稷之事也。問大夫之子，長曰能御矣，幼曰未能御也。問士之子，長曰能典謁矣，幼曰未能典謁也。問庶人之子，長曰能負薪矣，幼曰未能負薪也。

皆言其能，則長幼可知。御，猶主也。書曰越乃御事，謂主事者。謁，請也，謂能擯贊出入，以事請告也。禮四十強而仕，五十命為大夫、

問國君之富，數地以對，山澤之所出。問大夫之富，曰有宰食力，祭器衣服不假。問士之富，以車數對。問庶人之富，數畜以對。

皆在其所制以多少對。宰，邑士也。食力，謂民之賦稅、

天子祭天地，祭四方，祭山川，祭五祀，歲徧。諸侯方祀，祭山川，祭五祀，歲徧。大夫祭五祀，歲徧。士祭其先。

祭四方，謂祭五官之神於四郊也。句芒在東，祝融、后土在南，蓐收在西，玄冥在北。詩云來方禋祀，方祀者各祭其方之官而已。五祀，戶、竈、中霤、門、行也。此蓋殷時制也。祭法曰天子立七祀，諸侯立五祀，大夫立三祀，士立二祀，謂周制也。○句，古侯反。蓐音辱。冥，亡丁反。禋音因。霤，力救反

凡祭，有其廢之，莫敢舉也。有其舉之，莫敢廢也。

爲其瀆神也廢舉謂若殷廢農祀棄後不可復廢棄祀農也後有德者繼之不嫌也

非其所祭而祭之，名曰淫祀。淫祀無福。妄祭神不饗。

天子以犧牛，諸侯以肥牛，大夫以索牛，士以羊豕。犧純毛也肥養於滌也索求得而用之○犧音全一本作純

支子不祭，祭必告于宗子。不敢自專謂宗子有故支子當攝而祭者也五宗皆然

凡祭宗廟之禮，牛曰一元大武，豕曰剛鬣，豚曰腯肥，羊曰柔毛，雞曰翰音，犬曰羹獻，雉曰疏趾，兔曰明視，脯曰尹祭，槀魚曰商祭，鮮

魚曰脡祭，水曰清滌，酒曰清酌，黍曰薌合，粱曰薌萁，稷曰明粢，稻曰嘉蔬，韭曰豐本，鹽曰鹹鹺，玉曰嘉玉，幣曰量幣。號牲物□異於人□也元頭也武迹也腯亦肥也春秋傳作腯腯充貌也翰長聲也羹獻食人之餘也尹正也商猶量也脡直也其辭也□□也稻菰蔬之屬也豐茂也大鹹曰鹺今河東云幣帛也○大武如字一音泰鬣力輒反腯徒忽反槀苦老反乾魚脡肥頂反薌音香萁字又作箕同音姬韭音久鹹音咸鹺才何反量音亮菰音孤

天子死曰崩，諸侯曰薨，大夫曰卒，士曰不祿，庶人曰死。異死名者爲人褻其無知若猶不同然也自上顛壞曰崩薨顛壞之聲卒終也不祿不終其祿死之言澌也精神澌盡也○澌本又作澌同音賜

在牀曰尸，尸陳也言形體在也

在棺曰柩。柩之言究也○柩音舊

羽鳥曰降，四足曰漬。異於人也降落也漬謂相瀸汙而死也春秋傳曰大災者何大漬也○降戶江反又音絳漬辭賜反瀸子廉反

死寇曰兵。異於凡人當饗祿其後

祭王父曰皇祖考，王母曰皇祖妣，父曰皇考，母曰皇妣，夫曰皇辟。更設稱號尊神異於人也皇君也考成也言其德行之成也妣之言媲也媲於考也辟法也妻所取法也○辟婢亦反行下孟

反媲普計反

生曰父，曰母，曰妻；死曰考，曰妣，曰嬪。嬪婦人有法度者之稱也周禮九嬪掌婦學之法敎九御婦德婦言婦容婦功

壽考曰卒，短折曰不祿。祿謂有德行任爲大夫士而不爲者老而死從大夫之稱少而死從士之稱

天子視不上於袷，不下於帶。袷交領也天子至尊臣視之目不過此○上時掌反下及注同袷音劫

國君綏視。視國君彌高綏讀爲妥妥視謂視上於袷○綏依注音妥他果反

大夫衡視。視大夫，又彌高也。衡，平也。平視謂視面也。

士視五步。士視得旁遊目五步之中也。視大夫以上，上下遊目，不得旁。

凡視上於面則敖。敖則仰。

下於帶則憂。憂則低。

傾則姦。辟頭旁視，心不正也。傾或爲側。○辟本或作僻，匹亦反。

君命，大夫與士肄。肄，習也。君有命，大夫則與士展習其事。謂欲肄所發爲也。○肄本又作肆，同，以二反。

在官言官，在府言府，在庫言庫，在朝言朝。唯君命所在，就展習之也。官謂板圖文書之處，府謂寶藏貨賄之處也，庫謂車馬兵甲之處也，朝謂君臣謀政事之處也。○藏才浪反。賄呼罪反。

朝言不及犬馬。非公議也。

輟朝而顧，不有異事，必有異慮。心不正，志不在君。輟猶止也。

故輟朝而顧，君子謂之固。固謂不達於禮也。

在朝言禮，問禮對以禮。於朝廷言無所不用禮。

大饗不問卜。祭五帝於明堂，莫適卜也。郊特牲曰：郊血，大饗腥。○適丁歷反。

不饒富。富之言備也。備而已，勿多於禮也。

凡摯，天子鬯，諸侯圭，卿羔，大夫雁，士雉，庶人之摯匹，童子委摯而退。摯之言至也。天子無客禮，以鬯爲摯者，所以唯用告神爲至也。童子委摯而退，不與成人爲禮也。說者以匹爲鶩。○摯本又作贄，同。匹依注作鶩，音木。

野外軍中無摯，以纓、拾、矢可也。非爲禮之處，用時物相禮而已。纓，馬繁纓也。拾謂射鞲。○鞲音溝。

婦人之摯，椇、榛、脯、脩、棗、栗。婦人無外事，見以羞物也。椇，枳也，有實，今邳郯之東食之。榛，實似栗而小。○椇俱羽反，見賢遍反，枳居紙反，邳被悲反，郯音談。

納女於天子曰備百姓，於國君曰備酒漿，於大夫曰備埽灑。納女猶致女也。壻不親迎，則女之家遣人致之，此其辭也。姓之言生也。天子皇后以下百二十人，廣子姓也。酒漿埽灑，賤婦人之職。○迎魚敬反

禮記卷二

禮記卷三

漢大司農北海鄭　玄註

皇明　後學東吳金　蟠較

檀弓上第三

公儀仲子之喪，檀弓免焉。故爲非禮，以非仲子也。禮，朋友皆在他邦，乃袒免。○公儀仲子，公儀氏，仲子字，魯之同姓也，其名未聞。免音問，注同，以布廣一寸，從項中而前交於額上，又卻向後繞於髻，袒音但

仲子舍其孫而立其子。此其所立非也。公儀蓋魯同姓，周禮適子死，立適孫爲後。○舍音捨，下皆同，適多歷反，下皆同

檀弓曰：何居？我未之前聞也。居讀爲姬姓之姬，齊魯之間語助也。前猶故也。○居音姬，下同

趨而就子服伯子於門右，曰：仲子舍其孫而立其子，何也？去賓位，就主人兄弟之賢者而問之。子服伯子，蓋仲孫蔑之玄孫子服景伯，蔑，魯大夫。

伯子曰：仲子亦猶行古之道也。昔者文王舍伯邑考而立武王，微子舍其孫腯而立衍也，夫仲子亦猶行古之道也。伯子爲親者隱耳。立子非也。文之立武王，權也。微子適子死，立其弟衍，殷禮也。○腯徒本反，爲于僞反，下爲晉禮、爲師同

子游問諸孔子，孔子曰：否，立孫。據周禮。

事親有隱而無犯。
隱謂不稱揚其過失也。無犯，不犯顏而諫。論語曰：事父母幾諫。

左右就養無方。
左右謂扶持之。方，猶常也。子則然，無常人。

服勤至死，致喪三年。
勤勞辱之事也。致，謂戚容稱其服也。凡此以恩爲制。

事君有犯而無隱。
既諫，人有問其國政者，可以語其得失。若齊晏子爲晉叔向言之。

左右就養有方。

不可侵官。

服勤至死，方喪三年。
方喪，資於事父。凡此以義爲制。

事師無犯無隱，左右就養無方，服勤至死，心喪三年。
心喪，戚容如父而無服也。凡此以恩義之間爲制。

季武子成寢，
武子，魯公子季友之曾孫季孫夙。

杜氏之葬在西階之下，請合葬焉，許之。入宮而不敢哭。武子曰：合葬非古也，自周公以來，未之有改也。
自見衆人冢墓以爲寢，欲文過之。○文音問。

吾許其大而不許其細，何居？命之哭。
記此者，善其不奪人之恩。

子上之母死而不喪。
子上，孔子曾孫子思伋之子，名白，其母出。

門人問諸子思曰：昔者子之先君子喪出母乎？曰：然。
禮爲出母，期父卒爲父後者不服耳。○期居宜反。後放此。

子之不使白也喪之，何也？子思曰：昔者吾先君子無所失道，道隆則從而隆，道汚則從而汚。

汚猶殺也。有隆有殺，進退如禮。○殺所戒反。

伋則安能？
自予不能及。

爲伋也妻者，是爲白也母；不爲伋也妻者，是不爲白也母。故孔氏之不喪出母，自子思始也。
記禮所由廢非之。

孔子曰：拜而后稽顙，頹乎其順也。
此殷之喪拜也。頹，順也。先拜賓，順於事也。

稽顙而后拜，頎乎其至也。

此周之喪拜也頎至也先觸地無容哀之至○頎音懇又音纖

三年之喪吾從其至者。

重者尚哀戚自期如殷可

孔子既得合葬於防。

言既得者少孤不知其墓

曰吾聞之古也墓而不墳。

墓謂兆域今之封塋也古謂殷時也土之高者曰墳

今丘也東西南北之人也不可以弗識也於是封之崇四尺。

東西南北言居無常處也聚土曰封封之周禮也周禮以爵等為丘封之度崇高也高四尺蓋周之士制○識試志反

孔子先反。

當修虞事

門人後雨甚至。

後待封也

孔子問焉曰爾來何遲也曰防墓崩。

言所以遲者修之而來

孔子不應。

以其非禮

三。

三言之以孔子不聞○三息暫反

孔子泫然流涕曰吾聞之古不修墓。

修猶治也○泫胡犬反

孔子哭子路於中庭。

寢中庭也與哭師同親之

有人弔者而夫子拜之。

為之主也

既哭進使者而問故。

使者自衛來赴者故謂死之意狀

使者曰醢之矣。

時衛世子蒯聵篡輒而立子路死之醢之者示欲啗食以怖衆○醢音海啗本又作啖待敢反怖普故反

遂命覆醢。

覆棄之不忍食○覆芳服反

曾子曰朋友之墓有宿草而不哭焉。

宿草謂陳根也為師心喪三年於朋友期可○期音朞

子思曰喪三日而殯凡附於身者必誠必信勿之有悔焉耳矣三月而葬凡附於棺者必誠必信勿之有悔焉耳矣。

言其日月欲以盡心修備之附於身謂衣衾附於棺謂明器之屬

喪三年以爲極亡。去已久遠而除其喪。

則弗之忘矣。則之言曾。

故君子有終身之憂。念其親。

而無一朝之患。毀不滅性。

故忌日不樂。謂死日言忌日不用舉吉事。○樂如字又音岳

孔子少孤不知其墓。孔子之父郰叔梁紇與顏氏之女徵在野合而生孔子。徵在恥焉不告。○郰側留反又作鄹紇恨發反

殯於五父之衢。欲有所就而問之孔子亦爲隱焉殯於家則知之者無由怪已欲發問端五父衢名蓋郰曼父之鄰。○父音甫

人之見之者皆以爲葬也。見柩行於路。

其慎也蓋殯也。慎當爲引禮家讀然聲之誤也殯引飾棺以輤葬引飾棺以柳翣孔子是時以殯引不以葬引時人見者謂不知禮。○輤七見反翣所甲反

問於郰曼父之母。然後得合葬於防。曼父之母與徵在爲鄰相善。

鄰有喪舂不相里有殯不巷歌。皆所以助哀也相謂以音聲相勸。○相息亮反注同

喪冠不緌。去飾。○緌本作綏同耳佳反去起呂反

有虞氏瓦棺。始不用薪也有虞氏上陶。

夏后氏塈周。火孰曰塈燒土冶以周於棺也或謂之土周由是也弟子職曰右手折塈。○塈子栗反又音稷折之設反

殷人棺槨。槨大也以木爲之言槨大於棺也殷人上梓

周人牆置翣。牆柳衣也凡此言後王之制文。

周人以殷人之棺槨葬長殤以夏后氏之塈周葬中殤下殤以有虞氏之瓦棺葬無服之殤。略未成人。○長殤丁丈反下式羊反十六至十九爲長殤十二至十五爲中殤八歲至十一爲下殤七歲巳下爲無服之殤生

未三月不爲殤

夏后氏尚黑。以建寅之月爲正物生色黑。○正音征。

大事斂用昏。昏時亦黑此大事謂喪事也。

戎事乘驪。戎兵也馬黑色曰驪爾雅曰騋牝驪牡玄。○驪力知反

牲用玄。玄黑類也。

殷人尚白。以建丑之月爲正物牙色白。

大事斂用日中。日中時亦白。

戎事乘翰。翰白色馬也易曰白馬翰如。

牲用白。周人尚赤。以建子之月爲正物萌色赤。

大事斂用日出。日出時亦赤。

戎事乘騵。騵騮馬白腹。○騵音原騮力求反

牲用騂。騂赤類。

穆公之母卒。穆公魯哀公之曾孫。

使人問於曾子曰。如之何。問居喪之禮曾子曾參之子名申。

對曰。申也聞諸申之父曰。哭泣之哀。齊斬之情。饘粥之食。自天子達。子喪父母尊卑同。○齊音咨本又作齋衰之字後皆放此饘本又作飦之然反

布幕衛也。縿幕魯也。幕所以覆棺上也縿縑也縿讀如綃衛諸侯禮魯天子禮兩言之者僭已久矣幕或爲幦。○幕本又作羃音莫縿音綃縑古謙反綃音消幦莫歷反

晉獻公將殺其世子申生。信驪姬之譖。

公子重耳謂之曰。子蓋言子之志於公乎。

蓋皆當爲盍，盍何不也。志意也。重耳欲使言見譖之意。
重耳申生異母弟，後立爲文公。○重，直龍反。注皆同。

世子曰：不可。君安驪姬，是我傷公之心也。

言其意則驪姬必誅也。驪姬獻公伐驪戎所獲女也。申生之母蚤卒，驪姬嬖焉。

曰：然則盍行乎。

行猶去也。

世子曰：不可。君謂我欲弑君也，天下豈有無父之國哉。吾何行如之。

言人有父則皆惡欲弑父者。○惡，烏路反。

使人辭於狐突曰：申生有罪，不念伯氏之言也，以至于死。申生不敢愛其死。

辭猶告也。狐突，申生之傅，舅犯之父也。前此者，獻公使申生伐東山皐落氏，狐突謂申生欲使之行，今言此者，謝之。伯氏，狐突別氏。

雖然吾君老矣，子少，國家多難。

子，驪姬之子奚齊。○少，詩召反。難，乃旦反。

伯氏不出而圖吾君。

圖猶謀也。不出爲君謀國家之政，然則自皐落氏反後，狐突懼，乃稱疾。○爲，于僞反，下爲時同。

伯氏苟出而圖吾君，申生受賜而死。

賜猶惠也。

再拜稽首，乃卒。

既告狐突，乃雉經。

是以爲恭世子也。

言行如此，可以爲恭於孝則未之有。○共音恭。行，下孟反。

魯人有朝祥而莫歌者，子路笑之。

笑其爲樂速。○莫音暮。樂音洛。

夫子曰：由，爾責於人，終無已夫。三年之喪，亦已久矣夫。

爲時如此，人行三年喪者希，抑子路以善彼。○已夫音扶。

子路出，夫子曰：又多乎哉。踰月則其善也。

又，復也。○復，扶又反。

魯莊公及宋人戰于乘丘。

十年夏。○乘，繩證反。

縣賁父御，卜國爲右。

縣、卜皆氏也。凡車右，勇力者爲之。○縣音玄，卷内皆同。賁父，上音奔，下音甫。

馬驚，敗績。

驚奔失列。

公隊，佐車授綏。

戎車之貳曰佐。授綏，乘公。

公曰：末之卜也。

末之猶微哉、言卜國無勇、

縣賁父曰、他日不敗績、而今敗績、是無勇也。公他日戰、其御馬未嘗驚奔、

遂死之。二人赴敵而死、

圉人浴馬、有流矢在白肉。圉人掌養馬者、白肉股裏肉、

公曰、非其罪也。流矢中馬、非御與右之罪、○中丁仲反

遂誄之。誄其赴敵之功以為謚、

士之有誄、自此始也。記禮失所由來也、周雖以士為爵、猶無謚也、殷大夫以上為爵、○上時掌反

曾子寢疾、病。病謂疾困、

樂正子春坐於牀下。子春曾參弟子、

曾元曾申坐於足。元申、曾參之子、

童子隅坐而執燭。隅坐、不與成人並、

童子曰、華而睆、大夫之簀與。華畫也、簀謂牀笫也、説者以睆為刮節目、字或為刮、○睆華板反、簀音責、畫衡賣反、笫側吏反、刮古滑反

子春曰、止。以病困不可動、

曾子聞之、瞿然曰、呼。呼虛憊之聲、○呼音虛

曰、華而睆、大夫之簀與。曾子曰、然。斯季孫之賜也、我未之能易也。

元、起易簀。未之能易、已病故也、

曾元曰、夫子之病革矣、不可以變、幸而至於旦、請敬易之。言夫子者曾子親沒之後、齊嘗聘以為卿而不為也、革急也、變動也、幸覬也、

曾子曰、爾之愛我也不如彼。彼童子也、

君子之愛人也以德。成己之德、

細人之愛人也以姑息。
息猶安也，言苟容取安也。
吾何求哉，吾得正而斃焉，斯已矣。
斃仆也。
舉扶而易之，反席未安而沒。
言病雖困猶勤於禮。
始死，充充如有窮；既殯，瞿瞿如有求而弗得；既葬，皇皇如有望而弗至。練而慨然，祥而廓然。
皆憂悼在心之貌也。求猶索物。

邾婁復之以矢，蓋自戰於升陘始也。
戰於升陘，魯僖二十二年秋也。時師雖勝，死傷亦甚，無衣可以招魂。○陘音形
魯婦人之髽而弔也，自敗於臺鮐始也。
敗於臺鮐，魯襄四年秋也。臺當爲壺字之誤也。春秋傳作狐駘。時家家有喪，髽而相弔。去纚而紒曰髽。禮，婦人弔服，大夫之妻錫衰，士之妻則疑衰，與皆吉笄無首，素總。○髽側瓜反，臺鮐上音胡，下音臺，去羌呂反，纚所買反，紒音計，錫衰上悉歷反，下七雷反，笄音雞，總音揔
南宮縚之妻之姑之喪，
南宮縚，孟僖子之子南宮閱也，字子容，其妻孔子兄女。
夫子誨之髽曰：爾毋從從爾，爾毋扈扈爾。
誨，教。爾，女也。從從，謂大高。扈扈，謂大廣。爾，語助。○毋音無，後同，從音揔，扈音戶，女音汝，大音泰
蓋榛以爲笄，長尺而總八寸。
總束髮垂爲飾，齊衰之總八寸。○長直亮反，凡度長短曰長，皆同此音
孟獻子禫，縣而不樂，比御而不入。
可以御婦人矣，尚不復寢。孟獻子，魯大夫仲孫蔑。○禫大感反，比必利反，下比及同
夫子曰：獻子加於人一等矣。
加猶踰也。
孔子既祥，五日彈琴而不成聲，
哀未忘。

十日而成笙歌。
踰月且異旬也。祥亦凶事，用遠日。五日彈琴，十日笙歌，除由外也。琴以手，笙歌以氣。
有子蓋既祥而絲屨組纓。
譏其早也。禮既祥，白屨無絇，縞冠素紕。有子，孔子弟子有若。○絇其俱反，縞古老反
死而不弔者三：
謂輕身忘孝也。
畏，
人或時以非罪攻己，不能有以說之，死之者。孔子畏於匡。
厭，

行止危險之下。○厭于甲反
溺。不乘橋舡

子路有姊之喪，可以除之矣，而弗除也。孔子曰：何弗除也？子路曰：吾寡兄弟而弗忍也。孔子曰：先生制禮，行道之人皆弗忍也。行道猶行仁義

子路聞之，遂除之。

大公封於營丘，比及五世，皆反葬於周。齊大公受封，留爲大師，死葬於周，子孫生焉，不忍離也。五世之後，乃葬於齊。齊曰營丘。○大音泰，注及下同。離力智反，下相離同

^禮記 卷三 檀弓上 夫 永懷堂^

君子曰：樂樂其所自生，禮不忘其本。言其似禮樂之義。○樂樂並音岳，一讀下五教反，又音洛

古之人有言曰：狐死正丘首，仁也。正丘首，正首丘也。仁，恩也。

伯魚之母死，期而猶哭。伯魚，孔子子也，名鯉。猶，尚也。○期音基

夫子聞之曰：誰與哭者？門人曰：鯉也。夫子曰：嘻！其甚也。嘻，悲恨之聲

伯魚聞之，遂除之。

舜葬於蒼梧之野，舜征有苗而死，因留葬焉。書說舜曰：陟方乃死。蒼梧於周，南越之地，今爲郡。

蓋三妃未之從也。古者不合葬。帝嚳而立四妃矣，象后妃四星，其一明者爲正妃，餘三小者爲次妃。帝堯因焉。至舜不告而取，不立正妃，但三妃而已，謂之三夫人。離騷所歌湘夫人，舜妃也。夏后氏增以三三而九，合十二人。春秋說云：天子取十二，即夏制也。以虞夏及周制差之，則殷人又增以三九二十七，合三十九人。周人上法帝嚳，立正妃，又三二十七爲八十一人以增之，合百二十一人。其位：后也，夫人也，嬪也，世婦也，女御也。五者相參以定尊卑。○嚳苦毒反，差初佳反

季武子曰：周公蓋祔。祔謂合葬，合葬自周公以來。○祔音父

^禮記 卷三 檀弓上 七 永懷堂^

曾子之喪，浴於爨室。見曾元之辭易簀，矯之以謙儉也。禮，死浴於適室。○爨七亂反，適丁歷反

大功廢業。或曰：大功誦可也。許其口習故也。

子張病，召申祥而語之曰：君子曰終，小人曰死。申祥，子張子。欲使執喪成己志也。死之言澌也。事卒爲終，消盡爲澌。太史公傳曰：子張姓顓孫。今曰申祥，周秦之聲，二者相近，未聞孰是。○澌本又作斯，音賜

吾今日其庶幾乎！

言易成也。○易以豉反

曾子曰。始死之奠。其餘閣也與。

不容改新閣庋藏食物。○庋字又作庪同九毀反

曾子曰。小功不爲位也者。是委巷之禮也。

譏之也。位謂以親䟽叙列哭也。委巷猶街里委曲所爲也。

子思之哭嫂也爲位。

善之也。禮嫂叔無服。

婦人倡踊。

有服者娣姒婦小功。倡先也。○倡昌尚反踊音勇娣姒大計反下音似

申祥之哭言思也亦然。

說者云。言思子游之子。申祥妻之昆弟。亦無服。過此以往。獨哭不爲位。

古者冠縮縫。今也衡縫。

縮從也。今禮制衡讀爲横。今冠横縫以其辟積多。○縫音逢又扶用反衡依注音横華彭反從子容反

故喪冠之反吉。非古也。

解時人之惑喪冠縮縫。古冠耳。○解佳買反

曾子謂子思曰。伋。吾執親之喪也。水漿不入於口者七日。

子思曰。先王之制禮也。過之者俯而就之。不至焉者跂而及之。故

言已以疾時禮而不如。

君子之執親之喪也。水漿不入於口者三日。杖而后能起。

爲曾子言難繼以禮抑之。○爲于僞反

曾子曰。小功不稅。

據禮而言也。日月已過乃聞喪而服曰稅。大功以上然。小功輕不服。○稅他外反注同上時掌反

則是遠兄弟終無服也。

言相離遠者。聞之恒晚。

而可乎。

以已恩怪之。

伯高之喪。

伯高死時在衛。未聞何國人。

孔氏之使者未至。

謂賻賵者。○使色吏反賻音附賵芳用反

冉子攝束帛乘馬而將之。

冉子孔子弟子冉有。攝猶貸也。○乘繩證反

孔子曰。異哉。徒使我不誠於伯高。

徒猶空也。禮所以副忠信也。忠信而無禮何傳乎。○傳直專反一本作傳音附

伯高死於衛。赴於孔子。

赴告也。凡有舊恩者則使人告之。

孔子曰吾惡乎哭諸。以其交會尚新。○惡音烏

兄弟吾哭諸廟。父之友吾哭諸廟門之外。別親疏也、

師吾哭諸寢。朋友吾哭諸寢門之外。所知吾哭諸野。別輕重也、

於野則已疏。於寢則已重。已猶大也、

夫由賜也見我。吾哭諸賜氏。本於恩哭於子貢寢門之外。○夫音扶

遂命子貢爲之主。明恩所由、

曰爲爾哭也來者拜之。知伯高而來者勿拜也。異於正主。○爲于僞反下注爲其疾爲褻爲我哉爲皆同

曾子曰喪有疾。食肉飲酒。必有草木之滋焉。增以香味爲其疾不嗜食、

以爲薑桂之謂也。爲記者正曾子所云草木滋者謂薑桂、

子夏喪其子而喪其明。明目精。○喪息浪反下同

曾子弔之曰吾聞之也朋友喪明則哭之。痛之

曾子哭。子夏亦哭曰天乎予之無罪也。怨天罰無罪、

曾子怒曰商女何無罪也。吾與女事夫子於洙泗之間。言其有師也洙泗魯水名。○女音汝下同洙音殊泗音四

退而老於西河之上。西河龍門至華陰之地。○華胡化反

使西河之民疑女於夫子。爾罪一也。言其不稱師也、

喪爾親使民未有聞焉。爾罪二也。言居親喪無異稱

喪爾子喪爾明。爾罪三也。言隆於妻子、

而曰女何無罪與。子夏投其杖而拜曰吾過矣。吾過矣。謝之且服罪也、

吾離羣而索居亦已久矣。羣謂同門朋友也。索猶散也。○離音詈

夫晝居於內，問其疾可也。似有疾。

夜居於外，弔之可也。似有喪。

是故君子非有大故，不宿於外。大故謂喪憂。

非致齊也，非疾也，不晝夜居於內。內正寢之中。○齊側皆反

高子皋之執親之喪也，子皋孔子弟子名柴。

泣血三年，言泣無聲如血出。

未嘗見齒，言笑之微。○見賢遍反

君子以爲難。言人不能然。

衰與其不當物也，寧無衰。惡其亂禮。不當物謂精麤廣狹不應法制。○衰七雷反，下同。後五服之衰皆放此，不復音。當丁亂反，注同。惡烏路反。麤本又作麤七奴反

齊衰不以邊坐，大功不以服勤。爲褻喪服。邊偏倚也。

孔子之衛，遇舊館人之喪，前日君所使舍己。

入而哭之哀，出，使子貢說驂而賻之。賻助喪用也。騑馬曰驂。○說本又作稅，同他活反。驂七南反

子貢曰：於門人之喪，未有所說驂，說驂於舊館，無乃已重乎。言說驂大重，比於門人恩爲偏頗。

夫子曰：予鄉者入而哭之，遇於一哀而出涕。遇見也。舊館人恩雖輕，我入哭，見主人爲我盡一哀，是以厚恩待我，我爲出涕，恩重宜有施惠。○鄉本又作嚮，許亮反。施始豉反

予惡夫涕之無從也，小子行之。客行無他物可以易之者，使遂以往。○惡烏路反。夫音扶

孔子在衛，有送葬者，而夫子觀之，曰：善哉爲喪乎，足以爲法矣，小子識之。子貢曰：夫子何善爾也。曰：其往也如慕，其反也如疑。

慕謂小兒隨父母啼呼。疑者哀親之在彼如不欲還然。○識式志反下及注章識皆同

子貢曰豈若速反而虞乎。

速疾。

子曰小子識之我未之能行也。

哀戚本也祭祀末也。

顏淵之喪饋祥肉。

饋遺也○遺于季反

孔子出受之入彈琴而后食之。

彈琴以散哀也。

孔子與門人立拱而尚右。二三子亦皆尚右。

孔子曰。二三子之嗜學也。

儆孔子也。

嗜貪。

我則有姊之喪故也。二三子皆尚左。

復正也喪尚右右陰也吉尚左左陽也。

孔子蚤作。

作起○蚤音早

負手曳杖消搖於門。

欲人之怪已。○消搖本又作逍遙

歌曰泰山其頽乎。

泰山衆山所仰。

梁木其壞乎。

梁木衆木所放。○放方兩反

哲人其萎乎。

哲人亦衆人所仰放也以上二句喻之萎病也詩云無木不萎○萎本又作委同紆危反

既歌而入當戶而坐。

蚤坐急見人也。

子貢聞之曰泰山其頽則吾將安仰梁木其壞哲人其萎則吾將安放夫子殆將病也。

覺孔子歌意殆幾也。

遂趨而入夫子曰賜爾來何遲也。

坐則望之。

夏后氏殯於東階之上則猶在阼也殷人殯於兩楹之間則與賓主夾之也周人殯於西階之上則猶賓之也。

以三王之禮占已夢○楹音盈

而丘也殷人也予疇昔之夜夢坐奠於兩楹之間。

是夢坐兩楹之間而見饋食也言奠者以爲凶象嚌祭聲也昔猶前也○食音嗣

夫明王不興而天下其孰能宗予予殆將死也。孰誰也宗尊也兩楹之間南面鄉明人君聽治正坐之處今無明王誰能尊我以爲人君乎是我殷家奠殯之象以此自知將死○鄉許亮反

蓋寢疾七日而沒。明聖人知命

孔子之喪門人疑所服。無喪師之禮

子貢曰昔者夫子之喪顏淵若喪子而無服喪子路亦然請喪夫

子若喪父而無服。無服不爲衰弔服而加麻心喪三年

孔子之喪公西赤爲志焉。公西赤孔子弟子字子華志謂章識

飾棺牆置翣。牆之障柩猶垣牆障家 牆柳衣翣以布衣木如攝與○翣所結反衣於旣反

設披周也設崇殷也綢練設旐夏也。夫子雖殷人兼用三王之禮尊之披柩行夾引棺者崇牙旌旗飾也綢練以練綢旌之杠此旌葬乘車所建也旌之旐緇布廣充幅長尋曰旐爾雅說旌旗曰素錦綢杠○披彼義反綢直留反旐直小反杠音江乘繩證反

子張之喪公明儀爲志焉。志亦謂章識

褚幕丹質。以丹布幕爲褚葬覆棺不牆不翣○幕音莫褚幕覆棺者

蟻結于四隅。畫褚之四角其文如蟻行往來相交錯蟻蚍蜉也殷之蟻結似今蛇文畫○蟻魚綺反蚍避尸反蜉音浮

殷士也。學於孔子傚殷禮

子夏問於孔子曰居父母之仇如之何夫子曰寢苫枕干不仕。雖除喪居處猶若喪也干盾也○仇音求苫始占反盾食允反

弗與共天下也。不可以並生

遇諸市朝不反兵而鬭。言雖適市朝不釋兵○朝直遙反注同

曰請問居昆弟之仇如之何曰仕弗與共國銜君命而使雖遇之不鬭。

爲負而廢君命。○銜音咸使色吏反爲于僞反下爲其負相爲同

曰。請問居從父昆弟之仇如之何。曰。不爲魁。魁猶首也天文北斗魁爲首杓爲末。○從才用反杓必遙反

主人能則執兵而陪其後。爲其負、當成之。

孔子之喪。二三子皆絰而出。尊師也出謂有所之適然則凡弔服加麻者出則變服。

羣居則絰。出則否。羣謂七十二弟子相爲朋友服子夏曰吾離羣而索居。

易墓非古也。易謂芟治草木不易者丘陵也。○易以豉反芟所銜反

子路曰。吾聞諸夫子。喪禮與其哀不足而禮有餘也。不若禮不足而哀有餘也。喪主哀。

祭禮與其敬不足而禮有餘也。不若禮不足而敬有餘也。祭主敬。

曾子弔於負夏。負夏、衛地。

主人既祖填池。祖謂移柩車去載處爲行始也填池當爲奠徹聲之誤也奠徹謂徹遣奠設祖奠。○填依注音奠

推柩而反之。反於載處榮曾子弔欲更始。○推吐回反

降婦人而后行禮。禮既祖而婦人降今反柩婦人辟之復升堂矣柩無反而反之而又降婦人蓋欲矜賓於此婦人皆非。○辟音避下辟言辟不褒並同

從者曰。禮與。怪之。○從才用反下同

曾子曰。夫祖者且也。且未定之辭。○夫音扶

且胡爲其不可以反宿也。給說

從者又問諸子游曰。禮與。疑曾子言非

子游曰。飯於牖下。小斂於戶內。大斂於阼。殯於客位。祖於庭。葬於墓。所以即遠也。故喪事有進而無退。明反柩非。○飯煩晚反阼才故反

曾子聞之曰。多矣乎予出祖者。善子游言，且服。

曾子襲裘而弔，子游裼裘而弔。曾子指子游而示人曰：夫夫也，為習於禮者，如之何其裼裘而弔也。曾子蓋知臨喪無飾，夫夫猶言此丈夫也，子游於時名為習禮。○裼，星歷反。夫夫，上音扶，下如字。

主人既小斂，袒括髮；子游趨而出，襲裘帶絰而入。於主人變乃變也。所弔者朋友。○袒，徒旱反。

曾子曰：我過矣，我過矣，夫夫是也。服子游言是善。

子夏既除喪而見。見於孔子。

予之琴，和之而不和，彈之而不成聲。樂由人心。○予，羊汝反。下同。樂音岳，又音洛。

作而曰：哀未忘也。先王制禮，而弗敢過也。作，起。

子張既除喪而見。予之琴，和之而和，彈之而成聲。作而曰：先王制禮，不敢不至焉。雖情異，善其俱順禮。

司寇惠子之喪，惠子，衛將軍文子彌牟之弟惠叔蘭也，生虎者。

子游為之麻衰，牡麻絰。惠子廢適立庶，為之重服以譏之。麻衰，以吉服之布為衰。○為之，于偽反，注為之重服、下為之服皆同。適，丁歷反，下文及注同。

文子辭曰：子辱與彌牟之弟游，謝其存時。

又辱為之服，敢辭。止之服也。

子游曰：禮也。文子退，反哭。

子游名習禮，文子亦以為當然，未覺其所譏。

子游趨而就諸臣之位。深譏之。大夫之家臣位在賓後。

文子又辭曰：子辱與彌牟之弟游，又辱為之服，又辱臨其喪，敢辭。止其在臣位。

子游曰：固以請。再不從命。

文子退，扶適子南面而立，曰：子辱與彌牟之弟游，又辱為之服，又辱臨其喪，虎也敢不復位。

覺所譏也虎適子名文子親扶而辟敬子游也南面而立則諸臣位在門內北面明矣

子游趨而就客位。

所譏行。

將軍文子之喪既除喪而后越人來弔主人深衣練冠待于廟垂涕洟。

主人文子之子簡子瑕也深衣練冠凶服變也待于廟受弔不迎賓也○洟音夷自目曰涕自鼻曰洟

子游觀之曰將軍文氏之子其庶幾乎亡於禮者之禮也其動也中。

中禮之變○中丁仲反注及下注禮中之中同

幼名冠字五十以伯仲死謚周道也絰也者實也。

所以表哀戚

掘中霤而浴毀竈以綴足及葬毀宗躐行出于大門殷道也

明不復有事於此周人浴不掘中霤葬不毀宗躐行毀宗毀廟門之西而出行神之位在廟門之外○霤力救反復扶又反

學者行之。

學於孔子者行之傚殷禮

子柳之母死子碩請具。

具葬之器用子柳魯叔仲皮之子子碩兄○碩音石

子柳曰何以哉。

言無其財

子碩曰請粥庶弟之母。

粥謂嫁之也妾賤取之曰買○粥本又作鬻

子柳曰如之何其粥人之母以葬其母也不可。

忠恕

既葬子碩欲以賻布之餘具祭器。

古者謂錢爲泉布所以通布貨財

子柳曰不可吾聞之也君子不家於喪。

惡因死者以爲利○惡烏路反

請班諸兄弟之貧者。

以分死者所矜也祿多則與鄰里鄉黨

君子曰謀人之軍師敗則死之謀人之邦邑危則亡之。

利已亡衆非忠也言亡之者雖辟賢非義退

公叔文子升於瑕丘蘧伯玉從。

二子衛大夫文子獻公之孫名拔○蘧本又作璩其魚反從才用反

文子曰樂哉斯丘也死則我欲葬焉蘧伯玉曰吾子樂之則瑗請前。

刺其欲害人良田瑗伯玉名○樂音洛下同

弁人有其母死而孺子泣者、言聲無節、孔子曰。哀則哀矣。此誠哀、而難爲繼也。失禮中、夫禮爲可傳也。爲可繼也。故哭踊有節。叔孫武叔之母死。武叔公子牙之六世孫名州仇毀孔子者、

旣小歛擧者出戶出戶袒且投其冠括髮。尸出戶乃變服失哀節冠素委貌、子游曰。知禮。嗤之。○嗤昌之反

扶君卜人師扶右射人師扶左。謂君疾時也卜當爲僕聲之誤也僕人射人皆平生時贊正君服位者、君薨以是擧。不忍變也周禮射人大喪與僕人遷尸、

從母之夫舅之妻二夫人相爲服君子未之言也。二夫人猶言此二人也時有此二人同居死相爲服者甥居外家而非之○從才用反夫人音扶注同爲于僞反注及下注夫爲妻同或曰同爨緦。以同居生緦之親可○爨七亂反

喪事欲其縱縱爾。趨事貌縱讀如摠領之摠○縱依注音摠急遽貌吉事欲其折折爾。安舒貌詩云好人提提○折大兮反注同故喪事雖遽不陵節吉事雖止不怠。

陵躐也止立俟事時也怠惰也、故騷騷爾則野。謂大疾○騷素刀反急疾貌大音泰鼎鼎爾則小人。謂大舒、君子蓋猶猶爾。疾舒之中、

喪具君子恥具。辟不懷也喪具棺衣之屬、

一日二日而可爲也者。君子弗爲也。

謂絞紟衾冒。○絞戶交反紟其蔭反冒莫報反

喪服。兄弟之子猶子也。蓋引而進之也。嫂叔之無服也。蓋推而遠之也。

或引或推、重親遠別、

姑姊妹之薄也。蓋有受我而厚之者也。

欲其一心於厚之者姑姊妹嫁大功夫爲妻期、

食於有喪者之側。其未嘗飽也。

助哀戚也、

曾子與客立於門側。其徒趨而出。

徒謂客之旅

曾子曰。爾將何之。曰。吾父死。將出哭於巷。

以爲不可發凶於人之館、

曰。反哭於爾次。

次舍也。禮館人使專之若其自有然、

曾子北面而弔焉。

孔子曰。之死而致死之。不仁而不可爲也。之死而致生之。不知而不可爲也。

之往也。死之生之謂無知與有知也。爲猶行也。○知音智

是故竹不成用。瓦不成味。木不成斲。

成猶善也。竹不可善用謂邊無縢。味當作沬。沬靧也。○味依注音沬亡曷反縢徒登反靧音悔洗面

琴瑟張而不平。竽笙備而不和。

無宮商之調。○竽音于和胡臥反調直弔反

有鍾磬而無簨虡。

不縣之也。横曰簨植曰虡。○簨息允反虡音巨

其曰明器。神明之也。

言神明死者也。神明者非人所知。故其器如此。

有子問於曾子曰。問喪於夫子乎。

有子孔子弟子有若也。夫子卒後問此庶有異聞也。喪謂仕失位也。魯昭公孫於齊曰喪人其何稱。○問喪問或作聞喪息浪反注及下皆同孫音遜

曰。聞之矣。喪欲速貧。死欲速朽。有子曰。是非君子之言也。

貧朽非人所欲、

曾子曰。參也聞諸夫子也。有子又曰。是非君子之言也。曾子曰。參也與子游聞之。有子曰。然。然則夫子有爲言之也。曾子以斯言告於子游。子游曰。甚哉。有子之言似夫子也。昔者夫子居於宋。見桓司馬自爲石椁。三年而不成。

桓司馬宋向戌之孫名魋。○爲于僞反下皆同戌音恤魋大回反

夫子曰。若是其靡也。死不如速朽之愈也。死之欲速朽。爲桓司馬言之也。

靡，後，

南宮敬叔反。必載寶而朝。

敬叔魯孟僖子之子仲孫閱。蓋嘗失位去魯得反載其寶來朝於君。○朝直遥反

夫子曰。若是其貨也。喪不如速貧之愈也。喪之欲速貧。爲敬叔言之也。曾子以子游之言告於有子。有子曰。然。吾固曰非夫子之言也。曾子曰。子何以知之。有子曰。夫子制於中都。四寸之棺。五寸之

椁。以斯知不欲速朽也。

中都魯邑名也。孔子嘗爲之宰。爲民作制孔子由中都宰爲司空。由司空爲司寇。

昔者夫子失魯司寇。將之荆。

將應聘於楚。

蓋先之以子夏。又申之以冉有。以斯知不欲速貧也。

言汲汲於仕得祿。

陳莊子死。赴於魯。魯人欲勿哭。

君無哭鄰國大夫之禮。陳莊子，齊大夫陳恒之孫名伯。

繆公召縣子而問焉。縣子曰。古之大夫。束修之問不出竟。雖欲哭之。安得而哭之。

以其不外交。○繆音木竟音境

今之大夫。交政於中國。雖欲勿哭。焉得而弗哭。

言時君弱臣强政在大夫專盟會以交接。○焉於虔反

且臣聞之。哭有二道。有愛而哭之。有畏而哭之。

以權微勸之。

公曰。然。然則如之何而可。縣子曰。請哭諸異姓之廟。

明不當哭。

於是與哭諸縣氏。

仲憲言於曾子曰。夏后氏用明器。示民無知也。

所謂致死之。仲憲孔子弟子原憲。

殷人用祭器。示民有知也。

所謂致生之。

周人兼用之。示民疑也。

言使民疑於無知與有知。

曾子曰。其不然乎。其不然乎。

非其說之非也。

夫明器。鬼器也。祭器。人器也。夫古之人。胡爲而死其親乎。

言仲憲之言三者皆非、此或用鬼器或用人器、
公叔木有同母異父之昆弟死。問於子游。
木當爲朱、春秋作戌、衛公叔文子之子、定公十四年奔魯、○木音式樹反又音朱
子游曰。其大功乎。
疑所服也、親者屬大功是、
狄儀有同母異父之昆弟死。問於子夏。子夏曰。我未之前聞也。魯人則爲之齊衰。狄儀行齊衰。今之齊衰狄儀之問也。
子思之母死於衛。
子思、孔子孫伯魚之子、伯魚卒、其妻嫁於衛、
柳若謂子思曰。子。聖人之後也。四方於子乎觀禮。子蓋慎諸。
柳若、衛人也、見子思欲爲嫁母服、恐其失禮、戒之、嫁母齊衰期、
禮記　卷三　檀弓上　四十八　承懷堂
子思曰。吾何慎哉。吾聞之。有其禮。無其財。君子弗行也。
謂時可行、而財不足以備禮、
有其禮。有其財。無其時。君子弗行也。
謂財足以備禮、而時不得行者、
吾何慎哉。
時所止則止、時所行則行、無所疑也、喪之禮、如子、贈襚之屬不踰主人、
縣子瑣曰。吾聞之。古者不降。上下各以其親。
去謂殷時也、上不降遠、下不降卑、○瑣息果反、依字作瑣
滕伯文爲孟虎齊衰。其叔父也。爲孟皮齊衰。其叔父也。
伯文、殷時滕君也、爵爲伯、名文、○爲于僞反、及下注爲人同
后木曰。喪。吾聞諸縣子曰。夫喪。不可不深長思也。
后木、魯孝公子惠伯鞏之後、○鞏恭勇反
買棺外內易。我死則亦然。
此孝子之事、非所託、○易以豉反
曾子曰。尸未設飾。故帷堂。小斂而徹帷。仲梁子曰。夫婦方亂。故帷堂。小斂而徹帷。
小斂之奠。子游曰。於東方。曾子曰。於西方。斂斯席矣。
斂者動搖尸、帷堂爲人褻之、言方亂非也、仲梁子、魯人也、
曾子以俗說非、又大斂奠於堂乃有席、
禮記　卷三　檀弓上　四十九　承懷堂
小斂之奠在西方。魯禮之末失也。
末世失禮之爲、
縣子曰。綌衰繐裳。非古也。
非時尚輕涼慢禮、○綌去逆反、繐音歲
子蒲卒。哭者呼滅。
滅、蓋子蒲名、

子皐曰若是野哉。
非之也唯復呼名子皐孔子弟子高柴。
哭者改之。
杜橋之母之喪宮中無相以爲沽也。
沽猶略也。○相息亮反
夫子曰始死羔裘玄冠者易之而已羔裘玄冠夫子不以弔。
不以吉服弔喪。
子游問喪具夫子曰稱家之有亡子游曰有亡惡乎齊。
惡乎齊問豐省之比。○亡音無下同惡音烏注同

夫子曰有毋過禮苟亡矣斂首足形。
形體。○毋音無
還葬。
還之言便也言已斂卽葬不待三月。○還音旋
縣棺而封。
不設碑繂不備禮封當爲窆窆下棺也春秋傳作塴。○縣音玄封依注作窆彼驗反碑彼皮反繂音律塴北鄧反
人豈有非之者哉。
不責於人所不能。
司士賁告於子游曰請襲於牀。

時失之也禮唯始死廢牀。○賁音奔
子游曰諾縣子聞之曰汏哉叔氏專以禮許人。
當言禮然言諾非也叔氏子游字。
宋襄公葬其夫人醯醢百甕曾子曰旣曰明器矣而又實之。
言名之爲明器而與祭器皆實之是亂鬼器與人器。○醯呼兮反醢音海
孟獻子之喪。
獻子魯大夫仲孫蔑。
司徒旅歸四布。
旅下士也司徒使下士歸四方之賻布。

夫子曰可也。
時人皆貪善其能廉。
讀賵曾子曰非古也是再告也。
曾子言喪禮祖而讀賵賓致命將行主人之史又讀賵所以存錄之。
成子高寢疾。
成子高齊大夫國成伯高父也。
慶遺入請曰子之病革矣如至乎大病則如之何。
覩其意革急也遺慶封之族。○遺于季反革紀力反
子高曰吾聞之也生有益於人死不害於人吾縱生無益於人吾

可以死害於人乎哉。我死則擇不食之地而葬我焉。不食謂不墾耕。

子夏問諸夫子曰。居君之母與妻之喪。居處言語飲食衎爾。衎爾自得貌。爲小君服隱不能至。○衎苦旦反爲于僞反下爲之殷爲其久爲君服同

賓客至無所館。夫子曰。生於我乎館。死於我乎殯。仁者不厄人。

國子高曰。葬也者藏也。藏也者。欲人之弗得見也。是故衣足以飾身。棺周於衣。椁周於棺。土周於椁。言皆所以爲深邃難人發見之也國子高成子高也成謚也○難乃旦反見賢遍反

禮記　卷三　檀弓上　四十　承懷堂

反壤樹之哉。反覆也怪不如大古也而反封樹之意在於儉非周禮。○復扶又反大音泰

孔子之喪。有自燕來觀者。舍於子夏氏。子夏曰。聖人之葬人與。人之葬聖人也。子何觀焉。與。及也。○燕烏田反

昔者夫子言之曰。吾見封之若堂者矣。封築土爲壟堂形四方而高

見若坊者矣。坊形旁殺平上而長。○坊音防殺色戒反下同

見若覆夏屋者矣。覆謂茨瓦也夏屋今之門廡也其形旁廣而卑。○茨在私反廡音武

見若斧者矣。斧形旁殺。刃上而長。

從若斧者焉。

馬鬣封之謂也。孔子以爲刃上難登狹又易爲功。○易以豉反俗間名。○鬣力輒反

今一日而三斬板。而已封。

禮記　卷三　檀弓上　四十一　承懷堂

板蓋廣二尺長六尺。斬板謂斷莫縮也三斷止之旁殺蓋高四尺其廣袤未聞也詩云縮板以載。○斷音短下同上時掌反下以上同廣袤古曠反下音茂

尚行夫子之志乎哉。尚庶幾也。

婦人不葛帶。婦人質不變重者至期除之卒哭變絰而已。

有薦新如朔奠。重新物爲之殷奠。

旣葬各以其服除。

卒哭當變衰麻者變之、或有除者不視主人、

池視重霤。如屋之有承霤也承霤以木爲之用行水亦宮之飾也柳宮象也以竹爲池衣以青布縣銅魚焉今宮中有承霤云以銅爲之、○重直容反衣于既反

君卽位而爲椑。椑謂杝棺親尸者椑堅著之言也言天子椑內又有水兕革棺○椑蒲歷反杝音移著直略反兕徐里反

歲一漆之。若未成然、

藏焉。

虛之不合、

復楔齒綴足飯設飾帷堂竝作。設飾謂遷尸又加新衣○楔悉節反綴丁劣反又音丁衛反飯煩晚反唅也

父兄命赴者。謂大夫以上也、士主人親命之、

君復於小寢大寢小祖大祖庫門四郊。尊者求之備也亦他日所嘗有事、

喪不剝奠也與祭肉也與。剝猶倮也有牲肉則巾之爲其久設塵埃加也脯醢之奠不巾○倮力果反謂不巾覆也埃音哀

旣殯旬而布材與明器。木工宜乾腊且□□材椁材也○腊音昔

朝奠日出夕奠逮日。陰陽交接、庶幾遇之、

父母之喪哭無時使必知其反也。謂旣練或時爲君服金革之事反必有祭、

練練衣黃裏縓緣。小祥練冠練中衣以黃爲內縓爲飾黃之色卑於纁縓纁之類明外除○縓七絹反淺赤色今之紅也緣悅絹反下注同纁本又作纁

葛要絰繩屨無絇角瑱。瑱充耳也吉時以玉人君有瑱○要絰一遙反下注小要同下大結反絇其俱反屨頭飾瑱吐練反

鹿裘衡長袪。衡當爲横字之誤也袪謂褎緣袂口也練而爲裘横廣之又長之又爲袪則先時狹短無袪可知吉時麛裘○衡依注音横筆彭反下衡三同袪起魚反褎本又作袖音徐秀反袂面世反

袪裼之可也。裼表裘也有袪而裼之備飾也玉藻曰麛裘青豻褎絞衣以裼之鹿裘亦用絞乎○裼音昔麛音迷本又作麑豻音岸胡地野犬絞戶交反

有殯聞遠兄弟之喪雖緦必往。

親骨肉也、
非兄弟雖鄰不往。
疏無親也、
所識其兄弟不同居者皆弔。
就其家弔之、成恩舊也、
天子之棺四重。
尚深邃也諸公三重諸侯再重大夫一重士不重。○重直龍反
水兕革棺被之其厚三寸。
以水牛兕牛之革以爲棺被革各厚三寸合六寸也此爲一重、

杝棺一。
所謂椑棺也爾雅曰椵杝、○杝羊支反椵徒亂反
梓棺二。
所謂屬與大棺、○梓音子屬音燭
四者皆周。
周帀也凡棺因能濕之物、○帀本又作匝同子荅反能濕乃代反
棺束縮二衡三衽每束一。
衡亦當爲横衽今小要衽或作漆或作髹○髹又作髤許求反
柏椁以端長六尺。
以端題湊也、其方蓋一尺、
天子之哭諸侯也爵弁絰紂衣。
服士之祭服以哭之明爲變也天子至尊不見尸柩不弔服麻不加於采此言絰衍字也時人間有弁絰因云之耳周禮王弔諸侯弁絰緦衰也○紂本又作緇又作純同側其反爲于僞反下文及注爲其變皆同
或曰使有司哭之、
非也哀戚之事不可虛、
爲之不以樂食。
蓋謂殯歛之間、
天子之殯也菆塗龍輴以椁。
菆木以周龍輴加椁而塗之天子殯以輴車畫轅爲龍○菆才官反輴勑倫反

加斧于椁上畢塗屋。
斧謂之黼白黑文也以刺繡於縿幕加椁以覆棺乃屋其上盡塗之○刺七亦反縿音消幕音莫
天子之禮也。
唯天子之喪有別姓而哭。
使諸侯同姓異姓庶姓相從而爲位別於朝覲來時朝覲爵同同位○朝直遥反下同
魯哀公誄孔丘曰天不遺耆老莫相予位焉嗚呼哀哉尼父。
誄其行以爲謚也莫無也相佐也言孔子死無佐助我處位者尼父因其字以爲之謚○誄力軌反耆巨支反相息亮反父音甫行下孟反

國亡大縣邑。公卿大夫士皆厭冠哭於大廟。三日君不舉。軍敗失地，以喪歸也。厭冠，今喪冠。其服未聞。○厭，于葉反，注同。大音泰。

或曰。君舉而哭於后土。后土，社也。

孔子惡野哭者。為其變衆，周禮，銜枚氏掌禁野叫呼歎呼於國中者，行歌哭於國中之道者。○惡，烏路反。銜枚上音咸，下木杯反。

未仕者不敢稅人。如稅人則以父兄之命。不專家財也。稅，謂遺于人。○稅，始銳反。謂以物遺人也。遺，維季反。

士備入而后朝夕踊。備，猶盡也。國君之喪，主人哭入則踊。

祥而縞。縞冠素紕也。

是月禫，徙月樂。言禫明月可以用樂。○禫，大感反。樂音岳。

君於士有賜帟。帟，幕之小者，所以承塵。賜之則張於殯上。大夫以上幕人職供焉。○帟音亦。

禮記卷三　終

禮記卷四

漢大司農北海鄭　玄註
皇明　後學東吳金　蟠較

檀弓下第四

君之適長殤車三乘。公之庶長殤車一乘。大夫之適長殤車一乘。皆下成人也。自上而下降殺以兩。成人遣車五乘，長殤三乘，下殤一乘，尊卑以此差之。庶子言公，卑遠之。傳曰：大功之殤小從上。○適，丁歷反，下及下適室同。長，丁丈反。乘，繩證反，皆下戶嫁反。殺，色戒反。差，初佳反。

公之喪，諸達官之長杖。謂君所命，雖有官職，不達於君則不服斬。

君於大夫將葬，弔於宮，及出，命引之，三步則止。以義奪孝子。宮，殯宮。出，謂柩已在路。

如是者三，君退。退，去也。三命引之，凡移九步。

朝亦如之，哀次亦如之。君弔不必于宮，朝喪朝廟也。次，他日賓客所受弔門外舍也。孝子至此而哀，君或于是弔焉。○朝，直遙反。

五十無車者不越疆而弔人。氣力始衰。

季武子寢疾，蟜固不說齊衰而入見。曰：斯道也將亡矣。士唯公門說齊衰。（季武子，魯大夫季孫夙也。世爲上卿，强且專政，國人事之如君。蟜固能守禮不畏之，矯失俗也。道猶禮也。○蟜居表反。說他活反。見賢遍反）

武子曰：不亦善乎，君子表微。（時無如之何，佯若善之。表猶明也）

及其喪也，曾點倚其門而歌。（明已不與也。點字皙，曾參父）

大夫弔，當事而至，則辭焉。（辭猶告也。擯者以主人有事告也。主人無事則爲大夫出。○擯本又作儐，同，後放此。爲于僞反）

弔於人，是日不樂。（君子哀樂不同日。子於是日哭則不歌。○樂音岳，又音洛，注同）

婦人不越疆而弔人。（不通於外）

行弔之日，不飲酒食肉焉。（以全哀也）

弔於葬者必執引，若從柩及壙，皆執紼。（示助之以力。車曰引，棺曰紼。從柩，贏者。○引音胤，注同。車索。紼音弗。贏音盈）

喪公弔之，必有拜者。（往謝之）

雖朋友州里舍人可也。（謂無主後）

弔曰：寡君承事。（示亦爲執事來）

主人曰：臨。（君辱臨其臣之喪）

君遇柩於路，必使人弔之。（君於民臣有父母之恩）

大夫之喪，庶子不受弔。（不以賤者爲有爵者主）

妻之昆弟爲父後者死，哭之適室。（以其正也）

子爲主，袒免哭踊。（親者主之。○免音問）

夫入門右。（北面辟正主。○辟音避，下辟難同）

使人立於門外告來者，狎則入哭。

俾相習知者。

父在哭於妻之室。不以私喪於尊。

非爲父後者哭諸異室。

有殯聞遠兄弟之喪哭於側室。嫌哭殯。

無側室哭於門內之右。近南者爲之變位。

同國則往哭之。

喪無外事。

子張死曾子有母之喪齊衰而往哭之或曰齊衰不以弔 以其無服非之。

曾子曰我弔也與哉 於朋友哀痛甚而往哭之非弔凡弔，

有若之喪悼公弔焉 悼公，魯哀公之子。

子游擯由左 擯相侑喪禮者，喪禮廢亡，時人以爲此儀當如詔辭而皆由右相，是善子游正之。孝經說曰以身擯侑○相息亮反

齊穀王姬之喪 穀當爲告聲之誤也。王姬，周女，齊襄公之夫人。

魯莊公爲之大功或曰由魯嫁故爲之服姊妹之服或曰外祖母也故爲之服 春秋周女由魯嫁，卒，服之如內女服姊妹是也。天子爲之無服，嫁於王者之後乃服之。莊公，齊襄公女弟文姜之子，當爲舅之妻，非外祖母也。外祖母又小功也。

晉獻公之喪秦穆公使人弔公子重耳 獻公殺其世子申生，重耳辟難出奔，是時在翟，就弔之○重直龍反下同難乃旦反

且曰寡人聞之亡國恆於斯得國恆於斯

言在喪代之際。

雖吾子儼然在憂服之中喪亦不可久也時亦不可失也孺子其圖之 勸其反國，意欲納之。喪，謂亡失位。孺稺也○喪息浪反下皆同

以告舅犯 舅犯，重耳之舅狐偃也，字子犯。

舅犯曰孺子其辭焉喪人無寶仁親以爲寶 寶謂善道可守者。仁親，親行仁義。

父死之謂何又因以爲利

欲反國求爲後是利父死。

而天下其孰能說之。孺子其辭焉。

說猶解也。

公子重耳對客曰。君惠弔亡臣重耳。身喪父死。不得與於哭泣之哀。以爲君憂。

謝之。○與音預

父死之謂何。或敢有他志。以辱君義。

他志謂私心。

稽顙而不拜。哭而起。起而不私。

○稽音起

子顯以致命於穆公。

使者公子縶也。盧氏云。古者名字相配。顯當作韅。○顯依注音韅。呼遍反。使色吏反。縶陟立反。後同

穆公曰。仁夫公子重耳。夫稽顙而不拜。則未爲後也。故不成拜。哭而起。則愛父也。起而不私。則遠利也。

○夫音符

帷殯非古也。自敬姜之哭穆伯始也。

穆伯。魯大夫季悼子之子。公甫靖也。敬姜。穆伯妻。文伯歜之母也。禮。朝夕哭不帷。○歜昌蜀反

喪禮。哀戚之至也。節哀。順變也。君子念始之者也。

始猶生也。念父母生。已不欲傷其性。

復。盡愛之道也。有禱祠之心焉。

復謂招魂。且分禱五祀。庶幾其精氣之反。○祠音詞

望反諸幽。求諸鬼神之道也。

鬼神處幽闇。望其從鬼神所來。

北面。求諸幽之義也。

鄉其所從來也。禮。復者升屋北面。○鄉許亮反

拜稽顙。哀戚之至隱也。稽顙。隱之甚也。

隱痛也。稽顙者觸地無容。

飯用米貝。弗忍虛也。不以食道。用美焉爾。

尊之也。食道褻。米貝美。○飯扶晚反

銘。明旌也。

神明之精。

以死者爲不可別已。故以其旗識之。

不見別。形貌不見。○別彼列反。識式至反

愛之斯錄之矣。敬之斯盡其道焉耳。

謂重與奠。

重。主道也。

始死未作主以重主其神也重既虞而埋之乃後作主春秋傳曰虞主用桑練主用栗

殷主綴重焉。

綴猶聯也殷人作主而聯其重縣諸廟也去顯考乃埋之○綴丁劣反又丁衞反縣音玄

周主重徹焉。

周人作主徹重埋之

奠以素器。以生者。有哀素之心也。

哀素言哀痛無飾也凡物無飾曰素

唯祭祀之禮。主人自盡焉爾。豈知神之所饗。亦以主人有齊敬之心也。

哀則以素敬則以飾禮由人心而已○齊側皆反

辟踊。哀之至也。有算。爲之節文也。

算數也○辟踊婢亦反下音勇

袒括髮。變也。慍。哀之變也。去飾。去美也。袒括髮。去飾之甚也。有所袒。有所襲。哀之節也。

○慍紆粉反積也又紆運反怨恚也去起呂反

弁絰葛而葬。與神交之道也。

接神之道不可以純凶天子諸侯變服而葬冠素弁以葛爲環絰既虞卒哭乃服受服也雜記曰凡弁絰其衰侈袂○衰七雷反袂彌世反

有敬心焉。

踰時哀衰而敬生敬則服有飾大夫士三月而葬未踰時○衰所追反

周人弁而葬。殷人冔而葬。

周弁殷冔俱象祭冠而素禮同也○冔況甫反

歠主人主婦室老。爲其病也。君命食之也。

尊者奪人易也歠歠粥也○歠昌悅反爲于僞反食音嗣易以豉反粥之六反後同

反哭升堂。反諸其所作也。

親所行禮之處

主婦入於室。反諸其所養也。

親所饋食之處

反哭之弔也。哀之至也。反而亡焉。失之矣。於是爲甚。

哀痛甚

殷既封而弔。周反哭而弔。

封當爲窆窆下棺也○封依注音窆彼驗反下同

孔子曰。殷已慤。吾從周。

慤者得哀之始未見其甚

葬於北方北首。三代之達禮也。之幽之故也。

北方國北也

既封主人贈而祝宿虞尸。
贈以幣送死者於壙也於主人贈祝先歸。
既反哭主人與有司視虞牲。
日中將虞省其牲。
有司以几筵舍奠於墓左反日中而虞。
所使奠墓有司來歸乃虞也舍奠墓左爲父母形體在此禮其神也周禮冢人凡祭墓爲尸○舍音釋注同
葬日虞弗忍一日離也。
弗忍其無所歸○離力智反下同
是日也以虞易奠。

虞喪祭也。
卒哭曰成事。
既虞之後卒哭而祭其辭蓋曰哀薦成事成祭事也祭以吉爲成。
是日也以吉祭易喪祭。
卒哭吉祭○易音亦
明日祔於祖父。
祭告於其祖之廟○祔音附
其變而之吉祭也比至於祔必於是日也接不忍一日末有所歸也。

末無也日有所用接之虞禮所謂他用剛日也其祭祝曰哀薦曰成事○比必利反
殷練而祔周卒哭而祔孔子善殷。
期而神之人情○期音基
君臨臣喪以巫祝桃茢執戈惡之也。
爲有凶邪之氣在側君聞大夫之喪去樂卒事而往未襲也其已襲則止巫去桃茢桃鬼所惡茢萑苕可埽不祥○茢音列惡烏路反注及下注同萑音完苕大彫反
所以異於生也。
生人無凶邪
喪有死之道焉。

言人之死有如鳥獸死之狀鳥獸之死人賤之
先王之所難言也。
聖人不明說爲人甚惡之○難乃旦反
喪之朝也順死者之孝心也。
朝謂遷柩於廟○朝直遙反注及下皆同
其哀離其室也故至於祖考之廟而后行殷朝而殯於祖周朝而遂葬。
孔子謂爲明器者知喪道矣備物而不可用也。
神與人異道則不相傷

哀哉死者而用生者之器也。不殆於用殉乎哉。

殆幾也殺人以衞死者曰殉用其器者漸幾於用人

其曰明器。神明之也。

神明死者異於生人

塗車芻靈。自古有之。

芻靈束茅爲人馬謂之靈者神之類

明器之道也。

言與明器同

孔子謂爲芻靈者善。謂爲俑者不仁。殆於用人乎哉。

俑偶人也有面目機發有似於生人孔子善古而非周○俑音勇

穆公問於子思曰。爲舊君反服。古與。

仕焉而已者穆公魯哀公之曾孫○爲于僞反下爲君爲使人皆同

子思曰。古之君子。進人以禮。退人以禮。故有舊君反服之禮也。今之君子。進人若將加諸膝。退人若將隊諸淵。毋爲戎首。不亦善乎。又何反服之禮之有。

言放逐之臣不服舊君也爲兵主來攻伐曰戎首○隊本又作墜直媿反

悼公之喪。季昭子問於孟敬子曰。爲君何食。

悼公魯哀公之子昭子康子之曾孫名強敬子武伯之子名捷

敬子曰。食粥。天下之達禮也。吾三臣者之不能居公室也。四方莫不聞矣。

言隣國皆知吾等不能居公室以臣禮事君也三臣仲孫叔孫季孫氏

勉而爲瘠。則吾能。毋乃使人疑夫不以情居瘠者乎哉。我則食食。

存時不盡忠喪又不盡禮非也孔子曰喪事不敢不勉○夫音扶食食上如字下音嗣

衞司徒敬子死。

司徒官氏公子許之後

子夏弔焉。主人未小斂。絰而往。子游弔焉。主人既小斂。子游出。絰反哭。

子夏曰。聞之也與。曰。聞諸夫子。主人未改服。則不絰。

皆以朋友之禮往而二人異

曾子曰。晏子可謂知禮也已。恭敬之有焉。

言禮者敬而已矣

有若曰。晏子一狐裘三十年。遣車一乘。及墓而反。國君七个。遣車七乘。大夫五个。遣車五乘。晏子焉知禮。

言其大儉偪下非之及墓而反言其既窆則歸不留賓客有事也人臣賜車馬者乃得有遣車遣車之差大夫五諸侯七則天子九諸侯不以命數喪數略也个謂所包遣奠牲體之數也雜記曰遣車視牢具○乘繩證反个古賀反焉於虔反大音泰偪音逼

曾子曰。國無道。君子恥盈禮焉。國奢則示之以儉。國儉則示之以禮。時齊方奢。矯之是也。

國昭子之母死。問於子張曰。葬及墓。男子婦人安位。國昭子。齊大夫。

子張曰。司徒敬子之喪。夫子相。男子西鄉。婦人東鄉。夫子。孔子也。○相息亮反。下注同。鄉許亮反。下皆同

曰。噫。毋。噫。不寤之聲。毋。禁止之辭。○毋音無

禮記　卷四　檀弓下　十四　永懷堂

曰。我喪也斯沾。斯。盡也。沾讀曰覘。覘。視也。國昭子自謂齊之大家。有事人盡覘之。欲人觀之。法其所為。○斯音賜。沾依注音覘。勑廉反

爾專之。賓為賓焉。主為主焉。專猶同也。時子張相。

婦人從男子皆西鄉。非也。

穆伯之喪。敬姜晝哭。文伯之喪。晝夜哭。孔子曰。知禮矣。喪夫不夜哭。嫌思情性也。

文伯之喪。敬姜據其牀而不哭。曰。昔者吾有斯子也。吾以將為賢人也。蓋見其有才藝。

吾未嘗以就公室。未嘗與到公室觀其行也。季氏。魯之宗卿。敬姜有會見之禮。○行下孟反。見賢遍反

今及其死也。朋友諸臣未有出涕者。而內人皆行哭失聲。斯子也。必多曠於禮矣夫。內人。妻妾。○夫音扶。下同

季康子之母死。陳褻衣。褻衣非上服。陳之將以斂。

禮記　卷四　檀弓下　十五　永懷堂

敬姜曰。婦人不飾。不敢見舅姑。將有四方之賓來。褻衣何為陳於斯。命徹之。言四方之賓嚴於舅姑。敬姜者。康子從祖母。○從才用反

有子與子游立。見孺子慕者。有子謂子游曰。予壹不知夫喪之踊也。予欲去之久矣。情在於斯。其是也夫。喪之踊。猶孺子之號慕。○去羌呂反。號戶刀反

子游曰。禮有微情者。節哭踊。

有以故興物者。

衰絰之制、
有直情而徑行者、戎狄之道也。
哭踊無節、衣服無制、
禮道則不然。
與戎狄異、
人喜則斯陶。
陶鬱陶也、
陶斯咏。
咏謳也、

咏斯猶。
猶當爲搖聲之誤也搖謂身動搖也秦人猶搖聲相近、
猶斯舞。
手舞之、
舞斯慍。
慍猶怒也、
慍斯戚。
戚憤恚、○恚一瑞反
戚斯歎。
歎吟息、
歎斯辟。
辟拊心、○辟婢亦反
辟斯踊矣。
踊躍、
品節斯斯之謂禮。
舞踊皆有節乃成禮、
人死斯惡之矣、無能也斯倍之矣。
無能心謂之無所復能、○惡烏路反復扶又反

是故制絞衾、設蔞翣、爲使人勿惡也。
絞衾尸之飾蔞翣棺之牆飾周禮蔞作柳、○蔞音柳翣所甲反
始死脯醢之奠、將行遣而行之、既葬而食之。
將行將葬也葬有遣奠食反虞之祭、○食音嗣
未有見其饗之者也、自上世以來未之有舍也、爲使人勿倍也。
舍猶廢也、○舍音捨
故子之所刺於禮者、亦非禮之訾也。
訾病也、○訾似斯反
吳侵陳、斬祀殺厲。

祀禰位有屋樹者厲疫病吳侵陳以魯哀元年秋○疫音役

師還出竟陳大宰嚭使於師夫差謂行人儀曰是夫也多言盍嘗問焉師必有名人之稱斯師也者則謂之何

大宰行人官名也夫差吳子光之子盍何不也嘗猶試也夫差修舊怨庶幾其師有善名○還音旋竟音境大音泰注及下文注大宰大師大史大廟大傳皆同嚭普彼反使色吏反夫差音扶下初佳反

大宰嚭曰古之侵伐者不斬祀不殺厲不獲二毛

獲謂係虜之二毛鬢髮斑白

今斯師也殺厲與其不謂之殺厲之師與

欲微切之故其言似若不審然正言殺厲重人

曰反爾地歸爾子則謂之何

子謂所獲民臣

曰君王討敝邑之罪又矜而赦之師與有無名乎

又微勸之終其意吳楚僭號稱王

顏丁善居喪

顏丁魯人

始死皇皇焉如有求而弗得及殯望望焉如有從而弗及既葬慨焉如不及其反而息

從隨也既憊貌

子張問曰書云高宗三年不言言乃讙有諸

時人君無行三年之喪禮者問有此與怪之也讙喜說也言乃喜說則民臣望其長久○讙音歡說音悅下同

仲尼曰胡為其不然也古者天子崩王世子聽於冢宰三年

冢宰天官卿貳王事者三年之喪使之聽朝

知悼子卒未葬

悼子晉大夫荀盈魯昭九年卒

平公飲酒

與羣臣燕平公晉侯彪

師曠李調侍

侍與君飲也燕禮記曰請旅侍臣

鼓鐘

樂作也燕禮賓入門奏肆夏既獻而樂闋獻君亦如之○闋苦穴反

杜蕢自外來聞鐘聲曰安在

怪之也杜蕢或作屠蒯○蕢苦怪反注蒯同

曰在寢

燕於寢

杜蕢入寢歷階而升酌曰曠飲斯又酌曰調飲斯又酌堂上北面坐飲之降趨而出

三酌皆罰。

平公呼而進之。曰蕢。曩者爾心或開予。是以不與爾言。曩鄉也。謂始來入時。開謂諫爭有所發。

爾飲曠何也。曰子卯不樂。紂以甲子死。桀以乙卯亡。王者謂之疾日。不以舉樂爲吉事。所以自戒懼。○張晏云。子刑卯。卯刑子。相刑之日。故以爲忌。而云夏殷亡日。不推湯武以興乎。

知悼子在堂。斯其爲子卯也大矣。言大臣喪重於疾日也。雜記曰。君於卿大夫。比葬不食肉。比卒哭不舉樂。○比必利反。下同。

曠也。大師也。不以詔。是以飲之也。詔告也。大師典奏樂。

爾飲調何也。曰調也。君之褻臣也。爲一飲一食。忘食之疾。是以飲之也。言調貪酒食。褻嬖也。近臣亦當規君疾憂。○爲于僞反。

爾飲何也。曰蕢也。宰夫也。非刀匕是共。又敢與知防。是以飲之也。防禁放溢。○匕必李反。共音供。與音預。防音房。

平公曰。寡人亦有過焉。酌而飲寡人。開義則服。

杜蕢洗而揚觶。

舉爵於君也。禮揚作媵。揚舉也。媵送也。揚近得之。○觶之豉反。

公謂侍者曰。如我死。則必毋廢斯爵也。欲後世以爲戒。

至於今。既畢獻。斯揚觶。謂之杜舉。此爵遂因杜蕢爲名。畢獻。獻賓與君。

公叔文子卒。文子。衛獻公之孫。名拔。或作發。

其子戍請謚於君。曰日月有時。將葬矣。請所以易其名者。謚者行之迹。有時。猶言有數也。大夫士三月而葬。○行下孟反。

君曰。昔者衛國凶饑。夫子爲粥與國之餓者。是不亦惠乎。昔者衛國有難。夫子以其死衛寡人。不亦貞乎。夫子聽衛國之政。脩其班制。以與四鄰交。衛國之社稷不辱。不亦文乎。君。靈公也。難。謂魯昭公二十年。盜殺衛侯之兄縶也。時齊豹作亂。公如死鳥。班制。謂尊卑之差。○粥音祝。難乃旦反。死鳥。衛地。

故謂夫子貞惠文子。後不言貞惠者。文足以兼之。

石駘仲卒。駘仲。衛大夫石碏之族。○駘大來反。碏七略反。

無適子。有庶子六人。卜所以爲後者。

莫適立也○適丁歷反

曰沐浴佩玉則兆。

言齊絜則得吉兆○齊側皆反

五人者皆沐浴佩玉。石祁子曰孰有執親之喪而沐浴佩玉者乎。不沐浴佩玉。

心正且知禮

石祁子兆。衛人以龜爲有知也。

陳子車死於衛。其妻與其家大夫謀以殉葬。

子車齊大夫

定而后陳子亢至。以告曰夫子疾莫養於下。請以殉葬。

子亢子車弟孔子弟子下地下○亢音剛

子亢曰以殉葬非禮也。雖然則彼疾當養者孰若妻與宰。得已則吾欲已不得已則吾欲以二子者之爲之也。

度諫之不能正以斯言拒之已猶止也○度大洛反

於是弗果用。

果決

子路曰傷哉貧也。生無以爲養。死無以爲禮也。孔子曰啜菽飲水盡其歡。斯之謂孝。斂手足形。還葬而無槨。稱其財。斯之謂禮。

還猶疾也謂不及其日月○還音旋

衛獻公出奔反於衛。及郊。將班邑於從者而后入。

欲賞從者以懼居者獻公以魯襄十四年出奔齊二十六年復歸于衛○從才用反

柳莊曰。如皆守社稷則孰執羈靮而從。如皆從則孰守社稷。

言從守若一靮紲也○靮丁歷反紲陳忍反

君反其國而有私也。毋乃不可乎。

言有私則生怨

弗果班。

衛有大史曰柳莊。寢疾。公曰若疾革。雖當祭必告。

革急也○革本又作亟居力反注同

公再拜稽首請於尸曰。有臣柳莊也者。非寡人之臣。社稷之臣也。聞之死。請往。

急弔賢

不釋服而往。遂以襚之。

脫君祭服以襚臣親賢也所以此襚之者以其不用襲也凡襚以斂○襚音遂

與之邑裘氏與縣潘氏。書而納諸棺。曰世世萬子孫毋變也。

所以厚賢也裘縣潘邑名○縣音玄注同潘普干反

陳乾昔寢疾。屬其兄弟而命其子尊己曰。如我死則必大爲我棺。

使吾二婢子夾我。婢子，妾也。○乾音干，屬之玉反

陳乾昔死，其子曰：以殉葬，非禮也，況又同棺乎？弗果殺。善尊己不陷父于不義。

仲遂卒于垂，壬午猶繹，萬入去籥。春秋經在宣八年。仲遂，魯莊公之子東門襄仲。先日辛巳有事于太廟，而仲遂卒。明日而繹，非也。萬，干舞也。籥，籥舞也。傳曰：去其有聲者，廢其無聲者。○繹音亦，去羌呂反

仲尼曰：非禮也，卿卒不繹。

季康子之母死，公輸若方小。

禮記　卷四　檀弓下　三三　承懷堂

公輸若，匠師。方小，言年尚幼，未知禮也。

斂，般請以機封。斂下棺于槨。般，若之族，多技巧者，見若掌斂事而年尚幼，請代之，而欲嘗其技巧。○般音班，注及下同。封，彼驗反

將從之。時人服般之巧。

公肩假曰：不可，夫魯有初。初謂故事。

公室視豐碑。言視者，時僭天子也。豐碑，斲大木為之，形如石碑，于槨前後四角樹之，穿中，于間為鹿盧，下棺以繂繞。天子六繂四碑，前後各重鹿盧也。○繂音律，重直龍反

三家視桓楹。時僭諸侯。諸侯下天子也。斲之形如大楹耳。四植謂之桓。諸侯四繂二碑，碑如桓矣。大夫二繂二碑，士二繂無碑。○下，戶嫁反

般，爾以人之母嘗巧，則豈不得以？以，已字。言雖有強使女者，與僭于禮有似，作機巧非也。以與已字本同。○強其丈反，女音汝

其毋以嘗巧者乎，則病者乎？毋，無也。於女寧有病苦與？止之。○毋音無

噫。不寤之聲。

禮記　卷四　檀弓下　三四　承懷堂

弗果從。

戰于郎。郎，魯近邑也。哀十一年，齊國書帥師伐我是也。

公叔禺人遇負杖入保者息。遇，見也。見走辟齊師，將入保，罷倦，加其杖頸上，兩手掖之休息者。保，縣邑小城。禺人，昭公之子，春秋傳曰公叔務人。○禺音遇，又音務。辟音避。罷音皮

曰：使之雖病也，謂時繇役。

任之雖重也，

謂時賦稅、

君子不能為謀也士弗能死也不可。

君子、謂卿大夫也。魯政既惡、復無謀臣、士又不能死、難禺人恥之、○為于偽反、下注國為、下為懿同、復扶又反、下復射、謂不復同、難乃旦反

我則既言矣。

欲敵齊師踐其言、

與其鄰重汪踦往皆死焉。

奔敵死齊寇、鄰、鄰里也、重皆當為童、童未冠者之稱、姓汪名踦、鄰或為談、春秋傳曰、童汪踦、○重依注音童、下同、踦魚綺反、冠古亂反

魯人欲勿殤童汪踦。

見其死君事、有士行、欲以成人之喪治之、言魯人者、死君事、國為斂葬、○行下孟反

問於仲尼。仲尼曰、能執干戈以衛社稷、雖欲勿殤也、不亦可乎。

善之、

子路去魯。謂顏淵曰、何以贈我。

贈送、

曰、吾聞之也、去國、則哭于墓而后行、反其國、不哭、展墓而入。

無君事、主於孝、哭、哀去也、展、省視之、

謂子路曰、何以處我。

處猶安也

子路曰、吾聞之也、過墓則式、過祀則下。

居者主於敬、

工尹商陽與陳棄疾追吳師、及之。

工尹、楚官名、棄疾、楚公子棄疾也、以魯昭八年、師滅陳、縣之、楚人善之、因號焉、至十二年、楚子狩於州來、使蕩侯、潘子、司馬督、囂尹午、陵尹喜圍徐以懼吳、於時有吳師、陳或作陵、楚人聲

陳棄疾謂工尹商陽曰、王事也、子手弓而可。手弓。子射諸。

商陽仁、不忍傷人、以王事勸之、○射食亦反、下同

射之、斃一人、韔弓。

不忍復射、斃、仆也、韔、韜也、○韔勅亮反

又及、謂之、又斃二人、每斃一人、揜其目。

揜其目、不忍視之、

止其御曰、朝不坐、燕不與、殺三人、亦足以反命矣。

朝燕於寢、大夫坐於上、士立於下、然則商陽與御者皆士也、兵車參乘、射者在左、戈盾在右、御在中央、○朝直遙反、與音預、乘繩證反、盾食允反

孔子曰、殺人之中、又有禮焉。

善之、

諸侯伐秦、曹桓公卒於會。

魯成十三年曹伯廬卒於師是也廬謚宣言桓聲之誤也○桓依注音宣

諸侯請含。以朋友有相啖食之道○含胡闇反啖徒暫反食音嗣

使之襚。非也襚賤者之事

襄公朝于荆康王卒。在魯襄二十八年康王楚子昭也楚言荆者州言之

荆人曰必請襲。欲使襄公衣之○衣於既反

魯人曰非禮也荆人强之。欲尊康王○强其丈反

巫先拂柩荆人悔之。巫祝桃茢君臨臣喪之禮○柩其久反茢音列

滕成公之喪。魯昭三年

使子叔敬叔弔進書。子叔敬叔魯宣公弟叔肸之曾孫叔弓也進書奉君弔書○肸許乙反

子服惠伯爲介。惠伯慶父玄孫之子名椒介副也

及郊爲懿伯之忌不入。郊滕之近郊也懿伯惠伯之叔父忌怨也敬叔有怨於懿伯難惠伯也春秋傳曰敬叔不入○難乃旦反

惠伯曰政也不可以叔父之私不將公事。政君命所爲敬叔於昭穆以懿伯爲叔父

遂入。惠伯强之乃入

哀公使人弔蕢尚遇諸道辟於路畫宫而受弔焉。哀公魯君也畫宫畫地爲宫象○蕢苦怪反辟音避

曾子曰蕢尚不如杞梁之妻之知禮也。行弔禮於野非

齊莊公襲莒於奪杞梁死焉。魯襄二十三年齊侯襲莒是也春秋傳曰杞殖華還載甲夜入且于之隧隧奪聲相近或爲兑梁即殖也○于奪徒外反注并兑同華胡化反且子餘反

其妻迎其柩於路而哭之哀莊公使人弔之對曰君之臣不免於罪則將肆諸市朝而妻妾執。肆陳尸也大夫以上於朝士以下於市執拘也○朝直遥反上時掌反

君之臣免於罪則有先人之敝廬在君無所辱命。

無所辱命，辭不受也。春秋傳曰：齊侯弔諸其室。

孺子䵳之喪，魯哀公之少子。○䵳，吐孫反

哀公欲設撥。撥，可撥引輴車，所謂紼。○輴，勑倫反

問於有若。有若曰：其可也，君之三臣猶設之。猶尚也。以臣況子也。三臣，仲孫、叔孫、季孫氏。

柳顏曰：天子龍輴而椁幬，輴，殯車也。畫轅為龍。幬，覆也。殯以椁覆棺，上塗之，所謂菆塗龍輴以椁。○幬，大報反。攢，塗才丸反，下音徒

諸侯輴而設幬。輴不畫龍。

為榆沈故設撥。以水澆榆白皮之汁，有急以播地，於引輴車滑。○沈，本又作瀋，汁之十反

三臣者廢輴而設撥，竊禮之不中者也，而君何學焉。止其學非禮也。廢，去也。紼，繫於輴。三臣於禮去輴，今有紼，是用輴僭禮也。殯禮，大夫菆置西序，士掘肂見衽。○中，丁仲反。肂，本又作肂，以二反。見，賢遍反

悼公之母死，哀公之妾。

哀公為之齊衰。有若曰：為妾齊衰，禮與？譏而問之。妾之貴者，為之緦耳。○為，于偽反，下「為妾」注「為之」下「弗為服」皆同

公曰：吾得已乎哉？魯人以妻我。言國人皆名之為我妻，重服嬖妾，文過非也。

季子皐葬其妻，犯人之禾。季子皐，孔子弟子高柴。孟氏之邑成宰。或氏季。犯，躐也。

申祥以告曰：請庚之。申祥，子張子。庚，償也。○庚，古衡反。償，音尚

子皐曰：孟氏不以是罪予，

時僭修。

朋友不以是棄予。言非大故。

以吾為邑長於斯也。買道而葬，後難繼也。恃寵虐民，非也。○長，丁丈反

仕而未有祿者，君有饋焉曰獻，使焉曰寡君。見在臣位，與有祿同也。君有饋，有饋於君。○使，色吏反。見，賢遍反

違而君薨，弗為服也。以其恩輕也。違，去也。

虞而立尸。有几筵。卒哭而諱。

諱辟其名、○辟音避

生事畢而鬼事始已。

謂不復饋食于下室、而鬼神祭之巳辭也、

既卒哭宰夫執木鐸以命於宮曰。舍故而諱新。

故爲高祖之父當遷者也、易說帝乙曰易之帝乙爲成湯書之帝乙六世王、天之錫命疏可同名○舍音捨

自寢門至於庫門。

百官所在庫門宮外門明堂位曰庫門天子皐門

二名不偏諱。夫子之母名徵在。言在不稱徵。言徵不稱在。

獨舉也雜記曰妻之諱不舉諸其側、

軍有憂則素服哭於庫門之外。

憂謂爲敵所敗也、素服者縞冠也、

赴車不載櫜韔。

兵不戢示當報也以告喪之辭言之謂還告于國、櫜甲衣韔弓衣○櫜音羔韔本亦作韔勅亮反

有焚其先人之室。則三日哭。

謂人燒其宗廟哭者、哀精神之有虧傷、

故曰。新宮火亦三日哭。

火人火也新宮火在魯成三年、

孔子過泰山側。有婦人哭於墓者而哀。夫子式而聽之。

怪其哀甚、

使子路問之曰。子之哭也。壹似重有憂者。而曰然。昔者吾舅死於虎。吾夫又死焉。今吾子又死焉。

而猶乃也夫之父曰舅、○重直用反

夫子曰。何爲不去也。曰。無苛政。夫子曰。小子識之。苛政猛於虎也。

○識申志反

魯人有周豐也者。哀公執摯請見之。

下賢也摯禽摯也諸侯而用禽摯降尊就卑之義○下戶嫁反

而曰不可。

辭君以尊見卑、士禮先生異爵者請見之則辭

公曰。我其已夫。

已止也重强變賢○夫音符强其丈反

使人問焉曰。有虞氏未施信於民而民信之。夏后氏未施敬於民而民敬之。何施而得斯於民也。

時公與三桓始有惡懼將不安、

對曰。墟墓之間。未施哀於民而民哀。社稷宗廟之中。未施敬於民而民敬。

言民見悲哀之處則悲哀見莊敬之處則莊敬非必有使之者墟毁滅無後之地

殷人作誓而民始畔周人作會而民始疑

會謂盟也盟誓所以結衆以信其後外恃衆而信不由中則民畔疑之孔子曰其身正不令而行其身不正雖令不從

苟無禮義忠信誠慤之心以涖之雖固結之民其不解乎

涖臨○解佳買反

喪不慮居

謂賣舍宅以奉喪

毁不危身

謂憔悴將滅性○憔在遥反悴在醉反

喪不慮居爲無廟也毁不危身爲無後也

延陵季子適齊於其反也其長子死葬於嬴博之間

季子名札魯昭二十七年吳公子札聘於上國是也季子讓國居延陵因號焉春秋傳謂延陵延州來嬴博齊地今泰山縣是也○爲于僞反下同長丁丈反下官長幷注同嬴音盈札側八反

孔子曰延陵季子吳之習於禮者也往而觀其葬焉

往弔之

其坎深不至於泉

以生怨死

深式鴆反

其斂以時服

以行時之服不改制節

既葬而封廣輪揜坎其高可隱也

示節也輪從也隱據也封可手據謂高四尺所○從子容反

既封左袒右還其封且號者三曰骨肉歸復於土命也若魂氣則無不之也無不之也

還圍也號哭且言也命須性也

而遂行

行去也

孔子曰延陵季子之於禮也其合矣乎

邾婁考公之喪

考公隱公益之曾孫考或爲定

徐君使容居來弔含

弔且含○含胡闇反

曰寡君使容居坐含進侯玉其使容居以含

欲親含非也含不使賤者君行則親含大夫歸含耳言侯玉者時徐僭稱王自比天子

有司曰諸侯之來辱敝邑者易則易于則于易于雜者未之有也

易謂臣禮于謂君禮雜者容居以臣欲行君禮徐自比天子使大夫敵諸侯有司拒之○易則易並以豉反下及注同

容居對曰容居聞之事君不敢忘其君亦不敢遺其祖昔我先君

駒王西討濟於河。無所不用斯言也。容居。魯人也。不敢忘其祖。
言我祖與今君于諸侯。初如是。不聞義則服。駒王。徐先君僣號。容居其子孫也。濟渡也。言西討渡于河廣大其國。魯魯鈍也。言魯鈍者欲自明不妄。
子思之母死於衛。
嫁母也。姓庶氏。
赴於子思。子思哭於廟。門人至曰。庶氏之母死。何爲哭於孔氏之廟乎。
門人。弟子也。嫁母與廟絕族。
子思曰。吾過矣。吾過矣。遂哭於他室。

天子崩。三日祝先服。
祝佐含斂先服。
五日官長服。
官長大夫士。
七日國中男女服。
庶人。
三月天下服。
諸侯之大夫。
虞人致百祀之木。可以爲棺椁者斬之。
虞人掌山澤之官。百祀畿內百縣之祀也。以爲棺椁作棺椁也。斬伐也。
不至者。廢其祀。刎其人。
齊大饑。黔敖爲食於路。以待餓者而食之。有餓者蒙袂輯屨。貿貿然來。
蒙袂不欲見人也。輯斂也。斂屨力憊不能屨也。貿貿目不明之貌。○黔其廉反。而食音嗣下奉食同。貿音茂
黔敖左奉食。右執飲。曰。嗟來食。揚其目而視之。曰。予唯不食嗟來之食。以至於斯也。
嗟來食。雖閔而呼之。非敬辭。○奉芳勇反
從而謝焉。終不食而死。

從猶就也。
曾子聞之曰。微與。其嗟也可去。其謝也可食。
微猶無也。無與。止其狂狷之辭。
邾婁定公之時。有弒其父者。
定公貜且也。魯文十四年即位。○貜俱縛反。且子餘反
有司以告。公瞿然失席曰。是寡人之罪也。
民之無禮教之罪。○瞿本又作懼。紀具反
曰。寡人嘗學斷斯獄矣。臣弒君。凡在官者。殺無赦。子弒父。凡在官者。殺無赦。

言諸臣子孫無尊卑皆得殺之其罪無赦○斷丁亂反

殺其人壞其室洿其宫而豬焉。

明其大逆不欲人復處之豬都也南方謂都為豬○豬音誅復扶又反

蓋君踰月而后舉爵。

自貶損

晉獻文子成室晉大夫發焉。

文子趙武也作室成晉君獻之謂賀也諸大夫亦發禮以往

張老曰美哉輪焉美哉奐焉。

心譏其奢也輪輪囷言高大奐言衆多○奐音喚囷起倫反

歌於斯哭於斯聚國族於斯。

祭祀死喪燕會於此足矣言此者欲防其後復為

文子曰武也得歌於斯哭於斯聚國族於斯是全要領以從先大夫於九京也北面再拜稽首。

全要領者免於刑誅也晉卿大夫之墓地在九原京蓋字之誤當為原○要一遥反注及下注要君同京音原下同

君子謂之善頌善禱。

善頌謂張老之言善禱謂文子之言禱求也

仲尼之畜狗死。

畜狗馴守○畜許六反馴守上音巡下手又反

使子貢埋之曰吾聞之也敝帷不弃為埋馬也敝蓋不弃為埋狗也丘也貧無蓋於其封也亦予之席毋使其首陷焉。

封當為窆陷謂沒於土○為于偽反下同封彼劍反出注

路馬死埋之以帷。

路馬君所乘者其他狗馬不能以帷蓋

季孫之母死哀公弔焉曾子與子貢弔焉閽人為君在弗內也。

閽人守門者○內音納

曾子與子貢入於其廄而脩容焉。

更莊飾

子貢先入閽人曰鄉者已告矣。

既不敢止以言下之○鄉許亮反

曾子後入閽人辟之。

見兩賢相隨彌益敬也○辟音避下同

涉內霤卿大夫皆辟位公降一等而揖之。

禮之○霤力又反

君子言之曰盡飾之道斯其行者遠矣。

陽門之介夫死。

陽門宋國門名介夫甲衞士

司城子罕入而哭之哀。
宋以武公諱司空爲司城，子罕戴公子樂甫術之後，樂喜也。
晉人之覘宋者反報於晉侯曰：陽門之介夫死，而子罕哭之哀，而民說，殆不可伐也。
覘，闚視也。○說音悅，下注同。闚，去規反。
孔子聞之曰：善哉覘國乎。
善其知微。
詩云：凡民有喪，扶服救之。
救猶助也。○扶服垂，如字，又作匍匐，音同。

雖微晉而已，天下其孰能當之。
微猶非也。
魯莊公之喪，既葬而絰不入庫門。
時子般弑，慶父作亂，閔公不敢居喪，葬已吉服而反，正君臣，欲以防遏之，微弱之至。○般音班。
士大夫既卒哭，麻不入。
麻猶絰也。羣臣畢虞卒哭，亦除喪也。閔公既吉服，不與虞卒哭。○與音預。
孔子之故人曰原壤，其母死，夫子助之沐椁。
沐，治也。
原壤登木曰：久矣予之不託於音也。
木，椁材也。託，寄也。謂叩木以作音。
歌曰：貍首之斑然，執女手之卷然。
說人辭也。○貍，力知反。女音汝。卷音權，本又作拳。
夫子爲弗聞也者而過之。
佯不知。○佯音羊。
從者曰：子未可以已乎。
已猶止也。○從，才用反。
夫子曰：丘聞之，親者毋失其爲親也，故者毋失其爲故也。
趙文子與叔譽觀乎九原。
叔譽，叔向也，晉羊舌大夫之孫，名肸。○肸，許乙反。

文子曰：死者如可作也，吾誰與歸。
作，起也。
叔譽曰：其陽處父乎。
陽處父，襄公之太傅。○父音甫。
文子曰：行并植於晉國，不沒其身，其知不足稱也。
并猶專也，謂剛而專己，爲狐射姑所殺。沒，終也。植或爲特。○行，下孟反。知音智。射音亦，又音夜。
其舅犯乎。文子曰：見利不顧其君，其仁不足稱也。
謂久與文公辟難，至將反國，無安君之心，及河授璧請亡，要君以利是也。○難，乃旦反。要，一遙反。

我則隨武子乎。利其君。不忘其身。謀其身。不遺其友。
武子士會也。食邑于隨范。字季。
晉人謂文子知人。
見其所善于前。則知其來所舉。
文子其中退然如不勝衣。
中身也。退柔和貌。鄉射記曰弓二寸以爲侯中。退或爲妥。○勝音升
其言吶吶然如不出其口。
吶吶舒小貌。○吶如悅反
所舉於晉國管庫之士。七十有餘家。

管庫之士府史以下官長所置也。舉之于君以爲大夫士也。管鍵也。庫物所藏。○長丁丈反
生不交利。
廉也。
死不屬其子焉。
潔也。○屬音燭
叔仲皮學子柳。
叔仲皮魯叔孫氏之族。學教也。子柳仲皮之子。○學戶教反注同
叔仲皮死。其妻魯人也。衣衰而繆絰。
衣當爲齊。壞字也。繆當爲不樛垂之樛。士妻爲舅姑之服也。言雖魯鈍。其於禮勝學。○衣依注作齊音咨。樛音居虯反。爲舅于

僞反下爲舅爲天子不爲兄不爲蠶同
叔仲衍以告。
告子柳。言此非也。衍蓋皮之弟。衍或爲皮。
請繐衰而環絰。
繐衰小功之縷。而四升半之衰。環絰弔服之絰。時婦人好輕細而多服者。衍既不知禮之本。子柳亦以爲然而請于衍。使其妻爲舅服之。○繐衰上音歲。下七雷反。縷力主反。好呼報反
曰。昔者吾喪姑姊妹。亦如斯。末吾禁也。
衍答子柳也。姑姊妹在室。齊衰與婦爲舅姑同。末無也。言無禁我。欲其言行。○喪如字
退。使其妻繐衰而環絰。

婦以諸侯之大夫爲天子之衰。弔服之絰服其舅。非。
成人有其兄死而不爲衰者。聞子皐將爲成宰。遂爲衰。成人曰。蠶則績而蟹有匡。范則冠而蟬有緌。兄則死而子皐爲之衰。
蚩兄死者。言其衰之不爲兄死。如蟹有匡。蟬有緌。不爲蠶之績范之冠也。范蜂也。蟬蜩也。緌爲蜩喙。長在腹下。○緌耳佳反。蚩昌之反。蜩音條。喙呼惠反。又丁角反
樂正子春之母死。五日而不食。曰。吾悔之。
勉強過禮。子春曾子弟子。○強其兩反
自吾母而不得吾情。吾惡乎用吾情。
惡乎猶於何也。○惡音烏

歲旱。穆公召縣子而問然。

然之言焉也。凡穆或作繆。

曰。天久不雨。吾欲暴尪而奚若。

奚若何如也。尪者面鄉天。覬天哀而雨之。○暴步卜反。下同。尪烏光反。鄉許亮反。

曰。天則不雨。而暴人之疾子。虐。毋乃不可與。

錮疾人之所哀。暴之是虐。

然則吾欲暴巫而奚若。曰。天則不雨。而望之愚婦人。於以求之。毋乃已疏乎。

已猶甚也。巫主接神。亦覬天哀而雨之。春秋傳說巫曰。在女曰巫。在男曰覡。周禮。女巫旱暵則舞雩。○覡胡狄反。旱暵呼旦反。

雩音于

徙市則奚若。曰。天子崩。巷市七日。諸侯薨。巷市三日。爲之徙市。不亦可乎。

徙市者。庶人之喪禮。今徙市。是憂戚于旱。若喪。○徙市上音𣏌下音。是爲于僞反

孔子曰。衛人之祔也離之。

祔謂合葬也。離之有以間其椁中。○祔音附。下同。合音閤。下同。間。間廁之間

魯人之祔也合之。善夫。

善夫。善魯人也。祔葬當合也。○夫音扶

禮記卷四　終

禮記卷五

漢大司農北海鄭　玄註
皇明　後學東吳金　蟠較

王制第五

王者之制祿爵。公侯伯子男。凡五等。諸侯之上大夫卿下大夫上士中士下士。凡五等。

二五象五行剛柔十日。祿所受食。爵秩次也。上大夫曰卿。

天子之田方千里。

象日月之大。亦取晷同也。此謂縣內以祿公卿大夫元士。○晷音軌。日影

公侯田方百里。伯七十里。子男五十里。不能五十里者。不合於天子。附於諸侯。曰附庸。天子之三公之田視公侯。天子之卿視伯。天子之大夫視子男。天子之元士視附庸。

皆象星辰之大小也。不合謂不朝會也。小城曰附庸。附庸者。以國事附於大國。未能以其名通也。視猶比也。元善也。善士謂命士也。此地殷所因夏爵三等之制也。殷有鬼侯梅伯。春秋變周之文。從殷之質。合伯子男以爲一。則殷爵三等者。公侯伯也。異畿內謂之子。周武王初定天下。更立五等之爵。增以子男。而猶因殷之地。以九州之界尚狹也。周公攝政致太平。斥大九州之界。制禮成武王之意。封王者之後爲公。及有功之諸侯。大者地方五百里。其次侯四百里。其次伯三百里。其次子二百里。其次男百里。所因殷之諸侯。亦以功黜陟之。其不合者皆益之地。爲百里焉。是以周世有爵尊而國小。爵卑而國大者。惟天子畿內不增。以祿群臣。不主爲治民。○朝直遙反卷內皆同。主爲于僞反。下爲有亦爲有同

制農田百畝。百畝之分。上農夫食九人。其次食八人。其次食七人。其次食六人。下農夫食五人。庶人在官者。其祿以是爲差也。

農夫皆受田于公田肥墽有五等收入不同也庶人在官謂府史之屬官長所除不命於天子國君者分或爲糞○分扶問反食音嗣下同差初佳反境本又作墽若交反長丁丈反下文及註皆同

諸侯之下士視上農夫。祿足以代其耕也。中士倍下士。上士倍中士。下大夫倍上士。卿四大夫祿。君十卿祿。次國之卿三大夫祿。君十卿祿。小國之卿倍大夫祿。君十卿祿。

此班祿尊卑之差

次國之上卿。位當大國之中。中當其下。下當其上大夫。小國之上卿。位當大國之下卿。中當其上大夫。下當其下大夫。

此諸侯使卿大夫覜聘並會之序也其爵位同小國在下爵異固在上耳○覜吐弔反

其有中士下士者。數各居其上之三分。

謂其爲衆若特行而並會也居猶當也此據大國而言大國之士爲上次國之士爲中小國之士爲下士之數國皆二十七人各三分之上九中九下九以位相當則次國之上士當大國之中中當其下小國之上士當大國之下凡非命士亦無出會之事春秋傳謂士爲微

凡四海之內九州。州方千里。州建百里之國三十。七十里之國六十。五十里之國百有二十。凡二百一十國。名山大澤不以封。其餘以爲附庸閒田。八州。州二百一十國。

建立也立大國三十十三公也立次國六十十六卿也立小國百二十十二小卿也名山大澤不以封者與民同財不得障管亦賦稅之而已此大界方三千里三三而九方千里者九也其一爲縣內餘八各立一州此殷制也周公制禮九州大界方七千里七七四十九方千里者四十有九也其一爲畿內餘四十八八州各有方千里者六設法一州封地方五百里者不過四謂之大國又封方四百里者不過六又封方三百里者不過十一謂之次國又封方二百里者不過二十五其餘方百里者謂之小國盈上四等之數幷四十九一州二百一十國則餘方百里者百六十四也凡處地方千里者五方百里者五十九其餘方百里者四十一附庸地也○閒音閑

天子之縣內。方百里之國九。七十里之國二十有一。五十里之國六十有三。凡九十三國。名山大澤不以盼。其餘以祿士。以爲閒田。

縣內夏時天子所居州界名也殷曰畿詩殷頌曰邦畿千里維民所止周亦曰畿畿內大國九者三公之田三爲有致仕者副之爲六也其餘三待封王之子弟次國二十一者卿之田六亦爲有致仕者副之爲十二又三爲三孤之田其餘六亦待封王之子弟小國六十三大夫之田二十七亦爲有致仕者副之爲五十四其餘九亦以待封王之子弟三孤之田不副者以其無職佐公論道耳雖有致仕猶可卽而謀焉盼讀爲班○盼音班賦也

凡九州千七百七十三國。天子之元士。諸侯之附庸不與。

不與不在數中也春秋傳云禹會諸侯於塗山執玉帛者萬國言執玉帛則是惟謂中國耳中國而言萬國則是諸侯之地有方百里有方七十里有方五十里者禹承堯舜而然矣要服之內地方七千里乃能容之夏末旣衰夷狄內侵諸侯相幷土地減國數少殷湯承之更制中國方三千里之界亦分爲九州而建此千七百七十三國焉周公復唐虞之舊域分其五服爲九其要服之內亦方七千里而因殷諸侯之數廣其土增其爵耳孝經說曰周千八百諸侯布列五千里內此文改周之法關盛衰之中三七之間以爲說也終此說之意五五二十五方千里者二十五其一爲畿內餘二十四州各有方千里者三其餘諸

侯之地大小則未得而聞。○與音預註及下註不與同要一遙反下要服皆同

天子百里之內以共官。千里之內以爲御。

謂此地之田稅所給也。官謂其文書財用也。御謂衣食。○共音恭

千里之外設方伯。五國以爲屬。屬有長。十國以爲連。連有帥。三十國以爲卒。卒有正。二百一十國以爲州。州有伯。

屬連卒州猶聚也。伯帥正亦長也。凡長皆因賢侯爲之。殷之州長曰伯。虞夏及周皆曰牧。○帥色類反註及下同

八州八伯。五十六正。百六十八帥。三百三十六長。八伯各以其屬屬於天子之老二人。分天下以爲左右。曰二伯。

老謂上公。周禮曰九命作伯。春秋傳曰自陝以東周公主之。自陝以西召公主之。○陝失冉反

千里之內曰甸。

服治田出穀稅。○甸大薦反

千里之外曰采。曰流。

九州之內地。取其美物以當穀稅。○當丁浪反又如字

謂九州之外也。夷狄流移或貢或不。禹貢流服之外三百里蠻二百里流。

天子三公。九卿。二十七大夫。八十一元士。

此夏制也。明堂位曰夏后氏之官百。舉成數也。

大國三卿。皆命於天子。下大夫五人。上士二十七人。次國三卿。二卿命於天子。一卿命於其君。下大夫五人。上士二十七人。小國二卿。皆命於其君。下大夫五人。上士二十七人。

命於天子者。天子選用之。如今詔書除吏矣。小國亦三卿。一卿命於天子。二卿命於其君。此文似誤脫耳。或者欲見畿內之國二卿與。○見賢遍反

天子使其大夫爲三監。監於方伯之國。國三人。

使佐方伯領諸侯。○監古蹔反監於古銜反卷末同

天子之縣內諸侯祿也。外諸侯嗣也。

選賢置之於位。其國之祿如諸侯。不得位。

有功乃封之。使之世也。冠禮記曰繼世以立諸侯。象賢也。○冠古亂反

制。三公一命卷。若有加則賜也。不過九命。次國之君不過七命。小國之君不過五命。

卷俗讀也。其通則曰袞。三公八命矣。復加一命則服龍袞。與王者之後同。多於此則賜。非命服也。虞夏之制。天子服有日月星辰。周禮曰諸公之服自袞冕而下如王之服。○命卷音袞古本反復扶又反

大國之卿不過三命。下卿再命。小國之卿與下大夫一命。

不著次國之卿者。以大國之下互明之。此卿命則異。大夫皆同。周禮公侯伯之卿三命。其大夫再命。子男之卿再命。其大夫一命。

凡官民材。必先論之。

論謂考其德行道藝。

論辨。然後使之。 辨謂考問得其定也。易曰、問以辨之、

任事。然後爵之。 爵謂正其秩次、

位定。然後祿之。 與之以常食、

爵人於朝。與士共之。刑人於市。與衆弃之。 必共之者、所以審慎之也。書曰、克明德愼罰、

是故公家不畜刑人。大夫弗養。士遇之塗。弗與言也。屏之四方。唯其所之。不及以政。示弗故生也。 屏猶放去也。已施刑則放之棄之。役賦不與。亦不授之以田。困之又無賙餼也。虞書曰。五流有宅。五宅三居。是也。周則墨者使守門。劓者使守關。宮者使守內。刖者使守囿。髡者使守積。○劓魚氣反。刖音月。積子智反

諸侯之於天子也。比年一小聘。三年一大聘。五年一朝。 比年、每歲也。小聘使大夫、大聘使卿、朝則君自行。然此大聘與朝、晉文霸時所制也。虞夏之制、諸侯歲朝。周之制、侯甸男采衛要服六者、各以其服數來朝。○朝直遙反。數色角反

天子五年一巡守。 天子以海內爲家、時亦巡省之。五年者、虞夏之制也。周則十二歲一巡守。○守手又反。本或作狩。後巡守皆同。省色景反

歲二月。東巡守。至於岱宗。 岱宗、東嶽、

柴而望祀山川。 柴、祭天、告至也、

覲諸侯。 覲、見也。○覲見、如字。舊賢遍反

問百年者就見之。 就見老人、

命大師陳詩。以觀民風。 陳詩、謂采其詩而視之。○大音泰。後大學、大祖、大子、大樂正、大史皆同

命市納賈。以觀民之所好惡。志淫好辟。 市、典市者。賈謂物貴賤厚薄也。質則用物貴、淫則侈物貴。民之志淫邪、則其所好者不正。○賈音嫁。註同。好呼報反。下及註同。惡烏路反。辟匹亦反。邪似嗟反

命典禮考時月。定日。同律。禮樂制度衣服正之。 同陰律也、

山川神祇有不舉者爲不敬。不敬者君削以地。 舉猶祭也、

宗廟有不順者爲不孝。不孝者君絀以爵。

不順者謂若逆昭穆。○絀丑律反退也昭常遥反凡言昭穆放此

變禮易樂者爲不從不從者君流。

流放也。○樂音岳

革制度衣服者爲畔畔者君討。

討誅也。

有功德於民者加地進律。

律法也。

五月南巡守至於南嶽如東巡守之禮八月西巡守至於西嶽如南巡守之禮十有一月北巡守至於北嶽如西巡守之禮歸假於

祖禰用特。

假至也特特牛也祖下及禰皆一牛。○假音格禰乃禮反父廟也

天子將出類乎上帝宜乎社造乎禰諸侯將出宜乎社造乎禰。

帝謂五德之帝所祭於南郊者類宜造皆祭名其禮亡。○禰音類造七報反下及註同

天子無事與諸侯相見曰朝。

事謂征伐。○朝直遥反

考禮正刑一德以尊於天子天子賜諸侯樂則以柷將之賜伯子男樂則以鼗將之。

將謂執以致命柷鼗皆所以節樂。○柷昌六反樂音岳鼗音挑

諸侯賜弓矢然後征賜鈇鉞然後殺賜圭瓚然後爲鬯未賜圭瓚則資鬯於天子。

得其器乃敢爲其事圭瓚鬯爵也鬯秬酒也。○鈇音斧鉞音越圭字又作珪按說文珪古字圭今字瓚才旦反鬯勑亮反秬音巨黑黍也

天子命之教然後爲學小學在公宮南之左大學在郊。

學所以學士之宮尚書傳曰百里之國二十里之郊七十里之國九里之郊五十里之國三里之郊此小學大學殷之制

天子曰辟廱諸侯曰頖宮。

尊卑學異名辟明也廱和也所以明和天下頖之言班也所以班政教也。○辟音璧註同頖音泮

天子將出征類乎上帝宜乎社造乎禰禡於所征之地。

禡師祭也爲兵禱其禮亦亡。○禡馬怕反又音百註同爲于僞反下爲晝物同

受命於祖。

告祖也。

受成於學。

定兵謀也。

出征執有罪反釋奠於學以訊馘告。

釋菜奠幣禮先師也訊馘所生獲斷耳者詩曰執訊獲醜又曰在泮獻馘馘或爲國。○訊本又作誶音信註同馘古獲反截耳斷音短下斷殺同

天子諸侯無事則歲三田一爲乾豆二爲賓客三爲充君之庖。

三田者。夏不田。蓋夏時也。周禮春曰蒐。夏曰苗。秋曰獮。冬曰狩。乾豆。爲腊之以爲祭祀豆實也。庖。今之廚也。○乾音干。蒐所交反。獮息淺反。腊音昔

無事而不田曰不敬。田不以禮曰暴天物。

不敬。者簡祭祀。略賓客

天子不合圍。諸侯不掩群。

爲盡物也。

天子殺則下大綏。諸侯殺則下小綏。

綏當爲緌。緌。有虞氏之旌旗也。下。謂弊之。○綏依注音緌。耳佳反。下注同

大夫殺則止佐車。佐車止。則百姓田獵。

佐車。驅逆之車。

獺祭魚。然後虞人入澤梁。豺祭獸。然後田獵。鳩化爲鷹。然後設罻羅。草木零落。然後入山林。昆蟲未蟄。不以火田。

取物必順時候也。梁。絕水取魚者。罻。小網也。昆。明也。明蟲者。得陽而生。得陰而藏。○罻音尉

不麛。不卵。不殺胎。不殀夭。

重傷未成物。殀。斷殺。少長曰夭。○麛本又作麑。音迷。同卵力管反。胎吐來反。殀夭上於表反。下烏老反。斷丁亂反。又音段。少長上詩召反。下丁丈反

不覆巢。

覆。敗也。○覆芳服反。注同

冢宰制國用。必於歲之杪。五穀皆入。然後制國用。

制國用。如今度支經用。杪。末也。○杪亡小反。度大各反

用地小大。視年之豐耗。

小國大國豐凶之年。各以歲之收入制其用多少。多不過禮。少有所殺。○殺色戒反

以三十年之通制國用。量入以爲出。

通三十年之率。當有九年之蓄。出。謂所當給爲。○量音亮。率音律。又音類。本又作繂

祭用數之仂。

筭今年一歲經用之數。用其什一。○仂音勒

喪三年不祭。唯祭天地社稷。爲越紼而行事。

不敢以卑廢尊。越。猶躐也。紼。輴車索。○紼音弗。躐力輒反。輴勑倫反。索悉各反

喪用三年之仂。

喪。大事。用三歲之什一。

喪祭。用不足曰暴。有餘曰浩。

暴。猶耗也。浩。猶饒也。

祭。豐年不奢。凶年不儉。

常用數之仂。

國無九年之蓄曰不足。無六年之蓄曰急。無三年之蓄曰國非其國也。三年耕。必有一年之食。九年耕。必有三年之食。以三十年之

通雖有凶旱水溢，民無菜色，然後天子食，日舉以樂。菜色，食菜之色。民無食菜之飢色，天子乃日舉以樂侑食。

天子七日而殯，七月而葬。諸侯五日而殯，五月而葬。大夫士庶人三日而殯，三月而葬。尊者舒，卑者速。春秋傳曰：天子七月而葬，同軌畢至；諸侯五月，同盟至；大夫三月，同位至；士踰月，外姻至。

三年之喪，自天子達。下通庶人，於父母同，天子諸侯降期。○期，居宜反

庶人縣封，葬不爲雨止，不封不樹，喪不貳事。縣封當爲縣窆。縣窆者，至卑不得引紼下棺，雖雨猶葬，以其禮儀少。封，謂聚土爲墳。不封之，不樹之，又爲至卑無飾也。周禮曰：以爵等爲丘封之度，與其樹數，則士以上乃皆封樹。貳之言二也。庶人終喪無二事，不使從政也。喪大記曰：大夫士既葬，公政入於家，既卒哭，弁絰帶，金革之事無辟也。○縣封，上音玄，下音窆，彼念反。不爲，于僞反，註又爲同。紼音弗。上，時掌反。下大夫以上同。辟音避。

自天子達於庶人，喪從死者，祭從生者，支子不祭。從死者，謂衣衾棺槨。從生者，謂奠祭之牲器。

天子七廟，三昭三穆，與大祖之廟而七。此周制。七者，大祖及文王武王之祧，與親廟四。大祖，后稷。殷則六廟，契及湯與二昭二穆。夏則五廟，無大祖，禹與二昭二穆而已。○祧，他彫反。契，息列反。

諸侯五廟，二昭二穆，與大祖之廟而五。大祖，始封之君。王者之後，不爲始封之君廟。

大夫三廟，一昭一穆，與大祖之廟而三。大祖，別子始爵者。大傳曰：別子爲祖。謂此雖非別子，始爵者亦然。

士一廟。謂諸侯之中士下士。名曰官師者，上士二廟。

庶人祭於寢。寢，適寢也。○適，丁歷反

天子諸侯宗廟之祭，春曰礿，夏曰禘，秋曰嘗，冬曰烝。此蓋夏殷之祭名。周則改之，春曰祠，夏曰礿，以禘爲殷祭。詩小雅曰：礿祠烝嘗，于公先王。此周四時祭宗廟之名。○礿，余若反。

祠音詞

天子祭天地，諸侯祭社稷，大夫祭五祀。五祀，謂司命也，中霤也，門也，行也，厲也。此祭謂大夫有地者，其無地，祭三耳。○霤，力救反

天子祭天下名山大川，五嶽視三公，四河視諸侯。視，視其牲器之數。

諸侯祭名山大川之在其地者。魯人祭泰山，晉人祭河是也。

天子諸侯祭因國之在其地而無主後者。謂所因之國先王先公有功德，宜享世祀，今絕無後，爲之祭主者。昔夏后氏郊鯀，至杞爲夏後而更郊禹；晉侯夢黃熊入國而

祀夏郊此其禮也○鯀古本反能乃登反一本又作能音雄

天子犆礿祫禘祫嘗祫烝

犆猶一也祫合也天子諸侯之喪畢合先君之主於祖廟而祭之謂之祫後因以爲常天子先祫而後時祭諸侯先時祭而後祫凡祫之歲春一礿而已不祫以物無成者不殷祭周改夏祭曰礿以禘爲殷祭也魯禮三年喪畢而祫於太祖明年春禘於羣廟自爾之後五年而再殷一祫一禘○犆音特祫音洽

諸侯礿則不禘禘則不嘗嘗則不烝烝則不礿

虞夏之制諸侯歲朝廢一時祭

諸侯礿犆

互明犆礿文

禘一犆一祫

下天子也祫歲不禘○下戶嫁反

嘗祫烝祫

天子社稷皆大牢諸侯社稷皆少牢大夫士宗廟之祭有田則祭無田則薦

有田者既祭又薦新祭以首時薦以仲月士薦牲用特豚大夫以上用羔所謂羔豚而祭百官皆足詩曰四之日其早獻羔祭韭○大牢如字又音泰少詩照反

庶人春薦韭夏薦麥秋薦黍冬薦稻韭以卵麥以魚黍以豚稻以鴈

庶人無常牲取與新物相宜而已○卵力管反

祭天地之牛角繭栗宗廟之牛角握賓客之牛角尺

握謂長不出膚○繭字又作璽公典反長丁丈反

諸侯無故不殺牛大夫無故不殺羊士無故不殺犬豕庶人無故不食珍

故謂祭饗

庶羞不踰牲

祭以羊則不以牛肉爲羞

燕衣不踰祭服寢不踰廟

○燕伊見反

古者公田藉而不稅

藉之言借也借民力治公田美惡取於此不稅民之所自治也孟子曰夏后氏五十而貢殷人七十而助周人百畝而徹則所云古者謂殷時○藉在亦反稅式鋭反借子亦反

市廛而不稅

廛市物邸舍稅其舍不稅其物○廛直連反邸丁禮反

關譏而不征

譏譏異服識異言征亦稅也周禮國凶札則無門關之征猶譏也○征本又作正音同注下皆同札側八反

林麓川澤以時入而不禁

麓山足也。○麓音鹿

夫圭田無征。夫猶治也。征稅也。孟子曰卿以下必有圭田。治圭田者不稅。所以厚賢也。此則周禮之士田以任近郊之地稅什一。

用民之力歲不過三日。治宮室城郭道渠

田里不粥墓地不請。皆受於公民不得私也。粥賣也。請求也。

司空執度度地。司空冬官卿掌邦事者。度丈尺也。○度度上如字下大洛反量也

居民山川沮澤時四時。觀寒煖燥濕。沮謂萊沛。○沮將慮反

量地遠近。制邑井之處

興事任力。事謂築邑廬宿市也。○任而鴆反

凡使民任老者之事。食壯者之食。寬其力饒其食。○食壯音嗣

凡居民材。必因天地寒煖燥濕。使其材藝堪地氣也。

廣谷大川異制。謂其形象。

民生其閒者異俗。謂其所好惡。○好惡上呼報反下烏路反

剛柔輕重遲速異齊。謂其性情緩急。○齊才細反

五味異和。謂香臭與鹹苦。○和胡臥反下同

器械異制。謂作務之用。

衣服異宜。謂旃裘與絺綌。○旃之然反絺勅宜反綌去逆反

脩其教不易其俗。齊其政不易其宜。教謂禮義。政謂刑禁。

中國戎夷五方之民皆有性也。不可推移。地氣使之然。

東方曰夷。被髮文身。有不火食者矣。南方曰蠻。雕題交趾。有不火

食者矣。

> 雕文謂刻其肌以丹青涅之。交趾足相鄉。然浴則同川。臥則僢。不火食地氣煖不爲病。○被皮義反下同雕本又作彫同題大兮反涅乃結反鄉許亮反僢昌戀反

西方曰戎。被髮衣皮。有不粒食者矣。北方曰狄。衣羽毛穴居。有不粒食者矣。

> 不粒食地氣寒少五穀。○衣於旣反下同粒音立

中國夷蠻戎狄。皆有安居。和味。宜服。利用。備器。

> 其事雖異。各自足。

五方之民。言語不通。嗜欲不同。達其志。通其欲。東方曰寄。南方曰

象。西方曰狄鞮。北方曰譯。

> 皆俗間之名。依其事類耳。鞮之言知也。今冀部有言狄鞮者。○嗜市志反寄京義反鞮于今反譯音亦間如字又間廁之間

凡居民。量地以制邑。度地以居民。地邑民居。必相參得也。

> 得猶足也。○度大洛反參七南反

無曠土。無游民。食節事時。民咸安其居。樂事勸功。尊君親上。然後興學。

> 立小學大學。○樂音岳又音洛

司徒修六禮以節民性。明七教以興民德。齊八政以防淫。一道德以同俗。養耆老以致孝。恤孤獨以逮不足。上賢以崇德。簡不肖以

絀惡。

> 司徒地官卿掌邦教者。逮及也。簡差擇也。○防本又作坊音同

命鄉簡不帥教者以告。

> 帥循也。不循教謂敖狠不孝弟者。司徒使鄉簡擇以告者。鄉屬司徒。○帥音率敖本又作傲同五報反

耆老皆朝于庠。元日習射上功。習鄉上齒。大司徒帥國之俊士與執事焉。

> 將習禮以化之。使之觀焉。耆老致仕及鄉中老賢者。朝猶會也。此庠謂鄉學也。鄉謂飲酒也。鄉禮春秋射國蜡而飲酒養老。○朝直遙反與音預蜡仕詐反

不變。命國之右鄉簡不帥教者移之左。命國之左鄉簡不帥教者

移之右。如初禮。

> 中年考校而又不變。使轉徙其居。覬其見親人有所化也。亦復習禮於鄉學使之觀焉。○覬音冀復扶又反下又復復移復與皆同

不變。移之郊。如初禮。

> 郊鄉界之外者也。稍出遠之後中年。又爲之習禮於郊學。○爲于僞反下爲親爲爲其大亦爲皆同

不變。移之遂。如初禮。

> 遠郊之外曰遂。遂大夫掌之。又中年。復移之使居遂。又爲習禮於遂之學。

不變。屏之遠方。終身不齒。

> 遠方九州之外。齒猶錄也。

命鄉論秀士升之司徒曰選士。移名於司徒也。秀士，鄉大夫所考有德行道藝者。○行，下孟反

司徒論選士之秀者而升之學曰俊士。可使習禮者。學，大學。

升於司徒者不征於鄉，升於學者不征於司徒，曰造士。不征，不給其繇役。造，成也。能習禮則為成士。○繇，本又作繇，音遙

樂正崇四術，立四教。樂正，樂官之長，掌國子之教。虞書曰：夔，命汝典樂，教冑子。崇，高也，高尚其術以作教也。幼者教之於小學，長者教之於大學。書傳曰：年十五始入小學，十八入大學。○樂音岳。長，丁丈反，下同。女音汝

順先王詩書禮樂以造士。順此四術而教，以成是士也。

春秋教以禮樂，冬夏教以詩書。春夏，陽也。詩樂者聲，聲亦陽也。秋冬，陰也。書禮者事，事亦陰也。互言之者，皆以其術相成。

王大子、王子、群后之大子、卿大夫元士之適子、國之俊選，皆造焉。皆以四術成之。王子，王之庶子也。羣后，公及諸侯。○適，丁歷反，下註同。造，才早反

凡入學以齒。皆以長幼受學，不用尊卑。

將出學，小胥、大胥、小學正簡不帥教者以告於大樂正，大樂正以告於王。此所簡者，謂王大子、王子、羣后之大子、卿大夫元士之適子。大胥、小胥皆樂官屬也。出學，謂九年大成，學止也。

王命三公、九卿、大夫、元士皆入學。不變，王親視學。亦謂使習禮以化之。不變，王又親為之臨視，重棄賢者子孫。此習禮皆於大學也。

不變，王三日不舉。去食樂，重棄人。○去，丘呂反

屏之遠方，西方曰棘，東方曰寄，終身不齒。棘當為僰。僰之言偪，使之偪寄於夷戎。不屏於南北，為其大遠。○棘，依註音僰，蒲北反，偪也。大音太

大樂正論造士之秀者以告於王，而升諸司馬，曰進士。

移名於司馬。司馬，夏官卿，掌邦政者。進士，可進受爵祿也。

司馬辨論官材。辨其論官其材，觀其所長。

論進士之賢者以告於王，而定其論。各署其所長。

論定然後官之。使之試守。

任官然後爵之。命之。

位定然後祿之。大夫廢其事，終身不仕，死以士禮葬之。（以不任大夫也。）

有發則命大司徒教士以車甲。（乘兵車衣甲之儀。有發謂有軍師發卒。○衣於旣反）

凡執技論力，適四方，臝股肱，決射御。（謂擐衣出其臂脛，使之射御，決勝負，見勇力。○臝力果反，擐舊音患，今讀宜音宣。見賢遍反）

凡執技以事上者，祝史射御醫卜及百工。（言技謂此七者。）

凡執技以事上者，不貳事，不移官。（欲專其事，亦為不德。）

出鄉不與士齒。（賤也。於其鄉中則齒親親也。）

仕於家者，出鄉不與士齒。（亦賤。）

司寇正刑明辟，以聽獄訟。（司寇秋官卿，掌刑者。辟，罪也。）

必三刺。（以求民情，斷其獄訟之中。一曰訊羣臣，二曰訊羣吏，三曰訊萬民。○斷丁亂反，下制斷斷計同）

有旨無簡不聽。（簡誠也。有其意無其誠者，不論以為罪。）

附從輕，（附施刑也，求出之使從輕。）

赦從重。（雖是罪可重，猶赦之。）

凡制五刑，必卽天論。（制斷也。卽就也。必卽天論，言與天意合。閔子曰：古之道不卽人心。卽或為則，論或為倫。○論音倫）

郵罰麗於事。（郵過也。麗附也。過人罰人，當各附於其事，不可假他以喜怒。○當丁郞反，假古雅反）

凡聽五刑之訟，必原父子之親，立君臣之義以權之。（權平也。）

意論輕重之序，慎測淺深之量以別之。（意思念也。淺深謂俱有罪，本心有善惡。）

悉其聰明，致其忠愛以盡之。（盡其情。）

疑獄，氾與衆共之，衆疑赦之。必察小大之比以成之。（小大猶輕重。已行故事曰比。○氾本又作汎，孚劒反，比必利反）

成獄辭。史以獄成告於正。正聽之。史，司寇吏也。正，於周鄉師之屬。今漢有正平丞，秦所置。○干，彼命反。

正以獄成告於大司寇。大司寇聽之棘木之下。周禮，鄉師之屬。其外朝之法，左九棘，孤卿大夫位焉；右九棘，公侯伯子男位焉；面三槐，三公位焉。

大司寇以獄之成告於王。王命三公參聽之。王使三公復與司寇及其屬聽之，乃上其平也。周禮曰：「三公會其期。」

三公以獄之成告於王。王三又，然後制刑。又當作宥。宥，寬也。一宥曰不識，再宥曰過失，三宥曰遺忘。○宥音又。

凡作刑罰，輕無赦。法雖輕，不赦之，爲人易犯。○易，以豉反。爲，于僞反。後同。

刑者侀也。侀者成也。一成而不可變。故君子盡心焉。侀音刑。變，更也。

析言破律。亂名改作。執左道以亂政。殺。析言破律，巧賣法令者也。亂名，更易物之名也。左道，若巫蠱及俗禁。○析，星歷反。蠱音古。

作淫聲、異服、奇技、奇器以疑衆。殺。淫聲，鄭衞之屬也。異服，若聚鷸冠、瓦弁也。奇技、奇器，若公輸般請以機窆。○鷸，伊必反。般音班。窆，彼驗反。奇，居宜反。

行僞而堅。言僞而辯。學非而博。順非而澤以疑衆。殺。皆爲虛華捷給無誠者也。○行，下孟反。

假於鬼神、時日、卜筮以疑衆。殺。今時持喪葬、築蓋、嫁取、卜數文書，使民倍禮違制。

此四誅者。不以聽。爲其辭不可宥，而爲大習。

凡執禁以齊衆。不赦過。亦爲易犯人。

有圭璧金璋。不粥於市。命服命車。不粥於市。宗廟之器。不粥於市。犧牲不粥於市。戎器不粥於市。尊物非民所宜有。

用器不中度。不粥於市。兵車不中度。不粥於市。布帛精麤不中數。幅廣狹不中量。不粥於市。姦色亂正色。不粥於市。錦文珠玉成器。不粥於市。衣服飲食。不粥於市。五穀不時。果實未熟。不粥於市。木不中伐。不粥於市。物未成，不利人。

伐之非時不中用周禮仲冬斬陽木仲夏斬陰木

禽獸魚鼈不中殺不粥於市。

殺之非時不中用月令季冬始漁周禮春獻鼈蜃

關執禁以譏禁異服識異言。

關竟上門譏呵察○竟音境

大史典禮執簡記奉諱惡。

簡記策書也諱先王名惡忌日若子卯○惡烏路反註同

天子齊戒受諫。

歲終群臣奏歲事諫王當所改爲也○齊側皆反本亦作齋下皆同

司會以歲之成質於天子。

司會冢宰之屬掌計要者成計要也質平也平其計要

冢宰齊戒受質。

質王受之

大樂正大司寇市三官以其成從質於天子。

大樂正於周宗伯之屬市司市也於周司徒之屬從從於司會也

大司徒大司馬大司空齊戒受質百官各以其成質於三官大司徒大司馬大司空以百官之成質於天子。

百官此三官之屬

百官齊戒受質。

受平報也

然後休老勞農。

饗養之○勞力報反

成歲事。

斷計要也

制國用。

凡養老有虞氏以燕禮夏后氏以饗禮殷人以食禮周人修而兼用之。

兼用之備陰陽也凡飲養陽氣凡食養陰氣陽用春夏陰用秋冬○食音嗣註及下註并下文食之並同

五十養於鄉六十養於國七十養於學達於諸侯。

天子諸侯養老同也國國中小學在王宮之左學大學也在郊小學在國中大學在郊此殷制明矣

八十拜君命一坐再至瞽亦如之九十使人受。

命謂君不親饗食必以其禮致之

五十異粻六十宿肉七十貳膳八十常珍九十飲食不離寢膳飲從於遊可也。

粻糧也貳副也遊謂出入止觀○粻涉良反離力智反觀古亂反

六十歲制七十時制八十月制九十日修唯絞紟衾冒死而后制。

絞紟衾冒、一日二日而可爲者。○紟其鴆反

五十始衰。六十非肉不飽。七十非帛不煖。八十非人不煖。九十雖得人不煖矣。

煖溫、

五十杖於家。六十杖於鄉。七十杖於國。八十杖於朝。九十者天子欲有問焉則就其室。以珍從。

與養之、

七十不俟朝。

大夫士之老者揖君則退、

八十月告存。

每月致膳、

九十日有秩。

秩、常也、有常膳、

五十不從力政。六十不與服戎。七十不與賓客之事。八十齊喪之事弗及也。

力稍衰也、力政城道之役也、與及也、八十不齊、則不祭也、子代之祭、是謂宗子不孤、○與音預下及註同

五十而爵。

賢者命爲大夫、

六十不親學。

不能備弟子禮、

七十致政。唯衰麻爲喪。

致政還君事、

有虞氏養國老於上庠。養庶老於下庠。夏后氏養國老於東序。養庶老於西序。殷人養國老於右學。養庶老於左學。周人養國老於東膠。養庶老於虞庠。虞庠在國之西郊。

皆學名也、異者四代相變耳、或上西、或上東、或貴在國、或貴在郊、上庠右學、大學也、在西郊、下庠左學、小學也、在國中王宮之東、東序東膠、亦大學、在國中王宮之東、西序虞庠、亦小學也、西序在西郊、周立小學於西郊、膠之言糾也、庠之言養也、周之小學爲有虞氏之庠制、是以名庠云、其立鄉學亦如之、膠或作絿、○絿音求

有虞氏皇而祭。深衣而養老。夏后氏收而祭。燕衣而養老。殷人冔而祭。縞衣而養老。周人冕而祭。玄衣而養老。

皇、冕屬也、畫羽飾焉、凡冕屬、其服皆玄上纁下、有虞氏十二章、周九章、夏殷未聞、凡養老之服、皆其時與群臣燕之服、有虞氏質、深衣而已、夏而改之、尚黑而黑衣裳、殷尚白而縞衣裳、周則兼用之、玄衣素裳、其冠則牟追章甫委貌也、諸侯以天子之燕服爲朝服、燕禮曰燕朝服、服是服也、王者之後亦以燕服爲之、魯季康子朝服以縞、僭宋之禮也、天子皮弁以日視朝也、○冔况甫反、縞古老反

凡三王養老皆引年。

已而引戶校年、當行復除也、老人衆多、非賢者不可皆養、○復除上音福、下如字、又直慮反

八十者一子不從政九十者其家不從政廢疾非人不養者一人不從政。廢廢於人事

父母之喪三年不從政齊衰大功之喪三月不從政將徙於諸侯三月不從政自諸侯來徙家期不從政。自從也。朞音基

少而無父者謂之孤老而無子者謂之獨老而無妻者謂之矜老而無夫者謂之寡此四者天民之窮而無告者也皆有常餼。餼廩也。少詩照反下注同矜本又作鰥同古頑反

瘖聾跛躃斷者侏儒百工各以其器食之。斷謂支節絕也侏儒短人也器能也。瘖於金反跛彼我反躃必亦反侏音朱

道路男子由右婦人由左車從中央。道中三塗遠別也。別彼列反下文并注同

父之齒隨行兄之齒鴈行朋友不相踰。廣敬也明於塗中

輕任并重任分斑白不提挈。皆謂以與少者也雜色曰斑

君子耆老不徒行庶人耆老不徒食。

大夫祭器不假祭器未成不造燕器。徒猶空也。造為也

方一里者為田九百畝。一里方三百步

方十里者為方一里者百為田九萬畝方百里者為方十里者百為田九十億畝。億今十萬

方千里者為方百里者百為田九萬億畝。億今萬萬也

自恒山至於南河千里而近。冀州域

自南河至於江千里而近。豫州域

自江至於衡山千里而遙。荊州域

自東河至於東海千里而遙。徐州域

自東河至於西河千里而近。
亦冀州域。
自西河至於流沙千里而遙。
雍州域。○雍於用反
西不盡流沙。南不盡衡山。東不盡東海。北不盡恒山。凡四海之内，斷長補短方三千里。爲田八十萬億一萬億畝。
九州之大計。○斷音短
方百里者爲田九十億畝。山陵林麓川澤溝瀆城郭宮室塗巷三分去一。其餘六十億畝。

以一大國爲率，其餘所以授民也。山足曰麓。○去羌呂反，率音律
古者以周尺八尺爲步。今以周尺六尺四寸爲步。古者百畝當今東田百四十六畝三十步。古者百里當今百二十一里六十步四尺二寸二分。
周尺之數未詳聞也。按禮制周猶以十寸爲尺，蓋六國時多變亂法度，或言周尺八寸，則步更爲八八六十四寸。以此計之，古者百畝當今百五十六畝二十五步，古者百里當今百二十五里。
方千里者爲方百里者百。封方百里者三十國。其餘方百里者七十。又封方七十里者六十。爲方百里者二十九。方十里者四十。其餘方百里者四十。方十里者六十。又封方五十里者百二十。爲方百里者三十。其餘方百里者十。方十里者六十。名山大澤不以封。其餘以爲附庸閒田。諸侯之有功者，取於閒田以祿之。其有削地者歸之閒田。
○閒田音閑，下同
天子之縣内方千里者爲方百里者百。封方百里者九。其餘方百里者九十一。又封方七十里者二十一。爲方百里者十。方十里者二十九。其餘方百里者八十。方十里者七十一。又封方五十里者六十三。爲方百里者十五。方十里者七十五。其餘方百里者六十四。方十里者九十六。

諸侯之下士祿食九人。中士食十八人。上士食三十六人。下大夫食七十二人。卿食二百八十八人。君食二千八百八十人。次國之卿食二百一十六人。君食二千一百六十人。小國之卿食百四十四人。君食千四百四十人。次國之卿，命於其君者，如小國之卿。天子之大夫爲三監。監於諸侯之國者，其祿視諸侯之卿，其爵視次國之君，其祿取之於方伯之地。方伯爲朝天子，皆有湯沐之邑於天子之縣内，視元士。
給齊戒自絜清之用。浴用湯，沐用潘。○祿食音嗣，下皆同。爲朝于僞反。潘芳袁反
諸侯世子世國。

象賢也。

大夫不世爵。使以德。爵以功。

謂縣內及列國諸侯爲天子大夫者。不世爵而世祿，辟賢也。○辟音避

未賜爵。視天子之元士。以君其國。

列國及縣內之國也。

諸侯之大夫不世爵祿。○六禮。冠。昏。喪。祭。鄉。相見。

鄉，鄉飲酒鄉射。○冠古亂反

七教。父子。兄弟。夫婦。君臣。長幼。朋友。賓客。八政。飲食。衣服。事爲。異別。度。量。數。制。

飲食爲上，衣服次之，事爲謂百工技藝也，異別五方用器不同也，度丈尺也，量斗斛也，數百十也，制布帛幅廣狹也。○長丁丈反

禮記卷五

禮記卷六

漢大司農北海鄭　玄註
皇明　後學東吳金　蟠較

月令第六

孟春之月。日在營室。昏參中。旦尾中。

孟長也。日月之行，一歲十二會，聖王因其會而分之，以爲大數焉。觀斗所建，命其四時，此云孟春者，日月會於諏訾，而斗建寅之辰也。凡記昏明中星者，爲人君南面而聽天下，視時候以授民事。○參所林反，中如字，徐丁仲反，後放此。長丁丈反。諏足俱反，本又作娵，同。訾子斯反，爲人于僞反

其日甲乙。

乙之言軋也。日之行，春東從青道，發生萬物，月爲之佐，時萬物皆解孚甲，自抽軋而出，因以爲日名焉。乙不爲月名者，君統臣功也。○軋乙八反

其帝大皞。其神句芒。

此蒼精之君，木官之臣，自古以來，著德立功者也。大皞宓戲氏。句芒，少皞氏之子曰重，爲木官。○大皞上音太，後文及註大簇、大史、大寢、大室、大徵、大廟、大祝、大尉、大宰皆同。皞亦作昊，胡老反。句古侯反，下音亡，後句芒皆放此。重直龍反

其蟲鱗。

象物孚甲將解。鱗龍蛇之屬。

其音角。

謂樂器之聲也。三分羽益一以生角，角數六十四，屬木者，以其清濁中，民象也。春氣和則角聲調。樂記曰角亂則憂，其民怨。凡

聲尊卑取象五行數多者濁數少者清大不過宮細不過羽

律中大蔟。

律候氣之管以銅爲之中猶應也孟春氣至則大蔟之律應應謂吹灰也大蔟者林鍾之所生三分益一律長八寸凡律空圍九分周語曰大蔟所以金奏贊陽出滯○律中丁仲反後放此凡如此之例十二月文註皆可以類求之蔟七豆反律空音孔

其數八。

數者五行佐天地生物成物之次也易曰天一地二天三地四天五地六天七地八天九地十而五行自水始火次之木次之金次之土爲後木生數三成數八但言八者舉其成數

其味酸。其臭羶。

木之味臭也凡酸羶者皆屬焉

其祀戶。祭先脾。

春陽氣出祀之於戶內陽也祀之先祭脾者春爲陽中於藏直脾脾爲尊凡祭五祀於廟用特牲有祭有尸皆先設席于奧祀戶之禮南面設主於戶內之西乃制脾及腎爲俎奠於主北又設盛於俎西祭黍稷祭肉祭醴皆三祭肉脾一腎再既祭徹之更陳鼎俎設饌於筵前迎尸略如祭宗廟之儀○脾婢支反藏才浪反後放此腎時忍反

東風解凍。蟄蟲始振。魚上冰。獺祭魚。鴻鴈來。

皆記時候也振動也夏小正正月啓蟄魚陟負冰漢始亦以驚蟄爲正月中此時魚肥美獺將食之先以祭也鴈自南方來將北反其居今月令鴻皆爲候

天子居青陽左个。乘鸞路。駕倉龍。載青旂。衣青衣。服倉玉。食麥與羊。其器疏以達。

皆所以順時氣也青陽左个大寢東堂北偏鸞路有虞氏之車有鸞和之節而飾之以青取其名耳春言鸞冬夏言色互文馬八尺以上爲龍凡所服玉謂冠飾及所佩者之衡璜也麥實有孚甲屬木羊火畜也時尚寒食之以安性也器疏者刻鏤之象物當貫土而出也凡此車馬衣服皆所取於殷時而有變焉非周制也周禮朝祀戎獵車服各以其事不以四時爲異又玉藻曰天子龍袞以祭玄端而朝日皮弁以日視朝與此皆殊○載音戴後放此衣青於旣反後放此下註衣甲保猶衣同罣本又作器同朝直遙反下文註同卷本又作袞古本反玄端音冕

是月也。以立春。先立春三日。大史謁之天子曰。某日立春。盛德在木。天子乃齊。

大史禮官之屬掌正歲年以序事謁告也○先悉薦反齊側皆反本亦作齋卷內放此

立春之日。天子親帥三公九卿諸侯大夫以迎春於東郊。還反。賞

公卿諸侯大夫於朝。

迎春祭蒼帝靈威仰於東郊之兆也王居明堂禮曰出十五里迎歲蓋殷禮也周近郊五十里賞謂有功德者有以顯賜之也朝大寢門外○還音旋後放此

命相布德和令。行慶施惠。下及兆民。

相謂三公相王之事也德謂善敎也令謂時禁也慶謂休其善也惠謂恤其不足也天子曰兆民○相悉亮反註同下善相并註放此施始豉反

慶賜遂行。毋有不當。

遂猶達也言使當得者皆得得者無非其人○毋音無本亦作無下同當丁浪反

乃命大史守典奉法。司天日月星辰之行。宿離不貸。毋失經紀。以

初爲常。典六典法八法也離讀如儷偶之儷宿儷謂其屬馮相氏保章氏掌天文者相與宿偶當審候伺不得過差也經紀謂天文進退度數○宿悉六反徐音秀離依註音儷呂計反馮音憑相悉亮反

是月也天子乃以元日祈穀於上帝。謂以上辛郊祭天也春秋傳曰夫郊祀后稷以祈農事是故啓蟄而郊郊而後耕上帝太微之帝也

乃擇元辰天子親載耒耜措之於參保介之御間帥三公九卿諸侯大夫躬耕帝籍天子三推三公五推卿諸侯九推。元辰蓋郊後吉辰也耒耜之上曲也保介車右也置耒於車右與御者之間明已勸農非農者也人君之車必使勇士衣甲居右而參乘備非常也保猶衣也介甲也帝籍爲天神借民力所治之田也○籍在亦反推出崔反乘繩證反爲于僞反下爲神

春爲傷爲死氣皆同

反執爵於大寢三公九卿諸侯大夫皆御命曰勞酒。既耕而宴飲以勞群臣也大寢路寢御侍也○勞力報反註同

是月也天氣下降地氣上騰天地和同草木萌動。此陽氣蒸達可耕之候也農書曰土長冒橛陳耕可拔耕者急發○橛求月反

王命布農事命田舍東郊皆修封疆審端徑術。田謂田畯主農之官也舍東郊順時氣而居以命其事也封疆田首之分職術周禮作遂夫間有遂遂上有徑遂小溝也步道曰徑今尚書曰分命羲仲宅嵎夷也○疆居良反註皆同畯音俊分扶問反

善相丘陵阪險原隰土地所宜五穀所殖以教道民必躬親之。相視之

田事既飭先定準直農乃不惑。說所以命國舍東郊之意也準直謂封疆徑遂也夏小正曰農率均田○飭音勑率所類反

是月也命樂正入學習舞。爲仲春將釋菜

乃修祭典。重祭禮歲始省錄

命祀山林川澤犧牲毋用牝。爲傷妊生之類

禁止伐木。盛德所在

毋覆巢毋殺孩蟲胎夭飛鳥毋麛毋卵。爲傷萌幼之類○覆芳服反麛音迷卵力管反

毋聚大眾毋置城郭。爲妨農之始

掩骼埋胔。謂死氣逆生也骨枯曰骼肉腐曰胔○骼江百反胔才賜反胔亦作骴胔扶矩反

是月也不可以稱兵稱兵必天殃。

逆生氣。

兵戎不起。不可從我始。爲客不利，主人則可。

毋變天之道。以陰政犯陽。

毋絕地之理。易剛柔之宜。

毋亂人之紀。仁之時而舉義事。

孟春行夏令，則雨水不時。巳之氣乘之也。四月於消息爲乾。

草木蚤落。生日促。

國時有恐。以火訛相驚。

行秋令，則其民大疫。申之氣乘之也。七月始殺。

猋風暴雨總至。正月宿直尾箕，箕好風，其氣逆也。回風爲猋。○猋必遙反，本又作飆。宿音秀。好呼報反。

藜莠蓬蒿並興。生氣亂惡物茂。○莠音酉。

行冬令，則水潦爲敗，雪霜大摯，首種不入。亥之氣乘之也。舊說首種謂稷。

仲春之月，日在奎，昏弧中，旦建星中。仲中也。仲春者日月會於降婁，而斗建卯之辰也。弧在輿鬼南，建星在斗上。○降戶江反

其日甲乙，其帝大皥，其神句芒，其蟲鱗，其音角，律中夾鍾，其數八，

其味酸，其臭羶，其祀戶，祭先脾。夾鍾者，夷則之所生，三分益一，律長七寸二千一百八十七分寸之千七十五。仲春氣至，則夾鍾之律應。周語曰，夾鍾出四隙之細。

始雨水，桃始華，倉庚鳴，鷹化爲鳩。皆記時候也。倉庚，驪黃也。鳩，搏穀也。漢始以雨水爲二月節。

天子居青陽大廟，乘鸞路，駕倉龍，載青旂，衣青衣，服倉玉，食麥與羊，其器疏以達。青陽大廟，東堂當大室。

是月也，安萌牙，養幼少，存諸孤。助生氣也。○少詩召反。

擇元日命民社。

社后土也使民祀焉神其農業也祀社日用甲

命有司省囹圄去桎梏毋肆掠止獄訟。

順陽寬也省減也囹圄所以禁守繫者若今别獄矣桎梏今械也在手曰梏在足曰桎肆謂死刑暴尸也周禮曰肆之三日掠謂搒治人○囹音零圄魚呂反桎之粟反

是月也玄鳥至至之日以大牢祠於高禖天子親往。

玄鳥燕也燕以施生時來巢人堂宇而孚乳嫁娶之象也媒氏之官以爲候高辛氏之世玄鳥遺卵娀簡吞之而生契後王以爲媒官嘉祥而立其祠焉變媒言禖神之也○禖音梅施始豉反娀簡夙中反簡狄有戎氏女契息列反

后妃帥九嬪御。

御謂從往侍祠周禮天子有夫人有嬪有世婦有女御獨云帥九嬪舉中言也

禮記 卷六 月令 八 承懷堂

乃禮天子所御帶以弓韣授以弓矢于高禖之前。

天子所御謂今有娠者於祠大祝酌酒飲於高媒之庭以神惠顯之也帶以弓韣授以弓矢求男之祥也王居明堂禮曰帶以弓韣禮之禖下其子必得天材○韣大木反弓衣娠音身

是月也日夜分雷乃發聲始電蟄蟲咸動啓戶而出。

又記時候發猶出也

先雷三日奮木鐸以令兆民曰雷將發聲有不戒其容止者生子不備必有凶災。

主戒婦人有娠者也容止猶動靜○先悉薦反

日夜分則同度量鈞衡石角斗甬正權概。

因晝夜等而平當平也同角正皆謂平之也丈尺曰度斗斛曰量三十斤曰鈞稱上曰衡百二十斤曰石甬今斛也稱錘曰權概平斗斛者○度量上音杜下音亮註同甬音勇

是月也耕者少舍乃脩闔扇寢廟畢備。

舍猶止也因蟄蟲啓戶耕事少閒而治門戶也用木曰闔用竹葦曰扇畢猶皆也凡廟前曰廟後曰寢○閒音閑

毋作大事以妨農之事。

大事兵役之屬

是月也毋竭川澤毋漉陂池毋焚山林。

順陽養物也畜水曰陂穿地通水曰池○漉音鹿竭也陂彼宜反

禮記 卷六 月令 九 承懷堂

天子乃鮮羔開冰先薦寢廟。

鮮當爲獻聲之誤也獻羔謂祭司寒也祭司寒而出冰薦於宗廟乃後賦之春秋傳曰古者日在北陸而藏冰西陸朝覿而出之其藏冰也深山窮谷固陰沍寒於是乎取之其出之也朝之祿位賓食喪祭於是乎用之其藏之也黑牡秬黍以享司寒其出之也桃弧棘矢以除其災其出入也時食肉之祿冰皆與焉大夫命婦喪浴用冰祭寒而藏之獻羔而啓之公始用之火出而畢賦自命夫命婦至於老疾無不受冰○沍戶故反朝直遙反秬音巨與音預祭寒本或作祭司寒

上丁命樂正習舞釋菜。

樂正樂官之長也命習舞者順萬物始出地鼓舞也將舞必釋菜於先師以禮之夏小正曰丁亥萬舞入學○長丁丈反

天子乃帥三公九卿諸侯大夫親往視之。

順時達物也

仲丁。又命樂正入學習舞。
爲季春將習合樂也。習樂者習歌與八音。○爲于僞反下註同

是月也。祀不用犧牲。用圭璧。更皮幣。
爲季春將選而合騰之也。更猶易也。當祀者古以玉帛而已。

仲春行秋令。則其國大水。寒氣總至。
酉之氣乘之也。八月宿直昴畢。畢好雨。○好呼報反

寇戎來征。
金動氣也。畢又爲邊兵。

行冬令。則陽氣不勝。麥乃不熟。
子之氣乘之也。十一月爲大陰。

民多相掠。
陰姦衆也。

行夏令。則國乃大旱。煖氣早來。
午之氣乘之也。

蟲螟爲害。
暑氣所生爲災害也。○螟亡丁反

季春之月。日在胃。昏七星中。旦牽牛中。
季，少也。季春者，日月會於大梁，而斗建辰之辰。○胃音謂少詩召反

其日甲乙。其帝大皞。其神句芒。其蟲鱗。其音角。律中姑洗。其數八。其味酸。其臭羶。其祀戶。祭先脾。
姑洗者，南呂之所生也。三分益一，律長七寸九分寸之一。季春氣至，則姑洗之律應。周語曰：姑洗所以修絜百物，考神納賓。

桐始華。田鼠化爲鴽。虹始見。萍始生。
皆記時候也。鴽，毋無。螮蝀謂之虹。萍，蓱也。其大者曰蘋。○鴽音如，毋無也。蔡云鶉鷂之屬。虹音紅，螮蝀也。見，賢遍反。蓱步丁反。毋無上音牟，又如字。螮丁計反。蝀本亦作東，同丁孔反。蓱音平

天子居青陽右个。乘鸞路。駕倉龍。載青旂。衣青衣。服倉玉。食麥與羊。其器疏以達。
青陽右个，東堂南偏。

是月也。天子乃薦鞠衣於先帝。
爲將蠶求福祥之助也。鞠衣，黃桑之服。先帝，大皞之屬。○爲于僞反下文乃爲註爲鳥同

命舟牧覆舟。五覆五反。乃告舟備具於天子焉。
舟牧，主舟之官也。覆反舟者，備傾側也。○覆芳服反下及註同

天子始乘舟。薦鮪於寢廟。
進時美物。○鮪五軌反

乃爲麥祈實。
於含秀求其成也。不言所祈，承寢廟可知

是月也。生氣方盛。陽氣發泄。句者畢出。萌者盡達。不可以內。

時可宣出不可收歛也句屈生者芒而直曰萌○泄息列反句古侯反

天子布德行惠命有司發倉廩賜貧窮振乏絶。

振猶救也

開府庫出幣帛周天下勉諸侯聘名士禮賢者。

周謂給不足也勉猶勸也聘問也名士不仕者

是月也命司空曰時雨將降下水上騰循行國邑周視原野修利隄防道達溝瀆開通道路毋有障塞。

廣平曰原國也邑也平野也溝瀆與道路皆不得不通所以除水潦便民事也古者溝上有路○上時掌反下註以上同行下孟反隄丁兮反防音房

田獵罝罘羅罔畢翳餧獸之藥毋出九門。

爲鳥獸方孚乳傷之逆天時也獸罟曰罝罘鳥罟曰羅網小而柄長謂之畢翳射者所以自隱也凡諸罟及毒藥禁其出九門明其常有時不得用耳天子九門者路門也應門也雉門也庫門也皇門也城門也近郊門也遠郊門也關門也今月令無罘翳爲弋○罝子斜反罘音浮翳於計反餧於僞反罟音古

是月也命野虞無伐桑柘。

愛蠶食也野虞謂主田及山林之官○柘之夜反

鳴鳩拂其羽戴勝降於桑。

蠶將生之候也鳴鳩飛且翼相擊趨農急也戴勝織紝之鳥是時恒在桑言降者若時始自天來重之也○紝女今反

具曲植籧筐。

時所以養蠶器也曲薄也植槌也○植直吏反籧居呂反槌直追反

后妃齊戒親東鄉躬桑禁婦女毋觀省婦使以勸蠶事。

后妃親採桑示帥先天下也東鄉者鄉時氣也是明其不常留養蠶也留養者所卜夫人與世婦婦謂世婦及諸臣之妻也內宰職曰仲春詔后帥外內命婦始蠶于北郊女外內子女也夏小正曰妾子始蠶織養宮事毋觀去容飾也婦使縫線組紃之事○鄉許亮反註同觀古喚反註同省所景反去起呂反組音祖紃音旬

蠶事既登分繭稱絲效功以共郊廟之服無有敢惰。

登成也勑往蠶者蠶畢將課功以勸戒之○共音恭

是月也命工師令百工審五庫之量金鐵皮革筋角齒羽箭幹脂膠丹漆毋或不良。

工師司空之屬官也五庫藏此諸物之舍也量謂物善惡之舊法也幹器之木也凡輮幹有當用脂良善也○量音亮註同筋音斤幹古旦反輮如九反

百工咸理監工日號毋悖於時毋或作爲淫巧以蕩上心。

咸皆也於百工皆理治其事之時工師則監之日號令之戒之以此二事也悖猶逆也百工作器物各有時逆之則不善時者若弓人春液角夏治筋秋合三材冬定體之屬也淫巧謂僞飾不如法也蕩謂動之使生奢泰也今月令無於時作爲爲詐僞○監古銜反註同液音亦

是月之末擇吉日大合樂天子乃率三公九卿諸侯大夫親往視之。

大合樂者所以助陽達物風化天下也其禮亡今天子以大社郡國以鄉射禮代之

是月也，乃合累牛騰馬，遊牝於牧。累騰皆乘匹之名，是月所合牛馬，謂繫在廐者，其牝欲遊，則就牧之牡而合之。○牝毗忍反，乘繩證反

犧牲駒犢，舉書其數。以在牧而校數書之，明出時無他故，至秋當録内，且以知生息之多少也。

命國難，九門磔攘，以畢春氣。此難，難陰氣也，陰寒至此不止，害將及人，所以及人者，陰氣右行，此月之中，日行歷昴，昴有大陵積尸之氣，氣佚則厲鬼隨而出行，命方相氏帥百隸，索室歐疫以逐之，又磔牲以攘於四方之神，所以畢止其災也。王居明堂禮曰，季春出疫於郊，以攘春氣。○難乃多反，後及註同，磔竹伯反，歐疫丘于反

季春行冬令，則寒氣時發，草木皆肅。

丑之氣乘之也，肅謂枝葉縮栗。

國有大恐。以水訛相驚。

行夏令，則民多疾疫，時雨不降。未之氣乘之也，六月宿直鬼，鬼爲天尸，時又有暑也。

山陵不收。高者暵于熱也。○暵呼旱反

行秋令，則天多沈陰，淫雨早降。戌之氣乘之也，九月多陰，淫霖也，雨三日以上爲霖，今月令曰衆雨。

兵革並起。陰氣勝也。

孟夏之月，日在畢，昏翼中，旦婺女中。孟夏者，日月會於實沈，而斗建巳之辰。○婺音務

其日丙丁。丙之言炳也，日之行，夏南從赤道，長育萬物，月爲之佐，時萬物皆炳然著見而强大，又因以爲日名焉，易曰，齊乎巽，相見乎離。○長丁丈反

其帝炎帝，其神祝融。此赤精之君，火官之臣，自古以來著德立功者也，炎帝大庭氏也，祝融顓頊氏之子曰黎，爲火官。○顓音專，頊許玉反

其蟲羽。象物從風鼓葉，飛鳥之屬。

其音徵。三分宮去一以生徵，徵數五十四，屬火者，以其徵清，事之象也，夏氣和則徵聲調，樂記曰，徵亂則哀，其事勤。○徵張里反，後放此，去起呂反

律中中呂。孟夏氣至，則中呂之律應，中呂者，無射之所生，三分益一，律長六寸萬九千六百八十三分寸之萬二千九百七十四，周語曰，中呂宣中氣。○中呂音仲，又如字，射音亦

其數七。

火生數二、成數七、但言七者、亦舉其成數、

其味苦。其臭焦。

火之臭味也、凡苦焦者皆屬焉、○焦子遙反

其祀竈。祭先肺。

夏陽氣盛熱於外、祀之於竈、從熱類也、祀之先祭肺者、陽位在上、肺亦在上、肺爲尊也、竈在廟門外之東、祀竈之禮、先席於門之奧、東面、設主于竈陘、乃祭肺及心肝爲俎、奠於主西、又設盛于俎南、亦祭黍三、祭肺心肝各一、祭醴二、亦旣祭徹之、更陳鼎俎、設饌于筵前、迎尸如祀戶之禮、○肺芳廢反、陘音刑

螻蟈鳴。蚯蚓出。王瓜生。苦菜秀。

皆記時候也、螻蟈、蛙也、王瓜、萆挈也、今月令云、王萯生、夏小正云、王萯秀、未問孰是、○螻音樓、蟈古獲反、蛙烏蝸反、萆挈上反

入反、下起八反、萯蒲九反

天子居明堂左个。乘朱路。駕赤駵。載赤旂。衣朱衣。服赤玉。食菽與雞。其器高以粗。

明堂左个、大寢南堂東偏也、菽實孚甲堅合、屬水、雞、木畜、時熱食之、亦以安性也、粗猶大也、器高大者、象物盛長、○駵音留、本又作騮、畜許又反、下木畜同

是月也。以立夏。先立夏三日。大史謁之天子曰。某日立夏。盛德在火。天子乃齊。

謁告也、○先悉薦反

立夏之日。天子親帥三公九卿大夫。以迎夏於南郊。還反。行賞。封諸侯。慶賜遂行。無不欣說。

迎夏、祭赤帝赤熛怒于南郊之兆也、不言帥諸侯而云封諸侯、諸侯時或無在京師者、空其文也、祭統曰、古者於禘也、發爵賜服、順陽義也、於嘗也、出田邑、發秋政、順陰義也、今此行賞可也、而封諸侯則違於古、封諸侯出土地之事、於時未可、似失之、○說音悅、熛必遙反

乃命樂師。習合禮樂。

爲將飲酎、○爲于僞反、下爲逆爲妨爲傷下文爲天子皆同、酎直又反、重釀之酒

命太尉。贊桀俊。遂賢良。舉長大。

助長氣也、贊猶出也、桀俊、能者也、遂猶進也、三王之官有司馬、無太尉、秦官則有太尉、今俗人皆云周公作月令、未通于古、

行爵出祿。必當其位。

使順之也、○當丁浪反

是月也。繼長增高。

謂草木盛蕃廡、○廡亡甫反

毋有壞墮。

亦爲逆時氣、○墮許規反、又作隳、下註同

毋起土功。毋發大衆。

爲妨蠶農之事、

毋伐大樹。

亦爲逆時氣、

是月也。天子始絺。初服暑服。○絺勑其反

命野虞出行田原。爲天子勞農勸民。毋或失時。重勑之。○行下孟反下同勞力報反

命司徒巡行縣鄙。命農勉作。毋休于都。急趍于農也。縣鄙鄉遂之屬主民者也。王居明堂禮曰毋宿于國今月令休爲伏

是月也。驅獸毋害五穀。毋大田獵。爲傷蕃廡之氣。

農乃登麥。天子乃以彘嘗麥。先薦寢廟。登進也。麥之新氣尤盛。以彘食之。散其熱也。彘水畜。

是月也。聚畜百藥。蕃廡之時。毒氣盛。

靡草死。麥秋至。斷薄刑。決小罪。舊說云靡草薺亭歷之屬祭統曰草艾則墨謂立秋後也刑無輕於墨者今以純陽之月斷刑決罪與毋有壞墮自相違似非○斷丁亂反註同薺才禮反艾魚廢反後皆同

出輕繫。崇寬。

蠶事畢。后妃獻繭。乃收繭稅。以桑爲均。貴賤長幼如一。以給郊廟之服。后妃獻繭者內命婦獻繭於后妃收繭稅者收於外命婦外命婦雖就公桑蠶室而蠶其夫亦當有祭服以助祭收以近郊之稅耳貴賤長幼如一國服同

是月也。天子飲酎。用禮樂。酎之言醇也謂重釀之酒也春酒至此始成與群臣以禮樂飲之於朝正尊卑也孟冬云大飲烝此言用禮樂互其文

孟夏行秋令。則苦雨數來。五穀不滋。申之氣乘之也苦雨白露之類時物得雨傷

四鄙入保。金氣爲害也鄙界上邑小城曰保

行冬令。則草木蚤枯。亥之氣乘之也

後乃大水。敗其城郭。長日促。

行春令。則蝗蟲爲災。暴風來格。寅之氣乘之也必以蝗蟲爲災者寅有啓蟄之氣行於初暑則當蟄者大出矣格至也○蝗音黃

秀草不實。氣更生之不得成也

仲夏之月。日在東井。昏亢中。旦危中。

仲夏者，日月會於鶉首，而斗建午之辰也。

其日丙丁，其帝炎帝，其神祝融，其蟲羽，其音徵，律中蕤賓，其數七。

蕤賓者，應鍾之所生，三分益一，律長六寸八十一分寸之二十六。仲夏氣至，則蕤賓之律應。周語曰：蕤賓所以安靜神人，獻酬交酢。○蕤人誰反，酢才各反

其味苦，其臭焦，其祀竈，祭先肺。

小暑至，螳蜋生，鵙始鳴，反舌無聲。

皆記時候也。螳蜋，螵蛸母也。鵙，博勞也。反舌，百舌鳥。○螳音堂，蜋音郎，鵙字林工役反，螵匹遙反，蛸音消

天子居明堂大廟，乘朱路，駕赤駵，載赤旂，衣朱衣，服赤玉，食菽與雞，其器高以粗。

明堂太廟，南堂當太室也。

養壯佼。

助長氣也。○佼古卯反，長丁丈反，下同

是月也，命樂師脩鞀鞞鼓，均琴瑟管簫，執干戚戈羽，調竽笙竾簧，飭鍾磬柷敔。

爲將大雩帝，習樂也。修、均、執、調、飭者，治其器物，習其事之言。○鞀大刀反，鞞步西反，竽音于，竾音池，本又作篪，同，簧音黄，飭音勑，柷昌六反，敔魚呂反，爲于僞反，下文爲民註爲傷爲其皆同，雩音于

命有司爲民祈祀山川百源，大雩帝，用盛樂，乃命百縣雩祀百辟卿士有益於民者，以祈穀實。

陽氣盛而常旱，山川百源能興雲雨者也。衆水始所出爲百源，必先祭其本，乃雩。雩，吁嗟求雨之祭也。雩帝，謂爲壇南郊之旁，雩五精之帝，配以先帝也。自鞀鞞至柷敔皆作，曰盛樂。凡他雩用歌舞而已。百辟卿士，古者上公若句龍、后稷之類也。春秋傳曰：龍見而雩，雩之正常以四月。凡周之秋，三月之中而旱，亦脩雩禮以求雨，因著正雩此月，失之矣。天子雩上帝，諸侯以下雩上公。周冬及春夏雖旱，禮有禱無雩。○辟必亦反，註同，句古侯反，見賢遍反，下御見同

農乃登黍。

登，進也。

是月也，天子乃以雛嘗黍，羞以含桃，先薦寢廟。

此嘗雛也，而云以嘗黍，不以牲主穀也。必以黍者，黍火穀，氣之主也。含桃，櫻桃也。○雛仕于反

令民毋艾藍以染。

爲傷長氣也。此月藍始可別。夏小正曰：五月啓灌藍蓼。○藍力甘反，別彼列反

毋燒灰。

爲傷火氣也。火之氣於是爲盛，火之滅者爲灰。

毋暴布。

不以陰功干大陽之事。○暴步卜反，大音太

門閭毋閉，關市毋索。

順陽敷縱，不難物。○難乃旦反

挺重囚，益其食。

挺猶寬也。

游牝別群。孕妊之欲止也、

則縶騰駒。爲其牡氣有餘相蹄齧也、

班馬政。馬政謂養馬之政教也、𢈔人職曰、掌十有二閑之政教以阜馬佚特教駣攻駒、此之謂也。○駣音兆

是月也、日長至、陰陽爭、死生分。爭者、陽方盛陰欲起也、分猶半也、

君子齊戒、處必掩身、毋躁。

掩猶隱翳也、躁猶動也、今月令、毋躁爲欲靜、

止聲色、毋或進。進猶御見也、聲謂樂也、易及樂春秋說夏至人主與群臣從八能之士作樂五日、今止之、非其道也。○從才用反

薄滋味、毋致和。爲其氣異此時傷人。○和戶臥反

節耆欲、定心氣。微陰扶精不可散也。○耆市志反

百官靜、事毋刑。罪罰之事不可以聞、今月令刑爲徑、

以定晏陰之所成。晏安也、陰稱安、

鹿角解、蟬始鳴、半夏生、木堇榮。又記時候也、半夏藥草、木堇王蒸也。○解戶買反　堇音謹

是月也、毋用火南方。陽氣盛、又用火於其方、害徵陰也、

可以居高明、可以遠眺望、可以升山陵、可以處臺榭。順陽在上也、高明謂樓觀也、闍者謂之臺、有木者謂之榭。○榭音謝　觀古喚反　闍音都

仲夏行冬令、則雹凍傷穀。

子之氣乘之也、陽爲雨、陰起脅之、凝爲雹。○雹步角反　凍丁貢反

道路不通、暴兵來至。盜賊攻劫亦雹之類

行春令、則五穀晚熟。卯之氣乘之也、生日長、

百螣時起、其國乃饑。螣蝗之屬、言百者明衆類並爲害。○螣音特　食苗葉蟲

行秋令、則草木零落。酉之氣乘之也、八月宿直昴畢、爲天獄主殺、

果實早成。生日短。

民殃於疫。大陵之氣來為害也○疫音役

季夏之月，日在柳，昬火中，旦奎中。季夏者日月會於鶉火而斗建未之辰也

其日丙丁。其帝炎帝。其神祝融。其蟲羽。其音徵，律中林鍾。其數七。

其味苦。其臭焦。其祀竈，祭先肺。林鍾者黃鍾之所生三分去一律長六寸季夏氣至則林鍾之律應周語曰林鍾和展百物俾莫不任肅純恪

溫風始至，蟋蟀居壁，鷹乃學習，腐草為螢。皆記時候也鷹學習謂攫搏也夏小正曰六月鷹始摯螢飛蟲螢火也○攫俱縛反

天子居明堂右个，乘朱路，駕赤駵，載赤旂，衣朱衣，服赤玉，食菽與

雞，其器高以粗。明堂右个南堂西偏也

命漁師伐蛟取鼉，登龜取黿。四者甲類秋乃堅成周禮曰秋獻龜魚又曰凡取龜用秋時是夏之秋也作月令者以為此秋據周之時也周之八月夏之六月因書於此似誤也蛟言伐者以其有兵衛也龜言登者尊之也鼉黿言取羞物賤也鼉皮又可以冒鼓今月令漁師為榜人○鼉大多反榜必孟反

命澤人納材葦。蒲葦之屬此時柔刃可取作器物也

是月也，命四監大合百縣之秩芻，以養犧牲。令民無不咸出其力。四監主山林川澤之官百縣鄉遂之屬地有山林川澤者也秩常也百縣給國養犧牲之芻多少有常民皆常出力為艾之今月令四為田

以共皇天上帝、名山大川、四方之神，以祠宗廟社稷之靈，以為民

祈福。牲以供祠神靈為民求福明使民艾芻是不虛取也皇天北辰耀魄寶冬至所祭於圜丘也上帝大微五帝○共音恭

是月也，命婦官染采，黼黻文章，必以法故，無或差貸。

黑黃倉赤，莫不質良，毋敢詐偽。婦官染人也采五色

以給郊廟祭祀之服，以為旗章，以別貴賤等給之度。質正也良善也所用染者當得真采正善也旗章旟旗文章識也○識申志反

是月也，樹木方盛，乃命虞人入山行木，毋有斬伐。為其未堅刃也○行下孟反

不可以興土功，不可以合諸侯，不可以起兵動眾。土將用事氣欲靜

毋舉大事。以搖養氣。大事興徭役以有爲。

毋發令而待。以妨神農之事也。發令而待，謂出繇役之令以預驚民也。民驚則心動，是害土神之氣。土神稱曰神農者，以其主於稼穡。

水潦盛昌。神農將持功。舉大事則有天殃。言土以受天雨澤安靜養物爲功，動之則致害也。孝經說曰：地順受澤，謙虛開張，含泉任萌，滋物歸中。

是月也。土潤溽暑。潤溽謂塗溼也。

大雨時行。燒薙行水。利以殺草。如以熱湯。

薙謂迫地芟草也。此謂欲稼萊地，先薙其草，草乾燒之，至此月大雨，水潦畜於其中，則草死不復生，而地美可稼也。薙人掌殺草，職曰：夏日至而薙之。又曰：如欲其化也，則以水火變之。○薙他計反，芟所銜反，萊音來，畜勑六反，復扶又反

可以糞田疇。可以美土彊。土潤溽膏澤易行也。糞美互文耳。土彊，彊㯺之地。○彊其丈反，註同，易以豉反，强其兩反，㯺好覽反

季夏行春令。則穀實鮮落。國多風欬。辰之氣乘之也。未屬巽，辰又在巽位，二氣相亂爲害。○欬苦代反

民乃遷徙。象風轉移物也。

行秋令。則丘隰水潦。戌之氣乘之也。九月宿直奎，奎爲溝瀆，溝瀆與此月大雨并，而高下皆水。

禾稼不熟。傷於水也。

乃多女災。含任之類敗也。

行冬令。則風寒不時。丑之氣乘之也。

鷹隼蚤鷙。得疾厲之氣也。○隼息允反

四鄙入保。象鳥雀之走竄也。都邑之城曰保。

中央土。火休而盛德在土也。○央於相反

其日戊己。戊之言茂也，己之言起也。日之行四時之閒，從黃道，月爲之佐，至此萬物皆枝葉茂盛，其含秀者抑屈而起，故因以爲日名焉。

其帝黃帝。其神后土。此黃精之君，土官之神，自古以來著德立功者也。黃帝，軒轅氏也。后土亦顓頊氏之子，曰黎，兼爲土官。

其蟲倮。

象物露見不隱藏虎豹之屬相淺毛○倮力果反見賢遍反

其音宮。 聲始於宮宮數八十一屬土者以其最濁君之象也季夏之氣和則宮聲調樂記曰宮亂則荒其君驕

律中黃鍾之宮。 黃鍾之宮最長也十二律轉相生五聲是終於六十焉季夏之氣至則黃鍾之宮應禮運曰五聲六律十二管還相為宮

其數五。 土生數五成數十但言五者土以生為本

其味甘其臭香。 土之臭味也凡甘香者皆屬之

其祀中霤祭先心。 中霤猶中室也土主中央而神在室古者複穴是以名室為霤云祀之先祭心者五藏之次心次肺至此心為尊也祀中霤之禮設主於牖下乃制心及肺肝為俎其祭肉心肺肝各一他皆如祀戶之禮○霤力又反複芳服反藏才浪反

天子居大廟大室乘大路駕黃駵載黃旂衣黃衣服黃玉食稷與牛其器圜以閎。 大廟大室中央室也大路殷路也車如殷路之制而飾之以黃稷五穀之長牛土畜也器圜者象土周帀於四時閎讀如紘紘謂中寬象土含物

孟秋之月日在翼昏建星中旦畢中。 孟秋者日月會於鶉尾而斗建申之辰也

其日庚辛。 庚之言更也辛之言新也日之行秋西從白道成熟萬物月為之佐萬物皆肅然改更秀實新成又因以為日名焉

其帝少皞其神蓐收。 此白精之君金官之臣自古以來著德立功者也少皞金天氏蓐收少皞氏之子曰該為金官○少詩召反註下放此蓐音辱

其蟲毛。 象物應涼氣而備寒狐貉之屬生旃毛出○貉戶各反旃之然反

其音商。 三分徵益一以生商商數七十二屬金者以其濁次宮臣之象也秋氣和則商聲調樂記曰商亂則陂其官壞○陂彼義反

律中夷則。 孟秋氣至則夷則之律應夷則者大呂之所生也三分去一律長五寸七百二十九分寸之四百五十一周語曰夷則所以詠歌九則平民無貳

其數九。 金生數四成數九但言九者亦舉其成數

其味辛其臭腥。 金之臭味也凡辛腥者皆屬焉

其祀門祭先肝。 秋陰氣出祀之於門外陰也祀之先祭肝者秋為陰中於藏直肝肝為尊也祀門之禮北面設主於門左樞乃制肝及肺心為俎奠於主南又設盛於俎東其他皆如祭竈之禮

涼風至，白露降，寒蟬鳴，鷹乃祭鳥，用始行戮。皆記時候也。寒蟬，寒蜩，謂蜺也。鷹祭鳥者，將食之，示有先也。既祭之後，不必盡食，若人君行刑，戮之而已。○蜺，五今反

天子居總章左个，乘戎路，駕白駱，載白旂，衣白衣，服白玉，食麻與犬，其器廉以深。總章左个，大寢西堂南偏。戎路，兵車也，制如周革路而飾之以白。白馬黑鬣曰駱。麻實有文理，屬金。犬，金畜也。器廉以深，象金傷害物入藏。○鬣音獵

是月也，以立秋。先立秋三日，大史謁之天子曰：某日立秋，盛德在金。謁，告。○先，悉薦反

天子乃齊。立秋之日，天子親帥三公、九卿、諸侯、大夫，以迎秋於西郊。還反，賞軍帥武人於朝。迎秋者，祭白帝白招拒於西郊之兆也。軍帥，諸將也。武人，謂環人之屬有勇力者。○帥，於類反，下同。朝，直遙反。將，子匠反，下同

天子乃命將帥選士厲兵，簡練桀俊，專任有功，以征不義。征之言正也，伐也。

詰誅暴慢，以明好惡，順彼遠方。詰，謂問其罪，窮治之也。順，猶服也。○詰，去吉反

是月也，命有司修法制，繕囹圄，具桎梏，禁止姦，慎罪邪，務搏執。順秋氣，政尚嚴。

命理瞻傷，察創，視折。理，治獄官也。有虞氏曰士，夏曰大理，周曰大司寇。創之淺者曰傷。○創，初良反

審斷決，獄訟必端平。端，猶正也。○斷，丁亂反，下同

戮有罪，嚴斷刑。天地始肅，不可以贏。肅，嚴急之言也。贏，猶解也。○贏音盈，註同。解，古賣反

是月也，農乃登穀。天子嘗新，先薦寢廟。黍稷之屬，於是始孰。

命百官始收斂。順秋氣，收斂物。

完隄防，謹壅塞，以備水潦。備者，備八月也。八月宿在畢，畢好雨。○好，呼報反

脩宮室，坏牆垣，補城郭。象秋收斂物當藏也。○坏，步回反

是月也，毋以封諸侯，立大官，毋以割地，行大使，出大幣。古者於嘗出田邑，此其嘗並秋而禁封諸侯割地，失其義。○使，色吏反

孟秋行冬令，則陰氣大勝，亥之氣乘之也。

介蟲敗穀。介甲也，甲蟲屬冬，敗穀者，稻蟹之屬。

戎兵乃來。十月宿直營室，營室之氣為害也，營室主武事。

行春令則其國乃旱。寅之氣乘之也，雲雨以風除也。

陽氣復還，五穀無實。陽氣能生而不能成。○復扶又反

行夏令則國多火災。

巳之氣乘之也。

寒熱不節，民多瘧疾。瘧疾寒熱所為者，今月令瘧疾為厲疫。○瘧魚略反

仲秋之月，日在角，昏牽牛中，旦觜觿中。仲秋者，日月會於壽星，而斗建酉之辰也。○觜子斯反，又子髓反，觿戶圭反

其日庚辛，其帝少皞，其神蓐收，其蟲毛，其音商，律中南呂，其數九，其味辛，其臭腥，其祀門，祭先肝。南呂者，大蔟之所生，三分去一，律長五寸三分寸之一，仲秋氣至則南呂之律應，周語曰南呂者贊陽秀物。

盲風至，鴻鴈來，玄鳥歸，群鳥養羞。皆記時候也，盲風疾風也，玄鳥燕也，歸謂去蟄也，凡鳥隨陰陽者，不以中國為居，羞謂所食也，夏小正曰，九月丹鳥羞白鳥，說曰，丹鳥也者，謂丹良也，白鳥也者，謂閩蚋也，其謂之鳥者，重其養者也，有翼為鳥，養也者，不盡食也，二者文異，群鳥丹良未聞孰是。○盲亡庚反，閩音文，依字作蟁，又作蚊，蚋人銳反，養餘亮反，下同

天子居總章大廟，乘戎路，駕白駱，載白旂，衣白衣，服白玉，食麻與犬，其器廉以深。總章大廟，西堂當大室也。

是月也，養衰老，授几杖，行糜粥飲食。助老氣也，行猶賜也。○糜亡皮反

乃命司服具飭衣裳，文繡有恒，制有小大，度有長短。

此謂祭服也，文謂畫也，祭服之制，畫衣而繡裳。○飭丑力反，後放此

衣服有量，必循其故。此謂朝燕及他服，凡此為寒益至也，詩云，七月流火，九月授衣，於是作之可也。○量音量，下度量同，朝直遙反，為于僞反，下為民同

冠帶有常。因制衣服而作之也。

乃命有司申嚴百刑，斬殺必當，毋或枉橈，枉橈不當，反受其殃。申重也，當謂值其罪。○當丁浪反，下不當及註同，重直用反

是月也，乃命宰祝循行犧牲，視全具，案芻豢，瞻肥瘠，察物色，必比

類量小大視長短皆中度。五者備當上帝其饗。
於鳥獸肥充之時宜省群牲也宰祝大宰大夫主祭祀之官也養牛羊曰芻犬豕曰豢五者謂所視也所按也所瞻也所察也所量也此皆得其正則上帝饗之上帝饗之而無神不饗也○行下孟反豢音患瞻音占瘠在亦反中丁仲反

天子乃難以達秋氣。
此難難陽氣也陽暑至此不衰害亦將及人所以及人者陽氣左行此月宿直昴畢昴畢亦得大陵積尸之氣氣佚則厲鬼亦隨而出行於是亦命方相氏帥百隸而難之王居明堂禮曰仲秋九門磔攘以發陳氣禦止疾疫○難乃多反註同

以犬嘗麻先薦寢廟。
麻始熟也

是月也可以築城郭建都邑穿竇窖修囷倉。
為民將入物當藏也穿竇窖者入地圓曰竇方曰窖王居明堂禮曰仲秋農隙民畢入于室曰時殺將至毋罹其災○囷丘倫反

乃命有司趣民收斂務畜菜多積聚。
始為禦冬之備○趣七住反本又作趨又七綠反

乃勸種麥毋或失時其有失時行罪無疑。
麥者接絕續乏之穀尤重之

是月也日夜分雷始收聲蟄蟲坏戶殺氣浸盛陽氣日衰水始涸。
又記時候也雷始收聲在地中動內物也坏益也蟄蟲益戶謂稍小之也涸竭也此甫八月中雨氣未止而云水竭非也周語曰辰角見而雨畢天根見而水涸又曰雨畢而除道水涸而成梁辰角見九月本也天根見九月本也王居明堂禮曰季秋除道致梁以利農也○坏音陪浸子鴆反涸戶各反見賢遍反下同

日夜分則同度量平權衡正鈞石角斗甬。是月也易關市。來商旅納貨賄以便民事。四方來集遠鄉皆至則財不匱上無乏用百事乃遂。
易關市謂輕其稅使民利之商旅賈客也匱亦乏也遂猶成也○易以豉反注同賈音古

凡舉大事毋逆大數必順其時慎因其類。
事謂興土功合諸侯舉兵眾也季夏禁之孟秋始征伐此月築城郭季秋教田獵是以於中為之戒焉

仲秋行春令則秋雨不降。
卯之氣乘之也卯宿直房心心為天火

草木生榮。
應陽動也

國乃有恐。
以火訛相驚

行夏令則其國乃旱蟄蟲不藏五穀復生。
午之氣乘之也○復扶又反

行冬令則風災數起。
子之氣乘之也北風殺物○數所角反

收雷先行。

先猶蚤也，冬主閉藏。

草木蚤死。寒氣盛也。

季秋之月，日在房，昏虛中，旦柳中。季秋者，日月會於大火，而斗建戌之辰也。

其日庚辛，其帝少皞，其神蓐收，其蟲毛，其音商，律中無射，其數九，其味辛，其臭腥，其祀門，祭先肝。無射者夾鍾之所生，三分去一，律長四寸六千五百六十一分寸之六千五百二十四。季秋氣至，則無射之律應。周語曰：無射所以宣布喆人之令德，示民軌儀。○射音亦，喆貞列反

鴻鴈來賓，爵入大水為蛤，鞠有黃華，豺乃祭獸戮禽。皆記時候也。來賓，言其客止未去也。大水，海也。戮猶殺也。

天子居總章右个，乘戎路，駕白駱，載白旂，衣白衣，服白玉，食麻與犬，其器廉以深。總章右个，西堂北偏。

是月也，申嚴號令。申，重。

命百官貴賤無不務內，以會天地之藏，無有宣出。內謂收斂入之也。會猶聚也。

乃命冢宰，農事備收。備猶盡也。

舉五穀之要。定其租稅之簿。

藏帝藉之收於神倉，祗敬必飭。重粢盛之委也。帝藉，所耕千畝也。藏祭祀之穀為神倉。祗亦敬也。

是月也，霜始降，則百工休。寒而膠漆之作不堅好也。

乃命有司曰：寒氣總至，民力不堪，其皆入室。總猶猥卒。○猥卒，溫罪反，下七忽反

上丁，命樂正入學習吹。為將饗帝也。春夏重舞，秋冬重吹也。

是月也，大饗帝。言大饗者，遍祭五帝也。曲禮曰：大饗不問卜，謂此也。

嘗犧牲，告備於天子。嘗者，謂嘗群神也。天子親嘗帝，使有司祭於群神，禮畢而告焉。

合諸侯，制百縣，為來歲受朔日，與諸侯所稅於民輕重之法，貢職之數，以遠近土地所宜為度，以給郊廟之事，無有所私。

秦以建亥之月爲歲首，於是歲終，使諸侯及鄉遂之官受此法焉。合諸侯制者，定其國家官室車旗衣服禮儀也。諸侯言合制，百縣言受朔日，互文也。貢職所入天子，凡周之法，以正月和之，正歲而縣於象魏。○縣音玄

是月也，天子乃教於田獵，以習五戎，班馬政。

教於田獵，因田獵之禮，教民以戰法也。五戎，謂五兵，弓矢、殳、矛、戈、戟。班馬政，謂齊其色，度其力，使同乘也。校人職曰：凡軍事，物馬而頒之。○殳音殊　度大各反　乘繩證反

命僕及七騶咸駕，載旌旐，授車以級，整設於屏外。

僕，戎僕及御夫也。七騶，謂趣馬，主爲諸官駕說者也。既駕之，又爲之載旌旐。司馬職曰：仲秋教治兵，如振旅之陳，辨旗物之用，王載大常，諸侯載旂，軍吏載旗，師都載旜，鄉遂載物，郊野載旐，百官載旟，是也。級，等次也。整，正列也。設，陳也。屏，所田之地門外之蔽。○旐音兆　趣七住反　說始銳反　陳直覲反　大音太　旟音餘

司徒搢扑，北面誓之。

誓衆以軍法也。○搢音箭　扑普卜反

天子乃厲飾，執弓挾矢以獵。

厲飾，謂戎服，尚威武也。今月令獵爲射。

命主祠祭禽於四方。

以所獲禽祀四方之神也。司馬職曰：羅弊致禽以祀祊。○祊音方

是月也，草木黄落，乃伐薪爲炭。

伐木必因殺氣。

蟄蟲咸俯在内，皆墐其戶。

墐爲塗閉之，辟殺氣。○墐其靳反　辟音避

乃趣獄刑，毋留有罪。

殺氣已至，有罪者卽決也。

收祿秩之不當，供養之不宜者。

天氣殺而萬物成藏，可以去之也。祿秩之不當，恩所增加也。供養之不宜，欲所貪者熊蹯之屬，非常食。○當丁浪反　共同　去起呂反　耆市志反　蹯音煩

是月也，天子乃以犬嘗稻，先薦寢廟。

稻始熟也。

季秋行夏令，則其國大水，冬藏殃敗，民多鼽嚏。

未之氣乘之也。六月宿直東井，氣多暑雨。○鼽音求　說文云病寒鼻窒　嚏丁計反

行冬令，則國多盜賊，邊竟不寧，土地分裂。

丑之氣乘之也。極陰爲外，邊竟之象也。大饗之時地隆坼也。○竟音境　坼丑白反

行春令，則煖氣來至，民氣解惰。

辰之氣乘之也。巽爲風。○解古買反

師興不居。

辰宿直角，角主兵。不居，象風行不休止也。

孟冬之月，日在尾，昏危中，旦七星中。

孟冬者，日月會於析木之津，而斗建亥之辰也。○析思歷反

其日壬癸。壬之言任也，癸之言揆也。日之行東北從黑道，閉藏萬物，月爲之佐，時萬物懷任於下，揆然萌芽。又因以爲日名焉。

其帝顓頊，其神玄冥。此黑精之君，水官之臣，自古以來著德立功者也。顓頊，高陽氏也。玄冥，少皞氏之子，曰脩曰熙，爲水官。

其蟲介。介，甲也。象物閉藏地中，龜鼈之屬。

其音羽。三分商去一以生羽，羽數四十八。屬水者，以爲最清，物之象也。冬氣和則羽聲調。樂記曰：羽亂則危，其財匱。

律中應鍾。孟冬氣至則應鍾之律應。應鍾者，姑洗之所生，三分去一，律長四寸二十七分寸之二十。周語曰：應鍾均利器用，俾應復。

禮記　卷六　月令　四十　承懷堂

其數六。水生數一，成數六。但言六者，亦舉其成數。

其味鹹，其臭朽。水之臭味也。凡鹹朽者皆屬焉。氣若有若無爲朽。

其祀行，祭先腎。冬，陰盛，寒於水，祀之於行，從辟除之類也。祀之先祭腎者，陰位在下，腎亦在下，腎爲尊也。行在廟門外之西，爲軷壤，厚二寸，廣五尺，輪四尺。祀行之禮，北面設主于軷上，乃制腎及脾爲俎，奠于主南，又設盛于俎東，祭肉腎一、脾再，其他皆如祀門之禮。○辟，必亦反。軷，步曷反。

水始冰，地始凍，雉入大水爲蜃，虹藏不見。皆記時候也。大水，淮也。大蛤曰蜃。○見，賢遍反，下註錄見同。

天子居玄堂左个，乘玄路，駕鐵驪，載玄旂，衣黑衣，服玄玉，食黍與彘，其器閎以奄。玄堂左个，北堂西偏也。鐵驪，色如鐵。黍秀舒散，屬火，寒時食之，亦以安性也。彘，水畜也。器閎而奄，象物閉藏也。今月令曰乘軫路，似當爲袗字之誤也。○驪，力知反。

是月也，以立冬。先立冬三日，大史謁之天子曰：某日立冬，盛德在水。天子乃齊。謁，告。○先，悉薦反。

禮記　卷六　月令　四十一　承懷堂

立冬之日，天子親帥三公九卿大夫以迎冬於北郊，還反，賞死事，恤孤寡。迎冬者，祭黑帝叶光紀於北郊之兆也。死事，謂以國事死者，若公叔禺人、顏涿聚者也。孤寡，其妻子也。有以惠賜之，大功加賞。○叶音協。禺音遇。涿，丁角反，又作㧻，同。

是月也，命大史釁龜筴，占兆，審卦吉凶。筴，蓍也。占兆，龜之繇文也。周禮龜人：上春釁龜。謂建寅之月也。秦以其歲首使大史釁龜筴，與周異矣。卦吉凶，謂易也。審省錄之而不釁，筮短賤於兆也。今月令曰：釁祠，祠衍字。

是察阿黨，則罪無有掩蔽。阿黨，謂治獄吏以私恩曲橈相爲也。○爲，于僞反，下爲仲冬、爲天子皆同。

是月也天子始裘。

九月授衣至此可以加裘。

命有司曰天氣上騰地氣下降天地不通閉塞而成冬。

使有司助閉藏之氣門戶可閉閉之窓牖可塞塞之

命百官謹蓋藏。

謂府庫囷倉有藏物

命司徒循行積聚無有不斂。

謂芻禾薪蒸之屬○行下孟反積聚子賜反

坏城郭戒門閭脩鍵閉慎管籥固封疆備邊竟完要塞謹關梁塞

徯徑。

坏益也鍵牡閉牝也管籥搏鍵器也固封疆謂使有司循其溝樹及其衆庶之守法也要塞邊城要害處也梁橋橫也徯徑禽獸之道也今月令疆或爲壃○鍵其輦反疆居良反註及下註同塞先代反註同塞徯上先則反下音奚

飭喪紀辨衣裳審棺椁之薄厚塋丘壟之大小高卑厚薄之度貴賤之等級。

此亦閉藏之具順時飭正之也辨衣裳謂襲斂尊卑所用也所用又有多少○塋音營

是月也命工師效功陳祭器按度程毋或作爲淫巧以蕩上心必功致爲上。

霜降而百工休至此物皆成也工師工官之長也效功錄見百工所作器物也主於祭器祭器尊也度謂制大小也程謂器所容也淫巧謂奢僞怪好也蕩謂搖動生其奢淫○長丁丈反

物勒工名以考其誠。

勒刻也刻工姓名於其器以察其信知其不功致

功有不當必行其罪以窮其情。

功不當者取材美而器不堅也○當丁浪反註同

是月也大飲烝。

十月農功畢天子諸侯與其群臣飲酒于太學以正齒位謂之大飲別之于他其禮亡今天子以燕禮郡國以鄉飲酒禮代之烝謂有牲體爲俎也黨正職曰國索鬼神而祭祀則以禮屬民而飲酒于序以正齒位亦謂此時也詩云十月滌場朋酒斯饗曰殺羔羊躋彼公堂稱彼兕觥受福無疆是頌大飲之詩○別彼列反觵古宏反

天子乃祈來年于天宗大割祠於公社及門閭臘先祖五祀。

此周禮所謂蜡祭也天宗謂日月星辰也大割大殺群牲割之也臘謂以田獵所得禽祭也五祀門戶中霤竈行也或言祈年或言大割或言臘互文○蜡仕詐反

勞農以休息之。

黨正屬民飲酒正齒位是也○勞力報反

天子乃命將帥講武習射御角力。

爲仲冬將大閱簡習之亦因營室主武士也凡田之禮唯狩最備夏小正十二月王狩○將帥上子匠反下色類反

是月也乃命水虞漁師收水泉池澤之賦毋或敢侵削衆庶兆民以爲天子取怨於下其有若此者行罪無赦。

因盛德在水收其稅、

孟冬行春令。則凍閉不密。地氣上泄。

寅之氣乘之也。○泄息列反下同

民多流亡。

象蟄蟲動、

行夏令。則國多暴風。方冬不寒。蟄蟲復出。

巳之氣乘之也。立夏巽用事。巽爲風。○復扶又反

行秋令。則雪霜不時。

申之氣乘之也、

小兵時起。土地侵削。

申陰氣尚微。申宿直參伐。參伐爲兵。○參所林反下同

仲冬之月。日在斗。昏東辟中。旦軫中。

仲冬者。日月會于星紀。而斗建子之辰也。○辟必亦反

其日壬癸。其帝顓頊。其神玄冥。其蟲介。其音羽。律中黃鍾。其數六。

其味鹹。其臭朽。其祀行。祭先腎。

黃鍾者。律之始也。九寸。仲冬氣至。則黃鍾之律應。周語曰。黃鍾所以宣養六氣九德。

冰益壯。地始坼。鶡旦不鳴。虎始交。

皆記時候也。鶡旦。求旦之鳥也。交猶合也。○鶡戶割反

天子居玄堂大廟。乘玄路。駕鐵驪。載玄旂。衣黑衣。服玄玉。食黍與彘。其器閎以奄。

玄堂大廟。北堂當大室、

飭死事。

飭軍士戰必有死志、

命有司曰。土事毋作。慎毋發蓋。毋發室屋。及起大衆。以固而閉。地氣沮泄。是謂發天地之房。諸蟄則死。民必疾疫。又隨以喪。命之曰暢月。

而猶女也。暢猶充也。大陰用事。尤重閉藏。○女音汝大音太

是月也。命奄尹。申宮令。審門閭。謹房室。必重閉。

奄尹。主領奄豎之官也。於周則爲內宰。掌治王之內政宮令。譏出入及開閉之屬。重閉。外內閉也。○重直龍反

省婦事。毋得淫。雖有貴戚近習。毋有不禁。

省婦事所以靜陰類也。淫。謂女功奢僞怪好物也。貴戚。謂姑姊妹之屬。近習。天子所親幸者、

乃命大酋。秫稻必齊。麴糵必時。湛熾必絜。水泉必香。陶器必良。火齊必得。兼用六物。大酋監之。毋有差貸。

酒熟曰酋。大酋者。酒官之長也。於周禮爲酒人。秫稻必齊。謂孰成也。湛漬也。熾炊也。火齊腥孰之調也。物猶事也。差貸謂失誤有善有惡者。古者穫稻而漬米麴。至春而爲酒。詩云。十月穫稻。爲此春酒。以介眉壽。○酋子由反齊才計反註火齊同

天子命有司。祈祀四海大川名源淵澤井泉。

順其德盛之時祭之也今月令淵爲深

是月也農有不收藏積聚者馬牛畜獸有放佚者取之不詰

此收斂尤急之時人有取者不罪所以警懼其主也王居明堂禮曰孟冬之月命農畢積聚繫收牛馬

山林藪澤有能取蔬食田獵禽獸者野虞教道之其有相侵奪者罪之不赦

務收斂野物也大澤曰藪草木之實爲蔬食

是月也日短至陰陽爭諸生蕩

爭者陰方盛陽欲起也蕩謂物動萌芽也

君子齊戒處必掩身身欲寧去聲色禁耆欲安形性事欲靜以待

陰陽之所定

寧安也聲謂樂也易及樂春秋說云冬至人主與群臣從八能之士作樂五日此言去聲色又相反○去起呂反註及下同耆市志反從子用反

芸始生荔挺出蚯蚓結麋角解水泉動

又記時候也芸香草也荔挺馬薤也水泉動潤上行○芸音云荔力計反解音蟹薤戶介反上時丈反

日短至則伐木取竹箭

此其堅成之極時

是月也可以罷官之無事去器之無用者

謂先時權所建作者也天地閉藏而萬物休可以去之

塗闕廷門閭築囹圄此以助天地之閉藏也

順時氣也

仲冬行夏令則其國乃旱

午之氣乘之也

氛霧冥冥

霜降之氣散相亂也

雷乃發聲

震氣動也午屬震

行秋令則天時雨汁瓜瓠不成

酉之氣乘之也酉宿直昴畢畢好雨雨汁者水雪雜下也子宿直虛危虛危內有瓜瓠○雨汁于付反下音執瓠戶故反好呼報反

國有大兵

兵亦軍之氣

行春令則蝗蟲爲敗

當蟄者出卯之氣乘之也

水泉咸竭

大火爲旱

民多疥癘

疥癘之病，孚甲之象。

季冬之月，日在婺女，昏婁中，旦氐中。

季冬者，日月會于玄枵，而斗建丑之辰也。○婺無付反，婁力侯反，氐丁計反，枵許驕反

其日壬癸，其帝顓頊，其神玄冥，其蟲介，其音羽，律中大呂，其數六，

大呂者，蕤賓之所生也，三分益一，律長八寸二百四十三分寸之百四，季冬氣至，則大呂之律應，周語曰，大呂助陽宣物。

其味鹹，其臭朽，其祀行，祭先腎。

鴈北鄉，鵲始巢，雉雊，雞乳。

皆記時候也，雊，雉鳴也，詩云雉之朝雊，尚求其雌。○鄉音向，雊音豆反

天子居玄堂右个，乘玄路，駕鐵驪，載玄旂，衣黑衣，服玄玉，食黍與

禮記 卷六 月令 累 永懷堂

彘，其器閎以奄。

玄堂右个，北堂東偏。

命有司大難，旁磔，出土牛，以送寒氣。

此難，儺陰氣也，難陰始於此者，陰氣右行，此月之中，日歷虛危，虛危有墳墓四司之氣，爲厲鬼，將隨强陰出害人也，旁磔于四方之門，磔，攘也，出猶作也，作土牛者，丑爲牛，牛可牽止也，送猶畢也。○難乃多反，下註同，磔竹百反，爲厲于僞反

征鳥厲疾。

殺氣當極也，征鳥，題肩也，齊人謂之擊征，或名曰鷹，仲春化爲鳩。

乃畢山川之祀，及帝之大臣，天之神祇。

四時之功成于冬，孟月祭其宗，至此可以祭其佐也，帝之大臣，句芒之屬，天之神祇，司中，司命，風師，雨師。

是月也，命漁師始漁，天子親往，乃嘗魚，先薦寢廟。

天子必親往視漁，明漁非常事，重之也，此時魚絜美。

冰方盛，水澤腹堅，命取冰。

腹，厚也，此月日在北陸，冰堅厚之時也，北陸謂虛也，今月令無堅。

冰以入，令告民出五種。

冰既入，而令田官告民出五種，明大寒氣過，農事將起也。

命農計耦耕事，修耒耜，具田器。

耜者，耒之金也，廣五寸，田器，鎡錤之屬。○鎡音兹，錤音基

命樂師大合吹而罷。

歲將終，與族人大飲，作樂于大寢，以綴恩也，言罷者，此用禮樂於族人最盛，後年若時乃復然也，凡用樂必有禮，用禮則有不用樂者，王居明堂禮，季冬命國爲酒，以合三族，君子說，小人樂。○合古荅反，吹昌睡反，罷音皮，復扶又反，子說音悅，人樂音洛

禮記 卷六 月令 累 永懷堂

乃命四監收秩薪柴，以共郊廟及百祀之薪燎。

四監，主山林川澤之官也，大者可析謂之薪，小者合束謂之柴，薪施炊爨，柴以給燎，春秋傳曰，其父析薪，今月令無及百祀之薪燎。○共音恭，下文以共皆同，爨七亂反

是月也，日窮于次，月窮于紀，星回于天，數將幾終。

言日月星辰運行于此月，皆周匝于故處也，次，舍也，紀，會也。

歲且更始，專而農民，毋有所使。

而猶女也，言專一女農民之心，令之豫有志于耕稼之事，不可徭役，徭役之則志散失業也。○女音汝，令力呈反

天子乃與公卿大夫共飭國典。論時令。以待來歲之宜。

飭國典者和六典之法也周禮以正月爲之建寅而縣之今用此月則所因于夏殷也○縣音玄

乃命大史次諸侯之列。賦之犧牲。以共皇天上帝社稷之饗。

此所與諸侯共者也列國有大小也賦之犧牲大者出多小者出少饗獻也

乃命同姓之邦。共寢廟之芻豢。

此所以與同姓共也芻豢猶犧牲

命宰歷卿大夫至於庶民土田之數。而賦犧牲。以共山林名川之祀。

此所與卿大夫庶民共者也歷猶次也卿大夫采地亦有大小其非采地以其邑之民多少賦之

凡在天下九州之民者。無不咸獻其力。以共皇天上帝社稷寢廟山林名川之祀。

民非神之福不生雖有其邦國采地此賦要由民出

季冬行秋令。則白露早降。介蟲爲妖。

戌之氣乘之也九月初尚有白露月中乃爲霜丑爲鼈蟹

四鄙入保。

畏兵辟寒象○辟毗異反

行春令。則胎夭多傷。

辰之氣乘之也天少長也此月物甫萌芽季春乃句者畢出萌者盡達胎夭多傷者生氣早至不充其性

國多固疾。

生不充性有久疾也

命之曰逆。

衆害莫大于此

行夏令。則水潦敗國。時雪不降。冰凍消釋。

未之氣乘之也季夏乃雨時行

禮記卷六終

禮記卷七

漢大司農北海鄭　玄註

皇明　後學東吳金　蟠校

曾子問第七

曾子問曰。君薨而世子生。如之何。孔子曰。卿大夫士從攝主北面於西階南。

變於朝夕哭位也。攝主，上卿代君聽國政。

大祝裨冕。執束帛。升自西階盡等。不升堂。命毋哭。

將有事，宜清淨也。裨冕者，接神則祭服也。諸侯之卿大夫所服裨冕，絺冕也，玄冕也，士服爵弁服，大祝裨冕則大夫。○大祝音祝。

祝聲三。告曰。某之子生。敢告。

聲，噫歆，警神也。某，夫人之氏也。

升奠幣于殯東几上。哭降。

几筵於殯東，明繼體也。

衆主人。卿大夫士。房中。皆哭不踊。

衆主人，君之親也。房中，婦人。

盡一哀。反位。遂朝奠。

反朝夕哭位。

小宰升舉幣。

所主也。舉而下埋之階間。

三日。衆主人。卿大夫士。如初位。北面。

三日，負子日也，初告生時。

大宰大宗大祝皆裨冕。少師奉子以衰。祝先。子從。宰宗人從。入門。哭者止。

宰宗人，詔贊君事者。○少，升召反，下少喪并注同。奉，芳勇反，下注奉者同。衰，七雷反，下同。從，才用反，下同。

子升自西階。殯前北面。祝立于殯東南隅。祝聲三。曰。某之子某。從執事。敢見。子拜稽顙。哭。

奉子者拜哭。○見，賢遍反，下而見伯父廟見旅見同。

祝宰宗人。衆主人。卿大夫士。哭踊三者三。降東反位。皆袒。子踊。房中亦踊。三者三。襲衰杖。

踊襲衰杖，成子禮也。

奠出。

亦謂朝奠。

大宰命祝史。以名徧告于五祀山川。

因負子名之，喪於禮略也。

曾子問曰。如已葬而世子生。則如之何。孔子曰。大宰大宗從大祝而告于禰。告生也。

三月乃名于禰，以名徧告及社稷宗廟山川。

孔子曰：諸侯適天子，必告于祖，奠于禰。皆奠幣以告之乏文也。

冕而出視朝。聽國事也。諸侯朝天子，必裨冕，爲將廟受也。裨冕者，公袞，侯伯鷩，子男毳。○朝，直遙反，下注及下同。爲，于僞反，下爲事同。鷩，必列反。毳，昌銳反。

命祝史告于社稷宗廟山川。

臨行又徧告宗廟，孝敬之心也。

乃命國家五官而后行。五官，五大夫典祀者。命者，勑之以其職。

道而出。祖道也。聘禮曰：出祖釋軷，祭酒脯也。

告者五日而徧，過是非禮也。既告不敢久留。

凡告用牲幣，反亦如之。牲當爲制，字之誤也。制幣一丈八尺。

諸侯相見，必告于禰，道近，或可以不親告禰。

朝服而出視朝。朝服，爲事故也。

命祝史告于五廟所過山川。山川所不過則不告，賤於適天子也。

亦命國家五官，道而出。反，必親告于祖禰。乃命祝史告至于前所告者，而后聽朝而入。反必親告祖禰，同出入禮。

曾子問曰：並有喪，如之何？何先何後？並，謂父母若親同者同月死。

孔子曰：葬，先輕而後重；其奠也，先重而後輕，禮也。自啓及葬不奠，不奠，務於當葬者。

行葬不哀次，不哀次，輕於在殯者。

反葬奠而后辭於殯，遂修葬事。殯當爲賓，聲之誤也。辭於賓，謂告將葬啓期也。

其虞也，先重而後輕，禮也。

孔子曰。宗子雖七十。無無主婦。族人之婦不可無統。非宗子。雖無主婦可也。

曾子問曰。將冠子。冠者至。揖讓而入。聞齊衰大功之喪。如之何。冠者賓及贊者。○冠古亂反。下及注皆同孔子曰。內喪則廢。外喪則冠而不醴。徹饌而埽。即位而哭。如冠者未至則廢。內喪同門也。不醴不醴子也。其廢者喪成服因喪而冠。○饌仕戀反。埽悉報反如將冠子而未及期日。而有齊衰大功小功之喪。則因喪服而冠。

禮記　卷七　曾子問　五　禾懷堂

廢吉禮而因喪冠。俱成人之服。及至也。除喪不改冠乎。孔子曰。天子賜諸侯大夫冕弁服於大廟。歸設奠。服賜服。於斯乎有冠醮。無冠醴。酒為醮。冠禮醴重而醮輕。此服賜服酌用酒。尊賜也。不醴明不為改冠。改冠當醴之。○醮子妙反父沒而冠。則已冠埽地而祭於禰。已祭而見伯父叔父。而后饗冠者。饗謂禮之

曾子問曰。祭如之何則不行旅酬之事矣。孔子曰。聞之。小祥者主人練祭而不旅。奠酬於賓。賓弗舉。禮也。奠無尸。虞不致爵。小祥不旅酬。大祥無無筭爵。彌吉也。昔者魯昭公練而舉酬行旅。非禮也。孝公大祥。奠酬弗舉。亦非禮也。孝公隱公之祖父。

曾子問曰。大功之喪。可以與於饋奠之事乎。饋奠在殯時也。○與音預。下注説衰與奠皆同孔子曰。豈大功耳。自斬衰以下皆可。禮也。曾子曰。不以輕服而重相為乎。

禮記　卷七　曾子問　六　禾懷堂

怪以重服而為人執事。○為于偽反。注為人其所為服為君為其皆同孔子曰。非此之謂也。非謂為人謂於其所為服也天子諸侯之喪。斬衰者奠。為君服者皆斬衰。唯主人不奠。大夫齊衰者奠。服斬衰者不奠。辟正君也。齊衰者其兄弟。○辟音避。下同士則朋友奠。不足則取於大功以下者。不足則反之。服齊衰者不奠。辟大夫也。言不足者。謂殷奠時。

曾子問曰。小功可以與於祭乎。

祭謂虞卒哭時、

孔子曰何必小功耳。自斬衰以下與祭、禮也。曾子曰不以輕喪而重祭乎。

怪使重者執事

孔子曰天子諸侯之喪祭也。不斬衰者不與祭。大夫齊衰者與祭。士祭不足則取於兄弟大功以下者。曾子問曰相識有喪服可以與於祭乎。

問已有喪服可以助所識者祭否、

孔子曰緦不祭又何助於人。

曾子問曰廢喪服可以與於饋奠之事乎。

謂新除喪服也、

孔子曰説衰與奠非禮也。

執事於人之神爲其忘哀疾也○説湯活反

以擯相可也。

曾子問曰昏禮既納幣有吉日。女之父母死則如之何。

吉日取女之吉日○相息亮反取七住反本亦作娶下文取婦取女同

孔子曰壻使人弔。如壻之父母死則女之家亦使人弔。

必使人弔者未成兄弟、

父喪稱父。母喪稱母。

禮宜各以其敵者也父使人弔之辭云某子聞某之喪某子使某如何不淑母則若云宋蕩伯姬聞姜氏之喪伯姬使某如何不淑凡弔辭一耳、

父母不在則稱伯父世母。

弔禮不可廢也伯父母又不在則稱叔父母、

壻已葬。壻之伯父致命女氏曰。某之子有父母之喪不得嗣爲兄弟使某致命。女氏許諾而弗敢嫁禮也。

必致命者不敢以累年之喪使人失嘉會之時○累力弭反

壻免喪女之父母使人請壻弗取而后嫁之禮也。

請請成昏

女之父母死壻亦如之。

女免喪壻之父母亦使人請其已葬時亦致命、

曾子問曰親迎女在塗而壻之父母死如之何。孔子曰女改服布深衣縞總以趨喪。

布深衣縞總婦人始喪未成服之服○迎魚敬反下同

女在塗而女之父母死則女反。

奔喪服期○期居宜反下同

如壻親迎女未至而有齊衰大功之喪則如之何。

孔子曰。男不入改服於外次。女入改服於內次。然後即位而哭。不闢喪即改服者。昏禮重於齊衰以下。

曾子問曰。除喪則不復昏禮乎。復猶償也。○償音尚

孔子曰。祭過時不祭。禮也。又何反於初。重喻輕也。同牢及饋饗相飲食之道。○過古臥反。食音寺

孔子曰。嫁女之家。三夜不息燭。思相離也。親骨肉也。○離力智反

取婦之家。三日不舉樂。思嗣親也。

重世變也

三月而廟見。稱來婦也。擇日而祭於禰。成婦之義也。謂舅姑沒者也。必祭成婦義者。婦有供養之禮。猶舅姑存時。盥饋特豚於室。○盥饋音管

曾子問曰。女未廟見而死。則如之何。孔子曰。不遷於祖。不祔於皇姑。壻不杖。不菲。不次。歸葬於女氏之黨。示未成婦也。遷朝廟也。壻雖不備喪禮。猶爲之服齊衰也。○菲一本作扉。扶畏反。草屨。朝直遥反。爲于僞反。下爲庶母。爲其下文君爲。皆同

曾子問曰。取女有吉日而女死。如之何。孔子曰。壻齊衰而弔。既葬而除之。夫死亦如之。未有期三年之恩也。女服斬衰。

曾子問曰。喪有二孤。廟有二主。禮與。怪時有之。

孔子曰。天無二日。土無二王。嘗禘郊社。尊無二上。未知其爲禮也。尊喻卑也。神雖多。猶一一祭之。

昔者齊桓公亟舉兵。作僞主以行。及反。藏諸祖廟。廟有二主。自桓公始也。僞猶假也。舉兵以遷廟主行。無則主命。爲假主非也。○亟起吏反

喪之二孤。則昔者衛靈公適魯。遭季桓子之喪。衛君請弔。哀公辭不得命。公爲主。客入弔。康子立於門右。北面。公揖讓。升自東階。西鄉。客升自西階弔。公拜興哭。康子拜稽顙於位。有司弗辯也。今之

二孤。自季康子之過也。辯猶正也。若康子者。君弔其臣之禮也。鄰國之君弔。君爲之主。主人拜稽顙非也。當哭踊而已。靈公先桓子以魯哀公二年夏卒。桓子以三年秋卒。是出公也。○鄉許亮反

曾子問曰。古者師行。必以遷廟主行乎。孔子曰。天子巡狩。以遷廟主行。載于齊車。言必有尊也。今也取七廟之主以行。則失之矣。齊車。金路。○狩本作狩。齊側皆反。本亦作齋。注及下同

當七廟五廟無虛主。虛主者。唯天子崩。諸侯薨。與去其國。與祫祭於祖。爲無主耳。吾聞諸老聃曰。天子崩。國君薨。則祝取羣廟之主

而藏諸祖廟。禮也。卒哭成事。而后主各反其廟。

老聃、古壽考者之號也。與孔子同時。藏諸主於祖廟、象有凶事者聚也。卒哭成事、先祔之祭名也。○祫音洽。聃他甘反。祔音附

君去其國。大宰取羣廟之主以從。禮也。

鬼神依人者也。○從才用反。下禪從而從同

祫祭於祖。則祝迎四廟之主。

祝接神者也。

主出廟入廟必蹕。老聃云。

蹕、止行也。○蹕音畢

曾子問曰。古者師行無遷主。則何主。孔子曰。主命。問曰。何謂也。孔子曰。天子諸侯將出。必以幣帛皮圭告于祖禰。遂奉以出。載于齊車以行。每舍奠焉。而后就舍。

以脯醢禮神、乃敢即安也。所告而不以出、即埋之。

反必告。設奠卒。斂幣玉。藏諸兩階之間。乃出。蓋貴命也。

子游問曰。喪慈母如母。禮與。

如母、謂父卒三年也。子游意以爲國君亦當然。禮所云者、乃大夫以下、父所使妾養妾子。

孔子曰。非禮也。古者男子。外有傅。內有慈母。君命所使教子也。何服之有。

言無服也。此指謂國君之子也。大夫士之子爲庶母慈已者服小功。父卒乃不服。

昔者魯昭公少喪其母。有慈母良。及其死也。公弗忍也。欲喪之。有司以聞曰。古之禮。慈母無服。

據國君也。良、善也。謂之慈母、固爲其善。國君之妾子、於禮不服也。昭公年三十、乃喪齊歸、猶無戚容。是不少。又安能不忍於慈母。此非昭公明矣。未知何公也。

今也君爲之服。是逆古之禮。而亂國法也。若終行之。則有司將書之以遺後世。無乃不可乎。公曰。古者天子練冠以燕居。公弗忍也。遂練冠以喪慈母。喪慈母自魯昭公始也。

公之言又非也。天子練冠以燕居、蓋謂庶子王爲其母

曾子問曰。諸侯旅見天子。入門不得終禮。廢者幾。

旅、衆。○幾居豈反。下同

孔子曰。四。請問之。曰。大廟火。日食。后之喪。雨霑服失容。則廢。

大廟、始祖廟。宗廟皆然。主於始祖耳。

如諸侯皆在而日食。則從天子救日。各以其方色與其兵。

示奉時事、有所討也。方色者、東方衣青、南方衣赤、西方衣白、北方衣黑、兵未聞也。○衣於旣反

大廟火。則從天子救火。不以方色與兵。曾子問曰。諸侯相見。揖讓入門。不得終禮。廢者幾。孔子曰。六。請問之。曰。天子崩。大廟火。日食。后夫人之喪。雨霑服失容。則廢。

夫人、君之夫人。

曾子問曰天子嘗禘郊社五祀之祭簠簋既陳天子崩后之喪如之何孔子曰廢既陳謂夙興陳饌牲器時也天子七祀言五者關中言之

曾子問曰當祭而日食大廟火其祭也如之何孔子曰接祭而已矣如牲至未殺則廢接祭而已不迎尸也

天子崩未殯五祀之祭不行既殯而祭其祭也尸入三飯不侑酳不酢而已矣自啓至于反哭五祀之祭不行已葬而祭祝畢獻而已

既葬彌吉畢獻祝而後止郊社亦然惟嘗禘宗廟俟吉也○飯扶晩反下同酳音胤

曾子問曰諸侯之祭社稷俎豆既陳聞天子崩后之喪君薨夫人之喪如之何孔子曰廢亦謂夙興陳饌牲器時也

自薨比至于殯自啓至于反哭奉帥天子帥循也所奉循如天子者謂五祀之祭也社稷亦然○比必利反

曾子問曰大夫之祭鼎俎既陳籩豆既設不得成禮廢者幾孔子曰九請問之曰天子崩后之喪君薨夫人之喪君之大廟火日食三年之喪齊衰大功皆廢外喪自齊衰以下行也齊衰異門則祭

其齊衰之祭也尸入三飯不侑酳不酢而已矣大功酢而已矣小功緦室中之事而已矣室中之事謂賓長獻○長丁丈反下文註長同

士之所以異者緦不祭然則士不得成禮者十一

所祭於死者無服則祭謂若舅舅之子從母昆弟

曾子問曰三年之喪弔乎孔子曰三年之喪練不羣立不旅行

爲其苟語忘哀也○爲于僞反下爲彼爲親妻爲婦爲爲已病皆同

君子禮以飾情三年之喪而弔哭不亦虛乎爲彼哀則不專於親也爲親哀則是妄弔

曾子問曰大夫士有私喪可以除之矣而有君服焉其除之也如之何孔子曰有君喪服於身不敢私服又何除焉重喩輕也私喪家之喪也喪服四制曰門外之治義斷恩○斷丁亂反

於是乎有過時而弗除也君之喪服除而后殷祭禮也謂主人也支子則否

曾子曰父母之喪弗除可乎

以其有終身之憂、

孔子曰、先王制禮、過時弗舉、禮也。非勿能弗除也、患其過於制也。

故君子過時不祭、禮也。

言制禮以爲民中、過其時則不成禮、

曾子問曰、君薨既殯、而臣有父母之喪、則如之何。孔子曰、歸居于家、有殷事、則之君所、朝夕否。

居家者、因其哀後隆於父母、殷事、朔月月半薦新之奠也、

曰、君既啓、而臣有父母之喪、則如之何。孔子曰、歸哭而反送君。

言送君、則既葬而歸也、歸哭者、服君服而歸、不敢私服也、

曰、君未殯、而臣有父母之喪、則如之何。孔子曰、歸殯、反于君所、有殷事則歸、朝夕否。

其哀雜主於君、

大夫室老行事、士則子孫行事。

大夫士其在君所之時、則攝其事、

大夫內子有殷事、亦之君所、朝夕否。

謂大夫之君既殯、而有舅姑之喪者、內子大夫妻也、妻爲夫之君、如婦爲舅姑、服齊衰、

賤不誄貴、幼不誄長、禮也。

誄、累也、累列生時行迹、誄之以作謚、謚當由尊者成、○行下孟反

唯天子稱天以誄之。

以其無尊焉、春秋公羊說以爲讀誄制謚於南郊、若云受之於天然、

諸侯相誄、非禮也。

禮當言誄於天子也、天子乃使大史賜之謚、

曾子問曰、君出疆、以三年之戒、以椑從、君薨、其入如之何。

其出有喪備、疑喪入必異也、戒、猶備也、謂衣衾也、親身棺曰椑、其餘可死乃具也、○疆居良反、椑薄曆反

孔子曰、共殯服。

此謂君已大斂殯服、謂布深衣苴絰散帶垂、殯時主人所服、共之、以待其來也、其餘殯事亦皆具焉、○共音恭注同

則子麻弁絰、疏衰、菲、杖。

棺柩未安、不忍成服於外也、麻弁絰者、布弁而加環絰也、布弁如爵弁、而用布、杖者、爲已病、○弁皮彥反、柩其又反、已音以

入自闕、升自西階。

闕、謂毀宗也、柩毀宗而入、異於生也、升自西階亦異生也、所毀宗、殯宮門西也、於此正棺而服殯服、既塗而成服、殷柩出毀宗、周柩入毀宗、禮相變也、

如小斂、則子免而從柩。

謂君已小斂也、主人布深衣不括髮者、行遠不可無飾、○免音問

入自門、升自阼階。

親未在棺、不忍異入、使如生來反、

君大夫士一節也。

曾子問曰。君之喪既引。聞父母之喪。如之何。孔子曰。遂。既封而歸。不俟子。遂遂送君也。封當爲窆。子，嗣君也。○封音窆，彼驗反

曾子問曰。父母之喪既引。及塗。聞君薨。如之何。孔子曰。遂。既封改服而往。封亦當爲窆。改服，括髮徒跣布深衣扱上衽，不以私喪包至尊。○扱初洽反

曾子問曰。宗子爲士。庶子爲大夫。其祭也如之何。孔子曰。以上牲祭於宗子之家。貴祿重宗也。上牲，大夫少牢。

祝曰。孝子某爲介子某。薦其常事。介，副也。不言庶，使若可以祭然。○爲于僞反，下注爲有，異居爲無，曰同

若宗子有罪。居于他國。庶子爲大夫。其祭也。祝曰。孝子某使介子某執其常事。此之謂宗子攝大夫。○其祭也本或此下有如之何三字

攝主不厭祭。不旅。不假。不綏祭。不配。皆辟正主。厭，厭飫神也。厭有陰有陽。迎主之前，祝酌奠，奠之且饗，是陰厭也。尸謖之後，徹薦俎敦，設於西北隅，是陽厭也。此不厭者，不陽厭也。不旅，不旅酬也。假讀爲嘏。不嘏，不嘏主人也。不綏祭，謂今主人也。綏，周禮作墮。不配者，祝辭不言以某妃配某氏。○厭於豔反，注下竹同。綏作墮，同許垂反。辟音避，下同。飫於去反。謖色六反。敦音對。嘏古雅反

布奠於賓。賓奠而不舉。布奠謂主人酬賓，奠觶於薦北。賓奠謂取觶奠於薦南也。此酬之始也。奠之不舉，止旅。○觶音支

不歸肉。肉，俎也。謂與祭者留之共燕。○歸如字，又其位反。與音預

其辭於賓曰。宗兄宗弟宗子在他國。使某辭。辭猶告也。宿賓之辭。與宗子爲列，則曰宗兄若宗弟；昭穆異者，曰宗子而已。其辭若云：宗兄某在他國，使某執其常事，使某告。

曾子問曰。宗子去在他國。庶子無爵而居者。可以祭乎。孔子曰。祭哉。有子孫在，不可以乏先祖之祀。

請問其祭如之何。孔子曰。望墓而爲壇。以時祭。不祭于廟，無爵者賤。遠辟正主。○壇音善

若宗子死。告於墓而后祭於家。言祭於家，容無廟也。

宗子死。稱名不言孝。孝，宗子之稱，不敢與之同。其辭但言子某薦其常事。

身沒而已。至子可以稱孝。

子游之徒。有庶子祭者以此。

以用也。用此禮祭也。

若義也。

若、順。

今之祭者不首其義。故誣於祭也。

首本也。誣猶妄也。

曾子問曰。祭必有尸乎。若厭祭亦可乎。

言無益無用爲。厭時無尸。

孔子曰。祭成喪者必有尸。尸必以孫。孫幼則使人抱之。無孫則取於同姓可也。

人必有子孫爲成人。子不殤父義由此也。

祭殤必厭。蓋弗成也。

厭飫而已。不成其爲人。

祭成喪而無尸。是殤之也。

與不成人同。

孔子曰。有陰厭。有陽厭。

言祭殤之禮。有於陰厭之者。有於陽厭之者。

曾子問曰。殤不祔祭。何謂陰厭陽厭。

祔當爲備。聲之誤也。言殤乃不成人。祭之不備禮。而云陰厭陽厭乎。此失孔子指也。祭成人始設奠於奧。迎尸於前。謂之陰厭。尸謖之後。改饌於西北隅。謂之陽厭。殤則不備。○祔依注音備。

孔子曰。宗子爲殤而死。庶子弗爲後也。

族人以其倫代之。明不序昭穆立之廟。其祭之就其祖而已。代之者主其禮。

其吉祭特牲。

尊宗子從成人也。凡殤則特豚。自卒哭成事之後爲吉祭。

祭殤不舉。無肵俎。無玄酒。不告利成。

此其無尸及所降也。其他如成人。舉肺脊。肵俎利成。禮之施於尸者。○肵音其。

是謂陰厭。

是宗子而殤。祭之於奧之禮。小宗爲殤。其祭禮亦如之。

凡殤與無後者。祭於宗子之家。當室之白。尊于東房。是謂陽厭。

凡殤謂庶子之適也。或昆弟之子。或從父昆弟。無後者。如有昆弟及諸父。此則今死者皆宗子大功之內親共祖禰者。言祭於宗子之家者。爲有異居之道也。無廟者爲墠祭之。親者共其牲物。宗子皆主其禮。當室之白。尊於東房。異於宗子之爲殤。當室之白。謂西北隅得戶明者也。明者曰陽。凡祖廟在小宗之家。小宗祭之亦然。宗子之適亦爲凡殤。過此以往則不祭也。祭適者天子下祭五。諸侯下祭三。大夫下祭二。士以下祭子而止。○適丁曆反。下同。共其音恭。

曾子問曰。葬引至于堩。日有食之。則有變乎。且不乎。

堩道也。變謂異禮。○堩古鄧反。

孔子曰：昔者吾從老聃助葬于巷黨，及堩，日有食之。老聃曰：丘，止。柩就道右，止哭以聽變。既明反而后行。曰：禮也。

巷黨，黨名也。就道右者，行相左也。變，日食也。反，復也。

反葬而丘問之曰：夫柩不可以反者也。日有食之，不知其已之遲數，則豈如行哉。

已，止也。數，讀爲速。

老聃曰：諸侯朝天子，見日而行，逮日而舍奠。大夫使，見日而行，逮日而舍。

舍奠，將舍奠行主。○朝，直遙反。使，色吏反，下君使、所使同。

禮記　卷七　曾子問　卅二　承懷堂

夫柩不蚤出，不莫宿。

侵晨夜則近姦寇。○莫音暮。

見星而行者，唯罪人與奔父母之喪者乎。日有食之，安知其不見星也。

爲無日而慝作，豫止也。

且君子行禮，不以人之親痁患。

痁，病也。以人之父母行禮而悉懼其有患害，不爲也。○痁，始占反。

吾聞諸老聃云。

曾子問曰：爲君使而卒於舍，禮曰：公館復，私館不復。凡所使之國，有司所授舍，則公館已，何謂私館不復也。

復，始死招魂。

孔子曰：善乎問之也。

善其問難明也。

自卿大夫士之家曰私館，公館與公所爲曰公館。公館復，此之謂也。

公館若今縣官宮也。公所爲君所命使舍已者。

曾子問曰：下殤，土周葬于園，遂輿機而往，塗邇故也。

土周，堲周也。周人以夏后氏之堲周葬下殤於園中，以其去成人遠，不就墓也。機，輿尸之牀也，以繩絙其中央，又以繩從兩旁鉤之。禮以機舉尸輿之以就園而斂葬焉，塗近故耳。輿機或爲餘機。○堲本又作即，子栗反。絙本又作緪，古鄧反。

禮記　卷七　曾子問　卅三　承懷堂

今墓遠，則其葬也如之何。

今人斂下殤於宮中而葬於墓，與成人同，墓塗乃遠，其葬當輿其棺乎，載之也。問禮之變也。

孔子曰：吾聞諸老聃曰：昔者史佚有子而死，下殤也，墓遠，

蓋欲葬如長殤，從成人也。長殤有遣葬車者，則棺載之矣。史佚，成王時賢史也。賢猶有所不知。○長，丁丈反，下同。

召公謂之曰：何以不棺斂於宮中。

欲其斂於宮中，如成人也。斂於宮中則葬當載之。

史佚曰：吾敢乎哉。

畏長知禮也。

召公言於周公。爲史佚問。○爲于僞反下爲辟下文有爲並同周公曰豈不可。言是豈於禮不可不許也。史佚行之。失指以爲許也。遂用召公之言。下殤用棺衣棺自史佚始也。棺謂斂於棺。

曾子問曰卿大夫將爲尸於公受宿矣而有齊衰內喪則如之何。

孔子曰出舍於公館以待事禮也。吉凶不可以同處。孔子曰尸弁冕而出。爲君尸或弁者先祖或有爲大夫士者。卿大夫士皆下之。見而下車。尸必式。小俛禮之。必有前驅。爲辟道。○辟音避下同

子夏問曰三年之喪卒哭金革之事無辟也者禮與初有司與。疑有司初使之然。孔子曰夏后氏三年之喪既殯而致事殷人既葬而致事。致事還其職位於君則卒哭而致事。記曰君子不奪人之親亦不可奪親也此之謂乎。二者恕也孝也。子夏曰金革之事無辟也者非與。疑禮當有然。

孔子曰吾聞諸老聃曰昔者魯公伯禽有爲爲之也。伯禽周公子封於魯有徐戎作難喪卒哭而征之急王事也征之作費誓。○難乃旦反費音秘今以三年之喪從其利者吾弗知也。時多攻取之兵言非禮也。

禮記卷七終

禮記卷八

漢大司農北海鄭　玄註
皇明　後學東吳葛　鼒較

文王世子第八

文王之爲世子朝於王季日三。（三皆日朝以其禮同○朝直遙反）

雞初鳴而衣服至於寢門外問內豎之御者曰今日安否何如。內豎曰安。（內豎小臣之屬掌外內之通命者御如今小史直日矣○衣于旣反）

文王乃喜。（孝子恒兢兢）

及日中又至亦如之。（又復也○復扶又反）

及莫又至亦如之。（莫夕也○莫音暮注及篇末皆同）

其有不安節則內豎以告文王文王色憂行不能正履。（節謂居處故事履蹈地也）

王季復膳，

然後亦復初。（飲食安也）

食上必在視寒煖之節。（在察也○上時掌反）

食下問所膳。（問所食者）

命膳宰曰末有原。應曰諾。然後退。（末猶勿也原再也勿有所再進爲其失飪臭味惡也退反其寢○爲于僞反）

武王帥而行之不敢有加焉。（展幾程式之帥循也）

文王有疾武王不說冠帶而養。（言常在側○說他活反）

文王一飯亦一飯文王再飯亦再飯。（欲知氣力箴藥所勝○飯扶晚反下及篇末皆同）

旬有二日乃間。（間猶瘳也○瘳丑由反）

文王謂武王曰女何夢矣。

間後容臥、○女音汝後同

武王對曰夢帝與我九齡。

帝天也、

文王曰女以爲何也。武王曰西方有九國焉君王其終撫諸。

撫猶有也言君王、則此受命之後也、

文王曰非也。古者謂年齡。齒亦齡也。我百爾九十。吾與爾三焉。

年、天氣也齒、人壽之數也九齡、九十年之祥也文王以勤憂損壽武王以安樂延年言與爾三者明傳業於女女受而成之○樂音洛

文王九十七乃終。武王九十三而終。

君子曰終、終其成功、

成王幼不能涖阼。

涖視也、不能視阼階行人君之事、

周公相踐阼而治。

踐履也代成王履阼階攝王位治天下也○相息亮反

抗世子法於伯禽欲令成王之知父子君臣長幼之道也。

抗猶舉也謂舉以世子之法使與成王居而學之○長丁丈反後皆同

成王有過則撻伯禽所以示成王世子之道也。

以成王之過擊伯禽則足以感喩焉、

文王之爲世子也。

題上事、

凡學世子及學士必時。

四時各有所宜學士謂司徒論俊選所升於學者○學戶孝反下小樂正學干籥師學戈學舞干戚同

春夏學干戈秋冬學羽籥皆於東序。

干盾也戈句子戟也干戈萬舞象武也用動作之時學之羽籥籥舞象文也用安靜之時學之詩云左手執籥右手秉翟○句古侯反

小樂正學干。大胥贊之。籥師學戈。籥師丞贊之。

四人皆樂官之屬也通職秋冬亦學以羽籥小樂正樂師也周禮樂師掌國學之政教國子小舞大胥掌學士之版以待致諸

子春入學舍菜合舞秋頒學合聲籥師掌教國子舞羽吹籥○舍菜音釋後舍采同

胥鼓南。

南南夷之樂也胥掌以六樂之會正舞位旄人教夷樂則以鼓節之詩云以雅以南以籥不僭○僭七尋反又子念反

春誦夏弦。大師詔之。瞽宗。秋學禮。執禮者詔之。冬讀書。典書者詔之。禮在瞽宗。書在上庠。

誦謂歌樂也弦謂以絲播詩陽用事則學之以聲陰用事則學之以事因時順氣於功易成也周立三代之學學書於有虞氏之學典謨之教所興也學舞於夏后氏之學文武中也學禮樂於殷之學功成治定與己同也○大音太下文注大樂正大學大傅大祖大寢皆同易以豉反

凡祭與養老乞言合語之禮皆小樂正詔之於東序。

學以三者之威儀也養老乞言養老人之賢者因從乞善言可行者也合語謂鄉射鄉飲酒大射燕射之屬也鄉射記曰古者於旅也語、

大樂正學舞干戚語說命乞言皆大樂正授數。

學以三者之義也戚斧也語說合語之說也數篇數、

大司成論說在東序。

論說課其義之淺深才能優劣此云樂正司業父師司成即大司成司徒之屬師氏也師氏掌以媺詔王教國子以三德三行及國中失之事也○行下孟反下文德行同

凡侍坐於大司成者遠近間三席可以問。

間猶容也容三席則得指畫相分別也席之制廣三尺三寸三分則是所謂函丈也、

終則負牆。

卻就後席相辟○辟音避下辟君同

列事未盡不問。

錯尊者之語不敬也、

凡學春官釋奠於其先師秋冬亦如之。

官謂禮樂詩書之官周禮曰凡有道者有德者使教焉死則以為樂祖祭於瞽宗此之謂先師之類也若漢禮有高堂生樂有制氏詩有毛公書有伏生億可以為之也不言夏夏從春可知也釋奠者設薦饌酌奠而已無迎尸以下之事、

凡始立學者必釋奠於先聖先師及行事必以幣。

謂天子命之教始立學官者也先聖周公若孔子、

凡釋奠者必有合也。

國無先聖先師則所釋奠者當與鄰國合也、

有國故則否。

若唐虞有夔龍伯夷周有周公魯有孔子則各自奠之不合也、

凡大合樂必遂養老。

大合樂謂春入學舍菜合舞秋頒學合聲於是時也天子則視學焉遂養老者謂用其明日也鄉飲酒鄉射之禮明日乃息司正徵唯所欲以告於先生君子可也是養老之象類、

凡語於郊者。

語謂論說於郊學、

必取賢斂才焉或以德進或以事舉或以言揚。

大樂正論造士之秀者升諸司馬曰進士謂此矣、

曲藝皆誓之。

曲藝為小技能也誓謹也皆使謹習其事、

以待又語。

又語為後復論說也○復扶又反

三而一有焉。

三說之中有一善則取之以有曲藝不必盡善、

乃進其等。

進於衆學者

以其序。又以其藝爲次、

謂之郊人遠之。俟事官之缺者以代之遠之者不曰俊選曰郊人賤技藝、

於成均以及取爵於上尊也。董仲舒曰五帝名大學曰成均則虞庠近是也天子飲酒於虞庠則郊人亦得酌於上尊以相旅

始立學者既興器用幣。興當爲釁字之誤也禮樂之器成則釁之又用幣告先聖先師以器成

然後釋菜。告先聖先師以器成有時將用也、

不舞不授器。釋菜禮輕也釋奠則舞舞則授器司馬之屬司兵司戈司盾祭祀授舞者兵也、

乃退儐於東序一獻無介語可也。言乃退者謂得立三代之學者釋菜于虞庠則儐賓於東序魯之學有米廩東序瞽宗也、

凡三王教世子必以禮樂樂所以修內也禮所以修外也禮樂交錯於中發形於外是故其成也懌恭敬而溫文。中心中也、懌悅懌、

立太傅少傅以養之欲其知父子君臣之道也。養猶教也言養者積浸成長之、

太傅審父子君臣之道以示之。謂爲之行其禮、

少傅奉世子以觀太傅之德行而審喻之。爲說其義、

太傅在前少傅在後。謂其在學時、

入則有保出則有師。謂燕居出入時、

是以教喻而德成也。以有四人維持之、

師也者教之以事而喻諸德者也保也者愼其身以輔翼之而歸諸道者也。愼其身者謹安護之、

記曰虞夏商周有師保有疑丞。記所云謂天子也取以成說、

設四輔及三公不必備唯其人語使能也。

語言也得能則用之無則已不必備其官也小人處其位不如且闕

君子曰德德成而教尊教尊而官正官正而國治君之謂也仲尼曰昔者周公攝政踐阼而治抗世子法於伯禽所以善成王也聞之曰為人臣者殺其身有益於君則為之況於其身以善其君乎周公優為之

聞之者聞之於古也○于讀為迂迂猶廣也大也

是故知為人子然後可以為人父知為人臣然後可以為人君知事人然後能使人成王幼不能涖阼以為世子則無為也

以為世子若為世子時

是故抗世子法於伯禽使之與成王居

亦學此禮於成王側

欲令成王之知父子君臣長幼之義也君之於世子也親則父也尊則君也有父之親有君之尊然後兼天下而有之是故養世子不可不慎也

處君父之位覽海內之士而近不能教其子則其餘不足觀矣

行一物而三善皆得者唯世子而已其齒於學之謂也

物猶事也

故世子齒於學國人觀之曰將君我而與我齒讓何也曰有父在則禮然然而衆知父子之道矣其二曰將君我而與我齒讓何也曰有君在則禮然然而衆著於君臣之義也其三曰將君我而與我齒讓何也曰長長也然而衆知長幼之節矣故父在斯為子君在斯謂之臣居子與臣之節所以尊君親親也故學之為父子焉學之為君臣焉學之為長幼焉

學教○學音斆下及注同

父子君臣長幼之道得而國治語曰樂正司業父師司成一有元良萬國以貞世子之謂也

司主也一一人也元大也良善也貞正也

周公踐阼

亦題上事

庶子之正於公族者教之以孝弟睦友子愛明父子之義長幼之序

正者政也庶子司馬之屬掌國子之倅為政於公族者○倅音七對反副也

其朝於公內朝則東面北上臣有貴者以齒

內朝路寢庭○朝直遙反後不出者並同

其在外朝則以官司士為之

外朝路寢門之外庭司士亦司馬之屬也掌羣臣之班正朝儀之位也

其在宗廟之中則如外朝之位宗人授事以爵以官。宗人掌禮及宗廟也以爵貴賤異位也以官官各有所掌也若司徒奉牛司馬奉羊司空奉豕

其登餕獻受爵則以上嗣。上嗣君之適長子以特牲饋食禮言之受爵謂上嗣舉奠也獻謂舉奠洗爵酌入也餕謂宗人遣舉奠盥祝命之餕也大夫之嗣無此禮辟君也○餕音俊適丁歷反盥音管

庶子治之雖有三命不踰父兄。治之治公族之禮也雖於內朝則然其餘會聚之事則與庶姓同一命齒于鄉里再命齒於父族三命不齒不齒者特爲位不在父兄行列中○行戶剛反

其公大事則以其喪服之精麤爲序雖於公族之喪亦如之以次主人。大事謂死喪也其爲君雖皆斬衰序之必以本親也主人主喪者大主人者主人恒在上主人雖有父兄猶不得下齒

君公與族燕則異姓爲賓。同宗無相賓客之道

膳宰爲主人。君尊不獻酒

公與父兄齒。親親也

族食世降一等。親者稠疏者希○稠直由反

其在軍則守於公禰。謂從軍者公禰行主也所以遷主言禰在外親也

公若有出疆之政。謂朝覲會同也

庶子以公族之無事者守於公宮正室守大廟。正室適子也大廟大祖之廟

諸父守貴宮貴室。謂守路寢

諸子諸孫守下宮下室。下宮親廟也下室燕寢或言宮或言廟通異語

五廟之孫祖廟未毀雖爲庶人冠取妻必告死必赴練祥則告。赴告於君也實四廟孫而言五廟者容顯考爲始封子也○冠古亂反取七喻反後倣此

族之相爲也宜弔不弔宜免不免有司罰之。弔謂六世以往免謂五世○爲于僞反下爲君同免音問下及注同

至於賵賻承含皆有正焉。承讀爲贈聲之誤也正正禮也○賵芳鳳切賻音附承音贈出注含胡暗反本又作唅

公族其有死罪則磬於甸人。

不於市朝者隱之也甸人掌郊野之官縣縊殺之曰磬○甸大遍反縣音玄縊一智反

其刑罪則纖剸亦告於甸人。

纖讀爲殲殲刺也剸割也宮割臏墨劓刖皆以刀鋸刺割人體也告讀爲鞠讀書用法曰鞠○纖依注音之林反剸之兗反告依注久六反刺七智反

公族無宮刑。

宮割淫刑

獄成有司讞於公其死罪則曰某之罪在大辟。其刑罪則曰某之罪在小辟。

成平也讞之言白也辟亦罪也○讞魚列反言也辟婢亦反後不音者放此

公曰宥之。

宥寬也欲寬其罪出於刑也

有司又曰在辟。公又曰宥之。

文復也

有司又曰在辟及三宥。不對走出致刑於甸人。

對答也先者君每言宥則答之以將更寬之至於三宥定不復答走往刑之爲君之恩無已

公又使人追之曰雖然必赦之有司對曰無及也。

罪既正不可宥乃欲赦之重刑殺其類也

反命於公。

自已刑殺

公素服不舉爲之變如其倫之喪無服。

素服於凶事爲吉於吉事爲凶非喪服也君雖不服臣卿大夫死則皮弁錫衰以居往弔當事則弁絰於士蓋疑衰同姓則緦衰以弔之今無服者不往弔也倫謂親疏之比也素服亦皮弁矣

親哭之。

不往弔爲位哭之而已君於臣使有司哭之

公族朝於內朝內親也雖有貴者以齒明父子也。

謂以宗族事

會外朝以官體異姓也。

體猶連結也

宗廟之中以爵爲位崇德也。

崇高也

宗人授事以官尊賢也。

官各有能

登餕受爵以上嗣尊祖之道也。

上嗣祖之正統

喪紀以服之輕重爲序不奪人親也。

紀猶事也

公與族燕則以齒而孝弟之道達矣

以至尊不自異於親之列

其族食世降一等親親之殺也

殺差也○殺色戒反

戰則守於公禰孝愛之深也

行主君父之象

正室守大廟尊宗室而君臣之道著矣

以其不敢以庶守君所重

諸父諸兄守貴室子弟守下室而讓道達矣

以其貴者守貴賤者守賤上言父子孫此言兄弟互相備也

五廟之孫祖廟未毀雖及庶人冠取妻必告死必赴不忘親也親未絕而列於庶人賤無能也敬弔臨賻賵睦友之道也古者庶子之官治而邦國有倫邦國有倫而衆鄉方矣

鄉方言知所鄉○鄉許亮反

公族之罪雖親不以犯有司正術也所以體百姓也

犯猶干也術法也○百姓本或作異姓非

刑於隱者不與國人慮兄弟也弗弔弗爲服哭於異姓之廟爲忝祖遠之也素服居外不聽樂私喪之也骨肉之親無絕也公族無宮刑不翦其類也

翦割截也

天子視學大昕鼓徵所以警衆也

早昧爽擊鼓以召衆也警猶起也周禮凡用樂大胥以鼓徵學士○昕音欣

衆至然後天子至乃命有司行事興秩節祭先師先聖焉

興猶舉也秩常也節猶禮也使有司攝其事舉常禮祭先師先聖不親祭之者視學觀禮耳非爲彼報也

有司卒事反命

告祭畢也祭畢天子乃入

始之養也

又之養老之處凡大合樂必遂養老是以往焉言始始立樂也

適東序釋奠於先老

親奠之者已所有事也養老東序則是視學於上庠

遂設三老五更羣老之席位焉

三老五更各一人也皆年老更事致仕者也天子以父兄養之示天下之孝弟也名以三五者取象三辰五星天所因以照明天下者羣老無數其禮亡以鄉飲酒禮言之席位之處則三老如賓五更如介羣老如衆賓必也○更江衡反

適饌省醴養老之珍具

親視其所有

遂發咏焉退修之以孝養也

發咏謂以樂納之退修之謂旣迎而入獻之以醴獻畢而樂闋、

反登歌清廟。

反謂獻羣老畢皆升就席也反就席、乃席工於西階上歌清廟以樂之、

旣歌而語以成之也言父子君臣長幼之道合德音之致禮之大者也。

旣歌謂樂正告正歌備也語談說也歌備而旅旅而說父子君臣長幼之道諸合樂之所美以成其意鄉射記曰古者於旅也語、

下管象舞大武大合衆以事達有神興有德也。

象周武王伐紂之樂也以管播其聲又爲之舞皆於堂下衆謂所合學士也達有神明天授命周家之有神也與有德美文王武王有德師樂爲用前歌後武、

正君臣之位貴賤之等焉而上下之義行矣。

由清廟與武也、

有司告以樂闋。

闋終也告君以歌舞之樂終此所告者謂無算樂、

王乃命公侯伯子男及羣吏曰反養老幼於東序終之以仁也。

羣吏鄉遂之官王於燕之末而命諸侯朝會在此者各反養老如此禮是終其仁心孝經說所謂諸侯歸各帥於國大夫勤於朝州里驩於邑是也○驩音冀冀及也

是故聖人之記事也慮之以大

謂先本於孝弟之道、

愛之以敬。

謂省其所以養老之具、

行之以禮。

謂親迎之如見父兄、

修之以孝養。

謂親獻之薦之、

紀之以義。

謂旣歌而語之、

終之以仁。

謂又以命諸侯歸於國復自行之、

是故古之人一舉事而衆皆知其德之備也古之君子舉大事必愼其終始而衆安得不喩焉。

言其爲之本末露見盡可得而知也喩猶曉也、

兌命曰念終始典于學。

兌當爲說說命書篇名殷高宗之臣傅說之所作典常也、念事之終始常于學學禮義之府○兌注作說同音悅

世子之記曰朝夕至於大寢之門外問於内豎曰今日安否何如

朝夕朝朝暮夕也日中又朝文王之爲世子非禮之制世子之禮亡言此存其記○朝夕直遙反旦日朝暮日夕朝朝上如字

下文朝夕之食上同下直遙反

內豎曰。今日安。世子乃有喜色。其有不安節。則內豎以告世子。世子色憂不滿容。

色憂憂淡也不及文王行不能正履

內豎言復初。然後亦復初。朝夕之食上。世子必在視寒煖之節。食下問所膳。羞必知所進。以命膳宰。然後退。

羞必知所進必知親所食○上時掌反

若內豎言疾。則世子親齊玄而養。

親猶自也養疾者齊玄玄冠玄端也○齊側皆反注同

膳宰之饌。必敬視之。

疾者之食齊和所欲或異○齊才細反和胡臥反

疾之藥。必親嘗之。

試毒味也

嘗饌善。則世子亦能食。

善謂多於前

嘗饌寡。世子亦不能飽。

又不及武王一飯再飯

以至於復初。然後亦復初。

復常所服

禮記卷八終

禮記卷九

漢大司農北海鄭　玄註

皇明　後學東吳金　蟠較

禮運第九

昔者仲尼與於蜡賓。蜡者索也歲十二月合聚萬物而索饗之亦祭宗廟時孔子仕魯在助祭之中○與音預蜡仕嫁反祭名夏曰清祀殷曰嘉平周曰蜡秦曰臘

事畢出遊於觀之上喟然而嘆。觀闕也孔子見魯君於祭禮有不備於此又觀象魏舊章之處感而歎之○觀古亂反注同

仲尼之歎蓋歎魯也言偃在側。言偃孔子弟子子游

曰君子何歎孔子曰大道之行也與三代之英丘未之逮也而有志焉。大道謂五帝時也英俊選之尤者逮及也言不及見志謂識古文不言魯事為其大切廣言之

大道之行也天下為公選賢與能講信修睦。公猶共也禪位授聖不家之睦親也

故人不獨親其親不獨子其子。孝慈之道廣也

使老有所終壯有所用幼有所長矜寡孤獨廢疾者皆有所養。無匱乏也○長丁丈反矜古頑反

男有分。分猶職也○分扶問反

女有歸。皆得良與之家

貨惡其弃於地也不必藏於己力惡其不出於身也不必為己。勞事不憚施無吝心仁厚之教也○惡烏故反下同

是故謀閉而不興盜竊亂賊而不作。

故外戶而不閉。尚辭讓之故也

是謂大同。同猶和也平也

今大道既隱。隱猶去也

天下為家。傳位於子

各親其親。各子其子。貨力爲己。

俗狹嗇

大人世及以爲禮。城郭溝池以爲固。

亂賊繁多。爲此以服之也。大人。諸侯也。

禮義以爲紀。以正君臣。以篤父子。以睦兄弟。以和夫婦。以設制度。以立田里。以賢勇智。以功爲己。故謀用是作。而兵由此起。

以其違大道敦朴之□□教令之稠其弊則然。老子曰。法令滋章。盜賊多有。○知音智。稠直由反

禹湯文武成王周公由此其選也。

由用也。能用禮義以成治。

此六君子者。未有不謹於禮者也。以著其義。以考其信。著有過。刑仁講讓。示民有常。

考成也。刑猶則也。

如有不由此者。在埶者去。衆以爲殃。

埶埶位也。去罪退之也。殃猶禍惡也。○埶音世。本亦作勢。去羌呂反。注同

是謂小康。

康安也。大道之人以禮於忠信爲薄。言小安者。失之則賊亂將作矣。

言偃復問曰。如此乎禮之急也。孔子曰。夫禮先王以承天之道。以治人之情。故失之者死。得之者生。詩曰。相鼠有體。人而無禮。人而無禮。胡不遄死。

相視也。遄疾也。言鼠之有身體。如人而無禮者矣。人之無禮。可憎賤如鼠。不知疾死之愈。○復扶又反。下復問同。相息亮反。遄市專反

是故夫禮。必本於天。殽於地。列於鬼神。

聖人則天之明。因地之利。取法度於鬼神。以制禮。下教令也。既又祀之。盡其敬也。教民嚴上也。鬼者精魂所歸。神者引物而出。謂祖廟山川五祀之屬也。

達於喪祭射御冠昏朝聘。

民知嚴上。則此禮達於下也。

故聖人以禮示之。故天下國家可得而正也。

民知禮則易教。○易以豉反

言偃復問曰。夫子之極言禮也。可得而聞與。

欲知禮終始所成。

孔子曰。我欲觀夏道。

欲行其禮。觀其所成。

是故之杞。

杞夏后氏之後也。

而不足徵也。

徵成也。無賢君。不足與成也。

吾得夏時焉。得夏四時之書也。其書存者有小正。○正音征

我欲觀殷道。是故之宋。而不足徵也。宋殷人之後也。

吾得坤乾焉。得殷陰陽之書也。其書存者有歸藏。

坤乾之義。夏時之等。吾以是觀之。觀於二書之意。

夫禮之初。始諸飲食。其燔黍捭豚。汙尊而抔飲。蕢桴而土鼓。猶若

可以致其敬於鬼神。言其物雖質略。有齊敬之心。則可以薦羞於鬼神。鬼神饗德不饗味也。中古未有釜甑。釋米捭肉。加於燒石之上而食之耳。今北狄猶然。汙尊。鑿地爲尊也。抔飲。手掬之也。蕢讀爲甴。聲之誤也。甴。塥也。謂摶土爲桴也。土鼓。築土爲鼓也。○汙烏華反。抔步侯反。蕢依注音甴。苦對反。土塊也。桴音浮。鼓槌。齊側皆反。甑卽孕反。掬九六反。塥普逼反。摶徒端反

及其死也。升屋而號。告曰。皋某復。招之於天。○號音戶毛反

然後飯腥而苴孰。飯以稻米。上古未有火化。苴孰。取遣奠有火利也。苴或爲俎。○飯扶晩反。注同。苴子餘反

故天望而地藏也。體魄則降。知氣在上。地藏謂葬。○知音智

故死者北首。首陰也。

生者南鄉。鄉陽也。○鄉許亮反

皆從其初。謂今行之然也。

昔者先王未有宮室。冬則居營窟。夏則居橧巢。

□□□□□□□□□□□
□□□□□□□□□□
□□□□□□□□□□

未有火化。食草木之實。鳥獸之肉。飲其血。茹其毛。未有麻絲。衣其羽皮。此上古之時也。○茹音汝。衣於旣反

後聖有作。然後修火之利。孰冶萬物

范金。鑄作器用

合土。

□□□□
□□□□

以爲臺榭宮室牖戶。榭器之所藏也、

以炮以燔。以亨以炙。以爲醴酪。治其麻絲。以爲布帛。以養生送死。以事鬼神上帝。皆從其朔。

故玄酒在室。醴醆在戶。粢醍在堂。澄酒在下。陳其犧牲。備其鼎俎。列其琴瑟管磬鐘鼓。修其祝嘏。以降上神。與其先祖。以正君臣。以篤父子。以睦兄弟。以齊上下。夫婦有所。是謂承天之祜。

此言今禮饌具所因於古及其事義也粢讀爲齊聲之誤也周禮五齊一曰泛齊二曰醴齊三曰盎齊四曰醍齊五曰沈齊字雖異醆與盎澄與沈蓋同物也奠之不同處重古略近也祝祝爲主人饗神辭也嘏祝爲尸致福於主人之辭也祜福也福之

言備也○醆側眼反粢依注爲齊才細反注五齊皆同醍音體嘏古雅反

作其祝號。玄酒以祭。薦其血毛。腥其俎。孰其殽。與其越席。疏布以冪。衣其澣帛。醴醆以獻。薦其燔炙。君與夫人交獻。以嘉魂魄。是謂合莫。

此謂薦上古中古之食也周禮祝號有六一曰神號二曰鬼號三曰祇號四曰牲號五曰齍號六曰幣號號者所以尊神顯物也腥其俎謂豚解而腥之及血毛皆所以法於大古也孰其殽謂體解而爓之此以下皆所法於中古也越席翦蒲也冪覆尊也澣帛練染以爲祭服嘉樂也莫虛無也孝經說曰上通無莫○越音活冪本又作鼏同莫歷反衣其於既反澣戶管反齍音咨大音太下大史同爓似廉反樂音洛

然後退而合亨。體其犬豕牛羊。實其簠簋籩豆鉶羹。祝以孝告。嘏以慈告。是謂大祥。

此謂薦今世之食也體其犬豕牛羊謂分別骨肉之貴賤以爲衆俎也祝以孝告嘏以慈告各首其義也祥善也今世之食於人道爲善也○鉶音刑

此禮之大成也。

解□□□□□□□

孔子曰。嗚呼哀哉。我觀周道。幽厲傷之。吾舍魯何適矣。

政亂禮失以爲魯尚愈○舍音捨下舍禮皆同

魯之郊禘。非禮也。周公其衰矣。

非猶失也魯之郊牛口傷鼷鼠食其角又有四卜郊不從是周公之道衰矣言子孫不能奉行興之○鼷音兮

杞之郊也禹也。宋之郊也契也。是天子之事守也。

先祖法度子孫所當守○契息列反

故天子祭天地。諸侯祭社稷。

祝嘏莫敢易其常古。是謂大假。

假亦大也不敢改其常古之法度是謂大大也將言今不然

祝嘏辭說。藏於宗祝巫史。非禮也。是謂幽國。

藏於宗祝巫史言君不知有也幽闇也國闇者君與大夫俱不明也

醆斝及尸君。非禮也。是謂僭君。

僭禮之君也醆斝先王之爵也唯魯與王者之後得用之耳其餘諸侯用時王之器而已○斝古雅反爵名也夏曰醆殷曰斝

周曰爵

冕弁兵革，藏於私家，非禮也，是謂脅君。

劫脅之君也。冕弁，君之尊服。兵革，君之武衛及軍器也。

大夫具官，祭器不假，聲樂皆具，非禮也，是謂亂國。

臣之奢富儗於國君，敗亂之國也。孔子謂管仲官事不攝，焉得儉。○儗音擬，焉於虔反

故仕於公曰臣，仕於家曰僕。三年之喪，與新有昏者，期不使。以衰裳入朝，與家僕雜居齊齒，非禮也，是謂君與臣同國。

臣有喪昏之事而不歸，反服其衰裳以入朝，或與僕相等輩而處，是謂君臣共國，無尊卑也。有喪昏不歸，唯君耳，臣有喪昏，當致事而歸。僕又不可與士齒。○期居其反，朝直遙反

故天子有田以處其子孫，諸侯有國以處其子孫，大夫有采以處其子孫，是謂制度。

言今不然也。春秋昭元年，秦伯之弟鍼出奔晉，剌其有千乘之國，不能容其母弟。○乘時證反

故天子適諸侯，必舍其祖廟，而不以禮籍入，是謂天子壞法亂紀。

以禮籍入，謂大史典禮執簡記奉諱惡也。天子雖尊，舍人宗廟，猶有敬焉，自拱敕也。○惡烏路反

諸侯非問疾弔喪，而入諸臣之家，是謂君臣為謔。

無故而相之，是戲謔也。陳靈公與孔甯、儀行父數如夏氏，以取弒焉。○謔許約反，父音甫，數色角反

是故禮者，君之大柄也，所以別嫌明微，儐鬼神，考制度，別仁義，所以治政安君也。

疾今失禮如此，為言禮之大義也。柄所操以治事

故政不正，則君位危，君位危，則大臣倍，小臣竊。刑肅而俗敝，則法無常，法無常而禮無列，禮無列則士不事也。刑肅而俗敝，則民弗歸也，是謂疵國。

又為言政失君危之禍敗也。肅，駿也。疵，病也。

故政者，君之所以藏身也。

於此又遂為之言政也。藏謂輝光於外而形體不見，若日月星辰之神。○見賢遍反

是故夫政必本於天，殽以降命。

降，下也。殽，天之氣以下教令。天有運移之期，陰陽之節也。

命降於社之謂殽地。

謂教令由社下者也。社，土地之主也。周禮土會之法有五，地之物生。○會古外反

降於祖廟之謂仁義。

謂教令由祖下者。大傳曰：自禰率而上至於祖，遠者輕，仁也。自祖率而下至於禰，高者重，義也。○上時掌反，下上、配上、生皆同

降於山川之謂興作。

謂教令由山川下者也。山川有草木禽獸，可作器物，共國事。○共音恭

降於五祀之謂制度。

謂教令由五祀下者。五祀有中霤、門戶、竈行之神，此始為宮室制度。

此聖人所以藏身之固也。

政之行如此何用城郭溝池之爲

故聖人參於天地並於鬼神以治政也處其所存禮之序也玩其所樂民之治也

並并也謂比方之也存察也治所以樂其事居也○樂音洛

故天生時而地生財人其父生而師敎之四者君以正用之故君者立於無過之地也

順時以養財尊師以敎民而以治政則無過差矣易曰何以守位曰仁何以聚人曰財

故君者所明也非明人者也君者所養也非養人者也君者所事也非事人者也故君明人則有過養人則不足事人則失位

明猶尊也

故百姓則君以自治也養君以自安也事君以自顯也故禮達而分定故人皆愛其死而患其生

則當爲明人之道身治居安名顯則不苟生也不義而死舍義而生是不愛死患生也○分扶問反

故用人之知去其詐用人之勇去其怒用人之仁去其貪

用知者之謀勇者之斷仁者之施足以成治矣詐者害民信怒者害民命貪者害民財三者亂之原○知音智去羌呂反後皆同斷丁亂反施始豉反下施生同

故國有患君死社稷謂之義大夫死宗廟謂之變

變當爲辯聲之誤也辯猶正也君守社稷臣衞君宗廟者患謂見圍入

故聖人耐以天下爲一家以中國爲一人者非意之也必知其情辟於其義明於其利達於其患然後能爲之

耐古能字傳書世異古字時有存者則亦有今誤矣意心所無慮也辟開也○耐音能辟婢亦反

何謂人情喜怒哀懼愛惡欲七者弗學而能何謂人義父慈子孝兄良弟弟夫義婦聽長惠幼順君仁臣忠十者謂之人義講信修睦謂之人利爭奪相殺謂之人患

極言人事○惡烏路反下皆同長丁丈反

故聖人之所以治人七情修十義講信修睦尚辭讓去爭奪舍禮何以治之

唯禮可耳

飲食男女人之大欲存焉死亡貧苦人之大惡存焉故欲惡者心之大端也人藏其心不可測度也美惡皆在其心不見其色也欲一以窮之舍禮何以哉

言人情之難知明禮之重○度大洛反見賢遍反

故人者其天地之德陰陽之交鬼神之會五行之秀氣也

言人兼此氣性純也

故天秉陽垂日星

秉猶持也言天持陽氣施生照臨下也

地秉陰，竅於山川。播五行於四時，和而后月生也。是以三五而盈，三五而闕。[illegible]

五行之動，迭相竭也。竭猶負載也。

五行、四時、十二月，還相爲本也。五聲、六律、十二管，還相爲宮也。五聲，宮商角徵羽也。其管陽曰律，陰曰呂，布十二辰，始於黃鍾，管長九寸，下生者三分去一，上生者三分益一，終於南呂，更相爲宮，凡六十也。五味、六和、十二食，還相爲質也。五味，酸苦辛鹹甘也。和之者，春多酸，夏多苦，秋多辛，冬多鹹，皆有滑甘，是謂六和。十二食，所食十二月之食也。五色、六章、十二衣，還相爲質也。五色六章，畫繢事也。周禮考工記曰：土以黃，其象方，天時變，火以圜，山以章，水以龍，鳥獸蛇，雜四時五色之位以章之，謂之巧。○[illegible]

故人者，天地之心也，五行之端也，食味、別聲、被色而生者也。此言兼氣性之效也。

故聖人作則，必以天地爲本，以陰陽爲端，以四時爲柄，以日星爲紀，月以爲量，鬼神以爲徒，五行以爲質，禮義以爲器，人情以爲田，四靈以爲畜。天地以至於五行，其制作所取象也。禮義人情，其政治也。四靈者，其徵報也。此則春秋始於元，終於麟，包之矣。呂氏說月令而謂之春秋，事類相近焉。[illegible]

以天地爲本，故物可舉也。物，天地所養生。

以陰陽爲端，故情可睹也。情以陰陽通也。

以四時爲柄，故事可勸也。事以四時成。

以日星爲紀，故事可列也。事以日星爲紀，條興作有次第。

月以爲量，故功有藝也。藝猶才也。十二月各有分，猶人之才各有所長也。

鬼神以爲徒，故事可守也。山川守藏不移。

五行以爲質，故事可復也。事由上下竟始復也。

禮義以爲器，故事行有考也。考成也。器利則事成。

人情以爲田故人以爲奥也

奥猶主也田無主則荒

四靈以爲畜故飲食有由也

由用也四靈與羞物爲群

何謂四靈麟鳳龜龍謂之四靈故龍以爲畜故魚鮪不淰鳳以爲畜故鳥不獝麟以爲畜故獸不狘龜以爲畜故人情不失

淰之言閃也獝狘飛走之貌也失猶去也龜北方之靈信則至矣○鮪于軌反淰音審獝字又作獝況必反狘況越反閃失冉反

故先王秉蓍龜列祭祀瘞繒宣祝嘏辭說設制度故國有禮官有

御事有職禮有序

皆卜筮所造置也埋牲曰瘞幣帛曰繒宣猶揚也繒或作贈○瘞於例反

故先王患禮之不達於下也

患下不信也

故祭帝於郊所以定天位也祀社於國所以列地利也祖廟所以本仁也山川所以儐鬼神也五祀所以本事也故宗祝在廟三公在朝三老在學王前巫而後史卜筮瞽侑皆在左右王中心無爲也以守至正

此所以達禮於下也敎民尊神愼居處也宗宗人也瞽樂人也侑四輔也○侑音又

故禮行於郊而百神受職焉禮行於社而百貨可極焉禮行於祖廟而孝慈服焉禮行於五祀而正法則焉

言信得其禮則神物與人皆應之百神列宿也百貨金玉之屬

故自郊社祖廟山川五祀義之修而禮之藏也

脩猶飾也藏若其城郭然

是故夫禮必本於大一分而爲天地轉而爲陰陽變而爲四時列而爲鬼神其降曰命

聖人象此下之以爲敎令○大音太下注同

其官於天也

夫禮必本於天

本於大一與天之義

動而之地

後法地也

列而之事

後法五祀五祀所以本事也

變而從時

後法四時

協於分藝。協，合也。言禮合於月之分，猶人之才也。本或作日月之分，日衍字。其居人也曰養。養當為義，字之誤也。下之則為教令，居人身為義。孝經說曰：義由人出。其行之以貨力辭讓飲食冠昏喪祭射御朝聘。貨摯幣庭實也。力筋骸強者也。罷者不則偃。○冠，古亂反。摯，本又作贄。罷音皮。故禮義也者，人之大端也。所以講信脩睦而固人之肌膚之會，筋骸之束也。所以養生送死事鬼神之大端也。所以達天道順人情之大竇也。竇，孔穴也。

故唯聖人為知禮之不可以已也。故壞國喪家亡人，必先去其禮。言愚者之反聖人也。○喪，息浪反。故禮之於人也，猶酒之有糵也。君子以厚，小人以薄。皆有得以為美味者醇耳。○糵，魚列反。故聖王修義之柄、禮之序，以治人情。故人情者，聖王之田也。治者去瑕穢，養菁華也。脩禮以耕之。和其剛柔。陳義以種之。樹以善道。講學以耨之。存是去非類也。本仁以聚之。合其所盛。播樂以安之。感動使之堅固。故禮也者，義之實也。協諸義而協，協，合也。禮合於義，則不乖剌也。○剌，力達反。則禮雖先王未之有，可以義起也。以其合於義，可以義作。義者，藝之分，仁之節也。藝猶才也。協於藝，講於仁，得之者強。有義則人服之也。仁者，義之本也，順之體也，得之者尊。有仁則人仰之也。

故治國不以禮，猶無耜而耕也。無以入也。

爲禮不本於義，猶耕而弗種也。無由生也。

爲義而不講之以學，猶種而弗耨也。苗不殖，草不除。

講之以學而不合之以仁，猶耨而弗穫也。無以知收之豐荒也。○穫，戶郭反。

合之以仁而不安之以樂，猶穫而弗食也。

不知味之甘苦。

安之以樂而不達於順，猶食而弗肥也。功不見也。○見，賢遍反。

四體既正，膚革充盈，人之肥也。父子篤，兄弟睦，夫婦和，家之肥也。大臣法，小臣廉，官職相序，君臣相正，國之肥也。天子以德爲車，以樂爲御，諸侯以禮相與，大夫以法相序，士以信相考，百姓以睦相守，天下之肥也。是謂大順。大順者，所以養生送死事鬼神之常也。常謂皆有禮，用無匱乏也。車或爲居。

故事大積焉而不苑，並行而不繆，細行而不失，深而通，茂而有間，連而不相及也，動而不相害也，此順之至也。言人皆明於禮，無有蓄亂滯合者，各得其分，理順其職也。

故明於順，然後能守危也。能守自危之道也。君子居安如危，小人居危如安。易曰：危者安其位。

故禮之不同也，不豐也，不殺也，所以持情而合危也。豐殺謂天子及士，名位不同，禮亦異數，所以拱持其情，合安其危。○殺，所戒反。

故聖王所以順，山者不使居川，不使渚者居中原，而弗敝也。小洲曰渚，廣平曰原。山者利其禽獸，渚者利其魚鹽，中原利其五穀，使各居其所安，不易其利，勞敝之也。民失其業則窮，窮則濫。○渚，之汝反。

用水火金木，飲食必時。用水，謂漁人以時漁爲梁，春獻鱉蜃，秋獻龜魚也。用火，謂司爟四時變國火以救時疾，及季春出火，季秋納火也。用金，謂丱人以時取金玉錫石也。用木，謂山虞仲冬斬陽木，仲夏斬陰木。飲食，謂食齊視春時，羹齊視夏時，醬齊視秋時，飲齊視冬時。○爟，古亂反。丱，華猛反。謂食，音嗣。齊，才細反，下皆同。

合男女，頒爵位，必當年德。謂媒氏令男三十而娶，女二十而嫁，司士稽士任，進退其爵祿也。○當，丁浪反。

用民必順。不奪農時。

故無水旱昆蟲之災，民無凶饑妖孽之疾。

言大順之時陰陽和也昆蟲之災、螟螽之屬也、○螟亡丁反螽音終

故天不愛其道。地不愛其寶。人不愛其情。

言嘉瑞出、人情至也、

故天降膏露。地出醴泉。山出器車。河出馬圖。鳳皇麒麟皆在郊棷。龜龍在宮沼。其餘鳥獸之卵胎。皆可俯而闚也。

膏猶甘也、器謂若銀甕丹甑也、馬圖龍馬負圖而出也、棷聚草也、沼池也、○醴音禮棷素口反卵力管反甕烏弄反

則是無故。

非有他事使之然也、

先王能修禮以達義。體信以達順。故此順之實也。

實猶誠也、盡也、

禮記卷九終

禮記卷十

漢大司農北海鄭　玄註
皇明　後學東吳葛　鼒較

禮器第十

禮器是故大備。大備盛德也。

禮器言禮使人成器、如耒耜之為用也、人情以為田、脩禮以耕之、此是也、大備自耕至於食之而肥、

禮釋回。增美質。措則正。施則行。

釋猶去也、回邪辟也、質猶性也、措置也、

其在人也。如竹箭之有筠也。如松柏之有心也。二者居天下之大端矣。故貫四時而不改柯易葉。

箭篠也、端本也、四物於天下最得氣之本、或柔刃於外、或和澤於內、用此不變傷也、人之得禮亦猶然也、○筠于貧反、竹之青皮也、

故君子有禮。則外諧而內無怨。

人協服也、

故物無不懷仁。鬼神饗德。

懷歸也、

先王之立禮也。有本有文。忠信。禮之本也。義理。禮之文也。無本不立。無文不行。

言必外內具也、

禮也者合於天時設於地財順於鬼神合於人心理萬物者也

鬼神所祀、事有德也、

是故天時有生也地理有宜也人官有能也物曲有利也

言皆有異、

故天不生地不養君子不以爲禮鬼神弗饗也

天不生謂非其時物也、地不養謂非此地所生、

居山以魚鼈爲禮居澤以鹿豕爲禮君子謂之不知禮

不順其鄉之所有也、

故必舉其定國之數以爲禮之大經

定國之數謂地物所出多少、

禮之大倫以地廣狹

謂貢賦之常差、差初宜反

禮之薄厚與年之上下

用年之豐凶也、

是故年雖大殺衆不匡懼則上之制禮也節矣

言用之有節也殺謂穀不孰也匡猶恐也○殺色戒反匡兵往反

禮時爲大順次之體次之宜次之稱次也

言聖人制禮所先後也○稱尺證反後皆同

堯授舜舜授禹湯放桀武王伐紂時也

言受命改制度、

詩云匪革其猶聿追來孝

革急也猶道也聿述也言文王改作者非必欲急行已之道乃追述先祖之業來居此爲孝

天地之祭宗廟之事父子之道君臣之義倫也

倫之言順也、

社稷山川之事鬼神之祭體也

天地人之別體也、

喪祭之用賓客之交義也

義之言宜也、人道之宜、

羔豚而祭百官皆足大牢而祭不必有餘此之謂稱也

足猶得也稱稱牲之大小而爲俎此指謂助祭者耳而云百官喻衆也

諸侯以龜爲寶以圭爲瑞家不寶龜不藏圭不臺門言有稱也

古者貨貝寶龜大夫以下有貨耳易曰十朋之龜瑞信也諸侯執瑞孤卿以下執摯闍者謂之臺

禮有以多爲貴者天子七廟諸侯五大夫三士一天子之豆二十有六諸公十有六諸侯十有二上大夫八下大夫六諸侯七介七牢、一介五牢天子之席五重諸侯之席三重大夫再重天子

崩七月而葬五重八翣諸侯五月而葬三重六翣大夫三月而葬再重四翣此以多爲貴也。豆之數謂天子朔食諸侯相食及食大夫公食大夫禮曰宰夫自東房薦豆六設於醬東北食下大夫而豆六則其餘著矣聘禮致饔餼於上大夫堂上八豆設於戶西則凡致饔餼堂上之豆數亦如此周禮公之豆四十其東西夾各十有二侯伯之豆三十有二其東西夾各十子男之豆三十有四其東西夾各六諸侯七介七牢者周之侯伯也大夫五介五牢者侯伯之卿使聘者也周禮上公九介九牢侯伯七介七牢子男五介五牢聘義所云上公七介侯伯五介子男三介乃謂其使者也天子葬五重者謂抗木與茵也葬者抗木在上茵在下士喪禮下篇陳器曰抗木橫三縮二加抗席三加茵用疏布緇翦有幅亦縮二橫三此士之禮一重者以此差之上公四重○重直龍反下及注皆同翣所甲反相食音嗣下同抗苦浪反茵音因

有以少爲貴者天子無介祭天特牲天子適諸侯諸侯膳以犢諸

侯相朝灌用鬱鬯無籩豆之薦大夫聘禮以脯醢天子一食諸侯再大夫士三食力無數大路繁纓一就次路繁纓七就圭璋特琥璜爵鬼神之祭單席諸侯視朝大夫特士旅之此以少爲貴也。天子無介無客禮也灌獻也一食再食三食謂告飽也食力謂工商農也大路繁纓一就殷祭天之車也周禮王之五路玉路繁纓十有二就金路九就象路七就革路五就木路翦繁鵠纓圭璋特朝聘以爲瑞無幣帛也琥璜爵者天子酬諸侯諸侯相酬以此玉將幣也大夫特士旅之會君揖之○朝直遙反繁步干反下及注同琥音虎璜音黃單音丹

有以大爲貴者宮室之量器皿之度棺椁之厚丘封之大此以大爲貴也。

有以小爲貴者宗廟之祭貴者獻以爵賤者獻以散尊者舉觶卑者舉角五獻之尊門外缶門內壺君尊瓦甒此以小爲貴也。凡觴一升曰爵二升曰觚三升曰觶四升曰角五升曰散五獻子男之饗禮也壺大一石瓦甒五斗缶大小未聞也易曰尊酒簋貳用缶○量音亮甒音武

有以高爲貴者天子之堂九尺諸侯七尺大夫五尺士三尺天子諸侯臺門此以高爲貴也。

有以下爲貴者至敬不壇埽地而祭天子諸侯之尊廢禁大夫士棜禁此以下爲貴也。廢猶去也棜斯禁也謂之棜者無足有似于棜或因名云耳大夫用斯禁士用棜禁如今方桉隋長局足高三寸○棜於據反去起呂反隋他果反

禮有以文爲貴者天子龍袞諸侯黼大夫黻士玄衣纁裳天子之冕朱綠藻十有二旒諸侯九上大夫七下大夫五士三此以文爲貴也。此祭冕服也朱綠似夏殷禮也周禮天子五采藻

有以素爲貴者至敬無文父黨無容大圭不琢大羹不和大路素而越席犧尊疏布鼏樿杓此以素爲貴也。大圭長三尺杼上終葵首琢當爲篆字之誤也明堂位曰大路殷路也鼏或作幕樿木白理也○大羹音泰和胡臥反越席音活鼏莫歷反樿章善反長直亮反杼直呂反幕音莫

孔子曰禮不可不省也禮不同不豐不殺此之謂也蓋言稱也。

[illegible]

禮之以多爲貴者，以其外心者也。外心，用心於外，其德在表也。

德發揚，詡萬物，詡，猶普也，徧也。○詡，況甫反。

大理物博，如此則得不以多爲貴乎？故君子樂其發也。發，猶見也。樂多其外見也。○樂，五孝反，注同。見，賢遍反，下外見同。

禮之以少爲貴者，以其內心者也。內心，用心於內，其德在內。

德産之致也精微，致，致密也。

觀天下之物無可以稱其德者，萬物皆天所生，孰可奉薦以稱也。

如此則得不以少爲貴乎？是故君子慎其獨也。少其牲物，致誠慤。

古之聖人，內之爲尊，外之爲樂，少之爲貴，多之爲美。是故先王之

制禮也，不可多也，不可寡也，唯其稱也。○樂音洛。

是故君子大牢而祭謂之禮，匹士大牢而祭謂之攘。君子謂大夫以上。攘，盜竊也。匹士，本或作正士。上，時掌反。

管仲鏤簋朱紘，山節藻棁，君子以爲濫矣。濫，亦盜竊也。鏤簋，謂刻而飾之。大夫刻爲龜耳，諸侯飾以象，天子飾以玉。朱紘，天子之冕之紘也，諸侯青組紘，大夫士當緇組紘，纁邊。山節，謂欂盧刻之爲山也。藻棁，謂畫侏儒柱爲藻文也。此皆天子之廟飾也。○鏤，力侯反。紘音宏。棁，章悅反。

晏平仲祀其先人，豚肩不揜豆，澣衣濯冠以朝，君子以爲隘矣。隘，猶狹陋也。祭以羊，則有田則祭，無田則薦。澣衣濯冠，儉不務新。○澣，又作浣，戶管反。

是故君子之行禮也，不可不慎也，衆之紀也，紀散而衆亂。

孔子曰：我戰則克，祭則受福，蓋得其道矣。言我者，紀其言也。克，勝也。

君子曰：祭祀不祈，祈，求也。祭祀不爲求福也。○爲，于僞反，下爲同。

不麾蚤，齊人所善曰麾。不以先時爲之。

不樂葆大，葆，謂器大也。○葆音保。

不㝵嘉事。嘉事之祭，致夫人是也。禮宜告見於先祖耳，不善之而祭。

牲不及肥大，薦不美多品。以禮之義有以小少爲貴也。

孔子曰：臧文仲安知禮！夏父弗綦逆祀而弗止也。燔柴於奧。文仲，魯公子彄之曾孫，臧孫辰也。莊文之閒爲大夫，于時爲賢。是以非之。不正禮□。文二年八月丁卯，大事于太廟，躋僖公，始逆祀，是夏公弗綦爲宗人之□□。奧當爲爨字之誤也，或作竈。禮尸卒食而祭饎爨饔爨。祭火神，乃燔柴□□□□□□□□□。

夫奧者，老婦之祭也，盛於盆，尊於瓶。老婦先炊者也。盆瓶，炊器也。明此祭先炊，非祭火神燔祭，似失之。○盛音成，缾步丁反。

禮記　卷十　禮器　八　永懷堂

禮也者，猶體也。若人身體。

體不備，君子謂之不成人。設之不當，猶不備也。禮有大有小，有顯有微。大者不可損，小者不可益，顯者不可揜，微者不可大也。故經禮三百，曲禮三千，其致一也。致之言至也。一謂誠也。經禮謂周禮也。周禮六篇，其官有三百六十。曲猶事也。事禮謂今禮也。禮篇多亡，本數未聞，其中事儀三千。○當丁浪反。

未有入室而不由戶者。三百三千皆猶誠也。

君子之於禮也，有所竭情盡慎，致其敬而誠若。□□□□下素□□□□順也。

有美而文而誠若。□□□□□□□□□

君子之於禮也，有直而行也。謂若始死哭踊無節也。

有曲而殺也。謂若父在爲母期也。○期音基。

有經而等也。謂若天子以下至士庶人爲父母三年。

禮記　卷十　禮器　九　永懷堂

有順而討也。討猶去也。謂若天子以十二，公以九，侯伯以七，子男以五爲節也。○去起呂反，下去實同。

有摲而播也。摲之言芟也。謂芟殺有所與也。若祭者貴賤皆有所得，不使虛也。○摲所監反，芟所咸反。

有推而進也。謂若王者之後得用天子之禮。

有放而文也。謂若天子之服，服日月以至黼黻。○放方往反，下有放必放同。

有放而不致也。謂若諸侯自山龍以下。

有順而摭也。謂若君沐粱，大夫沐稷，士沐粱。○摭之石反

三代之禮一也，民共由之。或素或青，夏造殷因。一也，俱趍誠也。由，用也。素尚白，黑尚青者也。言所尚雖異，禮則相因耳。孔子曰：殷因於夏禮，所損益可知也；周因於殷禮，所損益可知也。變白黑言素青者，秦二世時，趙高欲作亂，或以青為黑，黑為黃，民言從之，至今語猶存也。

周坐尸，詔侑武方，其禮亦然，其道一也。言此亦周所因于殷也。武當為無，聲之誤也。方，猶常也。告尸行節，勸尸飲食，無常，若孝子之為也。孝子就養無方。詔侑或為詔

囿。○侑音又

夏立尸而卒祭。夏禮，尸有事則坐。

殷坐尸。無事猶坐。

周旅酬六尸。使之相酌也。后稷之尸發爵不受旅。

曾子曰：周禮其猶醵與。合錢飲酒為醵。旅酬相酌似之也。王居明堂之禮，仲秋乃命國醵。○醵其約反

君子曰：禮之近人情者，非其至者也。近人情者褻，而遠之者敬。

郊血，大饗腥，三獻爓，一獻孰。郊祭天也。大饗，祫祭先王也。三獻，祭社稷五祀。一獻，祭羣小祀也。爓，沉肉于湯也。血腥爓孰，遠近備古今也。尊者先遠，差降而下，至小祀孰而已。○爓似廉反

是故君子之於禮也，非作而致其情也。作，起也。敬非已情也，所以下彼。○下，戶稼反

此有由始也。有所法也。

是故七介以相見也，不然則已慤。三辭三讓而至，不然則已蹙。已，猶甚也。慤，愿貌。大愿則辭不見情，無由至也。○大音泰，見賢遍反，下龍見同

故魯人將有事於上帝，必先有事於頖宮。上帝，周所郊祀之帝，謂蒼帝靈威仰也。魯以周公之故，得郊祀上帝，與周同。先有事於頖宮，告后稷也。告之者，將以配天，先仁也。頖，郊之學也，詩所謂頖宮也。字或為郊宮。○頖本或作泮，同音判

晉人將有事於河，必先有事於惡池。惡當為呼，聲之誤也。呼池、嘔夷，幷州川。○惡依注音呼，池大河反，嘔烏侯反

齊人將有事於泰山，必先有事於配林。配林，林名。

三月繫。七日戒。三日宿。愼之至也。
繫繫牲於牢也戒散齊也宿致齊也將有祭祀之事必先敬愼如此不敢切也○齊側皆反後放此

故禮有擯詔。樂有相步。溫之至也。
皆爲溫藉重禮有擯詔告道賓主者也相步扶工也詔或爲紹○相息亮反藉子夜反

禮也者。反本脩古。不忘其初者也。故凶事不詔。朝事以樂。
二者反本也哭泣由中非由人也朝廷養賢以樂樂之也

醴酒之用。玄酒之尚。割刀之用。鸞刀之貴。莞簟之安。而槀鞂之設。
三者脩古穗去實曰鞂禹貢三百里納鞂服○莞音丸槀古老反鞂江八反

是故先王之制禮也。必有主也。

主謂本與古也

故可述而多學也。
以本與古求之而已

君子曰。無節於內者。觀物弗之察矣。
節猶驗也

欲察物而不由禮。弗之得矣。故作事不以禮。弗之敬矣。出言不以禮。弗之信矣。故曰禮也者。物之致也。
致之言至也極也

是故昔先王之制禮也。因其財物而致其義焉爾。故作大事。必順天時。
大事祭祀也春秋傳曰啓蟄而郊龍見而雩始殺而嘗閉蟄而烝

爲朝夕必放於日月。
日出東方月生西方

爲高必因丘陵。
謂冬至祭天於圜丘之上

爲下必因川澤。
謂夏至祭地於方澤之中

是故天時雨澤。君子達亹亹焉。

達猶皆焉亹亹勉勉也君子愛物見天雨澤皆勉勉勸樂○樂音洛

是故昔先王尚有德。尊有道。任有能。舉賢而置之。聚衆而誓之。
古者將有大事必選賢誓衆重事也

是故因天事天。
天高因高者以事也

因地事地。
地下因下者以事也

因名山升中於天。
名猶大也升上也中猶成也謂巡守至於方嶽燔柴祭天告以諸侯之成功也孝經說曰封乎泰山考績燔燎禪乎梁父刻石

紀號也○上時掌反燎力妙反禪音善獸反父音甫

因吉土以饗帝於郊。

吉土王者所卜而居之土也饗帝於郊以四時所兆祭于四郊者也今漢亦四時迎氣其禮則簡

升中於天而鳳凰降龜龍假。

功成而太平陰陽氣和而致象物○假音格

饗帝於郊而風雨節寒暑時。

五帝主五行五行之氣和而庶徵得其序也五行木爲雨金爲暘火爲燠水爲寒土爲風○暘音陽燠於六反

是故聖人南面而立而天下大治。

南面立者視朝

天道至教聖人至德。

目下事也

廟堂之上罍尊在阼犧尊在西廟堂之下縣鼓在西應鼓在東。

禮樂之器尊西也小鼓謂之應犧周禮作獻○罍音雷犧素河反下同縣音玄作獻本又作戲同素河反下同

君在阼夫人在房。

人君尊東也天子諸侯有左右房

大明生於東月生於西此陰陽之分夫婦之位也。

大明日也○分扶問反

君西酌犧象夫人東酌罍尊。

象日出東方而西行也月出西方而東行也周禮曰春祠夏禴祼用雞彝鳥彝皆有舟其朝踐用兩獻尊其再獻用兩象尊皆有罍諸臣之所酢○祼古亂反

禮交動乎上樂交應乎下和之至也。

言交乃和

禮也者反其所自生。

自由也制禮者本已所由得民心也

樂也者樂其所自成。

作樂緣民所樂於己之功舜之民樂其紹而作大韶湯武之民樂其濩伐而作濩武

是故先王之制禮也以節事。

脩樂以道志。

動反本也勸之善也

故觀其禮樂而治亂可知也。

國亂禮慢而樂淫也

蘧伯玉曰君子之人達。

觀其禮樂則知治亂也蘧伯玉衛大夫也名瑗

故觀其器而知其工之巧觀其發而知其人之知。

禮樂亦猶是也○知音智

故曰：君子愼其所以與人者。將以是觀。

大廟之內敬矣。君親牽牲，大夫贊幣而從。納牲于庭時也。當用幣告神而殺牲。○從，才用反，下同。

君親制祭，夫人薦盎。親制祭，謂朝事進血膋時，所制者制肝洗於鬱鬯以祭於室及主。○膋，了彫反。

君親割牲，夫人薦酒。親割，謂進牲孰體時。

卿大夫從君，命婦從夫人。洞洞乎其敬也，屬屬乎其忠也，勿勿乎

其欲其饗之也。勿勿，猶勉勉也。○屬，之玉反。

納牲詔於庭，血毛詔於室，羹定詔於堂，三詔皆不同位，蓋道求而未之得也。肉謂之羹。道，猶言也。

設祭於堂，設祭之饌於堂，人君禮焉。爲祊乎外。祊祭，明日之繹祭也。謂之祊者，於廟門之旁，因名焉。其祭之禮，既設祭於室，而事尸於堂，孝子求神非一處也。周禮曰：夏后氏世室，門堂三之二，室三之一。詩頌絲衣曰：自堂徂基。○祊，百彭反。

故曰：於彼乎？於此乎？不知神之所在也。

一獻質，謂祭羣小祀也。

三獻文，謂祭社稷五祀。

五獻察，察，明也。謂祭四望山川也。

七獻神，謂祭先公。

大饗其王事與？盛其饌與貢，謂祫祭先王。

三牲魚腊，四海九州之美味也；籩豆之薦，四時之和氣也。此饌諸侯所獻。○腊音昔。

內金，示和也。此所貢也。內之庭實，先設之。金從革，性和。荊揚二州貢金三品。

束帛加璧，尊德也。

貢享所執致命者、君子於玉比德焉、

龜爲前列、先知也。

龜知事情者、陳于庭在前、荆州納錫大龜、

金次之、見情也。

金炤物、金有兩義、先入後設、○見賢遍反、下注世一見同、

丹漆絲纊竹箭、與衆共財也。

萬民皆有此物、荆州貢丹、兖州貢漆絲、豫州貢纊、楊州貢篠簜、○簜大黨反

其餘無常貨、各以其國之所有、則致遠物也。

其餘、謂九州之外、夷服鎭服蕃服之國、周禮九州之外、謂之蕃國、世一見、各以其所貴寶爲摯、周穆王征犬戎、得白狼白鹿、近之。○蕃本亦作藩、

其出也、肆夏而送之、蓋重禮也。

出謂諸侯之賓也、禮畢而出、作樂以節之、肆夏當爲陔夏、○肆依注作陔、古來反

祀帝於郊、敬之至也。

言就而祭之、不敢致也、

宗廟之祭、仁之至也。

仁恩也、父子主恩也、

喪禮、忠之至也。

謂哭踊袒襲也、○袒音但

備服器、仁之至也。

謂小斂大斂之衣服、葬之明器、

賓客之用幣、義之至也。

謂來聘賵、

故君子欲觀仁義之道、禮其本也。

言禮有節于內、可以觀也、

君子曰、甘受和、白受采、忠信之人、可以學禮、苟無忠信之人、則禮不虛道、是以得其人之爲貴也。

道猶由也、從也、○和戶臥反

孔子曰、誦詩三百、不足以一獻、一獻之禮、不足以大饗、大饗之禮不足以大旅、大旅具矣、不足以饗帝、

誦詩三百、謂習多言而不學禮也、大旅、祭五帝也、饗帝、祭天、

毋輕議禮。

謂若誦詩者、不可以强言禮、○强其丈反、

子路爲季氏宰。

宰治邑吏也、

季氏祭、逮闇而祭、日不足、繼之以燭。

謂舊時也、

雖有強力之容。肅敬之心。皆倦怠矣。以其久也。

有司跛倚以臨祭。其爲不敬大矣。偏任爲跛。依物爲倚。○跛彼義反

他日祭。子路與。室事交乎戶。堂事交乎階。質明而始行事。晏朝而退。室事祭時。堂事儐尸。○與音豫。朝直遥反

孔子聞之曰。誰謂由也而不知禮乎。多其知禮。

禮記卷十終

禮記卷十一

漢大司農北海鄭　玄註
皇明　後學東吳金　蟠較

郊特牲第十一

郊特牲而社稷大牢。天子適諸侯。諸侯膳用犢。諸侯適天子。天子賜之禮大牢。貴誠之義也。故天子牲孕弗食也。祭帝弗用也。犢者誠慤。未有牝牡之情。是以小爲貴也。孕。任子也。易曰。婦孕不育。

大路繁纓一就。先路三就。次路五就。此因小說以少爲貴者。禮器言次路七就。與此乖。字之誤也。○繁步干反

郊血。大饗腥。三獻爓。一獻孰。至敬不饗味而貴氣臭也。血腥爓祭。用氣。○爓夕廉反

諸侯爲賓。灌用鬱鬯。灌用臭也。大饗尚服脩而已矣。亦不饗味也。此大饗。饗諸侯也。○漢本又作祼。古喚反。服丁喚反。鍛脯加薑桂曰服脩

大饗。君三重席而酢焉。言諸侯相饗。獻酢禮敵也。○重直龍反。下註同。酢才各反

三獻之介。君專席而酢焉。此降尊以就卑也。三獻。卿大夫來聘。主君饗燕之。以介爲賓。賓爲苟敬。則徹重席而受酢也。專。猶單也。○單音丹

饗禘有樂。而食嘗無樂。陰陽之義也。凡飲養陽氣也。凡食養陰氣

也。故春禘而秋嘗，春饗孤子，秋食耆老，其義一也，而食嘗無樂。

言義同而或用樂或不用樂也。此禘當為禴字之誤也。王制曰：春禴夏禘。○食音嗣，夏戶嫁反。

飲養陽氣也，故有樂；食養陰氣也，故無聲。凡聲，陽也。

鼎俎奇而籩豆偶，陰陽之義也。籩豆之實，水土之品也。

水土之品，言非人常所食。○奇，居宜反。

不敢用褻味而貴多品，所以交於旦明之義也。

旦當為神，篆字之誤也。○旦音神，篆直轉反。

賓入大門而奏肆夏，示易以敬也。

賓，朝聘者。易，和說也。○易，以豉反，註同。朝，直遙反。

卒爵而樂闋，孔子屢歎之。

美此禮也。○闋，苦穴反。

奠酬而工升歌，發德也。

以詩之義發明賓主之德。

歌者在上，匏竹在下，貴人聲也。

匏，笙也。○匏，步交反。

樂由陽來者也，禮由陰作者也，陰陽和而萬物得。

得，得其所。

旅幣無方，所以別土地之宜，而節遠邇之期也。

旅，眾也。邇，近也。○別，彼列反。

龜為前列，先知也。以鐘次之，以和居參之也。

鐘，金也。獻金為作器，鐘其大者。以金參居庭實之間，示和也。○為作，于僞反。

虎豹之皮，示服猛也。束帛加璧，往德也。

庭燎之百，由齊桓公始也。

僭天子也。庭燎之差，公蓋五十，侯伯子男皆三十。○燎，力妙反。

大夫之奏肆夏也，由趙文子始也。

僭諸侯。趙文子，晉大夫，名武。

朝覲大夫之私覿，非禮也。大夫執圭而使，所以申信也。

其君親來，其臣不敢私見於主國君也。以君命聘，則有私見。○覿，大力反，下同。使，色吏反。見，賢遍反，下同。

不敢私覿，所以致敬也。而庭實私覿，何為乎諸侯之庭？

非，其與君無別。

為人臣者無外交，不敢貳君也。

私覿，是外交也。

大夫而饗君，非禮也。

其饗君，由強且富也。

大夫強而君殺之，義也。由三桓始也。

三桓，魯桓公之子，莊公之弟，公子慶父、公子牙、公子友。慶父與牙通於夫人以脅公，季友以君命鴆牙，後慶父弑二君，又死也。○

慶父音甫。鴆直陰反

天子無客禮。莫敢為主焉。君適其臣。升自阼階。不敢有其室也。

明饗君非禮也。○阼才路反

覲禮。天子不下堂而見諸侯。

正君臣也。

下堂而見諸侯。天子之失禮也。由夷王以下。

夷王周康王之玄孫之子也。時微弱不敢自尊於諸侯。

諸侯之宮縣。而祭以白牡。擊玉磬。朱干設錫。冕而舞大武。乘大路。諸侯之僭禮也。

言此皆天子之禮也。宮縣。四面縣也。干。盾也。錫。傅其背如龜也。武萬舞也。白牡大路。殷天子禮也。○縣音玄。註及下同。錫音陽。註同。盾本亦作楯。純尹反。又音尹。傅音附。背補佩反

臺門而旅樹。反坫。繡黼。丹朱中衣。大夫之僭禮也。

言此皆諸侯之禮也。旅。道也。屏謂之樹。樹所以蔽行道。管氏樹塞門。塞猶蔽也。禮。天子外屏。諸侯內屏。大夫以簾。士以帷。反坫。反爵之坫也。蓋在尊南。兩君相見。主君既獻。於反爵焉。繡黼丹朱以為中衣領緣也。繡讀為綃。綃。繒名也。詩云。素衣朱綃。又云。素衣朱襮。襮。黼領也。○坫丁念反。繡依註作綃。音消。升緣移絹反。繒似陵反。襮音博

故天子微。諸侯僭。大夫強。諸侯脅。於此相貴以等。相覿以貨。相賂以利。而天下之禮亂矣。

言僭所由。

諸侯不敢祖天子。大夫不敢祖諸侯。而公廟之設於私家。非禮也。由三桓始也。

言仲孫叔孫季孫氏皆立桓公廟。魯以周公之故立文王廟。三家見而僭焉。

天子存二代之後。猶尊賢也。尊賢不過二代。

過之遠難法也。二或為三。

諸侯不臣寓公。故古者寓公不繼世。

寓寄也。寄公之子非賢者。世不足尊也。寓或為託。

君之南鄉。荅陽之義也。臣之北面。荅君也。

荅對也。○鄉許亮反

大夫之臣不稽首。非尊家臣。以辟君也。

辟國君也。○辟音避。註同

大夫有獻弗親。君有賜不面拜。為君之荅己也。

不面拜者。於外告小臣。小臣受以入也。小臣掌三公孤卿之復逆也。

鄉人禓。

禓強鬼也。謂時儺索室敺疫逐強鬼也。禓或為獻。或為儺。○禓音傷。強其丈反。儺乃多反。索色百反

孔子朝服立于阼。存室神也。

神依人也。

孔子曰。射之以樂也。何以聽。何以射。

多其射容與樂節相應也、

孔子曰。士使之射。不能則辭以疾。縣弧之義也。

男子生而設弧於門左、示有射道而未能也、女子設帨、○弧音胡帨如銳反

孔子曰。三日齊。一日用之。猶恐不敬。二日伐鼓。何居。

居讀爲姬、語之助也、何居、怪之也、伐猶擊也、齊者止樂、而二日擊鼓、則是成一日齊也、○齊本又作齋同側皆反何居音姬

孔子曰。繹之於庫門內。祊之於東方。朝市之於西方。失之矣。

祊之禮、宜於廟門外之西室、繹又於其堂、神位於西也、此二者同時、而大名曰繹、其祭禮簡而事尸禮大、朝市宜於市之東偏、周禮市有三期、大市日側而市、百族爲主、朝市朝時而市、商賈爲主、夕市夕時而市、販夫販婦爲主、○繹音亦祊百彭反賈音古販甫萬反

社祭土。而主陰氣也。君南鄉於北墉下。荅陰之義也。

墉謂之墉、北墉、社內北墉、○墉音容

日用甲。用日之始也。

國中之神、莫貴於社、

天子大社。必受霜露風雨。以達天地之氣也。

大社、王爲羣姓所立、○大音太下文注大社大王大廟大古大王皆同爲于僞反下文爲社爲焚皆同

是故喪國之社屋之。不受天陽也。薄社北墉。使陰明也。

絕其陽、通其陰而已、薄社、殷之社、殷始都薄、○喪息浪反薄本又作亳步各反牖音酉

社所以神地之道也。地載萬物。天垂象。取財於地。取法於天。是以尊天而親地也。故教民美報焉。家主中霤而國主社。示本也。

中霤亦土神也、

唯爲社事。單出里。唯爲社田。國人畢作。唯社。丘乘共粢盛。所以報本反始也。

單出里、皆往祭社於都鄙、二十五家爲里、畢作、人則盡行、非徒羨也、丘、十六井也、四丘、六十四井曰甸、故謂之乘、乘者以於車賦出長轂一乘、乘或作鄰、○乘時證反注同共音恭粢音資甸徒練反又繩證反

季春出火。爲焚也。

謂焚萊也、凡出火、以火出、建辰之月火始出、

然後簡其車賦。而歷其卒伍。而君親誓社。以習軍旅。左之右之。坐之起之。以觀其習變也。

簡歷、謂筭具陳列之也、君親誓社、誓吏士以習軍旅、既而遂田以祭社也、言祭社、則此是仲春之禮也、仲春以火田、田止弊火、然後獻禽、至季春火出、而民乃用火、今云季春出火、乃牧誓社、記者誤也、社或爲省、○卒祖忽反筭思管反省思淺反

而流示之禽。而鹽諸利。以觀其不犯命也。

流、猶行也、行、行田也、鹽讀爲艷、行田示之以禽、使歆艷之、觀其用命不也、謂禽爲利者、凡田大獸公之、小禽私也、○鹽依註音艷行行上如字下及下行田皆下孟反歆許金反

求服其志。不貪其得。

失伍而貪、猶爲犯命、

故以戰則克。以祭則受福。○天子適四方。先柴。

所到必先燔柴有事於上帝也書曰歲二月東巡守至于岱宗柴○燔音煩守手又反

郊之祭也迎長日之至也。

易說曰三王之郊一用夏正夏正建寅之月也此言迎長日者建卯而晝夜分分而日長也○正音征下同

大報天而主日也。

大猶徧也天之神日爲尊

兆於南郊就陽位也。

日太陽之精也

埽地而祭於其質也器用陶匏以象天地之性也。

觀天下之物無可以稱其德○稱尺證反

禮記　卷十一　郊特牲　八　永懷堂

於郊故謂之郊牲用騂尚赤也用犢貴誠也。

尚赤者周也○騂息營反

郊之用辛也周之始郊日以至。

言日以周郊天之月而至陽氣新用事順之而用辛日此說非也郊天之月而日至魯禮也三王之郊一用夏正魯以無冬至祭天於圜丘之事是以建子之月郊天示先有事也用辛日者凡爲人君當齋戒自新耳周衰禮廢儒者見周禮盡在魯因推魯禮以言周事○圜本又作圓音員

卜郊受命於祖廟作龜於禰宮尊祖親考之義也。

受命謂告之退而卜

卜之日王立於澤親聽誓命受教諫之義也。

澤澤宮也所以擇賢之宮也既卜必到澤宮擇可與祭祀者因誓勑之以禮也禮器曰舉賢而置之聚衆而誓之是也

獻命庫門之內戒百官也大廟之命戒百姓也。

王自澤宮而還以誓命重相申勑也庫門在雉門之外入庫門則至廟門外矣大廟者祖廟也百官公卿以下也百姓王之親也入廟戒親親也王自此還齊路寢之室庫或爲廄○還音旋下同重直用反

祭之日王皮弁以聽祭報示民嚴上也。

報猶白也夙興朝服以待白祭事者乃後服祭服而行事也周禮祭之日小宗伯逆齍省鑊告時於王告備於王也○鑊戶郭反

喪者不哭不敢凶服氾埽反道鄉爲田燭。

謂郊道之民爲之也反道剗令新土在上也田燭田首爲燭也○氾芳劒反本亦作汎埽素報反剗初產反令力呈反

禮記　卷十一　郊特牲　九　永懷堂

弗命而民聽上。

化王嚴上

祭之日王被袞以象天。

謂有日月星辰之章此魯禮也周禮王祀昊天上帝則服大裘而冕祀五帝亦如之魯侯之服自袞冕而下也

戴冕璪十有二旒則天數也。

天之大數不過十二○璪音早過古和反

乘素車貴其質也旂十有二旒龍章而設日月以象天也。

設日月畫於旂上素車殷路也魯公之郊用殷禮也

天垂象聖人則之郊所以明天道也。

明謂則之以示人也。

帝牛不吉以爲稷牛。

養牲必養二也。

帝牛必在滌三月。稷牛唯具。所以別事天神與人鬼也。

滌牢中所搜除處也。唯具遭時又選可用也。○別彼列反搜本又作廋所流反處昌慮反下之處同處皆同

言俱本可以配

萬物本乎天。人本乎祖。此所以配上帝也。

郊之祭也。大報本反始也。

天子大蜡八。

所祭有八神也。○蜡仕詐反蜡祭有八神先嗇一司嗇二農三郵表畷四貓虎五坊六水庸七昆蟲八

伊耆氏始爲蜡。

伊耆氏古天子號也

蜡也者索也。

謂求索也

歲十二月。合聚萬物而索饗之也。

歲十二月周之正數謂建亥之月也。饗者祭其神也萬物有功加於民者神使爲之也。祭之以報焉造者配之也。

蜡之祭也。主先嗇而祭司嗇也。

先嗇若神農者司嗇后稷是也。

祭百種以報嗇也。

嗇所樹蓺之功使盡饗之。○種之勇反

饗農及郵表畷禽獸。仁之至義之盡也。

農田畯也。郵表畷謂田畯所以督約百姓於井間之處也。詩云爲下國畷郵。禽獸服不氏所教擾猛獸也。○郵本亦作尤有周反畷丁劣反畯音俊約因妙反擾而沼反

古之君子。使之必報之。迎貓爲其食田鼠也。迎虎爲其食田豕也。

迎而祭之也。

迎其神也。○貓字又作猫音苗爲于僞反下同

祭坊與水庸事也。

水庸溝也。○坊音房

曰。土反其宅。水歸其壑。昆蟲毋作。草木歸其澤。

此蜡祝辭也。若辭同則祭同處可知矣。壑猶坑也。昆蟲暑生寒死螟螽之屬爲害者也。○坑若衡反螟莫經反螽音終又作螺

皮弁素服而祭。素服以送終也。葛帶榛杖。喪殺也。

送終喪殺所謂老物也。素服衣裳皆素。○榛側巾反殺所界反

蜡之祭。仁之至。義之盡也。

黃衣黃冠而祭。息田夫也。

祭謂既蜡臘先祖五祀也。於是勞農以休息之。論語曰黃衣狐裘。○勞力報反

野夫黃冠。黃冠草服也。

言祭以息民服象其時物之色季秋而草木黄落

大羅氏天子之掌鳥獸者也。諸侯貢屬焉。草笠而至。尊野服也。

諸侯於蜡使使者戴草笠貢鳥獸也詩云彼都人士臺笠緇撮又曰其餉伊黍其笠伊糾皆言野人之服也○笠音立使使上音史下及下使者皆色吏反撮七活反餉始尚反糾居黝反

羅氏致鹿與女。而詔客告也。以戒諸侯曰。好田好女者亡其國。

詔使者使歸以此告其君所以戒之○好呼報反

天子樹瓜華。不斂藏之種也。

華果蓏也又詔以天子樹瓜蓏而已戒諸侯以蓄藏蓄財利也○蓏力果反

八蜡以記四方。

四方方有祭也

四方年不順成。八蜡不通。以謹民財也。

其方穀不熟則不通於蜡焉使民謹於用財蜡有八者先嗇一也司嗇二也農三也郵表畷四也貓虎五也坊六也水庸七也昆蟲八也

順成之方。其蜡乃通。以移民也。

移之言羨也詩頌豐年曰為酒為醴烝畀祖妣以洽百禮此其羨之與○移以豉反註同

既蜡而收。民息已。故既蜡。君子不興功。

收謂收斂積聚也息民與蜡異則黄衣黄冠而祭為臘必矣

恒豆之菹。水草之和氣也。其醢。陸產之物也。加豆。陸產也。其醢。水物也。

此謂諸侯也天子朝事之豆有昌本麋臡茆菹麋臡饋食之豆有葵菹蠃醢豚拍魚醢其餘則有雜錯云也○菹争居反醢音海麋音眉臡字又作腝乃兮反茆音卯麏九倫反蠃力戈反拍音博

籩豆之薦。水土之品也。不敢用常褻味而貴多品。所以交於神明之義也。非食味之道也。

言禮以異為敬○薦卿見反又作薦同

先王之薦。可食也。而不可耆也。卷冕路車。可陳也。而不可好也。武壯而不可樂也。宗廟之威而不可安也。宗廟之器。可用也。而不可便其利也。所以交於神明者。不可以同於所安樂之義也。

武萬舞也○耆市志反路本亦作輅音同樂音洛下同

酒醴之美。玄酒明水之尚。貴五味之本也。黼黻文繡之美。疏布之尚。反女功之始也。莞簟之安。而蒲越稾鞂之尚。明之也。大羹不和。貴其質也。大圭不琢。美其質也。丹漆雕幾之美。素車之乘。尊其樸也。貴其質而已矣。所以交於神明者。不可同於所安褻之甚也。如是而后宜。

尚質貴本其至如是乃得交於神明之宜也明水司烜以陰鑑所取於月之水也蒲越稾鞂藉神席也明之者神明之也琢當為篆字之誤也幾謂漆飾沂鄂也○莞音丸簟大點反越音活稾又作槀古老反鞂簡八反和胡臥反琢依註丈轉反乘時證反烜音毀藉字夜反沂魚斤反鄂五各反

鼎俎奇而籩豆偶陰陽之義也。

牲陽也庶物陰也○奇居宜反

黄目鬱氣之上尊也。黄者中也。目者氣之清明者也。言酌於中而清明於外也。

黄目黄彝也周所造於諸侯為上也

祭天埽地而祭焉。於其質而已矣。醯醢之美。而煎鹽之尚貴天産也。割刀之用。而鸞刀之貴貴其義也。聲和而后斷也。

○醓呼兮反本又作醯同斷丁亂反

冠義始冠之。緇布之冠也。

始冠三加先加緇布冠也○冠義古亂反下文註始冠冠而敝之而冠冠於阼冠而字之冠禮士禮冠皆同

大古冠布。齊則緇之。其緌也。孔子曰吾未之聞也。

太古無飾非時人緌也雜記曰太白緇布之冠不緌大白即太古白布冠今喪冠也齊則緇之者鬼神尚幽闇也唐虞以上曰太古也○齊側皆反緌耳隹反上時掌反

冠而敝之可也。

此重古而冠之耳三代改制齊冠不復用也以白布冠質以為喪冠也○復扶又反

適子冠於阼。以著代也。

東序少北近主位也○適丁歷反近附近之近

醮於客位。加有成也。

每加而有成人之道也成人則益尊醮於客位尊之也○醮子妙反

三加彌尊。喻其志也。

始加緇布冠次皮弁次爵弁冠益尊則志益大也

冠而字之。敬其名也。

重以未成人之時呼之

委貌。周道也。章甫。殷道也。毋追。夏后氏之道也。

常所服以行道之冠也或謂委貌為玄冠也○毋追上音牟下多雷反

周弁殷冔夏收。

齊所服而祭也○冔況甫反字林作繆火于反

三王共皮弁素積。

所不易於先代

無大夫冠禮。而有其昏禮。古者五十而后爵。何大夫冠禮之有。

言年五十乃爵為大夫也其有昏禮或改取也

諸侯之有冠禮。夏之末造也。

言夏初以上諸侯雖有幼而即位者猶以士禮冠之亦五十乃爵命也至其衰末未成人者多見篡弑乃更即位則爵命之以正君臣而有諸侯之冠禮

天子之元子。士也。天下無生而貴者也。

儲君副主猶云士也明人有賢行著德乃得貴也○行下孟反

繼世以立諸侯，象賢也。〔賢者子孫恒能法其先父德行。〕以官爵人，德之殺也。〔言德益厚，官益尊也。〕死而謚，今也。古者生無爵，死無謚。〔古謂殷以前也。大夫以上乃謂之爵，死有謚也。周制爵及命士，雖及之，猶不謚耳。今記時死則謚之，非禮也。〕禮之所尊，尊其義也。〔言禮所以尊，尊其有義也。〕失其義，陳其數，祝史之事也。故其數可陳也，其義難知也。知其義

禮記　卷十一　郊特牲　十六　承懷堂

而敬守之，天子之所以治天下也。〔言政之要盡於禮之義。〕天地合而後萬物興焉。〔目禮之義。〕夫昏禮，萬世之始也。取於異姓，所以附遠厚別也。〔同姓或取，多相褻也。〕幣必誠，辭無不腆。〔誠信也。腆猶善也。○腆，天典反。〕告之以直信。〔直猶正也。此二者所以教婦正直信也。〕信，事人也；信，婦德也。〔事猶立也。〕壹與之齊，終身不改，故夫死不嫁。〔齊謂共牢而食，同尊卑也。齊或爲醮。〕男子親迎，男先於女，剛柔之義也。天先乎地，君先乎臣，其義一也。〔先謂倡道也。○迎，魚敬反。先，悉見反。下及注同。道音導。〕執摯以相見，敬章別也。〔言不敢相褻也。摯所奠鴈也。○摯音至，本亦作贄。〕

禮記　卷十一　郊特牲　十七　承懷堂

男女有別，然後父子親；父子親，然後義生；義生，然後禮作；禮作，然後萬物安。〔言人倫有別，則氣性醇也。〕無別無義，禽獸之道也。〔言聚麀之亂類也。○麀音憂。〕壻親御授綏，親之也。親之也者，親之也。〔言已親之，所以使之親已。〕敬而親之，先王之所以得天下也。〔先王若太王、文王。〕

出乎大門而先。男帥女。女從男。夫婦之義由此始也。
先者車居前也、
婦人從人者也。幼從父兄。嫁從夫。夫死從子。
從謂順其敎令、
夫也者夫也。夫也者。以知帥人者也。
夫之言丈夫也、夫或為傅。○知音智
玄冕齊戒。鬼神陰陽也。將以為社稷主。為先祖後。而可以不致敬乎。
玄冕、祭服也、陰陽謂夫婦也、

共牢而食。同尊卑也。故婦人無爵。從夫之爵。坐以夫之齒。
爵謂夫命為大夫則妻為命婦、
器用陶匏。尚禮然也。
此謂大古之禮器也、
三王作牢用陶匏。
言大古無共牢之禮、三王之世作之、而用大古之器、重夫婦之始也、
厥明婦盥饋。舅姑卒食。婦餕餘。私之也。
私之、猶言恩也、○盥音管、饋其位反、餕音俊
舅姑降自西階。婦降自阼階。授之室也。

明當為家事之主也、
昏禮不用樂。幽陰之義也。樂陽氣也。
幽深也、欲使婦深思其義、不以陽散之也、
昏禮不賀。人之序也。
序猶代也、
有虞氏之祭也。尚用氣。血腥爓祭。用氣也。
尚謂先薦之、爓或為[illegible]。○[illegible]直輒反
殷人尚聲。臭味未成。滌蕩其聲。樂三闋。然後出迎牲。聲音之號。所以詔告於天地之閒也。
滌蕩猶搖動也、

周人尚臭。灌用鬯臭。鬱合鬯。臭陰達於淵泉。灌以圭璋。用玉氣也。
既灌然後迎牲。致陰氣也。蕭合黍稷。臭陽達於牆屋。故既奠然後焫蕭合羶薌。
灌謂以圭瓚酌鬯、始獻神也、已乃迎牲於庭殺之、天子諸侯之禮也、奠謂薦孰時也、特牲饋食所云祝酌奠於鉶南是也、蕭薌蒿也、染以脂合黍稷燒之、詩云取蕭祭脂、羶當為馨聲之誤也、奠或為薦、○焫如悅反下音蕭、羶依註音馨許經反、薌音香、瓚在旦反、鉶音刑、蒿呼毛反、染如琰反、羶失然反
凡祭慎諸此。魂氣歸於天。形魄歸於地。故祭求諸陰陽之義也。殷人先求諸陽。周人先求諸陰。

此其所以先後異也。

詔祝於室坐尸於堂。

謂朝事時也朝事延尸於戶西南面布主席東面取牲膟膋燎于爐炭先肝于鬱鬯而燔之入以詔神於室又出以墮於主主人親制其肝所謂制祭也時尸薦以籩豆至薦孰乃更延至於室之奧尸來升席自北方坐於主北焉○膟音律膋力彫反燎力妙反墮許恚反

用牲於庭。

謂殺之時。

升首於室。

制祭之後升牲首於北墉下尊首尚氣也○墉音容

直祭祝於主。

謂薦孰時也如特牲少牢饋食之爲也直正也祭以孰爲正則血腥之屬盡敬心耳

索祭祝於祊。

索求神也廟門曰祊謂之祊者以於繹祭名也

不知神之所在於彼乎於此乎。

或諸遠人乎祭於祊尚曰求諸遠者與。

室與堂與○與並音餘

尚庶幾也

祊之爲言倞也。

倞猶索也倞或爲諒○倞音諒

肵之爲言敬也。

爲尸有肵俎此訓也○肵音祈爲尸于僞反

富也者福也。

人君嘏辭有富此訓之也或曰福也者備也○嘏古雅反

首也者直也。

訓所以升首祭也直或爲犆也○犆徒得反

相饗之也。

相謂詔侑也詔侑尸者欲使饗此饌也特牲饋食禮曰主人拜妥尸尸荅拜執奠祝饗○相息亮反妥他果反

嘏長也大也。

主人受祭福曰嘏此訓也○長直良反

尸陳也。

尸或詁爲主此尸神象當從主訓之言陳非也○詁音古

毛血告幽全之物也。

幽謂血也

告幽全之物者貴純之道也。

純謂中外皆善

血祭盛氣也祭肺肝心貴氣主也。

氣主、氣之所舍也、周祭肺殷祭肝夏祭心、

祭黍稷加肺、祭齊加明水、報陰也。

祭黍稷加肺、謂綏祭也、明水司烜所取於月之水也、齊、五齊也、五齊加明水、則三酒加玄酒也、○齊才細反註下同綏許恚反

取膟膋燔燎升首、報陽也。

膟膋、腸閒脂也、與蕭合燒之、亦有黍稷也、

明水涚齊、貴新也。

涚猶清也、五齊濁、泲之使清、謂之涚齊、及取明水、皆貴新也、周禮𢄙氏以涚水漚絲、涚齊或爲洗齊、○涚齊始銳反字又作涚泲子禮反下同𢄙莫剛反漚烏豆反洗本又作泛同

凡涚、新之也。

新之者、敬也、

其謂之明水也、由主人之絜著此水也。

著、猶成也、言主人齊絜、此水乃成可得也、○齊側皆反

君再拜稽首、肉袒親割、敬之至也、敬之至也服也、拜服也、稽首服之甚也、肉袒服之盡也。

祭稱孝孫孝子、以其義稱也。

割解牲體、

稱曾孫某、謂國家也。

謂事祖禰、

謂諸侯事五廟也、於曾祖以上、稱曾祖而已、

祭祀之相、主人自致其敬、盡其嘉、而無與讓也。

相謂詔侑尸也、嘉、善也、

腥肆爓腍祭、豈知神之所饗也、主人自盡其敬而已矣。

治肉曰肆、腍、孰也、爓或爲䐑、○肆勑歷反註同腍而審反䐑直輒反

舉斝角、詔妥尸、古者尸無事則立、有事而后坐也、尸、神象也、祝、將命也。

妥、安坐也、尸始入、舉奠斝若奠角、將祭之、祝則詔主人拜安尸、使之坐、尸卽至尊之坐、或時不自安、則以拜安之也、天子奠斝、諸侯奠角、古、謂夏時也、○斝古雅反坐才臥反

縮酌用茅、明酌也。

謂泲醴齊以明酌也、周禮曰、醴齊縮酌、五齊醴尤濁、和之以明酌、泲之以茅、縮去滓也、明酌者、事酒之上也、名曰明者、事酒、今之醳酒、皆新成也、春秋傳曰、爾貢包茅不入、王祭不共、無以縮酒、酌、猶斟也、酒已泲則斟之以實尊彝、昏禮曰、酌玄酒三注于尊、凡行酒亦爲酌也、○縮所六反註同齊才細反下皆同去起呂反醳音亦共音恭斟之金反彝音夷

醆酒涚於清。

謂泲醆酒以清酒也、醆酒、盎齊、盎齊差清、和之以清酒、泲之而已、泲盎齊必和以清酒者、皆久味相得、○醆側產反盎烏浪反差初賣反又初佳反

汁獻涚於醆酒。

謂泲秬鬯以醆酒也、獻讀當爲莎、齊語聲之誤也、秬鬯者、中有煮鬱、和以盎齊、摩莎泲之、出其香汁、因謂之汁莎、不以三酒泲

秬鬯者秬鬯醇也。○汁之十反獻依註爲莎素何反

猶明清與醆酒於舊澤之酒也。

猶若也澤讀爲醳舊醳之酒謂昔酒也泲醴齊以明酌泲醆酒以清酒泲汁獻以醆酒天子諸侯之禮也天子諸侯禮廢時人或聞此而不審知云若今明酌清酒與醆酒以舊醳之酒泲之矣就其所知以曉之也泲清酒以舊醳之酒者爲其味厚腊毒也○澤依註讀爲醳音亦爲其于僞反腊音昔

祭有祈焉。

祈猶求也謂祈福祥求永貞也

有報焉。

謂若穫禾報社

有由辟焉。

由用也辟讀爲弭謂弭災兵遠罪疾也○辟依註作弭亡婢反遠于萬反

齊之玄也以陰幽思也故君子三日齊必見其所祭者。

齊三日者思其居處思其笑語思其志意思其所樂則見之也

禮記卷十一終

禮記卷十二

漢大司農北海鄭　玄註
皇明　後學東吳葛　鼒較

內則第十二

后王命冢宰降德于衆兆民。

后君也德猶教也萬億曰兆天子曰兆民諸侯曰萬民周禮冢宰掌飲食司徒掌十二教今一云冢宰記者據諸侯也諸侯并六卿爲三或兼職焉

子事父母雞初鳴咸盥漱櫛縰笄總拂髦冠緌纓端韠紳搢笏。

咸皆也縰韜髮者也總束髮也垂後爲飾拂髦振去塵著之髦用髮爲之象幼時鬌其制未聞也緌纓之飾也端玄端士服也

庶人深衣紳大帶所以自紳約也搢猶扱也扱笏於紳笏所以記事也○盥音管漱所救反櫛側乙反縰所買反笄古兮反總子孔反髦音毛緌耳隹反韠音必紳音申搢音晉笏音忽韜吐刀反去起吕反著丁略反下文及註同鬌多果反扱本又作捷又作插初洽反

左右佩用。

自佩也必佩者備尊者使令也○令力呈反

左佩紛帨刀礪小觿金燧。

紛帨拭物之佩巾也今齊人有言紛者刀礪小刀及礪礱也小觿解小結也觿貌如錐以象骨爲之金燧可取火於日○帨始銳反觿許規反本或作鑴音同燧音遂拭音式礱力工反

右佩玦捍管遰大觿木燧。

捍謂拾也言可以捍弦也管筆彄也遰刀鞞也木燧鑽火也○捍戶旦反遰時世反彄苦侯反鞞必頂反鑽子官反

偪。偪行縢

屨著綦。綦屨繫也○屨九具反綦其記反

婦事舅姑如事父母雞初鳴咸盥漱櫛縰笄總衣紳。笄今簪也衣紳衣而著紳○衣於旣反

左佩紛帨刀礪小觿金燧右佩箴管線纊施縏袠大觿木燧。縏小囊也縏袠言施明爲箴管線纊有之○箴之林反線本又作綫息賤反纊音曠縏字又作鞶同步干反袠陳乙反又作帙

橐奴郎反又作槖音託明爲于僞反

衿纓綦屨。衿猶結也婦人有纓示繫也○衿本又作紟其鴆反

以適父母舅姑之所。適之

及所下氣怡聲問衣燠寒疾痛苛癢而敬抑搔之。怡說也苛疥也抑按也搔摩也○燠本又作奧同於六反苛音何搔素刀反說音悅疥音界

出入則或先或後而敬扶持之。先後之隨時便也○便婢面反

進盥少者奉槃長者奉水請沃盥盥卒授巾。槃承盥水者巾以帨手○少詩召反後皆同奉芳勇反或作捧下同長丁丈反後皆同帨始銳反

問所欲而敬進之柔色以溫之。溫藉也承尊者必和顏色○溫本又作藴又作慍同於運反注同藉字夜反

饘酏酒醴芼羹菽麥蕡稻黍粱秫唯所欲。酏粥也芼菜也蕡熬枲實○饘之然反酏羊皮反芼毛報反蕡字又作黂扶云反秫音述粥之六反熬五羔反枲思里反

棗栗飴蜜以甘之堇荁枌榆免薧滫瀡以滑之脂膏以膏之。謂用調和飲食也荁堇類也冬用堇夏用荁榆白曰枌免新生者薧乾也秦人溲曰滫齊人滑曰瀡也○飴羊之反堇音謹荁音丸枌扶云反免音問註同薧字又作槁苦老反滫思酒反瀡音髓滑胡八反膏之古報反調如字又徒弔反和如字又胡臥

反夏用戶嫁反溲所九反

父母舅姑必嘗之而後退。敬也

男女未冠笄者雞初鳴咸盥漱櫛縰拂髦總角衿纓皆佩容臭。總角收髮結之容臭香物也以纓佩之爲迫尊者給小使也○冠古亂反爲迫于僞反

昧爽而朝。後成人也○朝直遙反

問何食飲矣若已食則退若未食則佐長者視具。具饌也

凡內外雞初鳴咸盥漱衣服歛枕簟灑埽室堂及庭布席各從其事。歛枕簟者不欲人見已褻者簟席之親身也。○衣如字又於旣反簟徒點反埽素報反

孺子蚤寢晏起唯所欲食無時。又後未成人者孺子小子也。○孺如樹反蚤音早

由命士以上父子皆異宮昧爽而朝慈以旨甘日出而退各從其事日入而夕慈以旨甘。異宮崇敬也慈愛敬進之日出乃從事食稼不荒農也。○以上以或作已上時掌反後倣此

父母舅姑將坐奉席請何鄉將衽長者奉席請何趾少者執牀與坐。將衽謂更臥處。○奉芳勇反下同鄉許亮反衽而鴆反又而甚反處昌慮反

御者舉几斂席與簟縣衾篋枕斂簟而襡之。須臥乃敷之也襡韜也。○縣音玄篋口協反襡音獨

父母舅姑之衣衾簟席枕几不傳杖屨祗敬之勿敢近。傳移也。○傳丈專反

敦牟巵匜非餕莫敢用。餕乃用之牟讀曰堥也巵匜酒漿器敦牟黍稷器也。○敦音對又丁雷反巵音支匜羊支反一音以氏反餕音俊堥字又作𦉥木侯反

與恆食飲非餕莫之敢飲食。餕乃食之恆常也旦夕之常食

父母在朝夕恆食子婦佐餕。婦皆與夫餕也

旣食恆餕。每食餕而盡之末有原也

父沒母存冢子御食群子婦佐餕如初。御侍也謂長子侍母食也侍食者不餕其婦猶皆餕也

旨甘柔滑孺子餕。

在父母舅姑之所有命之應唯敬對進退周旋慎齊。齊莊也。○唯于癸反齊側皆反

升降出入揖遊不敢噦噫嚏咳欠伸跛倚睇視不敢唾洟。睇傾視也易曰明夷睇於左股。○噦於月反噫於界反嚏音帝咳苦愛反欠丘劒反伸音申跛彼義反倚於義反又其寄反睇大計反洟本又作涕吐細反

寒不敢襲癢不敢搔。襲謂重衣。○重直龍反

不有敬事不敢袒裼。父黨無容。○袒音但裼思歷反

不涉不撅。撅揭衣也。○撅居衛反。揭起例反

褻衣衾不見裏。爲其可穢。○見賢遍反，下同。爲于僞反

父母唾洟不見。輒刷去之。○刷色劣反。去丘呂反

冠帶垢，和灰請漱。衣裳垢，和灰請澣。手曰漱，足曰澣。和，漬也。○澣本又作浣，戶管反。漬似賜反

衣裳綻裂，紉箴請補綴。綻猶解也。○綻字或作綻，直莧反。紉女陳反。綴丁劣反，又丁衛反。解胡賣反，又佳買反

五日則燂湯請浴，三日具沐。其閒面垢，燂潘請靧；足垢，燂湯請洗。潘米瀾也。○燂詳廉反。潘芳煩反。靧音悔。瀾力旦反

少事長，賤事貴，共帥時。共猶皆也。帥循也。時是也。禮皆如此也。

男不言內，女不言外。謂事業之次序。

非祭非喪，不相授器。祭嚴喪遽，不嫌也。

其相授則女受以篚。其無篚則皆坐奠之，而后取之。奠停地也。

外內不共井，不共湢浴，不通寢席，不通乞假，男女不通衣裳。內言不出，外言不入。湢浴室也。○湢彼力反

男子入內，不嘯不指，夜行以燭，無燭則止。嘯讀爲叱，叱嫌有隱使也。○嘯依注音叱，尺失反

女子出門，必擁蔽其面，夜行以燭，無燭則止。擁猶障也。○障音章

道路男子由右，女子由左。地道尊右。

子婦孝者敬者，父母舅姑之命，勿逆勿怠。恃其孝敬之愛，或時違解。○解佳賣反，下解倦同

若飲食之，雖不耆，必嘗而待。待後命而去也。○飲於鴆反。食音嗣。耆市志反。去起呂反

加之衣服，雖不欲，必服而待。待後命釋藏也。

加之事，人代之，己雖弗欲，

謂難其妨已業○難乃旦反
姑與之而姑使之而后復之。
遠慰怨於勞事姑猶且也○姑與以者反下同遠于萬反慰直類反
子婦有勤勞之事雖甚愛之姑縱之而寧數休之。
不可愛此而移若於彼也○數色角反
子婦未孝未敬勿庸疾怨。
庸之言用也
姑教之若不可教而后怒之。
怒譴責也○譴弃戰反

不可怒子放婦出而不表禮焉。
表猶明也猶爲之隱不明其犯禮之過也○爲于僞反
父母有過下氣怡色柔聲以諫諫若不入起敬起孝說則復諫。
子事父母有隱無犯起猶更也○說音悅下同
不說與其得罪於鄉黨州閭寧孰諫。
子從父之令不可謂孝也周禮曰二十五家爲閭四閭爲族五族爲黨五黨爲州五州爲鄉也
父母怒不說而撻之流血不敢疾怨起敬起孝。
撻擊也○撻吐達反
父母有婢子若庶子庶孫甚愛之雖父母沒沒身敬之不衰。

婢子所通賤人之子
子有二妾父母愛一人焉子愛一人焉由衣服飲食由執事毋敢視父母所愛雖父母沒不衰。
由自也
子甚宜其妻父母不說出。
宜猶善也
子不宜其妻父母曰是善事我子行夫婦之禮焉沒身不衰。
父母雖沒將爲善思貽父母令名必果將爲不善思貽父母羞辱必不果。

貽遺也果決也○貽以之反遺以季反
舅沒則姑老。
謂傳家事於長婦也
冢婦所祭祀賓客每事必請於姑
婦雖受傳猶不敢專行也
介婦請於冢婦。
以其代姑之事介婦衆婦
舅姑使冢婦毋怠。
雖有勤勞不敢解倦

不友無禮於介婦。
衆婦無禮，冢婦不友之也。善兄弟爲友，娣姒猶兄弟也。
舅姑若使介婦，毋敢敵耦於冢婦。
雖有勤勞，不敢掉磬。
不敢並行，不敢並命，不敢並坐。
下冢婦也。命爲使令。○下戶嫁反，令力呈反
凡婦不命適私室，不敢退。
婦侍舅姑者也。
婦將有事，大小必請於舅姑。
不敢專行。

子婦無私貨，無私畜，無私器，不敢私假，不敢私與。
家事統於尊也。○畜許六反
婦或賜之飲食、衣服、布帛、佩帨、茝蘭，則受而獻諸舅姑。舅姑受之，則喜，如新受賜。
或賜之，謂私親兄弟。○茝本又作芷，昌改反
若反賜之，則辭。不得命，如更受賜，藏以待乏。
待舅姑之乏也。不得命者，不見許也。
婦若有私親兄弟，將與之，則必復請其故賜而后與之。

適子庶子，祇事宗子宗婦。
祇，敬也。宗，大宗。○復扶又反，適丁歷反
雖貴富，不敢以貴富入宗子之家。雖衆車徒，舍於外，以寡約入。
入，謂入宗子家。
子弟猶歸器，衣服、裘衾、車馬，則必獻其上，而后敢服用其次也。
猶若也。子弟若有功德，以物見饋賜，當以善者與宗子也。
若非所獻，則不敢以入於宗子之門。
謂非宗子之爵所當服也。
不敢以貴富加於父兄宗族。

加猶高也。
若富，則具二牲，獻其賢者於宗子。
賢猶善也。
夫婦皆齊而宗敬焉。
當助祭於宗子之家。○齊側皆反
終事而后敢私祭。
祭其祖禰。
飯：
目諸飯也。

黍稷稻粱白黍黃粱稰穛。孰穫曰稰，生穫曰穛。黍，黃黍也。○稰思呂反，穛側角反

膳。目諸膳也。

膷、臐、膮、醢、牛炙，醢、牛胾，醢、牛膾，羊炙，羊胾，醢，豕炙，醢，豕胾，芥醬，魚

膾，雉、兔、鶉、鷃。此上大夫之禮，庶羞二十豆也。以公食大夫禮饌校之，則膮牛炙閒不得有醢，醢衍字也。又以鶉為鴽也。○膷音香，臐許云反，膮許堯反，炙章夜反，下同，胾側吏反，膾古外反，鶉順倫反，鷃音晏，食音嗣，酏食、糝食並同，鴽音如，下文同

飲。目諸飲也。

重醴，稻醴清糟，黍醴清糟，粱醴清糟。重，陪也。糟，醇也。清，泲也。致飲有醇者，有泲者，陪設之也。○重直龍反，註同，糟子曹反，泲子禮反

或以酏為醴。釀粥為醴。

黍酏。酏，粥。

漿。酢截。○酢七故反，截才載反

水。清，耕。

醷。梅漿。○醷本又作𦤯，於紀反，徐於力反

濫。以諸和水也。以周禮六飲校之，則濫，涼也。紀莒之閒名諸為濫。○濫力暫反，以諸，乾桃、乾梅皆曰諸

酒。目諸酒也。

清、白。白，事酒、昔酒也。

羞。目諸羞也。

糗、餌、粉、酏。糗，擣熬穀也，以為粉餌與餈。此記似脫。周禮羞籩之實，糗餌粉餈；羞豆之實，酏食糝食。此酏當為餰，以稻米與狼臅膏為餰是也。○糗起九反，餌音二，下同，酏讀曰餰，又作餰，之然反，擣本又作擣，丁老反，餈自私反，下同，糝西感反，臅昌錄反

食。目人君燕食所用也。○食音嗣，下蓏食、麥食、食齊皆同

蝸醢而苽食，雉羹；麥食，脯羹，雞羹；折稌，犬羹，兔羹；和糝不蓼。

苽，彫胡也。稌，稻也。凡羹齊宜五味之和，米屑之糝，蓼則不矣。此腒所謂析乾牛羊肉也。○蝸力戈反，苽音孤，字又作菰，同。折之列反，稌音杜，和糝上胡臥反，下三敢反，註同。蓼音了，齊才細反，下文同。析星曆反，下同。

濡豚包苦實蓼，濡雞醢醬實蓼，濡魚卵醬實蓼，濡鼈醢醬實蓼。

凡濡謂亨之以汁和也。苦，苦荼也，以包豚，殺其氣。卵讀為鯤，鯤魚子，或作擱也。○濡音而，下同。苞伯交反，醢音海，一本作醯，呼兮反，次下句同。卵依註音鯤，古門反。亨普彭反，荼音徒，擱音關，本又作門，音門。

腶脩蚳醢。

腶脩，捶脯施薑桂也。蚳，蚍蜉子也。○腶丁亂反，蚳直其反，捶之蘂反，蚳本又作蜱，同音毗，蜉音浮。

脯羹兔醢，麋膚魚醢，魚膾芥醬，麋腥醢醬，桃諸梅諸卵鹽。

自蝸醢至此一十六物，似皆人君燕所食也。其饌則亂。膚，切肉也。膚或為胖。卵鹽，大鹽也。○卵力管反，胖音判。

凡食齊視春時，

飯宜溫也。

羹齊視夏時，

羹宜熱也。○夏戶嫁反，下倣此。

醬齊視秋時，

醬宜涼也。

飲齊視冬時。

飲宜寒也。

凡和，春多酸，夏多苦，秋多辛，冬多鹹，調以滑甘。

多其時味，以養氣也。

牛宜稌，羊宜黍，豕宜稷，犬宜粱，鴈宜麥，魚宜苽。

言其氣味相成。

春宜羔豚膳膏薌，夏宜腒鱐膳膏臊，秋宜犢麛膳膏腥，冬宜鮮羽膳膏羶。

此八物，四時肥美也。為其大盛，煎以休廢之膏，節其氣也。牛膏薌，犬膏臊，雞膏腥，羊膏羶。腒，乾雉也。鱐，乾魚也。鮮，生魚也。羽，鴈也。○薌音香，腒其居反，鱐本又作驌，所求反，臊素刀反，麛音迷，腥音星，為于偽反，大盛音太。

牛脩，鹿脯，田豕脯，麋脯，麕脯，麋鹿田豕麕，皆有軒，雉兔皆有芼。

脯皆析乾肉也。軒讀為憲，憲謂藿葉切也。芼謂菜釀也。軒或為胖。○麕九倫反，本又作麏，又作麠，下田豕麕同。軒音憲，出註後倣此。

爵，鷃，蜩，范，

蜩，蟬也。范，蜂也。○蜩范上音條，下音犯，蜂芳凶反。

芝栭，蔆，椇，棗，栗，榛，柹，瓜，桃，李，梅，杏，楂，梨，薑，桂。

蔆，芰也。椇，枳椇也。椇，藜之不臧者。自牛脩至此三十一物，皆人君燕食所加庶羞也。周禮天子羞用百有二十品，記者不能次錄。○栭音而，本又作檽。蔆音陵，椇音矩，榛側巾反，柹音俟，楂側加反，芰奇寄反，枳居氏反。

大夫燕食，有膾無脯，有脯無膾。士不貳羹胾。庶人耆老不徒食。

尊卑差也。

膾，春用蔥，秋用芥。豚，春用韭，秋用蓼。

芥芥醬也。

脂用蔥，膏用薤。

脂肥凝者，釋者曰膏。○薤戶界反，本多作薤

三牲用藙，

藙煎茱萸也。漢律會稽獻焉，爾雅謂之榝。○藙魚氣反，會古外反，稽古兮反，榝色八反

和用醯，

畜與家物自相和也。○和戶臥反，註皆同

獸用梅。

亦野物自相和。

鶉羹、雞羹、鴽，釀之蓼。

釀謂切雜之也。鴽在羹下，烝之不羹也。

魴鱮烝，雛燒，雉，薌，無蓼。

薌蘇荏之屬也。燒，煙於火中也。自膾用蔥至此，言調和菜釀之所宜也。○魴鱮上音房，下音敘，雛仕俱反，荏而甚反，調徒弔反

不食雛鱉，狼去腸，狗去腎，狸去正脊，兔去尻，狐去首，豚去腦，魚去乙，鱉去醜。

皆為不利人也。雛鱉，伏乳者。乙，魚體中害人者名也，今東海鰫魚有骨名乙，在目旁，狀如篆乙，食之鯁人不可出。醜謂鱉竅也。○去起呂反，下並同，尻苦刀反，腦奴老反，為于偽反，下皆為伏扶又反，乳而樹反，鰫音容，篆直轉反，鯁本又作哽，古猛反

肉曰脫之，魚曰作之，棗曰新之，栗曰撰之，桃曰膽之，柤梨曰攢之。

皆治擇之名也。○膽丁敢反，攢再官反

牛夜鳴則庮，羊泠毛而毳，羶，狗赤股而躁，臊，鳥皫色而沙鳴，鬱，豕望視而交睫，腥，馬黑脊而般臂，漏，雛尾不盈握弗食，舒鴈翠，鵠鴞胖，舒鳧翠，雞肝，鴈腎，鴇奧，鹿胃。

亦皆為不利人也。庮惡臭也，春秋傳曰：一薰一蕕。泠毛，毳毛別聚不解者也。赤股，股裏無毛也。皫色，毛變色也。沙猶嘶也。鬱腐臭也。望視，視遠也。腥當為星，聲之誤也。星，肉中如米者。般臂前脛般般然也。漏當為螻，如螻蛄臭也。舒鴈，鵝也。翠，尾肉也。鵠鴞胖謂脅側薄肉也。舒鳧，鶩也。鴇奧，脾肶也。鴇或為鶡也。○庮音由，泠音零，毳昌銳反，皫本又作皫，普表反，沙如字，一音所嫁反，註同，睫音接，腥依註作星，般音班，漏依註音螻，力侯反，鵠胡篤反，鴞于驕反，胖音判，鴇音保，奧於六反，胃音謂，薰許云反，或作熏，又作葷，解胡買反，嘶音西，鶩音木，脾扶移反，肶昌私反

肉腥細者為膾，大者為軒。

言大切細切異名也。膾者必先軒之，所謂聶而切之也。

或曰：麋鹿魚為菹，麕為辟雞，野豕為軒，兔為宛脾，切蔥若薤，實諸醯以柔之。

此軒辟雞宛脾皆菹類也。釀菜而柔之以醯，殺腥肉及其氣。今益州有鹿㲜者，近由此為之矣。菹軒聶而不切，辟雞宛脾聶而切之。軒或為胖，宛或作鬱。○麕九倫反，辟必益反，宛於阮反，脾婢支反，醯呼兮反，㲜於偽反

羹食自諸侯以下至於庶人無等。

羹食，食之主也，庶羞亦異耳。○食音嗣，註羹食并下文食禮同

大夫無秩膳。

謂五十始命，未甚老也。秩，常也。

大夫七十而有閣。

有秩膳也。閣以板爲之，庋食物也。○庪又作庋，九委反

天子之閣，左達五，右達五。公侯伯於房中五。大夫於閣三。士於坫一。

達，夾室。大夫言於閣，與天子同處。天子二五，倍諸侯也。五者，三牲之肉及魚腊也。○處昌慮反

凡養老，有虞氏以燕禮，夏后氏以饗禮，殷人以食禮，周人脩而兼用之。凡五十養於鄉，六十養於國，七十養於學，達於諸侯。八十拜君命，一坐再至，瞽亦如之。九十者使人受。五十異粻，六十宿肉，七十貳膳，八十常珍，九十飲食不違寢，膳飲從於遊可也。六十歲制，七十時制，八十月制，九十日脩，唯絞紟衾冒，死而后制。五十始衰，六十非肉不飽，七十非帛不煖，八十非人不煖，九十雖得人不煖矣。五十杖於家，六十杖於鄉，七十杖於國，八十杖於朝，九十者天子欲有問焉，則就其室，以珍從。七十不俟朝，八十月告存，九十日有秩。五十不從力政，六十不與服戎，七十不與賓客之事，八十齊喪之事弗及也。五十而爵，六十不親學，七十致政。凡自七十以上，唯衰麻爲喪。凡三王養老皆引年。八十者一子不從政，九十者其家不從政，瞽亦如之。凡父母在，子雖老不坐。有虞氏養國老於上

庠，養庶老於下庠。夏后氏養國老於東序，養庶老於西序。殷人養國老於右學，養庶老於左學。周人養國老於東膠，養庶老於虞庠。虞庠在國之西郊。有虞氏皇而祭，深衣而養老。夏后氏收而祭，燕衣而養老。殷人冔而祭，縞衣而養老。周人冕而祭，玄衣而養老。

記王制有此。○粻知良反。絞古交反。紟其鴆反，本又作衿，同。冒亡報反。煖乃管反。朝直遙反，下同。珍從才用反，又如字。與音預，下同。齊側皆反。衰七回反。膠音交。冔況甫反。縞古老反，又古報反

曾子曰：孝子之養老也，樂其心，不違其志。樂其耳目，安其寢處，以其飲食忠養之。孝子之身終，終身也者，非終父母之身，終其身也。是故父母之所愛亦愛之，父母之所敬亦敬之，至於犬馬盡然，而況於人乎。

賤喻貴也。○樂音洛，下同。養羊亮反

凡養老，五帝憲，

憲，法也。養之爲法其德行。

三王有乞言。

有善爲法，又從之求善言以施行也。

五帝憲，養氣體而不乞言，有善則記之爲惇史。三王亦憲，既養老而后乞言，亦微其禮，皆有惇史。

惇史，史惇厚是也。微其禮者，依違言之，求而不切也。○惇音敦

淳熬煎醢加于陸稻上沃之以膏曰淳熬

淳沃也熬亦煎也沃煎成之以爲名

淳毋煎醢加于黍食上沃之以膏曰淳毋

毋讀曰模模象也作此象淳熬○毋依註莫胡反下同食音嗣

炮取豚若將刲之刳之實棗於其腹中編萑以苴之塗之以謹塗炮之塗皆乾擘之濯手以摩之去其皽爲稻粉糔溲之以爲酏以付豚煎諸膏膏必滅之鉅鑊湯以小鼎薌脯於其中使其湯毋滅鼎三日三夜毋絕火而后調之以醯醢

炮者以塗燒之爲名也將當爲牂牂牡羊也刲刳博異語也謹當爲墐聲之誤也墐塗塗有穰草也皽謂皮肉之上魄莫也糔

溲亦博異語也糔讀與滫瀡之滫同薌脯謂煑豚若羊於小鼎中使之香美也謂之脯者既去皽則解析其肉使薄如爲脯然唯豚全耳豚羊入鼎三日乃內醯醢可食也○炮步交反將依註音牂子郎反刲苦圭反刳口孤反又口侯反編必縣反萑音丸苴子餘反謹依註作墐音斤涂本亦作塗擘之必麥反去起呂反註同皽章善反糔息酒反溲所九反鑊戶郭反穰如羊反魄莫上普伯反下亦作漠武博反

擣珍取牛羊麋鹿麕之肉必脄每物與牛若一捶反側之去其餌孰出之去其皽柔其肉

脄脊側肉也捶擣之也餌筋腱也柔之爲汁和也汁和亦醯醢與○脄音每餌音二筋音斤腱徐其偃反皇紀偃反一音其言反王逸註楚辭云筋頭也

漬取牛肉必新殺者薄切之必絕其理湛諸美酒期朝而食之以醢若醯醷

湛亦漬也○湛子潛反期音朞

爲熬捶之去其皽編萑布牛肉焉屑桂與薑以洒諸上而鹽之乾而食之施羊亦如之施麋施鹿施麕皆如牛羊欲濡肉則釋而煎之以醢欲乾肉則捶而食之

熬於火上爲之也今之火脯似矣欲濡欲乾人自由也醢或爲醯此七者周禮八珍其一肝膋是也○醷音懿又如字乾而食一本無而食之三字濡音儒下同膋音遼徐音勞

糝取牛羊豕之肉三如一小切之與稻米稻米二肉一合以爲餌煎之

此周禮糝食也○食音嗣下酏食同

肝膋取狗肝一幪之以其膋濡炙之舉燋其膋不蓼

膋腸間脂舉或爲巨○幪音蒙燋字又作焦子消反

取稻米舉糔溲之小切狼臅膏以與稻米爲酏

狼臅膏臆中膏也以煎稻米則似今膏𩞄矣此周禮酏食也此酏當從飾○酏讀爲餈之然反註同臆音憶𩞄本又作餈並之然反

禮始於謹夫婦爲宮室辨外內男子居外女子居內深宮固門閽寺守之男不入女不出

閽掌守中門之禁也寺掌內人之禁令也

男女不同椸枷。不敢縣於夫之楎椸。不敢藏於夫之篋笥。不敢共湢浴。

竿謂之椸楎杙也○椸本又作椸以支反枷音嫁縣音玄楎音輝笥息吏反竿音干杙音弋

夫不在。斂枕篋簟席。襡器而藏之。

不敢褻也、

少事長。賤事貴。咸如之。

咸皆也、

夫婦之禮。唯及七十。同藏無間。

衰老無嫌及猶至也○閒紒閒廁之閒皇如字讀

故妾雖老。年未滿五十。必與五日之御。

五十始衰不能孕也妾閉房不復出御矣此御謂侍夜勸息也五日一御諸侯制也諸侯取九女姪娣兩兩而御則三日也次兩媵則四日也次夫人專夜則五日也天子十五日乃一御○年未五十本又作年未滿五十與音預復扶又反下丈夫復同姪大結反娣大計反媵羊證反又繩證反

將御者。齊。漱澣。慎衣服。櫛縰笄。總角。拂髦。衿纓綦屨。

其往如朝也角衍字也拂髦或爲繆髦也○齊爭皆反下皆同澣音浣朝直遙反下文朝服註朝於君皆同繆居虯反

雖婢妾。衣服飲食必後長者。

人貴賤不可以無禮○後胡豆反

妻不在。妾御莫敢當夕。

辟女君之御日也○辟音避下辟入雖辟皆同

妻將生子。及月辰。居側室。

側室謂夾之室次燕寢也

夫使人日再問之。作而自問之。妻不敢見。使姆衣服而對。至於子生。夫復使人日再問之。

作有感動○見賢徧反下及注同姆音茂

夫齊。則不入側室之門。

若始時使人問、

子生。男子設弧於門左。女子設帨於門右。

表男女也弧者示有事於武也帨事人之佩巾也、

三日。始負子。男射女否。

始有事也負之謂抱之而使鄉前也○鄉休亮反下文西鄉皆同

國君世子生。告於君。接以大牢。宰掌具。

接讀爲捷捷勝也謂食其母使補虛強氣也○接依註音捷下接子同食音嗣下註食子食乳皆同

三日。卜士負之。吉者宿齊。朝服寢門外。詩負之。射人以桑弧蓬矢六。射天地四方。

詩之言承也桑弧蓬矢本大古也天地四方男子所有事也○射天地食亦反大音泰

保受乃負之。

代士也、保保母、

宰醴負子、賜之束帛。

醴當爲禮聲之誤也、禮以一獻之禮酬之以幣也、

卜士之妻、大夫之妾使食子。

食子不使君妾適妾有敵義不相褻、以勞辱事也士妻大夫之妾謂時自有子。○適丁歷反、

凡接子擇日。

雖三日之內尊卑必皆選其吉焉、

冢子則大牢。

天子世子也冢大也冢子猶言長子通於下也、

庶人特豚、士特豕、大夫少牢、國君世子大牢。

皆謂長子、

其非冢子、則皆降一等。

謂冢子之弟及衆妾之子生也、天子諸侯少牢、大夫特豕士特豚庶人猶特豚也、

異爲孺子室於宮中。

特埽一處以處之、

擇於諸母與可者、必求其寬裕慈惠溫良恭敬愼而寡言者、使爲子師、其次爲慈母、其次爲保母、皆居子室。

此人君養子之禮也、諸母衆妾也可者傅御之屬也子師教示以善道者慈母知其嗜欲者保母安其居處者士妻食乳之而已、著市志反

他人無事不往。

爲兒精氣微弱將驚動也、○爲于僞反下爲改爲大溫皆同

三月之末、擇日翦髮爲鬌、男角女羈、否則男左女右。

鬌所遺髮也夾囟曰角午達曰羈也。○鬌丁果反囟音信又思忍反

是日也、妻以子見於父、貴人則爲衣服、由命士以下皆漱澣。

貴人大夫以上也由自也、

男女夙興、沐浴衣服、具視朔食。

朔食天子大牢諸侯少牢大夫特豕士特豚也、

夫入門、升自阼階、立於阼西鄉、妻抱子出自房、當楣立東面。

入門者入側室之門也大夫以下見子就側室見妾子於內寢辟人君也。○楣音眉

姆先相曰、母某敢用時日祗見孺子。

其妻姓若言妻氏也祗敬也或作振。○相息亮反

夫對曰、欽有帥。父執子之右手、咳而名之。

欽敬也帥循也言教之敬使有循也、執右手明將授之事也。○咳戶才反

妻對曰、記有成。遂左還授師。

記猶識也識夫之言使有成也師子師也。○還音旋

子師辯告諸婦諸母名。

後告諸毋若名成於尊。○辯音遍下同

妻遂適寢。

復夫之燕寢。

夫告宰名。宰辯告諸男名。書曰某年某月某日某生而藏之。

宰謂屬吏也。春秋書桓六年九月丁卯子同生。

宰告閭史。閭史書爲二。其一藏諸閭府。其一獻諸州史。州史獻諸州伯。州伯命藏諸州府。

四閭爲族，族百家也。閭胥中士一人。五黨爲州，州二千五百家也。州長中大夫一人也。皆有屬吏。獻猶言也。

夫入食如養禮。

夫入，已見子入室也。其與妻食，如婦始饋舅姑之禮也。

世子生，則君沐浴朝服。夫人亦如之。皆立於阼階西鄉。世婦抱子升自西階。君名之，乃降。

子升自西階，則人君見世子於路寢也。見妾子就側室。凡子生皆就側室。諸侯夫人朝於君次而褖衣也。○褖通亂反

適子庶子見於外寢。撫其首，咳而名之。禮帥初，無辭。

此適子謂世子弟也。庶子，妾子也。外寢，君燕寢也。無辭，辭謂欬有帥記有成也。○適丁歷反註及下同

凡名子，不以日月，不以國。

終使易諱。○易以豉反

不以隱疾。

諱衣中之疾，難爲醫也。

大夫士之子，不敢與世子同名。

尊世子也。其先世子生，亦勿爲改。

妾將生子，及月辰，夫使人日一問之。子生三月之末，漱澣夙齊見於內寢。禮之如始入室。君已食，徹焉。使之特餕，遂入御。

內寢，適妻寢也。禮，謂已見子，夫食而使獨餕也。如始入室，始來嫁時，妾餕夫婦之餘，亦如之。既見子，可以御。此謂大夫士之妾也。凡妾稱夫曰君。

公庶子生，就側室。三月之末，其母沐浴朝服見於君。擯者以其子見君所有賜君名之。衆子則使有司名之。

擯者，傅姆之屬也。人君尊，雖妾不抱子。有賜於君，有恩惠也。有司臣有事者也。魯桓公名子，問於申繻也。

庶人無側室者，及月辰，夫出居羣室。其問之也，與子見父之禮無以異也。

夫雖辟之，至問妻及見子，禮同也。庶人或無妾。

凡父在，孫見於祖，祖亦名之。禮如子見父，無辭。

見子於祖，家統於尊也。父在則無辭，有適子者，無適孫，與見庶子同也。父卒而有適孫，則有辭，與見冢子同。父雖卒，而庶孫猶無辭也。

食子者，三年而出，見於公宮則劬。

劬勞也。士妻大夫之妾，食國君之子，三年出歸其家，君有以勞賜之。○食音嗣註及下文食毋同勞賜力報反

大夫之子有食母。
選於傅御之中、喪服所謂乳母也、

士之妻自養其子。
賤不敢使人也、

由命士以上。及大夫之子。旬而見。
旬當爲均、聲之誤也、有時適妾同時生子、子均、而見者以生先後見之、旣見乃食、亦辟人君也、易說卦坤爲均、今亦或作旬也、

冢子未食而見。必執其右手。適子庶子。已食而見。必循其首。
天子諸侯尊別、世子雖同、毋禮則異矣、未食已食、急正緩庶之義也、○別、彼列反、下及別同、

子能食食。教以右手。能言。男唯女俞。男鞶革。女鞶絲。

俞然也、鞶、小囊、盛帨巾者、男用韋、女用繒、有飾緣之、則是鞶裂與、詩云、垂帶如厲、紀子帛、名裂繻、字雖今異、意實同也、○食食、上如字、下音嗣、唯、于癸反、俞、以朱反、鞶、步干反、盛音成、緣、于絹反、裂音列、與音預、厲音列、

六年。教之數與方名。
方名、東西、

七年。男女不同席。不共食、
蚤其別也、

八年。出入門戶。及即席飲食。必後長者。始教之讓。
示以廉恥、○後、胡豆反、

九年。教之數日。
朔望與六甲也、○數、所主反、

十年。出就外傅。居宿於外。學書計。衣不帛襦袴。禮帥初。朝夕學幼儀。請肄簡諒。
外傅、教學之師也、不用帛爲襦袴、爲大溫、傷陰氣也、禮帥初、遵習先日所爲也、肄、習也、諒、信也、請習簡、謂所書篇數也、請習信、謂應對之言也、○襦音儒、袴若故反、肄本又作肆、同以二反、大音泰、

十有三年。學樂。誦詩。舞勺。成童。舞象。學射御。
先學勺、後學象、文武之次也、成童、十五以上、○勺、章略反、註同、

二十而冠。始學禮。可以衣裘帛。舞大夏。惇行孝弟。博學不教。內而不出。

大夏、樂之文武備者也、內而不出、謂人之謀慮也、○冠、古亂反、衣、於旣反、

三十而有室。始理男事。博學無方。孫友視志。
室、猶妻也、男事、受田給政役也、方、猶常也、至此學無常在、志所好也、孫、順也、順於友、視其所志也、○孫音遜、註同、好、呼報反、

四十始仕。方物出謀發慮。道合則服從。不可則去。
方、猶常也、物、猶事也、

五十命爲大夫。服官政。
統一官之政也、

七十致事、
致其事於君而告老、

凡男拜。尚左手。左陽。

女子十年不出。恒居內也。

姆教婉娩聽從。婉謂言語也。婉之言媚也。娩謂容貌也。○娩音晚。

執麻枲。治絲繭。織紝組紃。學女事以共衣服。紃絛。○枲思里反。繭古典反。紝女金反。紃音巡。共音恭。絛他刀反。

觀於祭祀。納酒漿籩豆菹醢。禮相助奠。當及女時而知。○相息亮反。

十有五年而笄。謂應年許嫁者。女子許嫁，笄而字之。其未許嫁，二十則笄。○應應對之應。

二十而嫁。有故，二十三年而嫁。故謂父母之喪。

聘則為妻。聘問也。妻之言齊也。以禮聘問，則得與夫敵體。

奔則為妾。妾之言接也。聞彼有禮，走而往焉，以得接見於君子也。奔或為衒。○見賢遍反。衒古縣字，本又作御字，魚據反。

凡女拜。尚右手。右陰也。

禮記卷十二終

禮記卷十三

漢大司農北海鄭　玄註

皇明　後學東吳金　蟠較

玉藻第十三

天子玉藻。十有二旒。前後邃延。龍卷以祭。

祭先王之服也。雜采曰藻。天子以五采藻爲旒。旒十有二。前後邃延者，言皆出冕前後而垂也。天子齊肩。延，冕上覆也。玄表纁裏。龍卷，畫龍於衣。字或作袞。

玄端而朝日於東門之外。聽朔於南門之外。閏月則闔門左扉。立于其中。

端當爲冕，字之誤也。玄衣而冕，冕服之下。朝日，春分之時也。東門南門，皆爲國門也。天子廟及路寢，皆如明堂制。明堂在國之陽，每月就其時之堂而聽朔焉。卒事反宿路寢，亦如之。閏月非常月也，聽其朔於明堂門中，還處路寢門，終月。凡聽朔必以特牲告其帝及神，配以文王、武王。○端音冕，出註下。諸侯玄端同。朝直遥反，篇内除下註朝之餘皆同。闔胡獵反。扉音非

皮弁以日視朝。遂以食。日中而餕。奏而食。日少牢。朔月大牢。

餕食朝之餘也。奏，奏樂也。○餕音俊

五飲。上水。漿。酒。醴。酏。

上水，水爲上，餘其次之。○酏以支反

卒食。玄端而居。

天子服玄端燕居也。

動則左史書之。言則右史書之。

其書春秋尚書其存者。

御瞽幾聲之上下。

瞽，樂人也。幾猶察也。察其哀樂。○瞽音古。上時掌反。哀樂音洛

年不順成。則天子素服。乘素車。食無樂。

自貶損也。

諸侯玄端以祭。

祭先君也。端亦當爲冕，字之誤也。諸侯祭宗廟之服，唯魯與天子同。

裨冕以朝。

朝天子也。裨冕，公袞，侯伯鷩，子男毳也。○裨婢支反。鷩必列反。毳昌鋭反

皮弁以聽朔於大廟。

皮弁下天子也。○大音泰，後大廟同。下戶嫁反

朝服以日視朝於内朝。

朝服，冠玄端素裳也。此内朝，路寢門外之正朝也。天子諸侯皆三朝。

朝。辨色始入。

群臣也。入，入應門也。辨猶正也，別也。○別彼列反

君日出而視之。退適路寢聽政。使人視大夫。大夫退。然後適小寢釋服。

小寢燕寢也釋服服玄端

又朝服以食特牲三俎祭肺。食必服朝服所以敬養身也三俎豕魚腊○復扶又反

夕深衣祭牢肉。祭牢肉異於始殺也天子言日中諸侯言夕天子言餕諸侯言祭牢肉互相挾○挾戶頰反

朔月少牢五俎四簋。五俎加羊與其腸胃也朔月四簋則日食粱稻各一簋而已

子卯稷食菜羹。忌日貶也○食音嗣

夫人與君同庖。

不特殺也

君無故不殺牛大夫無故不殺羊士無故不殺犬豕。故謂祭祀之屬

君子遠庖廚凡有血氣之類弗身踐也。踐當為翦聲之誤也翦猶殺也○遠于萬反踐子淺反出註

至於八月不雨君不舉。為旱變也此謂建子之月不雨盡建未月也春秋之義周之春夏無雨未能成災至其秋秀實之時而無雨則雩雩而得之則書雩喜祀有益也雩而不得則書旱明災成也○為于僞反下皆為猶為明為為失皆同夏戶嫁反

年不順成君衣布搢本關梁不租山澤列而不賦土功不興大夫不得造車馬。皆為凶年變也君衣布者謂若衛文公大布之衣大帛之冠是也搢本去珽荼佩士笏也士以竹為笏飾本以象關梁不租此周禮也殷則關但譏而不征列之言遮列也雖不賦猶為之禁不得非時取也造謂作新也○衣於旣反註君衣布同去丘呂反下刷去同珽他頂反荼音舒笏音勿遮支奢反

卜人定龜。謂靈射之屬所當用者○射音亦

史定墨。視兆坼也○坼勑白反

君定體。視兆所得也周公曰體王其無害

君羔幦虎犆。幦覆苓也犆讀皆如直道而行之直直謂緣也此君齊車之飾○幦音覓犆依註音直下同苓本又作軨音零緣尹絹反後文註皆放此齊側皆反下文註皆同

大夫齊車鹿幦豹犆朝車士齊車鹿幦豹犆。臣之朝車與齊車同飾

君子之居恒當戶。鄉明○鄉許亮反

寢恒東首。首生氣也。

若有疾風迅雷甚雨則必變雖夜必興衣服冠而坐。敬天之怒。○衣於旣反下衣布同

日五盥沐稷而靧粱櫛用樿櫛髮晞用象櫛進禨進羞工乃升歌。晞乾也沐靧必進禨作音盈氣也更言進羞明爲羞籩豆之實○靧音悔櫛則乙反樿章善反禨其旣反

浴用二巾上絺下綌。刷去垢也○絺丑疑反綌去逆反刷色劣反

出杅履蒯席連用湯。杅浴器也蒯席澀便於洗足也連猶同也○杅音雩蒯苦怪反連力旦反澀所戢反便婢面反

履蒲席衣布晞身乃屨進飮。進飮亦盈氣也○屨九具反本又作履

將適公所宿齊戒居外寢沐浴史進象笏書思對命。思所思念將以告君者也對所以對君者也命所受君命者也書之於笏爲失忘反

旣服習容觀玉聲。玉佩

乃出揖私朝煇如也登車則有光矣。私朝自大夫家之朝也揖其臣乃行○煇音暉

禮記 卷十三 玉藻 五 永懷堂

天子搢珽方正於天下也。此亦笏也謂之珽珽之言珽然無所屈也或謂之大圭長三尺杼上終葵首終葵首者於杼上又廣其首方如椎頭是謂無所屈後則恒直相玉書曰珽玉六寸明自炤○長直亮反後放此杼直呂反相息亮反珽他頂反本又作珵音呈

諸侯荼前詘後直讓於天子也。荼讀爲舒遲之舒舒懦者所畏在前也詘謂圜殺其首不爲椎頭諸侯唯天子詘焉是以謂笏爲荼○荼音舒詘丘勿反懦乃亂反又奴臥反圜音員殺色界反篇內皆同

大夫前詘後詘無所不讓也。大夫奉君命出入者也上有天子下有己君又殺其下而圜

侍坐則必退席不退則必引而去君之黨。引卻也黨鄉之細者退謂旁側也辟君之親黨也

登席不由前爲躐席。升必由下也○爲于僞反

徒坐不盡席尺。示無所求於前不忘謙也

讀書食則齊豆去席尺。讀書聲當聞尊者食爲汚席也○爲于僞反下爲大有同汙烏臥反

若賜之食而君客之則命之祭然後祭。雖見賓客猶不敢備禮也侍食則正不祭

禮記 卷十三 玉藻 六 永懷堂

先飯辯嘗羞。飲而俟。侯君食而後食也。君將食臣先嘗之。忠孝也。○飯扶晩反下至三飯及註皆同辯嘗音遍

若有嘗羞者。則俟君之食。然後食。飯飲而俟。不祭侍食。不敢備禮也。不嘗羞。膳宰存也。飯飲利將食也。

君命之羞。羞近者。辟貪味也。○辟音避

命之品嘗之。然後唯所欲。必先徧嘗之。

凡嘗遠食。必順近食。從近始也。

禮記　卷十三　玉藻　七　永懷堂

君未覆手。不敢飧。覆手以循咡。已食也。飧勸食也。○覆芳服反註同飧音孫註及下同咡耳侍反

君既食。又飯飧。不敢先君飽。○先息薦反下同

飯飧者。三飯也。臣勸君食。如是可也。

君既徹。執飯與醬。乃出授從者。食於尊者之前。當親徹也。○從才用反

凡侑食。不盡食。食於人不飽。謙也。○侑音又

唯水漿不祭。若祭。爲已偞卑。水漿非盛饌也。已猶大也。祭之爲或有所畏迫。臣於君則祭之。○偞虛涉反大音泰下同下長大亦同

君若賜之爵。則越席再拜稽首。受登席祭之。飲卒爵而俟君卒爵。然後授虛爵。不敢先君盡爵。

君子之飲酒也。受一爵而色洒如也。洒如。肅敬貌。洒或爲察。○洒先典反

禮記　卷十三　玉藻　八　永懷堂

二爵而言言斯。言言。和敬貌。斯猶耳也。○言言魚斤反註同

禮已三爵而油油。油油。說敬貌。○說音悅

以退。禮飲過三爵則敬殺。可以去矣。

退則坐取屨。隱辟而後屨。坐左納右。坐右納左。隱辟。俛逡巡而退著屨也。○辟匹亦反俛音免逡七巡反巡音循著屨丁略反

凡尊必上玄酒。

不忘古也。

唯君面尊。面猶鄉也。燕禮曰司宮尊於東楹之西兩方壺左玄酒南上公尊瓦大兩有豐在尊南南上。○鄉許亮反

唯饗野人皆酒。飲賤者不備禮。○飲於鴆反

大夫側尊用棜士側尊用禁。棜斯禁也無足有似於棜是以言棜。○棜於據反注同斯如字又音賜

始冠緇布冠自諸侯下達冠而敝之可也。本大古耳非時王之法服也。○冠古亂反下冠而註始冠同

玄冠朱組纓天子之冠也緇布冠繢緌諸侯之冠也。皆始冠之冠也玄冠委貌也諸侯緇布冠有緌尊者飾也繢或作繪緌或作蕤。○繢戶內反註繪同緌本又作蕤耳佳反註及下皆同

玄冠丹組纓諸侯之齊冠也玄冠綦組纓士之齊冠也。言齊時所服也四命以上齊祭異冠。○齊側皆反下同綦音其上時掌反下而上同後皆倣此

縞冠玄武子姓之冠也。謂父有喪服子為之不純吉也武冠卷也古者冠卷殊。○縞古老反為于僞反卷起權反下同

縞冠素紕既祥之冠也。紕緣邊也紕讀如埤益之埤既祥之冠也已祥祭而服之也間傳曰大祥素縞麻衣。○紕音埤又婢支反間古閑反傳直專反

垂緌五寸惰游之士也。惰游罷民也亦縞冠素紕凶服之象也垂長緌明非既祥。○惰徒臥反罷音皮

玄冠縞武不齒之服也。所放不帥教者

居冠屬武。謂燕居冠也著冠於武少威儀。○屬章欲反著音直略反

自天子下達有事然後緌。燕無事者去飾。○去丘呂反下同

五十不散送。送喪不散麻始衰不備禮。○散悉但反註同衰所追反

親沒不髦。去為子之飾。○髦音毛

大帛不緌。帛當為白聲之誤也大帛謂白布冠也不緌凶服去飾

玄冠紫緌自魯桓公始也。蓋僭宋王者之後服也緌當用繢。○僭子念反後同

朝玄端夕深衣深衣三袪。謂大夫士也三袪者謂要中之數也袪尺二寸圍之為二尺四寸三之七尺二寸。○朝直遥反袪起魚反本或無衣字要一遥

反下文註同

縫齊倍要。 縫紩也紩下齊倍要下齊丈四尺四寸縫或爲逢或爲豐○縫音逢齊音咨本又作齊註同紩直乙反

衽當旁。 衽謂裳幅所交裂也凡衽者或殺而下或殺而上是以小要取名焉衽屬衣則垂而放之屬裳則縫之以合前後上下相變○衽而審反屬音燭下同

袂可以回肘。 二尺二寸之節○袂面世反肘竹丑反

長中繼揜尺。 其爲長衣中衣則繼袂揜一尺若今褎矣深衣則緣而已○褎音袖下文同

袷二寸。 曲領也○袷音劫

袪尺二寸。 袪口也

緣廣寸半。 飾邊也○廣公曠反後倣此

以帛裏布非禮也。 中外宜相稱也冕服絲衣也中衣用素皮弁服朝服玄端麻衣也中衣用布○稱尺證反

士不衣織。 織染絲織之士衣染繒也○衣於旣反註及下註同織音志註織染同繒以綾反

無君者不貳采。 大夫去位宜服玄端玄裳

衣正色裳間色。 謂冕服玄上纁下○間廁之間

非列采不入公門。 列采正服

振絺綌不入公門表裘不入公門。 振讀爲袗袗襌也表裘外衣也二者形且褻皆當表之乃出○袗之忍反襌音丹下文註同

襲裘不入公門。 衣裘必當裼也○裼思歷反

纊爲繭縕爲袍。 衣有著之異名也纊謂今之新緜也縕謂今纊及舊絮也○纊音曠

襌爲絅。 有衣裳而無裏○絅苦迥反

帛爲褶。 有表裏而無著○褶音牒

朝服之以縞也。自季康子始也。亦僭宋王者之後、

孔子曰朝服而朝卒朔然後服之。謂諸侯與群臣也、諸侯視朔皮弁服、

曰國家未道則不充其服焉。謂若衛文公者、未道未合於道、

唯君有黼裘以誓省大裘非古也。僭天子也天子祭上帝則大裘而冕大裘羔裘也黼裘以羔與狐白雜爲黼文也省當爲獮獮秋田也國君有黼裘誓獮田之禮時大夫又有大裘也○獮息典反

禮記　卷十三　玉藻　十三　承懷堂

君衣狐白裘錦衣以裼之。君衣狐白毛之裘則以素錦爲衣覆之使可裼也袒而有衣曰裼必覆之者裘褻也詩云衣錦絅衣裳錦絅裳然則錦衣復有上衣明矣天子狐白之上衣皮弁服與凡裼衣象裘色也○衣於既反下文不衣同復扶又反

君之右虎裘厥左狼裘。衛尊者宜武猛、

士不衣狐白。辟君也狐之白者少以少爲貴也○辟音避

君子狐青裘豹褎玄綃衣以裼之。君子、大夫士也綃綺屬也染之以玄、於狐青裘相宜狐青裘蓋玄衣之裘、

麛裘青豻褎絞衣以裼之。豻胡犬也絞蒼黃之色也孔子曰素衣麛裘○麛音迷豻音岸胡地野犬絞戶交反

羔裘豹飾緇衣以裼之。飾猶褎也孔子曰緇衣羔裘、

狐裘黃衣以裼之。黃衣大蜡時臘先祖之服也孔子曰黃衣狐裘○蜡仕嫁反臘力合反

錦衣狐裘諸侯之服也。非諸侯則不用錦衣爲裼、

犬羊之裘不裼。賤略之亦庶人無文飾、

禮記　卷十三　玉藻　十四　承懷堂

不文飾也不裼。裼主於有文飾之事、

裘之裼也見美也。君子於事以見美爲敬○見賢遍反註下註及下文同

弔則襲不盡飾也。喪非所以見美、

君在則裼盡飾也。臣於君所、

服之襲也，充美也。充猶覆也，所敬不主於君則襲。

是故尸襲。尸尊。

執玉龜襲。重寶瑞也。

無事則裼，弗敢充也。謂已致龜玉也。

笏，天子以球玉，諸侯以象，大夫以魚須文竹，士竹本象可也。球美玉也，文猶飾也，大夫士飾竹以爲笏，不敢與君並用純物也。

見於天子與射，無說笏，入大廟說笏，非禮也。言凡吉事無所說笏也，大廟之中唯君當事說笏也。○說本又作稅，同他活反，下及註同。

小功不說笏，當事免則說之。免悲哀哭踊之時，不在於記事也，小功輕，不當事可以搢笏也。○免音問，註同。

既搢必盥，雖有執於朝，弗有盥矣。搢笏輒盥，爲必執事。○爲于僞反。

凡有指畫於君前，用笏；造受命於君前，則書於笏。笏畢用也，因飾焉。

畢盡也。○造七報反。

笏度二尺有六寸，其中博三寸，其殺六分而去一。殺猶杼也，天子杼上終葵首，諸侯不終葵首，大夫士又杼其下，首廣二寸半。○去起呂反，下註去上則去去飾同。

而素帶終辟，大夫素帶辟垂，士練帶率下辟，居士錦帶，弟子縞帶。

并紐約用組。而素帶終辟，謂諸侯也，諸侯不朱裏合素爲之，如今衣帶爲之下天子也，大夫亦如之，率，繂也，士以下皆禪不合而繂積，如今作幓頭爲之也，辟讀如裨冕之裨，裨謂以繒采飾其側，人君充之，大夫裨其紐及末，士裨其末而已，居士，道藝處士也，此自而素帶亂脫在是耳，宜承朱裏終辟。○辟依註爲裨，婢支反，下同，率音律，註及下同，并必政反，紐女久反，下戶嫁反，繂音律，幓七紺反

韠，君朱，大夫素，士爵韋。此玄端服之韠也，韠之言蔽也，凡韠以韋爲之，必象裳色，則天子諸侯玄端朱裳，大夫素裳，唯士玄裳黃裳雜裳也，皮弁服皆素韠。○韠音必。

圜殺直。目韠制。○圜音圓。

天子直。四角直，無圜殺。

公侯前後方。殺四角使之方，變於天子也，所殺者去上下各五寸。

大夫前方後挫角。圜其上角，變於君也。韠以下爲前，以上爲後。

士前後正。士賤與君同，不嫌也。正，直方之間語也。天子之士則直，諸侯之士則方。

韠下廣二尺，上廣一尺，長三尺，其頸五寸，肩革帶博二寸。頸五寸，亦謂廣也。頸中央，肩兩角，皆上接革帶以繫之。肩與革帶廣同。凡佩繫於革帶。

大夫大帶四寸。雜帶，君朱綠，大夫玄華，士緇辟二寸，再繚四寸。凡帶有率，無箴功。雜猶飾也，即上之裨也。君裨帶，上以朱，下以綠終之。大夫裨垂，外以玄，内以華。華，黄色也。士裨垂之下，外内皆以緇，是謂緇帶。

大夫以上以素，皆廣四寸。士以練，廣二寸，再繚之。凡帶有司之帶也，亦綼之如士帶矣。無箴功，則不禆之。士雖綼帶，禆亦用箴功。凡帶不禆，下士也。此又亂脫在是，宜承紳韠結三齊。○繚音了，箴音針。

一命緼韍幽衡，再命赤韍幽衡，三命赤韍葱衡。此玄冕爵弁服之韠，尊祭服，異其名耳。韍之言亦蔽也。緼，赤黄之間色，所謂韎也。衡，佩玉之衡也。幽讀爲黝。黑謂之黝，青謂之葱。周禮，公侯伯之卿三命，其大夫再命，其士一命。子男之卿再命，其大夫一命，其士不命。○緼音溫，韍音弗，幽讀爲黝，出註，幼糾反，下同。韍莫拜反，又音妹。

天子素帶，朱裏，終辟。謂大帶也。

王后褘衣，夫人揄狄。狄讀如翟，揄讀如搖。翟、搖皆翟雉名也。刻繒而畫之，著於衣以爲飾，因以爲名也。後世作字異耳。夫人，三夫人，亦侯伯之夫人也。王者之後夫人亦褘衣。○褘音翬，許韋反，註及下同。揄音搖，羊消反。翟直歷反，著直略反。

三寸，長齊于帶。紳長制，士三尺，有司二尺有五寸。子游曰：參分帶下，紳居二焉。紳、韠、結三齊。三寸，謂約帶紐組之廣也。長齊于帶，與紳齊也。紳，帶之垂者也。言其屈而重也。論語曰：子張書諸紳。有司，府史之屬也。三分帶下而三尺，則帶高於中也。結，約餘也。此又亂脫在是，宜承約用組。結或爲衿。○重直龍反。

君命屈狄，再命褘衣，一命襢衣，士褖衣。君，女君也。屈，周禮作闕，謂刻繒爲翟，不畫也。此子男之夫人及其卿大夫士之妻命服也。褘當爲鞠，字之誤也。禮，天子諸侯命其臣，后夫人亦命其妻以衣服，所謂夫尊於朝，妻榮於室也。子男之卿再命而妻鞠衣，則鞠衣、襢衣、褖衣者，諸侯之臣皆分爲

三等，其妻以次受此服也。公之臣，孤爲上，卿大夫次之，士次之。褖或作稅。○褘依註音鞠，居六反。襢張戰反。褖吐亂反，註作稅，音同。

唯世婦命於奠繭，其他則皆從男子。奠猶獻也。凡世婦以下，蠶事畢，獻繭，乃命之以其服。天子之后、夫人、九嬪及諸侯之夫人，夫在其位，則妻得服其服矣。自君命屈狄至此，亦亂脫在是，宜承夫人揄狄。

凡侍於君，紳垂，足如履齊，頤霤，垂拱，視下而聽上，視帶以及袷，聽鄉任左。紳垂，則磬折也。齊，裳下緝也。袷，交領也。○齊音咨，本又作齊，註同。霤力救反。袷居業反。鄉許亮反。折之列反，又市列反，篇末倣此。

凡君召以三節。二節以走。一節以趨。節所以明信、輔君命也。使使召臣、急則持二、緩則持一。周禮曰、鎮圭以徵守。其餘未聞也。今漢使者擁節。○使使上音史下色吏反　守手又反　漢使色吏反

在官不俟屨。在外不俟車。趨君命也。必有執授之者。官謂朝廷治事處也。○處昌慮反

士於大夫不敢拜迎而拜送。禮不敵始來拜則士辟也。○辟音避　下亦辟　辟先　辟德皆同

士於尊者先拜進面。答之拜則走。士往見卿大夫、卿大夫出迎答拜亦辟也。

士於君所言大夫没矣、則稱謚若字。名士。與大夫言、名士字大夫。

於大夫所、有公諱無私諱。君所大夫存亦名。公諱若言語所辟先君之名。

凡祭不諱。廟中不諱。謂祝嘏之辭中有先君之名者也。凡祭祭群神、廟中上不諱下。○嘏古雅反

教學臨文不諱。爲惑未知者。○爲于僞反　下爲幼爲起事同

古之君子必佩玉。比德焉。君子士已上。

右徵角。左宮羽。玉聲所中也。徵角在右、事也民也可以勞。宮羽在左、君也物也宜逸。○徵張里反　註同　中丁仲反　下文同

趨以采齊。路門外之樂節。宅門外謂之趨。齊當爲楚薺之薺。○齊依註作薺　疾私反

行以肆夏。登堂之樂節。

周還中規。反行也。宜圜。○還音旋　圜音圓

折還中矩。曲行也。宜方。

進則揖之、退則揚之、然後玉鏘鳴也。揖之謂小俛、見於前也。揚之謂小仰、見於後也。鏘聲貌。○鏘七羊反　見賢遍反　下同

故君子在車則聞鸞和之聲、行則鳴佩玉。是以非辟之心無自入也。鸞在衡、和在式。自由也。○辟本又作僻　匹亦反

君在不佩玉。左結佩、右設佩。謂世子也。出所處而君在焉、則去德佩而設事佩、辟德而示即事也。結其左者、若於事有未能也。結者、結其綬不使鳴焉。

居則設佩。
謂所處而君不在焉。
朝則結佩。
朝於君，亦結左。
齊則綪結佩而爵韠。
綪屈也。結又屈之，思神靈不在事也。爵韠者，齊服玄端。○齊側皆反，註同。綪側耕反
凡帶必有佩玉，唯喪否。
喪主於哀，去飾也。凡謂天子以至士。
佩玉有衝牙。
居中央以前後觸也。○衝昌容反

君子無故玉不去身，君子於玉比德焉。
故謂喪與災眚。○災音裁，眚色耿反
天子佩白玉而玄組綬，公侯佩山玄玉而朱組綬，大夫佩水蒼玉而純組綬，世子佩瑜玉而綦組綬，士佩瓀玟而緼組綬。
玉有山玄水蒼者，視之文色所似也。綬者，所以貫佩玉相承受者也。純當爲緇，古文緇字或作絲旁才。綦文雜色也。緼赤黃。○純讀爲緇，佩其反，瑜羊朱反，綦音其，瓀而兗反，玟武巾反，緼音溫
孔子佩象環五寸而綦組綬。
謙不比德，亦不事也。象有文理者也。環取可循而無窮。

童子之節也，緇布衣錦緣，錦紳并紐，錦束髮，皆朱錦也。
童子未冠之稱也。冠禮曰：將冠者采衣紒也。○并紐必正反，下女丑反。冠古亂反，下並同。稱尺證反。紒音計
肆束及帶，勤者有事則收之，走則擁之。
肆讀爲肄，肄餘也，餘束約組之餘紐也。勤謂執勞辱之事也。此亦亂脫在是，宜承無箴功。○肆音肄，以四反
童子不裘不帛，不屨絇，無緦服，聽事不麻，無事則立主人之北南面，見先生從人而入。
皆爲幼小不備禮也。雖不服緦，猶免深衣無麻，往給事也。裘帛溫，傷壯氣也。絇屨頭飾也。○絇其俱反，見賢遍反，少詩照反，下少儀同，免音問
侍食於先生異爵者，後祭先飯。
謙也。○飯扶晚反

客祭，主人辭曰：不足祭也。
祭者盛主人之饌也。
客飧，主人辭以疏。
飧者，美主人之食也。疏之言麤也。○飧音孫，註及下同
主人自置其醬，則客自徹之。
敬主人也。徹奠於序端。
一室之人，非賓客，一人徹。
同事合居者也。賓客則各徹其饌也。

壹食之人一人徹。壹猶聚也。爲赴事聚食也。

凡燕食婦人不徹。婦人質，不備禮。

食棗桃李，弗致於核。恭也。○核行隔反

瓜祭上環，食中棄所操。上環頭忖也。○操七刀反，忖本又作刌，寸本反

凡食果實者後君子。陰陽所成，非人事也。○後胡豆反

火孰者先君子。備火齊不得也。○先悉薦反，齊才細反

有慶非君賜不賀。唯君賜爲榮也。

有憂者。此下絕亡，非其句也。

勤者有事則收之，走則擁之。此補脫重。○脫音奪，重直用反，又直龍反

孔子食於季氏，不辭，不食肉而飧。以其待己及飧非禮也。

君賜車馬，乘以拜；賜衣服，服以拜。敬君惠也。

賜君未有命，弗敢即乘服也。謂卿大夫受賜於天子者，歸必致於其君，君有命乃服之。

君賜稽首，據掌致諸地。致首於地。據掌，以左手覆按右手也。○覆芳服反

酒肉之賜弗再拜。輕也。受重賜者，拜受又拜於其室也。

凡賜君子與小人不同日。愼於尊卑。○愼一本作順

凡獻於君，大夫使宰，士親，皆再拜稽首送之。敬也。

膳於君，有葷桃茢，於大夫去茢，於士去葷，皆造於膳宰。膳美食也。葷桃茢，辟凶邪也。大夫用葷桃，士桃而已。葷，薑及辛菜也。茢，菼帚也。造於膳宰，既致命而授之。葷或作焄。○葷許云反，註焄同，茢音列，去起呂反，下同，造七報反，註同，辟必亦反，邪似嗟反，菼吐敢反，帚本或作箒，之手反

大夫不親拜，爲君之答己也。

不敢變動至尊。○爲于僞反下註爲其同

大夫拜賜而退。士待諾而退。又拜。弗答拜。小臣受大夫之拜。復以入告。大夫拜便辟也。○復扶又反下不復同辟音避下辟尊者同

大夫親賜士。士拜受。又拜於其室。衣服弗服以拜。異於君惠也。拜受又就拜於其家。是所謂再拜也。

敵者不在。拜於其室。謂來賜時不見也。見則不復往也。

凡於尊者有獻。而弗敢以聞。此謂獻辭也。少儀曰。君將適他。臣若致金玉貨貝於君。則曰致馬資於有司。是其類也。

禮記　卷十三　玉藻　三十五　永懷堂

士於大夫不承賀。下大夫於上大夫承賀。承受也。士有慶事。不聽大夫親來賀。已不敢變動尊也。○聽天丁反

親在。行禮於人稱父。人或賜之則稱父拜之。事統於尊。

禮不盛。服不充。禮盛者服充。大事不崇曲敬。

故大裘不裼。乘路車不式。謂祭天也。周禮王祀昊天上帝則服大裘而冕。乘玉路。式或曰乘兵車不式。

父命呼。唯而不諾。手執業則投之。食在口則吐之。走而不趨。至敬。○唯于癸反

親老。出不易方。復不過時。不可以憂父母也。易方。爲其不信已所處也。復。反也。

親癠。色容不盛。此孝子之疏節也。言非至孝也。癠。病也。王季有疾。文王色憂。行不能正履。○癠才細反

父沒而不能讀父之書。手澤存焉爾。母沒而杯圈不能飲焉。口澤之氣存焉爾。孝子見親之器物。哀惻不忍用也。圈。屈木所爲。謂卮匜之屬。○圈起權反註同卮音支匜以支反

禮記　卷十三　玉藻　三十六　永懷堂

君入門。介拂闑。大夫中棖與闑之間。士介拂棖。此謂兩君相見也。棖。門楔也。君入必中門。上介夾闑。大夫介士介鴈行於後。示不相沿也。君若迎聘客。擯者亦然。○闑魚列反棖直衡反楔音古八反又先結反行戶剛反沿悅宣反

賓入不中門。不履閾。辟尊者所從也。此謂聘客也。閾。門限。○閾音域

公事自闑西。聘享也。

私事自闑東。覿面也。

君與尸行接武。

尊者尚徐、路半迹、

大夫繼武。迹相及也、

士中武。迹間容迹、

徐趨皆用是。君大夫士之徐行也、皆如與尸行之節也、

疾趨則欲發而手足毋移。疾趨謂直行也疏數自若、發謂起屨也移之言靡匜也、毋移欲其直且正、欲或爲數。○毋移上音無下如字數色角反下同匜

圈豚行不舉足齊如流。圈轉也豚之言若有所循不舉足曳踵則衣之齊如水之流矣孔子執圭則然此徐趨也、○圈舉遠反

席上亦然。尊處亦尚徐也、○處尺處反

端行頤霤如矢。弁行剡剡起屨。此疾趨也、端直也、頤或爲霆也、○霤力救反弁皮彦反剡以漸反霆音夷

執龜玉舉前曳踵蹜蹜如也。著徐趨之事、○蹜色六反

羊爾反

尸行容惕惕。惕惕直疾貌也、尸行謂道路也、○惕音傷又音陽

廟中齊齊。恭慤貌也、○齊才兮反

朝廷濟濟翔翔。莊敬貌也、○濟子禮反翔本又作洋音詳

君子之容舒遲見所尊者齊遬。謙慤貌也遬猶蹙蹙也、○齊遬一音咨又側皆反本又音速猶蹙蹙子六反

足容重。舉欲遲也、

手容恭。高且正也、

目容端。不睇視也、○睇大計反

口容止。不妄動也、

聲容靜。不噦欬也、○噦於厥反欬苦大反

頭容直。不傾顧也、
氣容肅。似不息也、
立容德。如有予也、
色容莊。勃如戰色、
坐如尸。尸居神位、敬慎也、

禮記 卷十三 玉藻 二九 永懷堂

燕居告溫溫。告謂敎使也詩云溫溫恭人、
凡祭容貌顏色。如見所祭者。如覩其人在此、○覩丁古反
喪容纍纍。羸憊貌也、○纍良追反羸力皮反憊皮拜反
色容顛顛。憂思貌也。○思息嗣反

視容瞿瞿梅梅。不審貌也。○視容又作目容瞿紀具反又紀力反
言容繭繭。聲氣微也、
戎容暨暨。果毅貌也。○暨其記反
言容詻詻。敎令嚴也。○詻五格反
色容厲肅。

禮記 卷十三 玉藻 三十 永懷堂

儀形貌也、
視容清明。察於事也。
立容辨卑毋讇。辨讀爲貶自貶卑謂磬折也讇爲傾身以有下也、○辨讀爲貶彼檢反讇音諂舊又音鹽下戶嫁反
頭頸必中。頭容直、
山立。不搖動也、

時行。時而後行也。詩云威儀孔時。

盛氣顛實揚休。顛讀爲闐。揚讀爲陽，聲之誤也。盛身中之氣，使之闐滿，其息若陽氣之體物也。○顛依註讀爲闐，音田。

玉色。色不變也。

凡自稱天子曰予一人。謙自別於人而已。○別彼列反

伯曰天子之力臣。伯，上公九命，分陝者。○陝失冉反

諸侯之於天子，曰某土之守臣某。其在邊邑，曰某屏之臣某。其於敵以下，曰寡人。小國之君曰孤，擯者亦曰孤。邊邑，謂九州之外。大國之君自稱曰寡人，擯者曰寡君。○守手又反

上大夫曰下臣，擯者曰寡君之老。下大夫自名，擯者曰寡大夫。世子自名，擯者曰寡君之適。

公子曰臣孽。擯者之辭，主謂見於他國君。下大夫自名於他國君曰外臣某。○適丁歷反。見賢遍反

孽當爲枿，聲之誤。孽音枿，五葛反

士曰傳遽之臣。於大夫曰外私。傳遽，以車馬給死者也。士臣於大夫者曰私人。○傳陟戀反，註同。遽其庶反

大夫私事使，私人擯則稱名。私事使，謂以君命私行，非聘也。若魯成公時，晉公使韓穿來言汶陽之田，歸之于齊之類。○使色吏反，註同

公士擯，則曰寡大夫、寡君之老。大夫有所往，必與公士爲賓也。謂聘也。大聘使上大夫，小聘使下大夫。公士爲賓，謂作介也。往之也。○賓必刃反，註同

禮記卷十三終

禮記卷十四

漢大司農北海鄭　玄註

皇明　後學東吳葛○鼒較

明堂位第十四

昔者周公朝諸侯于明堂之位。

周公攝王位、以明堂之禮儀朝諸侯也、不於宗廟、辟王也、○朝直遙反、注及下皆同、辟王音避

天子負斧依南鄉而立。

天子、周公也、負之言背也、斧依、爲斧文屏風於戶牖之間、周公於前立焉、○斧音甫、依本又作扆、同於豈反、注同、鄉許亮反、屏並經反、牖音酉

三公中階之前、北面東上。諸侯之位、阼階之東、西面北上。諸伯之國、西階之西、東面北上。諸子之國、門東、北面東上。諸男之國、門西、北面東上。九夷之國、東門之外、西面北上。八蠻之國、南門之外、北面東上。六戎之國、西門之外、東面南上。五狄之國、北門之外、南面東上。九采之國、應門之外、北面東上。四塞、世告至。此周公明堂之位也。

朝之禮不於此、周公權用之也、朝位之上、上近主位、尊也、九采、九州之牧、典貢職者也、正門謂之應門、二伯帥諸侯而入、牧居外而糾察之也、四塞、謂夷服、鎮服、蕃服、在四方爲蔽塞者、新君即位、則乃朝、周禮、侯服歲一見、甸服二歲一見、男服三歲一見、采服四歲一見、衛服五歲一見、要服六歲一見、九州之外謂之蕃國、世一見、○采七在反

明堂也者、明諸侯之尊卑也。

朝於此、所以正儀辨等也、

昔殷紂亂天下、脯鬼侯以饗諸侯。

以人肉爲薦羞、惡之甚也、

是以周公相武王以伐紂。武王崩、成王幼弱、周公踐天子之位以治天下。六年、朝諸侯於明堂、制禮作樂、頒度量、而天下大服。

踐猶履也、頒讀爲班、度謂丈尺高下廣狹也、量、謂豆區斗斛筐筥所容受、○筐音匡、筥紀呂反

七年、致政於成王、成王以周公爲有勳勞於天下。

致政以王事歸授之、王功曰勳、事功曰勞、

是以封周公於曲阜、地方七百里、革車千乘。

曲阜、魯地、上公之封、地方五百里、加魯以四等之附庸、方百里者二十四、并五五二十五、積四十九、開方之、得七百里、革車、兵車也、兵車千乘、成國之賦也、詩魯頌曰、王謂叔父、建爾元子、俾侯于魯、大啓爾宇、爲周室輔、乃命魯公、俾侯于東、錫之山川、土田附庸、又曰、公車千乘、朱英綠縢、○縢大登反

命魯公世世祀周公以天子之禮樂。

同之於周、尊之也、魯公、謂伯禽、

是以魯君孟春乘大路、載弧韣、旂十有二旒、日月之章、祀帝于郊。配以后稷。天子之禮也。

孟春、建子之月、魯之始郊日以至、大路、殷之祭天車也、弧、旌旗所以張幅也、其衣曰韣、天子之旌旗畫日月、帝、謂蒼帝靈威仰

也。昊天上帝，魯不祭。

季夏六月，以禘禮祀周公於大廟。牲用白牡，尊用犧象山罍，鬱尊用黃目，灌用玉瓚大圭，薦用玉豆雕篹，爵用玉琖仍雕，加以璧散璧角，俎用梡嶡。升歌清廟，下管象，朱干玉戚，冕而舞大武，皮弁素積，裼而舞大夏。昧，東夷之樂也。任，南蠻之樂也。納夷蠻之樂於大廟，言廣魯於天下也。

季夏，建巳之月也。禘，大祭也。周公曰大廟，魯公曰世室，羣公稱宮。白牡，殷牲也。尊，酒器也。犧尊，以沙羽爲畫飾。象，骨飾之。鬱，鬯之器也。黃彝也。灌，酌鬱尊以獻也。瓚，形如槃，容五升，以大圭爲柄，是謂圭瓚。篹，籩屬也，以竹爲之，彫刻飾其直者也。爵，君所進於尸也。仍，因也，因爵之形爲之飾也。加，加爵也。散、角，皆以璧飾其口也。梡，始有四足也。嶡，爲之距。清廟，周頌也。象，謂周頌武也。

以管播之。朱干，赤大盾也。戚，斧也。冕，冠名也。諸公之服，自袞冕而下，如王之服也。大武，周舞也。大夏，夏舞也。周禮昧師掌教昧樂。詩曰：以雅以南，以籥不僭。廣，大也。○季，夏戶嫁反，注及下季夏、夏礿皆同。犧，素何反，注下皆同。罍音雷。琖，側眼反。夏爵名。用玉飾之。梡，若管反。虞俎名。嶡，居衛反，又作橛，音同。夏俎名。裼，星曆反。

君卷冕立于阼，夫人副褘立于房中。君肉袒迎牲于門，夫人薦豆籩。卿大夫贊君，命婦贊夫人，各揚其職。百官廢職服大刑，而天下大服。

副，首飾也，今之步搖是也。詩云：副笄六珈。周禮追師掌王后之首服，爲副。褘，王后之上服，唯魯及王者之後夫人服之。諸侯夫人則自揄翟而下。贊，佐也。命婦，於內則世婦也，於外則大夫之妻也。祭祀，世婦以下佐夫人。揚，舉也。大刑，重罪也。天下大服，知周公之德宜饗此也。○珈音加。

是故夏礿、秋嘗、冬烝，春社、秋省而遂大蜡，天子之祭也。

不言春祠，魯在東方，王東巡守以春，或闕之。省讀爲獮。獮，秋田名也。春田祭社，秋田祀祊。大蜡，歲十二月索鬼神而祭之。○礿音藥。省讀爲獮，仙淺反。祊音方。

大廟，天子明堂。庫門，天子皋門。雉門，天子應門。

言廟及門如天子之制也。天子五門：皋、庫、雉、應、路。魯有庫、雉、路，則諸侯三門與。皋之言高也。詩云：乃立皋門，皋門有伉。乃立應門，應門將將。○伉，苦浪反。將，將七良反。

振木鐸於朝，天子之政也。

天子將發號令，必以木鐸警衆。

山節藻棁，復廟重檐，刮楹達鄉，反坫出尊，崇坫康圭，疏屏，天子之廟飾也。

山節，刻欂盧爲山也。藻棁，畫侏儒柱爲藻文也。復廟，重屋也。重檐，重承壁材也。刮，刮摩也。鄉，牖屬，謂夾戶窻也。每室八窻爲四達。反坫，反爵之坫也。出尊，當尊南也。唯兩君爲好，既獻，反爵於其上。禮，君尊于兩楹之間。崇，高也。康，讀爲亢龍之亢。又爲高坫，亢所受圭，奠于上焉。屏謂之樹，今桴思也。刻之爲雲氣蟲獸，如今闕上爲之矣。○復音福，注同。檐以占反。刮古八反。鄉許亮反，注同。康音抗，苦浪反。欂音博。

鸞車，有虞氏之路也。鉤車，夏后氏之路也。大路，殷路也。乘路，周路也。

鸞，有鸞和也。鉤，有曲輿者也。大路，木路也。乘路，玉路也。漢祭天乘殷之路也，今謂之桑根車也。春秋傳曰：大路素。鸞或爲樂也。

有虞氏之旂，夏后氏之綏，殷之大白，周之大赤。

四者旌旗之屬也綏當爲緌讀如冠蕤之蕤有虞氏當言緌夏后氏當言旂此蓋錯誤也緌謂注旄牛尾於杠首所謂大麾書云武王左杖黃鉞右秉白旄以麾周禮王建大旂以賓建大赤以朝建大白以卽戎建大麾以田也

夏后氏駱馬黑鬣殷人白馬黑首周人黃馬蕃鬣夏后氏牲尚黑殷白牡周騂剛。

順正色也白馬黑鬣曰駱殷黑首爲純白凶也騂剛赤色○駱音洛鬣力輒反

泰有虞氏之尊也山罍夏后氏之尊也著殷尊也犧象周尊也。

泰用瓦著著地無足○著直略反

爵夏后氏以琖殷以斝周以爵。

斝畫禾稼也詩曰洗爵奠斝○斝音嫁

灌尊夏后氏以雞夷殷以斝周以黃目其勺夏后氏以龍勺殷以疏勺周以蒲勺。

夷讀爲彝周禮春祠夏禴祼用雞彝鳥彝秋嘗冬烝祼用斝彝黃彝龍龍頭也疏通刻其頭蒲合蒲如鳧頭也

土鼓蕢桴葦籥伊耆氏之樂也。

蕢當爲由聲之誤也籥如笛三孔伊耆氏古天子有天下之號也今有姓伊耆氏者○蕢讀爲由苦對反籥音藥笛本又作篴音狄

拊搏玉磬揩擊大琴大瑟中琴小瑟四代之樂器也。

拊搏以韋爲之充之以糠形如小鼓揩擊謂柷敔皆所以節樂者也四代虞夏殷周也○拊芳甫反搏音博揩居八反柷昌六反敔魚呂反

魯公之廟文世室也武公之廟武世室也。

此二廟象周有文王武王之廟也世室者不毀之名也魯公伯禽也武公伯禽之玄孫也名敖

米廩有虞氏之庠也序夏后氏之序也瞽宗殷學也頖宮周學也。

庠序亦學也庠之言詳也於以考禮詳事也魯謂之米廩虞帝上孝今藏粢盛之委焉序次序王事也瞽宗樂師瞽矇之所宗也古者有道德者使敎焉死則以爲樂祖於此祭之頖之言班也於以班政敎也○頖音判矇音蒙

崇鼎貫鼎大璜封父龜天子之器也。

崇貫封父皆國名文王伐崇古者伐國遷其重器以分同姓大璜夏后氏之璜春秋傳曰分魯公以夏后氏之璜○父音甫注同分魯扶問反

越棘大弓天子之戎器也。

越國名也棘戟也春秋傳曰子都拔棘

夏后氏之鼓足殷楹鼓周縣鼓。

足謂四足也楹謂之柱貫中上出也縣縣之簨虡也殷頌曰植我鞉鼓周頌曰應朄縣鼓○縣音玄注及下注同簨恤尹反虡音巨朄音胤

垂之和鐘叔之離磬女媧之笙簧。

垂堯之共工也女媧三皇承宓羲者叔未聞也和離謂次序其聲縣也笙簧笙中之簧也世本作曰垂作鐘無句作磬女媧作笙簧○媧古蛙反共音恭宓音密

夏后氏之龍簨虡殷之崇牙周之璧翣。

簨虡所以縣鐘磬也橫曰簨飾之以鱗屬植曰虡飾之以臝屬羽屬簨以大版爲之謂之業殷又於龍上刻畫之爲重牙以挂

縣紘也、周又畫繒爲翣、戴以璧、垂五采羽於其下、樹於簨之角上、飾彌多也、周頌曰、設業設虡、崇牙樹羽、○翣所甲反、贏力果反、挂音卦、戴音戴

有虞氏之兩敦。夏后氏之四璉。殷之六瑚。周之八簋。

皆黍稷器、制之異同未聞、○敦音對

俎。有虞氏以梡。夏后氏以嶡。殷以椇。周以房俎。

梡、斷木爲四足而已、嶡之言蹷也、謂中足爲橫距之象、周禮謂之距、椇之言枳椇也、謂曲橈之也、房、謂足下跗也、上下兩間、有似於堂房、魯頌曰、籩豆大房、○椇俱甫反、蹷俱衞反、枳吉氏反、橈音擾、跗方于反

夏后氏以楬豆。殷玉豆。周獻豆。

楬無異物之飾也、獻、疏刻之、齊人謂無髮爲禿楬、○楬苦瞎反、注同、禿土木反

有虞氏服韍。夏后氏山。殷火。周龍章。

韍、冕服之韠也、舜始作之、以尊祭服、禹湯至周、增以畫文、後王彌飾也、山取其仁可仰也、火取其明也、龍取其變化也、天子備焉、諸侯火而下、卿大夫山、士韎韋而已、韍或作黻、○韎莫拜反

有虞氏祭首。夏后氏祭心。殷祭肝。周祭肺。

氣主盛也、

夏后氏尚明水。殷尚醴。周尚酒。

此皆其時之用耳、言尚非、

有虞氏官五十。夏后氏官百。殷二百。周三百。

周之六卿、其屬各六十、則周三百六十官也、此云三百者、記時冬官亡矣、昏義曰、天子立六官、三公、九卿、二十七大夫、八十一元士、凡百二十、蓋謂夏時也、以夏周推前後之差、有虞氏官宜六十、夏后氏宜百二十、殷宜二百四十、不得如此記也、

有虞氏之綏。夏后氏之綢練。殷之崇牙。周之璧翣。

綏亦旌旗之緌也、夏綢其杠、以練爲之旒、殷又刻繒爲重牙、以飾其側、亦飾彌多也、湯以武受命、恒以牙爲飾也、此旌旗及翣、皆喪葬之飾、周禮大喪葬、巾車執蓋從車、持旌、御僕持翣、旌從遣車、翣夾柩路、左右前後、天子八翣、皆戴璧垂羽、諸侯六翣、皆戴圭、大夫四翣、士二翣、皆戴緌、孔子之喪、公西赤爲志、亦用此焉、爾雅說旌旗曰、素錦綢杠、纁帛縿、素升龍於縿、練旒九、○緌耳佳反、注並同、綢吐刀反、注同、柩其九反

凡四代之服器官。魯兼用之。是故魯王禮也。天下傳之久矣。君臣未嘗相弒也。禮樂刑法政俗。未嘗相變也。天下以爲有道之國。是故天下資禮樂焉。

王禮、天子之禮也、傳、傳世也、資、取也、此蓋盛周公之德耳、春秋時魯三君弒、又士之有誄、由莊公始、婦人髽而弔、始於臺駘、云君臣未嘗相弒、政俗未嘗相變、亦近誣矣、資或爲飲、○髽側瓜反、臺音胡、駘大來反

禮記卷十五

漢大司農北海鄭　玄註

皇明　後學東吳金　蟠較

喪服小記第十五

斬衰括髮以麻。爲母括髮以麻。免而以布。

母服輕、至免可以布代麻也。爲母又哭而免。○衰七雷反、下並同。括古活反。爲于僞反、注及下注同。免音汶、篇內同。

齊衰惡笄以終喪。

笄所以卷髮、帶所以持身也。婦人質、於喪所以自卷持者有除無變。○齊音咨、又作齊。笄古今反。卷俱免反、下皆同。

男子冠而婦人笄、男子免而婦人髽。其義、爲男子則免、爲婦人則髽。

別男女也。○髽側巴反。

苴杖、竹也。削杖、桐也。

祖父卒、而后爲祖母後者三年。

祖父在、則其服如父在爲母也。

爲父母、長子稽顙。

喪尊者及正體、不敢不盡禮。

大夫弔之、雖緦必稽顙。

尊大夫、不敢以輕待之。

婦人爲夫與長子稽顙、其餘則否。

恩殺於父母。○殺所戒反。

男主必使同姓、婦主必使異姓。

謂爲無主後者爲主也。異姓、同宗之婦也。婦人外成。

爲父後者、爲出母無服。

不敢以己私廢父所傳重之祭祀。

親親、以三爲五、以五爲九。上殺、下殺、旁殺、而親畢矣。

己上親父、下親子、三也。以父親祖、以子親孫、五也。以祖親高祖、以孫親玄孫、九也。殺謂親益疏者、服之則輕。

王者禘其祖之所自出、以其祖配之、

禘大祭也。始祖感天神靈而生、祭天則以祖配之。自外至者、無主不止。

而立四廟。

高祖以下與始祖而五。

庶子王、亦如之。

世子有廢疾、不可立、而庶子立、其祭天立廟、亦如世子之立也。春秋、晉侯元有兄縶。○縶知急反。

別子爲祖。

諸侯之庶子別爲後世、爲始祖也。謂之別子者、公子不得禰先君。

繼別爲宗。

別子之世長子、爲其族人爲宗、所謂百世不遷之宗。

繼禰者爲小宗。別子庶子之長子，爲其昆弟爲宗也，謂之小宗者，以其將遷也、

有五世而遷之宗，其繼高祖者也。謂小宗也，小宗有四，或繼高祖，或繼曾祖，或繼祖，或繼禰，皆至五世則遷、

是故祖遷於上，宗易於下。尊祖故敬宗，敬宗所以尊祖禰也。宗者祖禰之正體、

庶子不祭祖者，明其宗也。明其尊宗以爲本也，禰則不祭矣，言不祭祖者，主爲宗子、庶子俱爲適士，得立祖禰廟者也，凡正體在乎上者，謂下正猶爲庶也。○適丁歷反，篇內同、

庶子不爲長子斬，不繼祖與禰故也。尊先祖之正體，不二其統也，言不繼祖禰，則長子不必五世、

庶子不祭殤與無後者。殤與無後者從祖祔食。不祭殤者，父之庶也，不祭無後者，祖之庶也，此二者當從祖祔食而已，不祭祖無所食之也，共其牲物，而宗子主其禮焉，祖庶之殤，則自祭之，凡所祭殤者，唯適子耳，無後者，謂昆弟諸父也，宗子之諸父無後者，爲墠祭之、○墠音善

庶子不祭禰者，明其宗也。謂宗子庶子俱爲下士，得立禰廟也，雖庶人亦然、

親親尊尊長長，男女之有別，人道之大者也。言服之所以隆殺、

從服者，所從亡則已。謂若爲君母之父母昆弟從母也、

屬從者，所從雖沒也服。謂若自爲己之母黨、

妾從女君而出，則不爲女君之子服。妾爲女君之黨服，得與女君同，而今俱女君猶爲子期，妾於義絕，無施服、

禮不王不禘。禘謂祭天、

世子不降妻之父母，其爲妻也，與大夫之適子同。世子，天子諸侯之適子也，不降妻之父母，爲妻故親之也，爲妻亦齊衰不杖者，君爲之主，子不得伸也，主言與大夫之適子同，據服之成文也，本所以正見父在爲妻不杖，於大夫適子者，明大夫以上，雖尊，猶爲適婦爲主、

父爲士，子爲天子諸侯，則祭以天子諸侯，其尸服以士服。祭以天子諸侯養以子道也，尸服士服，父本無爵，子不敢以己爵加之，嫌於卑之、

父爲天子諸侯，子爲士，祭以士，其尸服以士服。謂父以罪誅，尸服以士服，不成爲君也，天子之子當封爲王者後，以祀其受命之祖，云爲士，則擇其宗之賢者，若微子者，不必封其子，爲王者後，及所立爲諸侯者，祀其先君以禮卒者，尸服天子諸侯之服，如遂無所封立，則尸也祭也，皆如士，不敢僭用尊者衣物、

婦當喪而出，則除之。爲父母喪，未練而出，則三年。旣練而出，則已。

未練而反則期既練而反則遂之

當喪當喪姑之喪也出除喪絕族也

再期之喪三年也期之喪二年也九月七月之喪三時也五月之喪二時也三月之喪一時也

言喪之節應歲時之氣

故期而祭禮也期而除喪道也祭不爲除喪也

此謂練祭也禮正月存親親亡至今而期期則宜祭期天道一變哀惻之情益衰衰則宜除不相爲也

三年而后葬者必再祭其祭之間不同時而除喪

再祭練祥也間不同時者當異月也既祔明月練而祭又明月祥而祭必異月者以葬與練祥本異歲宜異時也而除喪者祥則除不禫

大功者主人之喪有三年者則必爲之再祭朋友虞祔而已

謂死者之從父昆弟來爲喪主有三年者謂妻若子幼少大功爲之再祭則小功緦麻爲之再祭可也

士妾有子而爲之緦無子則已

士卑妾無男女則不服不別貴賤

生不及祖父母諸父昆弟而父稅喪己則否

謂子生於外者也父以他故居異邦而生己己不及此親存時歸見之今其死於喪服年月已過乃聞之父爲之服己則否者不貴非時之恩於人所不能也當其時則服稅讀如無禮則稅之稅稅喪者喪與服不相當之言

爲君之父母妻長子君已除喪而后聞喪則不稅

臣之恩輕也謂卿大夫出聘問以他故久留

降而在緦小功者則稅之

謂正親在齊衰大功者親緦小功不稅矣曾子問曰小功不稅則是遠兄弟終無服也此句補脫誤在是宜承父稅喪已則否

近臣君服斯服矣其餘從而服不從而稅

謂君出朝覲不時反而不知喪者近臣閽寺之屬也其餘羣介行人宰史也

君雖未知喪臣服已

從服者所從雖在外自若服也

虞杖不入於室祔杖不升於堂

哀益衰敬彌多也虞於寢祔於祖廟

爲君母後者君母卒則不爲君母之黨服

徒從也所從亡則已

絰殺五分而去一杖大如絰

如要絰也絰大結反

妾爲君之長子與女君同

不敢以恩輕輕服君之正統

除喪者先重者

謂練男子除乎首婦人除乎要

易服者易輕者

謂大喪既虞卒哭而遭小喪也其易喪服男子易乎帶婦人易乎首

無事不辟廟門、鬼神尚幽闇也廟殯宮、

哭皆於其次。無時哭也有事則入即位、

復與書銘自天子達於士。其辭一也。男子稱名。婦人書姓與伯仲。

如不知姓則書氏。此謂殷禮也殷質不重名復則臣得名君周之禮天子崩復曰皐天子復諸侯薨復曰皐某甫復其餘及書銘則同、

斬衰之葛。與齊衰之麻同。

絰之大俱七寸五分寸之一、帶五寸二十五分寸之十九、

齊衰之葛。與大功之麻同。絰之大俱五寸二十五分寸之十九、帶四寸百二十五分寸之七十六、

報葬者報虞。三月而后卒哭。報讀為赴疾之赴、謂不及期而葬也、既葬即虞虞安神也卒哭之祭待哀殺也、

父母之喪偕。先葬者不虞祔。待後事。其葬服斬衰。偕俱也、謂同月若同日死也、先葬者母也、曾子問曰葬先輕而後重又曰反葬奠而後辭於殯遂修葬事其虞也先重而後輕待後事謂如此也其葬服斬衰者喪之隆哀宜從重也假令父死在前月而同月葬猶服斬衰不葬不變服也言其葬服斬衰則虞祔各以其服矣及練祥皆然卒事反服重、

大夫降其庶子。其孫不降其父。祖不厭孫也大夫為庶子大功、

大夫不主士之喪。士之喪雖無主不敢攝大夫以為主、

為慈母之父母無服。恩不能及、

夫為人後者。其妻為舅姑大功。以不貳降。降一本作隆

士祔於大夫則易牲。不敢以卑牲祭尊也大夫少牢也、

繼父不同居也者。必嘗同居。皆無主後。同財而祭其祖禰為同居。

有主後者為異居。錄恩服深淺也見同財則期同居異財故同居今異居及繼父有子亦為異居則三月未嘗同居則不服

哭朋友者。於門外之右南面。變於有親者也門外寢門外

祔葬者不筮宅。宅葬地也前人葬既筮之、

士大夫不得祔於諸侯。祔於諸祖父之為士大夫者。其妻祔於諸

祖姑。妾祔於妾祖姑。亡則中一以上而祔。祔必以其昭穆。

士大夫謂公子公孫爲士大夫者。不得祔於諸侯。卑別也。旣卒哭各就其先君爲祖者兄弟之廟而祔之。中猶間也。

諸侯不得祔於天子。天子諸侯大夫可以祔於士。

人莫敢卑其祖也。

爲母之君母。母卒則不服。

母之君母。外祖適母徒從也。所從亡則已。

宗子母在。爲妻禫。

宗子之妻尊也。

爲慈母後者。爲庶母可也。爲祖庶母可也。

謂父命之爲子母者也。卽庶子爲後。此皆子也。傳重而已。不先命之與適妻。使爲母子也。緣爲慈母後之義。父之妾無子者。亦可命己庶子爲後。

爲父母妻長子禫。

自所爲禫者也。

慈母與妾母。不世祭也。

以其非正。春秋傳曰。於子祭。於孫止。

丈夫冠而不爲殤。婦人笄而不爲殤。

言成人也。婦人許嫁而笄。未許嫁與丈夫同。

爲殤後者。以其服服之。

言爲後者據承之也。殤無爲人父之道。以本親之服服之。

久而不葬者。唯主喪者不除。其餘以麻終月數者。除喪則已。

其餘謂旁親也。以麻終月數不葬者喪不變也。

箭笄終喪三年。

亦於喪所以自卷持者。有除無變。

齊衰三月與大功同者。繩屨。

雖尊卑異。於恩有可同也。

練筮日筮尸。視濯。皆要絰杖繩屨。有司告具。而后去杖。筮日筮尸。有司告事畢。而后杖拜送賓。

臨事去杖。敬也。濯謂溉祭器也。○溉。故代反

大祥吉服而筮尸。

凡變除者。必服其吉服以卽祭事。不以凶臨吉也。間傳曰。大祥素縞麻衣。

庶子在父之室。則爲其母不禫。

妾子父在厭也。

庶子不以杖卽位。

下適子也。位朝夕哭位也。

父不主庶子之喪。則孫以杖卽位可也。

祖不厭孫。孫得伸也。

父在庶子爲妻以杖即位可也。
舅不主妾之喪子得伸也。
諸侯弔於異國之臣則其君爲主。
君爲之主弔臣恩爲已也子不敢當主中庭北面哭不拜
諸侯弔必皮弁錫衰所弔雖已葬主人必免主人未喪服則君亦不錫衰。
必免者尊人君爲之變也未喪服未成服也既殯成服
養有疾者不喪服遂以主其喪。
不喪服求生主吉惡其凶也遂以主其喪謂養者有親也死則當爲之主其爲主之服如素無喪服

非養者入主人之喪則不易已之喪服。
入猶來也謂養者無親於死者不得爲主其有親來爲主者素有喪服而來爲主與素無服者異素無服素有服爲今死者當服則皆三日成也
養尊者必易服養卑者否。
尊謂父兄卑謂子弟之屬
妾無妾祖姑者易牲而祔於女君可也。
女君適祖姑也易牲而祔則凡妾下女君一等
婦之喪虞卒哭其夫若子主之祔則舅主之。
婦謂凡適婦庶婦也虞卒哭祭婦非舅事也祔於祖廟尊者宜主焉

士不攝大夫士攝大夫唯宗子。
士之喪雖無主不敢攝大夫以爲主宗子尊可以攝之
主人未除喪有兄弟自他國至則主人不免而爲主。
親質不崇敬也
陳器之道多陳之而省納之可也省陳之而盡納之可也。
多陳之謂賓客之就器也以多爲榮省陳之謂主人之明器也以節爲禮
奔兄弟之喪先之墓而後之家爲位而哭所知之喪則哭於宮而後之墓。
兄弟先之墓骨肉之親不由主人也宮故殯宮也

父不爲衆子次於外。
於庶子略自若居寢
與諸侯爲兄弟者服斬。
謂卿大夫以下也與尊者爲親不敢以輕服服之言諸侯者明雖在異國猶來爲三年也
下殤小功帶澡麻不絕本詘而反以報之。
報猶合也下殤小功本齊衰之親其絰帶澡率治麻爲絰帶不絕其本屈而上至要中合而糾之明親重也凡殤散絕垂
婦祔於祖姑祖姑有三人則祔於親者。
謂舅之母死而又有繼母二人也親者謂舅所生
其妻爲大夫而卒而后其夫不爲大夫而祔於其妻則不易牲妻

卒而后夫爲大夫而祔於其妻。則以大牲。
妻爲大夫夫爲大夫時卒，不易牲以士牲也。此謂始來仕無廟者，無廟者不祔宗子，去國乃以廟從。

爲父後者爲出母無服。無服也者。喪者不祭故也。
適子正體於上，當祭禮也。

婦人不爲主而杖者。姑在爲夫杖。
姑不厭婦。

母爲長子削杖。
嫌服男子，當杖竹也。母爲長子服，不可以重於子爲己也。

女子子在室爲父母。其主喪者不杖。則子一人杖。

女子子在室亦童子也，無男昆弟，使同姓爲攝主，不杖，則子一人杖，謂長女也。許嫁及二十而笄，笄爲成人，成人正杖也。

緦小功虞卒哭則免。
棺柩已藏，嫌恩輕，可以不免也。言則免者，則既殯先啓之間雖有事不免。

既葬而不報虞。則雖主人皆冠。及虞則皆免。
有故不得疾虞，雖主人皆冠，不可久無飾也。皆免，自主人至緦麻。○報音赴，下同。

爲兄弟既除喪已。及其葬也。反服其服。報虞卒哭則免。如不報虞則除之。
小功以下。

遠葬者比反哭者皆冠。及郊而后免反哭。
墓在四郊之外。

君弔。雖不當免時也。主人必免。不散麻。雖異國之君免也。親者皆免。
不敢麻者，自若絞垂，爲人君變，貶於大斂之前既啓之後也。親者，大功以上也。異國之君免，或爲弔。○絞古卯反。

除殤之喪者。其祭也必玄。
殤無變文，不縞冠，玄端黃裳而祭，不朝服，未純吉也。於成人爲釋禫之服。

除成喪者。其祭也朝服縞冠。
成，成人也。縞冠未純吉祭服也。既祥祭乃素縞麻衣。

奔父之喪。括髮於堂上。袒降踊。襲絰于東方。奔母之喪。不括髮。袒

於堂上。降踊。襲免于東方。絰即位成踊。出門哭止。三日而五哭三袒。
凡奔喪，謂道遠已殯乃來也。爲母不括髮，以至成服一而已，貶於父也。即位以下，於父母同也。三日五哭者，始至訖夕反位哭，乃出就次，一哭也，與明日又明日之朝夕而五哭。三袒者，始至袒，與明日又明日之朝而三也。

適婦不爲舅後者。則姑爲之小功。
謂夫有廢疾他故若死而無子，不受重者。小功，庶婦之服也。凡父母於子，舅姑於婦，將不傳重於適，及將所傳重者非適，服之皆如庶子庶婦也。

禮記卷十五　終

禮記卷十六

漢大司農北海鄭　玄註

皇明　後學東吳金　蟠較

大傳第十六

禮不王不禘。王者禘其祖之所自出。以其祖配之。凡大祭曰禘、自、由也、大祭其先祖所由生、謂郊祀天也、王者之先祖、皆感大微五帝之精以生、蒼則靈威仰、赤則赤熛怒、黃則含樞紐、白則白招拒、黑則汁光紀、皆用正歲之正月郊祭之、蓋特尊焉、孝經曰、郊祀后稷以配天、配靈威仰也、宗祀文王於明堂以配上帝、汎配五帝也、○大微音泰下文注太祖大王皆同熛必遙反

諸侯及其太祖。太祖、受封君也、

大夫士有大事。省於其君。干祫及其高祖。大事、寇戎之事也、省、善也、善於其君、謂免於大難也、干、猶空也、空祫、謂無廟、祫祭之於壇墠、

牧之野。武王之大事也。既事而退。柴於上帝。祈於社。設奠於牧室。柴祈奠、告天地及先祖也、牧室、牧野之室也、古者郊關皆有館焉、先祖者行主也、

遂率天下諸侯執豆籩。逡奔走。逡、疾也、疾奔走、言勸事也、周頌曰、逡奔走在廟、○逡息俊反注同

追王大王亶父。王季歷。文王昌。不以卑臨尊也。不用諸侯之號臨天子也、文王稱王早矣、於殷猶爲諸侯、於是著焉、○父音甫

上治祖禰。尊尊也。下治子孫。親親也。旁治昆弟。合族以食。序以昭繆。別之以禮義。人道竭矣。治、猶正也、繆讀爲穆、聲之誤也、竭、盡也、

聖人南面而聽天下。所且先者五。民不與焉。且先、言未遑餘事、○與音預

一曰治親。二曰報功。三曰舉賢。四曰使能。五曰存愛。功、功臣也、存、察也、察存仁愛也、

五者一得於天下。民無不足無不贍者。五者一物紕繆。民莫得其死。物、猶事也、紕繆、猶錯也、五事得則民足、一事失則民不得其死、明政之難、○紕匹彌反

聖人南面而治天下。必自人道始矣。人道、謂此五事、

立權度量。考文章。改正朔。易服色。殊徽號。異器械。別衣服。此其所得與民變革者也。權、秤也、度、丈尺也、量、斗斛也、文章、禮法也、服色、車馬也、徽號、旌旂之名也、器械、禮樂之器及兵甲也、衣服、吉凶之制也、徽或作褘、○秤尺證反褘許韋反

其不可得變革者則有矣。親親也。尊尊也。長長也。男女有別。此其不可得與民變革者也。

四者人道之常

同姓從宗合族屬。異姓主名治際會。名著而男女有別。

合合之宗子之家序昭穆也異姓謂來嫁者也主於母與婦之名耳際會昏禮交接之會也著明也母婦之名不明則人倫亂也亂者若衛宣公楚平王爲子取而自納焉

其夫屬乎父道者。妻皆母道也。其夫屬乎子道者。妻皆婦道也。

言母婦無昭穆於此統於夫耳母焉則尊之婦焉則卑之尊之卑之明非已倫以厚別也○屬音燭

謂弟之妻婦者。是嫂亦可謂之母乎。

言不可也謂之婦與嫂者以其在己之列以名遠之耳復謂嫂爲母則令昭穆不明昆弟之妻夫之昆弟不相爲服不成其親也男女無親則遠於相見

名者人治之大者也。可無慎乎。

人治所以正人

四世而緦。服之窮也。五世袒免。殺同姓也。六世親屬竭矣。

四世共高祖五世高祖昆弟六世以外親盡無屬名○免音問

其庶姓別於上。而戚單於下。昏姻可以通乎。

問之也玄孫之子姓別於高祖五世而無服姓世所由生

繫之以姓而弗別。綴之以食而弗殊。雖百世而昏姻不通者。周道然也。

周之禮所建者長也姓正姓也始祖爲正姓高祖爲庶姓繫之弗別謂若今宗室屬籍也周禮小史掌定繫世辨昭穆○食音嗣

服術有六。一曰親親。二曰尊尊。三曰名。四曰出入。五曰長幼。六曰從服。

術猶道也親親父母爲首尊尊君爲首名世母叔母之屬也出入女子子嫁者及在室者長幼成人及殤也從服若夫爲妻之父母妻爲夫之黨服

從服有六。有屬從。

子爲母之黨

有徒從。

臣爲君之黨

有從有服而無服。

公子爲其妻之父母

有從無服而有服。

公子之妻爲公子之外兄弟

有從重而輕。

夫爲妻之父母

有從輕而重。

公子之妻爲其皇姑

自仁率親。等而上之至于祖。名曰輕。自義率祖。順而下之至于禰。

名曰重。一輕一重，其義然也。
自猶用也，率循也。用恩則父母重而祖輕，用義則祖重而父母輕。恩重者爲之三年，義重者爲之齊衰。然，如是也。

君有合族之道，族人不得以其戚戚君，位也。
君恩可以下施而族人皆臣也，不得以父兄子弟之親自戚於君。位謂齒列也，所以尊君別嫌也。

庶子不祭，明其宗也。庶子不得爲長子三年，不繼祖也。
明猶尊也。一統焉，族人上不戚君，下又辟宗，乃後能相序。

別子爲祖。
別子，謂公子若始來在此國者，後世以爲祖也。

繼別爲宗。
別子之世適也，族人尊之，謂之大宗，是宗子也。

繼禰者爲小宗。
父之適也，兄弟尊之，謂之小宗。

有百世不遷之宗，有五世則遷之宗。百世不遷者，別子之後也。宗其繼別子之所自出者，百世不遷者也。宗其繼高祖者，五世則遷者也。尊祖故敬宗，敬宗，尊祖之義也。
遷猶變易也。繼別子，別子之世適也。繼高祖者，亦小宗也。先言繼禰者，據別子子弟之子也。以高祖與禰皆有繼者，則曾祖亦有也，則小宗四，與大宗凡五。

有小宗而無大宗者，有大宗而無小宗者，有無宗亦莫之宗者，公子是也。
公子有此三事也。公子，謂先君之子，今君昆弟。

公子有宗道。公子之公，爲其士大夫之庶者，宗其士大夫之適者，公子之宗道也。
公子不得宗君，君命適昆弟爲之宗，使之宗之，是公子之宗道也。所宗者適，則如大宗，死爲之齊衰九月，其母則小君也，爲其妻齊衰三月。無適而宗庶，則如小宗，死爲之大功九月，其母妻無服。公子唯已而已，則無所宗，亦莫之宗。

絕族無移服。
族昆弟之子，不相爲服。○移本或作施，同，以豉反。移猶旁也。

親者屬也。
有親者服各以其屬親疏。

自仁率親，等而上之至于祖；自義率祖，順而下之至于禰。是故人道親親也。
言先有恩。

親親故尊祖，尊祖故敬宗，敬宗故收族，收族故宗廟嚴，宗廟嚴故重社稷，重社稷故愛百姓，愛百姓故刑罰中，刑罰中故庶民安，庶民安故財用足，財用足故百志成，百志成故禮俗刑，禮俗刑然後樂。
收族，序以昭穆也。嚴猶尊也。孝經曰：孝莫大於嚴父。百志，人之志意所欲也。刑猶成也。

詩云不顯亦無斁於人斯此之謂也。斁厭也言其顯且承之乎文王之德不顯乎不承乎先人之業言其顯且承之樂之無厭也○斁音亦

禮記卷十六終　大傳

七　承德堂

禮記卷十七

皇明　漢大司農北海鄭　玄註
後學東吳金　蟠較

少儀第十七

聞始見君子者辭曰某固願聞名於將命者。見君子者卿大夫以下名有德者也願聞名於奉命者謙遠之如也故重也將猶奉也則云固奉命者傳辭出入而○

不得階主。階進也不由主人之言得進見也主賓之禮

敵者曰某固願見。少儀

罕見曰聞名。罕希也敵當也將命者謙見也顧見

亟見曰朝夕。亟數也賓者相見之辭於君敵者希有朝夕於君子

瞽曰聞名。瞽無目以辭見之則曰某願朝夕見則於將命者○亟欺冀反將命者於下同注及名下同

適有喪者曰比。瞽無目不稱見以辭也

適之也、曰某願比於將命者、比猶比方俱給事、

童子曰聽事。

曰某願聽事於將命者、童子未成人、不敢當相見之禮、

適公卿之喪則曰聽役於司徒。

喪憂戚、無賓主之禮、皆爲執事來也、○爲于僞反

君將適他臣如致金玉貨貝於君則曰致馬資於有司。敵者曰贈從者。

適他、行朝會也、資、猶用也、贈、送也、

臣致襚於君則曰致廢衣於賈人。敵者曰襚。

言廢衣、不必以其斂也、賈人、知物善惡也、周禮王府掌凡王之獻金玉兵器文織良貨賄之物、受而藏之、有賈八人、○襚音遂　織音志

親者兄弟不以襚進。

不執將命者、以即陳而已、

臣爲君喪納貨貝於君則曰納甸於有司。

甸、謂田野之物、

賵馬入廟門。

以其主於死者、○賵芳仲反

賻馬與其幣大白兵車不入廟門。

以其主於生人也、兵車、革路也、雖爲死者來、陳之於外、戰伐田獵之服、非盛者也、周禮革路以即戎、○賻音附

賻者既致命坐委之。擯者舉之。主人無親受也、

喪者非尸柩之事、則不親也、舉之、舉以東、○柩音舊

受立授立不坐。

由便、

性之直者則有之矣。

有之、有跪者也、謂受授於尊者、而尊者短、則跪、不敢以長臨之、

始入而辭曰辭矣。即席曰可矣。

可、猶止也、謂擯者爲賓主之節也、始入則告之辭、至就席則止其辭、

排闔說屨於戶內者一人而已矣。

雖衆敵、猶有所尊也、

有尊長在則否。

在、在內也、後來之衆、皆說屨於戶外、

問品味曰子亟食於其乎。問道藝曰子習於其乎。子善於其乎。

不斥人、謙也、道三德三行也、藝六藝、

不疑在躬。

躬、身也、不服行所不知、使身疑也、

不度民械。

械兵器也不計度民家之器物、使已亦有。○度大洛反計也

不願於大家。大謂富之廣也、

不訾重器。訾思重猶寶也、○訾子斯反

氾埽曰埽埽席前曰拚拚席不以鬣執箕膺擖。鬣謂帚也帚恒帚地不潔清也膺親也擖舌也持箕將去糞者以舌自鄉○拚弗運反鬣力輒反擖以涉反

不貳問。當正已之心以問吉凶於蓍龜不得於正凶則卜筮其權也、○蓍音尸

問卜筮曰義與志與義則可問志則否。大卜問來卜筮者也、義正事也志私意也、

尊長於已踰等不敢問其年。踰等父兄黨也問年則已恭敬之心不全、

燕見不將命。自不用賓主之正、來則若子弟然、

遇於道見則面。可以隱則隱、不敢煩動也、

不請所之。尊長所之、或卑褻、

喪俟事不犆弔。亦不敢故煩動也事朝夕哭時○犆音特本亦作特

侍坐弗使不執琴瑟不畫地手無容不翣也。端慤所以爲敬也尊長或使彈琴瑟則爲之可○翣所角反

寢則坐而將命。命有所傳辭也、寢者不敢臨之、

侍射則約矢。不敢與之拾取也、

侍投則擁矢。不敢釋於地也投投壺也投壺坐

勝則洗而以請。洗爵請行觴不敢直飲之、

客亦如之。客射若投壺不勝主人亦洗而請之、

不角。角謂觥罰爵也於尊長與客如獻酬之爵○觥古橫反

不擢馬。

擢去也謂徹也已徹馬嫌勝故薄之

執君之乘車則坐。 執執轡謂守之也君不在中坐示不行也

僕者右帶劒負良綏申之面拖諸幦。 面前也幦覆苓也良綏君綏也負之由左肩上入右腋下申之於前覆苓上也○幦音覓腋音亦

以散綏升執轡然後步。 步行也

請見不請退。 去止不敢自由○見賢遍翻

朝廷曰退。 近君為進

燕遊曰歸。 禮褻主於家也

師役曰罷。 罷之言罷勞也春秋傳曰師還曰疲○罷音皮還音旋

侍坐於君子君子欠伸運笏澤劒首還屨問日之蚤莫雖進退可也。 以此皆解倦之狀伸頻伸也運澤於玩弄也金器弄之易以汗澤

事君者量而后入不入而后量凡乞假於人為人從事者亦然。然故上無怨而下遠罪也。 量量其事意合成否

不窺密。 嫌伺人之私也密隱曲處也

不旁狎。 妄相服習終或爭訟

不道舊故。 言知識之過失損友也孔子曰故舊不遺則民不偷

不戲色。 暫變傾顏色為非常則人不長失敬也○長丁丈反

為人臣下者有諫而無訕有亡而無疾。 亡去也疾惡也

頌而無調諫而無驕。 頌謂將順其美也驕謂言行謀從恃知而慢也

怠則張而相之。 怠墮也相助也

廢則埽而更之。

廢政教壞亂、不可因也、

謂之社稷之役。役爲也、

毋拔來。毋報往。報讀爲赴疾之赴、拔赴、皆疾也、人來往所之當有宿漸、不可卒也、○拔蒲末反、報音赴、卒才忽反

毋瀆神。瀆謂數而不敬、○數色角反

毋循枉。前日之不正、不可復遵行以自伸、

毋測未至。測意度也、

士依於德、游於藝。德三德也、一曰至德、二曰敏德、三曰孝德、藝六藝也、一曰五禮、二曰六樂、三曰五射、四曰五御、五曰六書、六曰九數、

工依於法、游於說。法謂規矩尺寸之數也、說謂鴻殺之意所宜也、考工記曰、薄厚之所震動、清濁之所由出、侈弇之所由興、有說、說或爲叀

毋訾衣服成器。訾思也、成猶善也、思此則疾貧也、

毋身質言語。

質成也、聞疑則傳疑、若成之、或有所誤也、

言語之美、穆穆皇皇。朝廷之美、濟濟翔翔。祭祀之美、齊齊皇皇。車馬之美、匪匪翼翼。鸞和之美、肅肅雍雍。匪讀如四牡騑騑、齊皇皇讀如歸往之往、美皆當爲儀、字之誤也、周禮教國子六儀、一曰祭祀之容、二曰賓客之容、三曰朝廷之容、四曰喪紀之容、五曰軍旅之容、六曰車馬之容、

問國君之子長幼。長則曰能從社稷之事矣。幼則曰能御、未能御。御謂御事、

問大夫之子長幼。長則曰能從樂人之事矣。幼則曰能正於樂人、未能正於樂人。正樂政也、周禮大司樂以樂德教國子中和祗庸孝友、以樂語教國子興道諷誦言語、以樂舞教國子舞雲門大卷大咸大韶大夏大濩大武、○樂人音岳、卷音權、濩戸故反

問士之子長幼。長則曰能耕矣。幼則曰能負薪、未能負薪。士祿薄、子以農事爲業、

執玉執龜筴不趨。堂上不趨。城上不趨。於重器於近尊於迫狹無容也、步張足曰趨、○筴音策

武車不式、介者不拜。兵車不以容禮下人也、車中之拜肅拜、

婦人吉事、雖有君賜、肅拜。爲尸坐、則不手拜、肅拜。爲喪主、則不手

拜。

肅拜，拜低頭也。手拜，手至地也。婦人以肅拜爲正，凶事乃手拜耳。爲尸，爲祖姑之尸也。士虞禮曰：男，男尸；女，女尸。爲喪主不手拜者，爲夫與長子當稽顙也。其餘亦手拜而已。雖或爲尸，或曰喪爲主，則不手拜，肅拜也。

葛絰而麻帶。

謂旣虞卒哭也。帶所以自結束也。婦人質，少變於喪之帶，有除而無變。

取俎進俎不坐。

以其有足，亦柄尺之類。

執虛如執盈，入虛如有人。

重慎。

凡祭於室中堂上無跣，燕則有之。

祭不跣者，主敬也。燕則有跣，爲歡也。天子諸侯祭，有坐尸於堂之禮。祭所尊在室，燕所尊在堂。將燕，降說屨乃升堂。○跣，悉典反。爲歡，于僞反。

未嘗不食新。

嘗謂薦新物於寢廟。

僕於君子，君子升下則授綏，始乘則式，君子下行，然後還立。

還車而立，以俟其去。

乘貳車則式，佐車則否。

貳車、佐車皆副車也。朝祀之副曰貳，戎獵之副曰佐。魯莊公敗於乾時，公喪戎路，傳乘而歸。

貳車者，諸侯七乘，上大夫五乘，下大夫三乘。

此蓋殷制也。周禮貳車，公九乘，侯伯七乘，子男五乘，卿大夫各如其命之數。

有貳車者之乘馬服車不齒。

尊有爵之物，廣敬也。服車，所乘車也。車有舊新。

觀君子之衣服服劒乘馬弗賈。

平尊者之物，非敬也。

其以乘壺酒束修一犬賜人，若獻人，則陳酒執修以將命，亦曰乘壺酒束修一犬。

陳重者，執輕者，便也。乘壺，四壺也。酒謂清也，糟也。不言陳犬，或無修者牽犬以致命也。於卑者曰賜，於尊者曰獻。○糟，早勞反。

其以鼎肉，則執以將命。

鼎肉謂牲體已解，可升於鼎。

其禽加於一雙，則執一雙以將命，委其餘。

加猶多也。

犬則執緤，守犬、田犬則授擯者，旣受，乃問犬名。牛則執紖，馬則執靮，皆右之。

緤、紖、靮皆所以繫制之者。守犬、田犬問名，畜養者當呼之名，謂若韓盧、宋鵲之屬。右之者，執之宜由便也。○緤，息列反。守，手又反。紖，丈引反。靮，丁歷反。

臣則左之。

異於衆物。臣謂囚俘。○俘音浮

車則說綏。執以將命。甲。若有以前之。則執以將命。無以前之。則袒櫜奉胄。甲、鎧也。有以前之、謂他摯幣也。櫜、弢鎧衣也。胄、兜鍪也。袒其衣、出兜鍪以致命。○櫜音羔、鎧苦代反、弢吐刀反、兜丁侯反、鍪亡侯反

器則執蓋。謂有表裏、

弓則以左手屈韣執拊。韣、弓衣也。左手屈衣并於拊執之、而右手執簫。○韣音獨

禮記　卷十七　少儀　十一　禾懷堂

劍則啟櫝蓋。襲之。加夫襓與劍焉。櫝謂劍函也。襲、卻合之。夫襓、劍衣也。加劍於衣上。夫或為煩、皆發聲。○櫝音獨、夫音扶

笏。書。修。苞苴。弓。茵。席。枕。几。穎。杖。琴。瑟。戈有刃者櫝。筴。籥。其執之皆尚左手。苞苴、謂編束萑葦以裹魚肉也。茵、著蓐也。穎、警枕也。筴、蓍也。籥如笛、三孔。皆十六物也。左手執上、上陽也。右手執下、下陰也。○苴子余反、茵音因、萑音焱

刀卻刃授穎。削授拊。辟用時。穎、鐶也。拊謂把、○削音笑、辟音避

凡有刺刃者。以授人則辟刃。辟刃、不以正鄉人也。○鄉許亮反

乘兵車。出先刃。入後刃。不以刃鄉國也、

軍尚左、左陽也。陽主生。將軍有廟勝之策、左將軍為上、貴不敗績、

卒尚右。右陰也。陰主殺。卒之行伍以右為上、示有死志、

賓客主恭。祭祀主敬。喪事主哀。會同主詡。恭在貌也。而敬又在心。詡謂敏而有勇、若齊國佐、○詡況矩反

禮記　卷十七　少儀　十二　禾懷堂

軍旅思險。隱情以虞。險阻、出奇覆謏之處也。隱、意也。思也。虞、度也。當思念已情之所能、以度彼之將然否、○謏況煩反

燕侍食於君子。則先飯而後已。所以勸也、

毋放飯。毋流歠。小飯而亟之。亟、疾也。備噦噎若見問也。○噦噎上於月反、下伊結反

數噍。毋為口容。口容、弄口、

客自徹。辭焉則止。

主人辭其徹。

客爵居左，其飲居右。客爵謂主人所酬賓之爵也，以優賓耳，賓不舉，奠于薦東。

介爵、酢爵、僎爵皆居右。三爵皆飲爵也。介，賓之輔也。酢所以酢主人也。古文禮僎作遵，遵謂鄉人爲卿大夫來觀禮者。酢或爲作，僎或爲騶。○僎音遵

羞濡魚者進尾。擗之由後，鯁肉易離也。乾魚進首，擗之由前，理易析也。○濡音儒，擗補麥反，下同，鯁格猛反，析星歷反

冬右腴。氣在下。腴，腹下也。

夏右鰭。氣在上。鰭，脊也。○鰭音祈，脊子昔反

祭膴。膴，大臠，謂刳魚腹也。膴讀如冔。○膴火吳反

凡齊，執之以右，居之於左。齊謂食羹醬飲有齊和者也。居於左手之上，右手執而正之，由便也。○齊才細反，註及下以齊同，和戶臥反，下齊和同

贊幣自左，詔辭自右。自，由也。謂爲君受幣，爲君出命也。立者尊右。

酌尸之僕如君之僕。當其爲尸則尊。

其在車，則左執轡，右受爵，祭左右軌范，乃飲。周禮大馭：祭兩軹，祭軌，乃飲。軌與軹於車同，謂轊頭也。軌與范聲同，謂軾前也。○軹音旨，轊音衛，軾音式

凡羞有俎者，則於俎內祭。俎於人爲橫，不得祭於閒也。

君子不食圂腴。周禮圂作豢，謂犬豕之屬，食米穀者也。腴有似人穢。○圂與豢同，音患

小子走而不趨，舉爵則坐祭立飲。小子，弟子也。卑，不得與賓介具備禮容也。

凡洗必盥。洗盥，乃洗爵，先自絜也。盥有不洗也。

牛羊之肺，離而不提心。提猶絕也。刲離之，不絕中央少者，使易絕以祭耳。○刲苦圭反

凡羞有湆者，不以齊。齊，和也。○湆起及反

爲君子擇葱薤，則絕其本末。爲有萎乾。○薤戶戒反，萎于危反，乾音竿

羞首者，進喙祭耳。

耳出見也、○豦許皺反見賢遍反

尊者以酌者之左爲上尊。尊者設尊者也、酌者鄉尊其左則右尊也、

尊壺者面其鼻。鼻在面中、言鄉人也、

飲酒者。機者。醮者。有折俎不坐。折俎尊徹之乃坐也、已沐飲曰機、酌始冠曰醮、○機其記反醮子笑反

未步爵不嘗羞。步行也、

牛與羊魚之腥聶而切之爲膾。聶之言牒也、先藿葉切之復報切之則成膾、○牒直輒反

麋鹿爲菹。野豕爲軒。皆聶而不切。麕爲辟雞。兔爲宛脾。皆聶而切之。切葱若薤實之醯以柔之。此軒辟雞宛脾、皆菹類也、其作之狀以醯與葷菜淹之、殺肉及腥氣也、○辟音壁

其有折俎者。取祭反之。不坐。燔亦如之。亦爲尺柄之類也、燔炙也、鄉射曰、賓奠爵于薦西、興取肺、坐絕祭、左手嚌之、興加于俎、坐帨手、

尸則坐。尸尊也、少牢饋食禮曰、尸左就爵、右兼取肝肺、擩于俎鹽、振祭嚌之、加于菹豆、○食音嗣

衣服在躬而不知其名爲罔。罔猶罔罔無知貌、

其未有燭而後至者。則以在者告。道瞽亦然。爲其不見意欲知之也、師冕見及階、子曰階也、及席、子曰席也、皆坐、子告之曰、某在斯某在斯、

凡飲酒爲獻主者。執燭抱燋。客作而辭。然後以授人。爲宥言也、主人親執燭、敬賓示不倦也、言獻主者、容君使宰夫也、未爇曰燋、○燋側角反、

執燭不讓。不辭。不歌。以燭繼晝禮殺、○殺色戒反

洗盥執食飲者。勿氣。有問焉。則辟咡而對。

示不敢歆臭也、口旁曰咡、○辟匹亦反、咡而志反、歆許金反、

爲人祭曰致福。爲己祭而致膳於君子曰膳。祔練曰告。此皆致祭祀之餘於君子、攝主言致福、申其辭也、自祭言膳、謙也、祔練言告、不敢以爲福膳也

凡膳告於君子。主人展之以授使者于阼階之南。南面再拜稽首送。反命。主人又再拜稽首。展省具也、

其禮。大牢則以牛左肩臂臑折九箇。少牢則以羊左肩七箇。犆豕則以豕左肩五箇。折斷分之也、皆用左者、右以祭也、羊豕不言臂臑、因牛序之可知、

國家靡敝。則車不雕幾。甲不組縢。食器不刻鏤。君子不履絲屨。馬不常秣。

靡敝，賦稅亟也。雕，畫也。幾，附纏爲沂鄂也。組縢，以組飾之，及紟帶也。詩云，公徒三萬，貝冑朱綅，亦鎧飾也。○組音祖，縢大登反，沂魚巾反，鄂五合反，紟其蔭反，結也，綅息廉反，又音浸。

禮記卷十七終

禮記卷十八

漢大司農北海鄭　玄註
皇明　後學東吳金　蟠較

學記第十八

發慮憲，求善良，足以謏聞，不足以動衆。

憲，法也。言發計慮，當擬度於法式也。求，謂招來也。謏之言小也。動衆，謂師役之事。○謏思了反，徐所穆反，聞音問，度大各反。

就賢體遠，足以動衆，未足以化民。

就，謂躬下之。體，猶親也。

君子如欲化民成俗，其必由學乎。

所學者，聖人之道在方策。○策初革反。

玉不琢，不成器。人不學，不知道。是故古之王者建國君民，教學爲先。

爲內則設師保以教，使國子學焉，外則有大學庠序之官。

兌命曰，念終始典于學。其此之謂乎。

典，經也。言學之不舍業也。兌當爲說，字之誤也。高宗夢傳說，求而得之，作說命三篇，在尚書，今亡。

雖有嘉肴，弗食不知其旨也。雖有至道，弗學不知其善也。

旨，美也。

是故學然後知不足教然後知困。
學則睹己行之所短教則見己道之所未達、
知不足然後能自反也知困然後能自強也故曰教學相長也。
自反求諸己也自強修業不敢倦、
兌命曰學學半其此之謂乎。
言學人乃益己之學半○學學上胡孝反下如字
古之教者家有塾黨有庠術有序國有學。
術當為遂聲之誤也古者仕焉而已者歸教於閭里朝夕坐於門門側之堂謂之塾周禮五百家為黨萬二千五百家為遂黨屬於鄉遂在遠郊之外○塾音熟一音育

比年入學。
學者每歲來入也、
中年考校。
中猶間也鄉遂大夫間歲則考學者之德行道藝周禮三歲大比乃考焉、
一年視離經辨志三年視敬業樂羣五年視博習親師七年視論學取友謂之小成九年知類通達強立而不反謂之大成。
離經斷句絕也辨志謂別其心意所趣鄉也知類知事義之比也強立臨事不惑也不反不違失師道○樂五孝反又音嶽下不能樂學同
夫然後足以化民易俗近者說服而遠者懷之此大學之道也。

懷來也安也、○說音悅
記曰蛾子時術之其此之謂乎。
蛾蚍蜉也蚍蜉之子微蟲耳時術蚍蜉之所為其功乃復成大垤○蛾魚起反蚍音毗蜉音浮
大學始教皮弁祭菜示敬道也。
皮弁天子之朝朝服也祭菜禮先聖先師菜謂芹藻之屬○芹音勤
宵雅肄三官其始也。
宵之言小也肄習也習小雅之三謂鹿鳴四牡皇皇者華也此皆君臣宴樂相勞苦之詩為始學者習之所以勸之以官且取上下相和厚○肄以二反
入學鼓篋孫其業也。
鼓篋擊鼓警衆乃發篋出所治經業也孫猶恭順也○篋古協反孫音遜

夏楚二物收其威也。
夏槄也楚荊也二者所以扑撻犯禮者收謂收斂整齊之威威儀也○夏古雅反槄吐刀反
未卜禘不視學游其志也。
禘大祭也天子諸侯既祭乃視學考校以游暇學者之志意、
時觀而弗語存其心也。
使之悱悱憤憤然後啓發也、
幼者聽而弗問學不躐等也。
學教也教之長稚、

此七者。教之大倫也。
倫，理也。自大學始教至此，其義七也。
記曰。凡學官先事。士先志。其此之謂乎。
居官者也。士，學士也。
大學之教也。時教必有正業。退息必有居。
有居，有常居也。
學。不學操縵。不能安弦。
操縵，雜弄。
不學博依。不能安詩。
博依，廣譬喻也。依或為衣。
不學雜服。不能安禮。
雜服，冕服皮弁之屬。雜或為雅。
不興其藝。不能樂學。
興之言喜也，歆也。藝，謂禮樂射御書數。
故君子之於學也。藏焉修焉息焉遊焉。
藏，謂懷抱之。修，習也。息，謂作勞休止於之息。遊，謂閒暇無事於之遊。
夫然。故安其學而親其師。樂其友而信其道。是以雖離師輔而不反。兌命曰。敬孫務時敏。厥修乃來。其此之謂乎。

敬孫，敬道孫業也。敏，疾也。厥，其也。學者務及時而疾，其所修之業乃來。
今之教者。呻其佔畢。多其訊。
呻，吟也。佔，視也。簡謂之畢。訊，猶問也。言今之師自不曉經之義，但吟誦其所視簡之文，多其難問也。呻或為慕，訊或為誶。○佔，敕沾反，視也。訊，字又作誶，音信，問也。
言及于數。
其發言出說，不首其義，動云其所法象而已。
進而不顧其安。
務其所誦多，不惟其未曉。
使人不由其誠。
由，用也。使學者誦之，而為之說，不用其誠。
教人不盡其材。
材道也，謂師有所隱也。易曰兼三材而兩之，謂天地人之道。
其施之也悖。其求之也佛。
教者言非，則學者失問。○佛本又作拂，扶弗反。
夫然。故隱其學而疾其師。苦其難而不知其益也。
隱，不稱揚也。不知其益，若無益然。
雖終其業。其去之必速。
速，疾也。學不心解，則忘之易。

教之不刑其此之由乎。刑猶成也。

大學之法，禁於未發之謂豫。未發情欲未生，謂年十五時。

當其可之謂時。可謂年二十成人時。

不陵節而施之謂孫。不陵節謂不教長者才者以小，教幼者鈍者以大也。施猶教也。孫順也。○鈍徒困反

相觀而善之謂摩。不並問則教者思專也。摩相切磋也。

此四者，教之所由興也。興起也。

發然後禁，則扞格而不勝。教不能勝其情欲。格讀如凍洛之洛。扞堅不可入之貌。○扞胡半反　洛胡客反

時過然後學，則勤苦而難成。時過則思放也。

雜施而不孫，則壞亂而不修。小者不達，大者難識，學者所惑也。○壞音怪

獨學而無友，則孤陋而寡聞。不相觀也。

燕朋逆其師。燕猶褻也。褻其朋友。

燕辟廢其學。褻師之譬喻。

此六者，教之所由廢也。廢滅也。

君子既知教之所由興，又知教之所由廢，然後可以為人師也。故君子之教喻也，道而弗牽，強而弗抑，開而弗達。道示之以道塗也。抑猶推也。開為發頭角。

道而弗牽則和，強而弗抑則易，開而弗達則思，和易以思，可謂善喻矣。思而得之則深。

學者有四失，教者必知之。人之學也，或失則多，或失則寡，或失則易，或失則止。此四者，心之莫同也。失於多謂才少者。失於寡謂才多者。失於易謂好問不識者。失於止謂好思不問者。

知其心，然後能救其失也。

救其失者、多與易則抑之、寡與止則進之、

教也者、長善而救其失者也。

善歌者使人繼其聲、善教者使人繼其志。

言爲之善者則後人樂放傚、

其言也約而達、微而臧、罕譬而喻、可謂繼志矣。

師說之明則弟子好述之、其言少而解、臧善也、

君子知至學之難易而知其美惡、然後能博喻、能博喻然後能爲師、能爲師然後能爲長、能爲長然後能爲君。

美惡說之是非也、長達官之長、

故師也者、所以學爲君也。

弟子學於師學爲君、

是故擇師不可不慎也。

師善則善、

記曰、三王四代惟其師、此之謂乎。

四代虞夏殷周、

凡學之道、嚴師爲難。

嚴尊敬也、

師嚴然後道尊、道尊然後民知敬學、是故君之所不臣於其臣者二、當其爲尸則弗臣也、當其爲師則弗臣也。

尸主也、爲祭主也、

大學之禮、雖詔於天子無北面、所以尊師也。

尊師重道焉、不使處臣位也、武王踐阼、召師尚父而問焉、曰、昔黃帝顓頊之道存乎、意亦忽不可得見與、師尚父曰、在丹書、王欲聞之、則齊矣、王齊三日、端冕、師尚父亦端冕奉書而入、負屏而立、王下堂南面而立、師尚父曰、先王之道不北面、王行西折而南、東面而立、師尚父西面道書之言、○項許玉反、齊側皆反、下同、奉芳勇反

善學者、師逸而功倍、又從而庸之。不善學者、師勤而功半、又從而怨之。

從隨也、庸功也、功之受其道有功於己、

善問者如攻堅木、先其易者、後其節目、及其久也、相說以解。不善問者反此。

言先易後難、以漸入之、說音悅、

善待問者如撞鍾、叩之以小者則小鳴、叩之以大者則大鳴、待其從容、然後盡其聲。不善答問者反此。

從讀如富父舂戈之舂、舂容謂重撞擊也、始者一聲而已、學者既開其端意、進而復問、乃極說之、如撞鍾之成聲矣、從或爲松、○撞丈江反、父音甫、舂式容反

此皆進學之道也。

此皆善問善答也、

記問之學。不足以爲人師。記問，謂豫誦雜難雜說，至講時爲學者論之，此或時師不心解，或學者所未能問，

必也其聽語乎。必待其問，乃說之，

力不能問。然後語之。語之而不知。雖舍之可也。舍之，須後，

良冶之子。必學爲裘。仍見其家鍋補穿鑿之器也，補器者其金柔乃合，有似於爲裘。○冶音也

良弓之子。必學爲箕。仍見其家撓角幹也，撓角幹者其材宜調，調乃三體相勝，有似於爲楊柳之箕，

始駕馬者反之。車在馬前。以言仍見則貫，卽事易也，

君子察於此三者。可以有志於學矣。仍讀先王之道，則爲來事不惑，

古之學者。比物醜類。以事相況而爲之，醜猶比也，醜或爲之計，

鼓無當於五聲。五聲弗得不和。水無當於五色。五色弗得不章。學無當於五官。五官弗得不治。師無當於五服。五服弗得不親。當猶主也，五服，斬衰至緦麻之親。○當丁浪反

君子曰。大德不官。謂君也，

大道不器。謂聖人之道不如器施於一物，

大信不約。謂若胥命于蒲，無盟約，

大時不齊。武時以生，或時以死，

察於此四者。可以有志於本矣。本立而道生，言以學爲本，則其德於民無不化，於俗無不成，

三王之祭川也。皆先河而後海。或源也。或委也。此之謂務本。源泉所來也，委流所聚也，始出一勺，卒成不測，

禮記卷十八　終

禮記卷十九

漢大司農北海鄭　玄註

皇明　後學東吳金　蟠較

樂記第十九

凡音之起，由人心生也。人心之動，物使之然也。感於物而動，故形於聲。宮商角徵羽雜比曰音，單出曰聲。形，猶見也。○徵，張里反，後放此。比，毗志反，下文同。見，賢遍反。聲相應，故生變。樂之器彈其宮，則衆宮應，然不足樂，是以變之使雜也。易曰：同聲相應，同氣相求。春秋傳曰：若以水濟水，誰能食之？若琴瑟之專一，誰能聽之？

變成方，謂之音。方，猶文章也。

比音而樂之，及干戚羽旄，謂之樂。干，盾也。戚，斧也。武舞所執也。羽，翟羽也。旄，旄牛尾也。文舞所執。周禮舞師樂師掌教舞，有兵舞，有干舞，有羽舞，有旄舞。詩曰：左手執籥，右手秉翟。

樂者，音之所由生也，其本在人心之感於物也。是故其哀心感者，其聲噍以殺。其樂心感者，其聲嘽以緩。其喜心感者，其聲發以散。其怒心感者，其聲粗以厲。其敬心感者，其聲直以廉。其愛心感者，其聲和以柔。六者非性也，感於物而後動。言人聲在所見，非有常也。噍，踧也。嘽，寬綽貌。發，猶揚也。粗，麤也。○噍，子遙反。嘽，昌善反。

是故先王慎所以感之者。故禮以道其志，樂以和其聲，政以一其行，刑以防其姦。禮樂刑政，其極一也。極，至也。所以同民心而出治道也。此其所謂至也。

凡音者，生人心者也。情動於中，故形於聲。聲成文，謂之音。是故治世之音安以樂，其政和。亂世之音怨以怒，其政乖。亡國之音哀以

思，其民困。聲音之道，與政通矣。言八音和否隨政也。玉藻曰：御瞽幾聲之上下。

宮為君，商為臣，角為民，徵為事，羽為物。五者不亂，則無怗懘之音矣。五者，君臣民事物也。凡聲濁者尊，清者卑。怗懘，敝敗不和貌。○怗，昌廉反。懘，昌制反。敝，音弊。

宮亂則荒，其君驕。商亂則陂，其官壞。角亂則憂，其民怨。徵亂則哀，其事勤。羽亂則危，其財匱。五者皆亂，迭相陵，謂之慢。如此，則國之滅亡無日矣。君臣民事物，其道亂，則其音應而亂。荒，猶散也。陂，傾也。書曰：王耄荒。易曰：無平不陂。

鄭衛之音，亂世之音也，比於慢矣。

比猶同也。

桑間濮上之音，亡國之音也，其政散，其民流，誣上行私而不可止也。

濮水之上地有桑間者，亡國之音於此之水出也。昔殷紂使師延作靡靡之樂，已而自沈於濮水。後師涓過焉，夜聞而寫之，爲晉平公鼓之，是之謂也。桑間在濮陽南。誣，罔也。○濮音卜，水名。

凡音者，生於人心者也。樂者，通倫理者也。

倫猶類也。理，分也。

是故知聲而不知音者，禽獸是也。知音而不知樂者，衆庶是也。唯

君子爲能知樂。

禽獸知此爲聲耳，不知其宮商之變也。八音並作克諧曰樂。

是故審聲以知音，審音以知樂，審樂以知政，而治道備矣。是故不知聲者，不可與言音；不知音者，不可與言樂。知樂則幾於禮矣。禮樂皆得，謂之有德。德者，得也。

幾，近也。聽樂而知政之得失，則能正君臣民事物之禮也。

是故樂之隆，非極音也。食饗之禮，非致味也。

隆猶盛也。極，窮也。

清廟之瑟，朱絃而疏越，壹倡而三歎，有遺音者矣。大饗之禮，尚玄酒而俎腥魚，大羹不和，有遺味者矣。

清廟，謂作樂歌清廟也。朱絃，練朱絃，練則聲濁。越，瑟底孔也，畫疏之，使聲遲也。倡，發歌句也。三歎，三人從歎之耳。大饗，祫祭先王，以腥魚爲俎實，不臑熟之。大羹，肉湆不調以鹽菜。遺猶餘也。○湆去及反

是故先王之制禮樂也，非以極口腹耳目之欲也，將以教民平好惡，而反人道之正也。

教之使知好惡也。

人生而靜，天之性也；感於物而動，性之欲也。

言性不見物則無欲。

物至知知，然後好惡形焉。

至，來也。知知，每物來則又有知也。言見物多則欲益衆。形猶見也。

好惡無節於內，知誘於外，不能反躬，天理滅矣。

節，法度也。知猶欲也。誘猶道也，引也。躬猶己也。理猶性也。

夫物之感人無窮，而人之好惡無節，則是物至而人化物也。人化物也者，滅天理而窮人欲者也。

窮人欲，言無所不爲。

於是有悖逆詐僞之心，有淫泆作亂之事。是故強者脅弱，衆者暴寡，知者詐愚，勇者苦怯，疾病不養，老幼孤獨不得其所，此大亂之道也。

是故先王之制禮樂。人爲之節。
言爲作法度以遏其欲。
衰麻哭泣。所以節喪紀也。鍾鼓干戚。所以和安樂也。昏姻冠笄。所以別男女也。射鄉食饗。所以正交接也。
男二十而冠，女許嫁而笄，成人之禮。射，鄉大射。鄉，飲酒也。○笄音雞
禮節民心。樂和民聲。政以行之。刑以防之。禮樂刑政。四達而不悖。則王道備矣。
樂者爲同。禮者爲異。同則相親。異則相敬。
同謂協好惡也。異謂別貴賤也。
樂勝則流。禮勝則離。
流謂合行不敬也。離謂析居不和也。
合情飾貌者。禮樂之事也。
欲其並行斌斌然。○飾音物
禮義立。則貴賤等矣。樂文同。則上下和矣。好惡著。則賢不肖別矣。刑禁暴。爵舉賢。則政均矣。仁以愛之。義以正之。如此。則民治行矣。
等，階級也。
樂由中出。
和在心也。

禮自外作。
敬在貌也。
樂由中出。故靜。禮自外作。故文。
文猶動也。
大樂必易。大禮必簡。
易簡若於清廟大饗然。
樂至則無怨。禮至則不爭。揖讓而治天下者。禮樂之謂也。
至猶達也，行也。
暴民不作。諸侯賓服。兵革不試。五刑不用。百姓無患。天子不怒。如此則樂達矣。合父子之親。明長幼之序。以敬四海之內。天子如此。則禮行矣。
賓，協也。試，用也。
大樂與天地同和。大禮與天地同節。
言順天地之氣與其數。
和故百物不失。
不失其性。
節故祀天祭地。
成物有功報焉。

明則有禮樂。

教人者。

幽則有鬼神。

助天地成物者也。易曰，是故知鬼神之情狀，與天地相似。五帝德說黃帝德曰，死而民畏其神者百年。春秋傳曰，若敖氏之鬼。然則聖人之精氣謂之神，賢知之精氣謂之鬼。

如此則四海之內合敬同愛矣。禮者殊事合敬者也。樂者異文合愛者也。禮樂之情同。故明王以相沿也。

沿猶因述也。孔子曰，殷因於夏禮，所損益可知也。周殷於夏禮，所損益可知也。沿或作緣。

故事與時並。

舉事在其時也。禮器曰，堯授舜，舜授禹，湯放桀，武王伐紂，時也。

名與功偕。

為名在其功也。偕猶俱也。堯作大章，舜作大韶，禹作大夏，湯作大濩，武王作大武，名因其得天下之功。

故鍾鼓管磬，羽籥干戚，樂之器也。屈伸俯仰，綴兆舒疾，樂之文也。簠簋俎豆，制度文章，禮之器也。升降上下，周還裼襲，禮之文也。

綴謂酇舞者之位也。兆其外營域也。○酇作管反

故知禮樂之情者能作，識禮樂之文者能述。

述謂訓其義也。

作者之謂聖，述者之謂明。明聖者，述作之謂也。

樂者天地之和也。禮者天地之序也。和故百物皆化，序故群物皆別。

化猶生也。別謂形體異也。

樂由天作，禮以地制。

言法天地也。

過制則亂，過作則暴。

過猶誤也。暴失文武之意。

明於天地，然後能興禮樂也。

論倫無患，樂之情也。欣喜歡愛，樂之官也。

論倫猶類也。患害也。官猶事也。

中正無邪，禮之質也。莊敬恭順，禮之制也。

質猶本也。

若夫禮樂之施於金石，越於聲音，用於宗廟社稷，事乎山川鬼神，則此所與民同也。

言情官質制，先王所專也。

王者功成作樂，治定制禮。

功成治定同時耳。功主於王業，治主於教民。明堂位說周公曰，治天下六年，朝諸侯於明堂，制禮作樂。

其功大者其樂備，其治辯者其禮具。

辯徧也。

干戚之舞，非備樂也。

樂以文德爲備，若咸池者。孔子曰：韶盡美矣，又盡善也。謂武盡美矣，未盡善也。

孰亨而祀，非達禮也。

達，具也。郊特牲曰：郊血，大饗腥，三獻爓，一獻孰。至敬不饗味而貴氣臭也。○亨，普衡反。爓，在廉反。

五帝殊時，不相沿樂；三王異世，不相襲禮。

言其有損益也。

樂極則憂，禮粗則偏矣。

樂，人之所好也，害在淫侉。禮，人之所勤也，害在倦略。○侉，苦瓜反。

及夫敦樂而無憂，禮備而不偏者，其唯大聖乎。

敦，厚也。

天高地下，萬物散殊，而禮制行矣。

禮爲異也。

流而不息，合同而化，而樂興焉。

樂爲同也。

春作夏長，仁也；秋斂冬藏，義也。仁近於樂，義近於禮。

言樂法陽而生，禮法陰而成。

樂者敦和，率神而從天；禮者別宜，居鬼而從地。

敦和，樂貴同也。率，循也。從，順也。別宜，禮尚異也。居鬼，謂居其所爲，亦言循之也。鬼神，謂先聖先賢也。

故聖人作樂以應天，制禮以配地。禮樂明備，天地官矣。

官猶事也，各得其事。

天尊地卑，君臣定矣。卑高已陳，貴賤位矣。動靜有常，小大殊矣。方以類聚，物以羣分，則性命不同矣。在天成象，在地成形。如此，則禮者天地之別也。

卑高，謂山澤也。位矣，尊卑之位象山澤也。動靜，陰陽用事。大小，萬物也。大者常存，小者隨陽出入。方，謂行蟲也。物，謂殖生者也。性之言生也。命，生之長短也。象，光耀也。形，體貌也。

地氣上齊，天氣下降，陰陽相摩，天地相蕩，鼓之以雷霆，奮之以風雨，動之以四時，煖之以日月，而百化興焉。如此，則樂者天地之和也。

齊讀爲躋，躋，升也。摩猶迫也。蕩猶動也。奮，訊也。百化，百物化生也。○迅，音信。

化不時則不生，男女無辨則亂升，天地之情也。

辨，別也。升，成也。樂失則害物，禮失則亂人。

及夫禮樂之極乎天而蟠乎地，行乎陰陽而通乎鬼神，窮高極遠而測深厚。

極，至也。蟠猶委也。高遠，三辰也。深厚，山川也。言禮樂之道上至於天，下委於地，則其間無所不之。

樂著大始，而禮居成物。

著之言處也大始百物之始主也

著不息者天也。著不動者地也。

著猶明白也息猶休止也易曰天行健君子以自強不息

一動一靜者天地之閒也。

閒謂百物也

故聖人曰禮樂云。

言禮樂之法天地也樂靜而禮動其並用事則亦天地之閒耳

昔者舜作五弦之琴以歌南風。夔始制樂以賞諸侯。

夔欲舜與天下之君共此樂也南風長養之風也以言父母之長養己其辭未聞也夔舜時典樂者也書曰夔命女典樂

故天子之爲樂也以賞諸侯之有德者也。德盛而教尊。五穀時熟。然後賞之以樂。故其治民勞者。其舞行綴遠。其治民逸者。其舞行綴短。

民勞則德薄酇相去遠舞人少也民逸則德盛酇相去近舞人多也○行戶剛反

故觀其舞知其德。聞其謚知其行也。

謚者行之迹也○行下孟反

大章。章之也。

堯樂名也言堯德章明也周禮闕之或作大卷

咸池備矣。

黃帝所作樂名也堯增修而用之咸皆也池之言施也言德之無不施也周禮曰大咸

韶繼也。

舜樂名也韶之言紹也言舜能繼紹堯之德周禮曰大韶

夏大也。

禹樂名也言禹能大堯舜之德周禮曰大夏

殷周之樂盡矣。

言盡人事也周禮曰大濩大武

天地之道寒暑不時則疾。風雨不節則饑。教者民之寒暑也。教不時則傷世。事者民之風雨也。事不節則無功。

教謂樂也

然則先王之爲樂也。以法治也。善則行象德矣。

以法治以樂爲治之法行象德民之行順君之德也

夫豢豕爲酒。非以爲禍也。而獄訟益繁。則酒之流生禍也。

以穀食犬豕曰豢爲作也言豢豕作酒本以饗祀養賢而小人飲之善酗以致獄訟○食音嗣酗許具反

是故先王因爲酒禮。壹獻之禮。賓主百拜。終日飲酒而不得醉焉。此先王之所以備酒禮也。

壹獻士飲酒之禮百拜以喻多

故酒食者。所以合歡也。樂者。所以象德也。禮者。所以綴淫也。

綴猶止也。

是故先王有大事、必有禮以哀之。有大福、必有禮以樂之。哀樂之分、皆以禮終。

大事謂死喪也。

樂也者、聖人之所樂也。而可以善民心。其感人深。其移風易俗。故先王著其教焉。

著猶立也。謂立司樂以下、使教國子。

夫民有血氣心知之性、而無哀樂喜怒之常。應感起物而動。然後心術形焉。

言在所以感之也。術所由也。形猶見也。

是故志微噍殺之音作、而民思憂。嘽諧慢易繁文簡節之音作、而民康樂。粗厲猛起奮末廣賁之音作、而民剛毅。廉直勁正莊誠之音作、而民肅敬。寬裕肉好順成和動之音作、而民慈愛。流辟邪散狄成滌濫之音作、而民淫亂。

志微、意細也。吳公子札聽鄭風、而曰其細已甚、民弗堪也。簡節、少易也。奮末、動使四支也。賁讀爲憤、憤、怒氣充實也。春秋傳曰、血氣狡憤。肉、肥也。狄滌、往來疾貌也。濫、僭差也。此皆民心無常之効也。肉或爲潤。○噍子遙反。殺色界反。嘽昌善反。肉而救反

是故先王本之情性、稽之度數、制之禮義。合生氣之和、道五常之行。使之陽而不散、陰而不密。剛氣不怒、柔氣不懾。四暢交於中而發作於外。皆安其位而不相奪也。

生氣、陰陽氣也。五常、五行也。密之言閉也。懾猶恐懼也。○行下孟反。懾之涉反

然後立之學等、廣其節奏、省其文采。以繩德厚。

等、差也。各用其才之差。學之廣、謂增習之。省猶審也。文采謂節奏合也。繩猶度也。周禮大司樂以樂舞教國子、舞雲門、大卷、大咸、大韶、大夏、大濩、大武。○卷音權

律小大之稱、比終始之序。以象事行。

律、六律也。周禮典同以六律六同辨天地四方陰陽之聲、以爲樂器。小大謂高聲正聲之類也。終始謂始於宮、終於羽。宗廟黃鍾爲宮、大呂爲角、大蔟爲徵、應鍾爲羽。以象事行、宮爲君、商爲臣。○比毗志反

使親疏貴賤長幼男女之理、皆形見於樂。故曰樂觀其深矣。

謂同聽之莫不和敬、莫不和順、莫不和親。

土敝則草木不長、水煩則魚鼈不大、氣衰則生物不遂。世亂則禮慝而樂淫。是故其聲哀而不莊、樂而不安。慢易以犯節、流湎以忘本。廣則容姦、狹則思欲。感條暢之氣、而滅平和之德。是以君子賤之也。

遂猶成也。慝、穢也。廣謂聲緩也。狹謂聲急也。感、動也。動人條暢之善氣、使失其所。○湎緜鮮反。濊紆廢反

凡姦聲感人、而逆氣應之。逆氣成象、而淫樂興焉。正聲感人、而順氣應之。順氣成象、而和樂興焉。倡和有應。回邪曲直、各歸其分。而萬物之理、各以類相動也。

成象者謂人樂習焉。

是故君子反情以和其志，比類以成其行。姦聲亂色，不留聰明；淫樂慝禮，不接心術；惰慢邪辟之氣，不設於身體，使耳目鼻口心知百體皆由順正以行其義。

反猶本也。術猶道也。○行，下孟反

然後發以聲音，而文以琴瑟，動以干戚，飾以羽旄，從以簫管，奮至德之光，動四氣之和，以著萬物之理。

奮猶動也。動至德之光，謂降天神，出地祇，假祖考。著猶成也。○假，古迫反

是故清明象天，廣大象地，終始象四時，周還象風雨，五色成文而

禮記　卷十九　樂記　十五　承懷堂

不亂，八風從律而不姦，百度得數而有常，小大相成，終始相生，倡和清濁，迭相為經。

清明謂人聲也，廣大謂鍾鼓也，周還謂舞者，五色，五行也，八風從律應節至也，百度，百刻也，言日月晝夜不失正也，清謂蕤賓至應鍾也，濁謂黃鍾至中呂。○還音旋，迭，大結反，中音仲

故樂行而倫清，耳目聰明，血氣和平，移風易俗，天下皆寧。

言樂用則正人理，和陰陽也。倫謂人道也。

故曰：樂者，樂也。君子樂得其道，小人樂得其欲。以道制欲，則樂而不亂；以欲忘道，則惑而不樂。

道謂仁義也，欲謂邪淫也。

是故君子反情以和其志，廣樂以成其教，樂行而民鄉方，可以觀德矣。

方猶道也。○鄉，許亮反

德者，性之端也；樂者，德之華也；金石絲竹，樂之器也。詩言其志也，歌詠其聲也，舞動其容也，三者本於心，然後樂器從之。是故情深而文明，氣盛而化神，和順積中而英華發外，唯樂不可以為偽。

三者本志也，聲也，容也。言無此本於內，則不能為樂也。

樂者，心之動也；聲者，樂之象也；文采節奏，聲之飾也。君子動其本，樂其象，然後治其飾。是故先鼓以警戒，三步以見方，再始以著往，

禮記　卷十九　樂記　十六　承懷堂

復亂以飭歸，奮疾而不拔，極幽而不隱，獨樂其志，不厭其道，備舉其道，不私其欲。是故情見而義立，樂終而德尊，君子以好善，小人以聽過。故曰：生民之道，樂為大焉。

文采，樂之威儀也。先鼓，將奏樂，先擊鼓以警戒衆也。三步，謂將舞必先三舉足，以見其舞之漸也。再始以著往，武王除喪至盟津之上，紂未可伐，還歸，二年乃遂伐之。武舞再更始，以明伐時再往也。復亂以飭歸，謂鳴鐃而退，明以整歸也。奮疾謂舞者也，極幽謂歌者也。○鐃，女交反

樂也者，施也；禮也者，報也。

言樂出而不反，而禮有往來也。○施，始豉反

樂，樂其所自生；而禮，反其所自始。樂章德，禮報情，反始也。

自由也。

所謂大輅者，天子之車也。龍旂九旒，天子之旌也。青黑緣者，天子之寶龜也。從之以牛羊之羣，則所以贈諸侯也。

贈諸侯，謂來朝將去，旣之以禮。○旒音流，緣悅絹反

樂也者，情之不可變者也。禮也者，理之不可易者也。

理，猶事也。

樂統同，禮辨異。

統同，同和合也。辨異，異尊卑也。

禮樂之說，管乎人情矣。

管，猶包也。

窮本知變，樂之情也。著誠去僞，禮之經也。禮樂偩天地之情，達神明之德，降興上下之神，而凝是精粗之體，領父子君臣之節。

偩，猶依象也。降，下也。興，猶出也。凝，成也。精粗，謂萬物大小也。領，猶理治也。○偩音負

是故大人舉禮樂，則天地將爲昭焉。

言天地將爲之昭明也。

天地訢合，陰陽相得，煦嫗覆育萬物，然後草木茂，區萌達，羽翼奮，角觡生，蟄蟲昭蘇，羽者嫗伏，毛者孕鬻，胎生者不殰，而卵生者不殈，則樂之道歸焉耳。

訢讀爲熹，熹猶蒸也。氣曰煦，體曰嫗。屈生曰區。無䚡曰觡。昭曉也。蟄蟲以發出爲曉，更息曰蘇。孕，任也。鬻，生也。內敗曰殰。殈，裂也。今齊人語有殈者。觡古伯反。蟄直立反。殰音獨。殈呼闃反。䚡息才反

樂者，非謂黃鍾大呂弦歌干揚也，樂之末節也，故童者舞之。鋪筵席，陳尊俎，列籩豆，以升降爲禮者，禮之末節也，故有司掌之。

言禮樂之本，由人君也。禮本著誠去僞，樂本窮本知變。○鋪普胡反

樂師辨乎聲詩，故北面而弦。宗祝辨乎宗廟之禮，故後尸。商祝辨乎喪禮，故後主人。

辨，猶別也，正也。弦，謂鼓琴瑟也。後，尸居後。贊禮儀。此言知本者尊，知末者卑。

是故德成而上，藝成而下，行成而先，事成而後。

德，三德也。行，三行也。藝，才技也。先，謂位在上也。後，謂位在下也。

是故先王有上有下，有先有後，然後可以有制於天下也。

言尊卑備，乃可制作以爲治法。

魏文侯問於子夏曰：吾端冕而聽古樂，則唯恐臥。聽鄭衛之音，則不知倦。敢問古樂之如彼何也？新樂之如此何也？

魏文侯，晉大夫畢萬之後，僭諸侯者也。端，玄衣也。古樂，先王之正樂也。

子夏對曰：今夫古樂，進旅退旅，和正以廣，弦匏笙簧，會守拊鼓，始奏以文，復亂以武，治亂以相，訊疾以雅。君子於是語，於是道古，修身及家，平均天下，此古樂之發也。

旅猶俱也俱進俱退言其齊一也和正以廣無姦聲也會猶合也皆也言衆皆待擊鼓乃作周禮太師職曰大祭祀帥瞽登歌合奏擊拊下管播樂器合奏鼓朄文謂鼓也武謂金也相即拊也亦以節樂拊者以韋爲表裝之以糠糠一名相因以名焉今齊人或謂糠爲相雅亦樂器名也狀如漆筩中有椎○簧音黃筩音勇

今夫新樂進俯退俯姦聲以濫溺而不止及優侏儒獶雜子女不知父子樂終不可以語不可以道古此新樂之發也

俯猶曲也言不齊一也濫濫竊也溺而不止聲淫亂無以治之優獼猴也言舞者如獼猴戲也亂男女之尊卑獶或爲優○儒音儒優乃力反

今君之所問者樂也所好者音也夫樂者與音相近而不同

言文侯好音而不知樂也鏗鏘之類皆爲音應律乃爲樂

文侯曰敢問何如

欲知音樂異意

子夏對曰夫古者天地順而四時當民有德而五穀昌疾疢不作而無妖祥此之謂大當然後聖人作爲父子君臣以爲紀綱紀綱既正天下大定天下大定然後正六律和五聲弦歌詩頌此之謂德音德音之謂樂

當謂樂不失其所○當並丁浪反

詩云莫其德音其德克明克明克類克長克君王此大邦克順克俾俾于文王其德靡悔既受帝祉施于孫子此之謂也

此有德之音所謂樂也德正音和曰莫照臨四方曰明勤施無私曰類教誨不倦曰長慶賞刑威曰君慈和徧服曰順俾當爲比聲之誤也擇善從之曰比施延也言文王之德皆能如此故受天福延於後世也

今君之所好者其溺音乎

文侯曰敢問溺音何從出也

言無文王之德則所好非樂也

玩習之久不知所由出也

子夏對曰鄭音好濫淫志宋音燕女溺志衛音趨數煩志齊音敖辟喬志此四者皆淫於色而害於德是以祭祀弗用也

言四國皆出此溺音濫濫竊姦聲也燕安也春秋傳曰懷與安實敗名趨數讀爲促速聲之誤也煩勞也祭祀者不用淫樂○

趨音促喬音驕

詩云肅雍和鳴先祖是聽夫肅肅敬也雍雍和也夫敬以和何事不行

言古樂敬且和故無事而不用溺音無所施

爲人君者謹其所好惡而已矣君好之則臣爲之上行之則民從之詩云誘民孔易此之謂也

誘進也孔甚也言民從君所好惡進之於善無難

然後聖人作爲鞉鼓椌楬壎篪此六者德音之音也

六者爲本以其聲質也椌楬謂柷敔也壎篪或爲簨虡○鞉音桃椌苦江反楬苦瞎反柷昌六反簨恤尹反虡音巨

然後鍾磬竽瑟以和之，干戚旄狄以舞之。此所以祭先王之廟也，所以獻酬酳酢也，所以官序貴賤各得其宜也，所以示後世有尊卑長幼之序也。官序貴賤，謂尊卑樂器列數有差次。○竽音于

鍾聲鏗，鏗以立號，號以立橫，橫以立武。君子聽鍾聲，則思武臣。號，號令，所以警衆也。橫，充也，謂氣作充滿也。

石聲磬，磬以立辨，辨以致死。君子聽磬聲，則思死封疆之臣。石聲磬，磬當爲罄，字之誤也。辨，謂分明於節義。

絲聲哀，哀以立廉，廉以立志。君子聽琴瑟之聲，則思志義之臣。廉，廉隅也。

竹聲濫，濫以立會，會以聚衆。君子聽竽笙簫管之聲，則思畜聚之臣。濫之意猶擥聚也。會，猶聚也，聚或爲最。○擥力敢反

鼓鼙之聲讙，讙以立動，動以進衆。君子聽鼓鼙之聲，則思將帥之臣。聞讙囂則人意動作。讙或爲歡，動或爲勳。

君子之聽音，非聽其鏗鏘而已也，彼亦有所合之也。以聲合成已之志。

賓牟賈侍坐於孔子，孔子與之言及樂，曰：夫武之備戒之已久，何也？對曰：病不得其衆也。武，謂周舞也。備戒，擊鼓警衆。病，猶憂也。以不得衆心爲憂，憂其難也。○牟亡侯反

咏歎之，淫液之，何也？對曰：恐不逮事也。咏歎、淫液，歌遲之也。逮，及也。事，戎事也。

發揚蹈厲之已蚤，何也？對曰：及時事也。時至，武事當施也。

武坐致右憲左，何也？對曰：非武坐也。言武之事無坐也。致，謂膝至地也。憲讀爲軒，聲之誤也。

聲淫及商，何也？對曰：非武音也。言武歌在正其軍，不貪商也。時人或說其義爲貪商也。

子曰：若非武音，則何音也？對曰：有司失其傳也。若非有司失其傳，則武王之志荒矣。有司，典樂者也。傳，猶說也。荒，老耄也。言典樂者失其說也，而時人妄說也。書曰：王耄荒。

子曰：唯，丘之聞諸萇弘，亦若吾子之言是也。萇弘，周大夫。○萇直良反

賓牟賈起，免席而請曰：夫武之備戒之已久，則既聞命矣，敢問遲之遲而又久，何也？

遲之遲謂久立於綴

子曰居吾語汝夫樂者象成者也摠干而山立武王之事也發揚蹈厲太公之志也武亂皆坐周召之治也

居猶安坐也成謂已成之事也摠干持盾也山立猶正立也象武王持盾正立待諸侯也發揚蹈厲所以象威武時也武舞象戰鬬也亂謂失行列也失行列則皆坐象周公召公以文止武也○行户剛反

且夫武始而北出再成而滅商三成而南四成而南國是疆五成而分周公左召公右六成復綴以崇

成猶奏也每奏武曲一終爲一成始奏象觀兵盟津時也再奏象克殷時也三奏象克殷有餘力而反也四奏象南方荆蠻之國侵畔者服也五奏象周公召公分職而治也六奏象兵還振旅也復綴反位止也崇充也凡六奏以充武樂也

天子夾振之而駟伐盛威於中國也

夾振之者上與大將夾舞者振鐸以爲節也駟當爲四聲之誤也武舞戰象也每奏四伐一擊一刺爲一伐牧誓曰今日之事不過四伐五伐○刺七亦反

分夾而進事蚤濟也

分猶部曲也事猶爲也濟成也舞者各有部曲之列又夾振之者象用兵務於早成也○分扶問反

久立於綴以待諸侯之至也

象武王伐紂待諸侯也

且女獨未聞牧野之語乎

欲語以作武樂之意

武王克殷反商未及下車而封黄帝之後於薊封帝堯之後於祝封帝舜之後於陳下車而封夏后氏之後於杞投殷之後於宋封王子比干之墓釋箕子之囚使之行商容而復其位庶民弛政庶士倍祿濟河而西馬散之華山之陽而弗復乘牛散之桃林之野而弗復服車甲衅而藏之府庫而弗復用倒載干戈包之以虎皮將帥之士使爲諸侯名之曰建櫜然後天下知武王之不復用兵也

反商當爲及字之誤也及商謂至紂都也牧誓曰至于商郊牧野封謂故無土地者也投舉徙之辭也時武王封紂子武庚於殷墟所徙者微子也後周公更封而大之積土爲封封比干墓崇賢也行猶視也使箕子視商禮樂之官賢者所處皆令反其居也弛政去其紂時苛政也倍祿復其紂時薄者也散猶放也桃林在華山旁甲鎧也衅釁字也包干戈以虎皮明能以武服兵也建讀爲鍵字之誤也兵甲之衣曰櫜鍵櫜言閉藏兵甲也詩曰載櫜弓矢春秋傳曰垂櫜而入周禮曰櫜之欲其約也薊或爲續祝或爲鑄○苛音何

散軍而郊射左射貍首右射騶虞而貫革之射息也裨冕搢笏而虎賁之士說劒也祀乎明堂而民知孝朝覲然後諸侯知所以臣耕藉然後諸侯知所以敬五者天下之大教也

郊射爲射宮於郊也左東學也右西學也貍首騶虞所以歌爲節也貫革射穿甲革也裨冕衣裨衣而冠冕也裨衣衮之屬也搢猶插也賁憤怒也文王之廟爲明堂制耕藉藉田也○貍力之反騶側由反搢音進賁音奔說吐活反衣衣裨衣上於旣反

食三老五更於大學天子袒而割牲執醬而饋執爵而酳冕而總

干，所以敎諸侯之弟也。（三老五更互言之耳，皆老人更知三德五事者也。冕而總干，親在舞位也。周名大學曰東膠。○大學音泰，膠音交）

若此，則周道四達，禮樂交通，則夫武之遲久，不亦宜乎。（言武遲久，爲重禮樂。○夫音扶，爲於僞反）

君子曰：禮樂不可斯須去身。致樂以治心，則易直子諒之心油然生矣。易直子諒之心生則樂，樂則安，安則久，久則天，天則神。天則不言而信，神則不怒而威。致樂以治心者也。（致，猶深審也。子，讀如不子之子。油然，新生好貌也。善心生，則寡於利，寡於利則樂矣。志明行成，不言而見信，如天也；不怒而見畏，如神也。樂由中出，故治心。○易以豉反，下及注同）

致禮以治躬，則莊敬，莊敬則嚴威。（躬，身也。禮自外作，故治身。）

心中斯須不和不樂，而鄙詐之心入之矣。（鄙詐，是貪多利僞生。）

外貌斯須不莊不敬，而易慢之心入之矣。（易，輕易也。）

故樂也者，動於內者也；禮也者，動於外者也。樂極和，禮極順，內和而外順，則民瞻其顔色而弗與爭也，望其容貌而民不生易慢焉。故德煇動於內，而民莫不承聽；理發諸外，而民莫不承順。（德煇，顔色潤澤也。理，容貌之進止也。○煇音輝）

故曰：致禮樂之道，舉而錯之天下無難矣。

樂也者，動於內者也；禮也者，動於外者也。故禮主其減，樂主其盈。（禮主其減，人所倦也。樂主其盈，人所歡也。）

禮減而進，以進爲文；樂盈而反，以反爲文。（進，謂自勉強也。反，謂自抑止也。文，猶美也，善也。）

禮減而不進則銷，樂盈而不反則放。故禮有報而樂有反。（放，淫聲，樂不能止也。報，讀曰褒，褒猶進也）

禮得其報則樂，樂得其反則安。

（得，謂曉其義，知其吉凶之歸。○樂樂上音洛，下音岳）

禮之報，樂之反，其義一也。（俱趨立於中，不銷不放也。）

夫樂者樂也，人情之所不能免也。樂必發於聲音，形於動靜，人之道也。聲音動靜，性術之變盡於此矣。（免，猶自止也。人道，人之所爲也。性術，言此出於性也。盡於此，不可過。）

故人不耐無樂，樂不耐無形，形而不爲道，不耐無亂。（形，聲音動靜也。耐，古書能字也。後世變之，此獨存焉。古以能爲三台字。○耐古能字）

先王耻其亂，故制雅頌之聲以道之，使其聲足樂而不流，使其文足論而不息。使其曲直繁瘠。廉肉節奏。足以感動人之善心而已矣。不使放心邪氣得接焉。是先王立樂之方也。

流猶淫放也。文篇辭也。息猶銷也。曲直歌之曲折也。繁瘠廉肉聲之鴻殺也。節奏闋作進止所應也。方道也。○殺色界反闋苦穴反

是故樂在宗廟之中。君臣上下同聽之則莫不和敬。在族長鄉里之中。長幼同聽之則莫不和順。在閨門之內。父子兄弟同聽之則莫不和親。故樂者審一以定和。比物以飾節。節奏合以成文。所以合和父子君臣。附親萬民也。是先王立樂之方也。

審一審其人聲也。比物謂雜金革土匏之屬也。以成文五聲八音克諧相應和。○飾音式又音勑

故聽其雅頌之聲。志意得廣焉。執其干戚。習其俯仰詘伸。容貌得莊焉。行其綴兆。要其節奏。行列得正焉。進退得齊焉。故樂者天地之命。中和之紀。人情之所不能免也。

綴表也。所以表行列也。詩云荷戈與綴。兆域也。舞者進退所至也。要猶會也。命教也。紀總要之名也。○詘丘勿反行戶剛反

夫樂者先王之所以飾喜也。軍旅鈇鉞者先王之所以飾怒也。故先王之喜怒皆得其儕焉。

儕猶輩類。○儕仕皆反

喜則天下和之。怒則暴亂者畏之。先王之道禮樂可謂盛矣。

天子之於天下。喜怒節之以禮樂。則兆民和從而畏敬之。禮樂王者所常興則盛矣。

子贛見師乙而問焉。曰賜聞聲歌各有宜也。如賜者宜何歌也。

子贛孔子弟子。師樂官也。乙名。聲歌各有宜氣順性也。○贛音貢

師乙曰乙賤工也。何足以問所宜。請誦其所聞。而吾子自執焉。

樂人稱工。執猶處也。

愛者宜歌商。溫良而能斷者宜歌齊。夫歌者直己而陳德也。動己而天地應焉。四時和焉。星辰理焉。萬物育焉。故商者五帝之遺聲也。寬而靜柔而正者宜歌頌。廣大而靜疏達而信者宜歌大雅。恭儉而好禮者宜歌小雅。正直而靜廉而謙者宜歌風。肆直而慈

此文換簡失其次。寬而靜宜在上。愛者宜歌商宜承此下行讀云。肆直而慈愛者宜歌商。商宋詩也。愛或為哀。直己而陳德各

因其德歌所宜。育生也。○換戶亂反

商之遺聲也。商人識之。故謂之商。齊者三代之遺聲也。齊人識之。故謂之齊。

云商之遺聲也。衍字也。又誤上所云故商者五帝之遺聲也。當居此衍字處也。

明乎商之音者。臨事而屢斷。明乎齊之音者。見利而讓。

屢數也。數斷事以其肆直也。見利而讓以其溫良能斷也。斷猶決也。

臨事而屢斷勇也。見利而讓義也。有勇有義非歌孰能保此。

保猶安也。知也。

故歌者上如抗。下如隊。曲如折。止如槀木。倨中矩。句中鉤。纍纍乎

端如貫珠。言歌聲之著動人心之審如有此事○墬直魏反槀苦老反倨音據中丁仲反句紀具反鉤古侯反

故歌之爲言也。長言之也。說之。故言之。言之不足。故長言之。長言之不足。故嗟歎之。嗟歎之不足。故不知手之舞之。足之蹈之也。長言之引其聲也嗟歎和續之也不知手之舞之足之蹈之歡之至也○說音悅

子貢問樂。上下同美之也

禮記卷十九

禮記　卷十九　樂記　廿九　永懷堂

禮記卷二十

漢大司農北海鄭　玄註
皇明後學東吳葛　鼒校

雜記上第二十

諸侯行而死於館。則其復如於其國。如於道則升其乘車之左轂以其綏復。館主國所致舍復招魂復魄也如於其國主國館賓予使有之得升屋招用褒衣也如於道道上廬宿也升車左轂象升屋東榮綏當爲緌讀如蕤賓之蕤字之誤也緌謂旌旗之旄也去其旒而用之異於生也

其輤有裧。緇布裳帷。素錦以爲屋而行。輤載柩將殯之車飾也輤取名於櫬與蒨讀如蒨旆之蒨櫬棺也蒨染赤色者也將葬載柩之車飾曰柳裧謂鼈甲邊緣緇布裳帷圍棺者也裳帷用緇則輤用赤矣輤象宮室屋其中小帳櫬覆棺者若未大斂其載尸而歸車飾皆如之○輤千見反注與蒨同裧昌呂反櫬初靳反

禮記　卷二十　雜記上　一　永懷堂

至於廟門。不毀牆。遂入。適所殯。唯輤爲說於廟門外。廟所殯宮牆裳帷也適所殯謂兩楹之間去輤乃入廟門以其入自有宮室也毀或爲徹凡柩自外來者正棺於兩楹之間尸亦俠之於此皆因殯焉異者柩入自闕升自西階尸入自門升自阼階其殯必於兩楹之間者以其死不以室而自外來留之於中不忍遠也○說吐奪反俠音夾

大夫士死於道。則升其乘車之左轂。以其綏復。如於館死。則其復如於家。

綏亦綏也大夫復於家以玄冕士以爵弁服。

大夫以布爲輤而行至於家而說輤載以輲車入自門至於阼階下而說車舉自阼階升適所殯。

大夫輤言用布白布不染也言輤者達名也不言裳帷俱用布無所別也至門亦說輤乃入言載以輲車入自門明車不易也輲讀爲輇或作槫許氏說文解字曰有輻曰輪無輻曰輇周禮又有蜃車天子以載柩蜃輇聲相近其制同乎輇崇蓋半乘車之輪諸侯言不毀輤大夫士言不易車互相明也不易者不易以楯也廟中有載柩以輴之禮此不耳○輲輴同市專反蜃慎忍反

士輤葦席以爲屋蒲席以爲裳帷。

言以葦席爲屋則無素錦爲帳

凡訃於其君曰君之臣某死

訃或皆作赴赴至也臣死其子使人至君所告之○訃音赴

父母妻長子曰君之臣某之某死。

此臣於其家喪所主者

君訃於他國之君曰寡君不祿敢告於執事夫人曰寡小君不祿。

大子之喪曰寡君之適子某死。

君夫人不稱薨告他國君謙也○大音泰

大夫訃於同國適者曰某不祿訃於士亦曰某不祿訃於他國之君曰君之外臣寡大夫某死訃於適者曰吾子之外私寡大夫某不祿使某實訃於士亦曰吾子之外私寡大夫某不祿使某實。

適讀爲匹敵之敵謂爵同者也實當爲至此讀周秦之人聲之誤也○適依注音敵下適者同實依注音至下同

士訃於同國大夫曰某死訃於士亦曰某死訃於他國之君曰君之外臣某死訃於大夫曰吾子之外私某死訃於士亦曰吾子之外私某死。

大夫次於公館以終喪士練而歸士次於公館。

公館公宮之舍也練而歸之士謂邑宰也練而猶處公館朝廷之士也唯大夫三年無歸也

大夫居廬士居堊室。

謂未練時也士居堊室亦謂邑宰也朝廷之士亦居廬

大夫爲其父母兄弟之未爲大夫者之喪服如士服士爲其父母兄弟之爲大夫者之喪服如士服。

大夫雖尊不以其服服父母兄弟謙若踰之也士謂大夫庶子爲士者也已卑又不敢服尊者之服今大夫喪服禮逸與士異者未得而備聞也春秋傳曰齊晏桓子卒晏嬰麤衰斬苴絰帶杖菅屨食粥居倚廬寢苫枕草其老曰非大夫之禮也曰惟卿爲大夫此平仲之謙也言已非大夫故爲父服士服耳麤衰斬者其縷在齊斬之閒謂縷如三升半而三升不緝也斬衰以三升爲正微細焉則屬於麤也然則士與大夫爲父服異者有麤衰斬枕草矣其爲母五升縷而四升爲兄弟六升縷而五升乎惟大夫以上乃能備儀盡飾士以下則以臣服君之斬衰爲其父以臣從君而服之齊衰爲其母與兄弟亦以勉人爲高行也大功以下大夫士服同○苫始占反枕之鴆反下同縷力住反齊音咨下齊衰皆同

大夫之適子服大夫之服。

仕至大夫，賢著而德成，適子得服其服，亦尊其適象賢。

大夫之庶子為大夫，則為其父母服大夫服。其位與未為大夫者齒。

雖庶子得服其服，尚德也。使齒於士，不可不宗適。○為，去聲。

士之子為大夫，則其父母弗能主也，使其子主之。無子則為之置後。

大夫之子得用大夫之禮，而士不得也。置猶立也。

大夫卜宅與葬日，有司麻衣、布衰、布帶，因喪屨，緇布冠不蕤。占者皮弁。

有司，卜人也。麻衣，白布深衣而著衰焉，及布帶、緇布冠，此服非純吉，亦非純凶也。皮弁則純吉之尤者也。占者尊於有司。卜求吉，其服彌吉。大夫士朔服皮弁。

如筮，則史練冠長衣以筮，占者朝服。

筮者，筮宅也，謂下大夫若士也。筮史，筮人也。長衣，深衣之純以素也。長衣練冠，純凶服也。朝服，純吉服也。大夫士日朝服以朝也。○純，音準。

大夫之喪，既薦馬，薦馬者哭踊，出，乃包奠而讀書。

嫌與士異，記之也。既夕禮曰：包牲取下體。又曰：主人之史請讀賵。○薦，音薦。

大夫之喪，大宗人相，小宗人命龜，卜人作龜。

卜葬及日也。相，相主人禮也。命龜，告以所問事也。作龜，謂揚火灼之以出兆。

內子以鞠衣、褒衣、素沙。下大夫以襢衣，其餘如士。

此復所用衣也，當在夫人狄稅素沙下，爛脫失處在此上耳。內子，卿之適妻也。春秋傳曰：晉趙姬請逆叔隗於狄，趙衰以為內子而已下之，是也。下大夫，謂下大夫之妻。襢，周禮作展。王后之服六，唯上公夫人亦有褘衣，侯伯夫人自揄狄而下，子男夫人自闕狄而下，卿妻自鞠衣而下，大夫妻自展衣而下，士妻稅衣而已。素沙，若今紗縠之帛也。六服皆袍制，不禪，以素紗裹之，如今袿袍襈重繒矣。褒衣者，始為命婦見加賜之衣也。其餘如士之妻，則亦用稅衣。○襢，張戰反。揄，音遙。縠，戶木反。禪，音丹。袿，音圭。繒，茨陵反。

復諸侯以褒衣、冕服、爵弁服。

復，招魂復魄也。冕服者，上公五，侯伯四，子男三。褒衣，亦始命為諸侯及朝覲見加賜之衣也。褒猶進也。

夫人稅衣、揄狄，狄稅素沙。

言其招魂用稅衣上至揄狄也。狄、稅素沙，言皆以白紗縠為裏。

復西上。

北面而西上，陽長左也。復者多少，各如其命之數。

大夫不揄絞，屬於池下。

謂池飾也。揄，揄翟也。采青黃之間曰絞。屬猶繫也。人君之柳，其池繫絞繒於下，而畫翟雉焉，名曰振容。又有銅魚在其間。大夫去振容，士去魚。此無人君及士，亦爛脫。○屬，音燭。

大夫附於士，士不附於大夫，附於大夫之昆弟，無昆弟則從其昭穆。雖王父母在亦然。

附讀皆為祔。大夫祔於士，不敢以已尊自殊於其祖也。士不祔於大夫，自卑別於尊者也。大夫之昆弟，謂為士者也。從其昭穆

中一以上祖又祖而已祔者祔於先死者

婦附於其夫之所附之妃。無妃則亦從其昭穆之妃。妾附於妾祖姑。無妾祖姑。則亦從其昭穆之妾。

夫所附之妃。於婦則祖姑。

男子附於王父則配。女子附於王母則不配。

配謂并祭王母。不配則不祭王父也。有事於尊者可以及卑。有事於卑者不敢援尊。配與不配。祭饌如一。祝辭異。不言以某妃配某氏耳。女子。謂未嫁者也。嫁未三月而死。猶歸葬於女氏之黨。○援音袁。

公子附於公子。

不敢戚君。

君薨。大子號稱子。待猶君也。

謂未踰年也。雖稱子。與諸侯朝會如君矣。春秋魯僖公九年夏。蔡丘之會。宋襄公稱子。而與諸侯序。待或爲侍。

有三年之練冠。則以大功之麻易之。唯杖屨不易。

謂既練而遭大功之喪者也。練除首絰。要絰葛。又不如大功之麻重也。言練冠易麻。互言之也。唯杖屨不易。言其餘皆易也。屨不易者。練與大功俱用繩耳。○要一遙反

有父母之喪。尚功衰。而附兄弟之殤。則練冠附於殤。稱陽童某甫。不名。神也。

此兄弟之殤。謂大功親以下之殤也。斬衰齊衰之喪練。皆受以大功之衰。此謂之功衰。以是時而祔大功親以下之殤。大功親以下之殤輕。不易服。冠而兄爲殤。謂同年者也。兄十九而死。已明年因喪而冠。陽童。謂庶殤也。宗子則曰陰童。童。未成人之稱也。某甫且字也。尊神不名。爲之造字。

凡異居。始聞兄弟之喪。唯以哭對可也。

惻怛之痛。不以辭言爲禮也。

其始麻。散帶絰。

與居家同也。凡喪小斂而麻。

未服麻而奔喪。及主人之未成絰也。疏者與主人皆成之。親者終其麻帶絰之日數。

疏者。謂小功以下也。親者。大功以上也。疏者及主人之節則用之。其不及。亦自用其日數。

主妾之喪。則自祔至於練祥。皆使其子主之。其殯祭不於正室。

祔自爲之者。以其祭於祖廟。

君不撫僕妾。

略於賤也。

女君死。則妾爲女君之黨服。攝女君。則不爲先女君之黨服。

妾於女君之親。若其親然。○爲。于僞反

聞兄弟之喪大功以上。見喪者之鄉而哭。

奔喪節也。

適兄弟之送葬者。弗及遇主人於道。則遂之於墓。

言骨肉之親。不待主人也。

凡主兄弟之喪雖疏亦虞之。喪事虞祔乃畢、

凡喪服未畢有弔者則爲位而哭拜踊。客始來主人不可以殺禮待之○殺色界反

大夫之哭大夫弁絰大夫與殯亦弁絰。弁絰者大夫錫衰相弔之服也、如爵弁而素加環絰曰弁絰、

大夫有私喪之葛則於其兄弟之輕喪則弁絰。私喪妻子之喪也輕喪緦麻也大夫降爲弔服而往不以私喪之末臨兄弟、

爲長子杖則其子不以杖卽位。辟尊者、

禮記　卷二十　雜記上　八　永懷堂

爲妻父母在不杖不稽顙。尊者在不敢盡禮於私喪也、

母在不稽顙稽顙者其贈也拜。言獨母在於贈拜得稽顙、則父在贈拜不得稽顙、

違諸侯之大夫不反服違大夫之諸侯不反服。其君尊卑異也違猶去也去諸侯仕諸侯去大夫仕大夫乃得爲舊君服、

喪冠條屬以別吉凶三年之練冠亦條屬右縫。別吉凶者吉冠不條屬也條屬者通屈一條繩若布爲武垂下爲纓屬之冠象大古喪事略也吉冠則纓武異材焉右縫者右辟而縫之○辟必亦反下同

小功以下左。右辟象吉輕也、

緦冠繰纓。繰當爲澡麻帶絰之澡聲之誤也謂有事其布以爲纓、

大功以上散帶。小功緦輕、初而絞之、

朝服十五升去其半而緦加灰錫也。緦精麤與朝服同去其半則六百縷而疏也又無事其布不灰焉、

禮記　卷二十　雜記上　九　永懷堂

諸侯相襚以後路與冕服先路與褒衣不以襚。不以已之正者施於人以彼不以爲正也後路貳車貳車行在後也、

遣車視牢具。言車多少各如所包遣奠牲體之數也然則遣車載所包遣奠而藏之者與遣奠天子大牢包九个諸侯亦大牢包七个大夫亦大牢包五个士少牢包三个大夫以上乃有遣車

疏布輤四面有章置于四隅。輤其蓋也四面皆有章蔽以隱翳牢肉四隅椁中之四隅○翳於計反

載粻有子曰非禮也。粻米糧也○粻帳良反

喪奠脯醢而已。言死者不食糧也遣奠本無黍稷○醢音海

祭稱孝子孝孫喪稱哀子哀孫。各以其義稱

端衰喪車皆無等。喪車惡車也喪者衣衰及所乘之車貴賤同孝子於親一也衣衰言端者玄端吉時常服喪之衣衰當如之

大白冠緇布之冠皆不蕤委武玄縞而后蕤。不蕤質無飾也大白冠大古之布冠也春秋傳曰衛文公大布之衣大白之冠委武冠卷也秦人曰委齊人曰武玄玄冠也縞縞冠也○卷苦圓反

大夫冕而祭於公弁而祭於已士弁而祭於公冠而祭於已。弁爵弁也冠玄冠也祭於公助君祭也大夫爵弁而祭於已唯孤爾

士弁而親迎然則士弁而祭於已可也。緣類欲許之也親迎雖亦已之事攝盛服爾非常也

暢臼以椈杵以梧。所以擣鬱也椈柏也○擣丁老反

枇以桑長三尺或曰五尺。枇所以載牲體者此謂喪祭也吉祭枇用棘○枇音匕本亦作朼

畢用桑長三尺刋其柄與末。畢所以助主人載者刋猶削也○刋苦干反

率帶諸侯大夫皆五采士二采。此謂襲尸之大帶率繂也繂之不加箴功大夫以上更飾以五采士以朱綠襲事成於帶變之所以異於生○率音律

醴者稻醴也甕甒筲衡實見間而后折入。此謂葬時藏物也衡當為桁所以庪甕甒之屬聲之誤也實見間藏於見外椁內也折承席也○甒音武桁戶剛反庪九委反又九僞反庪同

重既虞而埋之。就所倚處埋之○重直龍反

凡婦人從其夫之爵位。婦人無專制主禮死事以夫為尊卑

大斂小斂啓皆辯拜。嫌當事來者終不拜故明之也此既事皆拜○辯音遍

朝夕哭不帷。緣孝子心欲見殯肂也既出則施其屋鬼神尚幽闇也○肂以二反埋棺之坎屋字林戶臘反

無柩者不帷。謂既葬也棺柩已去鬼神在室堂無事焉遂去帷

君若載而后弔之則主人東面而拜門右北面而踊出待反而后奠。

主人拜踊於賓位，不敢迫君也。君卽位車東，出待，不必君留也。君反之，使奠。

子羔之襲也，繭衣裳與稅衣纁袡爲一，素端一，皮弁一，爵弁一，玄冕一。曾子曰：不襲婦服。

繭衣裳者，若今大褐也。纊爲繭，緼爲袍，表之以稅衣，乃爲一稱爾。稅衣，若玄端而連衣裳者也。大夫而以纁爲之緣，非也。唯婦人纁袡。禮以冠名服，此襲其服，非襲其冠。曾子譏襲婦服而已。玄冕又大夫服，未聞子羔曷爲襲之。玄冕或謂爲玄冠，或爲玄端。○袡而占反，褐音蠋，纊音曠。

爲君使而死，公館復，私館不復。公館者，公宮與公所爲也。私館者，自卿大夫以下之家也。

公所爲，君所作離宮別館也。

公七踊，大夫五踊，婦人居間。士三踊，婦人皆居間。

公，君也。始死及小斂、大斂而踊。君大夫士一也，則皆三踊矣。君五日而殯，大夫三日而殯，士二日而殯，士小斂之朝不踊，君大夫大斂之朝乃不踊。婦人居間者，踊必拾，主人踊，婦人踊，賓乃踊。

公襲：卷衣一，玄端一，朝服一，素積一，纁裳一，爵弁二，玄冕一，褒衣一。朱綠帶，申加大帶於上。

朱綠帶者，襲衣之帶，飾之雜以朱綠，異於生也。此帶亦以素爲之。申，重也。重於革帶也。革帶以佩韍，必言重加大帶者，明雖有變，必備此二帶也。士襲三稱，子羔襲五稱，今公襲九稱，則尊卑襲數不同矣。諸侯七稱，天子十二稱與。○卷音袞，韍音弗。

小斂環絰，公大夫士一也。

環絰者，一股，所謂纏絰也。士素委貌，大夫以上素爵弁，而加此絰焉，散帶。

公視大斂，公升，商祝鋪席，乃斂。

喪大記曰：大夫之喪，將大斂，既鋪絞紟衾，乃鋪席，則君至爲之改始新之也。

魯人之贈也，三玄二纁，廣尺，長終幅。

言失之也。士喪禮下篇曰：贈用制幣玄纁束帛。

弔者卽位于門西，東面。其介在其東南，北面，西上，西於門。

賓立門外，不當門。

主孤西面。

立於阼階下。

相者受命曰：孤某使某請事。客曰：寡君使某，如何不淑。

受命，受主人命以出也。不言擯者，喪無接賓也。淑，善也。如何不善，言君痛之甚。使某弔。

相者入告，出曰：孤某須矣。

稱其君名者，君薨稱子某。使人知適嗣也。須矣，不出迎也。○適丁歷反。

弔者入，主人升堂西面，弔者升自西階，東面致命曰：寡君聞君之喪，寡君使某，如何不淑。子拜稽顙，弔者降，反位。

子，孤子也。降反位者，出反門外位，無出字，脫。

含者執璧將命曰：寡君使某含。相者入告，出曰：孤某須矣。

含玉爲璧制，其分寸大小未聞。

含者入，升堂致命，子拜稽顙。含者坐委于殯東南，有葦席；既葬，蒲

席降出反位。言降出反位則是介也春秋有既葬歸含賵襚無譏焉皆受之於殯宮

宰夫朝服即喪屨升自西階西面坐取璧降自西階以東。朝服告鄰國之禮也即就也以東藏於內也

襚者曰寡君使某襚相者入告出曰孤某須矣襚者執冕服左執領右執要入升堂致命曰寡君使某襚子拜稽顙委衣于殯東。亦於席上所委璧之北順其上下

襚者降受爵弁服於門內霤將命子拜稽顙如初受皮弁服於中庭自西階受朝服自堂受玄端將命子拜稽顙皆如初襚者降出

反位。授襚者以服者賈人○霤力救反賈音嫁

宰夫五人舉以東降自西階其舉亦西面亦西面者亦襚者委衣時

上介賵執圭將命曰寡君使某賵相者入告反命曰孤某須矣陳乘黃大路於中庭北輈執圭將命客使自下由路西子拜稽顙坐委于殯東南隅宰舉以東。輈轅也自率也下謂馬也馬在路之下覲禮曰路下四亞之客給使者入設乘黃於大路之西客入則致命矣使或爲史○輈竹由反

凡將命鄉殯將命子拜稽顙西面而坐委之宰舉璧與圭宰夫舉襚升自西階西面坐取之降自西階。凡者說不見者也鄉殯將命則將命時立於殯之西南宰夫宰之佐也此言宰舉璧與圭則上宰夫朝服衍夫字

賵者出反位于門外。乃著言門外明禮畢將更有事

上客臨曰寡君有宗廟之事不得承事使一介老某相執綍。上客弔者也臨視也言欲入視喪所不足而給助之謙也其實爲哭耳○相息亮反綍音弗

相者反命曰孤某須矣臨者入門右介者皆從之立于其左東上。入門右不自同於賓客

宗人納賓升受命于君降曰孤敢辭吾子之辱請吾子之復位客對曰寡君命某毋敢視賓客敢辭宗人反命曰孤敢固辭吾子之辱請吾子之復位客對曰寡君命某毋敢視賓客敢固辭宗人反命曰孤敢固辭吾子之辱請吾子之復位客對曰寡君命使臣某毋敢視賓客是以敢固辭固辭不獲命敢不敬從。賓三辭而稱使臣爲恭也爲恭者將從其命

客立于門西介立于門左東上孤降自阼階拜之升哭與客拾踊三。拜客謝其厚意

客出。送于門外。拜稽顙。

不迎而送。喪無接賓之禮。

其國有君喪不敢受弔。

辟其痛傷己之親如君。○辟音避下同

外宗房中南面。小臣鋪席。商祝鋪絞紟衾。士盥于盤北。舉遷尸于斂上。卒斂宰告。子馮之踊。夫人東面坐馮之興踊。

此喪大記脫字重著於是。○馮皮冰反

士喪有與天子同者三。其終夜燎。及乘人專道而行。

乘人謂使人執引也。專道人辟之。○燎力召反

禮記卷二十終

禮記卷二十一

漢大司農北海鄭　玄註
皇明　後學東吳金　蟠訂

雜記下第二十一

有父之喪。如未沒喪而母死。其除父之喪也。服其除服。卒事反喪服。

沒猶竟也。除服謂祥祭之服也。卒事既祭反喪服。服後死者之服。

雖諸父昆弟之喪。如當父母之喪。其除諸父昆弟之喪也。皆服其除喪之服。卒事反喪服。

雖有親之大喪。猶爲輕服者除。骨肉之恩也。唯君之喪不除私服。言當者期大功之喪。或終始皆在三年之中。小功緦麻則不除。殤長中乃除。

如三年之喪。則既顙其練祥皆行。

言今之喪既服顙。乃爲前三年者變除而練祥祭也。此主謂先有父母之服。今又喪長子者。其先有長子之服。今又喪父母。其禮亦然。然則言未沒喪者。已練祥矣。顙草名。無葛之鄉。去麻則用顙。○顙口迥反

王父死。未練祥而孫又死。猶是附於王父也。

未練祥。嫌未祫祭序於昭穆爾。王父既附。則孫可附焉。猶當爲由。由用也。附皆當作祔。

有殯。聞外喪。哭之他室。

明所哭者異也。哭之爲位。

入奠卒奠出改服即位如始即位之禮。

謂後日之哭朝入奠於其殯既乃更即位就他室如始哭之時

大夫士將與祭於公既視濯而父母死則猶是與祭也次於異宮既祭釋服出公門外哭而歸其它如奔喪之禮如未視濯則使人告告者反而後哭

宿亦當為由次於異宮不可以吉與凶同處也使者反而后哭不敢專已於君命也○與音預下同使色吏反

如諸父昆弟姑姊妹之喪則既宿則與祭卒事出公門釋服而后歸其它如奔喪之禮如同宮則次于異宮

宿則與祭出門乃解祭服皆為差緩也

曾子問曰卿大夫將為尸於公受宿矣而有齊衰內喪則如之何孔子曰出舍乎公宮以待事禮也

尸重受宿則不得哭內喪同宮也

孔子曰尸弁冕而出卿大夫士皆下之尸必式必有前驅

冕兼言弁者君之尸或服士大夫之服也諸臣見尸而下車敬也尸式以禮

父母之喪將祭而昆弟死既殯而祭如同宮則雖臣妾葬而后祭祭主人之升降散等執事者亦散等雖虞附亦然

將祭謂練祥也言若同宮則是昆弟異宮也古者昆弟異居同財有東宮有西宮有南宮有北宮有父母之喪當在殯宮而在異宮者疾病或歸者主人適子散等聚階為新喪略威儀

自諸侯達諸士小祥之祭主人之酢也嚌之衆賓兄弟則皆啐之大祥主人啐之衆賓兄弟皆飲之可也

嚌啐皆嘗也嚌至齒啐入口○嚌才細反啐七內反

凡侍祭喪者告賓祭薦而不食

薦脯醢也吉祭告賓祭薦賓既祭而食之喪祭賓不食

子貢問喪子曰敬為上哀次之瘠為下顏色稱其情戚容稱其服

問喪問居父母之喪也喪尚哀言敬為上者疾時尚不能敬也容威儀也孝經曰容止可觀

請問兄弟之喪子曰兄弟之喪則存乎書策矣

言疏者如禮行之未有加也齊斬之喪哀容之體經不能載矣

君子不奪人之喪

重喪禮也

亦不可奪喪也

不可以輕之於已也

孔子曰少連大連善居喪三日不怠三月不解期悲哀三年憂東夷之子也

言其生於夷狄而知禮也怠惰也解倦也○解佳買反期音碁

三年之喪言而不語對而不問廬堊室之中不與人坐焉在堊室之中非時見乎母也不入門

言言已事也爲人說爲語在堊室之中以時事見乎母乃後入門則居廬時不入門○堊烏各反字亦作惡同

疏衰皆居堊室不廬廬嚴者也

言廬哀敬之處非有其實則不居

妻視叔父母姑姊妹視兄弟長中下殤視成人

視猶比也所比者哀容居處也

親喪外除

日月已竟而哀未忘

兄弟之喪內除

日月未竟而哀已殺○殺色界反

視君之母與君之妻比之兄弟發諸顏色者亦不飲食也

言小君服輕亦內除也發於顏色謂醲美酒食使人醉飽○醲女龍反

免喪之外行於道路見似目瞿聞名心瞿弔死而問疾顏色戚容必有以異於人也如此而后可以服三年之喪其餘則直道而行之是也

惻隱之心能如是則其餘齊衰以下直道而行盡自得也似謂容貌似其父母也名與親同

祥主人之除也於夕爲期朝服祥因其故服

爲期爲祭期也朝服以期至明日而祥祭亦朝服始卽吉正祭服也喪服小記曰除成喪者其祭也朝服縞冠是也祭猶縞冠未純吉也既祭乃服大祥素縞麻衣釋禫之禮云玄衣黃裳則是禫祭玄冠矣黃裳者未大吉也既祭乃服禫服朝服綅冠踰月吉祭乃玄冠朝服既祭玄端而居復平常也○綅息廉反黑經白緯曰綅

子游曰既祥雖不當縞者必縞然後反服

謂有以喪事贈賵來者雖不及時猶變服服祥祭之服以受之重其禮也其於此時始弔者則衛將軍文子之爲之是矣反服反素縞麻衣也

當袒大夫至雖當踊絕踊而拜之反改成踊乃襲

尊大夫來至則拜之不待事已也更成踊者新其事也

於士既事成踊襲而后拜之不改成踊

於士士至也事謂大小斂之屬

上大夫之虞也少牢卒哭成事附皆大牢下大夫之虞也犆牲卒

哭成事附皆少牢

卒哭成事附言皆則卒哭成事附與虞異矣下大夫虞以犆牲與士虞禮同與

祝稱卜葬虞子孫曰哀夫曰乃兄弟曰某卜葬其兄弟曰伯子某

祝稱卜葬虞者卜葬卜虞祝稱主人之辭也孫謂爲祖後者稱曰哀孫某卜葬其祖某甫夫曰乃某卜葬其妻某氏兄弟相爲卜稱名而已

古者貴賤皆杖叔孫武叔朝見輪人以其杖關轂而輠輪者於是有爵而后杖也

記庶人失禮所由始也叔孫武叔魯大夫叔孫州仇也輪人作車輪之官○輠胡罪反

鑿巾以飯公羊賈爲之也

記士失禮所由始也士親飯必發其巾大夫以上賓爲飯焉則有鑿巾

冒者何也。所以揜形也。自襲以至小斂。不設冒則形。是以襲而后設冒也。

言設冒者爲其形人將惡之也襲而設冒言后衍字耳○惡烏路反

或問於曾子曰。夫既遣而包其餘。猶既食而裹其餘與。君子既食則裹其餘乎。

言遣既奠而又包之是與食於人已而裹其餘將去何異與君子寧爲是乎言傷廉也

曾子曰。吾子不見大饗乎。夫大饗既饗。卷三牲之俎歸于賓館。父母而賓客之。所以爲哀也。子不見大饗乎。

既饗歸賓俎所以厚之也言父母家之主今賓客之是孝子哀親之去也

非爲人喪問與賜與

此上滅脫未聞其首云何是言非爲人喪而問之與人喪而賜之與問遺也久無事曰問○爲于僞反注及下注同

三年之喪以其喪拜。非三年之喪以吉拜。

謂受問受賜者也稽顙而後拜曰喪拜拜而後稽顙曰吉拜

三年之喪如或遺之酒肉。則受之必三辭。主人衰絰而受之。

受之必正服明不苟於滋味

如君命則不敢辭。受而薦之。

薦於廟貴君之禮

喪者不遺人。人遺之雖酒肉受也。從父昆弟以下。既卒哭遺人可也。

言齊斬之喪重志不在施惠於人

縣子曰。三年之喪如斬。期之喪如剡。

言其痛之惻怛有淺深也○縣音玄剡以漸反

期之喪十一月而練。十三月而祥。十五月而禫。

此謂父在爲母也當在練則弔上爛脫在此

三年之喪雖功衰不弔。自諸侯達諸士。如有服而將往哭之。則服其服而往。

功衰既練之服也諸侯服新死者之服而往哭謂所不臣也

練則弔。

父在爲母功衰可以弔人者以父在故輕於出也然則凡齊衰十一月皆可以出矣

既葬大功弔。哭而退。不聽事焉。

聽猶待也事謂襲斂執綍之屬

期之喪未葬。弔於鄉人。哭而退。不聽事焉。功衰弔。待事不執事。

謂爲姑姊妹無主殯不在已族者

小功緦執事不與於禮。

禮饋奠也○與音預

相趨也。出宮而退。相揖也。哀次而退。相問也。既封而退。相見也。反哭而退。朋友。虞附而退。

此弔者恩薄厚去遲速之節也。相趨謂相聞姓名來會喪事也。相揖嘗會於他也。相問嘗相會遺也。相見嘗執摯相見也。附皆當爲祔。○摯音至

弔非從主人也。四十者執綍。

言弔者必助主人之事。從猶隨也。成人二十以上至四十丁壯時。

鄉人五十者從反哭。四十者待盈坎。

非鄉人則長少皆反。優遠也。坎或爲壙。

喪食雖惡必充飢。飢而廢事。非禮也。飽而忘哀。亦非禮也。視不明。聽不聰。行不正。不知哀。君子病之。故有疾飲酒食肉。五十不致毀。

六十不毀。七十飲酒食肉。皆爲疑死。

病猶憂也。疑猶恐也。○爲于僞反。下注同

有服。人召之食。不往。大功以下既葬。適人。人食之。其黨也食之。非其黨弗食也。

往而見食則可食也。爲食而往則不可。黨猶親也。非親而食。則是食於人無數也。

功衰食菜果。飲水漿。無鹽酪。不能食食。鹽酪可也。

功衰齊斬之末也。酪酢截。○酪音洛。食食上如字。下音嗣。截才代反

孔子曰。身有瘍則浴。首有創則沐。病則飲酒食肉。毀瘠爲病。君子弗爲也。毀而死。君子謂之無子。

毀而死。是不重親。○瘍音羊。創初良反

非從柩與反哭。無免於堩。

言喪服出入非此二事。皆冠也。免所以代冠。人於道路不可以無飾。堩。道路。○免音問。堩古鄧反

凡喪小功以上。非虞附練祥。無沐浴。

言不有飾事。則不沐浴。

疏衰之喪。既葬。人請見之則見。不請見人。小功請見人可也。大功不以執摯。唯父母之喪。不辟涕泣而見人。

言重喪不行求見人爾。人來求見己亦可以見之矣。不辟涕泣。言至哀無飾也。○辟音避

三年之喪。祥而從政。期之喪。卒哭而從政。九月之喪。既葬而從政。小功緦之喪。既殯而從政。

以王制言之。此謂庶人也。從政從爲政者教令。謂給繇役。

曾申問於曾子曰。哭父母有常聲乎。曰。中路嬰兒失其母焉。何常聲之有。

嬰猶鷖彌也。言其若小兒亡母啼號。安得常聲乎。所謂哭不偯。○鷖於奚反。號胡刀反。偯於豈反

卒哭而諱。

自此而鬼神事之。尊而諱其名。

王父母兄弟。世父叔父。姑姊妹。子與父同諱。

父爲其親諱則子不敢不從諱也謂王父母以下之親諱是謂士也天子諸侯諱羣祖、

母之諱宮中諱妻之諱不舉諸其側與從祖昆弟同名則諱。

母之所爲其親諱子孫於宮中不言妻之所爲其親諱夫於其側亦不言也孝子聞名心瞿凡不言人諱者亦爲其相感動也子與父同諱則子可盡曾祖之親也從祖昆弟在其中於父輕不爲諱與母妻之親同名重則諱之、

以喪冠者雖三年之喪可也既冠於次入哭踊三者三乃出。

言雖者明齊衰以下皆可以喪冠也姑遭喪以其冠月則喪服因冠矣非其冠月待變除卒哭而冠次廬也雖或爲唯、

大功之末可以冠子可以嫁子父小功之末可以冠子可以嫁子可以取婦已雖小功既卒哭可以冠取妻下殤之小功則不可。

此皆謂可用吉禮之時父大功卒哭而可以冠子嫁子小功卒哭而可以取婦已大功卒哭而可以冠子小功卒哭而可以取

妻必偕祭乃行也下殤小功齊衰之親除喪而後可爲昏禮凡冠者其時當冠則因喪而冠之、

凡弁絰其衰侈袂。

侈猶大也弁絰服者弔服也其衰錫也緦也疑也袂之小者二尺二寸大者半而益之則侈袂三尺三寸、

父有服宮中子不與於樂母有服聲聞焉不舉樂妻有服不舉樂於其側。

宮中子與父同宮者也禮由命士以上父子異宮不與於樂謂出行見之不得觀也○與音預

大功將至辟琴瑟。

亦所以助哀也至來也○辟音避

小功至不絕樂。

姑姊妹其夫死而夫黨無兄弟使夫之族人主喪妻之黨雖親弗主。

此謂姑姊妹無子寡而死也夫黨無兄弟無緦之親也其主喪不使妻之親而使夫之族人婦人外成主必宜得夫之姓類、

夫若無族矣則前後家東西家無有則里尹主之。

喪無無主也里尹閭胥里宰之屬王度記曰百戶爲里里一尹其祿如庶人在官者里或爲士諸侯弔於異國之臣則其君爲主里尹主之亦斯義也、

或曰主之而附於夫之黨。

妻之黨自主之非也夫之黨其祖姑也、

麻者不紳執玉不麻麻不加於采。

言吉凶不相干也麻謂絰也紳大帶也喪以要絰代大帶也麻不加於采采者不麻謂弁絰者必服弔服是也采玄纁之衣、

國禁哭則止朝夕之奠即位自因也。

禁哭謂大祭祀時雖不哭猶朝夕奠自因自用故事、

童子哭不偯不踊不杖不菲不廬。

未成人者不能備禮也當室則杖、

孔子曰伯母叔母疏衰踊不絕地姑姊妹之大功踊絕於地如知此者由文矣哉由文矣哉。

由用也言知此踊絕地不絕地之情者能用禮文矣、能用禮文哉美之也伯母叔母義也姑姊妹骨肉也、

泄柳之母死相者由左泄柳死其徒由右相由右相泄柳之徒爲

之也。

亦記失禮所由始也、泄柳、魯穆公時賢人也、相、相主人之禮、

天子飯九貝。諸侯七。大夫五。士三。

此蓋夏時禮也、周禮天子飯含用玉、

士三月而葬。是月也卒哭。大夫三月而葬。五月而卒哭。諸侯五月而葬。七月而卒哭。士三虞。大夫五。諸侯七。

尊卑恩之差也、天子至士、葬卽反虞、

諸侯使人弔。其次含襚賵臨。皆同日而畢事者也。其次如此也。

言五者相次同時、

卿大夫疾。君問之無算。士壹問之。君於卿大夫。比葬不食肉。比卒哭不舉樂。爲士比殯不舉樂。

升正柩。諸侯執綍五百人。四綍皆銜枚。司馬執鐸。左八人。右八人。匠人執羽葆御柩。大夫之喪。其升正柩也。執引者三百人。執鐸者左右各四人。御柩以茅。

升正柩者、謂將葬朝于祖、正棺於廟也、五百人、謂一黨之民、諸侯之大夫、邑有三百戶之制、綍引同耳、廟中曰綍、在塗曰引、互言之、御柩者、居前道正之、大夫士皆二綍、○枚音梅

孔子曰。管仲鏤簋而朱紘。旅樹而反坫。山節而藻棁。賢大夫也。而難爲上也。

言其僭天子諸侯、鏤簋、刻爲蟲獸也、冠有笄者爲紘、紘在纓處兩端上屬下不結、旅樹、門屏也、反坫、反爵之坫也、山節、薄櫨刻之爲山、棁、侏儒柱、畫之爲藻文、○櫨音盧、侏音朱、

晏平仲祀其先人。豚肩不揜豆。賢大夫也。而難爲下也。

言其偪士庶人也、豚、俎實、豆徑尺、言併豚兩肩不能覆豆、喻小也、

君子上不僭上。下不偪下。○婦人非三年之喪。不踰封而弔。

踰封、越竟也、或爲越疆、○偪音逼

如三年之喪。則君夫人歸。

奔父母喪也、

夫人其歸也。以諸侯之弔禮。其待之也若待諸侯然。

謂夫人行道車服、主國致禮、

夫人至。入自闈門。升自側階。君在阼。其他如奔喪禮然。

女子子不自同於女賓也、宮中之門曰闈門、爲相通者也、側階、亦旁階也、他謂哭踊髽麻、闈門或爲帷門、

嫂不撫叔。叔不撫嫂。

遠別也、

君子有三患。未之聞。患弗得聞也。既聞之。患弗得學也。既學之。患弗能行也。君子有五恥。居其位。無其言。君子恥之。有其言。無其行。君子恥之。既得之而又失之。君子恥之。地有餘而民不足。君子恥之。衆寡均而倍焉。君子恥之。

恥民不足者、古者居民量地以制邑、度地以居民、地邑民居必參相得也、衆寡均、謂俱有役事、人數等也、倍焉、彼功倍已也、

孔子曰。凶年。則乘駑馬。祀以下牲。

自貶損、亦取易供也、駑馬、六種最下者、下牲、少牢若特豕特豚也、○駑音奴

恤由之喪。哀公使孺悲之孔子學士喪禮。士喪禮於是乎書。

時人轉而僭上、士之喪禮已廢矣、孔子以教孺悲、國人乃復書而存之、

子貢觀於蜡。孔子曰。賜也樂乎。對曰。一國之人皆若狂。賜未知其樂也。

蜡也者、索也、歲十二月、合聚萬物而索饗之祭也、國索鬼神而祭祀、則黨正以禮屬民而飲酒于序、以正齒位、於是時民無不醉者、如狂矣、曰未知其樂、怪之、

禮記　卷三十一　雜記下　十四　承懷堂

子曰。百日之蜡。一日之澤。非爾所知也。

蜡之祭、主先嗇也、大飲烝、勞農以休息之、言民皆勤稼穡、有百日之勞、喻久也、今一日使之飲酒燕樂、是君之恩澤、非女所知、言其義大、○女音汝

張而不弛。文武弗能也。弛而不張。文武弗爲也。一張一弛。文武之道也。

張弛、以弓弩喻人也、弓弩久張之、則絕其力、久弛之、則失其體、

孟獻子曰。正月日至。可以有事於上帝。七月日至。可以有事於祖。七月而禘。獻子爲之也。

記魯失禮所由也、孟獻子、魯大夫仲孫蔑也、魯以周公之故、得以正月日至之後郊天、亦以始祖后稷配之、獻子欲尊其祖、以

郊天之月、對月禘之、非也、魯之宗廟、猶以夏時之孟月爾、明堂位曰、季夏六月、以禘禮祀周公於太廟、

夫人之不命於天子。自魯昭公始也。

亦記魯失禮所由也、周之制、同姓百世昏姻不通、吳、大伯之後、魯同姓、昭公取於吳、謂之吳孟子、不告於天子、自此後取者遂不告於天子、天子亦不命之、

外宗爲君夫人。猶內宗也。

皆謂嫁於國中者也、爲君服斬、夫人齊衰、不敢以其親服服至尊也、外宗、謂姑姊妹之女、舅之女及從母、皆是也、內宗、五屬之女也、其無服而嫁於諸臣者、從爲夫之君、嫁於庶人、從爲國君、

廄焚。孔子拜鄉人爲火來者。

拜謝之、

禮記　卷三十一　雜記下　十五　承懷堂

拜之。士壹。大夫再。亦相弔之道也。

言拜之者、爲其來弔已、宗伯職曰、以弔禮哀禍災、

孔子曰。管仲遇盜。取二人焉。上以爲公臣。曰。其所與遊辟也。可人也。

言此人可也、但居惡人之中、使之犯法、○辟匹亦反

管仲死。桓公使爲之服。宦於大夫者之爲之服也。自管仲始也。有君命焉爾也。

亦記失禮所由也、善桓公不忘賢者之舉、宦、猶仕也、此仕於大夫、更升於公、與違大夫之諸侯同、爾禮不反服、

過而舉君之諱則起。

舉猶言也起立者失言而變自新

與君之諱同則稱字。

謂諸臣之名也

內亂不與焉外患弗辟也。

謂卿大夫也同僚將爲亂已力不能討不與而已至於鄰國爲寇則當死之也春秋魯公子友如陳葬原仲傳曰君子辟內難而不辟外難○與音預辟音避

贊大行曰圭公九寸侯伯七寸子男五寸博三寸厚半寸剡上左右各寸半玉也藻三采六等。

贊大行者書說大行人之禮者名也藻薦玉者也三采六等以朱白蒼畫之再行也子男執璧作此贊者失之矣

哀公問子羔曰子之食奚當。

問其先人始仕食祿以何君時

對曰文公之下執事也。

成廟則釁之其禮祝宗人宰夫雍人皆爵弁純衣。

廟新成必釁之尊而神之也宗人先請於君曰請命以釁某廟君諾之乃行

雍人拭羊宗人視之宰夫北面于碑南東上。

居上者宰夫也宰夫攝主也拭靜也○拭音式

雍人舉羊升屋自中中屋南面刲羊血流于前乃降門夾室皆用雞先門而後夾室其衈皆於屋下割雞門當門夾室中室。

自由也衈謂將刲割牲以釁先滅耳旁毛薦之耳聽聲者告神欲其聽之周禮有刉衈○刲苦圭反衈如志反刉古伐反

有司皆鄉室而立門則有司當門北面。

既事宗人告事畢乃皆退。

告者告宰夫有司宰夫祝宗人○鄉許亮反

反命于君曰釁某廟事畢反命于寢君南鄉于門內朝服既反命乃退。

君朝服者不至廟也

路寢成則考之而不釁釁屋者交神明之道也。

言路寢者生人所居不釁者不神之也考之者設盛食以落之爾檀弓曰晉獻文子成室諸大夫發焉是也

凡宗廟之器其名者成則釁之以豭豚。

宗廟名器謂尊彝之屬○豭音加

諸侯出夫人夫人比至于其國以夫人之禮行至以夫人入。

行道以夫人之禮者弃妻致命其家乃義絕不用此爲始

使者將命曰寡君不敏不能從而事社稷宗廟使使臣某敢告於執事主人對曰寡君固前辭不教矣寡君敢不敬須以俟命。

前辭不教謂納采時也此辭賓在門外擯者傳焉賓入致命如初主人卒辭曰敢不聽命

有司官陳器皿主人有司亦官受之。

器皿其本所齎物也律弃妻畀所齎。○皿武景反齎子兮反

妻出。夫使人致之曰。某不敏。不能從而共粢盛。使某也敢告於侍者。主人對曰。某之子不肖。不敢辟誅。敢不敬須以俟命。使者退。主人拜送之。

肖似也。不似言不如人誅、猶罰也。○共音恭辟音避

如舅在則稱舅。舅沒則稱兄。無兄則稱夫。

言弃妻者父兄在則稱之命當由尊者出也唯國君不稱兄、

主人之辭曰。某之子不肖。如姑姊妹亦皆稱之。

姑姊妹見弃亦曰某之姑某之姊若妹不肖、

孔子曰。吾食於少施氏而飽。少施氏食我以禮。

言貴其以禮待己而爲之飽也時人倨慢若季氏則不以禮矣少施氏魯惠公子施父之後○食我音嗣

吾祭。作而辭曰。疏食不足祭也。吾飧。作而辭曰。疏食也。不敢以傷吾子。

納幣一束。束五兩。兩五尋。

納幣謂昏禮納徵也十箇爲束貴成數兩兩者合其卷是謂五兩八尺曰尋五兩五尋則每卷二丈也合之則四十尺今謂之匹猶匹偶之云與、

婦見舅姑。兄弟姑姊妹皆立于堂下。西面北上。是見已。

婦來爲供養也其見主於尊者兄弟以下在位是爲已見不復特見、

見諸父。各就其寢。

旁尊也亦爲見時不來、

女雖未許嫁。年二十而笄。禮之。婦人執其禮。

雖未許嫁年二十亦爲成人矣禮之酌以成之言婦人執其禮明非許嫁之笄、

燕則鬈首。

既笄之後去之猶若女有鬌紒也。○鬈音權鬌丁果反紒音計

韠長三尺。下廣二尺。上廣一尺。會去上五寸。紕以爵韋六寸。不至下五寸。純以素。紃以五采。

會謂領上縫也領之所用蓋與紕同在旁曰紕在下曰純素生帛也紕六寸者中執之表裏各三寸也純紕所不至者五寸與會去上同紃施諸縫中若今時絛也。○韠音必紃音巡絛本又作條同吐刀反

禮記卷二十二

漢大司農北海鄭　玄註

皇明　後學東吳葛　鼒較

喪大記第二十二

疾病外內皆埽。為賓客將來問病也疾困曰病○埽悉報反

君大夫徹縣士去琴瑟。聲音動人病者欲靜也凡樂器天子宮縣諸侯軒縣大夫判縣士特縣去琴瑟者不命之士○縣音玄

寢東首於北牖下。

謂君來視之時也病者恒居北牖下或為北墉下○墉音容

廢牀徹褻衣加新衣體一人。廢去也人始生在地去牀庶其生氣反徹褻衣則所加者新朝服矣互言之也加朝服者明其終於正也體手足也四人持之為其不能自屈伸也

男女改服。為賓客來問病亦朝服也庶人深衣

屬纊以俟絕氣。纊今之新緜易動搖置口鼻之上以為候

男子不死於婦人之手婦人不死於男子之手。君子重終為其相褻

君夫人卒於路寢大夫世婦卒於適寢內子未命則死於下室遷尸于寢士之妻皆死于寢。言死者必皆於正處也寢室通耳其尊者所不燕焉君謂之路寢大夫謂之適寢士或謂之適室此變命婦言世婦者明尊卑同也世婦以君下寢之上為適寢內子卿之妻也下室其燕處也

復有林麓則虞人設階無林麓則狄人設階。復招寬復魄也階所乘以升屋者虞人主林麓之官也狄人樂吏之賤者階梯也簨虡之類○麓音鹿梯他兮反簨恤尹反虡音巨

小臣復復者朝服君以卷夫人以屈狄大夫以玄赬世婦以襢衣

士以爵弁士妻以稅衣皆升自東榮中屋履危北面三號捲衣投于前司服受之降自西北榮。小臣君之近臣也朝服而復所以事君之衣也用朝服而服之者敬也復用死者之祭服以其求於神也君以卷謂上公也夫人以屈狄互言耳上公以袞則夫人用褘衣而侯伯以鷩其夫人用揄狄子男以毳其夫人乃用屈狄矣赬赤也玄衣赤裳所謂卿大夫自玄冕而下之服也其世婦亦以襢衣榮屋翼升東榮者謂卿大夫士也天子諸侯言東霤危棟上也號若云皐某復也司服以篋待衣於堂前○卷本又作袞同古本反赬赤貞反襢知彥反鷩必列反揄音遙毳昌銳反霤力又反

其為賓則公館復私館不復其在野則升其乘車之左轂而復。私館卿大夫之家也不於之復為主人之惡○惡烏路反

復衣不以衣尸不以斂。

不以衣尸謂不以襲也復者庶其生也若以其衣襲斂是用生施死於義相反士喪禮云以衣衣尸浴而去之○衣尸於旣反

婦人復不以袡。

袡嫁時上服而非事鬼神之衣○袡而廉反

凡復男子稱名婦人稱字。

婦人不以名行

唯哭先復復而後行死事。

氣絕則哭哭而復復而不蘇可以爲死事

始卒主人啼兄弟哭婦人哭踊。

悲哀有深淺也若嬰兒中路失母能勿啼乎

旣正尸子坐于東方卿大夫父兄子姓立于東方有司庶士哭于堂下北面夫人坐于西方內命婦姑姊妹子姓立于西方外命婦率外宗哭于堂上北面。

正尸者謂遷尸牖下南首也子姓謂衆子孫也姓之言生也其男子立於主人後女子立於夫人後世婦爲內命婦卿大夫之妻爲外命婦外宗姑姊妹之女

大夫之喪主人坐于東方主婦坐于西方其有命夫命婦則坐無則皆立。

命夫命婦來哭者同宗父兄子姓姑姊妹子姓也凡此哭者尊者坐卑者立

士之喪主人父兄子姓皆坐于東方主婦姑姊妹子姓皆坐于西方。

士賤同宗尊卑皆坐

凡哭尸于室者主人二手承衾而哭。

承衾哭者哀慕若欲攀援

君之喪未小斂爲寄公國賓出大夫之喪未小斂爲君命出士之喪於大夫不當斂則出

父母始死悲哀非所尊不出也出者或至庭或至門國賓聘大夫不當斂其來非斂時○爲於僞反下皆同

凡主人之出也徒跣扱衽拊心降自西階君拜寄公國賓于位大夫於君命迎於寢門外使者升堂致命主人拜于下士於大夫親

弔則與之哭不逆于門外。

拜寄公國賓於位者於庭鄉其位而拜之此時寄公位在門西國賓位在門東皆北面小斂之後寄公東面國賓門西北面士於大夫親弔謂大夫身來弔士也與之哭旣拜之卽位西階東面哭大夫特來則北面○扱初洽反

夫人爲寄公夫人出命婦爲夫人之命出士妻不當斂則爲命婦出。

出拜之於堂上也此時寄公夫人命婦位在堂上北面小斂之後尸西東面

小斂主人卽位于戶內主婦東面乃斂卒斂主人馮之踊主婦亦如之主人袒說髦括髮以麻婦人髽帶麻于房中。

士旣殯說髦此云小斂蓋諸侯禮也士之旣殯諸侯之小斂於死者俱三日也婦人之髽帶麻於房中則西房也天子諸侯有

左右房。○馮本作憑後皆同說
本作稅同他活反髽側瓜反

徹帷。男女奉尸夷于堂。降拜。

夷之言尸也於遷尸主人主婦以下
從而奉之孝敬之心降拜拜賓也

君拜寄公國賓。大夫士拜卿大夫於位。於士旁三拜。夫人亦拜寄公夫人於堂上。大夫內子士妻特拜命婦。氾拜衆賓於堂上。

衆賓謂士妻也尊者皆特
拜拜士與其妻皆旅之

主人即位。襲帶絰踊。

即位阼階之下位也有
襲絰乃踊尊卑相變也

母之喪即位而免。

記異者禮斬衰括髮齊衰免以至成服而冠爲
母重初亦括髮旣小斂則免○免音問後放此

乃奠。

小斂
奠也

弔者襲裘加武帶絰。與主人拾踊。

始死弔者朝服裼裘如吉時也小斂則改襲而加武與帶絰矣
武吉冠之卷也加武者明不改冠亦不免也檀弓曰主人旣小
斂子游趨而出
襲裘帶絰而入

君喪虞人出木角。狄人出壺。雍人出鼎。司馬縣之。乃官代哭。

代更也未殯哭不絕聲爲其罷倦旣小斂可以爲漏刻分時而
更哭也木給爨竈角以爲㪺水斗壺漏水之器也冬漏以火爨
鼎沸而後沃之此挈壺氏所掌也屬司馬司馬涖縣其器
○縣音玄下注同更古行反下同罷音皮㪺音俱水斗也

大夫官代哭不縣壺。

下君
也

士代哭不以官。

即以親
疏哭也

君堂上二燭。下二燭。大夫堂上一燭。下二燭。士堂上一燭。下一燭。

燭所以照饌也
滅燎而設燭

賓出徹帷。

君與大夫之禮也士卒
斂即徹帷徹或爲廞

哭尸于堂上。主人在東方。由外來者在西方。諸婦南鄉。

由外來謂奔喪者也無
奔喪者婦人猶東面

婦人迎客送客不下堂。下堂不哭。男子出寢門外見人不哭。

婦人所有事自堂及房男子所有事自堂及門非
其事處而哭猶野哭也出門見人謂迎賓客者也

其無女主。則男主拜女賓于寢門內。其無男主。則女主拜男賓于阼階下。子幼。則以衰抱之。人爲之拜。爲後者不在。則有爵者辭。無爵者人爲之拜。在竟內則俟之。在竟外則殯葬可也。喪有無後。無無主。

拜者皆拜賓於位也爲後者有爵攝
主爲之辭於賓耳不敢當尊者禮也

君之喪三日子夫人杖。五日旣殯授大夫世婦杖。子大夫寢門之外杖。寢門之內輯之。夫人世婦在其次則杖。即位則使人執之。子有王命則去杖。國君之命則輯杖。聽卜有事於尸則去杖。大夫於君所則輯杖。於大夫所則杖。

三日者、死之後三日也。爲君杖不同日、人君禮大、可以見親疏也。輯、斂也。斂者、謂舉之不以拄地也。夫人世婦次於房中。即位、堂上。堂上近尸殯、使人執杖、不敢自持也。子於國君之命輯杖、下成君、不敢敵之也。卜、卜葬卜日也。凡喪祭虞而有尸、大夫於君所輯杖、謂與之俱即寢門外位也。獨焉則杖。君謂子也。於大夫所杖、俱爲君杖、不相下也。○拄、知主反

大夫之喪。三日之朝既殯。主人主婦室老皆杖。大夫有君命則去杖。大夫之命則輯杖。內子爲夫人之命去杖。爲世婦之命授人杖。

大夫有君命去杖、此指大夫之子也。而云大夫者、通實大夫有父母之喪也。授人杖、與使人執之同也。

士之喪。二日而殯。三日之朝。主人杖。婦人皆杖。於君命夫人之命如大夫。於大夫世婦之命如大夫。

士二日而殯者、下大夫也。士之禮死與往日、生與來日。此二日於死者亦得三日也。婦人皆杖、謂主婦容妾爲君女子子在室者。○爲、於僞反、下及註同、篇內可以意求

子皆杖。不以即位。

子、謂凡庶子也。不以即位、與去杖通。

大夫士哭殯則杖。哭柩則輯杖。

哭殯謂既塗也。哭柩謂啓後也。大夫士之子於父、父也。尊近、哭殯可以杖。天子諸侯之子於父、父也君也。尊遠、杖不入廟門。

棄杖者。斷而棄之於隱者。

杖以喪至尊、爲人得而褻之也

君設大盤造冰焉。大夫設夷盤造冰焉。士併瓦盤無冰。設牀襢笫。有枕。含一牀。襲一牀。遷尸于堂又一牀。皆有枕席。君大夫士一也。

此事皆沐浴之後、宜承濡濯棄於坎下、札爛脫在此耳。造猶內也。禮、笫、袒簀也。謂無席、如浴時牀也。禮自仲春之後、尸既襲、既小斂、先內冰盤中、乃設牀於其上、不施席而遷尸焉。秋涼而止。士不用冰、以瓦爲盤、併以盛水耳。漢禮大盤廣八尺、長丈二尺、深三尺、赤中。夷盤小焉。周禮天子夷盤、士喪禮君賜冰亦用夷盤、然則其制宜同之。○笫、側里反

始死。遷尸于牀。幠用斂衾。去死衣。小臣楔齒用角柶。綴足用燕几。君大夫士一也。

牀謂所設牀笫當牖者也。士喪禮曰、士死於適室、幠用斂衾。去死衣、病時所加新布及復衣也。去之以俟沐浴。○幠、荒胡反。楔、息結反。柶、音四。綴、丁劣反。適、丁歷反、篇內同

管人汲。不說繘。屈之。盡階不升堂。授御者。御者入浴。小臣四人抗衾。御者二人浴。浴水用盆。沃水用枓。浴用絺巾。挋用浴衣。如它日。小臣爪足。浴餘水棄于坎。其母之喪則內御者抗衾而浴。

抗衾者、蔽上重形也。挋、拭也。爪足、斷足爪也。○說、吐活反。繘、均必反。枓、音主、又音斗。挋、音震

管人汲。授御者。御者差沐于堂上。君沐粱。大夫沐稷。士沐粱。甸人爲垼于西牆下。陶人出重鬲。管人受沐。乃煮之。甸人取所徹廟之西北厞薪。用爨之。管人授御者沐。乃沐。沐用瓦盤。挋用巾。如他日。小臣爪手翦須。濡濯棄于坎。

差浙也浙飯米取其瀋以爲沐也浴沃用枓沐於盤中文相變也士喪禮沐稻此云士沐粱蓋天子之士也以差率而上之天子沐黍與○登音役率音律

君之喪子大夫公子衆士皆三日不食子大夫公子衆士食粥納財朝一溢米莫一溢米食之無筭士疏食水飲食之無筭夫人世婦諸妻皆疏食水飲食之無筭

納財謂食穀也二十兩曰溢於粟米之法一溢爲米一升二十四分升之一諸妻御妾也同言無筭則是皆一溢米或粥或飯

大夫之喪主人室老子姓皆食粥衆士疏食水飲妻妾疏食水飲

室老其貴臣也衆士所謂衆臣

士亦如之

既葬主人疏食水飲不食菜果婦人亦如之君大夫士一也

如其子食粥妻妾疏食水飲

練而食菜果祥而食肉

果瓜桃之屬

食粥於盛不盥食於篹者盥食菜以醯醬始食肉者先食乾肉始飲酒者先飲醴酒

盛謂今時杯杅也篹竹筥也歠者不盥手飯者盥篹或作簨○杅音于

期之喪三不食食疏食水飲不食菜果三月既葬食肉飲酒期終喪不食肉不飲酒父在爲母爲妻九月之喪食飲猶期之喪也食肉飲酒不與人樂之

食肉飲酒亦謂既葬

五月三月之喪壹不食再不食可也比葬食肉飲酒不與人樂之叔母世母故主宗子食肉飲酒

義服恩輕也故主謂舊君也言故主者關大夫及君也

不能食粥羹之以菜可也

謂性不能者可食飯菜羹

有疾食肉飲酒可也

爲其氣微

五十不成喪

成猶備也所不能備謂不致毁不散送之屬也

七十唯衰麻在身

言其餘居處飲食與吉時同也

既葬若君食之則食之大夫父之友食之則食之矣不辟粱肉若有酒醴則辭

尊者之前可以食美也變於顔色亦不可○食音嗣辟音避

小斂於戶內大斂於阼君以簟席大夫以蒲席士以葦席

簟細葦席也三者下皆有莞○簟徒點反

小斂布絞縮者一橫者三君錦衾大夫縞衾士緇衾皆一衣十有九稱君陳衣于序東大夫士陳衣于房中皆西領北上絞紟不在列

絞既斂所用束堅之者縮從也衣十有九稱法天地之終數也士喪禮小斂陳衣於房中南領西上與大夫異今此同亦蓋天子之士也絞紟不在列以其不成稱不連數也小斂無紟因絞不在列見之也或曰縮者二

大斂布絞縮者三橫者五布紟二衾君大夫士一也君陳衣于庭百稱北領西上大夫陳衣于序東五十稱西領南上士陳衣于序東三十稱西領南上絞紟如朝服絞一幅爲三不辟紟五幅無紞

二衾者或覆之或薦之如朝服者謂布精麤朝服十五升小斂之絞也廣終幅析其末以爲堅之强也大斂之絞一幅三析用

禮記　卷三　喪大記　十一　禾懷堂

之以爲堅之急也紞以組類爲之綴之領側若今被識矣生時襌被有識死者去之異於生也士喪禮大斂亦陳衣於房中南領西上與大夫異今此又同亦蓋天子之士紞或爲點

小斂之衣祭服不倒

尊祭服也斂者要方散衣有倒

君無襚大夫士畢主人之祭服親戚之衣受之不以即陳

無襚者不陳不以斂

小斂君大夫士皆用複衣複衾大斂君大夫士祭服無筭君褶衣褶衾大夫士猶小斂也

褶袷也君衣尚多去其著也○複音福褶音牒

袍必有表不禪衣必有裳謂之一稱

袍褻衣必有以表之乃成稱也雜記曰子羔之襲繭衣裳與稅衣纁衻爲一是也論語曰當暑袗絺綌必表而出之亦爲其褻也○袗而廉反

凡陳衣者實之篋取衣者亦以篋升降者自西階

取猶受也

凡陳衣不詘非列采不入絺綌紵不入

不屈謂舒而不卷也列采謂正服之色也絺綌紵者當暑之褻衣也襲尸重形冬夏用袍及斂則用正服

凡斂者袒遷尸者襲

袒者於事便也

禮記　卷三　喪大記　十二　禾懷堂

君之喪大胥是斂衆胥佐之大夫之喪大胥侍之衆胥是斂士之喪胥爲侍士是斂

胥樂官也不掌喪事胥當爲祝字之誤也侍猶臨也大祝之職大喪贊斂喪祝卿大夫之喪掌斂士喪禮商祝主斂

小斂大斂祭服不倒皆左衽結絞不紐

左衽衽鄉左反生時也○紐女九反

斂者既斂必哭士與其執事則斂斂焉則爲之壹不食凡斂者六人

斂者必使所與執事者不欲妄人褻之執或爲槸

君錦冒黼殺綴旁七大夫玄冒黼殺綴旁五士緇冒赬殺綴旁三

凡冒質長與手齊殺三尺自小斂以往用夷衾夷衾質殺之裁猶冒也。冒者既襲所以韜尸重形也殺冒之下帬韜足上行者也小斂又覆以夷衾裁猶制也字或為才○殺色戒反

君將大斂子弁絰即位于序端卿大夫即位于堂廉楹西北面東上父兄堂下北面夫人命婦尸西東面外宗房中南面小臣鋪席商祝鋪絞紟衾衣士盥于盤上士舉遷尸于斂上卒斂宰告子馮之踊夫人東面亦如之。子弁絰者未成服弁如爵弁而素大夫之喪子亦弁絰

大夫之喪將大斂既鋪絞紟衾衣君至主人迎先入門右巫止于

門外君釋菜祝先入升堂君即位于序端卿大夫即位于堂廉楹西北面東上主人房外南面主婦尸西東面遷尸卒斂宰告主人降北面于堂下君撫之主人拜稽顙君降升主人馮之命主婦馮之。先入右者入門而右也巫止者君行必與巫巫主辟凶邪也釋菜禮門神也必禮門神者禮君非問疾弔喪不入諸臣之家也主人房外南面大夫之子尊得升視斂也

士之喪將大斂君不在其餘禮猶大夫也。其餘謂卿大夫及主婦之位

鋪絞紟踊鋪衾踊鋪衣踊遷尸踊斂衣踊斂衾踊斂絞紟踊。目孝子踊節

君撫大夫撫內命婦大夫撫室老撫姪娣。撫以手按之也內命婦君之世婦

君大夫馮父母妻長子不馮庶子士馮父母妻長子庶子庶子有子則父母不馮其尸凡馮尸者父母先妻子後。目於其親所馮也馮謂扶持服膺

君於臣撫之父母於子執之子於父母馮之婦於舅姑奉之舅姑於婦撫之妻於夫拘之夫於妻於昆弟執之。此恩之深淺尊卑之儀也馮之類必當心○奉芳勇反

馮尸不當君所。不敢與尊者所馮同處

凡馮尸興必踊。悲哀悲哀之至馮尸必坐

父母之喪居倚廬不塗寢苫枕由非喪事不言君為廬宮之大夫士襢之。宮謂圍障之也襢袒也謂不障○由苦內反襢章善反

既葬柱楣塗廬不於顯者君大夫士皆宮之。不於顯者不塗見面○楣音眉

凡非適子者自未葬以於隱者爲廬。

不欲人屬目蓋廬於東南角既葬猶然。

既葬與人立君言王事不言國事大夫士言公事不言家事。

此常禮也。

君既葬王政入於國既卒哭而服王事大夫士既葬公政入於家既卒哭弁絰帶金革之事無辟也。

此權禮也弁絰帶者變喪服而弔服輕可以卽事也○辟音避

既練居堊室不與人居君謀國政大夫士謀家事既祥黝堊祥而外無哭者禪而內無哭者樂作矣故也。

黝堊堊室之飾也地謂之黝牆謂之堊外無哭者於門外不哭也內無哭者入門不哭也禪踰月而可作樂作無哭者黝堊或爲要期禪或皆作道○堊烏各反禪大感反

禪而從御吉祭而復寢。

從御御婦人也復寢不復宿殯宮也。

期居廬終喪不御於內者父在爲母爲妻齊衰期者大功布衰九月者皆三月不御於內婦人不居廬不寢苫喪父母既練而歸期九月者既葬而歸。

歸謂歸夫家也。

公之喪大夫俟練士卒哭而歸。

此公公士大夫有地者也其大夫士歸者謂素在君所食都邑之臣。

大夫士父母之喪既練而歸朔月忌日則歸哭於宗室諸父兄弟之喪既卒哭而歸。

歸謂歸其宮也忌日死日也宗室宗子之家謂殯宮也禮命士以上父子異宮。

父不次於子兄不次於弟。

謂不就其殯宮爲次而居。

君於大夫世婦大斂焉爲之賜則小斂焉。

爲之賜謂有恩惠也。

於外命婦既加蓋而君至。

於臣之妻略也

於士既殯而往爲之賜大斂焉夫人於世婦大斂焉爲之賜小斂焉於諸妻爲之賜大斂焉於大夫外命婦既殯而往大夫士既殯而君往焉使人戒之主人具殷奠之禮俟于門外見馬首先入門右巫止于門外祝代之先君釋菜于門內祝先升自阼階負墉南面君卽位于阼小臣二人執戈立于前二人立于後。

殷猶大也朝夕小奠至月朔則大奠君將來則具大奠之禮以待之榮君之來也祝負墉南面直君北房戶東也小臣執戈先後君君升而夾階立大夫殯卽成服成服則君亦成服錫衰而往弔之。

擯者進。

當贊主人也始立門東北面

主人拜稽顙。君稱言。視祝而踊。主人踊。

稱言舉所以來之辭相視祝而踊祝相君之禮當節之也

大夫則奠可也。士則出俟于門外。命之反奠乃反奠。卒奠。主人先俟于門外。君退。主人送于門外。拜稽顙。

迎不拜拜送者拜迎則爲君之荅已

君於大夫疾。三問之。在殯。三往焉。士疾。壹問之。在殯。壹往焉。

所以致殷勤也

君弔。則復殯服。

復反也反其未殯未成服之服新君事也謂臣喪既殯後君乃始來弔也復或爲服

夫人弔于大夫士。主人出迎于門外。見馬首。先入門右。夫人入升堂即位。主婦降自西階。拜稽顙于下。夫人視世子而踊。奠如君至之禮。夫人退。主婦送于門內。拜稽顙。主人送于大門之外不拜。

視世子而踊世子從夫人夫人以爲節也世子之從夫人位如祝從君也

大夫君不迎于門外。入即位于堂下。主人北面。衆主人南面。婦人即位于房中。若有君命命夫命婦之命。四鄰賓客。其君後主人而拜。

入即位于下不升堂而立阼階之下西面下正君也衆主人南面於其北婦人即位于房中君雖不升堂猶辟之也後主人而拜者將拜賓使主人陪其後而君前拜不俱拜者主人無二也

君弔。見尸柩而后踊。

塗之後雖往不踊也踊或爲哭或爲浴

大夫士若君不戒而往。不具殷奠。君退必奠。

榮君之來

君大棺八寸。屬六寸。椑四寸。上大夫大棺八寸。屬六寸。下大夫大棺六寸。屬四寸。士棺六寸。

大棺棺之在表者也檀弓曰天子之棺四重水兕革棺被之其厚三寸杝棺一梓棺二四者皆周此以內說而出也然則大棺及屬用梓椑用杝以是差之上公革棺不被三重也諸侯無革棺再重也大夫無椑一重也士無屬不重也庶人之棺四寸上

大夫謂列國之卿也趙簡子云不設屬椑時僭也○屬音燭椑步歷反重直龍反被音皮杝以支反

君裏棺用朱綠。用雜金鐕。大夫裏棺用玄綠。用牛骨鐕。士不綠。

鐕所以琢著裏○鐕子南反釘也

君蓋用漆。三衽三束。大夫蓋用漆。二衽二束。士蓋不用漆。二衽二束。

用漆者塗合牝牡之中也衽小要也○要一遙反

君大夫鬊爪實于綠中。士埋之。

綠當爲角聲之誤也角中謂棺內四隅也鬊亂髮也將實爪髮棺中必爲小囊盛之此綠或爲簍○鬊音舜簍魯口反

君殯用輴。欑至于上。畢塗屋。大夫殯以幬。欑至于西序。塗不暨于棺。士殯見衽，塗上帷之。
欑猶菆也，屋殯上覆如屋者也，幬覆也，蟹又也。此記參差，以檀弓參之，天子之殯，居棺以龍輴，欑木題湊象椁，上四注如屋以覆之，盡塗之。諸侯輴不畫龍，欑不題湊象椁，其他亦如之。大夫之殯，廢輴，置棺西牆下，就牆欑其三面，塗之，不及棺者，言欑中狹小，裁取容棺。然則天子諸侯差寬大矣。士不欑，掘地下棺，見小要耳。帷之，鬼神尚幽闇也。士達於天子，皆然。幬或作錞，或作埻。○輴勑倫反，欑才冠反，菆才工反，錞徒對反

熬，君四種八筐，大夫三種六筐，士二種四筐，加魚腊焉。
熬者，煎穀也，將塗，設於棺旁，所以惑蚍蜉，使不至棺也。士喪禮曰：熬黍稷各二筐。又曰：設熬旁各一筐。大夫三種，加以粱；君四種，加以稻。四筐則手足皆一，其餘設於左右。

飾棺，君龍帷，三池，振容，黼荒，火三列，黻三列，素錦褚，加偽荒，纁紐

六，齊五采五貝，黼翣二，黻翣二，畫翣二，皆戴圭，魚躍拂池。君纁戴六，纁披六。大夫畫帷，二池，不振容，畫荒，火三列，黻三列，素錦褚，纁紐二，玄紐二，齊三采三貝，黻翣二，畫翣二，皆戴綏，魚躍拂池。大夫戴前纁後玄，披亦如之。士布帷布荒，一池，揄絞，纁紐二，緇紐二，齊三采一貝，畫翣二，皆戴綏。士戴前纁後緇，二披用纁。
飾棺者，以華道路及壙中，不欲衆惡其親也。荒，蒙也。在旁曰帷，在上曰荒，皆所以衣柳也。士布帷布荒者，白布也。君大夫加文章焉。黻荒緣邊為黼文，畫荒緣邊為雲氣，火黻為列於其中耳。偽當為帷，或作于，聲之誤也。大夫以上有褚，以襯覆棺，乃加帷荒于其上。紐所以結連帷荒者也。池以竹為之，如小車笭，衣以青布，柳象宫室，縣池於荒之爪端，若承霤然云。君大夫以銅為魚，縣於池下。揄，揄翟也，青質五色畫之於絞繒而垂之，以為振容，象水草之動摇，行則又魚上拂池。雜記曰：大夫不揄絞屬於池下。是不振容也。士則去魚。齊，象車蓋蕤，縫合雜采為之，形如瓜分然，綴貝絡其上及旁。戴之言值也，所以連繫棺束與柳材，使相值，因而結前後披也。漢禮：翣以木為筐，廣三尺，高二尺四寸，方兩角高，衣以白布，畫者畫雲氣，其餘各如其象，柄長五尺，車行使人持之而從。既窆，樹於壙中。檀弓曰：周人牆置翣，是也。綏當為緌，讀如冠蕤之蕤，蓋五采羽注於翣首也。○笭音零，縣音玄

君葬用輴，四綍二碑，御棺用羽葆。大夫葬用輴，二綍二碑，御棺用茅。士葬用國車，二綍無碑，比出宫，御棺用功布。
大夫廢輴，此言輴，非也。輴皆當為載以輇車之輇，聲之誤也。輇字或作團，是以文誤為國。輇車，柩車也，尊卑之差也。在棺曰綍，行道曰引，至壙將窆，又曰綍，而設碑，是以連言之。碑，桓楹也。御棺，居前為節度也。士言比出宫，用功布，則出宫而止，至壙無矣。綍或為率。○輴依注音市專反，率音律

凡封，用綍去碑負引，君封以衡，大夫士以咸。君命毋譁，以鼓封。大夫命毋哭，士哭者相止也。
封，周禮作窆。窆，下棺也。此封或皆作斂。檀弓曰：公輸若方小斂，般請以機封。謂此斂也。然則棺之入坎為斂，與斂尸相似，記時同之耳。咸讀為緘。凡柩車及壙，說載除飾，而屬紼於柩之緘，又樹碑於壙之前後，以紼繞碑間之鹿盧，輓棺而下之。此時棺下窆，使輓者皆繫紼而繞要負引，舒縱之，備失脫也。用紼去碑者，謂縱下之時也。衡，平也。人君之喪，又以木横貫緘耳，居旁持而平之。又擊鼓為縱舍之節。大夫士旁牽緘而已。庶人縣窆，不引紼也。禮唯天子葬有隧。今齊人謂棺束為緘繩，咸或為椷。○毋音無，窆彼驗反，說吐活反，輓音晚，要一遥反，椷古咸反

君松椁，大夫柏椁，士雜木椁。
椁謂周棺者也。天子柏椁以端，長六尺。夫子制於中都，使庶人之椁五寸，五寸謂端方也。此謂尊者用大材，卑者用小材耳。自

天子諸侯卿大夫士庶人六等其椁長自六尺而下其方自五寸而上未聞其差所定也抗木之厚蓋與椁方齊天子五重上公四重諸侯三重大夫再重士一重

棺椁之閒君容柷大夫容壺士容甒。閒可以藏物因以爲節○柷昌六反甒音武

君裏椁虞筐大夫不裏椁士不虞筐。裏椁之物虞筐之文未聞也

禮記卷二十二終

禮記卷二十三

漢大司農北海鄭　玄註
皇明　後學東吳金　蟠較

祭法第二十三

祭法。有虞氏禘黄帝而郊嚳祖顓頊而宗堯。夏后氏亦禘黄帝而郊鯀祖顓頊而宗禹。殷人禘嚳而郊冥祖契而宗湯。周人禘嚳而郊稷祖文王而宗武王。禘郊祖宗謂祭祀以配食也此禘謂祭昊天於圜丘也祭上帝於南郊曰郊祭五帝五神於明堂曰祖宗祖宗通言爾下有禘郊祖宗孝經曰宗祀文王於明堂以配上帝明堂月令春曰其帝太昊其神句芒夏曰其帝炎帝其神祝融中央曰其帝黄帝

其神后土秋曰其帝少昊其神蓐收冬曰其帝顓頊其神玄冥有虞氏以上尚德禘郊祖宗配用有德者而已自夏已下稍用其姓氏之先後之次有虞氏夏后氏宜郊顓頊殷人宜郊契郊祭一帝而明堂祭五帝小德配寡大德配衆亦禮之殺也○契息列反句古侯反芒音亡蓐音辱

燔柴於泰壇祭天也。瘞埋於泰折祭地也。用騂犢。壇折封土爲祭處也壇之言坦也坦明貌也折炤晢也必爲炤明之名尊神也地陰祀用黝牲與天俱用犢連言爾

埋少牢於泰昭祭時也。相近於坎壇祭寒暑也。王宮祭日也。夜明祭月也。幽宗祭星也。雩宗祭水旱也。四坎壇祭四方也。山林川谷丘陵能出雲爲風雨見怪物皆曰神。有天下者祭百神。諸侯在其地則祭之。亡其地則不祭。

昭明也亦謂壇也時四時也亦謂陰陽之神也埋之者陰陽出入於地中也凡此以下皆祭用少牢相近當為禳祈聲之誤也禳猶卻也祈求也寒暑不時則或禳之或祈之寒於坎暑於壇王宮日壇王君也日稱君宮壇營域也夜明亦謂月壇也宗皆當為禜字之誤也幽禜亦謂星壇也星以昏始見禜之言營也雩禜亦謂水旱壇也雩之言吁嗟也春秋傳曰日月星辰之神則雪霜風雨之不時於是乎禜之山川之神則水旱癘疫之不時於是乎禜之四方卽謂山林川谷丘陵之神也祭山林丘陵於壇川谷於坎每方各為坎為壇怪物雲氣非常見者也有天下謂天子也百者假成數也○禜榮敬反疫音役

大凡生於天地之間者皆曰命其萬物死皆曰折人死曰鬼此五代之所不變也

生時形體異可同名至死腐為野土異其名嫌同也折棄敗之言也鬼之言歸也五代謂黃帝堯舜禹湯周之禮樂所存法也

七代之所更立者禘郊祖宗其餘不變也

七代通數顓頊及嚳也所不變者則數其所法而已變之則通數所不法為記者之微意也少昊氏修黃帝之法後王無所取焉○更古行反

天下有王分地建國置都立邑設廟祧壇墠而祭之乃為親疏多少之數是故王立七廟一壇一墠曰考廟曰王考廟曰皇考廟曰顯考廟曰祖考廟皆月祭之遠廟為祧有二祧享嘗乃止去祧為壇去壇為墠壇墠有禱焉祭之無禱乃止去墠曰鬼諸侯立五廟一壇一墠曰考廟曰王考廟曰皇考廟皆月祭之顯考廟祖考廟享嘗乃止去祖為壇去壇為墠壇墠有禱焉祭之無禱乃止去墠為鬼大夫立三廟二壇曰考廟曰王考廟曰皇考廟享嘗乃止顯考祖考無廟有禱焉為壇祭之去壇為鬼適士二廟一壇曰考廟曰王考廟享嘗乃止顯考無廟有禱焉為壇祭之去壇為鬼官師一廟曰考廟王考無廟而祭之去王考為鬼庶士庶人無廟死曰鬼

建國封諸侯也置都立邑為卿大夫之采地及賜士有功者之地廟之言貌也宗廟者先祖之尊貌也祧之言超也超上去意也封土曰壇除地曰墠書曰三壇同墠王皇皆君也顯明也祖始也名先人以君明始者所以尊本之意也天子遷廟之主以昭穆合藏於二祧之中諸侯無祧藏於祖考之廟中聘禮曰不腆先君之祧是謂始祖廟也享嘗謂四時之祭天子諸侯為壇墠所禱謂後遷在祧者也既事則反其主於祧鬼亦在祧顧遠之於無事祫乃祭之爾春秋文二年秋大事於太廟傳曰毀廟之主陳於太祖未毀廟之主皆升合食於太祖是也魯煬公者伯禽之子也至昭公定公久已為鬼而季氏禱之而立其宮則

鬼之主在祧明矣唯天子諸侯有主禘祫大夫有祖考者亦鬼其百世不禘祫無主爾其無祖考者庶士以下鬼其考王考官師鬼其皇考大夫適士鬼其顯考而已大夫祖考謂別子也凡鬼者薦而不祭王制曰大夫士有田則祭無田則薦適士上士也官師中士下士庶士府史之屬此適士云顯考無廟非也當為皇考字之誤○墠音善腆他典反煬餘讓反

王為羣姓立社曰大社王自為立社曰王社諸侯為百姓立社曰國社諸侯自為立社曰侯社大夫以下成羣立社曰置社

羣衆也大夫以下謂下至庶人也大夫不得特立社與民族居百家以上則共立一社今時里社是也郊特牲曰唯為社事單出里○為于僞反

王為羣姓立七祀曰司命曰中霤曰國門曰國行曰泰厲曰戶曰竈王自為立七祀諸侯為國立五祀曰司命曰中霤曰國門曰國

行曰公厲。諸侯自爲立五祀。大夫立三祀，曰族厲，曰門，曰行。適士立二祀，曰門，曰行。庶士庶人立一祀，或立戶，或立竈。

此非大神所祈報大事者也。小神居人之間，司察小過，作譴告者爾。樂記曰：明則有禮樂，幽則有鬼神。鬼神謂此與。司命主督察三命。中霤主堂室居處。門戶主出入。行主道路行作。厲主殺罰。竈主飲食之事。明堂月令春曰其祀戶，祭先脾；夏曰其祀竈，祭先肺；中央曰其祀中霤，祭先心；秋曰其祀門，祭先肝；冬曰其祀行，祭先腎。聘禮曰：使者出，釋幣於行；歸，釋幣于門。士喪禮曰：疾病，禱於五祀。司命與厲，其時不著。今時民家或春秋祠司命、行神、山神，門、竈在旁。是必春祠司命，秋祠厲也。或者合而祠之。山即厲也。民惡言厲，巫祝以厲山爲之，繆乎。春秋傳曰：鬼有所歸，乃不爲厲。○譴，棄戰反。

王下祭殤五：適子、適孫、適曾孫、適玄孫、適來孫。諸侯下祭三。大夫下祭二。適士及庶人，祭子而止。

祭適殤者，重適也。祭適殤於廟之奥，謂之陰厭。王子、公子祭其適殤於其黨之廟。大夫以下，庶子祭其適殤於宗子之家，皆當室之白，謂之陽厭。凡庶殤不祭。

禮記　卷二十三　祭法　四　永懷堂

夫聖王之制祭祀也，法施於民則祀之，以死勤事則祀之，以勞定國則祀之，能禦大菑則祀之，能捍大患則祀之。是故厲山氏之有天下也，其子曰農，能殖百穀。夏之衰也，周棄繼之，故祀以爲稷。共工氏之霸九州也，其子曰后土，能平九州，故祀以爲社。帝嚳能序星辰以著衆。堯能賞均刑法以義終。舜勤衆事而野死。鯀鄣鴻水而殛死，禹能修鯀之功。黃帝正名百物，以明民共財。顓頊能修之。契爲司徒而民成。冥勤其官而水死。湯以寬治民而除其虐。文王以文治，武王以武功，去民之菑。此皆有功烈於民者也。及夫日月星辰，民所瞻仰也。山林川谷丘陵，民所取財用也。非此族也，不在祀典。

此所謂大神也。春秋傳曰：封爲上公，祀爲大神。厲山氏，炎帝也，起於厲山，或曰有烈山氏。棄，后稷名也。共工氏無錄而王，謂之霸，在大昊、炎帝之間。著衆，謂使民興事，知休作之期也。賞，賞善，謂禪舜、封禹、稷等也。能刑，謂去四凶。義終，謂既禪二十八載乃死也。野死，謂征有苗，死於蒼梧也。殛死，謂不能成其功也。明民，謂使之衣服有章也。民成，謂知五教之禮也。冥，契六世之孫也，其官玄冥，水官也。虐菑，謂桀紂也。烈，業也。族，猶類也。祀典，謂祭祀也。

禮記　卷二十三　祭法　五　永懷堂

禮記卷二十三終

禮記卷二十四

漢大司農北海鄭　玄註
皇明　後學東吳葛　鼒較

祭義第二十四

祭不欲數，數則煩，煩則不敬。祭不欲疏，疏則怠，怠則忘。是故君子合諸天道，春禘秋嘗。

忘與不敬，違禮莫大焉。合於天道，因四時之變化，孝子感時念親，則以此祭之也。春禘者，夏殷禮也。周以禘爲殷祭，更名春祭曰祠。○數，色角反，下同。怠，大改反。祠，嗣思反。

霜露既降，君子履之，必有悽愴之心，非其寒之謂也。春雨露既濡，

君子履之，必有怵惕之心，如將見之。

非其寒之謂，悽愴及怵惕，皆爲感時念親也。霜露既降，禮說在秋，此無秋字，蓋脫爾。○悽，音妻。愴，初亮反。

樂以迎來，哀以送往，故禘有樂而嘗無樂。

迎來而樂，樂親之將來也。送去而哀，哀其享否不可知也。小言之，則爲一祭之閒；孝子不知鬼神之期，推而廣之，放其去來於陰陽。○放，方往反。

致齊於內，散齊於外。齊之日，思其居處，思其笑語，思其志意，思其所樂，思其所嗜。齊三日，乃見其所爲齊者。

致齊，思此五者也。散齊七日，不御、不樂、不弔耳。見所爲齊者，思之熟也。所嗜，素所欲飲食也。春秋傳曰：屈到嗜芰。○齊，側皆反。樂，音岳，又五孝反。芰，其寄反。

祭之日，入室，僾然必有見乎其位；周還出戶，肅然必有聞乎其容聲；出戶而聽，愾然必有聞乎其歎息之聲。

周還出戶，謂薦設時也。無尸者闔戶，若食閒，則有出戶而聽之。○僾，音愛。還，音旋。愾，開代反。

是故先王之孝也，色不忘乎目，聲不絕乎耳，心志嗜欲不忘乎心。致愛則存，致慤則著。著存不忘乎心，夫安得不敬乎？

存著，則謂其思念也。○慤，苦角反。

君子生則敬養，死則敬享，思終身弗辱也。

享，猶祭也，饗也。○養，羊尚反。

君子有終身之喪，忌日之謂也。忌日不用，非不祥也。言夫日志有

所至，而不敢盡其私也。

忌日，親亡之日。忌日者，不用舉他事，如有時日之禁也。祥，善也。志有所至，至於親以此日亡，其哀心如喪時。○夫，音扶。

唯聖人爲能饗帝，孝子爲能饗親。

謂祭之能使之饗也。帝，天也。

饗者，鄉也。鄉之，然後能饗焉。

言中心鄉之，乃能使其祭見饗也。上饗或爲相。○相，息亮反。

是故孝子臨尸而不怍。君牽牲，夫人奠盎；君獻尸，夫人薦豆；卿大夫相君，命婦相夫人。齊齊乎其敬也，愉愉乎其忠也，勿勿諸其欲其饗之也。

色不和曰怍奠盎設盎齊之奠也此時君牽牲將薦毛血君獻尸而夫人薦豆謂繹日也儐尸主人[illegible]注婦自東房薦韭菹醢勿勿猶勉勉也慤愛之貌○齊齊如字

文王之祭也事死者如事生思死者如不欲生忌日必哀稱諱如見親祀之忠也如見親之所愛如欲色然其文王與

思死者如不欲生言思親之深也如欲色者以時人於色厚假以諭之

詩云明發不寐有懷二人文王之詩也祭之明日明發不寐饗而致之又從而思之祭之日樂與哀半饗之必樂已至必哀

明發不寐謂夜至旦也祭之明日謂繹日也言繹之夜不寐也二人謂父母容尸侑也○樂音洛侑音又

仲尼嘗奉薦而進其親也慤其行也趨趨以數

嘗秋祭也親謂身親執事時也慤與趨趨言少威儀也趨讀如促數之言速也○趨音促注及下注皆同數音速注同

已祭子贛問曰子之言祭濟濟漆漆然今子之祭無濟濟漆漆何也子曰濟濟者容也遠也漆漆者容也自反也容以遠若容以自反也夫何神明之及交夫何濟濟漆漆之有乎

漆漆讀如朋友切切自反猶言自修整也容以遠言非所以接親親也容以自反言非孝子所以事親也及與也此皆非與神明交之道○贛音貢

反饋樂成薦其薦俎序其禮樂備其百官君子致其濟濟漆漆夫何慌惚之有乎

天子諸侯之祭或從血腥始至反饋是進孰也薦俎豆與俎也慌惚思念益深之時也言祭祀既備使百官助已祭然而見其容而自反是無慌惚之思念○樂成音岳又五教反惚音忽注及下同

夫言豈一端而已夫各有所當也

豈一端言不可以一槩也禮各有所當行祭宗廟者賓客濟濟漆漆主人慤而趨趨○當丁浪反

孝子將祭慮事不可以不豫比時具物不可以不備虛中以治之

比時猶先時也虛中言不兼念餘事○比必利反注同先悉薦反

宮室既修牆屋既設百物既備夫婦齊戒沐浴盛服奉承而進之洞洞乎屬屬乎如弗勝如將失之其孝敬之心至也與

修設謂除及黝堊○屬音燭下同弗本亦作不何休云弗者不之深也勝音升黝於糾反堊烏路反

薦其薦俎序其禮樂備其百官奉承而進之

百官助主人進之

於是諭其志意以其慌惚以與神明交庶或饗之庶或饗之孝子之志也

諭其志意謂使祝祝饗及侑尸也或猶有也言想見其彷彿來

孝子之祭也盡其慤而慤焉盡其信而信焉盡其敬而敬焉盡其禮而不過失焉進退必敬如親聽命則或使之也

言當盡已而已如居父母前將受命而使之

孝子之祭可知也其立之也敬以詘其進之也敬以愉其薦之也敬以欲退而立如將受命已徹而退敬齊之色不絕於面

諓充諓形容喜貌也進之謂進血腥也愉顏色和貌也薦之謂進孰也欲婉順貌謂齊莊○諓求勿反齊如字

孝子之祭也立而不詘固也進而不愉疏也薦而不欲不愛也退立而不如受命敖也已徹而退無敬齊之色而忘本也如是而祭失之矣。

固猶質陋也而忘本而衍字○敖五報反

孝子之有深愛者必有和氣有和氣者必有愉色有愉色者必有婉容。

和氣謂立而詘

孝子如執玉如奉盈洞洞屬屬然如弗勝如將失之嚴威儼恪非

所以事親也成人之道也。

成人旣冠者然則孝子不失其孺子之心也○奉芳勇反冠古亂反

先王之所以治天下者五貴有德貴貴貴老敬長慈幼此五者先王之所以定天下也貴有德何爲也爲其近於道也貴貴爲其近於君也貴老爲其近於親也敬長爲其近於兄也慈幼爲其近於子也。

言治國有家道○長丁丈反下及下注皆同爲其于僞反下爲其同近附近之近

是故至孝近乎王至弟近乎霸至孝近乎王雖天子必有父至弟近乎霸雖諸侯必有兄先王之教因而弗改所以領天下國家也。

天子有所父事諸侯有所兄事謂若三老五更也天子衰諸侯興故曰霸○更古衡反下及下更相同

子曰立愛自親始教民睦也立敬自長始教民順也。

親長父兄也睦和厚也

教以慈睦而民貴有親教以敬長而民貴用命。

尊長出教令者

孝以事親順以聽命錯諸天下無所不行。

郊之祭也喪者不敢哭凶服者不敢入國門敬之至也。

祭者吉禮不欲聞見凶人

祭之日君牽牲穆荅君卿大夫序從。

祭謂祭宗廟也穆子姓也荅對也序以次第從也序或爲豫○從才用反注同

旣入廟門麗于碑卿大夫袒而毛牛尚耳鸞刀以刲取膟膋乃退爓祭祭腥而退敬之至也。

麗猶繫也毛牛尚耳以耳毛爲上也膟膋血與腸閒脂也爓祭祭爓肉腥肉也湯肉曰爓爓祭祭腥或爲合祭腥泄腊熟也○刲苦圭反膟音律膋力彫反爓音尋腊直輒

郊之祭大報天而主日配以月夏后氏祭其闇殷人祭其陽周人祭日以朝及闇。

主日者以其光明天之神可見者莫著焉闇昏時也陽讀爲曰雨曰暘之暘謂日中時也朝日出時也夏后氏大事以昏殷人大事以日中周人大事以日出亦謂此郊祭也以朝及闇謂終日有事

祭日於壇。祭月於坎。以別幽明。以制上下。

幽明者謂日照晝月照夜

祭日於東。祭月於西。以別外內。以端其位。

端正○別彼列反下同

日出於東。月生於西。陰陽長短。終始相巡。以致天下之和。

巡讀如沿漢之沿謂更相從道○巡依注音沿悅專反

天下之禮。致反始也。致鬼神也。致和用也。致義也。致讓也。

因祭之義汎說禮也致之言至也使人勤行至於此也至於反始謂報天之屬也至於鬼神謂祭宗廟之屬也至於和用謂治民之事以足用也

致反始。以厚其本也。致鬼神。以尊上也。致物用。以立民紀也。致義則上下不悖逆矣。致讓以去爭也。合此五者。以治天下之禮也。雖有奇邪而不治者則微矣。

物猶事也變和言物互之也微猶少也

宰我曰。吾聞鬼神之名。不知其所謂。子曰。氣也者。神之盛也。魄也者。鬼之盛也。合鬼與神。教之至也。

氣謂噓吸出入者也耳目之聰明為魄合鬼神而祭之聖人之教致之也

眾生必死。死必歸土。此之謂鬼。骨肉斃于下。陰為野土。

陰讀為依蔭之蔭言人之骨肉蔭於地中為土壤○陰依注音蔭於鴆反

其氣發揚于上。為昭明。焄蒿悽愴。此百物之精也。神之著也。

焄謂香臭也蒿謂氣烝出貌也上言眾生此言百物明其與人同也不如人貴爾蒿或為藨○焄許云反蒿許高反烝之膺反藨表驕反

因物之精。制為之極。明命鬼神。以為黔首則。百眾以畏。萬民以服。

明命猶尊名也尊極於鬼神不可復加也黔首謂民也則法也為民作法使民亦事其祖禰鬼神民所畏服○黔其廉反黑也秦謂民為黔首復扶又反為民于偽反

聖人以是為未足也。築為宮室。設為宗祧。以別親疏遠邇。教民反古復始。不忘其所由生也。眾之服自此。故聽且速也。

自由也言人由此服於聖人之教也聽謂順教令也速疾也

二端既立。報以二禮。建設朝事。燔燎羶薌。見以蕭光。以報氣也。此教眾反始也。薦黍稷。羞肝肺首心。見間以俠甒。加以鬱鬯。以報魄也。教民相愛。上下用情。禮之至也。

二端既立謂氣也䰟也更有尊名云鬼神也二禮謂朝事與薦黍稷也朝事謂薦血腥時也薦黍稷所謂饋食也見及見間皆當為覸字之誤也羶當為馨聲之誤也燔燎馨香覸以蕭光取牲祭脂也光猶氣也有虞氏祭首夏后氏祭心殷祭肝周祭肺覸以俠甒謂雜之兩甒醴酒也相愛用情謂此以人道祭之也報氣以氣報魄以實各首其類○燔音煩燎力召反羶依注音馨許經反後羶薌同薌音香見以依注見作覸音間廁之間甒音武

君子反古復始。不忘其所由生也。是以致其敬。發其情。竭力從事。以報其親。不敢弗盡也。

從事謂修薦可以祭者也。

是故昔者天子爲藉千畝，冕而朱紘，躬秉耒；諸侯爲藉百畝，冕而青紘，躬秉耒，以事天地山川社稷先古，以爲醴酪齊盛，於是乎取之，敬之至也。

藉，藉田也。先古，先祖。○紘音宏。酪音洛。齊音咨。

古者天子諸侯必有養獸之官，及歲時，齊戒沐浴而躬朝之，犧牷祭牲必於是取之，敬之至也。君召牛，納而視之，擇其毛而卜之，吉，然後養之。君皮弁素積，朔月、月半，君巡牲，所以致力，孝之至也。

歲時齊戒沐浴而躬朝之，謂將祭祀卜牲，君朔月月半巡視之，君召牛納而視之，更本擇牲意。○朝，直遥反。牷音全。

古者天子諸侯必有公桑蠶室，近川而爲之，築宮仞有三尺，棘牆而外閉之。及大昕之朝，君皮弁素積，卜三宮之夫人世婦之吉者，使入蠶于蠶室，奉種浴于川，桑于公桑，風戾以食之。

大昕，季春朔日之朝也。諸侯夫人三宮，半王后也。風戾之者，及早涼脆採之，風戾之使露氣燥，乃以食蠶，蠶性惡濕。○昕，許斤反。奉，芳勇反，下及注同。食音嗣。脆，七歲反。燥，悉早反。惡，烏路反。

歲既單矣，世婦卒蠶，奉繭以示于君，遂獻繭于夫人。夫人曰：此所以爲君服與？遂副褘而受之，因少牢以禮之。

歲單，謂三月月盡之後也。言歲者，蠶歲之大功，事畢於此也。副褘，王后之服，而云夫人，記者容二王之後與。禮之，禮奉繭之世婦。○單音丹。褘音暉。

古之獻繭者，其率用此與？

問者之辭。

及良日，夫人繅，三盆手，遂布于三宮夫人世婦之吉者使繅，遂朱綠之，玄黃之，以爲黼黻文章。服既成，君服以祀先王先公，敬之至也。

三盆手者，三淹也。凡繅，每淹大總而手振之，以出緒也。○繅，悉刀反，下同。說文作繰，云抽繭出絲也。以此爲旒繅音，所咸反。

君子曰：禮樂不可斯須去身。

斯須，猶須臾也。

致樂以治心，則易直子諒之心油然生矣。易直子諒之心生則樂，

樂則安，安則久，久則天，天則神。天則不言而信，神則不怒而威。致樂以治心者也。

子，讀如不子之子。諒，信也。油然，物始生好美貌。○易，以豉反，下同。

致禮以治躬則莊敬，莊敬則嚴威。

躬，身也。

心中斯須不和不樂，而鄙詐之心入之矣；外貌斯須不莊不敬，而慢易之心入之矣。故樂也者，動於内者也；禮也者，動於外者也。樂極和，禮極順，内和而外順，則民瞻其顔色而不與爭也，望其容貌而衆不生慢易焉。

極至也。
故德煇動乎內而民莫不承聽，理發乎外而衆莫不承順。理謂言行也。○煇音輝
故曰致禮樂之道而天下塞焉，舉而錯之無難矣。塞充滿也。
樂也者，動於內者也；禮也者，動於外者也。故禮主其減，樂主其盈。禮減而進，以進爲文；樂盈而反，以反爲文。減猶倦也，盈猶溢也。樂以統情，禮以理行。人之情有溢而行有倦，倦而進之，以能進者爲文；溢而使反，以能反者爲文。文謂才美。○減胡斬反

禮減而不進則銷，樂盈而不反則放。故禮有報而樂有反。報皆當爲褒，聲之誤。○銷音消
禮得其報則樂，樂得其反則安。禮之報，樂之反，其義一也。
曾子曰：孝有三，大孝尊親，其次弗辱，其下能養。公明儀問於曾子曰：夫子可以爲孝乎？曾子曰：是何言與！是何言與！君子之所謂孝者，先意承志，諭父母於道。參直養者也，安能爲孝乎？公明儀，曾子弟子。
曾子曰：身也者，父母之遺體也。行父母之遺體，敢不敬乎？居處不莊，非孝也；事君不忠，非孝也；涖官不敬，非孝也；朋友不信，非孝也；戰陳無勇，非孝也。五者不遂，烖及於親，敢不敬乎？遂猶成也。○陳直覲反。烖音灾
亨孰羶薌，嘗而薦之，非孝也，養也。君子之所謂孝也者，國人稱願然曰：幸哉有子如此！所謂孝也已。然猶而也。○亨普彭反
衆之本教曰孝，其行曰養。養可能也，敬爲難；敬可能也，安爲難；安可能也，卒爲難。父母既沒，慎行其身，不遺父母惡名，可謂能終矣。仁者，仁此者也；禮者，履此者也；義者，宜此者也；信者，信此者也；強者，強此者也。樂自順此生，刑自反此作。曾子曰：夫孝，置之而塞乎

天地，溥之而橫乎四海，施諸後世而無朝夕，推而放諸東海而準，推而放諸西海而準，推而放諸南海而準，推而放諸北海而準。無朝夕，言常行無輟時也。放猶至也。準猶平也。○遺如字，又于季反。樂音岳。溥本亦作敷，同芳于反。放甫往反，下同。準諸尹反。輟張劣反
詩云：自西自東，自南自北，無思不服。此之謂也。曾子曰：樹木以時伐焉，禽獸以時殺焉。夫子曰：斷一樹，殺一獸，不以其時，非孝也。夫子，孔子也。曾子述其言以云。○斷丁管反
孝有三：小孝用力，中孝用勞，大孝不匱。勞猶功也。

思慈愛忘勞，可謂用力矣；尊仁安義，可謂用勞矣；博施備物，可謂不匱矣。

思慈愛忘勞，思父母之慈愛己，而自忘己之勞苦。○施，始豉反。

父母愛之，嘉而弗忘；父母惡之，懼而無怨。

無怨，無怨於父母之心。○惡，烏路反。

父母有過，諫而不逆。

順而諫之。

父母既沒，必求仁者之粟以祀之。此之謂禮終。

喻貧困猶不取惡人物以事亡親。

樂正子春下堂而傷其足，數月不出，猶有憂色。門弟子曰：夫子之足瘳矣，數月不出，猶有憂色，何也？樂正子春曰：善如爾之問也！善如爾之問也！吾聞諸曾子，曾子聞諸夫子曰：天之所生，地之所養，無人爲大。父母全而生之，子全而歸之，可謂孝矣。不虧其體，不辱其身，可謂全矣。

曾子聞諸夫子，述曾子所聞於孔子之言。○瘳，丑留反。

故君子頃步而弗敢忘孝也。今予忘孝之道，予是以有憂色也。

頃當爲跬，聲之誤也。予，我也。○跬，缺婢反。一舉足爲跬，再舉足爲步。

壹舉足而不敢忘父母，壹出言而不敢忘父母。壹舉足而不敢忘父母，是故道而不徑，舟而不游，不敢以先父母之遺體行殆。壹出言而不敢忘父母，是故惡言不出於口，忿言不反於身。不辱其身，不羞其親，可謂孝矣。

徑步邪趨疾也。忿言不反於身，人不能無忿怒，忿怒之言當由其直，直則人服，不敢以忿言來也。

昔者有虞氏貴德而尚齒，夏后氏貴爵而尚齒，殷人貴富而尚齒，周人貴親而尚齒。

貴謂燕賜有加於諸臣也。尚謂有事尊之於其黨也。臣能世祿曰富。舜時多仁聖有德，後德則在小官。

虞夏殷周，天下之盛王也，未有遺年者。年之貴乎天下久矣，次乎事親也。

言其先老也。

是故朝廷同爵則尚齒。七十杖於朝，君問則席；八十不俟朝，君問則就之，而弟達乎朝廷矣。

同爵尚齒，老者在上也。君問則席，爲之布席於堂上而與之言。凡朝位立於庭，哀公問於孔子，命席。不俟朝，君揖之即退，不待朝事畢也。就之，就其家也。老而致仕者，或不許，異其禮而已。

行，肩而不併，不錯則隨。見老者則車徒辟。斑白者不以其任行乎道路，而弟達乎道路矣。

錯，鴈行也。父黨隨行，兄黨鴈行。車徒辟，乘車步行皆辟老人也。斑白者，髮雜色也。任，所擔持也。不以任，少者代之。○辟音避，注同。行，戶剛反，下同。少，詩照反，下同。

居鄉以齒。而老窮不遺。强不犯弱。衆不暴寡。而弟達乎州巷矣。老窮不遺、以鄉人尊而長之、雖貧且無子孫、無棄忘也、一鄉者、五州、巷猶閭也、

古之道。五十不爲甸徒。頒禽隆諸長者。而弟達乎獀狩矣。四井爲邑、四邑爲丘、四丘爲甸、甸六十四井也、以爲軍田出役之法、五十始衰、不從力役之事也、頒之言分也、隆猶多也、及田者分禽、多其老者、謂竭作未五十者、春獵爲獀、冬獵爲狩、

軍旅什伍同爵則尚齒。而弟達乎軍旅矣。什伍、士卒部曲也、少儀曰、軍尚左、卒尚右、○卒子忽反下同

孝弟發諸朝廷。行乎道路。至乎州巷。放乎獀狩。修乎軍旅。衆以義死之。而弗敢犯也。

死之、死此孝弟之禮、○放方往反

祀乎明堂。所以教諸侯之孝也。食三老五更於大學。所以教諸侯之弟也。祀先賢於西學。所以教諸侯之德也。耕藉。所以教諸侯之養也。朝覲。所以教諸侯之臣也。五者天下之大教也。祀乎明堂、宗祀文王、西學、周小學也、先賢、有道德、王所使教國子者、○食音嗣、大學音泰、下大學注大卜皆同

食三老五更於大學。天子袒而割牲。執醬而饋。執爵而酳。冕而總干。所以教諸侯之弟也。是故鄉里有齒。而老窮不遺。强不犯弱。衆不暴寡。此由大學來者也。割牲、制俎實也、冕而總干、親在舞位、以樂侑食也、教諸侯之弟、次事親、○酳音胤

天子設四學。當入學而大子齒。四學、謂周四郊之虞庠也、文王世子曰、行一物而三善皆得、唯世子而已、其齒於學之謂也、

天子巡狩。諸侯待于竟。天子先見百年者。問其國君以百年者所在、而往見之、

八十九十者東行。西行者弗敢過。西行。東行者弗敢過。欲言政者君就之可也。弗敢過者、爲道經之則見之、

壹命齒于鄉里。再命齒于族。三命不齒。族有七十者弗敢先。此謂鄉射飲酒時也、齒者、謂以年次立若坐也、三命、列國之卿也、不復齒、席之於賓東、不敢先族之七十者、謂既一人舉觶乃

入也、雖非族亦然、承齒乎族、故言族爾、○復扶又反、觶之豉反

七十者。不有大故不入朝。若有大故而入。君必與之揖讓而后及爵者。謂致仕在家者、其入朝、君先與之爲禮、而后揖卿大夫士、

天子有善。讓德於天。諸侯有善。歸諸天子。卿大夫有善。薦於諸侯。士庶人有善。本諸父母。存諸長老。祿爵慶賞。成諸宗廟。所以示順也。薦、進也、成、諸宗廟於宗廟命之、祭統有十倫、六曰見爵賞之施焉、○見賢遍反、施始豉反

昔者聖人建陰陽天地之情。立以爲易。易抱龜南面。天子卷冕北

面雖有明知之心。必進斷其志焉。示不敢專。以尊天也。善則稱人。過則稱己。教不伐。以尊賢也。

立以爲易謂作易易抱龜易官名周禮曰大卜大卜主三兆三易三夢之占○卷古本反知音智

孝子將祭祀。必有齊莊之心以慮事。以具服物。以修宮室。以治百事。

謂齊之前後也、

及祭之日。顏色必溫。行必恐。如懼不及愛然。

如懼不及見其所愛者、

其奠之也容貌必溫。身必詘。如語焉而未之然。

奠之謂酌尊酒奠之及酳之屬如語焉而未之然如有所以語親而未見答○以語魚預反

宿者皆出。其立卑靜以正。如將弗見然。

宿者皆出謂賓助祭者事畢出去也如將弗見然祭事畢而不知親所在思念之深如不見出也、

及祭之後陶陶遂遂。如將復入然。

思念既深如親將復入也陶陶遂遂相隨行之貌○陶音遙

是故慤善不違身。耳目不違心。思慮不違親。結諸心。形諸色。而術省之孝子之志也。

術當爲述聲之誤也、○思息嗣反

建國之神位。右社稷而左宗廟。

周尚左也、

禮記卷二十四終

禮記卷二十五

漢大司農北海鄭　玄註

皇明　後學東吳金　蟠較

祭統第二十五

凡治人之道莫急於禮禮有五經莫重於祭。禮有五經謂吉禮凶禮賓禮軍禮嘉禮也莫重於祭謂以吉禮爲首也大宗伯職曰以吉禮事邦國之鬼神祇

夫祭者非物自外至者也自中出生於心也心怵而奉之以禮是故唯賢者能盡祭之義。怵感念親之貌也怵或爲述○怵敕律反

賢者之祭也必受其福非世所謂福也福者備也備者百順之名也無所不順者之謂備言內盡於己而外順於道也忠臣以事其君孝子以事其親其本一也。世所謂福者謂受鬼神之祐助也賢者之所謂福者謂受大順之顯名也其本一者言忠孝俱由順出也

上則順於鬼神外則順於君長內則以孝於親如此之謂備唯賢者能備能備然後能祭是故賢者之祭也致其誠信與其忠敬奉之以物道之以禮安之以樂參之以時明薦之而已矣不求其爲。此孝子之心也。明猶絜也爲謂福祐爲己之報

祭者所以追養繼孝也孝者畜也順於道不逆於倫是之謂畜。畜謂順於德教

是故孝子之事親也有三道焉生則養沒則喪喪畢則祭養則觀其順也喪則觀其哀也祭則觀其敬而時也盡此三道者孝子之行也。沒終也○行下孟反

旣內自盡又外求助昏禮是也故國君取夫人之辭曰請君之玉女與寡人共有敝邑事宗廟社稷此求助之本也。言玉女者美言之也君子於玉比德焉○取七住反

夫祭也者必夫婦親之所以備內外之官也官備則具備。具謂所供衆物○共音恭

水草之菹陸產之醢小物備矣三牲之俎八簋之實美物備矣昆蟲之異草木之實陰陽之物備矣。水草之菹芹茆之屬陸產之醢蚔蝝之屬天子之祭八簋昆蟲謂溫生寒死之蟲也內則可食之物有蜩范草木之實菱芡榛栗之屬○芹其斤反茆音卯蚔丈之反蝝悅專反蜩音條芡音儉榛側巾反

凡天之所生地之所長苟可薦者莫不咸在示盡物也外則盡物內則盡志此祭之心也。咸皆也

是故天子親耕於南郊，以共齊盛；王后蠶於北郊，以共純服。諸侯耕於東郊，亦以共齊盛；夫人蠶於北郊，以共冕服。天子諸侯非莫耕也，王后夫人非莫蠶也，身致其誠信。誠信之謂盡，盡之謂敬，敬盡然後可以事神明，此祭之道也。

純服亦冕服也，互言之爾。純以見繒色，冕以著祭服。東郊少陽，諸侯象也。夫人不蠶於西郊，婦人禮少變也。齊或爲粢。○齊本亦作齍，與粢同。純側其反，註及下純冕同。見賢徧反。少詩召反。

及時將祭，君子乃齊。齊之爲言齊也，齊不齊以致齊者也。是故君子非有大事也，非有恭敬也，則不齊。不齊則於物無防也，耆欲無止也。及其將齊也，防其邪物，訖其耆欲，耳不聽樂，故記曰：齊者不

樂，言不敢散其志也。心不苟慮，必依於道；手足不苟動，必依於禮。

訖猶止也。○乃齊，側皆反，下不齊、齊者同。言齊不齊，如字，下齊之同。耆市志反。

是故君子之齊也，專致其精明之德也。故散齊七日以定之，致齊三日以齊之。定之之謂齊，齊者精明之至也，然後可以交於神明也。

定者定其志意。

是故先期旬有一日，宮宰宿夫人，夫人亦散齊七日，致齊七日。

宮宰，守宮官也。宿讀爲肅。肅猶戒也，戒輕肅重也。

君致齊於外，夫人致齊於內，然後會於大廟。君純冕立於阼，夫人副褘立於東房。君執圭瓚祼尸，大宗執璋瓚亞祼。及迎牲，君執紖，卿大夫從，士執芻；宗婦執盎從，夫人薦涚水；君執鸞刀羞嚌，夫人薦豆。此之謂夫婦親之。

大廟，始祖廟也。圭瓚、璋瓚，祼器也，以圭璋爲柄，酌鬱鬯曰祼。大宗亞祼，容夫人有故，攝焉。紖所以牽牲也，周禮作絼。芻謂藁也，殺牲時用薦之。周禮封人祭祀飾牲，共其水藁。涚盎，齊也。盎齊涚酌也。凡尊有明水，因兼云水爾。嚌，嚌肺，祭肺之屬也。君以鸞刀割制之。天子諸侯之祭禮，先有祼尸之事，乃後迎牲。紖或爲䋙。○大音泰，下同。紖直忍反。

及入舞，君執干戚就舞位，君爲東上，冕而總干，率其羣臣，以樂皇尸。是故天子之祭也，與天下樂之；諸侯之祭也，與竟內樂之。冕而總干，率其羣臣，以樂皇尸，此與竟內樂之之義也。

君爲東上，近主位也。皇，君也。言君尸者，尊之。

夫祭有三重焉：獻之屬莫重於祼，聲莫重於升歌，舞莫重於武宿夜，此周道也。

武宿夜，武曲名也。周道猶周之禮。

凡三道者，所以假於外而以增君子之志也，故與志進退。志輕則亦輕，志重則亦重。輕其志而求外之重也，雖聖人弗能得也。是故君子之祭也，必身自盡也，所以明重也。道之以禮，以奉三重，而薦諸皇尸，此聖人之道也。

夫祭有餕，餕者祭之末也，不可不知也。是故古之人有言曰：善終

者如始餕其是已是故古之君子曰尸亦餕鬼神之餘也惠術也可以觀政矣。

術猶灋也爲政尚施惠盡美能知能惠詩云維此惠君民人所瞻○能知音智

是故尸謖君與卿四人餕君起大夫六人餕臣餕君之餘也大夫起士八人餕賤餕貴之餘也士起各執其具以出陳于堂下百官進徹之下餕上之餘也

進當爲餕聲之誤也百官謂有事於君祭者也既餕乃徹之而去所謂自卑至賤進徹或俱爲餕○謖所六反起也

凡進之道毎變以衆所以別貴賤之等而興施惠之象也是故以四簋黍見其修於廟中也廟中者竟內之象也

鬼神之惠徧廟中如國君之惠徧竟內也

祭者澤之大者也是故上有大澤則惠必及下顧上先下後耳非上積重而下有凍餒之民也是故上有大澤則民夫人待于下流知惠之必將至也由餕見之矣故曰可以觀政矣

鬼神有祭不獨饗之使人餕之恩澤之大者也國君有蓄積不獨食之亦以施惠於竟內也○重直龍反夫音扶

夫祭之爲物大矣其興物備矣順以備者也其教之本與。

爲物猶爲禮也興物謂薦百品

是故君子之教也外則教之以尊其君長內則教之以孝於其親是故明君在上則諸臣服從崇事宗廟社稷則子孫順孝盡其道端其義而教生焉

崇猶尊也

是故君子之事君也必身行之所不安於上則不以使下所惡於下則不以事上非諸人行諸已非教之道也

必身行之言恕已乃行之

是故君子之教也必由其本順之至也祭其是與故曰祭者教之本也已

教由孝順生也

夫祭有十倫焉見事鬼神之道焉見君臣之義焉見父子之倫焉

見貴賤之等焉見親疏之殺焉見爵賞之施焉見夫婦之別焉見政事之均焉見長幼之序焉見上下之際焉此之謂十倫。

倫猶義也○見賢遍反下皆同

鋪筵設同几爲依神也詔祝於室而出于祊此交神明之道也

同之言詷也祭者以其妃配亦不特几也詔祝告於尸也出於祊謂索祭也○爲于僞反下注爲其同祊伯庚反詷徒貢反

君迎牲而不迎尸別嫌也尸在廟門外則疑於臣在廟中則全於君君在廟門外則疑於君入廟門則全於臣全於子是故不出者明君臣之義也

不迎尸者欲全其尊也尸神象也鬼神之尊在廟中人君之尊出廟門則伸

夫祭之道孫爲王父尸所使爲尸者於祭者子行也父北面而事之所以明子事父之道也此父子之倫也

子行猶子列也祭祖則用孫列皆取於同姓之適孫也天子諸侯之祭朝事延尸於戶外是以有北面事尸之禮○行戶剛反註同適丁歷反

尸飲五君洗玉爵獻卿尸飲七以瑤爵獻大夫尸飲九以散爵獻士及羣有司皆以齒明尊卑之等也

尸飲五謂酳尸五獻也大夫士祭三獻而獻賓○酳音胤

夫祭有昭穆昭穆者所以別父子遠近長幼親疏之序而無亂也是故有事於大廟則羣昭羣穆咸在而不失其倫此之謂親疏之殺也

昭穆咸在同宗父子皆來

古者明君爵有德而祿有功必賜爵祿於大廟示不敢專也故祭之日一獻君降立于阼階之南南鄉所命北面史由君右執策命之再拜稽首受書以歸而舍奠于其廟此爵賞之施也

一獻一酳尸也舍當爲釋聲之誤也非時而祭曰奠○鄉許亮反

君卷冕立于阼夫人副褘立于東房夫人薦豆執校執醴授之執鐙尸酢夫人執柄夫人授尸執足夫婦相授受不相襲處酢必易爵明夫婦之別也

校豆中央直者也執醴授醴之人授夫人以豆則執鐙鐙豆下跗也○卷古本反校戶教反柄也鐙音登

凡爲俎者以骨爲主骨有貴賤殷人貴髀周人貴肩凡前貴於後俎者所以明祭之必有惠也是故貴者取貴骨賤者取賤骨貴者不重賤者不虛示均也惠均則政行政行則事成事成則功立功之所以立者不可不知也俎者所以明惠之必均也善爲政者如此故曰見政事之均焉

殷人貴髀爲其厚也周人貴肩爲其顯也凡前貴於後謂脊脅臂臑之屬○髀必氏反重直龍反臑乃報反肱骨也

凡賜爵昭爲一穆爲一昭與昭齒穆與穆齒凡羣有司皆以齒此之謂長幼有序

昭穆猶特牲少牢饋食之禮衆兄弟也羣有司猶衆賓下及執事者君賜之爵謂若酬之

夫祭有畀煇胞翟閽者惠下之道也唯有德之君爲能行此明足以見之仁足以與之畀之爲言與也能以其餘畀其下者也煇者甲吏之賤者也胞者肉吏之賤者也翟者樂吏之賤者也閽者守門之賤者也古者不使刑人守門此四守者吏之至賤者也尸又至尊以至尊既祭之末而不忘至賤而以其餘畀之是故明君在上則竟內之民無凍餒者矣此之謂上下之際

明足以見之見此甲者也仁足以與之與此甲者也煇周禮作韗謂韗磔皮革之官也翟謂教羽舞者也古者不使刑人守門謂夏殷時○畀必利反煇韗同況萬反以見賢遍反磔知宅反

凡祭有四時。春祭曰礿。夏祭曰禘。秋祭曰嘗。冬祭曰烝。
謂夏殷時禮也。
礿禘陽義也。嘗烝陰義也。禘者陽之盛也。嘗者陰之盛也。故曰莫重於禘嘗。
夏者尊卑著。而秋萬物成。
古者於禘也。發爵賜服。順陽義也。於嘗也。出田邑。發秋政。順陰義也。
言爵命屬陽。國地屬陰。
故記曰。嘗之日。發公室。示賞也。草艾則墨。未發秋政。則民弗敢草也。

發公室出賞物也。草艾謂艾取草也。秋草木成。可芟艾給爨亨時。則始行小刑也。○艾音刈。芟所銜反。亨普彭反。
故曰。禘嘗之義大矣。治國之本也。不可不知也。明其義者君也。能其事者臣也。不明其義。君人不全。不能其事。爲臣不全。
全猶具也。
夫義者。所以濟志也。諸德之發也。是故其德盛者其志厚。其志厚者其義章。其義章者其祭也敬。祭敬則竟內之子孫莫敢不敬矣。
濟成也。發謂機發也。竟內之子孫。萬人爲子孫。
是故君子之祭也。必身親涖之。有故則使人可也。雖使人也。君不失其義者。君明其義故也。
涖臨也。君不失其義者。言君雖不自親祭。祭禮無闕。於君德不損也。
其德薄者其志輕。疑於其義。而求祭。使之必敬也。弗可得已。祭而不敬。何以爲民父母矣。
夫鼎有銘。銘者自名也。自名以稱揚其先祖之美。而明著之後世者也。爲先祖者。莫不有美焉。莫不有惡焉。銘之義。稱美而不稱惡。此孝子孝孫之心也。唯賢者能之。
銘謂書之刻之。以識事者也。自名謂稱揚其先祖之德。著己名於下。
銘者。論譔其先祖之有德善功烈勳勞慶賞聲名。列於天下。而酌之祭器。自成其名焉。以祀其先祖者也。顯揚先祖。所以崇孝也。身比焉。順也。明示後世。敎也。

烈業也。王功曰勳。事功曰勞。酌之祭器。言斟酌其美。傳著於鍾鼎也。身比焉。謂自著名於下也。順也。言著名以稱揚先祖之德。孝順之行也。敎也。所以敎後世。○譔音撰。
夫銘者。壹稱而上下皆得焉耳矣。是故君子之觀於銘也。既美其所稱。又美其所爲。
美其所爲。美此人爲此銘。
爲之者。明足以見之。仁足以與之。知足以利之。可謂賢矣。賢而勿伐。可謂恭矣。

明足以見之見其先祖之美也仁足以與之與其先祖之銘也非有仁恩君不使與之也知足以利之利己名得比於先祖

故衛孔悝之鼎銘曰。六月丁亥。公假于大廟。

孔悝衛大夫也公衛莊公蒯聵也德孔悝之立已依禮褒之以靜國人自固也假至也至於大廟謂以夏之孟夏禘祭○悝口回反假加百反

公曰叔舅。乃祖莊叔。左右成公。成公乃命莊叔隨難于漢陽。即宮于宗周。奔走無射。

公曰叔舅者公爲策書尊呼孔悝而命之也乃猶女也莊叔悝七世之祖衛大夫孔達也隨難者謂成公爲晉文公所伐出奔楚命莊叔從焉漢楚之川也即宮於宗周後反得國坐殺弟叔武晉人執而歸之於京師寘之深室也射厭也言莊叔當奔走至勞苦而不厭倦也周既去鎬京猶名王城爲宗周也○左音佐右音又下故右并注同難乃旦反射音亦女音汝後皆同從才用反寘之豉反

禮記　卷廿五　祭統　十一　秉禮堂

啓右獻公。獻公乃命成叔纂乃祖服。

獻公衛侯衎成公曾孫也亦失國得反言莊叔之功流於後世啓右獻公使得反國也成叔莊叔之孫成子烝鉏也右助也纂繼也服事也獻公反國命成子繼女祖莊叔之事欲其忠如孔達也○鉏仕居反

乃考文叔。興舊耆欲。作率慶士。躬恤衛國。其勤公家。夙夜不解。民咸曰休哉。

文叔者成叔之曾孫文子圉即悝父也作起也率循也慶善也士之言事也言文叔能興行先祖之舊德起而循其善事○耆市志反

公曰叔舅。予女銘。若纂乃考服。

若乃猶女也公命悝予女先祖以銘以尊顯之女繼女父之事欲其忠如文子也成公獻公莊公皆失國得反言孔氏世有功焉寵之也

悝拜稽首曰。對揚以辟之。

對遂也辟明也言遂揚君命以明我先祖之德也○辟必亦反

勤大命施于烝彝鼎。

施猶著也言我將行君之命又刻著於烝祭之彝鼎彝尊也周禮大約劑書於宗彝

此衛孔悝之鼎銘也。

言銘之類衆多也略取其一以言之

古之君子。論譔其先祖之美。而明著之後世者也。以比其身。以重

禮記　卷廿五　祭統　十二　秉禮堂

其國家如此。

如莊公命孔悝之爲也莊公孔悝雖無令德以終其事於禮是行之非

子孫之守宗廟社稷者。其先祖無美而稱之。是誣也。有善而弗知。不明也。知而弗傳。不仁也。此三者。君子之所恥也。

昔者周公旦有勳勞於天下。周公既沒。成王康王追念周公之所以勳勞者。而欲尊魯。故賜之以重祭。外祭則郊社是也。內祭則大嘗禘是也。

言此者王室所銘若周公之功

夫大嘗禘。升歌清廟。下而管象。朱干玉戚以舞大武。八佾以舞大

夏此天子之樂也康周公故以賜魯也。

清廟頌文王之詩也管象吹管而舞武象之樂也朱干赤盾戚斧也此武象之舞所執也佾猶列也大夏禹樂文舞也執羽籥文武之舞皆八列互言之耳康猶襃大也易晉卦曰康侯用錫馬

子孫纂之至于今不廢所以明公之德而又以重其國也。

不廢不廢其此禮樂也重猶尊也

禮記卷二十五終

禮記卷二十六

漢大司農北海鄭　玄註
皇明　後學東吳葛　鼒較

經解第二十六

孔子曰入其國其教可知也。

觀其風俗則知其所以教

其為人也温柔敦厚詩教也疏通知遠書教也廣博易良樂教也。絜靜精微易教也恭儉莊敬禮教也屬辭比事春秋教也。

屬猶合也春秋多記諸侯朝聘會同有相接之辭罪辯之事○易良以豉反下易良同屬音燭注及下同比毗志反下同朝直

遥反篇內同

故詩之失愚書之失誣樂之失奢易之失賊禮之失煩春秋之失亂

失謂不能節其教者也詩敦厚近愚書知遠近誣易精微愛惡相攻遠近相取則不能容人近於傷害春秋習戰爭之事近亂○惡烏路反

其為人也温柔敦厚而不愚則深於詩者也疏通知遠而不誣則深於書者也廣博易良而不奢則深於樂者也絜靜精微而不賊則深於易者也恭儉莊敬而不煩則深於禮者也屬辭比事而不亂則深於春秋者也。

言深者既能以教又防其失

天子者與天地參故德配天地兼利萬物與日月並明明照四海而不遺微小其在朝廷則道仁聖禮義之序燕處則聽雅頌之音行步則有環珮之聲升車則有鸞和之音居處有禮進退有度百官得其宜萬事得其序詩云淑人君子其儀不忒其儀不忒正是四國此之謂也

道猶言也環佩佩環佩玉也所以為行節也玉藻曰進則揖之退則揚之然後玉鏘鳴也環取其無窮止玉則比德焉孔子佩象環五寸人君之環其制未聞也鸞和皆鈴也所以為車行節也韓詩內傳曰鸞在衡和在軾前升車則馬動馬動則鸞鳴鸞鳴則和應居處朝廷與燕也進退行步與升車也○鈴音零

發號出令而民說謂之和上下相親謂之仁民不求其所欲而得之謂之信除去天地之害謂之義義與信和與仁霸王之器也有治民之意而無其器則不成

器謂所操以作事者也義信和仁皆存乎禮○說音悅

禮之於正國也猶衡之於輕重也繩墨之於曲直也規矩之於方圜也故衡誠縣不可欺以輕重繩墨誠陳不可欺以曲直規矩誠設不可欺以方圜君子審禮不可誣以姦詐

衡稱也縣謂錘也陳設謂彈畫也誠猶審也或作成○圜音圓縣音玄

是故隆禮由禮謂之有方之士不隆禮不由禮謂之無方之民敬讓之道也故以奉宗廟則敬以入朝廷則貴賤有位以處室家則父子親兄弟和以處鄉里則長幼有序孔子曰安上治民莫善於禮此之謂也

隆禮謂盛行禮也方猶道也春秋傳曰教之以義方

故朝覲之禮所以明君臣之義也聘問之禮所以使諸侯相尊敬也喪祭之禮所以明臣子之恩也鄉飲酒之禮所以明長幼之序也昏姻之禮所以明男女之別也夫禮禁亂之所由生猶坊止水之所自來也故以舊坊為無所用而壞之者必有水敗以舊禮為無所用而去之者必有亂患

春見曰朝小聘曰問其篇今亡昏姻謂嫁取也壻曰昏妻曰姻自亦由也○坊音房取七住反

故昏姻之禮廢則夫婦之道苦而淫辟之罪多矣鄉飲酒之禮廢則長幼之序失而爭鬬之獄繁矣喪祭之禮廢則臣子之恩薄而倍死忘生者衆矣聘覲之禮廢則君臣之位失諸侯之行惡而倍畔侵陵之敗起矣

苦謂不至不荅之屬○辟匹亦反行下孟反倍音佩

故禮之教化也微其止邪也於未形使人日徙善遠罪而不自知也是以先王隆之也易曰君子慎始差若毫氂繆以千里此之謂也

隆謂尊盛之也。殺謂其衰時也。○
差初佳反。𥿋李其反。繆音謬

禮記卷二十六終

禮記卷二十七

漢大司農北海鄭　玄註

皇明　後學東吳金　蟠較

哀公問第二十七

哀公問於孔子曰。大禮何如。君子之言禮何其尊也。孔子曰。丘也小人。不足以知禮。謙不答也。

君曰。否。吾子言之也。孔子曰。丘聞之。民之所由生。禮為大。非禮無以節事天地之神也。非禮無以辨君臣上下長幼之位也。非禮無以別男女父子兄弟之親。昏姻疏數之交也。君子以此之為尊敬然。言君子以此故尊禮。

然後以其所能教百姓。不廢其會節。君子以其所能於禮教百姓。使其不廢此上事之期節。

有成事。然後治其雕鏤文章黼黻以嗣。上事行於民有成功乃後續以治文飾以為尊卑之差。

其順之。然後言其喪筭。備其鼎俎。設其豕腊。修其宗廟。歲時以敬祭祀。以序宗族。即安其居。節醜其衣服。卑其宮室。車不雕幾。器不刻鏤。食不貳味。以與民同利。昔之君子之行禮者如此。

言語也、筭數也、卽就也、醜類也、幾附纒之也、言君子旣尊禮、民以爲順、乃後語以喪祭之禮、就安其居處、正其衣服、敎之節儉、與之同利者、上下俱足也、

公曰。今之君子。胡莫之行也。孔子曰。今之君子。好實無厭。淫德不倦。荒怠敖慢。固民是盡。午其衆以伐有道。求得當欲。不以其所。昔之用民者由前。今之用民者由後。今之君子莫爲禮也。

實猶富也、淫放也、固猶故也、午其衆、逆其族類也、當猶稱也、所猶道也、由前用上所言、由後用下所言、

孔子侍坐於哀公。哀公曰。敢問人道誰爲大。孔子愀然作色而對曰。君之及此言也。百姓之德也。固臣敢無辭而對。人道政爲大。

愀然變動貌也、作猶變也、德猶福也、辭讓也、

公曰。敢問何謂爲政。孔子對曰。政者正也。君爲政。則百姓從政矣。君之所爲。百姓之所從也。君所不爲。百姓何從。

言君當務於政、

公曰。敢問爲政如之何。孔子對曰。夫婦別。父子親。君臣嚴。三者正。則庶物從之矣。

庶物猶衆事也、

公曰。寡人雖無似也。願聞所以行三言之道。可得聞乎。

無似猶言不肖、

孔子對曰。古之爲政。愛人爲大。所以治愛人。禮爲大。所以治禮。敬爲大。敬之至矣。大昏爲大。大昏至矣。大昏既至。冕而親迎。親之也。親之也者。親之也。是故君子興敬爲親。舍敬是遺親也。弗愛不親。弗敬不正。愛與敬。其政之本與。

大昏、國君取禮也、至矣、言至大也、興敬爲親、言相敬則親、

公曰。寡人願有言。然冕而親迎。不已重乎。

已猶大也、怪親迎乃服祭服、○大音泰

孔子愀然作色而對曰。合二姓之好。以繼先聖之後。以爲天地宗廟社稷之主。君何謂已重乎。

先聖周公也、

公曰。寡人固。不固。焉得聞此言也。寡人欲問。不得其辭。請少進。

固不固、言吾由鄙固故也、請少進、欲其爲言以曉已、

孔子曰。天地不合。萬物不生。大昏。萬世之嗣也。君何謂已重焉。孔子遂言曰。內以治宗廟之禮。足以配天地之神明。出以治直言之禮。足以立上下之敬。物恥足以振之。國恥足以興之。爲政先禮。禮其政之本與。

宗廟之禮、祭宗廟也、夫婦配天地、有日月之象焉、禮器曰、君在阼、夫人在房、大明生於東、月生於西、此陰陽之分、夫婦之位也、直猶正也、正言、謂出政教也、政教有夫婦之禮焉、昏義曰、天子聽外治、后聽內職、敎順成俗、外內和順、國家理治、此之謂盛德、

物猶事也事恥臣耻也振猶救也國恥君恥也君臣之行有可恥者禮足以救之足以興復之

孔子遂言曰昔三代明王之政必敬其妻子也有道妻也者親之主也敢不敬與子也者親之後也敢不敬與君子無不敬也敬身爲大身也者親之枝也敢不敬與不能敬其身是傷其親傷其親是傷其本傷其本枝從而亡三者百姓之象也身以及身子以及子妃以及妃君行此三者則愾乎天下矣大王之道也如此則國家順矣

愾猶至也大王居邠爲狄所伐乃曰土地所以養人也君子不以其所養害所養乃去之岐是言百姓之身猶吾身也百姓之妻子猶吾妻子也不忍以土地之故而害之去之岐而王迹興焉○愾許乞反大音泰

公曰敢問何謂敬身孔子對曰君子過言則民作辭過動則民作則君子言不過辭動不過則百姓不命而敬恭如是則能敬其身能敬其身則能成其親矣

則法也民者之君者也君之言雖過民猶稱其辭君之行雖過民猶以爲法

公曰敢問何謂成親孔子對曰君子也者人之成名也百姓歸之名謂之君子之子是使其親爲君子也是爲成其親之名也已孔子遂言曰古之爲政愛人爲大不能愛人不能有其身不能安土不能安土不能樂天不能樂天不能成其身

有猶保也不能保身者言人將害之也不能安土動移失業也不能樂天不知已過而怨天也

公曰敢問何謂成身孔子對曰不過乎物

物猶事也

公曰敢問君子何貴乎天道也孔子對曰貴其不已如日月東西相從而不已也是天道也不閉其久是天道也無爲而物成是天道也已成而明是天道也

已猶止也是天道也者言人君法之當如是也日月相從君臣相朝會也不閉其久通其政教不可以倦無爲而成使民不可以煩也已成而明照察有功

公曰寡人惷愚冥煩子志之心也

志讀爲識識知也冥煩者言不能明理此事子之心所知也欲其要言使易行○惷如容反冥莫亭反

孔子蹴然辟席而對曰仁人不過乎物孝子不過乎物是故仁人之事親也如事天事天如事親是故孝子成身

蹴然敬親物猶事也事親事天孝敬同也孝經曰事父孝故事天明事無過事以孝事親是所以成身

公曰寡人既聞此言也無如後罪何

既聞此言也者欲勤行之也無奈後日過於事之罪何爲讓辭

孔子對曰君之及此言也是臣之福也

善哀公及此言此言善言也

禮記卷二十七終

禮記卷二十八

漢大司農北海鄭　玄註
皇明　後學東吳葛　鼒較

仲尼燕居第二十八

仲尼燕居。子張子貢言游侍。縱言至於禮。言游、言偃子游也。縱言、汎說事。○燕於見反汎芳劒反

子曰。居女三人者。吾語女禮。使女以禮周流無不徧也。居女三人者、女三人且坐也。使之坐、凡與尊者言更端則起。○女音汝後同

子貢越席而對曰。敢問何如。

對、應也。

子曰。敬而不中禮謂之野。恭而不中禮謂之給。勇而不中禮謂之逆。子曰。給奪慈仁。奪猶亂也。巧言足恭之人、似慈仁、實鮮仁。特言是者、感子貢也。子貢辯、近於給。○中丁仲反下同足將注反

子曰。師爾過。而商也不及。子產猶衆人之母也。能食之。不能教也。過與不及、言敏鈍不同、俱違禮也。衆人之母、言子產慈仁多、不矜莊。又與子張相反。子產嘗以其乘車濟冬涉者、而車梁不成、是慈仁亦違禮。○食音嗣

子貢越席而對曰。敢問將何以爲此中者也。子曰。禮乎禮。夫禮所以制中也。禮乎禮、唯有禮也。

子貢退。言游進曰。敢問禮也者。領惡而全好者與。子曰。然。領猶治也。好、善也。

然則何如。子曰。郊社之義。所以仁鬼神也。嘗禘之禮。所以仁昭穆也。饋奠之禮。所以仁死喪也。射鄉之禮。所以仁鄉黨也。食饗之禮。所以仁賓客也。仁猶存也。凡存此者、所以全善之道也。郊社嘗禘饋奠、存死之善者也。射鄉食饗、存生之善者也。郊有后稷、社有句龍。○食音嗣句古侯反

子曰。明乎郊社之義。嘗禘之禮。治國其如指諸掌而已乎。是故以

之居處有禮。故長幼辨也。以之閨門之內有禮。故三族和也。以之朝廷有禮。故官爵序也。以之田獵有禮。故戎事閑也。以之軍旅有禮。故武功成也。是故宮室得其度。量鼎得其象。味得其時。樂得其節。車得其式。鬼神得其饗。喪紀得其哀。辨說得其黨。官得其體。政事得其施。加於身而錯於前。凡衆之動得其宜。治國指諸掌、言易知也。郊社嘗禘、尊卑之事、其有治國之象焉。辨、別也。三族、父子孫也。凡言得者、得法於禮也。量、豆區斗斛也。味、酸苦之屬也。四時有所多及獻所宜也。式謂載也。所載有尊卑。辨禮之說、謂禮樂之官教學者。黨、類也。體、尊卑異而合同。

子曰。禮者何也。即事之治也。君子有其事。必有其治。治國而無禮。譬猶瞽之無相與。倀倀乎其何之。譬如終夜有求於幽室之中。非

燭何見若無禮則手足無所錯耳目無所加進退揖讓無所制是故以之居處長幼失其別閨門三族失其和朝廷官爵失其序田獵戎事失其策軍旅武功失其制宮室失其度量鼎失其象味失其時樂失其節車失其式鬼神失其饗喪紀失其哀辨說失其黨官失其體政事失其施加於身而錯於前凡衆之動失其宜如此則無以祖洽於衆也

凡言失者無禮故也策謀也祖始也洽合也言失禮無以爲衆倡始無以合和衆○倡初良反

子曰愼聽之女三人者吾語女禮猶有九焉大饗有四焉苟知此矣雖在畎畝之中事之聖人已兩君相見揖讓而入門入門而縣

興揖讓而升堂升堂而樂闋下管象武夏籥序興陳其薦俎序其禮樂備其百官如此而后君子知仁焉行中規還中矩和鸞中采齊客出以雍徹以振羽是故君子無物而不在禮矣入門而金作示情也升歌清廟示德也下而管象示事也是故古之君子不必親相與言也以禮樂相示而已

猶有九焉吾所欲語女餘有九也但大饗有四大饗謂饗諸侯來朝者也四者謂金再作升歌清廟下管象也事之謂立置於位也聖人已者是聖人也縣興金作也金再作者獻主君又作也下謂下堂也象武武舞也夏籥文舞也序更也堂下吹管舞文武之樂更起也知仁焉知禮樂所存也采齊雍振羽皆樂章也振羽振鷺及雍金作示情也賓主人各以情相示也金性內明象人情也示德也相示以德也清廟頌文王之德示事也相示以事也武象武王之大事也

子曰禮也者理也樂也者節也君子無理不動無節不作不能詩於禮繆不能樂於禮素薄於德於禮虛

繆誤也素猶質也歌詩所以通禮意也作樂所以同成禮文也崇德所以實禮行也王制曰樂正崇四術立四教順先王詩書禮樂以造士春秋教以禮樂冬夏教以詩書王大子王子羣后之大子卿大夫元士之適子國之俊選皆造焉則古之人皆知諸侯之禮樂

子曰制度在禮文爲在禮行之其在人乎

文爲文章所爲

子貢越席而對曰敢問夔其窮與

以其不達於禮

子曰古之人與古之人也達於禮而不達於樂謂之素達於樂而不達於禮謂之偏夫夔達於樂而不達於禮是以傳於此名也古之人也

素與偏俱不備耳夔達於樂傳世名此賢人也非不能非所謂窮

子張問政子曰師乎前吾語女乎君子明於禮樂舉而錯之而已

言禮樂足以爲政也錯猶施行也

子張復問子曰師爾以爲必鋪几筵升降酌獻酬酢然後謂之禮乎爾以爲必行綴兆興羽籥作鐘鼓然後謂之樂乎言而履之禮也行而樂之樂也君子力此二者以南面而立夫是以天下大平

也諸侯朝萬物服體而百官莫敢不承事矣禮之所興衆之所治也禮之所廢衆之所亂也目巧之室則有奧阼席則有上下車則有左右行則有隨立則有序古之義也室而無奧阼則亂於堂室也席而無上下則亂於席上也車而無左右則亂於車也行而無隨則亂於塗也立而無序則亂於位也昔聖帝明王諸侯辨貴賤長幼遠近男女外內莫敢相踰越皆由此塗出也

服體體服也謂萬物之衍長皆來爲瑞應也衆之所治衆之所以治也衆之所亂衆之所以亂也目巧謂但用巧目善意作室不由法度猶有奧阼賓主之處也目巧以下古今常事不可廢改也

三子者既得聞此言也於夫子昭然若發矇也

乃曉禮樂不可廢改之意也

禮記卷二十八終

禮記卷二十九

漢大司農北海鄭　玄註
皇明　後學東吳金　蟠較

孔子閒居第二十九

孔子閒居子夏侍子夏曰敢問詩云凱弟君子民之父母何如斯可謂民之父母矣

凱弟樂易也○凱本又作愷又作豈丘在反弟本又作悌樂音洛易以豉反

孔子曰夫民之父母乎必達於禮樂之原以致五至而行三無以横於天下四方有敗必先知之此之謂民之父母矣

原猶本也横充也敗謂禍烖也○烖音災

子夏曰民之父母既得而聞之矣敢問何謂五至孔子曰志之所至詩亦至焉詩之所至禮亦至焉禮之所至樂亦至焉樂之所至哀亦至焉哀樂相生是故正明目而視之不可得而見也傾耳而聽之不可得而聞也志氣塞乎天地此之謂五至

凡言至者至於民也志謂恩意也言君恩意至於民則其詩亦至也詩謂好惡之情也自此以下皆謂民之父母者善推其所有以與民共之人耳不能聞目不能見行之在胷心也塞滿也○哀樂音洛舊音岳好惡上呼報反下烏路反

子夏曰五至既得而聞之矣敢問何謂三無孔子曰無聲之樂無體之禮無服之喪此之謂三無子夏曰三無既得略而聞之矣敢

問何詩近之。

於意未察，求其類於詩，詩長人情。

孔子曰：夙夜其命宥密，無聲之樂也；威儀逮逮，不可選也，無體之禮也；凡民有喪，匍匐救之，無服之喪也。

詩讀其爲基，聲之誤也。基，謀也。密，靜也。言君夙夜謀爲政教以安民，則民樂之，此非有鐘鼓之聲也。逮逮，安和之貌也。言君之威儀安和逮逮然，則民傚之，此非有升降揖讓之禮也。救之賙恤之，言君於民有喪，有以賙恤之，則民傚之，此非有衰絰之服。○其命依註音基，宥音又，匍音扶，又音蒲，匐音服，又蒲北反，賙音周，衰七雷反，絰大結反。

子夏曰：言則大矣，美矣，盛矣，言盡於此而已乎？孔子曰：何爲其然也？君子之服之也，猶有五起焉。

言盡於此乎，意以爲說未盡也。服，猶習也。君子習讀此詩，起此之義，其說有五也。

子夏曰：何如？孔子曰：無聲之樂，氣志不違；無體之禮，威儀遲遲；無服之喪，內恕孔悲。無聲之樂，氣志既得；無體之禮，威儀翼翼；無服之喪，施及四國。無聲之樂，氣志既從；無體之禮，上下和同；無服之喪，以畜萬邦。無聲之樂，日聞四方；無體之禮，日就月將；無服之喪，純德孔明。無聲之樂，氣志既起；無體之禮，施及四海；無服之喪，施於孫子。

不違者，只不違君之氣志也。孔，甚也。施，易也。從，順也。畜，孝也。使萬邦之民競爲孝也。就，成也。將，大也。使民之傚禮，日有所成，至月則大矣。起，猶行也。○施及以豉反，下同，畜許六反，聞音問，下令聞并註同，施易並以豉反。

子夏曰：三王之德，參於天地，敢問何如斯可謂參於天地矣？孔子曰：奉三無私以勞天下。

三王，謂禹、湯、文王也。參天地者，其德與天地爲三也。勞，勞來。○勞力報反，註及下同，來力代反。

子夏曰：敢問何謂三無私？孔子曰：天無私覆，地無私載，日月無私照。奉斯三者以勞天下，此之謂三無私。其在詩曰：帝命不違，至於湯齊。湯降不遲，聖敬日齊。昭假遲遲，上帝是祗。帝命式于九圍。是湯之德也。

帝，天帝也。詩讀湯齊爲湯躋。躋，升也。降，下也。齊，莊也。昭，明也。假，至也。祗，敬也。式，用也。九圍，九州之界也。此詩云：殷之先君，其爲政不違天之命，至于湯升爲君，又下天之政教甚疾，其聖敬日莊嚴，其明道至于民，遲遲然安和，天是用敬之，命之用事于九州，謂使王也。是湯之德者，是湯奉于無私之德也。○昭音照，本亦作照，湯齊依註音躋，詩如字，日人實反，齊側皆反，註齊莊同，詩作躋，子兮反，假音格，註同，遲直私反，祗諸夷反，使王于況反，下王天下、王功皆同。

天有四時，春秋冬夏，風雨霜露，無非教也；地載神氣，神氣風霆，風霆流形，庶物露生，無非教也。

言天之施化，收殺，地之載生萬物，此非有所私也，無非教者，皆人君所當奉行以爲政教。○霆音廷。

清明在躬，氣志如神，耆欲將至，有開必先。天降時雨，山川出雲。其在詩曰：嵩高維嶽，峻極於天。維嶽降神，生甫及申。維申及甫，爲周之翰。四國于蕃，四方于宣。此文武之德也。

清明在躬，氣志如神，謂聖人也。耆欲將至，謂其王天下之期將至也。神有以開之，必先爲之生賢知之輔佐，若天將降時雨，山川爲之先出雲矣峻高大也翰幹也言周道將興五嶽爲之生賢輔佐仲山甫及申伯爲周之幹臣天下之蕃衛宣德于四方以成其王功此文武之德也是文王武王奉天地無私之德也此宣王詩也文武之時其德如此而詩無以言之取類以明之○耆市志反註同嵩息忠反翰胡旦反徐音寒爲之于僞反下川爲嶽爲皆同賢知音智

三代之王也必先其令聞詩云明明天子令聞不已三代之德也

令善也言以名德善聞天乃命之王也不已不倦止也

弛其文德協此四國大王之德也

弛施也協和也大王文王之祖周道將興始有令聞○弛式支反大音泰註同

子夏蹶然而起負牆而立曰弟子敢不承乎

承奉承不失隊也起負牆者所問竟辟後來者○蹶音厥隊直媿反辟音避

禮記卷二十九終

禮記卷三十

漢大司農北海鄭　玄註
皇明　後學東吳葛　鼒較

坊記第三十

子言之君子之道辟則坊與坊民之所不足者也

民所不足謂仁義之道也失道則放辟邪侈也○辟音譬坊音防邪似嗟反

大爲之坊民猶踰之

言嚴其禁尚不能止况不禁乎

故君子禮以坊德刑以坊淫命以坊欲

命謂教令

子云小人貧斯約富斯驕約斯盜驕斯亂

約猶窮也

禮者因人之情而爲之節文以爲民坊者也故聖人之制富貴也使民富不足以驕貧不至於約貴不慊於上故亂益亡

此節文者謂農有田里之差士有爵命之級慊恨不滿之貌也慊或爲嫌○慊口簟反

子曰貧而好樂富而好禮衆而以寧者天下其幾矣

言如此者寡也寧安也大族衆家恒多作亂○好呼報反下同樂音洛幾居豈反又音譏

詩云民之貪亂寧爲荼毒

言民之貪爲亂者，安其荼毒之行惡之也。○荼音徒，行下孟反，惡烏路反，下猶惡皆同

故制國不過千乘，都城不過百雉，家富不過百乘。以此坊民，諸侯猶有畔者。

古者方十里，其中六十四井出兵車一乘，此兵賦之法也。成國之賦千乘。雉，度名也，高一丈長三丈爲雉，百雉爲長三百丈，方五百步。子男之城方五里，百雉者此謂大都三國之一。○乘繩證反，下同

子云：夫禮者，所以章疑別微，以爲民坊者也。故貴賤有等，衣服有別，朝廷有位，則民有所讓。

位朝位也。○別彼列反，下同，朝直遙反，下皆同

子云：天無二日，土無二王，家無二主，尊無二上，示民有君臣之別也。春秋不稱楚越之王喪，禮君不稱天，大夫不稱君，恐民之惑也。

楚越之君僭號稱王，不稱其喪，謂不書葬也。春秋傳曰：吳楚之君不書葬，辟其僭號也。臣者天君，稱天子爲天王，稱諸侯不言天公，辟王也。大夫有臣者稱之曰子，不言君，辟諸侯也。此者皆爲使民疑惑不知孰者尊也。周禮曰：主友之仇，眡從父昆弟。○辟音避，下同，皆爲于僞反

詩云：相彼盍旦，尚猶患之。

盍旦，夜鳴求旦之鳥也，求不可得也。人猶惡其欲反晝夜而亂晦明，況于臣之僭君，求不可得之類亂上下，惑衆也。○相息亮反，盍音渴

子云：君不與同姓同車，與異姓同車不同服，示民不嫌也。以此坊民，民猶得同姓以弑其君。

同姓者謂先王先公子孫有繼及之道者也，其非此則無嫌也。僕右恒朝服，君則各以時事，唯在軍同服乎。

子云：君子辭貴不辭賤，辭富不辭貧，則亂益亡。

亡無也。○子云，自此以下本或作子曰

故君子與其使食浮於人也，寧使人浮於食。

食謂祿也，在上曰浮，祿勝己則近貪，己勝祿則近廉

子云：觴酒豆肉，讓而受惡，民猶犯齒；衽席之上，讓而坐下，民猶犯貴；朝廷之位，讓而就賤，民猶犯君。

犯猶僭也，齒年也。禮六十以上籩豆有加，貴賤異者。○觴音傷，衽而審反，上時掌反

詩云：民之無良，相怨一方，受爵不讓，至于己斯亡。

良善也，言無善之人，善遙相怨，貪爵祿，好得無讓，以至亡己。○好呼報反

子云：君子貴人而賤己，先人而後己，則民作讓。故稱人之君曰君，自稱其君曰寡君。

寡君猶言少德之君，言自謙

子云：利祿先死者而後生者，則民不偝；先亡者而後存者，則民可以託。

言不偷於死亡，則於生存信。○偝音佩，下及註同

詩云：先君之思，以畜寡人。

此衛夫人定姜之詩也。定姜無子，立庶子衎，是爲獻公。畜孝也。獻公無禮于定姜，定姜作詩，言獻公當思先君定公以孝于寡

人。○畜許六反註同毛詩作勗
定姜毛詩為莊姜術苦旦反

以此坊民，民猶偝死而號無告。

死者見偝，其家之老弱號呼稱寃，無所告無理也。○號戶羔反註同

子云：有國家者貴人而賤祿，則民興讓；尚技而賤車，則民興藝。

言人君貴尚賢者能者，而不吝於班祿賜車服，則讓道興，賢者能者人所服也。技猶藝也。

故君子約言，小人先言。

言人尚德不尚言也。約與先，互言爾。君子約則小人多矣，小人先則君子後矣。易曰：君子以多識前言往行以畜其德。○行下孟反畜勑六反

子云：上酌民言則下天上施，上不酌民言則犯也，下不天上施則亂也。

酌猶取也。取衆民之言以為政教，則得民心，得民心則恩澤所加，民受之如天矣。言其尊。○施始豉反下同

故君子信讓以涖百姓，則民之報禮重。

涖臨也。報禮重者，猶言能死其難。○難乃旦反

詩云：先民有言，詢于芻蕘。

先民謂上古之君也。詢，謀也。芻蕘，下民之事也。言古之人君將有政教，必謀之於庶民乃施之。○詢音旬蕘如遙反

子云：善則稱人，過則稱己，則民不爭；善則稱人，過則稱己，則怨益亡。詩云：爾卜爾筮，履無咎言。

爾，女也。履，禮也。言女卜筮，然後與我為禮，則無咎惡之言矣。言惡在己，彼過淺。○女音汝下及下文皆同鄕許亮反本亦作
鄉

子云：善則稱人，過則稱己，則民讓善。詩云：考卜惟王，度是鎬京，惟龜正之，武王成之。

度，謀也。鎬京，鎬宮也。言武王卜而謀居此鎬邑，龜則出吉兆正之，武王築成之。此臣歸美於君。○度徒洛反註同毛詩作宅

子云：善則稱君，過則稱己，則民作忠。君陳曰：爾有嘉謀嘉猷，入告爾君于內，女乃順之于外，曰：此謀此猷，惟我君之德。於乎！是惟良顯哉。

君陳，蓋周公之子，伯禽弟也。名篇在尚書，今亡。嘉，善也。猷，道也。於乎，是惟良顯哉，美君之德。○於音烏乎火吳反註同

子云：善則稱親，過則稱己，則民作孝。大誓曰：予克紂，非予武，惟朕

文考無罪；紂克予，非朕文考有罪，惟予小子無良。

大誓，尚書篇名也。克，勝也。非予武，非我武功也。文考，文王也。無罪則言有德也。無良，無功善也。此武王誓衆以伐紂之辭也。今大誓無此章，則其篇散亡。○大音泰本亦作泰註同

子云：君子弛其親之過而敬其美。

弛猶棄忘也。孝子不藏記父母之過。○弛式氏反註同

論語曰：三年無改於父之道，可謂孝矣。

不以己善駮親之過。○駮邦角反

高宗云：三年其惟不言，言乃讙。

高宗，殷王武丁也，名篇在尚書。三年不言，有父小乙喪之時也。讙當為歡，聲之誤也。其既言，天下皆歡喜，樂其政教也。○讙依

註音歡　樂音洛

子云從命不忿微諫不倦勞而不怨可謂孝矣。微諫不倦者子於父母尚和順不用鄂鄂論語曰事父母幾諫見志不從又敬不違內則曰父母有過下氣怡色柔聲以諫諫若不入起敬起孝說則復諫此所謂不倦○鄂本又作諤說音悅復扶又反

詩云孝子不匱。匱乏也孝子無之止之時

子云睦於父母之黨可謂孝矣。睦厚也黨猶親也

故君子因睦以合族。合族謂與族人燕與族人食

詩云此令兄弟綽綽有裕不令兄弟交相為瘉。令善也綽綽寬容貌也交猶更也瘉病也○瘉羊主反更古衡反

子云於父之執可以乘其車不可以衣其衣君子以廣孝也。父之執與父執志同者也可以乘其車車于身差遠也謂今與己位等○衣於既反差初賣反

子云小人皆能養其親君子不敬何以辨。辨別也○養羊尚反

子云父子不同位以厚敬也。同位尊卑等為其相褻○為于偽反下專為同

書云厥辟不辟忝厥祖。厥其也辟君也忝辱也為君不君與臣子相褻則辱先祖矣君父之道宜尊嚴○辟並必亦反

子云父母在不稱老言孝不言慈閨門之內戲而不歎。孝上施言慈則嫌下流也戲謂孺子言笑者也孟子曰舜年五十而不失其孺子之心歎謂其憂戚之聲也

君子以此坊民民猶薄於孝而厚於慈子云長民者朝廷敬老則民作孝。長民謂天子諸侯也○長丁丈反註及下事長同

子云祭祀之有尸也宗廟之有主也示民有事也脩宗廟敬祀事教民追孝也。有事有所尊事

以此坊民民猶忘其親。

子云敬則用祭器。祭器籩豆簠簋鉶之屬也有敬事于賓客則用之謂饗食也盤盂之屬為燕器○簠音軌鉶音刑食音嗣下文食禮同盤步干反盂音于

故君子不以菲廢禮不以美沒禮。言不可以其薄不及禮而不行禮亦不可以其美過禮而去禮禮主敬廢滅之是不敬○去起呂反

故食禮主人親饋則客祭主人不親饋則客不祭故君子苟無禮雖美不食易曰東鄰殺牛不如西鄰之禴祭寔受其福。

東鄰謂紂國中也西鄰謂文王國中也此辭在既濟既濟離下坎上離爲牛坎爲豕西鄰禴祭則用豕與言殺牛而凶不如殺豕受福喻奢而慢不如儉而敬也春秋傳曰黍稷非馨明德惟馨信矣○禴音藥寔易作實

詩云既醉以酒既飽以德。言君子饗燕非專爲酒肴亦以觀威儀講德美

以此示民民猶爭利而忘義。

子云七日戒三日齊承一人焉以爲尸過之者趨走以教敬也。戒謂散齊也承猶事也○齊側皆反註同散悉但反

醴酒在室醍酒在堂澄酒在下示不淫也。淫猶貪也澄酒清酒也三酒尚質不尚味○醍音體

尸飲三衆賓飲一示民有上下也。上下猶尊卑也主人主婦上賓獻尸乃後主人降洗爵獻賓

因其酒肉聚其宗族以教民睦也。言祭有酒肉羣昭羣穆皆至而獻酬之咸有薦俎

故堂上觀乎室堂下觀乎上。謂祭時肅敬之威儀也

詩云禮儀卒度笑語卒獲。卒盡也獲得也言在廟中者不失其禮儀皆歡喜得其節也○度如字法度也徐涂洛反

子云賓禮每進以讓喪禮每加以遠浴於中霤飯於牖下小斂於戶內大斂於阼殯於客位祖於庭葬於墓所以示遠也。遠之所以崇敬也阼或爲堂○霤力救反飯扶晚反牖音酉

殷人弔於壙周人弔於家示民不偝也。既葬哀而哭踊于是弔之○壙苦晃反

子云死民之卒事也吾從周。周于送死尤備

以此坊民諸侯猶有薨而不葬者。

子云升自客階受弔於賓位教民追孝也。謂反哭時也既葬矣猶不由阼階不忍即父位也

未沒喪不稱君示民不爭也故魯春秋記晉喪曰殺其君之子奚齊及其君卓。沒終也春秋傳曰諸侯于其封內三年稱子至其臣子踰年則謂之君矣奚齊與卓子皆獻公之子也獻公卒其年奚齊殺明年而卓子殺矣○殺音弑註及下同

以此坊民子猶有弑其父者。弑父不子之甚

子云孝以事君弟以事長示民不貳也故君子有君不謀仕唯卜之日稱二君。不貳不自貳于尊者也自貳謂若鄭叔段者也君子有君謂君之子父在者也不謀仕嫌遲爲政也卜之日謂君有故而爲之

卜也二當爲貳唯卜之時辭得曰君之貳某爾晉惠公獲于秦命其大夫歸擇立君曰其卜二圉也○遲直志反而爲于僞反圉魚呂反晉惠公太子懷公名

喪父三年。喪君三年。示民不疑也。不疑于君之尊也君無骨肉之親不重其服至尊不明

父母在不敢有其身。不敢私其財。示民有上下也。身及財皆當統于父母也有猶專也

故天子四海之內無客禮。莫敢爲主焉。故君適其臣。升自阼階。卽位於堂。示民不敢有其室也。臣亦統于君

父母在。饋獻不及車馬。示民不敢專也。車馬家物之重者

以此坊民。民猶忘其親而貳其君。

子云。禮之先幣帛也。欲民之先事而後祿也。此禮謂所執之贄以見者也旣相見乃奉幣帛以修好也或云禮之先辭而後幣帛○見賢遍反好呼報反

先財而後禮則民利。財幣帛也利猶貪也

無辭而行情則民爭。辭辭讓也情主利欲也

故君子於有饋者。弗能見則不視其饋。饋遺也不能見謂有疾也不視猶不內也○遺于季反下遺民同內音納

易曰。不耕穫。不菑畬。凶。言必先種之乃得穫若先菑乃得畬也安有無事而取利者乎田一歲曰菑二歲曰畬三歲曰新田○穫戶郭反菑側其反畬音餘

以此坊民。民猶貴祿而賤行。行猶事也言務得其祿不務其事○行下孟反註同

子云。君子不盡利以遺民。不與民爭利也

詩云。彼有遺秉。此有不斂穧。伊寡婦之利。言穫者之遺餘捃拾所以爲利○穧子賜反又才計反捃君運反

故君子仕則不稼。田則不漁。食時不力珍。大夫不坐羊。士不坐犬。食時謂食四時之膳也力猶務也天子諸侯有秩膳古者殺牲食其肉坐其皮不坐犬羊是不無故殺之

詩云。采葑采菲。無以下體。德音莫違。及爾同死。葑蔓菁也陳宋之間謂之葑菲葍類也下體謂其根也采葑菲之菜者采其葉而可食無以其根美則幷取之苦則棄之幷取之是盡利也此詩故親今疏者言人之交當如采葑采菲取一善而已君子不求備于一人能如此則德美之音不離令名我願與女同死矣論語曰故舊無大故則不棄也○葑芳容反蔓音萬菁子丁反葍音富又音福離力智反女音汝

以此坊民。民猶忘義而爭利。以亡其身。

子云夫禮坊民所淫章民之別使民無嫌以爲民紀者也

淫猶貪也章明也嫌嫌疑也

故男女無媒不交無幣不相見恐男女之無別也

重男女之會所以遠別之于禽獸也有幣者必有媒有媒者不必有幣仲春之月會男女之時不必待幣○媒音梅

以此坊民民猶有自獻其身

獻猶進也

詩云伐柯如之何匪斧不克取妻如之何匪媒不得蓺麻如之何橫從其畝取妻如之何必告父母

伐柯伐木以爲柯也克能也蓺猶樹也橫從橫行治其田也言取妻之法必有媒如伐柯之必須斧也取妻之道必告父母如樹麻當先易治其田○取七樹反後皆同從子容反註同橫行本亦作遊行易以豉反

子云取妻不取同姓以厚別也

厚猶遠也○不取如字又七樹反

故買妾不知其姓則卜之

妾言買者以其賤同之于衆物也士庶之妾恒多凡庸有不知其姓者

以此坊民魯春秋猶去夫人之姓曰吳其死曰孟子卒

吳大伯之後魯同姓也昭公取焉去姬曰吳而已至其死亦略云孟子卒不書夫人某氏薨孟子蓋其且字○去起呂反註同大音泰

子云禮非祭男女不交爵

交爵謂相獻酢

以此坊民陽侯猶殺繆侯而竊其夫人

同姓也以貪夫人之色至殺君而立其國未聞○殺音弒註同繆音穆

故大饗廢夫人之禮

大饗饗諸侯來朝者也夫人之禮使人攝○朝直遙反

子云寡婦之子不有見焉則弗友也君子以辟遠也

有見謂睹其才藝也同志爲友○見賢遍反註及下同辟音避遠于萬反下遠色同

故朋友之交主人不在不有大故則不入其門

大故喪病

以此坊民民猶以色厚於德子云好德如好色

此句似不足論語曰未見好德如好色疾時人厚於色之甚而薄於德也○好呼報反下及註同

諸侯不下漁色

謂不內取于國中也內取國中爲下漁色昏禮始納采謂采擇其可者也國君而內取象捕魚然中網取之是無所擇○捕蒲布反中網丁仲反

故君子遠色以爲民紀故男女授受不親

不親者不以手相與也內則曰非祭非喪不相授器其相授則女授以篚其無篚則皆坐奠之而後取之

御婦人則進左手

□□□□　□□□□

姑姊妹。女子子已嫁而反，男子不與同席而坐。女子十年而不出也，嫁及成人，可以出矣，猶不與男子共席而坐，遠別。

寡婦不夜哭。□□□□

婦人疾，問之不問其疾。嫌略之也。問增損□□□□

以此坊民，民猶淫泆而亂於族。亂族，犯非妃匹也。

子云：昏禮，壻親迎，見於舅姑，舅姑承子以授壻，恐事之違也。

舅姑，妻之父母也。妻□□□□□□□□爲外姑，父戒女曰夙夜□□□□□□□□違宮事。

以此坊民，婦猶有不至者。不至，不親夫以孝舅姑也。春秋成公九年春二月，伯姬歸于宋。□□孔季孫行□□□□□□□□宋共公不親迎。○父音甫。

禮記卷三十

禮記卷三十一

漢大司農北海鄭　玄註

皇明　後學東吳金　蟠較

中庸第三十一

天命之謂性，率性之謂道，脩道之謂教。天命，謂天所命生人者也，是謂性命。木神則仁，金神則義，火神則禮，水神則信，土神則知。孝經說曰：性者，生之質；命者，所稟受度也。率，循也。循性行之，是謂道。脩，治也。治而廣之，人放傚之，是曰教。○知音智，下知者、大知皆同。放，方往反。

道也者，不可須臾離也；可離，非道也。道猶道路也，出入動作由之，離之惡乎從也。○離，力智反，下及註同。惡音烏。

是故君子戒慎乎其所不睹，恐懼乎其所不聞。小人閒居爲不善，無所不至也。君子則不然，雖視之無人，聽之無聲，猶戒慎恐懼自修正，是其不須臾離道。○閒音閑，下同。

莫見乎隱，莫顯乎微，故君子慎其獨也。慎獨者，慎其閒居之所爲。小人於隱者動作言語，自以爲不見睹，不見聞，則必肆盡其情也。若有佔聽之者，是爲顯見，甚於衆人之中爲之。○見，賢遍反，註顯見同。佔，勑廉反。

喜怒哀樂之未發，謂之中；發而皆中節，謂之和。中也者，天下之大本也；和也者，天下之達道也。中爲大本者，以其含喜怒哀樂，禮之所由生，政教自此出也。○樂音洛，註同。中，丁仲反，下註爲之中同。

致中和，天地位焉，萬物育焉。

致行之至也位猶正也育生也長也○長丁丈反

仲尼曰君子中庸小人反中庸君子之中庸也君子而時中小人之中庸也小人而無忌憚也

庸常也用中爲常道也反中庸者所行非中庸然亦自以爲中庸也君子而時中者其容貌君子而又時節其中也小人而無忌憚其容貌小人又無以畏難爲常行是其反中庸也○王肅本作小人之反中庸也難乃旦反行下孟反

子曰中庸其至矣乎民鮮能久矣

鮮罕也言中庸爲道至美顧人罕能久行○一本作中庸之爲德其至矣乎鮮息淺反下及註同

子曰道之不行也我知之矣知者過之愚者不及也道之不明也我知之矣賢者過之不肖者不及也人莫不飲食也鮮能知味也

罕知其味謂愚者所以不及也過與不及使道不行唯禮能爲之中○知音智下文大知也予知註有知皆同

子曰道其不行矣夫

閔無明君敎之○夫音扶

子曰舜其大知也與舜好問而好察邇言隱惡而揚善執其兩端用其中於民其斯以爲舜乎

邇近也近言而善易以進人察而行之也兩端過與不及也用其中於民賢與不肖皆能行之也斯此也其德如此乃號爲舜舜之言充也○好呼報反下同易以豉反

子曰人皆曰予知驅而納諸罟擭陷阱之中而莫之知辟也人皆曰予知擇乎中庸而不能期月守也

予我也言凡人自謂有知人使之入罟不知辟也自謂擇中庸而爲之亦不能久行言其實愚又無恒○罟音古擭胡化反阱本或作穽辟音避註同

子曰回之爲人也擇乎中庸得一善則拳拳服膺而弗失之矣

拳拳奉持之貌○奉芳勇反

子曰天下國家可均也爵祿可辭也白刃可蹈也中庸不可能也

言中庸難爲之難

子路問强

强勇者所好也

子曰南方之强與北方之强與抑而强與

言三者所以爲强者異也抑辭也而之言女也謂中國也○女音汝下抑女同

寬柔以敎不報無道南方之强也君子居之

南方以舒緩爲强不報無道謂犯而不校也

衽金革死而不厭北方之强也而强者居之

衽猶席也北方以剛猛爲强

故君子和而不流强哉矯中立而不倚强哉矯國有道不變塞焉强哉矯國無道至死不變强哉矯

此抑女之强也流猶移也塞猶□也國有道不變以趨時國無道不變以辟害有道無道一也矯强貌塞或爲色

子曰素隱行怪後世有述焉吾弗爲之矣

素讀爲攻城攻其所傃之傃，傃猶鄉也。言方鄉辟害隱身，而行詭譎，以作後世名也。弗爲之矣，恥之也。○傃音素。鄉本又作嚮，許亮反，不皆同

君子遵道而行，半塗而廢，吾弗能已矣。廢猶罷止也。弗能已矣，汲汲行道，不爲時人之隱行。○隱行，下孟反

君子依乎中庸，遯世不見知而不悔，唯聖者能之。言隱者當如此也，唯舜爲能如此。

君子之道費而隱。言可隱之節也。費猶佹也。道不費則仕。○費本又作拂，同

夫婦之愚，可以與知焉，及其至也，雖聖人亦有所不知焉。夫婦之不肖，可以能行焉，及其至也，雖聖人亦有所不能焉。與讀爲贊者皆與之與。言匹夫匹婦愚耳，亦可以其與有所知，可以其能有所行者，以其知行之極也，聖人有不能，如此舜好察邇言，由此故與。○與皆音預，故與音餘

天地之大也，人猶有所憾。憾，恨也。天地至大，無不覆載，人尚有所恨焉，況于聖人能盡備之乎。○憾本又作感，胡暗反

故君子語大，天下莫能載焉；語小，天下莫能破焉。語猶說也。所說大事，謂先王之道也。所說小事，謂若愚不肖夫婦之知行也。聖人盡兼行。

詩云：鳶飛戾天，魚躍于淵。言其上下察也。察猶著也。言聖人之德至于天，則鳶飛戾天；至于地，則魚躍于淵。是其著明于天地也。

君子之道，造端乎夫婦，及其至也，察乎天地。夫婦謂匹夫匹婦之所知所行。

子曰：道不遠人。人之爲道而遠人，不可以爲道。言道即不遠于人，人不能行也。

詩云：伐柯伐柯，其則不遠。執柯以伐柯，睨而視之，猶以爲遠。則，法也。言持柯以伐木，將以爲柯，近以柯爲尺寸之法，此法不遠人，人尚遠之，明爲道不可以遠。○睨音詣

故君子以人治人，改而止。言人有罪過，君子以人道治之，其人改則止赦之，不責以人所不能。

忠恕違道不遠，施諸己而不願，亦勿施於人。違猶去也

君子之道四，丘未能一焉：所求乎子以事父，未能也；所求乎臣以事君，未能也；所求乎弟以事兄，未能也；所求乎朋友先施之，未能也。聖人而曰我未能，明人當勉之無已

庸德之行，庸言之謹，有所不足，不敢不勉，有餘不敢盡。言顧行，行顧言。庸猶常也。言德常行也，言常謹也。聖人之行實過于人，有餘不敢盡，常爲人法，從禮也。○行皆下孟反，註聖人之行同

君子胡不慥慥爾。

君子謂衆賢也。慥慥，守實言行相應之貌。

君子素其位而行，不願乎其外。素富貴，行乎富貴；素貧賤，行乎貧賤；素夷狄，行乎夷狄；素患難，行乎患難。君子無入而不自得焉。

傃皆讀爲素。不願乎其外，謂思不出其位也。自得，謂所鄉不失其道。

在上位不陵下，在下位不援上。

援謂牽持之也。

正己而不求於人則無怨，上不怨天，下不尤人。

無怨，人無怨之者也。論語曰：君子求諸己，小人求諸人。○己音紀

故君子居易以俟命，小人行險以徼幸。

易猶平安也。俟命，聽天任命也。險謂傾危之道。○易，以豉反，註同。徼，古堯反

子曰：射有似乎君子，失諸正鵠，反求諸其身。

反求于其身，不以怨人。畫布曰正，棲皮曰鵠。○正音征，註同

君子之道，辟如行遠必自邇，辟如登高必自卑。

自，從也。邇，近也。行之以近者卑者，始以漸致之高遠。○辟音譬，下同

詩云：妻子好合，如鼓瑟琴。兄弟既翕，和樂且耽。宜爾室家，樂爾妻帑。

琴瑟聲相應和也。翕，合也。耽亦樂也。古者謂子孫曰帑。此詩言和室家之道，自近者始。○好，呼報反。樂音洛，下及註同。耽，丁南反。帑作孥

子曰：父母其順矣乎。

謂其教令行，使室家順。

子曰：鬼神之爲德，其盛矣乎。視之而弗見，聽之而弗聞，體物而不可遺。

體猶生也。可猶所也。不有所遺，言萬物無不以鬼神之氣生也。

使天下之人齊明盛服，以承祭祀。洋洋乎，如在其上，如在其左右。

明猶絜也。洋洋，人想思其傍僾之貌。○齊側皆反，本亦作齋。僾，於愷反，又音愛

詩曰：神之格思，不可度思，矧可射思。

格，來也。矧，況也。射，厭也。思皆聲之助。言神之來，其形象不可億度而知，事之盡敬而已，況可厭倦乎。○格，古百反。度，待洛反，註

同。矧，詩忍反。射音亦。厭，於豔反

夫微之顯，誠之不可揜如此夫。

言神無形而著，不言而誠。○夫音扶

子曰：舜其大孝也與。德爲聖人，尊爲天子，富有四海之內，宗廟饗之，子孫保之。

保，安也。

故大德必得其位，必得其祿，必得其名，必得其壽。

名，令聞也。○聞音問，下令聞同

故天之生物，必因其材而篤焉。

材謂其質性也，篤，厚也，言善者天厚其福，惡者天厚其毒，皆由其本而爲之。

故栽者培之，傾者覆之。

栽讀如文王初載之載，栽猶殖也，培，益也，今時人名草木之植曰栽，築墻立板亦曰栽，栽或爲兹，覆，敗也。○栽依註將才反

詩云：嘉樂君子，憲憲令德，宜民宜人，受祿于天，保佑命之，自天申之。故大德者必受命。

憲憲，興盛之貌，保，安也，佑，助也。○嘉，戶嫁反，詩本作假，音同，又音加，憲音顯

子曰：無憂者其惟文王乎。以王季爲父，以武王爲子，父作之，子述之。

聖人以立法度爲大事，子能述成之，則何憂乎，堯舜之父子則有凶頑，禹湯之父子則寡令聞，父子相成，唯有文王。

武王纘大王、王季、文王之緒，壹戎衣而有天下，身不失天下之顯名，尊爲天子，富有四海之內，宗廟饗之，子孫保之。

纘，繼也，緒，業也，戎，兵也，衣讀如殷，聲之誤也，齊人言殷聲如衣，虞夏商周氏者多矣，今姓有衣者，殷之冑與，壹戎殷者，壹用兵伐殷也。○大音泰，下及註大王皆同，壹戎衣，依註衣作殷，謂一用兵伐殷也，尚書謂一著戎衣

武王末受命，周公成文武之德，追王大王、王季，上祀先公以天子之禮。斯禮也，達乎諸侯、大夫及士庶人。父爲大夫，子爲士，葬以大夫，祭以士。父爲士，子爲大夫，葬以士，祭以大夫。期之喪達乎大夫，三年之喪達乎天子，父母之喪無貴賤一也。

末，猶老也，追王大王、王季者，以王迹起焉，先公，組紺以上至后稷也，斯禮達于諸侯、大夫、士、庶人者，謂葬之從死者之爵，祭之用生者之祿也，言大夫葬以大夫，士葬以士，則追王者改葬之矣，期之喪達乎大夫者，謂旁親所降在大功者，其正統之期，天子、諸侯猶不降也，大夫所降，天子、諸侯絕之不爲服，所不臣，乃服之也，承葬祭說期、三年之喪者，明子事父以孝，不用其尊卑變。○追王，于况反，註同，紺，古闇反，組紺，大王之父也，以上時掌反，不爲服，于僞反

子曰：武王、周公其達孝矣乎。夫孝者，善繼人之志，善述人之事者也。春秋脩其祖廟，陳其宗器，設其裳衣，薦其時食。

脩，謂掃糞也，宗器，祭器也，裳衣，先祖之遺衣服也，設之當以授尸也，時食，四時祭也。○糞本亦作攢，亦作拚，同

宗廟之禮，所以序昭穆也。序爵，所以辨貴賤也。序事，所以辨賢也。旅酬下爲上，所以逮賤也。燕毛，所以序齒也。

序，猶次也，爵，謂公、卿、大夫、士也，事，謂薦羞也，以辨賢者，以其事別所能也，若司徒奉牛，宗伯共雞牲矣，文王世子曰：宗廟之中，以爵爲位，崇德也，宗人授事以官，尊賢也，旅酬下爲上者，謂若特牲饋食之禮，賓弟子、兄弟之子各舉觶于其長也，逮賤者，宗廟之中，以有事爲榮也，燕，謂既祭而燕也，燕以髮色爲坐，祭時尊尊也，至燕親親也，齒亦作[illegible]。○別，彼列反，共音恭，觶音至，長丁丈反，下謂長同

踐其位，行其禮，奏其樂，敬其所尊，愛其所親，事死如事生，事亡如事存，孝之至也。

踐，猶升也，其者，其先祖也，踐或爲纘

郊社之禮，所以事上帝也。宗廟之禮，所以祀乎其先也。

社，祭地神，不言后土者，省文

明乎郊社之禮，禘嘗之義，治國其如示諸掌乎。

示讀如寘諸河干之寘。寘，置也。物而在掌中，易爲知力者也。序爵辨賢尊尊親親治國之要。○示，依註之豉反，易以豉反，知音智，本亦無力字

哀公問政。子曰：文武之政，布在方策。其人存，則其政舉；其人亡，則其政息。

方，版也。策，簡也。息，猶滅也。○版音板，本亦作板

人道敏政，地道敏樹。

敏猶勉也。樹謂殖草木也。人之無政若地無草木矣。敏或爲謀

夫政也者，蒲盧也。

蒲盧，蜾蠃，謂土蜂也。詩曰：螟蛉有子，蜾蠃負之。螟蛉，桑蟲也。蒲盧取桑蟲之子去而變化之，以成爲己子。政之于百姓，若蒲盧

之于桑蟲然。○蒲盧並如字，爾雅云：蜾蠃，蒲盧，即今之細腰蜂也，一名蠮螉。蜾音果，蠃力果反，本亦作蜾，音同。蜂芳封反，字亦作蠭，同。螟莫瓶反，蛉音零，已音紀

故爲政在人。

在于得賢人也

取人以身，脩身以道，脩道以仁。

取人以身，言明君乃能得人

仁者，人也，親親爲大；義者，宜也，尊賢爲大。親親之殺，尊賢之等，禮所生也。

人也，讀如相人偶之人。以人意相存問之言。○殺，色界反

在下位不獲乎上，民不可得而治矣。

此句其屬在下，著脫誤重在此。○重，直用反

故君子不可以不脩身；思脩身，不可以不事親；思事親，不可以不知人；思知人，不可以不知天。

言脩身乃知孝，知孝乃知人，知人乃知賢不肖，知賢不肖乃知天命所府佑

天下之達道五，所以行之者三。曰：君臣也，父子也，夫婦也，昆弟也，朋友之交也，五者天下之達道也。知、仁、勇三者，天下之達德也，所以行之者一也。

達者，常行百王所不變也。○知音智，下近乎知註言有知皆同

或生而知之，或學而知之，或困而知之，及其知之一也。

困而知之，謂長而見禮義之事，已臨之而有不足，乃始學而知之。此達道也

或安而行之，或利而行之，或勉強而行之，及其成功一也。

利謂貪榮名也。勉強，恥不若人

子曰：好學近乎知，力行近乎仁，知恥近乎勇。知斯三者，則知所以脩身；知所以脩身，則知所以治人；知所以治人，則知所以治天下國家矣。

言有知有仁有勇，乃知脩身，則脩身以此三者爲基

凡爲天下國家有九經，曰：脩身也，尊賢也，親親也，敬大臣也，體群

臣也子庶民也來百工也柔遠人也懷諸侯也體猶接納也子猶愛也遠人蕃國之諸侯也

脩身則道立尊賢則不惑親親則諸父昆弟不怨敬大臣則不眩體群臣則士之報禮重子庶民則百姓勸來百工則財用足柔遠人則四方歸之懷諸侯則天下畏之不惑謀者良也不眩所任明也

齊明盛服非禮不動所以脩身也去讒遠色賤貨而貴德所以勸賢也尊其位重其祿同其好惡所以勸親親也官盛任使所以勸大臣也忠信重祿所以勸士也時使薄斂所以勸百姓也日省月

試既廪稱事所以勸百工也送往迎來嘉善而矜不能所以柔遠人也繼絶世舉廢國治亂持危朝聘以時厚往而薄來所以懷諸侯也同其好惡不特有所好惡於同姓雖恩不同義必同也尊重其祿位所以貴之不必授以官守天官不可私也官盛任使大臣皆有屬官所任使不親小事也忠信重祿有忠信者重其祿也時使使之以時日省月試考校其成功也既讀爲餼餼廪稍食也槀人職曰乘其事考其弓弩以下上其食○齊側皆反去起呂反遠于萬反好惡呼報反下烏路反既依註音餼稱尺證反朝直遙反槀苦報反上時掌反

凡爲天下國家有九經所以行之者一也凡事豫則立不豫則廢言前定則不跲事前定則不困行前定則不疚道前定則不窮一謂當豫也跲躓也疚病也人不能病之○跲其劫反躓音致

在下位不獲乎上民不可得而治矣獲得也言臣不得於君則不得居位治民

獲乎上有道不信乎朋友不獲乎上矣信乎朋友有道不順乎親不信乎朋友矣順乎親有道反諸身不誠不順乎親矣誠身有道不明乎善不誠乎身矣言知善之爲善乃能行誠

誠者天之道也誠之者人之道也誠者不勉而中不思而得從容中道聖人也誠之者擇善而固執之者也

言誠者天性也誠之者學而誠之者也因誠身說有大至誠

博學之審問之愼思之明辨之篤行之有弗學學之弗能弗措也有弗問問之弗知弗措也有弗思思之弗得弗措也有弗辨辨之弗明弗措也有弗行行之弗篤弗措也人一能之己百之人十能之己千之果能此道矣雖愚必明雖柔必強此勸人學誠其身也果猶決也

自誠明謂之性自明誠謂之教誠則明矣明則誠矣自由也由至誠而有明德是聖人之性者也由明德而有至誠是賢人學以誠之也有至誠則必有明德有明德則必有至誠

唯天下至誠爲能盡其性能盡其性則能盡人之性能盡人之性

則能盡物之性。能盡物之性。則可以贊天地之化育。可以贊天地之化育。則可以與天地參矣。

盡性者謂順理之使不失其所也贊助也育生也助天地之化生謂聖人受命在王位致太平○大音泰

其次致曲。曲能有誠。誠則形。形則著。著則明。明則動。動則變。變則化。唯天下至誠爲能化。

其次謂自明誠者也致至也曲猶小小之事也不能盡性而有至誠於有義焉而已形謂人見其功也盡性之誠人不能見也著形之大者也明著之顯者也動動人心也變改惡爲善也變之久則化而性善也

至誠之道。可以前知。國家將興。必有禎祥。國家將亡。必有妖孽。見乎蓍龜。動乎四體。禍福將至。善必先知之。不善必先知之。故至誠如神。

可以前知者言天不欺至誠者也前亦先也禎祥妖孽蓍龜之占雖其時有小人愚主皆爲至誠能知者出也四體謂龜之四兆春占後左夏占前左秋占前右冬占後右○蓍音尸爲于僞反

誠者自成也。而道自道也。

言人能至誠所以自成也有道藝所以自道達

誠者物之終始。不誠無物。

物萬物也亦事也大人無誠萬物不生小人無誠則事不成

是故君子誠之爲貴。

言貴至誠

誠者非自成己而已也。所以成物也。成己仁也。成物知也。性之德也。合外内之道也。

以至誠成己則仁道立以至誠成物則知彌博此五性之所以爲德也外内所須而合也外内猶上下○知音智註同

故時措之宜也。

時措言得其時而用也

故至誠無息。不息則久。久則徵。徵則悠遠。悠遠則博厚。博厚則高明。

徵猶效驗也此言至誠之德既著於四方其高厚日以廣大也徵或爲徹

博厚所以載物也。高明所以覆物也。悠久所以成物也。博厚配地。

高明配天。悠久無疆。

後言悠久者言至誠之德既至博厚高明配乎天地又欲其久長行之○彊居良反

如此者不見而章。不動而變。無爲而成。天地之道。可一言而盡也。

言其德化與天地相似可一言而盡要在至誠

其爲物不貳。則其生物不測。

言至誠無貳乃能生萬物多無數也

天地之道。博也。厚也。高也。明也。悠也。久也。

此言其著見成功也

今夫天。斯昭昭之多。及其無窮也。日月星辰繫焉。萬物覆焉。今夫地。一撮土之多。及其廣大。載華嶽而不重。振河海而不洩。萬物載焉。今夫山。一卷石之多。及其廣大。草木生之。禽獸居之。寶藏興焉。今夫水。一勺之多。及其不測。黿鼉蛟龍魚鼈生焉。貨財殖焉。

此言天之高明本生昭昭。土之博厚本起撮土。山之廣大本起卷石。水之不測本由一勺。言天地山川積小致大。爲至誠者以加此乎。昭昭猶□□□□□□□□猶區也。○夫音扶。下同。華戶化反

詩云。惟天之命。於穆不已。蓋曰天之所以爲天也。於乎不顯。文王之德之純。蓋曰文王之所以爲文也。純亦不已。

□□□□□□文王所以爲文。皆由行之無已。爲之不止。如天□□□□□□易曰。君子以盛德積小以成高大。是與

大哉聖人之道。洋洋乎。發育萬物。峻極于天。

優優大哉。禮儀三百。威儀三千。待其人而後行。故曰。苟不至德。至道不凝焉。

育生□□□□□□□□□□言爲□□□□□□□□□成也

故君子尊德性而道問學。致廣大而盡精微。極高明而道中庸。溫故而知新。敦厚以崇禮。

德性謂性至誠者。道猶由也。問學學誠者□□□□□□□□溫讀如燖溫之溫。謂故學之孰矣。後時習之謂之溫。○燖音尋

是故居上不驕。爲下不倍。國有道。其言足以興。國無道。其默足以容。

興謂起在位也

詩曰。既明且哲。以保其身。其此之謂與。

保安也

子曰。愚而好自用。賤而好自專。生乎今之世。反古之道。如此者。烖及其身者也。

反古之道。謂曉一孔之人。不知今王之新政可從。

非天子不議禮。不制度。不考文。

此天下所共行。天子乃能一之也。禮謂所服行也。度國家宮室及車輿也。文書名也。

今天下車同軌。書同文。行同倫。

雖有其位。苟無其德。不敢作禮樂焉。雖有其德。苟無其位。亦不敢作禮樂焉。

今孔子謂其時

言作禮樂者。必聖人在天子之位。

子曰。吾說夏禮。杞不足徵也。吾學殷禮。有宋存焉。吾學周禮。今用之。吾從周。

徵猶明也。吾能說夏禮。顧杞之君不足與明之也。吾從周。行今之道。

王天下有三重焉。其寡過矣乎。

三重。三王之禮。

上焉者雖善無徵。無徵不信。不信民弗從。下焉者雖善不尊。不尊不信。不信民弗從。

上謂君也。君雖善，善無明徵，則其善不信也。下謂臣也。臣雖善，善而不尊君，則其善亦不信也。徵或爲證。

故君子之道，本諸身，徵諸庶民，考諸三王而不繆，建諸天地而不悖，質諸鬼神而無疑，百世以俟聖人而不惑。質諸鬼神而無疑，知天也。百世以俟聖人而不惑，知人也。

知天知人，謂知其道也。鬼神從天地者也。易曰：故知鬼神之情狀與天地相似。聖人則之，百世同道。徵或爲證。

是故君子動而世爲天下道，行而世爲天下法，言而世爲天下則。遠之則有望，近之則不厭。

用其法度，想思若其將來也。

禮記　卷三十一　中庸　大　永懷堂

詩云：在彼無惡，在此無射，庶幾夙夜，以永終譽。君子未有不如此而蚤有譽於天下者也。

射，厭也。永，長也。○射音亦。

仲尼祖述堯舜，憲章文武，上律天時，下襲水土。

此以春秋之義說孔子之德。孔子曰：吾志在春秋，行在孝經。二經固足以明之。孔子所述堯舜之道而制春秋，而斷以文王武王之法度。春秋傳曰：君子曷爲爲春秋，撥亂世，反諸正，莫近諸春秋。又諸君子樂道堯舜之道與，末不亦樂乎堯舜之知君子也。又曰：是子也繼文王之體，守文王之法度，文王之法無求而求，故譏之也。又曰：王者孰謂，謂文王也。此孔子兼包堯舜文武之盛德而著之春秋，以俟後聖者也。律，述也。述天時，謂編年四時具也。襲，因也。因水土，謂記諸夏之事，山川之異。○行，下孟反。

斷，丁亂反。

辟如天地之無不持載，無不覆幬。辟如四時之錯行，如日月之代明。萬物並育而不相害，道並行而不相悖。小德川流，大德敦化，此天地之所以爲大也。

聖人制作其德配天地，如此唯五始可以當焉。幬亦覆也。小德川流，浸潤萌芽，喩諸侯也。大德敦化，厚生萬物，喩天子也。幬或作燾。○燾，徒報反。

唯天下至聖，爲能聰明睿知，足以有臨也。寬裕溫柔，足以有容也。發強剛毅，足以有執也。齊莊中正，足以有敬也。文理密察，足以有別也。

言德不如此，不可以君天下也。蓋傷孔子有其德而無其命。

禮記　卷三十一　中庸　丈九　永懷堂

溥博淵泉，而時出之。

言其臨下普徧，思慮深重，非得其時不出政教。

溥博如天，淵泉如淵。見而民莫不敬，言而民莫不信，行而民莫不說。是以聲名洋溢乎中國，施及蠻貊。舟車所至，人力所通，天之所覆，地之所載，日月所照，霜露所隊，凡有血氣者，莫不尊親，故曰配天。

如天，取其運照不已也。如淵，取其清深不測也。尊親，尊而親之。

唯天下至誠，爲能經綸天下之大經，立天下之大本，知天地之化育。
至誠性至誠謂孔子也大經謂六藝而指春秋也大本孝經也○綸本又作論同音倫
夫焉有所倚肫肫其仁淵淵其淵浩浩其天。
安無所倚言無所偏倚也故人人自以被德尤厚似偏頗者肫肫讀如誨爾忳忳之忳忳忳懇誠貌也肫肫或爲純純○焉於
虔反
苟不過聰明聖知達天德者其孰能知之。
言唯聖人乃能知聖人也春秋傳曰末不亦樂乎堯舜之知君子明凡人不知
詩曰衣錦尚絅惡其文之著也故君子之道闇然而日章小人之
道的然而日亡。

言君子深遠難知小人淺近易知人所以不知孔子以其深遠
禪爲絅錦衣之美而君子以絅表之爲其文章露見似小人也
○絅本又作頴詩作褧同口迥反惡烏路反的丁歷反
易以豉反下易舉同禪音丹爲其于僞反見賢遍反
君子之道淡而不厭簡而文溫而理知遠之近知風之自知微之
顯可與入德矣。
淡其味似薄也簡而文溫而理猶簡而辨直而溫也自謂所從來也三知者皆言其睹末察本探端知緒也入德入聖人之德
詩云潛雖伏矣亦孔之昭故君子內省不疚無惡於志。
孔甚也昭明也言聖人雖隱居其德亦甚明矣疚病也君子自省身無愆病雖不遇世亦無損害于已志○昭本又作炤同之
召反
君子之所不可及者其唯人之所不見乎詩云相在爾室尚不愧

于屋漏
言君子雖隱居不失其君子之容德也相視也室西北隅謂之屋漏視女在室獨居者猶不愧于屋漏屋漏非有人也况有人乎○相息亮反註同愧本又作媿同九位反女音汝
故君子不動而敬不言而信詩曰奏假無言時靡有爭。
假大也此頌也言奏大樂于宗廟之中人皆肅敬金聲玉色無有言者以時太平和樂無所爭也○奏如字詩作鬷子公反假古雅反大
平音泰
是故君子不賞而民勸不怒而民威于鈇鉞詩曰不顯惟德百辟
其刑之。
不顯言顯也辟君也此頌也言不顯乎文王之德百君盡刑之諸侯法之也○鈇方于反又音斧鉞音越辟音璧註同

是故君子篤恭而天下平詩曰予懷明德不大聲以色。
予我也懷歸也言我歸有明德者以其不大聲爲嚴厲之色以威我也
子曰聲色之於以化民末也詩曰德輶如毛。
輶輕也言化民當以德德之易舉而用其輕如毛耳
毛猶有倫上天之載無聲無臭至矣。
倫猶比也載讀曰栽謂生物也言毛所輕尚有所比有所比則有重上天之造生萬物人無聞其聲音亦無知其臭氣者化民之德清明如神淵淵浩浩然後善
禮記卷三十一終

禮記卷三十二

漢大司農北海鄭　玄註

皇明　後學東吳葛　鼒較

表記第三十二

子言之。歸乎。君子隱而顯。不矜而莊。不厲而威。不言而信。此孔子行應聘諸侯莫能用已心厭倦之辭也。矜謂自尊大也。厲謂嚴顔色。○矜居陵反。厭於艷反

子曰。君子不失足於人。不失色於人。不失口於人。是故君子貌足畏也。色足憚也。言足信也。失謂失其容止之節也。玉藻曰足容重。色容莊。口容止。

甫刑曰。敬忌而罔有擇言在躬。甫刑尚書篇名。忌之言戒也。言已外敬而心戒慎。則無有可擇之言加於身也。

子曰。裼襲之不相因也。欲民之毋相瀆也。不相因者。以其或以裼爲敬。或以襲爲敬。禮盛者以襲爲敬。執玉龜之屬也。禮不盛者以裼爲敬。受享是也。

子曰。祭極敬。不繼之以樂。朝極辨。不繼之以倦。極猶盡也。辨分別政事也。祭義曰。祭之日。樂與哀半。饗之必樂。已至必哀。○樂音洛。注同

子曰。君子慎以辟禍。篤以不揜。恭以遠恥。篤厚也。揜猶困迫也。

子曰。君子莊敬日強。安肆日偷。□□□□也。偷苟且也。肆或爲褻

君子不以一日使其躬儳焉。如不終日。儳焉可輕賤之貌也。如不終日。言人而無禮。死無時。○儳在鑑反

子曰。齊戒以事鬼神。擇日月以見君。恐民之不敬也。擇日月以見君。謂臣在邑竟者。○齊側皆反。見賢遍反。注同

子曰。狎侮死焉而不畏也。忕於無敬心也。○忕時世反

子曰。無辭不相接也。無禮不相見也。欲民之毋相褻也。辭所以通情也。禮謂摯也。春秋傳曰。古者諸侯有朝聘之事。號辭必稱先君以相接也。○摯本亦作贄

易曰。初筮告。再三瀆。瀆則不告。瀆之言褻也。

子言之。仁者天下之表也。義者天下之制也。報者天下之利也。報謂禮也。禮尚往來。

子曰。以德報德。則民有所勸。以怨報怨。則民有所懲。懲謂創艾。

詩曰。無言不讎。無德不報。讎猶答也。○讎音酬

大甲曰。民非后。無能胥以寧。后非民。無以辟四方。

大甲，湯孫也。書以名篇。胥，相也。民非君不能以相安。

子曰：以德報怨，則寬身之仁也。以怨報德，則刑戮之民也。

寬猶愛也。愛身以息怨，非禮之正也。仁亦當言民，聲之誤。

子曰：無欲而好仁者，無畏而惡不仁者，天下一人而已矣。是故君子議道自己，而置法以民。

一人而已，喻少也。自己，自盡己所能行。○好，呼報反。惡，烏路反。

子曰：仁有三，與仁同功而異情。

三謂安仁也，利仁也，強仁也。利仁、強仁，功雖與安仁者同，本情則異。

與仁同功，其仁未可知也。與仁同過，然後其仁可知也。仁者安仁，

知者利仁，畏罪者強仁。

功者人所貪也，過者人所辟也。在過之中，非其本情者，或有悔者焉。○知音智。辟音避。

仁者右也，道者左也。仁者人也，道者義也。

右也，左也，言相須而成也。人也，謂施以人恩也。義也，謂斷以事宜也。春秋傳曰：數未有言舍之者，此其言舍之何？人也。○斷，丁亂反。

厚於仁者薄於義，親而不尊；厚於義者薄於仁，尊而不親。

言仁義並行者也。仁多則人親之，義多則人尊之。

道有至，義有考。至道以王，義道以霸，考道以為無失。

此讀當言道有至，有義，有考，字脫一有耳。有至，謂兼仁義者。有義則無仁矣。有考，考成也，能取仁義之一，成之以不失於人，非

性也。

子言之：仁有數，義有長短小大。中心憯怛，愛人之仁也。率法而強之，資仁者也。

資，取也。數與長短小大，互言之耳。性仁義者，其數長大；取仁義者，其數短小。○憯，七感反。

詩云：豐水有芑，武王豈不仕？詒厥孫謀，以燕翼子。武王烝哉！數世之仁也。

芑，枸檵也。仕之言事也。詒，遺也。燕，安也。烝，君也。言武王豈不念天下之事乎？如豐水之有芑矣。乃遺其後世之子孫以善謀，以安翼其子也。君哉武王，美之也。○芑音起。詒，以之反。檵音計。

國風曰：我今不閱，皇恤我後。終身之仁也。

閱猶容也。皇，暇也。恤，憂也。言我今尚恐不能自容，何暇憂我後之人乎？

子曰：仁之為器重，其為道遠。舉者莫能勝也，行者莫能致也。取數多者，仁也。夫勉於仁者，不亦難乎？

取數多，言能盡天下之道，仁居其多。○勝音升。

是故君子以義度人，則難為人；以人望人，則賢者可知已矣。

言以先王成法擬度人，則難中也。當以時人相比方耳。○度，待洛反。中，丁仲反。

子曰：中心安仁者，天下一人而已矣。大雅曰：德輶如毛，民鮮克舉之。我儀圖之，惟仲山甫舉之，愛莫助之。

輶，輕也。鮮，罕也。儀，匹也。圖，謀也。愛猶惜也。言德之輕如毛耳，人皆以為重，罕能與行之者。作此詩者，周宣王之大臣也。言我之

匹謀之，仲山甫則能舉行之，美之也，惜乎時人無能助之者，言賢者少，
小雅曰，高山仰止，景行行止。仰高勤行者，仁之次也，景明也，有明行者，謂古聖賢也，
子曰，詩之好仁如此，鄉道而行，中道而廢，忘身之老也，不知年數之不足也，俛焉日有孳孳，斃而后已。廢，喻力極罷頓，不能復行則止也，俛焉，勤勞之貌，斃，仆也。○好，呼報反，鄉，許亮反，罷，音皮，復，扶又反
子曰，仁之難成久矣，人人失其所好。言仁道不成，人所由不得其志，
故仁者之過易辭也。

辭猶解說也，仁者恭儉，雖有過不為甚矣，唯聖人無過。○解，古買反
子曰，恭近禮，儉近仁，信近情，敬讓以行，此雖有過，其不甚矣，夫恭寡過，情可信，儉易容也，以此失之者，不亦鮮乎。言罕以此失之，
詩曰，溫溫恭人，惟德之基，子曰，仁之難成久矣，唯君子能之。言能成仁道者少也，
是故君子不以其所能者病人，不以人之所不能者愧人。病愧，謂罪咎之，
是故聖人之制行也，不制以己，使民有所勸勉愧恥，以行其言。以中人為制，則賢者勸勉，不及者愧恥，聖人之言乃行也，
禮以節之，信以結之，容以文之，衣服以移之，朋友以極之，欲民之有壹也。移讀如水泥移之移，移猶廣大也，極，致也，壹，謂專心於善，
小雅曰，不愧于人，不畏于天。言人有所行，當慙怖於天人也。○怖，普故反
是故君子服其服，則文以君子之容，有其容，則文以君子之辭，遂其辭，則實以君子之德。遂猶成也，

是故君子恥服其服而無其容，恥有其容而無其辭，恥有其辭而無其德，恥有其德而無其行。無其行，謂不行其德，
是故君子衰絰則有哀色，端冕則有敬色，甲胄則有不可辱之色。言色稱其服也。○衰，七雷反，絰，田節反
詩云，維鵜在梁，不濡其翼，彼記之子，不稱其服。鵜鶘，洿澤也，洿澤善居泥水之中，在魚梁，以不濡洿其翼為才，如君子以稱其服為有德。○鵜，音啼，胡，音徒兮反
子言之，君子之所謂義者，貴賤皆有事於天下，天子親耕，粢盛秬鬯，以事上帝，故諸侯勤以輔事於天子。

言無事而居位食祿是不義而富且貴○粢盛音咨杜預云黍稷曰粢在器曰盛秬音巨黑黍鬯勑亮反香酒也

子曰下之事上也雖有庇民之大德不敢有君民之心仁之厚也

庇覆也無君民之心是思不出其位

是故君子恭儉以求役仁信讓以求役禮不自尚其事不自尊其身儉於位而寡於欲讓於賢卑己而尊人小心而畏義求以事君

役之言為也求以事君者欲成其忠臣之名也

得之自是不得自是以聽天命

言不易道徼祿利也

詩云莫莫葛藟施于條枚凱弟君子求福不回

凱樂也弟易也言樂易之君子其求福修德以俟之不為回邪之行要之如葛藟之延蔓於條枚是其性也○藟音誄施以豉反凱本亦作愷又作豈同開待反弟本又作悌

其舜禹文王周公之謂與有君民之大德有事君之小心

此言德當不回也

詩云惟此文王小心翼翼昭事上帝聿懷多福厥德不回以受方國

昭明也上帝天也聿述也懷至也言述行上帝德以至于多福也方四方也受四方之國謂王天下○聿尹必反謂王于況反

子曰先王謚以尊名節以壹惠恥名之浮於行也

謚者行之迹也名者謂聲譽也言先王論行以為謚以尊名者使聲譽可得而尊信也壹讀為一惠猶善也言聲譽雖有衆多

者節以其行一大善者為謚耳在上曰浮君子勤行成功聲譽踰行是所恥

是故君子不自大其事不自尚其功以求處情過行弗率以求處厚彰人之善而美人之功以求下賢

率循也行過不復循行猶不二過

是故君子雖自卑而民敬尊之

言謙者所以成行立德

子曰后稷天下之為烈也豈一手一足哉

烈業也言后稷造稼穡天下世以為業豈一手一足踰用之者多無數也

唯欲行之浮於名也故自謂便人

亦言其謙也辟仁聖之名云自便習於此事之人耳○行下孟反辟音避

子言之君子之所謂仁者其難乎詩云凱弟君子民之父母凱以強教之弟以說安之樂而毋荒有禮而親威莊而安孝慈而敬使民有父之尊有母之親如此而后可以為民父母矣非至德其孰能如此乎

有父之尊有母之親謂其尊親己如父母○強其良反說音悅

今父之親子也親賢而下無能母之親子也賢則親之無能則憐之母親而不尊父尊而不親水之於民也親而不尊火尊而不親土之於民也親而不尊天尊而不親命之於民也親而不尊鬼尊

而不親。

或見尊或見親以其嚴與恩所尚異也命謂四時政令所以教民勤事也鬼謂四時祭祀所以訓民事君也

子曰夏道尊命事鬼敬神而遠之近人而忠焉先祿而後威先賞而後罰親而不尊。

遠鬼神近人謂外宗廟內朝廷

其民之敝惷而愚喬而野朴而不文。

以本不困於刑罰少詐讓也敝謂政教衰失之時也○惷傷容反喬音驕讓況袁反

殷人尊神率民以事神先鬼而後禮先罰而後賞尊而不親。

先鬼後禮謂內宗廟外朝廷也禮者君臣朝會凡以摯交接相施予

其民之敝蕩而不靜勝而無恥。

以本伏於鬼神虛無之事令其心放蕩無所定困於刑罰苟勝免而無恥也月令曰無作淫巧以蕩上心○伏音書

周人尊禮尚施事鬼敬神而遠之近人而忠焉其賞罰用爵列親而不尊。

賞罰用爵列以尊卑爲次

其民之敝利而巧文而不慙賊而蔽。

以本數交接以言辭尊卑多獄訟○數色角反

子曰夏道未瀆辭不求備不大望於民民未厭其親殷人未瀆禮而求備於民周人强民未瀆神而賞爵刑罰窮矣。

未瀆辭者謂時王不尚辭民不褻爲也不求備不大望言其政寬貢稅輕也强民言承殷難變之敝也賞爵刑罰窮矣言其繁文備設

子曰虞夏之道寡怨於民殷周之道不勝其敝。

勝猶任也言殷周極文民無恥而巧利後世之政難復○勝音升

子曰虞夏之質殷周之文至矣。

言後有王者其作質文不能易之

子曰虞夏之文不勝其質殷周之質不勝其文。

言王者相變質文各有所多

子言之曰後世雖有作者虞帝弗可及也已矣君天下生無私死

不厚其子子民如父母有憯怛之愛有忠利之敎親而尊安而敬威而愛富而有禮惠而能散其君子尊仁畏義恥費輕實忠而不犯義而順文而靜寬而有辨。

死不厚其子言既不傳位又無以豐饒於諸臣也恥費不爲辭費出空言也實謂財貨也辨別也猶寬而栗也靜或爲情

甫刑曰德威惟威德明惟明非虞帝其孰能如此乎。

德所威則人皆畏之言服罪也德所明則人皆尊寵之言得人也

子言之事君先資其言拜自獻其身以成其信。

資謀也獻猶進也言臣事君必先謀定其言乃後親進爲君言也

是故君有責於其臣臣有死於其言故其受祿不誣其受罪益寡。

死其言者竭力於其所言之事死而不負於事不信曰誣

子曰事君大言入則望大利。小言入則望小利。

大言可以立大事也小言可以立小事也入謂君受之利祿賞也入或爲人○爲君于僞反

故君子不以小言受大祿。不以大言受小祿。

言臣受祿各用其德能也

易曰不家食吉。

此大畜彖辭也彖曰不家食吉養賢也言君有大畜積不與家食之而已必祿賢者賢有大小祿有多少○彖吐亂反

子曰事君不下達不尚辭非其人弗自。

不下達不以私事自通於君也不讓辭不多出浮華之言也弗自不身與相親

小雅曰靖共爾位。正直是與。神之聽之。式穀以女。

靖治也爾女也式用也穀祿也言敬治女位之職事正直之人乃與爲論友神聽女之所爲用祿與女○共音恭女音汝

子曰事君遠而諫則讇也。近而不諫則尸利也。

尸謂不知人事無辭讓也○讇本亦作諂勑檢反

子曰邇臣守和。宰正百官。大臣慮四方。

邇近也和謂調和君事者也齊景公曰唯據與我和宰冢宰也冢宰主治百官

子曰事君欲諫不欲陳。

陳謂言其過於外也

詩云心乎愛矣。瑕不謂矣。中心藏之。何日忘之。

瑕之言胡也謂猶告也

子曰事君難進而易退則位有序。易進而難退則亂也。

亂謂賢否不別

故君三揖而進。一辭而退。以遠亂也。

進難者爲主人之擇已也退速者爲君子之倦也○爲於僞反下註同

子曰事君三違而不出竟則利祿也。人雖曰不要。吾弗信也。

違猶去也利祿言爲貪祿留也臣以道去君至於三而不遂去是貪祿必以其强與君要也○竟音境要於遥反

子曰事君慎始而敬終。

輕交易絶君子所耻

子曰事君可貴可賤。可富可貧。可生可殺。而不可使爲亂。

亂謂違廢事君之禮

子曰事君軍旅不辟難。朝廷不辭賤。

言尚忠且謙也○辟音避難乃旦反

處其位而不履其事則亂也。

履猶行也

故君使其臣得志則慎慮而從之。否則孰慮而從之。終事而退。臣之厚也。

使謂使之聘問師役之屬也慎慮而從之者此已志也欲其必有成也否謂非已志也孰慮而從之又計於已利害也終事而

退，非已志者，事成則去也，事或爲身。

易曰：不事王侯，高尚其事。

言臣致仕而去，不復事君也。君猶高尚其所爲之事，言尊大其成功也。

子曰：唯天子受命于天，士受命于君。

言皆有所受，不敢專也。唯當爲雖，字之誤也。

故君命順則臣有順命，君命逆則臣有逆命。

言臣受順則行順，受逆則行逆，如其所受於君，則爲君不易矣。

詩曰：鵲之姜姜，鶉之賁賁。人之無良，我以爲君。

姜姜賁賁，爭鬬惡貌也。良，善也。言我以惡人爲君，亦使我惡，如大鳥姜姜於上，小鳥賁賁於下。○鶉，士倫反。賁音奔，注同。

子曰：君子不以辭盡人。

不見人之言語則以爲善，言其餘行或時惡也。

故天下有道則行有枝葉，天下無道則辭有枝葉。

行有枝葉，所以益德也。言有枝葉，是衆虛華也。枝葉依幹而生，言行亦由禮出。

是故君子於有喪者之側，不能賻焉，則不問其所費。於有病者之側，不能饋焉，則不問其所欲。有客不能館，則不問其所舍。

皆辟有言而無其實。○賻音附。辟音避。

故君子之接如水，小人之接如醴。君子淡以成，小人甘以壞。

水相得合而已，酒醴相得則敗。淡，無酸酢少味也。接或爲交。○醴音禮。

小雅曰：盜言孔甘，亂是用餤。

盜，賊也。孔，甚也。餤，進也。○餤音談。

子曰：君子不以口譽人，則民作忠。

譽，繩也。

故君子問人之寒則衣之，問人之飢則食之，稱人之美則爵之。

皆爲有言不可以無實。○衣，於既反。食音嗣。爲，於僞反。

國風曰：心之憂矣，於我歸說。

欲歸其所說忠信之人也。○說音悅。

子曰：口惠而實不至，怨菑及其身。

是故君子與其有諾責也，寧有已怨。

善言而無信，人所惡也。已謂不許也。言諾而不與，其怨大於不許。

國風曰：言笑晏晏，信誓旦旦，不思其反。反是不思，亦已焉哉。

此皆相與爲昏禮而不終也。言始合會言笑和說，要誓甚信，今不思其本恩之反覆。反覆之不思，亦已焉哉，無如此人何，怨之深也。

子曰：君子不以色親人。情疏而貌親，在小人則穿窬之盜也與。

子曰：情欲信，辭欲巧。

巧謂順而說也。

子言之昔三代明王皆事天地之神明無非卜筮之用不敢以其私褻事上帝。

言動任卜筮也，神明謂羣神也。

是故不犯日月不違卜筮。

日月謂冬夏至正月及四時也所不違者日與牲尸也。

卜筮不相襲也。

襲因也大事則卜小事則筮。

大事有時日。

大事有事於大神有常時常日也。

小事無時日有筮。

有事於小神無常時常日有筮臨有事筮之。

外事用剛日內事用柔日。

順陰陽也陽為外陰為內事之外內別乎四郊。

不違龜筮子曰牲牷禮樂齊盛是以無害乎鬼神無怨乎百姓。

牷猶純也○牷音全齊音粢

子曰后稷之祀易富也其辭恭其欲儉其祿及子孫。

富之言備也以傳世之祿恭儉者之祭易備也。

詩曰后稷兆祀庶無罪悔以迄于今。

兆四郊之祭處也迄至也言祀后稷於郊以配天庶幾其無罪悔乎福祿傳世乃至於今。

子曰大人之器威敬。

言其用之尊嚴。

天子無筮。

謂征伐出師若巡守也天子至尊大事皆用卜也春秋傳曰先王卜征五年歲襲其祥。

諸侯有守筮。

守筮守國之筮國有事則用之。

天子道以筮。

始將出卜之道有小事則用筮。

諸侯非其國不以筮卜宅寢室。

入他國則不筮不敢問吉凶於人之國也諸侯受封乎天子因國而國唯宮室欲改易者得卜之耳

天子不卜處大廟。

卜可建國之處吉則宜有吉可知。

子曰君子敬則用祭器。

謂朝聘待賓客敬不敢用燕器也。

是以不廢日月不違龜筮以敬事其君長。

用龜筮問所貢獻也。

是以上不瀆於民下不褻於上。

言上之於下以直、則下應之以正、不褻慢也、

禮記卷三十二終

禮記卷三十三

漢大司農北海鄭　玄註
皇明　後學東吳金　蟠較

緇衣第三十三

子言之曰、爲上易事也、爲下易知也、則刑不煩矣。言君不苛虐、臣無姦心、則刑可以措。○易以豉反、下同、苛音何

子曰、好賢如緇衣、惡惡如巷伯、則爵不瀆而民作愿、刑不試而民咸服。緇衣・巷伯、皆詩篇名也、緇衣首章曰、緇衣之宜兮、敝予又改爲兮、適子之館兮、還予授子之粲兮、言此衣緇衣者賢者也、宜長爲國君、其衣敝、我願改制授之以新衣、是其好賢欲其貴之甚也、巷伯六章曰、取彼譖人、投畀豺虎、豺虎不食、投畀有北、有北不受、投畀有昊、此其惡惡欲其死亡之甚也、爵不瀆者、不輕爵人也、試用也、咸皆也、○還音旋

大雅曰、儀刑文王、萬國作孚。刑法也、孚信也、儀法文王之德而行之、則天下無不爲信者也、文王爲政、克明德愼罰、

子曰、夫民、敎之以德、齊之以禮、則民有格心、敎之以政、齊之以刑、則民有遯心。格來也、遯逃也、

故君民者、子以愛之、則民親之、信以結之、則民不倍、恭以涖之、則民有孫心。

涖臨也、孫順也、

甫刑曰、苗民匪用命。制以刑。惟作五虐之刑曰法。是以民有惡德。而遂絕其世也。

甫刑、尚書篇名、匪、非也、命、謂政令也、高辛氏之末、諸侯有三苗者作亂、其治民不用政令、專制御之以嚴刑、乃作五虐蚩尤之刑、以是爲法、於是民皆爲惡起倍畔也、三苗由此見滅無後世、由不任德、○蚩尺之反、

子曰、下之事上也、不從其所令。從其所行。

言民化行、不拘於言、

上好是物。下必有甚者矣。

甚者甚於君也、

故上之所好惡、不可不愼也。是民之表也。

言民之從君、如影逐表、

子曰、禹立三年。百姓以仁遂焉。豈必盡仁。

百姓倣禹爲仁、非本性能仁、遂猶達也、

詩云。赫赫師尹。民具爾瞻。甫刑云。一人有慶。兆民賴之。大雅曰。成王之孚。下土之式。

皆言化君也、孚、信也、式、法也、

子曰、上好仁。則下之爲仁爭先人。故長民者。章志貞教。尊仁以子愛百姓。民致行己以說其上矣。

章明也、貞正也、民致行己者、民之行皆盡己心、○說音悅

詩云。有梏德行。四國順之。

梏大也、直也、○梏音角、詩作覺

子曰、王言如絲。其出如綸。王言如綸。其出如綍。

言言出彌大也、綸今有秩嗇夫所佩也、綍引棺索也、○綍音弗

故大人不倡游言。

游猶浮也、不可用之言也、

可言也。不可行。君子弗言也。可行也。不可言。君子弗行也。則民言不危行。而行不危言矣。

危猶高也、言不高於行、行不高於言、言行相應也、

詩云。淑愼爾止。不諐于儀。

淑善也、諐過也、言善愼女之容止、不可過於禮之威儀也、○諐起虔反、女音汝

子曰、君子道人以言。而禁人以行。

禁猶謹也、

故言必慮其所終。而行必稽其所敝。則民謹於言而愼於行。

稽猶考也、議也、

詩云。愼爾出話。敬爾威儀。

話善言也、

大雅曰穆穆文王於緝熙敬止

緝熙皆明也言於明明乎敬其容止

子曰長民者衣服不貳從容有常以齊其民則民德壹

二不一也

詩云彼都人士狐裘黃黃其容不改出言有章行歸于周萬民所望

黃衣則狐裘大蜡之服也詩人見而說焉章文章也忠信爲周此詩毛氏有之三家則亡○蜡仕嫁反說音悅

子曰爲上可望而知也爲下可述而志也則君不疑於其臣而臣不惑於其君矣

志猶知也

尹吉曰惟尹躬及湯咸有壹德

吉當爲告告古文誥字之誤也尹告伊尹之誥也書序以爲咸有壹德今亡咸皆也君臣皆有壹德不貳則無疑惑也

詩云淑人君子其儀不忒

子曰有國家者章善癉惡以示民厚則民情不貳

章明也癉病也○癉丁但反

詩云靖共爾位好是正直

子曰上人疑則百姓惑下難知則君長勞

難知有姦心也

故君民者章好以示民俗慎惡以御民之淫則民不惑矣

淫貪侈也孝經曰示之以好惡而民知禁

臣儀行不重辭不援其所不及不煩其所不知則君不勞矣

儀當爲義聲之誤也言臣義事君則行也重猶尚也援猶引也引君所不及謂必使其君所行如堯舜也不煩以其所不知謂必使其知慮如聖人也凡告喻人當隨其才以誘之○援音袁知音智

詩云上帝板板下民卒癉

上帝喻君也板板辟也卒盡也癉病也此君使民惑之詩

小雅曰匪其止共惟王之邛

匪非也邛勞也言臣不止於恭敬其職惟使王之勞此臣使君勞之詩也

子曰政之不行也教之不成也爵祿不足勸也刑罰不足恥也故上不可以褻刑而輕爵

言政教所以明賞罰

康誥曰敬明乃罰甫刑曰播刑之不迪

康康叔也作誥尚書篇名也播猶施也不衍字耳迪道也言施刑之道

子曰大臣不親百姓不寧則忠敬不足而富貴已過也大臣不治而邇臣比矣

忠敬不足謂臣不忠於君君不敬其臣邇近也言近以見遠言大以見小互言之比私相親也

故大臣不可不敬也是民之表也邇臣不可不慎也是民之道也

民之道言民循從也。

君毋以小謀大。毋以遠言近。毋以內圖外。

圖以謀也言凡謀之當各於其黨於其黨知其過審也。大臣柄權於外小臣執命於內或時交爭轉相陷害。

則大臣不怨。邇臣不疾。而遠臣不蔽矣。

疾猶非也。

葉公之顧命曰。毋以小謀敗大作。毋以嬖御人疾莊后。毋以嬖御士疾莊士大夫卿士。

葉公楚縣公葉公子高也臨死遺書曰顧命小謀小臣之謀也大作大臣之所爲也嬖御人愛妾也疾亦非也莊后適夫人齊莊得禮者嬖御士愛臣也莊士亦謂士之齊莊得禮者今爲大夫卿士○葉舒涉反適丁歷反齊側皆反下同

子曰。大人不親其所賢。而信其所賤。民是以親失。而教是以煩。

親失失其所當親也教煩由信賤也賤者無一德也。

詩云。彼求我則。如不我得。執我仇仇。亦不我力。

言君始求我如恐不得我既得我持我仇仇然不堅固亦不力用我是不親信我也○仇音求

君陳曰。未見聖。若已弗克見。既見聖。亦不克由聖。

克能也。由用也。

子曰。小人溺於水。君子溺於口。大人溺於民。皆在其所褻也。

言人不溺於所敬者溺謂覆没不能自理出也。

夫水近於人而溺人。德易狎而難親也。易以溺人。

言水人所沐浴自潔清者至於深淵洪波所當畏愼也由近人之故或泳之游之褻慢而無戒心以取溺焉有德者亦如水矣初時學其近者小者以從人事自以爲可則侮狎之至於先王大道性與天命則遂扞格不入迷惑無聞如溺於大水矣難親親之當肅敬如臨深淵○泳音詠扞胡旦反格戶白反

口費而煩。易出難悔。易以溺人。

費猶惠也言口多空言且煩數也過言一出駟馬不能及不可得悔也口舌爲罪亦如溺矣費或爲哱或爲悖

夫民閉於人而有鄙心。可敬不可慢。易以溺人。

言民不通於人道而心鄙詐難卒告諭人君敬愼以臨之則可若陵虐而慢之分崩怨畔君無所尊亦如溺矣

故君子不可以不愼也。

愼所可褻乃不溺矣

太甲曰。毋越厥命以自覆也。若虞機張。往省括于厥度則釋。

越之言蹷也厥其也覆敗也言無自顚蹷女之政教以自毁敗虞田獵之地者也機弩牙也度謂所擬射也虞人之射禽弩已張從機間視括與所射參相得乃後釋弦發矢爲政亦當以己心參於羣臣及萬民可乃後施也

兌命曰。惟口起羞。惟甲冑起兵。惟衣裳在笥。惟干戈省厥躬。

兌當爲說謂殷高宗之臣傅說也作書以命高宗尚書篇名也羞猶辱也衣裳朝祭之服也惟口起辱當愼言語也惟甲冑起兵當愼軍旅之事也惟衣裳在笥當服以爲禮也惟干戈省厥躬當恕己不尚害人也

太甲曰。天作孽。可違也。自作孽。不可以逭。

違猶辟也逭逃也○逭乎亂反

尹吉曰。惟尹躬天見于西邑夏。自周有終。相亦惟終。

尹吉亦尹誥也天當爲先字之誤忠信爲周相助也謂臣也伊尹言尹之先祖見夏之先君臣皆忠信以自終今天絕桀者以其自作孽伊尹始仕於夏此時就湯矣夏之邑在亳西見或爲敗邑或爲予

子曰民以君爲心君以民爲體心莊則體舒心肅則容敬心好之身必安之君好之民必欲之心以體全亦以體傷君以民存亦以民亡。

莊齊莊也○好呼報反齊側皆反

詩云昔吾有先正其言明且清國家以寧都邑以成庶民以生誰能秉國成不自爲正卒勞百姓。

先正先君長也誰能秉國成傷今無此人也成形之入成也誰能秉行之不自以所爲者正盡勞來百姓憂念之者與疾時大

君雅曰夏日暑雨小民惟曰怨資冬祈寒小民亦惟曰怨。

雅書序作牙假借字也君雅周穆王司徒作尚書篇名也資當爲至齊魯之語聲之誤也祈之言是也齊西偏之語也夏日暑雨小民怨天至冬是寒小民又怨天言民恒多怨爲其君難○雅音牙

子曰下之事上也身不正言不信則義不壹行無類也。

類謂比式

子曰言有物而行有格也是以生則不可奪志死則不可奪名。

物謂事驗也格舊法也

故君子多聞質而守之多志質而親之精知略而行之。

質猶以也多志謂博交汎愛人也精知孰慮於衆也精或爲清

君陳曰出入自爾師虞庶言同。

自由也師庶皆衆也虞度也言出內政教當由女衆之所謀度衆言同乃言之政教當由一也

詩云淑人君子其儀一也。

子曰唯君子能好其正小人毒其正。

正當爲匹字之誤也匹謂知識朋友

故君子之朋友有鄉其惡有方。

鄉方喻輩類也小人徼利其友無常也○鄉許亮反

是故邇者不惑而遠者不疑也。

言其可望而知邇近也

詩云君子好仇。

仇匹也

子曰輕絕貧賤而重絕富貴則好賢不堅而惡惡不著也人雖曰不利吾不信也。

言此近徼利也

詩云朋友攸攝攝以威儀。

攸所也言朋友以禮義相攝正不以貧富貴賤之利也

子曰私惠不歸德君子不自留焉。

私惠謂不以公禮相慶賀時以小物相問遺也言其物不可以為德則君子不以身留此人也相惠以褻瀆邪辟之物是為不歸於德歸或為懷

詩云人之好我示我周行。

行道也言示我以忠信之道

子曰苟有車必見其軾苟有衣必見其敝人苟或言之必聞其聲苟或行之必見其成。

言凡人舉事必有後驗也見其軾謂載也敝敗衣也衣或在內新時不見

葛覃曰服之無射。

射厭也言已願采葛以為君子之衣令君子服之無厭言不虛也○射音亦

子曰言從而行之則言不可飾也行從而言之則行不可飾也。

從猶隨也

故君子寡言而行以成其信則民不得大其美而小其惡。

以行為驗虛言無益於善也寡當為顧聲之誤也

詩云白圭之玷尚可磨也斯言之玷不可為也。

玷缺也言圭之缺尚可磨而平之言之缺無如之何

小雅曰允也君子展也大成。

允信也展成也

君奭曰在昔上帝周田觀文王之德其集大命于厥躬。

奭召公名也作尚書篇名也古文周田觀文王之德為割申勸寧王之德今博士讀為厥亂勸寧王之德三者皆異古文似近之割之言蓋也言文王有誠信之德天蓋申勸之集大命於其身為命之使王天下也○奭音釋召本亦作邵王于況反

子曰南人有言曰人而無恒不可以為卜筮古之遺言與龜筮猶不能知也而況於人乎。

恒常也不可為卜筮言卦兆不能見其情定其吉凶也

詩云我龜既厭不我告猶。

猶道也言褻而用之龜厭之不告以吉凶之道也

兌命曰爵無及惡德民立而正事純而祭祀是為不敬事煩則亂事神則難。

惡德無恒之德純猶皆也言君祭祀賜諸臣爵毋與惡德之人也民將立以為正言放傚之疾事皆如是而以祭祀是不敬鬼神也惡德之人使事煩事煩則亂使事鬼神又難以得福也純或為煩○兌音說

易曰不恒其德或承之羞恒其德偵婦人吉夫子凶。

羞猶辱也偵問也問正為偵婦人從人者也以問正為常德則吉男子當專行幹事而以問正為常德是亦無恒之人也○偵音貞

禮記卷三十三終

禮記卷三十四

漢大司農北海鄭　玄註
皇明　後學東吳金　蟠較

奔喪第三十四

奔喪之禮。始聞親喪。以哭荅使者。盡哀。問故。又哭盡哀。（親父母也。以哭荅使者。驚怛之哀無辭也。問故問親喪所由也。雖非父母。聞喪而哭。其禮亦然也。）

遂行日行百里。不以夜行。（雖有哀戚。猶辟害也。晝夜之分別於昏明。哭則遂行者不爲位。○辟音避）

唯父母之喪。見星而行。見星而舍。（侵晨冒昏。彌益促也。言唯著異也。）

若未得行。則成服而后行。（謂以君命有爲者也。成喪服得行則行。）

過國至竟。哭盡哀而止。（感此念親。○竟音境。下同）

哭辟朝市。（爲驚衆也。○辟音避）

望其國竟哭。（斬衰者也。自是哭且遂行。）

至於家。入門左。升自西階。殯東西面坐。哭盡哀。括髮袒。（括髮袒者。去飾也。未成服者。素委貌深衣。已成服者。固自喪服矣。○袒徒旱反）

降堂東即位西鄉哭成踊。（已殯者位在下。○鄉許亮反。下同）

襲經于序東。絞帶。反位拜賓成踊。（襲服衣也。不於又哭乃經者。喪已踰日。節於是可也。其未小斂而至。於在家同耳。不散帶者。不見尸柩。凡拜賓者。就其位。既拜反位哭踊。○踊音勇）

送賓反位。有賓後至者。則拜之成踊。送賓皆如初。衆主人兄弟皆出門。出門哭止。闔門。相者告就次。（次倚廬也。○相息亮反。下相者皆同）

於又哭。括髮袒成踊。於三哭。猶括髮袒成踊。（又哭。至明日朝也。三哭。又其明日朝也。皆升堂括髮袒如始至。必又哭三哭者。象小斂大斂時也。雜記曰。士三踊。其夕哭從朝夕哭。不括髮不袒。不踊不以爲數。）

三日成服。拜賓送賓。皆如初。（三日三哭之明日也。既哭成其服。喪服杖於序東。）

奔喪者非主人。則主人爲之拜賓送賓。奔喪者自齊衰以下。入門左。中庭北面。哭盡哀。免麻于序東。即位袒。與主人哭成踊。（不升堂哭者。非父母之喪。統於主人也。麻亦經帶也。於此言麻者。明所奔喪雖有輕者。不至喪所無改服也。凡袒者於位。襲於

序東袒襲不相因位此麻乃袒變於爲父母也○爲於僞
反註及下爲父爲母同齊音咨下同免音問下及注皆同

於又哭三哭皆免袒有賓則主人拜賓送賓。

又哭三哭亦入門左中
庭北面如始至時也

丈夫婦人之待之也皆如朝夕哭位無變也。

待奔喪者無變嫌賓客之也於賓客以哀變爲敬此骨肉哀
則自哀矣於此乃言待之明奔喪者至三哭猶不以序入也

奔母之喪西面哭盡哀括髮袒降堂東即位西鄉哭成踊襲免絰于序東拜賓送賓皆如奔父之禮於又哭不括髮。

爲母於又哭而免輕
於父也其他則同

婦人奔喪升自東階殯東西面坐哭盡哀東髽即位與主人拾踊

婦人爲姑姊妹女子子也東階東面階也婦人入者由闈門東
髽髽於東序不髽於房變於在室者也去纚大紒曰髽拾更也
主人與之更踊賓客之○髽側爪反闈音
違纚色買所綺二反紒音計更音庚下同

奔喪者不及殯先之墓北面坐哭盡哀主人之待之也即位於墓左婦人墓右成踊盡哀括髮東即主人位絰絞帶哭成踊拜賓反位成踊相者告事畢。

主人之待之謂在家者也哭於墓爲
父母則袒告事畢者於此後無事也

遂冠歸入門左北面哭盡哀括髮袒成踊東即位拜賓成踊賓出主人拜送有賓後至者則拜之成踊送賓如初衆主人兄弟皆出門出門哭止相者告就次於又哭括髮成踊於三哭猶括髮成踊三日成服於五哭相者告事畢。

又哭三哭不袒者哀戚已久殺之也逆奔喪禮說不及殯日於
又哭猶括髮即位不袒告事畢者五哭而不復哭也成服之朝
爲四哭此謂旣期乃後歸至者也其未期猶朝夕哭
不至於五哭○冠音官殺色界反下同期音朞下同

爲母所以異於父者壹括髮其餘免以終事他如奔父之禮。

壹括髮謂歸入門哭時也於此乃言爲
母異於父者明及殯不及殯其異者同

齊衰以下不及殯先之墓西面哭盡哀。

不北面者亦
統於主人

免麻於東方即位與主人哭成踊襲有賓則主人拜賓送賓賓有後至者拜之如初相者告事畢。

不言袒言襲者容
齊衰親者或袒可

遂冠歸入門左北面哭盡哀免袒成踊東即位拜賓成踊賓出主人拜送於又哭免袒成踊於三哭猶免袒成踊三日成服於五哭相者告事畢。

爲父於又哭括髮而不袒此
又哭三哭皆言袒袒衍字也

聞喪不得奔喪哭盡哀問故又哭盡哀乃爲位括髮袒成踊襲絰絞帶即位。

聞父母喪而不得奔謂以君命有事不然者不得爲位位有鄭
列之處如於家朝夕哭位矣不於又哭乃絰者喪至此踰日節
於是可也○
斷丁短反

拜賓反位成踊賓出主人拜送于門外反位若有賓後至者拜之成踊送賓如初於又哭括髮袒成踊於三哭猶括髮袒成踊三日成服於五哭拜賓送賓如初

不言就次者當從其事不可以喪服廢公職也其告官亦告就次言五哭者以迫公事五日哀殺亦可以止

若除喪而后歸則之墓哭成踊東括髮袒絰拜賓成踊送賓反位又哭盡哀遂除於家不哭

東東即主人位如不及殯者也遂除於墓而歸

主人之待之也無變於服與之哭不踊

無變於服自若時服也亦即位于墓左婦人墓右

自齊衰以下所以異者免麻

凡爲位非親喪齊衰以下皆即位哭盡哀而東免絰即位袒成踊

謂無君事又無故可得奔喪而以已私未奔者也父母之喪則不爲位其哭之不離聞喪之處齊衰以下更爲位而哭皆可行乃行

襲拜賓反位哭成踊送賓反位相者告就次三日五哭卒主人出送賓衆主人兄弟皆出門哭止相者告事畢成服拜賓

卒猶止也三日五哭者始聞喪訖夕爲位乃出就次一哭也與明日又明日之朝夕而五哭不五朝哭而數朝夕備五哭而止亦爲急奔喪已私事當畢亦明日乃成服凡云五哭者其後有賓亦與之哭而拜之

若所爲位家遠則成服而往

謂所當奔者外喪也外喪緩而道遠成服乃行容待齎也○齎子西反

齊衰望鄉而哭大功望門而哭小功至門而哭緦麻即位而哭

奔喪哭親疏遠近之差也

哭父之黨於廟母妻之黨於寢師於廟門外朋友於寢門外所識於野張帷

此因五服聞喪而哭列人恩誼所當哭者也黨謂族類無服者也遂奔喪禮曰哭父族與母黨於廟妻之黨於寢朋友於寢門外壹哭而已不踊言壹哭而已則不爲位矣

凡爲位不奠

以其精神不在乎是

哭天子九諸侯七卿大夫五士三

此臣聞君喪而未奔爲位而哭尊卑日數之差也士亦有屬吏賤不得君臣之名

大夫哭諸侯不敢拜賓

謂哭其舊君不敢拜賓辟爲主○辟音避

諸臣在他國爲位而哭不敢拜賓

謂大夫士使於列國

與諸侯爲兄弟亦爲位而哭

族親昏姻在異國者

凡爲位者壹袒

謂於禮正可爲位而哭也始聞喪哭而
袒其明日則否父母之喪自若三袒也

所識者弔。先哭于家而後之墓。皆爲之成踊從主人北面而踊。

從主人而踊拾踊也北面自
外來便也主人墓左西面

凡喪父在。父爲主。

與賓客爲禮
宜使尊者

父沒兄弟同居各主其喪。

各爲其妻子之喪爲
主也祔則宗子主之

親同長者主之

父母沒如昆弟
之喪宗子主之

不同親者主之。

從父昆
弟之喪

聞遠兄弟之喪既除喪而後聞喪。免袒成踊拜賓則尚左手。

小功緦麻不稅者也雖不服猶免袒尚左手吉拜
也逸奔喪禮曰凡拜吉喪皆尚左手 ○ 稅吐外反

無服而爲位者唯嫂叔。及婦人降而無服者麻。

雖無服猶弔服加麻袒免爲位哭也正言嫂叔尊嫂也兄公於
弟之妻則不能也婦人降而無服族姑姊妹嫁者也逸奔喪禮
曰無服袒免爲位者唯嫂與叔凡爲
其男子服其婦人降而無服者麻

凡奔喪有大夫至袒拜之成踊而后襲。於士襲而后拜之。

主人袒降哭而大夫至因拜之不敢成已禮乃
禮尊者或曰大夫後至者袒拜之謂之成踊

禮記卷三十四終

禮記卷三十五

漢大司農北海鄭　玄註
皇明　後學東吳葛　鼒較

問喪第三十五

親始死。雞斯徒跣。扱上衽。交手哭。惻怛之心。痛疾之意。傷腎。乾肝。焦肺。水漿不入口。三日不舉火。故鄰里爲之糜粥以飲食之。

親，父母也。雞斯當爲笄纚，聲之誤也。親始死，去冠，二日乃去笄纚括髮也。今時始喪者，邪巾貊頭，笄纚之存象也。徒，猶空也。上衽，深衣之裳前。五藏者，腎在下，肝在中，肺在上，舉三者之焦傷，而心腓在其中矣。五家爲鄰，五鄰爲里。○跣，悉典反。扱，初洽反。食，音嗣。笄，古兮反。纚，色買反。去，起呂反。貊，亡聠反。藏，才浪反。

夫悲哀在中。故形變於外也。痛疾在心。故口不甘味。身不安美也。

言人情之中外相應。

三日而斂。在牀曰尸。在棺曰柩。動尸舉柩。哭踊無數。惻怛之心。痛疾之意。悲哀志懣氣盛。故袒而踊之。所以動體安心下氣也。婦人不宜袒。故發胸擊心爵踊。殷殷田田。如壞牆然。悲哀痛疾之至也。故曰辟踊哭泣。哀以送之。送形而往。迎精而反也。

故袒而踊之，言聖人制法，故使之然也。爵踊，足不絕地。辟，拊心也。哀以送之，謂葬時也。迎其精神而反，謂反哭及日中而虞也。○懣，音滿。辟，婢尺反。

其往送也。望望然。汲汲然。如有追而弗及也。其反哭也。皇皇然。若有求而弗得也。故其往送也如慕。其反也如疑。

望望，瞻望之貌也。慕者，以其親之在前。疑者，不知神之來否。

求而無所得之也。入門而弗見也。上堂又弗見也。入室又弗見也。亡矣喪矣。不可復見已矣。故哭泣辟踊。盡哀而止矣。

說反哭之義也。

心悵焉愴焉。惚焉愾焉。心絕志悲而已矣。祭之宗廟。以鬼享之。徼幸復反也。

說虞之義。

成壙而歸。不敢入處室。居於倚廬。哀親之在外也。寢苫枕塊。哀親之在土也。

言親在外在土，孝子不忍反室自安也。入處室，或爲入宮。○壙，古晃反。

故哭泣無時。服勤三年。思慕之心。孝子之志也。人情之實也。

勤，謂憂勞。

或問曰。死三日而后斂者何也。

怪其遲也。

曰。孝子親死。悲哀志懣。故匍匐而哭之。若將復生然。安可得奪而斂之也。故曰三日而后斂者。以俟其生也。三日而不生。亦不生矣。孝子之心亦益衰矣。家室之計。衣服之具。亦可以成矣。親戚之遠者亦可以至矣。是故聖人爲之斷決以三日爲之禮制也。

匍匐，猶顛蹷。或作扶服。

或問曰：冠者不肉袒何也。

怪冠衣之相爲也。

曰：冠至尊也，不居肉袒之體也。故爲之免以代之也。

言身無飾者不敢冠，冠爲褻尊服。肉袒則著免。免狀如冠而廣一寸。

然則禿者不免，傴者不袒，跛者不踊，非不悲也。身有錮疾，不可以備禮也。故曰：喪禮唯哀爲主矣。女子哭泣悲哀，擊胷傷心；男子哭泣悲哀，稽顙觸地無容，哀之至也。

將踊先袒，將袒先免。此三疾俱不踊不袒不免，顧其所以否者各爲一耳。擊胷傷心，稽顙觸地，不踊者若此而可。或曰男女哭踊。○禿，吐祿反。傴，於縷反。跛，補火反。

或問曰：免者以何爲也。

怪本所爲施也。○何爲，于僞反。盡篇末文註皆同。

曰：不冠者之所服也。禮曰：童子不緦，唯當室緦。緦者其免也。當室則免而杖矣。

不冠者，猶未冠也。當室謂無父兄而主家者也。童子不杖，不杖者不免。當室則杖而免。免，冠之細別，以次成人也。緦者其免也，言免乃有緦服也。

或問曰：杖者何也。

怪其義各異。

曰：竹桐一也。故爲父苴杖，苴杖竹也；爲母削杖，削杖桐也。

言所以杖者義一也，顧所用異耳。

或問曰：杖者以何爲也。

怪所爲施。

曰：孝子喪親，哭泣無數，服勤三年，身病體羸，以杖扶病也。

言得杖乃能起也。數，或爲時。

則父在不敢杖矣，尊者在故也。堂上不杖，辟尊者之處也。堂上不趨，示不遽也。此孝子之志也，人情之實也，禮義之經也，非從天降

也，非從地出也，人情而已矣。

父在不杖，謂爲母喪也。尊者在不杖，辟尊者之處不杖，有事不趨，皆爲其感動使之憂戚也。○辟音避

禮記卷三十五終

禮記卷三十六

漢大司農北海鄭　玄註

皇明　後學東吳金　蟠較

服問第三十六

傳曰。有從輕而重。公子之妻爲其皇姑。

皇君也。諸侯妾子之妻爲其君姑齊衰。與爲小君同。舅不厭婦也。○爲于僞反。注及下皆同。齊音咨。下七雷反。後倣此

有從重而輕。爲妻之父母。

妻齊衰而夫從緦麻。不降一等。言非服差。

有從無服而有服。公子之妻爲公子之外兄弟。

謂爲公子之外祖父母從母緦麻。

有從有服而無服。公子爲其妻之父母。

凡公子厭於君。降其私親。女君之子不降也。

傳曰。母出。則爲繼母之黨服。母死。則爲其母之黨服。爲其母之黨服。則不爲繼母之黨服。

雖外親亦無二統。

三年之喪既練矣。有期之喪既葬矣。則帶其故葛帶。絰期之絰。服其功衰。

帶其故葛帶者。三年既練。期既葬。差相似也。絰期之葛絰。三年既練。首絰除矣。爲父既練。首絰除矣。爲父既練衰七升。母既葬衰八升。凡齊衰既葬。衰或八升。或九升。服其功衰。服麤衰。○期音基。下同

有大功之喪亦如之。

大功之麻。變三年之練葛。期既葬之葛帶。小於練之葛帶。又當有絰。亦反服其故葛帶。絰期之絰。差之宜也。此雖變麻服葛。大小同耳。亦服其功衰。凡三年之喪既練。始遭齊衰大功之喪。絰帶皆麻。

小功無變也。

無所變於大功齊斬之服。不用輕累重也。

麻之有本者。變三年之葛。

有本。謂大功以上也。小功以下澡麻斷本。○澡音早

既練。遇麻斷本者。於免絰之。既免去絰。每可以絰。必絰。既絰則去之。

雖無變。緣練無首絰。於有事則免絰如其倫。免無不絰。絰有不免。其無事則自若練服也。

小功不易喪之練冠。如免則絰其緦小功之絰。因其初葛帶。緦之麻。不變小功之葛。小功之麻。不變大功之葛。以有本爲稅。

稅亦變易也。小功以下之麻。雖與上葛同。猶不變也。此要其麻有本者。乃變上耳。雜記曰。有三年之練冠。則以大功之麻易之。唯杖屨不易也。○稅吐外反。注及下皆同

殤長中。變三年之葛。終殤之月筭。而反三年之葛。是非重麻。爲其無卒哭之稅。下殤則否。

謂大功之親爲殤在緦小功者也。可以變三年之葛。正親親也。三年之葛。大功變既練。齊衰變既虞卒哭。凡喪卒哭受麻以葛。

殤以麻終喪之月數非重之而不變爲殤未成人文不縟耳下殤則否言賤也男子爲大功之殤中從上服小功婦人爲之中從下服緦麻○長丁丈反縟音辱

君爲天子三年。夫人如外宗之爲君也。

外宗君外親之婦也其夫與諸侯爲兄弟服斬妻從服期諸侯爲天子服斬夫人亦從服期喪大記曰外宗房中南面

世子不爲天子服。

遠嫌也不服與畿外之民同也

君所主夫人妻大子適婦。

言妻見大夫以下亦爲此三人爲喪主也○大子音泰下及注同適丁歷反下同見賢遍反

大夫之適子。爲君夫人大子如士服。

大夫不世子不嫌也士爲國君斬小君期大子君服斬臣從服期○爲于僞反上君爲及後音皆同

君之母。非夫人則羣臣無服。唯近臣及僕驂乘從服。唯君所服服也。

妾先君所不服也禮庶子爲後爲其母緦言唯君所服伸君也春秋之義有以小君服之者時若小君在則益不可

公爲卿大夫。錫衰以居。出亦如之。當事則弁絰。大夫相爲亦然。爲其妻往則服之。出則否。

弁絰如爵弁而素加絰也不當事則皮弁出謂以他事不至喪所

凡見人無免絰。雖朝於君無免絰。唯公門有稅齊衰。傳曰。君子不奪人之喪。亦不可奪喪也。

見人謂行求見人也無免絰絰重也稅猶免也古者說或作稅有免齊衰謂不杖齊衰也於公門有免齊衰則大功有免絰也

傳曰。罪多而刑五。喪多而服五。上附下附列也。

列等比也○罪本或作辠正字也秦始皇以其似皇字改爲罪也列音例比必利反

禮記卷三十六終

禮記卷三十七

漢大司農北海鄭　玄註
皇明　後學東吳葛　鼒較

閒傳第三十七

斬衰何以服苴。苴惡貌也。所以首其內而見諸外也。斬衰貌若苴。齊衰貌若枲。大功貌若止。小功緦麻容貌可也。此哀之發於容體者也。

有大憂者面必深黑。止謂不動於喜樂之事。枲或爲似。○枲思里反。樂音洛。

斬衰之哭若往而不反。齊衰之哭若往而反。大功之哭三曲而偯。

小功緦麻哀容可也。此哀之發於聲音者也。

三曲，一舉聲而三折也。偯，聲餘從容也。○偯於起反。說文作㦤，扃聲。從七容反。

斬衰唯而不對。齊衰對而不言。大功言而不議。小功緦麻議而不及樂。此哀之發於言語者也。

議謂陳說非時事也。○唯于癸反。

斬衰三日不食。齊衰二日不食。大功三不食。小功緦麻再不食。士與斂焉則壹不食。故父母之喪既殯食粥。朝一溢米。莫一溢米。齊衰之喪疏食水飲。不食菜果。大功之喪不食醯醬。小功緦麻不飲醴酒。此哀之發於飲食者也。父母之喪既虞卒哭。疏食水飲。不食菜果。期而小祥食菜果。又期而大祥有醯醬。中月而禫。禫而飲醴酒。始飲酒者先飲醴酒。始食肉者先食乾肉。

先飲醴酒食乾肉者，不忍發御厚味。○與音預。莫音暮。疏食皆音嗣。醯呼兮反。醴音禮。期音朞，下及注皆同。禫大感反。

父母之喪居倚廬。寢苫枕塊。不說絰帶。齊衰之喪居堊室。芐翦不納。大功之喪寢有席。小功緦麻牀可也。此哀之發於居處者也。父母之喪既虞卒哭。柱楣翦屏。芐翦不納。期而小祥居堊室。寢有席。又期而大祥居復寢。中月而禫。禫而牀。

芐，今之蒲苹也。○說吐活反。芐户嫁反。楣音眉。

斬衰三升。齊衰四升五升六升。大功七升八升九升。小功十升十

一升十二升。緦麻十五升去其半。有事其縷。無事其布。曰緦。此哀之發於衣服者也。

此齊衰多二等，大功小功多一等，服主於受，是極列衣服之差也。

斬衰三升。既虞卒哭。受以成布六升。冠七升。爲母疏衰四升。受以成布七升。冠八升。去麻服葛。葛帶三重。期而小祥。練冠縓緣。要絰不除。男子除乎首。婦人除乎帶。男子何爲除乎首也。婦人何爲除乎帶也。男子重首。婦人重帶。除服者先重者。易服者易輕者。又期而大祥。素縞麻衣。中月而禫。禫而纖。無所不佩。

葛帶三重，謂男子也。五分去一而四糾之，帶輕既變，因爲飾也。婦人葛絰不葛帶。舊說云三糾之，練而帶去一股，則小

於小功之絰似非也易服謂爲後喪所變也婦人重帶帶在下體之上婦人重之辟男子也其爲帶猶五分絰去一耳喪服小記曰除成喪者其祭也朝服縞冠此素縞者玉藻所云縞冠素紕既祥之冠麻衣十五升布深衣也謂之麻者純用布無采飾也大祥除衰杖黑經白緯曰纖舊說纖冠者采纓也無所不佩紛帨之屬如平常也纖或作綅○縓七戀反綅音侵

易服者何爲易輕者也。

因上說而問之、

斬衰之喪既虞卒哭遭齊衰之喪輕者包重者特。

說所以易輕者之義也既虞卒哭謂齊衰可易斬服之節也輕者可施於卑服齊衰之麻以包斬衰之葛謂男子帶婦人絰也重者宜主於尊謂男子之絰婦人之帶特其葛不變之也此言包特者明於卑可以兩施而尊者不可貳

既練遭大功之喪麻葛重。

此言大功可易斬服之節也斬衰已練男子除絰而帶獨存婦人除帶而絰獨存謂之單單獨也遭大功之喪男子有麻絰婦人有麻帶又皆易其輕者以麻謂之重麻既虞卒哭男子帶其故葛帶絰期之葛絰婦人絰其故葛絰帶期之葛帶謂之重葛

齊衰之喪既虞卒哭遭大功之喪麻葛兼服之。

此言大功可易齊衰期服之節也兼猶兩也不言包特而兩言者包特著其義兼者明有絰有帶耳不言重者三年之喪既練或無絰或無帶言重者以明今皆有期以下固皆有矣兩者有麻有葛耳葛者亦特其重麻者亦包其輕

斬衰之葛與齊衰之麻同齊衰之葛與大功之麻同大功之葛與小功之麻同小功之葛與緦之麻同麻同則兼服之。

此竟言有上服既虞卒哭遭下服之差也唯大功有變三年既練之服小功以下則於上皆無易焉此言大功之葛與小功之麻同小功之葛與緦之麻同主爲大功之殤長中言之○爲于僞反長丁丈反

兼服之服重者則易輕者也。

服重者謂特之也則者則男子與婦人也凡下服虞卒哭男子反其故葛帶婦人反其故葛絰其上服除則固自受以下服之受矣、

禮記卷三十七終

禮記卷三十八

漢大司農北海鄭　玄註
皇明　後學東吳金　蟠較

三年問第三十八

三年之喪何也。曰稱情而立文。因以飾羣。別親疏貴賤之節。而弗可損益也。故曰無易之道也。

稱情而立文稱人之情輕重而制其禮也羣謂親之黨也無易猶不易也

創鉅者其日久。痛甚者其愈遲。三年者稱情而立文。所以爲至痛極也。斬衰苴杖居倚廬食粥寢苫枕塊。所以爲至痛飾也。

飾情之章表也。創音瘡

三年之喪二十五月而畢。哀痛未盡。思慕未忘。然而服以是斷之者。豈不送死有已。復生有節也哉。

復生除喪反生者之事也。

凡生天地之閒者。有血氣之屬必有知。有知之屬莫不知愛其類。今是大鳥獸則失喪其羣匹。越月踰時焉。則必反巡過其故鄉。翔回焉。鳴號焉。蹢躅焉。踟蹰焉。然後乃能去之。小者至於燕雀猶有啁噍之頃焉。然後乃能去之。故有血氣之屬者莫知於人。故人於其親也。至死不窮。

匹偶也言燕雀之恩不如大鳥獸大鳥獸不如人含血氣之類人最有知而恩深也於其五服之親念之至死無止已

將由夫患邪淫之人與。則彼朝死而夕忘之。然而從之。則是曾鳥獸之不若也。夫焉能相與羣居而不亂乎。

言惡人薄於恩死則忘之其相與聚處必失禮也

將由夫修飾之君子與。則三年之喪二十五月而畢。若駟之過隙。然而遂之。則是無窮也。

駟之過隙喻疾也遂之謂不時除也

故先王焉爲之立中制節。壹使足以成文理。則釋之矣。

立中制節謂服之年月也釋猶除也去也

然則何以至期也。

言三年之義如此則何以有降至於期也期者謂爲人後者父在爲母也

曰至親以期斷。

言服之正雖至親皆期而除也

是何也。

問服斷於期之義也

曰天地則已易矣。四時則已變矣。其在天地之中者莫不更始焉。以是象之也。

法此變易可以期也

然則何以三年也。

言法此變易可以期何以乃三年爲

曰。加隆焉爾也。焉使倍之。故再期也。

言於父母加隆其恩、使倍期也。下焉猶然。

由九月以下何也。曰。焉使弗及也。

言使其恩不若父母

故三年以爲隆。緦小功以爲殺。期九月以爲間。上取象於天。下取法於地。中取則於人。人之所以羣居和壹之理盡矣。

取象於天地謂法其變易也。自三年以至緦皆歲時之數也。言既象天地、又足以盡人聚居純厚之恩也。

故三年之喪。人道之至文者也。夫是之謂至隆。

言三年之喪、禮之最盛也。

是百王之所同。古今之所壹也。未有知其所由來者也。

不知其所從來、喻此三年之喪前世行良久矣。

孔子曰。子生三年。然後免於父母之懷。夫三年之喪。天下之達喪也。

達謂自天子至於庶人。

禮記卷三十八終

禮記卷三十九

漢大司農北海鄭　玄註
皇明　後學東吳葛　鼒較

深衣第三十九

古者深衣。蓋有制度。以應規矩繩權衡。

言聖人制事必有法度。

短毋見膚。

衣取蔽形。○毋音無。下同。見賢遍反。

長毋被土。

爲汙辱也。○爲于僞反。

續衽鉤邊。

續猶屬也。衽在裳旁者也。屬連之、不殊裳前後也。鉤讀如烏喙必鉤之鉤。鉤邊若今曲裾也。續或爲裕。○屬音燭。喙許穢反。

要縫半下。

三分要中減一以益下、下宜寬也。要或爲優。○要一遥反。

袼之高下。可以運肘。

肘不能不出入。袼衣袂當掖之縫也。○袼亦作胳。音各。掖也。肘竹九反。

袂之長短。反詘之及肘。

袂屬幅於衣。詘而至肘、當臂中爲節。臂骨上下各尺二寸、則袂肘以前尺二寸。肘或爲腕。○袂彌世反。袪末曰袂。

帶下毋厭髀。上毋厭脅。當無骨者。

當骨緩急難爲中也。○厭於甲反，下同。髀畢婢反。

制十有二幅。以應十有二月。

裳六幅，幅分之以爲上下之殺。○殺色界反。

袂圜以應規。

謂胡下也。

曲袷如矩以應方。

袷交領也。古者方領，如今小兒衣領。○袷音劫。

負繩及踝以應直。

繩謂裻與後幅相當之縫也。踝跟也。○裻音督。踝胡瓦反。跟音根。

下齊如權衡以應平。

齊緝也。○齊音咨，下同。

故規者行舉手以爲容。

行舉手，謂揖讓。

負繩抱方者，以直其政，方其義也。故易曰：坤六二之動，直以方也。

言深衣之直方，應易之文也。政或爲正。

下齊如權衡者，以安志而平心也。

心平志安，行乃正。或低或仰，則心有異志者與。

五法已施。故聖人服之。

言非法不服也。

故規矩取其無私。繩取其直。權衡取其平。故先王貴之。

貴此衣也。

故可以爲文。可以爲武。可以擯相。可以治軍旅。完且弗費。善衣之次也。

完且弗費，言可苦衣而易有也。深衣者用十五升布，鍛濯灰治，純之以采。善衣，朝祭之服也。自士以上深衣爲之次，庶人吉服深衣而已。

具父母大父母，衣純以繢。具父母，衣純以青。如孤子，衣純以素。

尊者存，以多飾爲孝。繢，畫文也。三十以下無父稱孤。

純袂緣，純邊，廣各寸半。

純謂緣之也。緣袂謂其口也。緣，緆也。緣邊，衣裳之側。廣各寸半，則表裏共三寸矣。唯袷廣二寸。

禮記卷三十九終

禮記卷四十

漢大司農北海鄭　玄註

皇明　後學東吳葛　鼒較

投壺第四十

投壺之禮，主人奉矢，司射奉中，使人執壺。矢所以投者也中士則鹿中也射人奉之若投壺射之類也其奉之西階上北面○奉音捧

主人請曰：「某有枉矢哨壺，請以樂賓。」賓曰：「子有旨酒嘉肴，某既賜矣，又重以樂，敢辭。」燕飲酒既脫屨升坐主人乃請投壺也否則或射所謂燕射也枉哨不正貌為謙辭○哨七笑反樂賓音洛下同以樂音岳

主人曰：「枉矢哨壺，不足辭也，敢固以請。」賓曰：「某既賜矣，又重以樂，敢固辭。」固之言如故也固辭者重辭也

主人曰：「枉矢哨壺，不足辭也，敢固以請。」賓曰：「某固辭，不得命，敢不敬從。」以不得命不見許

賓再拜受，主人般還曰：「辟。」賓再拜受矢也主人既辟進授矢兩楹之間也○般步干反還音旋下皆同辟音避

主人阼階上拜送，賓般還曰：「辟。」拜送送矢也辟亦於其階上

已拜，受矢，進即兩楹間，退反位，揖賓就筵。主人既拜送矢又自受矢進即兩楹間者言將有事於此也退乃揖賓即席欲與賓階進明為偶也賓席主人席皆南鄉間相去如射物○鄉許亮反

司射進度壺，間以二矢半，反位，設中，東面，執八筭興。度壺度其所設之處也壺去坐二矢半則堂上去賓席主人席邪行各七尺也反位西階上位也設中東面既設中亦實八筭於中橫委其餘於中西執筭而立以請賓俟投

請賓曰：「順投為入，比投不釋，勝飲不勝者。正爵既行，請為勝者立馬。一馬從二馬，三馬既立，請慶多馬。」請主人亦如之。

請猶告也順投矢本入也比投不拾也勝飲不勝言以能養不能也正爵所以正禮之爵也或以罰或以慶馬勝筭也謂之馬者若云技藝如此任為將帥乘馬也射投壺皆所以習武因為樂

命弦者曰：「請奏貍首，間若一。」大師曰：「諾。」弦鼓瑟者也貍首詩篇名也今逸射義所云詩曰曾孫侯氏是也間若一者投壺當以為節取焉○貍力之反

左右告矢具，請拾投。有入者，則司射坐而釋一筭焉。賓黨於右，主黨於左。拾更也告矢具請更投若司射也司射東面立釋筭則坐以南為右北為左也已投者退各反其位

卒投，司射執筭曰：「左右卒投，請數。」二筭為純，一純以取，一筭為奇。遂以奇筭告曰：「某賢於某若干純。」奇則曰奇，鈞則曰左右鈞。

卒已也。賓主之黨畢已投，司射又請數其所釋左右筭，如數射筭，一純以取實於左手，十純則縮而委之，每委異之，有餘則橫諸純下，一筭爲奇，奇則縮諸純下，兼斂左筭實於左手，一純以委，十則異之，其他如右獲，畢則司射執奇筭以告於賓與主人也。若告云某賢於某若干純，若干奇，若左右均，則曰左右鈞。未斥主黨勝與賓黨勝，與以勝爲賢，尚技藝也。鈞猶等也。等則左右手各執一筭以告、

命酌曰：請行觴。酌者曰：諾。

司射又請於賓與主人，以行正爵，酌者勝黨之弟子、

當飲者皆跪奉觴曰：賜灌。勝者跪曰：敬養。

酌者亦酌奠於豐上，不勝者坐取，乃退而跪飲之。灌猶飲也。言賜灌者，服而爲尊敬辭也。周禮曰：以灌賓客。賜灌敬養，各與其偶於西階上，如飲射爵、

正爵既行，請立馬。馬各直其筭。一馬從二馬，以慶。慶禮曰：三馬既備，請慶多馬。賓主皆曰：諾。

禮記　卷四十　投壺　三　承懷堂

飲不勝者畢，司射又請爲勝者立馬，當其所釋筭時也。三立馬者，投壺如射，亦三而止也。三者，一黨不得三勝，其一勝者并其馬於再勝者，以慶之，明一勝不得慶也。飲慶爵者，偶親酌，不使弟子，無豐、

正爵既行，請徹馬。

投壺禮畢，可以去其勝筭也。既徹馬，無筭爵乃行、

筭多少視其坐。

筭用當視坐投壺者之衆寡爲數也。投壺者人四矢，亦人四筭、

籌，室中五扶，堂上七扶，庭中九扶。

籌，矢也。鋪四指曰扶，一指案寸。春秋傳曰：膚寸而合。投壺者或於室，或於堂，或於庭，其禮褻，隨晏早之宜，無常處、

筭長尺二寸。

其節三扶可也，或曰：筭長尺有握，握素也、

壺頸修七寸，腹修五寸，口徑二寸半，容斗五升。壺中實小豆焉，爲其矢之躍而出也。壺去席二矢半。

修，長也。腹容斗五升，三分益一，則爲二斗，得圜囷之象，積三百二十四寸也。以腹修五寸約之，所得求其圜周，圜周二尺七寸有奇，是爲腹徑九寸有餘也。實以小豆，取其滑且堅。○頸，吉井反。囷，去倫反

矢以柘若棘，毋去其皮。

取其堅且重也。舊說云：矢大七分。或以棘取無節。○柘，止夜反，木名

魯令弟子辭曰：毋幠，毋敖，毋偝立，毋踰言。偝立踰言，有常爵。薛令

禮記　卷四十　投壺　四　承懷堂

弟子辭曰：毋幠，毋敖，毋偝立，毋踰言。若是者浮。

弟子，賓黨主黨年穉者也，爲其立堂下相褻慢，司射戒令之，謂魯薛者，禮衰乖異，不知孰是也。幠敖，慢也。偝立，不正鄉前也。踰言，遠談語也。常爵，常所以罰人之爵也。浮亦謂是也。晏子春秋曰：酌者奉觴而進曰：君令浮晏子。時以罰梁丘據。浮或作匏，或作符。踰或爲遙。○幠，好吾反。下同。偝音佩。穉音直吏反

鼓○□○○□□○□○○□半○□○□○○○□□○□○

魯鼓○□○○○□□○□○○□□○□○○□□○半○□

○○○□□○薛鼓

此魯薛擊鼓之節也。圜者擊鼙，方者擊鼓。古者舉事，鼓各有節，聞其節則知其事矣、

取半以下爲投壺禮，盡用之爲射禮。

禮記卷四十一

漢大司農北海鄭　玄註
皇明　後學東吳金　蟠訂

儒行第四十一

魯哀公問於孔子曰夫子之服其儒服與。
哀公館孔子見其服與士大夫異、又與庶人不同疑爲儒服而問之、
孔子對曰丘少居魯衣逢掖之衣長居宋冠章甫之冠丘聞之也
逢猶大也大掖之衣大袂禪衣也此君子有道藝者所衣也孔子生魯長而之宋而冠焉宋其祖所出也衣少所居之服冠長
君子之學也博其服也鄉丘不知儒服。

所居之冠是之謂鄉言不知儒服非哀公意不在於儒乃今問其服庶人禪衣袂二尺二寸袪尺二寸○少詩照反注同衣於既反注所衣也衣少所居同長丁丈反注同冠古亂反注而冠長所居同禪音丹袪去居反
哀公曰敢問儒行孔子對曰遽數之不能終其物悉數之乃留更
僕未可終也。
遽猶卒也物猶事也留久也僕大僕也君燕朝則正位掌擯相更之者爲久將倦使之相代○行下孟反下力行同更下衡反代也大音泰朝直遥反相息亮反爲于僞反下爲孔子同
哀公命席。
爲孔子布席於堂與之坐也君適其臣升自阼階所在如主、
孔子侍曰儒有席上之珍以待聘夙夜強學以待問懷忠信以待
舉力行以待取其自立有如此者。
席陳也珍善也鋪陳往古堯舜之善道以待聘召懷忠信之德以待見舉用也取進取位也○強居兩反
儒有衣冠中動作慎其大讓如慢小讓如僞大則如威小則如愧
其難進而易退也粥粥若無能也其容貌有如此者。
中中間謂不嚴厲也如慢如僞言之不愊怛也如威如愧有所畏○易以豉反下險易同粥本作鬻章六反愊普力反
儒有居處齊難其坐起恭敬言必先信行必中正道塗不爭險易
之利冬夏不爭陰陽之和愛其死以有待也養其身以有爲也其
備豫有如此者。
齊難齊莊可畏難也行不爭道止不選處所以遠鬭訟○齊側皆反注同難乃旦反注同爲于僞反

儒有不寶金玉而忠信以爲寶不祈土地立義以爲土地不祈多
積多文以爲富難得而易祿也易祿而難畜也非時不見不亦難
得乎非義不合不亦難畜乎先勞而後祿不亦易祿乎其近人有
如此者。
祈猶求也立義以爲土地以義自居也難畜難以非義久留也勞猶事也積或爲貨○積子賜反又如字易以豉反見賢遍反
儒有委之以貨財淹之以樂好見利不虧其義劫之以衆沮之以
兵見死不更其守鷙蟲攫搏不程勇者引重鼎不程其力往者不
悔來者不豫過言不再流言不極不斷其威不習其謀其特立有
如此者。

淹謂浸漬之劫劫脅也沮謂恐怖之也鷙蟲猛鳥猛獸也字從鳥鷙省聲也程猶量也重鼎大鼎也搏猛引重不量勇力堪之與否當之則往也雖有負者後不悔也其所未見亦不豫備乎行自若也不再猶不更也不極不問所從出也不斷其威常可畏也不習其謀口及則言不豫其說而順也斷或爲繼○樂五孝反好呼報反鷙音至攫俱縛反斷音短浸子鴆反漬才賜反脅許劫反量音亮更居孟反

儒有可親而不可劫也，可近而不可迫也，可殺而不可辱也。其居處不淫，其飲食不溽，其過失可微辨而不可面數也。其剛毅有如此者。

淫謂傾邪也恣滋味爲溽溽之言欲也○溽音辱

儒有忠信以爲甲冑，禮義以爲干櫓；戴仁而行，抱義而處，雖有暴政，不更其所。其自立有如此者。

甲鎧冑兜鍪也干櫓小楯大楯也○櫓音魯戴音戴本作戴鎧開代反兜丁侯反鍪莫侯反楯時準反

儒有一畝之宮，環堵之室，篳門圭窬，蓬戶甕牖；易衣而出，并日而食；上荅之不敢以疑，上不荅不敢以諂。其仕有如此者。

言貧窮屈道仕爲小官也宮爲牆垣也環堵面一堵也五版爲堵五堵爲雉篳門荊竹織門也圭窬門旁窬也穿牆爲之如圭矣并日而食二日用一日食也上荅之謂君應用其言○篳音畢窬音臾甕烏貢反諂本又作讇勑檢反

儒有今人與居，古人與稽；今世行之，後世以爲楷。適弗逢世，上弗援，下弗推，讒諂之民有比黨而危之者，身可危也，而志不可奪也。雖危起居，竟信其志，猶將不忘百姓之病也。其憂思有如此者。

稽猶合也古人與合則不合於今人也援猶引也取也推猶進也舉也危欲毀害之也起居猶舉事動作信讀如屈伸之伸假借字也猶圖也信或爲身○稽古奚反楷苦駭反援音袁比毗志反信音申思息嗣反

儒有博學而不窮，篤行而不倦；幽居而不淫，上通而不困；禮之以和爲貴，忠信之美，優游之法；慕賢而容衆，毀方而瓦合。其寬裕有如此者。

不窮不止也幽居謂獨處時也上通謂仕道達於君也旣仕則不困於道德不足也忠信之美美忠信者也優游之法法和柔者也毀方而瓦合去己之大圭角下與衆人小合也必瓦合者亦君子爲道不遠人○行下孟反去起呂反

儒有內稱不辟親，外舉不辟怨；程功積事，推賢而進達之，不望其報；君得其志，苟利國家，不求富貴。其舉賢援能有如此者。

君得其志者君所欲爲賢臣成之○辟音避下同

儒有聞善以相告也，見善以相示也；爵位相先也，患難相死也；久相待也，遠相致也。其任舉有如此者。

相先猶相讓也久相待謂其友久在下位不升己則待之乃進也遠相致者謂已得明君而仕友在小國不得志則相致遠也○難乃旦反

儒有澡身而浴德，陳言而伏，靜而正之，上弗知也；麤而翹之，又不急爲也；不臨深而爲高，不加少而爲多；世治不輕，世亂不沮；同弗與，異弗非也。其特立獨行有如此者。

麤猶疏也微也君不知已有善言正行則觀色緣事而微翹發其意使知之又必舒而脫脫焉已爲之疾則君納之速君納之

速怪妬所由生也。不臨深而爲高。臨衆不以己位尊自振貴也。不加少而爲多。謀事不以己小勝自矜大也。世治不輕。不以賢者並衆。不自重愛也。世亂不沮。不以道衰廢壞己志也。○渠音早。翹祁饒反

儒有上不臣天子。下不事諸侯。愼靜而尚寬。強毅以與人。博學以知服。近文章。砥厲廉隅。雖分國如錙銖。不臣不仕。其規爲有如此者。

強毅以與人。彼來辯言行而不正。不苟屈以順之也。博學以知服。不用己之知勝於先世賢知之所言也。雖分國如錙銖。言君分國以祿之。視之輕如錙銖矣。八兩曰錙。○砥音脂。銖音殊。賢知音智

儒有合志同方。營道同術。並立則樂。相下不厭。久不相見。聞流言不信。其行本方立義。同而進。不同而退。其交友有如此者。

同方同術。等志行也。聞流言不信。不信其友所行如毀謗也。○樂音洛。行下孟反。下注儒行同

溫良者。仁之本也。敬愼者。仁之地也。寬裕者。仁之作也。孫接者。仁之能也。禮節者。仁之貌也。言談者。仁之文也。歌樂者。仁之和也。分散者。仁之施也。儒皆兼此而有之。猶且不敢言仁也。其尊讓有如此者。

此兼上十有五儒。蓋聖人之儒行也。孔子嫌若斥己。假仁以爲說。仁。聖之次也。○孫音遜。施始豉反

儒有不隕穫於貧賤。不充詘於富貴。不慁君王。不累長上。不閔有司。故曰儒。

隕穫。困迫失志之貌也。充詘。喜失節之貌。慁猶辱也。累猶繫也。閔。病也。言不爲天子諸侯卿大夫群吏所困迫而違道。孔子自謂也。充或爲統。閔或爲文。○穫戶郭反。慁胡困反。長丁丈反。閔本亦作愍。不爲于僞反

今衆人之命儒也妄。常以儒相詬病。

妄之言無也。言今世名儒無有常人。遭人名爲儒。而以儒靳故相戲。此哀公輕儒之所由也。詬病猶耻辱也。○妄。鄭音亡。王音妄尚反。詬音遘

孔子至舍。哀公館之。聞此言也。言加信。行加義。終沒吾世。不敢以儒爲戲。

儒行之作。蓋孔子自衛初反魯時也。孔子歸至其舍。哀公就而禮館之。問儒服而遂問儒行。乃始覺焉。言沒世不敢以儒爲戲。當時服。○行加下孟反。注同

禮記卷四十一終

禮記卷四十二

漢大司農北海鄭玄註

皇明後學東吳葛鼒訂

大學第四十二

大學之道在明明德。在親民。在止於至善。知止而后有定。定而后能靜。靜而后能安。安而后能慮。慮而后能得。物有本末。事有終始。知所先後。則近道矣。

明明德謂在明其至德也。止猶自處也。得謂得事之宜也。○大音泰

古之欲明明德於天下者。先治其國。欲治其國者。先齊其家。欲齊其家者。先修其身。欲修其身者。先正其心。欲正其心者。先誠其意。欲誠其意者。先致其知。

知謂知善惡吉凶之所終始也

致知在格物。

格來也。物猶事也。其知於善深。則來善物。其知於惡深。則來惡物。言事緣人所好來也。此致或爲至。○好呼報反

物格而后知至。知至而后意誠。意誠而后心正。心正而后身脩。身脩而后家齊。家齊而后國治。國治而后天下平。自天子以至於庶人。壹是皆以脩身爲本。其本亂而末治者否矣。其所厚者薄。而其所薄者厚。未之有也。此謂知本。此謂知之至也。

壹是專行是也

所謂誠其意者。毋自欺也。如惡惡臭。如好好色。此之謂自謙。故君子必慎其獨也。小人閒居爲不善。無所不至。見君子而后厭然。揜其不善而著其善。人之視己。如見其肺肝然。則何益矣。此謂誠於中。形於外。故君子必慎其獨也。

謙讀爲慊。慊之言厭也。厭讀爲黶。黶閉藏貌也。○毋音無。惡惡上烏路反。下如字。好好上呼報反。下如字。謙依注讀爲慊。閒音閑。厭烏簟反。肺芳廢反

曾子曰。十目所視。十手所指。其嚴乎。富潤屋。德潤身。心廣體胖。故君子必誠其意。

嚴乎言可畏敬也。胖猶大也。三者言有實於內。顯見於外。○胖步丹反。見賢遍反

詩云。瞻彼淇澳。菉竹猗猗。有斐君子。如切如磋。如琢如磨。瑟兮僩兮。赫兮喧兮。有斐君子。終不可諠兮。如切如磋者。道學也。如琢如磨者。自脩也。瑟兮僩兮者。恂慄也。赫兮喧兮者。威儀也。有斐君子。終不可諠兮者。道盛德至善。民之不能忘也

此心廣體胖之詩也。澳隈崖也。菉竹猗猗。喻美盛。斐有文章貌也。諠忘也。道猶言也。恂字或作峻。讀如嚴峻之峻。言其容貌嚴栗也。民不能忘。以其意誠而德著也。○淇音其。澳於六反。菉音綠。猗於宜反。磋七何反。僩下板反。喧本亦作咺。況晚反。諠許袁反。詩作諼。隈烏回反

詩云。於戲前王不忘。君子賢其賢而親其親。小人樂其樂而利其

利此以沒世不忘也。

聖人既有親賢之德其政又有樂利於民君子小人各有以思之。○於音烏下於緝同戲好胡反樂並音洛

康誥曰克明德大甲曰顧諟天之明命帝典曰克明峻德皆自明也。

皆自明明德也克能也顧念也諟猶正也帝典堯典亦尚書篇名也峻大也諟或爲題○大音泰諟音是

湯之盤銘曰苟日新日日新又日新康誥曰作新民詩曰周雖舊邦其命維新是故君子無所不用其極。

盤銘刻戒於盤也極猶盡也君子日新其德常盡心力不有餘也

詩云邦畿千里惟民所止詩云緡蠻黃鳥止于丘隅子曰於止知

其所止可以人而不如鳥乎。

於止言鳥之所止也就而觀之知其所止知鳥擇岑蔚安閒而止處之耳言人亦當擇禮義樂土而自止處也論語曰里仁爲美擇不處仁焉得知○緡音緜緡毛詩作緜

詩云穆穆文王於緝熙敬止爲人君止於仁爲人臣止於敬爲人子止於孝爲人父止於慈與國人交止於信。

緝熙光明也此美文王之德光明敬其所以自止處

子曰聽訟吾猶人也必也使無訟乎無情者不得盡其辭大畏民志。

情猶實也無實者多虛誕之辭聖人之聽訟與人同耳必使民無實者不敢盡其辭大畏其心志使誠其意不敢訟

此謂知本。

本謂誠其意也

所謂脩身在正其心者身有所忿懥則不得其正有所恐懼則不得其正有所好樂則不得其正有所憂患則不得其正心不在焉視而不見聽而不聞食而不知其味此謂脩身在正其心。

懥怒貌也或作懫或爲疐○懥音稚好呼報反下故好同樂五孝反懫音致疐音致

所謂齊其家在脩其身者人之其所親愛而辟焉之其所賤惡而辟焉之其所畏敬而辟焉之其所哀矜而辟焉之其所敖惰而辟焉故好而知其惡惡而知其美者天下鮮矣故諺有之曰人莫知

其子之惡莫知其苗之碩此謂身不脩不可以齊其家。

之適也譬猶喻也言適彼而以心度之曰吾何以親愛此人非以其有德美與吾何以敖惰此人非以其志行薄與反以喻己則身脩與否可自知也鮮罕也人莫知其子之惡猶愛而不察碩大也○辟音譬下及注同謂譬喻也賤惡烏路反下惡而同敖五報反度徒洛反行下孟反

所謂治國必先齊其家者其家不可教而能教人者無之故君子不出家而成教於國孝者所以事君也弟者所以事長也慈者所以使衆也康誥曰如保赤子心誠求之雖不中不遠矣未有學養子而后嫁者也。

養子者推心爲之而中於赤子之耆欲也○長丁丈反下長長并注同中丁仲反耆時志反

一家仁，一國興仁；一家讓，一國興讓；一人貪戾，一國作亂。其機如此。此謂一言僨事，一人定國。

一家一人，謂人君也。戾之言利也。機，發動所由也。僨猶覆敗也。春秋傳曰：登戾之。又曰：鄭伯之車僨於濟。戾或為吝，僨或為犇。○僨音奮，本又作僨，覆芳福反，犇音奔

堯舜率天下以仁，而民從之；桀紂率天下以暴，而民從之。其所令反其所好，而民不從。

言民化君行也。君若好貨而禁民淫於財利，不能正也。○好呼報反，注同，行下孟反

是故君子有諸己而后求諸人，無諸己而后非諸人。所藏乎身不恕，而能喻諸人者，未之有也。故治國在齊其家。

有於己謂有仁讓也，無於己謂無貪戾也。

詩云：桃之夭夭，其葉蓁蓁。之子于歸，宜其家人。宜其家人，而后可以教國人。詩云：宜兄宜弟。宜兄宜弟，而后可以教國人。詩云：其儀不忒，正是四國。其為父子兄弟足法，而后民法之也。此謂治國在齊其家。

夭夭蓁蓁，美盛貌。之子者，是子也。○蓁音臻

所謂平天下在治其國者，上老老而民興孝，上長長而民興弟，上恤孤而民不倍，是以君子有絜矩之道也。

老老長長，謂尊老敬長也。恤，憂也。民不倍，不相倍棄也。絜猶結也，挈也。矩，法也。君子有絜法之道，謂常執而行之，動作不失之。倍或作偝，矩或作巨。○絜音結

所惡於上，毋以使下；所惡於下，毋以事上；所惡於前，毋以先後；所惡於後，毋以從前；所惡於右，毋以交於左；所惡於左，毋以交於右。此之謂絜矩之道。

絜矩之道，善持其所有以恕於人耳，治國之要盡於此。○惡烏路反，下皆同，毋音無，下同

詩云：樂只君子，民之父母。民之所好好之，民之所惡惡之，此之謂民之父母。

言治民之道無他，取於己而已。○只音紙，好好皆呼報反

詩云：節彼南山，維石巖巖。赫赫師尹，民具爾瞻。有國者不可以不

慎，辟則為天下僇矣。

巖巖，喻師尹之高嚴也。師尹，天子之大臣，為政者也。在下之民俱視所行而則之，可不慎其德乎？邪辟失道，則天下共誅之矣。○節前切反，辟匹亦反，僇與戮同

詩云：殷之未喪師，克配上帝。儀監于殷，峻命不易。道得眾則得國，失眾則失國。是故君子先慎乎德。有德此有人，有人此有土，有土此有財，有財此有用。德者本也，財者末也。外本內末，爭民施奪。是故財聚則民散，財散則民聚。是故言悖而出者，亦悖而入；貨悖而入者，亦悖而出。

師，眾也。克，能也。峻，大也。言殷王帝乙以上，未失其民之時，德亦有能配天者，謂天享其祭祀也。及紂為惡而民怨神怒，以失天

下監視殷時之事天之大命持之誠不易也道猶言也用謂國用也施奪施其劫奪之情也悖猶逆也言君有逆命則民有逆辭也上貪於利則下人侵畔老子曰多藏必厚亡○喪息浪反易以豉反藏才浪反

康誥曰惟命不于常道善則得之不善則失之矣。

于於也天命不於常言不專祐一家也

楚書曰楚國無以爲寶惟善以爲寶。

楚書楚昭王時書也言以善人爲寶時謂觀射父昭奚恤也○射食夜反父音甫

舅犯曰亡人無以爲寶仁親以爲寶。

舅犯晉文公之舅狐偃也亡人謂文公也時辟驪姬之讒亡在翟而獻公薨秦穆公使子顯弔因勸之復國舅犯爲之對此辭也仁親猶言親愛仁道也明不因喪規利也○辟音避驪力宜反爲之于僞反

秦誓曰若有一个臣斷斷兮無他技其心休休焉其如有容焉人之有技若己有之人之彥聖其心好之不啻若自其口出寔能容之以能保我子孫黎民尚亦有利哉人之有技媢疾以惡之人之彥聖而違之俾不通寔不能容以不能保我子孫黎民亦曰殆哉。

秦誓周書尚書篇名也秦穆公伐鄭爲晉所敗於殽還誓其羣臣故作此篇也斷斷誠一之貌也他技異端之技也有技才藝之士也若己有之不啻若自其口出者樂人有善之甚也美士曰彥黎衆也尚庶幾也媢妬也違猶戾也俾使也拂戾賢人所爲使功不通於君也殆危也彥或作盤○个古賀反尚書作介音界斷丁亂反好呼報反啻音試媢莫報反尚書作冒惡烏路反下能惡人同俾本又作卑必爾反樂音洛

唯仁人放流之迸諸四夷不與同中國此謂唯仁人爲能愛人能惡人。

放去惡人媢嫉之類者獨仁人能之如舜放四罪而天下咸服○去丘呂反

見賢而不能舉舉而不能先命也見不善而不能退退而不能遠過也。

命讀爲慢聲之誤也舉賢而不能使君以先己是輕慢於舉人也○命音慢

好人之所惡惡人之所好是謂拂人之性菑必逮夫身。

拂猶佹也逮及也○好呼報反下皆同惡烏路反下同菑音哉夫音扶佹九委反

是故君子有大道必忠信以得之驕泰以失之。

道行所由

生財有大道生之者衆食之者寡爲之者疾用之者舒則財恒足矣。

是不務祿不肖而勉民以農也

仁者以財發身不仁者以身發財。

發起也言仁人有財則務於施與以起身成其令名不仁之人有身貪於聚斂以起財務於富○施始豉反

未有上好仁而下不好義者也未有好義其事不終者也未有府庫財非其財者也。

言君行仁道則其臣必義以義舉事無不成者其爲誠然如己府庫之財爲己有也

孟獻子曰畜馬乘不察於雞豚伐冰之家不畜牛羊百乘之家不

畜聚斂之臣。與其有聚斂之臣寧有盜臣。此謂國不以利爲利。以義爲利也。

孟獻子、魯大夫仲孫蔑也。畜馬乘、謂以士初試爲大夫也。伐冰之家、卿大夫以上、喪祭用冰。百乘之家、有采地者也。雞豚牛羊、民之所畜養以爲財利者也。國家利義不利財。盜臣損財耳、聚斂之臣乃損義。論語曰、季氏富於周公、而求也爲之聚斂。非吾徒也、小子鳴鼓而攻之可也。○畜許六反、乘繩證反

長國家而務財用者。必自小人矣。

言務聚財爲己用者、必忘義、是小人所爲也。○長丁丈反

彼爲善之小人之使爲國家。菑害並至。雖有善者。亦無如之何矣。

彼君也、君將欲以仁義善其政、而使小人治其國家之事、患難猥至、雖云有善、不能救之、以其惡之已著也。○難乃旦反、猥烏罪反

此謂國不以利爲利。以義爲利也。

禮記 卷四十二大學 九 承懷堂

禮記卷四十二終

禮記四十三

漢大司農北海鄭 玄註
皇明 後學東吳金 蟠訂

冠義第四十三

凡人之所以爲人者禮義也。禮義之始。在於正容體。齊顏色。順辭令。

言人爲禮、以此三者爲始。

容體正。顏色齊。辭令順。而后禮義備。以正君臣。親父子。和長幼。

言三始既□、乃可求以三行也。○長丁丈反、下同、行下孟反

君臣正。父子親。長幼和。而后禮義立。

立猶成也。

禮記 卷四十三冠義 一 承懷堂

故冠而后服備。服備而后容體正。顏色齊。辭令順。

言服未備者、未可求以三始也。童子之服采衣紒。○冠古亂反、除下文玄冠及注緇布冠玄冠以外並同、紒音計

故曰冠者禮之始也。是故古者聖王重冠。古者冠禮筮日筮賓。所以敬冠事。敬冠事所以重禮。重禮所以爲國本也。

國以禮爲本。

故冠於阼。以著代也。醮於客位。三加彌尊。加有成也。

阼謂主人之北也。適子冠於阼、若不醴則醮用酒於客位、敬而成之也。戶西爲客位、庶子冠於房戶外、又因醮焉、不代父也。冠

者初加緇布冠次加皮弁次加爵弁每加益尊所以益成也○作才故反醮子笑反適音嫡醴音禮

已冠而字之成人之道也字所以相尊也

見於母母拜之見於兄弟兄弟拜之成人而與爲禮也玄冠玄端奠摯於君遂以摯見於鄉大夫鄉先生以成人見也鄉先生謂鄉老而致仕者服玄冠玄端異於朝也○見賢遍反下皆同摯本亦作贄朝直遥反

成人之者將責成人禮焉也責成人禮焉者將責爲人子爲人弟爲人臣爲人少者之禮行焉將責四者之行於人其禮可不重與言責人以大禮者已接之不可以苟○少詩照反之行下孟反下同

故孝弟忠順之行立而后可以爲人可以爲人而后可以治人也故聖王重禮故曰冠者禮之始也嘉事之重者也是故古者重冠重冠故行之於廟行之於廟者所以尊重事尊重事而不敢擅重事不敢擅重事所以自卑而尊先祖也嘉事嘉禮也宗伯掌五禮有吉禮有凶禮有賓禮有軍禮有嘉禮而冠屬嘉禮周禮曰以昏冠之禮親成男女也

禮記卷四十三終

禮記卷四十四

漢大司農北海鄭　玄註
皇明　後學東吳葛　鼒訂

昏義第四十四

昏禮者將合二姓之好上以事宗廟而下以繼後世也故君子重之是以昏禮納采問名納吉納徵請期皆主人筵几於廟而拜迎於門外入揖讓而升聽命於廟所以敬慎重正昏禮也聽命謂主人聽使者所傳壻家之命○昏本作婚禮者婚禮用昏故經典多止作昏字好呼報反采七在反采擇也使色吏反

父親醮子而命之迎男先於女也子承命以迎主人筵几於廟而拜迎于門外壻執鴈入揖讓升堂再拜奠鴈蓋親受之於父母也降出御婦車而壻授綏御輪三周先俟于門外婦至壻揖婦以入共牢而食合巹而酳所以合體同尊卑以親之也酳而無酬酢曰醮醮之禮如冠醮與其異者於寢耳壻御婦車輪三周御者代之壻自乘其車先道之歸也共牢而食合巹而酳成婦之義○醮子妙反迎魚敬反下以迎同先悉薦反壻悉計反字從士從胥巹音謹破瓢爲巹也酳音胤酢音昨如冠古亂反下文始於冠同

敬慎重正而后親之禮之大體而所以成男女之別而立夫婦之義也男女有別而后夫婦有義夫婦有義而后父子有親父子有親而后君臣有正故曰昏禮者禮之本也

言子受氣性純則孝孝則忠也○別彼列反下同

夫禮始於冠本於昏重於喪祭尊於朝聘和於射鄉此禮之大體也

始猶根也本猶幹也鄉鄉飲酒○朝直遥反

夙興婦沐浴以俟見質明贊見婦於舅姑婦執笲棗栗段脩以見贊醴婦婦祭脯醢祭醴成婦禮也

成其爲婦之禮也贊醴婦當作禮聲之誤也○見賢遍反下及注同笲音煩一音皮彥反器名段丁亂反本又作腶或作鍛醴依注作禮醢音海

舅姑入室婦以特豚饋明婦順也

以饋明婦順者供養之禮主於孝順○供俱用反養羊尚反

厥明舅姑共饗婦以一獻之禮奠酬舅姑先降自西階婦降自阼階以著代也

言旣獻之而授之以室事也降者各還其燕寢婦見及饋饗於適寢昏禮不言厥明此言之者容大夫以上禮多或異日○適丁歷反上時掌反

成婦禮明婦順又申之以著代所以重責婦順焉也婦順者順於舅姑和於室人而后當於夫以成絲麻布帛之事以審守委積蓋藏

室人謂女妐女叔諸婦也當猶稱也後言稱夫者不順舅姑不和室人雖有善者猶不爲稱夫也○當丁浪反一音于郎反下注同積子賜反藏才浪反稱尺證反下同

是故婦順備而后內和理內和理而後家可長久也故聖王重之

順備者行和當事成審也○行下孟反

是以古者婦人先嫁三月祖廟未毀教于公宮祖廟旣毀教于宗室教以婦德婦言婦容婦功教成祭之牲用魚芼之以蘋藻所以成婦順也

謂與天子諸侯同姓者也嫁女者必就尊者教成之教成之者女師也祖廟女所出之祖也公君也宗室宗子之家也婦德貞順也婦言辭令也婦容婉娩也婦功絲枲也祭之祭其所出之祖也魚蘋藻皆水物陰類也魚爲俎實蘋藻爲羹菜祭無牲牢告事耳非正祭也其齊盛用黍云若使有司告之宗子之家若其祖廟已毀則爲壇而告焉○先悉薦反芼莫報反蘋音頻藻音早娩音晚齊音咨

古者天子后立六宮三夫人九嬪二十七世婦八十一御妻以聽天下之內治以明章婦順故天下內和而家理天子立六官三公九卿二十七大夫八十一元士以聽天下之外治以明章天下之男教故外和而國治故曰天子聽男教后聽女順天子理陽道后治陰德天子聽外治后聽內治教順成俗外內和順國家理治此之謂盛德

天子六寢而六宮在後六官在前所以承副施外內之政也三夫人以下百二十人周制也三公以下百二十人似夏時也合而言之取其相應有象大數也內治婦學之法也陰德謂主陰事陰令也

是故男教不脩陽事不得適見於天日爲之食婦順不脩陰事不得適見於天月爲之食是故日食則天子素服而脩六官之職蕩天下之陽事月食則后素服而脩六宮之職蕩天下之陰事故天子之與后猶日之與月陰之與陽相須而后成者也

適之言責也食者見道有虧傷也蕩蕩滌去穢惡也○適直革反下及注同見賢遍反下及注同日爲于僞反下文皆同去起呂反

天子脩男教父道也后脩女順母道也故曰天子之與后猶父之與母也故爲天王服斬衰服父之義也爲后服資衰服母之義也

父母者施教令於婦子者也故其服同資當爲齊聲之誤也○衰七雷反下同資依注作齊音咨

禮記卷四十五

漢大司農北海鄭　玄註
皇明　後學東吳金　蟠訂

鄉飲酒第四十五

鄉飲酒之義主人拜迎賓于庠門之外入三揖而后至階三讓而后升所以致尊讓也

庠鄉學也州黨曰序

盥洗揚觶所以致絜也

揚舉也今禮皆作騰○盥音管觶之豉反絜音結下同

拜至拜洗拜受拜送拜既所以致敬也

拜至謂始升時拜拜賓至

尊讓絜敬也者君子之所以相接也君子尊讓則不爭絜敬則不慢不慢不爭則遠於鬭辨矣不鬭辨則無暴亂之禍矣斯君子所以免於人禍也故聖人制之以道

道謂此禮

鄉人士君子尊於房戶之間賓主共之也尊有玄酒貴其質也

鄉人鄉大夫也士州長黨正也君子謂鄉大夫士也飲國中賢者亦用此禮也共尊者人臣卑不敢專大惠○長丁丈反篇內皆同

羞出自東方主人共之也

共猶私可以自專也○共音恭

洗當東榮主人之所以自絜而以事賓也

絜猶清也

賓主象天地也介僎象陰陽也三賓象三光也讓之三也象月之三日而成魄也四面之坐象四時也

陰陽助天地養成萬物之氣也三賓象天三光者繫於天也古文禮僎皆作遵○僎音遵

天地嚴凝之氣始於西南而盛於西北此天地之尊嚴氣也此天地之義氣也天地溫厚之氣始於東北而盛於東南此天地之盛

德氣也此天地之仁氣也

凝猶成也

主人者尊賓故坐賓於西北而坐介於西南以輔賓賓者接人以義者也故坐於西北

賓者接人以義言賓來以成主人之德

主人者接人以仁以德厚者也故坐於東南而坐僎於東北以輔主人也

僎輔主人以其仕在官也

仁義接賓主有事俎豆有數曰聖聖立而將之以敬曰禮禮以體長幼曰德

聖通也所以通賓主之意也將猶奉也

德也者得於身也故曰古之學術道者將以得身也是故聖人務焉

術猶藝也得身者謂成己令名免於刑罰也言學術道則此說賓賢能之禮

祭薦祭酒敬禮也嚌肺嘗禮也啐酒成禮也於席末言是席之正非專為飲食也為行禮也此所以貴禮而賤財也卒觶致實於西階上言是席之上非專為飲食也此先禮而後財之義也先禮而後財則民作敬讓而不爭矣

非專為飲食言主於相敬以禮也致實謂盡酒也酒為觴實祭薦祭酒嚌肺於席中唯啐酒於席末也○薦本又作荐同嚌才細反啐七內反專為于偽反

鄉飲酒之禮六十者坐五十者立侍以聽政役所以明尊長也六十者三豆七十者四豆八十者五豆九十者六豆所以明養老也民知尊長養老而后乃能入孝弟民入孝弟出尊長養老而后成教成教而后國可安也君子之所謂孝者非家至而日見之也合諸鄉射教之鄉飲酒之禮而孝弟之行立矣

此說鄉飲酒謂黨正國索鬼神而祭祀則以禮屬民而飲酒于序以正齒位之禮也其鄉射則州長春秋以禮會民而射于州序之禮也謂之鄉者州黨鄉之屬也或則鄉之所居州黨鄉大夫親為主人焉如今郡國下令長於鄉射飲酒從大守相臨之

禮也。○行下孟反屬音燭大音泰相息亮反

孔子曰吾觀於鄉而知王道之易易也。

鄉鄉飲酒也易易謂教化之本尊賢尚齒而已。○易皆以豉反注及下同

主人親速賓及介而衆賓自從之至於門外主人拜賓及介而衆賓自入貴賤之義別矣。

速謂即家召之別猶明也。○別彼列反注及下注同

三揖至于階三讓以賓升拜至獻酬辭讓之節繁及介省矣至于衆賓升受坐祭立飲不酢而降隆殺之義辨矣。

繁猶盛也小減曰省辨猶別也尊者禮隆卑者禮殺尊卑別也。○省所領反殺色戒反注及下同

工入升歌三終主人獻之笙入三終主人獻之間歌三終合樂三終工告樂備遂出一人揚觶乃立司正焉知其能和樂而不流也。

工謂樂正也樂正既告備而降言遂出者自此至去不復升也流猶失禮也立司正以正禮則禮不失可知一人或爲二人。○間間廁之間復扶又反

賓酬主人主人酬介介酬衆賓少長以齒終於沃洗者焉知其能弟長而無遺矣。

遺猶脫也忘也。

降說屨升坐脩爵無數飲酒之節朝不廢朝莫不廢夕賓出主人拜送節文終遂焉知其能安燕而不亂也。

朝夕莫聽事也不廢之者既朝乃飲先夕則罷其正也終遂猶充備也。○廢朝直遙反注朝夕既朝同莫音暮先悉薦反

貴賤明隆殺辨和樂而不流弟長而無遺安燕而不亂此五行者足以正身安國矣彼國安而天下安故曰吾觀於鄉而知王道之易易也。

鄉飲酒之義立賓以象天立主以象地設介僎以象日月立三賓以象三光古之制禮也經之以天地紀之以日月參之以三光政教之本也。

日出於東僎所在也月生於西介所在也三光三大辰也天之政教出於大辰焉。○行下孟反

亨狗於東方祖陽氣之發於東方也。

祖猶法也狗所以養賓陽氣主養萬物。○亨普萌反

洗之在阼其水在洗東祖天地之左海也。

海水之委也。○阼才路反

尊有玄酒教民不忘本也。

大古無酒用水而已。○大音泰

賓必南鄉東方者春春之爲言蠢也産萬物者聖也南方者夏夏之爲言假也養之長之假之仁也西方者秋秋之爲言愁也愁之以時察守義者也北方者冬冬之爲言中也中者藏也是以天子之立也左聖鄉仁右義偝藏也。

春猶蠢也蠢動生之貌也聖之言生也假大也愁讀爲揫揫斂也察猶察察嚴殺之貌也南鄉鄉仁貴長大萬物也察或爲殺○鄉許亮反下及注鄉仁南鄉東鄉皆同假古雅反下同愁依注讀爲揫子留反下同偝音佩

介必東鄉介賓主也。

獻酬之禮主人將西賓將南介覼其間也○覼音間廁之間

主人必居東方東方者春春之爲言蠢也產萬物者也主人者造之產萬物者也。

言禮之所共由主人出也○共音恭

月者三日則成魄三月則成時是以禮有三讓建國必立三卿三賓者政教之本禮之大參也

言禮者陰也大數取象法於月也○參七南反

禮記卷四十五終

禮記卷四十六

漢大司農北海鄭　玄註

皇明　後學東吳金　蟠訂

射義第四十六

古者諸侯之射也必先行燕禮卿大夫士之射也必先行鄉飲酒之禮故燕禮者所以明君臣之義也鄉飲酒之禮者所以明長幼之序也

言別尊卑老穉然後射以觀德行也○長丁丈反別彼列反穉音值行下孟反下文注德行皆同

故射者進退周還必中禮內志正外體直然後持弓矢審固持弓

矢審固然後可以言中此可以觀德行矣。

內正外直習於禮樂有德行者也正鵠之名出自此也○中丁仲反下同正音征

其節天子以騶虞爲節諸侯以貍首爲節卿大夫以采蘋爲節士以采蘩爲節騶虞者樂官備也貍首者樂會時也采蘋者樂循法也采蘩者樂不失職也是故天子以備官爲節諸侯以時會天子爲節卿大夫以循法爲節士以不失職爲節故明乎其節之志以不失其事則功成而德行立德行立則無暴亂之禍矣功成則國安故曰射者所以觀盛德也

騶虞采蘋采蘩今詩篇名貍首逸下云會孫侯氏是也樂官備者謂騶虞曰壹發五豝喻得賢者多也于嗟乎騶虞歎仁人也

樂會時者謂貍首曰小大莫處御于君所樂循法者謂采蘋曰于以采蘋南澗之濱循澗以采蘋喻循法度以成君事也樂不失職者謂采蘩曰被之童童夙夜在公○騶側侯反貍力之反貍之言不來也蘋音頻蘩音煩豝百麻反豵一歲曰豝詩傳云豕牝曰豝
僮音童

是故古者天子以射選諸侯卿大夫士射者男子之事也因而飾之以禮樂也故事之盡禮樂而可數爲以立德行者莫若射故聖王務焉

選士者先考德行乃後決之於射男子生而有射事長學禮樂以飾之○數色角反下同長丁丈反

是故古者天子之制諸侯歲獻貢士於天子天子試之於射宮其容體比於禮其節比於樂而中多者得與於祭其容體不比於禮

禮記　卷四十六　射義　二　秉懷堂

其節不比於樂而中少者不得與於祭數與於祭而君有慶數不與於祭而君有讓數有慶而益地數有讓而削地故曰射者射爲諸侯也

歲獻獻國事之書及計偕物也三歲而貢士舊說云大國三人次國二人小國一人○比毗志反下同中丁仲反下同得與音預下皆同

是以諸侯君臣盡志於射以習禮樂夫君臣習禮樂而以流亡者未之有也

流猶放也書曰流共工于幽州○共音恭

故詩曰曾孫侯氏四正具舉大夫君子凡以庶士小大莫處御于君所以燕以射則燕則譽言君臣相與盡志於射以習禮樂則安則譽也是以天子制之而諸侯務焉此天子之所以養諸侯而兵不用諸侯自爲正之具也

此曾孫之詩諸侯之射節也四正正爵四行也四行者獻賓獻公獻卿獻大夫乃後樂作而射也莫處無安居其官次者也御猶侍也以燕以射先行燕禮乃射也則燕則譽言安國則有名譽譽或爲與

孔子射於矍相之圃蓋觀者如堵牆

矍相地名也樹菜蔬曰圃○矍俱縛反相息亮反

射至於司馬使子路執弓矢出延射曰賁軍之將亡國之大夫與爲人後者不入其餘皆入蓋去者半入者半

禮記　卷四十六　射義　三　秉懷堂

先行飲酒禮將射乃以司正爲司馬子路執弓矢出延射則爲司射也延進也出進觀者欲射者也賁讀爲僨僨猶覆敗也亡國亡君之國者也與猶奇也後人者一人而已旣有爲者而往奇之是貪財也子路陳此三者而觀者長其義則或去也延或爲誓○賁讀音奔覆方卜反奇居宜反

又使公罔之裘序點揚觶而語公罔之裘揚觶而語曰幼壯孝弟耆耋好禮不從流俗脩身以俟死者不在此位也蓋去者半處者半序點又揚觶而語曰好學不倦好禮不變旄期稱道不亂者不在此位也蓋廑有存者

之發聲也射畢又使此二人舉觶者古者於旅也語語謂說義理也三十曰壯耋者皆老也流俗失俗也處猶留也八十九十曰旄百年曰期頤稱猶言也行也者不言有此行不可以在此賓位也序點或爲徐點壯或爲將旄期或爲旄勤今禮揚皆作

騰。○公罔人姓也又作罔之裘裘名也之語助點多簟反序音點名也觶之豉反耆音祁好呼報反下同旄本又作耄莫報反𦩍音勤又音僅少也行下孟反

射之爲言者繹也。或曰舍也。繹者各繹己之志也。故心平體正。持弓矢審固。持弓矢審固。則射中矣。故曰爲人父者以爲父鵠。爲人子者以爲子鵠。爲人君者以爲君鵠。爲人臣者以爲臣鵠。故射者各射己之鵠。故天子之大射謂之射侯。射侯者射爲諸侯也。射中則得爲諸侯。射不中則不得爲諸侯。

大射將祭擇士之射也。以爲其鵠者將祭還視侯中之時意曰此鵠乃爲其之鵠。吾中之則成人。不中之則不成人也。得爲諸侯謂有慶也。不得爲諸侯謂有讓也。○中丁仲反下及注皆同射食亦反下射天地四方同

天子將祭。必先習射於澤。澤者所以擇士也。已射於澤而后射於射宮。射中者得與於祭。不中者不得與於祭。不得與於祭者有讓削以地。得與於祭者有慶益以地。進爵絀地是也。

澤宮名也。士謂諸侯朝者諸臣及所貢士也。皆先令習射於澤已乃射於射宮。課中否也。諸侯有慶者先進爵。有讓者先削地。○與音預下皆同絀勑律反朝直遙反令力呈反已音以課口臥反

故男子生桑弧蓬矢六。以射天地四方。天地四方者男子之所有事也。故必先有志於其所有事。然後敢用穀也。飯食之謂也。

男子生則設弧於門左。三日負之。人君之射乃卜食子也。○飯扶晚反食音嗣注同爲于僞反

射者仁之道也。射求正諸己。己正而后發。發而不中。則不怨勝己者。反求諸己而已矣。

諸猶於也。

孔子曰。君子無所爭。必也射乎。揖讓而升。下而飲。其爭也君子。

必也射乎。言君子至於射則有爭也。下降也。飲射爵者亦揖讓而升降。勝者袒決遂執張弓。不勝者襲說決拾卻左手右加弛弓於其上。而升飲。君子恥之。是以射則爭中。○說吐活反弛始氏反中丁仲反下文注同

孔子曰。射者何以射。何以聽。循聲而發。發而不失正鵠者。其唯賢者乎。若夫不肖之人。則彼將安能以中。

何以言其難也。聲謂樂節也。畫曰正。棲皮曰鵠。正之言正也。鵠之言梏也。梏直也。言人正直乃能中也。發或爲射。○正音征注同夫音扶梏音角下同

詩云。發彼有的。以祈爾爵。祈求也。求中以辭爵也。酒者所以養老也。所以養病也。求中以辭爵者。辭養也。

發猶射也。的謂所射之識也。言射的必欲中之者。以求不飲女爵也。辭養讓見養也。爾或爲有。○的丁歷反識一音志女音汝

禮記卷四十六終

禮記卷四十七

漢大司農北海鄭　玄註
皇明　後學東吳金　蟠訂

燕義第四十七

古者周天子之官有庶子官。庶子官職諸侯卿大夫士之庶子之卒。掌其戒令與其教治。別其等正其位。

職主也。庶子猶諸子也。周禮諸子之官，司馬之屬也。卒讀皆爲倅。諸子副代父者也。戒令，致於大子之事。教治，修德學道。位，朝位也。○倅七對反，又蒼忽反，副也。別彼列反。大子音泰，後大子、學同。朝直遙反。

國有大事，則率國子而致於大子，唯所用之。若有甲兵之事，則授

之以車甲，合其卒伍，置其有司，以軍法治之，司馬弗正。

國子，諸子也。軍法百人爲卒，五人爲伍。弗，不也。國子屬大子，司馬雖有軍事，不賦也。○正音征。

凡國之政事，國子存游卒，使之脩德學道，春合諸學，秋合諸射，以考其藝而進退之。

游卒，未仕者也。學，大學也。射，射宮也。燕禮有庶子官，是以義載此以爲說。○卒七內反，注同。

諸侯燕禮之義，君立阼階之東南，南鄉爾卿，大夫皆少進，定位也。君席阼階之上，居主位也。君獨升立席上，西面特立，莫敢適之義也。

定位者，爲其始入踧踖，揖而安定也。○鄉許亮反。適音敵。爲于僞反，下文爲疑同。踧本亦作蹴，子六反。踖子昔反。

設賓主，飲酒之禮也。使宰夫爲獻主，臣莫敢與君亢禮也。不以公卿爲賓，而以大夫爲賓，爲疑也，明嫌之義也。賓入中庭，君降一等而揖之，禮之也。

設賓主者，飲酒致歡也。宰夫，主膳食之官也。天子使膳宰爲主人。公，孤也。疑，自下上至之辭也。公卿尊矣，復以爲賓，則尊與君太相近。○宰夫本亦作膳夫。上，時掌反。復，扶又反。

君舉旅於賓，及君所賜爵，皆降再拜稽首，升成拜，明臣禮也。君答拜之，禮無不答，明君上之禮也。臣下竭力盡能以立功於國，君必報之以爵祿，故臣下皆務竭力盡能以立功，是以國安而君寧。禮無不答，言上之不虛取於下也。上必明正道以道民，民道之而有

功，然後取其什一，故上用足而下不匱也。是以上下和親而不相怨也。和寧，禮之用也。此君臣上下之大義也。故曰燕禮者，所以明君臣之義也。

言聖人制禮，因事以託政，臣再拜稽首，是其竭力也。君拜答之，是其報以祿惠也。○稽音啓。

席，小卿次上卿，大夫次小卿，士庶子以次就位於下。獻君，君舉旅行酬，而后獻卿，卿舉旅行酬，而后獻大夫，大夫舉旅行酬，而后獻士，士舉旅行酬，而后獻庶子。俎豆牲體薦羞，皆有等差，所以明貴賤也。

牲體，俎實也。薦謂脯醢也。羞，庶羞也。○差初佳反，又初宜反。醢音海。

禮記卷四十七終

禮記卷四十八

漢大司農北海鄭　玄註
皇明　後學東吳金　蟠訂

聘義第四十八

聘禮上公七介侯伯五介子男三介所以明貴賤也。此皆使卿出聘之介數也大行人職曰凡諸侯之卿其禮各下其君二等

介紹而傳命君子於其所尊弗敢質敬之至也。質謂正自相當

三讓而后傳命三讓而后入廟門三揖而后至階三讓而后升所

以致尊讓也。此揖讓主謂賓也三讓而後傳命賓至廟門主人請事時也賓見主人陳擯以大客禮當已則三讓之不得命乃傳其君之聘命也三讓而後入廟門讓主人廟受也小行人職曰凡四方之使者大客則擯小客則受其幣聽其辭○擯或儐字使所吏反

君使士迎于竟大夫郊勞君親拜迎于大門之內而廟受北面拜貺拜君命之辱所以致敬也。貺賜也賓致命公當楣再拜聘君之恩惠辱命來聘者也○竟音境勞力報反楣音眉

敬讓也者君子之所以相接也故諸侯相接以敬讓則不相侵陵君子之相接賓讓而主人敬也

卿為上擯大夫為承擯士為紹擯君親禮賓賓私面私覿致饔餼

還圭璋賄贈饗食燕所以明賓客君臣之義也。

致大禮則賓客之也或不親而使臣則爲君臣也○還音旋下及注同食音嗣下同

故天子制諸侯比年小聘三年大聘相厲以禮使者聘而誤主君弗親饗食也所以愧厲之也諸侯相厲以禮則外不相侵内不相陵此天子之所以養諸侯兵不用而諸侯自爲正之具也。

比年小聘所謂歲相問也三年大聘所謂殷相聘也○比必履反使色吏反

以圭璋聘重禮也已聘而還圭璋此輕財而重禮之義也諸侯相厲以輕財重禮則民作讓矣。

圭璋也尊圭璋之類也用之還之皆爲重禮禮必親之不可以已之有遺復之也財謂璧琮享幣也受之爲輕財者財可遺復

重賄反幣是也○皆爲于僞反琮才工反

主國待客出入三積餼客於舍五牢之具陳於内米三十車禾三十車芻薪倍禾皆陳於外乘禽日五雙羣介皆有餼牢壹食再饗燕與時賜無數所以厚重禮也。

厚重禮厚此聘禮也○積子賜反乘繩證反食音嗣

古之用財者不能均如此然而用財如此其厚者言盡之於禮也。盡之於禮則内君臣不相陵而外不相侵故天子制之而諸侯務焉爾。

不能均如此言無則從其實也言盡之於禮欲令富者不得過也

聘射之禮至大禮也質明而始行事日幾中而后禮成非強有力者弗能行也故強有力者將以行禮也。

禮成禮畢也或曰行成○幾音基行下孟反

酒清人渴而不敢飲也肉乾人飢而不敢食也日莫人倦齊莊正齊而不敢解惰以成禮節以正君臣以親父子以和長幼此衆人之所難而君子行之故謂之有行有行之謂有義有義之謂勇敢。故所貴於勇敢者貴其能以立義也所貴於立義者貴其有行也所貴於有行者貴其行禮也故所貴於勇敢者貴其敢行禮義也故勇敢強有力者天下無事則用之於禮義天下有事則用之於

戰勝用之於戰勝則無敵用之於禮義則順治外無敵内順治此之謂盛德故聖王之貴勇敢強有力如此也勇敢強有力而不用之於禮義戰勝而用之於爭鬬則謂之亂人刑罰行於國所誅者亂人也如此則民順治而國安也。

勝克敵也或爲陳○乾音干莫音暮齊側皆反解佳買反長丁丈反有行並下孟反下同陳直覲反

子貢問於孔子曰敢問君子貴玉而賤碈者何也爲玉之寡而碈之多與。

碈石似玉或作玟也○碈武巾反字亦作瑉爲于僞反下同玟武巾反

孔子曰非爲碈之多故賤之也玉之寡故貴之也夫昔者君子比

德於玉焉。溫潤而澤。仁也。色柔溫潤似仁也。潤或爲濡。○濡音儒

縝密以栗。知也。縝緻也。栗堅貌。○縝音軫。知音智

廉而不劌。義也。劌傷也。義者不苟傷人也。○劌九衛反。字林云利傷也

垂之如隊。禮也。禮尚謙卑。○隊音墜

叩之其聲清越以長。其終詘然。樂也。樂作則有聲。止則無也。越猶揚也。詘絕止貌也。樂記曰止如槀木。○槀亦作槁

瑕不揜瑜。瑜不揜瑕。忠也。瑕玉之病也。瑜其中間美者。玉之性善惡不相揜。似忠也。

孚尹旁達。信也。孚讀爲浮。尹讀如竹箭之筠。浮筠謂玉采色也。采色旁達不有隱翳。似信也。孚或作姇。或爲扶。○孚依注音浮。尹依注音筠。又作筠。于貧反。翳於計反。姇音孚

氣如白虹。天也。精神見于山川。地也。精神亦謂精氣也。虹天氣也。山川地所以通氣也。○見賢遍反

圭璋特達。德也。特達謂以朝聘也。璧琮則有幣。惟有德者無所不達。不有須而成也。○朝直遙反

天下莫不貴者。道也。道者人無不由之

詩云。言念君子。溫其如玉。故君子貴之也。言我也貴玉者。以其似君子也。

禮記卷四十八終

禮記卷四十九

漢大司農北海鄭　玄註

皐明　後學東吳葛　鼒訂

喪服四制第四十九

凡禮之大體，體天地，法四時，則陰陽，順人情，故謂之禮。訾之者，是不知禮之所由生也。禮之言體也，故謂之禮，言本有法則而生也。口毀曰訾。○訾音紫

夫禮，吉凶異道，不得相干，取之陰陽也。吉禮凶禮異道，謂衣服容貌及器物也。

喪有四制，變而從宜，取之四時也。有恩有理，有節有權，取之人情也。恩者仁也，理者義也，節者禮也，權者知也。仁義禮知，人道具矣。取之四時，謂其數也；取之人情，謂其制也。○知音智，下同

其恩厚者，其服重，故爲父斬衰三年，以恩制者也。服莫重斬衰也。○爲于僞反，下及注同。衰七回反，注及下同

門內之治恩揜義，門外之治義斷恩。資於事父以事君而敬同，貴貴尊尊，義之大者也。故爲君亦斬衰三年，以義制者也。資猶操也。貴貴謂爲大夫君也，尊尊謂爲天子諸侯也。○斷丁亂反。操七刀反

三日而食，三月而沐，期而練，毀不滅性，不以死傷生也。喪不過三年，苴衰不補，墳墓不培，祥之日鼓素琴，告民有終也，以節制者也。資於事父以事母而愛同。天無二日，土無二王，國無二君，家無二尊，以一治之也。故父在爲母齊衰期者，見無二尊也。食，食粥也。沐謂將虞祭時也。補墳猶治也。鼓素琴，始存樂也。三年不爲樂，樂必崩。○期音基，下同。爲于僞反，下注爲君同。齊音咨。見賢遍反

杖者何也？爵也。三日授子杖，五日授大夫杖，七日授士杖。或曰擔主，或曰輔病。婦人童子不杖，不能病也。百官備，百物具，不言而事行者，扶而起。言而后事行者，杖而起。身自執事而后行者，面垢而已。禿者不髽，傴者不袒，跛者不踊，老病不止酒肉。凡此八者，以權

制者也。五日七日授杖，謂爲君喪也。扶而起，謂天子諸侯也。杖而起，謂大夫士也。面垢而已，謂庶民也。髽，婦人也，男子免而婦人髽，髽或爲免。○垢音苟。禿土木反。髽側瓜反。傴紆主反。袒徒旱反。跛彼我反。免音問，下同

始死，三日不怠，三月不解，期悲哀，三年憂，恩之殺也。聖人因殺以制禮。不怠，哭不絕聲也。不解，不解衣而居，不倦息也。○解佳買反。期音基。殺色戒反。解衣古買反

此喪之所以三年，賢者不得過，不肖者不得不及，此喪之中庸也。王者之所以常行也。書曰：高宗諒闇，三年不言，善之也。諒古作梁，楣謂之梁。闇讀如鶉鵪之鵪。闇謂廬也。廬有梁者，所謂柱楣也。○諒闇，依注諒讀爲梁，鵪烏南反，下同。孔安國讀爲

諒陰，諒，信也。陰，默也。楣音眉。鶉音淳

王者莫不行此禮，何以獨善之也？曰：高宗者武丁，武丁者殷之賢王也。繼世即位，而慈良於喪。當此之時，殷衰而復興，禮廢而復起，故善之。善之，故載之書中而高之，故謂之高宗。三年之喪，君不言。書云：高宗諒闇，三年不言。此之謂也。然而曰言不文者，謂臣下也。

言不文者，謂喪事辨，不所當共也。孝經說曰：言不文者，指士民也。○衰色追反，復扶又反，下同。共音恭

禮：斬衰之喪，唯而不對；齊衰之喪，對而不言；大功之喪，言而不議；緦小功之喪，議而不及樂。

此謂與賓客也。唯而不對，侑者爲之應耳。言，謂先發口也。○唯，余癸反。齊音咨，本又作齋。侑音又。爲，于僞反

父母之喪，衰冠繩纓菅屨，三日而食粥，三月而沐，期十三月而練冠，三年而祥。

○衰七雷反。菅音姦。期音基

比終茲三節者，仁者可以觀其愛焉，知者可以觀其理焉，強者可以觀其志焉。禮以治之，義以正之，孝子弟弟貞婦，皆可得而察焉。

仁，有恩者。理，義也。察，猶知也。○比，必利反。知音智

禮記卷四十九終

春秋左傳序

晉杜　預元凱撰

春秋者魯史記之名也記事者以事繫日以日繫月以月繫時以時繫年所以紀遠近別同異也故史之所記必表年以首事年有四時故錯舉以爲所記之名也周禮有史官掌邦國四方之事達四方之志諸侯亦各有國史大事書之於策小事簡牘而已孟子曰楚謂之檮杌晉謂之乘而魯謂之春秋其實一也韓宣子適魯見易象與魯春秋曰周禮盡在魯矣吾乃今知周公之德與周之所以王韓子所見蓋周之舊典禮經也周德既衰官失其守上之

人不能使春秋昭明赴告策書諸所記注多違舊章仲尼因魯史策書成文考其眞僞而志其典禮上以遵周公之遺制下以明將來之法其敎之所存文之所害則刊而正之以示勸戒其餘則皆卽用舊史史有文質辭有詳略不必改也故傳曰其善志又曰非聖人孰能修之蓋周公之志仲尼從而明之左丘明受經於仲尼以爲經者不刊之書也故傳或先經以始事或後經以終義或依經以辯理或錯經以合異隨義而發其例之所重舊史遺文略不盡擧非聖人所修之要故也身爲國史躬覽載籍必廣記而備言之其文緩其旨遠將令學者原始要終尋其枝葉究其所窮優而柔之使自求之饜而飫之使自趨之若江海之浸膏澤之潤渙然冰釋怡然理順然後爲得也其發凡以言例皆經國之常制周公之垂法史書之舊章仲尼從而修之以成一經之通體其微顯闡幽裁成義類者皆據舊例而發義指行事以正褒貶諸稱書不書先書故書不言不稱書曰之類皆所以起新舊發大義謂之變例然亦有史所不書卽以爲義者此蓋春秋新意故傳不言凡曲而暢之也其經無義例因行事而言則傳直言其歸趣而已非例也故發傳之體有三而爲例之情有五一曰微而顯文見於此而起義在彼稱族尊君命舍族尊夫人梁亡城緣陵之類是也二曰志

而晦約言示制推以知例參會不地與謀曰及之類是也三曰婉而成章曲從義訓以示大順諸所諱辟璧假許田之類是也四曰盡而不汙直書其事具文見意丹楹刻桷天王求車齊侯獻捷之類是也五曰懲惡而勸善求名而亡欲蓋而章書齊豹盜三叛人名之類是也推此五體以尋經傳觸類而長之附于二百四十二年行事王道之正人倫之紀備矣或曰春秋以錯文見義若如所論則經當有事同文異而無其義也先儒所傳皆不其然答曰春秋雖以一字爲褒貶然皆須數句以成言非如八卦之爻可錯綜爲六十四也固當依傳以爲斷古今言左氏春秋者多矣今其遺

文可見者十數家大體轉相祖述進不成爲錯綜經文以盡其變退不守丘明之傳於丘明之傳有所不通皆沒而不說而更膚引公羊穀梁適足自亂預今所以爲異專修丘明之傳以釋經經之條貫必出於傳傳之義例總歸諸凡推變例以正褒貶簡二傳而去異端蓋丘明之志也其有疑錯則備論而闕之以俟後賢然劉子駿創通大義賈景伯父子許惠卿皆先儒之美者也末有潁子嚴者雖淺近亦復名家故特舉劉賈許潁之違以見同異分經之年與傳之年相附比其義類各隨而解之名曰經傳集解又別集諸例及地名譜第歷數相與爲部凡四十部十五卷皆顯其異同

從而釋之名曰釋例將令學者觀其所聚異同之說釋例詳之也或曰春秋之作左傳及穀梁無明文說者以爲仲尼自衞反魯脩春秋立素王丘明爲素臣言公羊者亦云黜周而王魯危行言孫以辟當時之害故微其文隱其義公羊經止獲麟而左氏經終孔丘卒敢問所安荅曰異乎余所聞仲尼曰文王旣沒文不在茲乎此制作之本意也歎曰鳳鳥不至河不出圖吾已矣夫蓋傷時王之政也麟鳳五靈王者之嘉瑞也今麟出非其時虛其應而失其歸此聖人所以爲感也絶筆於獲麟之一句者所感而起固所以爲終也曰然則春秋何始於魯隱公荅曰周平王東周之始王也隱公讓國之賢君也考乎其時則相接言乎其位則列國本乎其始則周公之祚胤也若平王能祈天永命紹開中興隱公能弘宣祖業光啓王室則西周之美可尋文武之迹不隊是故因其歷數附其行事采周之舊以會成王義垂法將來所書之王卽平王也所用之歷卽周正也所稱之公卽魯隱也安在其黜周而王魯乎子曰如有用我者吾其爲東周乎此其義也若夫制作之文所以章往考來情見乎辭言高則旨遠辭約則義微此理之常非隱之也聖人包周身之防旣作之後方復隱諱以辟患非所聞也子路欲使門人爲臣孔子以爲欺天而云仲尼素王丘明素臣又非通

論也先儒以爲制作三年文成致麟旣已妖妄又引經以至仲尼卒亦又近誣據公羊經止獲麟而左氏小邾射不在三叛之數故余以爲感麟而作作起獲麟則文止於所起爲得其實至于反袂拭面稱吾道窮亦無取焉

春秋左傳序終

春秋左傳後序

晉杜　預元凱撰

大康元年三月吳寇始平余自江陵還襄陽解甲休兵乃申抒舊意修成春秋釋例及經傳集解始訖會汲郡汲縣有發其界內舊冢者大得古書皆簡編科斗文字發冢者不以爲意往往散亂科斗書久廢推尋不能盡通始者藏在祕府余晚得見之所記大凡七十五卷多雜碎怪妄不可訓知周易及紀年最爲分了周易上下篇與今正同別有陰陽說而無彖象文言繫辭疑于時仲尼造之于魯尚未播之于遠國也其紀年篇起自夏殷周皆三代王事

無諸國別也唯特記晉國起自殤叔次文侯昭侯以至曲沃莊伯莊伯之十一年十一月魯隱公之元年正月也皆用夏正建寅之月爲歲首編年相次晉國滅獨記魏事下至魏哀王之二十年蓋魏國之史記也推挍哀王二十年太歲在壬戌是周赧王之十六年秦昭王之八年韓襄王之十三年趙武靈王之二十七年楚懷王之三十年燕昭王之十三年齊湣王之二十五年也上去孔丘卒百八十一歲下去今大康三年五百八十一歲哀王於史記襄王之子惠王之孫也惠王三十六年卒而襄王立立十六年卒而哀王立古書紀年篇惠王三十六年改元從一年始至十六年而

稱惠成王卒卽惠王也疑史記誤分惠成之世以爲後王年也哀王二十三年乃卒故特不稱謚謂之今王其著書文意大似春秋經推此足見古者國史策書之常也文稱魯隱公及邾莊公盟于姑蔑卽春秋所書邾儀父未王命故不書爵曰儀父貴之也又稱晉獻公會虞師伐虢滅下陽卽春秋所書虞師晉師滅下陽先書虞賄故也又稱周襄王會諸侯於河陽卽春秋所書天王狩於河陽以臣召君不可以訓也諸若此輩甚多略舉數條以明國史皆承告據實而書時事仲尼修春秋以義而制異文也又稱衛懿公及赤翟戰于洞澤疑洞當爲泂卽左傳所謂熒澤也齊國佐來獻

玉磬紀公之甗卽左傳所謂賓媚人也諸所記多與左傳符同異於公羊穀梁知此二書近世穿鑿非春秋本意審矣雖不皆與史記尚書同然參而求之可以端正學者又別有一卷純集疏左氏傳卜筮事上下次第及其文義皆與左傳同名曰師春師春似是抄集者人名也紀年又稱殷仲壬卽位居亳其卿士伊尹仲壬崩伊尹放太甲於桐乃自立也伊尹卽位于太甲七年太甲潛出自桐殺伊尹乃立其子伊陟伊奮命復其父之田宅而中分之左氏傳伊尹放太甲而相之卒無怨色然則太甲雖見放還殺伊尹而猶以其子爲相也此爲大與尚書敘說太甲事乖異不知老叟之

伏生或致昏忘將此古書亦當時雜記未足以取審也爲其粗有益於左氏故略記之附集解之末焉

春秋左傳後序終

春秋左傳目録

春秋左傳目錄終

春秋左傳卷一

晉鎮南大將軍當陽縣侯京兆杜　預集解

皇明　後　學　東吳金　蟠較訂

隱公名息姑、惠公之子、母聲子、謚法、不尸其位曰隱、

傳惠公元妃孟子。言元妃、明始適夫人也、子、宋姓、○適丁歷反　孟子卒。不稱薨、不成喪也、無謚、先夫死、不得從夫謚、　繼室以聲子。生隱公。聲、謚也、蓋孟子之姪娣也、諸侯始娶、則同姓之國、以姪娣媵、元妃死、則次妃攝治內事、猶不得稱夫人、故謂之繼室、○娣大計反、媵以證反、又繩證反　宋武公生仲子。仲子生而有文在其手。曰爲魯夫人。故仲子歸于我。婦人謂嫁曰歸、以手理自然成字、有若天命、故嫁之於魯、生桓公。而惠公薨。言歸魯而生男、惠公不以桓生之年薨、　是以隱公立而奉之。隱公、繼室之子、當嗣世、以禎祥之故、追成父志、爲桓尚少、是以立爲大子、帥國人奉之、爲經元年春不書即位傳、○爲桓于僞反、大舊太字、皆作大、後大字皆放此

經元年春。王正月。隱公之始年、周王之正月也、凡人君即位、欲其體元以居正、故不言一年一月也、隱雖不即位、然攝行君事、故亦朝廟告朔也、告朔朝正例、在襄二十九年、即位例、在隱莊閔僖元年、○朝直遙反、下同

三月。公及邾儀父盟于蔑。附庸之君、未王命、例稱名、能自通于大國、繼好息民、故書字、貴之、名例在莊五年、邾、今魯國鄒縣也、蔑、姑蔑、魯地、魯國卞縣南有姑城、○父音甫、凡人名氏皆倣此、蔑亡結反

夏。五月。鄭伯克段于鄢。

不稱國討而言鄭伯、譏失教也、段不弟、故不言弟、明鄭伯雖失教、而段亦凶逆、以君討臣、而用二君之例者、言段强大儁傑、據大都以耦國、所謂得儁曰克也、國討例在莊二十二年、得儁例在莊十一年、母弟例在宣十七年、鄭、在滎陽宛陵縣西南、鄢、今潁川鄢陵縣、○鄢於晚反又於建反又於然反

秋。七月。天王使宰咺來歸惠公仲子之賵。宰、官、咺、名也、咺贈死不及尸、弔生不及哀、豫凶事、故貶而名之、此天子大夫稱字之例、仲子者、桓公之母、婦人無謚、故以字配姓、來者自外之文、歸者不反之辭、○咺吁阮反、賵芳鳳反

九月。及宋人盟于宿。客主無名、皆微者也、宿、小國、東平無鹽縣也、凡盟以國地者、國主亦與盟、例在僖十九年、宋、今梁國睢陽縣、○與音預下同睢音雖

冬。十有二月。祭伯來。祭伯、諸侯爲王卿士者、祭、國、伯、爵也、傳曰、非王命也、釋其不稱使、○祭側界反傳祭仲同

公子益師卒。傳例曰、公不與小斂、故不書日、所以示薄厚也、春秋不以日月爲例、唯卿佐之喪、獨託日以見義者、事之得失、既未足以褒貶人君、然亦非死者之罪、無辭可以寄文、而人臣輕賤、死日可略、故特假日以見義、○見賢遍反下同

(傳)元年。春。王周正月。言周以別夏殷、○別彼列反　不書即位。攝也。假攝君政、不修即位之禮、故史不書於策、傳所以見異於常、

三月。公及邾儀父盟于蔑。邾子克也。克、儀父名、未王命。故不書爵。曰儀父。貴之也。王未賜命以爲諸侯、其後儀父服事齊桓、以奬王室、王命以爲邾子、故莊十六年經書邾子克卒、

公攝位。而欲求好於邾。故爲蔑之盟。解所以與盟也、○好呼報反

夏。四月。費伯帥師城郎。不書。非公命也。費伯、魯大夫、郎、魯邑、高平方與縣東南有郁郎亭、傳曰、君舉必書、然則史之策書、皆君命也、今不書於經、亦因史之舊法、故傳釋之、諸魯事、傳釋不書、他皆放此、

初。鄭武公娶于申。曰武姜。申國、今南陽宛縣、○宛於元反　生莊公及共叔段。段出奔共、故曰共叔、猶晉侯在鄂、謂之鄂侯、○共音恭地名　莊公寤生。驚姜氏。故名曰寤生。遂惡之。寐寤而莊公已生、故驚而惡之、○惡烏路反　愛共叔段。欲立之。欲立以爲大子、亟請於武公。公弗許。及莊公即位。爲之請制。公曰。制。巖邑也。虢叔死焉。他邑唯命。虢叔、東虢君也、恃制巖險、而不修德、鄭滅之、恐段復然、故開以他邑、虢國、今滎陽縣、○亟欺冀反爲于僞反　請京。使居之。謂之京城大叔。公順姜請、使段居京、謂之京城大叔、言寵異於衆臣、京、鄭邑、今滎陽京縣、○大音泰下皆同

祭仲曰。都城過百雉。國之害也。祭仲、鄭大夫、方丈曰堵、三堵曰雉、一雉之牆、長三丈、高一丈、侯伯之城、方五里、徑三百雉、故其大都、不得過百雉、　先王之制。大都不過參國之一。三分國城之一、　中。五之一。小。九之一。今京不度。非制也。不合法度、非先王制、　君將不堪。公曰。姜氏欲之。焉辟害。對曰。姜氏何厭之有。不如早爲之所。使得其所宜、○焉於虔反厭於鹽反　無使滋蔓。蔓難圖也。蔓草猶不可除。況君之寵弟乎。公曰。多行不義必自斃。子姑待之。斃、踣也、姑、且也、○踣蒲北反　既而大叔命西鄙北鄙貳於己。鄙、鄭邊邑、貳、兩屬、　公子呂曰。國不堪貳。君將若之何。公子呂、鄭大夫、　欲與大叔。臣請事之。若弗與。則請除之。無生民心。叔久不除、則舉國之民當生他心、　公曰。無庸。將自及。言無用除之、禍將自

及大叔又收貳以為己邑，前兩屬者，今皆取以為己邑。至于廩延。言轉侵多也。廩延，鄭邑。陳留酸棗縣北有延津。子封曰：可矣，厚將得眾。子封，公子呂也。厚謂土地廣大。公曰：不義不暱，厚將崩。不義於君，不親於兄，非眾所附，雖厚必崩。大叔完聚，完城郭，聚人民。繕甲兵，具卒乘，步曰卒，車曰乘。將襲鄭。夫人將啟之。啟，開也。公聞其期，曰：可矣。命子封帥車二百乘以伐京。古者兵車一乘，甲士三人，步卒七十二人。京叛大叔段，段入于鄢。公伐諸鄢。五月辛丑，大叔出奔共。共國，今汲郡共縣。書曰：鄭伯克段于鄢。段不弟，故不言弟；如二君，故曰克；稱鄭伯，譏失教也；謂之鄭志。不言出奔，難之也。傳言夫子作春秋，改舊史以明義。不早為之所，而養成其惡，故曰失教。段實出奔，而以克為文，明鄭伯志在於殺，難言其奔。○難，乃旦反。遂寘姜氏于城潁，城潁，鄭地。而誓之曰：不及黃泉，無相見也。地中之泉，故曰黃泉。既而悔之。潁考叔為潁谷封人，封人，典封疆者。聞之，有獻於公。公賜之食，食舍肉。公問之，對曰：小人有母，皆嘗小人之食矣，未嘗君之羹，請以遺之。食而不啜羹，欲以發明也。宋華元殺羊為羹，饗士，蓋古賜賤官之常。○舍音捨。遺，唯季反，下同。華，戶化反。公曰：爾有母遺，繄我獨無。繄，語助。○繄，烏兮反，又烏帝反。潁考叔曰：敢問何謂也？據武姜在，設疑也。公語之故，且告之悔。對曰：君何患焉？若闕地及泉，隧而相見，其誰曰不然？隧，若今延道。○語，魚據反。闕，其月反。隧音遂。公從之。公入而賦：大隧之中，其樂也融融。賦，賦詩也。融融，和樂也。○樂音洛，下同。姜出而賦：大隧之外，其樂也洩洩。洩洩，舒散也。○洩，羊世反。遂為母子如初。君子曰：潁考叔，純孝也。純，猶篤也。愛其母，施及

莊公。詩曰：孝子不匱，永錫爾類。其是之謂乎。不匱，純孝也。莊公雖失之於初，孝心不忘，考叔感而通之。所謂永錫爾類，詩人之作，各以情言，君子論之，不以文害意，故春秋傳引詩，皆不與今說詩者同，他皆放此。○施，以豉反，又式智反。

秋七月，天王使宰咺來歸惠公仲子之賵。緩，且子氏未薨，故名。惠公葬在春秋前，故曰緩也。子氏，仲子也。薨在二年。賵，助喪之物。天子七月而葬，同軌畢至；言同軌，以別四夷之國。○別，彼列反。諸侯五月，同盟至；同在方嶽之盟。大夫三月，同位至；古者行役不踰時。士踰月，外姻至。踰月，度月也。姻，猶親也。此言赴弔各以遠近為差，因為葬節。贈死不及尸，尸，未葬之通稱。弔生不及哀，諸侯已上，既葬則縗麻除，無哭位，諒闇終喪。豫凶事，非禮也。仲子在而來賵，故曰豫凶事。

八月，紀人伐夷。夷不告，故不書。夷國在城陽莊武縣。紀國在東莞劇縣。隱十一年傳例曰：凡諸侯有命，告則書，不然則否。史不書於策，故夫子亦不書於經，傳見其事，以明春秋例也。他皆放此。

有蜚。不為災，亦不書。蜚，負蠜也。莊二十九年傳例曰：凡物不為災不書。又於此發之者，明傳之所據非唯史策，兼采簡牘之記。他皆放此。

惠公之季年，敗宋師于黃。黃，宋邑。陳留外黃縣東有黃城。公立而求成焉。九月，及宋人盟于宿，始通也。經無義例，故傳直言其歸趣而已。他皆放此。

冬十月庚申，改葬惠公。公弗臨，故不書。以桓為大子，故隱公讓而不敢為喪主。隱攝君政，故據隱而言。惠公之薨也，有宋師，大子少，葬故有闕，是以改葬。○少，去聲。

衛侯來會葬，不見公，亦不書。諸侯會葬，非禮也。不得接公成禮，故不書於策。他皆放此。衛國在汲

郡朝歌縣、○朝如字

鄭共叔之亂。公孫滑出奔衛。公孫滑、共叔段之子。衛人爲之伐鄭。取廩延。

鄭人以王師虢師伐衛南鄙。虢、西虢國也、弘農陝縣東南有虢城。○爲、于僞反、陝、失冉反。請師於邾。邾子使私於公子豫。公子豫、魯大夫、私請師。○豫音預。豫請往。公弗許。遂行。及邾人鄭人盟於翼。翼、邾地、不書。非公命也。新作南門。不書。亦非公命也。非公命不書、三見者、皆興作大事、各舉以備文、

十二月。祭伯來。非王命也。衆父卒。衆父、公子益師字。○衆音終。公不與小斂。故不書日。禮、卿佐之喪、小斂大斂、君皆親臨之、崇恩厚也、始死、情之所篤、禮之所崇、故以小斂爲文、至於但臨大斂、及不臨其喪、亦同不書日。○與音預

經 二年。春。公會戎于潛。戎、狄、夷、蠻、皆氐羌之別種也、戎而書會者、順其俗以爲禮、皆謂居中國若戎子駒支者、陳留濟陽縣東南有戎城、潛、魯地。○氐、都兮反、羌、卻良反、種、章勇反、濟、子禮反、水名、凡地名皆同

夏。五月。莒人入向。向、小國也、譙國龍亢縣東南有向城、莒國、今城陽莒縣也、將卑師少稱人、弗地曰入、例在襄十三年、

無駭帥師入極。無駭、魯卿、極、附庸小國、無駭不書氏、未賜族、賜族例在八年、

秋。八月。庚辰。公及戎盟于唐。高平方與縣北有武唐亭、八月無庚辰、庚辰七月九日也、日月必有誤。○方音房、與音預

九月。紀裂繻來逆女。裂繻、紀大夫、傳曰、卿爲君逆也、以別卿自逆也、逆女或稱使、或不稱使、昏禮不稱主人、史各隨其實而書、非例也、他放此。○繻音須

冬。十月。伯姬歸于紀。無傳、伯姬、魯女、裂繻所逆者、

紀子帛莒子盟于密。子帛、裂繻字也、莒魯有怨、紀侯既昏于魯、使大夫盟莒、以和解之、子帛爲魯結好息民、故傳曰魯故也、比之內大夫而在莒子上、稱字以嘉之也、字例在閔元年、密、莒邑、城陽淳于縣東北有密鄉。○好、呼報反

十有二月。乙卯。夫人子氏薨。無傳、桓未爲君、仲子不應稱夫人、隱讓桓以爲大子、成其母喪以赴諸侯、故經於此稱夫人也、不反哭、故不書葬、例在三年、

鄭人伐衛。凡師有鐘鼓曰伐、例在莊二十九年、

傳 二年。春。公會戎于潛。修惠公之好也。戎請盟。公辭。許其修好、而不許其盟、禦夷狄者、不壹而足。○好、呼報反、下同

莒子娶于向。向姜不安莒而歸。夏。莒人入向。以姜氏還。傳言失昏姻之義、凡得失小、故經無異文、而傳備其事、案文則是非足以爲戒、他皆放此。○還音旋、後皆同

司空無駭入極。費庈父勝之。魯司徒司馬司空、皆卿也、庈父、費伯也、前年城郎、今因得以勝極、故傳於前年發之。○庈音琴

戎請盟。秋。盟于唐。復脩戎好也。

九月。紀裂繻來逆女。卿爲君逆也。○爲於僞反

冬。紀子帛莒子盟于密。魯故也。鄭人伐衞。討公孫滑之亂也。治元年取廩延之亂

經三年。春。王二月己巳。日有食之。無傳。日行遲。一歲一周天。月行疾。一月一周天。一歲凡十二交會。然日月動物。雖行度有大量。不能不小有盈縮。故有雖交會而不食者。或有頻交而食者。唯正陽之月。君子忌之。故有伐鼓用幣之事。今釋例以長歷推經傳。明此食是二月朔也。不書朔。史失之。書朔日例在桓十七年。○量音亮

三月庚戌。天王崩。

周平王也。實以壬戌崩。欲諸侯之速至。故遠日以赴。春秋不書實崩日。而書遠日者。即傳其僞以懲創臣子之過也。襄二十九年。傳曰。鄭上卿有事。使印段如周會葬。今不書葬。魯不會。

夏。四月辛卯。君氏卒。隱不敢從正君之禮。故亦不敢備禮於其母。

秋。武氏子來求賻。武氏子。天子大夫之嗣也。平王喪在殯。新王未得行其爵命。聽於冢宰。故傳曰。王未葬。釋其所以稱父族。又不稱使也。魯不共奉王喪。致令有求。經直文以示不敬。故傳不復具釋也。○賻音附。共音恭

八月庚辰。宋公和卒。稱卒者。略外以別內也。元年。大夫盟於宿。故赴以名。例在七年。○別音鼈

冬。十有二月。齊侯鄭伯盟于石門。來告。故書。石門。齊地。或曰濟北盧縣故城西南濟水之門。

癸未。葬宋穆公。無傳。魯使大夫會葬。故書。始死書卒。史在國承赴。爲君故。惡其薨名。改赴書也。書葬則舉謚稱公者。會葬者在外。據彼國之辭也。書葬例在昭六年。○爲于僞反。惡烏路反

傳三年。春。王三月壬戌。平王崩。赴以庚戌。故書之。

夏。君氏卒。聲子也。不赴於諸侯。不反哭于寢。不祔于姑。故不曰薨。不稱夫人。故不言葬。夫人喪禮有三。薨則赴於同盟之國。一也。既葬。日中自墓反虞於正寢。所謂反哭于寢。二也。卒哭而祔於祖姑。三也。若此。則書曰夫人某氏薨。葬我小君某氏。此備禮之文也。其或不赴不祔。則爲不成喪。故

死不稱夫人薨。不言葬我小君某氏。反哭則書葬。不反哭則不書葬。今聲子三禮皆闕。釋例論之詳矣。○祔音附不書姓。爲公故。曰君氏。不書姓。辟正夫人也。隱見爲君。故特書於經。稱曰君氏。以別凡妾媵。

鄭武公莊公爲平王卿士。卿士。王卿之執政者。言父子秉周之政。王貳于虢。虢。西虢公。亦仕王朝。王欲分政於虢。不復專任鄭伯。鄭伯怨王。王曰。無之。故周鄭交質。王子狐爲質於鄭。鄭公子忽爲質於周。王子狐。平王子。○質音致。下同王崩。周人將畀虢公政。周人遂成平王本意。○畀必二反四月。鄭祭足帥師取溫之麥。秋。又取成周之禾。四月。今二月也。秋。今之夏也。麥禾皆未熟。言取者。蓋芟踐之。溫。今河內溫縣。成周。洛陽縣也。○祭側界反。芟所銜反周鄭交惡。兩相疾惡君子曰。信不由中。質無益也。明恕而行。要之以禮。雖無有質。誰能閒之。苟有明信。澗谿沼沚之毛。谿亦澗也。沼池

也。沚，小渚也。毛，草也。○要，於遥反 蘋蘩薀藻之菜，蘋，大蓱也。蘩，皤蒿。薀藻，聚藻也。○薀，紆粉反。蓱，蒲丁反。皤，蒲多反 筐筥錡釜之器，方曰筐，圓曰筥。無足曰錡，有足曰釜。○筥，九呂反。錡，其綺反 潢汙行潦之水，潢汙，渟水。行潦，流潦。可薦於鬼神，可羞於王公，羞，進也。而況君子結二國之信，行之以禮，又焉用質？通言盟約彼此之情，故言二國。○焉，於虔反 風有采蘩、采蘋，采蘩、采蘋，詩國風，義取於不嫌薄物。雅有行葦、洞酌，詩大雅也。行葦篇義取忠厚也。洞酌篇義取雖行潦可以共祭祀也。○洞音迥 昭忠信也。明有忠信之行，雖薄物皆可為用。

武氏子來求賻，王未葬也。

宋穆公疾，召大司馬孔父而屬殤公焉，曰：先君舍與夷而立寡人，先君，穆公兄宣公也。與夷，宣公子，即所屬殤公。○屬，章欲反。殤，舒羊反。舍音捨 寡人弗敢忘。若以大

夫之靈，得保首領以沒，先君若問與夷，其將何辭以對？請子奉之，以主社稷，寡人雖死，亦無悔焉。對曰：群臣願奉馮也。馮，穆公子，莊公也。○馮，皮冰反，下同 公曰：不可。先君以寡人為賢，使主社稷，若棄德不讓，是廢先君之舉也，豈曰能賢？言不讓則不足稱賢。光昭先君之令德，可不務乎？吾子其無廢先君之功。先君以舉賢為功，我若不賢，是廢之。使公子馮出居於鄭。辟殤公也。八月庚辰，宋穆公卒，殤公即位。君子曰：宋宣公可謂知人矣。立穆公，其子饗之，命以義夫。命出於義也。夫，語助。○夫音符 商頌曰：殷受命咸宜，百祿是荷，其是之謂乎。詩頌言殷湯、武丁受命皆以義，故任荷天之百祿也。帥義而行，則殤公宜受此命，宜荷此祿。公子馮不帥父義，忿而出奔，因鄭以求入，終傷咸宜之福，故知人之稱，唯在宣公也。殷禮有兄弟相及，不必傳子孫。宋其後也，故指稱商頌。

冬，齊、鄭盟于石門，尋盧之盟也。盧盟在春秋前。盧，齊地，今濟北盧縣故城。庚戌，鄭伯之車僨于濟。既盟而遇大風，傳記異也。十二月無庚戌，日誤。○僨，弗問反

衛莊公娶于齊東宮得臣之妹，曰莊姜，得臣，齊大子也。大子不敢居上位，故常處東宮。美而無子，衛人所為賦碩人也。碩人，詩，義取莊姜美于色，賢于德，而不見荅，終以無子，國人憂之。又娶于陳，曰厲嬀，生孝伯，早死。陳，今陳國陳縣。○嬀，九危反 其娣戴嬀生桓公，莊姜以為己子。嬀，陳姓也。厲、戴皆謚。雖為莊姜子，然大子之位未定。公子州吁，嬖人之子也，嬖，親幸也。有寵而好兵，公弗禁，莊姜惡之。石碏諫曰：臣聞愛子，教之以義方，石碏，衛大夫。○碏，七略反 弗納於邪。驕、奢、淫、泆，所自邪也。四

者之來，寵祿過也。將立州吁，乃定之矣；若猶未也，階之為禍。言將立為大子，則宜早定，若不早定，州吁必緣寵而為禍。○泆音逸 夫寵而不驕，驕而能降，降而不憾，憾而能眕者，鮮矣。如此者少也。降其身則必恨，恨則思亂，不能自安自重。○眕，之忍反。鮮，息淺反 且夫賤妨貴，少陵長，遠間親，新間舊，小加大，小國而加兵於大國，如息侯伐鄭之比。○少，詩照反。長，丁丈反。間，間廁之間，下同。比，必二反 淫破義，所謂六逆也。君義，臣行，父慈，子孝，兄愛，弟敬，所謂六順也。臣行君之義。去順效逆，所以速禍也。君人者，將禍是務去，而速之，無乃不可乎？弗聽。其子厚與州吁游，禁之，不可。桓公立，乃老。老，致仕也。四年經書州吁弑其君，故傳先經以始事。○去，起呂反。先，悉薦反

【經】四年春，王二月，莒人伐杞，取牟婁。

無傳。書取，言易也。例在襄十三年。杞國本都陳留雍丘縣。推尋事跡，桓六年淳于公亡國，杞似并之，遷都淳于。僖十四年，又遷緣陵。襄二十九年，晉人城杞之淳于，杞又遷都淳于。牟婁，杞邑。城陽諸縣東北有婁鄉。○易以豉反。雍於用反

戊申。衛州吁弒其君完。

稱臣弒君，臣之罪也。例在宣四年。戊申，三月十七日。有日而無月。

夏。公及宋公遇于清。

遇者，草次之期，二國各簡其禮，若道路相逢遇也。清，衛邑。濟北東阿縣有清亭。

宋公。陳侯。蔡人。衛人伐鄭。秋。翬帥師會宋公。陳侯。蔡人。衛人伐鄭。

公子翬，魯大夫。不稱公子，疾其固請，強君以不義也。諸外大夫貶皆稱人，至於內大夫貶，則皆去族稱名。於記事之體，他國可言某人，而己國之卿佐，不得言魯人，此所以為異也。翬溺去族，傳曰疾之。叔孫豹則曰言違命。此其例也。○翬許歸反。強其丈

反。去起呂反。下同

九月。衛人殺州吁于濮。

州吁弒君而立，未列於會，故不稱君。例在成十六年。濮，陳地水名。○濮音卜

冬。十有二月。衛人立晉。

衛人逆公子晉而立之，善其得眾，故不書入於衛。變文以示義。例在成十八年。

傳　四年。春。衛州吁弒桓公而立。公與宋公為會。將尋宿之盟。未及期。衛人來告亂。夏。公及宋公遇于清。宿盟在元年。

宋殤公之即位也。公子馮出奔鄭。鄭人欲納之。及衛州吁立。將脩先君之怨於鄭。謂二年鄭人伐衛之怨。而求寵於諸侯。以和其民。諸篡立者，諸侯既與之會，則不復討，故欲求此寵。使告於宋曰。君若伐鄭。以除君害。害，謂宋公子馮。君為主。敝邑以賦與陳蔡從。則衛國之願也。言舉國之賦調。○從才用反。調徒弔反　宋人許之。於是陳蔡方睦於衛。蔡，今汝南上蔡縣。故宋公。陳侯。蔡人。衛人伐鄭。圍其東門。五日而還。公問於眾仲曰。衛州吁其成乎。眾仲，魯大夫。對曰。臣聞以德和民。不聞以亂。以亂。猶治絲而棼之也。亂，謂阻兵而安忍。絲見棼緼，益所以亂。夫州吁。阻兵而安忍。阻兵無眾。安忍無親。恃兵則民殘，民殘則眾叛。安忍則刑過，刑過則親離。眾叛親離。難以濟矣。夫兵猶火也。弗戢。將自焚也。夫州吁弒其君。而虐用其民。於是乎不務令德。而欲以亂成。必不免矣。

秋。諸侯復伐鄭。宋公使來乞師。乞師不書，非卿。公辭之。從眾仲之言。羽父請以師會之。羽父，公子翬。公弗許。固請而行。故書曰翬帥師。疾之也。諸侯之師敗鄭徒兵。取其禾而還。時鄭不車戰。

州吁未能和其民。厚問定君於石子。石子，石碏也。以州吁不安，諮其父。石子曰。王覲為可。曰。何以得覲。曰。陳桓公方有寵於王。陳衛方睦。若朝陳使請。必可得也。厚從州吁如陳。石碏使告于陳曰。衛國褊小。老夫耄矣。無能為也。此二人者。實弒寡君。敢即圖之。八十曰耄。稱國小己老，自謙以委陳，使因其往，就圖之。陳人執之。而請涖于衛。請衛人自臨討之。九月。衛人使右宰醜涖殺州吁于濮。石碏使其宰獳羊肩涖殺石厚于陳。

君子曰、石碏純臣也。惡州吁而厚與焉。大義滅親、其是之謂乎。子從弒君之賊、國之大逆、不可不除、故曰大義滅親。明小義則當兼子愛之。○獳奴侯反、惡烏路反、與焉音預

衛人逆公子晉于邢。冬十二月、宣公即位。公子晉也。○邢音刑 書曰衛人立晉、衆也。

經五年、春、公矢魚于棠。書陳魚、以示非禮也。書棠、譏遠地也。今高平方與縣北有武唐亭、魯侯觀魚臺。

夏四月、葬衛桓公。

秋、衛師入郕。將卑師衆、但稱師、此史之常也。○郕音成

九月、考仲子之宮。初獻六羽。成仲子宮、安其主而祭之。惠公以仲子手文娶之、欲以爲夫人。諸侯無二嫡、蓋隱公成父之志、爲別立宮也。公問羽數、故書羽。婦人無謚、因姓以名宮。

邾人、鄭人伐宋。邾主兵、故序鄭上。

螟。無傳。蟲食苗心者、爲災、故書。

冬十有二月辛巳、公子彄卒。大夫書卒不書葬、葬者、臣子之事、非公家所及。○彄苦侯反

宋人伐鄭、圍長葛。潁川長社縣北有長葛城。

傳五年、春、公將如棠觀魚者。臧僖伯諫曰、凡物不足以講大事、臧僖伯、公子彄也。僖、謚也。大事、祀與戎。其材不足以備器用、則君不舉焉。材、謂皮革齒牙骨角毛羽也。器用、軍國之器。君將納民於軌物者也。故講事以度軌量謂之軌、取材以章物采謂之物。不軌不物、謂之亂政。亂政亟行、所以敗也。言器用衆物不入法度、則爲不軌不物、亂敗之所起。○度待洛反、一音如字、亟欺冀反 故春蒐、夏苗、秋獮、冬狩、蒐、索、擇取不孕者。苗、爲苗除害也。獮、殺也、以殺爲名、順秋氣也。狩、圍守也、冬物畢成、獲則取之、無所擇也。○蒐所求反、獮息淺反 皆於農隙以講事也。各隨時事之間。三年而治兵、入而振

旅、雖四時講武、猶復三年而大習、出曰治兵、始治其事。入曰振旅、治兵禮畢、整衆而還。振、整也。旅、衆也。歸而飲至、以數軍實。飲於廟、以數車徒器械及所獲也。昭文章、車服旌旗。明貴賤、辯等列、等列、行伍。順少長、出則少者在前、還則在後、所謂順也。習威儀也。鳥獸之肉不登於俎、俎、祭宗廟器。皮革齒牙、骨角毛羽、不登於器、謂以飾法度之器。則公不射、古之制也。若夫山林川澤之實、器用之資、皁隸之事、官司之守、非君所及也。士臣皁、皁臣輿、輿臣隸、言取此雜猥之物、以資器備、是小臣有司之職、非諸侯之所親也。○射食亦反、皁才早反 公曰、吾將略地焉。孫辭以略地。略、總攝巡行之名。傳曰、東略之不知、西則否矣。○行下孟反 遂往、陳魚而觀之。陳、設張也。公大設捕魚之備而觀之。僖伯稱疾不從。書曰、公矢魚于棠、非禮也、且言遠地也。矢、亦陳也。棠實他竟、故曰遠地。○從才用反

曲沃莊伯以鄭人邢人伐翼。曲沃，晉別封成師之邑，在河東聞喜縣。莊伯，成師子也。翼，晉舊都，在平陽絳邑縣東。邢國在廣平襄國縣。王使尹氏武氏助之。翼侯奔隨。尹氏武氏，皆周世族大夫也。晉內相攻伐，不告亂，故不書。傳具其事，爲後晉事張本。曲沃及翼本末，見桓二年。隨，晉地。

夏。葬衛桓公。衛亂。是以緩。有州吁之亂，十四月乃葬。傳明其非慢也。

四月。鄭人侵衛牧。牧，衛邑。經書夏四月葬衛桓公，今傳直言夏，而更以四月附鄭人侵衛牧者，於下事宜得月以明事之先後，故不復備舉經文。三年君氏卒，其義亦同，他皆放此。以報東門之役。東門役，在四年。衛人以燕師伐鄭。南燕國，今東郡燕縣。鄭祭足原繁洩駕以三軍軍其前。使曼伯與子元潛軍軍其後。燕人畏鄭三軍。而不虞制人。北制，鄭邑，今河南成皋縣也，一名虎牢。六月。鄭二公子以制人敗燕師于北制。二公子，曼伯、子元也。

君子曰。不備不虞。不可以師。

曲沃叛王。秋。王命虢公伐曲沃。而立哀侯于翼。春，翼侯奔隨，故立其子光。

衛之亂也。郕人侵衛。故衛師入郕。郕，國也。東平剛父縣西南有郕鄉。

九月。考仲子之宮。將萬焉。萬，舞也。公問羽數於衆仲。問執羽人數。對曰。

天子用八。八八六十四人。諸侯用六。六六三十六人。大夫四。四四十六人。士二。二二四人。士有功，賜用樂。夫舞所以節八音而行八風。八音，金石絲竹匏土革木也。八風，八方之風也。以八音之器，播八方之風，手之舞之，足之蹈之，節其制而序其情。故自八以下。唯天子得盡物數，故以八爲列，諸侯則不敢用八。公從之。於是初獻六羽。始用六佾也。魯唯文王周公廟得用八，而他公遂因仍僭而用之。今隱公特立此婦人之廟，詳問衆仲，衆仲因明大典，故傳亦因言始用六佾。其後季氏舞八佾於庭，知唯在仲子廟用六。

宋人取邾田。邾人告於鄭曰。請君釋憾於宋。敝邑爲道。釋四年再見伐之恨。○道音導。鄭人以王師會之。王師不書，不以告也。伐宋。入其郛。以報東門之役。郛，郭也。東門役在四年。○郛芳夫反。宋人使來告命。告命，策書。公聞其入郛也。將救之。問於使者曰。師何及。對曰。未及國。忿公知而故問，責窮辭。○使所吏反。公怒。乃止。辭使者曰。君命寡人同恤社稷之難。今問諸使者。曰師未及國。非寡人之所敢知也。爲七年公伐邾傳。○難乃旦反。

冬十二月辛巳。臧僖伯卒。公曰。叔父有憾於寡人。諸侯稱同姓大夫，長曰伯父，少曰叔父。有恨，恨諫觀魚不聽。寡人弗敢忘。葬之加一等。加命服之等。

宋人伐鄭。圍長葛。以報入郛之役也。

經　六年。春。鄭人來渝平。和而不盟曰平。○渝羊朱反

夏五月辛酉。公會齊侯盟于艾。泰山牟縣東南有艾山。

秋七月。雖無事而書首月，具四時以成歲也。他皆放此。

冬。宋人取長葛。秋取，冬乃告也。上有伐鄭圍長葛，長葛，鄭邑可知，故不言鄭也。前年冬圍不克而還，今冬乘長葛無備而取之，言易也。○易以

敢反

傳六年春鄭人來渝平更成也。渝變也公之爲公子戰於狐壤爲鄭所執逃歸怨鄭鄭伐宋公欲救宋宋使者失辭公怒而止忿宋則欲厚鄭鄭因此而來故經書渝平傳曰更成

翼九宗五正頃父之子嘉父逆晉侯于隨。翼晉舊都也唐叔始封受懷姓九宗職官五正遂世爲晉強家五正五官之長九宗一姓爲九族也頃父之子嘉父晉大夫納諸鄂晉人謂之鄂侯。鄂晉別邑諸地名疑者皆言有以示不審闕者不復記其闕他皆放此前年桓王立此侯之子於翼故不得復入翼別居鄂

夏盟于艾始平于齊也。春秋前魯與齊不平今乃棄惡結好故言始平于齊

五月庚申鄭伯侵陳大獲往歲鄭伯請成于陳成猶平也陳侯不許。

五父諫曰親仁善鄰國之寶也君其許鄭。五父陳公子佗陳侯曰宋衛實難可畏難也○難乃旦反鄭何能爲遂不許君子曰善不可失惡不可長其陳桓公之謂乎長惡不悛從自及也。悛止也從隨也○悛七全反雖欲救之其將能乎商書曰惡之易也如火之燎于原不可鄉邇商書盤庚言惡易長如火焚原野不可鄉近其猶可撲滅言不可撲滅周任有言曰周任周大夫爲國家者見惡如農夫之務去草焉芟夷蘊崇之絕其本根勿使能殖則善者信矣芟刈也夷殺也蘊積也崇聚也○芟所銜反蘊紆粉反信如字一音申

秋宋人取長葛。

冬京師來告飢公爲之請糴於宋衛齊鄭禮也告飢不以王命故傳言京師而不書於經也雖非王命而公共以稱命已國不足旁請鄰國故曰禮也傳見隱之賢○爲于僞反

鄭伯如周始朝桓王也桓王即位周鄭交惡至是乃朝故曰始王不禮焉周桓公言於王曰我周之東遷晉鄭焉依周桓公周公黑肩也周采地扶風雍縣東北有周城幽王爲犬戎所殺平王東徙晉文侯鄭武公左右王室故曰晉鄭焉依善鄭以勸來者猶懼不蔇蔇至也○蔇其器反況不禮焉鄭不來矣爲桓五年諸侯從王伐鄭傳

經七年春王三月叔姬歸于紀無傳叔姬伯姬之娣也至是歸者待年於父母國不與嫡俱行故書

滕侯卒無傳例曰不書名未同盟也滕國在沛國公丘縣東南

夏城中丘城例在莊二十九年中丘在琅邪臨沂縣東北

齊侯使其弟年來聘諸聘皆使卿執玉帛以相存問例在襄九年

秋公伐邾

冬天王使凡伯來聘戎伐凡伯于楚丘以歸凡伯周卿士凡國伯爵也汲郡共縣東南有凡城戎鳴鐘鼓以伐天子之使見夷狄彊觕不書凡伯敗者單使無衆非戰陳也但言以歸非執也楚丘衛地在濟陰成武縣西南○觕蒲報反

傳七年春滕侯卒不書名未同盟也凡諸侯同盟於是稱名故

薨則赴以名。盟以名告神，故薨亦以名告同盟。告終，稱嗣也，以繼好息民。告終，稱嗣位之主。嗣位之主，當奉而不忘，故曰繼好。好同則和親，故曰息民。謂之禮經。此言凡例，乃周公所制禮經也。十一年不告之例，又曰不書於策，明禮經皆當書於策。仲尼修春秋，皆承策爲經，丘明之傳，博采衆記，故始開凡例，特顯此二句，他皆放此。

夏，城中丘。書不時也。齊侯使夷仲年來聘，結艾之盟也。艾盟在六年。

秋，宋及鄭平。七月庚申，盟于宿。公伐邾，爲宋討也。公距宋而更與鄭平，欲以鄭爲援。今鄭復與宋盟，故懼而伐邾，欲以求宋，故曰爲宋討。○爲，于僞反

初，戎朝于周，發幣于公卿，朝而發幣於公卿，如今計獻詣公府卿寺。凡伯弗賓。冬，王使凡伯來聘。還，戎伐之于楚丘以歸。傳言凡伯所以見伐。

陳及鄭平。六年，鄭侵陳，大獲，今乃平。十二月，陳五父如鄭涖盟。涖，臨也。壬申，及鄭伯盟，歃如忘。志不在於歃血。○歃，色洽反，忘，亡亮反　洩伯曰：「五父必不免，不賴盟矣。」洩伯，鄭洩駕。鄭良佐如陳涖盟，良佐，鄭大夫。辛巳，及陳侯盟，亦知陳之將亂也。入其國，觀其政治，故總言之也。皆爲桓五年、六年陳亂、蔡人殺陳佗傳。

鄭公子忽在王所，故陳侯請妻之。以忽有王寵故。○妻，七計反　鄭伯許之，乃成昏。爲鄭忽失齊昏援以至出奔傳。

〔經〕八年，春，宋公、衞侯遇于垂。垂，衞地，濟陰句陽縣東北有垂亭。○句，古侯反

三月，鄭伯使宛來歸祊。庚寅，我入祊。宛，鄭大夫，不書氏，未賜族。祊，鄭祀泰山之邑，在琅邪費縣東南。桓元年，乃卒易祊田，知此入祊，未肯受而有之。

夏，六月，己亥，蔡侯考父卒。無傳。襄六年傳曰：杞桓公卒，始赴以名，同盟故也。諸侯同盟稱名者，非唯見在位二君也，嘗與其父同盟，則亦以名赴其子，亦所以繼好也。蔡未與隱盟，蓋春秋前與惠公盟，故赴以名。○見，賢遍反

辛亥，宿男卒。無傳。元年，宋魯大夫盟于宿，宿與盟也。晉荀偃禱河，稱齊晉君名，然後自稱名，知雖大夫出盟，亦當先稱己君之名，以啓神明，故薨皆從身盟之例，當告以名也。傳例曰：赴以名，則亦書之。不然則否，辟不敏也。今宿赴不以名，故亦不書名。諸例或發於始事，或發於後者，因宜有所異同，亦或丘明所得記注本末，不能皆備故。

秋，七月，庚午，宋公、齊侯、衞侯盟于瓦屋。

齊侯尊宋，使主會，故宋公序齊上。瓦屋，周地。

八月，葬蔡宣公。無傳。三月而葬，速。

九月，辛卯，公及莒人盟于浮來。莒人，微者，不嫌敵公侯，故直稱公，例在僖二十九年。浮來，紀邑，東莞縣北有邳鄉，邳鄉西有公來山，號曰邳來閒。○邳，蒲悲反

螟。無傳。爲災。

冬，十有二月，無駭卒。公不與小斂，故不書日，卒而後賜族，故不書氏。

（傳）八年。春。齊侯將平宋衛。平宋衛於鄭、有會期。宋公以幣請於衛。請先相見。宋敬齊命、衛侯許之。故遇于犬丘。犬丘、垂也、地有兩名、

鄭伯請釋泰山之祀而祀周公。以泰山之祊易許田。三月。鄭伯使宛來歸祊。不祀泰山也。成王營王城、有遷都之志、故賜周公許田、以爲魯國朝宿之邑、後世因而立周公別廟焉。鄭桓公、周宣王之母弟、封鄭、有助祭泰山湯沐之邑在祊、鄭以天子不能復巡狩、故欲以祊易許田、各從本國所近之宜、恐魯以周公別廟爲疑、故云已廢泰山之祀、而欲爲魯祀周公、遜辭以有求也、許田、近許之田、

夏。虢公忌父始作卿士于周。周人於此遂畀之政、

四月甲辰。鄭公子忽如陳。逆婦嬀。辛亥。以嬀氏歸。甲寅。入于鄭。陳鍼子送女。先配而後祖。鍼子曰。是不爲夫婦。誣其祖矣。非禮也。何以能育。鍼子、陳大夫、禮、逆婦必先告祖廟而後行、故楚公子圍稱告莊共之廟、鄭忽先逆婦而後告廟、故曰先配而後祖、○鍼其廉反

齊人卒平宋衛于鄭。秋。會于溫。盟于瓦屋。以釋東門之役。禮也。會溫不書、不以告也、定國息民、故曰禮也、平宋衛二國忿鄭之謀、鄭不與盟、故不書

八月丙戌。鄭伯以齊人朝王。禮也。言鄭伯不以虢公得政而背王、故禮之、齊稱人、略從國辭、上有七月庚午、下有九月辛卯、則八月不得有丙戌、

公及莒人盟于浮來。以成紀好也。二年紀莒盟于密、爲魯故、今公尋之、故曰以成紀好、

冬。齊侯使來告成三國。齊侯冬來告、稱秋和三國、公使衆仲對曰。君釋三國之圖。以鳩其民。君之惠也。寡君聞命矣。敢不承受君之明德。鳩、集也、

無駭卒。羽父請謚與族。公問族於衆仲。衆仲對曰。天子建德。立有德以爲諸侯、因生以賜姓。因其所由生以賜姓、謂若舜由嬀汭、故陳爲嬀姓、胙之土而命之氏。報之以土、而命氏曰陳、諸侯以字。諸侯位卑、不得賜姓、故其臣因氏其王父字、爲謚因以爲族。或使即先人之謚稱以爲族、官有世功。則有官族。邑亦如之。謂取其舊官舊邑之稱以爲族、皆禀之時君、公命以字爲展氏。諸侯之子稱公子、公子之子稱公孫、公孫之子以王父字爲氏、無駭、公子展之孫、故爲展氏、

（經）九年。春。天王使南季來聘。無傳、南季、天子大夫也、南氏季字也

三月癸酉。大雨震電。庚辰。大雨雪。三月、今正月、

挾卒。無傳、挾、魯大夫、未賜族、

夏。城郎。

秋。七月。

冬。公會齊侯于防。防、魯地、在琅邪華縣東南、

（傳）九年。春。王三月。癸酉。大雨霖以震。書始也。書癸酉、始雨日、庚辰。大雨

雪。亦如之。書時失也。夏之正月，微陽始出，未可震電，既震電，又不當大雨雪，故皆爲時失。凡雨，自三日以往爲霖。此解經書霖也，而經無霖字，經誤。平地尺爲大雪。

夏，城郎，書不時也。

宋公不王。不共王職。鄭伯爲王左卿士，以王命討之，伐宋。宋以入郛之役怨公，不告命。入郛在五年，公以七年伐邾，欲以說宋，而宋猶不和也。公怒，絕宋使。

秋，鄭人以王命來告伐宋。遣使致王命也。伐宋未得志，故復更告之。

冬，公會齊侯于防，謀伐宋也。

北戎侵鄭，鄭伯禦之，患戎師，曰：彼徒我車，懼其侵軼我也。徒，步兵也。軼，突也。○軼，音逸，又音遞。公子突曰：使勇而無剛者，嘗寇而速去之。公子突，鄭厲公。嘗，試也。勇則能往，無剛不恥退。

君爲三覆以待之。覆，伏兵也。○覆，扶又反，下同。戎輕而不整，貪而無親，勝不相讓，敗不相救，先者見獲，必務進，進而遇覆，必速奔，後者不救，則無繼矣。乃可以逞。逞，解也。○輕遣政反。從之。戎人之前遇覆者奔，祝聃逐之，祝聃，鄭大夫。○聃，乃甘反，一音土甘反。衷戎師，前後擊之，盡殪。爲三部伏兵，祝聃帥勇而無剛者先犯戎而速奔，以遇二伏兵，至，後伏兵起，戎還走，祝聃反逐之，戎前後及中，三處受敵，故曰衷戎師。殪，死也。○衷，丁仲反，又音忠。殪，於計反。戎師大奔。後駐軍不復繼也。十一月甲寅，鄭人大敗戎師。此皆春秋時事，雖經無正文，所謂必廣記而備言之，將令學者原始要終，尋其枝葉，究其所窮，他皆放此。○要，於遙反。

經 十年，春，王二月，公會齊侯、鄭伯于中丘。傳言正月會，癸丑盟，釋例推經傳日月，癸丑是正月二十六日，知經二月誤。

夏，翬帥師會齊人、鄭人伐宋。公子翬不待公命而貪會二國之君，疾其專進，故去氏。齊鄭以公不至，故亦更使微者從之伐宋，不言及，明翬專行，非鄭之謀也。及例在宣七年。

六月，壬戌，公敗宋師于菅。辛未，取郜。辛巳，取防。齊鄭後期，故公獨敗宋師。書敗宋，未陳也。敗例在莊十一年。菅，宋地。鄭後至，得郜、防二邑，歸功于魯，故書取，明不用師徒也。濟陰成武縣東南有郜城，高平昌邑縣西南有西防城。○菅，古顏反。郜，古報反。

秋，宋人、衛人入鄭。宋人、蔡人、衛人伐戴。鄭伯伐取之。三國伐戴，鄭伯因其不和，伐而取之。書伐，用師徒也。書取，克之易也。戴國，今陳留外黃縣東南有戴城。

冬，十月，壬午，齊人、鄭人入郕。

傳 十年，春，王正月，公會齊侯、鄭伯于中丘。癸丑，盟于鄧，爲師期。尋九年會于防，謀伐宋也。公既會而盟，盟不書，非後也，蓋公還告會而不告盟。鄧，魯地。

夏，五月，羽父先會齊侯、鄭伯伐宋。言先會，明非公本期，釋翬之去族。

六月，戊申，公會齊侯、鄭伯于老桃。會不書，不告於廟也。老桃，宋地。六月無戊申，戊申，五月二十三日，日誤。壬戌，公敗宋師于菅。庚午，鄭師入郜。辛未，歸于我。庚辰，鄭師入防。辛巳，歸于我。壬戌，六月七日。庚午，十五日。庚辰，二十五日。鄭伯後期，而公獨敗宋師，故鄭頻獨進兵，以入郜、防，入而不有，命魯取之，推功上爵，讓以自替，不有其實，故經但書魯取，以成鄭志，善之也。君子謂鄭莊公於是乎可謂正矣。以王命討不庭，下之事上，皆成禮於庭中。不貪其土，

以勞王爵。正之體也。勞者，敍其勤以答之。諸侯相朝，逆之以饗餼，謂之郊勞。魯侯爵尊，鄭伯爵卑，故言以勞王爵。○勞力報反
蔡人、衛人、郕人不會王命。不伐宋也。
秋七月庚寅，鄭師入郊，猶在郊。鄭師還，駐兵於遠郊。宋人、衛人入鄭。宋衛奇兵乘虛入鄭。蔡人從之伐戴。從宋衛伐戴也。八月壬戌，鄭伯圍戴。癸亥，克之，取三師焉。三國之軍在戴，故鄭伯合圍之。師者，軍旅之通稱。○稱尺證反 宋、衛既入鄭，而以伐戴召蔡人，伐戴乃召之。蔡人怒，故不和而敗。言鄭取之易也。
九月戊寅，鄭伯入宋。報入鄭也。九月無戊寅，戊寅，八月二十四日。
冬，齊人、鄭人入郕，討違王命也。

經 十有一年春，滕侯、薛侯來朝。諸侯相朝，例在文十五年。
夏，公會鄭伯于時來。時來，郲也。滎陽縣東有釐城，鄭地也。○釐音來，又力之反
秋七月壬午，公及齊侯、鄭伯入許。與謀曰及。還使許叔居之，故不言滅也。許，潁川許昌縣。○與音預，還音環
冬十有一月壬辰，公薨。實弒，書薨，又不地者，史策所諱也。

傳 十一年春，滕侯、薛侯來朝，爭長。薛，魯國薛縣。薛侯曰：「我先封。」薛祖奚仲，夏所封，在周之前。滕侯曰：「我周之卜正也。卜正，卜官之長。薛，庶姓也，我不可以後之。」庶姓，非周之同姓。公使羽父請於薛侯曰：「君與滕君辱在寡人。周諺有之曰：『山有木，工則度之；賓有禮，主則擇之。』擇所宜而行之。○度大洛反 周之宗盟，異姓為後。盟載書皆先同姓，例在定四年。寡人若朝于薛，不敢與諸任齒。薛，任姓。齒，列也。○任音壬 君若辱貺寡人，則願以滕君為請。」薛侯許之，乃長滕侯。
夏，公會鄭伯于郲，謀伐許也。鄭伯將伐許，五月甲辰，授兵於大宮。大宮，鄭祖廟。○大音泰 公孫閼與潁考叔爭車，公孫閼，鄭大夫。○閼於葛反 潁考叔挾輈以走，輈，車轅也。○輈張留反 子都拔棘以逐之，子都，公孫閼。棘，戟也。及大逵，弗

及，子都怒。逵，道方九軌也。○逵求龜反
秋七月，公會齊侯、鄭伯伐許。庚辰，傅于許。傅，附也。○傅音附 潁考叔取鄭伯之旗蝥弧以先登，蝥弧，旗名。○蝥亡侯反 子都自下射之，顛。顛，隊而死。○射食亦反。隊直類反 瑕叔盈又以蝥弧登，瑕叔盈，鄭大夫。周麾而呼曰：「君登矣！」周，徧也。麾，招也。○呼火故反 鄭師畢登。壬午，遂入許。許莊公奔衛。奔不書，兵亂，遁逃，未知所在。齊侯以許讓公。公曰：「君謂許不共，不共職貢。○共音恭 故從君討之。許既伏其罪矣，雖君有命，寡人弗敢與聞。」乃與鄭人。鄭伯使許大夫百里奉許叔以居許東偏，許叔，許莊公之弟。東偏，東鄙也。○與音預 曰：「天禍許國，鬼神實不逞于許君，而假手于我寡人，借手於我寡德之人以討許。寡人

唯是一二父兄不能共億。父兄、同姓群臣。共、給。億、安也。其敢以許自爲功乎。寡人有弟、不能和協、而使餬其口於四方。弟、共叔段也。餬、鬻也。段出奔在元年。其況能久有許乎。吾子其奉許叔以撫柔此民也、吾將使獲也佐吾子。獲、鄭大夫公孫獲。若寡人得沒于地、以壽終。天其以禮悔禍于許、言天加禮於許而悔禍之。無寧茲許公復奉其社稷。無寧、寧也。茲、此也。○復扶又反、又音服。唯我鄭國之有請謁焉、如舊昏媾、謁、告也。婦之父曰昏、重昏曰媾。其能降以相從也。降、降心也。無滋他族實偪處此、以與我鄭國爭此土也。吾子孫其覆亡之不暇、而況能禋祀許乎。絜齊以享、謂之禋祀。謂許山川之祀。寡人之使吾子處此、不唯許國之爲、亦聊以固吾圉也。圉、邊垂也。○爲于僞反。乃使公孫

獲處許西偏、曰、凡而器用財賄、無寘於許。我死、乃亟去之。吾先君新邑於此。此今河南新鄭、舊鄭在京兆。○寘之豉反。王室而既卑矣、周之子孫日失其序。鄭亦周之子孫。夫許、大岳之胤也。大岳、神農之後、堯四岳也。胤、繼也。○大音泰。天而既厭周德矣、吾其能與許爭乎。君子謂鄭莊公於是乎有禮。禮、經國家、定社稷、序民人、利後嗣者也。許無刑而伐之、服而舍之、刑、法也。度德而處之、量力而行之、相時而動、無累後人、我死乃亟去之、無累後人。○度待洛反。量音良。相息亮反。可謂知禮矣。鄭伯使卒出豭、行出犬雞、以詛射潁考叔者。百人爲卒、二十五人爲行。行亦卒之行列。疾射潁考叔者、故令卒及行閒皆詛之。○豭音加。行戶剛反。君子謂鄭莊公失政刑矣。政

以治民、刑以正邪。既無德政、又無威刑、是以及邪。大臣不睦、又不能用刑於邪人。邪而詛之、將何益矣。王取鄔、劉、二邑在河南緱氏縣。西南有鄔聚、西北有劉亭。○鄔烏戶反。蔿、邘之田于鄭、蔿、邘、鄭二邑。○蔿尤委反。邘音于。而與鄭人蘇忿生之田、蘇忿生、周武王司寇蘇公也。○忿芳粉反。溫、今溫縣。原、在沁水縣西。絺、在野王縣西南。○絺勑之反。樊、一名陽樊、野王縣西南有陽城。隰郕、在懷縣西南。欑茅、在修武縣北。○欑才官反。向、軹縣西有地名向上。○向音餉。盟、今盟津。○盟音孟。州、今州縣。陘、闕。○陘音刑。隤、在修武縣北。○隤徒回反。懷。今懷縣。凡十二邑、皆蘇忿生之田。欑茅、隤屬汲郡、餘皆屬河內。君子是以知桓王之失鄭也。恕而行之、德之則也、禮之經也。己弗能有、而以與人、人之不至、不亦宜乎。蘇氏叛王、十二邑王所不能有。爲桓五年從王伐鄭張本。

鄭、息有違言、以言語相違恨。息侯伐鄭、鄭伯與戰于竟、息師大敗而還。息國、汝南新息縣。○竟音境。君子是以知息之將亡也。不度德、鄭莊賢。○度待洛反。不量力、息國弱。不親親、鄭息同姓之國。不徵辭、不察有罪、言語相恨、當明徵其辭、以審曲直、不宜輕闘。犯五不韙、而以伐人、其喪師也、不亦宜乎。韙、是也。○韙韋鬼反。冬十月、鄭伯以虢師伐宋、壬戌、大敗宋師、以報其入鄭也。入鄭在十年。宋不告命、故不書。凡諸侯有命、告則書、不然則否。命者、國之大事、政令也。承其告辭、史乃書之于策。若所傳聞行言、非將君命、則記在簡牘而已、不得記於典策。此蓋周禮之舊制。師出臧否、亦如之。臧否、謂善惡得失也。滅而告敗、勝而告克、此皆互言、不須兩告乃書。○否音鄙、又方九反。雖及滅國、滅不告敗、勝不告克、不書于策。

羽父請殺桓公。將以求大宰。大宰官名。○大音泰公曰。爲其少故也。吾將授之矣。授桓位。○爲于僞反　少詩照反使營菟裘。吾將老焉。菟裘魯邑。在泰山梁父縣南。不欲復居魯朝。故別營外邑。○菟兔都反羽父懼。反譖公于桓公而請弒之。公之爲公子也。與鄭人戰于狐壤。止焉。內諱獲。故言止。狐壤鄭地。○譖側鴆反鄭人囚諸尹氏。尹氏鄭大夫賂尹氏。而禱於其主鍾巫。主尹氏所主祭遂與尹氏歸。而立其主。立鍾巫於魯十一月。公祭鍾巫。齊于社圃。社圃園名。○圃音補館于寪氏。館舍也。寪氏魯大夫。○寪于委反壬辰。羽父使賊弒公于寪氏。立桓公。而討寪氏。有死者。欲以弒君之罪加寪氏。而復不能正法誅之。傳言進退無據不書葬。不成喪也。桓弒隱篡立。故喪禮不成

春秋經傳卷一　終

春秋左傳卷二

晉鎭南大將軍當陽縣侯京兆杜　預集解
皇明　後　學　東吳葛　鼒較訂

桓公名軌。惠公之子。隱公之弟。母仲子。史記亦名允。諡法辟土服遠曰桓

經元年。春。王正月。公卽位。嗣子位定於初喪。而改元必須踰年者。繼父之業。成父之志。不忍有變於中年也。諸侯每首歲必有禮於廟。諸遭喪繼位者。因此而改元正位。百官以序。故國史亦書卽位之事於策。桓公篡立。而用常禮。欲自同於遭喪繼位者。釋例論之備矣

三月。公會鄭伯于垂。鄭伯以璧假許田。

夏四月。丁未。公及鄭伯盟于越。公以篡立而修好于鄭。鄭因而迎之。成禮于垂。終易二田。然後結盟。垂。犬丘。衞地也。越近垂地名。鄭求祀周公。魯聽受祊田。令鄭廢泰山之祀。知其非禮。故以璧假爲文。時之所隱。○祊百庚反

秋。大水。書災也。傳例曰。凡平原出水爲大水

冬。十月。

傳元年。春。公卽位。修好于鄭。鄭人請復祀周公。卒易祊田。事在隱八年。公許之。三月。鄭伯以璧假許田。爲周公祊故也。魯不宜聽鄭祀周公。又不宜易取祊田。犯二不宜以動。故隱其實。不言祊稱璧。假言若進璧以假田。非久易也

夏四月。丁未。公及鄭伯盟于越。結祊成也。結成易二田之事也。傳以經不書祊。故獨

見殺。盟曰。渝盟無享國。渝變也、

秋。大水。凡平原出水爲大水。廣平曰原、

冬。鄭伯拜盟。鄭伯若自來、則經不書、若遣使、則當言鄭人、不得稱鄭伯、疑謬誤、

宋華父督見孔父之妻于路。華父督、宋戴公孫也、孔父嘉、孔子六世祖、○華戶化反 目逆

而送之。曰。美而艷。色美曰艷、

經 二年。春。王正月。戊申。宋督弒其君與夷。及其大夫孔父。稱督以弒、罪在督也、孔父稱名者、內不能治其閨門、外取怨于民、身死而禍及其君、

滕子來朝。無傳、隱十一年稱侯、今稱子者、蓋時王所黜、

三月。公會齊侯陳侯鄭伯于稷。以成宋亂。成平也、宋有弒君之亂、故爲會欲以平之、稷宋地、

夏。四月。取郜大鼎于宋。戊申。納于大廟。宋以鼎賂公、大廟、周公廟也、始欲平宋之亂、終于受賂、故備書之、戊申五月十日、○郜古報反、大音泰

秋。七月。杞侯來朝。公即位而來朝、

蔡侯。鄭伯。會于鄧。潁川召陵縣西南有鄧城、

九月。入杞。

不稱主帥、微者也、弗地曰入、

公及戎盟于唐。冬。公至自唐。傳例曰、告于廟也、特相會、故致地也、凡公行還不書至者、皆不告廟也、隱不書至、謙不敢自同於正君、書勞策勳、

傳 二年。春。宋督攻孔氏。殺孔父而取其妻。公怒。督懼。遂弒殤公。

君子以督爲有無君之心。而後動於惡。雖有君、若無也、故先書弒其君。

會于稷以成宋亂。爲賂故。立華氏也。經稱平宋亂者、蓋以魯君受賂立華氏、貪縱之甚、惡其指斥、故遠言始與齊陳鄭爲會之本意也、傳言爲賂故立華氏、明經本書平宋亂、爲公諱、諱在受賂立華氏也、猶璧假許田爲周公祊故、所謂婉而成章、督未死而賜族、督之妄也、

宋殤公立十年十一戰。殤公以隱四年立、十一戰皆在隱公世、

民不堪命。孔父嘉爲司馬。督爲大宰。故因民之不堪

命。先宣言曰。司馬則然。言公之數戰、則司馬使爾、嘉、孔父字、○數音朔 已殺孔父而弒

殤公。召莊公于鄭而立之。以親鄭。莊公、公子馮也、隱三年出居于鄭、馮入宋不書、不告也、○馮皮冰反 以郜大鼎賂公。郜國所造器也、故繫名于郜、濟陰成武縣東南有北郜城、齊陳鄭皆有

賂。故遂相宋公。

夏。四月。取郜大鼎于宋。戊申。納于大廟。非禮也。臧哀伯諫曰。臧哀伯、魯大夫、僖伯之子、君人者。將昭德塞違。以臨照百官。猶懼或失之。故昭

令德以示子孫。是以清廟茅屋。以茅飾屋、著儉也、清廟、肅然清靜之稱也、大路越席。大路、玉路、祀天車也、越席、結草、○越戶括反 大羹不致。大羹、肉汁、不致五味、粢食不鑿。黍稷曰粢、不精鑿、○食音嗣 昭其儉也。此四者、皆示儉、袞冕黻珽。袞、畫衣也、冕、冠也、黻、韋韠、以蔽膝也、珽、玉笏也、若今

吏之持簿。○珽，他頂反。韠音必。帶、裳、幅、舄，帶，革帶也。衣下曰裳。幅，若今行縢者。舄，複履。○幅音逼。縢，徒登反。複音福。衡、紞、紘、綖，衡，維持冠者。紞，冠之垂者。紘，纓從下而上者。綖，冠上覆。○紞，多敢反。紘，獲耕反。綖音延。昭其度也。尊卑各有制度。藻、率、鞞、鞛，藻率，以韋爲之，所以藉玉也。王五采，公侯伯三采，子男二采。鞞，佩刀削上飾。鞛，下飾。○率，力戌反。鞞，補頂反。鞛，布孔反。削，仙妙反。鞶、厲、游、纓，鞶，紳帶也，一名大帶。厲，大帶之垂者。游，旌旗之游。纓，在馬膺前，如索帬。○鞶，步干反。游音留。昭其數也。尊卑各有數。火、龍、黼、黻，火，畫火也。龍，畫龍也。白與黑謂之黼，形若斧。黑與青謂之黻，兩己相戾。昭其文也。以文章明貴賤。五色比象，昭其物也。車服器械之有五色，皆以比象天地四方，以示器物不虛設。鍚、鸞、和、鈴，昭其聲也。鍚在馬額，鸞在鑣，和在衡，鈴在旂，動皆有鳴聲。○鍚音揚。三辰旂旗，昭其明也。三辰，日月星也。畫於旂旗，象天之明。夫德，儉而有度，登降有數，登降，謂上下尊卑。文物以紀之，聲明以發之，以臨照百官。百官於是乎戒懼，而不敢易紀律。今滅德立違，謂立華督違命之臣。而寘其賂器於大廟，以明示百官。百官象之，其又何誅焉？國家之敗，由官邪也。官之失德，寵賂章也。郜鼎在廟，章孰甚焉？武王克商，遷九鼎于雒邑，九鼎，殷所受夏九鼎也。武王克商，乃營雒邑而後去之，又遷九鼎焉。時但營洛邑，未有都城。至周公乃卒營雒邑，謂之王城，即今河南城也。故傳曰成王定鼎于郟鄏。義士猶或非之，蓋伯夷之屬。而況將昭違亂之賂器於大廟，其若之何？公不聽。周內史聞之曰：臧孫達其有後於魯乎！君違，不忘諫之以德。內史，周大夫官也。僖伯諫隱觀魚，其子哀伯諫桓納鼎，積善之家，必有餘慶，故曰其有後於魯。

秋七月，杞侯來朝，不敬。杞侯歸，乃謀伐之。

蔡侯、鄭伯會于鄧，始懼楚也。楚國，今南郡江陵縣北紀南城也。楚武王始僭號稱王，欲害中國。蔡、鄭姬姓，近楚，故懼而會謀。

九月，入杞，討不敬也。

公及戎盟于唐，脩舊好也。惠隱之好。

冬，公至自唐，告于廟也。凡公行，告于宗廟；反行，飲至、舍爵、策勳焉，禮也。爵，飲酒器也。既飲置爵，則書勳勞於策，言速紀有功也。○舍音赦，舊音捨。特相會，往來稱地，讓事也。特相會，公與一國會也。會必有主，二人獨會，則莫肯爲主，兩讓，會事不成，故但書地。自參以上，則往稱地，來稱會，成事也。成會事。

初，晉穆侯之夫人姜氏以條之役生大子，命之曰仇。條，晉地。大子，文侯也。意取於戰相仇怨。其弟以千畝之戰生，命之曰成師。桓叔也。西河界休縣南有地名千畝。意取能成其衆。師服曰：異哉，君之名子也！師服，晉大夫。夫名以制義，名之必可言也。義以出禮，禮從義出。禮以體政，政以禮成。政以正民，是以政成而民聽，易則生亂。反易禮義，則亂生也。嘉耦曰妃，怨耦曰仇，古之命也。自古有此言。今君命大子曰仇，弟曰成師，始兆亂矣，兄其替乎！穆侯愛少子桓叔，所附意異，故師服知桓叔之黨必盛於晉，以傾宗國，故因名以諷諫。惠之二十四年，晉始亂，故封桓叔于曲沃。惠，魯惠公也。晉文侯卒，子昭侯元年，危不自安，封成師爲曲沃伯。靖侯之孫欒賓傅之。靖侯，桓叔之高祖父。言得貴寵公孫爲傅相。師服曰：吾聞國家之立也，本大而末小，是以能固。故天子建國，立諸侯也。諸侯立家，卿大夫稱家。卿置側室，側室衆子也。大夫有貳宗。適子為小宗，次者為貳宗，以相輔貳。士有隸子弟。士卑，自以其子弟為僕隸。庶人工商各有分親，皆有等衰。庶人無復尊卑，以親疏為分別也。衰，殺也。是以民服事其上，而下無覬覦。下不冀望上位。○覬音冀，覦羊朱反。今晉，甸侯也，而建國。本既弱矣，其能久乎。諸侯而在甸服者。惠之三十年，晉潘父弑昭侯而納桓叔，不克。潘父，晉大夫也。昭侯，文侯子。晉人立孝侯。昭侯子也。惠之四十五年，曲沃莊伯伐翼，弑孝侯。莊伯，桓叔子。翼，晉國所都。翼人立其弟鄂侯。鄂侯生哀侯。鄂侯以隱五年奔隨，其年秋，王立哀侯于翼。哀侯侵陘庭之田。陘庭，翼南鄙邑。○陘音刑。陘庭南鄙啓曲沃伐翼。

經 三年春正月，公會齊侯于嬴。經之首時必書王，明此曆天王之所班也。其或廢法違常，失不班曆，故不書王。嬴，齊邑，今泰山嬴縣。

夏，齊侯、衛侯胥命于蒲。申約言以相命，而不歃血也。蒲，衛地，在陳留長垣縣西南。

六月，公會杞侯于郕。

秋七月壬辰朔，日有食之，既。無傳。既，盡也。歷家之說，謂日光以望時遙奪月光，故月食；日月同會，月奄日，故日食。食有上下者，行有高下。日光輪存而中食者，相奄密，故日光溢出。皆既者，正相當而相奄間疏也。然聖人不言月食日，而以自食為文者，闕於所不見。

公子翬如齊逆女。禮，君有故，則使卿逆。

九月，齊侯送姜氏于讙。讙，魯地，濟北蛇丘縣西有下讙亭。已去齊國，故不言女；未至於魯，故不稱夫人。○讙呼端反，蛇以支反。

公會齊侯于讙。無傳。

夫人姜氏至自齊。無傳。告於廟也。不言翬以至者，齊侯送之，公受之於讙。

冬，齊侯使其弟年來聘。

有年。無傳。五穀皆孰，書有年。

傳 三年春，曲沃武公伐翼，次于陘庭。武公，曲沃莊伯子也。韓萬御戎，梁弘為右。韓萬，莊伯弟也。御戎，僕也。右，戎車之右。逐翼侯于汾隰。汾隰，汾水邊。○汾扶云反。驂絓而止。驂，騑馬。○驂音參，絓音畫。夜獲之，及欒共叔。共叔，桓叔之傅欒賓之子也。身傅翼侯，父子各殉所奉之主，故并見獲而死。

會于嬴，成昏于齊也。公不由媒介，自與齊侯會而成婚，非禮也。

夏，齊侯、衛侯胥命于蒲，不盟也。

公會杞侯于郕，杞求成也。二年入杞，故今來求成。

秋，公子翬如齊逆女。修先君之好，故曰公子。昏禮雖奉時君之命，其言必稱先君，以為禮辭。故公子翬逆女，傳稱修先君之好；公子遂逆女，傳稱尊君命。互舉其義。齊侯送姜氏，非禮也。

凡公女嫁于敵國。姊妹則上卿送之以禮於先君。公子則下卿送之。於大國雖公子亦上卿送之。於天子則諸卿皆行。公不自送。於小國則上大夫送之。

冬齊仲年來聘致夫人也。古者女出嫁又使大夫隨加聘問存謙敬序殷勤也在魯而出則曰致女在他國而來則總曰聘故傳以致夫人釋之

芮伯萬之母芮姜惡芮伯之多寵人也故逐之出居于魏。爲明年秦侵芮張本芮國在馮翊臨晉縣魏國河東河北縣○芮如銳反惡烏路反

經四年春正月公狩于郎。冬獵曰狩行三驅之禮得田狩之時故傳曰書時禮也周之春夏之冬也田狩從夏時郎非國內之狩地故書地

夏天王使宰渠伯糾來聘。宰官渠氏伯糾名也王官之宰當以才授位而伯糾攝父之職出聘列國故書名以譏之國史之記必書年以集此公之事書首時以成此年之歲故春秋有空時而無事者今不書秋冬首月史闕文他皆放此

傳四年春正月公狩于郎。書時禮也。郎非狩地故唯時合禮

夏周宰渠伯糾來聘。父在故名。

秋秦師侵芮敗焉小之也。秦以芮小輕之故爲芮所敗

冬王師秦師圍魏執芮伯以歸。三年芮伯出居魏芮更立君秦爲芮所敗故以芮伯歸將欲納之

經五年春正月甲戌己丑陳侯鮑卒。未同盟而書名者來赴以名故也甲戌前年十二月二十一日己丑此年正月六日陳亂故再赴赴雖日異而皆以正月起文故但書正月慎疑審事故從赴兩書

夏齊侯鄭伯如紀。外相朝皆言如齊欲滅紀紀人懼而來告故書

天王使仍叔之子來聘。仍叔天子之大夫稱仍叔之子本於父字幼弱之辭也譏使童子出聘

葬陳桓公。無傳

城祝丘。無傳齊鄭將襲紀故

秋蔡人衛人陳人從王伐鄭。王自爲伐鄭之主君臣之辭也王師敗不書不以告

大雩。傳例曰書不時也失龍見之時

螽。無傳蚣蝑之屬爲災故書○蚣相容反蝑相魚反

冬州公如曹。不書奔以朝出也爲下實來書也曹國今濟陰定陶縣

傳五年春正月甲戌己丑陳侯鮑卒再赴也於是陳亂文公子佗殺大子免而代之佗桓公弟五父也稱文公子明佗非桓公母弟也免桓公大子○佗大何反免音問公疾病而亂作國人分散故再赴

夏齊侯鄭伯朝于紀欲以襲之紀人知之

王奪鄭伯政鄭伯不朝奪不使知王政

秋王以諸侯伐鄭鄭伯禦之王爲中軍虢公林父將右軍蔡人衛人屬焉虢公林父王卿士○將子匠反下同周公黑肩將左軍陳人屬焉黑肩周桓公鄭子元請爲左拒以當蔡人衛人子元鄭公子拒方陳○拒俱甫反下同陳直覲反下同爲右拒以當陳人曰陳亂民莫有鬬心若先犯之必奔王卒顧之必亂蔡衛不枝固將先奔不能相枝持也既而萃於王卒可以集事從之萃聚也集成也曼伯爲右拒曼伯檀伯○曼音萬祭仲足爲左拒原繁高渠彌以中軍奉公爲魚麗之陳先偏後伍伍承彌縫司馬法車戰二十五乘爲偏以車居前以伍次之承偏之隙而彌縫闕漏也五人爲伍此蓋魚麗陳法戰于繻葛繻葛鄭地命二拒曰旝動而鼓旝旃也通帛爲之蓋今大將之麾也執以爲號令○旝古外反又古活反本亦作檜蔡衛陳皆奔王卒亂鄭師合以攻之王卒大敗祝聃射王中肩王亦能軍雖軍敗身傷猶殿而不奔故言能軍○射食亦反中丁仲反殿多見反祝聃請從之公曰君子不欲多上人況敢陵天子乎苟自救也社稷無隕多矣鄭於此收兵自退夜鄭伯使祭足勞王且問左右祭足卽祭仲之字蓋名仲字仲足也勞王問左右言

鄭志在苟免王討之非也○勞力報反

仍叔之子弱也仍叔之子來聘童子將命無速反之心久留在魯故經書夏聘傳釋之於末秋

秋大雩書不時也十二公傳唯此年及襄二十六年有兩秋此發雩祭之例欲顯天時以指事故重言秋異於凡事

凡祀啓蟄而郊言凡祀通下三句天地宗廟之事也啓蟄夏正建寅之月祀天南郊龍見而雩龍見建巳之月蒼龍宿之體昏見東方萬物始盛待雨而大故祭天遠爲百穀祈膏雨○見賢遍反宿音秀始殺而嘗建酉之月陰氣始殺嘉穀始熟故薦嘗於宗廟閉蟄而烝建亥之月昆蟲閉戶萬物皆成可薦者衆故烝祭宗廟釋例論之備矣過則書卜日有吉否過次節則書以譏慢也

冬淳于公如曹度其國危遂不復淳于州國所都城陽淳于縣也國有危難不能自安故出朝而遂不還○度待洛反

經六年春正月寔來寔實也不言州公者承上五年冬經如曹間無異事省文從可知

夏四月公會紀侯于成成魯地在泰山鉅平縣東南

秋八月壬午大閱齊爲大國以戎事徵諸侯之戍嘉美鄭忽而忽欲以有功爲班怒而訴齊魯人懼之故以非時簡車馬

蔡人殺陳佗佗立踰年不稱爵者簒立未會諸侯也傳例在莊二十二年

九月丁卯子同生

桓公子、莊公也、十二公、唯子同是適夫人之長子、備用大子之禮、故史書之於策、不稱大子者、書始生也、

冬、紀侯來朝。

傳六年、春、自曹來朝。書曰、寔來、不復其國也。亦承五年冬、傳淳于公如曹也、言奔則來行朝禮、言朝則遂留不去、故變文言寔來、

楚武王侵隨。隨國、今義陽隨縣、使薳章求成焉。薳章、楚大夫、○薳于委反軍於瑕以待之。瑕、隨地、隨人使少師董成。少師、隨大夫、董、正也、○少詩照反鬭伯比言於楚子曰、吾不得志於漢東也、我則使然。鬭伯比、楚大夫、令尹子文之父、我張吾三軍、而被吾甲兵、以武臨之、彼則懼而協以謀我、故難閒也。漢東之國、隨為大、隨張、必棄小國。張、自侈大也、小國離、楚之利也。少師侈、

請羸師以張之。羸、弱也、○羸劣追反熊率且比曰、季梁在、何益。熊率且比、楚大夫、季梁、隨賢臣、○率音律、且子余反鬭伯比曰、以為後圖、少師得其君。言季梁之諫、不過一見從、隨侯卒當以少師為計、故云以為後圖、二年、蔡侯鄭伯會于鄧、始懼楚、楚子自此遂盛、終于抗衡中國、故傳備言其事、以終始之、王毀軍而納少師。從伯比之謀、少師歸、請追楚師、隨侯將許之。楚季梁止之、曰、天方授楚、楚之羸、其誘我也、君何急焉、臣聞小之能敵大也、小道大淫。所謂道、忠於民而信於神也。上思利民、忠也。祝史正辭、信也。正辭、不虛稱君美、今民餒而君逞欲、逞、快也、祝史矯舉以祭、臣不知其可也。詐稱功德、以欺鬼神、公曰、吾牲牷肥腯、粢盛豐備、何則不信。牲、牛羊豕也、牷、純色完全也、腯、亦肥也、黍稷曰粢、在器曰盛、○牷音全、腯徒忽反對曰、夫民、

神之主也、言鬼神之情、依民而行、是以聖王先成民、而後致力於神、故奉牲以告曰、博碩肥腯、謂民力之普存也。博、廣也、碩、大也、謂其畜之碩大蕃滋也、謂其不疾瘯蠡也、謂其備腯咸有也。雖告神以博碩肥腯、其實皆當兼此四謂、民力適完、則六畜既大而滋也、皮毛無疥癬、兼備而無有所闕、○畜吁又反、瘯七木反奉盛以告曰、絜粢豐盛、謂其三時不害、而民和年豐也。三時、春夏秋、奉酒醴以告曰、嘉栗旨酒、謂其上下皆有嘉德、而無違心也。嘉、善也、栗、謹敬也、所謂馨香、無讒慝也。馨、香之遠聞、故務其三時、修其五教、父義、母慈、兄友、弟恭、子孝、親其九族、以致其禋祀。禋、絜敬、九族、謂外祖父、外祖母、從母子、及妻父、妻母、姑之子、姊妹之子、女子之子、并己之同族、皆外親、有服而異族者也、於是乎民和而神降之福、故動則有成。今民各

有心、而鬼神乏主、民饑餒也、君雖獨豐、其何福之有。君姑修政而親兄弟之國、庶免於難。隨侯懼而修政、楚不敢伐。

夏、會于成、紀來諮謀齊難也。齊欲滅紀、故來謀之、○難乃旦反

北戎伐齊、齊侯使乞師于鄭。鄭大子忽帥師救齊。六月、大敗戎師、獲其二帥大良、少良、甲首三百、以獻於齊。甲首、被甲者首、於是諸侯之大夫戍齊、齊人饋之餼、生曰餼、使魯為其班、後鄭。班、次也、魯親班齊饋、則亦使大夫戍齊矣、經不書、蓋史闕文、鄭忽以其有功也、怒、故有郎之師。郎師在十年、公之未昏於齊也、齊侯欲以文姜妻鄭大子忽。大子忽辭。人問其故、大子曰、人各有耦、齊大、非吾耦也。詩云、自求多福。詩、大雅文王、言求福

由巳、非由人也、在我而巳。大國何爲。君子曰。善自爲謀。言獨絜其身、謀不及國、及其敗戎師也。齊侯又請妻之。欲以他女妻之、固辭。人問其故。大子曰。無事於齊。吾猶不敢。今以君命奔齊之急。而受室以歸。是以師昏也。民其謂我何。言必見怪於民、遂辭諸鄭伯。假父之命以爲辭、爲十一年鄭忽出奔衞傳、

秋。大閱。簡車馬也。

九月。丁卯。子同生。以大子生之禮舉之。接以大牢。大牢、牛羊豕也、以禮接夫人、重適也、卜士負之。士妻食之。禮、世子生、三日、卜士負之、射人以桑弧蓬矢射天地四方、卜士之妻爲乳母、○食音嗣 射 公與文姜宗婦命之。世子生三月、君夫人沐浴於外寢、立於阼階西鄉、世婦抱子升自西階、君命之、乃降、蓋同宗之婦、公問名於申繻。對曰。名有五。有信。有義。

有象。有假。有類。申繻、魯大夫、○繻音須 以名生爲信。若唐叔虞、魯公子友、以德命爲義。若文王名昌、武王名發、以類命爲象。若孔子首象尼丘、取於物爲假。若伯魚生、人有饋之魚、因名之曰鯉、取於父爲類。若子同生、有與父同者、不以國。國君之子、不自以本國爲名也、不以官。不以山川。不以隱疾。隱、痛、疾、患、辟不祥也、不以畜牲。畜牲、六畜、不以器幣。幣、玉帛、周人以諱事神。名。終將諱之。若父之名、固非臣子所斥、然禮既卒哭、以木鐸狥曰、舍故而諱新、謂舍親盡之祖、而諱新死者、故言以諱事神、名終將諱之、自父至高祖、皆不敢斥言、○舍音捨 故以國則廢名。國不可易、故廢名、以官則廢職。以山川則廢主。改其山川之名、以畜牲則廢祀。名豬則廢豬、名羊則廢羊、以器幣則廢禮。晉以僖侯廢司徒。僖侯名司徒、廢爲中軍、宋以武公廢司空。武公名司空、廢爲司城、先君獻武廢二山。二山、具、敖也、魯獻公名具、武公名敖、更以其鄉名山、○敖五羔反 是以大物不可以命。公曰。是其生也。與吾同物。命之曰同。物、類也、謂同日、

冬。紀侯來朝。請王命以求成于齊。公告不能。紀微弱、不能自通於天子、欲因公以請王命、公無寵於王、故告不能、

經 七年。春。二月。己亥。焚咸丘。無傳、焚、火田也、咸丘、魯地、高平鉅野縣南有咸亭、譏盡物、故書、

夏。穀伯綏來朝。

鄧侯吾離來朝。不總稱朝者、各自行朝禮也、穀國在南鄉筑陽縣北、○筑音竹

傳 七年。春。穀伯鄧侯來朝。名。賤之也。辟陋小國、賤之、禮不足、故書名、以春來、夏乃行朝禮、故經書夏、○辟匹亦反

夏。盟向求成于鄭。既而背之。盟、向、二邑名、隱十一年王以與鄭、故求與鄭成、○盟音孟 向傷亮反 背音佩

秋。鄭人。齊人。衞人。伐盟向。王遷盟向之民于郟。郟、王城、

冬。曲沃伯誘晉小子侯殺之。曲沃伯、武公也、小子侯、哀侯子、

經 八年。春。正月。己卯。烝。無傳、此夏之仲月、非爲過、而書者、爲下五月復烝、見瀆也、例在五年、○見賢遍反

天王使家父來聘。

無傳。家父，天子大夫。家，氏；父，字。

夏五月丁丑，烝。無傳。

秋，伐邾。無傳。

冬十月，雨雪。無傳。今八月也，書時失。○雨，于付反

祭公來，遂逆王后于紀。祭公，諸侯爲天子三公者。王使魯主昏，故祭公來受命而迎也。天子無外，故因稱王后。卿不書，舉重略輕。○祭，側界反

傳八年春，滅翼。曲沃滅之

隨少師有寵。楚鬭伯比曰：可矣。讎有釁，不可失也。釁，瑕隙也。無德者寵，國之釁也。夏，楚子合諸侯于沈鹿。沈鹿，楚地。黄、隨不會。黄國，今弋陽縣。使薳章讓黄。責其不會。楚子伐隨，軍於漢淮之間。季梁請下之：弗許而後戰，下之，請服也。○下，遐嫁反所以怒我而怠寇也。少師謂隨侯曰：必速戰。不然，將失楚師。隨侯禦之，望楚師。望見楚師。季梁曰：楚人上左，君必左，君，楚君也。無與王遇。且攻其右，右無良焉，必敗。偏敗，衆乃攜矣。少師曰：不當王，非敵也。弗從。不從季梁謀。戰于速杞，隨師敗績。隨侯逸。速杞，隨地。逸，逃也。鬭丹獲其戎車，與其戎右少師。鬭丹，楚大夫。戎車，君所乘兵車也。戎右，車右也。寵之，故以爲右。

秋，隨及楚平。楚子將不許。鬭伯比曰：天去其疾矣。去疾，謂少師見獲而敗。隨未可克也。乃盟而還。

冬，王命虢仲立晉哀侯之弟緡于晉。虢仲，王卿士，虢公林父。○緡，亡巾反

祭公來，遂逆王后于紀，禮也。天子娶於諸侯，使同姓諸侯爲之主。祭公來受命於魯，故曰禮。

經九年春，紀季姜歸于京師。季姜，桓王后也。季，字；姜，紀姓也。書字者，伸父母之尊。

夏四月。

秋七月。

冬，曹伯使其世子射姑來朝。曹伯有疾，故使其子來朝。○射姑，音亦，又音夜

傳九年春，紀季姜歸于京師。凡諸侯之女行，唯王后書。爲書婦人行例也。適諸侯雖告魯，猶不書。

巴子使韓服告于楚，請與鄧爲好。韓服，巴行人。巴國在巴郡江州縣。楚子使道朔將巴客以聘於鄧。道朔，楚大夫。巴客，韓服。鄧南鄙鄾人攻而奪之幣，鄾在今鄧縣南沔水之北。○鄾音憂殺道朔及巴行人。楚子使薳章讓於鄧，鄧人弗受。言非鄧人所攻。夏，楚使鬭廉帥師及巴師圍鄾。鬭廉，楚大夫。鄧養甥、聃甥帥師救鄾，三逐巴師，不克。二甥皆鄧大夫。○聃音男鬭廉衡陳其師於巴師之中，以戰而北。衡，橫也。分巴師爲二部，鬭廉橫陳於其間，以與鄧師戰而僞北。北，走也。○陳，直覲反鄧人

逐之背巴師而夾攻之。楚師僞走、鄧師逐之、背巴師、巴師攻之、楚師自前還與戰、○背音佩 鄧師大敗。鄾人宵潰。宵夜也、

秋。虢仲芮伯梁伯荀侯賈伯伐曲沃。梁國在馮翊夏陽縣、荀賈皆國名、

冬。曹大子來朝。賓之以上卿禮也。諸侯之適子、未誓於天子而攝其君、則以皮帛繼子男、故賓之以上卿、各當其國之上卿、享曹大子。初獻樂奏而歎。始獻、施父曰。曹大子其有憂乎。非歎所也。施父、魯大夫、○施色豉反

經十年。春。王正月。庚申。曹伯終生卒。未同盟而赴以名、

夏。五月。葬曹桓公。

無傳、

秋。公會衛侯于桃丘。弗遇。無傳、衛侯與公爲會期、中背公、更與齊鄭、故公獨往而不相遇也、桃丘、衛地、濟北東阿縣東南有桃城、

冬。十有二月。丙午。齊侯衛侯鄭伯來戰于郎。改侵伐而書來戰、善魯之用周班、惡三國討有辭、

傳十年。春。曹桓公卒。終施父之言、

虢仲譖其大夫詹父於王。虢仲、王卿士、詹父、屬大夫、詹父有辭。以王師伐虢。

夏。虢公出奔虞。虞國在河東大陽縣、

秋。秦人納芮伯萬于芮。四年圍魏所執者、

初。虞叔有玉。虞叔、虞公之弟、虞公求旃。旃之也、弗獻。既而悔之曰。周諺有之。匹夫無罪。懷璧其罪。人利其璧、以璧爲罪、吾焉用此。其以賈害也。賈買也、○賈音古 乃獻之。又求其寶劍。叔曰。是無厭也。無厭將及我。將殺我、○厭於鹽反 遂伐虞公。故虞公出奔共池。共池、地名、闕、○共音洪、一名恭

冬。齊衛鄭來戰于郎。我有辭也。初北戎病齊。在六年、諸侯救之。鄭公子忽有功焉。齊人饋諸侯。使魯次之。魯以周班後鄭。鄭人怒。請師於齊。齊人以衛師助之。故不稱侵伐。不稱侵伐、而以戰爲文、明魯直諸侯曲、故言我有辭、以禮自適、交綏而退、無敗績、先書齊衛。王爵也。鄭主兵、而序齊衛下者、以王爵次之也、春秋所以見魯猶秉周禮、

經十有一年。春。正月。齊人衛人鄭人盟于惡曹。惡曹、地闕、

夏。五月。癸未。鄭伯寤生卒。同盟於元年、赴以名、

秋。七月。葬鄭莊公。無傳、三月而葬速、

九月。宋人執鄭祭仲。祭氏、仲名、不稱行人、聽迫脅以逐君、罪之也、行人例在襄十一年、釋例詳之、

突歸于鄭。

突厲公也。爲宋所納，故曰歸。例在成十八年。不稱公子，從告也。文連祭仲，故不言鄭。

鄭忽出奔衞。忽昭公也。莊公旣葬，不稱爵者，鄭人賤之，以名赴。

柔會宋公、陳侯、蔡叔盟于折。無傳。柔魯大夫未賜族者。蔡叔，蔡大夫，叔名也。折地闕。○折之設反。

公會宋公于夫鍾。無傳。夫鍾，郕地。○夫音扶。

冬十有二月，公會宋公于闞。無傳。闞魯地，在東平須昌縣東南。

傳十一年春，齊、衞、鄭、宋盟于惡曹。宋不書，經闕。

楚屈瑕將盟貳、軫。貳、軫二國名。鄖人軍於蒲騷，將與隨、絞、州、蓼伐楚師。鄖國在江夏雲杜縣東南，有鄖城。蒲騷，鄖邑。絞國名。州國在南郡華容縣東南。蓼國，今義陽棘陽縣東南湖陽城。○鄖音云。騷音蕭。絞古卯反。莫敖患之。莫敖，楚官名，卽屈瑕。○敖五刀反。鬭廉曰：「鄖人軍其郊，必不誡，且日虞四邑之至也。虞度也。四邑，隨、絞、州、蓼也。邑亦國也。君次於郊郢，以禦四邑。君謂屈瑕也。郊郢，楚地。○郢以井反。我以銳師宵加於鄖，鄖有虞心而恃其城，恃近其城。莫有鬭志。若敗鄖師，四邑必離。」莫敖曰：「盍請濟師於王？」盍何不也。濟益也。對曰：「師克在和，不在衆。商、周之不敵，君之所聞也。商紂也。周武王也。傳曰：武王有亂臣十人，紂有億兆夷人。成軍以出，又何濟焉？」莫敖曰：「卜之。」對曰：「卜以決疑，不疑何卜？」遂敗鄖師於蒲騷，卒盟而還。卒盟貳、軫。

鄭昭公之敗北戎也，在六年。齊人將妻之，昭公辭。祭仲曰：「必取之。君多內寵，子無大援，將不立。三公子皆君也。」子突、子亹、子儀之母皆有寵。弗從。

夏，鄭莊公卒。初，祭封人仲足有寵於莊公，祭，鄭地，陳留長垣縣東北有祭城。封人，守封疆者，因以所守爲氏。莊公使爲卿。爲公娶鄧曼，生昭公，故祭仲立之。鄧曼姓。宋雍氏女於鄭莊公，曰雍姞，生厲公。雍氏，姞姓，宋大夫也。以女妻人曰女。雍氏宗有寵於宋莊公，故誘祭仲而執之，祭仲之如宋，非會非聘，見誘而以行人應命。曰：「不立突，將死。」亦執厲公而求賂焉。祭仲與宋人盟，以厲公歸而立之。

秋九月丁亥，昭公奔衞。己亥，厲公立。

經十有二年春正月。

夏六月壬寅，公會杞侯、莒子盟于曲池。曲池，魯地。魯國汶陽縣北有曲水亭。

秋七月丁亥，公會宋公、燕人盟于穀丘。穀丘，宋地。燕人，南燕大夫。

八月壬辰，陳侯躍卒。無傳。厲公也。十一年與魯大夫盟於折。不書葬，魯不會也。壬辰，七月二十三日。書於八月，從赴。

公會宋公于虛。虛，宋地。

冬十有一月，公會宋公于龜。龜，宋地。

丙戌，公會鄭伯，盟于武父。武父，鄭地，陳留濟陽縣東北有武父城。

丙戌，衛侯晉卒。無傳。重書丙戌，非義例，因史成文也。未同盟而赴以名。

十有二月，及鄭師伐宋。丁未，戰于宋。既書伐宋，又重書戰者，以見宋之無信也。莊十一年傳例曰：皆陳曰戰。尤其無信，故以獨戰爲文。

傳十二年夏，盟于曲池，平杞莒也。隱四年莒人伐杞，自是遂不平。公欲平宋鄭。秋，公及宋公盟于句瀆之丘。句瀆之丘，即穀丘也。宋以立厲公故，多責賂於鄭，鄭人不堪，故不平。○句，古侯反；瀆，音豆。宋成未可知也，故又會于虛。冬，又會于龜。宋公辭平，故與鄭伯盟于武父。宋公貪鄭賂，故與公三會而卒辭不與鄭平。遂帥師而伐宋，戰焉，宋無信也。君子曰：苟信不繼，盟無益也。詩云：君子屢盟，亂是用長。無信也。詩小雅。言無信故數盟，數盟則情疏，情疏則憾結，故云長亂。

楚伐絞，軍其南門。莫敖屈瑕曰：絞小而輕，輕則寡謀，請無扞采樵者以誘之。扞，衛也；樵，薪也。○輕，遣政反；扞，戶旦反。從之。絞人獲三十人。獲楚人也。明

春秋左傳　卷二　桓公　三十三　永懷堂

曰：絞人爭出，驅楚役徒於山中。楚人坐其北門，而覆諸山下。坐猶守也。覆，設伏兵而待之。○覆，扶又反。大敗之，爲城下之盟而還。城下盟，諸侯所深恥。伐絞之役，楚師分涉於彭。彭水在新城昌魏縣。羅人欲伐之，使伯嘉諜之，三巡數之。羅，熊姓國，在宜城縣西山中，後徙南郡枝江縣。伯嘉，羅大夫。諜，伺也。巡，徧也。○數，色主反。

經十有三年春二月，公會紀侯、鄭伯。己巳，及齊侯、宋公、衛侯、燕人戰。齊師、宋師、衛師、燕師敗績。大崩曰敗績。例在莊十一年。或稱人，或稱師，史異辭也。衛宣公未葬，惠公稱侯以接鄰國，非禮也。

三月，葬衛宣公。無傳。

春秋左傳　卷二　桓公　三十四　永懷堂

夏，大水。無傳。

秋七月。

冬十月。無傳。

傳十三年春，楚屈瑕伐羅，鬬伯比送之。還，謂其御曰：莫敖必敗，舉趾高，心不固矣。趾，足也。遂見楚子曰：必濟師。濟，益也。難言屈瑕將敗，故以益師諷諫。楚子辭焉。不解其旨，故拒之。○解，戶買反。入告夫人鄧曼。鄧曼曰：大夫其非衆之謂。鄧曼，楚武王夫人。言伯比意不在於益衆也。其謂君撫小民以信，訓諸司以德而

威莫敖以刑也。莫敖狃於蒲騷之役、將自用也。狃、伏也。蒲騷在十一年。○伏、時世反
必小羅。君若不鎭撫、其不設備乎。夫固謂君訓衆而好鎭撫之、撫小民以信也。召諸司而勸之以令德、訓諸司以德也。見莫敖而告諸天之不假易也。諸之也。言天不借貸慢易之人。威莫敖以刑也。不然、夫豈不知楚師之盡行也。楚子使賴人追之、不及。賴國在義陽隨縣。賴人仕於楚者。莫敖使徇于師曰、諫者有刑。徇、宣令也。及鄢、亂次以濟。鄢水在襄陽宜城縣入漢。○鄢、於晚反、又於萬反。遂無次、且不設備。及羅、羅與盧戎兩軍之、盧戎、南蠻。大敗之。莫敖縊于荒谷、群帥囚于冶父、縊自經也。荒谷、冶父、皆楚地。以聽刑。楚子曰、孤之罪也。皆免之。

宋多責賂於鄭。立突、故多責賂。鄭不堪命、故以紀魯及齊與宋衛燕戰。不書所戰、後也。公後地期而及其戰、故不書所戰之地。

鄭人來請修好。

經十有四年、春正月、公會鄭伯于曹。修十二年武父之好、以曹地、曹與會。

無冰。無傳。書時失。

夏五。不書月、闕文。

鄭伯使其弟語來盟。

秋八月壬申、御廩災。御廩藏公所親耕以奉粢盛之倉。天火曰災。例在宣十六年。

乙亥、嘗。先其時、亦過也。旣戒日致齊、廩雖災、苟不害嘉穀、則祭不應廢、故書以示法。○先、悉薦反。

冬十有二月丁巳、齊侯祿父卒。無傳。隱六年盟于艾。

宋人以齊人蔡人衛人陳人伐鄭。凡師能左右之曰以。例在僖二十六年。

傳十四年春、會于曹。曹人致餼、禮也。熟曰饔、生曰餼。

夏、鄭子人來尋盟、且修曹之會。子人卽弟語也。其後爲子人氏。

秋八月壬申、御廩災。乙亥、嘗。書不害也。災其屋、救之則息、不及穀、故曰書不害。

冬、宋人以諸侯伐鄭、報宋之戰也。在十二年。焚渠門、入及大逵。渠門、鄭城門。逵道方九軌。伐東郊、取牛首。東郊、鄭郊。牛首、鄭邑。以大宮之椽歸爲盧門之椽。大宮、鄭祖廟。盧門、宋城門。告伐而不告入、取故不書。○大音泰。

經十有五年、春二月、天王使家父來求車。

三月乙未、天王崩。無傳。桓王也。

夏四月己巳葬齊僖公。

無傳、

五月鄭伯突出奔蔡。

突既篡立、權不足以自固、又不能倚任祭仲、反與小臣造賊盜之計、故以自奔爲文、罪之也、例在昭三年、

鄭世子忽復歸于鄭。

忽實居君位、故今還以復其位之例爲文也、稱世子者、忽爲太子、有母氏之寵、宗卿之援、有功于諸侯、此大子之盛者也、而守介節以失大國之助、知三公子之强、不從祭仲之言、修小善絜小行、從匹夫之仁、忘社稷之大計、故君子謂之善自爲謀、言不能謀國也、父卒而不能自君、鄭人亦不君之、出則降名以赴、入則逆以大子之禮、始于見逐、終於見殺、三公子更立、亂鄭國者實忽之由、復歸例在成十八年、

許叔入于許。

許叔、莊公弟也、隱十一年鄭使許大夫奉許叔居許東偏、鄭莊公既卒、乃入居位、許人嘉之、以字告也、叔本不去國、雖稱入、非國逆例、

公會齊侯于艾。

邾人牟人葛人來朝。

無傳、三人皆附庸之世子也、其君應稱名、故其子降稱人、牟國今泰山牟縣、葛國在梁國寧陵縣東北、

秋九月鄭伯突入于櫟。

櫟、鄭別都也、今河南陽翟縣、不得國、直書入、無義例也、○櫟音歷

冬十有一月公會宋公衛侯陳侯于袤伐鄭。

袤、宋地、在沛國相縣西南、先行會禮而後伐也、○袤昌氏反、相息亮反

傳十五年春天王使家父來求車、非禮也、諸侯不貢車服、車服、上之所以賜下、天子不私求財。諸侯有常職貢、

祭仲專、鄭伯患之、使其壻雍糾殺之、將享諸郊、雍姬知之、謂其母曰、父與夫孰親、其母曰、人盡夫也、父一而已、胡可比也、婦人在室則天父、出則天夫、女以爲疑、故母以所生爲本解之、遂告祭仲曰、雍氏舍其室而將享子於郊、吾惑之、以告、祭仲殺雍糾、尸諸周氏之汪、汪、池也、周氏、鄭大夫、殺而暴其尸以示戮也、○舍音捨、暴步卜反 公載以出、愍其見殺、故載其尸共出國 曰、謀及婦人、宜其死也、夏厲公出奔蔡。

六月乙亥昭公入。

許叔入于許。

公會齊侯于艾、謀定許也。

秋鄭伯因櫟人殺檀伯、而遂居櫟。檀伯、鄭守櫟大夫、

冬會于袤、謀伐鄭、將納厲公也、弗克而還。

經十有六年春正月公會宋公蔡侯衛侯于曹。

夏四月公會宋公衛侯陳侯蔡侯伐鄭。

春既謀之、今書會者、魯諱議納不正、蔡常在衛上、今序陳下、蓋後至、

秋七月公至自伐鄭。

用飲至之禮故書、

冬、城向。傳曰書時也、而下有十一月、舊說因謂傳誤、此城向亦俱是十一月、但本事異、各隨本而書之耳、經書夏叔弓如滕、五月葬滕成公、傳云五月叔弓如滕、郎知但稱時者、未必與下月異也、又推校此年閏在六月、則月却而節前、水星可在十一月而正也、詩云定之方中、作于楚宮、此未正中也、功役之事、皆總指天象、不與言歷數同也、故傳之釋經、皆通言一時、不月別、

十有一月、衛侯朔出奔齊。惠公也、朔讒構取國、故不言二公子逐、罪之也、

傳十六年、春、正月、會于曹、謀伐鄭也。前年冬、謀納厲公不克、故復更謀、

夏、伐鄭、秋、七月、公至自伐鄭、以飲至之禮也。

冬、城向、書時也。

初、衛宣公烝於夷姜、生急子。夷姜宣公之庶母也、上淫曰烝、屬諸右公子、爲之娶於齊而美、公取之、生壽及朔、屬壽於左公子。左右媵之子、因以爲號、○屬音燭、下同、爲于僞反、媵羊政反、夷姜縊、失寵而自經死、宣姜與公子朔構急子。宣姜宣公所取急子之妻、構會其過惡、○構古豆反、會古外反、公使諸齊、使盜待諸莘、將殺之、莘衛地、陽平縣西北有莘亭、公使所吏反、壽子告之使行。行去也、不可、曰、棄父之命、惡用子矣、惡安也、○惡音烏、有無父之國則可也、及行、飲以酒、壽子載其旌以先、盜殺之、急子至、曰、我之求也、此何罪、請殺我乎、又殺之、二公子故怨惠公、十一月、左公子洩、右公子職、立公子黔牟。黔牟羣公子、○黔其

廉反、惠公奔齊。

經十有七年、春、正月、丙辰、公會齊侯、紀侯、盟于黃。黃齊地、

二月、丙午、公會邾儀父、盟于趡。趡魯地、稱字義與蔑盟同、二月無丙午、丙午三月四日也、日月必有誤、○趡翠軌反

夏、五月、丙午、及齊師戰于奚。奚魯地、皆陳曰戰、○陳直覲反

六月、丁丑、蔡侯封人卒。十一年大夫盟於折、

秋、八月、蔡季自陳歸于蔡。季蔡侯弟也、言歸爲陳所納、

癸巳、葬蔡桓侯。無傳、稱侯蓋謬誤、三月而葬速、

及宋人、衛人伐邾。

冬、十月、朔、日有食之。甲乙者、歷之紀也、晦朔者、日月之會也、日食不可以不存晦朔、晦朔須甲乙而可推、故日食必以書朔日爲例、

傳十七年、春、盟于黃、平齊紀、且謀衛故也。齊欲滅紀、衛逐其君、

及邾儀父盟于趡、尋蔑之盟也。蔑盟在隱元年、

夏及齊師戰于奚。疆事也。爭疆界也。於是齊人侵魯疆。疆吏來告。公曰。疆場之事。愼守其一。而備其不虞。虞度也。不度猶不意也。○場音亦姑盡所備焉。事至而戰。又何謁焉。齊背盟而來。公以信待。故不書侵伐。

蔡桓侯卒。蔡人召蔡季于陳。桓侯無子。故召季而立之。季內得國人之望。外有諸侯之助。故書字。以善得衆。稱歸以明外納。

秋。蔡季自陳歸于蔡。蔡人嘉之也。嘉之。故以字告。

伐邾。宋志也。邾宋爭疆。魯從宋志。背趡之盟。

冬十月朔。日有食之。不書日。官失之也。天子有日官。諸侯有日御。日官日御。典歷數者。日官居卿以底日。禮也。日官天子掌歷者。不在六卿之數。而位從卿。故言居卿也。底平也。謂平歷數。○底音旨日御不失日。以授百官于朝。日官平歷以班諸侯。諸侯奉之。不失天時。以授百官。

初。鄭伯將以高渠彌爲卿。昭公惡之。固諫不聽。昭公立。懼其殺己也。辛卯。弑昭公而立公子亹。公子亹昭公弟。○惡烏路反君子謂昭公知所惡矣。公子達曰。公子達魯大夫高伯其爲戮乎。復惡已甚矣。復重也。本爲昭公所惡而復弑君。重爲惡也。

經十有八年。春。王正月。公會齊侯于濼。濼水在濟南歷城縣西北入濟。○濼盧篤力角二反

公與夫人姜氏遂如齊。公本與夫人俱行。至濼。公與齊侯行會禮。故先書會濼。既會而相隨至齊。故曰遂。

夏四月丙子。公薨于齊。不言戕。諱之也。戕例在宣十八年。

丁酉。公之喪至自齊。無傳。告廟也。丁酉五月一日。有日而無月。

秋七月。

冬十有二月己丑。葬我君桓公。無傳。九月乃葬。緩慢也。

傳十八年春。公將有行。遂與姜氏如齊。始議行事。申繻曰。女有家。男有室。無相瀆也。謂之有禮。易此必敗。女安夫之家。夫安妻之室。違此則爲瀆。今公將姜氏如齊。故知其當致禍亂。

公會齊侯于濼。遂及文姜如齊。齊侯通焉。公謫之。謫譴也。以告。夫人告齊侯。夏四月丙子。享公。齊侯爲公設享燕之禮。使公子彭生乘公。公薨于車。上車曰乘。彭生多力。拉公幹而殺之。○拉力答反。幹古旦反魯人告于齊曰。寡君畏君之威。不敢寧居。來修舊好。禮成而不反。無所歸咎。惡於諸侯。請以彭生除之。除恥辱之惡也。齊人殺彭生。不書。非卿。

秋。齊侯師于首止。陳師首止。討鄭弑君也。首止衞地。陳留襄邑縣東南有首鄉。子亹會之。高渠彌相。不知齊欲討己。○相息亮反七月戊戌。齊人殺子亹而轘高渠彌。車裂曰轘。○轘音患祭仲逆鄭子于陳而立之。鄭子。昭公弟子儀也。是行也。祭仲知之。

故稱疾不往。人曰，祭仲以知免。仲曰，信也。時人譏祭仲失忠臣之節，仲以子亹爲𨻶彌所立，本既不正，又不能固位安民，宜其見除，故卽而然譏者之言，以明本意。○知音智

周公欲弒莊王而立王子克。莊王，桓王大子。王子克，莊王弟子儀。辛伯告王，遂與王殺周公黑肩。王子克奔燕。辛伯，周大夫。初，子儀有寵於桓王，桓王屬諸周公。辛伯諫曰，並后，妾如后。○屬音燭 匹嫡，庶如嫡。兩政，臣擅命。耦國，都如國。亂之本也。周公弗從，故及。及於難也。

春秋左傳卷二終

春秋左傳　卷二　桓公　　　　　　　　　　　　　　　永懷堂

春秋左傳卷三

晉鎮南大將軍當陽縣侯京兆杜　預集解

皇明　後　學　東吳金　蟠較訂

莊公 名同，桓公子，母文姜。謚法，勝敵克亂曰莊。

經元年，春，王正月。

三月，夫人孫于齊。夫人，莊公母也。魯人責之，故出奔。內諱奔，謂之孫。猶孫讓而去。○孫本作遜

夏，單伯送王姬。無傳。單伯，天子卿也。單，采地。伯，爵也。王將嫁女于齊，既命魯爲主，故單伯送女。不稱使也。王姬不稱字，以王爲尊，且別于內女也。天子嫁女于諸侯，使同姓諸侯主之，不親昏，尊卑不敵。○單音善

秋，築王姬之館于外。公在諒闇，慮齊侯當親迎，不忍便以禮接于廟，又不敢逆王命，故築舍於外。○諒音梁，又音亮。迎魚敬反

冬，十月，乙亥，陳侯林卒。無傳。未同盟而赴以名。

王使榮叔來錫桓公命。無傳。榮叔，周大夫。榮氏，叔字。錫，賜也。追命桓公，褒稱其德，若昭七年王追命衞襄之比。

王姬歸于齊。無傳。不書逆，公不與接。

齊師遷紀郱鄑郚。無傳。齊欲滅紀，故徙其三邑之民而取其地。郱在東莞臨朐縣東南，郚在朱虛縣東南，北海都昌縣西有訾城。○郱，蒲丁反。鄑，子斯反。郚，音吾。朐，其俱反。訾，子斯反。

傳元年春，不稱即位，文姜出故也。文姜與桓俱行，而桓為齊所殺，故不敢還。莊公父弑母出，故不忍行即位之禮。據文姜未還，故傳稱文姜出也。姜於是感公意而還，不書，不告廟。

三月，夫人孫于齊。不稱姜氏，絕不為親，禮也。姜氏，齊姓。於文姜之義宜與齊絕，而復奔齊，故於其奔去姜氏以示義。

秋，築王姬之館于外。為外，禮也。齊彊魯弱，又委罪於彭生，魯不能讎齊，然喪制未闋，故異其禮，得禮之變。○闋，苦穴反。

經二年春王二月，葬陳莊公。無傳。魯往會之，故書。例在昭六年。

夏，公子慶父帥師伐於餘丘。無傳。於餘丘，國名也。莊公時年十五，則慶父，莊公庶兄。

秋七月，齊王姬卒。無傳。魯為之主，比之內女。

冬十有二月，夫人姜氏會齊侯于禚。夫人行不以禮，故還皆不書。不告廟也。禚，齊地。○禚，諸若反。

乙酉，宋公馮卒。無傳。再與桓同盟。○馮，皮氷反。

傳二年冬，夫人姜氏會齊侯于禚，書姦也。文姜前與公俱如齊，後懼而出奔，至此始與齊好會。會非夫人之事，顯然書之。傳曰書姦。姦在夫人。文姜比年出會，其義皆同。

經三年春王正月，溺會齊師伐衛。溺，魯大夫。疾其專命而行，故去氏。○溺，乃狄反。去，起呂反。

夏四月，葬宋莊公。無傳。

五月，葬桓王。

秋，紀季以酅入于齊。季，紀侯弟。酅，紀邑，在齊國東安平縣。齊欲滅紀，故季以邑入齊為附庸，先祀不廢，社稷有奉，故書字貴之。○酅，戶圭反。

冬，公次于滑。滑，鄭地，在陳留襄邑縣西北。傳例曰：凡師過信為次。兵未有所加，所次則書之。既書兵所加，則不書其所次。以事為宜，非虛次。

傳三年春，溺會齊師伐衛，疾之也。傳重明上例。

夏五月，葬桓王，緩也。以桓十五年三月崩，七月乃葬，故曰緩。

秋，紀季以酅入于齊，紀於是乎始判。判，分也。言分為附庸始於此。

冬，公次于滑，將會鄭伯，謀紀故也。鄭伯辭以難。厲公在櫟故。○難，乃旦反。櫟，音歷。

凡師，一宿為舍，再宿為信，過信為次。為經書次例也。舍宿不書，輕也。言凡師，通君臣。

經四年春王二月，夫人姜氏享齊侯于祝丘。

無傳。享，食也。兩君相見之禮，非夫人所用，直書以見其失。祝丘，魯地。

三月，紀伯姬卒。無傳。隱二年裂繻所逆者。內女唯諸侯夫人卒葬皆書，恩成於敵體。

夏，齊侯、陳侯、鄭伯遇于垂。無傳。

紀侯大去其國。以國與季，季奉社稷，故不言滅。不見迫逐，故不言奔。大去者，不反之辭。

六月乙丑，齊侯葬紀伯姬。無傳。紀季入酅，爲齊附庸，而紀侯大去其國，齊侯加禮初附，以崇厚義，故攝伯姬之喪，而以紀國夫人禮葬之。

秋七月。

冬，公及齊人狩于禚。無傳。公越竟與齊微者俱狩，失禮可知。

傳四年春王三月，楚武王荊尸，授師孑焉，以伐隨。尸，陳也。荊亦楚也，更爲楚陳兵之法。揚雄方言：孑者，戟也。然則楚始於此參用戟爲陳。○爲陳，直覲反。將齊，入告夫人鄧曼曰：余心蕩。蕩，動散也。○齊，側皆反。鄧曼歎曰：王祿盡矣。盈而蕩，天之道也。先君其知之矣。故臨武事，將發大命，而蕩王心焉。楚爲小國，僻陋在夷，至此武王始起其衆，僭號稱王，陳其兵授師，志意盈滿，臨齊而散，故鄧曼以天地鬼神爲徵應之符。若師徒無虧，王薨於行，國之福也。王薨於行，不死於敵。王遂行，卒於樠木之下。樠木，木名。○樠，郎蕩反，又莫昆反，又武元反。令尹鬭祁、莫敖屈重除道梁溠，營軍臨隨。隨人懼，行成。時秘王喪，故爲奇兵，更開直道。溠水在義陽厥縣西，東南入鄖水。梁，橋也。隨人不意其至，故懼而行成。○溠，側嫁反。鄖音云。莫敖以王命入盟隨侯，且請爲會於漢汭而還。汭，內也，謂漢西。○汭，如銳反。濟漢而後發喪。

紀侯不能下齊，以與紀季。不能降屈事齊，盡以國與季，明季不叛。夏，紀侯大去其國，違齊難也。違，辟也。

經五年春王正月。

夏，夫人姜氏如齊師。無傳。書姦。

秋，郳犂來來朝。附庸國也。東海昌慮縣東北有郳城。犂來，名。○郳，五兮反。

冬，公會齊人、宋人、陳人、蔡人伐衛。

傳五年秋，郳犂來來朝，名，未王命也。未受爵命爲諸侯。傳發附庸稱名例也。其後數從齊桓以尊周室，王命以爲小邾子。

冬，伐衛納惠公也。惠公，朔也。桓十六年出奔齊。

經六年春王正月，王人子突救衛。王人，王之微官也。雖官卑而見授以大事，故稱人而又稱字。

夏六月，衛侯朔入于衛。

朔爲諸侯所納、不稱歸而以國逆爲文、朔懼失衆心、以國逆告也、歸入例在成十八年、

秋、公至自伐衛。無傳、告於廟也、

螟。無傳、爲災、○螟音冥

冬、齊人來歸衛俘。公羊穀梁經傳皆言衛寶、此傳亦言寶、唯此經言俘、疑經誤、俘因也、○俘芳夫反

傳六年、春、王人救衛。

夏、衛侯入、放公子黔牟于周、放甯跪于秦、殺左公子洩、右公子職、甯跪衛大夫、宥之以遠曰放、乃即位、君子以二公子之立黔牟、爲不度矣、夫能固位者、必度其本末、而後立衷焉、不知其本、不謀、知本之不枝、弗強、本末、終始也、衷、節適也、譬之樹木、本弱者其枝必披、非人力所能強成、○度待洛反、下同、強其丈反、詩云、本枝百世。詩大雅、言文王本枝俱茂、蕃滋百世也、

冬、齊人來歸衛寶、文姜請之也。公親與齊共伐衛、事畢而還、文姜淫於齊侯、故求其所獲珍寶、使以歸魯、欲說魯以謝慙、○說音悅

楚文王伐申、過鄧、鄧祁侯曰、吾甥也、祁謚也、姊妹之子曰甥、止而享之、騅甥、聃甥、養甥請殺楚子、皆鄧甥、仕於舅氏也、○騅音隹、鄧侯弗許、三甥曰、亡鄧國者、必此人也、若不早圖、後君噬齊、若齧腹齊、喻不可及、其及圖之乎、圖之此爲時矣、鄧侯曰、人將不食吾餘、言自害其甥、必爲人所賤、對曰、若不從三臣、抑社稷實不血食、而君焉取餘、言君無復餘、○焉於虔反、弗從、還年、楚子伐鄧、伐申還之年、十六年、楚復伐鄧、滅之、魯莊公十六年、楚終強盛、爲經書楚事張本、

經七年、春、夫人姜氏會齊侯于防。防、魯地、

夏四月辛卯、夜、恒星不見、夜中、星隕如雨。恒、常也、謂常見之星、辛卯、四月五日、月光尚微、蓋時無雲、日光不以昏沒、如、而也、夜半乃有雲、星落而且雨、其數多、皆記異也、日光不匿、恒星不見、而云夜中者、以水漏知之、○見賢遍反

秋、大水。

無麥苗。今五月、周之秋、平地出水、漂殺熟麥及五稼之苗、

冬、夫人姜氏會齊侯于穀。無傳、穀、齊地、今濟北穀城縣、

傳七年、春、文姜會齊侯于防、齊志也。文姜數與齊侯會、至齊地、則姦發夫人、至魯地、則齊侯之志、故傳略舉二端以言之、

夏、恒星不見、夜明也、星隕如雨、與雨偕也。偕、俱也、

秋、無麥苗、不害嘉穀也。黍稷尚可更種、故曰不害嘉穀、

經八年。春。王正月。師次于郎。以俟陳人蔡人。無傳。期共伐郕。陳蔡不至。故駐師于郎以待之。

甲午。治兵。治兵于廟。習號令。將以圍郕。

夏。師及齊師圍郕。郕降于齊師。二國同討。而齊獨納郕。○降。戶江反。

秋。師還。時史書公克己復禮。全軍而還。故特書師還。

冬。十有一月。癸未。齊無知弒其君諸兒。稱臣。臣之罪也。

傳八年。春。治兵于廟。禮也。夏。師及齊師圍郕。郕降于齊師。仲慶父請伐齊師。齊不與魯共其功。故欲伐之。公曰。不可。我實不德。齊師何罪。罪我之由。夏書曰。皋陶邁種德。夏書。逸書也。稱皋陶能勉種德。邁。勉也。德乃降。姑務修德以待時乎。言苟有德。乃為人所降服。姑。且也。秋。師還。君子是以善魯莊公。傳言經所以即用舊史之文。

齊侯使連稱管至父戍葵丘。連稱。管至父。皆齊大夫。戍。守也。葵丘。齊地。臨淄縣西有地名葵丘。瓜時而往。曰。及瓜而代。期戍。公問不至。問。命也。○期音基。請代。弗許。故謀作亂。僖公之母弟曰夷仲年。生公孫無知。有寵於僖公。衣服禮秩如適。適。太子。○適。丁歷反。襄公絀之。二人因之以作亂。二人。連稱管至父。○絀。勅律反。連稱有從妹在公宮。無寵。使間公。伺公之閒隙。○從。才用反。下同。曰。捷。吾以女為夫人。捷。克也。宣無知之言。○女音汝。

冬。十二月。齊侯游于姑棼。遂田于貝丘。姑棼。貝丘。皆齊地。田。獵也。樂安博昌縣南有地名貝丘。○棼。扶云反。見大豕。從者曰。公子彭生也。公見大豕而從者見彭生。皆妖鬼。公怒曰。彭生敢見。射之。豕人立而啼。公懼。隊于車。傷足。喪屨。見。賢遍反。射。食亦反。隊。直類反。喪。息浪反。反。誅屨於徒人費。誅。責也。○費音祕。弗得。鞭之見血。走出。遇賊于門。劫而束之。費曰。我奚御哉。袒而示之背。信之。費請先入。詐欲助賊。○御。魚呂反。袒音但。伏公而出。鬬。死于門中。石之紛如死於階下。石之紛如。齊小臣。亦鬬死。遂入。殺孟陽于牀。孟陽。亦小臣。代公居牀。曰。非君也。不類。見公之足于戶下。遂弒之。而立無知。經書十一月癸未。長曆推之。月六日也。傳云十二月。傳誤。

初。襄公立。無常。政令無常。鮑叔牙曰。君使民慢。亂將作矣。奉公子小白出奔莒。鮑叔牙。小白傅。小白。僖公庶子。亂作。管夷吾召忽奉公子糾來奔。管夷吾召忽。皆子糾傅也。子糾。小白庶兄。來不書。皆非卿也。為九年公伐齊納子糾。齊小白入于齊傳。

初。公孫無知虐于雍廩。雍廩。齊大夫。為殺無知傳。

經九年。春。齊人殺無知。無知弒君而立。未列於會。故不書爵。例在成十六年。

公及齊大夫盟于蔇。

齊亂無君，故大夫得敵於公。盖欲迎子糾也。來者非一人，故不稱名。蔇，魯地。琅邪繒縣北有蔇亭。○蔇，其器反

夏，公伐齊，納子糾。齊小白入于齊。二公子各有黨，故雖盟而迎子糾，當須伐乃得入。又出在小白之後，小白稱入，從國逆之文，本無位。

秋，七月丁酉，葬齊襄公。無傳。九月乃葬，亂故。

八月庚申，及齊師戰于乾時，我師敗績。小白既定，而公猶不退師，歷時而戰，戰遂大敗。不稱公戰，公敗，諱之。乾時，齊地。時水在樂安界，岐流，旱則竭涸，故曰乾時。○乾音干

九月，齊人取子糾殺之。公子為賊亂，則書齊；實告殺，而書齊取殺者，時史惡齊志在譎以求管仲，非不忍其親，故極言之。○惡，烏路反

冬，浚洙。無傳。洙水在魯城北，下合泗。浚洙之，為齊備。

傳九年，春，雍廩殺無知。公及齊大夫盟于蔇，齊無君也。

夏，公伐齊，納子糾。桓公自莒先入。桓公，小白。秋，師及齊師戰于乾時，我師敗績。公喪戎路，傳乘而歸。戎路，兵車。傳乘，乘他車。○喪，息浪反。乘，繩正反。乘他，如字。秦子、梁子以公旗辟于下道，二子，公御及戎右也。以誤齊師。○辟音避。是以皆止。止，獲也。

鮑叔帥師來言曰：「子糾，親也，請君討之。鮑叔乘勝而進軍，志在生得管仲，故託不忍之辭。管、召，讎也，請受而甘心焉。」管仲射桓公，故曰讎。甘心，言欲快意戮殺之。乃殺子糾于生竇。生竇，魯地。召忽死之。管仲請囚，鮑叔受之，及堂阜而稅之。堂阜，齊地。東莞蒙陰縣西北有夷吾亭，或曰鮑叔解夷吾縛於此，因以為名。○稅，土活反。一失銳反。歸而以告曰：「管夷吾治於高傒，高傒，齊卿高敬仲也。言管仲治理政事之才多於敬仲。○傒音兮 使相可也。」公從之。○相，息亮反

經十年，春，王正月，公敗齊師于長勺。齊人雖成列，魯以權譎稽之，列成而不得用，故以未陳為文。例在十一年。長勺，魯地。○陳，直覲反

二月，公侵宋。無傳。侵例在二十九年。

三月，宋人遷宿。無傳。宋強遷之，而取其地，故文異於邢遷。○強，其丈反

夏，六月，齊師、宋師次于郎。公敗宋師于乘丘。不言侵伐，齊為兵主，背蔇之盟，義與長勺同。乘丘，魯地。○乘，繩證反

秋，九月，荊敗蔡師于莘，以蔡侯獻舞歸。荊，楚本號，後改為楚。楚辟陋在夷，於此始通中國，然告命之辭猶未合典禮，故不稱將帥。莘，蔡地。獻舞，蔡季。

冬，十月，齊師滅譚，譚子奔莒。譚國在濟南平陵縣西南。傳曰譚無禮，此直釋所以見滅。經無義例，他皆放此。滅例在文十五年。不言出奔，國滅無所出。

傳十年，春，齊師伐我。不書侵伐，齊背蔇之盟，我有辭。公將戰，曹劌請見。曹劌，魯人。○劌，古衛反。見，賢遍反 其鄉人曰：「肉食者謀之，又何間焉？」肉食，在位者。間，猶與也。○與音預

劌曰肉食者鄙未能遠謀乃入見問何以戰公曰衣食所安弗敢專也必以分人對曰小惠未徧民弗從也分公衣食所惠不過左右故曰未徧公曰犧牲玉帛弗敢加也必以信祝辭不敢以小為大以惡為美對曰小信未孚神弗福也孚大信也公曰小大之獄雖不能察必以情必盡己情察審也對曰忠之屬也上思利民忠也可以一戰戰則請從公與之乘共乘兵車○從去聲乘繩證反戰于長勺公將鼓之劌曰未可齊人三鼓劌曰可矣齊師敗績公將馳之劌曰未可下視其轍視車跡也登軾而望之曰可矣遂逐齊師既克公問其故對曰夫戰勇氣也一鼓作氣再而衰三而竭彼竭我盈故克之夫大國難測也懼有伏焉恐詐奔吾視其轍亂望其旗靡故逐之旗靡轍亂怖遽

夏六月齊師宋師次于郎公子偃曰宋師不整可敗也公子偃魯大夫宋敗齊必還請擊之公弗許自雩門竊出蒙皐比而先犯之雩門魯南城門皐比虎皮○比音毗公從之大敗宋師于乘丘齊師乃還

蔡哀侯娶于陳息侯亦娶焉息嬀將歸過蔡蔡侯曰吾姨也妻之姊妹曰姨止而見之弗賓不禮敬也息侯聞之怒使謂楚文王曰伐我吾求救於蔡而伐之楚子從之秋九月楚敗蔡師于莘以蔡侯獻舞歸

齊侯之出也過譚譚不禮焉及其入也諸侯皆賀譚又不至以九年入○過平聲冬齊師滅譚譚無禮也譚子奔莒同盟故也傳言譚不能及遠所以亡

經十有一年春王正月無傳

夏五月戊寅公敗宋師于鄑鄑魯地傳例曰敵未陳曰敗某師○鄑子斯反

秋宋大水公使弔之故書

冬王姬歸于齊魯主昏不書齊侯逆不見公

傳十一年夏宋為乘丘之役故侵我公禦之宋師未陳而薄之敗諸鄑凡師敵未陳曰敗某師通謂設權譎變詐以勝敵彼我不得成列成列而不得用故以未陳獨敗為文○陳直覲反皆陳曰戰堅而有備各得其所成敗決於志力者也大崩曰敗績師徒撓敗若沮岸崩山喪其功績故曰敗績得儁曰克謂若大叔段之比才力足以服眾威權足以自固進不成為外寇強敵退復狡壯有二君之難而實非二君克而勝之則不言彼敗績但書所克之名○儁音俊覆而敗之曰取某師覆謂威力兼備若羅網所掩覆一軍皆見禽制故以取為文京師敗曰王師敗績于某王者無敵於天下天下非所得與戰者然春秋之世據有其事事列於經則不得不因申其義有時而敗則以自敗為文明天下莫之得校

秋。宋大水。公使弔焉。曰。天作淫雨。害於粢盛。若之何不弔。不爲天所愍弔。對曰。孤實不敬。天降之災。又以爲君憂。拜命之辱。謝厚命。臧文仲曰。宋其興乎。臧文仲魯大夫。禹湯罪己。其興也悖焉。悖盛貌。○悖蒲忽反。一作勃。桀紂罪人。其亡也忽焉。忽速貌。且列國有凶。稱孤。禮也。列國諸侯。無凶則常稱寡人。言懼而名禮。其庶乎。言懼罪己。名禮稱孤。其庶幾於興。既而聞之曰。公子御說之辭也。宋莊公子。○御魚呂反。說音悅。臧孫達曰。是宜爲君。有恤民之心。

冬。齊侯來逆共姬。齊桓公也。○共音恭。

乘丘之役。在十年。公以金僕姑射南宮長萬。金僕姑矢名。南宮長萬宋大夫。○射食亦反。長丁丈反。公右歂孫生搏之。搏取也。不書獲萬時未爲卿。○歂市專反。宋人請之。宋公

靳之。戲而相愧曰靳。魯聽其得還。曰。始吾敬子。今子魯囚也。吾弗敬子矣。病之。萬不以爲戲。而以爲己病。爲宋萬弑君傳。

經 十有二年。春王三月。紀叔姬歸于酅。無傳。紀侯去國而死。叔姬歸魯。紀季自定于齊。而後歸之。全守節義。以終婦道。故繫之紀。而以初嫁爲文。賢之也。來歸不書。非寧。且非大歸。○酅音攜。

夏四月。

秋八月甲午。宋萬弑其君捷。及其大夫仇牧。捷閔公。不書葬。亂也。萬及仇牧皆宋卿。仇牧稱名。不警而遇賊。無善事可褒。

冬十月。宋萬出奔陳。奔例在宣十年。

傳 十二年。秋。宋萬弑閔公于蒙澤。蒙澤宋地。梁國有蒙縣。遇仇牧于門。批而殺之。手批之也。遇大宰督于東宮之西。又殺之。殺督不書。宋不以告。○大音泰。立子游。子游宋公子。羣公子奔蕭。公子御說奔亳。蕭宋邑。今沛國蕭縣。亳宋邑。蒙縣西北有亳城。南宮牛猛獲帥師圍亳。牛長萬之子。猛獲其黨。冬十月。蕭叔大心。叔蕭大夫名。及戴武宣穆莊之族。宋五公之子孫。以曹師伐之。殺南宮牛于師。殺子游于宋。立桓公。桓公御說。猛獲奔衛。南宮萬奔陳。以乘車輦其母。一日而至。乘車非兵車。駕人曰輦。宋去陳二百六十里。言萬之多力。宋人請猛獲于衛。衛人欲勿與。石祁子曰。不可。石祁子衛大夫。天下之惡一也。惡於宋而保於

我。保之何補。得一夫而失一國。與惡而棄好。非謀也。宋衛本同好國。衛人歸之。亦請南宮萬于陳以賂。陳人使婦人飲之酒。而以犀革裹之。比及宋。手足皆見。宋人皆醢之。醢肉醬。并醢猛獲。故言皆。○見賢遍反。醢音海。

經 十有三年。春。齊侯宋人陳人蔡人邾人會于北杏。北杏齊地。

夏六月。齊人滅遂。遂國在濟北蛇丘縣東北。○蛇音移。

秋七月。

冬。公會齊侯盟于柯。

此柯今濟北東阿，齊之阿邑，猶祝柯今爲祝阿。

傳十三年，春，會于北杏，以平宋亂。宋有弑君之亂，齊桓欲修霸業。遂人不至。

夏，齊人滅遂而戍之。戍守也。

冬，盟于柯，始及齊平也。始與齊桓通好。

宋人背北杏之會。

經十有四年，春，齊人、陳人、曹人伐宋。背北杏會故。

夏，單伯會伐宋。既伐宋，單伯乃至，故曰會伐宋。單伯，周大夫。

秋七月，荆入蔡。入例在文十五年。

冬，單伯會齊侯、宋公、衛侯、鄭伯于鄄。鄄，衛地，今東郡鄄城也。齊桓修霸業，卒平宋亂，宋人服從，欲歸功天子，故赴以單伯會諸侯爲文。○鄄音絹，一音真。

傳十四年，春，諸侯伐宋，齊請師于周。齊欲崇天子，故請師，假王命以示大順。經書人，傳言諸侯，總衆國之辭。夏，單伯會之，取成于宋而還。

鄭厲公自櫟侵鄭，厲公以桓十五年入櫟，遂居之。○櫟音歷。及大陵，獲傅瑕。大陵，鄭地。傅瑕，鄭大夫。傅瑕曰：「苟舍我，吾請納君。」與之盟而赦之。六月甲子，傅瑕殺鄭子及其二子，而納厲公。鄭子，莊四年稱伯，會諸侯，今見殺，不稱君，無謚者，微弱，臣子不以君禮成喪告諸侯。○舍音捨。初，內蛇與外蛇鬭於鄭南門中，內蛇死。六年而厲公入。公聞之，問於申繻曰：「猶有妖乎？」對曰：「人之所忌，其氣燄以取之。妖由人興也。尚書洛誥：無若火始燄燄。未盛而進退之時，以喻人心不堅正。人無釁焉，妖不自作。人棄常則妖興，故有妖。」厲公入，遂殺傅瑕。使謂原繁曰：「傅瑕貳，言有二心于己。周有常刑，既伏其罪矣。納我而無二心者，吾皆許之上大夫之事，吾願與伯父圖之。上大夫，卿也。伯父，謂原繁。疑原繁有二心。且寡人出，伯父無裏言，無納我之言。入，又不念寡人，不親附己。寡人憾焉。」對曰：「先君桓公命我先人典司宗祏。桓公，鄭始受封君也。宗祏，宗廟中藏主石室。言己世爲宗廟守臣。○祏音石。社稷有主，而外其心，其何貳如之？苟主社稷，國內之民

其誰不爲臣？臣無二心，天之制也。子儀在位十四年矣，子儀，鄭子也。而謀召君者，庸非貳乎？庸，用也。莊公之子猶有八人，若皆以官爵行賂勸貳而可以濟事，君其若之何？臣聞命矣。」乃縊而死。

蔡哀侯爲莘故，繩息嬀以語楚子。莘役在十年。繩，譽也。楚子如息，以食入享，遂滅息。僞設享食之具。○食音嗣。以息嬀歸，生堵敖及成王焉。未言。未與王言。楚子問之，對曰：「吾一婦人，而事二夫，縱弗能死，其又奚言？」楚子以蔡侯滅息，遂伐蔡。欲以說息嬀。○說音悅。秋七月，楚入蔡。君子曰：「商書所謂『惡之易也，如火之燎于原，不可鄉邇，其猶可撲滅』者，其如蔡哀侯乎。」商書盤庚，言惡易長而難滅。

冬，會于鄄，宋服故也。

經十有五年，春，齊侯、宋公、陳侯、衛侯、鄭伯會于鄄。

夏，夫人姜氏如齊。無傳。夫人，文姜，齊桓公姊妹，父母在則禮有歸寧，沒則使卿寧。

秋，宋人、齊人、邾人伐郳。宋主兵，故序齊上。○郳，五兮反。

鄭人侵宋。

冬，十月。

傳十五年，春，復會焉，齊始霸也。始爲諸侯長。

秋，諸侯爲宋伐郳。郳附庸，屬宋而叛，故齊桓爲之伐郳。

鄭人間之而侵宋。

經十有六年，春，王正月。

夏，宋人、齊人、衛人伐鄭。宋主兵也。班序上下，以國大小爲次。征伐則以主兵爲先，春秋之常也。他皆放此。

秋，荊伐鄭。

冬，十有二月，會齊侯、宋公、陳侯、衛侯、鄭伯、許男、滑伯、滕子同盟于幽。書會，鄫會之。不書其人，微者也。言同，盟服異也。陳國小，毎盟會皆在衛下，齊桓始霸，楚亦始彊，陳侯介於二大國之間，而爲二國之客，故齊桓因而進之，遂班在衛上，終於春秋。滑國都費，河南緱氏縣。幽，宋地。○緱，古侯反。

邾子克卒。無傳。克，儀父名。稱子者，蓋齊桓請王命以爲諸侯，再同盟。

傳十六年，夏，諸侯伐鄭，宋故也。鄭侵宋故。

鄭伯自櫟入，在十四年。緩告于楚。秋，楚伐鄭，及櫟，爲不禮故也。鄭伯治與於雍糾之亂者。在桓十五年。○與，音豫。九月，殺公子閼，刖強鉏。二子，祭仲黨。斷足曰刖。○刖音月，鉏仕魚反。公父定叔出奔衛。共叔段之孫，定謚也。三年而復之，曰：不可使共叔無後於鄭。使以十月入，曰：良月也，就盈數焉。數滿於十。

君子謂強鉏不能衛其足。言其不能早辟害。

冬，同盟于幽，鄭成也。

王使虢公命曲沃伯以一軍爲晉侯。曲沃武公遂并晉國。僖王因就命爲晉侯，小國，故一軍。初，晉武公伐夷，執夷詭諸。夷詭諸，周大夫。夷，采地名。蔿國請而免之。蔿國，周大夫。○蔿，于委反。既而弗報。詭諸不報施於蔿國。○施，始豉反。故子國作亂，謂晉人曰：與我伐夷而取其地。夷地，使晉取之。遂以晉師伐夷，殺夷詭諸。周公忌父出奔虢。周公忌父，王卿士。辟子國之難。惠王立而復之。魯桓十五年經書桓王崩，魯莊三年經書葬桓王。自此以來，周有莊王，又有僖王，崩葬皆不見於經傳，王室微弱，不能復自通於諸侯，故傳因周公忌父之事而見惠王。惠王立在此年之末。

經十有七年，春，齊人執鄭詹。

齊桓始霸鄭既伐宋又不朝齊詹爲鄭執政大臣詣齊見執不稱行人罪之也行人例在襄十一年諸執大夫皆稱人以執之大夫賤故

夏齊人殲于遂。殲盡也齊人戍遂遂人討而盡殺之故時史因以自盡爲文○殲子廉反

秋鄭詹自齊逃來。無傳詹不能伏節守死以解國患而遁逃苟免書逃以賤之

冬多麋。無傳麋多則害五稼故以災書

傳十七年春齊人執鄭詹鄭不朝也。

夏遂因氏頜氏工婁氏須遂氏饗齊戍醉而殺之齊人殲焉。饗酒食也四族遂之彊宗齊滅遂戍之在十三年○頜烏納反又苦答反

經十有八年春王三月日有食之。無傳不書日官失之

夏公追戎于濟西。戎來侵魯公逐之於濟水之西

秋有蜮。蜮短狐也蓋以含沙射人爲災○蜮音或

冬十月。

傳十八年春虢公晉侯朝王王饗醴命之宥。王之觀羣后始則行饗禮先置醴酒示不忘古飲宴則命以幣物宥助也所以助勸敬之意言備設 皆賜玉五瑴馬三匹非禮也。雙玉爲瑴○瑴音角 王命諸侯名位不同禮亦異數不以禮假人。侯而與公同賜是借人禮

虢公晉侯鄭伯使原莊公逆王后于陳陳嬀歸于京師。虢晉朝王鄭伯又以齊執其卿故求王爲援皆在周倡義爲王定昏陳人敬從得同姓宗國之禮故傳詳其事不書不告 實惠后。嬀後號惠后寵愛少子亂周室事在僖二十四年故傳於此并正其后稱

夏公追戎于濟西不言其來諱之也。戎來侵魯魯人不知去乃追之故諱不言其來

秋有蜮爲災也。

初楚武王克權使鬭緡尹之。權國名南郡當陽縣東南有權城鬭緡楚大夫○緡亡巾反 以叛圍而殺之。緡以權叛 遷權於那處。那處楚地南郡編縣東南有那口城○那乃多反處昌呂反又昌慮反 使閻敖尹之。閻敖楚大夫 及文王卽位與巴人伐申而驚其師。驚巴師 巴人叛楚而伐那處取之遂門于楚。攻楚城門 閻敖游涌而逸。涌水在南郡華容縣閻敖旣不能守城又游涌水而走○涌音勇 楚子殺之其族爲亂冬巴人因之以伐楚。

經十有九年春王正月。

夏四月。

秋公子結媵陳人之婦于鄄遂及齊侯宋公盟。

無傳。公子結，魯大夫。公羊、穀梁皆以爲魯女媵陳侯之婦，其稱陳人之婦，未入國，略言也。大夫出竟，有可以安社稷利國家者，則專之可也。結在鄄，聞齊宋有會，權事之宜，去其本職，遂與二君爲盟，故備書之。本非魯公意，而又失媵陳之好，故冬各來伐。

夫人姜氏如莒。無傳。非父母國而往，書姦。

冬，齊人、宋人、陳人伐我西鄙。無傳。幽之盟，魯使微者會，鄄之盟，又使媵臣行，所以受敵。鄙，邊邑。

傳十九年春，楚子禦之，大敗於津。禦巴人，爲巴人所敗。津，楚地，或曰江陵縣有津鄉。還，鬻拳弗納，遂伐黃，鬻拳，楚大閽。黃，嬴姓國，今弋陽縣。○鬻音育。敗黃師于踖陵，踖陵，黃地。○踖在亦反，一音七略反。還，及湫，有疾。湫，南郡鄀縣東南有湫城。○湫子小反，鄀音若。夏六月庚申，

卒。鬻拳葬諸夕室，夕室，地名。亦自殺也，而葬於絰皇。絰皇，冢前闕，生守門，故死不失職。

初，鬻拳強諫楚子，楚子弗從，臨之以兵，懼而從之。鬻拳曰：吾懼君以兵，罪莫大焉。遂自刖也。楚人以爲大閽，謂之大伯，若今城門校尉官。○大伯音泰。使其後掌之。使其子孫常主此官。君子曰：鬻拳可謂愛君矣，諫以自納於刑，刑猶不忘納君於善。言愛君明非臣法也。楚能盡其忠愛，所以興。

初，王姚嬖于莊王，生子頹。王姚，莊王之妾也，姚姓也。子頹有寵，蔿國爲之師。及惠王即位，周惠王，莊王孫。取蔿國之圃以爲囿。圃，園也。囿，苑也。邊伯之宮近於王宮，王取之。邊伯，周大夫。王奪子禽祝跪與詹父田，三子，周大夫。○跪求委反。而收膳夫之秩。膳夫，石速也。秩，祿也。故蔿國、邊伯、石速、詹父、子禽祝跪作亂，因蘇氏。蘇氏，周大夫。桓王奪其十二邑以與鄭，自此以來遂不和。秋，五大夫奉子頹以伐王，石速，士也，故不在五大夫數。不克，出奔溫。溫，蘇氏邑。蘇子奉子頹以奔衛。衛師、燕師伐周。燕，南燕。冬，立子頹。

經二十年春王二月，夫人姜氏如莒。無傳。

夏，齊大災。無傳。來告以大，故書。天火曰災，例在宣十六年。

秋七月。

冬，齊人伐戎。無傳。

傳二十年春，鄭伯和王室，不克。克，能也。執燕仲父。燕仲父，南燕伯，爲伐周故。夏，鄭伯遂以王歸，王處于櫟。秋，王及鄭伯入于鄔，鄔，王所取鄭邑。○鄔音烏。遂入成周，取其寶器而還。冬，王子頹享五大夫，樂及徧舞。皆舞六代之樂。鄭伯聞之，見虢叔，叔，虢公字。曰：寡人聞之，哀樂失時，殃咎必至。今王子頹歌舞不倦，樂禍也。夫司寇行戮，司寇，刑官。○樂音洛。君爲之不舉，去盛饌。而況敢樂禍乎？奸王之位，禍孰大焉？臨禍忘憂，憂必及之。盍納王乎？虢公曰：寡人之願也。

經二十有一年。春。王正月。
夏。五月。辛酉。鄭伯突卒。十六年與魯大夫盟于幽、
秋。七月。戊戌。夫人姜氏薨。無傳、薨寢祔姑赴於諸侯、故具小君禮書之、
冬。十有二月。葬鄭厲公。無傳、八月乃葬、緩慢也、
傳二十一年。春。胥命于弭。夏。同伐王城。鄭虢相命也、弭、鄭地、○弭面爾反、鄭伯將王自圉門入。虢叔自北門入。殺王子頹及五大夫。鄭伯享王

于闕西辟。樂備。闕、象魏也、樂備、備六代之樂、王與之武公之略。自虎牢以東。略、界也、鄭武公傅平王、平王賜之自虎牢以東、後失其地、故惠王今復與之、虎牢、河南成皋縣、原伯曰。鄭伯效尤。其亦將有咎。原伯、原莊公也、言效子頹舞徧樂、五月。鄭厲公卒。王巡虢守。巡守於虢國也、天子省方、謂之巡守、虢公為王宮于玤。玤、虢地、○玤蒲項反、王與之酒泉。酒泉、周邑、鄭伯之享王也。王以后之鞶鑑予之。后、王后也、鞶帶而以鑑為飾也、今西方羌胡猶然、古之遺服、○鞶步干反、虢公請器。王予之爵。爵、飲酒器、鄭伯由是始惡於王。為僖二十四年鄭執王使張本、○惡烏路反、冬。王歸自虢。傳言王之偏也、
經二十有二年。春。王正月。肆大眚。無傳、赦有罪也、易稱赦過宥罪、書稱眚災肆赦、傳稱肆眚圍鄭、皆放赦罪人、盪滌衆故、以新其心、有時而用之、非制所常、故書、

癸丑。葬我小君文姜。無傳、反哭成喪、故稱小君、
陳人殺其公子御寇。宣公大子也、陳人惡其殺大子之名、故不稱君父、以國討公子告、
夏。五月。
秋。七月。丙申。及齊高傒盟于防。無傳、高傒、齊之貴卿也、與魯之微者盟、齊桓謙接諸侯以崇霸業、
冬。公如齊納幣。無傳、公不使卿而親納幣、非禮也、母喪未再期而圖昏、二傳不見所譏、左氏又無傳、失禮明故、

傳二十二年。春。陳人殺其大子御寇。傳稱大子、以實言、陳公子完與顓孫奔齊。公子完、顓孫、皆御寇之黨、顓孫自齊來奔。不書、非卿、齊侯使敬仲為卿。敬仲、陳公子完、辭曰。羈旅之臣。羈、寄也、旅、客也、幸若獲宥。及於寬政。宥、赦也、赦其不閑於教訓。而免於罪戾。弛於負擔。弛、去離也、君之惠也。所獲多矣。敢辱高位以速官謗。敢不敢也、請以死告。以死自誓、詩云。翹翹車乘。招我以弓。豈不欲往。畏我友朋。逸詩也、翹翹、遠貌、古者聘士以弓、言雖貪顯命、懼為朋友所譏責、使為工正。掌百工之官、飲桓公酒。樂。齊桓賢之、故就其家會、據主人之辭、故言飲桓公酒、○樂音洛、公曰。以火繼之。辭曰。臣卜其晝。未卜其夜。不敢。君子曰。酒以成禮。不繼以淫。義也。夜飲為淫樂、以君成禮。弗納於淫。仁也。初。懿氏卜妻敬

仲。懿氏陳大夫。龜曰卜。○妻七計反。其妻占之曰吉。懿氏妻。是謂鳳皇于飛和鳴鏘鏘。雄曰鳳雌曰皇雄雌俱飛相和而鳴鏘鏘然猶敬仲夫妻相隨適齊有聲譽。有嬀之後將育于姜。嬀陳姓姜齊姓。五世其昌並于正卿八世之後莫之與京。京大也。陳厲公蔡出也。姊妹之子曰出。故蔡人殺五父而立之。五父陳佗也殺陳佗在桓六年。生敬仲其少也周史有以周易見陳侯者。周太史也。陳侯使筮之。蓍曰筮。遇觀䷓坤下巽上觀○觀古亂反之否䷋坤下乾上否觀六四爻變而爲否。曰是謂觀國之光利用賓于王。此周易觀卦六四爻辭易之爲書六爻皆有變象又有互體聖人隨其義而論之。此其代陳有國乎不在此其在異國非此其身在其子孫光遠而自他有耀者也坤土也巽風也乾天也風爲天於土上山也。巽變

爲乾故曰風爲天自二至四有艮象艮爲山。有山之材而照之以天光於是乎居土上。山則材之所生上有乾下有坤故言居土上照之以天光。故曰觀國之光利用賓于王。四爲諸侯變而之乾有國朝王之象。庭實旅百奉之以玉帛天地之美具焉故曰利用賓于王。艮爲門庭乾爲金玉坤爲布帛諸侯朝王陳贄幣之象旅陳也百言物備。猶有觀焉故曰其在後乎。因觀文以博古故言猶有觀非在己之言故知在子孫。風行而著於土故曰其在異國乎若在異國必姜姓也姜大嶽之後也。姜姓之先爲堯四嶽○著直略反。山嶽則配天物莫能兩大陳衰此其昌乎。變而象艮故知當興於大嶽之後得大嶽之權則有配天之大功故知陳必衰。及陳之初亡也。昭八年楚滅陳。陳桓子始大於齊。桓子敬仲五世孫陳無宇。其後亡也。哀十七年楚復滅陳。成子得政。成子陳常也敬仲八世孫陳完有禮於齊子孫世不忘德德協於卜故傳備言其終始卜筮者聖人所以定猶豫決疑似因生義敎者也尚書洪範通龜筮以同卿士之數南蒯卜亂而遇元吉惠伯荅以忠信則可臧會卜僭遂獲其應丘明故舉諸縣驗於行事者以示來世而君子志其善者遠者他皆放此。

經 二十有三年春公至自齊。無傳。

祭叔來聘。無傳穀梁以祭叔爲祭公來聘魯天子內臣不得外交故不言使不與其得使聘○祭側界反

夏公如齊觀社。齊因祭社蒐軍實故公往觀之。

公至自齊。無傳。

荊人來聘。無傳不書荊子使某來聘君臣同辭者蓋楚之始通未成其禮。

公及齊侯遇于穀。無傳。

蕭叔朝公。無傳蕭附庸國叔名就穀朝公故不言來凡在外朝則禮不得具嘉禮不野合。

秋丹桓宮楹。

桓公廟也、楹柱也、

冬。十有一月。曹伯射姑卒。

無傳。未同盟而赴以名。

十有二月。甲寅。公會齊侯盟于扈。

無傳。扈鄭地在滎陽卷縣西北。○扈音戶卷音權

傳二十三年夏。公如齊觀社。非禮也。曹劌諫曰。不可。夫禮所以整民也。故會以訓上下之則。制財用之節。貢賦多少。朝以正班爵之義。帥長幼之序。征伐以討其不然。不然不用命。諸侯有王。從王事。王有巡守。省四方。以大習之。大習會朝之禮。非是君不舉矣。君舉必書。書于策。書而不法。後嗣何觀。

晉桓莊之族偪。桓叔莊伯之子孫強盛、偪迫公室。○偪彼力反 獻公患之。士蔿曰。去富子。則群公子可謀也已。士蔿晉大夫。富子二族之富強者。○蔿于委反去起呂反 公曰。爾試其事。士蔿與群公子謀。譖富子而去之。以罪狀誣之。同族惡其富強。故士蔿得因而間之。用其所親爲譖則似信。離其骨肉則黨弱。羣公子終所以見滅。

秋。丹桓宮之楹。

經二十有四年春。王三月。刻桓宮桷。

刻鏤也。桷椽也。將逆夫人故爲盛飾。

葬曹莊公。

無傳。

夏。公如齊逆女。

無傳。親逆禮也。

秋。公至自齊。

無傳。

八月丁丑。夫人姜氏入。戊寅。大夫宗婦覿用幣。

哀姜也。公羊傳以爲姜氏要公不與公俱入。蓋以孟任故。丁丑入而明日乃朝廟。宗婦同姓大夫之婦。禮小君至大夫執贄以見。明臣子之道。莊公欲奢夸夫人。故使大夫宗婦同贄俱見。○要於遙反任音壬後同

大水。

無傳。

冬。戎侵曹。

無傳。

曹羈出奔陳。

無傳。羈蓋曹世子也。先君既葬而不稱爵者。微弱不能自定。曹人以名赴。

赤歸于曹。

無傳。赤曹僖公也。蓋爲戎所納。故曰歸。

郭公。

無傳。蓋經闕誤也。自曹羈以下。公羊穀梁之說既不了。又不可通之於左氏。故不采用。

傳二十四年春刻其桷皆非禮也并非丹楹故言皆御孫諫曰臣聞之儉德之共也侈惡之大也御孫魯大夫先君有共德而君納諸大惡無乃不可乎以不丹楹刻桷爲共

秋哀姜至公使宗婦覿用幣非禮也傳不言大夫唯舉非常御孫曰男贄大者玉帛公侯伯子男執玉諸侯世子附庸孤卿執帛小者禽鳥卿執羔大夫執鴈士執雉以章物也章所執之物別貴賤女贄不過榛栗棗脩以告虔也榛小栗脩脯虔敬也皆取其名以示敬今男女同贄是無別也男女之別國之大節也而由夫人亂之無乃不可乎

晉士蔿又與群公子謀使殺游氏之二子游氏二子亦桓莊之族士蔿告

春秋左傳　卷三　莊公　二　永懷堂

晉侯曰可矣不過二年君必無患

經二十有五年春陳侯使女叔來聘女叔陳卿女氏叔字○女音汝

夏五月癸丑衛侯朔卒無傳惠公也書名十六年與內大夫盟于幽

六月辛未朔日有食之鼓用牲于社鼓伐鼓也用牲以祭社傳例曰非常也

伯姬歸于杞無傳不書逆女逆者微

秋大水鼓用牲于社于門門國門也傳例曰亦非常也

冬公子友如陳無傳報女叔之聘諸魯出朝聘皆書如不果彼國必成其禮故不稱朝聘春秋之常也公子友莊公之母弟稱公子者史策之通言母弟至親異於他臣其相殺害則稱弟以示義至於嘉好之事兄弟篤睦非例所興或稱弟或稱公子仍舊史之文也母弟例在宣十七年

傳二十五年春陳女叔來聘始結陳好也嘉之故不名季友相魯原仲相陳二人有舊故女叔來聘季友冬亦報聘嘉好接備卿以字爲嘉則稱名其常也

夏六月辛未朔日有食之鼓用牲于社非常也非常鼓之月長曆推之辛未實七月朔置閏失所故致月錯

春秋左傳　卷三　莊公　三　永懷堂

唯正月之朔慝未作正月夏之四月周之六月謂正陽之月今書六月而傳云唯者明此月非正陽月也慝陰氣日有食之於是乎用幣于社伐鼓于朝日食歷之常也然食於正陽之月則諸侯用幣於社請救于上公伐鼓於朝退而自責以明陰不宜侵陽臣不宜掩君以示大義

秋大水鼓用牲于社于門亦非常也失常禮凡天災有幣無牲天災日月食大水也祈請而已不用牲也非日月之眚不鼓眚猶災也月侵日爲眚陰陽逆順之事賢聖所重故特鼓之

晉士蔿使群公子盡殺游氏之族乃城聚而處之聚晉邑冬晉侯圍聚盡殺群公子卒如士蔿之計

經二十有六年春公伐戎

無傳。

夏，公至自伐戎。無傳。

曹殺其大夫。無傳。不稱名，非其罪。例在文七年。

秋，公會宋人、齊人伐徐。無傳。宋序齊上，主兵。

冬，十有二月癸亥朔，日有食之。無傳。

傳 二十六年，春，晉士蔿為大司空。大司空，卿官。夏，士蔿城絳，以深其宮。絳，晉所都也，今平陽絳邑縣。

秋，虢人侵晉。冬，虢人又侵晉。為傳明年晉將伐虢張本。此年經傳各自言其事者，或經是直文，或策書雖存而簡牘散落，不究其本末，故傳不復申解，但言傳事而已。

經 二十有七年，春，公會杞伯姬于洮。伯姬，莊公女。洮，魯地。○洮，他刀反。

夏，六月，公會齊侯、宋公、陳侯、鄭伯，同盟于幽。

秋，公子友如陳，葬原仲。原仲，陳大夫。原氏，仲字也。禮，臣既卒不名，故稱字。季友違禮會外大夫葬，具見其事，亦所以知譏。

冬，杞伯姬來。傳例曰：歸寧。

莒慶來逆叔姬。無傳。慶，莒大夫。叔姬，莊公女。卿自為逆則稱字，例在宣五年。

杞伯來朝。無傳。杞稱伯者，蓋為時王所黜。

公會齊侯于城濮。無傳。城濮，衛地，將討衛也。

傳 二十七年，春，公會杞伯姬于洮，非事也。非諸侯之事。天子非展義

不巡守，天子巡守，所以宣布德義。諸侯非民事不舉，卿非君命不越竟。

夏，同盟于幽，陳、鄭服也。二十二年陳亂而齊納敬仲，二十五年鄭文公之四年獲成於楚，皆有二心於齊，今始服也。

秋，公子友如陳，葬原仲，非禮也。原仲，季友之舊也。

冬，杞伯姬來，歸寧也。寧，問父母安否。凡諸侯之女，歸寧曰來，出曰來歸。歸不反之辭。夫人歸寧曰如某，出曰歸于某。

晉侯將伐虢，士蔿曰：「不可。虢公驕，若驟得勝於我，必棄其民。棄民不養之。無衆而後伐之，欲禦我誰與？夫禮、樂、慈、愛，戰所畜也。夫民讓事、樂和、愛親、哀喪，而後可用也。上之使民，以義讓、哀樂為本。言不可力强。○畜，勅六反，下

同樂。虢弗畜也。亟戰將饑。言虢不畜義讓而亟戰。○樂音洛。亟欺冀反

王使召伯廖賜齊侯命。召伯廖王卿士。賜命爲侯伯。且請伐衛以其立子頹也。立子頹在十九年。

經二十有八年。春王三月甲寅齊人伐衛。衛人及齊人戰衛人敗績。齊侯稱人者諱賕賂而還。以賕者告不地者史失之。

夏四月丁未邾子瑣卒。無傳未同盟而赴以名。

秋荆伐鄭。公會齊人宋人救鄭。

冬築郿。郿魯下邑傳例曰邑曰築。○郿亡悲反

大無麥禾。臧孫辰告糴于齊。書於冬者五穀畢入計食不足而後書也。臧孫辰魯大夫臧文仲。

傳二十八年。春齊侯伐衛戰敗衛師。數之以王命取賂而還。

晉獻公娶于賈無子。賈姬姓國也。烝於齊姜。齊姜武公妾。生秦穆夫人及大子申生。又娶二女於戎。大戎狐姬生重耳。大戎唐叔子孫別在戎狄者。○重直龍反 小戎子生夷吾。小戎允姓之戎子女也。晉伐驪戎。驪戎男女以驪姬。驪戎在京兆新豐縣。其君姬姓其爵男也。納女於人曰女。○女呢據反 歸生奚齊。其娣生卓子。驪姬嬖。欲立其子。賂外嬖梁五與東關嬖五。姓梁名五在閨闥之外者。東關嬖五別在關塞者亦名五。皆大夫爲獻公所嬖倖視聽外事。使言於公曰。曲沃君之宗也。曲沃桓叔所封先君宗廟所在。蒲與二屈君之疆也。蒲今平陽蒲子縣。二屈今平陽北屈縣。或云二當爲北。不可以無主。宗邑無主則民不威。疆埸無主則啓戎心。戎之生心民慢其政國之患也。若使大子主曲沃而重耳夷吾主蒲與屈則可以威民而懼戎。且旌君伐。旌章也。伐功也。使俱曰。狄之廣莫於晉爲都。晉之啓土不亦宜乎。遣二公子出都之。廣莫狄地之曠絕也。即謂蒲子北屈也。言晉方當大開土界。獻公未決故復使二五俱說此言。晉侯說之。夏使大子居曲沃。重耳居蒲城。夷吾居屈。羣公子皆鄙。鄙邊邑。○說音悅。唯二姬之子在絳。二五卒與驪姬

譖羣公子而立奚齊。晉人謂之二五耦。二耜相耦廣一尺共起一伐。言二人俱共墾傷晉室若此。

楚令尹子元欲蠱文夫人。文王夫人息嬀也。子元文王弟。蠱惑以淫事。爲館於其宮側而振萬焉。振動也。萬舞也。夫人聞之泣曰。先君以是舞也習戎備也。今令尹不尋諸仇讎而於未亡人之側不亦異乎。尋用也。婦人既寡自稱未亡人。御人以告子元。御人夫人之侍人。子元曰。婦人不忘襲讎我反忘之。

秋子元以車六百乘伐鄭。入于桔柣之門。桔柣鄭遠郊之門也。○桔戶結反。柣待結反 子元鬬御疆鬬梧耿之不比爲旆。子元自與三子特建旆以居前。廣充幅長尋曰旐。繼旐曰旆。○比并里反 鬬班王孫游王孫喜殿。三子在後爲殿禦。○殿丁見反 衆車入自純

門。及逵市。純門，鄭外郭門也。逵市，郭內道上市。縣門不發。楚言而出。子元曰。鄭有人焉。縣門施於內城門，鄭示楚以閑暇，故不閉城門，出兵而效楚言，故子元畏之，不敢進。○縣音玄。諸侯救鄭。楚師夜遁。鄭人將奔桐丘。許昌縣東北有桐丘城。諜告曰。楚幕有烏。乃止。諜，閒也。幕，帳也。

冬。饑。臧孫辰告糴于齊。禮也。經書大無麥禾，傳言饑，傳又先書築郿上者，說始糴經在下，須得糴，嫌或諱饑，故曰禮。

築郿。非都也。凡邑有宗廟先君之主曰都。無曰邑。邑曰築。都曰城。周禮四縣爲都，四井爲邑，然宗廟所在，則雖邑曰都，尊之也。言凡邑，則他築非例。

經 二十有九年。春。新延廄。

傳例曰，書不時，言新者，皆舊物不可用，更造之辭。

夏。鄭人侵許。傳例曰，無鐘鼓曰侵。

秋。有蜚。傳例曰，爲災。○蜚扶味反

冬。十有二月。紀叔姬卒。無傳，紀國雖滅，叔姬執節守義，故繫之紀，賢而錄之。

城諸及防。諸、防，皆魯邑。傳例曰，書時也。諸非備難而興作，傳皆重云時以釋之，他皆放此。諸，今城陽諸縣。

傳 二十九年。春。新作延廄。書不時也。經無作字，蓋闕。凡馬。日中而出。日中而入。日中，春秋分也，治廄當以秋分，因馬向入而修之，今以春作，故曰不時。

夏。鄭人侵許。凡師。有鐘鼓曰伐。聲其罪。無曰侵。鐘鼓無聲。輕曰襲。掩其不備。

秋。有蜚。爲災也。凡物不爲災不書。

冬。十二月。城諸及防。書時也。凡土功。龍見而畢務。戒事也。謂今九月，周十一月，龍星角亢，晨見東方，三務始畢，戒民以土功事。火見而致用。大火，心星，次角亢見者，致築作之物。水昏正而栽。謂今十月，定星昏而中，於是樹板幹而興作。日至而畢。日南至，微陽始動，故土功息。

樊皮叛王。樊皮，周大夫，樊其采地，皮名。

經 三十年。春。王正月。

夏。次于成。無傳，將卑師少，故直言次，齊將降鄣，故設備。

秋。七月。齊人降鄣。無傳，鄣，紀附庸國，東平無鹽縣東北有鄣城，小國孤危，不能自固，蓋齊遂以兵威脅使降附。

八月。癸亥。葬紀叔姬。無傳，以賢錄也，無臣子，故不作謚。

九月。庚午朔。日有食之。鼓用牲于社。無傳。

冬。公及齊侯遇于魯濟。

濟水歷齊魯界在齊界爲齊濟在魯界爲魯濟蓋魯地

齊人伐山戎。山戎北狄

傳三十年春王命虢公討樊皮夏四月丙辰虢公入樊執樊仲皮歸于京師

楚公子元歸自伐鄭而處王宮欲遂蠱文夫人鬬射師諫則執而梏之射師鬬廉也足曰桎手曰梏○射食亦反秋申公鬬班殺子元申楚縣楚僭號縣尹皆稱公鬬穀於菟爲令尹自毁其家以紓楚國之難鬬穀於菟令尹子文也毁減紓緩也○穀奴走反於音烏菟音徒紓音舒難乃旦反

冬遇于魯濟謀山戎也以其病燕故也齊桓行霸故欲爲燕謀難燕國今薊縣○薊音計

經三十有一年春築臺于郎。無傳刺奢且非土功之時

夏四月薛伯卒。無傳未同盟

築臺于薛無傳薛魯地

六月齊侯來獻戎捷。傳例曰諸侯不相遺俘捷獲也獻奉上之辭齊侯以獻捷禮來故書以示過

秋築臺于秦。無傳東平范縣西北有秦亭

冬不雨。無傳不書旱不爲災例在僖三年

傳三十一年夏六月齊侯來獻戎捷非禮也凡諸侯有四夷之功則獻于王王以警于夷以警懼夷狄中國則否諸侯不相遺俘雖夷狄俘猶不以相遺

經三十有二年春城小穀小穀齊邑濟北穀城縣城中有管仲井大都以名通者則不繫國

夏宋公齊侯遇于梁丘。齊善宋之請見故進其班梁丘在高平昌邑縣西南

秋七月癸巳公子牙卒。牙慶父同母弟僖叔也飲酖而死不以罪告故得書卒書日者公有疾不責公不與小斂○酖音鴆

八月癸亥公薨于路寢。路寢正寢也公薨皆書其所詳凶變

冬十月己未子般卒。子般莊公大子先君未葬故不稱爵不書殺諱之也○般音班殺音弑一音如字

公子慶父如齊。無傳。慶父旣弒子般。季友出奔。國人不與。故懼而適齊。欲以求援。時無君。假赴告之禮而行。

狄伐邢。無傳。邢國在廣平襄國縣。

傳三十二年。春。城小穀。爲管仲也。公感齊桓之德。故爲管仲城私邑。

齊侯爲楚伐鄭之故。請會于諸侯。楚伐鄭在二十八年。謀爲鄭報楚。宋公請先見于齊侯。夏。遇于梁丘。

秋七月。有神降于莘。有神聲以接人。莘。虢地。惠王問諸內史過曰。是何故也。內史過。周大夫。○過古禾反對曰。國之將興。明神降之。監其德也。將亡。神又降之。觀其惡也。故有得神以興。亦有以亡。虞夏商周皆有之。王曰。若之何。對曰。以其物享焉。其至之日。亦其物也。享。祭也。若以甲乙日至。祭先脾。王用蒼服。上靑。以此類祭之。王從之。內史過往。聞虢請命。聞虢請於神。求賜土田之命。反曰。虢必亡矣。虐而聽於神。神居莘六月。虢公使祝應。宗區。史嚚享焉。祝。大祝。宗。宗人。史。大史。應。區。嚚。皆名。○嚚五巾反。神賜之土田。史嚚曰。虢其亡乎。吾聞之。國將興。聽於民。政順民心。將亡。聽於神。求福於神。神。聰明正直而壹者也。依人而行。惟德是與。虢多涼德。其何土之能得。涼。薄也。爲僖二年晉滅下陽傳。

初。公築臺臨黨氏。黨氏。魯大夫。築臺不書。不告廟。○黨音掌。見孟任。從之。閟。孟任。黨氏女。閟。不從公。○閟音祕而以夫人言許之。許以爲夫人。割臂盟公。生子般焉。雩。講于梁氏。女公子觀之。雩。祭天也。講。肄也。梁氏。魯大夫。女公子。子般妹。○肄音四。又以二反。圉人犖自牆外與之戲。圉人。掌養馬者。以慢言戲之。○犖音洛。子般怒。使鞭之。公曰。不如殺之。是不可鞭。犖有力焉。能投蓋于稷門。蓋。覆也。稷門。魯南城門。走而自投。接其屋之桷。反覆門上。公疾。問後於叔牙。叔牙。慶父同母兄。對曰。慶父材。叔牙。季友。莊公母弟。故欲立般。公曰。鄉者牙曰。慶父材。成季使以君命命僖叔。待于鍼巫氏。成季。季友也。鍼巫氏。魯大夫。○鄉許亮反。鍼其廉反。使鍼季酖之。酖鳥名。其羽有毒。以畫酒。飲之則死。曰。飲此則有後於魯國。不然。死且無後。飲之。歸及逵泉而卒。立叔孫氏。逵泉。魯地。不以罪誅。故得立後。世其祿。

八月。癸亥。公薨于路寢。子般卽位。次于黨氏。卽喪位。次。舍也。冬十月。己未。共仲使圉人犖賊子般于黨氏。共仲。慶父。○共音恭。成季奔陳。出奔不書。國亂。史失之。立閔公。閔公。莊公庶子。於是年八歲。

春秋左傳卷三終

春秋左傳卷四

晉鎭南大將軍當陽縣侯京兆杜　預集解

皇明　後　學　東吳葛　鼒較訂

閔公 名啓方莊公之子母叔姜史記云名開謚法在國遭難曰閔

經元年春王正月。

齊人救邢。

夏六月辛酉葬我君莊公。

秋八月公及齊侯盟于落姑。季子來歸。落姑齊地季子公子友之字季子忠於社稷爲國人所思故賢而字之齊侯許納故曰歸

冬齊仲孫來。仲孫齊大夫以事出疆因來省難非齊侯命故不稱使也還使齊侯務寧魯亂故嘉而字之來者事實省難其志也故經但書仲孫之來而傳尋仲孫之志

傳元年春不書卽位亂故也。國亂不得成禮

狄人伐邢。狄伐邢在往年冬 管敬仲言於齊侯曰戎狄豺狼不可厭也。敬仲管夷吾○厭一鹽反 諸夏親暱不可棄也。諸夏中國也暱近也 宴安酖毒不可懷也。以宴安比之酖毒 詩云豈不懷歸畏此簡書。詩小雅也文王爲西伯勞來諸侯之詩 簡書同惡相恤之謂也。同恤所惡 請救邢以從簡書。齊人救邢。

夏六月葬莊公亂故是以緩。十一月乃葬

春秋左傳　卷四　閔公　一　承懷堂

秋八月公及齊侯盟于落姑請復季友也。閔公初立國家多難以季子忠賢故請霸王而復之 齊侯許之使召諸陳公次于郎以待之。非師旅之事故不書次 季子來歸嘉之也。

冬齊仲孫湫來省難。湫仲孫名○湫子小反 書曰仲孫亦嘉之也。仲孫歸曰不去慶父魯難未已。時慶父亦還魯 公曰若之何而去之。對曰難不已將自斃。斃踣也 君其待之。公曰魯可取乎。對曰不可猶秉周禮。周禮所以本也。臣聞之國將亡本必先顛而後枝葉從之。魯不棄周禮未可動也。君其務寧魯難而親之。親有禮因重固。能重固則當就成之 間攜貳。離而相疑者則間之 覆昏亂。覆敗也 霸王之器也。霸王所用故以器爲喻○王于況反

春秋左傳　卷四　閔公　二　承懷堂

晉侯作二軍。晉本一軍見莊十六年 公將上軍大子申生將下軍。趙夙御戎。畢萬爲右。爲公御右也夙趙衰兄畢萬魏犨祖父○將子匠反衰初危反犨尺由反 以滅耿滅霍滅魏。平陽皮氏縣東南有耿鄉永安縣東北有霍大山三國皆姬姓 還爲大子城曲沃。賜趙夙耿。賜畢萬魏。以爲大夫。士蔿曰大子不得立矣。分之都城而位以卿。先爲之極。又焉得立。位以卿謂將下軍 不如逃之無使罪至。爲吳大伯不亦可乎。大伯周大王之適子知其父欲立季歷故讓位而適吳 猶有令名。與其及也。言雖去猶有令名勝於留而及禍 且諺曰心苟無瑕何恤乎無家。天若祚大子其無晉乎。爲晉殺申生傳 卜偃曰畢萬之後必大。卜偃晉掌卜大夫 萬盈數也

也。魏大名也。以是始賞，天啓之矣。天子曰兆民，諸侯曰萬民。今名之大，以從盈數，其必有衆。以魏從萬，有衆象。初，畢萬筮仕於晉，遇屯䷂震下坎上，屯。之比䷇坤下坎上，比。屯初九變而爲比。辛廖占之曰：吉。辛廖，晉大夫。○廖力彫反。屯固比入，吉孰大焉，其必蕃昌。屯險難，所以爲堅固。比親密，所以得入。震爲土，震變爲坤。車從馬，震爲車，坤爲馬。足居之，震爲足。兄長之，震爲長男。○長丁丈反。母覆之，坤爲母。衆歸之，坤爲衆。六體不易，初一爻變，有此六義，不可易也。合而能固，安而能殺，公侯之封也。比合，屯固，坤安，震殺，故曰公侯之卦。公侯之子孫，必復其始。畢萬，畢公高之後，傳爲魏之子孫衆多張本。

經二年春王正月，齊人遷陽。無傳。陽，國名。蓋齊人偪徙之。

夏五月乙酉，吉禘于莊公。三年喪畢，致新死者之主於廟，廟之遠主當遷入祧，因是大祭以審昭穆，謂之禘。莊公喪制未闋，時別立廟，廟成而吉祭，又不於大廟，故詳書以示譏。○祧他彫反，闋苦穴反。

秋八月辛丑，公薨。實弑，書薨，又不地者，皆史策諱之。

九月，夫人姜氏孫于邾。哀姜外淫，故孫稱姜氏。○孫音遜。

公子慶父出奔莒。弑閔公故。

冬，齊高子來盟。無傳。蓋高傒也。齊侯使來平魯亂，僖公新立，因遂結盟，故不稱使也。魯人貴之，故不書名。子，男子之美稱。

十有二月，狄入衛。書入，不能有其地。例在襄十三年。

鄭棄其師。高克見惡，久不得還，師潰而克奔陳，故克狀其事以告魯也。

傳二年春，虢公敗犬戎于渭汭。犬戎，西戎別在中國者。渭水出隴西，東入河。水之隈曲曰汭。○汭如銳反。舟之僑曰：無德而祿，殃也。殃將至矣。遂奔晉。舟之僑，虢大夫。

夏，吉禘于莊公，速也。

初，公傅奪卜齮田，公不禁。卜齮，魯大夫也。公即位，年八歲，知愛其傅，而遂成其意，以奪齮田。齮忿其傅，并及公，故慶父因之。○齮魚綺反。秋八月辛丑，共仲使卜齮賊公于武闈。宮中小門謂之闈。○共音恭。成季以僖公適邾。僖公，閔公庶兄，成風之子。共仲奔莒，乃入立之。以賂求共仲于莒，莒人歸之。及密，使公子魚請。密，魯地，琅邪費縣北有密如亭。公子魚，奚斯也。不許。哭而往。共仲曰：奚斯之聲也。乃縊。慶父之罪雖重，季子推親親之恩，欲同之叔牙，存孟氏之族，故略其罪，不書殺，又不書卒。閔公，哀姜之娣叔姜之子也，故齊人立之。共仲通於哀姜，哀姜欲立之。閔公之死也，哀姜與知之，故孫于邾。齊人取而殺之于夷，以其尸歸。爲僖元年齊人殺哀姜傳。夷，魯地。○與音

預孫音遜僖公請而葬之。哀姜之罪已重、而僖公請其喪還者、外欲固齊、以居厚內存母子不絕之義、爲國家之大計、
成季之將生也。桓公使卜楚丘之父卜之。卜楚丘、魯掌卜大夫、曰男也。其
名曰友。在公之右。在右、言用事、閒于兩社。爲公室輔。兩社、周社亳社、兩社之閒朝廷執政所在、
季氏亡則魯不昌。又筮之。遇大有☲☰之乾☰☰。乾下離上大有、乾下乾上乾、大有六五變而爲乾、
曰同復于父。敬如君所。筮者之辭也、乾爲君父、離變爲乾、故曰同復于父、見敬與君同、及生。有文在其手曰友。遂以命之。遂以爲名、
冬十二月。狄人伐衛。衛懿公好鶴。鶴有乘軒者。軒、大夫車、將戰。國人
受甲者皆曰。使鶴。鶴實有祿位。余焉能戰。公與石祁子玦。與甯

春秋左傳　卷四　閔公　五　永懷堂

莊子矢。使守。莊子、甯速也、玦、玉玦、曰。以此贊國。擇利而爲之。贊、助也、玦示以當決斷、矢示以禦難、
與夫人繡衣。曰。聽於二子。繡其文章、順序、渠孔御戎。子伯爲右。黃
夷前驅。孔嬰齊殿。傳言衛侯失民有素、雖臨事而戒、猶無所及、○殿、丁練反、及狄人戰于熒
澤。衛師敗績。遂滅衛。此熒澤當在河北、君死國散、經不書滅者、狄不能赴、衛之君臣皆盡、無復文告、齊桓爲之告諸侯、言狄已去、言衛之存、故但以入爲文、衛侯不去其旗。是以甚敗。狄人囚史
華龍滑與禮孔。以逐衛人。二人曰。我大史也。實掌其祭。不先國
不可得也。夷狄畏鬼、故恐言當先白神、乃先之。至則告守曰。不可待也。守、石甯二
大夫、夜與國人出。狄入衛。遂從之。又敗諸河。衛將東走渡河、狄復逐而敗之、初。惠
公之即位也少。蓋年十五六、齊人使昭伯烝於宣姜。不可。强之。昭伯、惠公

庶兄、宣公子頑也、昭伯不可、生齊子。戴公。文公。宋桓夫人。許穆夫人。文公爲
衛之多患也。先適齊。及敗。宋桓公逆諸河。迎衛敗衆、宵濟。夜渡、畏狄、衛之
遺民男女七百有三十人。益之以共滕之民爲五千人。共及滕、衛別邑、
○共音恭、立戴公以廬于曹。廬、舍也、曹、衛下邑、戴公名申、立其年卒、而立文公、許穆夫人賦
載馳。載馳、詩衛風也、許穆夫人痛衛之亡、思歸唁之不可、故作詩以言志、齊侯使公子無虧帥車
三百乘。甲士三千人。以戍曹。無虧、齊桓公子武孟也、車甲之賦異於常、故傳別見之、歸公
乘馬。祭服五稱。牛羊豕雞狗皆三百。與門材。歸、遺也、四馬曰乘、衣單複具曰稱、門
材使先立門戶、○稱、尺證反、歸夫人魚軒。重錦三十兩。魚軒、夫人車、以魚皮爲飾、重錦、錦之熟細
者、以二丈雙行、故曰兩、三十兩、三十匹也、

春秋左傳　卷四　閔公　六　永懷堂

鄭人惡高克。使帥師次于河上。久而弗召。師潰而歸。高克奔陳。
高克、鄭大夫也、好利而不顧其君、文公惡之而不能遠、故使帥師而不召、鄭人爲之賦清人。清人、詩鄭風也、
刺文公退臣不以道、危國亡師之本、
晉侯使大子申生伐東山皋落氏。赤狄別種也、皋落、其氏族、里克諫曰。大子
奉冢祀社稷之粢盛。里克、晉大夫、冢、大也、以朝夕視君膳者也。膳、廚膳、故曰
冢子。君行則守。有守則從。從曰撫軍。守曰監國。古之制也。夫帥
師專行謀。帥師者、必專謀軍事、○守、手又反、下同、從、才用反、監、古銜反、誓軍旅。宣號令也、君與國
政之所圖也。非大子之事也。國政、正卿、師在制命而已。命、將軍所制、稟命
則不威。專命則不孝。故君之嗣適不可以帥師。君失其官。帥師

不威將焉用之 大子統師是失其官也專命則不孝是爲帥必不威也 且臣聞皐落氏將戰君其舍之 公曰寡人有子未知其誰立焉 不對而退見大子 大子曰吾其廢乎 對曰告之以臨民 謂居曲沃 敎之以軍旅 謂將下軍 不共是懼何故廢乎 且子懼不孝 無懼弗得立 修己而不責人則免於難 大子帥師 公衣之偏衣 偏衣左右異色其半似公服○衣之偏於旣反下衣身之偏衣之純衣之尨服同 佩之金玦 以金爲玦 狐突御戎 先友爲右 狐突伯行重耳外祖父也爲申生御申生以大子將上軍 梁餘子養御罕夷 先丹木爲右 罕夷晉下軍卿也梁餘子養爲罕夷御 羊舌大夫爲尉 羊舌大夫叔向祖父也尉軍尉 先友曰衣身之偏 偏半 握兵之要 謂佩金玦將上軍 在此行也 子其勉之 偏躬無慝 分身衣之半非惡意也 兵

要遠災 威權在己可以遠害 親以無災 又何患焉 狐突歎曰 時事之徵也 歎以先友爲不知君心 衣身之章也 章貴賤 佩衷之旗也 旗表也所以表明其中心○衷音忠 故敬其事則命以始 賞以春夏 服其身則衣之純 必以純色爲服 用其衷則佩之度 衷中也佩玉者君子之常度 今命以時卒 閟其事也 冬十二月閟盡之時 衣之尨服 遠其躬也 尨雜色○尨莫江反 佩以金玦 棄其衷也 服以遠之 時以閟之 尨涼冬殺 金寒玦離 胡可恃也 寒涼殺離言無溫潤玦如環而缺不連 雖欲勉之 狄可盡乎 梁餘子養曰 帥師者受命於廟 受脤於社 脤宜社之肉盛以脤器 有常服矣 不獲而尨 命可知也 韋弁服軍之常也尨偏衣 死而不孝 不如逃之 罕夷曰 尨奇無常 雜色奇怪非常之服 金玦不復 雖復何爲 君

有心矣 有害大子之心 先丹木曰 是服也狂夫阻之 阻疑也言雖狂夫猶知有疑 曰盡敵而反 公辭 敵可盡乎 雖盡敵猶有內讒 不如違之 違去 狐突欲行 行亦去也 羊舌大夫曰 不可 違命不孝 棄事不忠 雖知其寒 惡不可取 子其死之 寒薄也 大子將戰 狐突諫曰 不可 昔辛伯諗周桓公 諗告也事在桓十八年○諗音審 云 內寵竝后 外寵二政 嬖子配適 大都耦國 亂之本也 周公弗從 故及於難 今亂本成矣 驪姬爲內寵二五爲外寵奚齊爲嬖子曲沃爲大都故曰亂本成矣 立可必乎 孝而安民 子其圖之 奉身爲孝不戰爲安民 與其危身以速罪也 有功益見害故言孰與危身以召罪 成風聞成季之繇 乃事之 成風莊公之妾僖公之母也繇卦兆之占辭 而屬僖公焉

故成季立之 ○屬章欲反

僖之元年 齊桓公遷邢于夷儀 二年 封衛于楚丘 邢遷如歸 衛國忘亡 忘其滅亡之困 衛文公大布之衣 大帛之冠 大布麤布大帛厚繒蓋用諸侯諒闇之服 務材訓農 通商惠工 加惠於百工賞其利器用 敬教勸學 授方任能 方百事之宜也 元年革車三十乘 季年乃三百乘 衛文公以此年冬立齊桓公始平魯亂故傳因言齊之所以霸衛之所由興革車兵車季年在僖二十五年益招懷逬散故能致十倍之衆○乘繩證反逬榮諍反

春秋左傳卷四終

春秋左傳卷五

晉鎮南大將軍當陽縣侯京兆杜　預集解

皇明　後　學　東吳金　蟠較訂

僖公 名申，莊公之子，閔公之兄，母成風。謚法小心畏忌曰僖。

㊂元年春王正月。

齊師、宋師、曹伯次于聶北，救邢。 齊師、諸侯之師救邢，次於聶北者，案兵觀釁以待事也。次例在莊三年。聶北，邢地。

夏六月，邢遷于夷儀。 邢遷如歸，故以自遷為辭。夷儀，邢地。

齊師、宋師、曹師城邢。 傳例曰：救患分災，禮也。一事而再列三國，於文不可言諸侯師故。

秋七月戊辰，夫人姜氏薨于夷，齊人以歸。 傳在閔二年。不言齊人殺，諱之。書地者，明在外薨。

楚人伐鄭。 荊始改號曰楚。

八月，公會齊侯、宋公、鄭伯、曹伯、邾人于檉。 檉，宋地，陳國陳縣西北有檉城。公及其會而不書盟，還不以盟告。○檉，勑呈反。

九月，公敗邾師于偃。 偃，邾地。

冬十月壬午，公子友帥師敗莒師于酈，獲莒挐。 酈，魯地。挐，莒子之弟。不書弟者，非卿，非卿則不應書。嘉季友之功，故特書其所獲。大夫生死皆曰獲。獲例在昭二十三年。○酈，力知反。挐，女居反，又女加反。

十有二月丁巳，夫人氏之喪至自齊。

㊄元年春，不稱即位，公出故也。 僖公諱而葬之，故告於廟而書喪至也。齊侯既殺哀姜，以其尸歸，絕之於魯。僖公請其喪而還，不稱姜，闕文。

公出復入不書，諱之也。諱國惡，禮也。 國亂身出，復入，故即位之禮有闕。

掩惡揚善，義存君親，故通有諱例，皆當時臣子率意而隱，故無深淺常準。聖賢從之以通人理，有時而可也。

諸侯救邢，邢人潰，出奔師。 實大夫而曰諸侯，總衆國之辭。奔聶北之師也。邢潰不書，不告也。

遂逐狄人，具邢器用而遷之，師無私焉。 皆撰具還之，無所私取。

夏，邢遷于夷儀，諸侯城之，救患也。凡侯伯，救患、分災、討罪，禮也。 侯伯，州長也。分穀帛。

秋，楚人伐鄭，鄭即齊故也。盟于犖，謀救鄭也。 犖即檉也，地有二名。○犖，音洛。

九月，公敗邾師于偃，虛丘之戍將歸者也。 虛丘，邾地。邾人既送哀姜還，齊人殺之，因戍虛丘，欲以侵魯。公以義求齊，齊送姜氏之喪，邾人懼，乃歸，故公要而敗之。○虛，起居反。要，於遥反。

冬，莒人來求賂。 求還慶父之賂。 公子友敗諸酈，獲莒子之弟挐，非卿也，嘉獲之也。 莒既不能為魯討慶父，受魯之賂，而又重來，其求無厭，故嘉季友之獲而書之。 公賜季友汶陽之田、及費。汶陽田、汶水北地。汶水出泰山萊蕪縣、西入濟。○費音祕 夫人氏之喪至自齊。君子以齊人之殺哀姜也、爲已甚矣。女子從人者也。言女子有三從之義、在夫家有罪、非父母家所宜討也。

經二年春王正月、城楚丘。楚丘衛邑。不言城衛、衛未遷。

夏五月辛巳、葬我小君哀姜。無傳。反哭成喪、故稱小君。例在定十五年。

虞師晉師滅下陽。下陽虢邑、在河東大陽縣。晉於此始赴、見經。滅例在襄十三年。○大音泰。一如字

秋九月、齊侯宋公江人黄人盟于貫。貫宋地、梁國蒙縣西北有貫城。貫與貰字相似。江國在汝南安陽縣。○貫市夜反、又音世

冬十月、不雨。傳在三年。

楚人侵鄭。

傳二年春、諸侯城楚丘而封衛焉。君死國滅、故傳言封。不書所會、後也。諸侯既罷、而魯後至、諱不及期、故以獨城爲文。

晉荀息請以屈產之乘與垂棘之璧、假道於虞以伐虢。荀息、荀叔也。屈地生良馬、垂棘出美玉、故以爲名。四馬曰乘。自晉適虢、途出於虞、故借道。○屈求勿反、又居勿反。乘繩證反 公曰、是吾寶也。對曰、若得道於虞、猶外府也。公曰、宮之奇存焉。宮之奇虞忠臣。○奇其宜反 對曰、宮之奇之爲人也、懦而不能強諫。懦弱也。且少長於君、君暱之、雖諫、將不聽。親而押之、必輕其言。○少詩照反。長丁丈反 乃使荀息假道於虞、曰、冀爲不道、入自顛軨、伐鄍三門。前是冀伐虞至鄍。鄍虞邑。河東大陽縣東北有顛軨坂。○軨音零。鄍亡丁反。坂音反 冀之既病、則亦唯君故。言虞報伐冀使病。將欲假道、故稱虞彊以說其心。冀國名、平陽皮氏縣東北有冀亭。今虢爲不道、保於逆旅、逆旅、客舍也。虢稍遣人分依客舍、以聚眾抄晉邊邑。○抄初教反、又楚稍反 以侵敝邑之南鄙。敢請假道、以請罪于虢。問虢伐己以何罪。虞公許之、且請先伐虢。善於厚賂、而欲求媚。宮之奇諫、不聽、遂起師。夏、晉里克荀息帥師會虞師伐虢、滅下陽。晉猶主兵、不信虞。先書虞、賄故也。虞非倡兵之首、而先書之、惡貪賄也。

秋、盟于貫、服江黄也。江黄楚與國也。始來服齊、故爲合諸侯。

齊寺人貂始漏師于多魚。寺人、內奄官豎貂也。多魚地名闕。齊桓多嬖寵、內則如夫人者六人、外則幸豎貂易牙之等、終以此亂國。傳言貂於此始擅貴寵、漏洩桓公軍事、爲齊亂張本。

虢公敗戎于桑田。桑田虢地、在弘農陝縣東北。晉卜偃曰、虢必亡矣。亡下陽不懼、而又有功、是天奪之鑒、鑒所以自照。而益其疾也。驕則生疾。必易晉而不撫其民矣、不可以五稔。稔熟也。爲下五年晉滅虢張本。

冬、楚人伐鄭、鬭章囚鄭聃伯。經書侵、傳言伐、本以伐興、權行侵掠、爲後年楚伐鄭、鄭伯欲成張本。○聃乃甘反。掠音亮

經三年春王正月不雨夏四月不雨。一時不雨則書首月傳例曰不曰旱不爲災、

徐人取舒。無傳徐國在下邳僮縣東南舒國今廬江舒縣勝國而不用大師亦曰取例在襄十三年、

六月雨。示旱不竟夏、

秋齊侯宋公江人黃人會于陽穀。陽穀齊地在東平須昌縣北、

冬公子友如齊涖盟。涖臨也、

傳三年春不雨夏六月雨自十月不雨至于五月不曰旱不爲災也。周六月夏四月於播種五稼無損、

楚人伐鄭。

秋會于陽穀謀伐楚也。二年楚侵鄭故、

齊侯爲陽穀之會來尋盟冬公子友如齊涖盟。公時不會陽穀故齊侯自陽穀遣人詣魯求尋盟魯使上卿詣齊受盟謙也、

楚人伐鄭鄭伯欲成孔叔不可曰齊方勤我。孔叔鄭大夫勤恤鄭難、棄德不祥。祥善也、

齊侯與蔡姬乘舟于囿蕩公。蔡姬齊侯夫人蕩搖也囿苑也蓋魚池在苑中、公懼變色禁之不可公怒歸之未絕之也蔡人嫁之。爲明年齊侵蔡傳、

經四年春王正月公會齊侯宋公陳侯衛侯鄭伯許男曹伯侵蔡蔡潰遂伐楚次于陘。民逃其上曰潰例在文三年遂兩事之辭楚强齊欲綏之以德故不速進而次陘陘楚地潁川召陵縣南有陘亭○陘音刑

夏許男新臣卒。未同盟而赴以名、

楚屈完來盟于師盟于召陵。屈完楚大夫也楚子遣完如師以觀齊屈完覩齊之盛因而求盟故不稱使以完來盟爲文齊桓退舍以禮楚故盟召陵召陵潁川縣也、

齊人執陳轅濤塗。轅濤塗陳大夫、

秋及江人黃人伐陳。受齊命討陳之罪而以與謀爲文者時齊不行使魯爲主與謀例在宣七年、

八月公至自伐楚。無傳告于廟、

葬許穆公。

冬十有二月公孫茲帥師會齊人宋人衛人鄭人許人曹人侵陳

公孫茲、叔牙子、叔孫戴伯、

傳四年。春。齊侯以諸侯之師侵蔡。蔡潰。遂伐楚。楚子使與師言曰。君處北海。寡人處南海。唯是風馬牛不相及也。楚界猶未至南海、因齊處北海、遂稱所近、牛馬風逸、蓋末界之微事、故以取喻。不虞君之涉吾地也。何故。管仲對曰。昔召康公。命我先君大公。召康公、周大保、召公奭也、曰。五侯九伯。女實征之。五等諸侯、九州之伯、皆得征討其罪、齊桓因此命以夸楚。○女音汝以夾輔周室。賜我先君履。東至于海。西至于河。南至于穆陵。北至于無棣。穆陵、無棣、皆齊竟也、履、所踐履之界、齊桓又因以自言其盛、爾貢包茅不入。王祭不共。無以縮酒。寡人是徵。包、裹束也、茅、菁茅也、束茅而灌之以酒、爲縮酒、尚書包匭菁茅、茅之爲異未審。○共音恭昭王南征而不復。寡人是問。昭王、成王之孫、南巡守、涉漢、船壞而溺、周人諱而不赴、諸侯不知其故、故問之、對曰。貢之不入。寡君之罪也。敢不共給。昭王之不復。君其問諸水濱。昭王時、漢非楚竟、故不受罪、師進。次于陘。楚不服罪、故復進師、夏。楚子使屈完如師。如陘之師、觀强弱、師退。次于召陵。完請盟故、齊侯陳諸侯之師。與屈完乘而觀之。乘、共載、○乘繩證反齊侯曰。豈不穀是爲。先君之好是繼。與不穀同好。如何。言諸侯之附從、非爲已、乃尋先君之好、謙而自廣、因求與楚同好、孤寡不穀、諸侯謙稱。○爲于僞反對曰。君惠徼福於敝邑之社稷。辱收寡君。寡君之願也。齊侯曰。以此衆戰。誰能禦之。以此攻城。何城不克。對曰。君若以德綏諸侯。誰敢不服。君若以力。楚國方城以爲城。漢水以爲池。方城山在南陽葉縣南、以言竟土之遠、漢水出武都

春秋左傳　卷五　僖公　七　永懷堂

至江夏南入江、言其險固、以當城池。○葉始涉反、當丁浪反雖衆無所用之。屈完及諸侯盟。陳轅濤塗謂鄭申侯曰。師出於陳鄭之閒。國必甚病。申侯、鄭大夫、當有共給之費故、若出於東方。觀兵於東夷。循海而歸。其可也。東夷、郯莒徐夷也、觀兵、示威、申侯曰。善。濤塗以告齊侯。許之。許出東方、申侯見曰。師老矣。若出於東方而遇敵。懼不可用也。若出於陳鄭之閒。共其資糧屝屨。其可也。屝、草屨、○見賢遍反、屝符費反齊侯說。與之虎牢。還以鄭邑賜之執轅濤塗。秋。伐陳。討不忠也。以濤塗爲誤軍道、許穆公卒于師。葬之以侯。禮也。男而以侯禮、加一等、凡諸侯薨于朝會。加一等。諸侯命有三等、公爲上等、侯伯中等、子男爲下等、死王事。加二等。謂以死勤事、於是有以袞斂。袞衣、公服也、謂加二等、冬。叔孫戴伯帥師會諸侯之師侵陳。陳成。歸轅濤塗。陳服罪、故歸其大夫、戴、謚也、

初。晉獻公欲以驪姬爲夫人。卜之不吉。筮之吉。公曰。從筮。卜人曰。筮短龜長。不如從長。物生而後有象、象而後有滋、滋而後有數、龜象、筮數、故象長數短、且其繇曰。專之渝。攘公之羭。繇、卜兆辭、渝、變也、攘、除也、羭、美也、言變乃除公之美、○渝羊朱反、下羭同音一薰一蕕。十年尚猶有臭。薰、香草、蕕、臭草、十年有臭、言善易消、惡難除、必不可。弗聽。立之。生奚齊。其娣生卓子。及將立奚齊。既與中大夫成謀。姬謂大子曰。君夢齊姜。必速祭之。齊姜、大子母、言求食、大子祭于曲沃。歸胙于

春秋左傳　卷五　僖公　八　永懷堂

公。胙祭之酒肉。公田。姬寘諸宮六日。公至。毒而獻之。毒酒經宿輒敗，而經六日，明公之惑。公祭之地。地墳。與犬。犬斃。與小臣。小臣亦斃。姬泣曰。賊由大子。大子奔新城。新城，曲沃。○墳，扶粉反。公殺其傅杜原款。或謂大子。子辭。君必辯焉。以六日之狀自理。大子曰。君非姬氏。居不安。食不飽。我辭。姬必有罪。君老矣。吾又不樂。吾自理則姬死，姬死則君必不樂，不樂為由吾也。○樂音洛。曰。子其行乎。大子曰。君實不察其罪。被此名也以出。人誰納我。十二月戊申。縊于新城。姬遂譖二公子曰。皆知之。重耳奔蒲。夷吾奔屈。二子時在朝，為明年晉殺申生傳。

（經）五年。春。晉侯殺其世子申生。稱晉侯，惡用讒。書春，從告。

杞伯姬來朝其子。無傳。伯姬來寧，寧成風也。朝其子者，時子年在十歲左右，因有諸侯子得行朝義，而卒不成朝禮，故繫於母，而曰朝其子。

夏。公孫茲如牟。叔孫戴伯娶於牟，卿非君命不越竟，故奉公命聘於牟，因自為逆。

公及齊侯。宋公。陳侯。衛侯。鄭伯。許男。曹伯。會王世子于首止。惠王大子鄭也。不名而殊會，尊之也。首止，衛地。陳留襄邑縣東南有首鄉。

秋。八月。諸侯盟于首止。闕無異事，復稱諸侯者，王世子不盟故也。王之世子，尊與王同，齊桓行霸，翼戴天子，尊崇王室，故殊貴世子。

鄭伯逃歸不盟。逃其師而歸也。逃例在文三年。

楚人滅弦。弦子奔黃。弦國在弋陽軑縣東南。

九月。戊申。朔。日有食之。無傳。

冬。晉人執虞公。虞公貪璧馬之寶，距絕忠諫，稱人以執，同於無道於其民之例。例在成十五年。所以罪虞，且言易也。晉侯修虞之祀，而歸其職貢於王，故不以滅同姓為譏。

（傳）五年。春。王正月。辛亥。朔。日南至。周正月，今十一月。冬至之日，日南極。公既視朔。遂登觀臺以望。而書。禮也。視朔，親告朔也。觀臺，臺上構屋，可以遠觀者也。朔旦冬至，歷數之所始。治歷者因此，則可以明其術數，審別陰陽，叙事訓民。魯君不能常修此禮，故善公之得禮。凡分至啓閉。必書雲物。分，春秋分也。至，冬夏至也。啓，立春、立夏。閉，立秋、立冬。雲物，氣色災變也。傳重申周典，不言公者，日官掌其職。為備故也。素察妖祥，逆為之備。

晉侯使以殺大子申生之故來告。釋經必須告乃書。初。晉侯使士蔿為二公子築蒲與屈。不慎。寘薪焉。不謹慎。夷吾訴之。公使讓之。譴讓也。士蔿稽首而對曰。臣聞之。無喪而慼。憂必讎焉。讎，對也。無戎而城。讎必保焉。保而守之。寇讎之保。又何慎焉。守官廢命。不敬。固讎之保。

不忠。失忠與敬，何以事君。詩云：懷德惟寧，宗子惟城。詩大雅。懷德以安，則宗子之固若城。君其脩德而固宗子，何城如之。言城不如固宗子。三年將尋師焉，焉用慎。尋，用也。退而賦曰：狐裘尨茸，一國三公，吾誰適從。士蔿自作詩也。尨茸，亂貌。公與二公子爲三，言城不堅則爲公子所訴，爲公所讓，堅之則爲固讎，不忠無以事君，故不知所從。○尨，莫江反，又音蒙。適，丁歷反。及難，公使寺人披伐蒲。重耳曰：君父之命不校。乃徇曰：校者吾讎也。踰垣而走，披斬其袪，遂出奔翟。袪，袂也。○難，乃旦反。袪，起魚反。

夏，公孫茲如牟娶焉。因聘而娶，故傳實其事。

會于首止，會王大子鄭，謀寧周也。惠王以惠后故，將廢大子鄭而立王子帶，故齊桓帥諸侯會王大子，以定其位。

陳轅宣仲怨鄭申侯之反己於召陵，宣仲，轅濤塗。故勸之城其賜邑，齊桓所賜虎牢。曰：美城之，大名也，子孫不忘。吾助子請。乃爲之請於諸侯而城之，美。樓櫓之備美設。遂譖諸鄭伯曰：美城其賜邑，將以叛也。申侯由是得罪。爲七年鄭殺申侯傳。

秋，諸侯盟。王使周公召鄭伯曰：吾撫女以從楚，輔之以晉，可以少安。周公，宰孔也。王恨齊桓定大子之位，故召鄭伯使叛齊也。晉楚不服於齊，故以鎮安鄭。鄭伯喜於王命而懼其不朝於齊也，故逃歸不盟。孔叔止之曰：國君不可以輕，輕則失親。孔叔，鄭大夫。親，黨援也。○輕，遣正反。失親患必至，病而乞盟，所喪多矣。君必悔之。弗聽，逃其師而歸。

楚鬬穀於菟滅弦，弦子奔黃。於是江、黃、道、柏方睦於齊，皆弦姻也。姻，外親也。道國在汝南安陽縣南。柏，國名，汝南西平縣有柏亭。弦子恃之而不事楚，又不設備，故亡。

晉侯復假道於虞以伐虢。宮之奇諫曰：虢，虞之表也。虢亡，虞必從之。晉不可啓，寇不可翫。翫，習也。一之謂甚，其可再乎。爲二年假晉道滅下陽。諺所謂輔車相依，脣亡齒寒者，其虞、虢之謂也。輔，頰輔。車，牙車。○車，尺奢反。公曰：晉，吾宗也，豈害我哉。對曰：大伯、虞仲，大王之昭也。大伯不從，是以不嗣。大伯、虞仲皆大王之子，不從父命，俱讓適吳。仲雍支子別封西吳，虞公其後也。穆生昭，昭生穆，以世次計，故大伯、虞仲於周爲昭。虢仲、虢叔，王季之穆也。王季者，大伯、虞仲之母弟也。虢仲、虢叔，王

季之子，文王之母弟也。仲、叔皆虢君字。爲文王卿士，勳在王室，藏於盟府。盟府，司盟之官。將虢是滅，何愛於虞。且虞能親於桓、莊乎，其愛之也。桓、莊之族何罪，而以爲戮，不唯偪乎。桓叔、莊伯之族，晉獻公之從祖昆弟。獻公患其偪，盡殺之，事在莊二十五年。○偪，彼力反。親以寵偪，猶尚害之，況以國乎。公曰：吾享祀豐絜，神必據我。據，猶安也。對曰：臣聞之，鬼神非人實親，惟德是依。故周書曰：皇天無親，惟德是輔。周書，逸書。又曰：黍稷非馨，明德惟馨。馨，香之遠聞。又曰：民不易物，惟德繄物。黍稷牲玉，無德則不見饗，有德則見饗，言物一而異用。○繄，烏兮反。如是，則非德民不和，神不享矣。神所馮依，將在德矣。若晉取虞而明德以薦馨香，神其吐之乎。弗聽，許晉使。宮之奇以其族行。行，去也。○馮，皮

氷反曰。虞不臘矣。臘、歲終祭衆神之名。在此行也。晉不更舉矣。不更舉兵。八月甲午。晉侯圍上陽。上陽、虢國都、在弘農陝縣東南。問於卜偃曰。吾其濟乎。對曰。克之。公曰。何時。對曰。童謠云。丙之晨。龍尾伏辰。龍尾、尾星也。日月之會曰辰、日在尾、故尾星伏不見。均服振振。取虢之旂。戎事上下同服。振振、盛貌。旂、軍之旌旗。鶉之賁賁。天策焞焞。火中成軍。虢公其奔。鶉、鶉火星也。賁賁、鳥星之體也。天策、傅說星。時近日、星微。焞焞、無光耀也。言丙子平旦、鶉火中、軍事有成功也。此已上、皆童謠言也。童齔之子、未有念慮之感、而會成嬉戲之言、似若有馮者、其言或中或否、博覽之士、能懼思之人、兼而志之、以為鑒戒、以為將來之驗、有益於世教。○賁音奔、焞他門反、齔初問反。其九月十月之交乎。以星驗推之、知九月十月之交、謂夏之九月十月也。交、晦朔交會。丙子旦。日在尾。月在策。是夜、日月合朔於尾、月行疾、故至旦而過在策。鶉火中。必是時也。冬。十二月

丙子朔。晉滅虢。虢公醜奔京師。不書、不告也。周十二月、夏之十月。師還館于虞。遂襲虞滅之。執虞公及其大夫井伯。以媵秦穆姬。秦穆姬、晉獻公女。送女曰媵、以屈辱之。而修虞祀。且歸其職貢於王。虞所命祀。故書曰晉人執虞公。罪虞。且言易也。

經六年。春。王正月。

夏。公會齊侯宋公陳侯衛侯曹伯伐鄭。圍新城。新城、鄭新密、今滎陽密縣。

秋。楚人圍許。楚子不親圍、以圍者告。

諸侯遂救許。皆伐鄭之諸侯、故不復更敘。

冬。公至自伐鄭。無傳。

傳六年。春。晉侯使賈華伐屈。夷吾不能守。盟而行。賈華、晉大夫。非不欲校、力不能守。言不如重耳之賢。將奔狄。郤芮曰。後出同走。罪也。嫌與重耳同謀相隨。○郤去逆反、芮如銳反。不如之梁。梁近秦而幸焉。乃之梁。以梁為秦所親幸、秦既大國、且穆姬在焉、故欲因以求之。

夏。諸侯伐鄭。以其逃首止之盟故也。首止盟在五年。圍新密。鄭所以不時城也。實新密、而經言新城者、鄭以非時興土功、齊桓聲其罪以告諸侯。

秋。楚子圍許以救鄭。諸侯救許。乃還。

冬。蔡穆侯將許僖公以見楚子於武城。楚子退舍武城、猶有忿志、而諸侯各罷兵、故蔡將許君歸楚。武城、楚地、在南陽宛縣北。許男面縛銜璧。大夫衰絰。士輿櫬。縛手於後、唯見其面、以璧為贄、手縛、故銜之。櫬、棺也。將受死、故衰絰。楚子問諸逢伯。逢伯、楚大夫。對曰。昔武王克殷。微子啓如是。微子啓、紂庶兄、宋之祖也。武王親釋其縛。受其璧而祓之。祓除凶之禮。○祓芳弗反。焚其櫬。禮而命之。使復其所。楚子從之。

經七年。春。齊人伐鄭。

夏。小邾子來朝。

無傳。郳犂來始得王命而來朝也。郳之別封故曰小邾。

鄭殺其大夫申侯。申侯鄭卿專利而不厭故稱名以殺罪之也例在文六年○厭於鹽反傳同

秋。七月。公會齊侯。宋公。陳世子款。鄭世子華。盟于甯母。高平方與縣東有泥母亭音如甯○與音預泥乃麗反

曹伯班卒。無傳五年同盟于首止

公子友如齊。無傳罷盟而聘謝不敏也

冬。葬曹昭公。

無傳

傳七年。春。齊人伐鄭。孔叔言於鄭伯曰。諺有之曰。心則不競。何憚於病。競強也憚難也○難乃旦反 既不能彊。又不能弱。所以斃也。國危矣。請下齊以救國。公曰。吾知其所由來矣。姑少待我。欲以申侯說 對曰。朝不及夕。何以待君。

夏。鄭殺申侯以說于齊。且用陳轅濤塗之譖也。濤塗譖在五年 初。申侯申出也。姊妹之子為出 有寵於楚文王。文王將死。與之璧使行。曰。唯我知女。女專利而不厭。予取予求。不女疵瑕也。從我取從我求我不以女為罪釁○女音汝 後之人將求多於女。謂嗣君也求多以禮義大望責之 女必不免。我死。女必速行。無適小國。將不女容焉。政狹法峻 既葬。出奔鄭。又有寵於厲公。子文聞其死也。曰。古人有言曰。知臣莫若君。弗可改也已。

秋。盟于甯母。謀鄭故也。管仲言於齊侯曰。臣聞之。招攜以禮。懷遠以德。攜離也 德禮不易。無人不懷。齊侯修禮於諸侯。諸侯官受方物。諸侯官司各於齊受其方所當貢天子之物 鄭伯使大子華聽命於會。言於齊侯曰。洩氏。孔氏。子人氏。三族實違君命。三族鄭大夫 若君去之以為成。我以鄭為內臣。君亦無所不利焉。以鄭事齊如封內臣 齊侯將許之。管仲曰。君以禮與信屬諸侯。而以姦終之。無乃不可乎。子父不奸之謂禮。守命共時之謂信。守君命共時事○奸音干共音恭 違此二者。姦莫大焉。公曰。諸侯有討於鄭。未捷。今苟有釁。從之。不亦可乎。子華犯父命是其釁隙 對曰。君若綏之以德。加之以訓辭。而帥諸侯以討鄭。鄭將覆亡之不暇。豈敢不懼。若總其罪人以臨之。總將領也子華奸父之命即罪人 鄭有辭矣。何懼。以大兼為辭 且夫合諸侯以崇德也。會而列姦。何以示後嗣。列姦用子華 夫諸侯之會。其德刑禮義。無國不記。記姦之位。位會位也子華為姦人而列在會位將為諸侯所記 君盟替矣。替廢也 作而不記。非盛德也。君舉必書雖復齊史隱諱亦損盛德 君其勿許。鄭必受盟。夫子華既為大子。而求介於大國。以弱其國。亦必不免。介因也 鄭有叔詹。堵叔。師叔。三良

為政未可閒也。齊侯辭焉。子華由是得罪於鄭。冬。鄭伯使請盟于齊。以齊侯不聽子華故、

閏月。惠王崩。襄王惡大叔帶之難。襄王、惠王大子鄭也。大叔帶、襄王弟、惠后之子也。有寵於惠后。惠后欲立之。未及而卒、懼不立。不發喪而告難于齊。為八年盟洮傳。○洮他刀反

經八年春。王正月。公會王人。齊侯。宋公。衛侯。許男。曹伯。陳世子款盟于洮。王人與諸侯盟。不譏者。王室有難故、洮。曹地、

鄭伯乞盟。新服未與會。故不序列。別言乞盟、

夏。狄伐晉。

秋七月。禘于大廟。用致夫人。禘。三年大祭之名。大廟。周公廟。致者。致新死之主於廟。而列之昭穆。夫人淫而與弒。不薨於寢。於禮不應致。故僖公疑其禮。歷三禘。今果行之。嫌異常。故書之、○弒音試

冬。十有二月。丁未。天王崩。實以前年閏月崩。以今年十二月丁未告、

傳八年春。盟于洮。謀王室也。鄭伯乞盟。請服也。襄王定位而後發喪。王人會洮還。而後王位定、

晉里克帥師。梁由靡御。虢射為右。以敗狄于采桑。傳言前年事也。平陽北屈縣西南有采桑津、○射食亦反梁由靡曰。狄無恥。從之必大克。不恥走。故可逐、里克曰。懼之而已。無速衆狄。恐怨深而羣黨來報、虢射曰。期年狄必至。示之弱矣。○期音基

夏。狄伐晉。報采桑之役也。復期月。明期年之言驗、

秋。禘而致哀姜焉。非禮也。凡夫人不薨于寢。不殯于廟。不赴于同。不祔于姑。則弗致也。寢。小寢。同。同盟。將葬。又不以殯過廟。據經哀姜薨葬之文。則為殯廟。赴同。祔姑。今當以不薨于寢。不得致也、

冬。王人來告喪。難故也。是以緩。有大叔帶之難、

宋公疾。大子茲父固請曰。目夷長且仁。君其立之。茲父。襄公也。目夷。茲父庶兄子魚也。公命子魚。子魚辭曰。能以國讓。仁孰大焉。臣不及也。且又不順。立庶不順禮、遂走而退。

經九年春。王三月。丁丑。宋公御說卒。四同盟。○說音悅

夏。公會宰周公。齊侯。宋子。衛侯。鄭伯。許男。曹伯于葵丘。周公。宰孔也。宰。官。周。采地。天子三公不字。宋子。襄公也。傳例曰。在喪。公侯曰子。陳留外黃縣東有葵丘、

秋七月。乙酉。伯姬卒。無傳。公羊穀梁曰。未適人。故不稱國。已許嫁。則以成人之禮書。不復殤也。婦人許嫁而笄。猶丈夫之冠、

九月。戊辰。諸侯盟于葵丘。

夏會葵丘、次伯姬卒、文不相比、故重言諸侯、宰孔先歸、不與盟、

甲子。晉侯佹諸卒。未同盟而赴以名、甲子、九月十一日、戊辰、十五日也、書在盟後、從赴、○佹九委反、

冬。晉里克殺其君之子奚齊。獻公未葬、奚齊未成君、故稱君之子、奚齊受命繼位、無罪、故里克稱名、

傳九年。春。宋桓公卒。未葬而襄公會諸侯。故曰子。凡在喪。王曰小童。公侯曰子。在喪未葬也、小童者、童蒙幼末之稱、子者、繼父之辭、公侯位尊、上連王者、下絕伯子男、周康王在喪稱予一人釗、禮稱亦不言小童、或所稱之辭、各有所施、此謂王自稱之辭、非諸下所得書、故經無其事、傳通取舊典之文、以事相接、

夏。會于葵丘。尋盟。且修好。禮也。王使宰孔賜齊侯胙。胙、祭肉、尊之、比二王後、曰。天子有事于文武。有祭事也、使孔賜伯舅胙。天子謂異姓諸侯曰伯舅、齊侯將下拜。孔曰。且有後命。天子使孔曰。以伯舅耋老。加勞。賜一級。無下拜。七十曰耋、級、等也、對曰。天威不違顏咫尺。言天鑒察不遠、威嚴常在顏面之前、八寸曰咫、小白余敢貪天子之命。無下拜。小白、齊侯名、余、身也、恐隕越于下。隕越、顛墜也、據天王居上、故言恐顛墜於下、以遺天子羞。敢不下拜。下拜登受。拜堂下、受胙於堂上、○遺于季反、

秋。齊侯盟諸侯于葵丘。曰。凡我同盟之人。既盟之後。言歸于好。義取修好、故傳顯其盟辭、宰孔先歸。既會、先諸侯去、遇晉侯。曰。可無會也。晉侯欲求會葵丘、齊侯不務德而勤遠略。故北伐山戎。在莊三十一年、南伐楚。在四年、西爲此會也。東略之不知。西則否矣。言或向東、必不能復西略、其在亂乎。君務靖亂。無勤於行。在、存也、微戒獻公、言晉將有亂、晉侯乃還。不復會齊、

九月。晉獻公卒。里克丕鄭欲納文公。故以三公子之徒作亂。丕鄭、晉大夫、三公子、申生、重耳、夷吾、初。獻公使荀息傅奚齊。公疾。召之曰。以是藐諸孤。言其幼賤、與諸子縣藐、辱在大夫。其若之何。欲屈辱荀息、使保護之、稽首而對曰。臣竭其股肱之力。加之以忠貞。其濟。君之靈也。不濟。則以死繼之。公曰。何謂忠貞。對曰。公家之利。知無不爲。忠也。送往事居。耦俱無猜。貞也。往、死者、居、生者、耦、兩也、送死事生、兩無疑恨、所謂正也、及里克將殺奚齊。先

告荀息曰。三怨將作。三公子之徒、秦晉輔之。子將何如。荀息曰。將死之。里克曰。無益也。荀叔曰。吾與先君言矣。不可以貳。能欲復言而愛身乎。荀叔、荀息也、復言、言可復也、雖無益也。將焉辟之。且人之欲善。誰不如我。我欲無貳。而能謂人已乎。言不能止里克使不忠於申生等、冬。十月。里克殺奚齊于次。次、喪寢、書曰。殺其君之子。未葬也。荀息將死之。人曰。不如立卓子而輔之。荀息立公子卓以葬。十一月。里克殺公子卓于朝。荀息死之。君子曰。詩所謂白圭之玷。尚可磨也。斯言之玷。不可爲也。詩大雅、言此言之缺、難治甚於白圭、荀息有焉。有此詩人重言之義、齊侯以諸侯之師伐晉。及高粱而還。討晉亂也。高粱、晉地、在平陽縣西南、令

不及黨，故不書。前已發不書例，今復重發，嫌霸者異於凡諸侯。

晉郤芮使夷吾重賂秦以求入。郤芮，郤克祖父，從夷吾者。曰，人實有國，我何愛焉。言國非己之有，何愛而不以賂秦。入而能民，土於何有。能得民，不患無土。從之。齊隰朋帥師會秦師納晉惠公。隰朋，齊大夫。惠公，夷吾。秦伯謂郤芮曰，公子誰恃。對曰，臣聞亡人無黨，有黨必有讎。言夷吾無黨，無黨則無讎，易出易入，以微勸秦。夷吾弱不好弄。弄，戲也。能鬭不過。有節制。長亦不改，不識其他。公謂公孫枝曰，夷吾其定乎。公孫枝，秦大夫子桑也。對曰，臣聞之，唯則定國。詩曰，不識不知，順帝之則，文王之謂也。詩大雅。帝，天也。則，法也。言文王闇行自然，合天之法。又曰，不僭不賊，鮮不爲則。僭，過差也。賊，傷害也。皆忌克也。能不然，則可爲人法則。無好無

惡，不忌不克之謂也。今其言多忌克，既僭而賊。難哉。言能自定難。公曰，忌則多怨，又焉能克。是吾利也。其言雖多忌，適足以自害，不能勝人也。秦伯慮其還害己，故曰是吾利。

宋襄公即位，以公子目夷爲仁，使爲左師以聽政，於是宋治。故魚氏世爲左師。

經十年，春，王正月，公如齊。無傳。

狄滅溫，溫子奔衛。盖中國之狄滅而居其土地。

晉里克弒其君卓及其大夫荀息。弒卓在前年，而以今春書者，從赴也。獻公既葬，卓已免喪，故稱君也。荀息稱名者，雖欲復言，本無遠謀，從君於昏。

夏，齊侯許男伐北戎。無傳。北戎，山戎。

晉殺其大夫里克。奚齊者，先君所命，卓子又以在國嗣位，罪未爲無道，而里克親爲三怨之主，累弒二君，故稱名以罪之。

秋七月。

冬，大雨雪。無傳。平地尺爲大雪。

傳十年，春，狄滅溫，蘇子無信也。蘇子叛王即狄，又不能於狄，狄人伐之，王不救，故滅。蘇子奔衛。溫子，周司寇蘇公之後也。國於溫，故曰溫子。叛王事在莊十九年。

夏四月，周公忌父、王子黨會齊隰朋立晉侯。周公忌父，周卿士。王子黨，周大夫。晉侯殺里克以說。自解說不簒。將殺里克，公使謂之曰，微子則不及此。雖然，子弒二君與一大夫，爲子君者，不亦難乎。對曰，不有廢也，君何以興。欲加之罪，其無辭乎。言欲加己罪，不患無辭。臣聞命矣。伏劍而死。於是丕鄭聘于秦，且謝緩賂，故不及。丕鄭，里克黨，以在秦，故不及里克俱死。

晉侯改葬共大子。共大子，申生也。秋，狐突適下國，下國，曲沃新城。遇大子，大子

使登僕。忽如夢而相見。狐突本爲申生御、故復使登車爲僕。而告之曰。夷吾無禮。余得請於帝矣。請罰夷吾。將以晉畀秦。秦將祀余。對曰。臣聞之。神不歆非類。民不祀非族。歆、饗也。君祀無乃殄乎。殄、絕也。且民何罪。失刑乏祀。君其圖之。君曰。諾。吾將復請。七日。新城西偏將有巫者而見我焉。新城、曲沃也。將因巫而見。許之。遂不見。狐突許其言。申生之象亦沒。及期而往。告之曰。帝許我罰有罪矣。敝於韓。敝、敗也。韓、晉地。獨敝惠公、故言罰有罪、明不復以晉畀秦。夷吾忌克多怨、終於失國、雖改葬加謚、申生猶忿、傳言鬼神所馮、有時而信、

丕鄭之如秦也。言於秦伯曰。呂甥郤稱冀芮實爲不從。若重問以召之。三子、晉大夫。不從、不與秦賂。問、聘問之幣。臣出晉君。君納重耳。蔑不濟矣。蔑、無也。冬。秦伯使泠至報問。且召三子。泠至、秦大夫。○泠、丁力反。郤芮曰。幣重而言甘。誘我也。遂殺丕鄭祁舉。祁舉、晉大夫。及七輿大夫。侯伯七命、副車七乘。左行共華。右行賈華。叔堅。騅歂。纍虎。特宮。山祁。皆里丕之黨也。七子、七輿大夫。○行、戶剛反。共、音恭。騅、音佳。歂、市專反。纍、力追反。丕豹奔秦。豹、丕鄭之子。言於秦伯曰。晉侯背大主而忌小怨。民弗與也。伐之必出。大主、秦也。小怨、里丕。公曰。失衆。焉能殺。謂殺里丕之黨。違禍。誰能出君。謂豹避禍也。爲明年晉殺丕鄭傳、

經十有一年。春。晉殺其大夫丕鄭父。以私怨謀亂國、書名罪之。書春、從告。

夏。公及夫人姜氏會齊侯于陽穀。

春秋左傳　卷五　僖公　卅三　承懷堂

無傳、婦人送迎不出門、見兄弟不踰閾、與公俱會齊侯、非禮、

秋。八月。大雩。無傳、過時、故書、

冬。楚人伐黃。

傳十一年。春。晉侯使以丕鄭之亂來告。釋經書在今年、天王使召武公內史過賜晉侯命。天王、周襄王。召武公、周卿士。內史過、周大夫。諸侯即位、天子賜之命圭爲瑞。○過、古禾反。受玉惰。過歸告王曰。晉侯其無後乎。王賜之命。而惰於受瑞。先自棄也已。其何繼之有。禮。國之幹也。敬。禮之輿也。不敬則禮不行。禮不行則上下昏。何以長世。爲惠公不終張本、

春秋左傳　卷五　僖公　卅四　承懷堂

夏。揚拒泉皋伊雒之戎同伐京師。入王城。焚東門。揚拒、泉皋、皆戎邑、及諸雜戎居伊水雒水之閒者、今伊闕北有泉亭。王子帶召之也。王子帶、甘昭公也。召戎、欲因以簒位。秦晉伐戎以救周。秋。晉侯平戎于王。爲二十四年天王出居鄭傳、黃人不歸楚貢。冬。楚人伐黃。黃人恃齊故、

經十有二年。春。王三月。庚午。日有食之。無傳、不書朔、官失之

夏。楚人滅黃。

秋。七月。

冬。十有二月。丁丑。陳侯杵臼卒。

無傳。遣世子與僖公同盟甯母及洮。

傳十二年，春，諸侯城衛楚丘之郛，懼狄難也。楚丘，衛國都。郛，郭也。為明年春狄侵衛傳。○郛，芳夫反。難，乃旦反。

黃人恃諸侯之睦于齊也，不共楚職，曰：自郢及我九百里，焉能害我？夏，楚滅黃。郢，楚都。○共音恭。

王以戎難故，討王子帶。子帶前年召戎伐周。秋，王子帶奔齊。

冬，齊侯使管夷吾平戎于王，使隰朋平戎于晉。平，和也。前年晉救周伐戎，故戎與周、晉不和。

王以上卿之禮饗管仲，管仲辭曰：臣，賤有司也。有天子之二守國、高在。國子、高子，天子所命為齊守臣，皆上卿也。莊二十二年高傒始見經，僖二十八年國歸父乃見傳。歸父之父曰懿仲，高傒之子曰莊子，不知今當誰世。○守，手又反。若節春秋來承王命，何以禮焉？節，時也。陪臣敢辭。諸侯之臣曰陪臣。○王曰：舅氏！伯舅之使，故曰舅氏。余嘉乃勳，應乃懿德，謂督不忘。往踐乃職，無逆朕命。功勳美德，可謂正而不可忘者。不言位而言職者，管仲位卑而執齊政，故欲以職尊之。管仲受下卿之禮而還。管仲不敢以職自高，卒受本位之禮。

君子曰：管氏之世祀也宜哉！讓不忘其上。詩曰：愷悌君子，神所勞矣。詩大雅。愷，樂也。悌，易也。言樂易君子，為神所勞來，故世祀也。管仲之後於齊沒不復見，傳亦舉其無驗。○勞，力報反。來，力代反。

經十有三年，春，狄侵衛。傳在前年春。

夏，四月，葬陳宣公。無傳。

公會齊侯、宋公、陳侯、衛侯、鄭伯、許男、曹伯于鹹。鹹，衛地。東郡濮陽縣東南有鹹城。

秋，九月，大雩。無傳。書過。

冬，公子友如齊。無傳。

傳十三年，春，齊侯使仲孫湫聘于周，且言王子帶。前年王子帶奔齊，言欲復之。事畢，不與王言。不言子帶事。歸復命曰：未可。王怒未怠，其十年乎？不十年，王弗召也。

夏，會于鹹，淮夷病杞故，且謀王室也。秋，為戎難故，諸侯戍周，齊仲孫湫致之。戍，守也。致諸侯戍卒于周。

冬，晉荐饑，麥禾皆不熟。使乞糴于秦。秦伯謂子桑：與諸乎？對曰：重施而報，君將何求？言不損秦。○施，式豉反。重施而不報，其民必攜，攜而討焉，無眾必敗。不義故民離。謂百里：與諸乎？百里，秦大夫。對曰：天災流行，國家代有，救災恤鄰，道也。行道有福。丕鄭之子豹在秦，請伐晉。欲為父報怨。秦伯曰：其君是惡，其民何罪？秦於是乎輸粟于晉，自雍及絳相繼。雍，秦國都。絳，晉國都。○雍，于用反。命之曰汎舟之役。從渭水運入河汾。

經　十有四年。春，諸侯城緣陵。緣陵，杞邑。辟淮夷，遷都于緣陵。

夏，六月，季姬及鄫子遇于防，使鄫子來朝。季姬，魯女，鄫夫人也。鄫子本無朝志，為季姬所召而來，故言使鄫子來朝。鄫國，今琅邪鄫縣。○鄫，似陵反。

秋，八月，辛卯，沙鹿崩。沙鹿，山名。平陽元城縣東有沙鹿土山，在晉地。災害繫於所災所害，故不繫國。

狄侵鄭。無傳。

春秋左傳　卷五　僖公　三七　永懷堂

冬，蔡侯肸卒。無傳。未同盟而赴以名。○肸，許乙反。

傳　十四年。春，諸侯城緣陵而遷杞焉。不書其人，有闕也。闕，謂器用不具，城池未固而去，為惠不終也。澶淵之會，既而無歸，大夫不書，而國別稱人。今此總曰諸侯，君臣之辭，不言城杞，杞未遷也。○澶，市然反。

鄫季姬來寧，公怒止之，以鄫子之不朝也。來寧不書，而後年書歸鄫，更嫁之文也。明公絕鄫昏，既來朝而還之。夏，遇于防，而使來朝。

秋，八月，辛卯，沙鹿崩。晉卜偃曰：期年將有大咎，幾亡國。國主山川，山崩川竭，亡國之徵。○期音基。

冬，秦饑，使乞糴于晉，晉人弗與。慶鄭曰：背施無親，慶鄭，晉大夫。○背音佩。施，式豉反。幸災不仁，貪愛不祥，怒鄰不義。四德皆失，何以守國？虢射曰：皮之不存，毛將安傅？虢射，惠公舅也。皮以喻所許秦城，毛以喻糴。言既背秦施，為怨以深，雖與之糴，猶無皮而施毛。○傅音附。慶鄭曰：棄信背鄰，患孰恤之？無信患作，失援必斃，是則然矣。虢射曰：無損於怨，而厚於寇，不如勿與。言與秦粟，不足解怨，適足使秦強。慶鄭曰：背施幸災，民所棄也。近猶讎之，況怨敵乎？弗聽。退曰：君其悔是哉。

經　十有五年。春，王正月，公如齊。無傳。諸侯五年再相朝，禮也。例在文十五年。

春秋左傳　卷五　僖公　三八　永懷堂

楚人伐徐。

三月，公會齊侯、宋公、陳侯、衛侯、鄭伯、許男、曹伯盟于牡丘，遂次于匡。公孫敖帥師及諸侯之大夫救徐。牡丘，地名，闕。匡，衛地，在陳留長垣縣西南。公孫敖，慶父之子。諸侯既盟，次匡，皆遣大夫將兵救徐，故不復具列國別也。

夏，五月，日有食之。

秋，七月，齊師、曹師伐厲。厲，楚與國。義陽隨縣北有厲鄉。

八月，螽。無傳。為災。

九月，公至自會。
無傳。
季姬歸于鄫。
無傳。來寧不書，此書者，以明中絕。
己卯，晦，震夷伯之廟。
夷伯，魯大夫展氏之祖父。夷，諡；伯，字。震者，雷電擊之。大夫既卒書字。
冬，宋人伐曹。楚人敗徐于婁林。
婁林，徐地。下邳僮縣東南有婁亭。
十有一月，壬戌，晉侯及秦伯戰于韓，獲晉侯。

例得大夫曰獲。晉侯背施無親，愎諫違卜，故貶絕，下從衆臣之例，而不言以歸。不書敗績，晉師不大崩。○愎，皮逼反。
傳十五年，春，楚人伐徐，徐即諸夏故也。三月，盟于牡丘，尋葵丘
之盟，且救徐也。葵丘盟在九年。孟穆伯帥師及諸侯之師救徐，諸侯次
于匡以待之。
夏五月，日有食之。不書朔與日，官失之也。
秋，伐厲，以救徐也。
晉侯之入也，秦穆姬屬賈君焉，晉侯入在九年。穆姬，申生姊，秦穆夫人。賈君，晉獻公次妃，賈女
也。○屬，音燭。且曰：「盡納群公子。」羣公子，晉武獻之族，宣二年傳曰「驪姬之亂，詛無畜羣公子」。○詛，莊據反。
晉侯烝於賈君，又不納群公子，是以穆姬怨之。晉侯許賂中大

夫，中大夫，國內執政里丕等。既而皆背之。賂秦伯以河外列城五，東盡虢略，
南及華山，內及解梁城，既而不與。河外，河南也。東盡虢略，從河南而東，盡虢界也。解梁城，今
河東解縣也。華山在弘農華陰縣西南。○解，音蟹。晉饑，秦輸之粟；在十三年。秦饑，晉閉之糴，
在十四年。故秦伯伐晉。卜徒父筮之，吉。徒父，秦之掌龜卜者。卜人而用筮，不能通三易之占，故據
其所見雜占而言之。涉河，侯車敗。詰之。秦伯之軍涉河，則晉侯車敗也。秦伯不解，謂敗在己，故詰之。對
曰：「乃大吉也。三敗，必獲晉君。其卦遇蠱䷑巽下艮上曰：『千乘三
去，三去之餘，獲其雄狐。』夫狐蠱，必其君也。於周易，利涉大川，往有事也，亦秦勝晉之
卦也。今此所言，蓋卜筮書雜辭，以狐蠱為君，其義欲以喻晉惠公，其象未聞。蠱之貞，風也；其悔，山也。
內卦為貞，外卦為悔。巽為風，秦象；艮為山，晉象。歲云秋矣，我落其實而取其材，所以克

也。周九月，夏之七月，孟秋也。艮為山，山有木，今歲已秋，風吹落山木之實，則材為人所取。實落材亡，不敗
何待？」三敗及韓。晉侯車三壞。晉侯謂慶鄭曰：「寇深矣，若之何？」對曰：「君
實深之，可若何？」公曰：「不孫。」卜右，慶鄭吉，弗使。惡其不孫，不以為車右，此夷吾之多
忌。○孫，音遜。步揚御戎，家僕徒為右。步揚，郤犨之父。乘小駟，鄭入也。鄭所獻馬名小
駟。慶鄭曰：「古者大事必乘其產，生其水土而知其人心，安其教
訓而服習其道，唯所納之，無不如志。今乘異產，以從戎事，及懼
而變，將與人易。變易人意。亂氣狡憤，陰血周作，張脈僨興，外彊中乾，
狡，戾也。憤，動也。氣狡憤於外，則血脈必周身而作，隨氣
張動，外雖有彊形，而內實乾竭。○張，中亮反；僨，方問反。進退不
可，周旋不能，君必悔之。」弗聽。九月，晉侯逆秦師，使韓簡視師，韓簡，

晉大夫韓萬之孫 復曰師少於我鬭士倍我公曰何故對曰出因其資 謂奔梁求秦 入用其寵 爲秦所納 饑食其粟三施而無報是以來也今又擊之我怠秦奮倍猶未也公曰一夫不可狃況國乎 狃忕也言辟秦則使忕來○施式示反忕時世反又時設反 遂使請戰曰寡人不佞能合其衆而不能離也君若不還無所逃命秦伯使公孫枝對曰君之未入寡人懼之入而未定列猶吾憂也 列位也 苟列定矣敢不承命韓簡退曰吾幸而得囚 得囚爲幸言必敗 壬戌戰于韓原 九月十三日 晉戎馬還濘而止 濘泥也還便旋也小駟不調故隋泥中 公號慶鄭慶鄭曰愎諫違卜 愎戾也 固敗是求又何逃焉遂去之梁由靡御韓簡虢射爲右輅秦伯將

止之 輅迎也止獲也 鄭以救公誤之遂失秦伯秦獲晉侯以歸 經書十一月壬戌十四日經從赴 晉大夫反首拔舍從之 反首亂頭髮下垂也拔草舍止壞形毀服 秦伯使辭焉曰二三子何其慼也寡人之從君而西也亦晉之妖夢是踐豈敢以至 狐突不寐而與神言故謂之妖夢申生言帝許罰有罪今將晉君而西以厭息此語踐厭也○厭于冉反又于輒反 晉大夫三拜稽首曰君履后土而戴皇天皇天后土實聞君之言群臣敢在下風穆姬聞晉侯將至以大子罃弘與女簡璧登臺而履薪焉 罃康公名弘其母弟也簡璧罃弘姊妹古之宮閉者皆居之臺以抗絕之穆姬欲自罪故登臺而荐之以薪左右上下者皆履柴乃得通 使以免服衰絰逆且告 免衰絰遭喪之服令行人服此服迎秦伯且告將以恥辱自殺○免音問衰七雷反絰大結反 曰上天降災使我兩君匪以

玉帛相見而以興戎若晉君朝以入則婢子夕以死夕以入則朝以死唯君裁之乃舍諸靈臺 在京兆鄠縣周之故臺亦所以抗絕令不得通外內 大夫請以入公曰獲晉侯以厚歸也既而喪歸焉用之 君將晉侯入則夫人或自殺 大夫其何有焉 何有猶何得 且晉人慼憂以重我 謂反首拔舍 天地以要我不圖晉憂重其怒也我食吾言背天地也 食消也 重怒難任背天不祥必歸晉君 任當也 公子縶曰不如殺之無聚慝焉 公子縶秦大夫恐夷吾歸復相聚爲惡○縶張執反 子桑曰歸之而質其大子必得大成晉未可滅而殺其君祇以成惡 祇適也○質音致 且史佚有言曰無始禍 史佚周武王時大史名佚 無怙亂 恃人亂爲己利 無重怒重怒難任陵人不祥乃許晉

平晉侯使郤乞告瑕呂飴甥且召之 郤乞晉大夫也瑕呂飴甥即呂甥也蓋姓瑕呂名飴甥字子金晉侯聞秦將許之平故告呂甥召使迎己○飴音怡 子金教之言曰朝國人而以君命賞 恐國人不從故先賞之於朝 且告之曰孤雖歸辱社稷矣其卜貳圉也 貳代也圉惠公大子懷公 衆皆哭 哀君不還國 晉於是乎作爰田 分公田之稅應入公者爰之於所賞之衆 呂甥曰君亡之不恤而群臣是憂惠之至也將若君何衆曰何爲而可對曰征繕以輔孺子 征賦也繕治也孺子大子圉 諸侯聞之喪君有君群臣輯睦甲兵益多好我者勸惡我者懼庶有益乎衆說晉於是乎作州兵 五黨爲州州二千五百家也因此又使州長各繕甲兵○喪息浪反 初晉獻公筮嫁伯姬於秦遇歸妹 ䷵ 兌下震上歸妹 之睽 ䷥ 兌下離上睽歸妹上六變

而爲睽史蘇占之曰不吉史蘇晉卜筮之史其繇曰士刲羊亦無衁也女承筐亦無貺也周易歸妹上六爻辭也衁血也貺賜也刲羊士之功承筐女之職上六無應所求不獲故下刲無血上承無實不吉之象也離爲中女震爲長男故稱士女○繇直救反刲苦圭反衁音荒西鄰責言不可償也將嫁女於西而遇不吉之卦故知有責讓之言不可報償歸妹之睽猶無相也歸妹女嫁之卦睽乖離之象故曰無相相助也○相息亮反震之離亦離之震二卦變而氣相通爲雷爲火爲嬴敗姬嬴秦姓姬晉姓震爲雷離爲火火動熾而害其母女嫁反害其家之象故曰爲嬴敗姬車說其輹火焚其旗不利行師敗于宗丘輹車下縛也丘猶邑也震爲車離爲火上六爻在震則無應故車脫輹在離則失位故火焚旗言皆失車火之用也車敗旗焚故不利行師火還害母故敗不出國近在宗邑○說吐活反輹音福又音服歸妹睽孤寇張之弧此睽上九爻辭也處睽之極故曰睽孤失位孤絕故遇寇難而有弓矢之警皆不吉之象姪其從姑震爲木離爲火火從木生離爲震妹於火爲姑謂我姪者我謂之姑謂子圉質秦六年其逋逃歸其國而棄其家逋亡也家謂子圉婦懷嬴○逋補吾反明年其死於高梁之虛惠公死之明年文公入殺懷公于高梁高梁晉地在平陽楊氏縣西南凡筮者用周易則其象可推非此而往則臨時占者或取于象或取於氣或取於時日王相以成其占若盡附會以爻象則構虛而不經故略言其歸趣他皆放此○虛去魚反王于況反相息亮反及惠公在秦曰先君若從史蘇之占吾不及此夫韓簡侍曰龜象也筮數也物生而後有象象而後有滋滋而後有數先君之敗德及可數乎史蘇是占勿從何益言龜以象示筮以數告象數相因而生然後有占占所以知吉凶不能變吉凶故先君敗德非筮數所生雖復不從史蘇不能益禍詩曰下民之孽匪降自天僔沓背憎職競由人詩小雅言民之有邪惡非天所降僔沓面語背相憎疾皆人競所主作因以諷諫惠公有以召此禍也○僔尊本反

震夷伯之廟罪之也於是展氏有隱慝焉隱惡非法所得尊貴罪所不加是以聖人因天地之變自然之妖以感動之知達之主則識先聖之情以自厲中下之主亦信妖祥以不妄神道助教唯此爲深

冬宋人伐曹討舊怨也莊十四年曹與諸侯伐宋

楚敗徐于婁林徐恃救也恃齊救

十月晉陰飴甥會秦伯盟于王城陰飴甥即呂甥也食采於陰故曰陰飴甥王城秦地馮翊臨晉縣東有王城今名武鄉秦伯曰晉國和乎對曰不和小人恥失其君而悼喪其親痛其親爲秦所殺不憚征繕以立圉也曰必報讎寧事戎狄君子愛其君而知其罪不憚征繕以待秦命曰必報德有死無二以此不和秦伯曰國謂君何對曰小人慼謂之不免君子恕以爲必歸小人曰我毒秦秦豈歸君毒謂三施不報君子曰我知罪矣秦必歸君貳而執之服而舍之德莫厚焉刑莫威焉服者懷德貳者畏刑此一役也言還惠公使諸侯威服復可當一事之功秦可以霸納而不定廢而不立以德爲怨秦不其然秦伯曰是吾心也改館晉侯饋七牢焉牛羊豕各一爲一牢蛾析謂慶鄭曰盍行乎蛾析晉大夫也對曰陷君於敗謂呼不往誡晉師失秦伯敗而不死又使失刑非人臣也臣而不臣行將焉入十一月晉侯歸丁丑殺慶鄭而後入丁丑月二十九日是歲晉又饑秦伯又餼之粟曰吾怨其君而矜其民且吾聞唐叔之封也

箕子曰。其後必大。晉其庸可冀乎。唐叔晉始封之君武王之子箕子殷王帝乙之子紂之庶兄。姑樹德焉。以待能者。於是秦始征晉河東。置官司焉。征賦也

春秋左傳卷五 終

春秋左傳卷六

晉鎭南大將軍當陽縣侯京兆杜　預集解

皇明　後　學　東吳葛　鼒較訂

僖公

經十有六年。春王正月。戊申朔。隕石于宋五。隕落也。聞其隕視之石數之五。各隨其聞見先後而記之。莊七年星隕如雨見星之隕而隊于四遠若山若水不見在地之驗。此則見在地之驗。而不見始隕之星。史各據事而書。○隊直類反

是月。六鷁退飛過宋都。是月隕石之月重言是月嫌同日。鷁水鳥高飛遇風而退。宋人以爲災告于諸侯故書。○鷁五歷反本或作鶂音同過古禾反

三月壬申。公子季友卒。無傳稱字者貴之公與小斂故書日。○與音預

夏四月丙申。鄫季姬卒。無傳。○鄫似陵反

秋七月甲子。公孫茲卒。無傳。

冬十有二月。公會齊侯宋公陳侯衛侯鄭伯許男邢侯曹伯于淮。臨淮郡左右。

傳十六年。春。隕石于宋五。隕星也。但言星則嫌星使石隕故重言隕星六鷁退飛

過宋都。風也。六鷁遇迅風而退飛、風高不爲物害、故不記風之異、周內史叔興聘于宋。宋
襄公問焉、曰、是何祥也。吉凶焉在。祥、吉凶之先見者、襄公以爲石隕鷁退、能爲禍福之始、故
問其所在、對曰、今茲魯多大喪。今茲、此歲、明年齊有亂。君將得諸侯而不
終。魯喪、齊亂、宋襄公不終、別以政刑吉凶他占知之、退而告人曰、君失問。是陰陽之事、
非吉凶所生也。言石隕鷁退、陰陽錯逆所爲、非人所生、襄公不知陰陽而問人事、故曰君失問、叔興自以對非
其實、恐爲有識所譏、故退而告人、吉凶由人。吾不敢逆君故也。積善餘慶、積惡餘殃、故曰吉凶
由人、君問吉凶、不敢逆之、故假他占以對、
夏。齊伐厲。不克。救徐而還。十五年、齊伐厲以救徐、
秋。狄侵晉。取狐廚受鐸。涉汾。及昆都。因晉敗也。狐廚、受鐸、昆都、晉三邑、平陽臨
春秋左傳　卷六　僖公　二　承懷堂
汾縣西北有狐谷亭、汾水出大原、南入河、
王以戎難告于齊。齊徵諸侯而戍周。十一年、戎伐京師以來、遂爲王室難、
冬。十一月乙卯。鄭殺子華。終管仲之言、事在七年、
十二月。會于淮。謀鄫。且東略也。鄫爲淮夷所病故、城鄫。役人病。有夜登
丘而呼曰。齊有亂。不果城而還。役人遇厲氣、不堪久駐、故作妖言、○呼火故反、還音旋、
經十有七年。春。齊人徐人伐英氏。
夏。滅項。項國、今汝陰項縣、公在會、別遣師滅項、不言師、諱之、
秋。夫人姜氏會齊侯于卞。
卞、今魯國卞縣、
九月。公至自會。公既見執于齊、猶以會致者、諱之、
冬。十有二月乙亥。齊侯小白卒。
與僖公八同盟、赴以名、
傳十七年。春。齊人爲徐伐英氏。以報婁林之役也。英氏、楚與國、婁林役在十
五年、
夏。晉大子圉爲質於秦。秦歸河東而妻之。秦征河東、置官司、在十五年、○質音致、妻
七計反、下同、惠公之在梁也。梁伯妻之。梁嬴孕過期。過十月不產、懷子曰孕、○過古
禾反、卜招父與其子卜之。卜招父、梁大卜、○招上遙反、其子曰。將生一男一女。
春秋左傳　卷六　僖公　三　承懷堂
招曰。然。男爲人臣。女爲人妾。故名男曰圉。女曰妾。圉、養馬者、不聘曰妾、及
子圉西質。妾爲宦女焉。宦事秦爲妾、
師滅項。師、魯師、淮之會。公有諸侯之事。未歸而取項。淮會在前年冬、諸侯之事、
會同講禮之事、齊人以爲討而止公。內諱執、皆言止、
秋。聲姜以公故會齊侯于卞。聲姜、僖公夫人、齊女、九月。公至。書曰至自會。
猶有諸侯之事焉。且諱之也。恥見執、故託會以告廟、
齊侯之夫人三。王姬。徐嬴。蔡姬。皆無子。齊侯好內。多內寵。內嬖
如夫人者六人。長衛姬生武孟。武孟、公子無虧、少衛姬生惠公。公子元、鄭

姬生孝公。（公子昭）葛嬴生昭公。（公子潘）密姬生懿公。（公子商人）宋華子生公子雍。（華氏之女子姓。○華戶化反）公與管仲屬孝公於宋襄公以爲大子。雍巫有寵於衛共姬因寺人貂以薦羞於公。（雍巫雍人名巫即易牙。○屬音燭共音恭）亦有寵公許之立武孟。（易牙既有寵於公爲長衛姬請立武孟）管仲卒五公子皆求立。冬十月乙亥齊桓公卒。（乙亥月八日）易牙入與寺人貂因內寵以殺群吏（內寵內官之有權寵者）而立公子無虧孝公奔宋十二月乙亥赴辛巳夜殯（六十七日乃殯）

經十有八年春王正月宋公曹伯衛人邾人伐齊。（納孝公）

夏師救齊。（無傳）

五月戊寅宋師及齊師戰于甗齊師敗績。（無虧既死曹衛邾先去魯亦罷歸故宋師獨與齊戰不稱宋公不親戰也大崩曰敗績甗齊地。○甗魚免反又音言一音彥）

狄救齊。（無傳救四公子之徒）

秋八月丁亥葬齊桓公。（十一月而葬亂故八月無丁亥日誤）

冬邢人狄人伐衛（狄稱人者史異辭傳無義例）

傳十八年春宋襄公以諸侯伐齊三月齊人殺無虧。（以說宋。○說音悅又如字）

鄭伯始朝于楚。（中國無霸故）楚子賜之金既而悔之與之盟曰無以鑄兵。（楚金利故）故以鑄三鐘。（古者以銅爲兵傳言楚無霸者遠略）

齊人將立孝公不勝四公子之徒遂與宋人戰（無虧已死故曰四公子）夏五月宋敗齊師于甗立孝公而還。

秋八月葬齊桓公（孝公立而後得葬）

冬邢人狄人伐衛圍菟圃衛侯以國讓父兄子弟及朝眾曰苟能治之燬請從焉。（燬衛文公名。○菟音徒）眾不可。（不聽衛侯讓）而後師于訾婁。（陳師訾婁訾婁衛邑。○訾子斯反婁郎句反又郎鉤反）狄師還。（獨言狄還則邢留距衛所以終爲衛所滅）

梁伯益其國而不能實也。（多築城邑而無民以實之）命曰新里秦取之。

經十有九年春王三月宋人執滕子嬰齊。（稱人以執宋以罪及民告例在成十五年傳例不以名爲義書名及不書名皆從赴）

夏六月宋公曹人邾人盟于曹南。（無傳曹雖與盟而猶不服不肯致餼無地主之禮故不以國地而曰曹南所以及秋而見圍）

鄫子會盟于邾。（不及曹南之盟諸侯既罷鄫乃會之于邾故不言如會）

己酉。邾人執鄫子。用之。稱人以執，宋以罪及民告也。鄫雖失大國會盟之信，然宋用之為罰已虐，故直書用之，言若用畜產也。不書社，赴不及也。不書宋使邾，而以邾自用為文，南面之君，善惡自專，不得託之于他命。○畜，許又反

秋。宋人圍曹。衛人伐邢。伐邢在圍曹前，經書在後，從赴。

冬。會陳人。蔡人。楚人。鄭人盟于齊。地于齊，齊亦與盟。

梁亡。以自亡為文，非取者之罪，所以惡梁。

傳 十九年。春。遂城而居之。承前年傳取新里，故不復言秦也。為此冬梁亡傳。

宋人執滕宣公。

夏。宋公使邾文公用鄫子于次睢之社。欲以屬東夷。睢水受汴，東經陳留、梁、譙、沛、彭城縣入泗。此水次有妖神，東夷皆社祠之，蓋殺人而用祭。司馬子魚曰。古者六畜不相為用。司馬子魚，公子目夷也。六畜不相為用，謂若祭馬先不用馬。小事不用大牲。而況敢用人乎。祭祀以為人也。民。神之主也。用人。其誰饗之。齊桓公存三亡國以屬諸侯。三亡國，魯、衛、邢。義士猶曰薄德。謂欲因亂取魯，緩救邢、衛。今一會而虐二國之君。宋公三月以會召諸侯，執滕子，六月而會盟，其月二十二日執鄫子，故云一會而虐二國之君。又用諸淫昏之鬼。非周社，故。將以求霸。不亦難乎。得死為幸。恐其亡國。

秋。衛人伐邢。以報菟圃之役。邢不速退，所以獨見伐。於是衛大旱。卜有事於山川。不吉。有事，祭也。甯莊子曰。昔周饑。克殷而年豐。今邢方無道。諸侯無伯。伯，長也。天其或者欲使衛討邢乎。從之。師興而雨。

宋人圍曹。討不服也。曹南盟不修地主之禮，故。子魚言於宋公曰。文王聞崇德亂而伐之。軍三旬而不降。崇，崇侯虎。退修教而復伐之。因壘而降。復往攻之，備不改前，而崇自服。詩曰。刑于寡妻。至于兄弟。以御于家邦。詩大雅。言文王之教，自近及遠。寡妻，嫡妻，謂大姒也。刑，法也。今君德無乃猶有所闕。而以伐人。若之何。盍姑內省德乎。無闕而後動。

陳穆公請脩好於諸侯。以無忘齊桓之德。冬。盟于齊。脩桓公之好也。宋襄暴虐，故思齊桓。

梁亡。不書其主。自取之也。不書取梁者主名。初。梁伯好土功。亟城而弗處。民罷而弗堪。則曰。某寇將至。乃溝公宮。溝，壍。○亟，欺冀反。罷音皮。曰。秦將襲我。民懼而潰。秦遂取梁。

經 二十年。春。新作南門。魯城南門也。本名稷門，僖公更高大之，今猶不與諸門同，改名高門也。言新，以易舊；言作，以興事，皆更造之文也。

夏。郜子來朝。無傳。郜，姬姓國。○郜，古報反

五月。乙巳。西宮災。

無傳。西宮，公別宮也。天火曰災，例在宣十六年。

鄭人入滑。入例在襄十三年。○滑，乎八反。

秋，齊人、狄人盟于邢。

冬，楚人伐隨。

傳二十年春，新作南門。書不時也。失土功之時。凡啓塞從時。門戶道橋謂之啓，城郭牆塹謂之塞，皆官民之開閉，不可一日而闕，故特隨壞時而治之。今僖公修飾城門，非開閉之急，故以土功之制譏之。傳嫌啓塞皆從土功之時，故別起從時之例。

滑人叛鄭而服於衛。夏，鄭公子士、洩堵寇帥師入滑。公子士，鄭文公子。洩堵寇，鄭大夫。

秋，齊、狄盟于邢，爲邢謀衛難也。於是衛方病邢。

隨以漢東諸侯叛楚。冬，楚鬭穀於菟帥師伐隨，取成而還。君子曰：隨之見伐，不量力也。量力而動，其過鮮矣。善敗由己，而由人乎哉？詩曰：豈不夙夜，謂行多露。詩召南。言豈不欲早暮而行，懼多露之濡己。以喻違禮而行，必有汙辱。是亦量宜相時而動之義。○穀，奴口反。於音烏。菟音徒。

宋襄公欲合諸侯。臧文仲聞之曰：以欲從人則可，屈己之欲，從衆之善。以人從欲鮮濟。爲明年鹿上盟傳。

經二十有一年春，狄侵衛。無傳。爲邢故。

宋人、齊人、楚人盟于鹿上。鹿上，宋地。汝陰有原鹿縣。宋爲盟主，故在齊人上。

夏，大旱。雩不獲雨，故書旱。自夏及秋，五稼皆不收。

秋，宋公、楚子、陳侯、蔡侯、鄭伯、許男、曹伯會于盂。執宋公以伐宋。盂，宋地。楚始與中國行會禮，故稱爵。不言楚執宋公者，宋無德而爭盟，爲諸侯所疾，故總見衆國共執之文。

冬，公伐邾。無傳。爲邾滅須句故。○句，其俱反。傳同。

楚人使宜申來獻捷。無傳。獻宋捷也。不言宋者，秋伐宋，冬來獻捷，事不異年，從可知。不稱楚子使，來不稱君命行禮。

十有二月癸丑，公會諸侯盟于薄。釋宋公。諸侯既與楚共伐宋，宋服，故爲薄盟以釋之。公本無會期，聞盟而往，故書公會諸侯。

傳二十一年春，宋人爲鹿上之盟，以求諸侯於楚。楚人許之。公子目夷曰：小國爭盟，禍也。宋其亡乎，幸而後敗。謂軍敗。

夏，大旱。公欲焚巫尪。巫尪，女巫也，主祈禱請雨者。或以爲尪非巫也，瘠病之人，其面上向，俗謂天哀其病，恐雨入其鼻，故爲之旱。是以公欲焚之。○尪，烏黃反。臧文仲曰：非旱備也。脩城郭，貶食省用，務穡勸分，此其務也。穡，儉也。勸分，有無相濟。巫尪何爲？天欲殺之，則如

勿生。若能爲旱。焚之滋甚。公從之。是歲也。饑而不害。不傷害民、

秋。諸侯會宋公于盂。子魚曰。禍其在此乎。君欲已甚。其何以堪之。於是楚執宋公以伐宋。冬。會于薄以釋之。子魚曰。禍猶未也。未足以懲君。爲二十二年戰泓傳、

任。宿。須句。顓臾。風姓也。實司大皥與有濟之祀。司主也、大皥伏羲、四國伏羲之後、故主其祀、任今任城縣也、顓臾在泰山南武陽縣東北、須句在東平須昌縣西北、四國封近于濟、故世祀之、○任音壬、皥胡老反、濟子禮反、以服事諸夏。與諸夏同服王事、

邾人滅須句。須句子來奔。因成風也。須句成風家、成風爲之言於公曰。崇明祀。保小寡。周禮也。明祀大皥有濟之祀、保安也、蠻夷猾夏。周禍也。此邾滅須句、而曰蠻夷、昭二十三年叔孫豹曰、邾又夷也、然則邾雖

曹姓之國、迫近諸戎、雜用夷禮、故極言之、猾夏亂諸夏、若封須句。是崇皥濟而脩祀。紓禍也。紓解也、爲明年伐邾傳、○紓音舒

經　二十有二年。春。公伐邾。取須句。須句雖別國、而削弱不能自通、爲魯私屬、若顓臾之比、魯謂之社稷之臣、故滅奔及反其君皆略不備書、唯書伐邾取須句、

夏。宋公。衛侯。許男。滕子伐鄭。

秋。八月。丁未。及邾人戰于升陘。升陘魯地、邾人縣公冑于魚門、故深恥之、不言公、又不言師敗績、

冬。十有一月。己巳朔。宋公及楚人戰于泓。宋師敗績。泓水名、宋伐鄭、楚救之、故戰、楚告命不以主帥人數、故略稱人、

傳　二十二年。春。伐邾。取須句。反其君焉。禮也。得恤寡小之禮、

三月。鄭伯如楚。

夏。宋公伐鄭。子魚曰。所謂禍在此矣。怒鄭至楚、故伐之、爲下泓戰起、

初。平王之東遷也。周幽王爲犬戎所滅、平王嗣立、故東遷洛邑、辛有適伊川。見被髮而祭於野者。辛有周大夫、伊川周地、伊水也、曰。不及百年。此其戎乎。其禮先亡矣。被髮而祭、有象夷狄、秋。秦晉遷陸渾之戎于伊川。允姓之戎、居陸渾、在秦晉西北、二國誘而徙之伊川、遂從戎號、至今爲陸渾縣也、計此去辛有過百年、而云不及百年、傳舉其事驗、不必其年信、

晉大子圉爲質於秦。將逃歸。謂嬴氏曰。與子歸乎。嬴氏秦所妻子圉懷嬴也、○質音致、妻七計反、對曰。子。晉大子。而辱於秦。子之欲歸。不亦宜乎。寡君

之使婢子侍執巾櫛。婢子婦人之卑稱也、以固子也。從子而歸。棄君命也。不敢從。亦不敢言。遂逃歸。傳終史蘇之占、

富辰言於王曰。請召大叔。富辰周大夫、大叔王子帶、十二年奔齊、詩曰。協比其鄰。昏姻孔云。詩小雅、言王者爲政、先和協近親、則昏姻甚相歸附也、鄰猶近也、孔甚也、云旋也、吾兄弟之不協。焉能怨諸侯之不睦。王說。王子帶自齊復歸于京師。王召之也。傳終仲孫湫之言也、爲二十四年天王出居于鄭起、○湫子小反、

邾人以須句故出師。公卑邾。不設備而禦之。卑小也、臧文仲曰。國無小。不可易也。無備。雖衆不可恃也。詩曰。戰戰兢兢。如臨深淵。如履薄冰。詩小雅、言常戒懼、又曰。敬之敬之。天維顯思。顯明也、思猶辭也、命不

易哉。周頌言有國宜敬戒天明臨下奉承其命甚難先王之明德猶無不難也。無不懼也。況我小國乎。君其無謂邾小。蠭蠆有毒。而況國乎。弗聽。八月丁未。公及邾師戰于升陘。我師敗績。邾人獲公冑。縣諸魚門。冑兜鍪魚門邾城門○蠆勅邁反一音勅戒反

楚人伐宋以救鄭。宋公將戰。大司馬固諫曰。天之棄商久矣。君將興之。弗可赦也已。大司馬固莊公之孫公孫固也言君興天所棄必不可不如赦楚勿與戰弗聽。

冬十一月己巳朔。宋公及楚人戰于泓。宋人既成列。楚人未既濟。未盡渡泓水司馬曰。子魚也彼衆我寡。及其未既濟也。請擊之。公曰。不可。既濟而未成列。又以告。公曰。未可。既陳而後擊之。宋師敗

績。公傷股。門官殲焉。門官守門者師行則在君左右殲盡也○陳直覲反殲子廉反國人皆咎公。公曰。君子不重傷。不禽二毛。二毛頭白有二色古之爲軍也。不以阻隘也。不因阻隘以求勝寡人雖亡國之餘。宋商紂之後不鼓不成列。恥以詐勝子魚曰。君未知戰。勍敵之人。隘而不列。天贊我也。勍強也言楚在險隘不得陳列天所以佐宋阻而鼓之。不亦可乎。猶有懼焉。雖因阻擊之猶恐不勝且今之勍者。皆吾敵也。雖及胡耇。獲則取之。何有於二毛。今之勍者謂與吾競者胡耇元老之稱明恥教戰。求殺敵也。明設刑戮以恥不果傷未及死。如何勿重。言尚能害己若愛重傷。則如勿傷。愛其二毛。則如服焉。言苟不欲傷殺敵人則本可不須鬬三軍以利用也。爲利興金鼓以聲氣也。鼓以佐士衆之聲氣利而用之。阻隘可也。聲盛致志。鼓儳可也。儳巖未整陳○儳仕銜反

丙子晨。鄭文夫人芈氏姜氏勞楚子於柯澤。楚子還過鄭鄭文公夫人芈氏楚女姜氏齊女也柯澤鄭地○芈彌爾反勞力報反楚子使師縉示之俘馘。師縉楚樂師也俘所得囚馘所截耳君子曰。非禮也。婦人送迎不出門。見兄弟不踰閾。閾門限戎事不邇女器。邇近也器物也言俘馘非近婦人之物丁丑。楚子入饗于鄭。九獻。爲鄭所饗用上公之禮九獻酒而禮畢庭實旅百。庭中所陳品數百也加籩豆六品。食物六品加於籩豆籩豆禮食器饗畢。夜出。文芈送于軍。取鄭二姬以歸。二姬文芈女也叔詹曰。楚王其不沒乎。不以壽終爲禮卒于無別。無別不可謂禮。將何以沒。諸侯是以知其不遂霸也。言楚子所以師敗城濮終爲商臣所弒

經二十有三年。春。齊侯伐宋圍緡。緡宋邑高平昌邑縣東南有東緡城○緡亡巾反

夏五月庚寅。宋公茲父卒。三同盟

秋。楚人伐陳。

冬十有一月。杞子卒。傳例曰不書名未同盟也杞入春秋稱侯莊二十七年絀稱伯至此用夷禮貶稱子

傳二十三年。春。齊侯伐宋圍緡。以討其不與盟于齊也。十九年盟于齊以無忘桓公之德而宋獨不會復召齊人共盟鹿上故今討之○與音預

夏五月宋襄公卒傷於泓故也終子魚之言得敗爲幸

秋楚成得臣帥師伐陳討其貳於宋也成得臣子玉也遂取焦夷城頓而還焦今譙縣也夷一名城父今譙郡城父縣二地皆陳邑頓國今汝陰南頓縣子文以爲之功使爲令尹叔伯曰子若國何叔伯楚大夫薳呂臣也以爲子玉不任令尹○薳爲彼反對曰吾以靖國也夫有大功而無貴仕貴仕貴位其人能靖者與有幾言必矜功爲亂不可不賞○與音餘

九月晉惠公卒經在明年從赴懷公命無從亡人懷公子圉亡人重耳期期而不至無赦狐突之子毛及偃從重耳在秦弗召偃子犯也○期期上如字下音基從才用反冬懷公執狐突曰子來則免未期而執突以不召子故對曰子之能仕

父教之忠古之制也策名委質貳乃辟也名書於所臣之策屈膝而君事之則不可以貳辟罪也○質如字辟婢亦反今臣之子名在重耳有年數矣若又召之教之貳也父教子貳何以事君刑之不濫君之明也臣之願也淫刑以逞誰則無罪臣聞命矣乃殺之卜偃稱疾不出曰周書有之乃大明服周書康誥言君能大明則民服已則不明而殺人以逞不亦難乎民不見德而唯戮是聞其何後之有言懷公必無後於晉爲二十四年殺懷公張本

十一月杞成公卒書曰子杞夷也成公始行夷禮以終其身故於卒貶之杞實稱伯仲尼以文貶稱子故傳言書曰子以明之不書名未同盟也凡諸侯同盟死則赴以名禮也隱十年已見今重發不書名者疑降爵故也此凡又爲國史承告而書例赴以名則亦書之謂未同盟不然則否謂同盟而不以名告辟不敏也敏猶審也同盟然後告名赴者之禮也承赴然後書策史官之制也內外之宜不同故傳重詳其義

晉公子重耳之及於難也晉人伐諸蒲城事在五年蒲城人欲戰重耳不可曰保君父之命而享其生祿享受也保猶恃也於是乎得人以祿致衆有人而校罪莫大焉校報也吾其奔也遂奔狄從者狐偃趙衰衰趙夙弟顛頡魏武子武子魏犨○頡戶結反犨尺由反司空季子胥臣臼季也時狐毛賈佗皆從而獨舉此五人賢而有大功狄人伐廧咎如廧咎如赤狄之別種也隗姓○廧在良反咎古刀反隗五罪反獲其二女叔隗季隗納諸公子公子取季隗生伯儵叔劉以叔隗妻趙衰生盾盾趙宣子○儵直由反妻七計反將適齊謂季隗曰待我二

十五年不來而後嫁對曰我二十五年矣又如是而嫁則就木焉言將死入木不復成嫁請待子處狄十二年而行以五年奔狄至十六年而去過衞衞文公不禮焉出於五鹿五鹿衞地今衞縣西北有地名五鹿陽平元城縣東亦有五鹿乞食於野人野人與之塊公子怒欲鞭之子犯曰天賜也得土有國之祥故以爲天賜稽首受而載之及齊齊桓公妻之有馬二十乘四馬爲乘八十匹也公子安之從者以爲不可將行謀於桑下齊桓既卒知孝公不可恃故蠶妾在其上以告姜氏姜氏殺之姜氏重耳妻恐孝公怒其去故殺妾以滅口而謂公子曰子有四方之志其聞之者吾殺之矣公子曰無之姜曰行也懷與安實敗名公子不可姜與子犯謀醉而遣之醒以戈逐子

犯無去志故怒及曹曹共公聞其駢脅欲觀其裸浴薄而觀之薄迫也駢脅合幹僖負羈之妻曰吾觀晉公子之從者皆足以相國若以相夫子必反其國反其國必得志於諸侯得志於諸侯而誅無禮曹其首也子盍蚤自貳焉自貳自別異於曹乃饋盤飧寘璧焉臣無竟外之交故用盤藏璧飧中不欲令人見公子受飧反璧及宋宋襄公贈之以馬二十乘贈送也及鄭鄭文公亦不禮焉叔詹諫曰臣聞天之所啓人弗及也啓開也晉公子有三焉天其或者將建諸君其禮焉男女同姓其生不蕃蕃息也晉公子姬出也而至于今一也犬戎狐姬之子故曰姬出離外之患出奔在外而天不靖晉國殆將啓之二也有三士足

以上人而從之三也國語狐偃趙衰賈佗三人皆卿才晉鄭同儕儕等也○儕士皆反其過子弟固將禮焉況天之所啓乎弗聽及楚楚子饗之曰公子若反晉國則何以報不穀對曰子女玉帛則君有之羽毛齒革則君地生焉其波及晉國者君之餘也其何以報君曰雖然何以報我對曰若以君之靈得反晉國晉楚治兵遇於中原其辟君三舍若不獲命三退不得楚止命也其左執鞭弭右屬櫜鞬以與君周旋弭弓末無緣者櫜以受箭鞬以受弓屬著也周旋相追逐也○弭莫爾反屬音燭櫜古刀反鞬九言反緣悅絹反子玉請殺之言其志大楚子曰晉公子廣而儉志廣而體儉文而有禮其從者肅而寬肅敬也忠而能力晉侯無親外內惡之晉侯惠公吾聞姬姓

唐叔之後其後衰者也其將由晉公子乎天將興之誰能廢之違天必有大咎乃送諸秦秦伯納女五人懷嬴與焉懷嬴子圉妻子圉謚爲懷公故號懷嬴奉匜沃盥既而揮之匜沃盥器也揮湔也○奉芳勇反匜以支反一似紙反盥古緩反怒曰秦晉匹也何以卑我匹敵也公子懼降服而囚去上服自拘囚以謝之他日公享之子犯曰吾不如衰之文也有文辭也○衰初危反請使衰從公子賦河水河水逸詩義取河水朝宗于海海喻秦公賦六月六月詩小雅道尹吉甫佐宣王征伐喻公子還晉必能匡王國古者禮會因古詩以見意故言賦詩斷章也其全稱詩篇者多取首章之義他皆放此趙衰曰重耳拜賜公子降拜稽首公降一級而辭焉下階一級辭公子稽首衰曰君稱所以佐天子者命重耳重耳敢不拜詩首章言匡王國次章言佐天

子故趙衰因通言之爲明年秦伯納之張本

經　二十有四年春王正月

夏狄伐鄭

秋七月

冬天王出居于鄭襄王也天子以天下爲家故所在稱居天子無外而書出者譏王蔽於匹夫之孝不顧天下之重因其辟母弟之難書出言其自絕于周

晉侯夷吾卒文公定位而後告未同盟而赴以名

傳二十四年春王正月，秦伯納之。不書，不告入也。（納重耳也。）及河，子犯以璧授公子，曰：「臣負羈紲從君巡於天下，（羈，馬羈；紲，馬韁。）臣之罪甚多矣。臣猶知之，而況君乎？請由此亡。」公子曰：「所不與舅氏同心者，有如白水。」投其璧于河。濟河，圍令狐，入桑泉，取臼衰。（○衰，初危反。）二月甲午，晉師軍于廬柳。（懷公遣兵距重耳。）秦伯使公子縶如晉師。師退，軍于郇。（解縣西北有郇城。）辛丑，狐偃及秦晉之大夫盟于郇。壬寅，公子入于晉師。丙午，入于曲沃。丁未，朝于武宮。（文公之祖武公廟也。）戊申，使殺懷公于高梁。（高梁在平陽楊縣西南。）不書，亦不告也。

呂、郤畏偪，（呂甥、郤芮，惠公舊臣，故畏為文公所偪。）將焚公宮而弒晉侯。寺人披請見。公使讓之，且辭焉，曰：「蒲城之役，君命一宿，女即至。（即日至。）其後余從狄君以田渭濱，女為惠公來求殺余，命女三宿，女中宿至。雖有君命，何其速也？夫袪猶在，女其行乎！」對曰：「臣謂君之入也，其知之矣。（知君人之道。）若猶未也，又將及難。君命無二，古之制也。除君之惡，唯力是視。蒲人、狄人，余何有焉？今君即位，其無蒲、狄乎？齊桓公置射鉤，而使管仲相。（乾時之役，管仲射桓公中帶鉤。）君若易之，何辱命焉？行者甚眾，豈唯刑臣？」公見之，以難告。三月，晉侯潛會秦伯于王城。己丑晦，公宮火。瑕甥、郤芮不獲公，乃如河上，秦伯誘而殺之。晉侯逆夫人嬴氏以歸。秦伯送衛於晉三千人，實紀綱之僕。

初，晉侯之豎頭須，守藏者也。其出也，竊藏以逃，盡用以求納之。及入，求見。公辭焉以沐。謂僕人曰：「沐則心覆，心覆則圖反，宜吾不得見也。居者為社稷之守，行者為羈紲之僕，其亦可也，何必罪居者？國君而讎匹夫，懼者甚眾矣。」僕人以告，公遽見之。

狄人歸季隗于晉，而請其二子。文公妻趙衰，生原同、屏括、樓嬰。趙姬請逆盾與其母，子餘辭。姬曰：「得寵而忘舊，何以使人？必逆之。」固請，許之。來，以盾為才，固請于公，以為嫡子，而使其三子下之；以叔隗為內子，而己下之。

晉侯賞從亡者，介之推不言祿，祿亦弗及。推曰：「獻公之子九人，唯君在矣。惠、懷無親，外內棄之。天未絕晉，必將有主。主晉祀者，非君而誰？天實置之，而二三子以為己力，不亦誣乎？竊人之財，猶謂之盜，況貪天之功以為己力乎？下義其罪上賞其姦上下相蒙 蒙欺也 難與處矣其母曰盍亦求之以死誰懟對曰尤而效之罪又甚焉且出怨言不食其食 怨言謂上下相蒙難與處○懟直類反 其母曰亦使知之若何 既不求之且欲令推達言於文公 對曰言身之文也身將隱焉用文之是求顯也其母曰能如是乎與女偕隱 偕俱也○女音汝 遂隱而死晉侯求之不獲以緜上為之田曰以志吾過且旌善人 旌表也西河界休縣南有地名緜上

鄭之入滑也滑人聽命 入滑在二十年 師還又即衛鄭公子士洩堵俞彌帥師伐滑 堵俞彌鄭大夫 王使伯服游孫伯如鄭請滑 二子周大夫 鄭伯怨惠王之入而不與厲公爵也 事在莊二十一年 又怨襄王之與衛滑也 怨王助衛為滑請 故不聽王命而執二子王怒將以狄伐鄭富辰諫曰不可臣聞之大上以德撫民 無親疏也 其次親親以相及也 先親以及疏推恩以成義 昔周公弔二叔之不咸故封建親戚以蕃屏周 弔傷也咸同也周公傷夏殷之叔世疏其親戚以至滅亡故廣封其兄弟 管蔡郕霍魯衛毛聃郜雍曹滕畢原酆郇文之昭也 十六國皆文王子也管國在滎陽京縣東北雍國在河內山陽縣西畢國在長安縣西北酆國在始平鄠縣東○聃乃甘反雍于用反郇音荀 邘晉應韓武之穆也 四國皆武王子應國在襄陽城父縣西南韓國在河東郡界河內野王縣西北有邘城○邘音于 凡蔣邢茅胙祭周公之胤也 胤嗣也蔣在弋陽期思縣高平昌邑縣西有茅鄉東郡燕縣西南有胙亭○祭音蔡 召穆公思周德之不類故糾合宗族于成周而作詩 類善也糾收也召穆公周卿士名虎召采地扶風雍縣東南有

春秋左傳　卷六　僖公　廿　承懷堂

召亭周厲王之時周德衰微兄弟道缺召穆公于東都收會宗族特作此周公之樂歌常棣詩屬小雅 曰常棣之華鄂不韡韡 常棣棣也鄂鄂然華外發不韡韡言韡韡以喻兄弟和睦則彊盛而有光輝韡韡然○不方九反韡韋鬼反 凡今之人莫如兄弟 言致韡韡之盛莫如親兄弟 其四章曰兄弟鬩于牆外禦其侮 鬩訟爭貌言內雖不和猶宜外扞異族之侵侮○鬩呼歷反 如是則兄弟雖有小忿不廢懿親 懿美也 今天子不忍小忿以棄鄭親其若之何庸勳親親暱近尊賢德之大者也 庸用也暱親也 即聾從昧與頑用嚚姦之大者也棄德崇姦禍之大者也 崇聚也 鄭有平惠之勳 平王東遷晉鄭是依惠王出奔虢鄭納之是其勳也 又有厲宣之親 鄭始封之祖桓公友周厲王之子宣王之母弟 棄嬖寵而用三良 七年殺嬖臣申侯十六年殺寵子子華也三良叔詹堵叔師叔所謂尊賢 於諸姬為近 道近當暱之 四德具矣耳不聽五聲之和為聾目不別五色之章為昧心不則德義之經為頑口不道忠信之言為嚚狄皆則之四姦具矣周之有懿德也猶曰莫如兄弟故封建之 當周公時故言周之有懿德 其懷柔天下也猶懼有外侮扞禦侮者莫如親親故以親屏周召穆公亦云 周公作詩召公歌之故言亦云 今周德既衰於是乎又渝周召以從諸姦無乃不可乎 變周召親兄弟之道 民未忘禍王又興之 前有子頹之亂中有叔帶召狄故曰民未忘禍 其若文武何 言將廢文武之功業 王弗聽使頹叔桃子出狄師 二子周大夫

夏狄伐鄭取櫟王德狄人將以其女為后富辰諫曰不可臣聞

春秋左傳　卷六　僖公　廿一　承懷堂

之曰。報者倦矣。施者未厭。施功勞也、有勞則望報過甚、狄固貪惏。王又啓之。女德無極。婦怨無終。婦女之志、近之則不知止足、遠之則忿怨無已、終猶已也、○惏力南反、狄必為患。王又弗聽。

初甘昭公有寵於惠后。甘昭公、王子帶也、食邑於甘、河南縣西南有此水、惠后將立之。未及而卒。昭公奔齊。奔齊在十二年、王復之。在二十二年、又通於隗氏。隗氏王所立狄后、王替隗氏。替廢也、頹叔桃子曰。我實使狄。狄其怨我。遂奉大叔以狄師攻王。王御士將禦之。周禮王之御士十二人、王曰。先后其謂我何。先后惠后也、誅大叔恐違先后志、寧使諸侯圖之。王遂出。及坎欿。國人納之。坎欿周地、在河南鞏縣東、秋頹叔桃子奉大叔以狄師伐周。大敗周師。獲周

公忌父原伯毛伯富辰。原毛皆采邑、王出適鄭。處于氾。鄭南氾也、在襄城縣南、○氾音凡、後皆同、大叔以隗氏居于溫。

鄭子華之弟子臧出奔宋。十六年殺子華故、好聚鷸冠。鷸鳥名、聚鷸羽以為冠、非法之服、○鷸尹橘反、鄭伯聞而惡之。惡其服非法、使盜誘之。八月盜殺之于陳宋之閒。君子曰。服之不衷。身之災也。衷猶適也、詩曰。彼己之子。不稱其服。詩曹風、刺小人在位、言彼人之德不稱其服、○己音記、稱尺證反、子臧之服。不稱也夫。詩曰。自詒伊慼。其子臧之謂矣。詩小雅、詒遺也、慼憂也、取其自遺憂、夏書曰。地平天成。稱也。夏書逸書、地平其化、天成其施、上下相稱為宜、

宋及楚平。宋成公如楚。還入於鄭。鄭伯將享之。問禮於皇武子。皇武子鄭卿、對曰。宋先代之後也。於周為客。天子有事膰焉。有事祭宗廟也、膰祭肉、尊之故賜以祭胙、有喪拜焉。宋弔周喪、王特拜謝之、豐厚可也。鄭伯從之。享宋公有加。禮也。禮物事事加厚、善鄭能尊先代、

冬。王使來告難曰。不穀不德。得罪于母弟之寵子帶。鄙在鄭地氾。鄙野也、敢告叔父。天子謂同姓諸侯曰叔父、臧文仲對曰。天子蒙塵于外。敢不奔問官守。官守王之羣臣、王使簡師父告于晉。使左鄢父告于秦。二子周大夫、天子無出。書曰。天王出居于鄭。辟母弟之難也。叔帶襄王同母弟、天子凶服降名。禮也。凶服素服、降名稱不穀、鄭伯與孔將鉏石甲父侯宣多省視官具于氾。三子鄭大夫、省官司具器用、

而後聽其私政。禮也。得先君後己之禮、衛人將伐邢。禮至曰。不得其守。國不可得也。禮至衛大夫、守謂邢正卿國子、我請昆弟仕焉。乃往得仕。為明年滅邢傳、

經　二十有五年。春。王正月。丙午。衛侯燬滅邢。衛邢同姬姓、惡其親親相滅、故稱名罪之、

夏。四月。癸酉。衛侯燬卒。無傳、五同盟、

宋蕩伯姬來逆婦。無傳、伯姬魯女、為宋大夫蕩氏妻也、自為其子來逆、稱婦、姑存之辭、婦人越竟逆婦、非禮、故書、

宋殺其大夫。無傳。其事則未聞。于例為大夫無罪故不稱名。

秋。楚人圍陳。納頓子于頓。頓迫于陳而出奔楚。故楚圍陳以納頓子。不言遂。明一事也。子玉稱人。從告。頓子不言歸。與師見納故。

葬衛文公。無傳。

冬。十有二月。癸亥。公會衛子。莒慶盟于洮。洮。魯地。衛文公既葬。成公不稱爵者。述父之志。降名從未成君。故書子以善之。莒慶不稱氏。未賜族。

傳二十五年。春。衛人伐邢。二禮從國子巡城。掖以赴外。殺之。正月。丙午。衛侯燬滅邢。同姓也。故名。禮至為銘曰。余掖殺國子。莫余敢止。惡其不知恥。詐以滅同姓。而反銘功于器。

秦伯師于河上。將納王。狐偃言於晉侯曰。求諸侯莫如勤王。納王也。諸侯信之。且大義也。繼文之業。而信宣於諸侯。今為可矣。晉文侯仇為平王侯伯。匡輔周室。使卜偃卜之。曰。吉。遇黃帝戰于阪泉之兆。黃帝與神農之後姜氏戰于阪泉之野。勝之。今得其兆。故以為吉。公曰。吾不堪也。文公自以為已當此兆。故曰不堪。對曰。周禮未改。今之王。古之帝也。言周德雖衰。其命未改。今之周王。自當帝兆。不謂晉。公曰。筮之。筮之遇大有䷍乾下離上大有。之睽䷥兌下離上睽。大有九三變而為睽。曰。吉。遇公用享于天子之卦。大有九三爻辭也。三為三公而得位。變而為兌。兌為說。得位而說。故能為王所宴饗也。戰克而王饗。吉孰大焉。言卜筮協吉。且是卦也。方更總言二卦之義。不繫于一爻。天為澤以當日。天子降心以逆公。不亦可乎。乾為天。兌為澤。乾變為兌而上當離。離為日。日之在天。垂曜在澤。天子在上。說心在下。是降心逆公之象。大有去睽而復。亦其所也。言去睽卦還論大有。亦有天子降心之象。乾尊離卑。降尊下卑。亦其義也。晉侯辭秦師而下。辭讓秦師使還。順流故曰下。

三月。甲辰。次于陽樊。右師圍溫。大叔在溫故。左師逆王。夏。四月。丁巳。王入于王城。取大叔于溫。殺之于隰城。戊午。晉侯朝王。王饗醴。命之宥。既行饗禮而設醴酒。又加之以幣帛以助歡也。宥。助也。請隧。弗許。闕地通路曰隧。王之葬禮也。諸侯皆縣柩而下。○隧音遂。闕其月反。縣音玄。柩其九反。曰。王章也。章顯王者與諸侯異。未有代德而有二王。亦叔父之所惡也。與之陽樊溫原欑茅之田。晉於是始啟南陽。在晉山南河北。故曰南陽。○欑才官反。陽樊不服。圍之。蒼葛呼曰。蒼葛陽樊人。○呼火故反。德以柔中國。刑以威四夷。宜吾不敢服也。此誰非王之親姻。其俘之也。乃出其民。取其土而已。

秋。秦晉伐鄀。鄀本在商密。秦楚界上小國。其後遷于南郡鄀縣。○鄀音若。楚鬬克屈禦寇以申息之師戍商密。鬬克申公子儀。屈禦寇息公子邊。商密。鄀別邑。今南鄉丹水縣。戍守也。二子屯兵于析。以為商密援。秦人過析。隈入而係輿人。以圍商密。昏而傳焉。析楚邑。一名白羽。今南鄉析縣。隈。隱蔽之處。係輿人詐為克析得其囚俘者。昏而傳城。不欲令商密知。囚非析人。○隈烏回反。係音計。傳音附。宵。坎血加書。偽與子儀子邊盟者。掘地為坎。以埋盟之餘血。加盟書其上。商密人懼曰。秦取析矣。戍人反矣。乃降秦師。秦師囚申公子儀息公子遷以歸。商密既降，析戍亦敗，故得囚二子。楚令尹子玉追秦師，弗及。不復言晉者，秦爲主。遂圍陳，納頓子于頓。爲頓圍陳。

冬，晉侯圍原，命三日之糧。原不降，命去之。諜出，諜，間也。○諜音牒 曰：原將降矣。軍吏曰：請待之。公曰：信，國之寶也，民之所庇也。得原失信，何以庇之？所亡滋多。退一舍而原降。遷原伯貫于冀。伯貫，周守原大夫也。趙衰爲原大夫，狐溱爲溫大夫。狐溱，狐毛之子。

衞人平莒于我。十二月，盟于洮，修衞文公之好，且及莒平也。莒以元年酈之役怨魯，衞文公將平之，未及而卒，成公追成父志，降名以行事，故曰修文公之好。○酈力知反

晉侯問原守於寺人勃鞮，勃鞮，披也。對曰：昔趙衰以壺飧從，徑，餒而弗食。言其廉且仁，不忘君也。徑，猶行也。故使處原。從披言也。衰雖有大功，猶簡小善以進之，示不遺勞。

經二十有六年，春，王正月，己未，公會莒子、衞甯速盟于向。向，莒地。甯速，衞大夫莊子也。○向，舒亮反

齊人侵我西鄙，公追齊師至酅，弗及。公逐齊師，遠至齊地，故書之。濟北穀城縣西有地名酅下。○酅戶圭反

夏，齊人伐我北鄙。孝公未入魯竟，先使徵者伐之。

衞人伐齊。

公子遂如楚乞師。公子遂，魯卿也。乞，不保得之辭。

秋，楚人滅夔，以夔子歸。夔，楚同姓國，今建平秭歸縣。夔有不祀之罪，故不譏楚滅同姓。

冬，楚人伐宋，圍緡。公以楚師伐齊，取穀。傳例曰：師能左右之曰以。

公至自伐齊。無傳。

傳二十六年，春，王正月，公會莒茲丕公、甯莊子，盟于向，尋洮之盟也。茲丕，時君之號。莒夷無謚，以號爲稱。○丕普悲反　洮盟在前年。

齊師侵我西鄙，討是二盟也。

夏，齊孝公伐我北鄙，衞人伐齊，洮之盟故也。公使展喜犒師，勞齊師。使受命于展禽。柳下惠。齊侯未入竟，展喜從之，曰：寡君聞君親舉玉趾，將辱於敝邑，使下臣犒執事。言執事，不敢斥尊。齊侯曰：魯人恐乎？對曰：小人恐矣，君子則否。齊侯曰：室如縣罄，野無青草，何恃而不恐？如而也。時夏四月，今之二月，野物未成，故言居室而資糧縣盡，在野則無蔬食之物，所以當恐。○縣音玄，注同。對曰：恃先王之命。昔周公、大公股肱周室，夾輔成王。成王勞之，而賜之盟，曰：世世子孫無相害也。載在盟府，載，載書也。大師職之。職，主也。大公爲大師，兼主司盟之官。桓公是以糾合諸侯，而謀其不協，彌縫其闕，而

匡救其災，昭舊職也。及君卽位，諸侯之望曰：其率桓之功。率，循也。我敝邑用不敢保聚。用此舊盟故，不聚衆保守。曰：豈其嗣世九年，而棄命廢職，其若先君何？君必不然。恃此以不恐。齊侯乃還。

東門襄仲、臧文仲如楚乞師。襄仲居東門，故以爲氏。臧文仲爲襄仲副使，故不書。臧孫見子玉而道之伐齊宋，以其不臣也。言其不臣事周室，可以此罪責而伐之。

夔子不祀祝融與鬻熊，祝融，高辛氏之火正，楚之遠祖也。鬻熊，祝融之十二世孫。夔，楚之別封，故亦世紹其祀。楚人讓之。對曰：我先王熊摯有疾，鬼神弗赦，而自竄于夔。熊摯，楚嫡子，有疾不得嗣位，故別封爲夔子。吾是以失楚，又何祀焉？飾辭文過。秋，楚成得臣、鬭宜申帥師滅夔，以夔子歸。成得臣，令尹子玉也。鬭宜申，司馬子西也。

宋以其善於晉侯也，重耳之出也，宋襄公贈馬二十乘。叛楚卽晉。冬，楚令尹子玉、司馬子西帥師伐宋，圍緡。公以楚師伐齊，取穀。凡師能左右之曰以。左右，謂進退在己。寘桓公子雍於穀，易牙奉之以爲魯援。雍本與孝公爭立，故使居穀以偪齊。楚申公叔侯戍之。使申叔去穀張本。桓公之子七人爲七大夫於楚。言孝公不能撫公族。

春秋左傳卷六終

春秋左傳卷七

晉鎭南大將軍當陽縣侯京兆杜　預集解
皇明　後　學　東吳葛　鼒較訂

僖公

經　二十有七年，春，杞子來朝。

夏六月庚寅，齊侯昭卒。十九年，與魯大夫盟于齊。

秋八月乙未，葬齊孝公。無傳。三月而葬，速。

乙巳，公子遂帥師入杞。弗地曰入。八月無乙巳，乙巳，九月六日。

冬，楚人、陳侯、蔡侯、鄭伯、許男圍宋。傳言楚子使子玉去宋，經書人者，恥不得志，以微者告，猶序諸侯之上，楚主兵故。

十有二月甲戌，公會諸侯盟于宋。無傳。諸侯伐宋，公與楚有好而往會之，非後期。宋方見圍，無嫌於與盟，故直以宋地。

傳　二十七年，春，杞桓公來朝，用夷禮，故曰子。杞，先代之後，而迫於東夷，風俗雜壞，言語衣服有時而夷，故杞子卒，傳言其夷也。今稱朝者，始於朝禮，終而不全，異於介葛盧，故唯貶其爵。公卑杞，杞不共也。杞用夷禮故賤之。○共音恭。

夏。齊孝公卒。有齊怨。前年齊再伐魯。不廢喪紀。禮也。弔贈之數不可廢。
秋。入杞。責無禮也。責不共也。
楚子將圍宋。使子文治兵於睽。子文時不爲令尹。故云使。治兵。習號令也。睽。楚邑。終朝而畢。不戮一人。終朝。自旦及食時也。子文欲委重於子玉。故略其事。子玉復治兵於蔿。子玉爲令尹。故蔿楚邑。○蔿。于委反。終日而畢。鞭七人。貫三人耳。國老皆賀子文。子文飲之酒。賀子玉堪其事。蔿賈尚幼。後至不賀。蔿賈。伯嬴。孫叔敖之父。幼。少也。子文問之。對曰。不知所賀。子之傳政於子玉。曰。以靖國也。靖諸內而敗諸外。所獲幾何。子玉之敗。子之舉也。舉以敗國。將何賀焉。子玉剛而無禮。不可以治民。過三百乘。其不能以入矣。苟入而賀。何

後之有。三百乘。二萬二千五百人。
冬。楚子及諸侯圍宋。宋公孫固如晉告急。公孫固。宋莊公孫。先軫曰。報施救患。取威定霸。於是乎在矣。先軫。晉下軍之佐。原軫也。報宋贈馬之施。狐偃曰。楚始得曹而新昏於衛。若伐曹衛。楚必救之。則齊宋免矣。前年楚使申叔侯戍穀。以偪齊。於是乎蒐于被廬。晉常以春蒐禮改政令。敬其始也。被廬。晉地。作三軍。閔元年晉獻公作二軍。今復大國之禮。謀元帥。中軍帥。趙衰曰。郤縠可。臣亟聞其言矣。說禮樂而敦詩書。詩書。義之府也。禮樂。德之則也。德義。利之本也。夏書曰。賦納以言。明試以功。車服以庸。尚書虞夏書也。賦納以言。觀其志也。明試以功。考其事也。車服以庸。報其勞也。賦猶取也。庸。功也。○縠。胡木反。亟。欺冀反。說音悅。君其試之。乃使郤縠

將中軍。郤溱佐之。使狐偃將上軍。讓於狐毛而佐之。狐毛。偃之兄。命趙衰爲卿。讓於欒枝先軫。欒枝。貞子也。欒賓之孫。使欒枝將下軍。先軫佐之。荀林父御戎。魏犨爲右。荀林父。中行桓子。○行。戶剛反。晉侯始入而敎其民。二年欲用之。二十四年入。子犯曰。民未知義。未安其居。無義則苟生。於是乎出定襄王。二十五年定襄王。以示事君之義。入務利民。民懷生矣。將用之。子犯曰。民未知信。未宣其用。宣。明也。未明於見用之信。於是乎伐原以示之信。伐原在二十五年。民易資者不求豐焉。不詐以求多。明徵其辭。重言信。公曰。可矣乎。子犯曰。民未知禮。未生其共。於是乎大蒐以示之禮。蒐順少長。明貴賤。作執秩以正其官。執秩。主爵秩之官。民聽不惑而後用之。出穀戍

釋宋圍。楚子使申叔去穀。子玉去宋。一戰而霸。文之敎也。謂明年戰城濮。

經 二十有八年。春。晉侯侵曹。晉侯伐衛。再舉晉侯者。曹衛兩來告。
公子買戍衛。不卒戍。刺之。公子買。魯大夫子叢也。內殺大夫皆書刺。言用周禮三刺之法。示不枉濫也。公實畏晉。殺子叢而誣叢以廢戍之罪。恐不爲遠近所信。故顯書其罪。
楚人救衛。
三月丙午。晉侯入曹。執曹伯。畀宋人。畀。與也。執諸侯當以歸京師。晉欲怒楚使戰。故以與宋。所謂譎而不正。

夏四月己巳，晉侯齊師宋師秦師及楚人戰于城濮，楚師敗績。宋公齊國歸父秦小子憖既次城濮，以師屬晉，不與戰也。子玉及陳蔡之師不書，楚人恥敗，告文略也。大崩曰敗績。○憖魚覲反，與音預

楚殺其大夫得臣。子玉違其君命以取敗，稱名以殺，罪之。

衛侯出奔楚。

五月癸丑，公會晉侯齊侯宋公蔡侯鄭伯衛子莒子，盟于踐土。踐土，鄭地。王子虎臨盟，不同歃，故不書。衛侯出奔，其弟叔武攝位受盟，非王命所加，從未成君之禮，故稱子，而序鄭伯之下。經書癸丑，月十八日也。傳書癸亥，月二十八日。經傳必有誤。

陳侯如會。無傳。陳本與楚，楚敗，懼而屬晉，來不及盟，故曰如會。

公朝于王所。無傳。王在踐土，非京師，故曰王所。

六月，衛侯鄭自楚復歸于衛。衛元咺出奔晉。復其位曰復歸。晉人感叔武之賢而復衛侯，衛侯之入，由於叔武，故以國逆為文，例在成十八年。元咺，衛大夫，雖為叔武訟訴，失君臣之節，故無賢文。奔例在宣十年。○咺況晚反

陳侯款卒。無傳。凡四同盟。

秋，杞伯姬來。無傳。莊公女。歸寧曰來。

公子遂如齊。無傳。聘也。

冬，公會晉侯齊侯宋公蔡侯鄭伯陳子莒子邾子秦人于溫。陳共公稱子，先君未葬，例在九年。宋襄公稱子，自在本班。陳共公稱子，降在鄭下。陳懷公稱子，而在鄭上。傳無義例，蓋主會所次，非褒貶也。

天王狩于河陽。壬申，公朝于王所。晉地，今河內有河陽縣。晉實召王，為其辭逆而意順，故經以王狩為辭。壬申，十月十日。有日而無月，史闕文。

晉人執衛侯歸之于京師。稱人以執，罪及民也。例在成十五年。諸侯不得相治，故歸之京師。

衛元咺自晉復歸于衛。元咺與衛侯訟，得勝而歸，從國逆例者，明衛侯無道於民，國人與元咺。

諸侯遂圍許。會溫諸侯也。許比再會不至，故因會共伐之。

曹伯襄復歸于曹。晉感侯孺之言而復曹伯，故從國逆例。○孺乃侯反

遂會諸侯圍許。

言遂得復而行，不歸國也。

傳二十八年春，晉侯將伐曹，假道于衛。曹在衛東故。衛人弗許。還自南河濟，從汲郡南渡，出衛南而東。侵曹伐衛。正月戊申，取五鹿。五鹿，衛地。二月，晉郤縠卒。原軫將中軍，胥臣佐下軍，上德也。先軫以下軍佐超將中軍，故曰上德。胥臣，司空季子。

晉侯、齊侯盟于斂盂。斂盂，衛地。衛侯請盟，晉人弗許。衛侯欲與楚，國人不欲，故出其君以說于晉。衛侯出居于襄牛。襄牛，衛地。○說音悅。公子買戍衛，晉伐衛，衛，楚之昏姻，魯欲與楚，故戍衛。楚人救衛，不克。公懼於晉，殺子叢以說焉。召子叢而殺之，以謝晉。謂楚人曰：不卒戍也。詐告楚人，言子叢不終戍事而歸，故殺之。殺子叢在楚救衛下，經在上者，救衛赴晚至。

晉侯圍曹，門焉，多死。攻曹城門。曹人尸諸城上。磔晉死人於城上。○磔，張宅反。晉侯患之，聽輿人之謀，曰稱舍於墓。輿，衆也。舍墓，爲將發冢。師遷焉，曹人兇懼，遷至曹人墓。兇兇，恐懼聲。○兇，凶勇反。爲其所得者棺而出之，因其兇也而攻之。三月丙午，入曹。數之以其不用僖負羈，而乘軒者三百人也，且曰獻狀。軒，大夫車。言其無德居位者多，故責其功狀。令無入僖負羈之宮而免其族，報施也。報飧璧之施。魏犨、顛頡怒曰：勞之不圖，報於何有？二子各有從亡之勞。○頡，戶結反。爇僖負羈氏。爇，燒也。魏犨傷於胸，公欲殺之，而愛其才，使問，且視之。病，將殺之。魏犨束胸見使者曰：以君之靈，不有寧

也。言不以病故自安寧。距躍三百，曲踊三百。距躍，超越也。曲踊，跳踊也。百，猶勵也。○勵音邁。乃舍之。殺顛頡以徇于師，立舟之僑以爲戎右。舟之僑，故虢臣，閔二年奔晉，以代魏犨，爲先歸張本。宋人使門尹般如晉師告急。門尹般，宋大夫。公曰：宋人告急，舍之則絕，與晉絕。告楚不許，我欲戰矣，齊秦未可，若之何？未肯戰。先軫曰：使宋舍我而賂齊秦，藉之告楚。假借齊秦使爲宋請。我執曹君，而分曹衛之田以賜宋人。楚愛曹衛，必不許也。不許齊秦之請。喜賂怒頑，能無戰乎？言齊秦喜得宋賂而怒楚之頑，必自戰也。不可告請，故曰頑。公說，執曹伯，分曹衛之田以畀宋人。楚子入居于申，申在方城內，故曰入。使申叔去穀，二十六年申叔戍穀。使子玉去宋，曰：無從晉師。晉侯在外十九年矣，而果得晉國。

晉侯生十七年而亡，亡十九年而反，凡三十六年，至此四十矣。險阻艱難，備嘗之矣。民之情僞，盡知之矣。天假之年，獻公之子九人，唯文公在，故曰天假之年。而除其害。除惠懷呂郤。天之所置，其可廢乎？軍志曰：允當則歸。無求過分。軍志，兵書。又曰：知難而退。又曰：有德不可敵。此三志者，晉之謂矣。謂今與晉遇，當用此三志。子玉使伯棼請戰，伯棼，子越椒也，鬬伯比之孫。曰：非敢必有功也，願以閒執讒慝之口。閒執，猶塞也。讒慝若蔿賈之言，謂子玉不能以三百乘入。王怒，少與之師，唯西廣、東宮與若敖之六卒實從之。定子還申，遣此兵以就前圍宋之衆。楚有左廣，又大子有宮甲，分取以給之。若敖，楚武王之祖父，葬若敖者，子玉之祖也。六卒，子玉宗人之兵六百人，言不悉師以益之。子玉使宛春告於晉師曰：請復衛侯而封曹，臣亦釋宋之圍。衛侯未出竟，曹伯見執在宋，已失位，故言復衛

封費子犯曰子玉無禮哉君取一臣取二君取一、以釋宋圍惠晉侯、臣取二、復曹衛爲己
功、不可失矣言可伐、先軫曰子與之定人之謂禮楚一言而定三
國我一言而亡之我則無禮何以戰乎不許楚言是棄宋也救
而棄之謂諸侯何言將爲諸侯所怪、楚有三施我有三怨怨讎已多將
何以戰不如私許復曹衛以攜之私許二國使告絕於楚而後復之攜離也執宛春
以怒楚既戰而後圖之須勝負決乃定計、公說乃拘宛春於衛且私許
復曹衛曹衛告絕於楚子玉怒從晉師晉師退軍吏曰以君辟
臣辱也且楚師老矣何故退子犯曰師直爲壯曲爲老豈在久
乎微楚之惠不及此重耳過楚楚成王有贈送之惠退三舍辟之所以報也一舍

三十里、初楚子云若反國何以報我、故以退三舍爲報、背惠食言以亢其讎亢猶當也、讎謂楚也、我
曲楚直其衆素飽不可謂老直氣盈飽我退而楚還我將何求若其
不還君退臣犯曲在彼矣退三舍楚衆欲止子玉不可夏四月
戊辰晉侯宋公齊國歸父崔夭秦小子憖次于城濮國歸父崔夭齊大夫也小子憖秦穆公子也、城濮衛地、楚師背酅而舍酅丘陵險阻名○酅胡圭反晉侯患之聽
輿人之誦恐衆畏險故聽其歌誦、曰原田每每舍其舊而新是謀高平曰原喻晉君美盛若原田之草每每然、可以謀立新功不足念舊惠、公疑焉疑衆謂己背舊謀新子犯曰戰也戰
而捷必得諸侯若其不捷表裏山河必無害也晉國外河而內山、公曰
若楚惠何欒貞子曰漢陽諸姬楚實盡之貞子欒枝也、水北曰陽姬姓之國在漢北

者楚盡滅之、思小惠而忘大恥不如戰也晉侯夢與楚子搏搏手搏、楚
子伏己而盬其腦盬啑也○盬音古啑子答反又所荅反是以懼子犯曰吉我得
天楚伏其罪吾且柔之矣晉侯上向故得天楚子下向地故伏其罪腦所以柔物子犯審見事宜故權言以荅夢、子玉使鬬勃請戰鬬勃楚大夫、曰請與君之士戲君馮軾而
觀之得臣與寓目焉寓寄也、晉侯使欒枝對曰寡君聞命矣楚君
之惠未之敢忘是以在此爲大夫退其敢當君乎既不獲命矣不獲止命敢煩大夫謂二三子煩鬬勃令戒敕子玉子西之屬、戒爾車乘敬爾君事
詰朝將見詰朝平旦晉車七百乘韅靷鞅靽五萬二千五百人在背曰韅在胸曰靷在腹曰鞅在後曰靽言駕乘修備○韅許見反靷以刃反鞅於丈反靽音半晉侯登有莘之虛以觀

師曰少長有禮其可用也有莘故國名、少長猶言大小、遂伐其木以益其兵伐木以益攻戰之具輿曳柴亦是也己巳晉師陳于莘北胥臣以下軍之佐當陳
蔡子玉以若敖之六卒將中軍曰今日必無晉矣子西將左子
上將右子西鬬宜申子上鬬勃○陳直覲反胥臣蒙馬以虎皮先犯陳蔡陳蔡奔
楚右師潰陳蔡屬楚右師狐毛設二旆而退之旆大旗也、又建二旆而退使若大將稍卻欒
枝使輿曳柴而僞遁曳柴起塵詐爲衆走楚師馳之原軫郤溱以中軍公
族橫擊之公族公所率之軍、狐毛狐偃以上軍夾攻子西楚左師潰楚
師敗績子玉收其卒而止故不敗三軍唯中軍完是大崩晉師三日館穀
館舍也、食楚軍穀三日、及癸酉而還甲午至于衡雍作王宮于踐土衡雍鄭地、

今熒陽卷縣、襄王聞晉戰勝、自往勞之故爲作宮、○雍于用反、卷音權　鄉役之三月。鄉、猶屬也、城濮役之前三
月、○鄉許亮反、屬音燭　鄭伯如楚致其師。爲楚師既敗而懼、使子人九行
成于晉。子人、氏、九、名、　晉欒枝入盟鄭伯。五月丙午、晉侯及鄭伯盟于
衡雍。丁未、獻楚俘于王。駟介百乘、徒兵千。駟介、四馬被甲、徒兵、步卒、　鄭伯傅
王、用平禮也。傅、相也、以周平王享晉文侯仇之禮享晉侯、　己酉、王享醴、命晉侯宥。既饗
又命晉侯助以束帛、以將厚意、　王命尹氏及王子虎、內史叔興父、策命晉侯爲
侯伯。以策書命晉侯爲伯也、周禮、九命作伯、尹氏、王子虎、皆王卿士也、叔興父、大夫也、三官命之、以寵晉、　賜之大
輅之服、戎輅之服。大輅、金輅、戎輅、戎車、二輅各有服、　彤弓一、彤矢百、玈弓矢千。
彤、赤弓、玈、黑弓、弓一矢百、則矢千弓十、諸侯賜弓矢、然後專征伐、○玈音盧　秬鬯一卣。秬、黑黍、鬯、香酒、所以降神、
卣、器名、○卣音酉　虎賁三百人。曰、王謂叔父、敬服王命、以綏四國、糾逖
王慝。逖、遠也、有惡於王者、糾而遠之、○賁音奔、逖勑歷反　晉侯三辭、從命、曰、重耳敢再拜
稽首、奉揚天子之丕顯休命。稽首、首至地、丕、大也、休、美也、　受策以出。出入三
覲。出入、猶去來也、從來至去、凡三見王、
衛侯聞楚師敗、懼、出奔楚、遂適陳。自襄牛出、　使元咺奉叔武以受盟。
奉使攝君事、　癸亥、王子虎盟諸侯于王庭。踐土宮之庭、書踐土、別於京師、　要言曰、皆
獎王室、無相害也。有渝此盟、明神殛之、俾隊其師、無克祚國。獎、助
也、渝、變也、殛、誅也、俾、使也、隊、隕也、克、能也、　及而玄孫、無有老幼。君子謂是盟也信。合義
信、　謂晉於是役也、能以德攻。以文德教民而後用之、

初、楚子玉自爲瓊弁玉纓、未之服也。弁以鹿子皮爲之、瓊、玉之別名、次之以飾弁及纓、詩
云、會弁如星、　先戰、夢河神謂己曰、畀余、余賜女孟諸之麋。孟諸、宋藪澤、水草之
交曰麋、　弗致也。大心與子西使榮黃諫。大心、子玉之子、子西、子玉
之族、子玉剛愎、故因榮黃、
榮黃、榮季也、○愎皮逼反　弗聽。榮季曰、死而利國、猶或爲之、況瓊玉乎。是糞
土也、而可以濟師、將何愛焉。因神之欲、以附百姓之願、濟師之理、　弗聽。出、告二子
曰、非神敗令尹、令尹其不勤民、實自敗也。盡心盡力、無所愛惜爲勤、　既敗、王
使謂之曰、大夫若入、其若申息之老何。申息二邑子弟皆從子玉而死、言何以見其父
老、　子西、孫伯曰、得臣將死、二臣止之、曰、君其將以爲戮。孫伯、即大心、子
玉子也、二子以此答王使、言欲令子玉往就君戮、　及連穀而死。至連穀、王無赦命、故自殺也、文十年傳曰、城濮
之役、王使止子玉曰、無死、不及、子西亦自殺、縊而縣絕、故得不
死、王時別遣追前使、連穀、楚地、殺得臣、經在踐土盟上、傳在下
者、說晉事畢而次及楚、屬文之宜、　晉侯聞之而後喜可知也。喜見於顏色、　曰、莫余毒
也已。爲呂臣實爲令尹、奉己而已、不在民矣。言其自守、無大志、
或訴元咺於衛侯曰、立叔武矣。其子角從公、公使殺之。角、元咺子、　咺
不廢命、奉夷叔以入守。夷、謚、　六月、晉人復衛侯。以叔武受盟於踐土、故聽衛侯歸、
甯武子與衛人盟于宛濮。武子、甯俞也、陳留長垣縣西南有宛亭、近濮水、　曰、天禍衛國、
君臣不協、以及此憂也。衛侯欲與楚、國人不欲、故不和也、　今天誘其衷。衷、中也、　使
皆降心以相從也。不有居者、誰守社稷。不有行者、誰扞牧圉。牛曰
牧、馬曰圉、　不協之故、用昭乞盟于爾大神、以誘天衷。自今日以往、既

盟之後。行者無保其力。居者無懼其罪。有渝此盟。以相及也。（以惡相及）明神先君。是糾是殛。國人聞此盟也。而後不貳。（傳言叔武之賢、甯俞之忠、衛侯所以書復歸）衛侯先期入。（不信叔武）甯子先。長牂守門。以為使也。與之乘而入。（長牂、衛大夫。甯子患公之欲速、故先入、欲安諭國人、○牂子郎反）公子歂犬華仲前驅。（衛侯遂驅、奄甯子未備、二子衛大夫、○歂市專反）叔武將沐。聞君至。喜。捉髮走出。前驅射而殺之。公知其無罪也。枕之股而哭之。（公以叔武尸枕其股、○射食亦反）歂犬走出。（手射叔武故、）公使殺之。元咺出奔晉。（元咺以衛侯驅入殺叔武、故至晉愬之、）城濮之戰。晉中軍風于澤。（牛馬因風而走、皆失之、）亡大旆之左旃。（大旆、旗名、繫旐曰旆、通帛曰旃、）祁瞞奸命。（掌此二事而不修、為奸軍令、）司馬殺之。以徇于諸侯。使茅茷代之。師還。壬午。濟河。舟之僑先歸。士會攝右。（權代舟之僑也、士會、隨武子、士蔿之孫。○茷扶廢反）秋七月。丙申。振旅。愷以入于晉。（愷、樂也、○樂音洛）獻俘授馘。飲至大賞。（授、數也、獻楚俘於廟）徵會討貳。（徵召諸侯、將冬會於溫、）殺舟之僑以徇于國。民於是大服。君子謂文公其能刑矣。三罪而民服。（三罪、顛頡、祁瞞、舟之僑、）詩云。惠此中國。以綏四方。不失賞刑之謂也。（詩大雅、言賞刑不失、則中國受惠、四方安靖、）

冬。會于溫。討不服也。（討衛許、）

衛侯與元咺訟。（爭殺叔武事、）甯武子為輔。鍼莊子為坐。士榮為大士。（大士、治獄官也、周禮、命夫命婦不躬坐獄訟、元咺又不宜與其君對坐、故使鍼莊子為主、又使衛之忠臣、及其獄官、質正元咺、）

衛侯不勝。（傳曰、王叔之宰、與伯輿之大夫、坐獄於王庭、各不身親、蓋令長吏有罪、先驗吏卒之義也、○鍼其廉反）（三子辭屈）殺士榮。刖鍼莊子。謂甯俞忠而免之。執衛侯。歸之于京師。寘諸深室。（深室、別為囚室）甯子職納橐饘焉。（甯俞以君在幽隘、故親以衣食為己職、橐、衣囊、饘、糜也、言其忠至、所慮者深、○饘之然反）元咺歸于衛。立公子瑕。（子瑕、衛公子適也、）是會也。晉侯召王。以諸侯見。且使王狩。（晉侯大合諸侯、而欲尊事天子以為名義、自嫌強大、不敢朝周、諭王出狩、因得盡群臣之禮、皆譎而不正之事、）仲尼曰。以臣召君。不可以訓。故書曰。天王狩于河陽。言非其地也。（使若天王自狩以失地、故書河陽、實以屬晉、非王狩地、）且明德也。（隱其召君之闕、欲以明晉之功德、河陽之狩、趙盾之弒、泄冶之罪、皆違凡變例、以起大義危疑之理、故特稱仲尼以明之、）壬申。公朝于王所。（執衛侯經在朝王下、傳在上者、告執晚、）

丁丑。諸侯圍許。（十月十五日、有日無月、）晉侯有疾。曹伯之豎侯獳貨筮史。（豎掌通內外者、史、晉史、）使曰以曹為解。（以滅曹為解故。○解戶賣反、又古買反）齊桓公為會而封異姓。（封邢衛、）今君為會而滅同姓。曹叔振鐸。文之昭也。（叔振鐸、曹始封君、文王之子、）先君唐叔。武之穆也。且合諸侯而滅兄弟。非禮也。與衛偕命。（私許復曹衛、）而不與偕復。非信也。同罪異罰。非刑也。（衛已復故、）禮以行義。信以守禮。刑以正邪。舍此三者。君將若之何。公說。復曹伯。遂會諸侯于許。晉侯作三行以禦狄。荀林父將中行。屠擊將右行。先蔑將左行。（晉置上中下三軍、今復增置三行、以辟天子六軍之名、三行無佐、疑大夫帥、○會音拾、行戶郎反）

經二十有九年春介葛盧來（介東夷國也在城陽黔陬縣葛盧介君名也不稱朝不見公且不能行朝禮雖不見公國賓禮之故書）

公至自圍許（無傳）

夏六月會王人晉人宋人齊人陳人蔡人秦人盟于翟泉（翟泉今洛陽城內大倉西南池水也魯侯諱盟天子大夫諸侯大夫又違禮盟公侯王子虎違禮下盟故不言公會又皆稱人）

秋大雨雹（○雨于付反）

冬介葛盧來

傳二十九年春介葛盧來朝舍于昌衍之上（魯縣東南有昌平城）公在會饋之芻米禮也（嫌公行不當致餼故曰禮也）

夏公會王子虎晉狐偃宋公孫固齊國歸父陳轅濤塗秦小子慭盟于翟泉尋踐土之盟且謀伐鄭也（經書蔡人而傳無名氏即微者秦小子慭在蔡下者若宋向戌之後會○慭魚覲反）卿不書罪之也（晉侯始霸翼戴天子諸侯輯睦王室無虞而王子虎下盟列國以瀆大典諸侯大夫上敵公侯虧禮傷教故貶諸大夫諱公與盟）在禮卿不會公侯會伯子男可也（大國之卿當小國之君故可以會伯子男諸卿之見貶亦兼有此闕故傳重發之）

秋大雨雹爲災也

冬介葛盧來以未見公故復來朝禮之加燕好（燕燕禮也好好貨也一歲再來故加之）介葛盧聞牛鳴曰是生三犧皆用之矣其音云問之而信（傳言人聽或通鳥獸之情）

經三十年春王正月

夏狄侵齊

秋衞殺其大夫元咺及公子瑕（咺見殺稱名者訟君求直又先歸立公子瑕非國人所與罪之也瑕立經年未會諸侯故不稱君）

衞侯鄭歸于衞（魯爲之請故從諸侯納之例例在成十八年）

晉人秦人圍鄭（晉軍函陵秦軍氾南各使微者圍鄭故稱人○氾音凡）

介人侵蕭（無傳）

冬天王使宰周公來聘（周公天子三公兼冢宰也）

公子遂如京師遂如晉（如京師報宰周公）

傳三十年春晉人侵鄭以觀其可攻與否狄閒晉之有鄭虞也

夏狄侵齊（齊晉與國）

晉侯使醫衍酖衛侯。衍、醫名。晉侯實怨衛侯、欲殺而罪不及死、故使醫因治疾而加酖毒。甯俞貨醫、使薄其酖、不死。甯俞視衛侯衣食、故得知之。公爲之請、納玉於王與晉侯、皆十瑴。王許之。雙玉曰瑴。公本與衛同好、故爲之請。○瑴音角。秋、乃釋衛侯。衛侯使賂周歂、冶廑、曰、苟能納我、吾使爾爲卿。恐元咺距己、故賂周冶。○歂市專反、廑音覲、又音謹。周冶殺元咺及子適、子儀。子儀、瑕母弟。不書殺、賤也。○適丁歷反。公入祀先君。周冶既服將命、服卿服、將入廟受命。周歂先入、及門、遇疾而死。冶廑辭卿。見周歂死而懼。

九月、甲午、晉侯秦伯圍鄭、以其無禮於晉、文公亡過鄭、鄭不禮之。且貳於楚也。晉軍函陵、秦軍氾南。此東氾也、在滎陽中牟縣南。佚之狐言於鄭伯曰、佚之狐、燭之武皆鄭大夫。國危矣、若使燭之武見秦君、師必退。公從之。辭曰、臣之壯也、猶不如人、今老矣、無能爲也已。公曰、吾不能早用子、今急而求子、是寡人之過也。然鄭亡、子亦有不利焉。許之。夜縋而出、縋、縣城而下。○縋丈僞反。見秦伯曰、秦晉圍鄭、鄭既知亡矣。若亡鄭而有益於君、敢以煩執事。執事亦謂秦。越國以鄙遠、君知其難也。設得鄭以爲秦邊邑、則越晉而難保。焉用亡鄭以陪鄰。陪、益也。鄰之厚、君之薄也。若舍鄭以爲東道主、行李之往來、共其乏困、行李、使人。○共音恭。君亦無所害。且君嘗爲晉君賜矣、許君焦瑕、朝濟而夕設版焉、君之所知也。晉君、謂惠公也。焦瑕、晉河外五城之二邑。朝濟河而夕設版築以距秦、言背秦之速。夫晉何厭之有。既東封

鄭、又欲肆其西封。封、疆也。肆、申也。○厭于鹽反。若不闕秦、將焉取之。闕秦以利晉、唯君圖之。秦伯說、與鄭人盟、使杞子、逢孫、楊孫戍之、乃還。三子、秦大夫。子犯請擊之。公曰、不可。微夫人之力不及此。請擊秦也。夫人、謂秦穆公。○夫音扶。因人之力而敝之、不仁。失其所與、不知。以亂易整、不武。秦晉和整而還相攻、更爲亂也。○知音智。吾其還也。亦去之。

初、鄭公子蘭出奔晉、蘭、鄭穆公。從於晉侯伐鄭、請無與圍鄭。許之、使待命于東。晉東界。鄭石甲父、侯宣多逆以爲大子、以求成于晉。晉人許之。二子、鄭大夫。言穆公所以立。

冬、王使周公閱來聘、饗有昌歜、白黑、形鹽。昌歜、昌蒲葅。白、熬稻。黑、熬黍。形鹽、鹽形象虎。○歜在感反。辭曰、國君文足昭也、武可畏也、則有備物之饗、以象其德。薦五味、羞嘉穀、鹽虎形、嘉穀、熬稻黍也、以象其文也。鹽虎形以象武也。以獻其功。吾何以堪之。

東門襄仲將聘于周、遂初聘于晉。公既命襄仲聘周、未行、故曰將。又命自周聘晉、故曰遂。自入春秋、魯始聘晉、故曰初。

經　三十有一年、春、取濟西田。晉分曹田以賜魯、故不繫曹。不用師徒、故曰取。

公子遂如晉。

夏、四月、四卜郊、不從、乃免牲、猶三望。

龜曰卜不從不吉也卜郊不吉故免牲免猶縱也三望分野之星國中山川皆因郊祀望而祭之魯廢郊天而修其小祀故曰猶猶者可止之辭

秋七月。

冬。杞伯姬來求婦。無傳自爲其子成昏

狄圍衛。十有二月。衛遷于帝丘。辟狄難也帝丘今東郡濮陽縣故帝顓頊之虛故曰帝丘

傳三十一年。春。取濟西田。分曹地也。二十八年晉文討曹分其地竟界未定至是乃以賜諸侯使臧文仲往。宿於重館。高平方與縣西北有重鄉城重館人○重直龍反方音房與音預告曰。晉新得諸侯。必親其共。不速行。將無及也。從之。分曹地。自洮以南。東傅于濟。盡曹地也。文仲不書請田而已非聘享會同也濟水自滎陽東過魯之西至樂安入海○傳音附襄仲如晉。拜曹田也。

夏四月。四卜郊。不從。乃免牲。非禮也。諸侯不得郊天魯以周公故得用天子禮樂故郊爲魯常祀猶三望。亦非禮也。禮不卜常祀。必其時而卜其牲日。卜牲與日知吉凶牛卜日曰牲。既得吉日則牛改名曰牲牲成而卜郊。上怠慢也。怠於古典慢瀆龜策望。郊之細也。不郊。亦無望可也。

秋。晉蒐于清原。作五軍以禦狄。二十八年晉作三行今罷之更爲上下新軍河東聞喜縣北有清原○行戶郎反趙衰爲卿。二十七年命趙衰爲卿讓於欒枝今始從原大夫爲新軍帥

冬。狄圍衛。衛遷于帝丘。卜曰。三百年。衛成公夢康叔曰。相奪予享。相夏后啓之孫居帝丘享祭也○相息亮反公命祀相。甯武子不可。曰。鬼神非其族類。不歆其祀。歆猶饗也杞鄫何事。言杞鄫夏後自當祀相相之不享於此久矣。非衛之罪也。言帝丘久不祀相非衛所絕不可以閒成王周公之命祀。諸侯受命各有常祀請改祀命。改祀相之命

鄭洩駕惡公子瑕。鄭伯亦惡之。故公子瑕出奔楚。瑕文公子傳爲納瑕張本洩駕亦鄭大夫隱五年洩駕距此九十年疑非一人

經三十有二年。春。王正月。

夏四月。己丑。鄭伯捷卒。無傳文公也三同盟

衛人侵狄。報前年狄圍衛

秋。衛人及狄盟。不地者就狄廬帳盟

冬。十有二月。己卯。晉侯重耳卒。同盟踐土翟泉

傳三十二年。春。楚鬭章請平于晉。晉陽處父報之。晉楚始通。陽處父晉大夫晉楚自春秋以來始交使命爲和同

夏狄有亂。衛人侵狄，狄請平焉。

秋，衛人及狄盟。

冬，晉文公卒。庚辰，將殯于曲沃。殯，窆棺也。曲沃有舊宮焉。○窆，彼驗反 出絳，柩有聲如牛。如牛呴聲。○呴，呼口反 卜偃使大夫拜，曰：君命大事，將有西師過軼我，擊之必大捷焉。聲自柩出，故曰君命。大事，戎事也。卜偃聞秦密謀，故因柩聲以正衆心 杞子自鄭使告于秦，三十年，秦使大夫杞子戍鄭 曰：鄭人使我掌其北門之管，管，籥也 若潛師以來，國可得也。穆公訪諸蹇叔，蹇叔曰：勞師以襲遠，非所聞也。蹇叔，秦大夫 師勞力竭，遠主備之，無乃不可乎？師之所爲，鄭必知之。勤而無所，必有悖心。將害良善 且行千里，其誰不知？公辭

春秋左傳　卷七　僖公　辛　禾懷堂

焉。辭不受其言 召孟明、西乞、白乙，使出師於東門之外。孟明，百里孟明視。西乞，西乞術。白乙，白乙丙 蹇叔哭之，曰：孟子，吾見師之出而不見其入也。公使謂之曰：爾何知？中壽，爾墓之木拱矣。合手曰拱。言其過老悖不可用 蹇叔之子與師，哭而送之，曰：晉人禦師必於殽。殽在弘農澠池縣西。○澠，綿善反，又羊恕反。與音預 殽有二陵焉。大阜曰陵 其南陵，夏后皋之墓也。皋，夏桀之祖父 其北陵，文王之所辟風雨也。此道在二殽之閒南谷中，谷深委曲，兩山相嶔，故可以辟風雨。古道由此。魏武帝西討巴漢，惡其險而更開北山高道。○辟音避。嶔，許金反 必死是閒，以其深險故 余收爾骨焉。秦師遂東。爲明年晉敗秦於殽傳

經三十有三年，春，王二月，秦人入滑。滅而書入，不能有其地

齊侯使國歸父來聘。

夏四月辛巳，晉人及姜戎敗秦師于殽。晉侯諱背喪用兵，故通以賤者告。姜戎，姜姓之戎，居晉南鄙，戎子駒支之先也。晉人角之，諸戎掎之，不同陳，故言及。○掎，居綺反

癸巳，葬晉文公。

狄侵齊。

公伐邾，取訾婁。

秋，公子遂帥師伐邾。

春秋左傳　卷七　僖公　壬　禾懷堂

晉人敗狄于箕。大原陽邑縣南有箕城。郤缺稱人者，未爲卿。○訾，子斯反

冬十月，公如齊。十有二月，公至自齊。

乙巳，公薨于小寢。小寢，內寢也。乙巳，十一月十二日。經書十二月，誤

隕霜不殺草，李梅實。無傳。書時失也。周十一月，今九月，霜當微而重，重而不能殺草，所以爲災

晉人、陳人、鄭人伐許。

傳三十三年春，秦師過周北門，左右免冑而下。王城之北門。冑，兜鍪。兵車非大

將御者在中故左右下御不下超乘者三百乘王孫滿尚幼觀之言於王曰秦
師輕而無禮必敗謂過天子門不卷甲束兵超乘示勇○輕遣政反輕則寡謀無禮則
脫脫易入險而脫又不能謀能無敗乎及滑鄭商人弦高將市
於周遇之以乘韋先牛十二犒師商行賈也乘四韋先韋乃入牛古者將獻遺於人必有以
先之○先悉薦反曰寡君聞吾子將步師出於敝邑敢犒從者不腆敝
邑爲從者之淹居則具一日之積腆厚也淹久也積芻米菜薪○積子賜反行則備
一夕之衛且使遽告于鄭遽傳車○遽其據反傳張戀反鄭穆公使視客館視秦
三大夫之舍則束載厲兵秣馬矣嚴兵待秦師使皇武子辭焉曰吾子淹
久於敝邑唯是脯資餼牽竭矣資糧也生曰餼牽謂牛羊豕爲吾子之將行

也示知其情鄭之有原圃猶秦之有具囿也原圃具囿皆囿名吾子取其麋
鹿以閒敝邑若何使秦戍自取麋鹿以爲行資令敝邑得閒暇若何猶如何熒陽中牟縣西有圃田澤杞
子奔齊逢孫楊孫奔宋孟明曰鄭有備矣不可冀也攻之不克
圍之不繼吾其還也滅滑而還
齊國莊子來聘自郊勞至于贈賄禮成而加之以敏迎來曰郊勞送去曰
贈賄敏審當於事○勞力報反臧文仲言於公曰國子爲政齊猶有禮君其朝
焉臣聞之服於有禮社稷之衛也爲公如齊傳
晉原軫曰秦違蹇叔而以貪勤民天奉我也秦與也奉不可失敵
不可縱縱敵患生違天不祥必伐秦師欒枝曰未報秦施而伐

其師其爲死君乎言以君死故忘秦施○施始豉反先軫曰秦不哀吾喪而伐
吾同姓秦則無禮何施之爲言秦以無禮加己施不足顧吾聞之一日縱敵
數世之患也謀及子孫可謂死君乎言不可謂背君遂發命遽興姜戎
子墨衰絰晉文公未葬故襄公稱子以凶服從戎故墨之梁弘御戎萊駒爲右
夏四月辛巳敗秦師于殽獲百里孟明視西乞術白乙丙以歸
遂墨以葬文公晉於是始墨後遂常以爲俗記禮所由變文嬴請三帥文嬴晉文
公始適秦秦穆公所妻夫人襄公嫡母三帥孟明等曰彼實構吾二君寡君若得而食之
不厭君何辱討焉使歸就戮于秦以逞寡君之志若何公許之
先軫朝問秦囚公曰夫人請之吾舍之矣先軫怒曰武夫力而

拘諸原婦人暫而免諸國暫猶卒也墮軍實而長寇讎亡無日矣墮毀
也○墮許規反不顧而唾公使陽處父追之及諸河則在舟中矣釋左
驂以公命贈孟明欲使還拜謝因而執之孟明稽首曰君之惠不以纍臣
釁鼓纍囚繫也殺人以血塗鼓謂之釁鼓使歸就戮于秦寡君之以爲戮死且不
朽若從君惠而免之三年將拜君賜意欲報伐晉秦伯素服郊次待之
于郊鄉師而哭曰孤違蹇叔以辱二三子孤之罪也不替孟明孤
之過也大夫何罪且吾不以一眚掩大德眚過也○鄉許亮反
秋狄侵齊因晉喪也
公伐邾取訾婁以報升陘之役在二十二年邾人不設備秋襄仲復

伐邾。曾亦因晉喪，以陵小國。

狄伐晉，及箕。八月戊子，晉侯敗狄于箕。郤缺獲白狄子。白狄，狄別種也。故西河郡有白狄胡。先軫曰：「匹夫逞志於君，謂不顧而唾。而無討，敢不自討乎？」免冑入狄師，死焉。狄人歸其元，面如生。元，首。言其有異於人。初，臼季使過冀，見冀缺耨，其妻饁之。白季，胥臣也。冀，晉邑。耨，鉏也。野饋曰饁。○饁，于輒反。敬，相待如賓。與之歸，言諸文公曰：「敬，德之聚也。能敬必有德。德以治民，君請用之。臣聞之：出門如賓，如見大賓。承事如祭，常謹敬也。仁之則也。」公曰：「其父有罪，可乎？」缺父冀芮欲殺文公，在二十四年。對曰：「舜之罪也殛鯀，其舉也興禹；禹，鯀子。管敬仲，桓之賊也，實相以濟。康誥曰：『父不慈，子不祗，兄

不友，弟不共，不相及也。』康誥，周書。祗，敬也。○相，息亮反。詩曰：『采葑采菲，無以下體。』君取節焉可也。」詩國風也。葑菲之菜，上善下惡，食之者不以其惡而棄其善，言可取其善節。文公以爲下軍大夫。反自箕，襄公以三命命先且居將中軍，且居，先軫之子。其父死敵，故進之。○且，子徐反。以再命命先茅之縣賞胥臣，曰：「舉郤缺，子之功也。」先茅絕後，故取其縣以賞胥臣。以一命命郤缺爲卿，復與之冀，還其父故邑。亦未有軍行。雖登卿位，未有軍列。○行，戶剛反。

冬，公如齊，朝，且弔有狄師也。反，薨于小寢，即安也。小寢，夫人寢也。譏公就所安，不終于路寢。

晉、陳、鄭伐許，討其貳於楚也。楚令尹子上侵陳、蔡。陳、蔡成，遂伐鄭，將納公子瑕，瑕，三十一年奔楚。門于桔柣之門。瑕覆于周氏之汪，車傾覆池水中。○桔，戶結反。柣，大結反。外僕髡屯禽之以獻。殺瑕以獻鄭伯。文夫人斂而葬之鄶城之下。鄭文公夫人也。鄶城，故鄶國，在滎陽密縣東北。傳言穆公所以遂有國。○鄶，古外反。

晉陽處父侵蔡，楚子上救之，與晉師夾泜而軍。泜水出魯陽縣東，經襄城定陵入汝。○泜音雉，又直里反。陽子患之，使謂子上曰：「吾聞之：文不犯順，武不違敵。子若欲戰，則吾退舍，子濟而陳，欲辟楚使渡，成陳而後戰。遲速唯命。不然，紓我。紓，緩也。老師費財，亦無益也。」師久爲老。乃駕以待。子上欲涉，大孫伯曰：「不可。晉人無信，半涉而薄我，悔敗何及？不如紓之。」乃退舍。楚退，欲使晉渡。陽子宣言曰：「楚師遁矣。」遂歸。楚師亦歸。大子商臣譖子

上曰：「受晉賂而辟之，楚之恥也，罪莫大焉。」王殺子上。商臣怨子上止王立己，故譖之。

葬僖公，緩。文公元年經書四月葬僖公，僖公實以今年十一月薨，并閏七月乃葬，故傳云緩。自此以下，遂因說作主、祭祀之事，文相次也，皆當次在經葬僖公下，今在此，簡編倒錯。作主，非禮也。因葬文通譏之。凡君薨，卒哭而祔，祔而作主，特祀於主，既葬，反虞則免喪，故曰卒哭。哭止也。以新死者之神祔之于祖，尸柩已遠，孝子思慕，故造木主，立几筵焉，特用喪禮祭祀於寢，不同之於宗廟。言凡君者，謂諸侯以上，不通於卿大夫。烝、嘗、禘於廟。冬祭曰烝，秋祭曰嘗。新主既特祀於寢，則宗廟四時常祀自如舊也。三年禮畢，又大禘，乃皆同於吉。

春秋左傳卷七　終

春秋左傳卷八

晉鎮南大將軍當陽縣侯京兆杜　預集解

皇明　後　學　東吳金　蟠較訂

文公 名興僖公子母聲姜諡法慈惠愛民曰文忠信接禮曰文

經元年春王正月公卽位。無傳先君未葬而公卽位不可曠年無君

二月癸亥日有食之。無傳癸亥月一日不書朔官失之

天王使叔服來會葬。叔氏服字諸侯喪天子使大夫會葬禮也

夏四月丁巳葬我君僖公。七月而葬緩

天王使毛伯來錫公命。毛國伯爵諸侯爲王卿士者諸侯卽位天子賜以命圭合瑞爲信僖十一年王賜晉侯命亦其比也

晉侯伐衛。晉襄公先告諸侯而伐衛雖大夫親伐而稱晉侯從告辭也

叔孫得臣如京師。得臣叔牙之孫

衛人伐晉。衛孔達爲政不共盟主興兵鄰國受討喪邑故貶稱人

秋公孫敖會晉侯于戚。戚衛邑在頓丘衛縣西禮卿不會公侯而春秋魯大夫皆不貶者體例已舉故據用魯史成文而已內稱公卒稱薨皆用魯史

冬十月丁未楚世子商臣弒其君頵。商臣穆王也弒君例在宣四年○頵憂倫反又丘倫反

公孫敖如齊。傳例曰始聘焉禮也

傳元年春王使內史叔服來會葬公孫敖聞其能相人也。公孫敖魯

大夫慶父之子見其二子焉。叔服曰穀也食子難也收子。穀文伯難惠叔食子奉祭祀供養者也收子葬子身也○食音嗣難乃多反又如字穀也豐下必有後於魯國。豐下蓋面方爲八年公孫敖奔莒傳

於是閏三月非禮也。於歷法閏當在僖公末年誤於今年三月置閏蓋時達歷者所譏先王之正時也履端於始舉正於中歸餘於終。步曆之始以爲術之端首朞之日三百六十有六日日月之行又有遲速而必分爲十二月舉中氣以正月有餘日則歸之于終積而爲閏故言歸餘于終履端於始序則不愆。四時無愆過舉正於中民則不惑。斗建不失其次寒暑不失其常故無疑惑歸餘於終事則不悖。四時得所則事無悖亂

夏四月丁巳葬僖公。傳皆不虛載經文而此經孤見知僖公末年傳宜在此下

王使毛伯衛來賜公命。衛、毛伯字。叔孫得臣如周拜。謝賜命。

晉文公之季年，諸侯朝晉。衛成公不朝，使孔達侵鄭，伐緜、訾及匡。孔達，衛大夫。匡在潁州新汲縣東北。晉襄公既祥，諸侯雖諒闇，亦因祥祭爲位而哭。使告于諸侯而伐衛，及南陽。今河內地。先且居曰：「效尤，禍也。尤衛不朝，故伐。今不朝王，是效衛，致禍。時王在溫，故勸。○且，子餘反。請君朝王，臣從師。」晉侯朝王于溫，先且居、胥臣伐衛。五月辛酉朔，晉師圍戚。六月戊戌，取之，獲孫昭子。昭子，衛大夫，食戚邑。衛人使告于陳。陳共公曰：「更伐之，我辭之。」見伐求和，不競大甚，故使報伐。示已力足以距晉。○共音恭。衛孔達帥師伐晉。君子以爲古。古者越國而謀。合古之道，而失今事霸主之禮，故國失其邑，身見執辱。

秋，晉侯疆戚田，故公孫敖會之。晉取衛田，正其疆界。

初，楚子將以商臣爲大子，訪諸令尹子上。子上曰：「君之齒未也。齒，年也。言尚少。而又多愛，黜乃亂也。楚國之舉，恆在少者。舉，立也。且是人也，蠭目而豺聲，忍人也，能忍行不義。○蠭本作蜂。不可立也。」弗聽。既又欲立王子職而黜大子商臣。職，商臣庶弟。商臣聞之而未察，告其師潘崇曰：「若之何而察之？」潘崇曰：「享江芊而勿敬也。」江芊，成王妹，嫁于江。○芊，亡氏反。從之。江芊怒曰：「呼，役夫！呼，發聲也。役夫，賤者稱。○呼，好賀反。宜君王之欲殺女而立職也。」告潘崇曰：「信矣。」潘崇曰：「能事諸乎？」問能事職不。○女音汝。曰：「不能。」「能行乎？」曰：「不能。」「能行大事乎？」曰：「能。」大事，謂弑君。冬十月，以宮甲圍成王。大子宮甲，僖二十八年王以東宮卒從子玉，蓋取此宮甲。王請食熊蹯而死。熊掌難熟，冀久將有外救。○蹯音煩。弗聽。丁未，王縊。謚之曰「靈」，不瞑；曰「成」，乃瞑。言其忍甚，未斂而加惡謚。穆王立，以其爲大子之室與潘崇，使爲大師，且掌環列之尹。環列之尹，宮衛之官，列兵而環王宮。

穆伯如齊，始聘焉，禮也。穆伯，公孫敖。凡君卽位，卿出並聘，踐修舊好，要結外援，踐，猶履行也。好事鄰國，以衛社稷，忠信卑讓之道也。忠，德之正也；信，德之固也；卑讓，德之基也。傳因此發凡，以明諸侯諒闇則國事皆用吉禮。

殽之役，在僖三十三年。晉人既歸秦帥，秦大夫及左右皆言於秦伯曰：「是敗也，孟明之罪也，必殺之。」秦伯曰：「是孤之罪也。周芮良夫之詩曰：『大風有隧，貪人敗類。』詩，大雅。隧，蹊徑也。周大夫芮伯刺厲王，言貪人之敗善類，若大風之行，毀壞衆物，所在成蹊徑。○芮，如銳反。聽言則對，誦言如醉，言昏亂之君，不好典誦之言，聞之若醉；得道聽塗說之言，則喜而答對。匪用其良，覆俾我悖。』覆，反也。俾，使也。不用良臣之言，反使我爲悖亂。是貪故也，孤之謂矣。孤實貪以禍夫子，夫子何罪？」復使爲政。爲明年秦晉戰彭衙傳。

經　二年春王二月甲子，晉侯及秦師戰于彭衙，秦師敗績。孟明名氏不見，非命卿也。大崩曰敗績。馮翊郃陽縣西北有彭衙城。○郃，戶納反。

丁丑，作僖公主。主者，殷人以柏，周人以栗。三年喪終，則遷入於廟。

三月乙巳，及晉處父盟。處父爲晉正卿，不能匡君以禮，而親與公盟，故貶其族。族去則非卿，故以微人常稱爲耦，以直厭不直。不地者，盟晉都。

夏六月，公孫敖會宋公、陳侯、鄭伯、晉士縠盟于垂隴。垂隴，鄭地，滎陽縣東有隴城。士縠出盟諸侯，受成於衛，故貴而書名氏。○縠，戶木反。

自十有二月不雨，至于秋七月。無傳。周七月，今五月也。不雨足爲災，不書旱，五穀猶有收。

八月丁卯，大事于大廟，躋僖公。大事，禘也。躋，升也。僖公，閔公庶兄，繼閔而立，廟坐宜次閔下，今升在閔上，故書而譏之。時未應吉禘，而於大廟行之，其譏已明，徒以逆祀，故特大其事，異其文。

冬，晉人、宋人、陳人、鄭人伐秦。四人皆卿，秦穆悔過，終用孟明，故貶四國大夫以尊秦。

公子遂如齊納幣。傳曰禮也。僖公喪終此年十一月，則納幣在十二月也。士昏六禮，其一納采，納徵始有玄纁束帛，諸侯則謂之納幣。其禮與士禮不同。蓋公爲大子時，已行昏禮也。

傳二年春，秦孟明視帥師伐晉，以報殽之役。二月，晉侯禦之。先且居將中軍，趙衰佐之。代郤溱。○衰，初危反。王官無地御戎，代梁弘。狐鞫居爲右。鞫居，續簡伯。○鞫，九六反。甲子，及秦師戰于彭衙，秦師敗績。晉人謂秦拜賜之師。以孟明言三年將拜君賜，故嗤之。戰於殽也，晉梁弘御戎，萊駒爲右。

戰之明日，晉襄公縛秦囚，使萊駒以戈斬之。囚呼，萊駒失戈，狼瞫取戈以斬囚，禽之以從公乘，遂以爲右。箕之役，箕役在僖三十三年。○呼，火故反。瞫，尺甚反。字林式衽反。乘，繩證反。先軫黜之而立續簡伯。狼瞫怒。其友曰：盍死之？瞫曰：吾未獲死所。未得可死處。其友曰：吾與女爲難。欲共殺先軫。○難，乃旦反。瞫曰：周志有之：勇則害上，不登於明堂。周志，周書也。明堂，祖廟也，所以策功序德，故不義之士不得升。死而不義，非勇也。共用之謂勇。共用，死國用。○共音恭。吾以勇求右，無勇而黜，亦其所也。言今死而不義，更成無勇，宜見退。謂上不我知，黜而宜，乃知我矣。言今見黜而合宜，則吾不得復言上不我知。子姑待之。及彭衙，既陳，以其屬馳秦師，死焉。屬，屬己兵。○陳，去聲。晉師從之，大敗秦師。君子謂狼瞫

於是乎君子。詩曰：君子如怒，亂庶遄沮。詩小雅，言君子之怒，必以止亂。遄，疾也。沮，止也。又曰：王赫斯怒，爰整其旅。詩大雅，言文王赫然奮怒，則整師旅以討亂。怒不作亂，而以從師，可謂君子矣。

秦伯猶用孟明。孟明增修國政，重施於民。趙成子言於諸大夫曰：成子，趙衰。○施，去聲。秦師又至，將必辟之。懼而增德，不可當也。詩曰：毋念爾祖，聿修厥德。詩大雅。言念其祖考，則宜述修其德以顯之。毋念，念也。孟明念之矣。念德不怠，其可敵乎？爲明年秦人伐晉傳。

丁丑，作僖公主。書不時也。過葬十月，故曰不時。例在僖三十三年。

晉人以公不朝來討，公如晉。夏四月己巳，晉人使陽處父盟公，

以厭之。使大夫盟公、欲以恥辱魯也、經書三月乙巳、經傳必有誤、書曰及晉處父盟以厭之
也。厭猶損也、晉以非禮盟公、故文厭之以示譏、○厭于涉反適晉不書諱之也。不書公如晉、
公未至六月穆伯會諸侯及晉司空士縠盟于垂隴晉討衞故
也。討元年衞人伐晉、士縠士蔿子、書士縠堪其事也。晉司空非卿也、以士縠能堪卿事、故書、陳侯
爲衞請成于晉執孔達以說。陳始與衞謀、謂可以强得免、今晉不聽、故更執孔達以苟免也、
秋八月丁卯大事于大廟躋僖公逆祀也。僖是閔兄、不得爲父子、嘗爲臣位應在下、
令居閔上、故曰逆祀、於是夏父弗忌爲宗伯。宗伯掌宗廟昭穆之禮、尊僖公且明見
曰吾見新鬼大故鬼小。新鬼僖公、旣爲兄、又時年又長、故鬼閔公、死時年少、弗忌明言其所見、先
大後小順也躋聖賢明也。又以僖公爲聖賢、明順禮也君子以爲失禮

禮無不順祀國之大事也而逆之可謂禮乎。子雖齊聖不先父
食久矣。齊肅也、臣繼君、猶子繼父、○先去聲故禹不先鯀湯不先契。鯀禹父、契湯十三世祖、
文武不先不窋。不窋后稷子、○窋知律反宋祖帝乙鄭祖厲王猶上祖也。帝乙、
微子父、厲王鄭桓公父、二國不以帝乙厲王不肖而猶尊尚之、是以魯頌曰春秋匪解享祀不
忒皇皇后帝皇祖后稷。忒差也、皇皇美也、后帝天也、詩頌僖公郊祭上天配以后稷、○解佳賣反君
子曰禮謂其后稷親而先帝也。先稱帝也、詩曰問我諸姑遂及伯姊。
詩邶風也、衞女思歸而不得、故願致問于姑姊、○邶音佩君子曰禮謂其姊親而先姑也。僖親
文公父、夏父弗忌從阿時君、先其所親、故傳以此二詩深責其意、仲尼曰臧文仲其不仁者三
不知者三下展禽。展禽柳下惠也、文仲知柳下惠之賢、而使在下位、已欲立而立人、廢六關。塞關

陽關之屬、凡六關所以禁絶末遊、而廢之、妾織蒲三不仁也。家人販席、言其與民爭利、作虛器。謂居
蔡、山節藻梲也、有其器而無其位、故曰虛縱逆祀。聽夏父躋僖公祀爰居三不知也。海鳥曰爰居、止
于魯東門外、文仲以爲神、命國人祀之、
冬晉先且居宋公子成陳轅選鄭公子歸生伐秦取汪及彭衙
而還以報彭衙之役卿不書爲穆公故尊秦也謂之崇德。
襄仲如齊納幣禮也凡君卽位好舅甥修昏姻娶元妃以奉粢
盛孝也。謂諒闇旣終、嘉好之事、通於外內、外內之禮始備、此除凶之卽位也、於是遣卿申好舅甥之國、修禮以昏姻也、元妃嫡夫人、奉粢盛、共祭祀、○好呼報反孝禮之始也。

經三年春王正月叔孫得臣會晉人宋人陳人衞人鄭人伐沈沈
潰。傳例曰、民逃其上曰潰、沈國名也、汝南平輿縣北有沈亭、
夏五月王子虎卒。不書爵者、天王赴也、翟泉之盟、雖輒假王命、周王因以同盟之例爲赴、
秦人伐晉。晉人恥不出、以微者告、
秋楚人圍江。
雨螽于宋。自上而隋、有似於雨、宋人以其死爲得天祐、喜而來告、故書、○隋徒火反

冬。公如晉。十有二月。己巳。公及晉侯盟。

晉陽處父帥師伐楚。以救江。

傳三年。春。莊叔會諸侯之師伐沈。以其服於楚也。沈潰。凡民逃其上曰潰。在上曰逃。潰衆散流移、若積水之潰、自壞之象也、國君輕走、羣臣不知其謀、與匹夫逃竄無異、是以在衆曰潰、在上曰逃、各以類言之、

衛侯如陳。拜晉成也。二年、陳侯爲衛請成于晉、

夏四月。乙亥。王叔文公卒。來赴弔如同盟。禮也。王子虎與僖公同盟于翟泉、文公是同盟之子、故赴以名、傳因王子虎異於諸侯、王叔又未與文公盟、故于此顯示體例也、經書五月、又不書日、從赴也、

秦伯伐晉。濟河焚舟。示必死也。取王官及郊。王官、郊、晉地、晉人不出。遂自

茅津濟。封殽尸而還。茅津在河東大陽縣西、封、埋藏之、○大音泰遂霸西戎。用孟明也。君子是以知秦穆公之爲君也。舉人之周也。周、備也、不偏以一惡棄其善、與人之壹也。壹、無二心、孟明之臣也。其不解也。能懼思也。子桑之忠也。其知人也。能舉善也。子桑、公孫枝、舉孟明者、詩曰。于以采蘩。于沼于沚。于以用之。公侯之事。詩國風、言沼沚之蘩至薄、猶采以共公侯、以喻秦穆不遺小善、秦穆有焉。夙夜匪解。以事一人。孟明有焉。詩大雅、美仲山甫也、一人、天子也、詒厥孫謀。以燕翼子。子桑有焉。詒、遺也、燕、安也、翼、成也、詩大雅、美武王能遺其子孫善謀、以安成子孫、言子桑有舉善之謀、

秋。雨螽于宋。隊而死也。螽飛至宋、隊地而死、若雨、○隊直類反

楚師圍江。晉先僕伐楚以救江。晉救江在雨螽下、故使圍江之經、適在雨螽下、

冬。晉以江故告于周。欲假天子之威以伐楚、王叔桓公。晉陽處父。伐楚以救江。桓公、周卿士、王叔文公之子、桓公不書、示威名不親伐、門于方城。遇息公子朱而還。子朱、楚大夫、伐江之帥也、聞晉師起而江兵解、故晉亦還、

晉人懼其無禮於公也。請改盟。改二年處父之盟、公如晉。及晉侯盟。晉侯饗公。賦菁菁者莪。菁菁者莪、詩小雅、取其既見君子、樂且有儀、莊叔以公降拜。謝其以公比君子也、曰。小國受命於大國。敢不慎儀。君貺之以大禮。何樂如之。抑小國之樂。大國之惠也。晉侯降辭。降階辭讓公、登成拜。俱還上、成拜禮、公賦嘉樂。嘉樂、詩大雅、義取其顯顯令德、宜民宜人、受祿于天、○嘉戶嫁反

經四年。春。公至自晉。

無傳、

夏。逆婦姜于齊。

稱婦、有姑之辭、

秋。侵齊。

無傳、

秋。楚人滅江。

滅例在文十五年、

晉侯伐秦。

衛侯使甯俞來聘。

冬十有一月壬寅，夫人風氏薨。僖公母，風姓也。赴同祔姑，故稱夫人。

傳四年春，晉人歸孔達于衛，以為衛之良也，故免之。二年衛執孔達以說晉。

夏，衛侯如晉拜。謝歸孔達。曹伯如晉會正。會受貢賦之政也。傳言襄公能繼文之業，而諸侯服從。

逆婦姜于齊，卿不行，非禮也。禮，諸侯有故，則使卿逆。君子是以知出姜之不允於魯也。允，信也。始來不見尊貴，故終不為國人所敬信也。文公薨而見出，故曰出姜。曰：貴聘而

賤逆之，公子遂納幣，是貴聘也。君而卑之，立而廢之，君，小君也。不以夫人禮迎，是卑廢之。棄信而壞其主，在國必亂，在家必亡。主，內主也。○壞音怪。不允宜哉。詩曰：畏天之威，于時保之。敬主之謂也。詩頌，言畏天威，于是保福祿。

秋，晉侯伐秦，圍邧、新城，以報王官之役。邧、新城，秦邑也。王官役在前年。○邧，願晚反，一音元。

楚人滅江，秦伯為之降服、出次、不舉、過數。降服，素服也。出次，辟正寢。不舉，去盛饌。降國之禮有數，今秦伯過之。大夫諫，公曰：同盟滅，雖不能救，敢不矜乎？吾自懼也。秦、江同盟，不告，故不書。君子曰：詩云，惟彼二國，其政不獲，惟此四國，爰究爰度，其秦穆之謂矣。詩大雅。言夏商之君政不得人心，故四方諸侯皆懼而謀度其政事也。言秦穆

亦能感江之滅，懼而思政。爰，于也。究、度，皆謀也。

衛甯武子來聘，公與之宴，為賦湛露及彤弓。非禮之常，公特命樂人以示意，故言為賦。湛露、彤弓，詩小雅。不辭，又不答賦。使行人私焉。私問之。對曰：臣以為肄業及之也。肄，習也。魯人失所賦，甯武子佯不知，此其愚不可及。○肄以二反。昔諸侯朝正於王，朝而受政教也。王宴樂之，於是乎賦湛露，則天子當陽，諸侯用命也。湛露曰：湛湛露斯，匪陽不晞。晞，乾也。言露見日而乾，猶諸侯稟天子命而行。諸侯敵王所愾，而獻其功。敵猶當也。愾，恨怒也。○愾苦愛反。王於是乎賜之彤弓一、彤矢百、玈弓矢千，以覺報宴。覺，明也。謂諸侯有四夷之功，王賜之弓矢，又為歌彤弓，以明報功宴樂。○玈音盧，覺音角。今陪臣來繼舊好，方論天子之樂，故自稱陪臣。君辱貺之，其敢干大禮以自取戾。貺，賜也。干，

犯也。戾，罪也。

冬，成風薨。為明年王使來含賵傳。

經五年春，王正月，王使榮叔歸含且賵。珠玉曰含。含，口實。車馬曰賵。○含，戶暗反。

三月辛亥，葬我小君成風。王使召伯來會葬。無傳。反哭成喪，故曰葬我小君。召伯，天子卿也。召，采地；伯，爵也。來不及葬，不譏者，不失五月之內。

夏，公孫敖如晉。無傳。

秦人入鄀。

入例在十五年。○鄀音若

秋，楚人滅六。六國，今廬江六縣。

冬十月甲申，許男業卒。無傳。與僖公六同盟。

傳五年春，王使榮叔來含且賵，召昭公來會葬，禮也。成風，莊公之妾，天子以夫人禮賵之，明母以子貴，故曰禮。

初，鄀叛楚即秦，又貳於楚。夏，秦人入鄀。

六人叛楚即東夷。秋，楚成大心、仲歸帥師滅六。仲歸，子家。

春秋左傳　卷八　文公　十三　永懷堂

冬，楚公子燮滅蓼。蓼國，今安豐蓼縣。○燮，素協反。蓼音了。臧文仲聞六與蓼滅，曰："皋陶、庭堅不祀忽諸。德之不建，民之無援，哀哉！"蓼與六，皆皋陶後也。傷二國之君不能建德，結援大國，忽然而亡。

晉陽處父聘于衛，反過甯，甯嬴從之。甯，晉邑，汲郡修武縣也。嬴，逆旅大夫。及溫而還。其妻問之，嬴曰："以剛。商書曰：'沈漸剛克，高明柔克。'沈漸，猶滯溺也。高明，猶亢爽也。言各當以剛柔勝己本性，乃能成全也。此在洪範，今謂之周書。夫子壹之，其不沒乎！陽子性純剛。天爲剛德，猶不干時，寒暑相順。況在人乎？且華而不實，怨之所聚也。言過其行。犯而聚怨，不可以定身。剛則犯人。余懼不獲其利而離其難，是以去之。"爲六年晉殺處父傳。○難，乃旦反。

晉趙成子、欒貞子、霍伯、臼季皆卒。成子，趙衰，新上軍帥，中軍佐也。貞子，欒枝，下軍帥也。霍伯，先且居，中軍帥也。臼季，胥臣，下軍佐也。爲六年蒐于夷傳。

經六年春，葬許僖公。無傳。

夏，季孫行父如陳。行父，季友孫。

秋，季孫行父如晉。

八月乙亥，晉侯驩卒。再同盟。

春秋左傳　卷八　文公　十四　永懷堂

冬十月，公子遂如晉，葬晉襄公。卿共葬事，文襄之制也。三月而葬，速。

晉殺其大夫陽處父。晉狐射姑出奔狄。處父侵官，宜爲國討，故不言賈季殺。射姑，狐偃子賈季也。奔例在宣十年。

閏月不告月，猶朝于廟。諸侯每月必告朔聽政，因朝宗廟。文公以閏非常月，故闕不告朔，怠慢政事。雖朝于廟，則如勿朝，故曰猶。猶者，可止之辭。

傳六年春，晉蒐于夷，舍二軍。僖三十一年，晉蒐清原，作五軍。今舍二軍，復三軍之制。夷，晉地。前年四卿卒，故蒐以謀軍帥。○舍音捨。使狐射姑將中軍，且居代先且居。趙盾佐之。盾，趙衰子，代趙衰也。陽處父至自溫，往年聘衛，過溫，今始至。改蒐于董，易中軍。易以趙盾爲帥，射姑佐之。河東

汾陰縣有董亭。陽子成季之屬也。處父嘗爲趙衰屬大夫。故黨於趙氏。且謂趙盾
能。曰使能國之利也。是以上之。宣子於是乎始爲國政。宣趙盾謚。制
事典。典常也。正法罪。輕重當。○當丁浪反 辟獄刑。辟猶理也。○辟婢亦反 董逋逃。董督也。
由質要。由用也。質要券契也。治舊洿。治理洿穢。○洿音烏 本秩禮。貴賤不失其本。續常職。修廢
官。出滯淹。拔賢能也。既成。以授大傅陽子與大師賈佗。使行諸晉國。
以爲常法。賈佗以公族從文公。而不在五人之數。○佗徒何反
臧文仲以陳衛之睦也。欲求好於陳。夏。季文子聘于陳。且娶焉。
臣非君命不越竟。故因聘而自爲娶。
秦伯任好卒。任好秦穆公名。○任音壬 以子車氏之三子。奄息。仲行。鍼虎。爲

殉。子車秦大夫氏也。以人從葬爲殉。○行音杭。鍼其廉反 皆秦之良也。國人哀之。爲之賦
黃鳥。黃鳥詩秦風。義取黃鳥止于棘桑。往來得其所。傷三良不然。君子曰。秦穆之不爲盟主
也宜哉。死而棄民。先王違世。猶詒之法。而況奪之善人乎。詩曰。
人之云亡。邦國殄瘁。詩大雅。言善人亡。則國瘁病。無善人之謂。若之何奪之。
古之王者。知命之不長。是以並建聖哲。建立聖知以司牧民。樹之風聲。因土地風俗。爲立聲教之法。
分之采物。旌旗衣服。各有分制。○分扶問反 著之話言。話善也。爲作善言遺戒。
爲之律度。鍾律度量。所以治歷明時。陳之藝極。藝準也。極中也。貢獻多少之法。傳曰。貢之無藝。又曰。貢獻無極。
引之表儀。引道也。表儀猶威儀。予之法制。告之訓典。訓典先王之書。教之防
利。防惡興利。委之常秩。委任也。常秩官司之常職。道之以禮。則使毋失其土宜。衆

隸賴之。而後卽命。卽就也。聖王同之。今縱無法以遺後嗣。而又收
其良以死。難以在上矣。君子是以知秦之不復東征也。不能復征討東方諸侯爲霸主。○復扶又反
秋。季文子將聘於晉。使求遭喪之禮以行。季文子季孫行父也。聞晉侯疾故。其
人曰。將焉用之。其人從者。文子曰。備豫不虞。古之善教也。求而無之
實難。難卒得。過求何害。所謂文子三思。
八月乙亥。晉襄公卒。靈公少。晉人以難故。欲立長君。立少君恐有難。趙
孟曰。立公子雍。趙孟趙盾也。公子雍文公子。襄公庶弟杜祁之子。好善而長。先君愛之。
且近於秦。秦舊好也。置善則固。事長則順。立愛則孝。結舊則安。

爲難故。故欲立長君。有此四德者。難必抒矣。抒除也。賈季曰。不如
立公子樂。樂文公子。○樂音岳。一音洛 辰嬴嬖於二君。辰嬴懷嬴也。二君懷公文公也。立其
子。民必安之。趙孟曰。辰嬴賤。班在九人。班位也。其子何震之有。震威也。
且爲二嬖。淫也。爲先君子。不能求大。而出在小國。辟也。母淫
子辟。無威。陳小而遠。無援。將何安焉。杜祁以君故。讓偪姞而上
之。杜祁杜伯之後。祁姓也。偪姞姞姓之女。生襄公爲世子。故杜祁讓使在己上。○辟匹亦反。偪彼力反。姞其吉反 以狄
故。讓季隗而己次之。故班在四。以季隗是文公託狄時妻。故復讓之。然則杜祁本班在二。○隗五罪反
先君是以愛其子。而仕諸秦。爲亞卿焉。亞次也。言其賢故位尊。秦大
而近。足以爲援。母義子愛。足以威民。立之不亦可乎。使先蔑士

會如秦。逆公子雍。先蔑、士伯也。士會、隨季也。賈季亦使召公子樂于陳。趙孟使殺諸郫。郫、晉地。○郫婢支反

賈季怨陽子之易其班也。本中軍帥、易以爲佐。而知其無援於晉也。少族多怨

九月。賈季使續鞫居殺陽處父。鞫居、狐氏之族書曰。晉殺其大夫侵官也。君已命帥、處父易之、故曰侵官。

冬。十月。襄仲如晉葬襄公。

十一月。丙寅。晉殺續簡伯。簡伯、續鞫居。十一月無丙寅、丙寅十二月八日也。日月必有誤賈季奔狄。宣子使臾駢送其帑。帑、妻子也。宣子以賈季中軍之佐、同官故。○帑音奴夷之蒐。賈季戮臾駢。臾駢之人。欲盡殺賈氏以報焉。臾駢曰。不可。吾聞前志有之曰。敵惠敵怨。不在後嗣。忠之道也。敵、猶對也。若及子孫、則爲非對、非對則爲遷怒夫子禮於賈季。我以其寵報私怨。無乃不可乎。言已蒙宣子寵位。介人之寵。非勇也。介、因也。損怨益仇。非知也。殺季家、欲以除怨。宣子將復怨已、是益仇也。以私害公。非忠也。釋此三者。何以事夫子。盡具其帑與其器用財賄。親帥扞之。送致諸竟。扞、衛也。○扞戶旦反。竟音境

閏月不告朔。非禮也。經稱告月、傳稱告朔、明告月必以朔。閏以正時。四時漸差、則致閏以正之時以作事。順時命事。事以厚生。事不失時、則年豐。生民之道。於是乎在矣。不告閏朔。棄時政也。何以爲民。

經七年。春。公伐邾。

三月。甲戌。取須句。須句、魯之封內屬國也。僖公反其君之後、邾復滅之。書取、易也。例在襄十三年。○句其俱反

遂城郚。無傳。因伐邾師以城郚。郚、魯邑。卞縣南有郚城。備邾難。○郚音吾

夏。四月。宋公王臣卒。二年與魯大夫盟于垂隴。

宋人殺其大夫。宋人攻昭公、并殺二大夫、故以非罪書。

戊子。晉人及秦人戰于令狐。趙盾廢嫡而外求君、故貶稱人。晉諱背先蔑而夜薄秦師、以戰告。

晉先蔑奔秦。不言出、在外奔。

狄侵我西鄙。

秋。八月。公會諸侯晉大夫盟于扈。扈、鄭地。滎陽卷縣西北有扈亭。不分別書會人、總言諸侯晉大夫、盟者公後會而及其盟。○扈音戶。卷音權。又丘權反

冬。徐伐莒。不書將帥、徐夷告辭略。

公孫敖如莒涖盟

傳七年春，公伐邾，閒晉難也。公因霸國有難而侵小。三月甲戌，取須句，寘文公子焉，非禮也。邾文公子叛在魯，故公使爲守須句大夫也。絶大皞之祀，以與鄒國叛臣，故曰非禮。

夏四月，宋成公卒。於是公子成爲右師，莊公子。公孫友爲左師，目夷子。樂豫爲司馬，戴公玄孫。鱗矔爲司徒，桓公孫。○矔，古亂反。公子蕩爲司城，桓公子也，以武公名廢司空爲司城。華御事爲司寇。華元父也。傳言六卿皆公族，昭公不親信之，所以致亂。○御，魚呂反。

昭公將去群公子，樂豫曰：不可。公族，公室之枝葉也，若去之，則本根無所庇廕矣。葛藟猶能庇其本根，葛之能藟蔓繁滋者，以本枝廕庥之多。故君子以爲比，謂詩人取以喻九族兄弟。況國君乎？此諺所謂庇焉而縱尋斧焉者也。縱，放也。必不可，君其圖之。親之以德，皆股肱也，誰敢攜貳？若之何去之？不聽。穆襄之族率國人以攻公，穆公、襄公之子孫，昭公所欲去者。殺公孫固、公孫鄭于公宮。二子在公宮，故爲亂兵所殺。六卿和公室，樂豫舍司馬以讓公子卬。卬，昭公弟。昭公即位而葬。書曰宋人殺其大夫，不稱名，衆也，且言非其罪也。不稱殺者及死者名，殺者衆，故名不可知，死者無罪，則例不稱名。

秦康公送公子雍于晉，曰：文公之入也無衛，故有呂郤之難。僖二十四年，文公入。乃多與之徒衛。穆嬴日抱大子以啼于朝，曰：先君何罪？其嗣亦何罪？舍適嗣不立，而外求君，將焉寘此？穆嬴，襄公夫人，靈公母也。○適，丁歷反。出朝，則抱以適趙氏，頓首於宣子曰：先君奉此子也而屬

諸子曰：此子也才，吾受子之賜；不才，吾唯子之怨。欲使宣子教訓之。○屬音燭。今君雖終，言猶在耳，在宣子之耳。而棄之，若何？宣子與諸大夫皆患穆嬴，且畏偪，畏國人以大義來偪己。乃背先蔑而立靈公，以禦秦師。箕鄭居守，趙盾將中軍，先克佐之。克，先且居子，代狐射姑。荀林父佐上軍。箕鄭將上軍，居守，故佐獨行。先蔑將下軍，先都佐之。步招御戎，戎津爲右。及堇陰。先蔑、士會逆公子雍，前還晉，晉人始以逆雍出軍，卒然變計立靈公，故車右戎御猶在職。堇陰，晉地。○招，上遙反。堇音謹。

宣子曰：我若受秦，秦則賓也；不受，寇也。既不受矣，而復緩師，秦將生心。先人有奪人之心，奪敵之戰心也。○先，悉薦反。軍之善謀也。逐寇如追逃，軍之善政也。訓卒利兵，秣馬蓐食，潛師夜起。蓐食，早食於寢蓐也。○蓐音辱。戊子，敗秦師于令狐，至于刳首。己丑，先蔑奔秦，士會從之。從刳首去也。令狐在河東，當與刳首相接。○刳，苦胡反。

先蔑之使也，荀林父止之，曰：夫人、大子猶在，而外求君，此必不行。子以疾辭，若何？不然，將及。禍將及己。攝卿以往可也，何必子？同官爲寮，吾嘗同寮，敢不盡心乎？弗聽。爲賦板之三章，板，詩大雅。其三章義取匆蕘之言猶不可忽，況同寮乎？僖二十八年，林父將中行，先蔑將左行。又弗聽。及亡，荀伯盡送其帑及其器用財賄於秦，曰：爲同寮故也。荀伯，林父。士會在秦三年，不見士伯。士伯，先蔑。其人曰：能亡人於國，言能與人俱亡于晉國。不能見於此，焉用之？何用如此。士季曰：吾與之同罪，俱有迎公子雍之罪。非義之也，將何見焉？言己非慕先蔑之義而從之。及歸，遂不見。責先蔑爲

正卿而不匡諫，且俱出奔，惡有黨也，士會歸在十三年、

秋。侵我西鄙。公使告于晉。趙宣子使因賈季問酆舒。且讓之。酆舒，狄相，讓其伐魯、酆舒問於賈季曰。趙衰趙盾孰賢。對曰。趙衰冬日之日也。趙盾夏日之日也。冬日可愛，夏日可畏、

秋八月。齊侯宋公衞侯陳侯鄭伯許男曹伯會晉趙盾盟于扈。晉侯立故也。公後至故不書所會。凡會諸侯不書所會後也。不書所會，謂不具列公侯及卿大夫、後至不書其國。辟不敏也。此傳還自釋凡例之意、

穆伯娶于莒。曰戴己。生文伯。其娣聲己。生惠叔。穆伯，公孫敖也，文伯，穀也，惠叔，難也、○已音紀，難乃旦反、戴己卒。又聘于莒。莒人以聲己辭。則爲襄仲聘焉。襄仲，公孫敖從父昆弟、冬。徐伐莒。莒人來請盟。見伐，故欲結援、穆伯如莒涖盟。且爲仲逆。及鄢陵。登城見之。美。鄢陵，莒邑、○鄢于晚反 自爲娶之。仲請攻之。公將許之。叔仲惠伯諫。惠伯，叔牙孫、曰。臣聞之。兵作於內爲亂。於外爲寇。寇猶及人。亂自及也。今臣作亂。而君不禁。以啓寇讎。若之何。公止之。惠伯成之。平二子、使仲舍之。舍不娶、公孫敖反之。還莒女、復爲兄弟如初。從之。爲明年公孫敖奔莒傳、

晉郤缺言於趙宣子曰。日衞不睦。故取其地。日，往日，取衞地在元年、今已睦矣。可以歸之。叛而不討。何以示威。服而不柔。何以示懷。柔，安也、非威非懷。何以示德。無德何以主盟。子爲正卿。以主諸侯。而不務德。將若之何。夏書曰。逸書、戒之用休。有休，則戒之以勿休、董之用威。董，督也，有罪，則督之以威刑、勸之以九歌。勿使壞。九功之德。皆可歌也。謂之九歌。六府三事。謂之九功。水。火。金。木。土。穀。謂之六府。正德。利用。厚生。謂之三事。義而行之。謂之德禮。德，正德也，禮以制財用之節，又以厚生民之命、無禮不樂。所由叛也。若吾子之德。莫可歌也。其誰來之。來，猶歸也、○樂音洛 盍使睦者歌吾子乎。宣子說之。爲明年晉歸鄭衞田張本、

〔經〕八年。春。王正月。

夏四月。

秋八月。戊申。天王崩。

冬。十月壬午。公子遂會晉趙盾。盟于衡雍。壬午，月五日、○雍于用反、

乙酉。公子遂會雒戎。盟于暴。乙酉，月八日也，暴，鄭地，公子遂不受命而盟，宜去族，善其解國患，故稱公子以貴之、

公孫敖如京師。不至而復。丙戌奔莒。不言出，受命而出，自外行、

螽。無傳，爲災故書、

宋人殺其大夫司馬。宋司城來奔。

司馬死不舍節，司城奉身而退，故皆書官而不名，貴之。

傳八年，春，晉侯使解揚歸匡、戚之田于衛，匡本衛邑，中屬鄭，孔達伐不能克，今晉令鄭還衛，及取戚田，皆見元年。○解音蟹，中去聲。且復致公壻池之封，自申至于虎牢之竟。公壻池，晉君女壻，又取衛地以封之，今并還衛。申，鄭地，傳言趙盾所以能相幼主而盟諸侯。

夏，秦人伐晉，取武城，以報令狐之役。令狐役在七年。

秋，襄王崩。為公孫敖如周弔傳。

晉人以扈之盟來討。前年盟扈，公後至。

冬，襄仲會晉趙孟，盟于衡雍，報扈之盟也。遂會伊雒之戎。伊雒之戎，將伐魯，公子遂不及復君，故專命與之盟。書曰公子遂，珍之也。珍，貴也。大夫出竟，有可以安社稷利國家者，專之可也。

穆伯如周弔喪，不至，以幣奔莒，從己氏焉。己氏，莒女。

宋襄夫人，襄王之姊也，昭公不禮焉。昭公適祖母。夫人因戴氏之族，華、樂、皇，皆戴族。以殺襄公之孫孔叔、公孫鍾離及大司馬公子卬，皆昭公之黨也。司馬握節以死，故書以官。節，國之符信也，握之以死，誓不廢命。司城蕩意諸來奔，效節於府人而出。效，猶致也。意諸，公子蕩之孫。公以其官逆之，皆復之，亦書以官，皆貴之也。卿違，從大夫。公賢其效節，故以本官逆之，請宋而復之，司城官屬悉來奔，故言皆復。

夷之蒐，晉侯將登箕鄭父、先都，登之於上軍也。夷蒐在六年。而使士縠、梁益耳將中軍。○士縠本司空。縠，戶木反。先克曰：狐、趙之勳，不可廢也。從之。狐偃、趙衰有從亡之勳。先克奪蒯得田于堇陰。七年，晉禦秦師於堇陰，以軍事奪其田也。先克，中軍佐。故箕鄭父、先都、士縠、梁益耳、蒯得作亂。為明年殺先克張本。

經九年，春，毛伯來求金。求金以共葬事。雖踰年而未葬，故不稱王使。

夫人姜氏如齊。無傳。歸寧。

二月，叔孫得臣如京師。辛丑，葬襄王。卿共葬事，禮也。

晉人殺其大夫先都。下軍佐也，以作亂討，故書名。

三月，夫人姜氏至自齊。無傳。告于廟。

晉人殺其大夫士縠及箕鄭父。與先都同罪也。

楚人伐鄭。楚子師于狼淵，不親伐。

公子遂會晉人、宋人、衛人、許人救鄭。

夏秋侵齊。無傳。

秋八月曹伯襄卒。無傳七年同盟于扈。

九月癸酉地震。無傳地道安靜以動爲異故書。

冬楚子使椒來聘。稱君以使大夫其禮辭與中國同椒不書氏史略文。

秦人來歸僖公成風之襚。衣服曰襚秦辟陋故不稱使不稱夫人從來者辭。

葬曹共公。無傳。

傳九年春王正月己酉使賊殺先克。箕鄭等所使也亂殺。乙丑晉人殺先都梁益耳。乙丑正月十九日經書二月從告。毛伯衛來求金非禮也。天子不私求財故曰非禮。不書王命未葬也。

二月莊叔如周葬襄王。

三月甲戌晉人殺箕鄭父士縠蒯得。梁益耳蒯得不書皆非卿。

范山言於楚子曰晉君少不在諸侯北方可圖也。范山楚大夫。楚子師于狼淵以伐鄭。陳師狼淵爲伐鄭援也潁川潁陰縣西有狼陂。囚公子堅公子尨及樂耳。三子鄭大夫。○尨莫江反。鄭及楚平。

公子遂會晉趙盾宋華耦衛孔達許大夫救鄭不及楚師卿不書緩也以懲不恪。華耦華父督曾孫公子遂獨不在貶者諸魯事自非指爲其國褒貶則皆從國史不同之於他國此春秋大意他皆放此。

夏楚侵陳克壺丘。壺丘陳邑。以其服於晉也。

秋楚公子朱自東夷伐陳。子朱息公也。陳人敗之獲公子茷。陳懼乃及楚平。以小勝大故懼而請平也傳言晉君少楚陵中國明年所以有厥貉之會。○茷扶廢反貉武百反

冬楚子越椒來聘執幣傲。子越椒令尹子文從子傲不敬。叔仲惠伯曰是必滅

若敖氏之宗傲其先君神弗福也。十二年傳曰先君之敝器使下臣致諸執事明奉使皆告廟故言傲其先君也爲宣四年楚滅若敖氏張本。

秦人來歸僖公成風之襚禮也。秦慕諸夏欲通敬於魯因有翟泉之盟故追贈僖公并及成風本非魯方嶽同盟無相赴弔之制故不譏其緩而以接好爲禮。諸侯相弔賀也雖不當事苟有禮焉書也以無忘舊好。送死不及尸故曰不當事書者書於典策垂示子孫使無忘過厚之好。

經十年春王三月辛卯臧孫辰卒。無傳公與小歛故書日。

夏秦伐晉。不稱將帥告辭略。

楚殺其大夫宜申。宜申、子西也、謀弑君故書名、

自正月不雨。至于秋七月。無傳、義與二年同、

及蘇子盟于女栗。女栗、地名闕、蘇子、周卿士、頃王新立、故與魯盟親諸侯也、○女音汝一如字

冬。狄侵宋。無傳

楚子蔡侯次于厥貉。厥貉、地名闕、將伐宋而未行、故書次、

傳十年。春。晉人伐秦。取少梁。少梁、馮翊夏陽縣、夏。秦伯伐晉。取北徵。報少梁、

初。楚范巫矞似。矞似、范邑之巫、○矞尹必反 謂成王與子玉子西曰。三君皆將強死。城濮之役。王思之。故使止子玉曰。毋死。不及。止子西。子西縊而縣絕。在僖二十八年、○強其丈反 王使適至。遂止之。使為商公。商、楚邑、今上雒商縣、沿漢泝江。將入郢。沿、順流、泝、逆流、○沿悅專反、泝息路反、郢以井反 王在渚宮。小洲曰渚 下見之。懼而辭曰。臣免於死。又有讒言。謂臣將逃。臣歸死於司敗也。陳楚名司寇為司敗、子西畏讒言、不敢之商縣、王使為工尹。掌百工之官、又與子家

謀弑穆王。穆王聞之。五月。殺鬬宜申及仲歸。仲歸、子家、不書、非卿、秋七月。及蘇子盟于女栗。頃王立故也。僖十年、狄滅溫、蘇子奔衛、今復見、蓋王復之 陳侯鄭伯會楚子于息。冬。遂及蔡侯次于厥貉。陳鄭及宋麇子不書者、宋鄭執卑苟免、為楚僕任、受役於司馬、麇子恥之、遂逃而歸、三君失位降爵、故不列於諸侯、宋鄭猶然、則陳侯必同也、○麇九倫反 將以伐宋。宋華御事曰。楚欲弱我也。先為之弱乎。何必使誘我。我實不能。民何罪。乃逆楚子。勞且聽命。時楚欲誘呼宋共戰、御事、華元父、○勞力報反 遂道以田孟諸。孟諸、宋大藪也、在梁國睢陽縣東北、○道音導、睢音綏 宋公為右盂。鄭伯為左盂。盂、田獵陳名、○陳直覲反 期思公復遂為右司馬。復遂、楚期思邑公、今弋陽期思縣、子朱及文之無畏為左司馬。將獵張兩甄、故置二左司馬、然則右司馬一人當中央、○甄吉然反

命夙駕載燧。燧、取火者、宋公違命。不夙駕載燧、無畏抶其僕以徇。或謂子舟曰。國君不可戮也。子舟曰。當官而行。何彊之有。子舟、無畏字、○抶耻乙反 詩曰。剛亦不吐。柔亦不茹。詩、大雅、美仲山甫不辟彊禦、毋縱詭隨。以謹罔極。詩、大雅、詭人隨人、無正心者、謹、猶慎也、罔、無也、極、中也、是亦非辟彊也。敢愛死以亂官乎。為宣十四年宋人殺子舟張本、

厥貉之會。麇子逃歸。為明年楚子伐麇傳、

春秋左傳卷八終

春秋左傳卷九

晉鎭南大將軍當陽縣侯京兆杜　預集解

皇明　後　學　東吳葛　鼒較訂

文公

經十有一年春楚子伐麇。討前年逃厥貉會。○麇九倫反

夏叔仲彭生會晉郤缺于承匡。承匡宋地，在陳留襄邑縣西。彭生，叔仲惠伯。郤缺，冀缺。

秋曹伯來朝。

公子遂如宋。

狄侵齊。

冬十月甲午叔孫得臣敗狄于鹹。鹹，魯地。

傳十一年春楚子伐麇成大心敗麇師于防渚。成大心，子玉之子大孫伯也。防渚，麇地。潘崇復伐麇至于錫穴。錫穴，麇地。○復扶又反，錫音羊，或星歷反

夏叔仲惠伯會晉郤缺于承匡謀諸侯之從於楚者。九年，陳鄭及楚平，十年，宋聽楚命。

秋曹文公來朝即位而來見也。

襄仲聘于宋且言司城蕩意諸而復之。八年，意諸來奔，歸不書，史失之。因賀楚師之不害也。往年楚次厥貉，將以伐宋。

鄋瞞侵齊。鄋瞞，狄國名，防風之後，漆姓。○鄋所求反，瞞莫干反遂伐我公卜使叔孫得臣追之吉。侯叔夏御莊叔，莊叔，得臣。緜房甥爲右富父終甥駟乘。駟乘，四人共車。○乘繩證反，下皆同冬十月甲午敗狄于鹹獲長狄僑如。僑如，鄋瞞國之君，蓋長三丈。獲僑如不書，賤夷狄也。富父終甥摏其喉以戈殺之。摏猶衝也。○摏舒容反埋其首於子駒之門。子駒，魯郭門。骨節非常，恐後世怪之，故詳其處。以命宣伯。得臣待事而名其三子，因名宣伯曰僑如，以旌其功。初宋武公之世鄋瞞伐宋。在春秋前。司徒皇父帥師禦之。耏班御皇父充石。皇父，戴公子，充石，皇父名。○耏音而公子穀甥爲右司寇牛父駟乘以敗狄于長丘。長丘，宋地。獲長狄緣斯。緣斯，僑如之先。皇父之二子死焉。皇父與穀甥及牛父皆死，故耏班獨受賞。宋公於是以門賞耏班使食其征。門，關門。征，稅也。謂之耏門。晉之滅潞也。在宣十五年。獲僑如之弟焚如。齊襄公之二年。魯桓之十六年。鄋瞞伐齊齊王子成父獲其弟榮如。榮如，焚如之弟。焚如後死而先說者，欲其兄弟伯季相次。榮如以魯桓十六年死，至宣十五年，一百三歲，其兄猶在，傳言既長且壽，有異於人。王子成父，齊大夫。埋其首於周首之北門。周首，齊邑，濟北穀城縣東北有周首亭。衛人獲其季弟簡如。伐齊退走，至衛見獲。鄋瞞由是遂亡。長狄之種絕。郕大子朱儒自安於夫鍾。安，處也。夫鍾，郕邑。國人弗徇。徇，順也。爲明年郕伯來奔傳。

經十有二年春王正月郕伯來奔。

稱爵見公以諸侯禮迎之、

杞伯來朝。復稱伯舍夷禮。○舍音捨

二月庚子子叔姬卒。既嫁成人雖見出弃猶以恩録其卒、

夏楚人圍巢。巢吳楚閒小國廬江六縣東有居巢城、

秋滕子來朝秦伯使術來聘。術不稱氏、史略文、

冬十有二月戊午晉人秦人戰于河曲。不書敗績交綏而退不大崩也、稱人秦晉無功以微者告也、皆陳曰戰、例在莊十一年、河曲在河東蒲坂縣南、

季孫行父帥師城諸及鄆。鄆莒魯所爭者、城陽姑幕縣南有員亭員即鄆也、以其遠偪外國故帥師城之、○鄆音運員音云一音運

傳十二年春郕伯卒郕人立君。大子自安於外邑故、大子以夫鍾與郕邽來奔。○郕邽亦邑、邽音圭 公以諸侯逆之非禮也。非公寵叛人、故書曰郕伯來奔不書地尊諸侯也。既尊以爲諸侯故不復見其竊邑之罪、

杞桓公來朝始朝公也。公即位始來朝 且請絶叔姬而無絶昏公許之。不絶昏立其娣以爲夫人、不書夫歸未歸而卒 二月叔姬卒不言杞絶也。既許其絶故不言杞、書

叔姬言非女也。女未笄而卒不書、

楚令尹大孫伯卒成嘉爲令尹。若敖曾孫子孔 羣舒叛楚。羣舒偃姓舒庸舒鳩之屬、今廬江南有舒城舒城西南有龍舒 夏子孔執舒子平及宗子遂圍巢。平舒君名宗巢二國羣舒之屬、

秋滕昭公來朝亦始朝公也。

秦伯使西乞術來聘且言將伐晉襄仲辭玉曰君不忘先君之好照臨魯國鎭撫其社稷重之以大器。大器圭璋也、不欲與秦爲好故辭玉 寡君敢辭玉。對曰不腆敝器不足辭也。腆厚也。○腆他典反 主人三辭賓答曰寡君願徼福于周公魯公以事君。徼要也、魯公伯禽也、言願事君以并蒙先君之福 不

腆先君之敝器使下臣致諸執事以爲瑞節。節信也、出聘必告廟故稱先君之器 要結好命所以藉寡君之命結二國之好。藉薦也 是以敢致之襄仲曰不有君子其能國乎國無陋矣厚賄之。賄贈送也、

秦爲令狐之役故。令狐役在七年。○爲于僞反 冬秦伯伐晉取羈馬。羈馬晉邑 晉人禦之趙盾將中軍荀林父佐之。林父代先克 郤缺將上軍。代箕鄭 臾駢佐之。代林父 欒盾將下軍。欒枝子代先蔑 胥甲佐之。胥臣子代先都 范無恤御戎。代步招 以從秦師于河曲臾駢曰秦不能久請深壘固軍以待之從之秦人欲戰秦伯謂士會曰若何而戰。晉士會七年奔秦 對曰趙氏新出其屬曰臾駢必實爲此謀將以老我師也。臾駢趙盾屬大夫新出佐

上軍。趙有側室曰穿。晉君之壻也。側室支子。穿、趙夙庶孫、有寵而弱。不在軍事。弱、年少也。又未嘗涉知軍事。好勇而狂。且惡臾駢之佐上軍也。若使輕者肆焉。其可。肆、暫往而退也。○惡、烏路反。輕、遣政反。秦伯以璧祈戰于河。禱求勝。十二月戊午。秦軍掩晉上軍。趙穿追之不及。上軍不動、趙穿獨追之。反怒曰。裹糧坐甲。固敵是求。敵至不擊。將何俟焉。軍吏曰。將有待也。待可擊。穿曰。我不知謀。將獨出。乃以其屬出。宣子曰。秦獲穿也。獲一卿矣。僖三十三年、晉侯以一命命郤缺爲卿、不在軍帥之數。然則晉自有散位從卿者。秦以勝歸。我何以報。乃皆出戰。交綏。司馬灋曰。逐奔不遠。從綏不及。逐奔不遠則難誘。從綏不及則難陷。然則古名退軍爲綏。秦晉志未能堅戰。短兵未致爭而兩退。故曰交綏。秦行人夜戒晉師曰。兩軍之士皆未

憖也。明日請相見也。憖、缺也。○憖、魚覲反。又魚轄反。臾駢曰。使者目動而言肆。懼我也。目動、心不安。言肆、聲放、失常節。將遁矣。薄諸河。必敗之。薄、迫也。胥甲趙穿當軍門呼曰。死傷未收而棄之。不惠也。不待期而薄人於險。無勇也。乃止。晉師止、爲宣元年放胥甲傳。秦師夜遁。復侵晉。入瑕。

城諸及鄆。書時也。

經　十有三年。春。王正月。

夏五月壬午。陳侯朔卒。無傳。再同盟。

邾子蘧蒢卒。未同盟而赴以名。○蘧、其居反。蒢、丈居反。

自正月不雨。至于秋七月。無傳。義與二年同。

大室屋壞。大廟之室。○大音泰。

冬。公如晉。衛侯會公于沓。沓、地闕。○沓、徒荅反。

狄侵衛。無傳。

十有二月己丑。公及晉侯盟。十二月無己丑。己丑、十一月十一日。

公還自晉。鄭伯會公于棐。棐、鄭地。

傳　十三年。春。晉侯使詹嘉處瑕。以守桃林之塞。詹嘉、晉大夫。賜其瑕邑。令帥衆守桃林以備秦。桃林在弘農華陰縣東潼關。○塞、悉代反。潼音童。晉人患秦之用士會也。夏。六卿相見於諸浮。諸浮、晉地。趙宣子曰。隨會在秦。賈季在狄。難日至矣。若之何。六年、賈季奔狄。○難、乃旦反。中行桓子曰。請復賈季。中行桓子、荀林父也。僖二十八年、始將中行、故以爲氏。○行、戶郎反。能外事。且由舊勳。有狐偃之舊勳。郤成子曰。賈季亂

且罪大、(殺陽處父故、)不如隨會。能賤而有恥。柔而不犯。(不可犯以不義、)其知足使也。且無罪。乃使魏壽餘僞以魏叛者。以誘士會。執其帑於晉。使夜逸。(魏壽餘、畢萬之後、帑、壽餘子、○知音智、帑音奴)請自歸于秦。秦伯許之。(許受其邑、)履士會之足於朝。(躡士會足、欲使行、)秦伯師于河西。(將取魏、)魏人在東。(河北縣、於秦為在河之東、)壽餘曰。請東人之能與夫二三有司言者。吾與之先。(欲與晉人在秦者、共先告諭魏有司、)使士會。士會辭曰。晉人虎狼也。若背其言。臣死。妻子為戮。無益於君。不可悔也。(辭行、示已無去心、)秦伯曰。若背其言。所不歸爾帑者。有如河。(言必歸其妻子、明白如河、)乃行。繞朝贈之以策。(策、馬檛、臨別授之馬檛、并示已所策以展情、繞朝、秦大夫、○檛、張瓜反)曰。子無謂秦無人。吾謀適不用也。(示已覺其情、)既濟。魏人譟而還。(喜得士會、)秦人歸其帑。其處者為劉氏。(士會、堯後、劉累之胤、別族復累之姓、○累、劣彼反)

邾文公卜遷于繹。(繹、邾邑、魯國鄒縣北有繹山、)史曰。利於民而不利於君。邾子曰。苟利於民。孤之利也。天生民而樹之君。以利之也。民既利矣。孤必與焉。左右曰。命可長也。君何弗為。邾子曰。命在養民。死之短長。時也。民苟利矣。遷也。吉莫如之。(左右以一人之命為言、文公以百姓之命為主、一人之命、各有短長、不可如何、百姓之命、乃傳世無窮、故徙之、○與音預)遂遷于繹。五月。邾文公卒。君子曰。知命。

秋七月。大室之屋壞。書不共也。(簡慢宗廟、使至傾頹、故書、以見臣子不共、)

冬。公如晉朝。且尋盟。衛侯會公于沓。請平于晉。公還。鄭伯會公于棐。亦請平于晉。公皆成之。(鄭衛貳於楚、畏晉、故因公請平、)鄭伯與公宴于棐。子家賦鴻鴈。(子家、鄭大夫公子歸生也、鴻鴈、詩小雅、義取侯伯哀恤鰥寡、有征行之勞、言鄭國寡弱、欲使魯侯還晉恤之、)季文子曰。寡君未免於此。(言亦同有微弱之憂、)文子賦四月。(四月、詩小雅、義取行役踰時、思歸祭祀、不欲為還晉、○為、于僞反)子家賦載馳之四章。(載馳、詩鄘風、四章以下、義取小國有急、欲引大國以救助、)文子賦采薇之四章。(采薇、詩小雅、取其豈敢定居、一月三捷、許為鄭還、不敢安居、)鄭伯拜。(謝公為行、)公荅拜。

經 十有四年。春。王正月。公至自晉。(無傳、告於廟、)

邾人伐我南鄙。叔彭生帥師伐邾。

夏五月乙亥。齊侯潘卒。(七年盟于扈、乙亥、四月二十九日、書五月、從赴、)

六月。公會宋公。陳侯。衛侯。鄭伯。許男。曹伯。晉趙盾。癸酉。同盟于新城。(新城、宋地、在梁國穀熟縣西、)

秋七月。有星孛入于北斗。(孛、彗也、既見而後入北斗、非常所有、故書之、)

公至自會。

無傳。

晉人納捷菑于邾弗克納。邾有成君晉趙盾不度于義而大興諸侯之師涉邾之竟見辭而退雖有服義之善所興者廣所害者衆故貶稱人。

九月甲申公孫敖卒于齊。既許復之故從大夫例書卒。

齊公子商人弒其君舍。舍未踰年而稱君者先君既葬舍已即位弒君例在宣四年。

宋子哀來奔。大夫奔例書名氏貴之故書字。

冬單伯如齊。單伯周卿士爲魯如齊故書。○單音善爲于僞反

齊人執單伯。諸侯無執王使之義故不依行人例。

齊人執子叔姬。叔姬魯女齊侯舍之母不稱夫人自魯錄之父母辭。

傳十四年。春頃王崩周公閱與王孫蘇爭政故不赴凡崩薨不赴則不書禍福不告亦不書。奔亡禍也歸復福也懲不敬也。欲使怠慢者自戒

邾文公之卒也。在前年公使弔焉不敬邾人來討伐我南鄙故惠伯伐邾。

子叔姬妃齊昭公生舍叔姬無寵舍無威公子商人驟施於國。驟數也商人桓公子而多聚士盡其家貸於公有司以繼之。家財盡從公及國之有司富者貸○貸音特又音忒夏五月昭公卒舍即位。

邾文公元妃齊姜生定公二妃晉姬生捷菑文公卒邾人立定公捷菑奔晉。

六月同盟于新城從於楚者服。從楚者陳鄭宋且謀邾也。謀納捷菑

秋七月乙卯夜齊商人弒舍而讓元。元商人兄齊惠公也書九月從告七月無乙卯日誤元曰爾求之久矣我能事爾爾不可使多蓄憾。不爲君則恨多將免我

乎爾爲之。言將復殺我

有星孛入于北斗周內史叔服曰不出七年宋齊晉之君皆將死亂。後三年宋弒昭公五年齊弒懿公七年晉弒靈公史服但言事徵而不論其占固非末學所得詳言

晉趙盾以諸侯之師八百乘納捷菑于邾。八百乘六萬人言力有餘邾人辭曰齊出貜且長。貜且定公○貜俱縛反又居碧反且子餘反長丁丈反宣子曰辭順而弗從不祥乃還。立適以長故曰辭順

周公將與王孫蘇訟于晉王叛王孫蘇。王臣王叛不與而使尹氏與聃啓訟周公于晉。訟理之尹氏周卿士聃啓周大夫○聃乃甘反趙宣子平王室而復之。復使和親

楚莊王立。穆王子也、子孔潘崇將襲羣舒。使公子燮與子儀守。而伐舒蓼。郎羣舒、二子作亂。城郢。而使賊殺子孔。不克而還。八月。二子以楚子出。將如商密。國語曰、楚莊王幼弱、子儀爲師、王子燮爲傅、○還音旋、廬戢黎及叔麇誘之。遂殺鬭克及公子燮。廬、今襄陽中廬縣、戢梨、廬大夫、叔麇其佐、鬭克、子儀也、初鬭克囚于秦。在僖二十五年、秦有殽之敗。在僖三十三年、而使歸求成。成而不得志。無賞報也、公子燮求令尹而不得。故二子作亂。傳言楚莊幼弱、國內亂、所以不能與晉競、

穆伯之從己氏也。在八年、魯人立文伯。穆伯之子穀也、穆伯生二子於莒而求復。文伯以爲請。襄仲使無朝聽命。復而不出。不得使與聽政事、終寢於家、故出入不書、三年而盡室以復適莒。文伯疾。而請曰、穀之子弱。孟獻子、年尚少、請立難也。難、穀弟、許之。文伯卒。立惠叔。穆伯請重賂以求復。惠叔以爲請。許之。將來。九月。卒于齊。告喪請葬。弗許。請以卿禮葬、

宋高哀爲蕭封人。以爲卿。蕭、宋附庸、仕附庸還升爲卿、不義宋公而出。遂來奔。出而待放、從放所來、故曰遂、書曰宋子哀來奔。貴之也。貴其不食汙君之祿、辟禍速也、

齊人定懿公。使來告難。故書以九月。齊人不服、故三月而後定、書以九月、明經日月皆從赴、齊公子元不順懿公之爲政也。終不曰公。曰夫己氏。猶言某甲、

襄仲使告于王。請以王寵求昭姬于齊。昭姬、子叔姬、曰殺其子。焉用其母。請受而罪之。冬。單伯如齊。請子叔姬。齊人執之。恨魯特王勢以求文故、又執子叔姬。欲以恥辱魯、

經　十有五年。春。季孫行父如晉。

三月。宋司馬華孫來盟。華孫奉使鄰國、能臨事制宜、至魯而後定盟、故不稱使、其官皆從、故書司馬、○華戶化反、從才用反、

夏。曹伯來朝。

齊人歸公孫敖之喪。大夫喪還不書、善魯感子以赦父、敦公族之恩、崇仁孝之教、故特錄敖喪歸以示義、

六月。辛丑朔。日有食之。鼓用牲于社。傳例曰、非禮也、

單伯至自齊。

晉郤缺帥師伐蔡。戊申。入蔡。傳例曰、獲大城曰入、

秋。齊人侵我西鄙。

季孫行父如晉。

冬。十有一月。諸侯盟于扈。將伐齊、晉侯受賂而止、故總曰諸侯、言不足序列、

十有二月。齊人來歸子叔姬。齊人以王故來送子叔姬、故與直出者異文、

齊侯侵我西鄙，遂伐曹，入其郛。郛，郭也。○郛音孚。

傳十五年春，季文子如晉，爲單伯與子叔姬故也。因晉請齊。

三月，宋華耦來盟，其官皆從之。書曰「宋司馬華孫」，貴之也。古之盟會必備威儀，崇贄幣，賓主以成禮爲敬，故傳曰卿行旅從。春秋時率多不能備儀，華孫能率其屬以從古典，所以敬事而自重，使重而事敬，則魯尊而禮篤，故貴而不名。公與之宴，辭曰：「君之先臣督得罪于宋殤公，名在諸侯之策。臣承其祀，其敢辱君？耦，華督曾孫也。督弒殤公在桓二年。耦自以罪人子孫，故不敢屈辱魯君對共宴會。請承命於亞旅。」亞旅，上大夫也。魯人以爲敏。無故揚其先祖之罪，是不敏。魯人以爲敏，明君子所不與也。

夏，曹伯來朝，禮也。諸侯五年再相朝，以脩王命，古之制也。十一年曹伯來朝，雖至此乃來，亦五年。傳爲冬齊侯伐曹張本。

齊人或爲孟氏謀，孟氏，公孫敖家。慶父爲長庶，故或稱孟氏。曰：「魯，爾親也。飾棺寘諸堂阜，堂阜，齊魯竟上地。飾棺不殯，示無所歸。魯必取之。」從之。卞人以告。卞人，魯卞邑大夫。惠叔猶毀以爲請，敖卒則惠叔請之，至今期年而猶未已，毀過喪禮。立於朝以待命。許之，取而殯之。殯于孟氏之寢，終叔服之言。齊人送之。書曰「齊人歸公孫敖之喪」，爲孟氏，且國故也。爲惠叔毀請，且國之公族，故聽其歸殯而書之。葬視共仲。制如慶父，皆以罪降。聲己不視，帷堂而哭。聲己，惠叔母，怨敖從莒女，故帷堂。襄仲欲勿哭，怨敖取其妻。惠伯曰：「喪，親之終也。惠伯，叔彭生。雖不能始，善終可也。史佚有言曰：

兄弟致美。各盡其美，義乃終。救乏、賀善、弔災、祭敬、喪哀，情雖不同，毋絕其愛，親之道也。子無失道，何怨於人？」襄仲說，帥兄弟以哭之。他年，其二子來，敖在莒所生。孟獻子愛之，聞於國。獻子，穀之子仲孫蔑。或譖之曰：「將殺子。」獻子以告季文子。二子曰：「夫子以愛我聞，我以將殺子聞，不亦遠於禮乎？遠禮不如死。」一人門于句鼆，一人門于戾丘，皆死。句鼆、戾丘，魯邑。有寇攻門，二子禦之而死。○句，古侯反。鼆，莫幸反。

六月辛丑朔，日有食之，鼓用牲于社，非禮也。得常鼓之月，而於社用牲，爲非禮。日有食之，天子不舉，去盛饌。伐鼓于社，責羣陰。伐，猶擊也。諸侯用幣于社，社尊於諸侯，故請救而不敢責之。伐鼓于朝，退自責。以昭事神、訓民、事君，天子不舉，諸侯

用幣，所以事神。尊卑異制，所以訓民。示有等威，古之道也。等威，威儀之等差。

齊人許單伯請而赦之，使來致命。以單伯執節不移，且畏晉，故許之。書曰「單伯至自齊」，貴之也。單伯爲魯拘執，既免而不廢禮，終來致命，故貴而告廟。

新城之盟，在前年。蔡人不與。不會盟。○與音預，下同。晉郤缺以上軍、下軍伐蔡，兼帥二軍。曰：「君弱，不可以怠。」怠，解也。戊申，入蔡，以城下之盟而還。凡勝國曰滅之，勝國，絕其社稷，有其土地。○還音旋。獲大城焉曰入之。得大都而不有。

秋，齊人侵我西鄙，故季文子告于晉。

冬十一月，晉侯、宋公、衛侯、蔡侯、陳侯、鄭伯、許男、曹伯盟于扈，尋新城之盟，且謀伐齊也。齊執王使，且數伐魯。齊人賂晉侯，故不克而還。于

是有齊難是以公不會明今不序諸侯不以公不會故書曰諸侯盟于扈無能爲故也惡其受賂不能討齊凡諸侯會公不與不書諱君惡也諱國無難不會義事故爲惡不書謂不國別序諸侯與而不書後也謂後期也今貶諸侯似爲公諱故傳發例以明之

齊人來歸子叔姬王故也單伯雖見執能守節不移終達王命使叔姬得歸

齊侯侵我西鄙謂諸侯不能也不能討己遂伐曹入其郛討其來朝也此年夏朝季文子曰齊侯其不免乎己則無禮執王使而伐無罪而討於有禮者曰女何故行禮禮以順天天之道也己則反天而又以討人難以免矣詩曰胡不相畏不畏于天詩小雅君子之不虐幼賤畏于天也在周頌曰畏天之威于時保之詩周頌言畏天威于是保福祿不

畏于天將何能保以亂取國奉禮以守猶懼不終多行無禮弗能在矣爲十八年齊弒商人傳

經　十有六年春季孫行父會齊侯于陽穀齊侯弗及盟及與也

夏五月公四不視朔諸侯每月必告朔聽政因朝于廟今公以疾闕不得視二月三月四月五月朔也春秋十二公以疾不視朔非一也義無所取故特舉此以表行事因明公之實有疾非詐齊

六月戊辰公子遂及齊侯盟于郪丘信公疾且以賂故郪丘齊地○郪音西又七西反

秋八月辛未夫人姜氏薨僖公夫人文公母也

毀泉臺泉臺臺名毀壞之也

楚人秦人巴人滅庸

冬十有一月宋人弒其君杵臼稱君君無道也例在宣四年

傳　十六年春王正月及齊平齊前年再伐魯魯爲受弱故平公有疾使季文子會齊侯于陽穀請盟齊侯不肯曰請俟君閒閒疾瘳○瘳勑周反

夏五月公四不視朔疾也公使襄仲納賂于齊侯故盟于郪丘

有蛇自泉宮出入于國如先君之數伯禽至僖公十七君秋八月辛未聲姜薨毀泉臺魯人以爲蛇妖所出而聲姜薨故壞之

楚大饑戎伐其西南至于阜山師于大林又伐其東南至于陽丘以侵訾枝戎山夷也大林陽丘訾枝皆楚邑庸人帥群蠻以叛楚庸今上庸縣屬楚之小國麇人率百濮聚於選將伐楚選楚地百濮夷也○麇九倫反於是申息之北門不啓備中國楚人謀徙於阪高楚險地蔿賈曰不可我能往寇亦能往不如伐庸夫麇與百濮謂我饑不能師故伐我也若我出師必懼而歸百濮離居將各走其邑誰暇謀人乃出師旬有五

日百濮乃罷。濮夷無屯聚，見難則散歸。○罷，于委反。自廬以往，振廩同食。往，往伐庸也。振，發也。廩，倉也。同食，上下無異饌也。次于句澨。句澨，楚西界也。○句，古侯反。使廬戢黎侵庸，戢黎，廬大夫。及庸方城。方城，庸地。上庸縣東有方城亭。庸人逐之，囚子揚窻。窻，戢黎官屬。三宿而逸，曰：庸師衆，群蠻聚焉，不如復大師，還復句澨師。且起王卒，合而後進。師叔曰：不可。師叔，楚大夫潘尫也。○尫，烏黃反。姑又與之遇以驕之。彼驕我怒，而後可克，先君蚡冒所以服陘隰也。蚡冒，楚武王父。陘隰，地名。又與之遇，七遇皆北。軍走曰北。唯裨、鯈、魚人實逐之。裨、鯈、魚，庸三邑。魚，魚復縣，今巴東永安縣。輕楚，故但使三邑人逐之。庸人曰：楚不足與戰矣。遂不設備。楚子乘馹，會師于臨品。馹，傳車也。臨品，地名。○馹，人實反。傳，丁戀反。分爲二隊。隊，部也。兩道攻之。子越自石溪，

子貝自仞以伐庸。子越，鬬椒也。石溪、仞，入庸道。秦人、巴人從楚師，群蠻從楚子盟。蠻見楚强故。遂滅庸。傳言楚有謀臣，所以興。

宋公子鮑禮於國人。鮑，昭公庶弟，文公也。宋饑，竭其粟而貸之。年自七十以上，無不饋詒也，時加羞珍異。羞，進也。無日不數於六卿之門。數，不疏。○數，音朔。國之材人，無不事也。有賢材者。親自桓以下，無不恤也。桓，鮑之曾祖。公子鮑美而豔，襄夫人欲通之，鮑適祖母。而不可。以禮自防閑。乃助之施。昭公無道，國人奉公子鮑以因夫人。於是華元爲右師，元，華督曾孫，代公子成。○施，式豉反。公孫友爲左師，華耦爲司馬，代公子卬。鱗矔爲司徒，蕩意諸爲司城，公子朝爲司寇。代華御事。○矔，古亂反。初，司城蕩卒，公孫壽

辭司城，壽，蕩之子。請使意諸爲之。意諸，壽之子。既而告人曰：君無道，吾官近，懼及焉。禍及己。棄官則族無所庇。子，身之貳也，姑紓死焉。姑，且也。紓，緩也。雖亡子，猶不亡族。己在故也。既，夫人將使公田孟諸而殺之。公知之，盡以寶行。蕩意諸曰：盍適諸侯？公曰：不能其大夫至于君祖母以及國人，君祖母，諸侯祖母之稱，謂襄夫人。諸侯誰納我？且既爲人君，而又爲人臣，不如死。盡以其寶賜左右而使行。行，去也。夫人使謂司城去公，對曰：臣之而逃其難，若後君何？言無以事後君。冬，十一月甲寅，宋昭公將田孟諸，未至，夫人王姬使帥甸攻而殺之。襄夫人，周襄王姊，故稱王姬。帥甸，郊甸之帥。蕩意諸死之。不書，不告。書曰：宋人弒其君杵臼，君無道也。始例發于臣之罪，今稱國人，故重明君罪。

文公即位，使母弟須爲司城，代意諸。華耦卒，而使蕩虺爲司馬。虺，意諸之弟。

經 十有七年春，晉人、衛人、陳人、鄭人伐宋。自閔僖已下，終于春秋，陳侯常在衛侯上，今大夫會在衛下，傳不言陳公孫寧後至，則寧位非上卿故也。

夏四月癸亥，葬我小君聲姜。

齊侯伐我西鄙。西當爲北，蓋經誤。

六月癸未，公及齊侯盟于穀。

諸侯會于扈。

昭公雖以無道見弒，而文公猶宜以弒君受討，故林父伐宋，以失所稱人。晉侯平宋，以無功不序，明君雖不君，臣不可不臣，所以督大教。

秋，公至自穀。無傳。

冬，公子遂如齊。

傳十七年春，晉荀林父、衛孔達、陳公孫寧、鄭石楚伐宋，討曰：何故弒君？猶立文公而還。卿不書，失其所也。卿不書，謂稱人。

夏四月癸亥，葬聲姜。有齊難，是以緩。過五月之例。

齊侯伐我北鄙，襄仲請盟。六月，盟于穀。晉不能救，故請服。

晉侯蒐于黃父，一名黑壤，晉地。遂復合諸侯于扈，平宋也。傳不列諸國，而言復合，則如上十五年會扈之諸侯可知也。公不與會，齊難故也。書曰諸侯，無功也。刺欲平宋而復不能。○與音預。於是晉侯不見鄭伯，以為貳於楚也。鄭子家使執訊而與之書，以告趙宣子，執訊，通訊問之官，為書與宣子。曰：寡君即位三年，魯文二年。召蔡侯而與之事君。九月，蔡侯入于敝邑以行。行，朝晉也。敝邑以侯宣多之難，宣多既立穆公，恃寵專權。寡君是以不得與蔡侯偕。十一月，克減侯宣多，而隨蔡侯以朝于執事。減，損也。難未盡而行，言汲汲於朝晉。十二年六月，歸生佐寡君之嫡夷，歸生，子家名。夷，太子名。以請陳侯于楚，而朝諸君。請陳于楚，與俱朝晉。十四年七月，寡君又朝以蕆陳事。蕆，敕也。敕成前好。○蕆，敕展反。十五年五月，陳侯自敝邑往朝于君。往年正月，燭之武往朝夷也。將夷往朝晉。八月，寡君又往朝。以陳、蔡之密邇於楚，而不敢貳焉，則敝邑之故也。密邇，比近也。雖敝邑之事君，何以不免？免，免罪也。在位之中，一朝于襄，襄，襄公。而再見于君。君，靈公也。夷與孤之二三臣相及於絳。孤之二三臣，謂燭之武、歸生自謂也。絳，晉國都。雖我小國，則蔑以過之矣。今大國曰：爾未逞吾志。敝邑有亡，無以加焉。古人有言曰：畏首畏尾，身其餘幾？言首尾有畏，則身中不畏者少。又曰：鹿死不擇音。音，所庥蔭之處。古字聲同，皆相假借。○庥，虛求反。小國之事大國也，德則其人也，以德加己，則以人道相事。不德則其鹿也。鋌而走險，鋌，疾走貌。言急則欲蔭庥于楚，如鹿赴險。○鋌，他頂反。急何能擇？命之罔極，亦知亡矣。

言晉命無極。將悉敝賦以待於鯈，唯執事命之。鯈，晉鄭之竟。言欲以兵距晉。○鯈，直留反。文公二年六月壬申，朝于齊。鄭文二年六月壬申，魯莊二十三年六月二十四日。四年二月壬戌，為齊侵蔡，魯莊二十五年二月無壬戌，壬戌，三月二十日。亦獲成於楚。鄭與楚成。居大國之間，而從於強令，豈其罪也？令，號令也。大國若弗圖，無所逃命。

晉鞏朔行成於鄭，趙穿、公壻池為質焉。趙穿，卿也。公壻池，晉侯女壻。○質音致。

秋，周甘歜敗戎于邥垂，乘其飲酒也。歜，周大夫。邥垂，周地。河南新城縣北有垂亭。為成元年晉侯平戎于王張本。○歜，昌欲反。邥音審。

冬十月，鄭大子夷、石楚為質于晉。夷，靈公也。石楚，鄭大夫。

襄仲如齊，拜穀之盟。復曰：臣聞齊人將食魯之麥。以臣觀之，將不能齊君之語偷。臧文仲有言曰、民主偷必死。偷猶苟且。

經十有八年、春王二月丁丑、公薨于臺下。

秦伯罃卒。無傳。未同盟而赴以名。○罃于耕反

夏五月戊戌、齊人弒其君商人。不稱盜、罪商人。

六月癸酉、葬我君文公。

秋、公子遂、叔孫得臣如齊。書二卿、以兩事行、非相爲介。

冬十月、子卒。先君既葬、不稱君者、魯人諱弒、以未成君書之。子在喪之稱。

夫人姜氏歸于齊。

季孫行父如齊。無傳。

莒弒其君庶其。稱君、君無道也。

傳十八年春、齊侯戒師期、將以伐魯。而有疾。醫曰、不及秋將死。公聞之、卜曰、尚無及期。尚、庶幾也。欲令先師期死。惠伯令龜。告龜。卜楚丘占之。

曰、齊侯不及期、非疾也。君亦不聞。言君先齊侯終。令龜有咎。言令龜者亦有凶咎。見于卜兆。爲惠伯死張本。二月丁丑、公薨。

齊懿公之爲公子也、與邴歜之父爭田、弗勝。及即位、乃掘而刖之。斷其尸足。○邴音丙。歜昌欲反。而使歜僕。僕、御。納閻職之妻、而使職驂乘。驂乘、陪乘。夏五月、公游于申池。齊南城西門名申門、齊城無池、唯此門左右有池、疑此則是。二人浴于池、歜以扑抶職。扑、箠也。抶、擊也。欲以相感激。○抶勅乙反、箠市蘂反、又之蘂反。職怒。歜曰、人奪女妻而不怒、一抶女、庸何傷。職曰、與刖其父而弗能病者何如。言不以父之刖爲病恨。乃謀弒懿公、納諸竹中。歸、舍爵而行。飲酒訖乃去、言齊人惡懿公、二人無所畏。齊人立公子元。惠公、桓公子。

六月、葬文公。

秋、襄仲、莊叔如齊。惠公立故、且拜葬也。襄仲賀惠公立、莊叔謝齊來會葬。

文公二妃敬嬴生宣公。敬嬴嬖、而私事襄仲。宣公長、而屬諸襄仲。襄仲欲立之、叔仲不可。叔仲、惠伯。仲見于齊侯而請之。齊侯新立、而欲親魯、許之。

冬十月、仲殺惡及視、而立宣公。惡、大子。視、其母弟。書曰子卒、諱之也。仲以君命召惠伯。詐以子惡命。其宰公冉務人止之、曰、入必死。叔仲曰、死君命可也。公冉務人曰、若君命、可死。非君命、何聽。弗聽、乃入、殺而埋之馬矢之中。惠伯死不書者、史畏襄仲、不敢書殺惠伯。公冉務人奉

其帑以奔蔡。既而復叔仲氏。不絕其後、夫人姜氏歸于齊。大歸也。惡視之母、出姜也、嫌與有罪出者異、故復發傳、將行。哭而過市。曰。天乎。仲爲不道。殺適立庶。市人皆哭。魯人謂之哀姜。所謂出姜、不允于魯、莒紀公生大子僕。又生季佗。愛季佗而黜僕。且多行無禮于國。紀、號也、莒夷無謚、故有別號、○佗徒何反僕因國人以弒紀公。以其寶玉來奔。納諸宣公。公命與之邑。曰。今日必授。季文子使司寇出諸竟。曰。今日必達。未見公而文子出之、故來不書、公問其故。季文子使大史克對曰。先大夫臧文仲教行父事君之禮。行父奉以周旋。弗敢失隊。曰。見有禮

於其君者。事之如孝子之養父母也。見無禮於其君者。誅之如鷹鸇之逐鳥雀也。先君周公制周禮曰。則以觀德。則、法也、合法則爲吉德、德以處事。處、猶制也、事以度功。度、量也、○度待洛反、下同功以食民。食、養也、○食音嗣作誓命曰。毀則爲賊。誓、要信也、毀則、壞法也、掩賊爲藏。掩、匿也、竊賄爲盜。賄、財也、盜器爲姦。器、國用也、主藏之名。以掩賊爲名、賴姦之用。用姦器也、爲大凶德。有常無赦。刑有常、在九刑不忘。誓命以下、皆九刑之書、九刑之書今亡、行父還觀莒僕。還、猶周旋、○還音旋莫可則也。孝敬忠信爲吉德。盜賊藏姦爲凶德。夫莒僕則其孝敬。則弒君父矣。則其忠信。則竊寶玉矣。其人則盜賊也。其器則姦兆也。兆、域也、保而利之。則主藏也。以訓則昏。民無則

焉。不度於善。度、居也、而皆在於凶德。是以去之。昔高陽氏有才子八人。高陽、帝顓頊之號、八人其苗裔、蒼舒。隤敱。檮戭。大臨。尨降。庭堅。仲容。叔達。此卽垂益禹皋陶之倫、庭堅、卽皋陶字、○隤音頹、敱五才反、一五回反、檮音裯、又音桃、戭音演、又已震反、尨音厖、降音杭、齊聖廣淵。明允篤誠。天下之民謂之八愷。齊、中也、淵、深也、允、信也、篤、厚也、愷、和也、高辛氏有才子八人。高辛、帝嚳之號、八人亦其苗裔、○嚳苦毒反伯奮。仲堪。叔獻。季仲。伯虎。仲熊。叔豹。季貍。此卽稷契朱虎熊羆之倫、忠肅共懿。宣慈惠和。天下之民謂之八元。肅、敬也、懿、美也、宣、徧也、元、善也、此十六族也。世濟其美。不隕其名。濟、成也、隕、隊也、以至於堯。堯不能舉。舜臣堯。舉八愷。使主后土。后土、地官、禹作司空、平水土、卽主地之官、以揆百事。莫不時序。地平天成。揆、度也、成、亦平也、舉八元。

使布五教于四方。契作司徒、五教在寬、故知契在八元之中、父義。母慈。兄友。弟共。子孝。內平。外成。內、諸夏、外、夷狄、昔帝鴻氏有不才子。帝鴻、黃帝、掩義隱賊。好行凶德。醜類惡物。頑嚚不友。是與比周。醜、亦惡也、比、近也、周、密也、○嚚魚巾反、比毗志反天下之民謂之渾敦。謂驩兜、渾敦、不開通之貌、○敦徒本反少皡氏有不才子。少皡、金天氏之號、次黃帝、毀信廢忠。崇飾惡言。靖譖庸回。服讒蒐慝。以誣盛德。崇、聚也、靖、安也、庸、用也、回、邪也、服、行也、蒐、隱也、慝、惡也、盛德、賢人也、天下之民謂之窮奇。謂共工、其行窮、其好奇、顓頊氏有不才子。不可教訓。不知話言。話、善也、告之則頑。德義不入心、舍之則嚚。不道忠信、傲很明德。以亂天常。天下之民謂之檮杌。謂鯀、檮杌、頑凶無儔匹之貌、此三族也。世濟其凶。增其惡名。以至于堯。堯不

能去。方以宣公比堯、行父比舜、故言堯亦不能去、須賢臣而除之、縉雲氏有不才子、縉雲黃帝時官名、貪于飲食、冒于貨賄、侵欲崇侈、不可盈厭、聚斂積實、不知紀極、不分孤寡、不恤窮匱。冒亦貪也、盈滿也、實財也、天下之民以比三凶。非帝子孫、故別以比三凶、謂之饕餮。貪財爲饕、貪食爲餮、○饕他刀反、餮他結反、舜臣堯、臣爲堯臣、賓于四門、闢四門、達四聰、以賓禮衆賢、流四凶族、案四凶罪狀而流放之、渾敦、窮奇、檮杌、饕餮、投諸四裔、以禦螭魅。投棄也、裔遠也、放之四遠、使當螭魅之災、螭魅山林異氣所生爲人害者、是以堯崩而天下如一、同心戴舜以爲天子、以其舉十六相、去四凶也。故虞書數舜之功、曰愼徽五典、五典克從、無違教也。徽美也、典常也、此八元之功、曰納于百揆、百揆時序、無廢事也。此八愷之功、曰賓于四

門、四門穆穆、無凶人也。流四凶、舜有大功二十、而爲天子。舉十六相、去四凶也、今行父雖未獲一吉人、去一凶矣、於舜之功、二十之一也、庶幾免於戾乎。史克激稱以辨宣公之惑、釋行父之志、故其言美惡有過辭、蓋事宜也、

宋武氏之族道昭公子將奉司城須以作亂。文公弑昭公、故武族欲因其子以作亂、司城須文公弟、○道音導、十二月、宋公殺母弟須及昭公子。使戴莊桓之族攻武氏於司馬子伯之館。戴族華樂也、莊族公孫師也、桓族向魚鱗蕩也、司馬子伯華耦也、遂出武穆之族。穆族黨于武氏故、使公孫師爲司城。公孫師莊公之孫、公子朝卒、使樂呂爲司寇、以靖國人。樂呂戴公之曾孫、爲宣三年宋師圍曹傳、

春秋左傳卷九終

春秋左傳卷十

晉鎭南大將軍當陽縣侯京兆杜　預集解

皇明　後　學　東吳金　蟠較訂

宣公名倭、一名接、又作委、文公子、母敬嬴、諡法善問周達曰宣、

經元年春王正月、公卽位。

無傳、

公子遂如齊逆女。三月、遂以夫人婦姜至自齊。不譏喪娶者、不待貶責而自明也、卿爲君逆、例在文四年、稱婦、有姑之辭、不書氏、史闕文、

夏、季孫行父如齊。

晉放其大夫胥甲父于衞。放者受罪黜免、宥之以遠、

公會齊侯于平州。平州齊地、在泰山牟縣西、

公子遂如齊。

六月、齊人取濟西田。魯以賂齊、齊人不用師徒、故曰取、

秋、邾人來朝。無傳、

楚子。鄭人。侵陳。遂侵宋。晉趙盾帥師救陳。
傳言救陳宋。經無宋字。蓋闕。
宋公。陳侯。衛侯。曹伯。會晉師于棐林。伐鄭。
晉師救陳宋。四國君往會之。共伐鄭也。不言會趙盾。取于兵會。非好會也。棐林。鄭地。滎陽宛陵縣東南有林鄉。
冬。晉趙穿帥師侵崇。
晉人。宋人。伐鄭。
傳元年。春。王正月。公子遂如齊逆女。尊君命也。諸侯之卿。出入稱名氏。所以尊君命也。傳于此發者。與還文不同。故釋之。三月。遂以夫人婦姜至自齊。尊夫人也。遂不言公子。替其尊稱。所以成小君之尊也。公子。當時之寵號。非族也。故傳不言舍族。釋例論之備矣。夏。季文子如

齊。納賂。以請會。宣公簒立。未列于會。故以賂請之。
晉人討不用命者。放胥甲父于衛。胥甲。下軍佐。文十二年戰河曲。不肯薄秦于險。而立
胥克。克。甲之子。先辛奔齊。辛。甲之屬大夫。
會于平州。以定公位。簒立者。諸侯既與之會。則不得復討。臣子殺之。與弒君同。故公與齊會而位定。
東門襄仲如齊。拜成。謝得會也。
六月。齊人取濟西之田。為立公故。以賂齊也。濟西。故曹地。僖三十一年。晉文以分魯。
宋人之弒昭公也。在文十六年。晉荀林父以諸侯之師伐宋。宋及晉
平。宋文公受盟于晉。又會諸侯于扈。將為魯討齊。皆取賂而還。

文十五年十七年。二扈之盟。皆受賂。鄭穆公曰。晉不足與也。遂受盟于楚。陳共公
之卒。楚人不禮焉。卒在文十三年。陳靈公受盟于晉。秋。楚子侵陳。遂侵
宋。晉趙盾帥師救陳宋。會于棐林。以伐鄭也。楚蔿賈救鄭。遇于
北林。與晉師相遇。滎陽中牟縣西南有林亭。在鄭北。囚晉解揚。晉人乃還。解揚。晉大夫。
晉欲求成於秦。趙穿曰。我侵崇。秦急崇。必救之。崇。秦之與國。吾以求
成焉。冬。趙穿侵崇。秦弗與成。
晉人伐鄭。以報北林之役。報因解揚。於是晉侯侈。趙宣子為政。驟諫
而不入。故不競於楚。競。強也。為明年鄭伐宋張本。

經二年。春。王二月。壬子。宋華元帥師。及鄭公子歸生帥師。戰于大
棘。宋師敗績。獲宋華元。得大夫生死皆曰獲。例在昭二十三年。大棘。在陳留襄邑縣南。
秦師伐晉。
夏。晉人。宋人。衛人。陳人。侵鄭。
鄭為楚伐宋。獲其大夫。晉趙盾興諸侯之師。將為宋報恥。畏楚而還。失霸者之義。故貶稱人。
秋。九月。乙丑。晉趙盾弒其君夷皐。
靈公不君。而稱臣以弒者。以示良史之法。深責執政之臣。例在四年。
冬。十月。乙亥。天王崩。
無傳。

傳二年春，鄭公子歸生受命于楚伐宋。（受楚命也。）宋華元、樂呂御之。（樂呂，司寇。獲不書，非元帥也。獲，生死通名。經言獲華元，故傳特護之曰囚，以明其生獲，故得見贖而還。）二月壬子，戰于大棘。宋師敗績，囚華元，獲樂呂，及甲車四百六十乘，俘二百五十人，馘百人。狂狡輅鄭人，鄭人入于井。（狂狡，宋大夫。輅，迎也。）倒戟而出之，獲狂狡。君子曰：失禮違命，宜其為禽也。戎，昭果毅以聽之之謂禮。（聽謂常存于耳，著于心，想聞其政令。○著，直略反。）殺敵為果，致果為毅。易之，戮也。（易，反易。）將戰，華元殺羊食士，其御羊斟不與。及戰，曰：疇昔之羊，子為政，（疇昔，猶前日也。○食音嗣。斟之金反。與音預。）今日之事，我為政。與入鄭師，故敗。君子謂羊斟非人也，以其私憾，敗國殄民。（憾，恨也。殄，盡也。）於是刑孰大焉？詩所謂人之無良者，（詩小雅。義取不良之人相怨以亡。）其羊斟之謂乎！殘民以逞。

宋人以兵車百乘、文馬百駟，（畫馬為文，四百匹。）以贖華元于鄭。半入，華元逃歸，立于門外，告而入。（告宋城門而後入，言不苟。）見叔牂，曰：子之馬然也？（叔牂，羊斟也。卑賤，得先歸。華元見而慰之。○牂，子郎反。）對曰：非馬也，其人也。（叔牂知前言以顯，故不敢讓罪。）既合而來奔。（叔牂言畢，遂奔魯。合猶答也。）宋城，華元為植，巡功。（植，將主也。）城者謳曰：睅其目，皤其腹，棄甲而復。（睅，出目。皤，大腹。棄甲謂亡師。○睅，戶板反。皤音婆。）于思于思，棄甲復來。（于思，多鬚之貌。○思如字，又西才反。來力知反，又如字。復扶又反。）使其驂乘謂之曰：牛則有皮，犀兕尚多，棄甲則那？（那猶何也。○那乃多反。）役人曰：從其有皮，丹漆若何？華元曰：去之！夫其口眾我寡。（傳言華元不吝其咎，寬而容眾。）

秦師伐晉，以報崇也。（伐崇在元年。）遂圍焦。（焦，晉河外邑。）夏，晉趙盾救焦，遂自陰地及諸侯之師侵鄭，（陰地，晉河南山北，自上洛以東至陸渾。○渾，戶昏反。）以報大棘之役。楚鬬椒救鄭，曰：能欲諸侯而惡其難乎？遂次于鄭以待晉師。趙盾曰：彼宗競于楚，殆將斃矣。（競，強也。鬬椒，若敖之族，自子文以來，世為令尹。）姑益其疾。乃去之。（欲示弱以驕之。傳言趙盾所以稱人。且為四年楚滅若敖氏張本。）

晉靈公不君。（失君道也。以明于例應稱國以弒。）厚斂以彫牆，（彫，畫也。）從臺上彈人，而觀其辟丸也。宰夫胹熊蹯不孰，殺之，寘諸畚，使婦人載以過朝。（畚，以草索為之，筥屬。○胹音而。蹯扶元反。畚音本。）趙盾、士季見其手，問其故而患之。

將諫，士季曰：諫而不入，則莫之繼也。會請先，不入，則子繼之。三進及溜，而後視之。（士季，隨會也。三進三伏，公不省而又前也。公知欲諫，故佯不視。○溜，力救反。）曰：吾知所過矣，將改之。稽首而對曰：人誰無過？過而能改，善莫大焉。詩曰：靡不有初，鮮克有終。（詩大雅也。○鮮息淺反。）夫如是，則能補過者鮮矣。君能有終，則社稷之固也，豈唯群臣賴之。又曰：衮職有闕，惟仲山甫補之，能補過也。（詩大雅也。衮，君之上服。闕，過也。言服衮者有過，則仲山甫能補之。）君能補過，衮不廢矣。（常服衮也。）猶不改。宣子驟諫，公患之，使鉏麑賊之。（鉏麑，晉力士。○鉏，仕俱反。麑音迷，一音五兮反。）晨往，寢門闢矣，盛服將朝，尚早，坐而假寐。（不解衣冠而睡。○盛音成。）麑退，歎而言曰：不忘恭敬，民之主也。賊民之主，不忠棄君之命不信有一於此不如死也觸槐而死槐趙盾庭樹 秋九月晉侯飲趙盾酒伏甲將攻之其右提彌明知之右車 趨登曰臣侍君宴過三爵非禮也遂扶以下公嗾夫獒焉明搏而殺之獒猛犬也○嗾素口反 盾曰棄人用犬雖猛何爲責公不養士而更以犬爲己用 鬭且出提彌明死之初宣子田於首山舍于翳桑田獵也翳桑桑之多蔭翳者首山在河東蒲坂縣東南○翳于計反 見靈輒餓問其病靈輒晉人 曰不食三日矣食之舍其半問之曰宦三年矣宦學也○食之音嗣下同舍音捨 未知母之存否今近焉去家近 請以遺之使盡之而爲之簞食與肉簞笥也○遺唯季反笥思嗣反 寘諸橐以與之既而與爲公介靈輒爲公甲士○橐他洛反而與音預 倒戟以禦公徒

而免之問何故對曰翳桑之餓人也問其名居問所居 不告而退不望報也 遂自亡也輒亦去 乙丑趙穿攻靈公於桃園穿趙盾之從父昆弟子乙丑九月二十七日 宣子未出山而復晉竟之山也盾出奔聞公弒而還 大史書曰趙盾弒其君以示於朝宣子曰不然對曰子爲正卿亡不越竟反不討賊非子而誰宣子曰烏呼我之懷矣自詒伊慼其我之謂矣逸詩也言人多所懷戀則自遺憂 孔子曰董狐古之良史也書法不隱不隱盾之罪 趙宣子古之良大夫也爲法受惡善其爲法受屈 惜也越竟乃免越竟則君臣之義絕可以不討賊 宣子使趙穿逆公子黑臀于周而立之黑臀晉文公子 壬申朝于武宮壬申十月五日有日而無月冬又在壬申下明傳文無較例○較音角

初麗姬之亂詛無畜群公子詛盟誓○麗力知反 自是晉無公族無公子故廢公族之官 及成公卽位乃宦卿之適而爲之田以爲公族宦仕也爲置田邑以爲公族大夫○適丁歷反爲置于僞反 又宦其餘子亦爲餘子餘子適子之母弟也亦治餘子之政 其庶子爲公行庶子妾子也掌率公戎行○行戶郎反 晉於是有公族餘子公行皆官名 趙盾請以括爲公族括趙盾異母弟趙姬之中子屏季也○屏步丁反 曰君姬氏之愛子也趙姬文公女成公姊也 微君姬氏則臣狄人也盾狄外孫也姬氏逆之以爲適事見僖二十四年 公許之冬趙盾爲旄車之族旄車公行之官盾本卿適其子當爲公族辟屏季故更掌旄車 使屏季以其故族爲公族大夫盾以其故官屬與屏季使爲衰之適○衰初危反

經三年春王正月郊牛之口傷改卜牛牛死乃不郊猶三望牛不稱牲未卜日

葬匡王無傳四月而葬速

楚子伐陸渾之戎

夏楚人侵鄭

秋赤狄侵齊

宋師圍曹無傳

冬，十月丙戌，鄭伯蘭卒。再與文同盟。

葬鄭穆公。無傳。

傳三年春，不郊而望，皆非禮也。言牛雖傷死，當更改卜，取其吉者，郊不可廢也。前年冬，天王崩，未葬而郊者，不以王事廢天事。禮記曾子問：天子崩，未殯，五祀不行，既殯而祭，自啓至于反哭，五祀之祭不行，已葬而祭。望，郊之屬也。不郊，亦無望可也。已有例在僖三十一年，復發傳者，嫌牛死與卜不從異。

晉侯伐鄭，及郔。郔，鄭地。爲夏楚侵鄭傳。○郔音延。鄭及晉平，士會入盟。

楚子伐陸渾之戎，遂至于雒，觀兵于周疆。雒水出上雒冢領山，至河南鞏縣入河。

定王使王孫滿勞楚子。王孫滿，周大夫。○勞，力報反。楚子問鼎之大小輕重焉。示欲偪周取天下。對曰：在德不在鼎。昔夏之方有德也，禹之世。遠方圖物，圖畫山川奇異之物而獻之。貢金九牧，使九州之牧貢金。鑄鼎象物，象所圖物，著之于鼎。百物而爲之備，圖鬼神百物之形，使民逆備之。故民入川澤山林，不逢不若。若，順也。螭魅罔兩，莫能逢之。逢，遇也。螭，山神，獸形。魅，怪物。罔兩，水神。○螭，勅知反。用能協于上下，以承天休。民無災害，則上下和而受天祐。桀有昏德，鼎遷于商，載祀六百。載、祀，皆年。商紂暴虐，鼎遷于周。德之休明，雖小，重也。不可遷。其姦回昏亂，雖大，輕也。言可移。天祚明德，有所厎止。厎，致也。成王定鼎于郟鄏，郟鄏，今河南也。武王遷之，成王定之。○郟，古洽反。鄏音辱。卜世三十，卜年七百，天所命也。周德雖衰，天命未改，鼎之輕重，未可問也。

夏，楚人侵鄭，鄭即晉故也。

宋文公即位三年，殺母弟須及昭公子，武氏之謀也。武氏謀奉昭公子以作亂，事在文十八年。使戴桓之族攻武氏於司馬子伯之館，盡逐武穆之族。武穆之族以曹師伐宋。秋，宋師圍曹，報武氏之亂也。

冬，鄭穆公卒。初，鄭文公有賤妾曰燕姞，姞，南燕姓。○姞，其乙反。夢天使與己蘭，蘭，香草。曰：余爲伯鯈。余，而祖也。伯鯈，南燕祖。○鯈，直留反。以是爲而子。以蘭爲女子名。○女音汝。以蘭有國香，人服媚之如是。媚，愛也。欲令人愛之如蘭。既而文公見之，與之蘭而御之。辭曰：妾不才，幸而有子，將不信，敢徵蘭乎？

懼將不見信，故欲計所賜蘭爲懷子月數。公曰：諾。生穆公，名之曰蘭。文公報鄭子之妃曰陳嬀，鄭子，文公叔父子儀也。漢律淫季父之妻曰報。生子華、子臧。子臧得罪而出奔宋。誘子華而殺之南里，南里，鄭地。在僖十六年。使盜殺子臧於陳宋之間。在僖二十四年。又娶于江，生公子士，朝于楚，楚人酖之，及葉而死。葉，楚地，今南陽葉縣。○葉，式涉反。又娶于蘇，生子瑕、子俞彌。俞彌早卒。洩駕惡瑕，洩駕，鄭大夫。文公亦惡之，故不立也。公逐群公子，公子蘭奔晉，從晉文公伐鄭。在僖三十年。石癸曰：吾聞姬姞耦，其子孫必蕃。姞姓宜爲姬耦。姞，吉人也，后稷之元妃也。姞姓之女爲后稷妃，周是以興，故曰吉人。今公子蘭，姞甥也。天或啓之，必將爲君，其後必蕃。先納之，可以亢寵。亢，極也。與孔將鉏侯宣多納之盟于大宮而立之。大宮鄭祖廟。以與晉平。穆公有疾曰蘭死吾其死乎吾所以生也刈蘭而卒。傳言穆氏所以大興于鄭天所啓也。

經四年春王正月公及齊侯平莒及郯莒人不肯公伐莒取向。莒郯二國相怨故公與齊侯共平之向莒邑東海承縣東南有向城遠疑也○向舒亮反承之甑反一作烝

秦伯稻卒。無傳未同盟。

夏六月乙酉鄭公子歸生弑其君夷。傳例曰稱臣臣之罪也子公實弑而書子家罪其權不足也。

赤狄侵齊。無傳。

秋公如齊。無傳。

公至自齊。無傳告于廟例在桓二年。

冬楚子伐鄭。

傳四年春公及齊侯平莒及郯莒人不肯公伐莒取向非禮也平國以禮不以亂伐而不治亂也。責公不先以禮治之而用伐。以亂平亂何治之有無治何以行禮

楚人獻黿於鄭靈公。穆公大子夷也。公子宋與子家將見。宋子公也子家歸生。子公之食指動。第二指也。以示子家曰他日我如此必嘗異味及入宰夫將解黿相視而笑公問之。問所笑。子家以告及食大夫黿召子公而弗與也。欲使指動無效。○食音嗣。子公怒染指于鼎嘗之而出公怒欲殺子公子公與子家謀先。先公爲難。○先悉薦反子家曰畜老猶憚殺之畜六而況君乎反譖子家子家懼而從之。譖子家于公。夏弑靈公書曰鄭公子歸生弑其君夷權不足也。子家權不足以禦亂懼譖而從弑君故書以首惡。君子曰仁而不武無能達也。初稱畜老仁也不討子公是不武也故不能自通于仁道而陷弑君之罪

凡弑君稱君君無道也稱臣臣之罪也。稱君謂唯書君名而稱國以弑言衆所共絶也稱臣者謂書弑者之名以示來世終爲不義改殺稱弑辟其惡名取有漸也書弑之義釋例論之備矣。鄭人立子良。穆公庶子。辭曰以賢則去疾不足。去疾子良名。○去上聲下皆同。以順則公子堅長乃立襄公。堅襄公也。襄公將去穆氏。逐羣兄弟。而舍子良。以其讓己。子良不可曰穆氏宜存則固願也若將亡之則亦皆亡去疾何爲。何爲獨留。乃舍之皆爲大夫

初楚司馬子良生子越椒子文曰必殺之。子文子良之兄。是子也熊虎之狀而豺狼之聲弗殺必滅若敖氏矣諺曰狼子野心是乃狼也其可畜乎子良不可子文以爲大慼及將死聚其族曰椒也

知政。乃速行矣。無及於難。且泣曰。鬼猶求食。若敖氏之鬼。不其
餒而。而語助。言必餒。及令尹子文卒。鬬般爲令尹。般，子文之子子揚。子越爲司
馬。蔿賈爲工正。譖子揚而殺之。子越爲令尹。己爲司馬。賈爲椒譖子揚而已得椒處。子越又惡之。惡賈。○惡，烏路反 乃以若敖氏之族。圄伯嬴于轑
陽而殺之。圄，囚也。伯嬴，蔿賈也。轑陽，楚邑。○圄，魚呂反。轑，音遼 遂處烝野。將攻王。王以三
王之子爲質焉。弗受。烝野，楚邑。三王，文、成、穆。 師于漳澨。漳澨，漳水邊。○漳，音章。澨，市制反
秋七月戊戌。楚子與若敖氏戰于皐滸。皐滸，楚地。○滸，呼五反 伯棼射王。
汏輈及鼓跗。著于丁寧。伯棼，越椒也。輈，車轅。汏，過也。箭過車轅，上丁寧，鉦也。○射，食亦反。汏，他末反。輈，陟留反。跗，芳扶反。著，直略反。鉦，音征 又射汏輈以貫笠轂。兵車無蓋，尊者則邊人執笠依轂而立，以禦寒

暑，名曰笠轂。此言箭過車轅及王之蓋。 師懼退。王使巡師曰。吾先君文王克息。獲
三矢焉。伯棼竊其二。盡於是矣。鼓而進之。遂滅若敖氏。初若敖
娶於䢵。䢵，國名。○䢵，音云 生鬬伯比。若敖卒。從其母畜於䢵。畜，養也。 淫於
䢵子之女。生子文焉。䢵夫人使棄諸夢中。夢，澤名。江夏安陸縣城東南有雲夢城。
虎乳之。䢵子田見之。懼而歸。夫人以告。告女私通所生。 遂使收之。楚人
謂乳穀。謂虎於菟。故命之曰鬬穀於菟。以其女妻伯比。伯比所淫者。○穀，奴口反。於，音烏。菟，音徒。妻，七計反 實爲令尹子文。子文，鬬氏始自子文爲令尹。 其孫箴尹克黄。
箴尹，官名。克黄，子揚之子。 使於齊。還及宋。聞亂。其人曰。不可以入矣。箴尹曰。
棄君之命。獨誰受之。君。天也。天可逃乎。遂歸復命。而自拘於司

敗。王思子文之治楚國也。曰。子文無後。何以勸善。使復其所。改
命曰生。易其名也。
冬。楚子伐鄭。鄭未服也。前年楚侵鄭，不獲成，故曰未服。

經五年。春。公如齊。
夏。公至自齊。
秋九月。齊高固來逆叔姬。高固，齊大夫。不書女歸，降于諸侯。
叔孫得臣卒。無傳。不書日，公不與小斂。○與，音預

冬。齊高固及子叔姬來。叔姬寧，固反馬。
楚人伐鄭。

傳五年。春。公如齊。高固使齊侯止公。請叔姬焉。留公強成昏。
夏。公至自齊。書過也。公既見止，連昏于鄰國之臣，厭尊毀列，累其先君而于廟行飲至之禮，故書以示過。○厭，于涉反
秋九月。齊高固來逆女。自爲也。故書曰逆叔姬。卿自逆也。適諸侯稱女，適大夫稱字，所以別尊卑也。此春秋新例，故稱書曰，而不言凡也。不于莊二十七年發例者，嫌見逼而成昏，因明之。○爲，于僞反

冬，來反馬也。禮，送女留其送馬，謙不敢自安，三月廟見，遣使反馬。高固遂與叔姬俱寧，故經傳具見以示譏。

楚子伐鄭，陳及楚平。晉荀林父救鄭，伐陳。為明年晉衛侵陳傳。

經 六年春，晉趙盾、衛孫免侵陳。

夏四月。

秋八月，螽。

無傳。

冬十月。

傳 六年春，晉衛侵陳，陳即楚故也。

夏，定王使子服求后于齊。子服，周大夫。

秋，赤狄伐晉，圍懷及邢丘。邢丘，今河內平皋縣。晉侯欲伐之，中行桓子曰：使疾其民，驕則數戰，為民所疾。以盈其貫，將可殪也。殪，盡也。貫，猶習也。○殪，于計反。周書曰：殪戎殷。周書康誥也。義取周武王以兵伐殷，盡滅之。此類之謂也。為十五年晉滅狄傳。

冬，召桓公逆王后于齊。召桓公，王卿士。事不關魯，故不書。為成二年王甥舅張本。

楚人伐鄭，取成而還。九年、十一年傳所稱厲之役，蓋在此。

鄭公子曼滿與王子伯廖語，欲為卿。二子，鄭大夫。伯廖告人曰：無德而貪，其在周易豐䷶之離䷝。離下震上，豐。豐上六變而為純離也。周易論變，故雖不筮必以變言其義。豐上六曰：豐其屋，蔀其家，闚其戶，闃其無人，三歲不覿，凶。義取無德而大其屋，不過三歲，必滅亡。○蔀，步口反。闚，苦規反。闃，苦鶪反。弗過之矣。不過三年。閒一歲，鄭人殺之。

經 七年春，衛侯使孫良夫來盟。

夏，公會齊侯伐萊。傳例曰：不與謀也。萊國，今東萊黃縣。

秋，公至自伐萊。

無傳。

大旱。無傳。書旱而不書雩，雩無功，或不雩。

冬，公會晉侯、宋公、衛侯、鄭伯、曹伯于黑壤。

傳 七年春，衛孫桓子來盟，始通，且謀會晉也。公即位，衛始修好。

夏，公會齊侯伐萊，不與謀也。凡師出，與謀曰及，不與謀曰會。與謀者，謂同志之國，相與講議利害，計成而行之，故以相連及為文。若不獲已，應命而出，則以外合為文。皆據魯而言。師者國之大事，存亡之所由，故詳其舉動，以例別之。○與音預，下同。

赤狄侵晉，取向陰之禾。此無秋字，蓋闕文。晉用桓子謀，故縱狄。

鄭及晉平，公子宋之謀也，故相鄭伯以會。冬，盟于黑壤。王叔桓公臨之，以謀不睦。王叔桓公，周卿士。銜天子之命以監臨諸侯，不同歃者，尊卑之別也。

晉侯之立也，在二年。公不朝焉，又不使大夫聘，晉人止公于會，盟于黃父。公不與盟，以賂免。黃父即黑壤。故黑壤之盟不書，諱之也。盟主以取執止之辱，故諱之。

經八年。春。公至自會。無傳。義與五年書過同。

夏六月。公子遂如齊。至黃。乃復。無傳。蓋有疾而還。大夫受命而出。雖死以尸將事。遂以疾還。非禮也。

辛巳。有事于大廟。仲遂卒于垂。有事。祭也。仲遂卒與祭同日。略書有事。爲繹張本。不言公子。因上行還。閒無異事。省文。從可知也。稱字。時君所嘉。無義例也。垂。齊地。非魯竟。故書地。

壬午。猶繹。萬入去籥。繹。又祭。陳昨日之禮。所以賓尸。萬。舞名。籥。管也。猶者。可止之辭。魯人知卿佐之喪。不宜作樂。而不知廢繹。故內舞去籥。惡其聲聞。○去。起呂反。

戊子。夫人嬴氏薨。無傳。宣公母也。

晉師白狄伐秦。

楚人滅舒蓼。

秋七月甲子。日有食之。既。無傳。月三十日食。

冬十月己丑。葬我小君敬嬴。敬。謚。嬴。姓也。反哭成喪。故稱葬小君。

雨不克葬。庚寅。日中而克葬。克。成也。

城平陽。今泰山有平陽縣。

楚師伐陳。

傳八年。春。白狄及晉平。夏。會晉伐秦。經在仲遂卒下。從赴。晉人獲秦諜。殺諸絳市。六日而蘇。蓋記異也。

有事于大廟。襄仲卒而繹。非禮也。

楚爲衆舒叛。故伐舒蓼。滅之。舒蓼。二國名。楚子疆之。正其界也。及滑汭。滑汭。水名。

盟吳越而還。吳國。今吳郡。越國。今會稽山陰縣也。傳言楚彊。吳越服從。○會。古外反。

晉胥克有蠱疾。惑以喪志。郤缺爲政。代趙盾。秋。廢胥克。使趙朔佐下軍。朔。盾之子。代胥克。爲成十七年胥童怨郤氏張本。

冬。葬敬嬴。旱。無麻。始用葛茀。記禮變之所由。茀。所以引柩。殯則有之。以備火。葬則以下柩。○茀。方勿反。

雨不克葬。禮也。禮卜葬先遠日。辟不懷也。懷。思也。

城平陽。書時也。

陳及晉平。楚師伐陳。取成而還。言晉楚爭彊。

經九年。春。王正月。公如齊。無傳。

公至自齊。無傳。

夏仲孫蔑如京師。無傳。

齊侯伐萊。無傳。

秋取根牟。根牟，東夷國也。今琅邪陽都縣東有牟鄉。

八月滕子卒。未同盟。

九月晉侯宋公衛侯鄭伯曹伯會于扈。

晉荀林父帥師伐陳。

辛酉晉侯黑臀卒于扈。卒于竟外，故書地。四與文同盟。九月無辛酉，日誤。

冬十月癸酉衛侯鄭卒。無傳。三與文同盟。

宋人圍滕。

楚子伐鄭。

晉郤缺帥師救鄭。

陳殺其大夫洩冶。洩冶直諫于淫亂之朝以取死，故不爲春秋所貴而書名。

傳九年春，王使來徵聘。徵，召也。言周徵也。徵聘不書，徵加諷諭，不指斥。夏，孟獻子聘於周。王以爲有禮，厚賄之。

秋，取根牟，言易也。○易，以豉反。

滕昭公卒。爲宋圍滕傳。

會于扈，討不睦也。謀齊陳。陳侯不會。前年與楚成故。晉荀林父以諸侯之師伐陳。不書諸侯師，林父帥之無將帥。晉侯卒于扈，乃還。

冬，宋人圍滕，因其喪也。

陳靈公與孔寧儀行父通于夏姬，皆衷其衵服以戲于朝。二子，陳卿。夏姬，鄭穆公女，陳大夫御叔妻。衷，懷也。衵服，近身衣。○衵，女乙反，一汝栗反。洩冶諫曰：公卿宣淫，民無效焉。宣，示也。且聞不令，君其納之。納，藏衵服。公曰：吾能改矣。公告二子，二子請殺之，公弗禁，遂殺洩冶。孔子曰：詩云：民之多辟，無自立辟。其洩冶之謂乎。辟，邪也。辟，法也。詩大雅，言邪辟之世，不可立法。國無道，危行言孫。○多辟，匹亦反。立辟，婢亦反。

楚子爲厲之役故伐鄭。六年，楚伐鄭，取成于厲。既成，鄭伯逃歸，事見十一年。○爲，去聲。晉郤缺救鄭，鄭伯敗楚師于柳棼。柳棼，鄭地。國人皆喜，唯子良憂曰：是國之災也，吾死無日矣。自是晉楚交兵伐鄭，十二年，卒有楚子入鄭之禍。

經十年春，公如齊。公至自齊。無傳。

齊人歸我濟西田。元年以賂齊也。不言來，公如齊，因受之。

夏四月丙辰，日有食之。無傳。不書朔，官失之。

己巳，齊侯元卒。未同盟而赴以名。

齊崔氏出奔衛。齊略見舉族出，因其告辭以見無罪。

公如齊。五月，公至自齊。無傳。

癸巳，陳夏徵舒弒其君平國。徵舒，陳大夫也。靈公惡不加民，故稱臣以弒。

六月，宋師伐滕。

公孫歸父如齊，葬齊惠公。無傳。歸父，襄仲之子。

晉人、宋人、衛人、曹人伐鄭。鄭及楚平故。

秋，天王使王季子來聘。王季子者，公羊以為天王之母弟。然則字季子，天子大夫稱字。

公孫歸父帥師伐邾，取繹。繹，邾邑，魯國鄒縣北有繹山。

大水。無傳。

季孫行父如齊。

冬，公孫歸父如齊。齊侯使國佐來聘。既葬成君，故稱君命使也。

饑。無傳。有水災，嘉穀不成。

楚子伐鄭。

傳十年春，公如齊。齊侯以我服故，歸濟西之田。公比年朝齊故。

夏，齊惠公卒。崔杼有寵於惠公，高、國畏其偪也。高國，二家齊正卿。○杼音佇，偪音逼。公卒而逐之，奔衛。書曰崔氏，非其罪也，且告以族，不以名。典策之法，告者皆當書以名，今齊特以族告，夫子因而存之，以示無罪。又言且告以族不以名者，明春秋有因而用之，不皆改舊史。

凡諸侯之大夫違。違奔放也告於諸侯曰。某氏之守臣某。上某氏者姓、下某名、
○守音狩失守宗廟敢告所有玉帛之使者則告。玉帛之使謂聘不然則否。
恩好不接、故亦不告、
公如齊奔喪。公親奔喪非禮也、公出朝會奔喪、會葬皆書如不言其事史之常也、
陳靈公與孔寧儀行父飲酒於夏氏。公謂行父曰。徵舒似女。對
曰亦似君。徵舒病之。靈公即位於今十五年、徵舒已為卿年大、無嫌是公子、蓋以夏姬淫放故謂其子多
似以為戲、○女音汝公出自其廄射而殺之。二子奔楚。○廄居又反射音石
滕人恃晉而不事宋。六月宋師伐滕。
鄭及楚平。前年敗楚師恐楚深怨故與之平、諸侯之師伐鄭。取成而還。

秋。劉康公來報聘。報孟獻子之聘、即王季子也、其後食采于劉、
師伐邾。取繹。為子家如齊傳
季文子初聘于齊。齊侯初即位、
冬。子家如齊伐邾故也。魯侵小、恐為齊所討、故往謝、國武子來報聘。報文子也、
楚子伐鄭。晉士會救鄭。逐楚師于潁北。潁水出河南陽城至下蔡入淮、諸侯之
師戍鄭。鄭子家卒。鄭人討幽公之亂。斲子家之棺而逐其族。以四
年弒君故也、斲薄其棺不使從卿禮改葬幽公。諡之曰靈。
經十有一年春王正月。
夏楚子。陳侯。鄭伯盟于辰陵。

楚復伐鄭、故受盟也、辰陵陳地、潁川長平縣東南有辰亭、
公孫歸父會齊人伐莒。
無傳、
秋。晉侯會狄于欑函。晉侯往會之故以狄為會主、欑函狄地、○欑才端反
冬。十月。楚人殺陳夏徵舒。不言楚子而稱人、討賊辭也、
丁亥。楚子入陳。楚子先殺徵舒、而欲縣陳、後得申叔時諫、乃復封陳、不有其地、故書入在殺徵舒之後、

納公孫寧儀行父于陳。二子淫昏亂人也、君弒之後能外託楚以求報君之讎、內結強援于國、故楚莊得平步而討陳、除弒君之賊、于時陳成公播蕩于晉、定亡君之嗣、靈公成喪、賊討國復、功足以補過、故君子善楚復之、
傳十一年春楚子伐鄭。及櫟。子良曰。晉楚不務德而兵爭。與其
來者可也。晉楚無信。我焉得有信。乃從楚。夏楚盟于辰陵。陳鄭
服也。傳言楚與晉狎主盟、○櫟音歷
楚左尹子重侵宋。子重、公子嬰齊、莊王弟、王待諸郔。郔、楚地、○郔音延
令尹蔿艾獵城沂。艾獵孫叔敖也、沂、楚邑、○蔿羽委反使封人慮事。封人、其時主築城者、慮事、
無慮計功、以授司徒。司徒掌役、量功命日。命作日數、分財用。財用、築作具、平板榦。榦、楨

也。稱畚築，量輕重，畚，盛土器。程土物，為作程限。議遠邇，均勞逸。略基趾，趾，城足。略，行也。具餱糧，餱，乾食也。度有司，謀監主。○行，去聲。度，待各反。事三旬而成，十日為旬。不愆于素。不過素所慮之期也。傳言叔敖之能使民。

晉郤成子求成于衆狄，衆狄疾赤狄之役，遂服于晉。赤狄潞氏最强，故服役衆狄。秋，會于欑函，衆狄服也。是行也，諸大夫欲召狄。郤成子曰：吾聞之，非德莫如勤，非勤何以求人？能勤有繼，其從之也。勤則功繼之。詩曰：文王既勤止。詩頌。文王勤以創業。文王猶勤，況寡德乎？

冬，楚子為陳夏氏亂故伐陳，十年夏徵舒弒君。謂陳人無動，將討於少西氏。少西，徵舒之祖，子夏之名。遂入陳，殺夏徵舒，轘諸栗門，轘，車裂也。栗門，陳城門。因

春秋左傳　卷十　宣公　卅四　永懷堂

縣陳。滅陳以為楚縣。陳侯在晉。靈公子成公午。申叔時使於齊，反，復命而退。王使讓之曰：夏徵舒為不道，弒其君，寡人以諸侯討而戮之，諸侯縣公皆慶寡人，楚縣大夫皆僭稱公。女獨不慶寡人，何故？對曰：猶可辭乎？王曰：可哉！曰：夏徵舒弒其君，其罪大矣；討而戮之，君之義也。抑人亦有言曰：牽牛以蹊人之田，抑，辭也。蹊，徑也。○女音汝。蹊音兮。而奪之牛。牽牛以蹊者，信有罪矣；而奪之牛，罰已重矣。諸侯之從也，曰討有罪也。今縣陳，貪其富也。以討召諸侯，而以貪歸之，無乃不可乎？王曰：善哉！吾未之聞也。反之，可乎？對曰：可哉！吾儕小人所謂取諸其懷而與之也。叔時謙言，小人意淺，謂譬如取人物于其懷而還之，為愈于不還。○儕，仕皆反。乃復封陳，鄉取一人焉以歸，謂之夏州。州，鄉屬。示討夏氏所獲也。故書曰：楚子入陳，納公孫寧、儀行父于陳。書有禮也。沒其縣陳本意，全以討亂存國為文，善其得禮。

厲之役，鄭伯逃歸，蓋在六年。自是楚未得志焉。鄭既受盟于辰陵，又徼事于晉。為明年楚圍鄭傳。十年鄭及楚平，既無其事，辰陵盟後鄭徼事晉，又無端跡，傳皆特發以明經也。自厲之役，鄭南北兩屬，故未得志。九年楚子伐鄭，不以黑壤與伐，遠稱厲之役者，志恨在厲役，此皆傳上下相包通之義也。

春秋左傳卷十　終

春秋左傳　卷十　宣公　卅五　永懷堂

春秋左傳卷十一

晉鎮南大將軍當陽縣侯京兆杜　預集解

皇明　後　學　東吳葛　鼒較訂

宣公

經十有二年，春，葬陳靈公。無傳。賊討國復，二十一月然後得葬。

楚子圍鄭。前年盟辰陵，而又徼事晉故。

夏六月乙卯，晉荀林父帥師及楚子戰于邲，晉師敗績。晉上軍成陳，故書戰。邲，鄭地。○邲，扶必反，一音弼。

秋七月。

冬十有二月戊寅，楚子滅蕭。蕭，宋附庸國。十二月無戊寅，戊寅，十一月九日。

晉人、宋人、衞人、曹人同盟于清丘。晉、衞背盟，故大夫稱人。宋華椒承羣僞之言，以誤其國，宋雖有守信之善，而椒猶不免譏。清丘，衞地，今在濮陽縣東南。

宋師伐陳，衞人救陳。背清丘之盟。

傳十二年春，楚子圍鄭，旬有七日。鄭人卜行成，不吉；卜臨于大宮，且巷出車，吉。臨，哭也。大宮，鄭祖廟。出車於巷，示將見遷，不得安居。國人大臨，守陴者皆哭。陴，城上僻倪。皆哭，所以告楚窮。○陴，音皮；僻，普計反；倪，音詣。楚子退師，鄭人修城。進復圍之，三月克之。哀其窮哭，故為退師；而猶不服，故復圍之，九十日。入自皇門，至于逵路。塗方九軌曰逵。鄭伯肉袒牽羊以逆，肉袒牽羊，示服為臣僕。曰：「孤不天，不為天所祐。不能事君，使君懷怒以及敝邑，孤之罪也。敢不唯命是聽？其俘諸江南，以實海濱，亦唯命；其翦以賜諸侯，使臣妾之，亦唯命。翦，削也。若惠顧前好，楚鄭世有盟誓之好。徼福於厲、宣、桓、武，不泯其社稷，周厲王、宣王，鄭之所自出也。鄭桓公、武公，始封之賢君也。願楚要福于此四君，使社稷不滅。泯，猶滅也。使改事君，夷於九縣，楚滅九國以為縣，願得比之。君之惠也，孤之願也，非所敢望也。敢布腹心，君實圖之。」左右曰：「不可許也，得國無赦。」王曰：「其君能下人，必能信用其民矣，庸可幾乎？」退三十里而許之平。退一舍以禮鄭。○幾，音冀。潘尫入盟，子良出質。潘尫，楚大夫。子良，鄭伯弟。○尫，烏黃反；質，音致。

夏六月，晉師救鄭。荀林父將中軍，代郤缺。先縠佐之，彘季代林父。士會將上軍，河曲之役，郤缺將上軍，宣八年，代趙盾為政，將中軍。士會代將上軍。郤克佐之，郤缺之子，代臾駢。趙朔將下軍，代欒盾。欒書佐之，欒盾之子，代趙朔。趙括、趙嬰齊為中軍大夫，括、嬰齊，皆趙盾異母弟。鞏朔、韓穿為上軍大夫，荀首、趙同為下軍大夫，荀首，林父弟。趙同，趙嬰兒。韓厥為司馬。韓萬玄孫。及河，聞鄭既及楚平，桓子欲還，桓子，林父。曰：「無及于鄭而勦民，焉用之？勦，勞也。○勦，初交反，又子小反。楚歸而動，不

後。動兵伐鄭、隨武子曰善。武子、士會、會聞用師。觀釁而動。釁罪也、德刑政事
典禮不易。不可敵也。不爲是征。言征伐爲有罪、不爲有禮、○爲去聲楚軍討鄭。怒
其貳而哀其卑。叛而伐之。服而舍之。德刑成矣。伐叛刑也。柔服
德也。二者立矣。昔歲入陳。討徵舒、今茲入鄭。民不罷勞。君無怨讟。
讟謗也、○罷音皮讟徒木反政有經矣。經常也、荊尸而舉。荊楚也、尸陳也、楚武王始更爲此陳法、遂
以爲名、○此陳直覲反商農工賈不敗其業。而卒乘輯睦。步曰卒、車曰乘事不奸
矣。奸犯也、蔿敖爲宰。擇楚國之令典。宰令尹、蔿敖孫叔敖、○蔿于委反軍行。右轅。
左追蓐。在車之右者、挾轅爲戰備、在左者追求草蓐爲宿備、傳曰令尹南轅、又曰改乘轅、楚陳以轅爲主、前茅
慮無。慮無、如今軍行前有斥候蹋伏、皆持以絳及白爲幡、見騎賊舉絳幡、見步賊、舉白幡、備慮有無也、茅明也、或曰時楚

春秋左傳　卷十一　宣公　三　秉懷堂

以茅爲旌識、○蹋徒臘反識申志反一音志中權。後勁。中軍制謀、後以精兵爲殿、○殿丁練反百家象
物而動。軍政不戒而備。物猶類也、戒勅令、能用典矣。其君之舉也。内姓
選於親。外姓選於舊。言親疏竝用、舉不失德。賞不失勞。老有加惠。賜老
則不計勞旅有施舍。旅客來者、施之以惠、舍不勞役君子小人。物有服章。尊卑別也貴有
常尊。賤有等威。威儀有等差、禮不逆矣。德立。刑行。政成。事時。典從。禮
順。若之何敵之。見可而進。知難而退。軍之善政也。兼弱攻昧。武
之善經也。昧昏亂、經法也、子姑整軍而經武乎。姑且也、猶有弱而昧者。何
必楚。仲虺有言曰。取亂侮亡。兼弱也。仲虺、湯左相、薛之祖、奚仲之後汋曰。於鑠
王師。遵養時晦。汋、詩頌篇名、鑠美也、言美武王能遵天之道、須暗昧者、惡積而後取之、○汋音酌於音烏鑠舒

若反耆昧也。耆致也、致討于昧、武曰。無競惟烈。武詩頌篇名、烈業也、言武王兼弱取昧、故成無彊之
業、撫弱耆昧。以務烈所可也。言當務從武王之功業、撫而取之、彘子曰。不可。彘子、
先縠晉所以霸。師武臣力也。今失諸侯。不可謂力。有敵而不從。不
可謂武。由我失霸。不如死。且成師以出。聞敵彊而退。非夫也。非丈
夫、命爲軍帥。而卒以非夫。唯羣子能。我弗爲也。以中軍佐濟。佐彘
子所帥也、濟渡河、知莊子曰。此師殆哉。莊子、荀首、○知音智周易有之。在師䷆
坎下坤上師、之臨䷒兌下坤上臨、師初六變而之臨、曰。師出以律。否臧凶。此師卦初六爻
辭、律法、否不也、執事順成爲臧。逆爲否。今彘子逆命不順成、故應不臧之凶衆散爲弱。坎爲
衆、今變爲兌、兌柔弱川壅爲澤。坎爲川、今變爲兌、兌爲澤、是川見壅有律以如己也。如、從也、法行則

春秋左傳　卷十一　宣公　四　秉懷堂

人從法、法敗則法從人、坎爲法象、今爲衆則散、爲川則壅、是失法之用、從人之象、故曰律。否臧。且律竭
也。竭、敗也、坎變爲兌、是法敗盈而以竭。夭且不整。所以凶也。水遇夭塞、不得整流、則竭涸也、
○夭於表反不行之謂臨。水變爲澤、乃成臨卦、澤不行之物、有帥而不從。臨孰甚焉。
此之謂矣。譬彘子之違命、亦不可行、果遇必敗。遇敵彘子尸之。主此禍、雖免而歸。
必有大咎。爲明年晉殺先縠傳韓獻子謂桓子曰。獻子、韓厥、彘子以偏師陷。子
罪大矣。子爲元帥。師不用命。誰之罪也。失屬亡師。爲罪已重。不
如進也。令鄭屬楚、故曰失屬、彘子以偏師陷、故曰亡師、事之不捷。惡有所分。捷成也、與其
專罪。六人同之。不猶愈乎。三軍皆敗、則六卿同罪、不得獨責元帥、師遂濟。楚子北
師次於郔。郔、鄭北地、沈尹將中軍。沈或作寢、寢縣也、今汝陰固始縣、子重將左。子反

將右。將飲馬於河而歸。子反、公子側。聞晉師既濟、王欲還、嬖人伍參欲戰。參、伍奢之祖父。○參七南反。令尹孫叔敖弗欲、曰、昔歲入陳、今茲入鄭、不無事矣。戰而不捷、參之肉其足食乎。參曰、若事之捷、孫叔爲無謀矣。不捷、參之肉將在晉軍、可得食乎。令尹南轅反旆。迴車南鄉、旆、軍前大旗。○鄉許亮反。伍參言於王曰、晉之從政者新、未能行令。其佐先縠剛愎不仁、未肯用命。愎、很也。○愎皮逼反。其三帥者專行不獲。欲專其所行而不得。聽而無上、衆誰適從。聽彘子、趙同、趙括、則爲軍無上令、衆不知所從。此行也、晉師必敗。且君而逃臣、若社稷何。王病之、告令尹、改乘轅而北之、次于管以待之。晉師在敖鄗之閒。熒陽京縣東北有管城、敖鄗二山在熒陽縣西北。○乘繩證反。敖五刀反。鄗苦交反。鄭皇戌使如晉師、曰、鄭之從楚、社稷之故也、未有貳心。楚師驟勝而驕、其師老矣、而不設備。子擊之、鄭師爲承、承、繼也。○戌雖律反。楚師必敗。彘子曰、敗楚服鄭、於此在矣。必許之。欒武子曰、欒書。楚自克庸以來、在文十六年。其君無日不討國人而訓之、于民生之不易、禍至之無日、戒懼之不可以怠。討、治也。○易以豉反。在軍、無日不討軍實而申儆之、于勝之不可保、紂之百克而卒無後。軍實、軍器。訓之以若敖、蚡冒、篳路藍縷、以啓山林。若敖、蚡冒、皆楚之先君。篳路、柴車。藍縷、敝衣。言此二君勤儉以啓土。○蚡扶粉反。篳音必。箴之曰、民生在勤、勤則不匱、不可謂驕。箴、誡。先大夫子犯有言曰、師直爲壯、曲爲老。我則不德、而徼怨于

楚。我曲楚直、不可謂老。不德、謂以力爭諸侯。徼、要也。其君之戎、分爲二廣。君之親兵。廣有一卒、卒偏之兩。十五乘爲一廣。司馬法、百人爲卒、二十五人爲兩。車十五乘爲大偏。今廣十五乘、亦用舊偏法、復以二十五人爲承副。右廣初駕、數及日中、左則受之、以至於昏。內官序當其夜、內官、近官。序、次也。以待不虞、不可謂無備。子良、鄭之良也。師叔、楚之崇也。師叔、潘尫、爲楚人所崇貴。師叔入盟、子良在楚、楚鄭親矣。來勸我戰、我克則來、不克遂往、以我卜也。鄭不可從。趙括、趙同曰、率師以來、唯敵是求。克敵得屬、又何俟。必從彘子。得屬、服鄭。知季曰、原屏、咎之徒也。知季、莊子也。原、趙同。屏、趙括。徒、黨也。○知音智。荀首後爲知氏。屏步丁反。趙莊子曰、欒伯善哉。莊子、趙朔。欒伯、武子。實其言、必長晉國。實、猶克也。言欒書身行能克此言、則當執晉國之政也。楚少宰如晉師、少宰、官名。曰、寡君少遭閔凶、不能文。閔、憂也。聞二先君之出入此行也、二先君、楚成王、穆王。將鄭是訓定、豈敢求罪于晉。二三子無淹久。淹、留也。隨季對曰、昔平王命我先君文侯曰、與鄭夾輔周室、毋廢王命。今鄭不率、率、遵也。寡君使羣臣問諸鄭、豈敢辱候人。候人、謂伺候望敵者。敢拜君命之辱。彘子以爲諂、使趙括從而更之曰、行人失辭。言誤對。寡君使羣臣遷大國之迹於鄭、遷、徙也。曰、無辟敵。羣臣無所逃命。楚子又使求成于晉、晉人許之、盟有日矣。有期日。楚許伯御樂伯、攝叔爲右、以致晉師。單車挑戰、又示不崇和、以疑晉之羣帥。○單音丹。許伯曰、吾聞致師者、御靡旌摩壘而還。靡旌、驅疾也。摩、近也。樂伯曰、

吾聞致師者左射以菆。左車左也菆矢之善者○射食亦反下同菆側留反 代御執轡御
下兩馬掉鞅而還。兩飾也掉正也示閑暇 攝叔曰吾聞致師者右入壘折
馘。折馘斷耳 執俘而還。皆行其所聞而復。晉人逐之左右角之。張兩角從
攻之 樂伯左射馬而右射人角不能進矢一而已麋興於前射
麋麗龜。麗著也龜背之隆高當心者○著直略反 晉鮑癸當其後使攝叔奉麋獻焉。
曰以歲之非時獻禽之未至敢膳諸從者。鮑癸止之曰其左善
射其右有辭君子也既免。止不復逐 晉魏錡求公族未得。錡魏犨子欲為公族
大夫○犨尺周反 而怒欲敗晉師請致師弗許請使許之遂往請戰而
還楚潘黨逐之及熒澤見六麋射一麋以顧獻曰子有軍事獸

春秋左傳　卷十一　宣公　七　承懷堂

人無乃不給於鮮。敢獻於從者。熒澤在熒陽縣東新殺為鮮見六得一言其不如楚 叔黨
命去之。叔黨潘尫之子 趙旃求卿未得。旃趙穿子 且怒於失楚之致師者。
請挑戰弗許。請召盟許之與魏錡皆命而往郤獻子曰二憾往
矣。獻子郤克 弗備必敗彘子曰鄭人勸戰弗敢從也楚人求成弗能
好也師無成命多備何為士季曰備之善若二子怒楚楚人乘
我喪師無日矣。乘猶登也 不如備之楚之無惡除備而盟何損於好。
若以惡來有備不敗且雖諸侯相見軍衛不徹警也。徹去也 彘子
不可。不肯設備 士季使鞏朔韓穿帥七覆于敖前。帥將也覆為伏兵七處 故上
軍不敗趙嬰齊使其徒先具舟於河故敗而先濟潘黨既逐魏

錡。言魏錡見逐而退 趙旃夜至於楚軍。二人雖俱受命而行不相隨趙旃在後至 席於軍門
之外使其徒入之。布席坐示無所畏也 楚子為乘廣三十乘分為左右。右
廣雞鳴而駕日中而說。說舍也○說舒銳反下同 左則受之日入而說。許偃
御右廣養由基為右彭名御左廣屈蕩為右。楚王更迭載之故各有御右 乙
卯王乘左廣以逐趙旃趙旃棄車而走林屈蕩搏之得其甲裳。
下曰裳 晉人懼二子之怒楚師也使輴車逆之。○輴車兵車名○輴徒溫反 潘黨
望其塵使騁而告曰晉師至矣楚人亦懼王之入晉軍也遂出
陳。孫叔曰進之寧我薄人無人薄我詩云元戎十乘以先啟行。
先人也。元戎戎車在前也詩小雅言王者軍行必有戎車十乘在前開道先人為備○陳直覲反先人去聲下同 軍

春秋左傳　卷十一　宣公　八　承懷堂

志曰先人有奪人之心薄之也。奪敵戰心 遂疾進師車馳卒奔乘晉
軍桓子不知所為鼓於軍中曰先濟者有賞中軍下軍爭舟舟
中之指可掬也。兩手曰掬 晉師右移上軍未動。言餘軍皆移去惟上軍在經所以書戰言猶有
陳 工尹齊將右拒卒以逐下軍。工尹齊楚大夫右拒陳名○拒音矩下同 楚子使
唐狡與蔡鳩居告唐惠侯。二子楚大夫唐屬楚之小國義陽安昌縣東南有上唐鄉 曰不穀
不德而貪以遇大敵不穀之罪也然楚不克君之羞也敢藉君
靈以濟楚師。藉猶假借也 使潘黨率游闕四十乘。游車補闕者 從唐侯以
為左拒以從上軍。駒伯曰待諸乎。駒伯郤克子上軍佐也 隨季曰楚師方壯
若萃於我吾師必盡。萃集也 不如收而去之。分謗生民不亦可乎。

同奔爲分謗不戰爲生民 殿其卒而退。不敗。以其所將卒爲軍後殿○殿多練反 王見右廣。將從之乘。屈蕩戶之曰。君以此始。亦必以終。戶止也軍中易乘則恐軍人惑 自是楚之乘廣先左。以乘左得勝故 晉人或以廣隊不能進。廣兵車 楚人惎之脫扃。惎教也扃車上兵闌○惎其器反扃古熒反 少進馬還。又惎之拔旆投衡乃出。還便旋不進旆大旗也拔旆投衡上使不帆風差輕○帆凡劒反本作帆音怕 顧曰。吾不如大國之數奔也。趙旃以其良馬二。濟其兄與叔父。以他馬反。遇敵不能去。棄車而走林。逢大夫與其二子乘。逢氏○數音朔逢音龐蜀本作逢 謂其二子無顧。不欲見趙旃 顧曰。趙傁在後。傁老稱也○傁音叟 怒之使下。指木曰。尸女於是。授趙旃綏以免。明日以表尸之。表所指木取其尸○女音汝 皆重獲在木下。兄弟累尸而死 楚熊負羈囚知罃。負羈楚大夫知罃知莊子之子 知莊子以其族反之。莊子之族家兵反還戰 廚武子御。武子魏錡 下軍之士多從之。知莊子下軍大夫故 每射。抽矢菆納諸廚子之房。抽擢也菆好箭房箭舍 廚子怒曰。非子之求而蒲之愛。蒲楊柳可以爲箭 董澤之蒲。可勝既乎。董澤澤名河東聞喜縣東北有董池陂既盡也 知季曰。不以人子。吾子其可得乎。吾不可以苟射故也。射連尹襄老獲之。遂載其尸。射公子穀臣囚之。以二者還。穀臣楚王子 及昏。楚師軍於邲。晉之餘師不能軍。不能成營屯 宵濟。亦終夜有聲。言其兵衆將不能用 丙辰。楚重至於邲。重輜重也 遂次于衡雍。潘黨曰。君盍築武軍。築軍營以彰武功 而收晉尸以爲京觀。積尸封土其上謂之京觀○觀古亂反下京觀同 臣聞克

春秋左傳 卷十一 宣公 九 承懷堂

敵必示子孫。以無忘武功。楚子曰。非爾所知也。夫文止戈爲武。文字 武王克商。作頌曰。載戢干戈。載櫜弓矢。戢藏也櫜韜也詩美武王能誅滅暴亂而息兵○櫜古刀反 我求懿德。肆于時夏。允王保之。肆遂也夏大也言武王既息兵又能求美德故遂大而信天下保天下 又作武。其卒章曰。耆定爾功。武頌篇名耆致也言武王誅紂致定其功○耆音旨 其三曰。鋪時繹思。我徂惟求定。其三三篇鋪布也繹陳也時是也思辭也頌美武王能布政陳教使天下歸往求安定 其六曰。綏萬邦。屢豐年。其六六篇綏安也屢數也言武王既安天下數致豐年此二六之數與今詩頌篇次不同蓋楚樂歌之次第 夫武禁暴戢兵。保大定功。安民和衆豐財者也。此武七德 故使子孫無忘其章。著之篇章使子孫不忘 今我使二國暴骨。暴矣。觀兵以威諸侯。兵不戢矣。暴而不戢。安能保大。猶有晉在。焉得定功。所違民欲猶多。民何安焉。無德而強爭諸侯。何以和衆。利人之幾。幾危也○暴骨蒲卜反焉得于虔反強其丈反 而安人之亂。以爲己榮。何以豐財。兵動則年荒 武有七德。我無一焉。何以示子孫。其爲先君宮。告成事而已。祀先君告戰勝 武非吾功也。古者明王伐不敬。取其鯨鯢而封之。以爲大戮。於是乎有京觀以懲淫慝。鯨鯢大魚名以喻不義之人吞食小國○鯨其京反鯢五兮反 今罪無所。晉罪無所犯 而民皆盡忠以死君命。又可以爲京觀乎。祀于河。作先君宮。告成事而還。傳言楚莊有禮所以遂典 是役也。鄭石制實入楚師。將以分鄭而立公子魚臣。辛未。鄭殺僕叔及子服。僕叔魚臣也子服石制也 君子曰。史佚所謂毋怙亂者。謂

春秋左傳 卷十一 宣公 十 承懷堂

是類也、言恃人之亂以要利、詩曰、亂離瘼矣、爰其適歸。詩小雅、離憂也、瘼病也、爰於也、言禍亂憂病於何所歸乎、歎之、歸於怙亂者也夫。恃亂則禍歸之、

鄭伯許男如楚。爲十四年晉伐鄭傳、秋晉師歸、桓子請死、晉侯欲許之、士貞子諫曰、不可。貞子士渥濁、城濮之役、晉師三日穀。在僖二十八年、文公猶有憂色、左右曰、有喜而憂、如有憂而喜乎。言憂喜失時、公曰、得臣猶在、憂未歇也。歇盡也、困獸猶鬭、況國相乎、及楚殺子玉、子玉得臣、公喜而後可知也。喜見於顔色、曰、莫余毒也已、是晉再克而楚再敗也、楚是以再世不競。成王至穆王、今天或者大警晉也。警戒也、而又殺林父以重楚勝、其無乃久不競乎、林父之事君也、進思盡忠、退思補過、社稷之衞也、若之何殺之、夫其敗也、如日月之食焉、何損於明、晉侯使復其位。言晉景所以不失霸、

冬楚子伐蕭、宋華椒以蔡人救蕭、蕭人囚熊相宜僚及公子丙。王曰、勿殺、吾退、蕭人殺之、王怒、遂圍蕭、蕭潰、申公巫臣曰、師人多寒。王巡三軍、拊而勉之。拊撫慰勉之、三軍之士、皆如挾纊。纊綿也、言說以忘寒、○纊音曠、遂傅于蕭、還無社與司馬卯言號申叔展、還無社、蕭大夫、司馬卯申叔展、皆楚大夫也、無社素識叔展、故因卯呼之、○傅音附、還音旋、叔展曰、有麥麴乎、曰無、有山鞠窮乎、曰無、麥麴鞠窮所以禦濕、欲使無社逃泥水中、無社不解、故曰無、軍中不敢正言、故謬語、河魚腹疾奈何、叔展言無禦濕藥、將病、曰、目於眢井而拯之。無社意解、欲入井、故使叔展視虛廢井而求拯己、出溺爲拯、○眢烏丸反、若爲茅絰、哭井則己、叔展又教結茅以表井、須哭乃應以爲信、明日蕭潰、申叔視其井、則茅絰存焉、號而出之。號哭也、傳言蕭人無守心、○號戶刀反、

晉原穀、宋華椒、衞孔達、曹人同盟于清丘。原穀先穀、曰、恤病討貳。於是卿不書、不實其言也、宋伐陳、衞救之、不討貳也、楚伐宋、晉不救、不恤病也、宋爲盟故伐陳、陳貳于楚故、衞人救之。孔達曰、先君有約言焉、若大國討、我則死之、衞成公與陳共公有舊好、故孔達欲背盟救陳、而以死謝晉、爲十四年衞殺孔達傳、○約于妙反又如字

經　十有三年春、齊師伐莒。

夏楚子伐宋。

秋螽。無傳、爲災故書、

冬、晉殺其大夫先穀。書名以罪討、

傳　十三年春、齊師伐莒、莒恃晉而不事齊故也。

夏楚子伐宋、以其救蕭也。救蕭在前年、君子曰、清丘之盟、唯宋可以免焉。宋討陳之貳、今宋見伐、晉衞不顧盟以恤宋、而經同貶宋大夫、傳嫌華椒之罪、累及其國、故曰唯宋可以免、

秋赤狄伐晉、及清、先穀召之也。邲戰不得志、故召狄欲爲變、清一名清原、

冬晉人討邲之敗與清之師、歸罪于先穀而殺之、盡滅其族。君子曰、惡之來也、己則取之、其先穀之謂乎。盡滅其族、爲誅已甚、故曰惡之來也、

清丘之盟。晉以衞之救陳也討焉。尋清丘之盟以責衞使人弗去。曰。罪無所歸將加而師。孔達曰。苟利社稷。請以我說。欲自殺以說晉。○說如字又音悅罪我之由。我則爲政。而亢大國之討。將以誰任。亢禦也。謂禦宋討陳也。我則死之。爲明年殺孔達傳

經十有四年。春。衞殺其大夫孔達。書名背盟于大國罪之

夏。五月。壬申。曹伯壽卒。無傳文十四年盟新城

晉侯伐鄭。

秋。九月。楚子圍宋。

葬曹文公。無傳

冬。公孫歸父會齊侯于穀。

傳十四年春。孔達縊而死。衞人以說于晉而免。以殺告故免于伐遂告于諸侯曰。寡君有不令之臣達。構我敝邑于大國。既伏其罪矣。敢告。諸殺大夫亦皆告衞人以爲成勞。復室其子。以有平國之功故以女妻之使復其位。襲父祿位

夏。晉侯伐鄭。爲邲故也。晉敗於邲鄭遂屬楚告于諸侯。蒐焉而還。蒐簡閱車馬

中行桓子之謀也。曰。示之以整。使謀而來。鄭人懼。使子張代子良于楚。十二年子良質於楚子張穆公孫○行音杭質音致鄭伯如楚。謀晉故也。鄭以子良爲有禮。故召之。有讓國之禮

楚子使申舟聘于齊。曰。無假道于宋。申舟無畏亦使公子馮聘于晉。不假道于鄭。申舟以孟諸之役惡宋。文十年楚子田孟諸無畏抶宋公僕○馮皮冰反惡去聲抶勑乙反曰。鄭昭宋聾。昭明也聾闇也晉使不害。我則必死。王曰。殺女我伐之。見犀而行。犀申舟子以子託王示必死○使所吏反及宋。宋人止之。華元曰。過我而不假道。鄙我也。以我比其邊鄙鄙我亡也。是與亡國同殺其使者必伐我。伐我亦亡也。亡一也。乃殺之。楚子聞之。投袂而起。投振也袂袖也屨及於窒皇。窒皇寢門闕劍及於寢門之外。車及於蒲胥之市。秋。九月。

楚子圍宋。

冬。公孫歸父會齊侯于穀。見晏桓子。與之言魯樂。桓子告高宣子。桓子晏嬰父宣子高固○樂音洛曰。子家其亡乎。懷於魯矣。子家歸父宋懷思也懷必貪。貪必謀人。謀人人亦謀己。一國謀之。何以不亡。爲十八年歸父奔齊傳

孟獻子言於公曰。臣聞小國之免於大國也。聘而獻物。物玉帛皮幣也於是有庭實旅百。主人亦設籩豆百品實于庭以答賓朝而獻功。獻其治國若征伐之功于牧伯於是有容貌采章嘉淑。而有加貨。容貌威儀容顏也采章車服文章也嘉淑令辭稱讚也加貨命宥幣帛也言謀其不免也。誅而薦賄。則無及也。薦進也見責而往則往共則來報亦備

不足解罪。今楚在宋。君其圖之。公說。爲明年歸父會楚子傳。

經十有五年。春。公孫歸父會楚子于宋。

夏。五月。宋人及楚人平。平者總言二國和。故不書其人。

六月。癸卯。晉師滅赤狄潞氏。以潞子嬰兒歸。潞赤狄之別種。潞氏國。故稱氏。子爵也。林父稱師。從告。

秦人伐晉。無傳。

王札子殺召伯、毛伯。稱殺者名兩下相殺之辭。兩下相殺則殺者有罪。王札子、王子札也。蓋經文倒札字。

秋。螽。無傳。

仲孫蔑會齊高固于無婁。無傳。無婁、杞邑。

初稅畝。公田之法、十取其一。今又履其餘畝、復十收其一。故哀公曰、二吾猶不足。遂以爲常。故曰初。

冬。蝝生。螽子以冬生、遇寒而死、故不成螽。○蝝悅全反

饑。風雨不和、五稼不豐。

傳十五年。春。公孫歸父會楚子于宋。終前年傳。

宋人使樂嬰齊告急于晉。晉侯欲救之。伯宗曰、不可。伯宗、晉大夫。古人有言曰、雖鞭之長、不及馬腹。言非所擊。天方授楚、未可與爭。雖晉之彊、能違天乎。諺曰、高下在心。度時制宜。川澤納汙。受汙濁。山藪藏疾。山之有林藪、毒害者居之。瑾瑜匿瑕。匿亦藏也。雖美玉之質、亦或居藏瑕穢。國君含垢。恥、忍垢。天之道也。晉侯恥不救宋、故伯宗爲說小惡不損大德之喻。君其待之。待楚衰。乃止。使解揚如宋。使無降楚。曰、晉師悉起、將至矣。鄭人囚而獻諸楚。楚子厚賂之、使反其言。反言晉不救。不許。三而許之。登諸樓車、使呼宋人而告之。樓車、車上望櫓。遂致其君命。楚子將殺之。使與之言曰、爾既許不穀而反之、何故。非我無信、女則棄之。速卽爾刑。對曰、臣聞之、君能制命爲義、臣能承命爲信。信載義而行之爲利。謀不失利、以衛社稷、民之主也。義無二信、欲爲義者不行兩信。信無二命。欲行信者不受二命。君之賂臣、不知命也。受命以出、有死無霣。霣、廢隊也。○霣于敏反。又可賂乎。臣之許君、以成命也。成其君命。死而成命、臣之祿也。寡君有信臣、不廢命。下臣獲考、考、成也。死又何求。楚子舍之以歸。

夏。五月。楚師將去宋。在宋積九月、不能服宋、故。申犀稽首于王之馬前曰、毋

畏知死而不敢廢王命王棄言焉王不能答。未服宋而去，故曰棄言。申叔
時僕。僕御也。曰築室反耕者宋必聽命。從之。築室於宋，分兵歸田，示無去志。王從其言。
宋人懼。使華元夜入楚師。登子反之牀。起之曰。寡君使元以病
告。兵法，因其鄉人而用之，必先知其守將左右謁者門者舍人之姓名，因而利道之。華元蓋用此術得以自通。曰。敝
邑易子而食。析骸以爨。爨，炊也。雖然。城下之盟。有以國斃。不能從
也。寧以國斃，不從城下盟。去我三十里。唯命是聽。子反懼。與之盟而告王。
退三十里。宋及楚平。華元爲質。盟曰。我無爾詐。爾無我虞。楚不詐宋，宋不備楚。盟不書，不告。○質音致
潞子嬰兒之夫人。晉景公之姊也。酆舒爲政而殺之。又傷潞子

之目。酆舒，潞相。晉侯將伐之。諸大夫皆曰不可。酆舒有三儁才。儁，絕異也。
言有才藝勝人者三。不如待後之人。伯宗曰。必伐之。狄有五罪。儁才雖多。
何補焉。不祀一也。耆酒二也。棄仲章而奪黎氏地三也。仲章，潞賢人也。黎氏，黎侯國，上黨壺關縣有黎亭。○耆，市志反。
虐我伯姬四也。傷其君目五也。怙其儁
才。而不以茂德。茲益罪也。後之人或者將敬奉德義以事神人。
而申固其命。審其政令。若之何待之。不討有罪。曰將待後。後有辭而
討焉。毋乃不可乎。夫恃才與衆。亡之道也。商紂由之。故滅。由，用也。
天反時爲災。寒暑易節。地反物爲妖。羣物失性。民反德爲亂。亂則妖災生。
故文反正爲乏。文，字。盡在狄矣。晉侯從之。六月癸卯。晉荀林父敗

赤狄于曲梁。辛亥。滅潞。曲梁，今廣平曲梁縣也。書癸卯，從赴。酆舒奔衛。衛人歸諸
晉。晉人殺之。
王孫蘇與召氏毛氏爭政。三人皆王卿士。使王子捷殺召戴公及毛伯
衛。王子捷，即王札子。卒立召襄。襄，召戴公之子。
秋七月。秦桓公伐晉。次于輔氏。晉地。壬午。晉侯治兵于稷。以略狄
土。略，取也。稷，晉地，河東聞喜縣西有稷山。壬午，七月二十九日。晉時新破狄，土地未安，權秦師之弱，故別遣魏顆距秦，而東
行定狄地。立黎侯而還。狄奪其地，故晉復立之。及雒。魏顆敗秦師于輔氏。晉侯還及
雒也。雒，晉地。獲杜回。秦之力人也。初。魏武子有嬖妾。無子。武子疾。命
顆曰。必嫁是。武子，魏犨，顆之父。疾病則曰。必以爲殉。及卒。顆嫁之。曰疾

病則亂。吾從其治也。及輔氏之役。顆見老人結草以亢杜回。亢，禦也。而，女
也。杜回躓而顛。故獲之。夜夢之曰。余。而所嫁婦人之父也。○
躓，陟吏反，又下四反。爾用先人之治命。余是以報。傳舉此以示教。
晉侯賞桓子狄臣千室。千家。亦賞士伯以瓜衍之縣。士伯，士貞子。曰。吾
獲狄土。子之功也。微子。吾喪伯氏矣。伯氏，桓子字。邲之敗，晉侯將殺林父，士伯諫而止。羊
舌職說是賞也。職，叔向父。○說音悅。曰。周書所謂庸庸祗祗者。謂此物也
夫。周書康誥。庸，用也。祗，敬也。物，事也。言文王能用可用，敬可敬。士伯庸中行伯。言中行伯可用。君信
之。亦庸士伯。此之謂明德矣。文王所以造周。不是過也。故詩曰。
陳錫載周。能施也。錫，賜也。詩大雅。言文王布陳大利以賜天下，故能載行周道，福流子孫。率是道

也。其何不濟。

晉侯使趙同獻狄俘于周。不敬。劉康公曰。不及十年。原叔必有大咎。劉康公王季子也。原叔趙同也。天奪之魄矣。心之精爽是謂魂魄。爲成八年晉殺趙同傳。

初稅畝。非禮也。穀出不過藉。周法民耕百畝公田十畝借民力而治之稅不過此。以豐財也。

冬。蝝生。饑。幸之也。蝝未爲災而書之者幸其冬生不爲物害時歲雖饑猶喜而書之。

經十有六年。春。王正月。晉人滅赤狄甲氏及留吁。甲氏留吁赤狄別種晉既滅潞氏今又并盡其餘黨士會稱人從告。

夏。成周宣榭火。

傳例曰人火之也成周洛陽宣榭講武屋別在洛陽者爾雅曰無室曰榭謂屋歇前。

秋。郯伯姬來歸。○郯音談

冬。大有年。無傳。

傳十六年。春。晉士會帥師滅赤狄甲氏及留吁。鐸辰。鐸辰不書留吁之屬。

三月。獻狄俘。獻于王也。晉侯請于王。戊申。以黻冕命士會將中軍。且爲大傅。代林父將中軍且加以大傅之官黻冕命卿之服大傅孤卿。於是晉國之盜逃奔于秦。羊舌職曰。吾聞之。禹稱善人。稱舉也。不善人遠。此之謂也。夫詩曰。戰戰兢兢。如臨深淵。如履薄冰。善人在上也。言善人居位則無不戒懼。善人在上。則國無幸民。諺曰。民之多幸。國之不幸也。是無善人之謂也。

夏。成周宣榭火。人火之也。凡火。人火曰火。天火曰災。

秋。郯伯姬來歸。出也。

爲毛召之難故。王室復亂。毛召難在前年。王孫蘇奔晉。晉人復之。毛召之黨欲討蘇氏故出奔。

冬。晉侯使士會平王室。定王享之。原襄公相禮。原襄公周大夫相佐也。殽烝。殽烝升也升殽于俎。武子私問其故。享當體薦而殽烝故怪問之。武士會謚季其字。王聞之。召

武子曰。季氏。而弗聞乎。王享有體薦。享則半解其體而薦之所以示共儉。宴有折俎。體解節折升之于俎物皆可食所以示慈惠也。公當享。卿當宴。王室之禮也。公謂諸侯。武子歸而講求典禮。以修晉國之法。傳言典禮之廢久。

經十有七年。春。王正月。庚子。許男錫我卒。無傳再與文同盟。

丁未。蔡侯申卒。無傳未同盟而赴以名丁未二月四日。

夏。葬許昭公。無傳。

葬蔡文公。無傳。

六月癸卯日有食之。無傳不書朔官失之

己未公會晉侯衞侯曹伯邾子同盟于斷道。斷道晉地。

秋公至自會。無傳。

冬十有一月壬午公弟叔肸卒。傳例曰公母弟○肸許乙反

傳十七年春晉侯使郤克徵會于齊。徵召也欲為斷道會齊頃公帷婦人使觀之郤子登婦人笑于房。跛而登階故笑之。獻子怒出而誓曰所不此報無能涉河。不復渡河而東。獻子先歸使欒京廬待命于齊曰不得齊事無復命矣。欒京廬郤克之介使得齊之罪乃復命○廬音盧又音閭郤子至請伐齊晉侯弗許請以其私屬又弗許。私屬家衆也爲成二年戰于鞌傳○鞌音安齊侯使高固晏弱蔡朝南郭偃會。晏弱桓子。及斂盂高固逃歸。聞郤克怒故。夏會于斷道討貳也盟于卷楚。卷楚即斷道○卷音權又音棬辭齊人晉人執晏弱于野王執蔡朝于原執南郭偃于溫。野王縣今屬河內苗賁皇使見晏桓子。賁皇楚鬬椒之子楚滅鬬氏而奔晉食邑于苗也晏弱時在野王故因使而見之○賁扶云反使所吏反歸言於晉侯曰夫晏子何罪昔者諸侯事吾先君皆如不逮。言汲汲也擧言羣臣不信諸侯皆有貳志。擧亦皆也齊君恐不得禮不見禮待故不出而使四子來左右或沮之。沮止也曰君不出必執吾使故高子及斂盂而逃夫三子者曰若絕君好寧歸死焉爲是犯難而來吾若善逆彼彼齊三人以懷來者吾又執之以信齊沮吾不既過矣乎過而不改而又久之以成其悔何利之有焉使反者得辭反者高固謂得不當來之辭而害來者以懼諸侯將焉用之晉人緩之逸。緩不拘執使得逃去也傳言晉不能修理諸侯所以貳

秋八月晉師還。

范武子將老。老致仕初受隨故曰隨武子後更受范復爲范武子召文子曰燮乎吾聞之喜怒以類者鮮。文子士會之子燮其名○燮素協反易者實多。易遷怒也詩曰君子如怒亂庶遄沮君子如祉亂庶遄已。詩小雅也遄速也沮止也祉福也○遄市專反君子之喜怒以已亂也弗已者必益之郤子其或者欲已亂於齊乎不然余懼其益之也余將老使郤子逞其志庶有豸乎。豸解也欲使郤子從政快志以止亂○解音蟹爾從二三子唯敬。二三子晉諸大夫乃請老郤獻子爲政。

冬公弟叔肸卒公母弟也凡大子之母弟公在曰公子不在曰

弟。以兄爲尊。凡稱弟、皆母弟也。此策書之通例也。庶弟不得稱公子。而母弟或稱公子。若嘉好之事、則仍舊史之文。惟相殺害、然後據例以示義。所以篤親親之恩、崇友于之好。釋例論之備矣。

經十有八年春、晉侯衛世子臧伐齊。

公伐杞。無傳。

夏四月。

秋七月、邾人戕鄫子于鄫。傳例曰、自外曰戕。邾大夫就鄫殺鄫子。○鄫、才陵反。

甲戌、楚子旅卒。未同盟而赴以名。吳楚之葬、僭而不典、故絶而不書、同之夷蠻、以懲求名之僞。

公孫歸父如晉。

冬十月壬戌、公薨于路寢。

歸父還自晉、至笙、遂奔齊。大夫還不書、春秋之常也。今書歸父還奔、善其能以禮退。不書族者、非常所及、今特書略之。笙、魯竟外、故不言出。○笙、音生、又勑眞反。

傳十八年春、晉侯衛大子臧伐齊、至于陽穀。齊侯會晉侯盟于繒、以公子彊爲質于晉。晉師還。蔡朝、南郭偃逃歸。晉既與齊盟、守者解緩、故得逃。

夏、公使如楚乞師、欲以伐齊。公不事齊、齊與晉盟、故懼而乞師于楚。不書、微者行。

秋、邾人戕鄫子于鄫。凡自虐其君曰弑、自外曰戕。弑、戕、皆殺也。所以別內外之名。弑者、積微而起、所以相測量、非一朝一夕之漸。戕者、卒暴之名。

楚莊王卒。楚師不出。既而用晉師、成二年、戰于鞌是。楚于是乎有蜀之役。在成二年冬。蜀、魯地。泰山博縣西北有蜀亭。

公孫歸父以襄仲之立公也、有寵。歸父、襄仲子。欲去三桓以張公室。時三桓强、公室弱、故欲去之、以張大公室。○去、起呂反。與公謀而聘于晉、欲以晉人去之。

冬、公薨。季文子言于朝曰、使我殺適立庶、以失大援者、仲也夫。適、謂子惡、齊外甥。襄仲殺之而立宣公。南通于楚、既不能固、又不能堅事齊晉、故云失大援也。○適、丁歷反。臧宣叔

怒曰、當其時不能治也、後之人何罪。子欲去之、許請去之。宣叔、文仲子、武仲父。許其名也。時爲司寇、主行刑。言子自以歸父害己、欲去者、許請爲子去之。遂逐東門氏。襄仲居東門、故曰東門氏。子家還、及笙、子家、歸父字。壇帷、復命於介。除地爲壇、而張帷。介、副也。將去、使介反命於君。○壇、音善。既復命、袒括髮、以麻約髮。即位哭、三踊而出。依在國喪禮、設哭位。公薨故。遂奔齊。書曰、歸父還自晉、善之也。

春秋左傳卷十一 終

春秋左傳卷十二　晉鎮南大將軍當陽縣侯京兆杜　預集解
皇明　後　學　東吳金　蟠較訂

成公 名黑肱宣公子諡法安民立政曰成

經元年。春王正月。公即位。 無傳

二月辛酉。葬我君宣公。 無傳

無冰。 無傳周二月今之十二月而無冰書冬溫

三月。作丘甲。 周禮九夫爲井四井爲邑四邑爲丘丘十六井出戎馬一匹牛三頭四丘爲甸甸六十四井出長轂一乘戎馬四匹牛十二頭甲士三人步卒七十二人此甸所賦今魯使丘出之譏重斂故書○甸繩證反

夏。臧孫許及晉侯盟于赤棘。 晉地

秋。王師敗績于茅戎。 茅戎戎別種不言戰王者至尊天下莫之得校故以自敗爲文不書敗地而書茅戎明爲茅戎所敗書秋從告

冬十月。

傳元年春。晉侯使瑕嘉平戎于王。 瑕嘉詹嘉處瑕故謂之瑕嘉平戎在文十七年邲垂之役 單襄公如晉拜成。 單襄公王卿士謝晉爲平戎○單音善爲于僞反 劉康公徼戎將遂伐之。 康公王季子也戎平還欲要其無備○徼古堯反 叔服曰。背盟而欺大國。此必敗。 叔服周內史 背盟不祥。欺大國不義。神人弗助。將何以勝。不聽。遂伐茅戎。

三月癸未。敗績于徐吾氏。 徐吾氏茅戎之別也

爲齊難故作丘甲。 前年魯乞師於楚欲以伐齊楚師不出故懼而作丘甲

聞齊將出楚師。夏盟于赤棘。 與晉盟懼齊楚

秋王人來告敗。 解經所以秋乃書

冬臧宣叔令修賦繕完。 治完城郭 具守備。曰齊楚結好。我新與晉盟。

晉楚爭盟。齊師必至。雖晉人伐齊。楚必救之。是齊楚同我也。 同共也○守手又反 知難而有備。乃可以逞。 逞解也爲二年齊侯伐我傳○解音蟹

經二年。春。齊侯伐我北鄙。

夏四月丙戌。衛孫良夫帥師及齊師戰于新築。衛師敗績。 新築衛地皆陳曰戰大崩曰敗績四月無丙戌丙戌五月一日

六月癸酉。季孫行父。臧孫許。叔孫僑如。公孫嬰齊帥師會晉郤克。衛孫良夫曹公子首及齊侯。戰于鞌。齊師敗績。 魯乞師於晉而不以與謀之例者從盟主之令上行於下非匹敵和成之類例在宣七年曹大夫常不書而書公子首者首命於國備於禮成爲卿故也鞌齊地○鞌音安

秋，七月，齊侯使國佐如師。己酉，及國佐盟于袁婁。穀梁曰：鞌去齊五百里，袁婁去齊五十里。

八月壬午，宋公鮑卒。未同盟而赴以名。

庚寅，衞侯速卒。宣十七年盟于斷道，據傳庚寅九月七日。

取汶陽田。晉使齊還魯，故書取，不以好得，故不言歸。○好，呼報反。

冬，楚師、鄭師侵衞。

守重，不書不親伐。

十有一月，公會楚公子嬰齊于蜀。公與大夫會，不貶嬰齊者，時有許、蔡之君故。

丙申，公及楚人、秦人、宋人、陳人、衞人、鄭人、齊人、曹人、邾人、薛人、鄫人盟于蜀。齊在鄭下，非卿，傳曰：卿不書，匱盟也。然則楚卿於是始與中國準，自此以下，楚卿不書，皆貶惡也。

傳　二年春，齊侯伐我北鄙，圍龍。龍，魯邑，在泰山博縣西南。頃公之嬖人盧蒲就魁門焉，攻龍門也。龍人囚之。齊侯曰：勿殺，吾與而盟，無入而封。封，竟。弗聽，殺而膊諸城上。膊，磔也。○膊，普各反；磔，陟百反。齊侯親鼓，士陵城，三日，取龍，遂南侵及巢丘。取龍侵巢丘，不書，其義未聞。

衞侯使孫良夫、石稷、甯相、向禽將侵齊，與齊師遇。齊伐魯還，相遇于衞地。良夫，孫林父之父。石稷，石碏四世孫。甯相，甯俞子。○相，息亮反。石子欲還，孫子曰：不可。以師伐人，遇其師而還，將謂君何？言無以答君。若知不能，則如無出。今既遇矣，不如戰也。夏有，闕文，失新築戰事。石成子曰：師敗矣，子不少須，衆懼盡。成子，石稷也。衞師已敗，而孫良夫復欲戰，故成子欲使須救。子喪師徒，何以復命？皆不對。又曰：子，國卿也。隕子，辱矣。隕見禽獲。子以衆退，我此乃止。我于此止禦齊師。且告車來甚衆。新築人救孫桓子，故并告令軍中。齊師乃止，次于鞫居。鞫居，衞地。○鞫，居六反。新築人仲叔于奚救孫桓子，桓子是以免。于奚，守新築大夫。既，衞

人賞之以邑，辭，請曲縣、軒縣也。周禮：天子樂宮縣，諸侯軒縣，闕南方。繁纓以朝，許之。繁纓，馬飾，皆諸侯之服。仲尼聞之曰：惜也，不如多與之邑。唯器與名，不可以假人。器，車服；名，爵號。君之所司也。名以出信，名位不愆，為民所信。信以守器，動不失信，則車服可保。器以藏禮，車服所以表尊卑。禮以行義，尊卑有禮，各得其宜。義以生利，得其宜，則利生。利以平民，政之大節也。若以假人，與人政也。政亡，則國家從之，弗可止也已。孫桓子還于新築，不入，不入國。遂如晉乞師。臧宣叔亦如晉乞師，皆主郤獻子。宣十七年，郤克至齊，為婦人所笑，遂怒，故魯、衞因之。孫桓子、臧宣叔皆不以國命，各自詣郤克，故不書。晉侯許之七百乘。五萬二千五百人。郤子曰：此城濮之賦也。城濮在僖二十八年。有先君之明與先大夫之肅，故

捷克於先大夫，無能爲役。不中爲之役使。請八百乘。許之。六萬人。郤克將中軍，士燮佐上軍，范文子代荀庚。欒書將下軍，代趙朔。韓厥爲司馬，以救魯衛。臧宣叔逆晉師，且道之。季文子帥師會之。及衛地，韓獻子將斬人，郤獻子馳將救之。至則既斬之矣。郤子使速以徇，告其僕曰：吾以分謗也。不欲使韓氏獨受謗。師從齊師于莘。莘，齊地。六月壬申，師至于靡笄之下。靡笄，山名。○靡如字，又音摩。笄音雞。齊侯使請戰，曰：子以君師辱於敝邑，不腆敝賦，詰朝請見。詰朝，平旦。對曰：晉與魯衛兄弟也。來告曰：大國朝夕釋憾于敝邑之地。大國謂齊。敝邑，魯衛自稱。寡君不忍，使羣臣請於大國，無令輿師淹于君地。輿，衆也。淹，久也。能進不能退，君無所辱

命。言自欲戰，不復須君命。齊侯曰：大夫之許，寡人之願也；若其不許，亦將見也。齊高固入晉師，桀石以投人，桀，擔也。禽之而乘其車，既獲其人，因釋已車而載所獲者車。繫桑本焉，以徇齊壘。將至齊壘，以桑樹繫車而走，欲自異。曰：欲勇者賈余餘勇。賈，買也。言己勇有餘，欲賣之。癸酉，師陳于鞌。邴夏御齊侯，逢丑父爲右。晉解張御郤克，鄭丘緩爲右。齊侯曰：余姑翦滅此而朝食。姑，且也。翦，盡也。○陳，直覲反。邴音丙。解音蟹。不介馬而馳之。介，甲也。郤克傷於矢，流血及屨，未絕鼓音。中軍將自執旗鼓，故雖傷而擊鼓不息。曰：余病矣。張侯曰：自始合，而矢貫余手及肘，余折以御，左輪朱殷，豈敢言病？吾子忍之。張侯，解張也。朱，血色。血色久則殷。殷音近烟。今人謂赤黑爲殷色。言血多汙車輪，御猶不敢息。緩曰：自始合，苟有險，

余必下推車，子豈識之？然子病矣。以其不識己推車。○推，昌誰反，又他回反。張侯曰：師之耳目，在吾旗鼓，進退從之。此車一人殿之，可以集事。殿，鎮也。集，成也。○殿，多練反。若之何其以病敗君之大事也？擐甲執兵，固即死也。擐，貫也。即，就也。○擐音患。病未及死，吾子勉之。左并轡，右援枹而鼓。馬逸不能止，師從之。晉師從郤克車。○枹音浮。齊師敗績。逐之，三周華不注。華不注，山名。韓厥夢子輿謂己曰：且辟左右。子輿，韓厥父。故中御而從齊侯。居中代御者，自非元帥，御者皆在中，將在左。邴夏曰：射其御者，君子也。公曰：謂之君子而射之，非禮也。齊侯不知戎禮。射其左，越于車下。越，隊也。射其右，斃于車中。綦毋張喪車，從韓厥曰：請寓乘。綦毋張，晉大夫。寓，寄也。○毋音無。從左右，皆肘

之，使立於後。以左右皆死，不欲使立其處。韓厥俛定其右。俛，俯也。右被射，仆車中，故俯安隱之。○俛音勉。逢丑父與公易位。居公處。將及華泉，驂絓於木而止。驂馬絓也。丑父寢於轏中，轏，士車。○轏，仕產反，又仕諫反。蛇出於其下，以肱擊之，傷而匿之，故不能推車而及。爲韓厥所及。丑父欲爲右，故匿其傷。韓厥執縶馬前，縶，馬絆也。執之，示修臣僕之職。○縶，張立反。絆音半。再拜稽首，奉觴加璧以進，進觴璧，亦以示敬。曰：寡君使羣臣爲魯衛請，曰：無令輿師陷入君地。本但爲二國救請，不欲乃過入君地。謙辭。下臣不幸，屬當戎行，無所逃隱。屬，適也。○屬音燭。行，下郎反。且懼奔辟而忝兩君，臣辱戎士。若奔辟，則爲辱晉君，并爲齊侯羞，故言二君。此蓋韓厥自處臣僕，謙敬之飾言。○辟音避。敢告不敏，攝官承之。言欲以己不敏攝承空乏，從君俱還。丑父使公下，如華泉取飲。鄭

周父御佐車，宛茷爲右，載齊侯以免。（佐車，副車。○茷，扶廢反。）韓厥獻丑父，郤獻子將戮之。呼曰：自今無有代其君任患者，有一於此，將爲戮乎。郤子曰：人不難以死免其君，我戮之不祥。赦之，以勸事君者。乃免之。齊侯免，求丑父，三入三出。（重其代己，故三入晉軍求之。）每出，齊師以帥退。（齊師大敗，皆有退心，故齊侯輕出其衆，以帥厲退者。遂迸入狄卒。狄卒者，狄人從晉討齊者。○迸，補諍反。）入于狄卒，狄卒皆抽戈楯冒之，以入于衛師。衛師免之。（狄衛畏齊之強，故不敢害齊侯，皆共免護之。○楯，食準反，又音允。）遂自徐關入。齊侯見保者，曰：勉之，齊師敗矣。（所過城邑，皆勉勵其守者。）辟女子。（使辟君也。齊侯單還，故婦人不辟之。○辟音避。）女子曰：君免乎。曰：免矣。曰：銳司徒免乎。（銳司徒，主銳兵者。）曰：免矣。曰：苟君與吾父免

矣，可若何。（言餘人不可復如何。）乃奔。（走辟君。）齊侯以爲有禮。（先問君，後問父故也。）既而問之，辟司徒之妻也。（辟司徒，主壘壁者。○辟音壁。）予之石窌。（石窌，邑名，濟北盧縣東有地名石窌。○窌，力救反，一力到反。）晉師從齊師，入自丘輿，擊馬陘。（丘輿、馬陘，皆齊邑。）齊侯使賓媚人賂以紀甗、玉磬與地。（媚人，國佐也。甗，玉甑，皆滅紀所得。○甗，魚輦反，又音彥，又音言。）不可，則聽客之所爲。賓媚人致賂，晉人不可，曰：必以蕭同叔子爲質。（同叔，蕭君之字，齊侯外祖父。子，女也。難斥言其母，故遠言之。○質音致。）而使齊之封內盡東其畝。（使壟畝東西行。）對曰：蕭同叔子非他，寡君之母也。若以匹敵，則亦晉君之母也。吾子布大命於諸侯，而曰必質其母以爲信，其若王命何。（言違王命。）且是以不孝令也。詩曰：孝子不匱，永錫爾類。（詩大雅。言孝心不乏者，又能以孝道長賜其志類。）若以不孝令於諸侯，其無乃非德類也乎。（不以孝德賜同類。）先王疆理天下，物土之宜，而布其利。（疆，界也。理，正也。物土之宜，播殖之物，各從土宜。）故詩曰：我疆我理，南東其畝。（詩小雅。或南或東，從其土宜。）今吾子疆理諸侯，而曰盡東其畝而已，唯吾子戎車是利。（晉之伐齊，循壟東行易。）無顧土宜，其無乃非先王之命也乎。反先王則不善，何以爲盟主。其晉實有闕。（闕，失也。）四王之王也，（禹、湯、文、武。）樹德而濟同欲焉。（樹，立也。濟，成也。）五伯之霸也，（夏伯昆吾，商伯大彭、豕韋，周伯齊桓、晉文。）勤而撫之，以役王命。（役，事也。）今吾子求合諸侯，以逞無疆之欲。（疆，竟也。）詩曰：布政優優，百祿是遒。（詩頌，殷湯布政優和，故百祿來聚。遒，聚也。）子實不優，而棄百祿，諸侯何害焉。（言不能爲害。）

不然，（不見許。）寡君之命使臣，則有辭矣。曰：子以君師辱于敝邑，不腆敝賦，以犒從者。（戰而曰犒，爲孫辭。○使所吏所從才用反。）畏君之震，師徒橈敗。（震，動。橈，曲也。）吾子惠徼齊國之福，不泯其社稷，使繼舊好，唯是先君之敝器土地不敢愛。子又不許，請收合餘燼，（燼，火餘木。）背城借一。（欲于城下復借一戰。）敝邑之幸，亦云從也。況其不幸，敢不唯命是聽。（言完全之時，尚不敢違晉，今若不幸，則從命。）魯、衛諫曰：齊疾我矣。（諫郤克也。）其死亡者，皆親暱也。子若不許，讎我必甚。唯子則又何求。子得其國寶，（謂甗、磬。）我亦得地，（齊歸所侵。）而紓于難，（紓，緩。）其榮多矣。齊、晉亦唯天所授，豈必晉。晉人許之，對曰：羣臣帥賦輿，（賦輿，猶兵車。）以爲魯、衛請，若苟有以

藉口。而復於寡君。藉薦。復白也。君之惠也。敢不唯命是聽。禽鄭自師逆公。禽鄭魯大夫。歸逆公會晉師。秋七月。晉師及齊國佐盟于爰婁。使齊人歸我汶陽之田。公會晉師于上鄍。上鄍地闕。公會晉師不書史闕。賜三帥先路三命之服。三帥郤克士燮欒書。已嘗受王先路之賜。今改而易新。并此車所建所服之物。司馬司空輿帥候正亞旅皆受一命之服。晉司馬司空皆大夫。輿帥主兵車。候正主斥候。亞旅亦大夫也。皆會侯賜。

八月。宋文公卒。始厚葬。用蜃炭。益車馬。始用殉。燒蛤為炭以瘞壙。多埋車馬。用人從葬。○蜃市忍反。重器備。重猶多也。○重直恭反。椁有四阿。棺有翰檜。四阿四注椁也。翰旁飾。檜上飾。皆王禮。○檜古外反。又音會。君子謂華元樂舉於是乎不臣。臣治煩去惑者也。是以伏死而爭。今二子者。君生則縱其惑。謂文十八年殺母弟須。死又益其侈。是棄君於惡也。何臣之為。若言何用為臣。

九月。衛穆公卒。晉三子自役弔焉。哭於大門之外。師還過衛。故因弔之。未復命。故不敢成禮。衛人逆之。逆於門外。設喪位。婦人哭於門內。喪位。婦人哭于堂。賓在門外。故移在門內。送亦如之。遂常以葬。至葬行此禮。

楚之討陳夏氏也。在宣十一年。莊王欲納夏姬。申公巫臣曰。不可。君召諸侯。以討罪也。今納夏姬。貪其色也。貪色為淫。淫為大罰。周書曰。明德慎罰。周書康誥。文王所以造周也。明德務崇之之謂也。慎罰務去之之謂也。若興諸侯。以取大罰。非慎之也。君其圖之。王

乃止。子反欲取之。巫臣曰。是不祥人也。是夭子蠻。子蠻鄭靈公。夏姬之兄。殺死無後。○殺申志反。殺御叔。御叔夏姬之夫。亦早死。弒靈侯。陳靈公也。戮夏南。徵舒。出孔儀。孔寧儀行父。喪陳國。楚滅陳。○喪息浪反。何不祥如是。人生實難。其有不獲死乎。言死易得。無為取夏姬以速之。天下多美婦人。何必是。子反乃止。王以予連尹襄老。襄老死於邲。不獲其尸。邲戰在宣十二年。其子黑要烝焉。黑要襄老子。○要一遙反。巫臣使道焉。曰。歸。吾聘女。道夏姬使歸鄭。○女音汝。又使自鄭召之。曰。尸可得也。襄老尸。必來逆之。姬以告王。王問諸屈巫。屈巫巫臣。對曰。其信。知罃之父。成公之嬖也。而中行伯之季弟也。知罃父荀首也。中行伯荀林父也。邲之戰。楚人囚知罃。○知音智。罃於耕反。新佐中軍。而善鄭皇戌。甚愛此子。愛知罃也。其必因鄭而歸王子與襄老之尸以求之。王子楚公子穀臣也。邲之戰荀首囚之。鄭人懼於邲之役。而欲求媚於晉。其必許之。王遣夏姬歸。將行。謂送者曰。不得尸。吾不反矣。巫臣聘諸鄭。鄭伯許之。聘夏姬。

及共王即位。將為陽橋之役。楚伐魯至陽橋。在此年冬。使屈巫聘于齊。且告師期。巫臣盡室以行。室家盡去。申叔跪從其父。將適郢。遇之。叔跪申叔時之子。○郢以井反。曰。異哉。夫子有三軍之懼。而又有桑中之喜。宜將竊妻以逃者也。桑中衛風淫奔之詩。及鄭。使介反幣。而以夏姬行。介副也。幣聘物。將奔齊。齊師新敗。曰。吾不處不勝之國。遂奔晉。而因郤至。郤至郤克族子。以臣於晉。晉人使為邢大夫。邢晉邑。子反請以重幣錮之。禁錮勿令仕。

王曰止其自爲謀也則過矣其爲吾先君謀也則忠忠社稷之固也所益多矣益覆也且彼若能利國家雖重幣晉將可乎言不許若無益于晉晉將棄之何勞錮焉爲七年楚滅巫臣族晉南通吳張本

晉師歸范文子後入武子曰無爲吾望爾也乎武子士會文子之父對曰師有功國人喜以逆之先入必屬耳目焉是代帥受名也故不敢武子曰吾知免矣知其不益已禍郤伯見公曰子之力也夫對曰君之訓也二三子之力也臣何力之有焉郤伯郤克范叔見勞之如郤伯對曰庚所命也克之制也燮何力之有焉荀庚將上軍時不出范文子上軍佐代行故稱帥以讓欒伯見公亦如之對曰燮之詔也士用命也書何力

之有焉詔告也欒書下軍帥故推功上軍傳言晉將帥克讓所以能勝齊

宣公使求好于楚莊王卒宣公薨不克作好在宣十八年公即位受盟于晉元年盟赤棘會晉伐齊衞人不行使于楚不聘楚而亦受盟于晉從於伐齊故楚令尹子重爲陽橋之役以救齊將起師子重曰君弱傳曰寡人生十年而喪先君共王即位至是三年蓋年十二三矣羣臣不如先大夫師衆而後可詩曰濟濟多士文王以寧詩大雅言文王以衆士安夫文王猶用衆況吾儕乎儕等且先君莊王屬之曰無德以及遠方莫如惠恤其民而善用之乃大戶閱民戶口已責棄逋責逮鰥施及老鰥救乏赦罪悉師王卒盡行彭名御戎蔡景公爲左許靈公爲右王卒盡行故王戎車亦行雖無楚王令二君當左右之位二君弱皆強冠之冬楚師侵衞遂侵我師于蜀公賂之而退故不書侵○強其丈反冠古亂反使臧孫往臧孫宣叔也辭曰楚遠而久固將退矣無功而受名臣不敢不敢虛受退楚名楚侵及陽橋陽橋魯地孟孫請往賂之楚侵遂深故孟孫請以賂往孟孫獻子也以執斲執鍼織紝執斲匠人執鍼女工織紝織繒布者○鍼之林反紝女金反又而鴆反皆百人公衡爲質公衡成公子○質音致以請盟楚人許平十一月公及楚公子嬰齊蔡侯許男秦右大夫說宋華元陳公孫寧衞孫良夫鄭公子去疾及齊國之大夫盟于蜀齊大夫不書其名非卿也○說音悅卿不書匱盟也於是乎畏晉而竊與楚盟故曰匱盟匱乏也蔡侯許男不書乘楚車也謂之失位乘楚車爲左右則失位也卿

不書則稱人諸侯不書皆不見經君臣之別君子曰位其不可不慎也乎蔡許之君一失其位不得列於諸侯況其下乎詩曰不解于位民之攸塈詩大雅言在上者勤正其位則國安而民息也攸所也塈息也○解佳賣反塈許器反其是之謂矣

楚師及宋公衡逃歸臧宣叔曰衡父不忍數年之不宴以宴樂也棄魯國國將若之何誰居後之人必有任是夫國棄矣居辭也言後人必有當此患○居音基夫音扶是行也晉辟楚畏其衆也君子曰衆之不可以已也大夫爲政猶以衆克況明君而善用其衆乎大誓所謂商兆民離周十人同者衆也大誓周書萬億曰兆民離則弱合則成衆言殷以散亡周以衆興

晉侯使鞏朔獻齊捷于周王弗見使單襄公辭焉曰蠻夷戎狄

不式王命，（式，用也。）淫湎毀常，王命伐之，則有獻捷，王親受而勞之，所以懲不敬，勸有功也。兄弟甥舅，侵敗王略，（兄弟同姓國，甥舅異姓國。略，經略法度。○湎，面善反。勞，力報反。）王命伐之，告事而已，不獻其功，所以敬親暱，（告事而不獻，）禁淫慝也。（淫慝謂虣掠百姓，取囚俘也。○虣，薄報反。掠，音亮。）今叔父克遂有功于齊，（克，能也。）而不使命卿鎮撫王室，所使來撫余一人，而鞏伯實來，未有職司于王室，（鞏朔上軍大夫，非命卿，名位不達于王室。）又奸先王之禮，（謂獻齊捷。）余雖欲於鞏伯，（欲受其獻。）其敢廢舊典以忝叔父？夫齊，甥舅之國也，而大師之後也，（齊世與周昏，故曰甥舅。）寧不亦淫從其欲以怒叔父，抑豈不可諫誨？士莊伯不能對。（莊伯，鞏朔。）王使委於三吏，（委，屬也。三吏，三公也。三公者，天子之

吏也。）禮之如侯伯克敵，使大夫告慶之禮，降于卿禮一等。王以鞏伯宴，而私賄之，使相告之曰：非禮也，勿籍。（相，相禮者。籍，書也。王畏晉，故私宴賄以慰鞏朔。○相，息亮反。）

經　三年春王正月，公會晉侯、宋公、衛侯、曹伯伐鄭。（宋衛未葬而稱爵，以接隣國，非禮也。）

辛亥，葬衛穆公。（無傳。）

二月，公至自伐鄭。（無傳。）

甲子，新宮災，三日哭。（無傳。三年喪畢，宣公神主新入廟，故謂之新宮。書三日哭，善得禮。宗廟，親之神靈所馮居，而遇災，故哀而哭之。）

乙亥，葬宋文公。（無傳。七月而葬，緩。）

夏，公如晉。

鄭公子去疾帥師伐許。

公至自晉。（無傳。）

秋，叔孫僑如帥師圍棘。（棘，汶陽田之邑，在濟北蛇丘縣。○蛇，以支反，一如字。）

大雩。（無傳。以過時書。）

晉郤克、衛孫良夫伐廧咎如。（赤狄別種。○廧，在良反。咎，古刀反。）

冬十有一月，晉侯使荀庚來聘。

衛侯使孫良夫來聘。

丙午，及荀庚盟。丁未，及孫良夫盟。（先晉後衛，尊霸主。）

鄭伐許。無傳。不書將帥，告辭略。

傳三年春，諸侯伐鄭，次于伯牛，討邲之役也。伯牛，鄭地。邲役在宣十二年。遂東侵鄭。晉潛軍。鄭公子偃帥師禦之，偃，穆公子。使東鄙覆諸鄤，覆，伏兵也。○鄤，亡袁反，又武旦反。敗諸丘輿。鄤、丘輿，皆鄭地。晉偏軍爲鄭所敗，故不書。皇戌如楚獻捷。

夏，公如晉，拜汶陽之田。前年晉使齊歸魯汶陽田故。

許恃楚而不事鄭，鄭子良伐許。

晉人歸楚公子穀臣與連尹襄老之尸于楚，以求知罃。邲之戰，楚獲知罃。於是荀首佐中軍矣，荀首，知罃父。故楚人許之。王送知罃，曰：子其

怨我乎。對曰：二國治戎，臣不才，不勝其任，以爲俘馘。執事不以釁鼓，以血塗鼓爲釁鼓。○勝音升。使歸即戮，君之惠也。臣實不才，又誰敢怨。王曰：然則德我乎。對曰：二國圖其社稷，而求紓其民，紓，緩也。各懲其忿以相宥也，宥，赦也。兩釋纍囚以成其好。纍，繫也。二國有好，臣不與及，其誰敢德。言二國本不爲己。王曰：子歸何以報我。對曰：臣不任受怨，君亦不任受德，無怨無德，不知所報。王曰：雖然，必告不穀。對曰：以君之靈，纍臣得歸骨于晉，寡君之以爲戮，死且不朽。戮其不勝任。若從君之惠而免之，以賜君之外臣首，稱於異國，君曰外臣。首其請于寡君而以戮於宗，亦死且不朽。若不獲命，君不許戮。而使嗣宗職，嗣其祖宗之位職。次及於事，而帥偏師以脩封疆，雖遇執事，遇楚將帥。其弗敢違。違，辟也。其竭力致死，無有二心，以盡臣禮，所以報也。王曰：晉未可與爭。重爲之禮而歸之。

秋，叔孫僑如圍棘，取汶陽之田。棘不服，故圍之。僑如，叔孫得臣子。

晉郤克、衛孫良夫伐廧咎如，討赤狄之餘焉。宣十五年，晉滅赤狄潞氏，其餘民散入廧咎如，故討之。廧咎如潰，上失民也。此傳釋經之文，而經無廧咎如潰，蓋經闕此四字。

冬十一月，晉侯使荀庚來聘，且尋盟。荀庚，林父之子。衛侯使孫良夫來聘，且尋盟。尋宣七年盟。公問諸臧宣叔曰：中行伯之於晉也，其位在三。下卿。孫子之於衛也，位爲上卿，將誰先。對曰：次國之上

卿當大國之中，中當其下，下當其上大夫。降一等。小國之上卿當大國之下卿，中當其上大夫，下當其下大夫。降大國二等。上下如是，古之制也。古制，公爲大國，侯伯爲次國，子男爲小國。衛在晉，不得爲次國。春秋時以強弱爲大小，故衛雖侯爵，猶爲小國。晉爲盟主，其將先之。計等則二人位敵，以盟主故先晉。丙午，盟晉，丁未，盟衛，禮也。

十二月甲戌，晉作六軍。爲六軍，僭王也。萬二千五百人爲軍。韓厥、趙括、鞏朔、韓穿、荀騅、趙旃皆爲卿，賞鞌之功也。韓厥爲新中軍，趙括佐之；鞏朔爲新上軍，韓穿佐之；荀騅爲新下軍，趙旃佐之。晉舊自有三軍，今增此，故爲六軍。○騅音隹。

齊侯朝于晉，將授玉。行朝禮。郤克趨進曰：此行也，君爲婦人之笑

辱也。寡君未之敢任。言齊侯之來，以謝婦人之笑，非為修好，故云晉君不任當此患。晉侯享齊侯。齊侯視韓厥。韓厥曰：君知厥也乎。齊侯曰：服改矣。戎朝異服也。言服改，明識其人。韓厥登，舉爵曰：臣之不敢愛死，為兩君之在此堂也。

荀罃之在楚也，鄭賈人有將寘諸褚中以出。既謀之，未行，而楚人歸之。賈人如晉，荀罃善視之，如實出己。賈人曰：吾無其功，敢有其實乎。吾小人，不可以厚誣君子。遂適齊。傳言知罃之賢。○賈音古

經四年，春，宋公使華元來聘。

三月壬申，鄭伯堅卒。無傳。二年大夫盟于蜀，壬申，二月二十八日。

杞伯來朝。

夏四月甲寅，臧孫許卒。無傳。

公如晉。

葬鄭襄公。無傳。

秋，公至自晉。

冬，城鄆。無傳。公欲叛晉，故城而為備。○鄆音運

鄭伯伐許。

傳四年，春，宋華元來聘，通嗣君也。宋共公即位。

杞伯來朝，歸叔姬故也。將出叔姬，先修禮朝魯，言其故。

夏，公如晉，晉侯見公不敬。季文子曰：晉侯必不免。言將不能壽終也。後十年陷厠而死。詩曰：敬之敬之，天惟顯思，命不易哉。詩頌。言天道顯明，受其命甚難，不可不敬以奉之。夫晉侯之命在諸侯矣，可不敬乎。敬諸侯則得天命。

秋，公至自晉，欲求成於楚而叛晉。季文子曰：不可。晉雖無道，未可叛也。國大臣睦，而邇于我，邇，近也。諸侯聽焉，未可以貳。史佚之志有之，周文王大史。曰：非我族類，其心必異。楚雖大，非吾族也，

其肯字我乎。與魯異姓。公乃止。字，愛也。

冬十一月，鄭公孫申帥師疆許田，前年鄭伐許，侵其田，今正其界。許人敗諸展陂。鄭伯伐許，取鉏任、泠敦之田。展陂亦許地。○任音壬，泠力丁反

晉欒書將中軍，代郤克。荀首佐之，士燮佐上軍，以救許伐鄭，取氾祭。氾祭，鄭地，成皋縣東有氾水。楚子反救鄭，鄭伯與許男訟焉，爭曲直。皇戌攝鄭伯之辭，代之對。子反不能決也，曰：君若辱在寡君，寡君與其二三臣共聽兩君之所欲，成其可知也。欲使自屈於楚子前決之。不然，側不足以知二國之成。側，子反名。為明年許愬鄭於楚張本。

晉趙嬰通於趙莊姬。趙嬰，趙盾弟。莊姬，趙朔妻。朔，盾之子。

經五年。春。王正月。杞叔姬來歸。出也、傳在前年、
仲孫蔑如宋、
夏。叔孫僑如會晉荀首于穀。穀齊地、
梁山崩。記異也、梁山在馮翊夏陽縣北、
秋。大水。無傳、
冬。十有一月。己酉。天王崩。
十有二月。己丑。公會晉侯。齊侯。宋公。衛侯。鄭伯。曹伯。邾子。杞伯。同盟于蟲牢。蟲牢、鄭地。陳留封丘縣北有桐牢、

傳五年。春。原屏放諸齊。放趙嬰也、原同、屏季、嬰之兄、○屏步丁反、嬰曰。我在。故欒氏不作。我亡。吾二昆其憂哉。且人各有能有不能。言己雖淫而能令莊姬護趙氏、舍我何害。弗聽。嬰夢天使謂己。祭余。余福女。使問諸士貞伯。貞伯曰。不識也。既而告其人。自告貞伯從人、○舍音捨、又音赦、聽吐丁反、女音汝、從才用反、曰。神福仁而禍淫。淫而無罰。福也。祭其得亡乎。以得放遣爲福、祭之之明日而亡。爲明年晉殺趙同趙括傳、

孟獻子如宋。報華元也。前年宋華元來聘、
夏。晉荀首如齊逆女。故宣伯餫諸穀。野饋曰餫、運糧饋之、敬大國也、○餫音鄆、
梁山崩。晉侯以傳召伯宗。傳驛、○傳中戀反、伯宗辟重。曰。辟傳。重載之車、○辟匹亦反、又甫赤反、曰辟音避、重人曰。待我不如捷之速也。捷邪出、問其所。曰。絳人也。問絳事焉。曰。梁山崩。將召伯宗謀之。問將若之何。曰。山有朽壤而崩。可若何。國主山川。主謂所主祭、故山崩川竭。君爲之不舉。去盛饌、降服。損盛服、乘縵。車無文、○縵武旦反、徹樂。息八音、出次。舍于郊、祝幣。陳玉帛、史辭。自罪責、以禮焉。禮山川、其如此而已。雖伯宗若之何。伯宗請見之。見之於晉君、不可。不肯見、遂以告而從之。從重人言、

許靈公愬鄭伯于楚。前此年鄭伐許故、六月。鄭悼公如楚。訟。不勝。楚人執皇戌及子國。子國鄭穆公子、以鄭伯不直故也、故鄭伯歸。使公子偃請成于晉。秋八月。鄭伯及晉趙同盟于垂棘。垂棘晉地、
宋公子圍龜爲質于楚而歸。圍龜文公子、○質音致、華元享之。請鼓譟以出。鼓譟以復入。出入輒擊鼓、曰習攻華氏。宋公殺之。蓋宣十五年宋楚平後、華元德圍龜代己爲質、故怨而欲攻華氏、
冬。同盟于蟲牢。鄭服也。諸侯謀復會。宋公使向爲人辭以子靈之難。子靈圍龜也、宋公不欲會、以新誅子靈爲辭、爲明年侵宋傳、

十一月己酉，定王崩。經在蟲牢上，傳在下月，倒錯。衆家傳悉無此八字，或衍文。

經 六年春王正月，公至自會。無傳。

二月辛巳，立武宮。魯人自鞌之功，至今無患，故築武軍，又作先君武公宮，以告成事，欲以示後世。

取鄟。附庸國也。○鄟音專，又市轉反。

衛孫良夫帥師侵宋。

夏六月，邾子來朝。無傳。

公孫嬰齊如晉。嬰齊，叔肹子。

壬申，鄭伯費卒。前年同盟蟲牢。○費音祕

秋，仲孫蔑、叔孫僑如帥師侵宋。

楚公子嬰齊帥師伐鄭。

冬，季孫行父如晉。

晉欒書帥師救鄭。

傳 六年春，鄭伯如晉拜成，謝前年再盟。子游相，子游，公子偃。授玉于東楹之東。禮，授玉兩楹之間，鄭伯行疾，故東過。士貞伯曰：鄭伯其死乎！自棄也已。視流而行速，不安其位，宜不能久。視流，不端諦。

二月，季文子以鞌之功立武宮，非禮也。宣十二年，潘黨勸楚子立武軍，楚子答以武有七德，非己所堪，其爲先君宮，告成事而已。今魯倚晉之功，又非霸主，而立武宮，故譏之。聽于人以救其難，不可以立武。立武由己，非由人也。言請人救難，勝非己功。

取鄟，言易也。

三月，晉伯宗、夏陽說、衛孫良夫、甯相、鄭人、伊雒之戎、陸渾、蠻氏侵宋，夏陽說，晉大夫。蠻氏，戎別種也。河南新城縣東南有蠻城。經惟書衛孫良夫，獨衛告也。○說音悅 以其辭會也。

辭會在前年。師于鍼，衛人不保。不守備。○鍼其廉反，一音針。說欲襲衛，曰：雖不可入，多俘而歸，有罪不及死。伯宗曰：不可。衛唯信晉，故師在其郊而不設備，若襲之，是棄信也。雖多衛俘，而晉無信，何以求諸侯？乃止。師還，衛人登陴。聞說謀故。○陴音皮

晉人謀去故絳。晉復命新田爲絳，故謂此故絳。諸大夫皆曰：必居郇瑕氏之地，郇瑕，古國名。河東解縣西北有郇城。○郇音荀，解音蟹。沃饒而近盬，盬，鹽也。猗氏縣鹽池是。○盬音古，猗于宜反。國利君樂，不可失也。韓獻子將新中軍，且爲僕大夫。兼太僕。○樂音洛。公揖而入，獻子從。公立於寢庭，路寢之庭。謂獻子曰：何如？問諸大夫言是非。對曰：不可。郇瑕氏土薄水淺，上薄地下。其惡易覯。惡，疾疢。覯，成也。易覯則

民愁、民愁則墊隘。墊隘、羸困也。○墊丁念反羸劣僞反 於是乎有沈溺重膇之疾。沈溺、濕疾、重膇、足腫。○膇治僞反
不如新田。今平陽絳邑縣是。 土厚水深、居之不疾。燥高故。 有汾澮以流其惡。汾水出太原、經絳北、西南入河、澮水出平陽絳縣南、西入汾、惡垢穢。○汾扶云反澮古外反
且民從教。無災患、 十世之利也。夫山澤林鹽、國之寶也。國饒則民驕佚。財易致、則民驕侈、 近寶、公室乃貧、不可謂樂。近寶則民不務本、 公說
從之。夏四月丁丑、晉遷于新田。爲季孫如晉傳、
六月、鄭悼公卒。終士貞伯之言、
子叔聲伯如晉。命伐宋。晉人命聲伯、 秋、孟獻子、叔孫宣伯侵宋。晉命
也。

楚子重伐鄭、鄭從晉故也。前年楚晉盟、
冬、季文子如晉、賀遷也。
晉欒書救鄭、與楚師遇於繞角。繞角、鄭地、 楚師還。晉師遂侵蔡。楚公
子申、公子成以申息之師救蔡。申息、楚二縣、 禦諸桑隧。汝南朗陵縣東有桑里、在上蔡西南、 趙同、趙括欲戰、請於武子。武子、欒書、 武子將許之。知莊子、荀首、中軍佐、
范文子、士燮、上軍佐、 韓獻子、韓厥、新中軍將、 諫曰、不可。吾來救鄭、楚師去
我、吾遂至於此。此、蔡地、 是遷戮也。戮而不已、又怒楚師、戰必不克。
遷戮不義、怒敵難當、故不克、 雖克不令。成師以出、而敗楚之二縣、何榮之有
焉。六軍悉出、故曰成師、以大勝小、不足爲榮、 若不能敗、爲辱已甚、不如還也。乃遂還。

於是軍帥之欲戰者衆。或謂欒武子曰、聖人與衆同欲、是以濟
事。子盍從衆。盍、何不也。○帥所類反 子爲大政。中軍元帥、 將酌於民者也。酌取民心以爲政、
子之佐十一人。六軍之卿佐、 其不欲戰者三人而已。知范韓也、 欲戰
者可謂衆矣。商書曰、三人占、從二人、衆故也。商書、洪範、 武子曰、善鈞
從衆。鈞、等也、 夫善、衆之主也。三卿爲主、可謂衆矣。三卿皆晉之賢人、 從之
不亦可乎。傳善欒書得從衆之義、且爲八年晉侵蔡傳、
經 七年、春、王正月、鼷鼠食郊牛角。改卜牛、鼷鼠又食其角、乃免牛。無傳、稱牛、未卜日、免放也、免牛可也、不郊非禮也。○鼷音兮
吳伐郯。○郯音談
夏五月、曹伯來朝。
不郊、猶三望。無傳、書不郊、閒有事、三望非禮、
秋、楚公子嬰齊帥師伐鄭。
公會晉侯、齊侯、宋公、衛侯、曹伯、莒子、邾子、杞伯救鄭。八月戊辰、同
盟于馬陵。馬陵、衛地、陽平元城縣東南有地名馬陵、
公至自會。

無傳。

吳入州來。州來，楚邑，淮南下蔡縣是也。

冬，大雩。無傳。書過。

衛孫林父出奔晉。

傳 七年春，吳伐郯，郯成。季文子曰：中國不振旅，蠻夷入伐，而莫之或恤。振，整也。旅，衆也。恤，憂也。無弔者也夫。言中國不能相愍恤，故夷狄內侵。詩曰：不弔昊天，亂靡有定。其此之謂乎。詩小雅。刺在上者不能弔愍下民，故號天告亂。有上不弔，其誰不受亂。上謂霸主。吾亡無日矣。君子曰：知懼如是，斯不亡矣。

鄭子良相成公以如晉，見，且拜師。謝前年晉救鄭之師。爲楚伐鄭張本。○相，息亮反。見，賢遍反。

夏，曹宣公來朝。

秋，楚子重伐鄭，師于氾。氾，鄭地，在襄城縣南。○氾音凡。諸侯救鄭。鄭共仲、侯羽軍楚師，二子，鄭大夫。囚鄖公鍾儀，獻諸晉。八月，同盟于馬陵，尋蟲牢之盟，且莒服故也。蟲牢盟在五年。莒本屬齊，齊服，故莒從之。

晉人以鍾儀歸，囚諸軍府。軍藏府也。爲九年晉侯見鍾儀張本。○藏，才浪反。

楚圍宋之役，在宣十四年。師還，子重請取於申、呂以爲賞田，王許之。分申呂之田以自賞。申公巫臣曰：不可。此申、呂所以邑也，是以爲賦，以御北方。若取之，是無申、呂也。言申、呂賴此田成邑耳，不得此田，則無以出兵賦，而二邑壞也。晉、鄭必至于漢。王乃止。子重是以怨巫臣。子反欲取夏姬，巫臣止之，遂取以行，子反亦怨之。及共王即位，楚共王以魯成公元年即位。子重、子反殺巫臣之族子閻、子蕩及清尹弗忌，皆巫臣之族。及襄老之子黑要，以夏姬故，幷怨黑要。而分其室。子重取子閻之室，使沈尹與王子罷分子蕩之室，子反取黑要與清尹之室。巫臣自晉遺二子書，子重、子反。○罷音皮。曰：爾以讒慝貪惏事君，而多殺不辜，余必使爾罷於奔命以死。巫臣請使於吳，晉侯許之。吳子壽夢說之，乃通吳于晉。壽夢，季札

父。○惏，力含反。夢，莫公反。以兩之一卒適吳，舍偏兩之一焉。司馬法：百人爲卒，二十五人爲兩，車九乘爲小偏，十五乘爲大偏。蓋留九乘車及一兩二十五人，令吳習之。與其射御，教吳乘車，教之戰陳，教之叛楚。前是吳常屬楚。○戰陳，直覲反。寘其子狐庸焉，使爲行人於吳。吳始伐楚，伐巢，伐徐。巢、徐，楚屬國。子重奔命。救巢、徐。馬陵之會，吳入州來。子重自鄭奔命。因伐鄭。子重、子反於是乎一歲七奔命。蠻夷屬於楚者，吳盡取之，是以始大，通吳於上國。上國，諸夏。

衛定公惡孫林父。冬，孫林父出奔晉。林父，孫良夫之子。衛侯如晉，晉反戚焉。戚，林父邑。林父出奔，戚隨屬晉。

經 八年春，晉侯使韓穿來言汶陽之田，歸之于齊。

齊服事晉，故晉來語魯，使還二年所取田。

晉欒書帥師侵蔡。

公孫嬰齊如莒。

宋公使華元來聘。

夏，宋公使公孫壽來納幣。昏聘不使卿，今華元將命，故特書之。宋公無主昏者，自命之，故稱使也。公孫壽，蕩意諸之父。

晉殺其大夫趙同、趙括。傳曰原屏咎之徒也，明本不以德義自居，宜其見討，故從告辭而稱名。

秋，七月，天子使召伯來賜公命。諸侯即位，天子賜以命圭，與之合瑞。八年乃來，緩也。天子，天王，王者之通稱。

冬，十月，癸卯，杞叔姬卒。前五年來歸者，女既適人，雖見出弃，猶以成人禮書之，終爲杞伯所葬，故稱杞叔姬。

晉侯使士燮來聘。

叔孫僑如會晉士燮、齊人、邾人伐郯。先謀而稱會，盟主之命，不同之於列國。

衛人來媵。古者諸侯取適夫人及左右媵，各有姪娣，皆同姓之國，國三人，凡九女，所以廣繼嗣也。魯將嫁伯姬於宋，故衛來媵之。○媵，以證反，適，丁歷反。

傳八年，春，晉侯使韓穿來言汶陽之田，歸之于齊。季文子餞之，餞送行飲酒。○餞，錢淺反。私焉，私與之言。曰：「大國制義以爲盟主，是以諸侯懷德畏討，無有二心。謂汶陽之田，敝邑之舊也，而用師於齊，使歸諸敝邑。用師，鞌之戰。今有二命曰『歸諸齊』。信以行義，義以成命，小國所望而懷也。信不可知，義無所立，四方諸侯，其誰不解體？言不復肅敬於晉。詩曰：『女也不爽，士貳其行。士也罔極，二三其德。』爽，差也。極，中也。詩衛風。婦人怨丈夫不一其行。喻魯事晉猶女之事夫，不敢過差，而晉有罔極之心，反二三其德。七年之中，一與一奪，二三孰甚焉？士之二三，猶喪妃耦，而況霸主？霸主將德是以，而二三之，其何以長有諸侯乎？詩曰：『猶之未遠，是用大簡。』猶，圖也。簡，諫也。詩大雅。言王者圖事不遠，故用大道諫之。行父懼晉之不遠猶而失諸侯也，是以敢私言之。」

晉欒書侵蔡，六年未得志故。遂侵楚，獲申驪。申驪，楚大夫。楚師之還也，謂六年遇於繞角時。晉侵沈，獲沈子揖初，從知、范、韓也。繞角之役，欒書從知莊子、范文子、韓獻子之言，不與楚戰，自是常從其謀，師出有功，故傳善之。沈國，今汝南平輿縣。君子曰：「從善如流，宜哉！宜有功也。詩曰：『愷悌君子，遐不作人。』遐，遠也。作，用也。詩大雅。言文王能遠用善人。求善也夫！作人，斯有功績矣。」是行也，鄭伯將會晉師，會伐蔡之師。門于許東門，大獲焉。過許，見其無備，因攻之。

聲伯如莒，逆也。自爲逆婦而書者，因聘而逆。

宋華元來聘，聘共姬也。穆姜之女，成公姊妹，爲宋共公夫人。聘不應使卿，故傳發其事而已。夏，宋公使公孫壽來納幣，禮也。納幣應使卿。

晉趙莊姬爲趙嬰之亡故，譖之于晉侯，趙嬰亡在五年。曰：「原、屏將爲亂。欒、郤爲徵。」欒氏、郤氏亦徵其爲亂。六月，晉討趙同、趙括。武從姬氏畜于公宮。趙武，莊姬之子。莊姬，晉成公女。畜，養也。以其田與祁奚。韓厥言於晉侯曰：「成季之勳，宣孟之忠，成季，趙衰。宣孟，趙盾。○衰，初危反。而無後，爲善者其懼矣。三代之令王，皆數百年保天之祿。夫豈無辟王？賴前哲以免也。言三代亦有邪辟之君，但賴其先人以免禍耳。○辟，匹亦反。周書曰：『不敢侮鰥寡。』所以明德也。」周書康誥。言文王不侮鰥寡，而德益明。欲使晉侯之法文王。乃立武，而反其田焉。

秋，召桓公來賜公命。召桓公，周卿士。

晉侯使申公巫臣如吳，假道于莒。與渠丘公立于池上，渠丘公，莒子朱也。池，城池也。渠丘，邑名。莒縣有蘧里。曰：「城已惡。」莒子曰：「辟陋在夷，其孰以我爲虞？」虞，度也。對曰：「夫狡焉思啓封疆以利社稷者，狡猾之人。○狡，交卯反。猾，乎八反。何國蔑有？唯然，故多大國矣。唯或思或縱也。世有思開封疆者，有縱其暴掠者，莒人當唯此爲命。勇夫重閉，況國乎？」爲明年莒潰傳。

冬，杞叔姬卒。來歸自杞，故書。愍其見出來歸，故書卒也。若更適大夫，則不復書卒。

晉士燮來聘，言伐郯也，以其事吳故。七年，郯與吳成。公賂之，請緩師。文子不可，文子，士燮。曰：「君命無貳，失信不立。禮無加貨，事無二成。公私不兩成。君後諸侯，是寡君不得事君也。」欲與魯絕。燮將復之。季孫懼，使宣伯帥師會伐郯。

衞人來媵共姬，禮也。凡諸侯嫁女，同姓媵之，異姓則否。必以同姓者，參骨肉至親，所以息陰訟。

經　九年春王正月，杞伯來逆叔姬之喪以歸。

公會晉侯、齊侯、宋公、衞侯、鄭伯、曹伯、莒子、杞伯同盟于蒲。蒲，衞地，在長垣縣西南。

公至自會。無傳。

二月，伯姬歸于宋。宋不使卿逆，非禮。

夏，季孫行父如宋致女。女嫁三月，又使大夫隨加聘問，謂之致女。所以致成婦禮，篤昏姻之好。

晉人來媵。媵伯姬也。

秋七月丙子，齊侯無野卒。無傳。五同盟。丙子，六月一日，書七月，從赴。

晉人執鄭伯。

鄭伯既受盟於蒲，又受楚賂，會于鄧，故晉執之。稱人者，晉以無道於民告諸侯，例在十五年。

晉欒書帥師伐鄭。

冬，十有一月，葬齊頃公。（無傳。）

楚公子嬰齊帥師伐莒。庚申，莒潰。（民逃其上曰潰。）

楚人入鄆。（鄆，莒別邑也。楚偏師入鄆，故稱人。）

秦人、白狄伐晉。

春秋左傳　卷十二　成公　王　禾懷堂

鄭人圍許。

城中城。（魯邑也。在東海廩丘縣西南。此閏月城，在十一月之後、十二月之前，故傳曰書時。）

【傳】九年，春，杞桓公來逆叔姬之喪，請之也。（叔姬已絕於杞，魯復彊請杞使還取葬。○彊，其丈反。）杞叔姬卒，為杞故也。（還為杞婦，故卒稱杞。）逆叔姬，為我也。（逆其喪，明為魯故。）

為歸汶陽之田故，諸侯貳于晉。（歸田在前年。）晉人懼，會於蒲，以尋馬陵之盟。（馬陵在七年。）季文子謂范文子曰：「德則不競，尋盟何為？」（競，彊也。）范文子曰：「勤以撫之，寬以待之，堅彊以御之，明神以要之，柔服而伐貳，德之次也。」是行也，將始會吳，吳人不至。（為十五年會鍾離傳。）

二月，伯姬歸于宋。（為致女復命起。）

楚人以重賂求鄭，鄭伯會楚公子成于鄧。（為晉人執鄭伯傳。）

夏，季文子如宋致女，復命，公享之。賦《韓奕》之五章，（《韓奕》，詩大雅篇名。其五章言蹶父嫁女於韓侯，為女相所居，莫如韓樂。文子喻魯侯有蹶父之德，宋公如韓侯，宋土如韓樂。○樂音洛。）穆姜出于房，再拜，曰：「大夫勤辱，不忘先君以及嗣君，施及未亡人，（穆姜，伯姬母。聞文子言宋樂，喜而出謝其行勞。婦人夫死，自稱未亡人。）先君猶有望也。（言先君亦望文子之若此。）敢拜大夫之重勤。」又賦《綠衣》之卒章而入。（《綠衣》，詩邶風也。取其「我思古人，實獲我心」，喻文子言得己意。）

春秋左傳　卷十二　成公　王　禾懷堂

晉人來媵，禮也。（同姓故。）

秋，鄭伯如晉。晉人討其貳於楚也，執諸銅鞮。（銅鞮，晉別縣，在上黨。）欒書伐鄭，鄭人使伯蠲行成，晉人殺之，非禮也。兵交，使在其間可也。（殺行人例。）楚子重侵陳以救鄭。（陳與晉故。）

晉侯觀於軍府，見鍾儀，問之曰：「南冠而縶者，誰也？」（縶，拘執。南冠，楚冠。）有司對曰：「鄭人所獻楚囚也。」使稅之，（鄭獻鍾儀在七年。稅，解也。○稅，吐活反，又始銳反。）召而弔之。再拜稽首。問其族，對曰：「泠人也。」（泠人，樂官。○泠，力丁反。）公曰：「能樂乎？」對曰：「先父之職官也，敢有二事？」（言不敢學他事。）使與之琴，操南音。（南音，楚聲。）公曰：「君王何如？」對曰：「非小人之所得知也。」固問之，對曰：「其為大子也，師保奉之，以朝于嬰齊而夕于側也。嬰齊，令尹子重。側，司馬子反。言其尊卿敬老。不知其他。公語范文子，文子曰：楚囚，君子也。言稱先職，不背本也。樂操土風，不忘舊也。稱大子，抑無私也。舍其近事而遠稱少小，以示性所自然，明至誠。名其二卿，尊君也。尊晉君也。不背本，仁也。不忘舊，信也。無私，忠也。尊君，敏也。敏，達也。仁以接事，信以守之，忠以成之，敏以行之，事雖大必濟。言有此四德，必能成大事。君盍歸之，使合晉楚之成。公從之，重為之禮，使歸求成。為下十二月晉楚結成張本。

冬十一月，楚子重自陳伐莒，圍渠丘。渠丘城惡，眾潰，奔莒。戊申，楚入渠丘。月六日。莒人囚楚公子平。楚人曰：勿殺，吾歸而俘。莒人殺之。楚師圍莒。莒城亦惡。庚申，莒潰。月十八日。楚遂入鄆，莒無備故也。終巫臣之言。君子曰：恃陋而不備，罪之大者也；備豫不虞，善之大者也。莒恃其陋，而不修城郭，浹辰之間，而楚克其三都，無備也夫。浹辰，十二日也。詩曰：雖有絲麻，無棄菅蒯；雖有姬姜，無棄蕉萃。凡百君子，莫不代匱。逸詩也。姬姜，大國之女。蕉萃，陋賤之人。言備之不可以已也。

秦人白狄伐晉，諸侯貳故也。

鄭人圍許，示晉不急君也。此秋晉執鄭伯。是則公孫申謀之，曰：我出師以圍許，偽將改立君者，而紓晉使，紓，緩也。勿亟遣使，晉示欲更立君。晉必歸君。為[illegible]歸鄭伯張

城中城，書時也。

十二月，楚子使公子辰如晉，報鍾儀之使，請修好結成。鍾儀奉晉命歸故楚，報之。

經　十年春，衛侯之弟黑背帥師侵鄭。

夏四月，五卜郊，不從，乃不郊。無傳。卜常祀，不郊，皆非禮，故書。

五月，公會晉侯、齊侯、宋公、衛侯、曹伯伐鄭。晉侯大子州蒲也。稱爵，見其生代父居位，失人子之禮。

齊人來媵。無傳。媵伯姬也。異姓來媵，非禮也。

丙午，晉侯獳卒。大同盟，據傳丙午六月七日，有日無月。○獳，乃侯反。

秋七月，公如晉。

冬十月。

傳　十年春，晉侯使糴茷如楚，糴茷，晉大夫。○糴，徒弔反，一杜敖反。茷，扶廢反，一蒲發反。報大宰子商之使也。子商，楚公子辰，使在前年。

衛子叔黑背侵鄭，晉命也。晉命衛使侵鄭。

鄭公子班聞叔申之謀，叔申之謀，欲立君。三月，子如立公子繻。子如，公子班。繻，公子。夏，

四月，鄭人殺繻，立髡頑，子如奔許。髡頑，鄭成公大子。欒武子曰：鄭人立君，我執一人焉，何益？不如伐鄭而歸其君，以求成焉。晉侯有疾。五月，晉立大子州蒲以爲君，而會諸侯伐鄭。生立子爲君，此父不父，子不子，經因書晉侯，其惡明。鄭子罕賂以襄鍾，子罕，穆公子。襄鍾，鄭襄公之廟鍾。子然盟于脩澤，子駟爲質。子然、子駟，皆穆公子。熒陽卷縣東有脩武亭。○質音致，卷音權，又丘權反。辛巳，鄭伯歸。歸不書，鄭不告入。

晉侯夢大厲，被髮及地，搏膺而踊，曰：殺余孫不義。厲，鬼也。趙氏之先祖也。八年，晉侯殺趙同、趙括，故怒。○被皮寄反。余得請於帝矣。壞大門及寢門而入。公懼，入于室。又壞戶。公覺，召桑田巫。桑田，晉邑。○覺古孝反。巫言如夢。巫云鬼怒，如公所夢。公曰：何如？曰：不食新矣。言公不得及食新麥。公疾病，求醫于秦。秦伯使醫緩爲之。緩，醫名。爲猶治也。未至，公夢疾爲二豎子，曰：彼良醫也，懼傷我，焉逃之？其一曰：居肓之上，膏之下，若我何？肓，鬲也。心下爲膏。○肓音荒。醫至，曰：疾不可爲也。在肓之上，膏之下，攻之不可，達之不及，藥不至焉，不可爲也。達，針。公曰：良醫也。厚爲之禮而歸之。六月丙午，晉侯欲麥。周六月，今四月，麥始熟。使甸人獻麥，甸人，主爲公田者。○甸徒練反。饋人爲之。召桑田巫，示而殺之。將食，張，如廁，陷而卒。張，腹滿也。小臣有晨夢負公以登天，及日中，負晉侯出諸廁，遂以爲殉。傳言巫以明術見殺，小臣以言夢自禍。

鄭伯討立君者，戊申，殺叔申、叔禽。叔禽，叔申弟。君子曰：忠爲令德，非

其人，猶不可，況不令乎？言叔申爲忠不得其人，還害身。

秋，公如晉。親弔，非禮。晉人止公，使送葬。於是糴茷未反。是春晉侯使糴茷至楚結成。晉謂魯貳於楚，故留公。須糴茷還，驗其虛實。冬，葬晉景公。公送葬，諸侯莫在。魯人辱之，故不書，諱之也。諱不書晉葬也。

春秋左傳卷十二終

春秋左傳卷十三

晉鎮南大將軍當陽縣侯京兆杜　預集解

皇明　後　學　東吳葛　鼒較訂

成公

經十有一年，春王三月，公至自晉。正月公在晉，不書諱見止。

晉侯使郤犨來聘。己丑，及郤犨盟。郤犨，郤克從父兄弟。○犨尺由反

夏，季孫行父如晉。

秋，叔孫僑如如齊。

冬十月。

傳十一年，春王三月，公至自晉。晉人以公爲貳於楚，故止公。公請受盟而後使歸。前年七月，公如晉，至是乃得歸。

郤犨來聘，且涖盟。公請受盟，故使大夫來臨之。

聲伯之母不聘。聲伯之母，叔肸之妻，不聘，無媒禮。○肸許乙反 穆姜曰：「吾不以妾爲姒。」昆弟之妻相謂爲姒。穆姜，宣公夫人，宣公、叔肸同母昆弟。生聲伯而出之，嫁于齊管于奚。生二子而寡，以歸聲伯。聲伯以其外弟爲大夫，外弟，管于奚之子，爲魯大夫。而嫁其外妹於施孝叔。孝叔，魯惠公五世孫。郤犨來聘，求婦於聲伯。聲伯奪施氏婦以與之。婦人曰：「鳥獸猶不失儷，儷，耦也。○儷力計反 子將若何？」曰：「吾不能死亡。」言不與郤犨婦，懼能忿致禍。婦人遂行，生二子於郤氏。郤氏亡，晉人歸之施氏。施氏逆諸河，沈其二子。沈之于河。○沈直蔭反，一如字 婦人怒曰：「己不能庇其伉儷而亡之，伉，敵也。又不能字人之孤而殺之，字，愛也。將何以終？」遂誓施氏。約誓不復爲之婦也。傳言郤犨淫縱，所以亡也。

夏，季文子如晉報聘，且涖盟也。郤犨來盟，交魯晉之君，其意一也，故但書來盟，舉重略輕。

周公楚惡惠、襄之偪也，惠王、襄王之族。且與伯與爭政，伯與，周卿士。不勝，怒而出。及陽樊，陽樊，晉地。王使劉子復之，盟于鄄而入。三日，復出奔晉。王既復之，而復出，所以自絕於周，爲明年周公出奔傳。鄄，周邑。○鄄音絹

秋，宣伯聘于齊，以修前好。輩以前之好。

晉郤至與周爭鄇田。鄇，溫別邑，今河內懷縣西南有鄇人亭。○鄇音侯，又音候 王命劉康公、單襄公訟諸晉。郤至曰：「溫，吾故也，故不敢失。」言溫，郤氏舊邑。○單音善 劉子、單子曰：「昔周克商，使諸侯撫封，各撫有其封內之地。蘇忿生以溫爲司寇，蘇忿生，周武王司寇蘇公也。與檀伯達封于河。與檀伯達俱封於河內。蘇氏即狄，又不能於狄而奔衛。事在僖十年。襄王勞文公而賜之溫，在僖二十五年。○勞力報反 狐氏、陽氏先處之，狐溱、陽處父先食溫地。○溱側巾反 而後及子。若治其故，則王官之邑也，子安得之？」晉侯使郤至勿敢爭。傳言郤至貪，所以亡。

宋華元善於令尹子重，又善於欒武子，聞楚人既許晉糴茷成，

而使歸復命矣。在往年。○華戶化反。冬，華元如楚，遂如晉，合晉楚之成。爲明年盟宋西門外張本。

秦晉爲成，將會于令狐。晉侯先至焉，秦伯不肯涉河，次于王城。使史顆盟晉侯于河東。史顆，秦大夫。晉郤犫盟秦伯于河西。就盟王城。范文子曰：是盟也何益？齊盟所以質信也。齊，一心。質，成也。會所信之始也。始之不從，其可質乎？秦伯歸而背晉成。爲十三年伐秦傳。

經十有二年，春，周公出奔晉。

夏，公會晉侯、衛侯于瑣澤。瑣澤，地闕。

秋，晉人敗狄于交剛。交剛，地闕。

冬，十月。

傳十二年春，王使以周公之難來告。周公奔在前年。書曰周公出奔晉。凡自周無出，周公自出故也。天子無外，故奔者不言出。周公爲王所復而自絕於周，故書出以非之。

宋華元克合晉楚之成。終前年事。夏五月，晉士燮會楚公子罷、許偃。二子，楚大夫。○罷音皮。癸亥，盟于宋西門之外，曰：凡晉楚無相加戎，好惡同之，同恤菑危，備救凶患。若有害楚，則晉伐之。在晉，楚亦如之。

交贄往來，道路無壅。贄，幣也。謀其不協，而討不庭。討背叛不來在王庭者。有渝此盟，明神殛之。殛，誅也。俾隊其師，無克胙國。俾，使也。隊，失也。鄭伯如晉聽成。聽猶受也。晉楚既成，鄭往受命。會于瑣澤，成故也。晉既與楚成，合諸侯以申成好。

狄人閒宋之盟以侵晉，而不設備。○閒宋閒廁之閒。秋，晉人敗狄于交剛。

晉郤至如楚聘，且涖盟。楚子享之，子反相，爲地室而縣焉。縣鍾鼓也。○相息亮反。縣音玄。郤至將登，金奏作於下。擊鍾而奏樂。驚而走出。子反曰：日云莫矣，寡君須矣，吾子其入也。賓曰：君不忘先君之好，施及下臣，貺之以大禮，重之以備樂。貺，賜也。○莫音暮。如天之福，兩君相見，何以代此。下臣不敢。此言兩君相見之禮。子反曰：如天之福，兩君相見，無亦唯是一矢以相加遺，焉用樂？言兩君戰乃相見，無用此樂。○遺唯季反。焉於虔反。寡君須矣，吾子其入也。賓曰：傳諸交讓得賓主辭者，多曰賓主以明之。若讓之以一矢，禍之大者，其何福之爲？世之治也，諸侯閒於天子之事，則相朝也，王事閒缺，則脩私好。○閒音閑。於是乎有享宴之禮。享以訓共儉，享有體薦，設几而不倚，爵盈而不飲，肴乾而不食，所以訓共儉。宴以示慈惠。宴則折俎，相與共食。共儉以行禮，而慈惠以布政，政以禮成，民是以息，百官承事，朝而不夕。不夕，言無事。○朝直遙反。此公侯之所以扞城其民也。扞，蔽也。言享宴結好鄰國，所以蔽扞其民。故詩曰：赳赳武夫，公侯干城。詩周南也。赳赳，武貌。干，扞也。言公侯之與武夫止于扞難而已。及其亂也，諸侯貪冒，侵欲不忌，爭尋常以盡其民，（八尺曰尋，倍尋曰常，言爭尺寸之地，以相攻伐。）略其武夫，以為己腹心股肱爪牙。（略，取也。言世亂則公侯制禦武夫以從己志，使侵害鄰國，為搏噬之用無已。）故詩曰：赳赳武夫，公侯腹心。（舉詩之正，以駁亂義。詩言治世則武夫能合德公侯，外為扞城，內制其腹心。）天下有道，則公侯能為民干城，而制其腹心。亂則反之。（略其武夫以為己腹心爪牙。）今吾子之言，亂之道也，不可以為法。然吾子主也，至敢不從。遂入，卒事。歸以語范文子。文子曰：無禮必食言，吾死無日矣夫。（言晉楚不能久和，必復相伐，為十六年鄢陵戰張本。）冬，楚公子罷如晉聘，且涖盟。（報郤至。）十二月，晉侯及楚公子罷盟于赤棘。（晉地。）

經十有三年，春，晉侯使郤錡來乞師。

春秋左傳　卷十三　成公　五　永懷堂

（將伐秦也。侯伯當召兵而乞師，謙辭。○錡，魚綺反。）

三月，公如京師。（伐秦道過京師，因朝王。）

夏五月，公自京師，遂會晉侯、齊侯、宋公、衛侯、鄭伯、曹伯、邾人、滕人伐秦。

曹伯盧卒于師。（五同盟。）

秋七月，公至自伐秦。（無傳。）

冬，葬曹宣公。

傳十三年，春，晉侯使郤錡來乞師，將事不敬。（將事，致君命。）孟獻子曰：郤氏其亡乎。禮，身之幹也；敬，身之基也。郤子無基。且先君之嗣卿也，受命以求師，將社稷是衛，而惰，棄君命也，不亡何為。（郤錡，郤克子，故曰嗣卿。為十七年晉殺郤錡傳。）

三月，公如京師。宣伯欲賜，（欲王賜己。）請先使。王以行人之禮禮焉。（不加厚。）孟獻子從。王以為介，而重賄之。（介，輔相威儀者。獻子相公以禮，故王重賜之。）公及諸侯朝王，遂從劉康公、成肅公會晉侯伐秦。（劉康公，王季子。劉、成二公不書，兵不加秦。）成子受脤于社，不敬。（脤，宜社之肉也，盛以脤器，故曰脤。宜，出兵祭社之名。○脤，市軫反。盛音成。）劉子曰：吾聞之，民受天地之中以生，所謂命也。是以有動作禮義

春秋左傳　卷十三　成公　六　永懷堂

威儀之則，以定命也。能者養之以福，不能者敗以取禍。（養威儀以致福。）是故君子勤禮，小人盡力。勤禮莫如致敬，盡力莫如敦篤。敬在養神，篤在守業。國之大事，在祀與戎。祀有執膰，戎有受脤，（膰，祭肉。）神之大節也。（交神之大節。）今成子惰，棄其命矣，（惰則失中和之氣。）其不反乎。（為成肅公卒于瑕張本。）

夏四月戊午，晉侯使呂相絕秦，（呂相，魏錡子。蓋口宣己命。）曰：昔逮我獻公及穆公相好，（獻公，晉獻公。穆公，秦穆公。）戮力同心，申之以盟誓，重之以昏姻。（穆公夫人，獻公之女。）天禍晉國，文公如齊，惠公如秦。（辟驪姬也。不言狄，梁舉所恃大國。○辟音避。）無祿，

獻公即世。穆公不忘舊德。俾我惠公用能奉祀于晉。僖十年，秦納惠公。又不能成大勳而爲韓之師。僖十五年，秦伐晉，獲惠公。亦悔于厥心。用集我文公。集，成也。是穆之成也。成功于晉。文公躬擐甲冑。跋履山川。草行爲跋。○擐音患。踰越險阻。征東之諸侯虞夏商周之胤而朝諸秦。則亦既報舊德矣。鄭人怒君之疆埸。我文公帥諸侯及秦圍鄭。晉自以鄭貳於楚，故圍之。鄭非侵秦也，晉以此誣秦。事在僖三十年。○埸音亦。秦大夫不詢于我寡君。擅及鄭盟。詢，謀也。盟者秦伯，諱言大夫。諸侯疾之。將致命于秦。致死命而討秦。時無諸侯，蓋諸侯遙致此意。文公恐懼。綏靜諸侯。秦師克還無害。則是我有大造于西也。造，成也。言晉有成功于秦。無祿。文公即世。穆爲不弔。不見弔傷。蔑死我君。寡我襄公。

寡，弱也。迭我殽地。奸絕我好。伐我保城。殄滅我費滑。伐保城，誣之。費滑，滑國都於費，今緱氏縣。散離我兄弟。撓亂我同盟。滑，晉同姓。傾覆我國家。我襄公未忘君之舊勳。納文公之勳。而懼社稷之隕。是以有殽之師。在僖三十三年。猶願赦罪于穆公。晉欲求解于秦。穆公弗聽。而即楚謀我。天誘其衷。成王隕命。秦使鬬克歸楚求成，事見文十四年。文元年，楚弒成王。穆公是以不克逞志于我。逞，快也。穆襄即世。康靈即位。文六年，晉襄、秦穆皆卒。康公。我之自出。晉外甥。又欲闕翦我公室。傾覆我社稷。帥我蝥賊。以來蕩搖我邊疆。蝥賊，食禾稼蟲名，謂秦納公子雍。○蝥莫侯反。我是以有令狐之役。在文七年。康猶不悛。入我河曲。悛，改也。○悛七全反。伐我涑川。俘我王官。涑水出河東聞喜縣西南，至蒲坂縣入河。○涑息錄反，又音速。

翦我羈馬。我是以有河曲之戰。在文十二年。東道之不通。則是康公絕我好也。言康公自絕，故不復東通晉。及君之嗣也。君，秦桓公。我君景公引領西望曰。庶撫我乎。望秦撫恤晉。君亦不惠稱盟。不肯稱晉望而共盟。利吾有狄難。謂晉滅潞氏時。入我河縣。焚我箕郜。芟夷我農功。夷，傷也。○郜古報反。虔劉我邊垂。虔、劉皆殺也。我是以有輔氏之聚。聚，衆也。在宣十五年。君亦悔禍之延。延，長也。而欲徼福于先君獻穆。晉獻，秦穆。使伯車來命我景公。伯車，秦桓公子。曰。吾與女同好。棄惡復修舊德。以追念前勳。言誓未就。景公即世。我寡君是以有令狐之會。令狐會在十一年，申厲公之命。宜言寡人，稱君，誤也。君又不祥。祥，善也。背棄盟誓。白狄及君同州。及，與也。君之仇讎。而我昏姻也。季隗，廧咎

如赤狄之女也。白狄伐而獲之，納諸文公。○隗五罪反。廧，在良反。咎音羔。君來賜命曰。吾與女伐狄。寡君不敢顧昏姻。畏君之威。而受命于吏。君有二心于狄。曰。晉將伐女。狄應且憎。是用告我。言狄雖應答秦，而心實憎秦無信。楚人惡君之二三其德也。亦來告我曰。秦背令狐之盟。而來求盟于我。昭告昊天上帝。秦三公。楚三王。三公，穆、康、共。三王，成、穆、莊。○昊戶老反。共音恭。曰。余雖與晉出入。出入，猶往來。余唯利是視。不穀惡其無成德。是用宣之。以懲不壹。諸侯備聞此言。斯是用痛心疾首。暱就寡人。疾，亦痛也。暱，親也。寡人帥以聽命。唯好是求。君若惠顧諸侯。矜哀寡人。而賜之盟。則寡人之願也。其承寧諸侯以退。承君之意以寧靜諸侯。豈敢徼亂。徼，要也。君若不

施大惠。寡人不佞。其不能以諸侯退矣。敢盡布之執事。俾執事實圖利之。俾、使也、秦桓公既與晉厲公爲令狐之盟。而又召狄與楚。欲道以伐晉。諸侯是以睦於晉。晉辭多誣秦、故傳據此三事、以正秦罪、晉欒書將中軍。荀庚佐之。庚代荀首、士燮將上軍。代荀庚、郤錡佐之。代士燮、韓厥將下軍。代郤錡、荀罃佐之。代趙同、趙旃將新軍。代韓厥。○旃之然反郤至佐之。代趙括、郤毅御戎。欒鍼爲右。郤毅、郤至弟、欒鍼、欒書子、○鍼其廉反孟獻子曰。晉帥乘和。師必有大功。帥軍帥、乘車士、○帥所類反、乘繩證反五月丁亥。晉師以諸侯之師及秦師戰于麻隧。秦師敗績。獲秦成差及不更女父。不更、秦爵、戰敗績不書、以爲晉直秦曲、則韓役書戰、時公在師、復不須告、克獲有功、亦無所諱、蓋經文闕漏、傳文獨存、○差初佳反、又初

宜反、更音庚、女音汝曹宣公卒于師。師遂濟涇。及侯麗而還。涇水出安定東南、經扶風京兆高陸縣入渭也、○麗力馳反逆晉侯于新楚。逆、迎也、既戰、晉侯止新楚、故師還過迎之、麻隧、侯麗、新楚、皆秦地、

成肅公卒于瑕。終劉子之言、瑕、晉地、

六月丁卯夜。鄭公子班自訾求入于大宮。不能。殺子印子羽。訾、鄭地、大宮、鄭祖廟、十年、班出奔許、今欲還爲亂、子印、子羽、皆穆公子、○訾子斯反、大音泰反軍于市。巳巳。子駟帥國人盟于大宮。子駟、穆公子、遂從而盡焚之。焚、燒也、殺子如子駹孫叔孫知。子如、公子班、子駹、班弟、孫叔、子如子、孫知、子駹子、○駹武邦反曹人使公子負芻守。使公子欣時逆曹伯之喪。二子、皆曹宣公庶子、秋。負芻殺其大子而自立也。宣公大子、諸侯乃請討之。晉人以其役之勞。請俟他年。冬。葬曹宣公。既葬。子臧將亾。子臧、公子欣時、國人皆將從之。不義負芻故、成公乃懼。成公、負芻、告罪且請焉。請留子臧、乃反而致其邑。還邑於成公、爲十五年執曹伯傳、

經十有四年。春。王正月。莒子朱卒。無傳、九年、盟於蒲、

夏。衛孫林父自晉歸于衛。晉納之、故曰歸、

秋。叔孫僑如如齊逆女。

成公逆夫人、最爲得禮、而經無納幣者、文闕絕也、

鄭公子喜帥師伐許。

九月。僑如以夫人婦姜氏至自齊。

冬。十月。庚寅。衛侯臧卒。五同盟、

秦伯卒。無傳、二年、大夫盟於蜀、而不赴以名、例在隱七年、

傳十四年。春。衛侯如晉。晉侯強見孫林父焉。林父以七年奔晉、強見、欲歸之、定公不可。夏。衛侯既歸。晉侯使郤犨送孫林父而見之。衛侯欲辭。

定姜曰：不可。定姜，定公夫人。是先君宗卿之嗣也。同姓之卿。大國又以爲請。不許，將亡。雖惡之，不猶愈於亡乎。君其忍之。違大國，必見伐，故亡。安民而宥宗卿，不亦可乎。衛侯見而復之。復林父位。衛侯饗苦成叔，成叔，郤犨。甯惠子相。相，佐禮。惠子，甯殖。苦成叔傲。甯子曰：苦成家其亡乎。古之爲享食也，以觀威儀、省禍福也。故詩曰：兕觥其觩，旨酒思柔。詩小雅。言君子好禮，飲酒皆思柔德，雖設兕觥，觩然不用。以兕角爲觥，所以罰不敬。觩，陳設之貌。○食音嗣。兕，辭姊反。觥，古橫反。觩音虯。彼交匪傲，萬福來求。彼之交於事而不惰傲，乃萬福之所求。今夫子傲，取禍之道也。爲十七年郤氏亡。

秋，宣伯如齊逆女。稱族，尊君命也。

八月，鄭子罕伐許，敗焉。爲許所敗。戊戌，鄭伯復伐許。庚子，入其郛。郛，郭也。許人平以叔申之封。四年，鄭公孫申疆許田，許人敗之，不得定其封疆。今許以是所封田求和于鄭。

九月，僑如以夫人婦姜氏至自齊。舍族，尊夫人也。舍族，謂不稱叔孫。○舍音捨。故君子曰：春秋之稱，微而顯，辭微而義顯。志而晦，志，記也。晦，亦微也。謂約言以記事，事敘而文微。婉而成章，婉，曲也。謂曲屈其辭，有所辟諱，以示大順，而成篇章。盡而不汙，謂直言其事，盡其事實，無所汙曲。懲惡而勸善。善名必書，惡名不滅，所以爲懲勸。非聖人誰能脩之。脩，史策。成此五者。

衛侯有疾，使孔成子、甯惠子立敬姒之子衎以爲大子。成子，孔達之孫。敬姒，定公妾。衎，獻公。冬十月，衛定公卒。夫人姜氏既哭而息，見大子之不哀也，不內酌飲，歎曰：是夫也，將不唯衛國之敗，其必始於未亡人。定姜言獻公行無禮，必從己始。下言暴妾使余是也。烏呼。天禍衛國也夫。吾不獲鱄也使主社稷。鱄，衎之母弟。○鱄，市轉反，一音專。大夫聞之，無不聳懼。孫文子自是不敢舍其重器於衛，寶器。盡寘諸戚，寘，置也。戚，孫氏邑。而甚善晉大夫。備亂起，欲以爲援。爲襄十四年衛侯出奔傳。

經　十有五年，春，王二月，葬衛定公。無傳。

三月乙巳，仲嬰齊卒。無傳。襄仲子，公孫歸父弟。宣十八年逐東門氏，既而又使嬰齊紹其後，曰仲氏。

癸丑，公會晉侯、衛侯、鄭伯、曹伯、宋世子成、齊國佐、邾人，同盟于戚。晉侯執曹伯，歸于京師。不稱人以執者，曹伯罪不及民。歸之京師，禮也。

公至自會。無傳。

夏六月，宋公固卒。四同盟。

楚子伐鄭。

秋八月庚辰，葬宋共公。

三月而葬，速。

宋華元出奔晉。宋華元自晉歸于宋。華元欲挾晉以自重，故以外納告。

宋殺其大夫山。不書氏，明背其族。

宋魚石出奔楚。公子目夷之曾孫。

冬，十有一月，叔孫僑如會晉士燮、齊高無咎、宋華元、衛孫林父、鄭公子鰌、邾人會吳于鍾離。吳夷未嘗與中國會，今始來通，晉帥諸侯大夫而會之，故殊會，明本非同好。鍾離，楚邑，淮南縣。○鰌音秋

許遷于葉。許畏鄭，南依楚，故以自遷爲文。葉，今南陽葉縣也。○葉，舒涉反

傳十五年春，會于戚，討曹成公也。討其殺大子而自立，事在十三年。執而歸諸京師。書曰「晉侯執曹伯」，不及其民也。惡不及民。凡君不道於其民，諸侯討而執之，則曰「某人執某侯」。稱人，示衆所欲執。不然則否。謂身犯不義者。諸侯將見子臧於王而立之，子臧辭曰：「前志有之，曰：『聖達節，聖人應天命，不拘常禮。次守節，謂賢者。下失節。』愚者妄動。爲君，非吾節也。雖不能聖，敢失守乎？」遂逃奔宋。

夏，六月，宋共公卒。爲下宋亂起。

楚將北師。侵鄭、衛。子囊曰：「新與晉盟而背之，無乃不可乎？」子反曰：「敵利則進，何盟之有？」晉、楚盟在十二年。子囊，莊王子，公子貞。申叔時老矣，在申，老歸本邑。聞之，曰：「子反必不免。信以守禮，禮以庇身，信、禮之亡，欲免得乎？」言不得免。楚子侵鄭，及暴隧，遂侵衛，及首止。鄭子罕侵楚，取新石。新石，楚邑。欒武子欲報楚，韓獻子曰：「無庸，庸，用也。使重其罪，民將叛之。背盟數戰，罪也。無民孰戰？」爲明年晉敗楚於鄢陵傳。

秋，八月，葬宋共公。於是華元爲右師，魚石爲左師，蕩澤爲司馬，蕩澤，公孫壽之孫。華喜爲司徒，華父督之玄孫。公孫師爲司城，莊公孫。向爲人爲

大司寇，鱗朱爲少司寇，鱗矔孫。○矔，古亂反。向帶爲大宰，魚府爲少宰。蕩澤弱公室，殺公子肥。輕公室以爲弱，故殺其枝黨。肥，文公子。華元曰：「我爲右師，君臣之訓，師所司也。今公室卑而不能正，不能討蕩澤。吾罪大矣。不能治官，敢賴寵乎？」乃出奔晉。二華，戴族也；華元、華喜。司城，莊族也；六官者皆桓族也。魚石、蕩澤、向爲人、鱗朱、向帶、魚府皆出桓公。魚石將止華元。魚府曰：「右師反，必討，是無桓氏也。」恐華元還討蕩澤，并及六族。魚石曰：「右師苟獲反，雖許之討，必不敢。言畏桓族彊。且多大功，國人與之，不反，懼桓氏之無祀於宋也。華元大功，克合晉楚之成，劫子反以免宋圍。右師討，猶有戌在，向戌，桓公曾孫。言其賢，華元必不討。桓氏雖亡，必偏。」偏，不盡。魚石自止華元于河上。請討，許之。

乃反。使華喜公孫師帥國人攻蕩氏。殺子山。喜師非桓族、故使攻之、書曰。宋殺其大夫山。言背其族也。蕩氏宋公族、還害公室、故去族以示其罪、魚石向爲人。鱗朱。向帶魚府出舍於睢上。睢、水名、五大夫畏同族、罪及、將出奔、○睢音雖華元使止之不可。冬十月。華元自止之不可。乃反。五子不止、華元還、魚府曰。今不從。不得入矣。不得復入宋、右師視速而言疾。有異志焉。若不我納。今將馳矣。登丘而望之。則馳。騁而從之。五子奔馳逐之則決睢澨。澨、水涯、決壞也、○澨市制反閉門登陴矣。左師。二司寇。二宰。遂出奔楚。四大夫不書、獨魚石告、華元使向戌爲左師。老佐爲司馬。樂裔爲司寇。以靖國人。老佐、戴公五世孫、

晉三郤害伯宗。譖而殺之。及欒弗忌。欒弗忌晉賢大夫、伯州犂奔楚。伯宗子、韓獻子曰。郤氏其不免乎。善人天地之紀也。而驟絶之不亡何待。旣殺伯宗、又及弗忌、故曰驟也、爲十七年晉殺三郤傳、初。伯宗每朝其妻必戒之曰。盜憎主人。民惡其上。子好直言。必及於難。傳見雖婦人之言不可廢、十一月。會吳于鍾離。始通吳也。始與中國接、許靈公畏偪于鄭。請遷于楚。辛丑。楚公子申遷許于葉。

[經]十有六年。春。王正月。雨木冰。無傳、記寒過節、冰封著樹、

夏。四月。辛未。滕子卒。不書名、未同盟、

鄭公子喜。帥師侵宋。喜、穆公子、子罕也、

六月。丙寅朔。日有食之。無傳、

晉侯使欒黶來乞師。將伐鄭、黶、欒書子、○黶於斬反又於玷反

甲午晦。晉侯及楚子。鄭伯。戰于鄢陵。楚子鄭師敗績。楚師未大崩、楚子傷目而退、故曰楚子敗績、鄢陵、鄭地、今屬潁川郡、○鄢謁晚反又於建反

楚殺其大夫公子側。側、子反、背盟無禮、卒以敗師、故書名、

秋。公會晉侯。齊侯。衞侯。宋華元。邾人于沙隨。不見公。沙隨、宋地、梁國寧陵縣北、有沙隨亭、不及鄢陵戰故、不諱者、恥輕于執止、

公至自會。無傳、

公會尹子。晉侯。齊國佐。邾人伐鄭。尹子、王卿士、子爵、

曹伯歸自京師。

爲晉侯所救、故書歸、諸侯歸國、或書名、或不書名、或言歸自某、或言自某歸、無傳、義例從告辭、

九月、晉人執季孫行父、舍之于苕丘。苕丘、晉地、舍之苕丘、明不以歸、不稱行人、非使人、○苕音條、

冬十月乙亥、叔孫僑如出奔齊。公未歸命國人逐之、

十有二月乙丑、季孫行父及晉郤犨盟于扈。晉許魯平、故盟、

公至自會。無傳、伐而以會致、史異文、

乙酉、刺公子偃。魯殺大夫皆言刺、義取于周禮三刺之法、

傳十六年、春、楚子自武城使公子成以汝陰之田求成于鄭。汝水之南、近鄭地、鄭叛晉、子駟從楚子盟于武城。爲晉伐鄭起、

夏四月、滕文公卒。

鄭子罕伐宋。滕宋之與國、鄭因滕有喪而伐宋、故傳舉滕侯卒、侵伐經傳異文、經從告、傳言實、他皆放此、宋將鉏樂懼敗諸汋陂。敗鄭師也、樂懼戴公六世孫、將鉏樂氏族、退舍於夫渠、不儆。宋師不儆備、鄭人覆之、敗諸汋陵、獲將鉏樂懼、宋恃勝也。汋陂夫渠汋陵皆宋地、

衛侯伐鄭、至于鳴鴈、爲晉故也。鳴鴈在陳留雍丘縣西北、

晉侯將伐鄭。范文子曰、若逞吾願、諸侯皆叛、晉可以逞。逞、快也、晉厲公無道、三郤驕、故欲使諸侯叛、冀其懼而思德、若唯鄭叛、晉國之憂、可立俟也。欒武子曰、不可以當吾世而失諸侯、必伐鄭。乃興師。欒書將中軍、士燮佐之。代荀庚、郤錡將上軍。代士燮、荀偃佐之。代郤錡、偃荀庚子、韓厥將下軍、郤至佐新軍、荀罃居守。荀罃下軍佐、於是郤犨代趙旃將新軍、新上下軍罷矣、郤犨如衛、遂如齊、皆乞師焉。欒黶來乞師、孟獻子曰、有勝矣。卑讓有禮、故知其將勝楚、戊寅、晉師起。鄭人聞有晉師、使告于楚、姚句耳與往。句耳、鄭大夫、與往、非使也、爲先歸張本、○句古侯反、與音預、楚子救鄭。司馬將中軍、子反、令尹將左、子重、右尹子辛將右。子辛、公子壬夫、過申、子反入見申叔時。叔時老在申、○過古禾反、曰、師其

何如。對曰、德刑詳義禮信、戰之器也。器猶用也、德以施惠、刑以正邪、詳以事神、義以建利、禮以順時、信以守物。民生厚而德正。財足則思無邪、○邪似嗟反、用利而事節。動不失利、則事得其節、時順而物成。群生得所、上下和睦、周旋不逆。動順理、求無不具、下應上、各知其極。無二心、故詩曰、立我烝民、莫匪爾極。烝、衆也、極、中也、詩頌言先王立其衆民、無不得中正、是以神降之福、時無災害、民生敦厖、和同以聽。敦、厚也、厖、大也、莫不盡力以從上命、致死以補其闕。闕戰死者、此戰之所由克也。今楚內棄其民、不施惠、而外絕其好、義不建利、瀆齊盟、不詳事神、而食話言。信不守物、奸時以動、禮不順時、周四月、今二月、妨農業、○奸音干、而疲民以逞。刑不正邪、而苟快意、民不知信、進退罪也。人恤所底。

其誰致死。厎，至也。○厎音旨　子其勉之。吾不復見子矣。言其必敗不反。○復扶又反
姚句耳先歸。子駟問焉。對曰。其行速。過險而不整。速則失志。不思
慮也　不整喪列。志失列喪。將何以戰。楚懼不可用也。五月。晉師濟
河。聞楚師將至。范文子欲反。曰。我偽逃楚。可以紓憂。紓，緩也　夫合
諸侯。非吾所能也。以遺能者。我若群臣輯睦以事君。多矣。武子
曰。不可。六月。晉楚遇於鄢陵。范文子不欲戰。郤至曰。韓之戰。惠
公不振旅。眾散敗也。在僖十五年。○遺唯季反　箕之役。先軫不反命。死於狄也。在僖三十三年
邲之師。荀伯不復從。荀林父奔走不復故道。在宣十二年　皆晉之恥也。子亦見先
君之事矣。見先君成敗之事　今我辟楚。又益恥也。文子曰。吾先君之亟

春秋左傳　卷十三　成公　十九　永懷堂

戰也有故。亟，數也。○亟去吏反　秦狄齊楚皆彊。不盡力。子孫將弱。今三彊
服矣。齊秦狄　敵楚而已。唯聖人能內外無患。自非聖人。外寧必有
內憂。驕亢則憂患生也　盍釋楚以為外懼乎。甲午晦。楚晨壓晉軍而陳。
壓，笮其未備。○陳直覲反。下同。笮側百反　軍吏患之。范匄趨進。匄，士燮子。○匄古害反　曰。塞井
夷竈。陳於軍中而疏行首。疏行首者，當陳前決開營壘為戰道。○行戶郎反，又如字　晉楚唯
天所授。何患焉。文子執戈逐之。曰。國之存亡。天也。童子何知焉。
欒書曰。楚師輕窕。固壘而待之。三日必退。退而擊之。必獲勝焉。
郤至曰。楚有六間。不可失也。其二卿相惡。子重、子反　王卒以舊。罷老不代
鄭陳而不整。不整列　蠻軍而不陳。蠻夷從楚者不結陳　陳不違晦。晦，月終，陰之盡。故兵

家以為忌　在陳而囂。囂，喧譁也　合而加囂。陳合宜靜而益有聲　各顧其後。莫有鬬心。
人恤其所厎　舊不必良。以犯天忌。我必克之。楚子登巢車以望晉軍。
巢車，車上為櫓　子重使大宰伯州犁侍于王後。州犁，晉伯宗子，前年奔楚　王曰。騁而
左右何也。騁，走也　曰。召軍吏也。皆聚於中軍矣。曰。合謀也。張幕矣。
曰。虔卜於先君也。虔，敬也　徹幕矣。曰。將發命也。甚囂且塵上矣。曰。
將塞井夷竈而為行也。夷，平也　皆乘矣。左右執兵而下矣。曰。聽誓
也。左，將帥；右，車右。○乘繩證反　戰乎。曰。未可知也。乘而左右皆下矣。曰。戰禱
也。禱請于鬼神　伯州犁以公卒告王。公，晉侯　苗賁皇在晉侯之側。亦以
王卒告。賁皇，楚鬬椒子，宣四年奔晉。○賁扶云反　皆曰。國士在。且厚。不可當也。晉侯左右

春秋左傳　卷十三　成公　二十　永懷堂

皆以伯州犁在楚，知晉之情，且謂楚眾多，故憚合戰，與苗賁皇意異　苗賁皇言於晉侯曰。楚之良。
在其中軍王族而已。請分良以擊其左右。而三軍萃於王卒。萃，集
也　必大敗之。公筮之。史曰。吉。其卦遇復䷗。震下坤上。復，無變　曰。南國
蹙。射其元王。中厥目。此卜者辭也。復，陽長之卦。陽氣起子，南行推陰，故曰南國蹙也。南國勢蹙則離受其
咎。離為諸侯，又為目。陽氣激南，飛矢之象，故曰射其元王，中厥目。○蹙子六反。射食亦反。中丁仲反　國蹙王傷。不
敗何待。公從之。從其言而戰　有淖於前。淖，泥也。○淖乃孝反，又徒較反　乃皆左右相
違於淖。違，辟也　步毅御晉厲公。欒鍼為右。步毅，郤毅　彭名御楚共王。
潘黨為右。石首御鄭成公。唐苟為右。欒范以其族夾公行。二族強，故
在公左右　陷於淖。欒書將載晉侯。鍼曰。書退。國有大任。焉得專之。君

前故子名其父大任謂元帥之職。且侵官冒也。戮公爲侵官。失官慢也。去將而御失官也。離
局姦也。遠其部曲爲離局○離力志反注同。有三罪焉、不可犯也。乃掀公以出於
淖。掀舉也○掀許言反。癸巳、潘尫之黨與養由基蹲甲而射之、徹七札焉。
黨潘尫之子、蹲聚也、一發達七札言其能陷堅○尫烏黃反。以示王曰、君有二臣如此、何憂
於戰。二子以射夸王。王怒曰、大辱國。賤其不尚知謀○知音智。詰朝爾射死藝。言女以射
自多必當以藝死也詰朝猶明朝是戰日○女音汝。呂錡夢射月、中之、退入於泥。呂錡魏錡。占
之曰、姬姓日也、周世姬姓尊。異姓月也、異姓卑。必楚王也。射而中之、退
入於泥、亦必死矣。錡自入泥亦死象。及戰、射共王中目。王召養由基、與
之兩矢、使射呂錡、中項伏弢。弢弓衣○弢他刀反。以一矢復命。言一發而中。郤

至三遇楚子之卒、見楚子必下、免冑而趨風。疾如風。楚子使工尹
襄問之以弓。問遺也。曰、方事之殷也、殷盛也。有韎韋之跗注、君子也。
韎赤色跗注戎服若袴而屬於跗與袴連○韎莫拜反又音妹跗方于反注之樹反袴苦故反。識見不穀而趨、
無乃傷乎。恐其傷。郤至見客、免冑承命曰、君之外臣至從寡君之
戎事、以君之靈、閒蒙甲冑。閒猶近也。不敢拜命。介者不拜。敢告不寧君命
之辱。以君辱賜命故不敢自安。爲事之故、敢肅使者。言君辱命來問以有軍事不得答故肅使者肅
手至地若今撎○爲于僞反撎伊志反。三肅使者而退。晉韓厥從鄭伯、從逐也。其御
杜溷羅曰、速從之、其御屢顧、不在馬、可及也。韓厥曰、不可以再
辱國君。乃止。二年鞌戰韓厥已辱齊侯。郤至從鄭伯、其右茀翰胡曰、諜輅之、

余從之乘而俘以下。欲遣輕兵單進以距鄭伯車前而自後登其車以執之○茀府勿反翰音韓。郤
至曰、傷國君有刑。亦止。石首曰、衞懿公唯不去其旗、是以敗於
熒。乃内旌於弢中。熒戰在閔二年。唐苟謂石首曰、子在君側、敗者壹大、
我不如子、子以君免、我請止。乃死。敗者壹大謂君大崩也言石首亦君之親臣而執御與軍
右不同故首當御君以退己當死戰。楚師薄於險。薄迫也。叔山冉謂養由基曰、雖君
有命、爲國故、子必射。王有死藝命。乃射、再發盡殪。叔山冉搏人以投、
中車、折軾。晉師乃止。言二子皆有過人之能○中丁仲反。囚楚公子茷。爲郤至見譖張本○
茷扶廢反。欒鍼見子重之旌、請曰、楚人謂夫旌、子重之麾也。彼其子
重也。日臣之使於楚也、子重問晉國之勇、臣對曰、好以衆整。曰、

又何如。又問其餘。臣對曰、好以暇。暇閑暇。今兩國治戎、行人不使、不可
謂整。臨事而食言、不可謂暇。食好整之言。請攝飲焉。攝持也持飲往飲子重。公
許之。使行人執榼承飲、造於子重。承奉也○榼苦臘反造七報反。曰、寡君乏使、
使鍼御持矛。御侍也。是以不得犒從者、使某攝飲。子重曰、夫子嘗
與吾言於楚、必是故也。不亦識乎。知其以往言好暇故致飲。受而飲之。免使
者而復鼓。免脫也。旦而戰、見星未已。子反命軍吏察夷傷、夷亦傷也。補
卒乘、補死亡。繕甲兵、繕治也。展車馬、展陳也。雞鳴而食、唯命是聽。欲復戰。
晉人患之。苗賁皇徇曰、蒐乘補卒、蒐閱也。秣馬利兵、秣穀馬也○秣音末。修
陳固列、固堅也。蓐食申禱、申重也。明日復戰。乃逸楚囚。逸縱也。王聞之、

召子反謀。穀陽豎獻飲于子反。子反醉而不能見。穀陽子反內豎王曰。天敗楚也夫。余不可以待。乃宵遁。晉入楚軍。三日穀。食楚粟三日也范文子立於戎馬之前曰。君幼。諸臣不佞。佞才也何以及此。君其戒之。戒勿驕周書曰。惟命不于常。有德之謂。周書康誥。言勝無常命。惟德是與楚師還。及瑕。瑕楚地王使謂子反曰。先大夫之覆師徒者。君不在。謂子玉敗城濮時王不在軍子無以爲過。不穀之罪也。子反再拜稽首曰。君賜臣死。死且不朽。王引過。亦所以責子反臣之卒實奔。臣之罪也。子重使謂子反曰。初隕師徒者。而亦聞之矣。盍圖之。闕子玉自殺。終二卿相惡對曰。雖微先大夫有之。大夫命側。側敢不義。言以義命己。不敢不受側亡君師。敢忘其死。王使止之。弗及而卒。戰之日。齊國佐。高無咎。至于師。無咎高固子衛侯出于衛。公出于壞隤。壞隤魯邑。齊衛皆後。非獨魯。明晉以衛如故。不見公。○隤徒回反宣伯通于穆姜。穆姜成公母欲去季孟而取其室。季文子。孟獻子將行。穆姜送公而使逐二子。公以晉難告。會晉伐鄭曰。請反而聽命。姜怒。公子偃。公子鉏趨過。二子公庶弟指之曰。女不可。是皆君也。言欲廢公更立君。○女音汝公待于壞隤。申宮儆備。申勅宮備設守而後行。是以後。後晉楚戰期使孟獻子守于公宮。

秋。會于沙隨。謀伐鄭也。鄭猶未服宣伯使告郤犫曰。魯侯待于壞隤。以待勝者。觀晉楚之勝負郤犫將新軍。且爲公族大夫。以主東諸侯。主齊魯之屬取貨于宣伯。而訴公於晉侯。訴譖也晉侯不見公。曹人請于晉曰。自我先君宣公卽世。在十三年國人曰。若之何。憂猶未弭。弭息也。既葬國人皆將從子臧。所謂憂未息而又討我寡君。前年晉侯執曹伯以亡曹國社稷之鎭公子。謂子臧逃奔宋是大泯曹也。泯滅也先君無乃有罪乎。言今君無罪而見討。得無以先君故若有罪。則君列諸會矣。諸侯雖有篡弑之罪。侯伯已與之會。則不復討。前年會于戚。曹伯在列。盟畢乃執之。故曹人以爲無罪君唯不遺德刑。以伯諸侯。遺失也豈獨遺諸敝邑。敢私布之。爲曹伯歸不以名告傳。○伯如字

七月。公會尹武公及諸侯伐鄭。將行。姜又命公如初。復欲使公逐季孟公又申守而行。諸侯之師次于鄭西。我師次于督揚。不敢過鄭。督揚。鄭東地子叔聲伯使叔孫豹請逆于晉師。豹。叔孫僑如弟也。僑如於是遂作亂。豹因奔齊爲食于鄭郊。師逆以至。聲伯戒叔孫以必須所逆晉師至乃食聲伯四日不食以待之。食使者。使者豹之介。○食使音嗣而後食。言其忠也諸侯遷于制田。熒陽宛陵縣東有制澤知武子佐下軍。武子荀罃以諸侯之師侵陳。至于鳴鹿。陳國武平縣西南有鹿邑遂侵蔡。未反。侵陳蔡不書。公不與諸侯遷于潁上。戊午。鄭子罕宵軍之。宋齊衛皆失軍。將主與軍相失。宋衛不書。後也曹人復請于晉。晉侯謂子臧反。吾歸而君。以曹人重子臧故子臧反。曹伯歸。子臧自宋還子臧盡致其邑與卿而不出。不出仕宣伯使告郤犫曰。魯之有季孟。猶晉之有欒范也。政令于是乎

成。今其謀曰、晉政多門、不可從也。政不由君。寧事齊楚、有亡而已、蔑從晉矣。蔑、無也。若欲得志於魯、請止行父而殺之。行父、季文子也。我斃蔑也、蔑、孟獻子、時留守公宮。而事晉、蔑有貳矣。魯不貳、小國必睦。不然、歸必叛矣。九月、晉人執季文子于苕丘。公還、待于鄆。鄆、魯西邑、東郡廩丘縣東有鄆城。使子叔聲伯請季孫于晉。郤犨曰、苟去仲孫蔑而止季孫行父、吾與子國、親於公室。親魯甚于晉公室。對曰、僑如之情、子必聞之矣。聞其淫慝情。若去蔑與行父、是大棄魯國而罪寡君也。若猶不棄、而惠徼周公之福、使寡君得事晉君、則夫二人者、魯國社稷之臣也。若朝亡之、魯必夕亡。以魯之密邇仇讎、仇讎、謂齊楚。亡而為讎、治之何及。言魯屬齊楚、則還為晉讎。郤犨曰、吾為子請邑。對曰、嬰齊、魯之常隸也、隸、賤官。敢介大國以求厚焉。介、因也。承寡君之命以請、承、奉也。若得所請、吾子之賜多矣、又何求。范文子謂欒武子曰、季孫於魯、相二君矣。二君、宣成。妾不衣帛、馬不食粟、可不謂忠乎。信讒慝而棄忠良、若諸侯何。子叔嬰齊奉君命無私、不受郤犨請邑。謀國家不貳、謂四日不食以堅事晉。圖其身不忘其君。辭邑不食、皆先君而後身。若虛其請、是棄善人也。子其圖之。乃許魯平、赦季孫。冬十月、出叔孫僑如而盟之。僑如奔齊。諸大夫共盟、以僑如為戒。十二月、季孫及郤犨盟于扈。歸、刺公子偃。偃與鉏俱為姜所指、而獨殺偃、偃與謀。召叔孫豹于齊而立之。近此七月、聲伯使豹請逆於晉、聞魯人將

討僑如、豹乃辟其難、先奔齊、生二子、而魯乃召之。故襄二年豹始見經、傳於此因言其終。齊聲孟子通僑如、聲孟子、齊靈公母、宋女。使立於高國之間。位比二卿。僑如曰、不可以再罪。奔衛、亦間於卿。傳亦終言僑如之佞。晉侯使郤至獻楚捷于周、與單襄公語、驟稱其伐。伐、功也。單子語諸大夫曰、溫季其亡乎。溫季、郤至。位於七人之下、佐新軍、位在八。而求掩其上。稱己之伐、掩上功。怨之所聚、亂之本也。多怨而階亂、何以在位。怨為亂階。夏書曰、怨豈在明、不見是圖。逸書也、不見細微也。將慎其細也。今而明之、其可乎。言郤至顯稱己功、所以明怨咎。

經　十有七年、春、衛北宮括帥師侵鄭。括、成公曾孫。

夏、公會尹子、單子、晉侯、齊侯、宋公、衛侯、曹伯、邾人伐鄭。晉未能服鄭、故假天子威、周使二卿會之。晉為兵主、而猶先尹單、尊王命也。單伯稱子、蓋降爵。

六月、乙酉、同盟于柯陵。柯陵、鄭西地。

秋、公至自會。無傳。

齊高無咎出奔莒。

九月、辛丑、用郊。

（無傳、九月郊祭、非禮明矣。書用郊、從史文、）

晉侯使荀罃來乞師。（無傳、將伐鄭、）

冬、公會單子、晉侯、宋公、衞侯、曹伯、齊人、邾人伐鄭。（鄭猶未服故、）

十有一月、公至自伐鄭。（無傳、）

壬申、公孫嬰齊卒于貍脤。（十一月無壬申、日誤也、貍脤闕。○脤市軫反）

十有二月丁巳朔、日有食之。（無傳、）

邾子貜且卒。（無傳、五同盟。○貜俱縛反、且子餘反）

晉殺其大夫郤錡、郤犨、郤至。

楚人滅舒庸。

傳十七年、春、王正月、鄭子駟侵晉虛滑。（虛、滑、晉二邑、滑故滑國、爲秦所滅、時屬晉、後屬周、）衞北宮括救晉、侵鄭、至于高氏。（不書救、以侵告、高氏在陽翟縣西南、）夏、五月、鄭大子髡頑、侯獳爲質于楚。（侯獳、鄭大夫、）楚公子成、公子寅戍鄭。公會尹武公、單襄公及諸侯伐鄭、自戲童至于曲洧。（今新汲縣治曲洧城、臨洧水、○戲許宜反、洧于軌反）

晉范文子反自鄢陵、（前年鄢陵戰還、）使其祝宗祈死、（祝宗、主祭祀祈禱者、）曰、君驕侈而克敵、是天益其疾也、難將作矣、愛我者唯祝我、使我速死、無及于難、范氏之福也。六月戊辰、士燮卒。（傳言厲公無道、故賢臣憂懼、因禱自裁、○祝之又反）

乙酉、同盟于柯陵、尋戚之盟也。（戚盟在十五年、）

楚子重救鄭、師于首止、諸侯還。（畏楚強、）

齊慶克通于聲孟子、與婦人蒙衣乘輦而入于閎。（慶克、慶封父、蒙衣、亦爲婦

人服、與婦人相冐、閎、巷門、）鮑牽見之、以告國武子。（鮑牽、鮑叔牙曾孫、）武子召慶克而謂之、慶克久不出、（慚臥于家、夫人所以怪之、）而告夫人曰、國子謫我。（謫、譴責也、）夫人怒。國子相靈公以會、（會伐鄭、）高、鮑處守。（高無咎、鮑牽、）及還、將至、閉門而索客。（蒐索、備姦人、）孟子訴之曰、高、鮑將不納君、而立公子角、國子知之。（角、頃公子、）秋、七月壬寅、刖鮑牽而逐高無咎。無咎奔莒、高弱以盧叛。（弱、無咎子、盧、高氏邑、）齊人來召鮑國而立之。（國、牽之弟、文子、）初、鮑國去鮑氏而來、爲施孝叔臣。施氏卜宰、匡句須吉。（卜立冢宰、○句其俱反）施氏之宰、有百室之邑、與匡句須邑、使爲宰、以讓鮑國而致邑焉。施孝叔曰、子實吉。對曰、能與忠良、吉孰大焉。鮑國相施氏忠、故齊人取

以爲鮑氏後。仲尼曰。鮑莊子之知不如葵。葵猶能衞其足。葵傾葉向日以蔽其根、言鮑牽居亂不能危行言孫、

冬。諸侯伐鄭。前夏未得志故、十月。庚午。圍鄭。楚公子申救鄭。師于汝上。

十一月。諸侯還。不書圍、畏楚救、不成圍而還、

初。聲伯夢涉洹。洹水出汲郡林慮縣東北至魏郡長樂縣入清水、○洹音桓慮力於反樂音洛或與己瓊瑰食之。瓊玉、瑰珠也、食珠玉、含象、○瑰古回反含戶暗反泣而爲瓊瑰盈其懷。淚下化爲珠玉、滿其懷、從而歌之曰。濟洹之水。贈我以瓊瑰。歸乎歸乎。瓊瑰盈吾懷乎。從就也、夢中爲此歌懼。不敢占也。還自鄭。壬申。至于貍脤而占之。曰。余恐死。故不敢占也。今衆繁而從余三年矣。無傷也。言之之

莫而卒。繁猶多也、傳戒數占夢、○莫音暮數所角反

齊侯使崔杼爲大夫。使慶克佐之。帥師圍盧。討高弱、國佐從諸侯圍鄭。以難請而歸。請於諸侯、遂如盧師。殺慶克。以穀叛。疾克淫亂、故殺之、齊侯與之盟於徐關而復之。十二月。盧降。使國勝告難于晉。待命于清。勝國佐子、使以高氏難告晉、齊欲討國佐、故留其子于外、清陽平樂縣、是爲明年殺國佐傳、○降戶江反

晉厲公侈。多外嬖。外嬖愛幸大夫、反自鄢陵。欲盡去羣大夫而立其左右。終如士燮言、胥童以胥克之廢也。怨郤氏。童胥克之子、宣八年郤缺廢胥克、而嬖於厲公。郤錡奪夷陽五田。五亦嬖於厲公。郤犨與長魚矯爭田。執而梏之。梏械也、與其父母妻子同一轅。繫之車轅、既矯亦嬖於厲公。

欒書怨郤至。以其不從己而敗楚師也。鄢陵戰欒書欲固壘、郤至言楚有六間以取勝也、欲廢之。使楚公子茷告公曰。此戰也。郤至實召寡君。鄢陵戰晉囚公子茷以歸、以東師之未至也。齊魯衞之師、與軍帥之不具也。荀罃佐下軍居守、郤犨將新軍乞師、故言不具、曰。此必敗。吾因奉孫周以事君。孫周、晉襄公曾孫悼公、君、楚王也、公告欒書。書曰。其有焉。不然。豈其死之不恤。而受敵使乎。謂鄢陵戰時楚子問郤至以弓、君盍嘗使諸周而察之。嘗試也、郤至聘于周。欒書使孫周見之。公使覘之。信。覘伺也、遂怨郤至。厲公田。與婦人先殺而飲酒。傳言厲公無道、先婦人而後卿佐、後使大夫殺。郤至奉豕。進之於公、寺人孟張奪之。寺人、奄士、郤至射而殺之。公曰。季子欺余。季子、郤至、公反以爲郤至奪孟張豕、厲公將

作難。胥童曰。必先三郤。族大多怨。去大族不偪。不偪公室、敵多怨有庸。討多怨者易有功、公曰。然。郤氏聞之。郤錡欲攻公。曰。雖死。君必危。郤至曰。人所以立。信知勇也。信不叛君。知不害民。勇不作亂。失茲三者。其誰與我。死而多怨。將安用之。言俱死、無用多其怨咎、○知音智君實有臣而殺之。其謂君何。我之有罪。吾死後矣。若殺不辜。將失其民。欲安得乎。言不得安君位、待命而已。受君之祿。是以聚黨。有黨而爭命。罪孰大焉。傳言郤至無反心、壬午。胥童夷羊五帥甲八百。將攻郤氏。八百人、長魚矯請無用衆。公使清沸魋助之。沸魋亦嬖人、○魋徒回反抽戈結衽。衽裳際、而僞訟者。僞與清沸魋訟、三郤將謀於榭。榭講武堂、矯以戈殺駒

伯苦成叔於其位。位，所坐處也。駒伯，郤錡。苦成叔，郤犫。溫季曰：逃威也。遂趨。郤至本意欲稟君命而死，今矯等不以君命而來，故欲逃凶賊爲害，故曰威。言可畏也。或曰畏當爲藏。矯及諸其車，以戈殺之，皆尸諸朝。陳其尸於朝。胥童以甲劫欒書、中行偃于朝。矯曰：不殺二子，憂必及君。公曰：一朝而尸三卿，余不忍益也。對曰：人將忍君。人謂書與偃。臣聞亂在外爲姦，在內爲軌。御姦以德，德綏遠。御軌以刑。刑治近。不施而殺，不可謂德；臣偪而不討，不可謂刑。德刑不立，姦軌並至，臣請行。遂出奔狄。行，去也。公使辭于二子，辭謝書與偃。曰：寡人有討于郤氏，郤氏既伏其辜矣，大夫無辱，其復職位。胥童劫而執之，故云辱。皆再拜稽首曰：君討有罪，而免臣于死，君之惠也。二

臣雖死，敢忘君德？乃皆歸。公使胥童爲卿。公遊于匠麗氏，匠麗，嬖大夫家。欒書、中行偃遂執公焉。召士匄，士匄辭。辭不往。召韓厥，韓厥辭，曰：昔吾畜於趙氏，孟姬之讒，吾能違兵。畜，養也。違，去也。韓厥少爲趙盾所待養，及孟姬之亂，晉將討趙氏，而厥去其兵，示不與黨。言此者，明己無所偏助。孟姬亂在八年。古人有言曰：殺老牛，莫之敢尸。尸，主也。而況君乎？二三子不能事君，焉用厥也？

舒庸人以楚師之敗也，敗於鄢陵。舒庸，東夷國。道吳人圍巢，伐駕，圍釐、虺，巢、駕、釐、虺，楚四邑。遂恃吳而不設備。楚公子櫜師襲舒庸，滅之。

閏月乙卯晦，欒書、中行偃殺胥童。以其劫己故。民不與郤氏，胥童道君爲亂，故皆書曰：晉殺其大夫。厲公以私欲殺三郤，而三郤死，不以無罪書。書偃以家怨害胥童，而胥童受國討，文明郤氏失民，胥童道亂，宜其爲國戮。

經　十有八年春王正月，晉殺其大夫胥童。傳在前年，經在今春，從告。

庚申，晉弒其君州蒲。不稱臣，君無道。

齊殺其大夫國佐。國武子。

公如晉。

夏，楚子、鄭伯伐宋。宋魚石復入于彭城。

傳例曰以惡入也。彭城，宋邑，今彭城縣。

公至自晉。

晉侯使士匄來聘。

秋，杞伯來朝。

八月，邾子來朝。

築鹿囿。築牆爲鹿苑。

己丑，公薨于路寢。

冬，楚人、鄭人侵宋。

于重先遣輕軍侵宋，故稱人而不言伐。

晉侯使士魴來乞師。○魴音房

十有二月，仲孫蔑會晉侯、宋公、衞侯、邾子、齊崔杼，同盟于虛朾。虛朾地闕。○虛起居反，朾他丁反

丁未，葬我君成公。

傳十八年春王正月庚申，晉欒書、中行偃使程滑弒厲公，程滑，晉大夫。葬之于翼東門之外，以車一乘。言不以君禮葬，諸侯葬車七乘。使荀罃、士魴逆周子于京師而立之，周子，悼公。生十四年矣。大夫逆于清原，周子

曰：孤始願不及此，雖及此，豈非天乎。言有命。抑人之求君，使出命也，立而不從，將安用君。二三子用我今日，否亦今日，共而從君，神之所福也。傳言其少有才，所以能自固。○少詩照反對曰：羣臣之願也，敢不唯命是聽。庚午，盟而入，與諸大夫盟。館于伯子同氏。晉大夫家。館，舍也。辛巳，朝于武宮。武公，曲沃始命君。逐不臣者七人。夷羊五之屬。周子有兄而無慧，不能辨菽麥，故不可立。菽，大豆也。豆麥殊形易別，故以為癡者之候。不慧，蓋世所謂白癡。

齊為慶氏之難，前年國佐殺慶克。故甲申晦，齊侯使士華免以戈殺國佐于內宮之朝，內宮，夫人宮。師逃於夫人之宮。伏兵內宮，恐不勝。書曰：齊殺其大夫國佐，棄命專殺，以穀叛故也。國佐本疾淫亂，殺慶克，齊以是討之，嫌其罪不及死，故傳明言其三罪。使清人殺國勝。勝，國佐子，前年待命于清者。國弱來奔。弱，勝之弟。王湫奔萊。湫，國佐黨。慶封為大夫，慶佐為司寇。封、佐皆慶克子。既，齊侯反國弱，使嗣國氏，禮也。佐之罪不及不祀。

二月乙酉朔，晉悼公即位于朝。朝廟，五日而即位也。厲公殺絕，故悼公不以嗣子居喪。○殺音弒始命百官，始為政。施舍已責，施恩惠，舍勞役，止逋責。逮鰥寡，惠及微。振廢滯，起舊德。匡乏困，救災患，匡，亦救也。禁淫慝，薄賦斂，宥罪戾，宥，寬也。節器用，節省。時用民，使民以時。欲無犯時，不縱私欲。使魏相、士魴、魏頡、趙武為卿。相，魏錡子。魴，士會子。頡，魏顆子。武，趙朔子。此四人其父祖皆有勞於晉國。荀家、荀會、欒黶、韓無忌為公族大夫，使訓卿之子弟共儉孝弟。無忌，韓厥子。使士渥濁為大傅，

使修范武子之法。渥濁，士貞子。武子，為景公大傅。右行辛為司空，使修士蔿之法。辛將右行，因以為氏。士蔿，獻公司空也。弁糾御戎，校正屬焉。弁糾，欒糾也。校正，主馬官。使訓諸御知義。節義。荀賓為右，司士屬焉。司士，車右之官。使訓勇力之士時使。勇力皆車右也。勇力多不順命，故訓之以共時之使。○共音恭卿無共御，立軍尉以攝之。省卿戎御，令軍尉攝御而已。祁奚為中軍尉，羊舌職佐之，魏絳為司馬，絳，魏犨子也。張老為候奄，鐸遏寇為上軍尉，籍偃為之司馬。偃，籍談父，為上軍司馬。使訓卒乘親以聽命。使相親以聽上命。程鄭為乘馬御，六騶屬焉。使訓羣騶知禮。程鄭，荀氏別族。乘馬，御乘車之僕也。六騶，六閑之騶。周禮：諸侯有六閑馬。乘車尚禮容，故訓羣騶使知禮。凡六官之長，皆民譽也。大國三卿，晉時置六卿為軍帥，故總舉六官，則知羣官無非其人。舉不失職，

官不易方。官守其業、無相踰易。爵不踰德。量德授爵。師不陵正。正、軍將、命卿也。旅不偪師。師、二千五百人之帥也。旅、五百人之帥也。言上下有禮、不相陵偪。民無謗言。所以復霸也。以上、通言悼公所行、未必皆在即位之年。

公如晉。朝嗣君也。

夏六月。鄭伯侵宋。及曹門外。曹門、宋城門。遂會楚子伐宋。取朝郟。楚子辛鄭皇辰侵城郜。取幽丘。同伐彭城。朝郟城郜幽丘、皆宋邑。○朝如字。郟古洽反。郜古報反。納宋魚石向爲人鱗朱向帶魚府焉。五子以十五年出奔楚。獨書魚石、爲帥告。以三百乘戍之而還。書曰復入。惡其依阻大國、以兵威還、故書復入。凡去其國。國逆而立之曰入。謂本無位、紹繼而立。復其位曰復歸。亦國逆。諸侯納之曰歸。

謂諸侯以言語告請而納之、有位無位皆曰歸。以惡曰復入。謂身爲戎首、稱兵入伐、害國殄民者也。此四條、所以明外內之援、辨逆順之辭、通君臣取國有家之大例。宋人患之。西鉏吾曰。何也。西鉏吾、宋大夫。○吾音魚。若楚人與吾同惡。以德於我。吾固事之也。不敢貳矣。惡謂魚石。大國無厭。鄙我猶憾。言已事之、則以我爲鄙邑、猶恨不足。此吾患也。不然而收吾憎使贊其政。謂不同惡魚石、而用之使佐政。以閒吾釁。亦吾患也。今將崇諸侯之姦而披其地。崇、長也。謂楚今取彭城以封魚石。披猶分也。○閒如字、又去聲。長丁丈反。以塞夷庚。夷庚、吳晉往來之要道。楚封魚石於彭城、欲以絕吳晉之道。逞姦而攜服。毒諸侯而懼吳晉。隔吳晉之道、故懼。攜、離也。吾庸多矣。非吾憂也。且事晉何爲。晉必恤之。言宋常事晉、何爲顧有此患難。

公至自晉。晉范宣子來聘。且拜朝也。拜謝公朝。君子謂晉於是乎有禮。有卑讓之禮。

秋。杞桓公來朝。勞公。且問晉故。公以晉君語之。語其德政。杞伯於是驟朝於晉而請爲昏。爲平公不徹樂張本。

七月。宋老佐華喜圍彭城。老佐卒焉。言所以不克彭城。

八月。邾宣公來朝。即位而來見也。

築鹿囿。書不時也。非土功時。

己丑。公薨于路寢。言道也。在路寢、得君薨之道。

冬十一月。楚子重救彭城伐宋。使偏師與鄭人侵宋、子重爲後鎮。宋華元如晉告急。韓獻子爲政。於是欒書卒、韓厥代將中軍。曰。欲求得人。必先勤之。勤恤其急。成霸安彊。自宋始矣。晉侯師于台谷以救宋。台谷、地闕。遇楚師於靡角之谷。楚師還。畏晉彊也。靡角、宋地。

晉士魴來乞師。將救宋。季文子問師數於臧武仲。武仲、宣叔之子。對曰。伐鄭之役。知伯實來。下軍之佐也。知伯、荀罃。今彘季亦佐下軍。彘季、士魴。○彘直例反。如伐鄭可也。伐鄭在十七年。事大國。無失班爵而加敬焉。禮也。從之。從武仲言。

十二月。孟獻子會于虛朾。謀救宋也。宋人辭諸侯而請師以圍彭城。不敢煩諸侯、故但請其師、爲襄元年圍彭城傳。孟獻子請于諸侯。而先歸會葬。

丁未。葬我君成公。書順也。薨于路寢、五月而葬、國家安靜、世適承嗣、故曰書順也、

春秋左傳卷十三終

春秋左傳　卷十三　成公　　毛　　永懷堂

春秋左傳卷十四

晉鎮南大將軍當陽縣侯京兆杜　預集解

皇明　後　學　東吳葛　鼒較訂

襄公名午、成公子、母定姒、謚法、因事有功曰襄、辟土有德曰襄、

經元年。春。王正月。公即位。無傳、於是公年四歲、

仲孫蔑會晉欒黶。宋華元。衞甯殖。曹人。莒人。邾人。滕人。薛人。圍宋彭城。晉與謀於虛朾、而書會者、重命霸主、非匹敵故、○與音預

春秋左傳　卷十四　襄公　　一　　永懷堂

夏。晉韓厥帥師伐鄭。仲孫蔑會齊崔杼。曹人。邾人。杞人。次于鄫。鄫、鄭地、在陳留襄邑縣東南、書次、兵不加鄭、次鄫以待晉師、○鄫才陵反

秋。楚公子壬夫帥師侵宋。

九月。辛酉。天王崩。無傳、辛酉九月十五日、

邾子來朝。

冬。衞侯使公孫剽來聘。剽、子叔黑背子、○剽匹妙反

晉侯使荀罃來聘。冬者、十月初也、王崩赴未至、皆未聞喪、故各得行朝聘之禮、而傳善之、

傳元年。春。己亥。圍宋彭城。下有二月則此己亥爲正月、正月無己亥、日誤、非宋地。追書也。成十八年、楚取彭城以封魚石、故日非宋地、夫子治春秋、追書繫之宋、於是爲宋討魚石。故稱宋。且不登叛人也。登、成也、不與其專邑叛君、故使彭城還繫宋、謂之宋志。稱宋、亦以成宋志、彭城降晉。晉人以宋五大夫在彭城者歸。寘諸瓠丘。彭城降不書、賤略之、瓠丘、晉地、河東東垣縣東南有壺丘、五大夫、魚石、向爲人、鱗朱、向帶、魚府、○降、戶江反、瓠、侯吳反、一戶故反、齊人不會彭城。晉人以爲討。二月。齊大子光爲質於晉。光、齊靈公大子、夏五月。晉韓厥荀偃帥諸侯之師伐鄭。入其郛。荀偃不書、非元帥、○郛、芳夫反、敗其徒兵於洧上。徒兵、步兵、洧水出密縣東南、至長平入潁、○洧、于軌反、於是東諸侯之師次于鄫。以待晉師。齊、魯、曹、邾、杞、晉師自鄭。以鄫之師侵楚焦夷及陳。於是孟獻子自鄫先歸、不與侵陳、楚、故不書、晉侯衛侯次于戚。以爲之援。爲韓厥援、秋。楚子辛救鄭。侵宋呂留。呂、留二縣、今屬彭城郡、鄭子然侵宋。取犬丘。譙國酇縣東北有犬丘城、迂迴、疑、

九月。邾子來朝。禮也。邾宣公、冬。衛子叔晉知武子來聘。禮也。凡諸侯卽位。小國朝之。大國聘焉。小事大、大字小、以繼好結信。謀事補闕。禮之大者也。闕、猶過也、禮以安國家、利民人、爲大、

春秋左傳　卷十四　襄公　二　永懷堂

經二年。春。王正月。葬簡王。無傳、五月而葬、速、

鄭師伐宋。書伐、從告、

夏五月庚寅。夫人姜氏薨。

六月庚辰。鄭伯睔卒。未與襄同盟而赴以名、庚辰、七月九日、書六月、經誤、○睔、古困反、又胡忖反、

晉師宋師衛甯殖侵鄭。宋雖非卿、師重、故敘衛上、

春秋左傳　卷十四　襄公　三　永懷堂

秋七月。仲孫蔑會晉荀罃宋華元衛孫林父曹人邾人于戚。

己丑。葬我小君齊姜。齊、諡也、三月而葬、速、

叔孫豹如宋。豹于此始自齊還爲卿、

冬。仲孫蔑會晉荀罃齊崔杼宋華元衛孫林父曹人邾人滕人薛人小邾人于戚。遂城虎牢。以偪鄭、

楚殺其大夫公子申。

傳二年，春，鄭師侵宋，楚令也。以彭城故。

齊侯伐萊，萊人使正輿子賂夙沙衛以索馬牛，皆百匹。夙沙衛，齊寺人。索，簡擇好者。○索，所白反。齊師乃還。君子是以知齊靈公之爲靈也。謚法，亂而不損曰靈。言謚應其行。

夏，齊姜薨。初，穆姜使擇美檟，檟，梓之屬。以自爲櫬與頌琴。櫬，棺也。頌琴，琴名，猶言雅琴，皆欲以送終。○櫬，初覲反。季文子取以葬。君子曰：「非禮也。禮無所逆，婦養姑者也，虧姑以成婦，逆莫大焉。穆姜，成公母；齊姜，成公婦。詩曰：『其惟哲人，告之話言，順德之行。』詩大雅。哲，知也。話，善也。言知者行事無不順。季孫於是爲不哲矣。言逆德。且姜氏，君之妣也。襄公適母，故曰君之妣。詩曰：『爲酒爲醴，烝畀祖

妣，以洽百禮，降福孔偕。』詩周頌。烝，進也。畀，與也。偕，徧也。言敬事祖妣，則鬼神降福。季孫葬姜氏不以禮，是不敬祖妣。」

齊侯使諸姜宗婦來送葬。宗婦，同姓大夫之婦。婦人越疆送葬，非禮。召萊子，萊子不會，故晏弱城東陽以偪之。東陽，齊竟上邑。爲六年滅萊傳。

鄭成公疾，子駟請息肩於晉。欲辟楚役，以負擔喻。公曰：「楚君以鄭故，親集矢於其目，謂鄢陵戰，晉射楚王目。非異人任，寡人也。言楚子任此患，不爲他人，蓋在己。若背之，是棄力與言，其誰暱我？言盟誓之言。免寡人，唯二三子。」

秋七月庚辰，鄭伯睔卒。於是子罕當國，攝君事。子駟爲政，爲正卿。子國爲司馬。晉師侵鄭，晉伐喪，非禮。諸大夫欲從晉。子駟曰：「官命未改。」成公未葬，嗣君未免喪，故言未改，不欲違先君意。

會于戚，謀鄭故也。鄭久叛晉，謀討之。孟獻子曰：「請城虎牢以偪鄭。」虎牢，舊鄭邑，今屬晉。知武子曰：「善。鄫之會，吾子聞崔子之言，元年，孟獻子與齊崔杼次于鄫，崔杼以告知武子。今不來矣。有不服晉之言，獻子以告知武子。滕、薛、小邾之不至，皆齊故也。三國，齊之屬。寡君之憂不唯鄭。言復憂齊叛。罃將復於寡君，而請於齊。以城事白晉君，而請齊會之，欲以觀齊志。得請而告，吾子之功也。得請，謂齊人應命。若不得請，事將在齊。將伐齊。吾子之請，諸侯之福也。告諸侯會築虎牢，城虎牢足以服鄭，息征伐。豈惟寡君賴之。」傳言荀罃能用善謀。

穆叔聘于宋，通嗣君也。

冬，復會于戚，齊崔武子及滕、薛、小邾之大夫皆會，知武子之言故也。武子言事將在齊，齊人懼，帥小國而會之。

遂城虎牢，鄭人乃成。如孟獻子之謀。

楚公子申爲右司馬，多受小國之賂，以偪子重、子辛。偪奪其權勢。楚人殺之，故書曰「楚殺其大夫公子申」。言所以致國討之文。

經三年，春，楚公子嬰齊帥師伐吳。

公如晉。

夏，四月，壬戌，公及晉侯盟于長樗。晉侯出其國都，與公盟于外。○樗，勑居反。

公至自晉。無傳。不以長樗至，本非會。

六月。公會單子。晉侯宋公。衛侯鄭伯。莒子。邾子。齊世子光。己未。同盟于雞澤。雞澤在廣平曲梁縣西南。周靈王新卽位。使王官伯出與諸侯盟。以安王室。故無譏。
陳侯使袁僑如會。陳疾楚政而來屬晉。本非召會而自來。故言如會。
戊寅。叔孫豹及諸侯之大夫。及陳袁僑盟。諸侯既盟。袁僑乃至。故使大夫別與之盟。言諸侯之大夫。則在雞澤之諸侯也。殊袁僑者。明諸侯大夫所以盟。盟袁僑也。據傳盟在秋。長曆推戊寅。七月十三日。經誤。
秋。公至自會。

春秋左傳　卷十四　襄公　六　承懷堂

冬。晉荀罃帥師伐許。無傳。
傳三年。春。楚子重伐吳。爲簡之師。簡選練。克鳩茲。至于衡山。鳩茲。吳邑。在丹陽蕪湖縣東。今皐夷也。衡山在吳興烏程縣南。使鄧廖帥組甲三百。被練三千。組甲。被練。皆戰備也。組甲。漆甲成組文。被練。練袍。○廖力彫反。以侵吳。吳人要而擊之。獲鄧廖。其能免者。組甲八十。被練三百而已。子重歸。既飲至三日。吳人伐楚。取駕。駕。良邑也。鄧廖。亦楚之良也。君子謂子重於是役也。所獲不如所亡。當時君子。楚人以是咎子重。子重病之。遂遇心疾而卒。憂恚故成心疾。

公如晉。始朝也。公卽位而朝。夏。盟於長樗。孟獻子相。公稽首。相儀也。稽首首至地。知武子曰。天子在。而君辱稽首。寡君懼矣。稽首事天子之禮。孟獻子曰。以敝邑介在東表。密邇仇讎。仇讎謂齊楚與晉爭。寡君將君是望。敢不稽首。傳言獻子能固事盟主。晉爲鄭服故。鄭服在前年。且欲修吳好。將合諸侯。使士匄告于齊曰。寡君使匄。以歲之不易。不虞之不戒。寡君願與一二兄弟相見。以謀不協。請君臨之。使匄乞盟。不易。多難也。虞。度也。戒。備也。列國之君相謂兄弟。○易以豉反。齊侯欲勿許。而難爲不協。乃盟于耏外。與士匄盟。耏。水名。○耏音而。

春秋左傳　卷十四　襄公　七　承懷堂

祁奚請老。老。致仕。晉侯問嗣焉。嗣續其職者。稱解狐。其讎也。將立之而卒。解狐卒。○解音蟹。又問焉。對曰。午也可。午。祁奚子。於是羊舌職死矣。晉侯曰。孰可以代之。對曰。赤也可。赤。職之子伯華。於是使祁午爲中軍尉。羊舌赤佐之。各代其父。君子謂祁奚於是能舉善矣。稱其讎。不爲諂。立其子。不爲比。舉其偏。不爲黨。諂。媚也。偏。屬也。商書曰。無偏無黨。王道蕩蕩。商書。洪範也。蕩蕩。平正無私。其祁奚之謂矣。解狐得舉。未得位。故得舉。祁午得位。伯華得官。建一官而三物成。一官。軍尉。物。事也。能舉善也。夫唯善。故能舉其類。詩云。惟其有之。是以似之。祁奚有焉。詩小雅。言唯有德之人。能舉似己者也。
六月。公會單頃公及諸侯。己未。同盟于雞澤。單頃公。王卿士。晉侯使荀會遂吳子于淮上。吳子不至。道遠多難。
楚子辛爲令尹。侵欲於小國。陳成公使袁僑如會求成。患楚侵欲。袁僑
濤塗四世孫。晉侯使和組父告於諸侯。告陳服。秋。叔孫豹及諸侯之大
夫及陳袁僑盟。陳請服也。其若不來。使大夫盟之。匹敵之宜。
晉侯之弟揚干。亂行於曲梁。行。陳次。○行戶郎反。陳直覲反。魏絳戮其僕。僕。御也。
晉侯怒。謂羊舌赤曰。合諸侯以爲榮也。揚干爲戮。何辱如之。必
殺魏絳。無失也。對曰。絳無貳志。事君不辟難。有罪不逃刑。其將
來辭。何辱命焉。言終。魏絳至。授僕人書。僕人。晉侯御僕。將伏劒。士魴張
老止之。公讀其書曰。日君乏使。使臣斯司馬。斯。此也。臣聞師衆以

順爲武。順。莫敢違。軍事有死無犯爲敬。守官行法。雖死不敢有違。君合諸侯。臣敢
不敬。君師不武。執事不敬。罪莫大焉。臣懼其死。以及揚干。無所
逃罪。懼自犯不武不敬之罪。不能致訓。至於用鉞。用鉞斬揚干之僕。臣之罪重。敢
有不從以怒君心。言不敢不從戮。請歸死於司寇。致尸於司寇使戮之。公跣而出
曰。寡人之言。親愛也。吾子之討。軍禮也。寡人有弟。弗能教訓。使
干大命。寡人之過也。子無重寡人之過。聽絳死。爲重過。敢以爲請。請使無死。
晉侯以魏絳爲能以刑佐民矣。反役。與之禮食。使佐新軍。羣臣旅會。今欲顯絳。故特爲設禮食。○食音嗣。又如字。張老爲中軍司馬。代魏絳。士富爲候奄。代張老。士富。士會別族。

楚司馬公子何忌侵陳。陳叛故也。
許靈公事楚。不會于雞澤。冬。晉知武子帥師伐許。
〖經〗四年。春。王三月。己酉。陳侯午卒。前年大夫盟雞澤。三月無己酉。日誤。
夏。叔孫豹如晉。
秋。七月。戊子。夫人姒氏薨。成公妾。襄公母。姒。杞姓。
葬陳成公。無傳。

八月。辛亥。葬我小君定姒。無傳。定。謚也。赴同。祔姑。反哭成喪。皆以正夫人禮。母以子貴。踰月而葬。速。
冬。公如晉。
陳人圍頓。
〖傳〗四年。春。楚師爲陳叛故。猶在繁陽。前年何忌之師侵陳。今猶未還。繁陽。楚地。在汝南鮦陽縣南。○鮦音紂。一音童。韓獻子患之。言於朝曰。文王帥殷之叛國以事紂。唯知時也。知時未可爭。今我易之。難哉。晉力未能服楚。受陳爲非時。三月。陳成公卒。楚人將伐陳。聞喪乃止。軍禮不伐喪。陳人不聽命。不聽楚命。臧武仲聞之曰。陳不服于楚。必亡。大國行禮焉而不服。在大猶有咎。而況

小乎。夏，楚彭名侵陳，陳無禮故也。為下陳圍頓傳。穆叔如晉，報知武子之聘也。武子聘在元年。晉侯享之，金奏肆夏之三，不拜。肆夏，樂曲名。周禮以鐘鼓奏九夏，其二曰肆夏，一名樊；三曰韶夏，一名遏；四曰納夏，一名渠。蓋擊鐘而奏此三夏曲。工歌文王之三，又不拜。工，樂人也。文王之三，大雅之首，文王、大明、緜。歌鹿鳴之三，三拜。小雅之首，鹿鳴、四牡、皇皇者華。韓獻子使行人子員問之，行人，通使之官。○員音云。曰：子以君命辱於敝邑，先君之禮，藉之以樂，以辱吾子。藉，薦也。吾子舍其大而重拜其細，敢問何禮也？對曰：三夏，天子所以享元侯也，元侯，牧伯。使臣弗敢與聞。文王，兩君相見之樂也，臣不敢及。及，與也。文王之三，皆稱文王之德，受命作周，故諸侯會同以相樂。○相樂音洛。鹿鳴，君所以嘉寡君也，敢不拜嘉。晉以叔孫為嘉賓，故歌鹿鳴之詩，取其我有嘉賓。叔孫奉君命而來，嘉叔孫，乃所以嘉魯君。四牡，君所以勞使臣也，敢不重拜。詩言使臣乘四牡騑騑然，行不止，勤勞也。晉以叔孫來聘，故以此勞之。○勞，力報反，勤勞平聲。皇皇者華，君教使臣曰：必諮於周。詩言忠臣奉使，能光輝君命，如華之皇皇然，又當諮於忠信，以補己不及。忠信為周。其詩曰：周爰諮諏，周爰諮謀，周爰諮度，周爰諮詢。言必於忠信之人諮此四事。○諏，子須反；度，待洛反，下同。臣聞之：訪問於善為咨，問善道。咨親為詢，問親戚之義。咨禮為度，問禮宜。咨事為諏，問政事。咨難為謀。問患難。○難，乃旦反。臣獲五善，敢不重拜？五善謂諮、詢、度、諏、謀。

秋，定姒薨。不殯于廟，無櫬，不虞。櫬，親身棺。季孫以定姒本賤，既無器備，議其喪制，欲殯不過廟，又不反哭。匠慶謂季文子曰：匠慶，魯大匠。子為正卿，而小君之喪不成，謂如季孫所議，則為夫人禮不成。不終君也。慢其母，是不終事君之道。君長，誰受其咎？言襄公長，將責季孫。初，季孫為己樹六檟於蒲圃東門之外。蒲圃，場圃名。季文子樹檟，欲自為櫬。匠慶請木，為定姒作櫬。季孫曰：略。不以道取為略。匠慶用蒲圃之檟，季孫不御。御，止也。傳言遂得成禮，故經無異文。君子曰：志所謂多行無禮，必自及也，其是之謂乎。

冬，公如晉聽政，受貢賦多少之政。晉侯享公。公請屬鄫，鄫，小國也。欲得使屬魯，如須句、顓臾之比，使助魯出貢賦。公時年七歲，蓋相者為之言。鄫，今琅邪鄫縣。晉侯不許。孟獻子曰：以寡君之密邇於仇讎，而願固事君，無失官命。晉官徵發之命。鄫無賦於司馬，晉司馬又掌諸侯之賦。為執事朝夕之命敝邑，敝邑褊小，闕而為罪，闕，不共也。寡君是以願借助焉。借鄫以自助。晉侯許之。為明年叔孫豹、鄫世子巫如晉傳。楚人使頓閒陳而侵伐之，故陳人圍頓。閒，伺閒缺。○閒，去聲；伺音司。無終子嘉父使孟樂如晉，無終，山戎國名。孟樂，其使臣。因魏莊子納虎豹之皮，以請和諸戎。欲戎與晉和。莊子，魏絳。晉侯曰：戎狄無親而貪，不如伐之。魏絳曰：諸侯新服，陳新來和，將觀於我，我德則睦，否則攜貳。勞師於戎，而楚伐陳，必弗能救，是棄陳也，諸華必叛。諸華，中國。戎，禽獸也。獲戎失華，無乃不可乎？夏訓有之曰：有窮后羿。夏訓，夏書。有窮，國名。后，君也。羿，有窮君之號。公曰：后羿何如？怪其言不次，故問之。對曰：昔有夏之方衰也，后羿自鉏遷于窮石，因夏民以代夏政。禹孫大康淫放失國，夏人立其弟仲康，仲康亦微弱，仲康卒，子相立，羿遂代相，號曰有窮。鉏，羿本國名。恃其射也，羿善射。不修民事，而淫于原獸。淫，放。原，野。棄武羅、伯因、熊髠、尨圉，四子皆羿之賢臣。○尨，莫邦反。而用寒浞。寒浞，伯明氏之讒子弟也。寒國，北海平壽縣東有寒亭。伯明，其君名。○浞，仕角反，又在角反。伯明后寒棄之，夷羿收之，夷氏。信而使之，以爲己相。浞行媚于內，內，宮人。而施賂于外，愚弄其民，欺罔之。而虞羿于田。樂之以遊田。樹之詐慝，以取其國家，樹，立也。外內咸服。信浞詐。羿猶不悛。悛，改也。○悛，七全反。將歸自田，羿獵還。家衆殺而亨之，以食其子，食羿子。○亨，普彭反。食音嗣。其子不忍食諸，死于窮門。殺之于國門。靡奔有鬲氏。靡，夏遺臣事羿者。有鬲，國名，今平原鬲縣。○鬲音革。浞因羿室，就其妃妾。生澆及豷，恃其讒慝詐僞，而不德于民，使澆用師，滅斟

灌及斟尋氏。二國，夏同姓諸侯，仲康之子后相所依。樂安壽光縣東南有灌亭，北海平壽縣東南有斟亭。○澆，五弔反。豷，許器反。處澆于過，處豷于戈。過、戈皆國名。東萊掖縣北有過鄉，戈在宋鄭之間。○過，古禾反。靡自有鬲氏，收二國之燼，燼，遺民。以滅浞而立少康。少康，夏后相之子。少康滅澆于過，后杼滅豷于戈。后杼，少康子。有窮由是遂亡，失人故也。浞因羿室，故不改有窮之號。昔周辛甲之爲大史也，命百官，官箴王闕。辛甲，周武王大史。闕，過也。使百官各爲箴辭，戒王過。於虞人之箴曰：虞人，掌田獵。芒芒禹迹，畫爲九州，芒芒，遠貌。畫，分也。經啓九道，啓，開九州之道。民有寢廟，獸有茂草，各有攸處，德用不擾。人神各有所歸，故德不亂。在帝夷羿，冒于原獸，冒，貪也。忘其國恤，而思其麀牡。言但念獵。武不可重，重，猶數也。用不恢于夏家。羿以好武，雖有夏家，而不能恢大之。

獸臣司原，敢告僕夫。獸臣，虞人。告僕夫，不敢斥尊。虞箴如是，可不懲乎？於是晉侯好田，故魏絳及之。及后羿事。公曰：然則莫如和戎乎？對曰：和戎有五利焉：戎狄荐居，貴貨易土，荐，聚也。易，猶輕也。○易，以豉反。土可賈焉，一也。邊鄙不聳，民狎其野，穡人成功，二也。聳，懼。狎，習也。○賈音古。戎狄事晉，四鄰振動，諸侯威懷，三也。以德綏戎，師徒不勤，甲兵不頓，四也。頓，壞也。鑒于后羿，而用德度，以后羿爲鑒戒。遠至邇安，五也。君其圖之。公說，使魏絳盟諸戎，修民事，田以時。傳言晉侯能用善謀。

冬十月，邾人、莒人伐鄫，臧紇救鄫，侵邾，敗于狐駘。臧紇，武仲也。鄫屬魯，故救之。狐駘，邾地。魯國蕃縣東南有目台亭。○紇，恨發反。駘，徒來反，又勑才反。國人逆喪者皆髽。魯于是

乎始髽。髽，麻髮合結也。遭喪者多，故不能備凶服，髽而已。○髽，側瓜反。結音計。國人誦之曰：臧之狐裘，敗我於狐駘。臧紇時服狐裘。我君小子，朱儒是使。朱儒朱儒，使我敗于邾。襄公幼弱，故曰小子。臧紇短小，故曰朱儒。敗不書，魯人諱之。

【經】五年春，公至自晉。

夏，鄭伯使公子發來聘。發，子產父。

叔孫豹、鄫世子巫如晉。比魯大夫，故書巫如晉。

仲孫蔑、衞孫林父會吳于善道

（魯衛俱受命于晉、故不言及、吳先在善道、二大夫往會之、故曰會吳善道地闕、）

秋、大雩。

楚殺其大夫公子壬夫。（書名、罪其貪、）

公會晉侯、宋公、陳侯、衛侯、鄭伯、曹伯、莒子、邾子、滕子、薛伯、齊世子光、吳人、鄫人于戚。（穆叔使鄫人聽命于會、故鄫見經、不復殊吳者、吳來會于戚、）

公至自會。（無傳、）

冬、戍陳。（諸侯在戚會、皆受命戍陳、各還國遣戍、不復有告命、故獨書魯戍、）

楚公子貞帥師伐陳。公會晉侯、宋公、衛侯、鄭伯、曹伯、齊世子光、救陳。十有二月、公至自救陳。（無傳、）

辛未、季孫行父卒。（無傳、）

傳五年、春、公至自晉。（公在晉、既聽屬鄫、聞其見伐、遂命臧紇出救、故傳稱經公至以明之、）王使王叔陳生愬戎于晉。（王叔、周卿士也、戎陵虣周室、故告愬於盟主、○虣、自報反、）晉人執之。士魴如京師、言王叔之貳於戎也。（王叔反有二心于戎、失奉使之義、故晉執之、）

夏、鄭子國來聘、通嗣君也。（鄭僖公初即位、）穆叔覿鄫大子于晉、以成屬鄫。（覿、見也、前年請屬鄫、故將鄫大子巫如晉以成之、）書曰、叔孫豹、鄫大子巫如晉、言比諸魯大夫也。（豹與巫俱受命于魯、故經不書及、比之魯大夫、）

吳子使壽越如晉、（壽越、吳大夫、）辭不會于雞澤之故、（三年會雞澤、吳不至、今來謝之、）且請聽諸侯之好。（更請會、）晉人將爲之合諸侯、使魯衛先會吳、且告會期。（以其道遠、故使魯衛先告期、）故孟獻子、孫文子會吳于善道。（二子皆受晉命而行、）

秋、大雩、旱也。（雩、夏祭、所以祈甘雨、若旱則又修其禮、故雖秋雩、非書過也、然經與過雩同文、是以傳而釋之、曰旱也、雩而獲雨、故書雩而不書旱、）

楚人討陳叛故、（討、治也、）曰由令尹子辛實侵欲焉、乃殺之。書曰、楚殺其大夫公子壬夫、貪也。君子謂楚共王於是不刑。（陳之叛楚、罪在子辛、共王既不能素明法教、陳叛之日、又不能嚴斷威刑、以謝小國、而擁其罪人、興兵致討、加禮于陳、而陳恨彌篤、乃怨而歸罪子辛、子辛之貪、雖足以取死、然共王用刑爲失其節、故言不刑、）詩曰、周道挺挺、我心扃扃、講事不令、集人來定。（逸詩也、挺挺、正直也、扃扃、明察也、講、謀也、言謀事不善、當聚致賢人以定之、）已則無信、而殺人以逞、不亦難乎。（共王伐宋、封魚石、背盟、敗于鄢陵、殺子反、公子申、及壬夫、八年之中、戮殺三卿、欲以屬諸侯、故君子以爲不可、）夏書曰、成允成功。（亦逸書也、允、信也、言信成、然後有成功、）

九月、丙午、盟于戚、會吳、且命戍陳也。（公及其會、而不書盟、非公後會、蓋不以盟告廟、）穆叔以屬鄫爲不利、使鄫大夫聽命于會。（鄫近魯竟、故欲以爲屬國、既而與莒有忿、魯不）

能救、恐致譴責、故復乞還之、傳言鄫人所以見于戚會、
楚子囊爲令尹。公子貞、范宣子曰。我喪陳矣。楚人討貳而立子囊。
必改行。改子辛所行、而疾討陳。疾、急也、陳近于楚。民朝夕急。能無往乎。
有陳。非吾事也。無之而後可。言晉力不能及陳、故七年、陳侯逃歸、冬。諸侯戍陳。備楚、
子囊伐陳。十一月甲午。會于城棣以救之。公及救陳而不及會、故不書城棣、城棣、鄭地、陳留酸棗縣西南有棣城、
季文子卒。大夫入斂。公在位。在阼階西鄉、宰庀家器爲葬備。庀、具也、○庀、匹婢反、無衣帛之妾。無食粟之馬。無藏金玉。無重器備。器備、謂珍寶甲兵之物、○衣、於旣反、食、如字、又音嗣、君子是以知季文子之忠于公室也。相三君矣。而

無私積。可不謂忠乎。○積、子賜反、
經六年。春王三月。壬午。杞伯姑容卒。
夏。宋華弱來奔。華椒孫、
秋。葬杞桓公。無傳、
滕子來朝。
莒人滅鄫。
冬。叔孫豹如邾。
季孫宿如晉。行父之子、
十有二月。齊侯滅萊。書十二月、從告、
傳六年。春。杞桓公卒。始赴以名。同盟故也。杞入春秋、未嘗書名、桓公三與成同盟、故赴以名、
宋華弱與樂轡少相狎。長相優。又相謗也。狎、親習也、優、調戲也、子蕩怒。以弓梏華弱于朝。子蕩、樂轡也、張弓以貫其頸、若械之在手、故曰梏、平公見之曰。司武而梏於朝。難以勝矣。司武、司馬、言其懦弱、不足以勝敵、遂逐之。夏。宋華弱來奔。司

城子罕曰。同罪異罰。非刑也。專戮于朝。罪孰大焉。亦逐子蕩。子蕩射子罕之門曰。幾日而不我從。言我射女門、女亦當以不勝任見逐、子罕善之如初。言子罕雖見辱、不追忿、所以得安、
秋。滕成公來朝。始朝公也。
莒人滅鄫。鄫恃賂也。鄫有貢賦之賂在魯、恃之而慢莒、故滅之、
冬。穆叔如邾聘。且脩平。平四年狐駘戰、
晉人以鄫故來討。曰。何故亡鄫。鄫屬魯、恃賂而慢莒、魯不致力輔助、無何以還晉、尋便見滅、故晉責魯、季武子如晉見。且聽命。始代父爲卿、見大國、且謝亡鄫、聽命受罪、
十一月。齊侯滅萊。萊恃謀也。賂夙沙衛之謀也、事在二年、於鄭子國之來聘

也。四月，晏弱城東陽，而遂圍萊。子國聘在五年，二年晏弱城東陽，至五年四月，復託治城，因遂圍萊。甲寅，堙之環城，傅于堞。堞，女牆也。堙，土山也。周城爲土山及女牆。及杞桓公卒之月，此年三月。乙未，王湫帥師及正輿子、棠人軍齊師。王湫故齊人，成十八年奔萊。正輿子，萊大夫。棠，萊邑也。北海即墨縣有棠鄉。三人帥別邑兵來解圍。○湫子小反齊師大敗之。敗湫等。丁未，入萊。萊共公浮柔奔棠。正輿子、王湫奔莒，莒人殺之。四月，陳無宇獻萊宗器于襄宮。無宇，桓子，陳完玄孫。襄宮，齊襄公廟。晏弱圍棠，十一月丙辰，而滅之。遷萊于郳。遷萊子于郳國。○郳五今反高厚、崔杼定其田。定其疆界。高厚，高固子。

【經】七年，春，郯子來朝。

夏四月，三卜郊，不從，乃免牲。稱牲，既卜日也。卜郊，又非禮也。

小邾子來朝。

城費。南遺假事難而城之。○費音秘。難乃旦反

秋，季孫宿如衛。

八月，螽。無傳。爲災故書。

冬十月，衛侯使孫林父來聘。壬戌，及孫林父盟。

楚公子貞帥師圍陳。

十有二月，公會晉侯、宋公、陳侯、衛侯、曹伯、莒子、邾子于鄬。謀救陳，陳侯逃歸，不成救，故不書救也。鄬，鄭地。○鄬于軌反

鄭伯髡頑如會，未見諸侯，丙戌，卒于鄵。實爲子駟所弒，以瘧疾赴，故不書弒，稱名，爲書卒，同盟故也。如會，會于鄬也。未見諸侯，未至會所而卒鄵。鄵，鄭地。不欲再稱鄭伯，故約文上其名于會上。○鄵七報反，又采南反

陳侯逃歸。畏楚，逃晉而歸。

【傳】七年，春，郯子來朝，始朝公也。

夏四月，三卜郊，不從，乃免牲。孟獻子曰：「吾乃今而後知有卜筮。夫郊祀后稷，以祈農事也。郊祀后稷以配天。后稷，周始祖，能播殖者。是故啓蟄而郊，郊而後耕。今既耕而卜郊，宜其不從也。」啓蟄，夏正建寅之月。耕，謂春分。

南遺爲費宰。費，季氏邑。叔仲昭伯爲隧正，隧正，主役徒。昭伯，叔仲惠伯之孫。欲善季氏，而求媚于南遺，謂遺：「請城費，使遺請城。吾多與而役。」故季氏城費。傳言祿去公室，季氏所以彊。

小邾穆公來朝，亦始朝公也。亦剡子也。

秋，季武子如衛，報子叔之聘，且辭緩報，非貳也。子叔聘在元年，言國家多難，故不時報。

冬。十月。晉韓獻子告老。公族穆子有廢疾。穆子、韓厥長子、成十八年爲公族大夫、將立之。代厥爲卿、辭曰。詩曰。豈不夙夜。謂行多露。詩言雖欲早夜而行、懼多露之濡己、義取非禮不可妄行、又曰。弗躬弗親。庶民弗信。詩小雅、言譏在位者不躬親政事、則庶民不奉信其命、言己有疾、不能躬親政事、無忌不才。讓其可乎。請立起也。無忌、穆子名、起、無忌弟宣子也、與田蘇游。而曰好仁。田蘇、晉賢人、蘇言起好仁、詩曰。靖共爾位。好是正直。神之聽之。介爾景福。靖、安也、介、助也、景、大也、詩小雅、言君子當思不出其位、求正直之人、與之竝立、如是則神明順之、致大福也、恤民爲德。靖共其位、所以恤民、正直爲正。正己心、正曲爲直。正人曲、參和爲仁。德正直、三者備乃爲仁、如是則神聽之。介福降之。立之不亦可乎。言起有此三德、故可立、庚戌。使宣子朝。遂老。韓厥致仕、晉侯謂韓無忌仁。使掌公族大夫。爲之師長、

衛孫文子來聘。且拜武子之言。緩報非貳之言、而尋孫桓子之盟。盟在成三年、公登亦登。禮登階臣後君一等、叔孫穆子相。趨進曰。諸侯之會。寡君未嘗後衛君。敵體竝登、今吾子不後寡君。寡君未知所過。吾子其少安。[illegible]孫子無辭。亦無悛容。悛、改也、穆叔曰。孫子必亡。爲臣而君。過而不悛。亡之本也。詩曰。退食自公。委蛇委蛇。委蛇、順貌、詩召南、言人臣自公門入私門、無不順禮、謂從者也。從順行、衡而委蛇必折。衡、橫也、橫不順道、必毀折、爲十四年林父逐君起本、

楚子囊圍陳。會于鄬以救之。晉會諸侯、鄭僖公之爲大子也。於成之十六年。魯成公、與子罕適晉。不禮焉。又與子豐適楚。亦不禮焉。子豐、穆公子、及其元年。朝于晉。鄭僖元年、魯襄三年、子豐欲愬諸晉而廢之。子罕止之。及將會于鄬。子駟相。又不禮焉。侍者諫不聽。又諫殺之。及鄵。子駟使賊夜弒僖公。而以瘧疾赴于諸侯。傳言經所以不書弒、簡公生五年。奉而立之。僖公子、陳人患楚。楚圍陳故、慶虎慶寅謂楚人曰。吾使公子黃往而執之。二慶、陳執政大夫、公子黃、哀公弟、楚人從之。爲執黃、二慶使告陳侯于會。鄬之會、曰。楚人執公子黃矣。君若不來。羣臣不忍社稷宗廟。懼有二圖。背君屬楚、陳侯逃歸。鄬會所以不書救、

經八年。春。王正月。公如晉。

夏。葬鄭僖公。無傳、

鄭人侵蔡。獲蔡公子燮。鄭子國稱人、刺其無故侵蔡、以生國患、燮、蔡莊公子、

季孫宿會晉侯。鄭伯。齊人。宋人。衛人。邾人。于邢丘。時公在晉、晉悼難勞諸侯、唯使大夫聽命、故季孫在會、而公先歸、

公至自晉。無傳、

莒人伐我東鄙。
秋九月，大雩。
冬，楚公子貞帥師伐鄭。
晉侯使士匄來聘。
傳八年，春，公如晉朝，且聽朝聘之數。晉悼復修霸業，故朝而稟其多少。
鄭羣公子以僖公之死也，謀子駟。子駟先之。夏四月庚辰，辟殺子狐、子熙、子侯、子丁。辟，罪也。加罪以戮之。孫擊、孫惡出奔衞。二孫，子狐之子。
庚寅，鄭子國、子耳侵蔡，獲蔡司馬公子燮。鄭侵蔡，欲以求媚于晉。子耳，子良之子。不言敗，唯以獲告。鄭人皆喜，唯子產不順。子產，子國子。不順，不順衆而喜。曰：「小國無文德而有武功，禍莫大焉。楚人來討，能勿從乎？從之，晉師必至。晉、楚伐鄭，自今鄭國不四五年弗得寧矣。」子國怒之曰：「爾何知？國有大命，而有正卿，童子言焉，將為戮矣。」大命，起師行軍之命。

五月甲辰，會于邢丘，以命朝聘之數，使諸侯之大夫聽命。季孫宿、齊高厚、宋向戌、衞甯殖、邾大夫會之。晉難重煩諸侯，故使大夫聽命。鄭伯獻捷于會，故親聽命。獻蔡捷也。大夫不書，尊晉侯也。晉悼復文、襄之業，制朝聘之節，儉而有禮，德義可尊，故退諸侯大夫以崇之。
莒人伐我東鄙，以疆鄫田。莒既滅鄫，魯侵其西界，故伐魯東鄙以正其封疆。
秋九月，大雩，旱也。
冬，楚子囊伐鄭，討其侵蔡也。子駟、子國、子耳欲從楚，子孔、子蟜、子展欲待晉。待晉來救。子孔，穆公子；子蟜，子游子；子展，子罕子。子駟曰：「周詩有之曰：『俟河之清，人壽幾何？』逸詩也。言人壽促而河清遲，喻晉之不可待。兆云詢多，職競作羅。兆，卜。詢，謀也。職，主也。言既卜且謀，多則競作羅網之難，無成功。謀之多族，民之多違。族，家也。事滋無成。滋，益也。民急矣，姑從楚以紓吾民。晉師至，吾又從之。敬共幣帛以待來者，小國之道也。犧牲玉帛，待於二竟，二竟，晉、楚界上。以待彊者而庇民焉。寇不為害，民不罷病，不亦可乎？」子展曰：「小所以事大，信也。小國無信，兵亂日至，亡無日矣。五會之信，謂三年會雞澤，五年會戚，又會城棣，七年會鄬，八年會邢丘。今將背之，雖楚救我，將安用之？言失信得楚不足貴。

親我無成，晉親鄭。鄙我是欲，楚以鄭為鄙邑，而反欲與成。不可從也。言子駟不可從。不如待晉。晉君方明，四軍無闕，八卿和睦，必不棄鄭。四軍謂上中下新軍也。軍有二卿。楚師遼遠，糧食將盡，必將速歸，何患焉？舍之聞之：舍之，子展名。杖莫如信。完守以老楚，杖信以待晉，不亦可乎？」子駟曰：「詩云：『謀夫孔多，是用不集。』詩小雅。孔，甚也；集，就也。言人欲為政，是非相亂而不成。『發言盈庭，誰敢執其咎？』言謀者多，若有不善，無適受其咎。○適，丁歷反。『如匪行邁謀，是用不得于道。』匪，彼也；行邁謀，謀于路人也。不得于道，衆無適從。請從楚，騑也受其咎。」騑，子駟名。乃及楚平。使王子伯駢告于晉，伯駢，鄭大夫。曰：「君命敝邑：『修而車賦，儆而師徒，以討亂略。』蔡人不從，敝邑之人不敢寧處，悉索敝賦，索，盡也。以討于蔡。

獲司馬爕，獻于邢丘。今楚來討曰：女何故稱兵于蔡？稱，舉也。焚我郊保，郭外曰郊。保，守也。馮陵我城郭。馮，迫也。敝邑之衆，夫婦男女不皇啓處以相救也。遑，暇也。啓，跪也。翦焉傾覆，無所控告。翦，盡也。控，引也。民死亡者，非其父兄，即其子弟，夫人愁痛，夫人，猶人人也。不知所庇。民知窮困，而受盟于楚，孤也與其二三臣不能禁止。孤，鄭伯。不敢不告。知武子使行人子員對之曰：君有楚命，見討之命。亦不使一介行李告于寡君，一介，獨使也。行李，行人也。而即安于楚。君之所欲也，誰敢違君？寡君將帥諸侯以見于城下，唯君圖之。爲明年晉伐鄭傳。

晉范宣子來聘，且拜公之辱，謝公此春朝。告將用師于鄭。公享之，宣

子賦摽有梅。摽有梅，詩召南。摽，落也。梅盛極則落，詩人以興女色盛則有衰，衆士求之，宜及其時。宣子欲魯及時共討鄭，取其汲汲相赴。季武子曰：誰敢哉！言誰敢不從命。今譬於草木，寡君在君，君之臭味也。言同類。歡以承命，何時之有？無遲速。武子賦角弓。角弓，詩小雅。取其兄弟婚姻無相遠矣。賓將出，武子賦彤弓。彤弓，天子賜有功諸侯之詩。欲使晉君繼文之業，復受彤弓于王。宣子曰：城濮之役，在僖二十八年。我先君文公獻功于衡雍，受彤弓于襄王，以爲子孫藏。藏之以示子孫。匄也先君守官之嗣也，敢不承命？言已嗣其父祖，爲先君守官，不敢廢命，欲匡晉君。君子以爲知禮。彤弓之義，義在晉君，故范匄受之，所謂知禮。

【經】九年，春，宋災。天火曰災，來告，故書。

夏，季孫宿如晉。

五月辛酉，夫人姜氏薨。成公母。

秋八月癸未，葬我小君穆姜。無傳。四月而葬，速。

冬，公會晉侯、宋公、衛侯、曹伯、莒子、邾子、滕子、薛伯、杞伯、小邾子、齊世子光伐鄭。十有二月己亥，同盟于戲。伐鄭而書同盟，則鄭受盟可知。傳言十有二月己亥，以長曆推之，十二月無己亥，經誤。戲，鄭地。○戲，許宜反。

楚子伐鄭。

【傳】九年，春，宋災。樂喜爲司城以爲政。樂喜，子罕也。爲政，卿。知將有火災，素戒爲備火之政。使伯氏司里。伯氏，宋大夫。司里，里宰。火所未至，徹小屋，塗大屋。大屋難徹，就塗之。陳畚挶，具綆缶，畚，簣籠。挶，土轝。綆，汲索。缶，汲器。○畚音本。挶，九錄反。綆，古杏反。轝音預。備水器。盆、鑒之屬。○鑒，戶暫反。量輕重，計人力所任。蓄水潦，積土塗，巡丈城，繕守備，巡，行也。丈，度也。繕，治也。行度守備之處，恐因災有亂。表火道。火起，則從其所趣，標表之。使華臣具正徒，華臣，華元子，爲司徒。正徒，役徒也。司徒之所主也。令隧正納郊保，奔火所。隧正，官名也。五縣爲隧。納，聚郊野保守之民，使隨火所起往救之。使華閱討右官，官庀其司。華閱，華元子，代元爲右師。討，治也。庀，具也。使具其官屬。○庀，芳婢反。向戌討左，亦如之。向戌，左師。使樂遄庀刑器，亦如之。樂遄，

司寇、刑器、刑書。○遂市專反

使皇鄖命校正出馬，工正出車，備甲兵，庀武守。皇鄖，皇父充石之後。校正主馬，工正主車，使各備其官。○鄖音云

使西鉏吾庀府守。鉏吾，大宰也。府，六官之典。○吾音魚

令司宮巷伯儆宮。司宮，奄臣。巷伯，寺人。皆掌宮內之事。

二師令四鄉正敬享。二師，左右師也。鄉正，鄉大夫。享，祀也。

祝宗用馬于四墉，祀盤庚于西門之外。祝，大祝。宗，宗人。墉，城也。用馬祭于四城，以禳火。盤庚，殷王，宋之遠祖。城積陰之氣，故祀之。凡天災，有幣無牲，用馬祀盤庚，皆非禮。

晉侯問於士弱弱，士渥濁之子，莊子。曰：吾聞之，宋災，於是乎知有天道，何故？問宋何故自知天道將災。

對曰：古之火正，或食於心，或食於咮，以出內火。是故咮爲鶉火，心爲大火。謂火正之官，配食於火星。建辰之月，鶉火星昏在南方，則令民放火。建戌之月，大火星伏在日下，夜不得見，則令民內火，禁放火。○咮，竹又反，又丁遘反。內，如字，又音納。鶉音純

陶唐氏之火正閼伯居商丘，陶唐，堯有天下號。閼伯，高辛氏之子。傳曰：遷閼伯於商丘，主辰。辰，大火也。今爲宋星，然則商丘在宋地。○閼，於葛反

祀大火，而火紀時焉。謂出內火時。

相土因之，故商主大火。相土，契孫，商之祖也。始代閼伯之後，居商丘，祀大火。○相，息亮反

商人閱其禍敗之釁，必始於火，是以日知其有天道也。閱，猶數也。商人數所更歷，恒多火災。宋是殷商之後，故知天道之災必火。

公曰：可必乎？對曰：在道。國亂無象，不可知也。言國無道，則災變亦殊，故不可必知。

夏，季武子如晉，報宣子之聘也。宣子聘在八年。

穆姜薨於東宮。太子宮也。穆姜淫僑如，欲廢成公，故徙居東宮。事在成十六年。始往而筮之，遇艮之八䷳。艮下艮上，艮。周禮大卜掌三易，然則雜用連山、歸藏、周易。二易皆以七八爲占，故言遇艮之八。

史曰：是謂艮之隨䷐。震下兌上，隨。史疑古易遇八爲不利，故更以周易占，變爻得隨卦而論之。

隨，其出也。史謂隨非閉固之卦。

君必速出。姜曰：亡！亡，猶無也。

是於周易曰：隨，元亨利貞，無咎。易筮皆以變者占，遇一爻變義異，則論彖，故姜亦以彖爲占也。史據周易，故指言周易以折之。

元，體之長也；亨，嘉之會也；利，義之和也；貞，事之幹也。體仁足以長人，嘉德足以合禮，利物足以和義，貞固足以幹事，然故不可誣也，是以雖隨無咎。言不誣四德，乃遇隨無咎。明無四德者，則爲淫而相隨，非吉事。

今我婦人而與於亂，固在下位，婦人卑於丈夫。○與音預

而有不仁，不可謂元；不靖國家，不可謂亨；作而害身，不可謂利；棄位而姣，姣，淫之別名。○姣，戶交反，又如字，又音效

不可謂貞。有四德者，隨而無咎。我皆無之，豈隨也哉？我則取惡，能無咎乎？必死於此，弗得出矣。傳言穆姜辯而不德。

秦景公使士雃乞師于楚，將以伐晉，楚子許之。子囊曰：不可。當今吾不能與晉爭。晉君類能而使之，隨所能。○雃，苦田反

舉不失選，得所選。○選，息戀反

官不易方。方，猶宜也。

其卿讓於善，讓勝己者。

其大夫不失守，各任其職。

其士競於教，奉上命。

其庶人力於農穡，種曰農，收曰穡。

商工皂隸不知遷業。四民不雜。

韓厥老矣，知罃稟焉以爲政。代將中軍。

范匄少於中行偃而上之，使佐中軍。使匄佐中軍，偃將上軍。○少，詩照反。中行，戶郎反

韓起少於欒黶，而欒黶、士魴上之，使佐上軍。黶、魴讓起，起佐上軍。黶將下軍，魴佐之。○黶，於斬反

魏絳多功，以趙武爲賢而爲之佐。武，新軍將。

君明臣忠，上讓下競。尊官相讓，勞職力競。

當是時

也。晉不可敵，事之而後可。君其圖之。王曰：吾既許之矣。雖不及晉，必將出師。秋，楚子師于武城，以爲秦援。秦人侵晉。晉饑，弗能報也。（爲十年晉伐秦傳。）

冬十月，諸侯伐鄭。（鄭從楚也。）庚午，季武子、齊崔杼、宋皇鄖從荀罃、士匄門于鄟門。（鄭城門也。三國從中軍。○鄟音專。）衞北宮括、曹人、邾人從荀偃、韓起門于師之梁。（師之梁，亦鄭城門。三國從上軍。）滕人、薛人從欒黶、士魴門于北門。（三國從下軍。）杞人、郳人從趙武、魏絳斬行栗。（三國從新軍。行栗，表道樹。○行如字。）甲戌，師于氾。（衆軍還聚氾。氾，鄭地，東氾。○氾音凡。）令於諸侯曰：脩器備，（兵器、戰備。）盛餱糧，（餱，乾食。○盛音成。餱音侯。）歸老幼，（示將久師。）居疾于虎牢，（諸侯已取鄭虎牢，故使諸軍疾病息其中。）肆

眚圍鄭。（肆，緩也。眚，過也。不書圍鄭，逆服，不成圍。）鄭人恐，乃行成。（與晉成也。）中行獻子曰：遂圍之，以待楚人之救也，而與之戰。不然，無成。（獻子，荀偃也。恐楚救鄭，鄭復屬之。）知武子曰：許之盟而還師，以敝楚人。（敝，罷也。）吾三分四軍，（分四軍爲三部。）與諸侯之銳以逆來者，（來者，楚也。）於我未病，楚不能矣。（晉各一動，而楚三來，故曰不能。）猶愈於戰。（勝衆戰。）暴骨以逞，不可以爭。（言爭當以謀，不可以暴骨。○暴，蒲卜反。）大勞未艾。君子勞心，小人勞力，先王之制也。（艾，息也。言當從勞心之賢。）諸侯皆不欲戰，乃許鄭成。十一月己亥，同盟于戲，鄭服也。（鄭服，故言同盟。）將盟，鄭六卿公子騑、（子駟。）公子發、（子國。）公子嘉、（子孔。）公孫輒、（子耳。）公孫蠆、（子蟜。○蠆，勑邁反。）公孫舍之（子展。）及其大夫、門子皆從鄭伯。（門子，卿之適子。）晉士莊子爲載書，（莊子，士弱。載書，盟書。）曰：自今日既盟之後，鄭國而不唯晉命是聽，而或有異志者，有如此盟。（如違盟之罰。）公子騑趨進曰：天禍鄭國，使介居二大國之間。（介，猶間也。）大國不加德音，而亂以要之，（謂以兵亂之力，强要鄭。○要，一遥反。强，其丈反。）使其鬼神不獲歆其禋祀，其民人不獲享其土利，夫婦辛苦墊隘，無所厎告。（墊隘，猶委頓。厎，至也。○墊，丁念反。）自今日既盟之後，鄭國而不唯有禮與彊可以庇民者是從，而敢有異志者，亦如之。（亦如此盟。）荀偃曰：改載書。（子駟亦以所言載於策，故欲改之。）公孫舍之曰：昭大神，要言焉。（要誓以告神。）若可改也，大國亦可叛也。知武子謂獻子曰：我實不德，而要人以盟，豈禮也哉。非禮何以主盟。姑盟而退，修

德息師而來，終必獲鄭，何必今日。我之不德，民將棄我，豈唯鄭。若能休和，遠人將至，何恃于鄭。乃盟而還。（遂兩用載書。）

晉人不得志於鄭，以諸侯復伐之。十二月癸亥，門其三門。（三門，鄟門、師之梁、北門也。癸亥，月五日。晉果三分其軍，各攻一門。）閏月戊寅，濟于陰阪，侵鄭。（以長曆參校上下，此年不得有閏月。戊寅，戊寅是十二月二十日，疑閏月當爲門五日，五字上與門合爲閏，則後學者自然轉日爲月。晉人三番四軍，更攻鄭門，門各五日，晉各一攻，鄭三受敵，欲以苦之。癸亥去戊寅十六日，以癸亥始攻，攻輒五日，凡十五日，鄭故不服而去，明日戊寅濟于陰阪，復侵鄭外邑。陰阪，洧津。○番，芳元反。更音庚。）次于陰口而還。（陰口，鄭地名。）子孔曰：晉師可擊也，師老而勞，且有歸志，必大克之。子展曰：不可。（傳言子展能守信。）

公送晉侯。晉侯以公宴于河上，問公年。季武子對曰：

會于沙隨之歲，寡君以生。沙隨在成十六年。晉侯曰：十二年矣，是謂一終，一星終也。歲星十二歲而一周天。國君十五而生子，冠而生子，禮也。冠，成人之服，故必冠而後生子。君可以冠矣。大夫盍爲冠具？武子對曰：君冠，必以祼享之禮行之，祼謂灌鬯酒也。享，祭先君也。○祼古亂反。以金石之樂節之，以鐘磬爲舉動之節。以先君之祧處之。諸侯以始祖之廟爲祧。今寡君在行，未可具也。請及兄弟之國而假備焉。晉侯曰：諾。公還，及衛，冠於成公之廟，成公，今衛獻公之曾祖，從衛所處。假鐘磬焉，禮也。

楚子伐鄭，鄭與晉成故。子駟將及楚平。子孔、子蟜曰：與大國盟，口血未乾而背之，可乎？子駟、子展曰：吾盟固云：唯彊是從。今楚師至，晉不我救，則楚彊矣。盟誓之言，豈敢背之？且要盟無質，神弗臨也。質，主也。所臨唯信。信者，言之瑞也，瑞，符也。善之主也，是故臨之。神臨之。明神不蠲要盟，蠲，絜也。背之可也。乃及楚平。公子罷戎入盟，同盟于中分。中分，鄭城中里名。罷戎，楚大夫。○罷音皮，又音被。楚莊夫人卒。共王母。王未能定鄭而歸。

晉侯歸，謀所以息民。魏絳請施舍，施恩惠，舍勞役。輸積聚以貸。輸，盡也。自公以下，苟有積者，盡出之。國無滯積，散在民。亦無困人。不匱之。公無禁利，與民共。亦無貪民。禮讓行。祈以幣更，不用牲。賓以特牲，務崇省。器用不作，因仍舊。車服從給。足給事也。行之期年，國乃有節。三駕而楚不能

與爭。三駕，三興師，謂十年師于牛首，十一年師于向，其秋觀兵于鄭東門，自是鄭遂服。○期音基

春秋左傳卷十四終

春秋左傳卷十五

晉鎮南大將軍當陽縣侯京兆杜　預集解

皇明　後　學　東吳金　蟠較訂

襄公

經十年。春。公會晉侯。宋公。衛侯。曹伯。莒子。邾子。滕子。薛伯。杞伯。小邾子。齊世子光。會吳于柤。吳子在柤。晉以諸侯往會之。故曰會吳。吳不稱子。從所稱也。柤。楚地。○柤。莊加反

夏。五月。甲午。遂滅偪陽。偪陽。妘姓國。今彭城傅陽縣也。因柤會而滅之。故曰遂。○偪甫目反。又彼力反。妘音云

公至自會。無傳

楚公子貞。鄭公孫輒帥師伐宋。

晉師伐秦。荀罃不書。不親兵也。

秋。莒人伐我東鄙。

公會晉侯。宋公。衛侯。曹伯。莒子。邾子。齊世子光。滕子。薛伯。杞伯。小邾子伐鄭。齊世子光先至於師。爲盟主所尊。故在滕上。

冬。盜殺鄭公子騑。公子發。公孫輒。非國討。當兩稱名氏。殺者非卿。故稱盜。以盜爲文。故不得言其大夫。

戍鄭虎牢。伐鄭諸侯。各受晉命戍虎牢。不復爲告命。故獨書魯戍。而不敘諸侯。

楚公子貞帥師救鄭。

公至自伐鄭。無傳

傳十年。春。會于柤。會吳子壽夢也。壽夢。吳子乘。○夢莫公反 三月。癸丑。齊高厚相大子光以先會諸侯于鍾離。不敬。吳子未至。光從東道與東諸侯會遇。非本期地。

故不書會。高厚。高固子也。癸丑。月二十六日。○相息亮反 士莊子曰。高子相大子以會諸侯。將社稷是衛。而皆不敬。厚與光倶不敬 棄社稷也。其將不免乎。爲十九年齊殺高厚。二十五年弒其君光傳 夏。四月。戊午。會于柤。經書春。書始行也。戊午。月一日。晉荀偃。士匄請伐偪陽。而封宋向戌焉。以宋常事晉。而向戌有賢行。故欲封之。爲附庸 荀罃曰。城小而固。勝之不武。弗勝爲笑。固請。丙寅。圍之。弗克。丙寅。四月九日 孟氏之臣秦堇父輦重如役。堇父。孟獻子家臣。步挽重車。以從師。○堇音謹。挽音晩 偪陽人啓門。諸侯之士門焉。見門開。故攻之 縣門發。郰人紇抉之。以出門者。門者。諸侯之士在門內者也。紇。郰邑大夫。仲尼父。叔梁紇也。郰邑。魯縣東南莝城是也。言紇多力。抉舉縣門。出在內者。○縣音玄。郰側留反。紇恨發反 狄虒彌建大車之輪而蒙之以甲以爲櫓。狄虒

獮魯人也蒙覆也櫓大楯也○虒音斯櫓音魯楯常尹反又音尹左執之右拔戟以成一隊。百人爲隊
孟獻子曰。詩所謂有力如虎者也。詩邶風也○邶音佩主人縣布。堇父登
之。及堞而絕之。偪陽人縣布以試外勇者隊則又縣之。蘇而復上者三。主人
辭焉。乃退。主人嘉其勇故辭謝不復縣布○隊直類反帶其斷以徇於軍三日。帶其斷布以示勇
諸侯之師久於偪陽。荀偃士匄請於荀罃曰。水潦將降。懼
不能歸。向夏恐有久雨從丙寅至庚寅二十五日故曰久請班師。班還也知伯怒。知伯荀罃○知音智
投之以机。出於其閒。机出偃匄之閒曰。女成二事而後告余。二事伐偪陽封向戌○女音汝下同
余恐亂命。以不女違。既成故之爲亂命女既勤君而興諸侯。
牽帥老夫以至于此。既無武守。無武功可執守而又欲易余罪。曰是實

班師。不然克矣。謂偃匄將言辭余羸老也。可重任乎。不任受女此責○羸劣危反七
日不克。必爾乎取之。言當取女以謝不克之罪五月庚寅。四月日荀偃士匄帥
卒攻偪陽。親受矢石。躬在矢石閒甲午。滅之。八月日書曰遂滅偪陽。言
自會也。言其因會以滅國非之也以與向戌。向戌辭曰。君若猶辱鎮撫宋國。
而以偪陽光啓寡君。羣臣安矣。其何貺如之。言以見賜之厚無過此若專賜
臣。是臣興諸侯以自封也。其何罪大焉。敢以死請。乃予宋公。
宋公享晉侯於楚丘。請以桑林。桑林殷天子之樂名荀罃辭。辭讓之荀偃士
匄曰。諸侯宋魯。於是觀禮。宋王者後魯以周公故皆用天子禮樂故可觀魯有禘樂。賓
祭用之。禘三年大祭則作四代之樂別祭羣公則用諸侯樂宋以桑林享君。不亦可乎。言俱

天子樂也舞師題以旌夏。師樂師也旌夏大旌也題識也以大旌表識其行列晉侯懼而退入
于房。旌夏非常卒見之人心偶有所畏○卒寸忽反去旌。卒享而還。及著雍。疾。晉侯疾也著雍晉地
卜。桑林見。祟見於卜兆○見賢遍反祟息遂反荀偃士匄欲奔請禱焉。奔走還宋禱謝
荀罃不可。曰。我辭禮矣。彼則以之。以用也猶有鬼神。於彼加之。言自
當加罪於宋晉侯有閒。閒疾差也以偪陽子歸。獻于武宮。謂之夷俘。諱俘中國
故謂之夷偪陽妘姓也。使周內史選其族嗣。納諸霍人。禮也。霍人晉邑內史掌
爵祿廢置者使選偪陽宗族賢者令居霍奉妘姓之祀善不滅姓故曰禮也使周史者示有王命師歸。孟獻子
以秦堇父爲右。嘉其勇力生秦丕茲。事仲尼。言二父以力相尚子事仲尼以德相高
六月。楚子囊鄭子耳伐宋。師于訾毋。訾毋宋地○訾子斯反庚午。圍宋。門于

桐門。不成圍而攻其城門
晉荀罃伐秦。報其侵也。侵在九年
衛侯救宋。師于襄牛。鄭子展曰。必伐衛。不然。是不與楚也。得罪
於晉。又得罪於楚。國將若之何。子駟曰。國病矣。師數出疲病也子展曰。
得罪於二大國。必亡。病不猶愈於亡乎。諸大夫皆以爲然。故鄭
皇耳帥師侵衛。楚令也。亦兼受楚之敕命也皇耳皇戌子孫文子卜追之。獻兆
於定姜。姜氏問繇。繇兆辭曰。兆如山陵。有夫出征。而喪其雄。姜氏
曰。征者喪雄。禦寇之利也。大夫圖之。衛人追之。孫蒯獲鄭皇耳
于犬丘。蒯孫林父子

秋七月。楚子囊鄭子耳侵我西鄙。於魯無所恥、諱而不書、其義未聞、還圍蕭。八月丙寅克之。蕭宋邑、九月子耳侵宋北鄙。孟獻子曰。鄭其有災乎。師競已甚。競爭競也、周猶不堪競。況鄭乎。周謂天王、有災其執政之三士乎。鄭簡公幼少、子駟子國子耳秉政、故知三士任其禍也、爲下盜殺三大夫傳、

莒人閒諸侯之有事也。故伐我東鄙。諸侯有討鄭之事、

諸侯伐鄭。齊崔杼使大子光先至于師。故長於滕。大子宜賓之以上卿、而今晉悼以一時之宜、令在滕侯上、故傳從而釋之、○長丁丈反、己酉。師于牛首。牛首鄭地、

初子駟與尉止有爭。將禦諸侯之師。而黜其車。禦牛首師也、黜減損、尉止獲。又與之爭。獲囚俘、子駟抑尉止曰。爾車非禮也。言女車猶多過制、遂弗

使獻。不使獻所獲、初子駟爲田洫。司氏堵氏侯氏子師氏皆喪田焉。洫田畔溝也、子駟爲田洫以正封疆、而侵四族田、故五族聚羣不逞之人因公子之徒以作亂。八年子駟所殺公子嬰等之黨、於是子駟當國。攝君事也、子國爲司馬。子耳爲司空。子孔爲司徒。冬十月戊辰。尉止司臣侯晉堵女父子師僕帥賊以入晨攻執政于西宮之朝。公宮、殺子駟子國子耳劫鄭伯以如北宮。子孔知之。故不死。子孔、公子嘉也、知難不告、利得其處也、爲十九年殺公子嘉傳、書曰盜。言無大夫焉。尉止等五人皆士也、大夫謂卿、子西聞盜。不儆而出。子西、公孫夏、子駟子、尸而追盜。先臨尸、而追盜、盜入於北宮。乃歸授甲。臣妾多逃。器用多喪。子產聞盜。子產、子國子、爲門者。置守門、庀羣司。具衆官、閉府庫。愼閉藏。

完守備。成列而後出。兵車十七乘。千二百七十五人、尸而攻盜於北宮。子蟜帥國人助之。殺尉止子師僕。盜衆盡死。侯晉奔晉。堵女父司臣尉翩司齊奔宋。尉翩、尉止子、司齊、司臣子、子孔當國。代子駟、爲載書。以位序聽政辟。自羣卿諸司、各守其職位、以受執政之法、不得與朝政、○辟音闢、大夫諸司門子弗順。將誅之。子孔欲誅不順者、子產止之。請爲之焚書。既止子孔、又勸令燒除載書、子孔不可。曰。爲書以定國。衆怒而焚之。是衆爲政也。國不亦難乎。子產曰。衆怒難犯。專欲難成。合二難以安國。危之道也。不如焚書以安衆。子得所欲。欲爲政也、衆亦得安。不亦可乎。專欲無成。難以至治、犯衆興禍。子必從之。乃焚書於倉門之外。衆而後定。不於朝內燒、欲使遠近見所燒、

諸侯之師城虎牢而戍之。晉師城梧及制。欲以偪鄭也、不書城、魯不與也、梧制皆鄭舊地、士魴魏絳戍之。書曰戍鄭虎牢。非鄭地也。言將歸焉。二年晉城虎牢而居之、今鄭復叛、故修其城而置戍、鄭服則欲以還鄭、故夫子追書繫之于鄭、以見晉志、

鄭及晉平。楚子囊救鄭。十一月。諸侯之師還鄭而南。至於陽陵。還、繞也、陽陵鄭地、楚師不退。知武子欲退。曰。今我逃楚。楚必驕。驕則可與戰矣。武子、荀罃、欒黶曰。逃楚。晉之恥也。合諸侯以益恥。不如死。我將獨進。師遂進。己亥。與楚師夾潁而軍。潁水出城陽、至下蔡入淮、子蟜曰。諸侯既有成行。必不戰矣。言有成去之志、從之將退。不從亦退。從猶服也、退楚

必圍我。猶將退也。不如從楚。亦以退之。以退楚、宵涉潁。與楚人盟。夜渡、晨晉知之、欒黶欲伐鄭師。伐涉潁者、荀罃不可。曰。我實不能禦楚。又不能庇鄭。鄭何罪。不如致怨焉而還。致怨爲後伐之資、今伐其師。楚必救之。戰而不克。爲諸侯笑。克不可命。勝負難要、不可命以必克、不如還也。丁未。諸侯之師還。侵鄭北鄙而歸。欲以致怨、楚人亦還。鄭服故也、王叔陳生與伯輿爭政。二子、王卿士、王右伯輿。右、助也、王叔陳生怒而出奔。及河。王復之。欲奔晉、殺史狡以說焉。說王叔也、○說音悅、又如字、不入。遂處之。處河上、晉侯使士匄平王室。王叔與伯輿訟焉。爭曲直、王叔之宰。家臣、與伯輿之大夫瑕禽。瑕禽、伯輿屬大夫、坐獄於王庭。獄訟也、周禮、命夫命

春秋左傳　卷十五　襄公　七　禾懷堂

婦不躬坐獄訟、故使宰與屬大夫對爭曲直、士匄聽之。王叔之宰曰。篳門閨竇之人而皆陵其上。其難爲上矣。篳門、柴門、閨竇、小戶、穿壁爲戶、上銳下方、狀如圭也、言伯輿微賤之家、瑕禽曰。昔平王東遷。吾七姓從王。牲用備具。王賴之。而賜之騂旄之盟。平王徙時、大臣從者有七姓、伯輿之祖皆在其中、主爲王備犧牲、共祭祀、王恃其用、故與之盟、使世守其職、騂旄、赤牛也、舉騂旄者、言得重盟、不以犬雞、曰。世世無失職。若篳門閨竇。其能來東底乎。且王何賴焉。言我若貧賤、何能來東、使王恃其用而與之盟邪、底、至也、今自王叔之相也。政以賄成。隨財制政、而刑放於寵。寵臣專刑、不任法、官之師旅。不勝其富。師旅之長皆受賂、吾能無篳門閨竇乎。言王叔之屬富、故使吾貧、唯大國圖之。圖猶議也、下而無直。則何謂正矣。正者不失下之直、范宣子曰。天子所右。寡君亦右

之。所左。亦左之。宣子知伯輿直、不欲自專、故推之於王、使王叔氏與伯輿合要。合要辭、王叔氏不能舉其契。要契之辭、王叔奔晉。不書。不告也。單靖公爲卿士。以相王室。代王叔、

經十有一年。春。王正月。作三軍。增立中軍、萬二千五百人爲軍、

夏。四月。四卜郊不從。乃不郊。無傳、

鄭公孫舍之帥師侵宋。

公會晉侯宋公衞侯曹伯齊世子光莒子邾子滕子薛伯杞伯小

春秋左傳　卷十五　襄公　八　禾懷堂

邾子伐鄭。世子光至復在莒子之先、故晉悼亦進之、

秋。七月。己未。同盟于亳城北。亳城、鄭地、伐鄭而書同盟、鄭與盟可知、

公至自伐鄭。無傳、

楚子鄭伯伐宋。

公會晉侯宋公衞侯曹伯齊世子光莒子邾子滕子薛伯杞伯小邾子伐鄭。

晉逆魯光、

會于蕭魚。鄭服而諸侯會蕭魚、鄭地

公至自會。無傳、以會至者、觀兵而不果侵伐、

楚人執鄭行人良霄。良霄、公孫輒子、伯有也、

冬、秦人伐晉。

傳十一年春、季武子將作三軍。魯本無中軍、唯上下二軍、皆屬於公、有事、三卿更帥以征伐、季氏欲專其民人、故假立中軍、因以改作、○更音庚　告叔孫穆子曰、請爲三軍、各征其軍。征賦稅也、三家各征其軍之家屬、　穆子曰、政將及子、子必不能。政者霸國之政令、禮、大國三軍、魯次國而爲大國之制、貢賦必重、故憂不能堪、　武子固請之。穆子曰、然則盟諸。穆子知季氏將復變易、故盟之、　乃盟諸僖閎、僖宮之門、　詛諸五父之衢。五父衢、道名、在魯國東南、詛以禍福之言相要、　正月、作三軍、三分公室而各有其一。三分國民衆、　三子各毀其乘。壞其軍乘、分以足成三軍、○乘繩證反　季氏使其乘之人以其役邑入者無征、使軍乘之人、率其邑役入季氏者、無公征、　不入者倍征。不入季氏者、則使公家倍征之、設利病、欲驅使入己、故昭五年傳曰、季氏盡征之、民辟倍征、故盡屬季氏、　孟氏使半爲臣、若子若弟。取其子弟之半也、四分其乘之人、以三歸公、而取其一、　叔孫氏使盡爲臣。盡取子弟、以其父兄歸公、　不然不舍。制軍分民、不如

是則三家不舍其故而改非也、此蓋三家盟詛之本言、○舍音捨

鄭人患晉楚之故、諸大夫曰、不從晉、國幾亡。幾、近也、　楚弱於晉、晉不吾疾也。疾、急也、　晉疾、楚將辟之、何爲而使晉師致死於我、言當作何計、　楚弗敢敵、而後可固與也。固與晉也、　子展曰、與宋爲惡、諸侯必至、吾從之盟、楚師至、吾又從之、則晉怒甚矣、晉能驟來、楚將不能、吾乃固與晉。大夫說之、使疆場之司惡於宋。使守疆場之吏侵犯宋、○說音悅、場音亦　宋向戌侵鄭、大獲。子展曰、師而伐宋可矣、若我伐宋、諸侯之伐我必疾、吾乃聽命焉、且告於楚、楚師至、吾又與之盟、而重賂晉師、乃免矣。言如此乃免於晉楚之難、　夏、鄭子展侵宋。欲以致諸侯、

四月、諸侯伐鄭、己亥、齊大子光、宋向戌先至于鄭、門于東門。傳釋齊大子光所以序莒上也、向戌不書、宋公在會故、　其莫、晉荀罃至于西郊、東侵舊許。許之舊國、鄭新邑、○莫音暮　衞孫林父侵其北鄙。六月、諸侯會于北林、師于向、向地在潁川長社縣東北、　右還、次于瑣。北行而西爲右還、滎陽宛陵縣西有瑣候亭、　圍鄭、觀兵于南門、觀、示也、　西濟于濟隧。濟隧、水名、　鄭人懼、乃行成。秋七月、同盟于亳。范宣子曰、不慎、必失諸侯。慎、敬威儀、謹辭令、　諸侯道敝而無成、能無貳乎。數伐鄭、皆罷於道路、○數所角反、罷音皮　乃盟、載書曰、凡我同盟、毋蘊年、蘊積年穀、而不分災、○蘊紆粉反　毋壅利、專山川之利、　毋保姦、藏罪人、　毋留慝、速去惡、　救災患、恤禍亂、同好惡、奬王室、奬、助也、　或閒茲命、司慎司盟、名山名川、二司、天神、

羣神羣祀，羣祀，在祀典者。先王先公，先王，諸侯之大祖，宋祖帝乙，鄭祖厲王之比也。先公，始封君。○大音泰 七姓十二國之祖，七姓：晉、魯、衛、鄭、曹、滕，姬姓；邾、小邾，曹姓；宋，子姓；齊，姜姓；莒，己姓；杞，姒姓；薛，任姓。實十三國，言十二，誤也。明神殛之，殛，誅也。俾失其民，隊命亡氏，踣其國家。」踣，斃也。

楚子囊乞旅于秦。乞師旅於秦。秦右大夫詹帥師從楚子，將以伐鄭。

鄭伯逆之。丙子，伐宋。鄭逆服，故更伐宋也。秦師不書，不與伐宋而還。○與音預

九月，諸侯悉師以復伐鄭。此夏諸侯皆復來，故曰悉師。鄭人使良霄、大宰石㚟如楚，告將服于晉，曰：「孤以社稷之故，不能懷君。君若能以玉帛綏晉，不然則武震以攝威之，孤之願也。」楚人執之。書曰「行人」，言使人也。書行人，言非使人之罪。古者兵交，使在其閒，所以通命示整，或執殺之，皆以爲譏也。既成而後告，故書在蕭魚下。石㚟爲介，故不書。○㚟，勑略反

春秋左傳　卷十五　襄公　十一　禾懷堂

諸侯之師觀兵于鄭東門。鄭人使王子伯駢行成。甲戌，晉趙武入盟鄭伯。冬十月丁亥，鄭子展出盟晉侯。二盟不書，不告。十二月戊寅，會于蕭魚。經書秋，史失之。庚辰，赦鄭囚，皆禮而歸之；納斥候；不相備也。禁侵掠。晉侯使叔肸告于諸侯。叔肸，叔向也。告諸侯亦使赦鄭囚。○掠音亮，肸許亦反 公使臧孫紇對曰：「凡我同盟，小國有罪，大國致討，苟有以藉手，鮮不赦宥。寡君聞命矣。」言晉討小國，有藉手之功，則赦其罪人，德義如是，不敢不承命。

鄭人賂晉侯以師悝、師觸、師蠲，悝、觸、蠲，皆樂師名。廣車、軘車淳十五乘，甲兵備，廣車、軘車，皆兵車名。淳，耦也。○軘，徒溫反 凡兵車百乘。他兵車及廣、軘共百乘。歌鐘二肆，肆，列也。縣鐘十六爲一肆，二肆三十二枚。及其鎛磬，鎛、磬，皆樂器。女樂二八。十六人。晉侯以樂之半賜魏絳，曰：「子教寡人和諸戎狄以正諸華，在四年。八年之中，九合諸侯，如樂之和，無所不諧。諧亦和也。○九合諸侯，謂五年會戚，又會城棣救陳，七年會鄬，八年會邢丘，九年盟于戲，十年會柤，又伐鄭戍虎牢，十一年同盟亳城北，又會蕭魚。請與子樂之。」共此樂。○樂音洛

辭曰：「夫和戎狄，國之福也；八年之中，九合諸侯，諸侯無慝，君之靈也，二三子之勞也，臣何力之有焉？抑臣願君安其樂而思其終也。詩曰：『樂旨君子，殿天子之邦。詩小雅也。謂諸侯有樂美之德，可以鎮撫天子之邦。殿，鎮也。○殿，都遍反 樂旨君子，福祿攸同。攸，所也。便蕃左右，亦是帥從。』便蕃，數也。言遠人相帥來服從，便蕃然在左右。夫樂以安德，和其心也。義以處之，處位以義。禮以行之，行教令。信以守之，守所行。仁以厲之，厲風俗。而後可以殿邦國、同福祿、來遠人，所謂樂也。言五德皆備，乃爲樂，非但金石。書曰：『居安思危。』逸書。思則有備，有備無患。敢以此規。」規正公。公曰：「子之教，敢不承命！抑微子，寡人無以待戎，待遇接納。不能濟河。渡河南服鄭。夫賞，國之典也，藏在盟府，司盟之府，有賞功之制。不可廢也。子其受之！」魏絳於是乎始有金石之樂，禮也。禮，大夫有功則賜樂。

春秋左傳　卷十五　襄公　十二　禾懷堂

秦庶長鮑、庶長武帥師伐晉以救鄭。庶長，秦爵也。不書救鄭，已屬晉，無所救。○長，丁丈反 鮑先入晉地，士魴御之，少秦師而弗設備。壬午，武濟自輔氏，從輔氏渡河。與鮑交伐晉師。己丑，秦、晉戰于櫟，晉師敗績，易秦故也。不書

敗績晉恥易秦而敗故不告也、櫟音歷地、○櫟力的反又失灼反易以豉反

經十有二年。春。王三月。莒人伐我東鄙。圍台。季孫宿帥師救台。遂入鄆。琅邪費縣南有台亭、鄆、莒邑、○鄆音運

夏。晉侯使士魴來聘。

秋。九月。吳子乘卒。五年會於戚、公不與盟、而赴以名、

冬。楚公子貞帥師侵宋。

公如晉。

傳十二年。春。莒人伐我東鄙。圍台。季武子救台。遂入鄆。乘勝入鄆、報見伐、取其鐘以爲公盤。夏。晉士魴來聘。且拜師。謝前年伐鄭師、

秋。吳子壽夢卒。壽夢、吳子之號、臨於周廟。禮也。周廟、文王廟也、周公出文王、故魯立其廟、吳始通、故曰禮、○臨力蔭反下同　凡諸侯之喪。異姓臨於外。於城外、向其國、同姓於宗廟。所出王之廟、同宗於祖廟。始封君之廟、同族於禰廟。父廟也、同族、謂高祖以下、是故魯爲諸姬臨於周廟。諸姬、同姓國、爲邢凡蔣茅胙祭臨於周公之廟。郇祖廟也、六國皆周公之支子、別封爲國、共祖周公、○祭側界反又如字

冬。楚子囊秦庶長無地伐宋。師于楊梁。以報晉之取鄭也。取鄭在前年、梁國睢陽縣東有地名楊梁、

靈王求后于齊。齊侯問對於晏桓子。桓子對曰。先王之禮辭有之。天子求后於諸侯。諸侯對曰。夫婦所生若而人。不敢譽、亦不敢毀、故曰若如人、妾婦之子若而人。言非適也、無女而有姊妹。及姑姊妹。則曰先守某公之遺女若而人。齊侯許昏。王使陰里結之。陰里、周大夫、結成也、爲十五年劉夏逆王后傳、

經十有三年。春。公至自晉。

夏。取邿。邿、小國也、任城亢父縣有邿亭、傳例曰、書取、言易也、○邿音詩任音壬亢苦浪反又音剛

秋。九月。庚辰。楚子審卒。共王也、成二年、大夫盟于蜀、

冬。城防。

傳十三年。春。公至自晉。孟獻子書勞于廟。禮也。書勳勞於策也、桓二年傳曰、公至自唐、告於廟也、凡公行告於宗廟、反行飲至、舍爵策勳焉、禮也、桓十六年傳又曰、公至自伐鄭、以飲至之禮也、然則還告廟及飲至及書勞三事、偏行一禮、則亦書至、悉闕乃不書至、傳因獻子之事、以發明凡例、釋剟詳之、

夏。邿亂。分爲三。國分爲三部、志力各異、師救邿。遂取之。魯師也、經不稱師、不滿二千五百人、

公如晉。朝。且拜士魴之辱。禮也。士魴聘在此年夏、嫌君臣不敵、故曰禮也、

秦嬴歸于楚。秦景公妹、爲楚共王夫人、楚司馬子庚聘于秦。爲夫人寧。禮也。子庚、莊王子午也、諸侯夫人、父母既沒、歸寧使卿、故曰禮、

傳通言之、凡書取、言易也。(不用師徒、及用師徒而不勞、雖國亦曰取、)用大師焉曰滅。(敵人距戰、斬獲俘馘、用力難重、雖邑亦曰滅、)弗地曰入。(謂勝其國邑、不有其地、)

荀罃士魴卒。晉侯蒐于緜上以治兵。(爲將命軍帥也、必蒐而命之、所以與衆共、)使士匄將中軍、辭曰、伯游長。(伯游、荀偃、○長上聲、)昔臣習於知伯、是以佐之、非能賢也。(七年、韓厥老、知罃代將中軍、士匄佐之、匄今將讓、故謂爾時之舉、不以已賢、事見九年、)請從伯游。荀偃將中軍。(代荀罃、)士匄佐之。(位如故、)使韓起將上軍、辭以趙武。又使欒黶、(以武位卑、故不聽、更命黶、)辭曰、臣不如韓起、韓起願上趙武、君其聽之。使趙武將上軍。(武自新軍超四等、代荀偃、)韓起佐之。(位如故、)欒黶將下軍。魏絳佐之。(黶亦如故、絳自新軍佐超一等、代士魴、)新軍無帥。(將佐皆遷、)晉侯難其人、使其什吏率其卒乘官屬、以從於下軍、禮也。(得慎舉之禮、)晉國之民、是以大和、諸侯遂睦、君子曰、讓、禮之主也、范宣子讓、其下皆讓、欒黶爲汰、弗敢違也、晉國以平、數世賴之、刑善也夫。(刑、法也、)一人刑善、百姓休和、可不務乎、書曰、一人有慶、兆民賴之、其寧惟永、其是之謂乎。(周書呂刑也、一人、天子也、寧、安也、永、長也、義取上有好善之慶、則下賴其福、)周之興也、其詩曰、儀刑文王、萬邦作孚。(詩大雅、言文王善用法、故能爲萬國所信、孚、信也、)言刑善也、及其衰也、其詩曰、大夫不均、我從事獨賢。(詩小雅、刺幽王役使不均、故從事者怨恨、稱已之勞以爲獨賢、無讓心、)言不讓也、世之治也、君子尚能而讓其下。(能者在下位、則貴尚而讓之、)小人農力以事其上、是以上下有禮、而讒慝黜遠、由不

爭也、謂之懿德、及其亂也、君子稱其功以加小人。(加、陵也、君子、在位者、)小人伐其技以馮君子。(馮亦陵也、自稱其能爲伐、○馮音憑、)是以上下無禮、亂虐並生、由爭善也。(爭自善也、)謂之昏德、國家之敝、恒必由之。(傳言晉之所以興、)

楚子疾、告大夫曰、不穀不德、少主社稷、生十年而喪先君、未及習師保之教訓、而應受多福。(多福、謂爲君、)是以不德、而亡師于鄢。(鄢在成十六年、○鄢音偃、)以辱社稷、爲大夫憂、其弘多矣。(弘、大也、)若以大夫之靈、獲保首領以沒於地、唯是春秋窀穸之事。(窀、厚也、穸、夜也、厚夜猶長夜、春秋、謂祭祀、長夜、謂葬埋、○窀張倫反、一徒門反、穸音夕、)所以從先君於禰廟者。(從先君代爲禰廟、)請爲靈若厲。(欲受惡謚、以歸先君也、亂而不損曰靈、戮殺不辜曰厲、)大夫擇焉、莫對、及五命乃許。秋、楚共王卒、子囊謀謚、大夫曰、君有命矣、子囊曰、君命以共、若之何毀之、赫赫楚國、而君臨之、撫有蠻夷、奄征南海、以屬諸夏、而知其過、可不謂共乎、請謚之共、大夫從之。(傳言子囊之善、○共音恭、)

吳侵楚、養由基奔命、子庚以師繼之。(子庚、楚司馬、)養叔曰、吳乘我喪、謂我不能師也。(養叔、養由基也、)必易我而不戒。(戒、備也、)子爲三覆以待我。(覆、伏兵、)我請誘之、子庚從之、戰于庸浦。(庸浦、楚地、)大敗吳師、獲公子黨。君子以吳爲不弔。(不用天道相弔恤、)詩曰、不弔昊天、亂靡有定。(言不爲昊天所恤、則致罪也、爲明年會向傳、)

冬、城防、書事時也。(土功雖有常節、通以事閒爲時、)於是將早城、臧武仲請俟畢

農事禮也。

鄭良霄、大宰石㚟猶在楚。十一年楚人執之、至今。○㚟物略反 石㚟言於子囊曰。先王卜征五年。先征五年而卜吉凶也。征謂巡守征行。 而歲習其祥。祥習則行。五年五卜皆同、吉乃巡狩。 不習則增脩德而改卜。不習謂卜不吉。 今楚實不競。行人何罪。不能脩德與晉競。 止鄭一卿。以除其偪。一卿謂良霄。 使睦而疾楚。以固於晉。焉用之。偪不偪則大臣睦。怨疾楚則事晉固。 使歸而廢其使。行而見執於楚、鄭又遂堅事晉、是鄭廢本見使之意。○其使所吏反、下同 怨其君以疾其大夫。而相牽引也。不猶愈乎。楚人歸之。

經 十有四年春王正月。季孫宿、叔老會晉士匄、齊人、宋人、衛人、鄭

春秋左傳　卷十五　襄公　七　永懷堂

公孫蠆、曹人、莒人、邾人、滕人、薛人、杞人、小邾人會吳于向。叔老、聲伯子也。魯使二卿會晉、敬事霸國。晉人自是輕魯幣而益敬其使、故叔老雖介、亦列於會也。齊崔杼、宋華閱、衛北宮括在會惰慢不攝、故貶稱人。蓋欲以督率諸侯、獎成霸功也。吳來在向、諸侯會之、故曰會吳。向、鄭地。

二月乙未朔。日有食之。無傳。

夏四月。叔孫豹會晉荀偃、齊人、宋人、衛北宮括、鄭公孫蠆、曹人、莒人、邾人、滕人、薛人、杞人、小邾人伐秦。齊宋大夫不書、義與向同。

己未。衛侯出奔齊。諸侯之策書孫甯逐衛侯、春秋以其自取奔亡之禍、故諸侯失國者皆不書逐君之賊也。不書名、從告。

莒人侵我東鄙。無傳。報入鄆。

秋。楚公子貞帥師伐吳。

冬。季孫宿會晉士匄、宋華閱、衛孫林父、鄭公孫蠆、莒人、邾人于戚。

傳 十四年春。吳告敗于晉。前年為楚所敗。 會于向。為吳謀楚故也。謀為吳伐楚。○為于偽反 范宣子數吳之不德也。以退吳人。吳伐楚喪、故以為不德、數而遣之。卒不為伐楚。 執莒公子務婁。在會不書、非卿。 以其通楚使也。莒貳於楚、故比年伐魯。 將執戎子駒支。駒支、戎子名。 范宣子親數諸朝。行之所在、亦設朝位。 曰。來。姜戎氏。昔秦人迫逐乃祖吾離于瓜州。四嶽之後皆姜姓、又別為允姓。瓜州地在今燉煌。○燉徒門反 乃祖吾離被苫蓋。蓋、苫之別名。○苫式占反。蓋戶臘反 蒙荊棘以來歸我先君。我先君、惠公也。 我先君惠公有不腆之田。腆、厚也。 與女剖分而食之。中分為剖。○女音汝、下同 今諸侯之事我寡君不如昔者。蓋言語漏洩。則職女之由。職、主也。 詰朝之事。爾無與焉。詰朝、明旦。不使復得與會事。○與音預、下同 與。將執女。對曰。昔秦人負恃其衆。貪于土地。逐我諸戎。惠公蠲其大德。蠲、明也。 謂我諸戎是四嶽之裔胄也。四嶽、堯時方伯、姜姓也。裔、遠。胄、後也。 毋是翦弃。翦、削也。 賜我南鄙之田。狐狸所居。豺狼所嘷。我諸戎除翦其荊棘。驅其狐狸豺狼。以為先君不侵不叛之臣。至于今不貳。不內侵、亦不外叛。○嘷戶羔反 昔文

春秋左傳　卷十五　襄公　十六　永懷堂

公與秦伐鄭秦人竊與鄭盟而舍戍焉在僖三十年於是乎有殽之
師在僖三十三年晉禦其上戎亢其下亢猶當也秦師不復我諸戎實然譬
如捕鹿晉人角之諸戎掎之掎其足也與晉踣之踣僵也〇踣蒲北反戎何以
不免自是以來晉之百役與我諸戎相繼于時言給晉役不曠時以從
執政猶殽志也意常如殽無中二也豈敢離逷今官之師旅無乃實有所
闕以攜諸侯而罪我諸戎我諸戎飲食衣服不與華同贄幣不
通言語不達何惡之能爲不與於會亦無瞢焉瞢悶也〇逷他歷反不與音預
瞢莫鄧反又武登反一武忠反賦青蠅而退青蠅詩小雅取其愷悌君子無信讒言宣子辭焉辭謝
使即事於會成愷悌也成愷悌不信讒也不書者戎爲晉屬不得特達於是子叔齊子

春秋左傳　卷十五　襄公　十九　采懷堂

爲季武子介以會自是晉人輕魯幣而益敬其使齊子叔老字也言晉敬魯
使經所以竝書二卿
吳子諸樊既除喪諸樊吳子乘之長子也乘卒至此春十七月既葬而除喪將立季札札諸樊少
弟〇札側八反季札辭曰曹宣公之卒也諸侯與曹人不義曹君曹君公子
負芻也殺大子而自立事在成十三年將立子臧子臧去之遂弗爲也以成曹君
君子曰能守節君義嗣也諸樊適子故曰義嗣誰敢奸君有國非吾節也
札雖不才願附於子臧以無失節固立之棄其室而耕乃舍之
傳言季札之讓且明吳兄弟相傳
夏諸侯之大夫從晉侯伐秦以報櫟之役也櫟役在十一年晉侯待于

竟使六卿帥諸侯之師以進言經所以不稱晉侯及涇不濟諸侯之師不肯渡也涇水
出安定朝那縣至京兆高陵縣入渭〇朝如字那乃多反叔向見叔孫穆子穆子賦匏有苦
葉詩邶風也義取於深則厲淺則揭言已志在於必濟叔向退而具舟魯人莒人先濟鄭
子蟜見衛北宮懿子曰與人而不固取惡莫甚焉若社稷何懿
子說二子見諸侯之師而勸之濟濟涇而次傳言北宮括所以書於伐秦〇說音
悅秦人毒涇上流師人多死飲毒水故鄭司馬子蟜帥鄭師以進師
皆從之至于棫林棫林秦地〇棫位逼反不獲成焉秦不服荀偃令曰雞鳴
而駕塞井夷竈示不反唯余馬首是瞻言進退從已欒黶曰晉國之命
未是有也余馬首欲東乃歸黶惡偃自專故棄之歸下軍從之左史謂魏

春秋左傳　卷十五　襄公　二十　采懷堂

莊子曰不待中行伯乎中行伯荀偃也莊子魏絳也左史晉大史莊子曰夫子命從
帥夫子謂荀偃欒伯吾帥也吾將從之從帥所以待夫子也以從命爲待也
欒黶下軍帥莊子爲佐故曰吾帥伯游曰吾令實過悔之何及多遺秦禽軍帥不和
恐多爲秦所禽獲〇遺唯季反乃命大還晉人謂之遷延之役遷延却退欒鍼曰此
役也報櫟之敗也役又無功晉之恥也吾有二位於戎路欒鍼欒黶
弟也二位謂黶將下軍鍼爲戎右敢不恥乎與士鞅馳秦師死焉士鞅反鞅士匄子
欒黶謂士匄曰余弟不欲往而子召之余弟死而子來是而子
殺余之弟也弗逐余亦將殺之士鞅奔秦欒黶汰侈誣逐士鞅也而女也於是
齊崔杼宋華閱仲江會伐秦不書惰也臨事惰慢不脩也仲江宋公孫師之子向

之會。亦如之。衞北宮括不書於向。亦惰。書於伐秦。攝也。能自攝整、從鄭子蟜俱濟涇、
秦伯問於士鞅曰。晉大夫其誰先亡。對曰。其欒氏乎。秦伯曰。以其汰乎。對曰。然。欒黶汰虐已甚。猶可以免。其在盈乎。盈、黶之子、秦伯曰。何故。對曰。武子之德在民。如周人之思召公焉。愛其甘棠。況其子乎。武子、欒書、黶之父也、召公奭、聽訟於甘棠之下、周人思之、不害其樹、而作勿伐之詩、在召南、欒黶死。盈之善未能及人。武子所施沒矣。而黶之怨實章。將於是乎在。秦伯以爲知言。爲之請於晉而復之。爲傳二十一年晉滅欒氏張本、
衞獻公戒孫文子甯惠子食。勑戒二子、欲共宴食、皆服而朝。服朝服待命於朝、日旰不召。旰、晏也、而射鴻於囿。二子從之。從公於囿、不釋皮冠而與之言。皮冠、田獵之冠也、既不釋冠、又不與食、二子怒。孫文子如戚。戚、孫文子邑、孫蒯入使。孫蒯、孫文子之子、公飲之酒。使大師歌巧言之卒章。巧言、詩小雅、其卒章曰、彼何人斯、居河之麋、無拳無勇、職爲亂階、戚、衞河上邑、公欲以喻文子居河上而爲亂、大師掌樂大夫、大師辭。師曹請爲之。辭以爲不可、師曹、樂人、初。公有嬖妾。使師曹誨之琴。誨、敎也、師曹鞭之。公怒。鞭師曹三百。故師曹欲歌之。以怒孫子。以報公。公使歌之。遂誦之。恐孫蒯不解故、蒯懼。告文子。文子曰。君忌我矣。弗先必死。欲先公作亂、并帑於戚。帑、子也。○帑音奴、而入見蘧伯玉曰。君之暴虐。子所知也。大懼社稷之傾覆。將若之何。伯玉、蘧瑗、對曰。君制其國。臣敢奸之。奸、猶犯也、雖奸之。庸知愈乎。言逐君更立、未知當差否、遂行。從近關出。懼難作、欲速出竟、公使子蟜子伯子皮與孫子盟于丘宮。孫子皆殺之。三子、衞羣公子、疑孫子、故盟之、丘宮、近戚地、○蟜居表反、四月。己未。子展奔齊。子展、衞獻公弟、公如鄄。鄄、衞地、○鄄音絹、使子行於孫子。孫子又殺之。使往請和也、子行、羣公子、公出奔齊。孫氏追之。敗公徒于阿澤。濟北東阿縣西南有大澤、鄄人執之。公徒因敗散還、故爲公執之、初。尹公佗學射於庾公差。庾公差學射於公孫丁。二子追公。二子、佗與差、爲孫氏逐公、○佗徒河反、差初佳反、又初宜反、公孫丁御公。爲公御也、子魚曰。射爲背師。不射爲戮。射爲禮乎。子魚、庾公差、禮、射不求中、○射食亦反、射兩軥而還。軥、車軛卷者、尹公佗曰。子爲師。我則遠矣。乃反之。佗不從丁學、故言遠、始與公差俱退、悔而獨還射丁、公孫丁授公轡而射之。貫臂。貫佗臂、子鮮從公。子鮮、公母弟、及竟。公使祝宗告亡。且告無罪。告宗廟也、定姜曰。無神何告。若有。不可誣也。誣、欺也、定姜、公適母、有罪。若何告無。舍大臣而與小臣謀。一罪也。先君有冢卿以爲師保。而蔑之。二罪也。謂不釋皮冠之比、○舍音捨、比必里反、余以巾櫛事先君。而暴妾使余。三罪也。告亡而已。無告無罪。時姜在國、故不使得告無罪、
公使厚成叔弔于衞。曰。寡君使瘠。聞君不撫社稷。而越在他竟。越、遠也、瘠、厚成叔名、若之何不弔。以同盟之故。使瘠敢私於執事。執事、衞諸大夫、曰。有君不弔。弔、恤也、有臣不敏。敏、達也、君不赦宥。臣亦不帥職。增淫發洩。其若之何。衞人使大叔儀對。大叔儀、衞大夫、曰。羣臣不佞。得罪於

寡君。寡君不以即刑。而悼弃之。以為君憂。君不忘先君之好。辱弔羣臣。又重恤之。重恤謂愍其不逮也。敢拜君命之辱。重拜大貺。謝重恤之賜。厚孫歸復命。語臧武仲曰。衛君其必歸乎。有大叔儀以守。守於國。有母弟鱄以出。或撫其內。或營其外。能無歸乎。齊人以郲寄衛侯。郲，齊所滅郲國。及其復也。以郲糧歸。言其貪。右宰穀從而逃歸。衛人將殺之。穀，衛大夫也。以其從君，故欲殺之。辭曰。余不說初矣。言初從君，非說之，不獲已耳。○說音悅。余狐裘而羔袖。言一身盡善，唯少有惡。喻己雖從君出，其罪不多。乃赦之。衛人立公孫剽。剽，穆公孫。○剽，匹妙反，一甫遙反。孫林父甯殖相之。以聽命於諸侯。聽盟會之命。衛侯在郲。臧紇如齊。唁衛侯。衛侯與之言。虐。退而告其人曰。衛

侯其不得入矣。其言糞土也。亡而不變。何以復國。武仲不書，未為卿。子展子鮮聞之。見臧紇。與之言。道。順道理。臧孫說。謂其人曰。衛君必入。夫二子者。或輓之。或推之。欲無入。得乎。為二十六年衛侯歸傳。○輓音晚。推如字，又他回反。

師歸自伐秦。晉侯舍新軍。禮也。成國不過半天子之軍。成國，大國。○舍音捨。周為六軍。諸侯之大者。三軍可也。於是知朔生盈而死。朔，知罃之長子。盈，朔弟也。盈生而朔死。盈生六年而武子卒。彘裘亦幼。皆未可立也。新軍無帥。故舍之。彘裘，士魴子也。十三年，荀罃、士魴卒。其子皆幼，未任為卿，故新軍無帥，遂舍之。師曠侍於晉侯。師曠，晉樂大師子野。晉侯曰。衛人出其君。不亦甚乎。對曰。

或者其君實甚。良君將賞善而刑淫。養民如子。蓋之如天。容之如地。民奉其君。愛之如父母。仰之如日月。敬之如神明。畏之如雷霆。其可出乎。夫君。神之主。而民之望也。若困民之主。匱神乏祀。百姓絕望。社稷無主。將安用之。弗去何為。天生民而立之君。使司牧之。勿使失性。有君而為之貳。貳，卿佐。○去起呂反。使師保之。勿使過度。是故天子有公。諸侯有卿。卿置側室。側室，衆子之官。大夫有貳宗。貳宗，宗子之副貳者。士有朋友。庶人工商皂隸牧圉皆有親暱。以相輔佐也。善則賞之。賞謂宣揚。過則匡之。匡，正也。患則救之。救其難也。失則革之。革，更也。自王以下。各有父兄子弟。以補察其政。補其愆過，察其得失。史為書。謂大

史，君舉則書。瞽為詩。瞽，盲者，為詩以風刺。工誦箴諫。工，樂人也。誦箴諫之辭。大夫規誨。規，正諫誨其君。士傳言。士卑，不得徑達，聞君過失，傳告大夫。庶人謗。庶人不與政，聞君過則誹謗。商旅于市。旅，陳也。陳其貨物，以示時所貴尚。百工獻藝。獻其技藝，以喻政事。故夏書曰。遒人以木鐸徇于路。遒人，行人之官也。木鐸，木舌金鈴。徇於路，求歌謠之言。○遒在由反。官師相規。官師，大夫。自相規正。工執藝事以諫。所謂獻藝。正月孟春。於是乎有之。諫失常也。有遒人徇路之事。天之愛民甚矣。豈其使一人肆於民上。肆，放也。以從其淫。而弃天地之性。必不然矣。傳言師曠能因問盡言。○從，子用反。

秋。楚子為庸浦之役故。在前年。○為，于偽反。子囊師于棠。以伐吳。吳不出而還。子囊殿。殿，軍後。○殿多練反。以吳為不能而弗儆。吳人自皋舟之隘。

要而擊之。皋舟，吳險阨之道。○要一遥反，阨於賣反。楚人不能相救。吳人敗之，獲楚公子宜穀。傳言不備不可以師。

王使劉定公賜齊侯命。將昏於齊故也。定公，劉夏，位賤，以能而使之，傳稱謚舉其終。曰：昔伯舅大公右我先王，股肱周室，師保萬民，世胙大師，以表東海。胙，報也。表，顯也。謂顯封東海，以報大師之功。王室之不壞，繄伯舅是賴。繄，發聲。今余命女環，環，齊靈公名。○女音汝。茲率舅氏之典，纂乃祖考，無忝乃舊。敬之哉，無廢朕命。纂，繼也。因昏而加褒顯，傳言王室不能命有功。

晉侯問衛故於中行獻子。問衛逐君當討否。獻子，荀偃。對曰：不如因而定之。衛有君矣，謂剽已立。伐之未可以得志，而勤諸侯。史佚有言曰：因重而撫之。重不可移，就撫安之。仲虺有言曰：亡者侮之，亂者取之。推亡固存，國之道也。仲虺，湯左相。君其定衛以待時乎。待其昏亂之時，乃伐之。冬，會于戚，謀定衛也。定立剽。

范宣子假羽毛於齊而弗歸，齊人始貳。析羽爲旌，王者游車之所建，齊私有之，因謂之羽毛。宣子聞而借觀之。

楚子囊還自伐吳，卒。將死，遺言謂子庚：必城郢。楚徙都郢，未有城郭。公子燮、公子儀因築城爲亂，事未得訖，子囊欲訖而未暇，故遺言見意。君子謂子囊忠。君薨不忘增其名，謂前年謚君爲共。將死不忘衛社稷，可不謂忠乎。忠，民之望也。詩曰：行歸于周，萬民所望。忠也。詩小雅。忠信爲周，言德行歸於忠信，即爲萬民所瞻望。○行，下孟反。

經十有五年，春，宋公使向戌來聘。二月己亥，及向戌盟于劉。

劉夏逆王后于齊。劉，采地。夏，名也。天子卿書字，劉夏非卿，故書名。天子無外，所命則成，故不言逆女。

夏，齊侯伐我北鄙，圍成。公救成，至遇。無傳。遇，魯地。書至遇，公畏齊，不敢至成。

季孫宿、叔孫豹帥師城成郛。備齊故。夏城非例所譏。

秋，八月丁巳，日有食之。無傳。八月無丁巳，丁巳，七月一日也，日月必有誤。

邾人伐我南鄙。

冬，十有一月癸亥，晉侯周卒。四同盟。

傳十有五年，春，宋向戌來聘，且尋盟。報二年豹之聘，尋十一年亳之盟。見孟獻子，尤其室。尤，責過也。曰：子有令聞而美其室，非所望也。對曰：我在晉，吾兄爲之。毀之重勞，且不敢閒。傳言獻子友于兄，且不隱其實。○閒音問，閒，去聲。

官師從單靖公逆王后于齊。卿不行，非禮也。官師，劉夏也。天子官師非卿也。劉夏獨過魯告昏，故不書單靖公。天子不親昏，使上卿逆，而公監之，故曰卿不行非禮。○過古禾反。

楚公子午爲令尹，代子囊。公子罷戎爲右尹，蔿子馮爲大司馬，子馮，叔敖從子、○罷音皮公子橐師爲右司馬。公子成爲左司馬。屈到爲莫敖。屈到、屈蕩子、○屈居勿反公子追舒爲箴尹。追舒、莊王子、子南、屈蕩爲連尹。養由基爲宮廄尹。以靖國人。君子謂楚於是乎能官人。官人。國之急也。能官人。則民無覦心。無覬覦以求幸、○廄音救詩云、嗟我懷人。寘彼周行。能官人也。詩周南也、寘置也、行列也、周偏也、詩人嗟歎言我思得賢人、置之徧於列位、是后妃之志以官人爲急、○行戶郎反、下同王及公侯伯子男甸采衛大夫各居其列。所謂周行也。言自王以下、諸侯大夫各任其職則是詩人周行之志也、甸采衛五服之名也、天子所居千里曰圻、其外曰侯服、次曰甸服、次曰男服、次曰采服、次曰衛服、五百里爲一服、不言侯男、略舉也、

鄭尉氏司氏之亂。其餘盜在宋。亂在十年、鄭人以子西伯有子產之

故納賂于宋。三子之父皆爲尉氏所殺故、以馬四十乘。百六十匹、與師茷師慧。樂師也、茷慧其名、○茷扶廢反、徐音伐三月。公孫黑爲質焉。公孫黑子晳、○質音致司城子罕以堵女父尉翩司齊與之。良司臣而逸之。賢而放之、○女音汝託諸季武子。武子寘諸卞。子罕以司臣託季氏、鄭人醢之三人也。三人堵女父、尉翩、司齊、師慧過宋朝。將私焉。私小便、其相曰。朝也。相師者、○相息亮反慧曰。無人焉。相曰。朝也何故無人。慧曰。必無人焉。若猶有人。豈其以千乘之相易淫樂之矇。必無人焉故也。千乘相謂子產等也、言不爲子產殺三盜、得賂而歸之、是重淫樂而輕相國、子罕聞之。固請而歸之。言子罕能改過、

夏。齊侯圍成。貳於晉故也。示畏霸主、故敢伐魯、於是乎城成郛。郛郭也、

秋。邾人伐我南鄙。亦貳於晉故、使告于晉。晉將爲會以討邾莒。十二年、十四年、莒人伐魯、未之討也、晉侯有疾。乃止。冬。晉悼公卒。遂不克會。爲明年會溴梁傳、○溴古歷反

鄭公孫夏如晉奔喪。子蟜送葬。夏子西也、言諸侯畏晉、故卿共葬、○共音恭

宋人或得玉。獻諸子罕。子罕弗受。獻玉者曰。以示玉人。玉人、能治玉者玉人以爲寶也。故敢獻之。子罕曰。我以不貪爲寶。爾以玉爲寶。若以與我。皆喪寶也。不若人有其寶。稽首而告曰。小人懷璧。不可以越鄉。言必爲盜所害、納此以請死也。請免死、子罕寘諸其里。使玉人爲之攻之。攻治也、富而後使復其所。賣玉得富、

十二月。鄭人奪堵狗之妻。而歸諸范氏。堵狗、堵女父之族、狗娶於晉范氏、鄭人既誅女父、畏狗因范氏而作亂、故奪其妻歸范氏、使絕之、傳言鄭之有謀、○堵音者

春秋左傳卷十五終

春秋左傳卷十六

晉鎮南大將軍當陽縣侯京兆杜　預集解

皇明　後　學　東吳葛　鼒較訂

襄公

經十有六年。春。王正月。葬晉悼公。踰月而葬、速也、

三月。公會晉侯宋公衛侯鄭伯曹伯莒子邾子薛伯杞伯小邾子于溴梁。不書高厚逃歸、故也、溴水出河內軹縣東南、至溫入河。○溴古闃反、軹之氏反

戊寅。大夫盟。諸大夫本欲盟高厚、高厚逃歸、故遂自共盟、雞澤會重序諸侯、今此閡無異事、即上諸侯大夫可知、

晉人執莒子邾子以歸。邾莒二國數侵魯、又無道於其民、故稱人以執、不以歸京師、非禮也、

齊侯伐我北鄙。無傳、齊貳晉故、

夏。公至自會。無傳、

五月。甲子。地震。

無傳、

叔老會鄭伯晉荀偃衛甯殖宋人伐許。荀偃主兵、當序鄭上、方示叔老可以會鄭伯、故荀偃在下、

秋。齊侯伐我北鄙。圍郕。○郕音成

大雩。無傳、書過、

冬。叔孫豹如晉。

傳十六年。春。葬晉悼公。平公即位。平公、悼公子彪。○彪彼虯反 羊舌肸爲傅。肸叔向也、代士渥濁。○肸許乙反 張君臣爲中軍司馬。張老子、代其父、祁奚韓襄欒盈士鞅爲公族大夫。祁奚去中軍尉、爲公族大夫、去劇職就閒官、韓襄無忌子也、虞丘書爲乘馬御。代程鄭、改服脩官。烝于曲沃。既葬改喪服、脩官選賢能、曲沃、晉祖廟、烝冬祭也、諸侯五月而葬、既葬卒哭作主、然後烝嘗於廟、今晉踰月葬、作主而烝祭、傳言晉將有溴梁之會、故速葬、警守而下。會于溴梁。順河東行、故曰下、命歸侵田。諸侯相侵、取之田、以我故。執邾宣公。莒犂比公。犂比、莒子號也、十二年、十四年、莒人侵魯、前年、邾人伐魯、晉將爲會討之、悼公卒、不克會、故平公終其事。○比音毗 且曰。通齊楚之使。邾莒在齊楚往來道中、故并以此責之、經書執在大夫盟下、既盟而後告、晉侯與諸侯宴于溫。使諸大夫舞。曰。歌詩必類。歌古詩、當使各從義類、齊高厚之詩不類。齊有二心故、荀偃怒。且曰。諸侯有異志矣。使諸大夫盟高厚。高

厚逃歸。齊為大國，高厚若此，知小國必當有從者。於是叔孫豹、晉荀偃、宋向戌、衛甯殖、鄭公孫蠆、小邾之大夫盟，曰：同討不庭。自曹以下大夫不書，故傳舉小邾以包之。○蠆，勑邁反。

許男請遷于晉。許欲叛楚。諸侯遂遷許，許大夫不可。晉人歸諸侯。唯以其師討許之不肯遷。鄭子蟜聞將伐許，遂相鄭伯以從諸侯之師。鄭與許有宿怨，故其君親行。穆叔從公。從公歸。齊子帥師會晉荀偃。書曰會鄭伯，為夷故也。夷，平也。春秋於魯事所記，不與外事同者，容主之言所以為交，固當異也。魯卿每會公侯，春秋無譏，故於此示例，不先書主兵之荀偃，而書後至之鄭伯，時諸侯大夫義取皆平，故得會鄭伯。夏六月，次于棫林。庚寅，伐許，次于函氏。棫林、函氏，皆許地。○棫，為逼反，又于目反。晉荀偃、欒黶帥師伐楚，以

報宋揚梁之役。晉師獨進。揚梁役在十二年。楚公子格帥師，及晉師戰于湛阪。襄城昆陽縣北有湛水，東入汝。楚師敗績。晉師遂侵方城之外，不書，不告。復伐許而還。許未遷故。

秋，齊侯圍郕。郕，魯孟氏邑。貳於晉，故伐魯。孟孺子速徼之。孟獻子之子莊子速也。徼，要也。齊侯曰：是好勇，去之以為之名。速遂塞海陘而還。海陘，魯隘道。冬，穆叔如晉聘，且言齊故。言齊再伐魯。晉人曰：以寡君之未禘祀，禘祀，三年喪畢之吉祭。與民之未息，新伐許及楚。不然，不敢忘。穆叔曰：以齊人之朝夕釋憾於敝邑之地，是以大請。敝邑之急，朝不及夕，引領西望曰：庶幾乎。庶幾晉來救。比執事之間，恐無及也。見中行獻子，賦圻父。圻父，詩小雅，周司馬掌封畿之兵甲，故謂之圻父。詩人責圻父為王爪牙，不脩其職，使百姓受困苦之憂，而無所止居。○比，必利反。閒，音閑。行，戶郎反。獻子曰：偃知罪矣，敢不從執事以同恤社稷，而使魯及此。見范宣子，賦鴻鴈之卒章。鴻鴈，詩小雅，卒章曰：鴻鴈于飛，哀鳴嗸嗸，唯此哲人，謂我劬勞。言魯憂困嗸嗸然，若鴻鴈之失所。大曰鴻，小曰鴈。宣子曰：匄在此，敢使魯無鳩乎。鳩，集也。○匄，古害反。

經十有七年，春，王二月，庚午，邾子牼卒。無傳。宣公也。四同盟。○牼，苦耕反。

宋人伐陳。

夏，衛石買帥師伐曹。

石買，石稷子。

秋，齊侯伐我北鄙，圍桃。高厚帥師伐我北鄙，圍防。弁縣東南有桃虛。

九月，大雩。無傳。書過。

宋華臣出奔陳。暴亂宗室，懼而出奔。實以冬出，書秋者，以始作亂時來告。○華，戶化反。

冬，邾人伐我南鄙。

傳十七年，春，宋莊朝伐陳，獲司徒卬，卑宋也。司徒卬，陳大夫。卑宋不設備。○朝，如

字凡入名字皆放此卬五郎反

衛孫蒯田于曹隧。越竟而獵。孫蒯，林父之子。飲馬于重丘。重丘，曹邑。○重直龍反。毀其瓶。重丘人閉門而詢之。詢，罵也。○詢呼豆反，罵馬嫁反。曰：親逐而君，爾父爲厲。厲，惡鬼。林父逐君在十四年。是之不憂，而何以田爲。夏，衛石買、孫蒯伐曹，取重丘。孫蒯不書，非卿。曹人愬于晉。爲明年晉人執石買傳。

齊人以其未得志于我故，前年圍成，辟孟孺子。秋，齊侯伐我北鄙，圍桃。高厚圍臧紇于防。防，臧紇邑。○紇恨發反。師自陽關逆臧孫，至于旅松。陽關在泰山鉅平縣東。旅松近防地也。魯師畏齊，不敢至防。郰叔紇、臧疇、臧賈帥甲三百，宵犯齊師，送之而復。郰叔紇，叔梁紇。臧疇、臧賈，臧紇之昆弟也。三子與臧紇共在防，故夜送臧紇於旅松，而復還守防。

春秋左傳　卷十六　襄公　五　承懷堂

齊師去之。失臧紇故。齊人獲臧堅。臧堅，臧紇之族。齊侯使夙沙衛唁之，且曰：無死。使無自殺。堅稽首曰：拜命之辱。抑君賜不終，姑又使其刑臣禮於士。以杙抉其傷而死。言使賤人來唁，已是惠賜不終也。夙沙衛，奄人，故謂之刑臣。○杙音弋。

冬，邾人伐我南鄙，爲齊故也。齊未得志於魯，故邾助之。

宋華閱卒。華臣弱皐比之室，臣，閱之弟。皐比，閱之子。弱，侵易之。○比音毗，易以鼓反。使賊殺其宰華吳。賊六人以鈹殺諸盧門合左師之後。盧門，宋城門。合，向戌邑。後，屋後。○鈹普皮反。左師懼曰：老夫無罪。賊曰：皐比私有討於吳。遂幽其妻，幽吳妻也。曰：畀余而大璧。畀，與也。宋公聞之，曰：臣也，不唯其宗室是暴，大亂宋國之政，必逐之。左師曰：臣也，亦卿也。大臣不順，國之恥也。不如蓋之。乃舍之。左師爲己短策，苟過華臣之門，必騁。惡之。

十一月甲午，國人逐瘈狗。瘈狗入於華臣氏，國人從之。華臣懼，遂奔陳。華臣心不自安，見逐狗而驚走。○瘈居世反，一音制。

宋皇國父爲大宰，爲平公築臺，妨於農收。周十一月，今九月，收斂時。子罕請俟農功之畢，公弗許。築者謳曰：澤門之皙，實興我役。澤門，宋東城南門也。皇國父白皙而居近澤門。邑中之黔，實慰我心。子罕黑色而居邑中。子罕聞之，親執扑，以行築者，而抶其不勉者，曰：吾儕小人皆有闔廬以辟燥濕寒暑。闔謂門戶閉塞。○抶恥乙反。今君爲一臺而不速成，何以爲役。役，事也。謳者乃止。或問其故，子罕曰：宋國區區，而有詛有祝，禍之本也。傳善子罕分謗。○祝之又反。

春秋左傳　卷十六　襄公　六　承懷堂

齊晏桓子卒。晏嬰父也。晏嬰麤縗斬，斬，不緝之也。縗在胷前。麤，三升布。苴絰帶、杖，菅屨，苴，麻之有子者，取其麤也。杖，竹杖。菅屨，草屨。○菅古顏反。食鬻，居倚廬，寢苫，枕草。此禮與士喪禮略同，其異唯枕草耳。然枕凷亦非喪服正文。○鬻之六反，凷苦對反，一苦怪反。其老曰：非大夫之禮也。時之所行，士及大夫縗服各有不同。晏子爲大夫而行士禮，其家臣不解，故譏之。曰：唯卿爲大夫。晏子惡直己以斥時失禮，故孫辭略答家老。

經　十有八年，春，白狄來。不言朝，不能行朝禮。

夏，晉人執衛行人石買。

石買即是伐曹者，宜即懲治本罪，而晉因其爲行人之使執之，故書行人以罪晉。

秋，齊師伐我北鄙。不書齊侯，齊侯不入竟。

冬十月，公會晉侯、宋公、衛侯、鄭伯、曹伯、莒子、邾子、滕子、薛伯、杞伯、小邾子同圍齊。齊數行不義，諸侯同心俱圍之。

曹伯負芻卒于師。無傳。禮當與許男同，三同盟。

楚公子午帥師伐鄭。

傳十八年春，白狄始來。白狄，狄之別名。未嘗與魯接，故曰始。

夏，晉人執衛行人石買于長子，執孫蒯于純留。長子、純留二縣，今皆屬上黨郡。孫蒯不書，父在位，蒯非卿。爲曹故也。前年衛伐曹。

秋，齊侯伐我北鄙。中行獻子將伐齊，夢與厲公訟，弗勝。厲公，獻子所弒者。公以戈擊之，首隊於前，跪而戴之，奉之以走，見梗陽之巫皋。梗陽，晉邑，在太原晉陽縣南。皋，巫名也。夢并見之。○隊，直位反。奉，芳勇反。他日，見諸道，與之言，同。巫亦夢見獻子與厲公訟。巫曰：「今茲主必死，若有事於東方，則可以逞。」巫知獻子有死徵，故勸使快意伐齊。獻子許諾。晉侯伐齊，將濟河，獻子以朱絲係玉二瑴，雙玉曰瑴。○瑴，古學反。而禱曰：「齊環怙恃其險，負其衆庶，環，齊靈公名。負，依也。弃好背盟，陵虐神主。神主，民也。謂數伐魯，殘民人。曾臣彪將率諸侯以討焉，彪，晉平公名。稱臣者，明上有天子，以謙告神。曾臣，猶末臣。其官臣偃實先後之。守官之臣。偃，獻子名。○先，悉薦反。後，戶豆反。苟捷有功，無作神羞。羞，恥也。官臣偃無敢復濟。偃信巫言，故以死自誓。唯爾有神裁之。」沈玉而濟。

冬十月，會于魯濟，尋湨梁之言，同伐齊。湨梁在十六年。盟曰：同討不庭。齊侯禦諸平陰，塹防門而守之廣里。平陰城在濟北盧縣東北，其城南有防，防有門，於門外作塹，橫行廣一里。故經書圍。夙沙衛曰：「不能戰，莫如守險。」謂防門不足爲險。弗聽。諸侯之士門焉，齊人多死。范宣子告析文子析文子，齊大夫子家。曰：「吾知子，敢匿情乎？魯人、莒人皆請以車千乘自其鄉入，既許之矣。若入，君必失國。子盍圖之？」子家以告公，公恐。晏嬰聞之曰：「君固無勇，而又聞是，弗能久矣。」不能久敵晉。齊侯登巫山以望晉師。巫山在盧縣東北。晉人使司馬斥山澤之險，雖所不至，必旆而疏陳之。斥，候也。疏建旌旗以爲陳，示衆也。○陳，直覲反。使乘車者左實右僞，以旆先，僞以衣服爲人形也。建旆以先驅。輿曳柴而從之。以揚塵。齊侯見之，畏其衆也，乃脫歸。脫，不張旗幟。丙寅晦，齊師夜遁。師曠告晉侯曰：「鳥烏之聲樂，齊師其遁。」鳥烏得空營，故樂也。邢伯告中行伯曰：邢伯，晉大夫邢侯也。中行伯，獻子。「有班馬之聲，齊師其遁。」夜遁，馬不相見，故鳴。班，別也。叔向告晉侯曰：「城上有烏，齊師其遁。」十一月丁卯朔，入平陰，遂從齊師。夙沙衛連大車以塞隧而殿。此衛所欲守險。○殿，都練反。殖綽、郭最。曰。子殿國師。齊之辱也。奄人殿師、故以爲辱。子姑先乎。乃代之殿。衛殺馬於隘以塞道。恨二子、故塞其道、欲使晉得之。晉州綽及之。射殖綽。中肩。兩矢夾脰。脰、頸也。○脰音豆 曰。止。將爲三軍獲。不止。將取其衷。不止、復欲射兩矢中央。顧曰。爲私誓。州綽曰。有如日。言必不殺女、明如日。乃弛弓而自後縛之。縛、反也。其右具丙。州綽之右。亦舍兵而縛郭最。皆衿甲面縛。衿甲、不解甲。○舍音捨 坐于中軍之鼓下。晉人欲逐歸者。魯衛請攻險。險、固城守者。己卯。荀偃士匄以中軍克京茲。在平陰城東南。乙酉。魏絳欒盈以軍下克邿。欒盈、欒黶之子。盈佐下軍。平陰西有邿山。○邿音詩 趙武韓起以上軍圍盧弗克。十二月。戊戌及秦周伐雍門之萩。秦周、魯大夫。趙武及之、共伐萩也。雍門、齊城門。○雍於用反 范鞅門于雍門。其御追喜以戈殺犬于門中。殺犬、示閒暇。孟莊子斬其橁以爲公琴。莊子、孺子速也。橁、木名。○橁勑倫反、又相倫反 己亥。焚雍門及西郭南郭。劉難士弱率諸侯之師焚申池之竹木。二子、晉大夫。○難乃多反、又如字 壬寅。焚東郭北郭。范鞅門于揚門。齊西門。州綽門于東閭。齊東門。 左驂迫。還于門中。以枚數闔。枚、馬檛也。闔、門扇也。數其板、示不恐。○數所主反。檛涉瓜反 齊侯駕。將走郵棠。郵棠、齊邑。大子與郭榮扣馬。榮、齊大夫。大子、光也。曰。師速而疾。略也。言欲略行其地、無久攻意。將退矣。君何懼焉。且社稷之主。不可以輕。輕則失衆。君必待之。將犯之。大子抽劍斷鞅。乃止。甲辰。東侵及濰。南及沂。濰水在東莞東北、至北海都昌縣入海。沂水出東莞蓋縣、至下邳入泗。○莞音官

鄭子孔欲去諸大夫。欲專權。○去起呂反、下同 將叛晉而起楚師以去之。使告子庚。子庚弗許。子庚、楚令尹、公子午。楚子聞之。使揚豚尹宜告子庚曰。國人謂不穀主社稷而不出師。死不從禮。不能承先君之業、死將不得從先君之禮。不穀即位。於今五年。師徒不出。人其以不穀爲自逸而忘先君之業矣。謂己未嘗統師自出。大夫圖之。其若之何。子庚歎曰。君王其謂午懷安乎。吾以利社稷也。見使者。稽首而對曰。諸侯方睦於晉。臣請嘗之。嘗、試其難易也。若可。君而繼之。不可。收師而退。可以無害。君亦無辱。子庚帥師治兵於汾。襄城縣東北有汾丘城。於是子蟜伯有子張從鄭伯伐齊。子張、公孫黑肱。子孔子展子西守。二子知子孔之謀。二子、子展子西。完守入保。完城郭、內保守。子孔不敢會楚師。楚師伐鄭。次於魚陵。魚陵、魚齒山也、在南陽犨縣北。鄭地。○犨尺由反 右師城上棘。遂涉潁。次于旃然。將涉潁、故於水邊權築小城、以爲進退之備。旃然水出滎陽城皋縣東入汴。 蒍子馮公子格率銳師侵費滑胥靡獻于雍梁。胥靡、獻于、雍梁、皆鄭邑。河南陽翟縣東北有雍氏城。○蒍于委反。馮皮冰反。費扶味反。雍於用反 右回梅山。在滎陽密縣東北。 侵鄭東北。至于蟲牢而反。子庚門于純門。信于城下而還。信、再宿也。涉於魚齒之下。魚齒山之下有滍水、故言涉。○滍音雉 甚雨及之。楚師多凍。役徒幾盡。晉人聞有楚師。師曠曰。不害。吾驟歌北風。又歌南風。南風不競。歌者吹律以詠八風。南風音微、故曰不競也。師曠唯歌南北風者、聽晉楚之強弱。多死聲。楚必無功。董叔曰。天道多在西北。歲在豕韋、月又建亥、故曰多在

西北南師不時必無功。(不時謂觸歲月、)叔向曰、在其君之德也。(言天時地利不如人和、)

經十有九年、春、王正月、諸侯盟于祝柯。(前年圍齊之諸侯也、祝柯縣今屬濟南郡、)

晉人執邾子。(稱人以執、惡及民也、)

公至自伐齊。(無傳、)

取邾田、自漷水。

(取邾田以漷水爲界也、漷水出東海合鄉縣西南、經魯國、至高平湖陸縣入泗、○漷好虢反、又音郭、)

季孫宿如晉。葬曹成公。(無傳、)

夏、衛孫林父帥師伐齊。

秋、七月、辛卯、齊侯環卒。(世子光三與魯同盟、)

晉士匄帥師侵齊、至穀、聞齊侯卒、乃還。(詳錄所至及還者善得禮、)

八月、丙辰、仲孫蔑卒。(無傳、)

齊殺其大夫高厚。

鄭殺其大夫公子嘉。

冬、葬齊靈公。(無傳、)

城西郛。(魯西郭、○郛芳夫反、)

叔孫豹會晉士匄于柯。(魏郡內黃縣東北有柯城、)

城武城。(泰山南武城縣、)

傳十九年、春、諸侯還自沂上、盟于督揚、曰、大毋侵小。(督揚即祝柯也、)執邾悼公、以其伐我故。(伐魯在十七年、)遂次于泗上、疆我田。(正邾魯之界也、泗水名、)取邾田、自漷水、歸之于我。(邾田在漷水北、今更以漷爲界、故曰取邾田、)晉侯先歸。公享晉六卿于蒲圃、(六卿過魯、)賜之三命之服、軍尉、司馬、司空、輿尉、候奄皆受一命之服。(賜如晉戰還之賜、唯無先輅、)賄荀偃束錦、加璧、乘馬、先吳壽夢之鼎。(荀偃中軍元帥、故特賄之、五匹爲束、四馬爲乘、壽夢吳子乘也、獻鼎於魯、因以爲名、古之獻物必有以先、今以璧馬爲鼎之先、○夢莫公反、)荀偃瘅疽、生瘍於頭。(瘅疽惡創、○瘅丁但反、又音旦、瘍音羊、創初良反、)

濟河。及著雍。病。目出。大夫先歸者皆反。士匃請見。弗內。請後。曰鄭甥可。士匃中軍佐。故問後也。鄭甥荀吳。其母鄭女。○著張慮反。又直慮反。雍於用反。二月甲寅。卒。而視。不可含。目開口噤。○含戶暗反。宣子盥而撫之曰。事吳敢不如事主。猶視。大夫稱主。欒懷子曰。其為未卒事於齊故也乎。懷子欒盈。乃復撫之曰。主苟終。所不嗣事于齊者。有如河。乃瞑。受含。嗣續也。宣子出曰。吾淺之為丈夫也。自恨以私待人。

晉欒魴帥師從衛孫文子伐齊。為懷子之言故也。欒魴欒氏族。不書兵幷林父。不別告也。經書夏從告。

季武子如晉拜師。謝討齊。晉侯享之。范宣子為政。代荀偃將中軍。賦黍苗。

黍苗詩小雅。美召伯勞來諸侯。如陰雨之長黍苗也。喻晉君憂勞魯國。猶召伯。季武子興。再拜稽首曰。小國之仰大國也。如百穀之仰膏雨焉。若常膏之。其天下輯睦。豈唯敝邑。賦六月。六月尹吉甫佐天子征伐之詩。以晉侯比吉甫出征以匡王國。季武子以所得於齊之兵。作林鐘而銘魯功焉。林鐘律名。鑄鐘聲應林鐘。因以為名。臧武仲謂季孫曰。非禮也。夫銘。天子令德。天子銘德不銘功。諸侯言時計功。舉得時動有功則可銘也。大夫稱伐。銘其伐之勞。今稱伐則下等也。從大夫故。計功則借人也。借晉力也。言時則妨民多矣。何以為銘。且夫大伐小。取其所得以作彝器。彝常也。謂鐘鼎為宗廟之常器。銘其功烈。以示子孫。昭明德而懲無禮也。今將借人之力以救其死。若之何銘之。小國幸於大國。以勝大國為幸。而昭所獲焉以怒之。亡之道也。為城西郛武城傳。

齊侯娶于魯。曰顏懿姬。無子。其姪鬷聲姬。生光。以為大子。兄子曰姪。顏鬷皆二姬母姓。因以為號。懿聲皆謚。○鬷子公反。諸子仲子戎子。戎子嬖。諸子諸妾姓子者。二子皆宋女。仲子生牙。屬諸戎子。屬託之。戎子請以為大子。許之。齊侯許之。仲子曰。不可。廢常不祥。廢立嫡之常。間諸侯難。事難成也。光之立也。列於諸侯矣。列諸侯之會。今無故而廢之。是專黜諸侯。謂光已有諸侯之尊。而以難犯不祥也。君必悔之。公曰。在我而已。遂東大子光。廢而徙之東鄙。使高厚傅牙。以為大子。夙沙衛為少傅。齊侯疾。崔杼微逆光。疾病而立之。光殺戎子。終言之。尸諸朝。非禮也。婦人無刑。無黥刖之刑。○刖音月。又五刮反。雖

有刑。不在朝市。謂犯死刑者。猶不暴尸。○暴蒲卜反。夏五月壬辰晦。齊靈公卒。經書七月辛卯。光定位而後赴。莊公即位。大子光也。執公子牙於句瀆之丘。以夙沙衛易已。衛奔高唐以叛。光謂衛教公易已。高唐在祝柯縣西北。○句古侯反。瀆音豆。

晉士匃侵齊及穀。聞喪而還。禮也。禮之常。不必待君命。

於四月丁未。於此年四月。鄭公孫蠆卒。赴於晉大夫。范宣子言於晉侯。以其善於伐秦也。十四年晉伐秦。子蟜見諸侯師而勸之濟涇。六月。晉侯請於王。王追賜之大路。使以行。禮也。大路天子所賜車之總名。以行葬禮。傳言大夫有功則賜服路。

秋八月。齊崔杼殺高厚於灑藍。而兼其室。灑藍齊地。○灑色買反。又所綺反。書曰。齊殺其大夫。從君於昏也。傳解經不言崔杼殺。而為國討文。

鄭子孔之爲政也專。專權國人患之。乃討西宮之難。十年尉止等作難西宮。子孔知而不言。與純門之師。前年子孔召楚師至純門。子孔當罪。以其甲及子革子良氏之甲守。以自守也。甲辰。子展子西率國人伐之。殺子孔而分其室。書曰鄭殺其大夫專也。亦以國討爲文。子然。子孔宋子之子也。子革子然父。士子孔圭嬀之子也。宋子圭嬀皆鄭穆公妾。士子孔子良父。○嬀居危反 圭嬀之班亞宋子。而相親也。亞次也。士子孔亦相親也。僖之四年。子然卒。鄭僖四年。魯襄六年。簡之元年。士子孔卒。魯襄八年。司徒孔實相子革子良之室。司徒孔與二父相親。三室如一。言同心。故及於難。故二子并及難。子革子良出奔楚。子革爲右尹。子革鄭丹。鄭人使子展當國。子西聽政。立子產

春秋左傳 卷十六 襄公 十五 秉禮堂

爲卿。簡公猶幼故大夫當國。

齊慶封圍高唐。弗克。夙沙衛以高唐叛。故圍之。冬十一月。齊侯圍之。見衛在城上。號之。乃下。衞下與齊侯語。○號胡報反。下戶嫁反 問守備焉。以無備告。揖之。乃登。齊侯以衛告誠揖而禮之。欲生之也。衛志於戰死。故不順齊侯之揖而還登城 聞師將傳。食高唐人。殖綽工僂會夜縋納師。傳音附。食音嗣。僂力侯反 醢衛于軍。因其會食二子。齊大夫。○

城西郛。懼齊也。前年與晉伐齊。又鑄其器爲鐘。故懼

齊及晉平。盟于大隧。大隧地闕 故穆叔會范宣子于柯。齊晉平。魯懼齊故爲柯會以自固 穆叔見叔向。賦載馳之四章。四章曰控于大邦誰因誰極。控引也。取其欲引大國以自救助 叔向曰。肸敢不承命。叔向度齊未肯以盟服。故許救魯 穆叔歸曰。齊猶未也。

不可以不懼。乃城武城。

衞石共子卒。石買。○共音恭 悼子不哀。悼子石惡。買之子。孔成子曰。是謂蹷其本。蹷猶拔也。必不有其宗。爲二十八年石惡出奔傳

向。莒邑。

經二十年。春。王正月。辛亥。仲孫速會莒人盟于向。

夏六月。庚申。公會晉侯齊侯宋公衞侯鄭伯曹伯莒子邾子滕子薛伯杞伯小邾子盟于澶淵。澶淵在頓丘縣南。今名繁汙。此衛地。又近戚田。○澶市然反。汙音紆

秋。公至自會。

春秋左傳 卷十六 襄公 十六 秉禮堂

仲孫速帥師伐邾。無傳。

蔡殺其大夫公子燮。莊公子。

蔡公子履出奔楚。燮母弟也。

陳侯之弟黃出奔楚。稱弟明無罪也。

叔老如齊。

冬。十月丙辰朔。日有食之。無傳、

季孫宿如宋。

傳二十年。春。及莒平。孟莊子會莒人盟于向。督揚之盟故也。莒數伐魯前年諸侯盟督揚以和解之故二國自復共盟結其好、

夏盟于澶淵。齊成故也。齊與晉平、

邾人驟至。以諸侯之事。弗能報也。驟數也謂十五年十七年伐魯秋。孟莊子伐邾以報之。既盟而又伐之非、

蔡公子燮欲以蔡之晉。背楚蔡人殺之。公子履其母弟也。故出奔楚。與兄同謀故、

陳慶虎慶寅。畏公子黃之偪。二慶陳卿恐黃偪奪其政愬諸楚曰。與蔡司馬同謀。同欲之晉楚人以為討。討責陳、公子黃出奔楚。奔楚自理初。蔡文侯欲事晉。曰。先君與於踐土之盟。先君文侯父莊侯甲午也踐土盟在僖二十八年○與音預晉不可棄。且兄弟也。畏楚不能行而卒。宣公十七年文侯卒楚人使蔡無常。徵發無準公子燮求從先君以利蔡。不能而死。書曰。蔡殺其大夫公子燮。言不與民同欲也。罪其違衆陳侯之弟黃出奔楚。言非其罪也。稱弟罪陳侯及二慶公子黃將出奔。呼於國曰。慶氏無道。求專陳國。暴蔑其君而去其親。五年不滅。是無天也。為二十三年陳殺二慶傳、

齊子初聘于齊。禮也。齊魯有怨朝聘禮絕今始復通故曰初繼好息民故曰禮、

冬。季武子如宋。報向戌之聘也。向戌聘在十五年、褚師段逆之以受享。段共公子子石也逆以入國受享禮賦常棣之七章以卒。武子賦也七章以卒盡八章取其妻子好合如鼓瑟琴宜爾室家樂爾妻孥言二國好合宜其室家相親如兄弟、宋人重賄之。歸復命。公享之。賦魚麗之卒章。魚麗詩小雅卒章曰物其有矣維其時矣喻聘宋得其時公賦南山有臺。南山有臺詩小雅取其樂只君子邦家之基邦家之光喻武子奉使能為國光輝、武子去所。曰。臣不堪也。去所辟席、

衛甯惠子疾。召悼子。悼子甯喜曰。吾得罪於君。悔而無及也。名藏在諸侯之策。曰。孫林父甯殖出其君。君入則掩之。掩惡名、若能掩之。則吾子也。若不能。猶有鬼神。吾有餒而已。不來食矣。餒餓也、悼子許諾。惠子遂卒。為二十六年衛侯歸傳、

經二十有一年。春。王正月。公如晉。

邾庶其以漆閭丘來奔。二邑在高平南平陽縣東北有漆鄉西北有顯閭亭以邑出為叛適魯而言來奔內外之辭、

夏。公至自晉。無傳、

秋。晉欒盈出奔楚。盈不能防閑其母以取奔亡稱名罪之、

九月。庚戌朔。日有食之。無傳、

冬。十月。庚辰朔。日有食之、無傳、

曹伯來朝。

公會晉侯。齊侯。宋公。衛侯。鄭伯。曹伯。莒子。邾子。于商任。商任地闕、○任音壬

傳二十一年。春。公如晉。拜師。及取邾田也。謝十八年伐齊之師、漷水之田、邾庶其以漆閭丘來奔。庶其邾大夫、季武子以公姑姊妻之。計公年不得有未嫁姑姊、蓋寡者二人、

皆有賜於其從者。於是魯多盜。季孫謂臧武仲曰。子盍詰盜。詰治也、武仲曰。不可詰也。紇又不能。季孫曰。我有四封。而詰其盜。何故不可。子爲司寇。將盜是務去。若之何不能。武仲曰。子召外盜而大禮焉。何以止吾盜。吾謂國中。○去起呂反下皆同子爲正卿。而來外盜。使紇去之。將何以能。庶其竊邑於邾以來。子以姬氏妻之。而與之邑。使食漆閭丘、其從者皆有賜焉。若大盜禮焉以君之姑姊。與其大邑。其次皂牧輿馬。給其賤役、從皂至牧凡八等之人、其小者衣裳劍帶。是賞盜也。賞而去之。其或難焉。紇也聞之。在上位者。洒濯其心。壹以待人。軌度其信。可明徵也。徵驗也、○洒西禮反度待洛反而後可以

治人。夫上之所爲。民之歸也。上所不爲。而民或爲之。是以加刑罰焉。而莫敢不懲。若上之所爲。而民亦爲之。乃其所也。又可禁乎。夏書曰。念茲在茲。逸書也、茲此也、謂行此事當念使可施之於此、釋茲在茲。釋除也、謂欲有所治除於人、亦當顧已得無亦有之、名言茲在茲。名此事言此事亦皆當令可施於此、允出茲在茲。允信也、信出於此則善亦在此、惟帝念功。言帝念功則功成也、將謂由己壹也。信由己壹。而後功可念也。言非但意念而已、當須信己誠至、庶其非卿也。以地來。雖賤必書。重地也。重地、故書其人、其人書則惡名彰以懲不義、

齊侯使慶佐爲大夫。慶佐崔杼黨、復討公子牙之黨。執公子買于句瀆之丘。公子鉏來奔。叔孫還奔燕。三子齊公族、言非公族逐親戚以成崔慶之勢、終有弑殺之禍、○還音旋

夏。楚子庚卒。楚子使薳子馮爲令尹。訪於申叔豫。叔豫叔時孫、叔豫曰。國多寵而王弱。弱政教微而貴臣強、國不可爲也。遂以疾辭。方暑。闕地。下冰而牀焉。重繭衣裘。鮮食而寢。繭綿衣、○闕求月反衣於既反鮮息淺反楚子使醫視之。復曰。瘠則甚矣。瘠瘦也、而血氣未動。言無疾、乃使子南爲令尹。子南公子追舒也、爲二十二年殺追舒傳、

欒桓子娶於范宣子。生懷子。桓子欒黶、懷子盈也、范鞅以其亡也。怨欒氏。十四年欒黶逐范鞅使奔秦、○鞅其丈反故與欒盈爲公族大夫。而不相能。桓子卒。欒祁與其老州賓通。欒祁桓子妻范宣子女盈之母也、范氏堯後祁姓、幾亡室矣。言亂

其。懷子患之，祁懼其討也，愬諸宣子曰：盈將爲亂，以范氏爲死桓主而專政矣。桓主，欒黶。曰：吾父逐鞅也，不怒而以寵報之，謂宣子不爲黶責怒鞅，而反與鞅寵位。又與吾同官而專之，同爲公族大夫，而鞅專其權勢。吾父死而益富。死吾父而專於國，有死而已，吾蔑從之矣。言宣子專政，盈欲以死作難。其謀如是，懼害於主，吾不敢不言。范鞅爲之徵。證其有此。懷子好施，士多歸之。宣子畏其多士也，信之。懷子爲下卿，下軍佐。宣子使城著而遂逐之。著，晉邑，在外，易逐。○著，直據反，又張慮反，易，以豉反。秋，欒盈出奔楚。宣子殺箕遺、黃淵、嘉父、司空靖、邴豫、董叔、邴師、申書、羊舌虎、叔羆，十子，皆晉大夫，欒盈之黨也。羊舌虎，叔向弟。囚伯華、叔向、籍偃。籍偃，上軍司馬。人謂叔向曰：子離於

春秋左傳　卷十六　襄公　三十　永懷堂

罪，其爲不知乎。譏其受囚而不能去。○知音智。叔向曰：與其死亡若何。言雖囚何若於死亡。詩曰：優哉游哉，聊以卒歲，知也。詩小雅。言君子優游於衰世，所以辟害，卒其壽，是亦知也。樂王鮒見叔向曰：吾爲子請。叔向弗應。出，不拜。樂王鮒，晉大夫樂桓子。其人皆咎叔向。叔向曰：必祁大夫。祁大夫，祁奚也。食邑於祁，因以爲氏。祁縣今屬太原。室老聞之，曰：樂王鮒言於君無不行，其言皆得行。求赦吾子，吾子不許。謂不應，出不拜。祁大夫所不能也，不能動君。而曰必由之，何也。叔向曰：樂王鮒，從君者也，何能行。祁大夫外舉不棄讎，內舉不失親，其獨遺我乎。詩曰：有覺德行，四國順之。詩大雅。言德行直，則天下順之。夫子，覺者也。覺，較然正直。○較音角。晉侯問叔向之罪於樂王鮒，對曰：不棄其親，其有焉。言叔向篤親親，必與叔虎同謀。於是祁奚老矣，老，去公族大夫。聞之，乘馹而見宣子，曰：詩曰：惠我無疆，子孫保之。詩周頌也。言文武有惠訓之德，加於百姓，故子孫保賴之。○馹，人實反。書曰：聖有謩勳，明徵定保。逸書。謩，謀也。勳，功也。言聖哲有謀功者，當明信定安之。○謩，莫胡反。夫謀而鮮過，惠訓不倦者，叔向有焉。謀鮮過，有謩勳也。惠訓不倦，惠我無疆也。社稷之固也，猶將十世宥之，以勸能者。今壹不免其身，壹以弟故。以棄社稷，不亦惑乎。鯀殛而禹興，言不以父罪廢其子。伊尹放大甲而相之，卒無怨色。大甲，湯孫也，荒淫失度，伊尹放之桐宮三年，改悔而復之，而無恨心，言不以一怨妨大德。管蔡爲戮，周公右王。言兄弟罪不相及。若之何其以虎也棄社稷。子爲善，誰敢不勉，多殺何爲。宣子說，與之乘，以言諸公而免之。共載入見公。○說音悅。不見叔向

春秋左傳　卷十六　襄公　三十一　永懷堂

而歸。言爲國，非私叔向也。○爲，于僞反，下同。叔向亦不告免焉而朝。不告謝之，明不爲己。初，叔向之母妬叔虎之母美而不使。不使見叔向父。其子皆諫其母。其母曰：深山大澤，實生龍蛇。言非常之地，多生非常之物。彼美，余懼其生龍蛇以禍女。女，敝族也。敝，衰壞也。龍蛇喻奇怪。○女音汝。國多大寵，六卿專權。不仁人間之，不亦難乎。余何愛焉。使往視寢，生叔虎，美而有勇力，欒懷子嬖之，故羊舌氏之族及於難。欒盈過於周，周西鄙掠之。劫掠財物。○閒，去聲。掠音亮。辭於行人，王行人也。曰：天子陪臣盈，諸侯之臣，稱於天子曰陪臣。得罪於王之守臣，范宣子爲王所命，故曰守臣。將逃罪。罪重於郊甸，重得罪於郊甸，謂爲郊甸所侵掠也。郭外曰郊，郊外曰甸。無所伏竄，敢布其死。布，陳也。昔陪臣書能輸力於王室。

王施惠焉。輸力、謂輔相晉國、以翼戴天子、其子黶不能保任其父之勞。大君若不弃書之力。亡臣猶有所逃。大君謂天王、若弃書之力、而思黶之罪。臣戮餘也。罪戮之餘、將歸死於尉氏。尉氏、討姦之官、不敢還矣。敢布四體、唯大君命焉。言布四體、無所隱、王曰、尤而效之、其又甚焉。尤晉逐盈而自掠之、是效尤、使司徒禁掠欒氏者、歸所取焉。使候出諸轘轅。候、送迎賓客之官也、轘轅關在緱氏縣東南、

冬、曹武公來朝、始見也。即位三年、始來見公、

會於商任、錮欒氏也。禁錮欒盈、使諸侯不得受、齊侯衛侯不敬。叔向曰、二君者必不免。會朝、禮之經也。禮、政之輿也。政須禮而行、政、身之守也。政存則身安、怠禮失政、失政不立、是以亂也。爲二十五年齊弑光、二十六年衛弑剽傳、

知起中行喜州綽邢蒯出奔齊。四子、晉大夫、○知音智、行戶郎反、蒯苦怪反、皆欒氏之黨也。欒王鮒謂范宣子曰、盍反州綽邢蒯。勇士也。宣子曰、彼欒氏之勇也、余何獲焉。言不爲已用、王鮒曰、子爲彼欒氏、乃亦子之勇也。言子待之如欒氏、亦爲子用也、

齊莊公朝、指殖綽郭最曰、是寡人之雄也。州綽曰、君以爲雄、誰敢不雄。然臣不敏、平陰之役、先二子鳴。十八年晉伐齊、及平陰、州綽獲殖綽郭最、故自比於雞鬬、勝而先鳴、莊公爲勇爵。設爵位以命勇士、殖綽郭最欲與焉。自以爲勇、○與音預、下同、州綽曰、東閭之役、臣左驂迫、還於門中、識其枚數。識門板數、亦在十八

年、其可以與於此乎。公曰、子爲晉君也。對曰、臣爲隸新。言但爲僕隸、尚新耳、然二子者、譬於禽獸、臣食其肉而寢處其皮矣。言嘗射得之、

經 二十有二年春王正月、公至自會。無傳、

夏四月。

秋七月辛酉、叔老卒。無傳、子叔齊子、

冬、公會晉侯齊侯宋公衛侯鄭伯曹伯莒子邾子薛伯杞伯小邾子于沙隨。公至自會。無傳、

楚殺其大夫公子追舒。書名者、寵近小人、貪而多馬、爲國所患、

傳 二十二年春、臧武仲如晉。公頻與晉侯外會、今各將罷還、魯之守卿遣武仲爲公謝不敏、故不書、雨、過御叔、御叔在其邑、將飲酒。御叔、魯御邑大夫、○過古禾反、曰、焉用聖人。武仲多知、時人謂之聖、○焉於虔反、我將飲酒而已、雨行、何以聖爲。穆叔聞之曰、不可使也、而傲使人、言御叔不任使四方、○使人所吏反、國之蠹也。令倍其賦。古者家有國邑、故以重賦爲罰、傳言穆叔能用教、

夏、晉人徵朝于鄭。召鄭使朝、鄭人使少正公孫僑對。少正、鄭卿官也、公孫僑、子產、

曰在晉先君悼公九年我寡君於是即位會襄八年即位八月即位之年八月而我先大夫子駟從寡君以朝于執事執事不禮於寡君言朝執事謙不敢斥晉侯寡君懼因是行也我二年六月朝于楚因朝晉不見禮生朝楚心晉是以有戲之役在九年○戲許宜反楚人猶競而申禮於敝邑敝邑欲從執事而懼為大尤曰晉其謂我不共有禮是以不敢攜貳於楚言欲往覘楚知可去否○共音恭我四年三月先大夫子蟜又從寡君以觀釁於楚覲朝言觀釁飾辭也晉於是乎有蕭魚之役在十二年謂我敝邑邇在晉國譬諸草木吾臭味也晉鄭同姓故而何敢差池差池不齊一○差初宜反又初佳反一七河反池直知反一徒河反楚亦不競寡君盡其土實土地所有重之以宗器宗廟禮樂之器鍾磬之屬以受齊盟齊同也遂帥羣臣隨于執事以會歲終朝正貳於楚者子侯石盂歸而討之石盂石㚖○盂音于㚖勑略反溴梁之明年溴梁在十六年子蟜老矣公孫夏從寡君以朝于君見於嘗酎酒之新熟重者為酎嘗新飲酒為嘗酎○酎直又反與執燔焉助祭○與音預閒二年謂二十年聞君將靖東夏先澶淵二月往澶淵盟○閒去聲又如字四月又朝以聽事期朝以聽會期不朝之閒無歲不聘無役不從以大國政令之無常國家罷病不虞[illegible]也○罷音皮無日不愓豈敢忘職愓懼也大國若安定之其朝夕[illegible]何辱命焉言自將往不須來召若不恤其患而以為口實口實但有其言而已其無乃不堪任命而翦為仇讎翦削也謂見剗削不堪命則成仇讎敝邑是懼其敢忘

君命委諸執事執事實重圖之傳言子產有辭所以免大國之討秋欒盈自楚適齊晏平仲言於齊侯曰商任之會受命於晉受錮欒氏之命今納欒氏將安用之小所以事大信也失信不立君其圖之弗聽退告陳文子曰君人執信臣人執共忠信篤敬上下同之天之道也君自棄也弗能久矣為二十五年齊弒其君光傳九月鄭公孫黑肱有疾歸邑于公黑肱子張召室老宗人立段段子石黑肱子而使黜官薄祭黜官無多受職祭以特羊殷以少牢四時祀以一羊三年盛祭以羊豕殷盛也足以共祀盡歸其餘邑曰吾聞之生於亂世貴而能貧民無求焉可以後亡敬共事君與二三子生在敬戒不在富也己巳伯張卒君子曰善戒詩曰慎爾侯度用戒不虞鄭子張其有焉詩大雅侯維也義取慎法度戒未然冬會于沙隨復錮欒氏也晉知欒盈在齊故復錮也欒盈猶在齊晏子曰禍將作矣齊將伐晉不可以不懼為明年齊伐晉傳楚觀起有寵於令尹子南未益祿而有馬數十乘言子南偏寵觀起令富楚人患之王將討焉子南之子棄疾為王御士御王車者王每見之必泣棄疾曰君三泣臣矣敢問誰之罪也王曰令尹之不能爾所知也國將討焉爾其居乎問能止事我否對曰父戮子居君焉用之洩命重刑臣亦不為漏泄君命罪之重王遂殺子南於朝轘觀起於四

竟。（轘，車裂以徇。○轘音患。）子南之臣謂棄疾。請徙子尸於朝。（[illegible]）曰。君臣有禮。唯二三子。（[illegible]）三日。棄疾請尸。王許之。既葬。其徒曰。行乎。（行，去也。）曰。吾與殺吾父。行將焉入。曰。然則臣王乎。曰。棄父事讎。吾弗忍也。（[illegible]）遂縊而死。（[illegible]）復使薳子馮為令尹。公子齮為司馬。屈建為莫敖。（[illegible]）有寵於薳子者八人。皆無祿而多馬。（[illegible]）他日朝。與申叔豫言。弗應而退。從之。入於人中。又從之。遂歸。退朝。見之。（薳子就申叔家見之。）曰。子三困我於朝。吾懼。不敢不見。吾過。子姑告我。何疾我也。對曰。吾不免是懼。何敢告子。曰。何故。對曰。昔觀起有寵於子南。子南得罪。觀起車裂。何故不懼。自御而歸。不能當道。（[illegible]）至。謂八人者曰。吾見申叔。夫子所謂生死而肉骨也。（已死復生，白骨更肉。）知我者如夫子則可。不然。請止。（[illegible]）辭八人者。而後王安之。（[illegible]）

春秋左傳　卷十六　襄公

十二月。鄭游眅將歸晉。（游眅，公孫蠆之子。○眅，普板反。蠆，[illegible]）未出竟。遭逆妻者。奪之。以館于邑。（[illegible]）丁巳。（十一月十四日也。）其夫攻子明。殺之。以其妻行。（[illegible]）子展廢良而立大叔。（[illegible]）曰。國卿。君之貳也。民之主也。不可以苟。請舍子明之類。（[illegible]）求亡妻者。使復其所。使游氏勿怨。曰。無昭惡也。

（[illegible]不修益明也。）

春秋左傳卷十六　襄公

春秋左傳卷十六終

示樸堂

春秋左傳卷十七

晉鎭南大將軍當陽縣侯京兆杜　預集解
皇明　後　學　·東吳金　蟠較訂

襄公

經二十有三年，春王二月癸酉朔，日有食之。無傳。

三月己巳，杞伯匄卒。五同盟。○匄，古害反。

夏，邾畀我來奔。無傳。畀我，庶其之黨。同有竊邑叛君之罪，來奔，故書。

葬杞孝公。無傳。

陳殺其大夫慶虎及慶寅。書名，皆罪其專國叛君。言及，史異辭，無義例。

陳侯之弟黃自楚歸于陳。諸侯納之曰歸。黃至楚自理，得直，故爲楚所納。

晉欒盈復入于晉，入于曲沃。以惡入曰復入。兵敗奔曲沃，據曲沃衆還與君爭，非欲出附他國，故不言叛。

秋，齊侯伐衞，遂伐晉。兩事，故言遂。

八月，叔孫豹帥師救晉，次于雍榆。豹救晉，待命于雍榆，故書次。雍榆，晉地。汲郡朝歌縣東有雍城。○雍，於用反。朝，如字。

己卯，仲孫速卒。孟莊子也。

冬十月乙亥，臧孫紇出奔邾。書名者，阿順季氏，爲之廢長立少，以取奔亡，罪之。

晉人殺欒盈。

齊侯襲莒。輕行掩其不備曰襲。因伐晉還襲莒，不言遂者，間有事。

傳二十三年春，杞孝公卒，晉悼夫人喪之。悼夫人，晉平公母，杞孝公姊妹。○喪，如字。平公不徹樂，非禮也。徹，去也。禮爲鄰國闕。禮，諸侯絕期，故以鄰國責之。○爲，于僞反。期，居其反。

陳侯如楚。朝也。公子黃愬二慶於楚，楚人召之。二慶，虎及寅也。二十年，二慶譖黃，黃奔楚自理。今陳侯往，楚乃信黃，爲召二慶。使慶樂往，殺之。慶樂，二慶之族。二慶畏誅，故不敢自往。慶氏以陳叛。因陳侯在楚而叛之。不書叛，不以告。夏，屈建從陳侯圍陳。陳人城，治城以距君。屈建，楚莫敖。板隊而殺人。役人相命，各殺其長。慶氏怨其板隊，遂殺築人，故役人怒而作亂。

遂殺慶虎慶寅。楚人納公子黃。君子謂慶氏不義。不可肆也。肆放也。故書曰。惟命不于常。周書康誥。言有義則存。無義則亡。

晉將嫁女于吳。齊侯使析歸父媵之。以藩載欒盈及其士。藩車之有障蔽者。使若媵妾在其中。○媵以正反。藩方元反。納諸曲沃。欒盈邑也。欒盈夜見胥午而告之。胥午守曲沃大夫。對曰。不可。天之所廢。誰能興之。子必不免。吾非愛死也。知不集也。集成也。○知音智。又如字。盈曰。雖然。因子而死。吾無悔矣。我實不天。子無咎焉。言我雖不爲天所祐。子無天咎。故可因。許諾。伏之。而觴曲沃人。胥午匿盈而飲其衆。○飲於鴆反。樂作。午言曰。今也得欒孺子何如。孺子欒盈。對曰。得主而爲之死。猶不死也。皆歎。有泣者。爵行。又言。皆曰。得主何

貳之有。盈出。徧拜之。謝衆之思己。四月。欒盈帥曲沃之甲。因魏獻子。以晝入絳。獻子魏舒。絳晉國都。初。欒盈佐魏莊子於下軍。莊子魏絳獻子之父。獻子私焉。故因之。私相親愛。趙氏以原屛之難怨欒氏。成八年。莊姬譖之。欒郤爲徵。○屛薄經反。韓趙方睦。韓起讓趙武。故和睦。中行氏以伐秦之役怨欒氏。十四年。晉伐秦。欒黶違荀偃命。曰。余馬首欲東。而固與范氏和親。中行偃於中軍。范宣子佐中軍。知悼子少而聽於中行氏。悼子知罃之子荀盈也。少年十七。知氏中行氏同祖。故相聽從。○知音智。程鄭嬖於公。鄭亦荀氏宗。唯魏氏及七輿大夫與之。七輿官名。樂王鮒侍坐於范宣子。或告曰。欒氏至矣。宣子懼。桓子曰。奉君以走固宮。必無害也。桓子樂王鮒。且欒氏多怨。子爲政。欒氏自外。子在位。其利多矣。既有利權。又執民柄。賞罰爲民柄。將何懼焉。欒氏所得。其唯魏氏乎。而可强取也。夫克亂在權。子無懈矣。公有姻喪。夫人有杞喪。○强其丈反。王鮒使宣子墨縗冒絰。晉自殽戰還。遂常墨縗。二婦人輦以如公。恐欒氏有內應。距之。故爲婦人服而入。奉公以如固宮。固宮宮之有臺觀備守者。○觀古喚反。范鞅逆魏舒。用王鮒計。欲强取之。則成列既乘。將逆欒氏矣。趨進曰。欒氏帥賊以入。鞅之父與二三子在君所矣。二三子諸大夫。使鞅逆吾子。鞅請驂乘。持帶。驂乘必持帶備隋隊。○隋徒果反。隊直類反。遂超乘。跳上獻子車。右撫劒。左援帶。援之。命驅之出。僕請。請所至。鞅曰。之公。宣子逆諸階。逆獻子。執其手。賂之以曲沃。恐不與己同心。初。斐豹隸也。著於丹書。蓋犯罪沒爲官奴。以丹書其罪。欒氏之力臣曰督戎。國人懼

之。斐豹謂宣子曰。苟焚丹書。我殺督戎。宣子喜曰。而殺之。所不請於君焚丹書者。有如日。言不負要。明如日。乃出豹而閉之。閉著門外。督戎從之。踰隱而待之。隱短牆也。督戎踰入。豹自後擊而殺之。范氏之徒在臺後。公臺之後。欒氏乘公門。乘登也。宣子謂鞅曰。矢及君屋。死之。鞅用劒以帥卒。用劒短兵接敵。欲致死。欒氏退。攝車從之。鞅攝宣子戎車。遇欒樂。樂欒盈之族。曰。樂免之。死將訟女於天。言雖死猶不舍女罪。樂射之。不中。又注。注屬矢於弦也。○射食亦反。中去聲。則乘槐本而覆。樂車轢槐而覆。或以戟鉤之。斷肘而死。欒魴傷。欒盈奔曲沃。晉人圍之。魴欒氏族。

秋。齊侯伐衛。先驅穀榮御王孫揮。召揚爲右。先驅前鋒軍。申驅成秩

御莒恒申鮮虞之傳摯爲右（申驪次前軍傳摯申鮮虞之子）曹開御戎晏父戎爲右（公御右也）貳廣上之登御邢公盧蒲癸爲右（貳廣公副車）啓牢成御襄罷師狼蘧疏爲右（左翼曰啓○罷音皮又音彼一皮買反）胠商子車御侯朝桓跳爲右（右翼曰胠○胠起居反又音脅朝如字一直遙反跳徒彫反）大殿商子游御夏之御寇崔如爲右（大殿後軍）燭庸之越駟乘（四人共乘殿車也傳具載此言莊公廢舊臣任武力）自衛將遂伐晉晏平仲曰君恃勇力以伐盟主若不濟國之福也不德而有功憂必及君崔杼諫曰不可臣聞之小國閒大國之敗而毀焉必受其咎君其圖之弗聽陳文子見崔武子（文子陳完之孫須無武子崔杼也）曰將如君何武子曰吾言於君君弗聽也以爲盟主而利其難羣臣若急君於何有（言有急不能顧君欲弒之以說晉）子姑止之文子退告其人曰崔子將死乎謂君甚而又過之（弒君之惡過於背盟主）不得其死過君以義猶自抑也況以惡乎（自抑損）齊侯遂伐晉取朝歌（朝歌今屬汲郡）爲二隊入孟門登大行（二隊分兵爲二部孟門晉隘道大行山在河內郡北○隊徒對反大音泰）張武軍於熒庭（張武軍謂築壘壁熒庭晉地）戍郫邵（取晉邑而守之○郫婢支反）封少水（封晉尸於少水以爲京觀○少詩照反）以報平陰之役乃還（平陰役在十八年）趙勝帥東陽之師以追之獲晏氂（趙勝趙旃之子東陽晉之山東魏郡廣平以北晏氂齊大夫○氂力之反）八月叔孫豹帥師救晉次于雍榆禮也（救盟主故曰禮）季武子無適子公彌長而愛悼子欲立之（公彌公鉏悼子紇也○適丁歷反）訪

於申豐曰彌與紇吾皆愛之欲擇才焉而立之申豐趨退歸盡室將行（申豐季氏屬大夫）他日又訪焉對曰其然將具敝車而行（其然猶必爾）乃止（止不立紇）訪於臧紇臧紇曰飲我酒吾爲子立之季氏飲大夫酒臧紇爲客（爲上賓○飲於鴆反）既獻（獻已）臧孫命北面重席新樽絜之（酒樽既新復絜滌之）召悼子降逆之大夫皆起（臧孫下迎悼子）及旅而召公鉏（獻酬禮畢而通行爲旅）使與之齒（使從庶子之禮列在悼子之下）季孫失色（恐公鉏不從）季氏以公鉏爲馬正（馬正家司馬）慍而不出閔子馬見之（閔子馬閔馬父）曰子無然禍福無門唯人所召爲人子者患不孝不患無所（所位處）敬共父命何常之有（言廢置在父無常位也）若能孝敬富倍季氏可也（父寵之則可富）姦回不軌禍倍下民可也（禍甚於貧賤）公鉏然之敬共朝夕恪居官次（次舍也）季孫喜使飲己酒而以具往盡舍旃（具饗燕之具○舍音捨）故公鉏氏富又出爲公左宰（出季氏家臣仕於公）孟孫惡臧孫（不相善○惡烏路反）季孫愛之（愛其成己志）孟氏之御騶豐點好羯也（羯孟莊子之庶子孺子秩之弟孝伯也○騶側留反好呼報反羯居竭反）曰從余言必爲孟孫（爲孟孫後）再三云羯從之孟莊子疾豐點謂公鉏苟立羯請讎臧氏（使孟氏與公鉏共憎臧孫）公鉏謂季孫曰孺子秩固其所也（固自當立）若羯立則季氏信有力於臧氏矣（臧氏因季孫之欲而爲定之猶爲有力今若專立孟氏之少則季氏有力過於臧氏）弗應己卯孟孫卒公鉏奉羯立于戶側（戶側喪主）季孫至入哭而出曰秩焉在公鉏曰羯在此

矣。季孫曰。孺子長。公鉏曰。何長之有。唯其才也。季孫廢鉏立紇、云欲擇才、故以此荅之、且夫子之命也。遂誣孟孫。遂立羯。秩奔邾。臧孫入哭甚哀、多涕。出。其御曰。孟孫之惡子也。而哀如是。季孫若死、其若之何。臧孫曰。季孫之愛我、疾疢也。常志相從、身之害。孟孫之惡我、藥石也。常志相違戾、猶藥石之療疾、美疢不如惡石。夫石猶生我。愈己疾也。疢之美、其毒滋多。孟孫死。吾亡無日矣。孟氏閉門、告於季孫曰。臧氏將為亂、不使我葬。欲為公鉏讎臧氏、季孫不信。臧孫聞之、戒。戒、備也。冬十月、孟氏將辟、藉除於臧氏。辟、穿藏也。於臧氏借人除葬道。○辟、婢亦反、又甫亦反。臧孫使正夫助之。正夫、隧正、除於東門、甲從己而視之。畏孟氏、故從甲士視作者。孟氏又告季孫。季孫怒、命

攻臧氏。見其有甲故。乙亥、臧紇斬鹿門之關以出、奔邾。魯南城東門。初、臧宣叔娶于鑄、生賈及為而死。鑄國、濟北蛇丘縣所治。○蛇音移。繼室以其姪、女子謂兄弟之子為姪。穆姜之姨子也。姪、穆姜姨母之子、與穆姜為姨昆弟。生紇、長於公宮。姜氏愛之、故立之。立為宣叔嗣。臧賈、臧為出在鑄。還舅氏也。臧武仲自邾使告臧賈、且致大蔡焉。大蔡、大龜。曰。紇不佞、失守宗祧。遠祖廟為祧。○祧、他凋反。敢告不弔。不為天所弔恤。紇之罪不及不祀。言應有後。子以大蔡納請、其可。請為先人立後。賈曰。是家之禍也。非子之過也。賈聞命矣。再拜受龜、使為以納請。賈使為為己請。遂自為也。為自為請。臧孫如防。防、臧孫邑。使來告曰。紇非能害也。知不足也。言使甲從己、但慮事淺耳。○知音智。非敢私請。為其先人請也。苟守先

祀、無廢二勳。二勳、文仲、宣叔。敢不辟邑。據邑請後、故孔子以為要君。乃立臧為。臧紇致防而奔齊。其人曰。其盟我乎。謂陳其罪惡、盟諸大夫以為戒。臧孫曰。無辭。廢長立少、季孫所忌、故謂無辭以罪己。將盟臧氏、季孫召外史掌惡臣而問盟首焉。惡臣、謂奔亡者。盟首、載書之章首。對曰。盟東門氏也、曰。毋或如東門遂、不聽公命、殺適立庶。文公命立子惡、公子遂殺之、立宣公。盟叔孫氏也、曰。毋或如叔孫僑如、欲廢國常、蕩覆公室。謂譖公與季孟於晉。季孫曰。臧孫之罪皆不及此。孟椒曰。盍以其犯門斬關。季孫用之、乃盟臧氏曰。無或如臧孫紇干國之紀、犯門斬關。干、亦犯也。臧孫聞之、曰。國有人焉。誰居。其孟椒乎。孟椒、孟獻子之孫子服惠伯。居、猶與也。○居音基、與音餘。

晉人克欒盈于曲沃、盡殺欒氏之族黨。欒魴出奔宋。書曰。晉人殺欒盈。不言大夫、言自外也。自外犯君而入、非復晉大夫。齊侯還自晉、不入。不入國。遂襲莒。門于且于、且于、莒邑。○且子餘反。傷股而退。齊侯傷。明日將復戰、期于壽舒。壽舒、莒地。杞殖、華還載甲夜入且于之隧、宿於莒郊。二子、齊大夫。且于隧、狹路。○華胡化反、還音旋。明日、先遇莒子於蒲侯氏。蒲侯氏、近莒之邑。莒子重賂之、使無死、曰。請有盟。欲以盟要二子、無致死戰。華周對曰。貪貨棄命、亦君所惡也。華周、即華還。昏而受命、日未中而棄之、何以事君。莒子親鼓之、從而伐之、獲杞梁。杞梁、即杞殖。莒人行成。勝大國益懼、故行成。齊侯歸、遇杞梁之妻於郊。梁戰死、妻行迎喪。使弔之、辭曰。殖之

有罪。何辱命焉。言若有罪不足弔。若免於罪。猶有先人之敝廬在。下妾不得與郊弔。婦人無外事。故下猶賤也。○與音預 齊侯弔諸其室。傳善婦人有禮。

齊侯將爲臧紇田。與之田邑。臧孫聞之。見齊侯。與之言伐晉。齊侯自道伐晉之功。對曰。多則多矣。抑君似鼠。夫鼠晝伏夜動。不穴於寢廟。畏人故也。今君聞晉之亂而後作焉。作起兵也。寧將事之。非鼠如何。乃弗與田。臧孫知齊侯將敗。不欲受其田邑。故以比鼠。欲使怒而止。仲尼曰。知之難也。有臧武仲之知。謂能辟齊禍。○知音智下同 而不容於魯國。抑有由也。作不順而施不恕也。夏書曰。念茲在茲。逸書也。念此事在此身。言行事當常念如在己身也 順事恕施也。

經二十有四年。春。叔孫豹如晉。

仲孫羯帥師侵齊。賀克欒氏。

夏。楚子伐吳。

秋七月甲子朔。日有食之。既。

齊崔杼帥師伐莒。無傳。

大水。無傳。

八月癸巳朔。日有食之。無傳。

公會晉侯、宋公、衛侯、鄭伯、曹伯、莒子、邾子、滕子、薛伯、杞伯、小邾子于夷儀。

冬。楚子、蔡侯、陳侯、許男伐鄭。公至自會。無傳。

陳鍼宜咎出奔楚。陳鍼子八世孫。慶氏之黨。書名惡之也。○鍼其廉反。惡烏路反

叔孫豹如京師。

大饑。無傳。

傳二十四年。春。穆叔如晉。范宣子逆之。問焉。曰。古人有言曰。死而不朽。何謂也。穆叔未對。宣子曰。昔匄之祖。自虞以上爲陶唐氏。陶唐堯所治地。大原晉陽縣也。終虞之世以爲號。故曰自虞以上。 在夏爲御龍氏。謂劉累也。事見昭二十九年。 在商爲豕韋氏。豕韋國名。東郡白馬縣東南有韋城。 在周爲唐杜氏。唐杜二國名。殷末豕韋國於唐。周成王滅唐。遷之於杜。爲杜伯。杜伯之子隰叔奔晉。四世及士會。食邑於范。復爲范氏。杜今京兆杜縣。 晉主夏盟爲范氏。其是之謂乎。晉爲諸夏盟主。范氏復爲之佐。言已世興家。 穆叔曰。以豹所聞。此之謂世祿。非不朽也。魯有先大夫曰臧文仲。既沒。其言立。立謂不廢絶。 其是之謂乎。豹聞之。大上有立德。黃帝堯舜。 其次有立

功。(禹稷。)其次有立言。(史佚、周任、臧文仲。)雖久不廢。此之謂不朽。若夫保姓受氏。以守宗祊。(祊、廟門。)世不絕祀。無國無之。祿之大者。不可謂不朽。(傳善穆叔之知言。)

范宣子爲政。諸侯之幣重。鄭人病之。二月。鄭伯如晉。子產寓書於子西以告宣子。(寓、寄也。)曰。子爲晉國。四鄰諸侯不聞令德。而聞重幣。僑也惑之。僑聞君子長國家者。非無賄之患。而無令名之難。夫諸侯之賄聚於公室。則諸侯貳。(貳、離也。○長丁丈反。)若吾子賴之。則晉國貳。(賴、恃用之。)諸侯貳。則晉國壞。晉國貳。則子之家壞。何沒沒也。(沒沒、沈滅之言。)將焉用賄。夫令名。德之輿也。(德須令名以遠聞。)德。國家之基也。有基無壞。無亦是務乎。有德則樂。樂則能久。詩云。樂旨君子。邦家之基。有令德也夫。(詩小雅。言君子樂美其道。爲邦家之基。所以濟令德。○樂樂並音洛。)上帝臨女。無貳爾心。有令名也夫。(詩大雅。言武王爲天所臨。不敢懷貳心。所以濟令名。○女音汝。)恕思以明德。則令名載而行之。是以遠至邇安。毋寧使人謂子。子實生我。(毋寧、寧也。)而謂子浚我以生乎。(浚、取也。言取我財以自生。)象有齒以焚其身。賄也。(焚、斃也。)宣子說。乃輕幣。是行也。鄭伯朝晉。爲重幣故。且請伐陳也。鄭伯稽首。宣子辭。子西相。曰。以陳國之介恃大國。而陵虐於敝邑。(介、因也。大國、楚也。)寡君是以請罪焉。(請得罪於陳也。)敢不稽首。(爲明年鄭入陳傳。)

孟孝伯侵齊。晉故也。(前年齊伐晉。魯爲晉報侵。)

夏。楚子爲舟師以伐吳。(舟師、水軍。)不爲軍政。(不設賞罰之差。)無功而還。(爲下吳召舒鳩起本。)

齊侯既伐晉而懼。將欲見楚子。楚子使薳啓彊如齊聘。且請期。(請會期。)齊社蒐軍實。使客觀之。(祭社。因閱數軍器。以示薳啓彊。)陳文子曰。齊將有寇。吾聞之。兵不戢。必取其族。(戢、藏也。族、類也。取其族。還自害也。)

秋。齊侯聞將有晉師。(夷儀之師。)使陳無宇從薳啓彊如楚。辭。且乞師。(辭有晉師。未得相見。)崔杼帥師送之。遂伐莒。侵介根。(介根、莒邑。今城陽黔陬縣東北計基城是也。齊既與莒平。因兵出侵之。言無信也。)

會于夷儀。將以伐齊。水不克。(晉合諸侯。以報前年見伐。)

冬。楚子伐鄭以救齊。門于東門。次于棘澤。(以齊無宇乞師故也。)諸侯還救鄭。(夷儀諸侯。)晉侯使張骼輔躒致楚師。求御于鄭。(欲得鄭人自御。知其地利故也。○骼、庚白反。又古洛反。躒、力狄反。又音洛。)鄭人卜宛射犬。吉。(射犬、鄭公孫。○射食亦反。)子大叔戒之曰。大國之人。不可與也。(言不可與等也。欲使卑下之。大叔、游吉。○大叔音泰。)對曰。無有衆寡。其上一也。(言在己上者有常分。無大小國之異。)大叔曰。不然。部婁無松柏。(部婁、小阜。松柏大木。喻小國異於大國。○部、蒲口反。又扶苟反。婁、路口反。又力侯反。)二子在幄。坐射犬于外。(二子、張骼、輔躒。幄、帳也。)既食而後食之。(後食音嗣。)使御廣車而行。(廣車、兵車。○)己皆乘乘車。(乘車、安車。)將及楚師。而後從之乘。皆踞轉而鼓琴。(轉、衣裝。○轉張戀反。)近。

不告而馳之。射犬恨故近敵不告而馳 皆取胄於櫜而胄。入壘皆下。搏人以投。收禽挾囚。禽獲也。○櫜古毛反 弗待而出。射犬又不待二子 皆超乘。抽弓而射。既免。復踞轉而鼓琴。曰。公孫同乘。兄弟也。言同乘義如兄弟 胡再不謀。謂不告而馳、不待而出 對曰。曩者志入而已。今則怯也。皆笑曰。公孫之亟也。亟急也。言其性急不能受屈

楚子自棘澤還。使薳啓彊帥師送陳無宇。傳言齊楚因相結也

吳人爲楚舟師之役故。在此年夏 召舒鳩人。舒鳩人叛楚。舒鳩楚屬國。召欲與共伐楚 楚子師于荒浦。荒浦舒鳩地 使沈尹壽與師祁犁讓之。二子楚大夫 舒鳩子敬逆二子。而告無之。且請受盟。二子復命。王欲伐之。薳

子曰。不可。令尹薳子馮 彼告不叛。且請受盟。而又伐之。伐無罪也。姑歸息民。以待其卒。卒終也 卒而不貳。吾又何求。若猶叛我。無辭有庸。乃還。彼無辭我有功。爲明年楚滅舒鳩傳

陳人復討慶氏之黨。鍼宜咎出奔楚。言宜咎所以稱名

齊人城郟。郟王城也。於是穀雒鬭毀王宮。齊叛晉。欲求媚於天子。故爲王城之。○郟古洽反 穆叔如周聘。且賀城。王嘉其有禮也。賜之大路。大路天子所賜車之摠名。爲昭四年叔孫以所賜路葬張本

晉侯使程鄭佐下軍。代欒盈也 鄭行人公孫揮如晉聘。揮子羽也 程鄭問焉。曰。敢問降階何由。問自降下之道 子羽不能對。歸以語然明。然明、鬷蔑。○鬷子公反 然明曰。是將死矣。不然將亡。貴而知懼。懼而思降。乃得其階。階猶道也 下人而已。又何問焉。言易知 且夫既登而求降階者。知人也。不在程鄭。其有亡釁乎。不然其有惑疾。將死而憂也。言鄭本小人。爲明年程鄭卒張本。○知音智

經二十有五年春。齊崔杼帥師伐我北鄙。

夏五月乙亥。齊崔杼弒其君光。齊侯雖背盟主。未有無道於民。故書臣罪。崔杼也

公會晉侯宋公衞侯鄭伯曹伯莒子邾子滕子薛伯杞伯小邾子于夷儀。

六月壬子。鄭公孫舍之帥師入陳。子産之言陳以不義見入。故舍之無譏。釋例詳之

秋八月己巳。諸侯同盟于重丘。夷儀之諸侯也。重丘齊地。己巳七月十一日。經誤。○重直龍反

公至自會。無傳

衞侯入于夷儀。夷儀本邢地。衞滅邢而爲衞邑。晉愍衞衎失國。使衞分之一邑。書入者。自外而入之辭。非國逆之例

楚屈建帥師滅舒鳩。

傳在衛侯入夷儀上經在下從告

冬鄭公孫夏帥師伐陳。陳猶未服

十有二月吳子遏伐楚門于巢卒。遏諸樊也爲巢牛臣所殺不書滅者楚入不獲其尸吳以卒告未同盟而赴以名

傳二十五年春齊崔杼帥師伐我北鄙以報孝伯之師也。前年魯使孟孝伯爲晉伐齊 公患之使告于晉孟公綽曰崔子將有大志志在弑君孟公綽魯大夫不在病我必速歸何患焉其來也不寇不爲寇害使民不嚴欲得民心異於他日齊師徒歸徒空也

齊棠公之妻東郭偃之姊也棠公齊棠邑大夫東郭偃臣崔武子棠公死偃御武子以弔焉見棠姜而美之美其色也使偃取之爲己取也偃曰男女辨姓辨別也今君出自丁齊丁公崔杼之祖臣出自桓齊桓公小白不可東郭偃之祖同姜姓故不可昏武子筮之遇困䷮坎下兌上困之大過䷛巽下兌上大過困六三變爲大過史皆曰吉阿崔子示陳文子文子曰夫從風坎爲中男故曰夫變而爲巽故曰從風風隕妻不可娶也風能隕落物者變而隕落故曰妻不可娶且其繇曰困于石據于蒺藜入于其宮不見其妻凶困六三爻辭困于石往不濟也坎爲險兌爲澤澤險者石不可以動據于蒺藜所恃傷也坎爲險兌爲澤澤之生物而險者蒺藜恃之則傷入于其宮不見其妻凶無所歸也易曰非所困而困名必辱非所據而據身必危既辱且危死其將至妻其可得見邪今卜昏而遇此卦六三失位無應則喪其妻失其所歸也崔子曰嫠也何害先夫當之矣嫠寡婦曰嫠言棠公已當此凶遂取之莊公通焉驟如崔氏以崔子之冠賜人侍者曰不可公曰不爲崔子其無冠乎言雖不爲崔子猶自應有冠崔子因是因是怒公又以其閒伐晉也閒晉之難而伐之曰晉必將報欲弑公以說于晉而不獲閒公鞭侍人賈舉而又近之乃爲崔子閒公伺公閒隙夏五月莒爲且于之役故且于役在二十三年○且音疽莒子朝于齊甲戌饗諸北郭崔子稱疾不視事欲使公來乙亥公問崔子問疾遂從姜氏姜入于室與崔子自側戶出公拊楹而歌歌以命姜侍人賈舉止衆從者而入閉門爲崔子閉公也重言侍人者別下賈舉甲興公登

臺而請弗許請免請盟弗許請自刃於廟弗許求還廟自殺也皆曰君之臣杼疾病不能聽命不能親聽公命近於公宮言崔子宮近公宮或淫者詐稱公陪臣干掫有淫者不知二命干掫行夜言行夜得淫人受崔子命討之不知他命○干讀曰扞掫側掫反又子俱反一音陬行去聲公踰牆又射之中股反隊遂弑之賈舉州綽邴師公孫敖封具鐸父襄伊僂堙皆死八子皆齊勇力之臣爲公所嬖者與公共死於崔子之宮○射食亦反中丁仲反隊直類反僂力侯反堙音因祝佗父祭於高唐高唐有齊別廟也至復命不說弁而死於崔氏爵弁祭服○說他活反申蒯侍漁者侍漁監取魚之官退謂其宰曰爾以帑免帑妻子○帑音奴我將死其宰曰免是反子之義也反死君之義與之皆死崔氏殺鬷蔑于平陰鬷蔑平陰大夫公外嬖傳言莊公所養非

國士，故其死難，皆嬖寵之人。晏子立於崔氏之門外。聞難而來。其人曰：死乎。曰：獨
吾君也乎哉，吾死也。言己與衆臣無異。曰：行乎。曰：吾罪也乎哉，吾亡也。
自謂無罪。曰：歸乎。曰：君死安歸。言安可以歸。君民者，豈以陵民，社稷是主。
臣君者，豈爲其口實，社稷是養。言君不徒居民上，臣不徒求祿，皆爲社稷。故君爲社
稷死則死之，爲社稷亡則亡之。謂以公義死亡。若爲己死而爲己亡，非
其私暱，誰敢任之。私暱，所親愛也。非所親愛，無爲當其禍。且人有君而弒之，吾焉
得死之，而焉得亡之。言己非正卿，見待無異於衆臣，故不得死其難也。將庸何歸。將用死亡
之義，何所歸趣。門啓而入，枕尸股而哭。以公尸枕己股。興，三踊而出。人謂崔子：
必殺之。崔子曰：民之望也，舍之得民。舍，置也。盧蒲癸奔晉，王何奔

莒。二子，莊公黨，爲二十八年殺慶舍張本。叔孫宣伯之在齊也，宣伯，魯叔孫僑如，成十六年奔齊。
叔孫還納其女於靈公，嬖，生景公。還，齊羣公子，納宣伯女於靈公。○還音旋。丁丑，崔
杼立而相之，慶封爲左相，盟國人於大宮，大宮，大公廟。曰：所不與崔
慶者，晏子仰天歎曰：嬰所不唯忠於君、利社稷者是與，有如上
帝。乃歃。盟書云所不與崔慶者，有如上帝，讀書未終，晏子抄荅易其辭，因自歃。辛巳，公與大夫及
莒子盟。莒子朝齊，遇崔杼作亂，未去，故復與景公盟。大史書曰：崔杼弒其君。崔子殺
之。其弟嗣書而死者二人。嗣，續也。并前有三人死。其弟又書，乃舍之。南史
氏聞大史盡死，執簡以往，聞既書矣，乃還。傳言齊有直史，崔杼之罪所以聞。閭
丘嬰以帷縛其妻而載之，與申鮮虞乘而出。二子，莊公近臣。○縛，直轉反。鮮

虞推而下之。下嬰妻也。曰：君昏不能匡，危不能救，死不能死，而知匿
其暱，匿，藏也。暱，親也。其誰納之。行及弇中，將舍。弇中，狹道。嬰曰：崔慶其追我。
鮮虞曰：一與一，誰能懼我。言道狹，雖衆無所用。遂舍，枕轡而寢。恐失馬也。食馬
而食，駕而行，出弇中，謂嬰曰：速驅之，崔慶之衆不可當也。遂來
奔。道廣，衆得用，故不可當。○食馬音嗣。崔氏側莊公于北郭。側，瘞埋之，不殯於廟。丁亥，葬諸
士孫之里。士孫，人姓，因名里。死十三日便葬，不待五月。四翣，翣，喪車之飾，諸侯六。○翣所甲反。不蹕，
蹕，止行人。下車七乘，不以兵甲。下車，送葬之車。齊舊依上公禮九乘，又有兵甲，今皆降損。
晉侯濟自泮，泮，闕。會于夷儀，伐齊，以報朝歌之役。朝歌役在二十三年，不書伐齊，
齊人遊服，兵不加。齊人以莊公說，以弒莊公說晉也。○說如字，又音悅。使隰鉏請成，慶封

如師。慶封獨使於晉，不通諸侯，故不書。隰鉏，隰朋之曾孫。男女以班，賂晉侯以宗器、樂器。
宗器，祭祀之器。樂器，鐘磬之屬。自六正，三軍之六卿。五吏，五吏，文職。三十帥，三十帥，武職，皆軍卿之屬
官。○帥所類反。三軍之大夫，百官之正長師旅，百官正長，羣有司也。師旅，小將帥。及處
守者，皆有賂。處守，守國者。皆以男女爲賂。晉侯許之。晉侯受賂還，不譏者，齊有喪，師自宜退。使
叔向告於諸侯。告齊服。公使子服惠伯對曰：君舍有罪，以靖小國，
君之惠也。寡君聞命矣。
晉侯使魏舒、宛沒逆衛侯，衛獻公以十四年奔齊。○宛，於元反。將使衛與之夷儀。
崔子止其帑，以求五鹿。崔杼欲得衛之五鹿，故留衛侯妻子於齊，以質之。
初，陳侯會楚子伐鄭，在前年。當陳隧者，井堙木刊。隧，徑也。堙，塞也。刊，除也。鄭

入怨之。六月。鄭子展子產帥車七百乘伐陳。宵突陳城。突穿也遂入之。陳侯扶其大子偃師奔墓。欲逃冢間遇司馬桓子。曰。載余。陳之司馬曰。將巡城。不欲載公以巡城辭遇賈獲。賈獲陳大夫載其母妻。下之而授公車。公曰。舍而母。辭曰。不祥。雖急猶不欲男女無別與其妻扶其母以奔墓。亦免。子展命師無入公宮。與子產親御諸門。欲服之而已故禁侵掠陳侯使司馬桓子賂以宗器。陳侯免擁社。免喪服擁社抱社主示服○免音問注同使其衆男女別而纍以待於朝。纍自囚係以待命子展執縶而見。見陳侯○縶陟立反再拜稽首。承飮而進獻。承飮奉觴示不失臣敬子美入數俘而出。子美子產也但數其所獲人數不將以歸○數所主反祝祓社。司徒致民。司馬致節。司空致地。乃還。

祓除也師旅陳亂故正其衆官修其所職以安定之乃還也○祓芳弗反又音廢

秋七月己巳。同盟于重丘。齊成故也。伐齊而稱同盟以明齊亦同盟

趙文子爲政。趙武代范匄令薄諸侯之幣。而重其禮。以重禮待諸侯穆叔見之。謂穆叔曰。自今以往。兵其少弭矣。弭止也○弭亡氏反齊崔慶新得政。將求善於諸侯。武也知楚令尹。令尹屈建若敬行其禮。道之以文辭。以靖諸侯。兵可以弭。爲二十七年晉楚盟于宋傳

楚薳子馮卒。屈建爲令尹。屈建子木屈蕩爲莫敖。代屈建宣十二年邲之役楚有屈蕩爲左廣之右世本屈蕩屈建之祖父今此屈蕩與之同姓名○邲扶必反舒鳩人卒叛。前年辭不叛楚令尹子木伐之。及離城。離城舒鳩城吳人救之。子木遽以右師先。先至舒鳩子彊息桓子子捷子駢子盂帥左師以退。五人不及子木與吳相遇而退吳人居其間七日。居楚兩軍之間子彊曰。久將墊隘。隘乃禽也。不如速戰。墊隘慮水雨請以其私卒誘之。簡師陳以待我。簡閱精兵駐後爲陳我克則進。奔則亦視之。視其形勢而救助之乃可以免。不然必爲吳禽。從之。五人以其私卒先擊吳師。吳師奔。登山以望。見楚師不繼。復逐之。傅諸其軍。吳還逐五子至其本軍簡師會之。吳師大敗。遂圍舒鳩。舒鳩潰。八月。楚滅舒鳩。五子既敗吳師遂前共圍滅舒鳩

衛獻公入于夷儀。爲下自夷儀與甯喜言張本

鄭子產獻捷于晉。獻入陳之功而不獻其俘戎服將事。戎服軍旅之衣異於朝服晉人問

陳之罪。對曰。昔虞閼父爲周陶正。以服事我先王。閼父舜之後當周之興閼父爲武王陶正我先王賴其利器用也。與其神明之後也。舜聖故謂之神明庸以元女大姬配胡公。庸用也元女武王之長女胡公閼父之子滿也○大音泰而封諸陳。以備三恪。周得天下封夏殷二王後又封舜後謂之恪并二王後爲三國其禮轉降示敬而已故曰三恪則我周之自出。至于今是賴。言陳周之甥至今賴周德桓公之亂。蔡人欲立其出。陳桓公鮑卒於是陳亂事在魯桓五年蔡出桓公之子厲公也我先君莊公奉五父而立之。五父佗桓公弟殺大子免而代之鄭莊公因就定其位蔡人殺之。欲立其出故我又與蔡人奉戴厲公。奉戴猶奉事至於莊宣。皆我之自立。陳莊公宣公皆厲公子夏氏之亂。成公播蕩。又我之自入。君所知也。播蕩流移失所宣十一年陳夏徵舒弒靈公靈公之子成公奔晉自

（晉因鄭而入也）今陳忘周之大德，蔑我大惠，棄我姻親，介恃楚衆，以馮陵我敝邑，不可億逞。（億度也，逞盡也）我是以有往年之告。（謂鄭伯稽首告晉請伐陳）未獲成命。（未得伐陳命）則有我東門之役。（前年陳從楚伐鄭東門）當陳隧者，井堙木刊，敝邑大懼不競，而恥大姬。（上屬大姬之靈）天誘其衷，啓敝邑心。（啓開也，開道其心，故得勝）陳知其罪，授手于我。用敢獻功。晉人曰：何故侵小？對曰：先王之命，唯罪所在，各致其辟。（辟誅也。○辟婢亦反）且昔天子之地一圻，（方千里。○圻音祈）列國一同，（方百里）自是以衰。（衰差降。○衰初危反）今大國多數圻矣，若無侵小，何以至焉？晉人曰：何故戎服？對曰：我先君武莊爲平桓卿士。（鄭武公莊公爲周平王桓王卿士）城濮之役，文公布命曰：各復舊職。（晉文公）命我文公戎服輔王，以授楚捷，不敢廢王命故也。（城濮在僖二十八年）士莊伯不能詰。（士莊伯，士弱也）復於趙文子。文子曰：其辭順。犯順不祥。乃受之。冬十月，子展相鄭伯如晉，拜陳之功。（謝晉受其功）子西復伐陳，陳及鄭平。（前雖入陳，服之而已，故更伐以結成）仲尼曰：志有之。（志，古書）言以足志，文以足言。（足猶成也）不言，誰知其志？言之無文，行而不遠。（雖得行猶不能及遠）晉爲伯，鄭入陳，非文辭不爲功。愼辭哉。（樞機之發，榮辱之主）楚蔿掩爲司馬，（蔿子馮之子）子木使庀賦，（庀治。○庀匹婢反）數甲兵。（閱數之）甲午，蔿掩書土田，（書土地之所宜）度山林，（度量山林之材，以共國用。○度待落反）鳩藪澤，（鳩聚也。聚成藪澤，使民不得焚燎壞之，欲以備田獵之處）辨京陵，（辨別也。絶高曰京，大阜曰陵，別之以爲冢墓之地）表

淳鹵，（淳鹵埆薄之地，表異輕其賦稅）數疆潦，（疆界有流潦者，計數減其租入）規偃豬，（偃豬下濕之地，規度其受水多少）町原防，（廣平曰原，防隄也，隄防閒地不得方正如井田，別爲小頃町）牧隰皋，（隰皋水厓下濕，爲芻牧之地）井衍沃，（衍沃平美之地，則如周禮制以爲井田。六尺爲步，步百爲畝，畝百爲夫，九夫爲井）量入修賦。（量九土之所入，而治理其賦稅）賦車籍馬，（籍疏其毛色歲齒，以備軍用）賦車兵、（車兵，甲士）徒兵、（步卒）甲楯之數。（使器杖有常數）既成，以授子木，禮也。（得治國之禮。傳言楚之所以興）十二月，吳子諸樊伐楚，以報舟師之役。（舟師在二十四年也）門于巢。（攻巢門）巢牛臣曰：吳王勇而輕，若啓之，將親門。（啓開門也）我獲射之，必殪。（殪死也。○射食亦反。殪於計反）是君也死，彊其少安。從之。吳子門焉，牛臣隱於短牆以射之，卒。

楚子以滅舒鳩賞子木。辭曰：先大夫蔿子之功也。以與蔿掩。（往年楚子將伐舒鳩，蔿子馮請退師以須其叛，楚子從之，卒獲舒鳩，故子木辭賞以與其子）

晉程鄭卒，子產始知然明。（前年然明謂程鄭將死，今如其言，故知之）問爲政焉。對曰：視民如子，見不仁者誅之，如鷹鸇之逐鳥雀也。子產喜，以語子大叔，且曰：他日吾見蔑之面而已，（蔑，然明名）今吾見其心矣。子大叔問政於子產。子產曰：政如農功，日夜思之，思其始而成其終，朝夕而行之，行無越思，（思而後行）如農之有畔，（言有次）其過鮮矣。

衛獻公自夷儀使與甯喜言，（求復國也）甯喜許之。大叔文子聞之，（大叔儀也）曰：烏乎！詩所謂我躬不說，皇恤我後者，甯子可謂不恤其後

十三經古註

下

【明】金蟠 葛鼒 編校
山東省圖書館 整理

齊魯書社

矣。臯暇也。詩小雅。言今我不能自容說，何暇念其後乎。謂甯子必身受禍，不得恤其後也。○說音悅 將可乎哉。殆必不可。君子之行，思其終也。思使終可成。思其復也。思其可復行。書曰，愼始而敬終。終以不困。逸書。詩曰，夙夜匪解，以事一人。一人，以喻君。今甯子視君不如奕棋。奕，圍棋也。其何以免乎。奕者舉棋不定，不勝其耦。而況置君而弗定乎。必不免矣。九世之卿族，一舉而滅之，可哀也哉。甯氏出自衞武公，及喜九世也。

春秋左傳卷十七 終

春秋左傳 卷十七 襄公 二三 永懷堂

春秋左傳卷十八

晉鎭南大將軍當陽縣侯京兆杜 預集解

皇明 後 學 東吳葛 鼒較訂

襄公

傳會于夷儀之歲，齊人城郟。在二十四年。不直言會夷儀者，別二十五年夷儀會。○郟古洽反 其五月，秦晉爲成，晉韓起如秦涖盟，秦伯車如晉涖盟。伯車，秦伯之弟鍼也。○鍼其廉反 成而不結。不結固也。傳爲後年修成起本，當繼前年之末，而特跳此者，傳寫失之。

經二十六年春王二月辛卯，衞甯喜弑其君剽。

衞孫林父入于戚以叛。

衞雖未居位，林甫專邑背國，猶爲叛也。

甲午，衞侯衎復歸于衞。

復其位曰復歸。名與不名，傳無義例。

夏，晉侯使荀吳來聘。

吳，荀偃子。

公會晉人、鄭良霄、宋人、曹人于澶淵。

卿會公侯，皆應貶。方責宋向戌後期，故書良霄以駮之。若皆稱人，則嫌向戌直以會公貶之。○澶市延反。駮邦角反

秋，宋公殺其世子痤。

稱君以殺，惡其父子相殘害。○痤才何反。惡烏路反

晉人執衛甯喜。

八月壬午許男甯卒于楚。

未同盟而赴以名、

冬。楚子蔡侯陳侯伐鄭。

葬許靈公。

【傳】二十六年。春。秦伯之弟鍼如晉修成。修會夷儀歲之成、叔向命召行人子員。欲使荅秦命、○員音云　行人子朱曰。朱也當御。御、進也、言次當行、三云。叔向不應。子朱怒曰。班爵同。同爲大夫、何以黜朱於朝。黜、退也、撫劍從之。從叔向也、叔向曰。秦晉不和久矣。今日之事。幸而集。集、成、晉國賴之。不

集。三軍暴骨。子員道二國之言無私。子常易之。姦以事君者。吾所能御也。拂衣從之。拂衣、褰裳也、○暴蒲卜反　人救之。平公曰。晉其庶乎。庶幾於治、吾臣之所爭者大。師曠曰。公室懼卑。臣不心競而力爭。謂二子不心競爲忠、而撫劍拂衣、不務德而爭善。爭謂所行爲善、私欲已侈。能無卑乎。私欲侈、則公義廢、

衛獻公使子鮮爲復。使爲已求反國、辭。辭不能、敬姒強命之。敬姒、獻公及子鮮之母、○強其丈反　對曰。君無信。臣懼不免。敬姒曰。雖然。以吾故也。許諾。初。獻公使與甯喜言。言復國、甯喜曰。必子鮮在。不然。必敗。子鮮賢、國人信之、必欲使在其間、故公使子鮮。子鮮不獲命於敬姒。不得止命、以公命與甯喜言

曰。苟反。政由甯氏。祭則寡人。甯喜告蘧伯玉。伯玉曰。瑗不得聞君之出。敢聞其入。十四年、孫氏欲逐獻公、瑗走從近關出、遂行從近關出。告右宰穀。衛大夫、右宰穀曰。不可。獲罪於兩君。前出獻公、今弒剽、天下誰畜之。畜猶容也、○畜許六反　悼子曰。吾受命於先人。不可以貳。悼子、甯喜也、受命在二十年、穀曰。我請使焉而觀之。觀知可還否、遂見公於夷儀。反曰。君淹恤在外十二年矣。淹、久也、而無憂色。亦無寬言。猶夫人也。言其爲人猶如故、若不已。死無日矣。已、止也、悼子曰。子鮮在。右宰穀曰。子鮮在。何益。多而能亡。於我何爲。言子鮮爲義、多不過亡出、悼子曰。雖然。弗可以已。孫文子在戚。孫嘉聘於齊。孫襄居守。二子、孫文子之子、二月庚寅。甯喜右宰穀伐

孫氏。不克。伯國傷。伯國、孫襄也、父兄皆不在、故乘弱攻之、甯子出舍於郊。欲奔、伯國死。孫氏夜哭。國人召甯子。甯子復攻孫氏。克之。辛卯。殺子叔及太子角。子叔、衛侯剽、言子叔、剽無謚故、書曰。甯喜弒其君剽。言罪之在甯氏也。嫌受父命納舊君無罪故發之、孫林父以戚如晉。以邑屬晉、書曰。入于戚以叛。罪孫氏也。臣之祿。君實有之。義則進。否則奉身而退。專祿以周旋。戮也。林父事剽而衎入、義可以退、唯以專邑自隨爲罪、故傳發之、甲午。衛侯入。書曰。復歸。國納之也。本晉納之夷儀、今從夷儀入國、嫌若晉所納、故發國納之例、言國之所納而復其位、大夫逆於竟者。執其手而與之言。道逆者。自車揖之。逆於門者。頷之而已。頷、搖其頭、言衎驕心易生、○竟音境、頷戶感反　公至。使讓大叔文子曰。寡人淹恤在外。二三

子皆使寡人朝夕聞衛國之言。二三子，諸大夫。吾子獨不在寡人。在，存問之。公聞文子答衛喜之言，故怨之。古人有言曰：非所怨勿怨，寡人怨矣。所怨在親親。對曰：臣知罪矣。臣不佞，不能負羈絏以從扞牧圉，臣之罪一也。有出者，有居者。出謂衎，居謂剽也。臣不能貳通外內之言以事君，臣之罪二也。有二罪，敢忘其死。乃行，從近關出。公使止之。傳言衛侯不能安和大臣。

衛人侵戚東鄙。以林父叛故。孫氏愬于晉，晉戍茅氏。茅氏，戚東鄙。殖綽伐茅氏，殺晉戍三百人。殖綽，齊人，今來在衛。孫蒯追之，弗敢擊。文子曰：厲之不如。厲，惡鬼也。遂從衛師，敗之圉。蒯感父言，更還逐殖綽。圉，衛地。雍鉏獲殖綽。雍鉏，孫氏臣。復愬于晉。

鄭伯賞入陳之功。入陳在前年。三月甲寅朔，享子展，賜之先路三命之服。先路、次路，皆王所賜車之總名，蓋請之於王。先八邑。以路及命服為邑先，八邑二十二井。○先，悉薦反。賜子產次路再命之服，先六邑。子產辭邑，曰：自上以下，隆殺以兩，禮也。臣之位在四。上卿子展，次卿子西，十一年良霄見經，十九年乃立子產為卿，故位在四。且子展之功也，臣不敢及賞禮，請辭邑。賞禮，以禮見賞，謂六邑也。公固予之，乃受三邑。位次當受二邑，以公固與之，故受三邑。公孫揮曰：子產其將知政矣。知國政。讓不失禮。

晉人為孫氏故，召諸侯，將以討衛也。夏，中行穆子來聘，召公也。召公為澶淵會。

楚子、秦人侵吳，及雩婁，聞吳有備而還。雩婁，今屬安豐郡。遂侵鄭。五月，至于城麇。鄭皇頡戍之，皇頡，鄭大夫，守城麇之邑。○麇，九倫反。頡，戶結反。出與楚師戰，敗。穿封戌囚皇頡，公子圍與之爭之。公子圍，共王子，靈王也。正於伯州犁。正曲直也。伯州犁曰：請問於囚。乃立囚。伯州犁曰：所爭，君子也，其何不知。言王子圍及穿封戌皆非細人，易別識也。上其手，曰：夫子為王子圍，寡君之貴介弟也。介，大也。下其手，曰：此子為穿封戌，方城外之縣尹也。誰獲子？上下手以道囚意。囚曰：頡遇王子，弱焉。弱，敗也。言為王子所得。戌怒，抽戈逐王子圍，弗及。楚人以皇頡歸。印堇父與皇頡戍城麇，印堇父，鄭大夫。楚人囚之，以獻於秦。鄭人取貨於印氏以請之，子大叔為令正，主作辭令之正。

以為請。子產曰：不獲。謂大叔辭以貨請堇父，必不得。受楚之功，而取貨於鄭，不可謂國，秦不其然。受楚獻功，大名也；以貨免之，小利，故謂秦不爾。若曰：拜君之勤鄭國，微君之惠，楚師其猶在敝邑之城下。其可。辭如此，堇父可得。弗從，遂行。秦人不予。更幣，從子產而後獲之。更遣使執幣，用子產辭，乃得堇父，傳稱子產之善。

六月，公會晉趙武、宋向戌、鄭良霄、曹人于澶淵，以討衛，疆戚田。正戚之封疆。取衛西鄙懿氏六十以與孫氏。戚城西北五十里有懿城，因姓以名城。取邑六十井也。趙武不書，尊公也。罪武會公侯。向戌不書，後也。後會期。鄭先宋，不失所也。如期至。於是衛侯會之。晉將執之，不得與會，故不書。晉人執甯喜、北宮遺，使女齊以先歸。討其弒君伐孫氏也。遺，北宮括之子。女齊，司馬侯。歸晉而後告諸侯，故經書在秋。○女音

汝、衛侯如晉。晉人執而囚之於士弱氏。士弱、晉主獄大夫、秋七月、齊侯

鄭伯爲衛侯故如晉。欲共請之、晉侯兼享之。晉侯賦嘉樂。嘉樂、詩大雅、取其嘉

樂君子、顯顯令德、宜民宜人、受祿于天、○嘉戶嫁反、國景子相齊侯。景子、國弱、賦蓼蕭。蓼蕭、詩小雅、言

大平澤及遠、若露之在蕭、以喻晉君恩澤及諸侯、○蓼音六、大音泰、子展相鄭伯。賦緇衣。緇衣、詩鄭風、義

取適子之館兮、還予授子之粲兮、言不敢違遠於晉、叔向命晉侯拜二君。曰、寡君敢拜齊

君之安我先君之宗祧也。敢拜鄭君之不貳也。蓼蕭緇衣、二詩所趣各不同、故

拜二君辭異、國子使晏平仲私於叔向。私與叔向語、曰、晉君宣其明德於

諸侯、恤其患而補其闕、正其違而治其煩、所以爲盟主也。今爲

臣執君、若之何。謂晉爲林父執衛侯、叔向告趙文子。文子以告晉侯。晉侯

言衛侯之罪、使叔向告二君。言自以殺晉戍三百人爲罪、不以林父故、國子賦轡之

柔矣。逸詩、見周書、義取寬政以安諸侯、若柔轡之御剛馬、子展賦將仲子兮。將仲子、詩鄭風、義取衆言

可畏、衛侯雖別有罪、而衆人猶謂晉爲臣執君、晉侯乃許歸衛侯。叔向曰、鄭七穆、罕氏

其後亡者也。子展儉而壹。子展、鄭子罕之子、居身儉而用心壹、鄭穆公十一子、子然、二子孔、三族已

亡、子羽不爲卿、故唯言七穆、○鄭七穆、謂子展公孫舍之、罕氏也、子西公孫夏、駟氏也、子產公孫僑、國氏也、伯有良霄、良氏也、

子大叔游吉、游氏也、子石公孫段、豐氏也、伯石印段、印氏也、穆公十一子、謂子良公子去疾也、子罕公子喜也、子駟公子騑也、

子國公子發也、子孔公子嘉也、子游公子偃也、子豐也、子印也、子羽也、子然也、士子孔也、子然、二子孔已亡、子羽不爲卿、故止

七也、

初、宋芮司徒生女子。芮司徒、宋大夫、○芮如銳反、赤而毛、棄諸堤下。共姬之

妾取以入。共姬、宋伯姬也、名之曰棄。長而美。平公入夕。平公、共姬子也、共姬與

之食。公見棄也、而視之尤。尤甚也、姬納諸御、嬖生佐。佐、元公、惡而婉。

佐貌惡而心順、大子痤美而狠。貌美而心狠戾、合左師畏而惡之。合左師、向戌、○惡烏路反、

寺人惠牆伊戾爲大子內師而無寵。惠牆氏、伊戾名、秋、楚客聘於晉、過

宋。上已有秋、復發傳者、中間有初、不言秋、則嫌楚客過在他年、大子知之、請野享之。公使往。

伊戾請從之。公曰、夫不惡女乎。夫謂大子也、○夫音扶、女音汝、對曰、小人之事

君子也、惡之不敢遠、好之不敢近。敬以待命、敢有貳心乎。縱有

共其外、莫共其內。伊戾爲大子內師、不行、恐內侍廢闕、臣請往也。遣之。至則欿用

牲、加書、徵之。詐作盟處、爲大子反徵驗也、○欿以感反、而騁告公。騁、馳也、曰、大子將爲

亂。既與楚客盟矣。公曰、爲我子、又何求。對曰、欲速。言欲速得公位、公使

視之、則信有焉。有盟徵也、問諸夫人與左師、夫人、佐母弃也、則皆曰固聞之。

公囚大子。大子曰、唯佐也能免我。以其婉也、召而使請、曰、日中不來、

吾知死矣。左師聞之、聒而與之語。聒、讙也、欲使佐失期、○讙呼端反、過期、乃縊

而死。佐爲大子。公徐聞其無罪也、乃亨伊戾。左師見夫人之步

馬者、步馬、習馬、○亨普彭反、問之、對曰、君夫人氏也。左師曰、誰爲君夫人。

余胡弗知。圉人歸、以告夫人。夫人使饋之錦與馬、先之以玉、以玉爲錦馬

之先、曰、君之妾棄使某獻。左師改命曰、君夫人。而後再拜稽

首受之。左師令使者改命也、傳言宋公闇、左師諛、大子所以無罪而死、

鄭伯歸自晉。（請衛侯歸。）使子西如晉聘，辭曰：寡君來煩執事，懼不免於戾。（言自懼失敬於大國而得罪。）使夏謝不敏。（夏，子西名。）君子曰：善事大國。（將求於人，必先下之。言鄭所以能自安。）

初，楚伍參與蔡太師子朝友，其子伍舉與聲子相善也。（聲子，子朝之子。伍舉，子胥祖父，椒舉也。）伍舉娶於王子牟，王子牟為申公而亡，（獲罪出奔。）楚人曰：伍舉實送之。伍舉奔鄭，將遂奔晉。聲子將如晉，遇之於鄭郊，班荊相與食，而言復故。（班，布也。布荊坐地，共議歸楚事。朋友世親。）聲子曰：子行也，吾必復子。及宋向戌將平晉、楚，（平在明年。）聲子通使於晉。（為國通平事。）還如楚，令尹子木與之語，問晉故焉，（故，事。）且曰：晉大夫與楚孰賢？對曰：

晉卿不如楚，其大夫則賢，皆卿材也。如杞梓、皮革，自楚往也。（杞、梓，皆木名。）雖楚有材，晉實用之。（言楚亡臣多在晉。）子木曰：夫獨無族姻乎？（夫，謂晉。）對曰：雖有，而用楚材實多。歸生聞之，（歸生，聲子名。）善為國者，賞不僭而刑不濫。賞僭則懼及淫人，刑濫則懼及善人。若不幸而過，寧僭無濫。與其失善，寧其利淫。無善人，則國從之。（從之亡也。）詩曰：人之云亡，邦國殄瘁。無善人之謂也。（詩大雅。殄，盡也。瘁，病也。）故夏書曰：與其殺不辜，寧失不經。懼失善也。（逸書也。不經，不用常法。）商頌有之曰：不僭不濫，不敢怠皇，命于下國，封建厥福。（詩商頌。言殷湯賞不僭差，刑不濫溢，不敢怠解自寬暇，故能為下國所命為天子。）此湯所以獲天福也。古之治民者，勸賞而畏刑，（樂行賞而憚用刑。）恤民不倦，賞以春夏，刑以秋冬。（順天時。）是以將賞，為之加膳，加膳則飫賜，（飫，厭也。酒食賜下，無不饜足，所謂加膳也。）此以知其勸賞也。將刑，為之不舉，不舉則徹樂，（不舉盛饌。）此以知其畏刑也。夙興夜寐，朝夕臨政，此以知其恤民也。三者，禮之大節也。有禮無敗。今楚多淫刑，其大夫逃死於四方，而為之謀主，以害楚國，不可救療，所謂不能也。（療，治也。所謂楚人不能用其材也。）子儀之亂，析公奔晉，（在文十四年。）晉人寘諸戎車之殿，以為謀主。（殿，後軍。）繞角之役，晉將遁矣，析公曰：楚師輕窕，易震蕩也。若多鼓鈞聲，以夜軍之，（鈞，同其聲。）楚師必遁。晉人從之，楚師宵潰。晉遂侵蔡，襲沈，獲其君，敗申、息之師於桑隧，獲申麗

而還。（成六年，晉欒書救鄭，與楚師遇於繞角，楚師還，晉侵沈，獲沈子。八年，復侵楚，敗申息，獲申麗。○麗，力馳反。）鄭於是不敢南面。楚失華夏，則析公之為也。雍子之父兄譖雍子，君與大夫不善是也。（不是其曲直。）雍子奔晉，晉人與之鄐，（鄐，晉邑。○鄐，許六反，又勑六反。）以為謀主。彭城之役，晉、楚遇於靡角之谷，（在成十八年。）晉將遁矣，雍子發命於軍曰：歸老幼，反孤疾，二人役，歸一人，簡兵蒐乘，（簡，擇。蒐，閱。）秣馬蓐食，師陳焚次，（次，舍也。焚舍，示必死。○陳，直覲反。）明日將戰，行歸者而逸楚囚，（欲使楚知之。）楚師宵潰，晉降彭城而歸諸宋，以魚石歸。（在九年。○降，戶江反。）楚失東夷，子辛死之，則雍子之為也。（楚東小國及陳見楚不能救彭城，皆叛。五年，楚人討陳叛故，殺令尹子辛。）子反與子靈爭夏姬，（子靈，巫臣。）而雍害其事，（予反亦雍害巫

臣不使得取夏姬。○雍，於勇反 子靈奔晉，晉人與之邢，邢，晉邑。以為謀主，扞禦北狄，通吳於晉，教吳叛楚，教之乘車、射御、驅侵，使其子狐庸為吳行人焉。吳於是伐巢，取駕，克棘，入州來，駕、棘皆楚邑，譙國酇縣東北有棘亭。○酇，才多反，又子旦反 楚罷於奔命，至今為患，則子靈之為也。○罷音皮 若敖之亂，伯賁之子賁皇奔晉，晉人與之苗，若敖亂在宣四年。苗，晉邑。○賁，扶云反 以為謀主。鄢陵之役，在成十六年。楚晨壓晉軍而陳，晉將遁矣。苗賁皇曰：楚師之良，在其中軍王族而已。言楚之精卒唯在中軍。○陳，直覲反 若塞井夷竈，成陳以當之，塞井夷竈以為陳。欒、范易行以誘之，欒書時將中軍，范燮佐之，易行謂簡易兵備，欲令楚貪己，不復顧二穆之兵。○行，戶郎反，又音衡 中行、二郤必克二穆，郤錡時將上軍，中行偃佐之，郤至佐新軍，令此三人分良以攻二穆之兵。楚子重、子辛皆出穆王，故曰二穆。 吾乃四萃於其王族，必大敗之。四萃，四面集攻之。 晉人從之，楚師大敗，王夷師熸。夷，傷也。吳楚之間謂火滅為熸。○熸，子潛反 子反死之。鄭叛吳興，楚失諸侯，則苗賁皇之為也。子木曰：是皆然矣。聲子曰：今又有甚於此。椒舉娶於申公子牟，子牟得戾而亡，君大夫謂椒舉：女實遣之。懼而奔鄭，引領南望曰：庶幾赦余。亦弗圖也。言楚亦不以為意。 今在晉矣。晉人將與之縣，以比叔向。以舉材能比叔向。 彼若謀害楚國，豈不為患？子木懼，言諸王，益其祿爵而復之。聲子使椒鳴逆之。椒鳴，伍舉子。傳言聲子有辭，伍舉所以得反，子孫復仕於楚。

許靈公如楚，請伐鄭，十六年，晉伐許，他國皆大夫，獨鄭伯自行，故許恚欲報之。○恚，一睡反 曰：師不興，孤不歸矣。八月，卒于楚。楚子曰：不伐鄭，何以求諸侯？冬十月，楚子伐鄭。為許。 鄭人將禦之，子產曰：晉楚將平，諸侯將和，和在明年。 楚王是故昧於一來，昧，猶貪冒。 不如使逞而歸，乃易成也。逞，快也。 夫小人之性，釁於勇，嗇於禍，以足其性，而求名焉者，非國家之利也。若何從之？釁，動也。嗇，貪也。言鄭之欲與楚戰者，皆釁勇貪名之人，非能為國計慮久利，不可從也。 子展說，不禦寇。十二月乙酉，入南里，墮其城，南里，鄭邑。○說音悅。墮，許規反 涉於樂氏，樂氏，津名。 門于師之梁，鄭城門。 縣門發，獲九人焉。涉于汜而歸，於汜城下涉汝水南歸。○縣音玄。汜音凡 而後葬許靈公。卒靈公之志而後葬之。

衛人歸衛姬于晉，乃釋衛侯。衛侯以女說晉，而後得免。 君子是以知平公之失政也。傳言晉之衰。

晉韓宣子聘于周，王使請事。問何事來聘。 對曰：晉士起將歸時事於宰旅，無他事矣。起，宣子名。禮，諸侯大夫入天子國稱士。時事，四時貢職。宰旅，冢宰之下士。言獻職貢於宰旅，不敢斥尊。 王聞之曰：韓氏其昌阜於晉乎！辭不失舊。阜，大也。傳言周衰，諸侯莫能如禮，唯韓起不失舊。

齊人城郟之歲，在二十四年。 其夏，齊烏餘以廩丘奔晉，烏餘，齊大夫。廩丘，今東郡廩丘縣故城是。 襲衛羊角，取之。今廩丘縣所治羊角城是。 遂襲我高魚。高魚城在廩丘縣東北。 有大雨，自其竇入，雨故水竇開。 介于其庫，入高魚庫，而介其甲。 以登其城，克而取之。取魯高魚，無所諱。而不書，其義未聞。又取邑于宋。於是范宣子卒，宣子，范匃。諸侯弗能治也。及趙文子為政，乃卒治之。文子言於晉侯曰：晉為盟主，諸侯或相侵也，則討而使歸其地。今烏餘之邑，皆討類也，言於比類宜見討。而貪之，是無以為盟主也。請歸之。公曰：諾。孰可使也？對曰：胥梁帶能無用師。晉侯使往。胥梁帶，晉大夫。能無用師，言有權謀。

經二十有七年春，齊侯使慶封來聘。景公即位，通嗣君也。

夏，叔孫豹會晉趙武、楚屈建、蔡公孫歸生、衛石惡、陳孔奐、鄭良霄、許人、曹人于宋。

案傳會者十四國，齊、秦不交相見，邾、滕為私屬，皆不與盟。宋為主人，地於宋，則與盟可知。故經唯序九國大夫。楚先晉歃，而書先晉，貴信也。陳于晉會，常在衛上，孔奐非上卿，故在石惡下。

衛殺其大夫甯喜。甯喜弒剽立衎，衎今雖不以弒剽致討，於大義宜追討之，故經以國討為文，書名也。書在宋會下，從赴。

衛侯之弟鱄出奔晉。衛侯始者云：政由甯氏，祭則寡人。而今復患其專，緩荅免餘，既負其前信，且不能友于賢弟，使至出奔，故書弟以罪兄。

秋七月辛巳，豹及諸侯之大夫盟于宋。夏會之大夫也。豹不倚順以顯弱命之君，而辨小是以自從，故以違命貶之。釋例論之備矣。

冬十有二月乙亥朔，日有食之。今長歷推十一月朔，非十二月。傳曰：辰在申，再失閏，若是十二月，則為三失閏。故知經誤。

傳二十七年春，胥梁帶使諸喪邑者具車徒以受地，必周。諸喪邑，謂齊、魯、宋也。周，密也。必密來，勿以受地為名。使烏餘具車徒以受封。烏餘以地來，故詐許封之。烏餘以其眾出。出受封。使諸侯偽效烏餘之封者。效，致也。使齊、魯、宋偽若致邑封烏餘者。而遂執之，盡獲之。皆獲其徒眾。皆取其邑而歸諸侯，諸侯是以睦於晉。傳言趙文子賢，故平公雖失政，而諸侯猶睦。

齊慶封來聘，其車美。孟孫謂叔孫曰：慶季之車，不亦美乎？季，慶封字。叔孫曰：豹聞之，服美不稱，必以惡終。美車何為？叔孫與慶封食，不敬。為賦相鼠，亦不知也。相鼠，詩鄘風。曰：相鼠有皮，人而無儀。人而無儀，不死何為。慶封不知此詩

為已，言其闇甚。為明年慶封來奔傳。○鄘音容。

衛甯喜專，公患之。公孫免餘請殺之。免餘，衛大夫。公曰：微甯子不及此。及此，反國也。吾與之言矣。言政由甯氏。事未可知。恐伐之未必勝。祇成惡名，止也。祇，適也。○祇音支。對曰：臣殺之，君勿與知。乃與公孫無地、公孫臣謀，二公孫，衛大夫。○與音預。使攻甯氏，弗克，皆死。無地及臣皆死。公曰：臣也無罪，父子死余矣。獻公出時，公孫臣之父為孫氏所殺。夏，免餘復攻甯氏，殺甯喜及右宰穀，尸諸朝。穀不書，非卿也。石惡將會宋之盟，受命而出，衣其尸，枕之股而哭之。欲斂以亡，懼不免，且曰：受命矣。乃行。行會于宋。為明年石惡奔傳。○衣於既反。子鮮曰：逐我者出，謂孫林父。納我者死。謂甯喜。賞罰無章，何以沮勸？

君失其信而國無刑不亦難乎（難以治國且無實使之）（使齎喜納君）遂出奔晉公使止之不可（不肯留）及河又使止之止使者而盟於河（誓不還）託於木門（木門晉邑）不鄉衛國而坐（怨之深也○鄉許亮反）木門大夫勸之仕不可曰仕而廢其事罪也從之昭吾所以出也將誰愬乎（從之謂治其事也事治則明己出欲仕無所自愬）吾不可以立於人之朝矣終身不仕（誓自不仕終身）公喪之如稅服終身（稅即繐也喪服繐縗裳縷細而希非五服之常本無月數痛愍子鮮故特爲此服此服無月數而獻公尋薨故言終身○喪息郎反）公與免餘邑六十辭曰唯卿備百邑臣六十矣下有上祿亂也（此一乘之邑非四井之邑論語稱十室又云十室明通稱）臣弗敢聞且甯子唯多邑故死臣懼死之速及也公固與之受其半

以爲少師公使爲卿辭曰大叔儀不貳能贊大事（贊佐也）君其命之乃使文子爲卿（文子大叔儀）宋向戌善於趙文子又善於令尹子木欲弭諸侯之兵以爲名（欲獲息民之名）如晉告趙孟趙孟謀於諸大夫韓宣子曰兵民之殘也財用之蠹（蠹害物之蟲）小國之大菑也將或弭之雖曰不可必將許之（言雖知兵不得久弭今不可不許）弗許楚將許之以召諸侯則我失爲盟主矣晉人許之如楚楚亦許之如齊齊人難之陳文子曰晉楚許之我焉得已且人曰弭兵而我弗許則固攜吾民矣將焉用之齊人許之告於秦秦亦許之皆告於小國爲會於宋五月甲辰

晉趙武至於宋丙午鄭良霄至六月丁未朔宋人享趙文子叔向爲介司馬置折俎禮也（折俎體解節折升之於俎合卿享宴之禮故曰禮也周禮司馬掌會同之事○難乃旦反下同）仲尼使舉是禮也以爲多文辭（宋向戌自美弭兵之意敬逆趙武趙武叔向因享宴之會展賓主之辭故仲尼以爲多文辭）戊申叔孫豹齊慶封陳須無衛石惡至（須無陳文子）甲寅晉荀盈從趙武至（趙武命盈追己故言從趙武後武遣盈如楚）丙辰邾悼公至（小國故君自來）壬戌楚公子黑肱先至成言於晉（時令尹子木止陳遣黑肱就晉大夫成盟載之言兩相然可）丁卯宋向戌如陳從子木成言於楚（就於陳成楚之要言）戊辰滕成公至（亦小國君自來）子木謂向戌請晉楚之從交相見也（使諸侯從晉楚者更相朝見）庚午向戌復於趙孟趙孟曰晉楚齊秦匹

也晉之不能於齊猶楚之不能於秦也（不能服而使之）楚君若能使秦君辱於敝邑寡君敢不固請於齊（請齊使朝楚）壬申左師復言於子木子木使馹謁諸王（馹傳也謁告也○馹人實反傳陟戀反）王曰釋齊秦他國請相見也（經所以不書齊秦）秋七月戊寅左師至（從陳還）是夜也趙孟及子晳盟以齊言（子晳公子黑肱素要齊其辭至盟時不得復訟爭）庚辰子木至自陳陳孔奐蔡公孫歸生至（二國大夫與子木俱至）曹許之大夫皆至以藩爲軍（示不相忌）晉楚各處其偏（晉處北楚處南）伯夙謂趙孟（伯夙荀盈）曰楚氛甚惡懼難（氛氣也言楚有襲晉之氣）趙孟曰吾左還入於宋若我何（營在宋北東頭爲上故晉營在東有急可左迴入宋東門）辛巳將盟於宋西門之外楚人衷甲（甲在衣中欲因會擊晉）伯

州犂曰。合諸侯之師以爲不信。無乃不可乎。夫諸侯望信於楚。是以來服。若不信。是棄其所以服諸侯也。固請釋甲。子木曰。晉楚無信久矣。事利而已。苟得志焉。焉用有信。大宰退。大宰伯州犂。告人曰。令尹將死矣。不及三年。求逞志而棄信。志將逞乎。志以發言。言以出信。信以立志。參以定之。志、言、信三者具而後身安存。信亡。何以及三。爲明年子木死起本。趙孟患楚衷甲。以告叔向。叔向曰。何害也。匹夫一爲不信。猶不可。單斃其死。單盡也。斃踣也。○單音丹。踣蒲北反。若合諸侯之卿以爲不信。必不捷矣。食言者不病。不病者單斃於死。非子之患也。楚食言當死。晉不食言。故無患。夫以信召人。而以僭濟之。濟成也。必莫之與也。安能害我。

且吾因宋以守病。爲楚所病。則欲入宋城。則夫能致死。雖倍楚可也。宋爲地主。致死助我。則力可倍楚。子何懼焉。又不及是。曰弭兵以召諸侯。而稱兵以害我。稱舉也。吾庸多矣。非所患也。晉獨取信。故其功多。季武子使謂叔孫以公命曰。視邾滕。兩事晉楚。則公賦重。故欲比小國。武子恐叔孫不從其言。故假公命以敎之。既而齊人請邾。宋人請滕。皆不與盟。私屬二國。故○與音預。叔孫曰。邾滕。人之私也。我列國也。何故視之。宋衛。吾匹也。乃盟。故不書其族。言違命也。季孫專政於國。魯君非得有命。今君唯以此命告豹。豹宜崇大順以顯君命。而遂其小。是故貶之。晉楚爭先。爭先歃血。晉人曰。晉固爲[illegible]主。未有先晉者也。楚人曰。子言晉楚匹也。若晉常先。是楚弱也。且晉楚狎主諸侯之盟也久矣。

狎更也。豈專在晉。叔向謂趙孟曰。諸侯歸晉之德只。只辭。○只之氏反。非歸其尸盟也。尸主也。子務德。無爭先。且諸侯盟。小國固必有尸盟者。小國主辨具。楚爲晉細。不亦可乎。欲推使楚主盟。乃先楚人。書先晉。晉有信也。蓋孔子追正之。壬午。宋公兼享晉楚之大夫。趙孟爲客。客一坐所尊。故季孫飲大夫酒。臧紇爲客。子木與之言。弗能對。使叔向侍言焉。子木亦不能對也。乙酉。宋公及諸侯之大夫盟于蒙門之外。前盟諸大夫不敢敵公禮也。今宋公以近在其國。故謙而重盟。重盟故不書。蒙門。宋城門。子木問於趙孟曰。范武子之德何如。士會賢。聞於諸侯。故問之。對曰。夫子之家事治。言於晉國無隱情。其祝史陳信於鬼神無愧辭。祝陳馨香。德足副之。故不愧。子木歸以語王。王曰。尚矣哉。

尚上也。能歆神人。歆享也。使神享其祭。人懷其德。宜其光輔五君以爲盟主也。五君謂文襄靈成景。子木又語王曰。宜晉之伯也。有叔向以佐其卿。楚無以當之。不可與爭。晉荀盈遂如楚涖盟。重結晉楚之好。鄭伯享趙孟于垂隴。自宋還過鄭。子展伯有子西子產子大叔二子石從。二子石。印段公孫段。趙孟曰。七子從君。以寵武也。請皆賦以卒君貺。武亦以觀七子之志。詩以言志。子展賦草蟲。草蟲。詩召南。曰未見君子。憂心忡忡。亦既見止。亦既覯止。我心則降。以趙孟爲君子。○忡敕忠反。降戶江反。又如字。趙孟曰。善哉。民之主也。在上不忘降。故可以主民。抑武也不足以當之。辭君子。伯有賦鶉之賁賁。鶉之賁賁。詩鄘風。衛人刺其君淫亂。鶉鵲之不若。義取人之無良。我以爲兄。我以爲君也。○鶉順倫反。賁音奔。趙孟曰。牀第之言不踰閾。況在野乎。非使人之所得聞也。第簀也。此詩刺淫亂。故云牀第之言。閾。門限。使人趙孟自謂、○第。側里反。子西賦黍苗之四章。黍苗詩小雅。四章曰。肅肅謝功。召伯營之。列列征師。召伯成之。比趙孟於召伯。趙孟曰。寡君在武。何能焉。推善於其君、子產賦隰桑。隰桑詩小雅。義取思見君子。盡心以事之。曰。既見君子。其樂如何、趙孟曰。武請受其卒章。卒章曰。心乎愛矣。遐不謂矣。中心藏之。何日忘之。趙武欲子產之見規誨。子大叔賦野有蔓草。野有蔓草。詩鄭風。取其邂逅相遇。適我願兮、趙孟曰。吾子之惠也。大叔喜於相遇。故趙孟受其惠。印段賦蟋蟀。蟋蟀。詩唐風。曰無以大康。職思其居。好樂無荒。良士瞿瞿。言瞿瞿然顧禮儀。趙孟曰。善哉。保家之主也。吾有望矣。能戒懼不荒。所以保家、公孫段賦桑扈。桑扈詩小雅。義取君子有禮文。故能受天之祜。趙孟曰。匪交匪敖。福將焉往。此桑扈詩卒章。趙孟因以取義。若保是言也。欲辭福

祿得乎。卒享。文子告叔向曰。伯有將爲戮矣。詩以言志。志誣其上而公怨之。以爲賓榮。言誣則鄭伯未有其實。趙孟倡賦。詩以自寵。故言公怨之。以爲賓榮。其能久乎。幸而後亡。言必先亡、叔向曰。然。已侈。所謂不及五稔者。夫子之謂矣。稔。年也。爲三十年鄭殺伯有傳。○稔而甚反。文子曰。其餘皆數世之主也。子展其後亡者也。在上不忘降。謂賦草蟲曰。我心則降。○降胡江反。印氏其次也。樂而不荒。謂賦蟋蟀曰。好樂無荒、樂以安民。不淫以使之。後亡。不亦可乎。

宋左師請賞。曰。請免死之邑。欲宋君稱功加厚賞。故謙言免死之邑也。公與之邑六十。以示子罕。子罕曰。凡諸侯小國。晉楚所以兵威之。畏而後上下慈和。慈和而後能安靖其國家。以事大國。所以存也。無威則驕。驕則亂生。亂生必滅。所以亡也。天生五材。金、木、水、火、土、也。民並用之。廢一不可。誰能去兵。兵之設久矣。所以威不軌而昭文德也。聖人以興。謂湯武、亂人以廢。謂桀紂、廢興存亡昏明之術。皆兵之由也。而子求去之。不亦誣乎。以誣道蔽諸侯。罪莫大焉。縱無大討。而又求賞。無厭之甚也。削而投之。削賞左師之書。左師辭邑。向氏欲攻司城。司城。子罕、左師曰。我將亡。夫子存我。德莫大焉。又可攻乎。君子曰。彼已之子。邦之司直。詩鄭風。司。主也。樂喜之謂乎。樂喜。子罕也。善其不阿向戌、何以恤我。我其收之。逸詩。恤。憂也。收。取之。向戌之謂乎。善向戌能知其過、

齊崔杼生成及彊而寡。偏喪曰寡。寡。特也。○喪息浪反。娶東郭姜。生明。東郭姜

以孤入。曰棠無咎。無咎。棠公之子。與東郭偃相崔氏。東郭偃。姜之弟。崔成有疾而廢之。有惡疾也。而立明。成請老于崔。濟南東朝陽縣西北有崔氏城。成欲居崔邑以終老。崔子許之。偃與無咎弗予。曰。崔。宗邑也。必在宗主。宗邑。宗廟所在。宗主。謂崔明、成與彊怒。將殺之。告慶封曰。夫子之身。亦子所知也。唯無咎與偃是從。父兄莫得進矣。大恐害夫子。敢以告。夫子。謂崔杼、慶封曰。子姑退。吾圖之。告盧蒲嫳。嫳。慶封屬大夫。封以成彊之言告嫳。○嫳普結反。盧蒲嫳曰。彼君之讎也。天或者將弃彼矣。彼[illegible]亂。子何病焉。君謂齊莊公。爲崔杼所弒。崔之薄。慶之厚也。崔敗則慶專權。他日[illegible]成彊復告。慶封曰。苟利夫子。必去之。難。吾助女。九月庚辰。崔成崔彊殺東郭偃棠無咎於崔氏

之朝崔子怒而出其衆皆逃求人使駕不得使圉人駕寺人御而出圉人養馬者寺人奄士且曰崔氏有福止余猶可恐滅家禍不止其身遂見慶封慶封曰崔慶一也言如一家是何敢然請爲子討之使盧蒲嫳帥甲以攻崔氏崔氏堞其宮而守之堞短垣使其衆居短垣內以守弗克使國人助之遂滅崔氏殺成與彊而盡俘其家其妻縊妻東郭姜嫳復命於崔子且御而歸之嫳爲崔子御至則無歸矣乃縊終入於其宮不見其妻凶崔明夜辟諸大墓開先人之冢以藏之辛巳崔明來奔慶封當國當國秉政

楚薳罷如晉涖盟罷令尹子蕩報荀盈也○罷音皮晉侯享之將出賦既醉既醉詩大雅曰既醉以酒既飽以德君子萬年介爾景福以美晉侯比之太平君子也叔向曰薳氏之有後

於楚國也宜哉承君命不忘敏子蕩將知政矣敏以事君必能養民政其焉往言政必歸之

崔氏之亂在二十五年申鮮虞來奔僕賃於野以喪莊公爲齊莊公服喪冬楚人召之遂如楚爲右尹傳言楚能用賢

十一月乙亥朔日有食之辰在申司歷過也再失閏矣謂斗建指申周十一月今之九月斗當建戌而在申故知再失閏也文十一年三月甲子至今年七十一歲應有二十六閏今長歷推得二十四閏通計少再閏釋例言之詳矣

經二十有八年春無冰前年知其再失閏頓置兩閏以應天正故此年正月建子得以無冰爲災而書

夏衛石惡出奔晉甯喜之黨書名惡之○惡之烏路反

邾子來朝

秋八月大雩

仲孫羯如晉告將朝楚○羯居謁反

冬齊慶封來奔崔杼之黨耆酒荒淫而出書名罪之自魯奔吳不書以絕位不爲卿○耆市志反

十有一月公如楚爲宋之盟故朝楚

十有二月甲寅天王崩靈王也

乙未楚子昭卒康王也十二月無乙未日誤

傳二十八年春無冰梓慎曰今茲宋鄭其饑乎梓慎魯大夫今年鄭游吉宋向戌言之明年饑甚傳乃詳其事歲在星紀而淫於玄枵歲歲星也星紀在丑斗牛之次玄枵在子虛危之次十八年晉董叔曰天道多在西北是歲歲星在亥至此年十一歲故在星紀明年乃當在玄枵今已在玄枵淫行失次以有時菑陰不堪陽時菑無冰也盛陰用事而溫無冰是陰不勝陽地氣發洩蛇乘龍蛇玄武之

宿虛危之星。龍，歲星。歲星，木也。木為青龍，失次出虛危下，為蛇所乘。龍，宋鄭之星也。歲星本位在東方。東方房心為宋，角亢為鄭。故以龍為宋鄭之星。宋鄭必饑。玄枵，虛中也。玄枵三宿，虛星在其中。枵，耗名也。土虛而民耗，不饑何為。歲為宋鄭之星，今失常，淫入虛耗之次，時復無冰，地氣發洩，故曰土虛民耗。

夏，齊侯、陳侯、蔡侯、北燕伯、杞伯、胡子、沈子、白狄朝于晉，宋之盟故也。陳侯、蔡侯、胡子、沈子，楚屬也。宋盟曰，晉楚之從交相見，故朝晉。燕國，今薊縣。齊侯將行，慶封曰：我不與盟，何為於晉。以宋盟釋齊秦。陳文子曰：先事後賄，禮也。事大國當先從其政事，而後薦賄以副己心。小事大，未獲事焉，從之如志，禮也。言當從大國請事，以順其志。雖不與盟，敢叛晉乎。重丘之盟，未可忘也。子其勸行。重丘盟在二十五年。○重直龍反。

衛人討甯氏之黨，故石惡出奔晉。衛人立其從子圃，以守石氏之祀，禮也。石惡之先石碏有大功於衛國，惡之罪不及不祀，故曰禮。○碏七略反。

邾悼公來朝，時事也。傳言來朝非宋盟，宋盟唯施於朝晉楚。

秋，八月，大雩，旱也。

蔡侯歸自晉，入于鄭。鄭伯享之，不敬。子產曰：蔡侯其不免乎。不免禍。日其過此也，往日，晉時。君使子展迋勞於東門之外，而傲。迋，往也。○迋于況反，後同。吾曰猶將更之。今還，受享而惰，乃其心也。君小國，事大國，而惰傲以為己心，將得死乎。若不免，必由其子。其為君也，淫而不父。通大子班之妻。僑聞之，如是者，恆有子禍。為三十年蔡世子班弒其君傳。

孟孝伯如晉，告將為宋之盟故如楚也。魯，晉屬，故告晉而行。

蔡侯之如晉也，鄭伯使游吉如楚。及漢，楚人還之，曰：宋之盟，君實親辱。君謂鄭伯。今吾子來，寡君謂吾子姑還，吾將使馹奔問諸晉而以告。問鄭君應來朝否。○馹人實反。子大叔曰：宋之盟，君命將利小國，而亦使安定其社稷，鎮撫其民人，以禮承天之休。休，福祿也。此君之憲令，而小國之望也。憲，法也。寡君是故使吉奉其皮幣，聘用乘皮束帛。以歲之不易，聘於下執事。言歲有饑荒之難，故鄭伯不得自朝楚。○易以豉反。今執事有命曰：女何與政令之有，必使而君棄而封守，跋涉山川，蒙犯霜露，以逞君心。小國將君是望，敢不唯命是聽。無乃非盟載之言，以闕君德，而執事有不利焉，小國是懼。不然，其何勞之敢憚。子大叔歸復命，告子展曰：楚子將死矣。不修其政德，而貪昧於諸侯，以逞其願，欲久得乎。周易有之，在復䷗震下坤上，復。之頤䷚震下艮上，頤。復上六變得頤。曰：迷復，凶。復上六爻辭也。復，反也。極陰反陽之卦，上處極位，迷而復反，失道已遠，遠而無應，故凶。其楚子之謂乎。欲復其願，謂欲得鄭朝以復其願。而棄其本，不修德。復歸無所，是謂迷復。失道已遠，又無所歸。能無凶乎。君其往也，送葬而歸，以快楚心。言楚子必死，君性當送其葬。楚不幾十年，未能恤諸侯也。幾，近也。言失道遠者，復之亦難。吾乃休吾民矣。休，息也。言楚不能復為害。裨竈曰：今茲周王及楚子皆將死。

裨竈，鄭大夫。歲棄其次，而旅於明年之次，以害鳥帑，周楚惡之。旅，客處也。歲星棄星紀之次，客在玄枵。歲星所在，其國有福，失次於北，禍衝在南。南為朱鳥，鳥尾曰帑。鶉火、鶉尾，周楚之分，故周王、楚子受其咎。俱論歲星過次，梓慎則曰宋鄭饑，裨竈則曰周楚王死，傳故備舉以示卜占惟人所在。○帑音奴

九月，鄭游吉如晉，告將朝于楚，以從宋之盟。子產相鄭伯以如楚，舍不為壇。至敝國郊，除地封土為壇，以受郊勞。外僕言曰：昔先大夫相先君適四國，未嘗不為壇。外僕，掌次舍者。自是至今，亦皆循之。今子草舍，無乃不可乎。子產曰：大適小，則為壇；小適大，苟舍而已，焉用壇。僑聞之，大適小有五美：宥其罪戾，赦其過失，救其菑患，賞其德刑，刑，法也。教其不及。小國不困，懷服如歸。是故作壇以昭其功，宣告後人，無怠於德。怠，懈也。小適大有五惡：說其罪戾，自解說也。請其不足，行其政事，奉行大國之政。共其職貢，從其時命。從朝會之命。不然，則重其幣帛，以賀其福而弔其凶，皆小國之禍也。焉用作壇以昭其禍。所以告子孫，無昭禍焉可也。無昭禍以告子孫。

齊慶封好田而耆酒，與慶舍政。舍，慶封子。慶封當國，不自為政，以付舍。○耆，市志反。則以其內實遷于盧蒲嫳氏，易內而飲酒。內實，寶物妻妾也。移而居嫳家。數日，國遷朝焉。就於盧蒲氏朝見封。使諸亡人得賊者以告而反之。亡人，辟崔氏難出奔者。故反盧蒲癸。癸臣子之，子之，慶舍。有寵，妻之。子之以其女妻癸。○妻，七計反。慶舍之士謂盧蒲癸曰：男女辨姓，子不辟宗，何也。辨，別也。別姓而後可相取。慶氏、盧蒲氏皆姜姓。

曰：宗不余辟，言舍欲妻己。余獨焉辟之。賦詩斷章，余取所求焉，惡識宗。言己苟欲有求於慶氏，不能復顧禮，譬如賦詩者，取其一章而已。○斷音短，惡音烏。癸言王何而反之。二人皆嬖。二子皆莊公黨，二十五年崔氏弒莊公，癸、何出奔，今還，求寵於慶氏，欲為莊公報讎。使執寢戈而先後之。寢戈，親近兵杖。○先，悉薦反，後，戶豆反。公膳日雙雞，卿大夫之膳食。饔人竊更之以鶩，御者知之，則去其肉而以其洎饋。御，進食者。饔人、御者欲使諸大夫怨慶氏，減其膳，蓋盧蒲癸、王何之謀。○鶩音木，去，起呂反，洎，其器反。子雅、子尾怒。二子皆惠公孫。慶封告盧蒲嫳。以二子怒告嫳。盧蒲嫳曰：譬之如禽獸，吾寢處之矣。言能殺而寢其皮。使析歸父告晏平仲。欲與共謀子雅、子尾。平仲曰：嬰之眾不足用也，知無能謀也。言弗敢出，不敢洩謀。○知音智。有盟可也。子家曰：子之言云，子家，析歸父。又焉用盟。告北郭子車。子車，齊大夫。子車曰：人各有以事君，非佐之所能也。佐，子車名。陳文子謂桓子。桓子，文子之子無宇。曰：禍將作矣，吾其何得。對曰：得慶氏之木百車於莊。慶封時有此木，積於六軌之道。文子曰：可慎守也已。善其不志於貨財。盧蒲癸、王何卜攻慶氏，示子之兆，龜兆。曰：或卜攻讎，敢獻其兆。子之曰：克，見血。冬十月，慶封田于萊，陳無宇從。丙辰，文子使召之。請曰：無宇之母疾病，請歸。慶季卜之，慶季，慶封。示之兆，曰：死。奉龜而泣。無宇泣。乃使歸。慶嗣聞之，慶嗣，慶封之族。曰：禍將作矣。謂子家：速歸。子家，慶封子。禍作必於嘗，嘗，秋祭。歸猶可及也。子家弗聽，亦無悛志。悛，改悔也。子息曰：亡矣，幸而獲在吳越。子息，慶嗣。陳無宇濟水而

戕舟發梁戕殘壞也、不欲慶封得救難、盧蒲姜謂癸曰有事而不告我必不捷矣姜癸妻、慶舍女、癸告之告欲殺慶舍、姜曰夫子愎莫之止將不出我請止之夫子謂慶舍、癸曰諾十一月乙亥嘗于大公之廟慶舍涖事臨祭事、盧蒲姜告之且止之弗聽曰誰敢者遂如公至公所、麻嬰爲尸爲祭尸、慶奊爲上獻上獻先獻者、○奊戶結反盧蒲癸王何執寢戈慶氏以其甲環公宮廟在宮內、陳氏鮑氏之圉人爲優優俳、慶氏之馬善驚士皆釋甲束馬束絆之也、而飲酒且觀優至於魚里魚里里名、優在魚里就觀之、欒高陳鮑之徒介慶氏之甲欒子雅、高子尾、陳須無、鮑國、子尾抽桷擊扉三桷椽也、扉門闔也、以桷擊扉爲期、○桷音角盧蒲癸自後刺子之王何以戈擊之解其

左肩猶援廟桷動於甍甍屋棟、○刺七亦反甍亡耕反以俎壺投殺人而後死言其多力遂殺慶繩麻嬰慶繩慶奊、公懼鮑國曰羣臣爲君故也言欲尊公室、非爲亂、陳須無以公歸稅服而如內宮言公懼於外難、○稅吐活反一如字慶封歸遇告亂者丁亥伐西門弗克還伐北門克之入伐內宮陳鮑在公所故弗克反陳于嶽嶽里名、○陳直覲反請戰弗許遂來奔獻車於季武子美澤可以鑑光鑑形也展莊叔見之魯大夫、曰車甚澤人必瘁宜其亡也叔孫穆子食慶封慶封氾祭禮食有祭、示有所先也、氾祭遠散所祭、不共、○氾芳劒反穆子不說使工爲之誦茅鴟工樂師、茅鴟逸詩、刺不敬、○說音悅亦不知既而齊人來讓讓魯受慶封、奔吳吳句餘予之朱方句餘吳子夷末也、朱方吳邑、○句古侯反聚其族焉

而居之富於其舊子服惠伯謂叔孫曰天殆富淫人慶封又富矣穆子曰善人富謂之賞淫人富謂之殃天其殃之也其將聚而殲旃殲盡也、旃之也、爲昭四年殺慶封傳、○殲子潛反

癸巳天王崩未來赴亦未書禮也嫌時已聞喪、當書故發例、

崔氏之亂喪羣公子故鉏在魯叔孫還在燕賈在句瀆之丘在襄二十五年、及慶氏亡皆召之具其器用而反其邑焉反還也、與晏子邶殿其鄙六十邶殿齊別都、以邶殿邊鄙六十邑與晏嬰、○邶蒲對反殿多薦反亦如字弗受子尾曰富人之所欲也何獨弗欲對曰慶氏之邑足欲故亡吾邑不足欲也益之以邶殿乃足欲足欲亡無日矣在外不得宰吾一邑

不受邶殿非惡富也恐失富也且夫富如布帛之有幅焉爲之制度使無遷也遷移也、夫民生厚而用利於是乎正德以幅之言厚利皆人之所欲、唯正德可以爲之幅、使無黜嫚黜猶放也謂之幅利利過則爲敗吾不敢貪多所謂幅也與北郭佐邑六十受之與子雅邑辭多受少與子尾邑受而稍致之致還公、公以爲忠故有寵釋盧蒲嫳于北竟釋放也、求崔杼之尸將戮之不得叔孫穆子曰必得之武王有亂十人亂治也、崔杼其有乎不十人不足以葬葬必須十人、崔氏不能令十人同心故必得、既崔氏之臣曰與我其拱璧崔氏大璧吾獻其柩於是得之十二月乙亥朔齊人遷莊公殯于大寢更殯之於路寢也、十二月戊戌朔、乙亥誤、○柩其救

反）以其棺尸崔杼於市。崔氏弒莊公、又葬不如禮、故以莊公棺著崔杼尸邊、以章其罪。○著丁略反

國人猶知之、皆曰崔子也。始求崔杼之尸不得、故傳云國人皆知之、

爲宋之盟故、公及宋公、陳侯、鄭伯、許男如楚。公過鄭、鄭伯不在。已在楚、

伯有廷勞於黃崖、不敬。滎陽宛陵縣西有黃水、西南至新鄭城西入洧。○廷音旺、勞力報反

穆叔曰、伯有無戾於鄭、鄭必有大咎。伯有不受戮、必還爲鄭國害、敬、民之主

也、而棄之、何以承守。言無以承先祖、守其家、鄭人不討、必受其辜。濟澤之

阿、言薄土、行潦之蘋藻、言賤菜、寘諸宗室、薦宗廟、季蘭尸之、敬也。言取蘋藻之菜於阿澤之中、使服蘭之女而爲之主、神猶享之、以其敬也、敬可棄乎。爲三十年鄭殺良霄傳、及漢、楚

康王卒。公欲反、叔仲昭伯曰、我楚國之爲、豈爲一人行也。昭伯叔仲

帶、子服惠伯曰、君子有遠慮、小人從邇。邇近也、飢寒之不恤、誰遑

其後。遑暇也、不如姑歸也。叔孫穆子曰、叔仲子專之矣。言足專任、子服

子始學者也。言未識遠、榮成伯曰、遠圖者忠也。成伯榮駕鵞、公遂行。從昭伯謀、

宋向戌曰、我一人之爲、非爲楚也。飢寒之不恤、誰能恤楚。姑歸

而息民、待其立君而爲之備。宋公遂反。

楚屈建卒。趙文子喪之如同盟、禮也。宋盟有表甲之隙、不以此廢好、故曰禮、

王入來告喪、問崩日、以甲寅告。故書之、以徵過也。徵審也、此緩告非有事宜直臣子怠慢、故於此發例、

春秋左傳卷十八 終

春秋左傳卷十九

晉鎮南大將軍當陽縣侯京兆杜　預集解

皇明　後　學　東吳葛　鼒較訂

襄公

經　二十有九年、春王正月、公在楚。公在外、闕朝正之禮甚多、而唯書此一年者、魯公如楚、既非常、此公又踰年、故發此一事以明常、

夏五月、公至自楚。

庚午、衛侯衎卒。無傳、四同盟、○衎苦旦反

閽弒吳子餘祭。閽守門者、下賤非士、故不言盜、○祭側界反

仲孫羯會晉荀盈、齊高止、宋華定、衛世叔儀、鄭公孫段、曹人、莒人、

滕人、薛人、小邾人城杞。公孫段、伯石也、三十年、伯有死、乃命爲卿、今蓋以攝卿行、○羯居謁反

晉侯使士鞅來聘。

杞子來盟。杞復稱子、用夷禮也、

吳子使札來聘。

吳子餘祭既遣札聘上國、而後死、札以六月到魯、未聞喪也、不稱公子、其禮未同於上國、

秋。九月。葬衛獻公。無傳、

齊高止出奔北燕。止、高厚之子、

冬。仲孫羯如晉。

傳二十九年。春。王正月。公在楚。釋不朝正于廟也。釋、解也、告廟在楚、解公所以不朝正、楚人使公親襚。諸侯有遣使賵襚之禮、今楚欲依遣使之比、○襚音遂、公患之。穆叔曰。祓殯而襚。則布幣也。先使巫祓除殯之凶邪而行襚、禮與朝而布幣無異、○祓音弗、乃使巫以桃茢先祓殯。茢、黍穰、○茢音列、楚人弗禁。既而悔之。禮、君臨臣喪、乃祓殯、故楚悔之、

二月。癸卯。齊人葬莊公於北郭。兵死不入兆域、故葬北郭、

夏四月。葬楚康王。公及陳侯。鄭伯。許男。送葬至于西門之外。諸侯之大夫皆至于墓。楚郟敖卽位。郟敖、康王子熊麇、○郟古洽反、王子圍爲令尹。圍、康王弟、鄭行人子羽曰。是謂不宜。必代之昌。松柏之下。其草不殖。言楚君弱、令尹彊、物不兩盛、爲昭元年圍弑郟敖起本、

公還。及方城。季武子取卞。取卞邑以自益、使公冶問。問公起居、公冶、季氏屬大夫、璽書追而與之。璽、印也、曰。聞守卞者將叛。臣帥徒以討之。既得之矣。敢告。公冶致使而退。致季氏使命、○使所吏反、及舍而後聞取卞。發書乃聞之、公

曰。欲之而言叛。祇見疏也。言季氏欲得卞而欺我、言叛、益疏我、○祇音支、公問公冶曰。吾可以入乎。以季氏疏己、故不敢入、對曰。君實有國。誰敢違君。公與公冶冕服。以卿服玄冕賞之、固辭。彊之而後受。公欲無入。榮成伯賦式微。乃歸。式微、詩邶風、曰式微式微、胡不歸、式、用也、義取寄寓之微陋、勸公歸也、五月。公至自楚。公冶致其邑於季氏。本從季氏得邑、故還之、而終不入焉。不入季孫家、曰。欺其君。何必使余。季孫見之。則言季氏如他日。不見。則終不言季氏。及疾。聚其臣。大夫家臣、曰。我死。必無以冕服斂。非德賞也。言公畏季氏而賞、其使非以我有德、且無使季氏葬我。

葬靈王。不書、魯不會、鄭上卿有事。子展使印段往。伯有曰。弱。不可。印段年少、官卑、子展曰。與其莫往。弱不猶愈乎。詩云。王事靡盬。不遑啓處。詩小雅、盬、不堅固也、啓、跪也、言王事無不堅固、故不暇跪處、○盬音古、東西南北。誰敢寧處。謂上卿、堅事晉楚。以蕃王室也。言我固事晉楚、乃所以蕃屏王室、王事無曠。何常之有。遂使印段如周。傳言周衰、卑於晉楚、

吳人伐越。獲俘焉。以爲閽。使守舟。吳子餘祭觀舟。閽以刀弑之。言以刀、明近刑人、

鄭子展卒。子皮卽位。子皮代父爲上卿、於是鄭饑而未及麥。民病。子皮以子展之命。餼國人粟。戶一鍾。在喪故以父命也、六斛四斗曰鍾、是以得鄭國之民。故罕氏常掌國政。以爲上卿。宋司城子罕聞之。曰。鄰於善。

民之望也。民亦望君爲善。宋亦饑。請於平公。出公粟以貸。使大夫皆貸。司城氏貸而不書。施而不得爲大夫之無者貸。宋無饑人。叔向聞之曰。鄭之罕。宋之樂。其後亡者也。二者其皆得國乎。得掌國政。民之歸也。施而不德。樂氏加焉。其以宋升降乎。升降隨宋盛衰。

晉平公杞出也。故治杞。治理其地。修其城。六月。知悼子合諸侯之大夫以城杞。孟孝伯會之。鄭子大叔與伯石往。大叔不書。不親事。○知音智。大叔音泰。子大叔見大叔文子。文子衛大叔儀。與之語。文子曰。甚乎其城杞也。子大叔曰。若之何哉。晉國不恤周宗之闕。而夏肄是屏。周宗諸姬也。夏肄杞。肄餘也。屏城也。○肄以二反。其棄諸姬。亦可知也已。諸姬是棄。其誰歸之。吉也聞之。棄同卽異。是謂離德。詩曰。協比其鄰。昏姻孔云。詩小雅。言王者和協近親。則昏姻甚歸附也。晉不鄰矣。其誰云之。云猶旋。旋歸之。

齊高子容與宋司徒見知伯。女齊相禮。子容高止也。司徒華定。知伯荀盈也。女齊司馬侯也。相禮侍威儀也。○女音汝。賓出。司馬侯言於知伯曰。二子皆將不免。子容專。專自是也。司徒侈。皆亡家之主也。知伯曰。何如。對曰。專則速及。速及禍也。侈將以其力斃。力盡而自斃。專則人實斃之。將及矣。爲此秋高止出奔燕。昭二十年華定出奔陳傳。

范獻子來聘。拜城杞也。謝魯爲杞城。公享之。展莊叔執幣。公將以酬賓。射者三耦。二人爲耦。公臣不足。取於家臣。家臣展瑕。展玉父爲一耦。公臣公巫召伯。仲顏莊叔爲一耦。鄫鼓父。黨叔爲一耦。言公室卑微。公臣不能備於三耦。

晉侯使司馬女叔侯來治杞田。使魯歸前侵杞田。弗盡歸也。晉悼夫人慍曰。齊也取貨。夫人平公母。杞女也。謂叔侯取貨於魯。故不盡歸杞田。先君若有知也。不尚取之。不尚叔侯之取貨。公告叔侯。叔侯曰。虞。虢。焦。滑。霍。揚。韓。魏。皆姬姓也。八國皆晉所滅。焦在陝縣。揚屬平陽郡。晉是以大。若非侵小。將何所取。武獻以下。兼國多矣。武公獻公。晉始盛之君。誰得治之。杞夏餘也。而卽東夷。行夷禮。魯周公之後也。而睦於晉。以杞封魯猶可。而何有焉。何有盡歸之。魯之於晉也。職貢不乏。玩好時至。公卿大夫相繼於朝。

史不絕書。書魯朝聘。府無虛月。無月不受魯貢。如是可矣。何必瘠魯以肥杞。且先君而有知也。毋寧夫人。而焉用老臣。言先君毋寧怪夫人之所爲。無用責我。杞文公來盟。魯歸其田。故來盟。書曰子。賤之也。賤其用夷禮。

吳公子札來聘。見叔孫穆子。說之。謂穆子曰。子其不得死乎。不得以壽死。○說音悅。好善而不能擇人。吾聞君子務在擇人。吾子爲魯宗卿。而任其大政。不愼擧。何以堪之。禍必及子。爲昭四年豎牛作亂起本。請觀於周樂。魯以周公故。有天子禮樂。使工爲之歌周南召南。此皆各依其本國歌所常用聲曲。曰。美哉。美其聲。始基之矣。周南召南。王化之基。猶未也。猶有商紂。未盡善也。然勤而不怨矣。未能安樂。然其音不怨怒。爲之歌邶鄘衛。武王伐紂。分其地爲三監。三監叛。周公滅之。更封康叔。并三監之地，故三國盡被康叔之化。曰美哉淵乎。憂而不困者也。淵，深也。亡國之音哀以思，其民困。衛康叔武公德化深遠，雖遭宣公淫亂、懿公滅亡，民猶秉義，不至於困。吾聞衛康叔武公之德如是，是其衛風乎。康叔，周公弟。武公，康叔九世孫，皆衛之令德君也。聽聲以爲別，故有疑言。爲之歌王。王，黍離也。幽王遇西戎之禍，平王東遷，王政不行於天下，風俗下與諸侯同，故不爲雅。曰美哉思而不懼，其周之東乎。宗周隕滅，故憂思，猶有先王之遺風，故不懼。爲之歌鄭。詩第七。曰美哉其細已甚，民弗堪也，是其先亡乎。美其有治政之音，譏其煩碎，知不能久。爲之歌齊。詩第八。曰美哉泱泱乎大風也哉。泱泱，弘大之聲。○泱於良反，又於郎反表東海者，其大公乎。大公封齊，爲東海之表式。國未可量也。言其或將復興。爲之歌豳。詩第十五。豳，周之舊國，在新平漆縣東北。曰美哉蕩乎，樂而不淫，其周公之東乎。蕩乎，蕩然也。樂而不淫，言有節。周公遭管蔡之變，東征三年，爲成王陳后稷先公不敢荒淫，以成王業，故言其周公之東乎。○樂音岳爲之歌秦。詩第十一。後仲尼刪定，故不同。曰此之謂夏聲。夫能夏則大，大之至也。其周之舊乎。秦本在西戎汧隴之西，秦仲始有車馬禮樂，去戎狄之音而有諸夏之聲，故謂之夏聲。及襄公佐周，平王東遷而受其故地，故曰周之舊。○汧苦賢反爲之歌魏。詩第九。魏，姬姓國，閔元年晉獻公滅之。曰美哉渢渢乎，大而婉，險而易行，以德輔此，則明主也。渢渢，中庸之聲。婉，約也。險當爲儉，字之誤也。大而約，則儉節易行，惜其國小無明君也。○渢扶弓反，又敷劍反，又音凡爲之歌唐。詩第十。唐，晉詩。曰思深哉，其有陶唐氏之遺民乎。不然，何憂之遠也。晉本唐國，故有堯之遺風。憂深思遠，情發於聲。○思息嗣反非令德之後，誰能若是。爲之歌陳。詩第十二。曰國無主，其能久乎。淫聲放蕩，無所畏忌，故曰國無主。自鄶以下無譏焉。鄶第十三，曹第十四。

言季子聞此二國歌，不復譏論之，以其微也。○鄶古外反爲之歌小雅。小雅，小正，亦樂歌之常。曰美哉思而不貳，思文武之德，無貳叛之心。怨而不言。有哀音。其周德之衰乎。衰小也。猶有先王之遺民焉。謂有殷王餘俗，故未大衰。爲之歌大雅。大雅陳文王之德，以正天下。曰廣哉，熙熙乎。熙熙，和樂聲。曲而有直體。論其聲。其文王之德乎。雅頌所以詠盛德形容，故但歌其美者，不皆歌變雅。爲之歌頌。頌者以其成功告於神明。曰至矣哉。言道備。直而不倨，倨，傲。曲而不屈，屈，撓。邇而不偪，謙退。○偪彼力反遠而不攜，攜，貳。遷而不淫，淫，過蕩。復而不厭，常日新。哀而不愁，知命。樂而不荒，節之以禮。用而不匱，德弘大。廣而不宣，不自顯。施而不費，因民所利而利之。取而不貪，義然後取。處而不底，守之以道。○底音抵行而不流，制之以義。五聲和，宮商角徵羽謂之五聲。八風平，八方之氣謂之八風。節有度，守有序，八音克諧，節有度也。無相奪倫，守有序也。盛德之所同也。頌有殷魯，故曰盛德之所同。見舞象箾南籥者，象箾，舞所執。南籥，以籥舞也。皆文王之樂。○箾音朔曰美哉猶有憾。美哉，美其容也。文王恨不及已致太平。見舞大武者，武王樂。曰美哉周之盛也，其若此乎。見舞韶濩者，殷湯樂。○濩音護，又戶郭反曰聖人之弘也，而猶有慚德，聖人之難也。慚於始伐。見舞大夏者，禹之樂。曰美哉勤而不德，非禹其誰能修之。盡力溝洫，勤也。見舞韶箾者，舜樂。○箾音簫曰德至矣哉，大矣，如天之無不幬也，幬，覆也。如地之無不載也。雖甚盛德，其蔑以加於此矣。觀止矣。若有他樂，吾不敢請已。魯用四代之樂，故及韶箾，而季子知其終也。季札賢明才博，在吳雖已涉見此樂歌之文，然未聞中國雅聲，故請作周樂，欲聽其聲，然後依聲以參時政，知其興衰。

也。聞秦詩、謂之夏聲。聞頌、曰五聲和、八風平、皆論聲以參政也。舞畢、知其樂終、是素知其篇數。其出聘也、通嗣
君也。吳子餘祭嗣立。故遂聘于齊。說晏平仲。謂之曰、子速納邑與政。納、歸
之公。○說音悅、下皆同。無邑無政、乃免於難。齊國之政、將有所歸。未獲所
歸、難未歇也。歇、盡也。故晏子因陳桓子以納政與邑。是以免於欒
高之難。難在昭八年。聘於鄭、見子產、如舊相識。與之縞帶。子產獻紵
衣焉。大帶也。吳地貴縞、鄭地貴紵、故各獻己所貴、示損己而不爲彼貨利。○縞、古老反。謂子產曰、鄭之
執政侈、難將至矣。政必及子。子爲政、愼之以禮。不然、鄭國將敗。
侈、謂伯有。適衛、說蘧瑗、蘧伯玉。○瑗、于眷反。史狗、史朝之子文子。史鰌、史魚。○鰌音秋。公子荊、
公叔發、公叔文子。公子朝。曰、衛多君子、未有患也。自衛如晉、將宿於

戚。戚、孫文子之邑。聞鍾聲焉、曰、異哉。吾聞之也、辯而不德、必加於戮。辯、猶
爭也。夫子獲罪於君以在此。孫文子以戚叛。懼猶不足、而又何樂。夫子之
在此也、猶燕之巢于幕上。言至危。君又在殯、而可以樂乎。獻公卒未葬。
遂去之。不止宿。文子聞之、終身不聽琴瑟。聞義能改。適晉、說趙文子、韓
宣子、魏獻子、曰、晉國其萃於三族乎。言晉國之政、將集於三家。說叔向、將行、
謂叔向曰、吾子勉之。君侈而多良、大夫皆富、政將在家。富必厚施、故政在
家。吾子好直、必思自免於難。
秋九月、齊公孫蠆、公孫竈放其大夫高止於北燕。蠆、子尾。竈、子雅。放者、宥之
以遠。○蠆、勑邁反。乙未、出。書曰、出奔、罪高止也。實放書奔、所以示罪。高止好以事

自爲功、且專、故難及之。
冬、孟孝伯如晉、報范叔也。范叔、士鞅也。此年夏來聘。
爲高氏之難故、高豎以盧叛。豎、高止子。○爲、于僞反。十月庚寅、閭丘嬰帥
師圍盧。高豎曰、苟使高氏有後、請致邑。還邑於君。齊人立敬仲之曾
孫酀、敬仲、高傒。○酀、於顯反。傒音奚。良敬仲也。良猶賢也。十一月乙卯、高豎致盧而
出奔晉。晉人城緜而寘旃。晉人善其致邑。
鄭伯有使公孫黑如楚。黑、子晳。辭曰、楚鄭方惡、而使余往、是殺余
也。伯有曰、世行也。言女世爲行人。○女音汝。子晳曰、可則往、難則已。何世之
有。伯有將強使之。子晳怒、將伐伯有氏。大夫和之。十二月己巳、

鄭大夫盟於伯有氏。裨諶曰、是盟也、其與幾何。言不能久也。裨諶、鄭大夫。詩
曰、君子屢盟、亂是用長。今是長亂之道也。禍未歇也、必三年而
後能紓。紓、解也。○長、丁丈反。解音蟹。然明曰、政將焉往。裨諶曰、善之代不善、
天命也。其焉辟子產。言政必歸子產。舉不踰等、則位班也。子產位班次應知政。擇
善而舉、則世隆也。世所高也。天又除之、奪伯有魄。喪其精神、爲子產驅除。子西
卽世、將焉辟之。天禍鄭久矣、其必使子產息之、乃猶可以戾。戾、定
也。不然、將亡矣。
經　三十年、春、王正月、楚子使薳罷來聘。○罷音皮。

夏四月。蔡世子般弒其君固。○般音班

五月甲午。宋災。天火曰災、

宋伯姬卒。

天王殺其弟佞夫。稱弟以惡王殘骨肉、

王子瑕奔晉。不言出奔周無外、

秋七月。叔弓如宋。葬宋共姬。共姬從夫謚也、叔弓叔老之子、卿共葬事、禮過厚、三月而葬速、

鄭良霄出奔許。自許入于鄭。者酒荒淫、書名罪之、不言復入、獨還無兵、

鄭人殺良霄。

冬。十月。葬蔡景公。無傳、

晉人。齊人。宋人。衛人。鄭人。曹人。莒人。邾人。滕人。薛人。杞人。小邾人。會于澶淵。宋災故。會未有言其事者、此言宋災故、以惡宋人不克巳自責而出會求財、○澶市然反

傳三十年。春。王正月。楚子使薳罷來聘。通嗣君也。郟敖即位、穆叔問王子之爲政何如。王子圍爲令尹、對曰。吾儕小人食而聽事。猶懼不給命。而不免於戾。焉與知政。固問焉。不告。穆叔告大夫曰。楚令尹將有大事。子蕩將與焉。子蕩薳罷、○與音預、助之匿其情矣。子圍素貴、郟敖微弱、諸侯皆知其將爲亂、故穆叔問之、

子產相鄭伯以如晉。叔向問鄭國之政焉。對曰。吾得見與否。在此歲也。駟良方爭。未知所成。駟氏、子晳也、良氏、伯有也、若有所成。吾得見。乃可知也。叔向曰。不既和矣乎。對曰。伯有侈而愎。愎、狠也、○愎皮力反、子晳好在人上。莫能相下也。雖其和也。猶相積惡也。惡至無日矣。爲此年秋良霄出奔傳、

二月。癸未。晉悼夫人食輿人之城杞者。輿、衆也、城杞在往年、○食音似、絳縣人或年長矣。無子。而往與於食。有與疑年。使之年。使言其年、曰。臣小人也。不知紀年。臣生之歲。正月甲子朔。四百有四十五甲子矣。其季於今。三之一也。所稱正月、謂夏正月也、三分六甲之一、得甲子甲戌盡癸未、吏走問諸朝。皆不知、故問之、師曠曰。魯叔仲惠伯會郤成子于承匡之歲也。在文十一年、是歲也。狄伐魯。叔孫莊叔於是乎敗狄于鹹。獲長狄僑如及虺也豹也。而皆以名其子。七十三年矣。叔孫僑如、叔孫豹、皆取長狄名、○鹹音咸、史趙曰。

亥有二首六身。（史趙，晉大史。亥字二畫在上，併三六爲身，如筭之六。）下二如身，是其日數也。（下亥上二畫，豎置身旁。）士文伯曰：然則二萬六千六百有六旬也。（文伯，士弱之子。）趙孟問其縣大夫，則其屬也。（屬趙武。）召之而謝過焉，曰：武不才，任君之大事，以晉國之多虞，不能由吾子，（由，用也。）使吾子辱在泥塗久矣，武之罪也。敢謝不才。遂仕之，使助爲政。辭以老，與之田，使爲君復陶，（復陶，主衣服之官。）以爲絳縣師，（縣師，掌地域，辨其夫家人民。）而廢其輿尉。（以役孤老故。）於是魯使者在晉，歸以語諸大夫。季武子曰：晉未可媮也。（媮，薄也。）有趙孟以爲大夫，有伯瑕以爲佐，（伯瑕，士文伯。）有史趙、師曠而咨度焉，有叔向、女齊以師保其君，其朝多君子，其庸可媮

乎。勉事之而後可。（傳言晉所以彊，不失諸侯，且明歷也。）

夏四月己亥，鄭伯及其大夫盟。（駟良爭故。）君子是以知鄭難之不已也。（鄭伯微弱，不能制其臣下，君臣詛盟，故曰亂未已。）

蔡景侯爲大子般娶于楚，通焉。大子弒景侯。（終子產言有子禍也。○爲，于僞反。）

初，王儋季卒，（儋季，周靈王弟。○儋，丁甘反。）其子括將見王而歎。（括除服見靈王，入朝而歎。）單公子愆期爲靈王御士，過諸廷，（愆期行過王廷。○單音善。）聞其歎而言曰：烏乎，必有此夫。（欲有此朝廷之權。○烏乎，本又作嗚呼，音同。）入以告王，且曰：必殺之。不慼而願大，視躁而足高，心在他矣，不殺必害。王曰：童子何知。及靈王崩，儋括欲立王子佞夫。（佞夫，靈王子，景王弟。）佞夫弗知。戊子，儋括圍蔿，逐成愆。（成愆，蔿邑大夫。○蔿，于委反。）成愆奔平時。（平時，周邑。○時，音止，又音市。）五月癸巳，尹言多、劉毅、單蔑、甘過、鞏成殺佞夫。（五子，周大夫。）括、瑕、廖奔晉。（括、廖不書，賤也。）書曰：天王殺其弟佞夫，罪在王也。（佞夫不知，故經書。在宋災下，從赴。）

或叫于宋大廟，（叫，呼也。○大音泰。）曰：譆譆，出出。（譆譆，熱也；出出，戒伯姬。○譆，許其反。）鳥鳴于亳社，（殷社。）如曰：譆譆。（皆火妖也。）甲午，宋大災。宋伯姬卒，待姆也。（姆，女師。○姆音茂。）君子謂宋共姬女而不婦，女待人，（待人而行。）婦義事也。（義從宜也。伯姬時年六十左右。）

六月，鄭子產如陳涖盟，歸，復命，告大夫曰：陳亡國也，不可與也。（不可與結好。）聚禾粟，繕城郭，恃此二者而不撫其民，其君弱植，公子

侈，大子卑，大夫敖，政多門，（政不由一人。）以介於大國，（介，閒也。）能無亡乎。不過十年矣。（爲昭八年楚滅陳傳。）

秋七月，叔弓如宋，葬共姬也。（傷伯姬之遇災，故使卿共葬。）

鄭伯有耆酒，爲窟室，（窟室，地室。○耆，市志反。）而夜飲酒，擊鐘焉，朝至未已。朝者曰：公焉在？（家臣故謂伯有爲公。）其人曰：吾公在壑谷。（壑谷，窟室。）皆自朝布路而罷。（布路，分散。）既而朝，（伯有朝鄭君。）則又將使子皙如楚，歸而飲酒。庚子，子皙以駟氏之甲伐而焚之。伯有奔雍梁，（雍梁，鄭地。）醒而後知之，遂奔許。大夫聚謀，子皮曰：仲虺之志（仲虺，湯左相。）云：亂者取之，亡者侮之，推亡固存，國之利也。罕、駟、豐同生。（罕，子皮；駟，子皙；豐，公孫段也。三家本同母兄弟。）

伯有汰侈，故不免。三家同出，而伯有孤特，又汰侈，所以亡。人謂子產就直助彊。時謂
子晳直，三家彊。子產曰：豈爲我徒。徒，黨也。言不以駟良爲黨。國之禍難，誰知所敝。或
主彊直，難乃不生。言能彊能直，則可弭難。今三家未能，則伯有方爭。○難乃旦反，下同。姑成吾所。
欲以無所附著爲所。辛丑，子產斂伯有氏之死者而殯之，不及謀而遂行。
不與於國謀。○力豔反。印段從之。義子產。子皮止之。衆曰：人不我順，何止焉。
子皮曰：夫子禮於死者，況生者乎。遂自止之。壬寅，子產入。癸卯，
子石入。子石，印段。皆受盟于子晳氏。乙巳，鄭伯及其大夫盟于大宮。
大宮，祖廟。盟國人于師之梁之外。師之梁，鄭城門。伯有聞鄭人之盟己也，怒。
聞子皮之甲不與攻己也，喜。曰：子皮與我矣。癸丑，晨自墓門之

瀆入。墓門，鄭城門。○瀆音豆。因馬師頡介于襄庫，以伐舊北門。馬師頡，子羽孫。駟
帶率國人以伐之。駟帶，子西之子，子晳之宗主。皆召子產。駟氏、伯有俱召。子產曰：兄
弟而及此，吾從天所與。兄弟恩等，故無所偏助。伯有死於羊肆。羊肆，市列。子產
襚之，枕之股而哭之，斂而殯諸伯有之臣在市側者。既而葬諸
斗城。斗城，鄭地名。子駟氏欲攻子產。子皮怒之曰：禮，國之幹也。殺有
禮，禍莫大焉。乃止。斂葬伯有爲有禮。於是游吉如晉還，聞難不入。懼禍并及。
復命于介。八月甲子，奔晉。駟帶追之，及酸棗。與子上盟，用兩珪
質于河。子上，駟帶也。沈珪於河，爲信也。酸棗，陳留縣。使公孫肸入盟大夫。己巳，復歸。
游吉歸也。書曰鄭人殺良霄，不稱大夫，言自外入也。既出位絕，非復鄭大夫。於

子蟜之卒也，子蟜，公孫蠆，卒在十九年。○蟜音矯。將葬，公孫揮與裨竈晨會事焉。
會葬事。過伯有氏，其門上生莠。子羽曰：其莠猶在乎。子羽，公孫揮。以莠喻伯有。
伯有侈，知其不能久存。於是歲在降婁，降婁中而旦。降婁，奎婁也。周七月，今五月，降婁中而天
明。○降戶江反。裨竈指之曰：猶可以終歲。指降婁也。歲星十二年而一終。歲不及此次
也已。不及降婁。及其亡也，歲在娵訾之口。娵訾，營室東壁。二十八年，歲星淫在玄枵，今三十年
在娵訾，是歲星停在玄枵二年。○娵子須反。訾音茲。其明年乃及降婁。僕展從伯有，與之
皆死。僕展，鄭大夫，伯有黨。羽頡出奔晉，爲任大夫。羽頡，馬師頡。任，晉縣，今屬廣平郡。雞澤
之會。在三年。鄭樂成奔楚，遂適晉。羽頡因之，與之比，而事趙文子，
言伐鄭之說焉。以宋之盟故，不可。宋盟約弭兵故。子皮以公孫鉏爲馬

師。鉏，子罕之子，代羽頡。
楚公子圍殺大司馬蔿掩而取其室。蔿掩，二十五年爲大司馬。申無宇曰：王
子必不免。無宇，芋尹。善人，國之主也。王子相楚國，將善是封殖，而虐
之，是禍國也。且司馬，令尹之偏，偏，佐也。而王之四體也。俱股肱也。絕民
之主，去身之偏，艾王之體，以禍其國，無不祥大焉，何以得免。爲昭
十三年楚弒靈王傳。○去起呂反。艾魚廢反。
爲宋災故，諸侯之大夫會，以謀歸宋財。冬十月，叔孫豹會晉趙
武、齊公孫蠆、宋向戌、衛北宮佗、佗，北宮括之子。○佗音沱。鄭罕虎、虎，子皮。及小
邾之大夫，會于澶淵。既而無歸于宋，故不書其人。君子曰：信其

不可不慎乎。澶淵之會，卿不書，不信也夫。諸侯之上卿會而不信，寵名皆弃，不信之不可也如是。寵謂族也。詩曰：文王陟降，在帝左右。信之謂也。詩大雅，言文王所以能上接天，下接人，動順帝者，唯以信。又曰：淑慎爾止，無載爾僞。不信之謂也。逸詩也，言當善慎舉止，無載行詐僞。書曰：某人某人會于澶淵，宋災故。尤之也。傳云，既而無歸，所以釋諸侯大夫之不書也。又云宋災故，尤之，所以釋向戌之弃貶也。戌爲正卿，溪致火災，燒殺其夫人，未聞克己之助，而以求財合諸侯，故與不歸財者同文。向戌既以災求財，諸大夫許而不歸，客主皆貶，君子以尊尊之義也，君親有隱，故略不書魯大夫以示例。不書魯大夫，諱之也。

鄭子皮授子產政。伯有死，子皮知政，以子產賢，故讓之。辭曰：國小而偪，偪近大國。族大寵多，不可爲也。爲猶治也。子皮曰：虎帥以聽，誰敢犯子。子善相之，國無小，言在治政。小能事大，國乃寬。爲大所恤故也。子產爲政，有事伯石，賂與之邑。伯石，公孫段，有事，欲使之。子大叔曰：國皆其國也，奚獨賂焉。言鄭大夫共憂鄭國，事何爲獨賂之。子產曰：無欲實難，言人不能無欲。皆得其欲，以從其事，而要其成，非我有成，其在人乎。言成猶在我，非在他也。○要，一遥反。何愛於邑，邑將焉往。言猶在國。子大叔曰：若四國何。恐爲四鄰所笑。子產曰：非相違也，而相從也。言賂以邑，欲爲和順。四國何尤焉。鄭書有之，鄭國史書。曰：安定國家，必大焉先。先和大族，而後國家安。姑先安大，以待其所歸。要其成也。既伯石懼而歸邑，卒與之。卒，終也。伯有既死，使大史命伯石爲卿，辭。大史退，則請命焉。請大史更命己。復命之，又辭。如是三，乃受策入拜。子產是以惡其爲人也，惡其虚飾。使次己位。畏其作亂，故寵之。子產使都鄙有章，國都及邊鄙，車服尊卑，各有分部。○分，扶運反。上下有服，公卿大夫，服不相踰。田有封洫，封，疆也；洫，溝也。廬井有伍。廬，舍也。九夫爲井，使五家相保。大人之忠儉者，謂卿大夫。從而與之；泰侈者，因而斃之。因其有罪而斃踣之。○踣，蒲北反。豐卷將祭，請田焉，田，獵也。○卷，眷勉反。弗許，曰：唯君用鮮，鮮，野獸。衆給而已。衆臣祭以芻豢爲足。子張怒，子張，豐卷。退而徵役。召兵欲攻子產。子產奔晉，子皮止之，而逐豐卷。豐卷奔晉。子產請其田里，請於公，不沒入。三年而復之，反其田里及其入焉。田里所收入。從政一年，輿人誦之曰：取我衣冠而褚之，褚，畜也。奢侈者畏法，故畜藏。○褚音主，畜音蓄。取我田疇而伍之，孰殺子產，吾其與之。并畔爲疇。及三年，又誦之曰：我有子弟，子產誨之。我有田疇，子產殖之。殖，生也。子產而死，誰其嗣之。嗣，續也。傳言鄭所以興。

經 三十有一年，春王正月。

夏六月辛巳，公薨于楚宮。公不居先君之路寢，而安所樂，失其所也。

秋九月癸巳，子野卒。不書葬，未成君。

己亥，仲孫羯卒。

冬十月，滕子來會葬。諸侯會葬，非禮。

癸酉葬我君襄公

十有一月莒人弒其君密州 不稱弒者主名君無道也

傳三十一年春王正月穆叔至自會 會澶淵 見孟孝伯語之曰趙孟將死矣其語偷不似民主 偷苟且 且年未盈五十而諄諄焉如八九十者弗能久矣 成二年戰於鞍趙朔已死於是趙文子始生至襄三十年會澶淵蓋年四十七八故言未盈五十 若趙孟死爲政者其韓子乎 韓子韓起 吾子盍與季孫言之可以樹善君子也 言韓起有君子之德今方知政可素往立善 晉君將失政矣若不樹焉使早備魯 使韓子早爲魯備 既而政在大夫韓子懦弱大夫多貪求欲無厭齊楚未足與也魯其懼哉孝伯曰人生幾何誰能無偷朝不及夕將安用樹穆叔出而告人曰孟孫將死矣吾語諸趙孟之偷也而又甚焉 言朝不及夕偷之甚也○厭於鹽反 又與季孫語晉故 如 孟孫言 季孫不從及趙文子卒 在昭元年 晉公室卑政在侈家韓宣子爲政不能圖諸侯魯不堪晉求讒慝弘多是以有平丘之會 平丘會在昭十三年晉人執季孫意如

齊子尾害閭丘嬰欲殺之使帥師以伐陽州 陽州魯地 我問師故 以師往問齊何故伐我 夏五月子尾殺閭丘嬰以說于我師 言伐魯者嬰所爲也伐陽州不書不成伐○說如字 工僂灑渻竈孔虺賈寅出奔莒 四子嬰之黨○僂力侯反灑所蟹反渻生

領反 出羣公子 爲昭十年欒高之難復羣公子起本

公作楚宮 適楚好其宮歸而作之 穆叔曰大誓云民之所欲天必從之 今尚書太誓亦無此文故諸儒疑之 君欲楚也夫故作其宮若不復適楚必死是宮也六月辛巳公薨于楚宮叔仲帶竊其拱璧 拱璧公大璧 以與御人納諸其懷而從取之由是得罪 得罪謂魯人薄之故子孫不得志於魯

立胡女敬歸之子子野 胡歸姓之國敬歸襄公妾 次于季氏秋九月癸巳卒毀也 過哀毀瘠以致滅性

己亥孟孝伯卒 終穆叔言 立敬歸之娣齊歸之子公子裯 齊謚裯昭公名○裯直由反 穆叔不欲曰大子死有母弟則立之無則立長 立庶子則以年 年鈞擇賢義鈞則卜古之道也 先人事後卜筮也義鈞謂賢等 非適嗣何必娣之子 言子野非適嗣○適丁歷反 且是人也居喪而不哀在慼而有嘉容是謂不度不度之人鮮不爲患若果立之必爲季氏憂武子不聽卒立之比及葬三易衰衰衽如故衰 言其嬉戲無度○比必裕反衰七雷反 於是昭公十九年矣猶有童心君子是以知其不能終也 爲昭二十五年公孫於齊傳

冬十月滕成公來會葬惰而多涕 惰不敬也 子服惠伯曰滕君將死矣怠於其位而哀已甚兆於死所矣 有死兆 能無從乎 爲昭三年滕子卒傳

癸酉葬襄公公薨之月子產相鄭伯以如晉晉侯以我喪故未

之見也子產使盡壞其館之垣而納車馬焉士文伯讓之曰敝
邑以政刑之不修寇盜充斥充滿斥見言其多無若諸侯之屬辱在寡
君者何是以令吏人完客所館館舍也高其閈閎閎門也○閈戶旦反閎獲耕反
厚其牆垣以無憂客使無令客使憂寇盜今吾子壞之雖從者能戒其
若異客何以敝邑之為盟主繕完葺牆葺覆也以待賓客若皆毀
之其何以共命寡君使匄請命請問毀垣之命○共音恭匄古害反對曰以敝邑
褊小介於大國介間也誅求無時誅責也是以不敢寧居悉索敝賦
以來會時事隨時來朝會逢執事之不閒而未得見又不獲聞命未
知見時不敢輸幣亦不敢暴露其輸之則君之府實也非薦陳

之不敢輸也薦陳猶獻見也○閒音閑暴步卜反下同其暴露之則恐燥溼之不時
而朽蠹以重敝邑之罪僑聞文公之為盟主也僑子產名文公晉重耳宮
室卑庳無觀臺榭以崇大諸侯之館館如公寢庫廄繕修司空
以時平易道路易治也○庳音婢亦音卑觀古亂反圬人以時塓館宮室圬人塗者塓塗
也○圬音烏塓莫歷反諸侯賓至甸設庭燎庭燎設火於庭僕人巡宮巡宮行夜○行下孟
反下巡行同車馬有所有所處賓從有代代客役巾車脂轄巾車主車之官隸人
牧圉各瞻其事瞻視客所當得百官之屬各展其物展陳也謂羣官各陳其物以待賓
公不留賓而亦無廢事賓得速去則事不廢憂樂同之事則巡之巡行也教
其不知而恤其不足賓至如歸無寧菑患言見遇如此寧當復有菑患邪無寧寧也

不畏寇盜而亦不患燥溼今銅鞮之宮數里銅鞮晉離宮○鞮丁兮反而諸
侯舍於隸人舍如隸人舍門不容車而不可踰越門庭之內迫迮又有牆垣之限○迮
側百反盜賊公行而天癘不戒癘猶災也言水潦無時賓見無時命不可知
若又勿壞是無所藏幣以重罪也敢請執事將何所命之問晉命已
所止之宜雖君之有魯喪亦敝邑之憂也言鄭與魯晉亦有同姓之憂若獲薦幣薦進
也脩垣而行行去也君之惠也敢憚勤勞文伯復命反命於晉君趙文
子曰信信如子產言我實不德而以隸人之垣以贏諸侯贏受也○贏音盈
是吾罪也使士文伯謝不敏焉晉侯見鄭伯有加禮禮加敬厚其
宴好而歸之乃築諸侯之館叔向曰辭之不可以已也如是夫

子產有辭諸侯賴之若之何其釋辭也詩曰辭之輯矣民之協
矣辭之繹矣民之莫矣詩大雅言辭輯睦則民協同辭說繹則民安定莫猶定也其知之矣
謂詩人知辭之有益
鄭子皮使印段如楚以適晉告禮也得事大國之禮
莒犂比公生去疾及展輿犂比莒子密州之號○比音毗去起呂反既立展輿立以為世
子又廢之犂比公虐國人患之十一月展輿因國人以攻莒子
弒之乃立展輿立為君去疾奔齊齊出也母齊女也展輿吳出也為明年奔吳傳
書曰莒人弒其君買朱鉏買朱鉏密州之字言罪之在也罪在鉏也傳始例申明君
臣書弒今者父子故復重明例

吴子使屈狐庸聘于晉狐庸巫臣之子也成七年適吴爲行人通路也通吴晉之路趙文子問焉曰延州來季子其果立乎延州來季札邑巢隕諸樊在二十五年閽戕戴吴在二十九年戴吴餘祭○祭側界反天似啓之何如對曰不立是二王之命也非啓季子也若天所啓其在今嗣君乎嗣君謂夷末甚德而度德不失民民歸德度不失事審事情民親而事有序其天所啓也有吴國者必此君之子孫實終之季子守節者也雖有國不立言其三兄雖欲傳國與之終不肯立

十二月北宫文子相衛襄公以如楚文子北宫佗宋之盟故也晉楚之從交相見也過鄭印段廷勞于棐林如聘禮而以勞辭用聘禮而用郊勞之辭○廷于況反勞力報反文子入聘報印段子羽爲行人馮簡子與子大叔逆客逆文子事畢而出言於衛侯曰鄭有禮其數世之福也其無大國之討乎詩云誰能執熱逝不以濯詩大雅濯以水濯手禮之於政如熱之有濯也濯以救熱何患之有此以上文子辭子產之從政也擇能而使之馮簡子能斷大事子大叔美秀而文其貌美其才秀公孫揮能知四國之爲知諸侯所欲爲而辨於其大夫之族姓班位貴賤能否而又善爲辭令裨諶能謀謀於野則獲得所謀也謀於邑則否此才性之蔽鄭國將有諸侯之事子產乃問四國之爲於子羽且使多爲辭令與裨諶乘以適野使謀可否而告馮簡子使斷之事成乃授子

大叔使行之以應對賓客是以鮮有敗事北宫文子所謂有禮也傳跡子產行事以明北宫文子之言○乘去聲鄭人游于鄉校鄉之學校以論執政論其得失然明謂子產曰毁鄉校如何患人於中謗議國政子產曰何爲夫人朝夕退而游焉以議執政之善否其所善者吾則行之其所惡者吾則改之是吾師也若之何毁之我聞忠善以損怨爲忠善則怨謗息○朝直遥反不聞作威以防怨欲毁鄉校即作威豈不遽止然猶防川遽畏懼也大決所犯傷人必多吾不克救也不如小決使道道通也不如吾聞而藥之也以爲己藥石然明曰蔑也今而後知吾子之信可事也小人實不才若果行此其鄭國實賴之豈唯二三臣仲尼聞是語也曰以是觀之人謂子產不仁吾不信也仲尼以二十二年生於是十歲長而後聞之子皮欲使尹何爲邑爲邑大夫子產曰少未知可否尹何年少子皮曰愿吾愛之不吾叛也愿謹善也使夫往而學焉夫亦愈知治矣夫謂尹何子產曰不可人之愛人求利之也今吾子愛人則以政以政與之猶未能操刀而使割也其傷實多多自傷子之愛人傷之而已其誰敢求愛於子子於鄭國棟也棟折榱崩僑將厭焉敢不盡言子有美錦不使人學製焉製裁也○厭於甲反又於輒反下同大官大邑身之所庇也而使學者製焉其爲美錦不亦多乎言官邑之重多於美錦僑聞學而後

入政未聞以政學者也若果行此必有所害譬如田獵射御貫則能獲禽貫習也、若未嘗登車射御則敗績厭覆是懼何暇思獲子皮曰善哉虎不敏吾聞君子務知大者遠者小人務知小者近者我小人也衣服附在吾身我知而愼之大官大邑所以庇身也我遠而慢之慢易也、微子之言吾不知也他日我曰子爲鄭國我爲吾家以庇焉其可也今而後知不足自知謀慮不足謀其家、自今請雖吾家聽子而行子產曰人心之不同如其面焉吾豈敢謂子面如吾面乎抑心所謂危亦以告也子皮以爲忠故委政焉子產是以能爲鄭國傳言子產之治、乃子皮之力、

衛侯在楚北宮文子見令尹圍之威儀言於衛侯曰令尹似君矣將有他志言語瞻視、行步不常、雖獲其志不能終也詩云靡不有初鮮克有終終之實難令尹其將不免公曰子何以知之對曰詩云敬愼威儀惟民之則令尹無威儀民無則焉民所不則以在民上不可以終公曰善哉何謂威儀對曰有威而可畏謂之威有儀而可象謂之儀君有君之威儀其臣畏而愛之則而象之故能有其國家令聞長世臣有臣之威儀其下畏而愛之故能守其官職保族宜家順是以下皆如是是以上下能相固也衛詩曰威儀棣棣不可選也詩邶風棣棣富而閑也、選數也、○鮮息淺反言君臣上下父子兄弟內外大小皆有威儀也周詩曰朋友攸攝攝以威儀詩大雅攸所也、攝佐也、言朋友之道必相教訓以威儀也周書數文王之德逸書曰大國畏其力小國懷其德言畏而愛之也詩云不識不知順帝之則言則而象之也大雅又言文王行事無所斟酌唯在則象上天、紂囚文王七年諸侯皆從之囚紂於是乎懼而歸之可謂愛之文王伐崇再駕而降爲臣文王聞崇德亂而伐之、三旬不降退修敎而復伐之因壘而降、蠻夷帥服可謂畏之文王之功天下誦而歌舞之可謂則之文王之行至今爲法可謂象之有威儀也故君子在位可畏施舍可愛進退可度周旋可則容止可觀作事可法德行可象聲氣可樂動作有文言語有章以臨其下謂之有威儀也○樂音洛又音岳

春秋左傳卷十九終

春秋左傳卷二十

晉鎭南大將軍當陽縣侯京兆杜　預集解

皇明　後　學　東吳金　蟠較訂

昭公名裯，襄公子，母齊歸，在位二十五年，遜于齊，在位八年，凡三十三年，薨于乾侯。謚法：威儀恭明曰昭。

經元年春王正月，公卽位。無傳。

叔孫豹會晉趙武、楚公子圍、齊國弱、宋向戌、衛齊惡、陳公子招、蔡公孫歸生、鄭罕虎、許人、曹人于虢。招實陳侯母弟，不稱弟者，義與莊二十五年公子友同。今讀舊書，則楚當先晉，而先書趙武者，亦取宋盟貴武之信，故尚之也。衛

在陳蔡上，先至於會。○招，常遙反。

三月，取鄆。不稱將帥，將卑師少。書取，言易也。○鄆音運。

夏，秦伯之弟鍼出奔晉。稱弟，罪秦伯。○鍼，其廉反。

六月丁巳，邾子華卒。無傳。三同盟。

晉荀吳帥師敗狄于大鹵。大鹵，大原晉陽縣。○大鹵如字，又音泰。

秋，莒去疾自齊入于莒。國逆而立之曰入。○去，起呂反。

莒展輿出奔吳。弒君賊，未會諸侯，故不稱爵。

叔弓帥師疆鄆田。春取鄆，今正其封疆。

葬邾悼公。無傳。

冬十有一月己酉，楚子麇卒。楚以瘧疾赴，故不書弒。○麇，九倫反。

楚公子比出奔晉。書名，罪之。

傳元年春，楚公子圍聘于鄭，且娶於公孫段氏，伍舉爲介。伍舉，椒舉。介，副也。將入館，館舍。就客舍。鄭人惡之，知楚懷詐。使行人子羽與之言，乃館於外。舍城外。既聘，將以衆逆。以兵入逆婦。子產患之，使子羽辭曰：「以敝邑褊小，不足以容從者，請墠聽命。」欲於城外除地爲墠，行昏禮。○墠音善。令尹命大宰伯州犁對曰：「君辱貺寡大夫圍，謂圍將使豐氏撫有而室。豐氏，公孫段。圍布几筵，告於莊、共之廟而來。莊王，圍之祖；共王，圍之父。若野賜之，是

委君貺於草莽也。是寡大夫不得列於諸卿也。言不得從卿禮不寧唯是。又使圍蒙其先君。蒙，欺也。告先君而來，不得成禮於女氏之廟，故以爲欺先君。將不得爲寡君老。大臣稱老。懼辱命而黜退。其蔑以復矣。唯大夫圖之。子羽曰。小國無罪。恃實其罪。恃大國而無備，則是罪。將恃大國之安靖已。而無乃包藏禍心以圖之。小國失恃。而懲諸侯。使莫不憾者。距違君命。而有所壅塞不行。是懼。言已失所恃，則諸侯懲恨，以距君命，壅塞不行，所懼唯此。不然。敝邑館人之屬也。館人，守舍人也。其敢愛豐氏之祧。祧，遠祖廟。伍舉知其有備也。請垂櫜而入。垂櫜，示無弓。○櫜音羔。許之。正月乙未。入逆而出。遂會于虢。虢，鄭地。尋宋之盟也。宋盟在襄二十七年。祁午謂趙文子曰。宋之盟。楚人得志於晉。

得志，謂先歃。午，祁奚子。今令尹之不信。諸侯之所聞也。子弗戒。懼又如宋。恐楚復得志。子木之信稱於諸侯。猶詐晉而駕焉。駕猶陵也。詐，謂衷甲。況不信之尤者乎。尤，甚也。楚重得志於晉。晉之恥也。子相晉國以爲盟主。於今七年矣。襄二十五年始爲政。以春言，故云七年。再合諸侯。襄二十五年會夷儀，二十六年會澶淵。三合大夫。襄二十七年會于宋，三十年會澶淵，及今會虢也。服齊狄。寧東夏。襄二十八年，齊侯白狄朝晉。平秦亂。襄二十六年，秦晉爲成。城淳于。襄二十九年，城杞之淳于，杞遷都。師徒不頓。國家不罷。民無謗讟。讟，誹也。諸侯無怨。天無大災。子之力也。有令名矣。而終之以恥。午也是懼。吾子其不可以不戒。文子曰。武受賜矣。受午言。然宋之盟。子木有禍人之心。武有仁人之心。是楚

所以駕於晉也。今武猶是心也。楚又行僭。僭，不信。非所害也。武將信以爲本。循而行之。譬如農夫。是穮是蔉。穮，耘也。壅苗爲蔉。○穮音標，蔉音衮。雖有饑饉。必有豐年。言耕鉏不以水旱息，必獲豐年之收。○饉其靳反。且吾聞之。能信不爲人下。吾未能也。自恐未能信也。詩曰。不僭不賊。鮮不爲則。信也。詩大雅。僭，不信。賊，害人也。能爲人則者。不爲人下矣。吾不能是難。楚不爲患。楚令尹圍請用牲。讀舊書。加于牲上而已。舊書，宋之盟書。楚恐晉先歃，故欲從舊書加于牲上。不歃血，經所以不書盟。晉人許之。三月甲辰盟。楚公子圍設服離衛。設君服，二人執戈陳於前以自衛。離，陳也。叔孫穆子曰。楚公子美矣。君哉。美服似君。鄭子皮曰。二執戈者前矣。禮，國君行有二執戈者在前。蔡子家曰。蒲宮有前。不亦可乎。

公子圍在會，特緝蒲爲王殿屋屏蔽以自殊異。言既造王宮而居之，雖服君服，無所怪也。楚伯州犂曰。此行也。辭而假之寡君。聞諸大夫譏之，故言假以飾令尹過。鄭行人揮曰。假不反矣。言將遂爲君。伯州犂曰。子姑憂子皙之欲背誕也。襄三十年，鄭子皙殺伯有，背命放誕，將爲國難。言子且自憂此，無爲憂令尹不反戈。子羽曰。當璧猶在。假而不反。子其無憂乎。子羽，行人揮。當璧，謂弃疾，事在昭十三年。言弃疾有當璧之命，圍雖取國，猶將有難，不無憂也。齊國子曰。吾代二子愍矣。國子，國弱也。二子，謂王子圍及伯州犂。圍此冬便簒位，不能自終；州犂亦尋爲圍所殺，故言可愍。陳公子招曰。不憂何成。二子樂矣。言以憂生事，事成而樂。○樂音洛。衛齊子曰。苟或知之。雖憂何害。齊子，齊惡。言先知爲備，雖有憂難，無所損害。宋合左師曰。大國令。小國共。吾知共而已。共承大國命，不能知其禍福。○共音恭。晉樂王鮒曰。小旻之

卒章善矣。吾從之。小旻，詩小雅，其卒章義取非唯暴虎馮河之可畏也，不敬小人亦危殆。王鮒從斯義，故不敢譏議公子圍。○鮒音付 退會。子羽謂子皮曰。叔孫絞而婉。絞，切也。譏其似君，反謂之美，故曰婉。宋左師簡而禮。無所臧否，故曰簡。共事大國，故曰禮。○否音鄙 樂王鮒字而敬。字，愛也。不犯凶人，所以自愛敬。子與子家持之。子，子皮。子家，蔡公孫歸生。持之，言無所取與。皆保世之主也。齊衛陳大夫其不免乎。國子代人憂。子招樂憂。齊子雖憂弗害。夫弗及而憂。與可憂而樂。與憂而弗害。皆取憂之道也。憂必及之。大誓曰。民之所欲。天必從之。逸書。○樂音洛 三大夫兆憂。憂能無至乎。開憂兆也。言以知物。其是之謂矣。物，類也。察言以知禍福之類。八年陳招殺大子，國弱齊惡當身各無患。

季武子伐莒取鄆。兵未加莒而鄆服，故書取而不言伐。莒人告于會。楚告於晉曰。尋盟未退。尋弭兵之盟。而魯伐莒。瀆齊盟。瀆，慢也。請戮其使。時叔孫豹在會，欲戮之。樂桓子相趙文子。桓子，樂王鮒。相，佐也。欲求貨於叔孫。而為之請。使請帶焉。難指求貨，故以帶為辭。弗與。梁其踁曰。貨以藩身。子何愛焉。踁，叔孫家臣。叔孫曰。諸侯之會。衛社稷也。我以貨免。魯必受師。言不戮其使，必伐其國。是禍之也。何衛之為。人之有牆。以蔽惡也。言已為國衛，如牆為人蔽。牆之隙壞。誰之咎也。咎在牆。衛而惡之。吾又甚焉。罪甚牆。雖怨季孫。魯國何罪。怨季孫守國，叔孫出使之伐莒。叔出季處。有自來矣。吾又誰怨。季孫所從來久，今遇此戮，無所怨也。然鮒也賄。弗與不已。召使者。裂裳帛而與之。曰。帶其褊矣。

言帶褊盡，故裂裳示不相逆。趙孟聞之曰。臨患不忘國。忠也。謂言魯國何罪。思難不越官。信也。謂言叔出季處。圖國忘死。貞也。謂不以貨免。謀主三者。義也。三者，忠信貞。有是四者。又可戮乎。并義而四。乃請諸楚曰。魯雖有罪。其執事不辟難。執事謂叔孫。畏威而敬命矣。謂不敢辟戮。子若免之。以勸左右。可也。若子之羣吏處不辟汙。汙，勞事。出不逃難。不苟免。其何患之有。患之所生。汙而不治。難而不守。所由來也。能是二者。又何患焉。不靖其能。其誰從之。安靖賢能，則衆附從。魯叔孫豹可謂能矣。請免之。以靖能者。子會而赦有罪。不伐魯。又賞其賢。赦叔孫。諸侯其誰不欣焉。望楚而歸之。視遠如邇。疆埸之邑。一彼一此。何常之有。言今衰世，疆埸無定主。

王伯之令也。言三王五伯有令德時。引其封疆。引，正也，正封疆。而樹之官。樹，立也，立官以守國。舉之表旗。旍旗以表貴賤。而著之制令。為諸侯作制度法令，使不得相侵犯。過則有刑。猶不可壹。於是乎虞有三苗。三苗，饕餮，放三危者。夏有觀扈。觀國，今頓丘衛縣。扈在始平鄠縣。書序曰：啓與有扈戰于甘之野。○觀音館 商有姺邳。二國商諸侯。邳，今下邳縣。○姺西典反，又西禮反 周有徐奄。二國嬴姓。書序曰：成王伐淮夷，遂踐奄。徐即淮夷。自無令王。諸侯逐進。逐猶競也。狎主齊盟。其又可壹乎。彊弱無常，故更主盟。○更音庚 恤大舍小。足以為盟主。大謂篡弑滅亡之禍。又焉用之。焉用治小事。封疆之削。何國蔑有。主齊盟者。誰能辯焉。辯，治也。吳濮有釁。楚之執事。豈其顧盟。吳在東，濮在南，今建寧郡南有濮夷。釁，過也。莒之疆事。楚勿與知。諸侯無煩。不亦可乎。莒魯爭鄆。為日久矣。苟無大害於其社稷、可無亢也。亢、禦。去煩宥善、莫不競勸。子其圖之。固請諸楚。楚人許之。乃免叔孫。令尹享趙孟、賦大明之首章。大明、詩大雅。首章言文王明明照於下、故能赫赫盛於上。令尹意在首章、故特稱首章以自光大。趙孟賦小宛之二章。小宛、詩小雅。二章取其各敬爾儀、天命不又。言天命一去、不可復還、以戒令尹。事畢、趙孟謂叔向曰。令尹自以爲王矣。何如。問將能成否。對曰。王弱、令尹彊、其可哉。言可成。雖可、不終。趙孟曰。何故。對曰。彊以克弱而安之、彊不義也。安於勝君、是彊而不義。不義而彊、其斃必速。詩曰。赫赫宗周、褒姒滅之。彊不義也。詩小雅。褒姒、周幽王后。幽王惑焉而行不義、遂至滅亡。言雖赫赫盛彊、不義足以滅之。令尹爲王、必求諸侯。晉少懦矣。懦、弱也。諸侯將往。若獲諸侯、其虐滋甚。滋、益也。民弗堪也。將何以終。夫以彊取、取不以道。不義而克、必以爲道。以不義爲道。道以淫虐、弗可久已矣。爲十三年楚弑靈王傳。

夏四月。趙孟、叔孫豹、曹大夫入于鄭。會罷、過鄭。鄭伯兼享之。子皮戒趙孟。戒享期。禮終。趙孟賦瓠葉。受所戒禮畢而賦詩。瓠葉、詩小雅。義取古人不以微薄廢禮。雖瓠葉兔首、猶與賓客享之。○瓠、戶故反。子皮遂戒穆叔、且告之。告以趙孟賦瓠葉。穆叔曰。趙孟欲一獻。瓠葉詩義取薄物而以獻酬、知欲一獻。子其從之。子皮曰。敢乎。言不敢。穆叔曰。夫人之所欲也。又何不敢。夫人、趙孟。及享、具五獻之籩豆於幕下。朝聘之制、大國之卿五獻。趙孟辭。趙孟自以今非聘鄭、故辭五獻。私於子產。私語。曰。武請於冢宰矣。冢宰、子皮。請、謂賦瓠葉。乃用一獻。趙孟爲客。禮終乃宴。卿會公侯、享宴皆折俎、不體薦。穆叔賦鵲巢。鵲巢、詩召南。言鵲有巢而鳩居之、喻晉君有國、趙孟治之。趙孟曰。武不堪也。又賦采蘩。亦詩召南。義取蘩菜薄物、可以薦公侯、享其信、不求其厚也。曰。小國爲蘩。大國省穡而用之。其何實非命。穆叔言小國微薄、猶蘩菜。大國能省愛用之而不棄、則何敢不從命。穡、愛也。子皮賦野有死麕之卒章。野有死麕、詩召南。卒章曰。舒而脫脫兮、無感我帨兮、無使尨也吠。脫脫、安徐。帨、佩巾。義取君子徐以禮來、無使我失節、而使狗驚吠。喻趙孟以義撫諸侯、無以非禮相加陵。○脫、吐外反。帨、始銳反。趙孟賦常棣。常棣、詩小雅。取其凡今之人、莫如兄弟。言欲親兄弟之國。且曰。吾兄弟比以安。尨也可使無吠。受子皮之詩。穆叔、子皮及曹大夫興拜。三大夫皆兄弟國。興、起也。舉兕爵曰。小國賴子、知免於戾矣。兕爵所以罰不敬。言小國蒙趙孟德、比以安、自知免此罰戮。飲酒樂。趙孟出曰。吾不復此矣。不復見此樂。○樂音洛。復去聲。

天王使劉定公勞趙孟於潁、館於雒汭。天王、周景王。定公、劉夏。潁水出陽城縣。雒汭在河南鞏縣南。水曲流爲汭。劉子曰。美哉禹功。見河雒而思禹功。明德遠矣。微禹、吾其魚乎。吾與子弁冕端委、以治民臨諸侯、禹之力也。弁冕、冠也。端委、禮衣。言今得共服冠冕有國家者、皆由禹之力。子盍亦遠績禹功、而大庇民乎。勸趙孟使纂禹功。對曰。老夫罪戾是懼、焉能恤遠。吾儕偷食、朝不謀夕、何其長也。言欲苟免目前、不能念長久。劉子歸、以語王曰。諺所謂老將知而耄及之者、八十曰耄。耄、亂也。○知音智。其趙孟之謂乎。爲晉正卿、以主諸侯、而儕於隸人。朝不謀夕。言其自比於賤人、而無恤民之心。棄神人矣。民爲神主、不恤民、故神人皆去。神怒民叛、何以能久。趙孟不復年矣。言將死、不復見明年。神怒不歆其祀、民叛不卽其事祀事不從又何以年 爲此冬趙孟卒起本 叔孫歸 號會歸 曾夭御季孫以勞之旦及日中不出 恨季孫伐莒使尸幾被戮 曾夭謂曾阜 曾阜叔孫家臣 曰旦及日中吾知罪矣魯以相忍爲國也忍其外不忍其內焉用之 欲受楚戮是忍其外日中不出是不忍其內 阜曰數月於外 言叔孫勞役在外數月 一旦於是庸何傷賈而欲贏而惡囂乎 言譬如商賈求贏利者不得惡諠囂之聲○賈音古惡烏路反下同囂許驕反又五高反 阜謂叔孫曰可以出矣叔孫指楹曰雖惡是其可去乎乃出見之 楹柱也以諭魯有季孫猶屋有柱 鄭徐吾犯之妹美 犯鄭大夫 公孫楚聘之矣 楚子南穆公孫 公孫黑又使强委禽焉 禽雁也納采用雁○强其丈反 犯懼告子產子產曰是國無政非子之

患也唯所欲與犯請於二子請使女擇焉皆許之子晳盛飾入布幣而出 布陳贄幣子晳公孫黑 子南戎服入左右射超乘而出女自房觀之曰子晳信美矣抑子南夫也 言丈夫○乘繩證反 夫夫婦婦所謂順也適子南氏子晳怒既而櫜甲以見子南欲殺之而取其妻子南知之執戈逐之及衝擊之以戈 衝交道 子晳傷而歸告大夫曰我好見之不知其有異志也故傷大夫皆謀之子產曰直鈞幼賤有罪罪在楚也 先聘子南直也子南用戈子晳直也子產力未能討故鈞其事歸罪於楚 乃執子南而數之曰國之大節有五女皆奸之 奸犯也○女音汝下皆同 畏君之威聽其政尊其貴事其長養其親五者所以爲國也今君在國女

用兵焉不畏威也奸國之紀不聽政也 奸國之紀謂傷人 子晳上大夫女嬖大夫而弗下之不尊貴也幼而不忌不事長也 忌畏也 兵其從兄不養親也君曰余不女忍殺宥女以遠勉速行乎無重而罪五月庚辰鄭放游楚於吳將行子南子產咨於大叔 大叔游楚之兄子 大叔曰吉不能亢身焉能亢宗 亢蔽也 彼國政也非私難也子圖鄭國利則行之又何疑焉周公殺管叔而蔡蔡叔 蔡放也○上蔡素葛反下如字 夫豈不愛王室故也吉若獲戾子將行之何有於諸游 爲二年鄭殺公孫黑傳 秦后子有寵於桓如二君於景 后子秦桓公子景公母弟鍼也其權寵如兩君 其母曰

弗去懼選 選數也恐景公數其罪而加戮 癸卯鍼適晉其車千乘書曰秦伯之弟鍼出奔晉罪秦伯也 罪失教 后子享晉侯 爲晉侯設享禮 造舟于河 造舟爲梁通秦晉之道○造七報反 十里舍車 一舍八乘爲八反之備 自雍及絳 雍絳相去千里用車八百乘○雍於用反 歸取酬幣 備九獻之儀始禮自齎其一故續送其八酬酒幣 終事八反 每十里以八乘車各以次載幣相授而還不徑至故言八反千里用車八百乘其二百乘以自隨故言千乘傳言秦鍼之出極奢富以成禮欲盡敬於所赴 司馬侯問焉曰子之車盡於此而已乎對曰此之謂多矣若能少此吾何以得見 言已坐車多故出奔 女叔齊以告公 叔齊司馬侯○女音汝 且曰秦公子必歸臣聞君子能知其過必有令圖令圖天所贊也后子見趙孟趙孟曰吾子其曷歸 問何如當歸 對曰鍼懼選於

寡君是以在此將待嗣君趙孟曰秦君何如對曰無道趙孟曰亡乎對曰何爲一世無道國未艾也艾絕也○艾魚廢反國於天地有與立焉言欲輔助之者多不數世淫弗能斃也趙孟曰天乎對曰有焉趙孟曰其幾何對曰鍼聞之國無道而年穀和熟天贊之也贊佐助也鮮不五稔鮮少也少尚當歷五年多則不啻趙孟視蔭曰朝夕不相及誰能待五蔭日景也趙孟意衰以日景自喻故言朝夕不相及誰能待五○蔭於金反后子出而告人曰趙孟將死矣主民翫歲而愒日翫愒皆貪也○愒苦蓋反其與幾何言不能久

鄭爲游楚亂故游楚子南六月丁巳鄭伯及其大夫盟于公孫段氏罕虎公孫僑公孫段印段游吉駟帶私盟于閨門之外實薰隧閨門鄭城門薰隧門外道名實之者爲明年子產數子晳罪稱薰隧盟起本公孫黑強與於盟使大史書其名且曰七子自欲同於六卿故曰七子○強其丈反與羊茹反子產弗討子晳強討之恐亂國

晉中行穆子敗無終及羣狄于太原即大鹵也無終山戎崇卒也崇聚也將戰魏舒曰彼徒我車所遇又阨地險不便車○阨於懈反以什共車必克更增十人以當一車之用○共音恭困諸阨又克車每困於阨道今去車故爲必克請皆卒去車爲步卒自我始乃毀車以爲行魏舒先自毀其屬車爲步陳○行戶郎反陳直覲反下五陳未陳同五乘爲三伍乘車者車三人五乘十五人今改去車更以五人爲伍分爲三伍○五乘繩證反荀吳之嬖人不肯即卒斬以徇魏舒輒斬之荀吳不恨所以能立功爲五陳以相離兩於前伍

於後專爲右角參爲左角偏爲前拒皆臨時處置之名○拒九甫反以誘之翟人笑之笑其失常未陳而薄之大敗之傳言荀吳能用善謀

莒展輿立而奪羣公子秩公子召去疾于齊秋齊公子鉏納去疾齊雖納去疾莒人先召之故從國逆例書入去疾奔齊在襄三十一年展輿奔吳吳外孫叔弓帥師疆鄆田因莒亂也此春取鄆今正其疆界於是莒務婁瞀胡及公子滅明以大厖與常儀靡奔齊三子展輿黨大厖常儀靡莒二邑○務如字又音謀一音無瞀音茂一音謀君子曰莒展之不立棄人也夫奪羣公子秩是棄人人可棄乎詩曰無競惟人善矣詩周頌言惟得人則國家彊

晉侯有疾鄭伯使公孫僑如晉聘且問疾叔向問焉曰寡君之疾病卜人曰實沈臺駘爲祟史莫之知敢問此何神也子產曰昔高辛氏有二子伯曰閼伯季曰實沈高辛帝嚳○駘他才反閼於葛反嚳音酷居于曠林不相能也曠林地闕日尋干戈以相征討尋用后帝不臧后帝堯也臧善也遷閼伯于商丘主辰商丘宋地主祀辰星辰大火也商人是因故辰爲商星商人湯先相土封商丘因閼伯故國祀辰星遷實沈于大夏主參大夏今晉陽縣○參音森下同唐人是因以服事夏商唐人若劉累之等累遷魯縣此在大夏其季世曰唐叔虞唐人之季世其君曰叔虞當武王邑姜方震大叔邑姜武王后齊大公之女懷胎爲震大叔成王之弟叔虞○震音振又音申大音泰夢帝謂己余命而子曰虞帝天取唐君之名將與之唐屬諸參而蕃育其子孫及生有文在其手曰虞遂以命之及

成王滅唐而封大叔焉故參爲晉星。叔虞封唐，是爲晉侯。由是觀之則實沈參神也。昔金天氏有裔子曰昧，爲玄冥師，生允格臺駘。金天氏，帝少皞。裔，遠也。玄冥，水官。昧爲水官之長。臺駘能業其官，纂昧之業。宣汾洮，宣，猶通也。汾洮，二水名。○洮，他刀反。障大澤，陂障之。以處大原，大原，晉陽也，臺駘之所居。帝用嘉之，封諸汾川。帝，顓頊。沈姒蓐黃實守其祀。四國，臺駘之後。今晉主汾而滅之矣。滅四國。由是觀之則臺駘汾神也。抑此二者不及君身。山川之神則水旱癘疫之災於是乎禜之。有水旱之災，則禜祭山川之神，若臺駘者。周禮四曰禜祭，爲營欑用幣，以祈福祥。○禜，音詠。欑，子管反。日月星辰之神則雪霜風雨之不時於是乎禜之。星辰之神，若實沈者。若君身則亦出入飲食哀樂之事也，山川星辰之神

又何爲焉。言實沈臺駘不爲君疾。僑聞之，君子有四時，朝以聽政，聽國政。晝以訪問，問可否。夕以脩令，念所施。夜以安身。於是乎節宣其氣，宣，散也。勿使有所壅閉湫底以露其體。湫，集也。底，滯也。露，羸也。壹之，則血氣集滯而體羸露。兹心不爽而昏亂百度。兹，此也。爽，明也。百度，百事之節。今無乃壹之，同四時也。則生疾矣。僑又聞之，內官不及同姓，內官，嬪御。其生不殖。殖，長也。美先盡矣，則相生疾。同姓之相與，先美矣。美極則盡，盡則生疾。君子是以惡之。故志曰：買妾不知其姓則卜之。違此二者，古之所慎也。違四時，取同姓，二者古人所慎。男女辨姓，禮之大司也。辨，別也。今君內實有四姬焉，同姓姬四人。其無乃是也乎。若由是二者，弗可爲也已。爲，治也。四姬有省猶可，無則必生疾矣。據異

姓去同姓，故言省。叔向曰：善哉，肸未之聞也。此皆然矣。叔向出，行人揮送之。送叔向。叔向問鄭故焉，且問子晳。對曰：其與幾何。言將敗不久。無禮而好陵人，怙富而卑其上，弗能久矣。爲明年鄭殺公孫黑傳。晉侯聞子產之言，曰：博物君子也。重賄之。

晉侯求醫於秦，秦伯使醫和視之，曰：疾不可爲也，是謂近女室，疾如蠱。蠱惑疾。非鬼非食，惑以喪志。惑女色而失志。良臣將死，天命不祐。良臣不匡救君過，故將死而不爲天所祐。公曰：女不可近乎。對曰：節之。先王之樂所以節百事也，故有五節。五聲之節。遲速本末以相及，中聲以降，五降之後不容彈矣。此謂先王之樂得中聲，聲成五降而息也。降，罷退。於是有煩手淫聲，慆堙心耳，乃忘平和，君子弗聽也。五降而不息，則雜聲竝奏，所謂鄭衛之聲。○慆，吐刀反。物亦如之。言百事皆如樂，不可失節。至於煩，乃舍也已，無以生疾。煩不舍，則生疾。君子之近琴瑟，以儀節也，非以慆心也。爲心之節儀，使動不過度。天有六氣，謂陰陽風雨晦明也。降生五味，謂金味辛，木味酸，水味鹹，火味苦，土味甘，皆由陰陽風雨而生。發爲五色，辛色白，酸色青，鹹色黑，苦色赤，甘色黃。發，見也。徵爲五聲。白聲商，青聲角，黑聲羽，赤聲徵，黃聲宮。徵，驗也。淫生六疾。淫，過也。滋味聲色，所以養人，然過則生害。六氣曰陰陽風雨晦明也，分爲四時，序爲五節，六氣之化，分而序之，則成四時，得五行之節。過則爲菑。陰淫寒疾，寒過則爲冷。陽淫熱疾，熱過則喘渴。風淫末疾，末，四肢也。風爲緩急。雨淫腹疾，雨溼之氣爲洩注。晦淫惑疾，晦，夜也。爲宴寢過節，則心惑亂。明淫心疾。明，晝也。思慮煩多，心勞生疾。女陽物而晦時淫

則生內熱惑蠱之疾。女常隨男，故言陽物，家道常在夜，故言晦時。今君不節不時，能
無及此乎。出告趙孟。趙孟曰：誰當良臣。對曰：主是謂矣。主相晉
國，於今八年。晉國無亂，諸侯無闕，可謂良矣。和聞之，國之大臣，
榮其寵祿，任其大節。有菑禍興，而無改焉，改，改行以救菑。必受其咎。今
君至於淫以生疾，將不能圖恤社稷，禍孰大焉。主不能禦，吾是
以云也。云，主將死。趙孟曰：何謂蠱。對曰：淫溺惑亂之所生也。溺，沈沒於嗜欲。
於文，皿蟲為蠱。文，字也。皿，器也。器受蟲害者為蠱。穀之飛亦為蠱。穀久積則變為飛蟲，名曰蠱。
在周易，女惑男，風落山，謂之蠱䷑。巽下艮上，蠱。巽為長女，為風；艮為少男，為山。少
男而說長女，非匹，故惑。山木得風而落。皆同物也。物猶類也。趙孟曰：良醫也。厚其禮而

歸之。賄賂之禮。
楚公子圍使公子黑肱、伯州犁城犨、櫟、郟。黑肱，王子圍之弟子晳也。犨縣屬南陽，郟縣屬襄城，櫟，今河南陽翟縣，三邑本鄭地。○犨，尺州反。櫟，音歷，又音鑠。郟，音夾。鄭人懼。子產曰：不害。令
尹將行大事，謂將弒君。而先除二子也。二子，謂黑肱、伯州犁。禍不及鄭，何患焉。
冬，楚公子圍將聘于鄭，伍舉為介。未出竟，聞王有疾而還。伍舉
遂聘。十一月己酉，公子圍至，入問王疾，縊而弒之。縊，絞也。孫卿曰：以冠纓絞之。長歷推己酉，十二月六日。經、傳皆言十一月，月誤也。○縊，一豉反。遂殺其二子幕及平夏。皆郟敖子。
右尹子干出奔晉。子干，王子比。宮廄尹子晳出奔鄭。因築城而去。殺大宰
伯州犁于郟。葬王于郟，謂之郟敖。郟敖，楚子麇。使赴于鄭，伍舉問應
為後之辭焉。問赴者。對曰：寡大夫圍。伍舉更之曰：共王之子圍為
長。伍舉更赴辭，使從禮。此告終稱嗣，不以篡弒赴諸侯。○共音恭。長，丁丈反。子干奔晉，從車五乘。叔
向使與秦公子同食，食祿同。皆百人之餼。百人，一卒也。其祿足百人。趙文子曰：
秦公子富。謂秦鍼富強，秩祿不宜與子干同。叔向曰：底祿以德，底，致也。德鈞以年，
年同以尊。公子以國，不聞以富。且夫以千乘去其國，彊禦已甚。
詩曰：不侮鰥寡，不畏彊禦。詩，大雅。彊禦，侮陵也。秦、楚，匹也。使后子與子干齒。
以年齒為高下而坐。辭曰：鍼懼選，楚公子不獲，是以皆來，亦唯命。不獲，不得自安。
言俱奔，事有優劣，唯主人命所處，謙辭。且臣與羈齒，無乃不可乎。后子先來仕，欲自同於晉臣，為
之人，子干後來奔，以為羈旅之客。史佚有言曰：非羈何忌。忌，敬也。欲謙以自別。

楚靈王即位，遠罷為令尹，遠啟彊為大宰。靈王，公子圍也。即位易名熊虔。○罷音皮。
彊，其良反。鄭游吉如楚葬郟敖，且聘立君。歸，謂子產曰：具行器矣。行器，
備會。楚王汏侈而自說其事，必合諸侯，吾往無日矣。子產曰：不數
年，未能也。為四年會申傳。
十二月，晉既烝，烝，冬祭也。趙孟適南陽，將會孟子餘。孟子餘，趙衰，趙武之曾祖。其廟
在晉之南陽溫縣，往會祭之。甲辰朔，烝于溫。趙氏烝祭。甲辰，十二月朔。晉既烝，趙孟乃烝其家廟，則晉烝當
在甲辰之前，傳言十二月，月誤。庚戌，卒。十二月七日。終劉定公、秦后子之言。鄭伯如晉弔，及雍乃
復。弔趙氏。蓋趙氏辭之而還。傳言大夫彊，諸侯畏而弔之。
經 三年春，晉侯使韓起來聘。

夏，叔弓如晉。叔弓，叔老子。

秋，鄭殺其大夫公孫黑。書名，惡之。薰隧盟，子產不討，遂以爲卿，故書之。

冬，公如晉，至河乃復。弔少姜也。晉人辭之，故還。

季孫宿如晉。致襚服也。公實以秋行，冬還乃書。

傳二年，春，晉侯使韓宣子來聘，公即位故。且告爲政，而來見，禮也。代趙武爲政，雖盟主，而修好同盟，故曰禮。觀書於大史氏，見易象與魯春秋，曰：周禮盡在魯矣。易象，上下經之象辭。魯春秋，史記之策書。春秋遵周公之典以序事，故曰周禮盡在魯矣。吾乃今知周公之德與周之所以王也。易象、春秋，文王、周公之制。當此時，儒道廢，諸國多闕，唯魯備，故宣子適魯而說之。○王，于況反。說音悅。公享之。季武子賦緜之卒章。緜，詩大雅。卒章義取文王有四臣，故能以緜緜致興盛。以晉侯比文王，以韓子比四輔。韓子賦角弓。角弓，詩小雅。取其兄弟昏姻無胥遠矣，言兄弟之國宜相親。季武子拜，曰：敢拜子之彌縫敝邑，寡君有望矣。彌縫，猶補合也。謂以兄弟之義。武子賦節之卒章。節，詩小雅。卒章取式訛爾心，以畜萬邦，以言晉德可以畜萬邦。○節，才結反。既享，宴于季氏。有嘉樹焉，宣子譽之。譽其好也。武子曰：宿敢不封殖此樹，以無忘角弓。封，厚也。殖，長也。遂賦甘棠。甘棠，詩召南。召伯息於甘棠之下，詩人思

之而愛其樹。武子欲封殖嘉樹如甘棠，以宣子比召公。宣子曰：起不堪也，無以及召公。宣子遂如齊納幣。爲平公聘少姜。見子雅。子雅召子旗，使見宣子。子旗，子雅之子。宣子曰：非保家之主也，不臣。志氣亢。見子尾。子尾見彊。彊，子尾之子。宣子謂之如子旗。亦不臣。大夫多笑之，唯晏子信之，曰：夫子，君子也。夫子，韓起。君子有信，其有以知之矣。爲十年齊欒施、高彊來奔張本。自齊聘於衛。衛侯享之。北宮文子賦淇澳。淇澳，詩衛風。美武公也。言宣子有武公之德。宣子賦木瓜。木瓜亦衛風。義取於欲厚報以爲好。

夏四月，韓須如齊逆女。須，韓起之子。逆少姜。齊陳無宇送女，致少姜。少姜有寵於晉侯，晉侯謂之少齊。爲立別號，所以寵異之。謂陳無宇非卿，欲使齊以適夫人禮送少姜。○適，丁歷反。執諸中都。中都，晉邑，在西河界休縣東南。少姜爲之請，曰：送從逆班，班，列也。畏大國也，猶有所易，是以亂作。韓須，公族大夫。陳無宇，上大夫。言齊畏晉，改易禮制，使上大夫送，遂致此執辱之罪。蓋少姜謙以示譏。

叔弓聘于晉，報宣子也。此春，韓宣子來聘。晉侯使郊勞。聘禮，賓至近郊，君使卿勞之。○勞，力報反。辭曰：寡君使弓來繼舊好，固曰：女無敢爲賓，徹命於執事，敝邑弘矣。徹，達也。○女音汝，下皆同。敢辱郊使，請辭。辭郊勞。致館。辭曰：寡君命下臣來繼舊好，好合使成，臣之祿也。得通君命，則於己爲榮祿。敢辱大館。敢不收。叔向曰：子叔子知禮哉。吾聞之曰：忠信，禮之器也；卑讓，禮之宗也。宗猶主也。辭不忘國，忠信也。謂稱舊好。先國後己，卑讓也。始稱敝邑之弘，先國

也、次稱臣之祿後已也、詩曰、敬愼威儀、以近有德。夫子近德矣。詩大雅、

秋、鄭公孫黑將作亂、欲去游氏而代其位、游氏大叔之族、黑爲游楚所傷、故欲害其族。○去起呂反傷疾作而不果。前年游楚所擊創。○創初良反駟氏與諸大夫欲殺之。駟氏、黑之族、子産在鄙、聞之、懼弗及、乘遽而至。遽、傳驛。○傳中戀反使吏數之、責數其罪、曰、伯有之亂、在襄三十年、以大國之事、而未爾討也。務共大國命、不暇治女罪。○共音恭、下同爾有亂心無厭、國不女堪。專伐伯有、而罪一也。昆弟爭室、而罪二也。謂爭徐吾犯之妹。○厭於鹽反薰隧之盟、女矯君位、而罪三也。謂使大史書七子、有死罪三、何以堪之。不速死、大刑將至。再拜稽首辭曰、死在朝夕、無助天爲虐。子産曰、人誰不死。凶人不終、命也。作

凶事、爲凶人。不助天、其助凶人乎。請以印爲褚師。印、子晳之子、褚師、市官。○褚張呂反子産曰、印也若才、君將任之。不才、將朝夕從女。女罪之不恤、而又何請焉。不速死、司寇將至。七月壬寅、縊。尸諸周氏之衢、衢、道也、加木焉。書其罪於木、以加尸上、

晉少姜卒。公如晉、及河。晉侯使士文伯來辭、曰、非伉儷也。晉侯溺於所幸、爲少姜行夫人之服、故諸侯弔、不敢以私煩諸侯、故止之、請君無辱。公還。季孫宿遂致服焉。致少姜之襚服、公以來秋行、始冬還、還乃書之、故經在冬、叔向言陳無宇於晉侯、曰、彼何罪。彼、無宇、君使公族逆之、齊使上大夫送之、猶曰不共。君求以貪。國則不共、逆卑於送、是晉國不共、而執其使。君刑已頗、何以爲盟主。頗、不平、

且少姜有辭。謂請無宇之辭、冬、十月、陳無宇歸。晉侯赦之、

十一月、鄭印段如晉弔。弔少姜、

【經】三年、春、王正月、丁未、滕子原卒。

襄二十五年、盟重丘、○重直恭反

夏、叔弓如滕。

五月、葬滕成公。

卿共小國之葬、禮過厚、葬襄公、滕子來會、故魯厚報之、○共音恭、下皆同

秋、小邾子來朝。

八月、大雩。

冬、大雨雹。

無傳、記災、○雨于付反、雹蒲學反

北燕伯款出奔齊。

不書大夫逐之、而言奔、罪之也。書名從告、

【傳】三年、春、王正月、鄭游吉如晉、送少姜之葬。梁丙與張趯見之、二子、晉大夫、○趯他歷反梁丙曰、甚矣哉、子之爲此來也。卿共妾葬、過禮、○爲于僞反子大叔曰、將得已乎。言不得止、昔文襄之霸也、晉文公、襄公、其務不煩諸侯。令諸侯、三歲而聘、五歲而朝、有事而會、不協而盟。明王之制、歲聘閒朝、在十三年、今簡之、君薨、大夫弔、卿共葬事。夫人、士弔、大夫送葬。先王之制、諸侯之喪、

士弔、大夫送葬、在三十年、蓋時俗過制、故文襄雖節之、猶過於古、足以昭禮。命事謀闕而已。朝聘以昭禮、盟會以謀闕、無加命矣。命有常、今嬖寵之喪、不敢擇位、而數於守適。不敢以其位卑、而令禮數如守適夫人、然則時適夫人之喪弔送之禮、已過文襄之制、○適丁歷反唯懼獲戾。豈敢憚煩。少姜有寵而死、齊必繼室。繼室、復薦女、今茲吾又將來賀。不唯此行也。張趯曰、善哉。吾得聞此數也。然自今、子其無事矣。譬如火焉。火、心星、火中、寒暑乃退。心以季夏昏中而暑退、季冬旦中而寒退、此其極也。能無退乎。晉將失諸侯。諸侯求煩不獲。言將不能復煩諸侯、二大夫退。子大叔告人曰、張趯有知。其猶在君子之後乎。譏其無隱諱。○知音智

丁未、滕子原卒。同盟、故書名。同盟於襄之世、亦應從同盟之禮、故傳發之、

齊侯使晏嬰請繼室於晉。復以女繼少姜、曰、寡君願事君、朝夕不倦。將奉質幣、以無失時、則國家多難。是以不獲。不得自來、不腆先君之適、謂少姜、以備內官。焜燿寡人之望。則又無祿、早世隕命。寡人失望。君若不忘先君之好、惠顧齊國、辱收寡人、徼福於大公丁公。徼要也、二公、齊先君、言收恤寡人、則先君與之福也、○焜胡本反、又音昆、大公音泰照臨敝邑、鎮撫其社稷。則猶有先君之適。適夫人之女、及遺姑姊妹。遺餘、若而人。言如常人、不敢譽、君若不棄敝邑、而辱使董振擇之、以備嬪嬙、寡人之望也。董正也、振整也、嬪嬙婦官、韓宣子使叔向對曰、寡君之願也。寡君不能獨任其社稷之事、未有伉儷、在縗絰之中、是以未敢請。制夫人之服、則葬訖君臣乃釋服、

君有辱命、惠莫大焉。若惠顧敝邑、撫有晉國、賜之內主、豈唯寡君。舉群臣實受其貺。其自唐叔以下、實寵嘉之。唐叔、晉之祖、既成昏。許昏成、晏子受禮。受賓享之禮、叔向從之宴、相與語。叔向曰、齊其何如。問興衰、晏子曰、此季世也。吾弗知齊其為陳氏矣。不知其他、唯知齊將為陳氏、公棄其民、而歸於陳氏。棄民不恤、齊舊四量、豆區釜鍾。四升為豆。各自其四、以登於釜。四豆為區、區斗六升、四區為釜、釜六斗四升、登成也、釜十則鍾。六斛四斗、陳氏三量皆登一焉、鍾乃大矣。登加也、加一謂加舊量之一也、以五升為豆、五豆為區、五區為釜、則區二斗、釜八斗、鍾八斛、以家量貸、而以公量收之。貸厚而收薄、山木如市、弗加於山。魚鹽蜃蛤、弗加於海。賈如在山海、不加貴、○賈音嫁民參其力、二入於公。

而衣食其一。言公重賦斂、公聚朽蠹、而三老凍餒。三老謂上壽中壽下壽、皆八十已上、不見養遇、國之諸市、屨賤踊貴。踊刖足者屨、言刖多。○踊音勇民人痛疾、而或燠休之。燠休痛念之聲、謂陳氏也。○燠於喻反、一於六反、休虛喻反、又許留反其愛之如父母、而歸之如流水。欲無獲民、將焉辟之。箕伯、直柄、虞遂、伯戲、四人皆舜後、陳氏之先、○戲許宜反其相胡公大姬、已在齊矣。胡公、四人之後、周始封陳之祖、大姬其妃也、言陳氏雖為人臣、然將有國、其先祖鬼神、已與胡公共在齊、○大音泰叔向曰、然。雖吾公室、今亦季世也。戎馬不駕、卿無軍行。言晉衰弱、不能征討、救諸侯、○行戶郎反公乘無人、卒列無長。百人為卒、言人皆非其人、非其長、○乘繩證反庶民罷敝、而宮室滋侈。滋益也、道殣相望。餓死為殣。○殣音覲而女富溢尤。女、嬖寵之家、民聞公命、如逃寇讎。欒、郤、胥、原、狐、

續慶伯。降在皁隸。八姓、晉舊臣之族也。皁隸、賤官。政在家門。大夫專政。民無所依。君日不悛。以樂慆憂。慆、藏、悛、改也。○樂音洛公室之卑。其何日之有。言今至。讒鼎之銘讒、鼎名也。曰。昧旦丕顯。後世猶怠。昧旦、早起也。丕、大也。言夙興以務大顯、後世猶解怠。況日不悛。其能久乎。晏子曰。子將若何。何以免此難叔向曰。晉之公族盡矣。肸聞之。公室將卑。其宗族枝葉先落。則公從之。肸之宗十一族。同祖為宗。○肸許乙反唯羊舌氏在而已。肸又無子。無賢子。公室無度。無法度。幸而得死。言得以壽終為幸。豈其獲祀。言必不得祀。初。景公欲更晏子之宅。曰。子之宅近市。湫隘囂塵。不可以居。湫、下。隘、小。囂、聲。塵、土。請更諸爽塏者。爽、明。塏、燥。○塏音凱辭曰。君之先臣容焉。先臣、晏子之先人。臣不足以嗣

之。於臣侈矣。侈、奢也。且小人近市。朝夕得所求。小人之利也。敢煩里旅。旅、衆也。不敢勞衆為已宅。公笑曰。子近市。識貴賤乎。對曰。既利之。敢不識乎。公曰。何貴何賤。於是景公繁於刑。繁、多也。有鬻踊者。故對曰。踊貴屨賤。既已告於君。故與叔向語而稱之。傳護晏子令不與張趯同譏。景公為是省於刑。君子曰。仁人之言。其利博哉。晏子一言而齊侯省刑。詩曰。君子如祉。亂庶遄已。詩小雅。如、行也。祉、福也。遄、疾也。言君子行福、則庶幾亂疾止也。其是之謂乎。及晏子如晉。公更其宅。反則成矣。既拜。拜謝新宅。乃毀之而為里室。皆如其舊。本壞里室以大晏子之宅、故復之。則使宅人反之。還其故室。且諺曰。非宅是卜。唯鄰是卜。卜良鄰。二三子先卜鄰矣。二三子、謂鄰人。違

卜不祥。君子不犯非禮。去儉即奢為非禮。小人不犯不祥。古之制也。吾敢違諸乎。卒復其舊宅。公弗許。因陳桓子以請。乃許之。傳言齊晉之衰。賢臣懷憂、且言陳氏之興。

夏四月。鄭伯如晉。公孫段相。甚敬而卑。禮無違者。晉侯嘉焉。授之以策。策、賜命之書。曰。子豐有勞於晉國。子豐、段之父。余聞而弗忘。賜女州田。州縣、今屬河內郡。○女音汝以胙乃舊勳。伯石再拜稽首。受策以出。君子曰。禮其人之急也乎。伯石之汰也。汰、驕也。一為禮於晉。猶荷其祿。況以禮終始乎。詩曰。人而無禮。胡不遄死。其是之謂乎。初。州縣。欒豹之邑也。豹、欒盈族。及欒氏亡。范宣子。趙文子。韓宣子。皆欲之。

文子曰。溫。吾縣也。州本屬溫、溫、趙氏邑。二宣子曰。自郤稱以別。三傳矣。郤稱、晉大夫、始受州。自是州與溫別、至今傳三家。○稱尺證反晉之別縣不唯州。誰獲治之。言縣邑既別甚多、無有得追而治取之、文子病之。乃舍之。二子曰。吾不可以正議而自與也。皆舍之。及文子為政。趙獲曰。可以取州矣。獲、趙文子之子。○舍音赦又音捨下同文子曰。退。使獲退也。二子之言義也。二子、二宣子也。違義禍也。余不能治余縣。又焉用州。其以徼禍也。君子曰。弗知實難。患不知禍所起。知而弗從。禍莫大焉。有言州必死。豐氏故主韓氏。故、猶舊也。豐氏至晉、舊以韓氏為主人、伯石之獲州也。韓宣子為之請之。為其復取之之故。後若還晉、因自欲取之、為七年豐氏歸州張本、

五月。叔弓如滕。葬滕成公。子服椒爲介。及郊。遇懿伯之忌。敬子不入。忌、怨也。懿伯、椒之叔父。敬子、叔弓也。叔弓禮椒、爲之辟仇。○辟音避。惠伯曰。公事有公利。無私忌。椒請先入。乃先受館。敬子從之。惠伯、子服椒也。傳言叔弓之有禮。

晉韓起如齊逆女。爲平公逆。公孫蠆爲少姜之有寵也。以其子更公女。而嫁公子。更嫁公女。○蠆敕邁反。更平聲。人謂宣子。子尾欺晉。晉胡受之。宣子曰。我欲得齊。而遠其寵。寵將來乎。寵謂子尾。

秋七月。鄭罕虎如晉。賀夫人。且告曰。楚人日徵敝邑以不朝立王之故。楚靈王新立。敝邑之往。則畏執事其謂寡君而固有外心。其不往。則宋之盟云。云、交相見。進退罪也。寡君使虎布之。布、陳也。宣子使

叔向對曰。君若辱有寡君。在楚何害。脩宋盟也。君苟思盟。寡君乃知免於戾矣。君若不有寡君。雖朝夕辱於敝邑。寡君猜焉。猜、疑也。君實有心。何辱命焉。言若有事晉心、至楚可不須告。君其往也。苟有寡君。在楚猶在晉也。張趯使謂大叔曰。自子之歸也。小人糞除先人之敝廬。曰。子其將來。今子皮實來。小人失望。大叔曰。吉賤。不獲來。賤非上卿。畏大國。尊夫人也。且孟曰。而將無事。吉庶幾焉。孟、張趯也。庶幾如趯言。

小邾穆公來朝。季武子欲卑之。不欲以諸侯禮待之。穆叔曰。不可。曹滕二邾。實不忘我好。敬以逆之。猶懼其貳。又卑一睦焉。一睦、謂小邾。逆羣好也。其如舊而加敬焉。志曰。能敬無災。又曰。敬逆來者。天所福也。季孫從之。

八月。大雩。旱也。

齊侯田於莒。莒、齊東竟。盧蒲嫳見。泣且請曰。余髮如此種種。余奚能爲。嫳、慶封之黨。襄二十八年、放之於竟。種種、短也。自言衰老、不能復爲害。○嫳普結反。公曰。諾。吾告二子。二子、子雅子尾。歸而告之。子尾欲復之。子雅不可。曰。彼其髮短而心甚長。其或寢處我矣。言不可信。九月。子雅放盧蒲嫳于北燕。恐其復作亂。

燕簡公多嬖寵。欲去諸大夫而立其寵人。冬。燕大夫比以殺公之外嬖。比、相親比。○比毗志反。公懼奔齊。書曰。北燕伯款出奔齊。罪之也。款罪

輕於衛衎、重於蔡朱、故舉中示例。

十月。鄭伯如楚。子產相。楚子享之。賦吉日。吉日、詩小雅。宣王田獵之詩。楚王欲與鄭伯共田、欲賦之。既享。子產乃具田備。王以田江南之夢。楚之雲夢、跨江南北。

齊公孫竈卒。竈、子雅。司馬竈見晏子。司馬竈、齊大夫。曰。又喪子雅矣。晏子曰。惜也。子旗不免。殆哉。以其不臣。姜族弱矣。而嬀將始昌。嬀、陳氏。○嬀九危反。二惠競爽猶可。子雅子尾、皆齊惠公之孫也。競、彊也。爽、明也。又弱一个焉。姜其危哉。○个古賀反。

春秋左傳卷二十終

春秋左傳卷二十一

晉鎮南大將軍當陽縣侯京兆杜　預集解

皇明　後　學　東吳金　蟠較訂

昭公

經四年春王正月大雨雹。當雪而雹故以為災而書之、

夏楚子蔡侯陳侯鄭伯許男徐子滕子頓子胡子沈子小邾子宋世子佐淮夷會于申。楚靈王始合諸侯、

楚人執徐子。稱人以執以不道於其民告、

秋七月楚子蔡侯陳侯許男頓子胡子沈子淮夷伐吳。因申會以伐吳不言諸侯者鄭徐滕小邾宋不在故也、胡國汝陰縣西北有胡城、

執齊慶封殺之。楚子欲行霸為齊討慶封故稱齊、

遂滅賴。

九月取鄫。鄫莒邑傳例曰克邑不用師徒曰取、

冬十有二月乙卯叔孫豹卒。

傳四年春王正月許男如楚楚子止之。欲與俱田、遂止鄭伯復田江南許男與焉。前年楚子已與鄭伯田江南故言復、使椒舉如晉求諸侯二君待之。二君鄭許、椒舉致命曰寡君使舉曰日君有惠賜盟于宋。宋盟在襄二十七年、曰晉楚之從交相見也以歲之不易。不易言有難○易以豉反、寡人願結驩於二三君。欲得諸侯謀事補闕、使舉請閒君若苟無四方之虞。虞度也、則願假寵以請於諸侯。欲借君之威寵以致諸侯、晉侯欲勿許司馬侯曰不可楚王方侈天或者欲逞其心以厚其毒而降之罰未可知也其使能終亦未可知也晉楚唯天所相也。相助也、不可與爭君其許之而修德以待其歸若歸於德吾猶將事之況諸侯乎若適淫虐楚將棄之。棄不以為君、吾又誰與爭曰晉有三不殆其何敵之有。殆危也、國險而多馬齊楚多難。多篡弑之難、有是三者何鄉而不濟對曰恃險與馬而虞鄰國之難是三殆也四嶽。東嶽岱西嶽華南嶽衡北嶽恒、三塗。在河南陸渾縣南、陽城。在陽城縣東北、大室。在河南陽城縣西南○大音泰、荊山。在新城沶鄉縣南○沶音市漢書音稊、中南。在始平武功縣南、九州之險也是不一姓。雖是天下至險無德則滅亡、冀之北土。燕代、馬之所生無興國焉恃險與馬不可以為固也從古以然是以先王務修德音以亨神人。亨通也、不聞其務險與馬也鄰國之難不可虞也或多難以固其國啟其疆土或無

難以喪其國。失其守宇。於國則四垂爲宇。若何虞難。齊有仲孫之難。而獲桓公。至今賴之。仲孫、公孫無知。事在莊九年。晉有里丕之難。而獲文公。是以爲盟主。里克丕鄭事在僖九年。○丕普悲反。衛邢無難。敵亦喪之。閔二年狄滅衛。僖二十五年衛滅邢。故人之難。不可虞也。恃此三者。而不修政德。亡於不暇。又何能濟。君其許之。紂作淫虐。文王惠和。殷是以隕。周是以興。夫豈爭諸侯。乃許楚使。使叔向對曰。寡君有社稷之事。是以不獲春秋時見。言不得自往。謙辭。諸侯君實有之。何辱命焉。椒舉遂請昏。益楚子遣舉時。兼使求昏。晉侯許之。楚子問於子產曰。晉其許我諸侯乎。對曰。許君。晉君少安。不在諸侯。安於小小。不在遠圖。其大夫多求。貪也。莫匡其君。

在宋之盟。又曰如一。晉楚同也。若不許君。將焉用之。焉用宋盟。王曰。諸侯其來乎。對曰。必來。從宋之盟。承君之歡。不畏大國。大國晉也。何故不來。不來者。其魯衛曹邾乎。曹畏宋。邾畏魯。魯衛偪於齊而親於晉。唯是不來。其餘君之所及也。誰敢不至。言楚威力所能及。王曰。然則吾所求者。無不可乎。對曰。求逞於人。不可。逞快也。求人以快意。人必違之。與人同欲。盡濟。爲下會申傳。

大雨雹。季武子問於申豐曰。雹可禦乎。禦止也。申豐魯大夫。對曰。聖人在上。無雹。雖有。不爲災。古者日在北陸而藏冰。陸道也。謂夏十二月日在虛危。冰堅而藏之。西陸朝覿而出之。謂夏三月日在昴畢。蟄虫出而用冰。春分之中。奎星朝見東方。其藏冰也。深山窮谷。固陰冱寒。於是乎取之。冱閉也。必取積陰之冰。所以道達其氣。使不爲災。其出之也。朝之祿位。賓食喪祭。於是乎用之。言不獨共公。○共音恭。其藏之也。黑牡秬黍。以享司寒。黑牡黑牲也。秬黑黍也。司寒玄冥北方之神。故物皆用黑。有事於冰。故祭其神。其出之也。桃弧棘矢。以除其災。桃弓棘箭。所以禳除凶邪。將御至尊故。其出入也時。食肉之祿。冰皆與焉。食肉之祿。謂在朝廷治其職事就官食者。○與音預。大夫命婦。喪浴用冰。命婦大夫妻。祭寒而藏之。享司寒。獻羔而啟之。謂二月春分獻羔祭韭。始開冰室。公始用之。公先用優尊。火出而畢賦。火星昏見東方。謂三月四月中。自命夫命婦。至於老疾。無不受冰。老致仕在家者。山人取之。縣人傳之。山人虞官。縣人遂屬。輿人納之。隸人藏之。輿隸皆賤官。夫冰以風壯。冰因風寒而堅。而以風出。順春

風而散用。其藏之也周。周密也。其用之也徧。及老疾。則冬無愆陽。愆過也。謂冬溫。夏無伏陰。伏陰謂夏寒。春無淒風。淒寒也。秋無苦雨。霖雨謂人所患苦。雷出不震。震霆也。無菑霜雹。癘疾不降。癘惡氣也。民不夭札。短折爲夭。夭死爲札。今藏川池之冰。弃而不用。既不藏深山窮谷之冰。又火出不畢賦。有餘則弃之。風不越而殺。雷不發而震。越散也。言陰陽失序。雷風爲害。雹之爲菑。誰能禦之。七月之卒章。藏冰之道也。七月詩豳風。卒章曰。二之日鑿冰沖沖。謂十二月鑿而取之。三之日納于凌陰。凌陰冰室也。四之日其蚤獻羔祭韭。謂二月春分蚤開冰室。以薦宗廟。

夏。諸侯如楚。魯衛曹邾不會。曹邾辭以難。公辭以時祭。衛侯辭以疾。如子產言。鄭伯先待于申。自楚先至會也。六月丙午。楚子合諸侯于申。

椒舉言於楚子曰臣聞諸侯無歸禮以爲歸今君始得諸侯其慎禮矣霸之濟否在此會也夏啓有鈞臺之享啓禹子河南陽翟縣南有鈞臺陂蓋啓享諸侯於此商湯有景亳之命河南鞏縣西南有湯亭或言亳即偃師周武有孟津之誓將伐紂也成有岐陽之蒐成王歸自奄大蒐於岐山之陽岐山在扶風美陽縣西北康有酆宮之朝酆在始平鄠縣東有靈臺康王於是朝諸侯穆有塗山之會穆王會諸侯於塗山塗山在壽春東北齊桓有召陵之師在僖四年晉文有踐土之盟在僖二十八年君其何用宋向戌鄭公孫僑在諸侯之良也君其選焉選擇所用○向舒亮反戌音恤王曰吾用齊桓用會召陵之禮王使問禮於左師與子產左師曰小國習之大國用之敢不薦聞言所聞謙示所未行獻公合諸侯之禮六其禮六儀也宋爵公故獻公禮子產曰小國共職敢不薦守獻伯子男會公之禮六鄭伯爵故獻伯子男會公之禮其禮同所從言之異○共音恭守手又反君子謂合左師善守先代子產善相小國王使椒舉侍於後以規過規正二子之過卒事不規王問其故對曰禮吾未見者有六焉左師子產所獻六禮楚皆未嘗行又何以規宋大子佐後至王田於武城久而弗見椒舉請辭焉請王辭謝之王使往曰屬有宗祧之事於武城言爲宗廟田獵寡君將墮幣焉敢謝後見恨其後至故言將因諸侯會布幣乃相見經幷書宋大子佐知此言在會前○墮許規反徐子吳出也以爲貳焉故執諸申言楚子以疑罪執諸侯楚子示諸侯侈自奢侈椒舉曰夫六王二公之事六王啓湯武成康穆也二公齊桓晉文皆所以示諸侯禮也諸侯

所由用命也夏桀爲仍之會有緡叛之仍緡皆國名商紂爲黎之蒐東夷叛之黎東夷國名周幽爲大室之盟戎狄叛之大室中嶽皆所以示諸侯汏也諸侯所由棄命也今君以汏無乃不濟乎王弗聽子產見左師曰吾不患楚矣汏而愎諫愎很也○汏音泰不過十年左師曰然不十年侈其惡不遠遠惡而後棄惡及遠方則人棄之善亦如之德遠而後興爲十三年楚弒其君傳秋七月楚子以諸侯伐吳宋大子鄭伯先歸經所以更敘諸侯歸獨言二國者鄭伯久於楚宋大子不得時見故慰遣之宋華費遂鄭大夫從從伐吳以答見慰使屈申圍朱方朱方吳邑齊慶封所封也屈申屈蕩之子八月甲申克之執齊慶封而盡滅其族慶封以襄二十八年奔吳八月無甲申日誤將戮慶封椒舉曰臣聞無瑕者可以戮人慶封惟逆命是以在此逆命謂性不恭順其肯從於戮乎言不肯默而從戮播於諸侯焉用之也播揚也王弗聽負之斧鉞以徇於諸侯使言曰無或如齊慶封弒其君弱其孤以盟其大夫齊崔杼弒君慶封其黨也故以弒君罪責之慶封曰無或如楚共王之庶子圍弒其君兄之子麇而代之以盟諸侯王使速殺之遂以諸侯滅賴賴子面縛銜璧士袒輿櫬從之造於中軍中軍王所將○麇九倫反王問諸椒舉對曰成王克許在僖六年許僖公如是王親釋其縛受其璧焚其櫬王從之從舉之言遷賴於鄢鄢楚邑○鄢於晚反又於建反楚子欲遷許於賴使鬬韋龜

與公子弃疾城之而還。爲許城也。韋龜、子文之玄孫、申無宇曰。楚禍之首將在此矣。召諸侯而來。伐國而克。城竟莫校。謂築城於外竟。諸侯無與爭。王心不違。民其居乎。言將有事。不得安也。民之不處。其誰堪之。不堪王命。乃禍亂也。

九月。取鄫。言易也。莒亂。著丘公立而不撫鄫。鄫叛而來。故曰取。凡克邑不用師徒曰取。著丘公、去疾也。不書奔者。潰散而來。將帥微也。重發例者。以通叛而自來。○易以豉反。著直居反。又直據反

鄭子產作丘賦。丘、十六井。當出馬一匹、牛三頭。今子產別賦其田。如魯之田賦。田賦在哀十一年。國人謗之。謗、毀也。曰。其父死於路。謂子國爲尉氏所殺。已爲蠆尾。謂子產重賦。毒害百姓。○蠆敕邁反以令於國。國將若之何。子寬以告。子寬、鄭大夫。子產曰。何害。苟利社稷。死生以之。以、用也。且吾聞爲善者不改其度。故能有濟也。民不可逞。度不可改。度、法也。詩曰。禮義不愆。何恤於人言。逸詩。子產自以爲權制濟國。於禮義無愆。吾不遷矣。遷、移也。渾罕曰。渾罕、子寬。○渾平聲。國氏其先亡乎。君子作法於涼。其敝猶貪。涼、薄也。作法於貪。敝將若之何。言不可久行。姬在列者。在列國也。蔡及曹滕其先亡乎。偪而無禮。蔡偪楚。曹滕偪宋。鄭先衛亡。偪而無法。偪晉楚。政不率法。而制於心。民各有心。何上之有。子產權時救急。渾罕譏之正道。

冬。吳伐楚。入棘、櫟、麻。棘櫟麻、皆楚東鄙邑。譙國酇縣東北有棘亭。汝陰新蔡縣東北有櫟亭。○酇才河反

以報朱方之役。朱方役在此年秋。楚沈尹射奔命於夏汭。夏汭、漢水曲入江。今夏口也。吳兵在東北。楚盛兵在東南。以絕其後。○射食夜反。又食亦反。箴尹宜咎城鍾離。宜咎、本陳大夫。襄二十四年奔楚。薳啟彊城巢。然丹城州來。然丹、鄭穆公孫。襄十九年奔楚。○薳于委反。東國水。不可以城。彭生罷賴之師。彭生、楚大夫。罷韋龜城賴之師。

初。穆子去叔孫氏。及庚宗。成十六年。辟僑如之難奔齊。庚宗魯地。遇婦人。使私爲食而宿焉。問其行。告之故。哭而送之。婦人聞而哭之。適齊。娶於國氏。國氏齊正卿。姜姓。生孟丙、仲壬。夢天壓己。弗勝。穆子夢也。○勝音升。下同。顧而見人。黑而上僂。上僂、肩傴。○僂力主反。傴紆甫反。深目而豭喙。口象豬。○豭音加。喙許穢反。號之曰。牛。助余。乃勝之。旦而皆召其徒。無之。徒、從者。且曰。志之。志、識也。○識申志反。及宣伯奔齊。饋之。宣伯、僑如。穆子之兄。成十六年奔齊。穆子饋宣伯。宣伯曰。魯以先子之故。先子、宣伯先人。將存吾宗。必召女。召女何如。對曰。願之久矣。言兄始爲亂。已則有今日之願。○女音汝。魯人召之。不告而歸。既立。在齊生孟丙仲壬。魯召之立爲卿。襄二年始見經。所宿庚宗之婦人。獻以雉。獻穆子。問其姓。問有子否。對曰。余子長矣。能奉雉而從我矣。襄二年。豎牛五六歲。召而見之。則所夢也。未問其名。號之曰牛。曰。唯。皆召其徒使視之。遂使爲豎。豎、小臣也。傳言從夢未必吉。有寵。長使爲政。爲家政。公孫明知叔孫於齊。公孫明、齊大夫子明也。與叔孫相親知。歸。未逆國姜。子明取之。國姜、孟仲母。○取七住反。故怒其子。長而後使逆之。子、孟丙、仲壬。田於丘蕕。丘蕕地名。○蕕音由。遂遇疾焉。豎牛欲亂其室而有

之強與孟盟不可。欲使從己、孟不肯、○強其丈反 叔孫爲孟鐘曰。爾未際。際接也、孟未與諸大夫相接見、 饗大夫以落之。以豭豬血釁鐘曰落、 既具。具饗禮、 使豎牛請日。請饗日、 入弗謁。謁白、 出命之日。許命日、 及賓至聞鐘聲。牛曰孟有北婦人之客。北婦人、國姜也、 怒將往。牛止之。賓出使拘而殺諸外。殺孟丙、 牛又強與仲盟不可。仲與公御萊書觀於公。萊書公御士名、仲與之私遊觀於公宮、 公與之環。賜玉環、 使牛入示之。示叔孫、 入不示出命佩之。牛謂叔孫見仲而何。見仲何如、 叔孫曰何爲。怪牛言、 曰不見既自見矣。言仲已自往見公、 公與之環而佩之矣。遂逐之奔齊。疾急命召仲。牛許而不召。杜洩見告之飢渴授之戈。杜洩叔孫氏宰也、牛不食叔孫、叔孫怒欲使杜洩殺之、○食音嗣

對曰求之而至又何去焉。言求食可得、無爲去、豎牛蓋杜洩力不能去、設辭以免、 豎牛曰夫子疾病不欲見人使寘饋于个而退。寘置也、个東西廂、 牛弗進則置虛命徹。寫器令空、示若叔孫已食、命去之、 十二月癸丑叔孫不食。乙卯卒。三日絕糧、 牛立昭子而相之。昭子豹之庶子叔孫婼也、○相息亮反婼敕略反 公使杜洩葬叔孫。豎牛賂叔仲昭子與南遺。昭子叔仲帶也、南遺季氏家臣、 使惡杜洩於季孫而去之。憎洩不與己同志、 杜洩將以路葬且盡卿禮。路王所賜叔孫車、 南遺謂季孫曰叔孫未乘路葬焉用之。且冢卿無路介卿以葬不亦左乎。冢卿謂季孫、介次也、左不便、 季孫曰然使杜洩舍路。舍置也、 不可曰夫子受命於朝而聘于王。在襄二十四年、夫子謂叔孫、 王思舊勳而賜之路。感其有禮以念其先人、 復命而致之君。豹不敢自乘、 君不敢逆王命。而復賜之使三官書之。吾子爲司徒實書名。謂季孫也、書名定位號、 夫子爲司馬與工正書服。謂叔孫也、服車服之器、工正所書、 孟孫爲司空以書勳。勳功也、 今死而弗以是弃君命也。書在公府而弗以是廢三官也。若命服生弗敢服死又不以將焉用之。乃使以葬。季孫謀去中軍。豎牛曰夫子固欲去之。誣叔孫以媚季孫、

經五年春王正月舍中軍。襄十一年始立中軍、○舍音捨傳同

楚殺其大夫屈申。

書名罪之、

公如晉。

夏莒牟夷以牟婁及防茲來奔。城陽平昌縣西南有防亭、姑幕縣東北有茲亭、

秋七月公至自晉。

戊辰叔弓帥師敗莒師于蚡泉。蚡泉魯地、○蚡扶粉反

秦伯卒。無傳、不書名、未同盟、

冬。楚子。蔡侯。陳侯。許男。頓子。沈子。徐人。越人伐吳。

傳五年。春。王正月。舍中軍。卑公室也。罷中軍、季孫稱左師、孟氏稱右師、叔孫氏則自以叔孫爲軍名、毀中軍于施氏。成諸臧氏。季孫不欲親其議、故二家會諸大夫、發毀置之計、又取其令名、初。作中軍。三分公室。而各有其一。三家各有一軍、家屬季氏盡征之。無所入於公、叔孫氏臣其子弟。以父兄歸公、孟氏取其半焉。復以子弟之半歸公、及其舍之也。四分公室。季氏擇二。簡擇取二分、二子各一。皆盡征之。而貢于公。國人盡屬三家、三家隨時獻公而已、以書使杜洩告於殯。告叔孫之柩、曰。子固欲毀中軍。既毀之矣。故告。杜洩曰。夫子唯不欲毀也。故盟諸僖閎。詛諸五父之衢。皆在襄十一年、受其書而投之。投、擲也、帥士而哭之。痛叔孫之見誣、

叔仲子謂季孫曰。帶受命於子叔孫曰。葬鮮者自西門。不以壽終爲鮮、西門非魯朝正門、季孫命杜洩。命使從西門、杜洩曰。卿喪自朝。魯禮也。從生存朝覲之正路、吾子爲國政。未改禮。而又遷之。遷、易也、羣臣懼死。不敢自也。自、從也、既葬而行。善杜洩能辟禍、仲至自齊。聞喪而來、季孫欲立之。南遺曰。叔孫氏厚。則季氏薄。彼實家亂。子勿與知。不亦可乎。南遺使國人助豎牛。以攻諸大庫之庭。攻仲壬也、魯城內有大庭氏之虛、於其上作庫、司宮射之。中目而死。豎牛取東鄙三十邑。以與南遺。取叔孫氏邑、○射食亦反昭子卽位。朝其家衆曰。豎牛禍叔孫氏。使亂大從。使從於亂、殺適立庶。又披其邑。將以赦罪。披、析也、謂以邑與南遺、昭子不知豎牛餓殺其父、故但言其見罪、罪莫大焉。必速殺之。豎牛懼。奔齊。孟仲之子。殺諸塞關之外。齊魯界上關、○塞悉代反投其首於寧風之棘上。寧風、齊地、仲尼曰。叔孫昭子之不勞。不可能也。不以立己爲功勞、據其所言善之、時魯人不以餓死語昭子、周任有言曰。爲政者。不賞私勞。不罰私怨。詩云。有覺德行。四國順之。詩大雅、覺、直也、言德行直、則四方順從之、○任音壬初。穆子之生也。莊叔以周易筮之。莊叔、穆子父得臣也、遇明夷䷣離下坤上、明夷、之謙䷎艮下坤上、謙、明夷初九變爲謙、以示卜楚丘。楚丘、卜人姓名、曰。是將行。行、出奔、而歸爲子祀。奉祭祀、以讒人入。其名曰牛。卒以餒死。明夷。日也。離爲日、夷、傷也、日明傷、日之數十。甲至癸、故有十時。亦當十位。自王已下。其二爲公。其三爲卿。日中當王、食時當公、平旦爲卿、雞鳴爲士、夜半爲皁、人定爲輿、黃昏爲隸、日入爲僚、晡時爲僕、

日昳爲臺、隅中日出、闕不在第、尊王公、曠其位、○昳田結反日上其中。日中盛明、故以當王、食日爲二。公位、旦日爲三。卿位、明夷之謙。明而未融。其當旦乎。融、朗也、離在坤下、日在地中之象、又變爲謙、謙道卑退、故曰明而未融、日明未融、故曰其當旦乎、故曰爲子祀。莊叔、卿也、卜豹爲卿、故知爲子祀、日之謙當鳥。故曰明夷于飛。離爲日、爲鳥、離變爲謙、日光不足、故當鳥、鳥飛行、故曰于飛、明而未融。故曰垂其翼。於日爲未融、於鳥爲垂翼、象日之動。故曰君子于行。明夷初九、得位有應、君子象也、在明傷之世、居謙下之位、故將辟難而行、當三在旦。故曰三日不食。旦位在三、又非食時、故曰三日不食、離。火也。艮。山也。離爲火。火焚山。山敗。離艮合體故、於人爲言。艮爲言、敗言爲讒。爲離所焚、故言敗、故曰有攸往。主人有言。言必讒也。離變爲艮、故言有所往、往而見燒、故主人有言、言而見敗、故必讒言、純離爲牛。易、離上離下、離、畜牝

牛吉、故言純離爲牛、世亂讒勝。勝將適離。故曰其名曰牛。離焚山、則離勝、譬世亂則讒勝、山焚、則離獨存、故知名牛也、豎牛非牝牛、故不吉、謙不足。飛不翔。謙道冲退、故飛不遠翔、垂不峻。翼不廣。峻高也、翼垂下故不能廣遠、故曰其爲子後乎。不遠翔、故知不遠去、吾子。亞卿也。抑少不終。旦日、正卿之位、莊叔父子世爲亞卿、位不足以終盡卦體、蓋引而致之、

楚子以屈申爲貳於吳。乃殺之。造生貳心、以屈生爲莫敖。生、屈建子、使與令尹子蕩如晉逆女。過鄭。鄭伯勞子蕩于氾。勞屈生于菟氏。氾、菟氏皆鄭地、○過古禾反、勞力報反、後皆同、氾、徐扶嚴反、菟大胡反、晉侯送女于邢丘。子產相鄭伯。會晉侯于邢丘。傳言楚強、諸侯畏敬其使、

公如晉。卽位而往見、自郊勞至于贈賄。往有郊勞、去有贈賄、無失禮。揖讓之禮、晉侯謂女叔齊曰。魯侯不亦善於禮乎。對曰。魯侯焉知禮。公曰。何爲。自郊勞至于贈賄。禮無違者。何故不知。對曰。是儀也。不可謂禮。禮所以守其國。行其政令。無失其民者也。今政令在家。在大夫、不能取也。有子家羈。弗能用也。羈、莊公玄孫懿伯也、好大國之盟。陵虐小國。謂伐莒取鄆、利人之難。謂往年莒亂而取鄫、不知其私。不自知有私難、公室四分。民食於他。他、謂三家也、言魯君與民無異、思莫在公。不圖其終。無爲公謀終始者、爲國君。難將及身。不恤其所。禮之本末。將於此乎在。在恤民與憂國、而屑屑焉習儀以亟。言以習儀爲急、言善於禮。不亦遠乎。君子謂叔侯於是乎知禮。時晉侯亦失政、叔齊以此諷諫、

晉韓宣子如楚送女。叔向爲介。鄭子皮、子大叔勞諸索氏。河南城皐縣東有大索城、大叔謂叔向曰。楚王汏侈已甚。子其戒之。叔向曰。汏侈已甚。身之災也。焉能及人。若奉吾幣帛。愼吾威儀。守之以信。行之以禮。敬始而思終。終無不復。事皆可復行、從而不失儀。從、順也、敬而不失威。道之以訓辭。奉之以舊法。考之以先王。以先王之禮成其好、度之以二國。度晉楚之勢而行之、○度待洛反、雖汏侈。若我何。及楚。楚子朝其大夫曰。晉。吾仇敵也。苟得志焉。無恤其他。今其來者。上卿上大夫也。若吾以韓起爲閽。刖足使守門、以羊舌肸爲司徒。加宮刑、足以辱晉。吾亦得志矣。可乎。大夫莫對。薳啓彊曰。可。苟有其備。何故不可。恥

匹夫不可以無備。況恥國乎。是以聖王務行禮。不求恥人。朝聘有珪。珪以爲信、享覜有璋。享、饗也、覜、見也、旣朝聘而享見也、臣爲君使、執璋、○覜他弔反、又他彫反、小有述職。諸侯適天子曰述職、大有巡功。天子巡守曰巡功、設机而不倚。爵盈而不飲。言務行禮、宴有好貨。宴飮以貨爲好、衣服車馬在客所無、○好去聲、飧有陪鼎。熟食爲飧、陪、加也、加鼎所以厚殷勤、○飧音孫、入有郊勞。賓至、逆勞之於郊、出有贈賄。去則贈之以貨賄、禮之至也。國家之敗。失之道也。則禍亂興。失朝聘宴好之道、城濮之役。在僖二十八年、晉無楚備。以敗於邲。在宣十一年、言兵禍始於城濮、○邲皮必反、邲之役。楚無晉備。以敗於鄢。在成十六年、○鄢於晚反、自鄢以來。晉不失備。而加之以禮。重之以睦。君臣和也、是以楚弗能報。而求親焉。旣獲姻親。又欲恥之。以召寇

雖備之若何。言何以爲備、誰其重此。言怨重、若有其人。耻之可也。謂有賢人以敵晉則可耻之、若其未有。君亦圖之。晉之事君。臣曰可矣。求諸侯而麇至。麇羣也、○麇丘隕反又其郥反求昏而薦女。薦進也、君親送之。上卿及上大夫致之。猶欲耻之。君其亦有備矣。不然奈何。韓起之下。趙成中行吳。魏舒。范鞅。知盈。五卿位在韓起之下、皆三軍之將佐也、成趙武之子、吳荀偃之子、○行戶郎反知音智羊舌肸之下。祁午。張趯。籍談。女齊。梁丙。張骼。輔躒。苗賁皇。皆諸侯之選也。言非凡人、○趯他歷反骼古百反或音各躒力狄反又力各反賁音枌選去聲韓襄爲公族大夫。韓須受命而使矣。襄韓無忌子也、爲公族大夫、須起之門子、年雖幼、已任出使、箕襄邢帶。二人韓氏族、叔禽。叔椒。子羽。皆韓起庶子、皆大家也。韓賦七邑。皆成

縣也。成縣賦百乘也、羊舌四族。皆彊家也。四族銅鞮伯華叔向叔魚叔虎兄弟四人、○鞮丁兮反晉人若喪韓起楊肸。五卿八大夫。五卿趙成以下、八大夫祁午以下、輔韓須楊石。石叔向子、食我也、○食音嗣、因其十家九縣。韓氏七、羊舌氏四、而言十室、舉大數也、羊舌四家共二縣、故但言彊家、長轂九百。長轂戎車也、縣百乘、其餘四十縣。遺守四千。計遺守國者尚有四千乘、奮其武怒。以報其大耻。伯華謀之。伯華叔向兄、中行伯。魏舒帥之。伯中行吳、其蔑不濟矣。君將以親易怨。失婚姻之親、實無禮以速寇而未有其備。使羣臣往遺之禽。以逞君心。何不可之有。王曰。不穀之過也。大夫無辱。謝薳啓彊、○遺唯季反厚爲韓子禮。王欲敖叔向以其所不知而不能。言叔向之多知、亦厚其禮。韓起反。鄭伯勞諸圉。圉鄭地名、辭不

敢見。禮也。奉使君命未反故、

鄭罕虎如齊。娶於子尾氏。自爲逆也、晏子驟見之。陳桓子問其故。對曰。能用善人。民之主也。謂授子產政、

夏。莒牟夷以牟婁及防茲來奔。牟夷非卿而書。尊地也。尊重也、重地故書以名其人、終爲不義、莒人愬于晉。愬魯受牟夷、晉侯欲止公。范獻子曰。不可。人朝而執之。誘也。討不以師而誘以成之。惰也。爲盟主而犯此二者。無乃不可乎。請歸之。閒而以師討焉。閒暇也、乃歸公。秋七月。公至自晉。莒人來討。討受牟夷、不設備。戊辰。叔弓敗諸蚡泉。莒未陳也。嫌君臣異、故重發例、

冬十月。楚子以諸侯及東夷伐吳。以報棘櫟麻之役。役在四年、薳射以繁揚之師。會於夏汭。會楚子、越大夫常壽過帥師會楚子于瑣。瑣楚地、○過古禾反、聞吳師出。薳啓彊帥師從之。從吳師也、遽不設備。吳人敗諸鵲岸。廬江舒縣有鵲尾渚、楚子以馹至於羅汭。馹傳也、羅水名、吳子使其弟蹶由犒師。犒勞、○蹶居衛反、楚人執之。將以釁鼓。王使問焉。曰。女卜來吉乎。對曰。吉。寡君聞君將治兵於敝邑。卜之以守龜。曰。余亟使人犒師。請行以觀王怒之疾徐。而爲之備。尚克知之。言吳今卜龜如此、○女音汝龜兆告吉。曰。克可知也。君若驩焉。好逆使臣。茲敝邑休怠。休解也、○解佳賣反而忘其死。亡無日矣。今君奮焉。震電馮怒。馮盛也、虐執使臣。

將以釁鼓。則吳知所備矣。敝邑雖羸。若早修完。完器備。○羸力危反其可以息師。息楚之師難易有備。可謂吉矣。且吳社稷是卜。豈爲一人。使臣獲釁軍鼓。而敝邑知備。以禦不虞。其爲吉孰大焉。國之守龜其何事不卜。言常卜。一臧一否。其誰能常之。城濮之兆。其報在邲。城濮戰。楚卜吉。其效乃在邲。今此行也。其庸有報志。言吳有報楚意。乃弗殺。楚師濟於羅汭。沈尹赤會楚子。次於萊山。薳射帥繁揚之師。先入南懷。楚師從之。及汝清。南懷汝清。皆楚界。吳不可入。有備。楚子遂觀兵於坻箕之山。觀。示也。○坻直夷反是行也。吳早設備。楚無功而還。以蹶由歸。楚子懼吳。使沈尹射待命于巢。薳啓彊待命于雩婁。禮也。善有備。

秦后子復歸於秦。元年奔晉。景公卒故也。終五稔之言。

經六年。春。王正月。杞伯益姑卒。再同盟。

葬秦景公。

夏。季孫宿如晉。葬杞文公。無傳。

宋華合比出奔衛。合比事君不以道。自取奔亡。書名罪之。○華戶化反。比如字

秋九月。大雩。

楚薳罷帥師伐吳。○罷音皮

冬。叔弓如楚。

齊侯伐北燕。

傳六年。春。王正月。杞文公卒。弔如同盟。禮也。魯怨杞因晉取其田。而今不廢喪紀。故禮之。

大夫如秦葬景公。禮也。合先王士弔大夫送葬之禮。

三月。鄭人鑄刑書。鑄刑書於鼎。以爲國之常法。叔向使詒子產書。詒。遺也。○遺唯季反曰。始吾有虞於子。虞。度也。言準度子產以爲己法。○度音鐸。下同今則已矣。已。止也。昔先

王議事以制。不爲刑辟。懼民之有爭心也。臨事制刑。不豫設法也。法豫設。則民知爭端。○辟婢亦反。下同猶不可禁禦。是故閑之以義。閑。防也。糾之以政。糾。舉也。行之以禮。守之以信。奉之以仁。奉。養也。制爲祿位以勸其從。勸從教。嚴斷刑罰以威其淫。淫。放也。懼其未也。故誨之以忠。聳之以行。聳。懼也。○行下孟反教之以務。時所急。使之以和。說以使民。臨之以敬。涖之以彊。施之於事爲涖。斷之以剛。義斷恩。猶求聖哲之上。明察之官。上。公王也。官。卿大夫也。忠信之長。慈惠之師。民於是乎可任使也。而不生禍亂。民知有辟。則不忌於上。權移於法。故民不畏上。並有爭心。以徵於書。而徼幸以成之。因危文以生爭。緣徼幸以成其巧僞。○徼古堯反弗可爲矣。爲。治也。夏有亂政。而作禹刑。商

有亂政而作湯刑。夏商之亂、著禹湯之法、言不能議事以制。周有亂政而作九刑。周之衰亦為刑書、謂之九刑。三辟之興、皆叔世也。言刑書不起於始盛之世。今吾子相鄭國、作封洫。在襄三十年。立謗政。作丘賦、在四年。制參辟鑄刑書。制參辟謂用三代之末法。將以靖民、不亦難乎。詩曰、儀式刑文王之德、日靖四方。詩頌、言文王以德為儀式、故能日有安靖四方之功。刑、法也。又曰、儀刑文王、萬邦作孚。詩大雅、言文王作儀法、為天下所信孚。如是、何辟之有。言詩唯以德與信、不以刑也。民知爭端矣、將棄禮而徵於書。以刑書為徵。錐刀之末、將盡爭之。錐刀末、喻小事。亂獄滋豐、賄賂並行。終子之世、鄭其敗乎。肸聞之、國將亡、必多制。數改法。其此之謂乎。復書曰、若吾子之言。復、報也。僑不才、不能及子孫、吾以救世也。

既不承命、敢忘大惠。以見箴戒為惠。士文伯曰、火見、鄭其火乎。火、心星、周五月昏見。火未出而作火、以鑄刑器。刑器、鼎也。藏爭辟焉。火如象之、不火何為。火、象類也。同氣相求、火未出而用火、相感而致災。

夏季孫宿如晉、拜莒田也。謝前年受牟夷邑不見討。晉侯享之、有加籩。籩豆之數、多於常禮。武子退、使行人告曰、小國之事大國也、苟免於討、不敢求貺。貺、賜也。得貺不過三獻。周禮、大夫三獻。今豆有加、下臣弗堪、無乃戾也。懼以不堪為罪。韓宣子曰、寡君以為驩也。以加禮致驩心。對曰、寡君猶未敢。未敢當此加也。況下臣、君之隸也、敢聞加貺。固請徹加、而後卒事。晉人以為知禮、重其好貨。宴好之貨。

宋寺人柳有寵。有寵於平公。大子佐惡之。華合比曰、我殺之。欲以求媚大子。柳聞之、乃坎用牲埋書。詐為盟處。而告公曰、合比將納亡人之族、亡人、華臣也、襄十七年奔衛。既盟于北郭矣。公使視之、有焉。遂逐華合比。合比奔衛。於是華亥欲代右師、亥、合比弟、欲得合比處。乃與寺人柳比、從為之徵曰、聞之久矣。聞合比欲納華臣。○比、毗志反。公使代之。代合比為右師。見於左師。左師、向戌。左師曰、女夫也必亡。夫、謂華亥。○女音汝、下同。女喪而宗室、於人何有。人亦於女何有。言人亦不能愛女。詩曰、宗子維城、毋俾城壞、毋獨斯畏。詩大雅。言宗子之固、若城。俾、使也。女其畏哉。為二十年華亥出奔傳。

六月丙戌、鄭災。終士文伯之言。

楚公子弃疾如晉、報韓子也。報前年送女。過鄭、鄭罕虎、公孫僑、游吉從鄭伯以勞諸柤、辭不敢見。不敢當國君之勞。柤、鄭地。○柤音查。固請見之。見、如見王。見鄭伯如見楚王。言弃疾共而有禮。以其乘馬八匹私面。私見鄭伯。○乘、去聲。見子皮如上卿。如見楚卿。以馬六匹。見子產以馬四匹。見子大叔以馬二匹。降殺以兩。○殺、所界反。禁芻牧採樵、不入田。不犯田種。不樵樹、不采蓺。蓺、種也。不抽屋、不強匄。誓曰、有犯命者、君子廢、小人降。君子則廢黜不得居位、小人則退給下劇也。○匄音蓋。舍不為暴、主不慁賓。慁、患也。往來如是。鄭三卿皆知其將為王也。三卿、罕虎、公孫僑、游吉。韓宣子之適楚也、楚人弗逆。公子弃疾及晉竟、晉侯將亦弗逆。叔向曰、楚辟我衷、辟、邪也。衷、正也。○竟音境。辟、匹亦反。衷音

若何效辟。詩曰。爾之教矣。民胥效矣。詩小雅。言上教下效。從我而已焉
用效人之辟。書曰。聖作則。逸書。則法也。無寧以善人爲則。無寧寧也。而則
人之辟乎。匹夫爲善。民猶則之。況國君乎。晉侯說。乃逆之。傳言叔向知禮。
秋九月。大雩。旱也。
徐儀楚聘于楚。儀楚徐大夫。楚子執之。逃歸。懼其叛也。使薳洩伐徐。
薳洩楚大夫。吳人救之。令尹子蕩帥師伐吳。師于豫章。而次于乾谿。
乾谿在譙國城父縣南。楚東竟。吳人敗其師於房鍾。房鍾吳地。獲宮厩尹弃疾。鬭韋龜之父。
子蕩歸罪於薳洩而殺之。歸罪於薳洩。不以敗告。故不書。

冬。叔弓如楚聘。且弔敗也。弔爲吳所敗。
十一月。齊侯如晉。請伐北燕也。告盟主。士匄相士鞅逆諸河。禮也。
士匄晉大夫。相爲介。得敬逆來者之禮。晉侯許之。十二月。齊侯遂伐北燕。將納簡
公。簡公北燕伯。三年出奔齊。晏子曰。不入。燕有君矣。民不貳。吾君賄。左右諂
諛。作大事不以信。未嘗可也。爲明年暨齊平傳。
經 七年。春。王正月。暨齊平。
暨與也。燕與齊平。前年冬。齊伐燕。閒無異事。故不重言燕。從可知。
三月。公如楚。
叔孫婼如齊涖盟。
無傳。公將遠適楚。故叔孫如齊尋舊好。○婼敕略反。又音釋。
夏四月。甲辰朔。日有食之。
秋八月。戊辰。衛侯惡卒。
元年大夫盟于虢。
九月。公至自楚。
冬十有一月。癸未。季孫宿卒。
十有二月。癸亥。葬衛襄公。
傳 七年。春。王正月。暨齊平。齊求之也。齊伐燕。燕人賂之。反從求平。如晏子言。癸巳。
齊侯次于虢。虢燕竟。燕人行成。曰。敝邑知罪。敢不聽命。先君之敝

器。請以謝罪。敝器瑤甕玉櫝之屬。公孫晳曰。受服而退。俟釁而動。可也。晳齊
大夫。二月。戊午。盟于濡上。濡水出高陽縣東北。至河閒鄚縣入易水。燕人歸燕姬。嫁女與齊
侯。賂以瑤甕玉櫝斝耳。不克而還。瑤玉也。櫝匱也。斝耳玉爵。○斝古雅反。一音嫁。
楚子之爲令尹也。爲王旌以田。析羽爲旌。王旌游至於軫。○游音留。芋尹無宇斷
之。曰。一國兩君。其誰堪之。及卽位。爲章華之宮。納亡人以實之。
章華南郡華容縣。○芋于付反。斷音短。無宇之閽入焉。有罪亡入章華宮。無宇執之。有司
弗與。王有司也。曰。執人於王宮。其罪大矣。執而謁諸王。執無宇也。王將飲
酒。無宇辭曰。天子經略。經營天下。略有四海。故曰經略。諸侯正封。封疆有定分。
古之制也。封略之內。何非君土。食土之毛。誰非君臣。毛草也。故詩

曰普天之下莫非王土率土之濱莫非王臣詩小雅濱涯也天有十日甲至癸人有十等王至臺下所以事上上所以共神也故王臣公公臣大夫大夫臣士士臣皁皁臣輿輿臣隷隷臣僚僚臣僕僕臣臺馬有圉牛有牧養馬曰圉養牛曰牧○共音恭以待百事今有司曰女胡執人於王宮將焉執之周文王之法曰有亡荒閱荒大也閱蒐也有亡人當大蒐其衆所以得天下也吾先君文王楚文王作僕區之法僕區刑書名○區烏侯反徐如字曰盜所隱器隱盜所得器與盜同罪所以封汝也行善法故能啓疆北至汝水若從有司是無所執逃臣也逃而舍之是無陪臺也言皆將逃王事無乃闕乎昔武王數紂之罪以告諸侯曰紂為天下逋逃主

萃淵藪萃集也天下逋逃悉以紂為淵藪集而歸之故夫致死焉人欲致死討紂君王始求諸侯而則紂無乃不可乎若以二文之法取之盜有所在矣言王亦為盜王曰取而臣以往往去也盜有寵未可得也盜有寵王自謂為葬靈王張本遂赦之赦無宇楚子成章華之臺願與諸侯落之宮室始成祭之為落臺今在華容城內大宰薳啓彊曰臣能得魯侯薳啓彊來召公辭曰昔先君成公命我先大夫嬰齊曰吾不忘先君之好將使衡父照臨楚國鎮撫其社稷以輯寧爾民嬰齊受命于蜀蜀盟在成二年衡父公衡奉承以來弗敢失隕而致諸宗祧言奉成公此語以告宗廟曰我先君共王引領北望日月以

冀冀曾朝○共音恭傳序相授於今四王矣四王共康郟敖及靈王嘉惠未至唯襄公之辱臨我喪襄公二十八年如楚臨康王喪孤與其二三臣悼心失圖在哀喪故社稷之不皇況能懷思君德皇暇也言有大喪多不暇今君若步玉趾辱見寡君趾足也寵靈楚國以信蜀之役致君之嘉惠是寡君既受貺矣何蜀之敢望言但欲使君來不敢望如蜀復有質子○復去聲質音致下同其先君鬼神實嘉賴之豈唯寡君君若不來使臣請問行期問魯見伐之期寡君將承質幣而見于蜀以請先君之貺請問也公將往夢襄公祖祖祭道神梓慎曰君不果行襄公之適楚也夢周公祖而行今襄公實祖君其不行子服惠伯曰行先君未嘗適楚故周公祖以道之襄

公適楚矣而祖以道君不行何之三月公如楚鄭伯勞子師之梁鄭城門孟僖子為介不能相儀僖子仲孫貜○貜俱縛反及楚不能荅郊勞為下僖子病不能相禮張本

夏四月甲辰朔日有食之晉侯問於士文伯曰誰將當日食對曰魯衛惡之受其凶惡衛大魯小公曰何故對曰去衛地如魯地衛地豕韋也魯地降婁也日食於豕韋之末及降婁之始乃息故禍在衛大在魯小周四月今二月故日在降婁○降戶江反於是有災魯實受之災發於衛而魯受其餘禍其大咎其衛君乎魯將上卿八月衛侯卒十一月季孫宿卒公曰詩所謂彼日而食于何不臧者何也感日食而問詩對曰不善政之謂也國無政不用善則自取謫于日月之災謫譴

也、故政不可不慎也。務三而已。一曰擇人。擇賢人、二曰因民。因民所利
而利之、三曰從時。順四時之所務、晉人來治杞田。前女叔侯不盡歸、今公適楚、晉人恨、故復來治杞田、季孫將以成與之。成、孟
氏邑、本杞田、謝息為孟孫守。不可。謝息、僖子家臣、曰。人有言曰。雖有挈缾之
知。守不假器。禮也。挈缾汲者、喻小知、為人守器、猶知不以借人、○知音智夫子從君而守
臣喪邑。夫子、謂孟僖子、從公如楚、○楚去聲雖吾子亦有猜焉。言季孫亦將疑我不忠、季孫
曰。君之在楚。於晉罪也。言晉罪君之至楚、又不聽晉。魯罪重矣。晉師必
至。吾無以待之。不如與之。閒晉而取諸杞。候晉閒隙、可復伐杞取之、吾與子
桃。魯國卞縣東南有桃虛、成反。誰敢有之。是得二成也。魯無憂而孟孫益

春秋左傳　卷二十一　昭公　二十五　永懷堂

邑。子何病焉。辭以無山。與之萊柞。萊柞、二山、○萊音來、柞子洛反、又音昨乃遷于
桃。謝息遷也、晉人為杞取成。不書、非公命、
楚子享公于新臺。章華臺也、使長鬣者相。鬣、鬚也、欲光夸魯侯、○鬣力輒反、相去聲好以
大屈。宴好之賜、大屈、弓名、既而悔之。薳啓彊聞之。見公。公語之。拜賀。公曰。
何賀。對曰。齊與晉越。欲此久矣。寡君無適與也。而傳諸君。君其
備禦三鄰。言齊晉越將伐魯而取之、○適丁歷反慎守寶矣。敢不賀乎。公懼。乃反
之。傳言楚靈不信、所以不終、
鄭子產聘于晉。晉侯有疾。韓宣子逆客。私焉。私語、曰。寡君寢疾。於
今三月矣。並走羣望。晉所望祀山川、皆走往祈禱、有加而無瘳。今夢黃熊入

於寢門。其何厲鬼也。對曰。以君之明。子為大政。其何厲之有。昔
堯殛鯀于羽山。羽山在東海祝其縣西南、其神化為黃熊。以入于羽淵。實為
夏郊。三代祀之。鯀禹父、夏家郊祭之、歷殷周二代、又通在羣神之數、幷見祀、晉為盟主。其或
者未之祀也乎。言周衰、晉為盟主、得佐天子祀羣神、韓子祀夏郊。祀鯀、晉侯有閒。閒、差
也、賜子產莒之二方鼎。方鼎、莒所貢、子產為豐施歸州田於韓宣子。
豐施、鄭公孫段之子、三年、晉以州田賜段、曰。日君以夫公孫段為能任其事。而賜之
州田。今無祿早世。不獲久享君德。其子弗敢有。不敢以聞於君。
私致諸子。此年正月、公孫段卒、宣子辭。子產曰。古人有言曰。其父析薪。其
子弗克負荷。荷、擔也、以微薄喻貴重、○荷河可反、擔丁甘反施將懼不能任其先人之

春秋左傳　卷二十一　昭公　二十六　永懷堂

祿。其況能任大國之賜。縱吾子為政而可。後之人若屬有疆埸
之言。敝邑獲戾。恐後代宣子者、將以鄭取晉邑罪鄭、而豐氏受其大討。吾子取州。
是免敝邑於戾。而建置豐氏也。敢以為請。傳言子產貞而不諒、宣子受之。
以告晉侯。晉侯以與宣子。宣子為初言。病有之。初言、謂與趙文子爭州田、以
易原縣於樂大心。樂大心、宋大夫、原、晉邑、以賜樂大心、
鄭人相驚以伯有。曰。伯有至矣。則皆走。不知所往。襄三十年、鄭殺伯有、言其鬼
至、鑄刑書之歲二月。在前年、或夢伯有介而行。介、甲也、曰。壬子。余將
殺帶也。駟帶、助子晳殺伯有、壬子、六年三月三日、明年壬寅。余又將殺段也。公孫段、豐氏黨、
壬寅、此年正月二十八日、及壬子。駟帶卒。國人益懼。齊燕平之月。此年正月、壬寅。

公孫段卒。國人愈懼。其明月。子產立公孫洩及良止以撫之。乃止。公孫洩，子孔之子也。襄十九年，鄭殺子孔。良止，伯有子也。立以爲大夫，使有宗廟。子大叔問其故。子產曰。鬼有所歸。乃不爲厲。吾爲之歸也。大叔曰。公孫洩何爲。子孔不爲厲，問何爲復立洩。子產曰。說也。爲身無義而圖說。伯有無義，以妖鬼故立之，恐惑民，幷立洩，使若自以大義存誅絕之後者，以解說民心。○說如字，下同。又始銳反。從政有所反之以取媚也。民不可使知之，故治政或當反道以求媚於民。不媚不信。說而後信之。不信民不從也。及子產適晉。趙景子問焉。景子，晉中軍佐趙成。曰。伯有猶能爲鬼乎。子產曰。能。人生始化曰魄。魄，形也。既生魄。陽曰魂。陽，神氣也。用物精多。則魂魄強。物，權勢。是以有精爽至於神明。爽，明也。匹夫匹婦強死。其魂魄猶

能馮依於人。以爲淫厲。強死，不病也。人，謂匹夫匹婦。賤身。○強，其丈反，下同。況良霄。我先君穆公之冑。子良之孫。子耳之子。敝邑之卿。從政三世矣。鄭雖無腆。腆，厚也。抑諺曰。蕞爾國。蕞，小貌。○蕞，在最反。而三世執其政柄。其用物也弘矣。其取精也多矣。其族又大。所馮厚矣。良霄魂魄所馮者貴重。而強死。能爲鬼。不亦宜乎。傳言子產之博敏。

子皮之族。飲酒無度。相尚以奢，相困以酒。故馬師氏與子皮氏有惡。馬師氏，公孫鉏之子罕朔也。襄三十年，馬師頡出奔，公孫鉏代之爲馬師，與子皮俱同一族。齊師還自燕之月。在此年一月。罕朔殺罕魋。魋，子皮弟。罕朔奔晉。韓宣子問其位於子產。問朔可使在何位。子產曰。君之羈臣。苟得容以逃死。何位之敢擇。卿違。從大夫之位。謂以禮去者，降位一等。罪人以其罪降。罪重則降多。古之制也。朔於敝邑。亞大夫也。其官。馬師也。大夫位，馬師職。獲戾而逃。唯執政所寘之。得免其死。爲惠大矣。又敢求位。宣子爲子產之敏也。使從嬖大夫。爲子產故，使降一等，不以罪降。

秋八月。衛襄公卒。晉大夫言於范獻子曰。衛事晉爲睦。睦，和也。晉不禮焉。庇其賊人而取其地。賊人，孫林父。其地，戚也。故諸侯貳。詩曰。鶺鴒在原。兄弟急難。詩小雅。鶺鴒，雝渠也。飛則鳴，行則搖，喻兄弟相救於急難，不可自舍。又曰。死喪之威。兄弟孔懷。威，畏也。言有死喪，則兄弟宜相懷思。兄弟之不睦。於是乎不弔。不相弔恤。況遠人。誰敢歸之。今又不禮於衛之嗣。嗣，新君也。衛必叛我。是絕諸

侯也。獻子以告韓宣子。宣子說。使獻子如衛弔。且反戚田。傳言戚田所由還衛。○說音悅。衛齊惡告喪于周。且請命。王使成簡公如衛弔。簡公，王卿士也。且追命襄公曰。叔父陟恪。在我先王之左右。以佐事上帝。陟，登也。恪，敬也。帝，天也。叔父，謂襄公。命，如今之哀策。余敢忘高圉亞圉。二圉，周之先也。爲殷諸侯，亦受殷王追命者。

九月。公至自楚。孟僖子病不能相禮。不能相儀答郊勞，以此爲己病。乃講學之。講習。苟能禮者從之。及其將死也。二十四年，孟僖子卒，傳終言之也。召其大夫。僖子屬大夫。曰。禮。人之幹也。無禮。無以立。吾聞將有達者。曰孔丘。僖子卒時，孔子年三十五。聖人之後也。聖人，殷湯。而滅於宋。孔子六代祖孔父嘉，爲宋督所殺，其子奔魯。其

祖弗父何。以有宋而授厲公。弗父何孔父嘉之高祖，宋閔公之子，厲公之兄，何適嗣當立，以讓厲公。及正考父，弗父何之曾孫。佐戴、武、宣。宋君。三人皆三命茲益共。三命，上卿也，言位高益共。故其鼎銘云。考父廟之鼎。一命而僂，再命而傴，三命而俯。俯共於傴，傴共於僂。○僂力主反，傴紆羽反。循牆而走。言不敢安行。亦莫余敢侮。其共如是，人亦不敢侮之。饘於是，鬻於是，以餬余口。於是鼎中為饘鬻，饘鬻，餬屬，言至儉。○饘之然反，鬻之六反。其共也如是。臧孫紇有言，紇，武仲也。曰聖人有明德者，若不當世，其後必有達人。聖人之後有明德而不當大位，謂正考父。今其將在孔丘乎。我若獲沒，得以壽終。必屬說與何忌於夫子，使事之。說，南宮敬叔；何忌，孟懿子，皆僖子之子。○屬音燭，說音悅。而學禮焉，以定其位。知禮則位安。故孟懿子與南宮敬叔師事仲尼。仲尼曰能補過者君子也。詩曰，君子是則是傚。詩小雅。孟僖子可則傚已矣。

單獻公棄親用羈。獻公，周卿士，單靖公之子，頃公之孫。羈，寄客也。○單音善。冬十月辛酉，襄、頃之族殺獻公而立成公。襄公、頃公之父。成公，獻公弟。

十一月，季武子卒。晉侯謂伯瑕。伯瑕，士文伯。曰吾所問日食從矣，可常乎。衛侯、武子皆卒故。對曰不可。六物不同，各異時。民心不壹，政教殊。事序不類，有變易。官職不則，治官居職非一法。同始異終，胡可常也。詩曰或燕燕居息，或憔悴事國。詩小雅，言不同。○憔在遼反，詩作盡。其異終也如是。公曰何謂六物。對曰歲、時、日、月、星、辰，是謂也。公曰多語寡人辰而莫同。何謂辰。對曰日月之會是謂辰。一歲日月十二會，所會謂之辰。故以配日。謂以子丑配甲乙。

衛襄公夫人姜氏無子。姜氏，宣姜。嬖人婤姶生孟縶。孔成子夢康叔謂己立元。成子，衛卿孔達之孫烝鉏也。元，孟縶弟，夢時元未生。○婤音周，又直周反；姶烏荅反；縶張立反。余使羈之孫圉與史苟相之。羈，烝鉏子；苟，史朝子。史朝亦夢康叔謂己，余將命而子苟與孔烝鉏之曾孫圉相元。史朝見成子，告之夢，夢協。協，合也。晉韓宣子為政，聘于諸侯之歲，在二年。婤姶生子，名之曰元。孟縶之足不良弱行。跛也。孔成子以周易筮之，曰元尚享衛國，主其社稷。遇屯䷂。震下坎上，屯。又曰余尚立縶，尚克嘉之。嘉，善也。遇

屯䷂之比䷇。坤下坎上，比。屯初九爻變。○比毗志反。以示史朝。史朝曰元亨，又何疑焉。周易曰，屯元亨。成子曰非長之謂乎。言屯之元亨，謂年長，非謂名元。○長丁丈反，下同。對曰康叔名之，可謂長矣。善之長也。孟非人也，將不列於宗，不可謂長。足跛非全人，不可列為宗主。且其繇曰利建侯。繇，卦辭。嗣吉何建。建非嗣也。嗣子有常位，故無所卜，又無所建。今以位不定，卜嗣得吉，則當從吉而建之也。二卦皆云，謂再得屯卦，皆有建侯之文。子其建之。康叔命之，二卦告之，筮襲於夢，武王所用也。弗從何為。外傳云，大誓曰，朕夢協朕卜，襲於休祥，戎商必克。此武王辭。弱足者居。跛則偏弱，居其家，不能行。侯主社稷，臨祭祀，奉民人，事鬼神，從會朝，又焉得居。各以所利，不亦可乎。孟跛利居，元吉利建。故孔成子立靈公。十二月癸亥，葬衛襄公。

靈公元也。

春秋左傳卷二十一終

春秋左傳卷二十二

晉鎮南大將軍當陽縣侯京兆杜　預集解
皇明　後　學　東吳葛　鼒鋟訂

昭公

經八年。春。陳侯之弟招。殺陳世子偃師。以首惡從殺例故稱弟。又稱世子。○招常遥反

夏四月辛丑。陳侯溺卒。襄二十七年大夫盟于宋。○溺乃歷反

叔弓如晉。

楚人執陳行人干徵師。殺之。稱行人。明非行人罪。

陳公子留出奔鄭。留爲招所立。未成君而出奔。

秋。蒐于紅。革車千乘。不言大者。經文闕也。紅。魯地。沛國蕭縣西有紅亭。遠疑。

陳人殺其大夫公子過。與招共殺偃師。書名。罪之。○過古禾反

大雩。

無傳、不旱而秋雩、過也、

冬、十月壬午、楚師滅陳、不稱將帥、不以告、壬午月十八日、

執陳公子招、放之于越、無傳、復稱公子、兄已卒、

殺陳孔奐、無傳、招之黨、楚殺之、

葬陳哀公、嬖人袁克葬之、魯往會、故書、

傳八年春、石言于晉魏榆、魏榆、晉地、晉侯問於師曠曰、石何故言、對曰、石不能言、或馮焉、謂有精神馮依石而言、不然、民聽濫也、濫、失也、抑臣又聞之曰、抑、疑辭、作事不時、怨讟動于民、則有非言之物而言、今宮室崇侈、民力彫盡、彫、傷也、怨讟竝作、莫保其性、性、命也、民不敢自保其性命、石言不亦宜乎、於是晉侯方築虒祁之宮、虒祁、地名、在絳西四十里、臨汾水、○虒音斯、叔向曰、子野之言、君子哉、子野、師曠字、君子之言、信而有徵、故怨遠於其身、怨咎遠其身也、○遠、于萬反、小人之言、僭而無徵、故怨咎及之、詩曰、哀哉不能言、匪舌是出、唯躬是瘁、詩小雅也、不能言、謂不知言理、以僭言見退者、其言非不從舌出、以僭而無信、自取瘁病、故哀之、○出、如字、又尺遂反、哿矣能言、巧言如流、俾躬處休、其是之謂乎、哿、嘉也、巧言如流、謂非正言、而順敘以聽言見荅者、言其可嘉、以信而有徵、自取安逸、師曠此言、緣問流轉、終歸于諫、故以比巧言如流也、當叔向時、詩義如此、故與今說詩者小異、○哿、古可反、是宮也成、諸侯必叛、君必有咎、夫子知之矣、謂十年晉侯彪卒傳、

陳哀公元妃鄭姬、生悼大子偃師、元妃、嫡夫人也、二妃生公子留、下妃生公子勝、二妃嬖、留有寵、屬諸司徒招與公子過、招及過、皆哀公弟也、○屬音燭、哀公有癈疾、○癈、甫肺反、三月甲申、公子招、公子過、殺悼大子偃師、而立公子留、夏四月辛亥、哀公縊、憂恚自殺、經書辛丑、從赴、○恚、一睡反、干徵師赴于楚、干徵師、陳大夫、且告有立君、公子勝愬之于楚、以招過殺偃師告、愬也、楚人執而殺之、殺干徵師、公子留奔鄭、書曰、陳侯之弟招殺陳世子偃師、罪在招也、楚人執陳行人干徵師殺之、罪不在行人也、疑為招赴楚、當同罪、故重發之、

叔弓如晉、賀虒祁也、賀宮成、游吉相鄭伯以如晉、亦賀虒祁也、史趙見子大叔曰、甚哉其相蒙也、蒙、欺也、○相、息亮反、可弔也、而又賀之、子大叔曰、若何弔也、其非唯我賀、將天下實賀、言諸侯畏晉、非獨鄭、

秋、大蒐于紅、自根牟至于商衛、革車千乘、大蒐、數軍實、簡車馬也、根牟、魯東界、瑯邪陽都縣有牟鄉、商宋地、魯西竟接宋衛也、言千乘、明大蒐、且見魯衆之大數也、

七月甲戌、齊子尾卒、子旗欲治其室、子旗、欒施也、欲并治子尾之家政、丁丑、殺梁嬰、梁嬰、子尾家宰、八月庚戌、逐子成、子工、子車、三子、齊大夫、子尾之屬、子成、頃公子固也、

子工成之弟鑄也子車頃公之孫捷也皆來奔不書非卿而立子良氏之宰子良子尾之子高彊也子旗爲子良立宰其臣曰孺子長矣孺子謂子良而相吾室欲兼我也兼并也

授甲將攻之陳桓子善於子尾亦授甲將助之或告子旗子旗不信則數人告將往又數人告於道遂如陳氏桓子將出矣聞之而還聞子旗至游服而逆之去戎備著常游戲之服請命問桓子所至對曰聞彊氏授甲將攻子子聞諸曰弗聞子盍亦授甲無宇請從無宇桓子名

子旗曰子胡然彼孺子也吾誨之猶懼其不濟吾又寵秩之謂爲之立宰其若先人何子盍謂之謂之使無攻我周書曰惠不惠茂不茂周書康誥也言當施惠於不惠者勸勉於不勉者茂勉也康叔所以服弘大也服行也桓子稽顙

曰頃靈福子頃公靈公欒氏所事之君吾猶有望望子旗惠及已遂和之如初和欒高二家

陳公子招歸罪於公子過而殺之言招所以不死而得放

九月楚公子弃疾帥師奉孫吳圍陳孫吳悼大子偃師之子惠公宋戴惡會之戴惡宋大夫冬十一月壬午滅陳壬午十月十八日傳言十一月誤輿嬖袁克殺馬毀玉以葬輿衆也袁克嬖人之貴者欲以非禮厚葬哀公楚人將殺之請寘之寘馬玉旣又請私私盡君臣恩私於幄加絰於顙而逃幄帳也逃不欲爲楚臣

使穿封戌爲陳公戌楚大夫滅陳爲縣使戌爲縣公曰城麇之役不諂城麇役在襄二十六年戌與靈王爭呈頡○麇九倫反侍飲酒於王王曰城麇之役女知寡人之及此女其辟寡人乎及此謂爲王○女音汝對曰若知君之及此臣必致死禮以息楚息寧靜也

晉侯問於史趙曰陳其遂亡乎對曰未也公曰何故對曰陳顓頊之族也陳祖舜舜出顓頊歲在鶉火是以卒滅陳將如之顓頊氏以歲在鶉火而滅火盛而水滅今在析木之津猶將復由箕斗之閒有天漢故謂之析木之津由用也且陳氏得政于齊而後陳卒亡物莫能兩盛自幕至于瞽瞍無違命幕舜之先瞽瞍舜父從幕至瞽瞍無違天命廢絕者舜重之以明德寘德於遂遂舜後蓋殷之興存舜之後而封遂言舜德乃至於遂遂世守之及胡公不淫故周賜之姓使祀虞帝胡公滿遂之後也事周武王賜姓曰嬀封諸陳紹舜後臣聞盛德必百世祀虞之世數

未也繼守將在齊其兆旣存矣言陳氏興盛於齊形兆已見

經九年春叔弓會楚子于陳以事往非行會禮

許遷于夷許畏鄭欲遷故以自遷爲文

夏四月陳災天火曰災陳旣已滅降爲楚縣而書陳災者猶晉之梁山沙鹿崩不書晉災害繫於所災所害故以所在爲名

秋仲孫貜如齊○貜俱縛反

冬築郎囿

傳九年春叔弓宋華亥鄭游吉衞趙黶會楚子于陳 楚子在陳故四國大夫往非盟主所召不行會禮故不總書○黶於減反

二月庚申楚公子弃疾遷許于夷實城父 此時改城父爲夷故傳實之城父縣屬譙郡 取州來淮北之田以益之 益許田 伍舉授許男田然丹遷城父人於陳以夷濮西田益之 以夷田在濮水西者與城父人 遷方城外人於許 成十五年許遷於葉因謂之許今許遷於夷故以方城外人實其處傳言靈王使民不安○葉始涉反

周甘人與晉閻嘉爭閻田 甘人甘大夫襄也閻嘉晉閻縣大夫 晉梁丙張趯率陰戎伐潁 陰戎陸渾之戎潁周邑○趯他歷反 王使詹桓伯辭於晉 辭責讓之桓伯周大夫 曰我自夏以后稷魏駘芮岐畢吾西土也 在夏世以后稷功受此五國爲西土之長駘在始平武功縣所治釐城岐在扶風美陽縣西北○駘他來反芮如銳反 及武王克商蒲姑商奄吾東土也 樂安博昌縣北有蒲姑城 巴濮楚鄧吾南土也肅慎燕亳吾北土也 肅慎北夷在玄菟北三千餘里 吾何邇封之有 邇近也 文武成康之建母弟以蕃屏周亦其廢隊是爲 爲後世廢隊兄弟之國當救濟之○隊音墜爲去聲 豈如弁髦而因以敝之 童子垂髦始冠必三加冠成禮而弃其始冠故言弁髦因以敝之弁亦冠也○始冠去聲 先王居檮杌于四裔以禦螭魅 言檮杌略舉四凶之一下言四裔則三苗在其中 故允姓之姦居于瓜州 允姓陰戎之祖與三苗俱放三危者瓜州今敦煌 伯父惠公歸自秦而誘以來 僖十五年晉惠公自秦歸二十二年秦晉遷陸渾之戎於伊川 使偪我諸姬入我郊甸則戎焉

取之 邑外爲郊郊外爲甸言戎取周郊甸之地 戎有中國誰之咎也 咎在晉 后稷封殖天下今戎制之不亦難乎 后稷修封疆殖五穀今戎得之唯以畜牧 伯父圖之我在伯父猶衣服之有冠冕木水之有本原民人之有謀主也 民人謀主宗族之師長 伯父若裂冠毀冕拔本塞原專弃謀主雖戎狄其何有余一人 伯父猶然則雖戎狄無所可責 叔向謂宣子曰文之伯也豈能改物 言文公雖霸未能改正朔易服色 翼戴天子而加之以共 翼佐也 自文以來世有衰德而暴滅宗周 宗周天子 以宣示其侈諸侯之貳不亦宜乎且王辭直子其圖之宣子說王有姻喪 外親之喪○說音悅 使趙成如周弔且致閻田與襚 襚送死衣 反潁俘王亦使賓滑執甘大夫襄以說於晉晉人禮而歸之 賓滑周大夫○說如字又音悅

夏四月陳災鄭裨竈曰五年陳將復封封五十二年而遂亡子產問其故對曰陳水屬也 陳顓頊之後故爲水屬 火水妃也 火畏水故爲之妃○妃平聲一音配 而楚所相也 相治也楚之先祝融爲高辛氏火正主治火事○相息亮反 今火出而火陳 火心星也火出於周爲五月而以四月出者以長歷推前年誤置閏 逐楚而建陳也 水得妃而興陳興則楚衰故曰逐楚而建陳 妃以五成故曰五年 妃合也五行各相妃合得五而成故五歲而陳復封爲十三年陳侯吳歸于陳傳 歲五及鶉火而後陳卒亡楚克有之天之道也故曰五十二年 是歲歲在星紀五歲及大梁而陳復封自大梁四年歲在鶉火後四周四十八歲凡五及鶉火五十二年天數以五爲紀故五及鶉火火盛水衰

晉荀盈如齊逆女。自爲逆、還。六月。卒于戲陽。魏郡內黃縣北有戲陽城。○戲許宜反、殯于絳。未葬。晉侯飲酒樂。膳宰屠蒯趨入。請佐公使尊。公之使人執尊酌酒、請爲之佐、○樂音洛許之。公許之、而遂酌以飲工。工、樂師、師曠也、曰。女爲君耳。將司聰也。樂所以聰耳、○女音汝下皆同辰在子卯。謂之疾日。疾、惡也、紂以甲子喪、桀以乙卯亡、故國君以爲忌日、君徹宴樂。學人舍業。爲疾故也。君之卿佐。是謂股肱。股肱或虧。何痛如之。言痛疾過於忌日、○舍音捨女弗聞而樂。是不聰也。不聞是義而作樂、又飲外嬖嬖叔。外都大夫之嬖者、曰。女爲君目。將司明也。職在外、故主視、服以旌禮。旌、表也、禮以行事。事、政令、事有其物。物、類也、物有其容。容、貌也、今君之容。非其物也。有卿佐之喪、而作樂歡會、故曰非其物、而女不見。是不明也。

亦自飲也。曰。味以行氣。氣以實志。氣和則志充、志以定言。在心爲志、發口爲言、言以出令。臣實司味。二御失官。而君弗命。臣之罪也。工與嬖叔、侍御君者、失官、不聰明、公說。徹酒。初。公欲廢知氏。而立其外嬖。爲是悛而止。秋。八月。使荀躒佐下軍以說焉。躒、荀盈之子、知文子也、佐下軍、代父也、說自解說、孟僖子如齊殷聘。禮也。自叔老聘齊、至今二十年、禮意久曠、今修盛聘、以無忘舊好、故曰禮、冬。築郎囿。書時也。季平子欲其速成也。叔孫昭子曰。詩曰。經始勿亟。庶民子來。詩大雅、言文王始經營靈臺、非急疾之、衆民自以子義來、歡樂爲之、焉用速成。其以勦民也。勦、勞也、○勦初交反又子小反、無囿猶可。無民其可乎。

經　十年。春。王正月。

夏。齊欒施來奔。嗜酒好內、以取敗亡、故書名、

秋。七月。季孫意如。叔弓。仲孫貜。帥師伐莒。三大夫皆卿、故書之、季孫爲主、二子從之、

戊子。晉侯彪卒。五同盟、

九月。叔孫婼如晉。

葬晉平公。三月而葬、速、

十有二月。甲子。宋公成卒。十一同盟也、無冬、史闕文、

傳　十年。春。王正月。有星出于婺女。客星也、不書、非孛、鄭裨竈言於子產曰。七月戊子。晉君將死。今茲歲在顓頊之虛。歲、歲星也、顓頊之虛、謂玄枵、姜氏任氏。實守其地。姜、齊姓、任、薛姓、齊薛二國、守玄枵之地、居其維首。而有妖星焉。告邑姜也。客星居玄枵之維首、邑姜齊太公女、晉唐叔之母、星占、婺女爲既嫁之女、織女爲處女、邑姜、齊之既嫁女、妖星在婺女、齊得歲、故知禍歸邑姜、邑姜。晉之妣也。天以七紀。二十八宿、四七、戊子。逢公以登。星斯於是乎出。逢公、殷諸侯居齊地者、逢公將死、妖星出婺女、時非歲星所在、故齊自當禍、而以戊子卒、吾是以譏之。爲晉侯彪卒傳、

齊惠欒高氏皆耆酒。欒高二族、皆出惠公、信內多怨。說婦人言、故多怨、彊於陳鮑氏而惡之。惡陳鮑、夏有告陳桓子曰。子旗子良將攻陳鮑。亦告鮑氏。桓子授甲而如鮑氏。遭子良醉而騁。欲及子良醉、故驅告鮑文子、遂見文子。文子、鮑國、則亦授甲矣。使視二子。二子、子旗、子良、則皆將飲酒。桓子曰。彼雖不信。彼、傳言者、聞我授甲。則必逐我。及其飲酒也。先伐諸。陳鮑方睦。遂伐欒高氏。子良曰。先得公。陳鮑焉往。欲以公自輔助、遂伐虎門。欲入、公不聽、故伐公門、晏平仲端委立于虎門之外。端委、朝服、四族召之。無所往。四族、欒高陳鮑、其徒曰。助陳鮑乎。曰。何善焉。言無善義可助、助欒高乎。曰。庸愈乎。罪惡不差於陳鮑、○差初賣反、然則歸乎。曰。君伐焉歸。公召之而後入。公卜使王黑以靈姑銔率吉。請斷三尺焉而用之。王黑、齊大夫、靈姑銔、公旗名、斷三尺、不敢與君同、○銔扶眉反又音平、率所律反又所類反、斷丁管反、五月庚辰。戰于稷。稷、祀后稷之處、欒高敗。又敗諸莊。莊、六軌之道、國人追之。又敗諸鹿門。鹿門、齊城門、欒施高彊來奔。高彊不書、非卿、陳鮑分其室。晏子謂桓子。必致諸公。讓德之主也。讓之謂懿德。凡有血氣。皆有爭心。故利不可強。不可強取、思義為愈。義利之本也。蘊利生孽。蘊、畜也、孽、妖害也、姑使無蘊乎。可以滋長。桓子盡致諸公。而請老于莒。莒、齊邑、桓子召子山。子山、子商、子周、襄三十一年、子尾所逐羣公子、私具幄幕器用從者之衣屨。私具、不告公、而反棘焉。棘、子山故邑、齊國西安縣東有戟里亭、子商亦如之。而反其邑。子周亦如之。而與之夫于。

子周本無邑、故更與之、濟南於陵縣西北有于亭、反子城子公公孫捷。三子、八年子旗所逐、而皆益其祿。凡公子公孫之無祿者。私分之邑。桓子以邑分之、國之貧約孤寡者。私與之粟。曰。詩云。陳錫載周。能施也。詩大雅、言文王能布陳大利、以賜天下、行之周徧、桓公是以霸。齊桓公亦能施以致霸、公與桓子莒之旁邑。辭。讓不受、穆孟姬為之請高唐。陳氏始大。穆孟姬、景公母、傳言陳氏所以興、

秋七月。平子伐莒。取郠。郠、莒邑、取郠不書、公見討於平丘、魯諱之、○郠音梗、獻俘。始用人於亳社。以人祭殷社、臧武仲在齊。聞之。曰。周公其不饗魯祭乎。周公饗義。魯無義。詩曰。德音孔昭。視民不佻。詩小雅、佻、偷也、言明德君子必愛民、佻之謂甚矣。而壹用之。將誰福哉。壹、同也、同人於畜牲、

戊子。晉平公卒。如裨竈之言、鄭伯如晉。及河。晉人辭之。游吉遂如晉。禮、諸侯不相弔、故辭、九月。叔孫婼齊國弱宋華定衛北宮喜鄭罕虎許人曹人莒人邾人滕人薛人杞人小邾人如晉。葬平公也。經不書諸侯大夫者、非盟會、鄭子皮將以幣行。見新君之贄、子產曰。喪焉用幣。用幣必百兩。載幣用車百乘、百兩必千人。千人至。將不行。行、用也、不行。必盡用之。不得見新君、將自費用盡、幾千人而國不亡。言千人之費不可數、○幾音紀、數所角反、子皮固請以行。既葬。諸侯之大夫欲因見新君。叔孫昭子曰。非禮也。弗聽。叔向辭之。曰。大夫之事畢矣。送葬禮畢、而又命孤。孤斬焉在衰絰之中。既葬未卒哭、故猶服斬衰、其以嘉服見。則喪禮未畢。其以喪服見。是重受弔

也。大夫將若之何。皆無辭以見子皮。盡用其幣。歸謂子羽曰。非知之實難。將在行之。言不患不知，患不能行。夫子知之矣。我則不足。言已由子產之戒，既知其不可而遂行之，是我之不足。書曰。欲敗度。縱敗禮。逸書。我之謂矣。夫子知度與禮矣。我實縱欲。而不能自克也。欲因喪以慶新君，故縱而行之，不能自勝。昭子至自晉。大夫皆見。高彊見而退。高彊，子良。昭子語諸大夫曰。為人子。不可不慎也哉。昔慶封亡。子尾多受邑。而稍致諸君。君以為忠而甚寵之。將死。疾于公宮。在公宮被疾。輦而歸。君親推之。推其車而送之。其子不能任。是以在此。忠為令德。其子弗能任。罪猶及之。難不慎也。喪夫人之力。弃德曠宗。以及其身。不亦害乎。夫人謂子尾。曠，空也。詩

曰。不自我先。不自我後。其是之謂乎。詩小雅。言禍亂不在他，正當己身，以喻高彊身自取此禍。

冬。十二月。宋平公卒。初。元公惡寺人柳。欲殺之。元公，平公大子佐也。及喪。柳熾炭于位。以溫地。將至則去之。使公坐其處。○去，起呂反。比葬。又有寵。言元公好惡無常。

經　十有一年。春。王二月。叔弓如宋。

葬宋平公。

夏四月。丁巳。楚子虔誘蔡侯般。殺之于申。蔡侯雖弒父而立，楚子誘而殺之，刑其羣士，蔡大夫深怨，故以楚子名告。

楚公子弃疾帥師圍蔡。

五月。甲申。夫人歸氏薨。昭公母，胡女歸姓。

大蒐于比蒲。○比音毗。

仲孫貜會邾子。盟于祲祥。祲祥，地闕。

秋。季孫意如會晉韓起、齊國弱、宋華亥、衛北宮佗、鄭罕虎、曹人、杞人于厥慭。

厥慭，地闕。○佗，徒何反。慭，魚靳反，又五巾反，一五轄反。

九月。己亥。葬我小君齊歸。齊，諡。

冬。十有一月。丁酉。楚師滅蔡。執蔡世子有以歸。用之。用之，殺以祭山。

傳　十一年。春。王二月。叔弓如宋。葬平公也。嫌以聘事行，故傳具之。

景王問於萇弘曰。今茲諸侯。何實吉。何實凶。萇弘，周大夫。○萇，直良反。對曰。蔡凶。此蔡侯般弒其君之歲也。歲在豕韋。襄三十年，蔡世子般弒其君，歲在豕韋，至今十三歲，歲復在豕韋。般，即靈侯也。弗過此矣。言蔡凶不過此年。楚將有之。然壅也。蔡近楚，故

知楚將有之楚無德而享大利所以壅積其惡歲及大梁蔡復楚凶天之道也（楚靈王弒立之歲歲在大梁到昭十三年歲復在大梁美惡周必復故知楚凶）楚子在申召蔡靈侯靈侯將往蔡大夫曰王貪而無信唯蔡於感（蔡近楚之大國故楚常恨其不服順○感戶暗反）今幣重而言甘誘我也不如無往蔡侯不可三月丙申楚子伏甲而饗蔡侯於申醉而執之夏四月丁巳殺之刑其士七十人公子棄疾帥師圍蔡（傳言楚子無道）韓宣子問於叔向曰楚其克乎對曰克哉蔡侯獲罪於其君（謂弒父而立）而不能其民（不能施德）天將假手於楚以斃之（借楚手以討蔡）何故不克然肸聞之不信以幸不可再也楚王奉孫吳以討於陳曰將定而國陳人聽命而遂縣之（事在八年）今

又誘蔡而殺其君以圍其國雖幸而克必受其咎弗能久矣桀克有緡以喪其國紂克東夷而隕其身（紂為黎之蒐東夷叛之桀為仍之會有緡叛之故伐而克之）楚小位下而亟暴於二王能無咎乎天之假助不善非祚之也厚其凶惡而降之罰也且譬之如天其有五材而將用之力盡而敝之是以無拯不可沒振（金木水火土五者為物用久則必有敝盡盡則棄捐故言無拯拯猶救助也不可沒振猶沒不可復振）

五月齊歸薨大蒐于比蒲非禮也

孟僖子會邾莊公盟于祲祥修好禮也（蒐非存亡之由故臨喪不宜為之盟會以安社稷故喪盟謂之禮）泉丘人有女夢以其帷幕孟氏之廟（泉丘魯邑）遂奔僖子其僚從之（鄰女為僚友者隨而奔僖子）盟于清丘之社曰有子無相棄也（二女自共盟）僖子使助薳氏之簉（簉副倅也薳氏之女為僖子副妾別居在外故僖子納泉丘人女令副助之○薳為彼反簉初又反）反自祲祥宿于薳氏生懿子及南宮敬叔於泉丘人其僚無子使字敬叔（字養也似雙生）

楚師在蔡（向四月之師）晉荀吳謂韓宣子曰不能救陳又不能救蔡物以無親（物事也）晉之不能亦可知也已為盟主而不恤亡國將焉用之

秋會于厥慭謀救蔡也（不書救蔡不果救）鄭子皮將行子產曰行不遠不能救蔡也蔡小而不順楚大而不德天將棄蔡以壅楚盈而

罰之（盈楚惡）蔡必亡矣且喪君而能守者鮮矣三年王其有咎乎美惡周必復王惡周矣（元年楚子弒君而立歲在大梁後三年十三歲歲星周復於大梁）晉人使狐父請蔡于楚弗許（狐父晉大夫）

單子會韓宣子于戚（單子單成公）視下言徐叔向曰單子其將死乎朝有著定（著定朝內列位常處謂之表著）會有表（野會設表以為位）衣有禬帶有結（禬領會結帶結也○禬古外反）會朝之言必聞于表著之位所以昭事序也視不過結禬之中所以道容貌也言以命之容貌以明之失則有闕今單子為王官伯而命事於會視不登帶言不過步貌不道容而言不昭矣不道不共不昭不從（貌正曰共言順曰從）無守氣矣（為此年冬單子

卒起本、

九月。葬齊歸。公不慼。晉士之送葬者。歸以語史趙。史趙曰。必爲魯郊。言昭公必出在郊野、不能有國、侍者曰。何故。曰。歸姓也。不思親。祖不歸也。姓、生也、言不思親、則不爲祖考所歸佑、叔向曰。魯公室其卑乎。君有大喪。國不廢蒐。謂蒐比蒲、有三年之喪。而無一日之慼。國不恤喪。不忌君也。忌、畏也、君無慼容。不顧親也。國不忌君。君不顧親。能無卑乎。殆其失國。爲二十五年公孫於齊傳、

冬。十一月。楚子滅蔡。用隱大子于岡山。蔡靈公之大子、蔡侯廬之父、申無宇曰。不祥。五牲不相爲用。況用諸侯乎。五牲、牛羊豕犬雞、王必悔之。悔爲暴虐、

十二月。單成公卒。終叔向之言、

楚子城陳蔡不羹。襄城縣東南有不羹城、定陵西北有不羹亭、○羹音郎、漢書作更字、使弃疾爲蔡公。王問於申無宇曰。弃疾在蔡何如。對曰。擇子莫如父。擇臣莫如君。鄭莊公城櫟而寘子元焉。使昭公不立。子元、鄭公子、莊公寘子元於櫟、桓十五年、厲公因之以殺櫟大夫檀伯、遂居櫟、卒使昭公不安位而見殺、○櫟力狄反、齊桓公城穀而寘管仲焉。至于今賴之。城穀在莊三十二年、臣聞五大不在邊。五細不在庭。上古、金木水火土、謂之五官、玄鳥氏丹鳥氏、亦有五、又以五鳩鳩民、五雉爲五工正、蓋立官之本也、末世隨事施職、是以官無常數、今無宇稱習古言、故云五大也、言五官之長、專盛過節、則不可居邊、細弱不勝任、亦不可居朝廷、親不在外。羇不在內。今弃疾在外。鄭丹在內。襄十九年、丹奔楚、君其少戒。王曰。國有大城。何如。對曰。鄭京櫟實殺曼伯。曼伯、檀伯也、厲公得櫟、又并京、宋蕭亳實殺子游。在莊十二年、齊渠丘實殺無知。在莊九年、渠丘、今齊國西安縣也、齊大夫雍廩邑、衛蒲戚實出獻公。蒲、甯殖邑、戚、孫林父邑、出獻公、在襄十四年、若由是觀之。則害於國。末大必折。折其本、尾大不掉。君所知也。爲十三年陳蔡作亂傳、

【經】十有二年。春。齊高偃帥師納北燕伯于陽。三年燕伯出奔齊、高偃、高傒玄孫、齊大夫、陽即唐、燕別邑、中山有唐縣、不言于燕、未得國都、○傒音奚

三月。壬申。鄭伯嘉卒。五同盟、

夏。宋公使華定來聘。定、華椒孫、

公如晉。至河乃復。晉人以莒故辭公、

五月。葬鄭簡公。三月而葬、速、

楚殺其大夫成熊。傳在葬簡公上、經從赴、

秋。七月。

冬。十月。公子慭出奔齊。

書名、謀亂故也、○慭魚覲反、一讀爲整、

楚子伐徐。不書圍、以乾谿師告、

晉伐鮮虞。不書將帥、史闕文、

傳十二年春、齊高偃納北燕伯款于唐、因其衆也。言因唐衆欲納之、故得先入唐、

三月、鄭簡公卒、將爲葬除。除葬道、及游氏之廟、游氏子大叔族、將毀焉。子大叔使其除徒執用以立、而無庸毀、用毀廟具、曰、子產過女、而問何故不毀、乃曰、不忍廟也。諾、將毀矣。教毀廟者之辭、○女音汝、既如是、子產乃使辟之。司墓之室有當道者、簡公別營葬地、不在鄭先公舊墓、故道有臨時迂直也、司墓之室、鄭之掌公墓大夫徒屬之家、毀之、則朝而堋、堋、下棺、○朝如字、堋北鄧反、又甫贈反、又作窆、音貶、弗毀、則日中而堋。子大叔請毀之、曰、無若諸侯之賓何。不欲久留賓、子產曰、諸侯之賓能來會吾喪、豈憚日中。無損於賓、而民不害、何故不爲。遂弗毀、日中而葬。君子謂子產於是乎知禮、禮無毀人以自成也。

夏、宋華定來聘、通嗣君也。宋元公新即位、公享之、爲賦蓼蕭、弗知、又不答賦。蓼蕭、詩小雅、義取燕笑語兮、是以有譽處兮、樂與華定燕語也、又曰、既見君子、爲龍爲光、欲以寵光賓也、又曰、宜兄宜弟、令德壽豈、言賓有令德、可以壽樂也、又曰、和鸞雝雝、萬福攸同、言欲與賓同福祿也、昭子曰、必亡。宴語之不懷、懷、思也、寵光之不宣、宣、揚也、令德之不知、同福之不受、將何以在。爲二十年華定出奔傳、

齊侯、衛侯、鄭伯如晉、朝嗣君也。晉昭公新立、公如晉、亦欲朝嗣君、至河乃復。取郠之役、在十年、莒人愬于晉、晉有平公之喪、未之治也、故辭公。公子慭遂如晉。慭、魯大夫、如晉不書、還不復命而奔、故史不書於策、晉侯享諸侯、子產相鄭伯、辭於享、請免喪而後聽命。簡公未葬、晉人許之、禮也。善晉不奪孝子之情、晉侯以齊侯宴、中行穆子相。穆子、荀吳、投壺、晉侯先、穆子曰、有酒如淮、有肉如坻、淮、水名、坻、山名、○坻直疑反、寡君中此、爲諸侯師。中之、齊侯舉矢曰、有酒如澠、有肉如陵。澠水出齊國臨淄縣北、入時水、陵、大阜也、○中丁仲反、下同、澠音繩、寡人中此、與君代興。代、更也、亦中之。伯瑕謂穆子曰、伯瑕、士文伯、子失辭、吾固師諸侯矣、壺何爲焉、其以中儁也。言投壺中、不足爲儁異、齊君弱吾君、歸弗來矣。欲與晉君代興、是弱之、穆子曰、吾軍帥彊禦、卒乘競勸、今猶古也、齊將何事。言晉德不衰於古、齊不事晉、將無所事、公孫傁趨進曰、日旰君勤、可以出矣。以齊侯出。傁、齊大夫、傳言晉之衰、○傁素口反、又所流反、旰古旦反、楚子謂成虎若敖之餘也、遂殺之。成虎、令尹子玉之孫、與鬭氏同出於若敖、宣四年、鬭椒作亂、今楚子信讒、而託討若敖之餘、或譖成虎於楚子、成虎知之、而不能行。書曰、楚殺其大夫成虎、懷寵也。解經所以書名、

六月。葬鄭簡公。傳終子產辭享。明既葬則爲免喪。經書五月誤。晉荀吳僞會齊師者。假道於鮮虞。遂入昔陽。鮮虞白狄別種。在中山新市縣。昔陽肥國都。樂平沾縣東有昔陽城。秋。八月。壬午。滅肥。以肥子緜皐歸。肥白狄也。緜皐其君名。鉅鹿下曲陽縣西南有肥累城。爲下晉伐鮮虞起。○累音壘周原伯絞虐其輿臣。使曹逃。原伯絞周大夫原公也。輿衆也。曹羣也。冬。十月。壬申朔。原輿人逐絞。而立公子跪尋。跪尋絞弟。絞奔郊。郊周也。甘簡公無子。立其弟過。甘簡公周卿士。○過古禾反。下之子過同。過將去成景之族。成公景公皆過之先君。○去起呂反。成景之族。賂劉獻公。欲使殺過。劉獻公亦周卿士。劉定公子。丙申。殺甘悼公。悼公即過。而立成公之孫鰌。鰌平公。○鰌音秋。丁酉。殺獻太子之傅庾皮之子過。過劉獻公太子之傅。殺瑕辛于市。及宮嬖綽。王孫沒。劉州鳩。陰忌。老陽子。六子周大夫。及庾過。皆甘悼公之黨。傳言周衰原甘二族所以遂微。

季平子立而不禮於南蒯。蒯南遺之子。季氏費邑宰。○費音秘。南蒯謂子仲。子仲公子慭。吾出季氏。而歸其室於公。室季氏家財。子更其位。更代也。○更音庚。我以費爲公臣。子仲許之。南蒯語叔仲穆子。且告之故。穆子叔仲帶之子叔仲小也。語以欲出季氏。以不見禮故。季悼子之卒也。叔孫昭子以再命爲卿。悼子季武子之子。平子父也。傳言叔孫之見命。乃在平子爲卿之前。及平子伐莒。克之。更受三命。十年平子伐莒。以功加三命。昭子不伐莒。亦以例加爲三命。叔仲子欲構二家。欲構使相憎。謂平子曰。三命踰父兄。非禮也。言昭子受三命。自踰其先人。平子曰。然。故使昭子。使昭子自貶黜。

昭子曰。叔孫氏有家禍。殺適立庶。故婼也及此。禍在四年。若因禍以斃之。則聞命矣。言因亂討己。不敢辭。若不廢君命。則固有著矣。著位次。昭子朝而命吏曰。婼將與季氏訟。書辭無頗。頗偏也。季孫懼。而歸罪於叔仲子。故叔仲小。南蒯。公子慭。謀季氏。慭告公。而遂從公如晉。慭子仲。南蒯懼不克。以費叛如齊。子仲還。及衛。聞亂。逃介而先。介副使也。及郊。聞費叛。遂奔齊。言及郊。解經所以書出。南蒯之將叛也。其鄉人或知之。過之而歎。鄉人過蒯而歎。且言曰。恤恤乎。湫乎。攸乎。恤恤憂患。湫愁隘。攸懸危之貌。深思而淺謀。邇身而遠志。家臣而君圖。家臣而圖人君之事。故言思深而謀淺。身近而志遠。○思息嗣反。有人矣哉。言今有此人。徵以感之。南蒯枚筮之。不指其事。汎卜吉凶。遇

坤䷁坤下坤上之比。䷇坤下坎上比。坤六五爻變。曰。黃裳元吉。坤六五爻辭。以爲大吉也。示子服惠伯曰。即欲有事。何如。惠伯曰。吾嘗學此矣。忠信之事則可。不然必敗。外彊內溫。忠也。坎險故彊。坤順故溫。彊而能溫。所以爲忠。和以率貞。信也。水和而土安正。和正信之本也。故曰黃裳元吉。黃。中之色也。裳。下之飾也。元。善之長也。中不忠。不得其色。言非黃。下不共。不得其飾。不爲裳。事不善。不得其極。失中德。外內倡和爲忠。不相違也。○和戶臥反。率事以信爲共。率猶行也。供養三德爲善。三德謂正直剛克柔克也。○供九用反。養餘亮反。非此三者弗當。非忠信善。不當此卦。且夫易。不可以占險。將何事也。且可飾乎。夫易猶此易。謂黃裳元吉之卦。問其何事。欲令從下之飾。中美能黃。上美爲元。下美則裳。

參成可筮。參美盡備吉可如筮猶有闕也。筮雖吉未也。有闕謂不參成將適費。飲
鄉人酒。費南蒯自其家還適費○飲於鴆反鄉人或歌之曰。我有圃生之杞乎。言南
蒯在費欲爲亂如杞生於圃圃非宜也杞世所謂枸杞也從我者子乎。子男子之通稱言從已可不失今之尊
去我者鄙乎。倍其鄰者恥乎。鄰猶親也已乎已乎。非吾黨之士乎。已乎
已乎言自遂不改平子欲使昭子逐叔仲小。欲以自解說小聞之不敢朝。昭
子命吏謂小待政於朝。曰。吾不爲怨府。言不能爲季氏逐小生怨禍之聚爲明年叔弓
圍費傳

楚子狩于州來。狩冬獵也次于潁尾。潁水之尾在下蔡西使蕩侯潘子司馬督
囂尹午陵尹喜帥師圍徐以懼吳。五子楚大夫徐吳與國故圍之以偪吳○囂五刀反又許
驕反楚子次于乾谿。在譙國城父縣南以爲之援。雨雪。王皮冠秦復陶。秦所
遺羽衣也○雨于付反復音服一音福翠被。以翠羽飾被豹舄。以豹皮爲履執鞭以出。執鞭以教
令僕析父從。楚大夫右尹子革夕。子革鄭丹夕莫見○莫音暮王見之。去冠被。
舍鞭。敬大臣○去起呂反舍音捨與之語曰。昔我先王熊繹。楚始封君與呂伋。齊大
公之子丁公王孫牟。衛康叔子康伯燮父。晉唐叔之子禽父。周公伯禽並事康王。康王成王
子四國皆有分。我獨無有。四國齊晉魯衛分珍寶之器○分扶問反下同今吾使人
於周。求鼎以爲分。王其與我乎。對曰。與君王哉。昔我先王熊繹
辟在荊山。在新城沶鄉縣南○辟四亦反沶音市篳路藍縷以處草莽。跋涉山林
以事天子。唯是桃弧棘矢以共禦王事。桃弧棘矢以禦不祥言楚在山林少所出有○

共音恭齊。王舅也。成王母齊太公女晉及魯衛。王母弟也。楚是以無分。而
彼皆有。今周與四國服事君王。將唯命是從。豈其愛鼎。王曰。昔
我皇祖伯父昆吾。舊許是宅。陸終氏生六子長曰昆吾少曰季連季連楚之祖故謂昆吾爲伯父
昆吾嘗居許地故曰舊許是宅今鄭人貪賴其田。而不我與。我若求之。其與我
乎。對曰。與君王哉。周不愛鼎。鄭敢愛田。王曰。昔諸侯遠我而畏
晉。今我大城陳蔡不羹。賦皆千乘。子與有勞焉。諸侯其畏我乎。
對曰。畏君王哉。是四國者。專足畏也。四國陳蔡二不羹○羹音郎又加之以
楚。敢不畏君王哉。工尹路請曰。君王命剝圭以爲鏚柲。鏚斧也柲柄也
破圭玉以飾斧柄○鏚音戚柲音秘敢請命。請制度之命王入視之。析父謂子革。吾子。
楚國之望也。今與王言如響。國其若之何。譏其順王心如響應聲子革曰。
摩厲以須。王出。吾刃將斬矣。以己喻鋒刃欲自摩厲以斬王之淫慝王出。復語。左
史倚相趨過。倚相楚史名王曰。是良史也。子善視之。是能讀三墳五
典八索九丘。皆古書名對曰。臣嘗問焉。昔穆王欲肆其心。周穆王肆極也周
行天下。將皆必有車轍馬跡焉。祭公謀父作祈招之詩。以止王
心。謀父周卿士祈父周司馬世掌甲兵之職招其名祭公方諫遊行故指司馬官而言此詩逸○祭側界反招常遙反王
是以獲沒於祗宮。獲沒不見篡弒○祗音支又音祁臣問其詩而不知也。若問
遠焉。其焉能知之。王曰。子能乎。對曰。能。其詩曰。祈招之愔愔。式
昭德音。愔愔安和貌式用也昭明也○愔一心反思我王度。式如玉。式如金。金玉取其堅重

形民之力而無醉飽之心。言國之用民當隨其力任如金冶之器隨器而制形故言形民之力去其醉飽過盈之心王揖而入饋不食寢不寐數日。深感子革之言不能自克以及於難。克勝也仲尼曰古也有志克己復禮仁也信善哉楚靈王若能如是豈其辱於乾谿。

晉伐鮮虞因肥之役也。肥役在此年

春秋左傳卷二十二終

春秋左傳卷二十三

晉鎭南大將軍當陽縣侯京兆杜　預集解

皇明　後　學　東吳葛　鼒較訂

昭公

經十有三年。春。叔弓帥師圍費。不書南蒯以費叛不以告廟

夏。四月。楚公子比自晉歸于楚。弒其君虔于乾谿。比去晉而不送書歸者依陳蔡以入言陳蔡猶列國也比歸而靈王死故書弒其君靈王無道而弒稱臣比非首謀而反書弒比雖脅立猶以罪加也靈王死在五月又不在乾谿楚人生失靈王故本其始禍以赴之

楚公子棄疾殺公子比。比雖爲君而未列於諸侯故不稱爵弒不稱人罪棄疾

秋。公會劉子。晉侯。齊侯。宋公。衛侯。鄭伯。曹伯。莒子。邾子。滕子。薛伯。杞伯。小邾子。于平丘。平丘在陳留長垣縣西南

八月。甲戌。同盟于平丘。公不與盟。書同齊服故晉不堪晉求讒慝弘多公不與盟非國惡故不諱

晉人執季孫意如以歸。公至自會。無傳

蔡侯廬歸于蔡。〇廬音盧又力居反
陳侯吳歸于陳。陳蔡皆受封于楚故稱爵諸侯納之曰歸
冬十月葬蔡靈公。蔡復而後以君禮葬之、
公如晉至河乃復。晉人辭公
吳滅州來。州來楚邑用大師焉曰滅、

傳十三年春叔弓圍費弗克敗焉。爲費人所敗不書諱之、平子怒令見費人執之以爲囚俘。冶區夫曰非也。區夫魯大夫〇區烏侯反一丘于反若見費人寒者衣之饑者食之爲之令主而共其乏困費來如歸南氏亡矣民將叛之誰與居邑若憚之以威懼之以怒民疾而叛爲之聚也若諸侯皆然費人無歸不親南氏將焉入矣平子從之費人叛南氏。費叛南氏在明年傳善區夫之謀終言其效、〇衣於既反食音嗣共音恭爲之聚于僞反

楚子之爲令尹也殺大司馬薳掩而取其室。在襄三十年〇薳于委反及卽位奪薳居田。居掩之族言薳氏所以怨遷許而質許圍。遷許在九年圍許大夫〇質音致蔡

洧有寵於王王之滅蔡也其父死焉。楚滅蔡在十一年洧仕楚其父在國故死〇洧于軌反王使與於守而行。使洧守國王行至乾谿〇與音預申之會越大夫戮焉。會在四年、王奪鬬韋龜中犨。韋龜令尹子文玄孫中犨邑名〇犨尺州反又奪成然邑而使爲郊尹。成然韋龜子郊尹治郊竟大夫蔓成然故事蔡公。蔡公棄疾也故猶有嘗壁之命故使成然事之、故薳氏之族及薳居許圍蔡洧蔓成然皆王所不禮也因羣喪職之族啓越大夫常壽過作亂。常壽過申會所戮者〇過古禾反圍固城克息舟城而居之。息舟楚邑城之堅固者觀起之死也其子從在蔡事朝吳。觀起死在襄二十二年朝吳故蔡大夫聲子之子〇朝如字曰今不封蔡蔡不封矣我請試之。觀從以父死怨楚故欲試作亂以蔡公之命召子干子皙。二子皆靈

王弟元年子干奔晉子皙奔鄭及郊而告之情。告以蔡公不知謀、強與之盟入襲蔡蔡公將食見之而逃。不知其故驚起辟之〇強其丈反觀從使子干食坎用牲加書而速行。使子干居蔡公之牀食蔡公之食並僞與蔡公盟之徵驗以示衆、己徇於蔡。己觀從也〇己音紀曰蔡公召二子將納之與之盟而遣之矣將師而從之。許言蔡公將以師助二子、蔡人聚將執之。執觀從辭曰失賊成軍而殺余何益乃釋之。賊謂子干子皙也言蔡公已成軍殺己不解罪朝吳曰二三子若能死亡則如違之以待所濟。言若能爲靈王死亡則可違蔡公之命以待成敗何如若求安定則如與之以濟所欲。言與蔡公則可得安定、且違上何適而可。言不可違上上謂蔡公衆曰與之乃奉蔡公召二子而盟于鄧。鄧潁川召陵縣西南有鄧城二子子干子皙依陳蔡人以

國。國陳蔡而復之楚公子比子干公子黑肱子皙公子棄疾蔡公蔓成然。蔡朝

吳。帥陳蔡不羹許葉之師因四族之徒四族薳氏許圍蔡洧蔓成然○羹音郎葉始涉反以入楚及郊陳蔡欲為名故請為武軍欲築壘壁以示後人為復讎之名蔡公知之曰。欲速且役病矣請藩而已。乃藩為軍藩籬也蔡公使須務牟與史猈先入因正僕人殺太子祿及公子罷敵須務牟史猈楚大夫蔡公之黨也正僕太子之近官○猈皮皆反徐扶蟹反又扶移反罷音皮徐甫綺反一蒲買反公子比為王。公子黑肱為令尹次于魚陂竟陵縣城西北有甲魚陂公子棄疾為司馬先除王宮使觀從從師于乾谿而遂告之從乾谿之師告使叛靈王且曰先歸復所。後者劓劓截鼻○劓魚器反師及訾梁而潰。靈王還至訾梁而眾散○訾子斯反王聞羣

公子之死也自投于車下。曰。人之愛其子也亦如余乎。侍者曰。甚焉。小人老而無子。知擠于溝壑矣擠隊也○擠子細反王曰余殺人子多矣能無及此乎。右尹子革曰請待于郊以聽國人聽國人之所與王曰眾怒不可犯也曰若入於大都而乞師於諸侯王曰皆叛矣曰若亡於諸侯以聽大國之圖君也王曰。大福不再祇取辱焉。然丹乃歸于楚然丹子革棄王歸○祇音支王沿夏將欲入鄢。夏漢別名順流為沿順漢水南至鄢○夏上聲鄢於建反一於晚反芋尹無宇之子申亥曰吾父再奸王命謂斷王旌執人於章華宮○芋于付反又音羽王弗誅惠孰大焉君不可忍惠不可棄吾其從王。乃求王遇諸棘闈以歸棘里名闈門也夏五月癸亥王縊于芋

尹申亥氏。癸亥五月二十六日皆在乙卯丙辰後傳終言之經書四月誤申亥以其二女殉而葬之。觀從謂子干曰不殺棄疾雖得國猶受禍也子干曰余不忍也。子玉曰。人將忍子子玉觀從吾不忍俟也。乃行國每夜駭曰王入矣相恐以靈王也乙卯夜棄疾使周走而呼曰。王至矣周徧也乙卯十八日國人大驚使蔓成然走告子干子皙曰王至矣國人殺君司馬將來矣司馬謂棄疾也言司馬見殺以恐子干君若早自圖也可以無辱眾怒如水火焉不可為謀又有呼而走至者曰。眾至矣。二子皆自殺不書弒君位未定也丙辰棄疾即位名曰熊居葬子干于訾實訾敖不成君無號諡者楚皆謂之敖殺囚衣之王服而流諸漢乃取而葬之以靖國人使子旗

為令尹子旗蔓成然○衣於既反楚師還自徐前年圍徐之師吳人敗諸豫章獲其五師。定二年楚人伐吳師于豫章吳人見舟于豫章而潛師于巢以軍楚師於豫章又柏舉之役吳人舍舟于淮汭而自豫章與楚夾漢此皆當在江北淮水南蓋後從在江南豫章○師所類反謂蕩侯潘子司馬督囂尹午陵尹喜平王封陳蔡。復遷邑復九年所遷邑致羣賂始舉事時所貨賂施舍寬民宥罪舉職舉職修廢官召觀從王曰。唯爾所欲觀從教子干殺棄疾棄疾今召用之明在君為君之義對曰。臣之先佐開卜。乃使為卜尹佐卜人開龜兆使枝如子躬聘于鄭且致犨櫟之田。犨櫟本鄭邑楚中取之平王新立故還以賂鄭○櫟音歷事畢弗致。知鄭自說服不復須賂故鄭人請曰聞諸道路將命寡君以犨櫟敢請命對曰臣未聞命既復王問犨櫟降服而對降服如今解冠也謝違命曰。臣過失命未之致也

王執其手曰子毋勤姑歸不穀有事其告子也王善其有權有事將復使之他年芊尹申亥以王柩告乃改葬之初靈王卜曰余尚得天下尚庶幾不吉投龜詬天而呼曰是區區者而不余畀區區小天下○詬呼豆反又許后反呼火故反余必自取之民患王之無厭也故從亂如歸初共王無冢適冢大也○厭於豔反共音恭適丁歷反下同有寵子五人無適立焉乃大有事于羣望羣望星辰山川而祈曰請神擇於五人者使主社稷乃徧以璧見於羣望曰當璧而拜者神所立也誰敢違之既乃與巴姬密埋璧於大室之庭巴姬共王妾大室祖廟使五人齊而長入拜從長幼以次拜○齊側皆反長丁丈反康王跨之過其上也靈王肘加焉子干子皙皆遠之平

王弱抱而入再拜皆厭紐微見璧紐以為審識○肘中九反遠于萬反厭於甲反又於輒反紐女九反鬬韋龜屬成然焉知其將立故託其子○屬音燭且曰棄禮違命楚其危哉棄立長之禮違當璧之命終致靈王之亂子干歸韓宣子問於叔向曰子干其濟乎對曰難宣子曰同惡相求如市賈焉何難宣子謂弃疾親恃子干共同好惡故言如市賈同利以相求○賈音古對曰無與同好誰與同惡言弃疾本不與子干同好則亦不得同惡取國有五難有寵而無人一也雖有寵須賢人而固有人而無主二也雖有賢人當須內主為應有主而無謀三也謀策謀也有謀而無民四也民衆有民而無德五也四者既備當以德成子干在晉十三年矣晉楚之從不聞達者可謂無人晉楚之士從子干游皆非達人族盡親叛可謂無主在楚無親族無釁而動

可謂無謀召子干時楚未有大釁為羈終世可謂無民終身羈客在晉是無民亡無愛徵可謂無德楚人無愛念之者王虐而不忌靈王暴虐無所畏忌將自亡楚君子干涉五難以弑舊君誰能濟之言楚借君子干以弑靈王終無能成有楚國者其棄疾乎君陳蔡城外屬焉城方城也時穿封戍既死棄疾并領陳事苛慝不作盜賊伏隱私欲不違不以私欲違民事民無怨心先神命之先神謂羣望國民信之芈姓有亂必季實立楚之常也獲神一也當璧拜○芈彌爾反有民二也民信也令德三也無苛慝寵貴四也貴妃子居常五也弃疾季有五利以去五難誰能害之子干之官則右尹也數其貴寵則庶子也以神所命則又遠之其貴亡矣位不其寵棄矣父既沒故民無懷焉非令德國無與焉無內主將何以立宣子曰齊桓晉文不亦是乎皆庶賤對曰齊桓衛姬之子也有寵於僖衛姬齊僖公妾有鮑叔牙賓須無隰朋以為輔佐有莒衛以為外主齊桓出奔莒衛有舅氏之助有國高以為內主國氏高氏齊上卿從善如流言其疾也下善齊肅齊嚴也肅敬也○齊音齋不藏賄不從欲清儉也○從子用反施舍不倦施舍猶言布恩德求善不厭是以有國不亦宜乎我先君文公狐季姬之子也有寵於獻好學而不貳言篤志生十七年有士五人狐偃趙衰顛頡魏武子司空季子五士從出○衰初危反有先大夫子餘子犯以為腹心子餘趙衰子犯狐偃有魏犨賈佗以為股肱魏犨魏武子也稱五人而說四士賈佗又不在本數蓋叔向所賢有齊宋秦楚以為外主齊妻以女宋贈以馬

楚王享之、秦伯納之、有欒郤狐先以爲内主、謂欒枝、郤縠、狐突、先軫也、亡十九年守志彌篤惠懷棄民惠公、懷公、不恤民也、民從而與之獻無異親民無異望獻公之子九人、唯文公在、天方相晉將何以代文此二君者異於子干共有寵子國有奧主謂棄疾也、○共音恭無施於民無援於外去晉而不送歸楚而不逆何以冀國傳言子干所以蒙弑君之名、棄疾所以得國、

晉成虒祁在八年、○虒音斯諸侯朝而歸者皆有貳心賤其奢也、爲取郠故取郠在十年、○爲于僞反、郠工杏反晉將以諸侯來討叔向曰諸侯不可以不示威知晉德薄、欲以威服之、乃並徵會告于吳秋晉侯會吳子于良下邳有良城縣、水道不可吳子辭乃還辭不會、七月丙寅治兵于邾南甲車四千

乘三十萬人、羊舌鮒攝司馬鮒、叔向弟也、攝、兼官、遂合諸侯于平丘子產子大叔相鄭伯以會子產以幄幕九張行幄幕、軍旅之帳、子大叔以四十既而悔之每舍損焉及會亦如之亦九張也、傳言子產之適宜、大叔之從善、次于衛地叔鮒求貨於衛淫芻蕘者欲使衛患之、而致貨、衛人使屠伯饋叔向羹與一篋錦屠伯、衛大夫、曰諸侯事晉未敢攜貳況衛在君之宇下屋宇之下、喻近也、而敢有異志芻蕘者異於他日敢請之請止之、叔向受羹反錦受羹、示不逆其意、反錦、且非貨、曰晉有羊舌鮒者瀆貨無厭瀆、數也、○厭於鹽反亦將及矣將及禍、爲此役也役事也、子若以君命賜之其已客從之未退而禁之禁芻蕘者、晉人將尋盟齊人不可有貳心故、晉侯使叔向告劉獻公獻公、王卿士劉子、曰抑齊人不盟若之何對曰盟以底信底、致也、君苟有信諸侯不貳何患焉告之以文辭董之以武師雖齊不許君庸多矣董、督也、庸、功也、討之有辭、故功多也、天子之老請帥王賦元戎十乘以先啓行天子大夫稱老、元戎、戎車在前者、啓、開也、行、道也、遲速唯君欲佐晉討齊、叔向告于齊曰諸侯求盟已在此矣今君弗利寡君以爲請對曰諸侯討貳則有尋盟若皆用命何盟之尋託用命以拒晉、叔向曰國家之敗有事而無業事則不經業、貢賦之業、有業而無禮經則不序須禮而有次序、有禮而無威序則不共禮須威嚴而後共、有威而不昭共則不明威須昭告神明、而後信義著、不明棄共百事不終所由傾覆也信義不明、則棄威、不威棄禮、無禮無經、無經無業、故

百事不成、是故明王之制使諸侯歲聘以志業志、識也、歲聘以脩其職業、閒朝以講禮三年而一朝、正班爵之義、率長幼之序、○閒去聲再朝而會以示威六年而一會以訓上下之則、制財用之節、再會而盟以顯昭明十二年而一盟、所以昭信義也、凡八聘四朝再會王一巡守盟于方嶽之下、志業於好聘也、講禮於等朝也、示威於衆會也、昭明於神盟也、自古以來未之或失也存亡之道恒由是興晉禮主盟依先王先公舊禮、主諸侯盟、懼有不治奉承齊犧齊盟之犧牲、而布諸君求終事也終、竟也、君曰余必廢之何齊之有唯君圖之寡君聞命矣齊人懼對曰小國言之大國制之敢不聽從既聞命矣敬共以往遲速唯君叔向曰諸侯有閒矣閒、隙也、不可以不示衆八月辛未治兵習戰、建而不

旆。建立旌旗，不曳其旆，旆旆游也。壬申，復旆之。諸侯畏之。軍將戰則旆，故曳旆以恐之。邾人、
莒人愬于晉曰：魯朝夕伐我，幾亡矣。自昭公即位，邾魯同好，又不朝夕伐我，莒無故怨懟，晉
人信之，所謂讒慝弘多。我之不共，魯故之以。不共晉貢，以魯故也。晉侯不見公，使叔
向來辭曰：諸侯將以甲戌盟，寡君知不得事君矣，請君無勤。詒謙
辭以絕魯。子服惠伯對曰：君信蠻夷之訴，蠻夷，謂邾莒。以絕兄弟之國，棄
周公之後，亦唯君。寡君聞命矣。叔向曰：寡君有甲車四千乘在，
雖以無道行之，必可畏也。況其率道，其何敵之有。牛雖瘠，僨於
豚上，其畏不死。僨，仆也。南蒯子仲之憂，其庸可棄乎。棄，猶忘也。若奉晉
之眾，用諸侯之師，因邾莒杞鄫之怒，四國近魯，數以小事相忿，鄫已滅，其民猶存，故并以

恐魯。以討魯罪，間其二憂，因南蒯子仲二憂為間隙。何求而弗克。魯人懼，聽命。
不敢與盟。甲戌，同盟于平丘，齊服也。經所以稱同。令諸侯日中造于除。除地
為壇，盟會處。○造七報反，壇音善。癸酉，退朝。先盟朝晉。○子產命外僕速張於
除。張幄幕。子大叔止之，使待明日。及夕，子產聞其未張也，使速往，
乃無所張矣。地已滿也。傳言子產每事敏於大叔。及盟，子產爭承。承，貢賦之次。曰：昔天
子班貢，輕重以列。列，位也。列尊貢重，周之制也。公侯地廣，故所貢者多。卑而
貢重者，甸服也。甸服，謂天子畿內共職貢者。鄭伯，男也，而使從公侯之貢，言鄭
國在甸服外，爵列伯子男，不應出公侯之貢。懼弗給也，敢以為請。諸侯靖兵，好以為
事。靖，息也。行理之命，行理，使人通聘問者。無月不至，貢之無藝，藝，法制。小國有

闕，所以得罪也。諸侯脩盟，存小國也。貢獻無極，亡可待也。存亡
之制，將在今矣。自日中以爭，至于昏，晉人許之。既盟，子大叔咎
之曰：諸侯若討，其可瀆乎。瀆，易也。子產曰：晉政多門，政不出一家。貳偷
之不暇，何暇討。貳，不壹；偷，苟且。國不競亦陵，何國之為。不競爭，則為人所侵陵，不成為
國。公不與盟，信邾莒之訴，欲討魯故。晉人執季孫意如，以幕蒙之，蒙，裹也。使
狄人守之。司鐸射魯大夫。懷錦奉壺飲冰，以蒲伏焉。守者御之，乃
與之錦而入。蒲伏竊往飲季孫，冰箭筩蓋可以取飲。○奉芳勇反。晉人以平子歸。子服湫
從。湫，子服惠伯。從至晉。子產歸，未至，聞子皮卒，哭，且曰：吾已，已，猶決竟。無為為
善矣。唯夫子知我。言子皮知己之善。仲尼謂子產：於是行也，足以為國

基矣。詩曰：樂旨君子，邦家之基。詩小雅。言樂與君子為治，乃國家之基本。子產君子
之求樂者也。且曰：合諸侯，藝貢事，禮也。嫌爭競不順，故以禮明之。
鮮虞人聞晉師之悉起也，五年傳曰：遺守四千，今甲車四千乘，故為悉起。而不警邊，且
不修備。言夷狄無謀。晉荀吳自著雍以上軍侵鮮虞，及中人，驅衝競，
中山望都縣西北有中人城。驅衝車與狄爭逐。大獲而歸。為十五年晉伐鮮虞起。
楚之滅蔡也，靈王遷許、胡、沈、道、房、申於荊焉。平王即位，既封陳
蔡，而皆復之，禮也。滅蔡在十一年。許、胡、沈，小國也。道、房、申，皆故諸侯，楚滅以為邑。荊，荊山也。傳言平王得安
民之禮。汝南有吳防縣，即防國。隱大子之子廬歸于蔡，禮也。隱大子，大子有也；廬，蔡平侯。悼
大子之子吳歸于陳，禮也。悼大子，偃師也；吳，陳惠公。

冬十月，葬蔡靈公，禮也。國復，成禮以葬也。此陳蔡事，傳皆言禮，嫌楚所封，不得比諸侯，故明之。

公如晉，荀吳謂韓宣子曰：諸侯相朝，講舊好也。執其卿而朝其君，有不好焉，不如辭之。乃使士景伯辭公于河。景伯，士文伯之子彌牟也。

吳滅州來，令尹子旗請伐吳，王弗許，曰：吾未撫民人，未事鬼神，未修守備，未定國家，而用民力，敗不可悔。州來在吳，猶在楚也。子姑待之。傳言平王所以能有國。

季孫猶在晉，子服惠伯私於中行穆子曰：私與之語。魯事晉，何以不如夷之小國？魯，兄弟也，土地猶大，所命能具。若爲夷棄之，使事齊楚，其何瘳於晉？瘳，差也。親親與大，賞共罰否，所以爲盟主也。子

其圖之。諺曰：臣一主二。言一臣必有二主，道不合，得去事他國。吾豈無大國？言非獨晉可事。穆子告韓宣子，且曰：楚滅陳蔡，不能救，而爲夷執親，將焉用之？乃歸季孫。惠伯曰：寡君未知其罪，合諸侯而執其老。老，魯卿稱。若猶有罪，死命可也。死晉命也。若曰無罪而惠免之，諸侯不聞，是逃命也，何免之爲？請從君惠於會。欲得盟會見遣，不欲私去。宣子患之，謂叔向曰：子能歸季孫乎？對曰：不能。鮒也能。鮒，叔魚。乃使叔魚。叔魚見季孫曰：昔鮒也得罪於晉君，自歸於魯君。蓋襄二十一年坐叔虎與欒氏黨，幷得罪。微武子之賜，不至於今。武子，季平子祖父。雖獲歸骨於晉，猶子則肉之，敢不盡情？歸子而不歸，鮒也聞諸吏，將爲子除館於西河，西使近河。其若

之何？且泣。泣以信其言。平子懼，先歸。惠伯待禮。待歸之禮。

經 十有四年春，意如至自晉。書至者，喜得免。

三月，曹伯滕卒。無傳。四同盟。

夏四月。無傳。

秋，葬曹武公。無傳。

八月，莒子去疾卒。未同盟。

冬，莒殺其公子意恢。以禍亂告，不必繫於爲卿，故雖公子亦書。意恢與亂君爲黨，故書名惡之。

傳 十四年春，意如至自晉，尊晉罪已也。以舍族爲尊晉罪已。○舍音捨。尊晉罪已，禮也。禮，修已而不責人。

南蒯之將叛也，盟費人。司徒老祁、慮癸，二人，南蒯家臣。僞廢疾，使請於南蒯曰：臣願受盟而疾興，若以君靈不死，請待閒而盟。閒，差也。○差，初賣反。許之。二子因民之欲叛也，請朝衆而盟，欲因合衆以作亂。遂劫南蒯。

曰群臣不忘其君君謂季氏畏子以及今三年聽命矣子若弗圖費人不忍其君將不能畏子矣不能復畏子何所不逞欲請送子送使出奔請期五日南蒯請期冀有變遂奔齊侍飲酒於景公公曰叛夫戲之對曰臣欲張公室也張強也子韓晳曰齊大夫家臣而欲張公室罪莫大焉言越職司徒老祁慮癸來歸費歸費於魯齊侯使鮑文子致之南蒯雖叛費人不從未專屬齊二子逐蒯而復其舊故經不書歸費齊使文子致邑欲以假好非事實也

夏楚子使然丹簡上國之兵於宗丘且撫其民上國在國都之西西方居上流故謂之上國宗丘楚地分貧振窮分與也振救也長孤幼養老疾收介特介特單身民也收養不使流散○長丁丈反救災患宥孤寡寬其賦稅赦罪戾詰姦慝詰責問也舉淹

滯淹滯有才德而未敘者禮新敘舊新羇旅也祿勳合親勳功也親九族任良物官物事也使屈罷簡東國之兵於召陵兵在國都之東者○罷音皮亦如之如然丹好於邊疆結好四鄰息民五年而後用師禮也

秋八月莒著丘公卒郊公不慼郊公著丘公子國人弗順欲立著丘公之弟庚與庚與莒共公蒲餘侯惡公子意恢而善於庚與蒲餘侯莒大夫茲夫也意恢莒羣公子郊公惡公子鐸而善於意恢鐸亦羣公子公子鐸因蒲餘侯而與之謀曰爾殺意恢我出君而納庚與許之爲下冬殺意恢傳

楚令尹子旗有德於王有佐立之德不知度與養氏比而求無厭養氏子旗之黨養由基之後○比毗志反厭於鹽反王患之九月甲午楚子殺鬬成然而滅養氏之族使鬬辛居鄖以無忘舊勳辛子旗之子鄖公辛○鄖音云

冬十二月蒲餘侯茲夫殺莒公子意恢郊公奔齊公子鐸逆庚與於齊齊隰黨公子鉏送之有賂田莒賂齊以田

晉邢侯與雍子爭鄐田邢侯楚申公巫臣之子也雍子亦故楚人○鄐許六反又超六反久而無成士景伯如楚士景伯晉理官叔魚攝理攝代景伯韓宣子命斷舊獄罪在雍子雍子納其女於叔魚叔魚蔽罪邢侯蔽斷也○斷丁亂反邢侯怒殺叔魚與雍子於朝宣子問其罪於叔向叔向曰三人同罪施生戮死可也施行罪也雍子自知其罪而賂以買直鮒也鬻獄邢侯專殺其罪一也己惡而掠美爲昏掠取也昏亂也貪以敗官爲墨墨不潔之稱殺人不忌爲賊忌畏也夏書曰昏墨賊殺逸書三者皆死刑皐陶之刑也請從之乃施邢侯而尸雍子與叔魚於市仲尼曰叔向古之遺直也言叔向之直有古人遺風治國制刑不隱於親謂國之大問已所答當也至於他事則宜有隱三數叔魚之惡不爲末減末薄也減輕也皆以正言之曰義也夫可謂直矣於義未安直則有之平丘之會數其賄也謂言瀆貨無厭以寬衞國晉不爲暴歸魯季孫稱其詐也謂言鮒也能以寬魯國晉不爲虐邢侯之獄言其貪也以正刑書晉不爲頗三言而除三惡加三利三惡暴虐頗也三惡除則三利加殺親益榮榮名益己猶義也夫三罪唯答宣子問不可以不正其餘則以直傷義故重疑之

經十有五年。春。王正月。吳子夷末卒。無傳。未同盟、

二月癸酉。有事于武宮。籥入。叔弓卒。去樂卒事。略書有事、爲叔弓卒起也、武宮、魯武公廟、成六年、復立之、

夏。蔡朝吳出奔鄭。朝吳不遠讒人、所以見逐、而書名、

六月丁巳朔。日有食之。無傳、

秋。晉荀吳帥師伐鮮虞。

冬。公如晉。

傳十五年。春。將禘于武公。戒百官。戒、齊。梓慎曰。禘之日。其有咎乎。吾見赤黑之祲。非祭祥也。喪氛也。祲、妖氛也、蓋見於宗廟、故以爲非祭祥也、氛、惡氣也。○祲、子鴆反、氛、芳云反、其在涖事乎。涖、臨也、二月癸酉。禘。叔弓涖事。籥入而卒。去樂卒事。禮也。大臣卒、故爲之去樂、

楚費無極害朝吳之在蔡也。朝吳、蔡大夫、有功於楚平王、故無極恐其有寵疾害之、欲去之。乃謂之曰。王唯信子。故處子於蔡。子亦長矣。而在下位。辱。必求之。吾助子請。請求上位、又謂其上之人。蔡人在上位者、曰。王唯信吳。故處諸蔡。二三子莫之如也。而在其上。不亦難乎。弗圖。必及於難。夏。

蔡人逐朝吳。朝吳出奔鄭。王怒曰。余唯信吳。故寘諸蔡。且微吳。吾不及此。女何故去之。無極對曰。臣豈不欲吳。非不欲吳、然而前知其爲人之異也。言其多權謀、吳在蔡。蔡必速飛。去吳。所以翦其翼也。以鳥喻也、言吳在蔡、必能使蔡速強而背楚、

六月乙丑。王大子壽卒。周景王子、

秋八月戊寅。王穆后崩。大子壽之母也、傳爲晉荀躒如周葬穆后起、

晉荀吳帥師伐鮮虞。圍鼓。鼓、白狄之別、鉅鹿下曲陽縣有鼓聚、鼓人或請以城叛。穆子弗許。左右曰。師徒不勤。而可以獲城。何故不爲。穆子曰。吾聞諸叔向曰。好惡不愆。民知所適。事無不濟。愆、過也、適、歸也、或以吾城叛。吾所甚惡也。人以城來。吾獨何好焉。賞所甚惡。若所好何。無以復加所好、若其弗賞。是失信也。何以庇民。力能則進。否則退。量力而行。吾不可以欲城而邇姦。所喪滋多。使鼓人殺叛人。而繕守備。圍鼓三月。鼓人或請降。使其民見。曰。猶有食色。姑修而城。軍吏曰。獲城而弗取。勤民而頓兵。何以事君。穆子曰。吾以事君也。獲一邑而教民怠。將焉用邑。邑以賈怠。不如完舊。完、猶保守、○賈音古、賈怠無卒。卒、終也、棄舊不祥。鼓人能事其君。我亦能事吾君。率義不爽。爽、差也、好惡不愆。城可獲而民知義所。知義所在也、荀吳必其能獲、故因以示義、有死命而無二心。不亦可乎。鼓人告食竭力盡。而後取之。克鼓而反。

不戮一人，以鼓子鳶鞮歸。（鳶鞮，鼓君名。○鳶，悅全反。鞮，丁兮反。）

冬，公如晉，平丘之會故也。（平丘會，公不與盟，季孫見執，今既得免，故往謝之。）

十二月，晉荀躒如周，葬穆后，籍談爲介。既葬，除喪，以文伯宴，樽以魯壺。（文伯，荀躒也。魯壺，魯所獻壺樽。○躒，力狄反。）王曰：伯氏，諸侯皆有以鎭撫王室，晉獨無有，何也？（感魯壺而言也。鎭撫王室，謂貢獻之物。）文伯揖籍談。（文伯無辭，揖籍談使對。）對曰：諸侯之封也，皆受明器於王室，（謂明德之分器。）以鎭撫其社稷，故能薦彝器於王。（薦，獻也。彝，常也。謂可常寶之器，若魯壺之屬。）晉居深山，戎狄之與鄰，而遠於王室，王靈不及，拜戎不暇，（言王寵靈不見及，故數爲所加陵。）其何以獻器？王曰：叔氏，而忘諸乎？（叔，籍談字。）叔父唐叔，成王之母弟也，其反無分乎？密須之鼓與其大路，文所以大蒐也。（密須，姞姓國也，在安定陰密縣。文王伐之，得其鼓路以蒐。）闕鞏之甲，武所以克商也。（闕鞏國所出鎧。）唐叔受之，以處參虛，匡有戎狄。（參虛，實沈之次，晉之分野。○參，所金反。）其後襄之二路，（周襄王所賜晉文公大路、戎路。）鏚鉞、秬鬯、彤弓、虎賁，（鏚，斧也。鉞，金鉞。秬，黑黍。鬯，香酒。○鏚音戚。）文公受之，以有南陽之田，（事在僖二十八年。）撫征東夏，非分而何？夫有勳而不廢，（加重賞。）有績而載，（書功於策。）奉之以土田，（有南陽。）撫之以彝器，（弓鉞之屬。）旌之以車服，（襄之路。）明之以文章，（旌旗。）子孫不忘，所謂福也。福祚之不登叔父，焉在？（言福祚不在叔父，當在誰邪。）且昔而高祖孫伯黶司晉之典籍，以爲大政，故曰籍氏。（孫伯黶，晉正卿，籍談九世祖。○黶，以斬反。）及辛有之二子董之晉，於是乎

有董史。（辛有，周人也。其二子適晉爲大史，籍黶與之共董督晉典，因爲董氏。董狐其後。）女，司典之後也，何故忘之？籍談不能對。賓出，王曰：籍父其無後乎！數典而忘其祖。（忘祖業。○女音汝。數，色主反。）籍談歸，以告叔向。叔向曰：王其不終乎！吾聞之：所樂必卒焉。今王樂憂，若卒以憂，不可謂終。王一歲而有三年之喪二焉，（天子絶期，唯服三年。故后雖期，通謂之三年喪。○期，居其反。）於是乎以喪賓宴，又求彝器，樂憂甚矣，且非禮也。彝器之來，嘉功之由，非由喪也。三年之喪，雖貴遂服，禮也。（天子諸侯除喪，當在卒哭。今王既葬而除，故譏其不遂。）王雖弗遂，宴樂以早，亦非禮也。（言今雖不能遂服，猶當靜嘿，而便宴樂，又失禮也。）禮，王之大經也。一動而失二禮，無大經矣。（失二禮，謂既不遂服，又設宴樂。）言以考典，（考，成也。）典以志經，忘經而多言舉典，將焉用之？（爲二十二年王室亂傳。）

【經】十有六年，春，齊侯伐徐。

楚子誘戎蠻子殺之。

夏，公至自晉。

秋，八月，己亥，晉侯夷卒。（未同盟。）

九月，大雩。

季孫意如如晉。

冬，十月，葬晉昭公。

三月而葬速、

傳十六年春王正月公在晉晉人止公不書諱之也 猶以取鄆故也公爲晉人所執止故諱不書、

齊侯伐徐楚子聞蠻氏之亂也與蠻子之無質也 質信也、 使然丹誘戎蠻子嘉殺之遂取蠻氏既而復立其子焉禮也 詐之非也立其子禮也、河南新城縣東南有蠻城、 二月丙申齊師至于蒲隧 蒲隧徐地下邳取慮縣東有蒲如陂○隧音遂取慮上音秋下九居反 徐人行成徐子及郯人莒人會齊侯盟于蒲隧賂以甲父之鼎 甲父古國名高平昌邑縣東南有甲父亭徐人得甲父鼎以賂齊、 叔孫昭子曰諸侯之無伯害哉 爲小國害 齊君之無道也興師而伐遠方會之有成而還莫之亢也 無亢禦、 無伯也夫詩曰宗周既滅靡所止戾正大夫離居莫知我肄 詩小雅戾定也肄勞也言周舊爲天下宗今乃衰滅亂無息定執政大夫離居異心無有念民勞者也○肄以制反 其是之謂乎 傳言晉之衰、

三月晉韓起聘于鄭鄭伯享之子產戒曰苟有位於朝無有不共恪孔張後至立於客閒 孔張子孔之孫 執政禦之 執政掌位列者禦止也、 適客後又禦之適縣閒 縣樂肆○縣音玄 客從而笑之事畢富子諫 富子鄭大夫諫子產也、 曰夫大國之人不可不愼也幾爲之笑而不陵我 言數見笑則心陵侮我、 我皆有禮夫猶鄙我 鄙賤也、 國而無禮何以求榮孔張失位吾子之恥也子產怒曰發命之不衷 衷當也、 出令之不信刑之頗

類 緣事類以成偏頗、 獄之放紛 放縱也紛亂也 會朝之不敬 謂國無禮敬之心、 使命之不聽 下不從上命、 取陵於大國罷民而無功罪及而弗知僑之恥也孔張君之昆孫子孔之後也 昆兄也子孔鄭襄公兄孔張之祖父○罷音皮 執政之嗣也 子孔嘗執鄭國之政 爲嗣大夫承命以使周於諸侯國人所尊諸侯所知立於朝而祀於家 卿得自立廟於家、 有祿於國 受祿邑、 有賦於軍 軍出卿賦百乘、 喪祭有職 有所主、 受脤歸脤 受脤謂君祭以肉賜大夫歸脤謂大夫祭歸肉於公皆社之戎祭也 其祭在廟已有著位在位數世世守其業而忘其所僑焉得恥之 其祭在廟謂助君祭 辟邪之人而皆及執政是先王無刑罰也 言爲過謬者自應用刑罰 子寧以他規我也 規正也、

宣子有環其一在鄭商 玉環同工共朴自共爲雙、 宣子謁諸鄭伯 謁請也、 子產弗與曰非官府之守器也寡君不知子大叔子羽謂子產曰韓子亦無幾求 言所求少 晉國亦未可以貳晉國韓子不可偸也 偸薄也、 若屬有讒人交鬬其閒鬼神而助之以興其凶怒悔之何及吾子何愛於一環其以取憎於大國也盍求而與之子產曰吾非偸晉而有二心將終事之是以弗與忠信故也僑聞君子非無賄之難立而無令名之患僑聞爲國非不能事大字小之難無禮以定其位之患夫大國之人令於小國而皆獲其求將何以給之一共一否爲罪滋大 滋益也、 大國之求無禮以斥之何饜之有吾且爲鄙邑則失位矣 不復成國 若韓

子奉命以使而求玉焉貪淫甚矣獨非罪乎出一玉以起二罪吾又失位韓子成貪將焉用之且吾以玉賈罪不亦銳乎銳細小也○賈音古韓子買諸賈人既成賈矣商人曰必告君大夫韓子請諸子產曰日起請夫環執政弗義弗敢復也復重求也○成賈音嫁今買諸商人商人曰必以聞敢以為請子產對曰昔我先君桓公與商人皆出自周鄭本在周畿內桓公東遷并與商人俱庸次比耦庸用也用次更相從耦耕以艾殺此地斬之蓬蒿藜藋而共處之世有盟誓以相信也曰爾無我叛我無強賈無強市其物○艾魚廢反藋徒弔反強其丈反下強奪同又其良反毋或匄奪爾有利市寶賄我勿與知恃此質誓故能相保以至于今今吾子

以好來辱而謂敝邑強奪商人是教敝邑背盟誓也毋乃不可乎吾子得玉而失諸侯必不為也若大國令而共無藝藝法也鄭鄙邑也亦弗為也不欲為鄭邑之市僑若獻玉不知所成敢私布之陳布也韓子辭玉曰起不敏敢求玉以徼二罪敢辭之傳言子產知禮宣子能改過

夏四月鄭六卿餞宣子於郊餞送行飲酒宣子曰二三君子請皆賦起亦以知鄭志詩言志也子齹賦野有蔓草子齹子皮之子嬰齊也野有蔓草詩鄭風取其邂逅相遇適我願兮○齹才何反字林才可反宣子曰孺子善哉吾有望矣君子初賦已所望也子產賦鄭之羔裘言鄭別於唐羔裘也取其彼己之子舍命不渝邦之彥兮以美韓子○己音記舍音赦又音捨宣子曰起不堪也不堪國之司直子大叔賦褰裳褰裳詩曰子惠思我褰裳涉溱子不我思豈無他人言宣子思己將有褰裳之志如不我思亦豈無他人宣子曰起在此敢勤子至於他人乎言己今崇好在此不復令子適他人子大叔拜謝宣子之有鄭宣子曰善哉子之言是是褰裳不有是事其能終乎韓起不欲令鄭求他人子大叔拜以答之所以晉鄭終善子游賦風雨子游駟帶之子駟偃也風雨詩取其既見君子云乎不夷子旗賦有女同車子旗公孫段之子豐施也有女同車取其洵美且都愛樂宣子之志子柳賦蘀兮子柳印段之子印癸也蘀兮詩取其倡予和女言宣子倡己將和從之○蘀他洛反宣子喜曰鄭其庶乎庶幾於興盛二三君子以君命貺起賦不出鄭志六詩皆鄭風故曰不出鄭志皆昵燕好也昵親也賦不出其國以示親好二三君子數世之主也可以無懼矣宣子皆獻馬焉而賦

我將我將詩頌取其日靖四方我其夙夜畏天之威言志在靖亂畏懼天威子產拜使五卿皆拜曰吾子靖亂敢不拜德宣子私覲於子產以玉與馬曰子命起舍夫玉是賜我玉而免吾死也敢不藉手以拜以玉馬藉手拜謝

公至自晉晉聽公歸子服昭伯語季平子昭伯惠伯之子子服回也隨公從晉還曰晉之公室其將遂卑矣君幼弱六卿彊而奢傲將因是以習習實為常能無卑乎平子曰爾幼惡識國昭伯尚少平子不信其言○惡烏路反

秋八月晉昭公卒為下平子如晉葬起

九月大雩旱也鄭大旱使屠擊祝款豎柎有事於桑山三子鄭大夫有事祭也○柎音附又方于反斬其木不雨子產曰有事於山蓺山林也蓺養護令

縶殖。○縶音蟄而斬其木。其罪大矣。奪之官邑。冬。十月。季平子如晉葬昭公。平子曰。子服回之言猶信。自往見之、乃信回言子服氏有子哉。有賢子也、

經十有七年。春。小邾子來朝。

夏。六月。甲戌。朔。日有食之。

秋。郯子來朝。

八月。晉荀吳帥師滅陸渾之戎。○渾戶門反

冬。有星孛于大辰。大辰、房心尾也、妖變非常、故書、

楚人及吳戰于長岸。吳楚兩敗、莫肯告負、故但書戰、而不書敗也、長岸、楚地、

傳十七年。春。小邾穆公來朝。公與之燕。季平子賦采叔。采叔、詩小雅、取其君子來朝、何錫與之、以穆公喻君子、穆公賦菁菁者莪。菁菁者莪、亦詩小雅、取其既見君子、樂且有儀、以答采叔、昭子曰。不有以國。其能久乎。嘉其能答[illegible]言其賢故能久、

夏。六月。甲戌。朔。日有食之。祝史請所用幣。[illegible]之月、日食當用幣於社、故請之、昭子曰。日有食之。天子不舉。不舉盛饌、伐鼓於社。責羣陰、諸侯用幣於社。請上公、伐鼓於朝。退自責、禮也。平子禦之。禦禁也、曰。止也。唯正月朔。

慝未作。日有食之。於是乎有伐鼓用幣。禮也。其餘則否。大史曰。在此月也。正月謂建巳、正陽之月也、於周爲六月、於夏爲四月、慝陰氣也、四月純陽用事、陰氣未動而侵陽、災重、故有伐鼓用幣之禮也、平子以爲六月非正月、故大史答言在此月也、日過分而未至。過春分而未夏至、三辰有災。三辰、日月星也、日月相侵、又犯是宿、故三辰皆爲災、於是乎百官降物。降物、素服、君不舉。辟移時。辟正寢、過日食時、樂奏鼓。伐鼓、祝用幣。用幣於社、史用辭。用辭以自責、故夏書曰。辰不集于房。逸書也、集安也、房舍也、日月不安其舍則食、瞽奏鼓。瞽樂師、嗇夫馳。庶人走。車馬曰馳、步曰走、爲救日食備也、此月朔之謂也。當夏四月。謂之孟夏。言此六月當夏家之四月、平子弗從。昭子退曰。夫子將有異志。不君君矣。安君之災、故曰有異志、

秋。郯子來朝。公與之宴。昭子問焉。曰。少皞氏鳥名官。何故也。少皞金天氏、黃帝之子、己姓之祖也、問何故以鳥名官、郯子曰。吾祖也。我知之。昔者黃帝氏以雲紀。故爲雲師而雲名。黃帝軒轅氏、姬姓之祖也、黃帝受命、有雲瑞、故以雲紀事、百官師長皆以雲爲名號、縉雲氏蓋其一官也、○縉音進炎帝氏以火紀。故爲火師而火名。炎帝神農氏、姜姓之祖也、亦有火瑞、以火紀事、名百官、共工氏以水紀。故爲水師而水名。共工以諸侯霸有九州者、在神農前、大皞後、亦受水瑞、以水名官、○共音恭大皞氏以龍紀。故爲龍師而龍名。大皞伏犧氏、風姓之祖也、有龍瑞、故以龍命官、我高祖少皞摯之立也。鳳鳥適至。故紀於鳥。爲鳥師而鳥名。鳳鳥氏。歷正也。鳳鳥知天時、故以名歷正之官、玄鳥氏。司分者也。玄鳥、燕也、以春分來、秋分去、伯趙氏。司至者也。伯趙、伯勞也、以夏至鳴、冬至止、青

鳥氏司啓者也。青鳥鶬鴳也以立春鳴立夏止○鶬音倉鴳於諫反丹鳥氏司閉者也。丹鳥鷩雉也以立秋來立冬去入大水爲蜃上四鳥皆歷正之屬官○鷩必滅反祝鳩氏司徒也。祝鳩鷦鳩也鷦鳩孝故爲司徒主敎民○鷦音焦鴡鳩氏司馬也。鴡鳩王鴡也鷙而有別故爲司馬主法制○鷙七絲反鳲鳩氏司空也。鳲鳩鴶鵴也鳲鳩平均故爲司空平水土○鴶簡八反又音吉鵴居六反爽鳩氏司寇也。爽鳩鷹也鷙故爲司寇主盜賊鶻鳩氏司事也。鶻鳩鶻鵰也春來冬去故爲司事五鳩鳩民者也。鳩聚也治民上聚故以鳩爲名五雉爲五工正。五雉雉有五種西方曰鷷雉東方曰鶅雉南方曰翟雉北方曰鵗雉伊洛之南曰翬雉○種章勇反鷷音存又音遵鶅側其反翟音狄又如字鵗香衣反翬許韋反利器用正度量夷民者也。夷平也○量音亮九扈爲九農正。扈有九種也春扈鳻鶞夏扈竊玄秋扈竊藍冬扈竊黃棘扈竊丹行扈唶唶宵扈嘖嘖桑扈竊脂老扈鷃鷃以九扈爲九農之號各隨其宜以敎民事○扈音戶鳻扶云反鶞勑倫反唶側百反又助駕反嘖音責又音賾扈民無淫者也。扈止也止民使不淫放自顓頊以來不能紀遠乃紀於近爲民師而命以民事則不能故也。顓頊氏代少皥者德不能致遠瑞而以民事命官仲尼聞之見於郯子而學之。於是仲尼年二十八旣而告人曰。吾聞之天子失官學在四夷猶信。失官官不脩其職也傳言聖人無常師

晉侯使屠蒯如周。請有事於雒與三塗。屠蒯晉侯之膳宰也以忠諫見進雒雒水也三塗山名在陸渾南萇弘謂劉子曰。客容猛非祭也。其伐戎乎。陸渾氏甚睦於楚。必是故也。君其備之。乃警戎備。警戒以備戎也欲圖襲以合勢九月。丁卯。晉荀吳帥師涉自棘津。棘津河津名使祭史先用牲于雒。陸渾人弗知。師從之。庚午。遂滅陸渾。數之以其貳於楚也。陸渾子奔楚。其衆奔甘鹿。甘鹿周地周大獲。先警戒備故獲宣子夢文公攜荀吳而授之陸渾。故使穆子帥師獻俘于文宮。欲以應夢

冬。有星孛于大辰。西及漢。夏之八月辰星見在天漢西今孛星出辰西光芒東及天漢申須曰。彗所以除舊布新也。申須魯大夫○彗似銳反又息遂反天事恒象。天道恒以象類告示人今除於火。火出必布焉。諸侯其有火災乎。今火向伏故知當須火出乃布散爲災梓愼曰。往年吾見之。是其徵也。徵始有形象而微也火出而見。前年火出時○見賢遍反今茲火出而章。必火入而伏。隨火沒也其居火也久矣。歷三年其與不然乎。言必然也火出於夏爲三月。謂昏見於商爲四月。於周爲五

月。夏數得天。得天正若火作。其四國當之。在宋衛陳鄭乎。宋。大辰之虛也。大辰大火宋分野○虛起居反下同陳。大皥之虛也。大皥居陳木火所自出鄭。祝融之虛也。祝融高辛氏之火正居鄭皆火房也。房舍也星孛及漢。漢。水祥也。天漢水也衛。顓頊之虛也。故爲帝丘。衛今濮陽縣昔帝顓頊居之其城內有顓頊冢其星爲大水。衛星營室營室水也水。火之牡也。牡雄也其以丙子若壬午作乎。水火所以合也。丙午火壬子水水火合而相薄水少而火多故水不勝火若火入而伏。必以壬午。尙未知今孛星當復隨火星俱伏不故言若不過其見之月。火見周之五月鄭裨竈言於子產曰。宋衛陳鄭將同日火。若我用瓘斝玉瓚。鄭必不火。瓘珪也斝玉爵也瓚勺也欲以禳火子產弗與。以爲天災流行非禳所息故也爲明年宋衛陳鄭災傳

吳伐楚。陽匄爲令尹。卜戰不吉。陽匄、穆王曾孫、令尹子瑕。司馬子魚曰。我得上流。何故不吉。子魚、公子魴也。順江而下、昜用勝敵。且楚故。司馬令龜。我請改卜。令曰。魴也以其屬死之。楚師繼之。尚大克之。吉。得吉兆。戰于長岸。子魚先死。楚師繼之。大敗吳師。獲其乘舟餘皇。餘皇、舟名。使隨人與後至者守之。環而塹之。及泉。環周也。盈其隧炭。陳以待命。隧、出入道。吳公子光光、諸樊子、闔廬。請於其衆曰。喪先生之乘舟。豈唯光之罪。衆亦有焉。請藉取之。以救死。藉衆之力以取舟。衆許之。使長鬣者三人。長鬣、多髭鬚、與吳人異形狀、詐爲楚人。○鬣力輒反。潛伏於舟側。曰。我呼餘皇。則對。師夜從之。師、吳師也。三呼。皆迭對。迭、更也。楚人從而殺之。楚師亂。吳人大敗之。取

餘皇以歸。傳言吳光有謀。

春秋左傳卷二十三終

春秋左傳卷二十四

晉鎭南大將軍當陽縣侯京兆杜　預集解

皇明　後　學　東吳金　蟠較訂

昭公

經十有八年。春。王三月。曹伯須卒。未同盟而赴以名。

夏。五月。壬午。宋衞陳鄭災。來告故書。天火曰災。

六月。邾人入鄅。鄅國、今琅邪開陽縣。○鄅音禹、又音矩。

秋。葬曹平公。

冬。許遷于白羽。自葉遷也。畏鄭而樂遷。故以自遷爲文。○葉始涉反。

傳十八年。春。王二月。乙卯。周毛得殺毛伯過。毛伯過、周大夫。得、過之族。○過平聲。而代之。代居其位。萇弘曰。毛得必亡。是昆吾稔之日也。侈故之以。昆吾、夏伯也。稔、熟也。侈惡積熟。以乙卯日與桀同誅。○萇音長。而毛得以濟侈於王都。不亡何待。爲二十六年毛伯奔楚傳。

三月。曹平公卒。爲下會葬見原伯起本。

夏五月。火始昏見。火，心星。丙子。風。梓慎曰。是謂融風。火之始也。東北曰融風。融風，木也。木，火母，故曰火之始。七日。其火作乎。從丙子至壬午，七日。壬午，水火合之日，故知當火作。戊寅。風甚。壬午。大甚。宋衛陳鄭皆火。梓慎登大庭氏之庫以望之。大庭氏，古國名，在魯城內，魯於其處作庫。高顯，故登以望氣。參近占以審前年之言。曰。宋衛陳鄭也。數日。皆來告火。言經所以書。裨竈曰。不用吾言。鄭又將火。前年裨竈欲用瓘斝禳火，子產不聽，今復請用之。鄭人請用之。子產不可。子大叔曰。寶以保民也。若有火。國幾亡。可以救亡。子何愛焉。子產曰。天道遠。人道邇。非所及也。何以知之。竈焉知天道。是亦多言矣。豈不或信。多言者或時有中。遂不與。亦不復火。傳言天道難明，雖裨竈猶不足以盡知之。鄭之未災也。里析

告子產曰。將有大祥。里析，鄭大夫。祥，變異之氣。民震動。國幾亡。吾身泯焉。弗良及也。言將先災死。○先，悉薦反。國遷其可乎。子產曰。雖可。吾不足以定遷矣。子產知天災不可逃，非遷所免，故託以知不足。及火。里析死矣。未葬。子產使輿三十人遷其柩。以其嘗與己言故。火作。子產辭晉公子公孫于東門。晉人新來未入，故辭，不使前也。使司寇出新客。新來聘者。禁舊客勿出於宮。為其知國情，不欲令去。使子寬子上巡羣屏攝。至于大宮。二子，鄭大夫。屏攝，祭祀之位。大宮，鄭祖廟。巡行宗廟，不得使火及之。○屏，上聲。使公孫登徙大龜。登，開卜大夫。使祝史徙主祏於周廟。告于先君。祏，廟主石函。周廟，厲王廟也。有火災，故合羣主於祖廟，易救護。○祏音石。使府人庫人各儆其事。儆，備火也。商成公儆司宮。商成公，鄭大夫。司宮，巷伯寺人之官。出舊宮人。寘諸火所

不及。舊宮人，先公宮女。司馬司寇列居火道。備非常也。行火所焮。焮，炙也。○焮，許靳反。城下之人伍列登城。為部伍，登城，備姦也。明日。使野司寇各保其徵。野司寇，縣士也。火之明日，四方乃聞災，故戒保所徵役之人。郊人助祝史除於國北。為祭處於國北者，就大陰禳火。禳火于玄冥回祿。玄冥，水神。回祿，火神。祈于四鄘。鄘，城也。城積土，陰氣所聚，故祈祭之，以禳火之餘災。○鄘音容。書焚室而寬其征。與之材。征，賦稅也。三日哭。國不市。示憂戚，不會市。使行人告於諸侯。宋衛皆如是。陳不救火。許不弔災。君子是以知陳許之先亡也。不義，所以亡。六月。鄅人藉稻。鄅，妘姓國也。其君自出藉稻，蓋履行之。○妘音云。邾人襲鄅。鄅人將閉門。邾人羊羅攝其首焉。斬得閉門者頭。遂入之。盡俘以歸。鄅子曰。余無

歸矣。從帑於邾。邾莊公反鄅夫人。而舍其女。為明年宋伐邾起。○帑音奴。秋。葬曹平公。往者見周原伯魯焉。原伯魯，周大夫。與之語。不說學。歸以語閔子馬。閔子馬曰。周其亂乎。夫必多有是說。而後及其大人。大人患失而惑。又曰。可以無學。國亂，俗壞，言者適多，漸以及大人。大人，在位者。○說學音悅。無學不害。患有學而失道者，以惑其意。不害而不學。則苟而可。以為無害，遂不學，則皆懷苟且。於是乎下陵上替。能無亂乎。夫學，殖也。不學將落。原氏其亡乎。殖，生長也。言學之進德，如農之殖苗，日新日益。七月。鄭子產為火故。大為社。為，治社也。祓禳於四方。振除火災。禮也。振，棄也。乃簡兵大蒐。將為蒐除。治兵於廟，城內地迫，故除廣之。子大叔之廟在道

南其寢在道北其庭小庭蒐場也過期三日處小不得一時畢使除徒陳於道南廟北曰子產過女而命速除乃毀於而鄉而女也毀女所鄉○女音汝鄉許亮反子產朝君朝過而怒之怒不毀除者南毀子產及衝使從者止之曰毀於北方言子產仁不忍毀人廟火之作也子產授兵登陴子大叔曰晉無乃討乎辭晉公子公孫而授兵似若叛晉子產曰吾聞之小國忘守則危況有災乎國之不可小有備故也既晉之邊吏讓鄭曰鄭國有災晉君大夫不敢寧居卜筮走望不愛牲玉鄭之有災寡君之憂也今執事撊然授兵登陴撊然勁忿貌○撊遐板反將以誰罪邊人恐懼不敢不告子產對曰若吾子之言敝邑之災君之憂也敝邑失政天降之災又懼讒慝之閒謀之以啓貪人荐爲敝邑不利荐重也○閒去聲以重君之憂幸而不亡猶可說也說解也不幸而亡君雖憂之亦無及也鄭有他竟望走在晉言鄭雖與他國爲竟每瞻望晉歸赴之既事晉矣其敢有二心傳言子產有備

楚左尹王子勝言於楚子曰許於鄭仇敵也而居楚地以不禮於鄭十五年平王復遷邑許自夷還居葉恃楚而不事鄭晉鄭方睦鄭若伐許而晉助之楚喪地矣君盍遷許許不專於楚自以舊國不專心事楚鄭方有令政許曰余舊國也許先鄭封鄭曰余俘邑也隱十一年鄭滅許而復存之故曰我俘邑葉在楚國方城外之蔽也爲方城外之蔽障土不可易易輕也○易以豉反國不可小謂鄭

許不可俘讎不可啓君其圖之楚子說冬楚子使王子勝遷許於析實白羽於傳時白羽改爲析

經　十有九年春宋公伐邾爲鄅

夏五月戊辰許世子止弒其君買加弒者責止不舍藥物○舍音捨

己卯地震無傳

秋齊高發帥師伐莒

冬葬許悼公

傳　十九年春楚工尹赤遷陰于下陰陰縣今屬南鄉郡令尹子瑕城郟遷陰城郟

叔孫昭子曰楚不在諸侯矣其僅自完也以持其世而已皆欲以自完守

楚子之在蔡也蓋爲大夫時往聘蔡郹陽封人之女奔之生大子建郹陽蔡邑○郹古闃反及即位使伍奢爲之師伍奢伍舉之子伍員之父○員音云費無極爲少師無寵焉欲譖諸王曰建可室矣室妻也王爲之聘於秦無極與逆勸王取之正月楚夫人嬴氏至自秦王自取之故稱夫人至爲下拜夫人起○與音

頎

鄅夫人、宋向戌之女也、故向寧請師。（寧、向戌子也、請於宋。）二月。宋公伐邾、圍蟲。三月、取之。（蟲、邾邑、不書、圍取不以告。）乃盡歸鄅俘。

夏、許悼公瘧。五月戊辰、飲大子止之藥卒。（止獨進藥、不由醫。○瘧、魚略反。）大子奔晉。書曰弒其君。君子曰、盡心力以事君、舍藥物可也。（藥物有毒、當由醫、非凡人所知、譏止不舍藥物、所以加弒君之名。○舍音捨。）

邾人、郳人、徐人會宋公。乙亥、同盟于蟲。（終宋公伐邾事。○郳、五兮反。）

楚子爲舟師以伐濮。（濮、南夷也。）費無極言於楚子曰、晉之伯也、邇於諸夏、而楚辟陋、故弗能與爭。若大城城父、而寘大子焉、（城父、今襄城城

父縣。○伯音霸、又如字。辟、匹亦反。）以通北方。王收南方、是得天下也。王說、從之。故大子建居于城父。令尹子瑕聘于秦、拜夫人也。（爲明年譖大子張本、攺以爲夫人、遣謝秦。）

秋、齊高發帥師伐莒。（莒不事齊故。）莒子奔紀鄣。（紀鄣、莒邑也、東海贛榆縣東北有紀城。○贛、鄣音章。）使孫書伐之。（孫書、陳無宇之子、子占也。）初、莒有婦人、莒子殺其夫、已爲嫠婦。（寡婦爲嫠。○嫠、力之反。）及老、託於紀鄣、紡焉以度而去之。（因紡纑連所紡以度城而藏之、以待外攻者、欲以[illegible]纑。○紡、芳往反。度、待洛反。）及師至、則投諸外。（投繩城外、隨之而出。）或獻諸子占。子占使師夜縋而登。（緣繩登城。）登者六十人、縋絕。師鼓譟、城上之人亦譟。莒共公懼、啓西門而出。七月丙子、齊師入紀。（傳言……不

在大、

是歲也、鄭駟偃卒。子游娶於晉大夫、生絲、弱。（子游、駟偃也、弱、幼少。）其父兄立子瑕。（子瑕、子游叔父駟乞。）子產憎其爲人也、（憎子瑕。）且以爲不順、（舍子立叔、不順禮。）弗許、亦弗止。（許之爲違禮、止之爲違衆、故中立。）駟氏聳。（聳、懼也。）他日、絲以告其舅。冬、晉人使以幣如鄭、問駟乞之立故。駟氏懼、駟乞欲逃。子產弗遣。請龜以卜、亦弗予。大夫謀對、子產不待而對客曰、鄭國不天、（不獲天福。）寡君之二三臣札瘥夭昏、（大死曰札、小疫曰瘥、短折曰夭、未名曰昏。）今又喪我先大夫偃。其子幼弱、其一二父兄懼隊宗主、私族於謀、而立長親。（於私族之謀、宜立親之長者。）寡君與其二三老曰、抑天實剝亂是、吾何

知焉。（言天自欲亂駟氏、非國所知。）諺曰、無過亂門。民有兵亂、猶憚過之、而況敢知天之所亂。今大夫將問其故、抑寡君實不敢知、其誰實知之。平丘之會、（在十三年。○過、古禾反、下同。）君尋舊盟曰、無或失職。若寡君之二三臣、其卽世者、晉大夫而專制其位、是晉之縣鄙也、何國之爲。辭客幣而報其使。晉人舍之。（遣人報晉使。○使、所吏反。）

楚人城州來。沈尹戌曰、楚人必敗。（十三年、吳滅州來、今就城而取之。戌、莊王曾孫葉公諸梁父也。○戌音恤。葉、始涉反。）昔吳滅州來、（在十三年。）子旗請伐之。王曰、吾未撫吾民。今亦如之、而城州來以挑吳、能無敗乎。侍者曰、王施舍不倦、息民五年、可謂撫之矣。戌曰、吾聞撫民者、節用於內、而樹德於外。

民樂其性而無寇讎。今宮室無量，民人日駭，勞罷死轉。轉，遷徙也。○挑徒了反。罷音皮 忘寢與食，非撫之也。傳言平王所以不能霸。

鄭大水，龍鬬于時門之外洧淵。時門，鄭城門也。洧水出滎陽密縣東南，至潁川長平入潁。○洧于軌反 國人請為禜焉。子產弗許，曰：我鬬，龍不我覿也。覿，見也。○禜為命反 龍鬬，我獨何覿焉？禳之，則彼其室也。淵，龍之室。吾無求於龍，龍亦無求於我。乃止也。傳言子產之知。

令尹子瑕言蹶由於楚子，蹶由，吳王弟，五年靈王執以歸。○蹶九衛反 曰：彼何罪？諺所謂室於怒，市於色者，楚之謂矣。言靈王怒吳子，而執其弟，猶人忿於室家，而作色於市人。舍前之忿可也。乃歸蹶由。言楚子能用善言。

經　二十年春王正月。

夏，曹公孫會自鄸出奔宋。無傳。嘗有玉帛之使來告，故書。鄸，曹邑。○鄸莫公反，一亡增反

秋，盜殺衛侯之兄縶。齊豹作而不義，故書曰盜，所謂求名而不得。○縶張立反

冬十月，宋華亥、向寧、華定出奔陳。與君爭而出，皆書名，惡之。○華戶化反

十有一月辛卯，蔡侯廬卒。無傳。未同盟而赴以名。○廬力烏反，又力於反

傳　二十年春王二月己丑，日南至。是歲朔旦冬至之歲也。當言正月己丑朔日南至。時史失閏，閏更在二月後，故經因史而書正月，傳更具於二月，記南至日，以正曆也。梓慎望氛，氛，氣也。時魯侯不行登臺之禮，使梓慎望氣。曰：今茲宋有亂，國幾亡，三年而後弭。蔡有大喪。為宋華向出奔，蔡侯卒傳。叔孫昭子曰：然則戴、桓也，戴族，華氏。桓族，向氏。汰侈無禮已甚，亂所在也。傳言妖由人興。

費無極言於楚子曰：建與伍奢將以方城之外叛，自以為猶宋、鄭也。齊、晉又交輔之，將以害楚。其事集矣。王信之，問伍奢。伍奢對曰：君一過多矣，一過，納建妻。何信於讒？王執伍奢。忿奢切言。使城父司馬奮揚殺大子。未至，而使遣之。知大子冤，故遣令去。三月，大子建奔宋。王

召奮揚，奮揚使城父人執己以至。王曰：言出於余口，入於爾耳，誰告建也？對曰：臣告之。君王命臣曰：事建如事余。臣不佞，佞，才也。不能苟貳。奉初以還，奉初命以周旋。不忍後命，故遣之。既而悔之，亦無及已。王曰：而敢來，何也？對曰：使而失命，召而不來，是再奸也。奸，犯也。逃無所入。王曰：歸，從政如他日。善其言，舍使還。無極曰：奢之子材，若在吳，必憂楚國，盍以免其父召之？彼仁，必來。不然，將為患。王使召之，曰：來，吾免而父。棠君尚謂其弟員曰：棠君，奢之長子尚也，為棠邑大夫。員，尚弟子胥。○員音云 爾適吳，我將歸死。吾知不逮，自以知不及員。○知音智 我能死，爾能報。聞免父之命，不可以莫之奔也。親戚為戮，不可以莫之報也。

奔死免父孝也。度功而行仁也。仁者貴成功。○度待洛反擇任而往知也。員任報讎知死不辟勇也。尚爲勇父不可棄。俱去爲棄父名不可廢。俱死爲廢名爾其勉之。相從爲愈。愈差也伍尚歸。奢聞員不來。曰。楚君大夫其旰食乎。將有吳憂不得早食。○旰古旦反楚人皆殺之。員如吳。言伐楚之利於州于。州于吳子僚公子光曰。是宗爲戮。而欲反其讎。不可從也。光吳公子闔廬也。反復也員曰。彼將有他志。光欲弒僚不利員用事故破其議而員亦知之余姑爲之求士。而鄙以待之。計不得用故進勇士以求入於光退居邊鄙乃見鱄設諸焉。鱄諸勇士。○見賢遍反鱄音專而耕於鄙。爲二十七年吳弒僚傳宋元公無信多私。而惡華向。華定華亥與向寧謀曰。亡愈於死。

先諸。恐元公殺已欲先作亂華亥僞有疾。以誘羣公子。公子問之。則執之。夏六月丙申。殺公子寅。公子御戎。公子朱。公子固。公孫援。公孫丁。拘向勝向行於其廩。八子皆公黨公如華氏請焉。弗許。遂劫之。劫公癸卯。取大子欒與母弟辰公子地以爲質。欒景公也。辰及地皆元公弟。○質音致公亦取華亥之子無慼。向寧之子羅。華定之子啓。與華氏盟以爲質。爲此冬華向出奔傳衞公孟縶狎齊豹。公孟靈公兄也。齊豹齊惡之子。爲衞司寇。狎輕也奪之司寇與鄄。鄄豹邑。○鄄音絹有役則反之。無則取之。縶足不良。故有役則以官邑還豹使行公孟惡北宮喜褚師圃。欲去之。喜貞子公子朝通于襄夫人宣姜。宣姜靈公嫡母懼

而欲以作亂。故齊豹北宮喜褚師圃公子朝作亂。初齊豹見宗魯於公孟。薦達也爲驂乘焉。爲公孟驂乘將作亂。而謂之曰。公孟之不善。子所知也。勿與乘。吾將殺之。對曰。吾由子事公孟。子假吾名焉。故不吾遠也。言子借我以善名。故公孟親近我雖其不善。吾亦知之。抑以利故不能去。是吾過也。今聞難而逃。是僭子也。使子言不信也子行事乎。吾將死之。以周事子。周猶終竟也而歸死於公孟。其可也。丙辰。衞侯在平壽。平壽衞下邑公孟有事於蓋獲之門外。有事祭也。蓋獲衞郭門齊子氏帷於門外。而伏甲焉。齊豹之家使祝鼃寘戈於車薪以當門。要其前也。○鼃烏媧反使一乘從公孟以出。亦如前車寘戈於薪尋其後使華齊御公孟。宗魯

驂乘。及閎中。閎曲門中齊氏用戈擊公孟。宗魯以背蔽之。斷肱。以中公孟之肩。皆殺之。公聞亂。乘驅自閱門入。慶比御公。公南楚驂乘。使華寅乘貳車。公副車及公宮。鴻駵魋駟乘于公。鴻駵魋復就公乘。一車四人。○駵音留公載寶以出。褚師子申遇公于馬路之衢。遂從。從公出過齊氏。使華寅肉袒執蓋以當其闕。肉袒示不敢與齊氏爭。執蓋蔽公而去闕空也。以蓋當侍從空闕之處齊氏射公中南楚之背。公遂出。寅閉郭門。不欲令追者出。○射食亦反踰而從公。踰郭出公如死鳥。死鳥衞地析朱鉏宵從竇出。徒行從公。朱鉏成子黑背孫齊侯使公孫青聘于衞。青頃公之孫旣出。聞衞亂。使請所聘。公曰。猶在竟內。則衞君也。乃將事焉。將事行聘事遂從諸死鳥。請

將事辭曰亡人不佞失守社稷越在草莽吾子無所辱君命賓曰寡君命下臣於朝曰阿下執事阿比也命巳使比衛臣下臣不敢貳貳違命也主人曰君若惠顧先君之好照臨敝邑鎮撫其社稷則有宗祧在言受聘當在宗廟也乃止止不行聘事衛侯固請見之欲與青相見不獲命以其良馬見以爲相見之禮○爲于僞反下同爲未致使故也未致使故不敢以客禮見衛侯以爲乘馬善其敬已故貴其物賓將掫掫行夜○掫側九反又祖侯反行下孟反主人辭曰亡人之憂不可以及吾子草莽之中不足以辱從者敢辭賓曰寡君之下臣君之牧圉也若不獲扞外役是不有寡君也有相親有臣懼不免於戾請以除死親執鐸終夕與於燎設火燎以備守○與音預齊氏之

宰渠子召北宮子北宮喜也北宮氏之宰不與聞謀殺渠子遂伐齊氏滅之喜本與齊氏同謀故公先與喜盟丁巳晦公入與北宮喜盟于彭水之上秋七月戊午朔遂盟國人八月辛亥公子朝褚師圃子玉霄子高魴出奔晉皆齊氏黨閏月戊辰殺宣姜與公子朝通謀故衛侯賜北宮喜謚曰貞子滅齊氏故賜析朱鉏謚曰成子宵從公故而以齊氏之墓予之墓田傳終而言之皆未死而賜謚及衛侯告寧于齊且言子石子石公孫青齊侯將飲酒徧賜大夫曰二三子之教也喜青敬衛侯苑何忌辭曰與於青之賞必及於其罰何忌齊大夫言青若有罪亦當并受其罰在康誥曰父子兄弟罪不相及尚書康誥況在羣臣臣敢貪君賜以干先王言受賜則犯康誥之

義琴張聞宗魯死將往弔之琴張孔子弟子字子開名牢仲尼曰齊豹之盜而孟縶之賊女何弔焉言齊豹所以爲盜孟縶所以見賊皆由宗魯○女音汝君子不食姦知公孟不善而受其祿是食姦也不受亂詐豹行事是受亂也不爲利疚於回疚病回邪也以利故不能去是病身於邪不以回待人知難不告是以邪待人不蓋不義以周事豹是蓋不義不犯非禮以二心事縶是非禮宋華向之亂公子城平公子公孫忌樂舍舍樂喜孫司馬彊向宜向鄭宜鄭皆向戌子楚建楚平王之大子郳甲小邾穆公子○郳五兮反出奔鄭八子宋大夫皆公黨辟難出其徒與華氏戰于鬼閻八子之徒衆也潁川長平縣西北有閻亭敗子城子城適晉子城爲華氏所敗別走至晉爲明年子城以晉師至起本華亥與其妻必盥而食所質公

子者而後食公與夫人每日必適華氏食公子而後歸華亥患之欲歸公子向寧曰唯不信故質其子若又歸之死無日矣公請於華費遂將攻華氏費遂大司馬華氏族○盥古緩反而食音嗣下同質音致對曰臣不敢愛死無乃求去憂而滋長乎恐殺大子憂益長○長丁丈反臣是以懼敢不聽命公曰子死亡有命余不忍其詢詢恥也○詢許候反冬十月公殺華向之質而攻之戊辰華向奔陳華登奔吳登費遂之子黨華向者向寧欲殺大子華亥曰干君而出又殺其子其誰納我且歸之有庸可以爲功使少司寇牼以歸以三公子歸公也牼華亥庶兄○牼苦耕反曰子之齒長矣不能事人以三公子爲質必免質信也送公子歸可以自明不叛之信公子既入

華犨將自門行從公門去公遽見之執其手曰余知而無罪也入復而所而女也所所居官

齊侯疥遂痁痁瘧疾○痁失廉反期而不瘳諸侯之賓問疾者多在多在齊○期音基梁丘據與裔款二子齊嬖大夫言於公曰吾事鬼神豐於先君有加矣今君疾病為諸侯憂是祝史之罪也諸侯不知其謂我不敬君盍誅於祝固史嚚以辭賓欲殺嚚固以辭謝來問疾之賓○嚚魚巾反公說告晏子晏子曰日宋之盟日往日也宋盟在襄二十七年○說音悅屈建問范會之德於趙武趙武曰夫子之家事治言於晉國竭情無私其祝史祭祀陳信不愧其家事無猜其祝史不祈家無猜疑之事故祝史無求於鬼神建以語康王楚王康王曰神人無怨宜夫子之光輔五君以為諸侯主也五君文襄靈成景公曰據與款謂寡人能事鬼神故欲誅於祝史子稱是語何故對曰若有德之君外內不廢無廢事上下無怨動無違事其祝史薦信無愧心矣君有功德祝史陳說之無所愧是以鬼神用饗國受其福祝史與焉與受國福○與音預其所以蕃祉老壽者為信君使也其言忠信於鬼神其適遇淫君外內頗邪上下怨疾動作辟違從欲厭私使私情厭足高臺深池撞鍾舞女斬刈民力輸掠其聚掠奪取以成其違不恤後人暴虐淫從肆行非度無所還忌還猶顧也不思謗讟不憚鬼神神怒民痛無悛於心其祝史薦信是言罪也

以實白神是為言君之罪其蓋失數美是矯誣也蓋掩也○數所主反進退無辭則虛以求媚作虛辭以求媚於神是以鬼神不饗其國以禍之祝史與焉所以夭昏孤疾者為暴君使也其言僭嫚於鬼神公曰然則若之何對曰不可為也言非誅祝史所能治山林之木衡鹿守之澤之萑蒲舟鮫守之藪之薪蒸虞候守之海之鹽蜃祈望守之衡鹿舟鮫虞候祈望皆官名也言公專守山澤之利不與民共○萑音丸縣鄙之人入從其政偪介之關暴征其私介隔也迫近國都之關言邊鄙既入服政役又為近關所征稅杜暴奪其私物承嗣大夫強易其賄承嗣大夫世位者○強其丈反布常無藝藝法制也言布政無法制徵斂無度宮室日更淫樂不違違去也內寵之妾肆奪於市肆放也外寵之臣僭令於鄙詐為教令於邊鄙私欲養求不給則應養長也所求不給則應之以罪民人苦病夫婦皆詛祝有益也詛亦有損聊攝以東聊攝齊西界也平原聊城縣東北有攝城○祝之又反下同姑尤以西姑尤齊東界也姑水尤水皆在城陽郡東南入海其為人也多矣雖其善祝豈能勝億兆人之詛萬萬曰億萬億曰兆君若欲誅於祝史修德而後可公說使有司寬政毀關去禁薄斂已責除逋責○責本作債

十二月齊侯田于沛言疾愈行獵沛澤名招虞人以弓不進虞人掌山澤之官公使執之辭曰昔我先君之田也旃以招大夫弓以招士皮冠以招虞人臣不見皮冠故不敢進乃舍之仲尼曰守道不如守官君招當往道之常也非物不進官之制也君子韙之韙是也齊侯至自田晏子侍于遄

臺。子猶馳而造焉。子猶、梁丘據、○遄市專反、造七報反、公曰。唯據與我和夫。晏子對曰。據亦同也。焉得爲和。公曰。和與同異乎。對曰。異。和如羹焉。水火醯醢鹽梅以烹魚肉。燀之以薪。燀、炊也、○燀章善反、宰夫和之。齊之以味。濟其不及。以洩其過。濟、益也、洩、減也、君子食之。以平其心。君臣亦然。亦如羹、君所謂可而有否焉。否、不可也、臣獻其否。以成其可。獻君之否、以成君可、君所謂否而有可焉。臣獻其可。以去其否。是以政平而不干。民無爭心。故詩曰。亦有和羹。既戒既平。詩頌殷中宗、言中宗能與賢者和齊可否、其政如羹、敬戒且平、和羹備五味、異於大羹、鬷嘏無言。時靡有爭。鬷、總也、嘏、大也、言總大政、能使上下皆如和羹、○鬷子工反、嘏古雅反、先王之濟五味。濟、成也、和五聲也。以平其心。成其

政也。聲亦如味。一氣。須氣以動、二體。舞者有文武、三類。風雅頌、四物。雜用四方之物以成器、五聲。宮商角徵羽、六律。黃鍾、大族、姑洗、蕤賓、夷則、無射也、陽聲爲律、陰聲爲呂、此十二月氣、○族七豆反、蕤人誰反、射音亦、七音。周武王伐紂、自午及子、凡七日、王因此以數合之、以聲昭之、故以七同其數、以律和其聲、謂之七音、八風。八方之風、九歌。九功之德皆可歌也、六府三事謂之九功、○六府、金木水火土穀、三事、正德利用厚生也、以相成也。言此九者合、然後相成爲和樂、清濁小大。短長疾徐。哀樂剛柔。遲速。高下。出入。周疏。以相濟也。周、密也、君子聽之。以平其心。心平德和。故詩曰。德音不瑕。詩、豳風也、義取心平則德音無瑕闕、今據不然。君所謂可。據亦曰可。君所謂否。據亦曰否。若以水濟水。誰能食之。若琴瑟之專壹。誰能聽之。同之不可也如是。飲酒樂。公曰。古而無死。其樂若何。晏子對曰。古而無死。則古之樂也。君何得焉。昔爽鳩氏始居此地。爽鳩氏、少皞氏之司寇也、季萴因之。季萴、虞夏諸侯、代爽鳩氏者、○萴仕側反、有逢伯陵因之。逢伯陵、殷諸侯、姜姓、蒲姑氏因之。蒲姑氏、殷周之間代逢公者、而後大公因之。古若無死。爽鳩氏之樂。非君所願也。齊侯甘於所樂、志於不死、晏子稱古以節其情願、

鄭子產有疾。謂子大叔曰。我死。子必爲政。唯有德者能以寬服民。其次莫如猛。夫火烈。民望而畏之。故鮮死焉。水懦弱。民狎而翫之。狎、輕也、則多死焉。故寬難。難以治、疾數月而卒。大叔爲政。不忍猛而寬。鄭國多盜。取人於萑苻之澤。萑苻、澤名、於澤中劫人、○萑音丸、苻音蒲、又如字、大叔悔之。曰。吾早從夫子。不及此。興徒兵以攻萑苻之盜。盡殺之。盜少止。仲尼曰。善哉。政寬則民慢。慢則糾之以猛。糾、猶攝也、猛則民殘。殘則施之以寬。寬以濟猛。猛以濟寬。政是以和。詩曰。民亦勞止。汔可小康。惠此中國。以綏四方。施之以寬也。詩大雅、汔、其也、康、綏皆安也、周厲王暴虐、民勞於苛政、故詩人刺之、欲其施之以寬、毋從詭隨。以謹無良。詭人、隨人、無正心、不可從、○從子用反、謹、勑、愼也、式遏寇虐。慘不畏明。糾之以猛也。式、用也、遏、止也、慘、曾也、言爲寇虐、曾不畏明法者、亦當用猛政糾治之、柔遠能邇。以定我王。平之以和也。柔、安也、邇、近也、遠者懷、附近者各以能進、則王室定、又曰。不競不絿。不剛不柔。詩殷頌、言湯政得中和、競、強也、絿、急也、○絿音求、布政優優。百祿是遒。優優、和也、遒、聚也、○遒在由反、又子由反、和之至也。及子產卒。仲尼聞之。出涕曰。古之遺愛也。子產見愛、有古人之遺風、

經二十有一年，春，王三月，葬蔡平公。

夏，晉侯使士鞅來聘。晉頃公卽位，通嗣君。

宋華亥、向寧、華定自陳入于宋南里以叛。自外至，故曰入。披其邑，故曰叛。南里，宋城內里名。○披，普被反

秋七月壬午朔，日有食之。

八月乙亥，叔輒卒。叔弓之子伯張。

冬，蔡侯朱出奔楚。朱爲大子，則失位，遂微弱，爲國人所逐，故以自出爲文。

公如晉，至河乃復。晉人辭公，故還。

傳二十一年，春，天王將鑄無射。周景王也。無射，鍾名，律中無射。○射音亦 泠州鳩曰：泠，樂官。州鳩，其名也。○泠，力丁反 「王其以心疾死乎！夫樂，天子之職也。職，所主也。夫音，樂之輿也。樂因音而行。而鍾，音之器也。音由器以發。天子省風以作樂，省風俗，作樂以移之。器以鍾之，鍾，聚也。以器聚音。輿以行之。樂須音而行。小者不窕，窕，細不滿。○窕，他彫反 大者不摦，摦，橫大不入。○摦，戶化反 則和於物，物和則嘉成。嘉樂成也。故和聲入於耳而藏於心，心億則樂。億，安也。窕則不咸，不充滿人心。摦則不容，心不堪容。心是以感，感實生疾。今鍾摦矣，王心弗堪，其能久乎？」爲明年天王崩傳。

三月，葬蔡平公。蔡大子朱失位，位在卑。不在適子位，以長幼齒。大夫送葬者歸，見昭子。昭子問蔡故，以告。昭子歎曰：「蔡其亡乎！若不亡，是君也必不終。詩曰：『不解于位，民之攸塈。』詩大雅。塈，息也。○解，佳賣反。塈，許器反 今蔡侯始卽位而適卑，身將從之。」爲蔡侯朱出奔傳。

夏，晉士鞅來聘，叔孫爲政。叔孫昭子以三命爲國政。季孫欲惡諸晉，憎叔孫在己上，欲使得罪於晉。○惡，烏路反 使有司以齊鮑國歸費之禮爲士鞅。鮑國歸費在十四年。牢禮各如其命數，魯人失禮，故爲鮑國七牢。士鞅怒曰：「鮑國之位下，其國小，而使鞅

從其牢禮，是卑敝邑也。將復諸寡君。」魯人恐，加四牢焉，爲十一牢。言魯不能以禮事大國，且爲哀七年吳徵百牢起。

宋華費遂生華貙、華多僚、華登。貙爲少司馬，多僚爲御士，公御士。○貙，勅俱反 與貙相惡，乃譖諸公曰：「貙將納亡人。」亡人，華亥等。亟言之。公曰：「司馬以吾故，亡其良子。司馬，謂費遂，爲大司馬。良子，謂華登。○亟，欺冀反 死亡有命，吾不可以再亡之。」對曰：「君若愛司馬，則如亡。君若愛大司馬，則當亡走失國。死如可逃，何遠之有？」言亡可以逃死，勿慮其遠，以恐動公。公懼，使侍人召司馬之侍人宜僚，飲之酒而使告司馬。告司馬，使逐貙。司馬歎曰：「必多僚也。吾有讒子而弗能殺，吾又不死，抑君有命，可若何？」乃與公謀逐華貙，將

使田孟諸而遣之。公飲之酒。厚酬之。酬酒幣、賜及從者。司馬亦如之。亦如公賜。張匄尤之。張匄、華貙臣。尤、怪賜之厚。曰。必有故。使子皮承宜僚以劍而訊之。子皮、華貙。訊、問也、宜僚盡以告。告欲因田以遣之、張匄欲殺多僚。子皮曰。司馬老矣。登之謂甚。言登亡、傷司馬心已甚、吾又重之。不如亡也。五月丙申。子皮將見司馬而行。則遇多僚御司馬而朝。張匄不勝其怒。遂與子皮臼任鄭翩殺多僚。任、翩亦貙家臣。劫司馬以叛。而召亡人。壬寅。華向入。樂大心。豐愆。華牼禦諸橫。梁國睢陽縣南有橫亭、華氏居盧門。以南里叛。盧門、宋東城南門、六月庚午。宋城舊鄘。及桑林之門而守之。舊鄘、故城也、桑林、城門名、

秋七月壬午朔。日有食之。公問於梓慎曰。是何物也。禍福何為。物、事也、對曰。二至二分。二至、冬至、夏至、二分、春分、秋分、日有食之。不為災。日月之行也。分。同道也。至。相過也。二分日夜等、故言同道、二至長短極、故相過、其他月則為災。陽不克也。故常為水。陰侵陽、是陽不勝陰、於是叔輒哭日食。意在於憂災、昭子曰。子叔將死。非所哭也。八月。叔輒卒。

冬十月。華登以吳師救華氏。登前年奔吳、齊烏枝鳴戍宋。烏枝鳴、齊大夫、廚人濮曰。濮、宋廚邑大夫、軍志有之。先人有奪人之心。後人有待其衰。盍及其勞且未定也。伐諸。若入而固。則華氏眾矣。悔無及也。從之。

丙寅。齊師宋師敗吳師于鴻口。梁國睢陽縣東有鴻口亭、○先悉薦反、後戶豆反、獲其二帥。公子苦雂。偃州員。二帥、吳大夫、○雂、古含反、華登帥其餘。吳餘師、以敗宋師。公欲出。出奔、廚人濮曰。吾小人可藉死。可借使死難、而不能送亡。君請待之。請君待復戰決勝負、乃徇曰。揚徽者。公徒也。徽、識也、○識、申志反、又昌志反、眾從之。公自揚門見之。見國人皆揚徽、睢陽東南門名揚門、下而巡之。曰。國亡君死。二三子之恥也。豈專孤之罪也。齊烏枝鳴曰。用少莫如齊致死。齊致死莫如去備。備、長兵也、○去、起呂反、彼多兵矣。請皆用劍。從之。華氏北。復即之。北、敗走、廚人濮以裳裹首。而荷以走。曰。得華登矣。遂敗華氏于新里。新里、華氏所取邑、翟僂新居于新里。既戰。說甲于公而歸。居華氏地而助公戰、○僂、力主反、說、他活反、華妵居于公里。亦如之。妵、華氏族、故助華氏、亦如僂新說甲

歸、傳言古之為軍、不訾小忿、○妵、他口反、訾、才斯反、又音紫、十一月癸未。公子城以晉師至。城以前年奔晉、今還救宋、曹翰胡。曹大夫、○翰音寒、又戶旦反、會晉荀吳。中行穆子、○行、戶郎反、齊苑何忌。齊大夫、衛公子朝。前年出奔晉、今還衛、救宋。丙戌。與華氏戰于赭丘。赭丘、宋地、○赭音者、鄭翩願為鸛。其御願為鵞。鄭翩、華氏黨、鸛鵞、皆陳名、○鸛、古喚反、子祿御公子城。莊堇為右。子祿、向宜、○堇音謹、干犨御呂封人華豹。張匄為右。呂封人、華豹、華氏黨、○犨、尺由反、相遇。城還。華豹曰。城也。城怒而反之。怒其呼己、反、還戰、將注。豹則關矣。注、傅矢、關、引弓、○關、烏環反、傅音附、曰。平公之靈。尚輔相余。平公、公子城之父、豹射。出其間。出子城子祿之閒、將注。則又關矣。曰。不狎鄙。狎、更也、抽矢。豹止不射、城射之。殪。豹死、張匄抽殳而下。殳長丈二、在車邊、○殳音殊、射之。折

股扶伏而擊之折軫。折，城車軫。○折之設反，扶伏並如字 又射之死。句下斃。 請一矢。求死。 城曰余言女於君。欲活之。○女音汝 對曰不死伍乘軍之大刑也。同乘共伍，當皆死。○乘繩證反 干刑而從子君焉用之子速諸乃射之殪。斃。又死。 大敗華氏圍諸南里華亥搏膺而呼見華貙曰吾為欒氏矣。晉欒盈還入作亂而死，事在襄二十三年。 貙曰子無我迋不幸而後亡。迋，恐也。○迋求枉反 使華登如楚乞師華貙以車十五乘徒七十人犯師而出。犯公師，出送華登。 食於睢上哭而送之乃復入。入南里。○睢音雖 楚薳越帥師將逆華氏大宰犯諫曰諸侯唯宋事其君今又爭國釋君而臣是助無乃不可乎王曰而告我也後既許之矣。為明年華向出

奔楚傳。○薳于委反

蔡侯朱出奔楚費無極取貨於東國。東國，隱大子之子，平侯廬之弟，朱叔父也。 而謂蔡人曰朱不用命於楚君王將立東國若不先從王欲楚必圍蔡蔡人懼出朱而立東國朱愬于楚楚子將討蔡無極曰平侯與楚有盟故封。盟于鄧，依陳蔡人以國。 其子有二心故廢之。子，謂朱也。 靈王殺隱大子其子與君同惡德君必甚又使立之不亦可乎且廢置在君蔡無他矣。言權在楚，則蔡無他心。

公如晉及河鼓叛晉。鼓叛晉屬鮮虞。 晉將伐鮮虞故辭公。將有軍事，無暇於待賓。且懼泄軍謀。

經二十有二年春齊侯伐莒。

宋華亥向寧華定自宋南里出奔楚。言自南里，別從國去。○別彼列反

大蒐于昌閒。無傳

夏四月乙丑天王崩。六月叔鞅如京師葬景王。叔鞅，叔弓子。三月而葬，亂故速。

王室亂。承叔鞅言而書之，未知誰是，故但曰亂。

劉子單子以王猛居于皇。河南鞏縣西南有黃亭，辟子朝難，出居皇。王猛書名，未即位。○單音善

秋劉子單子以王猛入于王城。王城，郟鄏，今河南縣。晉助猛，故得還王都。

冬十月王子猛卒。未即位，故不言崩。

十有二月癸酉朔日有食之。無傳。此月有庚戌，又以長歷推校前後，當為癸卯朔，書癸酉，誤。

傳二十二年春王二月甲子齊北郭啓帥師伐莒。啓，齊大夫，北郭佐之後。

莒子將戰。苑羊牧之諫。牧之，莒大夫。曰。齊師賤。其求不多。不如下之。大國不可怒也。弗聽。敗齊師于壽餘。壽餘，莒地。齊侯伐莒。怒敗。莒子行成。司馬竈如莒涖盟。竈，齊大夫。莒子如齊涖盟。盟于稷門之外。稷門，齊城門也。莒於是乎大惡其君。爲明年莒子來奔傳。○惡烏路反

楚薳越使告于宋曰。寡君聞君有不令之臣爲君憂。無寧以爲宗羞。無寧，寧也。言華氏爲宋宗廟之羞恥。寡君請受而戮之。對曰。孤不佞。不能媚於父兄。華向，公族也。故稱父兄。以爲君憂。拜命之辱。抑君臣日戰。君曰。余必臣是助。亦唯命。人有言曰。唯亂門之無過。君若惠保敝邑。無亢不衷。以獎亂人。孤之望也。唯君圖之。楚人患之。患宋以義距之。○過古禾反 諸侯之戍謀曰。若華氏知困而致死。楚恥無功而疾戰。非吾利也。不如出之。以爲楚功。其亦無能爲也已。言華氏不能復爲宋患。救宋而除其害。又何求。乃固請出之。宋人從之。己巳。宋華亥向寧華定華貙華登皇奄傷省臧士平出奔楚。華貙以下五子不書，非卿。宋公使公孫忌爲大司馬。代華費遂。邊卬爲大司徒。卬，平公曾孫。代華定。○卬五郎反 樂祁爲司城。祁，子罕孫。樂祁犂。仲幾爲左師。幾，仲江孫。代向寧。樂大心爲右師。代華亥。樂輓爲大司寇。輓，子罕孫。○輓音晩 以靖國人。終梓愼之言。三年而後弭。

王子朝賓起有寵於景王。子朝，景王之長庶子。賓起，子朝之傅。王與賓孟說之。欲立之。孟，卽起也。王語賓孟，欲立子朝爲大子。劉獻公之庶子伯蚠事單穆公。獻公，劉摯。

伯蚠，劉狄。穆公，單旗。○蚠扶粉反，一扶云反 惡賓孟之爲人也。願殺之。又惡王子朝之言。以爲亂。願去之。子朝有欲立之言，故劉蚠惡之。賓孟適郊。見雄雞自斷其尾。問之。侍者曰。自憚其犧也。畏其爲犧牲奉宗廟，故自殘毀。遽歸告王。且曰。雞其憚爲人用乎。人異於是。雞憚犧，雖見寵飾，然卒當見殺。若人見寵飾，則當貴盛，故言異於雞。犧者實用人。人犧實難。己犧何害。言設使寵人如寵犧，則不宜假人以招禍難。使犧在己，則無患害。己喻子朝。欲使王早寵異之。○難去聲 王弗應。十五年大子壽卒，王立子猛，後復欲立子朝而未定。賓孟感雞，盛稱子朝。王心許之，故不應。夏四月。王田北山。使公卿皆從。將殺單子劉子。北山，洛北芒也。王知單劉不欲立子朝，欲因田獵先殺之。王有心疾。乙丑。崩于榮錡氏。四月十九日。河南鞏縣西有榮錡澗。戊辰。劉子摯卒。二十二日。無子。單子立劉蚠。蚠事單子故。五月庚辰。見王。見王子猛。遂攻賓起。殺之。黨子朝故。盟羣王子于單氏。王子猛大正，故單劉立之。懼諸王子或黨子朝，故盟之。

晉之取鼓也。在十五年。既獻。而反鼓子焉。獻於廟。又叛於鮮虞。叛晉屬鮮虞。六月。荀吳略東陽。略，行也。東陽，晉之山東邑。魏郡廣平以北。○行下孟反 使師僞糴者負甲以息於昔陽之門外。昔陽，故肥子所都。○糴音狄 遂襲鼓。滅之。以鼓子鳶鞮歸。使涉佗守之。守鼓之地。涉佗，晉大夫。○鞮丁兮反，佗徒多反

丁巳。葬景王。王子朝因舊官百工之喪職秩者。與靈景之族以作亂。百工，百官也。靈王景王之子孫。○喪息浪反 帥郊要餞之甲。三邑，周地。○要一遙反，餞賤淺反 以逐劉子。逐伯蚠。壬戌。劉子奔揚。揚，周邑。單子逆悼王于莊宮以歸。

悼王、子猛也、王子還夜取王。以如莊宮。王子還、子朝黨也、不欲使單子得王猛、故取之、癸亥。
單子出。失王、故出奔、王子還與召莊公謀。莊公、召伯奐、子朝黨也、曰。不殺單旗。
不捷。旗、單子也、與之重盟。必來。背盟而克者多矣。從之。從還謀也、樊頃子
曰。非言也。必不克。頃子、樊齊、單劉黨、遂奉王以追單子。王子還奉王、及領。大
盟而復。領、周地、欲重盟、令單子劉子復歸、殺摯荒以說。委罪於荒、〇說如字又音悅　劉子如
劉。歸其采邑　單子亡。乙丑。奔于平畤。平畤、周地、知王子還欲背盟、故亡走、〇畤音止又音市　羣
王子追之。單子殺還。姑。發。弱。鬷。延。定。稠。八子、靈景之族、因戰而殺之、子朝奔
京。其黨以故、丙寅。伐之。單子伐京、京人奔山。劉子入于王城。子朝奔京、故得入、辛
未。鞏簡公敗績于京。乙亥。甘平公亦敗焉。甘鞏二公、周卿士、皆爲子朝所敗、叔

鞅至自京師。葬景王還、言王室之亂也。經所以書、閔馬父曰。子朝必不克。
其所與者天所廢也。閔馬父、閔子馬、魯大夫、天所廢謂羣喪職秩者、單子欲告急於晉。
秋七月戊寅。以王如平畤。遂如圃車。次于皇。出次以示急、戊寅十月三日、經書六
月、誤也、劉子如劉。單子使王子處守于王城。王子處、子猛黨、守王城距子朝、盟百
工于平宮。平宮、平王廟、辛卯。鄩肸伐皇。鄩肸、子朝黨、〇鄩音尋肸許乙反　大敗。獲鄩
肸。壬辰。焚諸王城之市。焚鄩肸、八月辛酉。司徒醜以王師敗績于
前城。醜、悼王司徒、前城、子朝所得邑、百工叛。司徒醜敗故、己巳。伐單氏之宮。敗焉。百工
伐單氏、爲單氏所敗、庚午。反伐之。單氏反伐百工、辛未。伐東圉。百工所在、洛陽東南有圉鄉、冬。
十月丁巳。晉籍談荀躒帥九州之戎。九州戎、陸渾戎、十七年滅屬晉州鄉屬也、五州爲鄉、

〇躒力狄反　及焦。瑕。溫。原之師。焦瑕溫原、晉四邑、以納王于王城。丁巳在十月、經書秋、
誤、庚申。單子。劉蚠以王師敗績于郊。爲子朝之黨所敗、前城人敗陸渾
于社。前城、子朝衆、社、周地、十一月乙酉。王子猛卒。乙酉在十一月、經書十月誤、雖未卽位、周人諡
曰悼王、不成喪也。釋所以不稱王崩、己丑。敬王卽位。敬王、王子猛母弟王子匄、館于子
旅氏。子旅、周大夫、十二月庚戌。晉籍談荀躒賈辛司馬督。司馬烏、帥師
軍于陰。籍談所軍、于侯氏。荀躒所軍、于谿泉。賈辛所軍、鞏縣西南有明谿泉、次于社。司馬督所
次、王師軍于氾于解。次于任人。王師分在三邑、洛陽西南有大解小解、〇氾音凡解音蟹任音
壬　閏月。晉箕遺樂徵右行詭濟師取前城。三子、晉大夫、濟師、渡伊洛、〇行戶郎反
軍其東南。王師軍于京楚。辛丑。伐京。毀其西南。京楚、子朝所在、

春秋左傳卷二十四終

春秋左傳卷二十五

晉鎮南大將軍當陽縣侯京兆杜　預集解

皇明　後　學　東吳葛　鼒較訂

昭公

經二十有三年。春。王正月。叔孫婼如晉。謝取邾師。○婼勑畧反

癸丑。叔鞅卒。無傳

晉人執我行人叔孫婼。稱行人譏晉執使人

晉人圍郊。討子朝也。郊周邑。圍郊在叔鞅卒前。經書後。從赴。

夏。六月。蔡侯東國卒于楚。無傳。未同盟而赴以名。

秋。七月。莒子庚輿來奔。

戊辰。吳敗頓胡沈蔡陳許之師于雞父。胡子髡沈子逞滅。獲陳夏齧。不書楚。楚不戰也。雞父。楚地。安豐縣南有雞備亭。國雖存。君死曰滅。大夫死生。通曰獲。夏齧。徵舒玄孫。○齧五結反

天王居于狄泉。敬王辟子朝也。狄泉今洛陽城內大倉西南池水也。時在城外。○大音泰

尹氏立王子朝。尹氏周世卿也。書尹氏立子朝。明非周人所欲立。

八月。乙未。地震。

冬。公如晉。至河。有疾。乃復。

傳二十三年。春。王正月。壬寅朔。二師圍郊。二師。王師晉師也。王師不書。不以告。癸卯。郊鄩潰。河南鞏縣西南有地名鄩中。郊鄩二邑皆子朝所得。○鄩音尋丁未。晉師在平陰。王師在澤邑。平陰今河陰縣。王使告間。子朝敗故。庚戌。還。晉師還。

邾人城翼。翼邾邑。還將自離姑。離姑。邾邑。從離姑則道徑魯之武城。○徑音經公孫鉏曰。魯將御我。鉏。邾大夫。欲自武城還。循山而南。至武城而還。依山南行。不欲過武城。○過古禾反徐鉏丘弱茅地曰。三子。邾大夫。道下遇雨。將不出。是不歸也。謂此山道下溼遂自離姑。遂過武城。武城人塞其前。以兵塞其前道。斷其後之木而弗殊。邾師過之。乃推而蹷之。遂取邾師。獲鉏弱地。取邾師不書。非公命。邾人愬于晉。晉人來討。叔孫婼如晉。晉人執之。書曰晉人執我行人叔孫婼。言使人也。嫌內外異。故重發傳。晉人使與邾大夫坐。坐訟曲直。叔孫曰。列國之卿。當小國之君。固周制也。在禮。卿得會伯子男。故曰當小國之君。邾又夷也。邾雜有東夷之風。寡君之命介子服回在。子服回。魯大夫。為叔孫之介副。請使當之。不

敢廢周制故也乃不果坐韓宣子使邾人聚其衆將以叔孫與
之(與邾使執之)叔孫聞之去衆與兵而朝(示欲以身死○去起呂反)士彌牟謂韓
宣子(彌牟士景伯)曰子弗良圖而以叔孫與其讎叔孫必死之魯亡
叔孫必亡邾邾君亡國將焉歸(時邾君在晉若亡國無所歸將益晉憂)子雖悔之
何及所謂盟主討違命也若皆相執焉用盟主(聽邾衆取叔孫是爲諸侯皆得輒
相執)乃弗與使各居一館(分別叔孫子服回)士伯聽其辭而愬諸宣子乃
皆執之(二子辭不屈故士伯愬而執之)士伯御叔孫從者四人過邾館以如吏
(欲使邾人見叔孫之屈辱)先歸邾子士伯曰以芻蕘之難從者之病將館子
於都(都別都謂箕也)叔孫旦而立期焉(立待命也從旦至旦爲期)乃館諸箕舍子服

昭伯於他邑(別囚之)范獻子求貨於叔孫使請冠焉(以求冠爲辭)取其
冠法而與之兩冠曰盡矣(既從作冠模法又進二冠以與之僞若不解其意)爲叔孫故
申豐以貨如晉(欲行貨以免叔孫)叔孫曰見我吾告女所行貨見而不
出(留申豐不使得出不欲以貨免○女音汝)吏人之與叔孫居於箕者請其吠狗弗
與及將歸殺而與之食之(示不覺)叔孫所館者雖一日必葺其牆
屋(葺補治也)去之如始至(不以當去而有所毀壞)
夏四月乙酉單子取訾劉子取牆人直人(三邑屬子朝者訾在河南鞏縣西南○訾
子斯反)六月壬午王子朝入于尹(自京入尹氏之邑)癸未尹圉誘劉佗殺
之(尹圉尹文公也劉佗劉蚠族敬王黨)丙戌單子從阪道劉子從尹道伐尹單子

先至而敗劉子還(單子敗故)己丑召伯奐南宮極以成周人戍尹(二子
周卿士子朝黨奐召莊公)庚寅單子劉子樊齊以王如劉(辟子朝出居劉子邑)甲午王
子朝入于王城次于左巷(近東城)秋七月戊申鄩羅納諸莊宮(鄩羅
周大夫鄩肸之子)尹辛敗劉師于唐(尹辛尹氏族唐周地)丙辰又敗諸鄩甲子尹
辛取西闈(西闈周地)丙寅攻蒯蒯潰(河南縣西南蒯鄉是也於是敬王居狄泉尹氏立子朝)
莒子庚輿虐而好劍苟鑄劍必試諸人國人患之又將叛齊烏
存帥國人以逐之(烏存莒大夫)庚輿將出聞烏存執殳而立於道左
懼將止死(殳長丈二而無刃○殳音殊)苑羊牧之曰君過之(牧之亦莒大夫)烏存以
力聞可矣何必以弒君成名遂來奔齊人納郊公(郊公著丘公之子十四年

奔齊○著直除反又直慮反)
吳人伐州來楚薳越帥師(令尹以疾從戎故薳越帥師○薳于委反)及諸侯之師
奔命救州來吳人禦諸鍾離子瑕卒楚師熸(子瑕令尹不起所疾也吳楚之間
謂火滅爲熸軍之重士喪亡故其軍人無復氣勢○熸子潛反)吳公子光曰諸侯從於楚者衆
而皆小國也畏楚而不獲已是以來吾聞之曰作事威克其愛
雖小必濟(克勝也軍事尚威)胡沈之君幼而狂(狂無常)陳大夫齧壯而頑
頓與許蔡疾楚政楚令尹死其師熸帥賤多寵政令不壹(帥賤薳越
非正卿也軍多寵人政令不壹於越○帥所類反下同)七國同役而不同心(七國楚頓胡沈蔡陳許)
帥賤而不能整無大威命楚可敗也若分師先以犯胡沈與陳

必先奔三國敗諸侯之師乃搖心矣諸侯乖亂楚必大奔請先者去備薄威示之以不整以誘之○去起呂反後者敦陳整旅敦厚也○敦陳直覲反吴子從之戊辰晦戰于雞父七月二十九日違兵忌晦戰擊楚所不意吴子以罪人三千先犯胡沈與陳囚徒不習戰以示不整三國爭之吴爲三軍以繫於後中軍從王從吴王光帥右掩餘帥左掩餘吴王壽夢子吴之罪人或奔或止三國亂吴師擊之三國敗獲胡沈之君及陳大夫舍胡沈之囚使奔許與蔡頓曰吾君死矣師譟而從之三國奔三國許蔡頓○譟素報反楚師大奔書曰胡子髡沈子逞滅獲陳夏齧君臣之辭也國君社稷之主與宗廟共其存亡者故稱滅大夫輕故曰獲獲得也不言戰楚未陳也嫌與陳俱相涉故重發之

八月丁酉南宮極震經書乙未地動魯地也丁酉南宮極震周地也極亦震也爲屋所壓而死萇弘謂劉文公曰君其勉之先君之力可濟也文公劉盆也先君謂盆之父獻公也獻公亦欲立子猛未及而卒周之亡也其三川震謂幽王時也三川涇渭洛水也地動川岸崩今西王之大臣亦震天棄之矣子朝在王城故謂西王東王必大克敬王居狄泉在王城之東故曰東王

楚大子建之母在郹郹郹陽也平王娶秦女廢大子建故母歸其家○郹古闃反召吴人而啓之冬十月甲申吴大子諸樊入郹諸樊吴王僚之大子取楚夫人與其寶器以歸楚司馬薳越追之不及將死衆曰請遂伐吴以徼之徼要其勝負薳越曰再敗君師死且有罪設往復敗爲再敗此年秋敗於雞父亡君夫人不可以莫之死也乃縊於薳澨薳澨楚地○縊音翳澨市制反

公爲叔孫故如晉及河有疾而復此年春晉爲邾人執叔孫故公如晉謝之

楚囊瓦爲令尹囊瓦子囊之孫子常也代陽匄城郢楚用子囊遺言已築郢城矣今畏吴復增脩以自固沈尹戌曰子常必亡郢苟不能衛城無益也古者天子守在四夷德及遠○守除下守其皆去聲天子卑守在諸侯政卑諸侯守在四鄰鄰國爲之守諸侯卑守在四竟長自完慎其四竟結其四援結四鄰之國爲援助民狎其野狎安習也三務成功三務春夏秋三時之務民無內憂而又無外懼國焉用城今吴是懼而城於郢守已小矣卑之不獲能無亡乎不獲守四竟昔梁伯溝其公宮而民潰在僖十八年民棄其上不亡何待夫正其

疆埸脩其土田險其走集走集邊竟之壘壁親其民人明其伍候使民有部伍相爲條望信其鄰國慎其官守守其交禮交接之禮不僭不貪不懦不耆懦弱也耆強也完其守備以待不虞又何畏矣詩曰無念爾祖聿脩厥德詩大雅無念念也聿述也義取念祖考則述治其德以顯之無亦監乎若敖蚡冒至于武文四君皆楚先君之賢者○蚡扶粉反土不過同方百里爲一同言未滿一圻慎其四竟猶不城郢今土數圻方千里爲圻而郢是城不亦難乎言守若是難以爲安也爲定四年吴入楚傳

【經】二十有四年春王二月丙戌仲孫貜卒孟僖子也○貜俱縛反

婼至自晉。喜得赦歸、故書至、
夏五月乙未朔日有食之。
秋八月大雩。
丁酉杞伯郁釐卒。無傳、未同盟而赴以名、丁酉七月五日、有日無月、○釐力之反又音來
冬吳滅巢。楚邑也、書滅用大師、
葬杞平公。無傳、

傳二十四年春王正月辛丑召簡公南宮嚚以甘桓公見王子朝。簡公召莊公之子、召伯盈也、嚚南宮極之子、桓公甘平公之子、劉子謂萇弘曰甘氏又往矣。
對曰何害同德度義。度謀也、言唯同心同德則能謀義、子朝不能、於我無害、○度待洛反 大誓曰。
紂有億兆夷人亦有離德。言紂衆億兆、兼有四夷、不能同德、終敗亡、余有亂臣十人。
同心同德。武王言我有治臣十人、雖少、同心也、今大誓無此語、此周所以興也、君其務德。
無患無人。戊午王子朝入于鄔。緱氏西南有鄔聚、言子朝稍強、○鄔烏戶反
晉士彌牟逆叔孫于箕。將禮而歸之、叔孫使梁其踁待于門內。踁、叔孫家臣、○踁戶定反 曰余左顧而欬乃殺之。欬、士伯來殺巳、故謀殺之、○欬苦代反 右顧而笑。

乃止叔孫見士伯士伯曰寡君以為盟主之故是以久子。久執子以謝邾、不腆敝邑之禮將致諸從者使彌牟逆吾子。叔孫受禮而歸。
二月婼至自晉尊晉也。貶婼族、所以尊晉、婼行人、故不言罪也、
三月庚戌晉侯使士景伯涖問周故。涖臨也、就問子朝、敬王知誰曲直、士伯立于乾祭而問於介衆。乾祭王城北門、介大也、○乾音干祭側界反 晉人乃辭王子朝。
不納其使。衆言子朝曲故、
夏五月乙未朔日有食之。梓慎曰將水。陰勝陽、故曰將水、昭子曰旱也。
日過分而陽猶不克克必甚能無旱乎。過春分、陽氣盛時、而不勝陰、陽將猥出、故為旱、
陽不克莫將積聚也。陽氣莫然不動、乃將積聚、

六月壬申王子朝之師攻瑕及杏皆潰。瑕杏敬王邑、鄭伯如晉子大叔相見范獻子獻子曰若王室何對曰老夫其國家不能恤敢及王室抑人亦有言曰嫠不恤其緯。嫠寡婦也、織者常苦緯少、寡婦所宜憂、而憂宗周之隕為將及焉。恐禍及己、今王室實蠢蠢焉。蠢蠢動擾貌、吾小國懼矣然大國之憂也吾儕何知焉吾子其早圖之詩曰缾之罄矣。惟罍之恥。詩小雅、罍大器、缾小器、常稟於罍者、而所受罄盡、則罍為無餘、故恥之、王室之不寧晉之恥也獻子懼而與宣子圖之。宣子、韓起、乃徵會於諸侯期以明年。為明年會黃父傳、
秋八月大雩旱也。終如叔孫之言、

冬十月癸酉，王子朝用成周之寶珪于河。禱河求福甲戌，津人得諸河上。珪自出水陰不佞以溫人南侵，不佞，敬王大夫。晉以溫人助敬王，南侵子朝。拘得玉者，取其玉，將賣之，則為石。王定而獻之，不佞獻王與之東訾。喜得玉，故與之邑。鞏縣西南訾城是也。○訾子斯反

楚子為舟師以略吳疆。略，行也。行吳界，將侵之。沈尹戌曰：此行也，楚必亡邑。不撫民而勞之，吳不動而速之，速，召也。吳踵楚，躡楚踵跡而疆埸無備，邑能無亡乎？越大夫胥犴勞王於豫章之汭。汭，水曲。○犴音岸，勞力報反越公子倉歸王乘舟，歸，遺也。倉及壽夢帥師從王，壽夢，越大夫。王及圉陽而還。圉陽，楚地。吳人踵楚，而邊人不備，遂滅巢及鍾離而還。鍾離不書，告敗略。

沈尹戌曰：亡郢之始，於此在矣。王壹動而亡二姓之帥，二姓之帥，守巢、鍾離大夫。幾如是而不及郢？詩曰：誰生厲階，至今為梗？詩大雅。厲，惡。階，道。梗，病也。其王之謂乎？為定四年吳入郢傳。

經 二十有五年春，叔孫婼如宋。

夏，叔詣會晉趙鞅、宋樂大心、衛北宮喜、鄭游吉、曹人、邾人、滕人、薛人、小邾人于黃父。

有鸜鵒來巢。

此鳥穴居，不在魯界，故曰來巢。非常，故書。○鸜其俱反，鵒音欲

秋七月上辛，大雩。季辛，又雩。

季辛，下旬之辛也。言又，重上事。

九月己亥，公孫于齊，次于陽州。

諱奔，故曰孫，若自孫讓而去位者。陽州，齊魯竟上邑。未敢直前，故次于竟。○孫音遜

齊侯唁公于野井。

濟南祝阿縣東有野井亭。齊侯來唁公，公不敢遠勞，故逆之，往至野井。○唁音彥

冬十月戊辰，叔孫婼卒。

公不與小斂，而書日者，公在外，非無恩。○與音預

十有一月己亥，宋公佐卒于曲棘。

陳留外黃縣城中有曲棘里，宋地。未同盟而赴以名。

十有二月，齊侯取鄆。

取鄆以居公也。○鄆音運

傳 二十五年春，叔孫婼聘于宋，桐門右師見之，右師，樂大心，居桐門。語卑宋大夫而賤司城氏。司城，樂氏之大宗也。卑賤，謂其才德薄。昭子告其人曰：右師其亡乎！君子貴其身而後能及人，是以有禮。唯禮可以貴身，貴身，故尚禮。今夫子卑其大夫而賤其宗，是賤其身也。賤人，人亦賤己。能有禮乎？無禮必亡。為定十年樂大心出奔傳。宋公享昭子，賦新宮。逸詩。昭子賦車舝。詩小雅。周人思得賢女以配君子。昭子將為季孫迎宋公女，故賦之。明日宴，飲酒樂，宋公使昭子右坐，坐宋公右，以相近言，改禮坐。○樂除樂姓外皆音洛語相泣也。樂祁佐，助宴禮。退而告人曰：今

茲君與叔孫其皆死乎。吾聞之哀樂可樂而哀而樂哀可哀而樂皆喪心也。心之精爽是謂魂魄。魂魄去之何以能久。爲此冬叔孫宋公卒傳○喪息浪反

季公若之姊爲小邾夫人。平子庶姑與公若同母故曰公若姊生宋元夫人。宋元夫人、平子之外姊、生子以妻季平子。昭子如宋聘且逆之。平子人臣而四卿逆季氏彊橫、公若從。從昭子、謂曹氏勿與魯將逐之。曹氏宋元夫人、曹氏告公。公告樂祁。樂祁曰與之。如是魯君必出。政在季氏三世矣。文子武子平子、魯君喪政四公矣。宣成襄昭、無民而能逞其志者未之有也。國君是以鎭撫其民。詩曰人之云亡心之憂矣。詩大雅言無人則憂患至、魯君失民矣焉得逞其志。靖以待命猶可。動必憂。爲下公孫傳、

夏會于黃父。謀王室也。王室有子朝亂、謀定之、趙簡子令諸侯之大夫簡子、趙鞅、輸王粟具戍人。曰明年將納王。納王於王城、子大叔見趙簡子。簡子問揖讓周旋之禮焉。對曰是儀也。非禮也。簡子曰敢問何謂禮。對曰吉也聞諸先大夫子產曰。夫禮天之經也。經者道之常、地之義也。義者利之宜、民之行也。○行者人所履、行下孟反天地之經而民實則之。則天之明。日月星辰天之明也、因地之性。高下剛柔、地之性也、生其六氣。謂陰陽風雨晦明、用其五行。金木水火土、氣爲五味。酸鹹辛苦甘、發爲五色。青黃赤白黑、發見也、章爲五聲。宮商角徵羽、淫則昏亂民失其性。滋味聲色過則傷性、是故爲禮以奉之。制禮以奉其性、爲六畜。馬牛羊雞犬豕○畜許又反又音蓄五牲。麋鹿麏狼兔、三犧。祭天地宗廟三者謂之犧

以奉五味。爲九文。謂山龍華蟲藻火粉米黼黻也、華若草華、藻水草、火畫火、粉米若白米、黼若斧、黻若兩巳相戾、傳曰、火龍黼黻、昭其文也、六采。畫繢之事、雜用天地四方之色、青與白、赤與黑、玄與黃、皆相次、謂之六色、五章。以奉五色。青與赤謂之文、赤與白謂之章、白與黑謂之黼、黑與青謂之黻、五色備謂之繡、集此五章、以奉成五色之用爲九歌八風七音六律。以奉五聲。解見二十年、爲君臣上下。以則地義。君臣有尊卑法地有高下、爲夫婦外內。以經二物。夫治外、婦治內、各治其物、爲父子兄弟姑姊甥舅昏媾姻亞。以象天明。六親和睦、以事嚴父、若衆星之共辰極也、妻父曰昏重昏曰媾、婿父曰姻、兩婿相謂曰亞、爲政事庸力行務。以從四時。在君爲政、在臣爲事、民功曰庸治功曰力、行其德教、務其時要、禮之本也、爲刑罰威獄。使民畏忌。以類其震曜殺戮。雷震電曜、天之威也、聖人作刑戮、以象類之、爲溫慈惠和。以效天之生殖長育。民有

好惡喜怒哀樂。生于六氣。此六者、皆禀陰陽風雨晦明之氣、是故審則宜類。以制六志。爲禮以制好惡喜怒哀樂六志、使不過節、哀有哭泣。樂有歌舞。喜有施舍。怒有戰鬭。喜生於好。怒生於惡。是故審行信令。禍福賞罰。以制死生。生好物也。死惡物也。好物樂也。惡物哀也。哀樂不失。乃能協於天地之性。是以長久。協和也、簡子曰甚哉禮之大也。對曰禮上下之紀。天地之經緯也。經緯錯居以相成者、民之所以生也。是以先王尚之。故人之能自曲直以赴禮者。謂之成人。大不亦宜乎。曲直以弼其性、簡子曰。鞅也請終身守此言也。鞅能守此言、故終免於晉陽之難、宋樂大心曰。我不輸粟。我於周爲客。二王後爲賓客、若之何使客。晉士伯曰。自踐土

以來 踐土在僖二十八年 宋何役之不會而何盟之不同曰同恤王室子焉得辟之子奉君命以會大事而宋背盟無乃不可乎右師不敢對受牒而退 右師樂大心 士伯告簡子曰宋右師必亡奉君命以使而欲背盟以干盟主無不祥大焉 言不善無大此者爲定十年宋樂大心出奔傳

有鸜鵒來巢書所無也師己曰異哉吾聞文武之世童謠有之 師己魯大夫○己音紀一音祀 曰鸜之鵒之公出辱之 言鸜鵒來則公出辱也 鸜鵒之羽公在外野往饋之馬 饋遺也 鸜鵒跦跦公在乾侯 跦跦跳行貌○跦張于反又張留反跳直彫反 徵褰與襦 褰袴 鸜鵒之巢遠哉遙遙裯父喪勞宋父以驕 裯父昭公宋父定公代立故以驕○裯直留反喪息浪反 鸜鵒鸜鵒往歌來哭 昭公生出歌死還哭 童謠有是今鸜鵒來巢其將及乎 將及禍也

秋書再雩旱甚也

初季公鳥娶妻於齊鮑文子生甲 公鳥季公亥之兄平子庶叔父 公鳥死季公亥與公思展與公鳥之臣申夜姑相其室 公亥卽公若也展季氏族相治也○夜本作射又音亦相息亮反 及季姒與饔人檀通 季姒公鳥妻鮑文子女饔人食官 而懼乃使其妾抶己以示秦遄之妻 秦遄魯大夫妻公鳥妹秦遄姬也○抶勅乙反遄音船 曰公若欲使余余不可而抶余又訴於公甫 公甫平子弟 曰展與夜姑將要余 要劫我以非禮○要平聲 秦姬以告公之 公之亦平子弟 公之與公甫告平子平子拘展於卞而執夜姑將殺之公若泣而哀之曰殺是是殺余也將爲之請平子使豎勿內日中不得請有司逆命 執夜姑之有司欲迎受殺命 公之使速殺之故公若怨平子

季郈之雞鬭 季平子郈昭伯二家相近故雞鬭○郈音后 季氏介其雞 擣芥子播其羽也或曰以膠沙播之爲介雞 郈氏爲之金距平子怒 怒其不下己 益宮於郈氏 侵郈氏室以自益 且讓之 讓責也 故郈昭伯亦怨平子臧昭伯之從弟會 昭伯臧爲子○從去聲後從者皆同 爲讒於臧氏而逃於季氏臧氏執旃平子怒拘臧氏老將禘於襄公萬者二人其衆萬於季氏 禘祭也萬舞也於禮公當三十六人 臧孫曰此之謂不能庸先君之廟 不能用禮也蓋襄公別立廟 大夫遂怨平子公若獻弓於公爲 公爲昭公子務人 且與之出射於外而謀去季氏公爲告公果公賁 果賁皆公爲弟○去上聲賁音奔又音焚 公果公賁使侍人僚柤告公公寢將以戈擊之乃走公曰執之亦無命也 獨言執之無勅命○柤側加反 懼而不出數月不見公不怒又使言公執戈以懼之乃走又使言公曰非小人之所及也 謂僚柤爲小人 公果自言公以告臧孫臧孫以難 言難逐 告郈孫郈孫以可勸告子家懿伯 子家羈莊公之玄孫懿伯 曰讒人以君徼幸事若不克君受其名 受惡名 不可爲也舍民數世以求克事不可必也且政在焉其難圖也公退之 退使去○舍音捨 辭曰臣與聞命矣言若洩臣不獲死乃館於公 恐受洩命之罪故留公宮以自明○與音預 叔孫昭子如闞 闞魯邑 公居於長府 官府名 九月戊戌伐季氏殺公之于門遂入之平子

登臺而請曰君不察臣之罪使有司討臣以干戈臣請待於沂上以察罪弗許（魯城南自有沂水平子欲出城待罪也大沂水出蓋縣南至下邳入泗）請囚於費弗許請以五乘亡弗許子家子曰君其許之政自之出久矣隱民多取食焉（隱約窮困）爲之徒者衆矣日入慝作弗可知也（慝姦惡也日冥姦人將起叛君助季氏不可知）衆怒不可蓄也（季氏衆）蓄而弗治將蘊（蘊積也）蘊蓄民將生心生心同求將合（與季氏同求叛君者）君必悔之弗聽郈孫曰必殺之公使郈孫逆孟懿子（懿子仲孫何忌）叔孫氏之司馬鬷戾言於其衆曰若之何莫對（衆疑所助）又曰我家臣也不敢知國凡有季氏與無於我孰利皆曰無季氏是無叔孫氏也鬷戾曰然則救諸

師徒以往陷西北隅以入（陷公圍也）公徒釋甲執冰而踞（言無戰心也冰櫝丸蓋或云櫝丸是箭筩其蓋可以取飲）遂逐之（逐公徒）孟氏使登西北隅以望季氏見叔孫氏之旌以告孟氏執郈昭伯殺之于南門之西遂伐公徒子家子曰諸臣僞劫君者而負罪以出君止（使若非君本意者君自可止不出）意如之事君也不敢不改（意如季平子名）公曰余不忍也與臧孫如墓謀（辭先君且謀所奔）遂行己亥公孫于齊次于陽州齊侯將唁公于平陰公先至于野井齊侯曰寡人之罪也使有司待于平陰爲近故也（齊侯自咎本不勑有司遠詣陽州而欲近會于平陰故令魯侯過共先至野井遠見迎逆自咎以謝公）書曰公孫于齊次于陽州齊侯唁公于野井禮也將求於人則先下之

禮之善物也（物事也謂先往至野井）齊侯曰自莒疆以西請致千社（二十五家爲社千社二萬五千家欲以給公）以待君命（待君伐季氏之命）寡人將帥敝賦以從執事唯命是聽君之憂寡人之憂也公喜子家子曰天祿不再天若胙君不過周公以魯足矣失魯而以千社爲臣誰與之立（爲齊臣）且齊君無信不如早之晉弗從臧昭伯率從者將盟載書曰戮力壹心好惡同之信罪之有無（信明也處者有罪從者無罪）繾綣從公無通外內（繾綣不離散也繾音遣綣音犬）以公命示子家子子家子曰如此吾不可以盟羈也不佞不能與二三子同心而以爲皆有罪（從者陷君留者逐君皆有罪也）或欲通外內且欲去君（去君僞負罪出奔不必繾綣從公）二三子好亡

而惡定焉可同也陷君於難罪孰大焉通外內而去君君將速入弗通何爲而何守焉乃不與盟（何必守公）昭子自闞歸見平子平子稽顙曰子若我何昭子曰人誰不死子以逐君成名子孫不忘不亦傷乎將若子何平子曰苟使意如得改事君所謂生死而肉骨也昭子從公于齊與公言子家子命適公館者執之（恐從者知叔孫謀）公與昭子言於幄內曰將安衆而納公（昭子請歸安衆）公徒將殺昭子伏諸道（伏兵）左師展告公公使昭子自鑄歸（辟伏兵）平子有異志（不欲復納公）冬十月辛酉昭子齊於其寢使祝宗祈死戊辰卒（恥爲平子所欺因祈而自殺○齊側皆反）左師展將以公乘馬而歸公徒執之（展魯大夫）

欲與公俱輕歸、

壬申。尹文公涉于鞏。焚東訾。弗克。文公、子朝黨。於鞏縣涉洛水也。東訾、敬王邑。

十一月。宋元公將爲公故如晉。請納公。夢大子欒即位於廟。已與平公服而相之。平公、元公父。且召六卿。公曰。寡人不佞。不能事父兄。父兄、爲華向、以爲二三子憂。寡人之罪也。若以羣子之靈。獲保首領以殁。唯是楄柎所以藉幹者。楄柎、棺中笭牀也。幹、骸骨也。○楄音駢。柎音部。又音附。藉在夜反。笭音靈。請無及先君。欲自貶損。仲幾對曰。君若以社稷之故。私降昵宴。羣臣弗敢知。昵、近也。降昵宴、謂損親近聲樂飲食之事。若夫宋國之法。死生之度。先君有命矣。羣臣以死守之。弗敢失隊。臣之失職。常刑不赦。臣不忍其死。君命祗辱。言君命必不行、祗、適也。宋公遂行。己亥。卒于曲棘。爲明年梁丘據語起本、

十二月。庚辰。齊侯圍鄆。欲取以居公。不書圍、鄆人自服、不成圍、

初。臧昭伯如晉。臧會竊其寶龜僂句。僂句、龜所出地名。○僂音旅。又音屢。句居具反。以卜爲信與僭。僭吉。僭、不信也。臧氏老將如晉問。問昭伯起居、會請往。代家老行。昭伯問家故。盡對。故、事也。及內子與母弟叔孫。則不對。內子、昭伯妻。不對、若有他故、再三問。不對。歸及郊。會逆。問。又如初。又不對、至。次于外而察之。皆無之。執而戮之。逸。奔郈。郈魴假使爲賈正焉。郈在東平無鹽縣東南。魴假、郈邑大夫。賈正、掌貨物使有常價、若市吏。○魴音房。賈音嫁。計於季氏。送計簿於季氏。臧氏使五人以戈楯伏諸桐汝之閭。桐汝、里名。○楯食準反。又音允。會出。逐之。反奔。執諸季氏中門之外。平子怒曰。何故以兵入吾門。拘臧氏老。季臧有惡。相怨惡。及昭伯從公。平子立臧會。立以爲臧氏後。會曰。僂句不余欺也。傳言卜筮之驗。善惡由人。

楚子使遠射城州屈。復茄人焉。還復茄人於州屈。○屈居勿反。一其勿反。茄音加。城丘皇。遷訾人焉。移訾人於丘皇。使熊相禖郭巢。季然郭卷。使二大夫爲巢、卷築郭也。卷、城在南陽葉縣南。○禖音梅。卷音權。又音捲。子大叔聞之曰。楚王將死矣。使民不安其土。民必憂。憂將及王。弗能久矣。爲明年楚子居卒傳。

經 二十有六年。春。王正月。葬宋元公。三月而葬。速。

三月。公至自齊。居于鄆。

夏。公圍成。成、孟氏邑。不書齊師、帥賤衆少、重在公。

秋。公會齊侯。莒子。邾子。杞伯。盟于鄟陵。鄟陵、地闕。○鄟音專。又市轉反。一徙丸反

公至自會。居于鄆。無傳。

九月。庚申。楚子居卒。

未同盟而赴以名、

冬十月、天王入于成周。傳言王入、在子朝奔後、經在前者、子朝來告晚、

尹氏召伯毛伯以王子朝奔楚。召伯當言召氏、經誤也、尹召族奔、非一人、故言氏、書奔在王入下者、王入乃告諸侯、

傳二十六年春王正月庚申、齊侯取鄆。前年已取鄆、至是乃發傳者、爲公處鄆起、

葬宋元公、如先君禮也。善宋人違命以合禮、

三月、公至自齊、處於鄆、言魯地也。入魯竟故書至、猶在外、故書地、

夏、齊侯將納公、命無受魯貨。申豐從女賈、豐賈、二人皆季氏家臣、○女音汝 以

幣錦二兩。二丈爲一端、二端爲一兩、所謂匹也、二兩、二匹、 縛一如瑱。瑱充耳、縛卷也、急卷使如充耳、易懷藏、○縛直轉反、瑱它殿反 適齊師、謂子猶之人高齮、齮子猶家臣、子猶梁丘據、○齮魚綺反 能貨子猶、爲高氏後、粟五千庾。言若能爲我行貨於子猶、當爲請使得爲高氏後、又當致粟五千庾、庾十六斗、凡八千斛、 高齮以錦示子猶、子猶欲之、齮曰、魯人買之百兩一布、以道之不通、先入幣財。言魯人買此甚多、布陳之以百兩爲數、 子猶受之、言於齊侯曰、羣臣不盡力于魯君者、非不能事君也。欲行其說、故先示欲盡力納魯君、 然據有異焉。異猶怪也、 宋元公爲魯君如晉、卒于曲棘、叔孫昭子求納其君、無疾而死、不知天之棄魯耶、抑魯君有罪於鬼神、故及此也。君若待于曲棘、使羣臣從魯君以卜焉、卜知可伐否、 若可師有濟也、君而繼之、茲無敵矣。若其無成、君無辱焉。齊侯從之、使公子鉏帥師從公。鉏齊大夫、 成大夫公孫朝謂平子曰、有都以衛國也、請我受師。許之。以成邑禦齊師、 請納質、恐見疑、○質音致 弗許、曰、信女足矣。告於齊師曰、孟氏魯之敝室也、敝壞也、 用成已甚、弗能忍也、請息肩于齊。公孫朝詐齊師、言欲降、使來取成、○降戶江反 齊師圍成、成人伐齊師之飲馬于淄者、曰、將以厭衆。以厭衆心、不欲使知已降也、淄水出泰山梁父縣西北入汶、○厭於冉反、又於葉反 魯成備而後告、曰不勝衆。降已不能勝、 師及齊師戰于炊鼻。季氏師距公、非公命、則不書、炊鼻魯地、 齊子淵捷從洩聲子、聲子魯大夫、 射之、中楯瓦、凡楯脊、○楯常允反、又音允、 繇朐汏輈、匕入者三寸。入楯瓦也、朐車軛、輈車轅、繇過也、汏

矢激、匕矢鏃也、○朐其俱反、汏他達反、輈陟留反、 聲子射其馬、斬鞅、殪。殪死也、○鞅於丈反、殪於計反 改駕、人以爲鬷戾也、而助之。人魯人也、鬷戾、子車、叔孫氏司馬、 子車曰、齊人也。子車御淵捷、 將擊子車、子車射之、殪。其御曰、又之。又欲使射餘人、 子車曰、衆可懼也、而不可怒也。子囊帶從野洩、叱之。囊帶齊大夫、野洩即聲子、○叱昌實反 洩亦叱之。野洩亦叱也、言齊無職心、但相叱、 冉豎射陳武子、中手。冉豎季氏臣、 失弓而罵。武子罵、 以告平子曰、有君子白皙、鬒鬚眉、甚口。平子曰、必子彊也、無乃亢諸。子彊武子字、○鬒之忍反、 對曰、謂之君子、何敢亢之。僞言不敢違季氏、 林雍羞爲顏鳴右、下。皆魯人、羞爲右、故下車戰、 苑何忌取其耳。何忌齊大夫、不欲殺雍、但

截其耳以辱之。顏鳴去之。其右見獲、懼而去之、苑子之御曰。視下顧。復欲使苑子擊其足、苑子荆林雍。斷其足。鑒而乘於他車以歸。鑒、一足行。○荆、芳弗反、又父勿反。斷、丁管反。鑒、遣政反、顏鳴三入齊師。呼曰。林雍乘。言魯人皆致力於季氏、不以私怨而相棄。○呼、火故反。乘、繩證反

四月。單子如晉告急。五月戊午。劉人敗王城之師于尸氏。劉人、劉蚡之屬。王城、子朝之徒。尸氏在鞏縣西南偃師城、戊辰。王城人劉人戰于施谷。劉師敗績。施谷、周地、

秋。盟于鄟陵。謀納公也。齊侯謀、

七月己巳。劉子以王出。師敗懼而出、庚午。次于渠。渠周地、王城人焚劉。

燒劉子邑、丙子。王宿于褚氏。洛陽縣南有褚氏亭、丁丑。王次于萑谷。庚辰。王入于胥靡。辛巳。王次于滑。萑谷、胥靡、滑、皆周地。胥靡、滑本鄭邑。○萑、音丸、晉知躒、趙鞅帥師納王。使女寬守關塞。女寬、晉大夫。關塞、洛陽西南伊闕口也。守之、備子朝。○知、音智。躒、音歷。女、音汝。塞、素代反

九月。楚平王卒。令尹子常欲立子西。子西、平王之長庶、曰。太子壬弱。其母非適也。壬、昭王也。○適、音的。下同、王子建實聘之。子西長而好善。立長則順。建善則治。王順國治。可不務乎。子西怒曰。是亂國而惡君王也。言王子建聘之、是章君王之惡、國有外援。不可瀆也。外援、秦也、瀆、慢也、王有適嗣。不可亂也。敗親速讎。不立壬、秦將來討、是速讎也、亂嗣不祥。我受其名。受惡名也、賂吾以天下。吾滋不從也。滋、益也、楚國何為。必殺令尹。令尹懼。乃立昭王。

冬十月丙申。王起師于滑。起、發也、辛丑。在郊。郊、子朝邑、遂次于尸。十一月辛酉。晉師克鞏。知躒、趙鞅之師、召伯盈逐王子朝。伯盈、本黨子朝、晉師克鞏、知子朝不成、更逐之而逆敬王、王子朝及召氏之族。毛伯得。尹氏固。南宮嚚。奉周之典籍以奔楚。尹、召二族皆奔、故稱氏、重見尹固名者、為後還見殺。陰忌奔莒以叛。陰忌、子朝黨、莒周邑、召伯逆王于尸。及劉子單子盟。召伯新還、故盟、遂軍圉澤。次于隄上。圉澤、隄上、皆周地。○隄、音低、或音啼、癸酉。王入于成周。成周、今洛陽、甲戌。盟于襄宮。襄王之廟、晉師使成公般戍周而還。般、晉大夫、

十二月癸未。王入于莊宮。莊宮、在王城、王子朝使告于諸侯曰。昔武王克殷。成王靖四方。康王息民。並建母弟。以蕃屏周。亦曰吾無專享文武之功。不敢專、故建母弟、且為後人之迷敗傾覆而溺入于難。則振救之。至于夷王。王愆于厥身。夷王、厲王父也。愆、惡疾也、諸侯莫不並走其望。以祈王身。至于厲王。王心戾虐。萬民弗忍。居王于彘。不忍害王也。厲王之末、周人流王于彘、諸侯釋位。以閒王政。閒、猶與也、去其位、與治王之政事。○閒、去聲、一如字、宣王有志。而後效官。宣王、厲王子、彘之亂、宣王尚少、召公虎取而長之。效、授也、至于幽王。天不弔周。王昏不若。用愆厥位。幽王、宣王子。若、順也。愆、失也、攜王奸命。諸侯替之而建王嗣。用遷郟鄏。攜王、幽王少子伯服也。王嗣、宜臼也。幽王后申姜生太子宜臼、王幸褒姒生伯

服欲立之而殺太子、大子犇申、申伯與鄫及西戎伐周、戰于戲、幽王死、諸侯廢伯服而立宜臼、是爲平王、東遷郟鄏。○攜戶圭反、奸音干、鄏音辱、戲音希則是兄弟之能用力於王室也。至于惠王。天不靖周。生頹禍心。施于叔帶。惠襄辟難。越去王都。惠王、平王六世孫、頹、惠王庶叔也、莊十九年作亂、惠王適鄭、襄王、惠王子、叔帶、襄王弟、僖二十四年、叔帶作難、襄王處氾。○施音異、辟音避、難去聲、氾音凡則有晉鄭咸黜不端。黜、去也、晉文殺叔帶、鄭厲殺子頹、爲王室去不端直之人、以綏定王家。則是兄弟之能率先王之命也。在定王六年。秦人降妖。定王、襄王孫、定王六年、魯宣八年、曰。周其有頿王。亦克能修其職。諸侯服享。二世共職。二世、謂靈景。○頿子斯反、共音恭王室其有間王位。諸侯不圖。而受其亂災。間王位、謂子朝也、今子朝以爲王猛、受亂災、謂楚也、今子朝以爲晉。○間去聲、下間先王同至于靈王。生而有頿。

靈王、定王孫、王甚神聖。無惡於諸侯。靈王景王。克終其世。景王、靈王子、今王室亂。單旗劉狄。剝亂天下。壹行不若。單旗、穆公也、劉狄、劉蚠也、壹、專也、謂先王何常之有。言先王無常法、唯余心所命。其誰敢討之。帥羣不弔之人。弔、至也、以行亂于王室。侵欲無厭。規求無度。貫瀆鬼神。貫、習、瀆、易也。○厭於鹽反、易以豉反慢棄刑法。倍奸齊盟。傲很威儀。矯誣先王。晉爲不道。是攝是贊。攝、持也、贊、佐也、先王、謂景王、思肆其罔極。肆、放也、茲不穀震盪播越。竄在荆蠻。茲、此也、此不穀、子朝自謂、未有攸厎。厎、至也、攸、所也、若我一二兄弟甥舅。獎順天法。無助狡猾。以從先王之命。毋速天罰。赦圖不穀。赦、赦其憂而圖其難、則所願也。敢盡布其腹心。及先王之經。而諸侯實深圖之。

昔先王之命曰。王后無適。則擇立長。年鈞以德。德鈞以卜。此所謂先王之經、王不立愛。公卿無私。古之制也。穆后及大子壽早夭卽世。在十五年、單劉贊私立少。以閒先王。閒、錯先王之制、亦唯伯仲叔季圖之。伯仲叔季、摠謂諸侯、閔馬父聞子朝之辭。曰。文辭以行禮也。子朝干景之命。遠晉之大。以專其志。無禮甚矣。文辭何爲。傳終王室亂、

齊有彗星。出齊之分野、不書、魯不見、齊侯使禳之。祭以禳除之、晏子曰。[illegible]益也。祇取誣焉。誣、欺也、天道不謟。謟、疑也、不貳其命。若之何禳之。且天之有彗也。以除穢也。君無穢德。又何禳焉。若德之穢。禳之何損。詩曰。惟此文王。小心翼翼。昭事上帝。聿懷多福。厥德不回。以受方國。

詩大雅、翼翼、共也、聿、惟也、回、違也、言文王德不違天人、故四方之國歸往之、君無違德。方國將至。何患於彗。詩曰。我無所監。夏后及商。用亂之故。民卒流亡。逸詩也、言追監夏商之亡、皆以亂故、若德回亂。民將流亡。祝史之爲。無能補也。公說。乃止。

齊侯與晏子坐于路寢。公歎曰。美哉室。其誰有此乎。景公自知德不能久有國、故歎也、晏子曰。敢問何謂也。公曰。吾以爲在德。對曰。如君之言。其陳氏乎。陳氏雖無大德。而有施於民。豆區釜鍾之數。其取之公也薄。謂以公量收、○施音翅、不出者同、區音甌、其施之民也厚。謂以私量貸、公厚斂焉。陳氏厚施焉。民歸之矣。詩曰。雖無德與女。式歌且舞。詩小雅、義取雖無大德、要有喜說之心、欲歌舞之式用也。○女音汝陳氏之施。民歌舞之矣。後世若少惰。陳

民而不亡。則國其國也已。公曰。善哉。是可若何。對曰。唯禮可以已之。在禮。家施不及國。民不遷。農不移。工賈不變。守常業。○賈音古士不濫。不失職。官不滔。滔慢也。大夫不收公利。不作福。公曰。善哉。我不能矣。吾今而後知禮之可以爲國也。對曰。禮之可以爲國也久矣。與天地並。有天地則禮義興。君令臣共。父慈子孝。兄愛弟敬。夫和妻柔。姑慈婦聽。禮也。君令而不違。臣共而不貳。父慈而敎。子孝而箴。箴諫也。○共音共下同兄愛而友。弟敬而順。夫和而義。妻柔而正。姑慈而從。不自專。婦聽而婉。婉順也。禮之善物也。公曰。善哉。寡人今而後聞此禮之上也。對曰。先王所禀於天地。以爲其民也。是以先王上之。禀受也。

春秋左傳卷二十五終

春秋左傳卷二十六

晉鎭南大將軍當陽縣侯京兆杜　預集解

皇明　後　學　東吳金　蟠較訂

昭公

經　二十有七年。春。公如齊。自鄆行。○鄆音運

公至自齊。居于鄆。

夏四月。吳弑其君僚。僚亟戰民罷。又伐楚喪。故光乘閒而動。稱國以弑。罪在僚。

楚殺其大夫郤宛。無極楚之讒人。宛所明知而信近之。以取敗亡。故書名罪宛。

秋。晉士鞅。宋樂祁犂。衞北宮喜。曹人。邾人。滕人。會于扈。

冬十月。曹伯午卒。無傳。未同盟而赴以名。

邾快來奔。無傳。快邾命卿也。故書。

公如齊。自鄆行。

公至自齊，居于鄆。

無傳

傳二十七年春，公如齊。公至自齊，處于鄆，言在外也。在外邑，故書地。

吳子欲因楚喪而伐之，前年楚平王卒。使公子掩餘、公子燭庸帥師圍潛，二子皆王僚母弟。潛，楚邑，在廬江六縣西南。使延州來季子聘于上國，季子本封延陵，後復封州來，故曰延州來。遂聘于晉，以觀諸侯。觀彊弱。楚莠尹然、工尹麇帥師救潛，二尹楚官，然、麇其名。○麇，九倫反。左司馬沈尹戌帥都君子與王馬之屬以濟師，都君子，在都邑之士，有復除者。王馬之屬，王之養馬官屬校人也。濟，益也。○復音福。與吳師遇于窮。令尹子常以舟師及沙汭而還。沙，水名。左尹郤宛、工尹壽帥師至

于潛，吳師不能退。楚師彊故，吳不得退去。吳公子光曰：此時也，弗可失也。欲因其師徒在外，國不堪役以弒王。告鱄設諸曰：上國有言曰，不索何獲。我，王嗣也，吾欲求之。光，吳王諸樊子也，故曰我王嗣。○鱄音專。事若克，季子雖至，不吾廢也。鱄設諸曰：王可弒也。母老子弱，是無若我何。猶言我無若是何。欲以老弱託光。光曰：我，爾身也。言我身猶爾身。夏四月，光伏甲於堀室而享王。掘地為室。王使甲坐於道，及其門。坐道邊，至光門。門階戶席，皆王親也，夾之以鈹。羞者獻體改服於門外，羞，進食也。獻體，解衣。○鈹音披。執羞者坐行而入，坐行，膝行。執鈹者夾承之，承，執羞者。及體以相授也。鈹及進羞者體，則所食授王。光偽足疾，入于堀室。恐難作，王黨殺己，素辟之。鱄設諸寘劍於魚中以進，全魚炙。抽劍

刺王，鈹交於胸，交鱄諸胸。遂弒王。闔廬以其子為卿。闔廬，光也。以鱄諸子為卿。季子至，曰：苟先君無廢祀，民人無廢主，社稷有奉，國家無傾，乃吾君也。吾誰敢怨？哀死事生，以待天命。非我生亂，立者從之，先人之道也。吳自諸樊以下，兄弟相傳而不立適，是亂由先人起也。季子自知力不能討光，故云爾。復命哭墓，復使命於僚墓。復位而待。復本位，待光命。吳公子掩餘奔徐，公子燭庸奔鍾吾。鍾吾，小國。楚師聞吳亂而還。言聞吳亂，明御宛不取賂而還。郤宛直而和，國人說之。以直事君，以和接類。鄢將師為右領，右領，官名。○鄢，於晚反，又烏戶反。與費無極比而惡之。惡郤宛。○費，扶味反。比，毗志反。惡，烏路反。令尹子常賄而信讒，無極譖郤宛焉，謂子常曰：子惡欲飲子酒。子惡，郤宛。○飲，於鴆反。又

謂子惡：令尹欲飲酒於子氏。子惡曰：我賤人也，不足以辱令尹。令尹將必來辱，為惠已甚，吾無以酬之，若何？酬，報獻。無極曰：令尹好甲兵，子出之，吾擇焉。擇取以進子常。取五甲五兵，曰：寘諸門，令尹至，必觀之，而從以酬之。極辭。及饗日，帷諸門左。張帷陳甲兵其中。無極謂令尹曰：吾幾禍子。子惡將為子不利，甲在門矣，子必無往。且此役也，此春救潛之役。吳可以得志，子惡取賂焉而還，又誤群帥使退其師，曰：乘亂不祥。吳乘我喪，我乘其亂，不亦可乎？令尹使視郤氏，則有甲焉。不往，召鄢將師而告之。告子惡門有甲兵，將害己。將師退，遂令攻郤氏，且爇之。爇，燒也。○爇，如悅反。子惡聞之，遂自殺也。國人弗爇，令曰：不

爇郤氏。與之同罪。或取一編菅焉。或取一秉秆焉。編菅苫也。秉把也。秆槀也。
○菅古顏反。秆古但反。國人投之。遂弗爇也。令尹炮之。炮燔郤宛。盡滅郤氏之
族黨。殺陽令終與其弟完及佗。令終陽匄子。與晉陳及其子弟。晉陳楚大
夫。皆郤氏之黨。晉陳之族呼於國曰。鄢氏費氏自以為王。專禍楚國。弱
寡王室。蒙王與令尹以自利也。蒙欺也。令尹盡信之矣。國將如何。
令尹病之。為下殺無極張本。
秋。會于扈。令戍周。且謀納公也。宋衛皆利納公。固請之。范獻子
取貨於季孫。謂司城子梁與北宮貞子。子梁宋樂祁也。貞子衛北宮喜。曰。季孫
未知其罪。而君伐之。請囚請亡。於是乎不獲。君又弗克。而自出

也。夫豈無備而能出君乎。季氏之復。天救之也。復猶安也。休公徒之
怒。休息也。而啓叔孫氏之心。不然。豈其伐人而說甲執冰以游。叔
孫氏懼禍之濫。而自同於季氏。天之道也。魯君守齊。三年而無
成。季氏甚得其民。淮夷與之。淮夷魯東夷。○說他活反。有十年之備。有齊楚
之援。公雖在齊。言齊不致力。有天之贊。有民之助。有堅守之心。有列國之
權。而弗敢宣也。宣用也。事君如在國。書公行告公至是也。故鞅以為難。二子
皆圖國者也。而欲納魯君。鞅之願也。請從二子以圍魯。無成。死
之。二子懼。皆辭。乃辭小國。而以難復。以難納白晉君。
孟懿子。陽虎伐鄆。陽虎季氏家臣。伐鄆欲奪公。鄆人將戰。子家子曰。天命不

慆久矣。慆疑也。言棄君不疑。使君亡者。必此眾也。言君據鄆眾以與魯戰。必敗亡。天既禍
之。而自福也。不亦難乎。猶有鬼神。此必敗也。嗚呼。為無望也夫。
其死於此乎。公使子家子如晉。公徒敗于且知。且知近鄆地也。○且子餘反。
楚郤宛之難。國言未已。進胙者莫不謗令尹。進胙國中祭祀也。謗詛也。沈尹
戌言於子常曰。夫左尹與中廄尹莫知其罪。而子殺之。以興謗
讟。至于今不已。左尹郤宛也。中廄尹陽令終。戌也惑之。仁者殺人以掩謗。猶
弗為也。今吾子殺人以興謗。而弗圖。不亦異乎。夫無極。楚之讒
人也。民莫不知。去朝吳。在十五年。○去起呂反。朝如字。出蔡侯朱。在二十一年。喪大
子建。殺連尹奢。在二十年。○喪息浪反。屏王之耳目。使不聰明。不然。平王

之溫惠共儉。有過成莊。無不及焉。所以不獲諸侯。邇無極也。邇近
也。今又殺三不辜。以興大謗。三不辜郤氏。陽氏。晉陳氏。幾及子矣。子而不圖。
將焉用之。夫鄢將師矯子之命。以滅三族。國之良也。而不愆位。
在位無愆過。吳新有君。光新立也。疆埸日駭。楚國若有大事。子其危哉。知
者除讒以自安也。今子愛讒以自危也。甚矣其惑也。子常曰。是
瓦之罪。敢不良圖。九月己未。子常殺費無極與鄢將師。盡滅其
族。以說于國。謗言乃止。
冬。公如齊。齊侯請饗之。設饗禮。子家子曰。朝夕立於其朝。又何饗
焉。其飲酒也。乃飲酒。使宰獻而請安。比公於大夫也。禮君不敵臣。宴大夫使宰為主。獻

爵也請安齊侯請自安不在坐也子仲之子曰重。爲齊侯夫人。曰。請使重見。子仲魯公子慭也十二年謀逐季氏不能而奔齊今行飲酒禮而欲使重見從宴媟也○慭魚覲反子家子乃以君出。辟齊夫人

十二月。晉籍秦致諸侯之戍于周。魯人辭以難。經所以不書戍周籍秦籍談子

經　二十有八年。春王三月。葬曹悼公。無傳六月而葬緩

公如晉。次于乾侯。乾侯在魏郡斥丘縣晉竟內邑

夏四月丙戌。鄭伯寧卒。無傳未同盟而赴以名

六月。葬鄭定公。無傳三月而葬速

秋。七月癸巳。滕子寧卒。無傳未同盟而赴以名

冬。葬滕悼公。無傳

傳　二十八年。春。公如晉。將如乾侯。齊侯卑公故適晉子家子曰。有求於人而即其安。人孰矜之。其造於竟。欲使公次於竟以待命○造七報反弗聽。使請逆於晉。晉人曰。天禍魯國。君淹恤在外。君亦不使一个辱在寡人。一个單使而即安於甥舅。其亦使逆君。言自使齊逆君使公復于竟而後逆之。逆著乾侯也言公不能用子家所以見辱○著中略反

晉祁勝與鄔臧通室。二子祁盈家臣也通室易妻○鄔舊音烏戶反誤當作於庶反祁盈將執之。盈祁午之子訪於司馬叔游。叔游司馬叔侯之子叔游曰。鄭書有之。惡直醜正。實蕃有徒。鄭書古書名也言害正直者實多徒衆無道立矣。子懼不免。言世亂讒勝詩曰。民之多辟。無自立辟。詩大雅○多辟匹亦反立辟婢亦反姑已若何。姑且也已止也盈曰。祁氏私有討。國何有焉。言討家臣無與國事遂執之。祁勝賂荀躒。荀躒爲之言於晉侯。晉侯執祁盈。以其專戮祁盈之臣曰。鈞將皆死。鈞同也慭使吾君聞勝與臧之死也。以爲快。慭發語之音○慭魚覲反乃殺之。夏。

六月。晉殺祁盈及楊食我。楊叔向邑食我叔向子伯石也○食音嗣食我祁盈之黨也。而助亂。故殺之。遂滅祁氏羊舌氏。初。叔向欲娶於申公巫臣氏。夏姬女也其母欲娶其黨。叔向曰。吾母多而庶鮮。吾懲舅氏矣。言父多妾媵而庶子鮮少嫌母氏性不曠其母曰。子靈之妻殺三夫。子靈巫臣妻夏姬也三夫陳御叔楚襄老及巫臣時巫臣已死一君。陳靈公一子。夏徵舒而亡一國。陳也兩卿矣。孔寧儀行父可無懲乎。吾聞之。甚美必有甚惡。是鄭穆少妃姚子之子。子貉之妹也。子貉鄭靈公夷○貉亡白反子貉早死無後。而天鍾美於是。是夏姬也鍾聚也子貉死在宣四年將必以是大有敗也。昔有仍氏生女黰黑。有仍古諸侯也

美髮爲黰。○黰之忍反 而甚美光可以鑑。髮膚光色、可以照人。名曰玄妻。以髮黑故 樂正后夔取之。夔舜典樂之君長。生伯封。實有豕心。貪惏無饜。忿纇無期。謂之封豕。纇戾也。封大也。○惏力耽反。饜於鹽反。纇立對反 有窮后羿滅之。夔是以不祀。羿篡夏后者。且三代之亡。共子之廢。皆是物也。夏以妺喜。殷以妲己。周以褒姒。三代所由亡也。共子晉申生。以驪姬廢。○共音恭。喜音嬉 女何以爲哉。夫有尤物。足以移人。苟非德義。則必有禍。尤異也。○女音汝 叔向懼。不敢取。平公強使取之。生伯石。伯石始生。子容之母走謁諸姑。子容母。叔向嫂。伯華妻也。曰。長叔姒生男。兄弟之妻相謂姒。○長丁丈反 姑視之。及堂。聞其聲而還。曰。是豺狼之聲也。狼子野心。非是莫喪羊舌氏矣。遂弗視。

秋。晉韓宣子卒。魏獻子爲政。獻子。魏舒。分祁氏之田以爲七縣。七縣、鄔、祁、平陵、梗陽、塗水、馬首、盂也。分羊舌氏之田以爲三縣。銅鞮、平陽、楊氏。○鞮丁兮反 司馬彌牟爲鄔大夫。大原鄔縣。賈辛爲祁大夫。大原祁縣。司馬烏爲平陵大夫。魏戊爲梗陽大夫。戊魏舒庶子。梗陽在大原晉陽縣南。知徐吾爲塗水大夫。徐吾知盈孫。塗水、大原榆次縣。韓固爲馬首大夫。固韓起孫。孟丙爲孟大夫。大原孟縣。樂霄爲銅鞮大夫。上黨銅鞮縣。趙朝爲平陽大夫。朝趙勝曾孫。平陽平陽縣。僚安爲楊氏大夫。平陽楊氏縣。謂賈辛司馬烏爲有力於王室。二十二年、辛烏帥師納敬王。故舉之。謂知徐吾趙朝韓固魏戊。餘子之不失職。能守業者也。卿之庶子爲餘子。其四人者。皆受縣而後見於魏子。以賢舉也。四人司馬彌牟孟丙樂霄僚安也。受縣而後見。言采衆而舉。不以私也。魏子謂成鱄。鱄晉大夫。○鱄音鄟。又市轉反。又音附 吾與戊也縣。人其以我爲黨乎。對曰。何也。戊之爲人也。遠不忘君。疏遠也。近不偪同。不偪同位。居利思義。不苟得。在約思純。無濫心。有守心而無淫行。雖與之縣。不亦可乎。昔武王克商。光有天下。光大也。其兄弟之國者十有五人。姬姓之國者四十人。皆舉親也。夫舉無他。唯善所在。親疏一也。詩曰。唯此文王。帝度其心。莫其德音。其德克明。克明克類。克長克君。王此大國。克順克比。比于文王。其德靡悔。既受帝祉。施于孫子。詩大雅。美文王能王大國。受天福施及子孫。○度待洛反。莫亡白反。又如字。王于況反。施以豉反 心能制義曰度。帝度其心。德正應和曰莫。莫然清靜。照臨四方

曰明。勤施無私曰類。施而無私。物得其所。無失類也。教誨不倦曰長。教誨長人之道。賞慶刑威曰君。作威作福。君之職也。慈和徧服曰順。唯順故天下徧服。擇善而從之曰比。比方善事。使相從也。經緯天地曰文。經緯相錯。故織成文。九德不愆。作事無悔。九德上九曰也。皆無愆過。則動無悔吝。故襲天祿。子孫賴之。襲受也。主之舉也。近文德矣。所及其遠哉。舉魏戊等。勤施無私也。其四人者。擇善而從。故曰近文德所及遠也。賈辛將適其縣。見於魏子。魏子曰。辛來。昔叔向適鄭。鬷蔑惡。惡貌醜。○鬷子工反 欲觀叔向。從使之收器者。從隨也。隨使人應斂俎豆者。而往立於堂下。一言而善。叔向將飲酒。聞之曰。必鬷明也。素聞其賢。故聞其言而知之。下執其手以上。曰。昔賈大夫惡。賈國之大夫。惡亦醜也。娶妻而美。三年不言不笑。御以

如皋。為妻御之皋澤射雉獲之其妻始笑而言賈大夫曰才之不可以已我不能射女遂不言不笑夫今子少不颺顏貌不揚顯○女音汝子若無言吾幾失子矣言之不可以已也如是遂如故知今女有力於王室吾是以舉女因賈辛有功而後舉之言人不可無能行乎敬之哉毋墮乃力墮損也○墮許規反仲尼聞魏子之舉也以為義曰近不失親謂舉魏戊遠不失舉以賢舉可謂義矣又聞其命賈辛也以為忠先賞王室之功故為忠詩曰永言配命自求多福忠也詩大雅永長也言能長配天命致多福者唯忠魏子之舉也義其命也忠其長有後於晉國乎

冬梗陽人有獄魏戊不能斷以獄上上魏子其大宗賂以女樂訟者之大宗魏子將受之魏戊謂閻沒女寬二人魏子之屬大夫曰主以不賄聞於諸侯若受梗陽人賄莫甚焉吾子必諫皆許諾退朝待於庭魏子朝君退而待於魏子之庭饋入召之召二大夫食比置三歎既食使坐更命之令坐魏子曰吾聞諸伯叔諺曰唯食忘憂吾子置食之閒三歎何也同辭而對曰或賜二小人酒不夕食或他人也言饑甚饋之始至恐其不足是以歎中置自咎曰豈將軍食之而有不足是以再歎魏子中軍帥故謂之將軍○食音嗣及饋之畢願以小人之腹為君子之心屬厭而已屬足也言小人之腹飽猶知厭足君子之心亦宜然○屬之玉反厭於鹽反又於豔反獻子辭梗陽人傳言魏氏所以興也

經二十有九年春公至自乾侯居于鄆以乾侯至不得見晉侯故齊侯使高張來唁公唁公至晉不見受高張高偃子○唁音彥公如晉次于乾侯復不見受住乾侯夏四月庚子叔詣卒無傳秋七月冬十月鄆潰無傳民逃其上曰潰潰散叛公

傳二十九年春公至自乾侯處于鄆齊侯使高張來唁公稱主君比公於大夫子家子曰齊卑君矣君祇辱焉言往事齊適取辱公如乾侯為齊所卑故復適晉冀見恤三月己卯京師殺召伯盈尹氏固及原伯魯之子皆子朝黨也稱伯魯子終不說學○說音悅尹固之復也二十六年尹固與子朝俱奔楚而道還有婦人遇之周郊尤之曰處則勸人為禍行則數日而反是夫也其過三歲乎夏五月庚寅王子趙車入于鄻以叛陰不佞敗之趙車子朝之餘也見殺伯盈

箨故叛、鄟周邑、
○鄟列兗反
平子每歲賈馬、賈賈也、具從者之衣屨、而歸之于乾侯、公執歸馬
者賣之、賣其馬、乃不歸馬、衞侯來獻其乘馬、曰啓服、啓服、馬名、塹而死、
隋塹死也、公將爲之櫝、爲作棺也、子家子曰、從者病矣、請以食之、乃以帷
裹之、禮曰、敝帷不棄、爲埋馬也、○食音嗣、公賜公衍羔裘、使獻龍輔於齊侯、龍輔、玉名、
遂入羔裘、齊侯喜、與之陽穀、陽穀、齊邑、公衍公爲之生也、其母偕出、
出之產舍、公衍先生、公爲之母曰、相與偕出、請相與偕告、留公衍母、使待己共白公、
三日、公爲生、其母先以告、公爲爲兄、公私喜於陽穀、而思於
魯、曰、務人爲此禍也、務人、公爲也、始與公若謀逐季氏、且後生而爲兄、其誣也

久矣、乃黜之、而以公衍爲太子、
秋、龍見于絳郊、絳、晉國都、○見賢遍反、下同、魏獻子問於蔡墨、蔡墨、晉大史、曰、吾
聞之、蟲莫知於龍、以其不生得也、謂之知、信乎、對曰、人實不知、
非龍實知、言龍無知、乃人不知之耳、○知音智、注無知同、古者畜龍、故國有豢龍氏、有
御龍氏、豢、御、養也、○豢音患、獻子曰、是二氏者、吾亦聞之、而不知其故、是
何謂也、對曰、昔有飂叔安、飂、古國也、叔安、其君名、○飂力謬反、有裔子曰董父、裔、遠
也、玄孫之後爲裔、實甚好龍、能求其耆欲以飲食之、龍多歸之、乃擾畜
龍、以服事帝舜、帝賜之姓曰董、擾、順也、○耆時志反、飲於鴆反、食音嗣、下同、氏曰豢
龍、豢龍、官名、官有世功、則以官氏、封諸鬷川、鬷夷氏其後也、鬷水上夷、皆董姓、○鬷子工反、故

帝舜氏世有畜龍、及有夏孔甲、擾于有帝、孔甲、少康之後九世、君也、其德能順於天、
帝賜之乘龍、河漢各二、各有雌雄、孔甲不能食、而未乘龍、合爲四、○乘繩證反、
獲豢龍氏、有陶唐氏既衰、其後有劉累、陶唐、堯所治地、學擾龍于豢龍
氏、以事孔甲、能飲食之、夏后嘉之、賜氏曰御龍、夏后、孔甲、以更豕韋
之後、更代也、以劉累代彭姓之豕韋、累尋遷魯縣、豕韋復國、至商而滅、累之後世、復承其國爲豕韋氏、在襄二十四年、
龍一雌死、潛醢以食夏后、潛藏也、藏以爲醢、明龍不知、○醢音海、知音智、夏后饗之、既
而使求之、求致龍也、懼而遷于魯縣、不能致龍、故懼遷魯縣、自貶退也、魯縣、今魯陽也、范氏
其後也、晉范氏也、獻子曰、今何故無之、對曰、夫物物有其官、官修其
方、方、法術、朝夕思之、一日失職、則死及之、失職、有罪、失官不食、不食祿、官

宿其業、宿、猶安也、其物乃至、設水官修、則龍至、若泯棄之、物乃坻伏、泯、滅也、坻、止也、
○泯彌忍反、坻音旨、又丁禮反、鬱湮不育、鬱、滯也、湮、塞也、育、生也、故有五行之官、是謂五
官、實列受氏姓、封爲上公、爵上公、祀爲貴神、社稷五祀、是尊是奉、
五官之君長、能修其業者、死皆配食於五行之神、爲王者所尊奉、木正曰句芒、正、官長也、取木生句曲而有芒
角也、其祀重焉、○句古侯反、下同、重直龍反、下同、火正曰祝融、祝融、明貌、其祀犂焉、金正曰蓐收、
秋物摧蓐而可收也、其祀該焉、○蓐音辱、水正曰玄冥、水陰而幽冥、其祀脩及熙焉、土正曰后土、
土爲羣物主、故稱后也、其祀句龍焉、在家則祀中霤、在野則爲社、○霤力救反、龍、水物也、水官棄矣、故
龍不得生、棄廢也、不然、周易有之、言若不爾、周易無緣有龍、在乾䷀、乾下乾上、乾、
之姤䷫、巽下乾上、姤、乾初九變、○姤古豆反、曰、潛龍勿用、乾初九爻辭、其同人䷌

離下乾上，同人。乾九二變。曰：見龍在田。乾九二爻辭。其大有䷍乾下離上，大有。乾九五變。曰：飛龍在天。乾九五爻辭。其夬䷪乾下兌上，夬。乾上九變。○夬，古快反。曰：亢龍有悔。乾上九爻辭。其坤䷁坤上坤下，坤。乾六爻皆變。曰：見羣龍無首，吉。乾用九爻辭。坤之剝䷖坤下艮上，剝。坤上六變。曰：龍戰于野。坤上六爻辭。若不朝夕見，誰能物之？物，謂上六卦所稱龍各不同也。今說易者皆以龍喻陽氣，如史墨之言，則爲皆是眞龍。獻子曰：社稷五祀，誰氏之五官也？問五官之長皆是誰。對曰：少皥氏有四叔，少皥，金天氏。曰重、曰該、曰修、曰熙，實能金、木及水。能治其官。○重，直龍反。使重爲句芒，木正。該爲蓐收，金正。修及熙爲玄冥，二子相代爲水正。世不失職，遂濟窮桑，此其三祀也。窮桑，少皥之號也。四子能治其官，使不失職，濟成少皥之功，死皆爲民所祀。窮桑地在魯北。顓頊氏有

子曰犂，爲祝融；犂爲火正。共工氏有子曰句龍，爲后土。共工在太皥後、神農前，以水名官者。其子句龍能平水土，故死而見祀。此其二祀也。后土爲社；方答社稷，故明言爲社。稷，田正也。掌播殖也。有烈山氏之子曰柱，爲稷，烈山氏，神農世諸侯。自夏以上祀之。祀柱。周棄亦爲稷，棄，周之始祖，能播百穀。湯既勝夏，廢柱而以棄代之。自商以來祀之。傳言蔡墨之博物。

冬，晉趙鞅、荀寅帥師城汝濱，趙鞅，趙武孫也。荀寅，中行荀吳之子。汝濱，晉所取陸渾地。遂賦晉國一鼓鐵，以鑄刑鼎，令晉國各出功力，共鼓石爲鐵，計令一鼓而足。因軍役而爲之，故言遂。著范宣子所爲刑書焉。仲尼曰：晉其亡乎！失其度矣。夫晉國將守唐叔之所受法度，以經緯其民，卿大夫以序守之，序，位次也。民是以能尊其貴，貴是以能守其業。貴賤不愆，所謂度也。文公是以作執秩之官，爲被廬之法，僖二十七年，文公蒐被廬，修唐叔之法。○被，皮義反。以爲盟主。今棄是度也，而爲刑鼎，民在鼎矣，何以尊貴？棄禮徵書，故不尊貴。貴何業之守？民不奉上，則上失業。貴賤無序，何以爲國？且夫宣子之刑，夷之蒐也，晉國之亂制也。范宣子所用刑，乃夷蒐之法也。夷蒐在文六年，一蒐而三易中軍帥，賈季、箕鄭之徒遂作亂，故曰亂制。若之何以爲法？蔡史墨曰：范氏、中行氏其亡乎！蔡史墨，即蔡墨。中行寅爲下卿，而干上令，擅作刑器，以爲國法，是法姦也。又加范氏焉，易之，亡也。范宣子刑書中既廢矣，今復興之，是成其咎。其及趙氏，趙孟與焉。然不得已，若德，可以免。鑄刑鼎本非趙鞅意，不得已而從之，若能修德，可以免禍。爲定十三年荀寅、士吉射入朝

歌以叛。○與，音預。朝，如是。

經　三十年，春，王正月，公在乾侯。釋不朝正于廟。

夏，六月，庚辰，晉侯去疾卒。未同盟而赴以名。

秋，八月，葬晉頃公。三月而葬，速。

冬，十有二月，吳滅徐，徐子章禹奔楚。徐子稱名，以名告也。

傳三十年春王正月公在乾侯不先書鄆與乾侯非公且徵過也 徵明也二十七年二十八年公在鄆二十九年公在乾侯而經不釋朝正之禮者所以非責公之妄且明過謬猶可掩故不顯書其所在使若在國然自是鄆人潰叛齊晉卑公子家忠謀終不能用內外棄之非復過誤所當掩塞故每歲書公所在○徵直升反

夏六月晉頃公卒秋八月葬鄭游吉弔且送葬魏獻子使士景伯詰之曰悼公之喪子西弔子蟜送葬 在襄十五年○蟜居表反 今吾子無貳何故 弔葬共使○使所吏反 對曰諸侯所以歸晉君禮也禮也者小事大大字小之謂事大在共其時命 隨時共所求○共音恭 字小在恤其所無以敝邑居大國之閒共其職貢與其備御不虞之患豈忘共

命 言不敢忘共命以所備御者多不及辦之○辦皮莧反 先王之制諸侯之喪士弔大夫送葬唯嘉好聘享三軍之事於是乎使卿晉之喪事敝邑之閒先君有所助執紼矣 紼輓索也禮送葬必執紼○閒音閑紼音弗輓音晩 若其不閒雖士大夫有所不獲數矣 不得如先王禮數 大國之惠亦慶其加 慶善也謂善其君自行 而不討其乏明底其情 底致也○底音旨 取備而已以爲禮也靈王之喪 在襄二十八年 我先君簡公在楚我先大夫印段實往敝邑之少卿也 少年少也 王吏不討恤所無也今大夫曰女盍從舊 盍何不也○女音汝 舊有豐有省不知所從從其豐則寡君幼弱是以不共從其省則吉在此矣唯大夫圖之晉人不能詰 傳言大叔之敏

吳子使徐人執掩餘使鍾吾人執燭庸 二十七年奔故 二公子奔楚楚子大封而定其徙 大封與土田定其所徙之居 使監馬尹大心逆吳公子使居養 二子奔楚楚使逆之於竟也養即所封之邑○監古銜反 莠尹然左司馬沈尹戍城之取於城父與胡田以與之 胡田故胡子之地 將以害吳也子西諫曰吳光新得國而親其民視民如子辛苦同之將用之也若好吳邊疆使柔服焉猶懼其至 柔服謂不與吳構怨 吾又疆其讎以重怒之無乃不可乎 讎謂二公子 吳周之胄裔也而棄在海濱不與姬通今而始大比于諸華 光又甚文將自同於先王 先王謂大王王季亦自西戎始比諸華 不知天將以爲虐乎使翦喪吳國而封大異姓乎其抑亦將卒

以祚吳乎其終不遠矣 言其事行可知不久 我盍姑億吾鬼神 億安也 而寧吾族姓以待其歸 善惡之歸 將焉用自播揚焉 播揚猶勞動也 王弗聽吳子怒冬十二月吳子執鍾吾子遂伐徐防山以水之 防壅山水以灌徐 己卯滅徐徐子章禹斷其髮 斷髮自刑示懼 攜其夫人以逆吳子吳子唁而送之使其邇臣從之遂奔楚 邇近也 楚沈尹戍帥師救徐弗及遂城夷使徐子處之 夷城父也 吳子問於伍員曰初而言伐楚 在二十年 余知其可也而恐其使余往也又惡人之有余之功也今余將自有之矣伐楚何如對曰楚執政衆而乖莫適任患若爲三師以肄焉 肄猶勞也○適音的肄以利反 一師至彼必皆出彼出則歸彼歸則出

楚必道敝。罷敝於道、○罷音皮亟肄以罷之。亟、數也。○亟欺冀反多方以誤之。既罷而後以三軍繼之。必大克之。闔廬從之。楚於是乎始病。為定四年吳入楚傳、

經三十有一年。春。王正月。公在乾侯。

季孫意如會晉荀躒于適歷。適歷、晉地。○躒音歷適音的

夏四月丁巳。薛伯穀卒。襄二十五年盟重丘。○重平聲

晉侯使荀躒唁公于乾侯。將使意如迎公、故荀躒來唁、

秋。葬薛獻公。無傳、

冬。黑肱以濫來奔。黑肱、邾大夫、濫、東海昌慮縣、不書邾、史闕文、

十有二月辛亥朔。日有食之。

傳三十一年。春。王正月。公在乾侯。言不能外內也。公內不容於臣子、外不容於齊晉、所以久在乾侯、晉侯將以師納公。范獻子曰。若召季孫而不來。則信不臣矣。然後伐之。若何。晉人召季孫。獻子使私焉。曰。子必來。

我受其無咎。言我為子受無咎之任、季孫意如會晉荀躒于適歷。荀躒曰。寡君使躒謂吾子。何故出君。有君不事。周有常刑。子其圖之。季孫練冠麻衣跣行。示憂慼、伏而對曰。事君。臣之所不得也。敢逃刑命。言願事君、君不肯還、不敢辟罪、君若以臣為有罪。請囚于費。以待君之察也。亦唯君。若以先臣之故不絕季氏而賜之死。雖賜以死、不絕其後、○費音祕若弗殺弗亡。君之惠也。死且不朽。若得從君而歸。則固臣之願也。敢有異心。君皆謂魯侯也、蓋季孫探言罪已輕重、以荅荀躒、夏四月。季孫從知伯如乾侯。知伯、荀躒、○知音智子家子曰。君與之歸。一慙之不忍。而終身慙乎。公曰。諾。眾曰。在一言矣。君必逐之。言晉既憂君、君一言使晉、晉必逐之荀躒以晉侯之命唁公。且曰。寡君使躒以君命討於意如。意如不敢逃死。君其入也。公曰。君惠顧先君之好。施及亡人。將使歸糞除宗祧以事君。則不能見夫人。己所能見夫人者。有如河。夫人、謂季孫也、言若見季孫、己當受禍、明如河以自誓、荀躒掩耳而走。怪公所言、示不忍聽、曰。寡君其罪之恐。敢與知魯國之難。言恐獲不納君之罪、今納而不入、何敢復知耶、○與音預難乃旦反臣請復於寡君。退而謂季孫。君怒未怠。子姑歸祭。歸攝君事、子家子曰。君以一乘入于魯師。季孫必與君歸。公欲從之。眾從者脅公。不得歸。傳言君弱、不得復自在、

薛伯穀卒。同盟。故書。謂書名也、入春秋來薛始書名、故發傳、經在荀躒唁公上、傳在下者、欲與事相次、

秋吳人侵楚伐夷侵潛六皆楚邑楚沈尹戌帥師救潛吳師還楚師遷潛於南岡而還吳師圍弦左司馬戌右司馬稽帥師救弦及豫章左司馬沈尹戌吳師還始用子胥之謀也謀在前年

冬邾黑肱以濫來奔賤而書名重地故也黑肱非命卿故曰賤君子曰名之不可不愼也如是是黑肱也夫有所有名而不如其已有所謂有地也言雖有名不如無名已止也以地叛雖賤必書地以名其人終爲不義弗可滅已是故君子動則思禮行則思義不爲利回回正心也不爲義疚疚病也見義則爲之或求名而不得或欲蓋而名章懲不義也齊豹爲衛司寇守嗣大夫守先人嗣言其尊作而不義其書爲盜求名而不得也二十年豹殺衛侯兄

欲求不畏疆禦之名邾庶其在襄二十一年莒牟夷在五年邾黑肱以土地出求食而已不求其名賤而必書春秋叛者多唯取三人來適魯者三人皆小國大夫故曰賤此二物者所以懲肆而去貪也物事也肆放也齊豹書盜懲肆也三叛人名去貪也若艱難其身身爲艱難以險危大人大人在位者而有名章徹謂得勇名攻難之士將奔走之攻猶作也奔走猶赴趣也○難去聲若竊邑叛君以徼大利而無名謂不書其人名貪冒之民將寘力焉盡力爲之不顧於見書是以春秋書齊豹曰盜三叛人名以懲不義數惡無禮其善志也無禮惡逆皆數而不志記事之善者也○數所生反故曰春秋之稱微而顯文微而義著婉而辨辭婉而旨別上之人能使昭明上之人謂在位者在位者能行其法非賤人所能善人勸焉淫人懼焉是以君子貴之

十二月辛亥朔日有食之是夜也趙簡子夢童子羸而轉以歌轉宛轉也○羸力果反且占諸史墨曰吾夢如是今而日食何也簡子夢適與日食會謂咎在已故問之對曰六年及此月也吳其入郢乎終亦弗克史墨知夢非日食之應故釋日食之咎而不釋其夢○郢以井反又羊政反入郢必以庚辰庚日有變日在辰尾故曰以庚辰定四年十一月庚辰吳入郢日月在辰尾辰尾龍尾也周十二月今之十月日月合朔於辰尾而食庚午之日日始有謫火勝金故弗克謫變氣也庚午十月十九日去辛亥朔四十一日雖食在辛亥更以始變爲占也午南方楚之位也午火庚金也日以庚午有變故災在楚楚之仇敵唯吳故知入郢必吳火勝金者金爲火妃食在辛亥亥水也水數六故六年也

經三十有二年春王正月公在乾侯取闞無傳公別居乾侯遣人誘闞而取之不用師徒○闞口暫反

夏吳伐越

秋七月

冬仲孫何忌會晉韓不信齊高張宋仲幾衛世叔申鄭國參曹人莒人薛人杞人小邾人城成周世叔申世叔儀孫也國參子產之子不書盟時公在外未及告公已薨○參七南反

十有二月己未公薨于乾侯十五日

傳三十二年春王正月，公在乾侯，言不能外內，又不能用其人也。（其人，謂子家羈也，言公不能用其人，故於今猶在乾侯、）

夏，吳伐越，始用師於越也。（自此之前，雖疆事小爭，未嘗用大兵、）史墨曰：不及四十年，越其有吳乎。（存亡之數，不過三紀，歲星三周，三十六歲，故曰不及四十年，哀二十二年，越滅吳，至此三十八歲、）越得歲而吳伐之，必受其凶。（此年歲在星紀，星紀，吳越之分也，歲星所在，其國有福，吳先用兵，故反受其殃、）

秋八月，王使富辛與石張如晉，請城成周。（子朝之亂，其餘黨多在王城，敬王畏之，徙都成周，成周狹小，故請城之、）天子曰：天降禍于周，俾我兄弟並有亂心，以為伯父憂。（俾，使也，兄弟，謂子朝也，伯父，謂晉侯、）我一二親暱甥舅，不皇啟處，於今十年，（謂二十三年，二師圍郊，至于今、）勤戍五年。（謂二十八年，晉籍秦致諸侯之戍，至于今、）余一人無日忘之，（念諸侯勞、）閔閔焉如農夫之望歲，懼以待時。（閔閔，憂貌，王憂亂，常閔閔，冀望安定，如農夫之憂饑，冀望來歲之將熟、）伯父若肆大惠，復二文之業，弛周室之憂，（肆，展放也，二文，謂文侯仇，文公重耳，弛，猶解也、）徼文武之福，以固盟主，宣昭令名，則余一人有大願矣。昔成王合諸侯城成周，以為東都，崇文德焉。（作成周，遷殷民，以為京師之東都，所以崇文王之德、）今我欲徼福假靈于成王，修成周之城，俾戍人無勤，諸侯用寧，蝥賊遠屏，晉之力也。（蝥賊，喻災害，○蝥亡侯反）其委諸伯父，使伯父實重圖之，俾我一人無徵怨于百姓，（徵，召也、）而伯父有榮施，先王庸之。（庸，功也，先王之靈，以為大功、）范獻子謂魏獻子曰：與其戍

春秋左傳　卷二十六　昭公　三三　承懷堂

周，不如城之，天子實云，（云，欲罷戍而城、）雖有後事，晉勿與知可也。從王命以紓諸侯，晉國無憂，是之不務，而又焉從事。魏獻子曰：善。使伯音對，（伯音，韓不信，○與音預，紓音舒）曰：天子有命，敢不奉承，以奔告于諸侯，遲速衰序，（衰，差也，序，次也，○衰初危反）於是焉在。（在周所命、）冬十一月，晉魏舒、韓不信如京師，合諸侯之大夫于狄泉，尋盟，且令城成周。（尋平丘盟、）魏子南面。（居君位、）衛彪傒曰：魏子必有大咎。干位以令大事，非其任也。（彪傒，衛大夫、）詩曰：敬天之怒，不敢戲豫，敬天之渝，不敢馳驅。（詩，大雅，戒王者言當敬畏天之譴怒，不可遊戲逸豫，驅馳自恣，渝，變也、）況敢干位以作大事乎。己丑，士彌牟營成周，計丈數，（計所當城之丈數也、）揣高卑，（度高曰揣、）度厚薄，仞溝洫，（度深曰仞、）物土方，議遠邇，（物，相也，相取土之方面，遠近之宜、）量事期，（知事幾時畢、）計徒庸，（知用幾人功、）慮材用，（知費幾材用、）書餱糧，（知用幾糧食、）以令役於諸侯，屬役賦丈，（付所當城尺丈、）書以授帥，（帥，諸侯之大夫，○帥所類反）而效諸劉子。（效，致也、）韓簡子臨之，以為成命。（臨履其事，以命諸侯，經所以不書魏舒、）

十二月，公疾，徧賜大夫，（從公者、）大夫不受。賜子家子雙琥、（琥，玉器、）一環、一璧、輕服，（細好服之、）受之。大夫皆受其賜。己未，公薨。子家子反賜於府人，曰：吾不敢逆君命也。大夫皆反其賜。書曰公薨于乾侯，言失其所也。（不薨路寢，為失所、）趙簡子問於史墨曰：季氏出其君，而民服焉，諸侯與之，君死於

春秋左傳　卷二十六　昭公　三四　承懷堂

外而莫之或罪也。對曰。物生有兩。有三。有五。有陪貳。故天有三辰。謂有三、地有五行。謂有五、體有左右。謂有兩、各有妃耦。謂陪貳。○妃音配王有公。諸侯有卿。皆有貳也。天生季氏。以貳魯侯。爲日久矣。民之服焉。不亦宜乎。魯君世從其失。季氏世修其勤。民忘君矣。雖死於外。其誰矜之。社稷無常奉。奉之無常人、言唯德也、君臣無常位。自古以然。史墨跡古今以實言、故詩曰。高岸爲谷。深谷爲陵。詩小雅、言高下有變易、三后之姓。於今爲庶。主所知也。三后虞夏商、在易卦。雷乘乾曰大壯。䷡乾下震上、大壯、震在乾上、故曰雷乘乾、天之道也。乾爲天子、震爲諸侯、而在乾上、君臣易位、猶臣大强壯、若天上有雷、昔成季友。桓之季也。文姜之愛子也。始震而卜。卜人謁之曰。生

有嘉聞。嘉名聞於世、○震如字一音身聞音問、其名曰友。爲公室輔。及生。如卜人之言。有文在其手曰友。遂以名之。旣而有大功於魯。立僖公、受費以爲上卿。至於文子武子。文子、行父、武子、宿、世增其業。不廢舊績。魯文公薨。而東門遂殺適立庶。魯君於是乎失國。失國權、政在季氏。於此君也四公矣。民不知君。何以得國。是以爲君愼器與名。不可以假人。器、車服、名、爵號、

春秋左傳卷二十六終

春秋左傳卷二十七

晉鎭南大將軍當陽縣侯京兆杜　預集解
皇明　後　學　東吳葛　鼒較訂

定公名宋、襄公之子、昭公之弟、謚法、安民大慮曰定、

經元年。春。王。公之始年而不書正月、公卽位在六月故、

三月。晉人執宋仲幾于京師。晉執人于天子之側、而不以歸京師、故但書其執、不書所歸、○幾音機

夏六月。癸亥。公之喪至自乾侯。

告於廟、故書至、

戊辰。公卽位。定公不得以正月卽位、失其時、故詳而日之、記事之宜、無義例、

秋七月。癸巳。葬我君昭公。公在外薨、故八月乃葬、

九月。大雩。無傳、過也、

立煬宮。煬公、伯禽子也、其廟已毀、季氏禱之而立其宮、書以譏之、○煬羊讓反

冬十月隕霜殺菽
無傳周十月今八月隕霜殺菽非常之災○菽本又作叔
傳元年春王正月辛巳晉魏舒合諸侯之大夫于狄泉將以城
成周魏子涖政涖臨也代天子大夫爲政衛彪傒衛大夫曰將建天子立天子之居
而易位以令非義也大事奸義必有大咎晉不失諸侯魏子其
不免乎是行也魏獻子屬役於韓簡子及原壽過簡子韓起孫不信也原壽過周大夫○屬之欲反過古禾反
而田於大陸焚焉禹貢大陸在鉅鹿北嫌絕遠疑此田在汲郡吳澤荒蕪之地火田并見燒也爾雅廣平曰陸
還卒於甯甯今脩武縣近吳澤范獻子去其柏椁以
其未復命而田也范獻子代魏子爲政去其柏椁示貶之○去起呂反孟懿子會城成周

庚寅栽不書公未即位栽設板築宋仲幾不受功曰滕薛郳吾役也欲使三國代宋受功役也○郳五兮反薛宰曰宋爲無道絕我小國於周以我適楚故我
常從宋晉文公爲踐土之盟在僖二十八年曰凡我同盟各復舊職若
從踐土若從宋亦唯命仲幾曰踐土固然固曰從舊薛舊爲宋役薛宰曰
薛之皇祖奚仲居薛以爲夏車正皇大也奚仲爲夏禹掌車服大夫奚仲遷于
邳邳下邳縣仲虺居薛以爲湯左相仲虺奚仲之後若復舊職將承王官何
故以役諸侯承奉也仲幾曰三代各異物薛焉得有舊言居周世不得以夏
殷爲舊爲宋役亦其職也士彌牟曰晉之從政者新言范獻子新爲政未習故
事子姑受功歸吾視諸故府求故事仲幾曰縱子忘之山川鬼神

其忘諸乎山川鬼神盟所告士伯怒謂韓簡子曰薛徵於人典籍故事人所知也
宋徵於鬼取證於鬼神宋罪大矣且已無辭而抑我以神誣我也啓
寵納侮其此之謂矣開寵過分則納受侵侮必以仲幾爲戮乃執仲幾以
歸三月歸諸京師知以歸不可故復歸之京師城三旬而畢乃歸諸侯之戍
齊高張後不從諸侯後期不及諸侯之役晉女叔寬曰周萇弘齊高張皆
將不免○叔寬女寬也○萇直良反萇叔違天高子違人天既厭周德萇弘欲
違天諸侯相帥以崇天子遷都以延其祚故曰違天而高子後期故曰違人天之所壞不可支也衆之所爲不可
奸也爲哀三年周人殺萇弘六年高張來奔起

夏叔孫成子逆公之喪于乾侯成子叔孫婼之子季孫曰子家子亟言
於我未嘗不中吾志也吾欲與之從政子必止之且聽命焉衆事皆諮問子家子○亟去聲子家子不見叔孫易幾而哭幾哭會也不欲見叔孫故朝夕哭不同會
叔孫請見子家子子家子辭曰羈未得見而從君以出羈出時成子未爲
卿○得見音現君不命而薨羈不敢見言未受昭公之命託辭以距叔孫叔孫使告之
曰公衍公爲實使羣臣不得事君二子昭公子始謀逐季氏若公子宋主社稷
則羣臣之願也宋昭公弟定公凡從君出而可以入者將唯子是聽子
家氏未有後季孫願與子從政此皆季孫之願也使不敢以告不敢叔孫成子名
對曰若立君則有卿士大夫與守龜在羈弗敢知若
從君者則貌而出者入可也貌出謂以義從公與季氏無實怨寇而出者行可

也。與季氏爲寇讐者、自可去若羈也。則君知其出也。君、昭公、而未知其入也。羈將逃也。喪及壞隤。公子宋先入。從公者皆自壞隤反。出奔、○壞音懷、又去聲。隤音頹六月。癸亥。公之喪至自乾侯。戊辰。公卽位。諸侯薨五日而殯、殯則嗣子卽位、癸亥、昭公喪至、五日殯於宮、定公乃卽位、季孫使役如闞公氏。將溝焉。闞、魯羣公墓所在也、季孫惡昭公、欲溝絕其兆域、不使與先君同、○闞口暫反榮駕鵞曰。生不能事。死又離之。以自旌也。駕鵞、魯大夫、榮成伯也、旌、章也、○駕音加、鵞五何反縱子忍之。後必或恥之。乃止。季孫問於榮駕鵞曰。吾欲爲君謚。使子孫知之。爲惡謚、對曰。生弗能事。死又惡之。以自信也。將焉用之。乃止。秋。七月。癸巳。葬昭公於墓道南。孔子之爲司寇也。溝而合諸墓。明臣無貶君之義、昭公出故。

季平子禱于煬公。九月。立煬宮。平子逐君、懼而請禱於煬公、昭公死於外、自以爲獲福、故立其宮、

周鞏簡公棄其子弟而好用遠人。簡公、周卿士、遠人、異族也、爲明年鞏氏賊簡公張本、○好去聲

經二年。春。王正月。

夏。五月。壬辰。雉門及兩觀災。無傳、雉門、公宮之南門、兩觀、闕也、天火曰災、○觀古亂反

秋。楚人伐吳。囊瓦稱人、見譏以敗軍、

冬。十月。新作雉門及兩觀。

無傳、

傳二年。夏。四月。辛酉。鞏氏之羣子弟賊簡公。傳言棄親用疎、所以敗也、

桐叛楚。桐、小國、廬江舒縣西南有桐鄉、吳子使舒鳩氏誘楚人。舒鳩、楚屬國、曰。以師臨我。敎舒鳩誘楚、使以師臨吳、我伐桐。爲我使之無忌。吳伐桐也、僞若畏楚師之臨己、而爲伐其叛國以取媚者也、欲使楚不忌吳、所謂多方以誤之、○爲我于僞反、下同秋。楚囊瓦伐吳師于豫章。從舒鳩言吳人見舟于豫章。僞將爲楚伐桐、○見賢遍反而潛師于巢。實欲以擊楚、冬。十月。吳軍楚師于豫章。敗之。楚不忌故、遂圍巢。克之。獲楚公子繁。繁、守巢大夫、

邾莊公與夷射姑飲酒。私出。射姑、邾大夫、出辟酒、○射音亦、一音夜閽乞肉焉。奪之杖以敲之。奪閽杖以敲閽頭也、爲明年邾子卒傳、○敲苦孝反、又苦學反、又口交反

經三年。春。王正月。公如晉。至河乃復。

無傳、

二月。辛卯。邾子穿卒。

再同盟、

夏。四月。

秋。葬邾莊公。六月乃葬、緩、

冬，仲孫何忌及邾子盟于拔。拔地闕。○拔，皮八反。

傳三年春二月辛卯，邾子在門臺，門上有臺。臨廷。閽以缾水沃廷，邾子望見之，怒。閽曰：夷射姑旋焉。旋，小便。命執之，見其不潔，執射姑。弗得，滋怒，自投于牀，廢于鑪炭，爛，遂卒。廢，隋也。○隋，徒火反。先葬以車五乘，殉五人。欲藏中之潔，故先內車及殉，別爲便房，蓋其遺命。莊公卞急而好潔，故及是。卞，躁疾也。

秋九月，鮮虞人敗晉師于平中，平中，晉地。獲晉觀虎，恃其勇也。爲五年士鞅圍鮮虞張本。

冬，盟于郯，郯，即拔也。修邾好也。公即位，故脩好。

蔡昭侯爲兩佩與兩裘，以如楚。佩，玉佩。獻一佩一裘於昭王。昭王服之，以享蔡侯。蔡侯亦服其一。子常欲之，弗與，三年止之。唐成公如楚，有兩肅爽馬，子常欲之。成公，唐惠侯之後。肅爽，駿馬名。○爽音霜。弗與，亦三年止之。唐人或相與謀，請代先從者，許之。飲先從者酒，醉之，竊馬而獻之子常。子常歸唐侯。自拘於司敗，竊馬者自拘。○從，才用反。飲，於鴆反。曰：君以弄馬之故，隱君身，隱，憂約也。棄國家，羣臣請相夫人以償馬，必如之。相，助也。夫人，謂養馬者。○相，息亮反。夫音扶。唐侯曰：寡人之過也。二三子無辱。皆賞之。蔡人聞之，固請而獻佩于子常。子常朝，見蔡侯之徒，命有司曰：蔡君之久也，官不共也。言楚所以禮遣蔡侯之物不共備故。○共音恭。明日禮

不畢，將死。遣蔡侯之禮。蔡侯歸，及漢，執玉而沈，曰：余所有濟漢而南者，有若大川。自誓言若復渡漢，當受禍，明如大川。○沈音鴆。蔡侯如晉，以其子元與其大夫之子爲質焉，而請伐楚。爲明年會召陵張本。

經四年春王二月癸巳，陳侯吳卒。無傳。未同盟而赴以名。癸巳，正月七日，書二月，從赴。

三月，公會劉子、晉侯、宋公、蔡侯、衛侯、陳子、鄭伯、許男、曹伯、莒子、邾子、頓子、胡子、滕子、薛伯、杞伯、小邾子、齊國夏于召陵，侵楚。於召陵先行會禮，入楚竟，故書侵。

夏四月庚辰，蔡公孫姓帥師滅沈，以沈子嘉歸，殺之。五月，公及諸

侯盟于皐鼬。召陵會劉子，諸侯總言之也。繁昌縣東南有城皐亭。復稱公者，會盟異處故。○姓音生。鼬由又反。

杞伯成卒于會。無傳。

六月，葬陳惠公。無傳。

許遷于容城。無傳。

秋七月，公至自會。

無傳、

劉卷卒。無傳、卽劉蚠也、劉子奉命出盟召陵、死則天王爲告同盟、故不具爵。○卷音權一眷免反蚠扶粉反

葬杞悼公。無傳、

楚人圍蔡。不服故也、

晉士鞅衞孔圉帥師伐鮮虞。無傳、孔圉孔羈孫、士鞅卽范鞅、

葬劉文公。無傳、

冬。十有一月。庚午。蔡侯以吳子及楚人戰于柏舉。楚師敗績。師能左右之曰以、皆陳曰戰、大崩曰敗績、吳爲蔡討楚、從蔡計謀、故書蔡侯以吳子、言能左右之也、囊瓦稱人、貪以致敗、不能死難、罪賤之、柏舉楚地、昭三十一年傳曰六年十二月庚辰吳其入郢、今以十一月者幷數閏。○陳直覲反

楚囊瓦出奔鄭。書名、惡之、

庚辰。吳入郢。弗地曰入、吳不稱子、史略文、

傳四年。春。三月。劉文公合諸侯于召陵。謀伐楚也。文公王官伯也、晉人假王命、以討楚之久留蔡侯、故曰文公合諸侯、晉荀寅求貨於蔡侯。弗得。言於范獻子曰。國家方危。諸侯方貳。將以襲敵。不亦難乎。水潦方降。疾瘧方起。中山不服。中山、鮮虞、棄盟取怨。無損於楚。晉楚同盟、伐之爲取怨、而失中山。不如辭蔡侯。吾自方城以來。楚未可以得志。晉敗楚、侵方城、在襄十六年、祇取勤焉。乃辭蔡侯。晉人假羽旄於鄭。鄭人與之。析羽爲旌、王者遊車之所建、鄭私有之、因謂之羽旄、借觀之、明日。或旆以會。或、賤者也、繼旐曰旆、令賤人旆其旆、執以從會、示卑鄭、晉於是乎失諸侯。傳言晉無禮、所以遂弱、將會。衞子行敬子言於靈公。子行敬子、衞大夫、曰。會同難。難得宜、嘖有煩言。莫之治也。嘖、至也、煩言、忿爭。○嘖仕責反、一音責、其

使祝佗從。祝佗、大祝、子魚。○佗徒何反 公曰。善。乃使子魚。子魚辭曰。臣展四體以率舊職。猶懼不給。而煩刑書。若又共二。共二職。○共音恭 徼大罪也。且夫祝。社稷之常隸也。隸、賤臣也、社稷不動。祝不出竟。官之制也。社稷動、謂國遷、君以軍行。祓社釁鼓。師出、先有事祓禱於社、謂之宜社、於是殺牲以血塗鼓鼙、爲釁鼓、祝奉以從。奉社主也、於是乎出竟。若嘉好之事。謂朝會、君行師從。二千五百人、卿行旅從。五百人、臣無事焉。公曰。行也。及皐鼬。將盟、將長蔡於衞。欲令蔡先衞歃。○長丁丈反、先悉薦反、下先衞同、衞侯使祝佗私於萇弘曰。聞諸道路。不知信否。若聞蔡將先衞。信。萇弘曰。信。蔡叔。康叔之兄也。蔡叔、周公兄、康叔、周公弟、先衞。不亦可乎。子魚曰。以先王觀之。則尚德也。昔武

王克商，成王定之，選建明德，以藩屏周。故周公相王室，以尹天下，（尹，正也。）於周為睦。（睦，親厚也。以盛德見親厚。）分魯公以大路、大旂，（魯公，伯禽也。此大路，金路，錫同姓諸侯車也。交龍為旂。周禮同姓以封。○分，扶問反，下並同。）夏后氏之璜，（璜，美玉名。）封父之繁弱，（封父，古諸侯也。繁弱，大弓名。）殷民六族：條氏、徐氏、蕭氏、索氏、長勺氏、尾勺氏，使帥其宗氏，輯其分族，將其類醜，（醜，衆也。○勺，市灼反。）以法則周公，用即命于周。（即，就也。使六族就周受周公之法制。）是使之職事于魯，（共魯公之職事。）以昭周公之明德。（昭，顯也。）分之土田陪敦，（陪，增也。敦，厚也。）祝、宗、卜、史，（大祝、宗人、大卜、大史，凡四官。）備物、典策，（典策，春秋之制。）官司、彝器，（官司，百官也。彝器，常用器。）因商奄之民，（商奄，國名也。與四國流言，或迸散在魯，皆令即屬魯。懷柔之。○迸，彼諍反。）命以伯禽，（伯禽，周公世子。時周公唯遣伯禽之國，故皆以付伯禽。）而封於少皞之虛。（少皞虛，曲阜也，在魯城內。○虛，起居反。）分康叔（康叔，衛之祖。）以大路、少帛、綪茷、旃旌、（少帛，雜帛也。綪茷，大赤，取染草名也。通帛為旃，析羽為旌。○綪，七見反。茷，步貝反，又音吠。）大呂，（鍾名。）殷民七族：陶氏、施氏、繁氏、錡氏、樊氏、饑氏、終葵氏；封畛土略，自武父以南及圃田之北竟，（畛，塗所徑也。略，界也。武父，衛北界。圃田，鄭藪名。○繁，步河反。錡，魚綺反。畛，之忍反，一音真。徑音經。）取於有閻之土，以共王職。（有閻，衛所受朝宿邑，蓋近京畿。）取於相土之東都，以會王之東蒐。（為湯沐邑，王東巡守，以助祭泰山。）聃季授土，（聃季，周公弟，司空。○聃，乃甘反。）陶叔授民，（陶叔，司徒。）命以康誥，（康誥，周書。）而封於殷虛。（殷虛，朝歌也。）皆啟以商政，疆以周索。（皆，魯、衛也。啟，開也。居殷故地，因其風俗，開用其政。疆理土地以周法。索，法也。）分唐叔（唐叔，晉之祖。）以大路、密須之鼓、（密須，國名。）闕鞏、（甲名。○鞏，

九勇反。）沽洗，（鍾名。○洗，息典反。）懷姓九宗，職官五正。（懷姓，唐之餘民。九宗，一姓為九族。職官五正，五官之長。○長，丁丈反，下長衛同。）命以唐誥，（唐誥，誥命篇名也。）而封於夏虛，（夏虛，大夏，今大原晉陽也。）啟以夏政，（亦因夏風俗，開用其政。）疆以戎索。（大原近戎而寒，不與中國同，故自以戎法。）三者皆叔也，而有令德，故昭之以分物。不然，文、武、成、康之伯猶多，而不獲是分也，唯不尚年也。管、蔡啟商，惎間王室。（惎，毒也。周公攝政，管叔、蔡叔開道紂子祿父以毒亂王室。○惎音忌。間，去聲。）王於是乎殺管叔而蔡蔡叔，（周公稱王命以討二叔。蔡，放也。○蔡蔡，上素達反，下如字。）以車七乘，徒七十人。（與蔡叔車，徒而放之。）其子蔡仲改行帥德，周公舉之，以為己卿士。（為周公臣。）見諸王而命之以蔡。（命為蔡侯。○見，賢遍反。）其命書云：「王曰：胡！（胡，蔡仲名。）無若爾考之違王命也。」若之何其使蔡先衛也？武王之母弟八人，周公為大宰，康叔為司寇，聃季為司空，五叔無官，豈尚年哉？（五叔，管叔鮮、蔡叔度、成叔武、霍叔處、毛叔聃也。○先，悉薦反。）曹，文之昭也；（文王子，與周公異母。）晉，武之穆也。（武王子。）曹為伯甸，非尚年也。（以伯爵居甸服，言小。）今將尚之，是反先王也。晉文公為踐土之盟，衛成公不在，夷叔，其母弟也，猶先蔡。（踐土、召陵二會，經書蔡在衛上，覇以國大小之序也。子魚所言盟歃之次。）其載書云：「王若曰：晉重、（文公。○重，直龍反。）魯申、（僖公。）衛武、（叔武。）蔡甲午、（莊侯。）鄭捷、（文公。）齊潘、（昭公。）宋王臣、（成公。）莒期。」（茲丕公也。齊序鄭下，周之宗盟，異姓為後。）藏在周府，可覆視也。吾子欲復文、武之略，（略，道也。）而不正其德，將如之何？」萇弘說，告劉子，與范獻子謀之，乃長衛侯於盟。（反）自召陵，鄭子

大叔未至而卒。晉趙簡子爲之臨甚哀，曰：黃父之會，在昭二十五年。夫子語我九言，曰：無始亂，無怙富，無恃寵，無違同，無敖禮，無驕能，以能驕人。無復怒，復，重。無謀非德，非所謀也。無犯非義。傳言簡子能用善言，所以遂興。

沈人不會于召陵，晉人使蔡伐之。夏，蔡滅沈。秋，楚爲沈故圍蔡。伍員爲吳行人以謀楚。楚之殺郤宛也，在昭二十七年。伯氏之族出，郤宛黨。伯州犂之孫嚭爲吳大宰以謀楚。楚自昭王即位，無歲不有吳師。蔡侯因之，以其子乾與其大夫之子爲質於吳。冬，蔡侯、吳子、唐侯伐楚，唐侯不書，兵屬於吳蔡。舍舟于淮汭，吳乘舟從淮來，過蔡而舍之。○舍音赦，又音捨。自豫章與楚夾漢。豫章，漢東江北地名。左司馬戌謂子常曰：子沿漢而與之上下，沿，緣也。緣漢上下，遮使勿渡。我悉方城外以毀其舟，以方城外人毀吳所舍舟。還塞大隧、直轅、冥阸，三者漢東之隘道。○冥，如字，或作寘。阸，於懈反。子濟漢而伐之，我自後擊之，必大敗之。既謀而行。武城黑謂子常曰：黑，楚武城大夫。吳用木也，我用革也，用軍器。不可久也，不如速戰。史皇謂子常：楚人惡子而好司馬，史皇，楚大夫。司馬，沈尹戌。若司馬毀吳舟于淮，塞城口而入，城口，三隘道之總名。是獨克吳也。子必速戰，不然不免。乃濟漢而陳，自小別至于大別。禹貢：漢水至大別南入江。然則此二別在江夏界。○陳，直覲反，下陳于同。三戰，子常知不可，欲奔。知吳不可勝。史皇曰：安求其事，求知政事。難而逃之，將何所入？子必死之，初罪必盡說。言致死以克吳，可以免貪賄致寇之罪。○難，乃旦反。十一月庚午，二師

陳于柏舉。經所以書戰。二師，吳、楚師。闔廬之弟夫槩王晨請於闔廬曰：楚瓦不仁，瓦，子常名。其臣莫有死志，先伐之，其卒必奔，而後大師繼之，必克。弗許。夫槩王曰：所謂臣義而行，不待命者，其此之謂也。今日我死，楚可入也。以其屬五千先擊子常之卒。子常之卒奔，楚師亂，吳師大敗之。子常奔鄭。史皇以其乘廣死。以戰死。○乘，繩證反。廣，古曠反。吳從楚師，及清發，清發，水名。將擊之。夫槩王曰：困獸猶鬭，況人乎？若知不免而致死，必敗我。若使先濟者知免，後者慕之，蔑有鬭心矣。半濟而後可擊也。從之，又敗之。楚人爲食，吳人及之，奔食而從之，敗諸雍澨。五戰及郢。奔食，食者走不暇，故不在戰數。○澨，市制反。己卯，楚子取其妹季羋畀我以出，涉雎。雎水出新城昌魏縣，東南至枝江縣入江，是楚王西走。○羋，面爾反，楚姓。季羋畀我，皆平王女也。一云畀我，季羋之字。雎，七餘反，下同。鍼尹固與王同舟，王使執燧象以師吳師。燒火燧繫象尾，使赴吳師，驚却之。○鍼，之林反。庚辰，吳入郢，以班處宮。以尊卑班次處楚王宮室。子山處令尹之宮，子山，吳王子。夫槩王欲攻之，懼而去之，夫槩王入之。入令尹宮也。言吳無禮，所以不能遂克。左司馬戌及息而還，息，汝南新息也。聞楚敗，故還。敗吳師于雍澨，傷。被創。○創，初良反。初，司馬臣闔廬，故恥爲禽焉。司馬嘗在吳，爲闔廬臣，是以今恥於見禽。謂其臣曰：誰能免吾首？吳句卑曰：臣賤，可乎？司馬曰：我實失子，可哉。失不知子賢。○句，古侯反。三戰皆傷，曰：吾不可用也已。句卑布裳，剄而裹之，司馬已死，剄取其首。○剄，古頂反。藏其身而

以其首免。傳言司馬之忠壯、楚子涉雎、濟江、入于雲中。入雲夢澤中、所謂江南之夢、王寢、盜攻之、以戈擊王、王孫由于以背受之、中肩。王奔鄖、鍾建負季芊以從。鍾建楚大夫○鄖音云由于徐蘇而從。當時悶絕、以背受戈故鄖公辛之弟懷將弒王、曰、平王殺吾父、我殺其子、不亦可乎。辛、蔓成然之子鬭辛也、昭十四年、楚平王殺成然、辛曰、君討臣、誰敢讎之、君命天也、若死天命、將誰讎。詩曰、柔亦不茹、剛亦不吐、不侮矜寡、不畏彊禦、唯仁者能之。詩大雅、言仲山甫不辟彊陵弱、違彊陵弱、非勇也、乘人之約、非仁也、滅宗廢祀、非孝也、弒君罪應滅宗、動無令名、非知也、必犯是、余將殺女。鬭辛與其弟巢以王奔隨、吳人從之、謂隨人曰、周之子孫在漢川者、楚

實盡之。天誘其衷、致罰於楚、而君又竄之。竄匿也○知音智女音汝周室何罪。君若顧報周室、施及寡人、以獎天衷、獎成也君之惠也、漢陽之田、君實有之。楚子在公宮之北、隨公宮也吳人在其南、子期似王、子期昭王兄、公子結也、逃王而己為王、曰、以我與之、王必免。隨人卜與之、不吉。乃辭吳曰、以隨之辟小、而密邇於楚、楚實存之、世有盟誓、至于今未改、若難而棄之、何以事君。執事之患、不唯一人。一人、楚王○辟音僻難去聲若鳩楚竟、敢不聽命。吳人乃退。鳩安集也○竟音境鑪金初官於子期氏、實與隨人要言。要言無以楚王與吳、并欲脫子期○鑪又作鑢、金名、音慮王使見、王喜其意、欲引見之、以比王臣、且欲使盟隨人○見音現辭曰、不敢以約為利。此約謂要言也、此一時之事、非為德舉、故辭不敢見、亦不肯為盟主王割子期之心、以與隨人盟。當心前割取血以盟、示其至心

初、伍員與申包胥友。包胥楚大夫其亡也、謂申包胥曰、我必復楚國。復報也申包胥曰、勉之、子能復之、我必能興之。及昭王在隨、申包胥如秦乞師、曰、吳為封豕長蛇、以荐食上國。荐數也、言吳貪害、如蛇豕虐始於楚、寡君失守社稷、越在草莽、使下臣告急、曰、夷德無厭、若鄰於君、疆場之患也。吳有楚、則與秦鄰逮吳之未定、君其取分焉。與吳共分楚地○取分扶問反若楚之遂亡、君之土也、若以君靈撫之、世以事君。撫存恤之秦伯使辭焉、曰、寡人聞命矣、子姑就館、將圖而告。對曰、寡君越在草莽、未獲所伏。伏猶處也下臣何敢即安。立依於庭牆而哭、日夜

不絕聲、勺飲不入口七日。秦哀公為之賦無衣。詩秦風、取其王于興師、脩我戈矛、與子同仇、與子偕作、與子偕行○勺市灼反、又音灼、為去聲九頓首而坐。無衣三章、章三頓首秦師乃出。為明年包胥以秦師至張本

經五年、春、王三月、辛亥、朔、日有食之。

無傳

夏、歸粟于蔡。蔡為楚所圍、饑、故魯歸之粟

於越入吳。於發聲也

六月。丙申。季孫意如卒。
秋。七月。壬子。叔孫不敢卒。
無傳、
冬。晉士鞅帥師圍鮮虞。
傳五年。春。王人殺子朝于楚。因楚亂也、終閔馬父之言、
夏。歸粟于蔡。以周亟矜無資。亟急也、
越入吳。吳在楚也。
六月。季平子行東野。東野、季氏邑、○行下孟反下桓子行同 還。未至。丙申。卒于房。
陽虎將以璵璠斂。璵璠美玉、君所佩、 仲梁懷弗與。懷亦季氏家臣、 曰。改步改玉。

昭公之出、季孫行君事、佩璵璠祭宗廟、今定公立、復臣位、改君步、則亦當去璵璠、○去起呂反 陽虎欲逐之。告
公山不狃。不狃曰。彼為君也。子何怨焉。不狃、季氏臣、費宰、子洩也、為君、不欲使僭、○為于僞反 既葬。桓子行東野。桓子、意如子、季孫斯、 及費。子洩為費宰。逆勞於郊。
桓子敬之。勞仲梁懷。仲梁懷弗敬。懷時從桓子行、輕慢子洩、○勞力報反下同 子洩
怒。謂陽虎。子行之乎。行、逐懷也、為下陽虎囚桓子起、
申包胥以秦師至。秦子蒲。子虎。帥車五百乘以救楚。五百乘、三萬七千五百人、
子蒲曰。吾未知吳道。道猶法術、 使楚人先與吳人戰。而自稷會之。
大敗夫槩王于沂。稷、沂皆楚地、 吳人獲薳射於柏舉。薳射、楚大夫、○射食亦反又食夜反
其子帥奔徒。奔徒、楚散卒、 以從子西。敗吳師於軍祥。軍祥楚地、 秋。七月。子

期子蒲滅唐。從吳伐楚故、 九月。夫槩王歸。自立也。以與王戰而敗。自立為吳王、號夫槩、 奔楚。為堂谿氏。傳終言之、 吳師敗楚師于雍澨。秦師又敗吳
師。吳師居麇。麇、地名、○麇九倫反 子期將焚之。子西曰。父兄親暴骨焉。不
能收。又焚之。不可。言不可并焚、○暴步卜反 子期曰。國亡矣。
死者若有知也。可以歆舊祀。言焚吳復楚、則祭祀不廢、 豈憚焚之。焚之而又
戰。吳師敗。又戰于公壻之谿。楚地名、 吳師大敗。吳子乃歸。囚闉輿
罷。闉輿罷請先。遂逃歸。闉輿罷、楚大夫、請先至吳、而逃歸、言吳雖得楚一大夫復失之、所以不克、○闉音因罷音皮
葉公諸梁之弟后臧。從其母於吳。不待而歸。諸梁、司馬沈尹戌之子、葉公子高也、吳入楚、獲后臧之母、楚定、臧棄母而歸、○葉舒涉反 葉公終不正視。不義之

乙亥。陽虎囚季桓子及公父文伯。文伯、季桓子從父昆弟也、陽虎欲為亂、恐二子不從、故囚
之、 而逐仲梁懷。冬。十月。丁亥。殺公何藐。藐、季氏族、○藐亡角反一音彌小反 己丑。
盟桓子于稷門之內。魯南城門、 庚寅。大詛。逐公父歜及秦遄。皆奔齊。歜、即文伯也、秦遄、平子姑壻也、傳言季氏之亂、○詛莊慮反歜昌欲反遄市專反
楚子入于郢。吳師已歸、 初。鬭辛聞吳人之爭宮也。曰。吾聞之。不讓則
不和。不和不可以遠征。吳爭於楚。必有亂。有亂則必歸。焉能定
楚。王之奔隨也。將涉於成臼。江夏竟陵縣有臼水、出聊屈山、西南入漢、○屈其勿反又君勿反
藍尹亹涉其帑。亹、楚大夫、○帑音奴 不與王舟。及寧。王欲殺之。寧、安定也、 子西
曰。子常唯思舊怨以敗。君何效焉。王曰。善。使復其所。吾以志前

惡。惡過也、王賞鬭辛。王孫由于。王孫圉。鍾建。鬭巢。申包胥。王孫賈。
宋木。鬭懷。九子皆從王、有大功者、子西曰、請舍懷也。以初謀弒王也。○舍音捨、又音赦、王
曰、大德滅小怨、道也。終從其兄免王大難、是大德、申包胥曰、吾爲君也、非爲
身也、君既定矣、又何求、且吾尤子旗、其又爲諸。子旗蔓成然也、以有德於平王、
求欲無厭、平王殺之、在昭十四年。○爲君爲身于僞反、遂逃賞。王將嫁季芈、季芈辭曰、所
以爲女子、遠丈夫也、鍾建負我矣、以妻鍾建、以爲樂尹。司樂大夫、王
之在隨也、子西爲王輿服以保路、國于脾洩。脾洩、楚邑也、失王、恐國人潰散、故僞
爲王車服、立國脾洩、以保安道路人、聞王所在、而後從王、王使由于城麇。城於麇、築城、復
命、子西問高厚焉、弗知、子西曰、不能如辭、言自知不能、當辭勿行、城不知

高厚小大、何知、對曰、固辭不能、子使余也、人各有能有不能、王
遇盜於雲中、余受其戈、其所猶在、袒而示之背、曰、此余所能也、
脾洩之事、余亦弗能也。傳言昭王所以復國、有賢臣也。○袒音但
晉士鞅圍鮮虞、報觀虎之役也。三年、鮮虞獲晉觀虎、

經　六年春王正月癸亥、鄭游速帥師滅許、以許男斯歸。游速、大叔子、
二月、公侵鄭、公至自侵鄭。無傳、
夏、季孫斯、仲孫何忌如晉。

秋、晉人執宋行人樂祁犂。稱行人、言非其罪、
冬、城中城。無傳、公爲晉侵鄭、故懼而城之、
季孫斯、仲孫忌帥師圍鄆。無傳、何忌不言何、闕文、鄆貳於齊、故圍之、

傳　六年春、鄭滅許、因楚敗也。
二月、公侵鄭、取匡、爲晉討鄭之伐胥靡也。胥靡、周地也、周儋翩因鄭人以作亂、鄭爲
之伐胥靡、故晉使魯討之、匡、鄭地、取匡不書、歸之晉。○儋丁甘反、往不假道於衛、及還、陽虎使

季孟自南門入、出自東門、陽虎將逐三桓、欲使得罪於鄰國、舍於豚澤、衛侯怒、
使彌子瑕追之、彌子瑕、衛嬖大夫、公叔文子老矣、文子、公叔發、輦而如公、曰、
尤人而效之、非禮也、昭公之難、君將以文之舒鼎、衛文公之鼎、成之
昭兆、寶龜、定之鞶鑑、鞶帶而以鏡爲飾也、今西方羌胡猶然、古之遺服。○鞶步丹反、苟可以納之、
擇用一焉、公子與二三臣之子、諸侯苟憂之、將以爲之質、爲質求納
魯昭公、此羣臣之所聞也、今將以小忿蒙舊德、蒙覆也、無乃不可乎、
大姒之子、大姒、文王妃、唯周公、康叔爲相睦也、而效小人以棄之、不
亦誣乎、天將多陽虎之罪以斃之、君姑待之、若何、乃止。止不伐魯師、
夏、季桓子如晉、獻鄭俘也。獻此春取匡之俘、陽虎強使孟懿子往報夫

人之幣。虎欲困辱三桓、并求媚於齊、故强使正卿報晉夫人之聘、晉人兼享之。賤魯、故不復兩設禮、明經所以不備書、孟孫立于房外。謂范獻子曰。陽虎若不能居魯而息肩於晉。所不以爲中軍司馬者。有如先君。稱先君以徵其言、欲使晉必厚待之、獻子曰。寡君有官。將使其人。擇得其人、鞅何知焉。獻子謂簡子曰。魯人患陽虎矣。孟孫知其釁。以爲必適晉。故彊爲之請。以取入焉。欲令晉人聞虎當逃走、故强設請託之辭、因此言以入晉、令晉素知之、○爲之于僞反

四月。己丑。吳大子終纍。敗楚舟師。終纍、闔廬子、夫差兄、舟師、水戰、○纍力追反、又力軌反、夫音扶、差初佳反、獲潘子臣。小惟子。二子、楚舟師之帥、及大夫七人。楚國大惕。懼亡。子期又以陵師敗于繁揚。陵師、陸軍、令尹子西喜曰。乃今可爲矣。

言知懼而後可治、於是乎遷郢於鄀。而改紀其政。以定楚國。傳言楚賴子西以安、○鄀音若、

周儋翩率王子朝之徒。因鄭人。將作亂于周。儋翩、子朝餘黨、鄭於是乎伐馮滑胥靡負黍狐人闕外。鄭伐周六邑、在魯伐鄭取匡前、於此見者、爲戍周起也、陽城縣西南有負黍亭、六月。晉閻沒戍周。且城胥靡。爲下天王出居姑蕕起、

秋。八月。宋樂祁言於景公曰。諸侯唯我事晉。今使不往。晉其憾矣。樂祁告其宰陳寅。以與公言告之、○使去聲陳寅曰。必使子往。他日公謂樂祁曰。唯寡人說子之言。子必往。陳寅曰。子立後而行。吾室亦不亡。寅知晉政多門、往必有難、故使樂祁立後而行、○說音悅唯君亦以我爲知難而行也。

見溷而行。溷、樂祁子也、見於君、立以爲後、○溷侯溫反、又侯困反趙簡子逆而飲之酒於緜上。獻楊楯六十於簡子。楊、木名、○楯食允反、又音允陳寅曰。昔吾主范氏。今子主趙氏。又有納焉。以楊楯賈禍。弗可爲也已。知范氏必怨將得禍、○賈音古然子死晉國。子孫必得志於宋。以其爲國死、范獻子言於晉侯曰。以君命越疆而使。未致使而私飲酒。不敬二君。不可不討也。乃執樂祁。獻子怒祁比趙氏、經所以稱行人、

陽虎又盟公及三桓於周社。盟國人于亳社。詛于五父之衢。傳言三桓微、陪臣專政、爲八年陽虎作亂起、

冬。十二月。天王處于姑蕕。姑蕕、周地、辟儋翩之亂也。爲明年單劉逆王起、

經　七年。春。王正月。

夏。四月。

秋。齊侯鄭伯盟于鹹。鹹、衛地、

齊人執衛行人北宮結以侵衛。稱行人、非使人之罪、

齊侯衛侯盟于沙。結叛晉也、陽平元城縣東南有沙亭

大雩。

無傳、過也、

齊國夏帥師伐我西鄙。夏國佐孫、

九月大雩。無傳、過也、

冬十月。

傳七年春二月。周儋翩入于儀栗以叛。儀栗周邑、

齊人歸鄆陽關。陽虎居之以爲政。鄆陽關皆魯邑、中貳於齊、齊今歸之、不書虎專之、○中丁仲反

夏四月單武公穆公子、劉桓公文公子、敗尹氏于窮谷。尹氏復黨儋翩、共爲亂也、

秋齊侯鄭伯盟于鹹。徵會于衛。徵召也、衛侯欲叛晉。屬齊鄭也諸大夫不可。使北宮結如齊而私於齊侯曰。執結以侵我。欲以齊師懼諸大夫齊侯從之。乃盟于瑣。瑣即沙也、爲明年涉佗捘衛侯手起、○捘子對反

齊國夏伐我。齊叛晉故陽虎御季桓子。公斂處父御孟懿子。處父孟氏家臣、成宰公斂陽、○斂力檢反又音廉將宵軍齊師。齊師聞之。墮伏而待之。墮毀其軍以誘敵、而設伏兵、○墮許規反處父曰。虎不圖禍而必死。而女也、○女音汝苫夷曰。虎陷二子於難。苫夷季氏家臣、二子季孟、○苫始占反不待有司。余必殺女。虎懼乃還。不敗。傳言陪臣強、能自相制、季孟不敢有心、

冬十一月戊午。單子劉子逆王于慶氏。慶氏守姑蕕大夫、晉籍秦送王。己巳王入于王城。己巳十二月五日、有日無月館于公族黨氏。黨氏周大夫、○黨音掌而後朝于莊宮。莊王廟也、

春秋左傳卷二十七終

春秋左傳卷二十八

晉鎮南大將軍當陽縣侯京兆杜　預集解

皇明　後　學　東吳金　蟠較訂

定公

經八年春王正月。公侵齊。報前年伐我西鄙。

公至自侵齊。無傳。

二月。公侵齊。

來傳志故、

三月。公至自侵齊。無傳。

曹伯露卒。無傳。四年盟臯鼬。○鼬，由又反

夏。齊國夏帥師伐我西鄙。

公會晉師于瓦。瓦，衛地。將來救魯，公逆會之。東郡燕縣東北有瓦亭。

公至自瓦。無傳。

秋。七月。戊辰。陳侯柳卒。無傳。四年盟臯鼬。

晉士鞅帥師侵鄭。遂侵衛。兩事故曰遂。

葬曹靖公。無傳。

九月。葬陳懷公。無傳。三月而葬，速。

季孫斯。仲孫何忌。帥師侵衛

冬。衛侯。鄭伯盟于曲濮。無傳。結叛晉。曲濮，衛地。

從祀先公。從，順也。先公，閔公僖公也。將正二公之位次，所順非一，親盡故通言先公。

盜竊寶玉大弓。盜謂陽虎也。家臣賤，名氏不見，故曰盜。寶玉，夏后氏之璜。大弓，封父之繁弱。○見，賢遍反

傳八年。春。王正月。公侵齊。門于陽州。門，攻其門。士皆坐列。言無鬬志。曰。顏高之弓六鈞。顏高，魯人。三十斤為鈞，六鈞百八十斤。古稱重，故以為異強。○稱，尺證反。強，其丈反。皆取而

傳觀之。陽州人出。顔高奪人弱弓。籍丘子鉏擊之。與一人俱斃。子鉏齊人、斃仆也、偃且射子鉏中頰殪。子鉏死。○且如字射食亦反顔息射人中眉。顔息魯人、退曰。我無勇。吾志其目也。以自矜、師退冉猛僞傷足而先。猛魯人、欲先歸其兄會乃呼曰。猛也殿。會見師退而猛不在列乃大呼詐言猛在後爲殿傳言會無軍政。○殿丁電反

二月己丑。單子伐穀城。劉子伐儀栗。討儋翩之黨穀城在河南縣西。○單音善辛卯。單子伐簡城。劉子伐盂。以定王室。傳終王室之亂、

趙鞅言於晉侯曰。諸侯唯宋事晉。好逆其使。猶懼不至。今又執之。是絕諸侯也。將歸樂祁。士鞅曰。三年止之。無故而歸之。宋必

叛晉。執樂祁在六年、獻子私謂子梁。獻子范鞅子梁樂祁曰。寡君懼不得事宋君。是以止子。子姑使溷代子。溷樂祁子、子梁以告陳寅。陳寅曰。宋將叛晉。是棄溷也。不如待之。留待勿以子自代、樂祁歸。卒于大行。大行晉東南山。○大音泰行戶郎反一音衡士鞅曰。宋必叛。不如止其尸。以求成焉。乃止諸州。州晉地、爲明年宋公使樂大心如晉張本、

公侵齊。攻廩丘之郛。郛郭也、主人焚衝。衝戰車、或濡馬褐以救之。馬褐馬衣、遂毀之。毀郛、主人出。師奔。攻郛人出、故遣師走往助之陽虎僞不見冉猛者。曰。猛在此。必敗。陽州之役、猛先歸言若在此必復敗。○復扶又反猛逐之。顧而無繼。僞顛。逐廩丘人、虎曰。盡客氣也。言皆客氣非勇、

苫越生子。將待事而名之。苫越苫夷、○苫式占反陽州之役獲焉。名之曰陽州。欲自比僑如、

夏。齊國夏高張伐我西鄙。報上二侵、晉士鞅趙鞅荀寅救我。救不書齊師已去、未入竟、公會晉師于瓦。范獻子執羔。趙簡子中行文子皆執鴈。魯於是始尚羔。獻子士鞅也、簡子趙鞅也、中行文子荀寅也、禮卿執羔大夫執鴈魯則同之、今始知執羔之尊也、卿不書禮不敵公、史略之、

晉師將盟衛侯于鄟澤。自瓦還就衛地盟。○鄟音專又市轉反趙簡子曰。羣臣誰敢盟衛君者。前年衛叛晉屬齊、簡子意欲懼辱之涉佗成何曰。我能盟之。二子晉大夫、衛人請執牛耳。盟禮尊者涖牛耳主次盟者、衛侯與晉大夫盟自以當涖牛耳故請成何曰。衛吾

溫原也。焉得視諸侯。言衛小可比晉縣不得從諸侯禮、將歃。涉佗捘衛侯之手。及捥。捘擠也、血至捥。○捘子對反捥烏喚反擠子計反衛侯怒。王孫賈趨進。賈衛大夫曰。盟以信禮也。信猶明也、有如衛君。其敢不唯禮是事而受此盟也。言晉無禮、不欲受其盟、衛侯欲叛晉。而患諸大夫。王孫賈使次于郊。大夫問故。問不入故、公以晉詬語之。詬恥也。○詬呼豆反且曰。寡人辱社稷。其改卜嗣。寡人從焉。使改卜他公子以嗣先君我從大夫所立大夫曰。是衛之禍。豈君之過也。公曰。又有患焉。謂寡人必以而子與大夫之子爲質。爲質於晉大夫曰。苟有益也。公子則往。羣臣之子敢不皆負羈絏以從。將行。王孫賈曰。苟衛國有難。工商未嘗不爲患。使皆行而後可。欲以激怒國人公

以告大夫。乃皆將行之。行有日。有期日。公朝國人。使賈問焉。曰。若衛叛晉。晉五伐我。病何如矣。皆曰。五伐我。猶可以能戰。賈曰。然則如叛之。病而後質焉。何遲之有。乃叛晉。晉人請改盟。弗許。

秋。晉士鞅會成桓公侵鄭。圍蟲牢。報伊闕也。桓公。周卿士。不書。監帥不親侵也。六年鄭伐周闕外。晉爲周報之。○監古銜反遂侵衛。討衛叛。九月。師侵衛。晉故也。魯爲晉討衛。

季寤。季桓子之弟。公鉏極。公彌曾孫。桓子族子。公山不狃。費宰。皆不得志於季氏。叔孫輒無寵於叔孫氏。輒。叔孫氏之庶子。叔仲志不得志於魯。志。叔孫帶之孫。皆爲國人所薄。故五人因陽虎。陽虎欲去三桓。以季寤更季氏。代桓子。以叔孫輒更叔孫氏。代武叔。己更孟氏。陽虎自代懿子。冬十月。順祀先公而祈焉。將作大事。欲以順祀取媚。辛卯。禘于僖公。辛卯。十月二日。不於大廟者。順祀之義。當退僖公。懼於僖神。故於僖廟行順祀。壬辰。將享季氏于蒲圃而殺之。戒都車曰。癸巳至。都邑之兵車也。陽虎欲以壬辰夜殺季孫。明日癸巳。以都車攻二家。成宰公斂處父告孟孫曰。季氏戒都車何故。孟孫曰。吾弗聞。處父曰。然則亂也。必及於子。先備諸。與孟孫以壬辰爲期。處父期以兵救孟氏。壬辰先癸巳一日。陽虎前驅。林楚御桓子。虞人以鈹盾夾之。陽越殿。越。陽虎從弟。○鈹普皮反。盾食允反。又音允。將如蒲圃。桓子咋謂林楚。咋。暫也。○咋仕詐反。曰。而先皆季氏之良也。爾以是繼之。欲使林楚免己於難。以繼其先人之良。對曰。臣聞命後。後。猶晚也。陽虎爲政。魯國服焉。違之。徵死。死無益於主。桓子曰。何後之有。而能以我適孟氏

乎。對曰。不敢愛死。懼不免主。桓子曰。往也。言必往。孟氏選圉人之壯者三百人。以爲公期築室於門外。實欲以備難。不欲使人知。故僞築室於門外。因得聚衆。公期。孟氏支子。林楚怒馬。及衢而騁。騁。馳也。陽越射之。不中。築者闔門。季孫既得入。乃閉門。有自門間射陽越。殺之。陽虎劫公與武叔。武叔。叔孫不敢之子州仇也。以伐孟氏。公斂處父帥成人自上東門入。魯東城之北門。與陽氏戰于南門之內。弗勝。又戰于棘下。城內地名。陽氏敗。陽虎說甲如公宮。取寶玉大弓以出。舍于五父之衢。寢而爲食。其徒曰。追其將至。虎曰。魯人聞余出。喜於徵死。何暇追余。徵。召也。陽虎召季氏於蒲圃。將殺之。今得脫。必喜。故言喜於召死。○說他活反從者曰。嘻。速駕。公斂陽在。嘻。懼聲。公斂陽請追之。孟孫弗許。畏陽虎。陽欲殺桓子。欲因亂討季氏。以强孟氏。孟孫懼而歸之。不敢殺。子言辨舍爵於季氏之廟而出。子言。季寤。辨。猶周徧也。徧告廟飲酒。示無懼。○辨音遍。舍如字陽虎入于讙陽關以叛。叛不書。略家臣。○讙音歡

鄭駟歂嗣子大叔爲政。歂。駟乞子。子然也。爲明年殺鄧析張本。○歂市專反

經　九年。春。王正月。

夏四月戊申。鄭伯蠆卒。無傳。四年盟皐鼬。

得寶玉大弓。弓玉。國之分器。得之足以爲榮。失之足以爲辱。故重而書之。

六月，葬鄭獻公。（無傳。三月而葬，速。）

秋，齊侯、衛侯次于伍氏。（五氏，晉地。不書伐者，諱伐盟主，以次告。）

秦伯卒。（無傳。不書名，未同盟。）

冬，葬秦哀公。（無傳。）

傳　九年春，宋公使樂大心盟于晉，且逆樂祁之尸。辭，僞有疾，乃

使向巢如晉盟，且逆子梁之尸。（巢，向戌曾孫。）子明謂桐門右師出，（子明，樂祁之子溷也。右師，樂大心，子明族父也。右師往到子明舍，子明逐使出門去。）曰：「吾猶衰絰，而子擊鐘，何也？」（忿其不逆父喪，因責其無同族之恩。）右師曰：「喪不在此故也。」既而告人曰：「已衰絰而生子，余何故舍鐘？」（已，子明也。○舍音捨。）子明聞之，怒，言於公曰：「右師將不利戴氏。（樂氏，戴公族。）不肯適晉，將作亂也。不然無疾。」乃逐桐門右師。（逐之在明年，終叔孫昭子之言。）

鄭駟歂殺鄧析，而用其竹刑。（鄧析，鄭大夫。欲改鄭所鑄舊制，不受君命而私造刑法，書之於竹簡，故言竹刑。）君子謂子然於是不忠。苟有可以加於國家者，棄其邪可也。（加，猶益也。棄，不責其邪惡也。）靜女之三章，取彤管焉。（靜女，詩邶風也。言靜女三章之詩，雖說美女，義在彤管。彤管，赤管筆。女史記事規誨之所執。）竿旄何以告之，取其忠也。（竿旄，詩鄘風也。竿旄詩者，取其中心願告人以善道也。言此二詩皆以一善見采，而鄧析不以一善存身。）故用其道，不棄其人。詩云：「蔽芾甘棠，勿翦勿伐，召伯所茇。」（詩召南也。召伯決訟於蔽芾小棠之下，詩人思之，不伐其樹。茇，草舍也。○茇，畔末反。）思其人，猶愛其樹，況用其道而不恤其人乎？子然無以勸能矣。（傳言子然偏大叔爲政，鄭所以衰弱。）

夏，陽虎歸寶玉、大弓。（無益近用而祗爲名，故歸之。）書曰「得」，器用也。凡獲器用曰得，（器用者，謂物之成器，可爲人用者也。）得用焉曰獲。（謂用器物以有獲，若麟爲田獲，俘爲戰獲。）

六月，伐陽關。（討陽虎也。）陽虎使焚萊門。（陽關邑門。）師驚，犯之而出，奔齊，請師以伐魯，曰：「三加，必取之。」（三加兵於魯。）齊侯將許之。鮑文子諫曰：「臣嘗爲

隸於施氏矣，（施氏，魯大夫。文子，鮑國也。成十七年，齊人召而立之，至今七十四歲，於是文子蓋九十餘矣。）魯未可取也。上下猶和，衆庶猶睦，能事大國，（大國，晉也。）而無天菑，若之何取之？陽虎欲勤齊師也。齊師罷，大臣必多死亡，己於是乎奮其詐謀。夫陽虎有寵於季氏，而將殺季孫，以不利魯國，而求容焉。（求自容。○罷音皮。）親富不親仁，君焉用之？君富於季氏，而大於魯國，茲陽虎所欲傾覆也。魯免其疾，而君又收之，無乃害乎？」齊侯執陽虎，將東之。陽虎願東，（陽虎欲西奔晉，知齊必反己，故詐以東爲願。）乃囚諸西鄙。盡借邑人之車，鍥其軸，麻約而歸之。（鍥，刻也。欲絕追者。○鍥，苦結反。）載葱靈，寢於其中而逃。（葱靈，輜車名。○葱，初江反，或音忽。）追而得之，囚於齊。又以葱靈逃，奔

宋遂奔晉。適趙氏。仲尼曰。趙氏其世有亂乎。受亂人故、
秋。齊侯伐晉夷儀。爲衛討也。敝無存之父將室之。辭。以與其弟。無存齊人也、室之、爲取婦。曰。此役也不死。反。必娶於高國。高氏國氏齊貴族也。無存欲必有功。還取卿相之女。先登。求自門出。死於霤下。既入城、夷儀人不服、故鬬死於門屋霤下也、東郭書讓登。登城非人所樂、故讓衆使後、而已先登、犂彌從之。曰。子讓而左。我讓而右。使登者絕而後下。恐書先下、故又譎以讓之、下、入城也。書左。彌先下。書從彌言左行、彌遂自先下、亦讓也。書與王猛息。戰訖共止息、猛曰。我先登。書斂甲曰。曩者之難。今又難焉。斂甲、起欲擊猛、○難乃旦反 猛笑曰。吾從子。如驂之靳。靳車中馬也、猛不敢與書爭、言已從書、如驂馬之隨靳也、傳言齊師和、所以能克、晉車千乘在中牟。中牟縣迥遠、疑非也

衛侯將如五氏。齊侯在五氏、將往助之、卜過之。龜焦。衛至五氏、道過中牟、畏晉故卜、龜焦兆不成、不可以行事也、衛侯曰。可也。衛車當其半。寡人當其半。敵矣。衛侯怒晉甚、不復顧卜、欲以身當五百乘、乃過中牟。中牟人欲伐之。衛褚師圃亡在中牟。曰。衛雖小。其君在焉。未可勝也。齊師克城而驕。其帥又賤。城、謂夷儀也、帥、謂東郭書、遇必敗之。不如從齊。乃伐齊師。敗之。獲齊車五百乘、事見哀十五年、齊侯致禚媚杏於衛。三邑、皆齊西界、以荅謝衛意、○禚諸若反 齊侯賞犂彌。犂彌辭曰。有先登者。臣從之。皙幘而衣貍製。皙白也、幘齒上下相值、製裘也○幘音責、製音義 公使視東郭書。曰。乃夫子也。吾貺子。貺賜也、公賞東郭書。辭曰。彼賓旅也。言彼與我若賓主相讓、旅俱進退、乃賞犂彌。齊師之在夷儀也。齊侯謂夷儀人曰。得敝無存者。以五家免。給其五家、令常不共役事、乃得其尸。公三襚之。襚衣也、比殯三加襚、深禮厚之、○襚音遂 與之犀軒與直蓋。犀軒卿車、直蓋高蓋、而先歸之。坐引者以師哭之。停喪車以盡哀也、君方爲位而哭、故挽喪者不敢立、親推之三。齊侯自推車輪三轉、

經 十年。春。王三月。及齊平。平前八年再侵齊之怨、

夏。公會齊侯于夾谷。平故、

公至自夾谷。無傳、

晉趙鞅帥師圍衛。

齊人來歸鄆讙龜陰田。三邑皆汶陽田也、泰山博縣北有龜山、陰田在其北也、會夾谷、孔子相、齊人服義而歸魯田、○鄆音運、讙火官反

叔孫州仇仲孫何忌帥師圍郈。郈、叔孫氏邑、○郈音后、

秋。叔孫州仇。仲孫何忌帥師圍郈。

宋樂大心出奔曹。傳在前年春、書名、罪其稱疾不適晉、

宋公子地出奔陳。

貪弄馬以賜君命、書名、罪之也、

冬、齊侯衛侯鄭游遫會于安甫。無傳、安甫地闕、

叔孫州仇如齊。

宋公之弟辰暨仲佗石彄出奔陳。暨、與也、宋公寵向魋、不聽辰請、辰忿而將大臣出奔、寔請自爲、稱弟、示首惡也、仲佗石彄皆爲國卿、不能匡君靜難、而爲辰所牽帥出奔、稱名、亦罪之也、○佗徒何反、彄苦侯反

傳十年、春、及齊平。

夏、公會齊侯于祝其、實夾谷。夾谷、卽祝其也、孔丘相。相會儀也、犂彌言於齊侯曰、孔丘知禮而無勇、若使萊人以兵劫魯侯、必得志焉。萊人、齊所滅萊夷也、齊侯從之。孔丘以公退、曰、士兵之。以兵擊萊人、兩君合好、而裔夷之俘、以兵亂之、裔、遠也、非齊君所以命諸侯也。裔不謀夏、夷不亂華、俘不干盟、兵不偪好、於神爲不祥、盟將告神、犯之爲不善、於德爲愆義、於人爲失禮、君必不然。齊侯聞之、遽辟之。辟去萊兵也、將盟、齊人加於載書曰、齊師出竟、而不以甲車三百乘從我者、有如此盟。如此盟詛之禍、孔丘使茲無還揖對、無還、魯大夫、○還音旋、曰、而不反我汶陽之田、吾以共命者、亦如之。須齊歸汶陽田、乃當共齊命、於是孔子以公退、賤者終其事、要盟不潔、故略不書、○共音恭、齊侯將享公。孔丘謂梁丘據曰、齊魯之故、吾子何不聞

焉。故、舊典、事既成矣、會事成、而又享之、是勤執事也。且犧象不出門、嘉樂不野合。犧象、酒器、犧尊象尊也、嘉樂、鍾磬也、○犧許宜反、又息河反、饗而既具、是棄禮也。若其不具、用秕稗也。秕、穀不成者、稗、草之似穀者、言享不具禮、穢薄若秕稗、○秕音鄙、稗皮賣反、用秕稗、君辱、棄禮、名惡、子盍圖之。夫享、所以昭德也。不昭、不如其已也。乃不果享。孔子知齊侯僞詐、故以禮距之、齊人來歸鄆讙龜陰之田。陽虎九年以此奔齊、經文倒者、次會事、

晉趙鞅圍衛、報夷儀也。前年齊爲衛伐晉夷儀、故伐衛以爲報、初、衛侯伐邯鄲午於寒氏、邯鄲、廣平縣也、午、晉邯鄲大夫、寒氏卽五氏、前年衛人助齊伐五氏、○邯音寒、鄲音丹、城其西北而守之、宵熸。午衆宵散、○熸子潛反、及晉圍衛、午以徒七十人門於衛西門、殺人於門中、曰、請報寒氏之役。衛開門與午歸、涉佗曰、夫子則勇矣、然我往、必不敢啓門。亦以徒七十人、旦門焉、步左右、皆至而立、如植。至其門下、步行門左右、然後立待、如立木不動、以示整、日中不啓門、乃退。反役、晉人討衛之叛故、曰、由涉佗成何。挼衛侯手故、於是執涉佗以求成於衛。衛人不許、晉人遂殺涉佗、成何奔燕。君子曰、此之謂棄禮、必不鈞。言必見殺、不得與人等、詩曰、人而無禮、何不遄死、涉佗亦遄矣哉。詩鄘風、遄速也、

初、叔孫成子欲立武叔、公若藐固諫曰、不可。藐、叔孫氏之族、○藐音邈、又亡小反、成子立之而卒。公南使賊射之、不能殺。公南、叔孫家臣、武叔之黨、公南爲馬

正使公若爲郈宰武叔既定使郈馬正侯犯殺公若弗能其圉
人曰武叔之圉人、吾以劍過朝公若必曰誰之劍也吾稱子以告必
觀之吾僞固而授之末則可殺也僞爲固陋不知禮者以劍鋒末授之使如之公
若曰爾欲吳王我乎見劍向己逆呵之鱄諸殺吳王、亦用劍刺之○刺七亦反遂殺公若侯
犯以郈叛犯以不能副武叔之命故叛叛而以圍告廟故書圍武叔懿子圍郈弗克秋二
子及齊師復圍郈弗克叔孫謂郈工師駟赤工師掌工匠之官、曰郈非
唯叔孫氏之憂社稷之患也將若之何對曰臣之業在揚水卒
章之四言矣揚水詩唐風卒章四言曰我聞有命叔孫稽首謝其受己命駟赤謂侯犯
曰居齊魯之際而無事必不可矣無所服事子盍求事於齊以臨民

不然將叛侯犯從之齊使至駟赤與郈人爲之宣言於郈中詐爲
齊使言也曰侯犯將以郈易于齊齊人將遷郈民謂易其民人衆兇懼不欲
遷駟赤謂侯犯曰衆言異矣不與始同子不如易於齊與其死也猶
是郈也而得紓焉何必此言以郈民易取齊人與郈無異勝於守郈爲叛人所殺齊人欲
以此偪魯必倍與子地言非徒得民又將得齊地且盍多舍甲於子之門以
備不虞侯犯曰諾乃多舍甲焉侯犯請易於齊齊有司觀郈將
至駟赤使周走呼曰齊師至矣郈人大駭介侯犯之門甲以圍
侯犯駟赤將射之僞爲侯犯射郈人、侯犯止之曰謀免我侯犯請行許
之郈人許之駟赤先如宿宿東平無鹽縣故宿國侯犯殿每出一門郈人閉之

閉其後門○殿丁見反及郭門止之曰子以叔孫氏之甲出有司若誅之
誅責也羣臣懼死駟赤曰叔孫氏之甲有物吾未敢以出物識也赤還救
侯犯也○識申志反又如字犯謂駟赤曰子止而與之數數甲以相付○數色主反駟赤
止而納魯人侯犯奔齊齊人乃致郈致其邑簿也爲下武叔如齊傳
宋公子地嬖蘧富獵地宋景公弟辰之兄也○蘧其居反十一分其室而以其五
與之與富獵也公子地有白馬四公嬖向魋魋欲之向魋司馬桓魋也公取
而朱其尾鬣以與之與魋也地怒使其徒抶魋而奪之魋懼將走
公閉門而泣之目盡腫母弟辰曰子分室以與獵也而獨卑魋
亦有頗焉子爲君禮禮辟君也○抶勑乙反不過出竟君必止子公子地

出奔陳公弗止辰爲之請弗聽辰曰是我廷吾兄也廷欺也○廷求往反
又古況反吾以國人出君誰與處冬母弟辰暨仲佗石彄出奔陳佗仲
幾子彄褚師段子皆宋卿衆之所望故言國人
武叔聘于齊謝致郈也經書辰奔在聘後者從告齊侯享之曰子叔孫若使郈在
君之他竟寡人何知焉屬與敝邑際故敢助君憂之以致郈德叔孫對
曰非寡君之望也所以事君封疆社稷是以以猶爲也敢以家隸勤
君之執事夫不令之臣天下之所惡也君豈以爲寡君賜言義在討
惡非所以賜寡君
經 十有一年春宋公之弟辰及仲佗石彄公子地自陳入于蕭以

叛。蕭宋邑、稱弟例在前年、

夏四月。

秋宋樂大心自曹入于蕭。入蕭從叛人、叛可知、故不書叛、

冬及鄭平。平六年侵鄭取匡之怨、

叔還如鄭涖盟。還、叔詣曾孫、○還音旋、案世族譜叔還是叔弓曾孫、此誤、

傳十一年春宋公母弟辰暨仲佗石彄公子地入于蕭以叛。秋樂大心從之。大爲宋患。寵向魋故也。惡宋公寵不義以致國患、

冬及鄭平。始叛晉也。魯自僖公以來、世服於晉、至今而叛、故曰始、

經十有二年春薛伯定卒。無傳、四年盟臯鼬、

夏葬薛襄公。無傳、

叔孫州仇帥師墮郈。墮、毁也、患其險固、故毁壞其城、○墮許規反

衛公孟彄帥師伐曹。彄、孟縶子、○彄苦侯反、縶陟立反

季孫斯仲孫何忌帥師墮費。

秋大雩。無傳、書過、

冬十月癸亥。公會齊侯盟于黃。無傳、結叛晉、

十有一月丙寅朔日有食之。無傳、

公至自黃。無傳、

十有二月。公圍成。公至自圍成。無傳、國內而書至者、成彊若列國、興動大衆、故出入皆告廟、

傳十二年夏衛公孟彄伐曹克郊。郊、曹邑、還滑羅殿。羅、衛大夫、○滑于八反、未出不退於列。未出曹竟、羅不退、在行列之後、其御曰殿而在列其爲無勇乎。羅曰與其素厲寧爲無勇。素、空也、厲、猛也、言伐小國當如畏者、以謗致之、

仲由爲季氏宰。仲由、子路、將墮三都。三都、費郈成也、彊盛將爲國害、故仲由欲毁之、於是叔孫氏墮郈。季氏將墮費。公山不狃叔孫輒帥費人以襲魯。不狃、費宰

也、輒不得志於叔孫氏、公與三子入于季氏之宮、登武子之臺、費人攻之、
弗克、入及公側、至臺下、仲尼命申句須樂頎下伐之、二子、魯大夫、仲尼時爲司
寇、○句音劬、頎音祈、費人北、國人追之、敗諸姑蔑、二子奔齊、二子、不狃、叔孫輒、遂
墮費、將墮成、公斂處父謂孟孫、墮成、齊人必至于北門、成在魯北竟、故、
且成、孟氏之保障也、無成、是無孟氏也、子僞不知、僞不知、我將不
墮、冬、十二月、公圍成、弗克、

經 十有三年、春、齊侯衞侯次于垂葭、
二君將使師伐晉、次垂葭以爲之援、○葭音加
夏、築蛇淵囿、

無傳、書不時也、
大蒐于比蒲、
無傳、夏蒐非時、○比音毗、
衞公孟彄帥師伐曹、
無傳、
秋、晉趙鞅入于晉陽以叛、
書叛、惡可知、
冬、晉荀寅士吉射入于朝歌以叛、
吉射、士鞅子、

晉趙鞅歸于晉、
韓魏請而復之、故曰歸、言韓魏之彊、猶列國、
薛弒其君比、
無傳、稱君、君無道、

傳 十三年、春、齊侯衞侯次于垂葭、實郹氏、垂葭改名郹氏、高平鉅野縣西南有郹亭、
○郹古闃反、使師伐晉、將濟河、諸大夫皆曰不可、邴意茲曰可、意茲、齊大
夫、○邴彼命反、銳師伐河內、今河內汲郡、傳必數日而後及絳、傳告晉、絳不三
月不能出河、則我既濟水矣、乃伐河內、齊侯皆斂諸大夫之軒、
唯邴意茲乘軒、以其言當、○當丁浪反、齊侯欲與衞侯乘、共載、○乘繩證反、下同、與

之宴、而駕乘廣、載甲焉、使告曰、晉師至矣、齊侯曰、比君之駕也、
寡人請攝、以巳車攝代衞、○廣古曠反、乃介而與之乘、驅之、或告曰、無晉師、
乃止、傳言齊侯輕所以不能成功、
晉趙鞅謂邯鄲午曰、歸我衞貢五百家、吾舍諸晉陽、午許諾、十年、
趙鞅圍衞、衞人懼、貢五百家、鞅置之邯鄲、今欲徙著晉陽、晉陽、趙鞅邑、歸告其父兄、父兄皆曰不
可、衞是以爲邯鄲、言衞以五百家在邯鄲、常爲是故與邯鄲親、○爲于僞反、而寘諸晉陽、絕
衞之道也、不如侵齊而謀之、侵齊、則齊當來報、欲因懼齊而徙、則衞與邯鄲好不絕、乃如
之、而歸之于晉陽、欲如是謀、而後歸衞貢、趙孟怒、召午而囚諸晉陽、趙鞅不察
其謀、謂午不用命、故囚之、使其從者說劍而入、涉賓不可、涉賓、午家臣、不肯說劍入、欲謀叛、○

從才用反。說他活反。下同。乃使告邯鄲人曰。吾私有討於午也。二三子唯所欲立。（午。趙鞅同族。別封邯鄲。故使邯鄲人更立午宗親。）遂殺午。趙稷、涉賓以邯鄲叛。（稷。趙午子。）夏六月。上軍司馬籍秦圍邯鄲。邯鄲午。荀寅之甥也。荀寅。范吉射之姻也。（婿父曰姻。荀寅子娶吉射女。）而相與睦。故不與圍邯鄲。將作亂。（作亂攻趙鞅。）董安于聞之。（安于。趙氏臣。）告趙孟曰。先備諸。趙孟曰。晉國有命。始禍者死。為後可也。安于曰。與其害於民。寧我獨死。（懼見攻。必傷害民。）請以我說。趙孟不可。（晉國若討。可殺我以自解說。）秋七月。范氏、中行氏伐趙氏之宮。趙鞅奔晉陽。晉人圍之。范皋夷無寵於范吉射。而欲為亂於范氏。（皋夷。范氏側室子。）梁嬰父嬖於知文子。（文子。荀躒。○知音智。）文子欲

以為卿。韓簡子與中行文子相惡。（簡子。韓起孫不信也。中行文子。荀寅也。○惡如字。又烏路反。下同。）魏襄子亦與范昭子相惡。（襄子。魏舒孫曼多。昭子。士吉射。）故五子謀。（五子。范皋夷、梁嬰父、知文子、韓簡子、魏襄子。）將逐荀寅。而以梁嬰父代之。逐范吉射。而以范皋夷代之。荀躒言於晉侯曰。君命大臣。始禍者死。載書在河。（為盟書。沈之河。）今三臣始禍。而獨逐鞅。刑已不鈞矣。請皆逐之。冬十一月。荀躒、韓不信、魏曼多奉公以伐范氏、中行氏。弗克。二子將伐公。齊高彊曰。三折肱。知為良醫。（高彊。齊子尾之子。昭十年奔魯。遂適晉。○三如字。又息暫反。折之設反。）唯伐君為不可。民弗與也。我以伐君在此矣。三家未睦。（三家。知、韓、魏。）可盡克也。克之。君將誰與。若先伐君。是使睦也。弗聽。遂伐公。國人助公。二子敗。從而伐之。丁未。荀寅、士吉射奔朝歌。韓、魏以趙氏為請。（經所以書趙鞅歸。）十二月辛未。趙鞅入于絳。盟于公宮。（傳錄晉衰亂。）

初。衛公叔文子朝而請享靈公。（欲令公臨其家。）退見史鰌而告之。（史鰌。史魚。○鰌音秋。）史鰌曰。子必禍矣。子富而君貪。罪其及子乎。文子曰。然。吾不先告子。是吾罪也。君既許我矣。其若之何。史鰌曰。無害。子臣。可以免。（言能執臣禮。）富而能臣。必免於難。上下同之。（言尊卑皆然。○難乃旦反。下同。）戍也驕。其亡乎。（戍。文子之子。）富而不驕者鮮。吾唯子之見。驕而不亡者。未之有也。戍必與焉。（與禍難。○與音預。）及文子卒。衛侯始惡於公叔

戍。以其富也。公叔戍又將去夫人之黨。（靈公夫人南子。黨。宋朝之徒。○去起呂反。）夫人愬之曰。戍將為亂。（為明年戍來奔傳。）

【經】十有四年春。衛公叔戍來奔。衛趙陽出奔宋。（陽。趙黶孫。書名者。親富不親仁。○黶於減反。）

二月辛巳。楚公子結、陳公孫佗人帥師滅頓。以頓子牂歸。（○佗吐何反。牂子郎反。）

夏。衛北宮結來奔。（亦黨公叔戍。皆惡之。）

五月。於越敗吳於檇李。

於越、越國也、使罪人詐吳亂陳、故從未陳之例書敗也、檇李、吳郡嘉興縣南醉李城、○檇音醉陳直覲反

吳子光卒。未同盟而赴以名、

公會齊侯衛侯于牽。魏郡黎陽縣東北有牽城、

公至自會。無傳、

秋齊侯宋公會于洮。洮曹地、

天王使石尚來歸脤。無傳、石尚天子之士、石氏尚名、脤祭社之肉、盛以脤器、以賜同姓諸侯、親兄弟之國、與之共福、○脤市軫反

衛世子蒯聵出奔宋

衛公孟彄出奔鄭。彄書名、與蒯聵黨罪之、

宋公之弟辰自蕭來奔。無傳、稱宋公之弟、例在十年、

大蒐于比蒲。

邾子來會公。無傳、會公于比蒲、來而不用朝禮、故曰會、

城莒父及霄。無傳、公叛晉助范氏、故懼而城二邑也、此年無冬、史闕文、

傳十四年春。衛侯逐公叔戌與其黨。故趙陽出奔宋。戌來奔。終史魚之言、

梁嬰父惡董安于。謂知文子曰。不殺安于。使終為政於趙氏。趙氏必得晉國。盍以其先發難也。討於趙氏。文子使告於趙孟曰。范中行氏雖信為亂。安于則發之。是安于與謀亂也。晉國有命。始禍者死。二子既伏其罪矣。敢以告。告使討安于、○知難與並去聲 趙孟患之。

安于曰。我死而晉國寧。趙氏定。將焉用生。人誰不死。吾死莫矣。乃縊而死。趙孟尸諸市。而告於知氏曰。主命戮罪人安于。既伏其罪矣。敢以告。知伯從趙孟盟。知伯荀躒、○莫音暮 而後趙氏定。祀安于於廟。趙氏廟、

頓子牂欲事晉。背楚而絕陳好。二月。楚滅頓。傳言小不事大所以亡、

夏。衛北宮結來奔。公叔戌之故也

吳伐越。報五年越入吳、越子勾踐禦之。陳于檇李。句踐越王允常子、勾踐患吳之整也。使死士再禽焉。不動。使敢死之士往、輒為吳所禽、欲使吳師亂取之、而吳不動、使罪人三行。屬劍於頸。以劍注頸、○行音杭下同 而辭曰。二君有治。治軍旅、臣奸旗

鼓。犯軍令、不敏於君之行前、不敢逃刑、敢歸死。遂自剄也。師屬之目。越子因而伐之、大敗之。靈姑浮以戈擊闔盧。姑浮、越大夫。闔盧○剄古頂反闔盧傷將指、取其一屨。其足大指見斬、遂失屨、姑浮取之。○將子匠反還、卒於陘、去檇李七里。釋經所以不書滅夫差使人立於庭、夫差、闔盧嗣子苟出入、必謂已曰、夫差、而忘越王之殺而父乎。則對曰、唯、不敢忘。三年乃報越。後三年、哀元年

晉人圍朝歌。公會齊侯衛侯于脾上梁之間、脾上梁、閒卽牽謀救范中行氏。齊魯叛晉、故助范中行也析成鮒小王桃甲率狄師以襲晉。二子、晉大夫、范中行氏之黨。○桃如字、又作姚戰于絳中、不克而還。士鮒奔周、小王桃甲入于朝

歌。秋、齊侯宋公會于洮、范氏故也。謀救范氏

衛侯爲夫人南子召宋朝。南子、宋女也。朝、宋公子、舊通乎南子、在宋呼之。○爲去聲會于洮、大子蒯聵獻盂于齊、過宋野。蒯聵、衛靈公大子。盂、邑名也。就會獻之、故自衛行而過宋野。○盂音于野人歌之曰、既定爾婁豬、盍歸吾艾豭。婁豬、求子豬、以喻南子。艾豭、喻宋朝。艾、老也。○豭音加大子羞之、謂戲陽速曰、從我而朝少君。速、大子家臣。○戲許宜反。少詩照反、亦作小少君見我、我顧、乃殺之。速曰、諾。乃朝夫人。夫人見大子、大子三顧、速不進。夫人見其色、啼而走。見大子色變、知其欲殺已曰、蒯聵將殺余。公執其手以登臺。大子奔宋、盡逐其黨、故公孟彄出奔鄭。自鄭奔齊。大子告人曰、戲陽速旤余。戲陽速告人曰、大子則旤余。大子無道、使余殺其母。余不許、將戕於余。戕、殘殺也若殺夫人、將以余說。余是故許而弗爲、以紓余死。諺曰、民保於信。吾以信義也。使義可信、不必信言

冬十二月、晉人敗范中行氏之師於潞、獲籍秦高彊。二子、黨范氏者。終景王言籍父無後又敗鄭師及范氏之師于百泉。鄭助范氏、故并敗

【經】十有五年、春王正月、邾子來朝。

鼷鼠食郊牛、牛死、改卜牛。無傳。不言所食處、舉死重也。改卜、禮也。○鼷音兮

二月辛丑、楚子滅胡、以胡子豹歸。

夏五月辛亥、郊。無傳。書過

壬申、公薨于高寢。高寢、宮名。不於路寢、失其所

鄭罕達帥師伐宋。

齊侯衛侯次于渠蒢。不果救、故書次。○蒢直居反

邾子來奔喪。無傳。諸侯奔喪、非禮

秋七月壬申姒氏卒。定公夫人、

八月庚辰朔日有食之。無傳、

九月滕子來會葬。無傳、諸侯會葬非禮也、

丁巳葬我君定公雨不克葬戊午日下昃乃克葬辛巳葬定姒。辛巳、十月三日有日無月、

冬城漆。漆邾庶其邑、

傳十五年春邾隱公來朝。邾子益、子貢觀焉邾子執玉高其容仰。公受玉卑其容俯。玉朝者之贄、子貢曰以禮觀之二君者皆有死亡焉夫禮死生存亡之體也將左右周旋進退俯仰於是乎取之朝祀喪戎於是乎觀之今正月相朝而皆不度。不合法度、心已亡矣嘉事不體何以能久。嘉事朝禮、高仰驕也卑俯替也驕近亂替近疾君爲主其先亡乎。爲此年公薨、哀七年以邾子益歸傳、

吳之入楚也、在四年、胡子盡俘楚邑之近胡者。俘取也、楚既定胡子豹又不事楚曰存亡有命事楚何爲多取費焉二月楚滅胡。傳言小不事大所以亡、○費芳味反

夏五月壬申公薨仲尼曰賜不幸言而中是使賜多言者也。以微知著知之難者子貢言語之士今言而中仲尼懼其易言故抑之。○中丁仲反

鄭罕達敗宋師于老丘。罕達子齹之子、老丘宋地、宋公子地奔鄭鄭人爲之伐宋欲取地以處之事見哀十二年、○齹才何反

齊侯衛侯次于蘧挐謀救宋也。○挐女居反又女加反

秋七月壬申姒氏卒不稱夫人不赴且不祔也。赴同祔姑夫人之禮二者皆闕、故不曰夫人、

葬定公雨不克襄事禮也。襄成也、雨而成事若汲汲于欲葬者、

葬定姒不稱小君不成喪也。公未葬而夫人薨煩于喪禮不赴不祔故不稱小君臣子怠慢也反哭于寢故書葬、

冬城漆書不時告也。實以秋城冬乃告廟嘗知其不時故緩告從而書之以示譏、

春秋左傳卷二十八終

春秋左傳卷二十九

晉鎮南大將軍當陽縣侯京兆杜　預集解

皇明　後　學　東吳葛　鼒較訂

哀公 名蔣、定公之子、蓋夫人定姒所生、謚法恭仁短折曰哀、

經元年。春。王正月。公即位。 無傳、

楚子。陳侯。隨侯。許男。圍蔡。 隨世服於楚、不通中國、吳之入楚、昭王奔隨、隨人免之、卒復楚國、楚人德之、使列於諸侯、故得見經、定六年、鄭滅許、此復見者、蓋楚封之、

鼷鼠食郊牛。改卜牛。

夏。四月。辛巳。郊。 無傳、書過也、不言所食、所食非一處、

秋。齊侯。衛侯。伐晉。

冬。仲孫何忌帥師伐邾。 無傳、

傳元年。春。楚子圍蔡。報柏舉也。在定四年、里而栽。栽、設板築為圍壘、周匝去蔡城一里、○栽才代反、又音再、廣丈高倍。壘厚一丈、高二丈、夫屯晝夜九日。夫、猶兵也、壘未成、故令人在壘裏屯守蔡、○屯徒門反、如子西之素。子西本計為壘、當用九日而成、蔡人男女以辯。辯、別也、男女各別係纍而出降、使疆于江汝之間而還。楚欲使蔡徙國在江水之北、汝水之南、求田以自安也、蔡權聽命、故楚師還、蔡於是乎請遷于吳。楚既還、蔡人更叛楚就吳、為明年蔡遷州來傳、

吳王夫差敗越于夫椒。報檇李也。檇李在定十四年、夫椒、吳郡吳縣西南大湖中椒山、○夫音扶、檇音醉、遂入越。越子以甲楯五千保于會稽。上會稽山也、在會稽山陰縣南、○楯食允反、又音允、會古外反、使大夫種因吳太宰嚭以行成。吳子將許之。伍員曰。不可。臣聞之。樹德莫如滋。去疾莫如盡。昔有過澆殺斟灌以伐斟鄩。澆、寒浞子、封於過者、二斟、夏同姓諸侯、襄四年傳曰、澆用師滅斟灌、○嚭普鄙反、員音云、去起呂反、過古禾反、澆五弔反、一五報反、灌古亂反、鄩音尋、浞仕捉反、滅夏后相。夏后相、啓孫也、后相失國、依於二斟、復為澆所滅、○相息亮反、后緡方娠。逃出自竇。后緡、相妻、娠、懷身也、○娠音震、又音身、歸于有仍。后緡、有仍氏女、

生少康焉。為仍牧正。牧官之長、惎澆能戒之。惎、毒也、戒、備也、○惎音忌、澆使椒求之。椒、澆臣、逃奔有虞。為之庖正。以除其害。虞、舜後諸侯也、梁國有虞縣、庖正、掌膳羞之官、賴此以得除己害、虞思於是妻之以二姚。虞思、有虞君也、虞思自以二女妻少康、姚、虞姓、○妻七計反、而邑諸綸。綸、虞邑、有田一成。有衆一旅。方十里為成、五百人為旅、能布其德而兆其謀。兆、始、以收夏衆。撫其官職。襄四年傳曰、靡自有鬲氏收二國之燼、以滅浞而立少康、○鬲音革、使女艾諜澆。女艾、少康臣、諜、候也、使季杼誘豷。豷、澆弟也、季杼、少康子后杼也、○豷許器反、遂滅過戈。復禹之績。過、澆國、戈、豷國、祀夏配天。不失舊物。物、事也、今吳不如過。而越大於少康。或將豐之。不亦難乎。言與越成、是使越豐大、必為吳難、○難乃旦反、句踐能親而務施。施不失人。所加惠賜、皆得其人、親不棄勞。推親愛之誠、則

不遺小勢與我同壤而世爲仇讎於是乎克而弗取將又存之違天
而長寇讎猶言天與不取後雖悔之不可食已食消也已止也姬之衰也日可
俟也姬吳姓言可計月而待介在蠻夷而長寇讎以是求伯必不行矣弗
聽退而告人曰越十年生聚而十年教訓生民聚財富而後敎之○伯如字又音霸
二十年之外吳其爲沼乎謂吳宮室廢壞當爲汙池爲二十二年越入吳起本三月越及
吳平吳入越不書吳不告慶越不告敗也嫌夷狄不與華同故復發傳
夏四月齊侯衛侯救邯鄲圍五鹿趙稷以邯鄲叛范中行氏之黨也五鹿晉邑○邯音寒鄲
音丹
吳之入楚也在定四年使召陳懷公懷公朝國人而問焉曰欲與楚

者右欲與吳者左陳人從田無田從黨都邑之人無田者隨黨而立不知所與故直從
所居田在西者居右在東者居左逢滑當公而進當公不左不右曰臣聞國之興也以
福其亡也以禍今吳未有福楚未有禍楚未可棄吳未可從而
晉盟主也若以晉辭吳若何公曰國勝君亡非禍而何楚爲吳所勝
對曰國之有是多矣何必不復小國猶復況大國乎臣聞國之
興也視民如傷是其福也如傷恐驚動其亡也以民爲土芥是其禍
也芥草也楚雖無德亦不艾殺其民吳日敝于兵暴骨如莽草之生於
廣野莽莽然故曰草莽○艾魚廢反暴步卜反而未見德焉天其或者正訓楚也使懼而改
過禍之適吳其何日之有言今至陳侯從之及夫差克越乃修先

君之怨秋八月吳侵陳修舊怨也傳言吳不脩德而脩怨所以亡
齊侯衛侯會于乾侯救范氏也師及齊師衛孔圉鮮虞人伐晉
取棘蒲魯師不書非公命也孔圉孔烝鉏曾孫鮮虞狄帥賤故不書
吳師在陳楚大夫皆懼曰闔廬惟能用其民以敗我於柏舉今
聞其嗣又甚焉將若之何子西曰二三子恤不相睦無患吳矣
昔闔廬食不二味居不重席室不崇壇平地作室不起壇也○重平聲器不形
鏤形丹也鏤刻也宮室不觀觀臺榭○觀古亂反舟車不飾衣服財用擇不取費
選取堅厚不尚細靡在國天有菑癘癘疾疫也親巡孤寡而共其乏困在軍熟
食者分而後敢食必須軍士皆分熟食不敢先食分猶徧也○共音恭其所嘗者卒乘與

焉所嘗甘珍非常食勤恤其民而與之勞逸是以民不罷勞死知不曠
知身死不見曠棄○罷音皮吾先大夫子常易之所以敗我也易猶反也今聞夫
差次有臺榭陂池焉積土爲高曰臺有木曰榭過再宿曰次宿有妃嬙嬪御焉妃嬙
貴者嬪御賤者皆內官一日之行所欲必成玩好必從珍異是聚觀樂是
務視民如讎而用之日新夫先自敗也已安能敗我爲二十二年越滅吳
起本
冬十月晉趙鞅伐朝歌討范中行氏
經二年春王二月季孫斯叔孫州仇仲孫何忌帥師伐邾取漷東
田及沂西田

邾人以賂取之、易也、○漷火虢反、又音郭、沂魚依反

癸巳。叔孫州仇。仲孫何忌。及邾子。盟于句繹。句繹、邾地、取邑盟以要之、○句音勾

夏四月。丙子。衛侯元卒。定四年、盟臯鼬、

滕子來朝。無傳、

晉趙鞅帥師。納衛世子蒯聵于戚。

秋。八月。甲戌。晉趙鞅帥師。及鄭罕達帥師。戰于鐵。鄭師敗績。

皆陳曰戰、大崩曰敗績、鐵在戚城南、罕達、子皮孫、

冬。十月。葬衛靈公。無傳、七月而葬、緩、

十有一月。蔡遷于州來。畏楚而請遷、故以自遷爲文、

蔡殺其大夫公子駟。懷土而欺大國、故罪而書名、

傳二年。春。伐邾。將伐絞。絞、邾邑、邾人愛其土。故賂以漷沂之田而受盟。

初。衛侯遊于郊。子南僕。子南、靈公子郢也、僕、御也、公曰。余無子。將立女。蒯聵奔、無大子、○女音汝、不對。他日又謂之。對曰。郢不足以辱社稷。君其改圖。君夫人在堂。三揖在下。三揖、卿大夫士、君命祇辱。言立適、當以禮與外內同之、今君私命、事必不從、適爲辱、○祇音支、立適音的、夏。衛靈公卒。夫人曰。命公子郢爲大子。君命也。對曰。郢異于他子。言用意不同、且君沒于吾手。若有之。郢必聞之。言當以臨沒爲正、且亡人之子輒在。輒、蒯聵之子、出公也、靈公適孫、乃立輒。六月。乙酉。晉趙鞅納衛大子于戚。宵迷。陽虎曰。右河而南。必至焉。是時河北流過元城界、戚在河外、晉軍已渡河、故欲出河右而南、使大子絻。絻者始發喪之服、○絻音問、八人衰絰。僞自衛逆者。欲爲衛人逆、故衰絰成服、告于門。哭而入。遂居之。

秋。八月。齊人輸范氏粟。鄭子姚。子般送之。子姚、罕達、子般、駟弘、○般音班、士吉射逆之。趙鞅禦之。遇于戚。陽虎曰。吾車少。以兵車之旆。與罕駟兵車先陳。旆、先驅車也、以先驅車益其兵車、以示衆、○陳直覲反、罕駟自後隨而從之。彼見吾貌。必有懼心。晉人先陳、鄭人隨之、不知其虛實、見車多必懼、於是乎會之。會、合戰、必大敗之。從之。卜戰。龜焦。兆不成、樂丁曰。詩曰。爰始爰謀。爰契我龜。樂丁、晉大夫、詩大雅、言先人事後卜筮、謀協以故兆。詢可也。詢、諮詢也、故兆、始納衛大子卜得吉兆、言今旣謀同、可不須更卜、簡子誓曰。范氏中行氏。反易天明。不事君也、斬艾百姓。欲擅晉國而滅其君。寡君恃鄭而保焉。今鄭爲不道。棄君助臣。二三子順天明。從君命。經德義。除詬恥。在此行也。克敵者。上大

夫受縣。下大夫受郡。周書作雒篇千里百縣、縣有四郡。○艾魚廢反滅或作戕音殘訴呼豆反又音苟士田十萬。十萬畝也庶人工商遂。得遂進仕人臣隸圉免。去廝役。○廝又作斯音同志父無罪。君實圖之。志父、趙簡子之一名也。言已事濟、君當圖其賞。○趙鞅入晉陽以畔、後得歸、改名志父。春秋仍舊稱趙鞅若其有罪。絞縊以戮。絞所以縊人物桐棺三寸。不設屬辟。屬辟、棺之重數。王棺四重、君再重、大夫一重。○屬音燭、辟步歷反素車樸馬。以載柩無入于兆。兆、葬域下卿之罰也。為衆設賞、自設罰、所以能克敵甲戌。將戰。郵無恤御簡子。衛大子為右。郵無恤、王良也登鐵上。鐵、丘名望見鄭師衆。大子懼。自投于車下。子良授大子綏而乘之。曰。婦人也。言其怯簡子巡列曰。畢萬。匹夫也。七戰皆獲。有馬百乘。死於牖下。畢萬、晉獻公卿也。皆獲、有功、死於牖下、言得壽終羣子

勉之。死不在寇。言有命繁羽御趙羅。宋勇為右。三子、晉大夫羅無勇。麇之。麇、束縛也。○麇丘隕反吏詰之。御對曰。痁作而伏。痁、瘧疾也。○詰音乞、痁詩占反衛大子禱曰。曾孫蒯聵。敢昭告皇祖文王。周文王、皇大也烈祖康叔。烈、顯也文祖襄公。繼業守文、故曰文祖。蒯聵、襄公之孫鄭勝亂從。勝、鄭聲公名。釋君助臣、為從於亂晉午在難。午、晉定公名。○難乃旦反不能治亂。使鞅討之。鞅、簡子名蒯聵不敢自佚。備持矛焉。戎右持矛敢告無絕筋。無折骨。無面傷。以集大事。集、成也無作三祖羞。大命不敢請。佩玉不敢愛。不敢愛、故以祈禱鄭人擊簡子中肩。斃于車中。斃、踣也。○中肩陟仲反獲其蠭旗。蠭旗、旗名。○蠭音峰大子救之以戈。鄭師北。獲溫大夫趙羅。羅無勇、故鄭師雖北、猶獲羅大子復伐之。鄭師大敗。獲齊粟千車。趙孟喜曰。可矣。趙孟、簡子也。喜大子前怯今更勇傅傁曰。雖克鄭。猶有知在。憂未艾也。傅傁、簡子屬也。言知氏將為難、後竟有晉陽之患。○傁音叟、知音智初。周人與范氏田。公孫尨稅焉。尨、范氏臣、為范氏收周人所與田之稅趙氏得而獻之。得尨以獻簡子吏請殺之。趙孟曰。為其主也。何罪。止而與之田。還其所稅及鐵之戰。以徒五百人宵攻鄭師。取蠭旗於子姚之幕下。獻曰。請報主德。追鄭師。姚般公孫林殿而射。前列多死。晉前列趙孟曰。國無小。言雖小國、猶有善射者既戰。簡子曰。吾伏弢嘔血。弢、弓衣。嘔、吐也。○弢吐刀反鼓音不衰。今日我上也。功為上大子曰。吾救主于車。退敵于下。我右之上也。郵良曰。我兩靷將絕。吾能止之。止使不絕。○靷以刃反我御之上也。駕而

乘材。兩靷皆絕。材、橫木。明細小也。傳言簡子不讓下自伐吳洩庸如蔡納聘。而稍納師。師畢入。衆知之。元年蔡請遷于吳、中悔、故因聘襲之蔡侯告大夫。殺公子駟以說。殺駟以說吳、言不時遷、駟之為哭而遷墓。將遷、與先君離、故哭冬。蔡遷于州來。

經　三年。春。齊國夏衛石曼姑帥師圍戚。曼姑為子圍父、知其不義、故推齊使為兵首、戚不稱衛、非叛人

夏。四月。甲午。地震。無傳

五月。辛卯。桓宮僖宮災。

天火曰災、

季孫斯、叔孫州仇帥師城啓陽。無傳、畏黨范氏、故懼晉、比年四城、啓陽、今琅邪開陽縣、

宋樂髡帥師伐曹。無傳、

秋七月丙子、季孫斯卒。

蔡人放其大夫公孫獵于吳。無傳、公子駟之黨、

冬十月癸卯、秦伯卒。無傳、不書名、未同盟、

叔孫州仇、仲孫何忌帥師圍邾。無傳、

傳三年春、齊衛圍戚、求援于中山。中山、鮮虞、

夏五月辛卯、司鐸火。司鐸、宮名、火踰公宮、桓僖災。桓公僖公廟、救火者皆曰顧府。言常人愛財、南宮敬叔至、命周人出御書、俟於宮。敬叔、孔子弟子南宮閱、周人、司周書典籍之官、御書、進於君者也、使待命於宮、曰、庀女而不在死。庀、具也、○庀、匹婢反、女音汝、子服景伯至、命宰人出禮書、景伯、子服何也、宰人、冢宰之屬、以待命、命不共、有常刑。待求、校人乘馬、巾車脂轄。校人掌馬、巾車掌車、乘馬、使四四相從、爲駕之易、○校音效、乘

去聲、爲、于僞反、百官官備、府庫愼守、官人肅給。國有火災、恐有變難、故儆爲備、濟濡帷幕、鬱攸從之。鬱攸、火氣也、濡物於水、出用爲濟、蒙葺公屋。以濡物冒覆公屋、自太廟始、外內以悛、悛、次也、先尊後卑、以次救之、助所不給。有不用命、則有常刑、無赦。公父文伯至、命校人駕乘車。乘車、公車、季桓子至、御公立于象魏之外。象魏、門闕、命救火者傷人則止、財可爲也。命藏象魏、周禮正月縣教令之法于象魏、使萬民觀之、故謂其書爲象魏、曰、舊章不可亡也。富父槐至、曰、無備而官辦者、猶拾瀋也。槐、富父終生之後、瀋、汁也、言不備而責辦、不可得、○瀋、尺審反、於是乎去表之槀、表、火道、槀所向者、去其槀積、○去、起呂反、積、子賜反、道還公宮。開除道、周帀公宮、使火無相連、孔子在陳、聞火、曰、其桓僖乎。言桓僖親盡而廟不毀、宜爲天所災、

劉氏、范氏世爲婚姻。劉氏周卿士、范氏晉大夫、萇弘事劉文公。爲之屬大夫、故周與范氏。趙鞅以爲討。責周與范氏、六月癸卯、周人殺萇弘。終違天之禍、

秋、季孫有疾、命正常曰、無死。正常、桓子之寵臣、欲付以後事、故敕令勿從己死、南孺子之子、男也、則以告而立之。南孺子、季桓子之妻、言若生男、告公而立之、女也、則肥也可。肥、康子也、季孫卒、康子卽位。既葬、康子在朝。在公朝也、南氏生男、正常載以如朝、告曰、夫子有遺言、命其圉臣曰、南氏生男、則以告於君與大夫而立之。今生矣、男也、敢告。遂奔衛。康子請退。退、辟位也、公使共劉視之。共劉、魯大夫、○共音恭、則或殺之矣、乃討之。討殺者、召正常、正常不反。畏康子也、傳備言季氏家事、

冬十月晉趙鞅圍朝歌師于其南范中行所在荀寅伐其郛伐其北郭圍使其徒自北門入已犯師而出荀寅使在外救已之徒擊趙氏圍之北門因外內攻得出癸丑奔邯鄲十一月趙鞅殺士皐夷惡范氏也惡范氏而殺其族言遷怒

經四年春王二月庚戌盜殺蔡侯申賤者故稱盜不言弒其君賤盜也○殺申志反

蔡公孫辰出奔吳弒君賊之黨故書名

葬秦惠公無傳

宋人執小邾子無傳邾子無道於其民故稱人以執

夏蔡殺其大夫公孫姓公孫霍皆弒君黨○姓音生

晉人執戎蠻子赤歸于楚晉恥為楚執諸侯故稱人以告若蠻子不道於其民也赤本屬楚故言歸

城西郛無傳魯西郭備晉也

六月辛丑亳社災無傳天火也亳社殷社諸侯有之所以戒亡國

秋八月甲寅滕子結卒無傳同盟於皐鼬

冬十有二月葬蔡昭公無傳亂故是以緩

葬滕頃公無傳

傳四年春蔡昭侯將如吳諸大夫恐其又遷也承承音懲蓋楚言也公孫翩逐而射之入于家人而卒翩蔡大夫以兩矢門之眾莫敢進翩以矢自守其門文之鍇後至鍇蔡大夫○鍇音揩又音皆曰如牆而進多而殺二人併行如牆俱進鍇執弓而先翩射之中肘鍇遂殺之故逐公孫辰而殺公孫姓公孫盱盱即霍也○盱況于反

夏楚人既克夷虎夷虎蠻夷叛楚者乃謀北方左司馬眅申公壽餘葉公諸梁致蔡於負函三子楚大夫也此蔡之故地人民楚因以為邑致之者會其眾也○眅普版反又四姦反葉始涉反致方城之外於繒關負函繒關皆楚地○繒才陵反曰吳將泝江入郢逆流曰泝將奔命焉為一昔之期襲梁及霍僞當備吳夜結期明旦便襲梁霍使不知之梁河南梁縣西南故城也梁南有霍陽山皆蠻子之邑也單浮餘圍蠻氏蠻氏潰浮餘楚大夫○單音善蠻子赤奔陰地河南山北自上雒以東至陸渾○渾戶門反司馬起豐析與

狄戎。楚司馬販也、析縣屬南鄉郡、析南有豐鄉、皆楚邑、發此二邑人及戎狄、以臨上雒。左師軍于菟和。菟和山、在上雒東也、○菟音徒右師軍于倉野。倉野在上雒縣使謂陰地之命大夫士蔑命大夫、別縣監尹、○監古銜反曰。晉楚有盟。好惡同之。若將不廢。寡君之願也。不然將通於少習以聽命。少習、商縣武關也、將大開武關道以伐晉、○少詩照反士蔑請諸趙孟。趙孟曰。晉國未寧。安能惡於楚。必速與之。未寧時有范中行之難、士蔑乃致九州之戎。九州戎、在晉陰地陸渾者、將裂田以與蠻子而城之。以詐蠻子、且將為之卜。卜城、蠻子聽卜。遂執之與其五大夫以畀楚師于三戶。今丹水縣北三戶亭、司馬致邑立宗焉。以誘其遺民。楚復詐為蠻子作邑、立其宗主、而盡俘以歸。

秋七月。齊陳乞弦施衞甯跪救范氏。陳乞僖子、弦施弦多、庚午。圍五鹿。五鹿、晉邑、九月。趙鞅圍邯鄲。冬十一月。邯鄲降。荀寅奔鮮虞。趙稷奔臨。臨、晉邑、○降戶江反十二月。弦施逆之。遂墮臨。國夏伐晉。取邢任欒鄗逆時陰人盂壺口。八邑、晉地、欒在趙國平棘縣西北、鄗即高邑縣也、路縣東有壺口關、○墮許規反、任音壬、鄗呼洛反、時音止會鮮虞納荀寅于柏人。柏人、晉邑也、今趙國柏人縣也、弦施與鮮虞會也、

經五年。春。城毗。無傳、備晉也、

夏。齊侯伐宋。無傳、

晉趙鞅帥師伐衞。

秋九月。癸酉。齊侯杵臼卒。再同盟也、

冬。叔還如齊。

閏月。葬齊景公。無傳、

傳五年。春。晉圍柏人。荀寅士吉射奔齊。初。范氏之臣王生惡張柳朔。言諸昭子。使為柏人。昭子、范吉射、為柏人宰也、昭子曰。夫非而讎乎。對曰。私讎不及公。公家之事也、○夫音扶好不廢過。惡不去善。義之經也。臣

敢違之。及范氏出。出奔齊、張柳朔謂其子。爾從主。勉之。我將止死。王生授我矣。授我死節、吾不可以僭之。遂死于柏人。為吉射距晉、戰死、

夏。趙鞅伐衞。范氏之故也。遂圍中牟。衞助范氏故也、

齊燕姬生子。不成而死。燕姬、景公夫人、不成、未冠也、諸子鬻姒之子荼嬖。諸子、庶公子也、鬻姒、景公妾、荼、安孺子、○荼音舒、又音徒諸大夫恐其為大子也。言于公曰。君之齒長矣。未有大子。若之何。公曰。二三子間于憂虞。則有疾疢。亦姑謀樂。何憂於無君。景公意欲立荼而未發、故以此言塞大夫請、○長上聲、間音閑、又音諫、樂音洛公疾。使國惠子高昭子立荼。惠子國夏、昭子高張、寘羣公子于萊。萊、齊東鄙邑、

秋。齊景公卒。冬十月。公子嘉公子駒公子黔奔衞。公子鉏公子

陽生來奔。皆景公子，在萊者。○黚，巨廉反，又音琴 萊人歌之曰。景公死乎不與埋，三軍之事乎不與謀，師乎師乎，何黨之乎。師，衆也。黨，所也。之，往也。稱謚，蓋葬後而爲此歌，哀羣公子失所。○與音預

鄭駟秦富而侈。嬖大夫也。而常陳卿之車服於其庭。鄭人惡而殺之。子思曰。詩曰。不解于位，民之攸塈。子思，子產子國參也。詩大雅。攸，所也。塈，息也。○解，佳賣反。塈，許器反 不守其位而能久者，鮮矣。商頌曰。不僭不濫，不敢怠皇，命以多福。僭，差也。濫，溢也。皇，暇也。言駟秦違詩商頌，故受禍。

經六年。春。城邾瑕。無傳。備晉也。任城亢父縣北有邾婁城。

晉趙鞅帥師伐鮮虞。

吳伐陳。

夏。齊國夏及高張來奔。二子阿君，廢長立少，既受命，又不能全，書名，罪之也。

叔還會吳于柤。無傳。○柤，莊加反

秋。七月。庚寅。楚子軫卒。未同盟而赴以名。

齊陽生入于齊。爲陳乞所逆，故書入。

齊陳乞弒其君荼。弒荼者，朱毛與陽生也，而書陳乞，所以明乞立陽生而荼見弒，則禍由乞始也。楚比劫立，陳乞流涕，子家憚老，皆疑於免罪，故春秋明而書之，以爲弒主。

冬。仲孫何忌帥師伐邾。無傳。

宋向巢帥師伐曹。無傳。

傳六年。春。晉伐鮮虞。治范氏之亂也。四年，鮮虞納荀寅于柏人。

吳伐陳。復修舊怨也。元年，未得志故也。楚子曰。吾先君與陳有盟。不可以不救。乃救陳。師于城父。陳盟在昭十三年。

齊陳乞偽事高國者。高張、國夏受命立荼，陳乞欲害之，故先僞事焉。每朝。必驂乘焉。所從。必言諸大夫。言其罪過。○乘，去聲，後同 曰。彼皆偃蹇。將棄子之命。偃蹇，驕敖。皆曰。高國得君。得君，寵也。必偪我。盍去諸。固將謀子。子早圖之。圖之莫如盡滅之。需。事之下也。需，疑也。○去，起呂反，下同 及朝。則曰。彼虎狼也。見我在子之側。殺我無日矣。請就之位。欲與諸大夫謀高國，故求就之。又謂諸大夫曰。二子者禍矣。恃得君而欲謀二三子。曰。國之多難。貴寵之由。盡去之而後君定。既成謀矣。盍及其未作也。先諸。作而後悔。亦

無及也。大夫從之。夏六月戊辰。陳乞鮑牧。牧、鮑圉孫及諸大夫以甲入于公宮。昭子聞之。與惠子乘如公。戰于莊。敗。高國敗也、莊六軌之道、國人追之。國夏奔莒。遂及高張晏圉弦施來奔。圉、晏嬰之子、圉施不書、非卿、秋七月。楚子在城父。將救陳。卜戰不吉。卜退不吉。王曰。然則死也。再敗楚師。不如死。前已敗於柏舉、今若退還、亦是敗、棄盟逃讎。亦不如死。死一也。其死讎乎。命公子申爲王。不可。則命公子結。亦不可。則命公子啓。申、子西、結、子期、啓、子閭、皆昭王兄、五辭而後許。將戰。王有疾。庚寅。昭王攻大冥。卒于城父。大冥、陳地、吳師所在、子閭退曰。君王舍其子而讓羣臣。敢忘君乎。從君之命。順也。從命許立。立君之子。亦順也。二順不可失

也。與子西子期謀。潛師閉塗。逆越女之子章。立之而後還。潛師密發也、閉塗、不通外使也、越女、昭王妾、章、惠王、是歲也。有雲如衆赤鳥。夾日以飛三日。楚子使問諸周大史。周大史曰。其當王身乎。日爲人君、妖氣守之、故以爲當王身、雲在楚上、唯楚見之、故禍不及他國、若禜之。可移於令尹司馬。禜、禳祭、○禜音詠王曰。除腹心之疾。而寘諸股肱。何益。不穀不有大過。天其夭諸。有罪受罰。又焉移之。遂弗禜。初。昭王有疾。卜曰。河爲祟。王弗祭。大夫請祭諸郊。王曰。三代命祀。祭不越望。諸侯望祀竟內山川星辰、江漢雎漳。楚之望也。四水在楚界、禍福之至。不是過也。不穀雖不德。河非所獲罪也。遂弗祭。孔子曰。楚昭王知大道矣。其不失國也。宜哉。夏書曰。惟彼

陶唐。帥彼天常。逸書、言堯循天之常道、有此冀方。今失其行。亂其紀綱。乃滅而亡。滅亡、謂夏桀也、唐虞及夏、同都冀州、不易地而亡、由於不知大道故、○行如字又下孟反又曰。允出茲在茲。由己率常可矣。又逸書、言信出己、則福亦在己、八月。齊邴意茲來奔。高國黨、陳僖子使召公子陽生。召在七月、今在八月下、記事之次、陽生駕而見南郭且于。且于、齊公子鉏、在魯南郭、○且子餘反曰。嘗獻馬於季孫。不入於上乘。故又獻此。請與子乘之。畏在家人聞其言、故欲二人共載以試馬爲辭、○上乘繩證反出萊門而告之故。魯郭門也、闞止知之。先待諸外。闞止、陽生家臣、子我也、待外、欲俱去、公子曰。事未可知。反與壬也處。壬、陽生子、簡公、戒之。遂行。戒使無洩言、逮夜至於齊。國人知之。故以昏至、不欲令人知也、國人知而不言、言陳氏得衆、僖子

使子士之母養之。隱於僖子家內、子士母、僖子妾、與饋者皆入。陳僖子又令陽生隨饋食之人、入處公宮、冬十月丁卯。立之。將盟。盟諸大夫、鮑子醉而往。其臣差車鮑點。點、鮑牧臣也、差車、主車之官、曰。此誰之命也。陳子曰。受命於鮑子。遂誣鮑子曰。子之命也。見其醉、故誣之、鮑子曰。女忘君之爲孺子牛而折其齒乎。而背之也。孺子、荼也、景公嘗銜繩爲牛、使荼牽之、荼頓地、故折其齒、悼公稽首。悼公、陽生、曰。吾子奉義而行者也。若我可。不必亡一大夫。言己可爲君、必不怨鮑子、若我不可。不必亡一公子。公子自謂也、恐鮑子殺己、故要之、義則進。否則退。敢不唯子是從。廢興無以亂。則所願也。鮑子曰。誰非君之子。乃受盟。言陽生亦君之子、固可立、使胡姬以安孺子如賴。胡姬、景公妾也、賴、齊邑、安、號也、去鬻姒。荼之母、○去起呂反

殺王甲、拘江說、囚王豹于句竇之丘。三子、景公嬖臣、荼之黨也。○說音悅、句音鉤 公使朱毛告於陳子、朱毛、齊大夫、曰、微子則不及此、然君異於器、不可以二、器二不匱、君二多難、敢布諸大夫。僖子不對而泣曰、君舉不信羣臣乎。舉皆也。○難乃旦反 以齊國之困、困又有憂、內有饑荒之困、又有兵革之憂、少君不可以訪、是以求長君、庶亦能容羣臣乎、不然、夫孺子何罪。毛復命、公悔之。悔失言、 毛曰、君大訪於陳子、而圖其小可也。大謂國政、小謂殺荼、 使毛遷孺子於駘、不至、殺諸野幕之下、葬諸殳冒淳。恐駘人不從故、毛駐於野、張帳而殺之、駘、齊邑、殳冒淳、地名、實以冬殺、經書秋者、史書秋記始事、遂連其死、通以冬告魯、

經七年、春、宋皇瑗帥師侵鄭。

晉魏曼多帥師侵衛。

夏、公會吳于鄫。鄫今琅邪鄫縣、

秋、公伐邾。八月己酉、入邾、以邾子益來。他國言歸、於魯言來、外內之辭、

宋人圍曹。

冬、鄭駟弘帥師救曹。

傳七年、春、宋師侵鄭、鄭叛晉故也。定八年、鄭始叛、

晉師侵衛、衛不服也。五年、晉伐衛、至今未服、

夏、公會吳于鄫。吳欲霸中國、 吳來徵百牢。子服景伯對曰、先王未之有也。吳人曰、宋百牢我。是時吳過宋、得百牢、 魯不可以後宋、且魯牢晉大夫過十、晉大夫范鞅也、在昭二十一年、 吳王百牢、不亦可乎。景伯曰、晉范鞅貪而棄禮、以大國懼敝邑、故敝邑十一牢之、君若以禮命于諸侯則有數矣。有常數、 若亦棄禮、則有淫者矣。淫、過也、 周之王也、制禮上物不過十二、上物、天子之牢、 以爲天之大數也。天有十二次、故制禮象之、 今棄周禮而曰必百牢、亦唯執事、吳人弗聽。景伯曰、吳將亡矣、棄天而背本。違周爲背本、 不與、必棄疾於我。放棄凶疾、來伐擊我、 乃與之。大宰嚭召季康子。嚭、吳大夫、 康子使子貢辭。大宰嚭曰、國君道長、蓋言君長大於道路、○長丁丈反 而大夫不出門、此何禮也。對曰、豈以爲禮、畏大國也。畏大國、不敢盡國行、 大國不以禮命于諸侯、苟不以禮、豈可量也。寡君既共命焉、其老豈敢棄其國。大伯端委以治周禮、仲雍嗣之、斷髮文身、贏以爲飾、豈禮也哉、有由然也。大伯、周大王之長子、仲雍、大伯弟也、大伯仲雍讓其弟季歷、俱適荊蠻、遂有民衆、大伯卒、無子、仲雍嗣立、不能行禮、致化、故效吳俗、言其權時制宜、以辟災害、非以爲禮也、端委、禮衣也、○共音恭 斷丁管反 贏力果反 反自鄫、以吳爲無能爲也。棄禮、知其不能霸也、

季康子欲伐邾、乃饗大夫以謀之。子服景伯曰、小所以事大、信也、大所以保小、仁也、背大國不信、大國、吳也、 伐小國不仁、民保於城、城保於德、失二德者、危將焉保。二德、信與仁也、 孟孫曰、二三子以爲何

如。怪諸大夫不言、故指問之、惡賢而逆之。孟孫賢景伯、欲使大夫不逆其言、惡、猶安也、○惡音烏對曰。禹合諸侯於塗山、執玉帛者萬國。諸大夫對也、諸侯執玉、附庸執帛、塗山在壽春東北、今其存者、無數十焉、唯大不字小、小不事大也。言諸侯相伐、古來以然、○數所主反、知必危、何故不言、知伐邾必危、自當言、今不言者、不危故也、大夫以荅孟孫所怪、且阿附季孫、魯德如邾、而以衆加之、可乎。孟孫忿荅大夫、今魯德無以勝邾、但欲恃衆可乎、言不可、不樂而出。季孟意異、佞直不同、故罷饗、○樂音岳、一音洛秋伐邾、及范門、邾郭門也、猶聞鐘聲。邾不禦寇、大夫諫、不聽、茅成子請告於吳、成子、邾大夫茅夷鴻、不許、曰、魯擊柝聞於邾、言以近、吳二千里、不三月不至、何及於我、且國內豈不足。言足以距魯、成子以茅叛、高平西南有茅鄉亭、師遂入邾、處其公宮、衆師晝掠、虜掠取財物也、

邾衆保于繹。繹、邾山也、在鄒縣北、師宵掠、以邾子益來。益、邾隱公也、晝夜掠、傳言康子無法、獻于亳社。以其亡國與殷同、囚諸負瑕、負瑕故有繹。負瑕、魯邑、高平南平陽縣西北有瑕丘城、前者魯得邾之繹民、使在負瑕、故使相就以辱之、邾茅夷鴻以束帛乘韋自請救於吳。無君命、故言自、○乘去聲、下同曰、魯弱晉而遠吳、馮恃其衆、馮、依、○馮音憑而背君之盟、辟君之執事、辟、陋、○辟匹亦反以陵我小國、邾非敢自愛也、懼君威之不立、君威之不立、小國之憂也、若夏盟于鄫衍、鄫衍即鄫也、鄫盟不書、吳行夷禮、禮儀不典、非所以結信義、故不錄、秋而背之、成求而不違。言魯成其所求、無違逆也、四方諸侯、其何以事君、且魯賦八百乘、君之貳也、貳、敵也、魯以八百乘之賦貢於吳、言其國大、邾賦六百乘、君之私也、爲私屬、以私奉貳、唯君圖之、吳子

從之。爲明年吳伐我傳、

宋人圍曹、鄭桓子思曰、宋人有曹、鄭之患也、不可以不救。桓、識冬、鄭師救曹、侵宋。初、曹人或夢衆君子立于社宮、社宮、社也、而謀亡曹。曹叔振鐸請待公孫彊、許之。振鐸、曹始祖、旦而求之曹、無之。戒其子曰、我死、爾聞公孫彊爲政、必去之。及曹伯陽即位、好田弋、曹鄙人公孫彊好弋、獲白鴈、獻之、且言田弋之說、說之、因訪政事、大說之、有寵、使爲司城以聽政。夢者之子乃行。彊言霸說於曹伯、曹伯從之、乃背晉而奸宋、宋人伐之、晉人不救、築五邑于其郊、曰黍丘、揖丘、大城、鐘、邘。爲明年入曹傳也、梁國下邑縣西南有黍丘亭、○說之音悅、邘音于

經　八年、春、王正月、宋公入曹、以曹伯陽歸。曹人背晉而奸宋、宋是以致討、宋公既還、而不忍褚師之詬怒、而反兵、一舉滅曹、滅非本志、故以入告、

吳伐我。

夏、齊人取讙及闡。不書伐、兵未加而魯與之邑、闡在東平剛縣北、○讙音歡

歸邾子益于邾。

秋、七月。

冬、十有二月、癸亥、杞伯過卒。無傳、未同盟而赴以名、○過古禾反

齊人歸讙及闡。(不言來、命歸之、無旨使也、)

傳八年。春。宋公伐曹。將還。褚師子肥殿。(子肥、宋大夫、○殿丁練反)曹人詬之。不行。(詬、詈辱也、不行、殿兵止也、○詬呼豆反)師待之。公聞之。怒。命反之。遂滅曹。執曹伯及司城彊以歸。殺之。(終曹人之辱、)

吳爲邾故。將伐魯。問於叔孫輒。(問可伐不、)叔孫輒對曰。魯有名而無情。(有大國名、無情實、)伐之。必得志焉。退而告公山不狃。(不狃亦故魯人、)公山不狃曰。非禮也。君子違不適讎國。(違、奔亡也、)未臣而有伐之。奔命焉。死之可也。(未臣所適之國、若有伐本國者、則可還奔命、死其難、)所託也則隱。(會所因託、則爲之隱惡、)且夫人之行也。不以所惡廢鄉。(不以其私怨惡、廢棄其鄉黨之好、○夫音扶)今子以小惡而欲覆宗國。不亦難乎。(輒、魯公族、故謂之宗國、)若使子率。子必辭。王將使我。子張病之。(子張、輒也、)王問於子洩。(子洩、不狃、)對曰。魯雖無與立。必有與斃。(緩時若無能自立、急則人人知懼、皆將同死戰、)諸侯將救之。未可以得志焉。晉與齊楚輔之。是四讎也。(與魯而四、)夫魯齊晉之脣。脣亡齒寒。君所知也。不救何爲。三月。吳伐我。子洩率。故道險。從武城。(故由險道、欲使魯備、)

初武城人或有因於吳竟田焉。(僑田吳界、)拘鄫人之漚菅者曰。何故使我水滋。(鄫人亦僑田吳滋、濁也、○漚烏豆反、菅古顏反)及吳師至。拘者道之以伐武城。克之。(鄫人敎吳必可克、)王犯嘗爲之宰。澹臺子羽之父好焉。國人懼。(王犯、吳大夫、故嘗奔魯爲武城宰、澹臺子羽、武城人、孔子弟子也、其父與王犯相善、國人懼其爲內應、○澹待甘反)懿子謂景伯。若之何。對曰。吳師來。斯與之戰。何患焉。且召之而至。又何求焉。(言犯盟伐邾、所以召吳、)吳師克東陽而進。舍於五梧。明日舍於蠶室。(三邑、魯地、)公賓庚。公甲叔子。與戰於夷。獲叔子與析朱鉏。(公賓庚、公甲叔子、析朱鉏、爲三人、皆同車、傳互言之、)獻於王。王曰。此同車。必使能。國未可望也。(同車能俱死、是國能使人、故不可望得、)明日舍於庚宗。遂次于泗上。微虎欲宵攻王舍。(微虎、魯大夫、)私屬徒七百人。三踊于幕庭。(於帳前設格、令士試躍之、)卒三百人。有若與焉。(卒、終也、終得三百人任行、有若、孔子弟子、與在三百人中、○與音預)及稷門之內。(三百人行至稷門、)或謂季孫曰。不足以害吳。而多殺國士。不如已也。乃止之。吳子聞之。一夕三遷。(畏微虎也、)吳人行成。(求與魯成、)將盟。景伯曰。楚人圍宋。易子而食。析骸而爨。(在宣十五年、)猶無城下之盟。我未及虧。而有城下之盟。是棄國也。吳輕而遠。不能久。將歸矣。請少待之。弗從。景伯負載。造於萊門。(以言不見從、故負載書、將欲出盟、)乃請釋子服何於吳。吳人許之。以王子姑曹當之。而後止。(釋、舍也、魯人不以盟爲了、欲因留景伯爲質於吳、旣得吳之許、復求吳王之子以交質、吳人不欲留王子、故遂兩止、)吳人盟而還。(不書盟、恥吳夷、)

齊悼公之來也。(在五年、)季康子以其妹妻之。卽位而逆之。季魴侯通焉。(魴侯、康子叔父、○魴音房)女言其情。弗敢與也。齊侯怒。夏。五月。齊鮑牧帥師伐我。取讙及闡。

或譖胡姬於齊侯、胡姬、景公妾、曰、安孺子之黨也、六月、齊侯殺胡姬、傳言齊侯無道、所以不終、

齊侯使如吳請師、將以伐我、乃歸邾子、齊不得季姬、故請師也、吳前爲邾討魯、二國同心、故歸邾子、邾子又無道、吳子使大宰子餘討之、子餘、大宰嚭、囚諸樓臺、栫之以棘、栫、擁也、○栫在薦反、使諸大夫奉大子革以爲政、革、邾大子、桓公也、爲十年邾子來奔傳、

秋、及齊平、九月、臧賓如如齊涖盟、賓如、臧會子、齊閭丘明來涖盟、明、閭丘嬰之子也、盟不書、諱畧之、且逆季姬以歸、嬖、季姬、鮑侯所逼者、

鮑牧又謂羣公子曰、使女有馬千乘乎、有馬千乘、使爲君也、鮑牧本不欲立陽生、故誘動羣公子、○女音汝、乘去聲、公子愬之、公謂鮑子、或譖子、子姑居於潞以察之、潞、齊邑、若有之、則分室以行、若無之、則反子之所、出門、使以三分之一行、半道、使以二乘、及潞、麇之以入、遂殺之、麇、束縛、○麇丘隕反、

冬、十二月、齊人歸讙及闡、季姬嬖故也、

〔經〕九年、春、王二月、葬杞僖公、無傳、三月而葬、速、

宋皇瑗帥師取鄭師于雍丘、書取、喪而敗之、雍丘縣屬陳留、○雍於勇反、

夏、楚人伐陳、

秋、宋公伐鄭、

冬、十月、

〔傳〕九年、春、齊侯使公孟綽辭師于吳、齊與魯平、故辭吳師、吳子曰、昔歲寡人聞命、今又革之、不知所從、將進受命於君、爲十年吳伐齊傳、

鄭武子賸之嬖許瑕求邑、無以與之、賸、罕達也、瑕、武子之屬、請外取、許之、瑕請取於他國也、故圍宋雍丘、宋皇瑗圍鄭師、圍許瑕師、每日遷舍、作壘塹成、輒徙舍、合其圍、壘合、鄭師哭、子姚救之、大敗、子姚、武子賸也、二月、甲戌、宋取鄭師于雍丘、使有能者無死、惜其能也、以郟張與鄭羅歸、鄭之有能者、○郟古洽反、

夏、楚人伐陳、陳卽吳故也、

宋公伐鄭、報雍丘、

秋、吳城邗、溝通江淮、於邗江築城穿溝、東北通射陽湖、西北至宋口入淮、通糧道也、今廣陵韓江是、○邗音寒、射食亦反、又音亦、

晉趙鞅卜救鄭、遇水適火、水火之兆、占諸史趙史墨史龜、皆晉史、史龜曰、是謂沈陽、火陽得水、故沈、可以興兵、兵、陰類也、故可以興兵、利以伐姜、不利子商、姜、齊姓、子、商謂宋、伐齊則可、敵宋不吉、史墨曰、盈、水名也、子、水位也、趙鞅姓盈、宋姓子、水盈坎乃行、子姓又得北方水位、名位敵、不可干也、二水俱盛、故言不可干、炎帝爲火師、神農有火瑞、以火名官、姜姓其後也、水勝火、伐姜則可、史趙曰、是謂如川之滿、不可游也、既盈而得水位、故爲如川之滿、不可馮游、言其波流盛、鄭方有罪、

不可救也。鄭以變寵伐人、故以爲有罪、救鄭則不吉、不知其他。救鄭則當伐宋、故不吉也、陽虎以周易筮之、遇泰☷☰乾下坤上、泰、之需☵☰乾下坎上、需、泰六五變、曰、宋方吉、不可與也。不可與戰。泰六五曰、帝乙歸妹、以祉元吉。帝乙、紂父、立爲天子、故稱帝乙、陰而得中、有似王者嫁妹、得如其願、受福祿而大吉、微子啓、帝乙之元子也。宋鄭、甥舅也。宋鄭爲昏姻甥舅之國、宋爲微子之後、今卜得帝乙卦、故以爲宋吉、祉、祿也。若帝乙之元子、歸妹而有吉祿、我安得吉焉。乃止。吉在彼、則我伐之爲不吉、

冬、吳子使來儆師伐齊。前年齊與吳謀伐魯、齊既與魯成而止、故吳恨之、反與魯謀伐齊、

經 十年、春、王二月、邾子益來奔。

公會吳伐齊。書會從、不與謀、

三月戊戌、齊侯陽生卒。以疾赴、故不書弑、

夏、宋人伐鄭。無傳、

晉趙鞅帥師侵齊。

五月、公至自伐齊。無傳、

葬齊悼公。無傳、

衛公孟彄自齊歸于衛。無傳、書歸、齊納之、○彄、苦侯反

薛伯夷卒。無傳、赴以名、故書、

秋、葬薛惠公。無傳、

冬、楚公子結帥師伐陳。

吳救陳。季子不書、陳人來告、不以名、

傳 十年、春、邾隱公來奔。齊甥也。故遂奔齊。終子貢之言、

公會吳子、邾子、郯子伐齊南鄙、師于郎。郎、齊地、邾郯不書、兵并屬吳、不列於諸侯、○郯音談、郳音息

齊人弑悼公、赴于師。以說吳、吳子三日哭于軍門之外。徐承帥舟師將自海入齊。齊人敗之、吳師乃還。徐承、吳大夫、

夏、趙鞅帥師伐齊。經書侵、以侵告、大夫請卜之。趙孟曰、吾卜於此起兵。謂往歲卜伐宋不吉、利以伐姜、故今興兵、事不再令。再令、瀆也、卜不襲吉。襲、重也、行也、于是乎取犂及轅。犂、一名隰、濟南有隰陰縣、祝阿縣西有轅城、毀高唐之郭、侵及賴而還。

秋、吳子使來復儆師。吳伐齊未得志、故爲明年伐齊傳、○復、扶又反

冬。楚子期伐陳。（陳即吳故。）吳延州來季子救陳。謂子期曰。二君不務德。（二君、吳楚。）而力爭諸侯。民何罪焉。我請退。以爲子名。務德而安民。乃還。（季子、吳王壽夢少子也。壽夢以襄十二年卒。至今七十七歲。壽夢卒季子已能讓國。年當十五六。至今蓋九十餘。○夢音蒙。）

經十有一年。春。齊國書帥師伐我。

夏。陳轅頗出奔鄭。（書名、貪也。）

五月。公會吳伐齊。

甲戌。齊國書帥師及吳戰于艾陵。齊師敗績。獲齊國書。

（公與伐而不與戰。艾陵、齊地。）

秋七月辛酉。滕子虞母卒。（無傳。赴以名。故書之。）

冬。十有一月。葬滕隱公。（無傳。）

衞世叔齊出奔宋。（書名。淫也。）

傳十一年。春。齊爲鄎故。（鄎在前年。）國書高無平帥師伐我。及清。（清、齊地。濟北盧縣東有清亭。○平、普悲反。）季孫謂其宰冉求（冉求、魯人。孔子弟子。）曰。齊師在清。必魯故也。若之何。求曰。一子守。二子從公禦諸竟。季孫曰。不能。（自度力不能使二子禦諸竟。）求曰。居封疆之間。（封疆竟內近郊之地。）季孫告二子。（二子、叔孫孟孫也。）二子不可。求曰。若不可。則君無出。一子帥師。背城而戰。不屬者非魯人也。（屬、臣屬也。言不戰爲不臣。）魯之羣室衆於齊之兵車。（羣室、都邑居家。）一室敵車優矣。子何患焉。二子之不欲戰也宜。政在季氏。（言二子恨季氏專政。故不盡力。）當子之身。齊人伐魯而不能戰。子之恥也。大不列於諸侯矣。季孫使從於朝。（使冉求隨己之公朝。）俟于黨氏之溝。（黨氏溝、朝中地名。○黨、音掌。）武叔呼而問戰焉。（問冉求。）對曰。君子有遠慮。小人何知。懿子强問之。對曰。小人慮材而言。量力而共者也。（言子所問非己材力所及。故不能言。○强、其丈反。共

音恭。）武叔曰。是謂我不成丈夫也。（知冉求非己不欲戰。故不對。）退而蒐乘。（蒐、閱。）孟孺子洩帥右師。（孺子、孟懿子之子武伯彘。）顏羽御。邴洩爲右。（二子、孟氏臣。）冉求帥左師。管周父御。樊遲爲右。（樊遲、魯人。孔子弟子樊須。）季孫曰。須也弱。有子曰。就用命焉。（雖年少、能用命。有子、冉求也。）季氏之甲七千。冉有以武城人三百爲己徒卒。（步卒精兵。）老幼守宮。次于雩門之外。（雩門、魯南城門也。）五日。右師從之。（五日乃從。言不欲戰。）公叔務人（務人、公爲。昭公子。）見保者而泣。（保、守城者。）曰。事充。（繇役煩。）政重。（多賦稅。）上不能謀。士不能死。何以治民。吾既言之矣。敢不勉乎。（既言人不能死。己不敢不死。）師及齊師戰于郊。齊師自稷曲。（稷曲、郊地名。）師不踰溝。樊遲曰。非不能也。不信子也。請三刻而踰之。（與衆三刻約信。）如之。

衆從之如樊遲言乃踰溝師入齊軍冉求之師右師奔齊人從之逐右師陳瓘
陳莊涉泗二陳齊大夫○瓘古奐反孟之側後入以爲殿之側孟氏族也字反抽矢策
其馬曰馬不進也不欲伐善林不狃之伍曰走乎不狃魯士五人爲伍敢而欲走不
狃曰誰不如我不如誰而欲走曰然則止乎不狃曰惡賢言止戰惡足爲賢皆無戰
志○惡音烏徐步而死徐行而死言魯非無壯士但季孫不能使師獲甲首八十冉求所得齊
人不能師不能整其師宵諜曰齊人遁諜間也冉有請從之三季孫弗
許孟孺子語人曰我不如顏羽而賢于邴洩二子與孟孺子同車子羽銳
敏子羽顏羽銳精也敏疾也言欲戰我不欲戰而能默心雖不欲口不言奔洩曰驅之言驅
馬欲奔公爲與其嬖僮汪錡乘皆死皆殯皆俱也○僮音童錡魚綺反乘繩證反孔

子曰能執干戈以衞社稷可無殤也時人疑童子當殤冉有用矛于齊
師故能入其軍孔子曰義也言能以義勇不書戰不皆陳也不書敗勝負不殊
夏陳轅頗出奔鄭初轅頗爲司徒賦封田以嫁公女封內之田悉賦稅之
有餘以爲己大器大器鐘鼎之屬國人逐之故出道渴其族轅咺進稻
醴粱糗腶脯焉糗乾飯也○糗起九反一昌紹反腶丁亂反喜曰何其給也對曰器
成而具具此醴糗曰何不吾諫對曰懼先行恐言不從先見逐
爲郊戰故公會吳子伐齊欲以報也○爲去聲五月克博壬申至於嬴博嬴
齊邑也二縣皆屬泰山中軍從王吳中軍胥門巢將上軍王子姑曹將下軍
展如將右軍二將吳大夫齊國書將中軍高無丕將上軍宗樓將下

軍陳僖子謂其弟書爾死我必得志書子古也欲獲死事之功宗子陽與閭
丘明相厲也相勸厲致死子陽宗樓也桑掩胥御國子國子國書公孫夏曰二子
必死亦勸勉之將戰公孫夏命其徒歌虞殯虞殯送葬歌曲示必死陳子行命
其徒具含玉子行陳逆也其含玉亦示必死公孫揮命其徒曰人尋約吳髮短
約繩也八尺爲尋吳髮短欲以繩貫其首東郭書曰三戰必死於此三矣三戰夷儀五氏與今
使問弦多以琴弦多齊人也六年奔魯問遺也曰吾不復見子矣言將死戰陳書曰
此行也吾聞鼓而已不聞金矣鼓以進軍金以退軍不聞金言將死也傳言吳師彊齊大皆自
知將敗甲戌戰於艾陵展如敗高子齊上軍敗國子敗胥門巢吳上軍亦敗
王卒助之大敗齊師獲國書公孫夏閭丘明陳書東郭書革車

八百乘甲首三千以獻于公公以兵從故以勞公○勞力報反將戰吳子呼叔
孫叔孫武叔州仇曰而事何也問何職對曰從司馬從吳司馬所命王賜之甲劒
鈹曰奉爾君事敬無廢命叔孫未能對衞賜進賜子貢孔子弟子也○鈹普悲
反曰州仇奉甲從君而拜拜受之公使大史固歸國子之元歸於齊也
元首也吳以獻魯寘之新篋褽之以玄纁褽薦也○褽音尉加組帶焉寘書于
其上曰天若不識不衷何以使下國言天識不善故殺國子
吳將伐齊越子率其衆以朝焉王及列士皆有饋賂吳人皆喜
唯子胥懼曰是豢吳也夫豢養也若人養犧牲非愛之將殺之諫曰越在我心腹
之疾也壤地同而有欲于我欲得吳夫其柔服求濟其欲也不如

早從事焉。（從事，擊之。）得志於齊，猶獲石田也，無所用之。（石田不可耕。）越不爲沼，吳其泯矣。使醫除疾，而曰必遺類焉者，未之有也。盤庚之誥曰，其有顛越不共，則劓殄無遺育，無俾易種于茲邑。（盤庚，商書也。顛越不共，從橫不承命者也。劓，割也。殄，絕也。育，長也。俾，使也。易種，轉生種類。○劓音藝，種章勇反，從子容反。）是商所以興也。今君易之，將以求大，不亦難乎。弗聽，使于齊，屬其子於鮑氏，爲王孫氏。（私使人至齊，屬以其子，改姓爲王孫，欲辟吳禍。○屬音燭，下同。）反役，王聞之，使賜之屬鏤以死。（艾陵役也。屬鏤，劍名。○鏤音閭，又音婁。）將死，曰，樹吾墓檟，檟可材也。吳其亡乎。三年，其始弱矣。盈必毀，天之道也。（越人朝之，伐齊勝之，盈之極也。爲十三年越伐吳起。）

秋，季孫命修守備，曰，小勝大，禍也，齊至無日矣。（善有備。）

冬，衛大叔疾出奔宋。（疾，即齊也。）初，疾娶于宋子朝，（子朝，宋人，仕衛爲大夫。）其娣嬖。（娣，所娶女之娣。）子朝出，（出奔。）孔文子使疾出其妻而妻之。疾使侍人誘其初妻之娣，寘于犂，（犂，衛邑。○妻之去聲。）而爲之一宮，如二妻。文子怒，欲攻之，仲尼止之，遂奪其妻。或淫于外州，外州人奪之軒以獻。（外州，衛邑。軒，車也。以獻於君。）恥是二者，故出。衛人立遺，使室孔姞。（遺，疾之弟。孔姞，孔文子之女，疾之妻。○姞其乙反。）疾臣向魋，（爲宋向魋臣。○魋徒回反。）納美珠焉，與之城鉏。（城鉏，宋邑。）宋公求珠，魋不與，由是得罪。及桓氏出，（出在十四年。）城鉏人攻大叔疾，衛莊公復之，（聽使還。）使處巢，死焉。殯于鄖，葬于少禘。（終言疾之失所也。巢、鄖、少禘，皆衛地。○鄖音云。）

初，晉悼公子慭亡在衛，使其女僕而田。（僕，御田獵。○慭魚覲反。）大叔懿子止而飲之酒，（懿子，大叔儀之孫。）遂聘之，生悼子。（悼子，大叔疾。）悼子即位，故夏戊爲大夫。（夏戊，悼子之甥。）悼子亡，衛人翦夏戊。（翦，削其爵邑。）孔文子之將攻大叔也，訪於仲尼。仲尼曰，胡簋之事，則嘗學之矣。（胡簋，禮器名。夏曰胡，周曰簋。）甲兵之事，未之聞也。退，命駕而行，曰，鳥則擇木，木豈能擇鳥。（以鳥自喻。）文子遽止之，曰，圉豈敢度其私，訪衛國之難也。（圉，文子名。度，謀也。○度入聲，下同。）將止，（仲尼止。）魯人以幣召之，乃歸。（自衛反魯。樂正，雅頌各得其所。）

季孫欲以田賦，（兵賦之法，因其田財，通出馬一疋，牛三頭。今欲別其田及家財，各爲一賦，故言田賦。）使冉有訪于仲尼。仲尼曰，丘不識也。三發，（三發問。）卒曰，（卒，終也。）子爲國老，待子而行，若之何子之不言也。仲尼不對，（不公答。）而私于冉有曰，君子之行也，（行政事。）度於禮，施取其厚，事舉其中，斂從其薄，如是則以丘亦足矣。（丘十六井，出戎馬一疋，牛三頭，是賦之常法。○施尸豉反。）若不度於禮，而貪冒無厭，則雖以田賦，將又不足。且子季孫若欲行而法，則周公之典在。若欲苟而行，又何訪焉。弗聽。（爲明年用田賦傳。○冒密北反，又如字。厭平聲。）

經 十有二年，春，用田賦。（直書之者，以示改法重賦。）

夏，五月，甲辰，孟子卒。

魯人諱娶同姓，謂之孟子。春秋不改，所以順時。

公會吳于橐皐。橐皐在淮南逡遒縣東南。○逡音峻，遒音囚。

秋，公會衞侯、宋皇瑗于鄖。鄖，發陽也。廣陵海陵縣東南有發繇口。

宋向巢帥師伐鄭。

冬，十有二月，螽。周十二月，今十月，是歲應置閏而失不置，雖書十二月，實今之九月。司歷誤一月，九月之初尚溫，故得有螽。

傳十二年，春，王正月，用田賦。終前年事。

夏五月，昭夫人孟子卒。昭公娶于吳，故不書姓。諱娶同姓，故謂之孟子，若宋女。死不赴，故不稱夫人。不稱夫人，故不言薨。不反哭，故不言葬小君。反哭者，夫人禮也。以同姓故，不成其夫人喪。孔子與弔，適季氏。季氏不絻，放絰而拜。孔子始老，故與弔也。絻，喪冠也。孔子以小君禮往弔，季孫不服喪，故去絰，從主節制。○與音預，絻音問。

公會吳于橐皐，吳子使大宰嚭請尋盟。尋鄫盟。公不欲，使子貢對曰：盟所以周信也，周，固。故心以制之，制其義。玉帛以奉之，奉贄明神。言以結之，結其信。明神以要之。要以禍福。寡君以為苟有盟焉，弗可改也已。若猶可改，日盟何益？今吾子曰必尋盟，若可尋也，亦可寒也。尋，重也；寒，歇也。乃不尋盟。

吳徵會于衞。初，衞人殺吳行人且姚，而懼，謀於行人子羽。子羽，衞大夫也。○宜子餘反。子羽曰：吳方無道，無乃辱吾君，不如止也。子木曰：吳方無道，子木，衞大夫。國無道，必棄疾於人。吳雖無道，猶足以患衞。為衞患。往也！長木之斃，無不摽也。摽，擊。○摽，敷蕭反，又普交反。國狗之瘈，無不噬也。瘈，狂也。噬，齧也。○瘈，吉世反。而況大國乎？秋，衞侯會吳于鄖。公及衞侯、宋皇瑗盟，盟不書，畏吳，竊盟。而卒辭吳盟。吳人藩衞侯之舍。藩，籬。子服景伯謂子貢曰：夫諸侯之會，事既畢矣，侯伯致禮，侯伯致禮，以禮賓也。地主歸餼，地主，所會主人也。餼，生物。以相辭也。各以禮相辭讓。今吳不行禮於衞，而藩其君舍以難之，難，苦困也。子盍見大宰？乃請束錦以行。以賂吳。語及衞故。若本不為衞請者。大宰嚭曰：寡君願事衞君，衞君之來也緩，寡君懼，故將止之。止，執。子貢曰：衞君之來，必謀於其眾，其眾或欲或否，是以緩來。其欲來者，子之黨也；其不欲來者，子之讎也。若執衞君，是墮黨而崇讎也。墮，毀也。○墮，許規反。夫墮子者得其志矣。且合諸侯而執衞君，誰敢不懼？墮黨崇讎，而懼諸侯，或者難以霸乎！大宰嚭說，乃舍衞侯。衞侯歸，效夷言。子之尚幼。子之，公孫彌牟。○說音悅，舍音捨，又音赦。曰：君必不免，其死於夷乎！執焉而又說其言，從之固矣。出公輒，後卒死於越。

冬十二月，螽。季孫問諸仲尼。仲尼曰：丘聞之，火伏而後蟄者畢。火，心星也。火伏在今十月。今火猶西流，司歷過也。猶西流，言未盡沒，知是九月。歷官失一閏，釋例論之。

傳、

宋鄭之間有隙地焉、隙地、閒田。曰彌作、頃丘、玉暢、嵒、戈、鍚。凡六邑。○嵒五咸反 鍚音羊一星歷反 子產與宋人爲成、曰勿有是。俱棄之。及宋平元之族自蕭奔鄭。在定十五年。鄭人爲之城嵒、戈、鍚。城以處平元之族 九月宋向巢伐鄭取鍚、殺元公之孫、遂圍嵒。十二月鄭罕達救嵒。丙申圍宋師。此事經在十二月螽上、今倒在下、更具列其月以爲別者、丘明本不以爲義例、故不皆齊同、

經 十有三年。春。鄭罕達帥師取宋師于嵒。書取、覆而敗之、

夏。許男成卒。無傳、

公會晉侯及吳子于黃池。陳留封丘縣南有黃亭、近濟水、夫差欲霸中國、尊天子、自去其僭號而稱子、以告令諸侯、故史承而書之、

楚公子申帥師伐陳。無傳、

於越入吳。無傳、

秋。公至自會。無傳、

晉魏曼多帥師侵衛。無傳、

葬許元公。無傳、

九月。螽。無傳、書災、

冬。十有一月。有星孛于東方。無傳、平旦衆星皆沒、而孛乃見、故不言所在之次、

盜殺陳夏區夫。無傳、稱盜、非大夫、○區烏侯反

十有二月。螽。無傳、前年季孫雖聞仲尼之言、而不正歷、失閏、至此年、故復十二月螽、實十一月、

傳 十三年。春。宋向魋救其師。救前年圍嵒師、鄭子賸使徇曰、得桓魋者有賞。魋也逃歸。遂取宋師於嵒。獲成讙、郜延。二子、宋大夫、○讙火官反 郜古報反 又古毒反 以六邑爲虛。空虛之、各不有、

夏。公會單平公、晉定公、吳夫差于黃池。平公、周卿士也、不書、尊之、不與會、

六月。丙子。越子伐吳。爲二隧。隧、道也、疇無餘、謳陽自南方。二子、越大夫、先及郊。吳大子友、王子地、王孫彌庸、壽於姚自泓上觀之。觀越師、泓、水名、彌庸見姑蔑之旗。姑蔑、越地、今東陽大末縣、○大音泰、又音闥 曰。吾父之旗也。彌庸

(父爲越所獲故姑蔑人得其旌旗)不可以見讎而弗殺也。大子曰、戰而不克、將亡國、請待之。彌庸不可、屬徒五千。(屬會也。○屬音燭)王子地助之。乙酉戰、彌庸獲疇無餘、地獲謳陽。越子至、王子地守。丙戌、復戰、大敗吳師、獲大子友、王孫彌庸、壽於姚。(地守故不獲)丁亥、入吳。吳人告敗於王、王惡其聞也、(惡諸侯聞之)自剄七人於幕下。(以絕口。○剄古頂反)秋七月辛丑、盟、吳晉爭先。(爭歃血先後)吳人曰、於周室、我爲長。(吳爲大伯後、故爲長)晉人曰、於姬姓、我爲伯。(爲侯伯)趙鞅呼司馬寅(寅晉大夫)曰、日旰矣。(旰晚也。○旰古旦反)大事未成、二臣之罪也。(大事盟也。二臣鞅與寅)建鼓整列、二臣死之、長幼必可知也。對曰、請姑視之。反曰、肉食者無墨。(墨氣色下)今吳王

有墨、國勝乎。(國爲敵所勝)大子死乎。且夷德輕、不忍久、請少待之。(少待、無與爭)乃先晉人。(盟不書、諸侯恥之、故不錄)吳人將以公見晉侯、子服景伯對使者曰、王合諸侯、則伯帥侯牧以見於王。(伯王官伯、侯牧方伯)伯合諸侯、則侯帥子男以見於伯。(伯諸侯長)自王以下、朝聘玉帛不同。故敝邑之職貢於吳、有豐於晉、無不及焉、以爲伯也。今諸侯會、而君將以寡君見晉君、則晉成爲伯矣。敝邑將改職貢。魯賦於吳八百乘。若爲子男、則將半邾以屬於吳、(半邾三百乘)而如邾以事晉。(如邾六百乘)且執事以伯召諸侯、而以侯終之、何利之有焉。吳人乃止。既而悔之、(謂景伯欺之)將囚景伯。景伯曰、何也立後於魯矣。(何景伯名)將以

二乘與六人從、遲速唯命。遂囚以還。及戶牖、(戶牖陳留外黃縣西北東昏城是)謂大宰曰、魯將以十月上辛、有事於上帝先王、季辛而畢。何世有職焉。(有職於祭事)自襄以來、未之改也。(魯襄公)若不會、祝宗將曰、吳實然。(言魯祝宗將告神云、景伯不會坐、爲吳所囚、吳人信鬼、故以是恐之)且謂魯不共、而執其賤者七人、何損焉。大宰嚭言于王曰、無損于魯、而祇爲名、(適爲惡名)不如歸之。乃歸景伯。吳申叔儀乞糧於公孫有山氏。(申叔儀吳大夫、公孫有山魯大夫、舊相識)曰、佩玉縈兮、余無所繫之。(縈然服飾備也。已獨無以繫佩、言吳王不恤下。○縈而拯反)旨酒一盛兮、余與褐之父睨之。(一盛一器也。睨視也。褐寒賤之人、言但得視不得飲。○盛音成、又市政反)對曰、粱則無矣、麤則有之。若登首山以呼曰、庚癸乎、則

諾。(軍中不得出糧、故爲私隱。庚西方、主穀。癸北方、主水。傳言吳子不與士共饑渴、所以亡)王欲伐宋、殺其丈夫而囚其婦人。(以宋不會黃池、故言吳子悖惑)大宰嚭曰、可勝也、而弗能居也。乃歸。冬、吳及越平。(終伍員之言)

春秋左傳卷二十九　終

春秋左傳卷三十

晉鎭南大將軍當陽縣侯京兆杜　預集解
皇明　後　學　東吳金　蟠較訂

哀公

經十有四年。春，西狩獲麟。麟者仁獸，聖王之嘉瑞也。時無明王，出而遇獲，仲尼傷周道之不興，感嘉瑞之無應，故因魯春秋而脩中興之教，絕筆於獲麟之一句，所感而作，固所以爲終也。冬獵曰狩，蓋虞人脩常職，故不書狩者。大野在魯西，故言西狩。得用曰獲。

小邾射以句繹來奔。射，小邾大夫。句繹，地名。春秋止於獲麟，故射不在三叛人之數。自此以下至十六年，皆魯史記之文，弟子欲存孔子卒，故并錄以續孔子所脩之經。○射音亦，句古侯反

夏四月，齊陳恒執其君寘于舒州。

庚戌，叔還卒。無傳

五月庚申朔，日有食之。無傳

陳宗豎出奔楚。無傳。○豎上主反

宋向魋入于曹以叛。曹，宋邑。

莒子狂卒。無傳。○狂其廷反

六月，宋向魋自曹出奔衛。宋向巢來奔。

齊人弒其君壬于舒州。

秋，晉趙鞅帥師伐衛。無傳

八月辛丑，仲孫何忌卒。

冬，陳宗豎自楚復入于陳，陳人殺之。

陳轅買出奔楚。無傳

有星孛。無傳。不言所在，史失之。

饑。無傳

傳十四年春，西狩于大野。叔孫氏之車子鉏商獲麟。大野在高平鉅野縣東北，大澤是也。車子，微者。鉏商，名。以爲不祥，以賜虞人。時所未嘗見，故怪之。虞人，掌山澤之官。仲

尼觀之曰。麟也。然後取之。言魯史所以得書獲麟。小邾射以句繹來奔。曰。使季路要我。吾無盟矣。子路信誠，故欲得與相要誓而不須盟。孔子弟子既續書魯策以繫於經，丘明亦隨而傳之，終於哀公，以卒前事。其異事則皆略而不傳，故此經無傳者多。使子路。子路辭。季康子使冉有謂之曰。千乘之國。不信其盟。而信子之言。子何辱焉。對曰。魯有事於小邾。不敢問故。死其城下可也。彼不臣而濟其言。是義之也。由弗能。濟，成也。齊簡公之在魯也。闞止有寵焉。簡公，悼公陽生子壬也。闞止，子我也。事在六年。及即位。使為政。陳成子憚之。驟顧諸朝。成子，陳常。心不安，故數顧之。諸御鞅言於公。鞅，齊大夫。曰。陳闞不可竝也。君其擇焉。擇用一人。弗聽。子我夕。夕，視事。陳逆

殺人。逢之。陳逆，子行，陳氏宗也。子我逢之。遂執以入。執逆至朝。陳氏方睦。欲謀齊國，故宗族和。使疾而遺之潘沐。備酒肉焉。使詐病，因內潘沐，并得內酒肉。潘，米汁，可以沐頭。○遺，去聲。潘，音翻。饗守囚者。醉而殺之而逃。子我盟諸陳于陳宗。失陳逆，懼其反為患，故盟之。初。陳豹欲為子我臣。豹亦陳氏族。使公孫言己。言己，介達之。已有喪而止。既而言之。既終喪也。曰。有陳豹者。長而上僂。肩背僂。○長，如字。上，上聲。僂，力主反。望視。目望陽。事君子必得志。得君子意。欲為子臣。吾憚其為人也。恐多詐。故緩以告。子我曰。何害。是其在我也。使為臣。他日與之言政。說。遂有寵。謂之曰。我盡逐陳氏而立女。若何。對曰。我遠於陳氏矣。言已疏遠。○說，音悅。女，音汝。且其違者不過數人。違，不從也。何盡逐焉。遂告陳氏。子行

曰。彼得君。弗先。必禍子。子行舍於公宮。子行逃而隱於陳氏，今又隱於公宮。夏五月壬申。成子兄弟四乘如公。成子之兄弟昭子莊、簡子齒、宣子夷、穆子安、廩丘子意茲、芒子盈、惠子得，凡八人，二人共一乘。子我在幄。幄，帳也，聽政之處。出逆之。遂入閉門。成子入，反閉門，不納子我。侍人禦之。子我侍人。子行殺侍人。素在內，故得殺之。公與婦人飲酒於檀臺。成子遷諸寢。徙公使居正寢。公執戈將擊之。疑其欲作亂。大史子餘曰。非不利也。將除害也。言將為公除害。成子出舍于庫。以公怒故。聞公猶怒。將出。曰。何所無君。子行抽劍曰。需事之賊也。言需疑則害事。誰非陳宗。言陳氏宗族衆多。所不殺子者。有如陳宗。言子若欲出，我必殺子，明如陳宗。乃止。子我歸屬徒。攻闈與大門。闈，宮中小門。大門，公門也。皆不勝。乃出。陳氏追之。失道於弇

中。適豐丘。弇中，狹路。豐丘，陳氏邑。○弇，於檢反，又音奄。豐丘人執之以告。殺諸郭關。齊關名。成子將殺大陸子方。子方，子我臣。陳逆請而免之。以公命取車於道。子方取道中行人車。及耏。衆知而東之。知其矯命，奪車遂使東。○耏，音而。出雍門。雍門，齊城門也。○雍，於用反。陳豹與之車。弗受。曰。逆為余請。豹與余車。余有私焉。事子我而有私於其讎。何以見魯衛之士。傳言陳氏務施。東郭賈奔衛。賈，即子方。庚辰。陳恒執公于舒州。公曰。吾早從鞅之言。不及此。悔不誅陳氏。

宋桓魋之寵害於公。恃寵驕盈。公使夫人驟請享焉。而將討之。夫人，景公母也。數請享，欲因請討之。未及。魋先謀公。請以鞌易薄。鞌，向魋邑。薄，公邑。欲因易邑為公享

寳而作亂。公曰。不可。薄宗邑也。（宗廟所在）乃益鞌七邑而請享公焉。（僞言於受賜）以日中爲期。家備盡往。（甲兵之備）公知之。告皇野曰。余長魋也。（少長育之、皇野、司馬子仲。○長上聲）今將禍余。請卽救。司馬子仲曰。有臣不順。神之所惡也。而況人乎。敢不承命。不得左師不可。（左師向巢也、兄向魋）請以君命召之。左師毎食擊鍾。聞鍾聲。公曰。夫子將食。既食又奏。（奏樂）公曰。可矣。以乘車往。曰。迹人來告。（主迹禽獸者）曰。逢澤有介麇焉。（地理志言逢澤在滎陽開封縣東北、遠疑非、介大也。○麇九倫反）公曰。雖魋未來。得左師吾與之田若何。（公命、皇野稱）君憚告子。（難以遊戲煩大臣）野曰。嘗私焉。（嘗試也）君欲速。故以乘車逆子。與之乘至。公告之故。拜不能起。司馬曰。君與之言。（使公與要誓）公曰。所難子者。上有天。下有先君。（言雖誅魋、要不負言、使禍難及子）對曰。魋之不共。宋之禍也。敢不唯命是聽。司馬請瑞焉。（瑞、符節、以發兵）以命其徒攻桓氏。（桓氏向魋）其父兄故臣曰。不可。（司馬故臣與桓魋無怨者）其新臣曰。從吾君之命。遂攻之。子頎騁而告桓司馬。（子頎桓魋弟、桓司馬即魋也。○頎音祈）司馬欲入。（入攻君）子車止之。（車亦魋弟）曰。不能事君。而又伐國。民不與也。祇取死焉。向魋遂入於曹以叛。（哀八年、宋滅曹以爲邑）六月。使左師巢伐之。欲質大夫以入焉。（巢不能克魋、恐公怒欲得國內大夫爲質、還入國。○質音致）不能。亦入於曹取質。（不能得大夫、故入曹劫曹人子弟而質之、欲以自固）魋曰。不可。既不能事君。又得罪于民。將若之何。乃舍之。（舍曹子弟）民遂叛之。向魋奔衞。向

春秋左傳　卷三十　哀公　五　永懷堂

巢來奔。宋公使止之。曰。寡人與子有言矣。不可以絕向氏之祀。辭曰。臣之罪大。盡滅桓氏可也。若以先臣之故。而使有後。君之惠也。若臣則不可以入矣。司馬牛致其邑與珪焉。而適齊。（牛、桓魋弟也、珪守邑符信）向魋出於衞地。公文氏攻之。（公文氏、衞大夫）求夏后氏之璜焉。與之他玉而奔齊。陳成子使爲次卿。司馬牛又致其邑焉。而適吳。（亦不與魋同）吳人惡之而反。趙簡子召之。陳成子亦召之。卒於魯郭門之外。阬氏葬諸丘輿。（阬氏、魯人也、泰山南城縣西北有輿城、錄其卒葬所在、愍賢者失所。○阬音坑、或作岡）

甲午。齊陳恒弑其君壬于舒州。（壬、簡公也）孔丘三日齊。而請伐齊三。公曰。魯爲齊弱久矣。子之伐之。將若之何。對曰。陳恒弑其君。民之不與者半。以魯之衆。加齊之半。可克也。公曰。子告季孫。孔子辭。（辭不告。○齊音齋）退而告人曰。吾以從大夫之後也。故不敢不言。（嘗爲大夫而去、故言後）

初。孟孺子洩將圉馬于成。（洩、孟懿子之子、孟武伯也、圉畜養也、成、孟氏邑）成宰公孫宿不受。曰。孟孫爲成之病。不圉馬焉。（病謂民貧困。○爲于僞反）孺子怒。襲成。從者不得入。乃反。成有司使。孺子鞭之。（恨恚、故鞭成有司之使人。○使去聲）秋八月。辛丑。孟懿子卒。成人奔喪。弗內。袒免哭于衢。聽共。弗許。（請聽命共使。○內如字、又音納、共音恭）懼不歸。（不敢歸成、爲明年成叛傳）

春秋左傳　卷三十　哀公　六　永懷堂

經十有五年。春。王正月。成叛。

夏。五月。齊高無丕出奔北燕。無傳、

鄭伯伐宋。無傳、

秋。八月。大雩。無傳、

晉趙鞅帥師伐衛。無傳、

冬。晉侯伐鄭。無傳、

及齊平。會與齊平、

衛公孟彄出奔齊。無傳、○彄苦侯反

傳十五年。春。成叛於齊。武伯伐成不克。遂城輸。以偪成、

夏。楚子西子期伐吳。及桐汭。宣城廣德縣西南有桐水、出白石山西北、入丹陽湖、陳侯使公孫貞子弔焉。弔為楚所伐、及良而卒。良吳地、將以尸入。聘禮若賓死未將命則既斂於棺造於朝介將命、吳子使大宰嚭勞。且辭曰。以水潦之不時。無乃廩然隕大夫之尸。○廩然傾動貌、○勞力報反以重寡君之憂。寡君敢辭。上介芋尹蓋對蓋陳大夫、貞子上介曰。寡君聞楚為不道。荐伐吳國。荐重也、滅厥民人。寡君使蓋備使。弔君之下吏。備猶副也○備使所吏反下同無祿。使人逢天之慼。大命隕隊。絕世于良。絕世猶言棄世廢日共積。廢行道之日以共具殯斂所積聚之用○共音恭積子賜反又如字一日遷次。一日便遷次、不敢留君命、今君命逆使人曰。無以尸造于門。是我寡君之命委于草莽也。且臣聞之曰。事死如生。禮也。於是乎有朝聘而終。以尸將事之禮。朝聘而遭死、則以尸行事又有朝聘而遭喪之禮。遭所聘之喪、若不以尸將命。是遭喪而還也。無乃不可乎。以禮防民。猶或踰之。今大夫曰。死而棄之。是棄禮也。其何以為諸侯主。謂主盟也先民有言曰。無穢虐士。虐士死者備使奉尸將命。苟我寡君之命達於君所。雖隕於深淵。則天命也。非君與涉人之過也。吳人內之。傳言芋尹蓋知禮、○內如字又音納

秋。齊陳瓘如楚。瓘陳恒之兄子玉也過衛。仲由見之。仲由子路曰。天或者以陳氏為斧斤。既斲喪公室。而他人有之。不可知也。其使終饗之。亦不可知也。饗受也○喪去聲若善魯以待時。不亦可乎。何必惡焉。仲由孔子弟子玉曰。然。吾受命矣。子使告我弟。弟成子、故為魯言、

冬。及齊平。子服景伯如齊。子贛為介。見公孫成。公孫成、成宰公孫宿也○贛與

貢同曰人皆臣人而有背人之心況齊人雖爲子役其有不貳乎言子叛魯齊人亦將叛子子周公之孫也多饗大利猶思不義利不可得而喪宗國將爲用之喪宗國謂以邑入齊使魯有危亡之禍成曰善哉吾不早聞命傳言仲尼之徒皆忠於魯國陳成子館客使景伯子贛就館曰寡君使恒告曰寡人願事君如事衞君言衞與齊同好而魯未肯景伯揖子贛而進之對曰寡君之願也昔晉人伐衞在定八年齊爲衞故伐晉冠氏喪車五百在定九年冠氏陽平館陶縣○爲去聲冠如字又古喚反因與衞地自濟以西禚媚杏以南書社五百二十五家爲一社籍書而致之○禚諸若反吳人加敝邑以亂在八年齊因其病取讙與闡亦在八年寡君是以寒心若得視衞君之事君也則固所

願也成子病之乃歸成病其言也公孫宿以其兵甲入于嬴嬴齊邑衞孔圉取大子蒯聵之姊生悝孔圉孔文子也蒯聵姊孔伯姬○悝苦回反下同孔氏之豎渾良夫長而美孔文子卒通於內通伯姬○渾戶門反長上聲大子在戚孔姬使之焉使良夫詣大子所大子與之言曰苟使我入獲國服冕乘軒三死無與冕大夫服軒大夫車三死死罪三○無與音預與之盟爲請於伯姬良夫爲大子請閏月良夫與大子入舍于孔氏之外圃圃園昏二人蒙衣而乘二人大子與良夫蒙衣爲婦人服也○乘去聲下同寺人羅御如孔氏孔氏之老欒寧問之稱姻妾以告自稱昏姻家妾遂入適伯姬氏既食孔伯姬杖戈而先大子與五人介輿豭從之介被甲輿豭豚欲以盟迫孔悝於廁强盟之

孔氏專政故劫孔悝欲令逐輒○强上聲遂劫以登臺欒寧將飲酒炙未熟聞亂使告季子季子子路也爲孔氏邑宰○炙章夜反下同召獲駕乘車召獲衞大夫駕乘車言不欲戰行爵食炙奉衞侯輒來奔季子將入遇子羔將出子羔衞大夫高柴孔子弟子將出奔曰門已閉矣季子曰吾姑至焉且欲至門子羔曰弗及不踐其難言政不及己可不須踐其難○難去聲下同季子曰食焉不辟其難謂食孔氏祿子羔遂出子路入及門公孫敢門焉守門曰無入爲也言輒已出無爲復入季子曰是公孫也求利焉而逃其難由不然利其祿必救其患有使者出乃入因門開而入曰大子焉用孔悝雖殺之必或繼之言已必繼孔悝爲難攻大子且曰大子無勇若燔臺半必舍孔叔大子聞之懼下石乞

盂黶敵子路二子蒯聵黨敵當也○舍音捨又如字黶於減反以戈擊之斷纓子路曰君子死冠不免不使冠在地結纓而死孔子聞衞亂曰柴也其來由也死矣孔悝立莊公莊公蒯聵也莊公害故政欲盡去之故政輒之臣先謂司徒瞞成曰寡人離病于外久矣子請亦嘗之歸告褚師比欲與之伐公不果比褚師聲子爲明年瞞成奔起○瞞莫干反

【經】十有六年春王正月己卯衞世子蒯聵自戚入于衞衞侯輒來奔

書此春皆從告

二月衞子還成出奔宋

卽購成、

夏四月己丑，孔丘卒。仲尼旣告老去位，猶書卒者，魯之君臣宗其聖德，殊而異之。魯襄二十二年生，至今七十三也。四月十八日乙丑，無己丑。己丑，五月十二日，日月必有誤。○孔子卒，孔子作春秋，終於獲麟之一句，公羊穀梁經是也。弟子欲記聖師之卒，故採魯史記以續夫子之經，而終於此。丘明因隨而作傳，終於哀公。從此已下，無復經矣。魯襄二十二年生，至今七十三也。

傳十六年春，蒯聵成，褚師比出奔宋。欲伐莊公，不果而奔。衛侯使鄢武子告于周。武子，衛大夫肸也。○鄢於晚反 曰：蒯聵得罪於君父君母，逋竄于晉。晉以王室之故，不棄兄弟，寘諸河上。河上，戚也。天誘其衷，獲嗣守封焉。使下臣肸敢告執事。王使單平公對曰：肸以嘉命來告余一人。往謂叔父，余嘉乃成世，復爾祿次。繼父之世，還居君之祿次。敬之哉！方天之休，言天方受爾以休。弗敬弗休，悔其可追？傳終蒯聵之事。

夏四月己丑，孔丘卒。公誄之曰：旻天不弔，不憖遺一老，俾屏余一人以在位，仁覆閔下，故稱旻天。弔，至也。憖，且也。俾，使也。屏，蔽也。○憖魚覲反 屏必領反 煢煢余在疚。嗚呼哀哉！尼父，無自律。疚，病。律，法。言喪尼父，無以自爲法。○煢求營反 子贛曰：君其不沒于魯乎！夫子之言曰：禮失則昏，名失則愆。失志爲昏，失所爲愆。生不能用，死而誄之，非禮也。稱一人，非名也。天子稱一人，非諸侯之名。君兩失之。

六月，衛侯飲孔悝酒于平陽，東郡燕縣東北有平陽亭。重酬之，大夫皆有納焉。納財賄也。醉而送之，夜半而遣之。夜遣孔悝，不欲令人見。載伯姬於平陽而行。載其母俱去。及西門，平陽門。使貳車反祏于西圃。使副車還取廟主。西圃，孔氏廟所在。祏，藏主石函。○祏音石 子伯季子初爲孔氏臣，新登于公。升爲大夫。請追之。遇載祏者，殺而乘其車。子伯殺載祏者。許公爲反祏，孔悝怪載祏者久不來，使公爲反逆之。○許公爲人姓名 遇之，曰：與不仁人爭明，無不勝。不仁人，謂子伯季子。明無不勝，言必勝。必使先射。射三發，皆遠許爲。許爲射之，殪。傳言子伯不仁，所以死也。或以其車從，從公爲。得祏於橐中。孔悝出奔宋。

楚大子建之遇讒也，自城父奔宋。在昭十九年。又辟華氏之亂于鄭。在昭二十年。○華戶化反 鄭人甚善之。又適晉，與晉人謀襲鄭，乃求復焉。鄭

人復之如初。晉人使諜於子木，請行而期焉。子木，卽建也。請行襲鄭之期。○諜徒協反 子木暴虐於其私邑，邑人訴之。鄭人省之，得晉諜焉，遂殺子木。其子曰勝，在吳。子西欲召之。葉公曰：吾聞勝也詐而亂，無乃害乎？葉公，子高，沈諸梁也。○葉始涉反 子西曰：吾聞勝也信而勇，不爲不利。舍諸邊竟，使衛藩焉。使爲藩屏之衛。葉公曰：周仁之謂信，周，親也。率義之謂勇。率，行也。吾聞勝也好復言，言之所許，必欲復行之，不顧道理。○好呼報反 而求死士，殆有私乎？私謀復讎。復言，非信也。期死，非勇也。期，必也。子必悔之。弗從。召之使處吳竟，爲白公。白，楚邑也。汝陰褒信縣西南有白亭。請伐鄭。子西曰：楚未節也。言楚國新復，政令猶未得節制。不然，吾不忘也。他日又請，許之。未起師，晉人

伐鄭，楚救之，與之盟。勝怒曰：鄭人在此，讎不遠矣。（比子西於鄭人。）勝自厲劍。子期之子平見之，曰：王孫何自厲也。曰：勝以直聞，不告女，庸爲直乎。將以殺爾父。平以告子西。子西曰：勝如卵，余翼而長之。（以鳥爲喻。）楚國第，（用士之次第。）我死，令尹、司馬，非勝而誰。勝聞之，曰：令尹之狂也，得死乃非我。（言我必殺之，若得自死，我乃不復成人。）子西不悛。勝謂石乞（石乞，勝之徒。）曰：王與二卿士，（二卿士，子西、子期。）皆五百人當之，則可矣。乞曰：不可得也。（五百人不可得。）曰：市南有熊宜僚者，若得之，可以當五百人矣。乃從白公而見之，與之言，說。告之故，辭。（告欲作亂，宜僚辭距之。○說音悅。）承之以劍，不動。（振劍指其喉。）勝曰：不爲利諂，不爲威惕，不洩人言以

求媚者，去之。吳人伐慎，白公敗之。（汝陰慎縣也。）請以戰備獻，（與吳戰所得鎧杖兵器，皆備而獻之，欲因以爲亂。○鎧苦代反。）許之，遂作亂。秋七月，殺子西、子期于朝，而劫惠王。子西以袂掩面而死。（慙於葉公。）子期曰：昔者吾以力事君，不可以弗終。抉豫章以殺人而後死。（以效其多力。豫章，大木。）石乞曰：焚庫弑王，不然不濟。白公曰：不可，弑王不祥，焚庫無聚，將何以守矣。乞曰：有楚國而治其民，以敬事神，可以得祥，且有聚矣，何患。弗從。葉公在蔡，（蔡遷州來，楚并其地。）方城之外皆曰：可以入矣。子高曰：吾聞之，以險徼幸者，其求無饜，偏重必離。（險，猶惡也。所求無饜則不安，譬如物偏重則離敗，欲須其斃而討之。）聞其殺齊管修也，而後入。（管脩，楚賢大夫，故齊管仲之後。聞其殺賢，知其可討。）

白公欲以子閭爲王，（子閭，平王子啓，五辭王者。）子閭不可，遂劫以兵。子閭曰：王孫若安靖楚國，匡正王室，而後庇焉，啓之願也，敢不聽從。若將專利以傾王室，不顧楚國，有死不能。（不能從。）遂殺之，而以王如高府。（高府，楚別府。）石乞尹門。（爲門尹。）圉公陽穴宮，負王以如昭夫人之宮。（公陽，楚大夫。昭夫人，王母，越女。）葉公亦至，及北門，或遇之，曰：君胡不胄。國人望君如望慈父母焉，盜賊之矢若傷君，是絕民望也，若之何不胄。乃胄而進。又遇一人曰：君胡胄。國人望君如望歲焉，（歲，年穀也。）日日以幾，（冀君來。○幾音冀。）若見君面，是得艾也。（艾，安也。○艾音乂，又音礙。）民知不死，其亦夫有奮心，猶將旌君以徇於國。（旌，表也。）而又掩面以絕民望，

不亦甚乎。乃免胄而進。（言葉公得民心。）遇箴尹固帥其屬，將與白公。（欲與白公并。）子高曰：微二子者，楚不國矣。（二子，子西、子期也。相舉之敗，二子功多。）棄德從賊，其可保乎。乃從葉公。使與國人以攻白公。白公奔山而縊。其徒微之。（微，匿也。）生拘石乞而問白公之死焉。對曰：余知其死所，而長者使余勿言。（長者，謂白公也。）曰：不言將烹。乞曰：此事也，克則爲卿，不克則烹，固其所也，何害。乃烹石乞。王孫燕奔頯黃氏。（燕，勝弟。頯黃，吳地。○燕烏賢反，又烏練反。頯求龜反。）沈諸梁兼二事。（二事，令尹、司馬。）國寧，（寧，安也。）乃使寧爲令尹，（子西之子，子國也。）使寬爲司馬，（子期之子。）而老于葉。（傳終言之。）衛侯占夢嬖人，（以能占夢見愛。）求酒於大叔僖子，（僖子，大叔遺。）不得，與卜人

比而告公曰。君有大臣在西南隅。弗去懼害。託占卜夢而言。乃逐大叔遺。遺奔晉。

衛侯謂渾良夫曰。吾繼先君而不得其器。若之何。國之寶器。輒皆將去。良夫代執火者而言。將密謀。屏左右。曰。疾與亡君皆君之子也。召之而擇材焉可也。召輒。若不材。器可得也。輒若不材可廢其身。因得其器。豎告大子。大子疾。大子使五人輿豭從己劫公而強盟之。盟求必立己。○強其丈反 且請殺良夫。公曰。其盟免三死。盟在十五年。 曰。請三之後有罪殺之。公曰。諾哉。

傳十七年。春。衛侯為虎幄於藉圃。於籍田之圃新造幄幕。皆以虎獸為飾。 成。求令名者而與之始食焉。大子請使良夫。為令名。以良夫應。 良夫乘衷甸兩

牡。衷甸。一轅卿車。○甸時證反。說文作佃 紫衣狐裘。紫衣君服。 至。袒裘。不釋劍而食。食而熱。故偏袒。亦不敬。 大子使牽以退。數之以三罪而殺之。三罪。紫衣。袒裘。帶劍。

三月。越子伐吳。吳子禦之笠澤。夾水而陳。越子為左右句卒。句卒。鉤伍相著。別為左右屯。○陳直覲反。句古候反。著直略反 使夜或左或右。鼓譟而進。吳師分以禦之。越子以三軍潛涉。當吳中軍而鼓之。吳師大亂。遂敗之。左右句卒為聲勢以分吳軍。而三軍精卒并力擊其中軍。故得勝也。

晉趙鞅使告於衛曰。君之在晉也。志父為主。請君若大子來。以免志父。不然。寡君其曰。志父之為也。恐晉君謂志父教使不來。 衛侯辭以難。大子又使椓之。椓訴父。欲速得其處。○難乃旦反。椓中角反 夏。六月。趙鞅圍衛。齊國觀陳瓘救衛。國觀。國書之子。○觀工喚反 得晉人之致師者。子玉使服而見之。釋囚服。服其本服。 曰。國子實執齊柄。而命瓘曰。無辟晉師。豈敢廢命。欲必敵晉。 子又何辱。言不須來致師。自將往戰。 簡子曰。我卜伐衛。未卜與齊戰。乃還。畏子玉。

楚白公之亂。陳人恃其聚而侵楚。聚。積聚也。○積子賜反 楚既寧。將取陳麥。楚子問帥於大師子穀與葉公諸梁。子穀曰。右領差車與左史老。皆相令尹司馬以伐陳。其可使也。言此二人皆嘗輔相子西子期伐陳。今復可使。 子高曰。率賤民慢之。懼不用命焉。布領左史。皆楚賤官。○率所類反 子穀曰。觀丁父。鄀俘也。武王以為軍率。楚武王。○鄀音若 是以克州蓼。服隨唐。大

啟羣蠻。彭仲爽。申俘也。文王以為令尹。實縣申息。楚文王滅申息。以為縣。 朝陳蔡。封畛於汝。開封畛北至汝水。 唯其任也。何賤之有。子高曰。天命不諂。諂。疑也。○諂本又作滔。他刀反 令尹有憾於陳。十五年。子西伐吳。陳使貞子弔吳。以此為恨。 天若亡之。其必令尹之子是與。君盍舍焉。舍右領與左史。○舍音捨。又音赦 臣懼右領與左史有二俘之賤。而無其令德也。王卜之。武城尹吉。武城尹。子西子公孫朝。 使帥師取陳麥。陳人御之。敗。遂圍陳。秋。七月。己卯。楚公孫朝帥師滅陳。終鄭裨竈言。五及鶉火陳卒亡。 王與葉公枚卜子良。以為令尹。枚卜。不斥言所卜以令龜。子良。惠王弟。 沈尹朱曰。吉。過於其志。志望也。 葉公曰。王子而相國。過將何為。過相將為王也。 他日。改卜子國。而使為令尹。子國。寧也。

衛侯夢于北宮見人登昆吾之觀衛有觀在古昆吾之虛今濮陽城中○觀工喚反虛去魚反被髮北面而譟曰登此昆吾之虛緜緜生之瓜緜緜瓜初生也良夫言己有以小成大之功若瓜之初生謂使衛侯得國余為渾良夫叫天無辜本盟當免三死而并數一時之事為三罪殺之故自謂無辜公親筮之胥彌赦占之胥彌赦衛筮史曰不害與之邑寘之而逃奔宋言衛侯無道卜人不敢以實對懼殺而逃也衛侯貞卜正卜夢之吉凶其繇曰如魚竀尾竀赤也魚勞則尾赤○繇直又反竀勑呈反衡流而方羊裔焉橫流方羊不能自安裔水邊言衛侯將若此魚○方蒲郎反大國滅之將亡闔門塞竇乃自後踰此皆繇辭

冬十月晉復伐衛春伐未得志故入其郛將入城簡子曰止叔向有言曰怙亂滅國者無後不欲乘人之衰衛人出莊公而與晉平晉立襄公

之孫般師而還辟蒯聵也○般音班鄄音絹十一月衛侯自鄄入般師出初公登城以望見戎州戎州戎邑問之以告公曰我姬姓也何戎之有焉言姬姓國何故有戎邑翦之翦壞其邑聚公使匠久久不休息公欲逐石圃石圃衛卿石惡從子○從去聲未及而難作辛巳石圃因匠氏攻公公閉門而請弗許踰于北方而隊折股終如卜言乃自後踰○隊音墜折之設反戎州人攻之大子疾公子青踰從公青疾弟戎州人殺之公入于戎州己氏己氏戎人姓○己音紀又音祀初公自城上見己氏之妻髮美使髡之以為呂姜髢呂姜莊公夫人髢髲也○髢大計反又庭計反髲皮義反既入焉而示之璧曰活我吾與女璧己氏曰殺女璧其焉往遂殺之而取其璧衛人復公孫般師而

立之十二月齊人伐衛衛人請平立公子起起靈公子○女音汝執般師以歸舍諸潞潞齊邑

公會齊侯盟于蒙齊侯簡公弟平公敖也蒙在東莞蒙陰縣西故蒙陰城也○莞音官孟武伯相齊侯稽首公拜齊人怒武伯曰非天子寡君無所稽首武伯問於高柴曰諸侯盟誰執牛耳執牛耳尸盟者季羔曰鄫衍之役吳公子姑曹季羔高柴也鄫衍在七年發陽之役衛石魋發陽鄖也在十二年石魋石曼姑之子武伯曰然則彘也彘武伯名也鄫衍則大國執發陽則小國執據時執者無常故武伯自以為可執

宋皇瑗之子麇瑗宋右師○瑗音院麇九倫反有友曰田丙而奪其兄酁般邑以與之酁般慍而行告桓司馬之臣子儀克子儀克在下邑不與魋亂故在○酁仕咸反

子儀克適宋告夫人曰麇將納桓氏公問諸子仲子仲皇野初子仲將以杞姒之子非我為子為適子杞姒子仲妻○適音的麇曰必立伯也是良材伯非我兄子仲怒弗從故對曰右師則老矣不識麇也言右師老不能為亂麇則不可知公執之執麇皇瑗奔晉召之召令還

傳十八年春宋殺皇瑗公聞其情復皇氏之族使皇緩為右師言宋景公無常也緩瑗從子

巴人伐楚圍鄾鄾楚邑○鄾音憂初右司馬子國之卜也觀瞻曰如志子國未為令尹時卜為右司馬得吉兆如其志觀瞻楚開卜大夫觀從之後故命之命以為右司馬及巴師至將卜帥王曰寧如志何卜焉寧子國也使帥師而行請承承佐王曰

寢尹。工尹。勤先君者也。柏舉之役，寢尹吳由于以背受戈，工尹固執燧象奔吳師，皆爲先君勤勞。三月，楚公孫寧、吳由于、薳固敗巴師于鄾。故封子國于析。君子曰：惠王知志。知用其意。夏書曰：官占唯能蔽志，昆命于元龜。逸書也。言占卜筮之官，蔽斷也。昆，後也。言當先斷意，後用龜也。其是之謂乎。志曰：聖人不煩卜筮。惠王其有焉。不疑故不卜也。

夏，衞石圃逐其君起，起奔齊。齊所立故。衞侯輒自齊復歸，逐石圃，而復石魋與大叔遺。皆蒯聵所逐。

傳十九年春，越人侵楚，以誤吳也。誤吳，使不爲備。

夏，楚公子慶、公孫寬追越師，至冥，不及，乃還。冥，越地。

秋，楚沈諸梁伐東夷，報越。三夷男女及楚師盟于敖。從越之夷三種。敖，東夷地。

冬，叔青如京師，敬王崩故也。言敬王能終其世，終萇弘言。東王必大克。叔青，叔還子。

傳二十年春，齊人來徵會。夏，會于廩丘，爲鄭故，謀伐晉。十五年晉伐鄭。鄭人辭諸侯。秋，師還。終叔向言晉分室畢。

吳公子慶忌驟諫吳子曰：不改必亡。弗聽。吳子弗聽。出居于艾。艾，吳邑，豫章有艾縣。遂適楚。聞越將伐吳，冬，請歸平越，遂歸。欲除不忠者以說于越，吳人殺之。言其不量力。

十一月，越圍吳。趙孟降於喪食。趙孟，襄子無恤，時有父簡子之喪。楚隆曰：三年之喪，親暱之極也。主又降之，無乃有故乎。楚隆，襄子家臣。趙孟曰：黃池之役，先主與吳王有質，黃池在十三年。先主，簡子。質，盟信也。○質如字。曰：好惡同之。今越圍吳，嗣子不廢舊業而敵之，嗣子，襄子自謂。欲敵越救吳。非晉之所能及也，吾是以爲降。楚隆曰：若使吳王知之，若何。趙孟曰：可乎。隆曰：請嘗之。嘗，試也。乃往，先造于越軍，曰：吳犯間上國多矣，聞君親討焉，諸夏之人莫不欣喜，唯恐君志之不從，請入視之。許之。告于吳王曰：寡君之老無恤使陪臣隆敢展謝其不共。展，陳也。○間，去聲。共音恭。黃池之役，君之先臣志父得承齊盟，曰：好惡同之。今君在難，無恤不敢憚勞，非晉國之所能及也，使陪臣敢展布之。王拜稽首曰：寡人不佞，不能事越，以爲大夫憂，拜命之辱。與之一簞珠，簞，小笥。使問趙孟，問，遺也。○遺，唯季反。曰：句踐將生憂寡人，寡人死之不得矣。王曰：溺人必笑，吾將有問也。以自喻所問不急，猶溺人不知所爲而反笑。○句，古侯反。史黯何以得爲君子。晉史黯云不及四十年吳當亡，吳王感問此也。對曰：黯也進不見惡，退無謗言。時行則行，時止則止。王曰：宜哉。

傳二十一年夏五月，越人始來。越既勝吳，欲霸中國，始遣使適魯。

秋八月，公及齊侯、邾子盟于顧。齊人責稽首，責十七年齊侯爲公稽首，不見答。顧，齊地。因歌之曰：魯人之皋，數年不覺，使我高蹈。皋，緩也。高蹈，猶遠行也。言魯人皋緩，數年不知答齊稽首，故使我高蹈來爲此會。唯其儒書，以爲二國憂。二國，齊、邾也。言魯據周禮，不肯答稽首，令齊、邾遠至。是行也，公先至于陽穀。先期至也。齊閭丘息曰：君辱舉玉壯以在寡君之軍。息閭丘明之後羣臣將傳遽以告寡君。比其復也。君無乃勤。爲僕人之未次。次舍也請除館於舟道。舟道齊地辭曰。敢勤僕人。不敢勤齊僕人爲魯除館

傳二十二年夏四月。邾隱公自齊奔越。曰。吳爲無道。執父立子。越人歸之。大子革奔越。邾隱公八年爲吳所囚十年奔齊

冬十一月。丁卯。越滅吳。請使吳王居甬東。甬東越地會稽句章縣東海中洲也○甬音勇句九具反又音鉤辭曰。孤老矣。焉能事君。乃縊。越人以歸。以其尸歸終史墨子胥之言也

傳二十三年春。宋景曹卒。景曹宋元公夫人小邾女季桓子外祖母季康子使冉有弔。且送葬。曰。敝邑有社稷之事。使肥與有職競焉。肥康子名競遽也○與音預是以不得助執紼。使求從輿人。求冉有名輿衆也曰。以肥之得備彌甥也。彌遠也康子父之舅氏故稱彌甥有不腆先人之產馬。使求薦諸夫人之宰。薦進也其可以稱旌繁乎。稱舉也繁馬飾繁纓也終樂祁之言政在季氏

夏六月。晉荀瑤伐齊。荀瑤荀躒之孫知伯襄子○知音智高無丕帥師御之。知伯視齊師。馬駭。遂驅之。曰。齊人知余旗。其謂余畏而反也。及壘而還。將戰。長武子請卜。武子晉大夫知伯曰。君告於天子。而卜之以守龜於宗祧。吉矣。吾又何卜焉。且齊人取我英丘。君命瑤非敢燿武也。治英丘也。治齊取英丘以辭伐罪足矣。何必卜。壬辰。戰于犂丘。犂丘隰也齊師敗績。知伯親禽顏庚。顏庚齊大夫顏涿庚

秋八月。叔青如越。始使越也。越諸鞅來聘。報叔青也。○使所吏反

傳二十四年夏四月。晉侯將伐齊。使來乞師。曰。昔臧文仲以楚師伐齊取穀。在僖二十六年宣叔以晉師伐齊取汶陽。在成二年寡君欲徼福於周公。願乞靈於臧氏。以臧氏世勝齊故欲乞其威靈臧石帥師會之。取廩丘。石臧賓如之子軍吏令繕。將進。晉軍吏也繕治戰備萊章曰。君卑政暴。萊章齊大夫往歲克敵。禽顏庚今又勝都。取廩丘天奉多矣。又焉能進。是躗言也。躗過也○躗戶快反役將班矣。晉師乃還。餼臧石牛。生曰餼大史謝之。晉大史曰。以寡君之在行。在軍行牢禮不度。不如禮度敢展謝之。終臧氏有後於魯

邾子又無道。越人執之以歸。終子贛之言而立公子何。何亦無道。何大子革弟

公子荊之母嬖。荊哀公庶子將以爲夫人。使宗人釁夏獻其禮。宗人禮官也對曰。無之。公怒曰。女爲宗司。立夫人國之大禮也。何故無之。對曰。周公及武公娶於薛。武公敖也孝惠娶於商。孝公稱惠公弗皇商宋也○稱尺證反又如字自桓以下娶於齊。桓公始娶文姜此禮也則有。若以妾爲夫人。則固無其禮也。公卒立之。而以荊爲大子。國人始惡之。惡公閏月。公如越。得大子適郢。適郢越王大子得相親說也將妻公。而多與之地。公孫有山使告于季孫。季孫懼。使因大宰嚭而納賂焉。乃止。嚭故

吳臣也、季孫恐公因越討己、故懼。○妻七計反、嚭普美反

傳二十五年夏五月庚辰、衞侯出奔宋。衞侯輒也。衞侯爲靈臺于藉圃、與諸大夫飲酒焉。褚師聲子韤而登席。古者見君解韤。○韤亡伐反公怒。辭曰、臣有疾異於人。足有創疾若見之、君將㱿之。㱿嘔吐也。○㱿許角反是以不敢。不敢解韤公愈怒。大夫辭之、不可。共辭謝公、公不可解褚師出。公戟其手、抵徙手屈肘如戟形。○抵音紙曰、必斷而足。聞之、褚師與司寇亥乘、曰、今日幸而後亡。恐死、以得亡爲幸。○乘繩證反公之入也、奪南氏邑、南氏、子南之子、公孫彌牟而奪司寇亥政。公使侍人納公文懿子之車于池。懿子、公文要、公有忿、使人投其車于池水中、初、衞人翦夏丁氏、在十一年以其帑賜彭封彌子。彭封彌子、彌子瑕。○帑音奴彌子飲公酒、納夏戊之女、嬖、以爲夫人。其弟期、大叔疾之從孫甥也。期、夏戊之子、姊妹之孫爲從孫甥、與孫嗣列、少畜於公、以爲司徒。夫人寵衰、期得罪。公使三匠久。公使優狡盟拳彌、優狡、俳優也。拳彌、衞大夫、使俳優盟之、欲恥辱也、而甚近信之。故褚師比、韤登席者、公孫彌牟、喪邑者公文要、失車者、司寇亥、奪政者、司徒期、因三匠與拳彌以作亂、皆執利兵、無者執斤。斤、工匠所執、使拳彌入于公宮、信近之、故得入、而自大子疾之宮譟以攻公。鄄子士請禦之。鄄子士、衞大夫。○鄄音絹彌援其手、曰、子則勇矣、將若君何。言不可禦不見先君乎。君何所不逞欲。先君蒯聵也、亂不速奔、故爲戎州所殺、欲令早去且君嘗在外矣、豈必不反。當今不可、衆怒難犯、休而易閒也。乃出、

將適蒲。蒲近晉邑彌曰、晉無信、不可。將適鄄。鄄近齊晉界上邑、彌詐不知謀、故公信之、彌曰、齊晉爭我、不可。將適泠。泠近魯邑彌曰、魯不足與、請適城鉏、城鉏近宋邑以鉤越。越有君。宋南近越、轉相鉤牽、乃適城鉏。彌曰、衞盜不可知也、請速。自我始。欺衞君、言君以寶自隨、將致衞盜、請公速行、己爲先發、乃載寶以歸。而詐載寶歸衞也、公爲支離之卒、支離、陳名、因祝史揮以侵衞。揮、衞祝史衞人病之。懿子知之、知揮爲內閒、見子之、子之、公孫彌牟、文子也、請逐揮。文子曰、無罪。懿子曰、彼好專利而妄。妄不法夫見君之入也、將先道焉。若見君有入勢、必道助之若逐之、必出於南門、而適君所。雖知其爲君閒、不審察私共詐之夫越新得諸侯、將必請師焉。揮在朝、使吏遣諸其室。難面逐之、先逐其家揮出、信、弗內。再宿爲信。○內音納五日、乃館諸外里、外里、公所在、遂有寵、使如越請師。請師伐衞、求入、六月、公至自越。前年行、今還、季康子、孟武伯逆于五梧。魯南鄙也郭重僕、爲公僕、見二子、曰、惡言多矣、君請盡之。二子不臣之言甚多、欲使公盡極以觀之公宴於五梧、武伯爲祝、祝上壽酒惡郭重、曰、何肥也。譬毀其貌季孫曰、請飲彘也、飲罰之、以魯國之密邇仇讎、臣是以不獲從君、克免於大行。又謂重也肥。言重隨君遠行、劬勞、不宜稱肥、公曰、是食言多矣、能無肥乎。以激三桓之數食言飲酒不樂、公與大夫始有惡。爲二十七年公孫邾起、

傳二十六年夏五月、叔孫舒帥師會越皋如、后庸、宋樂茷納衞侯。舒、武叔之子、文子也、皋如、后庸、越大夫、樂茷、宋司城子潞、衞侯、輒也、文子欲納之、懿子曰、君愎

而虐少待之必毒於民也愎很乃睦於子矣民睦師侵外州大獲越納輒之師出禦之大敗衞師敗掘褚師定子之墓焚之于平莊之上定子楚師比之父也平莊陵名也文子使王孫齊私於皐如齊衞大夫王孫賈之子昭子也曰子將大滅衞乎抑納君而已乎皐如曰寡君之命無他納衞君而已文子致衆而問焉曰君以蠻夷伐國國幾亡矣請納之衆曰勿納曰彌牟亡而有益請自北門出欲以觀衆心衆曰勿出重賂越人申開守陴而納公申重也開重門而嚴設守備欲以恐公使不敢入公不敢入師還立悼公悼公蒯聵庶弟公子黚也○黚起廉反南氏相之以城鉏與越人公曰期則爲此司徒期也令苟有怨於夫人者報之夫人期姊也怒期而不得加戮故勑宮女令若

困期姊司徒期聘於越爲悼公聘公攻而奪之幣期告王越王也王命取之期以衆取之公怒殺期之甥之爲大子者忿期而及其姊爲夫人者遂復及夫人之子遂卒于越終言之也終效夷言死于夷

宋景公無子取公孫周之子得與啟畜諸公宮周元公孫子高也得昭公也啟得弟畜養也未有立焉於是皇緩爲右師皇非我爲大司馬皇懷爲司徒皇懷非我從昆弟靈不緩爲左師不緩子靈圍龜之後樂茷爲司城茷樂溷之子樂朱鉏爲大司寇朱鉏樂輓之子○輓音晚六卿三族降聽政三族皇靈樂也降和同也因大尹以達大尹近官有寵者六卿因之以自通達於君大尹常不告而以其欲稱君命以令不告君也國人惡之司城欲去大尹左師曰縱之使盈其罪盈滿也重而無基能無敝乎言勢重而無德以爲基必敗也冬十月公游于空澤空澤宋邑辛巳卒于連中連中館名大尹興空澤之士千甲甲士千人奉公自空桐入如沃宮奉公尸也梁國虞縣東南有地名空桐沃宮宋都內宮名使召六子曰聞下有師君請六子畫畫計策六子至以甲劫之曰君有疾病請二三子盟乃盟于少寢之庭曰無爲公室不利大尹立啟奉喪殯于大宮三日而後國人知之司城茷使宣言於國曰大尹惑蠱其君而專其利今君無疾而死死又匿之是無他矣大尹之罪也言大尹所弑得夢啟北首而寢於盧門之外盧門宋東門北首死象在門外失國也已爲烏而集於其上咮加於南門尾加於桐門曰余夢美必立

桐門北門○咮張又反大尹謀曰我不在盟少寢盟但以君命盟六卿大尹不盟無乃逐我復盟之乎使祝爲載書六子在唐盂地名將盟之祝襄以載書告皇非我襄祝名皇非我因子潞子潞樂茷門尹得樂得左師謀曰民與我逐之乎皆歸授甲使徇于國曰大尹惑蠱其君以陵虐公室與我者救君者也衆曰與之大尹徇曰戴氏皇氏將不利公室戴氏卽樂氏與我者無憂不富衆曰無別惡其號令與君無別戴氏皇氏欲伐公公謂啟樂得曰不可彼以陵公有罪我伐公則甚焉使國人施于大尹施罪於大尹大尹奉啟以奔楚乃立得司城爲上卿盟曰三族共政無相害也

衛出公自城鉏使以弓問子贛。且曰。吾其入乎。子贛稽首受弓。對曰。臣不識也。私於使者曰。昔成公孫于陳。僖二十八年、衛成公奔楚、遂適陳、○孫音遜、甯武子孫莊子爲宛濮之盟而君入。盟在僖二十八年、獻公孫于齊。在襄十四年、子鮮子展爲夷儀之盟而君入。在僖二十六年、今君再在孫矣。謂十五年孫魯、今又孫宋、內不聞獻之親。外不聞成之卿。則賜不識所由入也。詩曰。無競惟人。四方其順之。詩周頌、言無強惟得人也、若得其人。四方以爲主。爲王主四方、而國于何有。

傳二十七年。春。越子使后庸來聘。且言邾田。封于駘上。欲使魯還邾田、封竟至駘上、○駘徒來反、又音臺、二月。盟于平陽。西平陽、三子皆從。季康子、叔孫文子、孟武伯、皆從后庸盟、康子病之。恥從蠻夷盟、言及子贛。思子贛、曰。若在此。吾不及此夫。不及與越盟、武伯曰。然何不召。曰。固將召之。文子曰。他日請念。言季孫不能用子贛、臨難而思之、

夏。四月。己亥。季康子卒。公弔焉。降禮。禮不備也、言公之多妄、

晉荀瑤帥師伐鄭。次于桐丘。鄭駟弘請救於齊。弘、駟歂子、齊師將興。陳成子屬孤子。三日朝。屬會死事者之子、使朝三日、以禮之、○屬音燭、設乘車兩馬。繫五邑焉。乘車兩馬、大夫服、又加之五邑、召顏涿聚之子晉。曰。隰之役而父死焉。隰役在二十三年、○涿中角反、以國之多難。未女恤也。今君命女以是邑也。服車而朝。毋廢前勞。乃救鄭。及留舒。違穀七里。穀人不知。言其整也、留舒、齊地、違、去也、及濮。雨不涉。濮水在陳留酸棗縣、傍河東北、經濟陰至高平入濟、子思曰。大國在敝邑之宇下。是以告急。今師不行。恐無及也。子思、國參、成子衣製杖戈。製、雨衣也、○子衣於既反、立于阪上。馬不出者助之鞭之。知伯聞之。乃還。畏其得衆心、○阪音反、一扶版反、曰。我卜伐鄭。不卜敵齊。使謂成子曰。大夫陳子。陳之自出。陳之不祀。鄭之罪也。十七年、楚獨滅陳、非鄭之罪、蓋知伯誣陳子、故陳子怒、謂其多陵人、故寡君使瑤察陳衷焉。衷、善也、謂大夫其恤陳乎。若利本之顛。瑤何有焉。言陳滅於己無傷、成子怒曰。多陵人者皆不在。知伯其能久乎。中行文子告成子。文子、荀寅、此時奔在齊、曰。有自晉師告寅者。將爲輕車千乘。以厭齊師之門。則可盡也。成子曰。寡君命恆曰。無及

寡。無畏衆。雖過千乘。敢辟之乎。將以子之命告寡君。成子疑其有爲晉之心也、○厭於甲反、又於輒反、文子曰。吾乃今知所以亡。自恨己無知、君子之謀也。始衷終皆擧之。而後入焉。謀一事、則當慮此三變、然後入而行之、所謂君子三思、今我三不知而入之。不亦難乎。悔其言不可復、

公患三桓之侈也。欲以諸侯去之。欲求諸侯師以逐三桓、三桓亦患公之妄也。故君臣多間。間、隙也、公游于陵阪。遇孟武伯于孟氏之衢。曰。請有問於子。余及死乎。問己可得以壽死不、對曰。臣無由知之。三問。卒辭不對。公欲以越伐魯而去三桓。秋。八月。甲戌。公如公孫有陘氏。有陘氏、即有山氏、因孫於邾。乃遂如越。國人施公孫有山氏。以公從其家出故也、

終子贛之言君不沒於魯○因孫音遜

悼之四年，晉荀瑤帥師圍鄭。悼公，哀公之子寧也。哀公出孫，魯人立悼公。未至，鄭駟弘曰：知伯愎而好勝，早下之，則可行也。行，去也。乃先保南里以待之。保，守也。南里在城外。知伯入南里，門于桔柣之門。鄭人俘酅魁壘，酅魁壘，鄭士○桔戶結反，柣大結反，酅戶圭反賂之以知政，欲使反為鄭閉其口而死。將門，門，攻鄭門。知伯謂趙孟入之。對曰：主在此。主謂知伯也，言主在此，何不自入。知伯曰：惡而無勇，何以為子。惡，貌醜也。簡子廢嫡子伯魯而立襄子，故知伯言其醜且無勇，何故立汝為子。對曰：以能忍恥，庶無害趙宗乎。知伯不悛，趙襄子由是惎知伯。惎，毒也○惎其既反遂喪之。知伯貪而愎，故韓魏反而喪之。史記晉懿公之四年，魯悼公之十四年，知伯帥韓魏圍趙襄子於晉陽，韓魏反與趙氏謀殺知伯於晉陽之下，在春秋後二十七年○喪息浪反

春秋左傳卷三十終

春秋公羊傳序

漢何休邵公撰

昔者孔子有云吾志在春秋行在孝經此二學者聖人之極致治世之要務也傳春秋者非一本據亂而作其中多非常異義可怪之論說者疑惑至有倍經任意反傳違戾者其勢雖問不得不廣是以講誦師言至於百萬猶有不解時加釀嘲辭援引他經失其句讀以無為有甚可閔笑者不可勝記也是以治古學貴文章者謂之俗儒至使賈逵緣隙奮筆以為公羊可奪左氏可興恨先師觀聽不決多隨二創此世之餘事斯豈非守文持論敗績失據之過哉余竊悲之久矣往者略依胡毋生條例多得其正故遂隱括使就繩墨焉

春秋公羊傳序終

春秋公羊傳目錄

春秋公羊傳目錄終

春秋公羊傳卷一

漢諫議大夫司空掾任城何休學
皇明後學東吳金蟠訂

隱公

元年。春王正月。

傳元年者何。諸据疑問所不知，故曰者何。君之始年也。以常錄即位，知君之始年。君，魯侯隱公也。年者，十二月之揔號，春秋書十二月稱年是也。變一為元，元者氣也。無形以起，有形以分，造起天地，天地之始也。故上無所繫，而使春繫之也。不言公，言君之始年者，王者、諸侯皆稱君，所以通其義於王者。惟王者然後改元立號。春秋託新王受命於魯，故因以錄即位，明王者當繼天奉元，養成萬物。春者何。獨在王上，故執不知問。歲之始也。以上繫元年，在王正月之上，知歲之始也。春者，天地開辟之端，養生之首，法象所由，四時本名也。昏斗指東方曰春，指南方曰夏，指西方曰秋，指北方曰冬。歲者，總號其成功之稱，尚書以閏月定四時成歲是也。○辟，婢亦反。王者孰謂。孰，誰也。欲言時王則無事，欲言先王又無謚，故問誰謂。謂文王也。以上繫王於春，知謂文王也。文王，周始受命之王，天之所命，故上繫天。端方陳受命，制正月，故假以為王法。不言謚者，法其生，不法其死，與後王共之，人道之始也。曷為先言王而後言正月。据下秋七月天王，先言月而後言王。王正月也。以上繫於王，知王者受命，布政施教所制月也。王者受命，必徙居處，改正朔，易服色，殊徽號，變犧牲，異器械，明受之於天，不受之於人。夏以斗建寅之月為正，平旦為朔，法物見，色尚黑。殷以斗建丑之月為正，雞鳴為朔，法物牙，色尚白。周以斗建子之月為正，夜半為朔，法物萌，色尚赤。何言乎王正月。据定公有王無正月。大一統也。統者，始也，揔繫之辭。夫王者始受命改制，布政施教於天下，自公侯至於庶人，自山川至於草木昆蟲，莫不一一繫於正月，故云政教之始。公何以不言即位。据文公言即位。

也、卽位者、一國之始、政莫大於正始、故春秋以元之氣、正天之端、以天之端、正王之政、以王之政、正諸侯之卽位、以諸侯之卽位、正竟內之治、諸侯不上奉王之政、則不得卽位、故先言正月而後言卽位、政不由王出、則不得爲政、故先言王而後言正月也、王者不承天以制號令、則無法、故先言春而後言王、天不深正其元、則不能成其化、故先言元而後言春、五者同日竝見、相須成體、乃天人之大本、萬物之所繫、不可不察也、成公意也。以不有正月而去卽位、知其成公意、○而去起呂反下去同、何成乎公之意。据剌欲救紀而後不能、公將平國而反之桓。平、治也、時廢桓立隱、不平、故曰平、反還之、曷爲反之桓。据已立也、桓幼而貴。隱長而卑。長者已冠也、禮年二十見正而冠、士冠禮曰、適子冠於阼、以著代也、醮於客位、加有成也、三加彌尊、諭其志也、冠而字之、敬其名也、公侯之有冠禮、夏之末造也、天子之元子猶士也、天下無生而貴者、○隱長丁丈反、注及下皆同、已冠下亂反下同、適子丁歷反下同、醮子笑反、其爲尊卑也微。母俱媵也、○媵以證反又繩證反、國人莫知。國人、謂國中凡人、莫知者、言惠

公不早分別也、男子年六十閉房、無世子、則命貴公子、將薨亦如之、隱長又賢。此以上、皆道立隱所緣、諸大夫扳隱而立之。扳、引也、諸大夫立隱不起者、在春秋前、明王者受命不追治前事、孔子曰、不教而殺謂之虐、不戒視成謂之暴、隱於是焉而辭立。辭、讓也、言隱欲讓、則未知桓之將必得立也。是時公子非一、且如桓立。且如、假設之辭、則恐諸大夫之不能相幼君也。隱見諸大夫背正而立已、不正、恐其不能相之、故凡隱之立爲桓立也。凡者、凡上所慮二事、皆不可、故於是已立、欲須桓長大而歸之、故曰爲桓立、明其本無受國之心、故不書卽位、所以起其讓也、○爲于僞反注同、隱長又賢。何以不宜立。据賢繆公與大夫𦇧、且長以得立、○繆音穆𦇧且俱縛反下子餘反、立適以長不以賢。立子以貴不以長。適、謂適夫人之子、尊無與敵、故以齒、子、謂左右媵及姪娣之子、位有貴賤、又防其同時而生、故以貴也、禮、適夫人無子、立右媵、右媵無子、立左媵、左媵無子、立嫡姪娣、嫡姪娣無子、立右媵姪娣、右媵姪娣無子、立

左媵姪娣、質家親親先立娣、文家尊尊先立姪、嫡子有孫而死、質家親親先立弟、文家尊尊先立孫、其雙生也、質家据見立先生、文家据本意立後生、皆所以防愛爭、桓何以貴。据俱公子也、母貴也。据桓母右媵、母貴則子何以貴。据俱言公子、子以母貴。以母秩次立也、母以子貴。禮、妾子立、則母得爲夫人、夫人成風是也、

三月。公及邾婁儀父盟于眛。

○儀父音甫、本亦作甫、人名字放此、眛亡結反、穀梁同、左氏作蔑

傳及者何。與也。若曰公與邾婁盟也、會及暨皆與也。都解經上會及暨也、曷爲或言會、或言及、或言暨。會猶最也。最、聚也、直自若平時聚會、無他深淺意也、最之爲言聚、若今聚民爲投最、及猶汲汲也。暨猶暨暨也。及我欲之、暨不得已也。我者、謂魯也、內辭、故

言我、舉及暨者、明當隨意善惡而原之、欲之者、善重惡深、不得已者、善輕惡淺、所以原心定罪、儀父者何。邾婁之君也。以言公及、不諱、知爲君也、何以名。据齊侯祿父爲名、字也。以當褒知爲字、曷爲稱字。据諸侯當稱爵、褒之也。以宿與微者盟書卒、知與公盟當褒之、有土嘉之曰褒、無土建國曰封、稱字所以爲褒之者、儀父本在春秋前、失爵在名例爾、曷爲褒之。据功不見、爲其與公盟也。爲其始與公盟、盟者殺生歃血、詛命相誓、以盟約束也、傳不足言託始者、儀父比宿滕薛最在前、嫌獨爲儀父發始、下三國意不見、故顧之、與公盟者衆矣。曷爲獨褒乎此。据戎齊侯莒人皆與公盟、傳不足託始、故復据衆也、因其可褒而褒之。春秋王魯、託隱公以爲始受命王、因儀父先與隱公盟、可假以見褒賞之法、故云爾、○王魯于況反、下而王同、一音如字、後王魯皆放此、此其爲可褒奈何。漸進也。漸者、物事之端、先見之辭、去惡就善曰進、譬若隱公受命而王、諸侯有倡始先歸之者、當進而封之、以率其後、不言先者、亦爲所褒者法、明當積漸深知聖德灼然之後乃往、不可

造次陷於不義。○造七報反。眛者何。地期也。會盟戰皆錄地，其所期處重期也。凡書盟者，惡之也。爲其約誓大甚，朋黨深背之，生患禍重。胥命於蒲，善近正是也。君大夫盟例日，惡不信也。此月者，隱推讓以立，邾婁慕義而來相親信，故爲小信辭也。大信者時，柯之盟是也。魯稱公者，臣子心所欲尊號其君父。公者，五等之爵最尊。王者探臣子心欲尊其君父，使得稱公，故春秋以臣子書葬者皆稱公。于者，於也。凡以事定地者加于，例以地定事者不加于，例○惡之烏路反。大甚音泰，或勑賀反

夏五月。鄭伯克段于鄢。

傳克之者何。加之者，問訓詁，并問施于之爲。殺之也。殺之，則曷爲謂之克。大鄭伯之惡也。以弗克納大郤缺之善，知加克大鄭伯之惡也。曷爲大鄭伯之惡。據晉侯殺其世子申生，不加克以大之。母欲立之，已殺之，如勿與而已矣。如卽不如，齊人語也。加克者有嫌也。段無弟，又稱君，甚之，不明。又段當國，嫌鄭伯殺之無惡，故變殺言克，明鄭伯爲人君，當如傳辭，不當自已行誅殺，使執政大夫當誅之。克者，詁爲殺，亦爲能，惡其能忍戾母而親殺之。禮，公族有罪，有司讞于公，公曰宥之，及三宥，不對，走出，公又使人赦之，以不及反命，公素服不舉，而爲之變，如其倫之喪，無服，親哭之。段者何。鄭伯之弟也。殺母弟，故直稱君。何以不稱弟。據天王殺其弟年夫稱弟。當國也。欲當國爲之君，故如其意，使如國君氏上鄭，所以見段之逆。其地何。據齊人殺無知不地。當國也。齊人殺無知何以不地。據俱欲當國也。在內也。在內雖當國不地也。其不當國而見殺者，當以殺大夫書，無取於地也。其當國者，殺於國內，禍已絕，故亦不地。不當國雖在外亦不地也。明當國者在外乃地爾，爲其將交連鄰國，復爲內難，故錄其地，明當急誅之。不當國雖在外，禍輕，故不地也。月者，責臣子不以時討，與殺州吁同例，不從討賊辭者，主惡以失親親，故書之。○難乃旦反

秋七月。天王使宰咺來歸惠公仲子之賵。

○咺況阮反，一音況元反。賵芳仲反

傳宰者何。官也。以周公加宰，知爲官也。咺者何。名也。別何之者，以有宰周公本嫌宰爲官。曷爲以官氏。據石尚。宰士也。天子上士以名氏通，中士以官錄，下士略稱人。惠公者何。隱之考也。生稱父，死稱考，入廟稱禰。○禰乃禮反。仲子者何。桓之母也。以無謚也。仲字，子姓。婦人以姓配字，不忘本也，因示不適同姓。生稱母，死稱妣。何以不稱夫人。此難生時之稱也。據秦人來歸僖公成風之襚，成風稱謚，令仲子無謚，知生時不稱夫人。桓未君也。賵者何。喪事有賵。賵者蓋以馬。以乘馬束帛。此道周制也。以馬者，謂士不備四也。禮既夕曰公賵玄纁束帛兩馬是也。乘馬者，謂大夫以上備四也。禮，大夫以上至天子皆乘四馬，所以通四方也。天子馬曰龍，高七尺以上；諸侯曰馬，高六尺以上；卿大夫士曰駒，高五尺以上。束帛，謂玄三纁二，玄三法天，纁二法地，因取足以共事。○共音恭。車馬曰賵。貨財曰賻。衣被曰襚。此者春秋制也。賵猶覆也，賻猶助也，皆助生送死之禮。襚猶遺也，遺是助死之禮。知生者賵賻，知死者贈襚。○賻音附。襚音遂。猶遺唯季反。桓未君則諸侯曷爲來賵之。據非禮。隱爲桓立。故以桓母之喪告于諸侯。經言王者賵，赴告王者可知，故傳但言諸侯。然則何言爾。成公意也。尊貴桓母，以赴告天子諸侯，彰桓當立，得事之宜，故善而書仲子，所以起其意，成其賢。其言來何。據歸含且賵不言來。不及事也。比於去來爲不及事，時以葬事畢，無所復施，故云爾。去來所以爲及事者，若已在於內者。其言惠公仲子何。據歸含且賵不言主名。兼之。兼之非禮也。禮不賵妾，既善而賵之，當各使一使，所以異尊卑也。言之賵者，起兩賵也。○一使所吏反。何以不言及仲子。據及者別公夫人尊卑文也。仲子卽卑稱也。○別彼列反。仲子微也。比夫人微，故不得並及公也。月者，爲內恩錄之也。諸侯不月，比於王者輕會葬。

皆同例言天王者時吳楚上僭稱王王者不能正而上自繫於天也春秋不正者因以廣是非稱使者王尊敬諸侯之意也王者據土與諸侯分職俱南面而治有不純臣之義故異姓謂之伯舅叔舅同姓謂之伯父叔父言歸者與使有之辭也天地所生非一家之有有無當相通所傳聞之世外小惡不書書者來接內也春秋王魯以魯爲天下化首明親來被王化漸漬禮義者在可備責之域故從內小惡舉也主書者不及事也

九月。及宋人盟于宿。

傳**孰及之。內之微者也。**內者謂魯也微者謂士也不名者略微也大者正小者治近者說遠者來是以春秋上刺王公下譏卿大夫而逮士庶人宋稱人亦微者也魯不稱人者自內之辭也宿不出主名者主國主名與可知故省文明宿當自首其榮辱也微者盟例時不能專正故責略之此月者隱公賢君雖使微者有可采取故錄也○說音悅

冬。十有二月。祭伯來。

○祭側界反五年注放此

傳**祭伯者何。天子之大夫也。**以無所繫言來也**何以不稱使。**據凡伯稱使**奔也。**奔者走也以不稱使而無事知其奔**奔則曷爲不言奔。**據齊慶封來言奔**王者無外。言奔則有外之辭也。**言奔則與外大夫來奔同文故去奔明王者以天下爲家無絕義主書者以罪舉內外皆書者重乖離之禍也當春秋時廢選舉之務置不肖於位輒退絕之以生過失至於君臣忿爭出奔國家之所以昏亂社稷之所以危亡故皆錄之錄所奔者爲受義者明當受賢者不當受惡人也祭者采邑也伯者字也天子上大夫字尊尊之義也月者爲下卒也當案下例當蒙上月日不也奔例時一月二事月當在上十言有二者起下復有二非十中之二

公子益師卒。

傳**何以不日。**據臧孫辰書日**遠也。**孔子所不見**所見異辭。所聞異辭。所傳聞異辭。**所見者謂昭定哀已與父時事也所聞者謂文宣成襄王父時事也所傳聞者謂隱桓莊閔僖高祖曾祖時事也異辭者見恩有厚薄義有深淺時恩衰義缺將以理人倫序人類因制治亂之法故於所見之世恩已與父之臣尤深大夫卒有罪無罪皆日錄之丙申季孫隱如卒是也於所聞之世王父之臣恩少殺大夫卒無罪者日錄有罪者不日略之叔孫得臣卒是也於所傳聞之世高祖曾祖之臣恩淺大夫卒有罪無罪皆不日略之也公子益師無駭卒是也於所傳聞之世見治起於衰亂之中用心尚麤觕故內其國而外諸夏先詳內而後治外錄大略小內小惡書外小惡不書大國有大夫小國略稱人內離會書外離會不書是也於所聞之世見治升平內諸夏而外夷狄書外離會小國有大夫宣十一年秋晉侯會狄於攢函襄二十三年邾婁鼻我來奔是也至所見之世著治大平夷狄進至於爵天下遠近小大若一用心尤深而詳故崇仁義譏二名晉魏曼多仲孫何忌是也所以三世者禮爲父母三年爲祖父母期爲曾祖父母齊衰三月立愛自親始故春秋據哀錄隱上治祖禰所以二百四十二年者取法十二公天數備足著治法式又因周道始壞絕於惠隱之際王所以卒大夫者明君當隱

痛之也君敬臣則臣自重君愛臣則臣自盡公子者氏也益師者名也諸侯之子稱公子公子之子稱公孫○殺所介反麤觕才古反又七奴反大平音泰期音基齊衰音咨本亦作齋下七雷反

春秋公羊傳卷一終

春秋公羊傳卷二

漢諫議大夫司空掾任城何休學
皇明後學東吳葛鼒訂

隱公

二年。春。公會戎于潛。凡書會者、惡其虛內務、恃外好也、古者諸侯非朝時、不得踰竟、所傳聞之世、外離會不書、書內離會者、春秋王魯、明當先自詳正、躬自厚而薄責於人、故略外也、王者不治夷狄、錄戎者、來者勿拒、去者勿追、東方曰夷、南方曰蠻、西方曰戎、北方曰狄、朝聘會盟、例皆時、○惡烏路反、好呼報反、非朝直遙反、凡此字不音者皆同、踰竟音境、今本多即作境字、更不音

夏。五月。莒人入向。

傳入者何。得而不居也。入者、以兵入也、已得其國而不居、故云爾、凡書兵者、正不得也、外內深淺、皆舉之者、因重兵害衆、兵動則怨結禍、更相報償、伏尸流血無已時、諸侯擅興兵、不爲大惡者、保伍連帥、本有用兵征伐之道、魯入杞不諱是也、入例時、傷害多則月、○向舒亮反、償時亮反

無駭帥師入極。

傳無駭者何。展無駭也。何以不氏。據公子遂帥師入杞、氏公子也、貶。貶、猶損也、曷爲貶。據公子遂俱用兵入杞、不貶也、疾始滅也。以下終其身不氏、知貶疾始滅、非但起入爲滅、始滅昉於此乎。昉、適也、齊人語、據傳言撥亂世、前此矣。前此者、在春秋前、謂宋滅郜是也、○郜古報反、前此則曷爲始乎此。託始焉爾。焉爾、猶於是也、曷爲託始焉爾。據戰伐不言託始、春秋之始也。春秋託王者始起所當誅也、言疾始滅者、諸滅復見、不復貶、皆從此取法、所以省文也、此滅也。其言

入何。據齊師滅譚不言入、內大惡諱也。明魯臣子當爲君父諱、滅例月、不復出月者、與上同月、常案下例當蒙上月日下、

秋。八月。庚辰。公及戎盟于唐。後不相犯、日者、爲後背隱而善桓、能自復爲唐之盟、○背音佩

九月。紀履緰來逆女。○履緰音須、左氏爲裂繻

傳紀履緰者何。紀大夫也。以逆女不稱使、知爲大夫、何以不稱使。據宋公使公孫壽來納幣、稱使、婚禮不稱主人。爲養廉遠恥也、然則曷稱。稱諸父兄師友。宋公使公孫壽來納幣。則其稱主人何。辭窮也。辭窮者何。無母也。禮有母、母當命諸父兄師友、稱諸父兄師友以行、宋公無母、莫使命之、辭窮、故自命之、自命之、則不得不稱使、然則紀有母乎。曰有。以不稱使、知有母、有則何以不稱母。據非主人、何不稱母、通使文、母不通也。禮、婦人無外事、但得命諸父兄師友、稱諸父兄師友以行耳、母命不得達、故不得稱母、通使文、所以遠別也、○別彼列反、外逆女不書。此何以書。據伯姬歸于宋、不書逆人、譏。譏、猶譴也、何譏爾。譏始不親迎也。禮所以必親迎者、所以示男先女也、於廟者、告本也、夏后氏逆於庭、殷人逆於堂、周人逆於戶、○迎魚敬反、先悉薦反、始不親迎昉於此乎。前此矣。以惠公妃匹不正、不嫌無前也、前此則曷爲始乎此。託始焉爾。焉爾、猶於是也、曷爲託始焉爾。據納幣不託始、春秋之始也。春秋正夫婦之始也、夫婦正、則父子親、父子親、則君臣和、君臣和、則天下治、故夫婦者、人道之始、王教之端、內逆女常書、外逆女但疾始、不常書者、明當先自正、躬自厚而薄責於人、故略外也、女曷爲或稱女。或稱婦。或稱夫人。

女在其國稱女。未離父母之辭。紀履綸來逆女是也。在塗稱婦。在塗見夫服從之辭。公子結媵陳人之婦是也。入國稱夫人。入國則尊尊。有臣子之辭。夫人姜氏入是也。紀無大夫。書紀履綸者。重婚禮也。月者。不親迎例月。重錄之。親迎例時。

冬。十月。伯姬歸于紀。

傳伯姬者何。內女也。以無所繫也。不稱公子者。婦人外成。不得獨繫父母。其言歸何。據去父母國也。婦人謂嫁曰歸。婦人生以父母為家。嫁以夫為家。故謂嫁曰歸。明有二歸之道。書者。父母恩錄之也。禮。男之將取。三日不舉樂。思嗣親也。女之將嫁。三夜不息燭。思相離也。內女歸例月。恩錄之。○取七住反

紀子伯。莒子。盟于密。○紀子伯左氏作子帛

傳紀子伯者何。無聞焉爾。言無聞者。春秋有改周受命之制。孔子畏時遠害。又知秦將燔詩書。其說口授相傳。至漢公羊氏。及弟子胡母生。乃始記於竹帛。故有所失也。○母音無

十有二月。乙卯。夫人子氏薨。

傳夫人子氏者何。隱公之母也。以不書葬。何以不書葬。據姒氏書葬。○姒音似成公意也。何成乎公之意。據己夫即位。○去起呂反子將不終為君。故母亦不終為夫人也。時隱公卑屈其母。不以夫人禮葬之。以妾禮葬之。以卑下桓母。無終為君之心。得事之宜。故善而不書葬。所以起其意而成其賢。子者。姓也。夫人以姓配號。義與仲子同。書薨者。為隱公恩錄痛之也。日者。恩錄之。公夫人皆同例也。

鄭人伐衛。

書者。與入向同。侵伐圍入例皆時。

三年。春。王二月。二月三月。皆有王者。二月。殷之正月也。三月。夏之正月也。王者存二王之後。使統其正朔。服其服色。行其禮樂。所以尊先聖。通三統。師法之義。恭讓之禮。於是可得而觀之。

己巳。日有食之。

傳何以書。諸言何以書者。問主書。記異也。異者。非常可怪。先事而至者。是後衛州吁弒其君完。諸侯初僭。魯隱係獲。公子翬進諂謀。○翬許韋反日食則曷為或日或不日。或言朔或不言朔。曰某月某日朔。日有食之者。食正朔也。桓三年。秋。十月。壬辰朔。日有食之是也。此象君行外強內虛。是故日月之行無遲疾。食不失正朔也。其或日或不日。或失之前。或失之

後。失之前者。朔在前也。謂二日食。己巳日有食之是也。此象君行暴急。外見畏。故日行疾。月行遲。過朔乃食。失正朔於前也。失之後者。朔在後也。謂晦日食。莊公十八年。三月。日有食之是也。此象君行懦弱見陵。故日行遲。月行疾。未至朔而食。失正朔於後也。不言月食者。其形不可得而觀也。故疑言日有食之。孔子曰。多聞闕疑。慎言其餘。則寡尤。不傳天下異者。從王錄內可知也。

三月。庚戌。天王崩。平王也。

傳何以不書葬。據書葬桓王。天子記崩不記葬。必其時也。至尊無所屈也。諸侯記卒記葬。有天子存。存在不得必其時也。設有王后崩。當越紼而奔喪。不得必其時。故恩錄之。○紼音弗曷為或言崩。或言薨。天子曰崩。大毀壞之辭。諸侯曰薨。小毀

壞之辭。大夫曰卒。卒猶終也。士曰不祿。不祿，無祿也。皆所以別尊卑也。葬不別者，從恩殺略也。書崩者，為天下恩痛王者也。記諸侯卒葬者，王者亦當加之以恩禮，故為恩錄。○殺所界反

夏四月辛卯，尹氏卒。

○尹氏，左氏作君氏

傳 尹氏者何？天子之大夫也。以尹氏立王子朝也。其稱尹氏何？據宰渠氏官，劉卷卒名。○卷音權 貶。曷為貶？據俱卒也。譏世卿。世卿者，父死子繼也。貶去名者，氏者起其世也，若曰世世尹氏也。○去起呂反 世卿非禮也。禮，公卿大夫士皆選賢而用之。卿大夫任重職大，不當世，為其秉政久，恩德廣大，小人居之，必奪君之威權，故尹氏世，立王子朝；齊崔氏世，弒其君光。君子疾其末則正其本，見譏於卒者，亦不可造次無故驅逐，必因其過卒絕之，明君案見勞授賞，則眾譽不能進；無功，案見惡行誅，則眾讒不能退無罪。○造七報反 外大夫不卒，此何以卒？據原仲不卒。天王崩，諸侯之主也。時天王崩，魯隱往奔喪，尹氏主儐贊諸侯，與隱交接，而卒恩隆於王者，則加禮錄之，故為隱恩錄痛之。日者，恩錄之，明當有恩禮。

秋，武氏子來求賻。

傳 武氏子者何？天子之大夫也。其稱武氏子何？據宰渠氏官，仍叔不稱氏，尹氏不稱子。譏。何譏爾？父卒，子未命也。時雖世大夫，緣孝子之心，不忍便當父位，故順古先試一年，乃命於宗廟。武氏子，父新死，未命而便為大夫，薄父子之恩，故稱氏言子，見未命以譏之。何以不稱使？據南季稱使。當喪未君也。當喪，謂天子也。未君者，未三年也。未可居君位稱使也，故絕正其義，與毛伯同。武氏子來求賻，何以書？不但言何以書者，嫌以主覆問上所以說二事，不問求賻。譏。何譏爾？喪事無求，求賻非禮也。主為求賻書也。禮本為有財者制，有則送之，無則致哀而已，不當求，求則皇皇傷孝子之心。

益通于下。言闕者，嫌天子財多不當求下，財少可求，故明皆不當求之。

八月庚辰，宋公和卒。

不言薨者，春秋王魯，死當有王文。聖人之為文辭孫順，不可言崩，故貶外言卒，所以褒內也。宋稱公者，殷後也。王者封二王後，地方百里，爵稱公，客待之而不臣也。詩云：有客宿宿，有客信信，是也。○孫音遜

冬十有二月，齊侯、鄭伯盟于石門。

癸未，葬宋繆公。

○繆公音穆，左氏作穆，凡此後倣此

傳 葬者曷為或日或不日？不及時而日，渴葬也。不及時，不及五月也。禮，天子七月而葬，同軌畢至；諸侯五月而葬，同盟至；大夫三月而葬，同位至；士踰月，外姻至。孔子曰：葬於北方北首，三代之達禮也，之幽之故也。渴，喻急也。乙未，葬齊孝公是也。不及時而不日，慢葬也。慢，薄不能以禮葬也。八月，葬蔡宣公是也。過時而日，隱之也。隱，痛也，痛賢君不得以時葬。丁亥，葬齊桓公是也。過時而不日，謂之不能葬也。解緩不能以時葬。夏四月，葬衛桓公是也。○解古避反，又古賣反 當時而不日，正也。六月，葬陳惠公是也。當時而日，危不得葬也。此當時，何危爾？宣公謂繆公曰：以吾愛與夷，則不若愛女；以為社稷宗廟主，則與夷不若女，盍終為君矣。與夷者，宣公之子；繆公者，宣公之弟。○與夷如字，又音餘，凡人名字及地名之類皆倣首音。借假字則時復重出。愛女音汝，下及注同 宣公死，繆公立，繆公逐其二子莊公馮與左師勃，左師，官；勃，名也。○馮皮冰反 曰：爾為吾子，生毋相見，死毋相哭。所以遠絕之。○毋音無 與夷復曰：復，報。先君之所為不與臣國而納國乎君者，以

君可以爲社稷宗廟主也。今君逐君之二子。而將致國乎與夷。此非先君之意也。且使子而可逐。則先君其逐臣矣。繆公曰。先君之不爾逐可知矣。爾女也可知者欲使我反國吾立乎此攝也。暫攝行君事不得傳與子也謙辭終致國乎與夷。莊公馮弑與夷。馮與督共弑殤公在桓二年危之於此者死乃反國非至賢之君不能不爭也故君子大居正。明修法守正最計之要者宋之禍宣公爲之也。言死而讓開爭原也繆公亦死而讓得爲功者反正也外小惡不書書錄漏隱者明諸侯卒王者當加恩意憂勞其國所以哀死閔患也

四年春王二月。莒人伐杞。取牟婁。

傳牟婁者何。杞之邑也。以主有伐杞外取邑不書。此何以書。據楚子伐宋取

彭城不書疾始取邑也。外小惡不書以外見疾始著取邑以自廣大比於貪利差爲重故先治之也內取邑常書外但疾始不常書者義與上逆女同不傳託始者前此有滅不嫌無取邑當託始明故省文也取邑例時○差初賣反

戊申。衛州吁弑其君完。

傳曷爲以國氏。據齊公子商人弑其君舍氏公子當國也。與段同義日者從外赴辭以賊聞例

夏。公及宋公遇于清。

傳遇者何。不期也。一君出。一君要之也。古者有遇禮爲朝天子若朝罷朝卒相遇於塗近者爲主遠者爲賓稱先君以相接所以崇禮讓絕慢易也當春秋時出入無度禍亂姦宄多在不虞無故卒然相要小人將以生心故重而書之所以防禍原也言及者起公要之明非常遇也地者重錄之遇例時

宋公。陳侯。蔡人。衛人。伐鄭。

秋。翬帥師。會宋公。陳侯。蔡人。衛人。伐鄭。

傳翬者何。公子翬也。以入桓稱公子何以不稱公子。貶。曷爲貶。據叔老會鄭伯伐許不貶與弑公也。弑者殺也臣弑君之辭以終隱之篇貶知與弑公也○與弑音預其與弑公奈何。公子翬諂乎隱公。諂猶佞也謂隱公曰。百姓安子。諸侯說子。盍終爲君矣。隱公曰。否。否不也○說音悅吾使修塗裘。吾將老焉。塗裘者邑名也將老焉者將辟桓居之以自終也故南面之君勢不可復爲臣故云爾不以成公意者隱本爲桓守國國邑皆桓之有不當取以自爲也公子翬恐若其言聞乎桓。於是謂桓曰。吾爲子口隱矣。口猶口語相發動也隱曰。吾不反也。桓曰。然則奈何。曰。請作難。難兵難也○難乃旦反弑隱公。謚者傳家所加於鍾巫之祭焉弑隱公也。鍾者地名也巫者事鬼神禱解以治病請福者

也男曰覡女曰巫傳道此者以起淫祀之無福○覡戶狄反

九月。衛人殺州吁于濮。

傳其稱人何。據晉殺大夫里克俱弑君賊不稱人討賊之辭也。討者除也明國中人人得討之所以廣忠孝之路書者善之也討賊例時此月者久之也

冬。十有二月。衛人立晉。

傳晉者何。公子晉也。以下有衛侯晉卒又言立立者何。立者不宜立也。諸侯立不言立此獨言立明不宜立之辭其稱人何。據尹氏立王子朝也衆立之之辭也。晉得衆國中人人欲立之然則孰立之。石碏立之。石碏立之。則其稱人何。據尹氏立王子朝不稱人○碏七略反衆之所欲立也。衆雖欲立之。其立之非也。凡立君爲衆衆皆欲立之

嫌得立無惡故使稱人見衆言立也明下無廢上之義聽衆立之篡也不剌嗣子失位者時未當喪典主得權重也月者大國篡例月小國時立納入皆爲篡卒日葬月達於春秋爲大國例主書從受位也

春秋公羊傳卷二終

春秋公羊傳卷三

漢諫議大夫司空掾任城何　休學
皇明　後學　東吳金　蟠訂

隱公

五年。春。公觀魚于棠。

○觀魚左氏作矢魚

傳何以書。譏。何譏爾。遠也。公曷爲遠而觀魚。據浚洙也○浚思俊反 登來之也。登讀言得來得來之者齊人語也齊人名求得爲得來作登來者其言大而急由口授也○登來依注登音得 百金之魚。公張之。解言登來之意也百金猶百萬也古者以金重一斤若今萬錢矣張謂張罔罟障谷之屬也

登來之者何。弟子未解其言大小緩急故復問之 美大之之辭也。其言大而急者美大多得利之辭也實譏張魚而言觀譏遠者恥公去南面之位下與百姓爭利匹夫無異故諱使若以遠觀爲譏也諸諱主書者從實也觀例時從行賤略之 棠者何。濟上之邑也。濟者四瀆之別名江河淮濟爲四瀆○濟子禮反

夏。四月。葬衛桓公。

秋。衛師入盛。

○入盛音成左氏作郕

傳曷爲或言率師。或不言率師。將尊師衆稱某率師。將尊者謂大夫也師衆者滿二千五百人以上也二千五百人稱師無駭率師入極是也禮天子六師方伯二師諸侯一師 將尊師少稱將。師少者不滿二千五百人也衛孫良夫伐廧咎如是也○將音恙 將卑師衆稱師。將卑者謂士也

衛師入盛是也。將卑師少，稱人。鄭人伐衛是也。君將不言率師，書其重者也。分別之者，責元率，因錄功惡有小大，故徐從王伐鄭是也。○率，所類反，本又作帥。

九月，考仲子之宮。

傳 考宮者何。考猶入室也。始祭仲子也。考，成也。成仲子之宮廟而祭之，所以居其鬼神，猶生人入宮室，必有飲食之事。不就惠公廟者，妾母卑，故雖爲夫人，猶特廟而祭之。禮，妾廟子死則廢矣。不言立者，得變禮也。加之者，宮廟尊卑共名，非配號稱之辭，故加之以絕也。桓未君，則曷爲祭仲子。據無子不廟也。隱爲桓立，故爲桓祭其母也。然則何言爾。成公意也。尊桓之母，爲立廟，所以彰桓當立，得事之宜，故善而書之，所以起其意，成其賢也。

初獻六羽。

傳 初者何。始也。六羽者何。舞也。持羽而舞。初獻六羽，何以書。譏。何譏爾。譏始僭諸公也。僭，齊也。下傚上之辭。六羽之爲僭奈何。天子八佾，佾者，列也。八人爲列，八八六十四人，法八風。○佾音逸。諸公六，六人爲列，六六三十六人，法六律。諸侯四。四人爲列，四四十六人，法四時。諸公者何。諸侯者何。天子三公稱公，王者之後稱公，其餘大國稱侯，大國謂百里也。小國稱伯子男。小國謂伯七十里，子男五十里。天子三公者何。天子之相也。相，助也。○相，息亮反。天子之相則何以三。據經但有祭公、周公。自陝而東者周公主之，自陝而西者召公主之，一相處乎內。陝者，蓋今弘農陝縣是也。禮，司馬主兵，司徒主教，司空主土。春秋撥亂世，以絀陟爲本，故舉絀陟以所主者言之。○陝，失冉反。絀，勑律反。始僭諸公，昉於此乎。前此矣。前此則曷爲始乎此。僭諸公猶可言也，僭天子不可言也。傳云爾者，解不託始也。前僭八佾於惠公廟，大惡不可言也，還從僭六羽議，本所當託者非但六也，故不得復傳上也。加初者，以爲常也。獻者，下奉上之辭。不言六佾者，言佾則干舞在其中，明婦人無武事，獨奏文樂。羽者，鴻羽也，所以象文德之風化疾也。夫樂本起於和順，和順積於中，然後榮華發於外，是故八音者德之華也，歌者德之言也，舞者德之容也。故聽其音可以知其德，察其詩可以達其意，論其數可以正其容。薦之宗廟足以享鬼神，用之朝廷足以序羣臣，立之學官足以協萬民。凡人之從上教也，皆始於音，音正則行正。故聞宮聲則使人溫雅而廣大，聞商聲則使人方正而好義，聞角聲則使人惻隱而好仁，聞徵聲則使人整齊而好禮，聞羽聲則使人樂養而好施，所以感蕩血脈，通流精神，存寧正性。故樂從中出，禮從外作也。禮樂接於身，望其容而民不敢慢，觀其色而民不敢爭。故禮樂者，君子之深教也，不可須臾離也。君子須臾離禮，則暴慢襲之，須臾離樂，則姦邪入之。是以古者天子諸侯雅樂鐘磬未曾離於庭，卿大夫御琴瑟未曾離於前，所以養仁義而除淫辟也。魯詩傳曰，天子食日舉樂，諸侯不釋縣，大夫士日琴瑟。王者治定制禮，功成作樂，未

制作之時，取先王之禮樂宜於今者用之。堯曰大章，舜曰簫韶，夏曰大夏，殷曰大護，周曰大武，各取其時民所樂者名之。堯時民樂其道章明也，舜時民樂其修紹堯道也，夏時民樂大其三聖相承也，殷時民樂大其護已也，周時民樂其伐紂也。蓋異號而同意，異歌而同歸。失禮鬼神例日，此不日者，嫌獨考宮以非禮書，故從末言初可知。○施，式豉反。邪，似嗟反。淫辟，匹亦反。縣音玄。

邾婁人、鄭人伐宋。邾婁，小國，序上者，主會也。

螟。○螟，亡丁反。

傳 螟何以書。記災也。災者，有害於人物，隨事而至者。先是隱公張百金之魚，設苛令急法，以禁民之所致。

冬。十有二月。辛巳。公子彄卒。日者、隱公賢君、宜有恩禮於大夫、益師始見法、無駭有罪、据俠又未命也、故獨得於此日。○彄、苦侯反

宋人伐鄭。圍長葛。

傳邑不言圍。此其言圍何。据伐於餘丘、不言圍。彊也。至邑雖圍當言伐、惡其彊而無義也。必欲爲得邑、故如其意言圍也。所以不知鄭彊者、公以楚師伐宋圍緡、不言彊也。○彊、渠羗反

六年。春。鄭人來輸平。○左氏作渝平

傳輸平者何。輸平。猶墮成也。何言乎墮成。据翬會諸侯伐鄭、後未道平也、何道墮成。敗其成也。翬伐鄭後、已相與平、但外平不書、故云爾。○墮、許規反　曰吾成敗矣。吾、魯也。吾與鄭人末有成也。末、無也、此傳發者、解鄭稱人、爲共國辭。吾與鄭人則曷爲末有成。据無戰伐之文。狐壤之戰。隱公獲焉。時與鄭人戰於狐壤、爲鄭所獲。然則何以不言戰。戰者、內敗文也。据鞍戰、君獲言師敗績。諱獲也。君獲不言師敗績、故以輸平諱也。與鞍戰辭、內敗文、是戰例時、偏戰日、詐戰月、不日者、鄭詐之、不月者、正月也、見隱終無奉正月之意。不地者、深諱也、使若實輸平、故不地也。稱人共國辭者、嫌來輸平、獨惡鄭擅獲諸侯、魯不能死難、皆當絕之。○難、乃旦反

夏。五月。辛酉。公會齊侯盟于艾。

秋。七月。

傳此無事。何以書。春秋雖無事。首時過則書。首、始也、時、四時也、過、歷也、春以正月爲始、夏以四月爲始、秋以七月爲始、冬以十月爲始、歷一時無事、則書其始月也。首時過則何以書。据無

事也。春秋編年。四時具。然後爲年。明王者當奉順四時之正也。尚書曰、欽若昊天、歷象日月星辰、敬授民時、是也。有事不月者、人道正、則天道定矣。

冬。宋人取長葛。

傳外取邑不書。此何以書。久也。古者師出不踰時、今宋更年取邑、久暴師苦衆居外、故書以疾之。不繫鄭舉伐者、明因上伐圍取也。○更音庚、暴步卜反

七年。春。王三月。叔姬歸于紀。叔姬者、伯姬之媵也。至是乃歸者、待年父母國也。婦人八歲備數、十五從嫡、二十承事君子。媵賤書者、後爲嫡、終有賢行。紀侯爲齊所滅、紀季以酅入於齊、叔姬歸之、能處隱約、全竟婦道、故重錄之。○酅、戶圭反

滕侯卒。

傳何以不名。据蔡侯考父卒名。微國也。小國、故略不名。微國則其稱侯何。据大國稱侯、小國稱伯子男。不嫌也。滕侯卒不名、下常稱子、不嫌稱侯爲大國。春秋貴賤不嫌同號。貴賤不嫌者、通同號稱也。若齊亦稱侯、滕亦稱侯、微者亦稱人、貶亦稱人、皆有起文、貴賤不嫌同號是也。美惡不嫌同辭。若繼體君亦稱即位、繼弒君亦稱即位、皆有起文、美惡不嫌同辭是也。滕、微國、所傳聞之世、未可卒、所以稱侯而卒者、春秋王魯、託隱公以爲始受命王、滕子先朝隱公、春秋褒之以禮、嗣子得以其禮祭、故稱侯見其義。

夏。城中丘。

傳中丘者何。內之邑也。城中丘何以書。上問中丘者何、指問邑也。故因言何以書、嫌但問書中丘、故復言城中丘何以書也。以重書也。以功重、故書也。當稍稍補完之、至令大崩弛壞敗、然後發衆城之、猥苦百姓、空虛國家、故言城、明其功重與始作城無異。城邑例時。○令、力呈反

齊侯使其弟年來聘。

傳 其稱弟何。據諸侯之子稱公子。母弟稱弟，母兄稱兄。母弟同母弟，母兄同母兄，不言同母言母弟者，若謂不如爲如矣，齊人語也。公別同母者，春秋變周之文，從殷之質，質家親親，明當親厚，異於羣公子也。聘者，問也。來聘書者，皆喜內見聘事也。古者諸侯朝罷朝聘，爲慕賢孝禮，一法度，尊天子。不言聘公者，禮聘受之於大廟，孝子謙不敢以已當之，歸美於先君，且重賓也。○别彼列反，大廟音泰，下同。

秋，公伐邾婁。

冬，天王使凡伯來聘。書者喜之也。古者諸侯有較德殊風異行，天子聘問之，當北面稱臣受之於大廟，所以尊王命，歸美於先君，不敢以已當之。

戎伐凡伯于楚丘以歸。

傳 凡伯者何。上言聘，此言伐，嫌其異，故執不知問。天子之大夫也。此聘也，其言伐之何。據出聘與郊柳異，不得言伐也。問伐加之者，辟間輕重兩舉之。執之也。執之則其言伐之何。據執季孫隱如不言伐。大之也。尊天王命，責當死位，故使與國同。曷爲大之。據王子突繫諸人。不與夷狄之執中國也。因地不接京師，故以中國正之。中國者，禮義之國也。執者，治文也。君子不使無禮義制治有禮義，故絕不言執，正之言伐也。執天子大夫而以中國正之者，執中國尚不可，況執天子之大夫乎，所以降夷狄，尊天子，爲順辭。其地何。據執季孫隱如不地。大之也。順上伐文，使若楚丘爲國者，猶慶父伐於餘丘也。不地以衛者，天子大夫衛王命至尊，顧在所諸侯有出入所在赴其難，當與國君等也。錄以歸者，惡凡伯不死位以辱王命也。○難乃旦反，惡爲路反。

八年，春，宋公、衛侯遇于垂。宋公序上者，時衛侯要宋公，使不虞者爲主，明當戒愼之。無王者，遇在其間，置上則嫌爲事出，置下則嫌無天法，可以制月，文不可施也。

三月，鄭伯使宛來歸邴。○邴彼命反，又音丙，鄭邑，左氏作祊。

傳 宛者何。鄭之微者也。邴者何。鄭湯沐之邑也。天子有事于泰山，諸侯皆從泰山之下，諸侯皆有湯沐之邑焉。有事者，巡守祭天告至之禮也。當沐浴絜齊，以致其敬，故謂之湯沐邑也。所以尊待諸侯而共其費也。禮，四井爲邑，邑方二里，東方二州四百二十國，凡爲邑廣四十里，袤四十二里，取足舍止，共稾穀而已。歸邴書者，甚惡鄭伯無尊事天子之心，專以湯沐邑歸魯，背叛當誅也。錄使者，重尊湯沐邑也。王者所以必巡守者，天下雖平，自不親見，猶恐遠方獨有不得其所，故三年一使三公絀陟，五年親自巡守。巡

猶循也，守猶守也，循行守視之辭。亦不可國至人見，爲煩擾，故至四嶽足以知四方之政而已。尚書曰：歲二月，東巡守，至于岱宗，柴，望秩于山川，遂覲東后，協時月正日，同律度量衡，修五禮、五玉、三帛、二生、一死贄，如五器，卒乃復。五月南巡守，至于南嶽，如岱禮。八月西巡守，至于西嶽，如初。十有一月朔巡守，至于北嶽，如西禮。還至嵩，如初禮。歸格于禰祖，用特。是也。○守手又反，本又作狩，齊側皆反，本多即作齋，守後放此，而共音恭，下同，袤音茂，禰乃禮反，本又作蓺。

庚寅，我入邴。

傳 其言入何。據上書歸取邑已明，無事復書入也。難也。入者，非已至之文，難辭也。此魯受邴與鄭同罪當誅，故書入，欲爲魯見重難辭。○難乃旦反。其日何。據取邑不日。難也。以歸後乃日也，言時重難，不可即入，至此日乃入。其言我何。據吳伐我以日伐，故言我。言我者，非獨我也。自入邑不得言我，有他人在其中，乃得言我，故能起其非獨我。齊亦欲之。時齊與鄭魯比聘會者，亦欲得之，故以非獨我起齊惡，齊惡起則魯蒙欲

邑見於惡愈衆、

夏六月己亥蔡侯考父卒。

辛亥宿男卒。宿本小國不當卒、所以卒而日之者、春秋王魯以隱公爲始受命王、宿男先與隱公交接、故卒襃之也、不名不書葬者、與微者盟、功薄當襃之、爲小國、故從小國例、

秋七月庚午宋公齊侯衛侯盟于瓦屋。

八月葬蔡宣公。

傳卒何以名而葬不名卒從正卒當赴告天子、君前臣名、故從君臣之正義言也、而葬從主人至葬者有常月可知、不赴告天子、故自從蔡臣子辭稱公、卒何以日而葬不日卒赴赴天子也、緣天子閔傷欲其知之、又臣子疾痛不能不具以告、而葬不告。不告天子也、發傳於葬者、從正也、

公羊傳　卷三　隱公　八　永懷堂

九月辛卯公及莒人盟于包來。○包來左氏作浮來

傳公曷爲與微者盟據與齊高傒盟諱之、稱人則從不疑也從者隨從也、實莒子也、言莒子、則嫌公行微不肖、諸侯不肯隨從公盟、而公反隨從之、故使稱人、則隨從公不疑矣、隱爲桓立、狐壤之戰、不能死難、又受湯沐邑、卒無廉耻、令聲有緣諂、爲桓所疑、故著其不肖、僅能使微者隨從之耳、蓋痛錄隱所以失之、又見獲受邑、皆諱不明、因與上相起也、○難乃旦反、令力呈反、

螟。先是有狐壤之戰、中丘之役、又受邴田、煩擾之應、

冬十有二月無駭卒。

傳此展無駭也何以不氏。莊公子彄卒氏公子、疾始滅也故終其身不氏嫌上貶主起入爲滅、不爲疾始、故復爲疾始滅、終身貶之、足見上貶爲疾始滅、

九年春天王使南季來聘。

三年癸酉大雨震電。

傳何以書記異也何異爾不時也震雷電者、陽氣也、有聲名曰雷、無聲名曰電、周之三月、夏之正月、雨當水雪雜下、雷當聞於地中、其雉雊、電未可見、而大雨震電、此陽氣大失其節、猶隱公久居位、不反於桓、失其宜也、日者、一日之中也、凡災異、一日者日、歷日者月、歷月者時、歷時者加自文、爲異發於九年者、陽數可以極而不還國於桓之所致、○雊古豆反

公羊傳　卷三　隱公　九　永懷堂

庚辰大雨雪。○雨于付反

傳何以書記異也何異爾俶甚也俶、始怒也、始怒甚、猶大甚也、蓋師說以爲平地七尺雪者、盛陰之氣也、八日之間、先示隱公以不宜久居位、而繼以盛陰之氣大怒、此桓將怒而弒隱公之象、○俶甚尺叔反、大甚音泰

俠卒。

傳俠者何吾大夫之未命者也以無氏而卒之也、未命所以卒之者、賞疑從重、無氏者、少略也、

夏城郎。

秋七月。

冬公會齊侯于邴。

〔○于鄑左氏作防〕

十年春王二月公會齊侯鄭伯于中丘。〔月者隱前爲鄭所獲今始與相見故危錄內明君子當犯而不校也〕

夏翬帥師會齊人鄭人伐宋。

傳 此公子翬也何以不稱公子〔據楚公子嬰齊貶後復稱公子〕貶曷爲貶隱之罪人也故終隱之篇貶也〔嫌上一貶可移於他事者故終隱之篇貶之明爲隱貶所以起隱之罪人也〕

六月壬戌公敗宋師于菅辛未取郜辛巳取防。〔○菅古顏反郜古報反〕

傳 取邑不日此何以日〔據取闞不日也○闞苦暫反〕一月而再取也〔欲起一月而再取故日〕何言乎一月而再取〔據取漷東田及沂西田亦一月再取兩邑不日○漷火虢反又音郭〕甚之也〔甚脅因戰見移生事利心數動○數所角反〕內大惡諱此其言甚之何春秋錄內而略外於外大惡書小惡不書於內大惡諱小惡書〔明取邑爲小惡一月再取小惡中甚者耳故書也於內大惡諱於外大惡書者明王者起當先自正內無大惡然後乃可治諸夏大惡因見臣子之義當先爲君父諱大惡也內小惡書外小惡不書者內有小惡適可治諸夏大惡未可治諸夏小惡明當先自正然後正人小惡不諱者罪薄恥輕敗宋師日者見結日偏戰也不言戰者託王於魯故不以敵辭言之所以彊王義也〕

秋宋人衛人入鄭。

宋人蔡人衛人伐載鄭伯伐取之。

傳 其言伐取之何〔據國言滅邑言取又徐人取舒不言伐〕易也其易奈何因其力也因誰之力因宋人蔡人衛人之力也〔載屬爲上三國所伐鄭伯無仁心因其困而滅之易若取邑故言取欲起其易因上伐力故同其文言伐就上載言取之也不月者移惡上三國○易以豉反屬音燭〕

冬十月壬午齊人鄭人入盛。〔日者盛魯同姓於隱篇再見入者明當憂錄之○入盛左氏作郕後皆倣此〕

十有一年春滕侯薛侯來朝。

傳 其言朝何〔據內言如〕諸侯來曰朝大夫來曰聘〔傳言來者解內外也春秋王魯王者無朝諸侯之義故內適外言如外適內言朝聘所以別外尊內也不言朝公者禮朝受之於大廟與聘同義○別彼列反〕其兼言之何〔據鄧穀來朝不兼言朝〕微國也〔略小國也稱侯者春秋託隱公以爲始受命王滕薛先朝隱公

故褒之已於儀父見法復出滕薛者儀父盟功淺滕薛朝功大宿與微者盟功尤小起行之當各有差也滕序上者春秋變周之文從殷之質質家親親先封同姓〕

夏五月公會鄭伯于祁黎。〔○祁黎左氏作時來〕

秋七月壬午公及齊侯鄭伯入許。〔日者危錄隱公也爲弟守國不尚推讓數行不義皇天降災諂臣進謀終不覺悟又復構怨入許危亡之釁外內並生故危錄之○數所角反〕

冬十有一月壬辰公薨。

傳 何以不書葬〔據莊公書葬〕隱之也何隱爾弒也〔爲桓公所弒〕弒則何以

不書葬。據桓公書葬。春秋君弒賊不討。不書葬。以爲無臣子也。道春秋通例與文武異。子沈子曰。君弒臣不討賊。非臣也。不復讎。非子也。葬。生者之事也。春秋君弒賊不討。不書葬。以爲不繫乎臣子也。子沈子後師明說此意者明臣子不討賊當絕君喪無所繫也沈子稱子冠氏上者著其爲師也不但言子曰者辟孔子也其不冠子者他師也○冠氏古亂反公薨何以不地。據莊公薨于路寢不忍言也。不忍言其僵尸之處○僵居良反隱何以無正月。據六年輸平不易隱將讓乎桓。故不有其正月也。嫌上諸成公意適可見始讓不能見終故復爲終篇去正月明隱終無有國之心但桓疑而弒之公薨主書者爲臣子恩痛之他國自從王者恩例錄也○去起呂反

春秋公羊傳卷三終

春秋公羊傳卷四

漢諫議大夫司空掾任城何休學
皇明後學東吳葛鼒訂

桓公

元年。春。王正月。公即位。

傳繼弒君。不言即位。此其言即位何。據莊公不言即位如其意也。弒君欲即位故如其意以著其惡直而不顯諱而不盈桓本貴當立所以爲篡者隱權立桓北面君事隱也即者就也先謁宗廟明繼祖也還之朝正君臣之位也事畢而反凶服焉

三月。公會鄭伯于垂。

桓公會皆月者危之也桓弒賢君篡慈兄專易朝宿之邑無王而行無仁義之心與人交接則有危也故爲臣子憂之不致之者爲下去王適足以起無王未足以見無王罪之深淺故復奪臣子辭成誅文也

鄭伯以璧假許田。

傳其言以璧假之何。據實假不當持璧也易之也。易之。則其言假之何。爲恭也。爲恭孫之辭使若暫假借之辭○孫音遜曷爲爲恭。據取邑不爲恭敬辭有天子存。則諸侯不得專地也。許田者何。地皆不得專而此獨爲恭辭疑非凡邑故更問之魯朝宿之邑也。諸侯時朝乎天子。天子之郊。諸侯皆有朝宿之邑焉。時朝者順四時而朝也緣臣子之心莫不欲朝朝莫夕王者與諸侯別治勢不得自專朝故即位比年使大夫小聘三年使上卿大聘四年又使大夫小聘五年一朝王者亦貴得天下之歡心以事其先王因助祭以述其職故分四方諸侯爲五部部有四輩輩主

一時、孝經曰、四海之內、各以其職來助祭、尚書曰、羣后四朝、敷奏以言、明試以功、車服以庸、是也、宿者、先誠之辭、古者天子邦畿千里、遠郊五百里、諸侯至遠郊、不敢便入、必先告至、由如他國至竟而假塗也、皆所以防未然、謹事上之敬也、王者以諸侯遠來朝、亦加殷勤之禮以接之、爲告至之須當有所任止、故賜邑於遠郊、其實天子地、諸侯不得專也、桓公無尊事天子之心、專以朝宿之邑與鄭、背叛當誅、故深諱使若暫假借之者、不舉假爲重、復舉上會者、方諱言許田、不舉會、無以起從魯假之也、○朝朝上如字下直遙反、莫音暮

此魯朝宿之邑也。則曷爲謂之許田。諱取周田也。諱取周田則曷爲謂之許田。繫之許也。曷爲繫之許。近許也。此邑也。其稱田何。田多邑少稱田。邑多田少稱邑。分別之者、古有分土、無分民、明當察民多少、課功德、

夏四月丁未。公及鄭伯盟于越。

秋大水。

傳何以書。記災也。災傷二穀以上、書災也、經曰、秋大水、無麥苗、傳曰、待無麥然後書無苗是也、先是桓篡隱、百姓痛傷悲哀之心、既蓄積、而復專易朝宿之邑、陰逆而與怨氣并之所致、○以上時掌反、几言以上皆放此、

冬十月。

二年春王正月戊申。宋督弒其君與夷及其大夫孔父。賢者不名、故孔父稱字、督未命之大夫、故國氏之、

傳及者何。以公夫人言及仲子、微不得及君、上下大夫言及、知君尊亦不得及臣、故問之、累也。累、累從君而死、齊人語也、弒君多矣。舍此無累者乎。曰有。仇牧荀息皆累也。舍仇牧荀息無累者乎。曰有。叔仲惠伯是也、有則此何以書。賢也。何賢乎孔父。据叔仲惠伯不賢、孔父可謂義形於色矣。以稱字見先君死、其義形於色奈何。督將弒殤公。孔父生而存。則殤公不可得而弒也。故於是先攻孔父之家。大夫稱家、父者字也、禮、臣死君字之、以君得字之、知先攻孔父之家、殤公知孔父死。必死。趨而救之。皆死焉。趨、走也、傳道此者、明殤公知孔父賢而不能用、故致此禍、設使殤公不知孔父賢、焉知孔父死已必死、設使魯莊公不知季子賢、焉知以病召之、皆患安存之時則輕釋之、急然後思之、故常用不免、孔父正色而立於朝。則人莫敢過而致難於其君者。孔父可謂義形於色矣。內有其義、而外形見於顏色、孔子曰、君子正其衣冠、尊其瞻視、儼然人望而畏之、是也、重道義形於色者、君子樂道人之善、言及者使上及其君、若附大國以名通、明當封爲附庸、不絕其祀、所以重社稷之臣也、督不氏者、起馮當國、不舉馮弒爲重者、繆公廢子而反國得正、故爲之諱也、不得爲讓者、死乃反之、非所以全其讓意也、○難乃旦反

滕子來朝。

三月。公會齊侯陳侯鄭伯于稷。以成宋亂。

傳內大惡諱。此其目言之何。目見也、斥見其惡、言成宋亂、遠也。所見異辭。所聞異辭。所傳聞異辭。所以復發傳者、益師以臣見恩、此以君見恩、嫌義異也、所見之世、臣子恩其君父尤厚、故多微辭是也、所聞之世、恩王父少殺、故立煬宮不日、武宮日是也、所傳聞之世、恩高祖曾祖又少殺、故子赤卒不日、子般卒日是也、○少殺所介反、下同、隱亦遠矣。曷爲爲隱諱。据觀魚諱、隱賢而桓賤也。宋公馮與督共弒君而立、諸侯會於稷、欲共誅之、受賂便還、令宋亂遂成、桓公本亦弒隱而立、君子疾同類相養、小人同惡相長、故賤不爲諱也、古者諸侯五國爲屬、屬有長、二屬爲連、連有帥、三連爲卒、卒有正、七卒爲州、州有伯也、州中有爲無道者、則長帥卒正伯當征之、不征、則與同惡、當春秋時、天下散亂、保伍壞敗、雖不誅、不爲成亂、今責其成亂者、疾其受賂也、加以著辭、直成

亂也

夏四月。取郜大鼎于宋。

傳此取之宋其謂之郜鼎何。据莒人伐杞取牟婁後莒牟夷以牟婁來奔不繫杞也、器從名。從本主名名之、地從主人。從後所屬主人、器何以從名。地何以從主人。据錯、器之與人。非有即爾。即、就也、若曰、取彼器與此人、異國物、凡人取異國物、非就有取之者、皆持以歸爲有、後不可分明、故正其本名、宋始以不義取之。故謂之郜鼎。宋始以不義取之、不應得、故正之、謂之郜鼎、如以義應得、當言取宋大鼎、郜本所以有大鼎者、周家以世孝天瑞之鼎以助享祭、諸侯有世孝者、天子亦作鼎以賜之、禮、祭天子九鼎、諸侯七、卿大夫五、元士三也、至乎地之與人則不然。凡取地、皆就有之、與器異也、俄而可以爲其有矣。俄者、謂須臾之間、制得之頃也、諸侯土地各有封疆里數、今日取之、然後王者起、與滅國繼絕世、反取邑、不嫌不明、故卒可使以爲其有、不復追錄繫本主、然則爲取可以爲其有乎。爲取、恣意辭也、弟子未解、故云爾、曰否。何者。何者、將設事類之辭、若楚王之妻媦無時焉可也。媦、妹也、引此爲喻者、明其終不可名有也、經不正者、從可知、省文也、○媦音胃

戊申。納于大廟

○大廟音泰、下及注同

傳何以書。譏。何譏爾。遂亂受賂。納于大廟。非禮也。納者、入辭也、周公稱大廟、所以必有廟者、緣生時有宮室也、孝子三年喪畢、思念其親、故爲之立宗廟、以鬼享之、廟之爲言貌也、思想儀貌而事之、故曰齊之日、思其居處、思其笑語、思其志意、思其所樂、思其所嗜、齊之日、入室、僾然必有見乎其位、周旋出入、肅然必有聞乎其容聲、出戶而聽、愾然必有聞乎其歎息之聲、孝子之至也、質家右宗廟、主親親、文家右社稷、尚尊尊、○僾音愛、又烏改反

秋七月。紀侯來朝。稱侯者、天子將娶於紀、與之奉宗廟、傳之無窮、重莫大焉、故封之百里、月者、明當尊而不臣、所以廣孝敬、蓋以爲天子得娶庶人女、以其得專封也、

蔡侯鄭伯會于鄧。

傳離不言會。此其言會何。据齊侯鄭伯于紀、二國會曰離、二人議、各是其所是、非其所非、所道不同、不能決事定是非、立善惡、不足采取、故謂之離會、蓋鄧與會爾。時因鄧都、得與鄧會、自三國以上言會者、重其少從多也、能決事定是非、立善惡、尚書曰、三人議、則從二人之言、蓋取諸此、○與會音預

九月。入杞。

公及戎盟于唐。

不日者、戎怨隱不反國、善桓能自復、翕然相親信、

冬。公至自唐。致者、君子疾賢者失其所、不肖者反以相親榮、故與隱相違也、明前隱與戎盟、雖不信、猶可安也、今桓與戎盟、雖信、猶可危也、所以深抑小人也、凡致者、臣子喜其君父脫危而至、

三年。春。正月。公會齊侯于嬴。無王者、以見桓公無王而行也、二年有王者、見始也、十年有王者、數之終也、十八年有王者、桓公之終也、明終始有王、桓公無之爾、不就元年見始者、未無王也、二月非周之正月、所以復去之者、明春秋之道、亦通於三王、非主假周以爲漢制而已、

夏。齊侯衛侯胥命于蒲。

傳胥命者何。相命也。胥、相也、時盟不歃血、但以命相誓、何言乎相命。据盟亦相命、不道也、

近正也。以不言盟也、此其爲近正奈何。古者不盟。結言而退。善其近正似於古而不相背、故書以撥亂也、

六月。公會紀侯于盛。○盛音成

秋七月。壬辰朔。日有食之。既。

傳既者何。盡也。光明滅盡也、是後楚滅鄧穀、上僭稱王、故尤甚也、楚滅鄧穀不書者、後治夷狄、

公子翬如齊逆女。

九月。齊侯送姜氏于讙。

傳何以書。譏。何譏爾。諸侯越竟送女。非禮也。以言姜氏也、禮送女、父母不下堂、姑姊妹不出門、此入國矣。何以不稱夫人。據讙、魯地、自我言齊。恕巳以及人也、父母之於子。雖爲鄰國夫人。猶曰吾姜氏。所以崇父子之親、從父母辭、不言孟姜、言姜氏者、從魯辭、趣魯地、

公會齊侯于讙。夫人姜氏至自齊。

傳翬何以不致。據遂以夫人婦姜至自齊、致、得見乎公矣。本所以致夫人者、公不親迎、有危也、翬當并致者、翬親迎、重在翬也、上會讙時、夫人以得見公、得禮失禮在公、不復在翬、故不復致、不就讙上致者、婦人危重、故據都城乃致也、月者、爲夫人至、例危重之、

冬。齊侯使其弟年來聘。

有年。

傳有年何以書。以喜書也。方分別問大有年、故不但言何以書、大有年何以書。亦以喜書也。此其曰有年何。僅有年也。僅猶劣也、謂五穀多少皆有、不能大成熟、彼其曰大有年何。問宣十六年也、大豐年也。謂五穀皆大成熟、僅有年。亦足以當喜乎。恃有年也。恃賴也、若桓公之行、諸侯所當誅、百姓所當叛、而又元年大水、二年耗減、民人將去、國喪無日、賴五穀皆有、使百姓安土樂業、故喜而書之、所以見不肖之君、爲國尤危、又明爲國家者、不可不有年、

四年。春。正月。公狩于郎。

傳狩者何。田狩也。田者蒐狩之摠名也、古者肉食衣皮䝤捕禽獸、故謂之田、取獸于田、故曰狩、易曰、結繩罔以田魚、春曰苗。苗毛也、明當見物、取未懷任者、秋曰蒐。蒐簡擇也、簡擇幼穉、取其大者、冬曰狩。狩猶獸也、冬時禽獸長大、遭獸可取、不以夏田者、春秋制也、以爲飛鳥未去於巢、走獸未離於穴、恐傷害於幼穉、故於苑囿中取之、

常事不書。此何以書。譏。何譏爾。遠也。以其地遠。禮、諸侯田狩不過郊、諸侯曷爲必田狩。據有囿也、一曰乾豆。一者第一之殺也、自左膘射之、達於右髃、中心死疾、鮮潔、故乾而豆之、薦於宗廟、豆祭器名、狀如鐙、天子二十有六、諸公十有六、諸侯十有二、卿上大夫八、下大夫六、士二、○膘匹小反、又扶了反、髃本又作髃、魚俱反、又五苟反、鐙都鄧反、音登、二曰賓客。二者第二之殺也、自左膘射之、達於右脾、遠心死難、故以爲賓客、三曰充君之庖。充備也、庖廚也、三者第三之殺也、自左膘射之、達于右髃、中腸胃、汚泡死遲、故以充君之庖廚、已有三牲、必田狩者、孝子之意、以爲已之所養、不如天地自然之牲、逸豫肥美、禽獸多則傷五穀、因習兵事、又不空設、故因以捕禽獸、所以共承宗廟、示不忘武備、又因以爲田除害、狩例時、此月者、譏不時也、周之正月、夏之十一月、陽氣始施、鳥獸懷任、草木萌牙、非所以養微、○脾方爾反、又步啓反、髃羊紹反、字林子小反、一本作胘、音賢、共音恭、

夏。天王使宰渠伯糾來聘。

傳宰渠伯糾者何。天子之大夫也。其稱宰渠伯糾何。据劉卷卒氏采不名且字下大夫也。天子下大夫繫官氏名且字繫官者卑不得專官事也稱伯者上敬老也上敬老則民益孝上尊齒則民益弟是以王者以父事三老兄事五更食之於辟雝天子親袒而割牲執醬而饋執爵而酳冕而摠干率民之至也先王之所以治天下者有五貴有德爲其近於道也貴臣爲其近於君也貴老爲其近於父也敬長爲其近於兄也慈幼爲其近於子弟也禮君於臣而不名者有五諸父兄不名經曰王札子是也詩曰王謂叔父是也上大夫不名祭伯是也盛德之士不名叔肸是也老臣不名宰渠伯糾是也下去二時者桓公無王而行天子不能誅反下聘之故爲貶見其罪明不宜○食音嗣辟必亦反酳以刃反又士刃反肸許乙反

五年。春。正月。甲戌。己丑。陳侯鮑卒。

傳曷爲以二日卒之。㤜也。㤜者狂也齊人語○㤜呼述反甲戌之日亡。己丑之

日死而得君子疑焉。故以二日卒之也。君子謂孔子也以二日卒之者闕疑

夏。齊侯鄭伯如紀。

傳外相如不書。此何以書。据蔡侯東國卒于楚不言如也離不言會也。時紀不與會故略言如也春秋始録內小惡書內離會略外小惡不書外離會至所聞之世著治升平內諸夏而詳録之乃書外離會嫌外離會常書故變文見意以別嫌明疑

天王使仍叔之子來聘。

傳仍叔之子者何。天子之大夫也。其稱仍叔之子何。据宰渠氏官武氏子不稱字又不加之尹氏不稱子譏。何譏爾。譏父老。子代從政也。禮七十縣車致仕不言氏者起父在也加之者起子辟一人○縣音玄

葬陳桓公。不月者責臣子也知君父有疾當營衛不謹而失之也傳曰葬生者之事

城祝丘。

秋。蔡人衛人陳人從王伐鄭。

傳其言從王伐鄭何。据河陽舉王狩別出朝文文不連王王師不道所加從王正也。美其得王義也故以從王征伐録之盖起時天子微弱諸侯背叛莫肯從王者征伐以善三國之君獨能尊天子死節稱人者刺王者也天下之君海內之主當秉綱撮要而親自用兵故見其微弱僅能從微者不能從諸侯猶若稱人則從不疑也不使王者首兵者本不爲王舉也知實諸侯者以美得正○不爲于僞反下所爲與爲六年同

大雩。

傳大雩者何。旱祭也。雩旱請雨祭名不解大者祭言大雩大旱可知也君親之南郊以六事謝過自責曰政不一與民失職與宮室榮與婦謁盛與苞苴行與讒夫倡與使童男女各八人舞而呼雩故謂之雩不地者常地也則何以不言旱。据日食鼓用牲于社言雩則旱見。言旱則雩不見。從可知故省文也日食獨不省文者與大水同禮若但言鼓用牲則不知其所爲必見雩者善其能戒懼天災應變求雨憂民之急也何以書。記災也。旱者政敎不施之應先是桓公無王行比爲天子所聘得志益驕去國遠狩大城祝丘故致此旱

螽。○螽音終

傳何以書。記災也。螽者煩擾之所生與上旱同說

冬。州公如曹。

傳外相如不書。此何以書。過我也。(為六年化我張本也。傳不言化我者，張本非再化也。稱公者申其尊，起其慢，責無禮。○過古禾反，又古臥反。)

六年，春，正月，寔來。

傳寔來者何。猶曰是人來也。(猶曰是人來，不錄何等人之辭。)孰謂。謂州公也。(以上如曹書。)曷為謂之寔來。慢之也。曷為慢之。(據蔡丘之盟，且。)化我也。(行過無禮謂之化，齊人語也。諸侯相過，至竟必假塗，入都必朝，所以崇禮讓，絕慢易，戒不虞也。今州公過魯都不朝魯，是慢之，為惡，故書寔來，見其義也。月者，危錄之，無禮之人不可備責之。)

夏，四月，公會紀侯于成。

秋，八月，壬午，大閱。

傳大閱者何。簡車徒也。(大簡閱兵車，使可任用而習之。)何以書。蓋以罕書也。(罕，希也。孔子曰：以不教民戰，是謂棄之。故比年簡徒謂之蒐，三年簡車謂之大閱，五年大簡車徒謂之大蒐，存不忘亡，安不忘危。不地者，常地也。蒐例時，此日者，桓既無文德，又忽忘武備，故尤危錄。)

蔡人殺陳佗。(○佗，大阿反。)

傳陳佗者何。陳君也。(以躍卒不書葬也。)陳君則曷為謂之陳佗。(據殺蔡侯般，不言蔡般。)絕也。(絕者，國當絕。)曷為絕之。(據戕鄫子不絕。○戕，在良反。鄫，才陵反。)賤也。其賤奈何。外淫也。惡乎淫。(惡乎，猶於何也。○惡音烏。)淫乎蔡。蔡人殺之。(蔡稱人者，與使得討之，故從討賊辭也。賤而去其爵者，起其見卑賤，猶律文立子姦母，見乃得殺之也。不月不書葬者，從賤文。○去，起呂反。)

九月，丁卯，子同生。

傳子同生者孰謂。謂莊公也。(以夫人言，同非吾子。)何言乎子同生。(據君存稱世子，子般不言生。)喜有正也。(喜國有正嗣。)未有言喜有正者，此其言喜有正何。久無正也。子公羊子曰：其諸以病桓與。(其諸，辭也。本所以書莊公生者，感隱桓之禍生於無正，故喜有正，而不以世子正稱書者，明欲以正見無正，疾惡桓公。日者，喜錄之。禮，生與來日，死與往日，各取其所見日也。禮，世子生三日，卜士負之寢門外，以桑弧蓬矢射天地四方，明當有天地四方之事；三月，君名之，大夫負朝于廟，以名徧告之。)

冬，紀侯來朝。(朝聘例時。)

春秋公羊傳卷四終

春秋公羊傳卷五

漢諫議大夫司空掾任城何　休學
皇明　後學　東吳金　蟠訂

桓公

七年。春二月。己亥。焚咸丘。

傳焚之者何。樵之也。樵薪也。以樵燒之。故因謂之樵之。樵之。齊人語。樵之者何。以火攻也。何言乎以火攻。据戰伐不道所用兵。疾始以火攻也。征伐之道。不過用兵。服則可以退。不服則可以進。火之盛炎。水之盛衝。雖欲服罪。不可復禁。故疾其暴而不仁也。傳不託始者。前此未有。無所託也。咸丘者何。邾婁之邑也。曷為不繫乎邾婁。据邾鄑部繫紀。○邾步丁反。鄑子斯反。一音晉。部音吾。

國之也。欲使加國。故無所繫。加之者。辟寔國也。曷為國之。据邾鄑部不國。君存焉爾。所以起邾婁君在咸丘邑。明臣子當赴其難。與在國等也。日者。重錄以火攻也。

夏。穀伯綏來朝。鄧侯吾離來朝。

傳皆何以名。据滕薛不名也。失地之君也。其稱侯朝何。据以賤也。貴者無後。待之以初也。穀鄧本與曾同貴。為諸侯。今失爵亾土。來朝託寄。也義不可卑。故明當待之如初。所謂故舊不遺。則民不偷。無後者。施於所奔國也。獨妻得配夫。託衣食於公家。子孫當受田而耕。故云爾。下去二時者。桓公以火攻人君。故貶。明大惡。不月者。失地君朝惡人輕也。名者。見不世也。

八年。春正月。己卯。烝。

傳烝者何。冬祭也。春曰祠。薦尚韭卵。祠猶食也。猶繼嗣也。春物始生。孝子思親。繼嗣而食之。故曰祠。因以別死生。○卵力管反。猶食音飼。下同。別彼列反。夏曰礿。薦尚麥魚。始熟可礿。故曰礿。○礿音子若反。本又作禴。同。秋曰嘗。薦尚黍肫。嘗者。先辭也。秋穀成者非一。黍先熟。可得薦。故曰嘗。冬曰烝。薦尚稻鴈。烝衆也。氣盛貌。冬萬物畢成。所薦衆多。芬芳備具。故曰烝。無牲而祭謂之薦。天子四祭四薦。諸侯三祭三薦。大夫士再祭再薦。祭於室。求之於幽。祭於堂。求之於明。祭於祊。求之於遠。皆孝子博求之意也。大夫求諸明。士求諸幽。尊卑之差也。殷人先求諸明。周人先求諸幽。質文之義也。禮。天子諸侯卿大夫牛羊豕。凡三牲。曰大牢。天子元士諸侯之卿大夫羊豕。凡二牲。曰少牢。諸侯之士特豕。天子之牲角搔。諸侯角尺。卿大夫索牛。○祊必庚反。少詩照反。常事不書。此何以書。譏。何譏爾。譏亟也。亟數也。屬十二月已烝。今復烝也。不異烝祭名而言烝者。取冬祭所薦衆多。可以包四時之物。○亟去冀反。亟則黷。黷則不敬。黷渫黷也。君子之祭也。敬而不黷。君子生則敬養。則敬享。故將祭宮室既修。牆屋既繕。百物既備。序其禮樂。具其百官。散齊七日。致齊三日。夫婦齊戒沐浴。盛服。君牽牲。夫人奠酒。君親獻尸。夫人

薦豆籩。卿大夫相君。命婦相夫人。洞洞乎。屬屬乎。如弗勝。如將失之。濟濟乎致其敬也。愉愉乎盡其忠也。勿勿乎其欲饗之也。孝子之祭。事死如事生。孝子之至也。疏則怠。怠則忘。怠解。士不及茲四者。則冬不裘。夏不葛。禮本下為士制。茲此也。四者四時祭也。疏數之節。靡所折中。是故君子合諸天道。感四時物而思親也。祭必於夏之孟月者。取其見新物之月也。裘葛者。御寒暑之美服。士有公事。不得及此四時祭者。則不敢美其衣服。益思念親之至也。故孔子曰。吾不與祭。如不祭。

天王使家父來聘。家采地。父字也。天子中大夫氏采。故稱字。不稱伯仲也。

夏五月。丁丑。烝。

傳何以書。譏亟也。與上祀同。為亟也。

秋，伐邾婁。

冬，十月，雨雪。

傳何以書？記異也。何異爾？不時也。周之十月，夏之八月，未當雨雪，此陰氣大盛，兵象也。是後有郎師、龍門之戰，㳅血尤深。○㳅古流字

祭公來，遂逆王后于紀。

傳祭公者何？天子之三公也。天子置三公、九卿、二十七大夫、八十一元士，凡百二十官，下應十二子。祭者，采也。天子三公氏采稱爵。○祭公側介反，后祭仲、祭叔放此。何以不稱使？据宰周公稱使。婚禮不稱主人。時王者有母也。遂者何？生事也。生猶造也，專事之辭。大夫無遂事，此其言遂何？据待君命，然後卒大夫也。成使乎我也。以上來無事，知遂成使于我。○使所吏反其成使乎

我奈何？使我爲媒，可則因用是往逆矣。婚禮成於五，先納采、問名、納吉、納徵、請期，然後親迎。時王者遣祭公來，使魯爲媒，可則因用魯往迎之，不復成禮，疾王者不重妃匹，逆天下之母若逆婢妾，將謂海內何哉？故譏之。不言如紀者，辟有外文。女在其國稱女，此其稱王后何？王者無外，其辭成矣。

九年，春，紀季姜歸于京師。

傳其辭成矣，則其稱紀季姜何？自我言，紀父母之於子，雖爲天王后，猶曰吾季姜。明子尊不加於父母。京師者何？天子之居也。以季姜言歸。京者何？大也。師者何？衆也。天子之居，必以衆大之辭言之。地方千里，周城千雉，宮室、官府、制度廣大，四方各以其職來貢，莫不備具，所以必自有地者，治自近始，故據土與諸侯分職而聽其政焉。即春秋所謂內治其國也。書季姜歸者，明魯爲媒，當有送迎之禮。

夏，四月。

秋，七月。

冬，曹伯使其世子射姑來朝。

傳諸侯來曰朝，此世子也，其言朝何？据臣子一例，當言聘。○射音亦春秋有譏父老子代從政者，則未知其在齊與？曹與？在齊者，世子光也。時曹伯年老有疾，使世子行聘禮，恐卑，故使自代朝，雖非禮，有尊厚魯之心，傳見下卒葬詳錄，故序經意依違之也。小國無大夫，所以書者，重惡世子之不孝甚。

十年，春，王正月，庚申，曹伯終生卒。

夏，五月，葬曹桓公。小國始卒，當卒月葬時，而卒日葬月者，曹伯年老，使世子來朝，春秋敬老重恩，故爲魯恩錄之尤深。

秋，公會衛侯于桃丘，弗遇。

傳會者何？期辭也。其言弗遇何？公不見要也。時實桓公欲要見衛侯，衛侯不肯見公，以非禮動，見拒有恥，故諱，使若會而不相遇。言弗遇者，起公要之也。弗者，不之深也。起公見拒深，傳言公不見要者，順經諱文。

冬，十有二月，丙午，齊侯、衛侯、鄭伯來戰于郎。

傳郎者何？吾近邑也。以言來也。吾近邑則其言來戰于郎何？据齊師、宋師次于郎，不言來。公敗宋師，不地而言來者，言戰龍門之戰，不舉地也。近也。惡乎近？近乎圍也。明近都城幾

與圍無異不解戰者從下說可知。○惡音烏此偏戰也。何以不言師敗績。據十三年師敗績偏一面也。結日定地。各居一面。鳴鼓而戰。不相詐。內不言戰。言戰乃敗矣。春秋託王於魯。戰者敵文也。王者兵不與諸侯敵。戰乃其已敗之文。故不復言師敗績。魯不復出主名者。兵近都城。明舉國無大小當戮力拒之

十有一年。春正月。齊人衛人鄭人盟于惡曹。月者。桓公行惡。諸侯所當誅。屬上三國來戰于郎。今復使微者盟。故爲魯懼危錄之。

夏五月癸未。鄭伯寤生卒。

秋七月。葬鄭莊公。莊公殺段。所以書葬者。段當國。本當從討賊辭。不得與殺大夫同例。

九月。宋人執鄭祭仲。

傳祭仲者何。鄭相也。不言大夫者。欲見持國重。何以不名。賢也。何賢乎祭仲。據身執君出。不能防難。以爲知權也。權者。稱也。所以別輕重。喻祭仲知國重君輕。君子以存國除逐君之罪。雖不能防其難。罪不足而功有餘。故得爲賢也。不引度量者。取其平實以無私。其爲知權柰何。古者鄭國處于留。先鄭伯有善于鄶公者。通乎夫人。以取其國。而遷鄭焉。遷鄭都於鄶也。而野留。野。鄙也。傳本上事者。解宋所以得執祭仲。因以爲戒。莊公死。已葬。祭仲將往省于留。塗出于宋。宋人執之。宋人。宋莊公也。謂之曰。爲我出忽而立突。突。宋外甥。祭仲不從其言。則君必死。國必亡。祭仲死而忽旋爲突所驅逐而出奔。經不書忽奔。見微弱甚。是時宋强而鄭弱。祭仲探宋莊公本弑君而立。非能爲突。將以爲賂動。守死不聽。令自入。見國無拒難者。必乘便將滅鄭。故深慮其大者也。從其言。則君可以生易死。國可以存易亡。少遼緩之。宋當從突求賂。鄭守正不與。則突外乖於宋。內不行於臣下。遼假緩之。則突可故出。而忽可故反。是不可得則病。使突有賢才。是計不可得行。則已病逐君之罪。然後有鄭國。已雖病逐君之罪。討出突。然後能保有鄭國。稱愈於國之亡。古人之有權者。祭仲之權是也。古人。謂伊尹也。湯孫太甲驕蹇亂德。諸侯有叛志。伊尹放之桐宮。令自思過。三年而復成湯之道。前雖有逐君之負。后有安天下之功。猶祭仲逐君存鄭之權是也。權者何。權者反於經。然後有善者也。權之所設。舍死亡無所設。設。施也。舍。置也。如置死亡之事。不得施。行權有道。自貶損以行權。身蒙逐君之惡。以存鄭是也。不害人以行權。已納突。不害忽是也。殺人以自生。亡人以自存。君子不爲也。祭仲死則忽死。忽死則鄭亡。生者乃所以生忽存鄭。非苟殺忽以自生。亡鄭以自存。反覆道此者。皆所以解上死亡不施於已。宋不稱公者。脅鄭之篡。首惡當誅。非伯執也。祭仲不稱行人者。時不銜君命出使。但往省留耳。執例時。此月者。爲突歸鄭。奪正。鄭伯出奔。

突歸于鄭。

傳突何以名。據忽復歸于鄭。俱祭仲所納。繫國稱世子。不但名也。挈乎祭仲也。挈猶提挈也。突繫國本常言鄭突。欲明祭仲從宋人命。提挈而納之。故上繫於祭仲。不繫國者。使與外納同也。時祭仲勢可殺突以除忽害而立之者。忽內未能懷保其民。外未能結款諸侯。如殺之。則宋軍强。乘其弱滅鄭。不可救。故少遼緩之。其言歸何。據小白言入。順祭仲也。順其計策。與使行權。故使無惡。

鄭忽出奔衛。

傳忽何以名。據宋子既葬稱子。春秋伯子男一也。辭無所貶。春秋改周之文。從殷之質。合伯子男爲一。一辭無所貶。皆從子。夷狄進爵稱子是也。忽稱子。則與諸侯改伯從子辭同。於成君無所貶損。故名也。名

者緣君薨有降旣葬名義也此非罪貶也君子不奪人之親故
使不離子行也王者起所以必改質文者爲承衰亂救人之失
也天道本下親親而質省地道敬上尊尊而文煩故王者始起
先本天道以治天下質而親親及其衰敝其失也親親而不尊
故后王起法地道以治天下文而尊尊及其衰敝其失也尊尊
而不親故復反之於質也質家爵三等者法天之有三光也文
家爵五等者法地之有五行
也合三從子者制由中也

蔡會宋公陳侯蔡叔盟于折。

(傳)蔡者何。吾大夫之未命者也。以俠卒也輒發傳者無氏嫌貶也所以不卒蔡者深薄桓公不
與有恩禮於大夫也盟不日者未命大夫盟會用兵上不及大
夫下重於士罸疑從輕故責之略蔡侯稱叔者不能防正其姑
姊妹使淫於陳
佗故貶在字例

公會宋公于夫童。

○夫童音扶下音鍾
又如字左氏作夫鍾

冬。十有二月。公會宋公于闞。

○闞口
暫反

十有二年。春。正月。

夏。六月。壬寅。公會紀侯莒子盟于毆蛇。

○毆蛇丘于反又音曲侯反
蛇音移又音池左氏作曲池

秋。七月。丁亥。公會宋公燕人盟于穀丘。

○燕
音胭

八月。壬辰。陳侯躍卒。

不書葬者佗子也佗不稱侯者嫌
貶存名例不當絕故復去躍葬也

公會宋公于郯。

○郯音談
二傳作虛

冬。十有一月。公會宋公于龜。

丙戌。公會鄭伯盟于武父。

○父
音甫

丙戌。衛侯晉卒。

不嫌上日者春秋獨晉書立記卒耳當蒙
上日與不嫌異於篡例故復出日明同

十有二月。及鄭師伐宋。丁未。戰于宋。

(傳)戰不言伐。此其言伐何。辟嫌也。惡乎嫌。嫌與鄭人戰也。時宋主名
不出不言伐則嫌內微者與鄭人戰于宋地故舉
伐以明之宋不出主名者兵攻都城與鄭同義
此偏戰也。何
以不言師敗績。內不言戰。言戰乃敗矣。

十有三年。春。二月。公會紀侯鄭伯。己巳。及齊侯宋公衛侯燕人戰。
齊師宋師衛師燕師敗績。

(傳)曷爲後日。據鞌之戰先書
日○鞌音安
恃外也。其恃外奈何。得紀侯鄭伯。
然後能爲日也。得紀侯鄭伯之助然後乃能結戰日以勝君
子不掩人之功不蔽人之善故後日以明之
內
不言戰。此其言戰何。據公敗宋師于
菅○菅古顏反
從外也。從外諸侯
相與戰例
曷爲從
外。據戰于宋不
從外言敗績
恃外。故從外也。明當歸功于紀鄭
故從紀鄭言戰
何以不地。據
在

下句近也。惡乎近。近乎圍。郎亦近矣。郎何以地。郎猶可以地也。郎雖近猶尚可言其處，今親戰龍門，兵攻城池，尤危，故恥之。績，功也。非義不戰，故以功言之。不言功者，取其績聚師衆，有尊卑上下次第行伍，必出萬死而不奔，此故以自敗爲文，明當坐也。燕戰稱人，敗績稱師者，重敗也。戰少而敗多，言及者，明見伐者爲主，故得汲汲敗勝之文。○行，戶郎反

三月。葬衛宣公。

夏大水。背殯用兵，而月，不危之者，衛弱於齊、宋，不從亦有危，故量力不責也。○背殯，音佩。后背殯皆放此

秋七月。爲龍門之戰，死傷者衆，民悲哀之所致。

冬十月。

十有四年。春正月。公會鄭伯于曹。

無冰。

傳何以書。記異也。周之正月，夏之十一月，法當堅冰，無冰者，溫也。此夫人淫泆，陰而陽行之所致。○行，下孟反

夏五。鄭伯使其弟語來盟。

傳夏五者何。無聞焉爾。來盟者，聘而盟也。不言聘者，舉重也。內不出主名者，主國也。蒞盟可知。蒞盟來盟，例皆時。時者，從內爲王義，明王者當以至信先天下。

秋八月。壬申。御廩災。

傳御廩者何。粢盛委之所藏也。黍稷曰粢，在器曰盛。委，積也。御者，謂御用于宗廟。廩者，釋治穀名。禮，天子親耕東田千畝，諸侯百畝，后夫人親西郊采桑，以共粢盛、祭服，躬行孝道，以先天下。○稷，子力反。共，音恭。御廩災何以書。記災也。火自出燒之曰災。先是龍門之戰，死傷者衆，桓無惻痛於民之心，不重宗廟之尊，逆天危先祖，鬼神不饗，故天應以災御廩。

乙亥。嘗。

傳常事不書。此何以書。譏。何譏爾。譏嘗也。譏新有御廩災，而嘗之。曰猶嘗乎。難曰四時之祭不可廢，則無猶嘗乎。○難，乃旦反。御廩災不如勿嘗而已矣。當廢一時祭，自責以奉天災也。知不以不時者，書本不當嘗也。

冬十有二月。丁巳。齊侯祿父卒。

宋人以齊人。衛人。蔡人。陳人。伐鄭。

傳以者何。行其意也。以已從人曰行。言四國行宋意也。宋前納突求賂，突背恩伐宋，故宋結四國伐之。四國本不起兵，當分別之，故加以也。宋恃四國乃伐鄭，四國當與宋同罪，非爲四國見輕重。

十有五年。春二月。天王使家父來求車。

傳何以書。譏。何譏爾。王者無求。求車。非禮也。王者千里，畿內租稅足以共費，四方各以其職來貢，足以尊榮，當以至廉無爲率先天下，不當求，求則諸侯貪，大夫鄙，士庶盜竊。求例時，此月者，桓行惡，不能誅，反從求之，故獨月。○共費，音恭，下芳味反

三月。乙未。天王崩。桓王也。

夏四月己巳，葬齊僖公。當時而日者，背殯伐鄭，危之。

五月，鄭伯突出奔蔡。

傳突何以名。据衛侯出奔楚不名，不連爵問之者，并問上已名，今復名，故使文相顧。奪正也。明祭仲得出之，故復於此名者，其奪正，不以失衆錄也。月者，大國奔例月，重乖離之禍；小國例時也。

鄭世子忽復歸于鄭。

傳其稱世子何。据上出奔不稱世子。復正也。欲言鄭忽，則嫌其出奔還入，與當國同文，反更成上鄭忽爲當國，故使稱世子，明復正，以效祭仲之權，亦所以解上非當國也。曷爲或言歸，或言復歸。復歸者，出惡，歸無惡。復入者，出無惡，入有惡。入者，出入惡。歸者，出入無惡。皆於還入乃別之者，入國犯命，禍重也。忽未成君，出奔不應絕，出惡者不如死之榮也。入無惡者，出不應絕，則還入不應盜國。○別彼列反

許叔入于許。稱叔者，春秋前失爵，在字例也。入者，出入惡，明當誅也。不書出時者，略小國。

公會齊侯于鄗。○鄗戶老反，又火各反，左傳作艾，穀梁作蒿

邾婁人、牟人、葛人來朝。

傳皆何以稱人。据言朝也。夷狄之也。桓公行惡，而三人俱朝事之，三人爲衆，衆足責，故夷狄之。

秋九月，鄭伯突入于櫟。○櫟立狄反

傳櫟者何。鄭之邑。曷爲不言入于鄭。据齊陽生立陳乞家，言入於齊。末言爾。末者，淺也。解不言入國意。曷爲末言爾。据俱篡也。祭仲亡矣。亡，死亡也。祭仲亡，則鄭國易得，故明入邑則忽危矣，不須乃入國也。所以效君必死，國必亡矣。然則曷爲不言忽之出奔。据上言出奔也。言忽爲君之微也。祭仲存則存矣，祭仲亡則亡矣。言忽微弱甚於鴻毛，僅若匹夫之出耳，故不復錄，皆所以終祭仲之言，解不虛設危險之嫌。

冬十有一月，公會齊侯、宋公、衛侯、陳侯于侈，伐鄭。月者，善諸侯征突，善錄義兵也。不舉伐爲重者，用兵重於會，嫌月爲桓伐有危舉，不爲義兵錄，故復錄會。○侈昌氏反，二傳作袲

十有六年春正月，公會宋公、蔡侯、衛侯于曹。

夏四月，公會宋公、衛侯、陳侯、蔡侯伐鄭。

秋七月，公至自伐鄭。致者，善桓公能疾惡同類，比與諸侯行義兵伐鄭。致例時，此月者，善其比與善行義，故以致復加月也。

冬，城向。○向式亮反

十有一月，衛侯朔出奔齊。

傳衛侯朔何以名。据衛侯出奔楚不名。絕。曷爲絕之。据俱出奔也。得罪于天子也。其得罪于天子奈何。見使守衛朔。朔，十二月朔，政事也。月所以朝廟告朔是也。而不

能使衛小衆。時天子使發小衆、衆不能使行、越在岱陰齊。越猶走也、岱、岱宗、泰山也、山北曰陰、先言岱陰、後言齊者、明名山大澤、不以封諸侯、以爲天地自然之利、非人力所能加、故當與百姓共之、傳著朔在岱陰者、明天子當及是時、未能交連五國之兵、早誅之、屬負茲舍、不即罪爾。屬、託也、天子有疾稱不豫、諸侯稱負茲、大夫稱犬馬、士稱負薪、舍、止也、託疾止、不就罪、

十有七年。春。正月。丙辰。公會齊侯。紀侯盟于黃。

二月。丙午。公及邾婁儀父盟于趡。本失爵在名例中、朝桓公稱人、今此不名者、蓋以爲儀父最先與隱公盟、明元功之臣、有誅而無絕、○趡、翠癸反

五月。丙午。及齊師戰于奚。夏者、陽也、月者、陰也、去夏者、明夫人不繫於公也、此戰蓋由桓公曰同非吾子云爾、○去、起呂反、下同

六月。丁丑。蔡侯封人卒。

秋。八月。蔡季自陳歸于蔡。稱字者、蔡侯封人無子、季次當立、封人欲立獻舞、而疾害季、季辟之陳、封人死、歸反奔喪、思慕三年、卒無怨心、故賢而字之、出奔不書者、方以起季奔喪歸、故使若非出奔、歸不稱弟者、見季不受父兄之尊、起宜爲天子大夫、天子大夫不得與諸侯親通、故魯季子、紀季皆去其氏、唯卒以恩錄親、季友、叔肸卒是也、

癸巳。葬蔡桓侯。稱侯者、亦奪臣子辭也、有賢弟而不能任用、反疾害之、而立獻舞、國幾并於蠻荆、故賢季抑桓稱侯、所以起其事、

及宋人。衛人伐邾婁。

冬。十月。朔。日有食之。

是後夫人譖公、爲齊侯所誘殺、去日者、著桓行惡、故深爲內懼其將見殺無日、

十有八年。春。王正月。公會齊侯于濼。○濼、郎沃反、又音洛

公夫人姜氏遂如齊。

傳公何以不言及夫人。據公及夫人會齊侯于陽穀、夫人外也。若言夫人已爲公所絕外也、夫人外者何。內辭也。內爲公諱辭、其實夫人外公也。時夫人淫於齊侯而譖公、故云爾、言遂者、起夫人本與公出會齊侯于濼、故得并言遂、如齊不書夫人會、書夫人遂者、明遂在夫人、齊侯誘公使遂如齊、以夫人譖公故、

夏。四月。丙子。公薨于齊。不書齊誘殺公者、深諱恥也、地者、在外爲大國所殺於國、此危國重、故不暇隱也、

丁酉。公之喪至自齊。凡公薨外、致日者、危痛之、外多窮厄、伐喪、內多乘便而起、不可不戒慎、加之者、喪者死之通辭也、本以別死生、不以明貴賤、非配公之稱、故加之以絕、

秋。七月。

冬。十有二月。己丑。葬我君桓公。

傳賊未討。何以書葬。據隱公也、讎在外也。讎在外。則何以書葬。據俱讎也、君子辭也。時齊强魯弱、不可立得報、故君子量力、且假使書葬、於可復讎而不復、乃責之、諱與齊狩是也、桓者、謚、禮、生有爵、死有謚、所以勸善懲惡也、禮、諸侯薨、天子謚之、卿大夫受謚於君、唯天子稱天以誄之、蓋以爲祖祭乃謚、丁酉、公之喪

至自齊、丁巳葬我君定公、雨不克葬、戊午日下昃乃克葬是也、以公配謚者、終有臣子之辭、上葬日者、起生者之事也、且明王者當遣使者與諸侯共會之、加我君者、錄內也、猶君甍地也、

春秋公羊傳卷五終

春秋公羊傳卷六

漢諫議大夫司空掾任城何 休學

皇明 後學 東吳葛 鼒訂

莊公

元年。春。王正月。

傳公何以不言卽位。春秋君弒子不言卽位。君弒則子何以不言卽位。據繼君不絕也。隱之也。孰隱。隱子也。隱痛是子之禍、不忍言卽位、

三月。夫人孫于齊。

○孫音遜

傳孫者何。孫猶孫也。孫猶遁也。內諱奔。謂之孫。言于齊者、盈諱文、夫人固在齊矣。其言孫于齊何。據公夫人遂如齊、未有來文、念母也。固在齊而書孫者、所以起念母也、正月以存君。念母以首事。禮、練祭取法存君、夫人當首祭事、時莊公練祭、念母而迎之、當書迎、反書孫者、明不宜也、夫人何以不稱姜氏。據夫人姜氏孫于邾婁、貶。曷爲貶。據俱以孫爲文、與弒公也。其與弒公奈何。夫人譖公於齊侯。如其事曰訴、加誣曰譖、公曰。同非吾子。齊侯之子也。以淫於齊侯所生、齊侯怒。與之飲酒。欲醉而殺之、禮飲酒不過三爵。於其出焉。使公子彭生送之。於其乘焉。於其將上車時、搚幹而殺之。搚、折聲也、扶上車、以手搚折其幹、○搚幹路合反本又作搚亦作拉皆同幹音古旦反 念母者所善也。則曷爲於其念母焉貶。據貶必於其重、不與念母也。念母則忘父、背本之道也、故絕文姜、不爲

不孝、距蒯聵、不爲不順、脅靈社、不爲不敬、蓋重本尊統、使尊行於卑、上行於下、貶者見王法所當誅、至此乃貶者、并不與念母也、又欲以孫爲內見義、明但當推逐去之、亦不可加誅、誅不加上之義、非實孫、月者、起練祭左右、

夏。單伯逆王姬。○單伯音善、後放此

傳單伯者何。吾大夫之命乎天子者也。以稱字也、禮、諸侯三年一貢士於天子、天子命與諸侯輔助爲政、所以通賢共治、示不獨專、重民之至、大國舉三人、次國舉二人、小國舉一人、何以不稱使。據公子遂如京師、言如者、內稱使之文、天子召而使之也。逆之者何。使我主之也。逆者、魯自往之文、方使魯爲父母主嫁之、故與魯使自逆之、不言于京師者、使魯主之、故使若自魯女、無使受之、曷爲使我主之。據諸侯非之、天子嫁女乎諸侯、必使諸侯同姓者主之。諸侯與天子同姓者、諸侯嫁女于大夫。必使大夫同姓者主之。大夫與諸侯同姓者、不自爲主者、尊卑不敵、其行婚姻之禮、則傷君臣之義、行君臣之禮、則廢婚姻之好、故必使同姓有血脈之屬、宜爲父道、與所適敵體者主之、禮尊者嫁女于卑者、必持風旨、爲卑者不敢先求、亦不可斥與之者、申陽倡陰和之道、天子嫁女於諸侯、備姪娣如諸侯之禮、義不可以天子之尊、絕人繼嗣之路、我主書者、惡天子也、禮、齊衰不接弁冕、讎不交婚姻、○齊衰音咨、下七雷反

秋。築王姬之館于外。

傳何以書。譏。何譏爾。築之禮也。于外非禮也。以言外、知有築內之道也、于外非禮也、禮、同姓本有主嫁女之道、必闕地于夫人之下、羣公子之上也、時魯以將嫁女于讎國、故築于外、于外何以非禮。據非內也、築于外非禮也。于遠辟也、爲讎衞不固、不以將嫁于讎國除譏者、魯本自得以讎爲解、無爲受命而外之、故曰非禮、其築之何以禮。據禮當豫設、主王姬者必爲之改築。主王姬者、則曷爲必爲之改築。據諸侯宮非一、於路寢則不可。小寢則嫌。皆所以遠別也、羣公子之舍。謂女公子也、則以卑矣。以爲太卑、其道必爲之改築者也。以上傳言爾、知當築夫人之下、羣公子之上、築側時、

冬。十月。乙亥。陳侯林卒。

王使榮叔來錫桓公命。

傳錫者何。賜也。上與下之辭、命者何。加我服也。增加其衣服、令有異於諸侯、禮有九錫、一曰車馬、二曰衣服、三曰樂則、四曰朱戶、五曰納陛、六曰虎賁、七曰弓矢、八曰鈇鉞、九曰秬鬯、皆所以勸善扶不能、言命不言服者、重命不重其財物、禮、百里不過九命、七十里不過七命、五十里不過五命、○令力呈反、賁音奔、秬音巨、其言桓公何。據錫文公命不言謚、追命也。舉謚、明知追命死者、禮、生有善行、死當加善謚、不當復加錫、不言天王者、桓行實惡、

而乃追錫之、尤悖天道、故云爾、

王姬歸于齊。

傳何以書。我主之也。魯主女、爲父母道、故恩錄而書之、內女歸例月、外女不月者、聖人探人情以制恩、實不如魯女、

齊師遷紀郱鄑郚。○郱步丁反、鄑子斯反、又音晉、郚音吾

傳遷之者何。取之也。以稱師、知取之、取之則曷爲不言取之也。據莒人伐杞取牟婁、爲襄公諱也。襄公將復讎於紀、故先孤弱取其邑、本不爲利舉、故爲諱不舉伐、順諱文也、外取邑不書。此何以書。大之也。何大爾。自是始滅也。將大滅紀、從此始、故重而書之、

二年。春。王二月。葬陳莊公

夏。公子慶父帥師伐於餘丘。

傳於餘丘者何。邾婁之邑也。曷爲不繫乎邾婁。國之也。曷爲國之。君存焉爾。慶父幼少將兵、不議者、從不言弟意亦起之、

秋。七月。齊王姬卒。

傳外夫人不卒。此何以卒。録焉爾。曷爲録焉爾。據王后崩、猶不錄、我主之也。魯主女、爲父母道、故卒錄之、明當有恩禮、內女卒例日、外女卒不日者、實不如魯女也、

冬。十有二月。夫人姜氏會齊侯于郜。

書者、婦人無外事、外則近淫、不致者、本無出道、有出道乃致、奔喪致是也、○郜古報反、二傳作禚

乙酉。宋公馮卒。

三年。春。王正月。溺會齊師伐衛。

傳溺者何。吾大夫之未命者也。所伐大夫不卒者、莊公薄於臣子之恩、故不卒大夫、與桓同義、月者、衛朔背叛出奔、天子新立衛公子留、齊魯無憚天子之心而伐之、故明惡重於伐、故月也、

夏。四月。葬宋莊公。

莊公馮篡、不見、書葬者、篡以計除、非以起他事不見也、

五月。葬桓王。

傳此未有言崩者。何以書葬。蓋改葬也。改、更也、改葬服輕、不當月、月者、時無非常之變、榮奢改葬爾、故惡錄之、書者、諸侯當有恩禮、

秋。紀季以酅入于齊。

○酅戶圭反

傳紀季者何。紀侯之弟也。何以不名。賢也。何賢乎紀季。據叛也、服罪也。其服罪奈何。魯子曰。請後五廟以存姑姊妹。紀與齊爲讎、不直齊大紀、小季知必亾、故以酅首服先祖有罪於齊、請爲五廟後、以酅共祭祀、存姑姊妹、稱字賢之者、以存先祖之功、則除出奔之罪、明其知權、言入者、難辭、賢季有難去兄入齊之心、故見之、男謂女先生爲姊、後生爲妹、父之姊妹爲姑、○共音恭、難辭乃旦反、下皆同

冬。公次于郎。

次者、兵舍止之名、

傳其言次于郎何。國內兵而當書、公斂處父帥師而至、雖有事而猶不書是也、刺欲救紀而後不能也。惡公既救人、辟難道還、故書其止次以起之、諸侯本有相救之道、所以抑強消亂也、次例時、○惡烏路反

四年。春。王二月。夫人姜氏饗齊侯于祝丘。

書者與會郜同義、牛酒曰犒、加飯羹曰饗、月者再出重也、三出不月者、省文從可知例、

三月。紀伯姬卒。

禮、天子諸侯絕期、大夫絕緦、天子唯女之適二王後者、諸侯唯女之爲諸侯夫人者、恩得申、故卒之、○期音基

夏。齊侯。陳侯。鄭伯遇于垂。

紀侯大去其國。

傳大去者何。滅也。孰滅之。齊滅之。曷爲不言齊滅之。爲襄公諱

也。春秋爲賢者諱。何賢乎襄公。据楚莊王亦賢、滅蕭不爲諱、復讎也。何讎爾。遠祖也。哀公亨乎周。亨煮而殺之。○亨普庚反注同紀侯譖之。以襄公之爲於此爲者。事祖禰之心盡矣。盡者何。襄公將復讎乎紀。卜之曰。師喪分焉。龜曰卜、蓍曰筮、分半也、師喪亡其半寡人死之。襄公答卜者之辭、不爲不吉也。遠祖者幾世乎。九世矣。九世猶可以復讎乎。雖百世可也。百世大言之爾猶詩云嵩高維嶽峻極于天君子萬年、家亦可乎。家謂大夫家、曰不可。國何以可。据家不可、國君一體也。先君之恥猶今君之恥也。今君之恥猶先君之恥也。先君謂哀公、今君謂襄公、言其恥同也、國君何以爲一體。据非一世、國君以國爲體。諸侯世。故國君爲一體也。雖百世號猶稱齊侯今紀無罪。今紀侯也此非怒與。

怒遷怒、齊人語也、此非怒其先祖遷之于子孫與、曰非也。古者有明天子。則紀侯必誅。必無紀者。紀侯之不誅。至今有紀者。猶無明天子也。古者諸侯必有會聚之事。相朝聘之道。號辭必稱先君以相接。然則齊紀無說焉。不可以竝立乎天下。無說無悅懌也、故將去紀侯者。不得不去紀也。有明天子。則襄公得爲若行乎。若如也、猶曰得爲如此行乎、○去起呂反曰不得也。不得。則襄公曷爲爲之。上無天子。下無方伯。有而無益於治曰無、猶易曰闚其無人、○治直吏反闚苦規反緣恩疾者可也。疾痛也、賢襄公爲諱者、以復讎之義、除滅人之惡、言大去者、爲襄公明義、但當遷徙去之、不當取而有、明亂義也、不爲文實者、方諱、不得貶、

六月。乙丑。齊侯葬紀伯姬。

傳外夫人不書葬。此何以書。据鄫季姬也、隱之也。何隱爾。其國亡矣。徒葬於齊爾。徒者無臣子辭也、國滅無臣子、徒爲齊侯所殺、故痛而書之、明魯宜當閔傷臨之、卒不日、葬日者、魯本宂葬之、故移恩錄文於葬、此復讎也。曷爲葬之。据恩怨不兩行、滅其可滅。葬其可葬。此其爲可葬奈何。復讎者。非將殺之。逐之也。以爲雖遇紀侯之殯。亦將葬之也。以爲者、設事辭而言之、以大斂而徙棺曰殯、夏后氏殯於阼階之上、若存、殷人殯於兩楹之間、賓主夾之、周人殯於西階之上、賓之也、稱齊侯者、善葬伯姬得其宜也、

秋。七月。

冬。公及齊人狩于郜。

傳公曷爲與微者狩。据與高傒盟、諱、此競逐恥同、齊侯也。以不沒公、知爲齊侯也、齊侯

則其稱人何。諱與讎狩也。禮父母之讎、不同戴天、兄弟之讎、不同國、九族之讎、不同鄉黨、朋友之讎、不同市朝、稱人者、使若微者、不沒公、言齊人者、公可以見齊微者、至於魯人、皆當復讎、義不可以見齊侯也、前此者有事矣。溺會齊師伐衛是也、後此者有事矣。師及齊師圍盛是也、則曷爲獨於此焉譏。於讎者將壹譏而已。故擇其重者而譏焉。莫重乎其與讎狩也。狩者上所以共承宗廟、下所以教習兵行義、於讎者則曷爲將壹譏而已。讎者無時焉可與通。通則爲大譏。不可勝譏。故將壹譏而已。其餘從同同。其餘輕者、從義與重者同、不復譏、都與無讎同、文論之、所以省文、達其異義矣、凡二同、故言同同、

五年。春。王正月。

夏。夫人姜氏如齊師。

秋。倪黎來來朝。〇倪五兮反二傳皆作郳

傳倪者何。小邾婁也。小邾婁國。〇二傳亦無婁字小邾婁則曷爲謂之倪。未能以其名通也。倪者、小邾婁之都邑、時未能爲附庸、不足以小邾婁名通、故略謂之倪、黎來者何。名也。其名何。據僖七年稱子、微國也。此最微得見者、其後附從齊桓、爲僖七年張本文、

冬。公會齊人。宋人。陳人。蔡人伐衛。

傳此伐衛何。納朔也。曷爲不言納衛侯朔。據納頓子于頓言納、下朔入、公入致伐、齊人來歸衛寶、知爲納朔伐之、辟王也。辟王者兵也、王人子突是也、使若伐而去、不留納朔者、所以正其義、因爲內諱、

六年。春。王三月。王人子突救衛。

傳王人者何。微者也。子突者何。別何之者、稱人序上、又僖八年王人不稱字、嫌二人、貴也。貴子突之稱、貴則其稱人何。據王子瑕不稱人、本當言王子突、示諸侯親親以責之也、繫諸人也。曷爲繫諸人。據不以微及大、王人耳。刺王者、朔在岱陰齊時、一使可致、一夫可誅、而緩令交連五國之兵、伐天子所立、還以自納、王遣貴子突、卒不能救、遂爲天下笑、故爲王者諱、使若遣微者、爲愈、因爲內殺惡、救衛時、此月者、嫌實微者、故加録之、以起實貴子突、〇使所吏反令力陳反

夏。六月。衛侯朔入于衛。

傳衛侯朔何以名。據衛侯入于陳儀、不名、絕。曷爲絕之。據俱入也、犯命也。犯天子命尤重、其言入何。據頓子、不復書入、篡辭也。上辟王不得言納、故復從篡辭、書入也、不直言篡者、事各有本也、殺而立者、不以當國之辭言之、非殺而立者、以當國之辭言之、國人立之曰立、他國立之曰納、從外曰入、諸侯有屬託力、加自文也、不書公子留出奔者、天子本當絕衛、不當復立公子留、因爲天子諱微弱、〇殺而申志反下皆同屬音燭

秋。公至自伐衛。

傳曷爲或言致會。或言致伐。得意致會。所伐國服、兵解國安、故不復錄兵所從來、獨重其本會之時、不得意致伐。所伐國不服、兵將復用、國家有危、故重錄所從來、此謂公與二國以上也、公與一國及獨出用兵、得意不致、不得意致伐、公與二國以上出會盟、得意致會、不得意不致、公與一國出會盟、得意致地、不得意不致、皆例時、衛侯朔入于衛。何以致伐。據得意、不敢勝天子也。與上辟王同義、久不月者、不與伐天子也、故不爲危錄之、

螟。

先是伐衛納朔、兵歷四時乃反、民煩擾之所生、〇螟亡丁反

冬。齊人來歸衛寶。〇衛寶左氏經作衛俘

傳此衛寶也。則齊人曷爲來歸之。衛人歸之也。以稱人、共國辭、衛人歸之。則其稱齊人何。讓乎我也。其讓乎我奈何。齊侯曰。此非寡人之力。魯侯之力也。時朔得國後、遣人賂齊、齊侯推功歸魯、使衛人持寶來、雖本非義賂、齊當以讓除惡、故善起其事、主書者、極惡魯犯命復貪利也、不爲大惡者、納朔本不以賂行、事畢而見謝爾、寶者、玉物之凡名、〇惡烏路反

七年。春。夫人姜氏會齊侯于防。

夏。四月。辛卯。夜。恒星不見。夜中。星霣如雨。〇二本無夜字穀梁作昔

傳恒星者何。列星也。恒，常也。常以時列見。列星不見，何以知夜之中。星反也。反者，星復其位。如雨者何。如雨者，非雨也。非雨則曷爲謂之如雨。不修春秋曰雨星不及地尺而復。不修春秋，謂史記也，古者謂史記爲春秋。君子修之曰星霣如雨。明其狀似雨爾，不當言雨星。不言尺者，霣則爲異，不以尺寸錄之。何以書。記異也。列星者，天之常宿，分守度，諸侯之象。周之四月，夏之二月，昏，參伐狼注之宿當見。參伐主斬艾立義，狼注主持衡平也。皆滅者，法度廢絕，威信陵遲之象。時天子微弱，不能誅衛侯朔，是後遂失其正，諸侯背叛，王室日卑。星霣未墜而夜中星反者，房心見其虛危斗。房心，天子明堂布政之宮也。虛危，齊分。其後齊桓行霸，陽穀之會有王事。○宿音秀，下同。狼注，張又反，與味同，下音之任反。艾，魚廢反。

秋，大水。

無麥苗。

傳無苗則曷爲先言無麥而後言無苗。苗者，禾也。生曰苗，秀曰禾。据是時苗微麥彊，俱遇水災，苗當先亡。一災不書。待無麥然後書無苗。明君子不以一過責人。水旱螟螽，皆以傷二穀乃書，然不書穀名，至麥苗獨書者，民食最重。○螟螽音終。何以書。記災也。先是莊公伐衛納朔，用兵踰年，夫人數出淫泆，民怨之所生。

冬，夫人姜氏會齊侯于穀。

春秋公羊傳卷六終

春秋公羊傳卷七

漢諫議大夫司空掾任城何休學

皇明後學東吳金蟠訂

莊公

八年，春，王正月，師次于郎，以俟陳人、蔡人。

傳次不言俟。此其言俟何。据次于陘，俟屈完不書俟。託不得已也。師出本爲下滅盛，興陳蔡屬與魯伐衛同心，又國遠，故因假以諱滅同姓，託待二國爲期辭，主所以辟下言及也。加以者，辟實俟陳蔡。稱人者，略以外國辭，稱人，微之。○屬，與音燭。

甲午，祠兵。

傳祠兵者何。出曰祠兵。禮，兵不徒使，故將出兵，必祠於近郊，陳兵習戰，殺牲饗士卒。入曰振旅。五百人曰旅。其禮一也。皆習戰也。言與祠兵禮如一。將出不嫌不習，故以祠兵言之；將入嫌於廢之，故以振訊士衆言之。互相見也。祠兵，壯者在前，難在前；振旅，壯者在後，復長幼，且衛後也。何言乎祠兵。据不書。爲久也。爲久稽留之辭。曷爲爲久。据取長葛久之。吾將以甲午之日然後祠兵於是。諱爲久畱辭，使若無欲滅同姓之意，因見出竟盟盛，非內邑也。

夏，師及齊師圍成，成降于齊師。○成如字，二傳作郕。

傳成者何。盛也。以上有祠兵，下有盛伯來奔。盛則曷爲謂之成。諱滅同姓也。因魯有成邑，同聲相似，故云爾。曷爲不言降吾師。据戰于宋，不言歸鄭。辟之也。辟滅同姓。言圍者，使若魯圍之而去、成自從後降於齊師也。降者自伏之文、所以醇歸於齊、言及者、起魯實欲滅之、不月者、順諱文、不書盛伯出奔、深諱之、

秋、師還。

傳還者何。善辭也。此滅同姓、何善爾。病之也。慰勞其罷病、○勞力報反、下同、罷音皮、

曰、師病矣、曷為病之。据師出皆罷病、曷為獨勞此病也、

非師之罪也。明君之使、重在君、因解非師自汲汲、

冬、十有一月、癸未、齊無知弒其君諸兒。諸兒、襄公也、無知、公子夷仲年之子、襄公從弟、

九年、春、齊人殺無知。

公及齊大夫盟于暨。○暨其器反、左氏作蔇、

傳公曷為與大夫盟。据與高傒盟、諱不言公、

齊無君也。然則何以不名。据高傒名、

為其諱與大夫盟也。使若眾然。鄰國之臣、猶吾臣也、君之於臣、當告從命行、而反歃血約誓、故諱使若悉得齊諸大夫約束之者愈也、不月者、是時齊以無知之難、小白犇莒、子糾犇魯、齊迎子糾欲立之、魯不與、而與之盟、齊為是更迎小白、然後乃伐齊、欲納子糾、不能納、故深諱、使若信者也、不致者、魯地也、子糾出犇不書者、本未命為嗣賤、故不錄之、

夏、公伐齊納糾。○納糾、左氏經亦作納子糾、

傳納者何。入辭也。其言伐之何。据晉人納捷菑于邾婁、不言伐、

伐而言納者、猶不能納也。伐者非入國辭、故云爾、

糾者何。公子糾也。何以不稱公子。据下言子糾、知非當國、本當去國見挈言公子糾、

君前臣名也。春秋別嫌明疑、嫌當為齊君、在魯君前不為臣、禮公子無去國道、臣異國義、故云公子、見臣於魯也、納不致者、言伐得意、不得意可知、猶遇弗遇例也、不月者、非納篡辭、

齊小白入于齊。

傳曷為以國氏。据宋公子地自陳入于蕭、氏公子也、

當國也。當國、故先氏國也、不月者、移惡于魯也、

其言入何。篡辭也。

秋、七月、丁酉、葬齊襄公。

八月、庚申、及齊師戰于乾時、我師敗績。

傳內不言敗、此其言敗何。据郎之戰、

伐敗也。言誇大其伐而取敗、

曷為伐敗。据內不言敗績、曷為自誇大其伐而取敗、

復讎也。復讎以死敗為榮、故錄之、高齊襄賢倪牧是也、

此復讎乎大國、曷為使微者。据納子糾、公猶自行、卽大夫當有名氏、

公也。如上据知為公、

公則曷為不言公。不與公復讎也。曷為不與公復讎。据諱與讎狩、

復讎者在下也。時實為不能納子糾、伐齊、諸大夫以為不如以復讎伐之、於是以復讎伐之、非誠心至意、故不與也、書敗者、起託義戰、不敢者有敗文、得意不得意可知例、

九月、齊人取子糾殺之。

傳其取之何。据楚人殺陳夏徵舒、不言取、執齊慶封殺之、言執也、

內辭也。脅我、使我殺之也。以下浚洙、知其脅也、以稱人、共國辭、知使魯殺之、時小白得國、與鮑叔牙圖國政、故鮑叔薦管仲、召忽曰、使彼國得賢也、

國之患也，乃脅魯使殺子糾，求管仲、召忽，魯惶恐，殺子糾，歸管仲，召忽死之，故深諱，使若齊自取殺之。其稱子糾何？據不立也。貴也。其貴奈何？宜為君者也。故以君薨稱子某言之者，著其宜為君，明齊為齊殺之，皆當坐弒君，因解上納言糾皆不為篡，所以理嫌疑也。月者，從未踰年君例。主書者，從齊取也。

冬，浚洙。

傳 洙者何？水也。以言浚也。浚之者何？深之也。曷為深之？據本非人功所為。畏齊也。洙在魯北，齊所由來。曷為畏齊也？據伐敗也。辭殺子糾也。時魯新見脅，畏齊，浚之，微弱恥甚，故諱，使若辟不肯殺子糾也。齊自取殺之，畏齊怨，為備，亦所以起上脅也。

十年，春，王正月，公敗齊師于長勺。○勺時灼反

二月，公侵宋。

傳 曷為或言侵，或言伐？觕者曰侵，觕，麤也。將兵至竟，以過侵責之，服則引兵而去，用意尚麤。○觕者七奴反，又才古反。精者曰伐。精猶精密也。侵責之不服，推兵入竟，伐擊之益深，用意稍精密。戰不言伐，舉戰為重，黎戰是也。合兵血刃曰戰。圍不言戰，舉圍為重，楚子圍鄭是也。以兵守城曰圍。入不言圍，舉入為重，晉侯入曹，執曹伯是也。得而不居曰入。滅不言入，舉滅為重，齊滅萊是也。取其國曰滅。書其重者也。明當以重者罪之，猶律一人有數罪，以重者論之。月者，屬北敗彊齊之兵，南侵彊宋，南北有難，復連禍於大國，故危之。

三月，宋人遷宿。

傳 遷之者何？不通也。以其不通所遷之地。以地還之也。還，繞也。解上不通也。不通，反為遷者。宋本欲遷宿君，取其國，不知宿之不肯邪，宋逆詐邪，先繞取其地，使不得通四方，宿窮，從宋求遷，故得言遷。子沈子曰：不通者，蓋因而臣之也。以宋稱人也。猶不得通四方，宿君遷，宋因臣有之，不復以兵攻取，故從國辭稱人也。月者，遷取王封，當與滅人同罪。書者，宋當坐滅人，宿不能死社稷，當絕也。主書者，從宋也。

夏，六月，齊師、宋師次于郎。公敗宋師于乘丘。○乘繩證反

傳 其言次于郎何？據齊國書伐我，不言次，敗不言乘丘。伐也。時伐魯，故書次郎。魯地。伐則其言次何？據齊國書伐我，不言次。齊與伐而不與戰，故言伐也。此道本所以當言伐意也。齊與伐而不與戰，伐兵得成敗，當言伐也。○與音預。我能敗之，故言次也。此解本所以不言伐言次意也。二國纔止次，未成於伐，魯即能敗宋師，齊師罷去，故不言伐言次也。明國君當彊折衝當遠。魯微弱，深見犯，至於近邑，賴能速勝之，故云爾。所以彊內，且明臣子當將順其美，匡救其惡。

秋，九月，荊敗蔡師于莘，以蔡侯獻舞歸。

傳 荊者何？州名也。州謂九州：冀、兗、青、徐、揚、荊、豫、梁、雍。州不若國，國不若氏，氏不若人，人不若名，名不若字，皆取精詳錄也。字不若子。爵最尊。春秋假行事以見王法，聖人為文辭孫順，善善惡惡，不可正言其罪，因周本有奪爵稱國、氏、人、名、字之科，故加州文，備七等以進退之，若自記事者書人姓名，主人習其讀而問其傳，則未知己之有罪焉爾，猶此類也。蔡侯獻舞何以名？據獲晉侯不名。絕。曷為絕之？據晉侯不名絕。獲也。獲，得也。戰而為敵所得，獻舞不言獲，故名以起之。曷為不言其獲？據晉侯言獲也。不與夷狄之獲中國也。與凡伯同義。夷狄謂楚。不言楚言荊者，楚彊而近中國，卒暴責之則恐為害深，故進之以漸，從此七等之極始也。

冬。十月。齊師滅譚。譚子奔莒。
傳何以不言出。據衛侯出奔也國已滅矣。無所出也。別於有國出犇者孔子曰君子於其言無所苟而已矣月者惡不死位也、
十有一年。春。王正月。
夏。五月。戊寅。公敗宋師于鄑。○鄑子斯反
秋。宋大水。
傳何以書。記災也。外災不書。此何以書。據漷移不書○漷火虢反又音郭及我也。時魯亦有水災書魯則宋災不見兩舉則煩文不省故詭例書外以見內也先是二國比興兵相敗百姓同怨而俱災故明天人相與報應之際甚可畏之、
冬。王姬歸于齊。
傳何以書。過我也。時王者嫁女於齊塗過魯明當有送迎之禮在塗不稱婦者王者無外故從在國辭○過古禾反
十有二年。春。王三月。紀叔姬歸于酅。
傳其言歸于酅何。據國滅來歸不書酅非紀國而言歸隱之也。何隱爾。其國亡矣。徒歸于叔爾也。叔者紀季也婦人謂夫之弟爲叔來歸不書書歸酅者痛其國滅無所歸也酅不繫齊者時齊聽後五廟故國之起有五廟存也月者愍錄之、
夏。四月。

秋。八月。甲午。宋萬弒其君接。及其大夫仇牧。
傳及者何。累也。弒君多矣。舍此無累者乎。孔父荀息皆累也。舍孔父荀息無累者乎。曰有。復反覆發傳者樂道人之善也孔子曰益者三樂損者三樂樂節禮樂樂道人之善樂多賢友益矣樂驕樂樂佚遊樂宴樂損矣、有則此何以書。賢也。何賢乎仇牧。據與孔父同也仇牧可謂不畏彊禦矣。以下錄萬出奔月也禦禁也言力彊不可禁也其不畏彊禦奈何。萬嘗與莊公戰。莊公郎魯莊公戰者乘丘時獲乎莊公。莊公歸。散舍諸宮中。散放也舍止也獲不書者士也數月。然後歸之。歸反爲大夫於宋。與閔公博。傳本道此者極其禍生於博戲相慢易也○易以豉反婦人皆在側。萬曰。甚矣。魯侯之淑。淑善魯侯之美也。美好天下諸侯宜爲君者。唯魯侯爾。萬見婦人皆在側故許閔公以此言言閔公不如魯侯美好、閔公矜此婦人。色自美大於此婦人妒其言。顧曰。此虜也。顧謂側婦人曰此萬也虜執虜也、爾虜焉故。爾女也謂萬也更向萬曰女嘗執虜於魯侯故稱譽爾○女音汝下同魯侯之美惡乎至。惡乎至猶何所至○惡音烏萬怒。搏閔公。絕其脰。脰脛也齊人語○脰音豆仇牧聞君弒。趨而至。遇之于門。手劍而叱之。手劍持拔劍叱罵之○叱昌實反萬臂摋仇牧。碎其首。側手曰摋首頭○摋素葛反又素結反齒著乎門闔。闔扇○著直略反仇牧可謂不畏彊禦矣。猶乳犬攫虎伏雞搏貍精誠之至也爭搏弒君而以當國言之者重錄彊禦之賊禍不可測明當防其重者急誅之、
冬。十月。宋萬出奔陳。萬弒君所以復見者重錄彊禦之賊明當急誅之也月者使與大國君奔同例明彊禦也、

十有三年。春。齊侯。宋人。陳人。蔡人。邾婁人。會于北杏。齊桓行霸、約束諸侯、尊天子、故爲此會也、桓公時未爲諸侯所信鄉、故使微者會也、桓公不辭微者、欲以卑下諸侯、遂成霸功也、○鄉許亮反

夏。六月。齊人滅遂。不會北杏故也、不諱者、桓公行霸、不任文德而尚武力、又功未足以除惡、

秋。七月。

冬。公會齊侯盟于柯。

傳何以不日。據唐之盟日、易也。易猶狡易也、相親信、無後患之辭、其易奈何。桓之盟不日。其會不致。信之也。其不日何以始乎此。莊公將會乎桓。曹子進曰。君之意何如。進前也、曹子見莊將會、有懼色、故問之、莊公曰。寡人之生則不若死矣。自傷與齊爲讎、不能復也、伐齊納糾不能納、反復爲齊所脅而殺之、曹子曰。然則君請當其君。臣請當其臣。當猶敵也、將劫之辭、莊公曰。諾。於是會乎桓。莊公升壇。土基三尺、土階三等、曰壇、會必有壇者、爲升降揖讓、稱先君以相接、所以長其敬、○長丁丈反曹子手劒而從之。從隨也、隨莊公上壇、造桓公前而脅之、曹子本謀當其臣、更當其君者、見莊有不能之色、管子進曰。君何求乎。管子、管仲也、君謂莊公也、桓公卒愕不能應、故管子進爲此言、○卒七忽反曹子曰。莊公亦造次不知所言、故任曹子、城壞壓竟。齊數侵魯取邑、以喻侵濱也、君不圖與。君謂齊桓公、圖計也、猶曰君不當計侵魯太甚、管子曰。然則君將何求。所侵邑非一、欲求何者、曹子曰。願請汶陽之田。欲復魯竟、管子顧曰。君許諾。諸侯死國不死邑、故可許諾、桓公曰。諾。曹子請

盟。桓公下與之盟。下壇與曹子定約盟誓莊公也、必下壇者、爲殺牲不潔、又盟本非禮、故不於壇上也、已盟。曹子摽劒而去之。摽辟也、時曹子端劒守桓公、已盟、乃摽劒置地、與桓公相去離、故云爾、要盟可犯。臣約其君曰要、彊見要脅而盟爾、故云可犯、○要一遥反而桓公不欺。曹子可讎。以臣劫君、罪可讎、而桓公不怨。桓公之信著乎天下。自柯之盟始焉。諸侯猶是翕然信鄉服從、再會于鄄、同盟于幽、遂成霸功、故云爾、劫桓公取汶陽田不書者、諱行詐劫人也、

十有四年。春。齊人。陳人。曹人。伐宋。

夏。單伯會伐宋。

傳其言會伐宋何。據伐國不殊會、曹伯襄言會諸侯、後會也。本期而後、故但舉會書者、刺其不信、因以分別功惡有深淺也、從義兵而後者功薄、從不義兵而後者惡淺、

秋。七月。荆入蔡。

冬。單伯會齊侯。宋公。衞侯。鄭伯。于鄄。○鄄本亦作甄、規因反

十有五年。春。齊侯。宋公。陳侯。衞侯。鄭伯。會于鄄。

夏。夫人姜氏如齊。

秋。宋人。齊人。邾婁人。伐兒。○兒音郳

鄭人侵宋。

冬。十月。

十有六年。春。王正月。

夏。宋人。齊人。衛人。伐鄭。

秋。荊伐鄭。

冬。十有二月。公會齊侯。宋公。陳侯。衛侯。鄭伯。許男。曹伯。滑伯。滕子。同盟于幽。

傳同盟者何。同欲也。同心欲盟也同心爲善善必成同心爲惡惡必成故重而言同心也

邾婁子克卒。小國未嘗卒而卒者爲慕霸者有尊天子之心行進也不日始與霸者未如瑣瑣卒在二十八年

十有七年。春。齊人執鄭瞻。

傳鄭瞻者何。鄭之微者也。以無氏也此鄭之微者。何言乎齊人執之。據獲宋萬不書者不坐獲微者今書齊稱人坐執文○鄭瞻二傳作詹書甚佞也。爲其佞故書惡之所以輕坐執人也然不得爲伯討者事未得行罪未成也孔子曰放鄭聲遠佞人罪未成者伯當遠之而已

夏。齊人殲于遂。○殲子廉反二傳作殲

傳殲者何。殲積也。眾殺戍者也。殲者死文殲之爲死積死非一之辭故曰殲積眾多也以兵守之曰戍齊人滅遂遂民不安欲去齊強戍之遂人共以藥投其所飲食水中多殺之古者有分土無分民齊戍之非也遂不當坐也故使齊爲自積死文也稱人者眾辭也不書戍將帥者封內之兵故不書○強其丈反

秋。鄭瞻自齊逃來。

傳何以書。書甚佞也。曰佞人來矣。佞人來矣。重言來者道經主書者若傳云爾益痛魯知而受之信其計策以取齊淫女丹楹刻桷卒爲後敗也加逃者抑之也所以抑之者上執稱人嫌惡未明繫鄭者明行當本於鄉里也子貢問曰鄉人皆好之何如子曰未可鄉人皆惡之何如子曰未可不若鄉人之善者善之鄉人之惡者惡之

冬。多麋。

傳何以書。記異也。麋之爲言猶迷也象魯爲鄭瞻所迷惑也言多者以多爲異也

春秋公羊傳卷七　終

春秋公羊傳卷八

漢諫議大夫司空掾任城何　休學

皇明　後　學　東吳葛　鼒訂

莊公

十有八年。春。王三月。日有食之。是後戎犯中國、魯蔽鄭瞻、夫人如莒淫泆、不制所致、

夏。公追戎于濟西。以兵逐之曰追、

【傳】此未有言伐者。其言追何。据公追齊師至巂、舉齊侵也、大其為中國追也。以其不限所至、知為中國追也、此未有伐中國者。則其言為中國追何。大其未至而豫禦之也。其言于濟西何。据公追齊師至巂、弗及、不言于也、大之也。大公除害、恩及濟西也、言大者、當有功賞也、追例時、

秋。有蜮。○蜮音或

【傳】何以書。記異也。蜮之猶言惑也、其毒害傷人、形體不可見、象魯為鄭瞻所惑、其毒害傷人、將以大亂、而不能見也、言有者、以有為異也、

冬。十月。

十有九年。春。王正月。

夏。四月。

秋。公子結媵陳人之婦于鄄。遂及齊侯宋公盟。

【傳】媵者何。諸侯娶一國。則二國往媵之。以姪娣從。言往媵之者、禮君不求媵、二國自往媵夫人、所以一夫人之尊、姪者何。兄之子也。娣者何。弟也。諸侯壹聘九女。諸侯不再娶。必以姪娣從之者、欲使一人有子、二人喜也、所以防嫉妬、令重繼嗣也、因以備尊尊親親也、九者、極陽數也、不再娶者、所以節人情、開媵路、媵不書。此何以書。据伯姬歸于紀、不書媵也、為其有遂事書。為下有遂事善也、故書所以不當書、以起將有所詳錄、猶伯姬書媵也、不媵則當取得書者張本文、言公子結如陳、遂及齊侯宋公盟于鄄、大夫無遂事。此其言遂何。聘禮大夫受命不受辭。以外事不素制、不豫設、故云爾、出竟有可以安社稷利國家者。則專之可也。

先是鄄幽之會、公皆不至、公子結出竟、遭齊宋欲深謀伐魯、故專矯君命而與之盟、除國家之難、全百姓之命、故善而詳錄之、先書地後書盟者、明出竟乃得專之也、盟不地者、方使上為出竟地、即更出地、嫌上地自為媵出地也、陳稱人者、為內書、故略以外國辭言之、比陳侯夫人、言婦者、在塗也、加之者、禮未成也、冬、齊人宋人陳人伐我西鄙而盟、不日者、起國家後背結之約、非結不信也、

夫人姜氏如莒。

冬。齊人。宋人。陳人。伐我西鄙。鄙者、邊垂之辭、榮見遠也、

二十年。春。王二月。夫人姜氏如莒。月者、再出也、不從四年巳月者、異國、

夏，齊大災。

傳大災者何？大瘠也。瘠，病也。齊人語也。以加大，知非火災也。大瘠者何？㾐也。㾐者，民疾疫也。○㾐，力二反。疫，音役。何以書？記災也。外災不書，此何以書？及我也。與宋大水同義。㾐者，邪亂之氣所生。是時，魯任鄭瞻，夫人如莒淫泆，齊侯亦淫諸姑姊妹，不嫁者七人。

秋七月。

冬，齊人伐戎。

二十有一年，春，王正月。

夏五月辛酉，鄭伯突卒。

秋七月戊戌，夫人姜氏薨。

冬十有二月，葬鄭厲公。春秋篡明者書葬。

二十有二年，春，王正月，肆大省。○省，所景反。三傳作眚。

傳肆者何？跌也。跌，過度。○跌，大結反。大省者何？災省也。謂子卯日也。夏以卯日亡，殷以子日亡。先王常以此日省吉事，不忍舉。又大自省，敕得無獨有此行乎。常若聞災自省，故曰災省也。肆大省何以書？譏。何譏爾？譏始忌省也。時魯有夫人喪，忌省日不吉，省日本以忌吉事，不以忌凶事，故禮哭不辟日，所以專孝子之思也。不與念母而譏忌省者，本不事母，則已不當忌省，猶爲商人責不討賊。○思，息嗣反。爲，于僞反。

癸丑，葬我小君文姜。

傳文姜者何？莊公之母也。輒發傳者，起仇母。錄子恩，凡母在子年，無適庶皆繫子也。不在子年，適母繫夫，庶母繫子。言小君者，比於君爲小，俱臣子辭也。文者，謚也。夫人以姓配謚，欲使終不忘本也。

陳人殺其公子禦寇。書者，殺君之子，重也。

夏五月。以五月首時者，譏莊公取仇國女，不可以事先祖，奉四時祭祀，猶五月不宜以首時。

秋七月丙申，及齊高傒盟于防。防，魯地。○傒，音兮。

傳齊高傒者何？貴大夫也。曷爲就吾微者而盟？據暨與公盟也。公也。以其

且微者不得日，大夫盟當出名氏。公則曷爲不言公？諱與大夫盟也。

冬，公如齊納幣。納幣即納徵。納徵禮曰：主人受幣，士受儷皮是也。禮言納徵，春秋言納幣者，春秋質也。凡婚禮皆用鴈，取其知時候，唯納徵用玄纁束帛儷皮。玄纁取其順天地也。儷皮者，鹿皮，所以重古也。

傳納幣不書，此何以書？齊逆女，不書納幣。據桓三年，公子翬如齊逆女，不書納幣。譏。何譏爾？親納幣，非禮也。時莊公實以淫泆大惡不可言，故因其有事於納幣，以無廉恥爲譏。不譏喪娶者，舉淫爲重也。凡公之齊所以起淫者，皆以危致也。

二十有三年，春，公至自齊。

傳桓之盟不日，其會不致，信之也。據柯之盟不日，柯之會不致。此之桓國何

以致危之也何危爾公一陳佗也公如齊淫與陳佗相似如一也

祭叔來聘不稱使者公一陳佗故絕使若我無君以起其當絕因不與天子下聘小人○祭側界反

夏公如齊觀社

傳何以書譏何譏爾諸侯越竟觀社非禮也觀社者觀祭社諱淫言觀社者與親納幣同義社者土地之主祭者報德也生萬物居人民德至厚功至大故感春秋而祭之天子用三牲諸侯用羊豕

公至自齊

荊人來聘

傳荊何以稱人據上稱州始能聘也春秋王魯因其始來聘明夷狄能慕王化修聘禮受正朔者當

進之故使稱人也稱人當繫國而繫荊者許夷狄者不一而足

公及齊侯遇于穀

蕭叔朝公

傳其言朝公何據公在內不言朝公在外言會公在外也時公受朝於外故言朝公惡公不受於廟

秋丹桓宮楹○楹音盈

傳何以書譏何譏爾丹桓宮楹非禮也楹柱也丹之者爲將娶齊女欲以誇大示之傳言丹桓宮者欲道天子諸侯各有制也禮天子斲而礱之加密石焉諸侯斲而礱之不加密石大夫斲之士首本失禮宗廟例時

冬十有一月曹伯射姑卒曹達春秋常卒月葬時也始卒日葬月嫌與大國同後卒而不日入所聞世可日不復日○射音亦復扶又反

十有二月甲寅公會齊侯盟于扈○扈音戶

傳桓之盟不日此何以日危之也何危爾我貳也莊公有淫泆汚貳之行魯子曰我貳者非彼然我然也嫌上說以齊惡我貳相疑而盟故日也解言非齊惡我也我行汚貳動作有危故日之也

二十有四年春王三月刻桓宮桷○桷音角

傳何以書譏何譏爾刻桓宮桷非禮也與丹楹同義月者功重於丹楹

葬曹莊公

夏公如齊逆女

傳何以書親迎禮也諱淫故使若以得禮書也禮諸侯既娶三月然後夫人見宗廟見宗廟然後成婦禮○迎魚命反

秋公至自齊八月丁丑夫人姜氏入

傳其言入何據夫人姜氏言至不言入難也其言曰何據夫人姜氏至不日○難也乃旦反下及注同難也其難奈何夫人不僂不可使入與公有所約然後入僂疾也齊人語約約遠媵妾也夫人稽留不肯疾順公不可使即入公至後與公約定八月丁丑乃入故爲難辭也夫人要公不爲

大惡者。妻事夫有四義。鷄鳴縰笄而朝。君臣之禮也。三年惻隱。父子之恩也。圖安危可否。兄弟之義也。樞機之內。寢席之上。明友之道。不可純以君臣之義責之。○僂力主反要一遙反縰笄所買反又所綺反

戊寅。大夫宗婦覿用幣。

傳宗婦者何。大夫之妻也。覿者何。見也。用者何。用者不宜用也。不宜用幣。爲贄也。見用幣。非禮也。以文在覿下。不使齋見知非禮也。然則曷用。棗栗云乎。腶修云乎。腶修者脯也。禮婦人見舅姑以棗栗爲贄。見女姑以腶修爲贄。見夫人至尊。兼而用之。云乎。辭也。棗栗取其早自謹敬。腶修取其斷斷自修正。執此者。若其辭云爾。所以叙情配志也。凡贄天子用鬯。諸侯用玉。卿用羔。大夫用雁。士用雉。雉取其耿介。雁取其在人上。有先後行列。羔取其執之不鳴。殺之不號。乳必跪而受之。類死義知禮者也。玉取其至清而不自蔽其惡。潔白而不受污。內堅剛而外溫潤。有似乎備德之君子。鬯取其芬芳在上。臭達於天。而醇粹無擇。有似乎聖人。

故覿其所執。而知其所任矣。日者。禮夫人至。大夫皆郊迎。明日大夫宗婦皆見。故著其明日也。大夫妻言宗婦者。大夫爲宗子者也。族所以有宗者。爲調族理親疏。令昭穆親疏各得其序也。故始統世世繼重者。爲大宗。旁統者。爲小宗。小宗無子則絕。大宗無子則不絕。重本也。天子諸侯世以三牲養。禮有代宗之義。大夫不世。不得專宗。著言宗婦者。重教化自本始也。○斷修丁亂反注同本又作腶音同行戶郎反號戶刀反

大水。

夫人不制。遂淫二叔。陰氣盛。故明年復水也。○復扶又反

冬。戎侵曹。曹羈出奔陳。

傳曹羈者何。曹大夫也。以小國知無氏爲大夫。曹無大夫。此何以書。据羈無氏。賢也。何賢乎曹羈。据國見侵出奔以辟難。戎將侵曹。曹羈諫曰。戎衆以無義。戎師多。又常以無義爲事。君請勿自敵也。禮兵敵則戰。不敵則守。君師少。不如守。且使臣下往。曹伯曰不可。臣下不可獨往。三諫不從。遂去之。故君子以爲得君臣之義也。孔子曰。所謂大臣者。以道事君。不可則止。此之謂也。諫必三者。取月生三日而成魄。臣道就也。不從得去者。仕爲行道。道不行。義不可以素餐。所以申賢者之志。孤惡君也。諫有五。一曰諷諫。孔子曰。家不藏甲。邑無百雉之城。季氏自墮之是也。二曰順諫。曹羈是也。三曰直諫。子家駒是也。四曰爭諫。子反請歸是也。五曰戇諫。百里子蹇叔子是也。○墮許規反戇諫陟降反又呼弄反又丑用反

赤歸于曹郭公。

傳赤者何。曹無赤者。蓋郭公也。以郭公在赤下。郭公者何。失地之君也。失地者出奔也。名言歸倒郭公置赤下者。欲起曹伯爲戎所殺。故使若曹伯死謚之爲郭公。而赤微者自歸曹也。不言赤奔者。從微者例不得録出奔。

二十有五年。春。陳侯使女叔來聘。

稱字者。敬老也。禮七十。雖庶人。主孝而禮之。孝經曰。昔者明王之以孝治天下也。不敢遺小國之臣。是也。○女音汝

夏。五月。癸丑。衛侯朔卒。

春秋篡明者當書葬。朔不書葬。嫌與篡同。例身絕國不絕。故去葬。明犯天子命重。不得書葬。與盜國同。○去起呂反

六月。辛未。朔。日有食之。鼓用牲于社。

傳日食則曷爲鼓用牲于社。据日食在天。求乎陰之道也。求。責求也。以朱絲營社。或曰脅之。或曰爲闇。恐人犯之。故營之。或曰者。或人辭。其義各異也。或曰脅之。與責求同義。社者。土地之主也。月者。土地之精也。上繫于天而犯日。故鳴鼓而攻之。脅其本也。朱絲營之。助陽抑陰也。

或曰為闇者社者土地之主尊也為日光盡天闇冥恐人犯歷之故營之然此說非也記或傳者示不欲絕異說爾先言鼓後言用牲者明先以尊命責之後以臣子禮接之所以為順也不言鼓于禰用牲者與禘于大廟用致夫人同嫌起用牲為非禮書者善內感懼天災應變得禮也是後夫人遂不制通於二叔殺二嗣子也○大廟音泰

伯姬歸于杞

秋大水鼓用牲于社于門

傳其言于社于門何據一鼓用牲耳于社禮也于門非禮也于門非禮故略不復舉鼓用牲不舉非禮為重者如去于社嫌于門禮也大水與日食同禮者水亦土地所為雲實出于地而施于上乃雨歸功于天猶臣歸美於君

冬公子友如陳如陳者聘也內朝聘言如者尊內也書者錄內所交接也朝京師大國善有加錄文如楚有危文聘無月者比於朝輕也

二十有六年公伐戎

夏公至自伐戎

曹殺其大夫

傳何以不名據莒小於曹殺公子意恢名眾也曷為眾殺之據殺三卻名不死于曹君者也曹諸大夫與君俱敵戎戰曹伯為戎所殺諸大夫不伏節死義獨退求生後嗣子立而誅之春秋以為得其罪故眾略之不名凡書君殺大夫大夫有非以專殺書他皆以罪舉君死乎位曰滅曷為不言其滅據胡子髡滅為曹羈諱也此蓋戰也何以不言戰如上語知為戰為曹羈諱也諱者上出奔嫌辟難欲起其賢又所諫者戰也故為去戰滅之文所以致其意也曹無大夫書殺大夫者起當誅也○難乃旦反為去于偽反下起呂反

秋公會宋人齊人伐徐

冬十有二月癸亥朔日有食之異與上日食略同

二十有七年春公會杞伯姬于洮書者惡公教內女以非禮也洮內地凡公出在外致在內不致其與婦人會不別得意雖在外猶不致伯姬不卒者蓋不與卒于無服女會來例皆時○洮他刀反惡公烏路反下惡莊同別彼列反

夏六月公會齊侯宋公陳侯鄭伯同盟于幽

秋公子友如陳葬原仲

傳原仲者何陳大夫也大夫不書葬此何以書據益師等皆不書葬稱字者葬從主人也通乎季子之私行也不以公事行曰私行不言葬原仲于陳若告糴者告糴上有無麥禾知以國事起此上下無起文而不言如陳嫌不辟國事實私行也不嫌使乎大夫者有國文也何通乎季子之私行據大夫私行不書辟內難也欲起其辟內難君子辟內難而不辟外難禮記曰門內之治恩揜義門外之治義揜恩內難者何公子慶父公子牙公子友皆莊公之母弟也公子慶父公子牙通乎夫人通者淫通以脅公語在三十二年季子起而治之則不得與于國政坐而視之則親親親至親也○與音預因不忍見也因緣已心不忍見親親之亂故於是復請至于陳而葬原仲也書者惡莊公不能任用使辟難而出

冬。杞伯姬來。

傳其言來何。據有來歸。直來曰來。直來、無事而來也。諸侯夫人尊重、既嫁、非有大故不得反。唯自大夫妻雖無事、歲一歸宗。大歸曰來歸。大歸者、廢棄來歸也。婦人有七棄、五不娶、三不去。嘗更三年喪不去、不忘恩也。賤取貴不去、不背德也。有所受無所歸不去、不窮窮也。喪婦長女不娶、無教戒也。世有惡疾不娶、棄於天也。世有刑人不娶、棄於人也。亂家女不娶、類不正也。逆家女不娶、廢人倫也。無子棄、絶世也。淫泆棄、亂類也。不事舅姑棄、悖德也。口舌棄、離親也。盜竊棄、反義也。嫉妒棄、亂家也。惡疾棄、不可奉宗廟也。○喪婦息浪反。長女丁丈反。

莒慶來逆叔姬。

傳莒慶者何。莒大夫也。莒無大夫、此何以書。譏。何譏爾。大夫越竟逆女、非禮也。禮、大夫任重、爲越竟逆女、於政事有所損曠、故竟內乃得親迎、所以屈私赴公也。言叔姬者、婦人以字通、言叔姬賤、故略與歸同文、重乖離也。

杞伯來朝。杞、夏后、不稱公者、春秋黜杞、新周而故宋、以春秋當新王、黜而不稱侯者、方以子貶、起伯爲黜、說在僖二十三年。

公會齊侯于城濮。

春秋公羊傳卷八終

春秋公羊傳卷九

漢諫議大夫司空掾任城何　休學

皇明　後學　東吳金　蟠訂

莊公

二十有八年。春。王三月。甲寅。齊人伐衛。衛人及齊人戰。衛人敗績。

傳伐不日、此何以日。據鄭人伐衛不日。至之日也。用兵之道、當先至竟侵責之、不服乃伐之。今日至、便以今日伐之、故日以起其暴也。戰不言伐、此其言伐何。至之日也。至日便伐、明暴、故舉伐。春秋伐者爲客。伐人者爲客、讀伐長言之、齊人語也。伐者爲主。見伐者爲主、讀伐短言之、齊人語也。故使衛主之也。戰序上言及者爲主。曷爲使衛主之。據宋襄公伐齊、宋主齊。

衛未有罪爾。蓋爲幽之會、服父喪未終而不至、故。○爲、于僞反。敗者稱師、衛何以不稱師。據桓十三年己巳、燕人戰敗績稱師也。未得乎師也。未得成列爲師也。詐戰不言戰、言戰者、衛未有罪、方欲使衛主齊、見直文也。不地者、因都主國也。

夏四月。丁未。邾婁子瑣卒。日者、附從霸者朝天子、行進。

秋。荆伐鄭。公會齊人宋人邾婁人救鄭。書者、善中國能相救。

冬。築微。○微、左氏作麋。

大無麥禾。

傳冬。既見無麥禾矣。曷爲先言築微而後言無麥禾。諱以凶年造邑也。諱使若造邑而後無麥禾者惡愈也此蓋秋水所傷就築微下俱擧水則嫌冬水惟秋無麥禾使若冬水所傷者但言無麥禾則嫌秋自不成不能起秋水因疾莊公行類同故加大明有秋水也此夫人浮泆之所致、

臧孫辰告糴于齊。

傳告糴者何。請糴也。買穀曰糴何以不稱使。據上大無麥禾、知以國事行當言如也、以爲臧孫辰之私行也。曷爲以臧孫辰之私行。據國事也、君子之爲國也。必有三年之委。一年不熟。告糴。譏也。古者三年耕必餘一年之儲、九年耕必有三年之積、雖遇凶災、民不饑乏、莊公享國二十八年、而無一年之畜、危亡切近、故諱使若國家不匱、大夫自私行糴也、

二十有九年。春。新延廐。

○廐九又反

傳新延廐者何。修舊也。舊故也繕故曰新有所增益曰作始造曰築、修舊不書。此何以書。據新宮災後修不書、譏。何譏爾。凶年不修。不諱者繕故功費差輕於造邑、延廐馬廐也、

夏。鄭人侵許。

秋。有蜚。

○蜚扶味反

傳何以書。記異也。蜚者臭惡之虫也、象夫人有臭惡之行、言有者南越盛暑所生、非中國之所有。○行下孟反

冬。十有二月。紀叔姬卒。

國滅卒者從夫人行、待之以初也、

城諸及防。

諸君邑、防臣邑、言及別君臣之義、君臣之義正則天下定矣、

三十年。春。王正月。

夏。師次于成。

秋。七月。齊人降鄣。

○鄣音章

傳鄣者何。紀之遺邑也。降之者何。取之也。取之則曷爲不言取之。爲桓公諱也。時霸功足以除惡故爲諱言降者、能以德見歸、自來服者可也、外取邑不書。此何以書。盡也。襄公服紀以過、而復盡取其邑、惡其不仁之甚也、月者重於取邑、

八月。癸亥。葬紀叔姬。

傳外夫人不書葬。此何以書。隱之也。何隱爾。其國亡矣。徒葬乎叔爾。

九月。庚午朔。日有食之。鼓用牲于社。

是後魯比弒二君、狄滅邢衛、

冬。公及齊侯遇于魯濟。

齊人伐山戎。

傳此齊侯也。其稱人何。据下言齊侯來獻戎捷、貶。曷爲貶。据齊侯伐北戎不貶。子司馬子曰。蓋以操之爲已蹙矣。操迫也、已甚也、蹙痛也、迫殺之甚痛。此蓋戰也。何以不言戰。据得捷也。春秋敵者言戰。桓公之與戎狄。驅之爾。時桓公力但可驅逐之而已、戎亦天地之所生、而乃迫殺之甚痛、故去戰貶、見其事惡不仁也、山戎者戎中之别名、行進故録之、

三十有一年。春。築臺于郎。

傳何以書。譏。何譏爾。臨民之所漱浣也。無垢加功曰漱、去垢曰浣、齊人語也、譏者爲瀆下也、禮、天子外屏、諸侯內屏、大夫帷、士簾、所以防泄慢之漸也、禮、天子有靈臺以候天地、諸侯有時臺以候四時、登高遠望、人情所樂、動而無益於民者、雖樂不爲也、四方而高曰臺、

夏四月。薛伯卒。

卒者、薛與滕俱朝隱公、桓弑隱而立、滕朝桓公、薛獨不朝、知去就也、

築臺于薛。

傳何以書。譏。何譏爾。遠也。禮、諸侯之觀不過郊、○觀工喚反

六月。齊侯來獻戎捷。

戰所獲物曰捷、

傳齊。大國也。曷爲親來獻戎捷。据齊未嘗朝魯、威我也。以威恐怖魯也、如上難、知爲威魯、書之、其威我奈何。旗獲而過我也。旗軍幟、名各有色、與金鼓俱建、旗縣所獲得以過魯也、舉使士卒望而爲陳者、旗獲、不書威魯者、耻不能爲齊所忌難、見輕侮也、言獻捷繫戎者、春秋王魯、因見王義、古者方伯征伐不道、諸侯交格而戰者、誅絶其國、獻捷於王者、楚獻捷時、此月者、刺齊桓驕慢恃盈、非所以就霸功也、

秋。築臺于秦。

傳何以書。譏。何譏爾。臨國也。言國者社稷宗廟朝廷皆爲國、明皆不當臨也、臨社稷宗廟則不敬、臨朝廷則泄慢也、

冬。不雨。

傳何以書。記異也。京房易傳曰、旱異者、旱久而不害物也、斯祿去公室、福由下作、故陽雖不施、而陰道獨行、以成萬物也、先是比築三臺、慶父專政之應、

三十有二年。春。城小穀。

夏。宋公。齊侯遇于梁丘。

秋七月。癸巳。公子牙卒。

傳何以不稱弟。据公弟叔肸卒、殺也。殺則曷爲不言刺。据公子買有罪刺之、殺之言刺、不言卒、爲季子諱殺也。曷爲爲季子諱殺。据叔孫得臣卒不日者、惡不發揚公子遂弑也、季子之遏惡也。遏止也、不以爲國獄。不就致獄、刑、故言卒、其緣季子之心而爲之諱。季子遏在親親、疑於非正、故爲之諱、所以别嫌明疑、季子之遏惡奈何。莊公病。將死。以病召季子。召之於陳、季子至而授之以國政。至不書者、內大夫出與歸不兩書、曰。寡人卽不起此病。吾將焉致乎魯國。致與也、季子曰。般也存。君何憂焉。公曰。庸得若是乎。庸猶傭傭、無節目之辭、牙謂我曰。魯一生一及。君已知之矣。父死子繼曰生、兄死弟繼曰及、言隱公生、桓公及、今君生、慶父亦當及、是魯國之常也、慶父也存。時莊公以爲牙欲立慶父、季子曰。夫何敢。是將爲亂乎。夫何敢。再言夫何敢者、反覆思惟

且欲以安病人也孔子曰君子有九思視思明聽思聰色思溫貌思恭言思忠事思敬疑思問忿思難見得思義、俄而
牙弒械成是時牙實欲自弒君兵械已成但事未行爾有攻守之器曰械季子和藥而飲之藥者
酖毒也傳曰酖之是也時季子亦有械故能飲之傳不道者從可知曰公子從吾言而飲此則必
可以無為天下戮笑必有後乎魯國時世大夫誅不宜揚子當繼體如故不從吾
言而不飲此則必為天下戮笑必無後乎魯國於是從其言而
飲之飲之無傫氏至乎王堤而死公子牙今將爾今將欲殺○無傫無本又
作巫傫音力委反又作力追反辭曷為與親弒者同辭傳序經辭親躬親也君親無將將
而誅焉親謂父母然則善之與曰然殺世子母弟直稱君者甚之也
季子殺母兄何善爾誅不得辟兄君臣之義也以臣事君之義也唯人君然後

得申親親之恩然則曷為不直誅而酖之行誅乎兄隱而逃之使託若
以疾死然親親之道也明當以親親原而與之於治亂當賞疑從重於平世當罰疑從輕莊不卒大夫
而卒牙者本以當國將弒君書日者錄季子遏惡也行誅親親雖酖之猶有恩也

八月癸亥公薨于路寢

傳路寢者何正寢也公之正居也天子諸侯皆有三寢一曰高寢二曰路寢三曰小寢父居高寢子居路
寢孫從王父母妻從夫寢夫人居小寢在寢地加錄內也夫人不地者外夫人不卒內書薨已錄之矣故出乃地

冬十月乙未子般卒

傳子卒云子卒此其稱子般卒何据子赤不言子赤卒君存稱世子明當世父
位為君君薨稱子某緣民臣之心不可一日無君故稱子某明繼父也名者尸柩尚存猶以君前臣名也既

葬稱子不名者無所屈也緣終始之義一年不二君故稱子也踰年稱公不可曠年無君子般卒
何以不書葬据定姒俱稱卒書葬未踰年之君也有子則廟則立廟也廟則書
葬錄子恩也無子不廟不廟則不書葬未踰年之君禮臣下無服故無子不廟不廟則不書葬示
一年不二君也稱卒不地者降成君也日者為臣子恩錄之也殺不去日見隱者降子赤也○去起呂反

公子慶父如齊

如齊者奔也是時季子新酖牙慶父雖歸獄鄧扈樂猶不自信於季子故出也不言奔者起季子不探其情不暴其罪○樂音洛暴步卜反

狄伐邢

閔公

元年春王正月

傳公何以不言即位繼弒君不言即位復發傳者嫌繼未踰年君義異故也明當隱之
如一孰繼据子般弒不見繼子般也孰弒子般慶父也殺公子牙今將爾
季子不免慶父弒君何以不誅將而不免遏惡也既而不可及
因獄有所歸不探其情而誅焉親親之道也論季子當從議親之辟猶律親親得
相首匿當與叔孫得臣有差惡乎歸獄歸獄僕人鄧
扈樂据師還也○惡音烏扈樂音洛或如字莊公存之時樂曾淫于宮中子般執
而鞭之莊公死慶父謂樂曰般之辱爾國人莫不知盍弒之矣
使弒子般然後誅鄧扈樂而歸獄焉殺鄧扈樂不書者微也○曾才能反季子至

而不變也。至者聞君弒從家至朝季子知樂勢不能獨弒而不變正其眞僞、

齊人救邢。

夏六月辛酉葬我君莊公。

秋八月公及齊侯盟于洛姑。時慶父內則素得權重、外則出犇彊齊、恐爲國家禍亂、故季子如齊閔之、奉閔公託齊桓、爲此盟、下書歸者、使與君致同、主書者起託君也、

季子來歸。

傳其稱季子何。据如陳名不稱季卒不稱子、賢也。嫌季子不探誅慶父有甚惡、故復於託君安國賢之、所以輕歸獄顯所當任達其功、不稱季友者、明齊繼魯本感洛姑之託、故令與高子俱稱子起其事○令力呈反其言

來歸何。据召歸不書隱如言至、喜之也。季子來歸則國安、故喜之、而變至加録云爾、蓋與賢相起、言歸者、主爲喜出、言來者、起從齊自外來、盟不日、公不致者、桓之盟不日、其會不致、信之也、○主爲于僞反

冬齊仲孫來。

傳齊仲孫者何。公子慶父也。公子慶父則曷爲謂之齊仲孫。繫之齊也。曷爲繫之齊。据欒盈出奔楚還、不繫楚、外之也。曷爲外之。据俱出奔、遠也、春秋爲尊者諱。爲閔公諱受賊人也、爲親者諱。爲季子親親而受之、故諱也、爲賢者諱。以季子有遏牙不殺慶父之賢、故爲諱之、子女子曰、以春秋爲春秋。以史記氏族爲春秋、言古謂史記爲春秋、齊無仲孫、其諸吾仲孫與。齊有高國崔、魯有仲孫氏、亦足以知魯仲孫、言仲孫者、以后所氏起其事明、主書者、賊不宜來、因以起上如齊實殺君出奔、○子女子音汝

二年春王正月齊人遷陽。不爲桓公諱者、功未足以覆比滅人之惡也、

夏五月乙酉吉禘于莊公。

傳其言吉何。据禘于太廟、不言吉、○大廟音泰下同、言吉者、未可以吉也。都未可以吉祭、經舉重、不書禘于大廟、嫌獨莊公不當禘、于大廟可禘者、故加吉、明大廟皆不當、曷爲未可以吉。据三年也、未三年也。禮禘祫從先君數、朝聘從今君數、三年喪畢、遭禘則禘、遭祫則祫、○祫音洽、三年矣、曷爲謂之未三年。三年之喪、實以二十五月。時莊公薨至是適二十二月、所以必二十五月者、取期再期、恩倍、漸三年也、孔子曰、子生三年、然後免于父母之懷、夫三年之喪、天下之通喪、禮士虞記曰、期而小祥、曰薦此常事、又期而大祥、曰薦此祥事、中月而禫、是月也、吉祭猶未配、是月者、二十七月也、傳言二十五月者、在二十五月外、可不譏、

○期音基下同、禫大感反、其言于莊公何。据禘于大廟、不言周公、祫僖公、不言僖宮、未可以稱宮廟也。時閔公以莊公在三年之中、未可入大廟、禘之于新宮、故不稱宮廟、明皆非也、曷爲未可以稱宮廟。据言禘也、在三年之中矣。當思慕悲哀、未可以鬼神事之、吉禘于莊公、何以書。譏。何譏爾。譏始不三年也。與託始同義、

秋八月辛丑公薨。

傳公薨何以不地。隱之也。何隱爾。弒也。孰弒之。慶父也。殺公子牙、今將爾、季子不免。慶父弒二君、何以不誅。將而不免、遏惡也。既而不可及、緩追逸賊、親親之道也。與不探其情同義、不書葬者、賊未討、

九月夫人姜氏孫于邾婁。

爲淫二叔殺二嗣子出奔不如文姜于出奔貶之者爲內臣子明其義不得以子絕母凡公夫人奔例日此月者有罪

公子慶父出奔莒

慶父弑二君不當復見所以復見者起季子緩追逸賊也不日者內大夫奔例無罪者日有罪者月外大夫奔例皆時

冬齊高子來盟

傳高子者何齊大夫也以有高傒也何以不稱使據鄭伯使其弟語來盟我無君也時閔公弑僖公未立故正其義明君臣無相適之道也春秋謹於別尊卑理嫌疑故絕去使文以起事張例則所謂君不使乎大夫也然則何以不名據國佐盟名喜之也何喜爾正我也其正我奈何莊公死子般弑閔公弑此三君死曠年無君與曠年無君無異設以齊取魯曾不興師徒以言而已矣設時勢然桓公使高子將南陽之甲南陽齊下邑甲鎧冑也立僖公而城魯或曰自鹿門至于爭門者是也或曰自爭門至于吏門者是也魯人至今以爲美談曰猶望高子也久闊思相見者引此爲喻美談至今不絕也立僖公城魯不書者諱微弱喜而加高子者美大齊桓繼絕于魯故尊其使起其功明得子續父之道鹿門魯南城東門也

十有二月狄入衛

鄭棄其師

傳鄭棄其師者何連國者并問稱國惡其將也以言棄師鄭伯惡高克使之將逐而不納棄師之道也鄭伯素惡高克欲去之無由使將師救衛隨後逐之因將師而去其本雖逐高克實棄師之道故不書逐高克舉棄師爲重猶趙盾加弑也不解國者重衆從國體錄可知繫閔公篇於莊公下者子未三年無改於父之道傳曰則曷爲於其封內三年稱子緣孝子之心則三年不忍當也

春秋公羊傳卷九終

春秋公羊傳卷十

漢諫議大夫司空掾任城何休學

皇明後學東吳葛鼒訂

僖公

元年。春。王正月。

傳公何以不言卽位。据文公言卽位。繼弑君。子不言卽位。此非子也。其稱子何。僖公者閔公庶兄。据閔公繼子般、傳不言子、臣子一例也。僖公繼成君、閔公繼未踰年君、禮、諸侯臣諸父兄弟、以臣之繼君、猶子之繼父也、其服皆斬衰、故傳稱臣子一例。○衰七雷反

齊師宋師曹師次于聶北。救邢。

傳救邢。救不言次。此其言次何。据夏師救齊、不言次。不及事也。不及事者何。邢已亡矣。剌其救急舒緩、使至於亡、故錄之止次以起之。孰亡之。蓋狄滅之。以上有狄伐邢、曷爲不言狄滅之。据狄滅温、言滅。爲桓公諱也。曷爲爲桓公諱。据徐人取舒、晉滅夏陽、楚滅黄、皆不諱、上無天子。下無方伯。天下諸侯有相滅亡者。桓公不能救。則桓公恥之。故以爲諱、所以醇其能以治世自任、而厚責之。曷爲先言次。而後言救。据叔孫豹先言救、君也。叔孫豹、臣也、當先通君命、故先言救、今此先言次、知實諸侯、君則其稱師何。不與諸侯專封也。故沒君文、但舉師而已、曷爲不與。据狄滅之、爲桓公諱。實與。不書所封歸是也、而文不與。文曷爲不與。据實與也、諸侯之義。不得專封也。此道大平制、○大音泰　諸侯之義不得專封。則其曰實與之何。上無天子。下無方伯。天下諸侯有相滅亡者。力能救之。則救之可也。主書者、起文從實也、

夏。六月。邢遷于陳儀。

○陳儀、左氏作夷儀

傳遷者何。其意也。其意自欲遷、時邢創畏狄兵、更欲依險阻。遷之者何。非其意也。謂宋人遷宿也、書者、譏之也、王者封諸侯、必居土中、所以教化者平、貢賦者均、在德不在險、其後爲衛所滅是也、遷例大國月、重煩勞也、小國時、此小國月者、霸者所助城、故與大國同、

齊師宋師曹師城邢。

傳此一事也。曷爲復言齊師宋師曹師。据首戴前目而後凡。不復言師。則

無以知其爲一事也。言諸師則嫌與首戴同、嫌實師、言諸侯、則嫌與緣陵同、嫌歸閒其遷更與諸侯來城之、未必反、故入也、故順上文、則知桓公宿留城之爲一事也、

秋。七月。戊辰。夫人姜氏薨于夷。齊人以歸。

傳夷者何。齊地也。齊地。則其言齊人以歸何。据從國中歸、不當書邾婁人執鄫子、不書以歸是也、○鄫似陵反　夫人薨于夷。則齊人以歸。夫人所以薨于夷者、齊人以歸至夷、夫人薨于夷。則齊人曷爲以歸。据上說夫人薨于夷者、齊人以歸至夷也、齊人曷爲故以歸至于夷、桓公召而縊殺之。先言薨、後言以歸、而不言喪者、起桓公召夫人于邾婁、歸殺之于夷、因爲内諱恥、使若夫人自薨于夷、然後齊人以歸者也、主書者、從内不絶、錄因見桓公行霸正、誅不阿親、親疾夫人淫泆二叔、殺二嗣子、而殺之、○縊一賜反　泆音逸

楚人伐鄭。楚稱人者、爲僖公諱與夷狄交婚、故進使若中國、又明嫁娶當慕賢者、

八月。公會齊侯宋公鄭伯曹伯邾婁人于杅。月者、危公會霸者而與邾婁有辨也、不從有夫人喪出會惡之者、不知危重也。○杅敕貞反、又他丁反、左氏作檉、惡之烏路反、下同

九月。公敗邾婁師于纓。有夫人喪、不惡親用兵者、時怨邾婁人以夫人與齊、於喪事無籌故也。○纓左氏作偃

冬。十月。壬午。公子友帥師敗莒師于犂。獲莒挐。

傳莒挐者何。莒大夫也。莒無大夫。此何以書。大季子之獲也。何

大乎季子之獲。据獲人當坐。○挐女居反、又女加反、季子治內難以正。謂排慶父、禦外難以正。其禦外難以正奈何。公子慶父弑閔公。走而之莒。莒人逐之。將由乎齊。齊人不納。却反舍于汶水之上。使公子奚斯入請。季子曰。公子不可以入。入則殺矣。義不可見賊而不殺、奚斯不忍反命于慶父。自南涘。涘、水涯。○涘音俟、北面而哭。時慶父自汶水之北、慶父聞之曰。嘻。嘻、發痛語首之聲、此奚斯之聲也。諾已。諾已、皆自畢語、曰。吾不得入矣。於是抗輈經而死。輈、小車轅、冀州以此名之云爾。○輈音竹由反、莒人聞之曰。吾已得子之賊矣。以求賂乎魯。魯時雖緩追、猶外購求之、○購古豆反、魯人不與。爲是興師而伐魯。故與季子獲之、季子待之以偏戰。傳云爾者、善季子忿不加暴、得君子之道、

十有二月。丁巳。夫人氏之喪至自齊。

傳夫人何以不稱姜氏。据薨于夷稱姜氏、經有氏、不但問不稱姜、并言氏者、嫌据夫人婦姜、欲使去氏、貶。曷爲貶。据薨于夷不貶、與弑公也。與慶父共弑閔公、然則曷爲不於弑焉貶。据戕牙於卒時貶、貶必於重者。莫重乎其以喪至也。刑人于市、與眾棄之、故必於臣子集迎之時貶之、所以明誅得其罪、因正王法所加、臣子不得以夫人禮治其喪也、貶置氏者、殺子差輕於殺夫、別逆順也、致者、從書薨以常文錄之、言自齊者、順上以歸文、

二年。春。王正月。城楚丘。

傳孰城。据內城不月、故問之、城衛也。曷爲不言城衛。据無遷文、以言城、故當言城衛、滅也。孰滅之。蓋狄滅之。以上有狄入衛、曷爲不言狄滅之。爲桓公諱也。曷爲

爲桓公諱。上無天子。下無方伯。天下諸侯有相滅亡者。桓公不能救。則桓公恥之也。然則孰城之。桓公城之。据不出主名、見桓公德優、不待之、又不獨書齊、實諸侯也、曷爲不言桓公城之。不與諸侯專封也。曷爲不與。實與而文不與。文曷爲不與。諸侯之義不得專封。諸侯之義不得專封。則其曰實與之何。上無天子。下無方伯。天下諸侯有相滅亡者。力能救之。則救之可也。復發傳者、君子樂道人之善也、不繫衛者、明去衛而國楚丘、起其遷也、不書遷與救衛者、深爲桓公諱、使若始時尚倉卒有所救、其後晏然無干戈之患、所以重其任而厚責之、主書者、起文從實也。○復扶又反、卒寸忽反

夏。五月。辛巳。葬我小君哀姜。

〔傳〕哀姜者何。莊公之夫人也。誅當絕、不當以夫人禮書葬。書葬者、正齊桓討賊、辟責内讎齊。

虞師晉師滅夏陽。○夏陽、左氏作下陽。

〔傳〕虞微國也。曷爲序乎大國之上。據稱師有加文、知不主會。使虞首惡也。據楚人巴人滅庸不使巴首惡。曷爲使虞首惡。虞受賂假滅國者道以取亡焉。其受賂奈何。獻公朝諸大夫而問焉。曰寡人夜者寢而不寐。其意也何。諸大夫有進對者曰。寢不安與。其諸侍御有不在側者與。獻公不應。荀息進曰。虞郭見與。猶曰虞郭豈見於君之心乎。荀息素知獻公欲伐此二國。故云爾。獻公揖而進之。以手通指曰揖。遂與之入而謀曰。吾欲攻郭則虞救之。攻虞則郭救之。如之何。願與子慮之。荀息對曰。君若用臣之謀。則今日取郭。而明日取虞爾。君何憂焉。獻公曰。然則奈何。荀息曰。請以屈產之乘。屈產、出名馬之地。乘、備駟也。與垂棘之白璧。垂棘、出美玉之地。玉以尚白爲美。往必可得也。則寶出之內藏。藏之外府。如虞可得、猶外府藏也。○內藏、才浪反。馬出之內廄。繫之外廄爾。君何喪焉。獻公曰。諾。雖然宮之奇存焉。如之何。荀息曰。宮之奇知則知矣。君欲言其知、實知也。○知則音智、下及注同。雖然虞公貪而好寶。見寶必不從其言。請終以往。於是終以往。虞公見寶許諾。宮之奇果諫。記曰。脣亡則齒寒。記、史記也。虞郭之相救。非相爲賜。賜猶惠也。則晉今日取郭。而明日虞從而亡爾。君請

勿許也。虞公不從其言。終假之道以取郭。明郭非虞不滅。還四年。反取虞。還、復往。故言反。虞公抱寶牽馬而至。荀息見曰。臣之謀何如。獻公曰。子之謀則已行矣。寶則吾寶也。雖然吾馬之齒亦已長矣。蓋戲之也。以馬齒長戲之、喻荀息之年老。傳極道此者、以終荀息宮之奇言、且以爲戒、又惡獻公不仁、以滅人爲戲謔也。晉至此乃見者、著晉楚俱大國、後治同姓也。以滅人見義者、比楚先治大惡、親疏之別。○已長、丁丈反。謔、許略反。別、彼列反。夏陽者何。郭之邑也。曷爲不繫于郭。國之也。曷爲國之。君存焉爾。

秋九月。齊侯宋公江人黃人盟于貫澤。○二傳無澤字。

〔傳〕江人黃人者何。遠國之辭也。桓公德盛、不嫌使微者、知以遠國辭稱人。遠國至矣。則中國曷爲獨言齊宋至爾。大國言齊宋。遠國言江黃。則以其餘爲莫敢不至也。晉大于宋、不序晉而序宋者、時實晉楚之君不至、君子成人之美、故褒益以爲偏至之辭、所以獎夫霸功而勉盛德也。江黃附從霸者、當進不進者、方爲偏至之辭。

冬十月。不雨。

〔傳〕何以書。記異也。說與前同。

楚人侵鄭。

三年春王正月。不雨。

夏四月。不雨。

傳何以書記異也。太平一月不雨即書春秋亂世一月不雨未害物未足爲異當滿一時乃書一月書者時僖公得立欣喜不恤庶衆比致三旱即能退辟正殿飭過求己循省百官放佞臣郭都等理冤獄四百餘人精誠感天不雩而得澍雨故一月即書善其應變改政旱不從上羨傳者著人事之備積於是

徐人取舒。

傳其言取之何。据國言滅易也。易者猶無守禦之備不爲桓諱者刺其不救也○易以豉反

六月雨。

傳其言六月雨何。据上得雨不書上雨而不甚也。所以詳錄賢君精誠之應也僖公飭過求己六月澍雨宣公復古行中其年穀大豐明天人相與報應之際不可不察其意

秋。齊侯宋公江人黃人會于陽穀。

傳此大會也曷爲末言爾。末者淺耳但言會不言盟据貫澤言盟桓公曰無障谷無障斷川谷專水利也水注川曰溪注溪曰谷無貯粟有無當相通無易樹子。樹立本正當立之無以妾爲妻。此四者皆時人所患時桓公功德隆盛諸侯咸曰無言不從曷爲用盟誓故告誓而已

冬。公子友如齊莅盟。

傳莅盟者何。往盟乎彼也。猶曰往盟於齊莅臨也時國齊都盟以見王義使若王者遣使臨諸侯盟飭以法度其言來盟者何。來盟于我也。此亦因魯都以見王義使若來之京師盟白事于王不加莅者來就魯魯已尊矣

楚人伐鄭。

四年。春。王正月。公會齊侯宋公陳侯衛侯鄭伯許男曹伯侵蔡。蔡潰

傳潰者何。下叛上也國曰潰邑曰叛。不與諸侯潰之爲文重出蔡者侵爲加蔡舉潰爲惡蔡錄義各異也月者善義兵也潰例月叛例時

遂伐楚。次于陘。

傳其言次于陘何。据召陵侵楚不言次來。有俟也。孰俟俟屈完也。時楚強大卒暴征之則多傷士衆桓公先犯其與國臨蔡蔡潰兵精威行乃推以伐楚楚懼然後使屈完來受盟修臣子之職不頓兵血刃以文德優柔服之故詳錄其止次待之善其重愛民命生事有漸故斂則有功盟不言陘○陘音刑

夏。許男新臣卒。

不言卒於師者桓公師無危不月者爲下盟去月方見大信

楚屈完來盟于師盟于召陵。

傳屈完者何。楚大夫也。何以不稱使。据陳侯使袁僑如會尊屈完也。曷爲尊屈完。据陳侯使袁僑如會不尊之以當桓公也。增倍使若得其君以醇霸德成王事也其言盟于師盟于召陵何。据戊寅叔孫豹及諸侯之大夫及陳袁僑盟不舉會與地師在召陵也時喜得屈完來服於陘即退次召陵與之盟故言盟于師盟于召陵師在召陵則曷爲再言盟。据齊侯使國佐如師已酉及國佐盟于袁婁俱從地不再言盟喜服楚也。孔子曰書之重辭之復嗚呼不可不察其中必有美者焉何言乎喜服楚。据服蔡無喜文楚有王者則後服。桓公行霸楚至是乃服無王者則先叛。桓公不修其師先叛盟是也夷狄也而亟病中國。數侵滅中國○亟去冀反數音朔南夷與北狄交。南夷謂楚滅鄧穀伐蔡鄭北狄謂狄滅邢衛至于溫交亂中國中國不絕

若綫。綫縫帛縷、以喻微也。○綫思賤反 桓公救中國。存邢衛是也、而攘夷狄。攘却也、北伐山戎是也、卒怗荆。卒盡也、怗服也、荆楚也、以此爲王者之事也。言桓公先治其國以及諸夏、治諸夏以及夷狄、如王者爲之、故云爾 其言來何。據陳袁僑如會不言來、與桓爲主也。以從內文、知與桓公爲天下霸主、前此者有事矣。謂城邢、衛是也、後此者有事矣。謂城緣陵是也、則曷爲獨於此焉與桓公爲主。序績也。序次也、績功也、累次桓公之功德、莫大於服楚、明德及強夷最爲盛、

齊人執陳袁濤塗。

傳濤塗之罪何。辟軍之道也。其辟軍之道奈何。濤塗謂桓公曰。君既服南夷矣。何不還師濱海而東。服東夷且歸。濱涯也、順海涯而東也、東夷吳也、從召陵東歸、不經陳而趨近海道、多廣澤水草、軍所便也、◎辟匹亦反、又音避 桓公曰。諾。於是還師濱海而東。大陷于沛澤之中。草棘曰沛、漸洳曰澤、○漸子廉反、洳人庶反 顧而執濤塗。時濤塗與桓公俱行、執者曷爲或稱侯。或稱人。稱侯而執者。伯討也。言有罪、方伯所宜討 稱人而執者。非伯討也。此執有罪。何以不得爲伯討。古者周公東征則西國怨。西征則東國怨。此道黜陟之時也、詩云、周公東征、四國是皇、桓公假塗于陳而伐楚。則陳人不欲其反由己者。師不正故也。故令濤塗有此言、不修其師而執濤塗。古人之討則不然也。以己所招而反執人、古人所不爲也、凡書執者惡其專執、

秋。及江人黄人伐陳。

八月。公至自伐楚。

傳楚已服矣。何以致伐楚。叛盟也。爲桓公不修其師而執濤塗故也、月者、凡公出滿三時、月危公之久、

葬許繆公。得卒葬於所傳聞世者、許大小次曹、故卒少在曹後、

冬。十有二月。公孫慈帥師會齊人。宋人。衛人。鄭人。許人。曹人侵陳。月者、刺桓公不修其師、因見患、誅不內自責、乃復加人以罪、○慈左氏作茲

五年春。晉侯殺其世子申生。

傳曷爲直稱晉侯以殺。據鄭殺其大夫申侯稱國也、續問以殺者、問殺所稱例爾、非謂晉侯不當稱國 殺世子母弟直稱君者。甚之也。甚之者甚惡殺親親也、春秋公子貫於先君、唯世子與母弟、以今君錄親親也、今舍國體、直稱君、知以親親責之、

杞伯姬來朝其子。

傳其言來朝其子何。據微者不當書朝、連來者內辭也、與其子來者、問爲直來乎、爲下朝出、內辭也。與其子俱來朝也。因其與子俱來、禮、外孫初冠、有朝外祖之道、故使若來朝其子、以殺直來之恥、所以辟教戒之不明也、微、無君命、言朝者服非實、○冠古亂反

夏。公孫慈如牟。

公及齊侯。宋公。陳侯。衛侯。鄭伯。許男。曹伯會王世子于首戴。

傳曷爲殊會王世子。據宰周公不殊別也、世子貴也。世子。猶世世子也。解貴

意也，言當世父位，儲君副主，不可以諸侯會之爲文，故殊之，使若諸侯爲世子所會也，自王者言之，以屈遠世子在三公下，禮衰服斬衰，曰公上大夫之衆臣是也，自諸侯言之，世子尊於三公，此禮之威儀各有所施，言及者因其文可得見汲汲也，世子所以會者，時桓公德衰，諸侯背叛，故上假王世子，示以公義、

秋。八月。諸侯盟于首戴。

（傳）諸侯何以不序。據上會序、一事而再見者。前目而後凡也。省文，從可知，間無事不省諸侯，會盟一事，不舉重者，時世子不與盟

鄭伯逃歸不盟。

（傳）其言逃歸不盟者何。據上言諸侯，鄭伯在其中，弟子疑，故執不知問、不可使盟也。時鄭伯內欲與楚，外依古不盟，爲解安居會上，不肯從桓公盟，故後言不盟、不可使盟，則其言逃歸何。據後言不盟，居會上辭、曾子曰。蓋不以寡犯衆也。諸侯以義相約，而鄭伯懷二心，依古不肯盟，故言逃歸，所以抑一人之惡，申衆人之善，故云爾、

楚人滅弦。弦子奔黃。

九月。戊申。朔。日有食之。此象齊桓德衰，是後楚遂背叛，狄伐晉滅溫，晉里克比弑其二君、

冬。晉人執虞公。

（傳）虞已滅矣。其言執之何。據滅言以歸，上傳云四年反取虞，知去滅變以歸，言執、不與滅也。曷爲不與滅。滅者。亡國之善辭也。言滅者，王者起當存之，故爲善辭、滅者。上下之同力者也。言滅者，臣子與君戮力一心共死之辭也，不但去滅，復去以歸，言執者，明虞公滅人以自亡，當絕，不得責不死位也，晉稱人者，本滅而執之，不以王法執治之，故從執無罪辭也，虞稱公者，奪正爵，起從滅也，不從滅例月者，略之、

六年。春。王正月。

夏。公會齊侯。宋公。陳侯。衛侯。曹伯伐鄭。圍新城。

（傳）邑不言圍。此其言圍何。彊也。惡桓公行霸，彊而無義也，鄭背叛，本由桓公過陳，不以道理，當先修文德以來之，而便伐之彊，非所以附疏、

秋。楚人圍許。諸侯遂救許。

冬。公至自伐鄭。事遷於救許，致伐鄭，致者，舉不得意、

七年。春。齊人伐鄭。

夏。小邾婁子來朝。至是所以進稱爵者，時附從霸者朝天子，旁朝罷，行進齊桓公，白天子進之，固因其得禮，著其能以爵通、

鄭殺其大夫申侯。

（傳）其稱國以殺何。據晉侯殺其世子申生，稱侯、稱國以殺者。君殺大夫之辭也。諸侯國體，以大夫爲股肱，士民爲肌膚，故以國體錄、

秋。七月。公會齊侯。宋公。陳世子款。鄭世子華盟于甯毋。

曹伯般卒。

公子友如齊。

冬。葬曹昭公。

春秋公羊傳卷十　終

春秋公羊傳卷十一

漢諫議大夫司空掾任城何　休學

皇明　後　學　東吳金　蟠訂

僖公

八年。春。王正月。公會王人。齊侯。宋公。衛侯。許男。曹伯。陳世子款。鄭世子華。盟于洮。

傳　王人者何。微者也。曷爲序乎諸侯之上。先王命也。衛王命會諸侯、諸侯當北面受之、故尊序於上、時桓公德衰、甯母之盟、常會者不至、而陳鄭又遣世子、故上假王人之重以自助、

鄭伯乞盟。

傳　乞盟者何。處其所而請與也。以不序也、其處其所而請與奈何。蓋酌之也。酌、挹也、時鄭伯欲與楚、不肯自來盟、處其國、遣使挹取其血、而請與之約束、無汲汲慕中國之心、故抑之、使若叩頭乞盟者也、不錄使者、方抑鄭伯、使若自來也、不盟不爲大惡者、古者不盟也、

夏。狄伐晉。

秋。七月。禘于大廟。用致夫人。

傳　用者何。用者不宜用也。致者何。致者不宜致也。禘用致夫人。非禮也。以致文在廟下、不使入廟、知非禮也、禮、夫人始見廟、當特祭、而因禘諸公廟見、欲以省煩勞、不謹敬、故譏之、不日者、下用失禮明、○大音泰　夫人何以不稱姜氏。貶。曷爲貶。據夫人姜氏入、不貶、譏以妾爲妻也。以逆不書入廟、當稱婦姜、而稱夫人者、夫人當坐篡嫡也、妾之事嫡、猶臣之事君同、其言以妾

爲妻奈何。蓋脅于齊媵女之先至者也。以不致楚女、及夫人至、皆不書也、僖公本聘楚女爲嫡、齊女爲媵、齊先致其女、脅僖公使用爲嫡、故從父母辭言致、不書夫人及楚女至者、起齊先致其女、然後脅僭立也、楚女未至而豫廢、故皆不得以夫入至書也、

冬。十有二月。丁未。天王崩。惠王也、

九年。春。王三月。丁丑。宋公禦說卒。○說音悅

傳何以不書葬。爲襄公諱也。襄公背殯出會宰周公、有不子之惡、後有征齊憂中國尊周室之心、功足以除惡、故諱不書葬、使若非背殯也、

夏。公會宰周公、齊侯、宋子。衛侯、鄭伯、許男。曹伯。于葵丘。

傳宰周公者何。天子之爲政者也。宰猶治也、三公之職號尊名也、以加宰、知其職大尊重、當與天子參聽萬機、而下爲諸侯所會、惡不勝其任也、宋未葬不稱子某者、出會諸侯、非尸柩之前、故不名、

秋。七月。乙酉。伯姬卒。

傳此未適人。何以卒。據杞叔姬不卒。許嫁矣。婦人許嫁。字而笄之。字者尊而不泄、所以遠別也、笄者簪也、所以繫持髮象男子飾也、服此者明繫屬於人、所以養貞一也、婚禮曰、女子許嫁、笄而醴之稱字、○笄古兮反　泄息列反　死則以成人之喪治之。不以殤禮降也、許嫁卒者當爲諸侯夫人、有即貴之漸、猶俠卒也、日者恩尤重於未命大夫、故從諸侯夫人例、

九月。戊辰。諸侯盟于葵丘。

傳桓之盟不日。此何以日。危之也。何危爾。貫澤之會。桓公有憂中國之心。不召而至者。江人黃人也。葵丘之會。桓公震而矜之。叛者九國。下伐厲善義兵是也、會不書者、叛也、叛不書者、爲天子親遣三公會之而見叛、故上爲天子、下爲桓公諱也、會盟一事、不舉重者、時宰周公不與盟、震之者何。猶曰振振然。亢陽之貌、矜之者何。猶曰莫若我也。色自美大之貌、

甲戌。晉侯詭諸卒。不書葬者、殺世子也、

冬。晉里克弑其君之子奚齊。

傳此未踰年之君。其言弑其君之子奚齊何。據弑其君舍不連先君、連名者上不

書葬子某弑君名未明也、殺未踰年君之號也。欲言弑其子奚齊、嫌無君文、與殺大夫同、欲言弑其君文、嫌與弑成君同、故引先君冠子之上、則弑未踰年君之號定、而坐之輕重見矣、加之者、起先君之子、不解名者、解言殺從弑名可知也、弑未踰年君例當月、不月者、不正遇禍、終始惡明、故略之、○冠古亂反

十年。春。王正月。公如齊。書如者、錄內所與外交接也、故如京師善則月、榮之、如齊晉善則月、安之、如楚則月、危之、明當尊賢慕大、無友不如己、者月者、僖公本齊所立、桓公德衰見叛、獨能念恩朝事之、故善錄之、

狄滅溫。

溫子奔衛。

晉里克弑其君卓子。及其大夫荀息。

傳及者何累也。弑君多矣。舍此無累者乎。曰有。孔父仇牧皆累
也。舍孔父仇牧無累者乎。曰有。有則此何以書。賢也。何賢乎荀
息。據與孔父同。荀息可謂不食其言矣。不食言者不如食受之而消亡之以奚齊卓子皆立其
不食其言奈何。奚齊卓子者。驪姬之子也。荀息傅焉。禮諸侯之子八歲受
之少傅教之以小學業小道焉履小節焉十五受大傳教之以大學業大道焉履大節焉○大傳音泰驪姬者國
色也。其顏色一國之選。獻公愛之甚。欲立其子。於是殺世子申生。申生
者里克傅之。獻公病將死。謂荀息曰。士何如。則可謂之信矣。獻公
自知廢正當有後患欲託子於荀息故動之云爾荀息對曰。使死者反生。生者不愧乎
其言。則可謂信矣。荀息察言觀色知獻公欲爲奚齊卓子來動已故答之云爾獻公死。奚齊

立。里克謂荀息曰。君殺正而立不正。廢長而立幼。長謂重耳如之何。
願與子慮之。荀息曰。君嘗訊臣矣。上問下曰訊言臣者明君臣相與言不可負臣對
曰。使死者反生。生者不愧乎其言。則可謂信矣。里克知其不可
與謀。退弑奚齊。荀息立卓子。里克弑卓子。荀息死之。荀息可謂
不食其言矣。起時莫不背死鄉生去敗與成荀息一受君命終身死之故言及與孔父同義不日者不正遇禍終
始惡明故略之。○鄉許亮反

夏。齊侯許男伐北戎。

晉殺其大夫里克。

傳里克弑二君。則曷爲不以討賊之辭言之。據衛人殺州吁惠公之大
夫也。惠公篡立已定晉國君臣合爲一體無所復責故曰此乃惠公之大夫安得以討賊之辭言之然則孰立
惠公。欲難殺之意○難乃旦反里克也。里克弑奚齊卓子。逆惠公而入。里克
立惠公。則惠公曷爲殺之。惠公曰。爾既殺夫二孺子矣。孺子小子也奚
齊卓子時皆幼小又將圖寡人。如我有不可將復圖我如二孺子爲爾君者。不亦病乎。
於是殺之。然則曷爲不言惠公之入。據齊小白入于齊晉之不言出入
者。踊爲文公諱也。踊豫也齊人語若關西言渾矣獻公殺申生文公與惠公恐見及出奔不子當絕還入爲
篡文公功足以弁掩前人之惡故惠公入懷公出文公入渾皆不書悉爲文公諱故也爲文公諱者欲明文公之功大也語在
下懷公者惠公子也惠公卒懷公立而秦納文公故出奔惠公文公出奔不書者非命嗣也○踊音勇渾戶昆反又戶本反下
同齊小白入于齊。則曷爲不爲桓公諱。桓公之享國也長。享食美

見乎天下。故不爲之諱本惡也。文公之享國也短。美未見乎天
下。故爲之諱本惡也。桓公功大善惡相除足封有餘較然爲天下所知文公功少嫌未足除身篡而有封
功故爲之諱弁不言惠公懷公出入者明非徒足以除身篡而已有足封之明較也美不如桓公之功大○較然音角下同

秋七月。

冬。大雨雹。

○雨于付反雹蒲角反

傳何以書。記異也。夫人專愛之所生也

十有一年。春。晉殺其大夫丕鄭父。

○丕普悲反

夏，公及夫人姜氏會齊侯于陽穀。

秋，八月，大雩。公與夫人出會不恤民之應。

冬，楚人伐黃。

十有二年，春，王三月，庚午，日有食之。是後楚滅黃，狄侵衛。

夏，楚人滅黃。

秋，七月。

冬，十有二月，丁丑，陳侯處臼卒。○處臼，左氏作杵臼。

十有三年，春，狄侵衛。

夏，四月，葬陳宣公。

公會齊侯、宋公、陳侯、衛侯、鄭伯、許男、曹伯于鹹。桓公自貫澤、陽穀之會後，所以不復舉小國者，從一法之後，小國言從令行，大國唯曹許以上乃會。

秋，九月，大雩。由陽穀之會不恤民，復會于鹹，城緣陵，煩擾之應。

冬，公子友如齊。

十有四年，春，諸侯城緣陵。

傳 孰城之？諸侯不序，故問誰城。城杞也。曷爲城杞？滅也。孰滅之？蓋徐莒脅之。以下皆狄徐也。言脅者，杞王者之後，尤微，是見恐曷而亡。○恐，丘勇反。曷，火葛反。曷爲不言徐莒脅之？爲桓公諱也。曷爲爲桓公諱？上無天子，下無方伯，天下諸侯有相滅亡者，桓公不能救，則桓公恥之也。然則孰城之？桓公城之。曷爲不言桓公城之？不與諸侯專封也。曷爲不與？實與而文不與。文曷爲不與？諸侯之義不得專封也。諸侯之義不得專封，則其曰實與之何？上無天子，下無方伯，天下諸侯有相滅亡者，力能救之，則救之可也。輒發傳者，與城衛同義。言諸侯者，時桓公德衰，待諸侯然後乃能存之。外城不月者，文言諸侯，非內城明矣。

夏，六月，季姬及鄫子遇于防，使鄫子來朝。

傳 鄫子曷爲使乎季姬來朝？据使者臣爲君銜命文也。內辭也。非使來朝，使來請己也。使來請娶己以爲夫人，下書歸是也。禮，男不親求，女不親許。魯不防正其女，乃使要遮鄫子淫泆，使來請己，與禽獸無異，故卑鄫子使乎季姬，以絕賤之也。月者，甚惡內也。○要，一遥反。遮，諸奢反。泆音逸。惡，烏路反。

秋，八月，辛卯，沙鹿崩。

傳 沙鹿者何？河上之邑也。此邑也，其言崩何？据梁山言崩。襲邑也。襲者，嘿陷入于地中。言崩者，以在河上也。河崩有高下，如山有地矣，故得言崩也。沙鹿崩何以書？記異也。外異不書，此何以書？据長狄之齊、晉不書。爲天下記異也。土地者，民之主，霸者之象也。河者，陰之精，爲下所襲者，此象天下異，齊桓將卒，霸道毀，夷狄動，宋襄承其業，爲楚所敗之應。而不繫國者，起天下異。

狄侵鄭。

冬。蔡侯肸卒。不書葬者。潰當絕也。不月者。賤其背中國而附父讎。故略之甚也。肸立不書者。父獻舞見獲。留卒於楚。肸以次立。非篡也。○肸許乙反

十有五年。春。王正月。公如齊。月者。善公既能念恩尊事齊桓。又合古五年一朝之義。故錄之。

楚人伐徐。

三月。公會齊侯。宋公。陳侯。衛侯。鄭伯。許男。曹伯。盟于牡丘。遂次于匡。

公孫敖帥師及諸侯之大夫救徐。言次者。刺諸侯緩於人恩。既約救徐。而生事止次。不自往。遣大夫往。卒不能解也。大夫不序者。起會上大夫。君已目。故臣凡也。內獨出名氏者。臣不得因君殊尊。省文。別尊卑也。

夏。五月。日有食之。是後秦獲晉侯。齊桓公卒。楚執宋公。霸道衰。中國微弱之應。

秋。七月。齊師。曹師伐厲。月者。善錄義兵。厲葵丘之會。叛天子之命也。曹稱師者。桓公霸道衰。曹獨能從之。征伐不義。故褒之。所以勸勉不能扶助霸功。激揚解惰也。○厲如字。舊音賴。解古賣反

月。螽。公久出煩擾之所生。○螽之戎反

九月。公至自會。

傳桓公之會不致。此何以致。据柯之會不致。久也。久暴師眾。過三時。○暴步卜反

季姬歸于鄫。

己卯。晦。震夷伯之廟。

傳晦者何。冥也。晝日而冥。震之者何。雷電擊夷伯之廟者也。夷伯者。曷為者也。季氏之孚也。孚。信也。季氏所信任臣。季氏之孚則微者。其稱夷伯何。大之也。曷為大之。据陽虎稱盜。天戒之。故大之也。明此非但為微者異。乃公家之至戒。故尊大之。使稱字。過于大夫。以起之。所以畏天命。孔子曰。君子有三畏。畏天命。畏大人。畏聖人之言。何以書。

記異也。此象桓公德衰。彊楚以邪勝正。僖公蔽於季氏。季氏蔽於陪臣。陪臣見信得權。僭立大夫廟。天意若曰。蔽公室者是人也。當去之。

冬。宋人伐曹。

楚人敗徐于婁林。謂之徐者。為滅杞。不知尊先聖法度。惡重。故狄之也。不月者。略兩夷狄也。

十有一月。壬戌。晉侯及秦伯戰于韓。獲晉侯。

傳此偏戰也。何以不言師敗績。据泓之戰。言宋師敗績。君獲。不言師敗績也。舉君獲為重也。釋不書者。以獲君為惡。書者。以惡見獲與。獲人君者皆當絕也。主書者。從獲人例。○惡烏路反

十有六年。春。王正月。戊申。朔。隕石于宋五。是月。六鷁退飛。過宋都。

○霣于敏反　鷁五歷反

傳曷為先言霣而後言石。據星霣後言霣。霣石記聞。聞其磌然。視之則石。察之則五。是月者何。僅逮是月也。是月邊也、魯人語也、在正月之幾盡、故曰劣及是月也。○磌然之人反、又大年反。何以不日。據五石言日。晦日也。凡災異晦日不日、日食是也、日食當於晦朔、不日晦可知也、六鷁無常、故言是月以起晦也。晦則何以不言晦。據上言朔。春秋不書晦也。事當日者日、平居無他卓佹無所求取言晦朔也、雖盟奚戰是也。○佹尤委反、趡翠軌反。朔有事則書。重始故書以錄事、若泓之戰及此皆是也。晦雖有事不書。重始而終自正、故不復書以錄事。曷為先言六而後言鷁。據霣石後言五。六鷁退飛。記見也。視之則六。察之則鷁。徐而察之則退飛。鷁小而飛高、故視之如此、事勢然也、宋都者、宋國所治也、人所聚曰都、言過宋都者、嫌獨過宋都退飛。五石六鷁何以書。記異也。外異不書。此何以書。為王者之後記異也。王者之後有亡徵、非親王安存之象、故重錄為戒、記災異也、石者陰德之專者也、鷁者鳥中之耿介者、皆有似宋襄公之行、襄欲行霸事、不納公子目夷之謀、事事耿介自用、卒以五年見執、六年終敗、如五石六鷁之數、天之與人、昭昭著明、甚可畏也、於晦朔者、示其立功善甫始而敗、將不克終、故詳錄天意也、○之行、下孟反

三月。壬申。公子季友卒。

傳其稱季友何。據翬戰名不稱季、來歸不稱友。賢也。閔公不書葬、故復於卒賢之、明季子當蒙討慶父之功、遏牙存國、終當錄也、不稱子者、上歸本當稱字、起事言子、

夏。四月。丙申。鄫季姬卒。

秋。七月。甲子。公孫慈卒。

日者、僖公賢君、宜有恩禮於大夫、故皆日也、一年喪骨肉三人、故日痛之

冬。十有二月。公會齊侯、宋公、陳侯、衛侯、鄭伯、許男、邢侯、曹伯于淮。月者、危桓公德衰、任豎刁易牙、墮功滅項自此始也、○墮許規反

十有七年。春。齊人、徐人伐英氏。稱氏者、春秋前黜稱氏也、伐國而舍氏言之者、非主名、故伐之得從國舉、

夏。滅項。

傳孰滅之。齊滅之。以言滅、知非內也、以不諱、知齊滅、曷為不言齊滅之。據齊師滅譚、為桓公諱也。春秋為賢者諱。此滅人之國。何賢爾。君子之惡惡也疾始。絕其始、則不得終其惡、善善也樂終。樂賢者終其行、桓公嘗有繼絕立僖公也存亡之功。存邢衛杞故君子為之諱也。言嘗者、時桓公德衰功廢、而滅人、嫌當坐、故上述所嘗盛美而為之諱、所以尊其德、彰其功、傳不言服楚、獨舉繼絕存亡者、明繼絕存亡足以除殺子糾滅譚遂項覆終身之惡、服楚功在覆篡惡之表、所以封桓公名當如其事也、不月者、桓公不坐滅、略小國、

秋。夫人姜氏會齊侯于卞。

九月。公至自會。

十有二月。乙亥。齊侯小白卒。

十有八年。春。王正月。宋公會曹伯、衛人、邾婁人伐齊。月者、與襄公之征齊、善錄義兵、

夏。師救齊。

五月戊寅，宋師及齊師戰于甗，齊師敗績。

傳　戰不言伐，此其言伐何。宋公與伐而不與戰，故言伐。春秋伐者爲客，伐者爲主。曷爲不使齊主之。據甲寅，衛人及齊人戰。與襄公之征齊也。曷爲與襄公之征齊。據齊桓公霸者，猶不與征衛。桓公死，豎刁易牙爭權不葬，爲是故伐之也。不爲文實者，保伍連率，本有用兵征伐不義之道。

秋，救齊。

秋八月丁亥，葬齊桓公。

冬，邢人狄人伐衛。狄稱人者，善能救齊，雖拒義兵，猶有憂中國之心，故進之。不於救時進之者，辟襄公不使義兵壅塞。

十有九年春王三月，宋人執滕子嬰齊。名者，著葵丘之會，叛天子命者也。不得爲伯討者，不以其罪執之，妄執之。所以著有罪者，爲襄公殺恥也。襄公有善志，欲承齊桓之業，執一惡人，不能得其過，故爲見其罪，所以助賢者養善意也。月者，錄責之。

夏六月，宋人曹人邾婁人盟于曹南。因本會于曹南盟，故以地實邾婁，說在下。

鄫子會于邾婁。

傳　其言會盟何。據外諸侯會盟不錄，及曹伯襄言會諸侯。後會也。說與會伐宋同義，君不會大夫剩後。會者起實君也，地以邾婁者起爲邾婁事也。不言君者，爲襄公諱也。魯本許嫁季姬於鄫，季姬淫泆，使鄫子請己而許之，二國交忿，襄公爲此盟，欲和解之，既在會間，反爲邾婁所欺，執用鄫子，恥辱加於宋，無異故，沒襄公使若微者也。不於上地以邾婁者，深爲襄公諱，使若不爲邾婁事盟，而鄫子自就邾婁爲所執者也。上盟不日者，深順諱文，從微者例，使若下執不以上盟爲辨也。會盟不日者，言會盟不信已明，無取於日，自其正文也。

己酉，邾婁人執鄫子用之。

傳　惡乎用之。用之社也。其用之社奈何。蓋叩其鼻以血社也。惡無道也。不言社者，本無用人之道，言用之已重矣，故絕其所用處也。日者，魯不能防正其女，以至於此，明當痛其女禍而自責之。

秋，宋人圍曹。

衛人伐邢。

冬，公會陳人蔡人楚人鄭人盟于齊。因宋征齊有隙，爲此盟也。是後楚遂得中國，霍之會執宋公。

梁亡。

傳　此未有伐者，其言梁亡何。據蔡潰以自潰爲文，舉侵也。自亡也。其自亡奈何。魚爛而亡也。梁君隆刑峻法，一家犯罪，四家坐之，一國之中無不被刑者，百姓一旦相率俱去，狀若魚爛，魚爛從內發，故云爾者，其自亡者，明百姓得去之，君當絕者。

二十年春，新作南門。

傳　何以書。譏。何譏爾。門有古常也。惡奢泰，不奉古制常法。

夏，郜子來朝。郜，古報反。

傳　郜子者何。未有存文，嫌不名，故執不知問。失地之君也。何以不名。據鄧穀名。兄弟

辭也。鄫、會之同姓、故不忍言其絕賤。明當尊遏之、異於鄧穀也。書者、喜內見歸、

五月。乙巳。西宮災。

傳西宮者何。小寢也。小寢則曷爲謂之西宮。有西宮則有東宮矣。魯子曰、以有西宮。亦知諸侯之有三宮也。西宮者、小寢內室、楚女所居也。禮、諸侯娶三國女、以楚女居西宮、知二國女於小寢內各有一宮也。故云爾。禮、夫人居中宮、少在前、右媵居西宮、左媵居東宮、少在後、西宮災何以書。記異也。是時僖公爲齊所脅、以齊媵爲適、楚女廢在西宮而不見卹、悲愁怨曠之所生也。言西宮不繫小寢者、小寢夫人所統、妾之所繫也。夫人意若曰、楚女本當爲夫人、不當繫於齊女、故經亦云爾。○爲適、丁歷反

鄭人入滑。

秋。齊人。狄人盟于邢。狄稱人者、能常與中國也、

冬。楚人伐隨。叛楚故也、

二十有一年。春。狄侵衛。貶狄者、爲犯中國諱、

宋人。齊人。楚人盟于鹿上。

夏。大旱。

傳何以書。記災也。新作南門之所生、

秋。宋公。楚子。陳侯。蔡侯。鄭伯。許男。曹伯。會于霍。執宋公以伐宋。

傳孰執之。楚子執之。以下獻捷貶、霍、左氏作盂、曷爲不言楚子執之。據溴梁盟下、執莒子、邾婁子、復出晉人也、○溴、古闃反、不與夷狄之執中國也。不舉執爲重、復舉伐者、劫質諸侯、求其國、事當起也、不爲襄公諱者、守信見執、無恥、說在下也、

冬。公伐邾婁。

楚人使宜申來獻捷。

傳此楚子也。其稱人何。據稱使、貶。曷爲貶。據齊侯獻戎捷、不貶、爲執宋公貶。據上已沒、不與執中國、宋公與楚子期以乘車之會。蓋鹿上之盟、公子目夷諫曰。楚。夷國也。彊而無義。請君以兵車之會往。宋公曰。不可。吾與之約以乘車之會。自我爲之。自我墮之。曰。不可。終以乘車之會往。楚人果伏兵車。執宋公以伐宋。詐諼劫質諸侯、求其國、當絕、故貶、○墮、許規反、宋公謂公子目夷曰。子歸守國矣。國。子之國也。吾不從子之言。以至此乎。公子目夷復曰。君雖不言國。國固臣之國也。所以堅宋公意、絕彊楚之望、於是歸設守械而守國。楚人謂宋人曰。子不與我國。吾將殺子君矣。宋人應之曰。吾賴社稷之神靈。吾國已有君矣。楚人知雖殺宋公。猶不得宋國。於是釋宋公。宋公釋乎執。走之衛。襄公本謂公子目夷曰、國、子之國也、宋公愧前語、故慙不忍反、走之衛、不書者、執解而往、非出奔也、公子目夷復曰。國爲君守之。君曷爲不入。然後逆襄公歸。凡出

奔歸，書執獲歸，不書者，出奔已失國，故錄還，應盜國。與執獲者異，臣下尚隨君事之，未失國，不應盜國，無爲錄也。惡乎捷？捷乎宋。○惡音烏。以上言伐宋。曷爲不言捷乎宋？據戎捷也。爲襄公諱也。襄公本會楚，欲行霸憂中國也，不用目夷之言，而見詐執，伐宋，幾亡其國，故諱爲沒國文，所以申善志。不月者，因起其事。此圍辭也，曷爲不言其圍？據上言守國，知圍也。爲公子目夷諱也。目夷遭難，設權救君，有解圍存國免主之功，故爲諱圍起其事，所以彰目夷之賢也。歸捷書者，刺魯受惡人物也。○難乃旦反

十有二月，癸丑，公會諸侯，盟于薄。言諸侯者，起霍之會諸侯也。不序者，起公從旁以議釋宋公，會盟一事也。言會者，因以殊諸侯也。

釋宋公。

傳 執未有言釋之者，此其言釋之何？據執滕子不言釋。公與爲爾也。公與爲爾奈何？公與議爾也。善僖公能與楚議，釋賢者之厄。不言公釋之者，諸侯亦有力也。

春秋公羊傳卷十一終

春秋公羊傳卷十二

漢諫議大夫司空掾任城何休學
皇明後學東吳葛鼒訂

僖公

二十有二年，春，公伐邾婁，取須朐。○朐其俱反，左氏作句。

夏，宋公、衛侯、許男、滕子伐鄭。

秋，八月，丁未，及邾婁人戰于升陘。○陘音刑。

冬，十有一月，己巳，朔，宋公及楚人戰于泓，宋師敗績。

傳 偏戰者日爾，此其言朔何？據奚之戰不言朔。春秋辭繁而不殺者，正也。繁，多也；殺，省也。正，得正道尤美。○殺所戒反 何正爾？宋公與楚人期戰于泓之陽。泓，水名，水北曰陽。楚人濟泓而來。濟，渡。有司復曰：請迨其未畢濟而擊之。迨，及。宋公曰：不可。吾聞之也，君子不厄人，吾雖喪國之餘，我雖前幾爲楚所喪，所以得其餘民以爲國，喻褊弱。○喪國息浪反 寡人不忍行也。既濟，未畢陳，有司復曰：請迨其未畢陳而擊之。宋公曰：不可。吾聞之也，君子不鼓不成列。軍法以鼓戰，以金止，不鼓不戰，不成列，未成陳也，君子不戰未成陳之師。○陳直覲反 已陳，然後襄公鼓之，宋師大敗。故君子大其不鼓不成列，臨大事而不忘大

禮有君而無臣。（言朔亦所以起有君而無臣，惜其有王德而無王佐也。若襄公所行帝王之兵也，有帝王之君宜有帝王之臣，有帝王之臣宜有帝王之民，未能醇粹而守其禮，所以敗也。）以爲雖文王之戰亦不過此也。（有似文王伐崇陛戰當舉地舉水者，大其不以水厄人也。）

二十有三年，春，齊侯伐宋，圍緡。

傳 邑不言圍，此其言圍何？疾重故也。（疾，痛也。重故，喻若重故創矣。襄公欲行霸守正履信，屬爲楚所敗，諸夏之君宜雜然助之，反因其困而伐之，痛與重故創無異，故言圍以惡其不仁也。○創，初良反）

夏，五月，庚寅，宋公慈父卒。（○慈父，左氏作茲父）

傳 何以不書葬？盈乎諱也。（盈，滿也，相接足之辭也。襄公本以背殯不書其父葬，至襄公身書葬，則嫌霸業不成所覆者薄，故復使身不書葬，明當以前諱除背殯以後諱加，微封內娶不去日，略之者，功覆之也。）

秋，楚人伐陳。

冬，十有一月，杞子卒。（卒者，桓公存王者後，功尤美，故爲表異卒錄之。始見稱伯，卒獨稱子者，微弱爲徐莒所脅，不能死位。春秋伯子男一也，辭無所貶，貶稱子者，春秋黜杞不明，故以其一等貶之，明本非伯，乃公也。又因以見聖人子孫有誅無絕，故貶不失爵也。不名不日不書葬者，從小國例也。）

二十有四年，春，王正月。

夏，狄伐鄭。

秋，七月。

冬，天王出居于鄭。

傳 王者無外，此其言出何？（据王子瑕奔晉不言出。）不能乎母也。（不能事母，罪莫大於不孝，故絕之言出也。下無廢上之義，得絕之者，明母得廢之，臣下得從母命。）魯子曰：是王也，不能乎母者，其諸此之謂與？（猶曰是王也，無絕義，不能事母而見絕外者，其諸謂此爲然與？居不復供養者，與主書者錄王者所居也。）

晉侯夷吾卒。（篡故不書葬，明當絕也。不日月者，失衆身死，子見篡逐，故略之，猶薛伯定也。）

二十有五年，春，王正月，丙午，衛侯燬滅邢。（○燬，況委反）

傳 衛侯燬何以名？（据楚子滅蕭不名。）絕。曷爲絕之？（据俱滅人。）滅同姓也。（絕先祖支體尤重，故名，甚之也。日者，爲魯懼，內錄之。）

夏，四月，癸酉，衛侯燬卒。

宋蕩伯姬來逆婦。

傳 宋蕩伯姬者何？蕩氏之母也。（蕩氏，宋世大夫。）其言來逆婦何？（据莒慶言逆叔姬，連來者，嫌內女爲殺直來也。）兄弟辭也。其稱婦何？有姑之辭也。（宋魯之間，名結婚姻爲兄弟，稱婦者，見姑之辭，以逆實文，知不殺直來也。主書者，無出道也。）

宋殺其大夫。

傳 何以不名？（据宋殺其大夫山名。）宋三世無大夫，三世內娶也。（三世，謂慈父、王臣、處

（臣也，內娶，大夫女也，言無大夫者，禮不臣妻之父母，國內皆臣，無娶道，故絕去大夫名，正其義也，外小惡正之者，宋以內娶，故公族以弱，妃黨益彊，威權下流，政分三門，卒生篡弒，親親出奔，疾其末，故正其本。○去，起呂反）

秋，楚人圍陳，納頓子于頓。

傳何以不言遂？（據楚子鄭人侵陳，遂侵宋。）兩之也。（徧者不別遂，但別兩稱耳，別之者，惡國家不重民命，一出兵爲兩事也，納頓子書者，前出奔當絕，還入爲盜國，當誅，書楚納之，與之同罪也，主書者，從楚納之，頓子出奔不書者，小國例也，不見挈者，故君不可見挈於臣。）

葬衞文公。（不月者，滅同姓，故奪臣子恩也。）

冬，十有二月，癸亥，公會衞子、莒慶，盟于洮。

（莒無大夫，書莒慶者，尊敬壻之義也，洮，內地，公與未踰年君大夫盟，不別得意，雖在外，猶不致也。○別，彼列反）

二十有六年，春，王正月，己未，公會莒子、衞甯遬，盟于向。

（○遬，音速，向，舒亮反）

齊人侵我西鄙，公追齊師至嶲，弗及。

（○嶲，戸圭反，又似兗反）

傳其言至嶲弗及何？（據公追戎于濟西，不言所至，又不言弗及。）侈也。（侈，猶大也，大公能却彊齊之兵，弗者，不之深者也，言齊人畏公士卒精猛，引師而去之遼遠，不可得及，故曰侈，不直言大之者，自爲追，唯臣子得褒之耳，不得與追戎同也，言師者，侈大公所追也，國內兵不書，而舉地者，善公齊師去則止，不遠勞百姓，過復取勝，得用兵之節，故錄詳之。○爲，于僞反）

夏，齊人伐我北鄙。

衞人伐齊。

公子遂如楚乞師。

傳乞師者何？卑辭也。曷爲以外內同若辭？（據春秋尊魯。）重師也。（外內皆同，卑其辭者，深爲與人者重之。）曷爲重師？（據泓之戰不重師。）師出不正反，戰不正勝也。（不正者，不正自謂，出當復反，戰當必勝，兵凶器，戰危事，不得已而用之爾，乃以假人，故重而不暇別外內也，稱師者，正所乞名也，乞師例時。○復，扶又反）

秋，楚人滅隗，以隗子歸。

（○隗，五罪反，二傳作夔）

（不月者，略夷狄滅微國也，不言獲者，舉滅爲重，書以歸者，惡不死位，不名者，所傳聞世，見治始起，責小國略，但絕不誅之。）

冬，楚人伐宋圍緡。

傳邑不言圍，此其言圍何？刺道用師也。（時以師與魯未至，又道用之，於是惡其視百姓之命若草木，不仁之甚也，稱人者，楚未有大夫，未聞稱師，楚自道用之，故從楚文。）

公以楚師伐齊，取穀。（言以者，行公意，別魯兵也，稱師者，順上文。）

公至自伐齊。

傳此已取穀矣，何以致伐？（據伐邾婁取叢不致。）未得乎取穀也。（未可謂得意於取穀。）曷爲未得乎取穀？（據俱取邑。）曰：患之起，必自此始也。（魯內虛而外乞師，以犯彊齊會

齊侯昭卒、晉文行霸、幸而得免、孔子曰、人之生也直、罔之生也、幸而免、故雖得意、猶致伐也、

二十七年。春。杞子來朝。貶稱子者、起其無禮不備、故魯入之、

夏六月。庚寅。齊侯昭卒。

秋八月。乙未。葬齊孝公。

乙巳。公子遂帥師入杞。日者、杞屬修禮朝魯、雖無禮、君子躬自厚而薄責於人、不當乃入之、故錄責之、

冬。楚人。陳侯。蔡侯。鄭伯。許男圍宋。

傳此楚子也。其稱人何。据序諸侯之上、貶。曷為貶。据圍鄭不貶、為執宋公貶。故終僖之篇貶也。古者諸侯有難、王者若方伯和平之、後相犯、復故罪、楚前執宋公、僖公與共議釋之、今復圍犯宋、故貶、因以見義、終僖之篇貶者、言君子和平人、當終身保也、

十有二月。甲戌。公會諸侯盟于宋。地以宋者、起公解宋圍、為此盟也、宋得與盟、則宋解可知也、而公釋之見矣、○與音預

二十有八年。春。晉侯侵曹。晉侯伐衛。

傳曷為再言晉侯。据楚人圍陳納頓子于頓、亦兩事、不再出楚人、非兩之也。然則何以不言遂。据侵蔡遂伐楚、言遂、未侵曹也。未侵曹則其言侵曹何。致其意也。其意侵曹。則曷為伐衛。晉侯將侵曹。假塗于衛。衛曰不可得。則固將伐之也。曹有罪、晉文行霸征之、衛壅遏、不得使義兵以時進、故著言侵曹、以致其意、所以通賢者之心、不使

壅塞也、宋襄公伐齊月、此不月者、晉文公功信未著、且當修文德、未當汲汲求于諸侯、故不美也、

公子買戍衛。不卒戍。刺之。

傳不卒戍者何。不卒戍者。內辭也。不可使往也。即往、當言戍衛不卒、不可使往。則其言戍衛何。据言戍衛行文、遂公意也。使臣子不可使、恥深、故諱、使若往不卒竟事者、明臣不得壅塞君命、刺之者何。殺之也。殺之。則曷為謂之刺之。內諱殺大夫。謂之刺之也。有罪無罪、皆不得專殺、故諱殺言刺之、不言刺公子買、但言不卒戍刺之者、起為上事刺之也、內殺大夫例、有罪不日、無罪日、外殺大夫皆時、○為于僞反

楚人救衛。

三月。丙午。晉侯入曹。執曹伯。畀宋人。○畀必二反

傳畀者何。與也。其言畀宋人何。据下執衛侯、言歸之于京師、與使聽之也。與使聽其獄也、時天王居于鄭、晉文欲討楚師、以宋王者之後、法度所存、故因假使治之、宋稱人者、明聽訟必師斷、與其師眾共之、○斷丁亂反　曹伯之罪何。甚惡也。其甚惡奈何。不可以一罪言也。曹伯數侵伐諸侯、以自廣大、傳曰、晉侯執曹伯、班其所取侵地于諸侯是也、齊桓既沒、諸侯背叛、無道者非一、晉與曹同姓、恩惠當先施、刑罰當後加、起而征之、嫌其失義、故著其甚惡者、可知也、以兵得不言獲者、晉文伯討、不坐獲者、故亦不責曹不死義、兵入日者、喜義兵得時入、○數所角反

夏四月。己巳。晉侯齊師宋師秦師及楚人戰于城濮。楚師敗績。○濮音卜

傳此大戰也。曷爲使微者。據秦稱師錄功、知大戰必不使微者、楚雖無大夫、齊桓行霸書屈完也、子玉得臣也。以上敗績、下殺得臣、子玉得臣、則其稱人何。據屈完當桓公、稱名氏、貶。曷爲貶。據邲之戰林父不貶、○邲皮必反大夫不敵君也。臣無敵君戰之義、故絕正也、秦稱師者、助霸者征伐克勝有功、故褒進之、齊桓先朝天子、晉文先討夷狄者、晉文之時、楚與爭彊、所遭遇異、

楚殺其大夫得臣、

楚無大夫、其言大夫者、欲起上楚人本當言子玉得臣、所以詳錄霸事、不氏者、子玉得臣、楚之驕蹇臣、數道其君侵中國、故貶、明當與君俱貶也。○道音導

衛侯出奔楚。

晉文逐之、不書逐之者、以王事逐之、擇立其次、無絕衛之心、惡不如出奔重、

公羊傳　卷十二　僖公　八　永懷堂

五月。癸丑。公會晉侯、齊侯、宋公。蔡侯。鄭伯。衛子。莒子。盟于踐土。陳侯如會。

傳其言如會何。據曹伯襄言會諸侯、後會也。說與會伐宋同、刺諸侯不慕霸者、反岐意于楚、失信、後會、會不致者、安信與晉文也、盟日者、諱也、衛稱子者、起叔武本無即位之意、陳岐意如楚在二十七年、

公朝于王所。

傳曷爲不言公如京師。據三月、公如京師、天子在是也。天子在是。則曷爲不言天子在是。據狩于河陽、不與致天子也。時晉文公年老、恐霸功不成、故上白天子曰、諸侯不可卒致、願王居踐土、下謂諸侯曰、天子在是、不可不朝、迫使正君臣、明王法、雖非正、起時可與、故書朝、因正其義、不書諸侯朝者、外小惡不書、獨錄內也、不書如、不言天王者、從外正君臣、所以見文公之功、○卒七忽反

六月。衛侯鄭。自楚復歸于衛。

言復歸者、天子有命歸之、名者、刺天子歸有罪也、言自楚者、爲天子諱也、天子所以陵遲者、爲善不賞、爲惡不誅、衛侯出奔當絕、叔武讓國、不當復廢而反、衛侯令殺叔武、故使若從楚歸者、復歸例皆時、此月者、爲下卒出也、

衛元咺出奔晉。

○咺況元反

陳侯款卒。

不書葬者、爲晉文諱、行霸不務教人以孝、陳有大喪、而彊會其孤、故深爲恥之、宋襄亦背殯、獨不爲齊桓諱者、時宋襄自會之、卒不日者、賤其岐意于楚、

秋。杞伯姬來。

公子遂如齊。

公羊傳　卷十二　僖公　九　永懷堂

冬。公會晉侯。齊侯。宋公。蔡侯。鄭伯。陳子。莒子。邾婁子。秦人。于溫。

天王狩于河陽。

傳狩不書。此何以書。據常事也、不與再致天子也。一失禮尚愈、再失禮重、故深正其義、使若天子自狩、非致也、魯子曰。溫近而踐土遠也。此魯子一說也、溫近狩地、故可言狩、踐土遠狩地、故不言狩也、公以再朝而日言之、上說是、

壬申。公朝于王所。

傳其日何。據上朝不日、錄乎內也。危錄內、再失禮、將爲有義者所惡、不月而日者、自是諸侯不繫天子、若日不繫于月、

晉人執衛侯歸之于京師。

傳歸之于者何。歸于者何。歸之于者。罪已定矣。歸于者。罪未定也。罪未定則何以得爲伯討。此難成十五年晉侯執曹伯歸于京師。○難乃旦反 歸之于者。執之于天子之側者也。罪定不定已可知矣。歸之者夾絕之辭執于天子之側已白天子罪定不定自在天子故言已可知 歸于者。非執之于天子之側者也。罪定不定未可知也。未得白天子分別之者但欲明諸侯尊貴不得自相治當斷之于天子爾大惡雖未可知孰有罪當爲伯討矣無罪而執人當貶稱人 衛侯之罪何。殺叔武也。何以不書。據殺大夫書 爲叔武諱也。春秋爲賢者諱。何賢乎叔武。據失兄意 讓國也。其讓國奈何。文公逐衛侯而立叔武。叔武辭立而他人立。則恐衛侯之

不得反也。故于是已立。故上稱子 然後爲踐土之會。治反衛侯。叔武訟治於晉文公令白王者反衛侯使還國也叔武讓國見殺而爲叔武諱殺者明叔武治反衛侯欲見饗國故爲去殺已之罪所以起其功而重衛侯之無道○去起呂反 衛侯得反。曰。叔武篡我。元咺爭之曰。叔武無罪。終殺叔武。元咺走而出。此晉侯也。其稱人何。此以伯討而何貶者言歸之于伯討明知坐他事故更問之 貶。曷爲貶。據他罪不見 衛之禍。文公爲之也。文公爲之奈何。文公逐衛侯而立叔武。使人兄弟相疑。春秋許人臣者必使臣許人子者必使子文公惡衛侯大湲愛叔武大甚故使兄弟相疑○大湲音泰 放乎殺母弟者。文公爲之也。文公本逐之非故致此禍也逐之文不見故貶主書者以起文公逐之○放乎甫往反

衛元咺自晉復歸于衛。

傳自者何。有力焉者也。有力焉者有力于晉也言恃晉有屬已力以歸方難下意故於是發問 此執其君。其言自何。上元咺出奔晉而文公執衛侯知以元咺訴執之怪訴其君而助之 爲叔武爭也。解文公助之意以元咺爲叔武爭訴以爲忠于已而助之雖然臣無訴君之義復于衛非也悖君臣之義故著言自明不當有力於惡人也言復歸者湲爲霸者恥之使若無罪

晉侯遂圍許。

曹伯襄復歸于曹。

遂會諸侯圍許。曹伯言復歸者天子歸之也名者與衛侯鄭同義執歸不書書者名惡當見本無事不當言遂又不更舉曹伯者見其能悔過即時從霸者征伐也霸兵不月者刺文公不偃武修文以附疏倉卒欲服許卒不能降威信自是衰故不成其善○降戶江反

二十有九年。春。介葛盧來。○介音个

傳介葛盧者何。夷狄之君也。何以不言朝。據諸侯來曰朝 不能乎朝也。不能升降揖讓也介者國也葛盧者名也進稱名者能慕中國朝賢君明當扶勉以禮義

公至自圍許。

夏。六月。公會王人。晉人。宋人。齊人。陳人。蔡人。秦人。盟于狄泉。文公圍許不能服自知威信不行故復上假王人以會諸侯年老志衰不能自致故諸侯亦使微者會之月者惡霸功之廢於是

秋。大雨雹。

夫人專愛之所生、

冬。介葛盧來。前公圍許不在、故更來朝、不稱字者、一年再朝、不中禮、故不復進也。○中丁仲反

三十年。春。王正月。

夏。狄侵齊。

秋。衛殺其大夫元咺。及公子瑕。

傳衛侯未至。其稱國以殺何。据歸在下道殺也。時已得天子命還國、於道路遇而殺之、坐之與至國同、故但稱國、不復別也、言及公子瑕者、下大夫、別尊卑、

衛侯鄭歸于衛。

傳此殺其大夫。其言歸何。据未至而有專殺之惡、與入惡同、歸惡乎元咺也。衛侯歸殺無惡、則元咺之惡明矣、曷爲歸惡乎元咺。据師還、元咺之事君也。君出則已入。晉人執衛侯歸之于京師、元咺自晉復歸于衛、恃晉力以歸是也、君入則已出。衛侯鄭自楚復歸于衛、元咺出奔晉是也、以爲不臣也。故不從犯伯執、爲天子所還言復歸、從出入無惡言歸、以見元咺有出入罪、衛侯得殺之、所以尊臣事君之義、名者、爲殺叔武之惡、天子歸有罪也、執歸不書、主書者名惡當見、○爲于僞反、惡烏路反

晉人秦人圍鄭。

介人侵蕭。稱人者、侵中國、故退之、

冬。天王使宰周公來聘。

與葵丘會同義、

公子遂如京師。遂如晉。

傳大夫無遂事。此其言遂何。公不得爲政爾。不從公政令也、時見使如京師、而横生事、矯君命聘晉、故疾其驕蹇自專之當絶、不舉重者、遂當有本、

三十有一年。春。取濟西田。

傳惡乎取之。以不月、與取運異、知非內叛邑、○惡音烏取之曹也。曷爲不言取之曹。据取叢言邾婁田也、諱取同姓之田也。同姓相貪利、惡差重、恥差淺、此未有伐曹者。則其言取之曹何。据伐同姓不諱、即有兵當舉伐、曹下日若甲戌取須朐、晉侯執曹伯。班其所取侵地于諸侯也。班者布徧還之、

晉侯執曹伯。班其所取侵地于諸侯。則何諱乎取同姓之田。据晉還之、得爲伯、久也。魯本爲霸者所還、當時不取、久後有悔、更緣前語取之、不應以得、故當坐取邑、

公子遂如晉。

夏。四月。四卜郊。不從。乃免牲。猶三望。

傳曷爲或言三卜。或言四卜。三卜。禮也。四卜。非禮也。三卜何以禮。四卜何以非禮。据俱卜也、求吉之道三。三卜吉凶、必有相奇者、可以決疑、故求吉必三卜、○奇居丑反禘嘗不卜。郊何以卜。禘比祫爲大、嘗比四時祭爲大、故据之、卜郊非禮也。禮天子不卜郊、卜郊何以非禮。据上言三卜禮、魯郊非禮也。以魯郊非禮、故卜爾、昔武王既沒、成王幼少、周公居攝、行天子事、制禮作樂、致大平、有王功、周公薨、成王以王禮葬之、命魯使郊、以彰周公之德、非正、故卜、三卜吉、則用

之、不吉則免牲、謂之郊者、天人相與交接之意也。不言郊天者、謙不敢斥尊。○大平音泰、王功于況反。魯郊何以非禮。據成公乃不郊、惡之。天子祭天。郊者、所以祭天也、天子所祭莫重於郊於南郊者、就陽位也、槀席玄酒、器用陶匏、大珪不琢、大羹不和、爲天至尊、物不可悉備、故推質以事之。○槀古老反、和戶臥反、爲天于僞反。諸侯祭土。土、謂社也、諸侯所祭莫重於社、卿大夫祭五祀、士祭其先祖。天子有方望之事。方望、謂郊時所望祭四方羣神日月星辰風伯雨師五嶽四瀆及餘山川、凡三十六所。無所不通。盡八極之內、天之所覆、地之所載、無所不至、故得郊也。諸侯山川有不在其封內者、則不祭也。故魯郊非禮也。曷爲或言免牲。或言免牛。免牲禮也。魯卜郊不吉免之、禮、卜郊不吉、則爲牲作玄衣纁裳、使有司玄端放之於南郊、明本爲天、不敢留天牲。免牛。非禮也。免牛何以非禮。傷者曰牛。養牲不謹敬、有災傷、天不饗用、不得復爲天牲、故以本牛名之、非禮者、非天牲、不當復見免、但當內自省責而已。三望者何。

望祭也。然則曷祭。祭大山河海。曷爲祭大山河海。據郊者主爲祭天。○大山音泰、下同。山川有能潤于百里者。天子秩而祭之。此皆助天宣氣布功、故祭天及之、秩者、隨其大小尊卑高下所宜、禮、祭天牲角繭栗、社稷宗廟角握、六宗五嶽四瀆角尺、其餘山川視卿大夫、天燎、地瘞、日月星辰布、山縣、水沈、風磔、雨升、燎者、取俎上七體與其珪寶、在辨中、置於柴上燒之。○瘞於例反、縣音玄、磔陟百反。觸石而出。膚寸而合。側手爲膚、案指爲寸、言其觸石理而出、無有膚寸而不合。不崇朝而徧雨乎天下者。唯大山爾。崇、重也、不重朝、言一朝也。河海潤于千里。亦能通氣致雨、潤澤及于千里、韓詩傳曰、湯時大旱、使人禱于山川是也、郊望非一、獨祭三者、魯郊非禮、故獨祭其大者。猶者何。通可以已也。已、止。何以書。譏不郊而望祭也。譏尊者不食、而卑者獨食、書者、惡失禮也、魯至是郊者、僖公賢君、欲尊明其先祖之功德、不就廢之、譏者、春秋不見事不書、皆從事舉可知也、不吉言不從者、明已意汲汲欲郊、而上不從爾、所以見事鬼神當加精誠、

秋。七月。

冬。杞伯姬來求婦。

傳其言來求婦何。兄弟辭也。其稱婦何。有姑之辭也。書者、無出道也、

狄圍衛。十有二月。衛遷于帝丘。

月者、惡大國遷至小國、城郭堅固、人衆彊、遷徙畏人、故惡之也、

三十有二年。春。王正月。

夏。四月。己丑。鄭伯接卒。不書葬者、殺大夫申侯也、君殺大夫、皆就葬別有罪無罪、唯內無貶公之道、不可去葬、故從殺時別之。○接、二傳作捷、別、有彼列反、下同、去、起呂反。

衛人侵狄。

秋。衛人及狄盟。不地者、起因上侵就狄盟也、復出衛人者、嫌與內微者同也、言及者、時出不得狄君也、稱人而言及、則知狄盟者卑、○復扶又反

冬。十有二月。己卯。晉侯重耳卒。○重直龍反

三十有三年。春。王二月。秦人入滑。

齊侯使國歸父來聘。

夏四月辛巳晉人及姜戎敗秦于殽。

傳其謂之秦何。据敗者稱師未得師稱人夷狄之也。曷爲夷狄之。据俱見敗秦伯將襲鄭。輕行疾至不戒以入曰襲○輕遣政反百里子與蹇叔子諫曰千里而襲人未有不亡者也。行疾不假塗變必生道遠多險阻遭變必亡秦伯怒曰若爾之年者宰上之木拱矣。宰冢也拱可以手對抱爾曷知師出。百里子與蹇叔子送其子而戒之曰爾即死必於殽之嶔巖是文王之所辟風雨者也。其處險阻隘勢一人可要百故文王過之驅馳常若辟風雨襲鄭所當由也○嶔若銜反吾將尸爾焉。在牀曰尸在棺曰柩子揖師而行。揖其父于師中介胄不拜爲其拜如蹲○胄直又反爲于僞反蹲音存百里子與蹇叔子從其子而哭之秦伯怒曰爾曷爲哭吾師對曰。

臣非敢哭君師哭臣之子也。言恐臣先死子不見臣故先哭之弦高者鄭商也。鄭商賈人遇之殽矯以鄭伯之命而犒師焉。詐稱曰矯犒勞也見其軍行非常不似君子恐見虜掠故生意矯君命勞之○犒苦報反勞力報反掠音亮或曰往矣或曰反矣。軍中語也時以爲鄭實使弦高犒之或以爲鄭伯已知將見襲必設備不如還或曰既出當遂往之然而晉人與姜戎要之殽而擊之匹馬隻輪無反者。然然上議猶豫留往之項也匹馬一馬也隻蹄也皆喻盡○蹄居宜反其言及姜戎何。据秦人白狄不言及吳子主會也姜戎微也。故絕言及稱人亦微者也。何言乎姜戎之微。据邢人狄人伐衞不言及先軫也。先軫晉大夫也言姜戎微則知稱人者尊或曰襄公親之。以既貶又危文公葬襄公親之則其稱人何。据桓十三年衞侯背殯用兵不稱人貶。曷爲貶。据俱背殯用兵君在乎殯而用師危不得葬也。莫猶追齊

宋異故惡不予也詐戰不日此何以日。据不言敗績外詐戰文也詐卒也齊人語也○卒七忽反也。惡者不仁

癸巳葬晉文公。

狄侵齊。

公伐邾婁取叢。取邑不致者得意可知例○取叢才工反二傳作取訾樓

秋公子遂率師伐邾婁。

晉人敗狄于箕。不月者略微者與夷狄也

冬十月公如齊。月者善公念齊恩及子孫

十有二月公至自齊。

乙巳公薨于小寢。

霣霜不殺草李梅實。

傳何以書記異也何異爾不時也。周之十二月夏之十月也易中孚記曰陰假陽威之應也早霣霜而不殺萬物至當霣霜之時根生之物復榮不死斯陽假與陰威陰成列索故陽自霣霜而反不能殺也此祿去公室攻在公子遂之應也○復扶又反

晉人陳人鄭人伐許。

春秋公羊傳卷十二終

春秋公羊傳卷十三

漢諫議大夫司空掾任城何　休學
皇明　後　學　東吳金　蟠訂

文公

元年。春王正月。公卽位。

二月。癸亥朔。日有食之。是後楚世子商臣弑其君、楚滅江六、狄北侵中國、

天王使叔服來會葬。

傳其言來會葬何。據奔喪以非禮書、歸含且賵不言來、○含本又作晗、戸暗反、五年經同、賵芳鳳反、會葬禮也。但解會葬者、明言來者常文、不爲早晚施也、常事書者、文公不肖、諸侯莫肯會之、故書天子之厚、以起諸侯之薄、葢以長補短也、叔服者、王子虎也、服者字也、叔者長幼稱也、不繫王者、不以親疎錄也、不稱王子者、時天子諸侯不務求賢、而專貴親親、故尤其在位子弟、刺其早任以權也、魯得言公子者、方錄異辭、故獨不言弟也、諸侯得言子弟者、一國失賢輕、○爲于僞反、

夏。四月。丁巳。葬我君僖公。

天王使毛伯來錫公命。

傳錫者何。賜也。命者何。加我服也。復發傳者、嫌禮與桓公同、夾生異也、主書者、惡天子也、古者三載考績、三考黜陟幽明、文公新卽位、功未足施而錫之、非禮也、

晉侯伐衞。

叔孫得臣如京師。書者、與莊二十五年同、知不爲喪聘書者、聘爲貢職天子、當得異方之物以事宗廟、又欲以知君父無恙、不以喪廢、故不譏也、如他國、就不三年、一譏而已、

衛人伐晉。

秋公孫敖會晉侯于戚。

冬十月丁未楚世子商臣弑其君髠。楚無大夫、言世子者、甚惡世子弑父之禍也、不言其父言其君者、君之于世子、有父之親、有君之尊、言世子者、所以明有父之親、言君者、所以明有君之尊、又責臣子當討賊也、日者、夷狄子弑父、忍言其日、○髠苦門反、左氏作頵

公孫敖如齊。書者、譏喪娶、吉凶不相干、

二年春王二月甲子晉侯及秦師戰于彭衙。秦師敗績。稱秦師者、惡其衆、惡其將前以不用賢者之言、匹馬隻輪無反者、今復重師敗績、師敵君不正者、賤之、不嫌得敵君、○衙音牙

丁丑作僖公主。

傳作僖公主者何。爲僖公作主也。爲僖公廟作主也、主狀正方、穿中央達四方、天子長尺二寸、諸侯長一尺、○爲僖公廟于僞反 主者曷用。虞主用桑。禮、平明而葬、日中而反虞、以陽求陰、謂之虞者、親喪以下壙、皇皇無所親、求而虞事之、虞猶安神也、用桑者、取其名、與其麤觕、所以副孝子之心、禮虞祭、天子九、諸侯七、卿大夫五、士三、其奠處猶吉祭、○壙苦晃反、又音曠 練主用栗。謂期年練祭也、埋虞主于兩階之間、易用栗也、夏后氏以松、殷人以柏、周人以栗、松猶容也、想見其容貌而事之、主人正之意也、柏猶迫也、親而不遠、主地正之意也、栗猶戰栗、謹敬貌、主天正之意也、禮、士虞記曰、桑主不文、吉主皆刻而謚之、蓋爲禘祫時別昭穆也、虞主三代同者、用意尚麤觕、未暇別也、○期年音基、正音征 用栗者。藏主也。藏于廟室中、當所當奉事也、質家藏于堂 作僖公主何以書。据作餘公主不書、 譏。何譏爾。不時也。其不時奈何。欲久喪而後不能也。禮、作練主當以十三月、文公亂聖人制、欲服喪三十六月、十九月作練主、又不能卒竟、故以二十五月也、日者、重失禮鬼神、

三月乙巳及晉處父盟。

傳此晉陽處父也。何以不氏。据晉陽處父伐楚救江、 諱與大夫盟也。諱去氏者、使若得其君、如經言邾婁儀父矣、不地者、起公就于晉也、日者、起公盟也、俱沒公、齊高傒不使若君、處父使若君者、親就其國、恥不得其君、故使若得其君也、如晉不書不致者、深諱之、○去起呂反

夏六月公孫敖會宋公陳侯鄭伯晉士縠盟于垂斂。

盟不日者、欲共盟誅商臣、雖不能誅、猶爲疾惡故也、褒與信辭也、不如平丘兩舉會盟詳錄之者、時至即盟、會禮不成、○縠戶木反、垂斂、左氏作垂隴

自十有二月不雨至于秋七月。

傳何以書。記異也。以不言旱、 大旱以災書。此亦旱也。曷爲以異書。大旱之日短而云災。云、言也、言有災、 故以災書。此不雨之日長而無災。故以異書也。此祿去公室、政在公子遂之所致也、不就莊三十一年發傳者、此最甚事著、

八月丁卯大事于大廟躋僖公。○大廟音太、傳太祖皆同

傳大事者何。大祫也。以言大、與有事異、又從僖八年禘數之、知爲大祫、○祫音洽 大祫者何。

合祭也。其合祭柰何。毀廟之主陳于大祖。毀廟、謂親過高祖、毀其廟、藏其主于大祖廟中、禮、取其廟室笮、以爲奻者、炊沐、大祖、周公之廟、陳者、就陳列大祖前、大祖東鄉、昭南鄉、穆北鄉、其餘孫從王父、父曰昭、子曰穆、昭取其鄉明、穆取其北面尚敬、○笮側自反、鄉許亮反、未毀廟之主皆升。合食于大祖。自外來曰升、五年而再殷祭。殷盛也、謂三年祫、五年禘、禘所以異于祫者、功臣皆祭也、祫猶合也、禘猶諦也、審諦無所遺失、禮、天子特禘特祫、諸侯禘則不礿、祫則不嘗、大夫有賜于君、然後祫其高祖、○諦音帝、礿羊略反、躋者何。升也。何言乎升僖公。据禘於大廟不道所升、譏。何譏爾。逆祀也。其逆祀柰何。先禰而後祖也。升、謂西上、禮、昭穆指父子、近取法春秋、惠公與莊公、當同南面西上、隱桓與閔僖亦當同北面西上、繼閔者在下、文公緣僖公于閔公爲庶兄、置僖公于閔公上、失先後之義、故譏之、傳曰後祖者、僖公以臣繼閔公、猶子繼父、故閔公于文公、亦猶祖也、自先君言之、隱桓及閔僖、各當爲兄弟、顧有貴賤耳、自繼代言之、有父子君臣之道、此恩義逆順、各有所施也、不言吉祫者、就不三年、不復譏、略、爲下張本、○禰乃禮反、

冬。晉人。宋人。陳人。鄭人。伐秦。

公子遂如齊納幣。

傳納幣不書。此何以書。譏。何譏爾。譏喪娶也。娶在三年之外。則何譏乎喪娶。据逆在四年、三年之內不圖婚。僖公以十二月薨、至此未滿二十五月、又禮先納采、問名、納吉、乃納幣、此四者、皆在三年之內、故云爾、吉禘于莊公譏。然則曷爲不于祭焉譏。据吉禘於莊公譏、始不三年、大事圖婚、俱不三年、大事猶從吉禘、不復譏、三年之恩疾矣。疾痛、非虛加之也。非虛加責之、以人心爲皆有之。以人心爲皆有疾痛、不忍娶、以人心爲皆有之。則曷爲獨於娶焉譏。据孝子疾痛、吉事皆不當爲、非獨娶也、娶者大吉也。合二姓之好、傳之于無窮、故爲大吉、○好呼報反、非常吉也。與大事異、其爲吉也主於已。主於已身、不如祭祀、尚稱念先人之心、以爲有人心焉者。則宜於此焉變矣。變者、變慟哭泣也、有人心念親者、聞有欲爲已圖婚、則當變慟哭泣矣、況乃至于納幣成婚哉、

三年。春。王正月。叔孫得臣會晉人。宋人。陳人。衞人。鄭人。伐沈。沈潰。○沈音審

夏。五月。王子虎卒。

傳王子虎者何。天子之大夫也。外大夫不卒。此何以卒。据原仲也、新使乎我也。王子虎、卽叔服也、新爲王者使來會葬、在葬後三年中卒、君子恩隆于親親、則加報之、故卒、明當有恩禮也、尹氏卒曰、此不日者、在期外也、名者、卒從正、○使所吏反

秦人伐晉。

秋。楚人圍江。

雨螽于宋。○螽音終

傳雨螽者何。死而墜也。以先言雨也、墜、隋地也、不言如雨言雨、螽者、本飛從地上而下、至地似雨、尤醜、○墜直類反、隋大果反、何以書。記異也。外異不書。此何以書。爲王者之後記異也。螽猶衆也、衆死而墜者、羣臣將爭彊相殘賊之象、是後大臣比爭鬭相殺、司城驚逃、子哀奔亡、國家廓然無人、朝廷久空、蓋由三世內娶、貴近妃族、禍自上下、故異之云爾、

冬。公如晉。十有二月。己巳。公及晉侯盟。

晉陽處父帥師伐楚救江。

傳此伐楚也，其言救江何？據兩之當先言救也，非兩之當重出處父也，生事當言遂，三者皆違例，知後言救江起伐楚意，故問之。爲諼也。諼，詐，○諼，許元反。其爲諼柰何？伐楚爲救江也。救人之道，當指其所之，實欲救江，而反伐楚，以爲其勢必當引圍江兵，當還自救也，故云爾。孔子曰：自古皆有死，民無信不立。

四年春，公至自晉。

夏，逆婦姜于齊。

傳其謂之逆婦姜于齊何？據不書逆者主名，不言如齊，不稱女。略之也。稱婦人至文也，逆與至共文，故爲略。高子曰：娶乎大夫者，略之也。賤非所以奉宗廟，故略之，不書逆者主名，卑不爲錄使也，不言如齊者，大夫無國也，不稱女者，方以婦姜見與至共文，重至也，不稱夫人爲致文者，賤不可奉宗廟也，不言氏者，本

當稱女，女者父母辭，君子不奪人之親，故使從父母辭，不言氏，○爲，于僞反，使，所吏反。

狄侵齊。

秋，楚人滅江。

晉侯伐秦。

衞侯使甯俞來聘。

冬，十有一月壬寅，夫人風氏薨。

五年春王正月，王使榮叔歸含且賵。

傳含者何？口實也。孝子所以實親口也，緣生以事死，不忍虛其口，天子以珠，諸侯以玉，大夫以碧，士以貝，春秋之制也，文家加飯以稻米，○飯，扶晚反。其言歸含且賵何？據宰咺歸兩賵不言且也，遣賵何之者，嫌據賵言歸，○咺，況阮反。兼之。兼之非禮也。且，兼辭，以言且，知幾兼之也，含言歸者，時主持含來也，去天者，含者臣子職，以至尊行至卑事，失尊之義也，不從含晚言來者，本不當含也，主書者，從含也，○去，起呂反，下同。

三月辛亥，葬我小君成風。

傳成風者何？僖公之母也。風氏也，任宿顓臾之姓，○任音壬。

王使召伯來會葬。去天者，不及事，剌比失喪禮也。

夏，公孫敖如晉。

秦人入鄀。○鄀音弱。

秋，楚人滅六。

冬，十月甲申，許男業卒。

六年春，葬許僖公。

夏，季孫行父如陳。

秋，季孫行父如晉。

八月乙亥，晉侯讙卒。○讙，好官反。

冬，十月，公子遂如晉，葬晉襄公。書遂者，刺公生時數如晉，葬不自行，非禮也，禮，諸侯薨，使大夫弔，自會葬，○數，所角反。

晉殺其大夫陽處父。晉狐射姑出奔狄。○射姑音亦又音夜穀梁作夜

傳晉殺其大夫陽處父。則狐射姑曷爲出奔。据蔡殺其大夫公子燮蔡公子履出奔楚此非同姓恐見及、射姑殺也。以非恐見及、知其殺射姑殺。則其稱國以殺何。君漏言也。首上言泄下曰漏、其漏言柰何。君將使射姑將。謂作中軍大夫、○將子匠反下同陽處父諫曰。射姑民衆不說。不可使將。於是廢將。陽處父出。射姑入。君謂射姑曰。陽處父言曰。射姑民衆不說。不可使將。射姑怒。出刺陽處父於朝而走。明君漏言殺之當坐殺也、易曰、君不密則失臣、臣不密則失身、幾事不密則害成、○說音悅

閏月。不告月。猶朝于廟。

傳不告月者何。不告朔也。禮、諸侯受十二月朔政于天子、藏于大祖廟、每月朔朝廟、使大夫南面奉天子命、君北面而受之、比時使有司先告朔、謹之至也、受于廟者、孝子歸美先君、不敢自專也、言朝者、緣生以事死、親在、朝朝莫夕、已死不敢瀆鬼神、故事必于朔者、感月始生而朝、○大祖音泰比必利反朝朝上如字下直遙反曷爲不告朔。据具月也、天無是月也。閏月矣。何以謂之天無是月。非常月也。所在無常、故無政也、猶者何。通可以已也。朝者因視朔政、爾無政而朝、故加猶、不言朔者、閏月無告朔禮也、不言公者內事可知、

七年。春。公伐邾婁。

三月。甲戌。取須朐。○朐其俱反

傳取邑不日。此何以日。据取叢也、內辭也。使若他人然。使若公春伐邾婁而去、他人自以甲戌日取之、內再取邑、然後甚而日也、今此一取而日故使若他人然、所以瀆諱者、扈之盟不見序、弁爲取邑故○爲于僞反

遂城郚。主書者甚其生事、用極師衆、○郚音吾

夏四月。宋公王臣卒。

宋人殺其大夫。不書葬者、坐殺大夫也、不日者、內娶略、

傳何以不名。据宋殺其大夫山、名、宋三世無大夫。三世內娶也。故使無大夫、

戊子。晉人及秦人戰于令狐。晉先眜以師奔秦。○令力丁反眜音蔑左氏作蔑

傳此偏戰也。何以不言師敗績。据秦師敗績、敵也。俱無勝負、此晉先眜也。其稱人何。据奔無出文、知先眜也、貶。曷爲貶。据新築之戰、衞孫良夫敗績不貶、外也。其外柰何。以師外也。懷持二心、有功欲還、無功便持師出奔、故於戰貶之、起其以師外也、本所以懷持二心者、其咎亦由晉侯、要以無功當誅也、不起者、敵而外事可知也、何以不言出。据楚囊瓦俱戰而奔、言出、遂在外也。起其生事、戚于竟外、從竟外去、

秋。侵我西鄙

秋。八月。公會諸侯晉大夫盟于扈。

傳諸侯何以不序。大夫何以不名。序次也。據新城盟諸侯序、趙盾名。公失序也。公失序柰何。諸侯不可使與公盟。眣晉大夫使與公盟也。以目通指曰眣。文公內則欲久喪而後不能、喪娶逆祀、外則貪利取邑、爲諸侯所薄賤、不見序、故深諱爲不可知之辭。不日者、順諱爲善文也。○眣音舜、本又作眣、伊乙反、又大結反。

冬。徐伐莒。謂之徐者、前共滅王者後、不知尊先聖法度、今自先犯文、對事連可以起同惡。莒在下、不得狄、故復狄徐也。一罪再狄者、明爲莒狄之爾。徐先狄在僖十五年。

公孫敖如莒涖盟。

八年。春。王正月。

夏。四月。

秋。八月。戊申。天王崩。

冬。十月。壬午。公子遂會晉趙盾。盟于衡雍。○雍於用反

乙酉。公子遂會伊雒戎。盟于暴。四日不能再出、不卒名者、非一事再見也。○雒音洛、暴步報反、本又作曝

公孫敖如京師。不至復。丙戌。奔莒。

傳不至復者何。不至復者。內辭也。不可使往也。安居不肯行、故諱、使若已行、但不至還爾。卽已行、當適所至、乃言復、如至黃矣。不可使往。則其言如京師何。遂公意也。正其義、不使君命壅塞。何以不言出。據慶父言出奔。遂在外也。諱使若從外來、不敢復還者也。日者、嫌敖罪明、則起君弱、故諱使若無罪。

螽。先自公如晉、公子遂、公孫敖比出、不可使、勢奪于大夫、煩擾之應。○螽音終

宋人殺其大夫司馬。

宋司城來奔。

傳司馬者何。司城者何。皆官舉也。皆以官名舉言之。天子有大司徒、大司馬、大司空、皆三公官名也。諸侯有司徒、司馬、司空、皆卿官也。宋變司空爲司城者、辟先君武公名也。曷爲皆官舉。據宋殺其大夫山不官舉。宋三世無大夫。三世內娶也。宋以內娶、故威勢下流、三世妃黨爭權相殺、司城驚逃、子哀奔亡、主或不知所任、朝廷久空、故但舉官起其事也。大夫相殺例皆時。

九年。春。毛伯來求金。

傳毛伯者何。天子之大夫也。何以不稱使。據南季稱使。當喪。未君也。時王新有三年喪。踰年矣。何以謂之未君。據崩在八年、踰年當卽位。卽位矣。而未稱王也。未稱王。何以知其卽位。以諸侯之踰年卽位。亦知天子之踰年卽位也。俱繼體、其禮不得異。以天子三年然後稱王。亦知諸侯于其封內三年稱子也。各信恩于其下。○信音申　踰年稱公矣。則曷爲于其封內三年稱子。緣民臣之心。不可一日無君。緣終始之義。一年不二

君。故君薨稱子某，既葬稱子，明繼體以繫民臣之心。不可曠年無君。故踰年稱公。緣孝子之心，則三年不忍當也。孝子三年志在思慕，不忍當父位，故雖即位，猶於其封內三年稱子。子張曰：書云高宗涼闇，三年不言，何謂也。孔子曰：何必高宗，古之人皆然。君薨，百官總己以聽冢宰三年。○涼音亮，又音良。闇如字，又音陰。

毛伯來求金。何以書？譏。何譏爾？王者無求，求金非禮也。然則是王者與？據未稱王。曰：非也。非王者，則曷為謂之王者？王者無求，曰是子也。雖名為三年稱子者，其實非唯繼父之位，繼文王之體，守文王之法度。文王之法無求而求，故譏之也。引文王者，文王始受命制法度。

夫人姜氏如齊。奔父母之喪也。不言奔喪者，尊內，猶不言朝聘也。故以致起得禮也。書者，大夫家危重，言如齊者，大夫繫國。

二月，叔孫得臣如京師。

辛丑，葬襄王。

傳王者不書葬，此何以書？不及時書，過時書。重錄失時。我有往者則書。謂使大夫往也。惡文公不自往，故書葬以起大夫會之。日者，僖公成風之喪，襄王比加禮，故恩錄之，所以甚責內。

晉人殺其大夫先都。

三月，夫人姜氏至自齊。出獨致者，得禮，故與臣子辭。月者，婦人危重，從始至例。

晉人殺其大夫士穀及箕鄭父。

楚人伐鄭。

公子遂會晉人、宋人、衛人、許人救鄭。

夏，狄侵齊。

秋八月，曹伯襄卒。

九月癸酉，地震。

傳地震者何？動地也。動者震之，故傳先言動者，踰若物之動地以曉人也。何以書？記異也。天動地靜者常也。地動者，象陰為陽行。是時魯文公制于公子遂，齊晉失道，四方叛德，星孛之萌，自此而作，故下與北斗之變所感同也。不傳天下異者，從王內錄可知。○行，下孟反。孛音佩。

冬，楚子使椒來聘。

傳椒者何？楚大夫也。楚無大夫，此何以書？始有大夫也。入文公所聞世，見升平法，內諸夏以外夷狄也。屈完、子玉、得臣者，以起霸事，此其正也。聘而與大夫者，本大國。

始有大夫，則何以不氏？據屈完氏。許夷狄者，不一而足也。許與也。足其氏，則當純以中國禮責之，嫌夷狄質薄，不可卒備，故且以漸。○卒，七忽反。

秦人來歸僖公成風之襚。

傳其言僖公成風何？兼之。兼之非禮也。禮主於敬，當各使一使，所以別尊卑。○襚音遂。曷為不言及成風？據及者別公夫人尊卑文也。連成風者，但問尊卑，體當絕，非欲上成風使及僖公。成風尊也。不可使卑及尊也。母尊序在下者，明婦人有三從之義，少繫父，既嫁繫夫，夫死繫子。○少，詩召反。

葬曹共公。○共音恭。

春秋公羊傳卷十三終

春秋公羊傳卷十四　　漢諫議大夫司空掾任城何休學

皇明　後學　東吳葛　鼒訂

文公

十年春王三月辛卯臧孫辰卒。

夏秦伐晉。

謂之秦者起令狐之戰敵均不敗晉先眛以師奔秦可以足矣而猶不知止故夷狄之

楚殺其大夫宜申。

自正月不雨至于秋七月。

公子遂之所招

及蘇子盟于女栗。

○女音汝本亦作汝

冬狄侵宋。

楚子蔡侯次于屈貉。

魯恐故書刺微弱也○屈貉君勿反又音厥下音麥又户各反二傳作厥貉

十有一年春楚子伐圈。

○圈求阮反一音卷二傳作麇

夏叔彭生會晉郤缺于承匡。

秋曹伯來朝。

公子遂如宋。

狄侵齊。

冬十月甲午叔孫得臣敗狄于鹹。

○鹹音咸

傳狄者何。以日嫌夷狄不能偏戰故問也長狄也。蓋長百尺兄弟三人。言相類如兄弟一者之齊。一者之魯。一者之晉。不書者外異也其之齊者。王子成父殺之。其之魯者。叔孫得臣殺之。經言敗殺不明故復云爾則未知其之晉者也。其言敗何。据敗者內戰文非殺一人也大之也。長狄之三國皆欲爲君長大非一人所能討興師動衆然後殺之如

大戰故就其事言敗其日何。据日而言敗與公子友敗莒師于犂同非殺一人文○犂力知反又力兮反大之也。如結日大戰其地何。大之也。如大戰故地何以書。記異也。魯成就周道之封齊晉霸尊周室之後長狄之操無羽翮之助別之三國皆欲爲君此象周室衰禮義廢大人無輔佐有夷狄行事以三成不可苟指一故自宣成以往弑君二十八亡國四十○行下孟反

十有二年春王正月盛伯來奔。

傳盛伯者何。失地之君也。何以不名。兄弟辭也。與郜子同義月者前爲魯所滅今來見歸猶當加意厚遇之

杞伯來朝。

二月庚子子叔姬卒。

卒者許嫁

傳此未適人何以卒。許嫁矣。婦人許嫁字而笄之。死則以成人之喪治之。其稱子何。据伯姬卒亦許嫁不稱子貴也。其貴奈何。母弟也。不稱母妹而繫先君言子者遠別也禮男子不絕婦人之手婦人不絕男子之手

夏楚人圍巢。

秋滕子來朝。

秦伯使遂來聘。

○遂二傳作術

傳遂者何。秦大夫也。秦無大夫。此何以書。賢繆公也。何賢乎繆

公。据聘不足與大夫荆人來聘是也○繆音木以爲能變也。其爲能變奈何。惟諓諓善竫言。諓諓淺薄之貌竫猶撰也○諓在淺反又子淺反又音戔竫在井反俾君子易怠。俾使也易怠猶輕情也○俾必爾反易以豉反而況乎我多有之。惟一介斷斷焉無他技。一介猶一槩斷斷猶專一也他技奇巧異端也孔子曰攻乎異端斯害也已其心休休。休休美大貌能有容。能含容賢者逆耳之言是難也。是難行也秦繆公自傷前不能用百里奚蹇叔子之言感而自變悔遂霸西戎故因其能聘中國善而與之使有大夫子貢曰君子之過也如日月之食焉過也人皆見之更也人皆仰之此之謂也

冬十有二月戊午晉人秦人戰于河曲。

傳此偏戰也。何以不言師敗績。敵也。曷爲以水地。以水地者謂以水曲折起地遠近所在也据戰于泓不言曲河曲疏矣。河千里而一曲也。河曲流以据地明故可以曲地

因以起二國之君數興兵相伐戰無已時故不言及不別曲直而地以河曲明兩曲也○數所角反

季孫行父帥師城諸及運。帥帥師者刺魯微弱臣下不可使邑久不修不敢徒行興師屬衆然後敢城之言及者別君邑臣邑也○運二傳作鄆後皆爾

十有三年春王正月。

夏五月壬午陳侯朔卒。不書葬者盈爲晉文諱也晉文雖霸會人孤以尊天子自稱有餘故爲盈爲諱

邾婁子蘧篨卒。○蘧篨其居反下直居反

自正月不雨至秋七月。公子遂所致

世室屋壞。○世室二傳作大室

傳世室者何魯公之廟也。魯公周公子伯禽 周公稱大廟魯公稱世室羣公稱宮。少差異其下者所以尚尊周公○大廟音泰下同 此魯公之廟也曷爲謂之世室世室猶世室也世世不毀也。魯公始封之君故不毀也 周公何以稱大廟于魯。据魯公始封也 封魯公以爲周公也。爲周公故語在下 周公拜乎前魯公拜乎後。始受封時拜于文王廟也尚書曰用命賞于祖是也父子俱拜者明以周公之功封魯公也 曰生以養周公。生以魯國供養周公○供九用反下同 死以爲周公主。如周公死當以魯公爲祭祀主加曰者成王始受其茅土之辭禮記明堂位曰封周公于曲阜地方七百里革車千乘益以爲有王功故半天子也○王于況反 然則周公之魯乎曰不之魯也封魯公以爲周公主然則周公曷爲不之魯。据爲周公者謂生以養周公死以爲周公主周公不之魯則不得供養爲主 欲天下之一乎周也。周公聖人德至重功至大東征則西國怨西征則東國怨嫌之魯恐天下迴心趣鄉之故封伯禽命使遂供養死則奔喪爲主所以一天下之心于周室○鄉許亮反 魯祭周公何以爲牲。据廟異也 周公用白牡。白牡殷牲也周公死有王禮謙不敢與文武同也不以夏黑牡者謙改周之文當以夏辟嫌也 魯公用騂犅。騂犅赤脊周牲也魯公以諸侯不嫌故從周制以脊爲差○騂息營反犅音剛 羣公不毛。不毛不純色所以降于尊祖 魯祭周公何以爲盛。据牲異也 周公盛。盛者新穀 魯公燾。燾者冒也故上以新也○燾徒報反一本作壽音同 羣公廩。廩者連新于陳上財令半相連爾此謂方祫祭之時序昭穆之差○令力呈反下同 世室屋壞何以書譏何譏爾久不修也。簡忽久不以時修治至令壞敗故譏之言屋者重宗廟詳錄之以務公室書月者如久不修當蒙上月

冬公如晉衛侯會公于沓。○沓徒合反

狄侵衛。

十有二月己丑公及晉侯盟還自晉鄭伯會公于斐。

傳還者何善辭也何善爾往黨衛侯會公于沓至得與晉侯盟反黨鄭伯會公于斐故善之也。黨所也所猶時齊人語也文公前扈之盟不見序後能救鄭之難不逆王者之求上得尊尊之義下得解患之恩一出三爲諸侯所榮故加錄于其還時皆涉善之

十有四年，春，王正月，公至自晉。月者，爲臣子喜錄上事。○爲臣，于僞反。

邾婁人伐我南鄙。

叔彭生帥師伐邾婁。

夏，五月，乙亥，齊侯潘卒。不書葬者，潘立儲嗣不明，乍欲立舍，乍欲立商人，至使臨葬更相篡弒，故絕其身，明當更立其先君之大。

六月，公會宋公、陳侯、衛侯、鄭伯、許男、曹伯、晉趙盾。癸酉，同盟于新城。盟下日者，刺諸侯微弱，信在趙盾。○盾，徒本反。

秋，七月，有星孛入于北斗。

【傳】孛者何？彗星也。狀如篲。其言入于北斗何？据大辰不言入。又不言孛名。北斗有中也。魁中。何以書？記異也。孛者，邪亂之氣；篲者，埽故置新之象也。北斗，天之樞機，玉衡七政所出。是時桓文迹息，王者不能統政，自是之後，齊、晉並爭，吳、楚更謀，競行天子之事，齊、宋、莒、魯弒其君而立之應。

公至自會。

晉人納接菑于邾婁，弗克納。○接菑，在妾反，又如字，下側其反，二傳作捷菑。

【傳】納者何？入辭也。其言弗克納何？据言于邾婁，與納頓子于頓同，俱入國得立辭。大其弗克納也。克，勝也。鄭作以勝爲，惡此弗勝，故爲大。何大乎其弗克納？据齊納子糾，恥不能納。

晉郤缺帥師，革車八百乘，以納接菑于邾婁，力沛若有餘。沛，有餘貌。而納之。邾婁人言曰：接菑，晉出也；貜且，齊出也。出，外孫也。○貜，俱縛反，下子餘反。子以其指，指，手指。則接菑也四，貜且也六。言俱不得天之正性。子以大國壓之，壓，服也。服邾婁使從命。則未知齊、晉孰有之也。設齊復興兵來納貜且，亦欲服邾婁使從命，未知齊、晉誰能使外孫有邾婁者。貴則皆貴矣。時邾婁再娶，二子母尊同，體敵。雖然，貜且也長。既兩不得正性，又皆貴，唯當以年長，故立之。○長，丁丈反。郤缺曰：非吾力不能納也，義實不爾克也。如邾婁人言，義不可奪也，故云爾。引師而去之，故君子大其弗克納也。大其不以己非奪人之是。此晉郤缺也，其稱人何？貶。曷爲貶？据趙盾納蒯聵不貶。不與大夫專廢置君也。曷爲不與？据大其弗克納。實與，弗克納是。而文不與。文曷爲不與？大夫之義，不得專廢置君也。不復發上無天子、下無方伯傳者，諸侯本有錫命征伐憂天下之道，故明有亂，義大夫不得專也。接菑不繫邾婁者，見挈于郤缺也。不氏者，本當言邾婁接菑，見當國也。

九月，甲申，公孫敖卒于齊。已絕，卒之者，爲後齊、魯歸其喪，有恥，故爲內諱，使若尚爲大夫。

齊公子商人弒其君舍。

【傳】此未踰年之君也，其言弒其君舍何？据弒其君之子奚齊也。連名何之者，弒成君、未成君俱名，問所從也。已立之，已殺之，商人本正當立，恐舍緣潘意爲害，故先立而弒之。成死者而賤生者也。惡商人懷詐無道，故成舍之君號，以賤商人之所爲。不解名者，言成君可知。從成君不日者，與卓子同。○惡，烏路反。卓，勑角反。

宋子哀來奔。
傳宋子哀者何。無聞焉爾。
冬。單伯如齊。齊人執單伯。齊人執子叔姬。
傳執者曷爲或稱行人。或不稱行人。此問諸侯相執大夫所稱例、稱行人而執者。以其事執也。以其所銜奉國事執之、晉人執我行人叔孫舍是也不稱行人而執者。以已執也。已者、已大夫、自以大夫之罪執之、分別之者、罪惡各當歸其本、單伯之罪何道。淫也。惡乎淫。淫于子叔姬。時子叔姬嫁當爲齊夫人、使單伯送之、○惡音烏然則曷爲不言齊人執單伯及子叔姬。据夫人婦姜繫公子遂、內辭也。使若異罪然。深諱使若各自以他事見執者、不書叔姬歸于齊者、深諱以起道淫、書單伯如齊者起送叔姬也、齊稱人者順諱文使若非伯討、

公羊傳　卷十四　文公　八　永懷堂

十有五年。春。季孫行父如晉。
三月。宋司馬華孫來盟。月者、文公微弱、大夫秉政、宋亦蔽于三世之黨、三亂結盟、故不與信辭、不稱使者、宋無大夫、官舉者見宋亂也、錄華孫者、明惡二國、非以月惡華孫也、
夏。曹伯來朝。
齊人歸公孫敖之喪。
傳何以不言來。据齊人來歸子叔姬內辭也。脅我而歸之。筍將而來也。筍者、竹箯、一名編輿、齊魯以此名之曰筍、將、送也、爲叔姬淫、惡魯類故取其尸置編輿中、傳送而來、脅魯令受之、故諱不言來、起其來有恥、不可言來也、不月者、不以恩錄、與子叔姬異、○筍音峻令受力呈反

六月。辛丑朔。日有食之。鼓用牲于社。是後楚人滅庸、宋人弑其君處臼、齊人弑其君商人、宣公弑子赤、莒弑其君庶其、
單伯至自齊。大夫不致、此致者、喜患禍解也、不省去氏者、淫當絕、使若他單伯至也、
晉郤缺帥師伐蔡。戊申。入蔡。
傳入不言伐。此其言伐何。至之日也。其日何。据甲寅齊人伐衛、日伐也、至之日也。嫌至日伐不至日入、故日入也、主書與甲寅同義、
秋。齊人侵我西鄙。
季孫行父如晉。

公羊傳　卷十四　文公　九　永懷堂

冬。十有一月。諸侯盟于扈。不序、不日者、順上諱文、使若扈之盟、都不可得而知、
十有二月。齊人來歸子叔姬。
傳其言來何。据齊人歸公孫敖之喪不言來、閔之也。閔傷其棄絕來歸、此有罪。何閔爾。父母之於子。雖有罪。猶若其不欲服罪然。孔子曰、父爲子隱、子爲父隱、直在其中矣、所以崇父子之親也、言齊人不以棄歸爲文者、令與敖同文相發明、叔姬于文公爲姊妹、言父母者、時文公母在、明孝子當申母恩也、月者、閔錄之、從無罪例、
齊侯侵我西鄙。遂伐曹。入其郛。
傳郛者何。恢郭也。恢、大也、郛城外大郭、○郛芳夫反入郛書乎。曰。不書。圍不言入、入郛

是也。入邴不書。此何以書。動我也。諱使若爲同姓見入邴、故動懼我也。動我者何。內辭也。其實我動焉爾。齊侵魯、魯實爲子叔姬故、動懼失操云爾。鄉者不去幾、亦入我邴、故舉入邴以起魯恥、且明兵之所鄉、苟得其罪、則莫敢不懼。○鄉者許亮反、下同。幾音祈

十有六年。春。季孫行父會齊侯于陽穀。齊侯弗及盟。

傳 其言弗及盟何。据序上會也。連盟何者、嫌据盟。不見與盟也。與齊期盟、爲叔姬故、中見簡賤、不見與盟、侮辱有恥、故諱、使若行父會而去、齊侯不及得與盟、故言齊侯弗及、亦所以起齊侯不肯。○爲于僞反

夏。五月。公四不視朔。

視朔說在六年、不舉不朝廟者、禮、月終于廟先受朔政、乃朝、明王敎尊也、朝廟禮也、故以不視朔爲重、常以朔者、始重也、

傳 公曷爲四不視朔。据無事也。公有疾也。以不諱舉公、如有疾、公有疾乃復舉公是也、何

言乎公有疾不視朔。据有疾、無惡也。自是公無疾不視朔也。有疾無惡、不當書、又不言有疾者、欲起公自是無疾不視朔也。然則曷爲不言公無疾不視朔。有疾猶可言也。無疾不可言也。言無疾、大惡不可言也、是後公不復視朔、政事委任公子遂、

六月。戊辰。公子遂及齊侯盟于犀丘。

○犀丘左氏作郪丘、穀梁作師丘

秋。八月。辛未。夫人姜氏薨。

毀泉臺。

傳 泉臺者何。郎臺也。莊公所築臺于郎、以郎譏臨民之漱浣。○漱素侯反、浣戶管反。郎臺則曷爲謂之泉臺。未成爲郎臺。未成時、但以地名之。既成爲泉臺。既成、更以所置名之。毀泉臺何以書。譏。何譏爾。築之譏、毀之譏。先祖爲之、已毀之、不如勿居而已矣。但當勿居、令自毀壞、不當故毀、暴揚先祖之惡也、築毀譏同、如例皆時。○令力呈反、暴步卜反

楚人。秦人。巴人。滅庸。

○巴布加反

冬。十有一月。宋人弒其君處臼。

○處曰二傳作杵臼

傳 弒君者曷爲或稱名氏。或不稱名氏。大夫弒君稱名氏。賤者窮諸人。賤者謂士也、士正自當稱人。大夫相殺稱人。賤者窮諸盜。降大夫使稱人、降士使稱盜者、所以別死刑有輕重也、無尊上、非聖人、不孝者斬首梟之、無營上、犯軍法者斬要、殺人者刎頭、故重者錄、輕者略也、不日者、內娶略賤之、

十有七年。春。晉人。衞人。陳人。鄭人。伐宋。

夏。四月。癸亥。葬我小君聖姜。

○聖姜二傳作聲姜

傳 聖姜者何。文公之母也。

齊侯伐我西鄙。

六月。癸未。公及齊侯盟于穀。

諸侯會于扈。

秋。公至自穀。

公子遂如齊。

十有八年，春，王二月，丁丑，公薨于臺下。

秦伯罃卒。秦穆公也。至此卒者，因其賢。○罃，乙耕反。

夏，五月，戊戌，齊人弑其君商人。齊人弑君賊，復見者，與大夫異。齊人已君事之，殺之，且當坐弑君。

六月，癸酉，葬我君文公。

秋，公子遂、叔孫得臣如齊。不舉重者，譏魯使二大夫出，虛國家，廢政事。重錄內也。

冬，十月，子卒。

傳 子卒者孰謂？謂子赤也。何以不日？據子般卒日。隱之也。何隱爾？弑也。弑則何以不日？據子般卒日。不忍言也。所聞世，臣子恩痛王父深厚，故不忍言其日，與子般異。

夫人姜氏歸于齊。歸者，大歸也。夫死子殺，賊人立，無所歸，留故去也。有去道書者，重絕不復反。

季孫行父如齊。

莒弑其君庶其。

傳 稱國以弑何？據莒人弑其君密州。稱國以弑者，衆弑君之辭。一人弑君，國中人人

盡喜，故舉國以明失衆，當坐絕也。例皆時者，略之也。

春秋公羊傳卷十四終

春秋公羊傳卷十五

漢諫議大夫司空掾任城何　休學

皇明　後學　東吳金　蟠訂

宣公

元年。春。王正月。公卽位。

傳繼弑君不言卽位。此其言卽位何。其意也。桓公篡成君、宣公篡未踰年君、嫌其義異、故復發傳、

公子遂如齊逆女。譏喪娶復書不親迎者、嫌觸諱、不成其文也、有母言如者、緣內諱、無貶公文、

三月。遂以夫人婦姜至自齊。

傳遂何以不稱公子。一事而再見者。卒名也。卒、竟也、竟但舉名者省文、夫人何以不稱姜氏。據僑如以夫人婦姜氏至自齊也、經有姜、不但問不稱氏者、嫌據夫人氏、欲使去姜、貶。曷爲貶之、據俱至也、譏喪娶也。喪娶者公也。則曷爲貶夫人。據師還也、內無貶于公之道也。明下無貶上之義、內無貶于公之道。則曷爲貶夫人。據俱有諱義、夫人與公一體也。恥辱與公共之、夫人貶則公惡明矣、去氏比於去姜差輕可言、故不諱貶夫人、○差初賣反、其稱婦何。據桓公夫人至、不稱婦、有姑之辭也。有姑、當以婦禮至、無姑、當以夫人禮至、故分別言之、言以者、見行遂意也、見繼重在遂、因遠別也、月者、公不親迎、危錄之例也、

夏。季孫行父如齊。

晉放其大夫胥甲父于衛。

傳放之者何。猶曰無去是云爾。是、是衛、然則何言爾。近正也。此其爲近正奈何。古者大夫已去。三年待放。古者刑不上大夫、蓋以爲摘巢毀卵、則鳳凰不翔、刳胎焚夭、則麒麟不至、刑之則恐誤刑賢者、死者不可復生、刑者不可復屬、故有罪放之而已、所以尊賢者之類也、三年者、古者疑獄、三年而後斷、易曰、繫用徽纆、寘於叢棘、三歲不得凶、是也、自嫌有罪當誅、故三年不敢去、君放之。非也。曰無去是非也、大夫待放。正也。聽君不去衛正也、古者臣有大喪。則君三年不呼其門。重奪孝子之恩也、禮、父母之喪、三年不從政、齊衰大功之喪、三月不從政、故孔子曰、夏后氏三年之喪、既殯而致事、殷人既葬而致事、周人卒哭而致事、君子不奪人之親、亦不可奪親也、已練可以弁冕。此說時衰正失、非謂禮當然、弁、禮所謂皮弁爵弁也、皮弁武冠、爵弁文冠、夏曰收、殷曰冔、周曰弁、加旒曰冕、主所以入宗廟、○冔況甫反、服

金革之事。謂以兵事使之、君使之。非也。非古道也、臣行之。禮也。臣順爲命、亦禮也、此與君放之非、臣待君放正同、故引同類相發明、閔子閔子騫以孝聞、要絰而服事。禮、已練、男子除乎首、婦人除乎帶、○要一遙反、既而曰。若此乎古之道不卽人心。既事畢、言古者不敢斥君、卽、近也、退而致仕。退、退身也、致仕、還祿位于君、孔子蓋善之也。善其服事、外得事君之義、致仕、內不失親親之恩、言古者、又孫順不詘其君也、不言君子者、時賢者多以爲非、唯孔子以爲是、○孫音遜

公會齊侯于平州。

公子遂如齊。

六月。齊人取濟西田。○濟子禮反

傳外取邑不書。此何以書。據曹取之不書。所以賂齊也。會所以賂遺齊、故稱人、共國辭、〇遺唯季反曷爲賂齊。據上無戰伐、無所謝、爲弑子赤之賂也。子赤、齊外孫、宣公篡弑之、恐爲齊所誅、爲是賂之、故諱使若齊自取之者、亦因惡齊取篡者賂、當坐取邑、未之齊坐者、由律行言許受賂也、月者、惡内甚于邾婁子益、

秋。邾婁子來朝。

楚子鄭人侵陳。遂侵宋。微者不得言遂、遂者、楚子之遂也、不從鄭人去遂者、兵尊者兼將、〇將子匠反

晉趙盾帥師救陳。宋公陳侯衛侯曹伯會晉師于斐林。伐鄭。

傳此晉趙盾之師也。據上趙盾救陳、微者不能會諸侯、曷爲不言趙盾之師。據公

子遂會晉趙盾于衡雍、伊雒戎盟、再出名氏、君不會大夫之辭也。時諸侯爲趙盾所會、不與卑致尊、故正之、去大夫名氏、使若更有師也、殊會地之者、起諸侯爲盾所會、

冬。晉趙穿帥師侵柳。

傳柳者何。天子之邑也。天子之間田也、有大夫守之、晉與大夫忿爭侵之、〇間音閑、曷爲不繫乎周。據王師敗績于貿戎、繫王、〇貿音茂不與伐天子也。絕正其義、使若兩國自相伐、

晉人宋人伐鄭。

二年。春。王二月。壬子。宋華元帥師及鄭公子歸生帥師戰于大棘。

宋師敗績。獲宋華元。復出宋者、非獨惡華元、明恥辱及宋國、〇華戶化反

秦師伐晉。秦稱師者、閔其衆、惡其將、本秦之忿、起殽之戰、今襄公繆公已死、可以止矣、而復伐晉、惡其構怨結禍無已、

夏。晉人宋人衛人陳人侵鄭。

秋。九月。乙丑。晉趙盾弑其君夷獔。〇夷獔戶刀反、又古刀反、二傳作夷皋

冬。十月。乙亥。天王崩。匡王、

三年。春。王正月。郊牛之口傷。改卜牛。牛死。乃不郊。猶三望。

傳其言之何。據食角不言之、緩也。辭間容之、故爲緩、不若食角急也、別天牲主以角書者、譏宣公養牲不謹

敬、不潔清而災重事至尊、故詳錄其簡甚、曷爲不復卜。據定十五年牛死、改卜牛、養牲養二卜。二卜、語在卜、帝牲不吉。帝、皇天大帝、在北辰之中、主總領天地五帝羣神也、不吉者、有災、則扳稷牲而卜之。先卜帝牲養之、有災、更引稷牲卜之、以爲天牲養之、凡當二卜、爾復不吉、不復郊、〇扳普顏反、又普姦反、帝牲在于滌三月。滌、宮名、養帝牲三牢之處也、謂之滌者、取其蕩滌潔清、三牢者、各主一月、取三月、一時足以充其天牲、於稷者唯具是視。視其身體具無災害而已、不特養于滌宮、所以降稷尊帝、郊則曷爲必祭稷。據郊者主爲祭天、王者必以其祖配。祖、謂后稷、周之始祖、姜嫄履大人迹所生、配、配食也、王者則曷爲必以其祖配。據方父事天、自内出者無匹不行。匹、合也、無所與會合則不行、自外至者無主不止。必得主人乃止者、天道闇昧、故推人道以接之、不以文王配者、重本尊始之義也、故孝經曰、郊祀后稷以配天、宗祀文王於明堂以配上帝、上帝、五帝、在太微之中、迭生子孫、更王天下、書改卜者、善其

應變得禮也、○更王音庚、下于況反

葬匡王。

楚子伐賁渾戎。○賁渾舊音六戎音奔下戸門反二傳作陸渾

夏、楚人侵鄭。

秋、赤狄侵齊。

宋師圍曹。

冬、十月、丙戌、鄭伯蘭卒。

葬鄭繆公。葬不月者、于未三年而弑、故略之也○繆音穆

四年、春、王正月、公及晉侯平莒及郯。莒人不肯。公伐莒取向。

傳此平莒也、其言不肯何。據取汶陽田、不言棘不肯、辭取向也。為公取向作辭也、恥行義為利、故諱使若莒不肯起其平也、聽公平、伐取其邑以弱之者愈也、莒言及者、明非莒不肯起其平也、書齊侯者、公不能獨平也、月者、惡錄之、

秦伯稻卒。

夏、六月、乙酉、鄭公子歸生弑其君夷。

赤狄侵齊。

秋、公如齊。

公至自齊。

冬、楚子伐鄭。

五年、春、公如齊。

夏、公至自齊。

秋、九月、齊高固來逆子叔姬。

叔孫得臣卒。不日者、知公子遂欲弑君、為人臣知賊而不言、明當誅、

冬、齊高固及子叔姬來。

傳何言乎高固之來。據當舉叔姬為重、大夫私事不當書、言叔姬之來而不言高固之來、則不可。禮、大夫妻歲一歸宗、叔姬屬嫁而與高固來、如但言叔姬來而不言高固來、則魯負教戒重不可言、故書高固、明失教戒重在固、言及者、猶公及夫人、子公羊子曰、其諸為其雙雙而俱至者與。言其雙行匹至、似於鳥獸、

楚人伐鄭。

六年、春、晉趙盾、衞孫免侵陳。

傳趙盾弑君、此其復見何。據宋督、鄭歸生、齊崔杼、弑其君、後不復見、親弑君者趙穿也。復見趙盾者、欲起親弑者趙穿、非盾、親弑君者趙穿、則曷為加之趙盾。不討賊也。何以謂之不討賊。據皆去葬、不加弑、晉史書賊曰、晉趙盾弑其君夷獋。趙盾曰、天乎無辜。辜罪也、呼天告冤、吾不弑君、誰謂吾弑君者乎。史

曰。爾爲仁爲義。人弒爾君。而復國不討賊。此非弒君而何。復反也趙盾不能復應者明義之所責不可辭趙盾之復國奈何。靈公爲無道。使諸大夫皆內朝。禮公族朝於內朝親親也雖有富貴者以齒明父子也外朝以官體異姓也宗廟之中以爵爲位崇德也宗人授事以官尊賢也升餕受爵以上嗣尊祖之道也喪紀以服之精粗爲序不奪人之親也○餕音俊然後處乎臺上。引彈而彈之。已趨而辟丸。巳巳諸大夫也○巳音紀是樂而已矣。以是爲笑樂○是音洛趙盾已朝而出。與諸大夫立於朝。有人荷畚。荷負也畚草器若今市所量穀者是也齊人謂之鍾○有人荷本又作何胡可反又音何畚音本自閨而出者。宮中之門謂之闈其小者謂之閨從內朝出立于外朝見出閨者知外朝在閨外內朝在閨內可知趙盾曰。彼何也。夫畚曷爲出乎閨。彼何者始惟何等物之辭熟視知其爲畚乃言夫畚者賤器何故乃出尊者之閨乎呼之不至。惟而呼欲問之曰。子大夫也。欲視之則就而視之。顧君責已以視入欲以見就爲解也古者士大夫通曰子趙盾就而視之。則赫然死人也。赫然已支解之貌趙盾曰。是何也。曰。膳宰也。主宰割餕膳者若今大官宰人熊蹯不熟。蹯掌公怒。以斗摮而殺之。摮猶擊也擊謂旁擊頭項○摮五羔反又苦交反支解。將使我棄之。趙盾曰。嘻。趨而入。靈公望見趙盾。愬而再拜。愬者驚貌禮臣拜然後君答拜靈公先拜者畚出盾入知其欲諫欲以敬拒之使不復言也禮天子爲三公下階卿前席大夫與席士式几趙盾逡巡北面再拜稽首。頭至地曰稽首頭至手曰拜手趨而出。本欲諫君君以拜謝知已意異當覺悟故出靈公心怍焉。怍慙貌慙盾知已過○怍在洛反欲殺之。於是使勇士某者往殺之。某者本有姓字記傳者失之勇士入其大門。則無人門焉者。入其閨。則無人閨焉者。焉者於也是無人於閨門

守視者也上其堂。則無人焉。但言焉絕語辭堂不設守視人故不言堂焉者俯而闚其戶。俛挽頭戶室戶方食魚飧。勇士曰。嘻。子誠仁人也。吾入子之大門。則無人焉。入子之閨。則無人焉。上子之堂。則無人焉。是子之易也。易猶省也子爲晉國重卿。而食魚飧。是子之儉也。君將使我殺子。吾不忍殺子也。雖然。吾亦不可復見吾君矣。負君命也遂刎頸而死。勇士自斷頭也傳極道此者明約儉之衛也甚於重門擊柝孔子曰禮與其奢也寧儉此而謂也○斷音短重直容反柝他洛反靈公聞之怒。滋欲殺之甚。滋猶益也衆莫可使往者。於是伏甲于宮中。召趙盾而食之。趙盾之車右祁彌明者。國之力士也。禮大夫驂乘有車右有御者○而食音嗣下同祁工支反仡然從乎趙盾而入。仡然壯勇貌○仡魚乙反放乎堂下而立。嫌靈公復欲殺盾故入以爲意禮器記曰天子堂高九尺諸侯七尺大夫五尺士三尺趙盾已食。靈公謂盾曰。吾聞子之劍。蓋利劍也。子以示我。吾將觀焉。授君劍當拔而進其首靈公因欲以推殺之趙盾起將進劍。祁彌明自下呼之曰。盾食飽則出。何故拔劍於君所。趙盾知之。由人曰知之自已知曰覺焉躇階而走。躇猶超遽不暇以次○躇丑略反與躚同一本作辵音同靈公有周狗。周狗可以比周之狗所指如意○比毗志反謂之獒。犬四尺曰獒○獒五刀反呼獒而屬之。獒亦躇階而從之。祁彌明逆而踆之。以足逆躢曰踆○踆音存躢徒臘反絕其頷。頷口○頷戶感反趙盾顧曰。君之獒不若臣之獒也。然而宮中甲鼓而起。甲即上所道伏甲約勒聞鼓聲當起殺盾有起于甲中者。抱趙盾而乘之。欲趨疾走趙盾顧曰。吾何以得此于子。猶曰吾何以得

此救急之恩于子邪、非所以意悟、曰。子某時所食活我于暴桑下者也。某時者、記傳者失之、暴桑、蒲蘇桑、傳道此者、明人當素積恩德、趙盾曰。子名爲誰。後欲報之、曰。吾君孰爲介。介、甲也、猶曰我晉君誰爲典此甲兵、豈不爲盾乎、子之乘矣。何問吾名。之乘、即上車也、猶曰子以上車矣、何不疾去、而反徐問吾名乎、欲令盾免去、不曁報矣、趙盾驅而出。衆無留之者。明盾賢人、不忍殺也、且靈公無道、民衆不悅、以致見殺、趙穿緣民衆不說。起弑靈公。然後迎趙盾而入。與之立于朝。復大夫位也、即所謂復國不討賊、明史得用責之、傳極道此上事者、明君雖不君、臣不可以不臣、○說音悅　而立成公黑臀。不書者、明以惡夷獋猶不書剽立、○臀徒門反剽匹妙反

夏四月。

秋八月蟓。先是宣公伐莒取向、公比如齊所致、

冬十月。

七年春。衞侯使孫良夫來盟。

夏。公會齊侯伐萊。

秋。公至自伐萊。

大旱。爲伐萊踰時也、○爲于僞反

冬。公會晉侯宋公衞侯鄭伯曹伯于黑壤。

八年春。公至自會。

夏六月。公子遂如齊。至黃乃復。

傳其言至黃乃復何。據公孫敖不言至復、又不言乃、有疾也。乃、難辭也、上言乃復、下有卒、知以疾爲難、○難辭乃旦反何言乎有疾乃復。據公如晉以有疾乃復、殺恥以爲有疾無惡、譏。何譏爾。大夫以君命出。聞喪徐行而不反。聞喪者、聞父母之喪、徐行者、不忍疾行、又爲君當使人追代之、以喪喻疾者、喪尚不當反、況於疾乎、順經文而重責之、言乃不言有疾者、有疾猶不得反也、敖不言乃者、明無所難爲重、敖當誅、遂當絕、

辛巳。有事于太廟。

仲遂卒于垂。

傳仲遂者何。據不稱公子、故問之、公子遂也。自是後無遂卒、知公子遂、何以不稱公子。

據公子季友卒、雖加字、猶稱公子也、貶。曷爲貶。據叔孫得臣卒、不貶、爲弑子赤貶。然則曷爲不於其弑焉貶。據翬終隱之篇貶、欲使於文十八年子赤卒年中貶、於文則無罪。於子則無年。此解十八年秋如齊不貶意也、十八年編於文公貶之、則嫌有罪於文公、無罪於子赤也、卒乃貶者、元年逆女、嫌爲喪娶貶也、公會平州下如齊也、嫌公遂如齊嫌坐、乃復貶也、貶加字者、起嬰齊所氏、明爲歸父後大宗不得絕也、地者、絕外卒明當有卒外禮也、日者、不去樂也、書有事者、爲不去樂張本、

壬午。猶繹。萬入去籥。

傳繹者何。祭之明日也。禮繹、繼昨日事、但不灌地降神爾、天子諸侯曰繹、大夫曰賓尸、士曰晏尸、去事之殺也、必繹者、尸屬昨日配先祖食、不忍輒忘、故因以復祭、禮則無有誤、敬愼之至、殷曰肜、周曰繹、繹者、據今日道昨日、不敢斥尊言之、文意也、肜者、肜肜不絕、據昨日道今日、斥尊言之、質意也、祭必有尸者、節神也、禮天子以卿爲尸、諸侯以大夫爲口

卿大夫以下、以孫爲尸、夏立尸、殷坐尸、周旅酬六尸、○屬音燭、彤羊弓反、萬者何。干舞也。干、謂楯也、能爲人扞難而不使害人、故聖王貴之、以爲武樂、萬者其篇名、武王以萬人服天下、民樂之、故名之云爾、○楯食允反、扞戶旦反、籥者何。籥舞也。籥所吹以節舞也、吹籥而舞、文樂之長、其言萬入去籥何。据入者不言萬、去樂不言名、去其有聲者。不欲令人聞之也、廢其無聲者。廢、置也、置者、不去也、齊人語、存其心焉爾。存其心焉爾者何。知其不可而爲之也。明其心猶存於樂、知其不可、故去其有聲者而爲之、猶者何。通可以已也。禮、大夫死、爲廢一時之祭、有事於廟而聞之者、去樂卒事而聞之者廢繹、日者起明日也、言入者、据未奏去籥時、書凡祭自三年喪已下、各以日月廢時祭、唯郊社、越紼而行事可、

戊子。夫人熊氏薨。

晉師白狄伐秦。

楚人滅舒蓼。

秋。七月甲子。日有食之既。是後楚莊王圍宋、析骸易子、伐鄭勝晉、鄭伯肉袒、晉大敗於邲、中國精奪屈服、強楚之應、

冬。十月己丑。葬我小君頃熊。雨不克葬。庚寅日中而克葬。

傳 頃熊者何。宣公之母也。熊氏、楚女、宣公即僖公妾子、而者何。難也。乃者何。謂問定公日下昃乃克葬、難也。禮、卜葬從遠日、不克葬見難者、臣子重難、不得以正日葬其君、曷爲或言而。或言乃。乃難乎而也。言乃者內而深、言而者外而淺、下昃日昳久、故言乃、孔子曰、其爲之也難、言之得無訒乎、皆所以起孝子之情也、雨不克葬者爲不得行葬禮、孔子曰、生事之以禮、死葬之以禮、祭之以禮、故不得行禮、則不葬也、晉錄雨不克葬者、恩錄內尤深也、別朝莫者、明見日乃葬也、○莫音暮

城平陽。

楚師伐陳。

九年。春。王正月。公如齊。月者、善宣公事齊合古禮、卒使齊歸濟西田、不就十年月者、五年再朝、近得正、孔子曰、知和而和、不以禮節之、亦不可行也、明雖事大、皆當合禮、

公至自齊。

夏。仲孫蔑如京師。

齊侯伐萊。

秋。取根牟。

傳 根牟者何。邾婁之邑也。曷爲不繫乎邾婁。諱亟也。亟、疾也、屬有小君之喪、邾婁子來加禮、未期而取其邑、故諱不繫邾婁也、上有小君喪、而下諱取之、則邾婁加禮明矣、未期年從加禮數者、猶王子虎從會葬數、○亟去冀反、期音基

八月。滕子卒。

九月。晉侯。宋公。衛侯。鄭伯。曹伯。會于扈。

晉荀林父帥師伐陳。

辛酉。晉侯黑臀卒于扈。

傳 扈者何。晉之邑也。諸侯卒其封內不地。此何以地。据陳侯鮑卒不地、卒于會。故地也。起時衰多窮厄、伐喪而卒於諸侯會上、故地危之、未出其地。故不言會

也。左右皆臣民，雖卒於會上，危愈於竟外，故不復著言會也。出外亦有輕重，亦於師尤甚，於會次之，於人國次之，於封內最輕，不書葬者，故篹也。

冬。十月。癸酉。衛侯鄭卒。不書葬者，殺公子瑕也。

宋人圍滕。

楚子伐鄭。

晉郤缺帥師救鄭。

陳殺其大夫泄冶。

春秋公羊傳卷十五　終

春秋公羊傳卷十六

漢諫議大夫司空掾任城何　休學

皇明　後　學　東吳葛　鼒訂

宣公

十年。春。公如齊。公至自齊。齊人歸我濟西田。

傳齊已取之矣。其言我何。據歸讙及僤，齊已取不言我。○僤本又作闡，昌善反。言我者，未絕於我也。曷爲未絕于我。據有俄道。齊已言取之矣。齊已言語許取之，其實未之齊也。其人民貢賦尚屬於魯，實未歸於齊，不言來者，明不從齊來，不當坐取邑，凡歸邑物，例皆時。

夏。四月。丙辰。日有食之。與甲子餓同，事重，故累食。

己巳。齊侯元卒。

齊崔氏出奔衛。

傳崔氏者何。齊大夫也。其稱崔氏何。據齊高無咎出奔，名，連崔氏者，與尹氏俱稱氏，嫌爲采邑。貶。曷爲貶。據外大夫奔不貶。譏世卿，世卿非禮也。復見譏者，嫌尹氏王者大夫，職重，不當世，諸侯大夫任輕，可世也。因齊大國禍著，故就可以爲法戒，明王者尊莫大於周室，彊莫大於齊國，世卿猶能危之。

公如齊。不言奔喪者，尊內也，猶不言朝聘。

五月。公至自齊。

癸巳。陳夏徵舒弑其君平國。
六月。宋師伐滕。
公孫歸父如齊。葬齊惠公。
晉人。宋人。衛人。曹人。伐鄭。
秋。天王使王季子來聘。
傳王季子者何。天子之大夫也。其稱王季子何。據叔服不繫王不稱子、王札子不稱季、貴也。其貴奈何。母弟也。子者王子也、天子不言子弟、故變文上季繫先王以明之、著其骨肉貴體親也、
公孫歸父帥師伐邾婁。取蘱。
○蘱音類又力對欺類二反

大水。先是城平陽、取根牟及蘱、役重民怨之所生、
季孫行父如齊。
冬。公孫歸父如齊。
齊侯使國佐來聘。
饑。
傳何以書。以重書也。民食不足、百姓不可復興、危亡將至、故重而書之、明當自省減、開倉廩、贍振乏、衰公問於有若曰、年饑用不足、如之何、有若對曰、盍徹乎、曰、二吾猶不足、如之何其徹也、對曰、百姓足君孰與不足、百姓不足君孰與足、

楚子伐鄭。
十有一年。春。王正月。
夏。楚子。陳侯。鄭伯盟于辰陵。不日月者、莊王行霸、約諸侯、明王法、討徵舒、善其憂中國、故爲信辭、
公孫歸父會齊人伐莒。
秋。晉侯會狄于欑函。離不言會、言會者、見所聞世、治近升平、內諸夏而詳錄之、殊夷狄也、下發傳於吳者、方具說其義、故從外內悉舉者明言之、
冬。十月。楚人殺陳夏徵舒。

傳此楚子也。其稱人何。據下入陳稱子、貶。曷爲貶。據徵舒有罪、不與外討也。不與外討者。因其討乎外而不與也。雖辟天子、故貶見之、卽所謂貶絕、然後罪惡見、內討亦不與也。雖自討其臣下、亦不得與也、曷爲不與。據善爲齊誅之、實與。不言執、與討賊同文、而文不與。文曷爲不與。諸侯之義。不得專討也。諸侯之義不得專討。則其曰實與之何。上無天子。下無方伯。天下諸侯有爲無道者。臣弑君。子弑父。力能討之。則討之可也。與齊桓專封同義、不書兵者、時不伐、
丁亥。楚子入陳。日者、惡莊王討賊之後、欲利其國、復出楚子者、爲下納善、不當貶、不可因上貶文、

納公孫寧儀行父于陳。

傳此皆大夫也、其言納何。據納者謂巳絕也、今寧儀行父上未有出奔絕文、故見大夫反言納也、納公黨與也。徵舒弑君、寧儀行父如楚訴徵舒、徵舒之黨從後絕其位、楚爲討徵舒而納之、本以助公見絕、故言納公黨與、不書徵舒絕之者、以弑君爲重、主書者美楚能變悔改過、以遂前功、卒不取其國而存陳、不繫國者、因上入陳可知、

十有二年、春、葬陳靈公。

傳討此賊者、非臣子也、何以書葬。據惠公殺里克、不書卓子葬、君子辭也、楚已討之矣、臣子雖欲討之、而無所討也。無所復討也、不從殺泄冶不書葬者、泄冶有罪、故從討賊書葬、則君子辭與泄冶罪兩見矣、不月者、獨寧儀行父有訴楚功、上巳言納、故從餘臣子恩薄略之、

楚子圍鄭。

夏六月乙卯、晉荀林父帥師及楚子戰于邲、晉師敗績。

傳大夫不敵君、此其稱名氏以敵楚子何。據城濮之戰、子玉得臣貶也、不與晉而與楚子爲禮也。不與晉而反與楚子爲君臣之禮以惡晉、曷爲不與晉而與楚子爲禮也。據城濮之戰貶得臣者、不與楚爲禮、莊王伐鄭、勝乎皇門。勝、戰勝、皇門、鄭郭門、放乎路衢。路衢、郭內衢道、四達謂之衢、鄭伯肉袒、左執茅旌。茅旌、祀宗廟所用、迎道神指護祭者、斷曰藉、不斷曰旌、用茅者、取其心理順一、自本而暢乎末、所以通精誠、副至意、○斷音短、藉在夜反、右執鸞刀。鸞刀、宗廟割切之刀、環有和、鋒有鸞、執宗廟器者、示以宗廟不血食、自歸首、以逆莊王。莊王曰、寡人無良邊垂之臣。諸侯自稱曰寡人、天子自稱曰朕、良、善也、無善、喻有過言、巳有過於楚邊垂之臣、謙不敢斥莊王、以干天禍。干、犯也、謙不敢斥莊王、歸之於天、是以使君王沛焉。沛焉者、怒有餘之貌、猶傳曰力沛若有餘、

○沛普蓋反、辱到敝邑。遠自勞辱到於鄭也、諸侯自稱國曰敝邑、君如矜此喪人、自謂巳喪亡、錫之不毛之地。墝埆不生五穀曰不毛、謙不敢求肥饒、○墝埆上苦交反、下音學、使帥一二耋老而綏焉。六十稱耋、七十稱老、綏、安也、謙不敢多索丁夫、願得主帥一二老夫以自安、請唯君王之命。莊王曰、君之不令臣交易爲言。是亦莊王謙不斥鄭伯之辭、令、善也、交易、猶往來也、言君之不善臣屢往來爲惡言、是以使寡人得見君之玉面、而微至乎此。微、喻小也、積小語言以致於此、莊王親自手旌。自以手持旌也、緇廣充幅長尋曰旐、繼旐如燕尾曰旆、加文章曰旗、錯革鳥曰旟、注旄首曰旌、左右撝軍退舍七里。將軍子重諫曰、南郢之與鄭相去數千里。南郢、楚都、不能二千里、言數千里者、欲深感莊王使納其言、諸大夫死者數人、廝役扈養死者數百人。艾草爲防者曰廝、汲水漿者曰役、養馬者曰扈、炊亨者曰養、○艾魚廢反、今君勝鄭而不有、無乃失民臣之力乎。無乃、猶得無、莊王曰、古者杅不穿、皮不蠹、則不出於四方。杅、飲水器、穿、敗也、皮、裘也、蠹、壞也、言杅穿皮蠹、乃出四方、古者出四方、朝聘征伐、皆當多少圖有所喪費、然後乃行、爾踰巳出征伐、士卒死傷、固其宜也、不當以是故滅有鄭、恥不能早服也、是以君子篤於禮而薄於利。篤、厚也、不惜杅皮之費、而貴朝聘征伐者、厚於禮儀、薄於財利、要其人而不要其土。本所以伐鄭者、欲要其人、服罪過耳、不要取其土地、猶古朝聘、欲厚禮義、不顧杅皮、告從不赦不詳。善用心曰詳、吾以不詳道民、災及吾身、何日之有。何日之有、猶無有日、既則晉師之救鄭者至。荀林父也、曰請戰。荀林父請戰、莊王許諾。將軍子重諫曰、晉大國也。大國、衆彊、王師淹病矣。淹、久也、諸大夫廝役死者是、君請勿許也。莊王曰、弱者吾威之、彊者吾辟之、是以使寡人無以立乎天

下。以是故必使寡人無以立功名于天下。令之還師而逆晉寇。言還者時莊王勝鄭去矣會晉師至、復還戰也言寇者傳序經意謂晉如寇虜莊王鼓之。晉師大敗。晉衆之走者。舟中之指可掬矣。時晉乘舟度邲水戰兵敗反走欲急去先入舟者斬後扳舟者指指隋舟中身隋邲水中而死可掬者言其多也以兩手曰掬禮天子造舟諸侯維舟卿大夫方舟士特舟○扳普顏反造七報反莊王曰嘻。吾兩君不相好。敵大夫戰言兩君者林父本以君命來、百姓何罪。令之還師而佚晉寇。佚猶過使得過渡邲水去也晉見莊王行義於陳功立威行嫉妬欲敗之救鄭雖解猶擊之不止爲其欲壞楚善行以求二人故奪不使與楚成禮而序林父於上罪恕其事言及者大臣及君不嫌晉直明晉汲汲欲敗楚爾陸戰當舉地而舉水者大莊王閔隋水而佚晉寇、

秋。七月。

冬。十有二月。戊寅。楚子滅蕭。日者屬上有王言今反滅人故深責之、

晉人。宋人。衛人。曹人。同盟于清丘。

宋師伐陳。衛人救陳。

十有三年。春。齊師伐衛。

夏。楚子伐宋。

秋。螽。先是新饑而使歸父會齊人伐莒賦斂不足國家遂虛下求不已之應○螽音終

冬。晉殺其大夫先穀。

十有四年。春。衛殺其大夫孔達。

夏。五月。壬申。曹伯壽卒。日者公子喜時父也緣臣子尊榮莫不欲與君父共之故加錄之所以養孝子之志許人子者必使人父也、

晉侯伐鄭。

秋。九月。楚子圍宋。月者惡久圍宋使易子而食之、

葬曹文公。

冬。公孫歸父會齊侯于穀。

十有五年。春。公孫歸父會楚子于宋。

宋見圍不得與會地以宋者善內爲救宋行雖不能解猶爲見人之厄則矜之故養遂其善意不嫌與實解宋同文者平事見剌皆可知、○與音預

夏。五月。宋人及楚人平。

(傳)外平不書。此何以書。據上楚鄭平不書、大其平乎已也。已二大夫何大乎其平乎已。據大夫無遂事莊王圍宋。軍有七日之糧爾。盡此不勝。將去而歸爾。於是使司馬子反乘堙而闚宋城。宋華元亦乘堙而出見之。堙距堙土城具司馬子反曰。子之國何如。華元曰。憊矣。曰何如。問憊意也○憊皮誡反曰易子而食之。析骸而炊之。析破骸人骨也司馬子反曰。嘻。甚矣憊。雖然。雖如所言吾聞之也。圍者。古有見圍者柑馬而秣之。秣者以粟置馬

口中、柑者、以木銜其口、不欲令食粟、示有畜積、使肥者應客。示飽足也、是何子之情也。猶曰何大情露、華元曰。吾聞之、君子見人之厄、則矜之。矜、閔、小人見人之厄、則幸之。幸、僥幸、吾見子之君子也。是以告情于子也。司馬子反曰。諾。諾者、受語辭、勉之矣。勉、猶努力、使努力堅守之、吾軍亦有七日之糧爾。盡此不勝。將去而歸爾。揖而去之。反于莊王。反報於莊王、莊王曰。何如。司馬子反曰。憊矣。曰。何如。曰。易子而食之。析骸而炊之。莊王曰。嘻。甚矣憊。雖然。雖已憊、吾今取此。然後而歸爾。意未足也、司馬子反曰。不可。臣已告之矣。軍有七日之糧爾。莊王怒曰。吾使子往視之。子曷爲告之。司馬子反曰。以區區之宋。區區、小貌、猶有不欺人之臣。可以楚

而無乎。是以告之也。莊王曰。諾。先以諾受絕子反語、舍而止。受命築舍而止、示無去計、雖然。雖宋已知我糧短、吾猶取此然後歸爾。欲徵糧待勝也、司馬子反曰。然則君請處于此。臣請歸爾。莊王曰。子去我而歸。吾孰與處于此。吾亦從子而歸爾。引使而去之。故君子大其平乎己也。大其有仁恩、此皆大夫也。其稱人何。貶。曷爲貶。據大其平、平者在下也。言在下者、譏二子在君側、不先以便宜反報歸美于君、而生事專平、故貶稱人、等不勿貶、不言遂者、在君側無遂道也、以主坐在君側、遂爲罪也、知經不以文實貶也、凡爲文實貶者、皆以取專事爲罪、月者、專平不易、

六月。癸卯。晉師滅赤狄潞氏。以潞子嬰兒歸。

傳潞何以稱子。據其滅稱氏、潞子之爲善也。躬足以亡爾。躬、身、雖然。君子不可不記也。離于夷狄。疾夷狄之俗而去離之、故稱子、而未能合于中國。未能與中國合同禮義相親比也、故猶繫赤狄、晉師伐之。中國不救。狄人不有。是以亡也。以去俗歸義亡、故君子閔傷進之、日者、痛錄之、名者、示所聞世始錄小國也、錄以歸者、因可責而責之、責而加進之者、明不當絕、當復其氏、

秦人伐晉。

王札子殺召伯毛伯。

傳王札子者何。長庶之號也。天子之庶兄、札者、冠且字也、禮、天子庶兄冠而不名、所以尊之、子者、王子也、天子不言子弟、故變文上札、繫先王以明之、不稱伯仲者、辟同母兄弟、起其爲庶兄也、主書者、惡天子不以禮尊之、而任以權、至令殺尊卿、二人不言其大夫者、挈也、惡二大夫居尊卿之位、爲下所提挈而殺之、大夫相殺不稱人者、正之、諸侯大夫顧弒君重、故降稱人、王者至尊不得顧、

秋。螽。從十三年之後、上求未已、而又歸父比年再出會、內計稅畝、百姓動擾之應、

仲孫蔑會齊高固于牟婁。

初稅畝。

傳初者何。始也。稅畝者何。履畝而稅也。時宣公無恩信於民、民不肯盡力於公田、故履踐案行、擇其善畝穀最好者稅取之、初稅畝何以書。譏。何譏爾。譏始履畝而稅也。何譏乎始履畝而稅。據用田賦不言初、亦不言稅畝、古者什一而藉。什一以借民力、以什與民、自取其一、爲公田、古者曷爲什一而藉。據數非一、什一者。天下之中正也。

多乎什一，大桀小桀。奢泰多取於民，比於桀也。寡乎什一，大貉小貉。蠻貉無社稷宗廟百官制度之費，稅薄。○貉，亡百反。什一者，天下之中正也。什一行而頌聲作矣。頌聲者，太平歌頌之聲，帝王之高致也。春秋經傳數萬，指意無窮，狀相須而舉，相待而成，至此獨言頌聲作者，民以食為本也。夫饑寒並至，雖堯舜躬化，不能使野無寇盜；貧富兼并，雖皋陶制法，不能使彊不陵弱。是故聖人制井田之法而口分之，一夫一婦受田百畝，以養父母妻子，五口為一家。公田十畝，即所謂什一而稅也。廬舍二畝半，凡為田一頃十二畝半，八家而九頃，共為一井，故曰井田。廬舍在內，貴人也；公田次之，重公也；私田在外，賤私也。井田之義，一曰無泄地氣，二曰無費一家，三曰同風俗，四曰合巧拙，五曰通財貨。因井田以為市，故俗語曰市井。種穀不得種一穀，以備災害。田中不得有樹，以妨五穀。還廬舍種桑荻雜菜，畜五母雞、兩母豕，瓜果種疆畔，女工蠶織，老者得衣帛焉，得食肉焉，死者得葬焉。多於五口名曰餘夫，餘夫以率受田二十五畝。十井共出兵車一乘。司空謹別田之高下善惡，分為三品：上田一歲一墾，中田二歲一墾，下田三歲一墾。肥饒不得獨樂，墝埆不得獨苦，故三年一換主易居，財均力平，兵車素定，是謂均民力，彊國家。在田曰廬，在邑曰里。一里八十戶，八家共一巷。中里為校室。選其耆老有高德者名曰父老，其有辯護伉健者為里正，皆受倍田，得乘馬。父老比三老孝弟官屬，里正比庶人在官吏。民春夏出田，秋冬入保城郭。田作之時，春，父老及里正旦開門坐塾上，晏出後時者不得出，莫不持樵者不得入。五穀畢入，民皆居宅，里正趨緝績，男女同巷，相從夜績，至於夜中，故女功一月得四十五日。作從十月盡正月止。男女有所怨恨，相從而歌，饑者歌其食，勞者歌其事。男年六十、女年五十無子者，官衣食之，使之民間求詩。鄉移於邑，邑移於國，國以聞於天子。故王者不出牖戶盡知天下所苦，不下堂而知四方。十月事訖，父老教於校室。八歲者學小學，十五者學大學。其有秀者移於鄉學，鄉學之秀者移於庠，庠之秀者移於國學。學於小學，諸侯歲貢小學之秀者於天子，學於大學。其有秀者命曰進士，行同而能偶，別之以射，然後爵之。士以才能進取，君以考功授官。三年耕餘一年之畜，九年耕餘三年之積，三十年耕有十年之儲，雖遇唐堯之水、殷湯之旱，民無近憂，四海之內莫不樂其業，故曰頌聲作矣。○以食，音嗣。伉，苦浪反，一音苦杏反。塾

公羊傳　卷十六　宣公　十　永懷堂

音淑。莫音暮。

冬，蝝生。○蝝，與專反。

傳 未有言蝝生者，此其言蝝生何？蝝即螽也，始生曰蝝，大曰螽。蝝生不書，此何以書？幸之也。幸，僥幸。幸之者何？聞災當懼反喜，非其類，故執不知問。猶曰受之云爾。受之云爾者何？上變古易常，上謂宣公。變易公田古常舊制而稅畝。應是而有天災，應是變古易常而有天災，螽，民用饑。其諸則宜於此焉變矣。言宣公於此天災饑後，能受過變寤，明年復古行中。冬，大有年，其功美過於無災，故君子深為喜而僥倖之。變螽言蝝，以不為災書，起其事。

十有六年，春，王正月，晉人滅赤狄甲氏及留吁。言及者，留吁行微不進。

夏，成周宣謝災。○宣謝災，左氏作宣謝火。

傳 成周者何？東周也。後周分為二，天下所名為東周，名為成周者，本成王所定名，天下初號之云爾。宣謝者何？宣宮之謝也。宣宮，周宣王之廟也。至此不毀者，有中興之功。室有東西廂曰廟，無東西廂有室曰寢，無室曰謝。何言乎成周宣謝災？據天子之居稱京師，宋災不別所燒。樂器藏焉爾。宣王中興所作樂器。成周宣謝災何以書？記災也。外災不書，此何以書？新周也。新周，故分別有災，不與宋同也。孔子以春秋當新王，上黜杞，下新周而故宋，因天災中興之樂器，示周不復興，故繫宣謝

公羊傳　卷十六　宣公　十一　永懷堂

於成周、使若國文、黜而新之、從爲王者後記災也、

秋、郯伯姬來歸。嫁不書者、爲媵也、來歸書者、後爲嫡也、死不卒者、已棄有更適人之道、或時爲大夫妻、故不得待以初也、棄歸例有罪時、無罪月、

冬、大有年。

十有七年、春、王正月、庚子、許男錫我卒。

丁未、蔡侯申卒。

夏、葬許昭公。

葬蔡文公。

不月者、齊桓晉文沒後、先背中國與楚、故略之、與楚在文十年、

六月、癸卯、日有食之。是後邾婁人戕鄫子、四國大夫敗齊師于鞌、齊侯逸獲、君道微、臣道强之所致、○鞌音安

己未、公會晉侯、衛侯、曹伯、邾婁子同盟于斷道。○斷音短又大短反

秋、公至自會。

冬、十有一月、壬午、公弟叔肸卒。稱字者賢之、宣公簒立、叔肸不仕其朝、不食其祿、終身於貧賤、故孔子曰、篤信好學、守死善道、危邦不入、亂邦不居、天下有道則見、無道則隱、此之謂也、禮盛德之士不名、天子上大夫不名、春秋公子不爲大夫者不卒、卒而字者、起其宜爲天子上大夫

也、孔子曰、興滅國、繼絶世、舉逸民、天下之民歸心焉、

十有八年、春、晉侯、衛世子臧伐齊。

公伐杞。

夏、四月。

秋、七月、邾婁人戕鄫子于鄫。

傳戕鄫子于鄫者何。殘賊而殺之也。支解節斷之、故變殺言戕、戕則殘賊、惡無道也、言于鄫者、刺鄫無守備、小國本不卒、故亦不日、○斷音短

甲戌、楚子旅卒。

傳何以不書葬。據日而名、吳楚之君不書葬、辟其號也。旅即莊王也、葬從臣子辭

當稱王、故絶其葬、明當誅之、至此卒者、因其有賢行、

公孫歸父如晉。

冬、十月、壬戌、公薨于路寢。

歸父還自晉、至檉、遂奔齊。

傳還者何。善辭也。何善爾。歸父使於晉。上如晉是還自晉。至檉。聞君薨家遣。家爲會所逐遣、以先人弑君故也、墠帷。掃地曰墠、今齊俗名之云、爾將袒踊、故設帷重形、○墠音善哭君成踊。踊、辟踊也、禮必踊者、如嬰兒之慕母、哭成踊、成三日、五哭踊之禮、禮臣爲君本服斬衰、故成踊、比二日朝莫哭踊、三日朝哭踊、莫不復哭踊、去事之殺也、○殺所戒反反命乎介。因介反命、禮卿出聘、以大夫爲上介、以士爲衆介、自是走之齊。主書者、善其不以家見逐怨懟、成踊哭君、終臣子之道、起當莫能然也、言至檉者、善其得

禮於檉言遂者因介反命是也不待報罪也遂弑君本當絶不善録者本宣公同篡之人父不當遂不日者伯討可遂故從有罪例也○懟直類反

春秋公羊傳卷十六終

春秋公羊傳卷十七

漢諫議大夫司空掾任城何　休學
皇明　後　學　東吳葛　鼒訂

成公

元年春王正月。公即位。

二月辛酉。葬我君宣公。

無冰。周正月夏十一月尚書曰舒恒燠若易京房傳曰當寒而溫例賞也是時成公幼少季孫行父專權而委任之所致○舒恒如字尚書作豫燠本又作奧於六反

三月。作丘甲。

傳何以書。譏。何譏爾。譏始丘使也。四井爲邑四邑爲丘甲鎧也古者有四民一曰德能居位曰士二曰辟土殖穀曰農三曰巧心勞手以成器物曰工四曰通財鬻貨曰商四民不相兼然後財用足月者重錄之○鎧苦代反辟婢亦反鬻羊六反

夏。臧孫許及晉侯盟于赤棘。時者謀結鞌之戰不相負也後爲晉所執不日者執在三年外尋舊盟後非此盟所能保

秋。王師敗績于貿戎。○貿戎音茂一音茅左氏作茅戎

傳孰敗之。蓋晉敗之。以晉比侵掠圍郊知王師討晉而敗之或曰貿戎敗之。以他貿戎

故然則曷爲不言晉敗之。據侵柳圍郊言晉。王者無敵，莫敢當也。正其義，使若王自敗于貿戎，莫敢當敵敗之也。不日月者，深正之，使若不戰。

冬十月。

二年春，齊侯伐我北鄙。

夏四月丙戌，衛孫良夫帥師及齊師戰于新築，衛師敗績。

六月癸酉，季孫行父、臧孫許、叔孫僑如、公孫嬰齊帥師會晉郤克、衛孫良夫、曹公子手及齊侯戰于鞌，齊師敗績。○公子手，一本作午，左氏作首。鞌音安。

傳 曹無大夫，公子手何以書。據羈無氏。憂內也。春秋託王于魯，因假以見王法，明諸侯有

能從王者征伐不義，克勝有功，當褒之，故與大夫。大夫敵君不貶者，隨從王者，大夫得敵諸侯也。不從內言敗之者，君子不掩人之功，故從外言戰也。魯舉四大夫，不舉重者，惡內多虛國家，悉出用兵，重錄內也。○惡，烏路反。

秋七月，齊侯使國佐如師。己酉，及國佐盟于袁婁。

傳 君不使乎大夫，此其行使乎大夫何。據高子來盟，魯無君，不稱使，不從王者大夫稱使者，實晉郤克爲主，經先晉，傳舉郤克是也。○使，所吏反。佚獲也。佚獲者，已獲而逃亡也。當之君獲不言師敗績，等起，不去師敗績者，辟內敗文。其佚獲奈何。師還齊侯。還，繞。晉郤克投戟，逡巡再拜稽首馬前。逢丑父者，頃公之車右也。人君驂乘，有車右，有御者。面目與頃公相似，衣服與頃公相似。禮，皮弁以征，故言衣服相似。頃公有負晉魯之心，故特異丑父，備急欲以自代。代頃公當左。升車象陽，陽道尚左，故人君居左，臣居右。使頃公取飲，頃公操飲而至。不知頃公將欲堅敵意邪，勢未得去邪。曰：革取清者。革，更也。軍中人多，水泉濁，欲使遠取清者，因亡去。頃公用是佚而不反。不書獲者，內大惡諱。逢丑父曰：吾賴社稷之神靈，吾君已免矣。郤克曰：欺三軍者，其法奈何。顧問執法者。曰：法斮。斮，斬。○斮，在略反，又仕略反。於是斮逢丑父。丑父死君，不賢之者，經有使乎大夫，於王法，頃公當絕。如賢丑父，是賞人之臣絕其君也。若以丑父故不絕頃公，是開諸侯戰不能死難也。如以衰世無絕頃公者，自齊所當善爾，非王法所當貴。○難，乃旦反。己酉，及齊國佐盟于袁婁。曷爲不盟于師而盟于袁婁。據國佐如師。前此者，晉郤克與臧孫許同時而聘于齊。不書聘之。蕭同姪子者，齊君之母也。蕭同，國名。姪子者，蕭同君姪娣之子，嫁與齊，生頃公。踊于棓而闚客。踊，上也。凡無高下有絕，加躡板曰棓，齊人語。○踊音勇，棓，普口反。則客或跛或眇，於是使跛

者迓跛者，使眇者迓眇者。迓，迎也。卿主迎者也。聘禮，賓至，大夫率至于館，卿致館，宰夫朝服致飧臉歟明至于館。○臉而審反。二大夫出，相與踦閭而語。閭，當道門。閉一扇，開一扇，一人在外，一人在內曰踦閭。將別，恨爲齊所侮戲，謀伐之，而不欲使人聽之。○踦，居倚反。移日然後相去。齊人皆曰：患之起，必自此始。知必爲國家憂，明芻蕘之言不可廢，且起頃公不覺寤。二大夫歸，相與率師爲鞌之戰，齊師大敗。齊侯使國佐如師，恠師勝猶不解，徙問之。郤克曰：與我紀侯之甗，齊襄公滅紀所得甗邑，其土肥饒，欲得之。或說甗，玉甑。○甗音言，又魚輦反，又音彥。反魯衛之侵地，使耕者東畝。使耕者東西，如晉地。且以蕭同姪子爲質。見侮戲本由蕭同姪子。○質音致。則吾舍子矣。國佐曰：與我紀侯之甗，請諾。反魯衛之侵地，請諾。使耕者東畝，是則土齊也。則晉悉以齊爲土地，是不可行。蕭同姪子

者齊君之母也。齊君之母猶晉君之母也。不可。言至尊不可爲質。請戰如欲使耕者東西畝、質齊君之母當請戰。壹戰不勝請再。再戰不勝請三。言齊雖敗、尚可三戰。三戰不勝則齊國盡子之有也。何必以蕭同姪子爲質。揖而去之。郤克眣魯衛之使。使以其辭而爲之請。郤克恥傷其威、故使魯衛大夫以國佐辭爲國佐請。○眣音舜又王乙反又達結反之使所吏反然後許之。逮于袁婁而與之盟。逮、及也。追及國佐于袁婁也。傳極道此者本禍所由生、因錄國佐受命不受辭義可拒則拒可許則許一言使四國大夫汲追與之盟。

八月。壬午。宋公鮑卒。

庚寅。衛侯遬卒。

○遬音速

取汶陽田。

傳 汶陽田者何。鞌之賂也。以國佐言反魯衛之侵地、請諸本所侵地、非一、總繫汶陽者省文也、不言取之齊者恥內乘勝脅齊求賂得邑、故諱使若非齊邑、○汶音問

冬。楚師鄭師侵衛。

十有一月。公會楚公子嬰齊于蜀。

丙申。公及楚人。秦人。宋人。陳人。衛人。鄭人。齊人。曹人。邾婁人。薛人。鄫人。盟于蜀。

傳 此楚公子嬰齊也。其稱人何。據會而盟一處、知一人也。得一貶焉爾。得一貶者獨此一事得具見其惡、故貶之爾。不然則當沒公也、如齊高傒矣。不沒公者、明不主爲公故也。上會不序諸侯大夫者、嬰齊楚專政驕蹇臣也、數道其君率諸侯侵中國、故獨先舉於上、乃貶之、明本在嬰齊、當先誅其本、乃及其末、

三年。春。王正月。公會晉侯、宋公、衛侯、曹伯伐鄭、

辛亥。葬衛繆公。

○繆音穆

二月。公至自伐鄭。

甲子。新宮災。三日哭。

傳 新宮者何。宣公之宮也。以無新宮、知宣公之宮廟。宣宮則曷爲謂之新宮。不忍言也。親之精神所依而災、孝子隱痛、不忍正言也、謂之新宮者、因新入宮、易其西北角、示昭穆相繼代、有所改

更也。其言三日哭何。據桓僖宮災、不言三日哭。廟災三日哭。禮也。善得禮、痛傷鬼神、無所依歸、故君臣素縞哭之。新宮災何以書。記災也。此象宣公篡立當誅絕、不宜列昭穆、成公幼少、臣威大重、結怨彊齊、將不得久承宗廟之應。○大重音泰

乙亥。葬宋文公。

夏。公如晉。

鄭公子去疾率師伐許。

○去起呂反

公至自晉。

秋。叔孫僑如率師圍棘。

傳棘者何。汶陽之不服邑也。棘民初未服於魯。其言圍之何。据國內兵不舉。不聽也。不聽者叛也。不言叛者爲內諱，故書圍以起之。不先以文德來之，而便以兵圍之，當與圍外邑同罪，故言圍也。得曰取，不得曰圍。

大雩。

晉郤克、衛孫良夫伐將咎如。成公幼少，大臣秉政，變亂政教，先是作丘甲、爲鞌之戰，伐鄭、圍棘，不恤民之所生。○將咎如，咎音古刀反。左氏作廧咎如。

冬，十有一月，晉侯使荀庚來聘。

衛侯使孫良夫來聘。

丙午，及荀庚盟。

丁未，及孫良夫盟。

傳此聘也，其言盟何。据不舉重，嫌生事。故此以輕問重也。聘而言盟者，尋舊盟也。尋猶尋繹也。以不舉重，連聘而言之，知尋繹舊故約誓也。書者，惡之。詩曰：君子屢盟，亂是用長。二國既修禮相聘，不能相親信，反復相疑，故舉聘以非之。○長，丁丈反。

鄭伐許。謂之鄭者，惡鄭襄公與楚同心，數侵伐諸夏。自此之後，中國盟會無已，兵革數起，夷狄比周爲黨，故夷狄之。○數侵，所角反，下同。比，毗志反。

四年，春，宋公使華元來聘。

三月，壬申，鄭伯堅卒。○堅，若牙反。本或作臤。

杞伯來朝。

夏，四月，甲寅，臧孫許卒。

公如晉。

葬鄭襄公。

秋，公至自晉。

冬，城運。

鄭伯伐許。未踰年君稱伯者，時樂成君位，親自伐許，故如其意以著其惡。

五年，春，王正月，杞叔姬來歸。始歸不書，與郯伯姬同。

仲孫蔑如宋。

夏，叔孫僑如會晉荀秀于穀。○荀秀，左氏作荀首。

梁山崩。

傳梁山者何。河上之山也。梁山崩何以書。記異也。何異爾。大也。何大爾。梁山崩，壅河三日不沠。故不日，以起之。不書壅河者，舉崩大爲重。外異不書。

此何以書。爲天下記異也。山者陽精，德澤所由生，君之象；河者四瀆，所以通道中國，與正道同。記山崩壅河者，此象諸侯失勢，王道絕，大夫擅恣，爲海內害。自是之後六十年之中，弒君十四，亡國三十二，故湨梁之盟，徧剌天下之大夫。

秋，大水。先是既有丘甲、鞌棘之役，又重以城鄆，民怨之所生。

冬，十有一月，己酉，天王崩。定王。

十有二月，己丑，公會晉侯、齊侯、宋公、衛侯、鄭伯、曹伯、邾婁子、杞伯，同盟于蟲牢。約備彊楚。

六年，春，王正月，公至自會。月者，前魯大夫獲齊侯，今親相見，故危之。

二月，辛巳，立武宮。

傳 武宮者何？武公之宮也。在春秋前。立者何？立者不宜立也。立武宮，非禮也。禮，天子諸侯立五廟，受命始封之君立一廟，至於子孫，過高祖，不得復立廟。周家祖有功，尊有德，立后稷、文武廟，至於子孫自高祖已下，而七廟；天子卿大夫三廟，元士二廟；諸侯之卿大夫比元士二廟，諸侯之士一廟。立武宮者，蓋時衰多廢人事，而好求福於鬼神，故重而書之。臧孫許伐齊有功，故立武宮。

取鄟。

○鄟，市轉反，又音專。

傳 鄟者何？邾婁之邑也。曷爲不繫乎邾婁？諱亟也。諱魯背信亟也。屬相與爲蟲牢之盟，旋取其邑，故使若非蟲牢人矣。○亟，去異反，注同。背音佩。

衛孫良夫率師侵宋。

夏，六月，邾婁子來朝。

公孫嬰齊如晉。

壬申，鄭伯費卒。不書葬者，爲中國諱。蟲牢之盟，約備彊楚，楚伐鄭喪，不能救，晉又侵之，故去葬，使若非伐喪。○費音祕，爲于僞反，去起呂反。

秋，仲孫蔑、叔孫僑如率師侵宋。

楚公子嬰齊率師伐鄭。

冬，季孫行父如晉。

晉欒書率師侵鄭。

七年，春，王正月，鼷鼠食郊牛角，改卜牛，鼷鼠又食其角，乃免牛。鼷鼠者，鼠中之微者。角生上指，逆之象。易京房傳曰：祭天不慎，鼷鼠食郊牛角。書又食者，重錄魯不覺寤，重有災也。不重言牛，獨重言鼠者，言角，牛可知；食牛者未必故鼠，故重言鼠。○鼷音兮。

吳伐郯。吳國見者，罕與中國交，至升平乃見，故因始見以漸進。○郯音談。

夏，五月，曹伯來朝。

不郊猶三望。

秋。楚公子嬰齊率師伐鄭。公會晉侯。齊侯。宋公。衛侯。曹伯。莒子。邾婁子。杞伯救鄭。八月。戊辰。同盟于馬陵。公至自會。

吳入州來。

冬。大雩。先是公會諸侯救鄭。承前不恤民之所致。

衛孫林父出奔晉。

八年。春。晉侯使韓穿來言汶陽之田。歸之于齊。

傳來言者何。內辭也。脅我使我歸之也。以此經加之。知見使。郎聞晉語。自歸之。但當言歸。

曷爲使我歸之。据本魯邑。鞌之戰。齊師大敗。齊侯歸。弔死視疾。七年不飲酒。不食肉。晉侯聞之曰。嘻。奈何使人之君。七年不飲酒。不食肉。請皆反其所取侵地。晉侯聞齊侯悔過自責。高其義。畏其德。使諸侯還鞌之所喪邑。魯見使。卑有恥。故諱不言使者。因兩爲其義。諸侯不得相奪土地。晉適可來議語之。魯宜聞義自歸之。爾不得使也。主書者。善晉之義。齊。○喪。息浪反。

晉欒書帥師侵蔡。

公孫嬰齊如莒。

宋公使華元來聘。

夏。宋公使公孫壽來納幣。

傳納幣不書。此何以書。据紀履緰來逆女。不書納幣。○緰音須。錄伯姬也。伯姬守節逮火而死。賢。故詳錄其禮。所以殊於衆女。

晉殺其大夫趙同。趙括。

秋。七月。天子使召伯來錫公命。

傳其稱天子何。据天王使毛伯來錫文公命。不稱天子。元年春王正月。正也。正者文不變。其餘皆通矣。其餘謂不繫于元年者。或言王。或言天王。或言天子。皆相通矣。以見刺譏是非也。王者號也。德合元者稱皇。孔子曰。皇象元。逍遙術。無文字。德明謚。德合天者稱帝。河洛受瑞可放。仁義合者稱王。符瑞應。天下歸往。天子者爵稱也。聖人受命。皆天所生。故謂之天子。此錫命稱天子者。爲王者長愛幼少之義。欲進勉幼君。當勞來與賢師良傅。如父教子。不當賜也。月者例也。爲魯喜錄之。○勞。力報反。來。力代反。

冬。十月。癸卯。杞叔姬卒。棄而日卒者。爲下脅杞歸其喪張本。文使若尚爲杞夫人。

晉侯使士燮來聘。

叔孫僑如會晉士燮。齊人。邾婁人伐郯。

衛人來媵。○媵。以證反。又繩證反。

傳媵不書。此何以書。据逆女不書媵也。言來媵者。禮君不求媵。諸侯自媵夫人。錄伯姬也。伯姬以賢聞諸侯。諸侯爭欲媵之。故善而詳錄之。媵例時。

九年。春。王正月。杞伯來逆叔姬之喪以歸。

傳杞伯曷爲來逆叔姬之喪以歸。据已棄也內辭也。脅而歸之也。以素歸者、與忿怒執人同辭、而不得專其本意、知其爲脅也、已棄而脅歸其喪、悖義恥深惡重、故使若杞伯自來逆之、

公會晉侯、齊侯、宋公、衛侯、鄭伯、曹伯、莒子、杞伯同盟于蒲。不日者、已得鄭盟、當以備楚、而不以罪執之、旋使離叛、楚緣隙潰莒、不能救禍、由中國無信、故諱爲信辭、使若莒潰非盟失信、所以甚中國、因與下潰日相起、

公至自會。

二月、伯姬歸于宋。

夏、季孫行父如宋致女。

傳未有言致女者、此其言致女何。錄伯姬也。古者婦人三月而後廟見稱婦、擇日

而祭於禰、成婦之義也、父母使大夫操禮而致之、必三月者、取一時足以別貞信、貞信著、然後成婦禮、書者、與上納幣同義、所以彰其潔、且爲父母安榮之、言女者、謙不敢自成禮、婦人未廟見而死、歸葬於女氏之黨、○爲、于僞反

晉人來媵。

傳媵不書、此何以書。錄伯姬也。義與上同、復發傳者、樂道人之善、

秋、七月、丙子、齊侯無野卒。

晉人執鄭伯。

晉欒書帥師伐鄭。

冬、十有一月、葬齊頃公。

楚公子嬰齊帥師伐莒。庚申、莒潰。

日者、錄責中國無信、同盟不能相救、至爲夷狄所潰、

楚人入運。

秦人、白狄伐晉。

鄭人圍許。

城中城。

十年、春、衛侯之弟黑背率師侵鄭。

夏四月、五卜郊、不從、乃不郊。

傳其言乃不郊何。据上不郊、不言乃、僖公不從言免牲也、不免牲、故言乃不郊也。不免牲、當坐盜天牲、失事天之道、故諱使若重難不得郊、

五月、公會晉侯、齊侯、宋公、衛侯、曹伯伐鄭。不致者、成公數卜郊不從、怨懟、故不免牲、不但不免牲而已、故奪臣子辭以起之、○數、所角反、懟、直類反

齊人來媵。

傳媵不書、此何以書。錄伯姬也。三國來媵、非禮也。曷爲皆以錄伯姬之辭言之。婦人以衆多爲侈也。侈、大也、朝廷侈於姤上、婦人侈於姤下、伯姬以至賢爲三國所爭媵、故侈大其能容之、唯天子取十二女、○取、七住反

丙午、晉侯獳卒。不書葬者、殺大夫趙同等、○獳、乃侯反

秋、七月。

公如晉。

如晉者冬也。去冬者，惡成公前既怨懟不免牲，今復如晉，過郊乃反，遂怨懟，無事天之意，當絕之。

春秋公羊傳卷十七　終

春秋公羊傳卷十八

漢諫議大夫司空掾任城何　休學
皇明　後學　東吳金　蟠訂

成公

十有一年。春。王三月。公至自晉。

晉侯使郤州來聘。己丑。及郤州盟。

○州本亦作犨，尺由反

夏。季孫行父如晉。

秋。叔孫僑如如齊。

冬。十月。

十有二年。春。周公出奔晉。

傳周公者何。天子之三公也。王者無外。此其言出何。自其私土而出也。私土者謂其國也。此起諸侯入為天子三公也。周公驕蹇不事天子，出居私土，不聽京師之政，天子召之而出走，明當并絕其國，故以出國錄也。不月者，小國也。

夏。公會晉侯衛侯于沙澤。

○沙澤，二傳作瑣澤，定七年同

秋。晉人敗狄于交剛。

冬。十月。

十有三年。春。晉侯使郤錡來乞師。○錡魚綺反。

三月。公如京師。月者善公尊天子、

夏五月。公自京師。遂會晉侯、齊侯、宋公、衛侯、鄭伯、曹伯、邾婁人、滕人。伐秦。

傳其言自京師何。據僖公二十八年、諸侯遂圍許、不言自王所、公鑿行也。以起公鑿行也、鑿猶更造之意、公鑿行奈何。不敢過天子也。時本欲直伐秦、塗過京師、不敢過天子而不朝、復生事修朝禮而後行、故起時善而褒成其意、使若故朝然後生事也、間無事、復出公者、善公鑿行。○復出扶又反

曹伯廬卒于師。○廬力吳反本亦作盧

秋。七月。公至自伐秦。月者危公幼而遠用兵、

冬。葬曹宣公。

十有四年。春。王正月。莒子朱卒。莒大于邾婁、至此乃卒者、庶其見殺、不得卒、至此始卒、又不得日、

夏。衛孫林父自晉歸于衛。

秋。叔孫僑如如齊逆女。

凡取早晚、皆不譏者、從紀履緰一譏而已、○取本又作娶

鄭公子喜率師伐許。

九月。僑如以夫人婦姜氏至自齊。

冬。十月。庚寅。衛侯臧卒。

秦伯卒。

十有五年。春。王二月。葬衛定公。

三月。乙巳。仲嬰齊卒。

傳仲嬰齊者何。疑仲遂後、故問之、公孫嬰齊也。未見於經、為公孫嬰齊、今為大夫死、見於經、為仲嬰齊、公孫嬰齊則曷為謂之仲嬰齊。為兄後也。為兄後則曷為

謂之仲嬰齊。據本公孫、為人後者。為之子也。更為公孫之子、故不得復氏公孫、○復扶又反為人後者為其子。則其稱仲何。據氏幷一、孫以王父字為氏也。謂諸侯子也、顧興滅繼絕、故紀族明所出、然則嬰齊孰後。後歸父也。歸父使于晉而未反。宣公十八年、自晉至檉奔齊、訖今未還、何以後之。據已絕也、叔仲惠伯傳子赤者也。叔仲者、叔彭生氏也、文家字積於叔、叔仲有長幼、故連氏之、繼云仲者、明春秋質家當積於仲、惠謚也、文公死。子幼。子赤幼也、公子遂謂叔仲惠伯曰。君幼。如之何。願與子慮之。叔仲惠伯曰。吾子相之。老夫抱之。禮、大夫七十而致事、若不得謝、則必賜之几杖、行役以婦人、從適四方、乘安車、自稱曰老夫、何幼君之有。公子遂知其不可與謀。退而殺叔仲惠伯。弑子赤而立宣公。殺叔仲惠伯不書者、舉弑君為重、叔仲惠伯事、與荀息相類、不得為累者、有異也、叔

仲惠伯直先見殺鬪不如荀息死之宣公死。成公幼。臧宣公者相也。臧孫許宣謚君死不哭。聚諸大夫而問焉。曰。昔者叔仲惠伯之事。孰爲之。諸大夫皆雜然曰。仲氏也。其然乎。於是遣歸父之家。時見君幼欲以然昉示諸大夫然後哭君。歸父使乎晉。還自晉。至檉。聞君薨家遣。墠帷哭君成踊。反命于介。自是走之齊。魯人徐傷歸父之無後也。徐者皆共之辭也。關東語傷其先人爲惡身見逐絕不忿懟也於是使嬰齊後之也。弟無後兄之義爲亂昭穆之序失父子之親故不言仲孫明不與子爲父孫

癸丑。公會晉侯衛侯鄭伯曹伯宋世子成齊國佐邾婁人同盟于戚。

○世子成音恤本或作成

晉侯執曹伯歸之于京師。爲篡喜時○爲于僞反

公至自會。

夏六月。宋公固卒。不日者多取三國媵非禮故略之

楚子伐鄭。

秋八月庚辰。葬宋共公。○共音恭

宋華元出奔晉。

宋華元自晉歸于宋。不省文復出宋華元者宋公卒子幼華元以憂國爲大夫山所譖出奔晉晉人理其非宋人反華元誅山故繁文大之也言歸者明出入無惡

宋殺其大夫山。不氏者見殺在華元歸後嫌直自見殺者故貶之明以譖華元故

宋魚石出奔楚。與山有親恐見及也後得言復入者出無惡知非君漏言魚石不殺山

冬十有一月。叔孫僑如會晉士燮齊高無咎宋華元衛孫林父鄭公子鰌邾婁人會吳于鍾離。

○燮息協反咎其九反鰌音秋

曷爲殊會吳。據楚不殊外吳也。曷爲外也。據襄五年不外之春秋內其國而外諸夏。內諸夏而外夷狄。內其國者假魯以爲京師也諸夏外土諸侯也謂之夏者大總下土言之辭也不殊楚者楚始見所傳聞世尚外諸夏未得殊也至於所聞世可得殊又卓然有君子之行吳似夷狄差醇而適見於可殊之時故獨殊吳○差初賣反王者欲一乎天下。曷爲以外內之辭言之。據大一統言自近者始也。明當先正京師乃正諸夏諸夏正乃正夷狄以漸治之葉公問政於孔子孔子曰近者說遠者來季康子問政於孔子孔子曰政者正也子帥以正孰敢不正是也月者危錄之諸侯既委任大夫復命交接夷狄○葉舒涉反下文同說音悅

許遷于葉。

十有六年。春。王正月。雨木冰。

傳雨木冰者何。雨而木冰也。何以書。記異也。木者少陽，幼君大臣之象。冰者凝陰，兵之類也。冰脅木者，君臣將執於兵之徵也。

夏。四月。辛未。滕子卒。滕始卒於宣公，日於成公，不名。邾婁始卒於文公，日於襄公，名。俱葬於昭公。是以知滕小。

鄭公子喜帥師侵宋。

六月。丙寅朔。日有食之。是後楚滅舒庸，晉厲公見餓殺，猶重，故十七年復食。

晉侯使欒黶來乞師。○欒力官反。黶於斬反。

甲午。晦。

傳晦者何。冥也。何以書。記異也。此王公失道，臣代其治，故陰代陽。

晉侯及楚子。鄭伯。戰于鄢陵。楚子。鄭師敗績。○鄢於晚反，又於建反。

傳敗者稱師。楚何以不稱師。據宋公戰于泓敗績稱師。王痍也。王痍者何。傷乎矢也。時爲飛矢所中。○痍音夷。然則何以不言師敗績。據王痍。末言爾。末，無也。無所取於言師敗績也。凡舉師敗績爲重衆，今親傷人君，當舉傷君爲重，以言戰又言敗績，知非詐，當蒙上日也。

楚殺其大夫公子側。

秋。公會晉侯。齊侯。衛侯。宋華元。邾婁人。于沙隨。不見公。公至自會。

傳不見公者何。公不見見也。不見見者，恚乞師不得，欲執之。○恚一睡反。公不見見，大夫執。何以致會。據不得意扈之會，公失序不致。不恥也。曷爲不恥。據扈之會，公失序恥。公幼也。因公幼，殺恥，爲諱辭，不書行父執者，公不見見，已重矣。

公會尹子。晉侯。齊國佐。邾婁人。伐鄭。

曹伯歸自京師。

傳執而歸者名。曹伯何以不名。而不言復歸于曹何。據曹伯襄復歸于曹。易也。易故未言之，不復舉國名。其易奈何。公子喜時在內也。公子喜時在內

則何以易。據本篡喜時也。○喜時左傳作欣時。公子喜時者。仁人也。內平其國而待之。和平其臣民，令專心于負芻。外治諸京師而免之。訟治於京師，解免使來歸。其言自京師何。據僖二十八年晉人執衛侯歸之于京師，後復歸于衛，俱天子所歸，不言自京師，不連歸問者，嫌自京師天子有力，文言甚易，欲弁問有力，文與上說喜時錯。言甚易也。舍是無難矣。言歸自京師者，與內據臣子致公同文，欲言甚易也。舍此所從還，無危難矣。主所以見曹伯歸本據喜時平國反之，書非錄京師有力也。執歸書者，賢喜時爲見所篡，終無怨心，而復深推精誠，憂免其難，非至仁莫能行之，故書起其功也。○舍是音捨，注同，下傳舍臣放此。無難乃旦反，注同。

九月。晉人執季孫行父。舍之于招丘。○招丘章遥反，又上饒反。二傳作苕丘。

傳執未可言舍之者。此其言舍之何。仁之也。曰在招丘悕矣。悕悲也仁之者若曰在招丘可悲矣閔錄之辭○悕音希執未有言仁之者。此其言仁之何。代公執也。其代公執奈何。前此者晉人來乞師而不與。不書者不與無惡公會晉侯。會沙隨也將執公。季孫行父曰。此臣之罪也。於是執季孫行父。成公將會厲公。謂上伐鄭言諡者別嬰齊所請也明言公會晉侯者嬰齊所請事也故下與嬰齊傳合同○別彼列反會不當期。將執公。季孫行父曰。臣有罪。執其君。子有罪。執其父。此聽失之大者也。今此臣之罪也。舍臣之身而執臣之君。吾恐聽失之為宗廟羞也。於是執季孫行父。善其過則稱己美則稱君累代公執在危殆之地故地言舍而月之者痛傷忠臣不得其所為代公執不稱行人者在君側非出使

冬。十月。乙亥。叔孫僑如出奔齊。

十有二月。乙丑。季孫行父及晉郤州盟于扈。行父執釋不致者舉公至為重

公至自會。

乙酉。刺公子偃。

十有七年。春。衛北宮結率師侵鄭。

夏。公會尹子。單子。晉侯。齊侯。宋公。衛侯。曹伯。邾婁人。伐鄭。

六月。乙酉。同盟于柯陵。

秋。公至自會。

齊高無咎出奔莒。

九月。辛丑。用郊。

傳用者何。用者不宜用也。九月非所用郊也。周之九月夏之七月天氣上升地氣下降又非郊時故加用之然則郊曷用。郊用正月上辛。魯郊博卜春三月言正月者因見百王正所當用也三王之郊一用夏正言正月者春秋之制也正月者歲首上辛尤始新皆取其首先之意日者明用辛例不郊則不日或曰用然後郊。或曰用者先有事存后稷神名也晉人將有事於河必先有事於惡池齊人將有事於泰山必先有事於蜚林魯人將有事於天必先有事於泮宮九月郊尤悖禮故言用小大盡譏之以不郊乃譏三望知郊不得譏小也又夕牲告牷后稷當在日上不當在日下○惡如字又火吳反池如字又大河反

晉侯使荀罃來乞師。○罃乙耕反

冬。公會單子。晉侯。宋公。衛侯。曹伯。齊人。邾婁人。伐鄭。

十有一月。公至自伐鄭。月者方正下壬申故月之

壬申。公孫嬰齊卒于貍軫。○貍力之反軫之忍反左氏作脤穀梁作蜃

傳非此月日也。曷為以此月日卒之。據下丁巳朔知壬申在十月待君命。然後卒大夫。曷為待君命。然後卒大夫。據昭公出奔卒叔孫舍前此者嬰齊走之晉。不書者以為公請除出奔之罪也○為于偽反下文為公同公會晉侯將執公。嬰齊

為公請。公許之。反為大夫。歸至于貍軫而卒。十月壬申日。貍軫。魯地。無君命。不敢卒大夫。國人未被君命。不敢使從大夫禮。公至。至是也。十一月。曰。吾固許之反為大夫。許反為大夫。即受命矣。然後卒之。善其不敢自專。故引其死日下就公至月卒之。起其事。所以激當世之驕臣。

十有二月丁巳朔。日有食之。

邾婁子貜且卒。○貜且。俱縛反。下子餘反。

晉殺其大夫郤錡郤州郤至。

楚人滅舒庸。舒庸。東夷道吳圍巢。

十有八年。春。王正月。晉殺其大夫胥童。

庚申。晉弒其君州蒲。日者。二月庚申日死也。厲公猥殺四大夫。臣下人人恐見及。以致此禍。故日起其事。深為有國者戒也。

齊殺其大夫國佐。

公如晉。

夏。楚子鄭伯伐宋。宋魚石復入于彭城。不書叛者。楚為魚石伐取彭城以封之。本受于楚。非得于宋。故舉伐於上。起其意也。楚以封魚石。復本繫于宋。言復入者。不與楚專封。故從犯君錄之。主書者。其專封。○復入。扶又反。注同。

公至自晉。

晉侯使士匄來聘。○匄。古害反。

秋。杞伯來朝。

八月。邾婁子來朝。

築鹿囿。

傳何以書。譏。何譏爾。有囿矣。又為也。刺奢泰妨民。天子囿方百里。公侯十里。伯七里。子男五里。皆取一也。

己丑。公薨于路寢。

冬。楚人鄭人侵宋。

晉侯使士彭來乞師。○士彭。二傳作士魴。襄十二年同。

十有二月。仲孫蔑會晉侯宋公衛侯邾婁子齊崔杼同盟于虛朾。不日者。時欲行義為宋誅魚石。故善而為信辭。或喪盟略。○杼。直呂反。虛朾。起魚反。下勑丁反。

丁未。葬我君成公。

春秋公羊傳卷十八終

春秋公羊傳卷十九

漢諫議大夫司空掾任城何　休學

皇明　後　學　東吳葛　鼒訂

襄公

元年。春王正月。公卽位。

仲孫蔑會晉欒黶。宋華元。衛甯殖。曹人。莒人。邾婁人。滕人。薛人。圍宋彭城。

傳宋華元曷爲與諸侯圍宋彭城。據晉趙鞅以地正國加叛文，今此無加叛文，故問之。爲宋誅也。故華元無惡文。其爲宋誅奈何。魚石走之楚。楚爲之伐宋。取彭城以封魚石。魚石之罪奈何。以入是爲罪也。說在成十八年。書者，善諸侯爲宋誅，雖不能誅，猶有屈彊臣之助。楚已取之矣。曷爲繫之宋。據莒人伐杞，取牟婁，后莒牟夷以牟婁來奔，不繫杞。不與諸侯專封也。故奪繫于宋，使若宋邑者。楚救不書者，從封內兵也。

夏。晉韓屈帥師伐鄭。

仲孫蔑會齊崔杼。曹人。邾婁人。杞人。次于合。刺欲救宋而后不能也。知不救鄭者，時鄭背中國，不能救不得刺。○于合，二傳作鄫。

秋。楚公子壬夫帥師侵宋。

九月。辛酉。天王崩。

邾婁子來朝。

冬。衛侯使公孫剽來聘。○剽，匹妙反。

晉侯使荀罃來聘。

二年。春王正月。葬簡王。

鄭師伐宋。

夏五月。庚寅。夫人姜氏薨。

六月。庚辰。鄭伯睔卒。不書葬者，諱伐喪。○睔，古困反。

晉師宋師衛甯殖侵鄭。

秋七月。仲孫蔑會晉荀罃。宋華元。衛孫林父。曹人。邾婁人。于戚。

己丑。葬我小君齊姜。

傳齊姜者何。齊姜與繆姜，則未知其爲宣夫人與。成夫人與。齊姜者，宣公夫人，九年繆姜者，成公夫人也。傳家依違者，襄公服繆姜喪未踰年，親自伐鄭，有惡，故傳從內義，不正言也。○繆音穆。

叔孫豹如宋。

冬。仲孫蔑會晉荀罃。齊崔杼。宋華元。衛孫林父。曹人。邾婁人。滕人。薛人。小邾婁人。于戚。遂城虎牢。

傳虎牢者何。鄭之邑也。以下戍繫鄭。其言城之何。據外城邑不書。取之也。取之則曷爲不言取之。據取牟婁。爲中國諱也。曷爲爲中國諱。據莒伐杞，取牟婁不爲中國諱、諱伐喪也。曷爲不繫乎鄭。爲中國諱也。大夫無遂事。此其言遂何。歸惡乎大夫也。使若大夫自生事取之者、即實遂、但當言取之、

楚殺其大夫公子申。

三年。春。楚公子嬰齊帥師伐吳。

公如晉。

夏。四月。壬戌。公及晉侯盟于長樗。○樗勑居反

公至自晉。盟地者、不于都也、以晉致者、上盟不于都、嫌如晉不得入、故以晉致起之、不別盟得意者、成公比失意如晉、公獨得容盟、得意

亦可知、○別彼列反

六月。公會單子。晉侯。宋公。衛侯。鄭伯。莒子。邾婁子。齊世子光。己未。同盟于雞澤。盟下日者、信在世子光也、

陳侯使袁僑如會。

傳其言如會何。據曹伯襄言會諸侯、鄫子言會盟、後會也。不直言會盟者、時諸侯不親與袁僑盟、又下方殊及之、

戊寅。叔孫豹及諸侯之大夫。及陳袁僑盟。

傳曷爲殊及陳袁僑。據俱諸侯之大夫也、言之大夫者、辟諸侯與大夫皆盟、爲其與袁僑盟也。陳、鄭、楚之與國、陳侯有慕中國之心、有疾、使大夫會諸侯、欲附疏、不復備責、遂與之盟、共結和親、故殊之、起主爲與袁僑盟也、復出陳者、喜得陳國也、不重出地、有諸侯在、臣繫君、故因上地、

秋。公至自會。

冬。晉荀罃帥師伐許。

四年。春。王三月。己酉。陳侯午卒。

夏。叔孫豹如晉。

秋。七月。戊子。夫人弋氏薨。○弋氏以職反、左氏作姒氏

葬陳成公。

八月。辛亥。葬我小君定弋。○定弋左氏作定姒

傳定弋者何。襄公之母也。定弋、莒女也、襄公者、成公之妾子、

冬。公如晉。

陳人圍頓。

五年。春。公至自晉。

夏。鄭伯使公子發來聘。

叔孫豹。鄫世子巫。如晉。

傳外相如不書。此何以書。據晉郤克與莊孫許同時而聘于齊、不書、爲叔孫豹率而

莒之俱也。以不殊鄫世子、俱言如也。叔孫豹則曷爲率而與之俱。據非內大夫、蓋舅出也。巫者、鄫前夫人、襄公母姊妹之子也、俱莒外孫、故曰舅出。莒將滅之。故相與往殆乎晉也。殆、疑、疑讞于晉、齊人語。○疑讞魚竭反 莒將滅之。則曷爲相與往殆乎晉。據當以兵救之。取後乎莒也。其取後乎莒奈何。莒女有爲鄫夫人者。蓋欲立其出也。時莒女嫁爲鄫後夫人、夫人無男、有女、還嫁之于莒、有外孫、鄫子愛後夫人而無子、欲立其外孫、書者、善之得爲善者、雖揚父之惡、救國之滅者可也、

仲孫蔑衛孫林父會吳于善稻。不殊衛者、晉侯欲會吳于戚、使魯衛先通好、見使畀、故不殊、蓋起所恥、○善稻左氏作善道好呼報反

秋、大雩。

先是襄公數用兵、圍彭城、城虎牢、三年再會、四年如晉、踰年乃反、又賦歛重、恩澤不施所致、○數所角反

楚殺其大夫公子壬夫。

公會晉侯宋公陳侯衛侯鄭伯曹伯莒子邾婁子滕子薛伯齊世子光吳人鄫人于戚。

傳 吳何以稱人。據上善稻之會、不稱人、吳鄫人云則不辭。孔子曰、言不順、則事不成、方以吳抑鄫國、列在稱人上、不以順辭、故進吳稱人、所以抑鄫者、經書莒人滅鄫、又與巫訴、巫當存、惡鄫文不見、見惡必以吳者、夷狄尚知父死子繼、故以甚鄫也、等不使鄫稱國者、鄫不如夷狄、故不得與夷狄同文、○惡鄫烏路反

公至自會。

冬、戍陳。

傳 孰戍之。諸侯戍之。曷爲不言諸侯戍之。據下救陳言諸侯、離至不可得而序。離至、離別前後至也、陳坐欲與中國、被強楚之害、中國宜雜然同心救之、乃解怠前後至、故不序、以刺中國之無信、○解古賣反 故言我也。言我者、以魯至時書、與魯微者同文、微者同文者、使若城楚丘、辟魯獨戍之、戍例時、

楚公子貞帥師伐陳。

公會晉侯宋公衛侯鄭伯曹伯莒子邾婁子滕子薛伯齊世子光救陳。十有二月。公至自救陳。

辛未。季孫行父卒。

六年。春。王三月。壬午。杞伯姑容卒。始卒、更名日書葬者、新黜、未忍便略也、

夏。宋華弱來奔。

秋。葬杞桓公。

滕子來朝。

莒人滅鄫。莒稱人者、莒公子、鄫外孫、稱人者、從莒無大夫也、言滅者、以異姓爲後、莒人當坐滅也、不月者、取後于莒、非兵滅、

冬。叔孫豹如邾婁。

季孫宿如晉。

十有二月。齊侯滅萊。

傳 曷爲不言萊君出奔。據譚子言奔、國滅君死之。正也。明國當存、不書殺萊君者、

舉滅國爲重、

七年。春。鄟子來朝。○鄟音談

夏。四月。三卜郊。不從。乃免牲。

小邾婁子來朝。

城費。○費音祕

秋。季孫宿如衛。

八月。螺。先是鄟小邾婁來朝有賓主之賦加以城費季孫宿如衛煩擾之應○螺音終

冬。十月。衛侯使孫林父來聘。壬戌。及孫林父盟。

楚公子貞帥師圍陳。

十有二月。公會晉侯宋公陳侯衛侯曹伯莒子邾婁子于鄬。○鄬于委反字林凡吹反

鄭伯髡原如會。未見諸侯。丙戌。卒于操。

傳操者何。鄭之邑也。諸侯卒其封內不地。此何以地。據陳侯鮑卒、不地、隱之也。何隱爾。弒也。孰弒之。其大夫弒之。曷爲不言其大夫弒之。據鄭公子歸生弒其君夷書、爲中國諱也。曷爲爲中國諱。據歸生弒君、不爲中國諱、鄭伯將會諸侯于鄬。其大夫諫曰。中國不足歸也。則不若與楚。鄭伯曰。不可。其大夫曰。以中國爲義。則伐我喪。據城虎牢事、以中國爲彊。則不若楚。言楚屬圍陳、不能救、於是弒之。旤由中國無義、故深諱使若自卒○旤由音禍鄭伯髡原何以名。據陳侯如會、不名、傷而反。未至乎舍而卒也。舍昨日所舍止處也、以操定邑、知傷而反也、未見諸侯、尚往辭、知未至舍也、云爾者、言者保辜諸侯卒名、故於如會名之、明如會時爲大夫所傷、以傷辜死也、君親無將、見辜者、辜內當以弒君論之、辜外當以傷君論之、未見諸侯。其言如會何。致其意也。鄭伯欲與中國意未達而見弒故養遂而致之、所以達賢者之心、

陳侯逃歸。起鄭伯欲與中國卒逢其禍、諸侯莫有恩痛自疾之心、於是懼然後逃歸、故書以刺中國之無義、加逃者抑陳侯也、孔子曰、夷

狄之有君、不如諸夏之亡、不當背也、

八年。春。王正月。公如晉。月者起鄬之會、鄭伯以弒、陳侯逃歸、公獨修禮於大國、得自安之道、故善錄之、

夏。葬鄭僖公。

傳賊未討。何以書葬。爲中國諱也。操順事上、使若無賊然、不月者本實當去葬、責臣子、故不足也、○去起呂反

鄭人侵蔡。獲蔡公子燮。○燮素協反

傳此侵也。其言獲何。據宋師敗績獲宋華元、戰乃言獲也、侵而言獲者。適得之也。

時適遇值其不備獲得之易不言取之者封內兵不書嫌如子糾取一人故言獲起有兵也又將兵禦難不明候伺雖不戰鬭當坐獲○易以豉反難乃旦反

季孫宿會晉侯鄭伯齊人宋人衛人邾婁人于邢丘。

○邢音刑

公至自晉。

莒人伐我東鄙。

秋九月大雩。

由城費公比出會如晉莒人伐我動擾不恤民之應

冬楚公子貞帥師伐鄭。

晉侯使士匄來聘。

九年春宋火。

○二傳作宋災

傳曷爲或言災或言火大者曰災小者曰火大者謂正寢社稷宗廟朝廷也下此則小矣災者離本辭故可以見火○離力智反然則內何以不言火據西宮災不言火內不言火者甚之也春秋以內爲天下法動作當先自克責故小有火如大有災何以書記災也外災不書此何以書爲王者之後記災也是時周樂已毀先聖法度浸疏遠不用之應

夏季孫宿如晉。

五月辛酉夫人姜氏薨。

秋八月癸未葬我小君繆姜。

冬公會晉侯宋公衛侯曹伯莒子邾婁子滕子薛伯杞伯小邾婁子齊世子光伐鄭十有二月己亥同盟于戲。

事連上伐不致者惡公服繆姜喪未踰年而親伐鄭故奪臣子辭○戲許宜反惡烏路反

楚子伐鄭。

十年春公會晉侯宋公衛侯曹伯莒子邾婁子滕子薛伯杞伯小邾婁子齊世子光會吳于柤。

○柤莊加反

夏五月甲午遂滅偪陽。

○偪音福又彼力反

公至自會。

滅日者甚惡諸侯不崇禮義以相安反遂爲不仁開道彊滅中中國中國之禍連蔓日及故疾錄之滅比于取邑例不當書晉書致者深諱若公與上會不與下滅○惡烏路反道音導與音預

楚公子貞鄭公孫輒帥師伐宋。

晉師伐秦。

秋莒人伐我東鄙。

公會晉侯宋公衛侯曹伯莒子邾婁子齊世子光滕子薛伯杞伯小邾婁子伐鄭。

冬，盜殺鄭公子𩦼、公子發、公孫輒。不言其大夫者，降從盜，故與盜同文。○𩦼，左氏作騑。

戍鄭虎牢。

傳 孰戍之？諸侯戍之。曷爲不言諸侯戍之？離至不可得而序，故言我也。刺諸侯既取虎牢以爲蕃蔽，不能雜然同心安附之。諸侯已取之矣，曷爲繫之鄭？据莒牟夷以牟婁來奔，本杞之邑，不繫于杞。諸侯莫之主有，故反繫之鄭。諸侯本無利虎牢之心，欲共以距楚，爾無主有之者，故不當坐取邑，故反繫之鄭，見其意也。所以見之者，上諱伐喪不言取，今刺戍之舒緩，嫌於義反，故正之云爾。

楚公子貞帥師救鄭。

公羊傳　卷十九　襄公　十一　永懷堂

公至自伐鄭。

十有一年，春，王正月，作三軍。

傳 三軍者何？三卿也。爲軍置三卿官也。卿，大夫爵號。大同小異，方据上卿道中下，故總言三卿。作三軍何以書？欲問作多書乎，作少書乎，故復全舉句以問之。譏。何譏爾？古者上卿、下卿、上士、下士。說古制司馬官數。古者諸侯有司徒、司空，上卿各一，下卿各二。司馬事省，上下卿各一，上士相上卿，下士相下卿，足以爲治。襄公委任彊臣，國家內亂，兵革四起，軍職不共，不推其原，乃益司馬作中卿官，踰王制，故譏之。言軍者，本以軍數置之。月者，重錄之。

夏，四月，四卜郊，不從，乃不郊。成公下文不致，此致者，襄公但不免牲爾，不怨懟無所起。

鄭公孫舍之帥師侵宋。

公會晉侯、宋公、衛侯、曹伯、齊世子光、莒子、邾婁子、滕子、薛伯、杞伯、小邾婁子伐鄭。

秋，七月，己未，同盟于京城北。○京城北，左氏作亳城北。

公至自伐鄭。

楚子、鄭伯伐宋。

公會晉侯、宋公、衛侯、曹伯、齊世子光、莒子、邾婁子、滕子、薛伯、杞伯、小邾婁子伐鄭，會于蕭魚。

公羊傳　卷十九　襄公　十二　永懷堂

傳 此伐鄭也，其言會于蕭魚何？据伐鄭常難，今有詳錄之文。○難，乃旦反。蓋鄭與會爾。中國以鄭故，三年之中，五起兵，至是乃服，其後無干戈之患二十餘年，故喜而詳錄其會，起得鄭爲重。○與，音預。

公至自會。

楚人執鄭行人良霄。

冬，秦人伐晉。爲楚救鄭。

春秋公羊傳卷十九終

春秋公羊傳卷二十

漢諫議大夫司空掾任城何休學
皇明後學東吳金蟠訂

襄公

十有二年。春。王三月。莒人伐我東鄙。圍台。○台他來反又音臺

傳邑不言圍。此其言圍何。伐而言圍者。取邑之辭也。伐而不言圍者。非取邑之辭也。外取邑有嘉惡當書不直言取邑者深恥中國之無信也前九年伐得鄭同盟于戲楚伐鄭不救卒爲鄭所背中國以弱蠻荊以强兵革亟作蕭魚之會服鄭最難不務長和親復相貪犯故諱而言圍以起之月者加責之○亟去冀反難乃旦反長丁丈反

季孫宿帥師救台。遂入運。入運者討叛也封内兵書者爲遂舉討叛惡遂者得而不取與不討同故言入起其事

傳大夫無遂事。此其言遂何。公不得爲政爾。時公微弱政教不行故季孫宿遂取鄆而自益其邑

夏。晉侯使士彭來聘。

秋。九月。吳子乘卒。至此卒者與中國會同本在楚後賢季子因始卒其父是後亦欲見其迭爲君卒皆不日吳遠于楚

冬。楚公子貞帥師侵宋。

公如晉。

十有三年。春。公至自晉。

夏。取詩。○詩二傳作邿

傳詩者何。邾婁之邑也。曷爲不繫乎邾婁。諱亟也。諱背蕭魚之會亟○亟去冀反

秋。九月。庚辰。楚子審卒。

冬。城防。

十有四年。春。王正月。季孫宿。叔老會晉士匄。齊人。宋人。衛人。鄭公孫蠆。曹人。莒人。邾婁人。滕人。薛人。杞人。小邾婁人。會吳于向。月者危刺諸侯委任大夫交會彊夷臣日以强三年之後君若贅流然○蠆勑邁反二傳作蠆

二月。乙未。朔。日有食之。

夏。四月。叔孫豹會晉荀偃。齊人。宋人。衛北宮結。鄭公孫蠆。曹人。莒人。邾婁人。滕人。薛人。杞人。小邾婁人。伐秦。是後衛侯爲彊臣所逐出奔溴梁之盟信在大夫

己未。衛侯衎出奔齊。日者爲孫氏甯氏所逐後甯氏復納之者同當相起故獨日也不書孫甯逐君者舉君絕爲重見逐說在二十七年

莒人侵我東鄙。

秋。楚公子貞帥師伐吳。

冬。季孫宿會晉士匄、宋華閱、衛孫林父、鄭公孫蠆、莒人、邾婁人于戚。

十有五年。春。宋公使向戌來聘。 ○戌音恤

二月。己亥。及向戌盟于劉。

劉夏逆王后于齊。

(傳)劉夏者何。天子之大夫也。劉者何。邑也。其稱劉何。據宰渠伯糾繫官。以邑氏也。諸侯入爲天子大夫、不得氏國稱本爵、故以所受采邑氏、稱子。所謂采者、不得有其土地人民、采取其租税爾。禮記王制曰、天子三公之田視公侯、卿視伯、大夫視子男、元士視附庸。稱子者、參見義、顧爲天子大夫、亦可以見諸侯不生名、亦可以見爵、亦可以見大夫稱。傳曰天子大夫是也。不稱劉子而名者、禮、逆王后當使三公、故貶去大夫、明非禮也。

外逆女不書。此何以書。過我也。明魯當共送迎之禮。○過古禾反、共音恭

夏。齊侯伐我北鄙。圍成。俱犯蕭魚、此不月、十二年月者、疾始可知。

公救成。至遇。

(傳)其言至遇何。據季孫宿救台、不言所至。不敢進也。兵不敵、不敢進也。不言止次、如公次于郎、以刺之者、量力不責重民也。故與至巂同文。封內兵書者、爲不進張本。○巂户圭反、又囚兗反

季孫宿、叔孫豹帥師城成郛。 ○郛芳夫反

秋。八月。丁巳。日有食之。是後溴梁之盟、信在大夫、齊蔡莒吳衛之禍、徧滿天下。

邾婁人伐我南鄙。

冬。十有一月。癸亥。晉侯周卒。

十有六年。春。王正月。葬晉悼公。

三月。公會晉侯、宋公、衛侯、鄭伯、曹伯、莒子、邾婁子、薛伯、杞伯、小邾婁子于溴梁。 ○溴本又作湨、古闃反

戊寅。大夫盟。

(傳)諸侯皆在是。其言大夫盟何。據葵丘之盟、諸侯皆在、有大夫、不言大夫盟。信在大夫也。故書大夫盟、不言諸侯之大夫者、起信在大夫。何言乎信在大夫。據上三年戊寅、不起。徧刺天下之大夫也。曷爲徧刺天下之大夫。據戊寅、不刺之。君若贅旒然。旒、旂旒。贅、繫屬之辭、若今俗名就壻爲贅壻矣。以旂旒喻者、爲下所執持東西。旒者、其數名。禮記玉藻曰、天子旂十有二旒、諸侯九、卿大夫七、士五。不言諸侯之大夫者、明所刺者非但會上大夫、并徧刺天下之大夫。不殊內大夫者、欲一其文、見惡同也。至此所以徧刺之者、蕭魚之會、服鄭最難、諸侯勞倦、不肯復出、而大夫常行、三委于臣、而君遂失權、大夫故得信在。故孔子曰、唯器與名、不可以假人。不重出地者、與三年雞澤大夫盟同義。

晉人執莒子、邾婁子以歸。

錄以歸者，甚惡晉。有罪無罪，皆當歸京師，不得自治之。

齊侯伐我北鄙。

夏，公至自會。

五月甲子，地震。是時溴梁之盟，政在臣下。其後叛臣三，弒君五，楚滅舒鳩，齊侯襲莒，乖離出奔，兵事最甚。

叔老會鄭伯、晉荀偃、衛甯殖、宋人伐許。

秋，齊侯伐我北鄙，圍成。

大雩。先是伐許，齊侯圍成，動民之應。

冬，叔孫豹如晉。

十有七年，春，王二月，庚午，邾婁子瞯卒。

宋人伐陳。

夏，衛石買帥師伐曹。

秋，齊侯伐我北鄙，圍洮。○洮，他刀反，左氏作桃。

齊高厚帥師伐我北鄙，圍防。

九月，大雩。比年仍見圍，不暇恤民之應。

宋華臣出奔陳。

冬，邾婁人伐我南鄙。

十有八年，春，白狄來。

傳白狄者何？夷狄之君也。何以不言朝？不能朝也。

夏，晉人執衛行人石買。

秋，齊師伐我北鄙。

冬，十月，公會晉侯、宋公、衛侯、鄭伯、曹伯、莒子、邾婁子、滕子、薛伯、杞伯、小邾婁子，同圍齊。曹伯負芻卒于師。

楚公子午帥師伐鄭。

十有九年，春，王正月，諸侯盟于祝阿。下有執，不甘者善同伐齊，故褎與信辭。○二傳作祝柯。

晉人執邾婁子。

公至自伐齊。

傳此同圍齊也，何以致伐？據諸侯圍許，致圍。未圍齊也。故致伐，起未圍齊。則其言圍齊何？抑齊也。曷為抑齊？據侵蔡伐楚，猶不抑。為其亟伐也。或曰為其驕蹇，使其世子處乎諸侯之上也。以下葬咯，或說是也。亟伐者并數爾，加圍者，明當從滅𢦏二等，奪其爵土。○亟，去冀反。并數，必正反，下所注反。

取邾婁田自漷水。

○漷火虢反徐音郭

傳其言自漷水何。據齊人取濟西田不言自濟水。○濟子禮反以漷爲竟也。何言乎以漷爲竟。據取邑未嘗道竟界。漷移也。魯本與邾婁以漷爲竟漷移入邾婁界魯隨而有之諸侯土地本有度數不得隨水隨水有之當坐取邑故云爾

季孫宿如晉。

葬曹成公。

夏。衞孫林父帥師伐齊。

秋。七月。辛卯。齊侯瑗卒。

○瑗于眷反一音環二傳作環

晉士匄帥師侵齊。至穀。聞齊侯卒。乃還。

傳還者何。善辭也。何善爾。大其不伐喪也。此受命乎君而伐齊。則何大乎其不伐喪。據公子買戍衞不卒戍言戍衞遂公意大夫以君命出。進退在大夫也。禮兵不從中御外臨事制宜當敵爲師唯義所在士匄聞齊侯卒引師而去恩動孝子之心服諸侯之君是後兵寢數年故起時善之言乃者士匄有難重廢君命之心故見之言至穀者未侵齊也言聞者在竟外舉侵者張本○難乃旦反見賢徧反

八月。丙辰。仲孫蔑卒。

齊殺其大夫高厚。

鄭殺其大夫公子喜。

公羊傳　卷二十　襄公　七　永懷堂

○喜二傳作嘉

冬。葬齊靈公。不月者抑其父嫌子可得無道故奪臣子恩明光代父從政處諸侯之上不孝也

城西郛。言西郛者據都城錄道東西

叔孫豹會晉士匄于柯。

○柯古河反

城武城。

二十年。春。王正月。辛亥。仲孫遬會莒人盟于向。

○遬音速

夏。六月。庚申。公會晉侯。齊侯。宋公。衞侯。鄭伯。曹伯。莒子。邾婁子。滕子。薛伯。杞伯。小邾婁子。盟于澶淵。

○澶市然反

秋。公至自會。

仲孫遬帥師伐邾婁。

蔡殺其大夫公子燮。

蔡公子履出奔楚。

陳侯之弟光出奔楚。

公羊傳　卷二十　襄公　八　永懷堂

爲二慶所譖還在二十三年、○弟光左氏傳作弟黃、

叔老如齊。

冬、十月、丙辰、朔、日有食之。自溴梁之盟、臣恣日甚、故比年日食、

季孫宿如宋。

二十有一年、春、王正月、公如晉。月者、溴梁之盟後、中國方亦離、善公獨能與大國、

邾婁庶其以漆閭丘來奔。

傳邾婁庶其者何。邾婁大夫也。邾婁無大夫、此何以書。據快無氏、重

地也。惡受叛臣邑、故重而書之、不言叛者、舉地言奔、則魯坐受與庶其叛兩明、故省文也、

夏、公至自晉。

秋、晉欒盈出奔楚。

九月、庚戌、朔、日有食之。

冬、十月、庚辰、朔、日有食之。

曹伯來朝。

公會晉侯、齊侯、宋公、衛侯、鄭伯、曹伯、莒子、邾婁子于商任。○任音壬

傳十有一月、庚子、孔子生。時歲在己卯、

二十有二年、春、王正月、公至自會。月者、危公前疆隨瀞有邾婁地、又受其叛臣邑、而今與魯不於土會、月者與日食同月、不得復見、

夏、四月。

秋、七月、辛酉、叔老卒。

冬、公會晉侯、齊侯、宋公、衛侯、鄭伯、曹伯、莒子、邾婁子、滕子、薛伯、杞伯、小邾婁子于沙隨。公至自會。

楚殺其大夫公子追舒。

二十有三年、春、王二月、癸酉、朔、日有食之。

三月、己巳、杞伯匄卒。

○匄古害反

夏、邾婁鼻我來奔。○鼻我二傳作畀我

傳邾婁鼻我者何。邾婁大夫也。邾婁無大夫、此何以書。以近書也。以奔無他義、知以治近升平書也、所傳聞世見治始起、外諸夏、錄大略小、大國有大夫、小國略稱人、所聞之世、內諸夏、治小如大、廩廩近升平、故小國有大夫、治之漸也、見於邾婁者、自近始也、獨舉一國者、時亂實未有大夫、治亂不失其實、故取足張法而已、

葬杞孝公。

陳殺其大夫慶虎及慶寅。

陳侯之弟光。自楚歸于陳。前爲二慶所譖、出奔楚、楚人治其罪、陳人誅二慶、反光、故言歸、宋大夫山譖華元、此不致者、殺二慶而光歸、譖光可知、

晉欒盈復入于晉。入于曲沃。

傳曲沃者何。晉之邑也。其言入于晉入于曲沃何。据當舉重。欒盈將入晉。晉人不納。由乎曲沃而入也。欒盈本欲入晉篡大夫位、晉人不納、更入于曲沃得其士衆以入晉國、曲沃大夫當坐、故復言入、篡大夫位例時、

秋。齊侯伐衛。遂伐晉。八月。叔孫豹帥師救晉。次于雍渝。○渝羊朱反左氏作揄

傳曷爲先言救而後言次。据次于聶北救邢、先通君命也。惡其不遂君命而專止次、故先通君命言救、

己卯。仲孫遬卒。

冬。十月。乙亥。臧孫紇出奔邾婁。○紇根發反

晉人殺欒盈。

傳曷爲不言殺其大夫。据篡得大夫之位。非其大夫也。明非君所置、不得爲大夫、無大夫文而殺之、稱人者、從討賊辭、大其除亂也、

齊侯襲莒。

二十有四年。春。叔孫豹如晉。

仲孫羯帥師侵齊。○仲孫羯本又作褐亦作偈同居羯反

夏。楚子伐吴。

秋。七月。甲子。朔。日有食之。既。

齊崔杼帥師伐莒。是後楚滅舒鳩、齊崔杼、衛甯喜弑其君、

大水。前此叔孫豹救晉、仲孫羯侵齊、比興師衆、民怨之所生也、

八月。癸巳。朔。日有食之。

與甲子同、

公會晉侯。宋公。衛侯。鄭伯。曹伯。莒子。邾婁子。滕子。薛伯。杞伯。小邾婁子。于陳儀。陳儀、二傳作夷儀、二十五年同、

冬。楚子。蔡侯。陳侯。許男。伐鄭。

公至自會。

陳咸宜咎。出奔楚。○咸本又作鍼其廉反咎其九反

叔孫豹如京師。

大饑。有死傷曰大饑、無死傷曰饑、

春秋公羊傳卷二十終

春秋公羊傳卷二十一

漢諫議大夫司空掾任城何　休學
皇明　後　學　東吳葛　鼒訂

襄公

二十有五年。春。齊崔杼帥師。伐我北鄙。

夏。五月。乙亥。齊崔杼弒其君光。

公會晉侯。宋公。衛侯。鄭伯。曹伯。莒子。邾婁子。滕子。薛伯。杞伯。小邾婁子。于陳儀。

六月。壬子。鄭公孫舍之帥師入陳。日者、陳鄭俱楚之與國、今鄭背楚入陳、明中國當憂助鄭以離楚弱陳、故爲中國憂錄之、

秋。八月。己巳。諸侯同盟于重丘。會盟再出、不舉重者、起諸侯欲誅崔杼、故詳錄之、○重直龍反

公至自會。

衛侯入于陳儀。

傳陳儀者何。衛之邑也。曷爲不言入于衛。据與鄭突入櫟同、○櫟力狄反諼君以弒也。以先言入、后言弒也、時衛侯爲剽所簒逐、不能以義自復、詐願居是邑爲剽臣、然后候間伺便使甯喜弒之、君子恥其所爲、故就爲臣以諼君惡之、未得國言入者、起詐簒從此始、○諼况元反

楚屈建帥師滅舒鳩。

○屈居勿反

冬，鄭公孫囆帥師伐陳。

十有二月，吳子謁伐楚，門于巢卒。○謁左氏作遏

傳 門于巢卒者何？入門乎巢而卒也。入門乎巢而卒者何？入巢之門而卒也。以先言門后言于巢。吳子欲伐楚，過巢不假塗，卒暴入巢門，門者以爲欲犯巢而射殺之。君子不怨所不知，故與巢得殺之，使若吳爲自死文，所以彊守禦也。書伐者，明持兵入門，乃得殺之。○卒暴七忽反，射食亦反 吳子謁何以名？據諸侯伐人不名。傷而反，未至乎舍而卒也。以名卒間無事，知以傷辜死，還就張本文伐名，知傷而反卒。繫巢，知未還至舍。巢不坐殺，復見辜者，辜內當以弑君論之，辜外當以傷君論之。

二十有六年，春，王二月，辛卯，衛甯喜弑其君剽。甯喜爲衛侯衎弑剽，不舉衎弑剽者，諼成于喜。○剽匹妙反

衛孫林父入于戚以叛。衎盜國，林父未君事衎，言叛者，林父本逐衎，衎入故叛。衎得誅之，猶定公得誅季氏，故正之云爾。

甲午，衛侯衎復歸于衛。

傳 此諼君以弑也。其言復歸何？據齊陽生至陳乞家，時書入于齊，不書復歸。復歸者，入無惡文。惡剽也。主惡剽，衛侯入無惡，則剽惡明矣。○惡剽烏路反 曷爲惡剽？據齊陽生不書歸惡舍。剽之立，於是未有說也。凡篡立皆緣親親也，剽以公孫立，於是位尤非其次，故衛人未有說喜，由此得成諼禍，故惡以爲戒也。篡重不書，反惡此者，因重不得書，故得惡輕，亦欲以見重。○說音悅 然則曷爲不言剽之立？據衛人立晉。不言剽之立者，以惡衛侯也。欲起衛侯失衆出奔，故不書剽立。剽立無惡，則衛侯惡明矣。日者，起甯氏復納之，故出入同文也。甯喜弑君而衛侯歸，則甯氏納之明矣。以歸出奔俱日，知出納之者同。衛侯歸而孫氏叛，孫氏本與甯氏共逐之，亦可知也。名者，起盜國。盜國明，則復歸爲惡剽出見矣。

夏，晉侯使荀吳來聘。

公會晉人、鄭良霄、宋人、曹人于澶淵。

秋，宋公殺其世子痤。痤有罪，故平公書葬。○痤在禾反

晉人執衛甯喜。

傳 此執有罪，何以不得爲伯討？據甯喜弑君者，稱人而執，非伯討。不以其罪執之也。明不得以爲功，當坐執人。

八月，壬午，許男甯卒于楚。

冬，楚子、蔡侯、陳侯伐鄭。

葬許靈公。

二十有七年，春，齊侯使慶封來聘。

夏，叔孫豹會晉趙武、楚屈建、蔡公孫歸生、衛石惡、陳孔瑗、鄭良霄、許人、曹人于宋。○孔瑗二傳作孔奐

衛殺其大夫甯喜。衛侯之弟鱄出奔晉。

傳衞殺其大夫甯喜則衞侯之弟鱄曷爲出奔晉。据與射姑同、爲殺甯喜出奔也。曷爲爲殺甯喜出奔。据非同姓、衞甯殖與孫林父逐衞侯而立公孫剽。甯殖病將死。謂喜曰。黜公者。非吾意也。孫氏爲之。黜猶出逐、我卽死。女能固納公乎。固猶必也、喜者殖子、殖本與孫氏共立剽而孫氏獨得其權、故有此言、○女音汝 喜曰。諾。甯殖死。喜立爲大夫。使人謂獻公曰。黜公者非甯氏也。孫氏爲之。吾欲納公。何如。獻公曰。子苟納我。吾請與子盟。盟者欲堅固喜意、喜曰。無所用盟。時喜見獻公多詐、欲使公子鱄保之、故辭不肯盟、曰臣納君義也、無用爲盟矣、請使公子鱄約之。喜素信鱄、以爲鱄能保獻公、獻公謂公子鱄曰。甯氏將納我。吾欲與之盟。其言曰。無所用盟。請使公子鱄約之。子固爲我與之約矣。公子鱄辭曰。夫負羈縶。縶馬絆也、○羈縶本又作羈、下陟立反、絆音半 執鈇鑕從君東西南北。則是臣僕庶孽之事也。僕從者、庶孽衆賤子、猶樹之有孽生、若夫約言爲信。則非臣僕庶孽之所敢與也。鱄見獻公多詐、不敢保、○與音預 獻公怒曰。黜我者非甯氏與孫氏。凡在爾。欲以此語迫從、令必約之、○令力呈反 公子鱄不得已而與之約。已約。歸至殺甯喜。獻公歸至國、背約殺甯喜、公子鱄挈其妻子而去之。懟恚不能保獻公、○恚一睡反 將濟于河。攜其妻子。攜猶提也、而與之盟。恐乘舟有風波之害、已意不得展、故將濟豫與之盟、曰。苟有履衞地食衞粟者。昧雉彼視。昧割也、時割雉以爲盟、猶曰視彼割雉、負此盟則如彼矣、傳極道此者、見獻公無信、剌鱄兄爲彊臣所逐、既不能救、又移心事剽、背爲姦約、獻公雖復因喜得反、誅之小負未爲大惡、而深以自絕、所謂守小信而忘大義、拘小介而失大忠、不爲君漏言者、卽漏言、當坐殺大夫、不得以正葬正葬、明喜有罪、○昧舊音刎亡粉反一音末又音蔑

秋七月辛巳。豹及諸侯之大夫盟于宋。

傳曷爲再言豹。据盟于首戴不再出公、殆諸侯也。殆危也、危諸侯、故再出豹惡錄之、曷爲殆諸侯。据首戴不殆、爲衞石惡在是也。曰惡人之徒在是矣。衞侯衎使惡臣石惡來、故深爲諸侯危、恩其將負約爲亂原、先見此者、衎負鱄殺喜得書葬、嫌於義絕、可欲起其小負會盟、再出不舉重者、方再出豹也、石惡惡者、下出奔是也、

冬。十有二月乙亥朔。日有食之。是后閽殺吳子餘祭、蔡世子般弒其君、莒人弒其君之應、○閽殺音昏下音弒二十九年同祭側界反

二十有八年。春。無冰。豹羯爲政之所致、

夏。衞石惡出奔晉。

邾婁子來朝。

秋。八月。大雩。公方久如楚、先是豫賦于民之所致、

仲孫羯如晉。

冬。齊慶封來奔。

十有一月。公如楚。如楚皆月者、危公朝夷狄也、

十有二月。甲寅。天王崩。靈王。

乙未。楚子昭卒。乙未與甲寅相去四十二日、蓋閏月也、葬以閏數、卒不書閏者、正取朞月、明朞三年之喪、始死得以閏數、非死月、不得數閏、

二十有九年。春。王正月。公在楚。

傳何言乎公在楚。據成十一年正月公在晉、不書、正月。以存君也。正月、歲終而復始、臣子喜其君父與歲終而復始、執贄存之、故言在、在晉不書在楚書者、惡襄公久在夷狄、爲臣子危錄之、○復扶又反

夏五月。公至自楚。

庚午。衞侯衎卒。

閽弑吳子餘祭。

傳閽者何。門人也。守門人號、刑人也。以刑爲閽、古者肉刑墨劓臏宮與大辟而五、孔子曰、三皇設言民不違、五帝畫象、世順機、三王肉刑、揆漸加應世黠巧、姦僞多、○劓魚器反、臏毗忍反、辟婢亦反、黠閑八反、刑人則曷爲謂之閽。據非刑人名、刑人非其人也。以刑人爲閽、非其人、故變盜言閽、君子不近刑人。近刑人則輕死之道也。刑人不自賴、而用作閽、由之出入、卒爲所殺、故以爲戒、不言其君者、公家不畜、士庶不友、放之遠地、欲去聽所之、故不繫國、不繫國、故不言其君、

仲孫羯會晉荀盈。齊高止。宋華定。衞世叔齊。鄭公孫段。曹人。莒人。邾婁人。滕人。薛人。小邾婁人。城杞。書者、杞昔微、善能成王者後、

晉侯使士鞅來聘。○鞅於丈反

杞子來盟。貶稱子者、微弱不能自城、危社稷宗廟、當坐、善諸侯城之、復貶者、諸侯自閔而城之、非杞能以善道致諸侯、

吳子使札來聘。○札側八反

傳吳無君無大夫。此何以有君有大夫。據向之會、稱國、賢季子也。何賢乎季子。據聘不足賢、而使賢有君有大夫、荊人來聘是也、讓國也。其讓國奈何。謁也。餘祭也。夷昧也。與季子同母者四。與、并也、并季子四人、季子弱而才。兄弟皆

愛之。同欲立之以爲君。謁曰。今若是迮而與季子國。迮、起也、倉卒意、季子猶不受也。請無與子而與弟。弟兄迭爲君。迭、猶更也、而致國乎季子。皆曰諾。故諸爲君者。皆輕死爲勇。飲食必祝。祝、因祭祝也、論語曰、雖蔬食菜羹瓜祭是也、○蔬食音嗣、曰。天苟有吳國。猶曰天誠欲有吳國、當與賢弟、尚速有悔於予身。尚、猶努力、速、疾也、悔、咎、予、我也、欲急致國于季子意、故謁也死。餘祭也立。故迭爲君、餘祭也死。夷昧也立。夷昧也死。則國宜之季子者也。季子使而亡焉。僚者。長庶也。卽之。緣兄弟相繼而卽位、所以不書僚篡者、緣季子之心、惡以己之是、揚兄之非、故爲之諱、所以起至而君之、○使所吏反、長庶丁丈反、季子使而反。至而君之爾。不爲讓國者、僚已得國、無讓也、闔廬曰。先君之所以不與子國而與弟者。凡爲季子故也。將從先君

之命與、則國宜之季子者也。如不從先君之命與、則我宜立者也。僚惡得為君乎。於是使專諸刺僚。闔廬謂之長子光、專諸膳宰、僚耆炙魚、因進魚而刺之、○耆市志反而致國乎季子。季子不受、曰、爾殺吾君、吾受爾國、是吾與爾為篡也。爾殺吾兄、吾又殺爾、是父子兄弟相殺、終身無已也。兄弟相殺者、謂闔廬為季子殺僚、○爾殺申志反、注殺僚同去之延陵。延陵、吳下邑、禮、公子無去國之義、故不越竟、終身不入吳國。不入吳朝、既不忍討闔廬、義不可留事、故君子以其不受為義、以其不殺為仁。故大其能去、以其不以貪賤苟止、故推二事與之、賢季子則吳何以有君有大夫。據其本不賢其君、以季子為臣、則宜有君者也。方以季子賢許使有臣有大夫、故宜有君、札者何。吳季子之名也。春秋賢者不名。此何以名。許

夷狄者不壹而足也。故降字而名、季子者。所賢也。曷為不足乎季子。許人臣者必使臣。許人子者必使子也。緣臣子尊榮、莫不欲與君父共之、字季子則遠其君、夷狄常例離君父辭、故不足以隆父子之親、厚君臣之義、季子讓在殺僚後、豫於此賢之者、移諱于闔廬、不可以見讓、故復因聘起其事、

秋。九月。葬衛獻公。

齊高止出奔北燕。○燕音煙

冬。仲孫羯如晉。

三十年。春。王正月。楚子使薳頗來聘。

月者、公數如晉希見荅、今見聘、故喜錄之、

夏。四月。蔡世子般弒其君固。不日者、深為中國隱痛有子弒父之禍、故不忍言其日、○般音班

五月。甲午。宋災。伯姬卒。伯姬守禮、含悲極思之所生、外災例時、此日者、為伯姬卒日、○思息吏反

天王殺其弟年夫。王者得專殺、書者、惡失親親也、未三年、不去王者、方惡不思慕而殺弟、不與子行也、不從直稱君者、舉重也、甚殺意恢、以失子行錄、設但殺弟、不能書是也、不為諱者、年夫有罪、○年夫二傳作佞夫、子行下孟反

王子瑕奔晉。

稱王子者、惡天子重失親親、

秋。七月。叔弓如宋。葬宋共姬。○共音恭

傳外夫人不書葬。此何以書。隱之也。何隱爾。宋災。伯姬卒焉。說在下也、其稱謚何。據葬紀伯姬、不言謚、賢也。何賢爾。宋災。伯姬存焉。有司復曰。火至矣。請出。伯姬曰。不可。吾聞之也。婦人夜出。謂有事宗廟、不見傅母不下堂。禮、后夫人必有傅母、所以輔正其行、衛其身也、選老大夫為傅、選老大夫妻為母、傅至矣。母未至也。逮乎火而死。故賢而錄其說、

鄭良霄出奔許。自許入于鄭。鄭人殺良霄。

冬。十月。葬蔡景公。

傳 賊未討。何以書葬。君子辭也。〔君子爲中國諱使若加弑、月者弑父、比髡原恥尤重、故足諱辭〕

晉人。齊人。宋人。衛人。鄭人。曹人。莒人。邾婁人。滕人。薛人。杞人。小邾婁人會于澶淵。宋災故。

傳 宋災故者何。諸侯會于澶淵。凡爲宋災故也。會未有言其所爲者。此言所爲何。錄伯姬也。〔重錄伯姬之賢、爲諸侯所閔憂〕諸侯相聚。〔聚斂也、相聚斂財物〕而更宋之所喪。〔更復也、如今俗名解浣衣復之爲更衣、○喪息浪反下注同浣戶管反〕曰。死者不可復生。爾財復矣。〔復者、如故、皆諸侯共償復其所喪、○復生扶又反償常亮反〕此大事也。曷爲使微者。〔據詳錄所爲故〕卿也。卿則其稱人何。貶。曷爲貶。〔據善事也〕卿不得憂諸侯也。〔昔雖各諸侯使之、恩實從卿發、故貶起其事、明大夫之義得憂內、不得憂外、所以抑臣道也、宋憂內并貶者、并救危以禁作福也〕

三十有一年。春。王正月。

夏。六月。辛巳。公薨于楚宮。〔公朝楚、好其宮、歸而作之、故名之云爾、作不書者、見者不復見〕

秋。九月。癸巳。子野卒。

己亥。仲孫羯卒。

冬。十月。滕子來會葬。〔此書者、與叔服同義〕

癸酉。葬我君襄公。

十有一月。莒人弑其君密州。〔莒子納去疾、及展立、莒子廢之、展因國人攻莒子、殺之、去疾奔齊、稱人以弑者、莒無大夫、密州爲君惡、民所賤、故稱國以弑之〕

春秋公羊傳卷二十一終

春秋公羊傳卷二十二

漢諫議大夫司空掾任城何休學
皇明後學東吳金蟠訂

昭公

元年。春王正月。公即位。

叔孫豹會晉趙武楚公子圍齊國酌宋向戌衛石惡陳公子招蔡公孫歸生鄭軒虎許人曹人于漷。 戌惡皆與君同名不正之者正之當貶貶之嫌觸大惡方譏二名爲譏義當正亦可知○圍酌二傳作國弱招上遥反軒虎二傳作罕虎漷音郭又音虢左氏作虢穀梁作郭

傳此陳侯之弟招也。何以不稱弟。 據八年稱弟 貶。曷爲貶。 據八年殺偃師猶不貶 爲殺世子偃師貶。曰陳侯之弟招殺陳世子偃師。大夫相殺稱人。此其稱名氏以殺何。 難八年事○難乃旦反 言將自是弒君也。 明其欲弒君故令與弒君而立者同文孔瑗弒君本謀在招 今將爾詞曷爲與親弒者同。君親無將。將而必誅焉。然則曷爲不於其弒焉貶。 據未弒也 以親者弒。然後其罪惡甚。春秋不待貶絕而罪惡見者。不貶絕以見罪惡也。 招殺偃師是也○見賢徧反下同 貶絕然後罪惡見者。貶絕以見罪惡也。 招稱公子及楚人討夏徵舒貶皆是也 今招之罪已重矣。曷爲復貶乎此。 據棄疾不豫貶○復扶又反 著招之有罪也。何著乎招之有罪。 據棄疾不著 言楚之託乎討招以

滅陳也。 起楚託討招以滅陳意也所以起之者八年先言滅後言執託討招不明故豫貶於此明楚先以正罪討招乃滅陳也

三月。取運。

傳運者何。內之邑也。其言取之何。 據自會之有 不聽也。 不聽者叛也不言叛者爲內諱故書取以起之不先以文德來之而便以兵取之當與外取邑同罪故書取月者爲內喜得之

夏。秦伯之弟鍼出奔晉。 ○鍼其廉反

傳秦無大夫。此何以書。仕諸晉也。 爲仕之於晉書 曷爲仕諸晉。 據國地足以祿之 有千乘之國。 十井爲一乘公侯封方百里凡千乘伯四百九十乘子男二百五十乘時秦侵伐自廣大故曰千乘 而不能容其母弟。故君子謂之出奔也。 弟賢當任用之不肯當安處之乃仕之他國與逐之無異故云爾

六月丁巳。邾婁子華卒。

晉荀吳帥師敗狄于大原。 ○大原音泰

傳此大鹵也。曷爲謂之大原。 據讀言大原也 地物從中國。 以中國形名言之所以曉中國教殊俗也 邑人名從主人。 邑人名自夷狄所名也不若地物有形名可得正故從夷狄辭言之 原者何。上平曰原。下平曰隰。 分別之者地勢各有所生原宜粟隰宜麥當教民所宜因以制貢賦○隰音習

秋。莒去疾自齊入于莒。

○去疾起呂反

莒展出奔吳。

主書去疾者，重篡也。莒無大夫，書展者，起與去疾爭篡當國。出奔言自齊者，當坐有力也。皆不氏者，當國也。不從莒無大夫去氏者，莒殺意恢，稱公子，篡重，不嫌本不當氏。

叔弓帥師疆運田。

○疆居良反

傳　疆運田者何？與莒為竟也。疆，竟也。與莒是正竟界，若言城中丘。與莒為竟，則曷為帥師而往？據非侵伐。畏莒也。畏莒有賊臣亂子，而興師與之正竟，刺魯微弱失操，煩擾百姓。

葬邾婁悼公。

冬，十有一月，己酉，楚子卷卒。

○卷音權，左氏作麇

楚公子比出奔晉。

辟內難也。

二年，春，晉侯使韓起來聘。

夏，叔弓如晉。

秋，鄭殺其大夫公孫黑。

冬，公如晉，至河乃復。

傳　其言至河乃復何？據公如晉，次于乾侯而還，言至自乾侯，不言至乾侯乃復。不敢進也。乃，難辭也。昔聞晉欲執之，不敢往，君子榮見與，恥見距，故諱使若至河，河水有難而反。○難如旦反

季孫宿如晉。

三年，春，王正月，丁未，滕子泉卒。

夏，叔弓如滕。

五月，葬滕成公。

月者，襄公上葬諸侯，莫肯加禮，獨滕子來會葬，故恩錄之，明公當自行，不當遣大夫，失禮尤重，以責內。

秋，小邾婁子來朝。

八月，大雩。

先是公、季孫宿比如晉。

冬，大雨雹。

為季氏。○雨于付反，雹步角反，為于偽反

北燕伯款出奔齊。

名者，所見世著治太平，責小國詳錄，出奔當誅。○大音泰

四年，春，王正月，大雨雪。

為季氏。○左氏作大雨雹

夏，楚子、蔡侯、陳侯、鄭伯、許男、徐子、滕子、頓子、胡子、沈子、小邾婁子、宋世子佐、淮夷會于申。

不殊淮夷者，楚子主會行義，故君子不殊其類，所以順楚而病中國。

楚子執徐子。

秋七月。楚子。蔡侯。陳侯。許男。頓子。胡子。沈子。淮夷伐吳。執齊慶封。殺之。

傳此伐吳也。其言執齊慶封何。為齊誅也。故繫之齊其為齊誅奈何。慶封走之吳。以襄公二十八年奔魯自是走之吳不書者以絕于齊在魯不復為大夫賤故不復錄之○復扶又反吳封之於防。不書入防者使防繫吳嫌犯吳也去吳嫌齊邑也○去起呂反然則曷為不言伐防。據防已為國不與諸侯專封也。故奪言伐吳慶封之罪何。脅齊君而亂齊國也。道為齊誅意也稱侯而執者伯討也月者善義兵

遂滅厲。莊王滅蕭日此不日者靈王非賢責之略

九月。取鄫。

傳其言取之何。據國言滅滅之也。滅之則其言取之何。內大惡。諱也。因鄫上有滅文故使若取內邑

冬。十有二月乙卯。叔孫豹卒。

五年。春王正月。舍中軍。○舍音捨

傳舍中軍者何。復古也。善復古也然則曷為不言三卿。據上言作三軍等問不言軍云卿者上師解言三卿因以為難五亦有中。三亦有中。此乃解上作三軍皆意作皆益中軍不可言中軍者五亦有中三亦有中不知何中也今此据上作三軍不言中則益三之中舍三之中皆可知也弟子本据上言作三難下中不言三也如師解言本益中故下言舍中為其將復据下中難上不言中故解上以解下如此則下不言三亦可知也不言卿者欲同上下文以相起傳不足以解之者以上解下文當同亦可知月者善錄之

楚殺其大夫屈申。

公如晉。

夏。莒牟夷以牟婁及防茲來奔。

傳莒牟夷者何。莒大夫也。莒無大夫。此何以書。重地也。其言及防茲來奔何。據漆閭丘不言及高張言及不以私邑累公邑也。公邑君邑也私邑臣邑也累次也義不可使臣邑與君邑相次序故言及以絕之

秋七月。公至自晉。

戊辰。叔弓帥師敗莒師于濆泉。○濆泉扶粉反左氏作蚡泉穀梁作濆泉

傳濆泉者何。直泉也。直泉者何。涌泉也。蓋戰而涌為異也不傳異者外異不書此象公在晉臣下專受莒叛臣地以興兵戰鬭百姓悲怨歎息氣逆之所致故因以著戰處欲明天之與人相報應之義

秦伯卒。

傳何以不名。據諸侯名秦者夷也。匿嫡之名也。嫡子生以不名令于四竟擇勇猛者而立之其名何。據秦伯罃稱名嫡得之也。獨罃稱以嫡得立之

冬。楚子。蔡侯。陳侯。許男。頓子。沈子。徐人。越人伐吳。

吳未服慶封之罪故也。越稱人者，俱助義兵意進于淮夷，故加人以進之。義兵不月者，進越爲義兵明，故省文。

六年春王正月，杞伯益姑卒。

不日者，行微弱，故略之。上城杞已貶，復卒略之者，入所見世，責小國詳，始錄內行也。諸侯內行小失不可勝書，故於終略責之，見其義。

葬秦景公。

夏，季孫宿如晉。

葬杞文公。

宋華合比出奔衛。

○比，如字，又毗志反。

秋九月，大雩。

先是季孫宿如晉，是後叔弓與公比如楚，有豫賦之煩也。

楚薳頗帥師伐吳。

冬，叔弓如楚。

齊侯伐北燕。

七年春王正月，暨齊平。

書者，善錄內也。不出主名者，君相與平，國中皆安，故以舉國體言之。月者，刺內暨暨也。時魯方結婚于吳，外慕强楚，故不汲汲于齊。○暨，其器反。

三月，公如楚。

叔孫舍如齊莅盟。

○叔孫舍，二傳作婼。

夏四月甲辰朔，日有食之。

是後楚滅陳、蔡，楚弑其君虔于乾谿。

秋八月戊辰，衛侯惡卒。

九月，公至自楚。

冬十有一月癸未，季孫宿卒。

十有二月癸亥，葬衛襄公。

當時而日者，世子輒有惡疾，不早廢之，臨死乃命臣下廢之，自下廢上，鮮不爲亂，故危錄之。○當，丁浪反，又如字。

八年春，陳侯之弟招殺陳世子偃師。

說在元年。變其言陳者，起招致楚滅陳，自此始，故重舉國。

夏四月辛丑，陳侯溺卒。

○溺，乃狄反。

叔弓如晉。

楚人執陳行人于徵師，殺之。

陳公子留出奔鄭。

秋，蒐于紅。

傳 蒐者何？簡車徒也。徒，衆。何以書？蓋以罕書也。說在桓六年。

陳人殺其大夫公子過。○過音戈

大雩。先是公如楚半年乃歸費多賦重所致○費芳味反

冬十月壬午楚師滅陳執陳公子招放之于越殺陳孔瑗。

葬陳哀公。日者疾詐諼滅人也不舉滅爲重復書三事言執者疾諼託義故列見之託義不先書者本懷滅心重舉陳者上也言滅不復重舉無以明○諼况元反見賢遍反

九年春叔弓會楚子于陳。

陳已滅復見者從地名錄猶宋部以邑錄不舉小地者顧後當存

許遷于夷。

夏四月陳火。○陳火左氏作災

傳陳已滅矣其言陳火何。據災異爲有國者戒存陳也。陳已滅復火者死灰復燃之象也此大意欲存之故從有國記災曰存陳悕矣。書火存陳者若曰陳爲天所存悲之○悕音希曷爲存陳。據災非一天意曷爲悲陳而存之滅人之國執人之罪人。罪人招也殺人之賊。孔瑗弑君賊也葬人之君。若是則陳存悕矣。楚爲無道託討賊行義陳臣子辟門虛心待之而滅其國若是則天存之者悲之也不書孔瑗弑君者本爲招弑當舉招爲重方不與楚討賊故沒招正賊文以將與上貶起之月者閔之○辟婢亦反本爲于僞反

秋仲孫貜如齊。○貜具縛反又居碧反

冬築郎囿。

十年春王正月。

夏晉欒施來奔。○晉欒施左氏作齊欒施

秋七月季孫隱如叔弓仲孫貜帥師伐莒。○隱如左氏作意如

戊子晉侯彪卒。○彪彼虬反

九月叔孫舍如晉。

葬晉平公。

十有二月甲子宋公戌卒。去冬者蓋昭公娶吳孟子之年故貶之○宋戌註左傳者音成何云向戌與君同名則宜音恤

十有一年春王正月叔弓如宋。

葬宋平公。

夏四月丁巳楚子虔誘蔡侯般殺之于申。

傳楚子虔何以名。據誘戎曼子不名。絕。曷爲絕之。據俱誘之。爲其誘討也。使不自知而死，故加誘。此討賊也。蔡侯般弒父而立。雖誘之，則曷爲絕之。據與莊王外討晉文誘尊。懷惡而討不義，君子不予也。內懷利國之心，而外託討賊，故不與其討賊，而責其誘詐也。地者，起以娣會誘之。

楚公子棄疾帥師圍蔡。

五月甲申，夫人歸氏薨。

大蒐于比蒲。○比音毗。

傳大蒐者何。簡車徒也。何以書。蓋以罕書也。說在桓六年。

仲孫貜會邾婁子盟于侵羊。不日者，蓋諱喪盟，使若議結善事。○侵羊，二傳作祲祥。

秋，季孫隱如會晉韓起、齊國酌、宋華亥、衛北宮佗、鄭軒虎、曹人、杞人于屈銀。○佗，大河反。屈銀，並如字。二傳作厥慭。

九月己亥，葬我小君齊歸。

傳齊歸者何。昭公之母也。歸氏，胡女，襄公嫡夫人。○嫡，丁歷反。

冬十有一月丁酉，楚師滅蔡，執蔡世子有以歸，用之。

傳此未踰年之君也。其稱世子何。據陳子也。不君靈公，不成其子也。靈公，卽般也。不君，不與靈公坐弒父誅，不得爲君也。不成其子，不成有得稱子繼父也。上不與楚誘討，嫌有不當絕，故正之云耳。不君靈公，則曷爲不成其子。據惡惡止其身。誅君之子不立。雖不與楚誘討其惡，坐弒父誅，當以誅君論之，故云爾。言執者，時楚託義滅之。非怒也，無繼也。父誅，子當絕。惡乎用之。用之防也。其用之防奈何。蓋以築防也。持其足以頭築防，惡不以道。孔子曰：人而不仁，疾之已甚，亂也。自者，疾讒滅人。○惡音烏，惡不，烏路反。

十有二年春，齊高偃帥師納北燕伯于陽。

傳伯于陽者何。卽納上伯款，非犯父命，不當言于陽，又微國出入不兩書，伯不當再出，故斷三字問之。○斷，丁管反，又丁亂反。公子陽生也。子曰：我乃知之矣。子，謂孔子。乃，乃是歲也。時孔子年二十三，具知其事，後作春秋，案史記，知公誤爲伯，子誤爲于，陽在，生刋滅闕。○刋，古于反。在側者曰：子苟知之，何

以不革。曰：如爾所不知何。如，猶奈也。猶曰奈女所不知何，寧可強更之乎。此夫子欲爲後人法，不欲令人妄億錯。子絕四：毋意，毋必，毋固，毋我。○女音汝。強，其丈反。令，力呈反。錯，七故反，或七各反，字或作措。春秋之信史也。其序則齊桓晉文。唯齊桓晉文會能以德優劣國大小相次序。其會則主會者爲之也。非齊桓晉文，則知主會者爲之。雖優劣大小相越，不改更，信史也。其詞則丘有罪焉爾。丘，孔子名。其貶絕譏刺之辭有所失者，是丘之罪。聖人德盛尚謙，故自名爾。主書者，惡納簒也。不書所簒出奔者，微國，雖未踰年君，猶不錄，不足。陽下言于北燕者，史文也。北燕本在上，從史文也。

三月壬申，鄭伯嘉卒。

夏，宋公使華定來聘。

公如晉，至河乃復。

五月。葬鄭簡公。

楚殺其大夫成然。○成然左氏作成熊穀梁作成虎字

秋七月。

冬十月。公子整出奔齊。○整之令反或作慭魚覲反

楚子伐徐。

晉伐鮮虞。謂之晉者、中國以無義故、爲夷狄所彊、今楚行詐滅陳蔡、諸夏懼然去而與晉會于屈銀、不因以大綏諸侯、先之以博愛、而先伐同姓、從親親起、欲以立威行霸、故狄之、

春秋公羊傳卷二十二終

春秋公羊傳卷二十三

漢諫議大夫司空掾任城何休學
皇明後學東吳金蟠訂

昭公

十有三年。春。叔弓帥師圍費。○費音秘

夏四月。楚公子比自晉歸于楚。弒其君虔于乾谿。

傳 此弒其君。其言歸何。据齊陽生入、惡不言歸、歸無惡於弒立也。歸無惡於弒立者何。靈王爲無道。作乾谿之臺。三年不成。楚公子棄疾脅比而立之。然後令於乾谿之役曰。比已立矣。後歸者不得復其田里。衆罷而去之。靈王經而死。時棄疾詐告比得晉力可以歸、至而脅立之、比之義宜效死不立、而立君、因自經、故加弒也、言歸者、謂其本無弒君而立之意、加弒責之爾、不日者、惡靈王無道、封內地者、起禍所由、因以爲戒、○罷音皮

楚公子棄疾弒公子比。

傳 比已立矣。其稱公子何。据齊公子商人弒其君舍、其意不當也。据上傳、知其脅、其意不當。則曷爲加弒焉爾。据王子朝不貶、○朝如字 比之義宜乎效死不立。大夫相殺稱人。此其稱名氏以弒何。据經言弒公子比也、言將自是爲君也。故使與弒君而立者同文也、不言其者、比實已立、嫌觸實公子、棄疾卽楚子居也、

秋。公會劉子。晉侯。齊侯。宋公。衞侯。鄭伯。曹伯。莒子。邾婁子。滕子。薛伯。杞伯。小邾婁子。于平丘。八月。甲戌。同盟于平丘。不舉重者，起諸侯欲討棄疾，故詳錄之。不言劉子及諸侯者，間無異事可知矣。

公不與盟。○與音預

晉人執季孫隱如以歸。公至自會。

傳公不與盟者何。公不見與盟也。時晉主會，疑公如楚，不肯與公盟，故諱使若公自不肯與盟。公不見與盟，大夫執，何以致會。據得意乃致會。不恥也。曷為不恥。據扈之會，公失序，恥之。諸侯遂亂，反陳蔡，君子不恥不與焉。時諸侯將征棄疾，乃封陳蔡之君，使說諸侯，諸侯從陳蔡之君言，還反不復討楚，楚亂遂成，故云爾。公不與盟不書成楚亂者，時不受賂也。諸侯實不與公盟，而言公不與盟者，遂亂雖見與公，猶不宜與也，故因為公張義。

蔡侯廬歸于蔡。陳侯吳歸于陳。○廬力吳反

傳此皆滅國也。其言歸何。據歸者，有國辭。不與諸侯專封也。故使若有國自歸者也。名者，專受其封，當誅。書者，因以起楚封之，所以能起之者，上有存陳文，陳見滅無君，無所責，又蔡本以篡見殺，但不成其上，不絕其國，即諸侯存之，當有文實也。

冬。十月。葬蔡靈公。書葬者，經不與楚討，嫌本可責復讎，故書葬，明當從誅君論之，不得責臣子。

公如晉。至河。乃復。

吳滅州來。不日者，略兩夷。

十有四年。春。隱如至自晉。

三月。曹伯滕卒。

夏。四月。

秋。葬曹武公。

八月。莒子去疾卒。入昭公，卒不日，不書葬者，本篡故，因不序。○去，起呂反

冬。莒殺其公子意恢。莒無大夫，書殺公子者，未踰年而殺其君之子，不孝尤甚，故重而錄之。稱氏者，明君之子。

十有五年。春。王正月。吳子夷昧卒。○夷昧音末，本亦作末

二月。癸酉。有事于武宮。籥入。叔弓卒。去樂卒事。

傳其言去樂卒事何。據入者言萬，去籥言名，不言卒事。○去樂，起呂反，注及下文同。禮也。以加錄卒事，即非禮，但當言去樂而已。若去籥矣，總言樂者，明悉去也。君有事于廟，聞大夫之喪，去樂，恩痛不忍舉。卒事。祭事畢竟。大夫聞君之喪，攝主而往。主，謂已主祭者。臣聞君之喪，義不可以不即行，故使兄弟若宗人攝行主事而往，不廢祭者，古禮也。古有分土無分民，大夫不世，已父未必為今君臣也。孝經曰資

於事父以事君而敬同、大夫聞大夫之喪。尸事畢而往。賓尸事畢而往也、日者爲卒日。○爲于僞反

夏蔡昭吳奔鄭。不言出者、始封名言歸、嫌與天子歸有罪同、故奪其有國之辭、明專封。○昭吳左氏作朝吳

六月丁巳朔日有食之。并十七年食、蓋與孛于大辰同占、

秋晉荀吳帥師伐鮮虞。

冬公如晉。

十有六年春齊侯伐徐。

楚子誘戎曼子殺之。○曼音蠻又音萬二傳作戎蠻哀四年同

傳　楚子何以不名。據誘蔡侯名、夷狄相誘。君子不疾也。曷爲不疾。據俱誘也若不疾。乃疾之也。以爲固當常然者、乃所以爲惡也、顧以無知薄責之、戎曼稱子者、入昭公見王道太平、百蠻貢職、夷狄皆進至其爵、不日者、本不卒、不地者略也。

夏公至自晉。

秋八月己亥晉侯夷卒。

九月大雩。先是公數如晉、○數音朔

季孫隱如如晉。

冬十月葬晉昭公。

十有七年春小邾婁子來朝。

夏六月甲戌朔日有食之。

秋郯子來朝。

八月晉荀吳帥師滅賁渾戎。○賁渾音六下戶門反

冬有星孛于大辰。○孛音佩

傳　孛者何。彗星也。三孛皆發問者、或言入、或言于、或言方、嫌爲孛異、猶問錄之、○彗息遂反又因歲反其言于大辰何。據北斗言入於大辰非常名、在大辰也。大辰者何。大火也。大火謂心、大火爲大辰。伐爲大辰。伐謂參伐也、大火與伐、天所以示民時早晚、天下所取正、故謂之大辰、辰時也、○參所林反北辰亦爲大辰。北辰、北極、天之中也、常居其所、迷惑不知東西者、須視北辰以別、心伐所在、故加亦、亦者兩相須之意、○別彼列反何以書。記異也。心者天子明堂布政之宮、亦爲孛彗者邪亂之氣、埽故置新之象、是後周分爲二、天下兩主、宋南里以亡、

楚人及吳戰于長岸。

傳　詐戰不言戰。此其言戰何。據於越敗吳於醉李、○醉李音檇本或作檇敵也。俱無勝負、不可言敗、故言戰也、不月者、略兩夷、

十有八年。春。王三月。曹伯須卒。

夏。五月。壬午。宋衛陳鄭災。

傳何以書。記異也。何異爾。異其同日而俱災也。外異不書。此何以書。為天下記異也。詩云、其儀不忒、正是四國。四國、天下象也。是後王室亂、諸侯莫肯救、故天應以同日俱災、若曰無天下云爾、

六月。邾婁人入鄅。○鄅音禹、又音矩

秋。葬曹平公。

冬。許遷于白羽。

十有九年。春。宋公伐邾婁。

夏。五月。戊辰。許世子止弑其君買。蔡世子般弑父、不忍日、此日者、加弑爾、非實弑也、

己卯。地震。季氏稍盛、宋南里以叛、王室大亂、諸侯莫肯救、晉入圍郊、吳勝雞父、尹氏立王子朝之應

秋。齊高發帥師伐莒。

冬。葬許悼公。

傳賊未討。何以書葬。不成于弑也。曷為不成于弑。據將而誅之、止進藥而藥殺也。時悼公病、止進藥、悼公飲藥而死、止進藥而藥殺。則曷為加弑焉爾。據意善也、譏子道之不盡也。其譏子道之不盡奈何。曰。樂正子春之視疾也。樂正子春、曾子弟子、以孝名聞、復加一飯。則脫然愈。復損一飯。則脫然愈。復加一衣。則脫然愈。復損一衣。則脫然愈。脫然、疾除貌也、言消息得其節、○飯扶晚反止進藥而藥殺。是以君子加弑焉爾。失其消息多少之宜、曰。許世子止弑其君買。是君子之聽止也。聽治止罪、葬許悼公。是君子之赦止也。原止進藥、本欲愈父之病、無害父之意、故赦之、赦止者。免止之罪辭也。明止但得免罪、不得繼父後、許男斯代立、無惡文是也、

二十年。春。王正月。

夏。曹公孫會自鄸出奔宋。

○鄸音蒙、又亡忠反、又亡貢反

傳奔未有言自者。此其言自何。據始出奔未有言自者、與宋華亥入宋南里復出奔異、畔也。時會盜鄸以奔宋、畔則曷為不言其畔。言叛者當言以畔、如邾婁庶其、為公子喜時之後諱也。春秋為賢者諱。諱使若從鄸出奔者、故與自南里同文、何賢乎公子喜時。據喜時不書、讓國也。其讓國奈何。曹伯廬卒于師。在成十三年、則未知公子喜時從與。喜時、曹伯廬弟、○從才用反公子負芻從與。負芻、喜時庶兄、或為主於國。或為主於師。古者諸侯師出、世子率輿守國、次宜為君者持棺絮從、所以備不虞、或時疾病相代行、本史文不具、故傳疑之、公子喜時見公子負芻之當主也。逡巡而退。賢公子喜時。則曷為為會諱。君子之善善也長。惡惡也短。惡惡止其身。

不遷怒也。○惡惡竝如字一讀上烏路反下同善善及子孫。賢者子孫。故君子爲之諱也。君子不使行善者有後患故以喜時之讓除會之叛不通鄭爲國如通濫者喜時本正當立有明王與當還國明叔術功惡相除裁足通濫爾

秋。盜殺衛侯之兄輒。○輒左氏作縶

傳母兄稱兄。兄何以不立。据立嫡以長有疾也。何疾爾。惡疾也。惡疾謂瘖聾盲癘禿跛傴不逮人倫之屬也書者惡衛侯兄有疾不憐傷厚遇營衛不固至令見殺失親親也公子不言之兄弟言之者敵體辭嫌於尊卑不明故加之以絕之所以正名也○瘖于今反聾路工反癘力世反又力大反禿吐木反跛布可反傴於矩反

冬。十月。宋華亥。向甯。華定出奔陳。月者危三大夫同時出奔將爲國家患明當防之○向甯二傳作向寧

十有一月。辛卯。蔡侯盧卒。

二十有一年。春。王二月。葬蔡平公。

夏。晉侯使士鞅來聘。

宋華亥。向甯。華定自陳入于宋南里以畔。

傳宋南里者何。若曰因諸者然。因諸者齊故刑人之地公羊子齊人故以齊喻也宋樂大心自曹入于蕭不言宋南里者略叛邑從刑人于國家尤危故重舉國

秋。七月。壬午。朔。日有食之。是後周有篡禍

八月。乙亥。叔痤卒。○叔痤在禾反左氏作叔輒

冬。蔡侯朱出奔楚。出奔者爲東國所篡也大國奔例月此時者惡背中國而與楚故略之

公如晉。至河乃復。

二十有二年。春。齊侯伐莒。

宋華亥。向甯。華定自宋南里出奔楚。前出奔已絕賤復錄者以故大夫專勢入南里犯君而出當誅也言自者別從國去○別彼列反

大蒐于昌姦。○蒐所求反本亦作廋昌姦二傳作昌間

夏。四月。乙丑。天王崩。

六月。叔鞅如京師。

葬景王。

王室亂。謂王猛之事

傳何言乎王室亂。据天子之居稱京師天王入于成周天王出居於鄭不言亂言不及外也。宮謂之室刺周室之微邪庶並篡無一諸侯之助匹夫之救如一家之亂也故變京師言王室不言成周言王室者正王以責

諸侯也，傳不事事悉解者，言不及外，外當責之，故正王可知也，不爲天子諱者，方責天下不救之。○邪庤似嗟反

劉子單子以王猛居于皇。

傳其稱王猛何。據未踰年，已葬當稱子。當國也。時欲當王者位，故稱王猛，見當國也。錄居者，事所見也，不舉猛爲重者，時猛尚幼，以二子爲計勢，故加以，以者，行二子意辭也，二子不舉重者，尊同權等。

秋，劉子單子以王猛入于王城。

傳王城者何。西周也。時居王城邑，故號西周王。其言入何。據非成周。篡辭也。時雖不入成周，已得京師地半，稱王置官，自號西周，故從篡辭言入，起其事也。不言西周者，正之，無二京師也。不月者，本無此國，無可與別輕重也。

冬，十月，王子猛卒。

傳此未踰年之君也，其稱王子猛卒何。據子卒不言名，外未踰年君不當卒。不與當也。不與當者，不與當父死子繼，兄死弟及之辭也。春秋篡成者，皆與使當君之，父死子繼，兄死弟及者，篡所緣得位，成爲君辭也。猛未悉得京師，未得成王，又外未踰年君，三者皆不當卒，卒又名者，非與使當成爲君也，嫌上入無成周文，非篡辭，故從得位卒，明其爲篡也。月者，方以得位明事，故從外未踰年君例。

十有二月，癸酉，朔，日有食之。是後晉人圍郊，犯天子邑。

春秋公羊傳卷二十三 終

春秋公羊傳卷二十四

漢諫議大夫司空椽任城何休學

皇明後學東吳葛鼒訂

昭公

二十三年，春，王正月，叔孫舍如晉。

癸丑，叔鞅卒。

晉人執我行人叔孫舍。

晉人圍郊。

傳郊者何。天子之邑也。天子閒田，有大夫主之。○閒音閑 曷爲不繫于周。不與伐天子也。與侵柳同義。

夏，六月，蔡侯東國卒于楚。不日者，惡背中國而與楚，故略之。月者，比肹附父仇，責之淺也。不書葬者，篡也。篡不書者，以惡朱在二十一年之內，不共悲哀，舉錯無度，失衆見篡。○共音恭，錯七故反

秋，七月，莒子庚輿來奔。

戊辰，吳敗頓、胡、沈、蔡、陳、許之師于雞父，胡子髡、沈子楹滅，獲陳夏齧。○父音甫，髡苦門反，楹音盈，左氏作逞，穀梁作盈。

傳此偏戰也，曷爲以詐戰之辭言之。據甲戌，齊國書及吳戰于艾陵，俱與夷狄言戰，今此

從詐戰辭言敗不與夷狄之主中國也。序上言戰別客主人直不直也今吳序上而言戰則主中國辭也〇別彼列反然則曷爲不使中國主之。據齊國書主吳中國亦新夷狄也。中國所以異乎夷狄者以其能尊尊也王室亂莫肯救君臣上下壞敗亦新有夷狄之行故不使主之不稱國國出師者嚴略之言之師者辟許獨稱師上五國稱國之嫌〇行下孟反其言滅獲何。據蔡公孫歸生滅沈以沈子嘉歸殺之國言滅君言殺又獲晉侯言獲此陳夏齧亦言獲君大夫無別別君臣也。君死于位曰滅。生得曰獲。大夫生死皆曰獲。大夫不世故不別死位不與夷狄之主中國。則其言獲陳夏齧何。據荊敗蔡師于莘以蔡侯獻舞歸不言獲吳少進也。能結日偏戰行少進故從中國辭治之晃襤下云滅者死戰當加禮使若自卒相順也經先舉敗文嫌敗走及殺也故以自滅爲文明本死位乃敗之爾名者從赴辭也

天王居于狄泉。

傳此未三年。其稱天王何。據毛伯來求金不稱天王著有天子也。時廢孽並篡天王失位徙居微弱甚故急著正其號明天下當救其難而事之

尹氏立王子朝。

貶言尹氏者著世卿之權尹氏貶王子朝不貶者年未滿十歲未知欲富貴不當坐明罪在尹氏〇朝如字

八月。乙未。地震。

是時猛朝更起與王爭入遂至數年晉陵周竟吳敗六國季氏逐昭公吳光弒僚滅徐故日主三食地爲再動〇更音庚

冬。公如晉。至河。公有疾。乃復。

傳何言乎公有疾乃復。據[illegible]比乃復不[illegible]不言有疾殺恥也。因有疾以殺畏晉之恥舉公者重疾也子之所慎齊戰疾

二十有四年。春。王二月。丙戌。仲孫貜卒。

叔孫舍至自晉。

夏。五月。乙未朔。日有食之。

是後季氏逐昭公吳滅巢弒其君僚又滅徐

秋。八月。大雩。

先是公如晉仲孫貜卒民被其役時年叔倪出會故秋七月復大雩

丁酉。杞伯鬱釐卒。

〇鬱釐音來又力之反二傳作郁釐

冬。吳滅巢。

葬杞平公。

二十有五年。春。叔孫舍如宋。

夏。叔倪會晉趙鞅。宋樂世心。衞北宮喜。鄭游吉。曹人。邾婁人。滕人。薛人。小邾婁人。于黃父。

〇倪音詣又五兮反左氏作詣世心左氏作大心父音甫

有鸛鵒來巢。

〇鸛音權左氏作鸜音劬鵒音欲

傳何以書。記異也。何異爾。非中國之禽也。宜穴又巢也。非中國之禽而

來居此國、國將危亡之象、鸜鵒猶權欲宜穴又巢、此權臣欲國、自下居上之徵也、其後卒爲季氏所逐、

秋。七月。上辛。大雩。季辛。又雩。

傳又雩者何。又雩者。非雩也。聚衆以逐季氏也。一月不當再舉雩、言又雩者、起非雩也、昭公依托上雩、生事聚衆欲以逐季氏、不書逐季氏者、諱不能逐、反起下孫、及爲所敗、故因雩起其事也、但舉日、不舉辰者、辰不同、不可相爲上下、又日爲君、辰爲臣、去臣則逐季氏意明矣、上不當日、言上辛者、爲下辛張本、不言下辛、言季辛者、起季氏不執下而逐君、○孫音遜、去起呂反

九月。己亥。公孫于齊。次于楊州。地者、臣子痛君失位、詳錄所舍止、○楊州左氏作陽州

齊侯唁公于野井。

傳唁公者何。昭公將弒季氏。傳言弒者、從昭公之辭、○唁音彥 告子家駒曰。季氏爲無道。僭於公室久矣。諸侯稱公室、 吾欲弒之何如。昭公素畏季氏、意者以爲如人君、故言弒、 子家駒曰。諸侯僭於天子。大夫僭於諸侯久矣。昭公曰。吾何僭矣哉。失禮成俗、不自知也、 子家駒曰。設兩觀。禮、天子諸侯臺門、天子外闕兩觀、諸侯內闕一觀、○觀工亂反、注同、 乘大路。禮、天子大路、諸侯路車、大夫大車、士飾車、 朱干。干、楯也、以朱飾楯、○楯食允反、又音尹、 玉戚。戚、斧也、以玉飾斧、○戚于戚反 以舞大夏。大夏、夏樂也、周所以舞夏時、取先王之樂與已同者、假以風化天下、天下大同、乃自作樂、取夏樂者、與周俱文也、王者舞六樂于宗廟之中、舞先王之樂、明有法也、舞已之樂、明有則也、舞四夷之樂、大德廣及之也、東夷之樂曰株離、南夷之樂曰任、西夷之樂曰禁、北夷之樂曰昧、○株音誅、禁音金、又居鴆反 八佾以舞大武。此皆天子之禮也。且夫牛馬維婁。繫馬曰維、繫牛曰婁、○佾音逸、夫音扶、婁力主反 委已者也。委食已者、○已音紀、食音嗣 而柔焉。柔順 季氏得民衆久矣。季氏專賞罰得民衆之心久矣、民順從之、猶牛馬之於委食已者、 君無多辱焉。恐民必不從君命、因爲季氏用反逐君、故云爾、子家駒上說正法、下引時事以諫者、欲使昭公先自正乃正季氏 昭公不從其言。終弒而敗焉。果爲季氏所逐、 走之齊。齊侯唁公于野井。弔亡國曰唁、弔死國曰弔、弔喪主曰傷、弔所執紼曰綍、○紼音弗、綍音問 曰。奈何君去魯國之社稷。昭公曰。喪人自謂亡人、○喪息浪反 不佞。不善 失守魯國之社稷。執事以羞。謙自比齊下執事、以羞及君、 再拜顙。顙者、猶今叩頭矣、謝見唁也、 慶子家駒賀慶曰。慶子免君於大難矣。子家駒曰。臣不佞。陷君于大難。君不忍加之以鈇鑕。賜之以死。鈇鑕要斬之罪、即所錫之以死、○難乃旦反、鑕之實反、要一遙反 再拜顙。謝爲齊侯所慶、 高子執簞食。簞、葦器也、圓曰簞、方曰笥、食郎下所致糗也、○簞音丹、食音嗣、笥思嗣反、糗丘九反、又昌紹反 與四脡脯。屈曰朐、伸曰脡、○脡他頂反、又大頂反、朐其俱反 國子執壺漿。壺、禮器、腹方口圓曰壺、反之曰方壺、有爵飾、 曰。吾寡君聞君在外。餕饔未就。餕、熟食、饔、熟肉、未就、未成也、解所以致糗意、○餕音俊 敢致糗于從者。糗、糒也、謙不敢斥魯侯、故言從者、○從才用反 昭公曰。君不忘吾先君。延及喪人。錫之以大禮。再拜稽首以衽受。衽、衣下裳當前者之器、謙不敢求索、○衽而甚反、又而鴆反 高子曰。有夫不祥。猶曰人皆有夫不善、 君無所辱大禮。禮、臣受君錫、答拜、謂之拜命、謂之辱、高子見昭公拜辱大卑、故曰君無所辱大禮、○大卑音泰、下大學同 昭公蓋祭而不嘗。食必祭者、謙不敢便嘗、示有所先、不嘗者、待禮讓也、 景公曰。寡人有不腆先君之服。未之敢服。腆、厚也、服、謂齊侯所著衣服也、言未敢服者、見魯侯乃敢服之、謙辭也、禮、天子朝皮弁、夕玄端、朝服

以聽朝、玄端以燕、皮弁以征不義取禽獸行射、諸侯朝朝服、夕深衣、玄端以燕、裨冕以朝天子以祭其祖禰、卿大夫冕服而助君祭、朝服祭其祖禰、士爵弁檄衣裳以助公祭、玄端以祭其祖禰。○腆他典反著丁略反有不腆先君之器。器謂上所執簞壺、未之敢用。敢以請。請行禮、昭公曰。喪人不佞。失守魯國之社稷。執事以羞。敢辱大禮。敢辭。不敢當大禮故敢辭景公曰。寡人有不腆先君之服。未之敢服。有不腆先君之器。未之敢用。敢固以請。昭公曰。以吾宗廟之在魯也。以我守宗廟在魯時有先君之服。未之能以服。有先君之器。未之能以出。敢固辭。已有時未能以事人、今已無有、義不可以受人之禮、景公曰。寡人有不腆先君之服。未之敢服。有不腆先君之器。未之敢用。請以饗乎從者。欲令受之故益謙言從者、○令力呈反昭公曰。喪人其何

稱。行禮賓主當各有所稱、時齊侯以諸侯遇禮接昭公、昭公自謙失國、不敢以故稱自稱、故執謙問之、○故稱尺證反景公曰。孰君而無稱。緬曰誰為君者而言無所稱乎、昭公非君乎、昭公於是噭然而哭。噭然、哭聲貌、感景公言而自傷、○噭古弔反一音古狄反諸大夫皆哭。魯諸大夫從昭公者、既哭以人為菑。菑周埒垣也、所以分別內外衛威儀、今大學辟廱作側字○菑側其反又側吏反埒力悅反下音袁別彼列反辟音璧以幦為席。幦車覆笭、以鞍為几。以遇禮相見。以諸侯出相遇之禮相見、○鞍音安孔子曰。其禮與其辭足觀矣。言昭公素能若此、禍不至是、主書者、喜為大國所唁、地者痛錄公、明臣子當憂納公也、

冬。十月。戊辰。叔孫舍卒。

十有一月。己亥。宋公佐卒于曲棘。

傳曲棘者何。宋之邑也。諸侯卒其封內不地。此何以地。憂內也。時宋公聞昭公見逐、欲憂納之、至曲棘而卒、故恩錄之、

十有二月。齊侯取運。

傳外取邑不書。此何以書。為公取之也。為公取運以居公、善其憂內、故書、不舉伐者以言語從季氏取之、月者、善錄齊侯、

二十有六年。春。王正月。葬宋元公。

三月。公至自齊。居于運。月者、閔公失國居運、致者、明臣子當憂納公、不當從居運、後不復月者、始錄可知、

夏。公圍成。

書者、惡公失國、幸而得運、不修文德以來之、復擾其民、圍成宋從叛、書者、本與國俱叛、故不得復以叛為重、不從定公又以親圍下邑為譏者、昭無臣子、又即如定公當致也

秋。公會齊侯、莒子、邾婁子、杞伯盟于鄟陵。不月者、時諸侯相與約欲納公、故內喜、為大信辭、○鄟音專本亦作專

公至自會。居于運。致會者、責臣子、明公已得意于諸侯、不憂助納之而使居于運、

九月。庚申。楚子居卒。

冬。十月。天王入于成周。

傳成周者何。東周也。是時王猛自號為西周、天下因謂成周為東周、其言入何。據入者篡辭、

不嫌也。上言天王者、有天子已明、不嫌爲某主、言入者、起其難也、不言京師者、起正居在成周、實外之、月者、爲天下喜録王者、反正位、

尹氏召伯毛伯以王子朝奔楚。立王子朝獨舉尹氏、出奔并舉召伯毛伯者、明本在尹氏、當先誅渠率、後治其黨、猶楚嬰齊、〇率所類反、或作帥

二十有七年春公如齊。公至自齊。居于運。

夏四月吳弑其君僚。不書闔廬弑其君者、爲季子諱、明季子不忍父子兄弟自相殺、讓國闔廬、欲其享之、故爲没其罪也、不舉專諸弑者、起闔廬當國、賤者不得貶、無所明文、方見爲季子諱、本不出賊、以明闔廬罪、雖可貶、猶不舉、月者、非大衆見弑、故不略之、

楚殺其大夫郤宛。

〇郤宛去逆反、下紆宛反

秋晉士鞅宋樂祁犂衛北宫喜曹人邾婁人滕人會于扈。〇犂力兮反、又力私反

冬十月曹伯午卒。

邾婁快來奔。

傳邾婁快者何。邾婁之大夫也。邾婁無大夫。此何以書。以近書也。說與莒我同義、〇快本又作噲

公如齊。公至自齊。居于運。

二十有八年春王三月葬曹悼公。月者、爲下出也、〇爲于僞反

公如晉。次于乾侯。乾侯、晉地名、月者、閔公內爲强臣所逐、外如晉不見答、次於乾侯、不諱者、憂危不暇殺恥、後不月者、録始可知、

夏四月丙戌鄭伯甯卒。〇甯乃定反、下同、左氏并下滕子名並作寧

六月葬鄭定公。

秋七月癸巳滕子甯卒。冬葬滕悼公。

二十有九年春公至自乾侯。居于運。不致以晉者、不見容于晉、未至晉、

齊侯使高張來唁公。

言來者、居運、從國內辭書者、如晉不見答、喜見唁也、不月者、例時也、

公如晉。次于乾侯。

夏四月庚子叔倪卒。

秋七月。

冬十月運潰。

傳邑不言潰。此其言潰何。據國曰潰、邑曰叛、郛之也。郛、郭、曷爲郛之。據成三年棘叛、不言潰也、君存焉爾。昭公居之、故從國言潰、明罪在公也、不言國之、言郛之者、公失國也、不諱者、責臣子當憂而納之、殺恥不如救危也、孔子曰、不患寡而患不均、不患貧而患不安、其本乃由于圖成、失大得小、而不能節用、

三十年春王正月公在乾侯。

月者閔公運潰無尺土之居遠在乾侯故以存君書明臣子當憂納之

夏六月庚辰晉侯去疾卒。○去起呂反

秋八月葬晉頃公。

冬十有二月吳滅徐徐子章禹奔楚。至此乃月者所見世始錄夷狄滅小國也不從上州來巢見義者固有出奔可責

三十有一年春王正月公在乾侯。

季孫隱如會晉荀櫟于適歷。時晉侯使荀櫟責季氏不納昭公為此會也季氏負搥謝過欲納昭公昭公創惡季氏不敢入公出奔在外無君命所以書會

以殊外言來者從王魯錄諱亟取邑卒大夫者盈孫文○櫟本又作躒又作濼適丁歷反一音狄搥章蘂反本又作箠亟去冀反孫音遜

夏四月丁巳薛伯穀卒。始卒便名日書葬者薛比滕最小迫後定寅皆當略

晉侯使荀櫟唁公于乾侯。

秋葬晉獻公。

冬黑弓以濫來奔。○黑弓二傳作黑肱

〔傳〕文何以無邾婁。據讀言邾婁通濫也。通濫為國故使無所繫曷為通濫。據庶其不通也賢者子孫宜有地也。賢者孰謂。謂叔術也。叔術者邾婁顏公之弟也或曰羣公子何賢乎叔術。據叔術不書讓國也。其讓國奈何。當邾婁顏之時。顏公時也邾婁女有為魯夫人者。則未知其為武公與懿公與孝公幼。不知孝公者邾婁外孫邪將妾子邪顏淫九公子于宮中。所與淫公子凡九人因以納賊。則未知其為魯公子與邾婁公子與。臧氏之母養公者也。君幼則宜有養者大夫之妾。士之妻。禮也則未知臧氏之母者曷為者也。養公者必以其子入養。不離人母子因以娛公也臧氏之母聞有賊以其子易公。抱公以逃。以身死公則可以其子易公非事夫之義然而於王法當賞以活公為重也賊至湊公寢而弑之。弑臧氏子也不知欲弑孝公者納篡邪將利其國也臣有鮑廣父與梁買子

者聞有賊趨而至臧氏之母曰。公不死也。在是。吾以吾子易公矣。於是負孝公之周愬天子。天子為之誅顏而立叔術。反孝公于魯。顏夫人者嫗盈女也。國色也。其言曰。有能為我殺殺顏者。吾為其妻。殺顏者鮑廣父梁買子也婦人以貞一為行云爾非德也叔術為之殺殺顏者而以為妻。利其色也有子焉。謂之盱夏父者其所為有於顏者也。為顏公夫人時所為顏公生也○盱許于反又許孤反本或作旴一音夸盱幼而皆愛之。叔術嫗盈女皆愛盱食必坐二子於其側而食之。有珍怪之食。珍怪猶奇異也盱必先取足焉。夏父曰。以來。猶曰以彼物來置我前人未足。人夏父自謂也而盱有餘。言盱所得常多叔術覺焉。覺悟也知少爭食長必爭國易曰君子見幾而作知幾其神乎幾者動之微者事之先見曰。嘻。此誠爾

國也。夫起而致國于夏父，夏父受而中分之。叔術曰：不可。三分之。叔術曰：不可。四分之。叔術曰：不可。五分之。然後受之。五分受其一。

公扈子者，邾婁之父兄也。當夫子作春秋時，於邾婁君爲父兄之行。公扈者氏也。○行，戸郎反。習乎邾婁之故。故事也。道所以言也。其言曰：惡有言人之國賢若此者乎。惡有猶何有、寧有，此之類也。言賢者寧有反妻嫂殺殺顏者之行乎。誅顏之時，天子死，叔術起而致國于夏父。言叔術本欲讓，道有誅顏天子在爾，故天子死則讓，無妻嫂惑見爭食之事。當此之時，邾婁人常被兵於周。曰：何故死吾天子。猶曰何故死畜吾天子，違生時命而立夏父乎。此天子死則讓之效也。夫子本所以知上傳賢者，惡少功大也。猶律一人有數罪，以重者論之。春秋滅不言入，是也。按叔術妻嫂，雖有過惡，當絕身無死刑，當以殺殺顏者爲重。宋繆公以反國與與夷，除馮弒君之罪，死乃反國，不如生讓之大也。馮殺與夷，亦

不輕於殺殺顏者，比其罪不足，而功有餘，故得爲賢。傳復記公扈子言者，欲明夫子本以上傳通之，故公扈子有見言。通濫則文何以無邾婁。據國未有口繫於人。天下未有濫也。欲見天下實未有濫國，春秋新通之爾，故口繫于邾婁。天下未有濫，則其言以濫來奔何。據上說天下實未有濫者，言春秋新通之也。春秋所通之君，文成矣，不言濫黑弓來奔而反與大夫竊邑來奔同文。叔術者，賢大夫也。絕之則爲叔術，不欲絕；不絕則世大夫也。此解不言濫黑弓，意叔術者，賢大夫也。如不口繫邾婁文，言濫黑弓來奔，則爲叔術賢心不欲自絕於國，又觸天下實有濫，無以起新通之文，不可設也。如口不絕邾婁文，言濫黑弓來奔，則嫌氏邑起本邾婁世大夫，春秋口繫通之文亦不可施。大夫之義不得世。故於是推而通之也。推猶因也，因就大夫竊邑奔文通之，則大夫不世，叔術賢心不欲自絕，兩明矣。主書者，在春秋前見王者起，當追有功，顯有德，興滅國，繼絕世。

十有二月辛亥朔，日有食之。是後昭公死外，晉大夫專執，楚犯中國，圍蔡也。

三十有二年春王正月，公在乾侯。

取闞。○闞，口暫反。

傳闞者何？邾婁之邑也。曷爲不繫乎邾婁？諱亟也。與取濫爲亟。○亟，去冀反。

夏，吳伐越。

秋七月。

冬，仲孫何忌會晉韓不信、齊高張、宋仲幾、衛世叔申、鄭國參、曹人、

莒人、邾婁人、薛人、杞人、小邾婁人城成周。書者，起時善其修廢職，有尊尊之意也。孔子曰：謹權量，審法度，脩廢官，四方之政行焉。言成周者，起正居，實外之。

十有二月己未，公薨于乾侯。

春秋公羊傳卷廿四終

春秋公羊傳卷二十五

漢諫議大夫司空掾任城何　休學
皇明　後　學　東吳金　蟠訂

定公

元年。春王。

傳定何以無正月。據莊公雖不書即位、猶書正月、正月者。正即位也。本有正月者、正諸侯之即位、定無正月者。即位後也。雖書即位於六月、實當如莊公有正月、今無正月者、昭公出奔、國當絕、定公不得繼體奉正、故諱爲微辭、使若即位在正月後、故不書正月、即位何以後。據正月正即位、昭公在外。昭公喪在外、得入不得入。未可知也。曷爲未可知。據已稱元年、在季氏也。今季氏迎昭公喪而事之、定公得即位、不迎而事之、則不得即位、定哀多微辭。微辭即下傳所言者是也。定公有王無正月、不務公室、喪失國寶、哀公有黃池之會、獲麟、故總言多、主人習其讀而問其傳。讀謂經、傳謂訓詁、主人謂定公、言主人者、能爲主人、皆當爲微辭、非獨定公、則未知己之有罪焉爾。此假設而言之、主人謂定哀也、設使定哀習其經而讀之、問其傳解詁、則不知己之有罪於是、此孔子畏時君、上以諱尊隆恩、下以辟害容身、愼之至也、

三月。晉人執宋仲幾于京師。○幾本或作機

傳仲幾之罪何。據言於京師、成伯討辭、知有罪、不蓑城也。若今以草衣城是也、禮、諸侯爲天子治城、各有分丈尺、宋仲幾不治所主、○蓑素戈反、一或作蓑、一或音初危反、衣于既反、其言于京師何。據城言成周、執不地、伯討也。大夫不得專執、執無稱名氏見伯討例、故地以京師、明以天子事執之、得伯討之義、伯討。則其稱人何。據城稱名氏、諸侯伯執不稱人也、復發此難者、弟子未解、嫌大夫稱人相執、與諸侯同例、○復扶又反、難乃旦反、解音蟹、貶。故稱人爾、不以非伯討故、曷爲貶。據晉侯伯執稱人以他罪舉、不與大夫專執也。曷爲不與。據伯討、實與。言于京師是也、而文不與。文不與者、貶稱人是也、文曷爲不與。大夫之義。不得專執也。大夫不得專相執、辟諸侯也、不言歸者、諸侯當決於天子、犯之惡甚、故錄所歸、大夫當決主獄爾、犯之罪從外小惡、不復別也、無例不在常書、又月者、善爲天子執之、○別彼列反

夏。六月癸亥。公之喪至自乾侯。至自乾侯者、非公事齊不專、中去之晉、竟不見客、死於乾侯、

戊辰。公即位。

傳癸亥。公之喪至自乾侯。則曷爲以戊辰之日。然後即位。據癸亥得入、已可知、正棺於兩楹之間。然後即位。正棺者、象既小斂夷于堂、昭公死於外、不得以君臣禮治其喪、故示盡始死之禮、禮、始死于北墉下、浴於中霤、飯含於牖下、小斂於戶內、夷於兩楹之間、大斂於阼階、殯於西階之上、祖於庭、葬於墓、孝子之恩動以遠也、禮、天子五日小斂、七日大斂、諸侯三日小斂、五日大斂、卿大夫二日小斂、三日大斂、夷而經殯而成服、故戊辰然後即位、凡喪三日授子杖、五日授大夫杖、七日授士杖、童子婦人不杖、不能病故也、○墉音容、本又作牖、飯扶晚反、含戶暗反、阼才故反、子沈子曰。定君乎國。定昭公之喪禮於國、然後即位。即位不日。此何以日。據即位皆不日、錄乎內也。內事詳錄、善得五日變禮、或說危不得以踰年正月即位、故日、主書者、重五始也、

秋。七月癸巳。葬我君昭公。

九月。大雩。定公得立、尤喜而不恤民之應、

立煬宮。○煬餘亮反

傳煬宮者何。據十二公無煬公、煬公之宮也。春秋前煬公也立者何。立者不宜立也。立煬宮。非禮也。不日嫌得禮、故復問立也、不日者所見之世諱深、使若比武宮惡愈、故不日、

冬。十月。霣霜殺菽。○霣于敏反

傳何以書。記異也。菽、大豆、時猶殺菽、不殺他物、故爲異、此災菽也。曷爲以異書。據無

麥苗以災書、異大乎災也。異者所以爲人戒也、重異不重災、君子所以貴教化而賤刑罰也、周十月、夏八月、微霜用事、未可殺菽、菽者少類、爲稼強、季氏象也、是時定公喜於得位、而不念夫黜逐之恥、反爲淫祀、立煬宮、故天示以當早誅季氏

二年。春。王正月。

夏。五月。壬辰。雉門及兩觀災。○觀工喚反

傳其言雉門及兩觀災何。據桓宮僖宮災、不言及、不但問及者、方於下及、聞其文問之、故先張本於上、兩觀微也。雉門兩觀皆天子之制、門爲其主、觀爲其飾、故微也、然則曷爲不言雉門災及兩觀。據下新作雉門及兩觀先言作者主災者兩觀也。時災從兩觀起、時災者兩觀。則曷爲後言之。據欲使言兩觀災及雉門、若言宋督弒其君與夷及其大夫孔父、不以微及大也。何以書。不復言雉門及兩觀災何以書者、上已問雉門及兩觀災、故但言何以書、記災也。此本子家駒諫昭公所當先去以自正者、昭公不從其言、卒爲季氏所逐、定公繼其後、宜去其所以失之者、故災亦云爾、立雉門兩觀不書者、僭天子不可言、雖在春秋中猶不書、○先去起呂反下同

秋。楚人伐吳。

冬。十月。新作雉門及兩觀。

傳其言新作之何。據俱一門兩觀如故常、修大也。天災之、當減損如諸侯制、而復修大、僭天子之禮、故言新作、以見修大也、修舊不書。此何以書。據西宮災、復修、不書、譏。何譏爾。不務乎公室也。務、勉也、不務公室、亦可施于久不修、亦可施于不務始、公室之禮、微辭也、月者、久也、當即修之、如諸侯禮、

三年。春。王正月。公如晉。至河乃復。月者、內有彊臣之讎、外不見荅於晉、故危之、

三月。辛卯。邾婁子穿卒。

夏。四月。

秋。葬邾婁莊公。

冬。仲孫何忌及邾婁子盟于枝。後相犯、時者、諱公使大夫盟、又未踰年、君薄父子之恩、故爲易辭、使若義結善事、○枝、二傳作拔、易以豉反

四年。春。王二月。癸巳。陳侯吳卒。

三月。公會劉子。晉侯。宋公。蔡侯。衛侯。陳子。鄭伯。許男。曹伯。莒子。邾

婁子、頓子、胡子、滕子、薛伯、杞伯、小邾婁子、齊國夏于召陵，侵楚。月而不舉重者，楚以一裘之故拘蔡昭公數年，然後歸之，諸侯雜然侵之，會同最盛，故善錄其行義兵也。拘不書者，惡蔡侯吝一裘而見拘執，故匹夫之執，歸不書者，從執例。

夏四月庚辰，蔡公孫歸姓帥師滅沈，以沈子嘉歸，殺之。爲不會召陵故也。不舉滅爲重書以歸殺之者，責不死位也。日者，定哀滅例日，定公承黜君之後，有彊臣之讎，故有滅則危懼之，爲定公戒也。○公孫歸姓，二傳無歸字，姓音生，又音性。

五月，公及諸侯盟于浩油。再言公者，昭公數如晉，不見答，卒爲季氏所逐，定公初即位，得與諸侯盟，故喜錄之。後楚復圍蔡，不救，不日者，善諸侯能翕然俱有疾楚之心，會同最盛，故褒與信辭。○浩油，二傳作皐鼬。

杞伯戊卒于會。不日，與盟同日。○戊音茂，又音恤，二傳作戊。

六月，葬陳惠公。

許遷于容城。

秋七月，公至自會。月者，爲下劉卷卒。月者，重錄恩。○卷音權。

劉卷卒。

傳劉卷者何？天子之大夫也。外大夫不卒，此何以卒？我主之也。劉卷即上會劉子，我主之者，因上主會，故主之，張義也。卒者，明主會者當有恩禮也。言劉卷者，主起以大夫卒之，屈於天子也。

不日者，此尹氏以天子喪爲主重也，此卷主會輕，故不日。

葬杞悼公。

楚人圍蔡。囊瓦稱人者，楚爲無道，拘蔡昭公數年，而復怒蔡歸有言伐之，故貶，明罪重於圍。

晉士鞅、衞孔圄帥師伐鮮虞。○圄魚呂反，左氏作圉，虞本或作吳，音虞。

葬劉文公。

傳外大夫不書葬，此何以書？錄我主也。其實以主我恩錄之，故云爾。舉采者，禮，諸侯入爲天子大夫，更受采地於京師，天子使大夫爲治其國，有功而卒者，當益封其子，時劉卷以功益封，故不以故國而以采地書葬，起其事，因恩以廣義也。稱公者，明本諸侯也。

冬十有一月庚午，蔡侯以吳子及楚人戰于伯莒，楚師敗績。○伯莒，左氏作柏舉。

傳吳何以稱子？據滅徐稱國。夷狄也，而憂中國。言子，起憂中國。言以，明爲蔡故也。與桓十四年同。其憂中國奈何？伍子胥父誅乎楚，挾弓而去楚，挾弓者，懷格意也。禮，天子雕弓，諸侯彤弓，大夫嬰弓，士盧弓。○彤大冬反。以干闔廬。不待禮見曰干，欲因闔廬以復讎。闔廬曰：「士之甚，言其以賢士之甚。勇之甚。」將爲之興師而復讎于楚。伍子胥復曰：「諸侯不爲匹夫興師。必須因事者，其義可得因公託私，而以匹夫興師討諸侯，則不免爲亂。且臣聞之，事君猶事父也，虧君之義，復父之讎，臣不爲也。」於是止。

蔡昭公朝乎楚。有美裘焉。囊瓦求之。昭公不與。為是拘昭公於南郢。數年。然後歸之。於其歸焉。用事乎河。時北如晉請伐楚。因祭河。○囊乃郎反。郢以共反。又以政反曰。天下諸侯苟有能伐楚者。寡人請為之前列。楚人聞之怒。見侵後聞蔡有此言而怒為是興師。使囊瓦將而伐蔡。蔡請救于吳。伍子胥復曰。蔡非有罪也。楚人為無道。君如有憂中國之心。則若時可矣。猶曰若是時可興師矣。激發初欲興師意。○將子匠反於是興師而救蔡。不書與子胥俱者。舉君為重。子胥不見于經。得為善者。以吳義文得成之也。雖不舉子胥。為非懷惡而討不義。君子不得不與也。曰。事君猶事父也。此其為可以復讐。奈何。曰。父不受誅。不受誅。罪不當誅也。子復讐可也。孝經曰。資於事父以事君而敬同。本取事父之敬以事君。而父以無罪為君所殺。諸侯之君與王者異。於義得去。君臣已絕。故可也。孝經云。資於事父以事母。莊公不得報讐文姜者。母所生。雖輕於父。重於君也。易曰。天地之大德曰生。故得絕。不得殺。父受誅。子復讐。推刃之道也。子復讐非當。復討其子。一往一來曰推刃。○當丁浪反復讐不除害。取讐身而已。不得兼讐子。復將恐害已而殺之。時子胥因吳之衆。墮平王之墓。燒其宗廟而已。昭王雖可得殺。不除云。○墮許規反。去起呂反朋友相衞。同門曰朋。同志曰友。相衞。不使為讐所勝。時子胥因仕於吳為大夫。君臣言朋友者。闔廬本以朋友之道為子胥復讐。孔子曰。益者三友。損者三友。友直。友諒。友多聞。益矣。友便辟。友善柔。友便佞。損矣。○辟婢亦反而不相迿。迿出表辭。猶先也。不當先相擊刺。所以伸孝子之恩。○迿音峻。又音巡。又玄徧反。刺七亦反古之道也。

楚囊瓦出奔鄭。

庚辰。吳入楚。

傳吳何以不稱子。據狄人盟于邢。有進行稱人。○行下孟反反夷狄也。其反夷狄奈何。君舍于君室。大夫舍于大夫室。蓋妻楚王之母也。舍其室。因其婦人為妻。日者。惡其無義。

五年。春。王正月。辛亥。朔。日有食之。是後臣忿日甚。曾失國寶。宋大夫叛。

夏。歸粟于蔡。

傳孰歸之。諸侯歸之。曷為不言諸侯歸之。據齊人來歸衞寶。離至。不可得而序。故言我也。時為蔡新被強楚之兵。故歸之粟。與戍陳同義。○為于偽反

於越入吳。

傳於越者何。越者何。不言或者。嫌兩國。於越者。未能以其名通也。越者。能以其名通也。越人自名于越。君子名之曰越。治國有狀。能與中國通者。以中國之辭言之曰越。治國無狀。不能與中國通者。以其俗辭言之。因其俗。可以見善惡。故云爾。赤狄以赤進者。狄於北方總名。赤者其別。與越異也。吳新憂中國。士卒罷敝而入之。疾罪重。故謂之於越。

六月。丙申。季孫隱如卒。仲遂以貶起弑。是不貶著其逐君者。舉君出為重。故從季辛起之。猶衞孫甯。

秋。七月。壬子。叔孫不敢卒。

冬。晉士鞅帥師圍鮮虞。

春秋公羊傳卷二十五　終

春秋公羊傳卷二十六

漢諫議大夫司空掾任城何　休學

皇明　後學　東吳葛　鼒訂

定公

六年。春。王正月。癸亥。鄭游遬帥師滅許。以許男斯歸。

二月。公侵鄭。

月者內有彊臣之讎不能討、而外結怨、故危之、

公至自侵鄭。

夏。季孫斯、仲孫何忌如晉。

秋。晉人執宋行人樂祈犂。

冬。城中城。

季孫斯、仲孫忌帥師圍運。

傳此仲孫何忌也。曷為謂之仲孫忌。譏二名。二名非禮也。為其難諱也、一字為名、令難言而易諱、所以長臣子之敬、不逼下也、春秋定哀之間、文致大平、欲見王者治定、無所復為譏、唯有二名、故譏之、此春秋之制也、○為其、于偽反、令力呈反、易以豉反、長丁丈反、大音泰、

七年。春。王正月。

夏。四月。

秋。齊侯、鄭伯盟于鹹。

○鹹音咸

齊人執衛行人北宮結。以侵衛。

齊侯、衛侯盟于沙澤。

大雩。

先是公侵鄭、城中城、季孫斯仲孫忌如晉、圍運、費重不恤民之應、○費重芳味反

齊國夏帥師伐我西鄙。

九月。大雩。

承前費重不恤民、又重之以齊師伐我、我自救之役、

冬。十月。

八年。春。王正月。公侵齊。公至自侵齊。

二月。公侵齊。三月。公至自侵齊。

出入月者、內有彊臣之讎、外犯彊齊、再出尤危於侵鄭、故知入亦當蒙上月、

曹伯露卒。

夏。齊國夏帥師伐我西鄙。

公會晉師于瓦。公至自瓦。

此晉趙鞅之師也、但言晉師者、君不會大夫之辭也、公會大夫、不別得意、雖得意不致、此致者、諱公為大夫所會、故使若得意者、○別、彼列反、

秋。七月。戊辰。陳侯柳卒。

晉趙鞅帥師侵鄭。遂侵衛。

葬曹竫公。○竫才井反本亦作靖

九月。葬陳懷公。

季孫斯仲孫何忌帥師侵衛。

冬。衛侯鄭伯盟于曲濮。○濮音卜

從祀先公。

傳從祀者何。順祀也。復文公之逆祀文公逆祀。去者三人。諫不從而去之定公

順祀。叛者五人。諫不以禮而去曰叛去與叛皆不書者微也不書禘者後禘亦順非獨禘也言祀者無已長久之辭不言僖公者閔公亦得其順

盜竊寶玉大弓。

傳盜者孰謂。微而竊大可怪故問之謂陽虎也。陽虎者曷爲者也。季氏之宰也。季氏之陪臣爲政者季氏之宰則微者也。惡乎得國寶而竊之。陽虎專季氏。季氏專魯國。陽虎拘季孫。季氏逐昭公之後取其寶玉藏於其家陽虎拘季孫奪其寶玉季孫取玉不書者舉逐君爲重孟氏與叔孫氏迭而食之。睋而鍥其板。以爪刻其饋飲板○食之音嗣睋五多反鍥本又作鐭七廉反又且審反曰某月某日。將殺我于蒲圃。力能救我則於是。於是時至乎曰若時而出。臨南者。陽虎之出也。御之。爲季孫御於其乘焉。季孫謂臨南曰。以季氏之世世有子。言我季氏累世有女以爲臣○女音汝子可以不免我死乎。以義責之臨南曰。有力不足。臣何敢不勉。陽越者。陽虎之從弟也。爲右。爲季孫車右實衛之○從才用反諸陽之從者車數十乘。至于孟衢。孟氏衢四達可以横去臨南投策而墜之。策馬撾也見二家迭食之欲將季孫由孟氏免之恐陽越不聽故詐投策欲使下車○墜直類反撾章藥反陽越下取策。臨南駷馬。捶馬銜走○駷本又作揪字書無此字相承用之素動反而由乎孟氏。陽虎從而射之。矢著于莊門。莊門孟氏所入門名言幾中季孫賴門閑故著門○射食亦反著直略反中丁仲反然而甲起於琴如。甲公斂處父所帥也琴如地名二家知出期故於是時起兵弑不成。却反舍于郊。皆說然息。說解舍然猶如或曰。弑千乘之主。將季氏邑至於千乘而不克。舍

此可乎。嫌其近而無所依陽虎曰。夫孺子得國而已。得免專國家而已如丈夫何。如猶奈也丈夫大人稱也睋而曰。彼哉彼哉。望見公斂處父師而曰彼哉彼哉再言之者切遽意趣駕。使疾駕○趣七欲反一音七住反既駕。公斂處父帥師而至。公斂處父孟氏叔孫氏將兵之將慬然後得免。自是走之晉。寶者何。璋判白。判半也半圭曰璋白藏天子青藏諸侯魯得郊天故錫以白不言璋言玉者起珪璧琮璜璋五玉盡亡之也傳獨言璋者所以郊事天尤重詩云奉璋峨峨髦士攸宜是也禮珪以朝璧以聘琮以發兵璜以發衆璋以徵召○慬其靳反峨五多反髦音毛弓繡質。質拊也言大者力千斤龜青純。純緣也謂緣甲頾也千歲之龜青髯明于吉凶易曰定天下之吉凶成天下之亹亹者莫善乎蓍龜經不言龜者以先知從寶省文謂之寶者世世寶用之辭此皆魯始封之錫不言取而言竊者正名也定公秘季孫假馬孔子曰君之於臣有取無假而君臣之義立主書者定公失政權移陪臣拘其尊卿喪其寶玉無以合信天子交質諸侯當絕之不書拘

季孫者舉五玉爲重，書大弓者使若都以國寶書，微
辭也。○純之閏反，緣悅絹反，賴而占反，喪失浪反

九年，春，王正月。

夏，四月，戊申，鄭伯蠆卒。○蠆勑邁反，左氏作蠆

得寶玉大弓。

傳 何以書？國寶也。喪之書，得之書。微辭也，使若都以重國寶，故書。不以罪定公者，其寶失之當坐，得之當除，以竊寶不月，知得例不蒙上。○喪息浪反

六月，葬鄭獻公。

秋，齊侯、衛侯次于五氏。欲伐魯也，善魯能却難，臯故書次，而去

秦伯卒。

冬，葬秦哀公。

十年，春，王三月，及齊平。月者，頰谷之會齊侯欲執定公，故不易。○易以豉反

夏，公會齊侯于頰谷。公至自頰谷。上平，爲頰谷之會不易，故月。致地者，頰谷之會，齊侯作侏儒之樂，欲以執定公。孔子曰：匹夫而熒惑於諸侯者，誅。於是誅侏儒，首足異處。齊侯大懼，曲節從教，得意故致也。○頰谷古協反，左氏作夾谷

晉趙鞅帥師圍衛。

齊人來歸運、讙、龜陰田。

傳 齊人曷爲來歸運、讙、龜陰田？据齊嘗取魯邑。孔子行乎季孫，三月不違。孔子仕魯，政事行乎季孫，三月之中，不見違，過是違之也。不言政行乎定公者，政在季氏之家。齊人爲是來歸之。齊侯自頰谷會歸，謂晏子曰：寡人或過於魯侯，如之何？晏子曰：君子謝過以質，小人謝過以文。齊嘗侵魯四邑，請皆還之。歸濟西田不言來，此其言來者，已絕，魯不應復得，故從外來常文，與齊人來歸衛寶同。夫子雖欲不受，定公貪而受之，此違之驗。○爲于僞反

叔孫州仇、仲孫何忌帥師圍郈。○郈音后

秋，叔孫州仇、仲孫何忌帥師圍費。

宋樂世心出奔曹。

宋公子池出奔陳。池，左氏作地

冬，齊侯、衛侯、鄭游遬會于鞌。○于鞌，左氏作安甫

叔孫州仇如齊。

宋公之弟辰暨宋仲佗、石彄出奔陳。
復出宋者，惡仲佗，悉欲帥國人去，故舉國言之。公子池、樂世心
石彄從之，皆是也。辰言暨者，明仲佗强，與俱出也。三大夫出不
月者，舉國危亦見矣。○暨其器反，佗大多反，
彄古侯反，惡烏路反，强其丈反，見賢徧反

十有一年。春。宋公之弟辰。及仲佗。石彄。公子池。自陳入于蕭。以叛。不復言宋仲佗者本舉國已明矣辰言及者後汲汲當坐重○復扶又反

夏四月。

秋。宋樂世心。自曹入于蕭。不言叛者從叛臣叛可知

冬。及鄭平。

叔還如鄭涖盟。

十有二年。春。薛伯定卒。不日月者子無道當廢之而以爲後未至三年失衆見弑危社稷宗廟禍端在定故略之

夏。葬薛襄公。

叔孫州仇帥師墮郈。○墮許規反下同

衛公孟彄帥師伐曹。

季孫斯。仲孫何忌。帥師墮費。

傳曷爲帥師墮郈。帥師墮費。据城費孔子行乎季孫。三月不違。曰。家不藏甲。邑無百雉之城。於是帥師墮郈。帥師墮費。郈叔孫氏所食邑費季氏所食邑二大夫宰吏數叛患之以問孔子孔子曰陪臣執國命采長數叛者坐邑有城池之固家有甲兵之藏故也季氏說其言而墮之故君子時然後言人不厭其言書者善定公任大聖復古制弱臣勢也不書去甲者舉墮城爲重○數所角反采長七代反下丁丈反說音悅厭於艷反去起呂反雉者何。五板而堵。八尺曰板堵凡四十尺○堵丁古反五堵而雉。二百尺百雉而城。二萬尺凡周十一里三十三步二尺公侯之制也禮天子千雉蓋受百雉之城十伯七十雉子男五十雉天子周城諸侯軒城軒城者缺南面以受過也

秋。大雩。

冬。十月。癸亥。公會晉侯盟于黃。不能事事信用孔子聖澤廢

十有一月。丙寅。朔。日有食之。是後薛弑其君比晉荀寅士吉射入于朝歌以叛○射食亦反又食夜反朝如字

公至自黃。

十有二月。公圍成。公至自圍成。成仲孫氏邑圍成月又致者天子不親征下土諸侯不親征叛邑公親圍成不能服不能以一國爲家甚危若從他國來故危錄之

十有三年。春。齊侯。衛侯。次于垂瑕。○垂瑕如字又音加二傳作垂葭

夏。築蛇淵囿。

大蒐于比蒲。○比音毗

衛公孟彄帥師伐曹。

秋晉趙鞅入于晉陽以叛。

冬晉荀寅及士吉射入于朝歌以叛。

晉趙鞅歸于晉。

傳 此叛也。其言歸何。據叛與出入惡同 以地正國也。軍以井田立數故言以地 以其地正國奈何。晉趙鞅取晉陽之甲以逐荀寅與士吉射。荀寅與士吉射者曷爲者也。君側之惡人也。此逐君側之惡人曷爲以叛言之。無君命也。無君命者操兵鄉國故初謂之叛後知其意欲逐君側之惡人故錄其釋兵書歸赦之君子誅意不誅事晉陽之甲者趙簡子之邑以邑中甲逐之○操七曹反鄉許亮反

薛弑其君比。

十有四年春衛公叔戍來奔。

晉趙陽出奔宋。○晉趙陽左氏作衛趙陽

三月辛巳楚公子結陳公子佗人帥師滅頓以頓子牄歸。不別以歸何國者明楚陳以滅人爲重頓子以不死位爲重○佗大河反左傳作公孫佗人牄七良反二傳作牂別彼列反

夏衛北宮結來奔。

五月於越敗吳于醉李。月者爲下卒出○醉李本又作雋音同爲于僞反

吳子光卒。

公會齊侯衛侯于堅。○堅如字本又作掔音牽左氏作牽

公至自會。

秋齊侯宋公會于洮。○洮他刀反

天王使石尚來歸脤。○脤市軫反

傳 石尚者何。天子之士也。天子上士以名氏通 脤者何。俎實也。實俎肉也 腥曰脤。熟曰燔。禮諸侯朝天子助祭於宗廟然後受俎實時魯不助祭而歸之故書以譏之○燔本亦作膰又作繙音煩

衛世子蒯聵出奔宋。主書者子雖見逐無去父之義○蒯苦怪反聵五怪反

衛公孟彄出奔鄭。

宋公之弟辰自蕭來奔。

大蒐于比蒲。譏亟也○亟去冀反

邾婁子來會公。書者非邾婁子會人於都也如人人都當修朝禮古者諸侯將朝天子必先會間隙之地考德行一刑法講禮義正文章習事天子之儀尊京師重法度恐過誤言公者不受于廟○間音閑

城莒父及霄。去冬者是歲蓋孔子由大司寇攝相事政化大行粥羔豚者不飾男女異路道無拾遺齊懼北面事魯饋女樂以間之定公聽季桓子受之三日不朝當坐淫故貶之歸女樂不書者本以淫受之故深諱其本文三日不朝孔子行魯人皆知孔子所以去附嫌近害雖可書猶不書或說無冬者坐受女樂令聖人去冬陰臣之象也○父音甫去起呂反相息亮反粥羊六反間間厠之間

十有五年春王正月邾婁子來朝。

鼷鼠食郊牛牛死改卜牛。○鼷音兮

傳曷爲不言其所食。據食角 漫也。漫者徧食其身災不敬也不舉牛死爲重復舉食者內災甚矣

錄內不言火是也

二月辛丑楚子滅胡以胡子豹歸。

夏五月辛亥郊。

傳曷爲以夏五月郊。據魯郊正當卜春三正 三卜之運也。運轉也已卜春三正不吉復轉卜夏三月周五月得二吉故五月郊也易曰再三瀆瀆則不告不得其事雖吉猶不當爲也不舉卜者從可知

壬申公薨于高寢。

鄭軒達帥師伐宋。○軒達左氏作罕達

齊侯衛侯次于籧篨。○籧篨其居反下直居反

邾婁子來奔喪。

傳其言來奔喪何。據會葬以禮書歸含且賵不言來○含戶暗反賵芳鳳反 奔喪非禮也。但解奔喪者明言來者常文不爲早晚施也禮天子崩諸侯奔喪會葬諸侯薨有服者奔喪無服者會葬邾婁與魯無服故以非禮書禮有不弔者三兵死壓死溺死○爲于僞反厭於甲反

秋七月壬申姒氏卒。

傳姒氏者何。哀公之母也。姒氏杞女哀公者即鄭公之妾子 何以不稱夫人。據母以子貴 哀未君也。未踰年不稱公

八月庚辰朔日有食之。是後衛蒯聵犯父命盜殺蔡侯申齊陳乞弒其君舍

九月滕子來會葬。

丁巳葬我君定公雨不克葬戊午日下昃乃克葬。昃日西也易曰日中則昃是也下昃蓋晡時○昃音側晡布吳反

辛巳葬定姒。

傳定姒何以書葬。據不稱小君子般不書葬 未踰年之君也。哀未踰年也母以子貴故以子正之 有子則廟廟則書葬。如未踰年君之禮稱謚者方當踰年稱夫人曾子問曰並有喪則如之何何先何後孔子曰葬先輕而後重其奠也其虞也先重而後輕禮也

冬。城漆。

公羊傳卷二十六　終

春秋公羊傳卷二十七

漢諫議大夫司空掾任城何　休學
皇明　後　學　東吳金　蟠訂

哀公

元年。春。王正月。公即位。

楚子。陳侯。隨侯。許男圍蔡。隨微國稱侯者本爵俱侯。土地見侵削。故微爾。許男者戌也。前許男斯見滅以歸。今戌復見者自復。斯不死位。自復無惡文者。滅以歸。可知。

鼷鼠食郊牛。與不敬故。

改卜牛。

夏四月。辛巳。郊。

秋。齊侯。衛侯伐晉。

冬。仲孫何忌帥師伐邾婁。邾婁子新來奔喪。伐之不諱者。斯外恩殺。惡輕。明當與根牟有差。○殺所戒反

二年。春。王二月。季孫斯。叔孫州仇。仲孫何忌帥師伐邾婁。取漷東田及沂西田。漷沂皆水名。邾婁子來奔喪。取其地。不諱者。義與上同。○漷火虢反。徐音郭。沂魚依反

癸巳，叔孫州仇、仲孫何忌及邾婁子盟于句繹。所以再出大夫名氏者，季孫斯不與盟。○句，古侯反。與音預。

夏四月丙子，衛侯元卒。

滕子來朝。

晉趙鞅帥師納衛世子蒯聵于戚。

傳 戚者何？衛之邑也。曷爲不言入于衛？據弗克納，未入國文，言納于邾婁；納者，入辭，故傳言曷爲不言入于衛。父有子，子不得有父也。明父得有子而廢之，子不得有父之所有，故奪其國文，正其義也。不貶蒯聵者，下曼姑圍戚無惡文，嫌曼姑可爲輒誅其父，故明不得也。不去國見挈者，不言入于衛不可醇無國文。輒出奔不書者，不責拒父也。主書者與頓子同。

秋八月甲戌，晉趙鞅帥師及鄭軒達帥師戰于栗，鄭師敗績。○栗，一本作秩，二傳作鐵。

冬十月，葬衛靈公。

十有一月，蔡遷于州來。畏楚也。州來，吳所滅。

蔡殺其大夫公子駟。稱國以殺者，君殺大夫之辭。稱公子者，惡失親也。

三年春，齊國夏、衛石曼姑帥師圍戚。

傳 齊國夏曷爲與衛石曼姑帥師圍戚？據晉趙鞅以地正國，加叛文。今此無加文，故問之。伯討也。方伯所當討，故使國夏首兵。此其爲伯討奈何？曼姑受命乎靈公而立輒。靈公者，蒯聵之父。以曼姑之義，爲固可以距之也。曼姑無惡文者，起曼姑得拒之。曼姑，臣也，拒之者，上爲靈公命，下爲輒故，義不可以子誅父，故但得拒之而已。傳所以曼姑解伯討者，推曼姑得拒之，則國夏得討之明矣。不言圍衛者，順上文，辟圍輒。○爲，于僞反。輒者曷爲者也？蒯聵之子也。然則曷爲不立蒯聵而立輒？據春秋有父死子繼。蒯聵爲無道，行不中善道。○中，丁仲反。靈公逐蒯聵而立輒。然則輒之義可以立乎？輒之義不可以拒父，故但問可立與不。曰：可。其可奈何？不以父命辭王父命，不以蒯聵命辭靈公命。以王父命辭父命，辭猶不從。是父之行乎子也。是靈公命行乎蒯聵，重本尊統之義。不以家事辭王事，以父見廢故辭讓，不立是家私事。以王事辭家事，聽靈公命立，是王事公法也。是上之行乎下也。是王法行於諸侯，雖得正，非義之高者也。故冉有曰：夫子爲衛君乎？子貢曰：諾，吾將問之。入曰：伯夷、叔齊何人也？曰：古之賢人也。曰：怨乎？曰：求仁而得仁，又何怨？出曰：夫子不爲也。主書者，善伯討。

夏四月甲午，地震。此象季氏專政，蒯聵犯父命，是後蔡大夫專相放盗殺蔡侯申，辟伯晉而京師楚，黄池之會，吳大爲主。

五月辛卯，桓宮、僖宮災。

傳 此皆毁廟也，其言災何？據禮，親過高祖則毁其廟。復立也。曷爲不言其復立？據立武宮言立。○復，扶又反，下及注同。春秋見者不復見也。謂内所改作也。哀自立之，善惡獨在哀，故得省文。○見，賢徧反，下同。何以不言及？據雉門及兩觀。○觀，工喚反。敵也。親過高祖，親疏適等。何以書？上已問此皆毁廟，其言災，何故不復連桓宮、僖宮。記災也。災不宜立。

季孫斯。叔孫州仇。帥師城開陽。○開陽左氏作啓陽

宋樂髡帥師伐曹。○髡若昆反

秋七月。丙子。季孫斯卒。

蔡人放其大夫公孫獵于吳。稱人者惡大夫驕蹇作威、相放當誅、故貶、

冬。十月。癸卯。秦伯卒。哀公著治、大平之終、小國卒葬極於哀公者、皆卒日葬月、○大音泰

叔孫州仇。仲孫何忌。帥師圍邾婁。

四年。春。王三月。庚戌。盜殺蔡侯申。

傳弒君賤者窮諸人。此其稱盜以弒何。據宋人弒其君處臼、稱人、賤乎賤者也。賤於稱人者、賤乎賤者孰謂。據無主名、謂罪人也。罪人者未加刑也、蔡侯近罪人、卒逢其禍、故以爲人君深戒、不言其君者、方當刑放之、與刑人義同、

蔡公孫辰出奔吳。

葬秦惠公。

宋人執小邾婁子。

夏蔡殺其大夫公孫歸姓。公孫霍。

晉人執戎曼子赤歸于楚。

傳赤者何。欲以爲戎曼子名、則晉人執曹伯、言畀宋人、不言名歸、欲言微者、則不當書、故以不知問也、戎曼子之名也。其言歸于楚何。據執曹伯畀宋人、不言歸于宋、子北宮子曰。辟伯晉而京師楚也。此解名、此言歸意也、前此楚比滅頓胡、諸侯由是畏其威、從而圍蔡、蔡遷于州來、遂張中國京師自置、晉人執戎曼子、不歸天子而歸于楚、而不名而言歸于楚、則與伯執歸京師同文、故辟其文而名之、使若晉非伯執、而赤微者、自歸于楚、言歸于楚者、起伯晉京師楚、主書者、惡晉背叛、當誅之

城西郛。○郛芳夫反

六月。辛丑。蒲社災。

傳蒲社者何。據鼓用牲于社、不言蒲、○左氏作亳社亡國之社也。蒲社者、先世之亡國、在魯竟、社者封也。封土爲社其言災何。據封土、非火所能燒亡國之社蓋揜之。揜其上而柴其下。故火得燒之、揜柴之者、絕不得使通天地四方、以爲有國者戒蒲社災何以書。記災也。戒社者、先王所以威示教戒諸侯、使事上也、災者、衆諸侯背天子、是後宋事彊吳、齊晉前驅、滕薛俠轂、魯衛驂乘、故天去戒社、若曰、王教滅絕云爾、

秋。八月。甲寅。滕子結卒。

冬。十有二月。葬蔡昭公。賊已討、故書葬也、不書討賊者、明諸侯得專討士以下也、

葬滕頃公。

五年春城比。○此本又作芘亦作庇同音毗左氏作毗

夏齊侯伐宋。

晉趙鞅帥師伐衛。

秋九月癸酉齊侯處臼卒。

冬叔還如齊。

閏月葬齊景公。

傳閏不書此何以書據楚子昭卒不書閏喪以閏數也謂喪服大功以下諸喪當以閏月爲數○數所主反下同喪曷爲以閏數據卒不書閏喪數略也略猶殺也以月數恩殺故并閏數

六年春城邾婁葭。城者取之也不言取者會數圍取邾婁邑邾婁未曾加非於魯而侮奪之不知足有夷狄之行故諱之明惡甚○葭音加又音遐左氏作邾瑕會才能反行下孟反

晉趙鞅帥師伐鮮虞。

吳伐陳。

夏齊國夏及高張來奔。

叔還會吳于柤。○柤莊加反

秋七月庚寅楚子軫卒。

齊陽生入于齊。

齊陳乞弑其君舍。○君舍二傳作荼音舒

傳弑而立者不以當國之辭言之此其以當國之辭公子商人弑其君舍而立氏公子爲讓也此其爲讓奈何問其義景公謂陳乞曰吾欲立舍何如陳乞曰所樂乎爲君者欲立之則立之不欲立則不立貴自專也君如欲立之則臣請立之陳乞欲拒言不可恐景公殺陽生陽生謂陳乞曰吾聞子蓋將不欲立我也陳乞曰夫千乘之主將廢正而立不正必殺正者晉世子申生是也吾不立子者所以生子者也

走矣敎陽生走與之玉節而走之節信也析玉與陽生當其半爲後當迎之合以爲信防稱矯也奔不書者未命爲嗣景公死而舍立陳乞使人迎陽生于諸其家于諸寘也齊人語也除景公之喪期而小祥服期者除○期音基諸大夫皆在朝陳乞曰常之母常陳乞子重難言其妻故云爾○難乃旦反有魚菽之祭齊俗婦人首祭事言魚豆者示薄陋無所有願諸大夫之化我也言欲以薄陋餘福共宴飲諸大夫皆曰諾於是皆之陳乞之家坐陳乞曰吾有所爲甲甲鎧○鎧苦代反請以示焉諸大夫皆曰諾於是使力士舉巨囊而至于中霤巨囊大囊中央曰中霤○囊乃郎反又音託霤力又反諸大夫見之皆色然而駭色然驚駭貌○色本又作垝居委反又或作危開之則闖然闖出頭貌○闖丑鴆反又丑甚反一音丑今反公子陽生也陳乞曰此君也已諸大夫

不得已遂逡巡北面再拜稽首而君之爾。時舍未能得衆而陽生今正當立諸大夫又見方士知陳乞有備故不得已遂君之。自是往弒舍。陽生先詐致諸大夫立於陳乞家然後往弒舍故先書當國君共罪也乞爲陽生弒舍不舉陽生弒者讓成于乞也不日者與卓子同

冬仲孫何忌帥師伐邾婁。

宋向巢帥師伐曹。

七年春宋皇瑗帥師侵鄭。○瑗于眷反

晉魏曼多帥師侵衞。

夏公會吳于鄫。○鄫似陵反

秋公伐邾婁八月己酉入邾婁以邾婁子益來。

傳入不言伐此其言伐何據當舉入爲重內辭也若使他人然諱獲諸侯故不舉重而兩書使若魯公伐而去他人入之以來者醇順他人來文邾婁子益何以名據以隗子歸不名。○隗五罪反絕曷爲絕之據俱以歸獲也曷爲不言其獲據獲晉侯言獲內大惡諱也故名以起之也日者惡魯侮奪邾婁無已復入獲之入不致者得意可知例

宋人圍曹。

冬鄭駟弘帥師救曹。

八年春王正月宋公入曹以曹伯陽歸。

傳曹伯陽何以名據以隗子歸不名絕曷爲絕之據俱以歸滅也曷爲不言其滅據滅隗也諱同姓之滅也故名以起之何諱乎同姓之滅據衞侯燬滅邢不諱○燬況委反力能救之而不救也以屬上力能獲邾婁而不救曹故責之不日者深諱之定哀滅例日此不日者諱使若不滅故不日

吳伐我。不言鄙者起圍魯也不言圍者諱使若伐而去

夏齊人取讙及僤。○僤昌善反一音昌然反左氏作闡

傳外取邑不書此何以書所以賂齊也曷爲賂齊據上無戰伐之文爲以邾婁子益來也邾婁齊與國畏爲齊所怒而賂之恥甚故諱使若齊自取

歸邾婁子益于邾婁。獲歸不書此書者善魯能悔過歸之嫌解邾婁子益無罪書故復名之○復扶又反

秋七月。

冬十有二月癸亥杞伯過卒。○過古禾反

齊人歸讙及僤。書者善魯能悔過歸邾婁子益所喪之邑不求自得故不言來使若不從齊來與歸我濟西田同文○喪息浪反

九年春王二月葬杞僖公。

宋皇瑗帥師取鄭師于雍丘。○雍於用反

傳其言取之何。据詐戰言敗也。易也。其易奈何。詐之也。詐謂陷阱奇伏之類，兵者爲征，不義，不爲苟勝而已。十三年詐反不月，知此不當上月，疾略之爾。○易以豉反，爲征于僞反

夏，楚人伐陳。

秋，宋公伐鄭。

冬，十月。

十年春王二月，邾婁子益來奔。月者，魯前獲而歸之，今來奔，明當尤加禮厚遇之。

公會吳伐齊。

三月戊戌，齊侯陽生卒。

夏，宋人伐鄭。

晉趙鞅帥師侵齊。

五月，公至自伐齊。

葬齊悼公。

衛公孟彄自齊歸于衛。

薛伯寅卒。卒葬略者，與杞伯益姑同。○伯寅，二傳作伯夷，同音以尼反

秋，葬薛惠公。

冬，楚公子結帥師伐陳。吳救陳。救中國不進者，陳、吳與國，救陳欲以備中國，故不進。

公羊傳卷二十七終

春秋公羊傳卷二十八

漢諫議大夫司空掾任城何休學

皇明後學東吳葛鼒訂

哀公

十有一年春齊國書帥師伐我。

夏陳袁頗出奔鄭。

五月公會吳伐齊甲戌齊國書帥師及吳戰于艾陵。○艾五蓋反

齊師敗績獲齊國書。

戰不言伐與伐者會與伐而不與戰不從內與伐使吳爲主者吳主會故不與夷狄主中國也言獲者能結日偏戰少進也○與伐音預

秋七月辛酉滕子虞母卒。

冬十有一月葬滕隱公。

衛世叔齊出奔宋。

十有二年春用田賦。

傳何以書据當賦稅爲何書○爲于僞反譏何譏爾譏始用田賦也田謂一井之田賦者斂取其財物也言用田賦者若今漢家斂民錢以田爲率矣不言井者城郭里巷亦有井嫌悉賦之禮稅民公田不過什一軍賦十井不過一乘哀公外慕彊吳空盡國儲故復用田賦過什一○率音律又音類

夏五月甲辰孟子卒。

傳孟子者何据魯大夫無孟子昭公之夫人也其稱孟子何据不稱夫人某氏諱娶同姓蓋吳女也禮不娶同姓買妾不知其姓則卜之爲同宗共祖亂人倫與禽獸無別昭公既娶諱而謂之吳孟子春秋不繫吳者禮婦人繫姓不繫國雖不諱猶不繫國也不稱夫人不言薨不書葬者深諱之

公會吳于槖皋。○槖章夜反一音託

秋公會衛侯宋皇瑗于運。○運左氏作鄖

宋向巢帥師伐鄭。

冬十有二月螽。○螽音終本亦作螽

傳何以書記異也何異爾不時也螽者與陰殺俱藏周十二月夏之十月不當見故爲異此年再螽者天不能殺地不能理自是之后天下大亂莫能相禁宋國以亡齊并於陳氏晉分爲六卿

十有三年春鄭軒達帥師取宋師于嵒。○嵒五咸反音魚及反

傳其言取之何易也其易奈何詐反也前宋行詐取鄭師今鄭復行詐取之苟相報償不以君子正道故傳言詐反反猶報也

夏許男成卒。

比陳蔡不當復卒，故卒葬略。○男戍本亦作戍

公會晉侯及吳子于黃池。

傳吳何以稱子。據救陳稱國。吳主會也。以言及也。時吳彊而無道，敗齊臨菑，乘勝大會中國。齊晉前驅，魯衛驂乘，滕薛俠轂而趨，以諸夏之衆，冠帶之國，反背天子而事夷狄，恥甚不可忍言，故深爲諱辭，使若吳大以禮義會天下諸侯，以尊事天子，故進稱子。吳主會則曷爲先言晉侯。據申之會，楚子主會，序上。不與夷狄之主中國也。明其實自以夷狄之彊會諸侯爾，不行禮義，故序晉於上。其言及吳子何。據鍾離之會，殊會吳，不言及。僖五年，公及齊侯，齊侯主會，益明矣。會兩伯之辭也。晉序上者，主會文也。吳言及者，亦人在爲主之文也。方不與夷狄主中國，而又事實當見，不可醇奪，故張兩伯辭，先晉言及吳子，使若晉主會爲伯，吳亦主會爲伯，半抑半起，以奪見其事也。語在下。不與夷狄之主中國，則曷爲以會兩伯

公羊傳　卷二十八　哀公　三　永懷堂

之辭言之。據伯，主人。重吳也。其實重在吳，故言及，舉晉者，諱而不盈。曷爲重吳。據常殊吳。吳在是則天下諸侯莫敢不至也。以晉大國，尚猶汲汲於吳，則知諸侯莫敢不至也。不書諸侯者，爲微辭，使若天下盡會之，而魯侯蒙俗會之者，惡愈，齊桓兼舉遠明近，此但舉大者，非尊天子，故不得褒也。主書者，惡諸侯君事夷狄。

楚公子申帥師伐陳。

於越入吳。

秋，公至自會。有恥，致者，順諱文也。

晉魏多帥師侵衛。

○魏多左氏作魏曼多

傳此晉魏曼多也，曷爲謂之晉魏多。據上七年言曼多。譏二名。二名非禮也。復就晉見者，明先自正而后正人，正人當先正大以帥小。

葬許元公。

九月，螺。先是用田賦，又有會吳之費。○費芳味反

冬，十有一月，有星孛于東方。○孛音佩

傳孛者何。彗星也。其言于東方何。據非斗言星名。見于旦也。旦者日方出時，宿不

公羊傳　卷二十八　哀公　四　永懷堂

復見，故言東方，知爲旦。何以書。記異也。周十一月，夏九月，日在房心。房心，天子明堂布政之庭，於此旦見，與日爭明者，諸侯代主治，典法滅絕之象。是後周室遂微，諸侯相兼，爲秦所滅，燔書道絕。

盜殺陳夏彄夫。一本作陳彄夫，苦侯反，又古侯反。一本作嫗，音同。二傳作夏區夫。

十有二月，螺。黃池之會費，重煩之所致。

十有四年，春，西狩獲麟。

傳何以書。記異也。何異爾。非中國之獸也。然則孰狩之。稱西言狩，尊卑未分，據無主名。薪采者也。西者據狩言方地，類賤人象也。金主芟艾，而正以春盡木火當燃之際，舉此爲文，知庶人

采樵薪者、○芟所銜反、艾魚廢反薪采者則微者也。曷爲以狩言之。据天子諸侯乃言狩、天王狩于河陽、公狩于郞是也。河陽冬言狩、獲麟春言狩者、蓋据魯變周之春以爲冬、去周之正而行夏之時。○去起呂反大之也。使若天子諸侯曷爲大之。据略微、爲獲麟大之也。曷爲爲獲麟大之。据鸖鴿俱非中國之禽、無加文。○爲獲于僞反下皆同鸖音權鴿音欲麟者仁獸也。狀如麕、一角而戴肉、設武備而不爲害、所以爲仁也。詩云、麟之角、振振公族、是也。○振之人反有王者則至。上有聖帝明王、天下大平、然后乃至。尚書曰、簫韶九成、鳳皇來儀、擊石拊石、百獸率舞、援神契曰、德至鳥獸則鳳皇翔、麒麟臻。○大音泰下大平皆同援音袁無王者則不至。辟害遠也、當春秋時、天下散亂、不當至而至、故爲異。有以告者曰、有麕而角者。孔子曰、孰爲來哉。孰爲來哉。見時無聖帝明王、怪爲誰來。○麕本又作麇、亦作麏皆九倫反反袂拭面涕沾袍。袍、衣前襟也。夫子素案圖錄、知庶姓劉季當代周、見薪采者獲麟、知爲其出。何

者、麟者木精、薪采者庶人燃火之意、此赤帝將代周居其位、故麟爲薪采者所執。西狩獲之者、從東方王於西也。東卯西金象也。言獲者、兵戈文也。言漢姓卯金刀、以兵得天下。不地者、天下異也。又先是螽蟲冬踊、彗金精埽旦置新之象。夫子知其將有六國爭彊、從横相滅之敗、秦項驅除、積骨流血之虞、然后劉氏乃帝、深閔民之離害甚久、故豫泣也。○袂彌世反、王於于況反下火王而王之王同。從子容反顏淵死。子曰、噫。噫、咄嗟貌。天喪予。予、我。○喪息浪反子路死。子曰、噫。天祝予。祝、斷也。天生顏淵子路、爲夫子輔佐、皆死者、天將亡夫子之證。○斷丁管反、西狩獲麟。孔子曰、吾道窮矣。加姓者、重終也。麟者大平之符、聖人之類、時得麟而死、此亦天告夫子將沒之徵、故云爾。春秋何以始乎隱。据得麟乃作、祖之所逮聞也。託記高祖以來事可及問聞知者、猶曰我但記先人所聞、辟制作之害。所見異辭。所聞異辭。所傳聞異辭。所以復發傳者、益師以臣見恩、此以君見恩、嫌義異於所見之世、臣子恩其君父尤厚、故多微辭也。所聞之世、恩王父少殺、故立煬宮不日、武宮日、是也。所傳聞之世、恩高祖曾祖、又殺、故子赤卒不日、子般卒日是也。○傳直專反、注同。復扶又反。殺所戒反。般音班何以終乎哀十四年。据哀公未終也。曰、備矣。人道浹、王道備、必止於麟者、欲見撥亂功成於麟、猶堯舜之隆、鳳皇來儀、故麟於周爲異、春秋記以爲瑞、明大平以瑞應爲效也。絕筆於春、不書下三時者、起木絕火王、制作道備、當授漢也。又春者歲之始、能常法其始、則無不終竟。○浹子協反、一本作帀。撥卜末反君子曷爲爲春秋。据以定作五經撥亂世。撥猶治也。反諸正、莫近諸春秋。得麟之后、天下血書魯端門曰、趨作法、孔聖沒、周姬亡、彗東出、秦政起、胡破術、書記散、孔不絕。子夏明日往視之、血書飛爲赤鳥、化爲白書、署曰演孔圖、中有作圖制法之狀。孔子仰推天命、俯察時變、郤觀未來、豫解無窮、知漢當繼大亂之后、故作撥亂之法以授之。則未知其爲是與。其諸君子樂道堯舜之道與。作傳者謙、不敢斥夫子所爲作意也。堯舜當古歷象日月星辰、百獸率舞、鳳皇來儀、春秋亦以王次春、上法天文、四時具然后爲年、以敬授民時、崇德致麟、乃得稱太平、道同者相稱、德合者相友、

故曰樂道堯舜之道。○其爲于僞反、注所爲同末不亦樂乎堯舜之知君子也。末不亦樂后有聖漢受命而王、德如堯舜之知孔子爲制作。制春秋之義以俟後聖。待聖漢之王以爲法。以君子之爲亦有樂乎此也。樂其貫於百王而不滅、名與日月並行而不息。

春秋公羊傳卷二十八　終

春秋穀梁傳序

晉范　甯武子撰

昔周道衰陵乾綱絶紐禮壞樂崩彝倫攸斁弒逆篡盜者國有淫縱破義者比肩是以妖災因釁而作民俗染化而遷陰陽爲之愆度七曜爲之盈縮川岳爲之崩竭鬼神爲之疵厲故父子之恩缺則小弁之刺作君臣之禮廢則桑扈之諷興夫婦之道絶則谷風之篇奏骨肉之親離則角弓之怨彰君子之路塞則白駒之詩賦天垂象見吉凶聖作訓紀成敗欲人君戒慎厥行增修德政蓋誨爾諄諄聽我藐藐履霜堅冰所由者漸四夷交侵華戎同貫幽王

以暴虐見禍平王以微弱東遷征伐不由天子之命號令出自權臣之門故兩觀表而臣禮亡朱干設而君權喪下陵上替僭逼理極天下蕩蕩王道盡矣孔子覩滄海之横流廼喟然而歎曰文王既沒文不在茲乎言文王之道喪興之者在己於是就大師而正雅頌因魯史而脩春秋列黍離於國風齊王德於邦君所以明其不能復雅政化不足以被羣后也於時則接乎隱公故因茲以託始該二儀之化育贊人道之幽變舉得失以彰黜陟明成敗以著勸誡拯頹綱以繼三五鼓芳風以扇遊塵一字之褒寵踰華衮之贈片言之貶辱過市朝之撻德之所助雖賤必申義之所抑雖貴必屈故附勢匿非者無所逃其罪潛德獨運者無所隱其名信不易之宏軌百王之通典也先王之道既弘麟感化而來應因事備而終篇故絶筆於斯年成天下之事業定天下之邪正莫善於春秋春秋之傳有三而爲經之旨一臧否不同褒貶殊致蓋九流分而微言隱異端作而大義乖左氏以鬻拳兵諫爲愛君文公納幣爲用禮穀梁以衛輒拒父爲尊祖不納子糾爲內惡公羊以祭仲廢君爲行權妾母稱夫人爲合正以兵諫爲愛君是人主可得而脅也以納幣爲用禮是居喪可得而婚也以拒父爲尊祖是爲子可得而叛也以不納子糾爲內惡是仇讎可得而容也以廢君爲

行權是神器可得而闚也以妾母爲夫人是嫡庶可得而齊也若此之類傷教害義不可强通者也凡傳以通經爲主經以必當爲理夫至當無二而三傳殊說庸得不棄其所滯擇善而從乎既不俱當則固容俱失若至言幽絶擇善靡從庸得不竝舍以求宗據理以通經乎雖我之所是理未全當安可以得當之難而自絶於希通哉而漢興以來瓌望碩儒各信所習是非紛錯準裁靡定故有父子異同之論石渠分爭之說廢興由於好惡盛衰繼之辯訥斯蓋非通方之至理誠君子之所歎息也左氏艷而富其失也巫穀梁清而婉其失也短公羊辯而裁其失也俗若能富而不巫清

而不短裁而不俗則深於其道者也故君子之於春秋沒身而已矣升平之末歲次大梁先君北蕃迴軫頓駕于吳乃帥門生故吏我兄弟子姪研講六籍次及三傳左氏則有服杜之注公羊則有何嚴之訓釋穀梁傳者雖近十家皆膚淺末學不經師匠辭理典據既無可觀又引左氏公羊以解此傳文義違反斯害也已於是乃商略名例敷陳疑滯博示諸儒同異之說昊天不弔太山其頹匍匐墓次死亡無日日月逾邁跂及視息乃與二三學士及諸子弟各記所識并言其意業未及終嚴霜夏墜從弟彫落二子泯沒天實喪予何痛如之今撰諸子之言各記其姓名名曰春秋穀梁傳集解

春秋穀梁傳序終

春秋穀梁傳目錄

春秋穀梁傳目録終

春秋穀梁傳卷一

晉豫章太守順陽范　甯集解

皇明　後學　東吳金　蟠較訂

隱公

元年。春。王正月。

隱公之始年、周王之正月也、杜預曰、凡人君即位、欲其體元以居正、故不言一年一月也、

傳雖無事。必舉正月。謹始也。謹君即位之始。公何以不言即位。據文公言即位。成公志也。成隱讓桓之志。焉成之。言君之不取爲公也。言隱意不取爲魯君也、公君也、上言君、下言公、互辭。○焉於虔反。君之不取爲公。何也。將以讓桓也。讓桓正乎。

曰不正。隱長桓幼、春秋成人之美。不成人之惡。隱不正而成之。何也。將以惡桓也。不明讓者之善、則取者之惡不顯。○之惡烏各反、惡桓烏路反。其惡桓何也。隱將讓而桓弒之。則桓惡矣。桓弒而隱讓。則隱善矣。善則其不正焉。何也。據善無不正、春秋貴義而不貴惠。惠謂私惠、信道而不信邪。信、申字、古今所共用、孝子揚父之美。不揚父之惡。先君之欲與桓。非正也。邪也。雖然。既勝其邪心以與隱矣。終歸之於隱、是以正道制邪心、已探先君之邪志而遂以與桓。則是成父之惡也。兄弟。天倫也。兄先弟後、天之倫次、爲子受之父。爲諸侯受之君。隱爲世子、親受命於惠公、爲魯君、已受之於天王矣、已廢天倫而忘君父以行小惠。曰小道也。弟先於兄、是廢天倫、私以國讓、是忘君父、若隱者。可謂輕千

乘之國。蹈道則未也。未履居正之道、

三月。公及邾儀父盟于眛。

邾、附庸之國、眛、魯地、○邾音誅、儀父凡人名字皆音甫、後放此、眛左氏作蔑、

傳及者何。內爲志焉爾。內謂魯也、儀字也。父猶傅也。男子之美稱也。傳、師傅、附庸之君、未王命、例稱名、善其結信於魯、故以字配之、其不言邾子。何也。據莊十六年邾子卒、稱邾子、邾之上古微。未爵命於周也。邾自此以上、是附庸國、○上時掌反、不日。其盟渝也。日者所以謹信、盟變、故不日、七年公伐邾是也、眛。地名也。

夏。五月。鄭伯克段于鄢。

段有徒衆、攻之、爲害必深、故謹而月之、鄢、鄭地、○鄢音偃、

傳克者何。能也。何能也。能殺也。何以不言殺。見段之有徒衆也。言鄭伯能殺、則邦人不能殺矣、知段衆力彊盛、唯國君能殺之、段。鄭伯弟也。何以知其爲弟也。殺世子母弟目君。以其目君。知其爲弟也。母弟、同母弟也、目君謂稱鄭伯、段弟也而弗謂弟。公子也而弗謂公子。貶之也。段失子弟之道矣。賤段而甚鄭伯也。賤段、謂不稱公子公弟、甚鄭伯、謂目君也、何甚乎鄭伯。甚鄭伯之處心積慮。成於殺也。雍曰、段恃寵驕恣、彊足當國、鄭伯不能防閑以禮、教訓以道、縱成其罪、終致大辟、處心積思、志欲殺弟、○辟婢亦反、思息吏反、于鄢。遠也。猶曰取之其母之懷中而殺之云爾。甚之也。段奔走乃至于鄢、去已遠矣、鄭伯猶追殺之、何以異於探其母懷中赤子而殺之乎、君殺大夫例不地、甚鄭伯之殺弟、故謹其地、然則爲鄭伯者宜奈何。緩追逸賊。親親之道也。君親

無將、將而必誅焉、此蓋臣子之道、所犯在已、故可以申兄弟之恩、

秋。七月。天王使宰咺來歸惠公仲子之賵。宰官、咺名、仲字、子宋姓也、婦人以姓配字、明不忘本、示不適同姓也、妾子爲君、賵當稱謚、成風是也、仲子乃孝公時卒、故不稱謚、賵例時、書月以謹其晚。○咺况阮反、註同、賵芳鳳反

傳 母以子氏。妾不得體君、故以子爲氏、平王新有幽王之亂、遷于成周、欲崇禮諸侯、仲子早卒、無由追賵、故因惠公之喪而來賵之、仲子者何。惠公之母。孝公之妾也。禮賵人之母則可。賵人之妾則不可。君子以其可辭受之。其志不及事也。常事不書、賵者何也。乘馬曰賵。衣衾曰襚。貝玉曰含。錢財曰賻。四馬曰乘、含口實、○乘繩證反、襚音遂、含戶暗反、又作唅、賻音附

九月。及宋人盟于宿。

傳 及者何。內卑者也。宋人。外卑者也。卑者之盟不日。卑者謂非卿大夫也、凡非卿大夫盟、信之與不、例不日、宿。邑名也。

冬。十有二月。祭伯來。○祭側界反

傳 來者。來朝也。其弗謂朝。何也。寰內諸侯。非有天子之命。不得出會諸侯。不正其外交。故弗與朝也。天子畿內大夫有采地、謂之寰內諸侯、○寰音縣、古縣字、一音寰、又音患、聘弓鍭矢不出竟場。束脩之肉。不行竟中。有至尊者。不貳之也。聘遺所以結二國之好、將彼我之意、臣當稟命於君、無私朝聘之道、○鍭音候、又音侯、竟本或作境、場音

亦遺唯季反、好呼報反、

公子益師卒。

傳 大夫日卒。正也。君之卿佐、是謂股肱、股肱或虧、何痛如之、故錄其卒日以紀恩、不日卒。惡也。罪故略之、

二年。春。公會戎于潛。凡年首月承於時、時承於年、文體相接、春秋因書王以配之、所以見王者上奉時承天、而下統正萬國之義、然春秋記事有例時者、若事在時例則時而不月、月繼事末則月而不書王、書王必皆上承春而下屬於月、文表年始、事莫之先、所以致恭而不黷者、他皆放此、唯桓有月無王、以見不奉王法爾、南蠻北狄、東夷西戎、皆底羌之別種、潛魯地、會例時、○底本又作氐

傳 會者。外爲主焉爾。知者慮。察安審危、○知音智、義者行。臨者能斷、仁者守。衆之所峙守、必堅固、

有此三者。然後可以出會。會戎。危公也。無此三者、不可以會、而况會戎乎、

夏。五月。莒人入向。入例時、惡甚則日、次惡則月、他皆放此、○向舒亮反、惡烏各反、並同

傳 入者。內弗受也。入無小大、苟不以罪、則義皆不可受、向。我邑也。自魯而言、故曰我也、

無侅帥師入極。二千五百人爲師、○侅音該、又戶楷反、左氏作駭

傳 入者。內弗受也。極。國也。諱滅同姓、故變滅言入、傳例曰、滅國有三術、中國日、卑國月、夷狄時、極蓋卑國也、內謂所入之國、非獨魯也、苟焉以入人爲志者。人亦入之矣。不稱氏者。

滅同姓貶也。

秋，八月庚辰，公及戎盟于唐。傳例曰：及者，內爲志焉爾。唐，魯地。

九月，紀履緰來逆女。不親逆，則例月，重錄之；親逆則例時。○緰音須，左氏作裂繻。

傳逆女，親者也。親者謂自逆之也。使大夫，非正也。以國氏者，爲其來交接於我，故君子進之也。傳例曰：當國以國氏，卑者以國氏，進大夫以國氏。國氏雖同，而義各有當。公子公孫篡君代位，故去其氏族，國氏以表其無禮，齊無知之徒是也。若庶姓微臣，雖爲大夫，不得爵命，無代位之嫌，既不書其氏族，當知某國之臣，故國氏以別之，宋萬之倫是也。履緰以名繫國者，其奉國重命，來爲君逆，得接公行禮，故以國氏重之。成九

年，宋不書逆女，以其逆者微；今書履緰，亦足知其非卑者。公羊傳曰：春秋貴賤不嫌同號，美惡不嫌同辭。左氏舍族之例，或厭以尊君，或貶以著罪。此傳隱公去卽位以明讓，莊公去卽位以表繼弒，文同而義異者甚衆，故不可以一方求之。○爲其于僞反，註來爲同。有當丁浪反。美惡烏路反。厭於葉反。

冬，十月，伯姬歸于紀。伯姬，魯女。

傳禮，婦人謂嫁曰歸，反曰來歸。嫁而曰歸，明外屬也；反曰來歸，明從外至。反，謂爲夫家所遣。從人者也。婦人在家制於父，既嫁制於夫，夫死從長子。婦人不專行，必有從也。伯姬歸于紀，此其如專行之辭，何也？曰：非專行也，吾伯姬歸于紀，故志之也。其不言使，何也？怪不言使履緰來逆女。逆之

道微，無足道焉爾。言君不親迎而大夫來逆，故曰微也。既失其大，不復稍明其細，故不言使履緰也。

紀子伯、莒子盟于密。密，莒地。○子伯，左氏作子帛。

傳或曰：紀子伯、莒子而與之盟。紀子以莒子爲伯，而與之盟。伯，長也。或曰：年同爵同，故紀子以伯先也。年爵雖同，紀子自以爲伯而先。

十有二月乙卯，夫人子氏薨。夫人薨例日。夫人曰薨，從夫稱。

傳夫人薨，不地。夫人無出竟之事，薨有常處。夫人者，隱之妻也。卒而不書葬，夫人之義，從君者也。隱弒賊不討，故不書葬。

鄭人伐衛。傳例曰：斬樹木、壞宮室曰伐。伐例時。

三年，春，王二月己巳，日有食之。杜預曰：日行遲，一歲一周天；月行疾，一月一周天。一歲凡十二交會。然日月動物，雖行度有大量，不能不小有盈縮，故有雖交會而不食者，或有頻交而食者。唯正陽之月，君子忌之，故有伐鼓用幣之事。京房易傳曰：日者，陽之精，人君之象。驕溢專明，爲陰所侵，則有日有食之災。不救，必有篡臣之萌。其救也，君懷謙虛下賢，受諫任德，日食之災爲消也。○爲消于僞反。

傳言日不言朔，食晦日也。其日有食之，何也？吐者外壤，食者內壤。凡所吐出者，其壤在外；其所吞咽者，壤入於內。○壤而丈反。闕然不見其壤，有食之者也。有，內辭也；或，外辭也。今日闕損而不知壤之所在，此必有物食之。邵曰：食者內壤，故曰內辭；吐者外壤，

故曰外辭。傳無外辭之文者，蓋時無外壞也，而曰或外辭者，因事以明義例爾，猶傳云三穀不升謂之饉，四穀不升謂之康，亦無其事。有食之者，內於日也。內於日，以壞不見於外。其不言食之者何也？知其不可知，知也。

三月庚戌，天王崩。平王也。

傳高曰崩，梁山崩。厚曰崩，沙鹿崩。尊曰崩。天子之崩，以尊也。其崩之何也？以其在民上，故崩之。其不名何也？大上，故不名也。夫名者所以相別爾，居人之大，在民之上，故無所名。

夏四月辛卯，尹氏卒。

文三年，王子虎卒，不日，此日者，錄其恩深也。○尹，左氏作君。

傳尹氏者何也？天子之大夫也。外大夫不卒，此何以卒之也？於天子之崩為魯主，故隱而卒之。隱猶痛也。周禮大行人職曰：若有大喪，則詔相諸侯之禮。然則尹氏時在職，而詔魯人之弔者，不書官名，疑其譏世卿。

秋，武氏子來求賻。天王使不正稱月，今無君，不稱使，故亦略而書時。

傳武氏子者何也？天子之大夫也。天子之大夫，其稱武氏子何也？未畢喪，孤未爵。平王之喪在殯。未爵使之，非正也。其不言使何也？據桓十五年，天王使家父來求車稱使。無君也。桓王在喪未即位，故曰無君。歸死者曰賵，歸生者曰賻。曰歸之者，正也；求之者，非正也。喪事無求而有賵賻。周雖不求，魯不可以不歸；魯雖不歸，周不可以求之。求之為言，得不得未可知之辭也。交譏之。

八月庚辰，宋公和卒。天子曰崩，諸侯曰薨，大夫曰卒，周之制也。春秋所稱，曲存魯史之義，內稱公而書薨，所以自尊其君，則不得不略外諸侯書卒以自異也。至於既葬，雖郯、許子男之君，皆稱謚而言公，各順臣子之辭，兩通其義。鄭君曰：禮雜記上曰：君薨，赴於他國之君曰：寡君不祿，敢告於執事。曲禮下曰：壽考曰卒，短折曰不祿。君薨赴而云不祿者，臣子之於君父，雖有壽考，猶若短折，痛傷之至也。若赴稱卒，是以壽終，無哀惜之心，非臣子之辭。鄭國來赴書以卒者，無老無幼，皆以成人之稱，亦所以相尊敬。

傳諸侯曰卒，正也。正謂承嫡。

冬，十有二月，齊侯、鄭伯盟于石門。傳例曰：外盟不日。石門，齊地。

癸未，葬宋繆公。

傳日葬，故也，危不得葬也。天子七月而葬，諸侯五月而葬，大夫三月而葬。傳例曰：諸侯時葬，正也；月葬，故也；日者，憂危最甚，不得備禮葬也。他皆放此。徐邈曰：文元年傳曰：葬曰會，言有天子諸侯之使共赴會葬事，故凡書葬皆據我而言葬彼，所以不稱宋葬繆公，而言葬宋繆公者，弔會之事，賵襚之命，此常事，無所書，故但記卒記葬，錄魯恩義之所及，則哀其喪而恤其終，亦可知矣。若存殁隔絕，情禮不交，則卒葬無文。或有書卒不書葬，蓋外雖赴卒，而內不會葬，無其事則闕其文，史策之常也。穀梁傳稱變之不葬有三，弒君不葬，國滅不葬，失德不葬，言夫子修春秋，所改舊史以示義者也。弒君之賊，天下所當同誅，而諸侯不能治，臣子不能討，雖葬事是供，義何足算。亡國之君，喪事不成，則不應書葬。失德之主，無以守位，故

沒葬文。傳於宋襄公著失民之咎、宋共公發非葬之問、言伯姬
賢而不答、共公不能弘家人之禮、然則爲君者、外之不足以全
國、內之不足以正家、皆所謂失德而終、禮宜貶者也、于時諸國
多失道、不可悉去其葬、故於二君示義、而大體明矣、○繆本亦
作穆共
公音恭

春秋穀梁傳卷一終

春秋穀梁傳卷二

晉豫章太守順陽范　甯集解

皇明　後學　東吳葛　鼒較訂

隱公

四年。春。王二月。莒人伐杞。取牟婁。

傳例曰、取、易辭也、伐國不言圍邑、言圍邑皆有所見、伐國及取
邑例時、此月者、蓋爲下戊申衛君完卒日起也、凡例宜時而書
月者、皆緣下事當日故也、日必繼於月、故不得
不書月、事實在先、故不得後錄也、他皆放此、

傳傳曰、言伐言取。所惡也。稱傳曰者、穀梁子不親受于師而聞
之於傳者、既伐其國、又取其土、明伐
不以罪而貪其利、兩
書取伐、以彰其惡、
諸侯相伐取地於是始。故謹而志之也。春秋
之始、

戊申。衛祝吁弒其君完。
弒君日與不日、從其君正與不正之例
也、祝吁、衛公子、○祝左氏公羊作州

傳大夫弒其君以國氏者。嫌也。弒而代之也。凡非正嫡
則謂之嫌、

夏。公及宋公遇于清。
遇例時、
清衛地、

傳及者。內爲志焉爾。元年與宋人盟于
宿故今復尋之、
遇者。志相得也。八年傳
曰不期
而會曰遇、今曰內爲志、非
不期也、然則遇有二義、

宋公。陳侯。蔡人。衛人。伐鄭。

秋，翬帥師會宋公、陳侯、蔡人、衛人伐鄭。

○翬音暉。

傳翬者何也？公子翬也。其不稱公子何也？據莊三年公子慶父帥師伐於餘丘，稱公子。貶之也。杜預曰：外大夫貶，皆稱人；內大夫貶，皆去族稱名。記事之體，他國可言某人，而已之卿佐不得言魯人。何為貶之也？與于弒公，故貶也。○與音預。

九月，衛人殺祝吁于濮。

濮，陳地，水名。

傳稱人以殺，殺有罪也。有弒君之罪者，則舉國之人皆欲殺之。祝吁之挈，失嫌也。不書氏族，提挈其名而道之也。衆所同疾，威力不足以自固，失當國之嫌。其月，謹之也。討賊例時也，衛人不能即討祝吁，致令出入自恣，故謹其時月，所在以著臣子之緩慢也。于濮者，譏失賊也。譏其不即討，乃令至濮。

冬，十有二月，衛人立晉。

立、納、入，皆篡也。大國篡例月，小國時。

傳衛人者，衆辭也。立者，不宜立者也。嗣子有常位，故不言立。晉之名，惡也。惡謂不正。其稱人以立之何也？得衆也。得衆則是賢也。賢則其曰不宜立何也？春秋之義，諸侯與正而不與賢也。雍曰：正謂嫡長也。夫多賢不可以多君，無賢不可以無君。立君非以尚賢，所以明有統也。建儲非以私親，所以定名分。名分定則賢無亂長之階，而自賢之禍塞矣。君無嬖幸之由，而私愛之道滅矣。

五年，春，公觀魚于棠。

傳例曰：公往時，正也。正謂無危事耳。棠，魯地。○觀魚，左氏作矢魚。

傳傳曰：常事曰視，視朔之類是。非常曰觀。觀魚之類是。禮，尊不親小事，卑不尸大功。尸，主。魚，卑者之事也。周禮𩺰人中士、下士。○𩺰音魚。公觀之，非正也。

夏，四月，葬衛桓公。

傳月葬，故也。有祝吁之難，故十五月乃葬。

秋，衛師入郕。

○郕音成。

傳入者，內弗受也。郕，國也。將卑師衆曰師。書其重者也。將卑，謂非卿。○將，子匠反。

九月，考仲子之宮。

失禮宗廟，功重者月，功輕者時。莊二十三年秋丹桓宮楹是也。

傳考者何也？考者成之也，成之為夫人也。立其廟，世祭之，成夫人之禮。禮，庶子為君，為其母築宮，使公子主其祭也。公當奉宗廟，故不得自主也。公子者，長子之弟及妾之子。○為，于偽反。長，丁丈反。於子祭，於孫止。貴賤之序。仲子者，惠公之母，隱孫而修之，非隱也。非責也。三年父喪畢，不於三年考者，又有天王崩，至此服竟，乃修之。

初獻六羽。

羽，翟羽，舞者所執。獻者，下奉上之辭，作之於廟，故言獻。

傳初，始也。遂以為常。穀梁子曰：舞夏，天子八佾，諸公六佾，諸侯四佾。言穀梁子者，非受於師，自其意也。夏，大也，大謂大翟，大翟，翟雉。佾之言列，八人為列，又有八列，八八六十四人也，並執翟雉之羽而舞也天子用八象八風諸公用六降殺以兩也不言六佾者言佾則羽在其中明婦人無武事獨奏文樂○佾音逸殺色界反初獻六羽始僭樂矣下犯上謂之僭尸子曰舞夏自天子至諸侯皆用八佾初獻六羽始厲樂矣言時諸侯僭侈皆用八佾魯於是能自減厲而始用六穀梁子言其始僭尸子言其始降

邾人鄭人伐宋邾主兵故序鄭上

螟○螟亡丁反

傳蟲災也甚則月不甚則時甚則節盡不及歷月禮月令曰仲春行夏令則蟲螟爲害

冬十有二月辛巳公子彄卒杜預曰大夫書卒不書葬葬者自其臣子事非公家所及○彄苦侯反

傳隱不爵命大夫其曰公子彄何也據八年無侅卒不稱公子先君之大夫也隱不成爲君故不爵命大夫公子不爲大夫則不言公子也

宋人伐鄭圍長葛長葛鄭邑圍例時

傳伐國不言圍邑據莊二年公子慶父帥師伐於餘丘不言圍也伐國不言圍邑書其重也此其言圍何也久之也宋以此冬圍之至六年冬乃取之古者師出不踰時重民之命愛民之財乃暴師經年僅而後克無仁隱之心而有貪利之行故圍伐兼舉以明之○暴本或作曝行下孟反伐不踰時戰不逐奔誅不逐服求服者不復壇厭之○壇音田厭於甲反苞人民敺牛馬曰侵斬樹木壞宮室曰伐制其人民敺其牛馬賊去之後則可還反樹木斬不復生宮室壞不自成故其爲害重也

六年春鄭人來輸平杜預曰和而不盟曰平○輸平左氏作渝平

傳輸者墮也平之爲言以道成也來輸平者不果成也春秋前魯與鄭平四年翬與宋伐鄭故來絕魯壞前平也

夏五月辛酉公會齊侯盟于艾艾齊地隱行皆不致者明其當譏也

秋七月無事書首月不遺時也他皆放此

冬宋人取長葛前年冬圍至今乃得之上有伐鄭圍長葛言長葛則鄭邑可知故不繫之鄭

傳外取邑不志此其志何也久之也

七年春王三月叔姬歸于紀叔姬伯姬之娣至此歸者待年於父母之國六年乃歸媵之爲言送也從也不與嫡俱行非禮也親逆例時不親逆例月許慎曰姪娣年十五以上能共事君子可以往二十而御易曰歸妹愆期遲歸有待詩云韓侯取妻諸娣從之祁祁如雲娣必少於嫡知未二十而往也○媵以證反又繩證反共事音恭取七喻反少詩照反

傳其不言逆何也據莊二十七年莒慶來逆叔姬言逆逆之道微無足道焉爾逆者

滕侯卒。

傳 滕侯無名。自無名非貶之 少曰世子。長曰君。狄道也。其不正者名也。戎狄之道、年少之時稱曰世子、長立之、號曰君、其非正長嫡、然後有名爾、責滕侯用狄道也、

夏。城中丘。城例時、中丘、魯地、

傳 城為保民為之也。建國立城邑、有定所高下大小、存乎王制、剌公不修勤德政、更造城以安民、民衆城小則益城。益城無極。凡城之志皆譏也。夫保民以德、不以城也、如民衆而城小輒益城、是無限極也、此發凡例施之於城內邑、

齊侯使其弟年來聘。聘例時、凡聘皆使卿執玉帛以相存問、

傳 諸侯之尊、弟兄不得以屬通。禮非始封之君、則臣諸父昆弟、匹敵之稱、人臣不可以敵君、故不得以屬通、所以遠別貴賤、尊君卑臣之義、其弟云者。以其來接於我。舉其貴者也。弟是臣之親貴者、殊別於凡庶、

秋。公伐邾。

冬。天王使凡伯來聘。凡氏、伯字、上大夫也、

戎伐凡伯于楚丘以歸。

傳 凡伯者何也。天子之大夫也。國而曰伐。此一人而曰伐何也。大天子之命也。伐一人而同一國、尊天子之命、戎者衛也。戎衛者。為其伐天子之使。貶而戎之也。楚丘。衛之邑也。以歸。猶愈乎執也。夫天子之使過諸侯、諸侯當候在疆埸、膳宰致饔、司里授館、猶懼不敬、今乃執天子之使、無禮莫大焉、昭十二年、晉伐鮮虞、傳曰、晉、狄之也、今不曰衛伐凡伯、乃變衛為戎者、伐中國之罪輕、故稱國以狄晉、執天子之使罪重、故變衛以戎之、以一人當一國、諱執言以歸者、尊尊之正義、春秋之微旨、○使所吏反、埸音亦、

八年。春。宋公。衛侯。遇于垂。垂衛地、

傳 不期而會曰遇。遇者志相得也。

三月。鄭伯使宛來歸邴。凡有所歸例時、邴、鄭邑、○邴彼並反、左氏作祊、

傳 名宛。所以貶鄭伯。惡與地也。去其族、惡擅易天子邑、○惡烏路反、

庚寅。我入邴。徐邈曰、入承鄭歸邴、下嫌內外文不別、故著我以明之、

傳 入者內弗受也。日入。惡入者也。邴者。鄭伯所受命於天子而祭泰山之邑也。王室微弱、無復方岳之會、諸侯驕慢、亦廢朝覲之事、故鄭以湯沐之邑易魯朝宿之田也、諸侯有大功盛德於王室者、京師有朝宿之邑、泰山有沐浴之邑、所以供祭祀也、魯周公之後、鄭宣王母弟、若此有賜邑、其餘則否、許慎曰、若今諸侯京師之地、皆有朝宿之邑、周有千八百諸侯、盡京師之地不足以容、不合事理、

夏。六月。己亥。蔡侯考父卒。

傳諸侯日卒。正也。

辛亥。宿男卒。

傳宿。微國也。未能同盟。故男卒也。

秋。七月。庚午。宋公齊侯衛侯盟于瓦屋。宋序齊上、王爵也。瓦屋、周地、

傳外盟不日。此其日。何也。據僖十九年夏六月、宋公曹人邾人盟于曹南、不日、諸侯之參盟於是始。故謹而日之也。世道交喪、盟詛滋彰、非可以經世軌訓、故存日以記惡、蓋春秋之始也。○參、七南反、喪、息浪反、詛、莊慮反、誥誓不及五帝。五帝、謂黃帝、顓頊帝、嚳帝、堯帝、舜也、誥誓、尚書六誓七誥、是其

遺文、五帝之世、道化淳備、不須誥誓而信自著、○頊、許玉反、嚳、苦篤反、盟詛不及三王。三王、謂夏后殷周也、夏后有鈞臺之享、商湯有景亳之命、周武有盟津之會、衆所歸信、不盟詛也、○盟津音孟、交質子不及二伯。二伯、謂齊桓晉文、齊桓有召陵之師、晉文有踐土之盟、諸侯率服、不質任也、○交質音置

八月。葬蔡宣公。

傳月葬。故也。

九月。辛卯。公及莒人盟于包來。包來、宋邑、○包音苞、一音浮、左氏作浮來

傳可言公及人。不可言公及大夫。稱人、衆辭、可言公及人、若舉國之人皆盟也、不可言公及大夫、如以大夫敵公故也、

螟。

冬。十有二月。無侅卒。

傳無侅之名。未有聞焉。未聞者、不知爲是隱之不爵大夫、爲是有罪貶去氏族、穀梁子不受之於師、故曰未有聞焉、或曰隱不爵大夫也。若俠卒是、或說曰故貶之也。若無侅帥師入極是、

九年。春。天王使南季來聘。

傳南。氏姓也。季。字也。南季、天子之上大夫、氏以爲姓也、所以別姓者、經有王季子來聘、祭伯來、王祭皆非姓也、嫌與同、故別之也、季云字者、明爲大夫、不以名通也、○祭伯、側界反、下同、凡國名邑名及人名氏、皆於始音、後不復出、聘。問也。聘諸侯。非正也。周禮、天子時聘以結諸侯之好、殷頫以除邦國之慝、間問以諭諸侯之志、歸脤以交諸侯之福、賀慶以贊諸侯之喜、致禬以補諸侯之災、許慎曰、禮、臣病、君親問之、天子有下聘之義、傳曰、聘諸侯、非正、當所

未詳、○好、呼報反、頫、他弔反、禬、戶外反

三月。癸酉。大雨震電。

傳震。雷也。電。霆也。

庚辰。大雨雪。○雨、于付反

傳志疏數也。八日之間。再有大變。陰陽錯行。故謹而日之也。劉向云、雷未可以出、電未可以見、雷電既以出見、則雪不當復降、皆失節也、雷電、陽也、雨雪、陰也、雷出非其時者、是陽不能閉陰、陰氣縱逸而將爲害也、○數、色角反、見、賢徧反、雨月。志正也。雨得其時則月、

俠卒。

傳俠者所俠也俠名也所其氏弗大夫者隱不爵大夫也俠不命爲大夫故不氏

隱之不爵大夫何也曰不成爲君也明將立桓

夏城郎郎魯邑

秋七月

傳無事焉何以書不遺時也四時不具不成年也

冬公會齊侯于防防魯地也

傳會者外爲主焉爾

十年春王二月公會齊侯鄭伯于中丘隱行自此皆月者天告雷雨之異以見篡弑之禍而不知戒懼反更數會故危之○數色角反

夏翬帥師會齊人鄭人伐宋翬隱之罪人也故終隱之世貶之

六月壬戌公敗宋師于菅敗例日與不日皆與戰同菅宋地○菅古顏反

傳內不言戰舉其大者也戰然後敗故敗大於戰

辛未取郜○郜古報反

辛巳取防

傳取邑不日此其日何也據僖三十三年伐邾取訾婁不日○訾子斯反不正其乘敗人而深爲利取二邑故謹而日之也禮不重傷戰不逐北公敗宋師于菅復取其二邑貪利不仁故謹其日

秋宋人衛人入鄭

宋人蔡人衛人伐載鄭伯伐取之凡書取國皆滅也變滅言取明其易○載本或作戴易以豉反

傳不正其因人之力而易取之故主其事也三國伐載自足以制之鄭伯不能矜人之危而反與其伐故獨書鄭伯伐取之以首其惡其實四國共取之

冬十月壬午齊人鄭人入郕

傳入者內弗受也日入惡入者也郕國也

十有一年春滕侯薛侯來朝

傳天子無事諸侯相朝正也事謂巡守崩葬兵革之事○守音狩考禮修德所以尊天子也諸侯來朝時正也朝宜以時故書時則正也猶言同時也猶言謂別言也若穀伯綏來朝鄧侯吾離來朝同時來不俱至累數皆至也累數總言之也若滕侯薛侯來朝同時俱至

夏五月公會鄭伯于時來時來鄭地

秋七月壬午公及齊侯鄭伯入許

冬十有一月。壬辰，公薨。

傳 公薨不地，故也。不地，不書路寢之比。○比，必利反 隱之不忍地也。隱，痛也 其不言葬，何也？君弑賊不討，不書葬，以罪下也。責臣子也 隱十年無正，隱不自正也。無正，謂不書正月 元年有正，所以正隱也。明隱宜立

春秋穀梁傳卷二終

春秋穀梁傳卷三

晉豫章太守順陽范　甯集解
皇明　後學　東吳金　蟠較訂

桓公

元年春王。

傳 桓無王，其曰王，何也？謹始也。諸侯無專立之道，必受國於王。若桓初立，便以見治，故詳其即位之始，以明王者之義 其曰無王，何也？桓弟弑兄，臣弑君，天子不能定，諸侯不能救，百姓不能去，以為無王之道，遂可以至焉爾。元年有王，所以治桓也。

正月，公即位。

杜預曰：嗣子位定於初喪，而改元必須踰年者，繼父之業，成父之志，不忍有變於中年也。諸侯每首歲必有禮於廟，諸遭喪繼位者，因此而改元即位，百官以序，故國史亦書即位之事於策。

傳 繼故不言即位，正也。故謂弑也 繼故不言即位之為正，何也？曰：先君不以其道終，則子弟不忍即位也。哀痛之至，故不忍行即位之禮 繼故而言即位，則是與聞乎弑也。繼故而言即位，是為與聞乎弑，何也？曰：先君不以其道終，已正即位之道而即位，是無恩於先君也。推其無恩，則知與弑也。此明統例耳。與弑尚然，況親弑者。○與音豫，皆同

二月，公會鄭伯于垂。

垂，衛地也。傳例曰：往月，危往也。桓大惡之人，故會皆月以危之。

傳會者，外爲主焉爾。鄭伯所以欲爲此會者，爲易田故。○爲易，于僞反。

鄭伯以璧假許田。

傳假不言以。言以，非假也。實假則不應言以璧。非假而曰假，諱易地也。禮，天子在上，諸侯不得以地相與也。諸侯受地於天子，不得自專。無田則無許可知矣。不言許，不與許也。但言以璧假許而不繼田，則許屬鄭也。今言許田，明以許之田與鄭，不與許邑也。諸侯有功則賜田以祿之，若可以借人，此蓋不欲以實言。許田者，魯朝宿之邑也。邴者，鄭伯之所受命而祭泰山之邑也。用見魯之不朝於周，而鄭之不祭泰山也。朝天子所宿之邑謂之朝宿。泰山非鄭竟內，從天王巡守，受命而祭也。擅相換易，則知朝祭並廢。○

朝，直遥反，下皆同。邴，彼病反。

夏，四月丁未，公及鄭伯盟于越。

越，衛地也。

傳及者，內爲志焉爾。越，盟地之名也。

秋，大水。

禮月令曰：季秋行夏令，則其國大水。大水例時。

傳高下有水災曰大水。

冬，十月。

傳無事焉，何以書？不遺時也。春秋編年，四時具而後爲年。編，緜。

二年春王正月戊申，宋督弒其君與夷。

宋督，宋之卑者。卑者以國氏。

傳桓無王，其曰王何也？正與夷之卒也。諸侯之卒，天子所隱痛；姦逆之人，王法所宜誅，故書王以正之。

及其大夫孔父。

傳孔父先死，其曰及何也？書尊及卑，春秋之義也。邵曰：會盟言及，別內外也；尊卑言及，上下序也。孔父之先死何也？督欲弒君而恐不立，於是乎先殺孔父。孔父閑也。閑謂扞禦。何以知其先殺孔父也？曰：子既死，父不忍稱其名；臣既死，君不忍稱其名。以是知君之累之也。累謂從也。孔，氏；

父，字，謚也。孔父有死難之勳，故其君以字爲謚。或曰：其不稱名，蓋爲祖諱也。孔子故宋也。孔子舊是宋人，孔父之玄孫。

滕子來朝。

隱十一年稱侯，今稱子，蓋時王所黜。

三月，公會齊侯、陳侯、鄭伯于稷，以成宋亂。

稷，宋地也。

傳以者，內爲志焉爾。公爲志乎成是亂也。欲會者外也，欲受賂者公也。此成矣，取不成事之辭而加之焉。於內之惡，而君子無遺焉爾。取不成事之辭，謂以成宋亂也。桓弒逆之人，故極言其惡，無所遺漏也。江熙曰：春秋親尊皆諱，蓋患惡之不可揜，豈當取不成事之辭以加君父之惡乎、案宣四年、公及齊侯平莒及郯、傳曰、平者成也、然則成亦平也、公與齊陳鄭欲平宋亂、而取其賂鼎、不能平亂、故書成宋亂取郜大鼎納于太廟、微旨見矣、尋理推經、傳似失之、徐邈曰、宋雖以亂、治之則治、亂成不繫此一會、若諸侯討之、則有撥亂之功、不討則受成亂之責、辭豈虛加也哉、春秋雖爲親尊者諱、然亦不沒其實、故納鼎于廟、躋僖逆祀、及王室之亂、昭公之孫、皆指事而書、哀七年傳所謂有一國之道者、有天下之道者也、君失社稷、猶書而不隱、況今四國羣會、非一人之過、以義致譏、輕於自己兆亂、以此方彼、無所多怪、○郯音談

夏。四月。取郜大鼎于宋。戊申。納于太廟。傳例曰、納者、內不受也、日之、明惡甚也、太廟、周公廟、○郜古報反

傳 桓內弒其君。外成人之亂。受賂而退。以事其祖。非禮也。其道以周公爲弗受也。郜鼎者。郜之所爲也。曰宋。取之宋也。此鼎本郜國所作、宋後得之、以是爲討之鼎也。討宋亂而更受其賂鼎、孔子曰。名從主人。物從中國。故曰郜大鼎也。主人、謂作鼎之主人也、故繫之郜、物從中國、謂是大鼎、

秋。七月。紀侯來朝。隱二年稱子、今稱侯、蓋時王所進、○紀侯左氏作杞侯

傳 朝時。此其月。何也。據隱十一年春、滕侯薛侯來朝、稱時、桓內弒其君。外成人之亂。於是爲齊侯陳侯鄭伯討。數日以賂。桓既罪深責大、乃復爲三國討、數至日以責宋賂、○爲于僞反、已即是事而朝之。惡之。故謹而月之也。已、紀也、桓與諸侯授數功勞以取宋賂、不知非之爲非、貪愚之甚、紀不擇其不肖而就朝之、○惡烏路反

蔡侯鄭伯會于鄧。鄧、某地、○某地、不知其國、故云某、後放此

九月。入杞。

傳 我入之也。不稱主名、內之卑者、

公及戎盟于唐。

冬。公至自唐。告廟曰至、傳例曰、致君者、殆其往而喜其反、此致君之意義也、雖不言會、故以地致、

傳 桓無會而其致。何也。遠之也。桓會甚衆、而曰無會、善無致會也、弒逆之罪、非可以致宗廟、而今致者、危其遠會戎狄、喜其得反、

三年。春。正月。公會齊侯于嬴。嬴、齊地、○嬴音盈

夏。齊侯衛侯胥命于蒲。蒲、衛地、

傳 胥之爲言猶相也。相命而信諭。謹言而退。以是爲近古也。申約言以相達、不歃血而誓盟、古、謂五帝時、是必一人先其以相言之。何也。不以齊侯命衛侯也。江熙曰、夫相與親比、非一人之德、是以同聲相應、同氣相求、齊衛胥盟、雖有先倡、倡和理均、若以齊命衛、則功歸于齊、以衛命齊、則齊僮隨從、言其相命、則泯然無際矣、○比毗志反

六月。公會杞侯于郕。郕、魯地、○郕音成、

秋七月壬辰朔日有食之既。

傳 言日言朔食正朔也。朔日食也 既者盡也。有繼之辭也。盡而復生謂之既

公子翬如齊逆女。

翬稱公子者桓不以爲罪人也

傳 逆女親者也。使大夫非正也。

九月齊侯送姜氏于讙。

已去齊國故不言女未至于魯故不稱夫人讙魯地月者重錄之○于讙音歡

傳 禮送女父不下堂母不出祭門諸母兄弟不出闕門。祭門廟門也闕兩觀也在祭門之外○觀古亂反 父戒之曰謹慎從爾舅之言。母戒之曰謹慎從爾姑之言。諸母般申之曰謹慎從爾父母之言。般囊也所以盛朝夕所須以備舅姑之用○般一本作鞶盛音成 送女踰竟非禮也。○竟音境

公會齊侯于讙。

傳 無譏乎。齊侯送女踰竟遠至于讙嫌會非禮之人當有譏 曰爲禮也。齊侯來也。公之逆而會之可也。爲親逆之禮

夫人姜氏至自齊。

傳 其不言翬之以來何也。據宣元年遂以夫人婦姜至自齊 公親受之于齊侯也。重在公 子貢曰冕而親迎不已重乎。冕祭服○迎魚敬反 孔子曰合二姓之好以繼萬世之後何謂已重乎。○好呼報反

冬齊侯使其弟年來聘。

有年。

有年例時

傳 五穀皆熟爲有年也。

四年春正月公狩于郎。

春而言狩蓋用冬狩之禮蒐狩例時而此月者重公失禮也莊四年冬公及齊人狩于郜傳曰齊人者齊侯也其曰人何也卑公之敵所以卑公也然則言齊人者所以人公則譏已明矣狩得其時故不月

傳 四時之田皆爲宗廟之事也。春曰田。取獸於田 夏曰苗。因爲苗除害故曰苗 秋曰蒐。蒐擇之舍小取大○蒐所由反舍音捨 冬曰狩。狩圍狩也冬物畢成獲則取之無所擇 四時

之田用三焉。唯其所先得。一爲乾豆。上殺中心死速乾之以爲豆實可以祭祀○中丁仲反 二爲賓客。次殺射髀髂死差遲○射食亦反髀步啓反又必邇反髂苦嫁反差初賣反 三爲充君之庖。下殺中腸汚泡死最遲先宗廟次賓客後庖廚尊神敬客之義○泡普交反又百交反

夏天王使宰渠伯糾來聘。

宰官也渠氏也天子下大夫老故稱字下無秋冬二時甯所未詳

五年春正月甲戌己丑陳侯鮑卒。

傳 鮑卒何爲以二日卒之春秋之義信以傳信疑以傳疑。明實録也○傳直專反 陳侯以甲戌之日出己丑之日得不知死之日故舉二日以包也。國君獨出必屏病潛行○屏音避

夏，齊侯、鄭伯如紀。外相如不書，過我則書，例時。○過，古禾反

天王使任叔之子來聘。任叔，天子之大夫。○任叔，左氏作仍叔

傳任叔之子者，錄父以使子也。故微其君臣而著其父子，不正父在子代仕之辭也。錄父使子，謂不氏名其人，稱父言子也。君闇於上，臣苟進於下，蓋參譏之。

葬陳桓公。

城祝丘。譏公不修德政，恃城以安民。

秋，蔡人、衛人、陳人從王伐鄭。王親自伐鄭。

傳舉從者之辭也。使若王命諸侯伐鄭，書從王命者三國也。其舉從者之辭，何也？為天王諱伐鄭也。諱自伐鄭。鄭，同姓之國也，在乎冀州，於是不服，為天子病矣。鄭，姬姓之國，冀州則近京師，親近猶不能服，則疏遠者可知。

大雩。雩者，旱祭請雨之名。傳例曰：雩得雨曰雩，不得雨曰旱。月雩，正也；時雩，不正也。禮月令曰：仲冬行夏令，則其國乃旱。○雩，音于

螽。蝝蝑之屬。禮月令曰：仲冬行春令，則蟲蝗為敗。○螽，音[illegible]朱容反；蝑，音胥

傳螽，蟲災也。甚則月，不甚則時。

冬，州公如曹。

傳外相如不書，此其書，何也？過我也。過我，六年寔來是也。將有其末，故先錄其本。

六年，春，正月，寔來。來朝例時，月者，譏其無禮。

傳寔來者，是來也。何謂是來？謂州公也。其謂之是來，何也？以其畫我，故簡言之也。諸侯不以過相朝也。畫，是相過，去朝遠。○過，古禾反

夏，四月，公會紀侯于郕。○紀侯，左氏作杞侯

秋，八月，壬午，大閱。蒐閱例時。

傳大閱者何？閱兵車也。閱，為簡練。修教明諭，國道也。修先王之教，以明達於民，治國之道。平而修戎事，非正也。邵曰：禮因四時田獵，以習用戎事，存不忘亡，安不忘危之道。平，謂不因田獵無事而修之。其日，以為崇武，故謹而日之，蓋以觀婦人也。觀，古亂反

蔡人殺陳佗。○佗，徒河反

傳陳佗者，陳君也。其曰陳佗，何也？匹夫行，故匹夫稱之也。其匹夫行奈何？陳侯憙獵，淫獵于蔡，與蔡人爭禽，蔡人不知其是陳

君也而殺之。淫獵謂自放恣遺失徒衆○行下孟反惠虛記反何以知其是陳君也。兩下相殺不道。兩大夫相殺不書春秋其不地於蔡也

九月丁卯子同生。子同桓公嫡子莊公

傳疑故志之。莊公母文姜淫于齊襄疑非公之子時曰同乎人也。時人僉曰齊侯之子同於他人

冬紀侯來朝。

七年春二月己亥焚咸丘。日之謹其惡○惡烏路反

傳其不言邾咸丘何也。據襄元年圍宋彭城言宋疾其以火攻也。不繫於國者欲使焚

穀梁傳　卷三　桓公　十　永懷堂

邑之罪與焚國同

夏穀伯綏來朝。

鄧侯吾離來朝。

傳其名何也。據隱十一年滕薛來朝不名失國也。禮諸侯不生名失地則名失國則其以朝言之何也。據文十二年郕伯來奔不名嘗以諸侯與之接矣雖失國弗損吾異日也。待之以初也下無秋冬二時蓋所未詳

春秋穀梁傳卷三　終

春秋穀梁傳卷四

晉豫章太守順陽范　甯集解

皇明　後學　東吳葛　鼒較訂

桓公

八年春正月己卯烝。春祭曰祠薦尚韭卵夏祭曰禴薦尚麥魚秋祭曰嘗薦尚黍肫冬祭曰烝薦尚稻鴈無牲而祭曰薦薦而加牲曰祭禮各異也失禮祭祀例日得禮者時定八年冬從祀先公是也傳八年秋七月禘于大廟月者謹用致夫人耳禘無違禮○禴本又作礿肫本又作豚大廟音泰後同

傳烝冬事也春興之志不時也。

穀梁傳　卷四　桓公　一　永懷堂

天王使家父來聘。家父天子大夫家氏父字

夏五月丁丑烝。

傳烝冬事也春夏興之黷祀也志不敬也。

秋伐邾。

冬十月雨雪。禮月令曰孟冬行秋令則霜雪不時○雨于付反

祭公來遂逆王后于紀。祭公寰內諸侯爲天子三公者親逆例時不親逆例月故春秋左氏說曰王者至尊無敵無親逆之禮祭公逆王后未致京師

而稱后，知天子不行而禮成也。鄭君釋之曰：大姒之家在郃之陽，在渭之涘，文王親迎于渭，即天子親迎之明文矣。天子雖尊，其于后猶夫婦，夫婦配合，禮同一體，所謂無敵，豈施此哉。禮記哀公問曰：冕而親迎，不已重乎？孔子愀然作色而對曰：合二姓之好，以繼先聖之後，以為天地宗廟社稷之主，君何謂已重焉。此言親迎繼先聖之後，為天地宗廟社稷之主，非天子則誰乎。○祭，公側界反。褱音縣，又音環。親迎，魚敬反。郃音洽，本又作洽。涘音仕。好，呼報反。

傳　其不言使，焉何也？（據四年天王使宰渠伯糾稱使。）不正其以宗廟之大事即謀於我，故弗與使也。（時天子命祭公就魯共卜擇紀女，可中后者便逆之，不復反命。）遂，繼事之辭也。其曰遂逆王后，故略之也。（以其逆無禮，故不書逆女，而曰王后，略，謂不以禮稱之。）或曰：天子無外，王命之則成矣。（四海之濱，莫非王臣，王命紀女為后，則已成王后，不如諸侯入國乃稱夫人。）或說是。

九年，春，紀季姜歸于京師。（季姜，桓王后。書字者，申父母之尊。姜，紀姓。）

傳　為之中者歸之也。（中，謂關與婚事。○與音預。）

夏四月。

秋七月。

冬，曹伯使其世子射姑來朝。

傳　朝不言使，言使非正也。使世子伉諸侯之禮而來朝，曹伯失正矣。諸侯相見曰朝。以待人父之道待人之子，以內為失正矣。內失正，曹伯失正，世子可以已矣，則是故命也。（父有爭子，則身不陷於不義。射姑廢曹伯之命可。○射音亦。伉本作亢。爭，諫爭之爭。）尸子曰：夫已多乎道。（邵曰：已，止也。正曹伯使朝之命，則曹伯不陷非禮之愆，世子無苟從之咎，魯無失正之譏，三者正則合道多矣。）

十年，春，王正月，庚申，曹伯終生卒。

傳　桓無王，其曰王何也？正終生之卒也。（徐乾曰：與夷見弒，恐正卒不明，故復明之。）

夏五月，葬曹桓公。

秋，公會衛侯于桃丘，弗遇。（桃丘，衛地。桓弒逆之人，出則有危，故會皆月之。衛侯不來，無危，故時。）

傳　弗遇者，志不相得也。弗，內辭也。（倡會者衛，魯至桃丘而衛不來，故書弗遇以殺恥。）

冬，十有二月，丙午，齊侯、衛侯、鄭伯來戰于郎。

（結日列陳則日，傳例曰：不日，疑戰也。○陳，直覲反。）

傳　來戰者，前定之戰也。（先已結期戰。）內不言戰，言戰則敗也。（兩敵故言戰，春秋不以外敵內，書戰則敗。）不言其人，以吾敗也。不言及者，為內諱也。

十有一年，春，正月，齊人、衛人、鄭人盟于惡曹。（惡曹，地闕。）

夏五月，癸未，鄭伯寤生卒。

秋七月，葬鄭莊公。（莊公殺段失德，不葬而書葬者，段不弟，於王法當誅，故不以殺親親貶之。）

九月，宋人執鄭祭仲。

祭氏仲名。執大夫有罪者例時，無罪者月，此月者爲下盟。○祭側界反

傳宋人者，宋公也。其曰人何也？貶之也。惡其執人權臣，廢嫡立庶。

突歸于鄭。

突，鄭厲公，昭公之弟，莊公之子。

傳曰突，賤之也。曰歸，易辭也。傳例曰歸爲善，自某歸次之，此傳曰歸，易辭也，然則歸有二義，不皆善矣。突篡兄之位，制命權臣，則歸無善。○易以鼓反祭仲易其事，權在祭仲也。死君難，臣道也。今立惡而黜正，惡祭仲也。易辭，言廢立在己。○難乃旦反，惡烏路反

鄭忽出奔衛。

忽，鄭昭公。

傳鄭忽者，世子忽也。其名，失國也。其名，謂去世子而但稱忽。

柔會宋公、陳侯、蔡叔盟于折。

蔡叔，蔡大夫。名未命，故不氏。折，某地。

傳柔者何？吾大夫之未命者也。

公會宋公于夫鍾。

夫鍾，郕地。○夫音扶

冬，十有二月，公會宋公于闞。

闞，魯地。

十有二年，春，正月。

夏，六月，壬寅，公會紀侯、莒子盟于曲池。

曲池，魯地。

秋，七月，丁亥，公會宋公、燕人盟于穀丘。

穀丘，宋地。

八月，壬辰，陳侯躍卒。

陳厲公也。

公會宋公于虛。

虛，宋地。

冬，十有一月，公會宋公于龜。

龜，宋地。

丙戌，公會鄭伯盟于武父。

武父，鄭地。○父音甫

丙戌，衛侯晉卒。

傳再稱日，決日義也。明二事皆當日也。晉不正，非日卒者也。不正前見矣，隱四年衛人立晉是也。與齊小白義同。

十有二月，及鄭師伐宋。丁未，戰于宋。

傳非與所與伐戰也。非責。不言與鄭戰，恥不和也。於伐與戰，敗也。內諱敗，舉其可道者也。於伐宋而與鄭戰，內敗也。戰輕於敗，戰可道而敗不可道。

十有三年。春二月。公會紀侯鄭伯。己巳。及齊侯宋公衛侯燕人戰。齊師宋師衛師燕師敗績。徐邈曰、傳九年傳曰、禮、柩在堂上、孤無外事、今衛宣未葬、而嗣子稱侯以出、其失禮明矣、宋陳稱子而衛稱侯、隨其所以自稱者而書之、得失自見矣、○柩其救反

傳其言及者。由內及之也。其曰戰者。由外言之也。內不言戰、言戰則敗、今魯與紀鄭同討、以有紀鄭、故可得言戰、戰稱人。敗稱師。重衆也。其不地。於紀也。春秋戰無不地、即於紀戰、無爲不地也、鄭君曰、紀當爲己、謂在魯也、字之誤耳、得在龍門城下之戰迫近、故不地、

三月。葬衛宣公。

夏。大水。

秋七月。

冬十月。

十有四年。春正月。公會鄭伯于曹。

無冰。皆君不明去就、政治舒緩之所致、五行傳曰、視之不明、是謂不哲、厥咎舒、厥罰常燠、○燠於六反

傳無冰。時燠也。

夏五。○夏五本或有月者非

鄭伯使其弟禦來盟。○禦魚呂反本亦作御左氏作語

傳諸侯之尊。弟兄不得以屬通。其弟云者。以其來我。舉其貴者也。來盟。前定也。不日。前定之盟不日。言信在前、非結於今、孔子曰。聽遠音者。聞其疾而不聞其舒。疾謂激揚之聲、舒謂徐緩、望遠者。察其貌而不察其形。貌姿體、形形容色、立乎定哀以指隱桓。隱桓之日遠矣。夏五傳疑也。孔子在於定哀之世、而錄隱桓之事、故承闕文之疑、不書月、明皆實錄、○傳直專反

秋八月。壬申。御廩災。御廩、藏公所親耕以奉粢盛之倉也、內災例日、

乙亥。嘗。

傳御廩之災不志。以其微、此其志。何也。以爲唯未易災之餘而嘗可也。志不敬也。鄭嗣曰、唯以未易災之餘而嘗、然後可志也、用火焚之餘以祭宗廟、非人子所以盡其心力、不敬之大也、天子親耕以共粢盛。天子親耕其禮三推、黍稷曰粢、在器曰盛、○共音恭、粢音咨、推昌誰反、一音他回反、王后親蠶以共祭服。王后親蠶齊戒、躬桑、夫人三繅、遂班三宮、朱綠玄黃以爲黼黻文章、服既成、君服以祀之、○齊本亦作齋、繅先刀反、國非無良農工女也。以爲人之所盡事其祖禰。不若以己所自親者也。凱曰、夫治人之道、莫急於禮、禮有五經、莫重於祭、祭者非物自外至者也、由中出者、身致其誠信、然後可以交於神明、祭之道也、○禰乃禮反、何用見其未易災之餘而嘗也。曰。甸粟而內之三宮。三宮米而藏之御廩。甸、甸師、掌田之官也、三宮、三夫人也、宗廟之禮、君親割、夫人親舂、○舂傷容反、夫嘗必有兼甸之事焉。夫人親舂、是兼甸之事、壬

申御廩災。乙亥嘗。以爲未易災之餘而嘗也。鄭嗣曰、壬申乙亥相去四日、言用日至少而功多、明未足及易而嘗、

冬十有二月丁巳。齊侯祿父卒。

宋人以齊人。蔡人。衛人。陳人。伐鄭。

傳 以者。不以者也。民者。君之本也。使人以其死。非正也。不以者、謂本非所得制、今得以之也、制四國使宋專用其師、輕民命也、

十有五年。春。二月。天王使家父來求車。

傳 古者諸侯時獻于天子。以其國之所有。故有辭讓而無徵求。求車非禮也。求金甚矣。文九年、毛伯來求金、

三月乙未。天王崩。桓王、

夏四月己巳。葬齊僖公。

五月。鄭伯突出奔蔡。

傳 譏奪正也。禮諸侯不生名、今名突以譏之、

鄭世子忽復歸于鄭。

傳 反正也。

許叔入于許。

傳例曰、大夫出奔反、以好曰歸、以惡曰入、

傳 許叔。許之貴者也。莫宜乎許叔。其曰入何也。其歸之道。非所以歸也。泰曰、許國之貴莫過許叔、叔之宜立、又無與二、而進無王命、退非父授、故不書曰歸、同之惡入、

公會齊侯于蒿。○蒿左氏作艾、公羊作鄗、

邾人。牟人。葛人。來朝。何休曰、桓公行惡、而三人俱朝事之、三人爲衆、衆足責、故夷狄之、

秋。九月。鄭伯突入于櫟。櫟鄭邑也、突不正、書入、明不當受、○櫟力狄反、

冬。十有一月。公會宋公。衛侯。陳侯。于袲。伐鄭。

袲宋地、昌氏反、

傳 地而後伐。疑辭也。非其疑也。鄭突欲篡國、伐而正之、義也、不應疑、故責之、

十有六年。春。正月。公會宋公。蔡侯。衛侯。于曹。

夏。四月。公會宋公。衛侯。陳侯。蔡侯。伐鄭。蔡常在衛上、今序陳下、蓋後至、

秋。七月。公至自伐鄭。

傳 桓無會。其致何也。危之也。桓公再助篡伐正、危殆之甚、喜得全歸、故致之、

冬。城向。

十有一月。衛侯朔出奔齊。

朔，惠公名。

傳 朔之名，惡也。天子召而不往也。

十有七年，春，正月，丙辰，公會齊侯、紀侯盟于黃。

黃，齊地。

二月，丙午，及邾儀父盟于趡。

趡，魯地。○趡，翠軌反。

夏，五月，丙午，及齊師戰于郎。

○于郎，左氏作于奚。

傳 內諱敗，舉其可道者也。敗恥大，戰恥小。不言其人，以吾敗也。言人則微者敗，

於微者，其恥又甚，故言師。不言及之者，為內諱也。及當有人，公親帥之，恥有不可言。

六月，丁丑，蔡侯封人卒。

秋，八月，蔡季自陳歸于蔡。

傳 蔡季，蔡之貴者也。自陳，陳有奉焉爾。陳以力助。

癸巳，葬蔡桓侯。

徐邈曰：葬者臣子之事，故書葬皆以公配諡。此稱侯，蓋蔡臣子失禮，故即其所稱以示過。

及宋人、衛人伐邾。

冬，十月，朔，日有食之。

傳 言朔不言日，食既朔也。既，盡也。盡朔一日，至明日乃食，是月二日食也。

十有八年，春，王正月，公會齊侯于濼。

此年書王，以王法終治桓之事。○濼，力沃反，又音洛。

公與夫人姜氏遂如齊。

公本與夫人俱行，至濼，公與齊侯行會禮，故先書會濼。既會而相隨至齊，故曰遂。遂，繼事之辭，他皆放此。

傳 濼之會，不言及夫人何也？據夫人實在，當言公及。以夫人之伉，弗稱數也。濼之會，夫人驕伉，不可言及，故舍而弗數。今書遂如齊，欲錄其致變之由，故不可以不書。實驕伉而不制，故不言及。○伉本又作亢，數色祖反，舍音捨。

夏，四月，丙子，公薨于齊。

夫人與齊謀殺之，不書，諱也。魯公薨，正與不正皆日，所以別內外也。

傳 其地，於外也。薨稱公，舉上也。公，五等之上。

丁酉，公之喪至自齊。

秋，七月。

冬，十有二月，己丑，葬我君桓公。

傳 葬我君，接上下也。言我君，舉國上下之辭。君弒，賊不討，不書葬，此其言葬何也？據隱公不書葬。不責踰國而討于是也。禮，君父之讎，不與共戴天，而曰不責踰國而討于是者，時齊強大，非己所討，君子即而恕之，以申臣子之恩。桓公葬而後舉諡，諡所以成德也，於卒事乎加之矣。諡者，行之迹，所以表德。人之終卒事畢於葬，故於葬定稱號也。昔武王崩，周公制諡法，大行受大名，小行受小名，所以勸善而懲惡。禮，天子崩，稱天命以諡之；諸侯薨，天子諡之；卿大夫卒，受諡於其君。知者

慮義者行仁者守有此三者備然後可以會矣。桓無此三者而出會大國所以見殺。○知音智

春秋穀梁傳卷四終

春秋穀梁傳卷五

晉豫章太守順陽范甯集解
皇明 後學 東吳金蟠較訂

莊公

元年。春。王正月。

傳繼弒君不言卽位。正也。繼弒君不言卽位之爲正何也。據君不絶。曰。先君不以其道終。則子不忍卽位也。

三月。夫人孫于齊。桓公夫人文姜也。哀姜有殺子之罪輕。故僖元年曰。夫人氏之喪至自齊。去姜以貶之。文姜有殺夫之罪重。故去姜氏以貶之。此輕重之差。

傳孫之爲言猶孫也。孫。孫遁而去。諱奔也。接練時。録母之變。始人之也。夫人初與桓俱如齊。今又書者。於練時感夫人不與祭。故始以人道録之。○與祭音豫不言氏姓。貶之也。人之於天也。以道受命。於人也。以言受命。臣子則受君父之命。婦受夫之命。不若於道者。天絶之也。若。順不若於言者。人絶之也。臣子大受命。言義得貶夫人。

夏。單伯逆王姬。單。姓也。伯。字。○單音善逆王姬。左氏作送王姬

傳單伯者何。吾大夫之命乎天子者也。命大夫。故不名也。諸侯歲貢

士于天子、天子親命之、使還其國爲大夫者不名、天子就其國命之者、以名氏通也、其不言如何也。據僖二十九年、公子遂如京師、言如、其義不可受於京師也。其義不可受於京師何也。曰、躬君弒於齊。使之主婚姻。與齊爲禮。其義固不可受也。禮尊卑不敵、天子嫁女于諸侯、必使同姓諸侯主之、魯桓親見殺于齊、若天子命使爲主、則非禮大矣、春秋爲尊者諱、故不可受之于京師、

秋、築王姬之館于外。

傳 築、禮也。于外、非禮也。外、城外也、築之爲禮何也。主王姬者、必自公門出。公門、朝之外門、主王姬者當設几筵于宗廟、以俟迎者、故在公門之內築王姬之館、○朝直遙反、迎魚敬反 於廟則已尊。於寢則已卑。爲之築、節矣。築之外、變之正也。築之外、變之爲正何也。仇讎之人、非所以接婚姻也。衰麻、非所以接弁冕也。親迎服祭服者、重婚姻也、公時有桓之喪、○衰七回反 其不言齊侯之來逆何也。不使齊侯得與吾爲禮也。

冬、十月、乙亥、陳侯林卒。

傳 諸侯日卒、正也。

王使榮叔來錫桓公命。

榮氏、叔字、天子之上大夫也、禮有九錫、一曰輿馬、二曰衣服、三曰樂則、四曰朱戶、五曰納陛、六曰虎賁、七曰弓矢、八曰鈇鉞、九曰秬鬯、皆所以褒德賞功也、德有厚薄、功有輕重、故命有多少、何休曰、桓弒逆之人、王法所宜誅絶、而反錫命、悖亂天道、故不言天王也、文五年、王使榮叔歸含且賵、則曰含者、臣子之職也、以至尊行卑事、故不言天王也、三年、王使毛伯來會葬、又曰剌

比失禮、故亦不言天王也、甯案、僖二十四年、天王出居于鄭、不可最大矣、禮、天子既有賵含之制、傳但譏二事共一使耳、言且、所以示譏、一事無再貶之道也、以天王之尊、會人妾祖母之葬、誠失禮矣、孰若使任叔之子來聘、使家父來求車之不可乎、此三者皆言天王、明非義之所存、舊史有詳略、夫子因而弗革、故知曲說雖巧、致遠則滯矣、○賁音奔、秬音巨、含胡暗反、賵芳鳳反、任音壬

傳 禮有受命。無來錫命。錫命、非正也。賞人於朝、與士共之、當召而錫也、周禮大宗伯職曰、王命諸侯則儐之、是來受命、生服之。死行之、禮也。生不服。死追錫之。不正甚矣。

王姬歸于齊。

傳 爲之中者歸之也。

齊師遷紀郱鄑郚。

○郱步丁反、鄑子移反、郚音吾

傳 紀國也。郱鄑郚國也。此國以三言爲名、或曰、遷紀于郱鄑郚。十年、宋人遷宿、傳曰、遷、亡辭也、其不地、宿不復見矣、齊師遷紀、四年復書紀侯大去其國者、紀侯賢、不與齊師之亡紀、故變文以見義、郱鄑郚之君、無紀侯之賢、故不復見、從常例也、若齊師遷紀于郱鄑郚、當言于以明之、又不應復書地、當如宋人遷宿、齊人遷陽、或曰之說、甯所未詳、

二年。春。王二月。葬陳莊公。

夏。公子慶父帥師伐於餘丘。

慶父、名、字仲父、

傳國而曰伐。於餘丘。邾之邑也。其曰伐何也。公子貴矣。師重矣。而敵人之邑。公子病矣。病公子所以譏乎公也。其一曰君在而重之也。邾君在此邑故不繼于邾使若國、

秋。七月。齊王姬卒。

傳為之主者卒之也。主其嫁則有兄弟之恩，死則服之，服之故書卒。禮記曰，齊告王姬之喪，魯莊公爲之大功、

冬。十有二月。夫人姜氏會齊侯于禚。禚齊地。○禚章略反

傳婦人既嫁不踰竟。踰竟非正也。婦人不言會。言會非正也。饗甚矣。饗在四年、

乙酉。宋公馮卒。○馮皮冰反

三年。春。王正月。溺會齊侯伐衛。徐邈曰，傳例曰，往月，危往也。齊受天子罪人，爲之興師而會與同，其理危也、

傳溺者何也。公子溺也。其不稱公子何也。據二年公子慶父帥師伐於餘丘，稱公子、惡其會仇讎而伐同姓。故貶而名之也。○惡烏路反

夏。四月。葬宋莊公。

傳月葬。故也。

五月。葬桓王。

傳傳曰。改葬也。若實改葬，當言改以明之，郊牛之口傷，改卜牛是也。傳當以七年乃葬，故謂之改葬。改葬之禮緦。舉下。緬也。緦者五服最下，言舉下緬上，從緦皆反其故服。緦也，猶晦震夷伯之廟，因明天子諸侯之制，不謂夷伯非魯之大夫也。甯之先君與蔡司徒論之詳矣。江熙曰，葬稱公，舉五等之上，改葬禮緦，舉五服之下，以喪緬藐遠也。天子諸侯易服而葬，以爲交於神明者，不可以純凶，況其緬者乎。是故改葬之禮，其服唯輕。言緬釋所以緦也。○緬亡善反　或曰。郤尸以求諸侯。停尸七年以求諸侯會葬，非人情也。

天子志崩不志葬。必其時也。何必焉。舉天下而葬一人。其義不疑也。志葬。故也。危不得葬也。曰近不失崩。不志崩。失天下也。京師去魯不遠，赴告之命，可不踰旬而至，史不志崩，則亂可知。

獨陰不生。獨陽不生。獨天不生。三合然後生。徐邈曰，古人稱萬物負陰而抱陽，沖氣以爲和，然則傳所謂天，蓋名其沖和之功，而神理所由也。會二氣之和，極發揮之美者，不可以柔剛滯其用，不得以陰陽分其名，故歸於冥極而謂之天。凡生類禀靈知於天，資形於二氣，故又曰獨天不生，必三合而形神生理具矣。○知於音智　故曰。母之子也可。天之子也可。尊者取尊稱焉。卑者取卑稱焉。王者尊，故稱天子，衆人卑，故稱母子。其曰王者。民之所歸往也。

秋。紀季以酅入于齊。季紀侯弟。○酅下圭反

傳酅。紀之邑也。入于齊者。以酅事齊也。入者。内弗受也。雍曰，紀國微弱，齊將吞并，紀季漠觀存亡之機，大懼社稷之傾，故超然遐舉，以酅事齊，庶胤嗣不泯，宗廟永存，春秋賢之，故褒之以宗，齊受人之邑而滅人之國，故於義不可受也、

冬。公次于郎。

傳次。止也。有畏也。欲救紀而不能也。畏齊。

四年春。王二月。夫人姜氏饗齊侯于祝丘。

饗食也。兩君相見之禮。凡會書月。著時事有危。雖於公發例。亦無所不關。祝丘。魯地。

傳饗。甚矣。以非禮尤甚。故謹而月之。饗齊侯。所以病齊侯也。

三月。紀伯姬卒。

隱二年履緰所逆者。內女卒例日。伯姬失國。略之。故月也。○緰音須

傳外夫人不卒。此其言卒何也。吾女也。適諸侯則尊同。以吾為之變。卒之也。禮。諸侯絕旁朞。姊妹女子子嫁於國君者。尊與己同。則為之服大功九月。變不服之例。然則適大夫者不書卒。

夏。齊侯。陳侯。鄭伯遇于垂。

傳例曰。不期而會曰遇。遇者。志相得也。

紀侯大去其國。

傳大去者。不遺一人之辭也。言民之從者四年而後畢也。紀侯賢而齊侯滅之。不言滅而曰大去其國者。不使小人加乎君子。

不曰滅而曰大去其國。蓋抑無道之強以優有道之弱。若進止在己。非齊所得滅也。何休曰。春秋楚世子商臣弒其君。其後滅江六。不言大去。又大去者。於齊滅之不明。但知不使小人加乎君子。而不言滅。縱失襄公之惡。反為大去也。鄭君釋之曰。商臣弒其父。大惡也。不得但為小人。江六之君。又無紀侯得民之賢。不得變滅言大去也。元年冬。齊師遷紀。三年。紀季以酅入于齊。今紀侯大去其國。是足起齊滅之矣。即以變滅言大去。為縱失襄公之惡。是乃經也。非傳也。且春秋因事見義。舍此以滅人為罪者自多矣。

六月。乙丑。齊侯葬紀伯姬。

傳外夫人不書葬。此其書葬何也。吾女也。失國。故隱而葬之。隱痛也。不日卒而日葬。閔紀之亡也。

秋。七月。

冬。公及齊人狩于郜。

郜。齊地。○郜古報反。左氏作禚。

傳齊人者。齊侯也。其曰人何也。卑公之敵。所以卑公也。內無貶公之道。

何為卑公也。不復讎而怨不釋。刺釋怨也。

五年春。王正月。

夏。夫人姜氏如齊師。

傳師而曰如。眾也。言師眾大如國。故可以言如。若言如齊侯則不可。婦人既嫁不踰竟。踰竟非禮也。

秋。郳黎來來朝。

黎來。名也。○郳五兮反

傳郳。國也。黎來。微國之君。未爵命者也。

冬。公會齊人。宋人。陳人。蔡人伐衛。

納惠公朔、

傳是齊侯宋公也。其曰人何也。人諸侯所以人公也。其人公何也。逆天王之命也。王不欲立朔也。

六年春王二月。王人子突救衛。徐邈曰、諸侯不奉王命、朔遂得篡、王威屈辱、有危故月也、救衛於義善、故重子突、功不立、故著其危、

傳王人卑者也。稱名貴之也。何休以爲稱子則非名也、鄭君釋之曰、王人賤者、錄則名可、今以其銜命救衛、故貴之、貴之則子突爲字可知明矣、此名當爲字誤爾、徐乾曰、王人者、卑者之稱也、當直稱王人而已、今以其能奉天子之命救衛、而拒諸侯、故加名以貴之、僖八年、公會王人齊侯、是卑者之常稱、善救衛也。救者善。則伐者不正矣。

夏六月。衛侯朔入于衛。

傳其不言伐衛納朔何也。據九年伐齊納糾、言納、不逆天王之命也。不與諸侯得納王之所絕、入者內弗受也。何用弗受也。爲以王命絕之也。朔之名惡也。朔入逆則出順矣。朔出入名。以王命絕之也。

秋公至自伐衛

傳惡事不致。此其致何也。據襄九年、時有穆姜之喪、會諸侯伐鄭、不致、不致則無用見公之惡事之成也。

螟。

冬。齊人來歸衛寶。

傳以齊首之。分惡於齊也。使之如下齊而來我然。惡戰則殺矣。若衛自歸寶於齊、過齊然後與我、齊首其事、則我與王人戰罪差減、○惡烏各反、下同、殺色界反、過古禾反

七年春。夫人姜氏會齊侯于防。防、魯地、

傳婦人不會。會非正也。

夏四月辛卯昔。恒星不見。夜中星隕如雨。

傳恒星者經星也。經、常也、謂常列宿、日入至於星出謂之昔。不見者可以見也。夜中星隕如雨。星既隕而復雨、其隕也如雨。是夜中與。既隕而雨、必晦瞑、安知夜中乎、春秋著以傳著。疑以傳疑。明實錄也、中之幾也。而曰

夜中著焉爾。幾、微也、星既隕而雨、中微難知、而曰夜中、自以實著爾、非億度而知、何用見其中也。失變而錄其時。則夜中矣。天星變之始、而錄其已隕之時、檢錄漏刻、以知夜中、其不曰恒星之隕何也。我知恒星之不見而不知其隕也。我見其隕而接於地者。則是雨說也。言我見從上來接於下、然後可言雨、星今唯見在下、故曰隕星、著於上。見於下。謂之雨。著於下。不見於上。謂之隕。豈雨說哉。解經不得言雨星、而言隕星也、鄭君曰、衆星列宿、諸侯之象、不見者、是諸侯棄天子禮義法度也、劉向曰、隕者象諸侯隕墜失其所也、又夜中而隕者、象不終其性命、中道而落、

秋。大水。

傳高下有水災曰大水。

無麥苗。

傳 麥苗同時也。麥與黍稷之苗同時死、

冬。夫人姜氏會齊侯于穀。穀、齊地、

傳 婦人不會。會非正也。

八年。春。王正月。師次于郎。以俟陳人蔡人。時陳蔡欲伐魯、故出師以待之、

傳 次。止也。俟。待也。

甲午。治兵。

傳 出曰治兵。習戰也。入曰振旅。習戰也。振、整也、旅、衆也、治兵而陳蔡不至矣。兵事以嚴終。以嚴整終事、故敎人不至、故曰善陳者不戰。此之謂也。善爲國者不師。導之以德、齊之以禮、江熙曰、鄰國望我、歡若親戚、何師之爲。○陳、直覲反、善師者不陳。師衆素嚴、不須耀軍列陳、江熙曰、上兵伐謀、何乃至陳、善陳者不戰。軍陳嚴整、敵望而畏之、莫敢戰、善戰者不死。投兵勝地、故無死者、江熙曰、辟實攻虛、則不死、善死者不亡。民盡其命、無奔背散亡者也、江熙曰、見危授命、義存君親、雖沒猶存、○背音佩

夏。師及齊師圍郕。郕降于齊師。○降、戶江反、下同

傳 其曰降于齊師何。不使齊師加威於郕也。郕、同姓之國、而與齊伐之、是用師之過也、故使若齊無武功、而郕自降、

秋。師還。○還音旋

傳 還者。事未畢也。遯也。郕已降、而以未畢爲文者、蓋辟滅同姓之國、示不卒其事、

冬。十有一月。癸未。齊無知弒其君諸兒。

傳 大夫弒其君。以國氏者。嫌也。弒而代之也。

九年。春。齊人殺無知。

傳 無知之挈。失嫌也。稱人以殺。大夫殺有罪也。

公及齊大夫盟于暨。暨、魯地、○暨、其器反、左氏作蔇

傳 公不及大夫。春秋之義、內大夫可以會諸侯、公不可以盟外大夫、所以明尊卑、定內外也、今齊國無君、要當有任其盟者、故不得不以權通、大夫不名。無君也。禮、君前臣名、齊無君、故大夫不名、盟納子糾也。不日。其盟渝也。變盟、立小白、當齊無君。制在公矣。當可納而不納。故惡內也。○惡、烏路反、下皆同

夏。公伐齊納糾。不言子糾而直云糾者、盟繫在於魯、故挈之也、春秋於內公子爲大夫者、乃記其奔、子糾不爲大夫、故不書其奔、鄭忽既受命嗣位、是以書其出、然則重非嫡嗣、宮非大夫、皆事例所絫、故許叔蔡季小白重耳、通亦不書出、○糾、左氏作子糾、重、直龍反、

傳 當可納而不納。齊變而後伐。故乾時之戰不諱敗。惡內也。何休

曰三年溺會齊師伐衛故貶而名之四年公及齊人狩于郜故卑之曰人今親納讐子反惡其晚恩義相違莫此之甚鄭君釋之曰於讐不復則怨不釋而魯釋怨屢會仇讐一貶其臣一卑其君亦足以責魯臣子其餘則同不復譏也至於伐齊納糾譏當可納而不納爾此自正義不相反也甯謂讐者無時而可與通縱納之遲晚又不能全保讐子何足以惡內乎然則乾時之戰不諱敗齊人取子糾殺之皆不迂其文正書其事內之大惡不待貶絕居然顯矣二十四年公如齊親迎亦其類也惡內之言傳或失之○迂音于迎魚敬反

齊小白入于齊。

傳 大夫出奔反以好曰歸。成十四年衛孫林父自晉歸于衛是也 以惡曰入。齊公孫無知弒襄公。公子糾公子小白不能存出亡。子糾奔魯小白奔莒 齊人殺無知而迎公子糾於魯。公子小白不讓公子糾。先入。又殺之

于齊。故曰齊小白入于齊。惡之也。○惡烏路反

秋七月丁酉。葬齊襄公。

諸公子爭立國亂故危之

八月庚申。及齊師戰于乾時。我師敗績。

不言及者主名內之卑者乾時齊地

九月齊人取子糾殺之。

言子糾者明其貴宜爲君

傳 外不言取。言取病內也。取易辭也。猶曰取其子糾而殺之云爾。猶言自齊之子糾今取而殺之言魯不能救護也○易以豉反 十室之邑可以逃難。百室之邑可以隱死。以千乘之魯。而不能存子糾。以公爲病矣。

冬浚洙。

○浚音峻

傳 浚洙者。深洙也。著力不足也。畏齊難

十年春王正月。公敗齊師于長勺。

長勺魯地

傳 不日疑戰也。疑戰者言不剋日而戰以詐相襲 疑戰而曰敗。勝內也。勝內謂勝在內

二月公侵宋。

傳 侵時。此其月何也。乃深其怨於齊。又退侵宋以衆其敵。惡之

故謹而月之。○惡烏路反

三月宋人遷宿。

傳 遷亡辭也。爲人所遷則無復國家故曰亡辭閔二年齊人遷陽亦是也 其不地。宿不復見也。國亡不復見經不言滅者言滅則殺其君滅其宗廟社稷就而有之不遷其民 遷者猶未失其國家以往者也。謂自遷者僖元年邢遷于夷儀成十五年許遷于葉之類是也彼二傳曰遷者猶得其國家以往者也此傳云遷者猶未失其國家以往互文也○葉舒涉反

夏六月齊師宋師次于郎。

傳 次止也。畏我也。

公敗宋師于乘丘。

乘丘，魯地。○乘，繩證反。

傳不日，疑戰也。疑戰而曰敗，勝內也。

秋，九月，荊敗蔡師于莘。莘，蔡地。

以蔡侯獻武歸。○武，左氏作舞。

傳荊者，楚也。何爲謂之荊？狄之也。何爲狄之？聖人立，必後至；天子弱，必先叛，故曰荊，狄之也。蔡侯何以名也？據僖十五年秦獲晉侯不名。絕之也。何爲絕之？獲也。中國不言敗，據宣十二年晉荀林父帥師及楚子戰于邲，晉師敗績，不言敗晉師。○邲，皮必反。此其言敗何也？中國不言敗，蔡侯其見獲乎？其言敗何也？釋蔡侯之獲也。以歸猶愈乎執也。爲中國諱見執，故言以歸。

穀梁傳　卷五　莊公　十四　永懷堂

冬，十月，齊師滅譚，譚子奔莒。桓十一年，鄭忽出奔衛，傳曰：其名，失國也。十六年，衛侯朔出奔齊，傳曰：朔之名，惡也。然則出奔書名有二義。譚子國滅不名，蓋無罪也。凡書奔者，責不死社稷。不言出者，國滅無所出也。他皆放此。

十有一年，春，王正月。

夏，五月，戊寅，公敗宋師于鄑。鄑，魯地。○鄑，子移反。

傳內事不言戰，舉其大者。其日，成敗之也。結日列陳，不以詐相襲，得敗師之道，故日成也。○陳，直覲反。宋萬之獲也。

秋，宋大水。

傳外災不書，此何以書？王者之後也。高下有水災曰大水。

冬，王姬歸于齊。

傳其志，過我也。○過，古禾反。

十有二年，春，王三月，紀叔姬歸于酅。酅，紀邑也，所用入于齊者。紀國既滅，故歸酅。

傳國而曰歸，此邑也，其曰歸何也？吾女也。失國，喜得其所，故言歸焉。江熙曰：四年齊滅紀，不言滅而言大去者，義有所見爾。[illegible]則國滅也。叔姬來歸不書，非歸寧，且非大歸也。叔姬守節積有年矣，紀季雖以酅入于齊，不敢懷貳，然襄公豺狼，未可闇信，桓公既立，德行方宣於天下，是以叔姬歸于酅，喜其女得申其志。

穀梁傳　卷五　莊公　十五　永懷堂

夏，四月。

秋，八月，甲午，宋萬弒其君捷。捷，宋閔公。

傳宋萬，宋之卑者也。卑者以國氏，及其大夫仇牧，以尊及卑也。仇牧閑也。仇牧扞衛其君，故見殺也。桓二年傳曰：臣既死，君不忍稱其名。今仇牧書名，則知宋君先弒。

冬，十月，宋萬出奔陳。宋久不討賊，致令得奔，故謹而月之。

十有三年春齊人宋人陳人蔡人邾人會于北杏

北杏齊地

傳是齊侯宋公也其曰人何也始疑之何疑焉桓非受命之伯也將以事授之者也（言諸侯將權時推齊侯使行伯事）曰可矣乎未乎（鄧曰疑齊桓雖非受命之伯諸侯推之便可以爲伯乎未也）舉人衆之辭也（稱人言非王命衆授之以事）

夏六月齊人滅遂

傳遂國也其不日微國也

秋七月

冬公會齊侯盟于柯

柯齊地

傳曹劌之盟也信齊侯也（曹劌之盟經傳無文蓋有信者也公羊傳曰要盟可犯而桓公不欺曹子可讎而桓公不怨桓公之信著於天下自柯之盟始○劌居衛反要於遥反）桓盟雖內與不日信也（公盟例日外諸侯盟例不日桓大信遠著故雖公與盟猶不日○與音預注同）

十有四年春齊人陳人曹人伐宋

夏單伯會伐宋

單音善

傳會事之成也（伐事已成單伯乃至）

秋七月荆入蔡

傳荆者楚也其曰荆何也州舉之也州不如國（言荆不如言楚）國不如名（言楚不如言介葛盧）名不如字（言介葛盧不如言邾儀父）

冬單伯會齊侯鄭伯于鄄

鄄衛地　鄄音絹

傳復同會也（諸侯欲推以爲伯故復同會于此以謀之）

十有五年春齊侯宋公陳侯衛侯鄭伯會于鄄

傳復同會也（爲欲推桓爲伯故復會於此○爲欲于僞反）

夏夫人姜氏如齊

傳婦人既嫁不踰竟踰竟非禮也

秋宋人齊人邾人伐郳

宋主兵故序齊上也班序上下以國大小爲次夷狄在下征伐則以主兵爲先春秋之常也他皆放此

鄭人侵宋

冬十月

十有六年春王正月

夏宋人齊人衛人伐鄭

秋荆伐鄭

冬十有二月會齊侯宋公陳侯衛侯鄭伯許男曹伯滑伯滕子同盟于幽

幽，宋地。○滑于八反

傳同者，有同也。同尊周也。不言公，外內寮一疑之也。十三年春，會于北杏，諸侯俱疑齊桓非受命之伯，欲共以事推之，可乎？今于此年諸侯同共推桓，而魯與齊讎，外內同一，疑公可事齊，不會，不書公，以著疑焉。同官爲寮，謂諸侯也。至二十七年，同盟于幽，遂伯齊侯。

郳子克卒。

傳其曰子，進之也。附齊而尊周室，王命進其爵。

十有七年，春，齊人執鄭詹。○詹者廉反

傳人者，衆辭也。以人執，與之辭也。與令得執。○令力呈反 鄭詹，鄭之卑者。

卑者不志，此其志何也？以其逃來志之也。逃來則何志焉？將有其末，不得不錄其本也。末謂逃來。鄭詹，鄭之佞人也。

夏，齊人殲于遂。○殲子廉反

傳殲者，盡也。然則何爲不言遂人盡齊人也？無遂之辭也。無遂則何爲言遂？其猶存遂也。以其能殺齊戍，故若遂之存。存遂奈何？曰：齊人滅遂，使人戍之。遂之因氏飲戍者酒而殺之，齊人殲焉。此謂狎敵也。狎猶輕也。

秋，鄭詹自齊逃來。

傳逃義曰逃。齊稱人以執，是執有罪也。執得其罪，故曰義也。今而逃之，是逃義也。

冬，多麋。京房易傳曰：廢正作淫，爲火不明，則國多麋。○麋亡悲反

十有八年，春，王三月，日有食之。

傳不言日，不言朔，夜食也。何以知其夜食也？曰：王者朝日。王制曰：天子玄冕而朝日於東門之外，故日始出而有虧傷之處，是以知其夜食也。何休曰：春秋不言月食日者，以其無形，故闕疑。其夜食何緣書乎？鄭君釋之曰：一日一夜合爲一日，今朔日日始出，其食有虧傷之處，未復，故知此自以夜食。夜食則亦屬前月之晦，故穀梁子不以爲疑。故雖爲天子，必有尊也；貴爲諸侯，必有長也。故天子朝日，諸侯朝朔。○長丁丈反

夏，公追戎于濟西。○濟子禮反

傳其不言戎之伐我，何也？以公之追之，不使戎邇於我也。邇猶近也。不使戎得逼近於我，故君入竟，望風退走。于濟西者，大之也。何大焉？爲公之追之也。言戎遠來至濟西，必大有徒衆，以公自追之，知其審然。○爲于僞反

秋，有蜮。蜮，短狐也，蓋含沙射人。京房易傳曰：忠臣進善，君不識，厥咎國生蜮。○蜮本亦作蝛，音或

冬，十月。

傳一有一亡曰有。蜮，射人者也。

春秋穀梁傳卷五終

春秋穀梁傳卷六

晉豫章太守順陽范　甯集解
皇明　後學　東吳葛　鼒校訂

莊公

十有九年春王正月。

夏四月。

秋公子結媵陳人之婦于鄄遂及齊侯宋公盟。○媵以證反又繩證反

傳媵淺事也不志此其志何也辟要盟也魯實使公子結要二國之盟欲自託於大國末審得盟與不故以媵婦為名得盟則盟不則止此行有辭也○要於遙反何以見其辟要盟也媵禮之輕者也盟國之重也以輕事遂乎國重無說以輕遂重無他異說故知辟要盟耳其曰陳人之婦略之也但為遂事假錄媵事耳故略言陳人之婦不處其主名○為于偽反其不日數渝惡之也○數音朔惡烏路反

夫人姜氏如莒。

傳婦人既嫁不踰竟踰竟非正也。

冬齊人宋人陳人伐我西鄙。

傳其曰鄙遠之也其遠何也不以難邇我國也○難乃旦反

二十年春王二月夫人姜氏如莒。

夫人比年如莒、過而不改、無禮尤甚、故謹而月之、

〔傳〕婦人既嫁不踰竟、踰竟非正也。

夏、齊大災。

〔傳〕其志、以甚也。外災不志、甚謂災及人也、外災例時、

秋七月。

冬、齊人伐我。

二十有一年、春王正月。

夏五月、辛酉、鄭伯突卒。

秋七月、戊戌、夫人姜氏薨。

〔傳〕婦人弗目也。鄭嗣曰、弗目、謂不目言其地也、婦人無外事、居有常所、故薨不書地、僖元年傳曰、夫人薨不地、此言弗目、蓋互辭爾、定九年得寶玉大弓、傳曰、弗目、羞也、蓋此類也、江熙曰、文姜有弑公之逆、而弗目其罪、弗目、謂不題日文姜薨所也、一曰弗目其罪、

冬、十有二月、葬鄭厲公。

二十有二年、春王正月、肆大眚。

○眚所景反

〔傳〕肆、失也。眚、災也。易稱赦過宥罪、書稱眚災肆赦、經稱肆大眚、皆放赦罪人、蕩滌衆故、有時而用之、非經國之常制、災紀也、失故也。災謂罪惡、紀治理也、有罪當治理之、今失之者、以文姜之故、爲嫌天子之葬也。文姜罪應誅絶、誅絶之罪不葬、若不赦除衆惡而書葬者、嫌天子許之、明須赦而後得葬、○爲于僞反

癸丑、葬我小君文姜。

〔傳〕小君非君也。不治其民、其曰君、何也。以其爲公配、可以言小君也。

陳人殺其公子禦寇。

禦寇、宣公之子、○禦魚呂反、又作御

〔傳〕言公子而不言大夫、公子未命爲大夫也。其曰公子、何也。公子之重視大夫。視此命以執公子。大夫既命、得執公子之禮、一本大夫命以視公子、

夏五月。

以五月首時、甯所未詳、

秋七月、丙申、及齊高傒盟于防。

〔傳〕不言公、高傒伉也。書日、則公盟也、高傒驕伉、與公敵體、嫌之、故不書公、○伉苦浪反

冬、公如齊納幣。

〔傳〕納幣、大夫之事也。禮有納采。采擇女之德性也、其禮用鴈爲贄者、取順陰陽往來、有問名。問女名而卜之、知吉凶也、其禮如納采、有納徵。徵成也、納幣以成婚、有告期。告迎期、○迎魚敬反　四者備而後娶、禮也。公之親納幣、非禮也。故譏之。公母喪未再朞、而圖婚、傳無譏文、但譏親納幣者、喪婚不待貶絶而罪惡見、

二十有三年、春、公至自齊。

祭叔來聘。

祭叔、天子寰內諸侯、叔名、○祭側界反、寰音縣、又音環

傳其不言使何也天子之內臣也不正其外交故不與使也何休曰南季宰渠伯糾家父宰周公來聘皆稱使獨于此奪之何也鄭君釋之曰諸稱使者是奉王命其人無自來之意今祭叔不一心於王而欲外交不得王命來故去使以見之○去起呂反

夏公如齊觀社。

傳常事曰視視朔是也非常曰觀觀無事之辭也言無朝會之事○朝直遙反以是為尸女也尸主也主為女往爾以觀社為辭○主為于偽反無事不出竟

公至自齊。

傳公如陳公行例往時正也正謂無危患也皆放此致月故也如往月致月有患焉爾

荊人來聘。

傳善累而後進之其曰人何也舉道不待再明聘問之禮朝宗之道非夷狄之所能故一舉而進之

公及齊侯遇于穀。

傳及者內為志焉爾遇者志相得也

蕭叔朝公。

傳微國之君未爵命者其不言來於外也言於穀朝公也朝於廟正也於外非正也

秋丹桓宮楹。

楹柱

傳禮天子諸侯黝堊黝堊黑色○黝於糾反又於柳反堊烏路反又烏各反大夫倉士黈黈黃色○黈他苟反丹楹非禮也

冬十有一月曹伯射姑卒。○射音亦本或作亦

十有二月甲寅公會齊侯盟于扈。桓盟不日此盟日者前公如齊觀社傳曰觀無事之辭以是為尸女也公怠棄國政此行犯禮憂危甚矣霸主降心親與之盟實有弘濟之功而魯得免於罪臣子所慶莫重於此時事所重文亦宜詳故特謹日以著之○扈音戶

二十有四年春王三月刻桓宮桷。

○桷音角

傳禮天子之桷斲之礱之加密石焉以細石磨之○礱力公反諸侯之桷斲之礱之大夫斲之士斲本刻桷非正也夫人所以崇宗廟也取非禮與非正而加之於宗廟以飾夫人非正也非禮謂娶讎女非正謂刻桷丹楹也本非宗廟之宜故曰加言將親迎欲為夫人飾又非正也○迎魚敬反下皆同刻桓宮桷丹桓宮楹斥言桓宮以惡莊也不言新宮而謂之桓宮以桓見殺於齊而飾其宗廟以榮讎國之女惡莊不子

葬曹莊公。

夏公如齊逆女。

傳親迎恆事也不志此其志何也不正其親迎於齊也

秋。公至自齊。

傳迎者行見諸。舍見諸。諸之也。言瞻望夫人乘車。○乘繩證反 先至非正也。

八月。丁丑。夫人姜氏入。

哀姜。

傳入者。內弗受也。日入。惡入者也。何用不受也。以宗廟弗受也。其以宗廟弗受何也。娶仇人子弟以薦舍於前。其義不可受也。

薦進。舍置。

戊寅。大夫宗婦覿用幣。

宗婦同宗大夫之婦。

傳覿見也。禮大夫不見夫人。不言及。不正其行婦道。故列數之也。男子之贄。羔鴈雉腒。贄所以至者也。上大夫用羔。取其從羣帥而不黨也。下大夫用鴈。取其知時飛翔有行列也。士冬用雉。夏用腒。取其耿介交有時別有倫也。腒。腊也。雉必用死。爲其不可生服也。夏用腒。備腐臭也。婦人之贄。棗栗鍛脩。棗取其早自矜莊。栗取其敬栗。鍛脩取斷斷自脩整。○鍛丁亂反 用幣。非禮也。用者不宜用者也。大夫國體也。國體謂爲君股肱。 而行婦道。惡之。故謹而日之也。○惡烏路反

大水。

冬。戎侵曹。曹羈出奔陳。

赤歸于曹。郭公。

傳赤蓋郭公也。何爲名也。禮。諸侯無外歸之義。外歸。非正也。徐乾曰。郭公。郭國之君也。名赤。蓋不能治其國。舍而歸于曹。君爲社稷之主。承宗廟之重。不能安之。而外歸他國。故但書名。以罪而懲之。不直言赤。復云郭公者。恐不知赤者是誰。將若魯之微者故也。以郭公著上者。則是諸侯失國之例。是無以見微之義。○郭公羊音號。著張慮反。又張略反

二十有五年。春。陳侯使女叔來聘。

女氏。叔字。○女音汝

傳其不名何也。據成三年。晉侯使荀庚來聘稱名。 天子之命大夫也。

夏。五月。癸丑。衛侯朔卒。

惠公也。犯逆失德。故不書葬。

六月。辛未。朔。日有食之。鼓用牲于社。

傳言日言朔。食正朔也。鼓。禮也。用牲。非禮也。天子救日。置五麾。陳五兵五鼓。麾。旌幡也。五兵。矛戟鉞楯弓矢。 諸侯置三麾。陳三鼓三兵。大夫擊門。士擊柝。言充其陽也。凡有聲皆陽事。以壓陰氣。柝。兩木相擊。充。實也。○柝吐洛反

伯姬歸于杞。

秋。大水。鼓用牲于社于門。

傳其不言逆何也。逆之道微。無足道焉爾。

門。國門也。

傳高下有水災曰大水。既戒鼓而駭眾。用牲可以已矣。救日以

鼓兵救水以鼓衆。

冬，公子友如陳。

二十有六年春，公伐戎。

夏，公至自伐戎。

曹殺其大夫。

傳言大夫而不稱名姓，無命大夫也。無命大夫而曰大夫，賢也，為曹羈崇也。徐邈曰：于時微國衰陵，不能及禮，其大夫降班失位，下同於士，故略稱人，而傳謂之無命大夫也。莒慶、莒挐、邾庶其、邾快，皆特以事書，非實能貴，故略名而已。楚雖荊蠻，漸自通於諸夏，故莊二十三年書荊人來聘，文九年又褒而書名，國轉疆大，書之益詳，然當僖公、文公之世，楚猶未能自同于列國，故得臣及椒，並略名，惟屈完來會諸侯，以殊禮成之。楚莊王之興，為江漢盟主，與諸夏之君權行抗禮，其勢彊于當年，而事交於內外，故春秋書之，遂從中國之例。夫政俗隆替，存乎其人，三后之姓，日失其序，而諸國乘間興之，代興因詳畧之文，則可以見時事之實矣。秦爵伯也，上據西周，班列中夏，故得稱師，有大夫，其大夫當名氏，而文十二年秦術略名，蓋下時晉主魯盟，而秦方敵晉，則魯之于秦，情好疏矣。禮以飾情，情疏則禮略，春秋所以略文乎。又吳札不書氏，以成魯于上也；宋之盟，叔孫豹不書氏，以著其能恭，此皆因事而為義。○為曹，于偽反。挐，女居反，又女加反。

秋，公會宋人、齊人伐徐。

冬十有二月癸亥朔，日有食之。

二十有七年春，公會杞伯姬于洮。

伯姬，莊公女。洮，魯地。○洮，他刀反，本或作桃。

夏六月，公會齊侯、宋公、陳侯、鄭伯同盟于幽。

傳同者，有同也，同尊周也。於是而後授之諸侯也。其授之諸侯何也？齊侯得衆也。桓會不致，安之也。桓盟不日，信之也。信其信，仁其仁。衣裳之會十有一，未嘗有歃血之盟也，信厚也。十三年會北杏，十四年會鄄，十五年又會鄄，十六年會幽，二十七年又會幽，僖元年會檉，二年會貫，三年會陽穀，五年會首戴，七年會寧母，九年會癸丘。○檉，他貞反，又勑丁反。寧如字，又音甯。母音無，又茂后反。兵車之會四，未嘗有大戰也，愛民也。僖八年會洮，十三年會鹹，十五年會牡丘，十六年會淮，於末年乃言之，不道侵蔡伐楚者，方書其盛，不道兵車也。此則以兵車會而不用征伐。

秋，公子友如陳，葬原仲。

原仲，陳大夫。原氏，仲字。

傳言葬不言卒，不葬者也。外大夫例不書卒。不葬而曰葬，諱出奔也。言季友辟內難而出，以葬原仲為辭。○難，乃旦反。

冬，杞伯姬來。

歸寧。

莒慶來逆叔姬。

慶，莒大夫也。叔姬，莊公女。禮檀弓記曰：陳莊子死，赴於魯，魯人欲勿哭，繆公召縣子而問焉。縣子曰：古之大夫，束修之問不出竟，雖欲哭之，安得而哭之。今之大夫，交政於中國，雖欲勿哭，安得而勿哭。則大夫越竟逆女，非禮也。董仲舒曰：大夫無束修之餽，無諸侯之交，越竟逆女，紀罪之。○繆音穆，縣音玄，竟音境，焉於虔反。

傳諸侯之嫁子於大夫主大夫以與之。君不敵臣。來者接內也。不正其接內。故不與夫婦之稱也。接內謂與君爲禮也。夫婦之稱當言逆女。

杞伯來朝。杞稱伯蓋時王所黜。

公會齊侯于城濮。城濮衛地。

二十有八年春王三月甲寅。齊人伐衛。衛人及齊人戰。衛人敗績。

傳於伐與戰安戰也。問在何處戰。戰衛。戰則是師也。其曰人何也。微之也。何爲微之也。今授之諸侯。而後有侵伐之事。故微之也。其

人衛何也。以其人齊不可不人衛也。齊桓始受方伯之任。未能信著鄰國。致有侵伐之事。貶師稱人以微之也。人不可以敵于師。師不可以與人戰。故亦以衛師爲人。衛非有罪。衛小齊大。其以衛及之何也。以其微之可以言及也。其稱人以敗何也。不以師敗於人也。人輕而師重。

夏四月丁未。邾子瑣卒。

秋荊伐鄭。

傳荊者楚也。其曰荊。州舉之也。

公會齊人宋人救鄭。

傳善救鄭也。

冬築微。微魯邑。○微左氏作麋。

傳山林藪澤之利。所以與民共也。虞之非正也。虞典禽獸之官。言規固而築之。又置官司以守之。是不與民共利也。築不志。凡志皆譏也。築例時。

大無麥禾。

傳大者有顧之辭也。於無禾及無麥也。一災不書。於冬無禾。而後顧錄無麥。故言大。明不收甚。

臧孫辰告糴于齊。臧孫辰魯大夫臧文仲。○糴音狄。

傳國無三年之畜。曰國非其國也。一年不升。告糴諸侯。告請也。糴糴也。不正。故舉臧孫辰以爲私行也。爲內諱。故不稱使。使若私行。○畜勑六反。下同。爲內于僞反。國無九年之畜曰不足。無六年之畜曰急。無三年之畜曰國非其國也。諸侯無粟。諸侯相歸粟。正也。臧孫辰告糴于齊。告然後與之。言內之無外交也。古者稅什一。宣十五年注詳矣。豐年補敗。敗謂凶年。不外求而上下皆足也。雖累凶年。民弗病也。一年不艾而百姓饑。君子非之。不言如。爲內諱也。艾牛蓋反。

二十九年春。新延廄。○廄九又反。

傳延廄者，法廄也。周禮天子十二閑，馬六種；邦國六閑，馬四種。每廄一閑，言法廄者，六閑之舊制也。其言新，有故也。言改故而新之。有故則何為書也？古之君人者，必時視民之所勤。民勤於力，則功築罕。罕，希。民勤於財，則貢賦少。民勤於食，則百事廢矣。凶荒殺禮。○殺，所界反。冬築微，春新延廄，以其用民力為已悉矣。悉，盡。

夏，鄭人侵許。

秋，有蜚。

穀梁說曰：蜚者，南方臭惡之氣所生也。象君臣淫泆，有臭惡之行。○蜚，扶味反；行，下孟反。

傳一有一亡曰有。

冬，十有二月，紀叔姬卒。

紀國雖滅，叔姬執節守義，故繫之紀，賢而錄之。

城諸及防。

諸、防皆魯邑。

傳可城也，以大及小也。傳例曰：凡城之志皆譏。今云可者，謂冬可用城，不妨農役耳，不謂作城無譏。

三十年，春，王正月。

夏，師次于成。

傳次，止也，有畏也。欲救鄣而不能也，不言公，恥不能救鄣也。畏齊。

○鄣，音章。

秋，七月，齊人降鄣。

○降，戶江反。

傳降猶下也。鄣，紀之遺邑也。

八月，癸亥，葬紀叔姬。

傳不日卒而日葬，閔紀之亡也。

九月，庚午，朔，日有食之。鼓，用牲于社。

救日用牲，既失之矣，非正陽之月而又伐鼓，亦非禮。

冬，公及齊侯遇于魯濟。

濟，水名。○濟，子禮反。

傳及者，內為志焉爾。遇者，志相得也。

齊人伐山戎。

傳齊人者，齊侯也。其曰人，何也？愛齊侯乎山戎也。不以齊侯敵乎山戎，故稱人。其愛之何也？桓內無因國，外無從諸侯，而越千里之險，北伐山戎，危之也。內無因緣山戎左右之國為內間者，外無諸侯者不煩役寮國。○從，才用反。則非之乎？善之也。遠伐山戎，雖危，勤王職貢則善。何善乎爾？燕，周之分子也。燕，周大保召康公之後，成王所封。分子，謂周之別子孫也。○燕，音煙，大音泰。貢職不至，山戎為之伐矣。言由山戎為害，伐擊燕，使之隔絕於周室。

三十有一年，春，築臺于郎。

夏四月，薛伯卒。

築臺于薛。薛，魯地。

六月，齊侯來獻戎捷。獻，下奉上之辭也。春秋尊魯，故曰獻。

傳 齊侯來獻捷者，內齊侯也。不言使，內與同，不言使也。泰曰：齊桓內救中國，外攘夷狄，親倚之情，不以齊為異國，故不稱使，若同一國也。獻戎捷，軍得曰捷，戎菽也。菽，豆。

秋，築臺于秦。秦，魯地。

傳 不正罷民三時，虞山林藪澤之利，且財盡則怨，力盡則懟。懟，恚恨也。○罷音皮，下同。君子危之，故謹而志之也。或曰：倚諸桓也。桓外無諸侯之變，內無國事，越千里之險，北伐山戎，為燕辟地。辟，開。○辟，婢亦反。魯外無諸侯之變，內無國事，一年罷民三時，虞山林藪澤之利，惡內也。譏公依倚齊桓，而與桓行異。○惡，烏路反；行，下孟反。

冬，不雨。

三十有二年春，城小穀。小穀，魯邑。

夏，宋公、齊侯遇于梁丘。

傳 遇者，志相得也。梁丘在曹邾之間，去齊八百里，非不能從諸侯而往也。辭所遇，遇所不遇，大齊桓也。辭所遇，謂八百里間諸侯必有願從者，而不之遇；所不遇，謂遠遇宋公也。

秋七月癸巳，公子牙卒。牙，慶父同母弟。何休曰：傳例大夫不日卒，惡也。牙與慶父共淫哀姜，謀殺子般，而日卒何也？鄭君釋之曰：牙，莊公母弟，不言弟，其惡已見，不待去日矣。甯案傳例，諸侯之尊，弟兄不得以屬通，蓋以禮諸侯絕朞，而臣諸父昆弟，稱昆弟則是申其私親也。宣十七年，公弟叔肸卒，傳曰：其曰公弟叔肸，賢之也。然則不稱弟，自其常例耳，鄭君之說，某所未詳。

八月癸亥，公薨于路寢。公薨皆書其所，謹凶變。

傳 路寢，正寢也。寢疾居正寢，正也。男子不絕于婦人之手，以齊終也。齊，絜。○齊，側皆反。

冬十月乙未，子般卒。在喪，故稱子。般，其名也。莊公大子，不書弒，諱也。

傳 子卒日，正也。襄三十一年秋九月癸巳，子野卒，是也。不日，故也。文十八年冬十月，子赤卒，是也。有所見則日。閔公不書即位，是見繼弒者也，故慶父弒子般，子般可以日卒，不待不日而顯。

公子慶父如齊。

傳 此奔也，其曰如，何也？據閔二年慶父奔莒，不言如。諱莫如深，深則隱。深謂君賊奔，隱痛之至也，故子般日卒，慶父如齊。苟有所見，莫如深也。閔公不書即位，子般之弒，慶父[illegible]奔。

秋，伐邢。

閔公

元年，春，王正月。

傳 繼弑君不言即位，正也。親之非父也，尊之非君也，（未踰年也。）繼之如君父也者，受國焉爾。

齊人救邢。

傳 善救邢也。（善齊桓得伯之道。）

夏，六月，辛酉，葬我君莊公。

傳 莊公葬而後舉謚，謚所以成德也，於卒事乎加之矣。

秋，八月，公及齊侯盟于洛姑。

（洛姑，齊地。）

傳 盟納季子也。

季子來歸。

傳 其曰季子，貴之也。（大夫稱名氏，今曰子，是貴之也。子，男子之美稱。）其曰來歸，喜之也。（大夫出使歸不書，弑然後致，不言歸。國內之人不曰來，今言來者，明本欲遂去，同他國之人也；言歸者，明實魯人也。喜之者，季子賢大夫，以亂故出奔，國人思之，恐其遂去不反，今得其還，故皆喜，曰季子歸來。）

冬，齊仲孫來。

傳 其曰齊仲孫，外之也。（魯絕之，故繫之于齊。）其不目而曰仲孫，疏之也。（不目，謂不言公子慶父。）其言齊，以累桓也。（繫仲孫於齊，言桓容赦有罪。○累，劣僞反。）

二年，春，王正月，齊人遷陽。

夏，五月，乙酉，吉禘于莊公。

（三年喪畢，致新死者之主於廟，廟之遠主當遷入大祖之廟，因是大祭，以審昭穆，謂之禘。莊公喪制未闋，時別立廟，廟成而吉祭之，不於大廟，故詳書以示譏。○大音泰，下同。闋，苦穴反。）

傳 吉禘者，不吉者也。喪事未畢而舉吉祭，故非之也。（莊公薨，至此方二十二月，喪未畢。）

秋，八月，辛丑，公薨。

傳 不地，故也。其不書葬，不以討母葬子也。（凡君弑，賊討則書葬。哀姜實被討而不書葬者，不以討母葬子。）

九月，夫人姜氏孫于邾。

（哀姜與弑閔公，故出奔。○孫音遜。）

傳 孫之為言猶孫也，諱奔也。

公子慶父出奔莒。

傳 其曰出，絕之也。慶父不復見矣。（慶父弑子般、閔公，不書弑，諱之。）

冬，齊高子來盟。

傳 其曰來，喜之也。其曰高子，貴之也。盟立僖公也。不言使，何也？（據桓十四年，鄭伯使其弟禦來盟，言使。）不以齊侯使高子也。（齊侯不討慶父，使魯重權其禍，今若高子）

自來、非齊侯所得使也、猶屈完不稱使也、江熙曰、魯頻弒君、僖公非正也、桓公遣高傒立僖公以存魯、魯人德之、不名其使、以貴之、貴其使則其主重矣、○傒音奚、其使所吏反

十有二月。狄入衛。僖公二年、城楚丘以封衛、則衛爲狄所滅明矣、不言滅而言入者、春秋爲賢者諱、齊桓公不能攘夷狄救中國、故爲之諱、

鄭棄其師。

傳 惡其長也。兼不反其衆。則是棄其師也。長謂高克也、高克好利、不顧其君、文公惡而遠之不能、使高克將兵禦狄于竟、陳其師旅、翺翔河上、久而不召、衆將離散、高克進之不以禮、文公退之不以道、危國亡師之本、○惡其烏路反、注同、長丁丈反、兼戶謙反、又如字、將子匠反、竟音境

春秋穀梁傳卷六終

春秋穀梁傳卷七

晉豫章太守順陽范甯集解
皇明後學東吳金蟠較訂

僖公

元年。春。王正月。

傳 繼弒君不言卽位。正也。

齊師。宋師。曹師。次于聶北。救邢。聶北、邢地、

傳 救不言次。據莊六年、王人子突救衛、不言次、言次非救也。次、止也、救、赴急之意、今方停止、故知非救也、非救而曰救。何也。遂齊侯之意也。錄其本意是齊侯與。怪其稱師、齊侯也。何用見其是齊侯也。據經書齊師、曹無師。曹師者。曹伯也。小國君將稱君、卿將稱人、不得稱師、言師則是曹伯也、曹君不可在師下、故知是齊侯、○將子匠反其不言曹伯。何也。以其不言齊侯。不可言曹伯也。其不言齊侯。何也。以其不足乎揚。不言齊侯也。救不及事、不足稱揚、

夏。六月。邢遷于夷儀。辟狄難、夷儀、邢地、

傳 遷者。猶得其國家以往者也。其地。邢復見也。非若宋人遷宿、滅不復見、

齊師。宋師。曹師城邢。

傳是向之師也。使之如改事然，美齊侯之功也。（是向聶北之師，當言遂，今復列三國者，美齊桓存亡國。○向，許亮反，本又作鄉）

秋七月戊辰，夫人姜氏薨于夷。（哀姜）

齊人以歸。

傳夫人薨不地。地，故也。不言以喪歸，非以喪歸也。加喪焉，諱以夫人歸也。（泰曰：齊人實以夫人歸，殺之于夷，諱，故使若自行至夷，遇疾而薨，然後齊人以喪歸也。歸在薨前，而今在下，是加喪之文也。經不言以喪歸者，以本非以喪歸也。傳例曰：以者，不以者也。微旨見矣）其以歸，薨之也。（以歸，然後殺之）

楚人伐鄭。

八月，公會齊侯、宋公、鄭伯、曹伯、邾人于檉。（檉，宋地。○檉，勑貞反，一本作朾，音同）

九月，公敗邾師于偃。（偃，邾地。○一本作堰）

傳不日，疑戰也。疑戰而曰敗，勝內也。

冬十月壬午，公子友帥師敗莒師于麗，獲莒挐。（麗，魯地。傳例曰：獲者，不與之辭。○麗，力他反。挐，女居反，又女加反）

傳莒無大夫，其曰莒挐何也？（據非大夫不書）以吾獲之目之也。內不言獲，（獲者，不與之辭，主善以內，故不言獲）此其言獲何也？（據文十一年叔孫得臣敗狄于鹹，不言獲長狄）惡公子之紿。（紿，欺紿也。○惡，烏路反。紿，徒乃反）紿者奈何？公子友謂莒挐曰：吾二人不相說，士卒何罪？屏左右而相搏。公子友處下，左右曰：孟勞！孟勞者，魯之寶刀也。公子友以殺之。然則何以惡乎紿也？（據得勝地。○說音悅）曰：棄師之道也。（江熙曰：經書敗莒師，而傳云二人相搏，則師不戰，何以得敗？理自不通也。夫王赫斯怒，貴在爰整；子所慎三，戰居其一。季友令德之人，豈當舍三軍之整，佻身獨鬭，潛刃相害，以決勝負者哉？雖千載之事難明，然風味之所期，古猶今也。此又事之不然，傳或失之。○舍音捨。佻，他堯反，又徒堯反）

十有二月丁巳，夫人氏之喪至自齊。

傳其不言姜，以其殺二子，貶之也。（二子，子般、閔公）或曰：為齊桓諱殺同姓也。

二年春王正月，城楚丘。

傳楚丘者何？衛邑也。國而曰城，此邑也，其曰城何也？（據元年齊師、宋師、曹師城邢，邢，國也）封衛也。（閔二年狄入衛，遂滅）則其不言城衛何也？衛未遷也。其不言衛之遷焉何也？（據元年邢遷于夷儀，言遷也）不與齊侯專封也。其言城之者，專辭也。故非天子不得專封諸侯，諸侯不得專封諸侯，雖通其仁，以義而不與也。（存衛，是桓之仁，故通令城楚丘，義不可以專封，故不言遷衛。○令，力呈反）故曰：仁不勝道。（仁謂存亡國，道謂上下之禮）

夏五月辛巳，葬我小君哀姜。

虞師晉師滅夏陽。

傳 非國而曰滅。重夏陽也。虞無師。其曰師。何也。以其先晉。不可以不言師也。（人不得居師上。貴賤之序。○夏陽。左氏下陽。先蘇薦反）其先晉何也。（據小不先大）為主乎滅夏陽也。夏陽者。虞虢之塞邑也。（其地險要。故二國以為塞邑）滅夏陽而虞虢舉矣。虞之為主乎滅夏陽。何也。晉獻公欲伐虢。荀息曰。君何不以屈產之乘。垂棘之璧。而借道乎虞也。（荀息。晉大夫。屈邑產駿馬。垂棘出良璧。○屈其勿反。又君勿反）公曰。此晉國之寶也。如受吾幣而不借吾道。則如之何。荀息曰。此小國之所以事大國也。（此謂璧馬之屬）彼不借吾道。必不敢受吾幣。如受吾幣而借吾道。則是我取之中府。而藏之外府。取之中廄而置之外廄也。公曰。宮之奇存焉。（宮之奇。虞之賢大夫。○廄音救。奇其宜反）必不使受之也。荀息曰。宮之奇之為人也。達心而懦。（懦弱）又少長於君。達心則其言略。（明達之人。言則舉綱領要。不言提其耳。則愚者不悟）懦則不能強諫。少長於君。則君輕之。且夫玩好在耳目之前。而患在一國之後。此中知以上乃能慮之。臣料虞君中知以下也。公遂借道而伐虢。宮之奇諫曰。晉國之使者。其辭卑而幣重。必不便於虞。虞公弗聽。遂受其幣而借之道。宮之奇諫曰。語曰。脣亡則齒寒。其斯之謂與。（語。諺言也。○好呼報反。知音智）挈其妻子以奔曹。獻公亡虢。五年而後舉虞。荀息牽馬操璧而前曰。璧則猶是也。而馬齒加長矣。（猶是言如故。○長丁丈反）

秋。九月。齊侯。宋公。江人。黃人。盟于貫。（貫。宋地）

傳 貫之盟。不期而至者。江人黃人也。江人黃人者。遠國之辭也。中國稱齊宋。遠國稱江黃。以為諸侯皆來至也。

冬。十月。不雨。

傳 不雨者。勤雨也。（言不雨。是欲得雨之心勤也。明君之恤民）

楚人侵鄭。

三年。春。王正月。不雨。

傳 不雨者。勤雨也。

夏。四月。不雨。（一時不雨則書首月。不言旱。不為災）

傳 一時言不雨者。閔雨也。（經一時輒言不雨。憂民之至。閔憂也）閔雨者。有志乎民者也。

徐人取舒。

六月。雨。

傳 雨云者。喜雨也。喜雨者。有志乎民者也。

秋。齊侯。宋公。江人。黃人。會于陽穀。

陽穀、齊地、

傳 陽穀之會。桓公委端搢笏而朝諸侯。委、委貌之冠也、端、玄端之服、搢、插也、笏以記事者也、所謂衣裳之會、○搢音進、又音箭、朝直遙反 諸侯皆諭乎桓公之志。

冬。公子季友如齊涖盟。

傳例曰、涖、位也、內之前定之盟謂之涖、外之前定之盟謂之來、

傳 涖者位也。盟誓之言素定、今但往其位而盟 其不日。前定也。不言及者。以國與之也。不言其人。亦以國與之也。

楚人伐鄭。

四年。春。王正月。公會齊侯。宋公。陳侯。衛侯。鄭伯。許男。曹伯。侵蔡。蔡潰。

傳例曰、侵時、而此月、蓋爲潰、

傳 潰之爲言上下不相得也。君臣不和、而自潰散 侵。淺事也。侵蔡而蔡潰。以桓公爲知所侵也。責得其罪、故裁侵而潰、 不土其地。不分其民。明正也。

遂伐楚。次于陘。

楚彊、齊欲綏之以德、故不速進而次于陘、陘、楚地、○陘音刑

傳 遂。繼事也。次。止也。

夏。許男新臣卒。

十四年冬、蔡侯肸卒、傳曰、諸侯時卒、惡之也、宣九年辛酉、晉侯黑臀卒于扈、傳曰、其地、于外也、其日、未踰竟也、然則新臣卒于楚、故不日耳、非惡也、

傳 諸侯死于國。不地。死于外。地。死于師。何爲不地。據宣九年晉侯黑臀卒于扈、 內桓師也。齊桓威德洽著、諸侯安之、雖卒於外、與其在國同、

楚屈完來盟于師。盟于召陵。

屈完來如陘師盟、齊桓以其服義、爲退一舍、次于召陵而與之盟、召陵、楚地

傳 楚無大夫。其曰屈完何也。以其來會桓。成之爲大夫也。無命卿也、 其不言使。權在屈完也。大夫、邵曰、齊桓威陵江漢、楚人尊齊桓、不欲令與卑者盟、故屈完權事之宜、以義卻齊、遂得與師盟、以安竟內、功皆在完、故不言使 則是正乎。曰。非正也。臣無自專之道、 以其來會諸侯。重之也。重其宗中國、歸有道也、 來者何。內桓師也。來者、內辭也、內桓師、故言來、

于師。前定也。于召陵。得志乎桓公也。得志者。不得志也。屈完來盟、桓公退于召陵、是屈完得其本志、屈完得志、則桓公不得志、 以桓公得志爲僅矣。桓爲霸主、以會諸侯、楚子不來、屈完受盟、令問諸侯、辭又不順、僅乃得志、言楚之難服、 屈完曰。大國之以兵向楚。何也。桓公曰。昭王南征不反。菁茅之貢不至。故周室不祭。菁茅、香草、所以縮酒、楚之職貢、 屈完曰。菁茅之貢不至。則諾。昭王南征不反。我將問諸江。問江邊之民有見之者不、此不服罪之言、故退于召陵而與之盟、屈完所以得志、桓公之不得志爾、

齊人執陳袁濤塗。

袁濤塗、陳大夫、

傳 齊人者。齊侯也。其人之何也。於是哆然外齊侯也。不正其踰

國而執也。江熙曰、踰國謂踰陳而執陳大夫、主人之不敬客、由客之先不敬主人、咳然衆有不服之心、故春秋因而譏之、所謂以萬物爲心也、莊十七年、齊人執鄭詹、傳與其執者、詹奔在齊因執之、○咳昌者反

秋。及江人黃人伐陳。

傳不言其人及之者何。內師也。

八月。公至自伐楚。

傳有二事偶。則以後事致。後事小。則以先事致。其以伐楚致。大伐楚也。鄭君曰、會爲大事、伐爲小事、令齊桓伐楚而後盟于召陵、公當致會而致伐者、楚彊莫能伐者、故以伐楚爲大事、

葬許穆公。

冬。十有二月。公孫茲帥師會齊人。宋人。衞人。鄭人。許人。曹人。侵陳。莊十年春二月公侵宋、傳曰侵時此其月何也、惡之、故謹而月之、然則凡侵而月者皆惡之、

五年。春。晉侯殺其世子申生。

傳目晉侯斥殺。惡晉侯也。斥、指斥

杞伯姬來。朝其子。

傳婦人既嫁不踰竟。踰竟非正也。諸侯相見曰朝。伯姬爲志乎朝其子也。伯姬爲志乎朝其子。則是杞伯失夫之道矣。凱曰、不能刑于寡妻、諸侯相見曰朝。以待人父之道待人之子。非正也。故曰杞伯姬來朝其子。參譏也。參譏、謂伯姬、杞伯、曾侯也、桓九年、曹伯使其世子射姑來朝、譏世子、此不譏者、明子隨母、行年尚幼弱、未可責以人子之道、伯姬以莊二十五年夏嫁、至今十三年、則子幼可知、○參七南反又音三

夏。公孫茲如牟。

公及齊侯。宋公。陳侯。衞侯。鄭伯。許男。曹伯。會王世子于首戴。惠王之世子名鄭、後立爲襄王、首戴、衞地、○首戴左氏作首止

傳及以會。尊之也。言及諸侯、然後會王世子、不敢令世子與諸侯齊列、何尊焉。王世子云者。唯王之貳也。云可以重之存焉。尊之也。何重焉。天子世子世天下也。

秋。八月。諸侯盟于首戴。言諸侯者前目而後凡、他皆放此、

傳無中事而復舉諸侯。何也。尊王世子而不敢與盟也。尊則其不敢與盟。何也。盟者。不相信也。故謹信也。不敢以所不信而加之尊者。桓。諸侯也。不能朝天子。是不臣也。王世子。子也。塊然受諸侯之尊己而立乎其位。是不子也。桓不臣。王世子不子。則其所善焉。何也。是則變之正也。雖非禮之正、而合當時之宜、天子微。諸侯不享覲。桓控大國。扶小國。統諸侯。不能以朝天子。亦不敢致天王。尊王世子于首戴。乃所以尊天王之命也。世子含王命會齊桓。亦所以尊天王之命也。世子受之可乎。是亦變之正也。天子微。諸侯不享覲。世子受諸侯之尊己。而天王尊矣。世子受之可也。○控

苦貢反

鄭伯逃歸不盟。

傳以其去諸侯。故逃之也。尊己背衆、故書逃。傳例曰、逃義曰逃。

楚人滅弦。弦子奔黃。

傳弦。國也。其不日。微國也。

九月戊申朔。日有食之。

冬。晉人執虞公。虞公貪璧馬之寶、棄兄弟之親、拒絕忠諫之口、不圖社稷之危、故晉命行于虞、使下執上、虞同于晉、是以謂之晉人執虞公。江熙曰、春秋有州公、郭公、虞公、凡三公、非爵也。傳以爲下執之辭、嘗試因此論之、五等諸侯、民皆稱曰公、存有王爵之號、沒則申

其臣民之稱、州公舍其國、故先書州公、郭公蓋而歸曹、故先名而後稱郭公、夏陽亡、則虞爲滅國、故宜稱虞公、三人殊而一致、三公外而同歸、生死齊稱、蓋春秋所賤、○外昌究反

傳執不言所于地。縕于晉也。時虞已包裹屬於晉、故雖在虞執而不書其處、○縕紆粉反、裹音果

其曰公。何也。據十九年、宋人執滕子嬰齊、不言公、猶曰其下執之之辭也。臣民執其君、故稱公、其猶下執之之辭。何也。晉命行乎虞民矣。虞服于晉、故從晉命而執其君、虞虢之相救。非相爲賜也。今日亡虢。而明日亡虞矣。言明日、喻其速、

春秋穀梁傳卷七 終

春秋穀梁傳卷八

晉豫章太守順陽范 甯集解

皇明 後學 東吳葛 鼒較訂

僖公

六年。春。王正月。

夏。公會齊侯。宋公。陳侯。衛侯。曹伯。伐鄭。圍新城。

傳伐國不言圍邑。此其言圍。何也。據元年、楚人伐鄭、不言圍、病鄭也。著鄭伯之罪也。泰曰、諸伐國而言圍邑、傳皆以爲伐者之罪、而以此著鄭伯之罪者、齊桓行霸、尊崇王室、綏合諸侯、翼戴世子、盟之美者、莫盛於此、而鄭伯辟義逃歸、違叛霸者、是以諸侯伐而圍之、罪著于上、討顯于下、圍伐之文雖同、而善惡之義有殊、亦猶桓盟不日、以明信、而葵丘之盟日之、以爲美、

秋。楚人圍許。諸侯遂救許。伐鄭之諸侯、

傳善救許也。

冬。公至自伐鄭。

傳其不以救許致。何也。大伐鄭也。

七年。春。齊人伐鄭。

夏。小邾子來朝。

鄭殺其大夫申侯。

傳稱國以殺大夫，殺無罪也。

秋七月，公會齊侯、宋公、陳世子款、鄭世子華盟于寗母。

寗母，某地。○寗母上音如字，又音寗，下音無，又茂后反，左氏作寗。

傳衣裳之會也。

曹伯班卒。

公子友如齊。

冬，葬曹昭公。

八年春王正月，公會王人、齊侯、宋公、衛侯、許男、曹伯、陳世子款盟于洮。

洮，曹地。

傳王人之先諸侯何也？貴王命也。朝服雖敝，必加於上；弁冕雖舊，必加於首；周室雖衰，必先諸侯。兵車之會也。

鄭伯乞盟。

傳以向之逃歸乞之也。

向謂五年逃首戴之盟，齊桓為兵車之會于此，乃震服懼不得盟，故乞得與之。不錄使者，使若鄭伯自來，所以抑一人之惡，申衆人之善。○向，香亮反，本又作鄉。與音豫。使者，所吏反。

乞者，重辭也。

人道貴讓，故以乞為重。

重是盟也。

悔前逃歸，故以重言。

乞者，處其所而請與也。

言乞，知不自來。

蓋汋之也。

汋血而與之。○汋，由若反，又音酌。

夏，狄伐晉。

秋七月，禘于太廟。

禘，三年大祭之名。大廟，周公廟。禮記明堂位曰：季夏六月，以禘禮祀周公于大廟。雜記下曰：孟獻子曰，七月日至，可以有事于祖，七月而禘，獻子為之。案宣九年仲孫蔑如京師，於是獻子始見經，襄十九年卒，然則失禮非獻子所始明矣。雜記之云，寗所未詳。

用致夫人。

劉向曰：夫人，成風也。致之于大廟，立之以為夫人。

傳用者，不宜用者也。致者，不宜致者也。言夫人必以其氏姓。言夫人而不以氏姓，非夫人也，立妾之辭也，非正也。

夫人者，正嫡之稱謂，非崇妾之嘉號。以妾體君，則上下無別，雖尊其母，是卑其父，故曰非正也。禮有君之母非夫人者，又庶子為後，為其母緦，是妾不為夫體明矣。

夫人之，我可以不夫人之乎？夫人卒葬之，我可以不卒葬之乎？

鄭嗣曰：君以為夫人，君以夫人之禮卒葬之，主書者不得不以為夫人也。成風以文四年薨，五年葬，傳終說其事。

一則以宗廟臨之而後貶焉，

臣無貶君之義，故于大廟去夫人氏姓，以明君之非正。

一則以外之弗夫人而見正焉。

秦人來歸僖公成風之襚，不言夫人。○襚音遂。

冬十有二月丁未，天王崩。

惠王也。

九年春王三月丁丑，宋公禦說卒。

○禦本亦作御。說音悅。

夏，公會宰周公、齊侯、宋子、衛侯、鄭伯、許男、曹伯于葵丘。

宰官、冢采地、天子三公不字、宋子、襄公、葵丘、地名、

傳天子之宰、通于四海。宰、天官冢宰、兼爲三公者、三公論道之官、無事于會盟、冢宰掌建邦之六典、以佐王治邦國、故曰通于四海、宋其稱子、何也。未葬之辭也。禮、柩在堂上、孤無外事。今背殯而出會、以宋子爲無哀矣。欑木加梓塗之曰殯、殷人殯于兩楹之間、周人殯于西階之上、宋、殷後也、○柩其救反、欑木才官反

秋七月、乙酉、伯姬卒。

傳内女也。未適人不卒。此何以卒也。許嫁、笄而字之、死則以成人之喪治之。女子許嫁、不爲殤死、則以成人之喪治之、謂許嫁于諸侯、尊同則服大功九月、吉笄以象爲之、刻鏤其首以爲飾、成人著之、○笄古兮反、殤式羊反、著下略反

九月、戊辰、諸侯盟于葵丘。

傳桓盟不日。此何以日。美之也。爲見天子之禁、故備之也。何休以爲即日爲美、其不日皆爲惡也、桓公之盟不日、皆爲惡邪、莊十三年、柯之盟不日爲信、至此日以爲美、義相反也、鄭君釋之曰、柯之盟不日、固始信之、自其後盟以不日爲平文、從陽穀已來、至此葵丘之盟、皆令諸侯以天子之禁、桓德極而將衰、故備日以美之、自此不復盟矣、○爲見于僞反、下賢徧反、復扶又反葵丘之盟、陳牲而不殺。所謂無歃血之盟、鄭君曰、盟牲、諸侯用牛、大夫用猳、○歃本又作插、猳音加、讀書加于牲上、壹明天子之禁。壹、猶專也、曰、毋雍泉。專水利以障谷、○雍於勇反毋訖糴。訖、止也、謂貯粟、○糴音狄、貯張呂反毋易樹子。樹子、嫡子、毋以妾爲妻。毋使婦人與國事。女正位於内、○與音豫。

甲子、晉侯詭諸卒。

獻公也、枉殺世子申生、失德、不葬、○詭諸左氏作佹諸

冬、晉里克殺其君之子奚齊。

傳其君之子云者、國人不子也。國人不子、何也。不正其殺世子申生而立之也。諸侯在喪稱子、言國人不君之故、繫于其君、

十年、春、王正月、公如齊。

秋、滅溫。溫子奔衞。

晉里克弒其君卓、及其大夫荀息。

傳以尊及卑也。荀息閑也。

夏、齊侯許男伐北戎。

晉殺其大夫里克。

傳稱國以殺、罪累上也。里克弒二君與一大夫。二君、奚齊、卓子、一大夫、荀息、其以累上之辭言之、何也。據有罪、其殺之不以其罪也。其殺之不以其罪奈何。里克所爲弒者、爲重耳也。殺奚齊卓子者、欲以重耳爲君、重耳、夷吾兄、文公、○所爲于僞反、下文皆同、重直龍反夷吾曰、是又將殺我乎。故殺之不以其罪也。其爲重耳弒奈何。晉獻公伐虢、得麗姬。獻公私之。有二子。長曰奚齊、稚曰卓子。麗姬欲爲亂。亂、謂殺申生而立其子、○麗力池反故謂君曰、吾夜者夢夫人趨而來曰、吾苦畏。夫人、申生母、胡不使大夫將衞士而衞冢乎。公曰、孰可使。曰、臣莫尊於世子、則世子可。故君謂世子

曰麗姬夢夫人趨而來曰吾苦畏女其將衛士而往衛冢乎世子曰敬諾築宮宮成麗姬又曰吾夜者夢夫人趨而來曰吾苦饑世子之宮已成則何為不使祠也故獻公謂世子曰其祠世子祠已祠致福於君君田而不在麗姬以酖為酒藥脯以毒獻公田來麗姬曰世子已祠故致福於君君將食麗姬跪曰食自外來者不可不試也覆酒於地而地賁〔賁沸起也○女音汝下皆同祠自絲反酖直蔭反賁扶粉反〕以脯與犬犬死麗姬下堂而啼呼曰天乎天乎國子之國也子何遲於為君君喟然歎曰吾與女未有過切〔吾與女未有過差切急〕是何與我之深也使人謂世子曰爾其圖之世子之傅里克謂世子曰入自明入自明則可以生不入自明則不可以生世子曰吾君已老矣已昏矣吾若此而入自明則麗姬必死麗姬死則吾君不安所以使吾君不安者吾不若自死吾寧自殺以安吾君以重耳為寄矣〔慮麗姬又譖重耳故以託里克使保全之〕刎脰而死〔○脰音豆〕故里克所為弒者為重耳也夷吾曰是又將殺我也

秋七月

冬大雨雪〔○雨于付反〕

十有一年春晉殺其大夫丕鄭父〔○丕浦悲反〕

傳稱國以殺罪累上也

夏公及夫人姜氏會齊侯于陽穀

秋八月大雩

傳雩月正也雩得雨曰雩不得雨曰旱〔禮龍見而雩常祀不書書者皆以旱也故得雨則喜以月為正也不得雨則書旱明旱災成何休曰公羊書雩者善人君應變求索不雩則言旱旱而不害物言不雨也就如穀梁設本不雩何以明之如以不雨明之設旱而不害物何以別乎鄭君釋之曰雩者夏祈穀實之禮也旱亦用雩得雨書雩明雩有益不得雨書旱明旱災成後得雨無及也國君而遭旱雖有不憂民事者何乃廢禮本不雩禱哉顧不能致精誠也旱而不害物因以久不雨別之文二年十三年自十有二月自正月不雨至于秋七月是也穀梁傳曰歷時而言不雨文不閔雨也以文不憂雨故不如僖時書不雨文所以不閔雨者素無志於民性退弱而不明又見時久不雨而無災耳○雩音于龍見賢徧反下同素所白反〕

冬楚人伐黃

十有二年春王正月庚午日有食之

夏楚人滅黃

傳貫之盟管仲曰江黃遠齊而近楚楚為利之國也若伐而不能救則無以宗諸侯矣〔宗諸侯謂諸侯宗之○貫古亂反為于僞反〕桓公不聽遂與之盟管仲死楚伐江滅黃桓公不能救故君子閔之也〔閔其貪慕伯者以致滅〕

秋七月。

冬十有二月丁丑陳侯杵臼卒。

十有三年春狄侵衛。

夏四月葬陳宣公。

公會齊侯宋公陳侯衛侯鄭伯許男曹伯于鹹

鹹衛地。○鹹音咸

傳兵車之會也。

秋九月大雩。

冬公子友如齊。

十有四年春諸侯城緣陵。

緣陵、杞邑、

傳其曰諸侯散辭也。直曰諸侯、無大小之序、是各自欲城、無摠一之者、非伯者所制、故曰散辭、聚而曰散何也。據言諸侯城則是聚、諸侯城有散辭也。桓德衰矣。言諸侯城、非伯者之爲可知也、齊桓德衰、所以散也、何休曰、案先是盟亦言諸侯、非散也、又穀梁美九年諸侯盟于葵丘、即散何以美之邪、鄭君釋之曰、九年、公會宰周公齊侯宋子衛侯鄭伯許男曹伯于葵丘、九月戊辰盟于葵丘、時諸侯初在會、未有歸者、故可以不序、今此十三年夏、公會齊侯宋公陳侯衛侯鄭伯許男曹伯於鹹、而冬公子友如齊、此聘也、書聘、則會固前已歸矣、今云諸侯城緣陵、而不序其人、明其散、桓德衰矣、葵丘之事、安得以難此、○難乃旦反

夏六月季姬及繒子遇于防使繒子來朝。

遇例時、此非所宜遇、故謹而月之、○繒在稜反、朝直遥反、

傳遇者同謀也。魯女無故遠會諸侯、遂得淫通、此亦事之不然、防而使來朝、此近合人情、來朝者來請己也。使來朝請己爲妻、朝不言使、言使非正也、以病繒子也。

秋八月辛卯沙鹿崩。

沙鹿、晉山、

傳林屬於山爲鹿。鹿山足、沙山名也。無崩道而崩、故志之也、其日重其變也。劉向曰、鹿在山下平地、臣象陰位也、崩者散落、背叛不事上之象、

狄侵鄭。

冬蔡侯肸卒。

○肸許乞反、

傳諸侯時卒惡之也。○惡烏路反

十有五年春王正月公如齊。

楚人伐徐。

三月公會齊侯宋公陳侯衛侯鄭伯許男曹伯盟于牡丘。

牡丘、地名、

傳兵車之會也。

遂次于匡。

救徐也，時楚人伐徐，匡，衛地。

傳遂，繼事也。次，止也，有畏也。畏楚。

公孫敖帥師及諸侯之大夫救徐。諸侯既盟次匡，皆遣大夫將兵救徐，故不復具列諸國。

傳善救徐也。

夏五月，日有食之。夜食。

秋七月，齊師、曹師伐厲。徐邈曰，案齊桓末年，用師及會皆危之，而月也，于時霸業已衰，勤王之誠替于內，震矜之容見於外，禍釁既兆，動接危理，故月，

衆國之君雖有失道，未足為一世興衰，齊桓威攝羣后，政行天下，其得失皆治亂所繫，故春秋重而詳之，錄所善而著所危云爾。

八月，螽。

傳螽，蟲災也。甚則月，不甚則時。

九月，公至自會。莊二十七年傳曰，桓會不致，安之也，而此致者，齊桓德衰，故危而致之。

季姬歸于繒。

己卯晦，震夷伯之廟。夷謚，伯字。

傳晦，冥也。震，雷也。夷伯，魯大夫也。因此以見天子至于士皆有廟。明夷伯之廟過制，故因此以言禮。天子七廟，祭法曰，王立七廟，曰考廟，王考廟，皇考廟，顯考廟，祖考廟，有二祧，遠廟爲祧。諸侯五，曰考廟，王考廟，皇考廟，顯考廟，祖考廟。大夫三，曰考廟，王考廟，皇考廟。士二。曰考廟，王考廟。故德厚者流光，德薄者流卑。雍曰，德厚者位尊，道隆者爵重，故天子遠及七世，士祭祖而已。是以貴始，德之本也。始封必爲祖。若契爲殷祖，棄爲周祖。○契息列反

冬，宋人伐曹。

楚人敗徐于婁林。婁林，徐地。

傳夷狄相敗，志也。

十有一月壬戌，晉侯及秦伯戰于韓，韓，晉地。

獲晉侯。獲者，不與之辭，諸侯非可相獲。

傳韓之戰，晉侯失民矣，以其民未敗而君獲也。

十有六年春王正月戊申朔，隕石于宋五。劉向曰，石陰類也，五陽數也，象陰而陽行，將致隊落。○行下孟反，下陰行同，隊直類反

傳先隕而後石，何也。據莊七年星隕如雨，先言星，後言隕。隕而後石也。既隕，後乃知是石。于宋，四竟之內曰宋。後數，散辭也，耳治也。隕石，記聞也，聞其礦然，視之則石，察之則

五。○竟音境治直吏反下目治同嗔之人反又大年反

是月。六鷁退飛。過宋都。是月隕石之月、劉向曰、鷁陽也、六陰數也、象陽而陰行、必衰退。○鷁五歷反

【傳】是月也。決不日而月也。欲著石日鷁月、故言是月、若不言是月、則嫌與戊申同、六鷁退飛。過宋都。先數。聚辭也。目治也。六鷁退飛、記見也、視之則六、察之則鷁、徐而察之則退飛、子曰。石無知之物。鷁微有知之物。石無知。故日之。石無知而隕、必天使之然、故詳而日、鷁微有知之物。故月之。鷁或時自欲退飛耳、是以略而月之、君子之于物。無所苟而已。石鷁且猶盡其辭。而況于人乎。故五石六鷁之辭不設。則王道不亢矣。不遺微細、故王道可舉、民所聚曰都。

三月。壬申。公子季友卒。

【傳】大夫日卒。正也。季友、桓公之子、稱公弟叔仲。賢也。大夫不言公子公孫。疏之也。

夏。四月。丙申。鄫季姬卒。

秋。七月。甲子。公孫茲卒。

【傳】大夫日卒。正也。

冬。十有二月。公會齊侯。宋公。陳侯。衞侯。鄭伯。許男。邢侯。曹伯于淮。

【傳】兵車之會也。

十有七年。春。齊人徐人伐英氏。

夏。滅項。

【傳】孰滅之。桓公也。何以不言桓公也。據莊十年齊師滅譚、稱齊師、為賢者諱也。項國也。不可滅而滅之乎。桓公知項之可滅也。知政昏亂易可滅、而不知己之不可以滅也。霸者存恤鄰國、抑彊輔弱、義不可滅人之國、既滅人之國矣。何賢乎。君子惡惡疾其始。絕其始、則得不終於惡、邵曰、謂疾其初為惡之事、不終身疾之、○惡惡並如字又烏路反、善善樂其終。樂賢者終其行也、邵曰、謂始有善事、則終身善之、○行下孟反、桓公嘗有存亡繼絕之功。故君子為之諱也。邵曰、存亡、謂存邢衞、繼絕、謂立僖公、所以終其善、

秋。夫人姜氏會齊侯于卞。卞、魯地、

九月。公至自會。桓會不致、而今致會、桓公德衰、威信不著、陳列兵車、又以滅項、往會既非、踰年乃反、故往還皆月以危之、

冬。十有二月。乙亥。齊侯小白卒。

【傳】此不正。其日之何也。據二十四年、晉侯夷吾卒、不書日、其不正前見矣。其不正之前見何也。以不正入虛國。故稱嫌焉爾。莊九年齊小白入于齊、貶不稱公子、虛國、謂齊無人、傳例曰以國氏者嫌也、

十有八年。春。王正月。宋公。曹伯。衞人。邾人。伐齊。

【傳】非伐喪也。伐喪無道、故謹而月之、

夏。師救齊。

魯師。

傳善救齊也。

五月，戊寅，宋師及齊師戰于甗。甗，齊地。○甗，魚輦反，又音言。

齊師敗績。

傳戰不言伐，客不言及，言及，惡宋也。何休曰：戰言及者，所以別客主直不直也，故文十二年，晉人秦人戰于河曲，兩不直，故不云及。今宋言及，明直在宋，非所以惡宋也。鄭言及爲惡，是河曲之戰爲兩善乎？又穀梁以河曲不言及，略之也，則自相反矣。鄭君釋之曰：及者，別異客主耳，不施於直與不直也。直不直自在事而已。義兵則客直，宣十二年夏，晉荀林父帥師及楚子戰于邲，晉師敗績是也。兵不義則主人直，莊二十八年春，衛人及齊人戰，衛人敗績是也。今齊

伯卒未葬，宋襄欲興霸事而伐喪，於禮尤反，故反其文，以宋及齊，師實以宋及齊，明直在宋。邲之戰直在楚，不以楚及晉，何邪？秦晉戰于河曲，不言及，疾其亟戰爭舉兵，故略其先後。

狄救齊。

傳善救齊也。

秋，八月，丁亥，葬齊桓公。豎刁易牙爭權，五公子爭立，故危之。○刁音雕。

冬，邢人狄人伐衛。

傳狄其稱人何也？善累而後進之。累，積。伐衛所以救齊也。何休曰：即伐衛救齊，當兩舉，如伐楚救江矣。文傳以爲江遠楚近，故伐楚救江。今狄亦近衛而遠齊，其事一也，義異何也？鄭君釋之曰：文三年冬，晉陽處父帥師伐楚救江，兩舉之者，以晉未有救江文，故明言之。今此春，宋公曹伯衛人邾人伐齊，夏狄救齊，冬邢人狄人伐衛，爲其救齊可知，故省文耳。事同義又何異。功近而德遠矣。伐衛功近耳，夷狄而憂中國，其德遠也。

春秋穀梁傳卷八終

春秋穀梁傳卷九

晉豫章太守順陽范　甯集解

皇明　後學　東吳金　蟠較訂

僖公

十有九年，春，王三月，宋人執滕子嬰齊。

夏，六月，宋公、曹人、邾人盟于曹南。曹南，曹之南鄙。

繒子會盟于邾。己酉，邾人執繒子，用之。

傳 微國之君，因邾以求與之盟。與聞豫也。○與音豫，注及下文同 人因已以求與之盟，已迎而執之，惡之，故謹而日之也。用之者，叩其鼻以衈社也。衈者，釁也，取鼻血以釁祭社器。○惡烏路反，衈音二

秋，宋人圍曹。

衛人伐邢。

冬，會陳人、蔡人、楚人、鄭人盟于齊。會無主名，內卑者也，四國稱人，外卑者也。杜預曰：地於齊，齊亦與盟。

梁亡。

傳 自亡也。湎於酒，淫於色，心昏耳目塞，上無正長之治，大臣背叛，民為寇盜。梁亡，自亡也。如加力役焉，湎不足道也。如使伐之而滅亡，則湎酒不足記也，使其自亡，然後其惡明。○湎面善反，長丁丈反，背音佩 梁亡，鄭棄其師，我無加損焉，正名而已矣。梁亡，出惡正也。正謂政教 鄭棄其師，惡其長也。長謂高克

二十年，春，新作南門。

傳 作，為也，有加其度也。更加 言新，有故也，非作也。責其改舊制 南門者，法門也。法門謂天子諸侯皆南面而治，法令之所出入，故謂之法門

夏，郜子來朝。○郜古報反

五月，乙巳，西宮災。

傳 謂之新宮，則近為禰宮。言閔公非僖公之父，故不言新宮也 以謚言之，則如疏之然。故不言閔宮而云西宮 以是為閔宮也。

鄭人入滑。

秋，齊人、狄人盟于邢。

傳 邢為主焉爾。邢小，其為主何也？其為主乎救齊。十八年，邢人、狄人伐衛，以救齊，是也

冬，楚人伐隨。

傳 隨國也。

二十有一年，春，狄侵衛。

宋人、齊人、楚人盟于鹿上。

宋爲盟主，故序齊上。鹿上，宋地。

夏，大旱。

傳例曰：得雨曰雩，不得雨曰旱。

傳：旱，時正也。

秋，宋公、楚子、陳侯、蔡侯、鄭伯、許男、曹伯會于雩。

雩，宋地。雩或爲宇。

執宋公以伐宋。

傳：以，重辭也。傳例曰：以者，不以者也。此傳及定七年齊人執衛行人北宮結以侵衛，傳皆曰以，重辭也。然則以有二義矣。國之所重，故曰重辭。

冬，公伐邾。

楚人使宜申來獻捷。

楚稱人者，爲執宋公貶。○爲，于僞反。

傳：捷，軍得也。其不曰宋捷，何也？據莊三十一年齊侯來獻戎捷。不與夷狄之捷宋也。不與夷狄捷中國。

十有二月，癸丑，公會諸侯盟于薄。

會雩之諸侯。

釋宋公。

傳：會者，外爲主焉爾。外釋不志，此其志，何也？以公之與之盟目之也。不言楚，不與楚專釋也。何休曰：春秋以執之爲罪，不以釋之爲罪。責楚子專釋，非其理也。公羊以爲公會諸侯釋之，故不復出楚耳。鄭君釋之曰：不與楚專釋者，非以責之也。傳云外釋不志，此其志何也？以公之與之盟目之也。言公與諸侯盟而釋宋公，公有功焉，與公羊義無違錯。

二十二年，春，公伐邾，取須句。

○句，其俱反。

夏，宋公、衛侯、許男、滕子伐鄭。

秋，八月，丁未，及邾人戰于升陘。

升陘，魯地。

傳：內諱敗，舉其可道者也。不言其人，以吾敗也。不言及之者，爲內諱也。○爲，于僞反。

冬，十有一月，己巳，朔，宋公及楚人戰于泓。宋師敗績。

傳：日事遇朔曰朔。春秋三十有四戰，未有以尊敗乎卑，以師敗乎人者也。以尊敗乎卑，以師敗乎人，則驕其敵。襄公以師敗乎人而不驕其敵，何也？責之也。泓之戰，以爲復雩之恥也。前年宋公爲楚所執。雩之恥，宋襄公有以自取之。伐齊之喪，執滕子，圍曹，爲雩之會，不顧其力之不足而致楚成王，成王怒而執之。故曰：禮人而不答，則反其敬；愛人而不親，則反其仁；治人而不治，則反其知。

過而不改。又之。又，復。是謂之過。襄公之謂也。古者被甲嬰冑。非以
興國也。則以征無道也。豈曰以報其恥哉。宋公與楚人戰于泓
水之上。司馬子反曰。楚衆我少。鼓險而擊之。勝無幸焉。若要而擊之，必可破，非僥倖也。○被，皮既反。冑，而救反。司馬子反，左傳作子魚。要，於遥反。襄公曰。君子不推人危。不
攻人厄。須其出。須其出險。○推，如字，又宅回反。既出。旌亂於上。陳亂於下。子反
曰。楚衆我少。擊之。勝無幸焉。襄公曰。不鼓不成列。列陳。○陳，直覲反。須
其成列而後擊之。則衆敗而身傷焉。七月而死。何休曰：即宋公身傷，當言公，不當言師，成十六年楚子敗績是也。又成十六年傳曰：不言師，君重于師也。即成十六年是，二十二年虛言也。即二十二年是，十六年非也。鄭君釋之曰：傳說楚子敗績曰四體偏斷，此則目也。此言君之目與手足有破斷者，乃爲敗矣。今宋襄公身傷耳，當持鼓鞭事，無所害，而師猶敗，故不言宋公敗績也。傳所以言敗衆敗身傷焉者，疾其信而不道，以取大辱。倍則攻敵
則戰。少則守。人之所以爲人者。言也。人而不能言。何以爲人。言
之所以爲言者。信也。言而不信。何以爲言。信之所以爲信者。道
也。信而不道。何以爲道。道之貴者時。其行勢也。凱曰：道有時，事有勢。何貴於道，貴合於時。何貴於時，貴順於勢。宋公守匹夫之狷介，徒蒙恥於夷狄，焉識大通之方，至道之術哉。

二十有三年。春。齊侯伐宋。圍閔。

傳 伐國不言圍邑。此其言圍何也。不正其以惡報惡也。前十八年宋伐齊之喪，是惡也。今齊乘勝而報，是以惡報惡也。○閔，左氏作緡。二十五年楚圍亦同。

夏。五月。庚寅。宋公茲父卒。

猶公之子。襄公

傳 茲父之不葬何也。失民也。其失民何也。以其不教民戰。則是
棄其師也。爲人君而棄其師。其民孰以爲君哉。何休曰：所謂教民戰者，習之也。春秋貴偏戰而惡詐戰，宋襄公所以敗于泓者，守禮偏戰也，非不教其民也。孔子曰：君子去仁，惡乎成名。造次必於是，顛沛必於是。未有守正以敗而惡之也。公羊以爲不書葬，爲襄公諱背殯出會，所以美其有承齊桓尊周室之美志。鄭君釋之曰：教民習戰而不用，是亦不教也。詐戰，謂不期也。既期矣，當觀敵爲策，倍則攻，敵則戰，少則守。今宋襄公於泓之戰違之，又不用其臣之謀而敗，故徒善不用賢良，不足以興霸主之功；徒言不知權譎之謀，不足以交鄰國、會遠疆。故易譏鼎折足，詩刺不用良。此說善也。○而惡，烏路反，下而惡同。惡乎，音烏。造，七報反。爲襄，于僞反。

秋。楚人伐陳。

冬。十有一月。杞子卒。莊二十七年稱伯，今稱子，蓋爲時王所黜。

二十有四年。春。王正月。

夏。狄伐鄭。

秋。七月。

冬。天王出居于鄭。襄王也。天子以天下爲家，故所在稱居。

傳 天子無出。出，失天下也。王者無外，言出，則有外之辭。江熙曰：天子必巡守，然後行，故河陽之守，全天王之行也。平王東遷，其詩不能復雅，而列爲國風。襄王奔鄭，不得全天王之行，則與諸侯不異，故書出也。夫子祖述堯舜，憲

章文武斯文是作、不以道假人、傳言失天下、闕然如有未備、居者。居其所也。雖失天下。莫敢有也。邵曰雖實出奔而王者無外、王之所居則成王畿、鄭不敢有之以爲國。

晉侯夷吾卒。傳曰諸侯時卒惡之也、不葬篡文公而立失德、

二十五年。春王正月。丙午。衞侯燬滅邢。○燬況委反

傳 燬之名何也。據宣十二年楚子滅蕭不名、不正其伐本而滅同姓也。絕先祖支體尤重故名以甚之、

夏。四月。癸酉。衞侯燬卒。

宋蕩伯姬來逆婦。伯姬魯女爲宋大夫蕩氏妻也、自爲其子來逆婦、

傳 婦人旣嫁不踰竟。宋蕩伯姬來逆婦。非正也。其曰婦何也。緣姑言之之辭也。

宋殺其大夫。

傳 其不稱名姓。以其在祖之位。尊之也。何休曰、曹殺其大夫、亦不稱名姓、豈可復以爲祖乎、鄭君釋之曰、宋之大夫盡名姓、禮公族有罪、刑于甸師氏、不與國人慮兄弟也、所以尊異之、孔子之祖孔父、累於宋殤公而死、今骨肉在其位而見殺、故尊之、隱而不忍稱名氏、若罪大者名之而已、使若異姓然、此乃祖之疏也、曹殺其大夫、自以無大夫不稱名氏耳、春秋辭同事異者甚多、隱去卽位以見讓、莊去卽位爲繼弒、是復可以比例非之乎、○去起呂反

秋。楚人圍陳。納頓子于頓。

傳 納者。内弗受也。圍一事也。納一事也。而遂言之。怪其異事而辭相連、有似遂事之辭、蓋納頓子者陳也。圍陳使納頓子、

葬衞文公。

冬。十有二月。癸亥。公會衞子。莒慶盟于洮。衞稱子在喪、洮魯地、

傳 莒無大夫。其曰莒慶何也。以公之會目之也。小國無大夫、以公與會故進之、時有衞子、則無敵公之嫌、

二十有六年。春王正月。己未。公會莒子。衞甯速盟于向。向莒地、

傳 公不會大夫。其曰甯速何也。以其隨莒子。可以言會也。

齊人侵我西鄙。公追齊師至嶲。弗及。○嶲音攜又似兖反

傳 人。微者也。侵。淺事也。公之追之。非正也。至嶲。急辭也。以急辭言之、明不至嶲、弗及者。弗與也。弗與戰也、可以及而不敢及也。畏齊師、其侵也曰人。其追也曰師。以公之弗及。大之也。大之謂變人言師、弗及。内辭也。弗及者若曰我自不及耳、非齊不可及、

夏。齊人伐我北鄙。

衛人伐齊。
公子遂如楚乞師。
傳乞，重辭也。雍曰：人道施而不有，讓而不取，故以乞爲重。○施，舒豉反。何重焉。重人之死也。非所乞也。師出不必反，戰不必勝，故重之也。
秋，楚人滅夔，以夔子歸。
傳夔，國也。不日，微國也。以歸，猶愈乎執也。
冬，楚人伐宋，圍閔。
傳伐國不言圍邑。此其言圍，何也。以吾用其師，目其事也。非道用師也。楚人出師爲魯伐齊，而中道以伐宋，故伐圍兼書，所以責楚。

公以楚師伐齊，取穀。
傳以者，不以者也。民者，君之本也。使民以其死，非其正也。雍曰：兵不祥之器，不得已而用之，安有驅民于死地，以共假借之役乎。○共，音恭。
公至自伐齊。
傳惡事不致，此其致之，何也。危之也。以蠻夷之師伐鄰近大國，招禍深怨，危亡之道。
二十有七年春，杞子來朝。
夏六月庚寅，齊侯昭卒。
秋八月乙未，葬齊孝公。
乙巳，公子遂帥師入杞。

冬，楚人、陳侯、蔡侯、鄭伯、許男圍宋。
傳楚人者，楚子也。其曰人，何也。人楚子，所以人諸侯也。其人諸侯，何也。不正其信夷狄而伐中國也。何休曰：襄元年楚子、陳侯、隨侯、許男圍蔡，不稱人，明不以此故也。鄭君釋之曰：時晉文爲賢伯，故譏諸侯不從而信夷狄也。襄元年時無賢伯，又何據而當貶之耶。甯謂定哀之世，楚疆盛，故諸侯不得不從耳。江熙曰：夫屈信理對，言信必有屈也。宋楚戰于泓，宋以信義而敗，未有賜也。楚復圍之。我三人行，必有我師，諸侯不能以義相帥，反信楚之曲，屈宋之直，是義所不取。信曲屈直，猶不可，況乃華夷乎。楚以亡義見貶，則諸侯之不從，不待貶而見也。然則四國信楚而屈宋，春秋屈其信而信其屈，貶楚子于兵首，則彼祿祿者以期見矣。故曰人楚子，所以人諸侯。○信，音申。
十有二月甲戌，公會諸侯盟于宋。地以宋者，則宋得與盟，宋圍解可知。

二十有八年春，晉侯侵曹，晉侯伐衛。
傳再稱晉侯，忌也。鄭嗣曰：曹、衛並有宿怨于晉，君子不念舊惡，故再稱晉侯以刺之。
公子買戍衛，不卒戍，刺之。刺，殺也。內諱殺大夫，故謂之刺，蓋取周禮三刺之法。
傳先名後刺，殺有罪也。公子啓曰：不卒戍者，可以卒也。可以卒而不卒，譏在公子也。刺之可也。公子啓，魯大夫。
楚人救衛。
三月丙午，晉侯入曹，執曹伯，畀宋人。

傳入者。内弗受也。曰入。惡入者也。以晉侯而斥執曹伯。惡晉侯也。惡其忌怨深。畀與也。其曰入何也。不以晉侯畀宋公也。畀上與下之辭。故不以侯畀公。哀四年夏晉人執戎蠻子赤歸于楚。使楚子治其罪。今執曹伯不言歸于宋而言與宋人者。是使宋公拘執之。

夏四月己巳。晉侯齊師宋師秦師及楚人戰于城濮。楚師敗績。楚殺其大夫得臣。

衛侯出奔楚。

五月癸丑。公會晉侯齊侯宋公蔡侯鄭伯衛子莒子盟于踐土。衛稱子者。時衛侯出奔。國更立君。非王命所加。未成君。故曰子。踐土。鄭地。

傳諱會天王也。實會天王。而文不言天王。若諸侯自共盟然。是諱之也。所謂譎而不正。

陳侯如會。

傳如會。外乎會也。於會受命也。外乎會。不及序也。受命于會。故書如會。

公朝于王所。

傳朝不言所。言所者。非其所也。非京師朝。

六月。衛侯鄭自楚復歸于衛。

傳自楚。楚有奉焉爾。復者。復中國也。中國。猶國中也。歸者。歸其所也。鄭之名。失國也。

衛元咺出奔晉。

陳侯款卒。

秋。杞伯姬來。莊公女。來歸寧。

公子遂如齊。聘也。

冬。公會晉侯宋公蔡侯鄭伯陳子莒子邾子秦人于溫。陳稱子。在喪也。

傳諱會天王也。復致天子。

天王守于河陽。河陽。晉地。○守音狩。下同。

傳全天王之行也。時實晉文公召王。以臣召君。不可以訓。因天子有巡守之禮。故以自行爲文。爲若將守而遇諸侯之朝也。爲天王諱也。水北爲陽。山南爲陽。溫。河陽也。日之所照曰陽。

壬申。公朝于王所。

傳朝於廟。禮也。於外。非禮也。諸侯朝王。王必於宗廟受之者。蓋欲尊祖禰。共其榮。獨公朝與諸侯盡朝也。其日。以其再致天子。故謹而日之。主善以內。目惡以外。主善以內。謂公朝于王所。目惡以外。言再致天子。言曰公朝。逆辭也。而尊天子。鄭嗣曰。若公朝于廟。則當言公如京師。而今言公朝。是逆常之辭。雖逆常而曰公朝王所。是尊天子。會于溫。言小諸侯。溫。河北地。以河陽言之。大天子也。溫河陽同耳。小諸侯。故以一邑言之。尊天子。故

(以廣大言之、)日繫於月。月繫於時。壬申。公朝于王所。其不月。失其所繫也。以爲晉文公之行事爲已傎矣。(以臣召君。傎倒上下。日不繫于月。猶諸侯不宗于天子。○傎。都田反)

晉人執衛侯歸之于京師。

傳 此入而執。其不言入。何也。不外王命於衛也。(入者自外來、伯者以王命討衛。衛、王之士。故曰不外王命)歸之于京師。緩辭也。斷在京師也。(辭閒容之、故言緩。○斷。丁亂反)

衛元咺自晉復歸于衛。

傳 自晉。晉有奉焉爾。復者。復中國也。歸者。歸其所也。

諸侯遂圍許。

穀梁傳 卷九 僖公 十三 永懷堂

(會溫諸侯許比再會不至、故共圍之、)

傳 遂。繼事也。(繼事會于溫而圍許、)

曹伯襄復歸于曹。

(三月爲晉侯所執、今方歸)

傳 復者。復中國也。天子免之。因與之會。其曰復。通王命也。(免之于宋、身未反國、因會于許、卽從反國之辭、通王命、)

遂會諸侯圍許。

傳 遂。繼事也。

二十有九年。春。介葛盧來。

傳 介。國也。葛盧。微國之君。未爵者也。其曰來。卑也。

公至自圍許。

夏。六月。公會王人。晉人。宋人。齊人。陳人。蔡人。秦人。盟于翟泉。

(翟泉、某地、)

秋。大雨雹。

(雹者、陰脅陽、臣侵君之象、陽氣之在水、雨則溫熱、陰氣薄而脅之、不相入、轉而成雹、○雨于付反。雹蒲學反)

冬。介葛盧來。

三十年。春。王正月。

夏。狄侵齊。

穀梁傳 卷九 僖公 十四 永懷堂

秋。衛殺其大夫元咺。

傳 稱國以殺。罪累上也。以是爲訟君也。(元咺訟君之罪于伯者、君忌之、使人殺之而後入、案宣九年、陳殺其大夫泄冶、傳曰、稱國以殺其大夫、殺無罪也、此傳曰、稱國以殺、罪累上也、凡稱國以殺大夫、或殺無罪、或罪累上、參互不同、略當近半、然則稱國以殺有二義、泄冶忠賢而君殺之、是君無道也、衛侯雖有不德、臣無訟君之道、元咺之罪亦已重矣、然君子之道、譬之于射、失諸正鵠、反求諸身、衛侯不思致訟之愆、躬自厚之義、過而不改、而又怨忌、上下皆失、故曰罪累上、○正音征)衛侯在外。其以累上之辭言之。何也。待其殺而後入也。

及公子瑕。

傳 公子瑕。累也。以尊及卑也。

衛侯鄭歸于衛。徐邈曰凡出奔歸月執歸不月者齊則國更立主若故君還入必有戰爭禍害所以謹其文執者罪名未定其國猶追奉之歸無犯害故例不月、

晉人秦人圍鄭。

介人侵蕭。

冬。天王使宰周公來聘。

傳天子之宰通于四海。

公子遂如京師遂如晉。

傳以尊遂乎卑。此言不敢叛京師也。何休曰大夫無遂事案襄十二年季孫宿救台遂入鄆惡季孫不受命而入也如公子遂受命如晉不當言遂鄭君釋之曰遂固受命如京師如晉不專受命如周經近上言天王使宰周公來聘故公子遂報焉因聘于晉尊周不敢使並命使若公子遂自往然卽云公子遂如京師如晉是同周于諸侯故而不尊天子也公羊傳有美惡不嫌同辭何獨不責之於此乎甯謂經同而傳異者甚衆此吾徒所以不及古人也○鄆音運惡季孫烏路反

三十有一年。春。取濟西田。曹田、

公子遂如晉。

夏。四月。四卜郊。謂之郊者天人相與交接之意也不言郊天者不敢斥尊也昔武王既崩成王幼少周公居攝行天子事制禮作樂終致大平、周公薨成王以王禮葬之命魯使郊以彰周公之德祭蒼帝靈威仰昊天上帝則不祭○少詩照反大音泰

不從。乃免牲。猶三望。鄭君曰望者祭山川之名也謂海也岱也淮也非其疆界則不祭禹貢曰海岱及淮惟徐州徐魯地、

傳夏四月。不時也。郊春事也、四卜。非禮也。郊春事四卜則入夏免牲者。爲之緇衣熏裳。有司玄端奉送。至于南郊。免牛亦然。玄端黑衣接神之道玄熏者天地之色也南郊天位歸之于陽也全曰牲傷曰牛牛有變而不郊故卜免牛、乃者。亡乎人之辭也。亡乎人若曰無賢人也凱曰其猶易稱闚其戶闃其無人詩云巷無居人譏僖公不共致天變○闃苦鵙反共音恭猶者。可以已之辭也。望郊之細也不郊無望可也已止也、

秋。七月。

冬。杞伯姬來求婦。

傳婦人既嫁不踰竟。杞伯姬來求婦。非正也。

狄圍衛。

十有二月。衛遷于帝丘。帝丘衛地、

三十有二年。春。王正月。

夏。四月。己丑。鄭伯捷卒。

衛人侵狄。

秋。衛人及狄盟。

冬。十有二月。己卯。晉侯重耳卒。晉自莊公已前不書于春秋，又不言文公之入，及鄭忽之殺，何乎。徐邈之曰，案詩序及紀年史記，晉昭公之後，大亂五世，又鄭忽之後，有子亹子儀，且事出記傳，而經所無者多，誠當有不告故不書者，諸侯有朝聘之禮，赴告之命，所以敦其交好，通其憂虞，若鄰國相望，而情志否隔，存亡禍福，不以相關，則它國之史，無由得書，故告命之事絕，則記注之文闕，此蓋內外相與之常也，魯政雖陵遲，而典刑猶存，史策所錄，不失常法，其文獻之實足徵，故孔子因而脩之，事仍本史，而辭有損益，所以成詳略之例，起襃貶之意，若夫可以寄微旨而通王道者，存乎精義窮理，不在記事少多，此蓋脩春秋之本旨，師資辯說，日用之常義，故穀梁子可不復發文，而體例自舉矣。○重直龍反，否備矣反

三十有三年。春。王二月。秦人入滑。

傳滑國也。

齊侯使國歸父來聘。

夏。四月。辛巳。晉人及姜戎敗秦師于殽。

傳不言戰而言敗何也。狄秦也。其狄之何也。秦越千里之險入虛國。滑無備，故言虛國。進不能守。退敗其師徒。亂人子女之教。無男女之別。秦之爲狄。自殽之戰始也。明秦本非夷狄。秦伯將襲鄭。百里子與蹇叔子諫曰。千里而襲人。未有不亡者也。秦伯曰。子之冢木已拱矣。何知。子之輩皆已老死矣，拱，合抱也，言其老無知。師行。百里子與蹇叔子送其子。而戒之曰。女死必於殽之巖唫之下。其處險隘，一人可以要百人。○女音汝，下及注同，唫本作崟，音吟，一音欽，要，於遙反。我將尸女於是。尸女者，收女尸。師行。百里子與蹇叔子隨其子而哭之。秦伯怒曰。何爲哭吾師也。二子曰。非敢哭師也。哭吾子也。我老矣。彼不死。則我死矣。畏秦伯怒，故云彼我要有死者。晉人與姜戎要而擊之殽。匹馬倚輪無反者。倚輪，一隻之輪。晉人者。晉子也。其曰人何也。微之也。何爲微之。不正其釋殯而主乎戰也。

癸巳。葬晉文公。

傳日葬。危不得葬也。

狄侵齊。

公伐邾。取訾樓。○訾子斯反

秋。公子遂帥師伐邾。

晉人敗狄于箕。箕，晉地。

冬。十月。公如齊。十有二月。公至自齊。

乙巳。公薨于小寢。小寢，內寢。

傳小寢非正也。非路寢。

隕霜不殺草。京房易傳曰，君假與臣權，隕霜不殺草。

傳未可殺而殺舉重也。可殺而不殺舉輕也。重謂菽也輕謂草也輕者不死則重者不死可知

李梅實。京房易傳曰從叛者茲謂不明厥妖木冬實

傳實之爲言猶實也。實子

晉人。陳人。鄭人。伐許。

春秋穀梁傳卷九終

春秋穀梁傳卷十

晉豫章太守順陽范　甯集解

皇明　後學　東吳葛　鼒較訂

文公

元年春王正月。公卽位。

傳繼正卽位正也。繼正謂繼正卒也隱去卽位以見讓桓書卽位示安忍莊閔僖不言卽位皆繼弒〇去起呂反

二月。癸亥。日有食之。

天王使叔服來會葬。

諸侯喪天子使大夫會葬禮也傳例曰天子大夫稱字蓋未受采邑故不稱氏字者貴稱故可獨達也

傳葬曰會。言會明非一人之辭其志。重天子之禮也。

夏四月。丁巳。葬我君僖公。

傳葬稱公舉上也。葬我君接上下也。僖公葬而後舉諡。諡所以成德也。於卒事乎加之矣。

天王使毛伯來錫公命。毛采邑伯字也天子上大夫也

傳禮有受命。無來錫命。錫命非正也。

晉侯伐衛。

叔孫得臣如京師。

衛人伐晉。

秋、公孫敖會晉侯于戚。禮、卿不得會公侯、春秋尊魯、內卿大夫可以會外諸侯、

冬、十月、丁未、楚世子商臣弒其君髡。鄭嗣曰、商臣、繆王也、髡、文王之子、成王也、不言其父而言其君者、君之於世子、有父之親、有君之尊、言世子、所以明其親也、言其君、所以明其尊也、商臣於尊親盡矣、

傳曰、髡之卒、所以謹商臣之弒也、夷狄不言正不正。徐乾曰、中國君卒、正者例日、篡立不正者不日、夷狄君卒、皆略而不日、所以殊夷夏也、今書日、謹識商臣之大逆、而不以明髡正與不正、

公孫敖如齊。

二年、春、王二月、甲子、晉侯及秦師戰于彭衙。彭衙、秦地、○衙音牙

秦師敗績。

丁丑、作僖公主。

傳作、為也、為僖公主也、為僖公廟作主也、主、蓋神之所馮依、其狀正方、穿中央達四方、天子長尺二寸、諸侯長一尺、○馮皮水反　立主、喪主於虞、禮、平旦而葬、日中反而祭、謂之曰虞、其主用桑、吉主於練、期而小祥、其主用栗、作僖公主、譏其後也、僖公薨至此、已卜五月、作主壞廟有時日、於練焉壞廟、壞廟之道、易檐可也、改塗可也、禮、親過高祖、則毀其廟、以次而遷、將

納新神、故示有所加、○擔以占反

三月、乙巳、及晉處父盟。晉大夫陽處父、

傳不言公、處父伉也、為公諱也、諱公與大夫盟、去處父氏、公親如晉、使若與其君盟、如經言邾儀父矣、不書地者、公在晉也、莊二十二年秋七月丙申、及齊高傒盟于防、不去高傒氏者、公不親如齊、不與其君盟、於恥差降、○伉苦浪反、為公于僞反、去處父起呂反、下同、傒音兮、何以知其與公盟、以其日也、何以不言公之如晉、所恥也、出不書、反不致也。

夏、六月、公孫敖會宋公、陳侯、鄭伯、晉士縠、盟于垂斂。垂斂、鄭地、○左氏作垂隴

傳內大夫可以會外諸侯。

自十有二月不雨、至于秋七月。建午之月、猶未為災、

傳歷時而言不雨、文不憂雨也、僖公憂民、歷一時輒書不雨、今文公歷四時乃書、是不勤雨也、不憂雨者、無志乎民也。無恤民志、

八月、丁卯、大事于大廟、躋僖公。大事、祫也、時三年之喪未終、而吉祭於大廟、則其譏自明、○大廟音泰、祫戶夾反

傳大事者何、大是事也、著祫嘗、祫、合也、嘗、秋祭、祫祭者、毀廟之主、陳于大祖、未毀廟之主、皆升合祭于大祖、祫祭者、皆合祭諸廟已毀未毀者之主於大祖廟中

以昭繆爲次序父爲昭子爲繆昭南鄉繆北鄉孫從王父坐也祭畢則復還其廟○鄉音向下同躋升也先親而後祖也逆祀也舊說僖公閔公庶兄故文公升僖公之主於閔公之上耳僖公雖長已爲臣矣閔公雖小已爲君矣臣不可以先君猶子不可以先父故以昭穆父祖爲喩寗曰即之於傳則無以知其然若引左氏以釋此傳則義雖有似而於文不辨高宗殷之賢主猶祭豐于禰以致雊雉之變然後率脩常禮文公顚倒祖考固不足多怪矣親謂僖祖謂莊○長丁丈反先悉薦反下同禰乃禮反雊古豆反顚倒丁田反下丁老反逆祀則是無昭穆也無昭穆則是無祖也無祖則無天也故曰文無天無天者是無天而行也祖人之始也人之所仰天也君子不以親親害尊尊此春秋之義也尊卑有序不可亂也

冬晉人宋人陳人鄭人伐秦

公子遂如齊納幣喪制未畢而納幣書非禮

三年春王正月叔孫得臣會晉人宋人陳人衛人鄭人伐沈沈潰沈國也潰之爲言上下不相得

夏五月王子虎卒

傳叔服也此不卒者也外大夫不書卒何以卒之以其來會葬我卒之也會葬在元年或曰以其嘗執重以守也僖二十四年天王出居于鄭叔服執重任以守國

秦人伐晉

秋楚人圍江

雨螽于宋

傳外災不志此何以志也曰災甚也其甚奈何茅茨盡矣茅茨猶盡則嘉穀可知茨蒺藜○雨于付反下同著於上見於下謂之雨

冬公如晉

十有二月己巳公及晉侯盟

晉陽處父帥師伐楚救江

傳此伐楚其言救江何也江遠楚近伐楚所以救江也時楚人圍江晉師伐楚楚國有難則江圍自解○難乃旦反

四年春公至自晉

夏逆婦姜于齊

傳其曰婦姜爲其禮成乎齊也婦禮成于齊故在齊便稱婦○爲于僞反其逆者誰也親逆而稱婦或者公與何其速婦之也鄭嗣曰著問者之辭問者以使大夫逆例稱女而今稱婦爲是公親逆與怪稱婦速故反覆推之曰公也其不言公何也據莊二十四年公如齊逆女言公非成禮於齊也非責曰婦有姑之辭也其不言氏何也貶之也何爲貶之也夫人與有貶也鄭曰夫人能以禮自防則夫婦之禮不成於齊故譏公而夫人與焉

狄侵齊

秋楚人滅江

晉侯伐秦。

衛侯使甯俞來聘。

冬，十有一月，壬寅，夫人風氏薨。

僖公母，風姓。

五年，春，王正月，王使榮叔歸含且賵。

含，口實也。禮記曰：飯用米貝，弗忍虛也。諸侯含用玉。榮叔，天子之上大夫也。榮，采地；叔，字。○含，戶暗反。賵，芳鳳反。飯，扶晚反。

傳 含，一事也；賵，一事也。兼歸之，非正也。禮含、賵、禭各異人。○禭音遂。其曰且，志兼也。其不言來，不周事之用也。何休曰：四年夫人風氏薨，九年秦人來歸僖公成風之禭，最晚矣，何以言來？鄭君釋之曰：秦自敗于殽之後，與晉爲仇，兵無休時，乃加免繆公之喪而來，君子原情，不責晚用。或作辭。

賵以早。乘馬曰賵，乘馬所以助葬。成風未葬，故書早。○乘證反。而含已晚。已殯，故言晚。國有遠近，皆令及事，理不通也。禮雜記曰：含者執璧將命曰：寡君使某含。相者入告，出曰：孤某須矣。含者入，升堂致命，子拜稽顙。含者坐委於殯東南，有葦席，既葬，蒲席，降出反位。明君之於臣，有含賵之義，所以助喪盡恩。含不必用，示有其禮。○令，力呈反。相，息亮反。

三月，辛亥，葬我小君成風。王使毛伯來會葬。

傳 會葬之禮於鄙上。從竟至墓主爲送葬來。

夏，公孫敖如晉。

秦人入鄀。

○鄀音若。

秋，楚人滅六。

冬，十月，甲申，許男業卒。

六年，春，葬許僖公。

夏，季孫行父如陳。

行父，季友孫。

秋，季孫行父如晉。

八月，乙亥，晉侯驩卒。

○驩，好官反。

冬，十月，公子遂如晉。

葬晉襄公。

晉殺其大夫陽處父。

傳 稱國以殺，罪累上也。襄公已葬，其以累上之辭言之，何也？君漏言也。上泄則下闇，下闇則上聾，且闇且聾，無以相通。臣闇不言，君無所聞，上下否塞。夜姑，殺者也。殺處父。○左氏作射姑。夜姑之殺奈何？曰：晉將與狄戰，使狐夜姑爲將軍，趙盾佐之。陽處父曰：不可。古者君之使臣也，使仁者佐賢者，不使賢者佐仁者。今趙盾賢，夜姑仁，其不可乎？郤曰：賢者，多才也。戰主于攻伐，仁者有惻隱之恩，不如多才者有權略。襄公曰：諾。謂夜姑曰：吾始使盾佐女，今女佐盾矣。稱處父語以語之，故傳曰漏言也。○女音汝。語，魚慮反。夜姑曰：敬諾。襄公死，處父主竟上事。待諸侯會葬在鄙。○竟音境。夜姑使人殺之。君漏言也。親殺者夜姑，而歸罪於君，明由君言而殺之，罪在君也，故稱君以殺。故士造辟而言，詭辭而出。辟，君也。詭辭而出，不以實告人。○造，七報反。辟，必亦反。曰：用我則可，不用我則無亂其德。此士對君言之辭。

晉狐夜姑出奔狄。

閏月不告月，猶朝于廟。禮，天子以十二月朔政班告于諸侯，諸侯受於禰廟，孝子尊事先君，不敢自專也。言朝者，緣生以事死，親存朝朝莫夕，不敢泄鬼神，故事畢，感月始而朝之。○莫音慕。

傳不告月者何也？不告朔也。不告朔，則何爲不言朔也？閏月者，附月之餘日也，積分而成於月者也。一歲三百六十日，餘六日，又有小月六，積五歲得六

十日而再閏，積衆月之餘分，以成此月。天子不以告朔，而喪事不數也。閏是叢殘之數，非月之正，故吉凶大事皆不用也，不數所右也。猶之爲言可以已也。郊然後三望，告朔然後朝廟，俱言猶，義相類也。既廢其大，而行其細，故譏之。

七年春，公伐邾。三月甲戌，取須句。

傳取邑不日，此其日何也？據僖二十六年，公伐齊取穀，不日。○句，其俱反。不正其再取，故謹而日之也。僖二十二年，公已伐邾取須句，過而不改，於此爲甚，故錄日以志之。

遂城郚。○郚音吾。

傳遂，繼事也。因伐邾之師。

夏四月，宋公壬臣卒。○壬臣，或作王臣。

宋人殺其大夫。

傳稱人以殺，誅有罪也。

戊子，晉人及秦人戰于令狐。令狐，秦地。○令，力丁反。

晉先蔑奔秦。

傳不言出，在外也。輟戰而奔秦，以是爲逃軍也。輟，止也。爲將而獨奔，故曰逃軍。○輟，丁劣反。將，子匠反。

狄侵我西鄙。

秋八月，公會諸侯、晉大夫，盟于扈。扈，鄭地。

傳其曰諸侯，略之也。晉侯新立，公始往會，晉侯不盟，大夫受盟，既以喪娶，又取二邑，爲諸侯所賤，不得序于會，諱使若扈之盟都不可知，故略之。

冬，徐伐莒。

公孫敖如莒涖盟。

傳涖，位也。其曰位何也？前定也。其不日，前定之盟不日也。

八年春，王正月。

夏。四月。

秋。八月。戊申。天王崩。襄王、

冬。十月。壬午。公子遂會晉趙盾盟于衡雍。衡雍、鄭地、○雍於用反

乙酉。公子遂會雒戎盟于暴。鄭地、○雒音洛

公孫敖如京師。弔周喪、

不至而復。丙戌奔莒。

傳不言所至。未如也。若其已行、當如公子遂至黃乃復、今不言所至、而直言復、知其實未如也、未如則未復也。未如而曰如。不廢君命也。雍曰、受命而出、義無私留、書如京師、以顯命行于下、不書所至、以表不去之罪、未復而曰復。不專君命也。復者、事畢之辭、未如故知其未復、加畢事之文者、言君命無輒專之道、其如非如也。其復非復也。唯奔莒之為信。故謹而日之也。

螽。

宋人殺其大夫司馬。

傳司馬。官也。其以官稱。無君之辭也。何休曰、近上七年宋公王臣卒、宋人殺其大夫、不言官、今此在三年中言官、義相違、鄭君釋之曰、七年殺其大夫、大夫見實無君也、今殺其司馬、無人君之德耳、司馬司城、君之爪牙守國之臣、乃殺其司馬、奔其司城、無道之甚、故稱官以見輕慢也、傳例稱人以殺、殺有罪也、此上下俱失之、

宋司城來奔。

傳司城。官也。其以官稱。無君之辭也。來奔者不言出。舉其接我也。

春秋穀梁傳卷十終

春秋穀梁傳卷十一

晉豫章太守順陽范　甯集解

皇明　後學　東吳金　蟠較訂

文公

九年。春。毛伯來求金。

傳求車猶可。求金甚矣。凱曰，求俱不可，在喪尤甚，不稱使者，天子當喪未君也。

夫人姜氏如齊。歸寧。

二月。叔孫得臣如京師。

傳京。大也。師。衆也。言周必以衆與大言之也。

辛丑。葬襄王。

傳天子志崩不志葬。舉天下而葬一人。其道不疑也。志葬。危不得葬也。不得備禮葬。日之。甚矣。其不葬之辭也。王室微弱，諸侯無復往會葬。

晉人殺其大夫先都。

三月。夫人姜氏至自齊。

傳卑以尊致。病文公也。夫人行例不致，乃以君禮致，刺公寵之過。

晉人殺其大夫士縠及箕鄭父。

傳稱人以殺。誅有罪也。鄭父累也。

楚人伐鄭。

公子遂會晉人。宋人。衛人。許人救鄭。

夏。狄侵齊。

秋八月。曹伯襄卒。

九月。癸酉。地震。

傳震。動也。地不震者也。震。故謹而日之也。穀梁說曰，大臣盛，將動有所變。

冬。楚子使萩來聘。○萩子遙反，或作蔌，左氏作椒

傳楚無大夫。無命卿。其曰萩何也。以其來我褒之也。

秦人來歸僖公成風之禭。

傳秦人弗夫人也。言秦人弗以成風爲夫人，故不言夫人。即外之弗夫人而見正焉。見不以妾爲妻之正

葬曹共公。○共音恭

十年。春。王三月。辛卯。臧孫辰卒。

夏。秦伐晉。

楚殺其大夫宜申。僖四年傳曰，楚無大夫，而今云殺其大夫者，楚本祝融之後，季連之冑也，而國近南蠻，遂漸其俗，故棄而夷之，今知內附中國，

亦轉强大故進之。○冑直又反

自正月不雨至于秋七月。

傳歷時而言不雨。文不閔雨也。不閔雨者。無志乎民也。

及蘇子盟于女栗。女栗、某地、蘇子、周卿士、○女音汝

冬。狄侵宋。

楚子蔡侯次于厥貉。厥貉、某地也、○貉亡白反

十有一年。春。楚子伐麇。麇九倫反

夏。叔彭生會晉郤缺于承匡。承匡、宋地、

秋。曹伯來朝。

公子遂如宋。

狄侵齊。

冬。十月甲午。叔孫得臣敗狄于鹹。

傳不言帥師而言敗。何也。據僖元年、公子友帥師敗莒師于麗、獲莒挐、稱帥師、○鹹音咸麗力知反挐女居反直敗一人之辭也。一人而曰敗。何也。以衆焉言之也。言其力足以敵衆、

傳曰。長狄也。兄弟三人。佚宕中國。佚猶更也、瓦石不能害。肌膚堅强、瓦石打擿、不能虧損、叔孫得臣最善射者也。射其目。身橫九畝。廣一步長百步爲一畝、九畝、五丈四尺、斷其首而載之。眉見於軾。兵車之軾高三尺二寸、○見賢遍反然則何爲不言獲也。據莒挐言獲、曰。古者不重創。不禽二毛。故不言獲。爲內諱也。不重創、愊病也、不禽二毛、敬老也、仁者造次必於是、顚沛必於是、故爲內諱也、旣射其目、又斷其首、爲重創、鬢髮白爲二毛、○創初羊反爲內于僞反造七報反其之齊者。王子成父殺之。則未知其之晉者也。

十有二年。春。王正月。郕伯來奔。○郕音成

杞伯來朝。僖二十七年稱子、今稱伯、蓋時王所進、

二月庚子。子叔姬卒。

傳其曰子叔姬。貴也。公之母姊妹也。同母姊妹、其一傳曰。許嫁以卒之也。男子二十而冠。冠而列丈夫。三十而娶。女子十五而許嫁。二十而嫁。禮二十而冠、冠而在丈夫之列、譙周曰、國不可久無儲貳、故天子諸侯十五而冠、十五而娶、娶必先冠、以夫婦之道、王敎之本、不可以童子之道治之、禮十五爲成童、以次成人、欲人君之早有繼體、故因以爲節、書稱成王十五而冠、著在金縢、周禮媒氏曰、令男三十而娶、女二十而嫁、內則云、女子十五而笄、說曰許嫁也、是故男自二十以及三十、女自十五以及二十、皆得以嫁娶、先是則速、後是則晚、凡人嫁娶、或以賢淑、或以方類、豈但年數而已、若必差十年乃爲夫婦、是廢賢淑

方類、苟比年數而已、禮何爲然哉、則三十而娶、二十而嫁、說嫁娶之限、蓋不得復過此爾、故舜年三十無室、書稱曰鰥、周禮云、女子年二十未有嫁者、仲春之月、奔者不禁、奔者、不待禮聘、因媒請嫁而已矣、甯謂禮爲夫之姊妹服、長殤年十九至十六、如此、男不必三十而娶、女不必二十而嫁、明矣、此又士大夫之禮、○冠江渙反譙在遙反笄古兮反禮爲于僞反長丁丈反

夏。楚人圍巢。

秋。滕子來朝。

秦伯使術來聘。術秦大夫、

冬。十有二月。戊午。晉人秦人戰于河曲。河曲晉地、

傳不言及秦晉之戰已亟、故略之也。亟數也、夫戰必有曲直、以一人主之、二國戰鬬數、曲直不可得詳、故略之、不言晉人及秦人戰、○亟去冀反

季孫行父帥師城諸及鄆。

傳稱帥師。言有難也。○難乃旦反

十有三年。春。王正月。

夏。五月。壬午。陳侯朔卒。

邾子蘧篨卒。○蘧其居反篨直居反

自正月不雨。至于秋七月。

大室屋壞。屋者主於覆蓋、明廟不脩壞、○大音泰、傳皆同

傳大室屋壞者。有壞道也。譏不修也。大室猶世室也。世世有是室、故言世室、周公曰大廟。爾雅曰、室有東西廂曰廟、伯禽曰大室。羣公曰宮。爾雅曰、宮謂之室、室謂之宮、然則其實一也、蓋尊伯禽而異其名、禮。宗廟之事。君親割。割牲、夫人親舂。舂粢盛、敬之至也。爲社稷之主。而先君之廟壞。極稱之。志不敬也。極稱言屋壞不復依違其文、

冬。公如晉。

衛侯會公于沓。沓地也、○沓徒荅反

狄侵衛。

十有二月。己丑。公及晉侯盟。還自晉。

傳還者。事未畢也。自晉。事畢也。

鄭伯會公于棐。棐鄭地、

十有四年。春。王正月。公至自晉。

邾人伐我南鄙。

叔彭生帥師伐邾。

夏五月乙亥，齊侯潘卒。○潘，普干反

六月，公會宋公、陳侯、衛侯、鄭伯、許伯、曹伯、晉趙盾。癸酉，同盟于新城。新城，宋地。

傳：同者，有同也，同外楚也。

秋七月，有星孛入于北斗。

傳：孛之為言猶茀也。其曰入北斗，斗有環域也。據孛于大辰及東方，皆不言入，此言入者，明斗有規郭，入其魁中也。劉向曰：北斗貴星，人君之象也。茀星，亂臣之類，言邪亂之臣將並弒其君。○茀，步勿反，又音弗

穀梁傳　卷十一　文公　七　永懷堂

公至自會。

晉人納捷菑于邾，弗克納。

傳：是郤克也。其曰人，何也？微之也。何為微之也？長轂五百乘，緜地千里，長轂，兵車，四馬曰乘，一乘甲士三人，步卒七十二人，五百乘，合三萬七千五百人。緜，猶彌漫。○緜，側其反過宋、鄭、滕、薛，敻入千乘之國，欲變人之主，敻，猶遠也。變人之主，謂時邾已立貜且。邾小國而言千乘者，大郤克之事。○敻，况盛反至城下然後知，何知之晚也。征不廟筭，正其得失，勞師遠涉，乃至城下，邾以義拒，然後方悟，恥之曰人，不亦宜乎。弗克納，未伐而曰弗克，何也？弗克其義也。非力不足，義不可勝。捷菑，晉出也；貜且，齊出也。姊妹之子曰出。貜且，正也；捷菑，不正也。正，適。○適，丁歷反

九月甲申，公孫敖卒于齊。

傳：奔大夫不言卒，而言卒，何也？據閔二年，公子慶父出奔莒，後不言卒。為受其喪，不可不卒也。其地，于外也。成十七年，公孫嬰齊卒于貍蜃，傳曰：其地，未踰竟也。宣八年，仲遂卒于垂，垂，齊地。然則地或踰竟，或未踰竟，凡大夫卒在常所則不地，地者皆非其常所，隨其所在而書其地耳，不係於踰竟與不踰竟。○為，于僞反。貍，力之反。竟，音境

齊公子商人弒其君舍。

傳：舍未踰年，其曰君，何也？成舍之為君，所以重商人之弒也。舍不成君，則殺者非弒也。商人其不以國氏，何也？據隱四年，衛州吁弒其君完，不言公子。不以嫌代嫌也。春秋以正治不正，不以亂平亂。舍不宜立，有不正之嫌；商人專權，有當國之嫌，故不書國氏，明不以嫌相代。

穀梁傳　卷十一　文公　八　永懷堂

舍之不日，何也？未成為君也。

宋子哀來奔。

傳：其曰子哀，失之也。言失其氏族，不知何人。

冬，單伯如齊。單伯，魯大夫。○單，音善

齊人執單伯。

傳：私罪也。單伯淫于齊，齊人執之。

齊人執子叔姬。

傳叔姬同罪也

十有五年春季孫行父如晉

三月宋司馬華孫來盟（泰曰擅權專國不君其君錄其不臣因曰無君上司馬司城皆不名而此獨名者以華孫奉使出盟爲好於我故書官以見專錄名以存善○華戶化反好呼報反）

傳司馬官也以其官稱無君之辭也來盟者何前定也不言及者以國與之也

夏曹伯來朝

齊人歸公孫敖之喪

六月辛丑朔日有食之鼓用牲于社

單伯至自齊

傳大夫執則致致則名此其不名何也（據昭十四年意如至自晉稱名）天子之命大夫也

晉郤缺帥師伐蔡戊申入蔡

秋齊人侵我西鄙

傳其曰鄙遠之也其遠之何也不以難介我國也（介猶近也○難乃旦反）

季孫行父如晉

冬十有一月諸侯盟于扈

（諸侯皆會而公獨不與故恥而略之）

十有二月齊人來歸子叔姬

傳其曰子叔姬貴之也其言來歸何也父母之子雖有罪猶欲其免也（凱曰書來歸是見出之辭有罪之人猶與貴稱書之曰子者蓋父母之恩欲免罪也）

齊侯侵我西鄙遂伐曹入其郛（郛郭○郛芳俘反）

十有六年春季孫行父會齊侯于陽穀齊侯弗及盟

傳弗及者內辭也行父失命矣齊得內辭也（行父出會失辭義無可納故齊侯以正道拒而弗受不盟由齊故得內辭）

夏五月公四不視朔

傳天子告朔于諸侯諸侯受乎禰廟禮也（每月天子以朔政班于諸侯諸侯受而納之禰廟告廟以羊今公自二月不視朔至于五月是後視朔之禮遂廢故子貢欲去其羊）公四不視朔公不臣也以公爲厭政以甚矣（天子班朔而公不視是不臣）

六月戊辰公子遂及齊侯盟于師丘（師丘齊地○師丘左氏作郪丘公羊作犀丘）

傳復行父之盟也（春齊侯不與行父盟故復使遂脩之）

秋八月辛未夫人姜氏薨（僖公夫人）

毀泉臺。

傳喪不貳事。貳事，緩喪也。喪事主哀，而復毀泉臺，是以喪爲緩。以文爲多失道矣。若以緩作主，躋僖公，四不視朔，毀泉臺之類。自古爲之，今毀之，不如勿處而已矣。夫人居之而甍者，但當莫處。

楚人、秦人、巴人滅庸。

冬，十有一月，宋人弒其君杵臼。泰曰：傳稱人者，衆辭。衆之所同，則君過可知。又曰：稱國以弒其君，君惡甚矣。然則舉國重於書人也。○杵，昌呂反

十有七年，春，晉人、衛人、陳人、鄭人伐宋。衛序陳上，蓋主會者降之。

夏，四月，癸亥，葬我小君聲姜。

齊侯伐我西鄙。

六月，癸未，公及齊侯盟于穀。

諸侯會于扈。言諸侯者，義與上十五年同。

秋，公至自穀。

冬，公子遂如齊。

十有八年，春，王二月，丁丑，公薨于臺下。

傳臺下，非正也。

秦伯罃卒。○罃，乙耕反

夏，五月，戊戌，齊人弒其君商人。

六月，癸酉，葬我君文公。

秋，公子遂、叔孫得臣如齊。

傳使舉上客，而不稱介，不正其同倫而相介，故列而數之也。上客，耳主也。禮，大夫爲卿介。遂與得臣俱爲卿，是以同倫爲副使，故兩言之，明無差降。○使，所吏反，注同

冬，十月，子卒。子赤也。諸侯在喪，既葬之稱。

傳子卒不日，故也。故，殺也。不稱殺，諱也

夫人姜氏歸于齊。

傳惡宣公也。姜氏，子赤之母。其子被殺，故大歸也。宣公亦文公之子，其母敬嬴。惡不奉姜氏。○惡，烏路反，注同。嬴音盈。依左傳應作頃熊有不待貶絕而罪惡見者，泰曰：直書姜氏之歸，則宣公罪惡，不貶而自見有待貶絕而惡從之者。齊小白以國氏之類是也。姪娣者，不孤子之意也。言其一人有子，則共養。一人有子，三人緩帶。共墍其祿。一曰就賢也。若並有子，則就其賢，謂年同也。宣公不奉哀姜，非此之謂，故惡之

季孫行父如齊。

莒弒其君庶其。

傳例曰、稱國以殺其君、君惡甚矣、

春秋穀梁傳卷十一　終

春秋穀梁傳卷十二

晉豫章太守順陽范　甯集解
皇明　後學　東吳葛　鼒較訂

宣公

元年。春。王正月。公卽位。

傳繼故而言卽位。與聞乎故也。與音豫

公子遂如齊逆女。

不譏喪娶者。不待貶絕而罪惡自見。桓三年傳曰。逆女。親者也。使大夫。非正也。

三月。遂以夫人婦姜至自齊。

傳其不言氏。喪未畢。故略之也。夫人不能以禮自固。故與有貶。其曰婦。緣姑言之之辭也。遂之挈。由上致之也。上謂宣公

夏。季孫行父如齊。

晉放其大夫胥甲父于衛。

傳放猶屏也。屏除稱國以放。放無罪也。

公會齊侯于平州。

平州。齊地。離會故不致。

公子遂如齊。

六月。齊人取濟西田。

傳內不言取。言取授之也。以是為賂齊也。公宣弑入賂齊以自輔、恥賂之故、書齊取、

秋。邾子來朝。

楚子鄭人侵陳。遂侵宋。

傳遂。繼事也。

晉趙盾帥師救陳。

傳善救陳也。

宋公陳侯。衛侯。曹伯會晉師于棐林。伐鄭。

棐林、鄭地、

傳列數諸侯而會晉趙盾。大趙盾之事也。大其衛中國攘夷狄、其曰師。何也。據言會晉師、不言會晉趙盾、以其大之也。以諸侯大趙盾之事、故言師、師者衆大之辭、于棐林。地而後伐鄭。疑辭也。此其地何。則著其美也。泰曰、夫救災恤患、其道宜速、而方云會于棐林、然後伐鄭、狀似伐鄭有疑須會乃定、曰非也、欲美趙盾之功、故詳錄其會地、

冬。晉趙穿帥師侵崇。

晉人宋人伐鄭。

傳伐鄭。所以救宋也。時楚鄭侵宋、

二年。春。王二月。壬子。宋華元帥師。及鄭公子歸生帥師。戰于大棘。宋師敗績。獲宋華元。

大棘、宋地、○華戶化反

傳獲者。不與之辭也。華元得衆甚賢、故不與鄭獲之、言盡其衆以救其將也。先言敗績而後言獲、知華元得衆心、軍敗而後見獲、晉與秦戰于韓、未言敗績而君已獲、知晉侯不得衆心明矣、以三軍敵華元。華元雖獲。不病矣。何休曰、書獲皆生獲也、如欲不病華元、當有變文、鄭君釋之曰、將帥見獲、師敗可知、不當復書師敗績、此兩書之者、明宋師懼華元見獲、皆竭力以救之、無奈不勝敵耳、華元有賢行、得衆如是、雖師敗身獲、適明其美、不傷賢行、今兩書敗獲、非變文如何、

秦師伐晉。

夏。晉人。宋人。衛人。陳人。侵鄭。

秋。九月。乙丑。晉趙盾弑其君夷皐。

傳穿弑也。穿、趙盾從父昆弟、盾不弑而曰盾弑。何也。以罪盾也。其以罪盾何也。曰。靈公朝諸大夫而暴彈之。暴、殘暴、觀其辟丸也。趙盾入諫。不聽。出亡至于郊。禮、三諫不聽則去、待放於竟三年、君賜之環則還、賜之玦則往、必三年者、古者疑獄三年而後斷、易曰、繫用徽纆、示于叢棘、三歲不得凶、是也、自嫌有罪當誅、故三年不敢去、○辟音避、竟音境、玦古穴反、徽許歸反、纆亡北反、趙穿弑公而後反趙盾。招使還、史狐書賊曰。趙盾弑公。史狐、晉國史、掌書記國事、狐其名、盾曰。天乎天乎。予無罪。告天言己無弑君之罪、孰為盾而忍弑其君者乎。廻己易他、誰作盾而當忍弑君者乎、史狐曰。子為正卿。入諫不聽。出亡不遠。君弑反不討賊。則志同。志同穿也、志同則書重。非子而誰。盾是正卿、又賢、故言重、故書之曰晉趙盾弑其君夷皐者。過在下也。鄭嗣曰、成十八年、晉弑其君州蒲、傳曰、稱國以弑其君、君惡甚矣、然則稱臣以弑、罪在臣下也、趙盾弑其君、不言罪而曰過者、言非盾親弑、有不討賊之

過、曰於盾也。見忠臣之至。於許世子止。見孝子之至。邵曰、盾以亡不出竟、反不討賊、受弑君之罪、忠不至故也、止以病不知嘗藥、受弑父之罪、孝不至故也、

冬、十月。乙亥。天王崩。匡王也、

三年、春。王正月。郊牛之口傷。

【傳】之口。緩辭也。傷自牛作也。牛自傷口、非備災之道不至也、故以緩辭言之、

改卜牛。牛死。乃不郊。

【傳】事之變也。牛無故自傷其口、易牛改卜、復死、乃廢郊禮、此事之變異、乃者。亡乎人之辭也。譏宣公不恭、致天變、

猶三望。

葬匡王。

楚子伐陸渾之戎。

夏、楚人侵鄭。

秋、赤狄侵齊。

宋師圍曹。

冬、十月。丙戌。鄭伯蘭卒。

葬鄭穆公。

四年。春。王正月。公及齊侯平莒及郯。莒人不肯。

○郯音談

【傳】及者。内爲志焉爾。平者。成也。不肯者。可以肯也。凱曰、君子不念舊惡、況爲大國所和乎、

公伐莒取向。向莒邑、

【傳】伐猶可。取向甚矣。以義兵討不平、未若不用兵以義使平者也、故曰猶可也、莒人辭不受治也。乘義取邑、所以不服、伐莒義兵也。討不釋怨、取向非也。乘義而爲利也

秦伯稻卒。

夏、六月。乙酉。鄭公子歸生弑其君夷。

赤狄侵齊。

秋。公如齊。公至自齊。

冬。楚子伐鄭。

五年。春。公如齊。

夏。公至自齊。

秋。九月。齊高固來逆子叔姬。

【傳】諸侯之嫁子於大夫。主大夫以與之。婚禮、主人設几筵于廟以待迎者、諸侯大夫尊卑不敵、故使大夫爲之主、○逆魚戟反、來者接内也。不正其接内。故不與夫婦之稱也。來者、謂高固、高固齊之大夫、而今與君接婚姻之禮、故不言逆女、

叔孫得臣卒。

冬。齊高固及子叔姬來。

【傳】及者。及吾子叔姬也。爲使來者。不使得歸之意也。高固受使來聘、而與婦俱歸、故書及以明非禮。莊二十七年冬、杞伯姬來。僖二十八年秋、杞伯姬來。皆不言所及、是使得歸之意。○受使、所吏反

楚人伐鄭。

六年。春。晉趙盾衛孫免侵陳。

【傳】此帥師也。其不言帥師。何也。據元年趙盾帥師救陳言帥師也。不正其敗前事。故不與帥師也。元年救而今更侵之。

夏四月。

秋八月螽。○螽音終

冬十月。

七年。春。衛侯使孫良夫來盟。

【傳】來盟前定也。不言及者。以國與之。不言其人。亦以國與之。不日。前定之盟不日。

夏。公會齊侯伐萊。○萊音來

秋。公至自伐萊。

大旱。

冬。公會晉侯宋公衛侯鄭伯曹伯于黑壤。黑壤、其地、

八年。春。公至自會。

夏六月。公子遂如齊。至黃乃復。蓋有疾而還、黃齊地、

【傳】乃者。亡乎人之辭也。鄭嗣曰、大夫受命而出、雖死、以尸將事、今遂以疾而還、失禮違命、故曰亡乎人、言魯使不得其人也。復者。事畢也。不專公命也。遂以疾反、而加事畢之文者、是不使遂專命還、

辛巳。有事于大廟。○大音泰、下注同

仲遂卒于垂。祭于大廟之日、而知仲遂卒、垂、齊地、

【傳】爲若反命而後卒也。先書復、後言卒、使若遂已反命于君、而後卒于垂、此公子也。其曰仲。何也。疏之也。僖十六年傳曰、大夫不言公子公孫、疏之也、何爲疏之也。是不卒者也。遂與宣公共弑子赤、不疏。則無用見其不卒也。若書公子、則與正卒者同、故去公子以見之、則其卒之何也。據公子翬不書卒、○翬許[illegible]以譏乎宣也。其譏乎宣何也。聞大夫之喪。則去樂卒事。去籥萬卒事、言今不然、

壬午。猶繹。萬入。去籥。

傳猶者，可以已之辭也。繹者，祭之旦日之享賓也。萬入去籥。萬舞名，籥管也。以其爲之變，譏之也。內舞去籥，惡其聲聞，此爲卿變於常禮，是知其不可而爲之。○爲之，于僞反，注爲卿同。惡，烏路反。

戊子，夫人熊氏薨。宣公妾母。○左氏作嬴氏。

晉師白狄伐秦。

楚人滅舒鄝。○鄝音了，本又作蓼。

秋七月甲子，日有食之，既。

冬十月己丑，葬我小君頃熊。文夫人姜氏大歸于齊，故宣公立，已妾母爲夫人，君以夫人禮卒葬之，故主書者不得不以爲夫人，義與成風同。○頃熊，左氏作敬嬴。

雨不克葬。

傳葬既有日，不爲雨止，禮也。雨不克葬，喪不以制也。徐邈曰：案經文是己丑之日葬，喪既出而遇雨，若未及己丑而却期，無爲逆書此日葬。禮，喪事有進無退。又士喪禮有潦車載蓑笠，則人君之張設固兼備矣。禮先遷柩於廟，其明昧爽而引，既及葬日之晨，則祖行遣奠之禮設矣，故雖雨猶終事，不[illegible][illegible]人次。○不爲，于僞反。蓑，素禾反。笠音立。柩，其又反。

庚寅，日中而克葬。

傳而，緩辭也，足乎日之辭也。

城平陽。

楚師伐陳。

九年春王正月，公如齊。有母之喪而行朝會，非禮。

公至自齊。

夏，仲孫蔑如京師。

齊侯伐萊。

秋，取根牟。

八月，滕子卒。

九月，晉侯、宋公、衛侯、鄭伯、曹伯會于扈。

晉荀林父帥師伐陳。

辛酉，晉侯黑臀卒于扈。

傳其地，於外也。其日，未踰竟也。外謂國都之外。諸侯卒於路寢則不地。傳例曰：諸侯正卒則日，不正則不日。舊說踰竟亦不日，然則諸侯不正而與未踰竟無以別之矣。案襄七年鄭伯卒于操，此年晉侯卒于扈，文正與襄二十六年許男卒於楚同，恐後人謂操、扈是國，故於疑似之際皆爲發傳曰未踰竟也。○竟音境。別，彼列反。

冬十月癸酉，衛侯鄭卒。

宋人圍滕。

楚人伐鄭。

晉郤缺帥師救鄭。

陳殺其大夫泄冶。

傳稱國以殺其大夫，殺無罪也。泄冶之無罪如何？陳靈公通于夏徵舒之家。公孫寧、儀行父亦通其家。二人陳大夫。或衣其衣，或衷其襦，衷者，襦在衷也。○衣上於既反以相戲於朝。泄冶聞之，入諫曰：使國人聞之則猶可，使仁人聞之則不可。君愧於泄冶，不能用其言而殺之。

十年春，公如齊。公至自齊。齊人歸我濟西田。

傳公娶齊，齊由以為兄弟反之。齊由以婦族故還魯田。爾雅釋親曰：婦之黨為婚兄弟。不言來，公如齊受之也。

夏四月丙辰，日有食之。

傳例曰：言日不言朔，食晦日，則此丙辰晦之日也。己巳在晦日之下，五月之上，推筭義例，當是閏月矣。文六年傳曰：閏月者，附月之餘日，言閏承前月而受其餘日，故書閏月之日，繫前月之下。蓋史策常法，文有定例，閏有常體，無嫌不明，故不復每月發傳。哀五年公羊傳曰：閏月不書，此何以書？推此言之，則春秋固有在閏月而不冠以閏者矣。至於閏不告月，猶朝于廟，閏月葬齊景公，不正其閏，無以言其事，故書見變禮。○冠工亂反

己巳，齊侯元卒。

齊崔氏出奔衛。

傳氏者，舉族而出之之辭也。何休曰：氏者，譏世卿也，即稱氏為舉族而出，尹氏卒，寧可復以為舉族死乎？鄭君釋之曰：云舉族死，是何妖闇甚乎？舉族而出之之辭者，固譏世卿也。崔杼以世卿專權，齊人惡其族，今出奔，既不欲其身反，又不欲國立其宗後，故孔子順而書之曰崔氏出奔衛者，其舉族盡去之爾。○惡烏路反

公如齊。五月，公至自齊。

癸巳，陳夏徵舒弒其君平國。

六月，宋師伐滕。

公孫歸父如齊，葬齊惠公。月者，蓋為下齊惠公葬速起。○為于僞反

晉人、宋人、衛人、曹人伐鄭。

秋，天王使王季子來聘。

傳其曰王季，王子也。其曰子，尊之也。子者，人之貴稱。聘，問也。

公孫歸父帥師伐邾，取繹。

大水。

季孫行父如齊。

冬，公孫歸父如齊。

齊侯使國佐來聘。

饑。

楚子伐鄭。

十有一年。春王正月。

夏。楚子。陳侯。鄭伯盟于夷陵。夷陵、齊地、○左氏作辰陵

公孫歸父會齊人伐莒。

秋。晉侯會狄于欑函。欑函、狄地、

冬。十月。楚人殺陳夏徵舒。

傳不言及外狄。所以異之於諸夏、

變楚子言人者、弒君之賊、若曰人人所得殺也、其月、謹之、

傳此入而殺也。其不言入何也。據入國乃得殺外徵舒於陳也。其外徵舒於陳何也。據徵舒陳大夫不應外、明楚之討有罪也。雍曰、經君書楚子入陳殺夏徵舒者、則入者內不受、是無以表徵舒之悖逆、楚子之得正、

丁亥。楚子入陳。

傳入者。內弗受也。日入。惡入者也。何用弗受也。不使夷狄爲中國也。楚子入陳、納淫亂之人、執國威柄、制其君臣、顛倒上下、錯亂邪正、是以夷狄爲中國、○惡烏路反顛丁田反本又作顓

納公孫寧儀行父于陳。

傳納者。內弗受也。輔人之不能民而討猶可。雍曰、輔相鄰國有不能治民者、而討其罪人則可、而曰猶可者、明鄰國之君、無輔相之道、○相息亮反入人之國。制人之上下。使不得其君臣之道不可。二人與昏淫當絕、而楚強納之、是制人之上下、○強其丈反

十有二年。春。葬陳靈公。

傳例曰、失德不葬、君弒賊不討不葬、以罪下也、日卒時葬、正也、靈公淫夏姬、殺洩冶、臣子不能討賊、踰三年然後葬、而日卒時葬何邪、泰曰、楚已討之矣、臣子雖欲討之、無所討也、故君子即而恕之、以申臣子之恩、稱國以殺大夫、則靈公之惡不嫌不明、書葬以表討賊、不言靈公無罪也、踰三年而後葬、則國亂居可知矣、非日月小有前却、則書時不嫌、

楚子圍鄭。

夏。六月乙卯。晉荀林父帥師。及楚子戰于邲。邲、鄭地、○邲皮必反

晉師敗績。

傳績功也。功事也。日。其事敗也。

秋。七月。

冬。十有二月戊寅。楚子滅蕭。

晉人。宋人。衛人。曹人同盟于淸丘。淸丘、衛地、

宋師伐陳。

衛人救陳。

十有三年。春。齊師伐莒。

夏。楚子伐宋。

秋。螽。

冬。晉殺其大夫先穀。

十有四年。春。衛殺其大夫孔達。

夏。五月。壬申。曹伯壽卒。

晉侯伐鄭。

秋。九月。楚子圍宋。

葬曹文公。

冬。公孫歸父會齊侯于穀。

十有五年。春。公孫歸父會楚子于宋。

夏。五月。宋人及楚人平。

傳平者成也。善其量力而反義也。各自知力不能相制、反共和之義、人者。衆辭也。平稱衆。上下欲之也。外平不道。以吾人之存焉道之也。吾人謂大夫歸父、

六月。癸卯。晉師滅赤狄潞氏。以潞子嬰兒歸。

傳滅國有三術。術猶道也、○潞音路中國謹日。卑國月。夷狄不日。卑國謂附庸之屬、襄六年傳曰、中國日、卑國月、夷狄時、此謂三術、其曰潞子嬰兒。賢也。

秦人伐晉。

王札子殺召伯毛伯。

傳王札子者。當上之辭也。殺召伯毛伯。不言其。何也。解經不言殺其大夫、○札側八反兩下相殺也。兩下相殺。不志乎春秋。此其志何也。矯王命以殺之。非忿怒相殺也。故曰以王命殺也。以王命殺、謂言王札子殺召伯毛伯、是知以王命而殺之、以王命殺。則何志焉。爲天下主者天也。繼天者君也。君之所存者命也。爲人臣而侵其君之命而用之。是不臣也。爲人君而失其命。是不君也。君不君。臣不臣。此天下所以傾也。

秋。螽。

仲孫蔑會齊高固于無婁。

無婁、杞邑、

初稅畝。

傳初者。始也。古者什一。一夫一婦、佃田百畝、以共五口、父母妻子也、又受田十五畝、以爲公田、公田在內、私田在外、此一夫一婦爲耕百一十畝、○共音恭藉而不稅。藉此公田而收其入、言不稅民、初稅畝。非正也。古者三百步爲里。名曰井田。井田者。九百畝。公田居一。出除公田八十畝、餘八百二十畝、故井田之法、八家共一井、八百畝、餘二十畝、家各二畝半爲廬舍、私田稼不善。則非吏。非、責也、吏、田畯也、言吏急民、使不得營私田、○畯音俊公田稼不善。則非民。民勤私也、初稅畝者。非公之去公田而履畝十取一也。以公之與民爲已悉矣。悉、謂盡其力、古者公田爲居。八家共居、井竈葱韭盡取焉。損其廬舍、家作一園、以種

五菜、外種楸桑、以備養生送死。○韭音九、楸音秋

冬、蝝生。

【傳】蝝非災也。其曰蝝、非稅畝之災也。凡春秋記災、未有言生者、蝝之言緣也、緣宣公稅畝、故生此災以責之、非責也。○蝝以全反

饑。

十有六年、春、王正月、晉人滅赤狄甲氏及留吁。甲氏、留吁、赤狄別種、晉既滅潞氏、今又并盡其餘邑也、滅夷狄時、賢嬰兒、故滅其餘邑猶月、

夏、成周宣榭災。成周、東周、今之洛陽、宣榭、宣王之榭、爾雅曰、室有東西廂曰廟、無東西廂有室曰寢、無室曰榭、傳例曰、國曰災、邑曰火、○榭音

穀梁傳　卷十二　宣公　十六　永懷堂

謝、本或作謝、災、左氏作火

【傳】周災不志也。其曰宣榭、何也。以樂器之所藏目之也。務風易俗、莫善於樂、是故貴其器、

秋、郯伯姬來歸。爲夫家所遣、

冬、大有年。

【傳】五穀大熟、爲大有年。

十有七年、春、王正月、庚子、許男錫我卒。

丁未、蔡侯申卒。

夏、葬許昭公。

葬蔡文公。

六月、癸卯、日有食之。

己未、公會晉侯衛侯曹伯邾子、同盟于斷道。己未、亦閏月之日、斷道、晉地、

【傳】同者、有同也、同外楚也。

秋、公至自會。

冬、十有一月、壬午、公弟叔肸卒。

【傳】其曰公弟叔肸、賢之也。其賢之何也。宣弑而非之也。宣公殺子赤、叔肸非責之、○肸許乙反

穀梁傳　卷十二　宣公　十七　永懷堂

非之則胡爲不去也。曰、兄弟也、何去而之。言無所至、與之財、則曰我足矣。宣公與之財物、則言自足以距之、織屨而食、織屨、賣以易食、終身不食宣公之食。君子以是爲通恩也、以取貴乎春秋。泰曰、宣公弑逆、故其祿不可受、兄弟無絕道、故雖非而不去、論情可以明親親、言義足以厲不軌、書曰公弟、不亦宜乎、

十有八年、春、晉侯衛世子臧伐齊。

公伐杞。

夏、四月。

秋、七月、邾人戕繒子于繒。○戕在良反

傳戕猶殘也。捝殺也。捝謂捶打殘賊而殺。地于繒惡其臣子不能距難。○捝他活反又徒括反捶章蘂反惡其烏路反難乃旦反

甲戌。楚子呂卒。商臣子莊王。○呂左氏作旅

傳夷狄不卒。卒少進也。卒而不日。日少進也。日而不言正不正。簡之也。中國君日卒正也不日不正也。今進夷狄直舉其日而不論正之與不正。

公孫歸父如晉。

冬十月。壬戌。公薨于路寢。

傳正寢也。

穀梁傳　卷十二　宣公　大　永懷堂

歸父還自晉。至檉。遂奔齊。

傳還者事未畢也。莊八年秋師還是也。自晉事畢也。與人之子守其父之殯。人之子謂歸父子也。言成公與歸父子共守宣公殯。捐殯而奔其父之使者。是以奔父也。捐棄也。奔猶逐也。言成公棄父之殯逐父之使。使謂歸父也。父命未反而已逐之。是與親奔父無異。至檉遂奔齊。遂繼事也。杜預曰檉魯竟外。故不言出。○檉户貞反左氏作笙竟音境

春秋穀梁傳卷十二 終

春秋穀梁傳卷十三

晉豫章太守順陽范甯集解

皇明　後學　東吳金蟠較訂

成公

元年。春。王正月。公即位。

二月。辛酉。葬我君宣公。

無冰。

傳終時無冰則志。此未終時而言無冰何也。言終寒時無冰當志之耳。今方建丑之月。是寒時未終。終無冰矣。加之寒之辭也。周二月建丑之月。夏之十二月也。此月既是常寒之月。於寒之中又加甚常年也。此無冰終無復冰矣

穀梁傳　卷十三　成公　一　永懷堂

三月。作丘甲。周禮九夫為井。四井為邑。四邑為丘。丘十六井。甲鎧也。○鎧開代反

傳作為也。丘為甲也。使一丘之民皆作甲。丘甲國之事也。丘作甲非正也。丘作甲之為非正何也。古者立國家。百官具。農工皆有職以事上。古者有四民。有士民。學習道藝者。有商民。通四方之貨者。有農民。播殖耕稼者。有工民。巧心勞手以成器物者。夫甲非人人之所能為也。各有業也。○夫音符丘作甲非正也。

夏。臧孫許及晉侯盟于赤棘。

赤棘。晉地、

秋。王師敗績于貿戎。貿戎地、○貿音茂、左氏作茅戎

傳不言戰、莫之敢敵也。爲尊者諱敵不諱敗。諱敵、使莫二也、不諱敗、容有過否。○爲于僞反 爲親者諱敗不諱敵。諱敗、惜其毀折也、不諱敵、諸侯有列國、尊尊親親之義也。尊則無敵、親則保全、尊謂王、親謂魯、然則孰敗之。晉也。

冬。十月。

傳季孫行父禿。晉郤克眇。衞孫良夫跛。曹公子手僂。同時而聘於齊。齊使禿者御禿者。使眇者御眇者。使跛者御跛者。使僂者御僂者。御音迓、迓迎也。○禿他木反、眇亡小反、跛波可反、僂於矩反 蕭同姪子處臺上而笑之。蕭國也、同姓也、姪子字也、其母更嫁齊惠公、生頃公、宣十二年、楚人滅蕭、故隨其母在齊、聞於客。客不說而去。相與立胥閭而語。移日不解。胥閭、門名、○說音悅、解古買反 齊人有知之者曰。齊之患。必自此始矣。穀梁子作傳、皆釋經以言義、未有無其文而橫發傳者、甯疑經冬十月下云季孫行父如齊、脫此六字、○橫華孟反、又如字

二年。春。齊侯伐我北鄙。

夏。四月。丙戌。衞孫良夫帥師。及齊師戰于新築。衞師敗績。新築、衞地、

六月。癸酉。季孫行父。臧孫許。叔孫僑如。公孫嬰齊帥師。會晉郤克。

衞孫良夫。曹公子手。及齊侯戰于鞌。齊師敗績。鞌齊地、○手左氏作首、鞌音安

傳其曰。或曰日其戰也。或曰日其悉也。悉、謂魯四大夫、時悉在戰也、明二者皆當日、曹無大夫。其曰公子何也。以吾之四大夫在焉。舉其貴者也。不欲令內衆大夫與外卑者共行戰。○令力呈反

秋。七月。齊侯使國佐如師。己酉。及國佐盟于爰婁。

傳鞌去國五百里。爰婁去國五十里。國、齊國也、一戰緜地五百里。焚雍門之茨。雍門、齊城門、茨、蓋也。○雍於用反、茨在私反 侵車至海。侵車、侵伐之車、言時侵齊過乃至海 君子聞之曰。夫甚甚之辭焉。鄭嗣曰、君子聞戰于鞌、乃盟于爰婁、焚雍門之茨、侵車至海、言因齊之敗逼之甚。○夫甚音符 齊有以取之也。齊之有以取之。何也。敗衞師于新築。侵我北鄙。敖郤獻子。謂笑其眇、○跛布可反 齊有以取之也。爰婁在師之外。言師已逼其國、郤克曰。反魯衞之侵地。以紀侯之甗來。甗、玉甑、齊滅紀、故得其寶、○甗魚輦反、又音言、又音彥 以蕭同姪子之母爲質。齊侯與姪子同母異父昆弟、不欲斥言齊侯之母、故言蕭同姪子之母也、兼忿姪子笑、使耕者皆東其畝。欲以利其戎車、於驅侵易、○易以豉反 然後與子盟。國佐曰。反魯衞之侵地。以紀侯之甗來。則諾。以蕭同姪子之母爲質。則是齊侯之母也。齊侯之母。猶晉君之母也。晉君之母。猶齊侯之母也。言尊同也、使耕者盡東其畝。則是終土齊也。凱曰、利其戎車侵伐易、則是以齊爲土、不可。不可、謂若不詳已言、請一戰。一戰不克。請再。

再不克，請三。三不克，請四。四不克，請五。五不克，舉國而授。於是而與之盟。

八月壬午，宋公鮑卒。

庚寅，衛侯速卒。

取汶陽田。○汶音問

冬，楚師、鄭師侵衛。

十有一月，公會楚公子嬰齊于蜀。蜀，某地。

穀梁傳　卷十三　成公　四　承懷堂

傳 楚無大夫，其曰公子何也？嬰齊亢也。泰曰：莊二十二年丙申及齊高傒盟，文二年乙巳及晉處父盟，傳曰不言高傒處父，亢也。此傳會嬰齊書公，以明亢何乎？蓋言高傒處父亢禮敵公，書公則內恥也。嬰齊初雖驕慢，終自降替，故于會則書公以顯嬰齊之驕亢，于盟則稱人以表嬰齊之服罪。然則向之驕正足以表其無禮，不足以病公，則書公可也。

丙申，公及楚人、秦人、宋人、陳人、衛人、鄭人、齊人、曹人、邾人、薛人、繒人盟于蜀。

傳 楚其稱人何也？怪楚向稱公子，今稱人。於是而後公得其所也。齊在鄭下，蓋時王所黜。會與盟同月，則地會不地盟。不同月，則地會地盟。此其地會地盟何也？以公得其所，申其事也。公得其所，謂楚稱人。申其事，謂地會地盟。今之屈向之驕也。

三年，春，王正月，公會晉侯、宋公、衛侯、曹伯伐鄭。宋衛未葬而自同於正君，故書公侯以譏之。

辛亥，葬衛穆公。

二月，公至自伐鄭。

甲子，新宮災。三日哭。

傳 新宮者，禰宮也。謂宣公廟也。三年喪畢，宣公神主新入廟，故謂之新宮。○禰乃禮反 三日哭，哀也。其哀，禮也。宮廟，親之神靈所憑居，而遇災，故以哀哭為禮。迫近不敢稱謚，恭也。迫近，言親禰也。稍僖遠祖則稱謚。其辭恭且哀，以成公為無譏矣。

穀梁傳　卷十三　成公　五　承懷堂

乙亥，葬宋文公。

夏，公如晉。

鄭公子去疾帥師伐許。

公至自晉。

秋，叔孫僑如帥師圍棘。

大雩。

晉郤克、衛孫良夫伐廧咎如。○咎音羔

冬，十有一月，晉侯使荀庚來聘。衛侯使孫良夫來聘。

丙午，及荀庚盟。丁未，及孫良夫盟。

傳：其日，公也。來聘而求盟，不言及者，以國與之也。不言其人，亦以國與之也。徐邈曰：不言及，謂凡書來盟者也，若宣七年衛孫良夫來盟是也。以國與之，謂舉國爲主，故直書外來爾。此先聘而後盟，故不言來盟，緫言及而不復著其人，亦是舉國之辭。○復，扶又反。不言求，兩欲之也。

鄭伐許。鄭從楚而伐衛之喪，又叛諸侯之盟，故狄之。

四年，春，宋公使華元來聘。

三月壬申，鄭伯堅卒。

杞伯來朝。

夏四月甲寅，臧孫許卒。

公如晉。

葬鄭襄公。

秋，公至自晉。

冬，城鄆。○鄆音運

鄭伯伐許。喪未踰年，自同於正君，亦譏之。

五年，春，王正月，杞叔姬來歸。

傳：婦人之義，嫁曰歸，反曰來歸。

仲孫蔑如宋。

夏，叔孫僑如會晉荀首于穀。穀，齊地。

梁山崩。梁山，晉之望也。不言晉者，名山大澤不以封也。許愼曰：山者陽位，君之象也，象君權壞。

傳：不日，何也？據僖十四年秋八月辛卯沙鹿崩書日。高者有崩道也。有崩道，則何以書也？曰：梁山崩，壅遏河三日不流，晉君召伯尊而問焉。伯尊來，遇輦者，輦者不辟，使車右下而鞭之。凡車，將在左，御在中，有以之人在右，所以備非常。○尊，左氏作伯宗。辟音避。將，子匠反。輦者曰：所以鞭我者，其取道遠矣。所用鞭我之間，行道則可遠。伯尊下車而問焉。以其言有理，知非凡人。曰：子有聞乎？對曰：梁山崩，壅遏河三日不流。伯尊曰：君爲此召我也，爲之奈何？輦者曰：天有山，天崩之；天有河，天壅之。雖召伯尊如之何？伯尊由忠問焉。用忠誠之心問之。輦者曰：君親素縞，帥羣臣而哭之，既而祠焉，斯流矣。素衣縞冠，凶服也。所以凶服者，山川，國之鎭也。山崩川塞，示哀窮。○縞，古老反。伯尊至，君問之曰：梁山崩，壅遏河三日不流，爲之奈何？伯尊曰：君親素縞，帥羣臣而哭之，既而祠焉，斯流矣。孔子聞之曰：伯尊其無績乎，攘善也。績，功也。攘，盜也。取輦者之言而行之，非己之功也。績或作續，謂無繼嗣。

秋。大水。
冬。十一月。己酉。天王崩。
定王、
十有二月。己丑。公會晉侯齊侯宋公衛侯鄭伯曹伯邾子杞伯同盟于蟲牢。
蟲牢、鄭地、
六年春。王正月。公至自會。
二月。辛巳。立武宮。
舊說曰、武公之宮廟毀已久矣、故傳曰、不宜立也、禮記明堂位曰、魯公之廟文世室也、武公之廟武世室也、言世室則不毀也、則義與此違、

傳　立者不宜立也。
取鄟。
○鄟音專
傳　鄟國也。
衛孫良夫帥師侵宋。
夏六月。邾子來朝。
公孫嬰齊如晉。
壬申。鄭伯費卒。
○費音秘
秋。仲孫蔑叔孫僑如帥師侵宋。
楚公子嬰齊帥師伐鄭。
冬。季孫行父如晉。
晉欒書帥師救鄭。
七年春。王正月。鼷鼠食郊牛角。
不言免牛者、以方改卜郊吉否未可知、○鼷音奚
改卜牛。鼷鼠又食其角。乃免牛。
傳　不言日。急辭也。辭中促急、不容日、過有司也。郊牛日展觓角而知傷。

展道盡矣。其所以備災之道不盡也。有司展察牛而即知傷、是展察之道盡、不能防災禦患、致使牛傷、故不書日以顯有司之過、觓、球球然角貌、○觓其樛反、一音求　改卜牛。鼷鼠又食其角。又有繼之辭也。前已食、故曰繼　其緩辭也。曰。亡乎人矣。非人之所能也。所以免有司之過也。至此復食、乃知國無賢君、天災之爾、非有司之過也、故言其以赦之、乃免牛。乃者。亡乎人之辭也。免牲者。爲之緇衣纁裳。有司玄端奉送至于南郊。免牛亦然。免牲不曰不郊。免牛亦然。郊者用牲、今言免牲、則不郊顯矣、若言免牛、亦不郊、而經復書不郊者、蓋爲三望起爾、言時既不郊而猶三望、明失禮、
吳伐郯。
○郯音談

夏五月。曹伯來朝。

不郊。猶三望。

秋。楚公子嬰齊帥師伐鄭。

公會晉侯齊侯宋公衛侯曹伯莒子邾子杞伯救鄭。八月戊辰。同盟于馬陵。（馬陵衛地。）

公至自會。

吳入州來。（州來楚地。）

冬。大雩。

傳雩不月而時。非之也。冬無爲雩也。

衛孫林父出奔晉。

八年春。晉侯使韓穿來言汶陽之田。歸之于齊。（晉爲盟主。齊得還事晉。故使魯還二年齊所反之田。）

傳于齊。緩辭也。不使盡我也。（若曰爲之請歸。不使晉制命于我。○爲于僞反）

晉欒書帥師侵蔡。

公孫嬰齊如莒。

宋公使華元來聘。

夏。宋公使公孫壽來納幣。（婚禮不稱主人。宋公無主婚者。自命之。故稱使。納幣不書。書者賢伯姬。故盡其事。）

晉殺其大夫趙同趙括。

秋七月。天子使召伯來錫公命。

傳禮有受命。無來錫命。錫命非正也。曰天子何也。曰見一稱也。（天王天子。王者之通稱。自此以上未有言天子者。今言天子。是更見一稱。）

冬十月。癸卯。杞叔姬卒。（杜預曰。前五年來歸者。女既適人。雖見出棄。猶以成人之禮書之。終爲杞伯所葬。故稱杞叔姬。）

晉侯使士燮來聘。

叔孫僑如會晉士燮齊人邾人伐郯。

衛人來媵。（杜預曰。古者諸侯娶嫡夫人及左右媵。各有姪娣。皆同姓之國。國三人。凡九女。所以廣繼嗣。魯將嫁伯姬于宋。故衛來媵。）

傳媵淺事也。不志。此其志何也。以伯姬之不得其所。故盡其事也。（不得其所。謂災死也。江熙曰。共公之葬。由伯姬。則共公是失德者也。傷伯姬賢而嫁不得其所。○共音恭）

春秋穀梁傳卷十三　終

春秋穀梁傳卷十四

晉豫章太守順陽范　甯集解
皇明　後學　東吴葛　鼒較訂

成公

九年。春。王正月。杞伯來逆叔姬之喪以歸。

傳傳曰。夫無逆出妻之喪而爲之也。

公會晉侯。齊侯。宋公。衛侯。鄭伯。曹伯。莒子。杞伯。同盟于蒲。蒲衛地、

公至自會。

二月。伯姬歸于宋。逆者非卿、故不書、

夏。季孫行父如宋致女。致物戒之言於女、

傳致者。不致者也。婦人在家制於父。既嫁制於夫。如宋致女。是以我盡之也。制已嫁而猶以父制盡之、不正。故不與內稱也。內稱謂稱使、逆者微。故致女。詳其事。賢伯姬也。

晉人來媵。

傳媵。淺事也。不志。此其志。何也。以伯姬之不得其所。故盡其事也。

秋。七月。丙子。齊侯無野卒。

晉人執鄭伯。

晉欒書帥師伐鄭。

傳不言戰。以鄭伯也。欒書以鄭伯伐鄭君臣無戰道、爲尊者諱恥。不使臣敵君、王師敗績于賀戎是也、○爲于僞反下及注同　爲賢者諱過。爲齊桓諱滅項是也、爲親者諱疾。雍曰、欒書以鄭伯伐鄭不言戰是也鄭兄弟之國故謂之親君臣交兵病莫大焉故爲之諱、

冬。十有一月。葬齊頃公。

楚公子嬰齊帥師伐莒。庚申。莒潰。

傳其日。莒雖夷狄。猶中國也。莒雖有夷狄之行猶是中國○行下孟反　大夫潰莒而之楚。是以知其上爲事也。臣以叛君爲事明君臣無道　惡之。故謹而日之也。潰例月甚之故日、○惡烏路反

楚人入鄆。

秦人白狄伐晉。

鄭人圍許。

城中城。

傳城中城者。非外民也。譏公不務德政恃城以自固不德能衛其人民、

十年。春。衛侯之弟黑背帥師侵鄭。

夏四月。五卜郊不從。乃不郊。

傳 夏四月。不時也。郊時極於三月。五卜。強也。乃者。亡乎人之辭也。○強。其丈反

五月。公會晉侯齊侯宋公衛侯曹伯伐鄭。

齊人來媵。媵伯姬也。異姓來媵。非禮

丙午。晉侯獳卒。○獳。乃侯反

秋七月。公如晉。

冬十月。

十有一年。春王三月。公至自晉。

晉侯使郤犨來聘。己丑。及郤犨盟。○犨。尺由反。公羊作郤州

夏。季孫行父如晉。

秋。叔孫僑如如齊。

冬十月。

十有二年。春。周公出奔晉。

傳 周有入無出。鄭嗣曰。王者無外。故無出也。宗廟宮室有定所。或即位失其常處。反常書入。內宗廟也。昭二十六年。天王入於成周是。其曰出。上下一見之也。鄭嗣曰。上謂僖二十四年天王出居于鄭。下謂今周公出奔。上下皆一見之。言其上下之道無以存也。上雖失之。下孰敢有之。今上下皆失之矣。上雖有不君之失。臣下莫敢效不臣之過。今復云周公之出。則上下皆有失矣。君而不君。臣而不臣。是無以存乎世。言周之所以衰。

夏。公會晉侯衛侯于瑣澤。瑣澤。某地。

秋。晉人敗狄于交剛。交剛。某地。

傳 中國與夷狄不言戰。皆曰敗之。不使夷狄敵中國。夷狄不日。

冬十月。

十有三年。春。晉侯使郤錡來乞師。○錡。魚綺反

傳 乞。重辭也。古之人重師。故以乞言之也。

三月。公如京師。

傳 公如京師不月。月非如也。時實會晉伐秦。過京師也。公行出竟有危則月。朝聘京師。理無危懼。故不月。○過。音戈。下同。竟。音境。非如而曰如。不叛京師也。因其過朝。故正其文。若使本自往。

夏五月。公自京師。遂會晉侯宋公衛侯鄭伯曹伯邾人滕人伐秦。

傳 言受命不敢叛周也。使若既朝王而王命已使伐秦。叛周謂專征伐。

曹伯廬卒于師。

傳傳曰。閔之也。公大夫在師曰師。在會曰會。

秋七月。公至自伐秦。

冬。葬曹宣公。

傳葬時正也。

十有四年春王正月。莒子朱卒。徐邈曰傳稱莒雖夷狄猶中國也言莒本中國末世衰弱遂行夷禮葬皆南謚而莒君無謚謚以公配而吳楚稱王所以終春秋亦不得書葬

夏衞孫林父自晉歸于衞。

秋叔孫僑如如齊逆女。泰曰親迎例時大夫逆皆謹月以譏之下云九月僑如以夫人婦姜氏至自齊一事不二譏故此可以不月也宣元年公子遂如齊逆女亦以時逆而月致義與此同○逆魚敬反傳同

鄭公子喜帥師伐許。

九月。僑如以夫人婦姜氏至自齊。

傳大夫不以夫人。以夫人。非正也。刺不親迎也。僑如之摯。由上致之也。

冬十月庚寅。衞侯臧卒。

秦伯卒。

十有五年春王二月。葬衞定公。

三月乙巳。仲嬰齊卒。

傳此公孫也。其曰仲何也。此蓋仲遂之子據實公孫子由父疏之也。雍曰父有弒君之罪故不得言公子父不言公子則子不得稱公孫是是疏之罪由父故

癸丑。公會晉侯衞侯鄭伯曹伯宋世子成齊國佐邾人同盟于戚。

晉侯執曹伯歸于京師。

傳以晉侯而斥執曹伯。惡晉侯也。僖二十八年晉人執衞侯歸之于京師此伯討之文也今以侯執伯明執之不以其罪不言之急辭也。斷在晉侯也。明晉之私○斷丁亂反

公至自會。

夏六月。宋公固卒。

楚子伐鄭。

秋八月庚辰。葬宋共公。○共音恭

傳月卒日葬。非葬者也。宋共公正立卒當書日葬無甚危則當錄月今反常違例故知不葬者也然則共公之不宜書葬昏亂故此其言葬何也。以其葬共姬。不可不葬共公也。葬共姬則其不可不葬共公何也。夫人之義。不踰君也。爲賢者崇也。賢崇伯姬故書共公葬○爲于僞反

宋華元出奔晉。宋華元自晉歸于宋。

宋殺其大夫山。

宋魚石出奔楚。

冬，十有一月，叔孫僑如會晉士燮、齊高無咎、宋華元、衛孫林父、鄭公子鰌、邾人，會吳于鍾離。○鰌音秋

傳 會又會，外之也。再書會，殊外夷狄。

許遷于葉。○葉始涉反

傳 遷者，猶得其國家以往者也。其地，許復見也。

十有六年，春，王正月，雨木冰。穀梁傳曰：雨木冰者，木介甲冑兵之象。

傳 雨而木冰也。雨著木成冰。○著直略反 志異也。傳曰：根枝折。

夏，四月，辛未，滕子卒。

鄭公孫喜帥師侵宋。

六月，丙寅，朔，日有食之。

晉侯使欒黶來乞師。將與鄭楚戰。○黶於斬反

甲午，晦，晉侯及楚子、鄭伯戰于鄢陵。鄢陵，鄭地。○鄢音偃

楚子、鄭師敗績。

傳 日事遇晦曰晦，四體偏斷曰敗，此其敗則目也。此言敗者，目傷故。楚不言師，君重于師也。

楚殺其大夫公子側。

秋，公會晉侯、齊侯、衛侯、宋華元、邾人于沙隨，不見公。沙隨，宋地。

傳 不見公者，可以見公也。可以見公而不見公，譏在諸侯也。

公至自會。

公會尹子、晉侯、齊國佐、邾人伐鄭。尹子，王卿士。子，爵。

曹伯歸自京師。

傳 不言所歸，歸之善者也。出入不名，以為不失其國也。歸為善，謂直言歸而不言其國，即曹伯歸自京師，不言于曹是。自某歸次之。若蔡季自陳歸于蔡，衛侯鄭自楚復歸于衛。

九月，晉人執季孫行父，舍之于苕丘。行父，魯執政卿，其身執則危及國，故謹而月之。[illegible]苕丘，晉地。○苕音條

傳 執者不舍，據昭二十三年，晉人執我行人叔孫婼，不言舍。○婼丑略反 而舍，公所也。今言舍者，

以公在茖丘故也，公在茖丘而言舍者，明不得致也，若旣不致，復不言舍，則無以見其舍，執者致。據昭二十四年，婼至自晉，而不致公在也。在，在茖丘也，見舍于茖丘，還國則與公俱，不得致者，重在公，何其執而辭也。問何故書執季孫行父而言舍之，復不致之辭邪，猶存公也。時行父雖爲晉所執，猶欲存公之所在，故不致行父，文言舍之，皆所以見公在茖丘，存意公亦存也。問存舍之不致之意，便可知公所在乎，公存也。但存此二事，即知公在茖丘，

冬，十月，乙亥，叔孫僑如出奔齊。徐邈曰，案襄二十三年，臧孫紇出奔齊，傳曰，其日，正臧紇之出也，禮大夫去，君埽其宗廟，不絕其祀，身雖出奔，而君遇之不失正，故詳而紀之，明有恩義也。○紇，恨發反

十有二月，乙丑，季孫行父及晉郤犨盟于扈。

公至自會。無二事，會則致會，伐則致伐，上無會事，當言至自伐鄭，而言至，是會甯所未詳，鄭君曰，伐而致會，於伐事不成，

乙酉，刺公子偃。

傳 大夫日卒，正也。先刺後名，殺無罪也。僖二十八年，公子買戍衛，不卒戍，刺之，是有罪者，以先列其罪，○戍，式喩反

十有七年，春，衛北宮括帥師侵鄭。

夏，公會尹子、單子、晉侯、齊侯、宋公、衛侯、曹伯、邾人伐鄭。○單，音善

六月，乙酉，同盟于柯陵。柯陵，鄭地，

傳 柯陵之盟，謀復伐鄭也。

秋，公至自會。

傳 不曰至自伐鄭也，公不周乎伐鄭也。周，信也，公逼諸侯爲此盟，爾意不欲更伐鄭，何以知公之不周乎伐鄭？以其以會致也。何以知其盟復伐鄭也？以其後會之人盡盟者也。後會，謂冬公會單子等是，不周乎伐鄭，則何爲日也？據無伐鄭意而强盟，盟不由忠，不當日也。○强，其丈反 言公之不背柯陵之盟也。舍巳從人，遂伐鄭，

齊高無咎出奔莒。

九月，辛丑，用郊。

傳 夏之始可以承春，以秋之末承春之始，蓋不可矣。郊，春事也，僖三十一年夏四月，四卜郊不從，傳曰，四月不時，今言可者，方明秋末之不可，故以是爲猶可也，九月用郊，用者不宜用也。宮室不設，不可以祭；衣服不脩，不可以祭；車馬器械不備，不可以祭；有司一人不備其職，不可以祭。祭者，薦其時也，薦其敬也，薦其美也，非享味也。

晉侯使荀罃來乞師。將伐鄭，○罃，烏耕反

冬，公會單子、晉侯、宋公、衛侯、曹伯、齊人、邾人伐鄭。

傳言公不背柯陵之盟也。

十有一月。公至自伐鄭。

壬申。公孫嬰齊卒于貍脤。貍脤，魯地也。○貍脤上力之反，下時軫反

傳十一月無壬申。壬申乃十月也。致公而後錄。臣子之義也。嬰齊實以十月壬申日卒，而公以十一月還，先致公而後錄其卒，故壬申在十一月下也。嬰齊從公伐鄭，致公然後伐鄭之事畢，須公事畢，然後書臣卒，先君後臣之義也。其地。未踰竟也。

十有二月。丁巳朔。日有食之。

邾子貜且卒。○貜俱縛反，且子餘反

晉殺其大夫郤錡、郤犫、郤至。

傳自禍於是起矣。厲公見殺之禍。

楚人滅舒庸。

十有八年。春。王正月。晉殺其大夫胥童。

庚申。晉弑其君州蒲。

傳稱國以弑其君。君惡甚矣。

齊殺其大夫國佐。

公如晉。

夏。楚子、鄭伯伐宋。宋魚石復入于彭城。彭城，宋邑。魚石十五年奔楚，經稱復入者，明前奔時入彭城以叛也。今楚取彭城以封魚石，故言復入。

公至自晉。

晉侯使士匄來聘。○匄音蓋

秋。杞伯來朝。

八月。邾子來朝。

築鹿囿。築牆為鹿地之苑。

傳築不志。此其志何也。山林藪澤之利。所以與民共也。虞之非正也。

己丑。公薨于路寢。

傳路寢。正也。男子不絕婦人之手。以齊終也。○齊如字，又側皆反

冬。楚人、鄭人侵宋。

晉侯使士魴來乞師。○魴音房

十有二月。仲孫蔑會晉侯、宋公、衛侯、邾子、齊崔杼。同盟于虛朾。虛朾，某地。

丁未。葬我君成公。

春秋穀梁傳卷十四　終

春秋穀梁傳卷十五

晉豫章太守順陽范　甯集解
皇明　後學　東吳金　蟠較訂

襄公

元年春王正月。公卽位。

傳繼正卽位。正也。

仲孫蔑會晉欒黶宋華元衛甯殖曹人莒人邾人滕人薛人圍宋彭城。

傳繫彭城於宋者。不與魚石。正也。魚石得罪於宋成十五年奔楚十八年復入於彭城然則彭城已屬魚石今猶繫宋者崇君抑叛臣也。

夏晉韓厥帥師伐鄭。

仲孫蔑會齊崔杼曹人邾人杞人次于鄫。鄫鄭地鄫或爲合○鄫似稜反

秋楚公子壬夫帥師侵宋。

九月辛酉。天王崩。

邾子來朝。

冬衛侯使公孫剽來聘。○剽匹妙反

晉侯使荀罃來聘。冬者、十月初也、王崩赴未至、皆未聞喪、故各得行朝聘之禮、

二年。春。王正月。葬簡王。

鄭師伐宋。

夏。五月。庚寅。夫人姜氏薨。

六月。庚寅。鄭伯睔卒。○睔古困反

晉師。宋師。衛甯殖侵鄭。

傳其曰衛甯殖如是而稱于前事也。初衛侯速卒、鄭人侵之、故舉甯殖之報、以明稱於前

事、不書晉宋之將、以慢其代人之喪、

秋。七月。仲孫蔑會晉荀罃。宋華元。衛孫林父。曹人。邾人。于戚。

己丑。葬我小君齊姜。齊、謚、

叔孫豹如宋。

冬。仲孫蔑會晉荀罃。齊崔杼。宋華元。衛孫林父。曹人。邾人。滕人。薛人。小邾人。于戚。遂城虎牢。

傳若言中國焉。內鄭也。虎牢、鄭邑、鄭服罪、內之、故爲之城、不繫虎牢於鄭者、如中國之邑也、僖二年城楚丘、傳曰、楚丘者何、衛之邑、國曰城、此邑也、其曰城何、封衛也、然則非魯邑皆不言城、中國猶國中也、○爲于僞反

楚殺其大夫公子申。

三年。春。楚公子嬰齊帥師伐吳。

公如晉。

夏。四月。壬戌。公及晉侯盟于長樗。晉侯出其國都、與公盟於外地、○樗丑居反、

公至自晉。

六月。公會單子。晉侯。宋公。衛侯。鄭伯。莒子。邾子。齊世子光。己未。同盟于雞澤。雞澤、地也、

傳同者有同也。同外楚也。

陳侯使袁僑如會。

傳如會。外乎會也。外乎會者、明本非會內也、諸侯已會乃至耳、於會受命也。

戊寅。叔孫豹及諸侯之大夫。及陳袁僑盟。

傳及以及。與之也。諸侯在會而大夫又盟、是大夫執國之權、亢君之禮、陳君不會、袁僑受使來盟、袁僑之盟得其義也、通言叔孫豹及諸侯之大夫、則無以表袁僑之得禮、故再言及、明獨與袁僑、不與諸侯之大夫、○使所吏反、諸侯以爲可與則與之。不可與則釋之。諸侯盟。又大夫相與私盟。是大夫張也。故雞澤之會。諸侯始失正矣。大夫執國權。曰袁僑。異之也。釋不但總言及諸侯之大夫、而復別言袁僑者、是異袁僑之得禮、

秋，公至自晉。

冬，晉荀罃帥師伐許。

四年春王三月己酉，陳侯午卒。

夏，叔孫豹如晉。

秋七月戊子，夫人姒氏薨。成公夫人，襄公母也。姒，杞姓。

葬陳成公。

八月辛亥，葬我小君定姒。定，謚。

冬，公如晉。

陳人圍頓。

五年春，公至自晉。

夏，鄭伯使公子發來聘。

叔孫豹、繒世子巫如晉。

傳外不言如，而言如，為我事往也。外相如不書，爲會事往，故同於內。○為，于僞反。

仲孫蔑、衛孫林父會吳于善稻。善稻，吳地。○左氏作善道。

傳吳謂善伊，謂稻緩，號從中國，名從主人。夷狄所號地形及物類，當從中國言之，以教殊俗，故不言伊緩而言善稻。人名當從其本俗言。

秋，大雩。

楚殺其大夫公子壬夫。

公會晉侯、宋公、陳侯、衛侯、鄭伯、曹伯、莒子、邾子、滕子、薛伯、齊世子光、吳人、繒人于戚。繒以外甥爲子，會夷狄之不若，故序吳下，所以不復殊外吳者，以其數會中國故。○數，音朔。

公至自會。

冬，戍陳。

傳內辭也。不言諸侯，是會戍之。

楚公子貞帥師伐陳。

公會晉侯、宋公、衛侯、鄭伯、曹伯、莒子、邾子、滕子、薛伯、齊世子光救陳。十有二月，公至自救陳。

傳善救陳也。楚人伐陳，公能救中國而攘夷狄，故善之。善之謂以救陳致。

辛未，季孫行父卒。

六年春王三月壬午，杞伯姑容卒。

夏，宋華弱來奔。

秋，葬杞桓公。

滕子來朝。

莒人滅繒。莒是繒甥，立以爲後，非其族類，神不歆其祀，故言滅。○繒似陵反

傳非滅也。非以兵滅。中國日，卑國月，夷狄時。繒，中國也，而時，非滅也。家有既亡，國有既滅。滅猶亡，亡猶滅。家立異姓爲後則亡，國立異姓爲嗣則滅。既，盡也。滅而不自知，由別之而不別也。繒不達滅亡之義，故國滅而不知。○別彼列反 莒人滅繒，非滅也，立異姓以莅祭祀，滅亡之道也。

冬，叔孫豹如邾。

季孫宿如晉。宿，行父子。

十有二月，齊侯滅萊。

七年，春，郯子來朝。○郯音談

夏四月，三卜郊，不從，乃免牲。

傳夏四月，不時也。三卜，禮也。乃者，亡乎人之辭也。

小邾子來朝。

城費。

秋，季孫宿如衛。

八月，螽。

冬十月，衛侯使孫林父來聘。壬戌，及孫林父盟。

楚公子貞帥師圍陳。

十有二月，公會晉侯、宋公、陳侯、衛侯、曹伯、莒子、邾子于鄬。鄬，鄭地。

鄭伯髡原如會。○髡苦門反，或作頑，於倫反。左氏作髡頑

未見諸侯，丙戌，卒于操。操，鄭地。

傳未見諸侯，其曰如會何也？致其志也。禮，諸侯不生名，此其生名何也？卒之名也。卒之名則何爲加之如會之上？見以如會卒也。其見以如會卒何也？鄭伯將會中國，其臣欲從楚，不勝其臣，弒而死。其不言弒何也？不使夷狄之民加乎中國之君也。邵曰：以其臣欲從楚，故謂夷狄之民。不欲使夷狄之臣得弒中國之君，故去弒而言卒，使若正卒然。其地，於外也。其日，未踰竟也。日卒時葬，正也。

陳侯逃歸。

傳以其去諸侯，故逃之也。鄭伯欲從中國而罹其凶禍，諸侯莫有討心，於是懼而去之，背華即夷，故書逃以抑之。

八年，春，王正月，公如晉。

夏，葬鄭僖公。

鄭人侵蔡，獲蔡公子濕。獲者不與之辭，侵者所以服不義，無擒獲之道。○濕本又作隰，又音燮，二十年同，左氏作燮

傳人，微者也。侵，淺事也。而獲公子，公子病矣。

季孫宿會晉侯、鄭伯、齊人、宋人、衛人、邾人于邢丘。邢丘，地。○邢音刑

傳見魯之失正也。公在而大夫會也。

公至自晉。

莒人伐我東鄙。

秋，九月，大雩。

冬，楚公子貞帥師伐鄭。

晉侯使士匄來聘。

九年，春，宋災。

傳外災不志，此其志何也？故宋也。故，猶先也。孔子之先宋人。

夏，季孫宿如晉。

五月，辛酉，夫人姜氏薨。成公母。

秋，八月，癸未，葬我小君穆姜。

冬，公會晉侯、宋公、衛侯、曹伯、莒子、邾子、滕子、薛伯、小邾子、齊世子光伐鄭。十有二月，己亥，同盟于戲。戲，鄭地。○戲，許宜反

傳不異言鄭，善得鄭也。不致，恥不能據鄭也。戲盟還，而楚伐鄭，故恥不能終有鄭。

楚子伐鄭。

十年，春，公會晉侯、宋公、衛侯、曹伯、莒子、邾子、滕子、薛伯、杞伯、小邾子、齊世子光會吳于柤。柤，楚地。○柤，莊加反

傳會又會，外之也。五年會于戚，不殊會，今殊會吳者，復夷狄故。

夏，五月，甲午，遂滅傅陽。○傅陽，左氏作偪陽

傳遂，直遂也。其曰遂何？不以中國從夷狄也。言時實吳會諸侯滅傅陽，恥以中國之君從夷狄之主，故加甲午，使若改日諸侯自滅傅陽。滅卑國月，比日，蓋爲遂耳。○爲，于僞反

公至自會。

傳會夷狄不致，惡事不致。夷狄不致，恥與同。惡事不致，恥有惡。此其致何也？會吳，會夷狄也；滅傅陽，惡事也；據不應致。存中國也。以中國之君從夷狄之主，而滅人之邑也，此即夷狄爾，是無中國也。故加甲午，使若改日諸侯自滅傅陽爾，不以諸侯從夷狄也。滅中國雖惡事，自諸侯之一眚爾。從夷狄而滅人，則中國不復存矣。中國有善事，則并焉。若中國有善事，則不復言會諸侯，改日遂滅傅陽，如僖四年諸侯侵蔡，蔡潰，遂伐楚。

是弁焉、無善事。則異之存之也。諸侯會吳於柤甲午遂滅傅陽是則若曾與遂異人汲鄭伯。汲、猶引也。鄭伯髠原爲臣所弑、而不書弑此引而致於善事、逃歸陳侯。鄭之會陳侯不會以其爲楚故言逃歸○爲于僞反致柤之會存中國也。

楚公子貞鄭公孫輒帥師伐宋。

晉師伐秦。

秋莒人伐我東鄙。

公會晉侯宋公衞侯曹伯莒子邾子齊世子光滕子薛伯杞伯小邾子伐鄭。齊世子光序滕薛之上、益騎蹇、

冬盜殺鄭公子斐公子發公孫輒。

傳稱盜以殺大夫弗以上下道惡上也。兩下相殺不志乎春秋、惡鄭伯不能脩政刑致盜殺大夫也以上下道當言鄭人殺其大夫○斐左氏作騑惡烏路反

戍鄭虎牢。不稱其人則魯戍也猶戍陳、

傳其曰鄭虎牢決鄭乎虎牢也。二年、鄭去楚而從中國、故城虎牢不言鄭使與中國無異自爾已來、數反覆無從善之意故繫之於鄭決絕而棄外、○數所角反

楚公子貞帥師救鄭。

公至自伐鄭。

十有一年春王正月作三軍。

傳作爲也古者天子六師諸侯一軍作三軍非正也。周禮司馬法曰萬有二千五百人爲軍、王六軍、大國三軍、次國二軍、小國一軍、軍將皆命卿、二千五百人爲師、然則此言天子六師、凡萬有五千人、大國三軍則三萬七千五百人諸侯制踰天子非義也總云諸侯一軍又非制也昭五年經曰舍中軍傳曰貴復正也然則魯有二軍、今云作三軍增置中軍爾、魯爲次國於此爲明○將子匠反

夏四月四卜郊不從乃不郊。

傳夏四月不時也四卜非禮也。

鄭公孫舍之帥師侵宋。

公會晉侯宋公衞侯曹伯齊世子光莒子邾子滕子薛伯杞伯小

邾子伐鄭

秋七月己未同盟于京城北。盟謀更共伐鄭京城北、鄭地、○左氏京作亳

公至自伐鄭。

傳不以後致盟後復伐鄭也。傳例曰、已伐而盟復伐者則以伐致盟不復伐者則以會致此言不以後致謂會在伐後、

楚子鄭伯伐宋。

公會晉侯宋公衞侯曹伯齊世子光莒子邾子滕子薛伯杞伯小邾子伐鄭會于蕭魚。

○蕭魚，鄭地。

公至自會。

傳 伐而後會，不以伐鄭致，得鄭伯之辭也。鄭與會而服中國，喜之，故以會致。○與音豫

楚人執鄭行人良霄。

傳 行人者，挈國之辭也。行人是傳國之辭命者。

冬，秦人伐晉。

十有二年，春，王三月，莒人伐我東鄙，圍部。

益攻守之害深，故以危錄其月。○部本又作台，他來反

傳 伐國不言圍邑，舉重也。伐國重，圍邑輕，舉重可以包輕。取邑不書圍，安足書也。不足書而今書，蓋為下事起。

季孫宿帥師救部，遂入鄆。

鄆，莒邑。○鄆音運

傳 遂，繼事也。受命而救部，不受命而入鄆，惡季孫宿也。○惡烏路反

夏，晉侯使士魴來聘。

秋，九月，吳子乘卒。

冬，楚公子貞帥師侵宋。

公如晉。

十有三年，春，公至自晉。

夏，取邿。

○邿音詩

秋，九月，庚辰，楚子審卒。

共王。○共音恭

冬，城防。

十有四年，春，王正月，季孫宿、叔老會晉士匄、齊人、宋人、衛人、鄭公孫蠆、曹人、莒人、邾人、滕人、薛人、杞人、小邾人，會吳于向。

向，鄭地。○蠆音丑邁反

二月，乙未朔，日有食之。

夏，四月，叔孫豹會晉荀偃、齊人、宋人、衛北宮括、鄭公孫蠆、曹人、莒人、邾人、滕人、薛人、杞人、小邾人伐秦。

己未，衛侯出奔齊。

諸侯出奔例月，衎結怨於民，自棄於位，君弒而歸，與知逆謀，故出入皆日，以著其惡。○與音豫

莒人侵我東鄙。

秋，楚公子貞帥師伐吳。

冬，季孫宿會晉士匄、宋華閱、衛孫林父、鄭公孫蠆、莒人、邾人于戚。

十有五年，春，宋公使向戌來聘。

○戍音恤

二月己亥，及向戌盟于劉。

劉夏逆王后于齊。

劉采地，夏名，書名則非卿也。天子無外，所命則成，故不言逆女。

傳過我，故志之也。○過音戈

夏，齊侯伐我北鄙，圍成。

公救成，至遇。

至遇而齊師已退也。遇，魯地。

季孫宿、叔孫豹帥師城成郛。

郛，郭。○郛音孚

秋八月丁巳，日有食之。

邾人伐我南鄙。

冬十有一月癸亥，晉侯周卒。

春秋穀梁傳卷十六

晉豫章太守順陽范　甯集解
皇明　後學　東吳葛　鼒較訂

襄公

十有六年春王正月，葬晉悼公。

三月，公會晉侯、宋公、衛侯、鄭伯、曹伯、莒子、邾子、薛伯、杞伯、小邾子于溴梁。

溴梁，地。○溴古闃反

戊寅，大夫盟。

傳溴梁之會，諸侯失正矣。諸侯會而曰大夫盟，正在大夫也。諸侯在而不曰諸侯之大夫，大夫不臣也。

晉人執莒子、邾子以歸。

齊侯伐我北鄙。

夏，公至自會。

五月甲子，地震。

叔老會鄭伯、晉荀偃、衛甯殖、宋人伐許。

秋，齊侯伐我北鄙，圍成。

大雩。

冬，叔孫豹如晉。

十有七年，春，王二月，庚午，邾子瞷卒。

宋人伐陳。

夏，衛石買帥師伐曹。

秋，齊侯伐我北鄙，圍桃。齊高厚帥師伐我北鄙，圍防。

九月，大雩。

宋華臣出奔陳。

冬，邾人伐我南鄙。

十有八年，春，白狄來。不言朝，不能行朝禮。

夏，晉人執衛行人石買。

傳 稱行人，怨接於上也。怨其君而執其使，稱行人，明使人爾，罪在上也。

秋，齊侯伐我北鄙。

冬，十月，公會晉侯、宋公、衛侯、鄭伯、曹伯、莒子、邾子、滕子、薛伯、杞伯、小邾子，同圍齊。

傳 非圍而曰圍。據實伐。齊有大焉，亦有病焉。齊若無罪，諸侯豈得同病之乎。非大而足同焉。齊非大國，諸侯豈足同其圍之與。諸侯同罪之也，亦病矣。諸侯同罪大國，是不量力，必爲大國所讐，則亦病矣。

曹伯負芻卒于師。

傳 閔之也。

楚公子午帥師伐鄭。

十有九年，春，王正月，諸侯盟于祝柯。前年同圍齊之諸侯也。祝柯，齊地。

晉人執邾子。公至自伐齊。

傳 春秋之義，已伐而盟復伐者，則以伐致。京城北之類是。○復，扶又反，下及注皆同。盟不復伐者，則以會致。會於蕭魚之類是。祝柯之盟，盟復伐齊與？怪不以會致。曰：非也。不復伐齊。然則何爲以伐致也？曰：與人同事，或執其君，或

取其地。同與邾圍齊，而晉執其君，魯取其地，此與盟後復伐無異。

取邾田，自漷水。以漷水爲界。○漷，火虢反，又音郭。

傳 軋辭也。軋，委曲隨漷水，言取邾田之多。○軋，於八反。其不日，惡盟也。○惡，烏路反。

季孫宿如晉。

葬曹成公。

夏，衛孫林父帥師伐齊。

秋，七月，辛卯，齊侯環卒。

晉士匄帥師侵齊，至穀，聞齊侯卒，乃還。

【傳】還者，事未畢之辭也。受命而誅，生死無所加其怒。不伐喪，善之也。善之，則何爲未畢也？君不尸小事，臣不專大名。善則稱君，過則稱已，則民作讓矣。士匄外專君命，故非之也。然則爲士匄者宜奈何？宜墠帷而歸命乎介。除地爲墠，於墠張帷，反命於介，介歸告君，君命乃還，不敢專也。○墠音善

八月丙辰，仲孫蔑卒。

齊殺其大夫高厚。

鄭殺其大夫公子嘉。

冬，葬齊靈公。

城西郛。

叔孫豹會晉士匄于柯。柯，地。

城武城。

二十年春王正月辛亥，仲孫速會莒人盟于向。向，莒邑。

夏六月庚申，公會晉侯、齊侯、宋公、衞侯、鄭伯、曹伯、莒子、邾子、滕子、薛伯、杞伯、小邾子盟于澶淵。澶淵，衞地。○澶市然反

秋，公至自會。

仲孫速帥師伐邾。

蔡殺其大夫公子濕。蔡公子履出奔楚。

陳侯之弟光出奔楚。

【傳】諸侯之尊，弟兄不得以屬通。其弟云者，親之也。親而奔之，惡也。顯書弟，明其親也。親而奔逐之，所以惡陳侯。○光，左氏作黃。惡音烏路反

叔老如齊。

冬十月丙辰朔，日有食之。

季孫宿如宋。

二十有一年春王正月，公如晉。

邾庶其以漆閭丘來奔。

【傳】以者，不以者也。凱曰：人臣無專祿，以邑叛之道。來奔者不言出，舉其接我者也。漆閭丘不言及，小大敵也。

夏，公至自晉。

秋，晉欒盈出奔楚。

九月庚戌朔，日有食之。

冬十月庚辰朔，日有食之。

曹伯來朝。

公會晉侯齊侯宋公衛侯鄭伯曹伯莒子邾子于商任。商任某地、○任音壬

傳庚子孔子生。

二十有二年春王正月公至自會。

夏四月。

秋七月辛酉叔老卒。

冬公會晉侯齊侯宋公衛侯鄭伯曹伯莒子邾子滕子薛伯杞伯小邾子于沙隨。公至自會。

楚殺其大夫公子追舒。

二十有三年春王二月癸酉朔日有食之。

三月己巳杞伯匄卒。○匄古害反

夏邾畀我來奔。○畀必二反

葬杞孝公。

陳殺其大夫慶虎及慶寅。

傳稱國以殺罪累上也及慶寅慶寅累也。

陳侯之弟光自楚歸于陳。光反稱弟言歸無罪明矣、

晉欒盈復入于晉入于曲沃。曲沃晉地、○復扶又反

秋齊侯伐衛遂伐晉。

八月叔孫豹帥師救晉次于雍渝。雍渝晉地、○雍于用反

傳言救後次非救也。惡其不遂君命而專止次故先通君命而先書救而後言次皆非救也僖元年齊師宋師曹師次于聶北救邢此師本欲止聶北遂爲之援爾隨其本意而書故先言次而後言救豹本受君命救晉中道不能故先言救而后言次若鄭伯未見諸侯而日如會致其本意○惡烏路反

己卯仲孫速卒

冬十月乙亥臧孫紇出奔邾。

傳其日正臧孫紇之出也。正其有罪蘧伯玉曰不以道事其君者其出乎。必不見容、○蘧其居反

晉人殺欒盈。

傳惡之弗有也。不言殺其大夫是不有之以爲大夫、

齊侯襲莒。輕行掩其不備曰襲、

二十有四年春叔孫豹如晉。

仲孫羯帥師侵齊。
夏。楚子伐吳。
秋。七月甲子朔。日有食之。既。
齊崔杼帥師伐莒。
大水。
八月。癸巳朔。日有食之。
公會晉侯。宋公。衛侯。鄭伯。曹伯。莒子。邾子。滕子。薛伯。杞伯。小邾子。于夷儀。
冬。楚子。蔡侯。陳侯。許男。伐鄭。
公至自會。
陳鍼宜咎出奔楚。
叔孫豹如京師。
大饑。
傳五穀不升爲大饑。(升成也)一穀不升謂之嗛。(嗛不足貌。○嗛去簟反)二穀不升謂之饑。三穀不升謂之饉。四穀不升謂之康。(康虛)五穀不升謂之大侵。(侵傷)大侵之禮。君食不兼味。臺榭不塗。(塗塗飾。○榭音謝)弛侯。廷道不除。(弛廢也。侯射侯也。廢侯不燕射。廷內道路不脩除)百官布而不制。(官職脩列。不可闕廢。不更有造作)鬼神禱而不祀。(周書曰。大荒有禱無祀)此大侵之禮也。

二十有五年。春。齊崔杼帥師伐我北鄙。
夏。五月乙亥。齊崔杼弒其君光。
傳莊公失言。淫于崔氏。(放言將淫崔氏。爲此見弒也。邵曰。淫過也。言莊公言語失漏。有過於崔子。而崔子弒之。故傳載其致弒之由。以明崔杼之罪。其○爲于僞反)
公會晉侯。宋公。衛侯。鄭伯。曹伯。莒子。邾子。滕子。薛伯。杞伯。小邾子。于夷儀。
六月。壬子。鄭公孫舍之帥師入陳。
秋。八月。己巳。諸侯同盟于重丘。(會夷儀之諸侯也。重丘齊地。○重直龍反)
公至自會。
衛侯入于夷儀。(夷儀本邢地。衛滅邢而爲衛地)
楚屈建帥師滅舒鳩。
冬。鄭公孫夏帥師伐陳。
十有二月。吳子謁伐楚。門于巢。卒。
傳以伐楚之事門于巢卒也。(所以攻巢之門者。爲其伐楚之事故也。然則伐楚經巢。○謁左氏作遏)于巢者。外乎楚也。(若但言伐楚卒。而不言于巢者。則卒在楚也。言于巢則不在楚)門于巢。乃伐楚也。(○先攻巢然后楚乃可得伐)諸侯不生名。取卒之名。加之伐楚之上者。

見以伐楚卒也。其見以伐楚卒何也。據伐楚惡事無緣致本意古者大國過小邑。小邑必飾城而請罪。禮也。飾城者脩守備請罪問所以爲闕致師之意吳子謁伐楚至巢。入其門。門人射吳子。有矢創。反舍而卒。古者雖有文事。必有武備。非巢之不飾城而請罪。非吳子之自輕也。非責。○射食亦反。創初良反

二十有六年。春王二月。辛卯。衛甯喜弒其君剽。

傳此不正其日何也。殖也立之。喜也君之。正也。父立以爲君則子宜君之以明正也。○剽匹妙反

衛孫林父入于戚以叛。

甲午。衛侯衎復歸于衛。○衎苦旦反

傳曰歸。見知弒也。書喜弒君衎可言歸衎實與弒故錄日以見之書日所以知其與弒者言辛卯弒君甲午便歸是待弒而入故得速也○與音豫

夏。晉侯使荀吳來聘。

公會晉人。鄭良霄。宋人。曹人于澶淵。

秋。宋公殺其世子痤。○痤在禾反

晉人執衛甯喜。

八月。壬午。許男甯卒于楚。宣九年九月辛酉晉侯黑臀卒于扈傳曰其日未踰竟也此乃在楚何以日邪隱三年八月庚辰宋公和卒傳曰日卒正也許男卒于楚則在外已顯日卒明其正○竟音境

冬。楚子。蔡侯。陳侯伐鄭。

葬許靈公。

二十有七年。春。齊侯使慶封來聘。

夏。叔孫豹會晉趙武。楚屈建。蔡公孫歸生。衛石惡。陳孔奐。鄭良霄。許人。曹人于宋。

衛殺其大夫甯喜。

傳稱國以殺。罪累上也。甯喜弒君。其以累上之辭言之。何也。嘗爲大夫。與之涉公事矣。鄭嗣曰若獻入以喜有弒君之罪而殺之則不宜既入以爲大夫而得殺之明以他故甯喜由君弒君。而不以弒君之罪罪之者。惡獻公也。獻公即衎也鄭嗣曰書甯喜弒其君則喜之罪不嫌不明今若不言喜之無罪而殺則獻公之惡不彰○惡烏路反

衛侯之弟專出奔晉。○專左氏作鱄

傳專。喜之徒也。專之爲喜之徒何也。已雖急納其兄。與人之臣謀弒其君。是亦弒君者也。專其曰弟何也。據稱弟則無罪○已音紀專有是信者。言君本使專與喜爲約納君許以寵祿今反殺之獻公使專失信故稱弟見獻公之惡也君賂不入乎

喜而殺喜。是君不直乎喜也。故出奔晉。織絇邯鄲。終身不言衛。恥失信。○絇其俱反。邯音寒。鄲音丹。專之去。合乎春秋。何休曰。甯喜本弒君之家。獻公過而殺之。小負也。專以君之小負自絶。非大義也。何以合乎春秋。鄭君釋之曰。甯喜雖弒君之家。本專與約納獻公爾。公由喜得入。已與喜以君臣從事矣。春秋撥亂。重盟約。今獻公背之而殺忠于已者。是獻公惡而難親也。獻公既惡而難親。專又與喜爲黨。懼禍將及。君子見幾而作。不俟終日。微子去紂。孔子以爲三仁。專之去衛。其心若此。合于春秋。不亦宜乎。○爲紂于僞反

秋七月辛巳。豹及諸侯之大夫盟于宋。

傳 溴梁之會。諸侯在而不曰諸侯之大夫。大夫不臣也。晉趙武恥之。豹云者。恭也。不舉姓氏。諸侯不在而曰諸侯之大夫。大夫臣也。其臣恭也。晉趙武爲之會也。

冬十有二月乙亥朔。日有食之。

二十有八年春。無冰。

夏。衛石惡出奔晉。

邾子來朝。

秋八月。大雩。

仲孫羯如晉。

冬。齊慶封來奔。

十有一月。公如楚。

十有二月甲寅。天王崩。

靈王

乙未。楚子昭卒。

二十有九年春王正月。公在楚。

傳 閔公也。閔公爲楚所制。故存録。

夏五月。公至自楚。

傳 喜之也。凱曰。遠之蠻國。喜得全歸。致君者。殆其往。殆。危。而喜其反。此致君之意義也。

庚午。衛侯衎卒。

閽弒吳子餘祭。○祭。側界反

傳 閽。門者也。寺人也。不稱名姓。閽不得齊于人。不稱其君。閽不得君其君也。禮。君不使無恥。不近刑人。無恥。不知臧否。不狎敵。不邇怨。賤人非所貴也。貴人非所刑也。刑人非所近也。舉至賤而加之吳子。吳子近刑人也。閽弒吳子餘祭。仇之也。怨仇餘祭。故弒之。○仇音求

仲孫羯會晉荀盈。齊高止。宋華定。衛世叔儀。鄭公孫段。曹人。莒人。邾人。滕人。薛人。小邾人城杞。

傳 古者天子封諸侯。其地足以容其民。其民足以滿城以自守也。杞危而不能自守。故諸侯之大夫相帥以城之。此變之正也。

○諸侯微弱、政由大夫、大夫能同恤災危、故曰變之正。

晉侯使士鞅來聘。

杞子來盟。杞復稱子、葢時王所黜。○復扶又反

吳子使札來聘。杜預曰、吳子餘祭既遣札聘上國而後死、札以六月到魯、未聞喪也、不稱公子、其禮未同於上國

傳 吳其稱子何也。善使延陵季子、故進之也。身賢、賢也。使賢、亦賢也。延陵季子之賢、尊君也。以季札之賢、吳子得進稱子、是尊君也、其名、成尊於上也。春秋賢者不名、而札名者、許夷狄不一而足、雖成吳之尊稱、直稱吳、則不得有大夫、

秋七月、葬衛獻公。

齊高止出奔北燕。

傳 其曰北燕、從史文也。南燕姞姓、在鄭衛之間、北燕姬姓、在晉之北、史曰北燕、據時然、故不改也、傳所言、解時但有言燕者、○姞其乙反、又其吉反

冬、仲孫羯如晉。

三十年、春、王正月、楚子使薳罷來聘。聘例時、此聘月之何也、泰曰、桓二年宋督弑其君與夷、傳曰、書王以正與夷之卒、然則善有所明、皆須王以正之、書王必以繫於春、下統于月、此書王以治蔡般弑父之罪爾、非以錄薳罷之聘、○薳罷于委反、下音皮

夏四月、蔡世子般弑其君固。

傳 其不日、子奪父政、是謂夷之。比之夷狄、故不日也、丁未、楚世子商臣弑其父、傳曰、日髡之卒、所以謹商臣之弑也、楚公子比弑其君、傳曰、不日、比不弑、般弑不日而曰夷之、何也、徐乾曰、凡中國君正卒、皆書日、以錄之、夷狄君卒、皆不日、以略之、所以別中國與夷狄、夷狄弑君而書日者、閔其爲惡之甚、謹而錄之、中國君卒例日、不以弑與夷弑也、至于卒而不日者、乃所以略之、與夷狄同例、

五月、甲午、宋災、伯姬卒。

傳 取卒之日加之災上者、見以災卒也。其見以災卒奈何。伯姬之舍失火、左右曰、夫人少辟火乎。伯姬曰、婦人之義、傅母不在、宵不下堂。宵夜、○辟音避、下同 左右又曰、夫人少辟火乎。伯姬曰、婦人之義、保母不在、宵不下堂。遂逮乎火而死。婦人以貞爲行者也、伯姬之婦道盡矣。詳其事、賢伯姬也。

天王殺其弟佞夫。

傳 傳曰、諸侯且不首惡、況於天子乎。君無忍親之義、天子諸侯所親者、唯長子母弟耳。天王殺其弟佞夫、甚之也。○長丁丈反

王子瑕奔晉。不言出、周無外、

秋、七月、叔弓如宋、葬共姬。共姬、從夫之謚、○共音恭

傳 外夫人不書葬、此其言葬何也。吾女也。卒災、故隱而葬之也。

鄭良霄出奔許。自許入于鄭。鄭人殺良霄。

傳不言大夫，惡之也。○惡烏路反

冬十月，葬蔡景公。

傳不日卒而月葬，不葬者也。卒而葬之，不忍使父失民於子也。鄭嗣曰：夫葬者，臣子之事也。景公無子，不可謂無民。無民則景公有失於民，有民則罪歸於子。若不書葬，則嫌亦失民，故曰不忍使父失民於子。

晉人、齊人、宋人、衛人、鄭人、曹人、莒人、邾人、滕人、薛人、杞人、小邾人會于澶淵，宋災故。

傳會不言其所爲，其曰宋災故何也？不言災故，則無以見其善

也。其曰人何也？救災以衆。何救焉？更宋之所喪財也。償其所喪財，故雖不及災時，而猶曰救災。○爲于僞反。更音庚。喪息浪反。償時亮反。澶淵之會，中國不侵伐夷狄，夷狄不入中國，無侵伐八年，善之也。晉趙武、楚屈建之力也。

三十有一年，春王正月。

夏六月辛巳，公薨于楚宮。

傳楚宮，非正也。楚宮，別宮名，非路寢。

秋九月癸巳，子野卒。襄公太子。

傳子卒日，正也。

己亥，仲孫羯卒。

冬十月，滕子來會葬。書非禮。

癸酉，葬我君襄公。

十有一月，莒人弒其君密州。

春秋穀梁傳卷十六終

春秋穀梁傳卷十七

晉豫章太守順陽范　甯集解
皇明　後學　東吳金　蟠較訂

昭公

元年春王正月公卽位

傳繼正卽位正也

叔孫豹會晉趙武楚公子圍齊國弱宋向戌衛齊惡陳公子招蔡公孫歸生鄭罕虎許人曹人于郭 ○郭左氏作虢

二月取鄆 鄆魯邑言取者叛戾不服○鄆音運

夏秦伯之弟鍼出奔晉

傳諸侯之尊弟兄不得以屬通其弟云者親之也親而奔之惡也 ○惡烏路反

六月丁巳邾子華卒

晉荀吳帥師敗狄于大原 大原地○大音泰

傳傳曰中國曰大原夷狄曰大鹵號從中國名從主人 襄五年註詳矣

秋莒去疾自齊入于莒莒展出奔吳 ○去起呂反

叔弓帥師疆鄆田

傳疆之爲言猶竟也 爲之竟界○竟音境

葬邾悼公

冬十有一月己酉楚子卷卒 ○卷音權左氏作麇

楚公子比出奔晉

二年春晉侯使韓起來聘

夏叔弓如晉

秋鄭殺其大夫公孫黑

冬公如晉至河乃復 乃者亡乎人之辭剌公弱劣受制彊臣

傳恥如晉故著有疾也 公凡四如晉季氏訴公於晉侯使不見公公懼不利于己故公托至河有疾而反以殺恥也十二年傳曰季氏不使遂乎晉與此傳互文以見義然則十三年二十一年如晉與此義同二十三年經曰至河有疾乃復是微有疾而反嫌與上四如晉同故明之

季孫宿如晉

傳公如晉而不得入季孫宿如晉而得入惡季孫宿也 明晉之不見公

季孫宿之所爲、○惡烏路反

三年春王正月丁未滕子原卒。

夏叔弓如滕五月葬滕成公。

秋小邾子來朝。

八月大雩。

冬大雨雹。○雨于付反　雹皮學反。

北燕伯款出奔齊。

傳其曰北燕從史文也。

四年春王正月大雨雪。雪或爲雹。

夏楚子蔡侯陳侯鄭伯許男徐子滕子頓子胡子沈子小邾子宋世子佐淮夷會于申。楚靈王始會諸侯也、

楚人執徐子。稱人以執、執有罪、

秋七月楚子蔡侯陳侯許男頓子胡子沈子淮夷伐吳。衆國之君、傾衆悉力、以伐彊敵、內外之害、重、故謹而月之、定四年伐楚亦月、此其例也、

執齊慶封殺之。

傳此入而殺其不言入何也慶封封乎吳鍾離。言時殺慶封自于鍾離、實不入吳、其不言伐鍾離何也不與吳封也慶封其以齊氏何也。據已絕于齊、爲齊討也靈王使人以慶封令於軍中曰有若齊慶封弒其君者乎。謂與崔杼共弒莊公光、○爲于僞反　慶封曰子一息我亦且一言曰有若楚公子圍弒其兄之子而代之爲君者乎軍人粲然皆笑。粲然、盛笑貌、○粲七旦反　慶封弒其君而不以弒君之罪罪之者慶封不爲靈王服也不與楚討也。傳例曰稱人以殺大夫爲殺有罪、今殺慶封、經不稱人故曰不以弒君之罪罪之、○爲于僞反　春秋之義用貴治賤用賢治不肖不以亂治亂也孔子曰懷惡而討雖死不服其斯之謂與。

遂滅厲。

傳遂繼事也。

九月取繒。

冬十有二月乙卯叔孫豹卒。

五年春王正月舍中軍。

傳貴復正也。魯次國、舊二軍、襄十一年立三軍、今毀之、故曰復正、○舍音捨

楚殺其大夫屈申。

公如晉。

夏莒牟夷以牟婁及防茲來奔。

傳以者不以者也。來奔者不言出。以其方向內也。及防茲。以大及小也。莒無大夫。其曰牟夷何也。以其地來也。以地來則何以書也。重地也。竊地之罪重。故不得不錄其人。

秋七月。公至自晉。

戊辰。叔弓帥師敗莒師于賁泉。賁泉魯地。○賁扶粉反。左氏作蚡泉

傳狄人謂賁泉失台。號從中國。名從主人。○台湯來反

秦伯卒。

冬。楚子蔡侯陳侯許男頓子沈子徐人越人伐吳。

六年。春王正月。杞伯益姑卒。

葬秦景公。

夏。季孫宿如晉。

葬杞文公。

宋華合比出奔衛。○比必里反。又毗志反

秋九月。大雩。

冬。薳罷帥師伐吳。

冬。叔弓如楚。

齊侯伐北燕。

七年。春王正月。暨齊平。

傳平者成也。暨猶暨暨也。暨者不得已也。以外及內曰暨。

三月。公如楚。

叔孫婼如齊莅盟。○婼丑略反

傳莅位也。內之前定之辭謂之莅。外之前定之辭謂之來。

夏四月甲辰朔。日有食之。

秋八月戊辰。衛侯惡卒。

傳鄉曰衛齊惡。在元年。○鄉香亮反　今曰衛侯惡。此何為君臣同名也。君子不奪人名。不奪人親之所名。重其所以來也。王父名子也。不奪人名。謂親之所名。明臣雖欲改。君不當聽也。君不聽臣易名者。欲使重父命也。父受命名于王父。王父卒。則聽王父之命名之。

九月。公至自楚。

冬十有一月。癸未。季孫宿卒。

十有二月。癸亥。葬衛襄公。

八年。春。陳侯之弟招殺陳世子偃師。

傳鄉曰陳公子招。在元年。今曰陳侯之弟招。何也。曰盡其親。所以

惡招也。盡其親，謂既稱公子，又稱弟招，先君之公子，今君之母弟。○惡，烏路反。兩下相殺，不志乎春秋。此其志何也？世子云者，唯君之貳也。云可以重之存焉，志之也。諸侯之尊，兄弟不得以屬通。其弟云者，親之也。親而殺之，惡也。惡招。

夏，四月，辛丑，陳侯溺卒。

叔弓如晉。

楚人執陳行人干徵師，殺之。干，姓。徵師，名。

傳稱人以執大夫，執有罪也。稱行人，怨接於上也。

陳公子留出奔鄭。

秋，蒐于紅。紅，魯地。

傳正也。常事不書，而此書者，以後比年大蒐，失禮，因此以見正。因蒐狩以習用武事，禮之大者也。艾蘭以為防，蘭，香草也。防，為田之大限。置旃以為轅門，旃，旌旗之名。周禮通帛為旃。轅門，卬車以其轅表門。○卬，五郎反，本又作昂。以葛覆質以為槷，質，椹也。槷，門中臬。葛，或為褐。○槷，魚列反。椹，張林反。臬，魚列反。流旁握，御轚者不得入。流旁握，謂車兩轊頭各去門邊容握。握，四寸也。轚，挂。則不得入門。○轚，古帝反，本或作擊。轊，音衛。挂，戶卦反。車軌塵，塵不出轍。馬候蹄，發足相應，遲疾相投。揜禽旅，揜，取。衆禽。御者不失其馳，然後射者能中。不失馳騁之節。○中，丁仲反。過防弗逐，不從奔之道也。戰不逐奔之義。面傷不獻，嫌誅降。不成禽不獻。惡其幼小。○惡，烏路反。禽雖多，天子取三十焉，其餘與士衆，以習射於射宮。取三十，以共乾豆、賓客之庖。射宮，澤宮。○共，音恭。射而中，田不得禽，則得禽；田得禽而射不中，則不得禽。是以知古之貴仁義，而賤勇力也。射以不爭為仁，揖讓為義。

陳人殺其大夫公子過。○過，音戈。

大雩。

冬，十月，壬午，楚師滅陳，執陳公子招，放之于越，殺陳孔奐。

傳惡楚子也。惡其滅人之國，放有罪之人，反殺無辜之臣，故實是楚子，而言師。

葬陳哀公。

傳不與楚滅，閔公也。滅國不葬，閔楚夷狄，以無道滅之，故書葬以存陳。

九年，春，叔弓會楚子于陳。

許遷于夷。以自遷為文，而地者，許復見也。夷，許地。徐邈曰：許十八年又遷于白羽。許比遷，從所都無常，居處薄淺，如一邑之移，故略而不凡不得從國遷常例。

夏，四月，陳火。○火，左氏作災。

傳國曰災，邑曰火。火不志，此何以志？閔陳而存之也。陳已滅矣，猶書火者，

不與楚滅也不可以芳全國故不云災何休曰月者閔之

秋仲孫貜如齊。

○貜俱縛反

冬築郎囿。

十年春王正月。

夏齊欒施來奔。

秋七月季孫意如叔弓仲孫貜帥師伐莒。

戊子晉侯彪卒。

九月叔孫婼如晉。

一月者爲下葬晉平公起

葬晉平公。

十有二月甲子宋公成卒。

不書葬當所未詳

十有一年春王二月叔弓如宋葬宋平公。

晉獻公以殺世子申生故不書葬宋平公殺世子痤而書葬何乎何休曰痤有罪故也痤之罪甯所未聞鄭莊公殺弟而書葬以段不弟也何氏將以理例推之然則段不弟也故不書弟痤若不子亦不應書世子書世子則痤之罪非不來明矣○痤在禾反

夏四月丁巳楚子虔誘蔡侯般殺之于申。

傳何爲名之也。據諸侯不生名夷狄之君誘中國之君而殺之故謹而名之也稱時稱月稱日稱地謹之也。蔡侯般弒父之賊此人倫之所不容王誅之所必加禮凡在官者殺無赦豈得惡楚子殺般乎若謂夷狄之君不得行禮于中國者理既不通事又不然宣十一年楚人殺陳夏徵舒不言入傳曰明楚之討有罪也似若上下違反不兩立之說嘗試論之曰夫罰不及嗣先王之令典懷惡而討丈夫之醜行楚虔滅人之國殺人之子伐不以罪亦已明矣莊王之討徵舒則異於是矣凡罰當其理雖夷必申苟違斯道雖華必抑故莊王得爲伯討齊侯不得滅紀趙盾救陳則稱師以大之靈王誘蔡般者名以惡之所以情理俱揚善惡兩顯豈直惡夷狄之君討中國之亂哉夫楚靈王之殺蔡般亦猶晉惠之戮里克雖伐弒逆之國誅有罪之人不獲討賊之美而有累謹之名者良有以也○醜行下孟反罰當丁浪反

楚公子棄疾帥師圍蔡。

五月甲申夫人歸氏薨。

昭公母胡女歸姓

大蒐于比蒲。

夏而言蒐蓋用秋蒐之禮八年秋蒐于紅傳曰正也此月大蒐人衆器械有踰常禮時有小君之喪不譏喪蒐者重守國之衛安不忘危○比音毗

仲孫貜會邾子盟于祲祥。

祲祥地也○祲子鴆反

秋季孫意如會晉韓起齊國弱宋華亥衛北宮佗鄭罕虎曹人杞人于厥慭。

厥慭，地名。○佗大河反，慭魚靳反，又五轄反。

九月己亥，葬我小君齊歸。齊，謚。

冬十有一月丁酉，楚師滅蔡，執蔡世子友以歸，用之。僖十九年，邾人執繒子用之，傳曰：用之者，叩其鼻以衈血。惡之，故謹而日之。○衈音二，惡烏路反，下注同。

傳此子也，諸侯在喪稱子。其曰世子，何也？不與楚殺也。一事注乎志，所以惡楚子也。一事輒注而志之也。何休曰：即不與楚殺，當貶楚爾，何故反貶蔡稱世子邪？鄭君釋之曰：滅蔡者楚子也，而稱師，固已貶矣。楚子思啓封疆而貪蔡，誘殺蔡侯般，冬而滅蔡，殺友，惡其淫，放其志，殺蔡國二君以取其國，故變子言世子，使若不得其君終。

十有二年，春，齊高偃帥師納北燕伯于陽。三年所奔齊者，高傒玄孫，齊大夫也。陽，燕別邑，不言于燕，未得國都也。

傳納者，內不受也。燕伯之不名，何也？據義不可受，則應名而絕之。不以高偃挈燕伯也。邵曰：公子遂以去公子為挈，燕伯以書名為挈者，臣宜書名，故須去公子乃為挈，君不可名而以臣名君者，不待去燕伯則為挈也，是以目燕伯而不書名，所以不與高偃挈之。○去起呂反。

三月壬申，鄭伯嘉卒。

夏，宋公使華定來聘。

公如晉，至河乃復。

傳季孫氏不使遂乎晉也。

五月，葬鄭簡公。

楚殺其大夫成虎。

秋七月。

冬十月，公子慭出奔齊。○慭魚靳反。

楚子伐徐。

晉伐鮮虞。

傳其曰晉，狄之也。其狄之何也？不正其與夷狄交伐中國，故狄稱之也。鮮虞，姬姓，白狄也，地居中山，故曰中國夷狄，謂楚也。何休曰：春秋多與夷狄並伐，何以不狄也？鄭君釋之曰：晉不見因會以緩諸夏，而伐同姓，貶之可也，狄之大重。晉為厥慭之會，實謀救蔡，以八國之師而不救，楚終滅蔡，今又伐徐，晉不料合諸侯以遂前志，舍而伐鮮虞，是楚而不如也，故狄稱之焉。厥慭之會，穀梁無傳，鄭君之說似依左氏，甯所未詳，是穀梁意非。○舍音捨。

十有三年，春，叔弓帥師圍費。○費音祕。

夏四月，楚公子比自晉歸于楚，弒其君虔于乾溪。乾溪，楚地。

傳自晉，晉有奉焉爾。歸而弒，不言歸，言歸非弒也。傳例曰：歸為善，自某歸次之，然則弒君不得言歸，比不弒之一驗也。歸一事也，弒一事也，而遂言之，以比之歸弒比不弒也。歸弒其事各異，自宜別書之，而今連言之，是比之歸遇君弒爾，比不弒之二驗也。弒君者日，不日比不弒也。據文元年丁未，楚世子商臣弒其君髠。日此不日，比不弒之三驗也。

楚公子棄疾殺公子比。

傳當上之辭也。當上之辭者，謂不稱人以殺，乃以君殺之也。稱人以殺，謂若衛人殺祝吁于濮是也。今比實不弒，故以君殺大夫之辭言之。討賊以當上之辭，殺非弒也。實有弒君之罪，則人人皆欲殺，宜稱人以殺之。今言楚公子棄疾殺公子比，明棄疾所殺非弒君之人，比之不弒四驗也。比之不弒有四。上四事。取國者稱國以弒。若比欲取國而殺君者，當直云楚比弒其君虔，不應言公子也。若衛祝吁弒其君完，齊無知弒其君諸兒之類是也。楚公子棄疾殺公子比，比不嫌也。今棄疾殺之，又言殺公子比，不言弒其君，是比無欲為君之嫌。春秋不以嫌代嫌。不以亂治亂之

義。棄疾主其事，故嫌也。比實無弒君之罪，而主殺之者，是棄疾欲為君之嫌。

秋，公會劉子、晉侯、齊侯、宋公、衛侯、鄭伯、曹伯、莒子、邾子、滕子、薛伯、杞伯、小邾子于平丘。平丘，衛地也。

八月甲戌，同盟于平丘，公不與盟。公以再如晉不得入，故不肯與盟。○與音豫。

傳同者有同也，同外楚也。公不與盟者，可以與而不與，譏在公也。其日，善是盟也。公不與盟，當從外盟不日，今日之，善其會盟，因楚有難而反陳蔡之君。○難乃旦反。

晉人執季孫意如以歸。以公不與盟故。

公至自會。

蔡侯廬歸于蔡，陳侯吳歸于陳。八年楚滅陳，十一年楚滅蔡，諸侯會而復之，故言歸。

傳善其成之會而歸之，故謹而日之。二國獲復，此盟之功也，故於其歸，追述前盟，謹日之意，以美諸侯存亡繼絕，非謹陳蔡歸國之日也。於盟則發謹日之美，於歸則論致美之義。此未嘗有國也，使如失國辭然者，不與楚滅也。

冬十月，葬蔡靈公。

傳變之不葬有三。變之，謂改常禮。春秋之常，小國夷狄不葬。失德不葬。無君道。弒君不

葬。謂不討賊，如無臣子。滅國不葬。無臣子也。然且葬之，不與楚滅，且成諸侯之事也。蔡靈公弒逆無道，以至身死國滅，不宜書葬。書葬者，不宜令夷狄加乎中國，且成諸侯興滅繼絕之善，故葬之。

公如晉，至河乃復。

吳滅州來。

春秋穀梁傳卷十七終

春秋穀梁傳卷十八

晉豫章太守順陽范　甯集解
皇明　後學　東吳葛　鼒較訂

昭公

十有四年。春。意如至自晉。

傳大夫執則致。致則名。意如惡。然而致。見君臣之禮也。大夫有罪則宜滕之。既不能滕。不得不盡爲君臣之恩。故曰見君臣之禮。

三月。曹伯滕卒。

夏四月。

秋。葬曹武公。

八月。莒子去疾卒。○去起呂反

冬。莒殺其公子意恢。

傳言公子而不言大夫。莒無大夫也。莒無大夫而曰公子意恢。意恢賢也。曹莒皆無大夫。其所以無大夫者。其義異也。曹叔振鐸。文王之子。武王封之于曹。在甸服之內。後創小爾。莒己姓。東夷本微國。

十有五年。春。王正月。吳子夷末卒。○末云葛反

二月。癸酉。有事于武宮。籥入。叔弓卒。去樂卒事。

傳君在祭樂之中。聞大夫之喪。則去樂卒事。禮也。祭樂者。君在廟中祭作樂。君在祭樂之中。大夫有變以聞。可乎。變謂死喪。大夫國體也。君之卿佐。是謂股肱。故曰國體。古之人重死。君命無所不通。死者不可復生。重莫大焉。是以君雖在祭樂之中。大夫死以聞可也。

夏。蔡朝吳出奔鄭。朝吳。蔡大夫。

六月。丁巳朔。日有食之。

秋。晉荀吳帥師伐鮮虞。

冬。公如晉。

十有六年。春。齊侯伐徐。

楚子誘戎蠻子殺之。楚子不名。戎蠻子非中國故。

夏。公至自晉。

秋八月。己亥。晉侯夷卒。

九月。大雩。

季孫意如如晉。

冬十月。葬晉昭公。

十有七年。春。小邾子來朝。
夏。六月。甲戌朔。日有食之。
秋。郯子來朝。
八月。晉荀吳帥師滅陸渾戎。滅夷狄時、潞子嬰兒賢則日、此月者、蓋亦有殊于常戎、
冬。有星孛于大辰。
傳一有一亡曰有。于大辰者。濫于大辰也。劉向曰、大辰者、大火也、不曰孛于大火、而曰大辰者、謂濫于蒼龍之體、不獨加大火。○孛、于本反、作茀、音佩、
楚人及吳戰于長岸。

長岸、楚地、
傳兩夷狄曰敗。夷狄不能結日成陳、故曰敗、於越敗吳于擕李是也、中國與夷狄亦曰敗。晉荀吳敗狄于大鹵是也、楚人及吳戰于長岸。進楚子。故曰戰。
十有八年。春。王三月。曹伯須卒。
夏。五月。壬午。宋衛陳鄭災。
傳其志。以同日也。其日。亦以同日也。或曰。人有謂鄭子產曰。某日有災。子產曰。天者神。子惡知之。是人也。同日爲四國災也。○惡音烏
六月。邾人入鄅。○鄅音禹、又音矩
秋。葬曹平公。
冬。許遷于白羽。白羽、許地、
十有九年。春。宋公伐邾。
夏。五月。戊辰。許世子止弒其君買。
傳曰弒。正卒也。蔡世子般實弒父、故以比之夷狄、而不書日、止弒而日、知其弒止不弒、則買正卒也、正卒。則止不弒也。不弒而曰弒。責止也。責止不嘗藥、止曰。我與夫弒者。不立乎其位。以與其弟虺。止自責曰、我與弒君之人同罪、於是致君位於弟、哭泣歠飦粥。

嗌不容粒。未踰年而死。故君子卽止自責而責之也。就其有自責心、故以備禮責之、
己卯。地震。
秋。齊高發帥師伐莒。
冬。葬許悼公。
傳日卒時葬。不使止爲弒父也。曰。子旣生。不免乎水火。母之罪也。羈貫成童。不就師傅。父之罪也。羈貫謂交午翦髮以爲飾、成童八歲以上、就師學問無方。心志不通。身之罪也。心志旣通。而名譽不聞。友之罪也。名譽旣聞。有司不擧。有司之罪也。有司擧之。王者不用。王者之

過也。不敢非上，故言過。許世子不知嘗藥，累及許君也。許君不授子以師傅，使不識嘗藥之義，故累及之。

二十年，春，王正月。

夏，曹公孫會自蔓出奔宋。○蔓，無江反，或作蔓，左氏作鄭。

傳 自蔓者，專乎蔓也。能專制蔓。曹無大夫，其曰公孫，何也？言其以貴取之，而不以叛也。會以公孫之貴而得蔓，既而不以之叛，明曹君無道，致令其奔，非會之罪，故書公孫以善之。

秋，盜殺衛侯之兄輒。

傳 盜，賤也。其曰兄，母兄也。目衛侯，衛侯累也。覬曰：諸侯之尊，弟兄不得以屬通，經不書衛公子，而目衛侯之兄者，惡其不能保護其兄，乃為盜所殺，故稱至賤殺至貴。○惡其，烏路反。然則何為不為君也？嫡兄宜為君。曰：有天疾者，不得入乎宗廟。輒者何也？曰：兩足不能相過，齊謂之綦，楚謂之踂，衛謂之輒。○踂，女輒反。

冬，十月，宋華亥、向寧、華定出奔陳。

徐邈曰：月者，蓋三卿同出，為禍害重也。君以臣為體，民以君為命，凡為憂者大，害民處甚，春秋皆變常文而示所謹，非徒足以見時事之實，亦知安危監戒云耳。

十有一月，辛卯，蔡侯廬卒。

二十有一年，春，王三月，葬蔡平公。

夏，晉侯使士鞅來聘。

宋華亥、向寧、華定自陳入于宋南里以叛。

傳 自陳，陳有奉焉爾。入者，內弗受也。其曰宋南里，宋之南鄙也。以者，不以者也。叛，直叛也。言不作亂。

秋，七月，壬午，朔，日有食之。

八月，乙亥，叔輒卒。叔弓之子。

冬，蔡侯東出奔楚。○蔡侯東，左氏及公羊作蔡侯朱。

傳 東者，東國也。何為謂之東也？王父誘而殺焉，楚子虔誘蔡侯般殺之于申。父執而用焉，執蔡世子友以歸用之，是也。奔而又奔之，曰東，惡之而貶之也。奔既罪矣，又奔讎國，惡莫大焉。○惡之，烏路反。

公如晉，至河乃復。

二十有二年，春，齊侯伐莒。

宋華亥、向寧、華定自宋南里出奔楚。

傳 自宋南里者，專也。專制南里。

大蒐于昌閒。○閒，如字，一音簡。

傳秋而曰蒐。此春也。其曰蒐何也。以蒐事也。

夏四月。乙丑。天王崩。

六月。叔鞅如京師。葬景王。叔鞅叔弓子。天子志崩不志葬。志葬危不得以禮葬也。月者亦爲葬景王起。

王室亂。

傳亂之爲言事未有所成也。尹氏立子朝。劉氏單氏立王猛。俱未定也。

劉子單子以王猛居于皇。皇地。單音善

傳以者不以者也。王猛嫌也。直言王猛。不言王子。是有當國之嫌。

秋。劉子單子以王猛入于王城。

傳以者不以者也。入者內弗受也。猛非正也。

冬十月。王子猛卒。

傳此不卒者也。未成君也。其曰卒。失嫌也。猛本有當國之嫌。其卒則失嫌。故錄之。

十有二月。癸酉朔。日有食之。

二十有三年。春。王正月。叔孫婼如晉。

癸丑。叔鞅卒。

晉人執我行人叔孫婼。

晉人圍郊。郊周邑也。

夏六月。蔡侯東國卒于楚。不日在外也。以罪出奔。又奔歸國。故不葬。

秋七月。莒子庚輿來奔。

戊辰。吳敗頓胡沈蔡陳許之師于雞甫。雞甫楚地。○左氏作雞父。

胡子髡沈子盈滅。國雖存君死曰滅。

獲陳夏齧。

傳中國不言敗。此其言敗何也。據宣十二年。晉荀林父及楚子戰于邲。晉師敗績。不言楚敗晉師。中國不敗胡子髡沈子盈其滅乎。其言敗釋其滅也。若師不敗則君無由滅也。賢胡沈之君死社稷。獲陳夏齧。獲者非與之辭也。賢夏齧雖獲不病以其得衆也。義與華元同。○齧五結反。上下之稱也。君死曰滅。臣得曰獲。君臣之稱。

天王居于狄泉。敬王辟子朝。狄泉周地。○辟音避

傳始王也。其曰天王。因其居而王之也。天子踰年卽位稱王。敬王踰年猶出。故曰始王。雖不在國行卽位之禮。王者以天下爲家。故居于狄泉稱王。

尹氏立王子朝。

隱四年衛人立晉傳曰稱人以立得衆也此言尹氏立朝唯尹氏欲立之

傳立者不宜立者也朝之不名何也據晉之名惡今朝亦惡怪不直名而言王子○惡烏路反別嫌乎尹氏之朝也若但言尹氏立朝則嫌朝是尹氏之子故言王子以別之

八月乙未地震

冬公如晉至河公有疾乃復

傳疾不志此其志何也釋不得入乎晉也

二十有四年春王二月丙戌仲孫貜卒

婼至自晉

傳大夫執則致致則挈由上致之也上謂宗廟也致臣子廟則直名而已所謂君前臣名

夏五月乙未朔日有食之

秋八月大雩

丁酉杞伯郁釐卒

冬吳滅巢

葬杞平公

二十有五年春叔孫婼如宋

夏叔倪會晉趙鞅宋樂大心衛北宮喜鄭游吉曹人邾人滕人薛人小邾人于黃父

有鸜鵒來巢

○鸜其俱反本又作鸛音權左氏作鸜公羊作鸛鵒音欲

傳一有一亡曰有來者來中國也鸜鵒不渡濟非中國之禽故曰來○濟子禮反鸜鵒穴者而曰巢劉向曰去穴而巢此陰居陽位臣逐君之象也或曰增之也如增言巢爾其實不巢也

雍曰凡春秋記災異未有妄加之文或說非也

秋七月上辛大雩季辛又雩

傳季者有中之辭也不言中辛中辛無事又有繼之辭也緣有上辛大雩故言又也

九月乙亥公孫于齊次于陽州

○孫音遜本亦作遜下同

傳孫之為言猶孫也諱奔也次止也陽州齊竟上之地未敢直前故止竟也○竟音境

齊侯唁公于野井

野井齊地齊侯來唁公公逆之至野井○唁音彥

傳弔失國曰唁唁公不得入於魯也

冬十月戊辰叔孫婼卒

十有一月己亥宋公佐卒于曲棘

曲棘宋地

傳邡公也邡當為訪訪謀也言宋公所以卒于曲棘者欲謀納公○邡音方又音訪

十有二月齊侯取鄆

取鄆以居公

傳取。易辭也。內不言取。以其爲公取之。故易言之也。○易以豉反。爲于僞反。

二十有六年。春。王正月。葬宋元公。

三月。公至自齊。居于鄆。

傳公次于陽州。其曰至自齊。何也。據公但至陽州、未至齊。以齊侯之見公。可以言至自齊也。齊侯唁公于野井、以親見齊侯爲重、故可言至自齊。居于鄆者。公在外也。若但言公至自齊而不言居于鄆、則公得歸國、欲明公實在外、故言居于鄆。至自齊。道義不外公也。至自齊者、臣子喜君父得反致宗廟之辭。爾今君雖在外、猶以在國之禮錄之、是崇君之道、

夏。公圍成。成、孟氏邑、

傳非國不言圍。所以言圍者。以大公也。崇大其事、

秋。公會齊侯。莒子。邾子。杞伯。盟于鄟陵。鄟陵、某地、○鄟音專

公至自會。居于鄆。

傳公在外也。至自會。道義不外公也。

九月。庚申。楚子居卒。

冬。十月。天王入于成周。

傳周有入無出也。始即位、非其所、今得還復、據宗廟、是內、故可言入、若即位在廟、則王者無外、不言出、

尹氏。召伯。毛伯。以王子朝奔楚。

傳遠矣。非也。雍曰、奔、篡君之賊、其責遠矣、奔。直奔也。

二十有七年。春。公如齊。自鄆行、

公至自齊。居于鄆。

傳公在外也。

夏。四月。吳弒其君僚。

楚殺其大夫郤宛。

秋。晉士鞅。宋樂祁犂。衛北宮喜。曹人。邾人。滕人。會于扈。

冬。十月。曹伯午卒。

邾快來奔。徐邈曰、自此已前、邾畀我、庶其、並來奔、今邾快又至、三叛之人、俱以魯爲主、邾魯鄰國、而聚其逋逃、爲過之甚、故悉書之以示譏也、小國無大夫、故但舉名而略其氏、○畀必二反、本或作鼻、逋布吳反

公如齊。公至自齊。居于鄆。

二十有八年。春。王三月。葬曹悼公。

公如晉。次于乾侯。不得入于晉、乾侯、晉地、

傳公在外也。

夏四月丙戌鄭伯寧卒

六月葬鄭定公

秋七月癸巳滕子寧卒

冬葬滕悼公

二十有九年春公至自乾侯居于鄆 以乾侯致不得見晉侯故

齊侯使高張來唁公

傳 唁公不得入於魯也

公如晉次于乾侯

夏四月庚子叔倪卒

傳 季孫意如曰叔倪無病而死此皆無公也是天命也非我罪也 言叔倪欲納公無病而死此皆天命使魯無君爾魯公之出非我罪

秋七月

冬十月鄆潰

傳 潰之爲言上下不相得也上下不相得則惡矣亦譏公也 公既出奔不能改德修行居鄆小邑復使潰亂德之不建如此之甚 昭公出奔民如釋重負 傳明昭公有過非但季氏之罪

三十年春王正月公在乾侯

傳 中國不存公存公故也 中國猶國中也

夏六月庚辰晉侯去疾卒 ○去起呂反

秋八月葬晉頃公

冬十有二月吳滅徐 滅夷狄時月者爲下奔起○爲于僞反

徐子章羽奔楚 奔而名者有罪惡也○惡烏路反

三十有一年春王正月公在乾侯

季孫意如會晉荀櫟于適歷 適歷晉地○櫟音歷舊作躒適丁歷反

夏四月丁巳薛伯穀卒

晉侯使荀櫟唁公于乾侯

傳 唁公不得入於魯也曰既爲君言之矣不可者意如也 言已告魯求納君唯意如不肯○爲于僞反

秋葬薛獻公

冬黑肱以濫來奔

傳 其不言邾黑肱何也 據襄二十一年邾庶其以漆閭丘來奔言邾 別乎邾也 邾以濫邑

封黑肱，故別之。若國。○別彼列反其不言濫子何也。據既別之爲國，則應書其爵。非天子所封也。來奔，內不言叛也。

十有二月辛亥朔，日有食之。

三十有二年，春，王正月，公在乾侯，取闞。

夏，吳伐越。

秋，七月。

冬，仲孫何忌會晉韓不信、齊高張、宋仲幾、衛太叔申、鄭國參、曹人、莒人、邾人、薛人、杞人、小邾人，城成周。

傳天子微，諸侯不享覲。享，獻也。覲，見也。言天子微弱，四方諸侯不復貢獻，又無朝覲之禮。天子之在者，惟祭與號。祭，謂郊上帝。號，謂稱王。故諸侯之大夫相帥以城之，此變之正也。

十有二月己未，公薨于乾侯。

穀梁傳　卷十八　昭公　十五　永懷堂

春秋穀梁傳卷十八終

春秋穀梁傳卷十九

晉豫章太守順陽范　甯集解

皇明　後學　東吳金　蟠較訂

定公

元年，春，王。

傳不言正月，定無正也。定之無正何也？昭公之終，非正終也。死在外故。定之始，非正始也。昭無正終，故定無正始。不言即位，喪在外也。

三月，晉人執宋仲幾于京師。

穀梁傳　卷十九　定公　一　永懷堂

傳此其大夫，其曰人何也？微之也。何爲微之？不正其執人於尊者之所也，不與大夫之伯討也。晉執人於尊者之側，而不以歸京師，故但言其執，不書所歸。徐邈曰：案傳，定元年不書正月，言定無正也。然則改元即位在于此年，故不可以不書王。書王必有月以承之，故因其執月以表年首爾，不以譏仲幾也。

夏，六月，癸亥，公之喪至自乾侯。

戊辰，公即位。

傳殯然後即位也。周人殯于西階之上。定無正，見無以正也。踰年不言即位，是有故公也。謂昭公在外故。言即位，是無故公也。即位，授受之道也。先君見授，後君乃受，故須棺在殯，乃言即位。先君無正終，則後君無正始也。先君有正終。則後君有正始也。戊辰公即位。謹之也。定之即位不可不察也。公即位何以日也。據未有日者。戊辰之日然後即位也。癸亥公之喪至自乾侯。何為戊辰之日然後即位也。癸亥去戊辰六日、怪不即位。正君乎國。然後即位也。諸侯五日而殯、今以君始死之禮治之、故須殯而後言即位。沈子曰。正棺乎兩楹之間。然後即位也。兩楹之間、南面之君聽治之處。內之大事日。即位君之大事也。其不日何也。以年決者。不以日決也。此則其日何也。著之也。欲有所見。何著焉。踰年即位。厲也。厲、危也。公喪在外、踰年六月乃得即位、危故日之。於厲之中又有義焉。先君未殯、則後君不得即位。未殯。雖有天子之命猶不敢。況臨諸臣乎。以輕喻重也。雖為天子所召、不敢背殯而往、況君喪未殯而行即位之禮、以臨諸臣乎。

周人有喪。魯人有喪。周人弔。魯人不弔。周人曰。固吾臣也。使人可也。魯人曰。吾君也。親之者也。使大夫則不可也。故周人弔。魯人不弔。以其下成康為未久也。周道尚明、無愧乎不往。君至尊也。去父之殯而往弔。猶不敢。況未殯而臨諸臣乎。

秋。七月。癸巳。葬我君昭公。

九月。大雩。

傳雩月。雩之正也。秋大雩。非正也。冬大雩。非正也。秋大雩。雩之為非正何也。冬禾稼既成、猶雩、則非禮可知。秋禾稼始苗、嫌當須雨、故問也。毛澤未盡。人力未竭。未可以雩也。邵曰。凡地之所生謂之毛。公羊傳曰。錫之不毛之地是也。言秋百穀之潤澤未盡也。人力未盡、謂耕耘之功未畢。○耘本又作芸。雩月。雩之正也。月之為雩之正。何也。其時窮。人力盡。然後雩。雩之正也。何謂其時窮。人力盡。是月不雨。則無及矣。是年不艾。則無食矣。是謂其時窮。人力盡也。雩之必待其時窮。人力盡。何也。雩者。為旱求者也。求者。請也。古之人重請。何重乎請。人之所以為人者。讓也。請道去讓也。則是舍其所以為人也。是以重之。焉請哉。請乎應上公。古之神人有應上公者。通乎陰陽。君親帥諸大夫道之而以請焉。道之、為君必為先也。其禱辭曰。方今大旱、野無生稼、寡人當死、百姓何謗、不敢煩民請命、願撫萬民、以身塞無狀。禱亦請也、此即請辭也。○艾魚廢反、去讓羌呂反、是舍音捨、焉請於虔反、道之音導。夫請者。非可詒託而往也。必親之者也。是以重之。詒託猶假寄。○詒以之反。

立煬宮。

煬宮、伯禽子、煬公廟、毀已久。○煬餘亮反。

傳立者。不宜立者也。

冬。十月。隕霜殺菽。

建酉之月、隕霜殺菽、非常之災。

傳未可以殺而殺。舉重。舉殺豆、則殺草可知。可殺而不殺。舉輕。不殺草、則不殺菽亦顯。僖三十三年隕霜不殺草是也。其曰菽。舉重也。

二年。春。王正月。

夏五月壬辰雉門及兩觀災 雉門公宮之南門兩觀闕也○觀工喚反下同

傳其不曰雉門災及兩觀何也 據先書雉門則應言雉門災及兩觀鄭嗣曰據災實從雉門起應言雉門災及兩觀 災自兩觀始也不以尊者親災也 始災者兩觀也鄭嗣曰今以災在兩觀下使若兩觀始災者不以雉門親災 先言雉門尊尊也 欲言兩觀災及雉門則卑不可以及尊災不從雉門起故不得言雉門災及兩觀兩觀始災故災在兩觀下也鄭嗣曰欲以兩觀親災則輕宜言兩觀災及雉門雉門尊兩觀卑卑不可以及尊故不得不先言雉門而後言兩觀欲令兩觀始災故災在兩觀下矣○令力呈反

秋楚人伐吳

冬十月新作雉門及兩觀

傳言新有舊也作為也有加其度也此不正其以尊者親之何也 不正謂更廣大之不合法度也據當諱而以雉門親新作之下 雖不正也於美猶可也 改舊雖不合正修飾美好之事差可以雉門親之○差初賣反

三年春王正月公如晉至河乃復

三月辛卯邾子穿卒

夏四月

秋葬邾莊公

冬仲孫何忌及邾子盟于拔 拔地名○拔皮八反

四年春王二月癸巳陳侯吳卒

三月公會劉子晉侯宋公蔡侯衛侯陳子鄭伯許男曹伯莒子邾子頓子胡子滕子薛伯杞伯小邾子齊國夏于召陵侵楚

夏四月庚辰蔡公孫姓帥師滅沈以沈子嘉歸殺之 ○姓音生又如字

五月公及諸侯盟于皐鼬 召陵會劉子諸侯總言之也皐鼬地名○鼬由又反

傳後而再會公志於後會也後志疑也 公畏強楚疑於侵之故復者更謀也不日者後楚伐蔡不能救故○復扶又反

杞伯成卒于會

六月葬陳惠公

許遷于容城

秋七月公至自會

劉卷卒 劉采地○卷音權

傳此不卒而卒者賢之也寰內諸侯也非列土諸侯此何以卒也 天子畿內大夫有采地者謂之寰內諸侯非列土之諸侯雖賢猶不當卒 天王崩為諸侯主也 昭二十二年景王崩嘗以賓主之禮相接能為諸侯主所以為賢

葬杞悼公。

楚人圍蔡。

晉士鞅衛孔圉帥師伐鮮虞。

葬劉文公。

冬十有一月庚午蔡侯以吳子及楚人戰于伯舉楚師敗績。

傳吳其稱子何也以蔡侯之以之舉其貴者也貴謂子也蔡侯之以之則其舉貴者何也吳信中國而攘夷狄吳進矣其信中國而攘夷狄奈何子胥父誅于楚也子胥父伍奢也爲楚平王所殺○信音申挾弓持矢而干闔廬見不以禮曰干、欲因闔廬復父之讎闔廬曰大之甚勇之甚子胥匹夫乃欲復讎於國君、其孝甚大、其心甚勇、爲是欲興師而伐楚子胥諫曰臣聞之君不爲匹夫興師且事君猶事父也虧君之義復父之讎臣弗爲也於是止蔡昭公朝於楚有美裘正是日囊瓦求之正是日、謂昭公始朝楚之日、昭公不與爲是拘昭公於南郢南郢、楚郡、○郢以井反又以正反數年然後得歸歸乃用事乎漢用事者禱漢水神、曰苟諸侯有欲伐楚者寡人請爲前列焉楚人聞之而怒爲是興師而伐蔡蔡請救于吳子胥曰蔡非有罪楚無道也君若有憂中國之心則若此時可矣爲是興師而伐楚何以不言救也據實救蔡救大也夷狄漸進未同於中國、

楚囊瓦出奔鄭。

知見伐由己、故懼而出奔、

庚辰吳入楚。

傳曰入易無楚也易無楚者壞宗廟徙陳器撻平王之墓鄭嗣曰陳器樂縣也、禮、諸侯軒縣、言吳入壞楚宗廟徙其樂器鞭其君之尸、楚無能抗禦之者、若曰無入也、○[illegible]以[illegible]反縣音玄何以不言滅也據宗廟既毀樂器已徙則是滅也、欲存楚也其欲存楚奈何昭王之軍敗而逃父老送之曰寡人不肖亡先君之邑父老反矣何憂無君寡人且用此入海矣父老曰有君如此其賢也以衆不如吳以必死不如楚雍曰、吳勝而驕楚敗而奮相與擊之一夜而三敗吳人復立楚復立也何以謂之吳也據戰稱子、狄之也何謂狄之也君居其君之寢而妻其君之妻大夫居其大夫之寢而妻其大夫之妻蓋有欲妻楚王之母者不正乘敗人之績而深爲利居人之國故反其狄道也。

五年春王三月辛亥朔日有食之。

夏歸粟于蔡。蔡侯比年在楚、又爲楚所伐、饑故諸侯歸之粟、

傳諸侯無粟諸侯相歸粟正也孰歸之諸侯也不言歸之者專辭也不言歸之者、主名若獨是魯也義邇也言此是邇近之事、故不足具列諸侯、

於越入吳。

舊說亦越夷言也春秋即其所以自稱者書之見其不能慕中國故以本俗名自通

六月丙申季孫意如卒。

傳例曰大夫不日卒惡也意如逐昭公而日卒者明定之得立由乎意如春秋因定之不惡而書日以示譏亦猶公子翬弑桓之罪入於桓不貶○惡烏路反翬許韋反

秋七月壬子叔孫不敢卒。

冬晉士鞅帥師圍鮮虞。

六年春王正月癸亥鄭游速帥師滅許以許男斯歸。

二月公侵鄭公至自侵鄭。

夏季孫斯仲孫何忌如晉。

仲孫忌而曰仲孫何忌當所未詳公羊傳曰譏二名

秋晉人執宋行人樂祁犁。

冬城中城。

傳城中城者三家張也。大夫稱家三家仲孫叔孫季孫也三家修張故公懼而修內城譏公不務德政恃城以自固或曰非外民也。

季孫斯仲孫忌帥師圍鄆。

七年春王正月。

夏四月。

秋齊侯鄭伯盟于鹹。

齊人執衛行人北宮結以侵衛。

傳以重辭也衛人重北宮結。齊以衛重結故執以侵之若楚執宋公以伐宋凡言以皆非所宜以

齊侯衛侯盟于沙。

沙地

大雩。

齊國夏帥師伐我西鄙。

九月大雩。

冬十月。

八年春王正月公侵齊公至自侵齊。

二月公侵齊。

未得志故

三月公至自侵齊。

傳公如往時致月危致也往月致時危往也往月致月惡之也。

○惡烏路反

曹伯露卒。

夏齊國夏帥師伐我西鄙。

公會晉師于瓦

瓦衛地也

公至自瓦。

秋，七月，戊辰，陳侯柳卒。

晉士鞅帥師侵鄭，遂侵衛。

葬曹靖公。

九月，葬陳懷公。

季孫斯、仲孫何忌帥師侵衛。

冬，衛侯、鄭伯盟于曲濮。曲濮，衛地。

從祀先公。

傳 貴復正也。文公逆祀，今還順。

盜竊寶玉大弓。

傳 寶玉者，封圭也。始封之圭。大弓者，武王之戎弓也。是武王征伐之弓。周公受賜，藏之魯。周公受賜於周，藏之魯者，欲世世子孫無忘周德也。非其所以與人而與人謂之亡，亡，失也。非其所取而取之謂之盜。

九年，春，王正月。

夏，四月，戊申，鄭伯蠆卒。○蠆，丑邁反

得寶玉大弓。

杜預曰：弓玉，國之分器也，得之足以爲榮，失之足以爲辱，故重而書之。○分，扶問反

傳 其不地何也？寶玉大弓，在家則羞，不目羞也。國之大寶在家則羞也，況陪臣辱之乎，恥甚而不目其地。惡得之？惡，於何也。○惡音烏。得之堤下。或曰陽虎以解衆也。

六月，葬鄭獻公。

秋，齊侯、衛侯次于五氏。五氏，晉地。

秦伯卒。

冬，葬秦哀公。

十年，春，王三月，及齊平。平前八年再侵齊之怨。

夏，公會齊侯于頰谷。○頰，古協反。左傳作夾谷

公至自頰谷。

傳 離會不致，雍曰：二國會曰離，各是其所是，非其所非，然則所是之是未必是，所非之非未必非，未必非者不能非人之真非，未必是者不能是人之真是，是非紛錯，則未有是，是非不同，故曰離。離則善惡無在，善惡無在，則不足致之于宗廟。何爲致也？危之也。危之則以地致。何也？爲危之也。其危奈何？曰頰谷之會，孔子相焉。兩君就壇，兩相相揖。將欲行盟會之禮。○爲危，于僞反，相焉，息亮反，下兩相同。齊人鼓譟而起，欲以執魯君。羣呼曰譟。○譟，素報反。孔子歷階

而上不盡一等。而視歸乎齊侯。階、會壇之階、曰、兩君合好、夷狄之民、何為來為。命司馬止之。兩君合會以結親好、而齊人欲執魯君、此無禮之甚、故謂之夷狄之民、司馬主兵之官、使禦止之、○好呼報反、注同齊侯逡巡而謝曰、寡人之過也。退而屬其二三大夫曰、夫人率其君與之行古人之道。二三子獨率我而入夷狄之俗、何為。屬、語也、夫人、謂孔子也、齊人欲執魯君、是夷狄之行、○屬章欲反、夫人音扶、之行下孟反罷會、齊人使優施舞於魯君之幕下。優、俳、施、其名也、幕、帳、欲嗤笑魯君、○俳皮皆反、嗤尺之反孔子曰、笑君者罪當死。使司馬行法焉。首足異門而出。齊人來歸鄆讙龜陰之田者、蓋為此也。何休曰、齊侯自頰谷歸、謂晏子曰、寡人獲過於魯侯、如之何、晏子曰、君子謝過以質、小人謝過以文、齊嘗侵魯四邑、請皆還之、○讙好官反、益為于僞反因是以見雖有文事、必有武備。孔子於頰谷之會見之矣。

晉趙鞅帥師圍衛。

齊人來歸鄆讙龜陰之田

叔孫州仇仲孫何忌帥師圍郈。郈、叔孫氏邑、○郈音后

秋、叔孫州仇仲孫何忌帥師圍郈。

宋樂大心出奔曹。宋公子地出奔陳。

冬、齊侯衛侯鄭游速會于安甫。安甫、地名、

叔孫州仇如齊。

宋公之弟辰暨宋仲佗石彄出奔陳。辰為佗所强、故曰暨、○暨其器反、佗大河反、彄古侯反、强其丈反

十有一年、春、宋公之弟辰及仲佗石彄、公子地自陳入于蕭以叛。

傳宋公之弟辰未失其弟也。言臣未有失其為弟之道、故書弟以罪宋公、及仲佗石彄公子地、以尊及卑也。自陳、陳有奉焉爾。入于蕭以叛。蕭、宋邑、入者、內弗受也。以者、不以者也。叛、直叛也。

夏四月。

秋、宋樂大心自曹入于蕭。入蕭從叛、入叛可知、故不書叛、

冬、及鄭平。平六年侵鄭之怨、傳例曰、盟不日者、渝盟惡之也、取夫詳略之義、則平不日者亦有惡矣、蓋不能相結以信、

叔還如鄭莅盟。○還音旋

十有二年、春、薛伯定卒。

夏、葬薛襄公。

叔孫州仇帥師墮郈。

傳墮猶取也。陪臣專强、違背公室、恃城為寇、是以叔孫墮其城、若新得之、故云墮、墮猶取也、墮非訓取、言今但毀

其城則郕永屬已若更取邑於他然。○墮許規反背音佩

衛公孟彄帥師伐曹。

季孫斯仲孫何忌帥師墮費。

○費音祕

秋大雩。

冬十月癸亥公會齊侯盟于黃。

十有一月丙寅朔日有食之。

公至自黃。

十有二月公圍成。

傳非國言圍圍成大公也。以公之重而伐小邑則爲恥深矣故大公之事而言圍使若成是國然

公至自圍成。

傳何以致危之也何危爾邊乎齊也。邊謂相接

十有三年春齊侯次于垂葭。

○葭音加

夏築蛇淵囿。

蛇淵地名

大蒐于比蒲。

○比音毗

衛公孟彄帥師伐曹。

秋晉趙鞅入于晉陽以叛。

傳以者不以者也叛直叛也。

冬晉荀寅士吉射入于朝歌以叛。

○射食夜反又食亦反

晉趙鞅歸于晉。

傳此叛也其以歸言之何也。據叛惡而歸善 貴其以地反也貴其以地反則是大利也非大利也許悔過也許悔過則何以言叛也以地正國也。地謂晉陽也蓋以晉陽之兵還正國也公羊傳曰逐君側之惡人 以地正國則何以言叛 據是善事 其入無君命也。凱曰專入晉陽以興兵甲故不得不言叛實以驅惡而安君則釋兵不得不言歸春秋善惡必著之義

薛弑其君比。

○比必履反又毗志反

十有四年春衛公叔戍來奔。

晉趙陽出奔宋。

○晉趙陽左氏作衛趙陽

二月辛巳楚公子結陳公孫佗人帥師滅頓以頓子牂歸。

○佗徒河反又如字牂作郎反

夏。衛北宮結來奔。
五月。於越敗吳于檇李。　檇李、吳地、○檇音醉
吳子光卒。
公會齊侯衛侯于牽。　牽、地、
公至自會。
秋。齊侯宋公會于洮。　○洮、他刀反

天王使石尚來歸脤。　脤、祭肉、天子祭畢、以之賜同姓諸侯親兄弟之國、與之共福、○脤市軫反
傳 脤者何也。俎實也。祭肉也。生曰脤。熟曰膰。其辭石尚。士也。　辭猶書也、○膰音煩
何以知其士也。天子之大夫不名。石尚欲書春秋。　欲著名于春秋
諫曰。久矣周之不行禮於魯也。請行脤。貴復正也。
衛世子蒯聵出奔宋。
衛公孟彄出奔鄭。
宋公之弟辰自蕭來奔。　稱弟、猶未失爲弟之行、○行、下孟反

大蒐於比蒲。
邾子來會公。　會公于比蒲、
城莒父及霄。　無冬、甯所未詳、
十有五年。春。王正月。邾子來朝。
鼷鼠食郊牛。牛死。改卜牛。　不言所食、食非一處而至死、○鼷音兮
傳 不敬莫大焉。　定公不敬最大、故天災最甚、

二月。辛丑。楚子滅胡。以胡子豹歸。
夏。五月。辛亥。郊。　譏不時也、
壬申。公薨于高寢。　高寢、宮名、
傳 高寢。非正也。
鄭罕達帥師伐宋。
齊侯衛侯次于渠蒢。　渠蒢、地也、○蒢、直居反

邾子來奔喪。

傳喪急，故以奔言之。

秋七月壬申，弋氏卒。○弋氏，左氏作姒氏。

傳妾辭也。不言夫人，譏。哀公之母也。

八月庚辰朔，日有食之。

九月，滕子來會葬。邾、滕，魯之屬國，近則來奔喪，遠則來會葬，於長帥之喪，同之王者，書非禮。○長，丁丈反；帥，所類反。

丁巳，葬我君定公，雨，不克葬。

傳葬既有日，不為雨止，禮也。雨不克葬，喪不以制也。

戊午，日下稷，乃克葬。稷，昃也。下昃，謂脯時。○稷，左氏作昃；脯，布吳反。

傳乃，急辭也，不足乎日之辭也。宣八年注詳矣。

辛巳，葬定弋。○定弋，左氏作定姒。

冬，城漆。

春秋穀梁傳卷十九 終

春秋穀梁傳卷二十

晉豫章太守順陽范　甯集解

皇明　後學　東吳葛　鼒較訂

哀公

元年春王正月，公即位。

楚子、陳侯、隨侯、許男圍蔡。隨久不見者，衰微也。稱侯者，本爵俱侯，土地見侵削，故微爾。定六年鄭滅許，今復見者，自復也。○見，賢遍反，下同；復，扶又反。

鼷鼠食郊牛角，改卜牛。夏四月辛巳，郊。

傳此該之變而道之也。該，備也。春秋書郊終於此，故於此備說郊之變。變謂郊非其時，或牲被災害。

於變之中又有言焉。於災變之中，又有可善而言者。鼷鼠食郊牛角，改卜牛，志不敬也。郊牛日展觓角而知傷，展道盡矣。展道雖盡，所以備災之道不盡，譏哀公不敬，故致天變。○觓，音糾，又音求。郊自正月至于三月，郊之時也。夏四月郊，不時也。五月郊，不時也。夏之始可以承春，以秋之末承春之始，蓋不可矣。凱曰：不時之中有差劇也。夏始承春，方秋之末，猶為可也。九月用郊，用者不宜用者也。在成十七年。郊三卜，禮也。以十二月下辛卜正月上辛，如不從，則以正月下辛卜二月上辛，如不從，則以二月下辛卜三月上辛，所謂三卜也。鄭嗣曰：謂下一辛而三也。求吉之道三，故曰禮也。四卜，非禮也。僖三十一年、襄十一年，皆四卜。五卜，強也。成十年五卜。卜免牲者，吉則免之，不吉則否。牛傷不言傷之者，傷自牛作也，故其辭緩。宣三年郊牛之口傷，以牛自傷，故加之言，緩辭。全曰牲傷曰牛。未牲曰牛。其牛一也。其所以爲牛者異。已卜日成牲、而傷之、曰牛、未卜日、未成牲之牛、二者不同、有變而不郊。故卜免牛也。已牛矣。其尚卜免之何也。災傷不復以郊、惟復卜免之、禮與其亡也寧有。於禮有卜之與無卜、寧嘗有卜、嘗置之上帝矣。故卜而後免之。不敢專也。嘗置之滌宮名之爲上帝牲矣、故不敢擅施也、卜之不吉。則如之何。不免安置之。繫而待六月上甲。始庀牲。然後左右之。庀具也、待具後牲、然後左右前牛、皆我用之、不復須卜、已有新牲故也、周禮曰司門掌授管鍵以啓閉國門、祭祀之牛牲繫焉、然則未左右時監門者養之、子之所言者。牲之變也。而曰我一該郊之變而道之何也。我以六月上甲。始庀牲。十月上甲。始繫牲。十一月十二月。牲雖有變。不道也。牲有變則改卜牛、以不妨郊事、故不言其變、待正月。

然後言牲之變。此乃所以該郊。至郊時、然後言其變、重其妨郊也、十二月不道、自前可知也、至正月然後道、則二月三月亦可知也、此所以該郊、言其變道盡、郊享道也。貴其時。大其禮。其養牲雖小。不備可也。享者飲食之道、牲有變則改卜牛、郊日已過、庀繫之禮雖小不備、合時得禮、用之可也、子不忘三月卜郊。何也。三月、謂十二月正月二月也、郊自正月至于三月。郊之時也。有變乃志、常事不書、我以十二月下辛。卜正月上辛。如不從則以正月下辛。卜二月上辛。如不從則以二月下辛。卜三月上辛。如不從則不郊矣。意欲郊而卜不吉、故曰不從、郊必用上辛者、取其新潔莫先也、

秋。齊侯衛侯伐晉。

冬。仲孫何忌帥師伐邾。

二年。春。王二月。季孫斯。叔孫州仇。仲孫何忌帥師伐邾。取漷東田及沂西田。

○漷、火號反、又音郭、

傳取漷東田。漷東未盡也。及沂西田。沂西未盡也。漷沂皆水名、邵曰以其言東西、則知其未盡也、

癸巳。叔孫州仇。仲孫何忌及邾子盟于句繹。

句繹、邾地、○句、古侯反、

傳三人伐而二人盟。何也。各盟其得也。季孫不得田、故不與盟、○與音預

夏四月丙子。衛侯元卒。

滕子來朝。

晉趙鞅帥師納衛世子蒯聵于戚。

鄭君曰、蒯聵欲殺母、靈公廢之是也、若君薨有反國之道、當稱子某、如齊子糾也、今稱世子、如君存、是春秋不與蒯聵得反立、明矣、江熙曰、鄭世子忽反正有明文、子糾但於公子爲貴、非世子也、

傳納者。内弗受也。帥師而後納者。有伐也。何用弗受也。以輒不受也。以輒不受父之命。受之王父也。信父而辭王父。則是不尊王父也。其弗受。以尊王父也。甯不達此義、江熙曰、齊景公廢世子、世子還國書篡、若靈公廢蒯聵立輒、則蒯聵不得復稱曩日世子也、稱蒯聵爲世子、則靈公不命輒審矣、此矛楯之喻也、然則從王父之言、傳似失矣、經云納衛世子、鄭世子忽復歸于鄭、稱世子、明正也、明正、則拒之者非邪、○信、父音申、復、扶又反、矛、五侯反、本又作鉾、楯、常允反、又音

秋，八月。甲戌。晉趙鞅帥師。及鄭罕達帥師。戰于鐵。鐵，衛地、

鄭師敗績。

冬。十月。葬衛靈公。七月葬，蒯聵之亂故也、

十有一月。蔡遷于州來。蔡殺其大夫公子駟。

三年，春。齊國夏衛石曼姑帥師圍戚。

【傳】此衛事也，其先國夏何也。子不圍父也。不繫戚於衛者。子不有父也。江熙曰，國夏首兵，則應言衛戚、今不言者，辟子有父也、子有父者、戚繫衛，則爲大夫屬于衛、子圍父者，謂人倫之道絕、故以齊首之、○辟音避

夏。四月。甲午。地震。

五月。辛卯。桓宮僖宮災。

【傳】言及。則祖有尊卑。解經不言及僖。由我言之。則一也。遠祖恩無差降、如一、故不言及、

季孫斯叔孫州仇帥師城啓陽。稱帥師，有難、○難，乃旦反

宋樂髡帥師伐曹。

秋。七月。丙子。季孫斯卒。

蔡人放其大夫公孫獵于吳。宣元年、晉放其大夫胥甲父于衛，傳曰稱國以放，放無罪也，然則稱人以放、放有罪也、

冬。十月。癸卯。秦伯卒。

叔孫州仇仲孫何忌帥師圍邾。

四年，春。王二月。庚戌。盜弑蔡侯申。

【傳】稱盜以弑君。不以上下道道也。以上下道道者，若衛祝吁弑其君完之類、是直稱盜、不在人倫之序、內其君而外弑者。不以弑道道也。襄七年、鄭伯將會中國、其臣欲從楚、不勝其臣、弑而死、不使夷狄之民加乎中國之君、故曰鄭伯髡原如會、未見諸侯、丙戌卒于操，是不以弑道道也、春秋有三盜。微殺大夫謂之盜。十四年冬、盜殺陳夏區夫是、○區，烏侯反非所取而取之謂之盜。定八年陽貨取寶玉大弓是、辟中國之正道以襲利謂之盜。卽殺蔡侯申者是，非微者也、○辟中音避

蔡公孫辰出奔吳。

葬秦惠公。

宋人執小邾子。

夏。蔡殺其大夫公孫姓。公孫霍。

晉人執戎蠻子赤歸于楚。

城西郛。郛，郭也、○郛音孚

六月辛丑，亳社災。殷都于亳，武王克紂而班列其社于諸侯，以為亡國之戒。劉向曰：災亳社，戒人君縱恣不能警戒之象。

傳　亳社者，亳之社也。亳，亡國也。亳即殷也，殷都于亳，故因謂之亳社。亡國之社以為廟屏，戒也。立亳之社於廟之外，以為屏蔽，取其不得通天，人君瞻之而致戒心。其屋亡國之社，不得達上也。必為之作屋，不使上通天也。緣有屋，故言災。

秋，八月甲寅，滕子結卒。

冬，十有二月，葬蔡昭公。不書弒君之賊，而昭公書葬，既謂之盜，若殺微賤小人，不足錄之。

葬滕頃公。

五年，春，城毗。

夏，齊侯伐宋。

晉趙鞅帥師伐衛。

秋，九月癸酉，齊侯杵臼卒。

冬，叔還如齊。

閏月，葬齊景公。

傳　不正其閏也。閏月附月之餘，自喪事不數。

六年，春，城邾瑕。

晉趙鞅帥師伐鮮虞。

吳伐陳。

夏，齊國夏及高張來奔。

叔還會吳于柤。

秋，七月庚寅，楚子軫卒。

齊陽生入于齊。齊陳乞弒其君荼。

不日，荼不正也。○荼音舒，又音徒。

傳　陽生入而弒其君，以陳乞主之，何也？不以陽生君荼也。其不以陽生君荼，何也？陽生正，荼不正。不正則其曰君，何也？荼雖不正，已受命矣。已受命于景公而立，故可言君。入者，內弗受也。荼不正，何用弗受？以其受命，可以言弗受也。先君已命立之，於義可以拒之。陽生其以國氏，何也？取國于荼也。何休曰：即不使陽生以荼為君，不當去公子，見當國也。又穀梁以為國氏者，取國于荼，齊小白又不取國于子糾，無乃近自相反乎？鄭君釋之曰：陽生篡國，故不言公子，不使君荼，謂書陳乞弒君爾。荼與小白其事相似，荼弒乃後立，小白立乃後弒，雖然，俱篡國而受國焉爾。傳曰：齊小白入于齊，惡之也。陽生其以國氏，何取國于荼也。義適互相足，又何自反乎？子糾宜立而小白篡之，非受國于子糾，則將誰乎？○當去，起呂反。惡之，烏路反。

冬，仲孫何忌帥師伐邾。

宋向巢帥師伐曹。

七年，春，宋皇瑗帥師侵鄭。

○瑗，于眷反。

晉魏曼多帥師侵衛。

夏。公會吳于繒。○繒在陵反

秋。公伐邾。八月。己酉。入邾。以邾子益來。

傳以者。不以者也。夫諸侯有罪伯者雖執、猶以歸于京師魯非霸主、而擅相執錄、故日入以表惡之、○惡烏路反傳及注同益之名。惡也。惡其不能死社稷、春秋有臨天下之言焉。徐乾曰、臨者撫有之也、王者無外、以天下為家、盡其有也、有臨一國之言焉。諸侯之臨國、亦得有之、如上於天下、有臨一家之言焉。大夫臨家、猶諸侯臨國、其言來者。有外魯之辭焉。非已內有、從外來者曰來、今魯侯身自以歸而曰來、是外之也、

穀梁傳　卷二十　哀公　八　永懷堂

宋人圍曹。

冬。鄭駟弘帥師救曹。

八年。春。王正月。宋公入曹。以曹伯陽歸。

吳伐我。

夏。齊人取讙及闡。宣九年傳曰、內不言取、言取、授之也、以是為賂齊、此言取、蓋亦賂也、魯前年伐邾、以邾子益來、益齊之甥也、畏齊、故賂之、

傳惡內也。

歸邾子益于邾。

侵齊故也、

傳益之名。失國也。於王法當絕故、

秋。七月。

冬。十有二月。癸亥。杞伯過卒。○過音戈

齊人歸讙及闡。凱曰、歸邾子、故亦還其賂、

九年。春。王二月。葬杞僖公。

宋皇瑗帥師取鄭師于雍丘。雍丘地也、○雍於用反

穀梁傳　卷二十　哀公　九　永懷堂

傳取。易辭也。以師而易取。鄭病矣。以師之重、而宋以易得之辭言之、則鄭師將劣矣、○易以豉反、將子佐反

夏。楚人伐陳。

秋。宋公伐鄭。

冬。十月。

十年。春。王二月。邾子益來奔。

公會吳伐齊

三月。戊戌。齊侯陽生卒。

夏。宋人伐鄭。

晉趙鞅帥師侵齊。

五月，公至自伐齊。

傳例曰：惡事不致。公會夷狄伐齊之喪，而致之何也？莊六年公至自伐衛，傳曰：不致，則無以見公惡事之成也。將宜從此之例。

葬齊悼公。

衛公孟彄自齊歸于衛。

○彄，苦侯反。

薛伯夷卒。

秋，葬薛惠公。

冬，楚公子結帥師伐陳。吳救陳。

十有一年，春，齊國書帥師伐我。

夏，陳轅頗出奔鄭。

五月，公會吳伐齊。甲戌，齊國書帥師及吳戰于艾陵。齊師敗績，獲齊國書。

與華元同義。艾陵，齊地。○艾，五蓋反。

秋，七月，辛酉，滕子虞母卒。

冬，十有一月，葬滕隱公。

衛世叔齊出奔宋。

十有二年，春，用田賦。

古者九夫爲井，十六井爲丘。丘賦之法，因其田財通共出馬一匹、牛三頭。今別其田及家財各出此賦。言用者，非所宜用。

傳：古者公田什一，用田賦，非正也。古者五口之家受田百畝，爲官田十畝，是爲私得其十，而官稅其一，故曰什一。周謂之徹，殷謂之助，夏謂之貢，其實一也，皆通法也。今乃棄中平之法，而田財並賦，言其賦民甚矣。○爲，于僞反。

夏，五月，甲辰，孟子卒。

傳：孟子者何也？昭公夫人也。其不言夫人何也？諱取同姓也。葬當書姓，諱故亦不書葬。○取，如字，又七住反。

公會吳于橐皋。

橐皋，吳地。

秋，公會衛侯、宋皇瑗于鄖。

鄖，吳地。○鄖，音云。

宋向巢帥師伐鄭。

冬，十有二月，螽。

○螽，音終。

十有三年，春，鄭罕達帥師取宋師于嵒。

○嵒，五咸反。

傳：取，易辭也。以師而易取，宋病矣。

夏，許男成卒。

公會晉侯及吳子于黃池。及者書尊及卑也、黃池某地、

傳黃池之會。吳子進乎哉。遂子矣。進遂稱子、吳夷狄之國也、祝髮文身。祝、斷也、文身、刻畫其身以爲文也、必自殘毀者以辟蛟龍之害。○斷音短辟音避欲因魯之禮。因晉之權而請冠端而襲。襲、衣冠、端玄端、其藉于成周。藉謂貢獻以尊天王。吳進矣。吳東方之大國也。累累致小國以會諸侯以合乎中國。累累猶數數也。○數所角反吳能爲之則不臣乎。言其臣也、吳進矣。王尊稱也。子卑稱也。辭尊稱而居卑稱以會乎諸侯以尊天王。吳王夫差曰。好冠來。孔子曰。大矣哉。夫差未能言冠而欲冠也。不知冠有差等、唯欲好冠、○夫差音扶

楚公子申帥師伐陳。

於越入吳。

秋。公至自會。吳進稱子、又會晉侯、故致也、

晉魏曼多帥師侵衛。

葬許元公。

九月。螽。

冬。十有一月。有星孛于東方。不書所孛之星、而曰東方者、旦方見孛、衆星皆沒故。○孛音佩

盜殺陳夏區夫。傳例曰、微殺大夫謂之盜、○區夫烏侯反

十有二月。螽。

十有四年。春。西狩獲麟。杜預曰、孔子曰、文王既沒、文不在茲乎、此制作之本旨、又曰、鳳鳥不至、河不出圖、吾已矣夫、斯不王之明文矣、夫關雎之化、王者之風、麟之趾、關雎之應也、然則斯麟之來、歸於王德者矣、春秋之文廣大悉備、義始於隱公、道終於獲麟、○夫音扶不王于況反下王德同

傳引取之也。言引取之解經言獲也、傳例曰、諸獲者皆不與也、故今言獲麟、自爲孔子來、魯引而取之、亦不與魯之辭也、○爲于僞反狩地。不地不狩也。非狩而曰狩。大獲麟。故大其適也。適猶如也、之也、非狩而言狩、大得麟、故以大所如者、名之也、且實狩當言冬、不當言春、其不言來。不外麟於中國也。其不言有。不使麟不恒於中國也。雍曰、中國者、蓋禮義之鄉、聖賢之宅、軌儀表於遐荒、道風扇於不朽、麒麟步郊、不爲暫有、鸞鳳栖林、非爲權來、雖時道喪、猶若不喪、雖麟一降、猶若其常、鸜鵒非魯之常禽、蜚蜮非彝端之嘉蟲、故經書其有以非常有、此所以取貴于中國春秋之意義也、○喪息浪反鸜音權又音劬鵒音欲蜮音或

春秋穀梁傳卷二十終

爾雅序

晉郭　璞景純撰

夫爾雅者所以通詁訓之指歸叙詩人之興詠總絶代之離詞辯同實而殊號者也誠九流之津涉六藝之鈐鍵學覽者之潭奧摛翰者之華苑也若乃可以博物不惑多識於鳥獸草木之名者莫近於爾雅爾雅者蓋興於中古隆於漢氏豹鼠既辯其業亦顯英儒贍聞之士洪筆麗藻之客靡不欽玩耽味爲之義訓璞不揆檮昧少而習焉沈研鑽極二九載矣雖註者十餘然猶未詳備並多紛謬有所漏略是以復綴集異聞會稡舊說考方國之語采謡俗之志錯綜樊孫博關羣言剟其瑕礫搴其蕭稂事有隱滞援據徵之其所易了闕而不論别爲音圖用袪未寤輒復擁篲清道企望塵躅者以將來君子爲亦有涉乎此也

爾雅序畢

爾雅目錄

爾雅目録畢

爾雅卷一

晉著作郎弘農太守聞喜郭　璞註

皇明　後學　東吳金　蟠訂

釋詁第一

初哉首基肇祖元胎俶落權輿始也。

尚書曰、三月哉生魄、詩曰、令終有俶、又曰、俶載南畒、又曰、訪予落止、又曰、胡不承權輿、胚胎未成、亦物之始也、其餘皆義之常行者耳、此所以釋古今之異言、通方俗之殊語、○肇音兆、俶昌叔切

林烝天帝皇王后辟公侯君也。

詩曰、有壬有林、又曰、文王烝哉、其餘義皆通見詩書、○辟并亦反

弘廓宏溥介純夏幠厖墳嘏丕弈洪誕戎駿假京碩濯訏宇穹壬路淫甫景廢壯冢簡箌昄晊將業蓆大也。

詩曰、我受命溥將、又曰、亂如此幠、為下國駿厖、湯孫奏假、王公伊濯、訏謨定命、有壬有林、厥聲載路、既有淫威、廢為殘賊、爾土宇昄章、緇衣之蓆兮、廓落宇宙、穹隆至極、亦為大也、箌義未聞、尸子曰、此皆大有十餘名而同一實、○幠音呼、厖亡江切、誕音但、訏音吁、箌音罩、昄蒲板切、晊之日切

幠厖有也。

二者又為有也、詩曰、遂幠大東、

迄臻極到赴來弔艐格戾懷摧詹至也。

齊楚之會郊曰懷、宋曰屆、詩曰、先祖于摧、又曰、六日不詹、詹摧皆楚語方言云、○極紀力切、弔音的、艐音宗、摧昨雷切

如適之嫁徂逝往也。

方言云、自家而出謂之嫁、猶女出為嫁、

賚貢錫畀予貺賜也。

皆賜與也、○畀必寐切、予羊汝切

儀若祥淑鮮省臧嘉令類綝彀攻穀介徽善也。

詩曰、儀形文王、左傳曰、禁禦不若、詩曰、永錫爾類、我車既攻、介人維藩、大姒嗣徽音、省綝彀未詳其義、餘皆常語、○鮮息淺切、省先郢切、令力政切、綝勑金切、彀古豆切

舒業順敘也。

皆謂次序、

舒業順敘緒也。

四者又為端緒、

怡懌悅欣衎喜愉豫愷康妉般樂也。

皆見詩、○妉丁含切、般盤、樂洛

悅懌愉釋賓協服也。

皆謂喜而服從、

遹遵率循由從自也。

自猶從也、○遹音聿

遹遵率循也。

三者又爲循行、

靖惟漠圖詢度咨諏究如慮謨猷肈基訪謀也。國語曰、詢于八虞、咨于二虢、度于閎夭、謀于南宮、諏于蔡原、訪于辛尹、通謂謀議耳、如肈、所未詳、餘皆見詩、○度鐸趣子須

典彝法則刑範矩庸恒律戛職秩常也。庸戛職秩、義見詩書、餘皆謂常法耳、○彝音夷

柯憲刑範辟律矩則法也。詩曰、伐柯伐柯、其則不遠、論語曰、不踰矩、

辜辟戾辠也。皆刑罪、○辟婢亦切、辜音孤、辠音罪

黃髮齯齒鮐背耇老壽也。黃髮、髮落更生黃者、齯齒、齒墮更生細者、鮐背、背皮如鮐魚、耇猶耆也、皆壽考之通稱、○齯音倪、鮐音台、耇音狗、

允孚亶展諶誠亮詢信也。方言曰、荆吳淮泗之閒曰展、燕岱東齊曰諶、宋衞曰詢、亦皆見詩、○亶丁簡切、諶市林切

展諶允愼亶誠也。轉相訓也、詩曰、愼爾優游、

謔浪笑敖戲謔也。謂調戲也、見詩

粵于爰曰也。書曰、土爰稼穡、詩曰、對越在天、王于出征、○粵音曰

爰粵于也。轉相訓、

爰粵于那都繇於也。左傳曰、棄甲則那、那猶今人云那那也、書曰、皐陶曰都、繇辭于乎、皆語之韻絕、○繇音由、於音烏

敆郃盍翕仇偶妃匹會合也。皆謂對合也、○敆音閤、郃合、盍胡臘切、妃音配

仇讎敵妃知儀匹也。詩云、君子好仇、樂子之無知、實維我儀、國語亦云、丹朱馮身以儀之、讎猶儔也、廣雅云、讎輩也、

妃合會對也。皆相當對、

妃媲也。相偶媲也、○媲普計切

紹胤嗣續纂緌績武係繼也。詩曰、下武維周、緌見釋水、餘皆常語、○纂子管切

忥謐溢蟄愼貉諡顗頠密寧靜也。忥顗頠未聞其義、餘皆見詩傳、○忥音戲、謐音侍、貉音陌、諡音密、顗音擬、頠魚毀切

隕磒湮下降墜摽蘦落也。

殞猶隕也、方俗語有輕重耳、湮、沈落也、標蘦見詩○隕于閔切殞于敏切標婢耿切蘦音零

命令禧畛祈請謁訊誥告也。

禧未聞、禮記曰、畛於鬼神、○令力政切畛稹告谷

永悠迥違遐逷闊遠也。

書曰逷矣西土之人、○迥户頂切逷音惕

永悠迥遠遐也。

遐亦遠也、轉相訓、

虧壞圮垝毀也。

書曰方命圮族、詩曰乘彼垝垣、虧通語耳○壞音怪圮房美切垝音鬼

矢雉引延順薦劉繹尸旅陳也。

禮記曰尸陳也、雉順劉皆未詳、

尸職主也。

左傳曰殺老牛莫之敢尸、詩曰誰其尸之、又曰職為亂階、

尸寀也。

謂寀地、○寀七代反

寀寮官也。

官地為寀、同官為寮、

績緒采業服宜貫公事也。

論語曰仍舊貫、餘皆見詩書、

永羕引延融駿長也。

宋衛荊吳之間曰融、羕所未詳、○羕音樣

喬嵩崇高也。

皆高大貌、左傳曰、師叔楚之崇也、

崇充也。

亦為充盛、

犯奢果毅剋捷功肩堪勝也。

陵犯誇奢果毅皆得勝也、左傳曰殺敵為果、肩即尅耳、書曰西伯堪黎○毅音義

勝肩戡劉殺克也。

轉相訓耳、公羊傳曰克之者何殺之也、○戡音堪

劉獮斬刺殺也。

書曰咸劉厥敵、秋獵曰獮應殺氣也、公羊傳曰刺之者何殺之也○獮尠刺次

亹亹蠠沒孟敦勗釗茂劭勔勉也。

詩曰亹亹文王、蠠沒猶黽勉、書曰茂哉茂哉、方言云周鄭之間相勸勉為勔釗、孟未聞○亹音尾蠠音密釗音招劭音邵勔音泯

鶩務昏暋強也。

馳鶩事務皆自勉強、書曰不昏作勞、暋不畏死、

釋詁下

卬吾台予朕身甫余言我也。

卬猶姎也，語之轉耳。書曰非台小子。古者貴賤皆自稱朕。禮記曰授政任功曰予一人。哆於鬼神曰有某甫。言見詩。○卬五剛切，台音怡，予同

朕余躬身也。

今人亦自呼為身。

台朕賚畀卜陽予也。

賚、卜、畀皆賜與也。與猶予也，因通其名耳。魯詩云陽如之何。今巴濮之人自呼阿陽。○畀必二切，陽音賜，予音與

肅延誘薦餤晉寅藎進也。

禮記曰主人肅客。詩曰亂是用餤。王之藎臣。易曰晉進也。寅未詳。○餤音淡，藎音燼

羞餞迪烝進也。

皆見詩禮。

詔亮左右相導也。

皆謂教導之。

詔相導左右助勴也。

勴謂贊勉。○勴音慮

亮介尚右也。

紹介、勸尚，皆相佑助。

左右亮也。

反覆相訓，以盡其義。○相息亮切

緝熙烈顯昭皓熲光也。

詩曰學有緝熙于光明。又曰休有烈光。○熲古迥切

劼鞏堅篤掔虔膠固也。

劼、虔皆見詩書。易曰鞏用黃牛之革。固志也。掔然亦牢固之意。○劼苦黠切，掔音牽

疇孰誰也。

易曰疇離祉。○疇直留切

暀暀皇皇藐藐穆穆休嘉珍褘懿鑠美也。

穆穆已上，皆美盛之貌，其餘常語。○暀音旺，藐音邈，褘音衣

諧輯協和也。

書曰八音克諧。傳曰百姓輯睦。

關關噰噰音聲和也。

皆鳥鳴相和。○噰於恭反

勰燮和也。

書曰燮友柔克。○勰音協

從申神加弼崇重也。

隨從、弼輔、增崇皆所以為重。疊神所未詳。○重直龍切

毃𢘆卒泯忽滅罄空畢罊殲拔殄盡也。毃今直語耳忽然盡貌今江東呼厭極爲罄餘皆見詩○毃音學罄苦計切殲音尖

苞蕪茂豐也。苞叢緐蕪皆豐盛

揫斂屈收戢蒐裒鳩樓聚也。禮記曰秋之言揫揫斂也春獵爲蒐蒐者以其聚人衆也詩曰屈此羣醜原隰裒矣左傳曰以鳩其民樓猶今言拘樓聚也○揫子田切蒐音搜

肅齊遄速亟屢數迅疾也。詩曰仲山甫徂齊○遄音船亟欺冀切數音朔

寁駿肅亟遄速也。詩曰不寁故也駿猶迅速亦疾也○寁音昝亟居力反

壑阬阬滕徵隍漮虛也。壑谿壑也阬阬謂阬壍也隍城池無水者方言云漮之言空也皆謂丘墟耳滕徵未詳○阬音坑漮音康

黎庶烝多醜師旅衆也。皆見詩

洋觀裒衆那多也。詩曰薄言觀者又曰受福不那洋溢亦多貌

流差柬擇也。皆選擇見詩○差音叉柬音簡

戰慄震驚戁竦恐慴懼也。詩曰不戁不竦慴即慴也○慄音栗戁女板反恐丘勇切慴之涉切

痡瘏虺頹玄黃劬勞咎顇瘽瘉鰥戮癙癵㾖痒疷疵閔逐疚痗瘥痱𤺊瘵瘼癠病也。虺頹玄黃皆人病之通名而說者便謂之馬疾失其義也詩曰生我劬勞書曰智藏瘝在相戮辱亦可恥病也今江東呼病曰瘵東齊曰瘼禮記曰親癠色容不盛戮逐未詳餘皆見詩○痡普胡切瘏音徒虺音灰顇音悴瘽音勤瘉音愈癙音鼠癵力專反㾖音里痒音羊疷音祗痗音妹瘥徂何切痱音肥𤺊音亶瘵音債癠徂細切

恙寫悝盱繇慘恤罹憂也。今人云無恙謂無憂也寫有憂者思散寫也詩曰悠悠我悝云何盱矣繇役以爲憂愁也○悝音里盱音吁繇音遥

倫勩邛敕勤愉庸癉勞也。詩曰莫知我勩維王之邛哀我癉人國語曰無功庸者倫理事務以相約敕亦爲勞勞苦者多惰愉今字或作窳同○勩與世切癉丁賀切勞力報切

勞來強事謂翦篲勤也。詩曰職勞不來自勉強者亦勤力者由事事故爲勤也詩曰迨其謂之翦篲未詳○來音賚強其丈切

悠傷憂思也。皆感思也○思司嗣切

懷惟慮願念惄思也。

詩曰、惄如調飢、○惄音溺

祿祉履戩祓禧褫祜福也。

詩曰、福履綏之、俾爾戩穀、祓祿康矣、褫禧、書傳少見其義未詳、○戩子淺切祓音廢褫音斯

禋祀祠烝嘗禴祭也。

書曰、禋于六宗、餘者皆以為四時祭名也、○禴音藥

儼恪祗翼諲恭欽寅熯敬也。

儼然、敬貌、書曰、夙夜惟寅、詩曰、我孔熯矣、諲未詳、○恪虛各切諲音因熯而善切

朝旦夙晨晙早也。

晙亦明也、○晙音俊

須俟替戾底止徯待也。

書曰、徯我后、今河北人語亦然、替戾底者、皆止也亦相待也、○須音須俟音士底音止徯胡禮切

噊幾烖殆危也。

幾猶殆也、噊烖未詳、○噊音聿烖音哉

饑汔也。

謂相摩近、○饑音祈汔音蓋

治肆古故也。

治未詳、肆古見詩書

肆故今也。

肆既為故、又為今、今亦為故、故亦為今、此義相反而兼通者、事例在下、而皆見詩、

惇亶祜篤掔仍肶埤竺腹厚也。

頻仍、埤益、肶輔、皆重厚、掔然、厚貌、餘皆見詩書、○肶音毗埤音椑竺音篤

載謨食詐偽也。

載者、言而不信、謨者、謀而不忠、書曰、朕不食言、

話猷載行訛言也。

詩曰、慎爾出話、猷者、道、道亦言也、周禮曰、作盟詛之載、今江東通謂語為行、世以妖言為訛、

遘逢遇也。

謂相遘遇、○遘音構

遘逢遇遻也。

轉復為相觸遻、○遻音悟

遘逢遇遻見也。

行而相值、即是見、

顯昭覲釗覿見也。

顯、昭、明見也、逆書曰、釗我周王、○釗之遙切

監瞻臨涖頫相視也。

皆謂察視也、○監音鑒涖音利頫音跳

鞠訩溢盈也。

詩曰、降此鞫訩、

孔魄哉延虛無之言間也。

孔穴、延䰟虛無皆有間隙、餘未詳、

瘞幽隱匿蔽竄微也。

微謂逃藏也、左傳曰、其徒微之是也、○瘞於計切匿女力切

訖徽妥懷安按替戾底廢尼定曷遏止也。

妥者坐也、懷者至也、按抑按也、替廢皆止住也、戾底義見詩傳國語曰、戾久將底、孟子曰、行或尼之、今以逆相止為遏、徽未詳、○妥他果切遏烏曷切

豫射厭也。

詩曰、服之無斁、豫未詳、○射音亦

烈績業也。

謂功業也、

績勳功也。

謂功勞也、

功績質登平明考就成也。

功績皆有成、詩曰、質爾民人、禮記曰、年穀不登、穀梁傳曰、平者成也、事有分明、亦成濟也、

梏梗較頲庭道直也。

梏梗較頲皆正直也、詩曰、既庭且頲、頲道無所屈、○梏音谷較音角頲他頂切

密康靜也。

皆安靜也、

豫寧綏康柔安也。

皆見詩書、

平均夷弟易也。

皆謂易直、

矢弛也。

弛放、○矢弛並音尸紙切

弛易也。

相延易、

希寡鮮罕也。

罕亦希也、○鮮息淺切

鮮寡也。

謂少、

酬酢侑報也。

此通謂相報答、不主于飲酒、○酢音昨

毗劉暴樂也。

謂樹木葉缺落蔭疏暴樂見詩、○暴音剝樂音洛

覭髳茀離也。
謂草木之叢茸翳薈也。茀離卽彌離，彌離猶蒙蘢耳。孫叔然字別爲義，失矣。○覭音陌，髳音蒙

蠱諂貳疑也。
蠱惑有貳心者，皆疑也。左傳曰：天命不諂。○諂音滔

楨翰儀榦也。
詩曰：維周之翰。儀表亦體榦。

弼棐輔比俌也。
書曰：天威棐忱。易曰：比，輔也。俌猶輔也。○棐音匪，比毗志切，俌音甫

疆界邊衛圉垂也。

疆埸境界邊旁，營衛守圉，皆在外垂也。左傳曰：聊以固吾圉也。○圉音語

昌敵彊應丁當也。
書曰：禹拜昌言。彊者好與物相當値。

浡肩搖動蠢迪俶厲作也。
浡然興作貌。蠢動作也。公羊傳曰：俶甚也。穀梁傳曰：始厲樂矣。肩見書。迪未詳。

茲斯咨呰已此也。
呰已皆方俗異語。○呰音紫

嗟咨⿱髟差也。
今河北人云⿱髟差歎，音兔罝之罝。○⿱髟差音嗟

閑狎串貫習也。
串厭串，貫貫伏也，今俗語皆然。○串五患切，貫音慣

曩塵佇淹留久也。
塵垢佇企淹滯皆稽久也。

逮及暨與也。
公羊傳曰：會及暨，皆與也。逮亦及也。

騭假格陟躋登陞也。
方言曰：魯衛之間曰騭，梁益曰格。禮記曰：天王登遐。公羊傳曰：躋者何？陞也。○騭音質，假音遐

揮盝歇涸竭也。
月令曰：無漉陂池。國語曰：水涸而成梁。揮振去水，亦爲竭。歇通語。○涸音鶴

抿拭刷清也。
振訊抿拭埽刷，皆所以爲潔清。○抿音振，刷所劣切

鴻昏於顯間代也。
鴻鴈知運代，昏主代明，明亦代昏，顯卽明也，間錯亦相代。於義未詳。○於音烏，間音澗

饁饟饋也。
國語曰：其妻饁之。○饁音叶，饟音餉，饋音櫃

遷運徙也。
今江東通言遷徙

秉拱執也。兩手持為共、

廞熙興也。書曰、庶績咸熙、廞見周官、○廞許金切

衛蹶假嘉也。詩序曰、假樂嘉成王也、餘未詳、○蹶居衛切假音暇

廢稅赦舍也。詩曰、召伯所稅、舍放置、○舍音捨

棲遲憩休苦㱧齂呬息也。棲遲遊息也、苦勞者宜止息、憩見詩、㱧齂呬皆氣息貌、今東齊呼息為呬也、○憩去例切㱧苦怪切齂詞誡切呬許四切

供峙共具也。皆謂備具、○峙直紀切供音恭

煤憐惠愛也。煤、韓鄭語、今江東通呼為憐、○煤音某

娠蠢震戁妯騷感訛蹶動也。娠猶震也、詩曰、憂心且妯、無感我帨兮、或寢或訛、蠢戁騷蹶皆搖動貌、○娠音振

覆察副審也。覆校察視、副長、皆所為審諦

△

契滅殄絕也。今江東呼刻斷物為契斷、○契苦結切

郡臻仍迺侯乃也。迺即乃、餘未詳、

迪繇訓道也。義皆見詩書、○繇音由

僉咸胥皆也。東齊曰胥、見方言、○僉七廉切

育孟耆艾正伯長也。育養亦為長、正伯皆官長、○長丁丈切

艾歷也。長者多更歷、

歷秭算數也。歷、歷數也、今以十億為秭、論語云、何足算也、○秭音姊算音筭

歷傅也。傅近、○歷音曆

艾歷覛胥相也。覛謂相視也、公羊傳曰、胥盟者何、相盟也、艾歷未詳、○覛音脈

允任壬佞也　書曰而難任人允信者佞入似信壬猶任也○任壬林切

俾拼抨使也　皆謂使令見詩○拼北萌切抨烹

俾拼抨使從也　四者又為隨從

儴仍因也　皆謂因緣○儴音穰

董督正也　皆謂御正

亨孝也　亨祀孝道

珍享獻也　珍物宜獻穀梁傳曰諸侯不享覲

縱縮亂也　縱放掣縮皆亂法也

探篡俘取也　書曰俘厥寶玉篡者奪取也探者摸取也○探音貪篡初患切俘音孚

徂在存也　以徂為存猶以亂為治以曩為曏以故為今此皆詁訓義有反覆旁通美惡不嫌同名

在存省士察也　書曰在璿璣玉衡士師官亦主聽察存即在

烈枿餘也　晉衛之間曰蘖陳鄭之間曰烈○枿五割切

迓迎也　公羊傳曰跛者迓跛者

元良首也　左傳曰狄人歸先軫之元良未聞

薦摯臻也　薦進也摯至也故皆為臻臻至也○薦曹練切

賡揚續也　書曰乃賡載歌揚未詳○賡古孟切

祔祪祖也　祔付也付新死者於祖廟祪毀廟主○祪音鬼

即尼也　即猶今也尼者近也尸子曰悅尼而來遠○尼女乙切

尼定也。（尼者止也，止亦定。）

邇幾暱近也。（暱親近也。○幾音機，暱女乙切）

妥安坐也。（禮記曰安而后傳命。○妥他可切）

貉縮綸也。（綸者繩也，謂牽縛縮貉之，今俗語亦然。○貉音陌）

貉嗼安定也。（皆靜定，見詩。○嗼音莫）

伊維也。（發語辭。）

伊維侯也。（詩曰侯誰在矣，互相訓。）

時寔是也。（公羊傳曰寔來者何，是來也。○寔音石）

卒猷假輟已也。（猷假未詳。○卒子卹切，輟丁劣切）

求酋在卒就終也。（詩曰嗣先公爾酋矣，成就亦終也，其餘未詳。○酋在由切）

崩薨無祿卒徂落殪死也。（古者死亡尊卑同稱耳，故尚書堯曰徂落，舜曰陟方乃死。○薨呼弘切，殪於計切）

爾雅卷一終

爾雅卷二

晉著作郎弘農太守聞喜郭　璞註

皇明　後學　東吳葛　鼒訂

釋言第二

殷。齊。中也。書曰以殷仲春、釋地曰岠齊州以南、

斯。誃。離也。齊陳曰斯、誃見詩、○誃音侈

謖。興。起也。禮記曰尸謖、○謖所六切

還。復。返也。○還音旋

宣。徇。徧也。皆周徧也、○徇辭峻切

馹。遽。傳也。皆傳車驛馬之名、○馹音日　傳張戀切

蒙。荒。奄也。奄奄覆也、皆見詩、

告。謁。請也。皆求請也、○告音谷

肅。噰。聲也。詩曰肅噰和鳴、

格。懷。來也。書曰格爾衆庶、懷見詩、

眕。底。致也。皆見詩傳、

恀。怙。恃也。今江東呼母為恀、○恀音是

律。遹。述也。皆叙述也、方俗語耳、

俞。畣。然也。禮記曰男唯女俞、畣者應也、亦為然、○畣音荅

豫。臚。敘也。皆陳敘也、

庶。幾。尚也。詩曰不尚息焉

觀、指，示也。國語曰：且觀之兵、

若、惠，順也。詩曰：惠然肯來、

敖、憮，傲也。禮記曰：無憮、無敖、敖，慢也、

幼、鞠，稺也。書曰：不念鞠子哀、

逸、諐，過也。

書曰：汝則有逸罰、

疑、休，戾也。戾，止也、疑者亦止、

疾、齊，壯也。壯、壯事、謂速也、齊亦疾、

悈、褊，急也。皆急狹、○悈紀力切、褊必淺切

貿、賈，市也。詩曰：抱布貿絲、○賈音古

屝、陋，隱也。禮記曰：屝用席、書曰：揚側陋、○屝符佛切

遏、遾，逮也。東齊曰遏、北燕曰遾、皆相及逮、○遾音誓

征、邁，行也。詩曰：王于出征、邁亦行、

圮、敗，覆也。謂毀覆、○圮皮美反

荐、原，再也。

易曰：水荐至、今呼重蠶為原、○荐音賤

憮、敉，撫也。憮，愛撫也、敉，寧、見書、○憮音武

臞、脙，瘠也。齊人謂瘠為脙、○臞音衢、脙音求

桄、熲，充也。皆充盛也、○熲俱永反

屢、暱，亟也。親暱者亦數、亟亦數也、○亟去記切

靡罔無也。

爽差也，爽忒也。皆謂用心差錯不專一。○差，初加切

佴貳也。佴次爲副貳。○佴，而志切

劑翦齊也。南方人呼翦刀爲劑刀。○劑，即隨切

饙餾稔也。今呼餴飯爲饙，饙熟爲餾。○饙音分，餾力又切

媵將送也。左傳曰以媵秦穆姬，詩曰遠于將之。○媵以正切

作造爲也。

餥餱食也。方言云陳楚之間相呼食爲餥。

鞫究窮也。皆窮盡也，見詩。

滷矜鹹苦也。滷苦地也，可矜憐者亦辛苦，苦即大鹹。

干流求也。詩曰左右流之。

流覃也，覃延也。皆謂蔓延相被及。

佻偷也。謂苟且。○佻音挑

潛深也，潛深測也。測亦水深之別名。

穀鞠生也。詩曰穀則異室。

啜茹也。啜者拾食。○茹如庶切

茹虞度也。皆測度也。詩曰不可以茹。○度音鐸

試式用也。見詩書。

誥誓謹也。皆所以約勤謹戒衆。

競逐彊也。皆自勉彊、○彊巨丈反

禦圉禁也。禁制、

窒薶塞也。謂塞孔穴、○窒豬乙切

黼黻彰也。黼文如斧、黻文如兩已相背、○黼音甫黻音弗

膺身親也。謂躬親、

愷悌發也。發發行也、詩曰齊子愷悌、

髦士官也。取俊士令居官、

畯農夫也。今之嗇夫是也、○畯音俊

蓋割裂也。蓋未詳、

邕支載也。皆方俗語、亦未詳、

諈諉累也。以事相屬累爲諈諉、○諈竹睡切諉女睡切累劣僞切

漠察清也。皆清明、

庇庥廕也。今俗語呼樹蔭爲庥、

穀履祿也。書曰旣富方穀、詩曰福履將之、

履禮也。禮可以履行見易、

隱占也。隱度、

逆迎也。

憯曾也。發語辭見詩、○憯音慘

增益也。

今江東通言增、

窶。貧也。 謂貧陋、○窶求矩切

薆。隱也。 謂隱蔽、○薆音愛

僾。唈也。 嗚唈短氣、皆見詩、○僾音愛、唈烏合切

基。經也。 基業所以自經營、

基。設也。 亦爲造設、

祺。祥也。 謂徵祥、

祺。吉也。 祥吉之先見、

兆。域也。 謂塋界、

肇。敏也。

書曰肇牽車牛、

挾。藏也。 今江東通言挾、

浹。徹也。 謂霑徹、○浹音接

替。廢也。替。滅也。 亦爲滅絕、

速。徵也。徵。召也。 易曰不速之客、

琛。寶也。 詩曰來獻其琛、○琛敕金切

探。試也。 刺探嘗試、

髦。選也。 俊士之選、

髦。俊也。 士中之俊、如毛中之髦、

俾。職也。

使共職、

紕。飾也。謂緣飾見詩、○紕音備

淩。慄也。淩懅戰慄、○淩音凌

慄感也。戰慄者憂感

皭明也。皭清明貌

茅明也。左傳曰前茅慮無、

明朗也。

猷圖也。周官曰以猷鬼神祇謂圖畫、

猷若也。詩曰寔命不猷、

偁舉也。書曰偁爾戈、

稱好也。物稱人意、亦為好、

坎律銓也。易坎卦主法、法律皆所以銓量輕重、

矢誓也。相約誓、

舫舟也。竝兩船、

泳游也。

潛行游水底、

迨。及也。東齊曰迨、

冥幼也。幼稚者冥昧、

降下也。

傭均也。齊等、○傭勑容切

彊暴也。

彊梁淩暴、

窕肆也。輕窕者好放肆、

肆力也。肆極力、

俅戴也。詩曰戴弁俅俅、

瘞幽也。幽亦薶也、

氂罽也。毛氂所以爲罽、○氂音離罽音計

烘燎也。謂燒燎、

煁烓也。今之二隅竈見詩、○煁市針切烓項

陪朝也。陪位爲朝、

康苛也。

謂苛刻、○苛音何

樊藩也。謂藩籬、

賦量也。賦稅所以評量、

粻糧也。今江東通言粻、

庶侈也。庶者衆多爲奢侈、

庶幸也。庶幾僥倖、

筑拾也。謂拾掇、○筑音竹

奘駔也。今江東呼大爲駔、駔猶麤也、○奘徂朗切駔音祖

集會也。

舫泭也。水中簰筏、○泭音孚

洵。均也。謂調均。

洵。龕也。未詳。

逮。遝也。今荊楚人皆云遝。○遝音沓。

是。則也。是事可法則。

畫。形也。畫者爲形像。○畫音畫。

賑。富也。謂隱賑富有。○賑之忍反。

局。分也。謂分部。○分部問切。

懠。怒也。詩曰。天之方懠。○懠才細切。

僁。聲也。謂聲音。○僁音屑。

葵。揆也。詩曰。天子揆之。

揆。度也。商度。○度徒各切。

逮。及也。

惄。飢也。惄然。飢意。

眕。重也。謂厚重。見左傳。○賑之忍切。

獵。虐也。淩獵暴虐。

土。田也。別二名。

戍。遏也。戍守所以止寇賊。

師。人也。謂人衆。

硈。鞏也。

硞然堅固。○硞苦角切

棄，忘也。

囂，閑也。囂然閑暇貌。○囂丘刀切

謀，心也。謀慮以心。

獻，聖也。謚法曰：聰明睿智曰獻。

里，邑也。謂邑居。

襄，除也。詩曰：不可襄也。

振，古也。詩曰：振古如茲。猶云久若此。

懟，怨也。懟音隊

縭，介也。縭者繫也。介猶閡。○縭音離

號，謼也。今江東皆言謼。○號音毫謼火胡切

凶，咎也。

苞，稹也。今人呼物叢緻者爲稹。

逜，寤也。相干寤。○逜音寤

顁，題也。題，顁也。詩曰：麟之定。○顁了淩切

猷、肯，可也。詩曰：猷來無棄。肯今通言。

務，侮也。詩曰：外禦其侮。

貽，遺也。相歸遺。○遺唯季切

貿，買也。廣二名。

賄，財也。

甲狎也。謂習狎、

菼騅也。菼䒌也。詩曰毳衣如菼菼草色如騅在青白之間○菼他敢切䒌五患切

粲餐也。今河北人呼食爲餐○餐音孫

渝變也。謂變易、

宜肴也。詩曰與子宜之、

夷悅也。詩曰我心則夷、

顛頂也。頭上、

耋老也。八十爲耋○耋音迭

輶輕也。詩曰德輶如毛○輶酉

俴淺也。詩曰小戎俴收○俴音踐

綯絞也。糾絞繩索○綯音陶

訛化也。詩曰四國是訛、

跋躐也。詩曰狼跋其胡、

疐跲也。詩曰載疐其尾○疐音致跲其業切

烝塵也。人衆所以生塵埃

戎相也。相佐助、

飫私也。宴飲之私、

孺屬也。謂親屬、

幕暮也。幕然暮夜、

𡡾熾也。熾盛也。互相訓𡡾義見詩、

柢本也。謂根本、〇柢音帝

窕閒也。窈窕閒隙、〇閒音閑

淪率也。

相率使、

罹毒也。憂思慘毒、

檢同也。模範同等、

郵過也。道路所經過、

遜遯也。謂逃去、

斃踣也。前覆、

僨僵也。卻偃〇僨音糞僵音姜

畛殄也。謂殄絕、

曷盍也。盍何不、

虹潰也。謂潰敗、〇潰音會

隌闇也。隌然冥貌、〇隌音唵闇音隌

䵒膠也。膠黏䵒、〇䵒女乙切

孔甚也。厥其也。戛禮也。謂常禮、

闍臺也。城門臺、〇闍音都

囚拘也 謂拘執

攸所也展適也 得自申展皆適意

鬱氣也 鬱然氣出

宅居也

休慶也

祈叫也 祈祭者叫呼而請事

濬幽深也 濬亦深也

哲智也

弄玩也

尹正也 謂官正也

皇匡正也 詩曰四國是皇

服整也 服御之令齊整

聘問也 見穀梁傳

愧慙也

殛誅也 書曰鯀則殛死○殛紀力切

克能也翌明也 書曰翌日乃瘳

訩訟也 言訩讓

晦冥也奔走也逡退也 外傳曰已復於事而逡○冥亡定切

疐仆也 頓躓倒仆○仆音赴

亞次也諗念也 相思念○諗音沈

屆極也

有所限極、
弇同也。詩曰奄有龜蒙、
弇蓋也。謂覆蓋、
恫痛也。詩曰神罔時恫、
握具也。謂備具、

振訊也。振者、奮迅、
閱恨也。相怨恨。○閱呼歷切
越揚也。謂發揚、
對遂也。詩曰對揚王休、
燬火也。

詩曰、王室如燬、燬、齊人語。○燬音毀、
懈怠也。
宣緩也。謂寬緩、
遇偶也。偶爾相值遇、
曩曏也。國語曰曩而言戲也、
偟暇也。詩曰不遑啓處。○偟音皇

宵夜也。
懊忨也。謂愛忨。○忨五館切
愒貪也。謂貪羨。○愒苦蓋切
榰柱也。相榰柱。○榰音枝柱音注
裁節也。並併也。

詩曰竝坐鼓瑟、

卒既也。既已、

慒慮也。謂謀慮也、○慒音囚

將資也。謂資裝、

黹紩也。今人呼縫紩衣爲黹、○黹致耻切紩音秩

遞迭也。更迭、

矧况也。譬况、

廩廯也。或說云即倉廩所未詳、○廯息淺切

逭逃也。亦見禮記、○逭音換

訊言也。相問訊、

閒俔也。左傳謂之諜今之細作也、○閒諫俔胡典切

沄流也。水流漭沆、○沄音云沆胡黨切

干扞也。相扞衛、

趾足也。足腳、

𨂝刖也。斷足、○𨂝扶味切

襄駕也。書曰懷山襄陵、

忝辱也。燠煖也。今江東通言燠、○燠於六切

塊堛也。土塊也、外傳曰枕由以堛、○堛孚逼切

將齊也。

謂分齊也詩曰武肆武將○齊才細切

餬，饘也。糜也

啓，跪也。小跪

矈，密也。謂緻密○矈武延切

開，闢也。書曰闢四門

袍，襺也。左傳曰重襺衣裘○襺吉典切

障，畛也。謂壅障

靦，姡也。面姡然○姡音滑

鬻，糜也。淖糜○鬻之六切

舒，緩也。

謂遲緩

翢，纛也。今之羽葆幢○翢徒刀切

纛，翳也。舞者所以自蔽翳○纛徒到切

隍，壑也。城池空者爲壑

芼，搴也。謂拔取菜

典，經也。威，則也。威儀可法則

苛，妎也。煩苛者多嫉妎○妎胡計切

芾，小也。芾者小貌○芾音貝

迷，惑也。狃，復也。狃伏復爲○狃女九切復扶又切

逼，迫也。般，還也。

左傳曰般馬之聲、○般音班還音旋

班賦也。謂布與、

濟渡也。濟成也。濟益也。所以廣異訓、各隨事爲義、

緡綸也。詩曰維絲伊緡、緡繩也、江東謂之綸○緡音民

辟歷也。未詳○辟婢亦切

漦盝也。漉漉出涎沫、○漦仕其切

寬綽也。謂寬裕也、

袞黻也。袞衣有黻文、

皇華也。釋草曰葟華榮、○華胡瓜切

昆後也。

彌終也。謂先後方俗語、終竟也、

爾雅卷二終

爾雅卷三

晉著作郎弘農太守聞喜郭　璞註
皇明　後學　東吳金　蟠訂

釋訓第三

明明斤斤察也。皆聰明鑒察。○斤居覲反

條條秩秩智也。皆智思深長。○條由

穆穆肅肅敬也。皆容儀謹敬。

諸諸便便辯也。皆言辭辯給。○便婢綿反

肅肅翼翼恭也。皆恭敬。

廱廱優優和也。皆和樂。○廱於容反

兢兢憴憴戒也。皆戒慎。

戰戰蹌蹌動也。皆恐動趨步。

晏晏溫溫柔也。皆和柔。

業業翹翹危也。皆懸危。

惴惴憢憢懼也。皆危懼。○惴之瑞反憢許堯反

番番矯矯勇也。皆壯勇之貌。○番波矯居兆反

桓桓烈烈威也。皆嚴猛之貌。

洸洸赳赳武也。皆果毅之貌。

藹藹濟濟止也。皆賢士盛多之容止。○藹烏害反濟子禮反

悠悠洋洋思也。皆憂思。○思賜

蹶蹶踖踖敏也。皆便速敏捷也○踖夕

薨薨增增衆也。皆衆夥之貌、

烝烝遂遂作也。皆物盛興作之貌、

委委佗佗美也。皆佳麗美艷之貌○佗佗

怟怟惕惕愛也。詩云心焉惕惕韓詩以爲悅人故言愛也怟怟未詳○怟徒啓反

偁偁格格舉也。皆舉持物、

蓁蓁孽孽戴也。皆頭戴物、

懕懕媞媞安也。皆好人安詳之容、○懕於古反媞題

祁祁遲遲徐也。皆安徐、

丕丕簡簡大也。皆多大、

存存萌萌在也。萌萌未見所出、

懋懋慔慔勉也。皆自勉強○懋茂慔慕

庸庸慅慅勞也。皆劬勞也、○慅蚤

赫赫躍躍迅也。

皆盛疾之貌、○赫音釋

綽綽爰爰緩也。

坎坎墫墫喜也。皆鼓舞懽喜、○墫七旬反

瞿瞿休休儉也。皆良士節儉、○瞿居其反、

旭旭蹻蹻憍也。皆小人得志憍蹇之貌、○蹻巨虐反憍嬌夭反

夢夢訰訰亂也。

皆闇亂。○懜亡工反，訰之閏反

爆爆、邈邈，悶也。

皆煩悶。○爆雹

儚儚、洄洄，惛也。

皆迷惛。○儚亡崩反

版版、盪盪，僻也。

皆邪僻。

爞爞、炎炎，熏也。

皆旱熱熏炙人。○爞音同

居居、究究，惡也。

皆相憎惡。

仇仇、敖敖，傲也。

皆傲慢賢者。○敖五高反，傲五耗反

佌佌、瑣瑣，小也。

皆才器細陋。○佌音此

悄悄、慘慘，慍也。

皆賢人愁恨。

痯痯、瘐瘐，病也。

皆賢人失志懷憂病也。○痯管，瘐羊主反

殷殷、惸惸、忉忉、慱慱、欽欽、京京、忡忡、惙惙、怲怲、弈弈，憂也。

此皆作者歌事以詠心憂。○惸瓊，慱團，怲柄

畇畇，田也。

言墾辟也。○畇音巡

畟畟，耜也。

言嚴利。○畟楚力反

郝郝，耕也。

言土解。○郝釋

繹繹，生也。

言種調。

穟穟，苗也。

言茂好也。○穟音遂

緜緜，穮也。

言芸耨精。○穮方遙反

挃挃，穫也。

刈禾聲。○挃丁秩反，穫聲戶反

栗栗，眾也。

積聚緻、

溞溞。淅也。
洮米聲。○溞蘇刀切、淅音錫

烰烰。烝也、
氣出盛、

俅俅。服也。
謂戴弁服、

峨峨。祭也。
謂執圭璋助祭

鍠鍠。樂也。
鐘鼓音。○鍠音黄

穰穰。福也。
言饒多、

子子孫孫。引無極也。
世世昌盛長無窮、

顒顒卬卬。君之德也。
道君人者之德望、

丁丁嚶嚶。相切直也。
丁丁、斫木聲、嚶嚶、兩鳥鳴、以喻朋友切磋相正、○丁音爭

藹藹萋萋。臣盡力也。
梧桐茂、賢才衆、地極化、臣竭忠、○盡苦忍切

噰噰喈喈。民協服也。
鳳凰應德鳴相和、百姓懷附興頌歌、○喈音皆

佻佻契契。愈遐急也。
賦役不均、小國困竭、賢人憂歎、遠益急切、○佻敕料、契苦結反

宴宴粲粲。尼居息也。
盛飾宴安、近處優閑、○尼女乙反

哀哀悽悽。懷報德也。
悲苦征役、思所生也、

儵儵嘒嘒。罹禍毒也。
悼王道穢塞、羨蟬鳴自得、傷己失所遭讒賊、○儵徒的、嘒呼惠

晏晏旦旦。悔爽忒也。
傷見絕棄、恨士失也、

皋皋琄琄。刺素食也。
譏無功德、尸寵祿也、○琄胡大反、刺七賜反

懽懽愮愮。憂無告也。

賢者憂懽無所訴也、○懽音貫悺音逭

憲憲洩洩、制灋則也。佐興虐政、設教令也、

謔謔謞謞、崇讒慝也。樂禍助虐、增譖惡也、○謞虛各切

翕翕訿訿、莫供職也。賢者陵替、姦黨熾、背公卹私、曠職事、○訿子氏切

速速蹙蹙、惟逑鞫也。陋人專祿、國侵削、賢士永哀、念窮迫、

抑抑、密也。威儀審諦、

秩秩、清也。德音清泠、

甹夆、掣曳也。謂牽拕、○甹普經切夆芳逢切掣充泄切

朔、北方也。謂幽朔、

不俟、不來也。不可待、是不復來、

不遹、不蹟也。言不循軌跡也、○遹聿

不徹、不道也。徹亦道也、

勿念、勿忘也。勿念、念也、

萲諼、忘也。義見伯兮考槃詩、○萲諼音暄

每有、雖也。詩曰、每有良朋、辭之雖也、

饎、酒食也。猶今云饎饌、皆一語而兼通、

舞號、雩也。雩之祭、舞者吁嗟而請雨、○雩音于

暨、不及也。公羊傳曰、及我欲之、暨不得已、暨不得已、是不得及、○暨音忌

蠢、不遜也。

蠢動爲惡、不謙遜也、

如切如磋、道學也。

骨象須切磋而爲器、人須學問以成德、

如琢如磨、自修也。

玉石之被琢磨、猶人自修飾、

瑟兮僩兮、恂慄也。

恒戰竦、○僩音限

赫兮咺兮、威儀也。

貌光宣、○咺音暄

有斐君子、終不可諼兮。

斐文貌、

道盛德至善、民之不能忘也。

常思詠、

既微且尰、骭瘍爲微、腫足爲尰。

骭腳脛、瘍創也、○尰詩勇切　骭音幹　瘍音羊

是刈是濩、濩、煮之也。

煮葛爲絺綌、

履帝武敏、武、迹也。敏、拇也。

拇迹大指處、○拇音畝

張仲孝友。

周宣王時賢臣、

善父母爲孝、善兄弟爲友、

有客宿宿、言再宿也。有客信信、言四宿也。

再宿爲信、重言之、故知四宿、

美女爲媛。

所以結好媛、○媛于眷切

美士爲彥。

人所彥詠、

其虛其徐、威儀容止也。

雍容都雅之貌、

猗嗟名兮、目上爲名。

眉眼之間、○猗於宜切

式微式微者、微乎微者也。

言至微、

之子者、是子也。

斥所詠、

徒御不驚輦者也。
步挽輦車

襢裼肉袒也。
脫衣而見體。○襢音旦裼音息

暴虎徒搏也。
空手執也

馮河徒涉也。
無舟楫。○馮音平

籧篨口柔也。

籧篨之疾不能俯口柔之人視人顏色常亦不伏因以名云。○籧音渠篨音除

戚施面柔也。
戚施之疾不能仰面柔之人常俯似之亦以名云

夸毗體柔也。
屈己卑身以柔順人也。○夸音誇

婆娑舞也。
舞者之容

擗拊心也。
謂椎胸也。○擗婢亦拊撫

矜憐撫掩之也。
撫掩猶撫拍謂慰卹也

緎羔裘之縫也。
縫飾羔皮之名。○緎棫縫逢

殿屎呻也。
呻吟之聲。○殿丁練切屎音希

幬謂之帳。
今江東亦謂帳為幬。○幬音紬

侜張誑也。

書曰無或侜張為幻幻惑欺誑人者。○侜張留切

誰昔昔也。
誰發語辭

不辰不時也。
辰亦時也

凡曲者為罶。
毛傳曰罶曲梁也凡以薄為魚笱者名為罶。○罶力九切

鬼之為言歸也。
尸子曰古者謂死人為歸人

釋親第四

宗族

父爲考。母爲妣。

禮記曰生曰父母妻死曰考妣嬪今世學者從之案尚書曰大傷厥考心事厥考厥長聰聽祖考之彝訓如喪考妣公羊傳曰惠公者何隱之考也仲子者何桓之母也蒼頡篇曰考妣延年書曰嬪于虞詩曰聿嬪于京周禮有九嬪之官明此非死生之異稱矣其義猶今謂兄爲晜妹爲媦即是此例也○妣音比

父之考爲王父。父之妣爲王母。

加王者尊之、

王父之考爲曾祖王父。王父之妣爲曾祖王母。

曾猶重也、

曾祖王父之考爲高祖王父。曾祖王父之妣爲高祖王母。

高者言最在上、

父之世父叔父爲從祖祖父。父之世母叔母爲從祖祖母。

從祖而別世統異故○從並才用反

父之晜弟。先生爲世父。後生爲叔父。

世有爲嫡者嗣世統故也、

男子先生爲兄。後生爲弟。男子謂女子先生爲姊。後生爲妹。父之姊妹爲姑。父之從父晜弟爲從祖父。父之從祖晜弟爲族父。族父之子相謂爲族晜弟。族晜弟之子相謂爲親同姓。

同姓之親無服屬○晜音昆

兄之子。弟之子。相謂爲從父晜弟。

從父而別、

子之子爲孫。

孫猶後也、

孫之子爲曾孫。

曾猶重也、

曾孫之子爲玄孫。

玄者言親屬微昧也、

玄孫之子爲來孫。

言有往來之親、

來孫之子爲晜孫。

晜後也汲冢竹書曰不窋之晜孫、

晜孫之子爲仍孫。

仍亦重也、

仍孫之子爲雲孫。

言輕遠如浮雲、

王父之姊妹爲王姑。曾祖王父之姊妹爲曾祖王姑。高祖王父之姊妹爲高祖王姑。父之從父姊妹爲從祖姑。父之從祖姊妹爲族祖姑。父之從父晜弟之母爲從祖王母。父之從祖晜弟之母爲族祖王母。父之兄妻爲世母。父之弟妻爲叔母。父之從父晜弟之妻爲從祖母。父之從祖晜弟之妻爲族祖母。父之從祖祖父爲族曾王父。父之從祖祖母爲族曾王母。父之妾爲庶母。祖王父也。晜兄也。

今江東人通言晜、

母黨

母之考爲外王父。母之妣爲外王母。母之王考爲外曾王父。母之王妣爲外曾王母。

異姓故言外、

母之晜弟爲舅。母之從父晜弟爲從舅。母之姊妹爲從母。從母之男子爲從母晜弟。其女子子爲從母姊妹。

妻黨

妻之父爲外舅。妻之母爲外姑。

謂我舅者吾謂之甥、然則亦宜呼壻爲甥、孟子曰帝館甥于貳室是也、

姑之子爲甥。舅之子爲甥。妻之晜弟爲甥。姊妹之夫爲甥。

四人體敵故更相爲甥、甥猶生也、今人相呼蓋依此、

妻之姊妹同出爲姨。

同出謂俱已嫁、詩曰邢侯之姨、

女子謂姊妹之夫爲私。

詩曰譚公維私、

男子謂姊妹之子爲出。

公羊傳曰蓋舅出、

女子謂晜弟之子爲姪。

左傳曰姪其從姑、○姪徒結反、

謂出之子爲離孫。謂姪之子爲歸孫。女子之子爲外孫。女子同出謂先生爲姒。後生爲娣。

同出謂俱嫁事一夫、公羊傳曰諸侯娶一國二國往媵之以姪娣從、娣者何弟也、此卽其義也、○姒音似娣音第

女子謂兄之妻爲嫂。弟之妻爲婦。

猶今言新婦是也、

長婦謂稚婦爲娣婦。娣婦謂長婦爲姒婦。

今相呼先後、或云妯娌、

婚姻

婦稱夫之父曰舅。稱夫之母曰姑。姑舅在則曰君舅君姑。沒則曰

先舅先姑。國語曰吾聞之先姑、

謂夫之庶母爲少姑。夫之兄爲兄公。今俗呼兄鍾語之轉耳。○公音鍾

夫之弟爲叔。夫之姊爲女公。夫之女弟爲女妹。今謂之女妹是也、

子之妻爲婦。長婦爲嫡婦。衆婦爲庶婦。女子子之夫爲壻。壻之父爲姻。婦之父爲婚。父之黨爲宗族。母與妻之黨爲兄弟。婦之父母。壻之父母相謂爲婚姻。兩壻相謂爲亞。詩曰瑣瑣姻亞今江東人呼同門爲僚壻。

婦之黨爲婚兄弟。壻之黨爲姻兄弟。古者皆謂婚姻爲兄弟。

嬪婦也。書曰嬪于虞。○嬪音頻

謂我舅者吾謂之甥也。

爾雅卷三終

爾雅卷四

晉著作郎弘農太守聞喜郭　璞注

皇明　後學　東吳葛　鼒訂

釋宮第五

宮謂之室。室謂之宮。皆所以通古今之異語明同實而兩名、

牖戶之間謂之扆。窻東戶西也禮云斧扆者以其所在處名之。○扆音倚

其內謂之家。今人稱家義出於此、

東西牆謂之序。所以序別內外

西南隅謂之奧。室中隱奧之處

西北隅謂之屋漏。詩曰尚不愧於屋漏其義未詳、

東北隅謂之宧。宧見禮亦未詳。○宧夷

東南隅謂之窔。禮曰埽室聚窔、窔亦隱闇。○窔要

柣謂之閾。閾門限。○柣于結切閾域

棖謂之楔。門兩旁木。○楔古黠切

楣謂之梁。門戶上橫梁。

樞謂之椳。

門戶扉樞。○樞昌朱切椳於回切

樞達北方謂之落時。門持樞者或達北檼以爲固也。

落時謂之戹。道二名也。○戹士

垝謂之坫。在堂隅坫端也。○垝古委反

牆謂之墉。書曰既勤垣墉

鏝謂之杇。泥鏝。○杇烏

椹謂之榩。斫木櫍也。○椹砧榩虔

地謂之黝。黑飾地也。○黝於糾反

牆謂之堊。白飾牆也。○堊於故反

樴謂之杙。

橜也。○樴徒得反杙亦

在牆者謂之楎。禮記曰不敢縣於夫之楎箷。○楎暉

在地者謂之臬。即門橜也。○臬魚列反

大者謂之栱長者謂之閣。別杙所在長短之名。

闍謂之臺。積土四方。○闍都

有木者謂之榭。臺上起土、

雞棲於弋爲榤，鑿垣而棲爲塒。今寒鄉穿牆棲雞，皆見詩、○榤朅　垣袁　塒時

植謂之傳，傳謂之突。戶持鎖植也，見埤蒼、

杗廇謂之梁。屋大梁也、○杗亡　廇力又反

其上楹謂之梲。侏儒柱也、○梲拙

閞謂之槉。柱上欂也，亦名枅，又曰楮、○閞卞　槉疾

栭謂之楶。即櫨也、○楶節

棟謂之桴。屋檼、○桴浮

桷謂之榱。屋椽、○榱衰

桷直而遂謂之閱。謂五架屋際椽正相當、

直不受檐謂之交。謂五架屋際椽、不直上檐，交於檼上、○檐簷

檐謂之樀。屋梠、○樀滴

容謂之防。形如今林頭小曲屏風，唱射者所以自防隱，見周禮、

連謂之簃。堂樓閣邊小屋，今呼之簃、廚、連觀也、○簃丈知反

屋上薄謂之筄。屋笮、○筄音耀

兩階間謂之鄉。人君南鄉當階間、○鄉向

中庭之左右謂之位。羣臣之側位也、

門屏之間謂之宁。人君視朝所宁立處、○屏音併　宁佇

屛謂之樹。小牆當門中、

閍謂之門。詩曰、祝祭於祊、○閍補耕反、

正門謂之應門。朝門、

觀謂之闕。宮門雙闕、○觀貫

宮中之門謂之闈。

謂相通小門也、

其小者謂之閨。小閨謂之閤。大小異名、

衖門謂之閎。左傳曰、盟諸僖閎、閎衖頭門、○衖巷

門側之堂謂之塾。夾門堂也、○塾熟

橛謂之闑。門閫、○橛其月反闑魚列反

闔謂之扉。公羊傳曰、齒著于門闔、

所以止扉謂之閎。門辟旁長橛也、左傳曰、高其閈閎、閎長杙、卽門橜也、

瓴甋謂之甓。甂甎也、今江東呼瓴甓、○瓴靈甋的甓滿覓切

宮中衖謂之壼。巷閤閒道、○壼苦本切

廟中路謂之唐。

詩曰、中唐有甓、

堂途謂之陳。堂下至門徑也、

路。旅。途也。途、卽道也、

路。場。猷。行。道也。博說道之異名、

一達謂之道路。長道、

二達謂之岐旁。岐道旁出也、

三達謂之劇旁。今南陽冠軍樂鄉數道交錯俗呼之五劇鄉、○劇極

四達謂之衢。交道四出、

五達謂之康。史記所謂康莊之衢、

六達謂之莊。左傳曰得慶氏之木、百車於莊、

七達謂之劇驂。三道交復有一岐出者、今北海劇縣有此道、

八達謂之崇期。四道交出、

九達謂之逵。四道交出、復有旁通、

室中謂之時。堂上謂之行。堂下謂之步。門外謂之趨。中庭謂之走。

大路謂之奔。此皆人行步趨走之處因以名云、

隄謂之梁。即橋也或曰石絕水者爲梁見詩傳○隄低

石杠謂之徛。聚石水中以爲步渡彴也孟子曰歲十一月徒杠成或曰今之石橋○杠江徛寄

室有東西廂曰廟。夾室前堂、

無東西廂有室曰寢。但有大寢、

無室曰榭。榭即今堂堭、

四方而高曰臺。陝而脩曲曰樓。脩長也○陝音俠

釋器第六

木豆謂之豆。豆禮器也、

竹豆謂之籩。籩亦禮器、○籩音邊

瓦豆謂之登。卽膏登也、

盎謂之缶。盆也、

甌瓿謂之瓵。瓿甊小甖、長沙謂之瓵、○瓿蒲口切瓵移

康瓠謂之甈。瓠壺也、賈誼曰寶康瓠是也、○瓠胡甈契

斪斸謂之定。鋤屬、○斪衢斸丁錄反定多佞反

斫謂之鐯。钁也、○鐯張略切

斛謂之疀。皆古鍬插字、○斛鍬疀插

緵罟謂之九罭。九罭，魚罔也。今之百囊罟是亦謂之䍡、今江東謂之緵、○緵子弄罭域

嫠婦之笱謂之罶。毛詩傳曰罶曲梁也、謂以薄為魚笱、○嫠離笱狗

罺謂之汕。今之撩罟、○罺朝汕所諫切

篧謂之罩。捕魚籠也、○篧卓角

槮謂之涔。今之作槮者聚積柴木於水中、魚得寒入其裏藏隱因以薄圍捕取之、○槮桑感切

鳥罟謂之羅。謂羅絡之、

兔罟謂之罝。罝猶遮也、見詩、○罝嗟

麋罟謂之罞。冒其頭也、○罞茆

彘罟謂之羉。羉幕也、○羉鸞

魚罟謂之罛。最大罟也、今江東云、○罛孤

繴謂之罿。罿，罬也。罬謂之罦。罦，覆車也。今之翻車也、有兩轅中施罥以捕鳥、展轉相解、廣異語、○繴璧罿衝罬拙罦浮

絢謂之救。救絲以爲絢，或曰亦罥名。○絢其具切

律謂之分。律管可以分氣。○分音扮

大版謂之業。築牆版也。

繩之謂之縮之。縮者約束之，詩曰縮版以載。

彝卣罍器也。

皆盛酒尊，彝其總名。○卣音酉

小罍謂之坎。罍形似壺，大者受一斛。

衣裗謂之祱。衣縷也，齊人謂之攣，或曰袿衣之飾。○裗流，祱俛

黼領謂之襮。繡刺黼文以褗領。○襮博

緣謂之純。衣緣飾也。○緣餘絹切，純之閏切

袕謂之褮。衣開孔也。○袕穴，褮營

衣眥謂之襟。交領。○眥才細切

衱謂之裾。衣後裾也。○衱劫

衿謂之袸。衣小帶。○袸賤

佩衿謂之褑。

佩玉之帶上屬。○褑院

執衽謂之袺。持衣上衽。○衽稔，袺結

扱衽謂之襭。扱衣上衽於帶。○扱揷

衣蔽前謂之襜。今蔽膝也。○襜昌占切

婦人之褘謂之縭。縭，緌也。即今之香纓也。褘邪交落帶繫於體，因名爲褘。緌，繫也。○褘韋，縭離，緌汝誰切

裳削幅謂之纀。
削殺其幅深衣之裳。○纀卜

輿革前謂之鞎。
以韋靶車軾。

後謂之笰。
以韋靶後戶。

竹前謂之禦。
以簟衣軾。

後謂之蔽。
以簟衣後戶。

環謂之捐。
著車衆環。○捐因絹反

鑣謂之钀。
馬勒旁鐵。○鑣表驕反钀魚列反

載轡謂之轙。
車軛上環轡所貫也。○轙儀

轡首謂之革。
轡靶勒見詩。

餀謂之餯。
說物臭也。○餀呼蓋反餯許穢切

食饐謂之餲。
飯饖臭見論語。○饐意餲隘

摶者謂之糷。
飯相著。○糷爛

米者謂之糪。
飯中有腥。○糪柏

肉謂之敗。
臭壞。

魚謂之餒。
肉爛。○餒奴罪切

肉曰脫之。
剝其皮也今江東呼麋鹿之屬通為肉。

魚曰斮之。
謂削鱗也。○斮莊畧反

冰脂也。
莊子云肌膚若冰雪冰雪脂膏也。

肉謂之羹。肉臛也。廣雅曰湆，見左傳。

魚謂之鮨。鮨，鮓屬也。見公食大夫禮。○鮨祁

肉謂之醢。肉醬。○醢海

有骨者謂之臡。雜骨醬，見周禮。○臡泥

康謂之蠱。米皮。

澱謂之垽。滓澱也。今江東呼垽。○垽魚勒切

鼎絕大謂之鼐。最大者。○鼐耐

圜弇上謂之鼒。鼎斂上而小口。○圜袁鼒咨

附耳外謂之釴。鼎耳在表。○釴亦

款足者謂之鬲。鼎曲腳也。○款苦管反，鬲力

䰝謂之鬵。詩曰：溉之釜鬵。○鬵音尋

鬵，鉹也。涼州呼鉹。○鉹音移

璲，瑞也。詩曰：鞙鞙佩璲。璲者玉瑞。○璲遂

玉十謂之區。雙玉曰瑴，五瑴爲區。○區羌于反

羽本謂之翮。鳥羽根也。○翮戶革切

一羽謂之箴，十羽謂之縛，百羽謂之緷。別羽數多少之名。○縛篆緷袞

木謂之虡。縣鍾磬之木植者名虡。○虡音巨

旄謂之藣。旄牛尾也。○藣音丕

菜謂之蔌。蔌者菜茹之總名，見詩。○蔌音速

白蓋謂之苫。白茅苫，今江東呼為蓋。○蓋合

黃金謂之璗。其美者謂之鏐。白金謂之銀。其美者謂之鐐。此皆道金銀之別名及精者。鏐，卽紫磨金。○璗蕩　鏐留　鐐遼

鉼金謂之鈑。周禮曰，祭五帝卽供金鈑是也。○鉼餅　鈑版

錫謂之鈏。白鑞。○鈏引

爾雅　卷四　釋器　十六　承懷堂

象謂之鵠。角謂之觷。犀謂之剒。木謂之剫。玉謂之雕。左傳曰，山有木，工則剫之。五者皆治樸之名。○鵠斛　觷嶽　剒錯　剫鐸

金謂之鏤。木謂之刻。骨謂之切。象謂之磋。玉謂之琢。石謂之磨。六者皆治器之名。

璆琳玉也。璆琳，美玉名。○璆音求

簡謂之畢。今簡札也。

不律謂之筆。蜀人呼筆為不律也。語之變轉。

滅謂之點。以筆滅字為點。

絕澤謂之銑。銑，卽美金，言最有光澤也。國語曰，玦之以金銑者，謂此也。○銑蘇典切

金鏃翦羽謂之鍭。今之錍箭是也。○鍭作木切

骨鏃不翦羽謂之志。今之骨骲是也。

爾雅　卷四　釋器　十七　承懷堂

弓有緣者謂之弓。緣者繳纏之，卽今宛轉也。○緣掾

無緣者謂之弭。今之角弓也。左傳曰，左執鞭弭。○弭尾

以金者謂之銑。以蜃者謂之珧。以玉者謂之珪。用金蚌玉飾弓兩頭，因取其類以為名。珧，小蚌。○蜃腎　珧姚

珪大尺二寸謂之玠。詩曰，錫爾玠珪。

璋大八寸謂之琡。璋半圭也。○琡俶

璧大六寸謂之宣。漢書所云瑄玉是也。

肉倍好謂之璧。肉邊也。好孔也。○好耗

好倍肉謂之瑗。孔大於邊也。○瑗院

肉好若一謂之環。邊孔適等。

繸綬也。卽佩玉之組所以連繫瑞玉者因通謂之繸。

一染謂之縓。今之紅也。縓縓戀切

再染謂之赬。染赤。○赬敕呈切

三染謂之纁。纁絳也。○纁勳

青謂之葱。淺色。

黑謂之黝。黝黑貌。周禮曰陰祀用黝牲。○黝於糾反

斧謂之黼。黼文畫斧形因名云。

邸謂之柢。根柢皆物之邸。邸卽底通語也。○邸音氐

雕謂之琢。治玉名也。

蓐謂之兹。公羊傳曰屬負兹。兹者蓐席也。○蓐音辱

竿謂之箷。衣架。○箷音移

簀謂之笫。牀版。○笫側子切

革中絕謂之辨。中斷皮也。○辨音片

革中辨謂之韏。復分平也。○韏音眷

鏤，鋑也。刻鏤物爲鋑。○鋑蘇婁切

卣，中尊也。不大不小者。○卣音酉

爾雅卷四終

爾雅卷五

晉著作郎弘農太守聞喜郭　璞註
皇明　後　學　東吳金　蟠訂

釋樂第七

宮謂之重，商謂之敏，角謂之經，徵謂之迭，羽謂之柳。皆五音之別名，其義未詳。○徵之矢反

大瑟謂之灑。長八尺一寸，廣一尺八寸，二十七絃。○灑所蟹切

大琴謂之離。或曰琴大者二十七絃，未詳長短。廣雅曰琴長三尺六寸六分，五絃。

大鼓謂之鼖。鼖長八尺。○鼖墳

小者謂之應。詩曰應朄縣鼓，在大鼓側。○應音膺

大磬謂之毊。毊形似犁錧，以玉石爲之。○毊虛驕反

大笙謂之巢。列管瓠中，施簧管端，大者十九簧。

小者謂之和。十三簧者、鄉射記曰、三簧一和而成聲、

大篪謂之沂。篪以竹爲之、長尺四寸、圍三寸、一孔上出寸三分、名翹、橫吹之、小者尺二寸、廣雅云、八孔、○篪池沂銀

大塤謂之嘂。塤燒土爲之、大如鵝子、銳上平底、形如稱錘、六孔、小者如雞子、○塤喧嘂叫

大鍾謂之鏞。書曰、笙鏞以間、亦名鏄、○鏄音博

其中謂之剽。小者謂之棧。

大簫謂之言、編二十三管、長尺四寸、

小者謂之筊。十六管、長尺二寸、簫一名籟、○筊音交

大管謂之簥。管長尺圍寸、併漆之有底、賈氏以爲如篪、六孔、○簥音嬌

其中謂之篞。小者謂之篎。○篞乃結切篎音眇

大籥謂之產。籥如笛、三孔而短小、廣雅云、七孔、

其中謂之仲。小者謂之箹。

徒鼓瑟謂之步。獨作之、

徒吹謂之和。徒歌謂之謠。詩云、我歌且謠、○吹昌捶切和去聲

徒擊鼓謂之咢。詩曰、或歌或咢、○咢五各反

徒鼓鍾謂之修。徒鼓磬謂之寋。未見義所出、○寋紀展切

所以鼓柷謂之止。柷如漆桶、方二尺四寸、深一尺八寸、中有椎柄、連底挏之、令左右擊、止者其椎名、○柷昌孰切

所以鼓敔謂之籈。敔如伏虎、背上有二十七鉏鋙、刻以木、長尺、櫟之、籈者其名、○籈音真

大鼗謂之麻。小者謂之料。麻者音概而長也、料者聲清而不亂、○鼗桃料聊

和樂謂之節。

釋天第八

穹蒼蒼天也。天形穹隆其色蒼蒼因名云、

春爲蒼天。萬物蒼蒼然生、

夏爲昊天。言氣皓旰、

秋爲旻天。旻猶愍也、愍萬物彫落、

冬爲上天。言時無事在上而臨下而已、

四時

春爲青陽。氣淸而溫陽、

夏爲朱明。氣赤而光明、

秋爲白藏。氣白而收藏、

冬爲玄英。氣黑而清英、

四時和謂之玉燭。道光照、

春爲發生夏爲長嬴秋爲收成冬爲安寧。此亦四時之別號尸子皆以爲太平祥風、

四時和爲通正。通平暢也、

謂之景風。所以致景風、

甘雨時降萬物以嘉。莫不善之、

謂之醴泉。所以出醴泉、

祥

穀不熟爲饑。五穀不成、

蔬不熟爲饉。凡草菜可食者通名爲蔬、

果不熟爲荒。

果木子。

仍饑爲荐。

連歲不熟左傳曰今又荐飢○荐音賤

災

太歲在甲曰閼逢。在乙曰旃蒙。在丙曰柔兆。在丁曰強圉。在戊曰著雍。在己曰屠維。在庚曰上章。在辛曰重光。在壬曰玄黓。在癸曰昭陽。

○閼烏割切著直略切重直龍切黓音亦

歲陽

太歲在寅曰攝提格。在卯曰單閼。在辰曰執徐。在巳曰大荒落。在午曰敦牂。在未曰協洽。在申曰涒灘。在酉曰作噩。在戌曰閹茂。在亥曰大淵獻。在子曰困敦。在丑曰赤奮若。

○牂音臧洽夾涒湯昆反噩五各切閹音奄敦頓

載歲也。夏曰歲。

取歲星行一次。

商曰祀。

取四時一終。

周曰年。

取禾一熟。

唐虞曰載。

取物終更始。

歲名

月在甲曰畢。在乙曰橘。在丙曰修。在丁曰圉。在戊曰厲。在己曰則。在庚曰窒。在辛曰塞。在壬曰終。在癸曰極。

○窒知乙切塞先北切

月陽

正月爲陬。

離騷云攝提貞於孟陬

二月爲如。三月爲寎。四月爲余。五月爲皋。六月爲且。七月爲相。八月爲壯。九月爲玄。

國語云至於玄月是也○寎孚柄切且子余切相息亮反

十月爲陽。

純陰用事嫌於無陽故以名云

十一月爲辜。十二月爲涂。

皆月之別名自歲陽至此其事義皆所未詳通者故闕而不論○涂音徒

月名

南風謂之凱風。詩曰凱風自南、

東風謂之谷風。詩云習習谷風、

北風謂之涼風。詩云北風其涼、

西風謂之泰風。詩曰泰風有隧、

焚輪謂之穨。暴風從上下、○穨徒囘切

扶搖謂之猋。暴風從下上、○猋必遙切

風與火爲庉。庉庉熾盛之貌、○庉徒衮切

迴風爲飄。旋風也、○飄音瓢

日出而風爲暴。

風而雨土爲霾。詩云終風且暴、詩曰終風且霾、○霾音預

陰而風爲曀。詩曰終風且曀、○曀於計切

天氣下。地不應曰雺。言蒙昧、○雺音夢

地氣發。天不應曰霧。霧謂之晦。言晦冥、

螮蝀謂之雩。螮蝀虹也。俗名爲美人虹、江東呼雩、○螮音啼蝀丁孔切雩于句切

蜺爲挈貳。蜺、雌虹也見離騷挈貳其別名見尸子、○挈若結

弇日爲蔽雲。卽暈氣五彩覆日也、○弇掩

疾雷爲霆霓。雷之急擊者謂霹靂、○霆廷霓宜

雨霓爲霄雪。

詩曰如彼雨雪先集維霰霰冰雪雜下者謂之霄雪○霰蘇見切

暴雨謂之涷。

今江東呼夏月暴雨爲涷雨離騷云令飄風兮先驅使涷雨兮灑塵是也○涷音東西之東

小雨謂之霡霂。

詩曰益之以霡霂○霡墨霂木

久雨謂之淫。

左傳曰天作淫雨

淫謂之霖。

雨自三日已上爲霖

濟謂之霽。

今南陽人呼雨止爲霽○濟音薺霽徂計切

風雨

壽星角亢也。

數起角亢列宿之長故曰壽○亢音剛

天根氐也。

角亢下繫於氐若木之有根○氐音低

天駟房也。

龍爲天馬故房四星謂之天駟

大辰房心尾也。

龍星明者以爲時候故曰大辰

大火謂之大辰。

大火心也在中最明故時候主焉

析木謂之津。

即漢津也○析音昔

箕斗之間漢津也。

箕龍尾斗南斗天漢之津梁

星紀斗牽牛也。

牽牛斗者日月五星之所終始故謂之星紀

玄枵虛也。

虛在正北北方黑色枵之言耗耗亦虛意○枵許嬌切

顓頊之虛虛也。

顓頊水德位在北方○顓專頊旭

北陸虛也。

虛星之名凡四○虛音墟

營室謂之定。

[illegible]昏以營室

娵觜之口。營室東壁也。
營室東壁星四方似口，因名云。○娵子余切，觜咨

降婁奎婁也。
奎爲溝瀆，故名降。○降戶江反

大梁昴也。西陸昴也。
昴西方之宿，別名旄頭。

濁謂之畢。
掩兔之畢或呼爲濁，因星形以名。

味謂之柳。
味朱鳥之口。○味陟究切

柳鶉火也。
鶉鳥名，火屬南方。

北極謂之北辰。
北極天之中，以正四時。

何鼓謂之牽牛。
今荊楚人呼牽牛星爲檐鼓。檐者何也。○荷胡可反

明星謂之启明。
太白星也。晨見東方爲启明，昏見西方爲太白。○启音啓

彗星爲欃槍。
亦謂之孛，言其形孛孛似埽彗。○欃初銜切，槍初庚切

奔星爲彴約。
流星。○彴蒲握切，約音藥

星名

春祭曰祠。
祠之言食。

夏祭曰礿。
新菜可汋。

秋祭曰嘗。
嘗新穀。

冬祭曰蒸。
進品物也。

祭天曰燔柴。
既祭積薪燒之。○燔音煩

祭地曰瘞薶。
既祭埋藏之。

祭山曰庪縣。

或庪或縣、置之於山、山海經曰、縣以吉玉是也、○庪居委反、縣玄

祭川曰浮沉。

投祭水中、或浮或沉、

祭星曰布。

布散祭於地、

祭風曰磔。

今俗當大道中磔狗、云以止風、此其象、○磔音責

是禷是禡、師祭也。

師出征伐、類于上帝、禡於所征之地、○禷類、禡罵

既伯既禱、馬祭也。

伯、祭馬祖也、將用馬力、必先祭其先、

禘、大祭也。

五年一大祭、○禘大計

繹、又祭也。

祭之明日、尋繹復祭、

周曰繹。

春秋經曰、壬午猶繹、

商曰肜。

書曰、高宗肜日、

夏曰復胙。

未見義所出、○胙音祚

祭名

春獵爲蒐。

搜索、取不任者、○蒐音搜

夏獵爲苗。

爲苗稼除害、

秋獵爲獮。

順殺氣也、○獮息淺切、

冬獵爲狩。

得獸取之、無所擇、○狩羊又反

宵田爲獠。

管子曰、獠獵畢弋、今江東亦呼獵爲獠、或曰、卽今夜獵載鑪照也、○獠音遼

火田爲狩。

放火燒草、獵亦爲狩、

乃立冢土、戎醜攸行。

冢土、大社、戎醜、大衆、

起大事動大衆。必先有事乎社。而後出。謂之宜。
有事祭也。周官所謂宜乎社。

振旅闐闐。
振旅整衆。闐闐羣行聲。○闐音田

出爲治兵。尚威武也。
幼賤在前。貴勇力。

入爲振旅。反尊卑也。
尊老在前。復常儀也。

講武

素錦綢杠。
以白地錦韜旗之竿。○杠音江

纁帛縿。
纁帛絳也。縿衆旒所著。○纁音勳。縿音彩

素陞龍于縿。
畫白龍於縿。令上向。

練旒九。
練絳練也。

飾以組。
用綦組飾旒之邊。

維以縷。
用朱縷維連持之。不欲令曳地。周禮曰。六人維王之太常是也。

緇廣充幅長尋曰旐。
帛全幅長八尺。○廣上曠。長直亮

繼旐曰旆。
帛續旐末。爲燕尾者。義見詩。○旐音兆

注旄首曰旌。
載旄於竿頭。如今之幢。亦有旒。

有鈴曰旂。
縣鈴於竿頭。畫蛟龍於旒。

錯革鳥曰旟。
此謂合剝鳥皮毛。置之竿頭。即禮記云。載鴻及鳴鳶。○旟音餘

因章曰旃。
以帛練爲旒。因其文章。不復畫之。周禮云。通帛爲旃。

旌旂

爾雅卷五終

爾雅卷六

晉著作郎弘農太守聞喜郭　璞註

皇明　後學　東吳葛　鼒訂

釋地第九

兩河閒曰冀州。
自東河至西河

河南曰豫州。
自南河至漢

河西曰雝州。
自西河至黑水○雝於用反

漢南曰荊州。
自漢南至衡山之陽

江南曰揚州。
自江南至海

濟河閒曰兖州。
自河東至濟

濟東曰徐州。
自濟東至海○濟子禮切

燕曰幽州。
自易水至北狄

齊曰營州。
自岱東至海此蓋殷制

九州

魯有大野。
今高平鉅野縣東北大澤是也

晉有大陸。
今鉅鹿北廣河澤是也

秦有楊陓。
今在扶風汧縣西○陓于于反

宋有孟諸。
今在梁國睢陽縣東北

楚有雲夢。
今南郡華容縣東南巴丘湖是也

吳越之閒有具區。
今吳縣南太湖即震澤是也

齊有海隅。

海濱廣斥。

燕有昭余祁。今太原鄔陵縣北九澤是也。

鄭有圃田。今滎陽中牟縣西圃田澤是也。

周有焦護。今扶風池陽縣瓠中是也。

十藪

東陵阠，南陵息慎，西陵威夷，中陵朱滕，北陵西隃鴈門是也。

即鴈門山也。○阠音信

陵莫大於加陵。今所在未聞。

梁莫大於湨梁。湨水名，梁隄也。○湨古闃切

墳莫大於河墳。墳大防。

八陵

東方之美者有醫無閭之珣玗琪焉。醫無閭，山名，今在遼東。珣玗琪，玉屬。○珣荀，玗干

東南之美者有會稽之竹箭焉。會稽，山名，今在山陰縣南。竹箭，篠也。○會古外，稽古兮反

南方之美者有梁山之犀象焉。犀牛皮角，象牙骨。

西南之美者有華山之金石焉。黃金礝石之屬。

西方之美者有霍山之多珠玉焉。霍山今在平陽永安縣東北，珠如今雜珠而精好。

西北之美者有崑崙虛之璆琳琅玕焉。璆琳，美玉名。琅玕，狀如珠也。山海經曰：崑崙山有琅玕樹。○崙路昆切，虛音墟

北方之美者有幽都之筋角焉。幽都，山名，謂多野牛筋角。

東北之美者有斥山之文皮焉。虎豹之屬，皮有縟綵者。○斥音尺

中有岱岳，與其五穀魚鹽生焉。言泰山有魚鹽之饒。

九府

東方有比目魚焉。不比不行。其名謂之鰈。

狀似牛脾，鱗細，紫黑色，一眼，兩片相合乃得行。今水中所在有之，江東又呼為王餘魚。○鰈音蝶

南方有比翼鳥焉。不比不飛。其名謂之鶼鶼。

似鳧，青赤色，一目一翼，相得乃飛。

西方有比肩獸焉。與邛邛岠虛比，為邛邛岠虛齧甘草。即有難，邛邛岠虛負而走。其名謂之蟨。

呂氏春秋曰：北方有獸，其名為蟨，鼠前而兔後，趨則頓，走則顛，然則邛邛岠虛亦宜鼠後而兔前，前高不得取甘草，故須蟨食之。今雁門廣武縣夏屋山中有獸，形如兔而大，相負共行，土俗名之為蟨鼠。○邛巨凶 岠巨 齧五結 難乃旦 蟨厥

北方有比肩民焉。迭食而迭望。

此即半體之人，各有一目、一鼻、一孔、一臂、一脚，亦猶魚鳥之相合，更望備驚急。○迭徒結反

中有枳首蛇焉。

岐頭蛇也。或曰：今江東呼兩頭蛇為越王約髮，亦名弩弦。○枳居是切

此四方中國之異氣也。

五方

邑外謂之郊。郊外謂之牧。牧外謂之野。野外謂之林。林外謂之坰。

邑國都也，假令百里之國，五十里之界，界各十里也。○坰古螢切

下溼曰隰。大野曰平。廣平曰原。高平曰陸。大陸曰阜。大阜曰陵。大陵曰阿。可食者曰原。

可種穀給食。

陂者曰阪。

陂陀不平。

下者曰溼。

公羊傳曰：下平曰隰。

田一歲曰菑。

今江東呼初耕地反草為菑。

二歲曰新田。

詩曰：于彼新田。

三歲曰畬。

易曰：不菑畬。○畬音于

野

東至於泰遠，西至於邠國，南至於濮鈆，北至於祝栗，謂之四極。

皆四方極遠之國。○邠音彬 濮音卜

觚竹、北戶、西王母、日下，謂之四荒。

觚竹在北，北戶在南，西王母在西，日下在東，皆四方昏荒之國，次四極者。○觚音孤

九夷、八狄、七戎、六蠻，謂之四海。

九夷在東，八狄在北，七戎在西，六蠻在南，次四荒者。

岠齊州以南戴日爲丹穴。

岠去也、齊中也、

北戴斗極爲空桐。

戴值、

東至日所出爲太平。西至日所入爲大蒙。

即蒙汜也、

太平之人仁。丹穴之人智。大蒙之人信。空桐之人武。

地氣使之然也、

四極

釋丘第十

丘。一成爲丘敦。

成猶重也、周禮曰爲壇三成、今江東呼地高堆者爲敦○敦都昆

再成爲陶丘。

今濟陰定陶城中有陶丘、

再成銳上爲融丘。

纖頂者○銳音惠

三成爲崑崙丘。

崑崙山三重、故以名云、

如椉者椉丘。

形似車椉也、或云椉者謂稻田塍埒、○椉繩正切

如陼者陼丘。

水中小州爲陼、○陼音渚

水潦所止泥丘。

頂上汙下者、○潦音老

方丘胡丘。

形四方、

絕高爲之京。

人力所作、

非人爲之丘。

地自然生、

水潦所還埒丘。

謂丘邊有界埒水繞環之、

上正章丘。

頂平、

澤中有丘都丘。

在池澤中、

堂途，梧丘。途，道。

途出其右而還之，畫丘。言爲道所規畫。○還音旋

途出其前，戴丘。道出丘南。

途出其後，昌丘。道出丘北。

水出其前，渻丘。水出其後，沮丘。水出其右，正丘。水出其左，營丘。今齊之營丘，淄水過其南及東。○渻所景、沮辭與切

如覆敦者，敦丘。敦，盂也。○敦音堆

邐迤，沙丘。旁行連延。○邐呂紙切，迤余紙切

左高，咸丘。右高，臨丘。前高，旄丘。詩云旄丘之葛兮。

後高，陵丘。

偏高，阿丘。詩云陟彼阿丘。

宛中，宛丘。宛謂中央隆高。

丘背有丘爲負丘。此解宛丘中央隆峻，狀如負一丘於背上。

左澤，定丘。○定下佞切

右陵，泰丘。宋有泰丘社亡，見史記。

如畝，畝丘。丘有壟界如田畝。

如陵，陵丘。陵，大阜也。

丘上有丘爲宛丘。嫌人不了，故重曉之。

陳有宛丘。今在陳郡陳縣。

晉有潛丘。

今在太原晉陽縣。

淮南有州黎丘。今在壽春縣。

天下有名丘五，其三在河南，其二在河北。說者多以州黎宛營爲河南，潛敦爲河北者，案此方稱天下之名丘，恐此諸丘碌碌未足用當之，殆自別更有魁梧桀大者五，但未詳其名號，今所在耳。

丘

望厓洒而高岸。厓水邊洒，謂深也，視厓峻而水深者曰岸。○厓牙洒先典切

夷上洒下不漘。厓上平坦，而下水深者，爲漘，不發聲。○漘音脣

隩隈。今江東呼爲浦隩，淮南子曰，漁者不爭隈。○隩與隈烏回切

厓內爲隩，外爲隈。別厓表裏之名。

畢堂牆。今終南山道名畢，其邊若堂室之牆。

重厓岸。兩厓累者爲岸。○重直龍反

岸上滸。岸上地。○滸音虎

墳大防。謂隄。

涘爲厓。謂水邊。○涘音士

窮瀆汜。窮無所通者。○汜音似

谷者溦。通於谷。○溦音眉

厓岸此已上釋厓岸之名也，故題厓岸。

爾雅卷六終

爾雅卷七

晉著作郎弘農太守聞喜郭璞註
皇明後學東吳金蟠訂

釋山第十一

河南華。（華陰山）

河西嶽。（吳嶽）

河東岱。（岱宗泰山）

河北恒。（北嶽恒山）

河南衡。（衡山南嶽）

山三襲陟。（襲亦重）

再成英。（兩山相重）

一成坯。（書曰至于大伾○坯備悲切）

山大而高崧。（今中嶽嵩高山蓋依此名○崧音嵩）

山小而高岑。（言岑崟）

銳而高嶠。（言鑯峻○嶠音喬）

卑而大扈。（扈廣也）

小而衆巋。（小山叢羅○巋丘鬼切）

小山岌大山峘。（岌謂高過○岌魚泣切峘音桓）

屬者嶧。（言駱驛相連屬○屬燭嶧亦）

獨者蜀。（蜀亦孤獨）

上正章。山上平。

宛中隆。山中央高。

山脊岡。謂山長脊。

未及上翠微。近上旁陂。

山頂冢。山巔。

崒者厜㕒。謂峰頭巉巖。○崒子恤反厜子規切㕒音危

山如堂者密。形如堂室者尸子曰松栢之鼠不知堂密之有美樅

如防者盛。防隄。○盛音成

巒山墮。謂山形長狹者荆州謂之巒詩曰墮山喬嶽○墮湯果切

重甗隒。謂山形如累兩甗甗甑也山形狀似之因以名云○重平聲甗言蹇反隒音儼

左右有岸厒。夾山有岸○厒口閤切

大山宮小山霍。宮謂圍繞之禮記曰君爲廬宮之是也

小山別大山鮮。不相連○別彼列切鮮息淺切

山絕陘。連山中斷絕○陘音形

多小石磝。多礓礫○磝音敲

多大石礐。多盤石○礐音殼

多草木岵無草木峐。皆見詩○岵戸峐屺

山上有水埒。有停泉○埒音劣

夏有水冬無水。澩。

有停潦。○澩音學

山豄無所通。谿。

所謂窮瀆者雖無所通與水注川同名。○豄音瀆

石戴土謂之崔嵬。

石山上有土者。○崔徂回切嵬五回反

土戴石為砠。

土山上有石者。○砠七余反

山夾水澗。陵夾水澞。

別山陵間有水者之名。○澞音虞

山有穴為岫。

謂岩穴

山西曰夕陽。

暮乃見日。

山東曰朝陽。

旦即見日。

泰山為東嶽。華山為西嶽。霍山為南嶽。

即天柱山。潛水所出也。

恒山為北嶽。

常山。

嵩高為中嶽。

大室山也。

梁山晉望也。

晉國所望祭者今在馮翊夏陽縣西北臨河上。

釋水第十一

泉一見一否為瀸。

瀸纔有貌。○見現否卑美反瀸纖

井一有水一無水為瀱汋。

山海經云天井夏有水冬無水即此類也。○瀱計汋仁捉切

濫泉正出。正出涌出也。

公羊傳曰直出。直猶正也。

沃泉縣出。縣出下出也。

從上溜下。○縣音玄

氿泉穴出。穴出仄出也。

從旁出也。○氿軌仄側

湀闢流川。

通流。○涭音揆

過辨回川。

旋流。○過古禾切辨片

灉反入。

卽河水決出而復入者河之有灉猶江之有沱。○灉於用切

潬沙出。

今河中呼水中沙堆爲潬。○潬音但

汧出不流。

水泉潛出便自停成汙池。○汧音牽

歸異出同流肥。

毛詩傳曰所出同所歸異爲肥。

瀵大出尾下。

今河東汾陰縣有水口如車輪許濆沸涌出其深無限名之曰瀵馮翊郃陽縣復有瀵亦如之相去數里而夾河河中陼上又有一瀵瀵原皆潛相通在汾陰者人壅其流以爲陂種稻呼其本出處爲瀵魁此是也尾猶底也。○瀵音糞

水醮曰厬。

謂水醮盡。○厬音軌

水自河出爲灉。

書曰灉沮會同。

濟爲濋。汶爲瀾。洛爲波。漢爲潛。

書曰沱潛旣道。○濋楚汶問瀾闌沱陀

淮爲滸。江爲沱。

書曰岷山導江東別爲沱。

過爲洵。潁爲沙。汝爲濆。

詩曰遵彼汝濆皆大水溢出別爲小水之名。○過烏禾反潁餘頃反濆墳

水決之澤爲汧。

水決入澤中者亦名爲汧。

決復入爲汜。

水出去復還。

河水淸且灡漪。大波爲瀾。

言渙瀾。○灡闌漪衣

小波爲淪。

言蘊淪。

直波爲徑。

言徑涏。

江有沱。河有灉。汝有濆。

此故上水別出耳所作者重見。

滸水厓。水邊地。

水草交為湄。詩曰居河之湄。○湄音眉

濟有深涉。謂濟渡之處。○濟子細切

深則厲淺則揭揭者揭衣也。謂褰裳也。○揭上二字音憩下丘竭切

以衣涉水為厲。衣謂褌。

繇膝以下為揭繇膝以上為涉繇帶以上為厲。繇自也。○繇音由上時掌反

潛行為泳。水底行也晏子春秋曰潛行逆流百步順流七里。

汎汎楊舟紼縭維之紼䌪也。䌪索。○紼弗縭離䌪律

縭緌也。緌繫。○緌如誰切

天子造舟。比船為橋。○造七到切

諸侯維舟。維連四船。

大夫方舟。併兩船。

士特舟。單船。

庶人乘泭。併木以渡。○泭音桴

水注川曰谿注谿曰谷注谷曰溝注溝曰澮注澮曰瀆。此皆道水轉相灌注所入之處名。○澮古外切

逆流而上曰泝洄順流而下曰泝游。皆見詩。○泝音素

正絕流曰亂。直橫流也書曰亂于河。

江河淮濟為四瀆四瀆者發源注海者也。

水泉　題上事也。下皆倣此。

水中可居者曰洲。小洲曰陼。小陼曰沚。小沚曰坻。人所爲爲潏。

人力所作。○陼渚坻沚潏述

水中

河出崑崙虛。色白。

山海經曰河出崑崙西北隅。虛山下基也。

所渠并千七百一川。色黃。

潛流地中汨漱沙壤所受渠多衆水溷淆宜其濁黃。

百里一小曲。千里一曲一直。

公羊傳曰河曲流河千里一曲一直。

河曲

徒駭。

今在成平縣義所未聞。○駭諧楷切

太史。

今所在未詳。

馬頰。

河勢上廣下狹狀如馬頰。

覆鬴。

水中可居往往而有狀如覆釜。○覆扶服切鬴父

胡蘇。

東莞縣今有胡蘇亭其義未詳。

簡。

水道簡易。

絜。

水多約絜。

鉤盤。

水曲如鉤流盤桓也。

鬲津。

水多阨狹可隔以爲津而橫渡。○鬲音隔

九河

釋地已下至九河。皆禹所名也。

爾雅卷七終

爾雅卷八

晉著作郎弘農太守聞喜郭　璞註

皇明　後　學　東吳葛　鼒訂

釋草第十三

藿。山韭。茖。山葱。葝。山䪥。蒚。山蒜。今山中多有此菜、皆如人家所種者、茖葱細莖大葉。○藿音育、韭音九、茖音革、葱音忩、葝巨盈切、䪥音薤、蒚音力

薜。山蘄。廣雅曰、山蘄當歸、當歸今似蘄而粗大。○薜音百、蘄芹

椵。木槿。櫬。木槿。別二名也、似李樹、華朝生夕隕、可食、或呼曰及、亦曰王蒸。○椵音叚、槿謹、櫬襯

朮。山薊。本草云、朮一名山薊、今朮似蘇而生山中。○薊音計

楊。枹薊。似薊而肥大、今呼之馬薊。○枹音孚

葥。王蔧。王帚也、似藜、其樹可以爲埽蔧、江東呼之曰落帚。○葥音箭、蔧音遂

菉。王芻。菉蓐也、今呼鴟腳莎。○菉音綠

拜。蔏藋。蔏藋亦似藜。○蔏音商、藋徒的切

蘩。皤蒿。白蒿。

蒿。菣。今人呼青蒿香中炙啖者爲菣。○菣去刃切

蔚。牡菣。無子者。○蔚音尉

齧。彫蓬。薦。黍蓬。別蓬種類。

䕯。鼠莞。亦莞屬也、纖細似龍須、可以爲席、蜀中出好者。○䕯方寐切、莞音官

葝。鼠尾。可以染皁。

菥蓂。大薺。似薺、葉細、俗呼之曰老薺。○菥音惜、蓂音覓

蒤。虎杖。似紅草而麤大、有細刺、可以染赤。○蒤音途

孟。狼尾。似茅、今人亦以覆屋

瓠棲。瓣。瓠中瓣也、詩云齒如瓠棲、○瓠戶故切瓣方莧切

茹藘。茅蒐。今之蒨也、可以染絳、○茹音如藘力居切

果臝之實栝樓。今齊人呼之爲天瓜、○臝方果切

荼。苦菜。詩曰、誰謂荼苦、苦菜可食、

萑。蓷。今茺蔚也、葉似荏、方莖白華、華生節間、又名益母、廣雅云、○萑音隹蓷他回切

虉。綬。小草有雜色、似綬、○虉音逆

粢。稷。今江東人呼粟爲粢、

眾。秫。謂黏粟也、○眾音終秫音述

戎叔。謂之荏菽。即胡豆也、○菽音叔

卉。草。百草總名、

蒤。雀弁。未詳、○蒤恍轉切

蘥。雀麥。即燕麥也、○蘥音藥

蘾。烏蕵。蕍。蒛葐。蘩。菟葵。皆未詳、○蘾戶怪切蕵音孫蕍音練菟音兔葐音核葵音今

黃。菟瓜。菟瓜、似土瓜、○黃音演

茢。薽。豕首。本草曰、彘顱、一名蟾蜍蘭、今江東呼豨首可以煬蠶蛹、○茢音列薽音其豕傷氏切

荓。馬帚。似蓍、可以爲埽蔧、○荓音弁

藱。懷羊。未詳、○藱胡罪切

茭，牛蘄。今馬蘄葉細銳，似芹，亦可食。

葖，蘆萉。萉宜爲菔。蘆菔，蕪菁屬，紫花大根，俗呼雹葖。○葖他忽切，蘆音羅，萉蒲北切

澮，灌。未詳。○澮音劾

苬，芝。芝，一歲三華，瑞草。○苬音囚

筍，竹萌。初生者。

簜，竹。竹別名。儀禮曰：簜在建鼓之間。謂簫管之屬。○簜音蕩

莪，蘿。今莪蒿也，亦曰藁蒿。

苨，菧苨。薺苨。○苨音禰，菧音底

絰，履。未詳。○絰待節切

莕，接余，其葉苻。叢生水中，葉圓，在莖端，長短隨水深淺。江東食之，亦呼莕。○莕音荇

白華，野菅。菅，茅屬。詩曰：白華菅兮。○菅音姦

薜，白蘄。即上山蘄。

菲，芴。即土瓜也。○菲音匪，芴音物

葍，蔔。大葉白華，根如指，正白，可啖。○葍音福，蔔音富

熒，委萎。藥草也。葉似竹，大者如箭竿，有節，葉狹而長，表白裏青，根大如指，長一二尺，可啖。○萎音威

葧，芋熒。未詳。○葧音勃，芋他丁切，熒音迥

竹，萹蓄。似小藜，赤莖節，好生道傍，可食，又殺蟲。○萹匹善切

葴，寒漿。今酸漿草，江東呼曰苦葴。○葴音針

薢茩。英茪。
英明也。葉黃銳，赤華，實如山茱萸，或曰蔆也。關西謂之薢茩。○薢音皆，茩音狗，英音決，茪音光

莁荑，蔱蘠。
一名白蕢。○莁音巫，荑音夷，蔱音殺，蘠音牆

瓞，瓝。其紹瓞。
俗呼瓝瓜為瓞，紹者瓜蔓緒，亦著子，但小如瓝。○瓞大結切，瓝步角切

芍，鳧茈。
生下田，苗似龍須而細，根如指頭，黑色，可食。○芍戶了切

蘱，薡蕫。
似蒲而細。○蘱音類，薡音鼎，蕫音董

稊，苵。
稊似稗，布地生穢草。○稊音帝，苵大結切

鉤，芺。
大如拇指，中空，莖頭有臺，似薊，初生可食。

䪥，鴻薈。
即䪥菜也。○薈音會

蘇，桂荏。
蘇荏類，故名桂荏。

薔，虞蓼。
虞蓼，澤蓼。○蓼音了

蓧，蓨。
未詳。○蓧他凋切，蓨音陽

虋，赤苗。
今之赤粱粟。○虋音門

芑，白苗。
今之白粱粟，皆好穀。○芑音起

秬，黑黍。

詩曰：維秬維秠。

秠，一稃二米。
此亦黑黍，但中米異耳。漢和帝時任城生黑黍，或三四實，實二米，得黍三斛八斗是。○秠孚鄙切，稃音敷

稌，稻。
今沛國呼稌。○稌音杜

葍，藑茅。
葍華有赤者為藑，藑葍一種耳，亦猶蔆苕華黃白異名。○藑音瓊

臺，夫須。
鄭箋詩云：臺可以為禦雨笠。○夫音扶

蘻，蕟。未詳。○蘻音蹇，蕟音伐

莔，貝母。根如小貝，圓而白華，葉似韭。○莔音萌

荍，蚍衃。今荊葵也。似葵，紫色。謝氏云：小草，多華少葉，葉又翹起。○荍音翹，蚍音毗，衃音浮

艾，冰臺。今艾蒿

蕇，亭歷。實葉皆似芥，一名狗薺。廣雅云。○蕇音典

苻，鬼目。今江東有鬼目草，莖似葛，葉圓而毛，子如耳璫也，赤色叢生。

薜，庾草。未詳。

蔜，蕿蔞。今蘩蔞也，或曰雞腸草。○蔜五高切，蕿音嫪，蔞音縷

離南，活莌。草生江南，高丈許，大葉，莖中有瓤，正白。零陵人祖曰貫之爲樹。○莌音奪

蘢，天蘥。須，葑蓯。未詳。○蘢音聾，葑方孔切，蓯音總

蒡，隱荵。似蘇有毛，今江東呼爲隱荵，藏以爲菹，亦可瀹食也。○蒡音旁

茜，蔓于。多生水中，一名軒于，江東呼茜。○茜音猶

菌，蘆。作履苴草。○菌音曾，蘆才古切

柱夫，搖車。蔓生，細葉，紫華，可食，今俗呼曰翹搖車。○柱音主，夫音扶

出隧，蘧蔬。蘧蔬似土菌，生菰草中，今江東啖之，甜滑。音氍毹。○隧音遂，蘧巨俱切，蔬山俱切

蘄茝，蘪蕪。香草，葉小如萎狀，淮南子云：似蛇床。山海經曰：臭如蘪蕪。○茝昌改切

茨，蒺蔾。布地蔓生，細葉，子有三角，刺人，見詩。

蘮蒘，竊衣。似芹，可食，子大如麥，兩兩相合，有毛，著人衣。○蘮音計，蒘音如

氂顛蕀。細葉有刺蔓生一名商棘廣雅云女木也○氂音毛蕀音棘

雚芄蘭。雚芄蔓生斷之有白汁可啖○雚音貫

蕁莐藩。生山上葉如韭一曰蝭母○蕁徒南切莐音沉

蕍蕮。今澤蕮○蕍音俞蕮音昔

蔨鹿藿其實莥。今鹿豆也葉似大豆根黃而香蔓延生○蔨巨員切藿音霍莥女九切

薃侯莎其實媞。夏小正曰薃也者莎蓆媞者其實○薃音浩媞音堤

莞苻離其上蒚。今西方人呼蒲為莞蒲蒚謂其頭臺首也今江東謂之苻蘺西方亦名蒲中莖為蒚用之為席○蒚音翮

荷芙渠。別名芙蓉江東呼荷

其莖茄其葉蕸其本蔤。莖下白蒻在泥中者

其華菡萏。見詩

其實蓮。蓮謂房也

其根藕其中的。蓮中子也

的中薏。中心苦

紅蘢古其大者蘬。俗呼紅草為蘢鼓語轉耳○蘬丘軌切

蒫薺實。薺子味甘○蒫才何切

蕡枲實。禮記曰苴麻之有蕡○蕡扶汾切

枲麻。別二名

須薞蕪。薞蕪似羊蹄葉細味酢可食

菲，蒠菜。菲草生下溼地，似蕪菁，華紫赤色，可食。○菲音匪，蒠音息

蕢，赤莧。赤莧一名蕢，今莧菜之赤莖者。○蕢丘貴切

蘠蘼，虋冬。門冬一名滿冬，本草云。○蘼音美

萹苻，止。未詳。

濼，貫衆。葉圓銳，莖毛黑，布地，冬不死，一名貫渠，廣雅云貫節。○濼音爍

莙，牛藻。似藻，葉大，江東呼為馬藻。○莙其隕切，藻音早

蓫薚，馬尾。廣雅曰馬尾蔏陸，本草云別名薚，今關西亦呼為薚，江東為當陸。○蓫他六反，薚他羊反

萍，蓱。水中浮蓱，江東謂之薸。○蓱音平，蓱音缾，薸音瓢

其大者蘋。詩曰于以采蘋

莃，菟葵。頗似葵而小，葉狀如藜，有毛，汋啖之滑。○莃音希

芹，楚葵。今水中芹菜。

藬，牛蘈。今江東呼草為牛蘈者，高尺餘許，方莖，葉長而銳，有穗，穗間有華，華紫縹色，可淋以為飲。○藬吐回切，蘈音頹

藚，牛脣。毛詩傳曰水蕮也，如藚斷寸寸有節，拔之可復。○藚音續

苹，藾蕭。今藾蒿也，初生亦可食。○藾音賴

連，異翹。一名連苕，又名連草，本草云。

澤，烏蕵。即上蘱也。

傅，橫目。一名結縷，俗謂之鼓箏草。

釐，蔓華。一名蒙華。

蔆蕨攈。蔆今水中芰。○蔆音淩攈音眉

大菊蘧麥。一名麥句薑、卽瞿麥。

薜牡蘱。未詳。○薜音百蘱音贊

葥山莓。今之木莓也、實似藨莓而大、亦可食。○葥音箭莓音每

齧苦堇。今堇葵也、葉似柳子、如米汋食之滑。

藫石衣。水苔也、一名石髮、江東食之。或曰藫葉似䪥而大、生水底、亦可食。○藫音潭

蘜治蘠。今之秋華菊。○蘜音菊

唐蒙女蘿。女蘿菟絲。別四名。詩云、爰采唐矣。

苗蓨。未詳。○蓨他凋切

茥蒛葐。覆葐也、實似莓而小、亦可食。○茥音奎蒛音缺葐音盆

芨堇草。卽烏頭也、江東呼為堇。○芨音急堇音靳

蘵百足。未詳。○蘵音織

菺戎葵。今蜀葵也、似葵、華如木槿華。○菺音肩

蘻狗毒。樊光云俗語苦如蘻。○蘻音計

垂比葉。未詳。

蕧盜庚。旋蕧似菊。○蕧音服

茡麻母。苴麻盛子者。○茡音孚

瓝九葉。今江東有草五葉共叢生一莖、俗因名為五葉、卽此類也。

藐茈草。可以染紫。一名茈莨。廣雅云。○藐亡角切，茈子爾切

倚商活脫。即離南也。○脫音奪

蘵黃蒢。蘵草葉似酸漿，華小而白，中心黃，江東以作菹食。○蘵音職，蒢音除

藒車芞輿。藒車，香草，見離騷。○藒音挈，芞音乞

權黃華。今謂牛芸草為黃華，華黃，葉似萩蓿。

葞春草。一名芒草，本草云。○葞音尾

蔠葵蘩露。承露也，大莖小葉，華紫黃色。○蔠音終

菋荎藸。五味也，蔓生，子叢在莖頭。○菋音未，荎直其切，藸音除

蒤委葉。詩云以茠蒤蓼。○蒤音徒

皇守田。似燕麥，子如彫胡米，可食，生廢田中，一名守氣。

鉤藈姑。鉤瓤也，一名王瓜，實如瓝瓜，正赤，味苦。○藈音圭

望乘車。可以為索，長丈餘。○乘音繩

困衱袶。未詳。○衱音劫，袶音絳

欔烏階。即烏杷也，子連相著，狀如杷齒，可以染皁。○欔音钁

杜土鹵。杜衡也，似葵而香。

盱虺牀。蛇牀也，一名馬牀，廣雅云。○盱音吁

蔝薂。未聞。○蔝音米，薂五刀切

赤枹薊。即上枹薊。

蒐奚顆涷。款冬也紫赤華生水中○涷音東

中馗菌。地蕈也似蓋今江東名爲土菌亦曰馗廚可啖之○馗音逵菌巨隕切

小者菌。大小異名

菆小葉。未聞○菆音輒

苕陵苕。一名陵時本草云○苕音調

黃華蔈白華茇。苕華色異名亦不同○蔈音標茇音沛

虋從水生。生於水中○虋音眉

薇垂水。生於水邊

薜山麻。似人家麻生山中

莽數節。竹類也節間促○數音朔

桃枝四寸有節。今桃枝節間相去多四寸

粼堅中。竹類也其中實○粼音吝

簢筡中。言其中空竹類○簢音閔筡音徒

仲無笐。亦竹類未詳○笐音抗

篙箭萌。萌筍屬也周禮曰篙菹鴈醢○篙音待

篠箭。別二名

枹霍首素華軌鬷。皆未詳○枹音包

芏夫王。芏草生海邊似莞藺今南越人采以爲席○芏音杜

綦，月爾。即紫綦也，似蕨，可食。○綦音其

葴，馬藍。今大葉冬藍也。○葴音針

姚莖，涂薺。未詳。

苄，地黃。一名地髓，江東呼苄。○苄音戶

蒙，玉女。蒙即唐也，女蘿別名。

拔，蘢葛。似葛，蔓生有節，江東呼為龍尾，亦謂之虎葛，細葉赤莖。

藗，牡茅。白茅屬。○藗音速

菤耳，苓耳。廣雅云枲耳也，亦云胡枲，江東呼為常枲，或曰苓耳，形似鼠耳，叢生如盤。○菤音捲

蕨，虌。廣雅云紫綦非也。初生無葉，可食，江西謂之虌。○虌音鼈

蕎，邛鉅。今藥草大戟也。本草云。

蘩，由胡。未詳。

莣，杜榮。今芒草，似茅，皮可以為繩索履屩也。○莣音亡

稂，童粱。稂，莠類也。

藨，麃。麃即莓也，今江東呼為藨莓子，似覆盆而大赤，酢甜可啖。○藨蒲苗切，麃平表切

的，薂。即蓮實。○薂音亦

購，蔏蔞。蔏蔞，蔞蒿也，生下田，初出可啖，江東用羹魚。○購古豆切，蔞力朱切

茢，勃茢。一名石芸，本草云。○茢音列

葽繞，蕀蒬。今遠志也，似麻黃，赤華，葉銳而黃，其上謂之小草，廣雅云。○葽烏了切，蒬音寃

茦，刺。
草刺針也關西謂之刺燕北朝鮮之間曰茦見方言○茦音冊

蕭，萩。
即蒿○萩音秋

薚，海藻。
藥草也一名海蘿如亂髮生海中本草云

長楚，銚芅。
今羊桃也或曰鬼桃葉似桃華白子如小麥亦似桃○銚音姚芅音亦

蘦，大苦。
今甘草也蔓延生葉似荷青黃莖赤有節節有枝相當或云蘦似地黃

芣苢，馬舃。馬舃，車前。
今車前草大葉長穗好生道邊江東呼爲蝦蟇衣○芣音浮苢音以

綸似綸，組似組，東海有之。
綸今有秩嗇夫所帶糾青絲綸組綬也海中草生彩理有象之者因以名云

帛似帛，布似布，華山有之。
草葉有象布帛者因以名云生華山中

荒，東蠡。
未詳

緜馬，羊齒。
草細葉葉羅生而毛有似羊齒今江東呼爲鴈齒繅者以取繭緒

萿，麋舌。
今麋舌草春生葉有似于舌○萿古活切

搴，柜朐。
未聞○搴居展切柜音巨朐音劬

蘩之醜，秋爲蒿。
醜類也春時各有種名至秋老成皆通呼爲蒿

芺，薊，其實荂。
芺與薊莖頭皆有蓊臺名荂荂即其實也○芺音襖荂音吁

蔈，荂，荼。
即芀○蔈方腰切

猋、藨，芀。
皆芀荼之别名方俗異語所未聞○猋必遥切藨方驕切芀音調

葦醜，芀。
其類皆有芀秀

葭，華。
即今蘆也

蒹，薕。似萑而細高數尺江東呼為薕○蒹音兼薕音廉

葭，蘆。葦也

菼，薍。似葦而小實中江東呼為烏蓲○菼他敢切薍五患切蓲音丘

其萌虇。今江東呼蘆筍為虇然則萑葦之類其初生者皆名虇音繾綣

蕍、芛、葟、華，榮。

釋言云華皇也今俗呼草木華初生者為芛音豬豬蕍猶敷蕍亦華之貌所未聞○蕍音俞芛羊捶切葟音皇

卷施草，拔心不死。宿莽也離騷云

荺，茭。今江東呼藕紹緒如指空中可啖者為茇茭即此類○荺于閔切茭胡巧切

荄，根。別二名俗呼韭根為荄

欔，橐含。未詳

華，荂也。今江東呼華為荂○荂音敷

華、荂，榮也。轉相解

木謂之華，草謂之榮，不榮而實者謂之秀，榮而不實者謂之英。

爾雅卷八終

爾雅卷九

晉著作郎弘農太守聞喜郭　璞註
皇明　後學　東吳金　蟠訂

釋木第十四

槄。山榎。今之山楸。○槄音叨榎音賈

栲。山樗。栲似樗色小白生山中因名云亦類漆樹。○樗丑于切

柏。椈。禮記曰鬯以椈。○椈音菊

髡。梱。未詳。○髡音坤梱五門切

椴。柂。白椴也樹似白楊。○椴音叚柂音夷

梅。柟。似杏實酢。○柟而占切

被。煔。煔似松生江南可以為船及棺材作柱埋之不腐。○被音被煔音杉

櫠。椵。柚屬也子大如盂皮厚二三寸中似枳食之少味。○櫠音廢椵音賈

杻。檍。似棣細葉葉新生可飼牛材中車輞關西呼杻子一名土橿。○杻女九切檍音億

楙。木瓜。實如小瓜酢可食。○楙音茂

椋。即來。今椋材中車輞。○椋音良

栵。栭。樹似槲樕而庳小子如細栗可食今江東亦呼為栭栗。○栵音列栭音而

檴。落。可以為杯器素。○檴音鑊

柚。條。似橙實酢生江南。

時。英梅。雀梅。

援。柜桏。未詳或曰桏當為柳柜桏似柳皮可煑作飲。○援音袁桏音卬

栩杼。柞樹。○栩香羽切杼省汝切

蔌薡蕫。釋草已有此名，疑誤重出。○薡直之切蕫音儲

蘦荎。今之刺榆。○蘦音歐荎大結反

杜甘棠。今之杜梨。

狄藏槔貢綦。皆未詳。○槔音皐綦音其

杭檕梅。杭樹狀似梅，子如指頭，赤色，似小柰，可食。○檕音計

科者聊。未詳。○科音枓

魄楥櫨。魄大木細葉，似檀，今河東多有之。齊人諺曰：上山斫檀，楥櫨先殫。○楥兮計切櫨許兮切

梫木桂。今南人呼桂厚皮者爲木桂。桂樹葉似枇杷而大，白華，華而不著子，叢生巖嶺，枝葉冬夏常青，間無雜木。○梫音寢

棆無疵。棆楩屬，似豫章。○棆音倫

椐樻。腫節可以爲杖。○椐音袪樻起愧切

檉河柳。今河旁赤莖小楊。

旄澤柳。生澤中者。

楊蒲柳。可以爲箭，左傳所謂董澤之蒲。

權黃英輔小木。權輔皆未詳。

杜赤棠白者棠。棠色異，異其名。

諸慮山櫐。今江東呼櫐爲藤，似葛而麤大。○櫐音壘

欇虎櫐。今虎豆，纏蔓林樹而生，莢有毛刺。今江東呼爲欓欇。○欇音涉

杞枸檵。今枸杞也。○檵音計

杭魚毒。杭大木，子似栗，生南方，皮厚汁赤，中藏卵果。

檓大椒。今椒樹叢生，實大者名為檓。

楰鼠梓。楸屬也，今江東有虎梓。○楰音庚

楓欇欇。楓樹似白楊，葉圓而岐，有脂而香，今之楓香是。○欇音輒

寓木宛童。寄生樹，一名蔦。○寓魚其切

無姑其實夷。無姑，姑榆也，生山中，葉圓而厚，剝取皮合漬之，其味辛香，所謂無荑。

櫟其實梂。有梂彙自裹。○梂音求

檖蘿。今楊檖也，實似梨而小，酢可食。○檖音遂

楔荊桃。今櫻桃。○楔音戛

旄冬桃。子冬熟。

榹桃山桃。實如桃而小，不解核。○榹音斯

休無實李。一名趙李。

痤接慮李。今之麥李。

駁赤李。子赤。

棗壺棗。今江東呼棗大而銳上者為壺，壺猶瓠也。

邊要棗。子細腰，今謂之鹿盧棗。○要音腰

櫅白棗。即今棗子白乃熟。

樲。酸棗。樹小實酢、孟子曰養其樲棘、○樲音二

楊徹。齊棗。未詳、

遵。羊棗。實小而圓紫黑色、今俗呼爲之羊矢棗、孟子曰曾晳嗜羊棗

洗。大棗。今河東猗氏縣出大棗、子如雞卵、○洗屑典切

煮。填棗。未詳、○填音田

蹶洩。苦棗。子味苦、○洩音屑

皙。無實棗。不著子者、

還味。棯棗。還味、短味、○還音旋、棯稔

櫬。梧。今梧桐、

樸。枹者。樸屬叢生者爲枹、詩所謂棫樸枹櫟、○樸音卜

謂櫬。采薪。采薪即薪。指解今樵薪、

棪。櫢其。棪實似柰、赤可食、

劉。劉杙。劉子生山中、實如梨、酢甜、核堅、出交趾、

櫰。槐大葉而黑。槐樹葉大色黑者名爲櫰、○櫰苦回切

守宮槐。葉晝聶宵炕。槐葉晝日聶合而夜炕布者名爲守宮槐、○聶音輒、炕呼郎切

槐小葉曰榎。槐當爲楸、楸細葉者爲榎、

大而皵。楸。老乃皮粗皵者爲楸、

小而皵。榎。小而皮粗皵者爲榎、左傳曰使擇美榎、

椅梓。即楸、〇椅于寄切

椵赤楝白者楝。赤楝樹葉細而岐銳、皮理錯戾、好叢生山中、中爲車輞、白楝葉圓而岐、爲大木、〇楝山厄切

終牛棘。即馬棘也、其刺粗而長、

灌木叢木。詩曰、集于灌木、

瘣木苻婁。

謂木病尫傴癭腫、無枝條、〇瘣胡罪切

蕡藹。樹實繁茂菴藹、

枹遒木魁瘣。謂樹木叢生、根枝節目、盤結磈磊、〇遒徂由切

棫白桵。桵小木、叢生有刺、實如耳璫、紫赤可啖、〇棫音域、桵人隹切

梨山樆。即今梨樹、〇樆音离

桑辨有葚梔。辨半也、〇辨音片

女桑桋桑。今俗呼桑樹小而條長者、爲女桑樹、

榆白枌。枌榆先生葉、卻著莢、皮色白、

唐棣栘。似白楊、江東呼夫栘、〇栘音移

常棣棣。

今關西有棣樹、子如櫻桃、可食、

檟苦荼。樹小如梔子、冬生葉、可煮作羹飲、今呼早采者爲荼、晚取者爲茗、一名荈、蜀人名之苦荼、

樕樸心。槲樕別名、

榮桐木。即梧桐、

棧木干木。僵木也、江東呼木觡、

檿桑。山桑。似桑材中作弓及車轅、

木自獘。柛。獘踣、○柛音伸

立死。椔。不獘頓椔、

獘者。翳。樹蔭翳覆地者、詩云其椔其翳、○翳側吏切

木相磨。槸。樹枝相切磨、

棤。皵。謂木皮甲錯、○棤音錯皵音舄

梢。梢擢。謂木無枝柯、梢擢長而殺者、○梢音朔擢音濁

樅。松葉柏身。今大廟梁材用此木、尸子所謂松柏之鼠、不知堂密之有美樅、○樅七容切

檜。柏葉松身。詩曰檜楫松舟、

句如羽。喬。樹枝曲卷、似鳥毛羽、

下句曰朻。上句曰喬。如木楸曰喬。楸樹性上竦、

如竹箭曰苞。篠竹性叢生、

如松柏曰茂。枝葉婆娑、

如槐曰茂。言扶疎茂盛、

祝州木。髦柔英。皆未詳、

槐棘醜。喬。枝皆翹竦、

桑柳醜。條。阿那垂條、

椒樧醜。莍。茱萸子聚生成房貌、今江東亦呼莍、樧似茱萸而小、赤色、○樧音殺

桃李醜核。子中有核人、

瓜曰華之。桃曰膽之。棗李曰疐之。樝梨曰鑽之。皆啖食治擇之名、樝似梨而酢澀、見禮記、○華胡化切疐音帝鑽子官切

小枝上繚爲喬。謂細枝皆翹繚上句者、名爲喬木、○繚音了

無枝爲檄。檄櫂直上、○檄音亦

木族生爲灌。族、叢、

釋蟲第十五

螜天螻。螻蛄也、夏小正曰、螜則鳴、○螜音斛

蜚蠦蜰。蜰即負盤臭蟲、○蜚音費蠦音蘆蜰音肥

螾衝入耳。蚰蜒、○螾音引衝音演

蜩。蜋蜩、夏小正傳曰蜋蜩者、五彩具、○蜩音調

螗蜩。夏小正傳曰螗蜩者蝘、俗呼爲胡蟬、江南謂之螗蛦、○蛦音夷

蚻蜻蜻。如蟬而小、方言云有文者謂之螓、夏小正曰、鳴蚻虎懸、○蚻音札

蠽茅蜩。江東呼爲茅截、似蟬而小、青色、○蠽音節

蝒馬蜩。蜩中最大者爲馬蟬、

蜺寒蜩。寒螿也、似蟬而小、青色、月令曰寒蟬鳴、

蜓蚞螇螰。即蝭蟧也、一名蟪蛄、齊人呼螇螰、○蜓音挺蚞音木

蛣蜣蜣蜋。黑甲蟲、噉糞土、○蛣起吉切蜣音羌

蝎蛣蝠。木中蠹蟲、○蝎音曷蝠音屈

蠰齧桑。

似天牛長角體有白點喜齧桑樹作孔入其中江東呼為齧髮〇蠰音餉

諸慮奚相。未詳

蜉蝣渠略。似蛣蜣身狹而長有角黃黑色叢生糞土中朝生暮死豬好啖之〇蜉音浮蝣音遊

蛂蟥蛢。甲蟲也大如虎豆綠色今江東呼黃蛢〇蛂步甲切蟥音黃蛢音餅

蠸輿父守瓜。今瓜中黃甲小蟲喜食瓜葉故曰守瓜〇蠸音權父音甫

蝚蛖螻。蛖螻螻蛄類〇蝚音柔蛖武江切

不蜩王蚥。未詳

蛄䗐強蛘。今米穀中蠹小黑蟲是也建平人呼為蛘子〇䗐音施蛘亡婢切

不過蟷蠰。蟷蠰螗蜋別名〇蟷干郎切蠰音相

其子蜱蛸。一名䗚蟭蟷蠰卵也〇蜱音毗蛸音消

蒺藜蝍蛆。似蝗而大腹長角能食蛇腦〇蝍音卽蛆子余切

蝝蝮蜪。蝗子未有翅者外傳曰蟲舍蚳蝝〇蝝音緣蝮孚福切蜪音陶

蟋蟀蛬。今促織也亦名青蛚〇蛬音拱

蟼蟆。蛙類〇蟼音警

蛝馬䗃。馬蠲蚐俗呼馬蠸〇蛝音閑䗃音棧

阜螽蠜。詩曰趯趯阜螽〇阜音阜螽音終

草螽負蠜。詩云喓喓草蟲謂常羊也〇蠜音凡

蜤螽蜙蝑。蜙蝑也俗呼蝽蝶〇蜤音斯蜙音嵩蝑音胥

蟿螽螇蚸。

今俗呼似蜙蝑而細長飛翅作聲者爲蟧蚸○蟿音契蚸音歷

土螽。蠰谿。似蝗而小今謂之土蝶○蠰音壤

螼蚓。蜸蚕。即蛩蟺也江東呼寒蚓○螼羌引切蜸苦顯切蚕他典切

莫貈。蟷蠰。蛑。蟷蠰有斧蟲江東呼爲石蠰孫叔然以方言說此義亦不了○貈音鶴蛑音謀

虰蛵。負勞。或曰即蜻蛉也江東呼狐梨所未聞○虰音丁蛵音馨

蜭。毛蠹。即載○蜭尸感切

蟔。蛅蟴。載屬也今青州人呼載爲蛅蟴孫叔然云八角螫蟲失之○蟔音墨蛅而占切蟴音斯

蟠。鼠負。甕器底蟲○蟠音煩

蟫。白魚。衣書中蟲一名蛃魚○蟫音淫

蛾。羅。蠶蛾○蛾音娥

螒。天雞。小蟲黑身赤頭一名莎雞又曰樗雞○螒音汗

傅。負版。未詳

強。蚚。即強醜捋○蚚音祈

蛶。螪何。未詳○蛶音劣螪音商

螝。蛹。蠶蛹○螝音龜

蜆。縊女。小黑蟲赤頭喜自經死故曰縊女○蜆音演

蚍蜉。大螘。俗呼爲馬蚍蜉

小者螘。齊人呼螘爲蛘○螘魚綺切

蠪。朾螘。

赤駮蚍蜉、○蠪音聾朾直耕切

螱，飛螘。有翅。○螱音尉

其子蚳。蚳，蟻卵。周禮曰蚳醢。○蚳音池

次蟗，鼅鼄。鼅鼄，鼄蝥。今江東呼䵹蝥。○蟗音秋，鼅音知，鼄音誅，䵹音掇，蝥音謀

土鼅鼄。在地中布網者。

草鼅鼄。絡幕草上者。

土蠭。今江東大蠭在地中作房者爲土蠭，啖其子，即馬蠭。今荆巴間呼爲蟺。○蟺音蟬

木蠭。似土蠭而小，在樹上作房，江東亦呼爲木蠭，又食其子。○蠭音蜂

蟦，蠐螬。在糞土中。○蟦音費

蝤蠐，蝎。在木中。今雖通名爲蝎，所在異。○蝤音囚

蛜威，委黍。舊說鼠婦別名，然所未詳。○蛜音伊

蟏蛸，長踦。小鼅鼄長脚者，俗呼爲喜子。○蟏音蕭，蛸所交切，踦巨綺切

蛭蝚，至掌。未詳。○蛭音質

國貉，蟲蠁。今呼蛹蟲爲蠁。廣雅云：土蛹，蠁蟲。

蠖，蚇蠖。今蝍蝛。○蠖於郭切，蚇音尺

果臝，蒲盧。即細腰蟲也。俗呼爲蠮螉。

螟蛉，桑蟲。俗謂之桑蟃，亦曰戎女。○螟音冥，蛉音令

蝎，桑蠹。即蛣蝠。

熒火，即炤。

夜飛，腹下有火。○炤音照

密肌，繼英。

未詳。

蚅，烏蠋。

大蟲如指，似蠶。見韓子。

蠓，蠛蠓。

小蟲似蜹，喜亂飛。○蠓莫孔切　蠛亡結切

王，蛈蜴。

即螲蟷，似鼅鼄，在穴中，有蓋。今河北人呼蛈蜴。○蛈大結切　蜴音湯

蟓，桑繭。

食桑葉作繭者，即今蠶。○蟓音象

雔由，樗繭。

食樗葉。○雔音讐

棘繭。

食棘葉。

欒繭。

食欒葉。

蚢，蕭繭。

食蕭葉。皆蠶類。○蚢音杭

翥醜罅。

剖母背而生。○翥者庶切　罅呼暇切

螽醜奮。

好奮迅作聲。

强醜捋。

以腳自摩捋。

蠭醜螸。

垂其腴。○螸音俞

蠅醜扇。

好搖翅。

食苗心，螟；食葉，蟘；食節，賊；食根，蟊。

分別蟲啖食禾所在之名耳。皆見詩。○蟘音特　蟊音謀

有足謂之蟲，無足謂之豸。

爾雅卷九　終

爾雅卷十

晉著作郎弘農太守聞喜郭　璞注
皇明　後　學　東吳葛　鼒訂

釋魚第十六

鯉。今赤鯉魚。

鱣。鱣大魚似鱏而短鼻口在頷下體有邪行甲無鱗肉黃大者長二三丈今江東呼為黃魚○鱣張連切

鰋。今鰋額白魚○鰋音偃

鮎。別名鯷江東通呼鮎為鮧

鱧。鮦也。

鯇。今鯶魚似鱒而大○鯇華板切

鯊鮀。今吹沙小魚體圓而有點文○鮀音陁

魵黑鰦。即白鯈魚江東呼為魵○魵音四鰦音茲

鰼鰌。今泥鰌○鰼音習鰌音秋

鰹大鮦小者鮵。今青州呼小鱺為鮵○鰹音堅鮦音同鮵音奪

魾大鱯小者鮡。鱯似鮎而大白色○魾音皮鱯音畫鮡音兆

鰝大鰕。鰕大者出海中長二三丈鬚長數尺今青州呼鰕魚為鰝○鰕音霞鰝音鄗

鯤魚子。凡魚之子總名鯤

鱀是鱁。鱀䲔屬也體似鱏尾如鯯魚大腹喙小銳而長齒羅生上下相銜鼻在額上能作聲少肉多膏胎生健啖細魚大者長丈餘江中多有之○鱀音忌

鱦小魚。家語曰其小者鱦魚也今江東亦呼魚子未成者為鱦○鱦音繩

鮥鮛鮪。

鮪鱣屬也大者名王鮪小者名鮛鮪今宜都郡自京門以上江中通出鱏鱣之魚有一魚狀似鱣而小建平人呼鮥子即此魚也○鮥音洛鮛音叔鮪音偉

鯦當魱。

海魚也似鯿而大鱗肥美多鯁今江東呼其最大長三尺者為當魱○鯦俱救切魱音胡

鮤鱴刀。

今之鮆魚也亦呼為魛魚○鮤音列鱴音滅

鱊鮬鱖鯞。

小魚也似鮒子而黑俗呼為魚婢江東呼為妾魚○鱊音聿鮬音步鱖音厥鯞章酉切

魚有力者鰴。

彊大多力○鰴音暉

魵鰕。

出穢邪頭國見呂氏字林○魵音墳

鮅鱒。

似鯶子赤眼○鮅音必鱒才損切

魴魾。

江東呼魴魚為鯿一名魾○魴音房魾音毗

鯬鯠。

未詳○鯬音黎鯠音來

蜎蠉。

井中小蛣蟩赤蟲一名孑孒廣雅云○蜎狂兗切蠉香完切

蛭蟣。

今江東呼水中蛭蟲入人肉者為蟣○蟣音祈

科斗活東。

蝦蟆子

魁陸。

本草云魁狀如海蛤圓而厚外有理縱橫即今之蚶也

蜪蚅。

未詳

鼁鼀蟾諸。

似蝦蟆居陸地淮南謂之去蚥○鼁音去鼀音秋蟾音占

在水者黽。

耿黽也似青蛙大腹一名土鴨○黽音猛

蜌螷。

今江東呼蚌長而狹者為螷○蜌音陛螷蒲猛切

蚌含漿。

蚌即蜃也

鼈三足能。龜三足賁。山海經曰從山多三足鼈大苦山多三足龜吳興郡陽羨縣君山上有池池中出三足鼈又有六眼龜

蚹蠃螔蝓。卽蝸牛也○蚹音附蠃音雞螔音移蝓音俞

蠃小者蜬。螺大者如斗出日南漲海中可以爲酒杯○蜬音含

螖蠌小者蟧。螺屬見埤蒼或曰卽蟚螖也似蟹而小○螖音滑蠌音澤蟧音勞

蜃小者珧。珧玉珧卽小蚌○珧音遙

龜俯者靈。行頭低

仰者謝。行頭仰

前弇諸果。甲前長

後弇諸獵。甲後長

左倪不類。行頭左庳今江東所謂左食者以甲卜審

右倪不若。行頭右庳爲右食甲形皆爾○倪丑計切

貝居陸贆在水者蜬。水陸異名也貝中肉如科斗但有頭尾耳○贆音標

大者魧。書大傳曰大貝如車渠車渠謂車輞卽魧屬○魧音杭

小者鰿。今細貝亦有紫色者出日南○鰿音積

玄貝貽貝。黑色貝也

餘貾黃白文。以黃爲質白文爲點○貾音池

餘泉白黃文。以白爲質黃爲文點今紫貝以紫爲質黑爲文點

蚆博而頯。頯者中央廣兩頭銳○蚆音巴頯匡軌切

蜠大而險。

險者謂汙薄、○蜠求隕切

蟦小而橢。

即上小貝、橢謂狹而長、此皆說貝之形容、○蟦音責、橢他果切

蠑螈蜥蜴、蜥蜴蝘蜓、蝘蜓守宮也。

轉相解、博異語、別四名也、○蠑音榮、螈音原、蜥音昔、蜴音亦、蝘音掩、蜓徒典切

蛈蝁。

蝮屬、大眼、最有毒、今淮南人呼蝁子、○蛈音迭、蝁烏洛切

螣、螣蛇。

龍類也、能興雲霧而遊其中、淮南云蟒蛇、○螣上音朕、下音騰

蟒、王蛇。

蟒蛇最大者、故曰王蛇、○蟒音莽

蝮虺博三寸首大如擘。

身廣三寸、頭大如人擘指、此自一種蛇、名爲蝮虺、○擘音拍

鯢大者謂之鰕。

今鯢魚似鮎、四脚、前似獮猴、後似狗、聲如小兒啼、大者長八九尺、別名鰕、

魚枕謂之丁。

枕在魚頭骨中、形似篆書丁字、可作印、

魚腸謂之乙、魚尾謂之丙。

此皆似篆書字、因以名焉、禮記曰、魚去乙、然則魚之骨體盡似丙丁之屬、因形名之、

一曰神龜。

龜之最神明、

二曰靈龜。

涪陵郡出大龜、甲可以卜、緣中文似瑇瑁、俗呼爲靈龜、即今觜蠵龜、一名靈龜、能鳴、

三曰攝龜。

小龜也、腹甲曲折、解能自張閉、好食蛇、江東呼爲陵龜、○攝音涉

四曰寶龜。

書曰、遺我大寶龜、

五曰文龜。

甲有文彩者、河圖曰、靈龜負書、丹甲青文、

六曰筮龜。

常在蓍叢下潛伏、見龜策傳、

七曰山龜。八曰澤龜。九曰水龜。十曰火龜。

此皆說龜生之處所、火龜猶火鼠耳、物有含異氣者、不可以常理推、然亦無所怪、

釋鳥第十七

隹其鳺鴀。

今鵧鳩。○鵧方扶切鴀方浮切

鶌鳩，鶻鵃。似山鵲而小，短頸，青黑色，多聲。今江東亦呼爲鶻鵃。

鳲鳩，鴶鵴。今之布穀也，江東呼爲穫穀。○鳲音尸，鴶古八切，鵴音菊

鷑鳩，鵧鷑。小黑鳥，鳴自呼，江東名爲烏鵧。○鷑音及，鵧符悲切

鴡鳩，王鴡。鵰類，今江東呼之爲鶚，好在江渚山邊食魚。毛詩傳曰：鳥摯而有別。○鴡七徐反

鵅，鵋鵙。今江東呼鵂鶹爲鵋鵙，亦謂之鴝鵒。○鵅音格，鵋音忌，鵙音欺

鶅，鵵軌。未詳。○鵵音兔

鴗，天狗。小鳥也，青似翠，食魚，江東呼爲水狗。○鴗音立

鷚，天鸙。大如鷃雀，色似鶉，好高飛作聲，今江東名之曰天鷚。○鷚亡侯切，鸙音藥

鵱鷜，鵝。今之野鵝。○鵱音六，鷜力于切

鶬，麋鴰。今呼鶬鴰。○鴰古活切

鵅，烏鸔。水鳥也，似鶂而短頸，腹翅紫白，背上綠色，江東呼烏鸔。○鵅音洛，鸔音剝

舒鴈，鵝。禮記曰：出如舒鴈。今江東呼鴚。○鴚音加

舒鳧，鶩。鴨也。○鶩音木

鳽，鵁鶄。似鳧，脚高，毛冠，江東人家養之以厭火災。○鳽音肩，鵁音交，鶄音精

輿，鵛鷋。未詳。○鵛音經，鷋音徒

鵜，鴮鸅。今之鵜鶘也，好羣飛，沈水食魚，故名洿澤，俗呼之爲淘河。○鵜音啼，鴮音烏，鸅音澤

鶾，天雞。鶾雞赤羽，逸周書曰：文鶾若彩雞，成王時蜀人獻之。○鶾音汗

鷽，山鵲。

似鵲而有文彩、長尾、觜脚赤。○鸒音握

鷏，天狗。

鷏鷵也，江東呼之爲鷏，善捉雀，因名云。○鷏音淫

鸒，斯鵯，鴲。

未詳。

鶨，鵊老。

鴳鶨也，俗呼爲癡鳥。○鶨丑絹切，鵊巨炎切

扈，鴳。

今鴳雀。○扈音戸，鴳音晏

桑鳸，竊脂。

俗謂之青雀，觜曲，食肉，好盜脂膏，因名云。

鳭鷯，剖葦。

好剖葦皮，食其中蟲，因名云。江東呼蘆虎，似雀，青斑，長尾。○鷯力周切

桃蟲，鷦，其雌鴱。

鷦䳽，桃雀也，俗呼爲巧婦。○鴱音艾

鶠，鳳，其雌皇。

瑞應鳥，雞頭，蛇頸，燕頷，龜背，魚尾，五彩色，高六尺許。

鶅鶋，雝渠。

雀屬也，飛則鳴，行則搖。

鷽，斯鵯，鴲。

鴉烏也，小而多羣，腹下白，江東亦呼爲鵯烏。○鷽音預，鵯音匹

燕，白脰烏。

脰，頸。○脰音豆

鴽，鴾母。

䳺也，青州呼鴾母。○鴽音如，鴾音謀

密肌，繫英。

釋蟲已有此名，疑誤重。

巂周。

子巂鳥，出蜀中。○巂音攜

燕燕，鳦。

詩云：燕燕于飛，一名玄鳥，齊人呼鳦。○鳦音乙

鴟鴞，鸋鴂。

鴟類。○鴟尺之切，鴞音逄，鸋音寧，鴂音決

狂，茅鴟。

今鶶鴟也，似鷹而白。

怪鴟。

卽鵋鵅也，見廣雅。今江東通呼此屬爲怪鳥。

梟，鴟。 土梟。○梟音嬌

鶅，劉疾。 未詳。○鶅音皆

生哺，鷇。 鳥子須母食之。○鷇古候切

生噣，雛。 能自食。○噣音豕，雛仕俱切

爰居，雜縣。 國語曰：海鳥爰居。漢元帝時，琅邪有大鳥如馬駒，時人謂之爰居。

春鳸，鳻鶞；夏鳸，竊玄；秋鳸，竊藍；冬鳸，竊黃；桑鳸，竊脂；棘鳸，竊丹；行鳸，唶唶；宵鳸，嘖嘖。 諸鳸皆因其毛色音聲以爲名。竊藍，青也。○鳻音汾，鶞勑倫切，唶音卽，嘖音責

鵖鴔，戴鵀。 鵀卽頭上勝，今亦呼爲戴勝。鵖鴔猶鶝鷑，語聲轉耳。○鵖彼及切，鴔皮及切，鵀女金切

鶭，澤虞。 今婟澤鳥，似水鴞，蒼黑色，常在澤中，見人輒鳴喚不去，有象主守之官，因名云。俗呼爲護田鳥。○鶭孚往切

鶿，鷧。 卽鸕鶿也，觜頭曲如鉤，食魚。○鶿音慈，鷧於計切

鷯，鶉。其雄鶛，牝痺。 鶉鷃屬。○痺音脾

鸍，沈鳧。 似鴨而小，長尾，背上有文。今江東亦呼爲鸍。○鸍音施

鴢，頭鵁。 似鳧，脚近尾，略不能行。江東謂之魚鵁，音髐箭。○鴢音拗，鵁許交切

鵽鳩，寇雉。 鵽大如鴿，似雌雉，鼠脚，無後指，岐尾。爲鳥憨急，羣飛，出北方沙漠地。○鵽丁括切

萑，老鵵。 木兔也，似鴟鵂而小，兔頭，有角，毛脚，夜飛，好食雞。○萑音丸

鶟，鶦鳥。 似雉，青身，白頭。○鶟音突，鶦音胡

狂，䴦鳥。 狂鳥，五色，有冠，見山海經。

皇，黃鳥。 俗呼黃離留，亦名摶黍。

翠，鷸。似燕，紺色，生鬱林。○鷸音聿

鸀，山烏。似烏而小，赤觜，穴乳，出西方。○鸀音蜀

蝙蝠，服翼。齊人呼爲蟙䘃，或謂之仙鼠。

晨風，鸇。鷂屬。詩曰鴥彼晨風。○鸇之然切

鸉，白鷢。似鷹，尾上白。○鷢巨月切

寇雉，泆泆。卽鴔鷄也。

鷏，蟁母。似烏鸅而大，黃白雜文，鳴如鴿聲，今江東呼爲蚊母。俗說此鳥常吐蚊，因以名云。○鷏音田，蟁音文

鷉，須鸁。鷉，鸊鷉，似鳧而小，膏中瑩刀。○鷉音梯，鸁音螺

鼯鼠，夷由。狀如小狐，似蝙蝠，肉翅，翅尾項脅毛紫赤色，背上蒼艾色，腹下黃，喙頷雜白，脚短，爪長，尾三尺許，飛且乳，亦謂之飛生，聲如人呼，食火烟，能從高赴下，不能從下上高。○鼯音吾

倉庚，商庚。卽鵹黃也。

鴩，餔枝。未詳。○鴩大結反，餔音步，枝音跂

鷹，鶆鳩。鶆當爲鷞字之誤耳，左傳作鷞鳩是也。○鷹音鶯，鶆音來

鶼鶼，比翼。說已在上。

鵹黃，楚雀。卽倉庚也。○鵹音離

鴷，斲木。口如錐，長數寸，常斲樹食蟲，因名云。○鴷音列

鸄，鶶鷵。似烏，蒼白色。○鸄音激，鶶音唐，鷵音徒

鸕，諸雉。未詳。或云卽今雉。

鷺，舂鉏。

白鷺也頭翅背上皆有長翰毛、今江東人取以爲睫𣰽名之曰白鷺縗。○鉏音鋤

鷂雉。青質五彩。○鷂音遙

鷮雉。卽鷮雞也、長尾、走且鳴。○鷮音驕

鳪雉。黃色、鳴自呼。○鳪音卜

鷩雉。似山雞而小冠、背毛黃、腹下赤、項綠色鮮明。

秩秩海雉。如雉而黑、在海中山上。

鸐山雉。長尾者。○鸐音狄

雗雉鵫雉。今白鵫也、江東呼白雗、亦名白雉。○雗音汗鵫丁罩切

雉絶有力奮。最健鬬。

伊洛而南素質五彩皆備成章曰翬。翬亦雉屬、言其毛色光鮮。○翬音暉

江淮而南青質五彩皆備成章曰鷂。卽鷂雉也。

南方曰𠷎東方曰鶅北方曰鵗西方曰鷷。説四方雉之名。○𠷎音儔鶅音緇鵗音希鷷音尊

鳥鼠同穴其鳥爲鵌其鼠爲鼵。鼵如人家鼠而短尾、鵌似鵽而小、黃黑色、穴入地三四尺、鼠在內、鳥在外、今在隴西首陽縣鳥鼠同穴山中、孔氏尚書傳云、共爲雄雌、張氏地里記云、不爲牝牡。○鵌音徒鼵音突

鸛鷒鶝鶔如鵲短尾射之銜矢射人。或說曰、鸛鷒、鶝鶔、一名孆羿。○鸛音歡鷒音團鶝音福鶔音柔射食亦切

鵲鵙醜其飛也翪。竦翅上下。○翪音宗

鳶烏醜其飛也翔。布翅翺翔。○鳶音玄

鷹隼醜其飛也翬。鼓翅翬翬然疾。

鳧鴈醜其足蹼。脚指間有幕蹼屬相著。○蹼音卜

其踵企。飛即伸其脚跟企直。

烏鵲醜，其掌縮。飛縮脚腹下。

亢，鳥嚨。嚨謂喉嚨。亢即咽。○亢，戶郎切

其粻，嗉。嗉者受食之處，別名嗉。今江東呼粻。○嗉音素

鶉子，鳼；鴽子，鸋。別鴽鶉鶵之名。○鳼音文

雉之暮子為鷚。晩生者，今呼少雞為鷚。○鷚，力救切

鳥之雌雄不可別者，以翼右掩左，雄；左掩右，雌。

鳥少美長醜為鶹鷅。鶹鷅猶留離，詩所謂留離之子。○長，丁丈切。鶹音留，鷅音栗

二足而羽謂之禽，四足而毛謂之獸。

鵙，伯勞也。似鶷鶡而大。左傳曰：伯趙氏。○鵙，工役切

倉庚，鵹黃也。其色鵹黑而黃，因以名云。○鵹，力知切

爾雅卷十終

爾雅卷十一

晉著作郎弘農太守聞喜郭璞註

皇明後學東吳金蟠訂

釋獸第十八

麋牡麔。牝麎。其子麇。國語曰獸長麛麇。○麔音咎。麎音辰。麇于兆切

其跡躔。脚所踐處。

絕有力狄。

鹿牡麚。牝麀。其子麛。其跡速。絕有力麉。○麚音加。麀於牛切。麛音迷。麉音堅

麕牡麌。詩曰麀鹿麌麌。鄭康成解即謂此也。但重言耳。○麕音君。麌魚矩切

牝麜。其子麆。其跡解。絕有力豣。○麜音栗。麆音助。豣五見切

狼牡獾。牝狼。其子獥。絕有力迅。○獥音亦

兔子嬎。俗呼曰䴢。○嬎芳萬切

其跡迒。絕有力欣。○迒音剛

豕子豬。今亦曰彘。江東呼豨。皆通名。

䝐豶。俗呼小豶豬為䝐子。○䝐音偉。豶音墳

幺幼。最後生者俗呼為幺豚。○幺音腰

奏者豱。今豱豬短頭。皮理腠蹙。○奏音腠。豱音溫

豕生三豵。二師。一特。豬生子常多。故別其少者之名。○豵音宗

所寢檜。檜其所臥蓐。○檜音繪

四豴皆白豥。詩云有豕白蹢。蹢蹄也。○豴音滴。豥音垓

其跡刻。絕有力豟。

卽豕高五尺者。○豟音厄

牝豝。

詩云壹發五豝。○豝音巴

虎竊毛謂之虦貓。

竊淺也。詩曰有貓有虎。

貘白豹。

似熊小頭庳脚黑白駁能舐食銅鐵及竹骨骨節強直中實少髓皮辟濕或曰豹白色者別名貘。○貘音陌

甝白虎。

漢宣帝時南郡獲白虎獻其皮骨爪牙。○甝音含

虪黑虎。

晉永嘉四年建平秭歸縣檻得之狀如小虎而黑毛深者為斑山海經云幽都山多玄虎玄豹也。○虪式六切

貀無前足。

晉太康七年召陵扶夷縣檻得一獸似狗豹文有角兩足卽此種類也或說貀似虎而黑無前兩足。○貀女滑切

鼳鼠身長須而賊秦人謂之小驢。

鼳似鼠而馬蹄一歲千斤為物殘賊。○鼳古役切

熊虎醜其子狗絕有力麙。

律曰捕虎一購錢三千其狗半之。○麙音巖

貍子隸。

今或呼豾貍。○隸音曳

貈子貆。

其雌者名䝫今江東呼貉為狭㹮。○貈乎各切貆音丸

貒子貗。

貒豚也一名貛。○貒音湍貗其禹切

貔白狐其子豰。

一名執夷虎豹之屬。○貔音毗豰火卜切

麝父麕足。

脚似麕有香。○父音甫

豺狗足。

脚似狗。

貙獌似貍。

今山民呼貙虎之大者為貙豻。○貙音樞獌音萬豻音岸

羆如熊黃白文。

似熊而長頭高脚猛憨多力能拔樹木關西呼曰豭羆。

麢大羊。

麢羊似羊而大角圓銳好在山崖間。○麢音零

麐大麕牛尾一角。

漢武帝郊雍得一角獸若麃然謂之麟者、此是也。麃卽麞。○麠音京。麃音炮

麂大麃。旄毛狗足。

旄毛、猥長。○麂音几。旄音帽

魋如小熊。竊毛而黃。

今建平山中有此獸、狀如熊而小、毛麤淺赤黃色、俗呼為赤熊。○魋音頹

猰貐類貙。虎爪。食人。迅走。

迅疾。○猰烏八切。貐羊玉切

狻麑如虦貓。食虎豹。

卽獅子也。出西域。漢順帝時疏勒王來獻犎牛及獅子。穆天子傳曰、狻猊日走五百里。

驨如馬。一角。不角者騏。

元康八年、九真郡獵得一獸、大如馬、一角、角如鹿茸、此卽驨也。今深山中人時或見之、亦有無角者。○驨胡圭切

羱如羊。

羱羊、似吳羊而大角、角橢、出西方。○羱音元

麐麕身。牛尾。一角。

角頭有肉。公羊傳曰、有麐而角。○麐音隣

猶如麂。善登木。

健上樹。○麂音几

貄。脩毫。

毫毛長。○貄音四

貙似貍。

今貙虎也、大如狗、文如貍。

兕似牛。

一角青色、重千斤。

犀似豕。

形似水牛、豬頭、大腹、庳腳、腳有三蹄、黑色、三角、一在頂上、一在額上、一在鼻上、鼻上者卽食角也、小而不橢、好食棘、亦有一角者。○橢音墮

彙。毛刺。

今蝟、狀似鼠。○彙音謂。刺音次

狒狒如人。被髮。迅走。食人。

梟羊也。山海經曰、其狀如人、面長脣黑、身有毛、反踵、見人則笑。交廣及南康郡山中亦有此物、大者長丈許、俗呼之曰山都。○狒音費。被音備

貍狐貒貈醜。其足蹯。

皆有掌蹯。○蹯音煩

其跡厹。

厹、指頭處。○厹音鈕

蒙頌。猱狀。

卽蒙貴也、狀如蜼而小、紫黑色、可畜、健捕鼠、勝於貓、九眞日南皆出之、猱亦獼猴之類、○猱奴刀切

猱蝯善援。 便攀援、○蝯音猿

貜父善顧。 貑貜也、似獼猴而大、色蒼黑、能貜持人、好顧盼、○貜音钁父音甫

威夷長脊而泥。 泥、少才力、

麔麚短脰。 脰、項、

贙有力。 出西海、大秦國有養者、似狗、多力、獷惡、○贙音鉉

豦迅頭。 今建平山中有豦、大如狗、似獼猴、黃黑色、多髯鬣、好奮迅其頭、能舉石擿人、貜類也、○豦音據

蜼卬鼻而長尾。 蜼似獼猴而大、黃黑色、尾長數尺、似獺尾、末有岐、鼻露向上、雨卽自縣於樹、以尾塞鼻、或以兩指、江東人亦取養之、爲物捷健、○蜼音誄

時善乘領。 好登山峯、○乘音承

猩猩小而好啼。 山海經曰、人面豕身、能言語、今交趾封谿縣出猩猩、狀如貛㹠、聲似小兒啼、

闕洩多狃。 說者云脚饒指、未詳、○闕其越切狃音紐

寓屬

鼢鼠。 地中行者、○鼢音憤

鼸鼠。 以頰裏藏食、○鼸故忝切

鼷鼠。 有螫毒者、○鼷音奚

鼶鼠。 夏小正曰鼶鼬則穴、○鼶音斯

鼬鼠。 今鼬似鼦、赤黃色、大尾、啖鼠、江東呼爲鼪、○鼬音佑鼪音牲

鼩鼠。 小鼱鼩也、亦名鼨鼩、○鼩音劬

鼭鼠。

未詳、

鼣鼠。山海經說獸云、狀如鼣鼠然形則未詳。○鼭音時鼣音吠

鼫鼠。形大如鼠頭似兔尾有毛青黃色好在田中食粟豆關西呼爲鼩鼠見廣雅。○鼫音石鼩音瞿

鼤鼠鼨鼠。皆未詳。○鼤音問鼨音終

豹文鼮鼠。鼠文彩如豹者漢武帝時得此鼠孝廉郎終軍知之賜絹百匹。○鼮音廷

鼰鼠。今江東山中有鼰鼠狀如鼠而大蒼色在樹木上、音巫覡。○鼰南見切

鼠屬

牛曰齝。食之已久復出嚼之。○齝丑之切

羊曰齥。今江東呼齝爲齥。○齥音泄

麋鹿曰齸。江東名咽爲齸齸者齝食之所在依名云。○齸音益

鳥曰嗉。咽中裹食處、

寓鼠曰嗛。頰裏貯食處寓謂獼猴之類寄寓木上、

齸屬

獸曰釁。自奮迅動作。○釁許刃切

人曰撟。頻伸夭撟。○撟紀小切

魚曰須。鼓顋須息、

鳥曰狊。張兩翅皆氣體所須。○狊古闃切

須屬

釋畜第十九

騊駼馬。山海經云、北海有獸狀如馬名騊駼色青。○騊音陶駼音徒

野馬。

如馬而小、出塞外、

駮如馬。倨牙食虎豹。

山海經云有獸名駮、如白馬、黑尾、倨牙、音如鼓、食虎豹。○倨音鋸

騉蹄趼善陞甗。

甗山形似甑、上大下小、騉蹄、蹄如趼而健上山、秦時有騉蹄苑。○騉音昆趼五見切甗言蹇切

騉駼枝蹄趼善陞甗。

騉駼亦似馬而牛蹄、

小領盜驪。

穆天子傳曰天子之駿盜驪綠耳、又曰右服盜驪盜驪千里馬、

絕有力駥。

卽馬高八尺、○駥音戎

膝上皆白惟馵。四骹皆白驓。

骹膝下也、○馵音注骹音敲驓音繒

四蹢皆白首。

俗呼為踏雪馬、

前足皆白騱。後足皆白翑。前右足白啓。

左傳曰啓服、○騱音奚翑音劬

左白踦。

前左腳白、○踦音欺

後右足白驤。左白馵。

後左腳白、易曰震為馵足、○驤音箱

駵馬白腹騵。

駵赤色黑鬣、○駵音留騵五官切

驪馬白跨驈。

驪黑色、跨髀間、○驈音聿

白州驠。

州竅、○驠音晏

尾本白騴。

尾株白、○騴音晏

尾白駺。

但尾毛白、○駺音郎

馰顙白顛。

戴星馬也、○馰音的

白達素縣。

素鼻莖也、俗所謂漫驢徹齒、○縣音玄

面顙皆白惟駹。

顙額、○駹音龍

回毛在膺。宜乘。樊光云、俗呼之官府馬、伯樂相馬灋、旋毛在腹下如乳者、千里馬、

在肘後。減陽。在幹。茀方。幹、脅、○減古湛切

在背。闋廣。皆別旋毛所在之名、○闋音缺、廣音光

逆毛。居馻。馬毛逆刺、○馻音兖

騋牝、驪牡。詩云、騋牝三千、馬七尺以上為騋、見周禮

玄駒。褭驂。玄駒、小馬、別名褭驂耳、或曰、此即騕褭、古之良馬名、○褭奴了切、驂音參

牡曰騭。今江東呼駁馬為騭、○騭音質

牝曰騇。草馬名、○騇音舍

驪白。駁。黃白。騜。

詩曰、騜駁其馬、

騵馬黃脊。騝。驪馬黃脊。騽。皆背脊毛黃、○騝音虔、騽音習

青驪。駽。今之鐵驄、○駽呼縣切

青驪驎。驒。色有深淺、斑駁隱粼、今之連錢驄、○驎良刃切、驒音陀

青驪繁鬣。騥。禮記曰、周人黃馬繁鬣、繁鬣、兩被毛、或云美髦鬣、○鬣音獵、騥音柔

驪白雜毛。駂。今之烏驄、○駂音保

黃白雜毛。駓。今之桃華馬、○駓音皮

陰白雜毛。駰。陰、淺黑、今之泥驄、○駰乙巾切

蒼白雜毛。騅。詩曰、有騅有駓、

彤白雜毛。騢。

卽今之赭白馬，形赤。○駁音邈

白馬黑鬣，駱。

禮記曰，夏后氏駱，馬黑鬣

白馬黑脣，駩。黑喙，騧。

今之淺黃色者爲騧馬。○騧音瓜

一目白，瞷。二目白，魚。

似魚目也。詩曰，有驔有魚。○瞷音閑

旣差我馬，差，擇也。宗廟齊毫。

尚純。○差音叉

戎事齊力。

尚強。

田獵齊足。

尚疾。

馬屬

犘牛。

出巴中，重千斤。○犘音麻

犦牛。

卽犎牛也。領上肉犦胅起，高二尺許，狀如槖駝，肉鞍一邊，健行者日三百餘里。今交州合浦徐聞縣出此牛。○犦音雹

犤牛。

犤牛，庳小，今之㹀牛也。又呼果下牛，出廣州高涼郡。○犤音悲

犩牛。

卽犪牛也。如牛而大，肉數十斤，出蜀中。山海經曰，岷山多犪牛。○犩音危

犣牛。

旄牛也。髀、膝、尾皆有長毛。○犣音獵

犝牛。

今無角。○犝音童

犑牛。

未詳。○犑古覓切

角一俯一仰，觭。

牛角低仰。○觭音欺

皆踊，觢。

今豎角牛。○觢音誓

黑脣，犉。

毛詩傳曰，黃牛黑脣。此宜通謂黑脣牛。○犉閏旬切

黑眥，牰。

眼眥黑。○眥才細切，牰音袖

黑耳，犚。黑腹，牧。黑腳，犈。皆別牛黑所在之名、○犚音尉犈音權

其子，犢。今青州呼犢爲㸬、

體長，犌。長身者、○犌音貝

絕有力，欣犌。○犌音加

牛屬

羊，牡羒。謂吳羊白羒、○羒音墳

牝，牂。詩曰、牂羊墳首、○牂音臧

夏羊。黑羖䍽、

牡，羭。黑羝也、歸藏曰、兩壺兩羭、○羭音俞

牝，羖。今人便以牂羖爲白黑羊名、○羖音古

角不齊，觤。一短一長、○觤音鬼

角三觠，羷。觠角三匝、○觠音權羷音險

羳羊，黃腹。腹下黃、○羳音煩

未成羊，羜。俗呼五月羔爲羜、○羜直呂切

絕有力，奮。

羊屬

犬生三，猣；二，師；一，玂。此與豬生子義同、名亦相出入、○猣音宗玂音祈

未成豪，狗。狗子未生幹毛者、

長喙，獫。短喙，猲獢。詩曰、載獫猲獢、○獫力驗切猲音歇獢虛嬌切

絕有力，狣。尨，狗也。

詩曰無使尨也吠。○狣音兆

狗屬

雞大者蜀。今蜀雞。

蜀子雓。雞子名。○雓音餘

未成雞僆。江東呼雞少者曰僆。○僆音練

絕有力奮。

諸物有氣力多者無不健自奮迅故皆以名云。

雞屬

馬八尺為駥。周禮曰馬八尺已上為駥。○駥音戎

牛七尺為犉。詩曰九十其犉亦見尸子。○犉閏旬切

羊六尺為羬。尸子曰大羊為羬六尺。○羬五咸切

彘五尺為豟。尸子曰大豕為豟五尺今漁陽呼豬大者為豟。○彘音滯豟音厄

狗四尺為獒。公羊傳曰靈公有害狗謂之獒也尚書孔氏傳曰犬高四尺曰獒即此義。○獒五刀切

雞三尺為鶤。陽溝巨鶤古之名雞。○鶤音昆

爾雅卷十一終

論語序

叙曰漢中壘校尉劉向言魯論語二十篇皆孔子弟子記諸善言也太子太傅夏侯勝前將軍蕭望之丞相韋賢及子玄成等傳之齊論語二十二篇其二十篇中章句頗多於魯論琅邪王卿及膠東庸生昌邑中尉王吉皆以教授故有魯論有齊論魯共王時嘗欲以孔子宅爲宮壞得古文論語齊論有問王知道多於魯論二篇古論亦無此二篇分堯曰下章子張問以爲一篇有兩子張凡二十一篇篇次不與齊魯論同安昌侯張禹本受魯論兼講齊說善者從之號曰張侯論爲世所貴包氏周氏章句出焉古論唯博士孔安國爲之訓解而世不傳至順帝時南郡太守馬融亦爲之訓說漢末大司農鄭玄就魯論篇章考之齊古爲之註近故司空陳羣太常王肅博士周生烈皆爲義說前世傳授師說雖有異同不爲訓解中間爲之訓解至于今多矣所見不同互有得失今集諸家之善記其姓名有不安者頗爲改易名曰論語集解光祿大夫關內侯臣孫邕光祿大夫臣鄭沖散騎常侍中領軍安鄉亭侯臣曹羲侍中臣荀顗尚書駙馬都尉關內侯臣何晏等上

論語序終

論語目錄

論語目録終

古註論語姓氏攷

劉向

向字子政高祖少弟楚元王之後本名更生成帝卽位更名向專精經術成帝詔較經傳諸子詩賦每書條其篇目撮其指意錄而奏之著別錄新序說苑

夏侯勝

勝字長公東平人好學善說禮服宣帝時勝以尚書授太后遷長信少府坐議廟樂下獄繫再更冬赦出爲諫大夫復爲長信少府遷太子太傅受詔撰尚書論語說賜黃金百斤年九十卒太后賜錢二百萬爲勝素服五日以報師傅之恩儒者榮之

蕭望之

望之字長倩東海蘭陵人從夏侯勝問論語禮服累遷諫大夫代丙吉爲御史大夫左遷太子太傅元帝時爲弘恭石顯等所害天子聞之卻食涕泣哀慟左右

韋賢

賢字長孺魯國鄒人篤學兼通禮尚書以詩教授稱鄒魯大儒本始三年爲丞相封扶陽侯

韋玄成

玄成字少翁韋賢之少子復以明經歷至丞相謚共侯

王卿

按天漢元年卿由濟南太守爲御史大夫

庸生

按生名譚生蓋古謂有德者也

王吉

吉字子陽琅邪皐虞人少好學明經以郡吏舉孝廉爲郎補若盧丞遷滎陽令舉賢良爲昌邑中尉

張禹

禹字子文河內軹人從沛郡施讎受易王陽庸生問論語舉爲郡文學試博士初元中禹授太子論語遷光祿大夫成帝卽位以師賜爵關內侯給事中領尚書事爲丞相封安昌侯

包咸

按咸字子良會稽曲阿人少爲諸生倡魯詩論語舉孝廉除郎中建武中入授皇太子論語又爲其章句拜諫議大夫永平五年拜大鴻臚

周氏

不詳

孔安國

詳見總目

馬融

融字季長扶風茂陵人永初中爲校書郎陽嘉二年拜議郎轉武都太守三遷爲南郡太守註孝經論語詩易尚書三禮

鄭玄

詳見總目

陳羣

按群字長文頴川許昌人魏祖辟爲司空西曹屬文帝時遷尚書僕射明帝時進封頴陰侯爲司空

王肅

肅字子雝東海蘭陵人魏衛將軍太常蘭陵景侯註尚書禮喪服論語孔子家語述毛詩註作聖證論難

周生烈

一按生烈燉煌人字文逸本姓唐魏博士侍中

孫邕

按邕字宗儒樂安青州人仕魏至光祿大夫關內侯

鄭沖

沖字文和滎陽開封人寒微立操魏文帝爲太子命爲文學累遷尚書郎出補陳留太守轉散騎常侍光祿勳

曹羲

羲沛國譙人魏宗室曹爽之弟

荀顗

顗字景倩荀彧之子性至孝總角知名咸熙中爲司空

何晏

晏字平叔南陽宛人何進之孫爲吏部尚書尚公主著述凡數十篇

崇禎己卯仲冬東吳金蟠錄

古註論語姓氏攷

論語卷一

魏尚書駙馬都尉關內侯南陽何　晏集解

皇明　後　學　東吳金　蟠較訂

學而第一

子曰學而時習之不亦說乎。馬曰子者男子之通稱謂孔子也王曰時者學者以時誦習之誦習以時學無廢業所以為說懌

有朋自遠方來不亦樂乎。包曰同門曰朋

人不知而不慍不亦君子乎。慍怒也凡人有所不知君子不怒

有子曰其為人也孝弟而好犯上者鮮矣。孔子弟子有若鮮少也上謂凡在己上者言孝弟之人必恭順好欲犯其上者少也

不好犯上而好作亂者未之有也君子務本本立而道生。本基也基立而後可大成

孝弟也者其為仁之本與。先能事父兄然後仁道可大成

子曰巧言令色鮮矣仁。包曰巧言好其言語令色善其顏色皆欲令人說之少能有仁也

曾子曰。馬曰弟子曾參

吾日三省吾身為人謀而不忠乎與朋友交而不信乎傳不習乎。言凡所傳之事得無素不講習而傳之

子曰道千乘之國。馬曰道謂為之政教司馬法六尺為步步百為畝畝百為夫夫三為屋屋三為井井十為通通十為成成出革車一乘然則千乘之賦其地千成居地方三百一十六里有畸唯公侯之封乃能容之雖大國之賦亦不是過焉包曰道治也千乘之國者百里之國也古者井田方里為井十井為乘百里之國適千乘也融依周禮包依王制孟子義疑故兩存焉

敬事而信。包曰為國者舉事必敬慎與民必誠信

節用而愛人。包曰節用不奢侈國以民為本故愛養之

使民以時。包曰作事使民必以其時不妨奪農務

子曰弟子入則孝出則弟謹而信汎愛眾而親仁行有餘力則以學文。馬曰文者古之遺文

子夏曰。賢賢易色。

孔曰。子夏弟子卜商也。言以好色之心好賢則善。

事父母能竭其力。事君能致其身。

孔曰。盡忠節不愛其身。

與朋友交言而有信。雖曰未學。吾必謂之學矣。

子曰。君子不重則不威。學則不固。

孔曰。固蔽也。一曰。言人不能敦重。既無威嚴。學又不能堅固識其義理。

主忠信。無友不如己者。過則勿憚改。

鄭曰。主親也。憚難也。

曾子曰。愼終追遠。民德歸厚矣。

孔曰。愼終者。喪盡其哀。追遠者。祭盡其敬。君能行此二者。民化其德。皆歸於厚也。

子禽問於子貢曰。夫子至於是邦也。必聞其政。求之與。抑與之與。

鄭曰。子禽弟子陳亢也。子貢弟子姓端木名賜。亢怪孔子所至之邦必與聞其國政。求而得之耶。抑人君自願與之爲治。

子貢曰。夫子溫良恭儉讓以得之。夫子之求之也。其諸異乎人之求之與。

鄭曰。言夫子行此五德而得之。與人求之異。明人君自與之。

子曰。父在觀其志。父沒觀其行。

孔曰。父在子不得自專。故觀其志而已。父沒乃觀其行。

三年無改於父之道。可謂孝矣。

孔曰。孝子在喪哀慕猶若父存。無所改於父之道。

有子曰。禮之用和爲貴。先王之道斯爲美。小大由之。有所不行。知

馬曰。人知禮貴和。而每事從和。不以禮爲節。亦不可行。

和而和。不以禮節之。亦不可行也。

有子曰。信近於義。言可復也。

復猶覆也。義不必信。信非義也。以其言可反覆。故曰近義。

恭近於禮。遠恥辱也。

恭不合禮。非禮也。以其能遠恥辱。故曰近禮也。

因不失其親。亦可宗也。

孔曰。因親也。言所親不失其親。亦可宗敬。

子曰。君子食無求飽。居無求安。

鄭曰。學者之志有所不暇。

敏於事而愼於言。就有道而正焉。可謂好學也已。

孔曰。敏疾也。有道。有道德者。正謂問其是非。

子貢曰。貧而無諂。富而無驕。何如。子曰。可也。

孔曰。未足多。

未若貧而樂。富而好禮者也。

鄭曰樂謂志於道不以貧為憂苦

子貢曰詩云如切如磋如琢如磨其斯之謂與

孔曰能貧而樂道富而好禮者能自切磋琢磨

子曰賜也始可與言詩已矣告諸往而知來者

孔曰諸之也子貢知引詩以成孔子義善取類故然之往告之以貧而樂道來答以切磋琢磨

子曰不患人之不己知患不知人也

論語卷一終

論語卷二

魏尚書駙馬都尉關內侯南陽何　晏集解

明　後　學　東吳葛　鼒較訂

為政第二

子曰為政以德譬如北辰居其所而眾星共之

包曰德者無為猶北辰之不移而眾星共之

子曰詩三百

孔曰篇之大數

一言以蔽之

包曰蔽猶當也

曰思無邪

包曰歸於正

子曰道之以政齊之以刑民免而無恥

孔曰政謂法教馬曰齊整之以刑罰孔曰免苟免

道之以德

包曰德謂道德

齊之以禮有恥且格

格正也

子曰吾十有五而志于學三十而立

有所成也

四十而不惑

孔曰不疑惑

五十而知天命六十而耳順七十而從心所欲不踰矩

孔曰知天命之始終鄭曰耳聞其言而知其微旨馬曰矩法也從心所欲無非法

孟懿子問孝

孔曰魯大夫仲孫何忌懿謚也

子曰無違樊遲御子告之曰孟孫問孝於我我對曰無違

鄭曰恐孟孫不曉無違之意將問於樊遲故告之樊遲弟子樊須

樊遲曰何謂也子曰生事之以禮死葬之以禮祭之以禮

孟武伯問孝子曰父母唯其疾之憂

馬曰武伯懿子之子仲孫彘武謚也言孝子不妄為非唯疾病然後使父母憂

子游問孝

孔曰子游弟子姓言名偃

子曰今之孝者是謂能養至於犬馬皆能有養不敬何以別乎

包曰犬以守禦馬以代勞皆養人者一曰人之所養乃至於犬馬不敬則無以別孟子曰食而不愛豕畜之愛而不敬獸畜之

子夏問孝子曰色難

包曰色難者謂承順父母顏色乃為難

有事弟子服其勞有酒食先生饌

馬曰先生謂父兄饌飲食也

曾是以為孝乎

馬曰孔子喻子夏服勞先食汝謂此為孝乎未孝也承順父母顏色乃為孝也

子曰吾與回言終日不違如愚

孔曰回弟子姓顏名回字子淵魯人也不違者無所怪問於孔子之言默而識之如愚

退而省其私亦足以發回也不愚

孔曰察其退還與二三子說釋道義發明大體知其不愚

子曰視其所以觀其所由察其所安人焉廋哉人焉廋哉

以用也言視其所行用由經也言觀其所經從孔曰廋匿也言觀人終始安所匿其情

子曰溫故而知新可以為師矣

溫尋也尋繹故者又知新者可以為師矣

子曰君子不器

包曰器者各周其用至於君子無所不施

子貢問君子子曰先行其言而後從之

孔曰疾小人多言而行之不周

子曰君子周而不比小人比而不周

孔曰忠信爲周、阿黨爲比、

子曰學而不思則罔。

包曰學不尋思其義則罔然無所得、

思而不學則殆。

不學而思終卒不得、徒使人精神疲殆、

子曰攻乎異端斯害也已。

攻治也、善道有統、故殊塗而同歸、異端不同歸也、

子曰由誨汝知之乎。知之爲知之。不知爲不知。是知也。

孔曰弟子姓仲名由字子路、

子張學干祿

鄭曰弟子姓顓孫名師字子張、干求也、祿祿位也、

子曰多聞闕疑愼言其餘則寡尤。

包曰尤過也、疑則闕之、其餘不疑猶愼言之、則少過、

多見闕殆愼行其餘則寡悔。

包曰殆危也、所見危者闕而不行、則少悔、

言寡尤行寡悔祿在其中矣。

鄭曰言行如此、雖不得祿、亦同得祿之道、

哀公問曰何爲則民服。

包曰哀公魯君諡、

孔子對曰舉直錯諸枉則民服。

包曰錯置也、舉正直之人用之、廢置邪枉之人、則民服其上、

舉枉錯諸直則民不服。

季康子問使民敬忠以勸如之何。子曰臨之以莊則敬。

孔曰魯卿季孫肥、康諡、包曰莊嚴也、君臨民以嚴、則民敬其上、

孝慈則忠。

包曰君能上孝於親、下慈於民、則民忠矣、

舉善而教不能則勸。

包曰舉用善人而教不能者、則民勸勉、

或謂孔子曰子奚不爲政。

包曰或人以爲居位乃是爲政、

子曰書云孝乎惟孝友于兄弟。施於有政。是亦爲政。奚其爲爲政。

包曰孝乎惟孝、美大孝之辭、友於兄弟、善於兄弟、施行也、所行有政道、與爲政同、

子曰人而無信。不知其可也。

孔曰言人而無信、其餘終無可、

大車無輗小車無軏其何以行之哉。

包曰大車牛車輗者轅端橫木以縛軛小車駟馬車軏者轅端上曲鉤衡

子張問十世可知也

孔曰文質禮變

子曰殷因於夏禮所損益可知也周因於殷禮所損益可知也

馬曰所因謂三綱五常所損益謂文質三統

其或繼周者雖百世可知也

物類相召世數相生其變有常故可預知

子曰非其鬼而祭之諂也

鄭曰人神曰鬼非其祖考而祭之者是諂求福

見義不爲無勇也

孔曰義所宜爲而不能爲是無勇

論語卷二終

論語卷三

魏尚書駙馬都尉關內侯南陽何晏集解

皇明　後學　東吳金蟠較訂

八佾第三

孔子謂季氏八佾舞於庭是可忍也孰不可忍也

馬曰孰誰也佾列也天子八佾諸侯六卿大夫四士二八人爲列八八六十四人魯以周公故受王者禮樂有八佾之舞季桓子僭於其家廟舞之故孔子譏之

三家者以雍徹

馬曰三家謂仲孫叔孫季孫雍周頌臣工篇名天子祭於宗廟歌之以徹祭今三家亦作此樂

子曰相維辟公天子穆穆奚取於三家之堂

包曰辟公謂諸侯及二王之後穆穆天子之容貌雍篇歌此者有諸侯及二王之後來助祭故也今三家但家臣而已何取此義而作之於堂邪

子曰人而不仁如禮何人而不仁如樂何

包曰言人而不仁必不能行禮樂

林放問禮之本

鄭曰林放魯人

子曰大哉問禮與其奢也寧儉喪與其易也寧戚

包曰易和易也言禮之本意失於奢不如儉喪失於和易不如哀戚

子曰。夷狄之有君。不如諸夏之亡也。

包曰、諸夏、中國、亡、無也、

季氏旅於泰山。子謂冉有曰。女弗能救與。

馬曰、旅、祭名也、禮、諸侯祭山川在其封內者、今陪臣祭泰山、非禮也、冉有、弟子冉求、時仕於季氏、救、猶止也、

對曰。不能。子曰。嗚呼。曾謂泰山不如林放乎。

包曰、神不享非禮、林放尚知問禮、泰山之神、反不如林放邪、欲誣而祭之、

子曰。君子無所爭。必也射乎。

孔曰、言於射而後有爭、

揖讓而升下。而飲。其爭也君子。

王曰、射於堂、升及下皆揖讓而相飲、馬曰、多筭飲少筭、君子之所爭、

子夏問曰。巧笑倩兮。美目盼兮。素以爲絢兮。何謂也。

馬曰、倩、笑貌、盼、動目貌、絢、文貌、此上二句、在衛風碩人之二章、其下一句、逸也、

子曰。繪事後素。

鄭曰、繪、畫文也、凡繪畫、先布衆色、然後以素分布其間、以成其文、喻美女雖有倩盼美質、亦須禮以成之、

曰。禮後乎。

孔曰、孔子言繪事後素、子夏聞而解、知以素喻禮、故曰禮後乎、

子曰。起予者商也。始可與言詩已矣。

包曰、予、我也、孔子言子夏能發明我意、可與共言詩、

子曰。夏禮吾能言之。杞不足徵也。殷禮吾能言之。宋不足徵也。

包曰、徵、成也、杞宋、二國名、夏殷之後、夏殷之禮、吾能說之、杞宋之君、不足以成也、

文獻不足故也。足則吾能徵之矣。

鄭曰、獻、猶賢也、我不以禮成之者、以此二國之君、文章賢才不足故也、

子曰。禘自既灌而往者。吾不欲觀之矣。

孔曰、禘、祫之禮、爲序昭穆、故毀廟之主、及羣廟之主、皆合食於太祖、灌者、酌鬱鬯、灌於太祖、以降神也、既灌之後、列尊卑、序昭穆、而魯逆祀、躋僖公、亂昭穆、故不欲觀之矣、

或問禘之說。子曰。不知也。知其說者之於天下也。其如示諸斯乎。

指其掌。

孔曰、答以不知者、爲魯諱、包曰、孔子謂或人言知禘禮之說者、於天下之事、如指示掌中之物、言其易了、

祭如在。

孔曰、言事死如事生、

祭神如神在。

孔曰、謂祭百神、

子曰。吾不與祭。如不祭。

包曰、孔子或出或病、而不自親祭、使攝者爲之、不致肅敬於心、與不祭同、

王孫賈問曰。與其媚於奧。寧媚於竈。何謂也。

孔曰、王孫賈、衛也、奧、內也、以喻近臣、竈、以喻執政、賈、執政者、欲使孔子求昵之、微以世俗之言感動之也、

子曰。不然。獲罪於天。無所禱也。

孔曰。天以喻君。孔子拒之曰。如獲罪於天。無所禱於衆神。

子曰。周監於二代。郁郁乎文哉。吾從周。

孔曰。監。視也。言周文章備於二代。當從之。

子入太廟。每事問。或曰。孰謂鄹人之子知禮乎。入太廟。每事問。

包曰。太廟。周公廟。孔子仕魯。魯祭周公而助祭也。孔曰。鄹。孔子父叔梁紇所治邑。時人多言孔子知禮。或人以為知禮者不當復問。

子聞之曰。是禮也。

孔曰。雖知之。當復問。慎之至也。

子曰。射不主皮。

馬曰。射有五善焉。一曰和志。體和。二曰和容。有容儀。三曰主皮。能中質。四曰和頌。合雅頌。五曰興武。與舞同。天子三侯。以熊虎豹皮為之。言射者不但以中皮為善。亦兼取和容也。

為力不同科。古之道也。

馬曰。為力。力役之事。亦有上中下。設三科焉。故曰不同科。

子貢欲去告朔之餼羊。

鄭曰。牲生曰餼。禮。人君每月告朔於廟。有祭。謂之朝享。魯自文公始不視朔。子貢見其禮廢。故欲去其羊。

子曰。賜也。爾愛其羊。我愛其禮。

包曰。羊存。猶以識其禮。羊亡。禮遂廢。

子曰。事君盡禮。人以為諂也。

孔曰。時事君者多無禮。故以有禮者為諂。

定公問。君使臣。臣事君。如之何。

孔曰。定公。魯君諡。時臣失禮。定公患之。故問之。

孔子對曰。君使臣以禮。臣事君以忠。

子曰。關雎樂而不淫。哀而不傷。

孔曰。樂不至淫。哀不至傷。言其和也。

哀公問社於宰我。宰我對曰。夏后氏以松。殷人以柏。周人以栗。曰使民戰栗。

孔曰。凡建邦立社。各以其土所宜之木。宰我不本其意。妄為之說。因周用栗。便云使民戰栗。

子聞之曰。成事不說。

包曰。事已成。不可復解說。

遂事不諫。

包曰。事已遂。不可復諫止。

既往不咎。

包曰。事已往。不可復追咎。孔子非宰我。故歷言此三者。欲使慎其後。

子曰。管仲之器小哉。

言其器量小也。

或曰。管仲儉乎。
包曰、或人見孔子小之、以爲謂之太儉、
曰。管氏有三歸、官事不攝、焉得儉。
包曰、三歸、娶三姓女、婦人謂嫁曰歸、攝、猶兼也、禮、國君事大、官各有人、大夫兼并、今管仲家臣備職、非爲儉、
然則管仲知禮乎。曰。邦君樹塞門。管氏亦樹塞門。邦君爲兩君之好。有反坫。管氏亦有反坫。管氏而知禮。孰不知禮。
包曰、或人以儉問、故答以安得儉、或人聞不儉、便謂爲得禮、鄭曰、反坫、反爵之坫、在兩楹之間、人君別內外於門、樹屏以蔽之、若與鄰國爲好會、其獻酢之禮更酌、酌畢則各反爵於坫上、今管仲皆僭爲之、如是、是不知禮、

子語魯太師樂曰。樂其可知也。始作。翕如也。從之。純如也。
太師、樂官名、五音始奏、翕如盛、從、讀曰縱、言五音既發、放縱盡其音聲、純純、和諧也、
皦如也。
言其音節明也、
繹如也。以成。
縱之以純、如皦、如繹、如言樂始作翕如、而成於三、
儀封人請見。
鄭曰、儀、蓋衛邑、封人、官名、
曰。君子之至於斯也。吾未嘗不得見也。從者見之。
包曰、從者、弟子隨孔子行者、通使得見、

出曰。二三子。何患於喪乎。天下之無道也久矣。
孔曰、語諸弟子、言何患於夫子聖德之將喪亡邪、天下之無道已久矣、極衰必盛、
天將以夫子爲木鐸。
孔曰、木鐸、施政教時所振也、言天將命孔子制作法度、以號令於天下、
子謂韶盡美矣。又盡善也。
孔曰、韶、舜樂名、謂以聖德受禪、故盡善、
謂武盡美矣。未盡善也。
孔曰、武、武王樂也、以征伐取天下、故未盡善、
子曰。居上不寬。爲禮不敬。臨喪不哀。吾何以觀之哉。

論語卷三終

論語卷四

魏尚書駙馬都尉關內侯南陽何　晏集解
皇明　後　學　東吳葛　鼒較訂

里仁第四

子曰。里仁爲美。鄭曰、里者仁之所居、居於仁者之里是爲美、

擇不處仁。焉得知。鄭曰、求居而不處仁者之里、不得爲有知、

子曰。不仁者不可以久處約。孔曰、久困則爲非、

不可以長處樂。孔曰、必驕佚、

仁者安仁。包曰、惟性仁者自然體之、故謂安仁、

知者利仁。王曰、知仁爲美、故利而行之、

子曰。惟仁者能好人。能惡人。孔曰、惟仁者能審人之所好惡、

子曰。苟志於仁矣。無惡也。孔曰、苟誠也、言誠能志於仁、則其餘終無惡、

子曰。富與貴是人之所欲也。不以其道得之。不處也。孔曰、不以其道得富貴、則仁者不處、

貧與賤是人之所惡也。不以其道得之。不去也。時有否泰、故君子履道而反貧賤、此則不以其道得之、雖是人之所惡、不可違而去之、

君子去仁。惡乎成名。孔曰、惡乎成名者、不得成名爲君子、

君子無終日之間違仁。造次必於是。顛沛必於是。馬曰、造次急遽、顛沛偃仆、雖急遽偃仆、不違仁、

子曰。我未見好仁者。惡不仁者。好仁者。無以尚之。孔曰、難復加也、

惡不仁者其爲仁矣。不使不仁者加乎其身。孔曰、言惡不仁者、能使不仁者不加非義於己、不如好仁者無以尚之爲優、

有能一日用其力於仁矣乎。吾未見力不足者。孔曰、言人無能一日用其力修仁者耳、我未見欲爲仁而力不足者、

蓋有之矣。我未之見也。孔曰、謙不欲盡誣時人言不能爲仁、故云爲能有爾、我未之見也、

子曰。人之過也。各於其黨。觀過斯知仁矣。

孔曰。黨。黨類。小人不能爲君子之行。非小人之過。當恕而勿責之。觀過使賢愚各當其所。則爲仁矣。

子曰。朝聞道。夕死可矣。

言將至死不聞世之有道。

子曰。士志於道。而恥惡衣惡食者。未足與議也。

子曰。君子之於天下也。無適也。無莫也。義之與比。

子曰。君子懷德。

孔曰。懷。安也。

小人懷土。

孔曰。重遷。

君子懷刑。

孔曰。安於法。

小人懷惠。

包曰。惠。恩惠。

子曰。放於利而行。

孔曰。放。依也。每事依利而行。

多怨。

孔曰。取怨之道。

子曰。能以禮讓爲國乎。何有。

何有者。言不難。

不能以禮讓爲國。如禮何。

包曰。如禮何者。言不能用禮。

子曰。不患無位。患所以立。不患莫己知。求爲可知也。

包曰。求善道而學行之。則人知己。

子曰。參乎。吾道一以貫之。曾子曰。唯。

孔曰。直曉不問。故答曰唯。

子出。門人問曰。何謂也。曾子曰。夫子之道。忠恕而已矣。

子曰。君子喻於義。小人喻於利。

孔曰。喻。猶曉也。

子曰。見賢思齊焉。

包曰。思與賢者等。

見不賢而內自省也。

子曰。事父母幾諫。

包曰。幾者。微也。當微諫。納善言於父母。

見志不從。又敬不違。勞而不怨。

包曰。見志。見父母志有不從己諫之色。則又當恭敬。不敢違父母意而遂己之諫。

子曰父母在不遠遊遊必有方。

鄭曰方、猶常也。

子曰三年無改於父之道可謂孝矣。

鄭曰孝子在喪哀慼思慕無所改於父之道非心所忍爲。

子曰父母之年不可不知也一則以喜。一則以懼。

孔曰見其壽考則喜見其衰老則懼。

子曰古者言之不出恥躬之不逮也。

包曰古人之言不妄出口爲身行之將不及。

子曰以約失之者鮮矣。

孔曰俱不得中奢則驕佚招禍儉約無憂患。

子曰君子欲訥於言而敏於行。

包曰訥遲鈍也言欲遲而行欲疾。

子曰德不孤必有鄰。

方以類聚同志相求故必有鄰是以不孤。

子游曰事君數斯辱矣朋友數斯疏矣。

數謂速數之數。

論語卷四終

論語卷五

魏尚書駙馬都尉關內侯南陽何　晏集解

皇明　後　學　東吳金　蟠較訂

公冶長第五

子謂公冶長可妻也雖在縲絏之中非其罪也以其子妻之。

孔曰冶長弟子魯人也姓公冶名長縲黑索絏攣也所以拘罪人。

子謂南容邦有道不廢邦無道免於刑戮以其兄之子妻之。

王曰南容弟子南宮縚魯人也字子容不廢言見用。

子謂子賤。

孔曰子賤魯人弟子宓不齊。

君子哉若人魯無君子者斯焉取斯。

包曰若人者若此人也如魯無君子子賤安得此行而學行之。

子貢問曰賜也何如子曰女器也。

孔曰言女器用之人。

曰何器也曰瑚璉也。

包曰瑚璉黍稷之器夏曰瑚殷曰璉周曰簠簋宗廟之器貴者。

或曰雍也仁而不佞。

馬曰雍弟子仲弓名姓冉。

子曰。焉用佞。禦人以口給。屢憎於人。不知其仁。焉用佞。

孔曰、屢數也、佞人口辭捷給、數爲人所憎惡、

子使漆雕開仕。對曰。吾斯之未能信。

孔曰、開弟子、漆雕姓、開名、仕進之道、未能信者、未能究習、

子說。

鄭曰、善其志道深、

子曰。道不行。乘桴浮于海。從我者其由與。

馬曰、桴編竹木、大者曰栰、小者曰桴、

子路聞之喜。

孔曰、喜與己俱行、

子曰。由也好勇過我。無所取材。

鄭曰、子路信夫子欲行、故言好勇過我、無所取材者、無所取於桴材、以子路不解微言、故戲之耳、一曰、子路聞孔子欲浮海便喜、不復顧望、故孔子歎其勇曰過我、無所取哉、言唯取於己、古字材哉同、

孟武伯問子路仁乎。子曰。不知也。

孔曰、仁道至大、不可全名也、

又問。子曰。由也千乘之國。可使治其賦也。

孔曰、賦、兵賦、

不知其仁也。求也何如。子曰。求也千室之邑。百乘之家。可使爲之宰也。

孔曰、千室之邑、卿大夫之邑、卿大夫稱家、諸侯千乘、大夫百乘、宰、家臣、

不知其仁也。赤也何如。子曰。赤也束帶立於朝。可使與賓客言也。

馬曰、赤弟子公西華、有容儀、可使爲行人、

不知其仁也。

子謂子貢曰。女與回也孰愈。

孔曰、愈猶勝也、

對曰。賜也何敢望回。回也聞一以知十。賜也聞一以知二。子曰。

弗如也。吾與女弗如也。

包曰、既然子貢不如、復云吾與女俱不如者、蓋欲以慰子貢也、

宰予晝寢。

孔曰、宰予、弟子宰我、

子曰。朽木不可雕也。

包曰、朽腐也、雕雕琢刻畫、

糞土之牆不可杇也。

王曰、杇鏝也、此二者、以喻雖施功猶不成、

於予與何誅。

孔曰誅責也、今我當何責於女乎深責之、

子曰始吾於人也聽其言而信其行。今吾於人也聽其言而觀其行。於予與改是。

孔曰改是聽言信行更察言觀行發於宰我之晝寢、

子曰吾未見剛者。或對曰申棖。

包曰申棖魯人、

子曰棖也慾焉得剛。

孔曰慾多情慾、

子貢曰我不欲人之加諸我也。吾亦欲無加諸人。

馬曰加陵也、

子曰賜也非爾所及也。

孔曰言不能止人使不加非義於己、

子貢曰夫子之文章可得而聞也。

章明也文彩形質著見可以耳目循、

夫子之言性與天道不可得而聞也、

性者人之所受以生也天道者元亨日新之道深微故不可得而聞也、

子路有聞。未之能行。唯恐有聞。

孔曰前所聞未及行故恐後有聞而不得並行也、

子貢問曰孔文子何以謂之文也。

孔曰孔文子衛大夫孔圉文謚也、

子曰敏而好學。不恥下問。是以謂之文也。

孔曰敏者識之疾也、下問謂凡在己下者、

子謂子產。有君子之道四焉。其行己也恭其事上也敬其養民也惠其使民也義。

孔曰子產鄭大夫公孫僑

子曰晏平仲。善與人交久而敬之。

周曰齊大夫晏姓平謚名嬰、

子曰臧文仲居蔡。

包曰臧文仲魯大夫臧孫辰文謚也蔡國君之守龜出蔡地因以爲名焉長尺有二寸居蔡僭也、

山節藻梲。

包曰節者栭也刻鏤爲山梲者梁上楹畫爲藻文言其奢侈、

何如其知也。

孔曰非時人謂之爲知、

子張問曰令尹子文

孔曰令尹子文楚大夫姓鬬名穀字於菟、

三仕爲令尹。無喜色。三已之。無慍色。舊令尹之政。必以告新令尹。何如。子曰。忠矣。曰。仁矣乎。曰。未知。焉得仁。
但聞其忠事、未知其仁也、
崔子弒齊君。陳文子有馬十乘。棄而違之。
孔曰。皆齊大夫。崔杼作亂。陳文子惡之、捐其四十匹馬、違而去之、
至於他邦。則曰。猶吾大夫崔子也。違之。之一邦。則又曰。猶吾大夫崔子也。違之。何如。子曰。清矣。曰。仁矣乎。曰。未知。焉得仁。
孔曰。文子辟惡逆、去無道、求有道、當春秋時、臣陵其君、皆如崔子、無有可止者、
季文子三思而後行。子聞之曰。再斯可矣。
鄭曰。季文子、魯大夫季孫行父、文、謚也、文子忠而有賢行、其舉事寡過、不必乃三思、
子曰。甯武子。
馬曰。衛大夫甯俞、武、謚也、
邦有道則知。邦無道則愚。其知可及也。其愚不可及也。
孔曰。佯愚似實、故曰不可及也、
子在陳曰。歸與歸與。吾黨之小子狂簡。斐然成章。不知所以裁之。
孔曰。簡、大也、孔子在陳、思歸欲去、故曰吾黨之小子狂簡者、進取於大道、妄作穿鑿以成文章、不知所以裁制、我當歸以裁之耳、遂歸、
子曰。伯夷叔齊。不念舊惡。怨是用希。
孔曰。伯夷叔齊、孤竹君之二子、孤竹、國名、

子曰。孰謂微生高直。
孔曰。微生姓、名高、魯人也、
或乞醯焉。乞諸其鄰而與之。
孔曰。乞之四鄰、以應求者、用意委曲、非爲直人、
子曰。巧言令色足恭。
孔曰。足恭、便僻貌、
左丘明恥之。丘亦恥之。
孔曰。左丘明、魯太史、
匿怨而友其人。
孔曰。心內相怨、而外詐親、
左丘明恥之。丘亦恥之。
顏淵季路侍。子曰。盍各言爾志。子路曰。願車馬衣輕裘。與朋友共。
敝之而無憾。
孔曰。憾、恨也、
顏淵曰。願無伐善。
孔曰。不自稱己之善、
無施勞。
孔曰。不以勞事置施於人、

子路曰。願聞子之志。子曰。老者安之。朋友信之。少者懷之、

孔曰、懷、歸也、

子曰。已矣乎。吾未見能見其過而內自訟者也。

包曰、訟、猶責也、言人有過、莫能自責、

子曰。十室之邑。必有忠信如丘者焉。不如丘之好學也、

論語卷五終

論語卷六

魏尚書駙馬都尉關內侯南陽何　晏集解
皇明　後　學　東吴金　蟠較訂

雍也第六

子曰。雍也可使南面。仲弓問子桑伯子。子曰可也簡。

包曰、可使南面者、言任諸侯治、王曰、伯子、書傳無見焉、孔曰、以其能簡故曰可也、

仲弓曰。居敬而行簡。以臨其民。不亦可乎。

孔曰、居身敬肅、臨下寬略、則可、

居簡而行簡。無乃太簡乎。

子曰。雍之言然。

包曰、伯子之簡太簡、

哀公問弟子孰爲好學。孔子對曰。有顏回者好學。不遷怒。不貳過。不幸短命死矣。今也則亡。未聞好學者也。

凡人任情、喜怒違理、顏回任道、怒不過分、遷者移也、怒當其理、不移易也、不貳過者、有不善未嘗復行、

子華使於齊。冉子爲其母請粟。子曰。與之釜。

馬曰、子華弟子公西華、赤之字、六斗四升曰釜、

請益。曰。與之庾。

包曰、十六斗曰庾、

冉子與之粟五秉。

馬曰、十六斛曰秉、五秉合爲八十斛、

子曰、赤之適齊也。乘肥馬、衣輕裘、吾聞之也、君子周急不繼富

鄭曰、非冉有與之太多、

原思爲之宰。與之粟九百、辭。

包曰、弟子原憲、思字也、孔子爲魯司寇、以原憲爲家邑宰、孔曰、九百九百斗、辭辭讓不受、

子曰、毋。以與爾鄰里鄉黨乎。

孔曰、祿法所得當受無讓、鄭曰、五家爲鄰、五鄰爲里、萬二千五百家爲鄉、五百家爲黨、

子謂仲弓曰。犂牛之子。騂且角、雖欲勿用。山川其舍諸。

犂、雜文、騂、赤也、角者角周正、中犧牲、雖欲以其所生犂而不用、山川寧肯舍之乎、言父雖不善、不害於子之美、

子曰。回也其心三月不違仁、其餘則日月至焉而已矣、

餘人暫有至仁時、唯回移時而不變、

季康子問仲由可使從政也與。子曰。由也果。於從政乎何有。

包曰、果謂果敢決斷、

曰。賜也可使從政也與。曰。賜也達、於從政乎何有。

孔曰、達謂通於物理、

曰。求也可使從政也與。曰。求也藝、於從政乎何有。

孔曰、藝謂多才藝、

季氏使閔子騫爲費宰。

孔曰、費季氏邑、季氏不臣、而其邑宰數畔、聞子騫賢、故欲用之、

閔子騫曰。善爲我辭焉。

孔曰、不欲爲季氏宰、託使者善爲我辭焉、說令不復召我、

如有復我者。

孔曰、復我者、重來召我、

則吾必在汶上矣。

孔曰、去之汶水上、欲北如齊、

伯牛有疾。

馬曰、伯牛、弟子冉耕、

子問之、自牖執其手。

包曰、牛有惡疾、不欲見人、故孔子從牖執其手也、

曰。亡之、

孔曰、亡、喪也、疾甚、故持其手曰喪之、

命矣夫。斯人也而有斯疾也。斯人也而有斯疾也。

包曰、再言之者、痛惜之甚、

子曰。賢哉回也。一簞食。一瓢飲。

孔曰、簞、笥也、

在陋巷。人不堪其憂。回也不改其樂。賢哉回也。

孔曰、顏淵樂道、雖簞食在陋巷、不改其所樂、

冉求曰。非不說子之道。力不足也。子曰。力不足者。中道而廢。今女畫。

孔曰、畫止也、力不足者、當中道而廢、今女自止耳、非力極、

子謂子夏曰。女爲君子儒。無爲小人儒。

孔曰、君子爲儒將以明道、小人爲儒則矜其名、

子游爲武城宰。

包曰、武城、魯下邑、

子曰。女得人焉耳乎。

孔曰、焉耳乎皆辭、

曰。有澹臺滅明者。行不由徑。非公事。未嘗至於偃之室也。

包曰、澹臺姓、滅明名、字子羽、言其公且方、

子曰。孟之反不伐。

孔曰、魯大夫孟之側、與齊戰、軍大敗、不伐者、不自伐其功、

奔而殿。將入門。策其馬曰。非敢後也。馬不進也。

馬曰、殿在軍後、前曰啓、後曰殿、孟之反賢而有勇、軍大奔、獨在後爲殿、人迎功之、不欲獨有其名、曰、我非敢在後拒敵、馬不能前進、

子曰。不有祝鮀之佞。而有宋朝之美。難乎免於今之世矣。

孔曰、佞口才也、祝鮀衛大夫子魚也、時世貴之、宋朝宋之美人而善淫、言當如祝鮀之佞、而反如宋朝之美、難乎免於今之世害也、

子曰。誰能出不由戶。何莫由斯道也。

孔曰、言人立身成功當由道、譬由出入要當從戶、

子曰。質勝文則野。

包曰、野如野人、言鄙略也、

文勝質則史。

包曰、史者文多而質少、

文質彬彬。然後君子。

包曰、彬彬文質相半之貌、

子曰。人之生也直。

馬曰、言人所生於世而自終者、以其正直也、

罔之生也幸而免。

包曰、誣罔正直之道而亦生者、是幸而免、

子曰。知之者不如好之者。好之者不如樂之者。

包曰、學問知之者、不如好之者篤、好之者不如樂之者深、

子曰。中人以上。可以語上也。中人以下。不可以語上也。

王曰上謂上知之所知也兩舉中人以其可上可下

樊遲問知。子曰。務民之義。

王曰務所以化道民之義

敬鬼神而遠之。可謂知矣。

包曰敬鬼神而不黷

問仁。曰。仁者先難而後獲。可謂仁矣。

孔曰先勞苦而後得功此所以爲仁

子曰。知者樂水。

包曰知者樂運其才知以治世如水流而不知已

仁者樂山。

仁者樂如山之安固自然不動而萬物生焉

知者動。

包曰日進故動

仁者靜。

孔曰無欲故靜

知者樂。

鄭曰知者自役得其志故樂

仁者壽。

包曰性靜者多壽考

子曰。齊一變至於魯。魯一變至於道。

包曰言齊魯有太公周公之餘化太公大賢周公聖人今其政教雖衰若有明君興之齊可使如魯魯可使如大道行之時

子曰。觚不觚。

馬曰觚禮器一升曰爵二升曰觚

觚哉觚哉。

觚哉觚哉言非觚也以喻爲政不得其道則不成

宰我問曰。仁者雖告之曰。井有仁焉。其從之也。

孔曰宰我以仁者必濟人於患難故問有仁人墮井將自投下從而出之不乎欲極觀仁者憂樂之所至

子曰。何爲其然也。君子可逝也。不可陷也。

孔曰逝往也言君子可使往視之耳不肯自投從之

可欺也。不可罔也。

馬曰可欺者可使往也不可罔者不可得誣罔令自投下

子曰。君子博學於文。約之以禮。亦可以弗畔矣夫。

鄭曰弗畔不違道

子見南子。子路不說。夫子矢之曰。予所否者。天厭之。天厭之。

孔曰舊以南子者衛靈公夫人淫亂而靈公惑之孔子見之者欲因以說靈公使行治道矢誓也子路不說故夫子誓之行道既非婦人之事而弟子不說與之呪誓義可疑焉

子曰中庸之爲德也其至矣乎民鮮久矣

庸常也中和可常行之德世亂先王之道廢民鮮能行此道久矣非適今

子貢曰如有博施於民而能濟衆何如可謂仁乎子曰何事於仁必也聖乎堯舜其猶病諸

孔曰君能廣施恩惠濟民於患難堯舜至聖猶病其難

夫仁者己欲立而立人己欲達而達人能近取譬可謂仁之方也已

孔曰更爲子貢說仁者之行方道也但能近取譬於己皆恕己所欲而施之於人

論語卷六終

論語卷七

魏尚書駙馬都尉關內侯南陽何晏集解

皇明後學東吳葛鼒較訂

述而第七

子曰述而不作信而好古竊比於我老彭

包曰老彭殷賢大夫好述古事我若老彭但述之耳

子曰默而識之學而不厭誨人不倦何有於我哉

鄭曰無是行於我我獨有之

子曰德之不修學之不講聞義不能徙不善不能改是吾憂也

孔曰夫子常以此四者爲憂

子之燕居申申如也夭夭如也

馬曰申申夭夭和舒之貌

子曰甚矣吾衰也久矣吾不復夢見周公

孔曰孔子衰老不復夢見周公明盛時夢見周公欲行其道也

子曰志於道

志慕也道不可體故志之而已

據於德

據杖也德有成形故可據

依於仁。依倚也、仁者功施於人、故可倚、

游於藝。藝六藝也、不足據依、故曰游、

子曰、自行束修以上、吾未嘗無誨焉。孔曰、言人能奉禮自行束修以上、則皆教誨之、

子曰、不憤不啓、不悱不發、舉一隅不以三隅反、則不復也。鄭曰、孔子與人言、必待其人心憤憤、口悱悱、乃後啓發爲說之、如此則識思之深也、說則舉一隅以語之、其人不思其類、則不復重教之、

子食於有喪者之側、未嘗飽也。喪者哀慼、飽食於其側、是無惻隱之心、

子於是日哭、則不歌。一日之中、或哭或歌、是褻於禮容、

子謂顏淵曰、用之則行、舍之則藏、惟我與爾有是夫。孔子言可行則行、可止則止、唯我與顏淵同、

子路曰、子行三軍則誰與。孔曰、大國三軍、子路見孔子獨美顏淵、以爲己勇、至於夫子爲三軍、將亦當誰與己同、故發此問、

子曰、暴虎馮河、死而無悔者、吾不與也。孔曰、暴虎徒搏、馮河徒涉、

必也臨事而懼、好謀而成者也。

子曰、富而可求也、雖執鞭之士、吾亦爲之。鄭曰、富貴不可求而得之、當修德以得之、若於道可求者、雖執鞭之賤職、我亦爲之、

如不可求、從吾所好。孔曰、所好者古人之道、

子之所慎、齊戰疾。孔曰、此三者、人所不能慎、而夫子獨能慎之、

子在齊聞韶、三月不知肉味。周曰、孔子在齊聞習韶樂之盛美、故忽忘於肉味、

曰、不圖爲樂之至於斯也。王曰、爲作也、不圖作韶樂至於此、此齊、

冉有曰、夫子爲衛君乎。鄭曰、爲猶助也、衛君者、謂輒也、衛靈公逐太子蒯聵、公薨而立孫輒、後晉趙鞅納蒯聵於戚城、衛石曼姑帥師圍之、故問其意助輒不乎、

子貢曰、諾、吾將問之。入曰、伯夷叔齊何人也。曰、古之賢人也。曰、怨乎。曰、求仁而得仁、又何怨。孔曰、夷齊讓國遠去、終於餓死、故問怨邪、以讓爲仁、豈有怨乎、

由曰。夫子不爲也。
鄭曰父子爭國惡行、孔子以伯夷叔齊爲賢且仁、故知不助衛君明矣、
子曰。飯疏食飲水。曲肱而枕之。樂亦在其中矣。
孔曰疏食菜食、肱臂也、孔子以此爲樂、
不義而富且貴。於我如浮雲。
鄭曰富貴而不以義者、於我如浮雲、非已之有、
子曰。加我數年。五十以學易。可以無大過矣。
易窮理盡性以至於命、年五十而知天命、以知命之年讀至命之書、故可以無大過、
子所雅言。
孔曰雅言正言也、
詩書執禮。皆雅言也。
鄭曰讀先王典法、必正言其音然後義全、故不可有所諱、禮不誦故言執、
葉公問孔子於子路。子路不對。
孔曰葉公名諸梁、楚大夫、食采於葉、僭稱公、不對者未知所以答、
子曰。女奚不曰。其爲人也。發憤忘食。樂以忘憂。不知老之將至云爾。
子曰。我非生而知之者。好古敏以求之者也。
鄭曰言此者勸人學、

子不語。怪力亂神。
王曰怪怪異也、力謂若奡盪舟烏獲舉千鈞之屬、亂謂臣弑君子弑父、神謂鬼神之事、或無益於教化、或所不忍言、
子曰。三人行。必有我師焉。擇其善者而從之。其不善者而改之。
言我三人行本無賢愚、擇善從之、不善改之、故無常師、
子曰。天生德於予。桓魋其如予何。
包曰桓魋宋司馬、天生德者、謂授我以聖性、德合天地、吉無不利、故曰其如予何、
子曰。二三子以我爲隱乎。吾無隱乎爾。
包曰二三子謂諸弟子、聖人知廣道深、弟子學之不能及、以爲有所隱匿、故解之、
吾無行而不與二三子者。是丘也。
包曰我所爲無不與爾共之者、是丘之心、
子以四教。文行忠信。
四者有形質、可舉以教、
子曰。聖人吾不得而見之矣。得見君子者斯可矣。
疾世無明君、
子曰。善人吾不得而見之矣。得見有恒者斯可矣。亡而爲有。虛而爲盈。約而爲泰。難乎有恒矣。
孔曰難可名之爲有常、
子釣而不綱。弋不射宿。

孔曰、釣者、一竿釣、綱者、爲大綱、以横絶流、以繳繫釣、羅屬著綱、弋、繳射也、宿、宿鳥、

子曰、蓋有不知而作之者、我無是也。

包曰、時人有穿鑿妄作篇籍者、故云然、

多聞擇其善者而從之、多見而識之、知之次也。

孔曰、如此者、次於天生知之、

互鄉難與言、童子見、門人惑。

鄭曰、互鄉、鄉名也、其鄉人言語自專、不達時宜、而有童子來見孔子、門人怪孔子見之、

子曰、與其進也、不與其退也、唯何甚。

孔曰、教誨之道、與其進、不與其退、怪我見此童子、惡惡一何甚、

論語　卷七　述而　六　永懷堂

人潔己以進、與其潔也、不保其往也。

鄭曰、往、猶去也、人虚己自潔而來、當與之進、亦何能保其去後之行、

子曰、仁遠乎哉、我欲仁、斯仁至矣。

包曰、仁道不遠、行之即是、

陳司敗問昭公知禮乎。

孔曰、司敗、官名、陳大夫、昭公、魯昭公、

孔子曰、知禮。孔子退、揖巫馬期而進之曰、吾聞君子不黨、君子亦黨乎。君取於吳、爲同姓、謂之吳孟子、君而知禮、孰不知禮。

孔曰、巫馬期、弟子、名施、相助匿非曰黨、魯吳俱姬姓、禮、同姓不昏、而君取之、當稱吳姬、諱曰孟子、

巫馬期以告、子曰、丘也幸、苟有過、人必知之。

孔曰、以司敗之言告也、諱國惡、禮也、聖人道弘、故受以爲過、

子與人歌而善、必使反之、而後和之。

樂其善、故使重歌而自和之、

子曰、文莫吾猶人也。

莫、無也、文無者、猶俗言文不也、文不吾猶人者、凡言文皆不勝於人、

躬行君子、則吾未之有得。

孔曰、身爲君子、己未能也、

子曰、若聖與仁、則吾豈敢。

論語　卷七　述而　七　永懷堂

孔曰、孔子謙、不敢自名仁聖、

抑爲之不厭、誨人不倦、則可謂云爾已矣。公西華曰、正唯弟子不能學也。

馬曰、正如所言、弟子猶不能學、況仁聖乎、

子疾病、子路請禱。

包曰、禱、禱請於鬼神、

子曰、有諸。

周曰、言有此禱請於鬼神之事、

子路對曰、有之、誄曰、禱爾于上下神祇。

孔曰子路失指、誄禱篇名、

子曰丘之禱久矣。

孔曰孔子素行合於神明、故曰丘之禱久矣、

子曰奢則不孫、儉則固。與其不孫也寧固。

孔曰俱失之、奢不如儉、奢則僭上、儉不及禮、固陋也、

子曰君子坦蕩蕩。小人長戚戚。

鄭曰坦蕩蕩寬廣貌、長戚戚多憂懼、

子溫而厲。威而不猛。恭而安。

論語卷七終

論語卷八

魏尚書駙馬都尉關內侯南陽何晏集解

皇明　後學　東吳金　蟠較訂

泰伯第八

子曰泰伯其可謂至德也已矣。三以天下讓。民無得而稱焉。

王曰泰伯周太王之長子、次弟仲雍、少弟季歷、季歷賢、又生聖子文王昌、昌必有天下、故泰伯以天下三讓於王季、其讓隱、故無得而稱言之者、所以為至德也、

子曰恭而無禮則勞。愼而無禮則葸。

葸畏懼之貌、言愼而不以禮節之、則常畏懼、

勇而無禮則亂。直而無禮則絞。

馬曰絞、絞刺也、

君子篤於親。則民興於仁。故舊不遺。則民不偷。

包曰興、起也、君能厚於親屬、不遺忘其故舊、行之美者、則民皆化之、起為仁厚之行、不偷薄、

曾子有疾。召門弟子曰、啓予足。啓予手。

鄭曰啓、開也、曾子以為受身體於父母、不敢毀傷、故使弟子開衾而視之也、

詩云。戰戰兢兢。如臨深淵。如履薄冰。

孔曰言此詩者、喻己常戒愼、恐有所毀傷、

而今而後。吾知免夫。小子。

周曰、乃今日後、我自知免於患難矣。小子、弟子也。呼之者、欲使聽識其言。

曾子有疾。孟敬子問之。

馬曰、孟敬子、魯大夫仲孫捷。

曾子言曰。鳥之將死。其鳴也哀。人之將死。其言也善。

包曰、欲戒敬子、言我將死、言善可用。

君子所貴乎道者三。動容貌。斯遠暴慢矣。正顏色。斯近信矣。出辭氣。斯遠鄙倍矣。

鄭曰、此道謂禮也。動容貌、能濟濟蹌蹌、則人不敢暴慢之。正顏色、能矜莊嚴栗、則人不敢欺詐之。出詞氣、能順而說之、則無惡戾之言入於耳。

籩豆之事。則有司存。

包曰、敬子忽大務小、故又戒之以此。籩豆、禮器。

曾子曰。以能問於不能。以多問於寡。有若無。實若虛。犯而不校。

包曰、校、報也。言見侵犯不報。

昔者吾友嘗從事於斯矣。

馬曰、友、謂顏淵。

曾子曰。可以託六尺之孤。

孔曰、六尺之孤、幼少之君。

可以寄百里之命。

孔曰、攝君之政令。

臨大節而不可奪也。

大節、安國家、定社稷。奪、不可傾奪。

君子人與。君子人也。

曾子曰。士不可以不弘毅。任重而道遠。

包曰、弘、大也。毅、强而能斷也。士弘毅、然後能負重任、致遠路。

仁以爲己任。不亦重乎。死而後已。不亦遠乎。

孔曰、以仁爲己任、重莫重焉。死而後已、遠莫遠焉。

子曰。興於詩。

包曰、興、起也。言脩身當先學詩。

立於禮。

包曰、禮者、所以立身。

成於樂。

包曰、樂所以成性。

子曰。民可使由之。不可使知之。

由、用也。可使用而不可使知者、百姓能日用而不能知。

子曰。好勇疾貧。亂也。

包曰、好勇之人而患疾己貧賤者、必將爲亂。

人而不仁。疾之已甚。亂也。
包曰疾惡太甚亦使其為亂

子曰如有周公之才之美使驕且吝其餘不足觀也已。
孔曰周公者周公旦

子曰三年學不至於穀不易得也。
孔曰穀善也言人三歲學不至於善不可得言必無也所以勸人學

子曰篤信好學守死善道危邦不入亂邦不居天下有道則見無道則隱邦有道貧且賤焉恥也邦無道富且貴焉恥也。
包曰言行當常然危邦不入始欲往亂邦不居今欲去亂謂臣弒君子弒父危者將亂之兆

子曰不在其位不謀其政。
孔曰欲各專一於其職

子曰師摯之始關雎之亂洋洋乎盈耳哉。
鄭曰師摯魯太師之名始猶首也周道衰微鄭衛之音作正樂廢而失節魯太師摯識關雎之聲而首理其亂者洋洋盈耳聽而美之

子曰狂而不直。
孔曰狂者進取宜直

侗而不愿。
孔曰侗未成器之人宜謹愿

悾悾而不信。
包曰悾悾愨也宜可信

吾不知之矣。
孔曰言皆與常度反我不知之

子曰學如不及猶恐失之。
學自外入至熟乃可長久如不及猶恐失之

子曰巍巍乎舜禹之有天下也而不與焉。
美舜禹也言已不與求天下而得之巍巍高大之稱

子曰大哉堯之為君也巍巍乎唯天為大唯堯則之。
孔曰則法也美堯能法天而行化

蕩蕩乎民無能名焉。
包曰蕩蕩廣遠之稱言其布德廣遠民無能識其名焉

巍巍乎其有成功也。
功成化隆高大巍巍

煥乎其有文章。
煥明也其立文垂制又著明

舜有臣五人而天下治。
孔曰禹稷契皐陶伯益

武王曰予有亂臣十人

馬曰亂治也治官者十人謂周公旦召公奭太公望畢公榮公太顛閎夭散宜生南宮适其一人謂文母

孔子曰才難不其然乎唐虞之際於斯爲盛有婦人焉九人而已

孔曰唐者堯號虞者舜號際者堯舜交會之間斯此也言堯舜交會之間比於周周最盛多賢才然尚有一婦人其餘九人而已人才難得豈不然乎

三分天下有其二以服事殷周之德其可謂至德也已矣

包曰殷紂淫亂文王爲西伯而有聖德天下歸周者三分有二而猶以服事殷故謂之至德

子曰禹吾無間然矣

孔曰孔子推禹功德之盛美言已不能復間廁其間

菲飲食而致孝乎鬼神

馬曰菲薄也致孝鬼神祭祀豐潔

惡衣服而致美乎黻冕

孔曰損其常服以盛祭服

卑宮室而盡力乎溝洫

包曰方里爲井井間有溝溝廣深四尺十里爲成成間有洫洫廣深八尺

禹吾無間然矣

論語卷八　終

論語卷九

魏尚書駙馬都尉關內侯南陽何晏集解

皇明後學東吳葛鼒較訂

子罕第九

子罕言利與命與仁

罕者希也利者義之和也命者天之命也仁者行之盛也寡能及之故希言也

達巷黨人曰大哉孔子博學而無所成名

鄭曰達巷者黨名也五百家爲黨此黨之人美孔子博學道藝不成一名而已

子聞之謂門弟子曰吾何執執御乎執射乎吾執御矣

鄭曰聞人美之承之以謙吾執御欲名六藝之卑也

子曰麻冕禮也今也純儉吾從衆

孔曰冕緇布冠也古者績麻三十升布以爲之純絲也絲易成故從儉

拜下禮也今拜乎上泰也雖違衆吾從下

王曰臣之與君行禮者下拜然後成禮時臣驕泰故於上拜今從下禮之恭也

子絕四毋意

以道爲度故不任意

毋必

用之則行舍之則藏故無專必

毋固。
無可無不可，故無固行。
毋我。
述古而不自作，處羣萃而不自異，唯道是從，故不有其身。
子畏於匡。
包曰：匡人誤圍夫子，以爲陽虎。陽虎曾暴於匡，夫子弟子顏尅時又與虎俱行，後尅爲夫子御，至於匡，匡人相與共識尅，又夫子容貌與虎相似，故匡人以兵圍之。
曰：文王既没，文不在兹乎。
孔曰：兹，此也。言文王雖已没，其文見在此。此，自謂其身。
天之將喪斯文也，後死者不得與於斯文也。
孔曰：文王既没，故孔子自謂後死。言天將喪此文者，本不當使我知之；今使我知之，未欲喪也。
天之未喪斯文也，匡人其如予何。
馬曰：其如予何者，猶言奈我何也。天之未喪此文，則我當傳之，匡人欲奈我何？言其不能違天以害己也。
大宰問於子貢曰：夫子聖者與？何其多能也。
孔曰：大宰，大夫官名，或吴或宋，未可分也。疑孔子多能於小藝。
子貢曰：固天縱之將聖，又多能也。
孔曰：言天固縱大聖之德，又使多能也。
子聞之，曰：大宰知我乎！吾少也賤，故多能鄙事。君子多乎哉？不

多也。
包曰：我少小貧賤，常自執事，故多能爲鄙人之事。君子固不當多能。
牢曰：子云：吾不試，故藝。
鄭曰：牢，弟子子牢也。試，用也。言孔子自云我不見用，故多技藝。
子曰：吾有知乎哉？無知也。
知者，知意之知也。知者言未必盡，今我誠盡。
有鄙夫問於我，空空如也。我叩其兩端而竭焉。
孔曰：有鄙夫來問於我，其意空空然，我則發事之終始兩端以語之，竭盡所知，不爲有愛。
子曰：鳳鳥不至，河不出圖，吾已矣夫。
孔曰：聖人受命，則鳳鳥至，河出圖。今天無此瑞。吾已矣夫者，傷不得見也。河圖，八卦是也。
子見齊衰者、冕衣裳者與瞽者，
包曰：冕者，冠也，大夫之服。瞽，盲也。
見之，雖少必作；過之，必趨。
包曰：作，起也。趨，疾行也。此夫子哀有喪，尊在位，恤不成人。
顏淵喟然歎曰：
喟，歎聲。
仰之彌高，鑽之彌堅。
言不可窮盡。

瞻之在前。忽然在後。

言恍惚不可爲形象。

夫子循循然善誘人。

循循次序貌。誘進也。言夫子正以此道進勸人有所序。

博我以文。約我以禮。欲罷不能。既竭吾才。如有所立卓爾。雖欲從之末由也已。

孔曰。言夫子既以文章開博我。又以禮節節約我。使我欲罷而不能。已竭我才矣。其有所立。則又卓然不可及。言已雖蒙夫子之善誘。猶不能及夫子之所立。

子疾病。

包曰。疾甚曰病。

子路使門人爲臣。

鄭曰。孔子嘗爲大夫。故子路欲使弟子行其臣之禮。

病間曰。久矣哉。由之行詐也。無臣而爲有臣。吾誰欺。欺天乎。

孔曰。少差曰間。言子路久有是心。非今日也。

且予與其死於臣之手也。無寧死於二三子之手乎。

馬曰。無寧寧也。二三子門人也。就使我有臣而死其手。我寧死於弟子之手乎。

且予縱不得大葬。

孔曰。君臣禮葬。

予死於道路乎。

馬曰。就使我不得以君臣禮葬。有二三子在。我寧當憂棄于道路乎。

子貢曰。有美玉於斯。韞匵而藏諸。求善賈而沽諸。

馬曰。韞藏也。匵匱也。謂藏諸匱中。沽賣也。得善賈。寧肯賣之邪。

子曰。沽之哉。沽之哉。我待賈者也。

包曰。沽之哉。不衒賣之辭。我居而待賈。

子欲居九夷。

馬曰。九夷東方之夷。有九種。

或曰。陋。如之何。子曰。君子居之。何陋之有。

馬曰。君子所居則化。

子曰。吾自衛反魯。然後樂正。雅頌各得其所。

鄭曰。反魯。哀公十一年冬。是時道衰樂廢。孔子來還。乃正之。故雅頌各得其所。

子曰。出則事公卿。入則事父兄。喪事不敢不勉。不爲酒困。何有於我哉。

馬曰。困亂也。

子在川上曰。逝者如斯夫。不舍晝夜。

包曰。逝往也。言凡往也者。如川之流。

子曰。吾未見好德如好色者也。

疾時人薄於德而厚於色故發此言

子曰譬如爲山未成一簣止吾止也

包曰簣土籠也此勸人進於道德爲山者其功雖已多未成一籠而中道止者我不以其前功多而善之見其志不遂故不與也

譬如平地雖覆一簣進吾往也

馬曰平地者將進加功雖始覆一簣我不以其功少而薄之據其欲進而與之

子曰語之而不惰者其回也與

顔淵解故語之而不惰餘人不解故有惰語之時

子謂顔淵曰惜乎吾見其進也未見其止也

包曰孔子謂顔淵進益未止痛惜之甚

子曰苗而不秀者有矣夫秀而不實者有矣夫

孔曰言萬物有生而不育成者喻人亦然

子曰後生可畏焉知來者之不如今也

後生謂年少

四十五十而無聞焉斯亦不足畏也已

子曰法語之言能無從乎改之爲貴

孔曰人有過以正道告之口無不順從之能必自改之乃爲貴

巽與之言能無說乎繹之爲貴

馬曰巽恭也謂恭孫謹敬之言聞之無不說者能尋繹行之乃爲貴

說而不繹從而不改吾末如之何也已矣

子曰主忠信毋友不如己者過則勿憚改

愼所主友有過務改皆所以爲益

子曰三軍可奪帥也匹夫不可奪志也

孔曰三軍雖衆人心不一則其將帥可奪而取之匹夫雖微苟守其志不可得而奪也

子曰衣敝縕袍與衣狐貉者立而不恥者其由也與

孔曰縕枲著

不忮不求何用不臧

馬曰忮害也臧善也言不忮害不貪求何用爲不善疾貪惡忮害之詩

子路終身誦之子曰是道也何足以臧

馬曰臧善也尚復有美於是者何足以爲善

子曰歲寒然後知松栢之後彫也

大寒之歲衆木皆死然後知松柏小彫傷平歲則衆木亦有不死者故須歲寒而後別之喻凡人處治世亦能自修整與君子同在濁世然後知君子之正不苟容

子曰知者不惑

包曰不惑亂

仁者不憂

孔曰無憂患

勇者不懼。

子曰、可與共學、未可與適道。

適之也、雖學或得異端、未必能之道、

可與適道、未可與立。

雖能之道、未必能有所立、

可與立、未可與權。

雖能有所立、未必能權量其輕重之極、

唐棣之華、偏其反而、豈不爾思、室是遠而。

逸詩也、唐棣移也、華反而後合、賦此詩者、以言權道反而後至於大順、思其人而不自見者、其室遠也、以言思權而不得見者、其道遠也、

子曰、未之思也、夫何遠之有。

夫思者當思其反、反是不思所以爲遠、能思其反、何遠之有、言權可知、唯不知思耳、思之有次序、斯可知矣、

論語卷九終

論語卷十

魏尚書駙馬都尉關內侯南陽何晏集解

皇明後學　東吳葛鼒較訂

鄉黨第十

孔子於鄉黨、恂恂如也、似不能言者。

王曰恂恂溫恭之貌、

其在宗廟朝廷、便便言、唯謹爾。

鄭曰便便辯也、雖辯而敬謹、

朝與下大夫言、侃侃如也。

孔曰侃侃和樂之貌、

與上大夫言、誾誾如也。

孔曰誾誾中正之貌、

君在、踧踖如也、與與如也。

馬曰君在視朝也、踧踖恭敬之貌、與與威儀中適之貌、

君召使擯。

鄭曰君召使擯者、有賓客使迎之、

色勃如也。

孔曰必變色、

足躩如也。

包曰、足躩、盤辟皃、

揖所與立、左右手。衣前後、襜如也。

鄭曰、揖左人、左其手、揖右人、右其手、一俛一仰、衣前後襜如也、

趨進、翼如也。

孔曰、言端好、

賓退、必復命曰、賓不顧矣。

鄭曰、復命白君、賓已去矣、

入公門、鞠躬如也、如不容。

孔曰、斂身、

立不中門、行不履閾。

孔曰、閾、門限、

過位、色勃如也、足躩如也。

包曰、過君之空位、

其言似不足者、攝齊升堂、鞠躬如也、屏氣似不息者、

孔曰、皆重慎也、衣下曰齊、攝齊者、摳衣也、

出降一等、逞顏色、怡怡如也。

孔曰、先屏氣、下階舒氣、故怡怡如也、

沒階趨進、翼如也。

孔曰、沒、盡也、下盡階、

復其位、踧踖如也。

孔曰、來時所過位、

執圭、鞠躬如也、如不勝。

包曰、爲君使聘問鄰國、執持君之圭、鞠躬者、敬慎之至、

上如揖、下如授、勃如戰色、足蹜蹜如有循。

鄭曰、上如揖、授玉宜敬、下如授、不敢忘禮、戰色、敬也、足蹜蹜如有循、舉前曳踵行、

享禮有容色。

鄭曰、享、獻也、聘禮既聘而享、用圭璧、有庭實、

私覿、愉愉如也。

鄭曰、覿、見也、既享、乃以私禮見、愉愉、顏色和、

君子不以紺緅飾。

孔曰、一入曰緅、飾者、不以爲領袖緣也、紺者、齊服盛色、以爲飾衣、似衣齊服、緅者、三年練、以緅飾衣、爲其似衣喪服、故皆不以爲飾衣、

紅紫不以爲褻服。

王曰、褻服、私居服、非公會之服、皆不正、褻尚不衣、正服無所施、

當暑袗絺綌、必表而出之。

孔曰暑則單服絺綌葛也必表而出之加上衣

緇衣羔裘素衣麑裘黃衣狐裘褻裘長短右袂。

孔曰服皆中外之色相稱也私家裘長主溫短右袂便作事

必有寢衣長一身有半。

孔曰今之被也

狐貉之厚以居。

鄭曰在家以接賓客

去喪無所不佩。

孔曰去除也非喪則備佩所宜佩也

非帷裳必殺之。

王曰衣必有殺縫唯帷裳無殺也

羔裘玄冠不以弔。

孔曰喪主素吉主玄吉凶異服

吉月必朝服而朝。

孔曰吉月月朔也朝服皮弁服

齊必有明衣布。

孔曰以布為沐浴衣

齊必變食。

孔曰改常饌

居必遷坐。

孔曰易常處

食不厭精膾不厭細食饐而餲。

孔曰饐餲臭味變

魚餒而肉敗不食。

魚敗曰餒

色惡不食臭惡不食失飪不食。

孔曰失飪失生熟之節

不時不食。

鄭曰不時非朝夕日中時

割不正不食不得其醬不食。

馬曰魚膾非芥醬不食

肉雖多不使勝食氣唯酒無量不及亂沽酒市脯不食不撤薑食。

孔曰撤去也齊禁薰物薑辛而不臭故不去

不多食。

孔曰不過飽

祭於公不宿肉。

周曰助祭於君所得牲體歸則頒賜不留神惠

祭肉不出三日出三日不食之矣。

鄭曰自其家祭肉過三日不食是褻鬼神之餘

食不語寢不言雖疏食菜羹瓜祭必齊如也。

孔曰齊嚴敬貌三物雖薄祭之必敬

席不正不坐。鄉人飲酒杖者出斯出矣。

孔曰杖者老人也鄉人飲酒之禮主於老者老者禮畢出孔子從而後出

鄉人儺朝服而立於阼階。

孔曰儺驅逐疫鬼恐驚先祖故朝服而立於廟之阼階

問人於他邦再拜而送之。

孔曰拜送使者敬也

康子饋藥拜而受之。

包曰饋孔子藥

曰丘未達不敢嘗。

孔曰未知其故故不敢嘗禮也

廄焚子退朝曰傷人乎不問馬。

鄭曰重人賤畜退朝自君之朝來歸

君賜食必正席先嘗之。

孔曰敬君惠也既嘗之乃以頒賜

君賜腥必熟而薦之。

孔曰薦其先祖

君賜生必畜之。侍食於君君祭先飯。

鄭曰於君祭則先飯矣若爲君嘗食然

疾君視之東首加朝服拖紳。

包曰夫子疾處南牖之下東首加其朝服拖紳紳大帶不敢不衣朝服見君

君命召不俟駕行矣。

鄭曰急趨君命行出而車駕隨之

入太廟每事問。

朋友死無所歸曰於我殯。

孔曰重朋友之恩無所歸言無親昵

朋友之饋雖車馬非祭肉不拜。

孔曰不拜者有通財之義

寢不尸。

包曰偃臥四體布展手足似死人

居不容。

孔曰、爲室家之敬難久、

見齊衰者、雖狎必變。孔曰、狎者、素親狎、

見冕者與瞽者、雖褻必以貌。周曰、褻謂數相見、必當以禮貌之、

凶服者式之、式負版者。孔曰、凶服送死之衣物、負版者持邦國之圖籍、

有盛饌、必變色而作。孔曰、作起也、敬主人之親饋、

迅雷風烈必變。鄭曰、敬天之怒、風疾雷爲烈、

升車必正立執綏。周曰、必正立執綏所以爲安、

車中不內顧。包曰、居中不內顧者前視不過衡軛傍視不過輢轂

不疾言、不親指。

色斯舉矣。馬曰、見顏色不善則去之、

翔而後集。周曰、迴翔審觀而後下止、

曰、山梁雌雉、時哉時哉。子路共之、三嗅而作。言山梁雌雉得其時而人不得其時故嘆之子路以其時物故共具之非本意不苟食故三嗅而作作起也、

論語卷十終

論語卷十一

魏尚書駙馬都尉關內侯南陽何　晏集解

皇明　後　學　東吳金　蟠較訂

先進第十一

子曰先進於禮樂野人也後進於禮樂君子也孔曰先進後進謂仕先後輩也禮樂因世損益後進與禮樂俱得時之中斯君子矣先進有古風斯野人也如用之則吾從先進將移風易俗歸之淳素先進猶近古風故從之

子曰從我於陳蔡者皆不及門也

鄭曰言弟子從我而厄於陳蔡者皆不及仕進之門而失其所

德行顏淵閔子騫冉伯牛仲弓言語宰我子貢政事冉有季路文學子游子夏

子曰回也非助我者也於吾言無所不說孔曰助益也言回聞言即解無所起增益於已

子曰孝哉閔子騫人不間於其父母昆弟之言陳曰言子騫上事父母下順兄弟動靜盡善故人不得有非間之言

南容三復白圭孔曰詩云白圭之玷尚可磨也斯言之玷不可為也南容讀書至此三反覆之是其心愼言也孔子以其兄之子妻之

季康子問弟子孰為好學孔子對曰有顏回者好學不幸短命死矣今也則亡

顏淵死顏路請子之車以為之椁孔曰路淵父也家貧欲請孔子之車賣以作椁

子曰才不才亦各言其子也鯉也死有棺而無椁吾不徒行以為之椁以吾從大夫之後不可徒行也孔曰鯉孔子之子伯魚也孔子時為大夫言從大夫之後不可以徒行謙辭也

顏淵死子曰噫

包曰噫痛傷之聲

天喪予天喪予天喪予者若喪已也再言之者痛惜之甚

顏淵死子哭之慟馬曰慟哀過也

從者曰子慟矣曰有慟乎孔曰不自知已之悲哀過

非夫人之為慟而誰為

顏淵死門人欲厚葬之子曰不可

禮、貧富有宜、顏淵貧而門人欲厚葬之、故不聽、

門人厚葬之。子曰、回也視予猶父也。予不得視猶子也。非我也。

夫二三子也、

馬曰、顏回自有父、父意欲聽門人厚葬、我不得割止、非其厚葬、故云耳、

季路問事鬼神。子曰、未能事人。焉能事鬼。曰、敢問死。曰、未知生。焉知死。

陳曰、鬼神及死事難明、語之無益、故不答、

閔子侍側、誾誾如也。子路、行行如也。冉有子貢、侃侃如也。子樂。

鄭曰、樂各盡其性、行行剛强之貌、

若由也、不得其死然。

孔曰、不得以壽終、

魯人為長府。閔子騫曰、仍舊貫。如之何。何必改作、

鄭曰、長府、藏名也、藏財貨曰府、仍、因也、貫、事也、因舊事則可也、何乃復更改作、

子曰、夫人不言。言必有中。

王曰、言必有中者、善其不欲勞民改作、

子曰、由之瑟。奚為於丘之門。

馬曰、子路鼓瑟、不合雅頌、

門人不敬子路。子曰、由也升堂矣。未入於室也、

馬曰、升我堂矣、未入於室耳、門人不解、謂孔子言為賤子路、故復解之、

子貢問師與商也孰賢。子曰、師也過。商也不及。

孔曰、言俱不得中、

曰、然則師愈與。子曰、過猶不及。

愈猶勝也、

季氏富於周公。

孔曰、周公天子之宰卿士、

而求也為之聚斂而附益之。

孔曰、冉求為季氏宰、為之急賦稅、

子曰、非吾徒也。小子鳴鼓而攻之可也。

鄭曰、小子、門人也、鳴鼓聲其罪以責之、

柴也愚。

弟子高柴字子羔、愚、愚直之愚、

參也魯。

孔曰、魯、鈍也、曾子性遲鈍、

師也辟。

馬曰、子張才過人、失在邪辟文過、

由也喭。

鄭曰、子路之行失於畔喭、

子曰、回也其庶乎。屢空。賜不受命。而貨殖焉。億則屢中。

言回庶幾聖道、雖數空匱、而樂在其中、賜不受教命、唯財貨是殖、億度是非、蓋美回所以勵賜也、一曰屢、猶每也、空、猶虛中也、以聖人之善道教數子之庶幾、猶不至於知道者、各內有此害、其於庶幾每能虛中者、唯回懷道深遠、不虛心不能知道、子貢雖無數子之病、然亦不知道者、雖不窮理而幸中、雖非天命而偶富、亦所以不虛心也、

子張問善人之道。子曰、不踐迹。亦不入於室。

孔曰、踐、循也、言善人不但循追舊迹而已、亦少能創業、然亦不入於聖人之奧室、

子曰、論篤是與。君子者乎。色莊者乎。

論篤者、謂口無擇言、君子者、謂身無鄙行、色莊者、不惡而嚴以遠小人、言此三者、皆可以為善人、

論語　卷十一　先進　五　永懷堂

子路問聞斯行諸。

包曰、賑窮救乏之事、

子曰、有父兄在。如之何其聞斯行之。

孔曰、當白父兄、不得自專、

冉有問聞斯行諸。子曰、聞斯行之。公西華曰、由也問聞斯行諸。子曰、有父兄在。求也問聞斯行諸。子曰、聞斯行之。赤也惑。敢問。

孔曰、惑其問同而答異、

子曰、求也退。故進之。由也兼人。故退之。

鄭曰、言冉有性謙退、子路務在勝尚人、各因其人之失而正之、

子畏於匡。顏淵後。

孔曰、言與孔子相失、故在後、

子曰、吾以女為死矣。曰、子在。回何敢死。

包曰、言夫子在、已無所敢死、

季子然問仲由冉求可謂大臣與。

孔曰、子然、季氏子弟、自多得臣此二子、故問之、

子曰、吾以子為異之問。曾由與求之問。

孔曰、謂子問異事耳、則此二人之問、安足大乎、

所謂大臣者。以道事君。不可則止。今由與求也。可謂具臣矣。

論語　卷十一　先進　六　永懷堂

孔曰、言備臣數而已、

曰、然則從之者與。

孔曰、問為臣皆當從君所欲邪、

子曰、弒父與君。亦不從也。

孔曰、言二子雖從其主、亦不與為大逆、

子路使子羔為費宰。子曰、賊夫人之子。

包曰、子羔學未熟習、而使為政、所以為賊害、

子路曰、有民人焉。有社稷焉。何必讀書。然後為學。

孔曰、言治民事神、於是而習之、亦學也、

子曰。是故惡夫佞者。

孔曰、疾其以口給應、遂己非而不知窮。

子路曾晳

孔曰、晳曾參父、名點。

冉有公西華侍坐。子曰、以吾一日長乎爾、毋吾以也。

孔曰、言我問女、女無以我長故難對。

居則曰不吾知也。

孔曰、女常居云人不知己。

如或知爾則何以哉。

孔曰、如有用女者、則何以為治。

子路率爾而對。

率爾、先三人對。

曰。千乘之國。攝乎大國之間。加之以師旅。因之以饑饉。

包曰、攝、迫也。迫於大國之間。

由也為之。比及三年。可使有勇。且知方也。

方、義方。

夫子哂之。

馬曰、哂、笑。

求爾何如。對曰。方六七十。如五六十。

求性謙退、言欲得方六七十、如五六十里小國治之而已。

求也為之。比及三年。可使足民。如其禮樂。以俟君子。

孔曰、求自云能足民而已、謂衣食足也。若禮樂之化、當以待君子、謙也。

赤爾何如。對曰。非曰能之。願學焉。宗廟之事。如會同。端章甫。願為小相焉。

鄭曰、我非自言能、願學為之。宗廟之事、謂祭祀也。諸侯時見曰會、衆覜曰同。端、玄端也。衣玄端、冠章甫、諸侯日視朝之服。小相、謂相君之禮。

點爾何如。鼓瑟希。

孔曰、思所以對、故音希。

鏗爾。舍瑟而作。對曰。異乎三子者之撰。

孔曰、置瑟起對。撰、具也。為政之具。鏗爾者、投瑟之聲。

子曰。何傷乎。亦各言其志也。

孔曰、各言己志、於義無傷。

曰。莫春者。春服既成。冠者五六人。童子六七人。浴乎沂。風乎舞雩。詠而歸。

包曰、莫春者、季春三月也。春服既成、衣單袷之時。我欲得冠者五六人、童子六七人、浴乎沂水之上、風涼於舞雩之下、歌詠先王之道、而歸夫子之門。

夫子喟然歎曰。吾與點也。

周曰、善點獨知時、

三子者出。曾皙後。曾皙曰。夫三子者之言何如。子曰。亦各言其志也已矣。曰。夫子何哂由也。曰。爲國以禮。其言不讓。是故哂之。

包曰、爲國以禮、禮貴讓、子路言不讓、故笑之、

唯求則非邦也與。安見方六七十如五六十而非邦也者。唯赤則非邦也與。宗廟會同。非諸侯而何。

孔曰、明皆諸侯之事、與子路同、徒笑子路不讓、

赤也爲之小。孰能爲之大。

孔曰、赤謙言小相耳、誰能爲大相、

論語卷十一　終

論語卷十二

魏尚書駙馬都尉關內侯南陽何　晏集解

皇明後學東吳葛　鼒較訂

顏淵第十二

顏淵問仁。子曰。克己復禮爲仁。

馬曰、克己約身、孔曰、復反也、身能反禮、則爲仁矣、

一日克己復禮。天下歸仁焉。

馬曰、一日猶見歸、況終身乎、

爲仁由己。而由人乎哉。

孔曰、行善在己、不在人也、

顏淵曰。請問其目。

包曰、知其必有條目、故請問之、

子曰。非禮勿視。非禮勿聽。非禮勿言。非禮勿動。

鄭曰、此四者、克己復禮之目、

顏淵曰。回雖不敏。請事斯語矣。

王曰、敬事此語、必行之、

仲弓問仁。子曰。出門如見大賓。使民如承大祭。

孔曰、爲仁之道、莫尚乎敬、

已所不欲勿施於人在邦無怨在家無怨

包曰在邦爲諸侯在家爲卿大夫

仲弓曰雍雖不敏請事斯語矣

司馬牛問仁子曰仁者其言也訒

孔曰訒難也牛宋人弟子司馬犂

曰其言也訒斯謂之仁已乎子曰爲之難言之得無訒乎

子曰行仁難言仁亦不得不難

司馬牛問君子子曰君子不憂不懼

孔曰牛兄桓魋將爲亂牛自宋來學常憂懼故孔子解之

曰不憂不懼斯謂之君子已乎子曰內省不疚夫何憂何懼

包曰疚病也自省無罪惡無可憂懼

司馬牛憂曰人皆有兄弟我獨亡

鄭曰牛兄桓魋行惡死亡無日我爲無兄弟

子夏曰商聞之矣死生有命富貴在天君子敬而無失與人恭而有禮四海之內皆兄弟也

包曰君子疏惡而友賢九州之人皆可以禮親

子張問明子曰浸潤之譖膚受之愬不行焉可謂明也已矣

鄭曰譖人之言如水之浸潤漸以成之馬曰膚受之愬皮膚外語非其內實

浸潤之譖膚受之愬不行焉可謂遠也已矣

馬曰無此二者非但爲明其德行高遠人莫能及

子貢問政子曰足食足兵民信之矣子貢曰必不得已而去於斯三者何先曰去兵子貢曰必不得已而去於斯二者何先曰去食自古皆有死民無信不立

孔曰死者古今常道人皆有之治邦不可失信

棘子成曰君子質而已矣何以文爲

鄭曰舊說云棘子成衛大夫

子貢曰惜乎夫子之說君子也駟不及舌

鄭曰惜乎夫子之說君子也過言一出駟馬追之不及

文猶質也質猶文也虎豹之鞹猶犬羊之鞹

孔曰皮去毛曰鞹虎豹與犬羊別正以毛文異耳今使文質同者何以別虎豹與犬羊邪

哀公問於有若曰年饑用不足如之何有若對曰盍徹乎

鄭曰盍何不也周法什一而稅謂之徹徹通也爲天下之通法

曰二吾猶不足如之何其徹也

孔曰二謂什二而稅

對曰百姓足君孰與不足百姓不足君孰與足

孔曰孰誰也

子張問崇德辨惑。

孔曰辨別也。

子曰主忠信徙義崇德也。

包曰徙義見義則徙意而從之。

愛之欲其生惡之欲其死既欲其生又欲其死是惑也。

包曰愛惡當有常一欲生之一欲死之是心惑也。

誠不以富亦祇以異。

鄭曰此詩小雅也祇適也言此行誠不可以致富適足以爲異耳取此詩之異義以非之。

齊景公問政於孔子孔子對曰君君臣臣父父子子。

孔曰當此之時陳恒制齊君不君臣不臣父不父子不子故以對。

公曰善哉信如君不君臣不臣父不父子不子雖有粟吾得而食諸。

孔曰言將危也陳氏果滅齊。

子曰片言可以折獄者其由也與。

孔曰片猶偏也聽訟必須兩辭以定是非偏信一言以折獄者唯子路可。

子路無宿諾。

宿猶豫也子路篤信恐臨時多故故不豫諾。

子曰聽訟吾猶人也。

包曰與人等。

必也使無訟乎。

王曰化之在前。

子張問政子曰居之無倦行之以忠。

王曰言爲政之道居之於身無得解倦行之於民必以忠信。

子曰博學於文約之以禮亦可以弗畔矣夫。

鄭曰弗畔不違道。

子曰君子成人之美不成人之惡小人反是。

季康子問政於孔子孔子對曰政者正也子帥以正孰敢不正。

鄭曰康子魯上卿諸臣之帥也。

季康子患盜問於孔子孔子對曰苟子之不欲雖賞之不竊。

孔曰欲多情慾言民化於上不從其令從其所好。

季康子問政於孔子曰如殺無道以就有道何如。

孔曰就成也欲多殺以止姦。

孔子對曰子爲政焉用殺子欲善而民善矣君子之德風小人之德草草上之風必偃。

孔曰亦欲令康子先自正偃仆也加草以風無不仆者猶民之化於上。

子張問士何如斯可謂之達矣子曰何哉爾所謂達者子張對曰

在邦必聞。在家必聞。

鄭曰言士之所在皆能有名譽

子曰是聞也。非達也。夫達也者。質直而好義。察言而觀色。慮以下人。

馬曰常有謙退之志察言語觀顏色知其所欲其志慮常欲以下人

在邦必達。在家必達。

馬曰謙尊而光卑而不可踰

夫聞也者。色取仁而行違。居之不疑。

馬曰此言佞人假仁者之色行之則違安居其僞而不自疑

在邦必聞。在家必聞。

馬曰佞人黨多

樊遲從遊於舞雩之下。

包曰舞雩之處有壇墠樹木故下可遊焉

曰敢問崇德修慝辨惑。

孔曰慝惡也修治也治惡爲善

子曰善哉問。先事後得。非崇德與。

孔曰先勞於事然後得報

攻其惡。無攻人之惡。非修慝與。一朝之忿。忘其身以及其親。非惑與。

樊遲問仁。子曰愛人。問知。子曰知人。樊遲未達。子曰舉直錯諸枉。能使枉者直。

包曰舉正直之人用之廢置邪枉之人則皆化爲直

樊遲退見子夏曰鄉也吾見於夫子而問知。子曰舉直錯諸枉。能使枉者直。何謂也。子夏曰富哉言乎。

孔曰富盛也

舜有天下。選於衆。舉皋陶。不仁者遠矣。湯有天下。選於衆。舉伊尹。不仁者遠矣。

孔曰言舜湯有天下選擇於衆舉皋陶伊尹則不仁者遠矣仁者至矣

子貢問友。子曰忠告而善道之。不可則止。毋自辱焉。

包曰忠告以是非告之以善道導之不見從則止必言之或見辱

曾子曰君子以文會友。

孔曰友以文德合

以友輔仁。

孔曰友相切磋之道所以輔成己之仁

論語卷十二終

論語卷十三

魏尚書駙馬都尉關內侯南陽何　晏集解
皇明　後　學　東吳金　蟠較訂

子路第十三

子路問政。子曰。先之勞之。

孔曰。先導之以德。使民信之。然後勞之。易曰。說以使民。民忘其勞。

請益。曰。無倦。

孔曰。子路嫌其少。故請益。曰無倦者。行此上事。無倦則可。

仲弓為季氏宰。問政。子曰。先有司。

王曰。言為政當先任有司。而後責其事。

赦小過。舉賢才。曰。焉知賢才而舉之。曰。舉爾所知。爾所不知。人其舍諸。

孔曰。女所不知者。人將自舉其所知。則賢才無遺。

子路曰。衛君待子而為政。子將奚先。

包曰。問往將何所先行。

子曰。必也正名乎。

馬曰。正百事之名。

子路曰。有是哉。子之迂也。奚其正。

包曰。迂猶遠也。言孔子之言遠於事。

子曰。野哉由也。

孔曰。野猶不達。

君子於其所不知。蓋闕如也。

包曰。君子於其所不知。當闕而勿據。今由不知正名之義。而謂之迂遠。

名不正。則言不順。言不順。則事不成。事不成。則禮樂不興。禮樂不興。則刑罰不中。

孔曰。禮以安上。樂以移風。二者不行。則有淫刑濫罰。

刑罰不中。則民無所錯手足。故君子名之必可言也。言之必可

行也。

王曰。所名之事必可得而名言。所言之事必可得而遵行。

君子於其言。無所苟而已矣。

樊遲請學稼。子曰。吾不如老農。請學為圃。曰。吾不如老圃。

馬曰。樹五穀曰稼。樹菜蔬曰圃。

樊遲出。子曰。小人哉樊須也。上好禮。則民莫敢不敬。上好義。則民莫敢不服。上好信。則民莫敢不用情。

孔曰。情。情實也。言民化於上。各以實應。

夫如是。則四方之民襁負其子而至矣。焉用稼。

包曰禮義與信足以成德何用學稼以教民乎負者以器曰襁

子曰誦詩三百授之以政不達使於四方不能專對雖多亦奚以爲

専猶獨也

子曰其身正不令而行其身不正雖令不從

令教令也

子曰魯衛之政兄弟也

包曰魯周公之封衛康叔之封周公康叔既爲兄弟康叔睦於周公其國之政亦如兄弟

子謂衛公子荆善居室

王曰荆與蘧瑗史鰌並爲君子

始有曰苟合矣少有曰苟完矣富有曰苟美矣

子適衛冉有僕

孔曰孔子之衛冉有御

子曰庶矣哉

孔曰庶衆也言衛人衆多

冉有曰既庶矣又何加焉曰富之曰既富矣又何加焉曰教之

子曰苟有用我者期月而已可也三年有成

孔曰言誠有用我於政事者期月而可以行其政教必三年乃有成功

子曰善人爲邦百年亦可以勝殘去殺矣

王曰勝殘殘暴之人使不爲惡也去殺不用刑殺也

誠哉是言也

孔曰古有此言孔子信之

子曰如有王者必世而後仁

孔曰三十年曰世如有受命王者必三十年仁政乃成

子曰苟正其身矣於從政乎何有不能正其身如正人何

冉子退朝

周曰謂罷朝於魯君

子曰何晏也對曰有政

馬曰政者有所改更

子曰其事也

馬曰事者凡行常事

如有政雖不吾以吾其與聞之

馬曰如有政非常之事我爲大夫雖不見任用必當與聞之

定公問一言而可以興邦有諸孔子對曰言不可以若是其幾也

王曰以其大要一言不能正興國幾近也有近一言可以興國

人之言曰爲君難爲臣不易如知爲君之難也不幾乎一言而

興邦乎。

孔曰、事不可以一言而成、如知此、則可近也、

曰、一言而喪邦、有諸。孔子對曰、言不可以若是其幾也。人之言曰、予無樂乎爲君。唯其言而莫予違也。

孔曰、言無樂於爲君、所樂者、唯樂其言而不見違、

如其善而莫之違也、不亦善乎。如不善而莫之違也、不幾乎一言而喪邦乎。

孔曰、人君所言善、無違之者、則善也、所言不善而無敢違之者、則近一言而喪國、

葉公問政。子曰、近者說、遠者來。

子夏爲莒父宰、問政。

鄭曰、舊說云、莒父、魯下邑、

子曰、無欲速。無見小利。欲速則不達。見小利則大事不成。

孔曰、事不可以速成、而欲其速、則不達矣、小利妨大、則大事不成、

葉公語孔子曰、吾黨有直躬者。

孔曰、直躬、直身而行、

其父攘羊、而子證之。

周曰、有因而盜曰攘、

孔子曰、吾黨之直者異於是。父爲子隱、子爲父隱。直在其中矣。

樊遲問仁。子曰、居處恭、執事敬、與人忠。雖之夷狄、不可棄也。

包曰、雖之夷狄無禮義之處、猶不可棄去而不行、

子貢問曰、何如斯可謂之士矣。子曰、行己有恥。

孔曰、有恥者、有所不爲、

使於四方、不辱君命、可謂士矣。曰、敢問其次。曰、宗族稱孝焉、鄉黨稱弟焉。曰、敢問其次。曰、言必信、行必果。硜硜然小人哉。抑亦可以爲次矣。

鄭曰、行必果、所欲行必果敢爲之、硜硜者、小人之貌也、抑亦其次、言可以爲次、

曰、今之從政者何如。子曰、噫、斗筲之人、何足算也。

鄭曰、噫、心不平之聲、筲、竹器、容斗二升、算、數也、

子曰、不得中行而與之、必也狂狷乎。

包曰、中行、行能得其中者、言不得中行、則欲得狂狷者、

狂者進取、狷者有所不爲也。

包曰、狂者進取於善道、狷者守節無爲、欲得此二人者、以時多進退、取其恒、

子曰、南人有言曰、人而無恒、不可以作巫醫。

孔曰、南人、南國之人、鄭曰、言巫醫不能治無恒之人、

善夫。

包曰、善南人之言也、

不恒其德。或承之羞。孔曰、此易恒卦之辭、言德無常則羞辱承之、

子曰。不占而已矣。鄭曰、易所以占吉凶、無恒之人易所不占、

子曰。君子和而不同。小人同而不和。君子心和、然其所見各異、故曰不同、小人所嗜好者同、然各爭利、故曰不和、

子貢問曰。鄉人皆好之何如。子曰。未可也。鄉人皆惡之何如。子曰。未可也。不如鄉人之善者好之。其不善者惡之。孔曰、善人善己、惡人惡己、是善善明惡惡著、

子曰。君子易事而難說也。孔曰、不責備於一人、故易事、

說之不以道不說也。及其使人也器之。孔曰、度才而官之、

小人難事而易說也。說之雖不以道說也。及其使人也求備焉。

子曰。君子泰而不驕。小人驕而不泰。君子自縱泰似驕而不驕、小人拘忌、而實自驕矜、

子曰。剛毅木訥近仁。王曰、剛無欲、毅果敢、木質樸、訥遲鈍、有斯四者近於仁、

子路問曰。何如斯可謂之士矣。子曰。切切偲偲。怡怡如也。可謂士矣。朋友切切偲偲。兄弟怡怡。馬曰、切切偲偲、相切責之貌、怡怡、和順之貌、

子曰。善人教民七年。亦可以卽戎矣。包曰、卽就也、戎兵也、言以攻戰、

子曰。以不教民戰。是謂棄之。馬曰、言用不習之民使之攻戰、必破敗、是謂棄之、

論語卷十三終

論語卷十四

魏尚書駙馬都尉關內侯南陽何　晏集解

皇明　後　學　東吳葛　鼒較訂

憲問第十四

憲問恥。子曰邦有道穀。

孔曰穀祿也邦有道當食祿

邦無道穀恥也。

孔曰君無道而在其朝食其祿是恥辱

克伐怨欲不行焉可以為仁矣。

馬曰克好勝人伐自伐其功怨忌小怨欲貪欲也

子曰可以為難矣仁則吾不知也。

包曰四者行之難未足以為仁

子曰士而懷居不足以為士矣。

士當志道不求安而懷其居非士也

子曰邦有道危言危行。

包曰危厲也邦有道可以厲言行也

邦無道危行言孫。

孫順也厲行不隨俗順言以遠害

子曰有德者必有言。

德不可以億中故必有言

有言者不必有德。仁者必有勇。勇者不必有仁。

南宮适

孔曰适南宮敬叔魯大夫

問於孔子曰羿善射。奡盪舟。

孔曰羿有窮國之君篡夏后相之位其臣寒浞殺之因其室而生奡奡多力能陸地行舟為夏后少康所殺

俱不得其死然。

孔曰此二子者皆不得以壽終

禹稷躬稼而有天下。夫子不答。

馬曰禹盡力於溝洫稷播百穀故曰躬稼禹及其身稷及後世皆王适意欲以禹稷比孔子孔子謙故不荅也

南宮适出。子曰君子哉若人。尚德哉若人。

孔曰賤不義而貴有德故曰君子

子曰君子而不仁者有矣夫。未有小人而仁者也。

孔曰雖曰君子猶未能備

子曰愛之能勿勞乎。忠焉能勿誨乎。

孔曰言人有所愛必欲勞來之有所忠必欲教誨之

子曰為命。裨諶草創之。

孔曰裨諶鄭大夫氏名也謀於野則獲於國則否鄭國將有諸侯之事則使乘車以適野而謀作盟會之辭

世叔討論之行人子羽修飾之東里子產潤色之

馬曰世叔鄭大夫游吉也討治也裨諶既造謀世叔復治而論之詳而審之行人掌使之官子羽公孫揮子產居東里因以爲號更此四賢而成故鮮有敗事

或問子產子曰惠人也

孔曰惠愛也子產古之遺愛

問子西曰彼哉彼哉

馬曰子西鄭大夫彼哉彼哉言無足稱或曰楚令尹子西

問管仲曰人也

猶詩言所謂伊人

奪伯氏駢邑三百飯疏食沒齒無怨言

孔曰伯氏齊大夫駢邑地名齒年也伯氏食邑三百家管仲奪之使至疏食而沒齒無怨言以其當理也

子曰貧而無怨難富而無驕易

子曰孟公綽爲趙魏老則優不可以爲滕薛大夫

孔氏曰公綽魯大夫趙魏皆晉卿家臣稱老公綽性寡欲趙魏貪賢家老無職故優滕薛小國大夫職煩故不可爲

子路問成人子曰若臧武仲之知

馬曰魯大夫臧孫紇

公綽之不欲

馬曰孟公綽

卞莊子之勇

周曰卞邑大夫

冉求之藝文之以禮樂

孔曰加之以禮樂文成

亦可以爲成人矣曰今之成人者何必然見利思義

馬曰義然後取不苟得

見危授命久要不忘平生之言亦可以爲成人矣

孔曰久要舊約也平生猶少時

子問公叔文子於公明賈曰信乎夫子不言不笑不取乎

孔曰公叔文子衛大夫公孫拔文謚

公明賈對曰以告者過也夫子時然後言人不厭其言樂然後笑人不厭其笑義然後取人不厭其取子曰其然豈其然乎

馬曰美其得道嫌不能悉然

子曰臧武仲以防求爲後於魯雖曰不要君吾不信也

孔曰防武仲故邑爲後立後也魯襄公二十三年武仲爲孟氏所譖出奔邾自邾如防使爲以大蔡納請曰紇非能害也知不足也非敢私請苟守先祀無廢二勳敢不辟邑乃立臧爲紇致防而奔齊此所謂要君

子曰晉文公譎而不正

鄭曰、譎者、詐也、謂召天子而使諸侯朝之、仲尼曰、以臣召君、不可以訓、故書曰天王狩於河陽、是譎而不正也、

齊桓公正而不譎。

馬曰、伐楚以公義、責苞茅之貢不入、問昭王南征不還、是正而不譎也、

子路曰、桓公殺公子糾。召忽死之。管仲不死。曰。未仁乎。

孔曰、齊襄公立、無常、鮑叔牙曰、君使民慢、亂將作矣、奉公子小白出奔莒、襄公從弟公孫無知殺襄公、管夷吾召忽奉公子糾出奔魯、齊人殺無知、魯伐齊、納子糾、小白自莒先入、是爲桓公、乃殺子糾、召忽死之、

子曰。桓公九合諸侯。不以兵車。管仲之力也。如其仁。如其仁。

孔曰、誰如管仲之仁、

子貢曰。管仲非仁者與。桓公殺公子糾。不能死。又相之。子曰。管仲

相桓公。霸諸侯。一匡天下。

馬曰、匡、正也、天子微弱、桓公帥諸侯以尊周室、一匡天下、

民到于今受其賜。

受其賜者、爲不被髮左衽之惠、

微管仲。吾其被髮左衽矣。

馬曰、微、無也、無管仲、則君不君、臣不臣、皆爲夷狄、

豈若匹夫匹婦之爲諒也。自經於溝瀆而莫之知也。

王曰、經、經死於溝瀆中也、管仲召忽之於公子糾、君臣之義未正成、故死之未足深嘉、不死未足多非、死事旣難、亦在於過厚、故仲尼但美管仲之功、亦不言召忽不當死、

公叔文子之臣大夫僎與文子同升諸公。

孔曰、大夫僎、本文子家臣、薦之使與己並爲大夫、同升在公朝、

子聞之曰、可以爲文矣。

孔曰、言行如是、可謚爲文、

子言衞靈公之無道也。康子曰。夫如是。奚而不喪。孔子曰。仲叔圉治賓客。祝鮀治宗廟。王孫賈治軍旅。夫如是。奚其喪。

孔曰、言雖無道、所任者各當其才、何爲當亡、

子曰。其言之不怍。則爲之也難。

馬曰、怍、慙也、內有其實、則言之不慙、積其實者、爲之難、

陳成子弒簡公。孔子沐浴而朝。告於哀公曰。陳恒弒其君。請討之。

馬曰、成子、齊大夫陳恒也、將告君、故先齋、齋必沐浴、

公曰。告夫三子。

孔曰、謂三卿也、

孔子曰。以吾從大夫之後。不敢不告也。君曰。告夫三子者。

馬曰、我禮當告君、不當告三子、君使我往、故復往、

之三子告。不可。孔子曰。以吾從大夫之後。不敢不告也。

馬曰、孔子由君命之三子告、不可、故復以此辭語之而止、

子路問事君。子曰。勿欺也。而犯之。

孔曰事君之道義不可欺當能犯顏諫爭

子曰君子上達小人下達 本為上末為下

子曰古之學者為己今之學者為人 孔曰為己履而行之為人徒能言之

蘧伯玉使人於孔子孔子與之坐而問焉 孔曰伯玉衛大夫蘧瑗

曰夫子何為對曰夫子欲寡其過而未能也 言夫子欲寡其過而未能無過

使者出子曰使乎使乎 陳曰再言使乎者善之也言使得其人

子曰不在其位不謀其政曾子曰君子思不出其位 孔曰不越其職

子曰君子恥其言而過其行

子曰君子道者三我無能焉仁者不憂知者不惑勇者不懼子貢曰夫子自道也

子貢方人 孔曰比方人也

子曰賜也賢乎哉夫我則不暇 孔曰不暇比方人也

子曰不患人之不己知患其不能也 王曰徒患己之無能

子曰不逆詐不億不信抑亦先覺者是賢乎 孔曰先覺人情者是寧能為賢乎或時反怨人

微生畝謂孔子曰丘何為是栖栖者與無乃為佞乎 包曰微生姓畝名

孔子曰非敢為佞也疾固也 包曰病世固陋欲行道以化之

子曰驥不稱其力稱其德也 鄭曰德者調良之謂

或曰以德報怨何如子曰何以報德 德恩惠之德

以直報怨以德報德

子曰莫我知也夫子貢曰何為其莫知 子貢怪夫子言何為莫知己故問

子曰不怨天不尤人

馬曰、孔子不用於世、而不怨天、人不知己、亦不尤人、

下學而上達。

孔曰、下學人事、上知天命、

知我者其天乎。

聖人與天地合其德、故曰唯天知己、

公伯寮愬子路於季孫。

馬曰、愬、譖也、伯寮、魯人、弟子也、

子服景伯以告。

孔曰、魯大夫子服何忌也、告孔子、

曰、夫子固有惑志。

孔曰、季孫信讒、恚子路、

於公伯寮、吾力猶能肆諸市朝。

鄭曰、吾勢力猶能辨子路之無罪於季孫、使之誅寮而肆之、有罪既刑、陳其尸曰肆、

子曰、道之將行也與、命也。道之將廢也與、命也。公伯寮其如命何。

子曰、賢者辟世。

孔曰、世主莫得而臣、

其次辟地。

馬曰、去亂國、適治邦、

其次辟色。

孔曰、色斯舉矣、

其次辟言。

孔曰、有惡言乃去、

子曰、作者七人矣。

包曰、作、爲也、爲之者凡七人、謂長沮、桀溺、丈人、石門、荷蕢、儀封人、楚狂接輿、

子路宿於石門。晨門曰、奚自。

晨門者、閽人也、

子路曰、自孔氏。曰、是知其不可而爲之者與。

包曰、言孔子知世不可爲而強爲之、

子擊磬於衛。有荷蕢而過孔氏之門者、曰、有心哉、擊磬乎。

蕢、草器也、有心、謂契契然、

既而曰、鄙哉、硜硜乎。莫己知也、斯已而已矣。

此硜硜者、徒信己而已、言亦無益、

深則厲、淺則揭。

包曰、以衣涉水爲厲、揭、揭衣也、言隨世以行己、若過水必以濟、知其不可、則當不爲、

子曰、果哉、末之難矣。

未知己志而便譏己所以爲果末無也無難者以其不能解己之道

子張曰書云高宗諒陰三年不言何謂也

孔曰高宗殷之中興王武丁也諒信也陰猶默也

子曰何必高宗古之人皆然君薨百官總己

馬曰己百官

以聽於冢宰三年

孔曰冢宰天官卿佐王治者三年喪畢然後王自聽政

子曰上好禮則民易使也

民莫敢不敬故易使

子路問君子子曰修己以敬

孔曰敬其身

曰如斯而已乎曰修己以安人

孔曰人謂朋友九族

曰如斯而已乎曰修己以安百姓修己以安百姓堯舜其猶病諸

孔曰病猶難也

原壤夷俟

馬曰原壤魯人孔子故舊夷踞俟待也踞待孔子

子曰幼而不孫弟長而無述焉老而不死是爲賊

賊謂賊害

以杖叩其脛

孔曰叩擊也脛脚脛

闕黨童子將命

馬曰闕黨之童子將命者傳賓主之語出入

或問之曰益者與子曰吾見其居於位也

童子隅坐無位成人乃有位

見其與先生並行也非求益者也欲速成者也

包曰先生成人也並行不差在後違禮欲速成人者則非求益也

論語卷十四終

論語卷十五

魏尚書駙馬都尉關内侯南陽何　晏集解
皇明　後　學　東吳金　蟠較訂

衛靈公第十五

衛靈公問陳於孔子。孔曰、軍陳行列之法、

孔子對曰。俎豆之事。則嘗聞之矣。孔曰、俎豆、禮器、

軍旅之事。未之學也。鄭曰、萬二千五百人爲軍、五百人爲旅、軍旅末事、本未立、不可以教末事、

明日遂行。在陳絶糧。從者病。莫能興。孔曰、從者弟子、興起也、孔子去衛如曹、曹不容、又之宋、遭匡人之難、又之陳、會吳伐陳、陳亂、故乏食、

子路慍見曰。君子亦有窮乎。子曰。君子固窮。小人窮斯濫矣。濫、溢也、君子固亦有窮時、但不如小人窮則濫溢爲非、

子曰。賜也。女以予爲多學而識之者與。對曰。然。孔曰、然、謂多學而識之、

非與。孔曰、謂今不然、

曰。非也。予一以貫之。善有元、事有會、天下殊塗而同歸、百慮而一致、知其元、則衆善舉矣、故不待多學而一知之、

子曰。由知德者鮮矣。王曰、君子固窮、而子路慍見、故謂之少于知德、

子曰。無爲而治者。其舜也與。夫何爲哉。恭己正南面而已矣。言任官得其人、故無爲而治、

子張問行。子曰。言忠信。行篤敬。雖蠻貊之邦行矣。言不忠信。行不篤敬。雖州里行乎哉。鄭曰、萬二千五百家爲州、五家爲鄰、五鄰爲里、行乎哉、言不可行、

立則見其參於前也。在輿則見其倚於衡也。夫然後行。包曰、衡、軛也、言思念忠信、立則常想見參然在目前、在輿則若倚車軛、

子張書諸紳。孔曰、紳、大帶、

子曰。直哉史魚。孔曰、衛大夫史鰌、

邦有道如矢。邦無道如矢。孔曰、有道無道、行直如矢、言不曲、

君子哉蘧伯玉。邦有道則仕。邦無道則可卷而懷之。

包曰卷而懷謂不與時政柔順不忤於人

子曰可與言而不與之言失人不可與言而與之言失言知者不失人亦不失言

子曰志士仁人無求生以害仁有殺身以成仁

孔曰無求生以害仁死而後成仁則志士仁人不愛其身也

子貢問爲仁子曰工欲善其事必先利其器居是邦也事其大夫之賢者友其士之仁者

孔曰言工以利器爲用人以賢友爲助

顏淵問爲邦子曰行夏之時

據見萬物之生以爲四時之始取其易知

乘殷之輅

馬曰殷車曰大輅左傳曰大輅越席昭其儉也

服周之冕

包曰冕禮冠周之禮文而備取其黈纊塞耳不任視聽

樂則韶舞

韶舜樂也盡善盡美故取之

放鄭聲遠佞人鄭聲淫佞人殆

孔曰鄭聲佞人亦俱能惑人心與雅樂賢人同而使人淫亂危殆故當放遠之

子曰人無遠慮必有近憂

王曰君子當思患而預防之

子曰已矣乎吾未見好德如好色者也

子曰臧文仲其竊位者與知柳下惠之賢而不與立也

孔曰柳下惠展禽也知賢而不舉是爲竊位

子曰躬自厚而薄責於人則遠怨矣

孔曰責己厚責人薄所以遠怨咎

子曰不曰如之何

孔曰不曰如之何者猶言不曰奈是何

如之何者吾末如之何也已矣

孔曰如之何者言禍難已成吾亦無如之何

子曰羣居終日言不及義好行小慧難矣哉

鄭曰小慧謂小小之才知難矣哉言終無成

子曰君子義以爲質禮以行之孫以出之信以成之君子哉

鄭曰義以爲質謂操行孫以出之謂言語

子曰君子病無能焉不病人之不己知也

包曰君子之人但病無聖人之道不病人之不知己

子曰君子疾沒世而名不稱焉

疾猶病也、

子曰。君子求諸己。小人求諸人。

君子責己、小人責人、

子曰。君子矜而不爭。

包曰矜、矜莊也、

羣而不黨。

孔曰黨助也君子雖衆、不相私助義之與比、

子曰。君子不以言舉人。

包曰有言者不必有德故不可以言舉人、

不以人廢言。

王曰不可以無德而廢善言、

子貢問曰。有一言而可以終身行之者乎。子曰。其恕乎。己所不欲。勿施於人。

言己之所惡、勿加施於人、

子曰。吾之於人也。誰毀誰譽。如有所譽者。其有所試矣。

包曰所譽者輒試以事不虛譽而已、

斯民也。三代之所以直道而行也。

馬曰三代夏殷周用民如此、無所阿私所以云直道而行、

子曰。吾猶及史之闕文也。

包曰古之良史於書字有疑則闕之以待知者、

有馬者借人乘之。今亡矣夫。

包曰有馬不能調良則借人乘習之、孔子自謂及見其人如此至今無有矣言此者以俗多穿鑿、

子曰。巧言亂德。小不忍。則亂大謀。

孔曰巧言利口則亂德義小不忍則亂大謀、

子曰。衆惡之。必察焉。衆好之。必察焉。

王曰或衆阿黨比周或其人特立不羣故好惡不可不察也、

子曰。人能弘道。非道弘人。

王曰才大者道隨大才小者道隨小故不能弘人、

子曰。過而不改。是謂過矣。

子曰。吾嘗終日不食。終夜不寢。以思無益。不如學也。

子曰。君子謀道不謀食。耕也餒在其中矣。學也祿在其中矣。君子憂道不憂貧。

鄭曰餒餓也言人雖念耕而不學故飢餓學則得祿雖不耕而不餒此勸人學、

子曰。知及之。仁不能守之。雖得之。必失之。

包曰知能及治其官而仁不能守雖得之必失之、

子曰。知及之。仁能守之。不莊以涖之。則民不敬。

包曰不嚴以臨之則民不敬從其上

知及之仁能守之莊以涖之動之不以禮未善也。

王曰動必以禮然後善

子曰君子不可小知而可大受也。小人不可大受而可小知也。

王曰君子之道深遠不可小了知而可大受小人之道淺近可小了知而不可大受也

子曰民之於仁也甚於水火。

馬曰水火及仁皆民所仰而生者仁最為甚

水火吾見蹈而死者矣未見蹈仁而死者也。

馬曰蹈水火或時殺人蹈仁未嘗殺人

子曰當仁不讓於師

孔曰當行仁之事不復讓於師言行仁急

子曰君子貞而不諒。

孔曰貞正諒信也君子之人正其道耳言不必小信

子曰事君敬其事而後其食

孔曰先盡力而後食祿

子曰有教無類。

馬曰言人所在見教無有種類

子曰道不同不相為謀。

子曰辭達而已矣。

孔曰凡事莫過於實辭達則足矣不煩文豔之辭

師冕見。

孔曰師樂人盲者名冕

及階子曰階也及席子曰席也皆坐子告之曰某在斯某在斯。

孔曰歷告以坐中人姓字所在處

師冕出子張問曰與師言之道與子曰然固相師之道也。

馬曰相導也

論語卷十五終

論語卷十六

魏尚書駙馬都尉關內侯南陽何　晏集解
皇明　後　學　東吳金　蟠較訂

季氏第十六

季氏將伐顓臾。冉有季路見於孔子曰。季氏將有事於顓臾。

孔曰。顓臾伏羲之後，風姓之國，本魯之附庸，當時臣屬魯。季氏貪其土地，欲滅而取之。冉有與季路爲季氏臣，來告孔子。

孔子曰。求無乃爾是過與。

孔曰。冉求爲季氏宰，相其室，爲之聚斂，故孔子獨疑求教之。

夫顓臾昔者先王以爲東蒙主。

孔曰。使主祭蒙山。

且在邦域之中矣。

孔曰。魯七百里之邦，顓臾爲附庸，在其域中。

是社稷之臣也。何以伐爲。

孔曰。已屬魯爲社稷之臣，何用滅之爲。

冉有曰。夫子欲之。吾二臣者皆不欲也。

孔曰。歸咎於季氏。

孔子曰。求。周任有言曰。陳力就列。不能者止。

馬曰。周任，古之良史，言當陳其才力，度已所任，以就其位，不能則當止。

危而不持。顛而不扶。則將焉用彼相矣。

包曰。言輔相人者，當能持危扶顛，若不能，何用相爲。

且爾言過矣。虎兕出於柙。龜玉毀於櫝中。是誰之過與。

馬曰。柙，檻也。櫝，匱也。失虎毀玉，豈非典守之過邪。

冉有曰。今夫顓臾固而近於費。

馬曰。固謂城郭完堅，兵甲利也。費，季氏邑。

今不取。後世必爲子孫憂。孔子曰。求。君子疾夫。

孔子曰。疾如女之言。

舍曰欲之。而必爲之辭。

孔曰。舍其貪利之說，而更作他辭，是所疾也。

丘也聞有國有家者。不患寡而患不均。

孔曰。國，諸侯。家，卿大夫。不患土地人民之寡少，患政理之不均平。

不患貧而患不安。

孔曰。憂不能安民耳，民安則國富。

蓋均無貧。和無寡。安無傾。

包曰。政教均平，則不貧矣。上下和同，不患寡矣。小大安寧，不傾危矣。

夫如是。故遠人不服。則修文德以來之。既來之。則安之。今由與求也相夫子。遠人不服而不能來也。邦分崩離析而不能守也。

孔曰民有異心曰分欲去曰崩不可會聚曰離析、

而謀動干戈於邦內。

孔曰干、楯也戈戟也。

吾恐季孫之憂不在顓臾而在蕭牆之內也。

鄭曰蕭之言肅也牆謂屏也君臣相見之禮至屏而加肅敬焉是以謂之蕭牆後季氏家臣陽虎果囚季桓子、

孔子曰天下有道則禮樂征伐自天子出天下無道則禮樂征伐自諸侯出自諸侯出蓋十世希不失矣。

孔曰希少也周幽王爲犬戎所殺平王東遷周始微弱諸侯自作禮樂專行征伐始於隱公至昭公十世失政死于乾侯矣、

自大夫出五世希不失矣

孔曰季文子初得政至桓子五世爲家臣陽虎所囚

陪臣執國命三世希不失矣

馬曰陪重也謂家臣陽虎爲季氏家臣至虎三世而出奔齊

天下有道則政不在大夫

孔曰制之繇君

天下有道則庶人不議

孔曰無所非議

孔子曰祿之去公室五世矣。

鄭曰言此之時魯定公之初魯自東門襄仲殺文公之子而立宣公於是政在大夫爵祿不從君出至定公爲五世矣、

政逮於大夫四世矣。

孔曰文子武子悼子平子。

故夫三桓之子孫微矣。

孔曰三桓謂仲孫叔孫季孫三卿皆出桓公故曰三桓也仲孫氏改其氏稱孟氏至哀公皆衰、

孔子曰益者三友損者三友友直友諒友多聞益矣友便辟

馬曰便辟巧辟人之所忌以求容媚

友善柔

馬曰面柔也

友便佞損矣

鄭曰便辯也謂佞而辯

孔子曰益者三樂損者三樂樂節禮樂

動得禮樂之節

樂道人之善樂多賢友益矣樂驕樂

孔曰恃尊貴以自恣

樂佚遊

王曰佚遊出入不節

樂宴樂損矣

孔曰宴樂沈荒淫瀆三者自損之道

孔子曰侍於君子有三愆

孔曰愆過也

言未及之而言謂之躁

鄭曰躁不安靜

言及之而不言謂之隱

孔曰隱匿不盡情實

未見顔色而言謂之瞽

周曰未見君子顔色所趣向而便逆先意語者猶瞽也

孔子曰君子有三戒少之時血氣未定戒之在色及其壯也血氣

方剛戒之在鬭及其老也血氣既衰戒之在得

孔曰得貪得

孔子曰君子有三畏畏天命

順吉逆凶天之命也

畏大人

大人即聖人與天地合其德

畏聖人之言

深遠不可易知測聖人之言也

小人不知天命而不畏也

恢疏故不知畏

狎大人

直而不肆故狎之

侮聖人之言

不可小知故侮之

孔子曰生而知之者上也學而知之者次也困而學之又其次也

孔曰困謂有所不通

困而不學民斯為下矣

孔子曰君子有九思視思明聽思聰色思溫貌思恭言思忠事思

敬疑思問忿思難見得思義

孔子曰見善如不及見不善如探湯吾見其人矣吾聞其語矣

孔曰探湯喻去惡疾

隱居以求其志行義以達其道吾聞其語矣未見其人也

齊景公有馬千駟死之日民無德而稱焉

孔曰千駟四千匹

伯夷叔齊餓於首陽之下

馬曰首陽山在河東蒲坂縣華山之北河曲之中

民到於今稱之其斯之謂與

王曰此所謂以德爲稱

陳亢問於伯魚曰子亦有異聞乎

馬曰以爲伯魚孔子之子所聞當有異

對曰未也嘗獨立

孔曰獨立謂孔子

鯉趨而過庭曰學詩乎對曰未也不學詩無以言鯉退而學詩他日又獨立鯉趨而過庭曰學禮乎對曰未也不學禮無以立鯉退而學禮聞斯二者陳亢退而喜曰問一得三聞詩聞禮又聞君子之遠其子也

邦君之妻君稱之曰夫人夫人自稱曰小童邦人稱之曰君夫人稱諸異邦曰寡小君異邦人稱之亦曰君夫人

孔曰小君君夫人之稱對異邦謙故曰寡小君當此之時諸侯嫡妾不正稱號不審故孔子正言其禮也

論語卷十六終

論語卷十七

魏尚書駙馬都尉關內侯南陽何　晏集解

皇明　後　學　東吳金　蟠較訂

陽貨第十七

陽貨欲見孔子孔子不見

孔曰陽貨陽虎也季氏家臣而專魯國之政欲見孔子使仕

歸孔子豚

孔曰欲使往謝故遺孔子豚

孔子時其亡也而往拜之遇諸塗

孔曰塗道也於道路與相逢

謂孔子曰來予與爾言曰懷其寶而迷其邦可謂仁乎曰不可

馬曰言孔子不仕是懷寶也知國不治而不爲政是迷邦也

好從事而亟失時可謂知乎曰不可

孔曰言孔子栖栖好從事而數不遇失時不得爲有知

日月逝矣歲不我與

馬曰年老歲月已往當急仕

孔子曰諾吾將仕矣

孔曰以順辭免

子曰。性相近也。習相遠也。

孔曰、君子慎所習、

子曰。唯上知與下愚不移。

孔曰、上知不可使爲惡、下愚不可使強賢、

子之武城。聞弦歌之聲、

孔曰、子游爲武城宰、

夫子莞爾而笑。

莞爾、小笑貌、

曰。割雞焉用牛刀。

孔曰、言治小何須用大道、

子游對曰。昔者偃也聞諸夫子曰。君子學道則愛人。小人學道則易使也。

孔曰、道謂禮樂也、樂以和人、人和則易使、

子曰。二三子。

孔曰、從行者、

偃之言是也。前言戲之耳。

孔曰、戲以治小而用大道、

公山弗擾以費畔。召子欲往。

孔曰、弗擾爲季氏宰、與陽虎共執季桓子、而召孔子、

子路不說。曰。末之也已。何必公山氏之之也。

孔曰、之、適也、無可之則止、何必公山氏之適、

子曰。夫召我者而豈徒哉。如有用我者。吾其爲東周乎。

興周道於東方、故曰東周、

子張問仁於孔子。孔子曰。能行五者於天下。爲仁矣。請問之。曰。恭寬信敏惠。恭則不侮。

孔曰、不見侮慢、

寬則得衆。信則人任焉。敏則有功。

孔曰、應事疾、則多成功、

惠則足以使人。

子曰。小子。何莫學夫詩。

包曰、小子、門人也、

詩可以興。

孔曰、興引譬連類、

可以觀。

鄭曰、觀風俗之盛衰、

可以羣。

孔曰羣居相切磋、

可以怨。

孔曰怨刺上政、

邇之事父。遠之事君。

孔曰邇近也、

多識於鳥獸草木之名。子謂伯魚曰。女爲周南召南矣乎。人而不爲周南召南。其猶正牆面而立也與。

馬曰周南召南國風之始、樂得淑女以配君子、三綱之首王教之端、故人而不爲如向牆而立、

子曰。禮云禮云。玉帛云乎哉。

鄭曰玉圭璋之屬、帛束帛之屬、言禮非但崇此玉帛而已、所貴者乃貴其安上治民、

樂云樂云。鐘鼓云乎哉。

馬曰樂之所貴者移風易俗、非謂鐘鼓而已、

子曰。色厲而內荏。

孔曰荏柔也、爲外自矜厲而內柔佞、

譬諸小人。其猶穿窬之盜也與。

孔曰爲人如此、猶小人之有盜心、穿穿壁、窬窬牆、

子曰。鄉原德之賊也。

周曰所至之鄉、輒原其人情而爲意以待之、是賊亂德也、一曰鄉向也、古字同、謂人不能剛毅、而見人輒原其趣嚮容媚而合之言、此所以賊德也、

子曰。道聽而塗說。德之棄也。

馬曰聞之於道路、則傳而說之、

子曰。鄙夫可與事君也與哉。

孔曰言不可與事君、

其未得之也。患得之。

患得之者、患不能得之、楚俗言、

既得之。患失之。苟患失之。無所不至矣。

鄭曰無所不至者、言其邪媚無所不爲、

子曰。古者民有三疾。今也或是之亡也。

包曰言古者民疾與今時異、

古之狂也肆。

包曰肆極意敢言、

今之狂也蕩。

孔曰蕩無所據、

古之矜也廉。

馬曰有廉隅、

今之矜也忿戾。

孔曰、惡理多怒、

古之愚也直。今之愚也詐而已矣。

子曰。巧言令色。鮮矣仁。

王曰、巧言無實、令色無質、

子曰。惡紫之奪朱也。

孔曰、朱正色、紫間色之好者、惡其邪好而奪正色、

惡鄭聲之亂雅樂也。

包曰、鄭聲淫聲之哀者、惡其亂雅樂、

惡利口之覆邦家者。

孔曰、利口之人、多言少實、苟能悅媚時君、傾覆國家、

子曰。予欲無言。子貢曰。子如不言。則小子何述焉。

言之爲益少、故欲無言、

子曰。天何言哉。四時行焉。百物生焉。天何言哉。

孺悲欲見孔子。孔子辭以疾。將命者出戶。取瑟而歌。使之聞之。

孺悲、魯人也、孔子不欲見、故辭之以疾、爲其將命者不已、故歌令將命者悟、所以令孺悲思之、

宰我問三年之喪期已久矣。君子三年不爲禮。禮必壞。三年不爲樂。樂必崩。舊穀既沒。新穀既升。鑽燧改火。期可已矣。

馬曰、周書月令有更火之文、春取楡柳之火、夏取棗杏之火、季夏取桑柘之火、秋取柞楢之火、冬取槐檀之火、一年之中、鑽火各異木、故曰改火也、

子曰。食夫稻。衣夫錦。於女安乎。曰。安。女安則爲之。夫君子之居喪。食旨不甘。聞樂不樂。居處不安。故不爲也。今女安。則爲之。

孔曰、旨美也、責其無仁恩於親、故再言女安則爲之、

宰我出。子曰。予之不仁也。子生三年。然後免於父母之懷。

馬曰、子生於三歲、爲父母所懷抱、

夫三年之喪。天下之通喪也。

孔曰、自天子達於庶人、

予也有三年之愛於其父母乎。

孔曰、言子之於父母、欲報之恩、昊天罔極、而予也有三年之愛乎、

子曰。飽食終日。無所用心。難矣哉。不有博奕者乎。爲之猶賢乎已。

馬曰、爲其無所據樂、善生淫欲、

子貢曰。君子尚勇乎。子曰。君子義以爲上。君子有勇而無義爲亂。小人有勇而無義爲盜。

子貢曰。君子亦有惡乎。子曰。有惡。惡稱人之惡者。

包曰、好稱說人之惡、所以爲惡、

惡居下流而訕上者。

孔曰、訕、謗毁、

惡勇而無禮者。惡果敢而窒者。

馬曰窒、窒塞也、

曰賜也亦有惡乎。惡徼以爲知者。

孔曰徼抄也抄人之意以爲己有、

惡不孫以爲勇者。惡訐以爲直者。

包曰訐謂攻發人之陰私、

子曰唯女子與小人爲難養也。近之則不孫。遠之則怨。

子曰年四十而見惡焉。其終也已。

鄭曰年在不惑而爲人所惡終無所行、

論語卷十七終

論語卷十八

魏尚書駙馬都尉關內侯南陽何晏集解

皇明 後學 東吳葛 鼒較訂

微子第十八

微子去之。箕子爲之奴。比干諫而死。

馬曰微箕二國名子爵也微子紂之庶兄箕子比干紂之諸父微子見紂無道早去之箕子佯狂爲奴比干以諫見殺、

孔子曰殷有三仁焉。

仁者愛人三人行異而同稱仁以其俱在憂亂寧民

柳下惠爲士師。

孔曰士師典獄之官、

三黜。人曰子未可以去乎。曰直道而事人。焉往而不三黜。

孔曰苟直道以事人所至之國俱當復三黜、

枉道而事人。何必去父母之邦。

齊景公待孔子。曰若季氏則吾不能。以季孟之閒待之。

孔曰魯三卿季氏爲上卿最貴孟氏爲下卿不用事言待之以二者之閒、

曰吾老矣。不能用也。孔子行。

以聖道難成故云吾老不能用、

齊人歸女樂。季桓子受之。三日不朝。孔子行。

孔曰、桓子、季孫斯也、使定公受齊之女樂、君臣相與觀之、廢朝禮三日、

楚狂接輿歌而過孔子。

孔曰、接輿楚人、佯狂而來歌、欲以感切孔子、

曰鳳兮鳳兮、何德之衰。

孔曰、比孔子於鳳鳥、鳳鳥待聖君乃見、非孔子周行求合、故曰衰、

往者不可諫。

孔曰、已往所行、不可復諫止、

來者猶可追。

孔曰、自今已來、可追自止、辟亂隱居、

已而已而。今之從政者殆而。

孔曰、已而已而者、言世亂已甚、不可復治也、再言之者、傷之深也、

孔子下、欲與之言。趨而辟之、不得與之言。

包曰、下、下車、

長沮桀溺耦而耕。孔子過之、使子路問津焉。

鄭曰、長沮桀溺、隱者也、耜廣五寸、二耜爲耦、津、濟渡處、

長沮曰。夫執輿者爲誰。子路曰。爲孔丘。曰。是魯孔丘與。曰。是也。

曰。是知津矣。

馬曰、言數周流、自知津處、

問於桀溺。桀溺曰。子爲誰。子路曰。爲仲由。曰。是魯孔丘之徒與。

對曰。然。曰。滔滔者天下皆是也。而誰以易之。

孔曰、滔滔、周流之貌、言當今天下治亂同、空舍此適彼、故曰誰以易之、

且而與其從辟人之士也。豈若從辟世之士哉。

士有辟人之法、有辟世之法、長沮桀溺謂孔子爲士、從辟人之法、己之爲士、則從辟世之法、

耰而不輟。

鄭曰、耰、覆種也、輟、止也、覆種不止、不以津告、

子路行以告。夫子憮然。

爲其不達己意而便非己也、

曰。鳥獸不可與同羣。

孔曰、隱於山林、是同羣、

吾非斯人之徒與而誰與。

孔曰、吾自當與此天下人同羣、安能去人從鳥獸居乎、

天下有道。丘不與易也。

言凡天下有道者、丘皆不與易也、己大而人小故也、

子路從而後。遇丈人以杖荷蓧。

包曰、丈人、老人也、蓧、竹器、

子路問曰。子見夫子乎。丈人曰。四體不勤。五穀不分。孰爲夫子。

包曰、丈人云、不勤勞四體、不分植五穀、誰爲夫子而索之邪、

植其杖而芸。

孔曰、植、倚也、除草曰芸、

子路拱而立。

未知所以答、

止子路宿。殺雞爲黍而食之。見其二子焉。明日子路行以告。子曰。隱者也。使子路反見之。至則行矣。

孔曰、子路反至其家、丈人出行不在、

子路曰。不仕無義。

鄭曰、留言以語丈人之二子、

長幼之節。不可廢也。君臣之義。如之何其廢之。

孔曰、言女知父子相養不可廢、反可廢君臣之義邪、

欲潔其身而亂大倫。

包曰、倫、道理也、

君子之仕也。行其義也。道之不行。已知之矣。

包曰、言君子之仕、所以行君臣之義、不必自己道得行、孔子道不見用、自已知之、

逸民。伯夷。叔齊。虞仲。夷逸。朱張。柳下惠。少連。

逸民者、節行超逸也、包曰、此七人皆逸民之賢者、

子曰。不降其志。不辱其身。伯夷叔齊與。

鄭曰、言其直已之心、不入庸君之朝、

謂柳下惠少連。降志辱身矣。言中倫。行中慮。其斯而已矣。

孔曰、但能言應倫理、行應思慮、如此而已、

謂虞仲夷逸。隱居放言。

包曰、放、置也、不復言世務、

身中清。廢中權。

馬曰、清、純潔也、遭世亂、自廢棄以免患、合於權也、

我則異於是。無可無不可。

馬曰、亦不必進、亦不必退、唯義所在、

大師摯適齊。亞飯干適楚。

孔曰、亞、次也、次飯、樂師也、摯干、皆名、

三飯繚適蔡。四飯缺適秦。

包曰、三飯四飯、樂章名、各異、師繚缺、皆名也、

鼓方叔。入於河。

包曰、鼓、擊鼓者、方叔、名、入、謂居其河內、

播鼗武。入於漢。

孔曰、播、搖也、武、名也、

少師陽擊磬襄入於海。

孔曰魯哀公時禮壞樂崩樂人皆去陽襄皆名、

周公謂魯公曰

孔曰魯公周公之子伯禽封於魯、

曰君子不施其親。

孔曰施易也不以他人之親易己之親、

不使大臣怨乎不以。

孔曰以用也怨不見聽用、

故舊無大故則不棄也無求備於一人。

孔曰大故謂惡逆之事

周有八士伯達伯适仲突仲忽叔夜叔夏季隨季騧

包曰周時四乳生八子皆為顯仕故記之耳、

論語卷十八終

論語卷十九

魏尚書駙馬都尉關内侯南陽何晏集解
皇明後學東吳金蟠較訂

子張第十九

子張曰士見危致命。

孔曰致命不愛其身、

見得思義祭思敬喪思哀其可已矣。

子張曰執德不弘信道不篤焉能為有焉能為亡。

孔曰言無所輕重、

子夏之門人問交於子張。

孔曰問與人交接之道、

子張曰子夏云何。對曰子夏曰可者與之其不可者拒之。子張曰異乎吾所聞君子尊賢而容衆嘉善而矜不能我之大賢與於人何所不容我之不賢與人將拒我如之何其拒人也。

包曰友交當如子夏汎交當如子張、

子夏曰雖小道必有可觀者焉。

小道謂異端、

致遠恐泥。

包曰泥難不通、

是以君子不爲也。

子夏曰日知其所亡。

孔曰日知其所未聞、

月無忘其所能。可謂好學也已矣。

子夏曰博學而篤志。

孔曰廣學而厚識之、

切問而近思。

切問者切問於己所學未悟之事近思者思己所未能及之事汎問所未學遠思所未達則於所習者不精所思者不解、

仁在其中矣。

子夏曰百工居肆以成其事。君子學以致其道。

包曰言百工處其肆則事成猶君子學以致其道、

子夏曰小人之過也必文。

孔曰文飾其過不言情實、

子夏曰君子有三變。望之儼然。卽之也溫。聽其言也厲。

鄭曰厲嚴正、

子夏曰君子信而後勞其民。未信則以爲厲己也。

王曰厲猶病也、

信而後諫。未信則以爲謗己也。

子夏曰大德不踰閑。

孔曰閑猶法也、

小德出入可也。

孔曰小德則不能不踰法故曰出入可、

子游曰子夏之門人小子當洒掃應對進退則可矣抑末也本之則無如之何。

包曰言子夏弟子但當對賓客脩威儀禮節之事則可然此但是人之末事耳不可無其本故云本之則無如之何、

子夏聞之曰噫。

孔曰噫心不平之聲、

言游過矣。君子之道孰先傳焉。孰後倦焉。

包曰言先傳業者必先厭倦故我門人先教以小事後將教以大道、

譬諸草木區以別矣。

馬曰言大道與小道殊異譬如草木異類區別言學當以次、

君子之道焉可誣也。

馬曰君子之道焉可使誣言我門人但能灑掃而已、

有始有卒者。其惟聖人乎。

孔曰終始如一惟聖人耳、

子夏曰。仕而優則學。

馬曰行有餘力、則以學文、

學而優則仕。

子游曰。喪致乎哀而止。

孔曰毀不滅性、

子游曰。吾友張也爲難能也。

包曰言子張容儀之難及、

然而未仁。

曾子曰。堂堂乎張也難與並爲仁矣。

鄭曰言子張容儀盛、而於仁道薄也、

曾子曰吾聞諸夫子。人未有自致者也必也親喪乎。

馬曰言人雖未能自致盡於他事、至於親喪必自致盡、

曾子曰。吾聞諸夫子孟莊子之孝也其他可能也其不改父之臣與父之政是難能也。

馬曰孟莊子、魯大夫仲孫速也、謂在諒陰之中、父臣及父政雖有不善者、不忍改也、

孟氏使陽膚爲士師。

包曰陽膚曾子弟子、士師典獄之官、

問於曾子。曾子曰。上失其道民散久矣如得其情則哀矜而勿喜。

馬曰民之離散爲輕漂犯法、乃上之所爲、非民之過、當哀矜之、勿自喜能得其情、

子貢曰紂之不善不如是之甚也是以君子惡居下流天下之惡皆歸焉。

孔曰紂爲不善以喪天下、後世憎甚之、皆以天下之惡歸之於紂、

子貢曰君子之過也如日月之食焉過也人皆見之更也人皆仰之。

孔曰更改也、

衞公孫朝。

馬曰公孫朝衞大夫、

問於子貢曰仲尼焉學。子貢曰。文武之道未墜於地在人賢者識其大者不賢者識其小者莫不有文武之道焉夫子焉不學。

孔曰文武之道未墜落於地、賢與不賢各有所識、夫子無所不從學、

而亦何常師之有。

孔曰無所不從學、故無常師、

叔孫武叔語大夫於朝。

馬曰魯大夫叔孫州仇、武謚、

曰子貢賢於仲尼。子服景伯以告子貢。子貢曰。譬之宮牆賜之

牆也及肩。窺見室家之好。夫子之牆數仞。不得其門而入。不見宗廟之美。百官之富。得其門者或寡矣。

包曰七尺曰仞。

夫子之云不亦宜乎。

包曰夫子謂武叔。

叔孫武叔毀仲尼。子貢曰無以爲也。仲尼不可毀也。他人之賢者。丘陵也。猶可踰也。仲尼日月也。無得而踰焉。人雖欲自絶。其何傷於日月乎。多見其不知量也。

言人雖自絶棄於日月其何能傷之乎適足自見其不知量也。

陳子禽謂子貢曰。子爲恭也。仲尼豈賢於子乎。子貢曰。君子一言以爲知。一言以爲不知。言不可不愼也。夫子之不可及也。猶天之不可階而升也。夫子之得邦家者。

孔曰謂爲諸侯若卿大夫。

所謂立之斯立。道之斯行。綏之斯來。動之斯和。其生也榮。其死也哀。如之何其可及也。

孔曰綏安也言孔子爲政其立敎則無不立道之則莫不興行安之則遠者來至動之則莫不和睦故能生則榮顯死則哀痛

論語卷十九終

論語卷二十

魏尚書駙馬都尉關內侯南陽何　晏集解
皇明　後　學　東吳葛　鼒較訂

堯曰第二十

堯曰。咨爾舜。天之曆數在爾躬。

曆數謂列次也。

允執其中。四海困窮。天祿永終。

包曰允信也困極也永長也言爲政信執其中則能窮極四海天祿所以長終。

舜亦以命禹。

孔曰舜亦以堯命己之辭命禹。

曰予小子履。敢用玄牡。敢昭告于皇皇后帝。

孔曰履殷湯名此伐桀告天之文殷家尚白未變夏禮故用玄牡皇大后君也大大君帝謂天帝也墨子引湯誓其辭若此。

有罪不敢赦。

包曰順天奉法有罪者不敢擅赦。

帝臣不蔽。簡在帝心。

言桀居帝臣之位罪過不可隱蔽以其簡在天心故。

朕躬有罪。無以萬方。萬方有罪。罪在朕躬。

孔曰無以萬方萬方不與也萬方有罪我身之過。

周有大賚。善人是富。

周、周家。賚、賜也。言周家受天大賜、富於善人。有亂臣十人是也。

雖有周親。不如仁人。

孔曰、親而不賢不忠則誅之。管蔡是也。仁人謂箕子微子。來則用之。

百姓有過。在予一人。謹權量。審法度。修廢官。四方之政行焉。

包曰、權、秤也。量、斗斛。

興滅國。繼絶世。舉逸民。天下之民歸心焉。所重民食喪祭。

孔曰、重民國之本也。重食民之命也。重喪所以盡哀。重祭所以致敬。

寬則得衆。信則民任焉。敏則有功。公則說。

孔曰、言政教公平、則民說矣。凡此二帝三王所以治也。故傳以示後世。

子張問於孔子曰。何如斯可以從政矣。子曰。尊五美。屏四惡。斯可以從政矣。

孔曰、屏、除也。

子張曰。何謂五美。子曰。君子惠而不費。勞而不怨。欲而不貪。泰而不驕。威而不猛。子張曰。何謂惠而不費。子曰。因民之所利而利之。斯不亦惠而不費乎。

王曰、利民在政、無費於財。

擇可勞而勞之。又誰怨。欲仁而得仁。又焉貪。君子無衆寡。無小大。無敢慢。

孔曰、言君子不以寡小而慢也。

斯不亦泰而不驕乎。君子正其衣冠。尊其瞻視。儼然人望而畏之。斯不亦威而不猛乎。子張曰。何謂四惡。子曰。不教而殺謂之虐。不戒視成謂之暴。

馬曰、不宿戒而責目前成、爲視成。

慢令致期謂之賊。

孔曰、與民無信而虛刻期。

猶之與人也。出納之吝。謂之有司。

孔曰、謂財物俱當與人、而吝嗇於出納惜難之、此有司之任耳、非人君之道。

子曰。不知命。無以爲君子也。

孔曰、命謂窮達之分。

不知禮。無以立也。不知言。無以知人也。

馬曰、聽言則別其是非也。

論語卷二十終

孝經序

夫孝經者孔子之所述作也述作之旨者昔聖人藴大聖德生不偶時適值周室衰微王綱失墜君臣僭亂禮樂崩頹居上位者賞罰不行居下位者褒貶無作孔子遂乃定禮樂删詩書讃易道以明道德仁義之源修春秋以正君臣父子之法又慮雖知其法未知其行遂說孝經一十八章以明君臣父子之行所寄知其法者修其行知其行者謹其法故孝經緯曰孔子云欲觀我褒貶諸侯之志在春秋崇人倫之行在孝經是知孝經雖居六籍之外乃與春秋爲表矣先儒或云夫子爲曾參所說此未盡其指歸也蓋曾

子在七十弟子中孝行最著孔子乃假立曾子爲請益問答之人以廣明孝道既說之後乃屬與曾子洎遭暴秦焚書竝爲煨燼漢膺天命復闡微言孝經河間顏芝所藏因始傳之於世自西漢及魏歷晉宋齊梁註解之者迨及百家至有唐之初雖備秘府而簡編多有殘缺傳行者唯孔安國鄭康成兩家之註幷有梁博士皇侃義疏播於國序然辭多紕繆理昧精研至唐玄宗朝乃詔羣儒學官俾其集議是以劉子玄辨鄭註有十謬七惑司馬堅斥孔註多鄙俚不經其餘諸家註解皆榮華其言妄生穿鑿明皇遂於先儒註中採摭菁英芟去煩亂撮其義理允當者用爲註解至天寶

二年註成頒行天下仍自八分御札勒于石碑卽今京兆石臺孝經是也成都府學主鄉貢傅注奉右撰

孝經序終

孝經目錄

孝經目錄終

孝經卷一

漢　鄭　氏註

皇明後學東吳金　蟠訂

開宗明義章第一

仲尼居。

仲尼，孔子字。居謂閒居。

曾子侍。

曾子，孔子弟子。侍，謂侍坐。

子曰。先王有至德要道。以順天下。民用和睦。上下無怨。

孝者德之至，道之要也。言先代聖德之主，能順天下人心，行此至要之化，則上下臣人和睦無怨。

汝知之乎。曾子避席曰。參不敏。何足以知之。

參，曾子名也。禮，師有問，避席起答。敏，達也。言參不達，何足知此至要之義。

子曰。夫孝。德之本也。

人之行莫大於孝，故爲德本。

教之所由生也。

言教從孝而生。

復坐。吾語汝。

曾參起對，故使復坐。

身體髮膚。受之父母。不敢毀傷。孝之始也。

父母全而生之，已當全而歸之，故不敢毀傷。

立身行道。揚名於後世。以顯父母。孝之終也。

言能立身行此孝道，自然名揚後世，光顯其親，故行孝以不毀爲先，揚名爲後。

夫孝。始於事親。中於事君。終於立身。

言行孝以事親爲始，事君爲中，忠孝道著，乃能揚名榮親，故曰終於立身也。

大雅云。無念爾祖。聿修厥德。

詩大雅也。無念，念也。聿，述也。厥，其也。義取恒念先祖，述修其德。

天子章第二

子曰。愛親者。不敢惡於人。

博愛也。

敬親者。不敢慢於人。

廣敬也。

愛敬盡於事親。而德教加於百姓。刑于四海。

刑，法也。君行博愛廣敬之道，使人皆不慢惡其親，則德教加被天下，當爲四夷之所法則也。

蓋天子之孝也。

蓋，猶略也。孝道廣大，此略言之。

甫刑云。一人有慶。兆民賴之。

甫刑即尚書呂刑也一人天子也慶善也十億曰兆義取天子行孝兆人皆賴其善

孝經卷一終

孝經卷二

漢　鄭氏註

皇明後學東吳葛　鼒訂

諸侯章第三

在上不驕高而不危

諸侯列國之君貴在人上可謂高矣而能不驕則免危也

制節謹度滿而不溢

費用約儉謂之制節慎行禮法謂之謹度無禮為驕奢泰為溢

高而不危所以長守貴也滿而不溢所以長守富也富貴不離其身然後能保其社稷而和其民人

列國皆有社稷其君主而祭之言富貴常在其身則長為社稷之主而人自和平也

蓋諸侯之孝也詩云戰戰兢兢如臨深淵如履薄冰

戰戰恐懼兢兢戒慎臨深恐墜履薄恐陷義取為君恒須戒懼

卿大夫章第四

非先王之法服不敢服

服者身之表也先王制五服各有等差言卿大夫遵守禮法不敢僭上偪下

非先王之法言不敢道非先王之德行不敢行

法言謂禮法之言德行謂道德之行若言非法行非德則虧孝道故不敢也

是故。非法不言。非道不行。

言必守法、行必遵道、

口無擇言。身無擇行。

言行皆遵法道、所以無可擇也、

言滿天下無口過。行滿天下無怨惡。

禮法之言、焉有口過、道德之行、自無怨惡、

三者備矣。然後能守其宗廟。

三者服言行也、禮卿大夫立三廟以奉先祖、言能備此三者、則能長守宗廟之祀、

蓋卿大夫之孝也。詩云、夙夜匪懈。以事一人。

夙、早也、懈、惰也、義取為卿大夫、能早夜不惰、敬事其君也、

士章第五

資於事父以事母而愛同。資於事父以事君而敬同。

資、取也、言愛父與母同、敬父與君同、

故母取其愛。而君取其敬。兼之者父也。

言事父兼愛與敬也、

故以孝事君則忠。

移事父孝以事於君、則為忠矣、

以敬事長則順。

移事兄敬以事於長、則為順矣、

忠順不失。以事其上。然後能保其祿位。而守其祭祀。

能盡忠順以事君長、則常安祿位、永守祭祀、

蓋士之孝也。詩云、夙興夜寐。無忝爾所生。

忝、辱也、所生、謂父母也、義取早起夜寐、無辱其親也、

孝經卷二終

孝經卷三

漢　鄭　氏註

皇明後學東吳金　蟠訂

庶人章第六

用天之道。

春生夏長秋斂冬藏舉事順時此用天道也、

分地之利。

分別五土視其高下各盡所宜此分地利也、

謹身節用以養父母。

身恭謹則遠恥辱用節省則免饑寒公賦既充則私養不闕、

此庶人之孝也。

庶人為孝唯此而已、

故自天子至於庶人孝無終始而患不及者未之有也。

始自天子終於庶人尊卑雖殊孝道同致而患不能及者未之有也言無此理故曰未有、

三才章第七

曾子曰甚哉孝之大也。

參聞行孝無限高卑始知孝之為大也、

子曰夫孝天之經也地之義也民之行也。

經常也利物為義孝為百行之首人之常德若三辰運天而有常五土分地而為義也、

天地之經而民是則之。

天有常明地有常利言人法則天地亦以孝為常行也、

則天之明因地之利以順天下是以其教不肅而成其政不嚴而治。

法天明以為常因地利以行義順此以施政教則不待嚴肅而成理也、

先王見教之可以化民也。

見因天地教化民之易也、

是故先之以博愛而民莫遺其親。

君愛其親則人化之無有遺其親者、

陳之以德義而民興行。

陳說德義之美為衆所慕則人起心而行之、

先之以敬讓而民不爭。

君行敬讓則人化而不爭、

導之以禮樂而民和睦。

禮以檢其跡樂以正其心則和睦矣、

示之以好惡而民知禁。

示好以引之示惡以止之則人知有禁令不敢犯也、

詩云、赫赫師尹、民具爾瞻。
赫赫明盛貌也、尹氏為太師、周之三公也、義取大臣助君行化、人皆瞻之也、

孝經卷三終

孝經卷四

漢　鄭　氏註
皇明後學東吳葛　鼒訂

孝治章第八

子曰、昔者明王之以孝治天下也。
言先代聖明之王、以至德要道化人、是為孝理、

不敢遺小國之臣、而況於公侯伯子男乎。
小國之臣、至卑者耳、王尚接之以禮、況於五等諸侯、是廣敬也、

故得萬國之懽心、以事其先王。
萬國、舉其多也、言行孝道以理天下、皆得歡心、則各以其職來助祭也、

治國者、不敢侮於鰥寡、而況於士民乎。
理國謂諸侯也、鰥寡、國之微者、君尚不敢輕侮、況知禮義之士乎、

故得百姓之懽心、以事其先君。
諸侯能行孝理、得所統之懽心、則皆恭事助其祭享也、

治家者、不敢失於臣妾、而況於妻子乎。
理家謂卿大夫、臣妾、家之賤者、妻子、家之貴者、

故得人之懽心、以事其親。
卿大夫位以材進、受祿養親、若能孝理其家、則得小大之懽心、助其奉養、

夫然。故生則親安之。祭則鬼享之。

夫然者、上孝理皆得懽心、則存安其榮、没享其祭、

是以天下。和平。災害不生。禍亂不作。

上敬下懽、存安没享、人用和睦、以致太平、則災害禍亂無因而起、

故明王之以孝治天下也如此。

言明王以孝爲理、則諸侯以下化而行之、故致如此福應、

詩云。有覺德行。四國順之。

覺大也、義取天子有大德行、則四方之國順而行之、

孝經卷四終

孝經卷五

漢　鄭氏註
皇明後學東吳金蟠訂

聖治章第九

曾子曰。敢問聖人之德。無以加於孝乎。

參問明王孝理以致和平、又問聖人德教、更有大於孝不、

子曰。天地之性。人爲貴。

貴其異於萬物也、

人之行。莫大於孝。

孝者德之本也、

孝莫大於嚴父。

萬物資始於乾、人倫資父爲天、故孝行之大、莫過尊嚴其父也、

嚴父莫大於配天。則周公其人也。

謂父爲天、雖無貴賤、然以父配天之禮、始自周公、故曰其人也、

昔者周公郊祀后稷以配天。

后稷周之始祖也、郊謂圜丘祀天也、周公攝政、因行郊天之祭、乃尊始祖以配之也、

宗祀文王於明堂。以配上帝。

明堂天子布政之宮也、周公因祀五方上帝於明堂、乃尊文王以配之也、

是以四海之內，各以其職來祭。

君行嚴配之禮，則德教刑於四海、海內諸侯各修其職來助祭也、

夫聖人之德，又何以加於孝乎。

言無大於孝者、

故親生之膝下，以養父母日嚴。

親猶愛也，膝下謂孩幼之時也，言親愛之心生於孩幼、比及年長，漸識義方，則日加尊嚴，能致敬於父母也、

聖人因嚴以教敬，因親以教愛。

聖人因其親嚴之心，敦以愛敬之教，故出以就傅，趨而過庭，以教敬也；抑搔癢痛，懸衾篋枕，以教愛也、

聖人之教不肅而成，其政不嚴而治。

聖人順羣心以行愛敬，至禮則以施政教，亦不待嚴肅而成理也、

其所因者本也。

本謂孝也、

父子之道，天性也，君臣之義也。

父子之道，天性之常，加以尊嚴，又有君臣之義、

父母生之，續莫大焉。

父母生子，傳體相續、人倫之道，莫大於斯、

君親臨之，厚莫重焉。

謂父為君，以臨於已、恩義之厚，莫重於斯、

故不愛其親而愛他人者，謂之悖德；不敬其親而敬他人者，謂之悖禮。

言盡愛敬之道，然後施教於人，違此則於德禮為悖也、

以順則逆，民無則焉。

行教以順人心，今自逆之，則下無所法則也、

不在於善，而皆在於凶德。

善謂身行愛敬也、凶謂悖其德禮也、

雖得之，君子不貴也。

言悖其德禮，雖得志於人上，君子之不貴也、

君子則不然。

不悖德禮也、

言思可道，行思可樂。

思可道而後言，人必信也、思可樂而後行，人必悅也、

德義可尊，作事可法。

立德行義，不違道正，故可尊也、制作事業，動得物宜，故可法也、

容止可觀，進退可度。

容止，威儀也，必合規矩，則可觀也、進退，動靜也，不越禮法，則可度也、

以臨其民，是以其民畏而愛之，則而象之。

君行六事臨撫其人則下畏其威愛其德皆放象於君也

故能成其德教而行其政令。

上正身以率下下順上而法之則德教成政令行也

詩云淑人君子其儀不忒。

淑善也忒差也義取君子威儀不差為人法則

孝經卷五 終

孝經卷六

漢 鄭氏註

皇明後學東吳葛 鼒訂

紀孝行章第十

子曰孝子之事親也居則致其敬。

平居必盡其敬

養則致其樂。

就養能致其懽

病則致其憂。

色不滿容行不正履

喪則致其哀。

擗踊哭泣盡其哀情

祭則致其嚴。

齋戒沐浴明發不寐

五者備矣然後能事親。

五者闕一則未為能

事親者居上不驕。

當莊敬以臨下也

爲下不亂。

當恭謹以奉上也、

在醜不爭。

醜衆也、爭競也、當和順以從衆也、

居上而驕則亡、爲下而亂則刑、在醜而爭則兵。

謂以兵刃相加、

三者不除、雖日用三牲之養、猶爲不孝也。

三牲太牢也、孝以不毁爲先、言上三事皆可亡身、而不除之、雖日致太牢之養、固非孝也、

五刑章第十一

子曰、五刑之屬三千、而罪莫大於不孝。

五刑謂墨劓刵宮大辟也、條有三千、而罪之大者莫過不孝、

要君者無上。

君者臣之稟命也、而敢要之、是無上也、

非聖人者無法。

聖人制作禮樂、而敢非之、是無法也、

非孝者無親。

善事父母爲孝、而敢非之、是無親也、

此大亂之道也。

言人有上三惡、豈惟不孝、乃是大亂之道、

廣要道章第十二

子曰、教民親愛、莫善於孝、教民禮順、莫善於悌。

言教人親愛禮順、無加於孝悌也、

移風易俗、莫善於樂。

風俗移易、先入樂聲、變隨人心、正由君德、正之與變、因樂而彰、故曰莫善於樂、

安上治民、莫善於禮。

禮所以正君臣父子之別、明男女長幼之序、故可以安上化下也、

禮者敬而已矣。

敬者禮之本也、

故敬其父則子悅、敬其兄則弟悅、敬其君則臣悅、敬一人而千萬人悅。

居上敬下、盡得懽心、故曰悅也、

敬者寡而悅者衆、此之謂要道也。

孝經卷六 終

孝經卷七

漢 鄭 氏註
皇明後學東吳金 蟠訂

廣至德章第十三

子曰君子之教以孝也非家至而日見之也

　言教不必家到戶至日見而語之但行孝於內其化自流於外

教以孝所以敬天下之為人父者也教以悌所以敬天下之為人兄者也

　舉孝悌以為教則天下之為人子弟者無不敬其父兄也

教以臣所以敬天下之為人君者也

　舉臣道以為教則天下之為人臣者無不敬其君也

詩云愷悌君子民之父母

　愷樂也悌易也義取君以樂易之道化人則為天下蒼生之父母也

非至德其孰能順民如此其大者乎

廣揚名章第十四

子曰君子之事親孝故忠可移於君

　以孝事君則忠

事兄悌故順可移於長

　以敬事長則順

居家理故治可移於官

　君子所居則化故可移於官也

是以行成於內而名立於後世矣

　修上三德於內名自傳於後代

諫諍章第十五

曾子曰若夫慈愛恭敬安親揚名則聞命矣敢問子從父之令可謂孝乎

　事父有隱無犯又敬不違故疑而問之

子曰是何言與是何言與

　有非而從成父不義理所不可故再言之

昔者天子有爭臣七人雖無道不失其天下諸侯有爭臣五人雖無道不失其國大夫有爭臣三人雖無道不失其家

　降殺以兩尊卑之差爭謂諫也言雖無道為有爭臣則終不至失天下亡家國也

士有爭友則身不離於令名

　令善也益者三友言受忠告故不失其善名

父有爭子則身不陷於不義

　父失則諫故免陷於不義

故當不義，則子不可以不爭於父；臣不可以不爭於君。

不爭則非忠孝。

故當不義則爭之。從父之令，又焉得爲孝乎。

孝經卷七終

孝經卷八

漢　鄭氏註

皇明後學東吳葛鼒訂

感應章第十六

子曰：昔者明王事父孝，故事天明；事母孝，故事地察。

王者父事天，母事地，言能敬事宗廟，則事天地能明察也。

長幼順，故上下治。

君能尊諸父，先諸兄，則長幼之道順，君人之化理。

天地明察，神明彰矣。

事天地能明察，則神感至誠而降福佑，故曰彰也。

故雖天子必有尊也，言有父也；必有先也，言有兄也。

父謂諸父，兄謂諸兄，皆祖考之胤也。禮，君讌族人，與父兄齒也。

宗廟致敬，不忘親也。

言能敬事宗廟，則不敢忘其親也。

脩身慎行，恐辱先也。

天子雖無上於天下，猶脩持其身，謹慎其行，恐辱先祖而毀盛業也。

宗廟致敬，鬼神著矣。

事宗廟能盡敬，則祖考來格，享於克誠，故曰著也。

孝悌之至，通於神明，光于四海，無所不通。

能敬宗廟，順長幼，以極孝悌之心，則至性通於神明，光于四海，故曰無所不通。

詩云：自西自東，自南自北，無思不服。

義取德教流行，莫不服義從化也。

事君章第十七

子曰：君子之事上也，

上謂君也。

進思盡忠，

進見於君，則思盡忠節。

退思補過，

君有過失，則思補益。

將順其美，

將，行也。君有美善，則順而行之。

匡救其惡，

匡，正也；救，止也。君有過惡，則正而止之。

故上下能相親也。

下以忠事上，上以義接下，君臣同德，故能相親。

詩云：心乎愛矣，遐不謂矣，中心藏之，何日忘之。

遐，遠也。義取臣心愛君，雖離左右，不謂為遠，愛君之志，恒藏心中，無日蹔忘也。

孝經卷八終

孝經卷九

漢 鄭 氏註

皇明後學東吳金 蟠訂

喪親章第十八

子曰：孝子之喪親也。生事已畢，死事未見，故發此事。

哭不偯。氣竭而息，聲不委曲。

禮無容。觸地無容。

言不文。不爲文飾。

服美不安。不安美飾，故服縗麻。

聞樂不樂。悲哀在心，故不樂也。

食旨不甘。旨，美也。不甘美味，故疏食水飲。

此哀戚之情也。謂上六句。

三日而食，教民無以死傷生，毀不滅性，此聖人之政也。不食三日，哀毀過情，滅性而死，皆虧孝道，故聖人之制禮施教，不令至於殞滅。

喪不過三年，示民有終也。三年之喪，天下達禮，使不肖企及，賢者俯從。夫孝子有終身之憂，聖人以三年爲制者，使人知有終竟之限也。

爲之棺椁衣衾而舉之。周尸爲棺，周棺爲椁。衣謂斂衣，衾，被也。舉謂舉屍內於棺也。

陳其簠簋而哀戚之。簠簋，祭器也。陳奠素器而不見親，故哀慼也。

擗踊哭泣，哀以送之。男踊女擗，祖載送之。

卜其宅兆而安措之。宅，墓穴也。兆，塋域也。葬事大，故卜之。

爲之宗廟，以鬼享之。立廟祔祖之後，則以鬼禮享之。

春秋祭祀，以時思之。寒暑變移，益用增感，以時祭祀，展其孝思也。

生事愛敬。死事哀慼。生民之本盡矣。死生之義備矣。孝子之事親終矣。

愛敬哀慼孝行之始終也備陳死生之義以盡孝子之情

孝經卷九終

孟子序

宋朝散大夫尚書兵部郎中充龍圖閣待制知通進銀臺司兼
門下封駮事兼判國子監上護軍賜紫金魚袋孫　奭撰

夫總群聖之道者莫大乎六經紹六經之教者莫尚乎孟子自昔仲尼既沒戰國初興至化陵遲異端並作儀衍肆其詭辯楊墨飾其淫辭遂致王公納其謀以紛亂於上學者循其踵以蔽惑於下猶洚水懷山時盡昏墊繁蕪塞路孰可芟夷惟孟子挺名世之才秉先覺之志拔邪樹正高行厲辭導王化之源以救時弊開聖人之道以斷群疑其言精而贍其旨淵而通致仲尼之教獨尊於千古非聖賢之倫安能至於此乎其書由炎漢之後盛傳於世爲之註者則有趙岐陸善經爲之音則有張鎰丁公著自陸善經已降其所訓說雖小有異同而共宗趙氏惟是音釋二家撰錄俱未精當張氏則徒分章句漏落頗多丁氏則稍識指歸僞謬時有若非再加刊正詎可通行臣奭前奉　勑與同判國子監王旭國子監直講馬龜符國子學說書吳易直馮元等作音義二卷已經　進呈今輒罄淺聞隨趙氏所說仰効先儒釋經爲之正義凡理有所滯事有所遺質諸經訓與之增明雖仰測至言莫窮於奧妙而廣傳博識更俟於發揮謹上

孟子目錄

孟子目錄終

孟子卷一

漢太常京兆趙　岐註
皇明後學東吳金　蟠訂

梁惠王章句上

梁惠王者，魏惠王也，魏，國名，惠，謚也，王，號也，時天下有七王，皆僭號者，猶春秋之時，吳楚之君稱王也，魏惠王居於大梁，故號曰梁王，聖人及大賢有道德者，王公侯伯及卿大夫咸願以爲師，孔子時，諸侯問疑質禮，若弟子之問師也，魯衛之君，皆專事焉，故論語或以弟子名篇，而有衛靈公季氏之篇，孟子亦以大儒爲諸侯師，是以梁惠王滕文公題篇，以公孫丑等而爲之一例者也、

孟子見梁惠王。

孟子適梁，魏惠王禮請孟子見之、

王曰，叟不遠千里而來，亦將有以利吾國乎。

曰，辭也，叟，長老之稱，猶父也，孟子去齊，老而之魏，王尊禮之，曰，父不遠千里之路而來，此亦將有以爲寡人興利除害者乎、

孟子對曰，王何必曰利，亦有仁義而已矣。

孟子知王欲以富國强兵爲利，故曰王何以利爲名乎，亦有仁義之道可以爲名，以利爲名，則有不利之患矣，因爲王陳之、

王曰何以利吾國，大夫曰何以利吾家，士庶人曰何以利吾身，

上下交征利而國危矣。

征，取也，從王至庶人，故言上下交爭，各欲利其身，必至於篡弑，則國危矣，論語曰，放於利而行，多怨，故不欲使王以利爲名也，又言交，爲俱也、

萬乘之國。弒其君者。必千乘之家。

萬乘、兵車萬乘、謂天子也、千乘、兵車千乘、謂諸侯也、夷羿之弒夏后、是以千乘取其萬乘者也、

千乘之國。弒其君者。必百乘之家、

天子建國、諸侯立家、百乘之家、謂大國之卿、食采邑有兵車百乘之賦者也、若齊崔衛甯晉六卿等、是以其終亦皆弒君、此以百乘取千乘也、上千乘當言國、而言家者、諸侯以國爲家、亦以避萬乘稱國、故稱家、君臣上下之辭、

萬取千焉。千取百焉。不爲不多矣。

周制、君十卿祿、君食萬鍾、臣食千鍾、亦多、故不爲不多矣、

苟爲後義而先利。不奪不饜。

苟、誠也、誠令大臣皆後仁義而先自利、則不篡奪君位、不足自饜飽其欲矣、

未有仁而遺其親者也。未有義而後其君者也。

仁者親親、義者尊尊、人無行仁而遺棄其親也、無行義而忽後其君長、

王亦曰仁義而已矣。何必曰利。

孟子復申此者、重歎其禍也、

孟子見梁惠王。王立於沼上。顧鴻鴈麋鹿。曰。賢者亦樂此乎。

沼、池也、王好廣苑囿、大池沼、與孟子遊觀、乃顧視禽獸之衆多、其心以爲娛樂、誇咤孟子曰、賢者亦樂此乎、

孟子對曰。賢者而後樂此。不賢者雖有此不樂也。

惟有賢者、然後乃得樂此耳、謂脩堯舜之道、國家安寧、故得有此以爲樂也、不賢之人、亡國破家、雖有此亦爲人所奪、故不得以爲樂也、

詩云。經始靈臺。經之營之。庶民攻之。不日成之。

詩、大雅靈臺之篇也、言文王始初經營規度此臺、衆民並來治作之、而不與之相期日限、自來成之、

經始勿亟。庶民子來。

言文王不督促使之亟疾也、衆民自來趣之、若子來爲父使之也、

王在靈囿。麀鹿攸伏。麀鹿濯濯。白鳥鶴鶴。

麀鹿、牝鹿也、言文王在囿中、麀鹿懷妊、安其所而伏、不驚動也、獸肥飽則濯濯、鳥肥飽則鶴鶴而澤好而已、

王在靈沼。於牣魚躍。

文王在池沼、魚乃跳躍喜樂、言其德及鳥獸魚鱉也、

文王以民力爲臺爲沼。而民歡樂之。謂其臺曰靈臺。謂其沼曰

靈沼。樂其有麋鹿魚鱉。

孟子謂王誦此詩、因曰文王雖以民力築臺鑿池、民猶歡樂之、謂其臺沼若神靈之所爲、欲使其多禽獸以養文王者也、

古之人與民偕樂。故能樂也。

偕、俱也、言古賢之君、與民同樂、故能得其樂、

湯誓曰。時日害喪。予及女皆亡。

湯誓、尚書篇名也、時、是也、日、乙卯日也、害、大也、言桀爲無道、百姓皆欲與湯共伐之、湯臨士衆誓言、是日桀當大喪亡、我與女俱往亡之、

民欲與之皆亡。雖有臺池鳥獸。豈能獨樂哉。

孟子說詩書之義、以感喻王、言民欲與湯共亡桀、雖有臺池禽獸、何能獨樂之哉、復申明上言不賢者雖有此不樂也、

梁惠王曰。寡人之於國也。盡心焉耳矣。

王侯自稱孤寡、言寡人於治國之政、盡心欲利百姓焉耳者、懇至之辭、

河內凶。則移其民於河東。移其粟於河內。河東凶亦然。

言凶年以此救民也、魏舊在河東、爲强國、兼得河內也、

察鄰國之政。無如寡人之用心者。

言鄰國之君用心憂民無如已也、

鄰國之民不加少。寡人之民不加多。何也。

王自怪爲政有此惠、而民人不增多於鄰國者、何也、

孟子對曰。王好戰。請以戰喻。

因王好戰、故以戰事喻解王意、

塡然鼓之。兵刃既接。棄甲曳兵而走。或百步而後止。或五十步而後止。以五十步笑百步。則何如。

塡、鼓音也、兵以鼓進、以金退、孟子問王曰、今有戰者、兵刃已交、其負者棄甲曳兵而走、五十步而止、足以笑百步者否、

曰。不可。直不百步耳。是亦走也。

王曰、不足以相笑也、是人俱走、直爭不百步耳、

曰。王如知此。則無望民之多於鄰國也。

孟子曰、王如知此不足以相笑、王之政、猶此也、王雖有移民轉粟之善政、其好戰殘民、與鄰國同、而獨望民之多、何異於五十步笑百步者乎、

不違農時。穀不可勝食也。

從此已下、爲王陳王道也、使民得三時務農、不違奪其要時、則五穀饒穰不可勝食、

數罟不入洿池。魚鼈不可勝食也。

數罟、密網也、密細之網、所以捕小魚鼈也、故禁之不得用、魚不滿尺不得食、

斧斤以時入山林。材木不可勝用也。

時謂草木零落之時、使材木茂暢、故有餘、

穀與魚鼈不可勝食。材木不可勝用。是使民養生喪死無憾也。

憾、恨也、民所用者足、故無恨、

養生喪死無憾。王道之始也。

王道先得民心、民心無恨、故言王道之始、

五畝之宅。樹之以桑。五十者可以衣帛矣。

廬井邑居各二畝半、以爲宅、各入保城二畝半、故爲五畝也、樹桑牆下、古者年五十、乃衣帛矣、

雞豚狗彘之畜。無失其時。七十者可以食肉矣。

言孕字不失時也、七十不食肉不飽、

百畝之田。勿奪其時。數口之家可以無饑矣。

一夫一婦、耕耨百畝、百畝之田、不可以徭役奪其時功、則家給人足、農夫上中下、所食多少各有差、故總言數口之家也、

謹庠序之教。申之以孝悌之義。頒白者不負戴於道路矣。

庠序者、教化之宮也、殷曰序、周曰庠、謹脩教化、申重孝悌之義、頒者、班也、頭半白班班者也、壯者代老、心各安之、故頒白者不

負載也、

七十者衣帛食肉。黎民不饑不寒。然而不王者。未之有也。

言百姓老稚温飽禮義脩行積之可以致王也孟子欲以風王何不行此可以王天下有率土之民何但望民多於鄰國、

狗彘食人食而不知檢。塗有餓莩而不知發。

言人君但養犬彘使食人食不知以法度檢斂也塗道也餓死者曰莩詩曰莩有梅莩零落也道路之旁有餓死者不知發倉廩以用賑救之也、

人死。則曰非我也歲也。是何異於刺人而殺之。曰非我也。兵也。

人死謂餓疫死者也王政使然而曰非我殺之歲殺之也此何以異於用刃殺人而曰非我也兵自殺之也、

王無罪歲斯天下之民至焉。

戒王無歸罪於歲責己而改行則天下之民皆可致也、

梁惠王曰。寡人願安承教。

願安意承受孟子之教令、

孟子對曰。殺人以梃與刃。有以異乎。

梃杖也、

曰。無以異也。

王曰梃刃殺人無以異也、

以刃與政。有以異乎。

孟子欲以政喩王、

曰。無以異也。

王復曰梃刃殺人與政殺人無異也、

曰。庖有肥肉。廄有肥馬。民有饑色。野有餓莩。此率獸而食人也。

孟子言人君如此是率獸而食人也、

獸相食。且人惡之。爲民父母行政。不免於率獸而食人。惡在其爲民父母也。

虎狼食禽獸人猶尚惡視之牧民爲政乃率禽獸食人安在其爲民父母之道也、

仲尼曰。始作俑者。其無後乎。爲其象人而用之也。如之何其使斯民饑而死也。

俑偶人也用之送死仲尼重人類謂秦穆公時以三良殉葬本由有作俑者也惡其始造故曰此人其無後嗣乎如之何其使斯民餓而死也孟子陳此以教王愛其民也、

梁惠王曰。晉國天下莫强焉。叟之所知也。

韓魏趙本晉六卿當此時號三晉故惠王言晉國天下莫强焉、

及寡人之身。東敗於齊。長子死焉。西喪地於秦七百里。南辱於楚。寡人恥之。願比死者一洒之。如之何則可。

王念有此三恥求策謀於孟子、

孟子對曰。地方百里而可以王。

言古聖人以百里之地以致王天下謂文王也、

王如施仁政於民省刑罰薄稅斂深耕易耨壯者以暇日脩其孝悌忠信入以事其父兄出以事其長上可使制梃以撻秦楚之堅甲利兵矣

易耨芸苗令簡易也制作也王如行此政可使國人作杖以捶敵國堅甲利兵何患恥之不雪也

彼奪其民時使不得耕耨以養其父母父母凍餓兄弟妻子離散彼陷溺其民王往而征之夫誰與王敵

彼謂齊秦楚也彼困其民願王往征之也彼失民心民不爲用夫誰與共禦王之師而爲王之敵乎

故曰仁者無敵王請勿疑

鄰國暴虐已脩仁政則無敵矣王請行之勿有疑也

孟子見梁襄王出語人曰望之不似人君

襄謚也魏之嗣王也望之無儼然之威儀也

就之而不見所畏焉

就與之言無人君操柄之威知其不足畏

卒然問曰天下惡乎定

卒暴問事不由其次也問天下安所定言誰能定之

吾對曰定于一

孟子謂仁政爲一也

孰能一之

言孰能一之者

對曰不嗜殺人者能一之

嗜猶甘也言今諸侯有不甘樂殺人者則能一之

孰能與之

王言誰能與不嗜殺人者乎

對曰天下莫不與也

孟子曰時人皆苦虐政如有行仁天下莫不與之

王知夫苗乎七八月之間旱則苗槁矣天油然作雲沛然下雨則苗浡然興之矣其如是孰能禦之

以苗生喻人歸也周七八月夏之五六月也油然興雲之貌沛然下雨以潤槁苗則浡然已盛孰能止之

今夫天下之人牧未有不嗜殺人者也如有不嗜殺人者則天下之民皆引領而望之矣誠如是也民歸之由水之就下沛然誰能禦之

今天下牧民之君誠能行此仁政民皆延頸望欲歸之如水就下沛然而來誰能止之

齊宣王問曰齊桓晉文之事可得聞乎

宣謚也宣王問孟子欲庶幾齊桓公小白晉文公重耳孟子冀得行道故仕於齊齊不用乃適梁建篇先梁者欲以仁義爲首篇因言魏事章次相從然後道齊之事

孟子對曰仲尼之徒無道桓文之事者是以後世無傳焉臣未

之聞也。

孔子之門徒頌述宓羲以來，至文武周公之法制耳，雖及五霸，心賤薄之，是以儒家後世無欲傳道之者，故曰臣未之聞也、

無以則王乎。

既不論三皇五帝，殊無所問，則尚當問王道耳，不欲使王問霸者之事、

曰德何如則可以王矣。

王曰，德行當何如而可得以王乎、

曰保民而王，莫之能禦也。

保，安也，禦，止也，言安民則惠而黎民懷之，若此以王，誰能止也、

曰若寡人者，可以保民乎哉。

王自恐德不足以安民，故問之、

曰可。

孟子以爲如王之性，可以安民也、

曰何由知吾可也。

王問孟子何以知吾可以保民、

曰臣聞之胡齕曰，王坐於堂上，有牽牛而過堂下者，王見之曰，牛何之，對曰，將以釁鍾，王曰，舍之，吾不忍其觳觫，若無罪而就死地，對曰，然則廢釁鍾與，曰，何可廢也，以羊易之，不識有諸、

胡齕，王左右近臣也，觳觫，牛當到死地處恐貌，新鑄鍾，殺牲以血塗其釁郄，因以祭之曰釁，周禮大祝曰，墮釁逆牲逆尸，令鍾鼓天府，上春釁寶鍾，及寶器，孟子曰，臣受胡齕言王嘗有此仁，不知誠充之否、

曰有之。

王曰有之、

曰是心足以王矣，百姓皆以王爲愛也，臣固知王之不忍也。

愛，嗇也，孟子曰，王推是仁心，足以至於王道，然百姓皆謂王嗇愛其財，臣知王見牛恐懼，不欲趨死，不忍，故易之也、

王曰，然，誠有百姓者，齊國雖褊小，吾何愛一牛，卽不忍其觳觫，若無罪而就死地，故以羊易之也。

王曰，亦誠有百姓所言者矣，吾國雖小，豈愛惜一牛之財費哉，卽見其牛哀之，釁鍾又不可廢，故易之以羊耳

曰王無異於百姓之以王爲愛也，以小易大，彼惡知之，王若隱

其無罪而就死地，則牛羊何擇焉。

異，怪也，隱，痛也，孟子言無怪百姓謂王愛財也，見王以小易大故也，王如痛其無罪，羊亦無罪，何爲獨釋牛而取羊、

王笑曰，是誠何心哉，我非愛其財而易之以羊也，宜乎百姓之謂我愛也。

王自笑心不然，而不能自免爲百姓所非，乃責己之以小易大，故曰宜乎其罪我也、

曰無傷也，是乃仁術也，見牛未見羊也，君子之於禽獸也，見其生，不忍見其死，聞其聲，不忍食其肉，是以君子遠庖廚也、

孟子解王自責之心曰，無傷於仁，是乃王爲仁之道也，時未見羊，羊之爲牲次於牛，故用之耳，是以君子遠庖廚，不欲見其生食其肉也

王說曰詩云他人有心予忖度之夫子之謂也夫我乃行之反而求之不得吾心夫子言之於我心有戚戚焉此心之所以合於王者何也

詩小雅巧言之篇也王喜悅因稱是詩以嗟歎孟子忖度知己心戚戚然心有動也寡人雖有是心何能足以合於王也

曰有復於王者曰吾力足以舉百鈞而不足以舉一羽明足以察秋毫之末而不見輿薪則王許之乎

復白也許信也人有白王如此王信之乎百鈞三千斤也

曰否

王曰我不信也

今恩足以及禽獸而功不至於百姓者獨何與然則一羽之不舉爲不用力焉輿薪之不見爲不用明焉百姓之不見保爲不用恩焉故王之不王不爲也非不能也

孟子言王恩及禽獸而不安百姓若不用力不用明者也不爲耳非不能也

曰不爲者與不能者之形何以異

王問其狀何以異也

曰挾太山以超北海語人曰我不能是誠不能也爲長者折枝語人曰我不能是不爲也非不能也故王之不王非挾太山以超北海之類也王之不王是折枝之類也

孟子爲王陳爲與不爲之形若是王則不折枝之類也折枝案摩折手節解罷枝也少者恥是役故不爲耳非不能也太山北海皆近齊故以爲喻也

老吾老以及人之老幼吾幼以及人之幼天下可運於掌

老猶敬也幼猶愛也敬吾之老亦敬人之老愛我之幼亦愛人之幼推此心以惠民天下可轉之掌上言其易也

詩云刑于寡妻至于兄弟以御于家邦言舉斯心加諸彼而已

詩大雅思齊之篇也刑正也寡少也言文王正已適妻則八妾從以及兄弟御享也享天下國家之福但舉已心加諸彼而已

故推恩足以保四海不推恩無以保妻子古之人所以大過人者無他焉善推其所爲而已矣

大過人者大有爲之君也善推其心所好惡以安四海也

今恩足以及禽獸而功不至於百姓者獨何與

復申此言非王不能不爲之耳

權然後知輕重度然後知長短物皆然心爲甚王請度之

權銓衡也可以稱輕重度丈尺也可以度長短凡物皆當稱度乃可知心當行之乃爲仁心比於物尤當爲之甚者也欲使王度心如度物也

抑王興甲兵危士臣構怨於諸侯然後快於心與

抑辭也孟子問王抑亦如是乃快耶

王曰否吾何快於是將以求吾所大欲也

王言不然我不快是也將欲以求吾心所大欲者耳

曰王之所大欲可得聞與。

孟子雖心知王意而故問者、欲令王自道、遂因而陳之、

王笑而不言。

王意大而不敢正言、

曰爲肥甘不足於口與。輕煖不足於體與。抑爲采色不足視於目與。聲音不足聽於耳與。便嬖不足使令於前與。王之諸臣皆足以供之而王豈爲是哉。

孟子復問此五者欲以致王所欲也、故發異端以問之也、

曰否吾不爲是也。

曰然則王之所大欲可知已。欲辟土地。朝秦楚。莅中國而撫四夷也。

王言我不爲是也、

莅臨也、言王意欲庶幾王者臨莅中國而安四夷者也、

以若所爲。求若所欲。猶緣木而求魚也。

若順也、順嚮者所爲、謂構兵諸侯之而求順今之所欲、莅中國之願、其不可得、如緣喬木而求生魚也、

曰若是其甚與。

王謂此之緣木求魚爲大甚、

曰殆有甚焉。緣木求魚雖不得魚。無後災。以若所爲。求若所欲。盡心力而爲之。後必有災。

孟子言盡心戰鬬、必有殘民破國之災、故曰殆有甚於緣木求魚者也、

曰可得聞與。

王欲知其害也、

曰鄒人與楚人戰則王以爲孰勝。

言鄒小楚大也、

曰楚人勝。

王曰楚人勝也、

曰然則小固不可以敵大。寡固不可以敵衆。弱固不可以敵彊。

海内之地。方千里者九。齊集有其一。以一服八。何以異於鄒敵楚哉。

固辭也、言小弱固不可以敵彊大、集會齊地可方千里、譬一州耳、今欲以一州服八州、猶鄒欲敵楚也、

蓋亦反其本矣。

王欲服之之道、蓋當反王道之本耳、

今王發政施仁。使天下仕者皆欲立於王之朝。耕者皆欲耕於王之野。商賈皆欲藏於王之市。行旅皆欲出於王之塗。天下之欲疾其君者。皆欲赴愬於王。其若是孰能禦之。

反本道、行仁政若此、則天下歸之、誰能止之也、

王曰吾惽不能進於是矣願夫子輔吾志明以教我我雖不敏請嘗試之

王言我情思惽亂不能進行此仁政不知所當施行也欲使孟子明言其道以教訓之我雖不敏願嘗使少行之也

曰無恒產而有恒心者惟士爲能若民則無恒產因無恒心

孟子爲王陳其法也恒常也產生也恒產則民常可以生之業也恒心人常有善心也惟有學士之心者雖窮不失道不求苟得耳凡民迫於饑寒則不能守其常善之心也

苟無恒心放辟邪侈無不爲已及陷於罪然後從而刑之是罔民也

民誠無恒心放溢辟邪侈於姦利犯罪觸刑無所不爲乃就刑之是由張羅罔以罔民者也

焉有仁人在位罔民而可爲也

安有仁人爲君罔陷其民是政何可爲也

是故明君制民之產必使仰足以事父母俯足以畜妻子樂歲終身飽凶年免於死亡然後驅而之善故民之從之也輕

言衣食足知榮辱故民從之教化輕易也

今也制民之產仰不足以事父母俯不足以畜妻子樂歲終身苦凶年不免於死亡此惟救死而恐不贍奚暇治禮義哉

言今民困窮救死恐凍餓而不給何暇脩禮義乎

王欲行之則盍反其本矣五畝之宅樹之以桑五十者可以衣帛矣雞豚狗彘之畜無失其時七十者可以食肉矣百畝之田勿奪其時八口之家可以無饑矣謹庠序之教申之以孝悌之義頒白者不負戴於道路矣老者衣帛食肉黎民不饑不寒然而不王者未之有也

其說與上同八口之家次上農夫也孟子所以重言此者乃王政之本常生之道故爲齊梁之君各具陳之當章究義不嫌其重也

孟子卷一畢

孟子卷一終

孟子卷二

漢太常京兆趙　岐註

皇明後學東吳葛　鼒訂

梁惠王章句下

莊暴見孟子曰。暴見於王。王語暴以好樂。暴未有以對也。曰。好樂何如。莊暴齊臣也。不能决知之故無以對而問曰。王好樂何如。

孟子曰。王之好樂甚。則齊國其庶幾乎。王誠能大好古之樂。齊國其庶幾治乎。

他日見於王曰。王嘗語莊子以好樂。有諸。孟子問王有是語否。

王變乎色曰。寡人非能好先王之樂也。直好世俗之樂耳。變乎色慍恚莊子道其好樂也。王言我不能好先王之樂也。直好世俗之樂耳。謂鄭音也。

曰。王之好樂甚。則齊國其庶幾乎。今之樂由古之樂也。甚大也。謂大要與民同樂。古今何異也。

曰。可得聞與。王問古今同樂之意。寧可得聞之乎。

曰。獨樂樂。與人樂樂。孰樂。

孟子復問王。獨自作樂。樂邪。與人共聽樂。樂也。

曰。不若與人。王曰。獨聽樂。不如與衆共聽之樂也。

曰。與少樂樂。與衆樂樂。孰樂。孟子復問王。與少之人共聽樂。樂邪。衆人共聽樂。樂也。

曰。不若與衆。王言不若與衆人共聽樂爲樂。

臣請爲王言樂。孟子欲爲王陳獨樂與衆人樂樂狀。

今王鼓樂於此。百姓聞王鐘鼓之聲。管籥之音。舉疾首蹙頞而相告曰。吾王之好鼓樂。夫何使我至於此極也。父子不相見。兄弟妻子離散。鼓樂者樂以鼓爲節也。管笙。籥簫。或曰。籥若笛而短。有三孔。詩云。左手執籥。以節衆也。疾首。頭痛也。蹙頞。愁貌。言王擊鼓作樂。發賦徭役皆出於民而德不加之。故使民愁也。

今王田獵於此。百姓聞王車馬之音。見羽旄之美。舉疾首蹙頞而相告曰。吾王之好田獵。夫何使我至於此極也。父子不相見。兄弟妻子離散。此無他。不與民同樂也。田獵無節。以非時取牲也。羽旄之美。但飾羽旄使之美好也。發民驅獸。供給役使。不得休息。故民窮極而離散奔走也。

今王鼓樂於此。百姓聞王鐘鼓之聲。管籥之音。舉欣欣然有喜色而相告曰。吾王庶幾無疾病與。何以能鼓樂也。

百姓欲令王康彊而鼓樂也、今無賦斂於民而有惠益故欣欣然而喜也、

今王田獵於此。百姓聞王車馬之音。見羽毛之美。舉欣欣然有喜色而相告曰。吾王庶幾無疾病與。何以能田獵也。此無他。與民同樂也。

王以農隙而田不妨民時有憫民之因田獵而加撫恤之是以民悅之也、

今王與百姓同樂。則王矣。

孟子言王何故不大好樂效古賢君與民同樂、則可以王天下也何惡莊子之言王之好樂也、

齊宣王問曰。文王之囿方七十里有諸。

王言聞文王苑囿方七十里寧有之、

孟子對曰。於傳有之。

於傳文有是言、

曰。若是其大乎。

王恠其大、

曰。民猶以爲小也。

言文王之民尚以爲小也、

曰。寡人之囿方四十里。民猶以爲大何也。

王以爲文王在岐山之時雖爲西伯土地尚狹而囿以大矣、今我地方千里而囿小之民以爲寡人之囿爲大何故也、

曰。文王之囿方七十里。芻蕘者往焉。雉兔者往焉。與民同之。民以爲小。不亦宜乎。

芻蕘者取芻薪之賤人也雉兎者獵人取雉兎者言文王聽民往取禽獸刈其芻薪民苦其小是其宜也、

臣始至於境。問國之大禁。然後敢入。臣聞郊關之內有囿方四十里。殺其麋鹿者。如殺人之罪。

言王之政嚴刑重也、郊關齊四境之郊皆有關、

則是方四十里爲阱於國中。民以爲大。不亦宜乎。

設陷阱者不過丈尺之間耳、今王陷阱乃方四十里民言其大不亦宜乎、

齊宣王問曰。交鄰國有道乎。

問與鄰國交接之道、

孟子對曰。有。

欲爲王陳古聖王之交也、

惟仁者爲能以大事小。是故湯事葛。文王事昆夷。

葛伯放而不祀湯先助之祀詩云昆夷兌矣惟其喙矣謂文王也是則聖人行仁政能以大事小者也、

惟智者爲能以小事大。故太王事獯鬻。句踐事吳。

獯鬻北狄彊者今匈奴也太王去邠避獯鬻越王句踐退於會稽身自官事吳王夫差是則智者用智是故以小事大而全其國也、

以大事小者。樂天者也。以小事大者。畏天者也。樂天者保天下。畏天者保其國。詩云。畏天之威。于時保之。

聖人樂行天道。如天無不葢也。故保天下。湯文是也。智者量時畏天。故保其國。太王勾踐是也。詩周頌我將之篇。言成王尚畏天之威。於是時。故能安其太平之道也、

王曰。大哉言矣。寡人有疾。寡人好勇。

王謂孟子之言。太不合於其意。答之云寡人有疾。在於好勇。不能行聖賢之所履也、

對曰。王請無好小勇。夫撫劒疾視曰。彼惡敢當我哉。此匹夫之勇。敵一人者也。

疾視。惡視也。撫劒瞋目曰。人安敢當我哉、此一匹夫之勇。足以當一人之敵者也、

王請大之。詩云。王赫斯怒。爰整其旅。以遏徂莒。以篤周祜。以對于天下。此文王之勇也。文王一怒而安天下之民。

詩大雅皇矣之篇也。言文王赫然斯怒。於是整其師旅。以遏止往伐莒者。以篤周家之福。以揚名於天下。文王一怒而安民。願王慕其大勇。無論匹夫之小勇而已、

書曰。天降下民。作之君。作之師。惟曰其助上帝。寵之四方。有罪無罪惟我在。天下曷敢有越厥志。

書尚書逸篇也。言天生下民。爲作君。爲作師。以助天光寵之也。四方善惡皆在已。所謂在予一人。天下何敢有越其志者也、

一人衡行於天下。武王耻之。此武王之勇也。

衡。橫也。武王耻天下一人有橫行不順天道者。故伐紂也、

而武王亦一怒而安天下之民。今王亦一怒而安天下之民。民惟恐王之不好勇也。

孟子言武王好勇。亦則文王一怒而安天下之民也。今王好勇。亦則武王一怒而安天下之民。民恐王之不好勇耳。王何爲欲小勇而自謂有疾也、

齊宣王見孟子於雪宮。王曰。賢者亦有此樂乎。

雪宮。離宮之名也。宮中有苑囿臺池之飾禽獸之饒。王自多有此樂。故問曰。賢者亦有此之樂乎、

孟子對曰。有。人不得。則非其上矣。不得而非其上者。非也。爲民上而不與民同樂者。亦非也。

有人不得。人有不得其志也。不責已仁義不自脩。而責上之不用已。此非君子之道。人君適情從欲。獨樂其身。而不與民同樂。亦非在上不驕之義也、

樂民之樂者。民亦樂其樂。憂民之憂者。民亦憂其憂。

言民之所樂。君與之同。故民亦樂使其君有樂也。民之所憂者。君亦助之憂。故民亦能憂君之憂。爲之赴難也、

樂以天下。憂以天下。然而不王者。未之有也。

言古賢君。樂則以已之樂與天下同之。憂則以天下之憂與已共之。如是未有不王者。孟子以是答王者。言雖有此樂。未能與人共之、

昔者齊景公問於晏子曰。吾欲觀於轉附朝儛。遵海而南。放於琅邪。吾何脩而可以比於先王觀也。

孟子言往者齊景公嘗問其相晏子若此也。轉附朝儛皆山名也。又言朝水名也。遵循也。放至也。循海而南。至於琅邪。琅邪齊

東境上邑也、當何脩治、可以比先王之觀遊乎、先王、先聖王也、

晏子對曰、善哉問也。天子適諸侯曰巡狩。巡狩者、巡所守也。諸侯朝於天子曰述職。述職者、述所職也。無非事者。春省耕而補不足。秋省斂而助不給。

言天子諸侯出必因王事、有所補助於民、無非事而空行者也、春省耕、補耒耜之不足、秋省斂、助其力不給也、

夏諺曰、吾王不遊、吾何以休。吾王不豫、吾何以助。一遊一豫、爲諸侯度。

晏子道夏禹之世民之諺語也、言王者巡狩觀民、其行從容、若遊若豫、豫亦遊也、遊亦豫也、春秋傳曰、魯季氏有嘉樹、晉范宣子豫焉、吾王不遊、吾何以得見勞苦、蒙休息也、吾王不豫、我何以得見賑贍、助不足也、王者一遊一豫、行恩布德、應法而出、可以爲諸侯之法度也、

今也不然。師行而糧食。飢者弗食。勞者弗息。睊睊胥讒。民乃作慝。

今也者、晏子言今時天下之民、人君行師興軍、皆遠轉糧食而食之、有饑不得飽食者、勞者致重、亦不得休息、在位在職者、又睊睊側目相視、更相讒惡、民由是化之而作其慝惡也、

方命虐民。飲食若流。流連荒亡。爲諸侯憂。

方、猶逆也、逆先王之命、但爲虐民之政、恣意飲食、若水流之無窮極也、謂沈湎於酒、熊蹯不熟、怒而殺人之類也、流連荒亡、皆驕君之溢行也、言王道虧、諸侯行霸、由當相匡正、故爲諸侯憂也、

從流下而忘反謂之流。從流上而忘反謂之連。從獸無厭謂之荒。樂酒無厭謂之亡。先王無流連之樂。荒亡之行。惟君所行也。

言驕君放遊、無所不爲、或浮水而下、樂而忘反、謂之流、若齊桓與蔡姬乘舟於囿之類也、連、引也、使人徒引舟船上行而忘反以爲樂、故謂之連、書曰、罔水行舟、丹朱慢遊、是好無水而行舟、豈不引舟於水上而行乎、此其類也、從獸無厭、若羿之好田獵無有厭極、以亡其身、故謂之荒亂也、樂酒無厭、若殷紂以酒喪國也、故謂之亡、言聖人之行無此四者、惟君所欲行也、晏子之意、不欲使景公空遊於瑯邪、而無益於民也、

景公說。大戒於國。出舍於郊。於是始興發補不足。

景公說晏子之言也、戒、備也、大脩戒備於國、出舍於郊、示憂民困、始興惠政、發倉廩以賑貧困不足者也、

召太師曰、爲我作君臣相說之樂。蓋徵招角招是也。

太師、樂師也、徵招角招其所作樂章名也、

其詩云、畜君何尤。畜君者、好君也。

其詩、樂詩也、言臣說君謂之好、何尤者、無過也、孟子所以導晏子景公之事者、欲以感諭宣王、非其矜誇雪宮而欲以苦賢者、

齊宣王問曰、人皆謂我毀明堂。毀諸、已乎。

謂泰山下明堂、本周天子東巡狩朝諸侯之處也、齊侵地而得有之、人勸齊宣王、諸侯不用明堂可毀壞、故疑而問於孟子、當毀之乎、已止也、

孟子對曰、夫明堂者、王者之堂也。王欲行王政、則勿毀之矣。

言王能行王道者、則可無毀也、

王曰、王政可得聞與。

王言王政當何施、其法寧可得聞、

對曰昔者文王之治岐也耕者九一仕者世祿關市譏而不征澤梁無禁罪人不孥

言往者文王爲西伯時始行王政使岐民脩井田八家耕八百畝其百畝者以爲公田及廬井故曰九一也紂時税重文王復行古法也仕者世祿賢者子孫必有土地關以譏難非常不征税也陂池魚梁不設禁與民共之也孥妻子也詩云樂爾妻孥罪人不孥惡惡止其身不及妻子也

老而無妻曰鰥老而無夫曰寡老而無子曰獨幼而無父曰孤此四者天下之窮民而無告者文王發政施仁必先斯四者

言此四者皆天下之窮民而文王常恤鰥寡存孤獨也

詩云哿矣富人哀此煢獨

詩小雅正月之篇哿可也詩人言居今之世可矣富人但憐憫此煢獨羸弱者耳文王行政如此也

王曰善哉言乎

善此王政之言

曰王如善之則何爲不行

孟子言王如善此王政則何爲不行也

王曰寡人有疾寡人好貨

王言我有疾疾於好貨故不能行

對曰昔者公劉好貨詩云乃積乃倉乃裹餱糧于橐于囊思戢用光弓矢斯張干戈戚揚爰方啓行故居者有積倉行者有裹糧也然後可以爰方啓行王如好貨與百姓同之於王何有

詩大雅公劉之篇也乃積穀於倉乃裹盛乾食之糧於橐囊也思安民故用有寵光也戚斧揚鉞也又以武備之曰方啓行道路孟子言公劉好貨若此王若則之於王何有不可也

王曰寡人有疾寡人好色

王言我有疾疾於好色不能行也

對曰昔者太王好色愛厥妃詩云古公亶父來朝走馬率西水滸至於岐下爰及姜女聿來胥宇當是時也內無怨女外無曠夫王如好色與百姓同之於王何有

詩大雅緜之篇也亶父太王名也號稱古公來朝走馬遠避狄難去惡疾也率循也滸水涯也循西方水滸來至岐山下也姜女太王妃也於是與姜女俱來相土居也言太王亦好色非但與姜女俱行而已普使一國男女無有怨曠王如則之與百姓同欲皆使無過時之思則於王之政何有不可乎

孟子謂齊宣王曰王之臣有託其妻子於其友而之楚遊者

假此言以爲喻

比其反也則凍餒其妻子則如之何

言無友道當如之何

王曰棄之

言當棄之絕友道也

曰士師不能治士則如之何

士師獄官吏也不能治獄當如之何

王曰已之

已之者去之也

曰四境之內不治則如之何

境內之事王所當理不勝其任當如之何孟子以此動王心令戒懼也

王顧左右而言他

王慚而左右顧視道他事以荅此言也

孟子見齊宣王曰所謂故國者非謂有喬木之謂也有世臣之謂也

故者舊也喬高也人所謂是舊國也者非但見其有高大樹木也當有累世脩德之臣常能輔其君以道乃爲舊國可法則也

王無親臣矣

今王無可親任之臣

昔者所進今日不知其亡也

言王取臣不詳審往日之所知今日爲惡當誅亡王無以名也

王曰吾何以識其不才而舍之

王言我當何以先知其不才而舍之不用也

曰國君進賢如不得已將使卑踰尊疏踰戚可不愼與

言國君欲進用人當留意考擇如使忽然不精心意而詳審之如不得已而取備官則將使尊卑疏戚相踰豈可不愼歟

左右皆曰賢未可也諸大夫皆曰賢未可也國人皆曰賢然後察之見賢焉然後用之

謂選乃臣擧比周之譽核其鄉原之徒論曰衆好之必察焉

左右皆曰不可勿聽諸大夫皆曰不可勿聽國人皆曰不可然後察之見不可焉然後去之

衆惡之必察焉惡直醜正寔繁有徒防其朋黨以毀忠正也

左右皆曰可殺勿聽諸大夫皆曰可殺勿聽國人皆曰可殺然後察之見可殺焉然後殺之故曰國人殺之也

言當愼行大辟之罪五聽三宥古者刑人於市與衆棄之

如此然後可以爲民父母

行此三愼之聽乃可以子畜百姓也

齊宣王問曰湯放桀武王伐紂有諸

有之否乎

孟子對曰於傳有之

於傳文有之矣

曰臣弑其君可乎

王問臣何以得弑其君豈可行乎

曰賊仁者謂之賊賊義者謂之殘殘賊之人謂之一夫聞誅一

夫紂矣未聞弑君也

言殘賊仁義之道者雖位在王公將必降爲匹夫故謂之一夫也但聞武王誅一夫紂耳不聞弑君也書云獨夫紂此之謂也

孟子謂齊宣王曰爲巨室則必使工師求大木工師得大木則王喜以爲能勝其任也匠人斲而小之則王怒以爲不勝其任矣

巨室大宮也爾雅曰宮謂之室工師主工匠之吏匠人工匠之人也將以比喻之也

夫人幼而學之壯而欲行之王曰姑舍女所學而從我則何如

姑且也謂人少學先王之道壯大而仕欲施行其道而王止之曰且舍置汝所學而從我之教命此如何也

今有璞玉於此雖萬鎰必使玉人彫琢之至於治國家則曰姑舍女所學而從我則何以異於教玉人彫琢玉哉

二十兩爲鎰彫琢治飾玉也詩云彫琢其章雖有萬鎰在此言衆多也必須玉人能治之耳至於治國家而令從我是爲教玉人治玉也教人治玉不得其道則玉不得美好教人治國不以其道則何由能治乎

齊人伐燕勝之宣王問曰或謂寡人勿取或謂寡人取之以萬乘之國伐萬乘之國五旬而舉之人力不至於此不取必有天殃取之何如

萬乘非諸侯之號時燕國皆侵地廣大僭號稱王故曰萬乘五旬五十日也書曰朞三百有六旬言五旬未久而取之非人力乃天也天與不取懼有殃咎取之如何

孟子對曰取之而燕民悅則取之古之人有行之者武王是也

武王伐紂而殷民喜悅篚厥玄黃而來迎之是以取之也

取之而燕民不悅則勿取古之人有行之者文王是也

文王以三仁尚在樂師未奔取之懼殷民不悅故未取之也

以萬乘之國伐萬乘之國簞食壺漿以迎王師豈有他哉避水火也如水益深如火益熱亦運而已矣

燕人所以持簞食壺漿來迎王師者欲避水火難耳如其所患益甚則亦運行奔走而去矣今王誠能使燕民免於水火亦若武王伐紂殷民喜悅之則取之而已

齊人伐燕取之諸侯將謀救燕宣王曰諸侯多謀伐寡人者何以待之

宣王貪燕而取之諸侯不義其事將謀救燕伐齊宣王懼而問之

孟子對曰臣聞七十里爲政於天下者湯是也未聞以千里畏人者也

成湯脩德以七十里而得天下今齊地方千里何畏懼哉

書曰湯一征自葛始天下信之東面而征西夷怨南面而征北狄怨曰奚爲後我民望之若大旱之望雲霓也歸市者不止耕者不變誅其君而弔其民若時雨降民大悅書曰徯我后后來其蘇

此二篇乃尚書逸篇之文也言湯初征自葛始誅其君恤其民天下信湯之德面者向也東向征西夷怨王去王城四千里夷服之國也故謂之四夷言遠國思望聖化之甚也故曰何爲後我霓虹也雨則虹見故大旱而思見之徯待也后君也待我君

來則我蘇息而已

今燕虐其民王往而征之民以爲將拯已於水火之中也簞食壺漿以迎王師若殺其父兄係累其子弟毀其宗廟遷其重器如之何其可也

拯拔也係累猶縛結也燕民所以悅喜迎王師者若濟救於水火之中耳今又殘之若此安可哉

天下固畏齊之彊也今又倍地而不行仁政是動天下之兵也

言天下諸侯素畏齊彊今復并燕一倍之地以是行暴則多所危是動天下之兵共謀齊也

王速出令反其旄倪止其重器謀於燕衆置君而後去之則猶可及止也

速疾也旄老耄也倪弱小倪倪者也孟子勸王急出令先還其老小止勿徙其寶重之器與燕民謀置所欲立君而去之歸齊天下之兵猶可及其未發而止之也

鄒與魯鬨穆公問曰吾有司死者三十三人而民莫之死也誅之則不可勝誅不誅則疾視其長上之死而不救如之何則可也

鬨鬬聲也猶構兵而鬬也長上軍師也鄒穆公忿其民不赴難而問其罰當謂何則可也

孟子對曰凶年饑歲君之民老弱轉乎溝壑壯者散而之四方者幾千人矣而君之倉廩實府庫充有司莫以告是上慢而殘下也

言往者遭凶年之阨民困如是有司諸臣無告白於君有以振救之是上驕慢以殘賊其下也

曾子曰戒之戒之出乎爾者反乎爾者也

曾子有言上所出善惡之命下終反之不可不戒也

夫民今而後得反之也君無尤焉

尤過也孟子言百姓乃今得反報諸臣不哀矜耳君無過責之也

君行仁政斯民親其上死其長矣

君行仁恩憂民困窮則民化而親其上死其長矣

滕文公問曰滕小國也間於齊楚事齊乎事楚乎

文公言我居齊楚二國之間非其所事不能自保也

孟子對曰是謀非吾所能及也無已則有一焉鑿斯池也築斯城也與民守之效死而民弗去則是可爲也

孟子以二大國之君皆不由禮義我不能知誰可事者也不得已則有一謀焉惟施德義以養民與之堅守城池至死使民不畔去則是可以爲也

滕文公問曰齊人將築薛吾甚恐如之何則可

齊人并得薛築其城以偪於滕故文公恐也

孟子對曰昔者大王居邠狄人侵之去之岐山之下居焉非擇而取之不得已也

大王非好岐山之下擇而居之迫不得已困於強暴故避之

苟爲善後世子孫必有王者矣

誠能爲善、雖失其地、後世乃有王者、若周家也、

君子創業垂統、爲可繼也。若夫成功、則天也。君如彼何哉。彊爲善而已矣。

君子創業垂統、貴令後世可繼續而行耳、又何能必有成功、成功乃天助之也、君豈如彼齊何乎、但當自強爲善法、以遺後世而已矣、

滕文公問曰、滕、小國也。竭力以事大國、則不得免焉。如之何則可。

問免難令國於孟子、

孟子對曰、昔者大王居邠。狄人侵之。事之以皮幣、不得免焉。事之以犬馬、不得免焉。事之以珠玉、不得免焉。

皮、狐貉之裘、幣、繒帛之貨也、

乃屬其耆老而告之曰、狄人之所欲者、吾土地也。吾聞之也、君子不以其所以養人者害人。二三子何患乎無君。我將去之。去邠、踰梁山、邑于岐山之下居焉。

屬、會也、土地生五穀、所以養人也、會長老告之如此而去之矣、

邠人曰、仁人也、不可失也。從之者如歸市。

言樂隨大王、如歸趨於市、若將有得也、

或曰、世守也、非身之所能爲也。效死勿去。君請擇於斯二者。

或曰、土地乃先人之所受也、世世守之、非已身所能專爲、至死不可去也、欲令文公擇此二者、惟所行也、

魯平公將出、嬖人臧倉者請曰、他日君出、則必命有司所之。今乘輿已駕矣、有司未知所之、敢請。

平、謚也、嬖人、愛幸小人也、

公曰、將見孟子。

平公敬孟子有德、不敢請召、將往就見之、

曰、何哉。君所爲輕身以先於匹夫者、以爲賢乎。禮義由賢者出。而孟子之後喪踰前喪。君無見焉。

匹夫、一夫、　君何爲輕千乘而先匹夫乎、以爲孟子賢故也、賢者當行禮義、孟子前喪父、約、後喪母、

公曰、諾。

諾、止不出、

樂正子入見曰、君奚爲不見孟軻也。

樂正、姓也、子、通稱、孟子弟子也、爲魯臣、問公何爲不便見孟軻也、

曰、或告寡人曰、孟子之後喪踰前喪。是以不往見也。

公言以此故也、

曰、何哉、君所謂踰者。前以士、後以大夫。前以三鼎、而後以五鼎與。

樂正子曰、君所謂踰者、前以士、後以大夫、禮、士祭三鼎、大夫祭五鼎故也、

曰、否、謂棺槨衣衾之美也。

公曰、不謂踰數也、以其棺椁衣衾之美惡也、

曰、非所謂踰也、貧富不同也。

樂正子曰、此非薄父厚母、父母、喪踰父也、喪父時爲士、喪母時爲大夫、大夫祿重於士、故使然、貧富不同也、

樂正子見孟子曰、克告於君、君爲來見也、嬖人有臧倉者沮君。君是以不果來也。

克、樂正子名也、果、能也、曰、克告君以孟子之賢、君將欲來、臧倉者沮君、故君不能來也、

曰、行或使之、止或尼之、行止非人所能也、吾之不遇魯侯、天也。臧氏之子焉能使予不遇哉。

尼、止也、孟子之意以爲魯侯欲行、天使之矣、及其欲止、天令嬖人止之耳、行止天意、非人所能爲也、如使吾見魯侯、冀得行道、天欲使濟斯民也、故曰、吾之不遭遇魯侯、乃天所爲也、臧氏之子、何能使我不遇哉、

孟子卷二終

孟子卷三

漢太常京兆趙　岐註
皇明後學東吳金　蟠訂

公孫丑章句上

公孫丑者、公孫姓、丑名、孟子弟子也、丑有政事之才、問管晏之功、猶論語子路問政、故以題篇、

公孫丑問曰、夫子當路於齊、管仲晏子之功、可復許乎。

夫子、謂孟子、許、猶興也、如使夫子得當仕路於齊、而可以行道、管夷吾晏嬰之功、寧可復興乎、

孟子曰、子誠齊人也、知管仲晏子而已矣。

誠、實也、子實齊人也、但知二子而已、豈復知王者之佐乎、

或問乎曾西曰、吾子與子路孰賢、曾西蹵然曰、吾先子之所畏也、

曾西、曾子之孫、蹵然、猶蹵踖也、先子、曾子也、子路在四友、故曾子畏敬之、曾西不敢比、

曰、然則吾子與管仲孰賢、曾西艴然不悅曰、爾何曾比予於管仲。

艴然、愠怒色也、何曾、猶何乃也、

管仲得君、如彼其專也、行乎國政、如彼其久也、功烈、如彼其卑也、爾何曾比予於是。

曾西答或人言、管仲得遇桓公、使之專國政如彼、行政於國其久如彼、功烈卑陋如彼、謂不率齊桓公行王道而行霸道、故言卑也、重言何曾比我、恥見比之之甚也、

曰、管仲、曾西之所不爲也、而子爲我願之乎。

孟子心狹曾西、曾西尚不欲爲管仲、而子爲我願之乎、非丑之言小也、

曰、管仲以其君霸、晏子以其君顯、管仲晏子猶不足爲與。

丑曰、管仲輔桓公以霸道、晏子相景公以顯名、二子如此、尚不可以爲邪、

曰、以齊王、由反手也。

孟子言以齊國之大而行王道、其易若反手耳、故譏管晏不勉其君以王業也、

曰、若是、則弟子之惑滋甚。且以文王之德、百年而後崩、猶未洽於天下。武王周公繼之、然後大行、今言王若易然、則文王不足法與。

丑曰、如是言、則弟子惑益甚也、文王尚不能及身而王、何謂若易然也、若是則文王不足以爲法邪、

曰、文王何可當也、由湯至於武丁、賢聖之君六七作、天下歸殷久矣、久則難變也、武丁朝諸侯有天下、猶運之掌也。

武丁、高宗也、孟子言文王之時難爲功、故言何可當也、從湯以下、聖賢之君六七興、謂太甲太戊盤庚等也、運之掌、言其易也、

紂之去武丁未久也、其故家遺俗、流風善政、猶有存者、又有微子、微仲、王子比干、箕子、膠鬲、皆賢人也、相與輔相之、故久而後失之也、尺地莫非其有也、一民莫非其臣也、然而文王猶方百里起、是以難也。

紂得高宗餘化、又多良臣、故久乃亡也、微子、膠鬲、皆良臣也、但不在三仁中耳、文王當此時、故難也、

齊人有言曰、雖有智慧、不如乘勢、雖有鎡基、不如待時、今時則易然也。

齊人諺言也、乘勢、居富貴之勢、鎡基、田器、耒耜之屬、待時、三農時也、今時易以行王化者也、

夏后殷周之盛、地未有過千里者也、而齊有其地矣、雞鳴狗吠相聞、而達乎四境、而齊有其民矣、地不改辟矣、民不改聚矣、行仁政而王、莫之能禦也。

三代之盛、封畿千里耳、今齊地土、民以足矣、不更辟土聚民也、雞鳴狗吠相聞、言民室屋相望而衆多也、以此行仁而王、誰能止之也、

且王者之不作、未有疏於此時者也、民之憔悴於虐政、未有甚於此時者也、飢者易爲食、渴者易爲飲、孔子曰、德之流行、速於置郵而傳命。

言王政不興久矣、民患虐政甚矣、若饑者食易爲美、渴者飲易爲甘、德之流行、疾於置郵傳書命也、

當今之時、萬乘之國、行仁政、民之悅之、猶解倒懸也、故事半古之人、功必倍之、惟此時爲然。

倒懸、喻困苦也、當今所施恩惠之事、半於古人、而功倍之矣、言今行之易也、

公孫丑問曰、夫子加齊之卿相、得行道焉、雖由此霸王、不異矣、如此則動心否乎。

加、猶居也、丑問孟子、如使夫子得居齊卿相之位、行其道德、雖用此臣位輔君行之、亦不異於古霸王之君矣、如是寧動心畏

難自恐不能行否耶，丑以此爲大道不易，人當恐懼之，不敢欲行也、

孟子曰。否。我四十不動心。

孟子言禮四十強而仕，我志氣已定，不妄動心有所畏也、

曰。若是則夫子過孟賁遠矣。

丑曰若此，夫子志氣堅勇過孟賁。賁，勇士也。孟子勇於德、

曰。是不難。告子先我不動心。

孟子言是不難也。告子之勇，未四十而不動心矣、

曰。不動心有道乎。

丑問不動心之道云何、

曰。有。

孟子欲爲言之、

北宮黝之養勇也。不膚撓。不目逃。思以一豪挫於人。若撻之於朝市。不受於褐寬博。亦不受於萬乘之君。視刺萬乘之君。若刺褐夫。無嚴諸侯。惡聲至。必反之。

北宮，姓，黝，名也。人刺其肌膚，不爲撓却，刺其目，目不轉精逃避之矣。人拔一毛，若見捶撻於市朝之中矣。褐寬博，獨夫被褐者。嚴，尊也。無有尊嚴諸侯可敬者也。以惡聲加己，己必惡聲報之。言所養育勇氣如是也、

孟施舍之所養勇也。曰。視不勝。猶勝也。量敵而後進。慮勝而後會。是畏三軍者也。舍豈能爲必勝哉。能無懼而已矣。

孟，姓，舍，名，施，發音也。施舍自言其名，則但曰舍。舍豈能爲必勝哉，要不恐懼而已也。以爲量敵少而進，慮勝者足勝乃會，若此畏三軍之衆者耳，非勇者也、

孟施舍似曾子。北宮黝似子夏。夫二子之勇。未知其孰賢。然而孟施舍守約也。

孟子以爲曾子長於孝，孝百行之本，子夏知道雖衆，不如曾子孝之大也。故以舍譬曾子，黝譬子夏，以施舍要之，以不懼爲約要也、

昔者曾子謂子襄曰。子好勇乎。吾嘗聞大勇於夫子矣。自反而不縮。雖褐寬博。吾不惴焉。自反而縮。雖千萬人。吾往矣。孟施舍之守氣。又不如曾子之守約也。

子襄，曾子弟子也。夫子，謂孔子也。縮，義也。惴，懼也。詩云惴惴其慄。曾子謂子襄言孔子告我大勇之道，人加惡於己，內自省有不義不直之心，雖敵人被褐寬博一夫，不當輕驚懼之也。自省有義，雖敵家千萬人，我直往突之。言義之强也。施舍雖守勇氣，不如曾子守義之爲約也、

曰。敢問夫子之不動心。與告子之不動心。可得聞與。

丑曰不動心之勇，其意豈可得聞與、

告子曰。不得於言。勿求於心。不得於心。勿求於氣。不得於心。勿求於氣。可。不得於言。勿求於心。不可。

不得者，不得人之善心善言也。求者，取也。告子爲人勇而無慮，不原其情，人有不善之言加於己，不復取其心有善也，直怒之矣。孟子以爲不可也。告子知人之有惡心，雖以善辭氣來加己，亦直怒之矣。孟子以爲是則可，言人當以心爲正也。告子非純

賢其不動心之事一可用一不可用也

夫志氣之帥也氣體之充也

志心所念慮也氣所以充滿形體為喜怒也志帥氣而行之度其可帥也

夫志至焉氣次焉

志為至要之本氣為其次焉

故曰持其志無暴其氣

暴亂也言志所嚮氣隨之當正持其志無亂其氣妄以喜怒加人也

既曰志至焉氣次焉又曰持其志無暴其氣者何也

丑問暴亂其氣云何

曰志壹則動氣氣壹則動志也今夫蹶者趨者是氣也而反動其心

孟子言壹者志氣閉而為壹也志閉塞則氣不行氣閉塞則志不通蹶者相動今夫行而蹶者氣閉不能自持故志氣顛倒顛倒之間無不動心而恐矣則志氣之相動也

敢問夫子惡乎長

丑問孟子才志所長何等

曰我知言我善養吾浩然之氣

孟子云我聞人言能知其情所趨我能自養育我之所有浩然之大氣也

敢問何謂浩然之氣

丑問浩然之氣狀如何

曰難言也其為氣也至大至剛以直養而無害則塞于天地之間

言此至大至剛正直之氣也然而貫洞纖微洽於神明故言之難也養之以義不以邪事干害之則可使滋蔓塞滿天地之間布施德教無窮極也

其為氣也配義與道無是餒也

重說是氣言此氣與道義相配偶俱行義謂仁義可以立德之本也道無形而生於有形舒之彌六合卷之不盈握包落天地稟受羣生者也言能養道氣而行義理常以充滿五臟若其無此則腹腸饑虛若人之餒餓也

是集義所生者非義襲而取之也

集雜也密聲取敵曰襲言此浩然之氣與義雜生從內而出人生受氣所自有者

行有不慊於心則餒矣

慊快也自省所行仁義不備干害浩氣則心腹饑餒矣

我故曰告子未嘗知義以其外之也

孟子曰仁義皆出於內而告子嘗以為仁內義外故言其未嘗知義也

必有事焉而勿正心勿忘勿助長也

言人行仁義之事必有福在其中而勿正但以為福故為義也但心勿忘其為福而亦勿汲汲助長其福也汲汲則似宋人也

無若宋人然宋人有閔其苗之不長而揠之者芒芒然歸謂其人曰今日病矣予助苗長矣其子趨而往視之苗則槁矣

揠挺拔之欲亟長也病罷也芒芒然罷倦之貌其人家人也其子揠苗者之子也趨走也槁乾枯也以喻人之情邀福者必有

害若欲急長苗而反使之枯死也、

天下之不助苗長者寡矣。以爲無益而舍之者、不耘苗者也。助之長者、揠苗者也。非徒無益、而又害之。

天下人行善者皆欲速得其福、恬然者少也。以爲福祿在天、求之無益、舍置仁義、不求爲善、是由農夫任天、不復耘治其苗也。其邀福欲急得之者、由此揠苗人也。非徒無益於苗、乃反害之。言告子外義、常恐其行義欲急得其福、故爲丑言人之行當內治善、不當急求其福、亦若此揠苗者矣、

何謂知言。

丑問知言之意何謂、

曰、詖辭知其所蔽、淫辭知其所陷、邪辭知其所離、遁辭知其所窮。

孟子曰、人有險詖之言、引事以襃人、若賓孟言雄雞自斷其尾之事、能知其欲以譽子朝蔽子猛也。有淫美不信之辭、若驪姬勸晉獻公與申生之事、能知欲以陷害之也。有邪辟不正之辭、若豎牛觀仲壬賜環之事、能知其欲行譖毀以離之於叔孫也。有隱遁之辭、若秦客之廋辭於朝、能知其欲以窮晉諸大夫也。若此四者之類、我聞能知其所趨也、

生於其心、害於其政。發於其政、害於其事。聖人復起、必從吾言矣。

生於其心、譬若人君有好殘賊嚴酷心、必妨害仁政、不得行之也。發於其政者、若出令欲以非時田獵築作宮室、必妨害民之農事、使百姓有饑寒之患也。吾見其端、欲防而止之、如使聖人復興、必從我言也、

宰我子貢善爲說辭、冉牛閔子顏淵善言德行。孔子兼之、曰、我

於辭命則不能也。

言人各有能、我於辭命則不能如二子、

然則夫子既聖矣乎。

丑見孟子但言不能辭命、不言不能德行、謂孟子欲自比孔子、故曰夫子既已聖矣乎

曰、惡、是何言也。昔者子貢問於孔子曰、夫子聖矣乎。孔子曰、聖則吾不能、我學不厭而教不倦也。子貢曰、學不厭、智也。教不倦、仁也。仁且智、夫子既聖矣乎。夫聖、孔子不居、是何言也。

惡者、不安事之歎辭也。孟子答丑言、往者子貢孔子相答如此、孔子尚不敢安居於聖、我何敢自謂爲聖、故再言是何言也、

昔者竊聞之、子夏子游子張皆有聖人之一體、冉牛閔子顏淵

則具體而微。

體者、四肢股肱也。孟子言昔日竊聞師言也。丑方問欲知孟子之德、故謙辭言竊聞也。一體者、得一肢也。具體者、四肢皆具、微小也。比聖人之體微小耳、體以喻德也、

敢問所安。

丑問孟子所安比也、

曰、姑舍是。

姑、且也。孟子曰、且置是、我不願比也、

曰、伯夷伊尹何如。

丑曰、伯夷之行何如、孟子心可願比伯夷否、

曰不同道。

言伯夷之行不與孔子伊尹同道也、

非其君不事，非其民不使，治則進，亂則退，伯夷也。

非其君，非己所好之君也，非其民，不以正道而得民，伯夷不願使之，故謂之非其民也、

何事非君，何使非民，治亦進，亂亦進，伊尹也。

伊尹曰，事非其君者何傷也，使非其民者何傷也，要欲爲天理物，冀得行道而已矣、

可以仕則仕，可以止則止，可以久則久，可以速則速，孔子也。

止處也，久留也，速疾去也、

皆古聖人也，吾未能有行焉，乃所願則學孔子也。

此皆古之聖人，我未能有所行若此，乃言我心之所庶幾則願欲學孔子所履進退無常量時爲宜也、

伯夷伊尹於孔子，若是班乎。

班，齊等之貌也，丑嫌伯夷伊尹與孔子相比，問此三人之德班然而等乎、

曰否，自有生民以來，未有孔子也。

孟子曰，不等也，從有生民以來，非純聖人，則未有與孔子齊德也、

然則有同與。

丑曰，然則此三人有同者邪、

曰有，得百里之地而君之，皆能以朝諸侯有天下，行一不義，殺一不辜，而得天下，皆不爲也，是則同。

孟子曰，此三人君國，皆能使鄰國諸侯尊敬其德而朝之，不以其義得之，皆不爲也，是則孔子同之矣、

曰，敢問其所以異。

丑問孔子與二人異謂何、

曰，宰我子貢有若，智足以知聖人，汙不至阿其所好。

孟子曰，宰我等三人之智，足以識聖人，汙下也，言三人雖小汙不平，亦不至阿其所好以非其事阿私所愛而空譽之，其言有可用者，欲爲丑陳三子之道孔子也、

宰我曰，以予觀於夫子，賢於堯舜遠矣。

予宰我名也，以爲孔子賢於堯舜，以孔子但爲聖，不王天下，而能制作素王之道，故美之，如使當堯舜之世，觀於制度，賢之遠矣、

子貢曰，見其禮而知其政，聞其樂而知其德，由百世之後，等百世之王，莫之能違也，自生民以來，未有夫子也。

見其制作之禮，知其政之可以致太平也，聽聞其雅頌之樂，而知其德之可與文武同也，春秋外傳曰，五聲昭德，言五音之樂聲可以明德也，從孔子後百世，上推等其德於前百世之聖王，無能違離孔子道者，自從生民以來，未有能備若孔子也、

有若曰，豈惟民哉，麒麟之於走獸，鳳凰之於飛鳥，泰山之於丘垤，河海之於行潦，類也，聖人之於民，亦類也，出於其類，拔乎其萃，自生民以來，未有盛於孔子也。

垤蟻封也，行潦道傍流潦也，萃聚也，有若以爲萬類之中各有殊異，至於人類卓絕，未有盛美過於孔子者也，若三子之言，孔子所以以異於伯夷伊尹也，夫聖人之道同符合契，前聖後聖，其揆一也，不得相踰，云生民以來無有者，此三人皆孔子弟子

緣孔子聖德高美而盛稱之也、孟子知其言大過、故貶謂之汙下、但不以無爲有耳、因事則褒、辭在其中矣、亦以明師徒之義得相褒揚也、

孟子曰、以力假仁者霸、霸必有大國、以德行仁者王、王不待大、湯以七十里、文王以百里、

言霸者以大國之力、假仁義之道、然後能霸、若齊桓晉文等是也、以已之德、行仁政於民、小國則可以致王、若湯文王是也、

以力服人者、非心服也、力不贍也、以德服人者、中心悅而誠服也、如七十子之服孔子也、

贍、足也、以已力不足而往服、就於人、非心服者也、以已德不如彼而往服、從之誠心服者也、如顏淵子貢等之服於仲尼、心服者也、

詩云、自西自東、自南自北、無思不服、此之謂也、

詩大雅文王有聲之篇、言從四方來者、無思不服、武王之德、此亦心服之謂也、

孟子曰、仁則榮、不仁則辱、今惡辱而居不仁、是猶惡濕而居下也、

行仁政、則國昌而民安、得其榮樂、行不仁、則國破民殘、蒙其恥辱、惡辱而行不仁、譬由惡濕而居卑下近水泉之地也、

如惡之、莫如貴德而尊士、賢者在位、能者在職、

諸侯如惡辱之來、則當貴德以治身、尊士以敬人、使賢者居位、官得其人、能者居職、人任其事也、

國家閒暇、及是時、明其政刑、雖大國必畏之矣、

及無鄰國之虞、以是閒暇之時、明脩其政教、審其刑罰、雖天下大國、必來畏服、

詩云、迨天之未陰雨、徹彼桑土、綢繆牖戶、今此下民、或敢侮予、

孔子曰、爲此詩者、其知道乎、能治其國家、誰敢侮之、

詩邠風鴟鴞之篇、迨、及、徹、取也、桑土、桑根也、言此鴟鴞小鳥、猶尚知及天未陰雨、而取桑根之皮、以纏綿牖戶、人君能治國家、誰敢侮之、刺邠君曾不如此鳥、孔子善之、故謂此詩知道也、

今國家閒暇、及是時般樂怠敖、是自求禍也、禍福無不自己求之者、

般、大也、孟子傷今時之君、國家適有閒暇、且以大作樂、怠惰敖遊、不脩政刑、是以見侵而不能距、皆自求禍者也、

詩云、永言配命、自求多福、

詩大雅文王之篇、永、長、言、我也、長我周家之命、配當善道、皆內自求責、故有多福也、

太甲曰、天作孽、猶可違、自作孽、不可活、此之謂也、

殷王太甲、言天之妖孽、尚可違避、譬若高宗雊雉、宋景守心之變、皆可以德消去也、自己作孽者、若帝乙慢神震死、是爲不可活、故若此之謂也、

孟子曰、尊賢使能、俊傑在位、則天下之士、皆悅而願立於其朝矣、

俊、美才出衆者也、萬人者稱傑、

市廛而不征、法而不廛、則天下之商、皆悅而願藏於其市矣、

廛、市宅也、古者無征、衰世征之、王制曰、市廛而不稅、周禮載師曰、國宅無征、法而不廛者、當以什一之法征其地耳、不當征其廛宅也、

關譏而不征、則天下之旅、皆悅而願出於其路矣、

言古之設閞、但譏禁異言、識異服耳、不征稅出入者也、故王制曰、古者關譏而不征、周禮太宰曰、九賦七曰關市之征、司關曰、

國凶札、則無關門之征、猶譏、王制謂文王以前也、文王治岐、關譏而不征、周禮有征者、謂周公以來、孟子欲令復古之征、使天下行旅悅之也、

耕者助而不稅。則天下之農皆悅而願耕於其野矣。

助者井田什一、助佐公家治公田、不橫稅賦、若履畝之類、

廛無夫里之布。則天下之民皆悅而願爲之氓矣。

里、居也、布、錢也、夫、一夫也、周禮載師曰、宅不毛者有里布、田不耕者有屋粟、凡民無職事者、出夫家之征、孟子欲使寬獨夫、去里布、則百姓樂爲之氓矣、氓者謂其民也、

信能行此五者。則鄰國之民仰之若父母矣。率其子弟。攻其父母。自生民以來。未有能濟者也。

今諸侯誠能行此五事、四鄰之民仰望而愛之如父母矣、鄰國之君欲將其民來伐之、譬若率勉人子弟、使自攻其父母、自生民以來、何能以此濟成其欲也、

如此。則無敵於天下。無敵於天下者。天吏也。然而不王者。未之有也。

言諸侯所行能如此者、何敵之有、是爲天吏、天吏者天使之也、爲政當爲天所使、誅伐無道、故謂之天吏也、

孟子曰。人皆有不忍人之心。

言人人皆有不忍加惡於人之心也、

先王有不忍人之心。斯有不忍人之政矣。以不忍人之心。行不忍人之政。治天下可運之掌上。

先聖王推不忍害人之心、以行不忍傷民之政、以是治天下、易於轉丸於掌上也、

所以謂人皆有不忍人之心者。今人乍見孺子將入於井。皆有怵惕惻隱之心。非所以內交於孺子之父母也。非所以要譽於鄉黨朋友也。非惡其聲而然也。

乍、暫也、孺子、未有知之小子、所以言人皆有是心、凡人暫見小孺子將入井、賢愚皆有驚駭之情、情發於中、非爲人也、非惡有不仁之聲名、故爲之怵惕者而然也、

由是觀之。無惻隱之心。非人也。無羞惡之心。非人也。無辭讓之心。非人也。無是非之心。非人也。

言無此四者、當若禽獸、非人心耳、爲人則有之矣、凡人但不能演用爲行耳、

惻隱之心。仁之端也。羞惡之心。義之端也。辭讓之心。禮之端也。是非之心。智之端也。

端者首也、人皆有仁義禮智之首、可引用之、

人之有是四端也。猶其有四體也。有是四端而自謂不能者。自賊者也。

自謂不能爲善、自賊害其性、使不爲善也、

謂其君不能者。賊其君者也。

謂君不能爲善而不匡正者、賊其君使陷惡也、

凡有四端於我者。知皆擴而充之矣。若火之始燃。泉之始達。苟

能充之足以保四海苟不充之不足以事父母

擴廓此凡有四端在於我者知皆廓而充大之若火泉之始微小廣大之則無所不至以喻人之四端也人誠能充大之可保安四海之民誠不充大之内不足以事父母言無仁義禮智何以事父母也

孟子曰矢人豈不仁於函人哉矢人惟恐不傷人函人惟恐傷人巫匠亦然故術不可不慎也

矢箭也函甲也周禮曰函人爲甲作箭之人其性非獨不仁於作甲之人也術使之然巫欲祝活人匠梓匠作棺欲其蚤售利在於人死也故治術當慎修其善者也

孔子曰里仁爲美擇不處仁焉得智

里居也仁最其美者也夫簡擇不處仁爲不智

夫仁天之尊爵也人之安宅也莫之禦而不仁是不智也

爲仁則可以長天下故曰天所以假人尊爵也居之則安無止之者而人不能知入是仁道者又安得爲之智乎

不仁不智無禮無義人役也

若此爲人所役者也

人役而恥爲役由弓人而恥爲弓矢人而恥爲矢也

治其事而恥其業者惑也

如恥之莫如爲仁

如其恥爲人役而爲仁則不爲役也

仁者如射射者正己而後發發而不中不怨勝己者反求諸己而已矣

以射喻人爲仁不得其報當反責己之仁恩有所未至也不怨勝己者

孟子曰子路人告之以有過則喜禹聞善言則拜

子路樂聞其過過而能改也尚書曰禹拜善言

大舜有大焉善與人同舍己從人樂取於人以爲善

大舜虞帝也孔子稱曰巍巍故言大舜有大焉能舍己從人故爲大也於子路與禹同者也

自耕稼陶漁以至爲帝無非取於人者取諸人以爲善是與人爲善者也故君子莫大乎與人爲善

舜從耕於歷山及其陶漁皆取人之善謀而從之故曰莫大乎與人爲善

孟子曰伯夷非其君不事非其友不友不立於惡人之朝不與惡人言立於惡人之朝與惡人言如以朝衣朝冠坐於塗炭推惡惡之心思與鄉人立其冠不正望望然去之若將浼焉

伯夷孤竹君之長子讓國而隱居者也塗泥炭墨也浼汙也思念也與鄉人立見其冠不正望望然慙愧之貌也去之恐其汙己也

是故諸侯雖有善其辭命而至者不受也不受也者是亦不屑就己

屑絜也詩云不我屑已伯夷不絜諸侯之行故不忍就見也殷之末世諸侯多不義故不就之後乃歸於西伯也

柳下惠不羞汙君不卑小官進不隱賢必以其道遺佚而不怨

阨窮而不憫。故曰爾爲爾，我爲我，雖袒裼裸裎於我側，爾焉能免我哉。

柳下惠魯公族大夫也，姓展，名禽，字季，柳下是其號也。進不隱己之賢才，必欲行其道也。憫懣云善己而已，惡人何能汚於我邪。

故由由然與之偕而不自失焉。援而止之而止。援而止之而止者，是亦不屑去已。

由由，浩浩之貌。不憚與惡人同朝並立，偕俱也。與之儷行於朝，何傷，但不失己之正心而已耳。援而止之，謂三黜不懟去也。是柳下惠不以去爲絜也。

孟子曰：伯夷隘，柳下惠不恭。隘與不恭，君子不由也。

伯夷隘，懼人之汚來及己，故無所含容，言其太隘狹也。柳下惠輕忽時人，禽獸畜之，無欲彈正之心，言其大不恭敬也。聖人之道不取於此，故曰君子不由也。先言二人之行，孟子乃評之耳。

孟子卷三 終

孟子卷四

漢太常京兆趙 岐註
皇明後學東吳金 蟠訂

公孫丑章句下

孟子曰：天時不如地利，地利不如人和。三里之城，七里之郭，環而攻之而不勝。夫環而攻之，必有得天時者矣，然而不勝者，是天時不如地利也。

天時謂時日支干五行王相孤虛之屬也。地利，險阻城池之固也。人和，得民心之所和樂也。環城圍之，必有得天時之善處者，然而城有不下，是不如地利。

城非不高也，池非不深也，兵革非不堅利也，米粟非不多也，委而去之，是地利不如人和也。

有堅強如此而破之走者，不得民心，民不爲守。衞懿公之民曰：君其使鶴戰，余焉能戰，是也。

故曰域民不以封疆之界，固國不以山谿之險，威天下不以兵革之利。

域民，居民也。不以封疆之界禁之，使懷德也。不依險阻之固，恃仁惠也。不馮兵革之威，仗其道德而已矣。

得道者多助，失道者寡助。寡助之至，親戚畔之；多助之至，天下順之。以天下之所順，攻親戚之所畔，故君子有不戰，戰必勝矣。

得道之君，何嚮不平。君子之道，貴不戰耳，如其當戰，戰則勝矣。

孟子將朝王。王使人來曰：寡人如就見者也，有寒疾，不可以風。朝將視朝，不識可使寡人得見乎。

孟子雖仕齊，處師賓之位，以道見敬，或稱以病，未嘗趨朝而拜也。王欲見之，先朝使人往謂孟子云：寡人如就見者，若言就孟子之館相見也。有惡寒之疾，不可見風，儻可來朝，欲力疾臨視朝，因得見孟子也。不知可使寡人得相見否。

孟子對曰：不幸而有疾，不能造朝。

孟子不悅王之欲使朝，故稱其有疾而拒之也。

明日，出弔於東郭氏。公孫丑曰：昔者辭以病，今日弔，或者不可乎。

東郭氏，齊大夫家也。昔者，昨日也。丑以爲不可。

曰：昔者疾，今日愈，如之何不弔。

孟子言我昨日病，今日愈，我何爲不可以弔。

王使人問疾，醫來。

王以孟子實病，遣人將醫來，且問疾也。

孟仲子對曰：昔者有王命，有采薪之憂，不能造朝。今病小愈，趨造於朝，我不識能至否乎。

孟仲子，孟子之從昆弟，從學於孟子者也。權辭以對，如此憂病也。曲禮云：有負薪之憂。

使數人要於路，曰：請必無歸而造於朝。

仲子使數人要告孟子，君命宜敬，當必造朝也。

不得已而之景丑氏宿焉。

孟子迫於仲子之言，不得已，而心不欲至朝，因之其所知齊大夫景丑之家而宿焉，具以語景丑氏耳。

景子曰：內則父子，外則君臣，人之大倫也。父子主恩，君臣主敬。丑見王之敬子也，未見所以敬王也。

景丑責孟子不敬何義也。

曰：惡，是何言也。齊人無以仁義與王言者，豈以仁義爲不美也。其心曰：是何足與言仁義也云爾，則不敬莫大乎是。

曰惡者，深嗟歎云，景子之責我何言乎。今人皆謂王無知，不足與言仁義，云爾，絕語之辭也。人之不敬莫大於是者也。

我非堯舜之道，不敢以陳於王前，故齊人莫如我敬王也。

孟子言我每見王，常陳堯舜之道以勸勉王，齊人豈有如我敬王者也。

景子曰：否，非此之謂也。禮曰：父召無諾，君命召不俟駕。固將朝也，聞王命而遂不果，宜與夫禮若不相似然。

景子曰：非謂不陳堯舜之道，謂爲臣固自當朝也。今有王命而不果行，果，能也。禮，父召無諾，無諾而不至也，君命召，輦車就牧，不坐待駕，而夫子若是，事宜與夫禮若不相似然乎。愚竊惑也。

曰：豈謂是與。曾子曰：晉楚之富，不可及也。彼以其富，我以吾仁；彼以其爵，我以吾義，吾何慊乎哉。夫豈不義而曾子言之，是或一道也。

孟子答景丑云：我豈謂是君臣召呼之間乎。謂王不禮賢下士，故道曾子之言，自以不慊晉楚之君，慊，少也。曾子豈肯言不義

之事邪、是或者自得道之一義、欲以喻王猶晉楚、我猶曾子、我臣輕於王乎、

天下有達尊三、爵一齒一德一、朝廷莫如爵、鄉黨莫如齒、輔世長民莫如德、惡得有其一以慢其二哉。

三者、天下之所通尊也、孟子謂賢者長也、有德有齒、人君無德、但有爵耳、故云何得以一慢二乎、

故將大有爲之君、必有所不召之臣、欲有謀焉則就之、其尊德樂道、不如是、不足與有爲也

言古之大聖大賢有所與爲之君、必就大賢臣而謀事、不敢召也、王者師臣、霸者友臣也、

故湯之於伊尹、學焉而後臣之、故不勞而王、桓公之於管仲、學焉而後臣之、故不勞而霸、

言師臣者王、桓公能師臣、而管仲不勉之於王、故孟子於上章陳其義、譏其烈之卑、

今天下地醜德齊、莫能相尚、無他、好臣其所教、而不好臣其所受教、

醜、類也、言今天下之人君、土地相類、德教齊等、不能相絕者、無他、但好臣其所教勅役使之才、可驕者耳、不能好臣大賢可從而受教者也、

湯之於伊尹、桓公之於管仲、則不敢召、管仲且猶不可召、而況不爲管仲者乎、

孟子自謂不爲管仲、故非齊王之召己也、是以不往而朝見於齊王也、

陳臻問曰、前日於齊、王餽兼金一百而不受、於宋餽七十鎰而受、於薛餽五十鎰而受、前日之不受是、則今日之受非也、今日之受是、則前日之不受非也、夫子必居一於此矣。

陳臻、孟子弟子、兼金、好金也、其價兼倍於常者、故謂之兼金、一百、百鎰也、古者以一鎰爲一金、一鎰是爲二十四兩也、故云兼金一百、百鎰也、

孟子曰、皆是也、當在宋也、予將有遠行、行者必以贐、辭曰餽贐、予何爲不受、

贐、送行者贈賄之禮也、時人謂之贐、

當在薛也、予有戒心、辭曰、聞戒、故爲兵餽之、予何爲不受。

戒、有戒備不虞之心也、時有惡人欲害孟子、孟子戒備、薛君曰、聞有戒、此金可鬻以作兵、餽故餽之、我何爲不受也、

若於齊、則未有處也、無處而餽之、是貨之也、焉有君子而可以貨取乎、

我在齊時、無事於義、未有所處也、義無所處而餽之、是以貨財取我、欲使我懷惠也、安有君子而可以貨財見取之乎、是其禮當其可也、

孟子之平陸、謂其大夫曰、子之持戟之士、一日而三失伍、則去之否乎、

平陸、齊之邑也、大夫、治邑大夫也、持戟、戰士也、一日三失其行伍、則去之否乎、去之、殺之也、以瑕果殺、

曰、不待三、

大夫曰、一失之則行罰、不及待三失伍也、

然則子之失伍也亦多矣。凶年饑歲，子之民老羸轉於溝壑，壯者散而之四方者，幾千人矣。

轉，轉尸於溝壑也。此則子之失伍也。

曰：此非距心之所得爲也。

距心，大夫名。曰此乃齊王之大政，不肯賑窮，非我所得專爲也。

曰：今有受人之牛羊而爲之牧之者，則必爲之求牧與芻矣。求牧與芻而不得，則反諸其人乎？抑亦立而視其死與？

牧，牧地。以此喻距心不得自專，何不致爲臣而去乎，何爲立視民之死也。

曰：此則距心之罪也。

距心自知以不去位爲罪者也。

他日見於王曰：王之爲都者，臣知五人焉。知其罪者，惟孔距心。爲王誦之。王曰：此則寡人之罪也。

孔，姓也。爲都，治都也。邑有先君之宗廟曰都。誦，言也。爲王言孔距心語者也。王知本之在己，故受其罪也。

孟子謂蚳鼃曰：子之辭靈丘而請士師，似也，爲其可以言也。今既數月矣，未可以言與？

蚳鼃，齊大夫。靈丘，齊下邑。士師，治獄官也。周禮士師曰以五戒先後刑罰，無使罪麗於民。孟子見蚳鼃辭外邑大夫，請爲士師，知其欲近王以諫正刑罰之不中者。數月而不言，故曰未可以言歟，以感責之也。

蚳鼃諫於王而不用，致爲臣而去。

三諫不用，致仕而去。

齊人曰：所以爲蚳鼃則善矣，所以自爲則吾不知也。

齊人論者譏孟子爲蚳鼃謀，使之諫，不用而去則善矣，不知自諫不用而不去，故曰我不見其自爲謀者。

公都子以告。

公都子，孟子弟子也。以齊人語告孟子也。

曰：吾聞之也，有官守者不得其職則去，有言責者不得其言則去。我無官守，我無言責也，則吾進退，豈不綽綽然有餘裕哉。

官守，居官守職者。言責，獻言之責，諫諍之官也。孟子言人臣也，官不得守其職，諫正君不見納者，皆當致仕而去。今我居師賓之位，進退自由，豈不綽綽然舒緩有餘裕乎。綽、裕，皆寬也。

孟子爲卿於齊，出弔於滕，王使蓋大夫王驩爲輔行。王驩朝暮見，反齊滕之路，未嘗與之言行事也。

孟子嘗爲齊卿，出弔於滕君。蓋，齊下邑也。王以治蓋之大夫王驩爲輔行。輔，副使也。王驩，齊之諂人，有寵於齊，後爲右師。孟子不悅其爲人，雖與同使而行，未嘗與之言行事，不願與之相比也。

公孫丑曰：齊卿之位不爲小矣，齊滕之路不爲近矣，反之而未嘗與言行事，何也？

丑怪孟子不與驩議行事也。

曰：夫既或治之，予何言哉。

既，已也。或，有也。孟子曰：夫人既自謂有治行事，我將復何言哉。言其專知自善，不知諮於人也。蓋言道不合者，故不相與言，所

以有是而言之也已、

孟子自齊葬於魯。反於齊。止於嬴。充虞請曰。前日不知虞之不肖使虞敦匠事。嚴。虞不敢請。今願竊有請也。木若以美然。

孟子仕於齊、喪母而歸葬於魯也、嬴齊南邑、充虞孟子弟子、敦匠厚作棺也、事嚴喪事急、木若以泰美然也、

曰。古者棺椁無度。中古棺七寸。椁稱之。自天子達於庶人。非直為觀美也。然後盡於人心。

孟子言古者棺椁厚薄無尺寸之度、中古謂周公制禮以來、棺椁七寸、椁薄於棺、厚薄相稱相得也、從天子至於庶人、厚薄皆然、但重累之數、牆翣之飾有異、非直為人觀視之美好也、厚者難腐朽、然後盡於人心所不忍也、謂一世之後孝子更去辟世、是為人盡心也、過是以往變化自其理也、

不得。不可以為悅。無財不可以為悅。得之為有財。古之人皆用之。吾何為獨不然。

悅者孝子之欲厚送親、得之則悅也、王制所禁、不得用之、不可以悅心也、無財以供、則度而用之、禮喪事不外求、不可稱貸而為悅也、禮得用之財足備之、古人皆用之、我何為獨不然、不然者言其不如是也、

且比化者無使土親膚。於人心獨無恔乎。

恔快也、棺椁敦厚、比親體之變化、且無令土親膚於人子、戒心獨不快然無所恨也

吾聞之。君子不以天下儉其親。

我聞君子之道、不以天下人所得用之物、儉約於其親、言事親竭其力者也、論語曰生事之以禮、死葬之以禮、可謂孝也已

沈同以其私問曰。燕可伐與。孟子曰。可。子噲不得與人燕。子之不得受燕於子噲。

沈同齊大臣、自以私情問、非王命也、故曰私、子噲燕王也、子之燕相也、孟子曰可者、以子噲不以天子之命而擅以國與子之、子之亦不受天子之命、而私受國於子噲、故曰其罪可伐、

有仕於此。而子悅之。不告於王。而私與之吾子之祿爵。夫士也亦無王命而私受之於子。則可乎。何以異於是。

子謂沈同也、孟子設此以譬燕王之罪、

齊人伐燕。

沈同以孟子言可、因歸勸其王伐燕、

或問曰。勸齊伐燕有諸。

有人問孟子勸齊王伐燕有之、

曰。未也。沈同問燕可伐與。吾應之曰可。彼然而伐之也。

孟子曰、我未勸王也、同問可伐乎、吾曰可、彼然而伐之也、

彼如曰。孰可以伐之。則將應之曰。為天吏。則可以伐之。

彼如將問我曰、誰可以伐之、我將曰為天吏、則可以伐之、天吏、天所使、謂王者得天意者也、彼不復問孰可、便自往伐之矣、

今有殺人者。或問之曰。人可殺與。則將應之曰。可。彼如曰。孰可以殺之。則將應之曰。為士師。則可以殺之。今以燕伐燕。何為勸之哉。

今有殺人者、有問此人可殺否、將應之曰可、為士官主獄、則可以殺之矣、燕雖有罪、猶當王者誅之耳、譬如殺人者雖當死、士

師乃得殺之耳。今齊國之政，猶燕政也，不能相踰，又非天吏也，我何爲勸齊國伐燕國乎。

燕人畔。王曰：吾甚慚於孟子。

燕人畔，不肯歸齊。齊王聞孟子與沈同言爲未勸王，今竟不能有燕，故慚之。

陳賈曰：王無患焉。王自以爲與周公孰仁且智。王曰：惡，是何言也。

陳賈，齊大夫也。問王曰：自視何如周公仁智乎？欲爲王解孟子意，故曰王無患焉。王歎曰：是何言，言周公何可及也。

曰：周公使管叔監殷，管叔以殷畔。知而使之，是不仁也；不知而使之，是不智也。仁智，周公未之盡也，而況於王乎？賈請見而解之。

賈欲以此說孟子也。

見孟子問曰：周公何人也。

賈問之也。

曰：古聖人也。

孟子曰：周公，古之聖人也。

曰：使管叔監殷，管叔以殷畔也，有諸。

賈問有之否乎。

曰：然。

孟子曰，如是也。

曰：周公知其將畔而使之與。

賈問之也。

曰：不知也。

孟子曰：周公不知其將畔也。

然則聖人且有過與。

過，謬也。賈曰：聖人且猶有謬誤。

曰：周公，弟也；管叔，兄也。周公之過，不亦宜乎。

孟子以爲周公雖知管叔不賢，亦必不知其將畔。周公惟管叔弟也，故愛之；管叔念周公兄也，故望之。親親之恩也。周公之此過謬，不亦宜乎。

且古之君子，過則改之；今之君子，過則順之。古之君子，其過也如日月之食，民皆見之；及其更也，民皆仰之。今之君子，豈徒順之，又從之爲辭。

古之所謂君子，眞聖人賢人君子也。周公雖有此過，乃誅三監，作大誥，明勑庶國，是周公改之也。今之所謂君子，非眞君子也，順過飾非，就爲之辭。孟子言此，以譏賈不能匡君，而欲以辭解之。

孟子致爲臣而歸。

辭齊卿而歸其室也。

王就見孟子曰：前日願見而不可得。

謂未來仕齊也，遙聞孟子之賢而不能得見之。

得侍同朝甚喜。

來就爲卿、君臣同朝、得相見、故喜之也、

今又棄寡人而歸。

今致爲臣、棄寡人而歸也、

不識可以繼此而得見乎。

不知可以續今日之後、遂使寡人得相見否乎、

對曰。不敢請耳。固所願也。

孟子對王言、不敢自請耳、固心之所願也、孟子意欲使王繼今當自來謀也、

他日王謂時子曰。我欲中國而授孟子室。養弟子以萬鍾。使諸大夫國人皆有所矜式。子盍爲我言之。

時子、齊臣也、王欲於國中而爲孟子築室、使教養一國君臣之子弟、與之萬鍾之祿、中國者、使學者遠近均也、矜、敬也、式、法也、欲使諸大夫國人皆敬法其道、盍、何不也、謂時子何不爲我言之於孟子、知肯就之否、

時子因陳子而以告孟子。

陳子、孟子弟子、陳臻也、

陳子以時子之言告孟子。孟子曰。然。夫時子惡知其不可也。如使予欲富。辭十萬而受萬。是爲欲富乎。

孟子曰、如是、夫時子安能知其不可乎、時子以我爲欲富、故以祿誘我、我往者饗十萬鍾之祿、以大道不行、故去耳、今更當受萬鍾、是爲欲富乎、距時子之言、所以有是云也、

季孫曰。異哉子叔疑。

二子、孟子弟子也、季孫知孟子意不欲、而心欲使孟子就之、故曰異哉、弟子之所聞也、子叔心疑惑之、亦以爲可就之矣、

使己爲政。不用則亦已矣。又使其子弟爲卿。人亦孰不欲富貴。而獨於富貴之中。有私龍斷焉。

孟子解二子之異意疑心、曰齊王使我爲政不用則亦自止矣、今又欲以其子弟、故使我爲卿、而與我萬鍾之祿、人亦誰不欲富貴乎、是猶獨於富貴之中、有此私登龍斷之類也、我則恥之、

古之爲市也。以其所有易其所無者。有司者治之耳。有賤丈夫焉。必求龍斷而登之。以左右望而罔市利。人皆以爲賤。故從而征之。征商自此賤丈夫始矣。

古者市置有司、但治其爭訟、不征稅也、賤丈夫、貪人可賤者也、入市則求龍斷而登之、龍斷、謂堁斷而高者也、左右占視、望市中有利、罔羅而取之、人皆賤其貪者也、故就征取其利、後世緣此遂征商人、孟子言我苟貪萬鍾、不恥屈道、亦與此賤丈夫何異也、古者謂周公以前、周禮有關市之征也、

孟子去齊。宿於晝。有欲爲王留行者。

晝、齊西南近邑也、孟子去齊、欲歸鄒、至晝地而宿也、齊人之知孟子者追送、見之、欲爲王留孟子行、

坐而言。不應。隱几而臥。

客危坐而言留孟子之言也、孟子不應答、因隱倚其几而臥也、

客不悅曰。弟子齊宿而後敢言。夫子臥而不聽。請勿復敢見矣。

齊敬宿、素也、弟子素持敬心來言、夫子慢我不受我言、言而遂起退、欲去請絕也、

曰坐我明語子
孟子止客曰、且坐我明告語子、
昔者魯繆公無人乎子思之側則不能安子思泄柳申詳無人
往者魯繆公尊禮子思子思以道不行則欲去、繆公常使賢人往留之說以方且聽子爲政然則子思復留泄柳申詳亦賢者也繆公尊之不如子思二子常有賢者在繆公之側勸以復之其身乃安矣、
乎繆公之側則不能安其身
子爲長者慮而不及子思子絶長者乎長者絶子乎
長者老者也孟子年老故自謂長者言子爲我慮不如子思時賢人也不勸王使我得行道而但勸我留留者何爲哉此爲子絶我乎又我絶子乎何爲而慍恨也、

孟子去齊尹士語人曰不識王之不可以爲湯武則是不明也識
其不可然且至則是干澤也千里而見王不遇故去三宿而後
出晝是何濡滯也士則茲不悅
尹士齊人也干求也澤祿也尹士與論者言之云孟子不知則爲求祿濡滯淹久也既去近留於晝三日怪其淹久故云士於此事則不悅也、
高子以告
高子亦齊人孟子弟子也以尹士之言告孟子也、
曰夫尹士惡知予哉千里而見王是予所欲也不遇故去豈予
所欲哉予不得已也

孟子曰、夫尹士安能知我哉我不得已而去耳、何汲汲而驅馳乎、
予三宿而出晝於予心猶以爲速王庶幾改之王如改諸則必
反予
我自謂行速疾矣冀王庶幾能反覆招還我矣、
夫出晝而王不予追也予然後浩然有歸志
浩然心浩浩有遠志也、
予雖然豈舍王哉王由足用爲善王如用予則豈徒齊民安天
下之民舉安王庶幾改之予日望之
孟子以齊大國知其可以行善政故戀戀望王之改而反之是以安行也豈徒齊民安言君子達則兼善天下也

予豈若是小丈夫然哉諫於其君而不受則怒悻悻然見於其
面去則窮日之力而後宿哉
我豈若狷狷急小丈夫恚怒其君而去、極日力而宿懼其不遠者哉論曰、悻悻然小人哉言已志大在於濟一世之民不爲小節也、
尹士聞之曰士誠小人也
尹士聞義則服故曰士誠小人也、
孟子去齊充虞路問曰夫子若有不豫色然前日虞聞諸夫子曰
君子不怨天不尤人
路道也於路中問也、充虞謂孟子去齊有恨心顏色故不悅也、

曰。彼一時。此一時也。五百年必有王者興。其間必有名世者。由周而來。七百有餘歲矣。以其數則過矣。以其時考之則可矣。

彼時前聖賢之出是其時也。今此時亦是其一時也。五百年王者興。有興王道者也。名世。次聖之才。物來能名正於一世者。生於聖人之間也。七百有餘歲。謂周家王迹始興。大王文王以來。考驗其時。則可有也。

夫天未欲平治天下也。如欲平治天下。當今之世。舍我其誰也。吾何為不豫哉。

孟子自謂能當名世之士。時又值之。而不得施。此乃天自未欲平治天下耳。非我之愆。我固不怨天。何為不悅豫乎。是故知命者不憂不懼。與天消息而已矣。

孟子去齊居休。公孫丑問曰。仕而不受祿。古之道乎。

休。地名。丑問古人之道。仕而不受祿邪。怪孟子於齊不受其祿也。

曰。非也。於崇吾得見王。退而有去志。不欲變。故不受也。

崇。地名。孟子言不受祿非古之道。於崇吾始見齊王。知其不能納善。退出志欲去矣。不欲即去。若為變詭見非太甚。故且宿留心欲去。故不復受其祿也。

繼而有師命。不可以請。久於齊。非我志也。

言我本志欲速去。繼見之後。有師旅之命。不得請去。故使我久而不受祿耳。久非我本志也。

孟子卷四終

孟子卷五

漢太常京兆趙　岐註
皇明後學東吳金　蟠訂

滕文公章句上

滕文公者。滕國名。文。謚也。公者。國人尊君之稱也。叟公於當時尊敬孟子。問以古道。猶衛靈公問陳於孔子。論語因以題篇。

滕文公為世子。將之楚。過宋而見孟子。孟子道性善。言必稱堯舜。

文公為世子。使於楚而過宋。孟子時在宋。與相見也。滕侯。周文王之後也。世紀世本錄諸侯之世。滕國有考公麋。與文公之父定公相直。其子元公弘。與文公相直。似後世避諱。改考公為定公。以元公行文德。故謂之文公也。孟子與世子言。人生皆有善性。但當充而用之耳。又言堯舜之治天下。不失仁義之道。故勉世子。

世子自楚反。復見孟子。

從楚還。復詣孟子。欲重受法則也。

孟子曰。世子疑吾言乎。夫道一而已矣。

世子疑吾言有不盡乎。天下之道。一而已矣。惟有行善耳。復何疑邪。

成覸謂齊景公曰。彼丈夫也。我丈夫也。吾何畏彼哉。

成覸。勇果者也。與景公言曰。尊貴者與我同丈夫。我亦能為之。何為畏彼之哉。

顏淵曰。舜何人也。予何人也。有為者亦若是。

言欲有為。當若顏淵。庶幾成覸不畏。乃能有所成耳。又以是勉世子也。

公明儀曰。文王我師也。周公豈欺我哉。

公明儀賢者也。師文王信周公。言其知所法則也。

今滕絕長補短。將五十里也。猶可以為善國。

滕雖小。其境界長短相補。可得大五十里。子男之國也。尚可以行善者也。

書曰。若藥不瞑眩。厥疾不瘳。

書逸篇也。瞑眩。藥攻人疾。先使瞑眩憒亂。乃得瘳愈。喻行仁當精熟。德惠乃洽也。

滕定公薨。世子謂然友曰。昔者孟子嘗與我言於宋。於心終不忘。今也不幸至於大故。吾欲使子問於孟子。然後行事。

定公。文公父也。然友。世子之傅也。大故。謂大喪也。

然友之鄒問於孟子。

孟子歸在鄒也。

孟子曰。不亦善乎。親喪固所自盡也。

不亦者。亦也。問此亦共善也。

曾子曰。生事之以禮。死葬之以禮。祭之以禮。可謂孝矣。

曾子傳孔子之言。孟子欲令世子如曾子之從禮也。時諸侯皆不行禮。故使獨行之也。

諸侯之禮。吾未之學也。雖然。吾嘗聞之矣。三年之喪。齊疏之服。飦粥之食。自天子達於庶人。三代共之。

孟子言我雖不學諸侯之禮。嘗聞師言。三代以前君臣皆行三年之喪。齊疏。齊衰也。飦。糜粥也。

然友反命。定為三年之喪。父兄百官皆不欲也。故曰。吾宗國魯先君莫之行。吾先君亦莫之行也。至於子之身而反之。不可。

父兄百官。滕之同姓異姓諸臣也。皆不欲使世子行三年。滕魯同姓。俱出文王。魯周公之後。滕叔繡之後。敬聖人。故宗魯者也。

且志曰。喪祭從先祖。曰。吾有所受之也。

父兄百官自復言也。志。記也。周禮小史掌邦國之志。曰喪祭之事。各從其先祖之法。言我轉有所受之。不可於己身獨改更也。一說。吾有所受之。世子言我受之於孟子也。故曰吾有所受。

謂然友曰。吾他日未嘗學問。好馳馬試劍。今也父兄百官不我足也。恐其不能盡於大事。子謂我問孟子。

父兄百官見我他日所行。謂我志行不足。似恐我不能盡大事之禮。故止我也。為我問孟子。當何以服其心。使其信我也。

然友復之鄒問孟子。孟子曰。然。不可以他求者也。孔子曰。君薨聽於冢宰。歠粥。面深墨。即位而哭。百官有司。莫敢不哀。先之也。

孟子言如是不可用他事求也。喪尚哀。惟當以哀戚感之耳。國君薨。委政冢宰。大臣嗣君但盡哀情。歠粥不食。顏色深墨。深甚也。墨。黑也。即喪位而哭。百官有司莫敢不哀者。以君先哀之也。

上有好者。下必有甚焉者矣。君子之德。風也。小人之德。草也。草上之風必偃。是在世子。

上之所欲。下以為俗。尚。加也。偃。伏也。以風加草。莫不偃伏也。是在世子以身帥之也。

然友反命。世子曰。然。是誠在我。

世子聞之。知其在身欲行之也。

五月居廬未有命戒百官族人可謂曰知

諸侯五月而葬未葬居倚廬於中門之內也未有命戒居喪不言也異姓同姓之臣可謂曰知世子之能行禮也

及至葬四方來觀之顏色之戚哭泣之哀弔者大悅

四方諸侯之賓來弔會者見世子之憔悴哀戚犬悅其孝行之高美也已

滕文公問爲國孟子曰民事不可緩也

問治國之道也民事不可緩之使怠惰當以政督趣教以生產之務也

詩云晝爾于茅宵爾索綯亟其乘屋其始播百穀

詩豳風七月之篇言教民晝取茅草夜索以爲綯綯絞也及爾閒暇亟而乘蓋爾野外之屋春事起爾將始播百穀矣言農民之事無休已

民之爲道也有恒產者有恒心無恒產者無恒心苟無恒心放辟邪侈無不爲已及陷乎罪然後從而刑之是罔民也焉有仁人在位罔民而可爲也

義與上篇同孟子既爲齊宣王言之滕文公問復爲究陳其義故各自載之也

是故賢君必恭儉禮下取於民有制

古之賢君身行恭儉禮下大臣賦取於民不過十一之制也

陽虎曰爲富不仁矣爲仁不富矣

陽虎魯季氏家臣也富者好聚仁者好施施不得聚道相反也陽虎非賢者也言有可采不以人廢言也

夏后氏五十而貢殷人七十而助周人百畝而徹其實皆什一也徹者徹也助者藉也

夏禹之世號夏后氏后君也禹受禪於君故夏稱后殷周順人心而征伐故言人也民耕五十畝貢上五畝耕七十畝者以七畝助公家耕百畝者徹取十畝以爲賦雖異名而多少同故曰皆什一也徹猶取人徹取物也藉者借也猶人相借力助之也

龍子曰治地莫善於助莫不善於貢貢者校數歲之中以爲常

龍子古賢人也言治土地之賦無善於助者也貢者校數歲以爲常類而上之民供養之有易有不易故謂之莫不善於貢也

樂歲粒米狼戾多取之而不爲虐則寡取之凶年糞其田而不足則必取盈焉

樂歲豐年狼戾猶狼藉也粒米粟米之粒也既多狼藉棄捐於地是時多取於民不爲暴虐也而反以常數少取之至於凶年饑歲民人糞其田尚無所得不足以食而公家取其稅必滿其常數焉不若從歲饑穰以爲多少與民同之也

爲民父母使民盻盻然將終歲勤動不得以養其父母又稱貸而益之使老稚轉乎溝壑惡在其爲民父母也

盻盻勤苦不休息之貌動作稱舉也言民勤身動作終歲不得以養食其父母公賦當畢有不足者又當舉貸子倍而益滿之至使老少轉尸溝壑安可以爲民之父母也

夫世祿滕固行之矣

古者諸侯卿大夫士有功德則世祿賜族者也官有世功也其子雖未任居官得世食其父祿賢者子孫必有土之義也滕固知行是矣言亦當恤民之子弟閔其勤勞者也

詩云雨我公田遂及我私惟助爲有公田由此觀之雖周亦助也

詩、小雅大田之篇、言太平時、民悅其上、願欲天之先雨公田、遂以次及我私田也、猶殷人助者爲有公田耳、此周詩也、而云前公田、知雖周家之時亦有助之制也、

設爲庠序學校以敎之。以學習禮敎化於國、

庠者養也。校者敎也。序者射也。夏曰校。殷曰序。周曰庠。學則三代共之。皆所以明人倫也。養者、養耆老、敎者、敎以禮義、射者、三耦四矢、以達物導氣也、學則三代同名、皆謂之學、學乎人倫、人倫者、人事也、猶洪範曰彝倫攸序、謂其常事有序者也、

人倫明於上。小民親於下。有王者起。必來取法。是爲王者師也。有行三王之道而興起者、當取法於有道之國也、

詩云。周雖舊邦。其命惟新。文王之謂也。子力行之。亦以新子之國。詩大雅文王之篇、言周雖后稷以來、舊爲諸侯、其受王命、惟文王新復脩治禮義以致之耳、以是勸勉文公、欲使庶幾新其國也、

使畢戰問井地。畢戰、滕臣也、問古井田之法、時諸侯各去典籍、人自爲政、故井田之道不明也、

孟子曰。子之君將行仁政。選擇而使子。子必勉之。夫仁政必自經界始。經界不正。井地不鈞。穀祿不平。子、畢戰也、經、亦界也、必先正其經界、勿侵鄰國、乃可鈞井田、平穀祿、穀所以爲祿也、周禮小司徒云、乃經土地而井其田野、言正其土地之界、乃定受其井牧之處也、

是故暴君汙吏。必慢其經界。經界既正。分田制祿。可坐而定也。暴君、殘虐之君、汙吏、貪吏也、慢經界、不正也、必相侵陵、長爭訟也、分田、賦廬井也、制祿、以庶人在官者比上農夫、轉以爲差、故可坐而定也、

夫滕壤地褊小。將爲君子焉。將爲野人焉。無君子莫治野人。無野人莫養君子。褊小、謂五十里也、爲、有也、雖小國亦有君子、亦有野人、言足以爲善政也、

請野九一而助。國中什一使自賦。

九一者、井田以九頃爲數、而共什一、郊野之賦也、助者、殷家稅名也、周亦用之、龍子所謂莫善於助也、時諸侯不行助法、國中什一者、周禮園廛二十而稅一、時行重法賦責之什一也、而如也、自、從也、孟子欲請使野人如助法、什一而稅之、國中從其本賦、二十而稅一以寬之也、

卿以下。必有圭田。圭田五十畝。餘夫。二十五畝。古者卿以下至於士、皆受圭田五十畝、所以供祭祀也、圭、潔也、土田故謂之圭田、所謂惟士無田、則亦不祭、言絀士無潔田也、井田之民養公田者受百畝、圭田半之、故五十畝、餘夫者、一家一人受田、其餘老小尚有餘力者、受二十五畝、半於圭田、謂之餘夫也、受田者、田萊多少、有上中下、周禮曰、餘夫亦如之、亦如上中下之制也、王制曰、夫圭田無征、謂餘夫圭田、皆不當征賦也、時無圭田餘夫、孟子欲令復古、所以重祭祀、利民之言也、

死徙無出鄉。

死、謂葬死也、徙、謂受土易居于肥磽也、不出其鄉、易爲功也、

鄉田同井。出入相友。守望相助。疾病相扶持。則百姓親睦。

同鄉之田、共井之家、各相營勞也、出入相友、相友耦也、周禮太宰曰、八曰友以任得民、守望相助、助察奸惡也、疾病相扶持、扶持其羸弱、救其困急、皆所以教民相親睦之道、和睦也、

方里而井。井九百畝。其中爲公田。八家皆私百畝。同養公田。公事畢。然後敢治私事。所以別野人也。

方一里者、九百畝之地也、地爲一井、八家各私得百畝、同共養其公田之苗稼、公田八十畝、其餘二十畝以爲廬井宅園圃、家一畝半也、先公後私、遂及我私之義也、則是野人之事、所以別於士伍者也、

此其大略也。若夫潤澤之則在君與子矣。

略、要也、其井田之大要如是也、而加慈惠潤澤之、則在滕君與子、共戮力撫循之也、

有爲神農之言者許行。自楚之滕。踵門而告文公曰。遠方之人聞君行仁政。願受一廛而爲氓。

神農、三皇之君、炎帝神農氏、許、姓、行、名也、治爲神農之道者、踵、至也、廛、居也、自稱遠方之人、願爲氓、氓、野人也、

文公與之處。其徒數十人。皆衣褐。捆屨織席以爲食。

文公與之居處、舍之宅也、其徒、學其業者也、衣褐、貧也、捆、猶叩椓也、織屨欲使堅、故叩之也、賣屨席以供飲食也、

陳良之徒陳相。與其弟辛。負耒耜而自宋之滕。曰。聞君行聖人之政。是亦聖人也。願爲聖人氓。

陳良、儒者也、陳相、良之門徒也、辛、相弟、聖人之政、謂仁政也、

陳相見許行而大悅。盡棄其學而學焉。

棄陳良之儒道、更學許行神農之道也、

陳相見孟子。道許行之言曰。滕君則誠賢君也。雖然未聞道也。

陳相言許行以爲、滕君未達至道也、

賢者與民並耕而食。饔飧而治。今也滕有倉廩府庫。則是厲民而以自養也。惡得賢。

相言許子以爲、古賢君當與民並耕、而各自食其力、饔飧、熟食也、朝曰饔、夕曰飧、當身自具其食、兼治民事耳、今滕賦稅有倉廩府庫之富、是爲厲病其民以自奉養、安得爲賢君乎、三皇之時、質樸無事、故道若此者也、

孟子曰。許子必種粟而後食乎。

問許子必自身種粟、乃食之也、

曰。然。

相曰、然、許子自種之、

許子必織布然後衣乎。

孟子曰、許子自織布、然後衣之乎、

曰。否。許子衣褐。

相曰、不自織布、許子衣褐、以毳織之、若今馬衣也、或曰、褐、枲衣也、一曰、麤布衣也、

許子冠乎。

孟子問相、冠乎、

曰冠。

相曰冠也、

曰奚冠。

孟子問許子何冠也、

曰冠素。

相曰許子冠素、

曰自織之與。曰否。以粟易之。

相言許子以粟易素、

曰許子奚爲不自織。

孟子曰、許子自織素乎、

曰害於耕。

相曰織紡害於耕故不自織也、

曰許子以釜甑爨以鐵耕乎。

爨炊也孟子曰許子寧以釜甑炊食以鐵爲犂用之耕否邪

曰然。

相曰、然用之、

自爲之與。

孟子曰、許子自治鐵陶瓦器邪

曰否。以粟易之。

相曰不自作鐵瓦以粟易之也、

以粟易械器者。不爲厲陶冶。陶冶亦以械器易粟者。豈爲厲農夫哉。且許子何不爲陶冶。舍皆取諸其宮中而用之。何爲紛紛然與百工交易。何許子之不憚煩。

械器之總名也厲病也以粟易器不病陶冶陶冶亦何以爲病農夫乎且許子何爲不自陶冶舍者止也止不肯皆自取之其宮宅中而用之何爲反與百工交易紛紛而爲之煩也、

曰百工之事。固不可耕且爲也。

相曰百工之事固不可耕且爲故交易也、

然則治天下獨可耕且爲與。

孟子言百工各爲其事尚不可得耕且兼之人君自天子以下當治天下政事此反可耕且爲邪欲以窮許行之非滕君不親耕也孟子謂五帝以來有禮義上下之事不可復若三皇之道也言許子不知禮者也、

有大人之事。有小人之事。且一人之身而百工之所爲備。如必自爲而後用之。是率天下而路也。

孟子言人道自有大人之事謂人君行教化也小人之事謂農工商也一人而備百工之所作作之乃得用之者是率導天下人以羸困之路也故曰是率天下而路也、

故曰。或勞心。或勞力。勞心者治人。勞力者治於人。治於人者食人。治人者食於人。天下之通義也。

勞心君也勞力民也君施教以治理之民竭力治公田以奉養其上天下通義所常行者也、

當堯之時天下猶未平洪水橫流氾濫於天下。草木暢茂。禽獸繁殖五穀不登禽獸偪人獸蹄鳥迹之道交於中國。堯獨憂之。舉舜而敷治焉。

遭洪水故天下未平木盛故草木暢茂草木盛故禽獸繁息衆多也登升也五穀不足升用也猛獸之迹當在山林而反交於中國懼害人故堯獨憂念之敷治也書曰禹敷土是言治其土也、

舜使益掌火益烈山澤而焚之禽獸逃匿。

掌主也主火之官猶古之火正也烈熾盛視山澤草木熾者而焚之故禽獸逃匿而奔走遠竄也、

禹疏九河瀹濟漯而注諸海決汝漢排淮泗而注之江然後中

國可得而食也當是時也禹八年於外三過其門而不入雖欲耕得乎。

疏通也瀹治也排壅也於是水害除故中國之地可得耕而食也禹勤事於外八年之中三過其門而不入書曰辛壬癸甲啓呱呱而泣如此寧可得耕也、

后稷教民稼穡樹藝五穀五穀熟而民人育。

棄爲后稷也樹種藝殖也五穀謂稻黍稷麥菽也五穀所以養人也故言民人育也、

人之有道也飽食煖衣逸居而無教則近於禽獸聖人有憂之使契爲司徒教以人倫父子有親君臣有義夫婦有別長幼有序朋友有信。

司徒主人教以人事父父子子君君臣臣夫夫婦婦兄兄弟弟朋友貴信是爲契之所教也、

放勳曰勞之來之匡之直之輔之翼之使自得之又從而振德之。

放勳堯號也遭水逆行其小民放僻邪侈故勞來之匡正直其曲心使自得其本善性然後又從而振其羸窮德恩惠之德也

聖人之憂民如此而暇耕乎。

重喻陳相

堯以不得舜爲己憂舜以不得禹皋陶爲己憂夫以百畝之不易爲己憂者農夫也分人以財謂之惠教人以善謂之忠爲天下得人者謂之仁。

言聖人以不得賢聖之臣爲己憂農夫以百畝不易治爲己憂、

是故以天下與人易爲天下得人難。

爲天下求能治天下者難得也、故言以天下傳與人尚爲易也、

孔子曰大哉堯之爲君惟天爲大惟堯則之蕩蕩乎民無能名焉君哉舜也巍巍乎有天下而不與焉堯舜之治天下豈無所用其心哉亦不用於耕耳。

天道蕩蕩乎大無私生萬物而不知其所由來堯法天故民無能名堯德者也舜得人君之道哉德盛而巍巍乎有天下之位雖貴盛不能與益舜巍巍之德言德之大大於天子位也堯舜蕩蕩巍巍如此但不用心於躬自耕也、

吾聞用夏變夷者未聞變於夷者也。

言以諸夏之禮義、化變蠻夷之人耳、未聞變化於夷蠻之人同其道也、

陳良。楚產也。悅周公仲尼之道。北學於中國。北方之學者。未能或之先也。彼所謂豪傑之士也。子之兄弟。事之數十年。師死而、遂倍之。

陳良生於楚、北遊中國、學者不能有先之也、所謂豪傑過人之士也、子之兄弟、謂陳相陳辛也、數十年師事陳良、良死而倍之、更學於許行、非之也、

昔者孔子沒。三年之外。門人治任將歸。入揖於子貢。相嚮而哭。皆失聲。然後歸。子貢反。築室於場。獨居三年。然後歸。

任、擔也、失聲、悲不能成聲、場、孔子冢上祭祀壇場也、子貢獨於場左右築室、復三年、愼終追遠也、

他日子夏子張子游。以有若似聖人。欲以所事孔子事之。彊曾子。曾子曰。不可。江漢以濯之。秋陽以暴之。皜皜乎不可尚已。

有若之貌似孔子、此三子者、思孔子而不可復見、故欲尊有若以作聖人、朝夕奉事之禮、如事孔子、以慰思也、曾子不肯、以爲聖人之潔白、如濯之江漢、暴之秋陽、秋陽、周之秋、夏之五六月、盛陽也、皜皜、白甚也、何可尚、而乃欲以有若之質於聖人之坐席乎、尊師道、故不肯也、

今也南蠻鴃舌之人。非先王之道。子倍子之師而學之。亦異於曾子矣。吾聞出於幽谷遷于喬木者。未聞下喬木而入于幽谷者。

今此許行、乃南楚蠻夷、其舌之惡、如鴃鳥耳、鴃、博勞鳥也、詩云、七月鳴鴃、應陰而後動者也、許子託於太古、非先聖王堯舜之之道、不務仁義、而欲使君臣並耕、傷害道德、惡如鴃舌、與曾子之心亦異、遠也、人當出深谷、止喬木、今子反下喬木、入於幽谷、

魯頌曰。戎狄是膺。荊舒是懲。周公方且膺之。子是之學。亦爲不善變矣。

詩魯頌閟宮之篇也、膺、擊也、懲、艾也、周家時、擊戎狄之不善者、懲止荊舒之人、使不敢侵陵也、周公常欲擊之、言南蠻之人難用、而子反悅是人而學其道、亦爲不善變更矣、孟子究陳此者、深以責陳相也、

從許子之道。則市賈不貳。國中無僞。雖使五尺之童適市。莫之或欺。布帛長短同。則賈相若。麻縷絲絮輕重同。則賈相若。五穀多寡同。則賈相若。屨大小同。則賈相若。

陳相復爲孟子言如此、使從許子淳樸之道、可使市無二價、不相爲詐、不相欺愚小、大長短謂丈尺、輕重謂斤兩、多寡謂斗石、大小謂尺寸、皆言同價、故曰市無二價者也、

曰。夫物之不齊。物之情也。或相倍蓰。或相什百。或相千萬。子比而同之。是亂天下也。巨屨小屨同賈。人豈爲之哉。從許子之道。相率而爲僞者也。惡能治國家。

孟子曰、夫萬物好醜異賈、精粗異功、其不齊同、乃物之性情也、蓰、五倍也、什、十倍也、至於千萬相倍、譬若和氏之璧、雖與凡玉之璧、尺寸厚薄適等、其價豈可同哉、子欲以大小相比而同之、則使天下有爭亂之道也、巨、粗屨也、小、細屨也、如使同價而賣之、人豈肯作其細哉、時許子教人僞者耳、安能治其國家者也、

墨者夷之。因徐辟而求見孟子。

夷之、治墨家之道者、徐辟、孟子弟子也、求見孟子、欲以辯道也、

孟子曰。吾固願見。今吾尚病。病愈。我且往見。
我常願見之。今值我病。不能見也。病愈將自往見。以辭却之。
夷子不來。他日又求見孟子。
是日夷子聞孟子病故不來。他日復往求見之。
孟子曰。吾今則可以見矣。不直則道不見。我且直之。
告徐子曰。今我可以見夷之矣。不直言之。則儒家聖道不見。我且欲直攻之也。
吾聞夷子墨者。墨之治喪也。以薄爲其道也。夷子思以易天下。豈以爲非是而不貴也。然而夷子葬其親厚。則是以所賤事親也。
我聞夷子爲墨道者。墨者治喪。貴薄而賤厚。夷子欲以此道易天下之化。使從己。豈肯以薄爲非是而不貴之也。始使夷子葬其父母厚也。是以所賤之道事其親也。如其薄也。下言上世不葬者。又可鄙。足以爲戒也。吾欲以此攻之者也。

徐子以告夷子。夷子曰。儒者之道。古之人若保赤子。此言何謂也。之則以爲愛無差等。施由親始。
之。夷子名也。蓋儒家者曰。古之治。即若愛赤子。此何謂乎。之以爲當同其恩愛。無有差次等級親疎也。但施愛之事。先從己親屬始耳。若此。何爲獨非墨道也。
徐子以告孟子。孟子曰。夫夷子。信以爲人之親其兄之子。爲若親其鄰之赤子乎。彼有取爾也。赤子匍匐將入井。非赤子之罪也。
親愛也。夫夷子以爲人愛兄子與愛鄰人之子等耶。彼取赤子將入井。雖他人子亦愛救之。故謂之愛同也。但以赤子無知。故救之耳。夷子必以愛兄之。未盡達人情者也。故曰赤子匍匐將入井。非赤子之罪也。
且天之生物也。使之一本。而夷子二本故也。
天生萬物。各由一本而出。今夷子以他人之親與己親等。是爲二本。故欲同其愛也。
蓋上世嘗有不葬其親者。其親死則舉而委之於壑。
上世未制禮之時。壑。路傍坑壑也。其父母終。舉而委之。棄於壑也。
他日過之。狐狸食之。蠅蚋姑嘬之。其顙有泚。睨而不視。夫泚也。非爲人泚。中心達於面目。蓋歸反虆梩而掩之。掩之誠是也。則孝子仁人之掩其親。亦必有道矣。

嘬。相共食之也。顙。額也。泚。汗出泚泚然也。見其親爲獸蟲所食。形體毀敗。中心慙。故汗泚泚然出於額。非爲他人而慙也。自出其心。聖人緣人心而制禮也。虆梩。籠臿之屬。可以取土者也。而掩之實是其道。則孝子仁人掩其親。亦有道矣。
徐子以告夷子。夷子憮然爲間曰。命之矣。
孟子言是以爲墨家薄葬不合道也。徐子復以告夷子。夷子憮然者。猶悵然也。爲間者。有頃之間也。命之。猶言受命教矣。

孟子卷五終

孟子卷六

漢大常京兆趙岐註

皇明後學東吳金蟠訂

滕文公章句下

陳代曰。不見諸侯宜若小然。今一見之。大則以王。小則以霸。且志曰。枉尺而直尋。宜若可爲也。

陳代孟子弟子也。代見諸侯有來聘請見孟子。孟子有所不見。以爲孟子欲以是爲介。故言此介得無爲狹小乎。如一見之儻得行道。可以輔致霸王乎。志記也。枉尺直尋。欲使孟子屈巳信道。故言宜若可爲也。

孟子曰。昔齊景公田。招虞人以旌。不至。將殺之。

虞人守苑囿之吏也。招之當以皮冠。而以旌。故招之而不至也。

志士不忘在溝壑。勇士不忘喪其元。孔子奚取焉。取非其招不往也。如不待其招而往。何哉。

志士守義者也。君子固窮。故常念死無棺槨。沒溝壑而不恨也。勇士義勇者也。元首也。以義則喪首不顧也。孔子奚取。取守死善道。非禮招巳則不往。言虞人不得其招尚不往。如何君子而不待其招。直事妄見諸侯者何爲也巳。

且夫枉尺而直尋者。以利言也。如以利。則枉尋直尺而利。亦可爲與。

枉尺直尋者。尚可枉大就小。而以要其利也。

昔者趙簡子使王良與嬖奚乘。終日而不獲一禽。嬖奚反命曰。天下之賤工也。

趙簡子晉卿也。王良善御者也。嬖奚簡子幸臣也。以不能得一禽。故反命於簡子。謂王良天下鄙賤之工師也。

或以告王良。良曰。請復之。

聞嬖奚賤之。故請復與乘。

彊而後可。

彊嬖奚乃肯行。

一朝而獲十禽。嬖奚反命曰。天下之良工也。

以一朝得十禽。故謂之良工。

簡子曰。我使掌與女乘。

掌主也。使王良主與女乘。

謂王良。良不可。

王良不肯。

曰。吾爲之範我馳驅。終日不獲一。爲之詭遇。一朝而獲十。

範法也。王良曰。我爲之法度之御。應禮之射。正殺之禽。不能得一。橫而射之曰詭遇。非禮之射。則能獲十。言嬖奚小人也。不習於禮也。

詩云。不失其馳。舍矢如破。我不貫與小人乘。請辭。

詩小雅車攻之篇也。言御者不失其馳驅之法。則射者必中之。順毛而入。順毛而出。一發貫臧。應矢而死者如破矣。此君子之射也。貫習也。我不慣與小人乘。不願掌與嬖奚同乘。故請辭。

御者且羞與射者比。比而得禽獸。雖若丘陵。弗爲也。如枉道而從彼。何也。

孟子引此以喻陳代。云御者尚知羞耻。此射者不欲與比。子如何欲使我枉正道而從彼驕慢諸侯而見之乎、

且子過矣。枉己者。未有能直人者也。

謂陳代之言過謬也。人當以直矯枉耳。已自枉曲。何能正人、

景春曰。公孫衍張儀。豈不誠大丈夫哉。一怒而諸侯懼。安居而天下熄。

景春、孟子時人、爲縱横之術者、公孫衍、魏人也、號爲犀首、常佩五國相印、爲從長秦王之孫、故曰公孫、張儀合從者也、一怒則搆諸侯、使强陵弱、故言懼也、安居不用辭說、則天下兵革熄也、

孟子曰。是焉得爲大丈夫乎。子未學禮乎。丈夫之冠也。父命之。女子之嫁也。母命之。往送之門。戒之曰。往之女家。必敬必戒。無違夫子。以順爲正者。妾婦之道也。

孟子以禮言之、男子之道、當以義正君、女子則當婉順從人耳、男子之冠、則命曰、就爾成德、今此二子、從君順指、行權合從、無輔弼之義、安得爲大丈夫也、

居天下之廣居。立天下之正位。行天下之大道。得志與民由之。不得志獨行其道。富貴不能淫。貧賤不能移。威武不能屈。此之謂大丈夫。

廣居、謂天下也、正位、謂男子純乾正陽之位也、大道、仁義之道也、得志行正、與民共之、不得志隱居獨善其身、守道不回也、淫、亂其心也、移、易其行也、屈、挫其志也、三者不惑、乃可以爲之大丈夫矣、

周霄問曰。古之君子仕乎。

周霄、魏人也、問君子之道當仕否、

孟子曰。仕。傳曰。孔子三月無君。則皇皇如也。出疆必載質。

質臣所以執見君者也、三月、一時也、物變而不佐君化、故皇皇如有所求而不得爾、

公明儀曰。古之人。三月無君則弔。

公明儀賢者也、言古人三月無君則弔、明當仕也、

三月無君則弔。不以急乎。

周霄怪乃弔於三月無君、何其急也、

曰。士之失位也。猶諸侯之失國家也。禮曰。諸侯耕助。以供粢盛。夫人蠶繅。以爲衣服。犧牲不成。粢盛不潔。衣服不備。不敢以祭。惟士無田。則亦不祭。牲殺器皿衣服不備。不敢以祭。則不敢以宴。亦不足弔乎。

諸侯耕助者、躬耕勸率其民、收其藉助、以供粢盛、粢、稷、盛、稻也、夫人親執蠶繅之事、以率女功、衣服、祭服、不成、不實肥腯也、惟絜也、言惟絀祿之士、無圭田者不祭、牲必特殺、故曰殺、皿、所以覆器者也、不祭則不宴、猶喪人、曰不亦可弔乎、

出疆必載質。何也。

周霄問出疆何爲復載質、

曰。士之仕也。猶農夫之耕也。農夫豈爲出疆。舍其耒耜哉。

孟子言仕之爲急若農夫不可不耕、

曰。晉國亦仕國也未嘗聞仕如此其急。仕如此其急也。君子之難仕何也、

魏本晉也、周霄曰、我晉人也、亦仕、而不知其急若此、君子何爲難仕、君子、謂孟子、何爲不急仕也、

曰。丈夫生而願爲之有室。女子生而願爲之有家。父母之心。人皆有之。不待父母之命。媒妁之言。鑽穴隙相窺。踰牆相從。則父母國人皆賤之。

言人不可觸情從欲須禮而行、

古之人未嘗不欲仕也。又惡不由其道。不由其道而往者。與鑽穴隙之類也、

言古之人雖欲仕、如不由其道、亦與鑽穴隙者無異、

彭更問曰。後車數十乘。從者數百人。以傳食於諸侯。不以泰乎。

泰、甚也、彭更孟子弟子、怪孟子徒衆多而傳食於諸侯之國、得無爲甚奢泰者也、

孟子曰。非其道。則一簞食不可受於人。如其道。則舜受堯之天下不以爲泰。子以爲泰乎。

簞、笥也、非其道、一笥之食不可受也、子以舜受堯之天下爲泰乎、

曰。否。士無事而食不可也。

彭更曰、不以舜爲泰也、謂仕無功而虛食人者不可也、

曰。子不通功易事。以羨補不足。則農有餘粟。女有餘布。子如通之。則梓匠輪輿。皆得食於子。

孟子言凡人當通功易事、乃可各以奉其用、梓匠、木工也、輪人輿人作車者也、交易則得食於子之所有矣、周禮攻木之工七、梓匠輪輿見其四、餘羨者也、

於此有人焉。入則孝。出則悌。守先王之道。以待後之學者。而不得食於子。子何尊梓匠輪輿。而輕爲仁義者哉。

入則事親孝、出則敬長悌、悌、順也、守先王之道、上德之士、可以化俗者、若此不得食子之祿、子何尊彼而賤此也、

曰。梓匠輪輿。其志將以求食也。君子之爲道也。其志亦將以求食與。

彭更以爲彼志食、於此亦但志食也、

曰。子何以其志爲哉。其有功於子。可食而食之矣。且子食志乎。食功乎。

孟子言祿以食功、子何食乎、

曰。食志。

彭更以爲當食志也、

曰。有人於此。毀瓦畫墁。其志將以求食也。則子食之乎。

孟子言人但破碎瓦、畫地、則復墁滅之、此無用之爲也、然而其志反欲求食、則可食乎、

曰。否。

彭更曰、不可也、

曰、然則子非食志也、食功也。

孟子曰、如是則子果食功也、非食其志也、

萬章問曰、宋小國也、今將行仁政、齊楚惡而伐之、則如之何。

問宋當如齊楚何也

孟子曰、湯居亳、與葛爲鄰、葛伯放而不祀、湯使人問之曰、何爲不祀、曰、無以供犧牲也、湯使遺之牛羊、葛伯食之、又不以祀、

葛夏諸侯嬴姓之國、放縱無道不祀先祖、

湯又使人問之曰、何爲不祀、曰、無以供粢盛也、湯使亳衆往爲

之耕、老弱饋食、葛伯率其民要其有酒食黍稻者奪之、不授者殺之、有童子以黍肉餉、殺而奪之、書曰、葛伯仇餉、此之謂也。

童子未成人、殺之尤無狀、尚書逸篇文仇怨也、言湯伐葛伯、怨其害此餉也、

爲其殺是童子而征之、四海之内、皆曰、非富天下也、爲匹夫匹婦復讎也、

四海之民皆曰、湯不貪天下富也、爲一夫報仇也、

湯始征、自葛載、十一征而無敵於天下、東面而征西夷怨、南面而征北狄怨、曰、奚爲後我、民之望之、若大旱之望雨也、歸市者弗止、芸者不變、誅其君、弔其民、如時雨降、民大悅、書曰、徯我后、后來其無罰。

載始也、言湯初征自葛始也、十一征而服天下、一說、言當作再字、再十一征、而言湯再征十一國、再十一、凡征二十二國也、書逸篇也、民曰、待我君來、我則無罰矣、歸市不止不以有軍來征故、市者之不行也、不使芸者變休也、

有攸不惟臣、東征、綏厥士女、篚厥玄黃、紹我周王見休、惟臣附于大邑周、其君子實玄黃于篚、以迎其君子、其小人簞食壺漿、以迎其小人、救民於水火之中、取其殘而已矣。

從有攸以下、道周武王伐紂時也、皆尚書逸篇之文也、攸所也、言武王東征、安天下士女、小人各有所執往、無不惟念執臣子之節、篚厥玄黃、謂諸侯執玄三纁二之帛、願見周王、望見休善、使我得附就大邑周家也、其君子小人各有所執以成其類也、言武王之師、救殷民於水火之中、討其殘賊也、

太誓曰、我武惟揚、侵于之疆、則取於殘、殺伐用張、于湯有光。

太誓古尚書百二十篇之時泰誓也、我武王用武之時、惟鷹揚也、侵紂之疆界、則取于殘賊者、以張殺伐之功也、民有簞食壺漿之歡、比於湯伐桀爲有光之美、武王德優前代也、今之尚書泰誓篇後得以充學、故不與古太誓同、諸傳記引泰誓皆古泰誓也、

不行王政云爾、苟行王政、四海之内、皆舉首而望之、欲以爲君、齊楚雖大、何畏焉。

萬章憂宋迫於齊楚、不得行政、故孟子爲陳殷湯周武之事以喻之、誠能行之、天下思以爲君、何畏齊楚之國焉、

孟子謂戴不勝曰、子欲子之王之善與、我明告子。

不勝、宋臣、

有楚大夫於此。欲其子之齊語也。則使齊人傅諸。使楚人傅諸。曰。使齊人傅之。

孟子假喻有楚大夫在此。欲變其子使學齊言。當使齊人傅之。使楚人自傅相之邪。

不勝曰。使齊人

曰。一齊人傅之。衆楚人咻之。雖日撻而求其齊也。不可得矣。引而置之莊嶽之閒數年。雖日撻而求其楚。亦不可得矣。

言使一齊人傅楚。衆楚人咻之。咻之者。讙也。如此雖日撻之欲使齊言。不可得矣。言寡不勝衆也。莊嶽。齊街里名也。多人處之。數年而自齊也。

子謂薛居州善士也。使之居於王所。在於王所者。長幼卑尊。皆薛居州也。王誰與為不善。

孟子曰。不勝常言居州宋之善士也。欲使居於王所。卽使在王所者。小大皆如居州。則王誰與為不善者也。

在王所者。長幼卑尊。皆非薛居州也。王誰與為善。一薛居州。獨如宋王何。

如使在王左右者。皆非居州之疇。王當誰與為善乎。一薛居州。獨如宋王何。而能化之也。周之末世。列國皆僭號自稱王。故曰宋王也。

公孫丑問曰。不見諸侯何義。

丑怪孟子不肯每輒應諸侯之聘。不見之於義謂何也。

孟子曰。古者不為臣不見。

古者不為臣不肯見。不義而富且貴者也。

段干木踰垣而辟之。泄柳閉門而不納。是皆已甚。迫斯可以見矣。

孟子言魏文侯魯繆公有好善之心。而此二人距之太甚。迫窄則可以見之。

陽貨欲見孔子而惡無禮。大夫有賜於士。不得受於其家。則往拜其門。

陽貨魯大夫也。孔子士也。

陽貨瞯孔子之亡也。而饋孔子蒸豚。孔子亦瞯其亡也。而往拜之。當是時。陽貨先。豈得不見。

瞯。視也。陽貨視孔子亡而饋之者。欲使孔子來答。恐其便答拜使人也。孔子瞯其亡者。心不欲見陽貨也。論語曰。饋孔子豚。孟子曰蒸豚。豚非大牲。故用熟饋也。是時陽貨先加禮。豈得不往拜見之哉。

曾子曰。脅肩諂笑。病于夏畦。

脅肩。竦體也。諂笑。強笑也。病。極也。言其意苦勞極甚於仲夏之月治畦灌園之勤也。

子路曰。未同而言。觀其色赧赧然。非由之所知也。

未同志未合也。不可與言而與之言。謂之失言也。觀其色赧赧然。面赤心不正之貌也。由。子路名。子路剛直。故曰非由所知也。

由是觀之。則君子之所養可知已矣。

孟子言由是觀曾子子路之言。以觀君子之所養志可知矣。謂君子養正氣不以入邪也。

戴盈之曰。什一。去關市之征。今茲未能。請輕之。以待來年。然後已。

何如。

戴盈之、宋大夫、問孟子欲使君去關市征稅、復古行什一之賦、今年未能盡去、且使輕之、待來年然後復古、何如、

孟子曰。今有人日攘其鄰之雞者、或告之曰、是非君子之道、曰。請損之、月攘一雞、以待來年、然後已。如知其非義、斯速已矣。何待來年。

攘、取也、取自來之物也、孟子以此爲喻、知攘之惡、當卽止、何可損少、月取一雞、待來年乃止乎、謂盈之之言、若此類者也、

公都子曰。外人皆稱夫子好辯、敢問何也。

公都子、孟子弟子、外人、他人論議者也、好辯、言孟子好與楊墨之徒辯爭、

孟子曰。予豈好辯哉、予不得已也。

曰、我不得已耳、欲救正道、懼爲邪說所亂、故辯之也、

天下之生久矣。一治一亂。當堯之時。水逆行。氾濫於中國。蛇龍居之。民無所定。下者爲巢。上者爲營窟。

天下之生、生民以來也、迭有治亂、非一世、水生蛇龍、水盛則蛇龍居民之地也、民患水避之、故無定居、埤下者於樹上爲巢、猶鳥之巢也、上者、高原之上也、鑿岸而營度之、以爲窟穴而處之、

書曰。洚水警余。洚水者。洪水也。

尚書逸篇文、水逆行、洚洞無涯、故曰洚水也、洪、大也、

使禹治之。禹掘地而注之海。驅蛇龍而放之菹。水由地中行。江淮河漢是也。險阻既遠。鳥獸之害人者消。然後人得平土而居之。

堯使禹治洪水、通九州、故曰掘地而注之海也、菹、澤生草者也、今青州謂澤有草爲菹、水流行於地而去之、民人下高就平土、故遠險阻也、水去故鳥獸害人者消盡也、

堯舜既沒。聖人之道衰。暴君代作。壞宮室以爲汙池。民無所安息。棄田以爲園囿。使民不得衣食。邪說暴行又作。園囿汙池沛澤多而禽獸至。

暴、亂也、亂君更興、殘壞民室屋、以其處爲汙池、棄五穀之田以爲園囿、長逸遊而棄本業、使民不得衣食、有饑寒並至之厄、其小人則放辟邪侈、故作邪僞之說、爲姦宄之行、沛、草木之所生也、澤、水也、至、衆也、田疇不墾、故禽獸衆多、謂羿桀之時也、

及紂之身。天下又大亂。周公相武王。誅紂伐奄。三年討其君。驅飛廉於海隅而戮之。滅國者五十。驅虎豹犀象而遠之。天下大悅。

奄、東方無道國、武王伐紂、至於孟津、還歸二年、復伐、前後三年也、飛廉、紂諛臣、驅之海隅而戮之、猶舜放四罪也、滅與紂共爲亂政者五十國也、奄、大國、故特伐之、尚書多方曰、王來自奄、

書曰。丕顯哉文王謨。丕承哉武王烈。佑啓我後人。咸以正無缺。

書、尚書逸篇也、丕、大、顯、明、承、纘、烈、光也、言文王大顯明王道、武王大纘承夫光烈、佑開後人、謂成康皆行正道、無虧缺也、此周公輔相以撥亂之功也、

世衰道微。邪說暴行有作。臣弑其君者有之。子弑其父者有之。

孔子懼。作春秋。春秋。天子之事也。是故孔子曰。知我者其惟春

秋乎。罪我者其惟春秋乎。

世衰道微周衰之時也孔子懼正道遂滅故作春秋因魯史記設素王之法謂天子之事也知我者謂我正綱紀也罪我者謂時人見彈貶者言孔子以春秋撥亂也

聖王不作。諸侯放恣。處士横議。楊朱墨翟之言盈天下。天下之言。不歸楊則歸墨。楊氏為我。是無君也。墨氏兼愛。是無父也。無父無君。是禽獸也。

言孔子之後聖王之道不興戰國縱横布衣處士游說以干諸侯若楊墨之徒無尊異君父之義而以横議於世也

公明儀曰。庖有肥肉。廄有肥馬。民有饑色。野有餓莩。此率獸而食人也。

公明儀魯賢人言人君何崇庖厨養犬馬不恤民是為率禽獸而食人也

楊墨之道不息。孔子之道不著。是邪說誣民。充塞仁義也。仁義充塞。則率獸食人。人將相食。

言仁義塞則邪說行獸食人則人相食此亂之甚也

吾為此懼。閑先聖之道。距楊墨。放淫辭。邪說者不得作。

閑習也淫放也孟子言我懼聖人之道不著為邪說所乘故習聖人之道以距之

作於其心。害於其事。作於其事。害於其政。聖人復起。不易吾言矣。

說與上篇同

昔者禹抑洪水而天下平。周公兼夷狄驅猛獸而百姓寧。孔子成春秋而亂臣賊子懼。

抑治也周公兼懷夷狄之人驅害人之猛獸也言亂臣賊子懼春秋之貶責也

詩云。戎狄是膺。荊舒是懲。則莫我敢承。

此詩已見上篇說

無父無君。是周公所膺也。

是周公所欲伐擊也

我亦欲正人心。息邪說。距詖行。放淫辭。以承三聖者。豈好辯哉。予不得已也。

孟子言我亦欲正人心距詖行以奉禹周公孔子也不得已而與人辯耳豈好之哉

能言距楊墨者。聖人之徒也。

孟子自謂能距楊墨也徒黨也可以繼聖人之道謂名世者也故曰聖人之徒也

匡章曰。陳仲子豈不誠廉士哉。居於陵。三日不食。耳無聞。目無見也。井上有李。螬食實者過半矣。匍匐往將食之。三咽。然後耳有聞。目有見。

匡章齊人也陳仲子齊一介之士窮不苟求者是以絶糧而餓也螬蟲也李實有蟲食之過半言仲子目不能擇也

孟子曰。於齊國之士。吾必以仲子為巨擘焉。雖然。仲子惡能廉。充仲子之操。則蚓而後可者也。夫蚓。上食槁壤。下飲黄泉。

巨擘，大指也。比於齊國之士，吾必以仲子爲指中大者耳，非大器也。蚓，丘蚓之蟲也。充滿其操行，似蚓而可行者也。蚓食土飲泉，極廉矣。然無心無識，仲子不知仁義，苟守一介，亦猶蚓也。

仲子所居之室，伯夷之所築與，抑亦盜跖之所築與。所食之粟，伯夷之所樹與，抑亦盜跖之所樹與。是未可知也。

孟子問匡章，仲子豈能必使伯夷之徒築室樹粟，乃居食之邪，抑亦得盜跖之徒使作，是殆未可知也。

曰：是何傷哉。彼身織屨，妻辟纑，以易之也。

匡章曰：惡人作之，何傷哉。彼仲子身自織屨，妻緝纑以易食宅耳。緝績其麻曰辟，練其麻曰纑，故云辟纑。

曰：仲子，齊之世家也。兄戴，蓋祿萬鍾。以兄之祿爲不義之祿而不食也，以兄之室爲不義之室而不居也，避兄離母，處於於陵。

孟子言仲子，齊之世卿大夫之家，兄名戴，爲齊卿，食采於蓋，祿萬鍾。仲子以爲事非其君，行非其道，以居富貴，故不義之，竄於於陵也。

他日歸，則有饋其兄生鵝者，己頻顣曰：惡用是鶂鶂者爲哉。

他日，異日也。歸省其母，見兄受人之鵝而非之，己，仲子也。頻顣不悅，曰安用是鶂鶂者爲乎。鶂鶂，鵝鳴聲。

他日，其母殺是鵝也，與之食之。其兄自外至，曰：是鶂鶂之肉也。出而哇之。以母則不食，以妻則食之；以兄之室則弗居，以於陵則居之。是尚爲能充其類也乎。若仲子者，蚓而後充其操者也。

異日，母食以鵝，不知是前所頻顣者也。兄疾之，告曰：是鶂鶂之肉也。仲子出門而哇吐之。孟子非其不食於母而食妻所作之，不居兄室而居於於陵人所築室也。是尚能充人類乎。如蚓之性，然後可以充其操也。是以孟子喻以丘蚓，而比諸巨擘而已。

孟子 卷六 滕文公 十五 永懷堂

孟子卷六終

孟子 卷六 十六 永懷堂

孟子卷七

漢太常京兆趙　岐註
皇明後學東吳金　蟠訂

離婁章句上

離婁者、古之明目者、蓋以爲黃帝之時人也、黃帝亡其玄珠、使離朱索之、離朱卽離婁也、能視於百步之外、見秋毫之末、然必須規矩乃成方圓、猶論語述而不作、信而好古、故以名篇、

孟子曰、離婁之明、公輸子之巧、不以規矩、不能成方員。

公輸子、魯班、魯之巧人也、或以爲魯昭公之子、雖天下至巧、亦猶須規矩也、

師曠之聰、不以六律、不能正五音、

師曠、晉平公之樂大師也、其聽至聰、不用六律、不能正五音、六律、陽律、太蔟、姑洗、蕤賓、夷則、無射、黃鍾也、五音、宮商角徵羽也、

堯舜之道、不以仁政、不能平治天下。

當行仁恩之政、天下乃可平也、

今有仁心仁聞、而民不被其澤、不可法於後世者、不行先王之道也。

仁心、性仁也、仁聞、仁聲遠聞也、雖然、猶須行先王之道、使百姓被澤、乃可爲後世之法也、

故曰、徒善不足以爲政、徒法不能以自行。

但有善心而不行之、不足以爲政、但有善法度而不施之、法度亦不能獨自行也、

詩云、不愆不忘、率由舊章、遵先王之法而過者、未之有也。

詩大雅假樂之篇、愆過也、所行不過差矣、不可忘者、以其循用舊故文章、遵用先王之法度、未聞有過者也、

聖人既竭目力焉、繼之以規矩準繩、以爲方圓平直、不可勝用也。

盡已目力、續以其四者、方圓平直、可得而審知、故用之不可勝極也、

既竭耳力焉、繼之以六律、正五音、不可勝用也。

音須律而正也、

既竭心思焉、繼之以不忍人之政、而仁覆天下矣。

盡心欲行恩、繼以不忍加惡於人之政、則天下被覆衣之仁也、

故曰、爲高必因丘陵、爲下必因川澤、爲政不因先王之道、可謂智乎。

言因自然、則用力少而成功多矣、

是以惟仁者宜在高位、不仁而在高位、是播其惡於衆也。

仁者能由先王之道、不仁逆道、則自播揚其惡於衆人也、

上無道揆也、下無法守也、朝不信道、工不信度、君子犯義、小人犯刑、國之所存者幸也。

言君無道術可以揆度天意、臣無法度可以守職奉命、朝廷之士、不信道德、百工之作、不信度量、君子觸義之所禁、謂學士當行君子之道也、小人觸刑、愚人罹於密網也、此亡國之政、然而國存者、僥倖耳、非其道也、

故曰、城郭不完、兵甲不多、非國之災也、田野不辟、貨財不聚、非

國之害也。上無禮，下無學，賊民興，喪無日矣。

言君不知禮，臣不學法度，無以相檢制，則賊民興亡在朝夕，無復有期，是言國無禮義必亡。

詩曰：天之方蹶，無然泄泄。泄泄猶沓沓也。事君無義，進退無禮，言則非先王之道者，猶沓沓也。

詩大雅板之篇，天謂王者，蹶，動也。言天方動汝，無然沓沓，但爲非義非禮，背先王之道而不相匡正也。

故曰：責難於君謂之恭，陳善閉邪謂之敬，吾君不能謂之賊。

人臣之道，當進君於善，責難爲之事，使君爲敬，謂行堯舜之仁，是爲恭臣。陳善法以禁閉君之邪心，是勉之君，言吾君不肖，不能行善，因不諫正，此爲賊其君也。故有恭敬賊三者之義。

孟子曰：規矩，方員之至也；聖人，人倫之至也。

至，極也。人事之善者莫大取法於聖人，猶方員須規矩也。

欲爲君，盡君道；欲爲臣，盡臣道。二者皆法堯舜而已矣。

堯舜之爲君臣道備。

不以舜之所以事堯事君，不敬其君者也；不以堯之所以治民治民，賊其民者也。

言舜之事堯，敬之至也；堯之治民，愛之盡也。

孔子曰：道二，仁與不仁而已矣。暴其民甚，則身弒國亡；不甚，則身危國削，名之曰幽厲，雖孝子慈孫，百世不能改也。

仁則國安，不仁則國危亡，甚謂桀紂，不甚謂幽厲。厲王流於彘，幽王滅於戲，可謂身危國削矣。名之謂謚之也。謚以幽厲，以章其惡，百世傳之，孝子慈孫何能改也。

詩云：殷鑒不遠，在夏后之世。此之謂也。

詩大雅蕩之篇也。殷之所鑒視，近在夏后之世矣。以前代善惡爲明鏡也，欲使周亦鑒于殷之所以亡也。

孟子曰：三代之得天下也以仁，其失天下也以不仁。國之所以廢興存亡者亦然。

三代，夏商周。國謂公侯之國，存亡在仁與不仁而已。

天子不仁，不保四海；諸侯不仁，不保社稷；卿大夫不仁，不保宗廟；士庶人不仁，不保四體。今惡死亡而樂不仁，是由惡醉而强酒。

保，安也。四體，身之四肢。强酒則必醉也。喻惡亡而樂不仁也。

孟子曰：愛人不親，反其仁；治人不治，反其智；禮人不荅，反其敬。行有不得者，皆反求諸己，其身正而天下歸之。

反其仁，己仁獨未至邪；反其智，己智猶未足耶；反其敬，己敬獨未恭邪。反求諸身，身已正，則天下歸就之，服其德也。

詩云：永言配命，自求多福。

此詩已見上篇，其義同。

孟子曰：人有恒言，皆曰天下國家。

恒，常也。人之常語也。天下謂天子之所主，國謂諸侯之國，家謂卿大夫家。

天下之本在國，國之本在家，家之本在身。

治天下者不得良諸侯無以爲本治其國者不得良卿大夫無以爲本治其家者不得良身無以爲本也是則本正則立本傾則踣固在所敬愼而已

孟子曰爲政不難不得罪於巨室

巨室大家也謂賢卿大夫之家人所則効者言不難者但不使巨室罪之則善也

巨室之所慕一國慕之一國之所慕天下慕之故沛然德教溢乎四海

慕思也賢卿大夫一國思隨其所善惡一國思其善政則天下思以爲君矣沛然大治德教可以滿溢於四海之內也

孟子曰天下有道小德役大德小賢役大賢天下無道小役大弱役強斯二者天也順天者存逆天者亡

有道之世小德小賢樂爲大德大賢役服於賢德也無道之時小國弱國畏懼而役於大國強國也此二者天時所遭也當順從之不當逆也

齊景公曰既不能令又不受命是絕物也涕出而女於吳

齊景公齊侯景諡也言諸侯既不能令告鄰國使之進退又不能事大國往受教是所以自絕於物物事也大國不與之通朝聘之事也吳蠻夷也時爲強國故齊侯畏而恥之泣涕而與爲婚

今也小國師大國而恥受命焉是猶弟子而恥受命於先師也

今小國以大國爲師學法度焉而恥受命教不從其進退譬猶弟子不從師也

如恥之莫若師文王師文王大國五年小國七年必爲政於天下矣

文王行仁政以移殷民之心使皆就之今師效文王大國不過五年小國七年必得政於天下矣文王時難故百年乃洽今之時易文王由百里起今大國乃踰千里過之十倍有餘故五年足以爲政小國美之故七年

詩云商之孫子其麗不億上帝既命侯于周服侯服于周天命靡常殷士膚敏祼將于京

詩大雅文王之篇麗億數也言殷帝之子孫其數雖不但億萬人天既命之惟服於周殷之美士執祼鬯之禮將事於京師若微子者膚大敏達也此天命之無常也

孔子曰仁不可爲衆也夫國君好仁天下無敵

孔子云行仁者天下之衆不能當也諸侯有好仁者天下無敢與之爲敵

今也欲無敵於天下而不以仁是猶執熱而不以濯也詩云誰能執熱逝不以濯

詩大雅桑柔之篇誰能持熱而不以水濯其手喻其爲國誰能違仁而無敵於天下也

孟子曰不仁者可與言哉安其危而利其菑樂其所以亡者不仁而可與言則何亡國敗家之有有孺子歌曰滄浪之水清兮可以濯我纓滄浪之水濁兮可以濯我足孔子曰小子聽之清斯濯纓濁斯濯足矣自取之也夫人必自侮然後人侮之家必自毁然後人毁之國必自伐然後人伐之太甲曰天作孽猶可違自作孽不可活此之謂也

孟子曰桀紂之失天下也失其民也失其民者失其心也

失其民之心則天下畔之簞食壺漿以迎武王之師是也、

得天下有道。得其民。斯得天下矣。得其民有道。得其心。斯得民矣。得其心有道。所欲與之聚之。所惡勿施爾也。

欲得民心聚其所欲而與之、爾近也、勿施行其所惡使民近則民心可得矣、

民之歸仁也。猶水之就下。獸之走壙也。故爲淵歐魚者。獺也。爲叢歐爵者。鸇也。爲湯武歐民者。桀與紂也。今天下之君有好仁者。則諸侯皆爲之歐矣。雖欲無王。不可得已。

民之思明君、猶水樂卑下、獸樂廣野、歐之則歸其所樂、獺、獱也、鸇、土鶻也、故云諸侯好爲仁者、歐民若此也、湯武行之矣、如有則之者、雖欲不王、不可得也、

今之欲王者。猶七年之病。求三年之艾也。苟爲不畜。終身不得。苟不志於仁。終身憂辱。以陷於死亡。

今之諸侯欲行王道而不積其德、如至七年病、而卻求三年時艾、當畜之乃可得以三年、時不畜藏之、至七年欲卒求之、何可得乎、艾可以爲灸人病、乾久益善、故以爲喻、志仁者亦久行之、不行之則憂辱以陷死亡、桀紂是也、

詩云。其何能淑。載胥及溺。此之謂也。

詩大雅桑柔之篇、淑善也、載辭也、胥相也、刺時君臣何能爲善乎、但相與爲沉溺之道也、

孟子曰。自暴者。不可與有言也。自棄者。不可與有爲也。言非禮義。謂之自暴也。吾身不能居仁由義。謂之自棄也。

言人尚自暴自棄、何可與有言有爲、

仁。人之安宅也。義。人之正路也。曠安宅而弗居。舍正路而不由。哀哉。

曠空、舍縱、哀傷也、弗由居是者、是可哀傷也

孟子曰。道在邇而求諸遠。事在易而求之難。人人親其親。長其長。而天下平。

邇、近也、道在近、而患人求之遠也、事在易、而患人求之難也、謂不親其親、以事其長、故其事遠而難也、

孟子曰。居下位而不獲於上。民不可得而治也。獲於上有道。不信於友。弗獲於上矣。信於友有道。事親弗悅。弗信於友矣。悅親有道。反身不誠。不悅於親矣。誠身有道。不明乎善。不誠其身矣。

言人求上之意、先從己始、本之於心、心不正而得人意者、未之有也

是故誠者。天之道也。思誠者。人之道也。至誠而不動者。未之有也。不誠。未有能動者也。

授人誠善之性者、天也、思行其誠以奉天者、人也、至誠則動金石、不誠則鳥獸不可親狎、故曰不誠未有能動者也、

孟子曰。伯夷辟紂。居北海之濱。聞文王作。興曰。盍歸乎來。吾聞西伯善養老者。

伯夷讓國、遭紂之世、辟之隱遁北海之濱、聞文王起興王道、盍歸乎來歸周也、

太公辟紂。居東海之濱。聞文王作。興曰。盍歸乎來。吾聞西伯善養老者。

太公呂望也亦辟紂世隱居東海曰聞西伯養老二人皆老矣往歸文王也

二老者天下之大老也而歸之是天下之父歸之也天下之父歸之其子焉往。

此二老猶天下之父也其餘皆天下之子耳子當隨父二父往矣子將安如言皆歸往也

諸侯有行文王之政者七年之內必為政於天下矣。

今之諸侯如有能行文王之政者七年之間必足以為政矣天以七紀故云七年文王時難故久衰周時易故速也上章言大國五年者大國地廣人衆易以行善故五年足以行善也

孟子曰求也為季氏宰無能改於其德而賦粟倍他日孔子曰求非我徒也小子鳴鼓而攻之可也。

求孔子弟子冉求季氏魯卿季康子宰家臣小子弟子也孔子以冉求不能改季氏使從善爲之多斂賦粟故欲使弟子鳴鼓以聲其罪而攻伐責讓之曰求非我徒疾之也

由此觀之君不行仁政而富之皆棄於孔子者也況於為之強戰爭地以戰殺人盈野爭城以戰殺人盈城此所謂率土地而食人肉罪不容於死

孔子棄富不仁之君者況於爭城爭地而殺人滿之乎此若率土地使食人肉也言其罪大死刑不足以容之

故善戰者服上刑連諸侯者次之辟草萊任土地者次之。

孟子言天道重生戰者殺人故使善戰者服上刑重刑也連諸侯合從者也罪次善戰者辟草萊任土地不務修德而富國者罪次合從連橫之人也

孟子曰存乎人者莫良於眸子眸子不能掩其惡

眸子瞳子也存人存在人之善心也

胸中正則眸子瞭焉胸中不正則眸子眊焉。

瞭明也眊者蒙蒙目不明之貌

聽其言也觀其眸子人焉廋哉。

廋匿也聽言察目言正視端人情可見安可匿之哉

孟子曰恭者不侮人儉者不奪人侮奪人之君惟恐不順焉惡得為恭儉。

為恭敬者不侮慢人為廉儉者不奪取人有好侮奪人之君有貪陵之性恐人不順從其所欲安得為恭儉之行也

恭儉豈可以聲音笑貌為哉。

恭儉之人儼然無欲自取其名豈可以和聲音笑貌强為之哉

淳于髡曰男女授受不親禮與。

淳于髡齊人也問禮男女不相親授

孟子曰禮也。

禮不親授

曰嫂溺則援之以手乎。

髡曰見嫂溺水則當以手牽援之否邪

曰嫂溺不援是豺狼也。

孟子曰人見嫂溺不援出是爲豺狼之心也、

男女授受不親禮也嫂溺援之以手者權也

孟子告髠曰此權此權者反經而善也、

曰今天下溺矣夫子之不援何也

髠曰天下之道溺矣夫子何不援之乎、

曰天下溺援之以道嫂溺援之以手子欲手援天下乎

孟子曰當以道援天下而道不得行子欲使我以手援天下乎、

公孫丑曰君子之不教子何也

問父子不親教何也、

孟子曰勢不行也教者必以正以正不行繼之以怒繼之以怒則反夷矣夫子教我以正夫子未出於正也則是父子相夷也父子相夷則惡矣

父親教子其勢不行教以正道而不能行則責怒之夷傷也父子相責怒則傷義矣一說云父子反自相非若夷狄也子之心責於父云夫子教我以正道而夫子之身未必自行正道也執此意則爲反夷矣故曰惡也、

古者易子而教之父子之閒不責善責善則離離則不祥莫大焉

易子而教不欲自相責以善也父子之恩離則不祥莫大焉、

孟子曰事孰爲大事親爲大守孰爲大守身爲大不失其身而能事其親者吾聞之矣失其身而能事其親者吾未之聞也

事親養親也守身使不陷於不義也失不義則何能事父母乎、

孰不爲事事親事之本也孰不爲守守身守之本也

先本後末事守乃立也、

曾子養曾皙必有酒肉將徹必請所與問有餘必曰有曾皙死曾元養曾子必有酒肉將徹不請所與問有餘曰亡矣將以復進也此所謂養口體者也若曾子則可謂養志也事親若曾子者可也

將徹請所與問曾皙所欲與子孫所愛者也必曰有恐違親意也故曰養志曾元曰無欲以復進曾子也不求親意故曰養口

體也事親之道當如曾子之法乃爲至孝、

孟子曰人不足與適也政不足與閒也惟大人爲能格君心之非

適過也閒非也格正也時皆小人居位不足過責也政教不足復非說獨得大人爲輔臣乃能正君也非法度也、

君仁莫不仁君義莫不義君正莫不正一正君而國定矣

正君之身一國定矣欲使大人正之、

孟子曰有不虞之譽有求全之毀

虞度也言人之行有不虞度其時有名譽而得者若尾生本與婦人期於梁下不度水之卒至遂至沒溺而獲守信之譽求全之毀者陳不瞻將赴君難聞金鼓之聲失氣而死可謂欲求全其節而反有怯弱之毀者也、

孟子曰人之易其言也無責耳矣

人之輕易其言不得失言之咎責也一說人之輕易不肯諫正君者以其不在言責之位者也、

孟子曰人之患在好爲人師

人之所患患於不知已未有可師而好爲人師者乃惑也、

樂正子從於子敖之齊樂正子見孟子

魯人樂正克孟子弟子也從於齊之右師子敖子敖使而之魯樂正子隨之來之齊也孟子在齊樂正子見之也、

孟子曰子亦來見我乎

孟子見其來見遲故云來也、

曰先生何爲出此言也

樂正子曰先生何爲非克而出此言也、

曰子來幾日矣

孟子問子來幾日乎、

曰昔者

克曰昔者來至昔者往也謂數日之間也、

曰昔者則我出此言也不亦宜乎

孟子曰昔者來至而今乃來我出此言亦其宜也孟子重愛樂正子欲亟見之深思望重也、

曰舍館未定

克曰所止舍館未定故不即來也館客舍、

曰子聞之也舍館定然後求見長者乎

孟子曰子聞見長者之禮當須舍館定乃見之乎、

曰克有罪

樂正子謝過服罪也、

孟子謂樂正子曰子之從於子敖來徒餔啜也我不意子學古之道而以餔啜也

子敖齊之貴人右師王驩者也學而不行其道徒食飲而已謂之餔啜也樂正子本學古聖人之道而今隨從貴人無所匡正故言不意子但餔啜也、

孟子曰不孝有三無後爲大

於禮有不孝者三事謂阿意曲從陷親不義一不孝也家窮親老不爲祿仕二不孝也不娶無子絕先祖祀三不孝也三者之中無後爲大、

舜不告而娶爲無後也君子以爲猶告也

舜懼無後故不告而娶君子知舜告焉不得而娶娶而告父母禮也舜不以告權也故曰猶告與告同也、

孟子曰仁之實事親是也義之實從兄是也智之實知斯二者弗去是也

孝悌有實事親從兄仁義之實也知仁義所用而不去之則智之實也、

禮之實節文斯二者是也樂之實樂斯二者

禮義之實節文事親從兄使不失其節而文其禮敬之容故中心樂之也、

樂則生矣生則惡可已也惡可已則不知足之蹈之手之舞之也。

樂此事親從兄出於中心則樂生其中矣樂生之至安可已也豈能自覺足蹈節手舞曲哉、

孟子曰天下大悅而將歸己視天下悅而歸己猶草芥也惟舜爲然。

舜不以天下將歸己爲樂號泣于天、

不得乎親不可以爲人不順乎親不可以爲子舜盡事親之道而瞽瞍厎豫瞽瞍厎豫而天下化瞽瞍厎豫而天下之爲父子者定此之謂大孝。

舜以不順親意是非人子厎致也豫樂也瞽瞍頑父也盡其孝道而頑父致樂使天下化之爲父子之道者定也、

孟子卷七終

孟子卷八

漢太常京兆趙　岐註
皇明後學東吳金　蟠訂

離婁章句下

孟子曰舜生於諸馮遷於負夏卒於鳴條東夷之人也。

生始卒終記終始也諸馮負夏鳴條皆地名也負海也在東方夷服之地故曰東夷之人也、

文王生於岐周卒於畢郢西夷之人也。

岐周畢郢地名也岐山下周之舊邑近畎夷畎夷在西故曰西夷之人也書曰太子發上祭于畢下至于盟津畢文王墓近於酆鎬之地、

地之相去也千有餘里世之相後也千有餘歲得志行乎中國若合符節先聖後聖其揆一也。

土地相去千有餘里千里以外也舜至文王千二百歲得志行政於中國謂王也如合符節節玉節也周禮有六節揆度也言聖人之度量同也、

子產聽鄭國之政以其乘輿濟人於溱洧。

子產鄭卿爲政聽訟也溱洧水名見人有冬涉者仁心不忍以其乘車度之也、

孟子曰惠而不知爲政歲十一月徒杠成十二月輿梁成民未病涉也。

以爲子產有惠民之心而不知爲政當以時修橋梁民何由苦涉水乎周十月夏九月可以成涉度之功周十一月夏十月

可以成輿梁也、

君子平其政行辟人可也焉得人人而濟之故爲政者每人而悅之日亦不足矣。

君子爲國家平治政事刑法使無違失其道辟除人使卑辟尊可爲也安得人人濟渡於水乎每人而悅之欲自加恩以悅其意則日力不足以足之也、

孟子告齊宣王曰君之視臣如手足則臣視君如腹心君之視臣如犬馬則臣視君如國人君之視臣如土芥則臣視君如寇讎

芥草芥也臣緣君恩以爲差等其心所執若是也、

王曰禮爲舊君有服何如斯可爲服矣

宣王問禮舊臣爲舊君服喪服問君恩何如則可以爲服、

曰諫行言聽膏澤下於民有故而去則君使人導之出疆又先於其所往去三年不反然後收其田里此之謂三有禮焉如此則爲之服矣。

爲臣之時諫行言從德澤加民若有他故不得不行譬如華元奔晉隨會奔秦是也古之賢君遭此則使人導之出境又先至其所到之國言其賢良三年不反乃收其田里田業也里居也此三者有禮則爲之服矣、

今也爲臣諫則不行言則不聽膏澤不下於民有故而去則君搏執之又極之於其所往去之日遂收其田里此之謂寇讎寇讎何服之有。

搏執其族親也極者惡而困之也遇臣若寇讎何服之有乎、

孟子曰無罪而殺士則大夫可以去無罪而戮民則士可以徙。

惡傷其類視其下等懼次及也語曰鳶鵲蒙害仁鳥增逝此之謂也、

孟子曰君仁莫不仁君義莫不義。

君者一國所瞻仰以爲法政必從之是上爲下則也、

孟子曰非禮之禮非義之義大人弗爲。

若禮而非禮陳質娶婦而長拜之也若義而非義藉交報讎是也此皆大人之所不爲也

孟子曰中也養不中才也養不才故人樂有賢父兄也。

中者履中和之氣所生謂之賢才者是謂人之有俊才者有此賢者當以養育敎誨不能進之以善故樂父兄之賢以養已也

如中也棄不中才也棄不才則賢不肖之相去其間不能以寸。

如使賢者棄愚不養其所以當養則賢亦近愚矣如此賢不肖相覺何能分寸明不可不相訓導也、

孟子曰人有不爲也而後可以有爲。

人不爲苟得乃能有讓千乘之志也、

孟子曰言人之不善當如後患何。

人之有惡惡人言之言之當如後有患難及已乎、

孟子曰仲尼不爲已甚者。

仲尼彈邪以正正斯可矣故不欲爲已甚泰過也孟子所以譏踰牆距門者也、

孟子曰大人者言不必信行不必果惟義所在。

果能也、大人仗義、義有不得必信其言、子爲父隱也、有不能得果行其所欲行者、若親在不得以其身許友也、義或重於信、故曰惟義所在也、

孟子曰。大人者。不失其赤子之心者也。

大人謂君國、君視民當如赤子、不失其民心之謂也、一說曰、赤子嬰兒也、少小之子、專一未變化、人能不失其赤子時心、則爲貞正大人也、

孟子曰。養生者。不足以當大事。惟送死可以當大事。

孝子事親致養、未足以爲大事、送終如禮、則爲能奉大事也、

孟子曰。君子深造之以道。欲其自得之也。

造致也、言君子學問之法、欲深致極竟之以知道意、欲使已得其原本、如性自有之然也、故曰欲其自得之而已、

自得之。則居之安。居之安。則資之深。資之深。則取之左右逢其原。故君子欲其自得之也。

居之安若已所自有也、資取也、取之深、則得其根也、左右取之、在所逢遇、皆知其原本也、故使君子欲其自得之也、

孟子曰。博學而詳說之。將以反說約也。

博廣詳悉也、廣學悉其微言而說之者、將以約說其要意、不盡知則不能妄言之也、是謂廣尋道意、還反於樸說之美者也、

孟子曰。以善服人者。未有能服人者也。以善養人。然後能服天下。天下不心服而王者。未之有也。

以善服人之道治世、謂以威力服人者也、故人不心服、以善養人、養之以仁恩、然後心服矣、若文王治於岐邑是也、天下不心服、何由而王也、

孟子曰。言無實不祥。不祥之實。蔽賢者當之。

凡言皆有實、孝子之實、養親是也、善之實、仁義是也、祥善當直也、不善之實何等也、蔽賢之人、直於不善之實也、

徐子曰。仲尼亟稱於水曰。水哉水哉。何取於水也。

徐子、徐辟也、問仲尼何取於水而稱之也、

孟子曰。源泉混混。不舍晝夜。盈科而後進。放乎四海。有本者如是。是之取爾。

言水不舍晝夜而進、盈滿科坎、放至也、至於四海者、有原本也、以況於事、有本者皆如是、是之取也、

苟爲無本。七八月之間雨集。溝澮皆盈。其涸也。可立而待也。

苟誠也、誠令無本、若周七八月、夏五六月、天之大雨、潦水卒集、大溝小澮皆滿、然其涸也、可立而待之者、以其無本故也、

故聲聞過情。君子恥之。

人無本行、暴得善聲、令聞過其情、若潦水不能久也、故君子恥之、

孟子曰。人之所以異於禽獸者。幾希。庶民去之。君子存之。

幾希無幾也、知義與不知義之間耳、衆民去義、君子存義也、

舜明於庶物。察於人倫。由仁義行。非行仁義也。

倫序、察識也、舜明庶物之情、識人事之序、仁義生於內、由其中而行、非強力行仁義也、故道性善、言必稱於堯舜、但君子存之、庶民去之而不由爾、

孟子曰。禹惡旨酒而好善言。

旨酒、美酒也、儀狄作酒、禹飲而甘之、遂疏儀狄而絕旨酒、書曰、禹拜昌言、

湯執中。立賢無方。

執中正之道、惟賢速立之、不問其從何方來、舉伊尹以爲相也、

文王視民如傷。望道而未之見。

視民如傷者、雍容不動擾也、望道而未至、殷祿未盡、尚有賢臣、道未得至、故望而不致誅於紂也、

武王不泄邇。不忘遠。

泄、狎、邇、近也、不泄狎近賢、不遺忘遠善、近、謂朝臣、遠、謂諸侯也、

周公思兼三王。以施四事。其有不合者。仰而思之。夜以繼日。幸而得之。坐以待旦。

三王、三代之王也、四事、禹湯文武所行之事也、不合已行、有不合者、仰而思之、參諸天也、坐以待旦、言欲急施之也、

孟子曰。王者之迹熄而詩亡。詩亡然後春秋作。

王者、謂聖王也、太平道衰、王迹止熄、頌聲不作、故詩亡、春秋撥亂、作於衰世也、

晉之乘。楚之檮杌。魯之春秋。一也。其事則齊桓晉文。其文則史。

孔子曰。其義則丘竊取之矣。

此三大國史記之異名、乘者、興於田賦乘馬之事、因以爲名、檮杌者、嚚凶之類、興於記惡之戒、因以爲名、春秋以二始舉四時、記萬事之名、其事、則五霸所理也、桓文、五霸之盛者、故舉之、其文、史記之文也、孔子自謂竊取之、以爲素王也、孔子人臣、不受君命、私作之、故言竊、亦聖人之謙辭爾、

孟子曰。君子之澤。五世而斬。小人之澤。五世而斬。予未得爲孔子徒也。予私淑諸人也。

澤者、滋潤之澤、大德大凶、流及後世、自高祖至玄孫、善惡之氣乃斷、故曰五世而斬、予、我也、我未得爲孔子門徒也、淑、善也、我私善之於賢人耳、蓋恨其不得學於大聖人也、

孟子曰。可以取。可以無取。取傷廉。可以與。可以無與。與傷惠。可以死。可以無死。死傷勇。

三者皆謂事可出入、不至違義、但傷此名、亦不陷於惡也、

逢蒙學射於羿。盡羿之道。思天下惟羿爲愈己。於是殺羿。

羿、有窮后羿、逢蒙、羿之家衆也、春秋傳曰、羿將歸自田、家衆殺之、

孟子曰。是亦羿有罪焉。

罪羿不擇人也、故以下事喻之、

公明儀曰。宜若無罪焉。曰。薄乎云爾。惡得無罪。鄭人使子濯孺子侵衛。衛使庾公之斯追之。子濯孺子曰。今日我疾作。不可以執弓。吾死矣夫。

孺子、鄭大夫、庾公、衛大夫、疾作、瘧疾、

問其僕曰。追我者誰也。其僕曰。庾公之斯也。曰。吾生矣。

僕、御也、孺子曰、吾必生矣、

其僕曰。庾公之斯。衛之善射者也。夫子曰吾生。何謂也。曰。庾公之斯學射於尹公之他。尹公之他學射於我。夫尹公之他。端人也。其取友必端矣。

端人用心不邪辟、知我是其道本所出、必不害我也、
庾公之斯至。曰、夫子何為不執弓。曰、今日我疾作、不可以執弓。曰、小人學射於尹公之他、尹公之他學射於夫子、我不忍以夫子之道反害夫子。雖然、今日之事、君事也、我不敢廢、抽矢叩輪、去其金、發乘矢而後反。
庾公之斯至、竟如孺子之所言、而曰我不敢廢君事、故叩輪去鏃、使不害人、乃以射孺子、禮射四發而去、乘四也、詩云四矢反兮、孟子言是以明羿之罪、假使如子濯孺子之得尹公之他而教之、何由有逢蒙之禍乎、
孟子曰、西子蒙不潔、則人皆掩鼻而過之。
西子、古之好女西施也、蒙不潔、以不潔汙巾帽而蒙其頭面、面雖好、以蒙不潔、人過之者、皆自掩鼻、懼聞其臭也、

雖有惡人、齊戒沐浴、則可以祀上帝、
惡人、醜類者也、面雖醜、而齊戒沐浴、自治潔淨、可以侍上帝之祀、言人當自治以仁義、乃為治也、
孟子曰、天下之言性也、則故而已矣、故者以利為本。
今天下之言性、則以故而已矣、以言其故者、以利為本耳、若杞柳為桮棬、非杞柳之性也、
所惡於智者、為其鑿也、
惡人欲用智而妄穿鑿、不順物之性、而改道以養之、
如智者若禹之行水也、則無惡於智矣。禹之行水也、行其所無事也、
禹之用智、決江疏河、因水[illegible]任附地之宜、引之就下、行其空虛無[illegible]之處、
如智者亦行其所無事、則智亦大矣。
如用智者不妄改作、但循理、若禹之行水於無事、則為大智也、
天之高也、星辰之遠也、苟求其故、千歲之日至、可坐而致也。
天雖高、星辰雖遠、誠能推求其故、常千歲日至之日、可坐而致也、星辰日月之會、致至也、知其日至在何日也、
公行子有子之喪、右師往弔。入門、有進而與右師言者、有就右師之位而與右師言者。
公行子、齊大夫也、右師、齊之貴臣王驩、字子敖者、公行之喪、齊卿大夫以君命會、各有位次、故下云朝廷也、與言者皆諂於貴人也、
孟子不與右師言、右師不悅曰、諸君子皆與驩言、孟子獨不與驩言、是簡驩也。

右師謂孟子簡其無德、故不與言、是以不悅也、
孟子聞之曰、禮、朝廷不歷位而相與言、不踰階而相揖也、我欲行禮、子敖以我為簡、不亦異乎。
孟子聞子敖之言、曰、我欲行禮、故不歷位而言、反以我為簡異也、云以禮者、心惡子敖、而外順其辭也、
孟子曰、君子所以異於人者、以其存心也。君子以仁存心、以禮存心。仁者愛人、有禮者敬人。愛人者人恒愛之、敬人者人恒敬之。
存、在也、君子之在心者、仁與禮也、愛敬行於人、人亦必反報之於己也、
有人於此、其待我以橫逆、則君子必自反也、我必不仁也、必無

禮也。此物奚宜至哉。

横逆者、以暴虐之道來加我也、君子反自思省、謂己仁禮不至也、物事也、推此人何爲以此事來加於我也、

其自反而仁矣。自反而有禮矣。其横逆由是也。君子必自反也。我必不忠。

君子自謂我必不忠、

自反而忠矣。其横逆由是也。君子曰。此亦妄人也已矣。如此則與禽獸奚擇哉。於禽獸又何難焉。

妄人妄作之人、無知者、與禽獸何擇異也、無異於禽獸、又何足難矣、

是故君子有終身之憂。無一朝之患也。乃若所憂則有之。舜人

也。我亦人也。舜爲法於天下。可傳於後世。我由未免爲鄉人也。是則可憂也。

君子之憂、憂不如堯舜也、

憂之如何。如舜而已矣。

憂之當如何乎、如舜而後可、故終身憂也、

若夫君子所患則亡矣。非仁無爲也。非禮無行也。如有一朝之患。則君子不患矣。

君子之行、本自不致患、常行仁禮、如有一朝横來之患、非己愆也、故君子歸天、不以爲患也、

禹稷當平世。三過其門而不入。孔子賢之。顏子當亂世。居於陋巷。一簞食。一瓢飲。人不堪其憂。顏子不改其樂。孔子賢之。孟子曰。禹稷顏回同道。禹思天下有溺者。由己溺之也。稷思天下有饑者。由己饑之也。是以如是其急也。禹稷顏子。易地則皆然。

當平世三過其門者、身爲公卿、憂民者也、當亂世安陋巷者、不用於世、窮而樂道者也、孟子以爲憂民之道同、用與不用之宜若是也、故孔子俱賢之、禹稷急民之難若是、顏子與之易地、其心皆然、不在其位、故勞佚異、

今有同室之人鬭者。救之。雖被髮纓冠而救之。可也。鄉有鬭者。被髮纓冠而往救之。則惑也。雖閉戶可也。

纓冠者、以冠纓貫頭也、鄉鄰同鄉也、同室相救、是其理也、喻禹稷、走赴鄉鄰、非其事、顏子所以閉戶而高枕也、

公都子曰。匡章通國皆稱不孝焉。夫子與之遊。又從而禮貌之。敢

問何也。

匡章齊人也、一國皆稱不孝、問孟子何爲與之遊、又禮之以顏色喜悅之貌也、

孟子曰。世俗所謂不孝者五。惰其四支。不顧父母之養。一不孝也。博弈好飲酒。不顧父母之養。二不孝也。好貨財。私妻子。不顧父母之養。三不孝也。從耳目之欲。以爲父母戮。四不孝也。好勇鬭很。以危父母。五不孝也。章子有一於是乎。

惰懈不作、極耳目之欲、以陷罪戮、及父母、凡此五者、人所謂不孝之行、章子豈有一事於此五不孝中也、

夫章子。子父責善而不相遇也。責善。朋友之道也。父子責善。賊恩之大者。

遇得也章子子父親教相責以善不能相得父逐之也朋友切磋乃當責善耳父子相責以善賊恩之大者也

夫章子豈不欲有夫妻子母之屬哉爲得罪於父不得近出妻屏子終身不養焉

夫章子豈不欲身有夫妻之配子有子母之屬哉但以身得罪於父不得近父故出去其妻屏遠其子終身不爲妻子所養也

其設心以爲不若是是則罪之大者是則章子已矣

章子張設其心執持此屏妻子之意以爲得罪於父而不若是以自責罰是則罪益大矣

曾子居武城有越寇或曰寇至盍去諸

盍何不也曾子居武城有越寇將來人曰寇方至何不去之

曰無寓人於我室毀傷其薪木寇退則曰修我牆屋我將反

寓寄也曾子欲去戒其守人曰無寄人於我室恐其傷我薪草樹木也寇退則曰治牆屋之壞者我將來反

寇退曾子反左右曰待先生如此其忠且敬也寇至則先去以爲民望寇退則反殆於不可

左右相與非議曾子者言武城邑大夫敬曾子武城人爲曾子忠謀勸使避寇君臣忠敬如此待先生寇至則先去使百姓瞻望而効之寇退安寧則復來還殆不可如是怪曾子何以行之也

沈猶行曰是非汝所知也昔沈猶有負芻之禍從先生者七十人未有與焉

沈猶行曾子弟子也行謂左右之人曰先生之行非汝所能知也先生曾子也往者先生嘗從門徒七十人舍吾沈猶氏時有作亂者曰負芻來攻沈猶氏先生率弟子去之不與其難言賓師不與臣同耳

子思居於衛有齊寇或曰寇至盍去諸子思曰如伋去君誰與守

伋子思名也子思欲助衛君赴難

孟子曰曾子子思同道曾子師也父兄也子思臣也微也曾子子思易地則皆然

孟子以爲二人同道曾子爲武城人作師則其父兄故去留無毀子思微少也又爲臣委質爲臣當死難故不去也子思與曾子易地皆然

儲子曰王使人瞷夫子果有以異於人乎

儲子齊人也瞷視也果能也謂孟子曰王言賢者身貌必當有異故使人視夫子能有異於衆人之容乎

孟子曰何以異於人哉堯舜與人同耳

人生同受法於天地之形我當何以異於人哉且堯舜之貌與凡人同耳其所以異乃以仁義之道在於內也

齊人有一妻一妾而處室者其良人出則必饜酒肉而後反其妻問所與飲食者則盡富貴也

良人夫也盡富貴者夫詐言其姓名也

其妻告其妾曰良人出則必饜酒肉而後反問其與飲食者盡富貴也而未嘗有顯者來吾將瞷良人之所之也

妻疑其詐故欲視其所之

蚤起施從良人之所之徧國中無與立談者卒之東郭墦間之

祭者，乞其餘，不足，又顧而之他，此其爲饜足之道也。

施者，邪施而行，不欲使良人覺也。墦間，郭外冢間也。乞其餘者，所餘酒肉也。

其妻歸，告其妾曰：良人者，所仰望而終身也，今若此。與其妾訕其良人，而相泣於中庭。

妻妾於中庭悲傷其良人，相對涕泣而謗毀之。

而良人未之知也，施施從外來，驕其妻妾。

施施猶扁扁，喜悅之貌，以爲妻妾不知，如故驕之也。

由君子觀之，則人之所以求富貴利達者，其妻妾不羞也，而不相泣者，幾希矣。

由用也。用君子之道觀之，今求富貴者，皆以枉曲之道，昏夜乞哀而求之，以驕人於白日，此良人爲妻妾所羞而泣傷也。幾希者，言今苟求富貴，妻妾雖不羞泣者，與此良人妻妾何異也。

孟子卷八終

孟子卷九

漢太常京兆趙　岐註
皇明後學東吳金　蟠訂

萬章章句上

萬章者，萬姓，章名，孟子弟子也。萬章問舜孝，猶論語顏淵問仁，因以題其篇也。

萬章問曰：舜往于田，號泣于旻天，何爲其號泣也。

問舜往至于田，何爲號泣也。舜耕于歷山之時也。

孟子曰：怨慕也。

言舜自怨遭父母見惡之厄而思慕也。

萬章曰：父母愛之，喜而不忘；父母惡之，勞而不怨。然則舜怨乎？

言孝法當不怨，如是，舜何故怨。

曰：長息問於公明高曰：舜往于田，則吾既得聞命矣；號泣于旻天，于父母，則吾不知也。公明高曰：是非爾所知也。

長息，公明高弟子；公明高，曾子弟子。旻天，秋天也，幽陰氣也。故訴于旻天，高非息之問，不得其義，故曰非爾所知也已。

夫公明高以孝子之心，爲不若是恝。

恝，無愁之貌。孟子以萬章之問難自距之，故爲言高息之問對如此。夫公明高以爲孝子不得意於父母，自當怨悲，豈可恝恝然無憂哉，因以萬章具陳其意耳。

我竭力耕田，共爲子職而已矣，父母之不我愛，於我何哉。

我共人子之事、而父母不我愛、於我之身獨有何罪哉、自求責於己、而悲感焉、

帝使其子九男二女。百官牛羊倉廩備。以事舜於畎畝之中。

帝、堯也、堯使九子事舜以爲師、以二女妻舜、百官致牛羊、倉廩致粟米之饒、備具饋禮、以奉事舜於畎畝之中、由是遂賜舜以倉廩牛羊、使得自有之、堯典曰、釐降二女、不見九男、孟子時尚書凡百二十篇、逸書有舜典之敘、亡失其文、孟子諸所言舜事、皆堯典及逸書所載、獨丹朱以胤嗣之子、臣下以距堯求禪、其餘八庶無事、故不見于堯典、猶晉獻公之子九人、五人以事見於春秋、其餘四子、亦不復見於經、

天下之士。多就之者。帝將胥天下而遷之焉。爲不順於父母。如窮人無所歸。

天下之善士多就舜而悅之、胥、須也、堯須天下悉治、將遷位而禪之、順愛也、爲不愛於父母、其爲憂愁若困窮之人無所歸往也、

天下之士悅之。人之所欲也。

欲、貪也、

而不足以解憂。好色。人之所欲。妻帝之二女。而不足以解憂。富。人之所欲。富有天下。而不足以解憂。貴。人之所欲。貴爲天子。而不足以解憂。人悅之。好色。富貴。無足以解憂者。惟順於父母。可以解憂。

言爲人所悅、將見禪爲天子、皆不足以解憂、獨見愛於父母、爲可以解己之憂、

人少。則慕父母。知好色。則慕少艾。有妻子。則慕妻子。仕則慕君。

不得於君則熱中。

慕、思慕也、人少年少也、艾、美好也、不得於君、失意於君也、熱中、心熱恐懼也、是乃人之情、

大孝終身慕父母。五十而慕者。予於大舜見之矣。

大孝之人、終身慕父母、若老萊子七十而慕、衣五綵之衣、爲嬰兒匍匐於父母前也、我於大舜、見五十而尚慕父母、書曰、舜生三十徵庸、三十在位、在位時尚慕、故言五十也、

萬章問曰。詩云。娶妻如之何。必告父母。信斯言也。宜莫如舜。舜之不告而娶。何也。

詩齊風南山之篇、言娶妻之禮、必告父母、舜合信此詩之言、何爲違禮不告而娶也、

孟子曰。告則不得娶。男女居室。人之大倫也。如告。則廢人之大

倫。以懟父母。是以不告也。

舜父頑母嚚、常欲害舜、告則不聽其娶、是廢人之大倫、以怨懟於父母也、

萬章曰。舜之不告而娶。則吾既得聞命矣。帝之妻舜而不告。何也。

禮、娶須五禮、父母先答以辭、是相告也、帝、謂堯、何不告舜父母、

曰。帝亦知告焉。則不得妻也。

帝堯知舜大孝、父母止之、舜不敢違、則不得妻之、故亦不告也、

萬章曰。父母使舜完廩。捐階。瞽瞍焚廩。使浚井。出。從而揜之。

完、治、廩、倉、階、梯也、使舜登廩屋、而捐去其階、焚燒其廩也、一說捐階、舜即旋從階下、瞽瞍不知其已下、故焚廩也、使舜浚井、舜

入而即出瞽瞍不知其已出從而揜其井以爲舜死矣、

象曰謨蓋都君咸我績。象舜異母弟也謨謀蓋覆也都於也君舜也舜有牛羊倉廩之奉故謂之君咸皆績功也象言謀覆於君而殺之者皆我之功、欲與父母分舜之有取其善者故引爲已之功也、

牛羊父母倉廩父母。欲以牛羊倉廩與其父母、

干戈朕琴朕弤朕二嫂使治朕棲。干楯戈戟也琴舜所彈五弦琴也弤彫弓也天子曰彫弓堯禪舜天下故賜之彫弓也棲牀也二嫂娥皇女英使治牀欲以爲妻也、

象往入舜宮舜在牀琴。象曰鬱陶思君爾忸怩。象見舜生在牀鼓琴愕然反辭曰我鬱陶思君故來爾辭也忸怩而慙是其情也、

舜曰惟茲臣庶汝其于予治。茲此也象素憎舜不至其宮也故舜見來而喜曰惟念此臣衆汝故助我治事、

不識舜不知象之將殺已與。萬章言我不知舜不知象之將殺已與何爲好言順辭以答象也、

曰奚而不知也象憂亦憂象喜亦喜。奚何也孟子曰舜何爲不知象惡已也仁人愛其弟憂喜隨之象方言思君故以順辭荅之、

曰然則舜僞喜者與。詐僞也萬章言如是則爲舜行至誠而詐喜以悅人矣、

曰否昔者有饋生魚於鄭子產子產使校人畜之池校人烹之反命曰始舍之圉圉焉少則洋洋焉攸然而逝子產曰得其所哉得其所哉。孟子言否云舜不詐喜也因爲說子產以喻之子產鄭子國之子公孫僑大賢人也校人主池沼小吏也圉圉魚在水羸劣之貌洋洋舒緩搖尾之貌攸然迅走趣水深處也故曰得其所哉重言之者嘉得魚之志也、

校人出曰孰謂子產智予既烹而食之曰得其所哉得其所哉。故君子可欺以其方難罔以非其道彼以愛兄之道來故誠信而喜之奚僞焉。方類也君子可以事類欺故子產不知校人之烹其魚象以其愛兄之道來向舜是亦其類也故誠信之而喜何爲僞喜也、

萬章問曰象日以殺舜爲事立爲天子則放之何也。怪舜放之何故、

孟子曰封之也或曰放焉。舜封象於有庳或有人以爲放之、

萬章曰舜流共工于幽州放驩兜于崇山殺三苗于三危殛鯀于羽山四罪而天下咸服誅不仁也象至不仁封之有庳有庳之人奚罪焉仁人固如是乎在他人則誅之在弟則封之。舜誅四佞以其惡也象惡亦甚而封之仁人用心當如是乎罪在他人當誅之在弟則封之、

曰。仁人之於弟也。不藏怒焉。不宿怨焉。親愛之而已矣。親之欲其貴也。愛之欲其富也。封之有庳。富貴之也。身爲天子。弟爲匹夫。可謂親愛之乎。

孟子言仁人於弟、不問善惡、親愛之而已、封者欲使富貴耳、身既已爲天子、弟雖不仁、豈可爲匹夫、

敢問或曰放者何謂也。

萬章問放之意、

曰。象不得有爲於其國。天子使吏治其國。而納其貢稅焉。故謂之放。豈得暴彼民哉。

象不得施教於其國、天子使吏代其治、而納貢賦與之、比諸見放也、有庳雖不得賢君、象亦不侵其民也、

雖然。欲常常而見之。故源源而來。不及貢。以政接於有庳。

雖不使象得豫政事、舜以兄弟之恩、欲常常見之無已、故源源而來、如流水之與源通、不及貢者、不待朝貢諸侯常禮乃來也、其間歲歲自至京師、謂若天子以政事接見有庳之君者、實親親之恩也、

此之謂也。

此常常以下、皆尚書逸篇之辭、孟子以告萬章、言此乃象之謂也、

咸丘蒙問曰。語云。盛德之士。君不得而臣。父不得而子。舜南面而立。堯帥諸侯北面而朝之。瞽瞍亦北面而朝之。舜見瞽瞍。其容有蹙。孔子曰。於斯時也。天下殆哉。岌岌乎。不識此語誠然乎哉。

咸丘蒙、孟子弟子、語者、諺語也、言盛德之士、君不敢臣、父不敢子、堯與瞽瞍皆臣事舜、其容有蹙蹐不自安也、孔子以爲君父爲臣、岌岌乎、不安貌也、故曰殆哉、不知此語實然乎、

孟子曰。否。

言不然也、

此非君子之言。齊東野人之語也。

東野、東作田野之人所言耳、咸丘蒙齊人也、故聞齊野人之言、書曰平秩東作、謂治農事也、

堯老而舜攝也。堯典曰。二十有八載。放勳乃徂落。百姓如喪考妣。三年。四海遏密八音。

孟子言舜攝行事耳、未爲天子也、放勳、堯名、徂落、死也、如喪考妣、思之如父母也、遏、止也、密、無聲也、八音不作、哀思甚也、

孔子曰。天無二日。民無二王。舜既爲天子矣。又帥天下諸侯以

爲堯三年喪。是二天子矣。

日一王一、言不得並也、

咸丘蒙曰。舜之不臣堯。則吾既得聞命矣。

不以堯爲臣也、

詩云。普天之下。莫非王土。率土之濱。莫非王臣。而舜既爲天子矣。敢問瞽瞍之非臣。如何。

詩小雅北山之篇、普、徧、率、循也、徧天下循土之濱、無有非王者之臣、而曰瞽瞍非臣、如何也、

曰。是詩也。非是之謂也。勞於王事。而不得養父母也。曰。此莫非王事。我獨賢勞也。

孟子言此詩非舜臣父之謂也、詩言皆王臣也、何爲獨使我以賢才而勞苦、不得養父母乎、是以怨也、

故說詩者。不以文害辭。不以辭害志。以意逆志。是爲得之。如以辭而已矣。雲漢之詩曰。周餘黎民。靡有孑遺。信斯言也。是周無遺民也。

文、詩之文章所引以興事也、辭、詩人所歌詠之辭、志、詩人志所欲之事、意、學者之心意也、孟子言說詩者當本之、不可以文害其辭、文不顯乃反顯也、不可以辭害其志、辭曰周餘黎民靡有孑遺、志在憂旱災、民無孑然遺脫、不遭旱災者、非無民也、人情不遠、以己之意逆詩人之志、是爲得其實矣、王者有所不臣、不可謂皆爲王臣、謂舜臣其父也、

孝子之至。莫大乎尊親。尊親之至。莫大乎以天下養。爲天子父。尊之至也。以天下養。養之至也。

尊之至、瞽瞍爲天子之父、養之至、舜以天下之富奉養其親、至極也、

詩曰。永言孝思。孝思維則。此之謂也。

詩大雅下武之篇、周武王所以長言孝道、欲以爲天下法則、此舜之謂也、

書曰。祗載見瞽瞍。夔夔齊栗。瞽瞍亦允若。是爲父不得而子也。

書、尚書逸篇、祗、敬、載、事也、夔夔齊栗、敬慎戰懼貌、舜既爲天子、敬事嚴父、戰慄以見瞽瞍、瞍亦信知舜之大孝、若、是爲父不得而子也、以此解咸丘蒙之疑、

萬章曰。堯以天下與舜。有諸。

欲知堯實以天下與舜否、

孟子曰。否。

堯不與之、

天子不能以天下與人。

當與天意合之、非天命者、天子不能違天命也、堯曰咨爾舜、天之歷數在爾躬、是也、

然則舜有天下也。孰與之。

萬章言誰與之也、

曰。天與之。

孟子言天與之、

天與之者。諄諄然命之乎。

萬章言天有聲音命與之乎、

曰。否。天不言。以行與事示之而已矣。

孟子曰、天不言語、但以其人之所行善惡、又以其事從而示天下也、

曰。以行與事示之者如之何。

萬章欲知示之之意、

曰。天子能薦人於天。不能使天與之天下。諸侯能薦人於天子。不能使天子與之諸侯。大夫能薦人於諸侯。不能使諸侯與之大夫。昔者堯薦舜於天而天受之。暴之於民而民受之。故曰天不言。以行與事示之而已矣。

孟子言下能薦人於上、不能令上必用之、舜天人所受、故得天下也

曰敢問薦之於天而天受之暴之於民而民受之如何

萬章言天人受之其事云何

曰使之主祭而百神享之是天受之使之主事而事治百姓安之是民受之也天與之人與之故曰天子不能以天下與人

百神享之祭祀得福也百姓安之民皆謳歌其德也

舜相堯二十有八載非人之所能爲也天也

二十八年之久非人爲也天與之也

堯崩三年之喪畢舜避堯之子於南河之南天下諸侯朝覲者不之堯之子而之舜訟獄者不之堯之子而之舜謳歌者不謳

歌堯之子而謳歌舜故曰天也夫然後之中國踐天子位焉而居堯之宮逼堯之子是篡也非天與也

南河之南遠地南夷也故言然後之中國堯子丹朱訟獄不決其罪故訟之謳歌謳歌舜德也

太誓曰天視自我民視天聽自我民聽此之謂也

太誓尚書篇名自從也言天之視聽從人所欲也

萬章問曰人有言至於禹而德衰不傳於賢而傳於子有諸

問禹之德衰不傳於賢而自傳於子有之否乎

孟子曰否不然也天與賢則與賢天與子則與子

言隨天也

昔者舜薦禹於天十有七年舜崩三年之喪畢禹避舜之子於陽城天下之民從之若堯崩之後不從堯之子而從舜也禹薦益於天七年禹崩三年之喪畢益避禹之子於箕山之陰朝覲訟獄者不之益而之啓曰吾君之子也謳歌者不謳歌益而謳歌啓曰吾君之子也丹朱之不肖舜之子亦不肖舜之相堯禹之相舜也歷年多施澤於民久啓賢能敬承繼禹之道益之相禹也歷年少施澤於民未久

舜薦禹禹薦益同也以啓之賢故天下歸之益又未久故也陽城箕山之陰皆嵩山下深谷之中以藏處也

舜禹益相去久遠其子之賢不肖皆天也非人之所能爲也莫

之爲而爲者天也莫之致而至者命也

莫無也人無所欲爲而横爲之者天使爲也人無欲致此事而此事自至者自其命而已矣故曰命也

匹夫而有天下者德必若舜禹而又有天子薦之者故仲尼不有天下繼世而有天下

仲尼無天子之薦故不得以有天下繼世之君雖無仲尼之德襲父之位非匹夫故得有天下也

天之所廢必若桀紂者也故益伊尹周公不有天下

益值啓之賢伊尹值太甲能改過周公值成王有德不遺桀紂故以匹夫而不有天下

伊尹相湯以王於天下湯崩太丁未立外丙二年仲壬四年太甲顛覆湯之典刑伊尹放之於桐三年太甲悔過自怨自艾於

桐處仁遷義三年。以聽伊尹之訓己也。復歸於亳。

太甲湯之太子。未立而薨。外丙立二年。仲壬立四年。皆太丁之弟也。太甲。太丁子也。伊尹以其顛覆典刑。放之於桐邑處居也。遷徙也。居仁徙義。自怨其惡行。艾治也。治而改過。以聽伊尹之教訓己。故復得歸之於亳。反天子位也。

周公之不有天下。猶益之於夏。伊尹之於殷也。孔子曰。唐虞禪。夏后殷周繼。其義一也。

周公與益伊尹雖有聖賢之德。不遭者時然。孔子言禪繼其義一也

萬章問曰。人有言。伊尹以割烹要湯。有諸。

人言伊尹負鼎俎而干湯。有之否。

孟子曰。否。不然。

否不是也。

伊尹耕於有莘之野。而樂堯舜之道焉。非其義也。非其道也。祿之以天下。弗顧也。繫馬千駟。弗視也。非其義也。非其道也。一介不以與人。一介不以取諸人。

有莘。國名。伊尹初隱之時。耕於有莘之國。樂仁義之道。非仁義之道者。雖以天下之祿加之。不一顧而視也。千駟。四千匹也。雖多不一眄視也。一介草不以與人。亦不以取於人也。

湯使人以幣聘之。囂囂然曰。我何以湯之聘幣爲哉。我豈若處畎畝之中。由是以樂堯舜之道哉。

湯聞其賢。以玄纁之幣帛往聘之。囂囂然。自得之志。無欲之貌也。曰豈若居畎畝之中而無憂哉。樂我堯舜仁義之道。

湯三使往聘之。既而幡然改曰。與我處畎畝之中。由是以樂堯舜之道。吾豈若使是君爲堯舜之君哉。吾豈若使是民爲堯舜之民哉。吾豈若於吾身親見之哉。

幡反也。三聘既至。而後幡然改本之計。欲就湯聘以行其道。使君爲堯舜之君。使民爲堯舜之民。

天之生此民也。使先知覺後知。使先覺覺後覺也。予。天民之先覺者也。予將以斯道覺斯民也。非予覺之而誰也。

覺悟也。天欲使先知之人悟後知之人。我先悟覺者也。我欲以此仁義之道覺悟此未知之民。非我悟之。將誰教乎。

思天下之民。匹夫匹婦有不被堯舜之澤者。若己推而內之溝中。其自任以天下之重如此。故就湯而說之。以伐夏救民。

伊尹思念。不以仁義之道化民者。如己推排內之溝壑中也。自任之重如此。故就湯說之伐夏桀救民之德也。

吾未聞枉己而正人者也。況辱己以正天下者乎。

枉己者。尚不能以正人。況於辱己之身而有正天下者也。

聖人之行不同也。或遠或近。或去或不去。歸潔其身而已矣。

不同。謂所由不同。大要當同歸。但殊塗耳。或遠者處身遠也。或近者仕者近君也。或去者不屑就也。或不去者爾焉能浼我也。歸潔於身不汙己而已。

吾聞其以堯舜之道要湯。未聞以割烹也。

我聞伊尹以仁義干湯。致湯爲王。不聞以割烹牛羊爲道。

伊訓曰。天誅造攻自牧宮。朕載自亳。

伊訓尙書逸篇名、牧宮、桀宮、朕我也、謂湯也、載始也、亳殷都也、言意欲誅伐桀、造作可攻討之罪者、從牧宮桀起、自取之也、湯曰、我始與伊尹謀之於亳、遂順天而誅之也、

萬章問曰、或謂孔子於衞主癰疽、於齊主侍人瘠環、有諸乎。

有人以孔子主於癰疽、癰疽之醫者也、瘠姓環名、侍人也、衞君齊君之所近狎人也、

孟子曰、否、不然也、好事者爲之也。

否不也、不如是也、但好事毀人德行者爲之辭爾、

於衞主顏讎由、彌子之妻、與子路之妻、兄弟也、彌子謂子路曰、孔子主我、衞卿可得也、子路以告、孔子曰、有命、孔子進以禮、退以義、得之不得曰有命、而主癰疽與侍人瘠環、是無義無命也。

顏讎由衞賢大夫、孔子以爲主、彌子、彌子瑕也、因子路欲爲孔子主、孔子知彌子幸於靈公、不以正道、故不納之、而歸於命也、孔子進以禮、退以義、必曰有天命也、若主此二人、是爲無義無命者也、

孔子不悅於魯衞、遭宋桓司馬將要而殺之、微服而過宋、是時孔子當阨、主司城貞子、爲陳侯周臣。

孔子以道不合、不見悅魯衞之君而去、適諸侯、遭宋桓魋之故、乃變更微服而過宋、司城貞子、宋卿也、雖非大賢、亦無諂惡之罪、故諡爲貞子、陳侯周、陳懷公子也、爲楚所滅、故無諡、但曰陳侯周、是時孔子遭阨難、不暇擇大賢臣、而主貞子、爲陳侯周臣也、於衞齊無阨難、何爲主癰疽瘠環者也、

吾聞觀近臣以其所爲主、觀遠臣以其所主、若孔子主癰疽與侍人瘠環、何以爲孔子。

近臣、當爲遠方來賢者爲主、遠臣、自遠而至、當主於在朝之臣賢者、若孔子主於卑幸之臣、是爲凡人耳、何謂孔子得見稱爲聖人乎、

萬章問曰、或曰、百里奚自鬻於秦養牲者、五羊之皮、食牛、以要秦繆公、信乎。

人言百里奚自賣五羖羊皮、爲人養牛、以是而要秦繆之相、實然不、

孟子曰、否、不然、好事者爲之也。

好事、毀敗人之德行者、爲設此言也、

百里奚虞人也、晉人以垂棘之璧、與屈產之乘、假道於虞以伐虢、宮之奇諫。

垂棘美玉所出地名、屈產、地、良馬所生、乘、四馬也、皆晉國之所寶、宮之奇、虞之賢臣、諫之、不欲令虞公受璧馬而假晉道、

百里奚不諫、知虞公之不可諫、而去之秦、年已七十矣、曾不知以食牛干秦繆公之爲汙也、可謂智乎、不可諫而不諫、可謂不智乎、知虞公之將亡而先去之、不可謂不智也、時舉於秦、知繆公之可與有行也而相之、可謂不智乎、相秦而顯其君於天下、可傳於後世、不賢而能之乎。

百里奚知虞公之不可諫而去之秦、年七十而不知食牛干人君之爲汙、是爲不智也、欲言其不智、下有三智、知食牛干秦爲不然也、卒相秦顯其君、不賢之人、豈能如是、言其實賢也、

自鬻以成其君、鄉黨自好者不爲、而謂賢者爲之乎。

人自鬻於汙辱而已輔相成立其君鄉黨邑里自喜好名者尚不肯為也況賢人肯辱身而為之乎

孟子卷九終

孟子卷九終

孟子卷十

漢太常京兆趙　岐註
皇明後學東吳葛　鼒訂

萬章章句下

孟子曰伯夷目不視惡色耳不聽惡聲非其君不事非其民不使治則進亂則退橫政之所出橫民之所止不忍居也思與鄉人處如以朝衣朝冠坐於塗炭也當紂之時居北海之濱以待天下之清也故聞伯夷之風者頑夫廉懦夫有立志孟子反覆言伯夷伊尹柳下惠之德以為足以配於聖人故數章陳之猶詩人有所誦述至於數四蓋其留意者也義見上篇

矣此復言不視惡色謂行不正而有美色者若夏姬之比也耳不聽惡聲謂鄭聲也後世聞其風者頑貪之夫更思廉絜懦弱之人更思有立義之志也

伊尹曰何事非君何使非民治亦進亂亦進曰天之生斯民也使先知覺後知使先覺覺後覺予天民之先覺者也予將以此道覺此民也思天下之民匹夫匹婦有不與被堯舜之澤者如已推而內之溝中其自任以天下之重也說與上同

柳下惠不羞汙君不辭小官進不隱賢必以其道遺佚而不怨阨窮而不憫與鄉人處由由然不忍去也爾為爾我為我雖袒

褐裸裎於我側、爾焉能浼我哉。故聞柳下惠之風者、鄙夫寬、薄夫敦。

鄙狹者更寬優、薄淺者更深厚、

孔子之去齊、接淅而行。去魯、曰遲遲吾行也、去父母國之道也。可以速而速、可以久而久、可以處而處、可以仕而仕、孔子也。

淅、漬米也、不及炊、避惡亟也、魯、父母之國、遲遲不忍去也、是其道也、孔子聖人、故能量時宜動中權也、

孟子曰、伯夷、聖之清者也、伊尹、聖之任者也、柳下惠、聖之和者也、孔子、聖之時者也。孔子之謂集大成。集大成也者、金聲而玉振之也。金聲也者、始條理也。玉振之也者、終條理也。

伯夷清、伊尹任、柳下惠和、皆得聖人之道也、孔子時行則行、時止則止、孔子集先聖之大道、以成己之聖德者也、故能金聲而玉振之、振、揚也、故如金音之有殺、振揚玉音、終始如一也、始條理者、金從革、可治之使條理、終條理者、玉終其聲而不細也、合三德而不撓也、

始條理者、智之事也。終條理者、聖之事也。

智者智理物、聖人終始同、

智譬則巧也、聖譬則力也。由射於百步之外也、其至、爾力也、其中、非爾力也。

智、譬猶人之有技巧也、可學而益之、以聖譬猶力之有多少、自有極限、不可強增、聖人受天性、可庶幾而不可及也、夫射遠而至、爾努力也、其中的者、爾之巧也、思改其手、用巧意、乃能中也、

北宮錡問曰、周室班爵祿也、如之何。

北宮錡、衛人、班、列也、問周家班列爵祿等差謂何、

孟子曰、其詳不可得聞也、諸侯惡其害己也、而皆去其籍。然而軻也嘗聞其略也。

詳、悉也、不可得備知也、諸侯欲恣行、憎惡其法度、妨害己之所為、故滅去典籍、今周禮司祿之官無其職、是則諸侯皆去之、故使不復存也、軻、孟子名也、略、麤也、言嘗聞其大綱如此矣、今考之禮記王制則合也、

天子一位、公一位、侯一位、伯一位、子男同一位、凡五等也。

公謂上公九命、及二王後也、自天子以下、列尊卑之位、凡五等、

君一位、卿一位、大夫一位、上士一位、中士一位、下士一位、凡六等。

諸侯法天子、臣名亦有此六等、從君下至於士、

天子之制、地方千里、公侯皆方百里、伯七十里、子男五十里、凡四等。不能五十里、不達於天子、附於諸侯、曰附庸。

凡此四等、土地之等差也、天子封畿千里、諸侯方百里、象雷震也、小者不能特達於天子、因大國以名通、曰附庸也、

天子之卿受地視侯、大夫受地視伯、元士受地視子男。

視、比也、天子之卿大夫士、所受采地之制、

大國地方百里、君十卿祿、卿祿四大夫、大夫倍上士、上士倍中士、中士倍下士、下士與庶人在官者同祿、祿足以代其耕也。

公侯之國爲大國、卿祿居於君祿十分之一也、大夫祿居於卿祿四分之一也、上士之祿居大夫祿二分之一也、中士下士轉相倍、庶人在官者、未命爲士者也、其祿比上農夫、不得耕、以祿代耕也、

次國地方七十里、君十卿祿、卿祿三大夫、大夫倍上士、上士倍中士、中士倍下士、下士與庶人在官者同祿、祿足以代其耕也。

伯爲次國、大夫祿居卿祿三分之一也、

小國地方五十里、君十卿祿、卿祿二大夫、大夫倍上士、上士倍中士、中士倍下士、下士與庶人在官者同祿、祿足以代其耕也。

子男爲小國、大夫祿居卿祿二分之一也、

耕者之所獲、一夫百畝、百畝之糞、上農夫食九人、上次食八人、

中食七人、中次食六人、下食五人、庶人在官者、其祿以是爲差。

獲、得也、一夫一婦、佃田百畝、百畝之田、加之以糞、是爲上農夫、其所得穀足以食九口、庶人在官者食祿之等差、由農夫有上中下之次、亦有此五等、若今之斗食佐史除吏也、

萬章問曰、敢問友。

問朋友之道也、

孟子曰、不挾長、不挾貴、不挾兄弟而友、友也者、友其德也、不可以有挾也。

長、年長、貴、貴勢、兄弟、兄弟有富貴者、不挾是乃爲友、謂相友以德也、

孟獻子、百乘之家也、有友五人焉、樂正裘、牧仲、其三人則予忘之矣、獻子之與此五人者友也、無獻子之家者也、此五人者、亦有獻子之家、則不與之友矣、

獻子、魯卿孟氏也、有百乘之賦、樂正裘、牧仲、其五人也、皆賢人無位者也、此五人者、自有獻子之家富貴、而復有德、不肯與獻子友也、獻子以其富貴下此五人、五人屈禮而就之也、

非惟百乘之家爲然也、雖小國之君亦有之、費惠公曰、吾與子思則師之矣、吾與顏般則友之矣、王順長息則事我者也。

小國之君、若費惠公者也、王順長息、德不能見師友、故曰事我者也、

非惟小國之君爲然也、雖大國之君亦有之、晉平公於亥唐也、入云則入、坐云則坐、食云則食、雖蔬食菜羹、未嘗不飽、蓋不敢

不飽也、然終於此而已矣。

大國之君、如晉平公者也、亥唐、晉賢人也、隱居陋巷、晉平公嘗往造之、亥唐言入、平公乃入、言坐乃坐、言食乃食也、蔬食、糲食也、不敢不飽、敬賢也、終於此、平公但以此禮下之而已、

弗與共天位也、弗與治天職也、弗與食天祿也、士之尊賢者也、非王公尊賢也。

位職祿皆天之所以授賢者、而平公不與亥唐共之、而但卑身下之、是乃匹夫尊賢者之禮耳、王公尊賢、當與共天職矣、

舜尚見帝、帝館甥於貳室、亦饗舜、迭爲賓主、是天子而友匹夫也。

尚、上也、舜在畎畝之時、堯友禮之、舜上見堯、堯舍之於貳室、貳室、副宮也、堯亦就享舜之所設、更迭爲賓主、禮謂妻父曰外舅、

謂我舅者、吾謂之甥、堯以女妻舜、故謂舜甥、卒與之天位、是天子而友匹夫也、

用下敬上、謂之貴貴、用上敬下、謂之尊賢、貴貴尊賢、其義一也。

下敬上、臣恭於君也、上敬下、君禮於臣也、皆禮所尚、故云其義一也、

萬章曰、敢問交際何心也。

際接也、問交接道、當執何心爲可也、

孟子曰、恭也。

當執恭敬爲心、

曰、卻之卻之爲不恭、何哉。

萬章問、卻不受尊者禮、謂之不恭、何然也、

曰、尊者賜之、曰、其所取之者、義乎、不義乎、而後受之、以是爲不恭、故弗卻也。

孟子曰、今尊者賜己、己問其所取此物、寧以義乎、得無不義、乃後受之、以是爲不恭、故不當問尊者不義而卻之也、

曰、請無以辭卻之、以心卻之、曰、其取諸民之不義也、而以他辭無受不可乎。

萬章曰、請無正以不義之辭卻也、心知其不義、以他辭讓無受之不可邪、

曰、其交也以道、其接也以禮、斯孔子受之矣。

孟子言其來交求己以道理、其接待己有禮者、若斯、孔子受之矣、蓋言其可受之也、

萬章曰、今有禦人於國門之外者、其交也以道、其餽也以禮、斯可受禦與。

禦人、以兵禦人而奪之貨、如是而以禮道來交接己、斯可受乎、

曰、不可、康誥曰、殺越人於貨、閔不畏死、凡民罔不譈、是不待教而誅者也、殷受夏、周受殷、所不辭也、於今爲烈、如之何其受之。

孟子曰、不可受也、康誥、尚書篇名、周公戒成王康叔封、越于者、於也、殺於人、取於貨、閔然不知畏死者、譈殺也、凡民無不得殺之者也、若此之惡、不待君之教命、遭人得討之、三代相傳以此法、不須辭問也、於今爲烈、烈明法、如之何受其餽也、

曰、今之諸侯取之於民也、猶禦也、苟善其禮際矣、斯君子受之、敢問何說也。

萬章曰、今之諸侯賦稅於民、不由其道、履畝強求、猶禦人也、欲善其禮以接君子、君子欲受之、何說也、君子、謂孟子也、

曰、子以爲有王者作、將比今之諸侯而誅之乎、其教之不改而後誅之乎、夫謂非其有而取之者盜也、充類至義之盡也、孔子之仕於魯也、魯人獵較、孔子亦獵較、獵較猶可、而況受其賜乎。

孟子謂萬章曰、子以爲後如有聖人興作、將比地盡誅今之諸侯乎、將教之其不改者乃誅之乎、言必教之、誅其不改者也、殷之衰、亦猶周之末、武王不盡誅殷之諸侯、滅國五十而已、知後王者亦不盡誅也、謂非其有而竊取之者爲盜、充滿至甚也、滿其類、大過至者、但義盡耳、未爲盜也、諸侯本當稅民之類者、今大盡耳、亦不可比於禦、孔子隨魯人之獵較、獵較者、田獵相較、奪禽獸得之以祭、時俗所尚、以爲吉祥、孔子不違而從之、所以小同於世也、獵較尚猶可爲、況受其賜而不可也、

曰、然則孔子之仕也、非事道與。

萬章問孔子之仕、非欲事行其道與、

曰事道也。

孟子曰孔子所仕者欲事行其道、

事道奚獵較也。

萬章曰孔子欲事道如何可獵較也、

曰孔子先簿正祭器。不以四方之食供簿正。

孟子曰孔子仕於衰世、不可卒暴改戾、故以漸正之、先爲簿書、以正其宗廟祭祀之器、卽其舊禮、取備於國中不以四方珍食供其所簿正之器、度珍食難常有、乏絶則爲不敬、故獵較以祭也、

曰奚不去也。

萬章曰孔子不得行道、何爲不去也、

曰爲之兆也。兆足以行矣、而不行。而後去。是以未嘗有所終三年淹也。

兆、始也、孔子每仕常爲之正本造始、欲以次治之、而不見用、占其事治而退、足以行之矣、而君不行也、然後則孔子去矣、終者、竟也、孔子未嘗得竟事一國也、三年淹留而不去者也、

孔子有見行可之仕。有際可之仕。有公養之仕。於季桓子。見行可之仕也。於衛靈公。際可之仕也。於衛孝公。公養之仕也。

行可、冀可行道也、魯卿季桓子秉國之政、孔子仕之、冀可得因之行道也、際、接也、衛靈公接遇孔子以禮、故見之也、衛孝公以國君養賢者之禮養孔子、孔子故宿留以荅之也、

孟子曰。仕非爲貧也。而有時乎爲貧。娶妻非爲養也。而有時乎爲養。

仕本爲行道濟民也、而有以居貧親老而仕者、娶妻本爲繼嗣也、而有以親執釜竈、不擇妻而娶者、

爲貧者。辭尊居卑。辭富居貧、

爲貧之仕、當讓高顯之位、無求重祿、

辭尊居卑。辭富居貧。惡乎宜乎。抱關擊柝。

辭尊富者安所宜也、宜居抱關擊柝監門之職也、柝、門關之木也、擊、椎之也、或曰、柝、行夜所擊木也、傳曰、魯擊柝聞於邾、

孔子嘗爲委吏矣。曰。會計當而已矣。嘗爲乘田矣。曰。牛羊茁壯長而已矣。位卑而言高。罪也。立乎人之本朝。而道不行。恥也。

孔子嘗以貧而祿仕、委吏、主委積倉庾之吏也、不失會計、當直其多少而已、乘田、苑囿之吏也、主六畜之芻牧者也、牛羊茁壯

肥好長大而已、茁茁、生長貌也、詩云、彼茁者葭、位卑不得高言豫朝事、故但稱職而已、立本朝、大道當行、不行爲己之恥、是以君子祿仕者、不處大位、

萬章曰。士之不託諸侯。何也

託、寄也、謂若寄公食祿於所託之國也、

孟子曰。不敢也。諸侯失國。而後託於諸侯。禮也。士之託於諸侯。非禮也。

謂士位輕、本非諸侯敵體、故不敢比失國諸侯、得爲寄公也、

萬章曰。君餽之粟。則受之乎。

士窮而無祿、君餽之粟、則可受之乎、

曰。受之。

孟子曰、受之也、

受之何義也。

萬章曰、受粟何義也、

曰。君之於氓也。固周之。

氓、民也、孟子曰、君之於民、固當周其窮乏、況於士乎、

曰。周之則受。賜之則不受。何也。

萬章言士窮居、周之則受、賜之則不受、何也、周者、謂周急廩貧民之常料也、賜者、謂禮賜橫加也、

曰。不敢也。

孟子曰、士不敢受賜、

曰。敢問其不敢何也。

萬章問何爲不敢、

曰。抱關擊柝者。皆有常職以食於上。無常職而賜於上者。以爲不恭也。

孟子曰、有職事者可食於上祿、士不仕、自以不任職事而空受賜爲不恭、故不受也、

曰。君餽之則受之。不識可常繼乎。

萬章曰、君禮餽賢臣、賢臣受之、不知可繼續而常來致之乎、將當輒更以君命將之也、

曰。繆公之於子思也。亟問。亟餽鼎肉。子思不悅。於卒也。摽使者

出諸大門之外。北面稽首。再拜而不受。曰。今而後知君之犬馬畜伋。蓋自是臺無餽也。

孟子曰、魯繆公時、尊禮子思、數問數餽鼎肉、子思以君命道、故不悅也、於卒者、末後復來時也、摽、麾也、麾使者出大門之外、再拜叩頭不受、曰、今而後知君以犬馬畜伋、伋、子思名也、責君之不優以不煩、而但數與之食物、若養犬馬、臺、賤官、主使令者、傳曰、僕臣臺、從是之後、臺不持餽來、繆公慍也、慍、恨也、

悅賢不能舉。又不能養也。可謂悅賢乎。

孟子譏繆公之雖欲有悅賢之意、而不能舉用使行其道、又不能優養終竟之、豈可謂能悅賢也、

曰。敢問國君欲養君子。如何斯可謂養矣。

萬章問國君養賢之法也、

曰。以君命將之。再拜稽首而受。其後廩人繼粟。庖人繼肉。不以君命將之。子思以爲鼎肉使已僕僕爾亟拜也。非養君子之道也。

將者、行也、孟子曰、始以君命行禮拜受之、其後倉廩之吏繼其粟、將盡復送、庖宰之人日送其肉、不復以君命者、欲使賢者不答以敬、所以優之也、子思所以非繆公者、以爲鼎肉使已數拜故也、僕僕、煩猥貌、謂其不得養君子之道也、

堯之於舜也。使其子九男事之。二女女焉。百官牛羊倉廩備。以養舜於畎畝之中。後舉而加諸上位。故曰王公之尊賢者也。

堯之於舜如是、是王公尊賢之道、九男以下、已說於上篇、上位、尊帝位也、

萬章曰。敢問不見諸侯何義也。

問諸侯聘請而夫子不見之、於義何取也、

孟子曰、在國曰市井之臣、在野曰草莽之臣、皆謂庶人、庶人不傳質爲臣、不敢見於諸侯禮也。在國謂都邑也、民會於市、故曰市井之臣、在野居之曰草莽之臣、莽亦草也、庶、衆也、庶衆之人、未得爲臣、傳、執也、見君之質、執雉之屬也、未爲臣則不敢見之、禮也、

萬章曰、庶人召之役、則往役、君欲見之召之、則不往見之、何也。庶人召使給役事、則往供役事、君召之見、不肯往見、何也、

曰、往役義也、往見不義也、且君之欲見之也、何爲也哉。孟子曰、庶人法當給役、故往役、義也、庶人非臣也、不當見君、故往見不義也、且君何爲欲見而召之、

曰、爲其多聞也、爲其賢也。萬章曰、君以是欲見之也、

曰、爲其多聞也、則天子不召師、而況諸侯乎、爲其賢也、則吾未聞欲見賢而召之也。孟子曰、安有召師召賢之禮而可往見、

繆公亟見於子思曰、古千乘之國以友士、何如、子思不悅曰、古之人有言曰、事之云乎、豈曰友之云乎、子思之不悅也、豈不曰、以位則子君也、我臣也、何敢與君友也、以德則子事我者也、奚可以與我友、千乘之君求與之友而不可得也、而況可召與。繆公欲友子思、子思不悅、而稱曰古人曰、見賢人當事之、豈云友之邪、孟子云、子思所以不悅者、豈不謂臣不可友君、弟子不可友師也、若子思之意亦不可友、况乎可召之、

齊景公田、招虞人以旌、不至、將殺之、志士不忘在溝壑、勇士不忘喪其元、孔子奚取焉、取非其招不往也。已說於上篇、

曰、敢問招虞人何以。萬章問招虞人當何用也、

曰、以皮冠、庶人以旃、士以旂、大夫以旌。孟子曰、招禮若是、皮冠、弁也、旃、通帛也、因章曰旃、旂旌有鈴者、旌、注旄於首者、

以大夫之招招虞人、虞人死不敢往、以士之招招庶人、庶人豈敢往哉、況乎以不賢人之招招賢人乎。以貴者之招招賤人、賤人尚不敢往、況以不賢人之招招賢人乎、不賢之招、是不以禮者也、

欲見賢人而不以其道、猶欲其入而閉之門也、夫義路也、禮門也、惟君子能由是路、出入是門也。欲人之入而閉其門、何得而入乎、閉門如閉禮也、

詩云、周道如底、其直如矢、君子所履、小人所視。詩、小雅大東之篇、底、平、矢、直、視、比也、周道平直、君子履直道、小人比而則之、以喻虞人能効君子、守死善道也、

萬章曰、孔子君命召、不俟駕而行、然則孔子非與。

俟待也孔子不待駕而應君命也孔子爲之非與、

曰孔子當仕有官職而以其官召之也。

孟子言孔子所以不待駕者孔子當仕位有官職之事君以其官名召之豈得不顛倒詩云顛之倒之自公召之不謂賢者無位而君欲召見也、

孟子謂萬章曰一鄉之善士斯友一鄉之善士一國之善士斯友一國之善士天下之善士斯友天下之善士。

鄉一鄉之善者國一國之善者天下四海之內各以大小來相友自爲疇匹也、

以友天下之善士爲未足又尚論古之人頌其詩讀其書不知其人可乎是以論其世也是尚友也。

好善者以天下之善士爲未足極其善道也尚上也乃復上論古之人頌其詩詩歌國近故曰頌讀其書者猶恐未知古人高下故論其世以別之也在三皇之世爲上在五帝之世爲次在三王之世爲下是爲好上友之人也、

齊宣王問卿孟子曰王何卿之問也。

王問何卿也、

王曰卿不同乎曰不同有貴戚之卿有異姓之卿。

孟子曰卿不同貴戚之卿謂內外親族也異姓之卿謂有德命爲王卿也、

王曰請問貴戚之卿。

問貴戚之卿如何、

曰君有大過則諫反覆之而不聽則易位。

孟子曰貴戚之卿反覆諫君君不聽則欲易君之位更立親戚之賢者、

王勃然變乎色。

王聞此言愠怒而驚懼故勃然變色、

曰王勿異也王問臣臣不敢不以正對。

孟子曰王勿怪也王問臣臣不敢不以其正義對、

王色定然後請問異姓之卿。

王意解顏色定復問異姓之卿如之何也、

曰君有過則諫反覆之而不聽則去。

孟子言異姓之卿諫君反覆諫君而君遂不聽之則去而之他國也、

孟子卷十終

孟子卷十一

漢太常京兆趙　岐註
皇明後學東吳金　蟠訂

告子章句上

告子者、告、姓也、子、男子之通稱也、名不害、兼治儒墨之道者、嘗學於孟子、而不能純徹性命之理、論語曰、子罕言命、謂性命難言也、以告子能執弟子之問、故以題篇、

告子曰、性。猶杞柳也。義。猶桮棬也。以人性爲仁義。猶以杞柳爲桮棬。

告子以爲人性爲才幹、義爲成器、猶以杞柳之木爲桮棬也、杞柳、柜柳也、一曰杞、木名也、詩云、北山有杞、桮棬、桮素也、

孟子曰、子能順杞柳之性而以爲桮棬乎。將戕賊杞柳而後以爲桮棬也。

戕、猶殘也、春秋傳曰、戕舟發梁、所能順完杞柳不傷其性而成其桮棬乎、將斤斧殘賊之、乃可以爲桮棬乎、言必殘賊也、

如將賊杞柳而以爲桮棬。則亦將戕賊人以爲仁義與。

孟子言以人身爲仁義、豈可復殘傷其形體乃成仁義邪、明不可比桮棬、

率天下之人而禍仁義者。必子之言夫。

以告子轉性爲仁義、若轉木以成器、必殘賊之、故言率人以禍仁義者、必子之言夫、蓋歎辭也、

告子曰、性。猶湍水也。決諸東方則東流。決諸西方則西流。人性之無分於善不善也。猶水之無分於東西也。

湍、水圜也、謂湍湍、湍縈水也、告子以喻人性若是水也、善惡隨物而化、無本善不善之性也、

孟子曰。水信無分於東西。無分於上下乎。人性之善也。猶水之就下也。人無有不善。水無有不下。今夫水搏而躍之。可使過顙。激而行之。可使在山。是豈水之性哉。其勢則然也。人之可使爲不善。其性亦猶是也。

孟子曰、水誠無分於東西、故決之而往也、水豈無分於上下乎、水性但欲下耳、人性生而有善、猶水之欲下也、所以知人皆有善性、似水無有不下者也、躍、跳、顙、額也、人以手跳水、可使過顙、激之可令上山、皆迫於勢耳、非水之性也、人之可使爲不善、非順其性也、亦妄爲利欲之勢所誘迫耳、猶是水也、言其本性非不善也、

告子曰。生之謂性。

凡物生同類者皆同性、

孟子曰。生之謂性也。猶白之謂白與。

猶見白物皆謂之同白、無異性、

曰然。

告子曰然、

白羽之白也。猶白雪之白。白雪之白。猶白玉之白歟。

孟子以爲羽性輕、雪性消、玉性堅、雖俱白、其性不同、問告子以三白之性同邪、

曰然。

告子曰、然、誠以爲然也、

然則犬之性，猶牛之性，牛之性，猶人之性歟。孟子言犬之性，豈與牛同所欲，牛之性，豈與人同所欲乎

告子曰：食色，性也。仁，內也，非外也。義，外也，非內也。人之甘食悅色者，人之性也，仁由內出，義在外也，不從己身出也、

孟子曰：何以謂仁內義外也。孟子怪告子是言也、

曰：彼長而我長之，非有長於我也。猶彼白而我白之，從其白於外也，故謂之外也。告子言見彼人年老長大，故我長敬之，長大者非在我者也，猶白色見於外者也、

曰：異於白馬之白也，無以異於白人之白也。不識長馬之長也，無以異於長人之長歟。且謂長者義乎，長之者義乎。孟子曰：長異於白，白馬白人，同謂之白可也，不知敬老馬無異於敬老人邪，且謂老者爲義乎，將謂敬老者爲有義乎，且敬老者己也，何以爲外也、

曰：吾弟則愛之，秦人之弟則不愛也，是以我爲悅者也，故謂之內。長楚人之長，亦長吾之長，是以長爲悅者也，故謂之外也。告子曰：愛從己，則己心悅，故謂之內，所悅喜老者在外，故曰外也、

曰：耆秦人之炙，無以異於耆吾炙，夫物則亦有然者也，然則耆炙亦有外歟。孟子曰：耆炙同等，情出於中，敬楚人之老，與敬己之老，亦同己情性敬之，雖非己炙，同美，故曰物則有然者也，如耆炙之意，豈在外邪，言楚秦喻遠也、

孟季子問公都子曰：何以謂義內也。季子亦以爲義外也、

曰：行吾敬，故謂之內也。公都子曰：以敬在心而行之，故言內也、

鄉人長於伯兄一歲，則誰敬。季子曰：誰敬也、

曰：敬兄。

公都子曰：當敬兄也、

酌則誰先。季子曰：酌酒則誰先酌、

曰：先酌鄉人。公都子曰：當先鄉人、

所敬在此，所長在彼，果在外，非由內也。季子曰：所敬者兄也，所酌者鄉人也，如此，義果在外，不由內也，果，猶竟也、

公都子不能荅，以告孟子。公都子無以荅季子之問、

孟子曰。敬叔父乎。敬弟乎。彼將曰。敬叔父。曰。弟爲尸。則誰敬。彼將曰。敬弟。子曰。惡在其敬叔父也。彼將曰。在位故也。子亦曰。在位故也。庸敬在兄。斯須之敬在鄉人。

孟子使公都子荅季子如此言弟以在尸位故敬之鄉人以在賓位故先酌之耳庸常也常敬在兄斯須之敬在鄉人

季子聞之曰。敬叔父則敬。敬弟則敬。果在外。非由內也。

隨敬所在而敬之果在外

公都子曰。冬日則飲湯。夏日則飲水。然則飲食亦在外也。

湯水雖異名其得寒溫者中心也雖隨敬之所在亦中心敬之猶飲食從人所欲豈可復謂之外也

公都子曰。告子曰。性無善無不善也。

公都子道告子以爲人性在化無本善不善也

或曰。性可以爲善。可以爲不善。是故文武興則民好善。幽厲興則民好暴。

公都子曰或人以爲可教以善不善亦由告子之意也故文武聖化之起民皆喜爲善幽厲虐政之起民皆好暴亂

或曰。有性善。有性不善。是故以堯爲君而有象。以瞽瞍爲父而有舜。以紂爲兄之子。且以爲君。而有微子啓王子比干。

公都子曰或人者以爲各有性善惡不可化移堯爲君象爲臣不能使之爲善瞽瞍爲父不能化舜爲惡紂爲君又與微子比干有兄弟之親亦不能使其二子爲不仁是亦各有性也矣

今曰性善。然則彼皆非歟。

公都子曰告子之徒其論如此今孟子曰人性盡善然則彼之所言皆爲非歟

孟子曰。乃若其情。則可以爲善矣。乃所謂善也。若夫爲不善。非才之罪也。

若順也性與情相爲表裏性善勝情情則從之孝經云此哀戚之情情從性也能順此情使之善者眞所謂善也若隨人而彊作善者非善者之善也若爲不善者非所受天才之罪物動之故也

惻隱之心。人皆有之。羞惡之心。人皆有之。恭敬之心。人皆有之。是非之心。人皆有之。惻隱之心。仁也。羞惡之心。義也。恭敬之心。禮也。是非之心。智也。仁義禮智。非由外鑠我也。我固有之也。弗思耳矣。故曰。求則得之。舍則失之。或相倍蓰而無算者。不能盡

其才者也。

仁義禮智人皆有其端懷之於內非從外銷鑠我也求存之則可得而用之舍縱之則亡失之矣故人之善惡或相倍蓰或至於無算者不得相與計多少言其絕遠也所以惡乃至是者不能自盡其才性也故使有惡人非天獨與此人惡性其有下愚不移者也譬若乎被疾不成之人所謂童昏也

詩曰。天生蒸民。有物有則。民之秉彝。好是懿德。孔子曰。爲此詩者。其知道乎。故有物必有則。民之秉彝也。故好是懿德。

詩大雅蒸民之篇言天生蒸民有物則有所法則人法天也民之秉彝彝常也常好美德孔子謂之知道故曰人皆有是善者也

孟子曰。富歲子弟多賴。凶歲子弟多暴。非天之降才爾殊也。其所

以陷溺其心者然也。

富歲、豐年也、凶歲、飢饉也、子弟、凡人之子弟也、賴、善、暴、惡也、非天降下才性與之異也、以飢寒之厄、陷溺其心、使爲惡者也、

今夫麰麥、播種而耰之、其地同、樹之時又同、浡然而生、至於日至之時、皆熟矣、雖有不同、則地有肥磽、雨露之養、人事之不齊也。

麰麥、大麥也、詩云、貽我來麰、言人性之同、如此麰麥、其不同者、人事雨澤有不足、地之有肥磽耳、磽、薄也、

故凡同類者、舉相似也、何獨至於人而疑之、聖人與我同類者。

聖人亦人也、其相覺者以心知耳、故體類與人同、故舉相似也、

故龍子曰、不知足而爲屨、我知其不爲蕢也、屨之相似、天下之

足同也。

龍子、古賢人也、雖不知足大小、作屨者猶不更作蕢、蕢、草器也、以屨相似、天下之足略同故也、

口之於味、有同耆也、易牙、先得我口之所耆者也、如使口之於味也、其性與人殊、若犬馬之與我不同類也、則天下何耆皆從易牙之於味也、至於味、天下期於易牙、是天下之口相似也。

人口之所耆者相似、故皆以易牙爲知味、言口之同也、

惟耳亦然、至於聲、天下期於師曠、是天下之耳相似也。

耳亦猶口也、天下皆以師曠爲知聲之微妙也、

惟目亦然、至於子都、天下莫不知其姣也、不知子都之姣者、無目者也。

目亦猶耳也、子都、古之姣好者也、詩云、不見子都、乃見狂且、儻無目者乃不知子都好耳、言目之同也、

故曰、口之於味也、有同耆焉、耳之於聲也、有同聽焉、目之於色也、有同美焉、至於心、獨無所同然乎。

言人之心性皆同也、

心之所同然者何也、謂理也、義也、聖人先得我心之所同然耳。故理義之悅我心、猶芻豢之悅我口。

心所同耆者義理也、理者得道之理、聖人先得理義之要耳、理義之悅心、如芻豢之悅口、誰不同也、

孟子曰、牛山之木嘗美矣、以其郊於大國也、斧斤伐之、可以爲美

乎。是其日夜之所息、雨露之所潤、非無萌蘖之生焉、牛羊又從而牧之、是以若彼濯濯也、人見其濯濯也、以爲未嘗有材焉、此豈山之性也哉、

牛山、齊之東南山也、邑外謂之郊、息、長也、濯濯、無草木之貌、牛山未嘗盛美、以在國郊、斧斤牛羊使之不得有草木耳、非山之性無草木也、

雖存乎人者、豈無仁義之心哉、其所以放其良心者、亦猶斧斤之於木也、旦旦而伐之、可爲美乎、其日夜之所息、平旦之氣、其好惡與人相近也者幾希、

存、在也、言雖在人之性、亦猶此山之有草木也、人豈無仁義之心邪、其日夜之思欲息長仁義、平旦之志氣、其好惡、凡人皆有

與賢人相近之心幾、豈也豈希、言不遠也、

則其旦晝之所爲。有梏亡之矣。梏之反覆。則其夜氣不足以存。夜氣不足以存。則其違禽獸不遠矣。人見其禽獸也。而以爲未嘗有才焉者。是豈人之情也哉、

旦晝、日晝也、其所爲萬事、有梏亂之使亡、失其日夜之所息也、梏之反覆、利害于其心、其夜氣不能復存也、人見惡人禽獸之行、以爲未嘗存善本性、此非人之情也、

故苟得其養。無物不長。苟失其養。無物不消。孔子曰。操則存。舍則亡。出入無時。莫知其鄉。其心之謂與。

誠得其養、若雨露于草木、法度于仁義、何有不長也、誠失其養、若斧斤牛羊之消草木、利欲之消仁義、何有不盡也、孔子曰持之則存、縱之則亡、莫知其鄉、鄉、猶里、以喻居也、獨心爲若是也、

孟子曰。無或乎王之不智也。

王、齊王也、或、怪也、時人有怪王不智而孟子不輔之、故言此也、

雖有天下易生之物也。一日暴之。十日寒之。未有能生者也。吾見亦罕矣。吾退而寒之者至矣。吾如有萌焉何哉。

種易生之草木五穀、一日暴溫之、十日陰寒以殺之、物何能生、我亦希見于王、既見而退、寒之者至、謂左右佞諂順意者多、譬諸萬物、何由得有萌芽生也、

今夫奕之爲數。小數也。不專心致志。則不得也。

奕、博也、或曰圍棊、論語曰不有博奕者乎、數、技也、雖小技、不專心則不得也、

奕秋。通國之善奕者也。使奕秋誨二人奕。其一人專心致志。惟奕秋之爲聽。一人雖聽之。一心以爲有鴻鵠將至。思援弓繳而射之。雖與之俱學。弗若之矣。爲是其智弗若與。曰。非然也。

有人名秋、通一國皆謂之善奕、曰奕秋、使教二人奕、其一人惟秋所善而聽之、其一人志欲射鴻鵠、故不如也、爲是謂其智不如也、曰非也、以不致志也、故齊王之不智者亦若是、

孟子曰。魚我所欲也。熊掌亦我所欲也。二者不可得兼。舍魚而取熊掌者也。生亦我所欲也。義亦我所欲也。二者不可得兼。舍生而取義者也。

熊掌、熊蹯也、以喻義、魚以喻生也、

生亦我所欲。所欲有甚於生者。故不爲苟得也。死亦我所惡。所惡有甚於死者。故患有所不辟也。如使人之所欲莫甚於生。則凡可以得生者。何不用也。使人之所惡莫甚於死者。則凡可以辟患者。何不爲也。

有甚於生者、謂義也、義者不可苟得、有甚於死者、謂無義也、不苟辟患也、莫甚於生、則苟利而求生矣、莫甚於死、則可辟患、不擇善、何不爲耳、

由是則生而有不用也。由是則可以辟患而有不爲也。是故所欲有甚於生者。所惡有甚於死者。非獨賢者有是心也。人皆有之。賢者能勿喪耳。

有不用、不用苟生也、有不爲、不爲苟患而辟患也、有甚於生、義甚於生也、有甚於死、惡甚於死也、凡人皆有是心、賢者能勿喪亡之也、

一簞食、一豆羹、得之則生、弗得則死、嘑爾而與之、行道之人弗受、蹴爾而與之、乞人不屑也。

人之餓者、得此一器食可以生、不得則死、嘑爾、猶嘑爾咄啐之貌也、行道之人、凡人、以其賤己、故不肯受也、蹴、蹋也、以足踐蹋與之、乞人不絜之、亦由其小、故輕而不受也、

萬鍾則不辯禮義而受之、萬鍾於我何加焉、爲宮室之美、妻妾之奉、所識窮乏者得我與。

言一簞食則貴禮、至於萬鍾、則不復辯別有禮義與否、鍾、量器也、萬鍾於己身何加益哉、己身不能獨食萬鍾也、豈不爲廣美宮室、供奉妻妾、施於所知之人窮乏者也、

鄉爲身死而不受、今爲宮室之美爲之、鄉爲身死而不受、今爲妻妾之奉爲之、鄉爲身死而不受、今爲所識窮乏者得我而爲之、是亦不可以已乎、此之謂失其本心。

鄉者不得簞食而食則身死、尚不受也、今爲此三者爲之、是不亦可以止乎、所謂失其本心者也、

孟子曰、仁、人心也、義、人路也、舍其路而弗由、放其心而不知求、哀哉。

不行仁義者不由路、不求心者也、可哀憫哉、

人有雞犬放、則知求之、有放心而不知求、學問之道無他、求其放心而已矣。

人知求雞犬、莫知求其心者、惑也、學問所以求之矣、

孟子曰、今有無名之指、屈而不信、非疾痛害事也、如有能信之者、則不遠秦楚之路、爲指之不若人也。

無名之指、手之第四指也、盖以其餘指皆有名、無名指者、非手之用指也、雖不疾痛妨害於事、猶欲信之、不遠秦楚、爲指之不若人故也、

指不若人、則知惡之、心不若人、則不知惡、此之謂不知類也。

心不若人、可惡之大者也、而反惡指、故曰不知其類也、類、事也、

孟子曰、拱把之桐梓、人苟欲生之、皆知所以養之者、至於身而不知所以養之者、豈愛身不若桐梓哉、弗思甚也。

拱、合兩手也、把、以一手把之也、桐梓皆木名也、人皆知灌溉而養之、至於養身之道、當以仁義而不知用、豈於身不若桐梓哉、不思之甚者也、宜孟子有是以言之歟、

孟子曰、人之於身也兼所愛、兼所愛則兼所養也、無尺寸之膚不愛焉、則無尺寸之膚不養也。

人之所愛則養之、於身也、一尺一寸之膚、養相及也、

所以考其善不善者、豈有他哉、於己取之而已矣。

考知其善否、皆在己之所養也、

體有貴賤、有小大、無以小害大、無以賤害貴、養其小者爲小人。

養其大者爲大人。

養小則害大、養賤則害貴、小、口腹也、大、心志也、頭頸、貴者也、指拇、賤者也、不可害貴養賤也、務口腹者爲小人、治心志者爲大人、故也、

今有場師、舍其梧檟、養其樲棘、則爲賤場師焉。

場師、治場圃者、場以治穀、圃、園也、梧桐、檟梓、皆木名、樲棘、小棘、所謂酸棗也、言此以喻人舍大養小、故曰賤場師也、

養其一指、而失其肩背、而不知也、則爲狼疾人也。

謂醫養人疾、治其一指、而不知其肩背之有疾、以至於害之、此爲狼藉亂、不知治疾之人也、

飲食之人、則人賤之矣、爲其養小以失大也、飲食之人無有失也、則口腹豈適爲尺寸之膚哉。

飲食之人、人所賤之者、爲其養口腹而失道德耳、如使不失道德、存仁義以往、不嫌於養口腹也、故曰口腹豈但爲肥長尺寸之膚哉、亦以懷其道德也、

公都子問曰、鈞是人也、或爲大人、或爲小人、何也。

鈞、同也、言有大有小、何也、

孟子曰、從其大體爲大人、從其小體爲小人。

大體、心思禮義、小體、縱恣情態、

曰、鈞是人也、或從其大體、或從其小體、何也。

公都子言人何獨有從小體也、

曰、耳目之官不思、而蔽於物、物交物、則引之而已矣、心之官則思、思則得之、不思則不得也、此天之所與我者、先立乎其大者、則其小者弗能奪也、此爲大人而已矣。

孟子曰、人有耳目之官不思、故爲物所蔽、官、精神所在也、謂人有五官六府、物、事也、利慾之事、來交引其精神、心官不思善、故失其道、而陷爲小人也、此乃天所與人情性、先立乎其大者、謂生而有善性也、小者、情慾也、善勝惡、則惡不能奪之而已矣、

孟子曰、有天爵者、有人爵者、仁義忠信、樂善不倦、此天爵也、公卿大夫、此人爵也。

天爵以德、人爵以祿、

古之人修其天爵、而人爵從之、今之人修其天爵以要人爵、既得人爵、而棄其天爵、則惑之甚者也。

人爵從之、人爵自至也、以要人爵、要、求也、得人爵、棄天爵、惑之甚也、

終亦必亡而已矣。

棄善忘德、終必亡也、

孟子曰、欲貴者、人之同心也、人人有貴於己者、弗思耳矣、人之所貴者、非良貴也、趙孟之所貴、趙孟能賤之。

人皆同欲貴之心、人人自有貴者在己身、不思之耳、在己者、謂仁義廣譽也、凡人之所貴富貴、故曰非良貴者、趙孟、晉卿之貴者也、能貴人、又能賤人、人之所自有也者、他人不能賤之也、

詩云、既醉以酒、既飽以德、言飽乎仁義也、所以不願人之膏粱之味也、令聞廣譽施於身、所以不願人之文繡也。

詩大雅旣醉之篇言飽德者飽仁義之於身身之貴者也不願人之膏粱矣膏粱細粱如膏者也文繡繡衣服也

孟子曰仁之勝不仁也猶水之勝火今之爲仁者猶以一杯水救一車薪之火也不熄則謂之水不勝火此又與於不仁之甚者也亦終必亡而已矣

水勝火取水足以制火一杯水何能救一車薪之火也以此則謂水不勝火爲仁者亦若是則與作不仁之甚者也亡猶無也亦終必亡仁矣

孟子曰五穀者種之美者也苟爲不熟不如荑稗夫仁亦在乎熟之而已矣

熟成也五穀雖美種之不成則不如荑稗之草其實可食爲仁不成猶是也

孟子曰羿之教人射必至於彀學者亦必至於彀

羿古之善射者彀張弩付的者用思要時也學者志道得射者之張也

大匠誨人必以規矩學者亦必以規矩

大匠攻木工規所以爲圓也矩所以爲方也誨教也教人必須規矩學者以仁義爲法式亦猶大匠以規矩者也

孟子卷十一終

孟子卷十二

漢太常京兆趙　岐註
皇明後學東吳金　蟠訂

告子章句下

任人有問屋廬子曰禮與食孰重

任國之人問孟子弟子屋廬連問二者何者爲重

曰禮重

答曰禮重

色與禮孰重曰禮重

重如上也

曰以禮食則飢而死不以禮食則得食必以禮乎親迎則不得妻不親迎則得妻必親迎乎

任人難屋廬子云若是則必待禮乎

屋廬子不能對明日之鄒以告孟子孟子曰於答是也何有

於音烏歎辭也何有爲不可答也

不揣其本而齊其末方寸之木可使高於岑樓金重於羽者豈謂一鉤金與一輿羽之謂哉取食之重者與禮之輕者而比之奚翅食重取色之重者與禮之輕者而比之奚翅色重

孟子言夫物當揣量其本以齊等其末、知其大小輕重、乃可言也、不節其數、累積方寸之木、可使高於岑樓、岑樓、山之銳嶺者、寧可謂寸木高於山邪、金重於羽、謂多少同而金重耳、一帶鉤之金、豈重一車羽邪、如取食色之重者、比禮之輕者、何翅食色重哉、翅、辭也、若言何其不重也、

往應之曰。紾兄之臂而奪之食。則得食。不紾則不得食。則將紾之乎。踰東家牆而摟其處子。則得妻。不摟則不得妻。則將摟之乎。

教屋廬子往應任人如是、紾、戾也、摟、牽也、處子、處女也、則是禮重食色輕者也、

曹交問曰。人皆可以爲堯舜。有諸。孟子曰。然。

曹交、曹君之弟、交名也、答曰然者、言人皆有仁義之心、堯舜行仁義而已、

交聞文王十尺。湯九尺。今交九尺四寸以長。食粟而已。如何則可。

交聞文王與湯皆長而聖、今交亦長、獨但食粟而已、當如之何、

曰。奚有於是。亦爲之而已矣。有人於此。力不能勝一匹雛。則爲無力人矣。今曰舉百鈞。則爲有力人矣。然則舉烏獲之任。是亦爲烏獲而已矣。夫人豈以不勝爲患哉。弗爲耳。

孟子曰、何有於是言乎、仁義之道、亦當爲之、乃爲賢耳、人言我力不能勝一小雛、則謂之無力人、言我能舉百鈞、百鈞、三千斤也、則謂之有力之人、烏獲、古之有力人也、能移舉千鈞、人能舉其所任、是爲烏獲才也、夫一匹雛不舉、豈患不能勝哉、但不爲之耳、

徐行後長者謂之弟。疾行先長者謂之不弟。夫徐行者。豈人所不能哉。所不爲也。

長者、老者也、弟、順也、人誰不能徐行者、患不肯爲也、

堯舜之道。孝悌而已矣。子服堯之服。誦堯之言。行堯之行。是堯而已矣。子服桀之服。誦桀之言。行桀之行。是桀而已矣。

孝悌而已、人所能也、堯服、衣服不踰禮也、堯言、仁義之言、堯行、孝悌之行、桀服、譎詭非常之服、桀言、不行仁義之言、桀行、淫虐之行、爲堯似堯、爲桀似桀而已矣、

曰。交得見於鄒君。可以假館。願留而受業於門。

交欲學於孟子、願因鄒君假館舍、備門徒也、

曰。夫道若大路然。豈難知哉。人病不求耳。子歸而求之。有餘師。

孟子言堯舜之道較然若大路、豈有難知、人苦不肯求耳、子歸曹而求行其道、有餘師、師不少也、不必留館學也、

公孫丑問曰。高子曰。小弁。小人之詩也。孟子曰。何以言之。曰。怨。

高子、齊人也、小弁、小雅之篇、伯奇之詩也、怨者、怨親之過、故謂之小人、

曰。固哉。高叟之爲詩也。有人於此。越人關弓而射之。則己談笑而道之。無他。疏之也。其兄關弓而射之。則己垂涕泣而道之。無他。戚之也。小弁之怨。親親也。親親。仁也。固矣夫。高叟之爲詩也。

固、陋也、高子年長、孟子曰陋哉高父之爲詩也、疏越人、故談笑、戚、親也、親其兄、故號泣而道之、怪怨之意也、伯奇仁人而父虐之、故作小弁之詩曰、何辜于天、親親而悲怨之辭也、重言固陋、傷高叟不達詩人之意也、

曰。凱風何以不怨。

詩邶風凱風之篇也、公孫丑曰、凱風亦孝子之詩、何以獨不怨、

曰。凱風親之過小者也。小弁親之過大者也。親之過大而不怨。是愈疏也。親之過小而怨。是不可磯也。愈疏不孝也。不可磯亦不孝也。孔子曰。舜其至孝矣。五十而慕。

孟子曰、凱風言莫慰母心、母心不悅也、知親之過小也、小弁曰、行有死人、尚或墐之、而曾不閔已、知親之過大也、愈益也、過已大矣、而孝子不怨、思其親之意何爲如是、是益疏之道也、故曰不孝、磯激也、過小耳、而孝子感激輒怨其親、是亦不孝也、孔子以舜年五十而慕其親不殆、稱曰孝之至耳、孝之不可以已也、知高叟譏小弁爲不得矣、

宋牼將之楚。孟子遇於石丘。曰。先生將何之。

宋牼宋人、名牼、學士年長者、故謂之先生、石丘地名也、道遇問欲何之也、

曰。吾聞秦楚構兵。我將見楚王。說而罷之。楚王不悅。我將見秦王。說而罷之。二王我將有所遇焉。

牼自謂往說二王、必有所遇、得從其志也、

曰。軻也請無問其詳。願聞其指。說之將何如。

孟子敬宋牼、自稱其名曰軻、不敢詳問、其指欲如何說之、

曰。我將言其不利也。

牼曰、我將爲二王言興兵之不利也、

曰。先生之志則大矣。先生之號則不可。先生以利說秦楚之王。秦楚之王悅於利。以罷三軍之師。是三軍之士樂罷而悅於利也。爲人臣者懷利以事其君。爲人子者懷利以事其父。爲人弟者懷利以事其兄。是君臣父子兄弟終去仁義。懷利以相接。然而不亡者。未之有也。

孟子曰、先生志誠大矣、所稱名號不可用也、二王悅利罷三軍、三軍士樂之而悅利、則與國尚利以相接待而忘仁義、則其國從而亡矣、

先生以仁義說秦楚之王。秦楚之王悅於仁義而罷三軍之師。是三軍之士樂罷而悅於仁義也。爲人臣者懷仁義以事其君。爲人子者懷仁義以事其父。爲人弟者懷仁義以事其兄。是君臣父子兄弟去利。懷仁義以相接也。然而不王者。未之有也。何必曰利。

以仁義之道不忍興兵、三軍之士悅、國人化之、咸以仁義相接、可以致王、何必以利爲名也、

孟子居鄒。季任爲任處守。以幣交。受之而不報。處於平陸。儲子爲相。以幣交。受之而不報。

任薛之同姓小國也、季任任君季弟也、任君朝會於鄰國、季任爲之居守其國、致幣帛之禮以交孟子、孟子受之而不報、平陸齊下邑也、儲子齊相也、亦致禮以交於孟子、孟子亦不答之也、

他日由鄒之任。見季子。由平陸之齊。不見儲子。屋廬子喜曰。連得間矣。問曰。夫子之任見季子。之齊不見儲子。爲其爲相與。

連屋廬子名也、見孟子答此二人有異、故喜曰、連今日乃得一見夫子、與之間隙也、俱答二人、獨見季子、不見儲子者、以季子當君國子民之處、儲子爲相、故輕之邪、

曰非也書曰享多儀儀不及物曰不享惟不役志于享爲其不成享也

孟子曰、非也、非以儲子爲相故不見、尚書洛誥篇曰、享多儀、言享見之禮多儀法也、物、事也、儀不及事、謂有闕也、故曰不成享禮、儲子本禮不足、故我不見也、

屋廬子悅或問之屋廬子曰季子不得之鄒儲子得之平陸

屋廬子已曉其意、聞義服、故悅也、人問之曰、何爲若是、屋廬子曰、季子守國、不得越境至鄒、不身造孟子可也、儲子爲相、得循行國中、但遙交、越爲其不尊賢、故禮答而不見之也、

淳于髡曰先名實者爲人也後名實者自爲也夫子在三卿之中名實未加於上下而去之仁者固如此乎

淳于姓、髡名也、齊之辯士、名者有道德之名、實者治國惠民之功實也、齊大國有三卿、謂孟子嘗處此三卿之中矣、未聞名實下濟於民、上匡其君、而速去之、仁者之道固當然邪、

孟子曰居下位不以賢事不肖者伯夷也五就湯五就桀者伊尹也不惡汙君不辭小官者柳下惠也三子者不同道其趨一也

伊尹爲湯見貢於桀、不用而歸湯、湯復貢之、如是者五、思濟民、冀得施行其道也、此貢人雖異道、所履則一也、

一者何也

髡問一者何也、

曰仁也君子亦仁而已矣何必同

孟子言君子進退行止未必同也、趨於履仁而已、髡爲其速去、故引三子以喻意也、

曰魯繆公之時公儀子爲政子柳子思爲臣魯之削也滋甚若是乎賢者之無益於國也

髡曰、魯繆公時、公儀休爲執政之卿、子柳、泄柳也、子思、孔子之孫伋也、二人爲師傅之臣、不能救魯之見削奪、亡其土地者多、若是、賢者無所益於國家者、何用賢爲、

曰虞不用百里奚而亡秦繆公用之而霸不用賢則亡削何可得歟

孟子云、百里奚所去國亡、所在國霸、無賢國亡、何但得削、豈可不用賢也、

曰昔者王豹處於淇而河西善謳緜駒處於高唐而齊右善歌華周杞梁之妻善哭其夫而變國俗有諸內必形諸外爲其事而無其功者髡未嘗覩之也是故無賢者也有則髡必識之

王豹、衛之善謳者、淇、水名、衛詩竹竿之篇、泉源在左、淇水在右、碩人之篇曰、河水洋洋、北流活活、衛地濱於淇水、在北流河之西、故曰處淇水而河西善謳、所謂鄭衛之聲也、緜駒善歌者也、高唐、齊西邑、緜駒處之、故曰齊右善歌、華周、華旋也、杞梁、杞殖也、二人齊大夫、死於戎事者、其妻哭之哀、城爲之崩、國俗化之、則效其哭、髡曰、如是歌哭者尚能變俗、有中則見外、爲之而無功者、髡不聞也、有功乃爲賢者、不見其功、故謂之無賢者也、如有之、則髡必識之矣、

曰孔子爲魯司寇不用從而祭燔肉不至不稅冕而行不知者

以爲爲肉也其知者以爲爲無禮也乃孔子則欲以微罪行不欲爲苟去君子之所爲衆人固不識也

孟子言孔子爲司寇爲賢臣不用不能用其道也從魯君而祭於宗廟當賜大夫以胙燔肉不至膊炙者爲燔詩云燔炙芬芬反歸其舍未及稅冕而行出適他國不知者以爲不得燔肉而慍也知者以爲爲君無禮乃欲以微罪行燔肉不至我黨從祭之禮不備有微罪乎乃聖人之妙旨不欲爲誠欲急去也衆人固不識君子之所爲謂㒵不能知賢者之志也

孟子曰五霸者三王之罪人也

五霸者大國秉直道以率諸侯齊桓晉文秦繆宋襄楚莊是也三王夏禹商湯周文王是也

今之諸侯五霸之罪人也今之大夫今之諸侯之罪人也

謂當孟子之時諸侯及大夫也諸侯臣總謂之大夫罪人之事下別言之

天子適諸侯曰巡狩諸侯朝於天子曰述職春省耕而補不足秋省斂而助不給入其疆土地辟田野治養老尊賢俊傑在位則有慶慶以地入其疆土地荒蕪遺老失賢掊克在位則有讓一不朝則貶其爵再不朝則削其地三不朝則六師移之是故天子討而不伐諸侯伐而不討五霸者摟諸侯以伐諸侯者也故曰五霸者三王之罪人也

巡狩述職皆以助人民慶賞也養老尊賢能者在位賞之以地益其地也掊克不良之人在位則責讓之不朝而至三則討之以六師移之就之也討者上討下也伐者敵國相征伐也五霸強摟牽諸侯以伐諸侯不以王命也於三王之法乃爲之罪人也

五霸桓公爲盛葵丘之會諸侯束牲載書而不歃血初命曰誅不孝無易樹子無以妾爲妻再命曰尊賢育才以彰有德三命曰敬老慈幼無忘賓旅四命曰士無世官官事無攝取士必得無專殺大夫五命曰無曲防無遏糴無有封而不告曰凡我同盟之人既盟之後言歸于好今之諸侯皆犯此五禁故曰今之諸侯五霸之罪人也

齊桓公五霸之盛者也與諸侯會于葵丘束縛其牲但加載書不復歃血言畏桓公不敢負之不得專誅不孝樹立也已立世子不得擅易也不得立愛妾爲嫡妻也尊賢養才所以彰明有德之人敬老愛小恤矜孤寡客覊旅勿忘忽也仕爲大臣不得世官賢臣乃得世祿也官事無攝無曠庶僚也取士必得賢也立賢無方也無專殺大夫不得以私怒行戮也無敢違主法而以已意設防禁也無遏止穀糴不通鄰國也無以私恩擅有封賞而不告盟主也言歸于好無搆怨也桓公施此五命而今諸侯皆犯之故曰罪人也

長君之惡其罪小逢君之惡其罪大今之大夫皆逢君之惡故曰今之大夫今之諸侯之罪人也

君有惡命臣長大而宣之其罪在不能距逆君命故曰小也逢迎也君之惡心未發臣以諂媚逢迎之而導君爲非故曰罪大今諸侯之大夫皆逢君之惡故曰罪人也

魯欲使愼子爲將軍孟子曰不教民而用之謂之殃民殃民者不容於堯舜之世一戰勝齊遂有南陽然且不可

愼子善用兵者不教民以仁義而用之戰鬬是使民有殃禍也堯舜之世皆行仁義故好戰殃民者不能自容也就使愼子能

為魯一戰取齊南陽之地、且猶不可、山南曰陽、岱山之南謂之南陽也、

愼子勃然不悅曰、此則滑釐所不識也。

滑釐、愼子名、不悅、故曰我所不知此言何謂也、

曰、吾明告子。天子之地方千里。不千里不足以待諸侯。諸侯之地方百里。不百里不足以守宗廟之典籍。周公之封於魯。為方百里也。地非不足而儉於百里。太公之封於齊也。亦為方百里也。地非不足也。而儉於百里。今魯方百里者五。子以為有王者作。則魯在所損乎。在所益乎。徒取諸彼以與此。然且仁者不為。况於殺人以求之乎。

孟子見愼子不悅、故曰明告子、天子諸侯之制如是、諸侯當來朝聘、故言守宗廟典籍、謂先祖常籍法度之文也、周公太公地尚不能滿百里、儉而不足也、後世兼侵小國、今魯乃五百里矣、有王者作、若文王武王者、子以為魯在所損之乎、在所益之乎、言其必見損也、但取彼與此、為無傷害、仁者尚不肯為、况戰鬭殺人以求廣土地乎、

君子之事君也。務引其君以當道。志於仁而已。

言君子事君之法、牽引其君以當正道者、仁也、志仁而已、欲使愼子輔君以仁也、

孟子曰。今之事君者皆曰。我能為君辟土地。充府庫。今之所謂良臣。古之所謂民賊也。

辟土地、侵小國也、充府庫、重賦斂也、今之所謂良臣於古之法為民賊者也、賊傷民也、故謂之賊也、

君不鄉道。不志於仁。而求富之。是富桀也。

為惡君聚斂以富之、為富桀也、謂若夏桀也、

我能為君約與國。戰必克。今之所謂良臣。古之所謂民賊也。

連諸侯以戰、求必勝之也、

君不鄉道。不志於仁。而求為之强戰。是輔桀也。

說與上同、

由今之道。無變今之俗。雖與之天下。不能一朝居也。

今之道非善道、今之世俗漸惡久矣、若不變更、雖得天下之政而治之、不能自安一朝之間居其位也、

白圭曰。吾欲二十而取一。何如。

白圭、周人也、節以貨殖、省賦利民、使二十而稅一也、

孟子曰。子之道。貉道也。萬室之國。一人陶。則可乎。

貉、夷貉之人、在荒服者也、貉之稅二十而取一、萬家之國、使一人陶瓦器、則可乎、以此喻白圭之所言而已矣、

曰。不可。器不足用也。

白圭曰、一人陶、則瓦器不足以供萬室之用也、

曰。夫貉五穀不生。惟黍生之。無城郭宮室宗廟祭祀之禮。無諸侯幣帛饔飧。無百官有司。故二十取一而足也。

貉在北方、其氣寒、不生五穀、黍早熟、故獨生之、無中國之禮、如此之用、故可二十而取一而足也、

今居中國。去人倫。無君子。如之何其可也。陶以寡。且不可以為國。况無君子乎。欲輕之於堯舜之道者。大貉小貉也。欲重之於

堯舜之道者、大桀小桀也、

今之居中國、當行禮義、而欲効夷貉、無人倫之敘、無君子之道、豈可哉、陶器者少、尚不可以爲國、況無君子之道乎、堯舜以來、什一而稅、足以行禮、故以此爲道、今欲輕之、二十而稅一者、夷貉爲大貉、子爲小貉也、欲重之、過什一、則是夏桀爲大桀、而子爲之小桀也、

白圭曰、丹之治水也、愈於禹。

丹、名、圭、字也、當諸侯之時、有小水、白圭爲治除之、因自謂過乎禹也、

孟子曰、子過矣、禹之治水、水之道也、是故禹以四海爲壑、今吾子以鄰國爲壑、水逆行、謂之洚水、洚水者、洪水也、仁人之所惡也、吾子過矣。

子之所言過矣、禹除中國之害、以四海爲溝壑、以受其害水、故後世賴之、今子除水、近注之鄰國、觸於洚水之名、仁人惡爲之、自以爲愈於禹、是子亦過甚矣、

孟子曰、君子不亮、惡乎執。

亮、信也、易曰、君子履信思順、若爲君子之道、舍信將安所執之邪、

魯欲使樂正子爲政。

樂政子、克也、魯君欲使之執政於國、

孟子曰、吾聞之、喜而不寐。

喜其人道德得行、爲之喜而不寐、

公孫丑曰、樂正子强乎、曰、否、有知慮乎、曰、否、多聞識乎、曰、否。

丑問樂正子有此三問之所能乎、孟子皆曰否、不能有此也、

然則奚爲喜而不寐。

丑問無此三者、何爲喜而不寐、

曰、其爲人也好善。

孟子言樂正子之爲人也、能好善、故爲之喜、

好善足乎。

丑問以但好善、足以治國乎、

曰、好善優於天下、而況魯國乎、夫苟好善、則四海之內、皆將輕千里而來告之以善、夫苟不好善、則人將曰、訑訑、予既已知之矣、訑訑之聲音顏色、距人於千里之外。

孟子曰、好善樂聞善言、是采用之也、以此治天下、可以優之、舜是也、何況於魯、不能治乎、人誠好善、四海之士、皆輕行千里以善來告之、誠不好善、則其人將曰訑訑、賤他人之言、訑訑者、自足其智、不嗜善言之貌、訑訑之人、發聲音、見顏色、人皆知其不欲受善言也、道術之士聞之、止於千里之外而不來也、

士止於千里之外、則讒諂面諛之人至矣、與讒諂面諛之人居、國欲治、可得乎。

懷善之士、止於千里之外、不肯就之、則邪惡順意之人至矣、與邪惡居、欲使國治、豈可得乎、

陳子曰、古之君子何如則仕。

陳臻問古之君子、謂何禮可以仕也、

孟子曰所就三所去三迎之致敬以有禮言將行其言也則就之禮貌未衰言弗行也則去之其次雖未行其言也迎之致敬以有禮則就之禮貌衰則去之其下朝不食夕不食飢餓不能出門戶君聞之曰吾大者不能行其道又不能從其言也使飢餓於我土地吾恥之周之亦可受也免死而已矣

所去就謂下事也禮者接之以禮也貌者顏色和順有樂賢之容禮衰不敬也貌衰不悅也其下者困而不能與之祿則當去矜其困而周之苟免死而已此三就三去之道窮餓而去不疑也故不言去免死而留爲死故也權時之宜嫌其疑也故載之也

孟子曰舜發於畎畝之中傅說舉於版築之閒膠鬲舉於魚鹽之

中管夷吾舉於士孫叔敖舉於海百里奚舉於市故天將降大任於是人也必先苦其心志勞其筋骨餓其體膚空乏其身行拂亂其所爲所以動心忍性曾益其所不能

舜耕歷山三十徵庸傅說築傅巖武丁舉以爲相膠鬲殷之賢臣遭紂之亂隱遁爲商文王於鬻販魚鹽之中得其人舉之以爲臣也士獄官也管仲自魯囚執於士官桓公舉以爲相國孫叔敖隱處耕於海濱楚莊王舉之以爲令尹百里奚亡虞適秦隱於都市穆公舉之於市而以爲相也言天將降下大事以任聖賢必先勤勞其身餓其體而瘠其膚使其身乏資絕糧所行不從拂戾而亂之者所以動驚其心堅忍其性使不違仁困而知勤曾益其素所以不能行之者也

人恒過然後能改困於心衡於慮而後作徵於色發於聲而後喻

人常以有謬思過行不得福然後乃更其所爲以不能爲能也困瘁於心衡橫也橫塞其慮於胷中而後作爲奇計異策憤激之說也徵驗見於顏色若屈原憔悴漁父見而怪之發於聲而後喻若甯戚商歌桓公異之是而已矣

入則無法家拂士出則無敵國外患者國恒亡然後知生於憂患而死於安樂也

入謂國內也無法度大臣之家輔弼之士出謂國外也無敵國可難無外患可憂則凡庸之君驕慢荒怠國常以此亡也故知能生於憂患死於安樂也死亡也安樂怠慢使人亡其知能者也

孟子曰教亦多術矣予不屑之教誨也者是亦教誨之而已矣

教人之道多術予我也屑潔也我不潔其人之行故不教誨之其人感此退自修學而爲仁義是亦教誨之一道也

孟子卷十二終

孟子卷十三

漢太常京兆趙　岐註

皇明後學東吳金　蟠訂

盡心章句上

盡心者、人之有心、爲精氣主、思慮可否、然後行之、猶人法天、天之執持綱維、以正二十八舍者、北辰也、論語曰、北辰居其所而衆星拱之、心者、人之北辰也、苟存其心養其性、所以事天也、故以盡心爲篇題、

孟子曰。盡其心者。知其性也。知其性。則知天矣。

性有仁義禮智之端、心以制之、惟心爲正、人能盡極其心、以思行善、則可謂知其性矣、知其性、則知天地之貴善者也、

存其心。養其性。所以事天也。

能存其心、養育其正性、可謂仁人、天道好生、仁人亦好生、天道無親、惟仁是與、行與天合、故曰所以事天也、

殀壽不貳。修身以俟之。所以立命也。

貳、二也、仁人之行、一度而已、雖見前人或殀或壽、終無二心、改易其道、殀若顏淵、壽若邵公、皆歸之命、修正其身、以待天命、此所以立命之本、

孟子曰。莫非命也。順受其正、

莫、無也、人之終、無非命也、命有三名、行善得善曰受命、行善得惡曰遭命、行惡得惡曰隨命、惟順受命、爲受其正也已、

是故知命者。不立乎巖墻之下。盡其道而死者。正命也。

知命者、欲趨於正、故不立於巖墻之下、恐壓覆也、盡修身之道、以壽終者、得正命也、

桎梏死者。非正命也。

畏壓溺死、禮所不弔、故曰非正命也已、

孟子曰。求則得之。舍則失之。是求有益於得也。求在我者也。

謂修仁行義、事在於我、我求則得、我舍則失、故求有益於得也、

求之有道。得之有命。是求無益於得也。求在外者也。

謂賢者修其天爵、而人爵從之、故曰求之有道也、修天爵者或得或否、故曰得之有命也、爵祿須知已、知已者在外、非身所專、是以云求無益於得也、求在外者也、

孟子曰。萬物皆備於我矣。反身而誠。樂莫大焉。

物、事也、我、身也、普謂人爲成人、已往皆備知天下萬物、常有所行矣、誠者、實也、反自思其身所施行、能皆實而無虛、則樂莫大焉、

强恕而行。求仁莫近焉。

當自强勉以忠恕之道、求仁之術、此最爲近也、

孟子曰。行之而不著焉。習矣而不察焉。終身由之而不知其道者。衆也。

人皆有仁義之心、日自行之、無所愛而不能著明其道、以施於大事、仁妻愛子、亦以習矣、而不能察知可推以爲善、由、用也、終身用之以爲自然、不究其道可成君子、此衆庶之人也、

孟子曰。人不可以無恥。

人不可以無所羞恥也、論語曰、行已有恥、

無恥之恥。無恥矣。

人能恥己之無所恥是爲改行從善之人終身無復有恥辱之累也

孟子曰恥之於人大矣爲機變之巧者無所用恥焉

恥者爲不正之道正人之所恥爲也今造機變阱陷之巧以攻戰者非古之正道也取爲一切可勝敵之宜無以錯於廉恥之心

不恥不若人何若人有

不恥不如古之聖人何有如賢人之名也

孟子曰古之賢王好善而忘勢

樂善而自卑若高宗得傅說而稟命

古之賢士何獨不然樂其道而忘人之勢

何獨不然何獨不有所樂有所忘也樂道守志若許由洗耳可謂忘人之勢矣

故王公不致敬盡禮則不得亟見之見且猶不得亟而況得而臣之乎

亟數也若伯夷非其君不事伊尹樂道堯舜不致敬盡禮可數見之乎作者七人隱各有友豈可得而臣之者乎

孟子謂宋句踐曰子好遊乎吾語子遊人知之亦囂囂人不知亦囂囂

宋姓也句踐名也好以道德遊欲行其道者囂囂自得無欲之貌也

曰何如斯可以囂囂矣

句踐問何執守可囂囂也

曰尊德樂義則可以囂囂矣

尊貴也孟子曰能貴德而履之樂義而行之則可以囂囂無欲矣

故士窮不失義達不離道窮不失義故士得己焉達不離道故民不失望焉

窮不失義不爲不義而苟得故得己之本性也達不離道思利民之道故民不失其望也

古之人得志澤加於民不得志修身見於世窮則獨善其身達則兼善天下

古之人得志君國則德澤加於民人不得志謂賢者不遭遇也見立也獨治其身以立於世間不失其操也是故獨善其身達謂得行其道故能兼善天下也

孟子曰待文王而後興者凡民也若夫豪傑之士雖無文王猶興

凡民無自知者也故由文王之化乃能自興起以趨善道若夫豪傑之才知千萬於凡人者雖不遭文王猶能自起以善守其身正其行不陷溺也

孟子曰附之以韓魏之家如其自視欿然則過人遠矣

附益也韓魏晉六卿之富者也言人既自有家復益以韓魏百乘之家其富貴已美矣而其人欿然不足自知仁義之道不足也此其過人甚遠矣

孟子曰以佚道使民雖勞不怨

謂教民趨農役有常時不使失業當其雖勞後獲其利則佚矣若亟其乘屋之類也故曰不怨

以生道殺民雖死不怨殺者

謂殺大辟之罪者以坐殺人故也殺此罪人者其意欲生民也故雖伏罪而死不怨殺者

孟子曰。霸者之民驩虞如也。王者之民皞皞如也。殺之而不怨。利之而不庸。民日遷善而不知爲之者。

霸者行善恤民恩澤暴見易知故民驩虞樂之也王者道大法天浩浩而德難見也殺之不怨故曰殺之而不怨庸功也利之使趨時而農六畜繁息無凍餓之老而民不知獨是王者之功修其庠序之教又使日遷善亦不能覺知誰爲之者言化遷善爲之大道者也、

夫君子。所過者化。所存者神。上下與天地同流。豈曰小補之哉。

君子通於聖人聖人知天過此世能化之存在此國其化如神故言與天地同流也天地化物歲成其功豈曰使人知其小補益之者哉、

孟子曰。仁言不如仁聲之入人深也。

仁言政教法度之言也仁聲樂聲雅頌也、仁言之政雖明不如雅頌感人心之深也、

善政不如善教之得民也。

善政使民不違上善教使民尚仁義心易得也、

善政民畏之。善教民愛之。善政得民財。善教得民心。

畏之不逋怠故賦役舉而財聚於一家也、愛之樂風化而上下親故歡心可得也、

孟子曰。人之所不學而能者。其良能也。所不慮而知者。其良知也。

不學而能性所自能良甚也是人之所能甚也知亦猶是能也、

孩提之童。無不知愛其親者。及其長也。無不知敬其兄也。

孩提二三歲之閒在襁褓知孩笑可提抱者也少知愛親長知敬兄此所謂良能良知也、

親親。仁也。敬長。義也。無他。達之天下也。

人仁義之心少而皆有之欲爲善者無他達、通也但通此親親敬長之心施之天下人也、

孟子曰。舜之居深山之中。與木石居。與鹿豕遊。其所以異於深山之野人者幾希。

舜耕歷山之時居木石閒鹿豕近人若與人遊也希遠也當此之時舜與野人相去豈遠、

及其聞一善言。見一善行。若決江河。沛然莫之能禦也。

舜雖外與野人同其居處聞人一善言則從之見人一善行則識之沛然不疑若江河之流無能禦止其所欲行也、

孟子曰。無爲其所不爲。無欲其所不欲。如此而已矣。

無使人爲己所不欲爲者無使人欲己之所不欲者每以身先之如此則人道足也、

孟子曰。人之有德慧術知者。恒存乎疢疾。

人所以有德行智慧道術才智者以其在於有疢疾之人疢疾之人又力學故能成德、

獨孤臣孽子。其操心也危。其慮患也深。故達。

此卽人之疢疾也自以孤微懼於危殆之患而深慮之勉爲仁義故至於達也、

孟子曰。有事君人者。事是君則爲容悅者也。

事君求君之意爲苟容以悅君者也、

有安社稷臣者。以安社稷爲悅者也。

忠臣志在安社稷而後爲悅者也、

有天民者，達可行於天下而後行之者也。

天民知道者也，可行而行，可止而止。

有大人者，正己而物正者也。

大人，大丈夫，不爲利害動移者也，正己物正，象天不言而萬物化成也。

孟子曰：君子有三樂，而王天下不與存焉。父母俱存，兄弟無故，一樂也。仰不愧於天，俯不怍於人，二樂也。得天下英才而教育之，三樂也。

天下之樂，不得與此三樂之中，兄弟無故，無他故，不愧天，又不怍人，心正無邪也，育，養也，教養英才，成之以道，皆樂也。

君子有三樂，而王天下不與存焉。

君子重言，是美之也。

孟子曰：廣土衆民，君子欲之，所樂不存焉。中天下而立，定四海之民，君子樂之，所性不存焉。

廣土衆民，大國諸侯也，所樂不存，欲行禮也，中天下而立，謂王者，所性不存，乃所謂性於仁義者也。

君子所性，雖大行不加焉，雖窮居不損焉，分定故也。

大行，行之於天下，窮居不失性也，分定故不變。

君子所性，仁義禮智根於心，其生色也，睟然見於面，盎於背，施於四體，四體不言而喻。

四者根生於心，色見於面，睟然潤澤之貌也，盎視其背而可知其背盎莯然盛流於四體，四體有匡國之綱，雖口不言，人自曉喻而知也。

孟子曰：伯夷辟紂，居北海之濱，聞文王作，興曰：盍歸乎來，吾聞西伯善養老者。太公辟紂，居東海之濱，聞文王作，興曰：盍歸乎來，吾聞西伯善養老者。

已說於上篇。

天下有善養老，則仁人以爲己歸矣。

天下有能若文王者，仁人呼復歸之矣。

五畝之宅，樹墻下以桑，匹婦蠶之，則老者足以衣帛矣。五母雞，二母彘，無失其時，老者足以無失肉矣。百畝之田，匹夫耕之，八口之家足以無飢矣。

五雞二彘，八口之家，畜之，足以爲畜產之本也。

所謂西伯善養老者，制其田里，教之樹畜，導其妻子使養其老。五十非帛不煖，七十非肉不飽。不煖不飽，謂之凍餒。文王之民無凍餒之老者，此之謂也。

所謂無凍餒者，教導之，使可以養老者耳，非家賜而人益之也。

孟子曰：易其田疇，薄其稅斂，民可使富也。食之以時，用之以禮，財不可勝用也。

[illegible]一井也，使民治其田疇，薄其稅斂，不踰什一，則民富[illegible]之以常禮，不踰禮以費財也，故畜積有

飢時不可勝用也。

民非水火不生活，昏暮叩人之門戶求水火，無弗與者，至足矣。聖人治天下，使有菽粟如水火。菽粟如水火，而民焉有不仁者乎。

水火能生人，有不愛者，至饒足故也。菽粟饒多若是，民皆輕施於人，而何有不仁者也。

孟子曰：孔子登東山而小魯，登太山而小天下。故觀於海者難爲水，遊於聖人之門者難爲言。

所覽大者意大，觀小者志小也。

觀水有術，必觀其瀾。

瀾，水中大波也。

日月有明，容光必照焉。

容光，小郤也。言大明照幽微也。

流水之爲物也，不盈科不行。君子之志於道也，不成章不達。

盈，滿也。科，坎也。流水滿坎乃行，以喻君子之學必至成章乃仕進者也。

孟子曰：雞鳴而起，孳孳爲善者，舜之徒也。雞鳴而起，孳孳爲利者，蹠之徒也。欲知舜與蹠之分，無他，利與善之閒也。

蹠，盜蹠也。蹠、舜之分，故以此別之也。

孟子曰：楊子取爲我，拔一毛而利天下，不爲也。

楊子，楊朱也。爲我，爲己也。拔己一毛以利天下之民，不肯爲也。

墨子兼愛，摩頂放踵利天下，爲之。

墨子，墨翟也。兼愛他人，摩突其頂，下至於踵，以利天下，己樂爲之也。

子莫執中。

子莫，魯之賢人也。其性中和專一者也。

執中爲近之。執中無權，猶執一也。

執中和，近聖人之道，然不權。聖人之重權。執中而不知權，猶執一介之人不知時變也。

所惡執一者，爲其賊道也，舉一而廢百也。

所以惡執一者，爲其不知權，以一知而廢百道也。

孟子曰：飢者甘食，渴者甘飲，是未得飲食之正也，飢渴害之也。

飢渴害其本所以知味之性，令人强甘之。

豈惟口腹有飢渴之害？人心亦皆有害。

爲利欲所害，亦猶飢渴得之。

人能無以飢渴之害爲心害，則不及人不爲憂矣。

人能守正，不爲邪利所害，雖謂富貴之事不及逮人，猶爲君子，不爲善人所憂患也。

孟子曰：柳下惠不以三公易其介。

介，大也。柳下惠執弘大之志，不恥汙君，不以三公榮位易其大量也。

孟子曰：有爲者辟若掘井，掘井九軔而不及泉，猶爲棄井也。

有爲爲仁義也、軔八尺也、雖深而不及泉、喻有爲者能於中道而盡棄前行者也、

孟子曰、堯舜性之也。湯武身之也。五霸假之也。

性之性好仁自然也、身之體之行仁、視之若身也、假之假仁以正諸侯也、

久假而不歸、惡知其非有也。

五霸而能久假仁義、譬如假物、久而不歸、安知其不眞有也、

公孫丑曰、伊尹曰、予不狎于不順、放太甲于桐、民大悅、太甲賢、又反之、民大悅、賢者之爲人臣也、其君不賢、則固可放與。

丑怪伊尹賢者而放其君何也、

孟子曰、有伊尹之志則可、無伊尹之志則簒也。

人臣秉忠志若伊尹、欲寧殷國、則可放惡而不即立君、宿留冀改而復之、如無伊尹之忠見間乘利簒心乃生、何可放也、

孟子　卷十三　盡心　十一　永懷堂

公孫丑曰、詩曰、不素餐兮、君子之不耕而食、何也。

詩魏國伐檀之篇也、無功而食、則謂之素餐、世之君子有不耕而食、何也、

孟子曰、君子居是國也、其君用之、則安富尊榮、其子弟從之、則孝悌忠信、不素餐兮、孰大於是。

君子能使人化其道德、移其習俗、身安國富、而保其尊榮、子弟孝悌而樂忠信、不素餐之功、誰大於是、何爲不可以食祿、

王子墊問曰、士何事。

齊王子名墊也、問士當何事爲事者耶、

孟子曰、尚志。

尚貴也、士當貴上於用志也、

曰、何謂尚志。曰、仁義而已矣。殺一無罪、非仁也、非其有而取之、非義也、居惡在、仁是也、路惡在、義是也、居仁由義、大人之事備矣、

孟子言志之所尚、仁義而已矣、不殺無罪、不取非有者、爲仁義、欲知其所當者、仁爲貴、所由者義爲貴、大人之事備矣、

孟子曰、仲子不義、與之齊國而弗受、人皆信之、是舍簞食豆羹之義也。

仲子陳仲子、處於陵者、人以爲廉、謂以不義而與之齊國、必不受之、孟子以爲仲子之義、若上章所道簞食豆羹、無禮則不受、萬鍾則不辨禮義而受之也、

人莫大焉亡親戚君臣上下、以其小者、信其大者、奚可哉。

人當以禮義爲正、陳仲子避兄離母、不知仁義親戚上下之叙、何可以其小廉、信以爲大哉、

孟子　卷十三　盡心　十二　永懷堂

桃應問曰、舜爲天子、皐陶爲士、瞽瞍殺人、則如之何。

桃應孟子弟子、問皐陶爲士官、主執罪人、瞽瞍惡暴而殺人、則皐陶如何、

孟子曰、執之而已矣。

孟子曰、皐陶執之耳、

然則舜不禁與。

桃應以舜爲天子、使有司執其父、不禁止之邪、

曰、夫舜惡得而禁之、夫有所受之也。

夫、辭也、孟子曰、夫舜惡得禁之、夫天下乃受之於堯、當爲天理民、王法不曲、豈得禁之也、

然則舜如之何。

應問舜爲之將如何、

曰、舜視棄天下、猶棄敝蹝也。竊負而逃、遵海濱而處、終身訢然樂而忘天下。

孟子曰、舜視棄天下、如捐棄敝蹝、蹝、草履也、敝、喻不惜、舜必負父而遠逃、終身訢然、忽忘天下之爲至貴也、

孟子自范之齊、望見齊王之子、喟然歎曰、居移氣、養移體、大哉居乎。夫非盡人之子與。

范、齊邑、王庶子所封食也、孟子之范、見王子之儀、聲氣高涼、不與人同、還至齊、謂諸弟子、喟然歎曰、居尊則氣高、居卑則氣下、

居之移人氣志、使之高涼、若供養之移人形身、使充盛也、大哉居乎者、言當慎所居、人必居仁也、凡人與王子、豈非盡是人之子也、王子居尊勢、故儀聲如是也、

孟子曰、王子宮室車馬衣服、多與人同。而王子若彼者、其居使之然也。況居天下之廣居者乎。

言王子宮室乘服、皆人之所用之耳、然而王子若彼高涼者、居勢位故也、況居廣居、謂行仁義、仁義在身、不言而喻也、

魯君之宋、呼於垤澤之門、守者曰、此非吾君也、何其聲之似我君也。此無他、居相似也。

垤澤、宋城門名也、人君之聲相似者、以其俱居尊勢、故音氣同也、以城門不自肯夜開、故君自發聲耳、

孟子曰、食而弗愛、豕交之也。愛而不敬、獸畜之也。恭敬者、幣之未將者也、恭敬而無實、君子不可虛拘、

人之交接、但食之而不愛、若養豕也、愛而不敬、若人畜禽獸、但愛而不能敬也、且恭敬者、如有幣帛、當以行禮、而未以命將行之也、恭敬貴實、如其無實、何可虛拘致君子之心也、

孟子曰、形色天性也。惟聖人然後可以踐形。

形、謂君子體貌尊嚴也、尚書洪範、一曰貌、色、謂婦人妖麗之容、詩云、顏如舜華、此皆天假施於人也、踐、履居之也、易曰、黃中通理、聖人內外文明、然能以正道履居此美形、不言居而言踐、尊陽抑陰之義也、

齊宣王欲短喪。公孫丑曰、爲朞之喪、猶愈於已乎。

齊宣王以三年之喪爲太長久、欲減而短之、因公孫丑使自以其意問孟子、既不能三年喪、以朞年差愈於止而不行喪者也、

孟子曰、是猶或紾其兄之臂、子謂之姑徐徐云爾、亦教之孝悌

而已矣。

紾、戾也、孟子言有人戾其兄之臂、爲不順也、而子謂之曰、且徐徐、是豈以徐徐之爲差者乎、不若教之以孝悌、勿復戾其兄之臂也、今欲行其朞喪、亦猶曰徐徐之類也、

王子有其母死者、其傅爲之請數月之喪。公孫丑曰、若此者何如也。

丑曰、王之庶夫人死、迫於適夫人、不得行其喪親之數、其傅爲請之於君、欲使得行數月喪、如之何、

曰、是欲終之而不可得也。雖加一日愈於已。謂夫莫之禁而弗爲者也。

孟子曰、如是王子欲終服其子禮而不能者也、加益一日則愈於止、況數月乎、所謂不當者、謂無禁自欲短之、故譏之也、

孟子曰君子之所以教者五。教民之道有五品、

有如時雨化之者。教之漸漬而浹洽也、

有成德者有達財者有答問者有私淑艾者。私獨淑善艾治也君子獨善其身法其仁此亦與教法之道無差也、

此五者君子之所以教也。申言之孟子貴重此教之道也、

公孫丑曰道則高矣美矣宜若登天然似不可及也何不使彼爲

可幾及而日孳孳也。丑以爲聖人之道大高遠將若登天人不能及也何不少近人情令彼凡人可庶幾使日孳孳自勉也、

孟子曰大匠不爲拙工改廢繩墨羿不爲拙射變其彀率君子引而不發躍如也中道而立能者從之。大匠不爲新學拙工故爲之改鑿廢繩墨必正也羿不爲新學拙射者變其彀率之法也彀弩張嚮表率之正禮望之極思用巧之時不可變也君子謂於射則引弓彀弩而不發以待彀偶也於道則中道德之中不以學者不能故卑下其道將以須於能者往取之也、

孟子曰天下有道以道殉身天下無道以身殉道未聞以道殉乎人者也。殉從也天下有道得行王政道從身施功實也天下無道道不得行以身從道守道而隱不聞以正道從俗人也、

公都子曰滕更之在門也若在所禮而不荅何也。滕更滕君之弟來學於孟子者也言國君之弟而樂在門人中宜荅見禮而夫子不荅何也、

孟子曰挾貴而問挾賢而問挾長而問挾有勳勞而問挾故而問皆所不荅也滕更有二焉。挾接也接己之貴勢接己之有賢才接己長老接己當有功勞之恩接己與師有故舊之好凡恃此五者而以學問望師之待以異意而荅之皆所不當荅滕更有二焉接貴接賢故不荅矣、

孟子曰於不可已而已者無所不已於所厚者薄無所不薄也其進銳者其退速。

已棄也於義所不當棄而棄之則不可所以不可而棄之使無罪者或恐懼也於義當厚而反薄之何不薄也不憂見薄者亦皆自安矣不審察人而過進不肖越其倫悔而退之必速矣當翔而後集愼如之何、

孟子曰君子之於物也愛之而弗仁於民也仁之而弗親。物謂凡物可以養人者也當愛育之、而不加之仁若犧牲不得不殺也、臨民以非己族類故不得與親同也、

親親而仁民仁民而愛物。先親其親戚然後仁民仁民然後愛物用恩之次者也、

孟子曰知者無不知也當務之爲急仁者無不愛也急親賢之爲

務。

知者知所務善也、仁者務愛其賢也、

堯舜之知而不徧物。急先務也。堯舜之仁不徧愛人。急親賢也。

物事也、堯舜不徧知百工之事、不徧愛衆人、先愛賢使治民、不一一自往親加恩惠也、

不能三年之喪。而緦小功之察。放飯流歠。而問無齒決。是之謂不知務。

尚不能行三年之喪、而復察緦麻小功之禮、放飯大飯也、流歠長歠也、齒決斷肉置其餘也、放尊者前賜食大飯長歠不敬之大者、齒決小過耳、言世之先務捨大譏小、有若大飯長歠而問無齒決類也、

孟子卷十三終

孟子卷十四

漢太常京兆趙　岐註
皇明後學東吳金　蟠訂

盡心章句下

孟子曰。不仁哉梁惠王也。仁者以其所愛及其所不愛。不仁者以其所不愛及其所愛。

梁魏都也、以用也、仁者用恩於所愛之臣民、王政不偏、等施德教、所不親愛者并蒙其恩澤也、用不仁之政加於所不親愛則有災傷、所親愛之臣民亦并被其害、惠王好戰殺人、故孟子曰不仁哉、

公孫丑問曰。何謂也。

丑問及所愛之狀何謂也、

梁惠王以土地之故。糜爛其民而戰之。大敗。將復之。恐不能勝。故驅其所愛子弟以殉之。是之謂以其所不愛及其所愛也。

孟子言惠王貪利隣國之土地而戰其民、死亡於野、骨肉糜爛而不收、兵大敗而欲復戰、恐士卒少、不能用勝、故復驅其所愛近臣及子弟而以殉之、殉從也、所愛從其所不愛而往趨死亡、故曰及其所愛也、東敗於齊、長子死焉、

孟子曰。春秋無義戰。彼善於此則有之矣。征者。上伐下也。敵國不相征也。

春秋所載戰伐之事、無應王義者也、彼此相覺有善惡耳、孔子舉豪毛之善、貶纖芥之惡、故皆錄之於春秋也、上伐下謂之征、諸侯敵國不相征、五霸之世諸侯相征、於三王之法皆不得其正者也、

孟子曰。盡信書。則不如無書。吾於武成。取二三策而已矣。仁人無敵於天下。以至仁伐至不仁。而何其血之流杵也。

書、尚書、經有所美、言事或過、若康誥曰冒聞于上帝、甫刑曰皇帝清問下民、梓材曰欲至于萬年、又曰子子孫孫永保民、人不能聞天、天不能問于民、萬年永保、皆不可得、爲書豈可案文而皆信之哉、武成之篇名、言武王誅紂、戰鬪殺人、血流舂杵、孟子言武王以至仁伐至不仁、殷人簞食壺漿而迎其王師、何乃至於血流漂杵乎、故吾取武成兩三簡策可用者耳、其過辭則不取之也、

孟子曰。有人曰。我善爲陳。我善爲戰。大罪也。國君好仁。天下無敵焉。南面而征北狄怨。東面而征西夷怨。曰奚爲後我。

此人欲勸諸侯以攻戰也、故謂之有罪、好仁無敵、四夷怨望遲願見征、何謂而後我、已說於上篇矣、

武王之伐殷也。革車三百兩。虎賁三千人。王曰。無畏。寧爾也。非敵百姓也。若崩厥角稽首。征之爲言正也。各欲正己也。焉用戰。

革車、兵車也、虎賁、武士爲小臣者也、書云、虎賁贅衣、趣馬小尹、三百兩、三百乘也、武王令殷人曰、無驚畏、我來安止爾也、百姓歸周、若崩厥角、額角犀厥地、稽首拜命、亦以首至地也、欲令武王來征己之國、安用善戰陳者、

孟子曰。梓匠輪輿。能與人規矩。不能使人巧。

梓匠輪輿之工、能以規矩與人、人之巧在心、拙者雖得規矩之法、亦不能成器也、蓋喻人不志仁、雖誦典憲、不能以善、

孟子曰。舜之飯糗茹草也。若將終身焉。及其爲天子也。被袗衣。鼓琴。二女果。若固有之。

糗、飯乾糒也、袗、畫也、果、侍也、舜耕陶之時、飯糗茹草、若將終身如是、及爲天子、被畫衣、黼黻絺繡也、鼓琴以協音律也、以堯二女自侍、亦不佚豫、如故自當有之也、

孟子曰。吾今而後知殺人親之重也。殺人之父。人亦殺其父。殺人之兄。人亦殺其兄。然則非自殺之也。一閒耳。

父仇不同天、兄仇不同國、以惡加人、人必加之、知其重也、一閒者、我往彼來、閒一人耳、與自殺其親何異哉、

孟子曰。古之爲關也。將以禦暴。今之爲關也。將以爲暴。

古之爲關、將以禦暴亂、譏閉非常也、今之爲關、反以征稅出入之人、將以爲暴虐之道也、

孟子曰。身不行道。不行於妻子。使人不以道。不能行於妻子。

身不自履行道德、而欲使人行道德、雖妻子不肯行之、言無所則效、使人不順其道理、不能使妻子順之、而況他人乎、

孟子曰。周于利者。凶年不能殺。周于德者。邪世不能亂。

周達於利、營苟得之利而趨生、雖凶年不能殺之、周達於德、身欲行之、雖遭邪世、不能亂其志也、

孟子曰。好名之人。能讓千乘之國。苟非其人。簞食豆羹見於色。

好不朽之名者、輕讓千乘、伯夷季札之類是也、誠非好名者、爭簞食豆羹變色、訟之致禍、鄭公子染指黿羹之類是也、

孟子曰。不信仁賢。則國空虛。無禮義。則上下亂。無政事。則財用不足。

不親信仁賢、仁賢去之、國無賢人、則曰空虛也、無禮義以正尊卑、則上下之敘泯亂、無善政以教人農時、貢賦則不入、故財用有所不足故也、

孟子曰。不仁而得國者有之矣。不仁而得天下。未之有也。

不仁得國者、謂象封於有庳、叔鮮叔度封於管蔡、以親親之恩而得國也、雖有誅亡、其世有土、丹朱商均、天下元子、以其不仁、

（天下不與、故不得有天下焉、）

孟子曰。民爲貴。社稷次之。君爲輕。是故得乎丘民而爲天子。

（君輕於社稷、社稷輕於民、丘、十六井也、天下丘民皆樂其政、則爲天子、殷湯周文是也、）

得乎天子爲諸侯。

（得天子之心、封以爲諸侯、）

得乎諸侯爲大夫。

（得諸侯之心、諸侯能以爲大夫、）

諸侯危社稷則變置。

（諸侯爲危社稷之行、則變更立賢諸侯也、）

犧牲既成。粢盛既潔。祭祀以時。然而旱乾水溢。則變置社稷。

（犧牲已成肥腯、粢稻已成潔精、祭祀社稷常以春秋之時、然而其國有旱乾水溢之災、則毀社稷而更置之、）

孟子曰。聖人。百世之師也。伯夷柳下惠是也。

（伯夷之清、柳下惠之和、聖人之一槩也、）

故聞伯夷之風者。頑夫廉。懦夫有立志。聞柳下惠之風者。薄夫敦。鄙夫寬。奮乎百世之上。百世之下。聞者莫不興起也。非聖人而能若是乎。而況於親炙之者乎。

（頑貪、懦弱、鄙狹也、百世、言其遠也、興起志意興起也、非聖人之行、何能感人若是、喻聞尚然、況於親見而薰炙之者乎、）

孟子曰。仁也者人也。合而言之。道也。

（能行仁恩者人也、人與仁合而言之、可以謂之有道也、）

孟子曰。孔子之去魯。曰遲遲吾行也。去父母國之道也。去齊。接淅而行。去他國之道也。

（遲遲接淅、說已見上篇言矣、此不復說焉、）

孟子曰。君子之戹於陳蔡之間。無上下之交也。

（君子、孔子也、論語曰、君子道者三、我無能焉、孔子乃尚謙、不敢當君子之道、故可謂孔子爲君子也、孔子所以戹於陳蔡之間者、其國君臣皆惡、上下無所交接、故戹也、）

貉稽曰。稽大不理於口。

（貉、姓、稽、名、仕者也、爲衆口所訕、理、賴也、謂孟子曰、稽大不賴人之口、如之何也、）

孟子曰。無傷也。士憎茲多口。

（審己之德、口無傷也、離於凡人而仕者、亦益多口、）

詩云。憂心悄悄。慍于羣小。孔子也。肆不殄厥慍。亦不殞厥問。文王也。

（詩邶風柏舟之篇曰、憂心悄悄、憂在心也、慍于羣小、怨小人聚而非議賢者也、孔子論此詩、孔子亦有武叔之口、故曰孔子之所苦也、大雅緜之篇曰、肆不殄厥慍、殄、絕、慍、怒也、亦不殞厥問、殞、失也、言文王不殞絕畎夷之慍怒、亦不能殞失文王之善聲問也、）

孟子曰。賢者以其昭昭。使人昭昭。今以其昏昏。使人昭昭。

（賢者治國、法度昭明、明於道德、是躬行之道可也、今之治國、法度昏昏、亂潰之政也、身不能治、而欲使人昭明、不可得也、）

孟子謂高子曰。山徑之蹊間。介然用之而成路。爲間不用。則茅塞之矣。今茅塞子之心矣。

高子、齊人也、嘗學於孟子、鄉道而未明、去而學於他術、孟子謂之曰、山徑、山之嶺、有微蹊、介然人遂用之不止、則蹊成爲路、爲間、有間也、謂廢而不用、則茅草生而塞之、不復爲路、以諭高子學於仁義之道、當遂行之、而反中止、正若山路、故曰茅塞子之心也、

高子曰。禹之聲。尚文王之聲。孟子曰。何以言之。

高子以爲禹之尚聲樂、過於文王、孟子難之曰、何以言之、

曰。以追蠡。

高子曰、禹時鍾在者追蠡也、追、鍾鈕也、鈕磨齧處深矣、蠡、欲絕之貌也、文王之鍾不然、以禹爲尚樂也、

曰。是奚足哉。城門之軌。兩馬之力與。

孟子曰、是何足以爲禹尚樂乎、先代之樂器、後王皆用之、禹在文王之前千有餘歲、用鍾日久、故追欲絕耳、譬若城門之軌齧其限切深者、用之多耳、豈兩馬之力使之然乎、兩馬者、春秋外傳曰、國馬足以行關、公馬足以稱賦、是兩馬也、

齊饑。陳臻曰。國人皆以夫子將復爲發棠。殆不可復。

棠、齊邑也、孟子嘗勸齊王發棠邑之倉、以賑貧窮、時人賴之、今齊人復饑、陳臻言一國之人皆以爲夫子將復若發棠時勸王也、殆不可復言之也、

孟子曰。是爲馮婦也。晉人有馮婦者。善搏虎。卒爲善士。則之野。有衆逐虎。虎負嵎。莫之敢攖。望見馮婦。趨而迎之。馮婦攘臂下車。衆皆悅之。其爲士者笑之。

馮、姓、婦、名也、勇而有力、能搏虎、卒、後也、善士者、以善搏虎有勇名也、故進以爲士、之於野外、復見逐虎者、攖、迫也、虎依陬而怒、無敢迫近者也、馮婦恥不如前、見虎走而迎、攘臂下車、欲復搏之、衆人悅其勇猛、其士之黨笑其不知止也、故孟子謂陳臻今欲復使我如發棠時言之於君、是則我爲馮婦也、必爲知者所笑也、

孟子曰。口之於味也。目之於色也。耳之於聲也。鼻之於臭也。四肢之於安佚也。性也。有命焉。君子不謂性也。

口之甘美味、目之好美色、耳之樂五音、鼻之喜芬香、臭、香也、易曰、其臭如蘭、四體謂之四肢、四肢懈倦、則思安佚不勞苦、此皆人性之所欲也、得居此樂者有命祿、人不能皆如其願也、凡人則有情從欲而求可身、君子之道、則以仁義爲先、禮節爲制、不以性欲而苟求之也、故君子不謂之性也、

仁之於父子也。義之於君臣也。禮之於賓主也。知之於賢者也。

聖人之於天道也。命也。有性焉。君子不謂命也。

仁者得以恩愛施於父子、義者得以義理施於君臣、好禮者得以禮敬施於賓主、知者得以明智知賢達善、聖人得以天道王於天下、此皆命祿遭遇、乃得居而行之、不遇者不得施行、然亦才性有之、故可用也、凡人則歸之命祿在天而已、不復治性、以君子之道、則修仁行義、修禮學知、庶幾聖人、亹亹不倦、不但坐而聽命、故曰君子不謂命也、

浩生不害問曰。樂正子何人也。

浩生、姓、不害、名、齊人也、見孟子聞樂正子爲政於魯而喜、故問樂正子何等人也、

孟子曰。善人也。信人也。

樂正子爲人有善有信也、

何謂善。何謂信。

不害爲善信之行謂何、

曰。可欲之謂善。有諸己之謂信。充實之謂美。充實而有光輝之謂大。大而化之之謂聖。聖而不可知之之謂神。樂正子二之中。四之下也。

已之可欲乃使人欲之是爲善人、已所不欲勿施於人也、有之於己乃謂人有之是爲信人、不億不信也、充實善信使之不虛是爲美人、美德之人也、充實善信而宣揚之使有光輝是爲大人、大行其道使天下化之是爲聖人、有聖知之明其道不可得知是爲神人、人有是六等、樂正子能善能信在二者之中、四者之下也、

孟子曰。逃墨必歸於楊。逃楊必歸於儒。歸斯受之而已矣。

墨翟之道兼愛無親疏之別最爲違禮、楊朱之道爲己愛身雖違禮尚得不敢毀傷之義、逃者去也、去邪歸正故曰歸、去墨歸楊去楊歸儒則當受而安之也、

今之與楊墨辯者。如追放豚。既入其苙。又從而招之。

苙欄也、招罥也、今之與楊墨辯爭道者譬如追放逸之豕豚追而還之入欄則可、又復從而罥之太甚、以言去楊墨歸儒則可、又復從而非之亦云太甚、

孟子曰。有布縷之征。粟米之征。力役之征。

征賦也、國有軍旅之事則橫興此三賦也、布軍卒以爲衣也、縷紩鎧甲之縷也、粟米軍糧也、力役民負荷厮養之役也、

君子用其一。緩其二。用其二而民有殍。用其三而父子離。

君子爲政雖遭軍旅量其民力不竝此三役更發異時急一緩二、民不苦之、若竝用二則路有餓殍、若竝用三則分崩不振父子離析忘禮義矣、

孟子曰。諸侯之寶三。土地。人民。政事。寶珠玉者。殃必及身。

諸侯正其封疆不侵鄰國鄰國不犯寶土地也、使民以時居不離散寶人民也、修其德教布其惠政寶政事也、若寶珠玉求索和氏之璧隋氏之珠與强國爭之、强國加害殃及身也、

盆成括仕於齊。孟子曰。死矣盆成括。

盆成姓括名也、嘗欲學於孟子問道未達而去後仕於齊、孟子聞而嗟歎曰死矣盆成括、知其必死、

盆成括見殺。門人問曰。夫子何以知其將見殺。

門人問孟子何以知之也、

曰。其爲人也小有才。未聞君子之大道也。則足以殺其軀而已矣。

孟子答門人言括之爲人小有才慧而未知君子仁義謙順之道、適足以害其身也、

孟子之滕。館於上宮。

館舍也、上宮樓也、孟子舍上賓客所館之樓上也、

有業屨於牖上。館人求之弗得。或問之曰。若是乎從者之廋也。

業屨屝屨也、業織之有次業而未成也、置之窗牖之上、客到之後求之不得、有來問孟子者曰是客從者之廋、廋匿也、孟子與門徒相隨從車數十、故曰侍從者所竊匿也、

曰。子以是爲竊屨來與。

孟子謂館人曰子以是衆人來隨事我、本爲欲竊屨故來邪、

曰。殆非也。

館人曰殆非爲是來事夫子也自知問之過也、

夫子之設科也往者不追來者不拒苟以是心至斯受之而已矣。

孟子曰夫我設教授之科教人以道德也其去者亦不追呼來者亦不拒逆誠以是學道之心來至我則斯受之亦不知其取之與否君子不保其異心也見館人殆非爲是來亦云不能保知謙以益之而已、

孟子曰人皆有所不忍達之於其所忍仁也。

人皆有所愛不忍加惡推之以通於所不愛皆令被德此仁人也、

人皆有所不爲達之於其所爲義也。

人皆有不喜爲謂貧賤也通之於其所喜爲謂富貴也抑情止欲使若所不喜爲此者義人也、

人能充無欲害人之心而仁不可勝用也。

以皆有不害人之心能充大之以爲仁仁不可勝用也、

人能充無穿踰之心而義不可勝用也。

穿牆踰屋姦利之心也人既無此心能充大之以爲義義不可勝用也、

人能充無受爾汝之實無所往而不爲義也。

爾汝之實德行可輕賤人所爾汝者也既不見輕賤不爲人所爾汝能充大而以自行所至皆可以爲義也、

士未可以言而言是以言餂之也可以言而不言是以不言餂之也是皆穿踰之類也。

餂取也人之爲士者見尊貴者未可與言而强與之言欲以言餂之是失言也見可與言者而不與之言不知賢人可與之言而反欲以不言取之是失人也是皆趍利入邪無知之人故曰穿踰之類也、

孟子曰言近而指遠者善言也守約而施博者善道也君子之言也不下帶而道存焉。

言近指遠近言正心遠可以事天也守約施博約守仁義大可以施德於天下也二者可謂善言善道也正心守仁皆在胷臆吐口而言之四體不與焉故曰不下帶而道存焉、

君子之守脩其身而天下平。

身正物正天下平矣、

人病舍其田而芸人之田所求於人者重而所以自任者輕。

芸治也田以喻身舍身不治而欲責人治是求人太重自任太輕也、

孟子曰堯舜性者也湯武反之也。

堯舜之體性自善者也殷湯周武反之於身身安乃以施人謂加善於民也、

動容周旋中禮者盛德之至也。

人動作容儀周旋中禮者盛德之至、

哭死而哀非爲生者也。

死者有德哭者哀也、

經德不回非以干祿也言語必信非以正行也。

經行也體德之人行其節操自不回邪非以求祿位也庸言必信非必欲以正行爲名也性不忍欺人也、

君子行法以俟命而已矣。

君子順性蹈德、行其法度、夭壽在天、行命以待之而已矣、

孟子曰。說大人。則藐之。勿視其巍巍然。

大人、謂當時之尊貴者也、孟子言說大人之法、心當有以輕藐之、勿敢視之巍巍富貴若此、而不畏之、則心舒意展、言語得盡而已、

堂高數仞。榱題數尺。我得志。弗爲也。

仞八尺也、榱題屋霤也、堂高數仞、榱題數尺、奢太之室、使我得志、不居此堂也、大屋無尺丈之限、故言數仞也、

食前方丈。侍妾數百人。我得志。弗爲也。

極五味之饌食、列於前方一丈、侍妾衆多至數百人也、

般樂飲酒。驅騁田獵。後車千乘。我得志。弗爲也。

般大也、大作樂而飲酒、驅騁田獵、後車千乘、般於遊田也、

在彼者。皆我所不爲也。在我者。皆古之制也。吾何畏彼哉。

在彼貴者驕佚之事、我所耻爲也、在我所行、皆古聖人所制之法、謂恭儉也、我心何爲當畏彼人乎哉、

孟子曰。養心莫善於寡欲。其爲人也寡欲。雖有不存焉者寡矣。

養治也、寡少也、欲利欲也、雖有少欲而亡者、謂遭橫暴、若單豹臥深山而遇饑虎之類也、然亦寡矣、

其爲人也多欲。雖有存者寡矣。

謂貪而不亡、蒙先人德業、若晉國欒黶之類也、然亦少矣、不存者衆、

曾皙嗜羊棗。而曾子不忍食羊棗。公孫丑問曰。膾炙與羊棗孰美。

羊棗、棗名也、曾子以父嗜羊棗、父沒之後、唯念其親、不復食羊棗、故身不忍食也、公孫丑怪之、故問羊棗與膾炙孰美也、

孟子曰。膾炙哉。

言膾炙固美也、何比於羊棗、

公孫丑曰。然則曾子何爲食膾炙而不食羊棗。曰。膾炙所同也。羊棗所獨也。諱名不諱姓。姓所同也。名所獨也。

孟子言膾炙雖美、人所同嗜、獨曾子父嗜羊棗耳、故曾子不忍食也、譬如諱君父之名、不諱其姓、姓與族同之、名所獨也、故諱

萬章問曰。孔子在陳曰。盍歸乎來。吾黨之小子狂簡。進取不忘其初。孔子在陳。何思魯之狂士。

孔子在陳、不遇賢人、上下無所交、蓋歎息思歸、欲見其鄉黨之士也、簡大也、狂者進取大道而不得其正者也、不忘其初、孔子思故舊也、周禮五黨爲州、五州爲鄉、故曰吾黨之士也、萬章怪孔子何爲思魯之狂士者也、

孟子曰。孔子不得中道而與之。必也狂獧乎。狂者進取。獧者有所不爲也。孔子豈不欲中道哉。不可必得。故思其次也。

中道、中正之大道也、狂者能進取、獧者能不爲不善、時無中道之人、以狂獧次善者、故思之也、

敢問何如。斯可謂狂矣。

萬章曰、人行何如、斯則可謂之狂也、

曰。如琴張曾皙牧皮者。孔子之所謂狂矣。

孟子言人行如此三人者、孔子謂之狂也、琴張、子張也、子張之爲人、踸踔譎詭、論語曰、師也辟、故不能純善而稱狂也、又善鼓琴、號曰琴張、曾皙、曾參父也、牧皮行與二人同、皆事孔子學者也、

何以謂之狂也。

萬章問何以謂此人爲狂、

曰、其志嘐嘐然、曰、古之人古之人、夷考其行而不掩焉者也。

嘐嘐、志大言大者也、重言古之人、欲慕之也、夷、平也、考察其行、不能掩覆其言、是其狂也、

狂者又不可得、欲得不屑不潔之士而與之、是獧也、是又其次也。

屑、潔也、不潔、汚穢也、既不能得狂者、欲得有介之人、能恥賤惡行不潔者、則可與言矣、是狷人次于狂者也、

孔子曰、過我門而不入我室、我不憾焉者、其惟鄉原乎、鄉原德之賊也。

憾、恨也、人過孔子之門不入則孔子恨之、獨鄉原不入者無恨心耳、以其鄉原賊德故也、

曰、何如斯可謂之鄉原矣。

萬章問鄉原之惡如何、

曰、何以是嘐嘐也、言不顧行、行不顧言、則曰古之人古之人、行何爲踽踽涼涼、生斯世也、爲斯世也、善斯可矣、閹然媚於世也者、是鄉原也。

孟子言鄉原之人言、何以嘐嘐若有大志也、其言行不顧、則亦稱曰古之人古之人、行何爲踽踽涼涼有威儀、如無所施之貌也、鄉原者、外欲慕古之人、而其心曰、古之人何爲空自踽踽涼涼、而生於今之世、無所用之乎、以爲生斯世、但當取爲人所善善人則可矣、其實但爲合衆之行、媚愛也、故閹然大見愛於世也、若是者謂之鄉原也、

萬子曰、一鄉皆稱原人焉、無所往而不爲原人、孔子以爲德之賊、何哉。

萬子、即萬章也、孟子錄之、以其不解於聖人之意、故謂之萬子、子、男子之通稱也、美之者、欲以責之也、萬子言人皆以爲原善、所至亦謂之善人、若是、孔子以爲賊德何爲也、

曰、非之無舉也、刺之無刺也、同乎流俗、合乎汙世、居之似忠信、行之似廉潔、衆皆悅之、自以爲是、而不可與入堯舜之道、故曰德之賊也。

孟子言鄉原之人、能匿蔽其惡、非之無可舉者、刺之無可刺者、志同於流俗之人、行合於汚亂之世、爲人謀居其身、若似忠信、行其身、若似廉潔、爲行矣、衆皆悅美之、其人自以所行爲是、而無仁義之實、故不可與入堯舜之道也、無德而人以爲有德、故曰德之賊也、

孔子曰、惡似而非者、惡莠、恐其亂苗也、惡佞、恐其亂義也、惡利口、恐其亂信也、惡鄭聲、恐其亂樂也、惡紫、恐其亂朱也、惡鄉原、恐其亂德也。

似眞而非眞者、孔子之所惡也、莠之莖葉似苗、佞人詐飾似有義者、利口辯辭似若有信、鄭聲淫人之聽似若美樂、紫色似朱、朱、赤也、鄉原惑衆似有德者、此六似者、孔子之所惡也、

君子反經而已矣、經正則庶民興、庶民興、斯無邪慝矣。

經、常也、反、歸也、君子治國家歸於常經、謂以仁義禮智道化之、則衆民興起而家給人足矣、倉廩實而知禮節、安有爲邪惡之行也、

孟子曰、由堯舜至於湯、五百有餘歲、若禹皋陶、則見而知之、若湯、

則聞而知之。言五百歲聖人一出天道之常也亦有遲速不能正五百歲故言有餘歲也見而知之謂輔佐也通于大賢次聖者亦得與在其間親見聖人之道而佐行之言易也聞而知之者聖人相去卓遠數百歲之間變故衆多踰聞前聖所行追而尊之以致其道言難也

由湯至於文王五百有餘歲若伊尹萊朱則見而知之若文王則聞而知之。伊尹摯也萊朱亦湯賢臣也一曰仲虺是也春秋傳曰仲虺居薛爲湯左相是則伊尹爲右相故二人等德也

由文王至於孔子五百有餘歲若太公望散宜生則見而知之若孔子則聞而知之。太公望呂尚也號曰師尚父散宜生文王四臣之一也呂尚有勇謀而爲將散宜生有文德而爲相故以相配而言之也

由孔子而來至於今百有餘歲去聖人之世若此其未遠也近聖人之居若此其甚也然而無有乎爾則亦無有乎爾。至今者至今之世當孟子時也聖人之間必有大賢名世者百有餘年適可以出未爲遠而無有也鄒魯相近傳曰魯擊柝聞於邾近之甚也言已足以識孔子之道能奉而行之既不遭値聖人若伊尹呂望之爲輔佐猶可應備名世如傅說之中出於殷高宗也然而世謂之無有此乃天不欲使我行道也故重言之知天意之審也言則亦者非實無有也則亦當使爲無有也乎爾者歎而不怨之辭也

孟子卷十四終

附補頁

《周禮》卷十三（七五三頁）

遺人掌邦之委積。以待施惠。鄉里之委積。以恤民之囏阨。門關之委積。以養老孤。郊里之委積。以待賓客。野鄙之委積。以待羇旅。縣都之委積。以待凶荒。委積者廩人倉人計九穀之數足國用以其餘共之所謂餘法用也職內邦之移用亦如此也皆以餘財共之少曰委多曰積鄉里鄉所居也艱阨猶困乏也門關以養老孤人所出入易以取餼廩也羇旅過行寄止者待凶荒謂邦國所當通給者也故書艱阨作墐阨羇作寄杜子春云墐阨當爲艱阨寄當爲羇○遺唯季反劉音遂施惠式豉反後施惠皆同廩良甚反易以豉反墐音艱又音謹 凡賓客會同師役。掌其道路之委積。凡國野之道。十里有廬。廬有飲食。三十里有宿。宿有路室。路室有委。五十里有市。市有候館。候館有積。廬若今野候徙有庌也宿可止宿若今亭有室矣候館樓可以觀望者也一市之間有三廬一宿○庌劉音雅 凡委積之事。巡而比之。以時頒之。

《禮記》卷四十（一一八九頁）

投壺之鼓半射節者投壺射之細也射謂燕射 司射。庭長。及冠士立者。皆屬賓党。樂人。及使者。童子。皆屬主黨。庭長司正也使者主人所使薦羞者樂人國子能爲樂者此皆與於投壺○長丁丈反注同冠古亂反與音預 魯鼓○□○○□□○○半○□○○□○○○○□○□○薛鼓○□○○○○□○□○○○□○□○○□○半○□○□○○○○□○ 此二者記兩家之異故兼列之

《爾雅》卷一（二〇六一頁）

乂。亂。靖。神。弗。淈。治也。論語曰子有亂臣十人淈書叙作汨音同耳神未詳餘見詩書○淈音骨 頤。艾。育。養也。汝頴梁宋之間曰艾方言云 汱。渾。隕。墜也。汱渾皆水落貌○汱姑犬切渾故本切 際。接。翜。捷也。捷謂相接續也○翜所甲切 毖。神。溢。慎也。神未詳餘見詩書○毖音祕 鬱。陶。繇。喜也。孟子曰鬱陶思君禮記曰人喜則斯陶陶斯詠詠斯猶猶即繇也古今字耳○繇音由 馘。穧。獲也。今以獲賊耳為馘獲禾為穧並見詩○馘古獲切穧才細切 阻。艱。難也。皆險難○難乃旦切

圖書在版編目（CIP）數據

十三經古註 /（明）金蟠，（明）葛鼒編校；山東省圖書館整理.
—濟南：齊魯書社，2013.1

ISBN 978-7-5333-2758-3

Ⅰ.①十… Ⅱ.①金… ②葛… ③山… Ⅲ.①經學②十三經—注釋
Ⅳ.①Z126.2

中國版本圖書館CIP數據核字（2013）第010175號

十三經古註

〔明〕金蟠 葛鼒 編校

山東省圖書館 整理

出版發行 齊魯書社

社　　址 濟南市英雄山路189號

郵　　編 250002

網　　址 www.qlss.com.cn

電子郵箱 qilupress@126.com

印　　刷 山東新華印務有限責任公司

開　　本 787mm×1092mm　1/16

印　　張 149.75

插　　頁 9

字　　數 2000千

版　　次 2013年1月第1版

印　　次 2013年1月第1次印刷

標準書號 ISBN 978-7-5333-2758-3

定　　價 780.00圓（上中下册）